中国民法史

第一卷

张晋藩◎主编
侯欣一 高浣月◎副主编

国家出版基金项目
NATIONAL PUBLICATION FOUNDATION

人民出版社

出版说明

2020年5月28日,第十三届全国人民代表大会第三次会议表决通过了《中华人民共和国民法典》,自2021年1月1日起施行。这部《民法典》是新中国成立以来第一部以“法典”命名的法律,是新时代我国社会主义法治建设的重大成果,被誉为“社会生活的百科全书”“新时代人民权利的宣言书”,其许多制度根植民族传统,体现民族特色,具有民族精神,彰显民族气派。因此,加强中国民法史研究,撰写一部内容充实、体系完整的中国民法史,成为新时代传承和弘扬中华优秀传统法律文化的现实需要。

《中国民法史》是中国政法大学终身教授、法律史学研究院名誉院长张晋藩先生主持的教育部2017年度人文社科重点基地重大项目(批准号:17JJD820011)的最终成果。本书因应时代呼唤,兼顾中国固有民事法律制度之传统,以总则、人户、产业、钱债、婚姻、继承六编为研究架构,勾勒出中国传统民法的基本轮廓和发展演变规律,以确凿的史料证明了中国古代不仅有民法而且内容丰富、体系亦相对完整,揭示了中国古代民事法律制度的特殊性、典型性和时代性,同时回答了中国古代民事法律制度是什么的问题。

《中国民法史》由张晋藩教授担任主编,侯欣一教授、高浣月教授担任副主编,各编章的撰稿分工(以编章先后为序)如下:

1.《总则编》主编:张晋藩

撰稿人:张晋藩(第一至九章)、王斌通(协助)

2.《人户编》主编:金眉

撰稿人:李超(第一章)、张京凯(第二章)、李倩(第三章第一、二节)、巫祥玉(第三章第三节)

3.《产业编》主编:柴松霞

撰稿人:柴松霞(第一章),张淑雯(第二章),张勤(第三章),王志民(第四章、第五章),栗明辉(第六章),段志壮(第七章、第八章),闫强乐(第九章)

4.《钱债编》主编:柴荣、姜晓敏

撰稿人:王旭(第一章、第六章),姜晓敏、张文韬(第二章),柴荣、李德嘉(第三至五章),邸莹(第七章)

5.《亲属编》主编:叶英萍

撰稿人:叶英萍、杨晔、王德红、吴昊、关娜、朱雨莹(绪言、第一章、第四章),宋国华(第二章),陈秋云、陈德声(第三章),万文(第五章)、卞瑞(第六章),刘国良(第七章)

6.《继承编》主编:李青

撰稿人:李青(第一章、第二章、第四章第一至三节、第五章第一节),张京凯(第三章第一节、第四章第五至六节),杨晋(第三章第二节),赵丹(第四章第四节、第五章第二至四节)

本书的撰写,参考了张晋藩教授主编的《中国民法通史》(福建人民出版社 2003 年版);特别是侯欣一教授主编的《中华大典 · 法律典 · 民法分典》(西南师范大学出版社 2014 年版),为本书的撰写提供了新的资料。本书的编辑出版,得到了人民出版社和国家出版基金的积极支持和帮助。在此,我们表示衷心感谢!限于作者水平,不足之处,请读者批评指正!

项目课题组

2023 年 8 月

序　言

中国是一个名副其实的法制文明发达的大国，早在奴隶制时代，刑法、民法、贸易法、诉讼法都已完成了初步的划分，尤其是民法，在奴隶制时代便完成了由国有土地制向私有制的转化。随着土地私有权的确立，促进了争夺土地的争霸战争。至战国时代，土地所有权转移的形式多样，而且速度加快。在金文中，便有土地交换、土地买卖、土地租赁等各种记载。不仅如此，战国时期已经出现不当得利之债、侵权赔偿之债、各种契约等，这些都有铜器铭文为证。至于婚姻、家庭、继承方面的法律，西周时期已经相当完备。婚姻非常受到重视，所谓“合二姓之好”，还规定有“六礼”之分和媒妁之言，在家庭中实行夫权制，在继承方面实行嫡长子继承制，长支无子实行过继制以续宗支。奴隶制解体以后，在农本主义的国度里，民法的诸多方面都取得了新的发展，无论传世文献还是出土文献，都证明了中国封建时代民法的发展是社会发展的必要结果，是不以人的意志为转移的。从古代的文献资料中，没有看到古代由于没有民法而产生苦恼或不便。在刑法典中，也不乏纯粹民事法律的规定，也有刑事附带民事的案件，但不能由此认为以刑法解决民法问题。

认为中国古代没有民法是近二百年来部分西方学者由于不了解中国历史而得出的错误结论，他们看到一部法典采取“诸法合体、民刑不分”的编纂形式便得出结论——不发达国家都是如此。他们没有想到其所谓的这个不发达国家——中国，民事法律的发达程度不知要领先于其所在国家的民事法律多少年。应该说，中国只是到了近代法律形式没有随时代变化而变化。但就以清朝民法而论，经过整理的大清《现行律民事有效部分》就是清朝完整的、集中的民法，这部法律在民国成立以后施行了长达 28 年之久。难怪晚清修律的封建官僚在奏章中肯定地表明中国拥有固有民法。所以"中国古代没有民法"的认识是荒谬的。有些人今天依然秉持"中国古代没有民法"、"中国古代用刑法解决民事问题"的认识，不过是拾取洋人的牙慧而已，他若稍微接触到一点中国古代的民法，绝不会亦步亦趋。由此可见，肃清"西方中心论"是何等的必要！本书是根据统一的大纲，分工合作完成的，以确切的史料证明了中国古代民法的存在及其发展轨迹。时至今日，我们必须扬眉吐气地宣布中国古代民法的价值，君若不信，就请读读我们的书吧！

中华人民共和国《民法典》的颁布，是中国民法史上的里程碑事件。习近平总书记在论述颁布实施民法典重大意义时特别指出："民法典系统整合了新中国成立 70 多年来长期实践形成的民事法律规范，汲取了中华民族 5000 多年优秀法律文化，借鉴了人类法治文明建设有益成果……是一部具有鲜明中国特色、实践特色、时代特色的民法典。"①这段深刻的论述，不仅肯定了我国悠久的民法文化，又清晰地指出其构成了《民法典》的法文化渊源。对中国民法史进行系统的、全面的研究，不仅是法制史学科建设的需要，也是为当下立法、司法实践提供历史文化支撑的需要，是研究者应当肩负的使命担当。

---

① 习近平：《充分认识颁布实施民法典重大意义　依法更好保障人民合法权益》，《求是》2020 年第 12 期。

总 目 录

第一部分　中国古代民法的发展阶段编

第二部分　人户编

第三部分　产业编

第四部分 钱债编

第五部分　亲属编

第六部分　继承编

目　录

（第一卷）

第一部分　中国古代民法的发展阶段编

第二部分　人户编

第一部分

中国古代民法的发展阶段编

中国古代民事法律，从孕育到发展与转型，经历了五千年漫长的发展过程。从私有财产权的确立，民事法律关系开始孕育，直到商品经济的相当发展，民事法律由发展而走向近代化转型，中间经历了若干阶段，每个阶段各有与民事法律相适应的经济状况与时代特点，从而显示了中国古代民法的时代性与特殊性。

第一章　先秦民事法律的孕育

第一节　夏礼的调整作用与商朝民事法律的萌芽

中国古代自夏商以迄西周，主要的生产资料——土地，实行王有亦即国有的制度，所谓“普天之下莫非王土，率土之滨莫非王臣”。除此之外，中国古代封闭的内陆环境，也不利于民事法律的孕育与发展，以至夏朝虽有“禹刑”与“昏墨贼杀”之法，但都没有民事法律。调整民事法律关系的不是“刑”而是“礼”，所谓“以礼防民”“绝恶于未萌”“塞乱之所生”。礼的本义是祭神祈福的一种仪式活动，“礼，履也，所以事神致福也”①。“礼之名起于事神，引申为凡礼仪之称”②。进入阶级社会以后，在神权政治思想的支配下，国家活动往往和敬神联系在一起，从而赋予礼以新的性质，成为阶级社会的一种控制手段。夏礼是在改造旧传统习俗的基础上，适应阶级分化的新秩序而形成的新规范。这是一个充满斗争的过程，也是一个文化渐进的过程。夏礼对商、周有着重大的历史影响，孔子所说“殷因于夏礼，所损益，可知也，周因于殷礼，所损益，可知也”③是可信的。

---

① （东汉）许慎：《说文解字》，中华书局1963年版，第175页。

② （清）徐灏：《说文解字注笺》，《续修四库全书》229册，上海古籍出版社1996年版，第132页。

③ （三国·魏）何晏注，（北宋）邢昺疏：《论语注疏》，中国致公出版社2016年版，第25页。

礼的主要内容是:“上事天,下事地,尊先祖而隆君师”①。为了把礼确立为调整阶级秩序的新规范,需要借助神的力量,因此把“上事天”列为首要内容。进而又把礼所调整的等级秩序比附于“天地之有序”。在家国相通、亲贵合一的宗法政治色彩十分浓厚的夏朝,更以“尊先祖”“隆君师”为礼所追求的最现实的目标,表现了礼的最早的趋向。

商朝法制文明的进步表现为民事法律规范的出现。随着私有制的形成与等级分化,必然发生氏族社会所未曾有过的财产关系与人身关系,并且需要以法律进行调整,由此而逐渐产生了民事法律规范。其主要内容是确认等级身份,保护所有权,调整债权债务,建立婚姻与继承制度,等等。

商朝的民事法律,内容比较简单,更没有形成体系,但作为一种调整特殊对象的法律规范确实是存在的。在奴隶占有制度下,社会分裂为奴隶和奴隶主两个对立阶级。奴隶的主要来源是战俘,也有一些平民因犯罪而沦为奴隶,即“罪隶”。他们是商朝社会被统治和被剥削的阶级,同时也是创造社会财富的最基本的阶级。但他们不仅过着牛马般的生活,连生命也无任何保障,经常被当成“人殉”“人牲”惨遭杀害。

奴隶之外的“小人”是商代社会的“平民”阶层,享有完整的民事权利。他们可以从贵族那里得到土地进行生产,身份是自由的。小人的政治倾向,在一定程度上影响着商朝的国家活动。小人也要向贵族缴纳贡税,并经常被贵族利用为从事战争的工具。他们的社会地位极不稳定,常因军事服役、赋税或天灾人祸而破产,或者因犯罪而沦为奴隶。商后期小人反抗贵族统治的斗争和奴隶起义逐渐合流,标志着商朝统治的深刻危机。

与广大奴隶处于对立地位的是奴隶主贵族阶级,亦即典籍中所说的“王侯”“王族”“子族”“邦伯师长百执事”和“百姓王人”等。他们是由原

① (清)王先谦撰:《荀子集解下》,中华书局2013年版,第413页。

来的部落联盟的各级首领和军事集团的领袖转化而来的。他们掌握了国家权力，并且在组织奴隶制的生产方面表现出一定的历史积极作用。

商朝最基本的生产资料——土地，采取国有形式。商王享有最高的土地所有权，由商王分配给贵族使用，分得土地的贵族们只享有土地的占有、使用和管理权，至于土地的所有权与处分权，仍归商王。

需要指出的是，一些接受商王统治的诸侯国的土地所有制与商王直辖区有所不同。《史记・殷本纪》载："（殷纣王时）西伯出而献洛西之地，以请除炮烙之刑。纣乃许之，赐弓矢斧钺，使得征伐。"说明西伯（周文王）虽臣服于商，但土地的所有权仍属西伯，并未发生变化。

除土地外，奴隶也是重要的所有权客体，他们和其他牲畜、工具一样，都是贵族们的财产，可以作为买卖或赏赐的对象进行转让，以至随意杀害。安阳小屯宗庙宫寝遗址南部的一座祭坛上及其周围，便发现了许多以人、畜作为祭祀牺牲的遗迹。

在婚姻与继承的关系上，商朝占统治地位的婚姻形态是一夫一妻制。从史书记载和卜辞中证实了在 31 位商王中，绝大多数为一夫一妻。如成汤配妣丙，大甲配妣辛。王犹如此，可见一斑。但是，无论王或贵族往往于正妻之外大量娶妾，武丁时庶妻多至六十四人。《史记・殷本纪》说纣也"嬖于妇人"。为了保证贵族男性可以占有数量不等的庶妻，在贵族之间实行以"娣"随嫁的"媵嫁"制度。

随着宗法系统的确立，王位继承由兄终弟及转向父死子承。具体说来，康丁之前，大致是兄终弟及与父死子继等多种继承方式交替并行，康丁、武丁、文丁、帝乙、帝辛五世皆为父子相继。在王权与宗法双重关系的作用下，嫡长子继承制终于取代了兄终弟及制。至帝乙时，"有妻之子而不可置妾之子"①，已被严格确定为法律。"帝乙长子曰微子启，启母贱，

① （东汉）高诱注，（清）毕沅校：《吕氏春秋・当务》，上海古籍出版社 2014 年版，第 221 页。

不得嗣。少子辛，辛母正后，辛为嗣。帝乙崩，子辛立，是谓帝辛，天下谓之纣。”①《吕氏春秋·当务》记述纣继承王位事更为详细：“纣之同母三人，其长曰微子启，其次曰中衍，其次曰受德，受德乃纣也，其少矣。纣母之生微子启与中衍也，尚为妾，已而为妻而生纣。纣之父，纣之母欲置微子启以为太子，太史据法而争之曰：‘有妻之子，而不可置妾之子。’纣故为后。”

嫡长子继承权的确立是统治阶级内部为保证其财产权和政治特权不受侵害，以及维持内部秩序而实行的一种制度，至周朝进一步法律化，并为以后的王朝所承袭。

第二节　西周民事法律的渐进

周朝建立以后，民事法律取得了发展。周王、贵族、卿大夫、士，是国家政权的执掌者，自然享有完整的民事权利能力与行为能力。庶人中主要是农民，他们在井田制下往往和土地一起被赠予其他贵族。至春秋中后期，随着土地私有制的确立，已为享有完全民事权利能力和行为能力的主体。庶人中的工商的民事权利能力的消长情况与农民同，据《国语·周语》记载：“庶人工商，各守其业，以共其上。”说明他们的人身是自由的，但还不是完全意义上的民事权利主体。

权利能力的取得，《周礼·秋官·司民》有以下规定：“司民掌登万民之数，自生齿以上，皆书于版，辨其中国，与其都鄙，及其郊野，异其男女，岁登下其死生。”古时生齿一般指男八月女七月；版，指户籍，就是司民之官每年将生齿的男女登记于户籍簿上，这意味着取得权利能力。对死亡者注销，则表示权利能力的结束。

对于行为能力，《礼记·曲礼》说：“男子二十冠而字”，“女子许嫁笄

---

① （西汉）司马迁撰：《史记·殷本纪》，中华书局 2019 年版，第 105 页。

而字”。正义解释说:“已冠而字之,成人之道也”,又疏云:“许嫁则十五而笄,未许嫁则二十而笄,亦成人之道也。”可见,男二十、女十五视为成年,相应地具有了行为能力。

民事权利的客体,主要是物(包括奴隶在内),物中的不动产土地在西周中前期被禁止买卖,所谓“田土不鬻”。国王通过封赐的方式使诸侯卿大夫获得土地,如《大盂鼎》铭文记载“受民受疆土”;受封赐的诸侯卿大夫只有土地占有、使用、收益权,不享有对土地的处分权。随着农业生产力的提高,开垦私田是取得土地所有权的另一重要途径,“王土”的观念日益淡薄。

至于动产,据《周礼》记载,包括货贿(金玉、珠宝),奴隶、牛马、六畜、兵器、珍异等,均可交易,但仍以贵族为主。如《曶鼎》记载,贵族曶以匹马束丝购得五名奴隶。一般庶民进行交易要在“市”中进行,并有时间限制,所谓“日中为市,致天下之民,聚天下之货”①。无论大市、小市均须定“质剂”,《周礼·天官·小宰》云:“七曰听卖买以质剂。”郑玄注:“质剂,两书一札,同而别之,长曰质,短曰剂。傅别、质剂,皆今之券书也。”《周礼·地官·质人》云:“凡卖价者质剂焉,大市以质,小市以剂。”郑玄注:“大市,人民马牛之属,用长券。小市,兵器珍异之物,用短券。”

夏商西周时期,土地私有权还没有确立,影响了民事法律关系的发展,礼发挥着重要的调整作用,成为民事法律渊源。但从《诗经·小雅·大田》“雨我公田,遂及我私。”无论不动产、动产的私有趋向,已成为不可阻挡的历史潮流。由于这一时期盛行宗法制度,由国及家,都受到宗法原则的调整,这有利于推动婚姻家庭的制度化。从现有的民事纠纷材料中,可以看出盟誓起着重要的证明作用,反映了神权法的遗痕。

---

① 郭彧译注:《周易·系辞》,中华书局2006年版,第381页。

第三节 春秋战国时期民事法律的迅速发展

春秋后期至战国，由于铁制生产工具的广泛应用，极大地提高了生产力，使得开垦私田成为可能。私田的所有权属于开垦者，以致严重冲击了固有的井田制度，使得土地国有制向私有制过渡已经成为历史的趋势。鲁宣公十五年“初税亩”、郑国“作丘赋”、秦国“初租禾”，显示了国家以设定义务的方式承认土地私有权。战国时，商鞅变法，“除井田，民得买卖”，由此，买卖成为取得不动产土地的重要途径，并得到法律的保护。土地的商品化，促进了商品经济的发展，尽管还属于初级阶段，但都为民事法律的孕育提供了基本的物质基础。与此同时，废除了世卿制度，实行奖励首功的政策，并设立了二十等军功爵，扩大了民事权利主体的范围。同时发展了私有权的观念，如同孟子所说：“非其有而取之者，盗也”①。

1975 年，湖北云梦出土的秦墓竹简中，多有民法的内容，不仅再现了秦国的民事法律状态，对于了解战国时期各国的民事法律也有一定的参考价值。秦国随着兼并战争的胜利和疆域的扩展，出现了“新秦人”的特殊阶层。他们同秦人一样，“为户籍相伍”，也具有权利能力。至于商贾、作务、赘婿、后父则是有限制的民事权利主体，本人及其子女均不得从政、入仕。但邦客和游士在秦国是享有特殊民事权利的主体，享有与秦人同等的各项民事权利，甚至可以执掌国政，如李斯。此外，在社会上有大量的人奴妾和官奴婢，他们没有人身自由和任何政治权利、财产权利，甚至婚姻权利也是不完全的，只是作为被买卖或赠与的对象而存在，是民事权利的客体。关于行为能力，根据秦律，凡年十五岁已傅籍者即有义务为国家服役，因而应被视为具有行为能力。

如果说西周中前期土地严禁买卖，但至战国时期，土地不仅可以买

① （战国）孟子：《孟子·万章下》，崇文书局 2015 年版，第 192 页。

卖，还可以交换、租赁，或用于赔偿。例如，周共王时期铜器《五祀卫鼎》中，记载了裘卫以田四田交换邦君厉田五田，为使此项交换合法化，保护通过交换获得的“田五田”的所有权，铸鼎记述交换的全部过程。另据《伯格簋》铭文记载一乘良马可换耕地三十田。《卫盉》还记载了共王三年，矩伯向裘卫购买觐璋，裘卫索价八十朋，矩伯最终购得田十田。在秦墓竹简中，关于所有权的取得、变更和消灭是核心内容。对于法定的所有权的重要作用，商鞅曾作过形象的比喻：“一兔走，百人逐之，非以兔可分以为百，由名之未定也。夫卖（兔）者满盗不敢取，由名分已定也。”①由于兼并战争的胜利，国有土地仍占很大比重，除国有形式外，商鞅变法“改帝王之制，除井田、民得买卖”，标志着封建地主土地所有制的确立，农民也获得少量的土地，并受到法律的保护。

先秦以债法最具代表性。在古字中“债”为“责”，按《说文解字》：“责，求也。”意为一方享有特定的权利，即债权人；另一方负有特定的义务，即债务人。另据《周礼》：“听为责。”表达了债权人和债务人的权利义务关系。此外，《周礼・秋官・朝士》曰：“凡有责者，有判书以治则听。”“凡属责者，以其地傅而听其辞。”《周礼・天官・小宰》云：“听称责以傅别。”所谓判书、傅别，类似契约，说明契约已经是债发生的重要条件，于是而有买卖契约、交换契约、借贷契约、租佃契约等。

制定契约的目的，一是使债权债务的当事人遵守约定的信用。《周礼・地官・司市》载：“以质剂结信而止讼。”贾公彦疏：“恐民失信，有所违负，故为契书结之，使有信也。民之狱讼本由无信，既结信则无讼，故云止讼也。”《荀子・君道》说：“合符节，别契券者，所以为信也”。

《周礼》还规定对不信守契约者，“刑之”或“墨”或“杀之”，就是以刑法保证契约的法律效力。再者，是一旦发生争讼，契约是最有效的民事证据。《周礼・秋官・小司寇》规定，“凡以财狱讼者，正之以傅别、约剂”。

① （战国）商鞅：《商君书・定分》，中华书局2009年版，第205页。

《周礼·天官·小宰》云:“听称责以傅别”“听取予以书契”“听买卖以质剂”。《周礼·秋官·朝士》则称“凡有责者,有判书以治则听”。没有契券就等于“自服不直”。《韩非子·主道》也说:“言已应则执其契,事已增则操其符。符契之以合,赏罚之所生也”。

正因为如此,契约的订立,要求双方同意,即一方要约,一方承诺,双方达成协议,还须履行报官的法律程序,如须勘查地界,还须于契约中证明,如《散氏盘》铭文对勘定地界记述较为详细,包括地势的曲折高低、毗邻的河流大道,尽行标志。契约完成以后,还要“书于丹图”,即由史官登录注册。有时还要求当事人“盟誓”,即借助神的力量强制缔约,信守约定。

值得提出的是,先秦时期已有侵权赔偿之债。《曶鼎》铭文中的“寇禾”一案就是典型例证:“昔馑岁,匡众毛(厥)臣廿夫寇禾十秭,以匡季告东宫,东宫乃曰:‘求乃人,乃弗得,汝匡罚大。’……东宫乃曰:‘赏(偿)禾十秭,遗十秭,为廿秭。[乃]来岁弗赏(偿),则付卅秭。’”意为孝王末年,一个饥荒的年月,小贵族匡季指使他的奴隶割了另一贵族留的 10 秭禾,留讼于东宫,东宫责备匡季的侵权行为,经过调解,匡季同意赔偿 20 秭禾,于来年交付,如不能履约,罚至 30 秭禾。侵权赔偿之债,是因侵犯他人财产权而发生之债,是民法上常见之债。此外,还有不当得利之债。《周礼·秋官·朝士》云:“凡得获货贿、人民、六畜者,委于朝,告于士。旬而举之,大者公之,小者庶民私之。”意为凡得到遗失的财物、逃亡奴隶和跑失的牲畜,应当上告朝士在期限内让人认领,不得私自据为己有,否则按不应当得利处以刑责。

秦简中也反映了官府与百姓之间因契约而发生的债。由于赋税、罚款、损失公物以及从官府中取得不当得利所发生之债,称为国家债权。凡属国家债务均采取强制手段迫使债务人履行或执行。私人之间因契约而发生之债,是流行的债的形式。《法律答问》:“何谓‘亡券而害’? 亡校券右为害。”不仅说明了“券”是债的形式,而且也反映了如债权人所掌握的

“右券”丢失，会造成契约失效的后果。秦时买卖土地、奴隶、牛马均须订立契约，此类契约较为普遍。除买卖契约外，秦时也流行借贷契约，此类契约在民间亦较为流行，但不准以人质作押，否则治罪。在非法侵权而发生之债中，如因侵权行为造成器物的损坏，依法责令加害人进行修理，使之复原；不能复原者，要用同样器物或金钱赔偿。在债务的履行方面，债务人“有债于公”无力履行者，则强制“居作”。在职官吏无力履行债务时，从俸禄中扣除，免于“居作”。在秦律中也规定了债务担保。有以物担保，即债务人或第三人将所有物作为债务的担保，或者将动产交付债权人占有，或者以不动产作保。但秦时更多的是以人担保，即由经手人或第三人担保。

婚姻作为一种社会制度早在西周之时已经确立，不仅逐步形成一套较为定型的习俗和复杂的礼制，而且也十分重视对于婚姻、家庭制度与秩序的法律调整。

先秦的婚姻形态是一夫一妻制，但王室、贵族实行法定的多妾制。婚姻关系的成立，首先，需要符合法定婚龄。按《周礼·地官·媒氏》：“令男三十而娶，女二十而嫁”，实际男子二十而冠，女子十五而笄，已属法定婚龄。其次，必须有父母之命。《诗经·南山》：“取妻如之何，必告父母。”此外，“男女无媒不交”①，“取妻如之何，匪媒不得”②。最后，须有六礼——纳采、问名、纳吉、纳征、请期、亲迎的法定仪式。婚姻的禁忌，首先，同姓之间不通婚姻。其次，不同等级之间不通婚姻。最后，居父母丧期，三年不得嫁娶。婚姻关系的解除，也有以下条件：父母的爱恶，婚后三年妻子不生育，配偶一方死亡或离异。秦律中也反映出秦国从巩固以小农经济为基础的家庭制度出发，保护合法婚姻，惩罚非法婚姻。根据秦律，经过官府的合法婚姻关系的成立或解除，均受到法律的保护。夫妻之间也受连坐法的约束，双方皆有告奸的责任与权利，否则丈夫犯罪妻子

---

① （西汉）戴圣：《礼记·坊记》，中华书局2017年版，第27页。

② 张南峭注译：《诗经·南山》，河南人民出版社2020年版，第91页。

连坐。

在宗法制度支配下的家庭，实行以父权、夫权为特征的家长制家庭。在继承制度上，不仅包括官职爵位和财产两部分，而且，嫡长子继承逐渐制度化。“立嫡以长不以贤，立子以贵不以长”①，既是宗法，也是国法，目的在于保持贵族们的政治特权、爵位和财产不致分散或受到削弱。同时，也为了维系统治阶级内部的秩序和延续宗支。

总括上述，由于铁制生产工具的广泛使用，极大地提高了生产力，也带动了生产关系的变化。土地的私有权普遍确立，贵族官僚所有的土地可以自由买卖、交换、租让，这些得到了铭文的证实，有时官府也介入较为重大的民事法律活动，以示慎重。除此之外，在有些民事诉讼中，如证据不足，则令当事人以盟誓结案，表现了神权法的某种参与。债法由于调整动产和不动产方面的法律关系，因此较产权法发达，因契约而发生之债较为流行，特别是买卖契约较为普遍。买卖契约须订立质剂，作为所有权转移的合法凭证。民事法律关系的迅速发展，除法律外，还需借助礼俗加以调整。1975 年，湖北出土的秦墓竹简不仅是秦国法制的再现，也是春秋时期各国民事法律的一个缩影。

---

① （战国）公羊高撰，顾馨、徐明校点：《春秋公羊传》，辽宁教育出版社 1997 年版，第 1 页。

第二章　汉代民事法律的初步发展

汉朝是中国古代的著名王朝，汉承秦制，继续实行专制主义的皇帝制度，随着国家的稳定和疆域的扩大，社会经济的恢复与发展，特别是丝绸之路的开拓，促进了商贸的发展，由此促进了财产关系的流转和土地的买卖，给民事法律的初步发展提供了必要的条件。

第一节　民事权利的主体与客体

汉代宗室、诸侯王、官僚、地主、大商人、自耕农是民事权利的主体，但佃耕的农民依附于地主，由于土地的买卖，佃农常随田转移，因而是不完全的民事权利主体。商人虽具有完全的民事行为能力，但在重农抑商的政策影响下，商人不许衣丝乘车，更不准入仕为官，因此也是不完全的民事权利主体。

特别需要提出的是，由于战争、灾害、债务等原因造成了大量的官私奴婢，他们是赏赐、买卖的标的物，与牛羊、田宅同列，毫无权利可言，是民事权利的客体。如《汉书·董仲舒传》所说："众其奴婢，多其牛羊，广其田宅，博其产业。"两汉奴婢制度之所以盛行一时，一者受到奴隶制时代大量蓄养奴隶的积习的影响，再者，两汉时期，战争频仍，加之天灾，使得有些穷苦之人，自卖为奴，也有没入官府为奴的犯罪之家。由于官私奴婢数量极多,是一个庞大的劳动力阶层,因此两汉都曾下诏免为庶民,使其获得与庶民相同的民事权利,以增加劳动力,但收效甚微。

至于行为能力,汉代并无明确规定,一般以男子承担徭役的"丁年"作为取得行为能力的标准,丁年在历代多有变动,大体以二十岁至五十、六十岁为丁年。

第二节 汉代产业权的发展

不动产称为"产"、"业"或"产业",即今之物权;不动产指田宅,所谓"地既不离常处,理与财物有殊",①其所有权人称为业主或产主。动产包括财物、畜产和奴婢,称为"财"、"物",其所有权人称为财主或物主。产业权的核心是所有权。

汉代已有专门保护土地所有权的立法。汉初颁行的"田律"、"田令"和"田租税律",其着眼点都是对公私土地所有权的保护,确认官田与私田的租税收入。官府为了增收田租税,向农民出租土地即所谓"假民公田"、"赐民公田"。农民除向官府租佃土地外,更多的是向地主租佃土地,所谓"或耕豪民之田,见税什五"②。为了保护所有权,官田禁止买卖,如盗卖官田处死刑。

私田如进行买卖、赠与、出租、继承等民事活动时,要求订立文契,作为所有权变动的法律凭证。

第三节 汉代债的产生与法律调整

西汉时期,因契约而发生之债已逐渐成为社会上较为普遍的现象,这

① (唐)长孙无忌等编:《唐律疏议》卷一三《户婚》,中国政法大学出版社 2013 年版,第 167 页。

② (东汉)班固撰:《汉书·食货志第四上》,中华书局 2019 年版,第 1137 页。

是和商品经济的一定发展分不开的。因债务而订立的契约在民事纠纷中起了重要的证据作用。如同郑玄注《周礼》所云："若今时市类为券书以别之,各得其一,讼则案券以证之。""谓若今时辞讼有券书者为治之。"在契约之债中以买卖契约最为流行。

买卖契约在汉时称为"券"或"券书",是各种契约形式中最普遍的一种,也是买卖关系成立的合法凭证,发生争讼,则以此为凭。因此在汉墓中发现了许多以石、砖、铅、木、玉制作的买地券,其中包括订立契约的时间、当事人、田地四至、亩数、价钱、证人、不许侵犯等内容。

由于奴婢也是主要的买卖对象,因此汉代的买卖契约中也包括相当数量的买卖奴婢契约。《太平御览》卷五九八及孙星衍《读古文苑》卷二〇所载王褒的《僮约》典型地反映了汉代的买奴情形:"神爵三年正月十五日,资中男子王子渊从成都安志里女子杨惠买亡夫时户下髯奴便了,决贾万五千。奴当从百役使,不得有二言。……奴不听教,当笞一百。"由于盛行买卖奴婢,而有专门的奴婢市场。《汉书·王莽传》载,西汉时,"置奴婢之市,与牛马同栏,制于民臣,颛断其命,奸虐之人,因缘为利,至略卖人妻子"。

对于买卖行为中故意抬高价格,显失公平者,虽贵族高官也要予以惩罚。随着丝绸之路的开通,涉外的买卖活动,也由官府掌握并依法进行,私自买卖受到限制,譬如买入塞外禁物,或出口马匹和武器,均给予法律制裁。景帝二年(前 155)嗣侯宋九,"坐寄使匈奴,买塞外禁物,免"①。

汉时,"为人起责,分利受谢"②的借贷活动已经盛行。发生借贷关系时须立券。法律在调整借贷关系时,侧重于保护债权人的利益,逾期不偿者要负法律责任。文帝时,河阳侯嗣侯陈信"坐不偿人债,过六月,免"③。

贵族官僚、豪商也都热衷参与借贷,以牟取高利。颜师古曾为"为人

---

① (东汉)班固撰:《汉书·高惠高后文功臣表》,中华书局 2019 年版,第 588 页。

② (东汉)班固撰:《汉书·谷永传》,中华书局 2019 年版,第 3460 页。

③ (东汉)班固撰:《汉书·高惠高后文功臣表》,中华书局 2019 年版,第 461 页。

起责,分利受谢”注曰:“言富贾有钱,假托其名,代之为主,放与它人,以取利息而共分之,或受报谢,别取财物。”①由于放贷者取息甚高,遂成为致富一方的途径。《史记·货殖列传》举高利贷者无盐氏为例,说他一岁之中获息十倍,“用此富埒关中”。债务人则往往因至期无力偿还,而不断发生逃亡与盗贼事件,成为社会不安定的因素。为此,汉律不得不明定利率,限制高利贷盘剥。据《汉书·食货志》:“欲贷以治产业者,均受之。除其费(成本),计所得受息,毋过岁什一。”凡取息过律者,追究法律责任。武帝元鼎元年(前116),旁光侯刘殷“坐贷子钱不占租,取息过律,会赦,免。”②成帝建始二年(前31)陵乡侯刘訢,“坐贷谷息过律,免”③。

为了保证债务关系的履行,设债务担保人,称为“任者”,也有见证人,称为“旁人”。债务担保,或者以物担保,或者以人为保,用以约束履行债务的义务。如债务已经清偿,要在原契约上注明。

第四节 汉代的婚姻、家庭与继承

自武帝罢黜百家尊崇儒术以后,儒家三纲五常的学说构成了汉律的思想基础。这在婚姻家庭制度方面表现得尤为明显。汉时婚姻关系的成立,以父母主婚、媒妁传言为首要条件。随着商品经济的发展,“六礼”之中的“聘礼”极为盛行。汉初鉴于人口锐减,为了增殖人口,提倡早婚。曾下令:“女子年十五以上至三十不嫁,五算”④,即五倍算赋。对此汉时人颇有异议,《汉书·王吉传》说:“世俗嫁娶太早,未知为人父母道而有子,是以教化不明而民多夭。”《礼记·内则》提出:男“三十而有室”,女“二十而嫁”。实际情况未必如此。至于婚姻的禁忌,据《白虎通·姓

① (东汉)班固撰:《汉书·谷永传》,中华书局2019年版,第3461页。
② (东汉)班固撰:《汉书·王子侯表》,中华书局2019年版,第447页。
③ (东汉)班固撰:《汉书·王子侯表》,中华书局2019年版,第503页。
④ (东汉)班固撰:《汉书·惠帝纪第二》,中华书局2019年版,第91页。

名》:“同姓不得相娶,皆为重人伦也。”近亲与尊卑之间也严禁通婚,更不得娶亡人为妻,违者科刑。

根据汉时礼法,婚姻的目的是“上以事宗庙,下以继后世也”①,由此必然维护夫权统治,所谓“夫者,妻之天也”②,同时,也重视生子延嗣,这是宗法制度所要求的。国家为奖励民间生子,高祖于七年下令民产子,免除二年徭役。由于延嗣继世是婚姻的目的,因此,汉律虽然确定婚姻关系为一夫一妻制,但无后嗣者,纳妾亦不禁止。至于皇帝、贵族、官僚则实行法定的多妻制。从武帝时起,皇后以下有十四个等级的“诸姬”,泛称“后宫三千”。丞相张苍也是“妻妾以百数”③。但妾的地位低下,“乱妻妾位”不仅为宗法所不许,也为国法所严禁,孔乡侯傅晏“坐乱妻妾位,免,徙合浦”④。

汉律也允许男子入赘女家,所谓“家贫子壮则出赘”⑤。由于赘婿既贫穷无力娶妻,又不得承继本支宗祀,因而受到社会歧视和法律上的不平等待遇。例如,文帝时,“贾人、赘婿及吏坐赃者,皆禁锢不得为吏”⑥。

婚姻的解除,主动权操于丈夫之手,突出地表现为妇人“七去”之条的规定。所谓七去是:不顺父母、无子、淫、妒、恶疾、多言、盗窃。据《大戴礼记·本命》解释:“不顺父母去,为其逆德也;无子,为其绝世也;淫,为其乱族也;妒,为其乱家也;有恶疾,为其不可与粢盛也;口多言,为其离亲也;盗窃,为其反义也。”但也有“三不去”的理由:“有所取无所归不去;与更三年丧不去;前贫贱后富贵不去”⑦。总之,丈夫可以各种口实休妻,妻子却无权脱离品行恶劣的丈夫。儒家的理论认为“夫有恶行,妻不得

---

① (西汉)戴圣:《礼记·昏义》,上海古籍出版社1987年版,第324页。
② 崔高维校点:《仪礼》,辽宁教育出版社2000年版,第81页。
③ (西汉)司马迁撰:《史记·张丞相列传》,中华书局2019年版,第2682页。
④ (东汉)班固撰:《汉书·外戚恩泽侯表》,中华书局2019年版,第711页。
⑤ (东汉)班固撰:《汉书·贾谊传》,中华书局2019年版,第2244页。
⑥ (东汉)班固撰:《汉书·贡禹传》,中华书局2019年版,第3077页。
⑦ 方向东译注:《大戴礼记·本命》,江苏人民出版社2019年版,第433页。

去者,地无去天之义也”①。

对于离婚后的财产,汉律也作出了前所未有的规定。据《礼记·杂记》(下)郑玄注引汉律:“弃妻畀所赍”,即丈夫提出离婚,允许妻子将初嫁时的财物带走。

汉律所确认的以男尊女卑为特征的婚姻关系,还表现在妻子如私自改嫁,或夫死未葬而改嫁者,皆弃市;夫与人通奸,只处徒刑,而妻与人通奸,则处死刑。

在继承方面,受宗法制度的影响,无论皇帝、贵族、官僚以及庶民都以宗祧继承为主。其次是财产继承。因此,立继即确立继承人最为紧要,称为“置后”或“代父后”。汉代无论王位还是爵位的继承权都属于嫡长子,所谓“父子相传,汉之约也”。②《史记·孝文本纪》说:“立嗣必子,所从来远矣。……子孙继嗣,世世弗绝,天下之大义也。”汉景帝时,欲传帝位于其弟梁孝王,大臣窦婴争谏说:“汉法之约,传子适孙,今帝何以得传弟,擅乱高祖约乎!”袁盎也说:“方今汉家法周,周道不得立弟,当立子。”③

《二年律令·置后律》规定无子男立继的继承顺序和限制:“死毋子男代户,令父若母,毋父母令寡,毋寡令女,毋女令孙,毋孙令耳孙,毋耳孙令大父母,毋大父母令同产子代户。同产子代户,必同居数。弃妻子不得与后妻子争后。”④

在封爵的继承上尤其强调嫡长子继承,汉律特别规定了“非正”罪与“非子”罪。凡非嫡系正宗继承爵位,为“非正”罪,依律免为庶人。平帝时“嗣平周侯丁满,坐非正免”⑤。凡非亲生之子继承爵位,为“非子”罪。

① (东汉)班固撰:《白虎通义·嫁娶》,台湾商务印书馆 2008 年版,第 62 页。
② (东汉)班固撰:《汉书·窦婴灌韩传》,中华书局 2019 年版,第 2375 页。
③ (西汉)司马迁撰:《史记·梁孝王世家》,中华书局 2019 年版,第 360 页。
④ 彭浩、陈伟、[日]工藤元男主编:《二年律令·置后律》简 379—380,上海古籍出版社 2007 年版,第 238 页。
⑤ (东汉)班固撰:《汉书·外戚恩泽侯表》,中华书局 2019 年版,第 711 页。

宣帝时营平侯赵钦死后，其养子赵岑继位，赵岑系长安女子王君侠之子，被告发，“岑坐非子免，国除”①。爵位继承之所以强调嫡长子继承制，是为了把统治特权世世代代保留在宗祧以内，避免造成世袭权利的丧失。但“嗣子有罪，不得代。”②至于禁止异姓承继宗祧，则是为了确保宗法血缘的纯正性，不使异姓乱宗。

财产继承，诸子一般享有平等继承权。例如，陆贾有千金，平均分给五子，每子各得二百金，“令为生产”③。这是汉时通行的法定财产继承的范例。

汉代已经出现遗嘱继承，遗嘱称为“先令”，师古注曰：“先令者，预为遗令也。”④江苏扬州仪征胥浦一百零一号汉墓出土的《先令券书》竹简，是迄今所知最早的遗嘱继承实证：“元始五年九月壬辰朔辛丑[亥]，高都里朱凌，[庐]居新安里，甚接其死，故请县乡三老、都乡有秩、左里阝市田谭等，为先令券书。”

“凌自言：有三父，子男女六人，皆不同父。[欲]令子各知其父家次；子女以君、子真、子方、仙君、父为朱孙。弟公文，父吴衰近君。女弟弱君，父曲阿病长宾。妪言：公文年十五去家，自出为姓，遂居外，未尝持一钱来归。妪予子真、子方自为产业。子女仙君、弱君等贫毋产业。五年四月十日，妪以稻田一处、桑田二处，分予弱君。波(陂)田一处，分予仙君，于至十二月。公文伤人为徒，贫无产业。于至十二月十一日，仙君、弱君各归田于妪，让予公文。妪即受田，以田分与公文。稻田二处，桑田二处，田界易如故，公文不得移卖田予他人。时任知者：里阝市伍人谭等，及亲属孔聚、田文、满真。”

“先令券书明白，可以从事。”⑤

总括上述，汉代婚姻家庭的理论已经系统化了。由于家庭是社会结构的基础，因此汉律把夫妻、父母、子女的关系确定为法律上的从属关系，借

① （东汉）班固撰：《汉书 · 赵充国传》，中华书局 2019 年版，第 1994 页。
② （东汉）班固撰：《汉书 · 王子侯表》，中华书局 2019 年版，第 445 页。
③ （东汉）班固撰：《汉书 · 陆贾传》，中华书局 2019 年版，第 2114 页。
④ （东汉）班固撰：《汉书 · 景十三王传》，中华书局 2019 年版，第 2422 页。
⑤ 扬州博物馆编：《江苏仪征胥浦 101 号西汉墓》，《文物》1987 年第 1 期，第 11—12 页。

以维护父权、夫权在家庭中的统治地位。在二千年的封建社会中,家长制家庭由于得到法律的维护,始终是稳定的,成为专制主义政治制度的重要支柱。

第五节 汉代的民事诉讼

汉代因财产纠纷发生的民事诉讼,不仅见于文献,更被出土的简牍所证实,概括起来,有以下特点:

其一,民事案件虽然只是涉及财产关系,有些诉讼主体是一般百姓,但司法机关仍然十分重视,均由县廷长官亲自审理,并且指令所属司法佐吏予以协助。

其二,民事案件于案件发生地起诉,以便于了解真相,与刑事案件原告就被告不同。

其三,民事案件注重证据,原被两造的书状,双方的陈词,证人证言以及相关的物证、勘验笔录等均构成证据。

其四,民事案件判决基本上按民事审判的要求处理,只有附带刑事案件可附加刑责。民事判决除依法外,由于民事法律的缺乏,在春秋决狱的影响下,多依礼俗断案。

其五,民事案件不一定进行判决,已经开始实行调解息讼。如"(延寿)入守左冯翊,行县至高陵,……民有昆弟相与讼田自言,延寿大伤之。曰:'幸得备位,为郡表率,不能宣明教化,至令民有骨肉争讼,既伤风化,重使贤长吏、啬夫、三老、孝弟受其耻,咎在冯翊,当先退。'是日移病不听事,因入卧传舍,闭阁思过。一县莫知所为,令丞、啬夫、三老皆自系待罪。于是讼者宗族传相责让,此两昆弟深自悔,皆自髡肉袒谢,愿以田相移,终死不敢复争。延寿大喜,开阁延见,内酒肉与相对饮食,厉勉以意告乡部,有以表劝悔过从善之民。"①

① (东汉)班固撰:《汉书·韩延寿传》,中华书局2019年版,第3213页。

第三章　门阀政治下魏晋南北朝的民事法律

魏晋南北朝时期，是中国历史上特有的门阀政治时代，世家大族不仅控制了大量的土地，而且享有世袭的法律特权，造成了政治的腐败与外患的频仍，世家大族还崇尚玄学，热衷于清谈，置国家政事于不顾，遭致北方少数民族政权的不断入侵和王朝的更替。相对而言，北朝少数民族政权富于进取精神并且学习汉魏旧法，建立新制，在民事法律上的重大发展就是开始推行均田法。

第一节　民事权利的主体和客体

两晋南北朝时期，作为大土地所有者的士族，还享有垄断政权的特殊地位，依附于士家大族的农民，身份降为部曲（士家兵丁也称部曲）和佃客，丧失了独立的民事法律主体的地位。曹魏时，李典拥有宗族部曲三千余口。孙吴朱桓拥有部曲万口。

佃客也是依附于士家大族的农民，他们是从占田制发展而来的。还在曹魏时期，便颁行了“赐公卿以下租牛客户各有差”的法令。西晋在此基础上，进一步制定了占田法，即按官品占田、占客和荫亲属。通过占田法将士家大族的经济特权制度化，并为他们掠夺农民土地，占有农民人身，任意进行剥削提供了法律根据。按晋制，官吏可按官品占田 10 顷至 50 顷，占佃客 1 户至 50 户，庇荫衣食客和亲属多者九族，少者三世。除官僚士族外，皇室、国宾、先贤后代和士人子孙，也都可以按门第高低庇荫亲属。所谓庇荫亲属实质上是允许合法地占有依附农民。作为“荫人”的佃客，没有自己的户籍，对主人有着严格的人身依附关系。曹魏时，佃客与土地、钱帛一样都可用于赏赐。实际上士族官僚所占之田与所占之客，都远远超出了法律的规定。

晋时，“十六以上至六十为正丁”，具有完全的民事行为能力。南朝，一般 15 岁至 16 岁为半丁，即限制行为能力人。北朝，18 岁以上 65 岁以下为丁年，享有完全民事行为能力。

奴婢的身份最为低下，他们是民事权利的客体和被买卖、赠与和赏赐的对象，而不具备任何民事法律权利。甚至主人杀死奴婢，也不抵罪。奴婢主要来源于“因荒自卖”者。国家不仅确认“门胄高华”的士族大量占有和役使奴婢的合法性，而且也实行籍没俘虏和罪犯为官奴婢，以至士族官僚之家竞相蓄养奴婢。东晋刁逵“有田万顷，奴婢数千人”①。法律严禁和制裁“掠良人为奴婢”。

第二节　占田制和均田制下的产业权

产业权的核心是土地。曹魏时的屯田与西晋实行的占田，都是以国有土地为基础的土地分配与经营制度。士族豪强极力巩固和扩大他们对土地的占有，从而与国家的土地所有制发生了尖锐矛盾。东晋时，为了维护国家的所有制，法律规定：“占山护泽（即侵占国有土地湖泽）……赃一丈以上皆弃市。”②这条法律对于一般农民确实起到了威慑作用，但并没

① （唐）房玄龄：《晋书·刁逵传》，中华书局 2019 年版，第 1845 页。
② （南朝·梁）沈约等撰：《宋书·羊玄保传附兄子希传》，中华书局 2019 年版，第 1537 页。

能阻止士族疯狂地掠夺土地。相反占田制本身已经确认了士族官僚豪强对土地的等级占有和促进了大土地所有制的发展。

南朝刘宋政权也仿行晋占田制，允许官吏豪强占山地一顷至三顷，给予士族豪强掠占土地以法律保障。在“权门并兼，强弱相凌”的争夺中，“百姓流离，不得保其产业”①。为此，孝武帝时制订“占山令”五条，凡已被私人占有的山泽湖泊，“听不追夺”，“若先已占山，不得更占；先占阙少，依限占足”，同时规定“官品第一、第二，听占山三顷”，至“第九品及百姓，一顷”②。由此可见，“占山令”是西晋占田令的移植，是对士族“封略山湖”的事实予以法律上的追认。

北朝法律，在保护和促进封建大土地所有制方面，与南朝相同。例如，北朝实行均田制度，奴婢亦可计口分田，从而在确保封建国家的土地所有制的前提下，发展了拥有大量奴婢的官僚地主对土地的占有。北魏在总结均田经验的基础上制定了均田令，规定：男夫一人可得桑田二十亩，“皆为世业，身终不还”③，并可传子孙，这是田制的一项重大变化。“均给天下民田”的实施，虽然使农民得到了一定的土地，但享受最大利益的仍是官僚士族。在北齐的法令中，便出现了官吏的永业田。

这一时期，中原居民大量南迁，“漂居异乡，事涉数世”，一旦返回旧墟，便与现占田人发生土地产权的纠纷。由于“年载稍久，乡老所惑，群证虽多，莫可取据。各附亲知，互有长短”，致使“争讼迁延，连纪不判。良畴委而不开，柔桑枯而不采，侥幸之徒兴，繁多之狱作”④。为此孝文帝采纳朝臣建议，规定土地争讼的时效：“所争之田，宜断年限，事久难明，

① （南朝·梁）沈约等撰：《宋书·武帝纪中》，中华书局2019年版，第27页。
② （南朝·梁）沈约等撰：《宋书·羊玄保传附兄子希传》，中华书局2019年版，第1537页。
③ （北齐）魏收：《魏书·食货志》，中华书局2019年版，第2854页。
④ （北齐）魏收撰：《魏书·李孝伯列伟附祥子安世传》，中华书局2019年版，第1176页。

悉属今主”，①以示对现佃人所有权的重视。

在这一时期，由于佛教盛行，各地广建寺院。寺院不仅是宗教活动的场所，同时占有大量土地和依附农民，成为特殊的民事主体。

与田制的变动密切相连的是赋税制度的变化。根据征战与防御的需要，国家各项财政开支显著增加，从而推动了赋税立法的发展。赋税立法的主要成就是实行租调法。租指田租，调指户调，这是适应于小农经济的课税方法。租调之法始于东汉建安九年(204)制定的“户调令”。该令将汉代“口赋”、“算赋”等人头税制，改为以户为征调单位，规定“田租亩四升，户出绢二匹，绵二斤”②，颁行户调令的目的是反对豪强擅恣掠夺，以恢复残破的经济，安定社会。蜀国在建安十三年(208)，曾“调其赋税，以充军实”③。吴国在黄武五年(226)也有“宽赋息调”④的记载。

西晋太康元年(280)在颁布《占田令》同时，推行《户调式》。规定丁男按五十亩收租四斛，即每亩八升。除田租外，还有户调，丁男为户主，每年缴绢三匹，绵三斤；丁女为户主，户调减半。“其赵郡、中山、常山国输缣当绢者，及余处常输疏布当绵绢者，缣一匹当绢六丈，疏布一匹当绢一匹，绢一匹当绵三斤”⑤。

南朝初期，户调以“听受杂物当租”⑥，“二分取钱，一分取布”。但至梁、陈时，“丁男调布、绢各二丈，丝三两，绵八两”；“禄绢八尺，禄绵三两二分……丁女并半之”⑦。所谓“禄米、禄绢、禄绵”等原为一种附加税，用于刺史、守、令的俸禄和所部兵士的给养，而后正式作为一种税收。此

① (北齐)魏收撰:《魏书·李孝伯列传附祥子安世传》，中华书局 2019 年版，第 1176 页。
② (西晋)陈寿撰:《三国志·魏书·武帝纪》，中华书局 2019 年版，第 26 页。
③ (西晋)陈寿撰:《三国志·蜀书·诸葛亮传》，中华书局 2019 年版，第 916 页。
④ (西晋)陈寿撰:《三国志·吴书·吴主传》，中华书局 2019 年版，第 1133 页。
⑤ (唐)徐坚:《初学记》卷二七，引《晋令》，中华书局 1962 年版，第 658 页。
⑥ (南朝·梁)沈约等撰:《宋书·孝武帝纪》，中华书局 2019 年版，第 134 页。
⑦ (唐)魏徵等:《隋书·食货志》，中华书局 2019 年版，第 674 页。

外，还有“口钱”、“塘丁税”等多种杂调，其中有的是为战争所需要的临时性税收。至于南朝之所以以丁男女为征调计算单位，是由于编户混乱，无法以户为单位进行征调。

北魏道武帝拓跋珪入主中原后，改变游牧生活，实行“分土定居”，也以户调法向农民征收赋税。其后，在颁布均田令的同时颁布租调法，一般是“一夫一妇帛一匹，粟二石”①。这种赋税制度适应当时的社会状况，并能满足国家的需要，因此为隋唐所承袭。

综上所述，魏晋南北朝以均田法和户调法为代表的法律有了较大发展，不仅有利于当时社会经济的发展，也支持了国家的财政需要。

第三节　魏晋南北朝的债法

债的主要形式是契约之债，而以买卖契约与借贷契约最为流行。晋律规定买卖田宅牛马，须要订立“文券”，载明成交额，国家按百分之四征收“契税”，由卖买双方按三与一之比分担。买卖其他物品（动产）可不立文券，但仍需交税，如发生纠纷，以契税单据为凭。契税制度发端于东晋。已经发现的晋太康五年（284）“杨绍买地砖”载有“民有私约如律令”字样，说明民间买卖土地订立私约已较为普遍，国家承认其法律效力。南朝各国基本援用晋制。

在这一时期，借贷关系较为盛行，王公贵族也放贷取利。《宋书·蔡廓传》记载王妃公主放贷后，“子息滋长，督责无穷”。另据《宋书·顾觊之传》：吴郡顾觊之之子绰，“私财甚丰，乡里士庶多负其责（债）。”甚至地方刺史也“逼民假贷”，这可以说是中国古代少有的债务关系的一大特点，它反映了贵族官僚的贪婪和国家法纪的败坏。官僚尚且如此，富商大贾、地主豪强更是竞相放贷取利，“旬日之间，增赢十倍”②。北魏情况与

① （北齐）魏收撰：《魏书·食货志》，中华书局2019年版，第2855页。
② （北齐）魏收撰：《魏书·高宗纪》，中华书局2019年版，第119页。

此类似，文成帝不得不颁布禁令，把牧民之官与大商富贾以贷取利，看作是“为政之弊，莫过于此”。因此，“一切禁绝，犯者十四以上皆死。布告天下，咸令知禁”①。

借贷关系的盛行，也推动了借贷契约的发展。一般借贷契约都规定了借贷利息和债务担保等内容。由于高利盘剥，如借谷者，秋收按三倍偿还，造成了大批自耕农破产，有的卖男鬻女偿还债务，也有的以身抵债。

对于债务的担保，晋时出现了“以人为质”的记载，《晋书·桓冲传》：“……家贫，母患，须羊以解，无由得之，温乃以冲为质。”

魏晋南北朝时期，是契约制度趋于发展和定型的时期，契约的内容一般包括双方当事人、立契时间、契约的标的物及其状况、契约的担保、违约金、保人、见证人等内容。迄今发现的契约中均有“不得返悔，悔者一罚二”的字样。随着财产担保、家属连带责任、保证人制度的采用、契税制度的实行增强了契券的证明力，表明契约的法律效力的增强，而从“民有私要，要行二主”，“民有私要，如律令”的规定中，反映了诚信已成为订立契约的要件。

在汉魏“取予文书”“禀给文书”的影响下，西晋时已出现合同的契约形式“西晋泰始九年高昌翟姜女买棺约”上端大草书一“同”字右半部。十六国至北朝时期，合同形式广泛用于买卖、借贷、雇佣等契约。如“高昌延寿四年赵明儿买作人券”中“二主和同立券”，“高昌延寿五年赵善众买合地券”中“三主和同券”，“高昌面鼠儿夏田举粟合券”中“二主和同，即共之券”。所谓“和同”即“合同”，表明两相情愿合意为订立契约的前提条件，这是考察古代契约应特别注意之处。

第四节　门阀制度下的婚姻与家庭

由于门阀制度盛行，婚姻关系上特别重视门第家世。士族如与庶族

① （北齐）魏收撰：《魏书·高宗纪》，中华书局2019年版，第119页。

联姻，被视为“失类”，要受到讥评和弹奏。南梁时，士族王源嫁女与富阳满氏，被御史中丞沈约奏弹：“惟利是求，玷辱流辈，莫斯为甚”、“请以见事免源所居官，禁锢终身”①。大将军侯景请求与王、谢大士族联姻，梁武帝明确指出：“王、谢门高非偶，可于朱、张以下访之。”②由此可见，门第界限的严格。

北朝也同样实行门第婚姻，禁止不同等级违制通婚。北魏文成帝和平四年（463）下诏：“名位不同，礼亦异数，……今制，皇族、师傅、王公侯伯及士民之家，不得与百工、伎巧、卑姓为婚，犯者加罪。”③孝文帝太和二年（478）再下诏：“皇族贵戚及士民之家，不惟氏族高下，与非类婚偶”，“以违制论。”④

在封建等级制度下，良贱不得通婚由来已久，但在门阀制度盛行的时代，已将等级婚姻推向极端。士族通过婚姻联系，维护特殊的社会地位，加强士族内部的联系和团结，巩固对国家的控制权。为了寻求支持，皇室也与高门联姻。

由于奴婢不具备独立的人格，他们的婚配取决于主家。根据严禁良贱为婚之法，如果家长为奴娶良人为妻，或奴仗主势娶良女为妻，家长均要承受法律制裁。据《魏书·京兆王黎传附嗣曾孙江阳王继传》“继在青州之日，民饥馁，为家僮取民女为妇妾，又以良人为婢，为御史所弹，坐免官爵”。

对于同姓不婚的禁忌，北朝初期并无禁令。孝文帝时，崇尚礼制，将同姓为婚列为“不道”重罪。西魏文帝进一步禁止“中、外及从母姊妹为婚”。至周武帝再令不得娶同姓为妻妾，其已定未成者，即令改聘。北朝频频立法禁止同姓为婚，表现了法律儒家化的不断深入。

---

① （南朝·梁）萧统编：《文选》卷四〇《奏弹王源》，中华书局 1977 年版，第 562、563 页。

② （唐）李延寿等撰：《南史·侯景传》，中华书局 2019 年版，第 1996 页。

③ （北齐）魏收撰：《魏书·高宗纪》，中华书局 2019 年版，第 122 页。

④ （北齐）魏收撰：《魏书·高祖纪》，中华书局 2019 年版，第 145 页。

南朝在“男帅女，女从男”的儒家教条影响下，妻子在家庭中是无权的，无论家产的支配、子女的教令，均需听从丈夫。北朝鲜卑族的习俗向以妻子支撑门户，因而妻子在家庭中的地位高于南朝。《颜氏家训·治家》有以下记述：“邺下风俗，专以妇持门户，争讼曲直，造请逢迎，车乘填街衢，绮罗盈府寺。代子求官，为夫诉屈，此乃恒、代之遗风。”

关于离婚，南朝离婚的依据是《大戴礼记》所载“七出”之条，即：“不顺父母、无子、淫、妒、有恶疾、多言、窃盗。”但在北朝很少因无子而强制出妻。

在这一时期娶妾是合法的，晋令明文规定官僚可以按品纳妾一至四人，《颜氏家训》中也说：“江左不讳庶孽，丧室之后，多以妾媵终家事。”

为了通过巩固家庭秩序，进而稳定整个国家的统治，特别注意发挥家长所起的作用，法律确认家长统治下的封建家庭制度，严格维护家庭中尊卑不平等的各种规定。确认家长统治下的封建家庭制度。与此同时，也要求家长对国家承担更大的义务。晋时便有“举家逃亡，家长斩”①的明确规定。

在继承方面，由于门第和族谱是特权的来源，因此严别嫡庶，只有嫡子享有身份继承权，庶子一般没有继承权，或只能继承部分财产。晋武帝泰始十年(274)诏中说：“嫡庶之别，所以辨上下，明贵贱。”②为了保证宗支的延续，“有子立长，无子立嗣”。但嗣子须选同宗、同辈，排除异子与女子的继承权。曹魏律规定：“除异子之科，使父子无异财也。”③

北朝也同样实行嫡长子继承制，庶子更受到歧视。但由于北朝法律确认“赐妻及其所生子承嫡”，同时一家之内享有妻之名分的又不止一人，因而造成继承关系的混乱。法律之所以保护嫡长子继承权，原是为了防止统治权和财产权的分散与削弱。正因为继承的是实际的权力和权

① (唐)房玄龄等撰：《晋书·刑法志》，中华书局2019年版，第939页。
② (唐)房玄龄等撰：《晋书·武帝纪》，中华书局2019年版，第63页。
③ (唐)房玄龄等撰：《晋书·刑法志》，中华书局2019年版，第925页。

利,因此为争夺继承权不断发生激烈的流血斗争,彻底撕碎了亲情血缘的外衣。《颜氏家训·后娶篇》说:江左于家长身殁之后往往“辞讼盈公门,谤辱彰道路。子诬母为妾,弟黜兄为佣,播扬先人之辞迹,暴露祖考之长短,以求直己者,往往而有”。

第四章 唐代民事法律的定型

唐代是中国历史上经济繁荣、国力强盛、文化发展，一切典章法度都达到了定型的阶段。特别是均田制的实行，使百姓富庶，民众对法律充分信任，以致贞观时期，“纵天下死囚凡三百九十人，无人督帅，皆如期自诣朝堂，无一人亡匿者，上皆赦之”①。作为中华法文化集中体现的中华法系开始确立，并从此影响周边国家千余年之久。民事立法也较汉、晋充实，无论在产业法、债法、婚姻家庭法，都较汉、晋有所发展，并在吐鲁番唐文书中保留了确切的实证，故云：唐朝是中国古代民事法律的定型阶段。

第一节 民事主体、客体上的良贱之分

唐律称平民为“良人”或“凡人”，享有民事权利能力和行为能力。《唐六典》“户部郎中员外郎”条规定：“辨天下之四人，使各专其业：凡习学文武者为士，肆力耕桑者为农，功作贸易者为工，屠沽兴贩者为商。工、商之家不得预于士，食禄之人不得夺下人之利。”可见士的地位最高，一旦进入仕途，即可根据品级享有法定特权，是享有完全民事权利能力和行为能力的主体。农工商也都享有民事权利能力和行为能力，只是工商不

① （北宋）司马光等撰：《资治通鉴》卷一九四，中华书局1956年版，第6103页。

得为官。

在民事权利的客体“贱民”中，又分官贱民和私贱民两大类。官贱民包括官奴婢、官户、工乐户、杂户和太常音声人；私贱民有奴婢、部曲、客女、随身（赁人指使为随身，期满即摆脱贱民的地位而复为良人）等。贱民之中，官私奴婢处于最底层，他们“律比畜产”，毫无民事权利能力和行为能力，也没有自己的户籍。法律之所以严禁良贱逾限，目的就在于维护等级秩序和法定的权利义务关系。

由于唐代对外贸易的发展，使大批外国商人来到中国经商。法律承认外国商人为民事权利主体，可以“列肆而市”，并允许“化外人”与中国人通婚，但化外人的中国妻子不得随夫出境。

至于行为能力，隋初，十八岁以上为丁，开皇三年（583）改为二十一岁，炀帝时改为二十二岁。唐朝沿用隋制，高祖武德七年（624）四月定令：男女“始生者为黄，四岁为小，十六为中，二十一为丁，六十为老。”①玄宗天宝三年（744），令百姓十八为中，二十二为丁。广德元年（763）七月又诏：“天下男子，宜二十三成丁，五十八为老。”②历代丁年的差别，常常是受国家人口的多少与徭役的需要而定。

由于国家按照人丁征收赋税，因此十分重视对于户籍的管理。据《唐律疏议·户婚律》：脱户者家长徒三年。脱口及增减年龄，体状以免课役者，一口徒一年，二口加一等，罪止徒三年。里正不觉脱漏增减者，一口笞四十，三口加一等；过杖一百，十口加一等，罪止徒三年。州县不觉脱漏增减者，十口笞三十，三十口加一等，罪止徒三年。

第二节　均田制下的产业权

唐朝建立以后，国家控制了大量的无主田，使得普遍推行均田制成为

① （后晋）刘昫等撰：《旧唐书·食货志》，中华书局 2019 年版，第 2089 页。
② （后晋）刘昫等撰：《旧唐书·食货志》，中华书局 2019 年版，第 2091 页。

可能。农民获得了口分田与永业田，同时在均田制的基础上实行租庸调法，减轻了农民的经济负担，极大地刺激了生产的积极性，增加了国家的赋税收入，缓和了社会矛盾，也加强了中央集权。敦煌唐文书残卷中发现的"给田簿"、"退田簿"，反映了均田制度实行的情况。

唐律对产业权的保护，主要采取禁止妄认、返还非法所得以及赔偿等方式。凡本非己有，故意认作己有者，为妄认，妄认与误认有别，但无论妄认还是误认，受害方均可请求确认物权。对于非法取得的财物，不仅要返还原物，还须返还生产蕃息。除此之外，凡取于不和、以恐吓取人财物、以欺诈方式取人财物、侵夺霸占他人财物者，均属非法所得，物主有权要求返还。至于侵损物权的赔偿，唐律也作了较为明确的规定。

唐代产业权的种类主要分为所有权、佃权、质权、典权等。

所有权的主要对象是土地，根据均田令，社会各阶层广泛取得了土地的所有权。武德七年(624)颁布均田令如下："诸丁男、中男给田一顷，笃疾、废疾给四十亩，寡妻妾三十亩，若为户者加二十亩。所授之田，十分之二为世业，八为口分。世业之田，身死则承户者便授之，口分则收入官，更以给人。狭乡授田，减宽乡之半，其地有薄厚，岁一易者，倍授之。宽乡三易者，不倍授。"①

开元二十五年(737)，根据推行均田令的经验，进一步修订颁行均田令："诸丁男给永业田二十亩，口分田八十亩，其中男年十八以上亦依丁男给。老男、笃疾、废疾各给口分田四十亩，寡妻妾各给口分田三十亩。先有永业者，通充口分之数。黄、小、中、丁男女及老男、笃疾、废疾、寡妻妾当户者，各给永业田二十亩，口分田二十亩。应给宽乡，并依所定数。若狭乡新受者，减宽乡口分之半。其给口分田者，易田则倍给(宽乡三易以上者，仍依乡法易给)。"②永业田可以传子孙，"不在收授之限，即子孙

① [日]仁井田陞：《唐令拾遗·田令》"武德七年"，长春出版社1989年版，第540页。

② [日]仁井田陞：《唐令拾遗·田令》"开元二十五年"，长春出版社1989年版，第542页。

犯除名者,所承之地亦不追”。口分田,本人死后还官。州县内“受田悉足者为宽乡,不足者为狭乡”。[①]

此外,“诸以工商为业者,永业、口分田各减半给之。在狭乡者并不给”[②];“道士给田三十亩,女官二十亩”;“僧尼亦如之”[③];“杂户者,依令,老免进丁受田,依百姓例。官户受田,减百姓口分之半”[④]。

收授田地有固定日期,“每年起十月一日,里正预校勘造簿,历十一月,县令总集应退、应受之人,对共给授,十二月内毕”[⑤]。

“良口”除依法分得永业、口分田外,还可以分得园宅地,“三口以下给一亩,每三口加一亩。‘贱口’五口给一亩,每五口加一亩,并不入永业、口分之限”[⑥]。

贵族高官可依勋爵和官品获得永业田。“凡官人及勋爵,授永业田”,其具体数额是:“亲王百顷,职事官正一品六十顷,郡王及职事官从一品各五十顷,国公若职事官正二品各四十顷,郡公若职事官从二品各三十五顷,县公若职事官正三品各二十五顷,职事官从三品二十顷,侯若职事官正四品各十四顷,伯若职事官从四品十一顷,子若职事官正五品各八顷,男若职事官从五品各五顷。上柱国(武官最高勋级)三十顷,柱国二十五顷,上护军二十顷,护军十五顷,上轻车都尉十顷,轻车都尉七顷,上骑都尉六顷,骑都卫四顷,骁骑尉、飞骑尉各八十亩,云骑尉、武骑尉各六

---

① [日]仁井田陞:《唐令拾遗·田令》“开元二十五年”,长春出版社1989年版,第556页。

② [日]仁井田陞:《唐令拾遗·田令》“开元二十五年”,长春出版社1989年版,第562页。

③ [日]仁井田陞:《唐令拾遗·田令》“开元二十五年”,长春出版社1989年版,第568页。

④ [日]仁井田陞:《唐令拾遗·田令》“开元二十五年”,长春出版社1989年版,第569页。

⑤ [日]仁井田陞:《唐令拾遗·田令》“开元二十五年”,长春出版社1989年版,第566页。

⑥ [日]仁井田陞:《唐令拾遗·田令》“开元二十五年”,长春出版社1989年版,第558页。

十亩。”此外,还有临时赏赐的赐田。

不仅如此,京都文武职事官还可以依品级分得京城百里内不同数量的职分田,“一品十二顷,二品十顷,三品九顷……九品二顷”。①

在外诸州及都护府、亲王府官人的职分田,“二品十二顷,三品十顷,四品八顷……九品二顷五十亩”。②

至于充作各级官府办公费用的公廨田,在京诸司由二十六顷至二顷,在外诸司由四十顷至一顷。③

由于奴婢也可以依良丁受田,因此贵族官僚实际所获土地数量远远超过平民。在分田过程中,也存在着强占农民土地的现象,唐令明确规定:亲王可获地“一顷作园,若城内无可开拓者,于近城便给。如无官田,取百姓地充”。④

为了保护因均田而获得的土地所有权,禁止随意出卖、贴赁和质口分田。唐律规定:只有“卖充宅及碾硙、邸店”;或由狭乡乐迁宽乡,或贫无以葬者,方可出卖口分田。除此之外,“诸卖口分田者,一亩笞十、二十亩加一等,罪止杖一百;地还本主,财没不追。”⑤不仅如此,买卖田地,“皆须经所部官司申牒,年终彼此除附。若无文牒辄卖买,财没不追,地还本主”。⑥ 但随着唐代土地兼并的渐趋激烈,均田制度陷于危机。武则天统治时期,农民破产逃亡的现象已相当严重,“天下户口,亡逃过半”,⑦使得

---

① [日]仁井田陞:《唐令拾遗·田令》“开元二十五年”,长春出版社1989年版,第575页。

② [日]仁井田陞:《唐令拾遗·田令》“开元二十五年”,长春出版社1989年版,第577页。

③ [日]仁井田陞:《唐令拾遗·田令》“开元二十五年”,长春出版社1989年版,第573页。

④ [日]仁井田陞:《唐令拾遗·田令》“开元二十五年”,长春出版社1989年版,第584页。

⑤ (唐)长孙无忌等撰:《唐律疏议》卷一三《户婚》,中国政法大学出版社2013年版,第165页。

⑥ [日]仁井田陞:《唐令拾遗·田令》“开元二十五年”,长春出版社1989年版,第561页。

⑦ (后晋)刘昫等撰:《旧唐书·韦嗣立传》,中华书局2019年版,第2867页。

"租调既减,国用不足"。为此,开元二十三年(735)九月,下令严禁买卖口分田与永业田:"天下百姓口分、永业田,频有处分,不许买卖典贴。如闻尚未能断,贫人失业,豪富兼并,宜更申明处分,切令禁止。若有违犯,科违敕罪。"[①]至安史之乱以后,国势衰微,不仅听任贵族、官僚、地主兼并土地,并且允许通过订立契约的形式,使掠夺行为合法化,终使均田制度遭到破坏。

关于口分田的"贴赁"及"质",也同样在法律的禁限以内,只有在特定条件下,才可获得允许。开元二十五年(737)田令规定:"诸田不得贴赁及质,违者财没不追,地还本主。若从远役、外任,无人守业者,听贴赁及质。其官人永业田及赐田,欲卖及贴赁者,皆不在禁限。"[②]

唐律还依法惩治"盗耕种公私田""妄认盗卖公私田""盗耕人墓田",以及"里正授田不当"等行为。犯者根据情节分别处笞三十至徒二年刑。为了防止官吏挟势侵夺百姓土地,使社会矛盾激化,规定:"诸在官侵夺私田者,一亩以下杖六十……罪止徒二年半。园圃,加一等。"[③]

唐律除对不动产田宅的所有权严加保护外,对于动产所有权也做了较多规定。唐代特定动产所有权的获得有以下方式。

1. 无主物的占有:唐律确认对无主物实行先占权,规定"诸山野之物,已加功力刈伐积聚,而辄取者,各以盗论"。[④] 所谓山野之物,按疏议解释:"谓草、木、药、石之类",有人已加功力,或刈伐,或积聚,即不得辄取,否则计赃,依盗法科罪。

2. 埋藏物的发现:唐律中"宿藏物",即埋藏物。按《杂律》疏议:"凡

---

① (北宋)王钦若等撰:《册府元龟》卷四九五,开元二十三年诏,中华书局 1960 年版,第 5927 页。

② [日]仁井田陞:《唐令拾遗 · 田令》"开元二十五年",长春出版社 1989 年版,第 564 页。

③ (唐)长孙无忌等撰:《唐律疏议》卷一三《户婚》,中国政法大学出版社 2013 年版,第 167 页。

④ (唐)长孙无忌等撰:《唐律疏议》卷二〇《贼盗》,中国政法大学出版社 2013 年版,第 256 页。

人于他人地内得宿藏物者,依令合与地主中分,若有隐而不送,计应合还主之分,坐赃论减三等。若得古器,形制异而不送官者,……罪亦如之。”“依令送官”,则“酬直”,即给予一定报酬。如租借公私田宅,得宿藏物,则“合与佃住之主中分”、“其私田宅,各有本主,借者不施功力,而作人得者,合与本主中分。借得之人,既非本主,又不施功,不合得分”。①

3. 阑遗物的拾得:阑遗物即遗失物,按疏议解释:阑遗物谓“宝、印、符、节及杂物之类”。“诸得阑遗物,满五日不送官者,各以亡失罪论;赃重者,坐赃论。私物,坐赃论减二等。”②官府须将“阑遗之物,揭于门外,榜以物色,期年没官”,③即一年以后仍无人认领,没为官府所有。

4. 漂流物的处理:根据《唐令拾遗・杂令》十一,“诸公私竹木为暴水漂失,有能接得者,并积于岸上,明立标榜,于随近官司申牒,有主识认者,江河五分赏二,余水五分赏一。限三十日,无主认者,入所得人”。

5. 生产蕃息的归属:所谓生产蕃息,就是由于物本身按自然规律繁殖而产生的权益,如“婢产子,马生驹之类”。由于《唐律》视奴婢为主人的所有物,所谓“律比畜产”,因此婢产子与马生驹同为一类的“生产蕃息”,其归属则明确规定:“依律随母还主”。

法律也禁止随意采摘官私田园的瓜果蔬菜以保护动产的所有权。按唐律,“诸于官私田园,辄食瓜果之类,坐赃论;弃毁者,亦如之;即持去者,准盗论”,“主司给与者,加一等”。④ 又如:不得私自动用他人受寄财物,“诸受寄财物而辄费用者,坐赃论减一等。诈言死失者,以诈欺取财物论减一等”。

---

① (唐)长孙无忌等撰:《唐律疏议》卷二七《杂律》,中国政法大学出版社 2013 年版,第 367 页。

② (唐)长孙无忌等撰:《唐律疏议》卷二七《杂律》,中国政法大学出版社 2013 年版,第 367 页。

③ (北宋)欧阳修等撰:《新唐书・百官志》(一),中华书局 2019 年版,第 1200 页。

④ (唐)长孙无忌等撰:《唐律疏议》卷二七《杂律》,中国政法大学出版社 2013 年版,第 363 页。

第三节　债法的对债权债务关系的普遍调整

唐时,契约是债的发生的重要依据,无论动产、不动产的转移,均须订立契约文书,称为“券”或“文券”,也有口头契约。如发生债务纠纷,官府即以契约为凭,中人为证。因此不立市券者,买卖双方及主管的市司都要受到责罚。《唐律·杂律》规定:“买奴婢、马、牛、驼、骡、驴,已过价不立市券,过三日笞三十,卖者减一等。”“买卖已讫,而市司不时过券者,一日笞三十,一日加一等,罪止杖一百”。

为了保证债务契约的履行,对于违契不偿者处以刑罚。“一匹以上,违二十日,笞二十,二十日加一等,罪止杖六十;三十匹,加二等;百匹,又加三等,一百日不偿,合徒一年,各令备偿。”同时,允许债权人对违契不偿者,可以采取“自力救助”的办法取得补偿,如:

1. 牵掣:所谓“牵掣”,是指债权人强制扣押违契不偿的债务人的财物,但不得超过本契应得的债务额,并需要报官,否则治罪。《唐律·杂律》规定:“诸负债,不告官司而强牵财物,过本契者,坐赃论。”《疏议》还作了具体解释:“谓公私负债,违契不偿,应牵掣者,皆告官听断。若不告官司,而强牵掣财物若奴婢、畜产,过本契者,坐赃论。”

2. 役身折酬:又称“人身折酬”,是指债务人家资殆尽,无力偿债时,债权人可令债务人及其户内男口,以劳役代偿债务。据《唐令拾遗·杂令》开元二十五年(737)规定:“诸公私以财物出举者,任依私契,官不为理……家资尽者,役身折酬,役通取户内男口……”。

以上可见,唐律不仅以刑罚手段强制债务人履行债务,而且认可牵掣和役身折酬为合法,以保证债权人取得补偿。

唐代财产关系活跃,契约的种类也大为增多,出现了买卖、租赁、雇佣、借贷、寄托、承揽等各种形式的契约,概述如下:

其一,买卖契约

买卖契约是唐代最主要的契约形式。唐律令对买卖关系做出了一些原则性的规定,如和同原则、瑕疵责任制度、定金制度、不动产购买优先权等。唐时买卖田宅和重要的动产必须订立契约,否则无效。田令规定:“诸买卖田,皆须经所部官司申牒,年终彼此除附。若无文牒辄卖买,财没不追,地还本主。”①均田制推行时,虽使土地买卖受到一定的限制,但法律允许永业田在一定情况下出卖。特别是官僚贵族的永业田及赐田,“欲卖及贴赁者,不在禁限”。此外,经营商业的地主的永业田,如“卖充田宅、邸店、碾硙,虽非乐迁,亦听卖易”。一般庶人,“徙乡及贫无以葬者,得卖永业田”。自“狭乡而徙宽乡者,得并卖口分”,因此,土地买卖契约仍是当时主要的契约形式。随着司法经验的积累,对契约内容的要求也趋于严格,在现存的唐大中六年(852)《敦煌僧张月光博园田契》、唐乾符二年(875)《敦煌陈都知卖地契》中,②土地买卖契约中须写明双方姓名、土地亩数、坐落四至、每亩地价和中人等等。

对于奴婢、牲畜等动产的买卖,也要求订立契券,方为合法。开元二十五年《关市令》规定:“诸买卖奴婢、牛、马、驼、骡、驴等,用本司、本部公验以立券。”据《新唐书·张又新传》,当时身居要职号称“八关十六子”之一的张又新,因买婢不立券,连京市牙人都敢对他“搜索凌突”,并因此受到御史的举劾。现存唐龙朔元年(661)《高昌左憧憙买奴契》中,写明买奴的日期、价格、奴仆姓名、年龄以及人、钱交付以后三日得悔等内容。又如,唐开元二十一年(733)《西州康思礼卖马契》中特别注明:“如后有人寒盗识认者,一仰主、保知(支)当,不关买人之事。”③

在买卖契约中,卖主的担保责任已经形成为制度。担保分为标的物瑕疵担保和违约担保两种。《唐律·杂律》规定:“诸买奴婢、马、牛、驼、

① [日]仁井田陞:《唐令拾遗·田令》“开元二十五年”,长春出版社1989年版,第561页。

② 张传玺:《中国历代契约会编考释》(上),北京大学出版社1995年版,第224页。

③ 张传玺:《中国历代契约会编考释》(上),北京大学出版社1995年版,第207页。

骡、驴,已过价……立券之后,有旧病者,三日内听悔;无病欺者市如法,违者笞四十。”①这条规定显然属于瑕疵担保,至于违约担保,敦煌发现的买卖契约中,绝大多数都有对先悔者惩处的内容。惩处的手段主要是罚物,如有些契约中明书:“若先悔者,出绢五还”,所罚财物或归不悔人,或归官府。也有的在使用民事制裁手段的同时兼用刑事手段。如《僧张月光博园田契》载明:“如先悔者,罚麦贰拾驮入军粮,仍决丈(杖)卅”。② 宪宗元和年间买地砖牒中竟然规定:“如有忏怯,打你九千,使你作奴婢”。③

在担保制度中,担保人负有代偿责任。根据社会习惯,卖方亲属往往就是保人,因此在买卖契约中如中人系兄弟、姻亲必须注明。有的契约还明书:“或有恩敕赦书行下,亦不在论理之限”④。可见,唐律对于违约担保责任的强调。

由于商品经济活跃,唐代质权制度有了很大发展。质权即今之担保物权。早在汉代已有以物或以人质钱的记载。唐时“私置质库楼店”⑤,甚至寺院也纷纷建立质库,名曰“长生库”、“无尽库”,以质钱取利。吐鲁番阿斯塔那二百零六号墓出土的“质库帐”,是唐代长安新昌坊内或附近一个质库的账籍,它为了解唐代“质库”制度提供了宝贵的物证。其中记载了以实物抵押作为基础,由质库进行评检、质钱的实际情况:马四娘一件白小绫衫子举取四十五文,□阿四一件小绫衫子举取五十文。由于质库“论质估价”低于市价,而在赎取抵押物时,除归还母钱外,还须支付子钱(利钱),从中获取高利,盘剥小民,为此特别立法予以限制。据《唐六典》卷六“比部郎中员外郎”条注:“凡质举之利,收子不得逾五分”。同

① (唐)长孙无忌等撰:《唐律疏议》卷二六,《杂律》中国政法大学出版社 2013 年版,第 352 页。

② 张传玺:《中国历代契约会编考释》(上),北京大学出版社 1995 年版,第 222 页。

③ 张传玺:《中国历代契约会编考释》(上),北京大学出版社 1995 年版,第 253 页。

④ 张传玺:《中国历代契约会编考释》(上),北京大学出版社 1995 年版,第 227 页。

⑤ (清)董诰等编:《全唐文》卷七八《加尊号后郊天赦文》,中华书局 1983 年版,第 820 页。

时，除质举契约规定利息外，“不得因旧本更令生利，又不得回利为本”。

质物回赎具有一定的清偿期，逾期不赎，质库即取得质物的所有权。

官府虽然承认以“两情和同”为订立质举契约的条件①，所谓“任依私契，官不为理”②。但如“诸家长在（‘在’谓三百里内，非隔关者），而子孙弟侄等，不得辄以奴婢、六畜、田宅及余财物私自质举及卖田宅（无质而举者，亦准此）”③。

法律虽允许“役身折酬”，但严禁执持人为质而求财产。《唐律·贼盗律》规定：“执持人为质，皆斩”，如以奴婢质债则不禁止。由此可见，质举的剥削性质和质权所维护的社会关系。

典权即今之用益物权，是指支付典价的典权人，占有出典人的不动产而加以使用和收益之权。典权人对典物有权使用、收益，或将典物出租、转让。出典人有权在典期届满时交还典价，赎回原物，不付利息。如典权人出于故意或过失，致使典产毁损时，负赔偿责任，但如典产因天灾地变等不可抗力而灭失，不负赔偿之责。

中国古代“典”与“卖”往往连在一起，称为“典卖”、“帖卖”。北齐时已有帖卖法令，据《通典·关东风俗传》：“帖卖者，帖荒田七年，熟田五年，钱还地还，依令听许”。唐时，帖典进一步发展，《旧唐书·宪宗本纪》（下）：元和八年（807）十二月“辛巳，敕：应赐王公、公主、百官等庄宅，碾硙、店铺、车坊，园林等，一任帖典货卖，其所缘税役，便令府县收管。”《旧唐书·卢群传》中也有“典质良田”数顷的记载。需要指出：唐时典与质并没有明确的区分，杜甫诗中“朝回日日典春衣”的“典”，实际就是“质”。

唐代房宅可以出典。贞观二十二年（648）《河南县桓德琮限期退还

---

① ［日］仁井田陞：《唐令拾遗·杂令》开元二十五年，长春出版社 1989 年版，第 791 页。

② ［日］仁井田陞：《唐令拾遗·杂令》开元二十五年，长春出版社 1989 年版，第 789 页。

③ ［日］仁井田陞：《唐令拾遗·杂令》开元二十五年，长春出版社 1989 年版，第 788 页。

典宅钱契》[1]就是例证。在均田制推行的唐前期,典权的设立受一定条件的限制,口分田一般禁止出典。均田制废止后,土地流转已成事实,土地出典不可阻挡。五代时期还发现出典己身和儿子的契约,如后晋天福八年(943)《敦煌吴庆顺典身契》,(后)唐清泰二年(935)《敦煌赵僧子典儿契》。[2]

典权设立要有书面形式,并要求有官人、本人、业主、四邻同署文契,否则无效。

其二,借贷契约

唐时"借"与"贷"都具有特定的含义。借,一般指"使用借贷",如《职制律》中:"以官奴婢及畜产私自借","借奴婢、马、牛、驼、骡、车、船、碾硙、邸店之类",其标的物为奴婢、畜产、车船等。贷,一般指"消费借贷",如《职制律》中"贷所监临财物","以官物私自贷",其标的物为银、钱、粮食、绢丝等。使用借贷与消费借贷的区别就在于前者是特定物,如借奴婢甲,返还时仍须奴婢甲;而后者属非特定物,所贷之物经过使用,已不可能返还原物。

借贷契约分有息和无息两种,有息契约称为"出举",无息契约称为"负债"。有息契约不仅是主要的,而且盛行高利盘剥。史载"唐初,州县官俸,皆令富户掌钱,出息以给之;息至倍称,多破产者"[3]。为此,开元十六年(728)下诏:"自今以后,天下负举,只宜四分收利,官本五分取利。"[4]开元二十五年(737)再颁诏令:"诸公私以财物出举者……每月取利,不得过六分。积日虽多,不得过一倍。"对于举粮生息,强调"一年为断","不得因旧本更令生利,又不得回利为本",[5]"若违法积利,契外剥

① 张传玺:《中国历代契约会编考释》(上),北京大学出版社 1995 年版,第 266 页。

② 张传玺:《中国历代契约会编考释》(上),北京大学出版社 1995 年版,第 269—271 页。

③ (北宋)司马光等撰:《资治通鉴》卷二一二,中华书局 1956 年版,第 6734 页。

④ (宋)王溥撰:《唐会要》卷八八,上海古籍出版社 2006 年版,第 1919 页。

⑤ [日]仁井田陞:《唐令拾遗·杂令》"开元二十五年",长春出版社 1989 年,第 789、790 页。

夺及非出息之债者,官为理收”。但如债务人到期违契不偿,或违期偿还,债权人可以告官请求偿还,官府依律追究债务人的刑事责任,并责成如数偿还。《唐律·杂律》规定:“诸负债违契不偿,一匹以上,违二十日笞二十,二十日加一等,罪止杖六十;三十匹,加二等;百匹,又加三等。各令备偿”。私人间借用什物,不得损坏,若借物不还,可以经官诉追。

需要指出,唐朝官府也进行贷放,其利息往往超过私人出贷,以此支付官员薪俸。据《唐会要》卷九一载:“武德已后,国家仓库犹虚,应京官料钱并给公廨本,令当司令史番官回易给利,计官员多少分给”。这种情形,在唐代屡罢屡复。

私人之间借贷关系的成立,虽然任依私契,但禁止卑幼私举财物和官吏在所辖之部放债借债。敦煌发现的唐代借贷契约与这些规定基本上是吻合的。如显庆五年(660)《天山县张利富举钱契》,共借银钱十文,月利一文,还钱之日子本俱还。如本人不在,由妻儿保人偿还,延引不还者,听掣家资杂物。两和立契,画指为信。①

为了担保债务人履行债务契约,无论公私借贷都要有质押。敦煌发现的借贷契约中,有的债务人以全部家产作保,如“违限不还,任牵掣家资杂物牛畜等”。此外,还实行“保人”制度,即当债务人完全不履行,或不完全履行债务时,债权人有权向保人请求履行,或赔偿损失。如债务人逃亡,则由保人代偿。这种保证往往以家庭成员或亲属同时担保的方式进行,如唐麟德二年(665)《张海欢、白怀洛贷银钱契》明定:“若延引注托不还钱……若张身东西没落者,一仰妻儿及收后保人替偿。”该契所列保人一共五位,其中有张海欢的妻子郭如莲,其母及大女等。② 由借贷者家庭主要成员乃至整个家庭对债主承担债务担保,是唐代借贷关系中的普遍现象,也是家族共财观念在债权中的反映。保人制度的确立,使债务的

① 张传玺:《中国历代契约会编考释》(上),北京大学出版社 1995 年版,第 333 页。

② 张传玺:《中国历代契约会编考释》(上),北京大学出版社 1995 年版,第 338—339 页。

履行得到一重保证,因而推动了债务关系的发展,加速了财与物的流转。

在使用借贷中,也不乏借用官物,但借用官物,事过十日不还者,按律治罪。《唐律·厩库律》规定:“诸假请官物,事讫过十日不还者,笞三十,十日加一等,罪止杖一百;私服用者,加一等。”同时,禁止监临主守与监临主守之官以官物私下自借或借人。《唐律·厩库律》规定:“诸监临主守,以官奴婢及畜产私自借,若借人及借之者,笞五十;计庸重者,以受所监临财物论。驿驴,加一等”;“诸监临主守,以官物私自贷,若贷人及贷之者,无文记,以盗论;有文记,准盗论”;“诸监临主守之官,以官物私自借,若借人及借之者,笞五十;过十日,坐赃论,减二等”。

其三,赁庸契约

早在汉典籍中已经出现“赁田”和“庸耕”的记载。据《广雅》注:“庸,役也,谓役力而受雇直也。”但在唐以前租赁与雇佣尚无明确的区分,统称为“赁”与“庸”。唐律始将“赁庸”明定于法典,并作出了区分。据《唐律·名例篇》:“若计庸、赁为赃者,亦勿征(没收)”,“庸赁虽多,各不得过其本价”。《疏议》解释说:“庸,谓私役使所监临,及借车马之属”;“赁,谓碾硙、邸店、舟船之类,须计赁价为坐。”可见,利用并役使他人的劳力,称为“庸”;使用他人邸店及器物,称为“赁”。“赁”的报酬,称为“赁价”、“赁直”。从敦煌唐文书残卷所载雇庸契约中,反映了当事人双方的权利义务关系。例如,被雇人接受雇主的报酬,以钱为主,也有衣服、谷米等。初工时先付一部分,契约履行完毕,付清剩余部分。契约期限长则一年,短则数月。受雇人怠惰则罚钱,若损坏和丢失雇主农具家畜,须负责赔偿。若逃亡,保人负赔偿之责。当事人任何一方违约,均受处罚,通常是罚羊一只。唐文书中也有雇牛、雇驴、雇驼等契券,分别载明雇价、期限、违约处惩、牲畜发生病、死时的处置与担保等。吐蕃寅年(长庆二年)《敦煌瓦匠氾英振受雇契》内容如下:“寅年八月七日,僧慈灯于东河庄造佛堂一所……一仰氾英振垒,并细泥一遍。其佛堂从八月十五日起首……付布一匹,折麦四石二斗。又折先负慈灯麦二石一斗,余欠氾英振一石七斗,毕功日分付。一定已后,不许休悔。如先悔者,罚麦三驮,入不悔人。恐人无信,故立此契。两共平章,书纸为记。”①

从已发现的吐鲁番和敦煌唐文书中,可以了解隋唐时期的租佃契约形式以及保护佃权的具体规定。例如,阿斯塔那北区的墓葬中发现三件高昌延寿年间的租佃文书,其中《道人智贾夏田契》载明为延昌二十四年(584)立,从而确证隋初此地已流行租佃关系和有关的法律文书。此地还发现了唐代租佃契约,如贞观十七年(643)《高昌赵怀满夏田券》、龙朔三年(663)《赵阿欢仁与张海隆租佃常田契》、天授年间《张文信租田契》、天宝年间《吕才艺出租田契》、天复二年(902)《敦煌刘加兴出租地契》、天复四年(904)《敦煌令狐法性出租地契》等。②

在已发现的唐代租地契中,一方面反映了对于佃权的保护,如《樊曹子租地契》规定:“其地及物,当日交相分付。两共对面平章,一定与(已)后,不得休悔。如休悔者,罚□大入不[悔]人。”又如,《贾员子租地契》规定:“一定已后,两共对面平章,更不休悔。如先悔者,罚□□□送纳入官。恐后无凭,立此凭俭(验)。”另一方面则保护出租人的利益,佃权人不能如期交租,任出租人夺取其家财。如《赵怀满租地契》中规定:“若前却不上(偿),听揣家财”。③ 唐时田租苛重,已发现的租佃文书有的高达百分之五十。陆贽在《均节赋税恤百姓条六条》一文中,所描写的私家田租额是十分惊人的:“今京畿之内,每田一亩,官税五升,而私家收租殆有亩至一石者,是二十倍于官税也;降及中等,租犹半之,是十倍于官税也。”④

唐律对于租佃关系的调整和对佃权的保护,是民事法律关系的重要

① 张传玺:《中国历代契约会编考释》(上),北京大学出版社 1995 年版,第 433—434 页。
② 张传玺:《中国历代契约会编考释》(上),北京大学出版社 1995 年版,第 279—280、294—295、307、311、312、325—327 页。
③ 张传玺:《中国历代契约会编考释》(上),北京大学出版社 1995 年版,第 280 页。
④ (唐)陆贽著,刘泽民校点:《陆宣公集》卷二十二,浙江古籍出版社 1988 年版,第 260 页

发展，这是和均田制下农民获得少量土地分不开的。此外，土地所有者荫客权的废弛，与人身依附关系的相对削弱，也使佃农可以通过订立契约的形式，取得对于土地的使用与收益权。尽管唐时对佃权设有各种限制，但租佃关系的法律化，对于农业经济的发展，仍起着一定的促进作用。

其四，赔偿契约

唐时侵害他人财产，或伤害身体需要赔偿，即损害赔偿之债。为了保障受害人依约索取赔偿的权利，有时也订立赔偿契约，如吐蕃寅年（长庆二年）《敦煌李条顺赔偿契》："寅年八月十九日，杨谦让共李条顺相诤，遂打损经（胫）节儿断，令杨谦让当家将息。至二十六日，条顺师兄及诸亲等迎将当家医理。从今已后，至病可日，所要药饵当直及将息物，亦自李家自出……官有政法，人从此契，故立为验，用后为凭。"①

唐代的契约还有寄存契约等形式，不加赘述。

第四节　对婚姻、继承制度的确认与维护

1. 婚姻的缔结与解除

根据《唐律》，婚姻关系的缔结须要立有"婚书"，或私约，二者都具有法律的约束力，"无故辄悔者，杖六十。若更许他人者，杖一百。已成婚者，徒一年半。后娶者知情减一等。女追归前夫，前夫不娶，还聘财，后夫婚如法"。

卑幼的婚姻由祖父母、父母或期亲尊长主婚，违者杖一百。从而决定了这种婚姻关系的缔结，常常是漠视子女意志的。只有当"卑幼在外，尊长后为定婚，而卑幼自娶妻，已成者，婚如法；未成者，从尊长。违者，杖一百"。

媒妁也是合法婚姻的要件，《疏议》说："嫁娶有媒"，"为婚之法，必有

① 张传玺：《中国历代契约会编考释》（上），北京大学出版社1995年版，第514页。

行媒”。此外,还需经过“纳采”“问名”“纳吉”“纳征”“请期”“亲迎”的六礼仪式,始为合法。《疏议》说:“妻者,传家事,承祭祀,既具六礼,取则二仪”,“虽无许婚之书,但受聘财”,亦属合法婚姻。由于受到魏晋南北朝时期“卖女纳财,买妇输绢”的影响,以致在聘礼上“计较锱铢,责多还少”,与“市井无异”,“太宗尝以山东士人尚阀阅,后虽衰,子孙犹负世望,嫁娶必多取赀,故人谓之卖婚”①。有唐一代,“多纳货贿”的聘财之风,屡禁不止。

结婚的法定年龄,贞观元年(627)定为“男年二十,女年十五”。开元二十五年(737),为了增加人口,将婚龄降低,根据开元二十五年(737)令:“诸男年十五,女年十三以上,并听婚嫁。”婚期已届,不得故违,男家无故三年不娶,有司给据改嫁。婚期未到,一般也不得强娶。但居父母丧及夫丧,或祖父母、父母被囚禁,不得嫁娶,违者处杖、徒刑。

在婚姻的限制方面有如下规定:

良贱不得通婚。开元二十五年令,“诸工乐、杂户、官户、部曲、客女、公私奴婢,皆当色为婚”。② 如贱人娶良人女为妻,徒一年半。对此《疏议》解释说:“人各有偶,色类须同,良贱既殊,何宜配合。”

同姓不得为婚。《疏议》曰:“同宗共姓,皆不得为婚。”违者,各徒二年,缌麻以上,以奸论。如同姓异宗,则不在禁例。

姑舅、两姨姊妹不得为婚。《疏议》曰:“‘父母姑、舅、两姨姊妹’,于身无服,乃是父母缌麻,据身是尊,故不合娶”,违者,各杖一百,并离之。

虽非同姓,但有血缘关系的尊卑之间,不得为婚,违者各以奸论。

不得娶逃亡妇女为妻妾,否则与之同罪。

最后,监临官不得娶监临女为妻妾,违者杖一百。

如果嫁娶违律,“祖父母、父母主婚者,独坐主婚”,“期亲尊长主婚

① (北宋)欧阳修等撰:《新唐书 · 高俭传》,中华书局 2019 年版,第 3841 页。

② [日]仁井田陞:《唐令拾遗 · 户令》“开元二十五年”,长春出版社 1989 年版,第 168 页。

者，主婚为首，男女为从。余亲主婚者，事由主婚，主婚为首，男女为从；事由男女，男女为首，主婚为从”[①]。处罚的依据是尊长所犯罪刑的轻重。国家惩罚尊长的罪刑越重，嫁娶者的罪刑就越重。免责条件是：如果奉祖父母、父母的命令成亲，则不为罪。

唐代允许寡妇再嫁，贞观元年(627)二月四日诏令：“孀居服纪已除，并须申以婚媾，令其好合”[②]，但以父母、祖父母之命为条件，他人不准强迫守志的孀妇改嫁，否则“徒一年，期亲嫁者，减二等，各离之。女追归前家，娶者不坐”[③]。

唐代纳妾亦属合法，“若婢有子及经放为良者，听为妾”。《疏议》曰：“婢为主所幸，因而有子；即虽无子，经放为良者，听为妾”，娶妾也须订立婚契。[④]

离婚有强制离婚和协议离婚二种。强制离婚包括官府强制离婚和丈夫强制离婚。凡违反法律规定的婚姻，或义绝者如“夫殴妻之祖父母、父母及杀妻外祖父母、伯叔父母、兄弟、姑、姊妹”或“妻殴詈夫之祖父母、父母，杀伤夫外祖父母、伯叔父母、兄弟、姑、姊妹及与夫之缌麻以上亲”，由官府强制离异，否则徒刑一年。

妻子有犯“七出”(无子、淫佚、不事舅姑、口舌、盗窃、妒忌、恶疾)之一者，由丈夫强制离异。据《大戴礼记·本命》：“妇有七去……不顺父母去，为其逆德也；无子，为其绝世也；淫，为其乱族也；妒，为其乱家也；有恶疾，为其不可与共粢盛也；口多言，为其离亲也；盗窃，为其反义也”。妇女虽犯七出，但有三不去，不得强制离异，据《疏议》解释：“三不去者，一经持舅姑之丧；二娶时贱后贵；三有所受无所归。”“诸妻无七出及义绝之状而出之者，徒一年半；虽犯七出，有三不去而出之者，杖一百，追还合”。

① (唐)长孙无忌等撰：《唐律疏议》卷一四《户婚》，中国政法大学出版社2013年版，第183、187页。

② 王溥撰：《唐会要》卷八三，上海古籍出版社2006年版，第1809页。

③ (唐)长孙无忌等：《唐律疏议》卷一四《户婚》，中国政法大学2013年版，第180页。

④ (唐)长孙无忌等：《唐律疏议》卷一三《户婚》，中国政法大学2013年版，第176页。

“三不去”的规定反映了礼制对于法律的影响，以及主婚者生前意志的延续有效。但如妻子患有恶疾和犯奸者，不适用三不去的规定。事实上丈夫可以随意休妻，而妻妾如擅自离去则处徒二年刑，改嫁者加二等。

夫妻双方自愿离婚，称为“和离”，《唐律·户婚律》规定：“若夫妇不相安谐而和离者，不坐”。这项规定，对于减轻妇女因婚姻关系造成的痛苦，具有一定的积极意义。

2. 家长制家庭的法律化

唐律也以法律的形式，肯定了封建家长制家庭制度，“凡是同居之内，必有尊长”，“诸户主，皆以家长为之”。家长由家内男性最尊者担任，只有家内无男性时，女性才可以成为家长。在家长制度下，家长拥有家庭的财产权、对子女的教令权、自行责罚权和送惩权及主婚权，子女的正当权利和利益，均须听从家长支配，子女必须服从，否则即为不孝，而不孝是被列为十恶重罪的。不仅如此，祖父母、父母在，子孙别籍异财者，徒三年。卑幼擅自动用家内财物，处笞十至杖一百。子孙违反教令和供养有阙者，徒三年。对此《疏议》解释说：“祖父母、父母有所教令，于事合宜，即须奉以周旋，子孙不得违犯……若教令违法，行即有愆；家实贫窭，无由取给；如此之类，不合有罪。”这项规定与晋律有很大的不同，是对传统礼法的一大改进。

尊卑之间发生詈殴，也依身份的不同而有完全不同的处刑。如詈祖父母、父母者，绞；而子孙因违反教令被祖父母、父母殴杀者，只处徒一年半，过失杀者勿论。子孙告祖父母、父母，被认为是“忘情弃礼”之行，故处以绞刑。

家长除享有治家的权利外，也对国家负有缴纳赋税、服役，以及严格户籍申报等义务，违者，自笞四十至徒三年。

至于夫妻在家庭中的地位，沿袭男尊女卑的夫权传统，是不平等的。无论是家内的财产权，还是子女的教令权，只要夫在，妻子便无法行使。如果夫妻间发生人身侵害，处刑也截然不同。夫殴伤妻，减凡人二等处刑；殴妾折伤以上，减妻二等（减凡人四等），而且“皆须妻、妾告，乃坐”。

反之妻殴夫,徒一年,媵及妾犯者,各加一等。

综上可见,唐律全面地确认封建的婚姻家庭制度,表现了尊卑、贵贱、男女在法律上的不平等。这种不平等是封建时代人身隶属关系的反映,维护这种不平等关系,是等级伦理社会向法律提出的要求。

3. 身份继承是继承法的核心

在继承制度中首重身份继承,实行嫡长子继承制,嫡长子逝世由嫡长孙继承宗祧。如无嫡子,则立庶为长。按唐律嫡妻之长子为嫡子,“不依此立,是为‘违法’合徒一年”。嫡妻五十以上子死,“许立庶子为嫡”,但皆“先立长,不立长者,亦徒一年”。另据唐令:“无嫡子及有罪疾,立嫡孙;无嫡孙,以次立同母弟;无母弟,立庶子;无庶子,立嫡孙同母弟;无母弟,立庶孙。曾、玄以下准此。”可见宗祧继承只限男系,而且是直系卑亲属。如无直系卑亲属,则应为其立嗣。“诸无子者,听养同宗于昭穆相当者”,[①]“诸以子孙继绝,应析户者,非年十八已上,不得析”。[②] 上述法定的宗祧继承制度受到严格保护,庶子冒充嫡子继承,处徒刑二年,用欺诈手段冒名继承,则流二千里。

与身份继承有所不同的是封爵的继承。封爵继承由直系子孙继承,不及兄弟等旁系,无子孙即除去封爵。

至于财产继承,一般财产诸子平分。《唐律·户婚》引开元二十五年(737)《户令》:“应分田宅及财物者,兄弟均分……兄弟亡者,子承父分。兄弟俱亡,则诸子均分。其未娶妻者,别与聘财。姑姊妹在室者,减男聘财之半。寡妻无男者,承夫分……(……若改适,其见在部曲、奴婢、田宅不得费用)。”[③]

---

① [日]仁井田陞:《唐令拾遗·户令》“开元二十五年”,长春出版社1989年版,第141页。

② [日]仁井田陞:《唐令拾遗·户令》“开元二十五年”,长春出版社1989年版,第143页。

③ (北宋)窦仪等编,薛梅卿点校:《宋刑统》卷一二《户婚律》“卑幼私用财”门,法律出版社1999年版,第221—222页。

户绝之家有女也应得资产。据《宋刑统·户婚》“户绝资产”门引唐开成元年(836)七月五日敕节文如下:“自今后,如百姓及诸色人死绝无男,空有女,已出嫁者,令之合得资产。”①

第五节　唐代的民事诉讼

唐朝的民事诉讼管辖,一为地域管辖,即向被告所在州县提出上诉,也可在就近州县提起诉讼,州县是民事诉讼的第一审级,当事人如不服判决,可以依次上诉,重大的民事案件,特别是涉及重要官吏的,也可直接上告至皇帝,由皇帝亲自审理,这是与汉代不同的。民事诉讼中,各种文书是重要的物证,司法官在被告口供不实的情况下,可以依众证断案,司法官或直接审案,或调解息讼,皆依国法、乡俗、礼制、族谱等各种形式的法律渊源进行判决,体现了唐朝法制的总体情况。但已超过诉讼时效者,不予受理。近年,陆续出版了吐鲁番文书中的大量案例,说明发生在各地的包括偏远地区的民事案件,都受到官府严肃的审理,表明“细事”也不得违反法律,也要得到依法判决。从大量的民事判决中,说明了一个重要的问题,就是百姓信任法律。

综上所述,由汉迄唐,是中国古代社会的重要发展时期,均田制的实施使百姓富足,国力强盛,达到前所未有的盛世。唐朝的典章法度尤其著称于世,《唐律疏议》是唐朝代表性的法律成果,其影响远及于海外,除律外,尚有令、格、式等各种法律形式,分别调整不同的对象,形成了相当完备的法律规范系统。在诸种法律形式中,都或多或少地含有民事部分,集中体现在《唐律疏议》中的《户婚》《厩库》《杂律》、唐令中的《户令》《田令》《仓库令》《赋役令》《厩牧令》《关市令》《杂令》等律令中。除此之外,基层乡里还有成文与不成文的习惯法,作为国家制定法的补充,处理

① (北宋)窦仪等编,薛梅卿点校:《宋刑统》卷一二《户婚律》“户绝资产”门,法律出版社1999年版,第223页。

基层百姓之间的各种法律纠纷。近年陆续整理出版的吐鲁番唐文书，载有大量的民事司法判例，其中，有些案例多引“乡法”、“乡例”、乡约判决。就婚姻制度而言，唐朝无论婚姻、家庭和继承，都已制度化、法律化，成为定型的形态。唐朝的债仍以契约为发生的根据，但根据内容，而有侵权赔偿之债、不应得利之债、无因管理之债等。契约的形式除买卖、租佃之外，还有交换、借贷、租赁等形式。契约的制定和履行，受到官府的监督和法律的保障，因故不能履行者，由中人或保人代为履行。其法律规定的详密为世界所罕见。

第五章　商品经济高度发展下的宋朝民事法律

宋朝是中国古代商品经济与对外贸易高度发展的朝代，也是继唐以后以法治相尚的重要朝代，这为民事法律提供了重要的基础。不仅如此，宋初采取“不立田制”“不抑兼并”的政策，使得土地的转移空前加快，中小地主与自耕农数迅速增长，佃农也成为租佃制下的国家编户，摆脱了部曲制下依附于主人的私属身份，从而普遍地刺激了生产的积极性，推动了农业、手工业、商业的全面发展，为民事立法的进一步发展提供了重要条件。

第一节　编户齐民的扩大与身份的变化

宋朝根据“税产物力”将全国户口分为主户和客户，佃户虽无产也编入客户，成为国家的编户齐民，不再是地主的私属，身份地位和法律地位发生了重大突破。编户中由于客户居住地不同，分为“乡村户”与“坊廓户”。在主户中，“或以税钱贯百，或以地之顷亩，或以家之积财，或以田之受种”，[1]而有等第之分。户等是国家征收赋役多少的依据，因此，每三

① （清）徐松辑：《宋会要辑稿·食货》六六之五七，中华书局1957年版，第6236页。

年一修版籍,以及时反映户等的变动情况。主户和客户都具有民事权利主体资格,即使是雇工、人力、女使等在唐代系属没有独立人格的贱民,也由于成为国家的编户齐民,在法律上作为民事权利主体参与民事法律活动。

至于行为能力,按《宋刑统·户婚律》规定:“诸男女三岁以下为黄,十五以下为小,二十以下为中;其男年二十一为丁,六十为老……”①可见,宋朝成丁的年龄为二十一岁,即享有完全的行为能力。“八十以上,十岁以下及笃疾者”为限制行为能力人,如,“犯反逆、杀人应死者,上请;盗及伤人者,亦收赎,余皆勿论”,“九十以上,七岁以下”属无行为能力人,“虽死罪不加刑”。②

为了防止通过“别籍异财”降低户等,以减轻对国家承担的赋役,法律禁止析产分居,太祖开宝元年(968)令:百姓凡祖父母、父母在者,子孙不准分居。次年八月,又晓谕析居之风盛行的川陕地区州县官:“察民有父母在而别籍异财者,其罪死。”③太宗时期虽免除死罪,但仍要“论如律”。④ 凡欲析户之家必须向官府申请,并履行一定的手续,始为合法。由于户口是国家赋役的基础并列为考核州县官政绩的标准之一,凡“县吏能招增户口,县即申等,仍加其俸缗”⑤,以致一些官吏乘机在版籍中增加虚户,冀邀升赏,出现了户多丁少的情况。

官僚地主虽然在民事权利主体中居于支配地位,但完全不具备门阀士族时代的经济地位和政治特权。

至于商人的社会地位发生了明显的变化,被视为是“能为国致财

---

① (北宋)窦仪等编:《宋刑统》卷一二《户婚律》,“脱漏增减户口”门,法律出版社1999年版,第214页。

② (北宋)窦仪等编:《宋刑统》卷四《名例律》,“老幼疾及妇人犯罪”门,法律出版社1999年版,第67页。

③ (南宋)李焘撰:《续资治通鉴长编》卷一〇,开宝二年八月,中华书局2004年版,第231页。

④ (南宋)李焘撰:《续资治通鉴长编》卷二四,太平兴国八年十一月,中华书局2004年版,第556页。

⑤ (元)马端临撰:《文献通考》卷一一,《户口考》(二),中华书局2011年版,第297页。

者也”。[①] 编入坊廓户，成为国家编户平民，不再列入“市籍”，其合法权益受到保护，“妄有取索赊荷”[②]者，治罪。商人也取得了科举入仕从政为官的权利，显示了社会地位的提高。

宋朝在法律上沿袭士、庶之分和良、贱之别的传统规定。《宋刑统》中保留了《唐律》关于“部曲”、“奴婢”及“官户”等分属于贱民的条款。但在实际中执行的却是“取士不问家世，婚姻不问阀阅”[③]、“所交不限士庶”[④]的开放政策。特别是对佃农的超经济剥削大为削弱。佃客在租佃契约期满后可以自由起移。天圣五年（1027）仁宗下诏：江淮、两浙、荆湖、福建、广南州军取消对客户起移的限制，“自今后客户起移，更不取主人凭由，须每田收田毕日，商量去住，各取稳便，即不得非时衷私起移”。[⑤] 如果主人“非理拦占，许经县论详”。[⑥] 显然这是佃农人身自由权扩大的重要表现。与此相联系的，佃客也不为地主的行为负法律上的连带责任。

不仅如此，佃客根据契约获得承佃与退佃的自由权，如强制“勒令耕佃”，佃客可以告官申理。但如佃客欠租负债，或违契不偿，法律允许地主“经官陈论”，听凭“官为理索”。苏轼曾说：“客户乃主户之本，若客户阙食流散，主户亦须荒废田土矣。”[⑦]如发生主客相犯，法律的天平是向着主户倾斜的，譬如“佃客犯主，加凡人一等；主犯之，杖以下勿论，徒以上减凡人一等”。[⑧] 哲宗元祐年间还规定：地主打死佃客，减罪一等，发配邻

① （南宋）李焘撰：《续资治通鉴长编》卷二六二，熙宁八年四月，中华书局 2004 年版，第 6390 页。
② （北宋）李元弼：《作邑自箴》卷八，《书市买牌》，南宋淳熙己亥浙西提刑司刊本。
③ （南宋）郑樵撰：《通志》卷二五，《氏族略》，中华书局 1987 年版，第 439 页。
④ （北宋）吕大钧：《吕氏乡约 · 过失相规》，载《续修四库全书 · 子部 · 儒家类》，上海古籍出版社 1996 年版，第 250 页。
⑤ （清）徐松辑：《宋会要辑稿 · 食货》一之二四，中华书局 1957 年版，第 4813 页。
⑥ （清）徐松辑：《宋会要辑稿 · 食货》一之二四，中华书局 1957 年版，第 4813 页。
⑦ （北宋）苏轼：《苏轼文集》卷三六《奏议 · 乞将损弱米贷与上户令赈济佃客状》，中华书局 1986 年版，第 1036 页。
⑧ （南宋）李焘撰：《续资治通鉴长编》卷四四五，元祐五年七月，中华书局 2004 年版，10716 页。

州。南宋绍兴年间，又改为发配本州。

南宋时期，政治形势的变化，使得动荡不定的南宋政权，更加依赖地主阶级的支持。因此，对佃客的超经济剥削有所反弹，在一些地区再现了“随田佃客”的现象。甚至佃户死后，妻子也不能自由改嫁。至光宗绍熙元年（1190），法律不准佃客控告地主，更加恣纵了地主对佃客的私刑迫害。以致《元典章》中出现了：“亡宋已前，主户生杀，视佃户不若草芥”①的记载。

最足以反映社会关系变化的是婢仆由“律比畜产”的所有权客体地位，向着民事权利主体地位转化。两宋时期，很少有世代为奴婢和因犯罪而没为官奴婢的现象。为官僚富豪之家服役的“人力”和“女使”，多因兵荒生计所迫，经过牙人的中介，与主人形成了雇佣关系，仅在契约有效期内与主人维持主仆名分。法律禁止强雇人或强质人为奴婢。如有不法之徒拐卖良人为奴婢，依法严惩，同时释放被拐卖者。

家内服役的“人力”和“女使”与主人的关系完全雇佣化。婢仆成为契约一方当事人而非主人的私有财产，其人身权利受到法律保护，享有独立的人格权，和去留的决定权。法律严禁主家以私刑惩治婢仆，更不得私自杀害。《宋刑统》中有关“官户、杂户、良人之名”；“奴婢贱人，类同畜产”之语，当时人或明确指出：“已不用此律”，②或斥为“不可为训，皆当删去”。③

然而在商品经济发展的基础上，所形成的新的社会关系，没有也不可能突破封建等级制度的界限。例如，《宋刑统》中规定“（主人为）奴娶良人女为妻者，徒一年半；女家，减一等，离之。其奴自娶者，亦如之。主知情者，杖一百；因而上籍为婢者，流三千里。即妄以奴婢为良人，而与良人为夫妻者，徒二年（奴婢自妄者亦同），各还正之”。④ 又如，“诸部曲、奴婢告

① 陈高华等点校：《元典章》卷四二，《刑部》（四），中华书局、天津古籍出版社 2011 年版，第 1463 页。

② （南宋）费衮：《梁溪漫志》卷九，《官户杂户》，上海古籍出版社 2012 年版，第 144 页。

③ （南宋）赵彦卫：《云麓漫钞》卷四，中华书局 1996 年版，第 57 页。

④ （北宋）窦仪等编：《宋刑统》卷一四《户婚律》，“主与奴娶良人”门，法律出版社 1999 年版，第 254 页。

主，非谋反、逆、叛者，皆绞……即奴婢诉良，妄称主压者，徒三年”。[①] 这些并不是具文，从著名的《皇祐法》“略人为奴婢者绞”[②]中，可以得到证明。

第二节 产业权的新发展

两宋时期，所有权、典权、永佃权等，均有明显发展，从而形成了完整的产业权体系。

所有权是产业权最主要的内容，宋时所有权已经区分为不动产所有权（业主权）和动产所有权（物主权）。在不动产的所有权中，土地是核心。经政府没官的无主田、荒闲田、逃户田和户绝田等，属于国家所有的官田。随着“不抑兼并”政策的推行和商品货币关系的影响，国家土地所有制形态日渐衰落，私人土地所有制形态迅速发展，以致两宋官田趋于私田化，官租趋于私租化，私人土地所有权渐居主导地位，成为所有权关系变动中的一大特点。在此基础上，地主土地私有制和租佃制得到广泛发展。

私人不动产所有权的取得，主要是垦田、买卖、继承和受赐等。以垦田为例，宋初为了恢复和发展农业生产，奖励垦辟荒田，法律承认新垦荒田者的所有权。太祖即位后即下诏：“所在长吏谕民，有能广植桑枣，垦辟荒田者，止输旧租”[③]。太宗时，鉴于五代以来战乱频仍所引起的所有权变更，与土地争讼的大量涌现，强调“所垦田即为永业”[④]。南宋初年也规定现佃“满五年，田主无自陈者，给佃者为永业”[⑤]。

为了进一步从法律上承认土地的私有权，还在北宋初期，已经出现了

① （北宋）窦仪等编：《宋刑统》卷二四《斗讼律》，“奴婢告主罪”门，法律出版社 1999 年版，第 421 页。
② （清）徐松辑：《宋会要辑稿 · 食货》六九之六九，中华书局 1957 年版，第 6364 页。
③ （元）脱脱等撰：《宋史 · 食货志》（上）（一），中华书局 2019 年版，第 4158 页。
④ （元）脱脱等撰：《宋史 · 食货志》（上）（一），中华书局 2019 年版，第 4158 页。
⑤ （元）脱脱等撰：《宋史 · 食货志》（上）（四），中华书局 2019 年版，第 4271 页。

作为官府正式承认土地所有权的凭证——红契。不动产所有权的转移不仅需要立有文契，而且要取得官府承认，所谓“皆得本司文牒，然后听之”[①]，并以税契作为重要条件。太祖开宝二年(969)诏令中指出：“民典卖田宅，输钱印契，税契限两月。”[②]同时，由于印契是解决土地纠纷的重要根据，凡“交易有争，官司定夺，止凭契约”[③]，“交争田地，官凭契书”[④]，“凡人论诉田业，只凭契照为之定夺”[⑤]，“理诉田产，公私惟凭干照”[⑥]。为此，建立了较为完备的税契制度。依照《宋刑统》规定：“诸诈为官文书及增减者，杖一百”[⑦]。但如契书丢失，则可召集邻保为证，于两月内向官府申请补办手续。南宋时，因战乱逃亡而丢失契书者颇多，于是绍兴二年(1132)闰四月三日下令：“曾被兵火亡失契书业人，许经所属陈状，本县行下本保邻人依实供证，即出户帖付之。邻人邀阻不为依实勘会及县令不即给帖，并许业人越诉，其合干人重置典宪，庶几民间物业各有照据。”[⑧]

为了保护不动产所有权，除合法的买卖、租佃、典、押外，禁止盗买卖与盗典卖。“盗典卖田业者，杖一百，赃重者准盗论，牙保知情与同罪。”[⑨]

---

① (北宋)窦仪等编：《宋刑统》卷二六《杂律》，“受寄财务辄费用”门引《杂令》，法律出版社1999年版，第468页。

② (元)马端临撰：《文献通考》卷一九，《征榷考》(六)，中华书局2011年版，第545页。

③ 《名公书判清明集》卷五，《户婚门》，《物业垂尽卖人故作交加》，中华书局1987年版，第153页。

④ 《名公书判清明集》卷六，《户婚门》，《王直之朱氏争地》，中华书局1987年版，第185页。

⑤ 《名公书判清明集》卷九，《户婚门》，《伪作坟墓取赎》，中华书局1987年版，第318页。

⑥ 《名公书判清明集》卷九，《户婚门》，《过二十年业主死者不得受理》，中华书局1987年版，第313页。

⑦ (北宋)窦仪等编：《宋刑统》卷二五《诈伪律》，“伪造宝印符节”门，法律出版社1999年版，第443页。

⑧ (清)徐松辑：《宋会要辑稿·食货》七十之一三九，中华书局1957年版，第6440页。

⑨ 《名公书判清明集》卷五，《户婚门》，《从兄盗卖已死弟田业》，中华书局1987年版，第145页。

知情而买者，钱没官。如“以己田宅重叠典卖者，杖一百，牙保知情与同罪”①。卑幼如果“蒙昧尊长，专擅典卖、质举、倚当，或伪署尊长姓名，其卑幼及牙保引致人等，并当重断，钱业各还两主”。② 至南宋，卑幼私卖田产，不仅钱没官，田还主，而且还赋予尊长以五年的理诉时效：“诸同居卑幼私辄典卖田地，在五年内者，听尊长理诉。”③须要指出，如尊长盗卖卑幼产业，法律也允许卑幼“不以年限陈乞”④，以示对所有权的同等保护。即使官府因设置屯田、营田，也不许乘机侵占民田。如擅自侵占民田，受侵害的百姓可以依法诉讼，请求返还被侵占的土地。

至于动产所有权的取得，除买卖、继承、赠与外，宿藏物的发现，阑遗物的取得，漂流物的应获，无主物的先占，以及生产蕃息的归属等，均为重要的途径。大体仿唐律，但有所补充。以漂流物的应获为例，《宋刑统·杂律·地内得宿藏物》引《杂令》：“诸公私竹木为暴水漂失，有能接得者，并积于岸上，明立标榜，于随近官司申牒，有主识认者，江河，五分赏二分；余水，五分赏一分。限三十日，无主认者，入所得人。”在《庆元条法事类》中又将公、私漂流物分别处理，并提高了得货人的所得比例，凡无主识认者全给得货人。

对于动产所有权的侵害，也要依法予以赔偿。如故意惊扰，侵害他人动产所有权，除以刑法制裁外，并须对受害人给予经济赔偿。它如弃毁、亡失公私器物、官私牲畜；毁食官私物、毁伐官山林，以及杀伤官私畜产等行为，或赔偿，或并科以刑罚。通过详定损害赔偿之法，以保护动产所有权。

---

① 《名公书判清明集》卷九，《户婚门》，《重叠》，中华书局 1987 年版，第 302 页。
② （北宋）窦仪等编：《宋刑统》卷一三，《户婚律》，“典卖指当论竞物业”门，法律出版社 1999 年版，第 231 页。
③ 《名公书判清明集》卷六，《户婚门》，《叔侄争再判》，中华书局 1987 年版，第 190 页。
④ 《名公书判清明集》卷九，《户婚门》，《卑幼为所生父卖业》，中华书局 1987 年版，第 299 页。

第三节　债法的新成就

两宋商品经济的发展与债法内容丰富，制度完备，达到了当时世界债法的先列。宋时典买卖不仅成为普遍的现象，并且加以法律化、制度化。

典卖与一般卖出不同，一般卖出是绝卖，不能收赎。典卖是活卖，在一定期限内可以收赎，因此，典价比卖价低许多。由于典卖土地者绝大部分是自耕农民，因此通过典卖制度，地主们不仅廉价取得土地的收益，而且当农民无力收赎时，便依法取得了土地的所有权。法律在这方面是偏袒典权人的，《宋刑统》规定：典契"证验显然者"方许收赎，"并无文契，及虽执文契难辩真虚者，不在论理收赎之限"。[①] 这便为典权人取得所典买田宅的所有权提供了方便。《名公书判清明集》中有以下记载：豪民为"图谋小民田业"，当小民要回赎典产时，"则迁延月日，百端推托，或谓寻择契书未得，或谓家长外出未归，及至民户有词，则又计嘱案司，申展文引，逐限推托，更不出官，展转数月，已入务限矣，遂使典田之家终无赎回之日……此富者所以田连阡陌，而贫者所以无卓锥之地也"[②]。

为了使典权的设立合法化，要履行法定的程序和手续：

其一，须订立典契。据史料记载："田产典卖，须凭印券交业"[③]"在法，典田宅者，皆为合同契，钱、业主各取其一。此天下所通行，常人所共晓"[④]"人户出典田宅，依条有正契，有合同契，钱、业主各收其一，照证收赎"[⑤]。典契订立以后，还须投印、税契和当官过割，以使典权最终合

---

① (北宋)窦仪等编：《宋刑统》卷一三，《户婚律》，"典卖指当论竞物业"门，法律出版社1999年版，第231页。

② 《名公书判清明集》卷九，《户婚门》，《典主迁延入务》，中华书局1987年版，第317页。

③ (北宋)陈襄：《州县提纲》卷二，《交易不凭钞》，商务印书馆1939年版，第14页。

④ 《名公书判清明集》卷五，《户婚门》，《典卖园屋既无契据难以取赎》，中华书局1987年版，第149页。

⑤ (清)徐松辑：《宋会要辑稿·食货》六一之六四，中华书局1957年版，第5905页。

法化。

其二,“亲邻”“四邻”依法享有优先承典权。《宋刑统·户婚律》规定:典卖“先问房亲;房亲不要,次问四邻;四邻不要,他人并得交易”,但如“房亲着价不尽,亦任就得价高处交易”①。

其三,典契内须注明田宅的顷亩间架以及担保人。“若契内不开顷亩、间架,四邻所至,税租役钱,立契业主、邻人、牙保、写契人书字,并依违法典卖田宅断罪”。② 同时,还须约定时效,一般定为三十年,“经三十年后……不在论理收赎之限”③。

其四,保护家长对财产的处分权。凡典买卖产业,必须家长和买主“当面署押契帖”,如果家长在化外或阻于战争,一时难返,须要“呈报州县,给与凭由,方许商量交易”。④ 卑幼如专擅典卖,或伪署尊长姓名,依法重断。

典权人在典契有效期内,享有对典物的一定处分权,可以出租、出押、出典,但无权出卖。如出典人欲出卖典产,典权人有先买权,并须签订绝卖文契,补付“贴买钱”作为典价与实际地价之间的差额补偿。如典权人不愿找绝,出典人有别卖他人的权利。

为了保护典权人的利益,严禁“一物两典”,如有重复典卖者,业主、中人、邻人并契上署名人,“各计所欺入己钱数,并准盗论”⑤,并须将钱退还典主。业主无力退还,勒令典契上署名的中人、邻人共同赔偿,典当物仍归第一个典权人所有。南宋时,对于重叠典卖的处罚加重,“诸以己田

① (北宋)窦仪等编:《宋刑统》卷一三,《户婚律》,“典卖指当论竞物业”门,法律出版社1999年版,第232页。
② (清)徐松辑:《宋会要辑稿·食货》六一之六六,中华书局1957年版,第5906页。
③ (北宋)窦仪等编:《宋刑统》卷一三,《户婚律》,“典卖指当论竞物业”门,法律出版社1999年版,第231页。
④ (北宋)窦仪等编:《宋刑统》卷一三,《户婚律》,“典卖指当论竞物业”门,法律出版社1999年版,第231页。
⑤ (北宋)窦仪等编:《宋刑统》卷一三,《户婚律》,“典卖指当论竞物业”门,法律出版社1999年版,第232页。

宅重叠典卖者，杖一百，牙保知情与同罪”。[①] 与此同时，也维护出典人的收赎权，宋初规定：“证验显然者，不限年岁，并许收赎”。[②] 南宋时，凡是典期届满，出典人备钱收赎，“并许收赎”。典主如“故作迁延占据者，杖一百”，并“勒令日下交钱退业”。[③] 但业主只有到典契所规定的回赎时间方可取赎，超过回赎期限而没有回赎，典主也不能取得田宅的所有权，但可以将田宅转典与他人。至于典权的时效期间也有变化，凡典卖田宅经二十年，契约不明，钱、业主死者，不得受理，这反映了南宋时期典卖田宅的流转速度较北宋加快。但如契约明白，钱、业主俱在，则出典人可获得无限期的回赎权。

由于两宋典权立法明了详备，而有“典赎之法，昭如日星”[④]之说。

宋时，典与质尚无明确划分。所谓质权，是指借贷者以物品作抵押，向他人借贷而产生的权利。凡典质之物不得擅自变卖，《宋刑统》明确规定：“收质者，非对物主不得辄卖”[⑤]，但业主或物主过期不赎者，典主可以在告诉市司以后，加以出卖，以抵偿所欠债务，有所剩余则归还业主或物主。

两宋以订立契约、侵权行为、不当得利、无因管理等法律事实所生之债，最为普遍。

两宋私人之间、官民之间财产关系的复杂化，要求以契约的形式来设定债权人和债务人之间的民事权利义务关系，从而促进了因契约所生之债的发展，而契约的广泛应用，也推动了契约种类的增多，常见的如买卖

① 《名公书判清明集》卷九，《户婚门》，《重叠》，中华书局 1987 年版，第 302 页。
② （北宋）窦仪等编：《宋刑统》卷一三，《户婚律》，“典卖指当论竞物业”门，法律出版社 1999 年版，第 231 页。
③ 《名公书判清明集》卷九，《户婚门》，《典主迁延入务》，中华书局 1987 年版，第 318 页。
④ 《名公书判清明集》卷九，《户婚门》，《揩改契书占据不肯还赎》，中华书局 1987 年版，第 314 页。
⑤ （北宋）窦仪等编：《宋刑统》卷二六，《杂律》，“受寄财务辄费用”门，法律出版社 1999 年版，第 468 页。

契约、典当契约、借贷契约、雇佣契约、租赁契约等。由于官府印卖契纸，而使契约形式趋于统一和规范，有利于防止伪契，减少纠纷。与此同时，契税、契押也都趋于制度化。

此外，有关契约标的、价格及其计算、期限等，均有相当完备的法律规定。

在订立契约时，强调双方当事人“合意”与“不得抑勒”，对于“取与不合”和“固取者”，都要“重置典宪”。同时，必须有牙保、写契人亲书押字，并经官司投税过割方为合法。

值得特别关注的是，随着两宋商品经济的高度发展，市场竞争机制逐渐渗透到契约制度中，一种高级缔约方式——竞争缔约法在两宋产生。主要有官田出租、出卖中的竞争缔约和官有工商业经营权转让中的竞争缔约。略相当于后世的招投标法和拍卖法。

因侵权行为所生之债，是指因过失或故意而侵害他人财产权和人身权的不法行为，由此而在行为人与受害人之间产生的一种损害赔偿的债权债务关系。由于侵权行为的性质和危害的程度不同，或处以不同程度的“备偿”，或于“备偿”之外科以刑罚。为了保护不动产的私有权，如田土所有权被非法侵犯，所有权人可以不受“务限”的约束，随时向官府投诉，并可越诉。即便是官府侵占民户私田，也允许民户向上级机关或朝廷进状，请求返还。

对动产的侵害，一般要求原物赔偿，或折价赔偿，不能赔偿者，追究刑事责任。

对人身的侵害，多追究刑事责任，并实行保辜制度。但在商品经济的影响下，也要求行为人对受害人（包括命案在内）给付经济赔偿，如私和而受财多者，准盗论。

上述侵权行为如因不可抗力，或非行为人的原因而造成损害，或已超出时效规定，免除赔偿责任。

不当得利之债，是指没有合法依据而使他人受损，自己获利所形成的债权债务关系。如“诸官物误支失收者”，请纳人(受益人)为不当得利，应返还原物或赔偿相应价值。①

无因管理之债，是指虽无法定的或约定的义务，但为避免他人利益受到损失而自愿管理，或提供劳务的事实行为，由此而在管理人与他人之间产生的债权债务关系。两宋时期，战争频仍，业主逃亡者多，以致土地多由他人耕种，原业主返回后须要支付耕种管理人投入的工本费。此类无因管理之债，在宋代既广泛而又具有典型意义。

有关债的担保制度，分为信誉担保和财产担保两大类。前者表现为“三人相保”、“保人代偿”、“连保同借”等。如《庆元条法事类·财用门·理欠》引《关市令》：“诸负债违契不偿，官为理索，欠者逃亡，保人代偿。”后者表现为物保和钱保。两宋时期的抵押权，就是以不动产为担保的，但不改变不动产的占有状态。质权则是以动产作担保的，并转移动产的占有权于债权人。因此，在债务履行期限届满前，债权人不得占有抵押物，但可占有质押物。期满不能履行债务，债权人虽有权处理抵押物，但要公平评估抵押物的价值，除抵偿债务外，多余部分仍归债务人。《庆元条法事类》有以下规定：“诸税钱未纳，听以物克(充)当，别注历，收经一年不赎者，没官。其物准钱不足，干系人备偿。”②显而易见，这已具有现代民法中抵押权、留置权的内涵。所谓钱保，主要是以定金担保。

在动产买卖中沿袭唐律中有关瑕疵担保的规定。但由于动产和人口的买卖，经常发生第三人追夺纠纷，因此，在买卖契约中较为普遍地规定了第三人追夺时的担保责任，以保证买主的所有权。

两宋对于债的履行或不履行，及债的消灭均有详细规定。《宋刑统》对债的履行人及履行标的数量、质量和期限规定如下：“收质者，非对物

---

① 戴建国点校：《庆元条法事类》卷三二，《财用门》(三)，“理欠”条引《理欠令》，黑龙江人民出版社2002年版，第513页。

② 戴建国点校：《庆元条法事类》卷三六，《库务门》(一)，“商税”条引《场务令》，黑龙江人民出版社2002年版，第552页。

主不得辄卖”,①凡“以产为抵,官预给钱,约期限、口数、斤重以输”,②“物有头数,输有期限”,③“其行滥之物没官,短狭之物还主”。④“诸称‘日’者……从朝至暮……称‘年’者,以三百六十日。”“闰月亦计为日。称‘载’不论闰,须经正月以后,始是一载”。⑤

对于逾期不履行债务,宋袭唐律按标的数额及迟误日期分别处刑,并责令赔偿:“诸负债违契不偿,一匹以上,违二十日笞二十,二十日加一等,罪止杖六十;三十匹,加二等;百匹,又加三等。各令备偿。”“诸负债不告官司,而强牵财物过本契者,坐赃论。”“谓公私债负,违契不偿,应牵掣者,皆告官司听断。若不告官司而强牵掣财物,若奴婢、畜产,过本契者,坐赃论。”⑥《宋刑统》还特别选附唐后期《杂令》中的以下规定:“诸公私以财物出举者,任依私契,官不为理……家资尽者,役身折酬,役通取户内男口。”⑦

但从宋朝的社会实际来看,对不能履行债务者主要是经济制裁,所谓保人代偿也是承担经济赔偿的责任,而不是人身强制。相反质当人口,役身折酬要负刑事责任。例如,太宗至道二年(996)下诏:“江、浙、福建民负人钱没入男女者还其家,敢匿者有罪。”⑧此后,遂成为定法。南宋孝宗隆兴二年(1164)二月六日,知潭州黄祖舜针对民间客商因用户借其货钱而折人男女的现象,上言:“湖南人户少欠客人盐钱,辄敢折人男女充奴

① (北宋)窦仪等编:《宋刑统》卷二六,《杂律》,“受寄财务辄费用”门,法律出版社1999年版,第468页。

② (元)脱脱等撰:《宋史·食货志下》(一),中华书局2019年版,第4355页。

③ (北宋)窦仪等编:《宋刑统》卷一三,《户婚律》,“差科赋役不均平及擅赋敛加益”门,法律出版社1999年版,第238页。

④ (北宋)窦仪等编:《宋刑统》卷二六,《杂律》,“校斗秤不平”门,法律出版社1999年版,第483页。

⑤ (北宋)窦仪等编:《宋刑统》卷六,《名例律》,“杂条”门,法律出版社1999年版,第116—117页。

⑥ (北宋)窦仪等编:《宋刑统》卷二六,《杂律》,“受寄财务辄费用”门,法律出版社1999年版,第467—468页。

⑦ (北宋)窦仪等编:《宋刑统》卷二六,《杂律》,“受寄财务辄费用”门,法律出版社1999年版,第468页。

⑧ (元)脱脱等撰:《宋史·太宗纪》(二),中华书局2019年版,第99页。

婢，乞以徒罪论断。”于是刑部立法：“如人户少欠客人盐钱，其客人辄折其男女充奴婢者，欲比附‘以债负质将人户杖一百，钱物不追’条法断罪”，得到了孝宗的批准。①

为了取得违契不偿的经济赔偿，重要的是告官听断，由官府强制执行。即所谓“监还”、“监纳”、“监理”，或者暂时中止履行，俟债务人有能力履行时再令其履行。凡此都表现了官府对于所谓“细事”的干预的加强，这是宋朝统治下突出的时代特点。

至于债的消灭，除债务人清偿外，还有以下原因：

债务人及担保人确实无力偿还或死亡者，经一定期限后，予以免除。光宗绍熙二年(1191)十一月赦文：“有已经估籍家产偿还不足，依旧监系牙保等，牵联不已，可并与除放，毋致违戾。”②《名公书判清明集》中，胡石壁对李五三兄弟欠债案的判决既有法律依据，也具有典型性：“今本府押其兄弟下县监纳，已数阅月，更无一钱以偿之。啼饥号寒，死已无日，纵使有欠负，亦已无可责偿，况未必是实乎！在法：债负违契不偿，官为追理，罪止杖一百，并不留禁。今观其形容憔悴如此，不惟不当留禁，杖责亦岂可复施？合免监理，仍各于济贫米内支米一斗发遣。”③《庆元条法事类》亦做规定：“诸欠无欺弊而身死者，除放；有欺弊应配及身死而财产已竭者，准此。”④

超过时效，又无契书为凭者，债的关系自然消灭。太祖建隆三年(962)敕令：“如是典当限外，经三十年之后，并无文契，及虽执文契，难辨真虚者，不在论理收赎之限。”⑤此后，在商品经济的冲击下，民事流转加快，时效的期限缩短为二十年至十年。例如，南宋时“诸理诉田宅，而契

① (清)徐松辑：《宋会要辑稿·食货》二七之十五，中华书局1957年版，第5263页。

② (清)徐松辑：《宋会要辑稿·食货》三一之三一，中华书局1957年版，第5356页。

③ 《名公书判清明集》卷九，《户婚门》，《欠负人实无从出合免监理》，中华书局1987年版，第339页。

④ 戴建国点校：《庆元条法事类》卷三二，《财用门》(三)，“理欠”条引《理欠令》，黑龙江人民出版社2002年版，第514页。

⑤ (北宋)窦仪等编：《宋刑统》卷一三，《户婚律》，“典卖指当论竞物业”门，法律出版社1999年版，第231页。

要不明,过二十年,钱主或业主死者,不得受理”。[1] 典卖田宅“过十年典卖人死,或已二十年,各不在论理之限”。[2] 如因阻于战乱,或其他原因不能履行债务,则此时间不计入时效期限:“有故留滞在外者,即与出除在外之年。”[3]《庆元条法事类》中还规定:“如出限,许逐人陈诉。其经由官司曲意阻难及迁延时日者,并重置典宪。”[4]诉讼时效的缩短,虽有利于实际耕作者取得土地的所有权。但也便于地主势要之人,通过以典就买的形式,吞并自耕农民的土地。

因恩赦或官府命令而除放债务。两宋时期,皇帝经常以诏敕除放债务。如,光宗登基赦中宣布:“凡民间所欠债负,不以久近多少,一切除放。”[5]官府有时也因灾荒频仍,从维持社会秩序出发除放公私债务。

在各种契约中值得提出的是“赊卖”。赊卖是凭信用赊贷,约定期限后再付现钱。据《宋会要》记载,真宗乾兴元年(1022)六月诏中宣示赊卖立法:“如有大段行货须至赊卖与人者,即买主量行货多少,召有家活物力人户三五人以上,递相委保,写立期限文字交还,如违限……若是内有连保人别无家活,虚作有物力,与店户、牙人等通同蒙昧客旅,诳赚保买物色,不还价钱,并乞严行决配。”[6]南宋孝宗淳熙十一年(1184)七月诏中进一步强调:“今后应赊买客人茶,其人见有父母兄长,并要同共书押文契。”[7]可见宋时赊卖货物不仅要订立契约,以财产作抵押,而且须要有物力之人乃至父母兄长共同书押担保。如无人保,只由赊卖人写立

① 《名公书判清明集》卷四,《户婚门》,《王九诉王四占去田产》,中华书局 1987 年版,第 106—107 页。

② 《名公书判清明集》卷四,《户婚门》,《漕司送许德裕等争田事》,中华书局 1987 年版,第 118 页。

③ (北宋)窦仪等编:《宋刑统》卷一三,《户婚律》,“典卖指当论竞物业”门,法律出版社 1999 年版,第 232 页。

④ 戴建国点校:《庆元条法事类》卷一三,《职制门》(一〇),“理赏”条引随敕申明,黑龙江人民出版社 2002 年版,第 275 页。

⑤ (南宋)洪迈:《容斋三笔》卷九,《赦放债负》,中华书局 2005 年版,第 527 页。

⑥ (清)徐松辑:《宋会要辑稿·食货》三七之九,中华书局 1957 年版,第 5452 页。

⑦ (清)徐松辑:《宋会要辑稿·食货》三一之二六,中华书局 1957 年版,第 5353 页。

欠钱文契,发生“诳赚”纠纷,官府不为受理,以示对赊卖人权利的维护。

随着租佃制的发展,在农业生产中也出现了合伙契约的形式。太宗太平兴国七年(983)诏中说:“……及其家见有种子,某户见有阙丁,某人见有剩牛,然后分给旷土,召集余夫,明立要契,举借粮种,及时种莳,俟收成,依契约分,无致争讼。”①

但合伙契约主要流行于商业领域,借以解决资金不足,所谓“共财出贩”,“连财合本”,同时也分摊风险,这是两宋商品经济的规模不断扩大的重要原因之一。

合伙关系也表现为合伙贩运、合伙承包,合伙经营海外贸易等。在合伙契约中,各方当事人均负连带责任,既“分获筹钱”,也共担亏损。真宗天禧三年(1019),知应天府王曾指出,“府民五户共扑买酒场,岁课三万余缗。逋欠积久,其两户已破产,三户累尝披诉”。② 至于分配盈余,一般需待扣除税款和付经营人报酬后,按出资额的多寡“为率均分”。

除以上主要契约形式外,宋代的居间契约、委托契约、承揽契约也比较发达。

第四节　提高妇女地位的宋代婚姻与继承

在婚姻立法中,有关父母与尊长的主婚权,婚姻关系成立的要件,法定婚龄,婚姻禁忌与解除等,基本同于唐律的规定。但宋朝商品经济发达的历史背景,必然在婚姻关系上有所反映。譬如,随着奴婢身份地位的提高,官府并不禁止奴婢与官人通婚,只是不许与本主同居亲缔结婚姻,说明良贱不婚的传统法律已经发生了变化。又如,《宋刑统》虽然禁止丈夫自嫁妻妾,但在事实上却允许民间迫于饥寒之家典雇妻妾,《清明集》中

① (清)徐松辑:《宋会要辑稿·食货》六三之一六二,中华书局1957年版,第6067页。

② (南宋)李焘撰:《续资治通鉴长编》卷九四,天禧三年十一月,中华书局2004年版,第2172页。

记载了许多由此而引发的案例。一般援用“和离法”解除双方的婚姻关系,不坐男子之罪。由于宋时民族矛盾比较尖锐,因此在民族关系复杂的西北边疆地区,禁止汉族州民与边境内已归化的少数民族通婚。太宗至道元年(995)八月颁布敕令:“禁西北缘边诸州民与内属戎人昏娶。”[①]哲宗元祐元年(1086)三月户部申明:“归明人除三路及沿边不得婚嫁,余州听与嫁娶;并邕州、右江归明人,许省地溪峒结亲。”[②]说明边境民族间的通婚禁令,涉及国家安全,始终受到重视,只是稍有松动而已。

至于离婚,一个显著的特点是扩大了妇女离婚的主动权。这是比前代法律明显进步之处。如,“在法,已成婚而移乡编管,其妻愿离者,听”;[③]妻子“被夫同居亲强奸,虽未成,而妻愿离者,亦听”。[④] 从文献资料中可以看出在宋代实际社会生活中,妇女主动提出离婚的原因是多种多样的,它反映了“从一而终”的传统观念受到了冲击,也是妇女地位有所提高的表现。

与此相联系的夫死(或离)再嫁,得到了社会的同情与法律的保护。真宗大中祥符七年(1014)诏中说:夫亡,“妻不能自给者,自今即许改适”。[⑤] 另据哲宗元祐五年(1090)条贯:“女居父母及夫丧而贫乏不能自存,并听百日外嫁娶之法”[⑥]。但“不能更占前夫屋业”[⑦],所谓“朝嫁则暮

---

① (元)脱脱等撰:《宋史·太宗本纪》(二),中华书局 2019 年版,第 98 页。

② (南宋)李焘撰:《续资治通鉴长编》卷三七三,元祐元年三月,中华书局 2004 年版,第 9034 页。

③ 《名公书判清明集》卷九,《户婚门》,《已成婚而夫离乡编管者听离》,中华书局 1987 年版,第 353 页。

④ 戴建国点校:《庆元条法事类》卷八〇,《杂门》,“诸色犯奸”条引《户令》,黑龙江人民出版社 2002 年版,第 922—923 页。

⑤ (南宋)李焘撰:《续资治通鉴长编》卷八二,大中祥符七年正月,中华书局 2004 年版,第 1861 页。

⑥ (南宋)李寿撰:《续资治通鉴长编卷四八四》,元祐八年六月壬戌,中华书局 2004 年版,第 11513—11514 页。

⑦ 《名公书判清明集》卷九,《户婚门》,《已嫁妻欲据前夫屋业》,中华书局 1987 年版,第 355 页。

义绝”①。

此外，定婚后，男方无故三年不成婚者，听离，但女方须“经官自陈改嫁，并各还聘财”。② 丈夫外出三年不归，六年不通问，也准予改嫁或离婚。如寡妇再婚姑舅无依，或因子幼需要抚养，或因夫家财产原因，可以在夫家招后夫，俗称“接脚夫”，这种创自宋代的寡妇再适的婚姻形式，也都反映了对于传统礼教的冲击。

对于寡妇再嫁，宋代士大夫也在观念上发生了极大的变化。著名政治家、诗文家王安石便力主儿媳庞氏再适。理学大师程颐也令其甥女、侄媳改嫁。甚至真宗、仁宗皇帝的二位皇后也是改适之妇。不过两宋程朱理学的教条毕竟对婚姻家庭立法有所影响。例如，夫亡，妻不“守志”者，“其见在部曲、奴婢、田宅不得费用”。③《名公书判清明集》中，多处出现“一女不事二夫”“相守以死”的判词，以此为“知经识礼”。

妻子在家中的地位，按法律规定是与丈夫不平等的，“其妻虽非卑幼，义与周亲卑幼同”④，因此，妻在家中的权利受丈夫节制，夫妻间相犯，同罪异罚。但如夫亡，妻则享有家长的一切权利，譬如，在物业交易中未经与女户主“亲闻商量”，不以寡母为契首，即为违法交易，处以刑罚。

两宋继承法虽以唐律为基础，但法条增多，规范细密，达到了相当完备的程度。

根据两宋继承法，宗祧身份继承与财产继承已开始分离。宗祧继承

① 《名公书判清明集》卷八，《户婚门》，《检校嫠幼财产》，中华书局 1987 年版，第 280 页。

② 《名公书判清明集》卷九，《户婚门》，《诸定婚无故三年不成婚者听离》，中华书局 1987 年版，第 350 页。

③ （北宋）窦仪等编：《宋刑统》卷一二，《户婚律》，“卑幼私用财”门，法律出版社 1999 年版，第 222 页。

④ （北宋）窦仪等编：《宋刑统》卷二四，《斗讼律》，“告周亲以下”门，法律出版社 1999 年版，第 420 页。

以嫡长子为第一继承人，无嫡子者以庶子为继承人。户绝之家可以通过立继、命继，继承宗祧。收养异姓养子也可以“依亲子孙法”成为法定继承人。《名公书判清明集》解释说：“如必曰养同宗，而不开立异姓之门，则同宗或无子孙可立，或虽有而不堪承嗣，或堪承嗣，而养子之家与所生父母不咸，非彼不愿，则此不欲，虽强之，无恩义，则为之奈何？是以又开此门，许立异姓耳。”①但收养异姓子，限三岁以下，一经收养，即视同亲子。“诸遗弃子孙三岁以下收养，虽异姓亦如亲子孙法。”②

财产继承基本沿袭唐《户令》“应分”条的规定：“诸应分田宅者及财物，兄弟均分”，“兄弟亡者，子承父分，兄弟俱亡，则诸子均分”③，但也有较大发展。如：

首先对于女子继承财产的分配作出详细规定，如区分在室女、归宗女、出嫁女与寡妇，以及其应享有的财产继承权。

在室女如有兄弟则无财产继承权，只能获未婚兄弟聘财之半的嫁资。“姑姊妹在室者，减男娉财之半”，④只有在户绝的条件下，在室女才可以继承全部家产。养女的继承权与亲女同。

归宗女的继承权，北宋初期与在室女同。《宋刑统》规定：“如有出嫁亲女被出，及夫亡无子，并不曾分割得夫家财产入己，还归父母家后户绝者，并同在室女例。”⑤但自哲宗以后迄至南宋，归宗女的户绝财产继承权份额，只有在室女的一半。

---

① 《名公书判清明集》卷七，《户婚门》，《双立母命之子与同宗子》，中华书局 1987 年版，第 220 页。

② 《名公书判清明集》卷七，《户婚门》，《已有养子不当求立》，中华书局 1987 年版，第 214 页。

③ （北宋）窦仪等编：《宋刑统》卷一二，《户婚律》，“卑幼私用财”门，法律出版社 1999 年版，第 221 页。

④ （北宋）窦仪等编：《宋刑统》卷一二，《户婚律》，“卑幼私用财”门，法律出版社 1999 年版，第 222 页。

⑤ （北宋）窦仪等编：《宋刑统》卷一二，《户婚律》，“户绝资产”门，法律出版社 1999 年版，第 223 页。

出嫁女在无兄弟和在室女时，享有三分之一的财产继承权，其余入官。“如无出嫁女，即给与出嫁亲姑、姊、妹、侄一分。”①

寡妇的继承权，只有在夫死无子守志不嫁的情况下，方可承夫分产。如改嫁不得将夫家财产带走。南宋时期法律有所改变：“寡妇无子孙并同居无有分亲，召接脚夫者，前夫田宅经官籍记讫，权给，计直不得过五千贯，其妇人愿归后夫家及身死者，方依户绝法。”②但如寡妇改嫁到后夫家生活或死亡，财产要没官。

其次，规定了遗腹子、私生子、义子及赘婿的继承权。

遗腹子与已出生的亲子权利相同，《名公书判清明集·女婿不应中分妻家财产》判中引宋法如下：“在法：父母已亡，儿女分产，女合得男之半。遗腹之男，亦男也，周丙（其父）身后财产合作三分，遗腹子得二分，细乙娘（其母）得一分。”

私生子称为“别宅子”，《宋刑统》对别宅子的继承权作了专门规定：“准唐天宝六载五月二十四日敕节文……称是在外别生男女及妻妾，先不入户籍者，一切禁断。辄经府县陈述，不须为理，仍量事科决，勒还本居。”③说明对于别宅子的继承财产诉讼，如已入户籍，则官府承认并受理，如不入户籍，则不予受理。南宋时条令较北宋有所放宽，规定：“诸别宅之子，其父死而无证据者，官司不许受理。”④按此法，别宅子只有在其父已死，而又没有足够的证据证明其亲子地位时，官府才不予受理。反之，不论是否同居或同籍，只要有证据证明与其父的血缘关系，官府即承认其地位，并有一定的财产继承权。

---

① （清）徐松辑：《宋会要辑稿·食货》六一之五八引《天圣户绝条贯》，中华书局1957年版，第5902页。

② 《名公书判清明集》卷八《户婚门》，《夫亡而有养子不得谓之户绝》，中华书局1987年版，第273页。

③ （北宋）窦仪等编：《宋刑统》卷一二，《户婚律》，“卑幼私用财”门，法律出版社1999年版，第222页。

④ 《名公书判清明集》卷八，《户婚门》，《无证据》，中华书局1987年版，第293页。

由于宋代妇女改嫁自由，所以“再嫁之妻将带前夫之子，就育后夫家者多矣”，此前夫之子称为“义子”①。义子不得随义父姓，如义父死则应归本宗，义子没有财产继承权，但可以分得其母自随财物。

赘婿，一般是由于男方家庭贫困，无钱娶妻，自愿赘入女方家为婿，因而在家庭中没有地位和权利，更无权承分妻家的财产。只有在特定的情况下，才可以分割妻家的部分财产，如：赘婿以妻家财物营运，“增置财产，至户绝日，给赘婿三分”。②

最后，规定了对于户绝之家的继绝制度，以保护家内私有财产不致流失。继绝分为立继和命继，据《名公书判清明集》引淳熙指挥：“立继者谓夫亡而妻在，其绝则其立也当从其妻；命继者谓夫妻俱亡，则其命也当惟近亲尊长。”③“立继者与子承父分法同，当尽举其产以与之”，④又引《户令》：“诸已绝之家立继绝子孙，谓近亲尊长命继者。于绝家财产，若只有在室诸女，即以全户四分之一给之，若又有归宗诸女，给五分之一。其在室女并归宗女，即以所得四分，依户绝法给之。止有归宗诸女，依户绝法给外，即以其余减半给之，余没官。止有出嫁诸女者，即以全户三分为率，以二分与出嫁女均给，一分没官。若无在室、归宗、出嫁诸女，以全户三分给一。”⑤但无论是命继或立继，都不可以随便选立，依法：必需昭穆相当，就是辈分相同。而且己家独子不可绝己家之后而立为他人子；一家之子也不可继两家之绝，以防侵吞双份家财。一旦昭穆相当之人立为嗣子，便

① 《名公书判清明集》卷七，《户婚门》，《义子包并亲子财物》，中华书局 1987 年版，第 242 页。

② 《名公书判清明集》卷七，《户婚门》，《立继有据不为户绝》，中华书局 1987 年版，第 216 页。

③ 《名公书判清明集》卷八，《户婚门》，《命继与立继不同》，中华书局 1987 年版，第 266 页。

④ 《名公书判清明集》卷八，《户婚门》，《命继与立继不同》，中华书局 1987 年版，第 266 页。

⑤ 《名公书判清明集》卷八，《户婚门》，《处分孤遗田产》，中华书局 1987 年版，第 288 页。

不能随便遣还。据《名公书判清明集》:“诸无子孙,听养同宗昭穆相当者为子孙。”①“诸养子孙,而所养祖父、父亡,其祖母、母不许非理遣还。”②除非“所养子孙破荡家产,不能侍养,及有显过,告官证验,审近亲尊长证验得实,听遣”。③

在唐代“遗嘱处分”的基础上,遗嘱继承也有所发展,“若亡人遗嘱证验分明,依遗嘱施行。”④遗嘱继承被看作是“皆贤明之人为身后之虑”⑤的举措,并且是司法审判中的重要依据。因此立遗嘱人有年龄限制,《名公书判清明集》中有“七岁,且遗嘱非真,似难争立”⑥的记载。宋时遗嘱有口头与书面二种形式,但口头遗嘱证明力较差。书面遗嘱需“亲书遗嘱,经官给据”⑦,“经官印押”⑧,凡未经官印押的遗嘱,视为“私家之故纸”⑨,官府不予承认。根据遗嘱已分财产发生争执,限于三年之内告诉。《名公书判清明集》中有满五年、十年而诉遗嘱不公者,概不受理的记载。

第五节 宋代的民事诉讼

宋代民事判决中重视法理情三者的统一。《名公书判清明集》是一部

---

① 《名公书判清明集》卷八,《户婚门》,《已立昭穆相当人而同宗妄诉》,中华书局1987年版,第247页。

② 《名公书判清明集》卷八,《户婚门》,《父在立异姓父亡无遣还之条》,中华书局1987年版,第245页。

③ 《名公书判清明集》卷七,《户婚门》,《出继子不肖勒令归宗》,中华书局1987年版,第224—225页。

④ (清)徐松辑:《宋会要辑稿·食货》六一之五八,中华书局1957年版,第5902页。

⑤ (南宋)袁采:《袁氏世范》卷一,《遗嘱公平绝后患》,商务印书馆2017年版,第55页。

⑥ 《名公书判清明集》卷八,《户婚门》,《先立一子俟将来本宗有昭穆相当人双立》,中华书局1987年版,第268页。

⑦ 《名公书判清明集》卷七,《户婚门》,《先立已定不当以孽子易之》,中华书局1987年版,第206页。

⑧ 《名公书判清明集》卷八,《户婚门》,《父子俱亡立孙为后》,中华书局1987年版,第263页。

⑨ 《名公书判清明集》卷五,《户婚门》,《僧归俗承分》,中华书局1987年版,第139页。

民事判牍汇编，辑录朱熹、真德秀等 28 人所作的判词。现仅存“户婚”一门。本书特点之一，所判之案皆依债法作为依据，表示宋朝民事司法制度的进步。其二，司法官在判词中，多有“酌以人情，参以法意”①、“情法两尽”②、“非惟法意之所碍，亦于人情为不安”③之语，体现出遵法、明理、原情三者的统一。范西堂说：“祖宗立法，参之情理，无不曲尽。倘拂乎情，违乎礼，不可以为法于后世矣。”④胡石壁也指出：“殊不知法意、人情，实同一体……权衡于二者之间，使上不违于法意，下不拂于人情，则通行而无弊矣。”⑤

综上所述，两宋商品经济的发展，为民事法律规范的充实提供了重要的物质基础。由于不抑田制，土地进入流通领域，使得私田迅速扩大，并且得到法律的严格保护。即使是瓜果之类的动产，若入他人园内摘食，也要受到法律的惩罚。与租佃制相适应的佃农获得了人身的自由权。他同田主之间是雇佣关系，解除了人身依附关系。据文献记载，宋朝因细事告官的案件大量增加，而官府并不因细事而忽视正确的判决。《名公书判清明集》确凿地证明了官府对于保护私权益的重视。

① 《名公书判清明集》卷五，《户婚门》，《受人隐寄财产自辄出卖》，中华书局 1987 年版，第 137 页。

② 《名公书判清明集》卷八，《户婚门》，《命继与立继不同》，中华书局 1987 年版，第 265 页。

③ 《名公书判清明集》卷九，《户婚门》，《共账园业不应典卖》，中华书局 1987 年版，第 300 页。

④ 《名公书判清明集》卷一二，《惩恶门》，《因奸射射》，中华书局 1987 年版，第 448 页。

⑤ 《名公书判清明集》卷九，《户婚门》，《典卖田业合照当来交易或见钱或钱会中半收赎》，中华书局 1987 年版，第 311 页。

第六章　元代的民事法律

1271 年，世祖忽必烈建立元朝，建都“大都”。1279 年灭南宋，完成了对全国的统治。元朝是中国历史上第一个以少数民族——蒙古族为主体的统一政权，因此，元朝的民事法律带有民族统治的特色。

第一节　按民族标准将身份划分四个等级

为了加强蒙古贵族的统治地位，根据民族标准将全国人民强制分成四个等级，即：蒙古人、色目人、汉人（北方汉人、契丹人、女真人和高丽人统称作汉人）、南人（南方汉族和其他各族人），其中蒙古人地位最高，汉人，尤其是南人地位最为低下。四等之中分别享有完整的或不完整的民事权利。蒙古贵族企图借此分化各族的团结，使民族压迫制度化，以维护蒙古贵族的统治地位。按照民族标准划分的四个等级是带有政治性的，也影响到这四个等级民事权利的平等行使。此外，社会构成上存在着一个由家奴、军奴、寺奴、勃兰奚等组成的庞大的奴隶阶层。元朝法律称他们为奴、奴婢或驱口，可以被主人随便买卖、转让以至杀害，是“与钱物同”的民事权利客体，不享有任何法定的民事权利。

第二节　保护寺庙土地的产业权

中统二年（1261），《林县宝严寺圣旨碑》特别明示："但属寺家底田地、水土、竹园、水磨有底园林、解典库、浴堂、店、出赁房子根底，醋、酵曲根底，拣那什么人休使气力夺要者"。① 所谓"休使气力"一语，即勿得仗势欺人之意。另据至元五年（1268）《重阳万寿宫圣旨碑》记载："但属宫观的水土、竹苇、水磨、园林、解典库、浴堂、店舍、铺席、曲醋等，不拣什么差发休要者。"②至元三十年（1293），《赵州柏林寺圣旨碑》也指令"属这寺家底水土、园林、碾磨、店铺、浴房，不拣什么休夺要者"。③ 类似的圣旨碑文尚多，无须再征引亦足以说明对于寺院经济的保护。

第三节　契约之债有所发展

元代因契约关系而发生的债较为普遍，契约种类增多，而且趋于程式化。如书面契约即分为"契式""约式""批式""榜式"。契式用于买卖、典质、雇佣；约式用于租赁；批式用于借贷；榜式用于个别特殊的买卖。

买卖契约：田宅买卖沿袭宋制，确认尊长的处分权和保障卖主的房亲、邻人和家族的优先购买权。"军户诸色人户，凡典卖田宅，皆从尊长画字，给据立帐，取问有服房亲，次及邻人、典主。"④但元律严格限定优先购买权的时间，以免影响土地买卖的顺利进行，房亲、邻人、典主"不愿者限一十日批退，如违限不行批退者，决一十七下。愿者限一十五日批价，依例立契成交，若违限不行酬价者，决二十七下，任便交易"；⑤"亲邻典主

① 蔡美彪：《元代白话碑集录》，科学出版社1955年版，第22页。
② 蔡美彪：《元代白话碑集录》，科学出版社1955年版，第23页。
③ 蔡美彪：《元代白话碑集录》，科学出版社1955年版，第35页。
④ 《元典章》卷一九，《户部》（五），中华书局、天津古籍出版社2011年版，第694页。
⑤ 《元典章》卷一九，《户部》（五），中华书局、天津古籍出版社2011年版，第694页。

故相邀阻需求书字钱物者,笞二十七";[1]"亲邻典主在他所者,百里之外,不在由问之限。"[2]限定房亲、邻人、典主优先购买权的时间是元律的新规定。

对于土地的买卖实行契尾制度,即投税过割之后将税票粘连契约之尾,目的在于防止因土地所有权的转移而使国家税收落空,契尾制度直到清朝依旧沿用。"官给半印勘合公据"的契纸和契尾是验证契约是否合法的主要标记,也是勘验诉讼的重要凭证。《通制条格》有以下记载:"大德十年五月……今后质典交易,除依例给据外,须要写立合同文契二纸,各各画字,赴务投税。典主收执正契,业主收执合同,虽年深,凭契收赎,庶革侥幸争讼之弊,都省准呈。"[3]元朝实行的契尾制度对明、清产生了直接的影响。明律规定:"凡典卖田宅,不税契者……不过割者,一亩至五亩,笞四十。"

除买卖、典买卖土地须订立契约外,换地、退地也须立法律文书。

为了防止官吏揹勒部民,仿唐宋旧制严禁官吏取借部民钱债,尤其严禁取借官府仓库钱物,违者以盗论,并须"赔填"。此外,"卑幼不得私借钱债……如违,其借钱人如借与钱人、牙保人等,一例断罪"。[4]

关于债的履行,在一般履行中禁止扯拽人口头匹,抵偿债务。但法律允许折庸质债,《至元杂令》规定:"诸负债贫无以备,同家眷折庸"。[5]由于元朝统治期间,社会动荡,剥削繁重,因此,债务人很难如期清偿债务,以至官府出面强制债务人履行较为常见。

需要指出,法律虽然限制高利贷盘剥,但在实践中缺乏应有的约束力。蒙古贵族、官吏,以及回回人放债,取息远远高出法定利率,而且往往迫使债务人折身抵价。所谓"……其年则倍之,次年则并息又倍之,谓之

① (明)宋濂等撰:《元史·刑法志》,中华书局2019年版,第2641页。
② (明)宋濂等撰:《元史·刑法志》,中华书局2019年版,第2641页。
③ 黄时鉴点校:《通制条格》卷一六,浙江古籍出版社1986年版,第200—201页。
④ 郭成伟点校:《大元通制条格》卷二七,《杂令》,《卑幼私债》,法律出版社2000年版,第293页。
⑤ 黄时鉴辑点:《元代法律资料辑存》,浙江古籍出版社1988年版,第40页。

羊羔利，积而不已，往往破家散族，至以妻子为质，然终不能偿”。[1]

元时民间雇佣关系盛行，雇佣的对象多系小厮、脚力，也有雇女子为妾者。为了以契约的形式调整主、雇双方的利益，达到“和雇”[2]的目的，根据不同的雇佣对象制定了相应的契式。属于人身雇佣的，如：

“某乡某里姓某

右某有亲生男子名某，年几岁。今因时年荒欠，不能供赡，情愿投得某人保委，将本男雇与某里某人宅充为小厮三年。当三面言议断，每年得工雇钞若干贯文。其钞当已预先借讫几贯，所有余钞候在年月满日结算请领。自男某计工之后，须用小心伏事，听候使令，不敢违慢抗对无礼，及与外人通同搬盗本宅财货什物，将身闪走等事。如有此色，且保人并自知当，甘伏赔还不词。或男某在宅，向后恐有一切不虞，并是天之命也，且某即无他说。今恐仁理难凭，故立此为用。谨契。

年　月　日　父姓某号契

保人姓某号”[3]

在人身雇佣契约中，除听人役使出卖劳动力外，也有雇与他人为妾者。除人身雇佣外，还有脚力雇佣，多属官吏雇佣，根据水陆运输的不同，而有不同的契式，如：

“某州某县某里脚夫姓某

右某等今投得某乡某里行老姓某保委，当何得某处某官行李几担，送至某处交卸。当三面议断，工雇火食钞若干贯文，当先借讫上期钞几贯，余钞逐时在路批借，候到日结算请领。且某等自交过担仗之后，在路须用小心照管。上下，不敢失落，至于中途亦不敢妄生邀

---

① （元）苏天爵：《元文类》卷五七，（元）宋子贞：《耶律楚材神道碑》，商务印书馆 1958 年版，第 835 页。

② （元）徐元瑞《吏学指南》对“和雇”解释为“两顺曰和，庸赁曰雇”。

③ 张传玺：《中国历代契约会编考释》（上），北京大学出版社 1995 年版，第 663 页。

阻需索酒食等事。如有闪走,且行老甘自填还上件物色,仍别雇脚夫承替,送至彼处交管。今恐无凭,立此为用。谨契。

年　月　日　脚夫姓某号契

行老姓某号"①

上述脚力雇佣契式中,最重要之点是如有"闪走"、"损坏",由脚夫"甘自填还"、"一一偿还",以此约束被雇佣人"小心照管"。

第四节　蒙汉法杂糅的婚姻与继承

元朝在统一中国以前,以游牧为基本生活方式,婚姻关系比较随便,缺乏严格的法律约束。统一中国以后,虽然受到儒家所倡导的封建礼教伦常的影响,但仍保持某些蒙古族原有的传统。早在太祖时就有"成吉思皇帝降生,日出至没,尽收诸国,各依风俗"的记载。② 特别是在婚姻方面允许依照不同民族的风俗与习惯行事,而不强求划一。至元八年(1271)定制:"诸色人同类自相婚姻者,各从本俗法"。例如,汉族有"有妻更娶者",法律不予承认,且判离异,但蒙古习惯法"札撒"却允许蒙古人一夫多妻,所以蒙古婚姻从本俗,可以"不在此限"。③ 此外,蒙古族实行"父兄弟婚",即子可以收父妾,弟可以收兄妻,或兄收弟妻。汉人侄收婶母,同奸法,各离;子收庶母,如居父母丧,各杖一百零七,离之;兄收弟妻,男杖一百零七,妇杖九十七,离之。但弟收亡兄之妻,是法律允许的亲属婚,是从蒙古习惯法发展来的,并适用于汉族的法例。

婚姻的成立要有婚书,婚书的内容已有明确的规定:"凡婚书,不得用彝语虚文,须要明写聘财、礼物,婚主并媒人各各画字。女家回书,亦写收到聘

① 张传玺:《中国历史契约会编考释》(上),北京大学出版社 1995 年版,第 664 页。
② 《元典章》卷五七,《刑部》一九,中华书局、天津古籍出版社 2011 年版,第 1893 页。
③ 郭成伟点校:《大元通制条格》卷三,《户令》(二),《婚姻礼制》,法律出版社 2000 年版,第 38 页。

礼数目,嫁主并媒人亦合画字。仍将两下礼书背面大书‘合同’字样,分付各家收执。如有词语朦胧,别无各各画字并合同字样,争告到官,即同假伪。”① 此外,私约也是婚约的一种形式,并具有法律效力。《元史·刑法志》有以下记载:“诸有女许嫁,已报书及有私约,或已受聘财而辄悔者,笞三十七。”

元律还明确规定了依门第不同而有不同的聘财,“上户金一两,银五两,彩缎六表里,杂用绢四十匹。中户金五钱,银四两,彩缎四表里,杂用绢三十匹。下户银三两,彩缎二表里,杂用绢十五匹”。② 同时,禁止利用婚姻关系的缔结而谋财取利。如贪财或受财而使妻妾转嫁,要受到刑法制裁。女方如有产业陪嫁,也要订立文书,以示产权转移。例如,《至正六年(1346)休宁县吴兰友为女陪嫁产业文书》如下:

“休宁县淳议(义)里吴兰友有女益娘,出嫁与祁门县十一都项偕甫宅。今来有忠(中)田壹坵,系商字,坐落土名水唨町。其田东至寿田,西至张家田,南至张家田,北至李家田。其田原上硬租贰拾壹秤。今于内取租壹拾陆秤,批拨与益娘浆洗衣服用度。外有租五秤。偕甫愿将已置到休宁县卅一都六保土名环滩坞塘堀,系买杨子云田,上租五秤,对换,各人收租管业,随产供解。又将原买吴荣甫山,坐落土名下坞南坑贰处,共计四号。于内照依原买来脚文契,合得分法,批与女益娘以为手(首)饰之资。所是原买文契随契缴付,日后子孙即无争论。其前项所批山田,今从批拨之后,一听益娘婿偕甫自行闻官受税,收苗长养,永远为业。水唨町田契与别产相连,未曾缴付。日后要用,本家赍出,照证不词。如有子孙争竞,一听偕甫将此文书赴官理治,准不存论。今恐无凭,立批(此)契文书为用。

至正六年十月十五日　父吴兰友(押)

依口奉书人吴唐孙(押)”③

---

① 《元典章》卷一八,《户部》(四),中华书局、天津古籍出版社2011年版,第611页。

② 《元典章》卷一八,《户部》(四),中华书局、天津古籍出版社2011年版,第611页。

③ 张传玺:《中国历史契约会编考释》(上),北京大学出版社1995年版,第675—676页。

至于婚姻的限制，基本援用唐宋旧法，如同姓不得为婚。《元典章》《户部·婚姻·同姓不得为婚》载：至元二十五年（1288）十月尚书省奏准，“在先（同姓）做了夫妻的每根底，休教听离。从今后……教禁约者”。至元年间漳州路尤溪县陈良，告邻人蔡福取蔡大女广娘为妻，系同姓为婚。经浙江省审理，蔡广娘已于至元二十八年过继给曹家养育成人，难比明知同姓为婚，断令与夫完聚。①

良贱也不得为婚。据《元典章·户部四·婚姻》“驱口嫁娶”条载：“驱口不嫁良人，驱口不娶良人”。但《通制条格》卷三《户令·良贱为婚》条又载：“至元十四年七月中书省户部议定，驱口与良人结婚，儿男籍记为良，随父同居，止驱死后，另立户名当差，军驱的儿男，为良贴户。”可见至元十四年（1277）以后，禁止良贱为婚的禁令已有某种松动，按照蒙古习惯法，奴隶与主构婚，奴隶也可以在一定条件下放为良。因此，元朝良贱不得为婚的禁令，不似唐宋法制那样严格。

在继承方面，蒙古人和色目人各依其本俗法。按蒙古习惯法由幼子继承父业，后因接受汉法的影响实行诸子均分制，但实际份额各不相同。根据条例：“诸应争田产及财物者，妻之子各四分，妾之子各三分，奸良人及幸婢子各一分”。②

对于户绝之家的女子和寡妇，均享有继承权或有条件的继承权。如：女儿未嫁享有全部继承权，已嫁有部分继承权。寡妇只有在无子无女又无侄嗣的情况下，才享有全部继承权。

对于过继嫡侄为子的过房子，享有完整的继承权，但如过继之后其伯叔又生子者，其过继子与生子均分财产。

① 《元典章》新集《婚姻·年幼过房难比同姓为婚》，中华书局、天津古籍出版社2011年版，第2126—2127页。

② 郭成伟点校：《大元通制条格》卷四，《户令》（三），《亲属分财》，法律出版社2000年版，第54页。

第五节 元朝的民事诉讼

元朝并不是以法制相尚的王朝,但是作为以蒙古贵族为主体的政权,统治庞大的国家面临着十分复杂的社会矛盾与政治上的对立,为了维持国家的统治和必要的纲纪秩序,元朝在法制建设上有两项重要内容:其一,加强了监察立法,严格管束汉官集团,并通过肃政廉访使及监察御史巡视地方,及时解决地方上的各种矛盾,维持必要的社会秩序。为了使监察机关的活动有法律依据,元朝监察立法的发展,细密程度甚至超过了唐宋。其二,为了加强司法管理,使其活动程序化,在元朝的法典中,增设了"诉讼"一门。除规定了刑事诉讼程序外,也规定了民事诉讼的程序和制度,这是元朝诉讼法制建设上的一大特点。根据《元朝典故编年考》记载:"至元初,作宪典,其篇二十有二。"其第十三篇为"诉讼"篇。这在中国古代立法史上是独辟蹊径的。"诉讼篇"是以唐宋律"斗讼"篇为基础,并将其中有关诉讼的内容分别编纂而成的。在中国古代,很长时间以"狱""讼""诉"来概括诉讼行为,显示刑事与民事诉讼的区别。元朝专列"诉讼"篇意味着立法者有意将实体法与程序法加以区分,以适应诉讼活动日益增多的形势需要。对于"诉讼"篇成篇的年代,或者认为完成于《大元通制》颁行的至治三年(1323),或者认为完成于《经世大典·宪内》颁行的至顺二年(1331),无论是哪一种观点都承认它是构成元法典的专篇之一。稍后成书的《元典章·刑部》也专列《诉讼》,其内容与《元史·刑法志》所载或相同,或近似,因此,可以和《大元通制》"诉讼"篇相互印证与补充。《元典章·诉讼》所列之目为:书状、听讼、告事、问事、元告、被告、首告、诬告、称冤、越诉、代诉、折证、约会、停务、告栏、禁例。在这十六目中虽然不尽是民事诉讼之款,但民事诉讼的内容确实占有较大的比重。其中有的是唐宋旧律中相关内容的发展,如"停务"是对《宋刑统》"务限法"的继承与发展。有的是元朝的新改革、新创造,如"代诉"范围之扩大与“约会”制度的建立。

值得提出的是，元朝建立了民事诉讼代理制度。根据元代诉讼史料，代理诉讼已由主要适用于刑事而发展为主要适用于民事。以《元典章·刑部·代诉》“闲居官与百姓争讼子侄代诉”条为例，其文如下：“大德七年(1303)十月二十一日，江西行省准中书省咨：……除犯取受、侵欺私罪，或干涉指证，拟合照依至元二十五年呈准都省定例施行外，据争讼田土、婚姻、钱债等事，合令子孙弟侄或家人代诉。”为此，都省议得：“致仕得代官员，即同见任，凡有追会公事，依例行移……其争讼婚姻、田债等事，合令子孙弟侄或家人陈诉。”[①]《元史·刑法志》也有以下规定：“诸致仕得代官，不得已与齐民讼，许其亲属家人代诉，所司毋侵挠之。”[②]

上述条目，清楚地表明了代理的范围只限于田土、婚姻、钱债等民事诉讼。此外，从《元典章·刑部·代诉》“不许妇人诉”中，也可以看出妇人代理诉讼的标的是“告争田土、房舍、财产、婚姻、债负积年未绝等事”[③]。

元朝的法制除传承唐宋法律外，还参照辽金立法，特别是沿用金律为多。由于元朝是以少数民族统治中国的，不得不采用汉法，但又夹杂蒙古旧制。元朝尽管劣于农耕，注重畜牧，但商品经济特别在南方仍有所发展，使得元朝的立法除监察立法外也有一定的发展，这在债法中表现得极为明显。元朝崇尚军事征伐，除元世祖外，后续皇帝并不重视法律对社会的调整。因此，许多立法有名无实。有法而不能行法，法虽因时而立，但执法者不良，无法带来有效的法治秩序。这是元朝败亡的原因，也是值得借鉴的历史经验。

---

① 《元典章》卷五三，《刑部》(十五)，中华书局、天津古籍出版社 2011 年版，第 1776 页。

② (明)宋濂等撰：《元史·刑法志》，中华书局 2019 年版，第 2671 页。

③ 《元典章》卷五三，《刑部》(十五)，中华书局、天津古籍出版社 2011 年版，第 1776 页。

第七章　明朝的民事法律

明朝是中国古代社会后期的著名王朝，明朝统治期间，经济得到了恢复和发展，江浙一带经济发展区已经出现了资本主义生产关系的萌芽，并且带动了文化与科技的进步。明朝的法制上承唐宋，下启清朝，立法的内容不断扩大，制度建设日趋规整。就民事法律而言，也取得了进一步的发展。尽管仍散见于律、令、条例、告示、榜文之中，但已显示出多样性和复杂性的特点。

第一节　人户分编与民事权利主体

明朝的贵族、官吏、地主不仅是民事主体，而且有些在民事法律关系中还享有特权。除此之外，自耕农、商人、手工业者、佃农、雇工等均为民事权利主体。

至于“雇工人”的法律地位，以“立有文券，议有年限者”为据，虽不同于奴婢，但如雇工人奸家长妻女，则与奴婢奸家长妻女一样，处斩刑，可见雇工人是不完全的民事主体。由于商品经济的发展，使得牙行等一些组织也成为民事权利主体。

奴婢仍被视为民事权利客体，但明初吸取元朝在中原地区推行奴隶制激化社会矛盾的教训，限定只有贵族功臣之家可以养奴蓄婢，数量最多不得超过二十人。一般庶民之家不许蓄养,否则杖一百,奴婢放免为良。同时法律严禁诱骗略卖良民为奴婢,如有诱骗和略卖良人为奴婢,则杖一百,流三千里。奴婢享有一定的婚姻权,也有代主从事工商业的经营权。特别需要指出的是,除奴婢外,明朝还存在依法列入贱籍的贱民,如广东疍户、山西乐户、浙江绍兴的惰民、江西宁国的世仆、徽州的伴当。此类法定贱民为唐宋元所没有,是明朝特定的专制政策的产物。他们在法律上处于完全无权的地位。

由于明朝军、民、驿、灶、医、卜、工、乐分别编入与其身份相应的户籍,不得诈冒脱免。以军户为例,军户是兵役的承担者,列入军籍,父死子继,世代为兵,并享有月粮和布帛钱钞等赏赐。因此明律严禁民户冒充军户,犯者杖八十。又如,列入匠籍的手工业匠户,如脱籍则按逃匠严惩。无论军户、匠户、灶户都不能随意流动,如有亡匿,于原籍递补,私自脱逃依法严惩。官司妄准脱户及变乱版籍者,杖八十。

第二节　产业权的用益与担保的扩大

明朝基于对土地的使用、受益、转让,而又派生出永佃权、典权等(如今之用益物权),以及质权、抵押权等(如今之担保物权)。

明朝继承了宋朝推行的不抑兼并的传统政策,实行"田多田少,一听民自为而已"①的政策,进一步发展了封建的土地所有制。根据《明史·食货志》"明土田之制,凡二等:曰官田、曰民田。"官田属于国家所有,法律禁止买卖。官田的来源主要是元旧有官田以及战乱中的抛荒地,其数量远远少于民地。弘治年间官田数量仅为民田的七分之一,至中后期由于官田逐渐转为贵族官僚私产,官田的比重愈益下降。

民田属于私人所有,通过奖励垦荒,"开垦成田,永为己业"和允许土地自由买卖,使得土地私有达到前所未有的高度。其中贵族官僚利用政治特

---

① (清)薛允升撰,怀效锋、李鸣点校:《唐明律合编》卷一三(上),《户婚》(中)"欺隐田粮"条按语,法律出版社1999年版,第303页。

权占有大量土地，据孝宗时统计，皇室、贵族、宦官占田五十九万八千四百五十六顷，占全国土地七分之一以上。万历时，福王封藩河南，神宗一次赐田二万顷。天启时，桂、惠、瑞三王和遂平、宁国二公主各占民田少则一万顷，多者四万顷。一般庶民地主人数众多，分布面广，也占有相当规模的土地。户部于洪武三十年(1397)，上报全国(云南、两广、四川除外)占地七顷以上的地主一万四千三百四十一户。① 此外还有大量的小庶民地主。

由于富有的商人投资土地，也出现了商人地主。以湖广地区为例，“占田万亩的江西商人地主，为数不少”。②

至于占有少量土地的自耕农民，通过继承祖产、垦荒和民屯等途径，扩大了土地所有权的范围。但他们的经济基础是脆弱的，既承担繁重的赋役，又缺乏抗御天灾人祸的能力，往往因不可抗力被迫典卖土地，而丧失土地的所有权。自洪武至孝宗一百四十年间，自耕农土地亩数减少一半，湖广、河南、广东减少尤多，大部分被王府或达官贵人所侵夺。

明初，鉴于元末所有权关系混乱，编制了核实田亩的黄册和鱼鳞图册，以确认各种形式的土地所有权。同时严格规定盗卖、侵占、冒认“他人田宅者”，杖八十，徒二年；“系官者，各加二等”；若系强占，最高可判处杖一百，流三千里。但对享有特权的贵族官僚是无所限制的。由于明朝不存在均田之制，因此，废除了均田制下“占用过限”的禁令，“田多田少，一听民自为而已”。

在不动产中，除土地外，房屋所有权归房屋所有人独占，拥有对其房屋的占有、使用和处分的权利，法律予以保护。

对于动产的所有权，即所谓物主权，也分为国家所有权和私人所有权。前者的客体是官物，其范围不受任何限制，后者的客体是私物，其范围受到一定限制，如违制、违禁物品不得为私人所有。明律对于动产所有

---

① 台湾“中央”研究院历史语言研究所编:《明太祖实录》卷二五二，上海书店 1982 年版，第 3643 页。

② 傅衣凌:《明清封建土地所有制论纲》，上海人民出版社 1992 年版，第 28 页。

权的保护，除一般规定外，重点在于确认取得方式的合法性。如沿用传统的先占原则，明律规定："若山野柴草木石之类"，他人"已用工力，斫伐积聚"，便视为"无主物的先占"，取得所有权，他人擅取者，"准窃盗论"①。对于拾得的遗失物，官物须全部还官；私物如有人识领，半赏得物人，半返失物人，三十日内物主踪迹不明，则物归拾得人。由于明律确认拾得人可依法获得遗失物的部分或全部所有权，因而与《唐律》"诸得阑遗物，……各还官、主"的规定有所不同。与此相类似的："若于官私地内，掘得埋藏无主之物"者，一般"并听收用"，如系钟鼎、符印等珍贵古器，不宜民间所有者，"限三十日内送官，违者杖八十"，文物没入官府。也与《唐律》"与地主中分"的规定有异。在《大明令》中，还规定了"客商病死，所遗财物"认领的时效原则：凡经过"召父兄、子弟……嫡妻，认识给还。一年后无认识者，入官"。② 明朝对所有权的法律保护，一方面是确认产业权，另一方面禁止侵犯、冒领，且对官物从严保护。

以上明律、令中关于动产所有权取得方式的规定，较之唐律更符合社情与民情，是在商品经济发展的条件下，私有权观念日益成熟的反映。

明朝中叶以后，土地所有权关系的一个重要发展，是出现了永佃权。所谓永佃权，是以交租为代价，永远佃种所有权人田地的权利，是用益物权的一种。早在北宋时期，已有关于永佃权的记载。至明中叶，佃客通过付出高额押佃银或对田地进行投资经营而获得。永佃权广泛流行于江浙、江西、安徽、福建等省份。随着永佃权的确立，使租佃关系复杂化，出现了所有权与耕作权分离的一田二主或一田三主的现象。永佃权人不仅永久占有、使用和收益承租来的土地，而且拥有田面（又称田皮）的所有权。所有权人对土地的所有权称为田底权（又称田骨）。所有权人为"骨主"，永佃权人为"皮主"。

---

① 怀效锋点校：《大明律·刑律·贼盗》，"盗田野谷麦"条，法律出版社 1999 年版，第 143 页。

② 怀效锋点校：《大明律》，附《大明令·户令》，法律出版社 1999 年版，第 242 页。

骨主与皮主之间的法律关系是:皮主享有永佃权,骨主不得随意撤佃,或另行招佃,也不因骨主转让处分土地而消失;皮主可以行使继承、典押、转租、出卖等各种田面权。正德年间《江阴县志》卷七《风俗》有以下记载:"其佃人之田,视同已业,或筑为场圃,或构以屋庐,或作之坟墓,其上皆自专之,业主不得而问焉。老则以分之子,贫则以卖于人,而谓之榷得其财,谓之上岸,钱或反多于本业初价。"但皮主有交租的义务,如拖欠地租,骨主有权撤佃,偿还佃价。

永佃权的出现以及由此而引起的田面权与田底权的分离,是商品经济冲击下租佃关系的复杂化在法律上的反映。永佃权人所拥有的田面权,刺激了他们从事改良土地,经营农业生产的积极性,改变了传统的田主与佃客的不平等关系,但对国家赋税收入却产生了某种不利影响。顾炎武在《天下郡国利病书》中说:"其受田之家,后又分为三主:……得田者坐食租税,于粮差概无所与,曰'小税主'。其得租者,但有租无田,曰'大租主'……租与税遂分为二,……田入佃手,其狡黠者,逋租负税,莫可谁何!业经转手,佃仍虎踞,故有久佃成业主之谣。"①

典权经过隋、唐、宋、元的历史发展已经成熟。明朝律学家应槚在《大明律释义》卷五《田宅》"与买田宅"条中解释道:"以田宅质人而取其财曰典,以田宅与人而易其财曰卖,典可赎,买不可赎也。"这条解释明确区分了典与卖的界限,对于解决司法实践中因典、卖不清而发生的争讼,具有重要的指导意义。

不仅如此,《大明律》还就典权的设立,典主、业主的权利义务,典权的消灭等做出详明的规定:"凡典买田宅不税契者,笞五十,仍追田宅价钱一半入官。不过割者,一亩至五亩,笞四十,每五亩加一等,罪止杖一百。其田入官。若将已典卖与人田宅,朦胧重复典卖者,以所得价钱计赃,准窃盗论,免刺,追价还主。田宅从原典卖主为业。若重复典买之人,

① (清)顾炎武撰,黄坤等校点:《天下郡国利病书·福建备录·漳州府志·田赋考》,上海古籍出版社2012年版,第3073页。

及牙保知情者，与犯人同罪。追价入官。不知者，不坐。其所典田宅、园林、碾磨等物，年限已满，业主备价取赎，若典主托故不肯放赎者，笞四十，限外递年所得花利追征给主，依价取赎。其年限虽满，业主无力取赎者，不拘此律。"①可见，典卖田宅以税契为重要条件，税契之外，"过割"也是法定手续，经过过割改换户名，明确纳粮当差的责任，"以杜异日假捏之弊"。② 为了保护典权人的利益，一物不得两典，违者处刑。

除《大明律》外，弘治、嘉靖二朝还作出补充规定。以嘉靖二十九年(1551)重修《问刑条例》为例："典当田地器物等项，不许违律起利，若限满备价赎取，或价所收花利已勾一本一利者，交还原主，损坏者陪(赔)还。其田地无力赎取，听便再种二年交还。"③《大清律例·户律·田宅》还进一步规定："若卖主无力回赎，许凭中公估找贴一次，另立绝卖契纸；若买主不愿找贴，听其别卖归还原价……"。④ 如业主备价赎取，典权人不得托故不肯放赎。明时《新纂四六合律判语》一书中说："文王既亡，已无虞、芮之让。苏琼虽在，尚有兄弟之争。故田宅典买不明，斯官司讼狱不息。今某奸心肆起，巧诈百端。不税契书，欲使朦胧照证；不收籍册，复图隐蔽差粮。若此玩法之徒，宜坐笞杖之罪。"⑤

上述关于典卖的法律中，对于典权的期限尚未作出明确规定，民间所说"一典千年活"，反映了典权存续时间的不确定性。这种不确定性，不利于保护典权人的利益和发展生产，也反映了典卖田产的农民渴望有朝

---

① 怀效锋点校：《大明律·户律·田宅》，"典买田宅"条，法律出版社1999年版，第55—56页。

② (清)薛允升撰，怀效锋、李鸣点校：《唐明律合编》卷十三(上)，《户婚》(中)，"典卖田宅"条附辑注，法律出版社1999年版，第308页。

③ 黄彰健编纂：《明朝律例汇编》卷五，《户律二·田宅》，"典卖田宅"条，台湾"中央"研究院历史语言研究所1983年版，第493页。

④ 马建石、杨育棠主编：《大清律例通考校注》卷九《户律·田宅·典买田宅第三条例文》，中国政法大学出版社1992年版，第436页。

⑤ 郭成伟、田涛点校：《明清公牍秘本五种》，中国政法大学出版社1999年版，第85—86页。

一日收回田产的心态。然而在明朝土地高度集中,封建剥削极为残酷,国家赋敛日益加重的情况下,典卖人很少有可能备价赎取,只是为官僚地主提供了一条合法的掠夺农民土地的途径。

明朝的担保物权如抵押权、质权也有发展,较之前代完善。

第三节 债法的新发展

明朝的债法在唐宋债法的基础上取得了重大发展,《大明律》中专设《钱债》篇,债的内涵也由“假贷人财物未偿者也”进一步分为契约之债和损害赔偿之债。尤其是契约制度,达到了古代社会所能发展到的完善地步。

明时契约的形式已经相当规范,在现存的明朝契约中,有卖田、卖屋、卖男、当田、当屋、租田、借贷、典雇、包工、雇船、赁屋、租店、伙资经商等十几种方式。为保证契税的征收,提高契约的法律效力,明确双方的权利义务,减少民间因草契而发生的纠纷,户部曾强制要求采用官印契纸。

契约的订立,要求当事人如卖主、债务人、佃户签署画押,并作出种种保证,而买主、债主、田主则无须签署画押。为了保证契约的履行,还须有负连带责任的第三人即中人、保人附署。中保在契约订立的过程中,起着介绍引见、说合的作用,当义务人无法履行义务时,由保人代为履行。

凡是依法成立的契约,均具有法律的效力,受到法律保护,不得随意变更或解除。如拒不履行契约约定的义务,不仅承担相应的民事责任,还将受到刑事制裁。以债务契约为例,债务人如不履行契约约定的义务,债权人可以告官,请求官府判令给付。明律还允许债权人牵制债务人的财物,但以“必告官司”为前提,否则处以杖八十。“若估价过本利者,计多余之物,坐赃论,依数追还。”①债务人也可以以工折酬。在买卖契约中,一般都有“先悔者,甘罚银若干”的内容,以示订约当事人的责任,并保证

① 怀效锋点校:《大明律·户律·钱债》,“违禁取利”条,法律出版社1999年版,第83页。

契约的稳定性。

明时契约种类增多,仅举买卖、借贷契约加以说明:

买卖契约。在商品经济不断发展,买卖活动日益频繁的背景下,买卖契约成为最主要的契约形式。根据明律,买卖田宅等不动产,须履行税契、过割的法定程序,并将纳税凭证粘连于原契后,即所谓契尾,然后骑缝加盖县印,成为红契。同时,还须将应负赋役转移在买方税册上登记,即所谓过割。买卖动产,除牛马及大宗交易须订立书面契约外,一般无须订立契约。

明时虽然废除了唐宋元律中买卖田宅先问亲邻的规定,但民间仍保留"先问亲邻"的习俗。现存卖田、卖房契式中都有"投请房族,无人承买"的惯语。

根据唐宋律中的瑕疵担保原则,凡制作、出卖"器用布绢不如法"、"造作军器不如法",均负刑事责任。牲畜有病而卖者,买主可以退畜索回价款。

借贷契约。明律对借贷关系的法律调整,着眼点在于保护债权人的利益。例如,在借贷契约中,一般都明确约定偿还债务的期限,凡"负欠私债违约不还者",五两以上,违三月笞十,每一月加一等,罪止笞四十。五十两以上违三月笞二十,每一月加一等,罪止笞五十,并追本利给主。债务人逾期不还,追加本利之外,根据逾期时间的长短,处以笞刑。为了保障债务的偿还,严格实行中保制度,中保要在借贷契约上附署,以示债务人无力偿还或逃亡时,负责代为偿还。由于元末高利贷剥削是激起民变的原因之一,因此,明律对利率作出了一些约束。无论私债或典当财物,每月取利不得过三分,年日虽多,不过一本一利,违者笞四十,以余利计赃,重者坐赃论,罪止杖一百。"若豪势之人,不告官司,以私债强夺去人孳畜、产业者,杖八十。若估价过本利者,计多余之物,坐赃论。依数追还。若准折人妻妾、子女者,杖一百。强夺者,加二等。因而奸占妇女者,绞。"①明律还禁

① 怀效锋点校:《大明律·户律·钱债》,"违禁取利"条,法律出版社1999年版,第82—83页。

止监临官吏于所部地方放债典当,也禁止听选官员和监生等放债。如偷越番境(云南苗境、广东黎境),放债取利,按私通土苗例处治。

以上对债务关系的法律调整,表现了国家对私债的干预,目的是将债务关系纳入法定的限度以内,借以防止阶级矛盾的激化,维护国家的长治久安。这是明初统治者从总结元亡的教训中汲取的有益经验。

除上述契约之债外,也有侵权赔偿之债:

侵权是指侵害人身或他人财产的不法行为。受害人有权要求侵害人赔偿,侵害人有义务赔偿受害人的损失,由此而发生的债为侵权赔偿之债。

侵害人身应负的民事责任,主要是给付医药费,明律规定:"凡保辜者,责令犯人医治。"①同时,参用元代法律对过失杀人、车马杀伤人致死、窝弓杀伤人致死,均征收烧埋银,并给予死者家属,或因殴伤致残者以养赡费。

侵害他人财产应负的民事责任,主要是赔偿,如实物赔偿。弘治二年定例:"今后将弃毁器物,务要验放明白,某物责令陪(赔)偿某物。"②而更多的是折价赔偿,如《大明律·刑律·杂犯》"放火故烧人房屋"条规定:"并计所烧之物,减价,尽犯人财产,折赔偿,还官给主。"对于侵害国家财产的行为,除如数赔偿外,还必须承担相应的刑事责任。嘉靖年间,历任州县亲民官的王浚川在《浚川公移驳稿》中记载说:"为处置解纳钱粮事。照得抚属州县,一应边腹及料价等项钱粮,每年佥派殷实收解,大约多者每人动至数千,少者亦不下数百。及至给文领出,见其银多,易于图利,或置买田宅,或撒秋生放,任意侵欺,视为己有。一遇事发,监追顾已,甑破水覆,莫能收救。纵使变产完赃,焉能偿其万一,终致父子毙于图

① 怀效锋点校:《大明律·刑律·斗殴》,"保辜期限"条,法律出版社1999年版,第160页。

② 杨一凡编:《中国珍稀法律典籍集成》(乙编第四册),《皇明条法事类纂》卷十三,科学出版社1994年版,第567页。

圄,亲族代其赔补。”①

凡非法取得或侵占他人财产,原物在者返还原物及其孳息,原物不在则估价或追价还主。在《新纂四六合律判语》中,记载一则盗耕种官民田土的侵权行为的判词如下:“良农力于耕,获必已业而后宜;甫田属诸官,民若盗耕奚其可?萧何为贫民请地,尤见囚于囹圄;窦宪凌贵主夺田,重招谴于臣工。使窃加乎耒耜,真射利于膏粱。今某肆汶阳之奸,无虞芮之让。南亩西畴,各有其主,辄兴负郭之嗟;上原下隰,本系诸官,乃起穰田之望。黄犊私耕于晓月,青种潜种于春风。不思阳羡未尝之茶,王公责专其役,是虽郓灌见浸之后,齐人前悔其非。固难比罪于穿窬,亦合论刑于计亩。”②

以上侵权赔偿之债,或属于民事责任,或属于刑事附带民事责任。正如契约之债广泛流行一样,侵权赔偿之债也是明朝社会生活中常见的现象。

第四节　沿袭唐宋旧律的婚姻与继承法

明朝主婚权属于祖父母、父母;婚姻的缔结,要有婚书和聘礼;同姓、同宗无服亲及良贱不得为婚;婚姻关系的解除以七出、义绝为条件,等等。但基于时代的演进,也为婚姻法律增添了一些新的内容。如强调礼俗的规范作用。嘉靖年间,历任州县官的王浚川在《浚川公移驳稿》一书中说:“冠婚丧祭,有家之礼,所以厚风俗,植德教,此其大节也。近世诸儒,参论考证已极详明,近年通都名邦仕宦之家,举行者,亦为不少。今后生员之家,遇有吉凶事故,该学教官,务要督令知礼。生员,一一举行,务在成礼,不计丰约。举毕,该学备将冠者、婚者、丧者,举行过各礼缘由,及各

① 郭成伟、田涛点校:《明清公牍秘本五种》,中国政法大学出版社1999年版,第43—44页。

② 郭成伟、田涛点校:《明清公牍秘本五种》,中国政法大学出版社1999年版,第86页。

赞行礼仪生员姓名，申呈各该提调衙门，申呈本道，候按临查考，以凭劝赏。其年将及二十者，方许冠，未冠者，不许成婚。居丧，不许供奉佛道，丁忧未葬亲者，不许复学。若是故违教条，不即举行，及各先期冠婚等项，不为禁止，教官朦胧申呈搪抵，虚应故事者，事发，各痛加惩治。”①

又如，强调“男女婚姻，各有其时”，即适龄者方许结婚。按洪武三年(1370)定制：“凡男年十六，女年十四以上，并听婚娶。”②禁止民间流行的“指腹割衫襟为亲。”③王浚川在《浚川公移驳稿》一书中指出“男女婚姻，人伦之大，风化之源，所以修身齐家，为治立教，皆本于此。今后按属军民人等，但有男婚女嫁，务要年纪相等，方许聘定。士人之家，尤当致谨。盖以读书达礼，一乡之望，能以不美为耻，则观感之下，孰无是心。风俗之变可以计日而成矣。若是婚姻之家，幼男壮女，仍蹈旧俗，事发问罪，不追财礼，男女离异。若系生员之家，即是不能以礼义持身，以伦理化家者，定行黜退，以惩薄俗。”④

由于婚姻是“合二姓之好”，因此双方家长的意愿是婚姻订立的首要前提，尤其是男性的直系尊亲属具有对卑幼的绝对主婚权。

男女双方“定婚之初，若有疾残、老幼、庶出、过房、乞养者，务要两家明白通知，各从所愿”，然后再“写立婚书，依礼聘嫁”。⑤ 这是从大量的婚姻纠纷中总结出的、符合情理避免争讼的规定。

“写立婚书，依礼聘嫁”是婚姻缔结的法定程式。婚书(包括私约)具有法律效力，不得悔婚违约，另许另聘。《大明律》规定：“辄悔者，笞五十”，⑥加重了对男方悔婚的处罚。虽无婚书，但曾受聘财者，也属合法婚姻，不得辄悔。

---

① 郭成伟、田涛点校：《明清公牍秘本五种》，中国政法大学出版社 1999 年版，第 54 页。
② (明)申明行编：《明会典》卷七一，中华书局 1989 年版，第 418 页。
③ 怀效锋点校：《大明律》附《大明令 · 户令》，法律出版社 1999 年版，第 244 页。
④ 郭成伟、田涛：《明清公牍秘本五种》，中国政法大学出版社 1999 年版，第 54 页。
⑤ 怀效锋点校：《大明律 · 户律 · 婚姻》，“男女婚姻”条，法律出版社 1999 年版，第 59 页。
⑥ 怀效锋点校：《大明律 · 户律 · 婚姻》，“男女婚姻”条，法律出版社 1999 年版，第 59 页。

明朝“依礼聘嫁”的结婚仪式与传统的六礼有所不同，据《大明令·礼令》：“凡民间嫁娶，并依《朱文公家礼》。”包括议婚、纳采、纳币、亲迎、见舅姑、庙见等内容。

在婚姻禁例方面，于禁止“同姓为婚”①之外，另设禁“娶同宗无服之亲”②的条款，表现了宗法所具有的约束力。至于良贱不婚、亲属不婚、不得娶逃亡妇女、监临官不得娶部民妇女等，大体与唐宋律同。

婚姻的解除，仍以七出、义绝为条件，但明律对义绝作出新的解释：“义绝之状，谓如身在远方，妻父母将妻改嫁，或赶逐出外，重别招婿，及容止外人通奸。又如本身殴妻至折伤，抑妻通奸，有妻诈称无妻，欺妄更娶妻，以妻为妾，受财将妻妾典雇，作姊妹嫁人之类。”③可见明律关于义绝的认定，侧重于婚姻关系本身的状况，与唐律义绝条中注意夫对妻族、妻对夫族的殴杀罪、奸非罪，及妻对夫的谋害罪有所不同。

此外，“若夫妻不相和谐，而两愿离者，不坐。”④即所谓和离。对于“违律为婚……虽会赦，犹离异，改正”。⑤ 成化二十一年（1485）二月，针对违律为婚屡禁不止，特别定例：“今后各衙门遇有告讦前项违律为婚者，即与受理，从公查勘，审究的确，依律问断，毋容违犯，以伤风化。”⑥

处于封建社会后期的明朝，虽以一夫一妻制为法定原则，禁止“有妻更娶妻”，但在夫为妻纲的封建教条束缚下，妻子在家庭中仍处于被支配地位。如妻须冠以夫姓，并须接受丈夫教令、惩戒、监护嫁卖。明律还规定：

① 怀效锋点校：《大明律·户律·婚姻》，“同姓为婚”条，法律出版社1999年版，第62页。
② 怀效锋点校：《大明律·户律·婚姻》，“娶亲属妻妾”条，法律出版社1999年版，第62页。
③ 怀效锋点校：《大明律·刑律·诉讼》，“干名犯义”条，法律出版社1999年版，第179页。
④ 怀效锋点校：《大明律·户律·婚姻》，“出妻”条，法律出版社1999年版，第65页。
⑤ 怀效锋点校：《大明律·户律·婚姻》，“嫁娶违律主婚媒人罪”条，法律出版社1999年版，第66页。
⑥ 杨一凡编：《中国珍稀法律典籍集成》（乙编第4册），《皇明条法事类纂》卷一三，科学出版社1994年版，第571页。

“其夫殴妻,非折伤,勿论;至折伤以上,减凡人二等。(须妻自告乃坐)。”[①]“凡妇人犯罪,除犯奸及死罪收禁外,其余杂犯,责付本夫收管。”[②]

丈夫可以利用明律所规定的“年四十以上无子者,方许娶妾”[③],而任意纳妾。贵族官僚更是享有娶妾的法律特权。至于妻子则只能从一而终(夫死者例外)。不仅如此,妻子如犯奸罪或背夫私逃,法律允许“从夫嫁卖”[④]。

妻子在家庭中也拥有一定的家事管理权和财产权,但须具备一定条件或得到丈夫允许。例如,丈夫身死,寡妻可以行使家长的权利。但总的说来,夫妻双方在法律上的权利义务是不平等的。至于子女卑幼更处于无权地位。家长拥有对子女的教令权、惩戒权、主婚权和财产的垄断支配权,“凡祖父母、父母在,而子孙别立户籍,分异财产者,杖一百”以及“同居卑幼不由尊长,私擅用本家财物者”,“二十贯笞二十,每二十贯加一等,罪止杖一百”[⑤]。

由于封建的家长制家庭是专制制度的重要支柱,因此,明律不仅以国法的强制力维护家长制家庭,还以圣谕的最高权威形式要求臣民凛遵。明初太祖便发布圣谕六条:“孝顺父母,尊敬长上,和睦邻里,教训子孙,各安生理,毋作非为。”[⑥]在明初的施政措施中许多都是教与罚相结合的,这是为避免像元朝那样弊政亡国而形成的治理新朝的一种方略。

在继承方面,嫡长子继承制被看作是“国家的定法”。无论是官员袭荫袭爵,还是平民承祀宗祧,都以嫡长子承继,“立嫡子违法者,杖八十”。如无嫡子可立嫡长孙,或庶长子,但不得立异姓义子,否则以乱宗论,杖六十。[⑦] 明律

---

① 怀效锋点校:《大明律·刑律·斗殴》,“妻妾殴夫”条,法律出版社 1999 年版,第 165 页。
② 怀效锋点校:《大明律·刑律·断狱》,“妇人犯罪”条,法律出版社 1999 年版,第 222 页。
③ 怀效锋点校:《大明律·户律·婚姻》,“妻妾失序”条,法律出版社 1999 年版,第 60 页。
④ 怀效锋点校:《大明律·刑律·犯奸》,“犯奸”条,法律出版社 1999 年版,第 197 页。
⑤ 怀效锋点校:《大明律·户律·户役》,“别籍异财”条;“卑幼私擅用财”条,法律出版社 1999 年版,第 51 页。
⑥ (明)丘濬:《大学衍义补》卷一八,上海书店出版社 2012 年版,第 173 页。
⑦ 怀效锋点校:《大明律·户律·户役》,“立嫡子违法”条,法律出版社 1999 年版,第 47 页。

对于唐宋律中“户绝”，“听养同宗于昭穆相当者”一款，补充如下：“凡无子者，许令同宗昭穆相当之侄承继，先尽同父周亲，次及大功、小功、缌麻。如俱无，方许择立远房及同姓为嗣。”①如所立继子不孝，可以告官别立。

对于财产的继承，“不问妻、妾、婢生，止依子数均分；奸生之子，依子数量与半分；如别无子，立应继之人为嗣，与奸生子均分；无应继之人，方许承绍全分”。② 可见明律提高了奸生子的法律地位，其继承权也相应上升，这是明继承法的一个特点，反映了封建传统法律观念的某种变化。

对于户绝财产，由所有亲女承受，无女者入官。寡妻无子守志者，合承夫份。养子如系收养的三岁以下遗弃小儿，也酌分给财产。至于招婿养老者，“仍立同宗应继者一人，承奉祭祀，家产均分”。③

从现存大量有关遗嘱“批契”中，可以看出遗嘱继承已是一种流行的继承方式。遗嘱继承多用书面形式，为确保其真实性，订立遗嘱时须有族人或见证人在场，并须画押。遗嘱继承得到法律的支持。

明继承法一方面仍恪遵前代传统：如身份继承和财产继承相结合，嫡长继承与共同继承并存，等等；另一方面反映了封建社会后期在财产关系上情与法的沟通，如立嗣制度更为灵活、奸生子的继承权上升等，是古代继承法的进步。

第五节　民事调处与审判

调处是明朝民事诉讼程序中的一个必经阶段，也就是说，民事纠纷一般都先经过调处，调处不成，才能由官府受理审断。关于明朝民事调处的方式，大体上有几以下几种：

一是里老调处。这是明朝最重要的一种调处方式，是民事起诉的一

① 怀效锋点校：《大明律》附《大明令·户令》，法律出版社1999年版，第241页。
② 怀效锋点校：《大明律》附《大明令·户令》，法律出版社1999年版，第241页。
③ 怀效锋点校：《大明律》附《大明令·户令》，法律出版社1999年版，第241页。

个必经阶段。所有的民事纠纷都必须先经里老会里胥于“申明亭”剖决，也就是调处。调处问断后，愿和者，听；不愿和者，准予告官，体现了调解的自愿原则。

二是乡约调处。乡约是明朝乡村百姓成立的一种民间社团组织，也是一个重要的民事调处组织。每约设有约正和约副二人，负责维持本约内成员之间的权利义务关系和本约的各种共同利益，及时调解纠纷。嘉靖年间的乡约对应和之事进行了规定，举凡土地不明、骂詈斗殴、牲畜食践禾苗、放债三年以上、钱到取赎房地力不能回者、买卖货物不公亏损人者、地界不明以及收留走失人口牲畜具令各还本者等，均为乡约调处的范围。

三是官府调处。经过乡里、乡约相继调解仍不能解决者，则交给官府。官府受理后，也要在调查事实的基础上，尽量调处，但官府调处往往带有强制息讼的色彩。

民事纠纷若调处不成，则须进行审判。首先要做好庭审的准备工作，包括票拘被告、干证，调查收集物证，涉及田土实地勘丈等事项。准备工作就绪，便进入开庭审理阶段：先传唤原告审问明白，然后带出原告，拘唤被告审问。被告不服，则带证人出庭作证，并视案情分别对契券、图册、婚书、阄书、行单等书证、物证进行质证。如仍不服，则传唤原告、被告和证人同时到庭对质，经过法官察言观色，基本可以确认当事人之一方理亏，若仍不服者，则可使用笞、杖等刑讯措施决勘。庭审实际上就是对证人证言、书证物证以及原、被告陈述进行审查判断。对质完毕，对问得实，即应尽早释放原、被告，不得稽滞。

明朝法律要求民事纠纷应在审理期限内结案。《大明令》规定，审理期限为：小事五日程，中事七日程，大事十日程。弘治年间定例规定较为复杂，凡需“委官勘问”的民事争财案件的审理期限延至一个月。为了督促地方司法官依限审结案件，法律赋予巡按、巡抚等监察官对限内尚未审结的案件行使督催权。明朝法律规定：巡察官所到之处，遇有“告争户婚、田土、钱粮、斗讼等事”而原问官司于限内尚未结绝者,则“须要即时附簿,发下原问官司立限归结。如断理不当,及应合归结而不归结者,即便究问”。① 这种登记入簿立限督催的办法,对那些拖延民事审理时间的腐朽官吏来说应该起到很大的制约作用。万历十五年(1587)十二月还重申:以后各有受理词讼,务要遵依前限,及时勘结。这对保证民事案件的及时结案具有重要意义。

民事案件审结后应做出判决。民事判决的形式较为灵活,既可在双方当事人的息状或甘结状上做出批示,也可单独制作判决书。有些巡按、巡抚还要求地方官府将判决书公布于众,明末官员祁彪佳撰写的《公牍·察院条约》规定:“一审后次早即将审语明别,稍力无力悬之门头,与民共见,使原、被不致被勒抄览,俾承行不能索诈改供。”这样做增强了判决的透明度,便于公众监督。

当事人若对一审判决不服,可自下而上逐级上诉,但不得越诉,县决者上诉至府,府决者上诉至布政司或按察司,直至户部、都察院或刑部。上诉机关对于上诉案件视案情既可自己审理,也可移送下级司法机关审理,被指定的下级机关又可能将案件发回原审机关勘问审理,原审机关勘问后,再将案件及当事人呈解至上级司法机关理问。这样,经反复几个来回的审理才能审结息讼。

民事判决应有一定的理由或依据,不论是原审的判决还是上诉审的判决都应如此。明朝民事判牍表明,司法官在审判民事案件时,或严格适应法律,或酌情变通适用法律,或以礼剖诉,或依习惯断案,或兼顾法律或礼俗进行判决。总之,情理法相互为用是理讼的“法门体要”②,是判决的主要依据。

总括上述,明朝的民事法律体系进一步充实。明朝商品经济的发展,

---

① (明)申时行:《明会典》卷二一一,《都察院三·追问公事》,中华书局1989年版,第1055页。

② 明刻本《鼎刻法丛胜览》卷一。

与人身依附关系的松弛，为民事法律的新发展提供了新的动力，形成了以民事立法为主，杂以礼俗、习惯等民事法律渊源的民事法律体系。《大明律》户律包括户役、田宅、婚姻、仓库、课程、钱债、市廛等七门，虽未形成民事法典，但各自独立成篇。明初颁行的145条《大明令》中，户令多属民事范畴，涉及户籍、析产、婚姻、继承、典卖等。明中叶以后颁布《皇明条法事类纂》50卷，其中户部类9卷，多为民事条例汇编。此外，地方官颁行的《禁约》中，也含有针对地方特殊对象的民事法律内容，甚至乡规民约中也有极具针对性、实用性的民事法律。至于流行于各地的家法族规中也多涉及族产、婚姻、立嗣、继承等民事内容，起着补充国家法律的作用。总之，明朝民事立法的渊源多样，各具特色，形成了极具规模的民事法律体系。这是明朝民事法律的主要特点。

不仅如此，明朝统治者十分重视民事诉讼，不以"细故"而轻视，"凡民间小讼，州县官俱要一一与之问理"①，做到件件有着落。

① (明)海瑞:《海瑞集》，中华书局1962年版，第275页。

第八章　清朝的民事法律

清朝是中国古代最后一个王朝，清朝的民事法律是中国民法史上的最后形态。虽然清朝仍未制定一部独立的民法典，但在国家制定法中，增加了许多民事法律的内容，以致清亡之后，这些民事法律规范仍然起着调整民事纠纷的作用，直至 1929 年《中华民国民法》颁行才终止。除此之外，各种民事法律渊源补充了国家制定法的不足。

第一节　民事权利主体与客体

清朝的贵族、官僚、地主、商人、农民、手工业工人、雇工等都是民事权利主体。需要指出的是，雇工人的身份地位，雇工人是清代特定的一个等级，对于雇工人身份的界定，根据乾隆五十三年（1788）定例，雇工人只限于官民之家，素有主仆名分的车夫、厨役、水火夫、轿夫及一切打杂服役的雇佣劳动者，以及典当家人，隶身长随等。如年限较长，所谓“恩养已久”，并立有文契，属于雇工人；此后定例，以恩养未久以及受雇劳作的工种确定雇工人的身份。按律，雇工人与其他良民发生法律冲突时，互以凡人论；但雇工人强奸主人妻女，等同奴婢，处以重刑。

奴婢仍为民事权利客体。早在关外时期，满洲社会便盛行蓄奴之风，入关以后，战争中的俘虏、投充为奴和有罪发遣为奴，都是奴婢的来源。此外，买卖也是获取奴婢的途径，每逢集期，奴婢与牲畜同在市场上任人挑买。

《户部则例》规定，“八旗官兵人等买用奴仆”，需要报明本营佐领钤印，再赴左右两翼验明加给印照，于岁底由左右两翼将身份户口数目造册，咨送户部备查。民人契买奴仆，也要将文契“报明本地方官钤盖印信”，契内有犯，验契究治。奴婢所生子孙，世世永远服役，即使已经赎身，其在主家所育子孙，仍存主仆名分，不许开豁为良。

家主的法定特权也及于其有服亲属。按清律，家主有服亲属殴打奴婢不构成犯罪，而奴婢殴打家主有服亲属，则处以超过凡人相殴几倍，或十几倍的重刑。可见，奴婢在名分上虽然属于家主所有，但在法律关系上又无异于家主的家庭共同所有。

奴婢在社会上也同样处于无权地位，受到不平等的法律待遇。《大清律例》“良贱相殴”条规定：“凡奴婢殴良人（或殴、或伤、或折伤）者，加凡人一等……其良人殴伤他人奴婢（或殴、或伤、或折伤、笃疾）者，减凡人一等。”①“良贱相奸”条规定：“凡奴奸良人妇女者，加凡奸罪一等；良人奸他人婢者，（男、妇各）减凡奸一等。”②

在清代，蓄奴虽然是合法的，但严禁压良为贱，《大清律例》规定：“若庶民之家存养（良家男女为）奴婢者，杖一百，即放从良。”③“凡设方略买而诱取良人为奴婢，及略卖良人与人为奴婢者，皆不分首从，未卖，杖一百，流三千里。”即使略卖子孙、亲属卑幼及妻妾为奴婢者，也分别处以不等的刑罚。压良为贱的法律禁令，不仅适用于庶民，也适用于官员。例如，奉差官员并督抚提镇大小各官，“不许买所属良民为奴并转相馈送，

① （清）阿桂等纂，田涛、郑秦点校：《大清律例》卷二七，《刑律·斗殴上》，“良贱相殴”条，法律出版社1999年版，第454页。

② （清）阿桂等纂，田涛、郑秦点校：《大清律例》卷三三，《刑律·犯奸》，“良贱相奸”条，法律出版社1999年版，第527页。

③ （清）阿桂等纂，田涛、郑秦点校：《大清律例》卷八，《户律·户役》，“立嫡子违法”条，法律出版社1999年版，第179页。

违者照略买良民例治罪”。[①]

在民事法律关系中，奴婢作为家主的私有财产，听凭家主任意处置。家长也握有对奴婢的主婚权。奴婢“违犯家长及期亲外祖父母教令，而依法于臀、腿受杖去处，决罚，邂逅致死，及过失杀者，各勿论”。[②] 借以保证家主对奴婢的任意役使。

随着社会经济的发展，和广大奴婢的斗争，使得蓄奴制度越来越变得无利可图。因此，康熙至乾隆朝迭颁释奴法令，但受购买契约的年限及是否配有妻室的限制。乾隆二十四年(1759)，颁布《八旗家人赎身例》，进一步将赎身制度规范化、法律化。凡八旗户下家人，只要本主情愿放出为民，即可呈明本旗，经过官府，而后收入民籍。这个条例解除了契买与年限以及是否配有妻室等限制，而将准否赎身的主动权完全交给家主，“如本主不愿，概不准赎”。[③] 同时法律严禁奴婢“欺主”，强迫家主允其赎身。

所谓“放出为民”，是指放出奴婢，编为民户，收入民籍，取得略逊于一般民人的地位和权利。除奴婢外，“奴仆及倡优隶卒为贱”；“凡衙门应役之人……其皂隶、马快、步快、小马、禁卒、门子、弓兵、仵作、粮差及巡捕营番役，皆为贱役。长随亦与奴仆同”。[④]

此外，还有被列入贱籍的贱民，如存在于局部地区的堕民、丐户、九姓渔户、疍户、世仆等。清中叶，从稳定社会秩序的需要出发，着手改变此类贱民的状况。雍正元年(1723)三月下谕：“除山西、陕西教坊乐籍，改业为良民。”[⑤]同年九月下谕：“除浙江绍兴府惰民丐籍”。[⑥] 雍正五年

① 故宫博物院编：《户部则例》卷三，《户口》(三)，海南出版社2000年版。

② (清)阿桂等纂，田涛、郑秦点校：《大清律例》卷二八，《刑律·斗殴》(下)，法律出版社1999年版，第58页。

③ (清)阿桂等纂，田涛、郑秦点校：《大清律例》卷八，《户律·户役》，法律出版社1999年版。

④ 光绪《大清会典》卷一七，光绪二十五年重修本。

⑤ (清)王先谦：《东华录》(雍正朝)卷二，载《续修四库全书》(三七一册)，《史部·编年类》，上海古籍出版社1996年版，第29页。

⑥ (清)蒋良骐：《东华录》卷二五，中华书局1980年版，第412页。

(1727)四月下谕:凡伴当、世仆“年代久远,文契无存,不受主家豢养者,概不得以世仆名之”。① 雍正七年(1729)下谕:准许广东疍户上岸,“准其在于近水村庄居住,与齐民一同编列甲户”。② 雍正八年(1730)五月又将常熟、昭文旧有丐户,除其丐籍,列为编氓。③

乾隆三十六年(1771)议准,凡豁除贱籍的乐户、丐户、惰民、疍户,如报官改业,经过四世,而且本族亲友“皆系清白自守”,准予“报捐应试”。安徽世仆放出二世以后,所生子孙准予“报捐应试”。

第二节 产业权的进一步充实

在清代民法中,沿袭唐宋旧制称动产为“物”、“财”或“财物”;称不动产为“产”、“业”或“产业”。动产所有权人为“物主”或“财主”。不动产所有权人为“业主”“田主”“地主”“房主”。产业权即今之物权。

对侵犯产业权的行为分别不同情况,或承担刑事法律责任,或只负民事法律责任。例如,《大清律例·户律·田宅》“弃毁器物稼穑”条规定:“凡(故意)弃毁人器物及毁伐树木、稼穑者,计赃,准窃盗论,免刺,官物加二等。若遗失及误毁官物者,各减三等,并验数追偿。私物,则偿而不坐罪。……若毁损人房屋墙垣之类者,计合用修造雇工钱,坐赃论,各令修立,官屋加二等。误毁者,但令修立,不坐罪。”④可见,清代法律既注意对物权的保护,而且区分情节追究不同的法律责任。

在产业权中,田宅是基本的标的物,也是私人的重要财产和国家课税的主要对象。田宅等不动产的买卖、典押,一般以立契,即制作法律文书

① (清)王先谦:《东华录》(雍正朝)卷一〇,载《续修四库全书》(三七一册),《史部·编年类》,上海古籍出版社1996年版,第240页。

② 《清世宗实录》卷八一,雍正七年五月壬申,中华书局1985年版,第79页。

③ 《清世宗实录》卷九四,雍正八年五月内戚,中华书局1985年版,第263页。

④ (清)阿桂等纂,田涛、郑秦点校:《大清律例》卷九,《户律·田宅》,“弃毁器物稼穑”条,法律出版社1999年版,第201—202页。

为不可缺少的要件。至于一般动产的买卖、典押,原则上不需要制作法律文书,只有奴婢、马牛等重要动产的买卖,以及当铺典押的动产,才要求立有契纸。

对于不动产田地的使用收益权,关系到利益的归属,因此受到所有权人和国家的重视。《大清律例》关于田地的物权种类,有所有权(业主权)、租权(佃权)、地基权、典权、抵押权、永佃权等。动产种类较少,只有物主权、质权、抵押权等。除标的物为违禁物外,物主对所有物享有不受限制的占有、使用、收益、处分之权,并且不因物的遗失而丧失其物主权。

1. 对所有权的保护

所有权是最重要的产业权形式。由于中国古代以农业立国,因此土地的所有权,是所有权的核心。清代土地所有权分国家所有权和私人所有权两种形式,法律积极保护和调整各种形式的土地所有权关系。

清初,通过圈地、垦荒、承受、抄没、带地投充等途径,建立了国家土地所有制,并以皇帝的名义分配给宗室、贵族、八旗官兵耕种或出租,出现了宗室庄田和八旗庄田。庄田只许租佃、典当,不许出卖。但中期以后,国家的控制力减弱,官田逐渐变成占有者的私产,迫使政府由默认而最终承认其合法。除各种官庄外,属于国家所有的土地还有充公地、马厂地、余租地、藉田、学田、祭田等。国家还掌握了盐滩、矿山、河流、湖泊、山林的所有权。

在清代的土地关系中,"旗地"是旗人依靠政治特权而占有的土地。为了保护旗地的所有权以维护旗人的生活基础,法律禁止旗民交产,汉人不准典买旗地、旗房。但由于旗人不习耕种,生齿日繁,因此,在康熙后期便出现了旗人私典田产与民的现象。至雍正七年(1729)在上谕中重申:"八旗地亩,原系旗人产业,不准典卖与民,向有定例。"①同时,对已典卖的旗地,由官府付与一定地价,强制赎回,"凡红契典卖之旗地,可全价予

① (清)张廷玉:《清朝文献通考》卷五,《田赋考》(五),商务印书馆 1936 年版,第 4898 页。

以回赎;而白契典卖之旗地,则仅付半价或不给价'回赎'"。[①] 乾隆朝四次回收旗地,共三万七千六百一十一顷,但贫苦的旗人无力购回官府回赎的旗地。高宗在上谕中也承认:"赎地一事恐未必于贫乏旗人有益。"[②]乾隆以后,嘉庆、道光、咸丰三朝,仍不断重申旗地无论旧圈自置,概不准售与民人,若典鬻旗地,从盗卖官田律,授受同惩。但在实际生活中却是禁而不止的,而且出现了以"长租、长种"为变相形式的旗民交产。鉴于旗民之间的经济往来不可阻挡,咸丰二年(1852)颁行《旗地买卖章程》,允许"变通旗民交产","除奉天一省旗地盗典盗卖,仍照旧例,严行查禁外,嗣后坐落顺天、直隶等处旗地,无论老圈、自置,亦无论京旗屯居及何项民人,俱准互相买卖,照例税契升科;其从前已卖之田,业主、售主,均免治罪。"[③]从此,"旗民交产"禁律虽在《大清律例》中保留,实际上已经废弛不行。与此类似的屯田也趋于私有化,购买者只要报官税契,按亩升科,便取得了合法的所有权。

清朝中叶以后,商品经济的发展推动了土地商品化的进程,商人以其经商的利润,购置田产,兼并土地成为新的趋向。嘉道时期,商人占有土地高者可达十万亩,与此相适应的地价大幅上扬。江南苏杭一带,顺治时良田一亩估银二三两,康熙时值银四五两,乾隆初年值银七八两,至乾隆末年估银高达五十余两。商人地主对土地经营的方式,基本上是招佃垦种,收取定额地租,不仅"经年不履田亩",[④]甚至"不知田在何处"。[⑤]

除田宅不动产外,动产的所有人还可以自由地典质、买卖动产。

由于所有权关系是否稳定,直接影响到社会秩序的稳定和国家统治

① 《大清会典事例》(嘉庆朝)卷一三五,《户部·田赋·畿辅官兵庄田》(一),文海出版社1991年版,第6080—6081页。

② (清)张廷玉:《清朝文献通考》卷五,《田赋考》(五),商务印书馆1936年版,第4900页。

③ 《清文宗实录》卷六二,咸丰二年五月壬子,中华书局1985年版,第831页。

④ 康熙《万载县志》卷三《风俗》。

⑤ 康熙《万载县志》卷三《风俗》。

的安危，因此，清律从多方面保护所有权，惩治侵犯所有权的行为，制定了严格确认产业权归属的一系列规定。例如，乾隆三十三年（1768）增例如下："凡民人告争坟山，近年者以印契为凭。如系远年之业，须将山地字号、亩数及库贮鳞册并完粮印串，逐一丈勘查对，果相符合即断令管业。若查勘不符又无完粮印串，其所执远年旧契及碑谱等项，均不得执为凭据，即将滥控侵占之人按例治罪。"①此例虽是针对民人告诉坟山而定，但适用于所有田土所有权的争议。此外，"盗卖田宅"、"盗耕种他人田（园地土）"者，分别情况处以不等刑罚，系官（田宅）者，各加二等，"递年所得花利，（官田）归官，（民田）给主"。

清律不仅多方面维护不动产的所有权，同时也严格维护动产的所有权。《大清律例》规定："凡盗民间马、牛、驴、骡、猪、羊、鸡、犬、鹅、鸭者，并计（所值之）赃，以窃盗论。若盗官畜产者，以常人盗官物论"②，"凡（故意）弃毁人器物及毁伐树木、稼穑者，计（所弃毁之物，即为）赃，（照窃盗定罪）免刺……官物加（准窃盗赃上）二等。"③"凡于他人田园擅食瓜果之类，坐赃论。……弃毁者，罪亦如之。"④"凡盗田野谷麦、菜果及无人看守器物者，并计赃，准窃盗论，免刺。若山野柴、草、木、石之类，他人已用工力砍伐积聚而擅取者，罪亦如之"。⑤

2. 永佃权

清代永佃权在江南地区继续发展。永佃权是以使用收益土地为主要

---

① （清）阿桂纂，张荣铮等点校：《大清律例》卷九，《户律·田宅》，"盗卖田宅"条附例，天津古籍出版社1993年版，第210页。

② （清）阿桂等纂，田涛、郑秦点校：《大清律例》卷二四，《刑律·贼盗中》，"盗马牛畜产"条，法律出版社1999年版，第395页。

③ （清）阿桂等纂，田涛、郑秦点校：《大清律例》卷九，《户律·田宅》，"弃毁器物稼穑等"，法律出版社1999年版，第201页。

④ （清）阿桂等纂，田涛、郑秦点校：《大清律例》卷九《户律·田宅》，"擅食田园瓜果"，法律出版社1999年版，第202页。

⑤ （清）阿桂等纂，田涛、郑秦点校：《大清律例》卷二四，《刑律·贼盗中》，"盗田野谷麦"，法律出版社1999年版，第396—397页。

内容,以交付佃租为代价而取得的一种地上权。早在宋代已有所谓“常为佃户,不失居业”[①]的记载。至明中叶,永佃已流行于东南各省。清时特定的历史环境使永佃的租佃关系取得了极大的发展。在永佃的租佃关系下,佃户虽有交租的义务,但却获得了世代承耕的权利,田主只要收取地租,便不得自行转佃。

永佃权的取得有以下途径:开垦私有或国有荒地,并长期从事改良土地的投资,使瘠薄之地变为膏腴之田,从而获得了永佃权;预付高额押租金,换取永远耕种权,但仍须每年交小额地租;原业主逃亡归来,面对佃户长期耕种其土地的现实,被迫承认与现佃户的永佃关系;因太平天国遭受战争严重破坏的江苏、浙江、安徽等地,人少、地荒,经济衰败,为了鼓励农民积极从事耕作,恢复生产,使部分农民获得永佃权;有些小土地所有者为免除对国家承担田赋,将土地投献给宗室、豪门,或舍给寺院,以换取永佃;以低价出卖土地,换取新田主对永佃的承诺,或以田抵债,言明以永佃为条件;佃户久佃,得到地主对永佃的认可,等等。

永佃人除耕种外,还可以占有地上的孳息物,如盖房造坟,以及收获土地上自然生成的树木果实等。

永佃权的发展必然出现一田二主(详见明朝的民事法律)的现象,使得封建的租佃关系复杂化了,原有田主的所有权不断地弱化,造成了前所未有的土地所有权转移的复杂性。而佃户从耕种土地转而经营土地,也使阶级关系出现了新的变动。由于原田主不能顺利地实现收租的权利,势必影响了田主履行对官府的纳税义务,使得清政府不得不对一田二主习惯进行干涉。根据《福建省例》,雍乾时期有以下规定:禁止田皮买卖;佃户只须向田主交纳正租,没有向皮主交纳皮租的义务;皮主欠租时,田主有解约和收回田皮之权;乡绅等对田主欠租,一经发现即处严罚。同时命令各乡村将此令勒石树碑以便周知。至道光年间,江南地区皮户欠租

---

① (北宋)魏泰:《东轩笔录》卷八,中华书局1983年版,第93页。

达一年以上允许田主强行收回田皮另佃，禁止皮户自由买卖或出租土地。从《福建省例》的规定中，可以看出清政府从国家利益出发，总结了民间由永佃发展成一田二主的经验教训，并且严禁在旗地实行永佃，以维护旗地地主的所有权和传统的租佃关系。

3. 典权的发展

《大清律例》继承了明律关于典以“能否回赎”为根据的观点，规定：“以价易出，约限回赎者，曰典。”乾隆十八年(1753)定例：“嗣后民间置买产业，如系典契，务于契内注明‘回赎’字样。如系卖契，亦于契内注明‘绝卖’、‘永不回赎’字样。”[①]由此可见，典是活卖，卖是绝卖。典与卖的另一区别是典无须纳税，而卖须纳税；《大清律例》规定：“活契典当田房，一概免其纳税；其一切卖契无论是否杜绝，俱令纳税。”[②]

在清前期的典契中，有些并未规定典期，多是“钱到即赎”，这显然不利于典权人经营典买的田产，而大量的民间典契，对回赎期是没有限制的。凡是未订立回赎期限者，不限时日均可回赎，所谓“一典千年活”。鉴于典契年限久远，内容含混，经常引起争讼，乾隆十八年(1753)定例：凡“自乾隆十八年定例以前，典卖契载不明之产，如在三十年以内，契无‘绝卖’字样者，听其照例分别找赎。若远在三十年以外，契内虽无‘绝卖’字样，但未注明‘回赎’者，即以绝产论，概不许找赎。”[③]嘉庆六年(1801)，修订《户部则例》明确规定了回赎期限：“活契典当年限不得超过十年，违者治罪”。“民人典当田宅，契载年分，统以十年为率，限满听赎。如原业主力不能赎，听典主投税，过割、执业。倘于典契内多载年分，一经

① (清)阿桂等纂，张荣铮等点校：《大清律例》卷九，《户律・田宅》，“典买田宅”条附例，天津古籍出版社1993年版，第213页。

② (清)阿桂等纂，张荣铮等点校：《大清律例》卷九，《户律・田宅》，“典买田宅”条附例，天津古籍出版社1999年版，第213页。

③ (清)阿桂等纂，张荣铮等点校：《大清律例》卷九，《户律・田宅》，“典买田宅”条附例，天津古籍出版社1993年版，第213页。

发觉,追交税银,照例治罪。”[①]为了保护旗地旗房的所有权,不因回赎期届满无力回赎而丧失,《户部则例》特别规定:“民人契典旗地,回赎期限以二十年为断”。如超过二十年,便作为升科地,呈报官府,与民地同样每亩征银三分,并永不回赎。“倘卖主无力回赎,许立绝卖契据,公估找贴一次,若买主不愿找贴,应听别售,归还典价。”[②]

典权关系确立以后,典权人与出典人根据典契,双方各负有法定的权利义务。典权人有权占有、使用、收益典物,而且享有对典物的先买权、留置权以及对典物的转典权。典权人对典物负有保管、修缮以及向政府缴税的义务。如因典权人的故意或过失,致使典物损坏、灭失,典权人有责任加以赔偿。但由于不可抗力而使典物毁损、灭失,典权人不负赔偿之责。

4. 质权

早在汉朝已有关于质权的记载。唐时寺院多置典库,质钱取利,号曰“长生库、无尽藏”。宋以后社会上出现的“当铺”、“典铺”,都是以“质”为业的店铺。清代由于商品经济发展,高利贷盛行,以致当铺遍布于城市和农村。据记载,乾隆九年(1744)“京城内外官民大小当铺共六七百座”,[③]达官贵人也开设当铺,获取高额利息。权相和珅一人就开设当铺75座。[④] 为了防止高利息造成平民破产,影响社会的安定,禁止违禁取利,清律规定:当铺月利不得过三分,且一本一利,违者笞四十。然而实际上违禁取利者所在多有。以湖南的当铺为例,当本按月计息,每超过五天即按一月计算,年满过期不还,当物“不允取赎,竟行发卖”。[⑤]

当铺收当需开具当契,或贴子(当票),物主遗失当票需通知当铺,由

① 故宫博物院编:《户部则例》卷一七,《田赋·典卖找赎》,第149页。

② 故宫博物院编:《户部则例》卷一七,《田赋·典卖找赎》,第148页。

③ 《清高宗实录》卷二二六,乾隆九年十月壬子,中华书局1985年版,第924页。

④ (清)薛福成:《庸庵笔记》《轶闻》,《查钞和珅住宅花园清单》,大达图书供应社1934年版,第52页。

⑤ (清)赵申乔:《自治官书》卷九《禁当铺违例取息示》,载杨一凡、王旭主编:《古代榜文告示汇存》第五册,社会科学文献出版社2006年版,第621页。

保证人证明，方许取赎。“当权”设定后，须将当物的占有，交付当主，故为要物契约。当铺的清偿期各地不同，最长三年，在此期限内物主有权任意清偿，以回赎当物，质权随之而消灭。当主不得对债务人强制清偿，或对其财物加以牵掣，或请官扣押。当主只对当物负有占有、留置、保管之权，若无特别约定不得使用收益。

在清代，不仅以物作质，也以人作质，一般都立有契约。

5. 抵押权

抵押权也是担保物权之一，是债务人或第三人向债权人提供不动产作为清偿债务的担保，而不转移占有的担保物权。出押人需要按契付息。可见，抵押权不同于质权，也不同于典权。

抵押也立有押契，规定押价、利息和支付期，并须交付田契或房契，故又称为“契押”。如至期不能归还，抵押就变为典当，这是在押契中十分重要的内容。咸丰四年（1854）十二月《潘伟士所立抵押契文》①如下：“另将服字一千零八十号，土名屯溪中街屋契一纸附押，订期正月底一并归还，如过期不还，即将此契换当契。恐口无凭，立此存照。”

清代典权、质权比较发达，抵押权相对薄弱，《清稗类钞》说：“典质业者，以物质钱之所也。最大者曰典，次曰质，又次曰押。”②由于清代民法理论极端贫乏，因此，典、质、抵押这三种担保物权还没有十分明确的界定，也缺乏应有的法律解释。

第三节　债法的完善

雍乾时期，商品生产与交换达到了最高峰，与此相联系的，契约制度也取得了新的发展。无论买地、租房、雇工、合伙、婚娶、借贷均以契约为

① 安徽省博物馆编：《明清徽州社会经济资料丛编》第一集，中国社会科学出版社1988年版，第560页。

② 徐珂编撰：《清稗类钞》第五册《农商类·典质业》，中华书局1984年版，第2289页。

凭证,以确认双方的权利和义务,“民间执业,全以契券为凭……盖有契斯有业,失契即失业也”。①

在清代,买卖土地、房屋、奴婢须经官府同意,并履行税契的法律程序,才具有法律效力。清代税契与前不同,已经从买卖双方纳税,变为买方缴纳;从加盖官印的单一形式,也发展为官印、契尾的复杂形式,标志着契约制度的发展。税契通常在立契后一年内完纳,逾期依法惩治。在税契的同时,还要将卖主的田地和应纳的赋税过户于买方名下,即所谓“过割”,以使“田各有主,循主责粮差”。凡取得官府颁发的契尾和加盖官印的契约称为“红契”“朱契”。民间订立的契约称为“白契”,虽也具有民事法律效力,但如发生争讼,白契的举证效力不如红契。

在清代最常见的契约形式是借贷契约。世祖时期为控制借贷契约,多次下谕:“今后一切债负,每银一两,止许月息三分,不得多索,及息上增息……如违,与者、取者俱治重罪。”②其后《大清律例》成,《户律·钱债》规定:“凡私放钱债,每月取利不得过三分,每年虽多,不过一本一利,违者,笞四十,以余利计赃,重者坐赃论,罪止杖一百。”

债务人须依约按期交纳利息、如期还本。为了保护债权人的利益,负债不偿者,根据数额和拖欠日期处以不同刑罚。“五两以上,违三月,笞一十,每一月加一等,罪止笞四十。五十两以上,违三月,笞二十,……百两以上,违三月,笞三十,……并追本利给主。”但禁止债权人私自强夺债务人的产业,违者杖八十。对于强夺数额未超过债务者,“听赎不追”,若“估价(所夺畜产之价)过本利者,计多余之物(罪有重于杖八十者),坐赃论(罪止杖一百,徒三年)”,③并追原物还主。

私债必偿是国家的法律,也是民间通行的习惯,即使债务人身亡,也

① 《治浙成规》卷一,《严禁验契推收及大收诸弊以除民累》,载《官箴书集成》第六册,黄山书社1997年版,第333页。

② 《清世祖实录》卷三八,顺治五年闰四月丁未,中华书局1985年版,第308页。

③ (清)阿桂等纂,田涛、郑秦点校:《大清律例》卷一四,《户律·钱债》,“违禁取利”,法律出版社1999年版,第263—264页。

由其继承人偿还。如债务人破产，则由中保人负连带偿还责任。只有当债权人“准折债务人妻女”，构成犯罪的条件下，私债才免追。如系官府借给贫民的粮谷，或因开垦田土借给的牛具籽种，如果债务人人亡产绝，可以请求豁免。

不仅如此，为了防止监临官吏于所部内放债取利，盘剥部民，《大清律例》严格规定：“监临官吏于所部内举放钱债、典当财物者，即非禁外多取余利，亦按其所得月息，照将自己货物散与部民多取价利计赃，准不枉法论；强者，准枉法论。”除治罪外，所得利银照追入官。如“违禁取利，以所得月息全数科算，准不枉法论。强者，准枉法论，并将所得利银追出，余利给主，其余入官”。①

除上述契约外，还有租佃契约、租赁契约、合伙契约等。除契约之债外，还有侵权及损害赔偿之债。

第四节　杂有女真习俗的婚姻、家庭与继承

1. 清律有关婚姻的一系列规定，基本与唐律同，但由于历史条件的变化，也增加了一些新的规定。

譬如，主婚权一般属祖父母、父母及尊亲属，但寡妇婚姻的主婚权，另有规定。根据《大清律例》：“夫丧服满，（妻妾）果愿守志，而女之祖父母、父母及夫家之祖父母、父母强嫁之者，杖八十。”②由此可见，寡妇或再婚、或守志由自己决定，然而据唐律“妇人夫丧服除，誓心守志，惟祖父母、父母得夺而嫁之”③。从各地流行的习惯看，孀妇改嫁常由夫家父母（或夫之兄弟）

---

① （清）阿桂等纂，张荣铮等点校：《大清律例》卷一四，《户律·钱债》，“违禁取利”条附例，天津古籍出版社1993年版，第270页。

② （清）阿桂等纂，田涛、郑秦点校：《大清律例》卷一〇，《户律·婚姻》，“居丧嫁娶”，法律出版社1999年版，第207页。

③ （唐）长孙无忌：《唐律疏议》卷一四，《户婚》，中国政法大学出版社2013年版，第180页。

主婚，但须通过娘家，近于共同主婚，夫家娘家均无父母，孀妇可自主改嫁。

对于奴婢婚姻的主婚权，则严格控制在家主之手，《大清会典事例》卷七五六有如下记载："国初定，凡家仆将女子私嫁于人，不问本主者，鞭一百，不论年份远近，生子与未生子，俱离异，给与本主。"奴婢结婚，"生有子息者，俱系家奴，世世子孙永远服役，婚配俱由家主，仍造册报官存案。"①为了制裁奴仆私嫁女子，嘉庆六年(1801)定例："若契买家奴及户下陈人，将女私聘与人，未成婚者，给还本主。已成婚者，追身价银四十两，无力者，量追一半给主。其嫁女之人，杖一百，徒三年，满日给主管束。娶主知情，与同罪；不知者，不坐。"②

关于婚龄，清入关以前，实行早婚制，女年十二即可出嫁。入关以后，因受汉族文化影响，遂沿袭明制男十六岁、女十四岁为法定结婚年龄。关于婚姻的禁忌，沿袭传统的同姓、良贱、尊卑不得为婚的规定。但至清后期同姓不婚的禁忌已经有所松弛，《大清律例汇辑便览》注云："同姓者重在同宗，如非同宗，当援情定罪，不必拘文。"对于良贱为婚，至中叶以后，随着社会关系的变动与贱民的陆续解放，良贱不婚的禁令也逐渐松弛。

此外，按大清律文规定，姑表、姨表兄弟姐妹禁止通婚，但民间相沿成俗，因而在条例中作出变通："其姑舅、两姨姊妹为婚者，听从民便。"③

特定的民族间的婚姻禁忌有：首先，满汉官民不通嫁娶。清入关以后，为了淡化汉人的反抗情绪，曾于顺治五年(1648)八月下令，满汉官民得相嫁娶，但不久又定律严禁满汉通婚，违者科刑。其后《户部则例》规定："在京旗人之女，不准嫁与民人为妻。倘有许字民人者，查系未经挑选之女，将主婚之旗人，照违制治罪。系已经挑选及例不入选之女，将主婚之旗人照违令例治罪。聘娶之民人，亦将主婚者一例科断，仍准完配，

---

① (清)阿桂等纂，张荣铮等点校：《大清律例》卷二八，《刑律・斗殴下》，"奴婢殴家长"条附例，天津古籍出版社1993年版，第487页。

② (清)薛允升著，黄静嘉编校：《读例存疑重刊本》，成文出版社1970年版，第921页。

③ (清)阿桂等纂，田涛、郑秦点校：《大清律例》卷一〇，《户律・婚姻》，"尊卑为婚"条附例，法律出版社1999年版，第209页。

将该旗女开除户册。若民人之女嫁与旗人为妻者，该佐领旗长详查呈报，一体给与恩赏银两，如有谎报冒领情弊，查出从重治罪。至旗人娶长随家奴之女为妻者，严行禁止。"①尤其严禁宗室觉罗与汉人联姻，以保持天潢贵胄血统的纯洁性。

其次，禁止汉蒙族人之间的婚姻。《理藩院则例》规定："内地民人不准娶内外扎萨克等处蒙古妇女。如有私行婚嫁者，被人首出，将娶之妇离异归宗，将主婚之蒙古并违禁之民人各枷号三个月，满日鞭三百，民人递解回籍。该管台吉罚三九牲畜，该扎萨克照失察例罚俸六个月。如系该台吉扎萨克自行查出者，免议。"②即使逃入内地的蒙古人也禁娶内地人为妻。沈家本《寄簃文存》卷五引"督捕则例"如下："凡口外蒙古人逃进内地，娶妻者，将所娶之妻断归母家。"但满汉联姻已久，为法所不禁。

此外，"福建、台湾地方民人，不得与番人结亲，违者离异，民人照违制律杖一百；土官、通事减一等，各杖九十。该地方官如有知情故纵，题参，交部议处。其从前已娶生有子嗣者，即安置本地为民，不许往来番社。违者，照不应重律杖八十。"③此例为乾隆二年(1737)定例，乾隆五年(1740)馆修入律，其着眼点在于维护国家安全，防止结成抗清势力。至光绪元年(1875)，时过境迁，经大臣沈葆桢奏准删除。

关于离婚，基本上沿袭前代七出、三不去和义绝之法。但清律中义绝的规定与唐律有所不同，按唐律："'义绝'者，官遣离之，违法不离，合得徒罪，义绝者离之。"④清律则依情节之不同，有可离可不离者，有不许不离者。《大清律例增修统纂集成》引《辑注》诠释如下："义绝而可离可不离者，如妻殴夫，及夫殴妻至折伤之类。义绝而不许不离者，如纵容抑勒，

① 故部博物院编：《户部则例》卷一，《户口》(一)，《旗在嫁娶》，海南出版社 2000 年版。

② 《钦定理藩院则例》卷二五，《婚礼》。

③ (清)阿桂等纂，田涛、郑秦点校：《大清律例》卷一〇，《户律·婚姻》，"嫁娶违律主婚媒人罪"条附例，法律出版社 1999 年版，第 215 页。

④ (唐)长孙无忌等：《唐律疏议》卷三，《名例律·犯流应配》，中国政法大学出版社 2013 年版，第 40 页。

与人通奸,及典雇与人之类。”显而易见,清律的诠释更合于情理。与此同时,清律也认定和离为合法:“若夫妻不相和谐而两愿离者(情既已离,难强其合),不坐。”①在蒙古地区,夫妻均可提出离婚,但须通知双方亲属。根据《蒙古律例·户口差徭》:“凡人休所娶之妻,其夫妻和睦时用完之物,不准赔还。将妇人带来现存之物全行给回。”如女方提出离婚,要退回一部分男方所赠之物。西藏地区,夫妻反目,先经亲友调解,调解无效,可向部落头人提出离婚。如男方提出,则分一半财产给女方;若女方提出,则不给任何财产。男女双方都提出离婚,头人或各罚马一匹,或罚钱。离婚后,子女的处置,女孩归女方,男孩归男方。若只有一子,则令其去寺院当喇嘛。另据《西宁青海番夷成例》:“凡出妻者,其妻陪嫁物件全行给回。除夫妻和睦时花费物件不偿外,现在所有物件悉行还给。”

从清初起,宗室王公的嫁娶,必须得到皇帝的批准,以致宗室男女的婚嫁“逾时久旷”,往往超过婚龄。直到乾隆三年(1738)才加以变通:世系近者,仍由皇帝批准,挑选八旗秀女成婚;世系远者“各听其便”。② 挑选八旗秀女的制度也是清朝首创,由户部、内务府负责,每隔三年举行一次。凡属八旗所生女子,年至十三四岁,一律送至京师,交户部和内务府预备挑选。旗人隐瞒秀女者,如系官员即行革职,一般平人送交刑部治罪,族长知情者,系官降二级调用,系兵丁鞭七十。若不知情,该族长草率担保具结者,系官罚俸一年,系兵丁鞭五十。③

2. 清朝法律继续确认和维护封建家长制家庭。

《大清律例汇集便览·户律辑注》中说:“一户人口,家长为主。”家长由家庭中辈分最尊的男性担任,集父权与夫权于一身。诚如司马光在《书仪·居家杂仪》说:“事无大小,毋得专行,必咨禀于家长……则号令

① (清)沈之奇撰,怀效锋、李俊点校:《大清律集解附例》卷六,《户律·婚姻》,“出妻”条,法律出版社 2000 年版,第 283、286 页。

② 《清高宗实录》(二)卷六十,乾隆三年正月戊午条,中华书局 1985 年版,第 2 页。

③ 《大清会典事例》卷九九。

出于一人，家政始可得而治矣。”

在家庭中，夫妻的权利与义务是不平等的。在“夫妻一体”的传统观念影响下，确认丈夫对家政的统一支配权；妻的财产也归丈夫所有和支配；丈夫对妻子负有监管权；夫妻间的人身侵犯，同罪异罚；丈夫为生活所迫，可以私下将妻子典雇与人为妻妾；但妻对夫却应尽片面守贞的义务。

以上可见，清律全面维护封建的家庭关系准则，全面确立家长在家庭中的统治地位。

3. 清代的继承律例和民间流行的习惯，都达到了完备程度。

继承分为身份性继承和财产继承两种。身份性继承包括宗祧继承与封爵继承。宗是近祖之庙，祧是远祖之庙。宗祧继承通常以嫡长子为法定第一顺序继承人，无嫡长子者立嫡长孙，依次按嫡庶子、嫡次孙、庶长子、庶长孙、庶次子、庶次孙，循序继承。立嫡违反法定程序，杖八十，以示宗法继统的严肃性。封爵继承是政治权力和特权地位的转移。因此宗祧继承和封爵继承是不能分割，也不容分割的。只有财产继承因系经济权利的转移，是可以分割并允许分割的。

在宗法制度的精神与原则的主宰下，继承法中重身份而轻财货，不仅详细规定了承继和立继的条件，甚至在“立嫡子违法”的律文中，不言家产。有关家产的分析与继承，见于附例。

立继，是指嫡庶子孙全无，即所谓“户绝”之人，可采取“立继”，以保证宗支延续和祖宗血食。《大清律例·立嫡子违法》附例一规定：“无子者，许令同宗昭穆相当之侄承继，先尽同父周亲，次及大功、小功、缌麻。如俱无，方许择立远房及同姓为嗣。”可见，宗祧继承，除强调同宗外，还必须是昭穆相当，这是宗法伦序所要求的。“虽系同宗，而尊卑失序者”，与立嫡子违法同处，杖八十。而且“其子亦归宗，改立应继之人”。[①] 所谓昭穆相当之人，按清律规定即立侄为嗣。

① （清）阿桂等撰，田涛、郑秦点校：《大清律例》卷八，《户律·户役》，“立嫡子违法”，法律出版社 1999 年版，第 179 页。

由于身份继承重视血缘关系，因此，禁止乞养异姓义子为嗣，以免乱宗族，否则杖八十。八旗无嗣之人虽可过继异性亲属，但须双方生父、族长以及该管参、佐领出具甘结，送户部备案。立嗣关系成立以后，不得随意解除，只有在嗣子不孝或与继亲相处不睦，才准许废除原有的立继关系，重立嗣子。清律规定："若继子不得于所后之亲，听其告官别立，其或择立贤能及所亲爱者，若于昭穆伦序不失，不许宗族指以次序告争，并官司受理。"①

关于独子继嗣兼祧问题，清朝前期，法律是禁止的，至乾隆朝始有所改变。俞樾在《俞楼杂纂》中说："一子两祧为国朝乾隆间特别之条。"乾隆四十年(1775)闰十月，根据宗法"小宗可绝，大宗不可绝也"的原则，颁布上谕："嗣后遇有孀妇应行立继之事，除照例按依昭穆伦次相当外，应听孀妇择其属意之人，并问之本房是否愿继，取有阖族甘结，即独子亦准出继，庶穷法律得以母子相安，而立嗣亦不致以成例阻格。该部即照此办理，著为令。"②根据这道上谕，乾隆四十四年(1779)制定《独子承祧例》，对于独子兼祧的具体条件作了明确的规定：无子立嗣"如可继之人亦系独子，而情属同父周亲，两厢情愿者，取具合族甘结，亦准其承继两房宗祧"。③

兼祧继承既是法律的规定，也是民间流行的习惯。嗣子兼祧二房，应各为娶妻，习惯上并无大小之分，所生之子各承宗祧，各继财产。除个别地区或特殊情况外，长支长子不得出继他支。但八旗及外省驻防乏嗣，"虽长房长子，准照独子之例出继"。④

除养子外，也流行招婿为嗣，入赘者往往因家境贫苦，无力聘婚，不得不为赘婿。赘婿须改从妻姓，写立赘书作为嗣子，可以继承妻父之祧及遗

---

① (清)阿桂等撰，田涛、郑秦点校：《大清律例》卷八，《户律·户役》，"立嫡子违法"，法律出版社1999年版，第179页。

② 《清高宗实录(二十一)》卷九九五，乾隆四十年闰十月己巳，中华书局1985年版，第14613页。

③ (清)阿桂等纂，张荣铮等点校：《大清律例》卷八《户律·户役》"立嫡子违法"条附例，天津古籍出版社1993年版，第197页。

④ (清)长善等纂，马协弟等点校：《驻粤八旗志》卷五《经政略·继嗣》，辽宁大学出版社1992年版，第248页。

产，但也要得到族中同意。对于赘婿所生之子，一般能为族人所接受，所谓“异子不异孙”，或“有义子无义孙”。其长子从岳家之姓，次子从本宗之姓，使得两姓祀，均得延续。

总括上述，宗祧继承作为宗支延续的重要保证，不仅涉及家族的整体利益和长远利益。也为国法所保护，成为清代继承制度的核心。

至于封爵继承，也按嫡长子优先原则，其继承顺序与宗祧继承顺序相同。由于封爵是权与利的象征，是先世的功业体现，因此，对继承人的确定是十分严格的。凡用非法手段袭爵者，处重刑。“旗人除乞养异姓为子，诈冒荫袭，承受世职者……发边远充军……若有冒食钱粮情事……准窃盗律，从重科罪，照数著追”已领过的银米。[①] 但如“世职有犯人命、失机、强盗、实犯死罪及免死充军，不分已决、已遣、监故并脱逃、自尽，本犯子孙俱不准承袭”。[②]

在财产继承方面，由于家长握有对家产的分配权，因此，在其临终时有权就财产的分配作出安排，家长的遗嘱是处分家庭财产继承的重要根据，子孙只能遵从遗嘱行事，无权表示异议。如家长生前尚未分配家产，临终时又没有关于财产继承的遗嘱，在这种情况下，需要根据法律分割家产。清代沿用“诸子均分”的分割家产原则，规定：“嫡、庶子男，除有官荫袭，先尽嫡长子孙，其分析家财、田产，不问妻、妾、婢生，止以子数均分。”[③]以示“大功同财”之意。如果“同居尊长应分家财不均平者”，“十两笞二十，每十两加一等，罪止杖一百”。[④] 但民间习惯，嫡庶分产有别，嫡子所分得的继承财产，较庶子为多，而且长子、长孙于均分之外，有权酌

① （清）阿桂等纂，田涛、郑秦点校：《大清律例》卷八，《户律·户役》，“立嫡子违法”条附例，天津古籍出版社 1993 年版，第 196 页。

② （清）阿桂等纂，田涛、郑秦点校：《大清律例》卷六，《吏律·职制》，“官员袭荫”条附例，法律出版社 1999 年版，第 140 页。

③ 法律出版社田涛、郑秦点校：《大清律例》卷八，《户律·户役》，“卑幼私擅用财”条附例，法律出版社 1999 年版，第 187 页。

④ （清）阿桂等纂，田涛、郑秦点校：《大清律例》卷八，《户律·户役》，“卑幼私擅用财”条，法律出版社 1999 年版，第 187 页。

提若干以供祭祀之用。

第五节 清代的民事诉讼

清朝作为末代王朝,立法、司法都较前代充实严整,而且更符合中国社会的实际。民事诉讼与审判制度也较前代有很大发展,同时也形成了一些新的特点。

一、民事诉讼案件的比重不断上升

清朝作为中国封建社会的末代王朝,商品经济已有较大发展,城市市场普遍建立,对外贸易居于世界前列,整个社会经济达到封建社会所能容许的最高程度。在这样的背景下,民事法律关系更加复杂化,民事法律纠纷呈现不断增加的趋势,民事诉讼案件在整个司法案件中的比重不断上升,有的地方甚至超过刑事案件的数量。例如,在国家第一档案馆收藏的顺天府宝坻县4269件诉讼档案中,民事诉讼2946件,占总数的近70%。另据宝坻县刑房词讼簿所载案件统计,自咸丰十一年(1861)至光绪五年(1879)间,民事诉讼案件58件,刑事及其他案件55件,前者约占51.3%。四川冕宁县记录的从康熙朝至宣统二年的档案中,户婚、田土、钱债等纯民事争讼案件约360余件,涉及档案1300余条,约分别占总案件数的3.9%和档案总条数的5%。此外,冕宁县档案中还存在大量与刑事、行政案件关涉的民事争讼案件。总体而言,冕宁县档案中民事争讼案件的占比约在20%至30%之间。清朝徐士林在出任安庆知府和汀漳道职期间记录的断案判词——《徐公谳词》的102件判例中,民事诉讼68件,约占总数的三分之二,刑事及其他诉讼34件,占总数的三分之一。

从以上数据可以看出,民事案件不仅数量多,而且范围广,涉及田土、山林、宅基地、墓地、田界、买卖、典卖、租赁、差役、赋税、水利、婚姻、继嗣、继承等各个方面,说明随着商品货币关系的不断发展,百姓维护私人财产权的法律意识也在不断地萌发，告官申理的民事诉讼案件才有可能急遽增长。

二、调解息讼优先于堂审判决

民事争讼的调解自宋代始逐渐流行，至清代调解盛行，以至调解息讼优先于堂审判决。如前所述，清代民事争讼数量的上升使州县官常常通过堂上堂下的各种调解方式来减少司法压力，做到按期结案，这是州县官考课升迁的重要指标。至于诉讼当事人，之所以接受调解，一者迫于州县官不准状的威胁，二者也确实考虑到减少讼累的实际问题。调解息讼的积极作用是有利于民间的和睦相处，正常地从事生产与生活，进而稳定社会秩序。所以，统治者视它与"弭盗""完粮"并重。清代民事调解的形式多种多样，不拘一格，或由族长，或由乡邻，或依法律，或依家庭习惯，或于祠堂公所，或于村舍田头，只要能达到息讼止争的目的，任何一种形式都可以选择。至于判词的拟定和堂断的执行，都讲求实际和效率，而不拘泥于形式。调解是多年来民事司法经验的综合，有其值得借鉴之处。

三、州县官具有相对自由的裁量权

《大清律例·刑律·断狱下》"断罪引律令"条附例规定，对刑事案件的审判，要求司法官"凡（官司）断罪，皆须具引律例。违者，（如不具引）笞三十。……其特旨断罪，临时处治不为定律者，不得引比为律。若辄引（比）致（断）罪有出入者，以故失论"。在附例中还规定："除正律、正例而外，凡属成案，未经通行著为定例，一概严禁，毋得混行牵引，致罪有出入。"但对民事词讼的审判，则不要求州县官严格按律文办事，相反可以根据案情灵活选用民事法律渊源。如前文所述，这主要是因为清代民事法律规定比起刑律简单，而诸多俗规礼法，又补充了律文的不足，是以民事审判不具备完全依律例审断的条件。同时，这些律例之外的法律渊源形式多样，规范具体，有些与社会生活贴近，易为群众所接受。因此赋予州县官自由选用民事法律渊源进行审判与调解之权，比起强调依律例办案更为实际。准确地适用民事法律渊源,与州县官个人的道德修养、司法经验与水平,无疑具有直接的联系。经过州县官的选择,也避免了各种民事法律渊源之间的冲突和抵触。至于民事附带刑事,或轻微的刑事案件,是否动用刑责,刑责多少,也由州县官自由掌握,或略施薄惩,或免于究治。

在清代,息讼是衡量州县官政绩的标准之一。但在审判中,州县官有时滥用息讼权,不注意分清是非,缺乏严格保护当事人诉讼权利的观念,以致对执意诉讼者常常不加分析地给予责惩,在息讼的美丽外衣掩盖下,有些是遵命忍让、被迫撤诉的。所谓“邻里愚民,山村豪气,偶因鹅鸭之争,致起雀角之忿,此不过借官宰之一言,以为凭定而已”①。如果说主观擅断是封建司法的普遍特征,那么在清代的民事诉讼中,州县官审判的自由权变,为他们的主观擅断提供了可能性。再加上贿赂公行,官吏枉法,往往对当事人的权益造成损害。在民事审判中由于强调教化的作用,因此强制被告履行应尽的义务,一般不用刑具,对于纯属民事的案件尤其如此。入幕数十年的汪辉祖根据司法实践的经验,总结出民事词讼不可用刑的三点理由:第一,“至两造族姻,互讦细故,既分曲直,便判输赢,一予责惩,转留衅隙,讼仇所结,轇轕成嫌。所当于执法之时,兼遇笃亲之意,将应挞不挞之故,明白宣谕,使之翻然自悟,知惧且感,则一纸遵依,胜公庭百挞矣”。第二,“要案更不宜刑求”。第三,“词讼细务,固可不必加刑矣”②。

名吏张扶翼在所著《望山堂谳语》一书中,收录了个人处理的18件民事词讼,其中控民事直接返还赔偿的12件,处以薄刑的6件。对于民事附带刑事的综合性案件,民事部分适用民事手段,刑事部分适用刑事手段,迫使当事人服从调解和判决,并且不再兴讼。但如案件事涉人伦,严重侵犯纲常礼教,则要直接动用刑罚。根据现有的清代词讼文书与档案,州县官即使

① (清)蒲松龄:《聊斋志异》卷七《冤狱》评语,中华书局2013年版,第291页。

② (清)汪辉祖:《学治臆说》卷上《姻族互讦毋轻笞挞》,第16页,见(清)张廷骧辑:《入幕须知五种》,光绪十八年浙江书局刊本,载沈云龙主编:《近代中国史料丛刊》第二十七辑,文海出版社1966年版,第276页。

在需要处刑时,对双方当事人争执的实质部分仍采用民事手段解决,笞杖之后仍令补偿损失。有时调解与责惩也同时进行,该责惩者责惩,该调解者调解,这是审理民、刑事综合性案件的具体要求和清代司法制度的明显特点。

四、程序简便,一审终审

为了方便当事人诉讼和州县官及时审理,起诉和受理就在案发地。起诉的"约会"制度,也便于不同身份的当事人之间的纷争得到及时解决。清代的民事诉讼,一般在起诉后便可得到"准理"或"不准理"的明白批示。如准理,则按告诉程序,及时审理,作出堂断。综观清代民事诉讼程序,较之历代,更为明确、简便。由于民事诉讼标的不外民间"细故",案情简单,没有社会危险性,更不会威胁到国家公权力,因此无须规定繁复的程序和重叠的审级,基本上一审终审。此外,简单的程序便于州县及时受理,避免当事人因参加诉讼而荒废生产,贻害生计,这与当时的社会经济状况相适应,具有便民合理的一面。需要指出的是,清律虽然规定了农忙时节停讼,但对于某些严重影响生产与生活的较为特殊的案件,例如田土、斗殴等,则不受此限,以示社会群体的利益和国家安定的价值,高于农民个人的利益。

在审判方式上,清代管辖制度严格,审判权限分明,由于民事诉讼采取州县官独任制度,州县长官必须亲理诉讼,擅自委派他人审理要负行政责任,使得州县官更明确自己的权责,能够在审判中发挥主动性和灵活性。如果州县官应受理而未受理民事词讼,或违反审案期限,未经展限而过期结案,或由于故意、过失使判决有出入,都是公罪,均须承担责任。

五、建立民事诉讼检查制度

针对民事诉讼所具有的特殊性和州县官在裁判民事案件方面较大的权变之权,清代建立了严格的检查制度。

(一)建立供核查、注销的循环簿,由州县上级机关经常查考

据《大清律例·刑律·诉讼》"告状不受理"条附例:"各省州、县及有刑名之厅、卫等官,将每月自理事件作何审断,与准理拘提完结之月日,逐件登记,按月造册,申送该府、道、司、抚、督查考。其有隐漏装饰……轻则记过,重则题参。如该地方官自理词讼,有任意拖延,使民朝夕听候,以致废时失业,牵连无辜,小事累及妇女,甚至卖妻鬻子者,该管上司即行题参。若上司徇庇不参,或被人首告,或被科、道纠参,将该管各上司一并交与该部从重议处。”①

对于州县自行审理的一切户婚、田土等项民事词讼和轻微刑事案件,仿照在京衙门按月注销之例,建立“循环簿”,即“告状不受理”条附例:“将一月内事件填注簿内,开明已未结缘由。其有应行展限及覆审者,亦即于册内注明,于每月底送该管知府、直隶州知州查核,循环轮流注销。其有迟延不结、朦(蒙)混遗漏者,详报督抚咨参,各照例分别议处”②。

(二)巡官检查制度

清初沿袭明制,命审录官五年一巡视各省,即所谓录囚,至雍正朝废止。但仍设巡视稽查制度,对于“州县自行审理及一切户婚、田土事件,责成该管巡道、巡历,所至即提该州县词讼号簿,逐一稽核。如有未完勒限催审,一面开单移司报院,仍令该州县将某人告某人、某事于某日审结,造册报销。如有迟延,即行揭参。其有关系积贼、刁棍、衙蠹及胥役弊匿等情,即令巡道亲提究治。知府、直隶州自理词讼亦如之。如巡道奉行不力,或任意操纵,颠倒是非者,该督抚亦即据实察参,分别议处”③。然而巡历检查制度只是稽查司法业务,而无复审的职权。

清朝在总结历史与现实的经验基础上,所形成的司法监督机制,对于州县官法律责任的规定不可谓不严,监督的措施不可谓不细,各级的权责不可谓不明,但实际上仍无法消除胥吏行私、官僚渎职的现象,这是封建

① (清)阿桂等纂,田涛、郑秦点校:《大清律例》卷三十《刑律·诉讼》“告状不受理”条附例,法律出版社 1999 年版,第 497—480 页。

② (清)阿桂等纂,田涛、郑秦点校:《大清律例》卷三十《刑律·诉讼》“告状不受理”条附例,法律出版社 1999 年版,第 480 页。

③ (清)阿桂等纂,张荣铮等点校:《大清律例》卷三十《刑律·诉讼》“告状不受理”条附例,天津古籍出版社 1993 年版,第 515 页。

司法制度的本质所决定的。

综上所述，清代民事诉讼制度，无论管辖、代理、调解、审断等规范均较历代完备。对于习惯的重视与“因俗而治”“因地制宜”的管理模式，也反映了以满族为政权主体的民族关系的特征。民事审判程序与刑事审判程序于审前与初审阶段有其共同之处。但在两者的审理流程上，刑事较民事复杂，更重视律例在审判中的引用；民事较刑事简单，更具有弹性，能表现出州县官员亲民的一面，也能体现中国作为一个文明古国，历史悠久、地域广阔、民族众多的特性。中国没有编写民法典的传统，并不代表没有民事法律，没有民事诉讼制度。相反中国传统的民事诉讼制度的完整性，法律与礼俗习惯配合的互补性，更彰显了中国古代司法文明的特质。

在清代司法制度中，随着民事案件的增多，民事诉讼已经走向独立的状态。无论制度、程序、判决、执行，都有一整套的规程和原则，全面展现了中国司法制度历史的面貌。如果说清朝的民事制定法与民事习惯满足了对于民事法律关系的调整，那么民事诉讼制度也完全适应了民事诉讼的实际需要。在中国古代司法文明的漫长发展过程中，民事诉讼制度是重要的组成部分。尤其是清代，大量民事诉讼档案的发现，纠正了民事诉讼是“细事”、官方不予重视的看法。事实上，所谓的“细事”已成为当时社会关系和法律关系中的基本问题，不予以解决，会酿成重大的社会事端。因此，司法官对民事诉讼是非常重视的，民事词讼也是其日常司法活动的基本内容。作为普通百姓，虽然受“和为贵”和“贱讼”、“畏讼”等的不同影响，但当个人权益受到严重侵害，也会愤而告官。民众相信国家王法，期望法律保护，他们的法律意识在不断地萌发，清代的地方档案证明了这一点。

民事词讼从受理到结案，虽有期限的规定，但有的并未得到遵守，以至当事人反复陈告，尽管被斥为“刁讼”，但最终确到了合理的解决。据台北“二二五〇七号淡新档案”记载的一件财产纠纷案，此案从光绪四年十一月一直到光绪六年九月，历时近两年，从台北府到新竹县，经过一位知府、三位知县的审理，最终以被告补偿原告一千钱结案。

第九章　晚清民律草案的修订

晚清预备立宪期间修订的《大清民律草案》，是中国历史上第一次独立的民事立法，它是由特定的时代所产生的，也是中国法制近代化的重要成果。为制定晚清民法，掀起了广泛的社会舆论，提出了前所未有的指导与编写的原则，组织了民事习惯法的调查，初步整合了西方民法文化与中国固有民法文化，创造了新的仿大陆法系的体制与结构，同时还制定了与民法有着固有联系的商业单行法与商律。

第一节　晚清修订民律的舆论准备

晚清修律的一个深层次的原因是企图借此收回外国侵略者攫取的中国司法主权。光绪二十八年(1902)八月，吕海寰、盛宣怀与英国商约大臣马凯，在上海续议的《通商行船条约》中，特别规定，“中国深欲整顿本国律例，以期与各西国律例改同一律，英国允愿尽力协助以成此举。一俟查悉中国律例情形及其审断办法，及一切相关事宜皆臻妥善，英国即先弃其治外法权。”[①]稍后，在与美、日、葡等国修订的商约中，也将类似条款，列入条约，表明列强对清朝修订法律的支持。尽管这个许诺出于帝国主

① (清)朱寿朋编，张静庐等点校：《光绪朝东华录》，光绪二十八年八月辛卯，中华书局 1958 年版，第 4919 页。

义的利益考虑，是虚假的允诺，但却刺激了清朝修律的热情。以沈家本为首的修订法律馆的官员们，之所以以极大的积极性投入修律工作，其动力主要就是期望通过修律，收回治外法权。当时只有张之洞从与列强的交涉经验中，体会到治外法权之能否收回，关键"视国家兵力之强弱，战守之成效以为从违，"①不能专恃法律。

在晚清修订的法律中，民法草案是中国历史上第一次独立专门起草的民事法律，它将近代西方的民法原则与中国固有的民法与习惯结合在一起，具有鲜明的时代特征与中国特色。为了修订民法草案，清朝朝野都进行了充分的舆论准备。

19世纪末20世纪初，资本主义性质的民族工商企业，已经在经济生活中占有一定的地位。由此而形成的遍及城乡的，复杂的财产关系，已经不是原有的零散残缺的民法渊源所能调整的，因而迫切要求制订新的民事法律。资本主义生产关系的发展，也带动了阶级结构的新变化，出现了近代资产阶级和无产阶级，他们在民事法律关系上处于平等的主体地位。原来的广大农民、手工业工人、中小商人，也在社会的激烈变动中，涌入商品经济的大潮，并在摆脱对地主、坊主、行帮主的人身依附关系的斗争中，争得了更多的民事主体的平等权利。即使是曾经处于社会底层的奴婢和贱民，也强烈地要求对他们的人身关系和财产关系给予法律保护，调整中国传统的身份法的观念和制度。

此外，西方私法文化的输入，也使得开明的官僚和士大夫的法观念发生了变化。他们抛弃了重刑轻民的传统认识，力求打破沿袭两千余年的"诸法合体、民刑不分"的法典编纂体例。维新派的领袖康有为最早提出制定民法的建议，他在光绪二十四年(1898)《上清帝第六书》，通称《应诏统筹全局折》中，明确提出制定："民法、民律、商法、市则、舶则、讼律、军律、国际公法。"②虽然康有为对于民法、民律的概念缺乏科学的界定，但他把制定民

① 张国华、李贵连合编：《沈家本年谱初编》，北京大学出版社1989年版，第118页。
② 中国史学会主编：《戊戌变法》第二册，上海人民出版社1957年版，第200页。

法作为维新变法的一个重要环节提出是颇具创新意识的。数年以后制定民法的问题已由清廷相关部院和大员们相继提出，成为一种时尚的舆论。

光绪三十三年五月（1907年6月），民政部奏请速定民律，理由如下："查东西各国法律，有公法私法之分。公法者，定国家与人民之关系，即刑法之类是也。私法者，定人民与人民之关系，即民法之类是也。二者相因，不可偏废……民法所以防争伪于未然之先，治忽所关，尤为切要。各国民法编制各殊，而要旨闳纲，大略相似。举其荦荦大者，如物权法定财产之主权，债权法坚交际之信义，亲族法明伦类之关系，相续法杜继承之纷争，靡不缕析条分，著为定律。临事有率由之准，判决无疑似之文，政通民和，职由于此。中国律例，民刑不分，而民法之称，见于《尚书孔传》。历代律文，户婚诸条，实近民法，然皆缺焉不完，……窃以为推行民政，澈究本原，尤必速定民律，而后良法美意，乃得以挈领提纲，不至无所措手。拟请饬下修律大臣斟酌中土人情政俗，参照各国政法，厘定民律。会同臣部奏准颁行，实为图治之要。"①这个奏折介绍了西方国家民法与刑法虽然调整的对象不同，但都同等重要，"不可偏废"。其次，阐明中国古代律例"民刑不分"，固有民法"缺焉不完"。最后，建议速定民法"治忽所关，尤为切要"。结尾处再次强调颁行民法"实为图治之要"。此折奏准，"如所议行"，遂即开始民法的修订工作。

光绪三十三年五月初一日（1907年6月11日），大理院正卿张仁黼在《奏修订法律请派大臣会订折》中，从法律性质不可不辨的角度，论证了制订民法的重要性。他说："中国法律，惟刑法一种，而户婚、田土事项，亦列入刑法之中，是法律既不完备，而刑法与民法不分，尤为外人所指摘。故修订法律，必以研究法律性质之区别为第一义。"②他认为民法是调整"人与人之关系"，属"私法"范畴。故制订民法可使"小民争端……

① （清）朱寿朋撰，张静庐点校：《光绪朝东华录》，光绪三十三年五月辛丑，中华书局1958年版，第5682—5683页。

② 故宫博物院明清档案部编：《清末筹备立宪档案史料》，中华书局1979年版，第835页。

得其平,则争端可息,不致酿为刑事。”所以“现今各国皆注重民法,谓民法之范围愈大,则刑法之范围愈小,良有以也。”①他强调“一国之法律,必合乎一国之民情风俗。”并举日本民法为例说:“民法五编,除物权、债权、财产三编,采用西国私法之规定外,其亲族、相续二编,皆从本国旧俗。”因此,修定新法“必以保全国粹为重,而后参以各国之法,补其不足。此则以支那法系为主,而辅之以罗马、日耳曼诸法系之宗旨也。”②此折不仅宣告了民法的结构,而且预示了中国的民法属于大陆法系系统。

光绪三十三年七月二十六日(1907 年 9 月 3 日),曾经响应新政、起草名噪一时的《江楚汇奏变法折》的张之洞在《遵旨核议新编刑事民事诉讼法折》中,也阐述了编定独立民法的主张。他说:“民法一项,尤为法律主要,与刑法并行。盖东西诸国法律,皆分类编定,中国合各项法律为一编,是以参伍错综,委曲繁重。今日修改法律,自应博采东西诸国律法,详加参酌,从速厘订,而仍求合于国家政教大纲,方为妥善办法。”③

光绪三十三年九月初五日(1907 年 10 月 11 日),宪政编查馆大臣奕劻等在《奏议覆修订法律办法折》中,提出:“拟请仿照各国办法,除刑法一门……不日告成外,应以编纂民法、商法、民事诉讼法、刑事诉讼法诸法典及附属法为主,以三年为限,所有上列各项草案,一律告成。”④

同年十月,修订法律大臣沈家本,为了完成三年内制订民法、商法、民事诉讼法、刑事诉讼法的任务,奏请:“一面广购各国最新法典及参考各书,多致译材,分任翻译;一面派员确查各国现行法制,并不惜重赀,延聘外国法律专家,随时谘问,调查明澈,再体察中国情形,斟酌编辑,方能融

---

① 故宫博物院明清档案部编:《清末筹备立宪档案史料》,中华书局 1979 年版,第 836 页。

② 故宫博物院明清档案部编:《清末筹备立宪档案史料》,中华书局 1979 年版,第 834—835 页。

③ 李贵连编著:《沈家本年谱长编》,台湾成文出版社 1992 年版,第 168 页。

④ 故宫博物院明清档案部编:《清末筹备立宪档案史料》,中华书局 1979 年版,第 850 页。

会贯通，一无扞格。”①民律草案总则、物权、债权三编便是由日本法学士松冈义正起草的。

同年十一月，沈家本鉴于“民商各法，意在区别凡人之权利义务，而尽纳于轨物之中，本末洪纤，条理至密，非如昔之言立法者，仅设禁以防民，其事尚简也”。因此，奏上《修订法律馆办事章程》，于“开馆之初，公同商酌，拟设二科，第一科掌民律、商律之调查起草，第二科掌刑事诉讼律、民事诉讼律之调查起草。”②从而表明了修订法律馆的主要工作方向。由于修订法律馆“广罗英彦”，不仅调进江庸、王宠惠、丁士源、陈策、朱献文等留学各国的优秀人才，而且聘请了日本法律专家担任顾问或充当起草人。使得修订法律馆不仅完成了修订民律草案的工作，而且成为当时中国民法的研究中心。

除清廷主管其事的官僚力主制订民法外，社会舆论方面也广为呼应。光绪三十二年（1906），《时报》发表《论改良法律所应注意之事》一文，提出：“我国自昔所谓法律，不过听君主之意旨，为官吏所把持，其于法律之意义，本不完全，是直不可以言法律……故今日之立法，非沿袭也，实创制也。”进而论证了法律虽然分析多门，“然大别之，实民法、刑法两项，其余皆从此而生，而法律之精神，实亦即寄于此。”特别指出，在专制制度下，“人民与人民之交涉，视之殆无足轻重。自民法独立，别与刑法分驰，然后人民之权利，日益尊重。”不仅如此，该文还就立法修律“宜有次第、宜缓公布、宜求实行、宜有准备、宜与他政事联络、宜求机关之统一”，发表了意见。在宜有次第的意见中，阐明了民法与宪法、商法、民诉法的立法次第问题：“然民法又原于宪法，宪法未立，又几无民法之可言。故必次第分明，然后下手不至错乱，得收相维之益。”“今者民法未立，而商法先颁，民事刑事诉

① （清）朱寿朋撰，张静庐点校：《光绪朝东华录》，光绪三十三年十月庚申，中华书局1958年版，第5765—5766页。

② （清）朱寿朋撰，张静庐点校：《光绪朝东华录》，光绪三十三年十一月辛丑，中华书局1958年版，第5803页。

讼法又继出焉”,这是“本末倒置……不可不首先注意者也。”①

以上概述了晚清起草民法时朝野上下掀起的舆论准备,从政治、经济、外交各个方面论证了起草民法为“图治之要”。这不是偶然的,只有在海禁大开以后,中国和世界发生了密切的联系,已经不可能再固步自封,自绝于世界之外的历史背景下,才是可能的。正是在东西方进步的法文化的启发下,才形成了必须制订民法方可适应时代的需要,有效地推动社会经济的发展,调整财产关系和人身关系的共识。并且总结性地批判了传统法律诸法合体、民刑不分造成的“责任错综,委曲繁重”的缺陷。他们还论证了新制定的民法应该是既博采东西诸国法,又合于本国的政教大纲,本属正确的立法原则,但在当时中国的国情背景下,不可能跳出“引进西法,稍变成法”的藩篱。以致亲属编和继承编,便由修订法律馆汇通礼学馆起草,依然充斥着维护亲权的一些内容。

在起草民法草案时,时任清同文馆化学教习法国人毕利干(Anatole Adrien Billequin)翻译的《法国律例》中,将《法国民法典》译为《法国民律》。因此,修订法律馆起草民法时,采用“民律”一词,称为《大清民律草案》。

第二节　制定民律的指导原则

晚清主持或参与修律的大臣,对于世界发展的态势已有了较为明晰的认识。如,法部尚书戴鸿慈等在《奏拟修订法律办法折》中便指出:“方今世界文明日进,法律之发达,已将造乎其极,有趋于世界统一之观。”②俞廉三等在奏折中也提出:“瀛海交通,于今为盛”,也就是清朝所面对的当今世界,是一个开放、交流的世界,文化既冲突又融合的世界,同时又是

① 引自《东方杂志》第3卷第12号,第243—246页。

② 故宫博物院明清档案部编:《清末筹备立宪档案史料》,中华书局1979年版,第841页。

充满竞争的世界，“凡都邑钜埠，无一非商战之场。”因此，中国在与世界各国的交往中，不可避免地会发生法律争端，特别是“华侨之流寓南洋者，生齿日益繁庶，按国际私法，向据其人之本国法办理，如一遇相互之诉讼，彼执大同之成规（即公认的法则——作者注），我守拘墟之旧习，利害相去，不可以道里计。”为了避免这种情形发生，“凡能力之差异，买卖之规定，以及利率、时效等项，悉采用普通之制”，以便做到“以均彼我，而保公平。”正是基于对世界的认识，修定民律草案应遵循的原则中首先便提出“注重世界最普通之法则”，以便在世界范围所发生的商战和民事纠纷中，依靠普遍认同的世界最普通之法则，维护自己的利益，而立于不败之地。

其次，提出制定民法要依据“原本后出最精确之法理”，亦即最新的法理，戴鸿慈等在奏折中表述了“学说之精进，由于学说者半，由于经验者半。”这种认识对于应用科学的法学而言是适用的。正是由于“各国法律愈后出者”，愈能体现最新的学术成就，所以最新的学说和最新的经验，也“最为世人注目。”因此，制订民律，自当引进世界先进的民法，只有取法乎上，才能有效地改造中国落后的民法；只有起点高，才更能得到良法。如戴鸿慈等所言：“中国编纂法典最后，以理论言之，不仅采取各国最新之法而集其大成，为世界最完备之法典。”

作为一种法律或学说而言，大陆法系的民法和民法学说是人类社会的共同财富，是没有国界的，所谓“良以学问乃世界所公，并非一国所独也。”所以修订民律采取世界最精确的民法法理，“义取规随，自殊剽袭。”不仅如此，奏折还举民律草案中，“法人及土地债务诸规定，采用各国新制”为例，说明采用后出最精确的法理，可以通行无碍，符合进步的社会发展潮流。

再次，“寻求最适合中国民情之法则”，这是民律起草者最为关注之点，也是如何体现中国国情的难点。俞廉三等在奏折中提出，即使“立宪国的政治，几无不同”，但是基于“种族之观念、宗教之支流”的不同，而形成的民情风俗,“不能强令一致,在泰西大陆尚如此区分,矧其为欧亚礼教之殊。”中国自古就是一个重礼教的国家,礼教、礼俗已经广泛渗透到社会生活中去,化为民族的心态。流行于各地的礼俗习惯,对民事纠纷往往起着实际的调整作用。鉴于“人事法缘于民情风俗而生”,所以民律草案不能一概仿效泰西大陆,“强行规抚”、“削趾就履。”在民律草案起草过程中,修订法律馆广泛派员赴全国各地调查流行的习惯,目的就是为了制订“最适于中国民情之法。”当时在青岛任教的德国法科教授赫善,便正确地指出“中国修订法律一事,惟熟习自己国民之道德及其旧律之中国人,方能胜任。”①

在“寻求最适于中国民情之法则”的原则指导下,民律草案“凡亲属、婚姻、继承等事,除与立宪相背,酌量变通外,或取诸现行法制,或本诸经义,或参诸道德,务期整饬风纪,以维持数千年民彝于不敝。”说明他们既热衷于移植西方民法,又力图立足于国情,这种认识是无可非议的。但在实践中移植西方民法时,往往脱离了中国的实际;而兼顾中国的国情时,又对精华与糟粕缺乏应有的批判,以致民律草案前三编是西方化的,是超前的,而后二编是本土化的,是滞后的。所以民律草案只是固有民法与西方民法初步整合的产物,带有机械性契合的痕迹。

最后,民律的起草者本着“期于改进上最有利益之法则”的原则,比较清醒地认识到,在中国传统的法制历史中,“大抵稗贩陈褊,创制盖寡”,尤其是私法方面,“验之社交,非无事例,征之条教,反失定衡”,如果希图从中国传统的法制历史中寻求改进私法的途径,只能是“改进无从,遑谋统一。”为了取得“一道同风之益”,力求使制定的民律能够适应中国固有民法与西方民法整合的趋向和要求,以达到所谓“期于改进上最有利益之法则”的目的,就表现于此。

民律草案的起草者深知清廷中反对法制改良的顽固守旧势力,仍大

① 刘锦藻撰:《清朝续文献通考》卷二四七《刑考六·刑制》,商务印书馆 1955 年版,第 9922 页。

有人在,因此有针对性地提出“匡时救弊,贵在转移”的论断。当然其中也反映了起草者急功近利的心态。

晚清民律草案基本上依循上述四端开展工作的,最终完成了无论性质、形式、内容、体系都与中国固有的民事法律完全不同的《大清民律草案》。

第三节 开展了习惯法的调查

在民律起草过程中,以沈家本为首的修订法律大臣深知清朝统治期间民事法律渊源的多样性,而且具有广泛深厚的控制力与调节功能,其中尤以民事习惯为最。为了制定出一部符合国情的民律,须要对民事习惯进行必要的调查。沈家本在《奏馆事繁重恳照原请经费数目拨给折》中,对此表达得极为清楚,他说:“民商习惯,中外异同,因时因地之各殊,见异闻异之不一”,因此“中国现定民商各律,应以调查为修订之根柢”①。“而民事习惯视商律尤为复杂,非派员分省调查无以悉俗尚而资考证。”②沈家本的奏议获得清廷的准奏。为明确调查的范围,以提高效率,修订法律馆在派员分赴各地调查民事习惯之前,特别制定了调查民事习惯章程十条:

△民事习惯视商事尤为复杂,且东西南北,类皆自为风气,非如商业之偏于东南,拟派员分途前往调查,以期详悉周知,洪纤必举。

△省会为各府厅州县集中之地,且多已设有调查局所,其机关亦较灵。调查员应至省会与该局所商同调查。固执简而驭繁,亦事半而功倍。

△本馆于光绪三十四年奏定调查局章程声明,调查员于应行调查之件,如有力所不及者,得随时商请谘议官协助办理等语。各省提法司、按察司,业经本馆派为谘议官,调查员应即与商同妥办。

① 《政治官报》折奏类,第7页。

② 李贵连编著:《沈家本年谱长编》,台湾成文出版社1992年版,第330页。

△调查民事必得该省绅士襄助，方得其详，调查员应与面加讨论。至应如何约合各处绅士会晤，临时与调查局或提法司、按察司酌量办理。会晤时，将本馆问题发交研究，询以有无疑义，有疑而质问者，应即为之解释；并示以调查之方法，答复之限期。至该府厅州县绅士无人在省，又不易约集者，应商由调查局或臬司，将问题发交该府厅州县地方官，转饬绅士研究，按限答复。

△各处答复必须时日，调查员事难坐候，应酌定限期，商由调查局或提法司、按察司随时催收汇齐，咨送本馆。

△本馆民法起草在即，各处答复期限至迟不得过本年八月。其调查员自行调查所得，应随时陆续报告来京，不必俟事竣始行报告。

△法律名词不能迁就，若徇各处之俗语，必不能谋其统一。调查员应为之剀切声明，免以俗语答复，致滋淆乱。

△各处乡族规、家规，容有意美法良、堪资采用者，调查员应采访搜集，汇寄本馆，以备参考。

△各处婚书、合同、租券、借券、遗嘱等项，或极详细，或极简单，调查员应搜集各抄一分，汇寄本馆以备观览。

△各处如有条陈，但不溢出于民法之范围，调查员均可收之，报告本馆，以备采择。①

以上可见，民事调查部署较为周详，调查的程序要求严格，但由于经费拮据，修订法律馆只能依靠地方代为调查而无力派员，因而，工作进程较计划缓慢，调查资料的选用由于数量庞杂，也存在极大困难。诚如修订法律馆官员董康所言："法律馆调查报告已汗牛充栋，资料愈多编辑愈难。"②实际上，民事习惯调查对起草民律草案并没有产生直接的影响。民国十二年（1923）杨元洁在为《中国民事习惯大全》所作的"序"中指出："溯自前清变法之初，醉心欧化，步武东瀛，所纂民律草案大半因袭德

① 李贵连编著：《沈家本年谱长编》，台湾成文出版社1992年版，第330页。

② 董康：《前清法制大要》，载《法学季刊》第2卷第2期，1924年10月。

日，于我国固有的民事习惯考证未详，十余年来不能施行适用。”①从而表现了“求最适于中国民情之法”的原则，未能全面落实。

第四节　体现西方民法与中国固有民法的整合

中国古代国情、社情决定了民事法律的发展是迟缓的，俞廉三、刘若曾在《民律前三编草案告成奏折》中所说：“贞观准开皇之旧，凡户婚，钱债、田土等事，摭取入律，宋以后因之，至今未替”②，是符合中国民事法律发展的实际的。所以，《大清民律草案》标志着中国固有民法的基本终结和与西方近代民法接轨的开端。它所体现的新与旧、中与外的整合，虽有这样那样的缺点和不足，但无论如何它是近代民法奠基之作，民国时期民法典的修订与完善都是以它为基础而展开的。

宣统三年(1911)五月初五日，《大清民律草案》最终完成。它仿照大陆民法的体系和结构，以德国民法为主要蓝图，共分五编，依次为总则、债权、物权、亲属、继承，共三十六章，一千五百六十九条。总则编第一章法例，是贯穿于整个民律的基本原则。其第一条规定：“民事本律所未规定者依习惯法，无习惯法者依法理。”这条规定，显示了对固有民法的法律渊源的认可。但在政治、经济、文化发展不平衡的中国，各地习惯法千差万别，菁芜并存，不能一概而论。所以，1928 年民国政府制定的《中华民国民法》，将此条改为“民法所未规定者，依习惯……但法官认为不良之习惯不适用之。”从而反映了立法者认识水平的提高。第二条规定：“行使权利履行义务，依诚实及信用办法。”诚实与信用原则是各国民法所采取的基本原则之一，民律草案仿此通例作出规定。

---

① 胡旭晟、夏新华、李交发点校：《民事习惯调查报告录》，中国政法大学出版社 2000 年版，序言第 11—12 页。

② 故宫博物院明清档案部编：《清末筹备立宪档案史料》，中华书局 1979 年版，第 912 页。

总则编中关于:“人于法令限制内,得享受权利,或担负义务。”“有行为能力人,始有因法律行为取得权利,或担负义务之能力。”“禁治产人应置监护人。”“因故意或过失而侵害他人之权利者,于侵权行为须负责任。”但未满七岁或虽满七岁但无识别能力,与心神丧失之人的侵权行为不负责任。“社团及财团得依本律及其他法律成为法人。”以及时效的规定等等,主要采用德国民法及日本、瑞士民法,其中关于人格的规定源自罗马法。

债权编,顾名思义,旨在保护债权人的利益,有违民法上的平等原则。因此民国时期,北京政府修订民法时改债权编为债编以示保护债权、债务两方当事人的利益。债权编确立了契约自由的原则以及应有的法律效力。契约自由是资本主义民法的三大原则之一,亨利·梅因在《古代法》中称:“所有进步社会的运动,到此为止,是一个‘从身份到契约’的运动。”[①]所以确立契约自由是“进步社会的运动”。债权编对于“不当得利”“侵权行为”也都作出了规定。

物权编的中心内容是保护所有权。在通则中规定:“依法律行为而有不动产物权之得、丧及变更者,非经登记,不生效力”。“动产物权之让与,非经交付动产,不生效力”。“所有人于法令之限制内,自由使用、收益、处分其所有物”。“所有人于其所有物,得排除他人之干涉”。

在不动产所有权的规定中,以土地所有权为核心内容。“土地所有权于法令之限制内,及于地上、地下。”此外,还规定了因土地所有权而产生的其他物权,如:地上权、永佃权、地役权、担保物权、抵押权、不动产质权等。在“地上权”中规定:“地上权依法律行为而设定之”。“因契约而设定地上权者,须立设定书据”。“地上权人应向土地所有人支付定期地租。”“地上权人虽因不可抗力于使用土地有妨碍,不得请求免除地租,或减少租额。”

---

① ［英］梅因著,沈景一译:《古代法》,商务印书馆1959年版,第97页。

在“永佃权”中规定:“永佃权依法律行为而设定之”,“永佃权存续期间,为二十年以上五十年以下。”

由于民律草案以德国民法为主要依据,因此在物权编仅设定不动产质权,而舍弃在中国普遍流行、历史悠久的典权,以致脱离中国社会生活的实际。至1925年民国政府完成的《民国民律草案》中,才重新设立了典权一章。

亲属编在起草过程中,曾就指导思想上取家属主义,还是取个人主义发生过争论。多数立法者认为十八行省皆盛行家属主义,而且具有数千年的历史与习惯,因此最后仍采取家属主义,以至在亲属编中继续实行宗法家长制度。如规定:亲属分为宗亲、夫妻、外亲、妻亲,亲等关系以服图计算。规定:家长“以一家中之最尊长者为之”,“家政统于家长”。父母继续拥有对子女的婚姻权、财产管理权和惩戒权。修订法律馆对此说明如下:“家长既有统摄之权利,反之,则家属对于家长即生服从之义务。”

在夫妻关系上,继续确认夫权主义。这说明当时的中国还存在着深厚广泛的封建身份法的社会基础和宗法礼治的文化基础,以及以义务为本位的固有法律传统的强烈影响。

由于亲属编沿袭宗法原则,因此仍然重嫡庶之别。“妻所生之子为嫡子”,“非妻所生之子为庶子”。法律馆解释说:“吾国社会习惯于正妻外置妾者尚多,故亲属中不得不有嫡庶子之别。”

在继承编中,由于重宗法,所以“遗产继承人,以亲等近者为先。若亲等同,则同为继承人”。“继承人若在继承前死亡,或失继承之权利者,其直系卑属承其应继之分,为继承人。妇人夫亡无子守志者,得承其夫应继之分,为继承人”。若无前述继承人者,“依下列次序定应承受遗产之人:夫或妻;直系尊属;亲兄弟;家长;亲女。直系尊属应承受遗产时,以亲等近者为先。”“乞养义子,或收养三岁以下遗弃小儿,或赘婿,素与相为依倚者,得酌给财产,使其承受”。“继承人有数人时,不论嫡子、庶子,均按人数平分，私生子依子量与半分”。

继承编中另一个显著特点是关于遗嘱的规定较为细密。如，“遗嘱，非依本律所定方法，由所继人自立者，无效”，“所继人之遗嘱，定有分产之法或托他人代定者，须从其遗嘱”。此外，关于遗嘱之方法，遗嘱之效力、遗嘱之执行、遗嘱之撤销等等，都分节作出专门规定，以示对死者财产权的保护。在《大清律例》中，宗祧继承重于财产继承，以致争产经常是通过争继出现的。而在民律草案中，财产继承的重要性，显然高于宗祧继承，表现了时代的进步。

这样的亲属法和继承法，与前三编的近代民法的规定是冲突的，只是通过立法技术把新旧杂糅的内容整合在一起。这种新旧杂糅的整合缺乏自然的、科学的基础，不可避免地存在着形式与内容，移新与守旧，精神与实质，传统与现代的种种矛盾，反映了当时中国国情特点。

综上可见，19 世纪中叶以来，被迫开放的历史环境，民族资本主义经济的相对发展，社会结构的变动所形成的法律上私人平等的新局面，以及西方私法文化的广泛输入，为《大清民律草案》的制定提供了历史条件。它标志着中国固有民法的基本终结和与西方近代民法接轨的开端。它所体现的新与旧、中与外的整合，虽有这样那样的缺点和不足，但无论如何它是近代民法奠基之作。对于启迪人们的私法意识、权利意识，甚至推动社会跟上进步的潮流，都有着一定的意义。

《大清民律草案》是最具时代性的立法，形象地反映了西方民法文化与中国固有的民法文化的冲突与融合，虽然这种整合缺乏科学的基础，但在当时的历史条件下是不可避免的。可惜的是民律起草者过分注意与西方民法的求同，对于调查来的大量民事习惯未能认真地甄别采纳，尤其表现在财产法上，完全置民间流行已久的习惯和法律关系于不顾。曾任北洋政府司法总长、法学家江庸提出《大清民律草案》必须修正的理由之一就是：“前案多继受外国法，于本国固有法源，未甚措意。如《民法债权篇》于通行之‘会’，《物权篇》于‘老佃’、‘典’、‘先买’，《商法》于‘铺底’

等全无规定，而此等法典之得失，于社会经济消长盈虚，影响极巨，未可置之不顾。”[①]可见，如何做到从中国国情出发制定民法是值得认真研究和总结的。

《大清民律草案》虽然制定，但由于和国情不合，加之清亡在即，未能颁布施行。

---

① 谢振民：《中华民国立法史》，正中书局1937年版，第904页。

第二部分
人 户 编

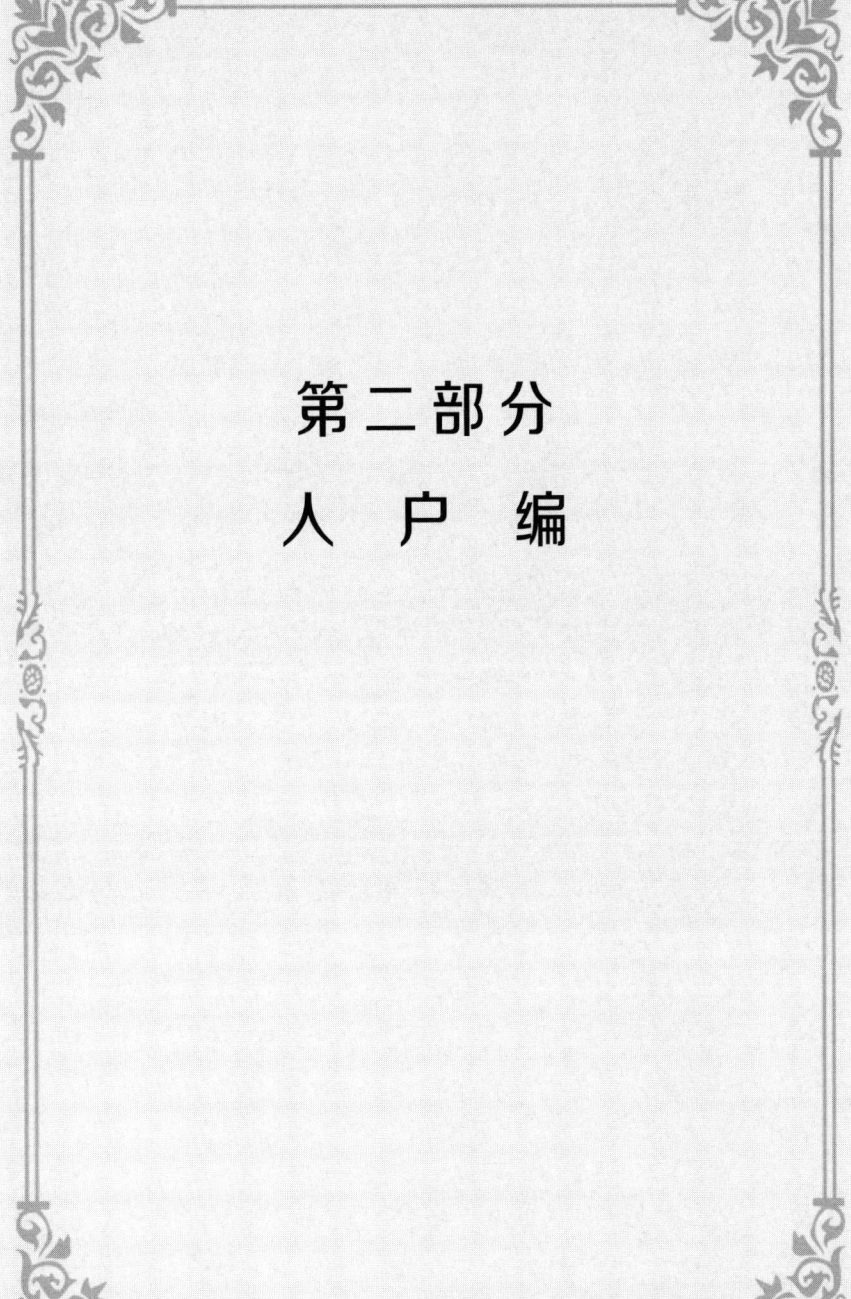

第一章　民事个体

第一节　中国民法史视域下的民事个体研究

一、传统法律变迁中的民事个体表现形式

中国早期法律体系形成了以刑事规范为主体，容纳了调整财产关系与人身关系的民事法律与确认科层官僚政治的行政法律。在法律纠纷的处理过程中，也形成了较为清晰的刑事裁判、民事调处等不同形式的解决机制。

就古代法律体系中民事法律规范存在与否这一问题，学界一般认为，法律是特定的社会关系的产物，社会关系是多种多样的，因而，法律规范在内容和形式上也是多种多样的。一个独立形态的法律体系，在呈现核心特点与架构的同时，也会因调整对象的不同而有不同的规范形式。从战国时期成文法典的初步形成，到清代以《大清律例》为中心的律例体系，国家成文法以及法典的体例上，是以刑事法律为主体，兼而规范民事、行政等诸多事务。

到20世纪初，清政府开始变法修律，诸法合体的法典编纂体例被打破，民事法律以部门法典的形式出现，既改变了以往“中国律例，民刑不分”的旧传统，也产生了“历代律文户婚诸条，实近民法”的本土民事规范

如何为民法典吸纳、改造的新问题。

从民法典编纂的角度看，古代中国社会始终没有制定出一部单一的民法。但不可否认，调整民事行为的法律规范和具有相当约束力的习俗习惯是大量存在的。近代民法学说确定了民事个体的自由、平等是其基本特征，但大量的以各种身份为表征的个体人群活跃在古代中国社会的民事、商事交易中也是不可否认的。对于传统民法的研究，一般是按照以土地为主要对象的财产关系的发展变动为一条研究线索，还有一条线索就是以个人在社会上的地位以及家庭、宗族在内外人身与资产管理、规范为对象进行的研究。本章就以后一条线索，即民事个体的发展变迁及其在近代的转型为对象，探讨在民法史研究的视域下的价值与特点。

（一）夏商周时期

这一阶段主要的政治组织是部落与封国，一者是以王室为核心的部族及其封侯，一者是与王室联盟或敌对的异姓部落集团。它们之间发生的民事关系，主要是以土地为核心的抵押、交换、赔偿、赠与，民事纠纷也展现出土地纠纷为主的特点。《周礼·地官·小司徒》中“地讼，以图正之”虽然未必真实反映上古社会中前期土地纠纷的实境，但郑玄所谓“地讼，争疆界者。图谓邦国本图”这样的自然资源与人口资源在地理范围上的争夺，应该还是比较贴切这一时期以频繁的战争保护或掠夺生存空间的史实。随着华夷之分的发展，中原地区逐渐发展出宗法等级制度，强调个体的名分和群体内部的秩序，“礼者，经国家，定社稷、序民人、利后嗣者也。”①以礼规范身份，以礼调整宗法组织内部的民事关系，礼成为重要的民事法律渊源。

在礼的规范下，男女有别、长幼有序，民事个体在不同的民事关系中各有所指。在身份和财产继承关系中，民事个体是嫡长子，在婚姻关系中，民事个体是成年男子以及男女双方的家长，在土地关系中，民事个体是有权力代表族内成员处分土地权利的尊长。在商业关系中，民事主体

① 《左传·隐公十一年》。

就是交易的商人。在没有国家统一的法律、司法机制的背景下，民事与商事交易主体间，主要以盟誓、盟诅、誓约等来保证交易的真实性、有效性，并留下了大量的记载这些交易的青铜礼器。

（二）战国至秦汉时期

战国以后，以户为单位的家庭单位获得相对独立的法律地位，人头税与成丁男子直接连接，编户齐民反映出国家日渐强化的管理。秦时的军功爵制度、两汉时期的豪门大户构成社会的贵族阶层。

秦汉时期，有刻于砖、石之上的“买地券”，除含地界、禁止侵犯等事项外，还有证人为证，其独立的民事法律地位是获得法律认可的。“杨绍买地砖”上载“民有私约如律令”，民人之间独立的民事权利可获验证。

两汉时期儒家法制开始得到确立，以家庭中父权、夫权为基点的宗法制度对婚姻家庭制度影响越来越深。家长、丈夫在家庭婚姻关系中拥有特殊的民事权利。例如，载于《周礼》中的“七出”在汉代为法律认可，丈夫在夫妻关系的解除中拥有绝对的权力。

（三）魏晋至隋唐时期

南北朝时期的流民曾发生争田的纠纷，北魏朝臣李安世提出“所争之田，宜限年断，事久难明，悉属今主。”①这里能够看到普通民人之间围绕土地权属的诉争。契约关系在魏晋时期也有很多出土文物可以记录，在《吐鲁番出土文书》中不少都记录着“二主先和后券”，“券成之后，各不得反悔，悔者一罚二人不悔者”，民间契约中立约人的民事个体权利是受到法律保护的。魏晋时期门阀士族制度的发展走向高潮。士庶良贱、豪族寒门泾渭分明，其相互间的民事关系受到限制，不同等级间如果通婚，即被视为“失类”。

在隋唐律典中，也有诸多民事个体身份的显示。《唐令拾遗・杂令》中记录“役身折酬”，也就是欠债人以计庸来抵债。“诸公私以财务出举者，任依私契，官不为理。”《唐律疏议・杂律》规定，“公私债违契不偿，应牵掣者，

① 《魏书・李安世》。

皆告官司听断。若不告官司而强牵掣财物”也是可以的,但如果“奴婢、畜产过本契者,坐赃论”。对契约关系、债权人、债务人之间的权利义务关系在国家强制性法律体系中均得到保护。隋唐法律也明确规定家长对子女婚姻缔结有支配权,婚姻关系强调聘书的重要性。良贱之间的婚姻关系被禁止,禁止同姓为婚。在家庭内部,属于奴隶地位形同畜产的“婢女”,如果“为主所幸,因而有子,听为妾”,身份地位有所转换。家长对家内财产有绝对的支配权,对卑幼有主婚权和教令权,在家庭内部是特殊的民事个体。在继承关系上,继续沿袭嫡长子继承制的同时,男性后代均分财产,男性在这一层关系中拥有受法律保护的民事权利。女性拥有部分继承权,父母去世前可以获得嫁妆,去世后可获部分财产,如果是户绝,则可完全继承财产。

(四)两宋时期

两宋时期中小地产者和自耕农迅速发展,在国家不抑兼并的政策下,围绕土地私有权的交易发展出较为发达的商品经济,社会中民事个体多种多样,身份限制得以松弛,基于平等身份的民事关系得到很大的发展。对于地产所有者,国家承认红契、白契的效力,承认业主对土地的所有权。土地“界至分明,随即归还,其有违戾,许民越诉,重罪之。”①宋代编有《鱼鳞图册》记录田宅户主,以便征税和确认权利人。在典当关系中,出典人和受典人均以契券为凭,房亲、四邻对典当关系有优先权,其民事个体身份在契约中也有其相应地位。宋代土地兼并严重,大量无地农民以自由佃农身份与地主签订租佃契约,在《宋刑统·杂律》中明确对债权人的保护,“诸负债违契不偿,一匹以上违二十日,笞二十。”留存下来的《庆元条法事类》三二《理欠》中也规定,“诸负债违契不偿在,官为理索。”

总体上,宋代商品经济发达,人身依附关系松弛,地主不能役使佃户,典主不能强迫典卖人为佃户,债主不能逼迫债务人,不能以债务人妻、女偿债。

(五)明清时期

明清时期,人身依附关系存在从严格到松弛的发展过程。明朝先开

---

① 《宋史·食货志》。

始实行“人户以籍为定”的户籍制度，将民人分为军、民、灶、匠四类人等，编制《鱼鳞册》，严格人口流动，禁止脱籍，身份时代相继。到明朝中后期，随着统治力的削弱，社会关系的控制逐渐放松，商品经济得到恢复，人身依附关系的程度减弱。清王朝实行旗籍、民籍两分，严格相互间的关系。清代废除了匠籍，手工业者获得相对自由的社会地位，部分贱民在被出籍，获得民人身份。

明清时期，家法族规的作用得到国家法律更多的承认，宗法关系在稳定地方管理得到强调。族长在宗族内部是拥有特权的个体，大小族内事务均由族长决断。

二、传统民事个体行为能力的主要特征

（一）民事个体的行为能力依身份等级而定

古代中国的民事个体的民事权利、义务与民事行为能力深受身份的影响。高等级身份，如家长拥有的权利与行为能力，下一级的家内子弟是不会享有的。同样，下一等级不应为、不得为或者必须为的，上一级身份的民事个体却不见得要有同样的负担。

古代中国社会各阶层取得的民事权利依身份的不平等而不平等，这种差异性也决定了各等级民事权利主体的民事生活方式、生活范围是不同的。例如，居住的房间形制、服装色彩样式，这些在当今民事生活中不带有法律性质的生活方式，在古代中国则是由国家法律强制规定的“礼制”的一部分。

如《唐律疏议》中的《舍宅车服器物违令》就规定，“诸营造舍宅、车服、器物及坟茔、石兽之属，于令有违者，杖一百。虽会赦，皆令改去之；坟则不改。疏议曰：营造舍宅者，依《营缮令》：王公已下，凡有舍屋，不得施重拱、藻井。车者，《仪制令》：一品青油纁，通幰，虚偃。服者，《衣服令》：一品衮冕，二品鷩冕。器物者，一品以下，食器不得用纯金、纯玉。坟茔者，一品方九十步，坟高一丈八尺。石兽者，三品以上，六；五品以上，四。

此等之类,具在令文。若有违者,各杖一百。虽会赦,皆令除去,唯坟不改。称之属者,碑、碣等是。若有犯者,并同此坐。其物可卖者,听卖。若经赦后百日,不改去及不卖者,论如律。疏议曰:舍宅以下,违犯制度,堪卖者,须卖;不堪卖者,改去之。若赦后百日,不改及不卖者,还杖一百,故云论如律。”①此后历代法律对此均有规定,如《大明律》列专条“服舍违式”,《问刑条例》对此更为详尽的规定,“军民僧道人等,服饰器用,俱有旧制”。服舍、衣饰这些生活方式与社会各阶层的礼制要求直接相关,因此,民事个体的行为方式与生活方式有着密切关系。

社会政治等级身份也对不同个体的民事行为能力有重要影响。例如,缙绅地主因其在政治、经济上处于优势地位,在民事关系中享有一般平民不可能得到的权利,其民事行为能力也就很少受到限制,如能利用土地所有权设立有利于自身的租佃契约关系,利用经济实力放高利贷获取高额利率等。相反,低等身份的个人的民事行为能力不能不受到各种限制。

(二)宗法家族机制对权利个体的行为能力有深刻影响

宗法,是指一种以血缘关系为基础,以尊崇共同的祖先,维系亲情,进而确立宗族内部尊卑长幼秩序,并规范宗族、家庭内身份与财产继承顺序,并确立宗族内不同成员的权利与义务的行为规范体系。维护宗法秩序,以宗法为国家、社会体系的基本准则的制度,即是宗法制度。

古代中国特重宗法秩序,国家以法律支撑并保护宗法准则,宗法也是所有人共同遵循的基本行为准则。随着国家与社会结构的演变,宗法家族内的行为规范机制越发成熟和完善,在规范族内成员的民事行为、确立不同成员的民事个体权利方面起着重要的作用。

宗法制最先在夏商周三代时期就已经出现,最初是以确立继承顺序和确立族内依血缘关系为基准的尊卑亲属为主要调整对象。在此过程中,祖先崇拜是强化族内凝聚力的重要因素。到了西周时期,典型的宗法

① 刘俊文:《唐律疏议笺解》卷二六《舍宅车服器物违令》,中华书局1996年版,第1818页。

制得以成型。西周时期的宗法制严格区分嫡庶、确立嫡长子继承优先权。在宗族内区分大宗与小宗，宗族成员以宗子为尊。宗子掌握有主祭权、财产使用权、族内成员的主婚权，并拥有一定的教育与惩罚权。在这种宗法制内，以服丧时不同的服制和要求，形成了丧服制，即五服制度。春秋战国时期，儒家学说鼓吹宗法为基础的礼制，伴随着儒家学说逐渐被改造为国家主流意识形态，这一宗法体制在不同的历史时期得以传承。

总体上，宗族、家族中的尊长具有绝对的权利，而依宗族、家族内的等级体系的高低，不同等级的家内成员依次享有不同的权利，行为能力亦有所不同，而卑幼的行为能力则受到严格的限制，特别是妇女，被要求恪守"三从"，没有独立的人格，其权利、行为能力得不到保障。即便有妇女行使民事权利的情况，其所为的民事行为也只是代父、代夫行使而已。

总体上看，家内成员间的行为能力，一是尊长与卑幼的行为能力不平等，二是对族产的处置，族长、处置人与一般族人的能力不平等。一般族人对族产没有借贷或赠予的权利，对自己财产的使用，也须经族内家长的批准尚可实现。又如，家族成员由于权利能力不平等，其行为能力也必然存在差别。家长因其是"一家之主"而具有完全行为能力，而一般家族成员即使年龄已达到成丁，其行为能力也要受限制，仍然属限制行为能力人。

（三）对个体民事行为能力认定的相对标准：成丁

古代中国法律一般都规定有成丁的年龄标准，认定成丁有能力负担差役。由此可以推定，成丁具有完全民事行为能力，此年龄外则为限制行为能力或无行为能力。但实际情况是，个人的民事行为能力不仅受法定年龄、废疾情况的限制，还受民事权利能力的影响。

早期中国法中曾使用年龄和身高作为征发赋役、徭役、入伍的标准，如《周礼》中有："以岁时登其夫家之众寡，辨其可任者。国中自七尺以及六十；野自六尺以及六十有五，皆征之。"[①]东汉的郑玄注疏，称这是按照

① （清）孙诒让：《周礼正义》，中华书局2013年版，第22页。

按身高和年龄标准登记上报，决定其可任使者。睡虎地秦简进一步验证了这一点，《秦律·仓律》男以六尺五寸，女以六尺二寸以下为小，身高是判定人的行为能力、权利和义务的重要指标。《周礼》还对无行为能力和限制行为能力做了规定。《周礼》把“幼弱”“老耄”“蠢愚”规定为无行为能力人或限制行为能力人。这三种人是秋官司寇“听狱讼”时“三赦”的对象，狱讼包括刑事的狱断和民事的争讼。“蠢愚”在郑玄注云：“生而痴騃童昏者”。“幼弱老耄”郑司农注云：“若今（汉）律令年未满八岁，八十岁以上。”疏曰：“未满八岁则未龀，是七岁者。《周礼·秋官·司厉》规定，“七十者与未齿者，皆不为奴。”70岁老人牙齿脱落，八岁男童、七岁女童正在换乳牙的孩童都算是特殊行为能力的个体。耄耋之人享有三宥三赦之权，享受特殊的权利，一般不用再去服役了。体力能力是先秦时期判定民事个体行为能力的主要标准。

对于成丁、成年的规定，历朝历代的规定是不尽相同的。西周时确定为：(1)七十者与未龀者皆不能奴①；(2)《礼记·曲礼》上说：“男子二十冠而字”，“女子十五笄而字”不管男女，只有到了成年才取字，供他人称呼。《礼记·檀弓上》说：“幼名、冠字。”《疏》云：“始生三月而始加名，故云幼名，年二十有为父之道，朋友等类不可复呼其名，故冠而加字。”又《仪礼·士冠礼》：“冠而字之，敬其名也。君父之前称名，他人则称字也。”由此可见，名是幼时起的，供长辈呼唤。男子到了二十岁成人，要举行冠礼，这标志着本人要出仕，进入社会。女子长大后也要离开母家而许嫁，未许嫁的叫“未字”，亦可叫“待字”。十五岁许嫁时，举行笄礼，也要取字，供朋友呼唤。(3)但天子是特殊的，有说法认为，天子诸侯十九而冠。②

秦时期就成年人的行为能力以身高定位标准：(1)秦简《仓律》中：“隶臣、城旦高不盈六尺五寸，隶妾、舂高不盈六尺二寸，皆为小。”秦简《法律问答》记载：“甲小未盈六尺，有马一匹自牧之，今马为人败，食人稼

① （清）孙诒让：《周礼正义》，中华书局2013年版，第2866页。
② 《荀子·大略》。

一石,问当论不当?不当论及偿稼”又“甲盗牛,盗牛时高六尺,系一岁,复丈,高六尺七寸,问甲何论?当完城旦。”前者是说:甲小儿身高不足六尺,有从小养的马,现在马被人捉住了,马吃了别人一石的庄稼,问抓马的人的行为是否正当?不正当,并且要补偿庄稼的损失。后者的意思是:甲偷了别人的牛,牛被偷的时候有六尺高;一年后牛被找回来,再量,有六尺七寸高。问甲应当受到什么处罚?答:当判完城旦之刑。在这里的城旦是一种刑罚,即被发配筑城。

到了汉时期,年龄被确立为主要的行为能力确认标准,但两汉时期不断地发生变化。汉初规定,律年二十三傅之畴官。何谓“傅”?“傅,著也,言著名籍,给公家徭役也。”①意思是登记名籍,以便给国家服役。孟康曰:“古者二十而傅,三年耕有一年储,故二十三而后役之。”《汉仪注》云:“民年二十三为正,一岁为卫士,一岁为材官骑士,习射御骑驰战陈。又曰:年五十六衰老,乃得免为庶民,就田里。今老弱未尝傅者皆发之。未二十三为弱,过五十六为老。”②此外,《盐铁论·未通》篇御史也说:“古者,十五入大学,与小役;二十冠而成人,与戎事;五十以上,血脉溢刚,曰艾壮。……今陛下哀怜百姓,宽力役之政(征),二十三始傅,五十六而免,所以辅耆壮而息老艾也。”因此,在西汉时期,“始傅”年龄为二十三岁,老免年龄为五十六岁,是一种认定标准。但据张家山汉简《傅律》的简文来看,汉朝初期是因循秦政所谓,“不更以下子年廿岁,大夫以上至五大夫子及小爵不更以下至上造年廿二岁,卿以上子及小爵大夫以上年廿四岁,皆傅之。公士(三六四)、公卒及士五(伍)、司寇、隐官子,皆为士五(伍)。畴官各从其父畴,有学师者学之。(三六五)”③从此内容,在汉初吕后时期,“始傅”的年龄是依其父及本人的爵位高低所定的,分为

---

① (汉)班固:《汉书》卷一《高帝纪上》,中华书局1962年版,第37—38页。

② (汉)班固:《汉书》卷一《高帝纪上》,中华书局1962年版,第38页。

③ 彭浩、陈伟、[日]工藤元男:《二年律令与奏谳书》,上海古籍出版社2010年版,第234页。

三个档次,每档次隔二岁。父爵位卿以上及本人爵位大夫以上者,“始傅”年龄为二十四岁;父爵位大夫以上至五大夫之间及本人爵位不更以下至上造者,“始傅”年龄为二十二岁;其父爵位不更以下的所有人,“始傅”年龄为二十岁。“始傅”年龄的等差与当时的军功爵制度联系在了一起,这就是汉初军功爵体制对社会等级体制乃至民事行为能力的影响。

西晋时期,普通民众的民事行为能力:(1)13—15 岁、60—65 岁为次丁,12 岁以下,66 岁以上,为老小,不事。① (2)男女 16 以上至 60 为成丁。

南北朝时期,对成丁年龄的规定为,南宋《通典·宋孝武》:15 岁至 16 岁为半丁,17 岁为全丁。王敬宏上言,帝从之。北齐《通典·齐河清三年》:令男子 18 以上 65 以下为丁,16 以上至 17 岁为中丁,66 以上,15 以下为老小。

隋朝时期的成丁年龄为,《隋志》:男女 3 岁以下为黄,10 岁以下为小,17 岁以下为中,60 为老,免。18 岁以上为丁,丁从课役,60 为老,免。开皇三年以 21 岁为丁,隋炀帝以男 22 岁为成丁。唐代:男女始生为黄,四岁为小,16 岁为中,21 为丁,60 为老。

两宋时期,北宋以 20 为丁,60 为老。② 南宋:诸男 21 为丁。(《庆元条法事类》)载:17 为丁,60 为老。③

明清时期均规定,民始生,籍其名曰未成丁,年 16 曰成丁,成丁而役,六十而免。在清代的《大清律·户律·户役》中,人年四岁附籍,16 岁以上成丁始役,15 岁以下曰幼,60 以上曰老。

到近代编修民法,清末的《民法草案》规定:满 20 岁为成年,未满七岁为未成年。在此期间编纂的《民商事习惯调查报告录》中记载,各地习惯,大致以 16 岁出幼,年满 16 岁之男子得为财产上之法律行为。农民于

---

① 《晋书·食货志》《晋书·范宁传》。

② 《宋史·食货志》。

③ (元)脱脱:《宋史》卷一七四《食货上二》,中华书局 1985 年版,第 4203 页。《宋会要·刑法》,高宗绍兴十三年六月二十八日大理寺恭详。

财产上之典卖及其他处分均认为有效，即行亲权人对于该行为亦不能撤销。

三、中国民法史相关研究中的民事主体/个体

（一）研究回顾

在已经出版发行的有关中国民法史研究的相关著作中，对民事主体/个体的表述和分类不尽相同。按照时间顺序和详略，大致可以有以下几种叙述方法：

1. 孔庆民、胡留元、孙季平等著述的《中国民法史》。这部著作除开第一、二章没有以“民事权利主体与权利客体”为小节题目以外，从第三章汉代到第九章清代，均有对民事权利主体与权利客体的单独小节。第一章西周部分的第四节“西周金鼎铭文记载的民事法律关系”中，以“权利主体与客体”为第一部分，介绍了铭文中的主体类型，主要分为周王室、周天子、诸侯、卿、大夫和农民。从汉到清，民事主体的类型分为民事个体，有皇帝、诸侯王、贵族、官僚和地主，他们被视为是土地的所有者和占有者；还有大工场作坊主、商人和手工业者、小农、雇农和佃农、妇女和解放及半解放的奴隶：部分出土契券中，奴隶也有一定的权利能力。该书将民事个体之外的民事主体分为：国家、社团和户。在三国两晋南北朝部分，民事个体分为皇帝、贵族和地主，以及商人和手工业者、妇女、小农、雇农和佃农，以及解放和半解放的奴隶。在隋唐五代时期，民事主体笼统分为国家、皇帝、官府、功臣、官吏、藩镇、宦官、寺院、公廨、农户、手工业者、户、作坊主商人、胡商。此外，作者认为奴婢和杂户没有任何民事权利。在宋代部分，作者认为除国家和官府之外，所有权利主体都以户为单位，以父母或祖父母为代表，大致有官商、商家（私人商户）、商贩、行户、主户和客户，以及以皇帝为代表的国家、官府和贵族。在元代部分，则分为编户、官府、寺院和商贾。明代部分，民事主体分为了皇庄和皇店、贵族田庄、店铺、农户、雇工、奴婢、工商业户、合伙、宗族组织、行会和国家。清代

部分，民事主体分为皇庄、贵族田庄、国家、农户、雇工、合伙、宗族住址和行会、会馆等。

2. 叶孝信的《中国民法史》。没有把民事权利主体作为一个单独的章节编列，结构上以历史背景和法制概况、所有权、债权、婚姻与家庭、继承、民事诉讼为架构叙述各时期的民事法律规范。

3. 李志敏在新中国成立后编写的《中国古代民法》，其中将古代民法中的民事主体列为单独章节。

4. 张晋藩先生所编《中国民法通史》从“先秦民事法律”开始，到第十二章“解放区政权民事法律”，其中属于古代民法史的为前九章。在这九章中，均在每章的第二节编写“民事权利主体和权利客体”。主要分为：先秦部分有王室、庶人和官府三类主体。秦代部分以户籍管理制度讨论民事主体，认为只有属籍之民才具有民事权利，根据五种户籍形式确立了五种不同的民事权利的主体：庶民、管理商贾的市籍、管理隐官工的户籍、邦客游士的户籍、与少数民族通婚所生子女的户籍。汉代部分，民事主体分为组织和个人两大类。组织中有国家、社团、户。个人中包括皇帝、官僚贵族、商人、手工业者、自耕农、奴婢。魏晋南北朝部分也分为组织和个人两大类，组织有官府、寺院。个人有皇帝；官僚；地主；商人；手工业者；小农、佃农和雇农；奴婢。隋唐部分的民事权利主体有：皇帝、贵族和官僚；平民；贱民。宋代部分的民事权利主体主要讲了这时期的主体资格变化，没有进行列举。如家内服役者由客体向主体的转化，主要谈了奴婢和奴仆的权利转变。手工业者的主体地位进一步确立。从私属到佃客，农业劳动者主体地位的确立。明代部分的民事主体分为组织和个人。组织有宗室、宗族、户、国家以及牙铺、牙行、合伙；个人主要分为地主、自耕农、商人、手工业者、佃农、雇工和奴婢。清代部分的民事主体分为：（一）皇帝、贵族、官僚；（二）庶民、地主和绅衿地主；（三）农民；（四）手工业工人和雇工；（五）商人；（六）雇工人。

5. 在张晋藩先生主编的《中国法制通史》中关于民法部分，有的提到了民事主体，有的则没有提及。如秦部分，明确提到了民事权利与行为能力，重点是名籍管理、社会身份和爵位。他认为，商贾、作务、赘婿、后父是限制的民事权利主体，隶臣妾是不完全的民事主体，邦客、游士是特殊的权利主体。在汉代部分则以史料为依据讨论了社会各阶层等差，认为平民是完全行为能力人，佃农、雇农在雇佣关系中的主体。此外有商人的权利变化。魏晋南北朝主要讲了奴婢的法律地位。西晋这部分明确提出了民事权利主体，分为国家、个人、奴婢和部曲、佃客。北魏部分以"人的身份"讨论了士族、奴婢。在人户中区分了兵户、平齐户、隶户、杂户、僧户和寺户。唐代部分在第二节列有"关于人的法律"，分为人的身份和人的行为能力。前者又分为官僚贵族、凡人和贱民。宋代部分在民法第一节就列为"民事权利主体"，没有列举主体类型，讲了主体的变化，与通史是一样的内容。元代部分没有写民事主体。明代部分民法第一节列为"民事主体与民事客体"，把民事主体分为组织和个人，前者有宗室、宗族、户、国家、铺和牙行。个人部分有地主、自耕农、商人、手工业者、佃农、雇工、奴婢。作者认为明代的个人民事权利能力和民事行为能力深深地打上了宗法等级制的烙印，官级爵位和五服制在民事关系中具有重要意义。清代部分分为几个不同时期，顺治康熙时期为宗族法；雍正乾隆部分在第二节列有"人身权利"，分别讨论了农民、奴婢、手工业工人和商人等的身份变化、社会地位变化。嘉庆道光时期列有第一节"农业雇工人与奴婢的法律地位的变化"，第二节"城乡劳动力市场的扩大"。

6. 教科书。因中国法制史教科书种类太多，即以目前的马工程教材为例，在唐这一章提到了身份，其他各章均没有单独作为概念介绍。

7.《中华大典·法律卷·民法分典》中，列有民事关系组织部，其中有官府分部。在民事法律原则部·尊卑贵贱分部。

（二）相关研究中对传统民事个体的类型划分

毫无疑问，探讨传统民法史是不能回避西方民法中的一些基本原则和基本概念的。民事个体在西方民法史中最基本的核心要素是权利观念,这也是西方私法的基础。即便如古罗马私法在相当长的时期内存在着不平等的特征,并且有相当一部分人处于不自由的状态,但罗马法学家依然是在自由和平等的层面上探讨民事主体。但如果将自由和平等与民事主体的有无画等号,又是太过绝对。古代中国漫长的历史长河中,民事关系复杂多样,参与民事活动的个体也是种类繁多,虽然不平等、等级身份是古代中国社会的基本特征之一,这并不妨碍从民事关系、民事活动去审查参与其中的个体类型,探究针对不同个体类型的民事行为规范,发现其中的价值。

在不同作者著述的中国民法史著作中,一般仅就个体而非组织形态的类型,大体可以有以下几种:

1. 天子/皇帝与王室/皇室

从周天子与王室开始,其身份、称呼是特殊的。周武王即可被称天子。所谓“天子”,意指君主君临天下,犹天之子,如《礼记·曲礼下》:“君天下曰天子”;《尚书·洪范》:“天子作民父母,以为天下王”;《白虎通·爵》:“王者父天母地,为天之子也。”

王的妻子为夫人,《论语·季氏》称:“邦君之妻,君称之曰夫人,夫人自称曰小童;邦人称之曰君夫人,称诸异邦曰寡小君;异邦人称之亦曰君夫人。”

王的特殊主体身份还体现在礼制体系中对祭祀王及先王的特别规定上。

史籍还记录了与周天子有关的婚姻礼制。周天子、诸侯、大夫娶妻子有不同的称呼,“纳女于天子曰备百姓,天子,皇后以下可以纳后妃百二十人以“广子姓也”。天子、诸侯娶妻是否亲迎关系不同的称呼,即“若不亲迎,则宜致女,云备百姓也。”孔子是主张国君要去亲自迎娶妻子的,是为“合二姓之好,以继先圣之后,以为天地宗庙社稷之主,冕而亲迎,君何谓已重乎?”明代徐一夔考证古代王室娶亲纳妃嫁女制度,称“古者天子嫁女不自主昏,以同姓诸侯主之,故曰公主。《春秋》庄公元年,筑王姬之馆于外，此天子嫁女而鲁为之主也。”

与其有关的还有皇帝、皇室的土地占有情况。皇帝名义上拥有天下所有的土地，实际上，各朝代对皇帝的私有土地有不同的记录。如汉代的上林苑就是皇帝私有的园林。

2. 诸侯与贵族

诸侯在分封制下，有权获得周天子的封赐，《多友鼎》、《虢季子白盘》，以及《大盂鼎》《毛公鼎》对此多有记载。

西周中期后，诸侯开始大规模地开垦“公田”之外的私地，促进了西周经济发展的同时，也丰富了当时土地间交易制度的形成。

诸侯在其封国、封地内，拥有占有权、使用权和支配权，他可以赏赐子弟和贵族封田，也可以支配赋税。

秦汉之后，诸侯王是统治阶层，在政治上享有特权的同时，也掌握着社会中的大量财富。尤其是到了东汉时期，土地兼并严重，豪强地主“邑有人君之尊，里有公侯之富”。因此，他们在民事权利上有很大的自由。

虽然官僚身份多具有政治属性，但依然是重要的民事生活的参与者。如汉武帝时期，丞相田蚡“欲请考工地益宅”，“骄侈：治宅甲诸第，田园极膏腴；市买郡县物，相属于道”。东汉时的济南安王刘康“多殖财货，大修宫室，奴婢至千四百人，厩马千二百匹，私田八百顷”。《汉书·董仲舒传》里有董仲舒指责官僚贵族与民争利，“身宠而载高位，家温而食厚禄，因乘富贵之资力以与民争利于天下，民安能如之哉！是故众其奴婢，多其牛羊，广其田宅，博其产业，畜其委积”。这从根本上揭示了社会中的强势群体在权力与财富的保障下，其民事权利具有极不平等的优越性。

官吏。官吏也普遍性地构成了民事活动的主体。如汉初的丞相萧何，为避免刘邦的猜忌，而故意“贱强买民田宅数千万”。

3. 庶民/农民

先秦时期的各诸侯国内，都存在大量的从事农业的庶民。其人身依附于采邑，向天子、诸侯、贵族缴纳一定的赋税和农产品。他们有相应的人身自由，但这种人身自由是从属于家族、宗族体系内，在行使上受到很大的限制。

《周礼》以“自生齿以上”而“书于版”，何为生齿，男八月而生齿，女七月而生齿①。

自战国之后，庶民或农民最重要的管理制度就是“编户齐民”，即平民，他们或拥有自己的耕地成为自耕农，或以租佃方式与地主建立雇佣关系，成为佃农、雇农，具有一定的人身地位。其中，自耕农可以出卖自有土地，具有完全处分权。农民的主要法律义务是向国家缴纳田赋、人头税，并承担徭役。

在社会身份上，自耕农的地位最高，他们有资格凭借自身能力晋身为吏。

4. 商人

西周征服殷地，殷地的旧民不少成为了“肇牵车牛，远服贾”的商人和手工业者。到春秋时期，有记载，子产曾述说：“昔我先君桓公，与商人皆出自周。庸次比耦，以艾杀此地，斩之蓬蒿藜藿而共处之。世有盟誓以相信也曰尔无我叛我无强贾恃此质誓故能相保以至于今。今吾子以好来辱，而谓敝邑强夺商人，是教敝邑背盟誓也，毋乃不可乎？吾子得玉而失诸侯，必不为也。若大国令而共无艺，郑，鄙邑也，亦弗为也。侨若献玉，不知所成，敢私布之。”韩子辞玉，曰：“起不敏，敢求玉以徼二罪？敢辞之。”②

古代中国各王朝对待商人的政策有很大的反复。以汉朝为例，汉初，商品经济相当活跃，“富商大贾周流天下，交易之物莫不通”。《史记·货殖列传》记载了蜀地卓氏的冶铁业，“即铁山鼓铸，运筹策，倾滇、蜀之民，富有至童千人，田池射猎之乐，拟於人君”。而寡清丹，“其先得丹穴，而擅其利数世，家亦不訾。清，寡妇也，能守其业，用财自卫，不见侵犯”。

① （清）孙诒让：《周礼正义》，中华书局 2013 年版，第 2777 页。

② 节选自《左传·昭公十六年》，有删改。

商人们积累巨额资本，放高利贷，重利盘剥，在侵害普通民众利益的同时，也损害了汉政府财政的稳定，因此，汉政府通过频繁立法来打压商贾，“天下已平，高祖乃令贾人不得衣丝乘车，重税租以困辱之。孝惠、高后时，为天下初定，复弛商贾之律，然市井子孙亦不得宦为吏〔为官吏〕”。禁止商人为吏、规定商贾不得占田、加重征赋乃至直接没收资产。在这种环境下，商人的民事行为能力受到很大的限制。但困辱商人的政策在具体执行时又有变化，例如汉武帝也曾经下诏令打击工商业者，以国有、国营方式限制手工业和商业，贬低乃至羞辱商人，强调“贾人有市籍者及其家属，皆无得籍名田”，“重租税以困辱之”。但后期又任用大盐商东郭咸阳，南阳大铁商孔仅为大农丞，与洛阳商人之子桑弘羊共商盐铁之计，使仅、咸阳乘传举行天下盐铁，作官府，除故盐铁家富者为吏。吏亦多贾人矣”。汉哀帝时也颁令，规定商贾不得名田。但在巨大的利益驱使下地方官僚与之相勾结，商人占田在事实上已无法控制，“井田之变，豪人货殖，馆会布于州郡，田亩连于方国”，商人实际上兼并了土地，拥有大量田宅。

5. 奴隶/奴婢

西周时期的奴隶只有有限的民事权利，是特殊的民事个体。现有出土西周金鼎铭文对奴隶的活动记载不多，《大盂鼎》铭文上有：“锡夷司王臣十又三伯，人鬲千又五十夫。”意为把异族的王臣十三名，夷众一千零五十人，赠送给盂，让盂尽量让这些人在他们所耕作的土地上努力劳动。

两汉时期。不仅国家的各级官府役使官奴，官僚贵族、富商、巨贾乃至中等之家也都役使私奴。蓄奴是一个十分普遍的社会现象，奴婢构成了一个数量庞大的社会阶层。

奴婢身份并非一成不变。在一定时期内，奴婢可以通过某种途径改变身份，成为庶人。例如，皇帝的赦免。

6. 作为贱民的手工业者

手工业者在魏晋南北朝是“贱民”的一部分,数量巨大,但社会地位受到压制,其民事权利是受到限制的。西晋规定百工的服制不得违制,据《晋书·李重传》载:“八年己巳诏书申明律令,诸士卒百工以上,所服乘皆不得违制。若一县一岁之中,有违犯者三家,洛阳县十家已上,官长免。”法令规定百工,服装、乘车都有定制,违制县官还要负连带责任。北魏时,对被占领区的和俘虏中的“百工伎巧”均编入杂户,伎作户,由官府管理。但手工业者可以以其手工制品参与商业交易。《隋书·地理志》载“豫章一带妇女勤于织绩,亦有夜纺纱,而且成布者,俗呼为鸡鸣布。”她们以纺纱织布为业,进行原料的采购、布匹的出售,形成特定的民事活动。“啸父,冀州人,在县市补履数十年,人奇其不老,求其术不能得也。”郦道元在这里描述了一个以补鞋为业的手工业者。还有南陈的张贵妃“名丽华,兵家女也。家贫,父兄以织席为事”以“织席为事”的张父从事的织席是以贩卖席子为生,自然也是一种民事活动。

第二节 传统民事个体的类型及行为能力

一、西周时期的民事个体与以“礼”为核心的民事权利

先秦时期社会政治、身份体系中的顶层是王及王室,从早期的夏、商开始,夏王和商王以及王室成员构成的贵族体系占有巨大的社会财富,成为特殊的民事权利主体。他们可以占有、使用、收益和处分这些财富,进行多种形式的民事行为。到了宗法体系形成的西周时期,其特定的礼制、权利能力、行为能力发展的更为丰富,成为早期民事法的重要内容。

(一)西周时期的民事个体

1. 周天子与周王室

周王室是一个特殊的民事权利个体。所谓“溥天之下,莫非王土;率

土之滨，莫非王臣”[①]，土地和依附于土地上的民众，名义上都归属于周王，王室、贵族、同盟者根据分封制获得封地和人口。

（1）王及王室的特定身份

夏、商、周代，天子的正号是王，如周武王即可被称天子。所谓“天子”，意指君主君临天下，犹天之子，如《礼记·曲礼下》：“君天下曰天子”；《尚书·洪范》：“天子作民父母，以为天下王”；《白虎通·爵》：“王者父天母地，为天之子也。”

王的妻子为夫人，《论语·季氏》称：“邦君之妻，君称之曰夫人，夫人自称曰小童；邦人称之曰君夫人，称诸异邦曰寡小君；异邦人称之亦曰君夫人。”

王的特殊主体身份还体现在礼制体系中对祭祀王及先王的特别规定上。《礼记正义》卷四六《祭法》中说：“天下有王，分地建国，置都立邑，设庙、祧、坛、墠而祭之，乃为亲疏多少之数。是故王立七庙，一坛一墠，曰考庙，曰王考庙，曰皇考庙，曰显考庙，曰祖考庙，皆月祭之。远庙为祧，有二祧，享尝乃止。去祧为坛，去坛为墠，坛、墠有祷焉，祭之；无祷，乃止。去墠曰鬼。诸侯立五庙，一坛一墠，曰考庙，曰王考庙，曰皇考庙，皆月祭之。显考庙，祖考庙，享尝乃止。去祖为坛，去坛为墠，坛、墠有祷焉，祭之；无祷，乃止。去墠为鬼。大夫立三庙二坛，曰考庙，曰王考庙，曰皇考庙，享尝乃止。显考、祖考无庙，有祷焉，为坛祭之。去坛为鬼。适士二庙一坛，曰考庙，曰王考庙，享尝乃止。显考无庙，有祷焉，为坛祭之。去坛为鬼。官师一庙，曰考庙，王考无庙而祭之，去王考为鬼。庶士、庶人无庙，死曰鬼。”即祭祀先王以亲疏为标准分为庙、祧、坛、墠。王可立七庙，诸侯可立五庙，大夫立三庙，士有二庙，官师一庙，而庶士、庶民无庙。国之大事在戎、在祀，这套有关祭祀先人的体系，尤其是有关先王的制度，是古代中国重要的政治制度，也是影响王及天下子民日常生活的重要活动，具有与

① （清）阮元：《十三经注疏·毛诗正义》卷一三《北山》，中华书局2009年版，第994页。

法律相同的强制规范性，是必须遵守的行为规范。

（2）行冠礼的礼制

古代中国以成年为民事个体的重要能力节点，但这个能力与民事行为能力是否完整没有直接关系，对于王及贵族来说，以行冠礼为核心的成年礼关乎礼制，对于小民来说只是和缴纳国家赋税有关系。

《春秋左传正义·襄公九年》描述了国君行冠礼的礼制。鲁襄公送晋侯，“晋侯以公宴于河上，问公年。季武子对曰：会于沙随之岁，寡君以生。晋侯曰：十二年矣，是谓一终，一星终也。国君十五而生子，冠而生子，礼也。君可以冠矣。大夫盍为冠具？武子对曰：君冠，必以祼享之礼行之，以金石乐节之，以先君之祧处之。今寡君在行，未可具也。请及兄弟之国而假备焉。晋侯曰：诺。公还，及卫，冠于成公之庙。”这里所描述的就是国君行冠礼的仪制，即国君举行冠礼以后生孩子才是合于礼仪的，鲁襄公虽然有了孩子但没有行冠礼，晋侯建议他要举行冠礼了。冠礼的具体行制在季武子的回答中，要求国君行冠礼，需要以请补饮酒的仪节作为序幕，以钟磬的音乐表示节度，必须要在先君的宗庙里才能举行。鲁襄公回国，到达卫国，在卫成公庙里举行冠礼，借用了钟磬，这是合于礼的。

（3）与王室婚姻有关的礼制

周天子、诸侯、大夫娶妻子有不同的称呼，“纳女于天子曰备百姓，于国君曰备酒浆，于大夫曰备扫洒。纳女，犹致女也。婿不亲迎，则女之家遣人致之，此其辞也。姓之言生也。”天子，皇后以下可以纳后妃百二十人以“广子姓也”。天子、诸侯娶妻是否亲迎关系不同的称呼，即“若不亲迎，则宜致女，云备百姓也。”孔子是主张国君要去亲自迎娶妻子的，是为“合二姓之好，以继先圣之后，以为天地宗庙社稷之主，冕而亲迎，君何谓已重乎？”且历史上周文王是亲自在渭水边迎娶大姒。礼制强调了王室婚姻制度内王与妻、后妃的尊卑地位，主要体现在称呼上，即“纳于国君曰备酒浆者，致女于诸侯也。酒浆是妇人之职也。故送女而持此为辞。

转卑，不敢言百姓也。《诗》云无非无仪，唯酒食是议是也。于大夫曰备扫洒，弥贱也，不敢同诸侯，故不得言酒浆也。唯及大夫，不及士者，士卑故也。”

明代徐一夔考证古代王室娶亲纳妃嫁女制度，称“古者天子嫁女不自主昏，以同姓诸侯主之，故曰公主。《春秋》庄公元年，筑王姬之馆于外，此天子嫁女而鲁为之主也。”

2. 诸侯及士大夫

诸侯、士大夫在西周时期被划分为不同的等级，有大小不同的封地和人口，其权利和责任也有所不同。“王者之制禄爵：公、侯、伯、子、男，凡五等。诸侯之上大夫卿、下大夫、上士、中士、下士，凡五等。”①

（1）民事活动的管理责任

《周礼》记载了对民事活动管理的不同职位，如结媒。有“媒氏，下士二人，史二人，徒十人。媒之言谋也，谋合异类使和成者。……释曰：言谋合异类，使和成者，异类谓别姓，三十之男，二十之女，和合使成婚姻。”②有司市“下大夫二人，上士四人，中士八人，下士十有六人，府四人，史八人，胥十有二人，徒百有二十人。”所谓司市，就是市官之长。释曰：“案其职云掌市之治教政刑量度禁令，以其事治教，即教官之类，又市以聚人，犹地之容众，故在此。以其市官之长，经纪事大，故使下大夫尊官为之也。”③其他还有质人，中士二人，下士四人，府二人，史四人，胥二人，徒二十人。所谓质，平也。主平定物贾者。释曰：“在此者，案其职云掌成市之货贿人民牛马，郑彼注成，平也，此注质，平也，主平定物贾者，故亦与司市连类在此。”有廛人，中士二人，下士四人，府二人，史四人，胥二人，徒二十人。所谓廛者，就是掌敛市之絘布緫布质布罚布廛布，五种之泉，入

① （清）阮元：《礼记正义》卷一一《王制》，中华书局2009年版，第2861页。

② （清）阮元：《十三经注疏·周礼注疏》卷九《地官司徒》，中华书局2009年版，第1504页。

③ （清）阮元：《十三经注疏·周礼注疏》卷九《地官司徒》，中华书局2009年版，第1504页。

于泉府,故与司市连类在此也。……玄谓廛,“民居区域之称者,见《遂人》云夫一廛田百亩及载帅廛里任国中之地,皆是民之所居区域。又其职有廛布,谓货贿停储邸舍之税,即市屋舍,名之为廛,不得为市中空地。”此外,还有掌货贿的,“下士十有六人,史四人,从三十有二人。”掌货贿者,“盖督察邦国之事,及掌邦国所致贷贿,但二官阙,不可强言也”。①还有百工,“国有六职,百工与居一焉。或坐而论道,或作而行之,或审曲面执,以饬五材,以辨民器,或通四方之珍异以资之,或饬力以长地财,或治丝麻以成之。坐而论道,谓之王公。作而行之,谓之士大夫。审曲面执,以饬五材,以辨民器,谓之百工。”②

(2)大土地所有者

在分封制下,诸侯有权获得周天子的封赐,《多友鼎》《虢季子白盘》,以及《大盂鼎》《毛公鼎》对此多有记载。西周中期后,诸侯开始大规模地开垦“公田”之外的私地,促进了西周经济发展的同时,也丰富了当时土地间交易制度的形成。诸侯在其封国、封地内,拥有占有权、使用权和支配权,他可以赏赐子弟和贵族封田,也可以支配赋税。

3. 庶民

在周天子以及各诸侯国内,都存在大量的从事农业的庶民。其人身依附于采邑,向天子、诸侯、贵族缴纳一定的赋税和农产品。他们有相应的人身自由,但这种人身自由是从属于家族、宗族体系内,在行使上受到很大的限制。在春秋战国时期,土地私有化程度加大,围绕土地买卖以及与此相关的诉讼逐渐增多,所谓“凡民讼,以地比正之”,郑玄解释为,以田畔所与比,正断其讼。对于地讼,以图正之。因此,所谓地讼,“争疆界者。”“图谓邦国本图。疏:凡民至图正之。释曰:民讼,六乡之民有

---

① (清)阮元:《十三经注疏·周礼注疏》卷三四《秋官司寇》,中华书局2009年版,第1878页。

② (清)阮元:《十三经注疏·春秋左传正义》卷三二《十四年》,中华书局2009年版,第4251页。

争讼之事,是非难辨,故以地之比邻知其是非者,共正断其讼。地讼,以图正之。”①

庶民主要从事农业生产,“饬力以长地财,谓之农夫。治丝麻以成之,谓之妇功”。② 因此,政府对于农业生产人口的登记与管理很早就开始了,某种意义上说,这也是普通民众民事权利和义务有无的一个时间点。《周礼》以“自生齿以上”而“书于版”,何为生齿,男八月而生齿,女七月而生齿。③ 庶民权利能力的终止,一是死亡,二是没为官奴。《周礼·天官·司民》中说,“岁登下其死生”,死亡时要消籍。奴隶是一种低贱身份的标记,没为奴隶,并非丧失全部的民事权利,但身份显然是受贬低的。《左传》襄公二十三年载:“初,斐豹隶也,著于丹书。”斐豹要为宣子除掉政敌的大臣督戎,事前请求宣子“焚丹书”,即要烧毁登记斐豹奴隶身份的书券,解除奴隶身份。

4. 奴隶

西周时期的奴隶只有有限的民事权利,是特殊的民事个体。现有出土西周金鼎铭文对奴隶的活动记载不多,《大盂鼎》铭文上有:“锡夷司王臣十又三伯,人高鬲千又五十夫。……自厗(厥)土。”意为把异族的王臣十三名,夷众一千零五十人,赠送给盂,让盂尽量让这些人在他们所耕作的土地上努力劳动。

5. 商人

西周征服殷地,殷地的旧民不少成为了“肇牵车牛,远服贾”的商人和手工业者。

战国时期郑国执政子产曾有这样的对话,揭示了早期商人迁移的情

① (清)阮元:《十三经注疏·周礼注疏》卷一一《小司徒》,中华书局2009年版,第1536页。

② (清)阮元:《十三经注疏·周礼注疏》卷三九《冬官考工记》,中华书局2009年版,第1957页。

③ (清)阮元:《十三经注疏·周礼注疏》卷三五《小司寇》,中华书局2009年版,第1888页。

况，其说："昔我先君桓公，与商人皆出自周。庸次比耦，以艾杀此地，斩之蓬蒿藜藿而共处之。世有盟誓以相信也曰尔无我叛我无强贾恃此质誓故能相保以至于今。"①子产描述了先君桓公和商人从周地迁移出来，共同协作来耕作这块土地，除治荒草，砍去草莽荒秽，而一道居住在这里。世世代代都有盟誓，以此互相信赖。并且在日常商业交易中，"你不背叛我，我不强行买你的东西"的信用准则，显示出对商人所有权的保护，以及在诸侯和商人之间发生的誓约，以此规范双方的权利与义务。在子产看来，守约，即便是对商人，也是非常重要的。

（二）以"礼"为核心的民事权利能力

"礼"构成了早期中国社会主要的生活基本秩序，是民事个体生活规则、道德规则必须遵循的准则。西周时期的民事个体按"礼制"拥有相应的民事权利，也受"礼制"的约束，承担相应的义务。

西周时期的"礼"是西周以周族的传统习俗，整理上古至殷商时期的礼制、礼轨、礼仪，创建了一整套具体可操作的礼乐制度，涵盖饮食、起居、祭祀、丧葬等各方面社会生活，也是规范西周时期民事生活最主要的制度规范。

礼最初是从祭祀祖先开始的，由此确立了先民社会的宗族关系、人与人的伦常关系，祭祀祖先也称为最重要的礼。

宗法制度下的权利和义务。《礼仪 · 丧服传》载："大宗者，尊之统也。禽兽知母不知父，野人曰：父母何冥焉？都邑之士，则知尊祢矣；大夫及学士，则知尊祖矣。"禽兽和野人都不知父母，而文明地区的人则知道以父为祖（祢意为父亲死后入宗庙立主），而贵族和有学问的人则知道尊祖。以父系血缘关系确立宗族内部的人伦秩序，是族礼、家礼的起始点。

（1）嫡长子的主祭权

《礼记 · 大传》称："庶子不祭，明其宗也。庶子不得为长子三年，不继祖也。别子为祖，继别为宗，继祢者为小宗。有百世不迁之宗，有五世

---

① 《左传》第九册《昭公中》，第 37 页。

则迁之宗。百世不迁者，别子之后也；宗其继别子者，百世不迁者也。宗其继高祖者，五世则迁者也。尊祖故敬宗。敬宗，尊祖之义也。”这表明祭祀祖宗的权力由宗子掌握，庶子不能主祭。作为庶子，不能为其长子服丧三年，因为庶子不是先祖的继承人。但嫡长子外其他的儿子依然可以是他们各自后代的始祖，他们各自的嫡长子是他们各自血脉的大宗，这些人构成了宗法家族中的小宗。由此，直接连通先祖直系血缘关系的嫡长子的后代是为百世不迁之宗，即大宗；有五世则迁之宗，即小宗。而非嫡长子所形成的家族，他的嫡长子也可以建立百世不迁的大宗，只能继承高祖的宗，是五世则迁的小宗。因为尊祖，所以才尊敬嫡长子，而尊敬嫡长子，也就等于尊祖。百世不迁的大宗的宗子代表了家族的威望，其他诸子只能继“祢”，成为小宗。小宗也是实行嫡长子继承制，在小宗内部，庶子只能上祭到高祖，即“五世则迁其宗”。嫡长子的主祭权形成了宗法体制之中的等级体系，关系到宗族内部人们的身份、亲权以及包括财产权在内的各种民事权利。

(2)分封制下的权利和义务

“溥天之下，莫非王土；率土之滨，莫非王臣”①，西周礼制确定的身份与土地的占有与使用权之间相衔接。王室有王畿之地，诸侯有封地，卿大夫有采地，士大夫有禄田，各有等级。卿大夫和诸侯的采邑、封地是可以永世继承的，而低级士大夫的禄田则仅能获得租税，没有永久使用权。普通自由农民则定期“换土易居”“爰田易居”②，按照《周官·地官·均人》的说法，则是“三年大比则大均”，每三年进行一次重新分配，以休息地力，均衡土地的肥沃与贫瘠。东汉的何休在注《公羊传》宣公十五年时，对这一土地分配，以“肥饶不能独乐，垮埆不得独苦，故三年一换主易居，财均力平”③作解释。

① (清)阮元:《十三经注疏·毛诗正义》卷一三《北山》，中华书局2009年版，第994页。

② (清)孙诒让:《周礼正义》卷一九《地官》，中华书局2015年版，第894页。

③ (清)阮元:《十三经注疏·春秋公羊传注疏》卷一六，中华书局2009年版，第4965页。

二、秦代的民事个体与行为能力

（一）名籍制下的民事个体

从战国时期的秦国到以后的秦朝，普遍建立了名籍制度，属籍之民才享有民事权利并承担民事义务。名籍制度体系下的民事个体，其法律权利、社会地位，因其身份不同而不同，法律上给予的权利以及承担的法律义务也不尽相同。

秦献公十年（前357），秦国开始实行“为户籍相伍”①。商鞅变法之后更要求“上有通名，下有田宅，四境之内，丈夫女子，皆有名于上，生者著，死者削。按比户口，课植农桑，检察非违，催驱赋役。”②秦的统治者建立名籍制度并非要保护民众的基本民事权利，相反，这一制度建立的直接目的是方便国家直接管理全国的男女老幼，以利于最大程度地征缴赋税、派遣徭役、征发什伍。因此，虽然秦朝的民事个体享有一定的民事权利，诸如买卖、借贷、婚嫁及继承等等，但其权利属性与现代民法学说中的相关概念还是有很大的不同。

睡虎地秦简中《仓律》就记载：而书入禾增积者之名事邑里于廥籍③，就是要把入仓增积者的姓名籍贯记在仓的簿籍上。在秦律里还记载有匿户、匿敖童（未成年人）的记载。《秦律杂抄》中规定：“游士在，亡符，居县赀一甲；卒岁，责之。有为故秦人出，削籍，上造以上为鬼薪，公士以下刑为城旦。”④即无凭证文书者，不得出游；帮助人出境或削去名籍者，都要处以刑罚，必要的徙居需“更籍”。这些关于名籍制度的规定，都是要严格的管理民众，限制他们的出行。

① 司马迁：《史记》卷六《秦始皇本纪》，中华书局1982年版，第289页。

② 《商君书》。

③ 秦简《封诊式》作名事里，意为姓名、身份、籍贯，与《汉书·宣帝纪》“名县爵里”意近。廥，《广雅·释官》：“仓也”。

④ 王辉、王伟：《秦出土文献编年订补·睡虎地简·秦律杂抄》，三秦出版社2014年版，第236页。

此外,身份体系下的民事个体,诸如什伍、百姓也是秦的民事个体的重要组成。秦把普通百姓编为什伍,以便于军队调集。在战争中有功的则会获得封爵。由此构成了秦的军功爵体制,有爵者,爵级越高,其相应的权利也就越多。有军功爵的和普通民众的民事权利能力基本是完全的,可以拥有财产,立户,有名籍。但不具备自由迁徙的权利,否则即为逃户,是要受到刑罚制裁的。

在秦代,商贾、赘婿等人的民事权利受到很大的限制,处于受歧视的地位。他们虽然可以拥有财产,但没有出任官吏的政治权利,且财产和人身均没有保障。《魏户律》中对"作务、商贾、赘婿和后父"这四种贱民规定"勿予田宇",即不能获得份地和房屋。隶臣妾的权利近似于奴隶,但已有的财产不受没收,子女也不受影响,只是本人要终身为官府服役。而奴隶,分为官奴婢和私人奴隶,则完全丧失民事权利能力。

(二)主要的民事权利个体

只有属籍之民才具有民事权利,这是秦朝民事权利的前提。《商君书·境内篇》有:"四境之内、丈夫女子皆有名于上,生者著,死者削。"①即是要求秦国境内之人都要著入名籍,以便获取民事权利。商鞅强化"为户籍相伍"的管理办法,即把秦民按户编籍,并以什伍之制进行管理所谓户、即同室之人。秦简《法律答问》解释说:什么叫"室人"? 什么叫"同居"? 就是同一户中同母的人。"室人",就是一家,都应因罪人而连坐。什么叫"同居"? 同户就是"同居",可见"户"、"同居"、"同室"是内涵相同的概念,只是名称不同而已。以户为单位的管理方式一直伴秦朝所终。秦简《傅律》就是关于户籍的专门法律。秦简《法律答问》载:甲徙居,徙数谒吏,吏环,弗为更籍,今甲有耐、赀罪,问吏可(何)论? 耐以上,当赀二甲。② 其意为,甲要迁居,请求吏为其迁移户籍,而吏予以拒绝,不

① 《商君书》。

② 睡虎地秦墓竹简整理小组编:《睡虎地秦墓竹简》,文物出版社1978年版,第213、214页。

给他更改户籍。假如甲犯了要被处以耐刑、罚款的罪，那么，对吏应该如何处置呢？回答是，甲罪在耐刑以上，则吏应罚二甲。这揭示出一套非常完整、严格的户籍管理机制，证明在秦朝，人口的自由流动是被禁止的。不仅如此，户籍管理的严格性还体现在不得隐瞒、漏登户籍信息，否则要被刑事处罚。《傅律》就有："匿敖童，及占痒（癃）不审，典，老赎耐"的规定，即要求不得隐匿成童，假如有人（本来身体健康）却申报自己是残疾而未被发现，则里典、伍老要被赎耐。根据现有资料，名籍体系下的民事个体一般有：

1. 庶民。他们"为户籍相伍"至少自献公时代就已开始。史载秦献公十年（前375）开始实行户籍制度，这些最早在关中地区生活的人是为"老秦人"。随着秦国兼并战争的胜利，出现越来越多的所谓的"新秦人"，最后囊括关东六国的人民。

2. 商贾。秦对于商人等予以歧视，将他们纳入到"七科"中，"故有市籍五，父母有市籍六，大父母有籍七。凡七科也"，即是指犯了罪的官吏、杀人犯、入赘的女婿、在籍商人、曾做过商人的人、父母做过商人的人、祖父母做过商人的人，都可以被强制征入军队。

史载，秦始皇三十三年"发诸尝逋亡人，赘婿，贾人略取陆梁地……以嫡遣戍"。[①] 可见商贾、作务、赘婿、后父是被歧视的，民事权利能力是有限的。他们虽有一定的财产权利，但社会地位都低下，除开要被随时征入军队外，其本人及其子女均不得从政为官。

3. 隶臣妾、隐官。隶臣妾是指因本人犯下罪行，或者因为战败成为俘虏，或者犯罪致使其亲属连坐被罚，下贬成为隶属于官府的奴隶的人。男的被称为隶臣，女的则被称为隶妾，隶臣妾就是隶臣与隶妾的总称。他们要终身为官府服役。隶臣妾可以通过入伍参加战争获得军功而免为庶人。

---

① 司马迁：《史记》卷六，《秦始皇本纪》，中华书局1982年版，第253页。

4. 隐官,是曾经受过肉刑而后被赦免的人。睡虎地秦简《军爵律》中有:"欲归爵二级以免亲父母为隶臣妾者一人,及隶臣斩首为公士,谒归公士而免故妻隶妾一人者,许之,免以为庶人。工隶臣斩首及人为斩首以免者,皆令为工。其不完者,以为隐官工。"在说明了获得军功的人可以以此赎免其亲属的罪罚之后,还说了两种特殊情形,一个是工隶臣新获敌首和有人斩敌首而获得军功的,他可以赎免他的罪罚,但还是得去作工匠。一个是如果形体因受肉刑而有残缺的,则去作隐官工。《法律答问》也有:"将司人而亡,能自捕及亲所知为捕无罪,已刑者处隐官。可(何)罪得'处隐官'?群盗赦为庶人,将盗戒(械)囚刑罪以上,亡,以故罪论,斩左止为城旦,后自捕所亡,是谓'处隐官'。它罪比群盗者皆如此。"隐官主要来自于曾经遭受冤错案受到肉刑处罚而后被平反者、以刑徒身份加入军队后获得军功以免罪的工隶臣、受肉刑处罚而后获免罪者以及私属放免者。隐官数量巨大,《史记·秦始皇本纪》载:"三十五年……作宫阿房,故天下谓之阿房。隐宫、徒刑者七十余万人,乃分作阿房宫,或作丽山。"①隐官的工作、场所都受到严格限制,是为受限制的民事个体。

5. 邦客游士。秦在户籍中专门有游士籍。在秦统一全国之前,还有"故秦人"与"客籍"之分。如《睡虎地·秦墓竹简·法律答问》中亦云:"邦客与主人斗,以兵刃、殳梃、拳指伤人,抿以布。"这里的邦客指的就是秦国以外的人。邦客、游士的出现是与秦国用三代免租役的办法,招徕关东尤其是三晋人民的政策有关。《商君书·徕民篇》载:"今秦之地,方千里者五,而谷土不能处二,田数不满百万,其薮泽、溪谷、名山、大川之材物、货宝,又不尽为用,此人不称土也。秦之所与邻者三晋也,所欲用兵者韩魏也。彼土狭而民众,其宅叁居而并处;其寡萌贾息民,上无通名,下无田宅……此其土之不足以生其民也,似有过秦民之不足以实其土也。意民之情,其所欲者田宅也,而晋之无有也信,爱爵而重复也。其说曰:'三

① 司马迁:《史记》卷六,《秦始皇本纪》,中华书局1982年版,第256页。

晋之所以弱者,其民务乐而复爵轻也。秦之所以强者,其民务苦而复爵重也。今多爵而久复,是释秦之所以强,而为三晋之所以弱也'"。秦国采取徕民政策,招致地少人多的三晋人民来充实地多人少的秦国。邦客游士依然得服从秦的户籍管理,《秦律杂抄》的《游士律》中,有"游士在,亡符,居县赀一甲"的规定,即没有身份证明的游士,其所在县要罚一甲。

6. 臣邦人。从外地迁入秦国境内的人为"臣邦人",有"臣邦人不安其主长而欲去夏者,勿许"的规定。"臣邦人"中,依据其不同情况而被区分为"真臣邦"与"夏子"两类。所谓"夏子",即"臣邦父、秦母"所生,也就是"故秦人"与"臣邦人"的混血儿;所谓"真臣邦",即"臣邦父母产子及产它邦而是为真",也就是其父母都是臣属于秦国的外邦人和出生在他国而随父母入秦定居者。

(三)关于民事个体的行为能力问题

民事行为能力,是指一定范围内的属民以自己的行为取得民事权利和承担民事义务的能力。古代中国没有现代民法里的民事行为能力的概念,那种以自由人格,依据一定年龄确定的能力标准是不见于古代史料的。年龄和义务发生直接联系,在古代中国就是纳税、交赋以及服徭役。根据秦律,凡已傅籍者即有义务为国家服徭役的义务。能担当义务是一种资格的体现,这种资格可以理解为古代中国的民事权利,虽然它的概念模糊,涵盖范围在不同的民事行为体系里各不相同。秦代的傅籍,主要是依据什么标准,是年龄还是身高?秦简确有按身高作为行为能力标准的律文,如《法律答问》中规定:女子甲为人妻,去亡,得及自出,小未盈六尺,当论不当?已官,当论;未官,不当论,这里如何解释与史籍记载的矛盾呢?上引《商君书·境内篇》明载"丈夫女子皆有名于上,生者著,死者削",说明秦政府完全有能力掌握秦民的年龄。

大致的推测,秦简以身高作为各种行为能力的标准,当与秦国的"新秦人"有关。随着秦国兼并战争扩大,被占领地区的人民逐渐成为"新秦人",秦国对于这些新秦人的确切年龄就不会掌握得很清楚。为了解决这个问题,秦政府就采用了周人最初以身高代表年龄的传统做法,并确立了以身高作为行为能力的法律规定。秦始皇十六年“初令男子书年”,当时命令新占地区的男子登记年龄,当然也会命令原来的秦民重新登记年龄。那么,六尺到底相当于多大年龄呢?据《周礼》贾公彦疏:“七尺谓年二十,六尺谓年十五。”秦简《编年纪》载“今元年,喜傅”。“今元年”,就是秦始皇元年。这一年,墓主人喜傅籍。据《编年纪》:“卌五年,攻大蟹(野)王。十二为取新月中午鸡鸣时,喜产。”可知,喜生于秦昭王四十五年。因喜生于这年的岁末,除去昭王四十五年出生之年至今元年,喜实龄为 15 岁,这与身高六尺为民事责任年龄并不矛盾。秦国统一后,当采用统一标准,即以年龄作为唯一的负有行为能力的标准。秦把身高作为成年与否的标准,是因为特殊的时代背景。

民事行为能力不仅包括属民的合法的行为能力,也包括对违法行为所承担的责任能力。秦律规定,对那些不能承担责任能力的人,需经监护人同意并得到官方登记后才视为有效,其发生的非法行为,也不受法律的制裁。如《法律答问》:甲小未盈六尺,有马一匹自牧之,今马为人败,食人稼一石,问当论不当?不当论及赏(偿)稼,就是说甲身高不到六尺,不应论处,也不应赔偿禾稼。

秦民事责任年龄与刑事责任年龄也是没有区分的,如《法律答问》:甲盗牛,盗牛时高六尺,系一岁,复丈,高六尺七寸,问甲可(何)论?当完城旦。按定罪量刑是据“得时”的说法分析,甲被处以完城旦是据盗牛时的年龄论处的。但据秦的实际执行情况,秦民的责任年龄在限定上还是有所区别的。

三、汉代的民事个体及权利能力

汉代的民事个体是基于汉代有关民事个体的法律规范,就其中的民事行为关系中的个体,进行的分类和定性。不同的民事个体可以行使一定的民事权利,承担一定的民事义务,做出相应的民事行为。汉代的民事个体具有浓厚的身份属性，可以是皇帝、官僚，也可以是普通百姓、妇女以及特定的贱民。

(一)汉代主要的民事个体

1. 皇帝及皇室

皇帝除开是政治权利体系的核心人物外，也是古代民事生活中的特殊个体。皇帝名义上拥有天下所有的土地，实际上，各朝代对皇帝的私有土地有不同的记录。如汉代的上林苑就是皇帝私有的园林。

在人身关系上，汉初皇帝刘邦尊其父太公为太上皇。史载："(七年夏五月丙午)上归栎阳，五日一朝太公。太公家令说太公曰：天亡二日，土亡二王。皇帝虽子，人主也；太公虽父，人臣也。奈何令人主拜人臣！如此，则威重不行。后上朝，太公拥彗，迎门却行。上大惊，下扶太公。太公曰：帝，人主，奈何以我乱天下法！于是上心善家令言，赐黄金五百斤。夏五月丙午，诏曰：人之至亲，莫亲于父子，故父有天下传归于子，子有天下尊归于父，此人道之极也。前日天下大乱，兵革并起，万民苦殃，朕亲被坚执锐，自师士卒，犯危难，平暴乱，立诸侯，偃兵息民，天下大安，此皆太公之教训也。诸王、通侯、将军、群卿、大夫已尊朕为皇帝，而太公未有号。今上尊太公曰太上皇。"①

在汉代的皇帝中，汉文帝以勤勉、简朴闻名。历史上皇帝驾崩，都发布诏令禁止民间婚嫁宴饮，而汉文帝在"(后七年夏六月己亥)帝崩于未央宫"时，却发布遗诏曰："……无禁取妇嫁女祠祀饮酒食肉。"②

至汉代西汉中后期，诸侯、贵族频繁地兼并土地，储蓄奴婢，导致国家赋税减少、应征人口降低。汉哀帝曾下达诏令，要求限制贵族占有土地和人口的数量，诏曰："制节谨度以防奢淫，为政所先，百王不易之道也。诸侯王、列侯、公主、吏二千石及豪富民多畜奴婢，田宅亡限，与民争利，百姓失职，重困不足。其议限列。有司条奏：诸王、列侯得名田国中，列侯在长

---

① (汉)班固：《汉书》卷一《高帝纪下》，中华书局1962年版，第62页。
② (汉)班固：《汉书》卷四《文帝纪》，中华书局1962年版，第132页。

安及公主名田县道，关内侯、吏民名田，皆无得过三十顷。诸侯王奴婢二百人，列侯、公主百人，关内侯、吏民三十人。年六十以上，十岁以下，不在数中。贾人皆不得名田、为吏，犯者以律论。诸名田畜奴婢过品，皆没入县官。”但这样的限制令实际上是无法加以执行的。

2. 诸侯王、贵族

在汉代，诸侯王是统治阶层，在政治上享有特权的同时，也掌握着社会中的大量财富。尤其是到了东汉时期，土地兼并严重，豪强地主“邑有人君之尊，里有公侯之富”。因此，他们在民事权利上有很大的自由。

虽然他们的官僚身份多具有政治属性，但依然是重要的民事生活的参与者。如汉武帝时期，丞相田蚡“欲请考工地益宅”，“治宅甲诸第，田园极膏腴；市买郡县物，相属于道”①。东汉时的济南安王刘康“多殖财货，大修宫室，奴婢至千四百人，厩马千二百匹，私田八百顷”。②《汉书·董仲舒传》里有董仲舒指责官僚贵族与民争利，“身宠而载高位，家温而食厚禄，因乘富贵之资力以与民争利于天下，民安能如之哉！是故众其奴婢，多其牛羊，广其田宅，博其产业，畜其委积”。这是从根本上揭示了社会中的强势群体在权力与财富的保障下，其民事权利具有极不平等的优越性。

官吏。官吏也普遍性地构成了民事活动的主体。如汉初的丞相萧何，为避免刘邦的猜忌，而故意“贱强买民田宅数千万”。汉武帝时的酷吏宁成贪财，“贳贷陂田千余顷，假贫民，役使数千家。”③即通过借贷对田地进行资本性经营，东汉的大将军梁翼“又多拓林苑，禁同王家，西至弘农，东界荥阳，南极鲁阳，北达河、淇，包含山薮，远带丘荒，周旋封域，殆将千里”。④

---

① （汉）司马迁：《史记》卷一七〇《魏其武安侯列传》，中华书局 1982 年版，第 2844 页。
② （南朝宋）范晔：《后汉书》卷四二《光武十王传》，中华书局 1965 年版，第 1431 页。
③ （汉）司马迁：《史记》卷一二二《酷吏列传》，中华书局 1982 年版，第 3135 页。
④ （南朝宋）范晔：《后汉书》卷三四《梁冀列传》，中华书局 1965 年版，第 1182 页。

3. 商人

两汉时期对待商人的政策有很大的反复。汉初，商品经济相当活跃，“富商大贾周流天下，交易之物莫不通”。《史记·货殖列传》记载了蜀地卓氏的冶铁业，“即铁山鼓铸，运筹策，倾滇、蜀之民，富有至童千人，田池射猎之乐，拟于人君”。而寡清丹，“其先得丹穴，而擅其利数世，家亦不訾。清，寡妇也，能守其业，用财自卫，不见侵犯。”

商人们积累巨额资本，放高利贷，重利盘剥，在侵害普通民众利益的同时，也损害了汉政府财政的稳定，因此，汉政府通过频繁立法来打压商贾，“天下已平，高祖乃令贾人不得衣丝乘车，重税租以困辱之。孝惠、高后时，为天下初定，复弛商贾之律，然市井子孙亦不得宦为吏〔为官吏〕。”[①]禁止商人为吏、规定商贾不得占田、加重征赋乃至直接没收资产。在这种环境下，商人的民事行为能力受到很大的限制。

但困辱商人的政策在具体执行时又有变化，例如汉武帝也曾经下诏令打击工商业者，以国有、国营方式限制手工业和商业，贬低乃至羞辱商人，强调“贾人有市籍者及其家属，皆无得籍名田”，“重租税以困辱之”。[②] 但后期又任用大盐商东郭咸阳，南阳大铁商孔仅为大农丞，与洛阳商人之子桑弘羊共商盐铁之计，“使孔仅、东郭咸阳乘传举行天下盐铁，作官府，除故盐铁家富者为吏。吏亦多贾人矣”。[③] 汉哀帝时也颁令，规定商贾不得名田。但在巨大的利益驱使和地方官僚与之相勾结情况下，商人占田在事实上已无法控制，“井田之变，豪人货殖，馆会布于州郡，田亩连于方国”[④]，商人实际上兼并了土地，拥有大量田宅。

4. 农民

汉代小农的社会身份为“编户齐民”，即平民，他们或拥有自己的耕

① （汉）班固：《汉书》卷二四下《食货志》，中华书局 1962 年版，第 1153 页。
② （汉）司马迁：《史记》卷三〇《平准书》，中华书局 1982 年版，第 1418 页。
③ （汉）班固：《汉书》卷二四下《食货志》，中华书局 1962 年版，第 1166 页。
④ （南朝宋）范晔：《后汉书》卷四九《仲长统传》，中华书局 1965 年版，第 1651 页。

地成为自耕农,或以租佃方式与地主建立雇佣关系,成为佃农、雇农,具有一定的人身地位。其中,自耕农可以出卖自有土地,具有完全处分权。农民的主要法律义务是向国家缴纳田赋、人头税,并承担徭役。

在社会身份上,自耕农的地位最高,他们有资格凭借自身能力晋身为吏,而商人在法律上《史记·陈涉世家》载:"(陈涉)少时尝与人佣耕。"《索引》引《广雅》:"佣,役也,按谓役力而受雇直也。"役力,劳力。雇直,即雇佣的费用。这说明,二者之间确立了契约关系,雇佣者在佣耕结束后即可获得费用。

5. 奴婢

两汉时期。不仅国家的各级官府役使官奴,官僚贵族、富商、巨贾乃至中等之家也都役使私奴。蓄奴是一个十分普遍的社会现象,奴婢构成了一个数量庞大的社会阶层。

奴婢身份并非一成不变。在一定时期内,奴婢可以通过某种途径改变身份,成为庶人,如皇帝赦免。高祖五年(前202)下诏:"民以饥饿自卖为人奴婢者,皆免为庶人。"①文帝后元四年(前160)五月,"赦天下,免官奴婢为庶人"。② 汉哀帝绥和二年(前7)六月诏曰:"官奴婢五十以上,免为庶人。"③

除皇帝特诏外,奴婢也可以通过自赎来改变身份一途,"侍中皆使官婢,不得使宦人。奴婢欲自赎,钱千万,免为庶人。"④

奴婢在作为买卖对象的民事客体的同时,也有一定的民事权利。张家山汉简《奏谳书》中就记录了一个叫媚的女子与大夫禄之间的一起诉讼。案例载:"十一年八月甲申朔丙戌,江陵丞骜敢谳之。三月己巳大夫禄辞曰:六年二月中买婢媚士五点所,价钱万六千,乃三月丁巳亡,求得

① (汉)班固:《汉书》卷一《高帝纪下》,中华书局1962年版,第54页。
② (汉)班固:《汉书》卷四《文帝纪》,中华书局1962年版,第130页。
③ (汉)班固:《汉书》卷一一《哀帝纪》,中华书局1962年版,第336页。
④ (清)孙星衍等:《汉官六种·汉官旧仪》二卷补遗一卷,中华书局1990年版,第47页。

媚,媚曰:不当为婢。媚曰:故点婢,楚时去亡,降为汉,不书名数,点得媚,占数复婢媚,卖禄所,自当不当复受婢,即去亡,它如禄。点曰:媚故点婢,楚时亡,六年二月中得媚,媚未有名数,即占数,卖禄所,它如禄、媚。诘媚:媚故点婢,虽楚时去亡,降为汉,不书名数,点得,占数媚,媚复为婢,卖媚当也。去亡,何解?媚曰:楚时亡,点乃以为汉,复婢,卖媚,自当不当复为婢,即去亡,无它解。问媚:年四十岁,它如辞。鞫之:媚故点婢,楚时亡,降为汉,不书名数,点得,占数,复婢,卖禄所,媚去亡,年四十岁,得皆审。疑媚罪,它县论,敢谳之,谒报,署如廥发。吏当:黥媚颜頯,畀禄,或曰当为庶人。"

大意是:(汉高祖)十一年(前 196)八月初三日,江陵县丞骜呈请审议。三月己巳日,大夫禄状辞:六年二月中,在士五点住处买婢女媚,身价一万六千钱。三月丁巳日逃跑了,抓获她后,她说自己不应当是奴婢。(诉讼呈文中)媚申辩道:"我以前是点的婢女,楚时期就逃脱了。到了汉朝,没有上户籍。点逮住我后,仍将我作为奴婢,报了户口,卖给禄。我认为自己不应该是奴婢了,就逃跑了。其他情况和禄所说的相同。"点说:"媚以前是我的婢女,楚时期逃跑了。六年二月中找到她,她没有户口,给她报了户口,卖给了禄。"其他情节,和禄、媚所说相同。诘问媚:"你以前是点的奴婢。虽然楚时逃跑了,可是到汉朝后,并没有申报户籍。点逮住你后,仍将你作为奴婢报了户口,将你卖与他人,符合法律。你为什么逃跑?"媚答:"楚的时候我已经逃跑,点认为到了汉朝后我仍是他的奴婢。把我卖了。我认为自己不应当还是奴婢,就逃跑了。没有其他可说的。"复问时,媚答现年四十岁。陈述的其他情节和前面的供词相同。审定:媚原是点的奴婢,楚时逃亡,到了汉朝后没有申报户籍。点逮住她,仍以奴婢上了户籍,并将她卖给禄,后又逃跑抓获。现年 40 岁。经审讯,均属实。应该判媚何种罪?其他问题,县廷已有定论。请审议断决、批复。如廥签发。在这里,官吏讨论案件时有两种意见:一是黥媚颜頯,归还给禄;二是将媚判为庶人。这是郡司法机构在讨论案件时的两种意见。按汉代律令规定，该案还需上报至廷尉。这个诉讼说明奴婢可以拥有诉讼权利，并有权进行申辩。

（二）汉代的民事权利能力

汉代完全民事权利能力以年龄为准。为国家服徭役被称为“傅”，汉初规定为23岁，汉景帝时改为20岁。也可以按照缴纳人头税的算赋为标准，这个年龄是15岁。而低于这个年龄的可以视为限制行为能力人。

汉代宗族体制有迅速的发展，宗法规范对不同身份的个体确立了不同的权利。汉代承认土地私有权，国家以赏赐、分封等多种方式容许大土地制的存在。官僚、豪强、商贾不断侵夺小自耕农的土地，土地在西汉末期和东汉大部分时期高度集中。

汉朝推行法律儒家化措施，婚姻制度确立了“夫为妻纲”的男尊女卑原则。按照汉律规定，丈夫有权打骂、奴役甚至转让妻子，妻子只能无条件地服从丈夫的支配，驯服地忍受丈夫的虐待；丈夫可以妻妾成群，妻妾却必须绝对忠诚于丈夫；丈夫与人通奸，最重不过耐为鬼薪；妻子与人通奸，或私自改嫁，或夫死未葬即嫁人，则要处死。

在婚姻的解除方面，汉律有“七弃三不去”的规定。所谓“七弃”，亦称“七去”“七出”，是丈夫借口休弃妻子的七种片面理由，即不孝顺父母、无子绝后、淫乱、妒忌、有恶疾、多言、盗窃。妻子只要具有其中之一者，丈夫即可将其休弃。所谓“三不去”，是对丈夫休弃妻子的三条限制，或者妻子被休弃后不离开夫家：丈夫休弃妻子而妻子无家可归，妻子同丈夫一起服过三年大丧而有大孝行，娶妻时贫贱而婚后富贵。妻子若有其中之一者，可以免予或拒绝被丈夫休弃。不过，无论七弃还是三不去，都是建立在丈夫支配妻子的片面前提之下的，解除婚姻的主动权始终操纵在丈夫手中，妻子则居于被动从属地位。只要丈夫想休弃妻子，是可以随意找到任何借口的。这种婚姻制度及其原则，对后世的影响是极其深远的。

在家庭关系方面，汉朝法律确立了“父为子纲”的父权家长制原则。汉律规定，凡有对家长不孝言行，或触犯父权统治者，要处以弃市极刑；而殴打杀害尊家长，更属大逆重罪，一律严惩不贷；甚至告发父权家长罪状，也要按不孝罪处死。在为父母服丧期间与人通奸或进行婚娶，要以不孝罪处以死刑。汉律严禁家族内部成员之间不正当的性行为。汉律规定，一般人的奸非行为，只处耐为鬼薪的劳役刑。但是如果是家族成员内有此类行为者，要以“禽兽行”罪予以严惩。尤其以卑奸尊，一律处以死刑。这说明，汉律对家庭关系中的伦理纲常秩序，是依法保护和极力维护的。

四、魏晋南北朝的民事个体和权利能力

（一）魏晋南北朝时期主要的民事个体

1. 皇帝与官僚贵族

皇帝与官僚贵族都是享有特权的统治阶级成员，他们不仅是政治上的特权者，在民事上也享有特权。他们“广买田业、多畜私财”①，或“性好兴利，广收八方园田水碓，周遍天下”②，或“身享大国，家素富厚，产业累万金，奴僮千计”。③ 这些田土买卖、封山占泽以及购买珍奇异宝的行为，是他们以民事主体的身份进行的商业交往。

到了南北朝时期，世家大族往往拥有大量的田产。《宋书·刘敬宣传》载：“宣城多山县，郡旧立屯以供府郡费用，前人多发调工巧，逍作器物。”《梁书·颇宪之传》载，时司徒竟陵王于宣城，临成、定陵三县界立屯，封山洋数百里，禁民樵采。梁武帝时，尚书左丞贺琛陈事条封奏有言：“凡京师冶、署、邸，肆应所为，或十条宜省其五，或三条宜除其一”，“应四方屯，传、邸、冶，或旧有，或无益，或妨民，有所宜除，除之；有所宜减，减之。这里的“冶”就是冶铁场所，“肆”是商贩买卖的场所，邸就是邸店、邸舍，是存放货物的场所。官府、贵族通过控制这些商业交易和手工业生产场所把控经济运行。

---

① （唐）房玄龄等：《晋书》卷五三《愍怀太子传》，中华书局1974年版，第1459页。

② （唐）房玄龄等：《晋书》卷四三《王戎传》，中华书局1974年版，第1234页。

③ （梁）沈约：《宋书》卷七七《沈庆之传》，中华书局1974年版，第2003页。

魏晋南北朝时期，在皇室嫁娶形式上有新的变化。以往皇太子纳妃不需亲迎。南朝刘宋文帝时，“太子纳妃仪文与纳后不异，百官上礼于太极殿西堂，叙宴。”在北方的北齐，“皇太子纳妃，皇帝遣使，纳采以宗正卿为使，问名、纳吉、请期皆如之，纳征则以司徒及尚书令为使，亲迎则以太尉为使。三日，妃朝皇帝于昭阳殿，又朝皇后于宣光殿，择日群臣上礼，他日皇太子拜阁。”此时期世家大族奢靡成风，以至于有时以皇帝下诏的形式，要求本家诸王略微节俭一些。史书载南齐武帝以昏礼奢贵，“敕诸王纳妃依礼上枣、栗、腶修，其余衣物停省，而其仪文不备。”①

2. 商人

商人的社会地位依然备受歧视。晋武帝时期经常颁布“禁游食商贩”的法令，如《太平御览》卷八二八载《晋令》曰：“侩卖者皆当着巾白帖，额题所侩卖者及姓名，一足着白履，一足着黑履。”这是由法律明确的对商人的羞辱。有官员亦上书指责商人不事农桑的害处：“百官各上封事，后军将军应詹表曰：夫一人不耕，天下必有受其饥者。而军兴以来，征战运漕，朝廷宗庙，百官用度，既已殷广，下及工商流寓僮仆不亲农桑而游食者，以十万计。”②西晋江统指责官僚贵族从事商业经营，“以天下而供一人，以百里而供诸侯，故王侯食籍而衣税，公卿大夫受爵而资禄，莫有不赡者也。是以士农工商四业不杂。交易而退，以通有无者，庶人之业也。《周礼》三市，旦则百族，昼则商贾，夕则贩夫贩妇。买贱卖贵，贩鬻菜果，收十百之盈，以救旦夕之命，故为庶人之贫贱者也。樊迟匹夫，请学为圃，仲尼不答；鲁大夫臧文仲使妾织蒲，又讥其不仁；公仪子相鲁，则拔其园葵，言食禄者不与贫贱之人争利也。秦汉以来，风俗转薄，公侯之尊，莫不殖园圃之田，而收市井之利，渐冉相放，莫以为耻，乘以古道，诚可愧也。今西园卖葵菜、蓝子、鸡、面之属，亏败国体，贬损令问。”③

---

① （明）徐一夔：《明集礼》卷二六《嘉礼·皇太子纳妃·总序》。
② （唐）房玄龄等：《晋书》卷二六《食货志》，中华书局 1974 年版，第 791 页。
③ （唐）房玄龄等：《晋书》卷五六《江统传》，中华书局 1974 年版，第 1537 页。

南北朝时期，对商人的压制政策依然延续，甚至规定工商、皂隶与妇女不得穿着金银锦绣，“时商人赵掇、丁妃、邹瓮等皆家累千金，车服之盛，拟则王侯，坚之诸公竞引之为国二卿。黄门侍郎程宪言于坚曰：赵掇等皆商贩丑竖，市郭小人，车马衣服僭同王者，官齐君子，为藩国列卿，伤风败俗，有尘圣化，宜肃明典法，使清浊显分。坚于是推检引掇等为国卿者，降其爵。乃下制：非命士已上，不得乘车马于都城百里之内。金银锦绣，工商、皂隶、妇女不得服之，犯者弃市。”①

国家官僚机构一方面则对私商打压。另一方面则自己进行着官营工商业。《宋书·刘粹传》益州刺史刘道济为了破坏蜀地丝帛流通，“限布丝绵各不得过五十斤，马无善恶，限蜀钱二万。府又立冶，一断民私鼓铸，而贵卖铁器，商旅吁嗟，百姓咸欲为乱。”

但总体上看，魏晋南北朝时局混乱，给了商人和商业发展一定的制度空间，一批商业都会出现在南北各地，商业贸易也比较活跃。《南齐书·东昏侯传》载：南齐东昏后萧宝卷曾于宫苑中立市，“使宫人屠沽”，让宠妃“潘氏为市令”，白己任市魁，专门处理买卖纠纷，执行市令判决，“执罚争者，就潘氏决判”。

3. 手工业者

手工业者在魏晋南北朝是“贱民”的一部分，数量巨大，但社会地位受到压制，其民事权利是受到限制的。西晋规定百工的服制不得违制，据《晋书·李重传》载：“八年己巳诏书申明律令，诸士卒百工以上，所服乘皆不得违制。若一县一岁之中，有违犯者三家，洛阳县十家已上，官长免。”法令规定百工，服装、乘车都有定制，违制县官还要负连带责任。北魏时，对被占领区的和俘虏中的“百工伎巧”均编入杂户，伎作户，由官府管理。但手工业者可以以其手工制品参与商业交易。《隋书·地理志》载“豫章一带妇女勤于织绩，亦有夜纺纱，而旦成布者，俗呼为鸡鸣布。”

① （唐）房玄龄等：《晋书》卷一一三《苻坚载记上》，中华书局1974年版，第2888页。

她们以纺纱织布为业，进行原料的采购、布匹的出售，形成特定的民事活动。“啸父，冀州人，在县市补履数十年，人奇其不老，求其术不能得也。”①郦道元在这里描述了一个以补鞋为业的手工业者。还有南陈的张贵妃，“名丽华，兵家女也。家贫，父兄以织席为事”②以“织席为事”的张父从事的织席是以贩卖席子为生，自然也是一种民事活动。

4. 小农和佃农、雇农

农民是社会中数量最大的一种民事主体，小农拥有自己的耕地，过着自耕自织的生活。他们会以民事个体身份从市场上购买一些生产、生活必需品，也会出售一些农产品，是民事生活重要的参与者。国家对民众进行一定的管理，“五家立一邻长，五邻立一里长，五里立一党长，长取乡人强谨者。邻长复一夫，里长二，党长三。所复复征戍，余若民。三载亡愆则陟用，陟之一等。其民调，一夫一妇帛一匹，粟二石。民年十五以上未娶者，四人出一夫一妇之调；奴任耕，婢任绩者，八口当未娶者四；耕牛二十头当奴婢八。其麻布之乡，一夫一妇布一匹，下至牛，以此为降。大率十匹为公调，二匹为调外费，三匹为内外百官俸，此外杂调。民年八十已上，听一子不从役。孤独癃老笃疾贫穷不能自存者，三长内迭养食之。”③

小农丧失土地后会沦为佃农或雇农。魏晋南北朝时期，战争频繁，政权更替，大批农民流离失所，形成数量庞大的流民。他们往往投附于贵族、地主，成为荫户、佃户、客户。

5. 奴婢

对于奴婢，史载“魏初不立三长，故民多荫附。荫附者皆无官役，豪强征敛，倍于公赋。”西晋政府为保持农业生产力的稳定，经常下诏释放奴婢为民，以便征役：“（太兴四年）五月，旱。庚申，诏曰：昔汉二祖及魏武皆免良人，武帝时，凉州覆败，诸为奴婢亦皆复籍，此累代成规也。其免

---

① （北魏）郦道元：《水经注》卷一〇《独漳水》，中华书局 2007 年版，第 262 页。

② （唐）姚思廉：《陈书》卷七《张贵妃传》，中华书局 1972 年版，第 131 页。

③ （北齐）魏收：《魏书》卷一一〇《食货志》，中华书局 1974 年版，第 2855 页。

中州良人遭难为扬州诸郡僮客者,以备征役。”[①]又有孝武帝在太元十年,“诏淮南所获俘虏付诸部者一皆散遣,男女自相配匹,赐百日廪,其没为军赏者悉赎出之,以襄阳、淮南饶沃地各立一县以居之。”[②]将奴婢予以释放,并进行了安置。《晋书·食货志》载,为开展屯田时,曾“以郧奚官奴婢着新城,代田兵种稻,奴婢各五十人为一屯,屯置司马,使皆如屯田法”。[③] 奴婢作为屯田者代军士耕屯。进入南北朝,奴婢依然是社会中一个阶层。《宋书·孔庆之传》记载了“孔庆之奴僮千计”。整体看,奴婢首先是作为一种客体,如同财产,可以被买卖、赠与。但他们也是劳动者,有家室,有时也独立地参加民事活动,在一定范围内也是民事主体。

(二)民事行为能力的法律规范

魏晋南北朝时期,民事个体的权利规范主要体现在对于责任年龄的确定方面,各个时期对成年男丁的年龄规定多有变化,不同的年龄和一定的民事权利与义务有着联系。

唐人杜佑对此有详细的记录,“汉孝景二年,令天下男子年二十而始傅。晋武帝平吴后,有司奏,男女年十六以上至六十为正丁;十五以下至十三、六十一以上至六十五为次丁;十二以下六十六以上为老、小,不事。宋文帝元嘉中,王弘上言:旧制,人年十三半役,十六全役,当以十三以上能自营私及公,故以充役。考之见事,犹或未尽,体有强弱,不皆称年。循吏恤隐,可无甚患,庸愚守宰,必有勤剧,况值苛政,岂可称言。至令逃窜求免,胎孕不育,乃避罪宪,实亦由兹。今皇化惟新,四方无事,役名之宜,应存消息。十五至十六,宜为半丁,十七为全丁。帝从之。北齐武成河清三年,乃令男子十八以上六十五以下为丁,十六以上十七以下为中,六十六以上为老,十五以下为小。”大体上看,两晋时以 16 岁至 60 岁为正丁,

---

① (唐)房玄龄等:《晋书》卷六《元帝纪》,中华书局 1974 年版,第 154 页。
② (唐)房玄龄等:《晋书》卷九《孝武帝纪》,中华书局 1974 年版,第 237 页。
③ (唐)房玄龄等:《晋书》卷二六《食货志》,中华书局 1974 年版,第 787 页。

15 岁以下至 13、61 岁以上至 65 岁为次丁。而 12 以下和 66 岁以上为老小,是为无行为能力人。南朝的宋则以 15 岁至 16 岁为半丁,17 岁以上为全丁。北齐时,令男子 18 岁以上,65 岁以下为丁,将 16 岁以上至 17 岁为中丁。那些 66 岁以上和 15 岁以下的为老小,即能力缺失导致不再承担对国家的义务。

五、唐代的民事个体和行为能力

(一)主要的民事个体

1. 皇帝、贵族与官僚

唐代,中国帝制发展到一个较为成熟的时期。国家从意识形态到法律都以皇权为核心加以建构,一切政治和法律权力皆源于皇权,“命为制,令为诏”,法律的一大渊源来自于皇帝的敕令,皇帝也可废除法律或中止法律的效力。在司法上,皇帝拥有最高复核权、裁判权;在行政管理上,对官吏的奏请有裁决权,皇帝处于至高无上的地位。

从民事法律的角度上,皇帝是“奉上天之宝命……作兆庶之父母”①。在形式上,则是“溥天之下,莫非王土,率土之滨,莫非王臣”②,名义上掌控国家全部土地的所有权。

(1)官品、爵位的等级体系

隋唐贵族与官僚直接对皇帝负责,唐律依爵位、官品的高低,由高到低将之分为“议贵”(皇家戚属和三品以上职官、二品以上散官及一品以上爵),“通贵”(三品以下,五品以上职官,二品以下、五品以上散官和一品以下,五品以上爵),五品以下七品以上之官,七品以下九品以上之官四类。依唐律,所有贵族和官吏皆可依阶品享有不同程度的特权。官僚贵族的衣、食、住、行、婚嫁、丧祭等民事行为,依官员的不同身份有不同的

① 刘俊文:《唐律疏议笺解》卷一《名例律》,中华书局 1996 年版,第 56 页。

② (清)阮元:《十三经注疏 · 毛诗正义》卷一三《北山》,中华书局 2009 年版,第 994 页。

规格,不得僭越。

官品、爵位可以继承,但需要符合法律规定,“诸非正嫡,不应袭爵,而诈承袭者,徒二年;非子孙而诈承袭者,从诈假官法。若无官荫,诈承他荫而得官者,徒三年。非流内及求赎,杖罪以下,各杖一百;徒罪以上,各加一等。”

疏议曰:依《封爵令》:王、公、侯、伯、子、男,皆子孙承嫡传袭。以次承袭,具在令文。其有不合袭爵而诈承袭者,合徒二年。非子孙,谓子孙之外,诈云是嫡而妄承袭者,从诈假官法,合流二千里。①

(2)官僚占有大量财富

唐代厚待各级官僚,官品爵位越高,获得国家封地、官田和俸禄也就越多。以唐太宗为例,在他随其父李渊投入隋末战争时,“高祖以谓太宗功高,古官号不足以称,乃加号天策上将,领司徒、陕东道大行台尚书令,位在王公上,增邑户至三万,赐衮冕、金辂、双璧、黄金六千斤,前后鼓吹九部之乐,班剑四十人”。② 唐朝政府确立食实封官体制,“自贞元十三年已后,节度使兼宰相,每百户给八百端匹,若是绢,更给绵六百两。节度使不兼宰相,每百户给四百端匹,军使及金吾诸卫诸军大将军,每百户给三百五十端匹。至贞元二十一年七月六日敕,应食实封,其节度使宜令百户给八百端匹,若是绢,兼绵六百两。伏以食封本因赏功,封之多少,视功之厚薄,不以官位散要,别制等差。”③

不同史料均记录了唐朝官员享有巨大的财富,如《唐律疏议》中就把官员私自借出官奴婢和畜产认定为犯罪,并做了非常详尽的规定和解释:“诸监临主守,以官奴婢及畜产私自借,若借人及借之者,笞五十,计庸重者,以受所监临财物论。驿驴,加一等。疏议曰:监临主守之官,以所监主官奴婢及畜产,私自借,谓身自借用,若转借他人及借之者,或一人、一畜,但借即

① 刘俊文:《唐律疏议笺解》卷二五《诈伪·非正嫡诈承袭》,中华书局 1996 年版,第 1718 页。

② (宋)欧阳修:《新唐书》卷二《太宗纪》,中华书局 1975 年版,第 26 页。

③ (清)董诰:《全唐文》卷六九四《李夷简·请定应给食实封绢匹奏》,中华书局 1983 年版,第 7121 页。

笞五十。或借数少而日多,或借数多而日少,计庸重于借罪者,以受所监临财物论,累赃为坐。驿驴,加一等,谓借即得杖六十;计庸重,以受所监临财物论加一等。其车船、碾硙、邸店之类,有私自借,若借人及借之者,亦计庸赁,各与借奴婢,畜产同。律虽无文,所犯相类。《职制律》:监临之官借所监临及牛马驼骡驴、车船、邸店、碾硙,各计庸赁,以受所监临财物论。计借车船、碾硙之类借畜产不殊,故附此条,准例为坐。即借驿马及借之者,杖一百,五日徒一年;计庸重者,从上法。即驿长私借人马驴者,各减一等,罪止杖一百。疏议曰:即私借驿马及官司借之者,各杖一百,五日徒一年。计庸重者,从上法,谓计驿马之庸,当上绢八匹,合加一等,徒一年半。即驿长私借人马驴者,减一等,准令:驿马驴一给以后,死即驿长陪填。是故,驿长借人驴马,得罪稍轻。各减一等,谓上文借驿马驴,加受所监临财物一等,今驿长借人驴马各减一等,与受所监临财物罪同,罪止杖一百。"①

(3)等级体制下的服制

唐代礼制齐备,皇室有相应的仪式、仪制。《全唐文》记载了太子的服制,要求"皇太子具服,有远游冠,三梁加金博山,附蝉九首,施朱翠,黑介帻,发缨翠緌,犀簪导,绛纱袍,红裳,白纱中单,皂领褾襈,白裙襦,白假带,方心曲领,绛纱蔽膝,白袜,黑舄,革带,剑佩绶等,谒庙还宫,元日、冬至、朔日入朝释奠则服之。其绛纱袍则是冠衣之内一物之数。与裙襦剑佩等无别。至于贵贱之差,尊卑之异,则冠为首饰,名制有殊,并珠旒及衣裳采章之数;多少有别,自外不可事事差异。亦有上下通服,名制是同,礼重则具服,礼轻则从省。今以至敬之情,有所未取,衣服不可减省,谓须更变名望。所撰仪注,不以绛纱袍为称,但称为具服,则尊卑有差,谦光成德。"②要求不同的节日着不同样式的服制,体现尊卑不同,并

---

① 刘俊文:《唐律疏议笺解》卷一五《厩库·监主私借官奴畜产》,中华书局 1996 年版,第 1122 页。

② (清)董诰:《全唐文》卷二九七《裴耀卿·皇太子衣服称谓议》,中华书局 1983 年版,第 3015 页。

由礼服与具服之别。

(4)皇室成员特殊身份对礼制的特别要求

有关唐代的皇室史料特别提到了皇室成员与其家庭成员之间,在皇家身份与血缘宗法关系上孰重孰轻。《唐会要》载显庆三年,唐高宗在正月二十一日下诏,论及公主出嫁,迎娶王妃之后,她们与家庭中的姑舅父母之间在礼制上的要求,称"父母之尊,人伦以极,舅姑之敬,礼经攸重,苟违斯义,有斁彝伦。如闻公主出适,王妃作嫔,舅姑父母,皆降礼答拜,此乃子道亡替,妇德不修,何以式序家邦,仪刑列阃。自今已后,可明加禁断,一依礼法。"

唐中宗也在神龙元年下达诏制,称:"朕临兹宝极,位在崇高,负扆当阳,虽受宗枝之敬,退朝私谒,仍用家人之礼。近代已来,罕遵轨度,王及公主,曲致私情,姑叔之尊,拜于子侄,违背礼典,情用怃然。自今已后,宜从革弊,安国相王及镇国太平公主,更不得辄拜卫王重俊兄弟及长宁公主等,宣示尊属,知朕意焉。"①这些诏令都是强调皇室成员身份的特殊性,不得再以常规家礼为规范。

(5)皇太子、皇子、公主的婚制

皇室成员的婚配是重要的民事行为,其婚制在普通的民间婚姻制度之外,还有特殊的形式,显示了特定的权力与行为能力。史载,唐皇太子纳妃,由皇帝"临轩遣使行纳采、问名、纳吉、纳征、请期之礼,次遣官告宗庙,然后行册礼,皇太子将亲迎,皇帝临轩醮戒,妃至宫,同牢于内殿,明日朝见皇帝、皇后,皇帝会群臣于太极殿,如正至之仪。"②

唐皇子纳妃,则由亲王主婚,"遣使纳采、问名、纳吉、纳征、请期,皆称某王,亦行册礼。亲王亲迎妃,至宫之明日朝见皇帝、皇后。"③

---

① (宋)王溥:《唐会要》卷二六《皇太子不许与诸王及公主抗礼》,上海古籍出版社2006年版,第580页。

② (明)徐一夔:《明集礼》卷二六《嘉礼·皇太子纳妃·总序》。

③ (明)徐一夔:《明集礼》卷二七《嘉礼·亲王纳妃·总序》。

唐朝将皇姑为太长公主，亦谓之长公主，姊妹为长公主，女为公主。公主下嫁则以亲王为主婚，“凡尚主亦拜驸马都尉，其受聘礼皆于光顺门外，公主至夫家，朝见舅姑，行盥馈礼。”①

2. 平民

唐律称平民为“凡人”、“良色常人”，俗称“百姓、白丁”，其主体为广大的自耕农、庶族、商人等。依唐律，他们对任何人没有人身依附关系，具有独立人格，但对国家负有纳税、服役、征防的义务。按规定，自耕农成年男子每年为官府服役 20 日，官府不征发力役时，则缴纳代役的“庸”，每日 3 尺绢，1 年 1 匹半。此外，他们还负担官府征发的徭役。

商人的社会地位和身份体现在《唐六典》“户部郎中员外郎”一条中，其为“辨天下之四人，使各专其业。凡习学文武者为士，肆力耕桑者为农，巧作贸易者为工，屠沽兴贩者为商（工商皆谓家专其业，以求利者，其织纤组纠之类非也）。工商之家，不得预于士；食禄之人，不得夺下人之利。”根据这一规定，商人是专指以经商求利为其生活家业的人。商人只能行其本行，诸如屠宰、沽酒、贩运、买卖等。与前代的规定一样，商人不得为官。因此，隋唐时期的商人仍是受歧视的社会阶层，唐高宗上元元年（674）朝廷颁衣服令，规定普通百姓（庶人）可以穿黄色的衣服，“自非庶人，不听服黄”。“自非庶人，谓工商杂户”。② 这样，商人及手工业者穿黄衣服的权利被剥夺。唐代的土地法令也反映出商人在国家经济生活中的窘迫身份与法律地位。唐前期的均田律规定：“诸以工商为业者，永业，口分田各减半给之，在狭乡者并不给。”③此条法令表明在社会关系中，工商业者与庶人的不平等，所以在土地分配上，工商业者于“宽乡”减半、“狭乡”不给，优先考虑农民的利益。只是在土地不紧张的情况下，可

① （明）徐一夔：《明集礼》卷二七《嘉礼·公主出降·总序》。

② （宋）司马光：《资治通鉴》卷二二〇《高宗天皇大圣大弘孝皇帝中之下》，中华书局 1956 年版，第 6373 页。

③ （唐）杜佑：《通典》卷二《田制下》中华书局 1988 年版，第 31 页。

减半给之,以资其食。由此可见,官府对商人的政策法令是极其严厉的。

3. 贱民

唐代沿袭了前代的贱民制度,并将其发育成为一个复杂的等级系统。贱民就其人格和人身关系而言是没有独立性的,但在贱民的等级体系中,不同层次的贱民的权利义务关系是并不一致的,有的拥有一定的民事权利,是不完全的权利主体,而有的则虽然是权利客体,但也不是绝对没有民事权利的,在某些民事活动,如债的关系中,即便形同畜产的奴婢也可以参与其中,成为一种民事实体。

唐代的贱民在法律上分官贱民和私贱民两种。官贱民隶属于官府,在诸司供役。分为奴婢、官户和工乐户、杂户及太常音声人三种。私贱民则"身系于主",属于"家仆",有奴婢和部曲(包括部曲妻,客女和随身)两种。

《唐律疏议》规定,"诸工、乐、杂户及太常音声人。疏议曰:工、乐者,工属少府,乐属太常,并不贯州县。杂户者,散属诸司上下,前已释讫。太常音声人,谓在太常作乐者,元与工、乐不殊,俱是配隶之色,不属州县,唯属太常,义宁以来,得于州县附贯,依旧太常上下,别名太常音声人"。①因此,杂户、太长音声人、官户和工乐户属于官贱民,隶属于官府;官户隶属于中央朝廷的司农寺;太常音声人原属太常寺,隋末唐初改隶州县;杂户隶属于州县政府,自成户籍;工乐户隶属于中央朝廷的少府与太常寺,杂户和太常音声人地位稍高,接近良人,"受田,进丁、老免与百姓同,其有反,逆及应缘坐亦与百姓无别。"②官奴婢"一免为番户(官户),再免为杂户,三免为良人"③工匠也属于贱民体系,一种是各地的工匠,以家庭为单位世代相传,要为官府轮番应役,制作日用品。还有一种是官营手工业

① 刘俊文:《唐律疏议笺解》卷三《名例·工乐杂户及妇人犯流决杖》,中华书局1996年版,第282页。

② 刘俊文:《唐律疏议笺解》卷一七《贼盗律》,中华书局1996年版,第1248页。

③ (唐)李林甫等:《唐六典》卷六《刑部尚书》,中华书局1992年版,第193页。

作坊中的工匠,可以获得报酬,但个人和家庭都受制于官府,不得脱籍。

作为私贱民的部曲,其民事权利较为完整。部曲原为军队编制的一种,南北朝时一般为士族豪强的私人武装、私兵,唐时部曲则指家仆。《唐律疏议・名例律》疏云“部曲,谓私家所有”,《贼盗律》疏云“部曲不同资财”。由此可见,部曲比奴婢稍高一层,是一种对主人有人身依附关系的贱民。部曲娶良人为妻,也会成为贱民。此外,法律对私贱民也有特别的服制、服色的规定,是为礼律社会中的一种规制,“诸部曲、客女、奴婢,服絁䌷绢布,色通用黄白,饰以铜铁。客女及婢,通服青碧,听同庶人,兼许夹缬。丈夫许通服黄白,如属诸军、诸使、诸司及属诸道,任依本色目流例。其女人不得服黄紫为裙,及银泥罨画锦绣等。”①

奴婢是处于社会最底层的一类贱民,分为官奴婢和私奴婢。他们“身系于主,视同牛马”。官奴婢多为犯“三谋”罪(谋反、谋叛、谋大逆)而被缘坐于官的罪犯家属及后代。“旧制,凡反逆相坐,没其家为官奴婢。反逆家男女及奴婢没官,皆谓之官奴婢,男年十四已下者配司农,十五已上者,以其年长,令远京邑,配岭南为城奴也。一免为番户,再免为杂户,三免为良人,皆因赦宥所及,则免之。凡免,皆因恩言之。得降一等二等,或直入良人。诸律令格式有言官户者,是番户之总号,非谓别有一色。”②

私奴婢则主要为买来的贱民。“奴婢贱人,律比畜产”,奴婢同于资财。③“由此,在唐律上奴婢隶属主人,无户籍,完全失去独立人格,成为一种物品,或供役使,或供买卖转让,由主人任意处分。《唐律疏议》规定:“诸监临主守,以官奴婢及畜产私自借,若借人及借之者,笞五十;计庸重者,以受所监临财物论。驿驴,加一等。”这说明,唐代奴婢在法律上地位与畜产等同,甚至比驿站的驴马的地位还低。

① (宋)王溥:《唐会要》卷三一《舆服上》,上海古籍出版社 2006 年版,第 671 页。
② (宋)王溥:《唐会要》卷八六《奴婢》,上海古籍出版社 2006 年版,第 1859 页。
③ 刘俊文:《唐律疏议笺解》卷四《名例律》,中华书局 1996 年版,第 317 页。

有关部曲、奴婢之类贱民身份的变化，如免为良人、释放从良，唐朝法律亦有规定。如“受田、进丁、老免与百姓同，其有反逆及应缘坐亦与百姓无别”①，可免为良人，任所乐居所，而编附之。唐代李林甫主持编纂的《唐六典》对于官奴婢和死奴的释放体制做了详细规定：都官郎中、员外郎掌配没隶，簿录俘囚，以给衣粮、药疗，以理诉竞、雪免；凡公私良贱必周知之。凡反逆相坐，没其家为官奴婢。反逆家男女及奴婢没官，皆谓之官奴婢。男年十四以下者，配司农；十五已上者，以其年长，命远京邑，配岭南为城奴。一免为番户，再免为杂户，三免为良人，皆因赦宥所及则免之。凡免皆因恩言之，得降一等、二等，或直入良人。诸《律》《令》《格》《式》有言官户者，是番户之总号，非谓别有一色。年六十及废疾，虽赦令不该，并免为番户；七十则免为良人，任所居乐处而编附之。凡初配没有伎艺者，从其能而配诸司；妇人工巧者，入于掖庭；其余无能，咸隶司農。凡诸行宫与监、牧及诸王、公主应给者，则割司农之户以配。诸官奴婢赐给人者，夫、妻、男、女不得分张；三岁已下听随母，不充数。若应简进内者，取无夫无男女也。其余杂伎则择诸司之户教充。官户皆在本司分番，每年十月，都官按比。男年十三已上，在外州者十五已上，容貌端正，送太乐；十六已上，送鼓吹及少府教习。有工能官奴婢亦准此。业成，准官户例分番。其父兄先有伎艺堪传习者，不在简例。凡配官曹，长输其作；番户、杂户，则分为番。番户一年三番，杂户二年五番，番皆一月。十六已上当番请纳资者，亦听之。其官奴婢长役无番也。男子入于蔬圃，女子入厨膳，乃甄为三等之差，以给其衣粮也。四岁已上为小，十一已上为中，二十已上为丁。春衣每岁一给，冬衣二岁一给，其粮则季一给。丁奴春头巾一，布衫、袴各一，牛皮靴一量并毡。官婢春给裙、衫各一，绢禅一，鞋二量；冬给襦，复袴各一，牛皮靴一量并毡。十岁已下男春给布衫一、鞋一量，女给布衫一、布裙一、鞋一量；冬，男女各给布襦一、鞋韎一量。官户长上者准

① 刘俊文：《唐律疏议笺解》卷一七《贼盗律》，中华书局1996年版，第1248页。

此。其粮:丁口日给二升,中口一升五合,小口六合;诸户留长上者,丁口日给三升五合,中男给三升。凡居作各有课程。丁奴,三当二役,中奴若丁婢,二当一役;中婢,三当一役。凡元、冬、寒食、丧、婚、乳免咸与其假焉。官户、奴婢,元日、冬至、寒食放三日假,产后及父母丧、婚放一月,闻亲丧放七日。有疾,太常给其医药。其分番及供公廨户不在给限。男、女既成,各从其类而配偶之。并不得养良人之子及以子继人。每岁孟春,本司以类相从而疏其籍以申。每岁仲冬之月,条其生息,阅其老幼而正簿焉。每岁十月,所司自黄口以上并印臂,送都官阅貌。[①] 一般来说,官户、官奴婢有废疾及年逾70岁者,都可援引上述令文解除贱民身份。民间也允许放良,其程序是“放奴婢为女者,并听之。皆由家长给手书,长子以下连署,仍经本属申牒除附”[②]。史载“显庆二年十二月敕:放还奴婢为良及部曲客女者,听之。皆由家长手书,长子已下联署,仍经本属申牒除附。诸官奴婢年六十已上及废疾者并免贱。”[③]此外,部庄、奴婢亦可“自赎免贱”。《唐律疏议》里以问答的形式对此流程做了阐述,“问曰:放客女及婢为良,却留为妾者,合得何罪?答曰:妾者,娶良人为之。据《户令》:自赎免贱,本主不留为部曲者,任其所乐。况放客女及婢,本主留为妾者,依律无罪,准自赎免贱者例,得留为妾。”[④]

(二)行为能力

隋唐时期的民事行为能力依然和成丁的年龄规定密切相关。隋《开皇令》规定:“男女三岁以下为黄,十岁以下为小,十七岁以下为中,十八岁以上为丁。”18岁受田亦即法律规定具有独立从事农桑的能力。唐律规定21岁为丁男、16岁为中男,但“中男年十八以上者”,亦可按丁男受田,实际亦同样认定是18岁具有完全从事农桑的能力。《唐律疏议·户

① (唐)李林甫:《唐六典》卷六《刑部尚书·都官郎中员外郎》,中华书局1992年版,第194页。
② 刘俊文:《唐律疏议笺解》卷二《名例律》,中华书局1996年版,第200页。
③ (宋)王溥:《唐会要》卷八六《奴婢》,上海古籍出版社2006年版,第1859页。
④ 刘俊文:《唐律疏议笺解》卷一二《户婚律》,中华书局1996年版,第950页。

婚律》"嫁娶违律"条规定:其男女被逼,若男年十八以下及在室之女,亦主婚独坐。隋文帝颁新令,男女三岁以下为黄,10岁以下为小,17岁以下为中。18岁以上为丁,以从课役。60岁为老,乃免。开皇三年,乃令人以21岁成丁。炀帝即位,户口益多,男子以22岁成丁。高颎奏以人闲课税,虽有定分,年常征纳,除注恒多,长吏肆情,文帐出没,既无定簿,难以推校。乃为输籍之样,请遍下诸州,每年正月五日,县令巡人,各随近五党三党共为一团,依样定户上下。帝从之,自是奸无所容矣。

在唐代,武德七年(618),始定律令。以度田之制:五尺为步,步二百四十为亩,亩百为顷。丁男、中男给一顷,笃疾、废疾给四十亩,寡妻妾三十亩。若为户者加二十亩。所授之田,十分之二为世业,八为口分。世业之田,身死则承户者便授之;口分,则收入官,更以给人。同年定令,男女始生为黄,4岁为小,16为中,21岁为丁,60为老。神龙元年,韦皇后求媚于人,上表,请天下百姓年二十二成丁,58岁免役,制从之。韦庶人诛后,复旧。玄宗天宝三载十二月制,自今以后,百姓宜以十八以上为中男,二十三以上成丁。①

六、宋代的民事个体

1. 皇帝与皇室

(1)祖宗家法对皇帝行为的规范

宋代皇帝谨守祖宗家法,对其民事行为和权利的行使多有规范。在诸多史料中,以吕大防给宋哲宗的奏本为典型,吕大防以皇帝事母后、对长公主的礼制、整肃内廷、宫室简朴等为例,证明遵循祖宗家法对皇帝日常行为和治理国家的益处,其称:"唯本朝百二十年中外无事,盖由祖宗所立家法最善,臣请举其略。自古人主事母后,朝见有时,如汉武帝五日一朝长乐宫。祖宗以来事母后,皆朝夕见,此事亲之法也。前代大长公主

① (唐)杜佑:《通典》卷七《食货·丁中》,中华书局1988年版,第155页。

用臣妾之礼。本朝必先致恭,仁宗以侄事姑之礼见献穆大长公主,此事长之法也。前代宫闱多不肃,宫人或与廷臣相见,唐入合图有昭容位。本朝宫禁严密,内外整肃,此治内之法也。前代外戚多预政事,常致败乱。本朝母后之族皆不预,此待外戚之法也。前代宫室多尚华侈。本朝宫殿止用赤白,此尚俭之法也。前代人君虽在宫禁,出舆入辇。祖宗皆步自内庭,出御后殿。岂乏人力哉,亦欲涉历广庭,稍冒寒暑,此勤身之法也。前代人主,在禁中冠服苟简。祖宗以来,燕居必以礼,窃闻陛下昨郊礼毕,具礼谢太皇太后,此尚礼之法也。前代多深于用刑,大者诛戮,小者远窜。惟本朝用法最轻,臣下有罪,止于罢黜,此宽仁之法也。至于虚己纳谏,不好畋猎,不尚玩好,不用玉器,不贵异味,此皆祖宗家法,所以致太平者。陛下不须远法前代,但尽行家法,足以为天下。哲宗甚然之。”①

(2)皇太子、皇子与公主的婚制

宋皇太子纳妃,其六礼皆与唐同,“妃朝见之明日又至皇帝、皇后阁内行盥馈之礼,皇帝、皇后复飨妃如宫中之仪。”②

宋皇子纳夫人,称国夫人,“不行册礼,其纳采、问名、纳吉、纳征、请期,皆皇帝临轩遣使。皇子将亲迎,皇帝临轩醮戒,夫人至宫之明日朝见皇帝、皇后,又明日行盥馈礼。”③

宋初,公主下嫁,“选婿召见,即拜驸马都尉,赐玉带、袭衣,谓之系亲。出降则申第。婿家行五礼,皆令掌昏者于内东门纳表,婿于东华门亲迎公主。至婿家之明日谒见舅姑,又明日行盥馈之礼。”④宋史对公主下嫁则记录了赐赠物品,非常奢华:“公主下降。初被选尚者即拜驸马都尉,赐玉带、袭衣、银鞍勒马、采罗百匹,谓之系亲。又赐办财银万两,进财之数,倍于亲王聘礼。出降,赐甲第。余如诸王夫人之制。掌扇加四,引

① (元)脱脱:《宋史》卷三四〇《吕大防传》,中华书局1985年版,第10843页。
② (明)徐一夔:《明集礼》卷二六《嘉礼·皇太子纳妃·总序》。
③ (明)徐一夔:《明集礼》卷二七《嘉礼·亲王纳妃·总序》。
④ (明)徐一夔:《明集礼》卷二七《嘉礼·公主出降·总序》。

障花、烛笼各加十，皆行舅姑之礼。诸亲递加赐赉。其县主系亲以金带，赐办财银五千两，纳财赐赉，大率三分减其二。宗室女特封郡君者，又差降焉。”①

2. 官员

官员除开政治权力外，也享有特殊的民事主体地位。北宋对于官员分配给职田，以外任官为主，根据界别不同享有不同数量的职田。北宋真宗时期，两京、大藩府四十顷，次藩镇三十五顷，防御、团练州三十顷，中、上刺史州二十顷，下州及军监十五顷，边远小州、上县十顷，中县八顷，下县七顷，转运使、副使十顷。其中州县长吏得百分之五十，以次官差减。到仁宗庆历三年(1043)，“颁定天下职田顷亩数目，令三司指挥。无职田处，及有职田而顷亩少处，并元标得山石积潦之地不可耕植者，限三年内，检括官荒田并户绝地土，及五年以上逃田支拨添换，以庆历四年为始。斯盖陛下所以劝群臣、养廉吏之大惠也。”②更定守令佐职田顷亩之限：大藩府长吏二十顷，通刺八顷，判官五顷，余并四顷。防、团、刺史州、小军监及上、中、下县，类此。陆田以三月底、水田以四月底、麦田以上年九月底为限，官员在限前到任者，才能享有当年的职田租入。范仲淹曾分别上书《治体·奏复位职田顷亩》《奏议·论职田不可罢》，强调“天下幕职、州县官、三班使臣俸禄微薄，全藉职田济赡，其无职田处，持廉之人例皆贫窘。”③声明职田收入对官员养廉的重要性。职田在增加官员收入的同时，也使得官员以职田收成作为交易对象，参与到民事、商事生活之中。

3. 家内奴婢民事主体身份的完全确立

两宋时期，民事生活中的一大变化就是普通民事主体得到显著发展，其中，以往形同畜产的奴婢、客户等贱民改变了其低贱的身份，以契约行

① (元)脱脱：《宋史》卷一一五《公主下降仪》，中华书局1985年版，第2732页。
② (宋)李焘：《续资治通鉴长编》卷一四五，中华书局2004年版，第3511页。
③ (宋)范仲淹：《范仲淹全集》，中华书局2020年版，第625页。

为建立的雇佣关系流行于社会，以平等的民事主体身份与主户之间建立民事关系。商人也伴随着商品经济的发展，行商、行户以广泛的商业行为，“凡雇觅人力、干当人、酒食、作匠之类，各有行老供雇”①，扮演着重要的社会角色。但“名籍”、行业依然约束着商人的身份，行商、行户有世代承袭的籍户。“诸般百物，皆有行名。人户之挂名籍，终其身以至子孙，无由得脱。”②

（1）以契约关系确立家内服役

首先，两宋时期不再将罪犯及其家属籍没入官府为奴，奴婢的后代也不再继续是奴婢。家内的“人力”和“女使”主要以契约为手段雇佣而来。南宋文人方回说：“近代无从坐没入官为奴婢之法，北方以兵掳则有之。近代法不善者，宦官进子，宫无罪之人；良人女犯奸三人以上理为杂户，断脊杖，送妓乐司收管。”③表明只有当良民女子犯奸且情重的情况下才将其断为“杂户”。此外，前朝必然会将“三谋一叛”案犯株连家属为奴的制度，在宋代也只是偶尔出现，如真宗时令：军士叛国者，“先监其家属，限百日招诱，限满不获，实入贼境者，其妻子论如法”，“即没为奴婢”④。《庆元条法事类》中也有个别条款将罪犯配为奴婢的⑤，但这种现象在两宋时期已非常少见。婢仆的主要来源，是一般良民迫于饥荒或兵荒而自愿受雇成为家内服役者。这些人通过“行老”、“牙婆”等居间，而与主人家建立雇佣关系，即所谓“凡雇觅人力，干当人、酒食作匠之类，各有行老供雇；觅女使，即有引至牙人”⑥。

其次，双方成立的契约关系是建立在自愿基础上的。雇佣关系是依

① （宋）孟元老：《东京梦华录》卷三《雇觅人力》，大象出版社 2019 年版，第 28 页。

② 曾枣庄、刘琳主编：《全宋文》第三一二册卷七一五五，上海辞书出版社、安徽教育出版社 2006 年版，第 365 页。

③ （元）方回：《续古今考》卷三六《酒浆笾醢醯盐幂奄女奚》。

④ （宋）李焘：《续资治通鉴长编》卷五五，中华书局 2004 年版，第 1204 页。

⑤ （宋）谢深甫：《庆元条法事类》卷七五，国家图书馆出版社 2014 年版，第 776—810 页。

⑥ （宋）孟元老：《东京梦华录》卷三，大象出版社 2019 年版，第 28 页。

赖交易两造自愿建立的契约关系而确立。宋真宗时即规定,“自今人家佣赁,当明设要契”。① 与前朝强制性征为奴婢的贱民不同,这些契约中的受雇方都是良民,“今之童仆,本佣雇良民。”②契约的自主和自愿原则受到法律的保护。两宋对于官吏利用职权强雇属民为婢仆,以及债权人强迫不能履行债务的债务人为婢仆的行为均严加限制,在太宗时便针对“贫人负富人息钱无以偿,没入男女为奴婢”的不法行为而下诏:“限诏到,并令检勘,还其父母。敢有隐匿者,治罪。”③对以债负质人为奴者更为法律所不容,太祖时即针对“岭南民有逋负者,县吏或为代输,或于兼开之家假贷,则皆纳其妻女以为质”的情况而“诏所在严禁之”。④ 官僚以债负强质人口者,人质家属还可上告,如真宗时驸马都尉石保吉,有人贷其钱,息不尽入,质其女。其父上诉,真宗亟命遣还。⑤ 神宗元丰三年(1080)十二月臣僚亦上言称:“海南多贫缺,举贷于豪富之家,其息每岁加倍,辗转增益,遂至抑雇儿女,脱身无期。乞严诫官司觉察。”⑥《庆元条法事类》则对以债质人或以债强雇人的行为规定了严厉的法禁:“诸以债质当人口(原注:虚立人力,女使雇契同)杖一百,人放逐便,钱物不追,情重者奏裁。”⑦

第三,两宋政府也对略良人为奴的行为严加打击,使雇佣关系实现家内服役成为唯一合法途径。北宋时“江湖民掠良人南岭外为奴婢”者甚多,广南提刑周湛到任后,“设方略搜捕,又听其自陈,得女二千六百人,给饮食,还其家。”⑧北宋出现,政府要求释放以收买的方式获得的奴婢,开宝四年(971)太祖降诏:“应广南诸郡民家有收买到男女为奴婢,转将

① (元)马端临:《文献通考》卷一一,中华书局 2011 年版,第 319 页。
② (清)毕沅:《续资治通鉴》卷二三,中华书局 1957 年版,第 533 页。
③ (元)马端临:《文献通考》卷一一,中华书局 2011 年版,第 318 页。
④ (宋)李焘:《续资治通鉴长编》卷一三,中华书局 2004 年版,第 282 页。
⑤ (元)脱脱:《宋史》卷二五〇《石保吉》,中华书局 1985 年版,第 8813 页。
⑥ (宋)李焘:《续资治通鉴长编》卷三一〇,中华书局 2004 年版,第 7522 页。
⑦ (宋)谢深甫:《庆元条法事类》卷八〇,国家图书馆出版社 2014 年版,第 902 页。
⑧ (元)脱脱:《宋史》卷三〇〇《周湛传》,中华书局 1985 年版,第 9967 页。

佣赁以输其利者,今后并令放免。敢不如诏旨者,决杖配流。”①刑法上更专设有“略人为奴婢”罪,故史称两宋“略人之法,最为严重”,“略人为奴婢者,绞”。② 而“见任官买贩生口,尤法禁之所不许,违者至于勘杖编配,绳之以法。”③北宋时期的边肃、肖固等皆因市人口而受到处罚。县尉黄友雇买部民女三人为女使,亦被“勘杖一百,押出本路界”,引见牙人、牙婆两名亦被杖八十④。

由此,自愿雇佣,以雇佣契约确立双方间的权利义务关系在两宋已形成主流,两宋法律适时进行规范则有利于这一趋势的正常发展。

(2)家内服役的“人力”“女使”获得独立的人格地位

两宋时期由契约确立的家内服役的奴婢与主人之间的权利义务关系是相对平等的,奴婢也可以拥有较为完整的民事权利。首先,服役者按契约约定的雇佣期限、雇值或工钱等,有权收取酬金,并在期满后自由选择自己的未来,主人再也不能世世代代永久地占有役使奴仆人身了。北宋真宗时规定:“自今人家佣赁,当明设要契及五年。”⑤说明家内服役者的年限一般在5—10年,在此期限内,主人虽可以转雇于他人,但总计不得超过法定年限。“以人之妻为婢,年满而送还其夫。以人之女为婢,年满而送还其父母。以他乡之人为婢,年满而送归其乡。此风俗最近厚者,浙东士大夫多行之。有不还其夫而擅嫁他人,有不还其父母而擅与嫁人,皆兴讼之端。况有不恤其离亲戚,去乡土,役之终身,无夫无子,死为无依之鬼,岂不甚可怜哉?”⑥袁采在这里说,以人之妻为婢,年满而送还其夫;以人之女为婢,年满而送还其父母;以他乡之人为婢,年满而送归其乡。

① (元)马端临:《文献通考》卷一一,中华书局2011年版,第318页。
② (宋)窦仪等:《宋刑统》卷二五《诈伪律》,中华书局1984年版,第396页。
③ (明)张四维:《名公书判清明集》卷九,中华书局1987年版,第357页。
④ (明)张四维:《名公书判清明集》卷九,中华书局1987年版,第357页。
⑤ (元)马端临:《文献通考》卷一一,中华书局2011年版,第319页。
⑥ (宋)袁采:《袁氏世范》卷三《雇女使年满当送还》,商务印书馆2017年版,第145页。

其次，服役者享有独立的人格权，而不再像畜产那样由主人随意处置。咸平元年(998)真宗下诏："川峡路理逋欠官物，不得估其家奴婢价以偿。"①即奴婢不能再作为主人的资财而用来偿债。主人犯罪被刑需要籍没家产者，奴婢也不再作为家产予以没官，相反，却是予以释放。如太宗时，大臣卢多逊因罪被流后，"亲属开配求边远州郡，部曲，奴婢纵之"②奴婢不再是贱民，其身份等级与良人之间的差别缩小了。

第三，家内服役者可以在一定条件下向官府控告主人。唐律规定："奴婢告主，非谋反、逆、叛者，皆绞，告主之周亲及外祖父母者流，大功以下亲徒一年。"奴婢是附属于主人的，没有个体的基本权利。在两宋，奴婢告主的限制得到放宽。孝宗时规定，凡以耕牛、战马、茶叶等走私贩入金界交易者，"许诸色人告扑，尝钱二千贯。及人力、女使告首者，并与免罪，与依诸色人告扑支偿"。③

4. 手工业劳动者主体地位的进一步确立

手工业劳动者以雇工形式出现在宋代，改变了以往依附于官府及私人的属性，确立起明确的雇佣关系。

首先，手工业者与业主以自愿的方式确立雇佣关系。一部分农民从土地生产中摆脱出来，成为出卖劳动力或手艺的工匠。孟元老在《东京梦华录》里说，在汴京，"倘欲修整屋宇、泥补墙壁、生辰忌日欲设斋僧尼道士，即早晨桥市街口皆有木竹匠人，谓之杂货工匠，以至杂作人夫、道士僧人，罗立会聚，候人请唤，谓之罗斋"。④

其次，手工业者与业主确立起没有人身依附关系的货币关系。在人身自由的基础上，手工业者以货币方式与业主形成劳动力、手工艺间的买卖关系，在契约约定的时限或事项结束后，就自由离开，双方之间的身份

① (元)马端临:《文献通考》卷一一，中华书局 2011 年版，第 319 页。
② (元)脱脱:《宋史》卷二六四《卢亿传》，中华书局 1985 年版，第 9119 页。
③ 刘琳等:《宋会要辑稿·刑法》，上海古籍出版社 2014 年版，第 9247 页。
④ (宋)孟元老:《东京梦华录》卷四，大象出版社 2019 年版，第 33 页。

基本处于平等地位。《夷坚志》支甲卷五《灌园吴六》载:"临川市民王明,居层间贩易,赀蓄微丰,买城西空地为菜园,雇健仆吴六种植培灌,又以其余者俾鬻之。受佣累岁,织熙辛亥,力辞去,留之不可。"所谓"留之不可"即说明雇工有解除契约关系的权利,雇主不能控制雇工的人身自由。陆游《剑南诗稿》有诗曰:佣耕食于我,客主同爨炊。瓦盎设大杓,菹苋羹园葵。一饱荷锄出,作劳非所辞。① 雇主与雇工同桌共饮,正说明他们没有身份性差别。

5. 佃户的民事主体地位得到保障

宋代的客户即是佃户、佃农。他们没有田产,受雇于人劳作。"乡墅有不占田之民,借人之牛,受人之土,庸而耕者,谓之客户。"②客户向田主缴纳田租,向国家服徭役但不纳田赋,享有人身来去的自由,有行使买卖、雇佣的权利,是古代中国人身依附关系松弛的一大表现。

宋代法律承认主户、客户,并将客户编入户籍。宋仁宗天圣五年诏:"江淮,两浙,荆湖,福建,广南州军,旧条:私下分田客非时不得起移,如主人发遣,给予凭由,方许别住。多被主人折勒,不放起移。自今后客户起移,更不取主人凭由,须每年收田日毕,商量去处,各取稳便。即不得非时衷私起移,如是主人非理拦占,许经县论详。"③大意是,旧制,私下分田的佃农不得随意移动,如果是地主发遣,要发凭由,才能允许别住。(这些佃户)多被地主凭旧规扣留佃户,不放别住,而现在变更法则为不用去地。袁采曾讲到要体恤佃客,说"国家以农为重,盖以衣食之源在此。然人家耕种,出于佃人之力,可不以佃人为重。遇其有生育婚嫁,营造死亡,当厚赒之。耕耘之际,有所假贷,少收其息,水旱之年,察其所亏,早为除减。不可有非理之需,不可有非时之役,不可令子弟及干人,私有所扰,不

① (宋)陆游:《陆游全集・剑南诗稿》卷四八,浙江古籍出版社 2015 年版,第 145 页。
② (宋)石介:《徂徕石先生文集》卷八《录微者言》,中华书局 1984 年版,第 87 页。
③ 曾枣庄、刘琳主编:《全宋文》第四十四册卷九四七,上海辞书出版社、安徽教育出版社 2006 年版,第 125 页。

可因其雠者告语，增其岁入之租，不可强其称贷，使厚供息，不可见其自有田园，辄起贪图之意。视之爱之，不啻于骨肉。则我衣食之源，悉藉其力，俯仰可以无愧怍矣。”①总体上，两宋佃农不再是“私属”而是国家编户齐民中的一员。宋真宗天禧五年下诏：“诸州县自今招来户口及创居人中开垦荒田者，许依格式申入户口籍。”②允许无地农民自由迁移和流动。宋神宗时曾言，“近世之民，离乡轻家，东西南北转徙而之四方，固不以为思。而居作一年，即听附籍。”③

七、元代的民事个体

元代实行严格的户籍管理制度，以军民、职业、民族等标准进行划分，称为“诸色户计”。各编户内的个人是主要的民事个体，如军户、民户、站户、匠户、盐户等等。元代的编户制度带有军事制度的残余，有浓厚的人身依附色彩，较之唐宋民事个体地位平等的发展趋势是严重的倒退。

元代还实行民族歧视政策。如汉人、南人不得拥有马匹，不能集体打猎，不能拥有武器。蒙古人酒醉之后打死汉人，只要交出烧埋银即可逃脱法律的追究。这是元代实行民族压迫政策的体现。

1. 编户

元政府按贫富等差将民户分为上、中、下三等户，每等分三级，如上上、上中、上下等，称为三等九甲，登记户等的簿籍叫作“鼠尾之簿”。不同等级在徭役赋税等的征派上，也有所不同，他们所享有民事权利、负有的民事义务亦有一定差别。元朝政府还将其所属人口按期服差役的类别、交纳贡赋的品种以及种族、宗教职业等区别，分为民户、站户、军户、匠户、冶金户，打铺户、葡萄户、畏兀儿户、也里可温户、儒户等，称之为“诸

---

① （清）王梓材、冯云濠：《宋元学案补遗》卷四四《袁氏世范》，中华书局 2012 年版，第 2416 页。

② （元）马端临：《文献通考》卷一一，中华书局 2011 年版，第 297 页。

③ （宋）李焘：《续资治通鉴长编》卷二一四，中华书局 2004 年版，第 5214 页。

色户计”。不同的户从事不同的职业,在法律地位上也不相同,在诉讼管辖上各有所属。各种户为世袭,祖孙承替。

《元典章》在《户部·户计·籍册·户口条画》中详列了各种户籍的管理:“蒙古、探马赤投下军人不在当差额内,无问附籍漏籍、应役不应役,今次取勘到官,发与枢密院收系,就便定夺”、“系官诸色元籍正匠并改色人匠,见入局造作者,依旧充匠除(是)”、“壬子年附籍打捕户应当丝料、(色)〔包〕银,替头里送纳皮货到今,别无定夺。若有争差户计,即便官陈告者,仰照依乙未年元籍名色归着”、“斡脱户:见奉圣旨、诸王令旨,随路做买卖之人,钦依先帝圣旨,见住处与民一体当差。”①

2. 官僚

元朝的官僚体系中军官占有特殊地位,既有很大的政治特权和显贵地位,又管理着很多的军人。为防止他们利用权力盘剥军民,法律对其民事行为做了相应限制。

如《元典章》中禁止官吏买入民房,“至元二十一年四月,中书省:奏过事内一件:在先收附了江南的后头,至元十五年,行省官人每、管军官每,新附人的房舍事产不得买要(呵),买要呵,回与他主人者。么道,圣旨行了来。如今,卖的人用着钞呵,没人敢买,生受有。人待买呵,怕圣旨有。依着圣旨,官人每不得买,百姓每买呵、卖呵,怎生?么道,阔阔你(教)〔敦〕为头众人商量了,与中书省家咨示来。中书省官人每俺众人商量得:依已前体例,官吏不得买者,百姓每得买卖者。么道,奏呵,那般者”。②

在《户部》编中规定军官不得向部下放贷,“为常德路武陵县石应庚等告,李县丞借(讫)中统钞一十定不肯归还,取讫招词。不见定例,难议区处。申奉行台札付,移准御史台咨,奉中书札付:送刑部,议得:在任官吏除亲戚故旧之家外,今后凡取借部下诸人钱债,合行明立保见出息文

---

① 方龄贵:《通制条格》卷二《户令》,中华书局 2011 年版,第 18 页。

② 陈高华等:《元典章》卷一九《户部·田宅·房屋·禁官吏买房屋》,天津古籍出版社、中华书局 2011 年版,第 679 页。

约。若不依数归还,理宜究治,难议计赃科断黜降。参详,拟合从一多者为重,准不枉法例减二等断罪相应。都省准呈,仰依上施行”、“议牒:亲民之官取借部民钱本,理宜禁绝。若有违犯,验所得息钱计赃坐罪,比依取受不枉法定论。卑司看详,副使所言系为例事理,申乞照验。得此。看详,如令合干部分议拟相应。具呈照详。送刑部,议得:凡借部下诸人钱债,合依已拟,遵依都省元行,明呈保见出息文凭,依理归还。如有指借为名,不立保见,又不依数归还,从一多者为重,依不枉法例减二等断罪。其恃势强借,就托上户领钱营运以求利者,准上科罪相应。具呈照详。都省议得,除亲戚故旧之家,余准部拟。仰依上施行。”①

对军官借贷给军人钱财的利息做了规定,“刑部呈:奉省判:詹事院据左卫率府呈:军人张林状告:凭本奕鞠令史、于弹压作保写立文字,于本管百户孛兰奚处借到行利钱中统钞一百两,三次番作一十七定一十两,勒令林还讫。又冯小三状告:令军人小黄作保,于孛兰奚百户处二次借到中统钞五定,本利该钞一十定。孛兰奚百户令伊男课厮前来本家索讫马一匹折钞七定、绫二匹折钞二定、又钞一定,计还讫一十定,元立文字不肯分付。延佑六年正月内,本官又行勒令小三还讫钞二十定,又要讫钞二定、绢子一匹,不将元立文字分付。责得孛兰奚招伏是实。得此。具呈照详。本院议得:百户孛兰不修军政,惟务贪婪。一年之间,违例三次倒契,逼勒军人多取本息。幸遇释免,革后不改前过,止依虚契,多追利钱。若依左卫率府所拟断罪,标附过名,依旧勾当,切恐挟恨生事,蠹害军人,事有未便。拟将本官断决三十七下,解见任别行求仕,已追钞定依例没官。干连军司鞠谅不应罪犯,笞决一十七下。缘系为例事理,宜从合干部分定拟,具呈照详。送刑部议得:百户孛兰奚所招,不合违例三次倒换本管军人张林等借钱文契,多取利息,革后不行追改,依前多追利钱入已罪犯,比例(万户赤干例,见前)量拟三十七下,依旧勾当,标附私罪过名。外据多取

① 陈高华等:《元典章》卷二七《户部·钱债·私债·部下不得借贷》,天津古籍出版社、中华书局 2011 年版,第 2131 页。

本息钱钞,并军司鞠谅不应罪犯,依准詹事院所拟相应。得此。都省议得:百户孛兰奚所犯,若准依旧勾当,恐致生事扰害军人,拟合回避本奕,余准部拟。除外,合下仰照验施行。今据见呈,本部议得:百户孛兰奚所招,不合违例倒换本管军人张林等借钱文契,革后不行追改,依前多取利钱入己,罪遇释免。若拟回避本奕定论,终非因事受财,似涉太重。合依本部元拟,比例依旧勾当,标附私罪过名,本息依例没官相应。具呈照详。得此。都省除外,仰依上施行。"还有大德八年刑部奉中书省的札付也明确"本部议得:万户赤干于大德六年六月,将钞四定借与泉州住坐军人扎也莫元等六名,每名实与钞三十三两三钱。一纸文书,放令各人在家买卖,逐月供送柴炭等物。又将钞一十定借与军人陈广赌,写作一十五定文字,加倍取息,本利通该钞三十八定一十三两九钱五分。既已追纳,合依廉访司所拟没官。本(管)〔官〕所犯,即系不应,既遇释免,如令本(管)〔官〕依旧勾当,标附相应。今来本部再行议得:赤干所犯,拟将本利钞定没官。外据元招情罪,钦遇原免,本(管)〔官〕职役从枢密院别行迁调相应。具呈照详。都省议得:万户赤干所招罪犯,钦遇诏赦原免。本(管)〔官〕职役,合准刑部先拟,依旧勾当,标附,余准所拟。"①

3. 佃户

佃户只要没有人身依附关系,在法律上被视为良民,不允许随意买卖。《通制条格》在《户令·典卖佃户》篇中专门做了禁止性规定。"至元十九年十二月,御史台呈:山南湖北道按察司申,江南富户,因买田土,方有地客,即系良民,主家科派,甚于官司,若地客生男,便供奴役,若有女子,便为婢使,或为妻妾。今后合无将前项地客户计,取勘实数,官司籍记,重立罪赏,禁治主家科派,使令与无税民户一体当役。又峡州路判官史择善呈:本路管下民户,辄将佃客计其口数,立契典卖,不立年限,与驱口无异。此等良民,生长山谷,无由告官,任人苦役,饥寒委可怜念。其间

① 陈高华等:《元典章》卷二七《户部·钱债·私债·军官多取军人息钱》,天津古籍出版社、中华书局 2011 年版,第 2131 页。

有将些小荒远田地,夹带佃户典卖,称是随田佃客,公行立契。又佃客男女婚姻,主户拦当,需求钱物,方许成亲。宪台相度,前项事理,即系亡宋弊政,至今未能改革。南北悉皆王民,岂有主户将佃客看同奴隶,役使典卖、男女婚嫁,亦听主户可否之理。拟合严行禁约。”①

4. 商贾

元代商贾又可分为官营、商营、回回营三种,回回营商也叫“斡脱”。元朝政府采取境内各人群交错管理的体制,任用中亚穆斯林贵族作为汉地的长官,因而回商往往与这些贵族勾结在一起,从事商贸和银钱借贷活动。回回商贾所放的高利贷叫“斡脱钱”,其当年本利相等,第二年在头一年的本利合算基础上生息,因此破称为“羊羔儿利”或“羊羔儿息”。蒙古地区早在成吉思汗时代即已存在商贷,其商贩则自鞑主至诸王、太子、公子等,都要付回回以银,或转贷给民众以生利息,“一铤之本,辗转十年后,其息一千二四铤”。② 元大都为当时闻名世界的商业大都市,有大批的商贾存在。元朝为管理对外贸易,曾先后制定两部市舶条例,对外贸易繁盛。商业贸易的兴起,也促成了大中城市的出现,城市商业化特色浓厚。商贾普遍以买卖、租赁、借贷、雇佣等为业,成为民商事主体。

5. 驱口

驱口为元代奴婢之名称。他们大多为战争中所获的俘虏,也有因负债或犯罪被没为驱口的,还有因迫于租赋饥荒自卖为驱口的,他们的法律地位为“律比畜产”,可以买卖、赠与,驱使,大都、上都等地就有专门买卖驱口的市场。“诸驱口壬子年已前得讫良书,于他人户下作驱附籍,比及照勘以来,除军、站、急递铺、驾船人等户下附籍人(口)〔户〕照籍相同,改正为良,充贴户外,其余诸色人等户下籍过户数,并仰收系当差。”③元代的驱口数量庞大,驱户有户籍,称为驱户、驱丁,和一般编户有区别。他们

① 方龄贵:《通制条格》卷四《典卖佃户》,中华书局 2011 年版,第 196 页。

② (宋)彭大雅:《黑鞑事略》,商务印书馆 1937 年版,第 8 页。

③ 方龄贵:《通制条格》卷二《户例》,中华书局 2011 年版,第 21 页。

非经放良或赎买，不能改籍。驱口一部分用于手工业生产和家务劳动，大部分用于农业生产，“岁责其租赋”。

八、明代的民事个体

1. 皇帝与宗藩贵族

明朝皇帝公开地设立皇庄、皇店，进行经营土地，参与工商贸易。据《宛署杂记》卷七记载：“我成祖以燕王北征，至山后小兴村，得张福等若干人降之，徙入内地，散处宛平黄垡；东庄营等地，听用力开垦为业。每出征，张福等为亲军，累迁指挥、千百户等官。有旨，以其地为王庄，量征子粒银两，即今建仓黄垡等处，盖成祖龙潜时私庄也。永乐改元，有司请庄所属改称皇庄。”这是有关皇庄的最早记载。以后，随明王朝皇位世代相替，皇庄数量日益增多，规模亦日益扩大。孝宗时，畿内有皇庄五处，占田一万二千八百顷，武宗时，又增建皇庄七处。至明中期，数量急剧增加。据嘉靖初年统计，自顺天八年至正德九年，所建皇庄有36处之多，占地达三万七千五百九十五顷。皇店是皇帝私人开设的店铺，最早出现于明武宗正德年间。徐学聚《国朝典汇》载：“（正德）八年四月，诏设开皇店。”此后，皇店数目日增，且规模日见扩大。皇店主要设置在京师地区及来往贸易集中的商业地区，如明时通州张家湾、卢沟桥、河西务等处，均有皇店。皇店由皇帝派专人进行管理经营：“经管各处客商贩来杂货。”明武宗朱厚照甚至假扮商贾，亲临皇店参与买卖活动。皇庄、皇店代表皇帝与农民、佃户和商贸发生各种民事关系。

明朝的宗藩贵族也占有大量庄田，独立地经营土地，拥有相当数量的店肆、场房，从事商业活动，因而成为独立的民事主体。

宗室庄田最早为明太祖为了巩固自己的统治而实行的分封制而起。他把24个儿子和1个从孙，分藩在腹里和边境。例如，明太祖除赐给燕王宛平黄垡庄熟田作王庄。其后，洪熙、宣德时起，各宗室通过钦赐、奏讨、纳献等方式将大量土地据为己有，庄田逐渐增多。如四川蜀王府的庄田自灌县至彭山县，占据了成都平原的大部分沃壤。楚王府的庄田遍布湖广，远至陕西平凉府固原州。宗室庄田的存在与经营导致了租佃等民事法律关系的建立。

明初禁止宗室经商。如驸马都尉欧阳伦，派家人到陕西贩卖私茶，被明太祖赐死。但到了明朝中叶，随着商品关系的发展，尽管法禁未开，但宗室的商业活动日趋频繁。至明后期，宗室"与民交易"已"习以为常"，禁止宗室经商的法令已成具文。宗室的商业活动的主要形式有开设店肆和经营手工业。其时，宗室开设店肆已成常事。

在明代，宗藩的身份和财产都是世代承袭，国家专门制定了《宗藩条例》来进行规制。如明确嫡子、世子，"查得《皇明祖训》：亲王嫡长子年及十岁，朝廷授以金册、金宝，立为王世子。正妃未有嫡子，其庶子止为郡王。待王与妃年五十无嫡，始立庶长子为王世子。"①改封世孙，"亲王之孙封为世孙，此定制也。今后各府有嫡长孙如翊巨，别无他故可议者，听令照例请封，以正名分。"②他们身份上的特殊性还体现在婚配关系上，如弘治十六年令，"各王府子女不许于本府军校之家选配。"嘉靖五年令，"各王府选婚有失伦序者，不许保结起送。"③

2. 地主、小农

地主与小农拥有自己的田产，身份独立，是独立的民事个体，在民事法律关系中占有重要地位。明初，起于布衣的朱元璋，出于对元朝地主欺凌小民、武断乡曲的切身体会，采取了抑制豪强、鼓励垦荒的政策，促成了农民数量的增加。地主和小农可以凭借其土地资源与其他佃农建立雇佣关系。土地所有者在农事之余，还进行一些手工副业的生产和交换，去追逐"市井之利"，参与工商业活动，成为独立的商品经营者。明代中后期，地主与小农的民事活动涉及农工商等领域，从而成为积极的、享有特权的

① （清）张廷玉等：《明史》卷五四《册亲王及王妃仪》，中华书局 1974 年版，第 1375 页。
② 《宗藩条例》卷上《改封世孙》，第 34 页。
③ 《宗藩条例》卷下《仪宾婚配》，第 21 页。

民事主体。

3. 商人

商人是明代商品流通领域内的主要民事主体，还间或参与其他领域的民事活动。中国古代由于采取重农抑商的政策，商人的权利受到不少限制。但自宋明以后，这种情况大为改观。以明代而言，为政者并不压制商人。明太祖曾敕户部曰："古先哲王之时，其民有士农工商，皆专其业，朕有天下务俾商贾以通有无。"①洪武八年三月，"南雄商人以货入京，至长淮关，吏留税之。既阅月而货不售，讼于官，帝闻之，回：商人远涉江湖，各有所向，执而留之，非人情矣。且纳课于官，彼此一耳。迟留月日而使货不售，吏之罪也，命杖其吏，而追其俸以偿商人。"②不仅保护商贸流通，而且对商人损失作了赔偿。因此，明代的商人的地位有所提高。商人群体日益扩大，"贾人几遍天下。"明中期以后，地主、官僚、士人也加入到商人行业。他们的加入进一步提高了商人的地位。

4. 手工业者

手工业者，是指具有一技之长并拥有一定资产的工匠。明代把手工业者编入匠籍，但工匠已不像在元代那样长年累月服务于官府。明代工匠基本上分成住坐和轮班两种。但不论轮班还是住坐匠，在服役时间之外，都可以"自由趁作"。这期间做出的产品通常进入流通领域。因此，手工业者作为商品的所有者，同时也是民事个体。明中叶以后，随着手工业市镇的兴起和城镇居民脱离农业从事工商业，手工业者数量迅速扩大。但需要指出的是，明政府对民营手工业实行种种限制和野蛮掠夺。如制瓷业中的"官搭民烧"制度，即嘉靖以后，在景德镇将一部分原由官窑生产的瓷器，搭民窑烧造，给价很低，烧不成要按价赔造，许多民窑因而破

① 《明太祖实录》卷一七七，"中央研究院"历史语言研究所1962年版，影印国立北平图书馆红格抄本，第2687页。

② 《明太祖实录》卷九八，"中央研究院"历史语言研究所1962年版，影印国立北平图书馆红格抄本，第1673页。

产。所以,官府与手工业者之间形成的民事关系往往显失公平。

5. 佃农

佃农,是指无田而为人佃作的农业生产者。按明代法律规定:“佃客佃种田地之人也。”①佃农依其与佃主的关系可分为自由佃农和佃仆两种,前者人身较自由,后者与佃主存在人身依附关系,不仅对佃主承担一定的劳役,并且子孙相承。但不论是自由佃农还是佃仆,他们参与的民事关系主要在租佃领域。

与前代相比,佃农对地主的人身依附关系有所削弱,法律地位有所提高。洪武五年(1372)颁布了“佃见田主,不论齿序,并如少事长之礼;若在亲属,不拘佃主,则以亲属之礼行之。”②的命令。用宗法家长制的少长关系冲淡良贱的隶属关系,这与元代佃农对佃主“侍奉如承官府”有所不同。自由佃农与佃主的租佃关系依契约而定,一般而言,今年佃种,“明年可以弃而不种”。即使是佃仆,地主也不能超越契约的规定无限制地役使。至明中后期,“水佃制”的出现、佃农获取了更多的自主权。万历十五年(1592)定例规定,地主役使佃农抬轿为不合法:“若富豪之人役使佃客抬轿,虽势有相关,而分非所宜,故罪亦如役民之人者,杖六十。其所役民人佃客,每名每日追给工钱六十文。”③

6. 雇工

雇工是以出卖劳动力为生的人。《大明律·刑律·斗殴》之“奴婢殴家”条称雇工为“雇工人”,《问刑条例》则明确规定,“凡倩工作之人,立有文券,议有年限者,以雇工人论。止是短雇日月,受值不多者,依凡人论。”④明代雇工有相对独立的身份地位,尤其是明朝中叶以后已是一个重要的社会阶层。雇工按其所受雇行业可分为农业雇工和手工业雇工两

---

① 怀效锋:《大明律集解附例》卷五《户律·田宅》,法律出版社1999年版,第53页。
② 《明本纪校注》,中华书局2017年版,第118页。
③ 怀效锋:《大明律集解附例》卷一七《兵律·邮驿》,法律出版社1999年版,第131页。
④ (清)伊桑阿:《(康熙朝)大清会典》卷一二七,凤凰出版社2016年版,第1665页。

种。他们以契约方式确立雇佣关系,或“计岁受值”或“计月受值”或“计日受值”。尽管雇主与雇工之间还有“主仆名分”,但雇工一般都较自由,来去自愿。

7. 奴婢

与元代相比,明代的奴婢的数量较少,地位有所提高。奴婢依然可以被主人买卖、赠与,但奴婢也可以成立家室。明朝法律禁止“庶民之家,存养奴婢”,否则,“杖一百,却放从良”。[①] 明初也颁布诏令,将以往因战乱而为人奴隶者,即日放还。禁止将“迷失子女”“在逃子女”卖为奴婢,如何广在《律解辩疑》中讲,“若得迷失奴婢而卖者,各减良人罪一等。被卖之人不坐,给亲完聚。”其后详细说明了“议曰:谓如收得迷失奴婢,而卖与人为奴婢者,杖九十,徒二年半;为妻妾子孙者,杖八十,徒二年,谓各减良人罪一等。若得在逃奴婢而卖者,各减良人罪一等。其被卖在逃之人,又各减一等。若在逃之罪重者,自从重论。议曰:又各减一等者,谓得在逃奴婢而卖与他人为奴婢者,已减卖良人为奴婢罪一等,杖八十,徒二年;其在逃子女及奴婢被卖为奴婢者,又各减一等,杖七十,徒一年半。得在逃奴婢卖为妻妾、子孙者,已减卖良人为妻妾、子孙罪一等,杖七十,徒一年半;其在逃子妇及奴婢,被人卖为妻妾、子孙者,又各减一等,杖六十,徒一年。因承上文卖奴婢者已减等之罪,故谓之又各减一等。其自收留为奴婢、子孙者,罪亦如之。议曰:谓将在逃子女收留为奴婢者,杖九十,徒二年半;为妻妾、子孙者,杖八十,徒二年。收留在逃奴婢为奴婢者,杖八十,徒二年;为妻妾子孙者,杖七十,徒一年半。谓其典卖在逃子女及奴婢,同罪,故云罪亦如之。隐藏在家者,并杖八十。议曰:谓隐藏在逃子女及奴婢之人,故曰并杖八十。”[②]《大明律直解》中也讲,“凡收留人家迷失子女,不送官司而放卖为奴婢者,杖一百,徒三年;为妻妾、子孙者,杖九十,徒二年半。若得迷失奴婢而卖者,各减良人罪一等。被卖之人不坐,

---

① (清)沈家本:《历代刑法考·寄簃文存》卷一,中华书局1985年版,第2038页。

② (明)何广:《律解辩疑》大明律卷四《户律·户役·收留迷失子女》,第56页。

给亲完聚。若收留在逃子女而卖为奴婢者，杖九十，徒二年半；为妻妾、子孙者，杖八十，徒二年。若得在逃奴婢而卖者，各减良人罪一等。其被卖逃在之人，又各减一等。若在逃之罪重者，从重论。其自收留为奴婢、妻妾、子孙者，罪亦如之。隐藏在家者，并杖八十。若买者及牙保知情，减犯人罪一等，追价入官。不知者俱不坐，追价还主。若冒认良人为奴婢者，杖一百，徒三年；为妻妾，子孙者，杖九十，徒二年半。冒认他人奴婢者，杖一百”。①

明代民事个体的民事行为能力是以其民事权利能力为前提的。虽然明代规定 16 岁至 60 岁为成丁，将成丁有能力负担差役看作是具有完全民事行为能力，这一年龄区间之外的人则为限制行为能力或无行为能力。此外，不同的社会身份极大地影响到民事权利。如缙绅地主因其在政治、经济上处于优势地位，在民事生活中往往拥有平民所没有的权力和能力，如能利用土地所有权设立有利于自身的租佃契约关系、利用经济实力放高利贷获取高额利率等。相反，低等分层的个人的民事行为能力不能不受到各种限制，如，家族成员由于权利能力不高等，其行为能力也必然存在差别。家长作为一家之主而具有完全行为能力，而一般家族成员即使年龄已达到，其行为能力依然要受限制。可见，明代的个人民事权利能力和民事行为能力具有浓厚的宗法等级制的色彩。另外，官级爵位制和五服制在民事法律关系中具有重要意义。相比较元代，明代的人身依附关系较有所削弱，佃农、雇工、奴婢等社会底层的社会地位、法律地位有所提高，他们从事民事活动的自主权相对有所扩大。

九、清代的民事个体

1. 皇室、皇庄

清代皇帝占有大量土地，拥有数量巨大的皇庄，是特殊的民事主体。

① （清）伊桑阿等：《（康熙朝）大清会典》卷一三《户役 · 收留迷失子女》，中华书局 2016 年版，第 1504 页。

皇室皇庄的来源早先来自于清初的大规模圈地，从顺治元年至乾隆八年间，皇室在畿辅地区先后三次大规模圈占土地，掠得土地十七万余顷。《内务府定制》中所载内务府皇庄情况，便可见其一二："会计司擘领皇庄田亩诸事。田地各有等地。盛京庄八十有四；山海关外庄二百十有一：喜峰口、古北口外庄百三十有八，归化城庄十有三，畿辅庄二百二十有二。庄赋共地一万三千二百七十二顷八十亩有奇。"①嘉庆朝时编订的《大清会典》也载，皇帝拥有内务府所属1000多个田庄，占地393万亩。

2. 宗室觉罗

宗室觉罗作为贵族阶层也拥有大量田庄。据《大清会典事例》卷一三五记载：直隶和东北二地，宗室庄田133万亩。清代的宗室觉罗除开拥有大量土地外，作为民事主体，因其特殊身份，在民事行为方面也有一些特殊规定。如宗室觉罗禁止与汉人联姻，嘉庆时期就曾经下谕旨，要求"宗室觉罗定例不准与汉人联姻。本日宗人府奏移居盛京宗室户口单内，开写妻室氏族，内有张氏、李氏、白氏、陈氏。是否汉军，抑系汉人？其关氏或系瓜尔佳氏、童氏或系佟佳氏。亦当照本姓书写，不应讹为汉姓。着宗人府逐一查明。并普查宗室觉罗有无与汉人联姻之户。据实奏闻。已联姻者各予应得处分，不必离异。自此日始，申明定制，严行饬禁。"②

这一禁止性规定直到光绪二十七年才被终止，光绪皇帝下诏："朕钦奉慈禧端佑康颐昭豫庄诚寿恭献崇熙皇太后懿旨，我朝深仕厚泽，沦浃寰区，满、汉臣民，朝廷从无歧视。惟旧例不通婚姻，原因入关之初，风俗语言或多未喻，是以着为禁令。今则风同道一，已历200余年。自应俯顺人情，开除此禁。所有满、汉官民人等，着准其彼此结婚，毋庸拘泥。至汉人妇女，率多缠足，由来已久，有伤造物之和。嗣后搢绅之家，务当婉切劝导，使之家喻户晓，以期渐除积习。断不准官史胥役藉词禁令，扰累民间。如遇选秀女年份，仍由八旗挑取，不得采及汉人。免蹈前明弊政，以示限

① （清）昭梿：《啸亭杂录》卷八《内务府定制》，中华书局1980年版，第226页。

② 《清实录》卷二七〇，嘉庆十八年六月，中华书局2008年版，第8页。

制而恤下情。将此通谕知之。”①

宗室觉罗被禁止与下五旗包衣缔结婚姻。按照《宗室觉罗律例》的规定，“凡宗室觉罗不准与下五旗包衣结亲。违者照违制律治罪。”并以此，对觉罗瑞贵娶包衣李忠义之女为妻进行了处罚：“本府援照不准与民人结亲之例奏明。李忠义之女生有子女，入档时作为庶出。并请嗣后如有宗室觉罗之女嫁与包衣为妻，将主婚之宗室觉罗照违制律治罪。包衣之女嫁与宗室觉罗为妻，将主婚之包衣照违制律治。”②

宗室觉罗被禁止私买民女为妾。《清实录》记载了嘉庆二十五年的一个案件，对仪亲王之子绵志私买民女为妾做出了处罚，“宗室王公等纳妾，向俱于该管包衣庄头家挑选，绵志私买民人之女为妾，事前并未禀知仪亲王，直至生子后，始行禀明，已属不合。李长福因在绵志处往来，辄敢冒写仪亲王谕帖，擅戴翎顶，假冒职官，回籍诈骗。及逃走回京，向绵志恳请。绵志又不实时回明仪亲王究办，迁延多日。经朕将方受畴原奏令仪亲王阅看，仪亲王始知有此事。绵志种种错谬，实属咎无可辞。绵志着革去郡王职衔，仍留贝勒，革退镶蓝旗汉军都统，署正红旗汉军都统，并拔去花翎，仍罚贝勒俸四年，作八年扣缴，以示惩儆。其宗室王公等、有买民人之女为妾者，已往不究，此后概行禁止，如有违者，应作何惩处之处，着宗人府定议具奏。寻议，嗣后亲王至奉恩辅国公，有私买民女为妾者，一经查出，即行革爵。再包衣参领佐领，本有稽察包衣人丁户口之责。该员等应随时稽察，如王公内生有子女，并请封侧福晋、侧夫人、侧室等事。均责成该员等将所生子女之生母，其母家旗分佐领姓氏三代开写清册，钤用并防图记，限三日内呈报臣衙门办理。倘王公有私买民女为妾，及生有子女，捏报包衣女子所生等事。该员等豫行查出，呈报者免议。如未查出，或竟附和捏报，一经发觉，即将该员等照例交部严加议处。”③

---

① （清）朱寿朋：《光绪朝东华录》，中华书局1960年版，第4808页。

② 光绪《宗人府则例》卷三一，第20页上、第20页下。

③ 《清实录》卷三七二，嘉庆二十五年六月，中华书局2008年版，第28页。

3. 官僚贵族

一些大官僚贵族也占有大量土地，成为特殊的民事主体。此外，因其拥有特权，清代法律对官员的民事权利，如放贷、买卖等也有一些规范，以限制他们利用特权牟取私利。

官僚贵族对土地的占有并不鲜见。如，礼部侍郎葛士奇在浙江“平湖县置田产千顷”，刑部尚书徐乾学“买慕天颜毛锡田一万顷”，衍圣公孔府仅在直隶的武清、香河、东安、宝坻县即拥有土地3.8万亩。其他官僚缙绅也都是田连阡陌，坐享膏腴。

清朝政府限制官员借债，在《六部处分则例》中专立《官员借债》条，对官员借贷进行了规范：(1)官员借用银两充公，并未入己者，降一级调用。公罪。(2)官员于听选时借用私债，得缺后与债主及保人同赴任所取偿。若有侵挪钱粮，偿还私债情弊，将该员革职追赔。私罪。债主及保人各治罪，债追入官。(3)若债主保人在任所招摇作弊，除照所犯轻重分别治罪，并债追入官外，将该员照纵容亲友招摇诈骗例革职。私罪。(4)失于觉察者，降一级调用。公罪。(5)官员欠私债违约不违，百两以下，罚俸一年。百两以上，降一级留任。俱私罪。①

4. 庶民地主和绅衿地主

在清代的地主阶级中，数量最多的是庶民地主，此外，还有享有一定特权的绅衿地主。他们都是享有完全民事权利的主体，在清代法律中属于“凡人”之例。

经过明末农民大起义，土地占有关系发生了很大的变化，加上清初实行奖励垦荒和更名田的政策，使得一些较富裕的自耕农发展成地主。由于他们完全没有政治特权，因此土地积累的过程是缓慢的，一般需要经过几十年乃至百年的时间，而且土地的占有量也多在100亩上下。这些中小地主在整个地主阶级中所占比重校大。康熙中叶以后，土地逐渐向官

---

① 《六部处分则例》卷二一《官员借债》。

僚、大地主手中集中。至清朝后期土地兼并愈演愈烈,道光朝贵族琦善占地达2.5万余顷。至于占地数百顷或数十顷的地主比比皆是。

地主阶级中的另一部分是享有某些政治特权的绅衿地主。所谓绅衿是取得功名(举、贡、生、监)或捐有虚衔但没有出仕的大地主阶层。顺治五年(1648),清政府定绅衿优免例,举贡生免粮二石,免丁二人。雍正四年(1726),又定"绅衿只许优免本身一丁"之例。至乾隆元年(1736),重申绅衿优免一切杂役,此后直到清亡,无大修改。

5. 农民

清代农民居于四民——民、军、商、灶之首,在法律上属于"凡人"或"良人"之列,是民事权利的主体。但由于清初的政策和清中叶封建商品经济的发展,使得农民的阶级构成与法律地位都相应地发生了一些变化。

清入关后,从顺治元年(1644)至顺治四年(1647)间进行的圈地,强占了大量有主土地借以设立皇庄、王庄、官庄,甚至八旗士兵也获得了壮丁地。清初圈地严重侵害了汉民自耕农和地主的利益,使其大多沦为"输租自种"的佃户。在圈地过程中清朝还实行逼民"投充"的政策,即逼迫汉民投到旗下为奴仆,以致大批汉民降为听凭主人处置的奴仆。有些土地所有者,因害怕土地被圈,不得不携带土地投充旗下。投充旗下的汉民,一般立有文契,以示听从主人役使。投充汉人常因不堪役使而逃亡,如被捕获则按逃人法治罪。清初圈地使得原有的农民的地位发生了重大变动,由此而激发了激烈的反抗,至康熙朝不得不终止招致社会大动荡的圈地活动。

如果说清初圈地使得汉族农民受到了严重损害,那么从顺治六年(1649)实行的奖励垦荒与更名田的政策,则增加了自耕农数量,从而扩大了参与民事活动主体的范围,民事法律行为也因之广泛发生。

随着经济的发展和经济剥削的削弱,佃户与地主之间的主佃关系也发生了明显变化。清初主佃关系十分紧张,不利于发展生产力,而且常常激发地方动乱。因此,顺治十年(1653)江宁巡按卫贞元便要求对"欺压佃户，霸其妻子”的绅衿地主“指名参处”。康熙朝地方官邵延龄、徐国相也相继奏请永远禁革“以佃为仆”，不许随田买卖佃户、勒令服役。雍正五年(1727)，河南总督田文镜上疏痛陈豫省绅衿对佃户的迫害，要求“永远禁革”。雍正皇帝接到奏疏后，即命吏部会同刑部会议，定拟条例：嗣后，如有不法绅衿仍前私置板棍，擅责佃户，经地方官详报题参，乡绅照违例议处；衿监吏员革去衣顶职衔，照威力制缚人及于私家拷打者不问有伤无伤并杖八十律治罪。地方官失于觉察，经上司访出题参，照简庇例议处。如将佃户妇女淫占为婢妾者，俱革去职衔衣顶，照豪势之人强夺良家妻女占为妻妾者绞监候律治罪，地方官不能查察，徇庇肆虐者，照溺职例革职。该管上司不行揭参，照不揭劣员例议处。

与此同时，雍正皇帝在谕示中强调指出，不能“但议田主苛虐佃户之非，倘有奸顽佃户拖欠租课，欺慢田主者，何以并不议及”。根据雍正皇帝的上谕，吏部与刑部奉旨议定条例作为钦定例，收入《大清律例》，其文如下：

凡地方乡绅私置板棍，擅责佃户者，照违制律议处，衿监吏员革去衣顶，杖八十，照例准其纳赎；如将佃户妇女奸占为婢妾者，绞监候。如无奸情，照略卖良人为妻妾，律杖一百，徒三年；妇女给亲完聚。该地方官不预行严禁及被害之人告理而不即为查究者，照徇庇例议处。至有奸顽佃户，拖欠租课，欺慢田主者，杖八十；所欠之租，照数追给田主。

雍正五年(1727)定例所确认的主佃双方的平等关系与限制缙绅地主虐害佃户的规定，反映了农民对地主人身依附关系的削弱，即使非法役使佃客也要杖六十，至于佃户的迁徙自由，早在顺治十七年(1660)《部复巡按卫贞元条议疏》中便已明确表示，佃户不过穷民，与奴仆不同，岂可欺压不容他适。对于佃户欠租慢主的行为，官府依法概予严惩，乾隆十八年(1753)广东罗定州佃农梁上携“抗欠租谷，赶殴田主”，按奸顽佃户拖欠租课、欺慢田主例，杖八十，折责30板。显而易见，对欠租的惩罚重于对欠债不偿的惩罚，这说明维持封建的租佃关系对于国家统治的重要性，远远大于维持法定的借贷关系。

6. 手工业工人与雇工

手工业工人由于匠籍的废除，而使身份获得了完全的自由，享有参与民事活动的平等权利。明初，为适应官手工业发展的需要和满足皇家贵族的生活追求，建立了实质上是征发手工业工人场役的匠户匠籍制度。匠户世代为官府服役，不许脱籍，脱籍者以“逃匠”严惩，也不能随意流动。因此束缚了手工业工人的生产热情，阻碍了手工业的发展。

清初，在总结明代匠户编籍的流弊的基础上，废除了匠籍，提高了手工业工人的法律地位，激发了他们的生产积极性。独立经营的手工业工人数急遽膨胀，生产与经营的范围也不断扩大，除铸钱、军器、火药制造业、宫廷所需的织造和瓷窑仍由官府垄断外，其余手工业行业均以民营为主，其产品以商品的形式投入市场。有些手工业者同时又兼商人，扮演着繁荣社会经济的重要角色。以至乾隆皇帝也表示“士农工商，虽各异业，皆系国家子民，理当一视”。

清代的手工业工人虽然摆脱了匠籍的桎梏，获得了人身的自由，但官府仍以“当官”或“应官”的名义，进行科派，“其有不愿赴官者，勒令出银帮贴”。雍正、乾隆两朝，多次饬令地方官府派差务照时价、工价给与铺户、工役，并对手工业管理部门营缮司、虞衡司、都水司、屯田司的用匠制度进行改革，一律实行定额雇募工匠，根据工种和工作性质定口粮银（即工价银）。这一改革也影响到地方和民间，凡役使工匠均采用雇募制，无论工程大小按日计人，给付佣值，禁止无偿役使民力。即使是官营手工业，也同样以雇佣来的工人从事生产，而不再是依靠带有徭役性质的军户，匠户。这一改革使得手工业工人在摆脱匠籍之后，又避免了“当官”的无偿役使。当时在广州丝织业，江西制窑业从事生产的雇工经常达四五万人。在雇工与坊主之间，也形成了“按日工给发”货币工资，“平等相称”的雇佣关系，而不再是主仆名分。

但在专制制度下，手工业工人不可避免地受到官府、行会与坊主的束缚与压榨，即使在康乾盛世，江南一带也发生过各类工匠反抗坊主的“叫歇”（罢工）斗争，而且这些斗争立即遭到官府的镇压，现存的各种永禁叫歇的碑文中证明了这一点。手工业工人为了维护正当的权益，已经组织起自己的行会——西家行，同坊主进行频繁的抗争，说明手工业工人自救意识的觉醒。

由于手工业工人是个体劳动者，经济实力是薄弱的，经常因天灾人祸而破产。破产之后，其民事权利主体的地位也往往随之发生变化。

此外，凡从事农业生产与商业服务的雇工，不论与雇主是否立有文契年限均属凡人，与雇主处于平等的法律地位。雇工的主要来源是失去土地的农民，他们或者“力佃人田”，或者“力佣自活”，成为“计日佣者”的短工和“春秋农忙、短期应事”的忙工。雇工与雇主之间既不需立文契，也无主仆名分，无论工作、工钱、工期均由双方自由议定，合则留，不合则去。

雇工人是清代特定的一个等级，包括官民之家素有主仆名分的车夫、厨役、水火夫、轿夫及一切打杂服役的雇佣劳动者。对于雇工人身份的界定，早在明万历十六年（1588）《新题例》中已有明确的规定，凡“官民之家，凡倩工作之人，立有文券，议有年限者，以雇工人论；止是短雇日月受值不多者。依凡论。其财买义男，如恩养年久配有室家者，照例同子孙论；如恩养未久不曾配合者，士庶之家依雇工人论，缙绅之家比照奴婢律论”。可见，所谓雇工人是指立有文券、议有年限的雇佣劳动者和士庶之家恩养未久、不曾“配合的财买义男”。清朝以明《新题例》为依据，强调雇工人须以“文契”与“立有年限”为凭。但随着司法实践中雇工人于家长有犯的案例增多，对于雇工人身份的认识仍有歧异，因此乾隆二十四年（1759）清政府定例如下：其雇请工作之人，若立有文契年限，及虽无文契而议有年限，或计工受值已阅五年以上者，于家长有犯，均依雇工人定拟。其随时短雇受值无多者，仍同凡论。

这一定例，扩大了雇工人的范围。至乾隆三十二年(1767)清政府又定例：

> 官民之家，除典当家人，隶身长随，及立有文契年限之雇工仍照定拟外，其余雇工虽无文契而议有年限，或不立年限而有主仆名分者，如受雇在一年以内，有犯寻常干犯，照良贱加等律再加一等；若受雇在一年以上者，即依雇工人定拟。其犯奸、杀、诬告等项重情，即一年以内，亦照雇工人治罪。若只有农民雇请亲族耕作，店铺小郎，以及随时短雇，并非服役之人，应同凡论。

这一定例，从法律上划分了雇工与雇工人的界限，防止任意扩大雇工人的范围。乾隆五十一年(1786)再次修订《雇工人法》，以“有无主仆名分”与受雇劳作的工种，作为区分雇工人与雇工身份的标志，并于乾隆五十三年(1788)以“新增例”的形式收入《大清律例》。

根据乾隆五十三年(1788)定例，雇工人只限于官民之家素有主仆名分的车夫、厨役、水火夫、轿夫及一切打杂服役的雇佣劳动者，以及典当家人，隶身长随等。

从清朝历次修改雇工人法的轨迹中可以看出，社会经济的发展，需要更广泛地从封建人身依附关系中解放劳动力，因而推动了雇工人法的不断修订，并且改变了以立有文契和年限的雇工人标准，而代之受雇劳作的工种标准，这不仅是立法上的进步，也是社会关系某种变动的反映。

雇工人与雇主的关系是基于双方同意的一种“契约关系”，具有人身自由，人格独立，如与其他良民发生法律冲突时，互以凡人论，因而也是民事权利的主体。一旦契约终止，雇工人即不再有主仆关系，所谓“工满即同凡人”。

但是，由于清律把雇佣关系纳入到封建宗法伦理关系当中，以至在契约存续、保持主仆名分期间，雇工人不仅称雇主为家长，而且与雇主的有服亲属均有主仆名分。在法律上明确规定，如有相犯，比照子孙卑幼对父母尊长有犯的原则，权衡处刑，可见，清律中关于雇工人的概念，完全不具备自由雇佣劳动者的含义。随着社会的进步和被压迫者的斗争，逐渐缩小了雇工人的范围，使得生产性劳动者跻身于雇工人之外，从而摆脱了人身隶属关系。不仅如此，法律对于雇主的固有权利也进行了限制，例如，雇主杀雇工人，如无文契和受雇五年以下，同杀“凡人”论。

7. 商人

商人，也属“凡人”之列，是民事权利主体。康熙时期随着对重农抑商的传统政策的调整，康熙时期曾经执行“恤商”的政策。为了促进商业的发展和贯彻恤商的政策，雍、乾时期都颁行了新的“税课则例”，通过减免关税、整顿各种商税等措施，促进了商业的兴旺，扩大了商人的队伍，提高了商人的社会地位。

在商人构成中，与官僚密切勾结，或本身即为官僚的商人，是享有特权的官商。他们持有官帑和某些商品的垄断经营权，以及减免税收的优待，既可以依势进行绝对有利的竞争，又可以肆无忌惮地掠夺各种手工业产品，因而成为最殷实的巨商大贾。

由于清朝继续实行禁榷制度，对某些生活必需品，如盐，采取专营专卖，官督商销的形式。因此，拥有专卖权的商人，也都是亦官亦商，或以官府为后盾的。康熙年间大盐商项景元，便从刑部尚书徐乾学处得到 10 万两白银的资助。他们在取得专卖凭证“根窝”和运销凭证“引窝”之后，遂即垄断了食盐的运销，牟取厚利。有些盐商富可敌国，“金银珠宝，视为泥沙”，稍逊于盐商的，还有茶商、铜商等在清朝垄断对外贸易的条件下，广州公行被授予经管全部对外贸易的特许权。公行的行商通过订立行规和共同议价等办法，以维持对外贸易的垄断性，获取巨额利润。

从乾隆朝起，山西出现经营银钱汇兑业务的金融商人。其后，各省群起效尤，形成了一批专司汇兑银钱的票商。他们是依附于官府或地方势力集团的商人，也属于官商之列。

官商虽然名列凡籍，但较之一般凡人处境优越，并具有一般商人所不具备的法定特权，他们同贵族、官僚、绅衿沆瀣一气。除官商外，民间商人也伴随雍乾时期商业的空前繁荣而异常活跃，社会地位显著提高。其突出的表现是代表商人利益的会馆和公所的大量涌现，以及行帮势力的迅速增强。商人会馆和公所是工商业者的自治组织。会馆一般是由会员集资而成的，拥有共同财产，为往来成员提供仓储和住宿，并负责订立行规，统一度量衡。

至于工商业公所多是手工业行业组织，其主要职能是消除本行业内部竞争，调解纠纷，对外则保护同行业商人的利益，谋求共同发展。公所也积有共同财产，以进行祀神和某些义举。

清代社会上还有由农民或小手工业者转化而来的小商贩们主要是出售自己的农产品或手工业品，本小而利微，人数却众多，往来于乡镇、市集和墟市之间，或晨集而暮散，或走街串巷，或摆摊设点，既是一个重要的社会阶层，也属于自由的"凡人"。但其地位不稳定，有的因经营成功而跻身于富商之列，也有的重新沦为雇佣劳动者。

第三节　近代民事立法中的民事权利个体

一、《大清民律草案》中的民事权利个体

《大清民律草案》在总则编第二章设置了"人"一章，分为权利能力、行为能力、责任能力、住址、人格保护、死亡宣告共六节。

1. 权利能力

在第二章"人"的第一节，"草案"确立了权利能力的主要内容，这一节一共三条，分别为第四条，人于法令限制内，得享受权利，或担负义务；第五条，权利能力于出生完全时为始；第六条，胎儿唯以生体分娩者，始得有出生前之权利能力。这三条将人的权利能力设置为法律设定，即在法律规定的范围内享有民事权利，同时承担民事义务。人的权利能力以出

生时开始拥有。胎儿只能是出生后为活体的情况下,才获得出生前的权利能力。

2. 行为能力

第二节为“行为能力”,一共三十条,从第七条一直到第三十六条,涵盖行为能力的基本概念、禁治产以及夫妻之间尤其是妻之于夫的行为能力,后者将妻子列为限制行为能力人,具有特定的时代背景。

“有行为能力人始,有因法律行为取得权利,或担负义务之能力”,本条是对行为能力的概念设定。具体而言,即为第十条之“满二十岁者为成年人。”这一年龄设定渊源于瑞士和日本。近现代民法将成年视为完全民事行为能力获得的资格,古代中国虽然也有“成丁”的年龄规定,但主要和人头税和赋役、徭役的征收直接关联,与民事行为能力是间接关系,如子女虽然是成年人,但在家庭、宗族内部依然得服从家长,未经家长的允许发生的诸如买卖、典当等民事行为是无效的。未成年人在草案中被划分为未满七岁和满七岁以上至二十岁两个部分,第十二条规定,“未满七岁之未成年人,无行为能力。”而第八条则明确“无行为能力人之行为无效。”成年人在“一时丧失心神者,在丧失中所为之行为”也是无效的。对未成年人的财产及民事行为承担责任,须为有亲权的亲属或在无亲权时设置监护人,其行为能力有赖于“未成年人为负义务之行为,须经行亲权人或监护人之同意。违前项规定之行为,得撤销之”“行亲权人或监护人预定目的,允许未成年人处置之财产,未成年人于其目的之范围内,得随意处置前项规定。于行亲权人或监护人未预定目的,而许其处置之财产,准用之”“行亲权人或监护人允许未成年人独立为一种或数种营业者,未成年人于其营业,与成年人有同一能力。未成年人有不胜营业情形,行亲权人或监护人得将前项允许撤销或限制之”、“行亲权人或监护人允许未成年人为他人服劳务者,未成年人于劳务法律关系之成立、变更、消灭及其履行义务。与成年人有同一能力前条第二项规定,于前项准用之。”对于七岁至二十岁之间的未成年人,其为限制行为能力人:第三十一条，满七岁之未成年人、准禁治产人及妻之相对人，适用后四条之规定。第三十二条，限制能力人之相对人，于限制终止后，得定一月以上之期间，而行催告，令其于得撤销之行为确答是否追认。于前项期间内，若不发确答，其行为视为撤销。第三十三条，限制能力人之相对人，于限制尚未终止时，得定一月以上之期间，对其行亲权人、监护人、保佐人或夫而行催告，令其于得撤销之行为确答是否追认。前条第二项规定，于前项准用之。第三十五条，限制能力人用诈术使人信其为有能力人，或使人信其为已经行亲权人、监护人、保佐人及夫之同意或允许者，其行为不得撤销。

西方近现代民法将无行为能力人视为禁治产人。所谓禁治产人，即是禁止禁治产人有权独立地处理自己财产的法律行为和治理自己的财产。草案于第十八条确立，幼年心神丧失或耗弱，及因类此之事由而不能为合理之行动者，视为无识别力。第十九条规定，对于常有心神丧失之情形者，审判衙门须因本人、配偶、三等亲内之宗亲监护人、保佐人或检察官之声请，宣告禁治产。妻欲声请禁其夫之治产时，无须经夫允许。第二十条规定，禁治产人应置监护人。同时，明确规定，禁治产人无行为能力、禁治产之原因终止时，须依民事诉讼律规定，撤销宣告对于心神耗弱人、聋人、哑人、盲人及浪费人，审判衙门须宣告准禁治产。对准禁治产人应置保佐人，准禁治产人与满七岁之未成年人，有同一能力。同时，规定草案对无行为能力的诸项规定也适用于准禁治产人。

草案继续延续了男尊女卑的传统，以及当时西方民法中对女性歧视的做法，将女性视为限制行为能力人：不属于日常家事之行为，须经夫允许。违前项规定之行为，得撤销之（第二十七条）；妻得夫允许，独立为一种或数种营业者，于其营业与独立之妇有同一能力。前项，允许夫得撤销或限制之。但其撤销或限制不得与善意第三人对抗（第二十八条）；夫未成年时，对于其妻之行为，非经行亲权人或监护人之同意，不得擅行允许（第二十九条）；遇有下列各款情形，无须经夫允许：一、夫妇利益相反；二、夫弃其妻；三、夫为禁治产人或准禁治产人；四、夫为精神病人；五、夫受一年以上之徒刑在执行中者。

妻之相对人对于妻,得定一月之期间催告。其若经夫允许,应追认其行为。于前项之期间内,不发经夫允许之通知,其行为视为撤销。

3. 责任能力

第三十七条规定,因故意或过失而侵害他人之权利者,于侵权行为须负责任。但未满 7 岁未成年人,不负侵权行为之责任,以及满 7 岁未成年人,以为侵权行为时无识别力者为限,不负责任。同时规定,在心神丧失中为侵权行为者,不负责任,但其心神丧失因故意或过失而发者,不在此限。责任能力也是西方民法三大经典原则之一。

4. 住址

人的住址是近现代民法对于人的法律属性之一。草案从第四十一条到第四十八条对此详加规定。第四十一条,以常居之意思而在于一定之地域内者,于其地域内设定住址。第四十二条,同时不得有二处住址。第四十三条,以废止之意思而停止常居者,其住址即为废止。第四十四条,遇有下列各款情形,其居所视为住址:一、住址无可考者;二、于中国及外国均无住址者,但须依住址地之法令时,不在此限;第四十五条,因特定行为选定假住址者,关于其行为视为住址。第四十六条,妻以夫之住址为住址;但夫之住址无可考,或无住址,及与夫别居者,不在此限。第四十七条,服从亲权人,以行亲权人之住址为住址。第四十八条,去向来之住址或居所而生死无可考者,为失踪。管理失踪人之财产,依非讼事件程序律。

5. 人格保护

人格是古代罗马法独有的概念,其将自然人的权利能力为人格,只有具备完全人格的自然人才算是完整的人。人格权分为三个层次,最低权利是自由权,其次是公民权,最高是家长权。人格权本身是古代罗马特定历史与社会环境下产生的观念。到欧洲中世纪罗马法复兴的时代,人格权中对自由权的设定,与欧洲新兴工商阶层对于打破欧洲封建贵族身份设置的期待不谋而合，因而被大力推崇，成为近代资产阶级人权理论的基础。德国在制定民法时首先使用了人格、权利能力和行为能力、自由权利、姓名权等概念。清末民律草案对人格权予以设置，从法律上第一次将自由权这一概念与人的自然禀赋相关联，是为法律史上的一大变革。但也要看到，鉴于当时中国社会的基本阶级格局并未发生变化，束缚工商业阶层的更多的是政治权力身份，人身自由在古代中国并非一个矛盾突出的法律冲突，设置人格权更多的是对西方民法的制度移植。

草案在第二章第五节以“人格保护”设定人格，其第四十九条规定，权利能力及行为能力不得抛弃。第五十条规定，自由不得抛弃。不得违背公共秩序或善良风俗而限制自由。第五十一条规定，人格关系受侵害者，得请求摒除其侵害。前项情形以法律特别规定者为限，请求损害赔偿或慰抚金。第五十一条规定，人格关系受侵害者，得请求摒除其侵害。前项情形以法律特别规定者为限，请求损害赔偿或慰抚金。人格权除开上述笼统的表述外，更为具体的设定是在姓名权上，草案第五十二条规定，姓名须依户籍法规定登记之。姓名非登记，不得与善意第三人对抗。第五十三条规定，改名以经主管衙门允许为限。前项规定于前条准用之。第五十四条规定，因改名而利益受损害者，得从其知悉之日起一年内请求撤销。第五十五条规定，姓名权受侵害者，得请求摒除其侵害。前项之侵害，恐有继续情形者，得声请审判衙门禁止之。

6. 死亡宣告

对于自然人这一章最后设定的是死亡宣告，草案第五十六条规定，审判衙门得依公示催告程序为死亡宣告。第五十七条遇有下列各款情形，得为死亡之宣告：一、失踪人生死不明满十年者；二、遇危难人自危难消弭后，生死不明满三年者。第五十八条规定，受死亡之宣告者，以判决内所确定死亡之时日，推定其为死亡。前条期间终结之日即为前项死亡时日；但有反证者，不在此限。第五十九条规定，宣告死亡后，得依民事诉讼律规定，撤销其宣告。

二、中华民国民律草案中的民事权利个体

民国政府为收回列强在华的领事裁判权，借助第一次世界大战结束的有利时机，希望通过完善近代法律体系，以便迫使列强放弃在华司法特权。为此，民国北京政府先后设立了法典编纂会、法律编查馆、修订法律馆，专事编纂、修订各项法典。在 1919 年的巴黎和会上，中国代表提出撤废领事裁判权的要求，西方列强没有给予实质性讨论。在 1921 年的华盛顿会议上，中国代表再次提出撤废领事裁判权，西方列强会商后决定，以考察中国司法状况之后再做决定。为此，前清未完成立法的民律草案被匆匆制定完毕，是为《中华民国民律草案》，以应付列强在华司法调查团调查之用。

这部民法草案相比清末的民律草案，在民事个体的“人”这一部分主要的变化，是把人的行为能力放在了“法律行为”一章中。与当时大理院确立的民事司法判决例中那个对人的民事能力以“成丁”为标准也不同，大理院依照民国政府对前清有效法律的援用，即因清末民律未生效，故以《大清现行律》（民事有效部分）为民事审判的法律依据之一，其中的“户役门”则沿用清朝旧制，以十六岁为成丁标准。所以，大理院以 16 岁为成丁，为完全行为能力。而民国民律草案则沿用大清民律草案的规定，以 20 岁为成年人，为完全行为能力获得的资格。除此之外，这部民律草案与前清旧草案相差不大。

1. 权利能力

草案将人的权利能力以出生为始，以死亡为终。以 20 岁为成年，视为完全民事行为能力的拥有，以 7 岁以下为无行为能力人，以 7 岁至 20 岁为限制行为能力人。在特殊的民事个体方面，规定了胎儿的权利，即“胎儿以将来非死产者为限，就其特种权利之保护，视为既已诞生”。对孪生子以诞生之先后定其长幼。此外，对失踪人做了较为详细的规定。如确立失踪人受亡故宣示后，推定其为死亡（第三条）。失踪人生死不明

满十年者，法院得依利害关系人之声请，为亡故宣告。失踪人为未成年人者，非达于成年，不得为亡故宣示。失踪人为 70 岁以上之老人者，得于生死不明满五年后，为亡故宣示。失踪人为遭遇特别灾难者，得于生死不明满三年后，为亡故宣示。第一项及第三项期限，自失踪人有最后消息之次年；第四项期限，自灾难消弭之次年起算（第四条）。亡故之宣示，以调查结果无反对形迹者为限，以下列各款之时日，为判决内确定亡故之时日：一、前条第一项至第三项情形为亡故宣示之日；二、前条第四项情形遭遇灾难之日（第五条）。失踪人未受亡故宣示前，其财产之管理，依非讼事件条例之所定（第六条）。

继续延续了清末民律草案中对禁治产人的规定，其第十二条规定，有下则各款情形之一之人，法院得依本人、配偶或最近亲属人之声请，宣示禁治产：一、因疯癫痴骀（呆）或其他精神错乱之病症，致不能处理自己事务者；二、因疾病或其他原因精神衰弱，致难处理自己事务者；三、因滥费有陷自己及家属于困穷之虞者。禁治产之原因消灭时，应撤销其宣示。禁治产人分为无行为能力人，如疯癫或精神病人，和限制行为能力人，即包括禁治产人的第二款和第三款规定。

2. 责任能力

民事责任能力和民事行为能力是对应关系，完全民事行为能力人担负全部的民事责任，而“不足七岁之未成年人，就加害行为无责任能力”，“七岁以上之未成年人，及七十岁以上老人，以为加害行为当时无辨别其行为责任之意识者为无责任能力”。禁治产人如为限制行为能力也部分担负责任。而无意识或精神错乱中为加害行为者，无责任能力。但其无意识或精神错乱，系因饮酒或其类似之方法所致者，不在此限。（第十五条）

3. 人格

草案也规定了人格权，第十七条规定，凡人不得抛弃其自由或至违反法律或有伤风化之程度而自行限制其自由。第十八条规定，人格权受伤害者，得请求摒除其伤害。前项情形，以法律有特别规定者为限，得请求损害赔偿或慰抚金。在人格权下的姓名权里，草案在第十九条规定，姓名权被侵害者，得提起摒除侵害之诉，请求除去其侵害，并请求损害赔偿。第二十条规定，姓名权有被侵害之虞者，得提起预防侵害之诉，请求禁止其侵害，并请求损害赔偿之担保。

4. 住址与籍贯

草案第二十一条规定，以永住之意思，住于一定地域内者，在其地为有住址。一人同时不得有两处住址。第二十二条规定，以废止之意思而离去其住址者，即为废止住址。第二十三条规定，住址不明或在中国无住址者，其寓所视为住址。但依法律适用条例之规定，须依住址地法者，不在此限。第二十四条规定，因特定行为选定临时住址者，关于其行为，视为住址。

这部民法草案还规定了户籍，第二十五条规定，籍贯，依住址定之。但住居他处而仍保留其原来籍贯者，不在此限。第二十六条规定，籍贯不明之人，以其父祖最后之籍贯为其籍贯；父祖之籍贯不明，其自身又无住址或住址不明者，以其寓所地定其籍贯。

5. 行为能力

与清末民律草案不同的是，民国民律草案将行为能力放在法律行为一章，设“行为能力”一节以规范之。其第一百零二条规定，无能力人之意思表示无效。虽非无能力人，而其意思表示系在无意识或精神错乱中所为者，亦同。对于无能力人，其意思表示由法定代理人代为表示并代为接受（第一百零三条）。对于限制行为能力人，除非或法律上之利益，否则均应由法定代理人或照管人允许（第一百零四条）。限制能力人，未得法定代理人或照管人之允许所订结之契约，应有法定代理人或照管人之承认，始生效力（第一百零五条）。与限制行为能力人签订契约时，契约相对人可以一个月以上之限期，催告法定代理人或照管人确答是否承认。于前项期限内，法定代理人或照管人不为确答者，视为拒绝承认（第一百零六条)。契约未经承认前,相对人得撤回之,但结约当时,知其未经得有允许者,不在此限(第一百零八条)。限制能力人未得法定代理人或照管人之允许所为之单独行为,不生效力。但相对人知其未经允许,情甘待其法定代理人照管人或其自己将来之承认者,不在此限(第一百零九条)。限制能力人用诈术使人信其为有能力人,或使人信其已得法定代理人或照管人之允许者,不问其为契约或单独行为,法定代理人或照管人,不得拒绝承认(第一百一十条)。

就法定代理人或照管人所为民事行为,草案规定,法定代理人或照管人,预定目的或未预定目的允许限制能力人处分之财产,限制能力人就其财产,有处分能力(第一百一十一条)。法定代理人或照管人,允许限制能力人独立营业者,限制能力人关于其营业,有完全能力。限制能力人有不胜营业情形时,法定代理人或照管人,得将其允许撤销或限制之(第一百一十二条)。法定代理人或照管人允许限制能力人为他人服劳务者,限制能力人于劳务关系之缔结、废止,有完全能力(第一百一十三条)。

三、《中华民国民法》中的民事权利个体

南京国民政府从 1929 年至 1931 年之间,相继编纂并颁布实施了民法典的五编,总则、债、物权、亲属和继承,正式完成了自清末民法修订以来的民法发展之路,完善了中国近代法律体系。与北京政府民律草案相似,在民事权利个体的“人”这一部分,在总则第二章第一节,专门规定了“自然人”,又在法律行为中专门设第二节“行为能力”。

1. 权利能力

权利能力部分分为原则性概念的“人之权利能力,始于出生,终于死亡”(第六条),其成年年龄也延续清末的规定,为 20 岁后拥有完全能力。7 岁以下为无行为能力人,7 岁至 20 岁为限制行为能力人。此外规定了胎儿、失踪人、死亡宣告和禁治产人。如第七条,胎儿以将来非死产者为限,关于其个人利益之保护,视为既已出生;第八条,失踪人失踪满 7 年

后，法院得因利害关系人或检察官之声请，为死亡之宣告。失踪人为 80 岁以上者，得于失踪满 3 年后，为死亡之宣告。失踪人为遭遇特别灾难者，得于特别灾难终了满一年后，为死亡之宣告；第九条，受死亡宣告者，以判决内所确定死亡之时，推定其为死亡。前项死亡之时，应为前条各项所定期间最后日终止之时。但有反证者，不在此限。禁治产人的规定在第十四条和第十五条，总体上规定，对于心神丧失或精神耗弱致不能处理自己事务者，法院得因本人、配偶、最近亲属二人或检察官之声请，宣告禁治产。禁治产之原因消灭时，应撤销其宣告。禁治产人为无行为能力者。

2. 人格权

民国民法特意强调了人格以自由权为基础，宣布"自由不得抛弃"（第十七条），由之限制，以不背于公共秩序或善良风俗者为限。对于人格权受侵害，当事人"得请求法院除去其侵害；有受侵害之虞时，得请求防止之。前项情形，以法律有特别规定者为限，得请求损害赔偿或慰抚金。"（第十八条）在人格之姓名权受侵害者，"得请求法院除去其侵害，并得请求损害赔偿。"（第十九条）

3. 住址

法律规定，"依一定事实，足认以久住之意思，住于一定之地域者，即为设定其住所于该地。一人同时不得有两住所。"（第二十条）对于无行为能力人及限制行为能力人，"以其法定代理人之住所为住所"（第二十一条）。还规定了法律拟定的住所，第二十二条，遇有左列情形之一者，其居所视为住所：一、住所无可考者；二在中国无住所者。但依法须依住所地法者，不在此限。第二十三条　因特定行为选定居所者，关于其行为，视为住所。

4. 行为能力

法律规定，自然人的行为能力不得抛弃（第十六条）。总体上看，无行为能力人的意思表示是无效的。具有民事行为能力的人，如果是无意识或精神错乱中做出的意思表示也是无效的。

对于无行为能力人的意思表示，需要其法定代理人代为做出或接受。限制行为能力人的意思表示，需要其法定代理人的允许方为有效，以纯获法律上之利益，或依其年龄及身份、日常生活所必需者为例外。未经法定代理人的允许，限制行为能力人的单独民事行为均为无效。限制行为能力人所签订的契约也须经法定代理人承认方为有效。契约相对人可以定一个月以上期限，催告法定代理人，确答是否承认。于前项期限内，法定代理人不为确答者，视为拒绝承认。限制行为能力人所订立之契约，未经承认前，相对人得撤回之。但订立契约时，知其未得有允许者，不在此限。此外，限制行为能力人用诈术使人信其为有行为能力人或已得法定代理人之允许者，其法律行为为有效。法定代理人允许限制行为能力人处分之财产，限制行为能力人，就该财产有处分之能力。法定代理人允许限制行为能力人独立营业者，限制行为能力人，关于其营业，有行为能力。限制行为能力人，就其营业有不胜任之情形时，法定代理人得将其允许撤销或限制之。但不得对抗善意第三人。

第二章　家　户

第一节　户的法令规制

一、秦律对户的规制

秦朝设立户籍制度对秦民进行管理，也通过律法进行规制。例如，秦简《戍律》载："同居毋并行，县啬夫、尉及士吏行戍不以律，赀二甲。"①那么，在秦朝什么样的人具有民事权利呢？只有属籍之民才具有民事权利。《商君书·境内篇》记载："四境之内，丈夫女子皆有名于上，生者著，死者削。"②说明凡秦境内之人都要著入名籍，以便获取民事权利。商鞅强化"为户籍相伍"的管理办法，即把秦民按户编籍，并以什伍之制进行管理。所谓户，即同室之人。秦简《法律答问》解释说：何为"室人"？何为"同居"？就是同一户中同母的人。"室人"，就是一家，都应因罪人而连坐。什么叫"同居"？同户就是"同居"。③ 可见"户"、"同居"、"同室"是内涵相同的概念，只是名称不同而已。以户为单位的管理方式一直伴秦朝所终。秦简《傅律》就是关于户籍的专门法律。秦简《法律答问》载："甲徙

① 睡虎地秦墓竹简整理小组：《睡虎地秦墓竹简》，文物出版社 1990 年版，第 89 页。
② 蒋礼鸿：《商君书锥指》卷五《境内》，中华书局 1986 年版，第 114 页。
③ 睡虎地秦墓竹简整理小组：《睡虎地秦墓竹简》，文物出版社 1990 年版，第 141 页。

居,徙数谒吏,吏环,弗为更籍,今甲有耐、赀罪,问吏可(何)论? 耐以上,当赀二甲。"[①]数,名数,即户籍。《汉书·高帝纪》注:"名数,谓户籍也疽"[②]此段意文是说:甲迁居,请求吏迁移户籍,吏加以拒绝,不为他更改户籍,如甲有处耐刑、罚款的罪,问吏应如何论处? 甲罪在耐刑以上,吏应罚二甲。《仓律》还规定,被赎的隶臣如其原籍是边远县的,还需将户籍迁回到原籍。这两条材料不但反映了秦在户籍管理上有一套严格的制度,而且还反映了秦国实行限制居民迁徙的政策。秦律规定,登记户口时若弄虚作假要受到处罚,《傅律》有"匿敖童,及占瘁(癃)不审,典、老赎耐"的规定,即隐匿成童及申报废疾不确实,里典、伍老应赎耐。[③] 通过查阅史料,可知秦汉时期应当纳入户籍管理的有以下五种情形。

第一种是从事本业的庶民,他们"为户籍相伍"至少自献公时代就已开始。史载秦献公十年(前375)开始实行户籍制度。随着秦国兼并战争的胜利,出现了所谓的"新秦人",即秦国新占领地区的原六国居民,他们"为户籍相伍"。

第二种是专门管理商贾的市籍。这种管理方式秦汉相同,《汉书·武帝纪》张晏注:"……故有市籍五,父母有市籍六,大父母有市籍七……"[④]这是在重本抑末政策指导下制定的特殊制度。秦国奖励耕战,对于从事末业的商贾在政治上采取抑制的办法,把他们与赘婿、后父同列。史载,秦始皇三十三年(前214)"发诸尝逋亡人、赘婿、贾人略取陆梁地……以适遣戍"。[⑤] 可见商贾、作务、赘婿、后父是有限制的民事权利主体,他们虽有一定的财产权利,但社会地位都比较低下,本人及其子女不得从政任官。

第三种是专门管理受过肉刑而被赦免的隐官工的户籍。秦有"隐官

① 睡虎地秦墓竹简整理小组:《睡虎地秦墓竹简》,文物出版社1990年版,第127页。
② (汉)班固:《汉书》卷一下《高帝纪下》,中华书局1962年版,第54页。
③ 睡虎地秦墓竹简整理小组:《睡虎地秦墓竹简》,文物出版社1990年版,第87页。
④ (汉)班固:《汉书》卷六《武帝纪》,中华书局1962年版,第205页。
⑤ (汉)司马迁:《史记》卷六《秦始皇本纪》,中华书局1959年版,第253页。

工”,他们的民事权利是不完全的。《法律答问》载:

“将司人而亡,能自捕及亲所智(知)为捕,除毋(无)罪;已刑者处隐官。”·可(何)罪得“处隐官”?·群盗赦为庶人,将盗戒(械)囚刑罪以上,亡,以故罪论,斩左止为城旦,后自捕所亡,是谓“处隐官”。·它罪比群盗者皆如此。①

意思为监领犯人而将人犯失去,能自己捕获以及亲友代为捕获,可以免罪;已受肉刑的“处隐官”。何罪可“处隐官”呢?群盗已被赦免为庶人,带领判处肉刑以上罪的戴着刑械的囚徒,将囚徒失去,以过去犯的罪论处,断去左足为城旦,后来自己把逃亡的囚徒捕获,这样应“处隐官”。其他与群盗同样的罪照此处理。据此可知,所谓“隐官”是秦代专设的一种机构,是专门收容因犯罪受肉刑,身体不完全,而后又因立功被赦免为庶人的人,“隐官工”就是在其中工作的人。睡虎地秦墓竹简整理小组认为隐官工是“在不易被人看见的处所工作的工匠”,注释抓住了这种人的工作特征。从秦简《军爵律》也可看出隐官工的来源:

欲归爵二级以免亲父母为隶臣妾者一人,及隶臣斩首为公士,谒归公士而免故妻隶妾一人者,许之,免以为庶人。工隶臣斩首及人为斩首以免者,皆令为工。其不完者,以为隐官工。②

这是说,要求退还爵两级,用来赎免现为隶臣妾的亲生父母一人,以及隶臣斩获敌首爵为公士,而请求退还公士的爵位,用来赎免现为隶妾的妻一人,可以允许,所赎的都免为庶人。工隶臣斩获敌首和有人斩敌首来赎免他的,都令作工匠。如果形体已有残缺,用作隐官工。江陵张家山汉简《秦谳书》案例一七记载,士伍毛诬与乐人讲合谋盗牛,结果乐人讲被错判为黥刑,后经上诉虽改判无罪,但“处隐官”。③ 可证隐官工就是受肉刑后被赦

① 睡虎地秦墓竹简整理小组:《睡虎地秦墓竹简》,文物出版社1990年版,第123页。

② 睡虎地秦墓竹简整理小组:《睡虎地秦墓竹简》,文物出版社1990年版,第55页。

③ 《江陵张家山汉简〈秦谳书〉释文(二)》,《文物》1995年第3期。

免的庶人,也包括平反后但已受肉刑的人。《史记·秦始皇本纪》载:

> 三十五年……于是始皇以为咸阳人多,先王之宫廷小,吾闻周文王都丰,武王都镐,丰镐之间,帝王之都也。乃营作朝宫渭南上林苑中……作宫阿房,故天下谓之阿房宫。隐宫徒刑者七十余万人,乃分作阿房宫,或作丽山。①

这里将隐官者与徒刑者并称,并由专门的机构隐官来管理,可见他们的权益也是受限制的。

第四种是邦客游士的户籍。秦简《法律答问》对邦客游士做的解释是:寄居和外来的作客的人,称为"旅人"。旅人与秦国的游士当属同一类主体,其管理规定应当一致。秦简《游士律》规定,游士居留而无凭证,所在县罚一甲;居留满一年者,应加诛责。可见游士宾客也要办理居住凭证,而且由县这级行政机构管理。邦客和游士是享有特殊民事权利的主体。由于秦重客士,所以他们不仅和秦籍百姓享有同样的人身、财产、婚姻、家庭的权利,并且还享有法律所保障的拜爵、为官的权利。如商鞅、吕不韦、李斯等人,都是客士出身担任相国等高官。

第五种是与少数民族通婚所生子女的户籍。对于这些人的属籍问题,秦简《法律答问》规定得很明确:

> "真臣邦君公有罪,致耐罪以上,令赎。"可(何)谓"真"? 臣邦父母产子及产它邦而是谓"真"。·可(何)谓"夏子"? ·臣邦父、秦母谓殹(也)。②

> "臣邦人不安其主长而欲去夏者,勿许。"可(何)谓"夏"? 欲去秦属是谓"夏"。③

秦律规定"臣邦父、秦母"所生之子须认定为"夏子",而不能当作少数民族,他们欲脱离秦籍是不能允许的。秦律没有提到"秦父、臣邦母"

---

① (汉)司马迁:《史记》卷六《秦始皇本纪》,中华书局 1959 年版,第 256 页。
② 睡虎地秦墓竹简整理小组:《睡虎地秦墓竹简》,文物出版社 1990 年版,第 135 页。
③ 睡虎地秦墓竹简整理小组:《睡虎地秦墓竹简》,文物出版社 1990 年版,第 135 页。

所生子女的属籍问题，这是因为在父权制度下，其子女被认定为秦人是不成问题的。秦律的这种规定与其“徕民”的人口政策是一致的。由于划归了秦籍，也就有了秦人的民事权利。根据秦简《法律答问》和《属邦律》记载，对于“真臣邦君公”给予一定的特权，而对于少数民族的下层人士并没有什么特殊政策，更何况划入秦籍的“夏子”。

从秦律可知，同是秦民“为户籍相伍”，由于他们的身份和爵位不同，其民事权利也就不同。如上引《军爵律》规定，如果退还爵位两级，可以赎免现为隶臣妾的亲生父母一人。而《司空律》则规定，对于没有爵位的人，本人没有流放的罪需戍边五年，并不作为服戍的时间，才可免为隶臣妾的亲生父母一人为庶人。两者差异如此之大。对于纯属少数民族血统的人和宗室子孙，即使没有爵位，如犯赎耐罪以上的也可以赎罪。秦的罪犯与逃亡者依法削籍，不存在民事权利问题。隶臣妾等刑徒及其后代、人貉，他们具有不完全的人身权利，因而也是不完全的民事权利主体。睡虎地秦简《法律答问》载：

> 可(何)谓“人貉”？谓“人貉”者，其子入养主之谓也。不入养主，当收；虽不养主而入量(粮)者，不收，畀其主。①

可见，如果人貉的后代不供养主人，或不交纳一定数量的粮谷，则其人身权利受到限制。而其入养之子则成为没有人身权利的家奴。

二、汉律对户的规制

在汉代的制定法《九章律》中，户律应当是民事法规的主要载体。户律所规范的制度与关系，是确定户律是否属于民事法规的根本依据。顾名思义，户律首先应当是有关户口管理的法律。汉代的户籍管理，有“八月案比”之制，即在每年的八月案验人口，统计增减，造籍编民。造籍的内容，惜无佚文可证。但居延汉简中有关于“状辞”的书写规定，

① 睡虎地秦墓竹简整理小组：《睡虎地秦墓竹简》，文物出版社1990年版，第140页。

云“状辞，皆曰名爵县里年姓官禄各如律”，①即起诉文书要写明起诉者的姓名、爵名、籍贯、年龄、官禄。这也当是户籍登记的基本要件。居延汉简所见功劳案，除记有姓名、爵名、籍贯、年龄、官禄外，还记录了身高：

肩水候官并山隧长公乘司马成，中劳二岁八月十四日，能书会计，治官民颇知律令，武，年卌二岁，长七尺五寸，觻得成汉里，家去官六百里。②

☑半日，能书会计，治官民颇知律令，文，年五十一岁，长七尺二寸，□□□里，家去官千六十三里□□□□和百□☑③

著名的徐宗简是与官吏任用资格相关的文书，记录了户主、家属、资产价值：

三堠隧长居延西道里公乘徐宗年五十

妻宅一区直三千

子男一人田五十亩直五千

男同产二人用牛二直五千

女同产二人④

以上文书所反映的基本要件，如郡县里、姓名、年龄、身高、官禄等，当取据于户籍登记。湖南长沙出土走马楼三国吴简，有纪年为嘉禾四年(235)的乡劝农掾所造核实户口的文书：

广成乡劝农掾区光言：被书条列州吏父兄子弟伙处、人名、年纪为簿。辄隐核乡界：州吏七人，父兄子弟合廿三人。其四人并踵、聋、颐病，一人夜病物故，四人真身已逸，及随本主在官，十二人细小，一

① 甘肃省文物考古研究所等：《居延新简》下册《甲渠候官》EPT68·34，中华书局1994年版，第454页。

② 谢桂华等：《居延汉简释文合校》13·7，文物出版社1987年版，第21页。

③ 谢桂华等：《居延汉简释文合校》49·9，文物出版社1987年版，第84页。

④ 谢桂华等：《居延汉简释文合校》24·1B，文物出版社1987年版，第34—35页。

人限田，一人先出给县吏。隐核人名年纪相应，无有遗脱。若后为他官所觉，光自坐。嘉禾四年八月廿六日，破莂保据。①

这应当是广成乡劝农掾奉命核实乡内州吏父兄的自然情况后向上级报告的文书。其中的“并、踵、聋、颐病”等，即为受命造簿时必须登记的内容，所列包括了刑事制裁、病残、人口更动诸项。嘉禾四年去汉未远，吴承汉制，由此可推测这些似也是汉时户籍登记的项目。

户籍造毕，理当向上级官府呈报，同时下级官府亦当保留底本，以备验证。居延汉简可窥此制：

建平三年二月壬子朔丙辰，都乡啬夫长敢言之☐

同均户籍臧乡，名籍如牒，毋官狱征事，当得☐②

户籍在官者，弟年五十九，毋官狱征事，愿以令取传，乘所占用马。③

“户籍臧乡”、“户籍在官”，即指户民户籍保存在乡级政府之中。乡除了在本乡保留户籍外，亦当向县邑呈报。县邑据此制成计簿，报送郡国。《后汉书·百官志五》载：“秋冬集课，上计于所属郡国。”尹湾汉简《东海郡下辖长吏不在署、未到官者名籍》载：

朐邑丞杨明十月五日上邑计。

……

[况]其邑左尉宗良九月廿三日守丞上邑计。④

提供了县邑上计的准确时间。郡国又据此汇总，制成郡上计簿，上报丞相府。《尹湾汉墓简牍》所载西汉成帝时《集簿》，详细反映了东海郡全郡的户口（含流民户口）、男女、年龄等项数据。如户口项：

户，廿六万六千二百九十，多前二千六百廿九。其户万一千六百

① 长沙市文物工作队等：《长沙走马楼J22发掘简报》，《文物》1999年第5期。
② 谢桂华等：《居延汉简释文合校》81·10，文物出版社1987年版，第144页。
③ 谢桂华等：《居延汉简释文合校》218·2，文物出版社1987年版，第349页。
④ 连云港市博物馆等：《尹湾汉墓简牍》，中华书局1997年版，第96—97页。

六十二，获流。

□百卅九万七千三百卌三。其四万二千七百五十二，获流。

……

以春令成户七千卅九□二万七千九百廿六。

男女项：

男子，七十万六千六十四(?)人。女子，六十八万八千一百卅二人，女子多前七千九百廿六。

年龄项：

年八十以上，三万三千八百七十一；六岁以下，廿六万二千五百八十八，凡廿九万六千四百五十九。

年九十以上，万一千六百七十人；年七十以上受杖，二千八百廿三人，凡万四千四百九十三，多前七百一十八。①

以上程序与数据，体现了户籍管理的细致与规范。据此可以推知，尽管目前尚无可以直接征引的户律律文，但汉户律对户籍管理当有明确规定。这也可以通过刑事制裁窥其一二。例如，对户籍管理中的“遗脱”行为，汉时即视为犯罪。建武十五年(39)，光武帝因“天下垦田多不以实，又户口年纪互有增减”，下令州郡核检垦田顷亩及户口年纪。② 次年秋九月，河南尹张伋及郡守十余人“坐度田不实，皆下狱死。”③度田不实而罪至下狱死，则核检户口若有遗脱，当同样依律治罪，走马楼三国吴简中“无有遗脱”“自坐”等语，可证其事。刑事制裁是对户籍管理中不应为行为的惩治，由此可反证应有规定如何行为的法规存在。

又如，若娶脱离户籍的“亡人”为妻，汉律明文规定要科以刑罚。江陵张家山汉简《奏谳书》记载案例：

(高祖十年)·胡丞惠敢谳之，十二月壬申大夫莳诣女子符，告

① 连云港市博物馆等：《尹湾汉墓简牍》，中华书局1997年版，第77—78页。

② (南朝·宋)范晔：《后汉书》卷二二《刘隆传》，中华书局1965年版，第780页。

③ (南朝·宋)范晔：《后汉书》卷一下《光武帝纪下》，中华书局1965年版，第66页。

亡。·符曰:诚亡,诈自以为未有名数,以令自占书名数,为大夫明隶,明嫁符隐官解妻,弗告亡,它如蔚。解曰:符有名数明所,解以为毋恢人也,取(娶)以为妻,不智(知)前亡,乃疑为明隶,它如符。诘解:符虽有名数明所,而实亡人也。·律:取(娶)亡人为妻,黥为城旦,弗智(知),非有减也。解虽弗智(知),当以取(娶)亡人为妻论……吏议:符有数明所,明嫁为解妻,解不智(知)其亡,不当论。·或曰:符虽已诈书名数,实亡人也。解虽不智(知)其请(情),当以取(娶)亡人为妻论,斩左止为城旦。廷报曰:取(娶)亡人为妻论之,律白,不当谳。①

此案案情及审理经过大致如下:高祖十年(前179)十二月,大夫蔚的女奴符逃亡到大夫明处,诈称尚未登记在籍。再次登记后,由明嫁给隐官(受过肉刑者)解为妻,解不知符为逃亡之人。此事被大夫蔚告到官府。汉律规定:娶亡人为妻,黥为城旦,即使不知其为亡人,也不减刑。司法官吏审议此案,一种意见认为:解不知符是亡人,不应论罪。一种意见则主张加重处罚,判处"斩左止(趾)为城旦"。案件上谳后,廷尉终审:律文清楚,依律行事,不应上谳。据此可知,解因娶亡人为妻而将遭受第二次肉刑。这一禁忌一直延续到唐律,唐律《户婚》中的"娶逃亡妇女"条与此有着明显的渊源关系。

此外,在民法意义上,户籍登记也具有重要作用。它是确定被登记者法律地位的基本依据,被登记者的民事权利与义务、行为能力、婚姻关系、亲属关系、继承关系,莫不以此为据。沈家本在《汉律摭遗》中辟《户律》二卷,自文献中钩沉90余条系于其下。总览这些条文,内容关乎户籍、赋役、复事、占租、振贷、恤贫、度田、吏俸、婚姻等,民事关系相当明显。譬如关于亲属关系,除前述徐宗简外,又可见居延汉简中的"出入符"文书:

---

① 江陵张家山汉简整理小组:《江陵张家山汉简〈奏谳书〉释文(一)》,《文物》1993年第8期。

永光四年正月己酉 妻大女昭武万岁里□□,年卅二。
橐佗吞胡隧长张彭祖符 子大男辅,年十九岁。
子小男广宗,年十二岁。
子小女女足,年九岁。
辅妻南来,年十五岁,皆黑色。①

如果说徐宗简反映的是同居亲属关系,此简则体现了非常典型的直系亲属关系。亲属关系的确认又与继承关系密切相关。居延汉简所见"☐知之,当以父先令、户律从☐",②可窥其事。

尽管目前我们所能见知的户律内容比较零散,但它毕竟凸现出了汉代民法的样态。唐户婚律凡46条,内容是对户籍登记、土地赋役、婚姻家庭、继承析产等关系中违法行为的刑事制裁。从性质上看,这些条文固然属于刑法,并且可以推知当有规定"应为"的属于民法性质的法规存在。但汉户律是刑民分体还是刑民合体,结论的产生尚需假以时日。在汉户律数量上尚不足以做宏观把握之际,以唐户婚律为依据断言其为刑法规定,恐欠稳妥。而称户律为民法渊源之一,大概不为过。

如前所述,在两汉时期的《九章律》中,户律为其一章,足见户律地位之重要。以目前可知的材料为据,户作为民事主体,在民事法律关系中的意义主要体现在以下几个方面:

首先,户是赋税缴纳单位。两汉赋税种类繁多,其缴纳征收基本是以户为单位。《尹湾汉墓简牍·集簿》在开列出全郡户口、耕种面积、男女人数后,开列诸钱收入与诸谷收入数目,恰好反映了户与赋税的关系。《汉书·兒宽传》记载百姓交租税为"大家牛车,小家负担",显现了以户为单位纳税的具体情形。《长沙走马楼三国吴简·嘉禾吏民田

① 谢桂华等:《居延汉简释文合校》29·2,文物出版社1987年版,第44页。
② 谢桂华等:《居延汉简释文合校》202·10,文物出版社1987年版,第314页。

家莂》①所载内容，为田家所佃土地的数量、时限以及按规定的数额、时间向官府缴纳租米、租布、税钱，官府除免、收缴、校核租税的情况。其记载格式也是以“男子某”为首项，以下所记实际是该户一家的赋税情况。嘉禾吏民田家莂的年代下限为吴嘉禾六年(237)，去汉未远，或可证汉事。

其次，户是财产登记单位。汉代的户等有大家、中家、下户之分，政治权利、法律地位、纳税义务因户而异。户等的划分主要以资产的多寡为依据，因此政府十分重视以户为单位进行财产登记。景帝后元二年(前142)颁诏，改“訾算十以上乃得宦”旧例，规定“訾算四得宦”，②这表明评估家资并登记在册的制度行之已久，其具体实态又在著名的礼忠简中得到了反映：

候长觻得广昌里公乘礼忠年卅

小奴二人直三万	用马五匹直二万	宅一区万
大婢一人二万	牛车二两直四千	田五顷五万
轺车二乘直万	服牛二六千	●凡訾直十五万③

以户为单位登记财产，是景帝时核赀取吏的重要保证，武帝时征收财产税的基本依据，同时在个人财产所有权的确认上，也具有重要意义。

再次，户籍是成丁年龄的确认依据。户籍上所登记的人口年龄，是判断成丁与否的重要依据，而成丁与否又关乎人行为能力的完整与否，关乎其人的民事权利与民事责任，因此户籍上所登记的人口年龄在民法上亦具有重要意义。有关汉代户籍中年龄的正规记载，虽然目前尚不得而知，但自出土简牍中多少可窥一斑。兹举居延所出《卒家属廪名籍》三例：

① 长沙市文物考古研究所、中国文物研究所、北京大学历史系编著：《长沙走马楼三国吴简》，文物出版社1999年版。

② (汉)班固：《汉书·景帝记》，中华书局1962年版，第152页。

③ 谢桂华等：《居延汉简释文合校》37·35，文物出版社1987年版，第61页。

执胡燧卒富凤	妻大女君以年廿八用谷二石一斗六升大 子使女始年七用谷一石六斗六升大 子未使女寄年三用谷一石一斗六升大 ·凡用谷五石①	

又：

第四燧卒张霸	弟大男辅年十九 弟使男勋年七 妻大女年十九	见署用谷七石八升大。②

又：

第四燧卒虞护	妻大女胥年十五 弟使女自如年十二 子未使女真省年五	见署，用谷四石八斗一升少。③

此类名籍甚多，不在此一一胪列。概观这些名籍可见，每例的第一行"燧卒某某"，为该户的户主，以下为各个家庭成员的年龄及口粮标准。这些记载，实际上反映了户籍登记中的成丁年龄，即15岁以上的男女为成年人，称大男、大女；14岁以下的未成年人分两档，14岁以下至7岁以上称使男、使女，6岁以下的称未使男、未使女。④ 此等级与称谓当以行为能力的完整与否划分。大男、大女具有完整的劳动能力，故配给口粮标准最高。由此可证，15岁以上为成丁年龄，大男、大女为成年人，既可享受民事权利，也要承担民事责任。

值得一提的是，汉代的奴婢总体上虽被视为客体，但并非毫无民事权利。江陵张家山汉简《奏谳书》案例载：女子媚原为士伍点的婢，楚时逃

---

① 谢桂华等：《居延汉简释文合校》161·1，文物出版社1987年版，第265页。
② 谢桂华等：《居延汉简释文合校》133·20，文物出版社1987年版，第223页。
③ 谢桂华等：《居延汉简释文合校》194·20，文物出版社1987年版，第309页。
④ 参见陈槃：《汉晋遗简识小七种》，历史语言研究所专刊之六十三，1975年版，上册第27—30页。

亡降汉，但未登记户籍。高祖六年（前201）二月，点将媚抓获，登记为婢，随后又卖给大夫禄，得16000钱。高祖十一年（前196）三月，媚从大夫禄家逃走，被禄抓回。媚认为自己降汉时未登记户籍，已摆脱了婢的身份，因此不应当再是婢，为此讼至县府。县府受理后产生两种意见：一种认为对媚施以黥刑，还给禄；一种认为媚应当是庶人身份。这是两种结论迥然不同的判决意见。此案上谳后，廷尉最终采取何种意见，不得而知。但通过此案至少可以发现：其一，奴婢逃亡出境，在入境地有无登记户籍是认定其身份的关键因素；其二，当奴婢与主人发生纠纷时，奴婢也具有一定的诉讼权利，并且在诉讼中可以为自己的权利申述。光武帝建武十一年（35）诏“天地之性人为贵，其杀奴婢，不得减罪”，①表明汉政府对奴婢生命权与人格权予以承认。此外，奴婢可以钱财自赎，则说明奴婢可以拥有自己的财产，对其行使支配权。

总之，户既是国家征收赋税的基本单位，又是确定其成员民事法律地位的基本保证，与成丁年龄、婚姻、收养、继承、所有权等民事行为密切相关，因此户作为民事主体，其重要性不可忽视。

三、唐律对户的规制

隋唐法律中，家、户基本相通，只是在使用时，前者代表亲属法上的概念，指以父子祖孙、兄弟或叔侄及其妻妾为中心的共同生活的亲属团体；后者则是行政法上的概念。隋唐时，家户为国家政治的基本单位，依令，百户为里，五里为乡，四家为邻，三邻为保。家户成员通常由祖孙三代的人员组成。奴婢、部曲虽附主人户籍，但其形同畜产，并不等同于主人的家庭成员。

户主都由家长担任②。家长首先由家庭中男性最尊者担任，女性尊长一般情况下不能担当户主。只有在户内无男时，女性才可以成为国家

① （南朝·宋）范晔：《后汉书》卷一下《光武帝纪下》，中华书局1965年版，第57页。
② （唐）杜佑：《通典·食货七》载：按开元二十五年户令，诸户主皆以家长为之。

行政法意义上的户主①。下面一件唐玄宗天宝六载(747)敦煌龙勒乡都乡里的户籍残片,说明一户之中有男子,就不能由女子做户主:

王氏,六十九岁,寡

王氏之儿媳,索氏,四十九岁,寡

索氏之子刘智新,二十九岁

刘妻王氏,二十一岁

刘之弟妹若干

户主:刘智新

在上述例中,户主的资格与其在家中的卑幼地位是矛盾的。对此,唐律针对不同的法律关系做了不同的规定。在行政法上,通常法律只认可男子的户主资格(若为女户时,也认可女子的户主资格);在刑法上,不认可作为尊长的女子在刑法上的尊长地位。《唐律疏议·名例律》规定:"若家人共犯,止坐尊长。注曰:尊长,谓男夫。"同条疏议又言:"假有妇人尊长,共男夫卑幼共犯,虽妇人造意,仍以男夫独坐。"由此可以说明:在涉及国家事务的公法领域,法律通常不承认女子的户主资格;而在私法领域,法律通常承认女子的尊长地位是有效的,可以对抗具有卑幼身份的男性户主。

四、明律对户的规制

如前所述,在中国古代,户不仅是血缘单位,而且还是基本生产单位、消费单位和赋役单位,在法律上占有重要地位。在宗法制度下,户主以"一家之主"的名义代表一户对外进行各种民事活动。因此,户是中国古代社会最基本的民事主体。明代也是如此。

明初,朱元璋十分重视户口版籍。洪武二年(1369)下令:"凡军、民、

① 这可以从《唐律疏议·户婚律》"脱漏户口增减年状"条疏议所言"若户内并无男夫,直以女人为户"推知。

医、匠、阴阳诸色户，许各以原报抄籍为定，不许妄行变乱，违者治罪，仍从原籍。”[①]《大明律》修订时，根据该令在《户律》中专列“人户以籍为定”条，规定：“凡军、民、驿、灶、医、卜、工、乐诸色人户，并以籍为定。”[②]尽管明朝统治者与以往封建统治者一样，重视户籍的本意在于赋役的征派和社会的安定，但户籍在民事上具有重要意义，户籍的确定不仅使有籍者的民事权利获得司法上的支持，而且还涉及附籍成丁年龄、婚姻、收养、所有权等重要民事问题。我们从明代户籍的具体制度中将进一步认识到这一点。

明代户籍制度初为“户帖”制度，洪武十四年（1381）后推行黄册制度，并沿用至明终。

洪武三年（1370），明政府开始推行“户帖”制度。据中国第一历史档案馆藏《明洪武四年户帖》和李诩所著《戒庵漫笔》卷一记载，“户帖”除登载各户丁口外，还详录事产等项。

洪武十四年（1381）开始推行黄册制度。黄册除与户帖一样登载各户丁口、事产外，并规定重新造册时，将先年各户人口的生死增减、财产的买卖和产权的转移等登录在册，以反映其消长变动，过割税粮。这表明黄册制度立法的宗旨在于：以户为主，田各归其户，“而赋役之法从焉”。在此，需要说明的是，与黄册并行的还有鱼鳞图册，专记田土的形状、四至等详状。于是，以“鱼鳞册为经，土田之讼质焉”。[③] 因此，我们可以说，明代户籍详录丁口、事产的民事意义在于：明晰户作为民事主体参与民事活动时的权利和义务，便于民事纠纷的解决。

值得注意的是，户是被划分为等级的，各等级的民事权利、义务也有所不同。户在南北朝时期已开始分等，唐代依资产多少分等，武德时定为三等，贞观时改为九等，宋代将户分为五等，明代继承了古代的户等制度，

---

① （明）申时行等修：《大明会典》卷十九《户口一》，中华书局1989年版，第129页。

② 怀效锋点校：《大明律》卷四《户律・户役》，法律出版社1999年版，第46页。

③ （清）张廷玉等撰：《明史》卷七十七《食货志一》，中华书局1974年版，第1883页。

将户分为上、中、下三等。分等的主要目的是征赋派役,但也有重要的民事意义。“凡田地、资本、市宅、牲畜多者俱定为上等”,上等户在政治、经济上处于优等地位,在民事关系中享有下等户不可能得到的权利。如利用下等户因生活所迫转卖田地时而“减价买田”,或放高利贷,并通过高利贷来兼并土地,又利用土地所有权设定租佃关系,役使剥削下等户。上等户、下等户之间的人身权利也有所不同。因此,下等户不能充分享有民事主体的权利。

还要指出的是,明代按职业将户籍分为军、民、灶(盐户)、匠、医、阴阳等诸色人户,并且朱元璋在《大诰》中一直强调,诸色人要各安其业,其业在四民之外,则为不法之徒。由于诸色人户的职业不同,因此,作为民事主体所从事的民事活动亦有所不同,所建立的民事法律关系也就有所区别。譬如,农户以经营土地为主,他们之间设定的民事法律关系多为土地的买卖、典当、租佃等契约关系。其他各职业户诸如茶户、渔户、矿户、匠户、织户、船户、盐户、商户、军户等所从事的民事活动与其职业密切相关。

第二节 户的民事主体地位

一、家户之长——家长的主体地位

古代家长的权利与义务可以分为对内和对外两个方面。对外,家长作为一家一户的法定代表人,对国家承担申报户口、赋税徭役等行政法上的义务,主持与其他家族的交往。对内,家长是全体家属成员的统领,不仅享有管理、处分财产的权利,而且享有对子孙及其配偶的支配权。

(一)家长的权利

1. 财产权

古代家族制度下的财产,呈同居共财状态。但这种共财并非现代意义上的共同共有,其管理、支配、处分的权利均归于家长。法律保护这一财产形式的目的在于维持家庭财产的完整和统一,防止任意分割造成家产的流失,从而导致维系家庭共同生活的经济基础的崩溃。其理论依据则是礼制所确立的尊长支配财产、子孙不得有私财的原则。与礼制的规定相适应,唐律规定祖父母、父母在,子孙不得别籍异财,违者处三年徒刑。[①] 按照疏议的解释,律所称的"别籍异财",包括财异籍别、财同籍别及户同财异三种情况。只有在祖父母、父母令子孙分割家产时,才可以分割。同时,家长对家产的这种支配权一直延续至父母身后27个月,即在父母丧期内,子孙也不得别籍异财,违者处徒刑一年。不仅如此,唐律还规定卑幼未经家长允许,不得擅自使用家产。[②] 凡卑幼私自动用财产,值满十匹绢的,笞十下。每十匹加一等,最高杖一百。卑幼对家产既无占有权也无使用权,更没有抵押和出卖家产的权利,由此也派生出家长对外进行民事法律活动的特权。唐代《杂令》规定:"诸家长在('在'谓三百里内,非隔关者),而子孙弟侄等,不得辄以奴婢、六畜、田宅及余财物私自质举及卖田宅(无质而举者,亦准此)。其有质举、卖者,皆得本司文牒,然后听之。若不相本问,违而与及买者,物即还主,钱没不追。"[③]只有当家长在境外以及为兵戎所阻隔的情况下,子孙向官府申请并取得官府认可的凭证后,才可以典卖家产。否则,典卖契约无效,物还原主,钱则没入官府。

清律中也有不许子孙"别籍异财"的相关规定,但已不单纯是道德上的原因,也是为了节省家计,组织生产,自卫自警,保持一家的声势与资财的积累。这在一家一户为经济单位的条件下,是非常必要的。但是,伴随

---

① (唐)长孙无忌:《唐律疏议·户婚律》"子孙别籍异财"条,中华书局1983年版,第236页。

② (唐)长孙无忌:《唐律疏议·户婚律》"同居卑幼私辄用财"条,中华书局1983年版,第241页。

③ 〔日〕仁井田陞:《唐令拾遗·杂令》,栗劲等编译,长春出版社1989年版,第788—789页。

商品经济的迅速发展,分居蓄财的现象已十分普遍。因此,法律不得不做出"其父母许令分析者,听"①的修改。

2. 教令权与自行责罚权

在古代中国,孝道的最高境界是顺从。这对家长而言是一种权利,对子孙则是一种义务。顺从的核心是遵从家长的意志,接受其管束。当子孙违反家长的意志不受管束时,家长可以予以处罚。就父母对子孙的教令而言,包括了日常生活的各个方面,上自家政大事,下涉细微琐事,教令权都贯彻始终,具有法律上的约束力。当然,家长的教令应合法,并且是子孙在现实生活中可以遵从的,否则也不构成法律所言的违反教令。此外,子孙有违反教令的行为,也不一定受到法律的惩处。决定是否制裁的权利归于家长,只有在祖父母、父母告官的情况下,子孙才构成违反教令的犯罪,处徒刑二年。②

在古人看来,"刑罚不可弛于国,笞捶不得废于家",③这是天经地义的道理。因此,除了国家法律直接制裁违反教令的行为外,习俗和法律还认可家长对违反教令的子孙予以责罚的权利。唐时,家长已无擅杀子孙的权利,但唐律规定,家长殴打子孙,至折伤才予以一定处罚,无折伤则不坐。可见唐时家长仍有责罚子孙的权利,只不过这种权利被限制在为法律所认可的程度内。

与唐律相比,清律赋予家长以更大的惩罚卑幼权,明确规定:"子孙违犯教令而依法决罚,邂逅致死及过失杀者,各勿论。"④由于对"违反教令"的概念缺少法律上的明确解释,其范围极为泛杂,包括不顺父母、赌

---

① 《大清律例》卷八《户律·户役》"别籍异财"条附例,天津古籍出版社 1993 年版,第 201 页。

② (唐)长孙无忌:《唐律疏议·斗讼律》"子孙违犯教令"条,中华书局 1983 年版,第 437 页。

③ (唐)长孙无忌:《唐律疏议·名例律》,中华书局 1983 年版,第 1 页。

④ 《大清律例》卷二八《刑律·斗殴下》"殴祖父母父母"条,天津古籍出版社 1993 年版,第 496 页。

博、犯奸盗等。只要父母提供子孙"违犯教令"的证据,官府无需核实即可认定。至于尊长非理殴杀卑幼,虽为有罪,也只杖一百。

3. 送惩权

通常情况下,子孙违犯教令,家长有权自行责罚,但若家长不能自行责罚,则可将子孙送交官府,由官府代家长惩戒。这种惩戒代表着国家政权对家长权的支持,也是国家政权与家长权紧密结合的表现,其实质乃是以国家强制力来保证家长意志的实现,维护家长在家庭中的中心地位。

隋唐时代,法律认可家长可以送惩子孙的理由大致有两类:一是子孙违反教令,一是子孙供养有阙。从内容上看,二者均是对礼制孝亲之道的违反,但前者侧重表现为对家长意志的直接对抗,所有领域都可以产生违反教令的情况;后者则表现为行为的欠缺,并主要局限在衣食住行日常生活领域,强调物质的因素。按照疏议的解释,供养应是精神和物质上的供养,二者缺一不可,均以顺从、恭敬为要。关于供养,疏议直接援用了礼制的规定:"《礼》云:'孝子之养亲也,乐其心,不违其志,以其饮食而忠养之。'其有堪供而阙者,祖父母、父母告乃坐。"①"'及供养有阙者',《礼》云:'七十,二膳;八十,常珍'之类,家道堪供而故有阙者,各徒二年。"②由这一规定可知,儒家关于孝亲的原则乃至细枝末节的规定,即是律所规定的供养的全部内容。但礼制与法律毕竟是两种不同的社会规范,其所关注的重点也有所不同,礼制强调人的主观态度,强调心的虔诚,此即孔子所言的"今之孝者,是谓能养。至于犬马,皆能有养。不敬,何以别乎"?③ 法律则重视强制规范实现的现实可能性。所以唐律以家长的教令合理、适宜且不违法为家长送惩权有效的前提,以家道能够供养作为供养有阙可否成立的前提。④ 并且,是否送官府惩戒的决定权取决于家长

① (唐)长孙无忌:《唐律疏议·名例律》"十恶"条疏,中华书局1983年版,第13页。

② (唐)长孙无忌:《唐律疏议·斗讼律》"子孙违犯教令"条疏,中华书局1983年版,第438页。

③ 《论语·为政》,见《十三经注疏》,中华书局1980年影印本,第2462页。

④ (唐)长孙无忌:《唐律疏议·名例律》"十恶"条疏,中华书局1983年版,第13页。

的意志。但一旦祖父母、父母向官府控告子孙后,事情就由非讼程序正式转入国家司法程序,标志着家长权让位于国家政权,家长的意志为法律的意志所取代。这显然已超出了家长所能控制的范围,其结果只能按法律的设定行事,处徒二年的刑罚。

清律也赋予了家长"送惩权",即请求官府代为惩处。凡因违反教令而被送惩的子孙,杖一百;因不孝送惩的子孙则加重处罚。此外,父母还有呈送发遣之权,即可以请求官府将其子由内地流放至云贵等边远地区。即使遇有特旨恩赦,如父母不情愿,也不可以释回。清律对家长惩戒权的肯定和保障,既是对传统法律的继承,也反映了处于封建末世的清朝政府对封建家长制度的依赖。

4. 主婚权

主婚权是指法律赋予家长决定其子女婚姻成立、存续及解除的权利。中国自先秦以来,婚姻即具有家族至上的目的和意义,由此决定了婚姻主要不是由子女个人的情感和意愿来决定,而是家长根据家族利益乃至自己的喜好来做最后的决定。因此,子孙自始至终都处于被支配、被决定的地位,在婚姻中扮演履行家长决定的角色,家长才是子女婚姻的决定人。家长的意志贯穿于婚姻始终,表现为子孙择妻、为女选夫,直至令子孙休妻的全部权利。婚姻必须遵从父母之命,既是礼制、礼俗的要求,也是法律的强制规定。按照唐律规定,若子孙在外订婚,而尊长又在家为其订婚,即使尊长订婚在后,其效力仍大于卑幼订婚。只有在子孙自订婚约且已成婚时,婚姻才算有效。① 由此条律文还可顺理推导出:卑幼无外出之状时,尊长的主婚权是始终有效的。② 不仅如此,法律所确认的"七出"休妻的离婚制度,其中不顺父母即是出妻的法定理由,而顺与不顺的标准,

① (唐)长孙无忌:《唐律疏议 · 户婚律》"卑幼自娶妻"条,中华书局 1983 年版,第 267 页。

② (唐)长孙无忌:《唐律疏议 · 户婚律》"卑幼自娶妻"条,中华书局 1983 年版,第 267 页。

则主要看父母之意了。

此外，需要指出的是，唐律还确认祖父母、父母对丧偶之女的主婚权，表现为祖父母、父母的强嫁权。

5. 对家庭成员的监护权

这既是法律赋予家长的权利，也是家长对国家应尽的义务。清朝政府力图通过家长对家庭成员的监督、管教，以稳定家内秩序，进而巩固封建专制主义的统治。在这方面，国法与宗族法、家庭法是完全一致的。康熙二十八年(1689)上谕中说："族长不能教训子孙，问绞罪。"①至雍正朝，"族长"入律，进一步明确了族长应负的法律责任。例如，流犯脱逃，"该犯之族长……查出举首者免罪，若知情容隐，杖八十"。② 在清代的宗族法中，一般都规定了"子弟越礼犯分"，"入于非类"，犯者由家长议罚，或处以杖责。

(二)家长的义务

法律在确认家长权利的同时，还规定了家庭对国家、对社会的义务，这种义务往往由家长来承担。在经济方面，家长负有及时向国家缴纳赋税和服役的义务。按照唐令，缴纳赋税和服役是有期限的，违期被视为触犯国家刑律的行为。凡户主违期不缴足的，处笞四十的处罚。③

与国家赋税徭役的征发紧密相连，唐律极为重视户籍管理。自家长到官吏，唐律都规定有相应的户籍责任。家长作为户主，其责任为："诸脱户者，家长徒三年；无课役者，减二等；女户，又减三等(谓一户俱不附贯。若不由家长，罪其所由。即见在役任者，虽脱户及计口多者，各从漏口法)……脱口及增减年状(谓疾、老、中、小之类)，以免课役者，一口徒

① 中国社会科学院清史研究所编：《清史资料》第1辑，中华书局1981年版，第114页。

② 《大清律例》卷三五《刑律·捕亡》"徒流人逃"条，天津古籍出版社1993年版，第588页。

③ (唐)长孙无忌：《唐律疏议·户婚律》"输课税物违期"条，中华书局1983年版，第252页。

一年，二口加一等，罪止徒三年……其增减非免课役及漏无课役口者，四口为一口，罪止徒一年半；即不满四口，杖六十（部曲、奴婢亦同）。”①从上述规定可知，在户籍登记和管理过程中，存在着脱、漏、增、减四种违法犯罪行为，具体表现为：整户不登记入户籍，或口数脱漏，或故意增年入老，减年入中、小及增状入疾，由残疾入废疾，从废疾入笃疾。这些行为的直接后果是国家赋税的减少，由此直接影响王朝存续的物质基础。因此，唐律是以国家赋役减少的多少程度来作为处罚的根据。对整户不登记入籍的，又区别一般家户、无赋税徭役的家户、纯女性户三种不同情况，分别予以处三年徒刑、减二等、减五等的处罚。若系脱漏口数、虚报病残及增减年龄的，依口数折算处罚。

需要指出的是，唐律对官吏违反户籍管理而存在的脱漏户籍行为，区别故意和过失两种情况处罚，但对家户违反户籍管理的行为，则不分故意与过失，一概认定为犯罪行为，即只计客观效果而不计主观态度，其特别之处仅在于唐律规定若脱户的责任不在家长，就处罚应负责任者。

与户籍管理相应的是唐律关于私入道②的规定。

中国社会自南北朝以来，佛教对民众的影响日益深入和普及，寺院拥有众多的信徒和随附的部曲奴婢。至唐代，佛道盛行，寺观日多，僧道益众。唐代入道包括当道士、女道士、僧和尼姑。由于出家的僧道享有免除赋役的权利，因此出家入道成为农民逃避国家赋税徭役的有效方式，由此造成国家在籍户口的减少，直接影响了国家对劳动力的控制和国家财政的收入。对此，唐朝通过法律来加以限制。按照唐代律令，出家为僧道必须经官方批准发放凭证才为合法，未经官府允许而私自出家或让人出家，均属私入道。若责任在家长，则家长处杖一百；已经注销户籍的，处徒

---

① （唐）长孙无忌：《唐律疏议·户婚律》“脱漏户口增减年状”条，中华书局1983年版，第231—232页。

② （唐）长孙无忌：《唐律疏议·户婚律》“私入道”条，中华书局1983年版，第235页。

一年。①

家长的义务还表现在对土地的有效利用上。唐律规定户主有保证土地不致荒芜的义务。凡户主犯田地荒芜罪的，以全部土地作五分计算，荒芜一分笞打三十，多一分则加一等处罚。②

家长的责任也表现在刑法方面。唐代，家人共同犯罪，一般只追究尊长的法律责任，卑幼无罪。同样，嫁娶违律，系祖父母、父母主婚的，也只处罚作为主婚人的祖父母、父母。

（三）父母子女在法律上的关系

根据家族主义的原理，隋唐律将父母子女视做尊长与卑幼，由此决定二者不平等的法律地位。

1. 父母子女关系在刑法上的表现——不孝与恶逆罪

在儒家看来，孝是仁、德之本，天地之经义，它既是子女的行为准则，也是君王治理国家之道。对普通人而言，孝即是事亲，其具体内容包括：日常生活的供养③、恭敬与顺从④、能劝谏父母之过⑤、忧疾⑥、重丧祭、行孝道⑦。儒家正是从孝道出发，将其推及于君，移孝作忠，孝亲与忠君合二为一，以达齐家、治国、平天下的理想。这种忠孝合一的思想，适应了王朝统治的需要，为历代法律所确认，其典型便是将不孝视为重罪，即所谓

---

① （唐）长孙无忌：《唐律疏议·户婚律》“私入道”条，中华书局1983年版，第235页。

② （唐）长孙无忌：《唐律疏议·户婚律》“部内田畴荒芜”条，中华书局1983年版，第248页。

③ 《孝经·庶人》：“谨身节用，以养父母。”见《十三经注疏》，中华书局1980年影印本，第2549页。

④ 《礼记·内则》有详细规定。

⑤ 《礼记·孔子闲居》：“微谏不倦……可谓孝矣。”见《十三经注疏》，中华书局1980年影印本，第1620页。

⑥ 《论语·为政》：“孟武伯问孝，子曰：父母唯其疾之忧。”见《十三经注疏》，中华书局1980年影印本，第2462页。

⑦ 《论语·学而》：“父在观其志，父没观其行，三年无改于父之道，可谓孝矣。”见《十三经注疏》，中华书局1980年影印本，第2458页。

“五刑之属三千，而罪莫大于不孝”。[①] 隋唐律沿袭前代之法，将不孝入十恶大罪。按照唐律的规定，不孝行为包括：①告发或者咒骂祖父母、父母。②祖父母、父母在世时与其分立户籍、另置财产。③能供养而不供养。④为父母服丧期内自主娶妻或出嫁、奏乐、释服从吉。⑤闻祖父母、父母丧隐瞒不哀哭。⑥诈说祖父母、父母死亡。凡有以上行为之一，即为不孝，依律重罚。

如果说不孝是一般侵犯至亲尊长的行为，那么恶逆则是侵害至亲尊长的最凶恶的忤逆之罪。其行为特征是殴及谋杀至亲尊长，系积极的作为，其主观意志则是故意，侵害的范围包括：殴打或预谋杀祖父母、父母，杀叔伯父母、兄姐、姑母、外祖父母、夫、夫的祖父母和父母。按照疏议的解释，设置这一罪名的立法理由为：“父母之恩，昊天罔极。嗣续妣祖，承奉不轻。枭镜其心，爱敬同尽，五服至亲，自相屠戮，穷恶尽逆，绝弃人理，故曰：‘恶逆’。”[②]由此可知，唐律设置这一法条的基础是恩情和血缘。这是古代社会做人最起码的准则。违此皆斩，重于对常人的处罚。

2. 父母子女关系在诉讼法上的表现

(1)留养制度

留养是在一定条件下，减免刑罚，以使罪犯能够养亲的法律制度。这一立法的理论基础是儒家的孝亲主张。唐时法律所规定的留养制度包括以下内容：[③]

①不在十恶条内的犯罪，其祖父母、父母年老病重应有人侍奉，期亲内又无男丁的，上请皇帝减免刑罚。

②犯流罪者，暂且留家侍奉尊亲。侍奉完毕，同其他流犯在下一个季

① 《孝经·五刑》，见《十三经注疏》，中华书局 1980 年影印本，第 2556 页。

② (唐)长孙无忌：《唐律疏议·名例律》“十恶”条疏，中华书局 1983 年版，第 8 页。

③ (唐)长孙无忌：《唐律疏议·名例律》“犯死罪应侍家无期亲成丁”条、“犯徒应役家无兼丁”条，中华书局 1983 年版、第 69、70、72 页。

度规定的期限发配，即留养条件消失，仍须执行流刑。

③犯徒刑，家无兼丁（21 岁以上、59 岁以下的男丁），折杖释放。因尊亲年老或有疾需侍奉者，仍折杖释放。

（2）容隐制度

这一制度由儒家“父子相隐”的主张发展而来，其内容是对亲属的一般刑事犯罪可以隐瞒不予告发，并且可以不必承担刑事责任。

3. 父母子女关系在民法上的表现

主要表现为家庭财产所有形态、财产继承、子孙对尊长的扶养义务等。此处先论述前一问题。

隋唐家庭财产所有权是同居共财形态，这可以从史书和法律的规定中得到印证。《新唐书 · 刘君良传》载：“……四世同居，族兄弟犹同产也，门内斗粟尺帛无所私。”《旧唐书 · 刘审礼传》载：“再从同居，家无异爨。”虽然这是两则带有特例性质的记载，但其关于同居之内财产性质的表达是与唐律的精神相符合的。这种同居共财形态并不意味着家内若干个人的共同共有，它强调的是家长专权下的群体（家属）的共有，具有下列特征：

（1）家庭财产系家属群体的共有财产，而非家长的私产。这表明虽然家长对家产享有管理、分配和处分的权利，但“非私产”的属性限制着家长在处置家产时，不能纯从一己私利出发，而应顾及整个家庭乃至家族利益，受到家族原则的制约。

（2）同居共财排除了同居之外的其他人的所有权，即没有家属身份不得享有共有财产。

（3）个人对家产不享有明确的份额，并不成为所有权的主体。古代社会的家户才是所有权的主体，而实际管理者则是家户之长——家长。

家产在一定条件下是可以分割的，那就是：①祖父母、父母令子孙分割家产，并不为罪。[①] ②亲属犯重罪，虽与罪犯同居共财但不属缘坐和免

① （唐）长孙无忌：《唐律疏议 · 户婚律》“子孙别籍异财”条，中华书局 1983 年版，第 236 页。

予缘坐者，各自依照财产分割法分得家财。并且，因年老残疾而免刑的亲属，各自按照相当于一子的份额留其一份家财。[①] 这种家产分割的具体做法是：若本人及子均存，则连同本人及子计算人数平分，孙子各在其父的分内。若子均不存，就连同本人及孙计算人数平分。

（四）收养制度

收养是身份法上的一种法律关系，指将他人的子女作为自己的子女，使本无父母子女关系的人之间产生法律拟制的父母子女关系。[②] 收养在唐代可分为异姓收养和同宗养子两类。

1. 异姓收养

收养与本人无血缘关系的未成年人为自己的子女。在现代社会收养制度中是一项普遍的、主要的收养形式。但在古代中国社会，则是为律所严格限制的特殊的、次要的收养形式，属于非亲属收养的范围，本不为礼、律所允许。[③] 至唐时，法律网开一面，准许在特定的条件下收养异姓之子，同时不禁止收养异姓女。《唐律疏议·户婚律》"养子舍去"条规定："其遗弃小儿年三岁以下，虽异姓，听收养，即从其姓。"同条疏议进一步解释并规定："异姓之男，本非族类，违法收养，故徒一年；违法与者，得笞五十。养女者不坐。其小儿年三岁以下，本生父母遗弃，若不听收养，即性命将绝，故虽异姓，仍听收养，即从其姓。如是父母遗失，于后来识认，合还本生；失儿之家，量酬乳哺之直。"由律文和疏议可以看出，唐律允许一定条件下收养异姓之子，乃出自仁义之道和对生命的重视，意在解决遗弃幼儿的社会问题，为被弃幼儿设立一种社会救济制度。为避免这一制度造成异姓乱宗的结果，唐律将非亲属收养的前提确定为三岁以下的弃儿。这一前提

① （唐）长孙无忌：《唐律疏议·贼盗律》"缘坐非同居"条，中华书局1983年版，第323页。

② 杨大文等：《婚姻法学》，法律出版社1986年版，第220页。

③ 古代礼制并无非亲属收养的内容。至西晋时，法律仍令收养他人之子别立户籍。见程树德：《九朝律考》卷三《晋律考下·晋令》"户令"条，中华书局1963年版，第277页。

既包含有对幼儿年龄的限定，又包含了对幼儿来源的规定，即必须是弃儿，而非他人遗失之子。在律，遗弃与遗失是两个不同的概念：前者，父母主观上有抛弃、不予认领和抚养的故意，并且伴随有消极的不作为；后者则是父母始终不愿放弃父母子女关系，其在客观上表现为积极的寻找。因此，遗失子女不构成收养的前提，抚养他人遗失子女类似于代养，并不构成法律上的拟制父母子女关系，其生父母认领，抚养人应返还其子女。

至于符合唐律的规定条件收养异姓之子，则收养成立，养父母与养子之间形成法律拟制的父母子女关系，养子须从养父之姓。但是，异姓养子不得立为嗣子，其地位远逊于嗣子，不得承继宗祧，其继承权唐律也无规定。不符合法律的规定而收养异姓之子，收养方与送养方分别处以徒一年和笞五十的刑罚。

需要指出的是，唐律关于收养异姓弃儿年限的规定并不完全符合现实。就儿童而言，超过三岁乃至十几岁，在无人抚养的情况下，都存在生存危机，而且年龄越小，危险越大。将这一年龄段的儿童排除在外，似有不妥。由此唐代又往往通过诏令在一定地区，针对一定的家庭放宽收养年限，补律之不足。高宗咸亨元年（670）即有如此诏："令雍'同'华州贫窭之家，有年十五已下不能存活者，听一切任人收养为男女。"①

2. 同宗养子

同宗养子的主要意义在于立嗣。它在中国古代是一种主要的收养形式，指无子之男选立同宗的子辈作为嗣子，承继宗祧，延续后代。其实质是对无子所造成的男性血统承续中断的补救。立嗣源于古代礼制②，至唐代，立嗣时称收养，法律对此有严密的规定：①收养的范围以男子同宗辈分相当者为限，律禁止收养异姓之男③。法律确立这一限制性条件的

① （后晋）刘昫：《旧唐书》卷五《高宗纪下》，中华书局1975年版，第95页。
② 《礼记·杂记》，见《十三经注疏》，中华书局1980年影印本，第1556页。
③ 《唐令·户令》，见《唐律疏议·户婚律》"养子舍去"条，中华书局1983年版，第237页。

目的是为了保证家族血统的纯正。若违律收养异姓之子,收养方处徒一年,送养方笞五十。至于祖父母、父母非法以子孙作为他人子孙的,处徒二年,子孙不坐。① ②禁止良人收养杂户、官户之男及部曲与奴,违者对收养方与送养方处以相同的刑罚,即徒刑、杖刑,并解除收养,恢复贱民身份。② ③收养一经成立,便具有法律效力,不得任意解除。凡收养方无子而解除收养,处徒刑二年。但若收养方生子或送养方无子,想要将养子送还其生父母时,唐律允许养父母解除收养,将养子送还其本家。

宋代为了避免收养后发生争端,宋代法律规定收养之后必须依法到官府办理改变户籍的手续,宋代的法律用语称之为"除附"。当时的政府官员对此有极明确的解释:

> 此谓人家养同宗子,两户各有人户,甲户无子,养乙户之子以为子,则除乙户子名籍,而附之于甲户,所以谓之除附。③

办理除附手续后,养子即终止与生身父母身份上的法律关系,而确立与养父母的法律关系。

(五)亲属制度

亲属,泛指因婚姻、血缘而产生的人与人之间的身份关系。法律意义上的亲属与此有所不同,它可因人为的拟制而产生,同时,法律对亲属的范围也有一定的限制。因此,法律所称的亲属,便是因婚姻、血缘、拟制而产生,由法律所界定的一定范围内具有权利义务内容的身份关系。

1. 亲等制度

亲等是计算亲属之间关系亲疏远近的尺度,也是亲属之间产生法律上特定权利义务关系的依据。中国古代用丧服的等差来区分亲属关系的

---

① (唐)长孙无忌:《唐律疏议·户婚律》"子孙别籍异财"条,中华书局1983年版,第236页。

② (唐)长孙无忌:《唐律疏议·户婚律》"养杂户等为子孙"条,中华书局1983年版,第238—239页。

③ 《名公书判清明集》卷八《户婚门·户绝·夫亡而有养子不得谓之户绝》,中华书局1987年版,第273页。

亲疏远近，因而丧服制度便是古代中国亲属法的亲等制度。

服制最初起源于丧祭，其意在根据与死者亲疏关系的不同而着不同规格、式样、不同期限的丧服。

礼制将本宗九族内的丧服划分为斩衰、齐衰、大功、小功、缌麻五等。由斩衰至缌麻，丧服的衣料由粗劣渐次精细，制作也由粗放渐次讲究，穿着的时间也由长逐渐趋短，与此相应，亲属关系由近趋远，由亲趋疏。这种亲等制，除血缘远近之外，还参酌了双方地位的尊卑、名分的高低、恩情的厚薄、性别的差异，因而其本身就是中国古代社会等级和宗法等级的反映，为律所确认，其效力及于民事、刑事、行政等各种法律关系。对此，唐律有详细规定。

隋唐法律依照丧礼的五服作为划分亲属范围和等级的标准。

（1）斩衰：按照礼制，服斩衰者，主要是妻、子、在室女、儿媳，服斩衰的时间为三年。唐代，在先秦礼制之外，增加嫡孙为祖、妇为舅服斩衰，高宗时将父在为母止服期（一年）改为为母服三年。

（2）期：唐律将所有的直系血亲都从齐衰中分出来称为"期"，只保留了旁系的"不杖期"一种，由此五服便变成了斩衰、期、大功、小功、缌麻五等。期服为守丧一年，期亲亲属有伯叔父母、姑母、兄弟、姐妹、妻子、儿女、侄儿女及高祖父、曾祖父等。

（3）大功：唐代在礼制所定亲属范围之外，又增加祖父母为庶孙、父母为子妇、己身为兄弟之子妇等亲属为大功等。

（4）小功亲：唐律所确认的小功亲[①]为：祖之兄弟、父之从父兄弟、己身之再从兄弟。值得一提的是，唐太宗贞观年间，将舅服缌麻，上升为与从母同服小功。

（5）缌麻亲[②]：唐律所确定的缌麻亲为：曾祖兄弟、祖从父兄弟、父再从兄弟、己身之三从兄弟。

---

① （唐）长孙无忌：《唐律疏议·名例律》"八议"条疏议，中华书局1983年版，第17页。

② （唐）长孙无忌：《唐律疏议·名例律》"八议"条疏议，中华书局1983年版，第17页。

在上述五服之外的同宗亲属，被称为袒免亲，具体包括：高祖兄弟、曾祖从父兄弟、祖再从兄弟、父三从兄弟、己身之四从兄弟。

2. 亲属关系在法律上的效力

现代社会，亲属之间在法律上所具有的权利义务关系局限在极为有限的范围内，往往集中体现在婚姻家庭领域。古代中国社会与此不同，亲属关系的影响宽广，涉及刑事、民事等方面。

（1）亲属关系在刑法上的效力

①亲属相犯

隋唐律沿用晋律“准五服以制罪”的原则，按照服制的远近，以亲疏、尊卑、长幼作为判定亲属相犯是否有罪及罪刑轻重的标准。其对量刑幅度的影响，表现为按亲属服制的亲疏，递增或递减，同时贯穿下犯上加重、上犯下减轻的原则。凡系亲属间的人身伤害，尊犯卑，服制愈近，处罚愈轻，反之，卑犯尊，服制愈近，处罚愈重。① 亲属之间相盗，则采取从疏至亲递减的处罚原则，即服制越近，处罚越轻；服制越疏，处罚越重。②

②亲属相奸

中国历代法律严格维护亲属间的性禁忌，视亲属相奸为乱伦，予以重罚。按照唐律的规定，常人相奸处徒刑；亲属相奸，若系奸小功以上亲以及父祖之妾，入十恶大罪，为常赦所不原。其处罚原则为：服制越近，辈分越尊，处罚越重。并且，凡属和奸，不分尊卑长幼，男女双方同等处罚，强奸则只处罚侵害人一方。

③缘坐制度

缘坐是古代法律基于血缘亲属关系所设立的连带刑事责任制度，其

① （唐）长孙无忌：《唐律疏议 · 斗讼律》“殴缌麻兄姊等”、“殴兄姊等”条，中华书局1983年版，第411—414页。

② （唐）长孙无忌：《唐律疏议 · 贼盗律》“盗缌麻小功亲财物”条，中华书局1983年版，第365页。

特征是一人犯罪，罪及亲属。其内容可上溯至夏商。与秦汉和魏晋南北朝相比，隋唐缘坐主要适用于谋反、谋大逆及谋叛等危害封建统治及皇帝的重罪，一般不适用于其他犯罪，且处以死刑的范围大大缩小。

（2）亲属关系在民法上的效力

①亲属先买权

先买权是一种先于他人购买的权利，其实质不在购买条件的优惠，而在购买顺序的优先。中国古代，田宅产业为家户之根，也是凝聚族人、维持生存和发展的经济基础，宗法观念视守成为本，以增值为荣，视变卖产业为败家。这类不动产，即便不得已而出卖，也本着产业先在亲族范围内流转、尽量不外流的原则行事。因此，从这一原则的本旨来看，虽也包含有方便管理之意，但并非主要基于有利财产的管理、积累和增值的考虑，而是主要基于一种血亲观念，系家族封闭属性的限制。就其效果而言，对财产的自由流转和增值增加了血亲因素的障碍，虽符合家族社会自然经济的需要，却也阻碍了商品经济的成长和发育。

早在南北朝时，就有承认亲属购买权先于他人的记载。唐时，亲属居先买权顺序之首，其次才是四邻。《唐会要》载："天下诸郡逃户，有田宅产业妄被人破除，并缘欠负租庸，先已亲邻买卖。"①五代时仍沿袭这一规定。《五代会要》记载："如有典卖庄宅，准例，房亲邻人合得承当，若是亲人不要，及著价不及，方得别处商量。"②

②亲属的扶养义务

子孙对父母、祖父母的扶养自不待言，旁系亲属之间，律文虽无明确规定互相扶养的义务，但从律文强调"大功同财"的规定看，大功以上的亲属似乎是有互相扶养义务的。在唐代，法律所规定的亲属扶养的范围远不止于此，《唐令·户令》规定："诸鳏寡孤独、贫穷老疾不能自存者，令

---

① （宋）王溥：《唐会要》卷八十五《逃户》，中华书局1955年版，第1564页。

② （宋）王溥：《五代会要》卷二十六《市》，中华书局1985年版，第416页。

近亲收养。若无近亲,付乡里安恤。”①事实上,在古代社会,人们往往是依血缘而群居,同乡的乡里、乡邻、乡党,往往都有着血缘联系,“乡里安恤”实则确认了较远亲属的扶养义务,这一做法的实质是按亲属身份延伸义务,是一种家族范围内的血缘亲属救济制度。它将鳏寡孤独、贫穷老疾这一本与血缘亲属无关的社会问题消解在家族之内,有利于稳定社会秩序、巩固王朝统治,在古代社会自有其存在的合理性和必然性。

二、从私属到佃客——农业劳动者主体地位的确立

两宋以前,直接农业生产者主要是均田制下的自耕农以及地主庄园内的农奴(部曲)。自耕农虽相对来说具备一定的独立人格,但在封闭的自给自足的自然经济条件下,他们“至老死不相往来”,不可能产生多少债的关系。而封建官府繁重的课役负担,又使越来越多的自耕农弃家逃亡,逃亡后又不得不投靠地主,成为地主庄园的衣食客、浮客、浮户、隐户等,与奴婢的地位相差无几,也就是说成为地主的私人财产,且“皆注家籍”,失去了独立的户籍和国家的法律保护,与地主具有严格的人身依附关系,称为“部曲”。与奴婢的不同之处在于,他们是地主庄园的农奴,并且可以拥有一些自己的财产。《唐律疏议》明文规定:“部曲,谓私家所有”;②“部曲、奴婢,是为家仆,事主须存谨敬,又亦防其二心”;③“奴婢、部曲,身系于主”。④《唐律释文》亦曰:“自幼娶妻。此等之人,随主属贯,又别无户籍,若此之类,名为部曲。”可见在唐代,部曲与奴婢同为人身依附极强的地主豪强的私属。

---

① [日]仁井田陞:《唐令拾遗》,栗劲等编译,长春出版社 1989 年版,第 165 页。
② (唐)长孙无忌:《唐律疏议·名例律》“官户部曲官私奴婢有犯”条疏议,中华书局 1983 年版,第 131 页。
③ (唐)长孙无忌:《唐律疏议·斗讼律》“部曲奴婢过失杀伤亡”条疏议,中华书局 1983 年版,第 407 页。
④ (唐)长孙无忌:《唐律疏议·贼盗律》“亲属为人杀私和”条疏议,中华书局 1983 年版,第 334 页。

这种状况在唐中后期实行两税法后开始发生变化，两宋更出现了质的飞跃。由于地主土地私有制的发展，租佃制经营取代了过去庄园制经营，沦为地主“私属”的部曲转变为佃农，由此导致其身份地位和法律地位的重大突破，表现在：

（一）摆脱“私属”身份而成为国家的编户齐民

过去是“随主属贯，又别无户籍”，如同奴婢丧失了独立的人格。这对于封建国家来说，农民被迫逃移而成为地主私属，等于国家户口的减少和赋税收入的削弱。故从唐中后期实行两税法后，赋役由原来的计丁口征发而改为计土地和财产数量征发，浮客或客户被划入九等户内，以此将客户也纳入到国家税役的范围，所谓“户无主客，以见居为簿”，①结果当然有利于客户摆脱“私属”身份。

两宋加速了这一转化过程，客户完全取得了与主户平等的社会地位，客户不仅在原籍可以取得国家编户齐民的资格，即使是迁移他乡，只要定居一年以上者，便可编入当地户籍。各地方政府也想方设法招徕客户，定居入籍，以增加自己辖区户口总数。天禧五年（1021）真宗下诏：“诸州县自今招来户口，及创居入中开垦荒田者，许依格式申入户口籍。”②这进一步促使了无地客户的流动与迁徙，正像神宗时曾布所言：“近世之民，离乡轻家，东西南北转徙而之四方，固不以为患，而居作一年，即听附籍。”③这一变化也改变了人们对客户的传统偏见，在士大夫们眼里，主客之间不再像过去那样有如天壤之别。如司马光说：“彼（按：指主客户）皆编户齐民，非有上下之势。”④国家在兵火水旱之际赈灾恤民时，对主客户也一律

① （后晋）刘昫等撰：《旧唐书》卷一一《杨炎传》，中华书局1975年版，第3421页。
② （宋）马端临：《文献通考》卷一一《户口考二》，中华书局2011年版，第297页。
③ （宋）李焘：《续资治通鉴长编》卷二一四，神宗熙宁三年八月戊寅条，中华书局2004年版，第5214页。
④ （宋）江少虞：《宋朝事实类苑》卷一五《顾问奏对》，上海古籍出版社1981年版，第184页。

平等对待,所谓“无分于主客户”。[1] 可见无论从哪个角度看,客户获得了编户齐民的平等资格是无疑的。

(二)客户已能够具备作为主体所必需的自由意志和权利

能否以自己的自由意志参与民事交往,这是权利主体资格的必要标准。以前的部曲不但没有自己的户籍,而且其一切经济活动都只能由主人安排,未经主人允许,不得随意迁徙、置产,更不能与人交易,包括婚姻都由主人安排。

而两宋时期的客户则不同,他们至少开始在以下几个方面享有权利主体的自由意志:

1. 佃客有承佃和退佃的自由权

无论是地主还是官府,在出租土地时,只能根据客户自愿签订契约,而不得强迫抑勒。官田在出租时一般采用“实封投状”的自由竞争办法,让客户、下户和其他流民自愿竞争承佃。如孝宗乾道六年(1170)招佃榜文说:“不拘西北流寓及两浙居民以至江浙等处客户,并许不以多少,量力踏逐承佃。”[2]开禧二年(1206)宋政府规定:“出榜招募流移之民及当处民户无产业者,及有产业而尚有余力者,听其从便入状,权行承佃。”[3]如此之类的官田招佃活动史不绝书,并三令五申强调要遵循“自愿请佃”的原则,只能“募民间情愿种者”[4],“招召情愿佃客耕种”[5],而“不得强行差抑,致有骚扰”[6]。私人土地的出租也要根据客户自愿,双方签订契约,而不再像过去那样将地客随土地一起进行转让,强迫耕佃。绍兴初年胡宏写给刘琦的第五封书信中提到:“荆湘之间,有主户不知爱养客户,客户力微,无所赴诉者。往年鄂守庄公绰言于朝,请买卖土田不得载客户于

① (元)脱脱:《宋史》卷一七八《食货志上六》,中华书局 1977 年版,第 4335 页。
② (清)徐松辑:《宋会要辑稿·食货》三之二十,中华书局 1957 年版,第 4845 页。
③ (清)徐松辑:《宋会要辑稿·食货》六三之一五六,中华书局 1957 年版,第 6064 页。
④ (清)徐松辑:《宋会要辑稿·食货》六三之九七,中华书局 1957 年版,第 6035 页。
⑤ (清)徐松辑:《宋会要辑稿·食货》三之四,中华书局 1957 年版,第 4837 页。
⑥ (清)徐松辑:《宋会要辑稿·食货》六三之一〇一,中华书局 1957 年版,第 6037 页。

契书,听其自便,朝廷颁行其说。"①这大概就是指绍兴二十三年(1153)颁布的诏书:"民户典卖田地,毋得以佃户姓名,私为关约;随契分付得业者,亦毋得勒令耕佃。如违,许越诉。"②客户由此获得了一项特殊的越级诉讼权,以保护自己的合法权益,这一方面说明地主不得再将客户作为债的客体而随意转让,另一方面也说明客户已经能够凭自己的自由意志来参与民事法律活动,地主如加以干预,客户则有权请求司法救济。即使是相对落后的尚保留庄园的农奴制的西北夔州路,也在开禧元年(1205)依本路运判之请,颁布了一条"一路专法":

凡为客户者,许役其身,而毋得及其家属妇女皆充役作;凡典卖田宅,听其从条离业,不许就租以充客户,虽非就租,亦无得以业人充役使:凡贷借钱物者,止凭文约交还,不许抑勒以为地客;凡为客户身故……听其自行聘嫁。庶使深山穷谷之民,得安生理,不至为强有力者之所侵欺。③

这一条"一路专法"除了继续维护地主役使客户的权利外,将其他特权均予取消,佃客地位大大提高,如佃客获得了承佃的自由,主人不得以任何借口抑勒就租,客户的家属也摆脱了主人的恣意驱使。

客户有权在履行约定义务后解除原约而别作选择,这是作为债的主体所必备的又一条件。两宋时期地主已不能再将佃客牢牢地控制在土地上。佃客与地主之间的关系是由租佃契约确立下来的暂时的经济关系,而非人身依附关系,一旦契约期满,佃户就享有解约换佃、自由起移的权利。北宋初年,承租官田的佃户便已获得了这一权利,如仁宗天圣三年(1025)州县逃田很多,为鼓励人户承佃,即规定允许择肥承佃,于是不少

① (宋)胡宏:《五峰集》卷二《与刘信叔书五首》,商务印书馆《四库珍本》。
② (宋)李心传撰:《建炎以来系年要录》卷一六四,胡坤点校,中华书局 2013 年版,第 3127 页。
③ (清)徐松辑:《宋会要辑稿·食货》六九之六八,中华书局 1957 年版,第 6363 页。

官员便说："民择得美田，即弃见佃瘠土。"①这正是佃客具有退佃或换佃自由的反映。孝宗时则明确规定：湖北地区请佃官荒田的佃户"不愿开耕，即许退佃"②，各地官吏职田也不得强抑入户租佃，如果佃户无力耕种，不令退免，各徒二年③。而私人地主土地的佃客在仁宗以前尚未获得这一权利，仍是被严格地限制在土地上而终身劳作。天圣五年（1027）十一月仁宗下诏指出：

> 江淮、两浙、荆湖、福建、广南州军旧条："私下分田客非时不得起移，如主人发遣，给与凭由，方许别往。"多被主人抑勒，不放起移。自今后客户起移，更不取主人凭由，须每田收田毕日，商量去住，各取稳便，即不得非时衷私起移；如是主人非理拦占，许经县论详。④

可见，在天圣五年前，租佃私人地主土地的客户尚无迁徙之自由权，如要退佃移徙，就必须取得地主的准许，并凭借地主签发的准许证明书才能离开旧主另觅新主，以致客户多被地主抑勒阻拦。从这年开始，南方的广大地区佃客便无须再凭借地主的准许证明书，即可退佃移徙，当然要在每次收获完毕之后，而不得在农务时随意离开。如果地主无理阻拦，佃客则有权告官，请求司法救济。

在租佃关系存续期间，客户还有参与其他债权债务法律活动的权利。在商品经济发达地区，如太湖流域，佃客只要按照契约履行义务，便可自由支配自己的其他时间，从事其他民事活动。比如在租佃契约存续期间，佃客可在农暇时离开土地而经商或受他人雇佣，可以同时建立多种债权债务法律关系而不受地主限制。

2. 佃客享有永佃权

永佃权是北宋官庄、屯田的租佃过程中渐渐形成的。这些官田招纳

---

① (清)徐松辑：《宋会要辑稿·食货》一之二二，中华书局1957年版，第4812页。

② (宋)马端林：《文献通考》卷五《田赋考五·支移折变》，中华书局2011年版，第123页。

③ (清)徐松辑：《宋会要辑稿·职官五八之二四》，中华书局1957年版，第3713页。

④ (清)徐松辑：《宋会要辑稿·食货》一之二四，中华书局1957年版，第4813页。

无地产的客户租种后，客户在土地上付出了很大代价，尤其是租佃荒田的佃户，更是如此，故宋初统治者已注意到要保护那些已经付出代价的佃户的租佃权，防止他人争夺。长期下去，佃客在土地上建造自己的房舍，安置坟墓，种植树木等，形同己产。如神宗时，三司言：“天下屯田、省庄，皆子孙相承，租佃岁久。”①曾公亮也说：“佃户或百年承佃，有如己业，今鬻之则至失职，非便。”②这些材料显示，北宋早、中期，已自然地形成了较为稳定的永佃权现象，但还仅仅是一种约定俗成的习惯。至北宋后期，佃客的永佃权逐渐法律化，表现在佃客可以买卖转让租佃权。如徽宗时知吉州徐常奏称，江西屯田的佃客有相互转让租佃权的行为：

如有移变，虽名立价交佃，其实便如典卖己物。其有得以为业者，于中悉为居室、坟墓，既不可例以夺卖，又其交佃岁久，甲乙相传，皆随价得佃。③

租佃权的交易，至少在徽宗时已得到法律的确认。如宣和元年(1119)八月依农田所之请，规定人户租佃官田后，如将来典卖，听依系籍田法请买印契，书填交易④。至南宋，法律上的规定更趋完备，永佃权不再是一种约定俗成的习惯，而是国家在召人承佃时就以法律的形式赋予佃客。如绍兴三十一年(1161)高宗令户部和兵部立法：被淘汰下来的军员，拨调官田让他们租佃养身，“本人身故，许子孙接续承佃，并依人户承佃条法”⑤。这说明一般人户承佃时早有此法，“酬价交佃”便是佃户有权将自己的租佃权有偿转让与第三人，取得价款，这种价款是佃客要求新佃户对其在土地上的添附物等费用的补偿。南宋心学家陆九渊在《与苏宰》之二中也记载说：“江西系省屯田召纳佃户租种”，岁月寝久，民又相

---

① (宋)马端临：《文献通考》卷七《田赋卷七·官田》，中华书局2011年版，第177页。

② (宋)李焘：《续资治通鉴长编》卷二一九，神宗熙宁四年春正月壬辰条，中华书局2004年版，第5321页。

③ (宋)马端临：《文献通考》卷七《田赋考七·官田》，中华书局2011年版，第178页。

④ (清)徐松辑：《宋会要辑稿·食货》一之三三，中华书局1957年版，第4818页。

⑤ (清)徐松辑：《宋会要辑稿·食货》一之四一，中华书局1957年版，第4822页。

与贸易，谓之“资陪”，厥价与税田相若。法律承认这种行为的合法性，并且规定了具体的转让手续，“明有资陪之文，使之立契字、输牙税”，以至“历时既多，辗转贸易，佃此田者，不复有当时给佃之人，目今无非资陪人户”①。此外，在永佃权下，佃客还可以将租产转佃于第三人。如《华亭官田记》载：“菜字园田八亩，何四八佃，小四种。”即何四八租的土地，又转租于小四种。这一权利的获得，使两宋出现了许多佃富农，多为势家官户，他们承租大量官田，然后转租给佃客耕种，加租获利，类似于近代的“二地主”的现象。

总之，两宋佃客获得的这一重要的实体权利，是又一个具有划时代意义的变革。从此，土地的权利被分割，佃客享有对租产的永佃权，可以转让、转租、继承，形成一个独立的权利，而地主只对租产享有所有权。由此，两宋时期出现了田骨、田面、“断骨卖”等概念，是明清时期的田皮权、田根权之滥觞。

3. 佃客有拒绝约定义务以外的附加义务的权利

在过去的庄园农奴制度下，部曲除了有经济上的义务外，还要负担数不清的劳役义务，主人对之任意役使，甚至农奴的家属也要接受庄园主的役使。而在两宋的租佃制下：其一，佃客与地主的关系是由租佃契约来确定的，佃户的义务就是由契约约定的按时按量交纳地租而已，契约约定以外，地主无权随意支配；其二，佃客交纳的是实物地租而非劳役地租，义务额有明确的界限；其三，定额租制在两宋时期日益占主导地位。

由劳役地租发展到实物地租，其进步意义自不待言，而由分成租到定额租，也意味着佃客自由权利的扩大。但不论是分成还是定额，都使佃客的义务确定，佃客在履行了约定义务以外，有权拒绝额外的无理要求，这一点在官田租佃关系中尤其突出。如绍兴六年（1136）高宗规定：

淮南田土，除诸佃依已立定课子输纳，屯田合官私主分外，其余

① （宋）陆九渊：《陆九渊集》卷八《书·与苏宰二》，中华书局2008年版，第114页。

并不得依前收撮课子，如旧例牛租之类，亦令一切禁止，或敢违戾，并许百姓越诉，官吏重置于法。①

佃户得以"越诉"之权以对抗出租方的无理勒索。同年，措置江淮屯田时，都督行府亦规定："州县公人等，如敢因事搔扰官庄客户及乞取钱物，依法从重断罪外，勒令罢役"，地方官吏如不加制止或纵容，则加重治罪②。这一权利的获得，使佃客有闲暇参与其他民事法律活动。

4. 佃客享有对租产的先买权

佃户的这一权利突出地反映在官田的租佃上。两宋时期，封建官府也积极地参与到土地买卖的洪流之中，不断地出卖官田，但同时也注意维护被出卖的土地上的佃户利益，也为了防止豪民垄断官田的买卖，两宋政府以法律的形式赋予土地上的佃户以优先购买的权利，使佃户成为众多有权购买该田地的第一顺序人。如天圣元年（1023）出卖没官的户绝田时，宋政府规定要首先"榜示现佃户，依估纳钱买充永业"，"若现佃户无力收买，即问地邻，地邻不要，方许中等已下户全户收买"。两年后再次规定地方州县在出卖户绝、没官田时，要出榜晓示佃户按官府所定价钱纳钱"竭产收买"，只有在佃户无钱收买或不愿收买时，才能按常规的顺序逐次问地邻户是否收买③。为保证佃户能够实际享受这一权利，两宋时期还在地价上对佃户给予特殊优惠，并在交纳地价的方式上可以采取分期付款的方法，以缓解佃户的经济紧张状况。

（三）佃客的人身安全有了法律保障

如果人的生命安全毫无保障，任人宰割，那就更谈不上其他的主体权利。这正是两宋以前的部曲农奴阶层地位低下的重要表现之一。随着两宋时期佃客地位的提高，佃客的生命权开始受到法律的保护，官僚地主不能再随意杀害佃户。《折狱龟鉴》卷八《矜谨·王琪》载：

---

① （唐）长孙无忌：《宋会要辑稿·食货》九之二六，中华书局1957年版，第4974页。
② （清）徐松辑：《宋会要辑稿·食货》二之十六，中华书局1957年版，第4833页。
③ （清）徐松辑：《宋会要辑稿·食货》六三之一七四，中华书局1957年版，第6073页。

王琪侍郎知复州。民有殴佃客死者,吏将论如法。忽梦有人持牒叩庭下,曰:“某事未可遽以死论也”。琪疑之,因留狱未决。有司曰:“无足疑者”。琪曰:“第留之”。后十余日,果有新制下:凡主人殴佃客死者,听以减死论,吏民莫不神服。

从这一记载可知:朝廷颁布“新制”之前,凡地主殴杀佃客死者,均要“论如法”,即判地主死刑,佃客获得了与地主平等的法律地位,这是唐末农民战争对地主阶级冲击的结果。王琪是在宋仁宗景祐四年(1037)左右知复州的,所以至少在仁宗以前,佃客获得了这一较高的地位,人身权与地主平等地享有,而且是得到法律认可的。但仁宗时颁布的“新制”使地主获得了“减死”的特权,此后的嘉祐法、元丰法、元祐法和绍兴法又有多次修订,逐渐明确了地主与佃客之间不同的人身权地位。南宋绍兴四年(1134)四月,起居舍人王居正所上奏状,描述了对地主殴杀佃客如何定罪量刑的发展变化过程:

臣闻杀人者死,百王不易之法。先王非不知死者已不可复生矣,而杀人者又必死,盖以谓杀人而不死,则人殆无遗类矣。此先王之深仁厚泽,万世而不匮者也。臣伏见主殴佃客致死,在嘉祐法奏听敕裁,取赦原情,初无减等之例。至元丰,始减一等配邻州,而杀人者不复死矣。及绍兴,又减一等,止配本城,并其同居被殴至死,亦用此法。侥幸之途既开,鬻狱之弊滋甚。由是人命浸轻,富人敢于专杀,死者有知,沉冤何所赴诉?①

可见,随着地主殴杀佃客越来越多地享受特权,佃客的人身权反而愈加难以保障。不过,同以前庄园农奴制相比,绍兴法虽将佃客的法律地位降低了两等,但毕竟还要判处地主以流刑(即发配本州本城),令其受劳役之苦,比之以前地主任意处置而不受处罚或只受轻微处罚来说,仍是一大历史性进步,佃客的人身权利毕竟有了一定程度的保障。

---

① (宋)李心传撰:《建炎以来系年要录》卷七五,胡坤点校,中华书局2013年版,第1436—1437页。

综上所述，宋代由于商品经济的发展与广大被压迫者的奋起抗争，使得超经济的人身奴役有所削弱。早在天圣五年（1027）宋仁宗便下诏："自今后客户起移，更不取主人凭由，须每田收田毕日，商量去住，各取稳便。"①至开禧元年（1205），南宋宁宗对封建租佃关系做了进一步的法律调整：地主只能役使佃客本人，不得强迫佃客家属服劳役；典权人不能强迫典卖人为佃户；借贷钱物只凭文约交还，债主不得强迫债务人为佃户，佃户本人身亡，其妻、女婚嫁听其自便，地主不得干涉。这些法律在南宋政权日渐衰微的情况下，已不可能完全实行，但却反映了传统的人身依附关系的松弛。

至明代，实行"人户以籍为定"②，将平民分为军、民、灶、匠四类，各有专门的户籍，身份世袭，严禁脱籍。清朝建立以后，废除了前明的户籍制度，按民籍和旗籍来组织和管理居民，使手工业工人摆脱了匠籍的束缚，获得了人身的自由，奴婢也通过自己的斗争，部分被家主放出为民。处于良贱之间的"雇工人"，是明清时期一个特殊阶层，他们对主人有一定的人身依附关系，但又享有一般平民的法定权利。清律对雇工人条例进行多次修订，缩小了雇工人的范围，以适应雇工人向雇工转化的历史潮流。

第三节　家户制下的同居共财与别籍异财

一、同居共财

同居共财是古代中国适用于家庭财产所有权关系的普遍原则，也是家户制度存在的重要基础。"同居"既包括直系亲属也包括非直系亲属。至于"共财"，中国古代社会的礼制与法律，都承认和维护家户之长——

---

① （清）徐松辑：《宋会要辑稿·食货》一之二四，中华书局 1957 年版，第 4813 页。

② 怀效锋点校：《大明律》卷四《户律·户役·人户以籍为定》，法律出版社 1999 年版，第 46 页。

家长对家庭共有财产的管理权与支配权，卑幼不得私擅用财，家长也不得利用专权而行私。较之前代，宋代在法律上进一步加强了对家长财产支配权的维护。宋初颁行的《宋刑统》沿唐律之旧，规定：诸祖父母、父母在，而子孙别籍、异财者，徒三年①。其后，宋政府又以敕令的形式颁定法令，一再对此加以严申。

宋律同历代法律一样，出于维护家长对家庭财产的管理与支配权的目的，禁止同居卑幼擅自使用、处分家庭共有财产。《宋刑统》卷一二《户婚律·卑幼私用财》因袭唐代旧规：

> 凡是同居之内，必有尊长。尊长既在，子孙无所自专。若卑幼不由尊长，私辄用当家财物者，十匹笞十，十匹加一等，罪止杖一百。②

在唐代中期才出现的田宅的典当，到宋代已相当普遍。适应这一现象，宋政府及时制定法律，以维护家长对典当物的支配权。《宋刑统》卷一三《户婚律·典卖指当论竞物业》条准《杂令》：

> 诸家长在（在，谓三百里内，非隔阂者），而子孙弟侄等不得辄以奴婢、六畜、田宅及余财物私自质举，及卖田宅（无质而举者，亦准此）。其有质举卖者，皆得本司文牒，然后听之。若不相本问，违而辄与及买者，物即还主，钱没不追。③

宋政府制定的严禁卑属私擅处分家庭共有财产的法律规定，不仅维护了家长对家产的管理支配权，同时也起到了维护家庭中其他成员的财产权益的作用。值得注意的是，家庭成员同居共财，家庭财产名为同财，实际上由家长管理支配，表现在：

其一，祖父母、父母在，子孙不得别籍异财。例如，两宋法律严格规定：

---

① （宋）窦仪等撰：《宋刑统》卷一二《户婚律·父母在及居丧别籍异财》，法律出版社 1999 年版，第 216 页。

② （宋）窦仪等撰：《宋刑统》卷一二《户婚律·卑幼私用财》，法律出版社 1999 年版，第 221 页。

③ （宋）窦仪等撰：《宋刑统》卷一三《户婚律·典卖指当论竞物业》，法律出版社 1999 年版，第 230—231 页。

父母、祖父母等尊长在,子孙不得别籍异财,即必须使家庭财产保持为共有状态,直至尊长亡故后才能分家析产各自立户,共有关系消灭。又如,明律规定:"凡祖父母、父母在,而子孙别立户籍,分异财产者,杖一百。"①

其二,卑幼(子孙)不得私擅用财。宋代家户中,共有关系存续期间,任何家庭成员未经尊长许可,不许擅自处分财产。尊长亡故而共有财产(即"有分"财产)尚未分割者,各共有人也不得私自处分②。明律规定:"凡同居卑幼不由尊长,私擅用本家财物者,二十贯笞二十,每二十贯加一等。罪止杖一百。"③明律《集解》曰:"盖同居共财矣,财虽为公共之物,但卑幼得用之,不得而自擅也。尊长得掌之,不得而自私也。"

其三,祖父母或父母可用遗嘱处分家庭财产。有关内容留待继承关系中详述。

二、别籍异财

(一)秦汉时期的"生分"

"别籍异财"起源于于秦汉时期的"生分"。所谓"生分",意指父母在世而诸子分家析产。秦商鞅变法之时,推行"分异令",规定"民有二男以上不分异者,倍其赋"④,以法律手段强制实行父母在世时的家产继承。汉初,此令未见废除,"生分"现象依然存在。贾谊曰:"故秦人家富子壮则出分……曩之为秦者,今转而为汉矣。然其遗风余俗,犹尚未改。"⑤

① 怀效锋点校:《大明律》卷四《户律·户役·别籍异财》,法律出版社 1999 年版,第 51 页。

② 《名公书判清明集·母在与兄弟有分》规定:交易田宅,自有正条,母在,则合令其母为契首;兄弟未分析,则合令兄弟同共成契,未有母在堂,兄弟五人俱存,而一人自可典田者。魏峻母李氏尚存,有兄魏岘、魏峡,弟魏崎,若欲典卖田宅,合从其母立契,兄弟五人同时着押可也。

③ 怀效锋点校:《大明律》卷四《户律·户役·卑幼私擅用财》,法律出版社 1999 年版,第 51 页。

④ (汉)司马迁:《史记》卷六八《商君列传》,中华书局 1959 年版,第 2230 页。

⑤ (汉)班固:《汉书》卷四八《贾谊传》,中华书局 1962 年版,第 2244 页。

《史记·陆贾列传》载，惠帝时太中大夫陆贾病免家居，“以好畤田地善，可以家焉。有五男，乃出所使越得橐中装卖千金，分其子，子二百金，令为生产。”此例广为众家征引，被视为“生分”的典型之例。当然此种析产，首先取决于家产所有人的意志，与秦时强制析产有所不同。

“生分”甚至可能受到法律保护。曹魏改汉律，“除异子之科，使父子无异财也”。[①] 此“异子之科”，当是唐律中“别籍异财”的滥觞，是有关子孙分家别居的规定。然而伴随着西汉中期儒学主流价值的定位与东汉时期的进一步加强，“生分”这种别籍异财的家产继承方式自然有悖于官方价值，因此政府一方面鼓励子孙“身帅妻妾遂其供养之事”[②]，在政策上给予“复(免除徭役)”的优惠，另一方面又提高“为父后者”的社会地位，赐之以爵，鼓励成年子孙与父母同居。因此，尽管现实中仍不乏“生分”之例，但父母与成年儿子同居、兄弟同居的家庭在逐渐增加。例如居延汉简中的《卒家属廪名籍》，记录了发放给戍卒家属粮食的名单与数量。由于该名单记载的是戍卒家庭的全体成员，因而实际上反映了家庭成员的构成。在学者集成出的较完整的 11 份名单中[③]，父母与成年儿子同居、兄弟同居的家庭有 4 个，约占 36%[④]。其中二代同居一例，兄弟同居三例。再检汉简，又可见三代同居之例：

> ☐父大男贤年六十二用谷三石
>
> ☐弟大男宣年廿二用谷三石
>
> ☐子使女阿年十三用谷一石六斗六升大　凡用谷七石六斗六升大[⑤]

这应当是某戍卒家属的领粮记录。从成员构成可见，这是一个父子、

---

① (唐)房玄龄:《晋书》卷三〇《刑法志》，中华书局 1974 年版，第 925 页。

② (汉)班固:《汉书》卷六《武帝纪》，中华书局 1962 年版，第 156 页。

③ 见李均明、刘军:《简牍文书学》，广西教育出版社 1999 年版，第 341—343 页。

④ 实际上这应当是不完全统计。因为有些残缺的名单尚未统计在内。如《居延汉简释文合校》203·27:“父大男相，年六十，用谷三石。”

⑤ 谢桂华等:《居延汉简释文合校》286·6，文物出版社 1987 年版，第 482 页。

兄弟、子女三代同居的家庭。至东汉，乡里民间对这种同居家庭已视为道德典范。《后汉书·蔡邕传》载："（蔡邕）与叔父从弟同居，三世不分财，乡党高其义。"在这种价值观念下，"生分"的观念领域与现实影响力自然逐渐萎缩，其相关的法律规定也名存实亡，最终在曹魏改律时予以废除。

（二）唐宋以降的"别籍异财"

唐律有关"别籍异财"的相关规定已在前文论述，故不再赘述。接下来重点论述宋代家户制下的别籍异财。

如前所述，家庭成员同居共财，和家庭共有财产直接发生关系。家产分析直接关系到家庭成员的经济利益，极易引致家庭成员之间发生纠纷，因而为历代政府制定法律时所重视。宋代社会政治经济关系的变化，对家产分析无疑地要产生一定的影响。宋政府适应社会的需要，制定了远较前代更为详备的有关家产分析的法规。只有在祖父母、父母许令子孙分异财产和继承遗产时，才发生财产的分割。此外，不属缘坐或免于缘坐的同居亲属，在家庭发生重罪论刑的情况下，可依法分割属于自己的一份财产。

虽然宋代与中国历代法律都严禁子女于父母在世时强求分家析产，但出之于祖父母、父母之意的析产，则为法律所承认。《宋刑统》禁止祖父母、父母在世而子孙别籍异财的法令中又有补充规定："若祖父母、父母处分……令异财者，明其无罪。"①这仍然是因袭唐律的规定。资料表明，宋代社会家庭中的卑属成员在成年以后，往往会分家析产。南宋时期，地方政府甚至有"专置司局"，以处理民间的分家析产之事。可见当时社会上分家析产情况之普遍。适应这一情况，绍熙三年（1192），南宋政府制定新规：

至若分产一节，虽曰在法，祖父母、父母在，子孙不许别籍异财，然绍熙三年三月九日户部看详，凡祖父母、父母愿为摽拨而有照据

① （宋）窦仪等撰：《宋刑统》卷一二《户婚律·父母在及居丧别籍异财》，法律出版社1999年版，第216页。

者,合与行使,无出入其说,以起争端。①

这条法令的颁行,更进一步明确了祖父母、父母可以令子孙异财的法律规定。需要注意的是,此处同样是强调祖父母、父母在家产分析中的决定权。还需着重指出的是,以上关于家产分析的法令,虽然均言父母都具有决定家产分析的权利,但是,父母都在世时,这种权利属于父亲。父亡母在,则权归母亲,在对外签订田宅买卖的文约时,则须母亲与诸子同署,母为契首。

父母在世时的家产分析,父母首先要留出一部分田产作为"养老分",决定留养老分的权利属于父亲。如果父亲去世以后由母亲决定分家,母亲同样有决定留养老分的权利。父母留出养老分之后,剩余的财产在诸子之间均分。中国古代的家产分析,自汉代以来,即采取"诸子均分"制,唐代始用法令的形式做出明确规定,并为《宋刑统》所沿袭。

从资料看,"诸子均分"制确为宋代的家庭在分家析产时所遵奉。家产分析时不仅在亲子之间实行均分,养子由于享有亲子一样的权利,亦可参与均分。即使是主人同婢女所生之子,同样可参与均分家产。"别宅子"即私生子,《宋刑统》对"别宅子"的地位有专门规定。关于"别宅子"身份的认定,是依其是否已入生父的户籍为依据。如其已入户籍,则官府承认并受理,如未入户籍,则不予受理。南宋时条令较北宋有所放宽,只要有证据证明与其生父的血缘关系,不论是否已入生父户籍,官府即承认其身份,而享有财产权。

根据前述家产分析的规定,由于诸子平等地享有继承权,其中若有一子亡故者,亡者之子则享有代替父亲参与家产分析的权利。若老辈兄弟俱亡,则由他们的下一代平均分配。参与分析的诸子有已婚未婚之别,尚未成婚的儿子,要从家产中划出一定财产作为成婚的聘财。尚未出嫁的

① 《名公书判清明集》卷一〇《人伦门 · 兄弟 · 兄弟之讼》,中华书局 1987 年版,第 372 页。

女性家庭成员没有参与家产分析的资格，这是以男性为中心的宗法观念在家庭财产关系上的反映，但是也需从家产中留出少许财产作为她们的嫁资，数额是未婚兄弟聘财的一半。

父母亡故以后，家产仍未分析时，同居中的兄弟叔侄在服丧期间，依照法律规定不得进行家产分析。《宋刑统》卷一二《户婚律·父母在及居丧别籍异财》条沿唐律之旧做出如下规定：

> 诸居父母丧生子，及兄弟别籍、异财者，徒一年。[1]

但在为父母服丧时间终结以后，同居的兄弟便可以随时进行家产分析。

家产分割之后，要订立家产分析文书，详细地写上所分到的田宅物业的名目，被称之为“阄书”“关书”“支书”“分书”。家长和家人同签署，受分人各执一本，作为所分产业的见证。关书必须经官印押。《名公书判清明集》卷八《已有亲子不应命继》判，是一桩审理家产分析而引致的诉讼：

> 取索支书，日复一日，迁延不到，迫之稍急，乃以白纸来上，并不经官印押。争分全凭支书，有印押者尚多假伪，不足凭据，而况不印押者乎？[2]

可见，关书在作为审理家产分析纠纷时作为证据的重要性。

---

① （宋）窦仪等撰：《宋刑统》卷一二《户婚律·父母在及居丧别籍异财》，法律出版社1999年版，第217页。

② 《名公书判清明集》卷八《户婚门·立继类·已有亲子不应命继》，中华书局1987年版，第250页。

第三章 社 团

"民事主体是人的制度化形态"[①]，人的这种制度化形态可能是个人，可能是建立在婚姻和血缘基础上的"户"，还有一种可能，是基于某种特定目的而结成的社团。中国古人借助各种社团形式，来满足和实现其利益、表达其诉求。本章拟对中国古代几种不同类型社团进行考察，以揭示中国古代人如何认识和处理人与团体之间及团体与团体间的人身关系与财产关系，所讨论范围也仅以与民事主体相关的内容为限。

第一节 中国古代社团的类型

"社"在中国古代被用来指代土地神或祭祀土地神之神坛。前者如《左传·昭公二十九年》云："共工氏有子曰句龙，为后土，此其二祀也。后土为社"，再如《礼记·祭法第二十三》："共工氏之霸九州也，其子曰后土，能平九州，故祀以为社。"后者如《尚书·甘誓》中有"用命赏于祖，弗用命戮于社"的记载，这里的社即指祭祀土地神之社稷坛。人们为了开展社祭活动逐渐结成了组织，这便是最古老的社团。随着古代社会生活的丰富，人们所结成的民间组织的类型也越来越丰富，出现了名称与性质

① 王春梅：《民事主体的历史嬗变与当代建构》，人民出版社 2011 年版，第 2 页。

各异的社团组织。

根据成立目的不同,中国古代的社团可以划分为宗教性社团、家族性社团、社会性社团、教育性社团等不同类型。

一、宗教性社团

本书所谓宗教性社团,是指中国古代基于某种共同信仰而组成的社团组织,这里的宗教作广义理解,既包括佛教、道教,也包括其他民间神祇信仰,如福建东南沿海妈祖信仰,北方地区火神崇拜,明清时期北京地区妙峰山及丫髻山的碧霞元君信仰,等等。因此,宗教性社团包括寺院、道观、祭社等。

《左传·成公十三年》有载:“国之大事,在祀与戎。”中国古代先民们形成了以“天”为核心的神祖信仰,祭祀既是国家政治生活的重要内容,也贯穿着民间百姓的日常生活,因此逐渐形成了各种以祭祀活动为目的的社团组织,成为“社”的重要起源。中国古人祭祀活动又可根据祭祀对象的不同而分为两大类,一类为祭神,一类为祭祖。尽管在实践中祭神与祭祖活动非常相似,但我们为了便于分析,将佛教寺院、道教道观之外的基于民间神祇信仰而成立的社团称为“祭社”,而将与祭祖相关的“义祠”之类社团归入家族性社团。

据学者徐世虹考证,至两汉时因祭祀而存在的“社”比较多见,有“公社”与“私社”之分,前者为各级官府所立,后者为民间百姓自发成立①。官办公社一般至县一级,县之下多为民间经营的“里社”。《汉书·郊祀志》载:“(高祖二年)因令县公社……高祖十年春,有司请令县常以春二月及腊祠稷以羊彘,民里社各自裁以祠。制曰:‘可。’”据此文献记载可知,民间百姓被允许“各自裁以祠”,即自行筹集钱物来开展社祭活动。这种自行成立的里社,除发挥活动组织者的社会功能外,也必然涉及围绕

① 参见张晋藩主编:《中国民法通史》,福建人民出版社2003年版,第151页。

所筹集财物而产生的各种对内和对外的财产关系，成为古代社团性质的一种民事主体。《汉书·五行志》又载："建昭五年，兖州刺史浩赏禁民私所自立社。"其注曰："旧制二十五家为一社，而民或十家五家共为田社，是私社。"从中可知，汉代官府对于民间里社管理有一定规定限制，如"二十五家为一社"或经官批准之类，违反国家此类管理规定的社团将被禁。

祭社以聚集钱物、开展常规宗教性活动为设立目的，而成为一个常设的地方社团组织。在组织祭祀活动过程中，对外，祭社以独立的民事主体身份参与到民事生活中。如汉简中就有"社贷千二百七十"①的记载，徐世虹教授认为这是"社"作为团体组织，出于开支需要，而以权利主体的身份实施借贷的例证②。

就祭社内部关系而言，祭社成员共同拥有祭社财产，在处置祭祀所用祭物与钱财时，遵循公平原则，各成员具有平等的法律地位。据《汉书·陈平传》记载，汉朝陈平在处理祭社祭物时就以公平而被乡里父老所称道："里中社，平为宰，分肉甚均，里父老曰：'善！陈孺子之为宰。'"反之，如果在分配祭物或在为祭社筹集财物的过程中违反了平等、公平原则，则有可能被撤换处置权甚至承担赔偿责任。

魏晋南北朝以来，随佛教的兴盛，寺院数量激增，一度有压制民间祭社发展的趋势。杜牧《江南春》诗"南朝四百八十寺，多少楼台烟雨中"，即是对这一时期佛教盛况的一种反映。寺院的扩张、寺院经济的发展都使得寺院成为民事活动中非常活跃的民事主体，本章第二节将对寺院作为民事主体的特点加以介绍，此处不多赘述。

在寺院道观这类宗教团体之外，持各种信仰的普通民间信众为了更好地向佛祖及其他神灵表现自己的虔诚，仍迫切需要结成某种民间组织，

① 甘肃省文物考古研究所等：《居延新简》，EPT52·99，中华书局1994年版。
② 参见张晋藩主编：《中国民法通史》，福建人民出版社2003年版，第151页。

来共同完成其虔诚心愿与功业,“社之法以众轻成一重,济事成功,莫近于社。”①一个人的能力有限,但如果结成祭社、斋会、香会之类的社团组织,就可以集资做法事、修缮庙宇佛像等。因此尽管名称各异,但祭社性质的社团始终存在。唐朝有社邑②。宋朝有各色以宗教活动为内容的“会”:“每月遇庚申或八日,诸寺庵舍,集善信人诵经设斋,或建‘西归会’。保俶塔寺每岁春季,建‘受生寄库大斋会’。诸寺院清明建‘涅槃会’,四月八日,西湖放生池建‘放生会’,顷者此会所集数万人耳。”③明清有各种香会组织。

二、家族性社团

“中国古代是以宗(家)族为社会本位的,宗(家)族以血缘为基础,因而具有很强的稳固性。”④以家族为本位,而非以个人为本位,是中国古代民法的基本特征,这一特征在民事主体问题上,表现为家族性社团的大量存在。所谓家族性社团,指基于加强同一宗族血缘联系、处理宗族事务、赡养救恤族人、着眼宗族发展等目的而成立的社团组织。这类组织因设立目的细微差别而又有不同名称,如义庄、义田、义祠、祭田、义仓、义冢、义学、义塾(家塾)等,但都是建立在家族基础上。

其中,义庄和义田皆为北宋名臣范仲淹首创,史载文正公“好施予”,他以多年为官之俸禄及皇帝赏赐置田千亩,称之为“义田”,并“置义庄里中,以赡族人”⑤。设立“义庄”来对义田进行管理:“其(义田)所得租米,自远祖而下,诸房宗族计其口数,供给衣食及婚嫁丧葬之

① 释赞宁:《结社法集文》,载《全宋文》卷四〇。

② 详见宁可、郝春文:《敦煌社邑文书辑校》,江苏古籍出版社 1997 年版。此书收录了敦煌写本社邑文书 343 件(数据见前言第七页)。

③ 吴自牧:《梦粱录》,卷一九,“社会”条。转引自刘笃才等:《民间规约与中国古代法律秩序》,社会科学文献出版社 2014 年版,第 62 页。

④ 张晋藩主编:《中国民法通史》,福建人民出版社 2003 年版,第 21 页。

⑤ 《宋史》卷三一四,《范仲淹传》。

用，谓之义庄，即于诸房选择子弟一名管其勾，亦逐旋立定规矩，令诸房遵守。"①

学者李启成认为，义庄是"整个家族互助组织的总称，是'义田'的上位概念"②，在范氏义庄之内，除了义田作为最核心的财产之外，还设有义仓、义宅、义学、义塾等，这些都属义庄的组成部分，以满足族人生、养、死、葬等各个方面的需要。

其中，义仓为储存经营义田所得之租谷的仓库，有专人管理，"非出纳勿开"③。义仓并非范氏所创，据记载隋朝便有义仓存在。《隋书·长孙平传》记载："平见天下多灌水旱，百姓不给，奏令民间每秋家出粟麦一石已下，贫富差等，储之闾巷，以备凶年，名曰义仓。"④范氏义庄是借鉴这种传统的社会保障制度，为本族人专设一家族性义仓而已。可以将此种义仓理解为义庄的一个分支机构，它要接受义庄的管理，实践中多不具独立的主体地位。

义宅是由义庄建立或购置、供无处容身的族人居住的住宅。据范氏义庄《续定规矩》："义宅有疏漏，惟听居者自修，完即拆移舍屋者，禁之。违者掌管人伸官理断。若义宅地内自添修者，听之。""族人不得以义宅舍屋私相兑赁质当。"⑤由此可知，义宅只是义庄的财产，受义庄组织管理，也不具独立民事主体地位。

义学，是由义庄提供校舍、出资延请教书先生而成立的家塾，鼓励族中子弟读书参加科举，特别是为贫苦子弟提供受教育的机会，以为宗族未

① 《文正公初定规矩》，载余莲村辑：《得一录》卷一，近代中国史料丛刊三编，第九十二辑，(台北)文海出版社2003年版，第2页。

② 李启成：《外来规则与固有习惯——祭田法制的近代转型》，北京大学出版社2014年版，第26页。

③ (宋)元符元年六月范纯仁等兄弟三人修订《续定规矩》，载《钱公辅义田记》，景江南图书馆藏明翻元天历本。

④ 《隋书》卷四六《长孙平传》。

⑤ 《续定规矩》，载余莲村辑：《得一录》卷一，近代中国史料丛刊三编，第九十二辑，(台北)文海出版社2003年版，第5—7页。

来的发展兴旺培养人才。后世无论义庄设立与否，这种兴学传统却保留甚多，一些大家族多会为族中子弟设立家学或家塾，如清朝小说《红楼梦》第七回“宴宁府宝玉会秦钟”中，宝玉即向秦钟提到贾府的家塾：“我们却有个家塾，合族中有不能延师的，便可入塾读书，子弟们中亦有亲戚在内可以附读。”宝玉邀请秦钟来贾府家塾与他一起读书，秦钟笑道：“家父前日在家提起延师一事，也曾提起这里的义学倒好，原要来和这里的亲翁商议引荐。”第九回“起嫌疑顽童闹学堂”又写道：“原来这贾家之义学，离此（指贾府）也不甚远，不过一里之遥，原系始祖所立，恐族中子弟有贫穷不能请师者，即入此中肄业。凡族中有官爵之人，皆供给银两，按俸之多寡帮助，为学中之赞。特共举年高有德之人为塾掌，专为训课子弟。”此二回小说可在一定程度上反映出清朝义学的情况：入义学读书并不局限于本宗子弟，如秦钟、金荣等外姓亲戚子弟也可申请入学，而且族中富家子弟如宝玉、薛蟠、贾兰，只要愿意也是可以随时来读书的；义学的经费来自于族中有官爵之人按官俸收入的一定比例来捐助，除请老师外，还会有专人做塾掌，来管理义学的日常运转，可见其在某种程度上独立于贾府，是独立行使民事权利的社团组织，但因其募集经费及服务对象的特殊性，家族性社团组织特征显著。

义庄自宋朝兴起后，至明清一直有所发展，及至近代，义庄趋于衰落，究其原因，是由于“家族的经济基础破产了、家族的意识形态幻灭了、家族的社会结构崩溃了。”①本章第三节将对义庄的民事主体地位详加介绍。

三、其他类型社团

除宗教性社团与家族性社团之外，还有一些特殊社团，如基于教育目的而成立的塾学、书院，可以称之为教育性社团；基于互助目的而成立的

① 黄源盛：《中国法史导论》，广西师范大学出版社2014年版，第335页。

各种“会”、“社”，可称之为社会性社团。

教育性社团包括塾学、书院等，其中与家族性社团有部分交叉，比如设在义庄中或由家族出资的塾学就属义学。而家族色彩不强烈的地方性塾学，形成一定规模后便具组织特征，而自成一种类型的社团民事主体。尽管义学与塾学有时差别并不明显，但其服务的对象还是有所侧重的。义学虽然在本族子弟之外偶尔接受族人推荐的其他子弟入学，但其资金来源及设立初衷还是表现出明显的取之于宗族、用之于宗族的特点。如《红楼梦》一书便描述到，贾府的义学之中也有秦钟、薛蟠、金荣等外姓子弟就读，但贾氏子弟仍是学生中的大多数，且资金来自于贾府。而民间普通的塾学，面向当地子弟一体开放，不会因学生所属家族不同而加以限制，其资金来源也更广泛。中国古代的塾学、书院从作为官学的补充逐渐发展起来，日渐兴盛。

中国很早就有立官学之传统。据《汉书·平帝纪》，平帝时期为了普及经学教育，元始三年建立学官制度，“立官稷及学官。郡国曰学，县、道、邑、侯国曰校。校、学置经师一人。乡曰庠，聚曰序。序、庠置孝经师一人。”当时在郡国及县、道、邑、侯国甚至乡、聚皆立官学，但这种地方性官学的规模并不大。至元始四年，王莽还曾进一步扩大太学的规模，“为学者筑舍万区”①，“五经博士领弟子员三百六十，六经三十博士，弟子万八百人。”②尽管中央官学发展规模相当可观，但其时官学更接近于官府的一个部门，其经费来源、日常运转不同于本章所考察之民间组织，本章不多赘述。

后世官学无法满足需求，民间各式塾学、书院得到发展。隋唐官办书院比较普遍③，但唐末政治动荡，官办书院衰落，私人书院兴盛起来。宋

① 《资治通鉴》卷三六《汉纪二十八》。

② 《汉书补注》沈钦韩引《御览》五百三十四所引《黄图》，转引自杨天宇：《周礼译注》前言第24页，上海古籍出版社2016年版。

③ 有学者认为“唐代的书院是朝廷存储书籍的官方机构，到了宋代才开始成为一种教育机构的名称”，参见刘笃才等：《民间规约与中国古代法律秩序》，社会科学文献出版社2014年版，第186页。

朝以后，私人书院多得到官府的捐资支持，有的甚至有皇帝赐匾额，书院的规模越来越大，如著名的四大书院：河南商丘应天府书院，湖南长沙岳麓书院、江西庐山白鹿洞书院、河南登封嵩阳书院。这些书院除建有大规模固定的学习场所外，很多还以书院名义拥有"学田"，以学田的土地收入来维持书院运转，甚至可以为读书游学子弟提供食宿。书院不断地扩地增修，以书院名义行使民事权利，进行接受官私捐赠、买卖出租土地等大量民事行为，是独立且活跃的社团民事主体。宋朝以后，书院继续得到发展。元朝书院规模很大，清朝人甚至有"书院之设，莫盛于元"的记述，称元"设山长以主之，给廪饩以养之，几遍天下"。① 明清时期，书院大多为民间创办，由书院的发起人多方筹集经费建造校舍，立书院规约，由院长管理书院，学生没有身份和地域限制。一些书院还定期举行讲会，"立为会约"②，四方学人届时都可自由前来听讲。书院经费虽多得到各地官府支持，不少文官在离任后也会加入书院，但书院"在办学过程中享有一定的自由，具有相对自主的地位"③，这种独立性既表现在教学内容上，也表现在经营管理上。书院宗旨是培养人的学问和德性，并不以科举为教学内容，而之所以能够保持这种教学和学术上的独立性，与其独立经营书院产业、独立管理书院日常事务不无关系。总之，宋朝以后的民间书院是非常有特色的社团民事主体。

社会性社团包括基于地缘（行业）关系与互助目的而成立的各种"会"、"社"，以及带有济贫色彩的社仓（义仓）等。前文提到范氏义庄下设有义仓，这种家族性的义仓源自于一种地方性防灾救灾措施——中国古代自隋代起便有为防荒年而在乡社设置粮仓的传统，称为"社仓"。据

---

① （清）于敏中、朱彝尊等编纂：《日下旧闻考》卷四九，北京古籍出版社 1985 年版，第 775 页。

② （清）于敏中、朱彝尊等编纂：《日下旧闻考》卷四九，北京古籍出版社 1985 年版，第 775 页。

③ 刘笃才等：《民间规约与中国古代法律秩序》，社会科学文献出版社 2014 年版，第 187 页。

《隋书·食货志》:“十六年正月,又诏秦叠……银扶等州社仓,并于当县安置。二月,又诏社仓,准上中下三等税,上户不过一石,中户不过七斗,下户不过四斗。”社仓是一种基于地缘关系而建立的带有社会保障性质的组织,乡里百姓根据家庭收入按比例缴纳粮食归入社仓,至荒年再用来救助当地灾民。

后来这种社仓被推广开来,各地乡里根据不同特点建立类似组织。有的地方据地缘村落关系设立,据《旧唐书·食货志下》,唐朝“武德元年九月四日,置社仓。”但各朝社仓兴衰情况不一,据《宋史·食货志上六·赈恤》宋朝淳熙八年(1181),时任浙东提举的朱熹言:“现储米三千一百石,以为社仓,不复收息,每石只收耗米三升。以故一乡四五十里间,虽遇凶年,人不缺食。请以是行于仓司。”但陆九渊见此议却叹道:“社仓几年矣,有司不复举行,所以远方无知者。”至嘉定末年真德秀在长沙推行社仓时,“凶年饥岁,人多赖之。然事久而弊,或移用而无可给,或拘摧无异正赋,良法美意,胥此焉失。”①

由于官府这种通过强行摊派建立社仓的做法越来越推行不下去,有的地方就由势家大族以捐资形式建立家族性的义仓,依托这种家族性义仓顺便惠及周边家族外的穷苦百姓,承担一定的社会责任。名称有的为社仓,也有的名为义仓。《隋书·食货志》记载:开皇五年(585)五月,“令诸州百姓及军人,劝课当社,共立义仓。”宋曾巩《本朝政要策·义仓》也写道:“使岁穰,输其余;岁凶,受而食之;故义仓之法自此始。长孙平修之,隋以富足。”②明朝叶盛《水东日记·黄东发社仓记》中也有关于个人捐助粮食建立社仓的记载:“乡有李令君捐粟六百石为倡,将成社仓。”③这种社会性的社仓(义仓)多为村民自愿组成,宋朝的做法是十家为一

① 《宋史》卷一七八《食货志上六·赈恤》。
② 转引自蒲坚编著:《中国法制史大辞典》,北京大学出版社 2015 年版,第 1354 页,“义仓”条。
③ 转引自蒲坚编著:《中国法制史大辞典》,北京大学出版社 2015 年版,第 985 页,“社仓”条。

甲，五十家为一社，分别设甲首和社首来管理账目①，组织成立之后，即以社仓的名义接受捐赠并管理与成员间的借贷，灾时向百姓发放（赠与）粟米粮食，是具有独立法律地位的民事主体。

还有一些社团兼具几种性质而很难将其准确归类，如明清时期的"文会"。"文会，又称文社、讲学会，是明代在全国发展起来的士绅民间自治组织，聚会地点大多在书院、祠堂或会馆。文会可大可小，大则可一县至数县，小则一里一村。"②文会多定期聚会，或每岁一聚，或每月、每季一聚，其最初设立宗旨多为讲学、修德、明理之类："彬雅劘切，问难相成。后遇六邑四府之会，各抱所得以往，请正大方。"③但据学者俞江考察，由于文会参加者多为在当地拥有良好声誉的士绅，所以发展到清朝时，文会开始介入乡里纠纷调处等地方事务，而不再仅仅是一个学术性组织。"文会大多有固定的田产，以支持定期聚会的经费。"④文会所有之田产称为"会田"，由定期选举出的"会首"掌管。

有的社团组织最初只是一种互助性的"会"，或行业性的"帮"，但势力壮大后便发展为一种秘密社会组织，如天地会、哥老会、漕帮之类，他们有自己的组织规则，对内管理自己的帮会财产，对外也会以帮会名义进行民事交易，某种意义上也是一种具有民事主体资格的社团组织。方流芳教授还有一个非常有趣的观点，认为"广州行商或通事在选择'公司'一词的时候，很可能是将 EIC 和广东移民在南洋各国的秘密会社联系在一起。"⑤，理由是：1770 年左右，广东梅县有一个叫罗芳伯的洪门大哥逃到西

① 参见《宋史》卷一七八《食货志上六 · 赈恤》。

② 俞江：《论清代"细事"类案件的投鸣与乡里调处——以新出徽州投状文书为线索》，《法学》2013 年第 6 期，第 116 页。

③ 周绅：《颍滨书院讲学会序》，嘉庆《绩溪县志》卷一一《序》，转引自俞江：《论清代"细事"类案件的投鸣与乡里调处——以新出徽州投状文书为线索》，《法学》2013 年第 6 期，第 116 页。

④ 俞江：《论清代"细事"类案件的投鸣与乡里调处——以新出徽州投状文书为线索》，《法学》2013 年第 6 期，第 116 页。

⑤ 方流芳：《公司词义考：解读语词的制度信息》，《中外法学》2000 年第 3 期。

婆罗州的山口羊(sinkawang),建立了一个人多势众的天地会,天地会与EIC一样是众人"合埋",天地会主事人之有"十八兄弟",如EIC之有大班、二班、……十班,都是公同议事机构,西婆罗州的天地会都是自称"公司",诸如:"兰芳公司"、"三星公司"、"大港公司"、"和顺公司"①,等等。"在法律严禁任何公开结社,而秘密会社又层出不穷的文化背景下,行商和通事所熟悉的、唯一与EIC具有相似性的中国事物就是秘密会社。"②甚至"华人称此社团为'公司',即公共司事之意。"③可见社会性社团的存在与发展,甚至与中国近代公司法人概念的形成具有某种特别关联。

第二节 寺院的民事主体地位

寺院在中国古代是非常活跃的宗教性社团组织,寺院作为独立的权利主体,拥有所有权、用益物权等诸多民事权利,以寺院名义进行买卖、赠与、租赁、雇佣、放贷甚至经营商业等行为。寺院作为义务主体,以自己名义履行纳税纳租、科差徭役的义务。

中国古代的"寺"最早是指官吏办公的地方,如大理寺、鸿胪寺,是"官署"的意思。寺,古文作"侍"解。《经典释文》说:"寺,本亦作侍,寺人,奄人也"。《说文解字》亦说:"寺,廷也,有法度者也"。

"寺"作为佛教的寺院,始于东汉。这与中国第一座官办佛教寺院(白马寺)的建立密不可分。但是,除佛教称其宗教活动的场所为"寺"外,基督教在最初传入中国时也将其宗教活动的场所叫"景寺",其中最著名的有镇江、杭州七寺。而伊斯兰教对自己宗教活动的场所也有清觉

① 参见陈达:《浪迹十年》,上海书店影印本,1993年,第46—47页。转引自方流芳《公司词义考:解读语词的制度信息》,《中外法学》2000年第3期。

② 方流芳:《公司词义考:解读语词的制度信息》,《中外法学》2000年第3期。

③ 威廉·亨特(William Hunter),《广州番鬼录》,(The Fan Kwae at Canton Before Treaty Days,1825—1844),冯树铁译,骆幼玲、章文钦校,广东人民出版社1993年版,第22页。转引自方流芳《公司词义考:解读语词的制度信息》,《中外法学》2000年第3期。

寺、礼拜寺、清修寺、净觉寺之类称呼。

“寺”的含义十分广泛，本节所讨论“寺院”，限定于佛教寺院，即以佛教经义戒律为宗旨，由佛教徒主持佛教活动的宗教性社团组织。

一、寺院的产生

关于佛教何时传入我国，自古以来说法不一，但学术界基本认为佛教是在西汉末年、东汉初期由西土印度传入我国的。永平十年（公元67），奉命西行求法的蔡愔等人在大月氏国遇伽叶摩腾、竺法兰两位高僧，邀其来华，并得佛像经卷用白马驮归洛阳。东汉明帝特于洛阳城西雍门外建立精舍以居，取名白马寺。据考证，白马寺是中国古代第一座官办佛教寺院，并成为中国佛教寺院建置的起点。

而后，佛教所到之地，纷纷建立寺院，寺院文化、经济等随之发展，寺院逐渐取得举足轻重的地位。

二、寺院经济的发展

寺院发展与寺院经济密切相关，一定程度上，寺院经济反映寺院在中国古代的民事主体地位。寺院经济，通常指以寺院为主体，围绕寺院而形成的物质财富运行机制。其寺院经济运行过程中，会涉及包括寺院僧人之间、寺院与世俗社会各民事权利主体间的权利义务关系。

在古印度佛教创教之初，僧人的生活多是在托钵乞食、四处云游中进行修行，日中一食，树下一宿，对于化缘而来的食物不能拒绝也无法选择，更不能捉持金银、积蓄财富，这样才能正涅槃之境。佛教传入中国后，随着僧人不断增多，云游乞食难以实现。于是僧人逐渐固定其居所——建立寺院。随着佛教的兴盛，信众（包括皇室、贵族富绅、平民）对寺院僧尼们的布施逐渐由日常生活用品的布施发展到土地山林等生产资料的布施，因而寺院占有大量土地并经营土地，突破了最初佛教禁止僧人捉持金银和积蓄财富的戒律。为此，佛教教义后来进行了调整——禁止僧人个人贪图物欲，但允许寺院这个集体积蓄财富。寺院作为一个社团组织的整体性被强化,随各朝兴佛、毁佛的态度变化而活跃于历代的民事实践之中。

(一)魏晋南北朝——快速发展时期

魏晋南北朝时期是寺院发展的一次高峰。据唐代高僧道宣记载,“西晋二京合寺一百八十所,译经一十三人,七十三部。僧尼三千七百人。”①“东晋一百四载,立寺一千七百六十八,译经二十七人,二百六十三部。僧尼二万四千人。”②南朝皇帝多数崇佛,并广建寺院,据道宣统计,宋有寺院1913座,齐有寺院2015座,梁有寺院2846座,陈在仅存的三十四年间也有1232座寺院。③ 寺院兴建在北朝也曾盛极一时,达到了“招提栉比,宝塔骈罗”④的地步。北魏皇帝常亲自赴寺庙设斋、办法会。“太和元年二月,幸永宁寺设斋,赦死罪囚。三月,又幸永宁寺设会,行道听讲,命中、秘二省与僧徒讨论佛义,施僧衣服、宝器有差。又于方山太祖营垒之处,建思远寺。自正光至此,京城内寺新旧且百所,僧尼二千余人,四方诸寺六千四百七十八,僧尼七万七千二百五十八人。”⑤由于皇室崇佛,斥巨资建寺布施,至北魏末年,短短几十年的时间,僧尼和寺院数量剧增,“略而计之,僧尼大众二百万矣,其寺三万有余。”⑥

伴随寺院的发展,寺院经济也颇具规模。此时,统治者在政治上、思想上对佛教的支持是寺院经济发展的主要动力。首先,统治者给予了寺院免租免役的特权,大量民户为避税避役投身寺院,为寺院提供了免费劳动力与土地;其次,当时统治者经常赐予寺院大量土地。“据南朝佛寺志著录的225座著名寺院,其创建者除原载不详外,计属皇帝者三十三,后

---

① (唐)道宣:《释迦方志》卷四,范祥雍点校,上海古籍出版社2011年版,第112页。

② (唐)道宣:《释迦方志》卷四,范祥雍点校,上海古籍出版社2011年版,第113页。

③ 参见(唐)道宣:《释迦方志》卷四,范祥雍点校,上海古籍出版社2011年版,第113—114页。

④ 费长房:《历代三宝记》卷一一。

⑤ 《魏书》卷一一四《释老志》。

⑥ 《魏书》卷一一四《释老志》。

妃公主十七,王公十五,官僚三十,僧侣(募捐造者)十六,商人一,官府强迫百姓集资造者一。"[①]属皇室的寺院,建造时通常由国家赐予大批田产,此后又不断赐予钱财。如梁武帝在阿育王寺召开无遮大会,"所设金银供俱等物,并留寺供养,并施钱一千万为寺基业。"[②]相当数量的寺院占有大量土地、财富,成为世俗社会中的大土地所有者,形成了"寺庄"。"所谓寺庄,即是寺院大土地所有者以庄园形式经营土地,从事农业生产的场所。"[③]它的出现,标志着寺院已经由单纯的宗教组织变成以宗教关系为纽带的封建经济组织。至此,寺院经济在魏晋南北朝时期变成了以"寺庄"和"寺院地主"为主要标志的"寺院地主经济"。[④] 在这个过程中,寺院常以独立民事主体的身份经营、处分其名下的土地及其他财产。

(二)隋唐——成熟时期

隋时,隋文帝注重以佛教巩固其统治权,直接影响到了唐朝。唐朝时期,兴佛、灭佛均有发生。

唐初实行均田制,寺院僧尼也在授田之列:"诸道士、女冠受《老子经》以上,道士给田三十亩,女官二十亩。僧尼受具戒准此。"[⑤]有学者指出,均田制下僧尼受田的意义在于"把寺观占田纳入均田制度的控制下"[⑥],其实是一种限田行为,僧尼所获之田并不归其个人而是归寺院所有。但唐初,全国境内有僧尼"近二十万众"[⑦],在一定程度上充实了寺院的财产。"寺院不仅有田产,而且还有免租免役的特权,再加上帝

① 简修炜等:《南北朝时期的寺院地主经济初探》,《学术月刊》1984 年第 1 期。
② 牟钟鉴、张践:《中国宗教通史》,社会科学文献出版社 2000 年版,第 401 页。
③ 简修炜等:《南北朝时期的寺院地主经济初探》,《学术月刊》1984 年第 1 期。
④ 简修炜:《南北朝时期寺院地主经济与世俗地主经济的比较研究》,《学术月刊》1988 年第 11 期。
⑤ [日]仁井田陞著,栗劲等编译:《唐令拾遗》,长春出版社 1989 年版,第 568 页。
⑥ 白文固:《试论唐前期的寺院经济》,《兰州大学学报(社会科学版)》1983 年第 4 期,第 95 页。
⑦ 白文固:《试论唐前期的寺院经济》,《兰州大学学报(社会科学版)》1983 年第 4 期,第 93 页。

王的赐予和王公的施舍，寺院经济发展很快”①，为防止寺庄扩张过快，唐初制订过一些抑佛措施，如《开元二十五年田令》规定：“官人百姓，不得将奴婢田宅舍施典卖与寺观。违者价钱没官，田宅奴婢还主。”②但到贞观后期及之后，“空前繁荣的社会经济足以容纳寺院地主扩张的时候，统治者便不再采取抑佛政策”③，特别是高宗、武后统治时期，一些寺院依仗权势，大肆掠夺兼并土地、掠夺财产，狄仁杰上疏说两京地区的寺院皆“膏腴美业，倍取其多；水碾庄园，数亦非少。”④因为有坚实的寺产基础，当时寺院建筑豪华壮丽，费用浩大，其中有些上层僧侣甚至成为巨富。《田令》的这条限制规定名存实亡。

（三）宋元——从繁荣到衰落，从衰落到复兴

由于统治者的支持，寺院常拥有免租免役特权，促使大量民户为避税避役投身寺院。如此一来，国家财政收入、劳动力大大减少。自南北朝后期，经隋唐五代到两宋，国家与寺院争夺人口、争夺租税调役的斗争不断，甚至演变为“毁寺灭佛”⑤运动。宋朝时，国家逐步削减寺院特权，加强了对寺院僧尼的管理。寺院由兴盛走向衰落。

宋代的寺院完全在国家控制之下。官府对僧籍登录、剃度制度、度牒颁发、戒坛制度都加强了管理。宋初寺院僧尼还有免租免役的特权，但是北宋神宗时，王安石变法，使寺院输钱助役，谓之助役钱。至此，寺院免除租调的特权被取消。与此同时，宋代沿用了唐朝《田令》中禁止寺院买卖田宅的规定，宋《天圣令·田令》第3条：“诸官人、百姓，并不得将田宅舍

① 牟钟鉴、张践：《中国宗教通史》，社会科学文献出版社2000年版，第493页。

② ［日］仁井田陞著，栗劲等译：《唐令拾遗》，长春出版社1989年版，第915页。

③ 白文固：《试论唐前期的寺院经济》，《兰州大学学报（社会科学版）》1983年第4期。

④ 《旧唐书》卷八九《狄仁杰传》。

⑤ 历史上三次灭佛，史称“三武之厄”，分别是北魏太武帝、北周武帝以及唐武宗三次大规模禁佛、灭佛运动。很大程度上是因为寺院经济的发展与国家争夺土地、劳动力，影响兵役、赋税来源，直接与封建国家的利益发生冲突。

施及卖易与寺观。违者,钱物及田宅并没官。”①继续限制寺院的占田规模,进而打击了寺院的势力。

元朝蒙古族以藏传佛教为国教,统治者为了巩固统治,对汉传佛教也给予了极大宽容。全国造寺日盛,据宣政院至元二十八年(公元1291)统计:当时共有寺院24318所,僧尼合计213148人。② 当年仅元大都城内外就建有大护国仁王寺、圣寿万安寺、大天寿万宁寺、大天源延圣寺、大觉海寺、大寿元忠寺等。

根据《元典章》记录的一个案例,唐朝的限制寺院市民田的规定至元朝仍然可能有效:“至元六年三月尚书省来呈:济南路延安院张广金告段孔目将相邻本院田产卖与杨官人为主。照得田例:‘官人百姓不得将奴婢、田宅舍施、典卖与寺观。违者,价钱没官,田宅、奴婢还主。’其张广金虽是地邻,不合批问成交。得此,本部设得,即今别无定例,如准前拟,似为相应。呈都堂准呈札付释教总摄所施行。”③

但元朝寺院占有田地的数额之巨在历史上仍然非常突出,主要是皇室、贵戚富豪对寺院大力扶植,皇室赐田更占多数。据粗略统计,皇室“自世祖中统二年(1261)到至正七年(1347),前后赏赐给寺院的田地达328.1万亩。”④与此同时,元代对寺院又予以特殊的优待,其具体措施:一是保护寺院资产。元代各寺院宫观圣旨碑文之存留至今者很多。二是免除寺院赋税差役。元朝廷对寺院田地豁免赋税,一切杂泛差役也全部免除。至此,寺院经济由衰落走向复兴。

(四)明清——没落

明清时期,随着专制主义中央集权的强化,寺院的势力同过去极盛时期比较,已是江河日下,但明朝对寺院仍不乏支持政策。在这种政策影响

---

① 转引自戴建国:《唐〈开元二十五年令·田令〉研究》,《历史研究》2000年第2期。

② 中国佛教协会:《中国佛教》(一),知识出版社1980年版,第167页。

③ 《元典章》一九《户部》卷五“卖业寺观不为邻”条。

④ 中国佛教协会:《中国佛教》(一),知识出版社1980年版,第169页。

下，从京师到地方，“营造寺观，岁无宁日，僧尼道士，充满道路。”①

但是从总体上，与前代相比，明清时期寺院趋于没落，寺院经济趋于萎缩。首先寺院经济特权逐渐缩小，“明代寺产‘赋役殷繁’、清代寺产须纳银、米”。② 由于明清统治者对寺院经济采取了抑制政策，该时期寺院占有的田产大不如前代。其次，佛教理论的世俗化导致佛教对统治集团的吸引力有所下降。自汉魏以来，历代帝王、思想家，都对佛教理论及其作用给予了高度的重视。明清以后，随着佛教在民间的普及，其与思想界却日渐疏离。僧人的信仰与修习仪轨高度世俗化，日趋向道教和民间宗教靠拢甚至融合，佛教从价值观念到思维方式都丧失自身特色。如原属道教体系的关帝庙搬进了佛教殿堂，“武圣”也成为佛门弟子崇拜的对象。修来世、求解脱、往生西方净土的观念也与追求现世利益、祛疾消灾、增福添寿的功利要求结合起来。僧侣在寺院或民户家中做“佛事”，取钱财成了重要的目的。

1840 年，鸦片战争爆发，民族危亡迫使国家将视线投向西方科学。佛教因不能解决现实的社会问题而渐被疏忘。与此同时，寺产遭到严重冲击。“光绪二十四年，湖广总督张之洞提倡发展新式教育，但一无资金，二无房产，便开展了一场‘寺产兴学’运动，试图没收全国寺产 70% 以充教资。”③这一运动一直延续到民国初年，使寺院的利益受到不同程度的损害。

三、寺院在中国古代的民事主体地位

（一）享有权利

寺院作为民事权利主体可以独立享有所有权及相关的各种用益物

① 姜洪：《陈言疏》，载《明经世文编》卷一二二。

② 谢重光：《略论唐代寺院、僧尼免赋特权的逐步丧失》，载何兹全主编《五十年来汉唐佛教寺院经济研究》，北京师范大学出版社 1986 年版，第 240 页。

③ 牟钟鉴、张践：《中国宗教通史》，社会科学文献出版社 2000 年版，第 963—964 页。

权,同时以寺院的名义对外签订各种契约,当发生侵害他人权益时也以寺院的名义承担赔偿责任。

1. 作为物权主体

(1)享有所有权

第一,寺院可以拥有土地、园、林、山、池等各种不动产。

南北朝时,寺院开始占有大量土地,经营土地,成为社会中大土地拥有者。它除了占有广大的庙堂宅地外,还拥有大片的地产——寺田和园、林、山、池。寺院利用寺田进行农业生产活动,供本寺消费或者出卖。寺院田产的来源主要有三:一是外部的施舍。上文已提到多次,皇室的赐予是寺田的重要来源;二是寺院作为大土地所有者的兼并,这也是因为统治者给予寺院的特权,寺院依附强权进行兼并或者购买田产;三是下层民户的"投靠"。民户为了避税避租,纷纷"竭财以赴僧,破产以趋佛"①,寺院就此获得免费田产与劳动力。

从寺院庄田以外的土地占有情况来看,除庙堂宅地外,还有各种园、林、山、池。杨衒之的《洛阳伽蓝记》曾详尽地描述了寺院对这些不动产的拥有情况:

祇洹寺:"伽蓝之内,花果蔚茂,芳草蔓合,嘉木被庭。"

法云寺:"入其后园,见沟渎蹇产,石磴嶕峣,朱荷出池,绿萍浮水,飞梁跨阁,高树出云,咸皆唧唧。虽梁王兔苑,想之不如也。"

景林寺:"景阳山南有百果园,果列作林。"又"寺西有园,多饶奇果。"

这些寺院的园、林、山、池一般是非生产性的,大多供玩赏。但也有一定的经济意义,就是物产丰美,供寺院自身消费或者出卖。

隋文帝即位后复兴佛教,寺田又有扩张之势。唐初高僧皆"驱策田产,聚积货物"②。唐均田令给道士、女冠、僧尼分田,据《唐六典》卷三"户部郎中、员外郎"条载:"凡道士给田三十亩,女冠二十亩,僧尼亦如

---

① 范缜:《神灭论》,载《梁书》卷四八。

② 《旧唐书》卷一《高祖本纪》。

之”。即寺院比照道士女冠的标准，按照僧给田三十亩、尼给田二十亩获得国家的授田。所谓的授田，其实质是限田，即国家首先会按照寺院僧尼数量，将寺院名下已有的土地登记于寺院名下，多的要收回，再补足不足。由此，“寺院成为占有土地的宗教性组织，经营典质等民事活动”①。

第二，寺院拥有牲畜、碾硙、油梁等动产。

谢和耐在《中国五——十世纪的寺院经济》中描述到，“寺院中应该是几乎随时都有一些牲畜，在那些荒地中进行放牧。其中包括用作耕田和运输的牛，在甘肃还有一些用来制造毡毯的绵羊”②。根据吐鲁番文书的记载，唐时西北地区的寺院常常蓄养军马。宋真宗景德四年（1007），有“甘州僧翟大秦等献马，给其值。”③另据敦煌文书记载，天福九年（944），敦煌净土寺有总数为121只绵羊的羊群。清代中期，云南贡山丙中洛喇嘛寺在其昌盛时期，“寺产有马牛各一百，绵羊千只。”④

元代以前的寺院产业中碾硙（中国古代利用水力驱动的石磨）、油梁占有相当突出的位置。隋时，晋王送清禅寺碾硙，“前后送户七十有余，水碾及碾上下六具，永充基业。”⑤（“水硙”同“碾硙”）。“武德八年（625），唐高祖赐河南嵩山少林寺地40余顷，附及‘水碾’1座。”⑥开成五年（841），日僧圆仁入唐求法，在山西忻县定觉寺中发现一些水动碾硙设施，人称“三交碾”。宋朝时，经济富裕的寺院大多置有碾硙。

在敦煌，寺院普遍拥有油梁。姜伯勤在《敦煌寺院文书中“梁户”的

---

① 蒲坚编著：《中国法制史大辞典》，北京大学出版社2015年版，第1077页，“寺户”条。
② 谢和耐著，耿异译：《中国五——十世纪的寺院经济》，甘肃人民出版社1987年版，第155—156页。
③ 《宋史》卷七《真宗本纪二》。
④ 李嘉荣：《丙中洛喇嘛寺简况》，载中国人民政治协商会议怒江傈僳族自治州委员会文史资料研究组编：《怒江文史资料选辑》第2辑，第60页。
⑤ 谢和耐著，耿异译：《中国五——十世纪的寺院经济》，甘肃人民出版社1987年版，第169页。
⑥ 《金石粹编》卷七四。

性质》中写到“在吐蕃管辖沙洲期间（781—848），敦煌诸寺自营油梁。”①（油梁即为榨油作坊）。敦煌寺院自营油梁或者把油梁出租给“梁户”，供本寺消费或者出卖，牟利颇丰。

第三，拥有农奴、依附人户等。

历史上，寺院除役使本寺僧侣外，有的时期还拥有农奴、依附人户等。农奴是不自由的贱户，比如寺奴婢，其主要来源于官府赐予，多是重罪犯或者官奴。依附人户是半自由的贱户，附籍于寺院，与寺院是封建人身依附关系，身份高于寺奴婢，比如寺部曲、北魏的“佛图户”、南朝梁的“白徒”“养女”等，其主要来源于百姓投寄求庇。唐朝敦煌地区寺院亦有“部落百姓”“常住”“常住百姓”等依附人户②，农奴与依附人户在寺田上劳作，经营寺产，成为寺院的免费劳动力，有一定家产，但不可以自由离开。在敦煌文书中甚至还有一些关于寺院买卖人口的契约文书留存。

（2）享有用益物权

寺院享有用益物权主要体现在担保（物保）上。高利贷是寺院经济的重要经营形式。《魏书・释老志》记载“广引财势乞贷，贪极务厌”，“比来僧尼，或因三宝，出贷私财”。③ 他们不仅“规取赢息”，牟利巨万，而且“侵蠹贫下，莫知纪极”。④ 从佛教教义上来说，允许用“三宝物”⑤出贷取息，因而寺院进行高利贷经营有了合法性基础。与此同时，寺院集体和私人（寺院上层僧侣）两种财产拥有制的形成，使得寺院高利贷有了两种经营方式：寺院经营“典当”；寺院上层僧侣私人进行“举贷”。两种经营方

① 姜伯勤：《敦煌寺院文书中“梁户”的性质》，载何兹全主编：《五十年来汉唐佛教寺院经济研究》，北京师范大学出版社 1986 年版，第 122 页。

② 详见高潮、刘斌：《敦煌所出买卖、借贷契约考评》，载杨一凡等主编：《中国法制史考证》乙编第四卷，中国社会科学出版社 2003 年版，第 92 页。

③ 《魏书》卷一一四《释老志》。

④ 《魏书》卷一一四《释老志》。

⑤ “三宝物”——僧物、法物、佛物。僧物有田宅、园林、衣钵、谷物等；法物有经卷、纸笔、箱函等；佛物有香花、佛像、殿堂等。

式都以契约为媒介，区别在于前者需要提供担保。因而在此详述前者。

“典当”即“质举”，亦称“僦柜质钱”。即“民间以物质钱，异时赎出，于母钱外，复还子钱，谓之僦柜。僦，即就翻。”[①]就高利贷信用上，它是高利贷资本为了减少放贷风险，要求债务人提供一定的财物作为担保。担保物具有多样性，可以是金子，也可以是御赐坐褥、介帻、犀导、黄牛等一切动产。《南齐书·褚渊传》载南齐大臣褚渊薨，其弟“澄以钱一万，就招提寺赎太祖所赐白貂坐褥，坏作裘及缨；又赎渊介帻、犀导及渊所乘黄牛。”

2. 作为债权主体

寺院作为债权主体主要表现为缔结合同，即成为合同一方的当事人，与相对方达成意思表示一致，进行买卖、赠与、租赁、雇佣、放贷甚至是商业经营等。

（1）买卖

寺院作为买卖合同的一方当事人，表现有很多，比如上文提到的寺院购买田产，这是寺院田产的一大来源。再如出卖农作物、畜牧产品、出卖花、果、油等。寺院拥有土地，经营土地，出产的农作物除了供本寺自己消费外，盈余还可以出卖。上文所述，寺院拥有马牛羊、拥有园、林、山、池，拥有油梁，这些产业经寺院经营，也同农作物一样，除本寺自己消费，多出的部分进行出卖，甚至可作为一种交换货币使用。据敦煌资料研究成果，寺院有时用油来支付匠役的工钱或结算其购买物：“买 1 件棉上装的价格或吃一顿饭需要付油 0.0015 公升；支付佛像匠人令狐和油墙工人油 0.05 升。”[②]

寺院作为宗教性社团组织，在进行买卖行为时是否具有特殊性？从史料来看，唐自开国起便试图限制寺院广置田宅。据《旧唐书·高祖本纪》记述，唐高祖曾以京师寺观不甚清净下诏曰：“乃有猥贱之侣，规自尊高，浮惰之人，苟避徭役。妄为剃度，托号出家，嗜欲无厌，营求不息。出

① 胡三省：《资治通鉴音注》卷二二七《德宗神武圣文皇帝二》。
② 谢和耐：《中国五——十世纪的寺院经济》，耿昇译，甘肃人民出版社 1987 年版，第 186 页。

入闾里，周旋�阛，驱策田产，聚积货物。耕织为生，估贩成业，事同编户，迹等齐人。……近代以来，多立寺舍，不求闲旷之境，唯趋喧杂之方……所司明为条式，务依法教，违制之事，悉宜停断。京城留寺三所，观二所。其余天下诸州，各留一所。余悉罢之。"这段诏书先批评了寺院营求不息、驱策田产、聚积货物、估贩成业、多立寺舍等行为，然后又指出这些举动皆与释迦佛教所宣扬的"清净为先、远离尘垢、断除贪欲"①的宗教教义是相悖的，最后宣布要制定法令制止这些乱象，并要大幅度削减全国寺观的数量。然而这一切努力竟没有任何效果，《旧唐书》在这段诏书后紧跟着写道："事竟不行"。

从法令来看，唐宋寺院买卖田宅时会受到一定的限制。前文提到，唐朝曾颁布《田令》条款限制寺院买卖田产："诸官人、百姓，并不得将田宅舍施及卖易与寺观。违者，钱物及田宅并没官。"但是目前尚没有充分的材料能反映这个田令的实施情况，反而有相当的材料说明当时的寺院存在大量购置和被施与田宅的事实。且唐建中元年(780)"均田制"名实俱亡，"《唐令·田令》的多数条款自然失效"②，这条限制寺院置田的条款也许亦失效了。统治者极欲限制寺院的买卖田宅的行为，但令不得行。以后宋代为了抑制土地兼并，完全沿用了唐朝禁止寺院买卖田宅的这条田令，文字几无差别，有研究表明"天圣七年(1029)以前，此项禁令已在行用"③，但是皇帝有时自己就会违反此规定：宋真宗去世后，"内遣中使赐荆门军玉泉山景德院白金三千两，令市田，院僧不敢受。本路转运使言：旧制，寺观不得市田以侵农。上谓宰相曰：此为先帝殖福，其勿拘以法，仍不得为例。"④

① 《旧唐书》卷一《高祖本纪》。

② 杨际平：《宋朝政府对寺观的土地、赋役政策》，载《李埏教授九十华诞纪念文集》，云南大学出版社2003年版，第250页。

③ 杨际平：《宋朝政府对寺观的土地、赋役政策》，载《李埏教授九十华诞纪念文集》，云南大学出版社2003年版，第251页。

④ 《续资治通鉴长编》卷一〇二，仁宗天圣二年(1024)七月条。

另外一些史料则表明，禁令未能实际断绝寺院进行田产买卖的活动。天圣八年(1030)八月二十五日《大宋京兆府鄠县逍遥栖禅寺新修逍遥水磨记》："寺之东南隅三里以来，按图经曰高观之谷。其谷口有隙地，先是尚行温之地，乃前寺主崇恩端拱(988—989)年中以金帛易之。"①此记录中"以金帛易之"表明其地系寺主崇恩买入。据宋咸平六年(1003)《重真寺田庄记》："志谦家本邠州，俗姓杨氏……与师兄志永、师弟志元，辍那衣钵，去寺北隅置买土田四顷有余。又于西南一时已来有水磨一所及沿渠田地。"共有420亩。② 还有寺院会把肥沃田地指作"荒废"田地进行买卖交易，据《宋会要辑稿·食货》一之三一，宋徽宗政和元年(1111)"七月二十二日臣僚言：'私荒田，法听典卖与观寺。多以膏腴田土指作荒废。官司不察，而民田水旱，岁一不登，人力不继，即至荒废。观寺得之，无复更入民间，为农者受其弊。欲除官荒田许观寺请佃外，余并不许典卖。'从之。"即，在此之前法律并不限制个人将其私有的"荒田"典卖给寺院道观③，于是道观寺院便利用这条规定，以荒田名义购入土地。

学者杨际平在整理了大量寺观买田和接受舍田的史料后认为，除少数经朝廷特许，"绝大多数都是置田数目巨大，超出僧尼供食之需，而且都明明白白写明是舍田或买田，而不是垦辟荒山、荒田，应都属于违法市民田范畴。寺观市民田现象的大量、公开存在，说明宋代寺观不得市民田的规定，总体上讲没有得到严格执行"④。

此外，由于寺院社团组织宗教性的特殊性，决定了其买卖交易行为的特点，那就是我们所能看到的史料绝大多数为寺院买入田宅的记录，而很

① 曾枣庄等主编：《全宋文》第19册，上海辞书出版社、安徽教育出版社2006年版，第109页。

② 《金石续编》卷一三，转引自杨际平：《宋朝政府对寺观的土地、赋役政策》，载《李埏教授九十华诞纪念文集》，云南大学出版社2003年版，第253页。

③ 详见游彪：《宋代"禁寺、观毋市田"新解》，《中国经济史研究》2002年第四期。

④ 杨际平：《宋朝政府对寺观的土地、赋役政策》，载《李埏教授九十华诞纪念文集》，云南大学出版社2003年版，第255页。

少看到寺院卖出田宅的记录，这是因为寺产属寺院这个社团组织所有，在寺规中常表述为寺僧（尼）共有，且因其被赋予的神圣意义而具有不可出让和不可分割性。主持会更换，寺僧可以自由加入或退出，但是寺田寺宅不会因寺院成员的改变而被分割、处分，理论上任何僧侣都不具备对寺院田宅的独立的处分权。除非寺院面临生存危机，否则断然不会出卖寺院不动产。这也正是寺院这种宗教性社团主体不同于其他民事个体的重要特征。

综上，寺院在某些时期被限制买卖和被施与田宅，是出于政治、经济上的权衡，而非法律上对寺院的社团民事主体资格的否定。同时，恰恰是因为寺院通过买卖购田置庄和接受施与，迅速兼并土地，才会引发朝廷颁布限制令。另一方面，颁布此类限制性规定也并不意味着实践中寺院买卖田产的行为就不存在了，宋朝一再重申此田令规定，更可能说明寺院购田置庄的行为屡禁不止。即，尽管朝廷做出一些抵制寺院聚敛钱财、土地兼并的努力，但效果恐怕并不理想。

（2）赠与

寺院在赠与的问题上与买卖的情形很相近，比如在田宅方面主要体现为接受赠与，而不大会将寺产赠与别人。比如上文提到，寺院的土地主要来源于皇帝的赐予、富绅贵族乃至平民的施舍。这里的赐予、施舍，就是赠与，寺院作为接受赠与的一方，不负对价给付义务，体现了皇室、富绅贵族、平民对于寺院的支持。另外，赠与的客体不局限于土地，还有大量钱财、碾硙甚至民户等。这些都显示了寺院的宗教性社团主体特点。在官府态度方面，各朝也基本将受赠与买卖同时并提。即前文提到的唐宋时期的限制寺观买卖田宅的规定也适用于接受赠与情形。此处不再赘述。

而寺院逢灾荒之年，也会组织僧尼开展施粥、施药活动，来对周边百姓进行赠与行为，或者在发生战事等重大变故之时向朝廷进献财物，无论何种形式，多以寺院这个团体而非僧尼个人的名义进行。

(3)租赁

针对寺田,宋、元以后以租佃经营方式为主。唐、宋以前,地租一般是劳役地租,即寺院将土地出租,约定耕种土地之人要无偿地为寺院耕作劳动一段时间,以充地租。这一租佃关系下的劳动者(一般是农奴和依附人户)对寺院有着极强的经济和人身依附关系。唐、宋以后,人身依附关系相对削弱,契约租佃制普遍盛行,地租逐渐由以劳役地租为主向以实物地租为主转化。实物地租是指寺院在地租形态上通过产品占有的形式获得租佃对象的剩余劳动。实物地租又有分成与定额两种,在寺院土地经营的租佃关系中,定额地租常多于分成地租。

此外,在敦煌文书中,“梁户”、“硙户”的记载也证明了租赁关系的存在。姜伯勤在《敦煌寺院文书中的“梁户”的性质》一文中认为,“梁户是寺院油梁的承租户,梁课是按照契约于规定年限内交纳的实物课纳,是使用油梁设备的租金。梁课是梁户上层经营油梁获取一定利润后的一个余额,也是油梁直接生产者的剩余劳动的一个凝结。”①

另,姜伯勤在《敦煌寺院碾硙经营的两种形式》中亦考证出,寺院的碾硙经营有两种,一是碾硙的短期出租和交纳硙课;二是寺院雇工经营碾硙。对于第一种出租碾硙经营,姜伯勤谈到,“敦煌诸寺的硙户是承租户,所谓硙课是寺方出赁碾硙的‘赁直’,亦即硙户限期交纳的租金”。②

(4)雇佣

北朝时佛教兴盛,寺院雇佣大量贫苦的读书人抄写佛经,称为“佣书”。

姜伯勤在《敦煌寺院文书中的“梁户”的性质》一文中考证“梁户”的性质时,分辨梁户是承租户还是受雇人,主要看梁户究竟是交纳课租还是得取工价。虽然梁户最终被考证为承租户,但是他在文中也证实,在敦煌寺

① 姜伯勤:《敦煌寺院文书中的“梁户”的性质》,载何兹全主编:《五十年来汉唐佛教寺院经济研究》,北京师范大学出版社1986年版,第136页。

② 姜伯勤:《敦煌寺院文书中的“梁户”的性质》,载何兹全主编:《五十年来汉唐佛教寺院经济研究》,北京师范大学出版社1986年版,第231页。

院中,存在受雇人,比如“押油人”。“在吐蕃管辖时期,由于寺户上役不能完全满足自营油梁的需要,寺方也雇请某些押油人。S.63233 号记载有‘押油手工价’,说明这种押油人是雇匠。”①“押油人在领取工价外,还由寺方供食。”②“S.5927《戌年诸色斛斗破曆》记载‘面陆斗春硙回造麦两车与硙主同食’这里的硙主就是寺院为了完成春硙麦两车而雇来的技工。”③这些研究一定程度上可以说明寺院作为独立的民事主体进行雇佣等民事行为。

下面是一则寺院雇佣契约,高昌延寿元年张寺主明真雇放羊券:

延寿元年,甲申岁九月十四日,张寺主明真师从严……□阳(羊)壹佰伍拾□,从九月十日到腊月十五日,与雇价□□□□伍斛,壹日与放阳(羊)儿壹分饼与糜贰兜(斗),雇价十月上半□□上使毕。阳(羊)不得出寺阶门,若出寺阶门住,壹罚贰,入张寺主。冬至日、腊日,真罢放阳(羊)儿,仰张寺主得贾(价)食。二主和同立券。券成立后,各不得返悔。悔者一罚二,入不悔者,民有私要,要行二主,各自署名为信。

倩书……

时见……④

从此契约可见寺院在对外进行民事行为时,会以其主持名义代表寺院来签约,寺院雇人放羊不但给工钱,还要供给食物,逢冬至日、腊日,经主持允许,放羊儿可以回家,此外还有双方违约的罚则条款“悔者一罚二”,由违约者付给守约者,带有强烈的平等主体色彩。

(5)放贷

拥有大量资产的寺院频繁进行高利贷经营。寺院进行高利贷经营,

---

① 姜伯勤:《敦煌寺院文书中的“梁户”的性质》,载何兹全主编:《五十年来汉唐佛教寺院经济研究》,北京师范大学出版社 1986 年版,第 123 页。

② 姜伯勤:《敦煌寺院文书中的“梁户”的性质》,载何兹全主编:《五十年来汉唐佛教寺院经济研究》,北京师范大学出版社 1986 年版,第 123 页。

③ 姜伯勤:《敦煌寺院文书中的“梁户”的性质》,载何兹全主编:《五十年来汉唐佛教寺院经济研究》,北京师范大学出版社 1986 年版,第 237 页。

④ 参见张传玺主编:《中国历代契约汇编考释》,北京大学出版社 1995 年版,第 186—187 页。

作为出借人，与借款人达成合意，约定到期还本付息。这种放贷通常会要求借钱方提供抵押物，如前文提到南齐时，“（兄）渊薨，澄以钱万一千，就招提寺赎太祖所赐渊白貂坐褥。”①可知寺院的放贷对象除平民外也有贵族官僚，在放贷时所要求的担保可以是保人，也可以是担保物，从这条史书记载看，甚至皇帝御赐的圣物（白貂坐褥）都可以成为质物。

根据学者考证，敦煌所出49件借贷契约，可以分为两种类型，“第一种是私人之间的借贷”，“第二种是私人向都司所属有关部门的借贷，这类契约除残损不清者共23件。其中，有的是寺僧向佛账所借贷，如《灵图寺僧神宝借契》，更多的则是当寺人户（包括部落百姓）向佛帐所、都司仓、常住处的借贷，如《灵图寺索满奴借契》《开元寺张僧奴等贷麦种牒》、《卯年张和和便麦契》等”②。

（6）经营商业

寺院作为商业主体经营商业是寺院作为民事主体的又一大证明。魏晋南北朝时期，正是商业兴起的时期。北齐时商贸更有发展，大官僚也参与经商。在这种商贸发达的背景下，寺院凭借强大的经济基础，必然参与其中。佛教发展使寺院遍布城乡山野，其中，不少寺院建筑规模宏大，可容万人以上，这种情况使得寺院成为南北往来和东西交通的商旅要冲。如“东京相国寺，僧房散处，中庭两院，可容万人，凡商旅交易，皆萃其中，四方有趋京师，以货物求市者，必由于此”。③ 寺院中许多僧尼，名为沙门，实为商贾。僧人“或商旅博易，与众人争利”。④ 寺院本身也积极参与商业经营。据《洛阳伽蓝记》记载，许多寺院所在地，就是热闹市场，洛阳孝义里一个小寺，因经营水产，被人称为“鱼鳖寺。”⑤

① 《南齐书》卷二三《褚渊传附弟澄传》。

② 高潮、刘斌：《敦煌所出买卖、借贷契约考评》，载杨一凡等主编：《中国法制史考证》乙编第四卷，中国社会科学出版社2003年版，第92、94页。

③ 《燕翼贻谋录》卷二。

④ 《弘明集》，载晋释道恒：《释驳论》。

⑤ 《洛阳伽蓝记》卷二。

（二）履行义务

通常，作为民事主体，寺院需要交纳赋税，不免科差徭役。但这个义务在很多崇佛的朝代是被免除的，这是寺院作为宗教性社团民事主体的一个特殊性。

北魏有一种“寺户”，指由僧官或寺院管辖，免向官府供输赋役的人户。其中僧祇户除向僧曹①输粟外，不向官府供输赋役。《魏书·释老志》：“昙曜奏：平齐户及诸民有能岁输谷六十斛入僧曹者，即为‘僧祇户’；粟为‘僧祇粟’，至于俭岁，赈给饥民。又请民犯重罪及官奴以为‘佛图户’，以供诸寺扫洒，岁兼营回输粟。高宗并许之，于是僧祇户、粟及寺户，遍于州镇矣。”北魏时佛图户作为寺院依附民，不再列入国家统一户籍，也不需要向官府承担赋役义务，只向寺院交纳“扫洒”粟米，等同于寺院的这笔收入是受到国家免税的特殊待遇的。但由于这种做法影响国家赋役来源，故北周武帝禁佛毁寺，僧祇户也改为一般编户。②

宋初一度免除寺院的纳税赋役义务，但王安石变法后，寺院以助役钱形式来承担赋役义务。《宋史·食货志·役法》载：“其坊郭等第户及未成丁单丁女户寺观品官之家，旧无色役而出钱者，各助役钱”。至南宋度宗咸淳十年（1274），臣僚请求寺院除租税，但未获皇帝批准。十月诏：“边废浩繁，吾民困重。贵戚释道，田连阡陌，安居暇时，有司核其租税收之。”③

元代崇佛教，重又免除寺院赋税差役。朝廷不但对寺院田地豁免赋税，而且一切杂泛差役也全部免除。

明清时期，朝廷对寺院持限制政策，寺院需要以寺产向国家纳税。明代对于寺产管理甚至达到“赋役殷繁”的程度，清代寺产也是要向国家纳

---

① 僧曹为管辖寺院的总机关，僧祇户为僧曹所领，不属个别具体寺院。

② 参见蒲坚编著：《中国法制史大辞典》，北京大学出版社 2015 年版，第 951 页，“僧祇户”条。

③ 金家瑞：《南朝的寺院和僧侣》，载何兹全主编：《五十年来汉唐佛教寺院经济研究》，北京师范大学出版社 1986 年版，第 58 页。

银、米①。

总之,寺院这种宗教性社团作为民事主体具有非常鲜明的特色。从其组织形成而言,其因共同的佛教信仰而成立,以“法缘”关系为纽带维持和传承其寺产。而从其规模发展趋势而言,形成于东汉,经过魏晋南北朝的发展,隋唐宋元几经起落而逐渐至高峰,明清渐趋没落。寺院作为不动产所有权主体,其权益在一些时期受到限制,比如唐朝时一度受均田制的限制,寺院的土地数量要按僧尼数量登记。寺院作为债权主体也受到一定限制,唐、宋都在《田令》中规定官员、百姓不可将田宅舍与或出卖给寺观,否则钱物田宅并没官,以此抑制寺院进行土地兼并。但此限制性规定的施行效果存疑,大量史料表明,寺院凭借其宗教优势,常突破各种限制买入和接受各方舍施田宅,从而拥有大量土地和房屋,甚至形成寺庄。寺院在一些时期还拥有免除赋役的特权。同时寺院也因其寺产的不可分割和神圣性,区别于中国古代的普通民事个体。家庭的财产在发生分家及遗产继承时会被分割,而寺产却不会因寺院成员的变动而被随意处分,是寺院这个社团组织拥有对寺产的绝对所有权,而非某个(包括寺院主持在内的)个人。因此寺院往往可以维持几十年、上百年,“而宋而金至于今(元),数百年间常住不毁”②,财富越来越集中,规模越来越大,因此导致历代统治者在支持寺院和抑制、打击寺院间不断摇摆。

第三节　义庄的民事主体地位

义庄在中国古代具有重要地位。宋仁宗皇佑二年,范仲淹在苏州吴县、长州“买负郭常稔之田千亩,号曰义田,以养济群族”③,此为首创义庄

① 参见谢重光:《略论唐代寺院、僧尼免赋特权的逐步丧失》,载何兹全主编《五十年来汉唐佛教寺院经济研究》,北京师范大学出版社 1986 年版,第 240 页。

② 《松雪斋文集》外集。

③ (宋)范仲淹:钱公辅《义田记》,《范文正公集·褒贤祠记》卷二,景江南图书馆藏明翻元天历本。

之举。而后,范仲淹赡族、睦族的义举得到士大夫的青睐,他们纷纷效仿建立义庄,以求家族的长久发展,义庄逐渐盛行。由于义庄的作用斐然,至清时,义庄之设普天下,各庄的规模日益庞大,是当时社会上、宗族中一股难以忽视的力量。有关义庄的研究成果很丰富,但学者们对于义庄的内涵、外延以及义庄的性质,意见并不统一:仁井田陞认为其是总有,松原健太郎认为其具有法人或者准法人的性质,络德睦直接将其定性类似于商事公司,刘序枫认为其属于中国传统经济组织"公司"的范畴,并无法定的法人地位,与现代公司无关。这些研究为我们来理解义庄的民事主体地位都提供了很好的参考。①

---

① 日本学者仁井田陞对义庄类团体所有形态进行研究,其在《支那身份法史》第二章的第四项《宗族之社会的职能(二)——义庄·祭田》中认为义庄、祭田异名同物,又因其认同戴炎辉对台湾祭祀公业性质的界定,因而其从宗族内部土地所有关系的角度进行分析,认为义庄团体与族人之间在于义庄的财产所有关系,这种关系称之为"总有",义庄团体有义庄财产的管理权、处分权,团体成员拥有收益权、使用权。故,他认为义庄财产并不完全属于宗族共产,也并不是义庄团体单独所有,而是两者兼有,从义庄的创设可以得知团体所有形态在北宋时代就已经形成。另,其在《中国的同族及村落的土地所有问题——宋代以后的所谓"共同体"》以"同族共同体"概念为基础,分析义庄、祭田实行了同族"共同体"的所有,这些"共同体"的管理权、处分权掌握在"共同体"手里,"共同体"的成员则拥有利用的权能,再次印证了其"总有"的观点。松原健太郎对宗族共产或掌控宗族共产的组织的性质进行了研究,其在《是信托还是法人?中国宗族财产的管治问题》中,以叶氏家族内部就堂产(以"堂"这种组织控制宗族财产)在香港法庭展开诉讼为线索,讨论了"堂"的法律性质。在此,香港法院坚持"堂"是信托,用英国《信托法》来规范。而作者认为"堂"具有法人或准法人的性质。美国学者络德睦在《法律东方主义:中国、美国与现代法》第三章"讲述公司与家族的故事"中指出,"在帝制中国晚期,许多扩大的家族组建了'宗族——公司'(clan corporations),在其中,儒家化的亲属法发挥了某种公司法的功能"。络德睦从自愿结成的联合体、追求物质性利益、所有权与管理权分离、像法人那样运作、所有权在某种程度上可被转让、责任很可能是有限的等六个英美公司的传统标准进行分析,认为中国封建社会晚期尤其清代,宗族很类似于商事公司,祭祀公业更是亦然。刘序枫在《近代华南地方传统社会中公司形态再考:由海上贸易到地方社会》中,指出清代的福建与台湾,家族及房支中的公产,包括房产或田产,可以以"公司"之名称之。但是刘序枫同时指出,这一内涵,仍属于中国传统经济组织"公司"的范畴,并无法定的法人地位,与现代的公司并无关系。

一、什么是义庄

在《辞海》中,“义庄”的定义为:

> 中国历史上大家族为团结本族成员,维护本族、本乡公益而设置的田庄。一般由族内官宦乡绅倡议并出资,通过捐款或购买田地作为义庄。所得田租用于祭祀,兴办学堂,资助应举赴考,接济孤寡贫困、灾伤疾病及补助嫁娶丧葬等。以宋代范仲淹在苏州、长洲、吴县所置义庄为最早,明清时遍布全国各地。①

《辞海》从义庄的建置目的“为团结本族成员,维护本族、本乡公益”、建庄者“官宦乡绅”、建置途径“捐款或购买田地”、功能“祭祀、兴办学堂、资助应举赴考等”、分布“宋苏州、明清全国”等五个层面来定义义庄。但值得注意的是,义庄从其产生到发展成熟的过程中,内涵与外延是不断变化的,甚至同一时期的义庄由于地域差别都可能有着不同的含义,因此有必要进一步分析。

王卫平曾提出“义庄是以义田为主体、以赡养贫困族人为宗旨的宗族共同体。”②但该学者之后的表述不尽相同:《清代江南地区的乡村社会救济——以市镇为中心的考察》一文中,他将义庄定义为“专门管理族产收支、救助同族的机构”③。在《从普遍福利到周贫济困——范氏义庄社会保障功能的演变》一文中,定义为“族田的管理机构”④。李文治认为“义庄乃是掌管义田收租及处理租米分配的机构。”⑤邢铁认为“义庄,亦

① 夏征农、陈至立主编:《辞海》,上海辞书出版社 2009 年版,第 2713 页。

② 王卫平:《清代苏州的慈善事业》,《中国史研究》1997 年第 3 期。

③ 王卫平、黄鸿山:《清代江南地区的乡村社会救济——以市镇为中心的考察》,《中国农史》2003 年第 4 期。

④ 王卫平:《从普遍福利到周贫济困——范氏义庄社会保障功能的演变》,《江苏社会科学》2009 年第 2 期。

⑤ 《古今图书集成 · 学行典》卷二四三,《笃行部》。转引自李文治:《明代宗族制的体现形式及其基层政权作用——论封建所有制是宗法宗族制发展变化的最终根源》,《中国经济史研究》1988 年第 1 期。

称义田,是宋代新出现的一种私人兴办的赈恤组织。"①赵海林认为义庄是"血缘性民间慈善组织"②。申万里认为"义庄也称义廪、社仓,是中国北宋以来出现的地方社会保障机构。"③

学者们的意见不一,主要有以下三点分歧:

第一,义庄是否局限于宗族内部?有个别义庄的赡济范围超出了宗族范围,及于乡里,如"苏州丰豫义庄"。它是苏州潘氏家族潘曾沂在清道光年间创建的、致力于救济邻里的地缘性组织,不是一般意义上的以血缘为纽带的宗族组织。所以,有学者指出此义庄是"由绅宦家族捐建,面向邻里的综合性社会救济机构。"④从这个意义上讲,广义的义庄并不局限于宗族内部,是以宗族为主,同时惠及邻里的组织。但综观中国历史上的诸多义庄,绝大部分义庄在设立之初都是建立在血缘纽带上的宗族义庄,随着义庄的发展,有可能在满足本族需要的同时也惠及乡里;而完全建立在地缘基础上以服务乡里为设立初衷的义庄属于极个别现象。

第二,义庄是管理机构还是慈善组织?实际上,这二者并不矛盾。无论是定义为管理机构抑或是慈善组织,学者们达成的共识在于义庄是一个"组织",也就是我们所说的家族性社团组织。至于这个社团组织所发挥的功能,在笔者看来,义庄兼具管理和慈善救济这两种性质。二者相较,"慈善救济"更符合义庄的成立目的,而"管理"则是义庄实现慈善救济目标的途径。

第三,义庄与族田、义田的关系?首先明确族田与义田的区别。"族田是宗族公同共有的土地,根据其主要功能大体上分为两类,一是用于赡

---

① 邢铁:《宋代的义庄》,《历史教学》1987 年第 5 期。

② 赵海林:《宋代慈善组织的组织运作》,《电子科技大学学报(社科版)》2012 年第 6 期。

③ 申万里:《元代江南民间义庄考述》,《中央民族大学学报(哲学社会科学版)》2009 年第 2 期。

④ 余新忠:《清后期乡绅的社会救济——苏州丰豫义庄研究》,《南开学报》1997 年第 3 期。

养救济宗族的义田,包括建庄的义庄田和没有建庄的义田;另一是用于维持祭祀的祭田,包括祠田、坟祭田,坟山墓地属于其中的特殊部分。此外有所谓学田,一般是由义田或祭田中专门划定用于兴学助教的部分,因此对于不同的宗族,其或属于义田,或属于祭田。"①因此,从功能上区分,族田包括义田和祭田,义田与祭田的不同在于功能。

其次,义庄的财产是以义田为主体还是以祭田为主体?义庄的田产是否全都是赡族功能,而无祭祀职能?仅据《辞海》对义庄的设置用途"祭祀,兴办学堂,资助应举赴考,接济孤寡贫困、灾伤疾病及补助嫁娶丧葬等。"②可知义庄所实际发挥的作用并不局限于赡族。这主要与不同宗族的规定有关:有的宗族的义田不但用来赡族,还用来祭祀,实际上是发挥了祭田的功能。比如洮湖陈氏义庄的建庄者陈稽古"悯宗族之不竞,忧墟墓之不保,一日聚族,出手书,拨良田以为义庄,收其半之入以赡族,余以赡茔事。"③再如明代徽州祁门人胡天禄"输田三百亩为义田,以备祭祀及族中婚嫁丧葬、贫无依者之资。"④当然,有的祭田亦发挥着赡族的功能。如宋元祐七年十一月五日诏:"诸大中大夫、观察使以上,每员许占永业田十五顷,余官及民庶,愿以田宅充奉祖宗飨祀之费者亦听……止供祭祀,有余,均赡本族。"⑤由此可见,祭田与义田并非严格区分,都属于族田,用上位阶的族田与义庄相联系是恰当的。

简言之,义庄的财产是以族田为主体。族田在实践中存在义田、祭田等不同表现形式,虽以"田"为名,但也可能是"宅"、墓地等。如常熟邹氏义庄"捐设义庄,房屋一所,坐落南四场四十九都三图祥字号,二斗三升

① 王志龙:《倡导、激励和保护:清政府的族田政策》,《江海学刊》2014年第6期。

② 夏征农、陈至立主编:《辞海》,上海辞书出版社2009年版,第2713页。

③ (宋)刘宰:《洮湖陈氏义庄记》,《漫塘集》卷二三,四库全书本。

④ 赵吉士:《寄园寄所寄》卷九,转引自唐力行:《商人与中国近世社会》,商务印书馆2017年版,第179页。

⑤ 《宋会要辑稿》食货六一之六一,转引自王善军:《宋代族产初探》,《中国经济史研究》1992年第3期。

粮基地一十二亩三分。庄祠塾在内”①,“捐设族墓地一亩,坐落南四场四十九都二图五字号,地名沙湍湾,听无力人就葬。”②

综上,义庄是建立在宗族基础上的,以经营族田为主业的赈恤性社团组织。即义庄是以族田为主体的宗族赈恤组织。

二、义庄的成立

(一)义庄成立的要件

一个义庄的成立需要有确定的建庄者、义庄宗旨和一定的财产这三个要素。

1. 义庄的建庄者

笔者就所收集到的部分义庄材料,以苏州③为样本做了一个关于建庄者的粗略统计:

表1　南宋苏州建庄者身份统计表④

身份	人数	占总数的比例(%)
官僚	11	91.7
不详	1	8.3
总计	12	100

① 王国平、唐力行:《明清以来苏州社会史碑刻集》,苏州大学出版社1998年版,第230页。

② 王国平、唐力行:《明清以来苏州社会史碑刻集》,苏州大学出版社1998年版,第230页。

③ 选择苏州做样本,是因为“苏州不仅是义庄的策源地,清朝时义庄的数量、规模,在全国也是无与伦比的”,“苏州的义庄规模普遍较大,以同城而治的吴、长洲、元和三县为例,土地在1000亩以上的有39个,占总数的56.5%,500至1000亩的有21个,占总数的30.4%,500亩以下的只有3个,占总数的4%,数量不明者有6个,占8.7%。”王卫平:《清代苏州的慈善事业》,《中国史研究》1997年第3期。

④ 表格数据引自李学如:《宋代宗族义庄述论》,《淮北师范大学学报(哲学社会科学版)》2014年第6期。

表 2 清代苏州建庄者身份统计表①

身份	人数	占总数的比例(%)
官、绅	98	58.3
商人	5	3
平民	9	5.4
不详	56	33.3
总计	168	100

表 1 表明,南宋苏州建庄者 12 人中,官僚 11 人,占总数的 91.7%;不详身份者 1 人,占总数的 8.3%。表 2 表明,清代苏州建庄者 168 人中,官、绅 98 人,占总数的 58.3%;商人 5 人,占总数的 3%;平民 9 人,占总数的 5.4%;不详身份者 56 人,占总数的 33.3%。由此可见:(1)从宋至清,官绅是建置义庄的主力军。(2)清时,建庄者身份多元化,包括商人、平民。

由上可知,建庄者中官绅、商人和平民都有,但以官僚为主,这是由于官僚阶层具有经济优势与政治地位,同时士大夫中不乏怀抱"先天下之忧而忧,后天下之乐而乐"政治理想之人。

2. 义庄的宗旨

关于义庄的设立目的,有学者提出"伪善还是保族?"②的质疑。一部分学者③认为,义庄是地主阶级兼并土地、缓和阶级矛盾、控制族众的手

① 表格引自王卫平:《清代苏州的慈善事业》,《中国史研究》1997 年第 3 期。

② 李学如:《"伪善"还是"保族"? 宗族义庄性质探究》,《淮北师范大学学报(哲学社会科学版)》2015 年第 5 期。

③ 如,冯尔康认为义庄"既是土地兼并的产物,也是土地兼并的表现形式之一","作为掩盖土地兼并、瓦解农民抗争的一种手段。"(冯尔康:《论清代苏南义庄的性质与族权的关系》,《中华文史论丛》1980 年第 3 期。)范金民认为"为了夺回在战争年月中失去了的土地,恢复对土地的所有权、支配权,并从土地上获得高额地租,将田产有效地代代相传,永远保有自己的产业,他们才竞相将田产捐为义田,以义田的名义,以宗族团体的力量,内以缓和族人之间的矛盾,维护宗族共同体的稳定,外以对付广大外姓外族佃户的反抗,维护一己一姓的统治。"(范金民:《清代苏州宗族义田的发展》,《中国史研究》1995 年第 3 期。)

段，只不过借赡族之名进行掩饰。一部分学者则认为，义庄是赡族的宗族组织①，是为了"敬宗、收族、保族"②。

从建庄者身份来分析，尽管官绅是创建义庄的主力军，但清以后商人、平民也加入了该队伍。商人、平民并非官宦之家，却世代积累、力求创建义庄，用"伪善""兼并土地""缓和阶级矛盾"等词来描述其目的不符合史实。

同时，创建义庄并非一日一世之功，即使是官绅也需要几代人的坚持积累才能创建成功，如无锡望族薛氏"凡四世而义田之事始迄于成。"③六安望族晁氏的义庄"四世济美，始克有成也。"④而对那些白手起家的普通家族来说，创建义庄更是难上加难。几世的坚持积累只为构建伪善的面孔，这种观点也不符合情理。

因此，中国古代设立义庄的宗旨主要是"保族"。这种基于朴素情感而产生的文化形成了传统礼制的"亲亲"核心，也迎合了中国古代社会家族本位的特点，因此才使得义庄这种事物一出现就被社会普遍接受，并发扬光大。这种"保族"宗旨亦受儒家"仁爱"思想的影响，以此为宗旨而形成的义庄制度，是古代社会国家治理能力不足情况下的重要补充，成为古代人和睦族众并惠及乡里的一种制度遗产。

3. 义庄的财产

义庄成立的经济基础是财产的集合，其财产来自于捐赠。建庄者主

① 如，清水盛光认为"所谓义田即为赡养宗族或救恤宗族而设之田产。"（[日]清水盛光：《中国族产制度考》，宋念慈译，中国文化大学出版部1986年版，第5页。）王卫平认为"创建义庄的人往往具有深刻的同情心，对慈善事业怀有热情。以往研究义庄的学者，较多地强调了义庄的封建剥削本质，这种认识至少是失之于偏颇的。"（王卫平：《清代苏州的慈善事业》，《中国史研究》1997年第3期。）另，前文中对义庄进行定义的学者如王卫平、邢铁、赵海林、申万里等也是持此观点。

② 李学如：《20世纪以来的宗族义庄研究》，《合肥师范学院学报》2015年第1期。

③ （清）李兆洛：《薛氏义庄记》，《养一斋文集》卷一一，清光绪四年刻本。

④ （清）李兆洛：《六安晁氏增置义庄田碑记》，《养一斋文集》卷一一，清光绪四年刻本。

要通过捐赠土地或房屋来建立义庄,其中又以土地为最多。

除范仲淹赴杭过苏“于其里中买负郭常稔之田千亩,号曰义田,以养济群族”①外,北宋任大理评事,签书建康军判官的刘辉,在辞官为祖母服丧期间“哀族之人不能为生者,买田数百亩以养之。”②北宋英宗时任礼部侍郎,神宗时官至资政殿大学士知青州的吴奎,“以钱两千万,买田北海,号曰义庄,以赒亲戚朋友之贫乏者。”③北宋时累迁殿中侍御史的韩贽“推所得禄赐买田赡族党,赖以活者殆百数。”④北宋左史施扬休“家素贫,逮仕受禄,……辛勤积累二十余载,然后得田六百亩,……复割二顷为义田。”⑤明弘治年间,大学士徐溥“置良田约有六百亩,以三百亩作役田助本图粮役,求免徐氏子孙差役之累,以三百作义田助本宗贫乏。”⑥明天启年间,曾任湖口知县的廖汝恒,居家湖南衡阳县时“宦不以赀归,得俸余皆以置义田赡其族。”⑦官绅捐赠数额往往很大,尤其是义田,数百亩、千亩常有。官绅俸禄较优厚,资产较多,有足够的钱财也有足够的意愿去购置大片土地用来捐赠。

商人捐赠数量与官绅相较规模要小,但也不少。如明洪武年间,徽州休宁县率东商人程维宗,“从事商贾,货利之获,多出望外……,拨常稔田五十亩以备祭祀,岁时会宗族于其下。”⑧明代徽州祁门商人胡天禄,“幼贫而孝,后操奇赢,家遂丰……,又建新宅于城中,与其同祖者居焉,输田

---

① (宋)范仲淹:钱公辅《义田记》,《范文正公集·褒贤祠记》卷二,景江南图书馆藏明翻元天历本。

② (宋)王辟之:《忠孝》,《渑水燕谈录》卷四,知不足斋丛书本。

③ (宋)刘攽:《吴公墓志铭》,《彭城集》卷三七,清刻武英殿聚珍版从书本。

④ (元)脱脱等:《韩贽传》,《宋史》卷三三一,武英殿本。

⑤ (宋)胡寅:《成都施氏义田记》,《斐然集》卷二一,四库全书本。

⑥ (明)张萱:《敦睦》,《西园闻见录》卷五,民国二十九年哈佛燕京学社印本。

⑦ (清)罗庆芗修、彭玉麟纂:《廖珊列传第八》,《同治衡阳县志》卷七之二,清同治十一年刊本。

⑧ (明)程良锡:休宁《率东程氏家谱》卷三,明万历元年刻本。

三百亩为义田，以备祭祀及族中婚嫁丧葬、贫无依者之资。”①

从史料中还可以看到一些平民为义庄捐赠土地、房屋的记载。如南宋时，布衣陈德高创建东阳陈氏义庄时捐赠义田规模达七百亩，这七百亩义田是陈氏家族累世而积的成果，“若陈君者，自其先人勤劳节约以致饶余，而陈君不敢私有之，其地在塍头昭福寺之傍，初期以千亩，今及十之七。”②另有南宋潮阳平民汤亚卿，“亚卿乃祖乃父，世笃忠悫，置义田，辟义塾，睦于宗党。”③宋末，有布衣俞澄，“卓有孝行，尝兴义田义学。”④也有一些平民本为官宦之后，后来家道虽然衰落但不忘济世祖训，以微薄之力筹建义庄。元时，南宋宰相汤思退之子汤镛，“而德祐失国，遂隐不仕……，君既不仕则混迹民间，务为生产作业，家以苟完。自奉甚简薄而乐赈人之穷急，谓仁民爱物宜始于亲亲。乃置义田，以赡同族。”⑤

综上，义庄是由中国古代的官绅、商人或平民通过捐赠土地或房屋而建立的，以族田为主体，以敬宗、收族、保族为目的的宗族赈恤组织，在民事主体方面属家族性社团组织。

（二）义庄成立的程序

义庄的成立有一定的程序性要求，首先要有发起人倡议，其次由发起人捐赠一定的田宅作为义庄的经济基础，最后还要订立义庄的规章。

1. 发起人（建庄者）倡议

建立一个义庄首先要有发起人，或称建庄者，诸如上文提到的范仲淹、刘辉、吴奎、韩贽、施扬休、徐溥、廖汝恒、程维宗、胡天禄等，他们作为个人，是义庄成立的关键。在义庄从无到有这个过程中，建庄者个人的作用非常大，可以说没有他们的发起，就没有义庄的成立。

---

① 赵吉士：《寄园寄所寄》卷九，转引自唐力行：《商人与中国近世社会》，商务印书馆2017年版，第179页。

② （宋）陆游：《东阳陈君义庄记》，《渭南文集》卷二一，汲古阁本。

③ （宋）俞德邻：《双莲图诗序》，《佩韦斋集》卷一一，四库全书本。

④ （明）管景：《人物·孝行》，《嘉靖永丰县志》卷四，明嘉靖刻本。

⑤ （元）黄溍：《汤氏义田记》，《金华黄先生文集》卷一〇，清景元抄本。

2. 捐赠财产

（1）捐赠的财产要汇造清册

这是日后发生变故时解决纠纷的关键凭证。若是捐赠土地，即要有捐田契。“捐田契上载明立契者、捐田的面积、坐落四至和租额情况，并且要声明是自愿捐赠、捐赠后不得干涉，正文下面是时间、立契人和立契所凭族人的签名。”①接着，经义庄的管理人员②进行检验：若是捐赠土地，则当捐赠土地的面积、坐落四至、租额等与捐田契上表述一致时，方可收捐。比如资敬义庄“愿捐银洋、田房入庄者……先将都图坵圩额则，及佃户姓名，汇造清册，呈交支总，转报庄正、副查明后，方准收捐勒石。”③就这样，通过汇造清册，捐赠财产的所有权发生了转移，义庄成为该财产的所有权人。

（2）向官府申报

为防止族人、义庄管理人员盗卖义庄财产，义庄成立之初，建庄者一般会申报官府，由官府对义庄财产进行备案。官府对义庄财产的备案，一方面体现了官府对义庄财产的承认与保护，另一方面也说明官府从法律上承认了义庄这一宗族赈恤组织的存在。

在实践中，官府对义庄财产进行备案的方式主要是钤印。即义庄成立之后，将田房等清册呈交官府，官府对田房等清册每页加盖印章，以确认义庄对田房等财产的权利。如大阜潘氏松麟义庄建成后，建庄者潘遵祁、潘希甫“业将官给方单以次黏连成册，注明潘氏义庄田单字样，并详造都图字圩坵号佃名租额条漕清册，一并呈官逐纸钤印发还执守，以照慎重，日后添置添捐田亩，即照此例由庄内随时造册，注明义田字样，呈官钤印执守，不得任意存贮，致有私行典卖之弊。”④再如吴中贝氏承训义庄建

① 陈秋云：《清代闽浙苏地区的义田制度及当代启示》，《社会科学家》2014年第4期。

② 一般是庄正。关于庄正等管理人员，后文会详叙。

③ 陈建华、王鹤鸣主编：《中国家谱资料选编·经济卷》，上海古籍出版社2013年版，第431页。

④ （清）潘遵祁：《松麟庄规条》，《江苏苏州大阜潘氏支谱》卷二一，清同治八年刻本。

立后，“详造都图丘号斗则清册，一并呈官逐纸钤印，归庄收执，后有继捐田亩仍援照办理。”①义庄田房等清册经官府钤印之后，若财产受到侵害，官府据此予以保护。就这样，通过呈官钤印，义庄的成立获得了法律上的认可。

3. 订立义庄规章

义庄成立之初，建庄者一般会拟定义庄规矩，使得义庄能够凭借该规矩有序运转，发挥救济族人的作用。可以说，义庄规矩是义庄成立的文件基础，是义庄的内部规章，是义庄的“基本法”。

范氏义庄规矩是义庄规矩的典型。故选取《文正公初定规矩》②来进行分析。

“一、逐房计口给米，每口一升，并支白米。如支糙米，即临时加折。（支糙米每斗折白八升，逐月实支，每口白米三斗。）

二、男女五岁以上入数。

三、女使有儿女在家及十五年，年五十岁以上，听给米。

四、冬衣每口一匹，十岁以下、五岁以上各半匹。

五、每房许给奴婢米一口，即不支衣。

六、有吉凶增减口数，画时上簿。

七、逐房各置请米历子一道，每月末于掌管人处批请，不得预先隔跨月分支请，掌管人亦置簿拘辖，簿头录诸房口数为额。掌管人自行破用，或探支与人，许诸房觉察，勒赔填。

八、嫁女支钱三十贯（七十七陌，下并准此），再嫁二十贯。

---

① 《吴中贝氏家谱·义庄经理规条》，转引自史三军：《清代苏州义庄规约在维护基层社会秩序中的作用》，吉林大学 2006 年硕士学位论文，第 8 页。

② 一般义庄成立之初，建庄者即会拟定义庄规矩支持义庄的运行。但是义庄规矩并不是一成不变的，在义庄运行过程中，义庄规矩也会与时俱进，因此存在很多增定规矩。以范氏义庄为例，就有《忠宣右丞侍郎公续定规矩》《清宪公续定规矩》《续申义庄规矩》等。此处讨论的是义庄成立之初的义庄规矩，所以选定范氏义庄成立之初，范仲淹制定的《文正公初定规矩》。参见（宋）范仲淹：《范文正公集·义庄规矩》，景江南图书馆藏明翻元天历本。

九、娶妇支钱二十贯,再娶不支。

十、子弟出官人,每还家、待阙、守选、丁忧,或任川、广、福建官,留家乡里者。并依诸房例,给米绢并吉凶钱数。虽近官实有故留家者,亦依此例支给。

十一、逐房丧葬:尊长有丧,先支一十贯,至葬事又支一十五贯。次长五贯,葬事支十贯。卑幼十九岁以下丧葬通支七贯,十五岁以下支三贯,十岁以下支二贯,七岁以下及婢仆皆不支。

十二、乡里外姻亲戚,如贫窘中非次急难,或遇年饥不能度日,诸房同共相度诣实,即于义田米内量行济助。

十三、所管逐年米斛,自皇佑二年十月支给逐月糇粮并冬衣绢,约自皇佑三年以后,每一年丰熟,桩留二年之粮。若遇凶荒,除给糇粮外,一切不支。或二年粮外有余,却先支丧葬,次及嫁娶。如更有余,方支冬衣。或所余不多,即吉凶等事,众议分数,均匀支给。或又不给,即先凶后吉,或凶事同时,即先尊口后卑口。如尊卑又同,即以所亡所葬先后支给。如支上件糇粮吉凶事外,更有余羡数目,不得粜货。桩充三年以上粮储,或虑陈损,即至秋成日,方得粜货,回换新米桩管。

右仰诸房院依此同共遵守。”

上述《文正公初定规矩》共计13条,主要规定了义庄田租收益的分配方法。大致包括各房日常的衣食供给、婚丧嫁娶费用的拨付、子弟出官支给、亲朋遇困接济、凶荒之年应急策略等。这些具体规定是范氏义庄内的族人以及管理人员必须遵守的行为规范,故而是范氏义庄的“基本法”。当然在《文正公初定规矩》中并没有规定不遵守义庄规矩会受到何种惩罚,但是笔者认为,这并不妨碍其“基本法”的权威。在范氏义庄运行过程中,惩罚机制也被陆续制定出来,甚至有了国家法律作为其实施的保障。具体分析将在后文展开。

（三）小结

从上文对义庄成立要件及程序的分析，可以得知，义庄成立首先要有发起人（建庄者）以敬宗保族为宗旨提出建立义庄的倡议，并通过捐赠田宅来建立义庄的经济基础。一旦捐赠完成，义庄将以自己的名义独立拥有土地、房屋等捐赠财产，为防止纠纷，会对捐赠财产进行汇造清册并向官府朝廷申报，以获得官府在法律上的认可。义庄建立之初还须订立规章。

三、义庄的运行

义庄在运行过程中，虽然依托宗族进行救济，但并非与宗族融为一体，而是有着自己独立的管理机制和经营运作，是一个相对独立的组织。

（一）义庄的管理

1. 义庄的管理机构

（1）人员的构成及其产生

义庄都有一个管理机构，主要由“领导班子”和“办事班子”[①]两部分构成。义庄的领导班子由庄正、庄副组成，负责义庄事务的决策。其中庄正是经管义庄事务的总负责人，庄副辅助之。义庄的办事班子一般称为“司事”，负责义庄具体事务的执行。

义庄管理机构的产生由义庄规矩进行详细规定。庄正的任职条件比较苛刻，有三：谨慎有才、建庄者后裔、身家殷实。庄副，则本族贤者即可。“总理庄务，以建庄公嫡派子孙，择身家殷实能干者为庄正，管理庄务。”[②]“至庄中设立庄正，自应就创建义庄符阶公后嫡派子孙，择谨慎有才、身家殷实者立为庄正。”[③]“本庄设庄正副各一人，庄正由宗汉本房嫡派子孙

① 张研：《清代族田经营初探》，《中国经济史研究》1987 年第 3 期。

② 王国平、唐力行：《明清以来苏州社会史碑刻集》，苏州大学出版社 1998 年版，第 262 页。

③ 王国平、唐力行：《明清以来苏州社会史碑刻集》，苏州大学出版社 1998 年版，第 279 页。

长房者充任，庄副于族人之贤者选任之。”①

司事任职条件较宽松，不限于本族，贤才即可。很多义庄甚至规定只能任用外族人。如武进盛氏义庄“司事等概用外姓，以避嫌疑。”②司事为何规定只能任用外族人，笔者认同盛氏义庄所说——“以避嫌疑”。在丰裕义庄规矩中，对此有了进一步解释，“若用本家，则子姓繁多，难于去取，一病也。倘生觊觎之心，转有倾轧之弊，与‘敦睦’二字大相背谬，二病也。抑或有账目不清等事，既难徇情面而误要公，复难因钱财而转伤族谊，三病也。”③也就是说，聘用外族人可以不顾情面地随时解聘，不必有任何伤本族人感情的担忧。相较于要求庄正是建庄者后裔、庄副是本族贤者，要求司事是外族人的做法让义庄的管理尽可能脱离本族，义庄的管理更加规范化、独立化。当然，并不是说庄正是建庄者后裔、庄副是本族贤者就使得义庄的管理不独立④，后文在讨论庄正、庄副职权时再详议。

庄正、庄副一般由全族公举产生。如范氏义庄《范氏家乘》明确规定“主奉者，例由合族公举。”⑤临海屈氏义庄“必通族共推廉干老成毫无疑义者”⑥为庄正。济阳义庄“庄正一人，势难照料，公举嫡支明达者为副，公同协办。”⑦司事则由庄正、庄副聘用，这是身为决策者的权利。如济阳义庄“正副之外，更须司庄二人，不拘同姓异姓，听庄正与副择诚实可信

① 王国平、唐力行：《明清以来苏州社会史碑刻集》，苏州大学出版社 1998 年版，第 272 页。

② 盛文颐主修：《龙溪盛氏宗谱》二三《拙园义庄增订规条》。转引自李学如、曹化芝：《近代苏南义庄的经营管理制度》，《中国经济史研究》2014 年第 1 期。

③ 冯尔康主编：《清代宗族史料选辑》上册，天津古籍出版社 2014 年版，第 581 页。

④ 庄正作为义庄最高管理者对其具有独立的行使权，任何人不得干预。即建庄之子孙，非有庄正副专责亦不得干预。

⑤ （清）范安瑶等：《范氏家乘》，清乾隆十一年（1746）刻本。转引自朱林方：《义庄：宗法一体化国家治理体系的一个样本》，《华中科技大学学报（社会科学版）》2014 年第 4 期。

⑥ 屈采麟等：常熟《临海屈氏世谱》卷一一《屈氏义庄规条》。转引自李学如、曹化芝：《近代苏南义庄的经营管理制度》，《中国经济史研究》2014 年第 1 期。

⑦ 王国平、唐力行：《明清以来苏州社会史碑刻集》，苏州大学出版社 1998 年版，第 262 页。

之人。一管收租贮廒,完纳条漕;一管祭祀,钱米出入细数。”①传德义庄“倘日后族众事繁,准酌量雇用外姓司事助理事务,统由庄正副简择任用。”②

(2)任期、薪酬

庄正、庄副是有一定任期的。虽然各庄规定不同,但“庄正一般任期3年,庄副任期1年。”③任期到了若无过失,可连任。如无锡荡口华氏义庄庄正“三年轮换一次,若无过失仍可连任。”④常熟邹氏义庄庄正“如三年期满,有功无过,诚实可靠,仍留经管。其人亦当不避嫌怨,不可坚决委卸。”⑤

庄正、庄副是有薪酬的。一般义庄都会按月、年给庄正、庄副发薪酬,职务不同薪酬也不等,现制作表3,将清代苏州部分义庄庄正、庄副的年薪列出如下。

表3 清代苏州部分义庄庄正、庄副年薪表

义庄名称	庄正年薪	庄副年薪
济阳义庄⑥	米10石	米5石
资敬义庄⑦	米12石	米8石

① 王国平、唐力行:《明清以来苏州社会史碑刻集》,苏州大学出版社1998年版,第262页。

② 王国平、唐力行:《明清以来苏州社会史碑刻集》,苏州大学出版社1998年版,第272页。

③ 张琨:《明清以来苏州义庄浅析》,《苏州教育学院学报》2013年第6期。

④ 苏南农筹会调研科:《苏南宗族性土地概况(草稿)》(1950年7月),江苏省档案馆藏,档案号3070-短期-34。转引自王志龙:《清代苏南宗族义庄的庄正研究》,《社会科学》2016年第5期。

⑤ 王国平、唐力行:《明清以来苏州社会史碑刻集》,苏州大学出版社1998年版,第235页。

⑥ 王国平、唐力行:《明清以来苏州社会史碑刻集》,苏州大学出版社1998年版,第262页。

⑦ 陈建华、王鹤鸣主编:《中国家谱资料选编·经济卷》,上海古籍出版社2013年版,第433页。

续表

义庄名称	庄正年薪	庄副年薪
丰裕义庄①	米 20 石	米 10 石
常熟邹氏义庄②	米 24 石	米 12 石
大阜潘氏松麟庄③	60 千文	30 千文

表 3 表明,一、庄正、庄副的薪酬一般以粮食或银钱的形式发放;二、庄正的薪酬是庄副的 2 倍左右;三、庄正、庄副的薪酬很丰厚。比如在表 3 中,粮食薪酬最多的常熟邹氏义庄,庄正、庄副的年薪共有米 36 石,这种做法颇类似于现代法人组织对高管实施的高薪养廉措施。

综上,庄正、庄副有任期和薪酬,体现了义庄管理的社会化与正规化。尤其义庄每年从其收入中拿出一部分作为管理费用,这是用来保证一个组织独立性的前提。

(3)职权

庄正总理义庄事务,是义庄的代表人。"庄正管理全庄事务,庄副辅助庄正办理。如遇庄正他出时,得委庄副代行其职务。庄正、副主办春秋祭祠、扫墓,登注合族人丁生殁、嫁娶,保管田房文契、祭品、家具,经理银钱出入,预算支配常年用项及核发赡恤银钱,补助学费等事。"④

故庄正主要职权如下:一、决策义庄内外事务。二、主持祭祀。三、稽查登记宗族户口。四、保管田房文契等资料。五、保护庄产。六、经理银钱出入。除此之外,庄正还负责完纳义庄的赋税。如"冬季漕粮,拣选干

① 冯尔康主编:《清代宗族史料选辑》上册,天津古籍出版社 2014 年版,第 581 页。
② 王国平、唐力行:《明清以来苏州社会史碑刻集》,苏州大学出版社 1998 年版,第 235 页。
③ (清)潘遵祁:《松麟庄增定规条》,《江苏苏州大阜潘氏支谱》卷二一,清同治八年刻本。
④ 王国平、唐力行:《明清以来苏州社会史碑刻集》,苏州大学出版社 1998 年版,第 272 页。

洁好米,上完国课。司庄人等,毋得懈忽。”①

庄正作为最高管理者,在其职权范围内独立行权,任何人不能干涉,即使是尊长或建庄者子孙也不能。比如范氏义庄规定“义庄事惟听掌管人依规处置,其族人虽是尊长,不得侵扰干预,违者许掌管人申官理断。”②再如资敬义庄规定“庄内田亩、房产,概归庄正、副依规经理,以专责成。族人无论行辈长幼,及附捐田亩者,概不得干预。即建庄之子孙,非有庄正、副专责,亦不得干预。设见闻所及,有益宗族,准其向庄正、副妥为商酌,听候主裁。”③由此可见,庄正的管理具有独立性。这也解释了上文为何说,即使庄正是建庄者后裔,义庄的管理依然是独立的。

庄副辅助庄正,从上文的材料即可得知,无需赘叙。司事负责执行收租、分配、登记、会计、造册等具体事务。如大阜潘氏松麟庄“庄内设立司事二人,一专司收租贮廒完纳条漕,一专司钱米出入登记细数等事。每遇发米之期,一专司验据,加用印记,一专司查看米数。两人辛膳视其事之繁简,酌定按期支送,庄内一切事件公同照管。”④

综上,庄正、庄副以及司事,都有着各自的职权范围且各司其职,尤其庄正作为最高管理者独立行权,不受宗族干涉,这说明义庄的内部管理是相对独立的。

2. 义庄的预防机制

为了防止族众侵害义庄的财产,保证义庄的长久发展,义庄采取了多种预防措施。

首先,禁止族人以任何形式侵占义庄的财产。范氏义庄规定“义仓

---

① 王国平、唐力行:《明清以来苏州社会史碑刻集》,苏州大学出版社 1998 年版,第 258 页。

② (宋)范仲淹:《范文正公集·义庄规矩》,景江南图书馆藏明翻元天历本。

③ 陈建华、王鹤鸣主编:《中国家谱资料选编·经济卷》,上海古籍出版社 2013 年版,第 430 页。

④ (清)潘遵祁:《松麟庄赡族规条》,《江苏苏州大阜潘氏支谱》卷二一,清同治八年刻本。

内族人不得占居会众。非出纳，勿开”①，“义庄人力船车器用之类，诸位不得借用”②，“义宅有疏漏，惟听居者自修。即拆移屋舍者禁之”③，“族人不得以义宅舍屋私相兑赁质当。”④大阜潘氏松麟庄规定“庄屋族人不得占居会聚，借贮什物，庄内器具不准移用。”⑤常熟邹氏义庄规定“至庄祠为办公之所，除饮福外，族人不得借居、租赁及宴会红白等事在内权歇。庄祠中器皿物件一切在内之物，不准借出。”⑥

其次，向官府申请执帖，而后勒石宣告⑦。除前文所述义庄将田房等清册呈交官府钤印外，在明清，义庄为了防止田产受到侵占，向官府申请执帖。这里的官府特指承宣布政使司。执帖就是经由义庄向承宣布政使司申请，承宣布政使司颁发给义庄保护田产的文书。从江苏承宣布政使司于道光二十九年六月初九颁给大阜潘氏松麟庄的执帖来看，该执帖内容主要包括：颁发执帖的原因、律例对盗卖义田及祖宗祀产的规定、政府对义田税收差役的优惠政策、若义田遭受侵害许义庄执帖首告按律惩治、潘氏松麟庄的由来、潘氏松麟庄义田的占地面积及分布、执帖的申请者、执帖的颁发者等。⑧ 而后潘氏松麟庄“给帖勒石遵守，汇册报部。右帖给潘遵祁、希甫准此。都图坵圩斗则细册备造存司。”⑨

再者，及时核对，防止蒙混。虽义庄是为族人服务的，但仍有族人冒充、欺骗领取救济，侵害义庄的庄产。所以义庄规矩中大都要求，族

① （宋）范仲淹：《范文正公集·义庄规矩》，景江南图书馆藏明翻元天历本。
② （宋）范仲淹：《范文正公集·义庄规矩》，景江南图书馆藏明翻元天历本。
③ （宋）范仲淹：《范文正公集·义庄规矩》，景江南图书馆藏明翻元天历本。
④ （宋）范仲淹：《范文正公集·义庄规矩》，景江南图书馆藏明翻元天历本。
⑤ （清）潘遵祁：《松麟庄规条》，《江苏苏州大阜潘氏支谱》卷二一，清同治八年刻本。
⑥ 王国平、唐力行：《明清以来苏州社会史碑刻集》，苏州大学出版社 1998 年版，第 233 页。
⑦ 明清时期特有，清朝更常见。
⑧ 参见（清）潘遵祁：《义田记·执帖》，《江苏苏州大阜潘氏支谱》卷二二，清同治八年刻本。
⑨ （清）潘遵祁：《义田记·执帖》，《江苏苏州大阜潘氏支谱》卷二二，清同治八年刻本。

人及时上报相关信息的变更，管理人员及时核对、登记；同时不准族人预支、逾期或代领，防止蒙混。如范氏义庄“逐房各置请米历子一道，每月末于掌管人处批请，不得预先隔跨月分支请，掌管人亦置簿拘辖，簿头录诸房口数为额”①，“诸位辄取外姓以为己子，冒请月米者，勿给。”②大阜潘氏松麟庄“应给月米不准预支，不准逾期补领，不准寄存并发，以杜出入蒙混之弊”③，“支给钱米惟妇女幼孤疾病及家有要务方准托近房持据代领，无据者不给。余悉亲自到庄，不准转托他人，亦不准将据抵押于人”④，“应给月米如本人因事出外，暂行停给，俟归日，本房支总核报再给。”⑤

最后，量入为出，注重积累。为保持义庄长久发展，忧患意识必不可少。早在范氏义庄《文正公初定规矩》中第十三条就明确写明“所管逐年米斛，自皇佑二年十月支给逐月糇粮并冬衣绢，约自皇佑三年以后，每一年丰熟，桩留二年之粮。若遇凶荒，除给糇粮外，一切不支，……桩充三年以上粮储，或虑陈损，即至秋成日，方得粜货，回换新米桩管。”⑥传德义庄“每年收入田租，应提出百分之十五，以备荒年不足之需。倘积至十年，并未动用分文者，则以十成之七添置田产，其余仍陆续积存，备置田产，不得移作他用，其添置者积至百亩，即行呈官立案，以垂永久。”⑦

3. 义庄的惩罚机制

管理义庄，制定惩罚措施是必需的。一般分为对族人的惩罚和对管

---

① (宋)范仲淹:《范文正公集·义庄规矩》，景江南图书馆藏明翻元天历本。
② (宋)范仲淹:《范文正公集·义庄规矩》，景江南图书馆藏明翻元天历本。
③ (清)潘遵祁:《松麟庄赡族规条》，《江苏苏州大阜潘氏支谱》卷二一，清同治八年刻本。
④ (清)潘遵祁:《松麟庄赡族规条》，《江苏苏州大阜潘氏支谱》卷二一，清同治八年刻本。
⑤ (清)潘遵祁:《松麟庄赡族规条》，《江苏苏州大阜潘氏支谱》卷二一，清同治八年刻本。
⑥ (宋)范仲淹:《范文正公集·义庄规矩》，景江南图书馆藏明翻元天历本。
⑦ 王国平、唐力行:《明清以来苏州社会史碑刻集》，苏州大学出版社 1998 年版，第273 页。

理人员的惩罚。处罚程度轻者停发月米、扣除薪酬，重者除籍、申官理断。

对族人的惩罚。如范氏义庄规定“诸房不得租种义庄田土……，今后探闻有违犯之人，罚全房月米半年”①，“义宅地基久为外人占据，今来复业，甚为艰难，……即不许族人占造私宅等用。如有违，罚全房月米一年，仍勒还原地”②，“诸房闻有不肖子弟因犯私罪听赎者，罚本名月米一年。再犯者，除籍，永不支米。”③

对管理人员的惩罚。一般是因为管理人员的失职、恶意侵占庄产等。如范氏义庄规定“义庄勾当人催租米不足，随所欠分数克除请受。至纳米足日全给。有情弊者，申官决断”④，“义庄遇有人赎田，其价钱不得支费，限当月内以元钱典买田土，辄将他用，勒掌管人偿纳”⑤，“掌庄子弟侵欺，径行申官理断，勒令赔填……，今后掌庄子弟如有违犯，许诸房察觉，申文正位，委请公当子弟对众点算，取见实侵数目，以全房月米填还，足日起支，仍控告官府，乞行惩治，以为掌庄侵欺者之戒。”⑥常熟邹氏义庄规定“庄祠中器皿物件一切在内之物，不准借出。如有查出，除原物归庄外，再照其价议罚充庄公用。司正副通情容隐，即罚酬金。”⑦延陵义庄规定“庄中租米银钱出入易启弊端，庄正庄副各宜秉公办事，不可丝毫沾染。倘庄副或有侵亏，庄正催追归款。如不敷，罚庄正自行赔补。如庄正侵亏，敦仁堂各房催追归款。设使族人请给月米及各项费不应给而滥给，或徇情私给，即查庄正、庄副何人经手，应于酬金内扣除归款。”⑧

---

① (宋)范仲淹:《范文正公集·义庄规矩》,景江南图书馆藏明翻元天历本。
② (宋)范仲淹:《范文正公集·义庄规矩》,景江南图书馆藏明翻元天历本。
③ (宋)范仲淹:《范文正公集·义庄规矩》,景江南图书馆藏明翻元天历本。
④ (宋)范仲淹:《范文正公集·义庄规矩》,景江南图书馆藏明翻元天历本。
⑤ (宋)范仲淹:《范文正公集·义庄规矩》,景江南图书馆藏明翻元天历本。
⑥ (宋)范仲淹:《范文正公集·义庄规矩》,景江南图书馆藏明翻元天历本。
⑦ 王国平、唐力行:《明清以来苏州社会史碑刻集》,苏州大学出版社 1998 年版,第 233 页。
⑧ 王国平、唐力行:《明清以来苏州社会史碑刻集》,苏州大学出版社 1998 年版,第 280 页。

4. 义庄的监督机制

义庄的监督机制较为完善，分别是：设专门的监督人员、庄正对其他管理人员的监督、族人监督管理人员。

设专门的监督人员，监督庄中一切要务，称之为司监、司正。如常熟邹氏义庄“纠察庄务，宜设司监一人……，专司申明条约，稽核出入。倘司正副经画未周，听情容隐，或庄裔越分诛求族众，妄希冒混，一应庄中要务，皆由司监纠之。”①临海屈氏义庄“聘司正以纠违失……，专司申明约束，每年查盘钱谷，每月监放口粮。凡董事以下耳目所未周，经理所未善者，是属违失，司正纠之。凡庄裔有越分殊求，族众有冒支弊混者，是属违失，司正纠之。”②

庄正对其他管理人员的监督，即管理机构内部上级对下级的监督。如传德义庄“其司账、佣工人等，由庄正副随时督察，如有不合，随时辞歇更换。”③嘉定瑞芝义庄庄正“专司稽查司事、仓夫等勤惰利弊。”④延陵义庄“庄中租米银钱出入易启弊端，庄正庄副各宜秉公办事，不可丝毫沾染。倘庄副或有侵亏，庄正催追归款。”⑤

族人监督管理人员，主要体现在族人公举、公议的组织性权利，如庄正、庄副由全族公举产生。再如传德义庄规定“庄正副如有违犯庄规，任族人开会公决更换”⑥，“本庄银钱出入账目，庄正副于每岁年终造具清

---

① 王国平、唐力行：《明清以来苏州社会史碑刻集》，苏州大学出版社 1998 年版，第 235 页。

② 屈采麟等：常熟《临海屈氏世谱》卷一一《屈氏义庄规条》。转引自李学如、曹化芝：《近代苏南义庄的经营管理制度》，《中国经济史研究》2014 年第 1 期。

③ 王国平、唐力行：《明清以来苏州社会史碑刻集》，苏州大学出版社 1998 年版，第 272 页。

④ 嘉定《曾氏瑞芝义庄全案》卷下《经理规条》。转引自李学如、曹化芝：《近代苏南义庄的经营管理制度》，《中国经济史研究》2014 年第 1 期。

⑤ 王国平、唐力行：《明清以来苏州社会史碑刻集》，苏州大学出版社 1998 年版，第 280 页。

⑥ 王国平、唐力行：《明清以来苏州社会史碑刻集》，苏州大学出版社 1998 年版，第 272 页。

册，报告本族一次。”[①]范氏义庄“今后掌庄子弟如有违犯，许诸房察觉，申文正位，委请公当子弟对众点算，取见实侵数目。”[②]

（二）义庄的经营[③]

义庄经营田产，采取租佃制。为防止义庄庄产与族人私产发生混淆，保证按时收租，几乎所有的义庄都规定义庄田产只允许租给外族人耕种，本族人不能参与。这就使得义庄在田产的经营上与本族是分离的。早在北宋元丰六年范氏义庄《续定规矩》中就规定“族人不得租佃义田。”[④]此后，其他义庄亦效仿此规定。比如丰裕义庄规定“族人无论支米不支米者，照各庄定例，不得租种庄田。”[⑤]资敬义庄亦规定“族中不准租种义田。”[⑥]义庄的经营运作是相对独立的。

（三）小结

从上文对义庄运行过程的分析，可以得知，义庄有自己的管理机构，该管理机构由庄正、庄副和司事组成，其中庄正是义庄的代表人。管理人员有任期、薪酬，有各自的职权范围且各司其职，确保了管理机构能够独立于宗族自我运转。为防止族众以及管理人员侵害义庄财产，保证义庄的长久发展，义庄建立了预防、惩罚和监督机制，由此形成了较为完整、独立的管理机制。同时，义庄采取只允许外族人佃种的方式，使得义庄田产的经营与本族剥离，经营运作是相对独立的。综上，义庄虽然与宗族有着千丝万缕的联系，但是其成立之后，在运行过程中，有着独立的管理机制和经营运作，显然成为了一个带有宗族色彩但又相对独立于宗族的社团组织。

---

① 王国平、唐力行：《明清以来苏州社会史碑刻集》，苏州大学出版社 1998 年版，第 272 页。

② （宋）范仲淹：《范文正公集 · 义庄规矩》，景江南图书馆藏明翻元天历本。

③ 义庄经营主要分为田产的经营和田租收入的经营，因主要涉及外部法律关系，故将在“义庄的对外法律关系”中详述。

④ （宋）范仲淹：《范文正公集 · 义庄规矩》，景江南图书馆藏明翻元天历本。

⑤ 冯尔康主编：《清代宗族史料选辑》上册，天津古籍出版社 2014 年版，第 580 页。

⑥ 陈建华、王鹤鸣主编：《中国家谱资料选编 · 经济卷》，上海古籍出版社 2013 年版，第 431 页。

四、义庄的对外法律关系

（一）义庄与外族人间的民事实践

义庄以自己的名义与外族人进行民事交往实践。

1. 田产的经营

义庄田产经营采取的是租佃制。在将田地租给外族人耕种时，义庄会以自己的名义与外族人签订租约或佃约，"约中详细注明所租田地的土名四至、亩数、租额、额外租；交租期限、地点、欠租处罚办法以及佃耕年限等。"①

在外族人租佃义庄田地的过程中，义庄与外族人进行的主要交涉是收租。收租时，义庄比一般地主严格得多。比如，清后期，苏州一般地主收租"以十日为一限，三限而止。头限让租一斗，二限七升，三限五升。"②而苏州东山的义庄则是"五天一限，农民如在限期前交租可照实缴数打九折，在头限期照实缴数交，二限期则照实数加一成，三限期则照实数加二成。"③义庄典范范氏义庄曾在佃约上载明"本庄于　月　日开仓，尔佃速将洁净好米亲自到栈完纳，以便转输国课。如敢将丑米掗交，及恃顽抗欠，立即送官追比不贷。"④

由此可见，在经营田产的过程中，义庄既能作为一方主体，以自己的名义与外族人签订佃约或租约，又在收租过程中，与一般地主一样，行使其收租人的权利。

2. 田租收入的经营

义庄田租收入的经营方式主要是存放生息，在清时也出现了类商业

---

① 张研：《清代族田经营初探》，《中国经济史研究》1987 年第 3 期。

② 《租核》中《重租论》《示度程》。转引自范金民：《清代苏州宗族义田的发展》，《中国史研究》1995 年第 3 期。

③ 华东军政委员会土地改革委员会编：《江苏省农村调查》，华东军政委员会土地改革委员会 1952 年版，第 237 页。

④ ［日］村松祐次：《清末江南租佃条约及地租的催追》，一桥大学研究年报《社会学研究》五。转引自范金民：《清代苏州宗族义田的发展》，《中国史研究》1995 年第 3 期。

化经营。存放生息的存放方式有二，一是“存典生息”；二是“发商生息”①。两种存放生息的经营原理相同，就是存放于某处，某处给予利息，不同之处在于存放地点不同，前者是存放公典等处，后者是存放殷实商贾处。两处所差可能是利率、风险的不同。

清时，部分义庄向商业领域开拓，主要是租赁市廛。如清乾隆时范来宗担任范氏义庄主奉时，增置“市廛百余所，每岁可息万金。”②这种义庄用田租收入购置市廛，并将其租给商人做店铺的现象在晚清时期出现较多。但这并不是直接的商业经营，只是间接分取商业利润而已。直接的商业经营如义庄参与实业投资、经营股票等就要到了近代以后③。

无论是将田租收入存于公典、殷实商贾处，还是购买市廛用于租赁，都反映了义庄作为一个实体参与到了民事交往活动中。

3. 签订买卖契约

义庄与外族人进行买卖活动，是外族人交易的对象。买卖活动包括义庄购买日常所需、粮食储备足够时粜货、租入盈余时购置土地等。

义庄规矩中的些许规定从侧面证明了义庄存在对外交易活动。如范氏义庄规矩规定“若遇凶荒，除给粳粮外，一切不支……，如支上件粳粮吉凶事外，更有余羡数目，不得粜货。桩充三年以上粮储，或虑陈损，即至秋成日，方得粜货，回换新米桩管”④，“义庄不得典买族人田土”⑤，“义庄遇有人赎田，其价钱不得支费，限当月内以元钱典买田土。”⑥大阜潘氏松

① 如彭氏义庄规定“凡置田，只许买绝，不得典押，以断葛藤，凡发商生息之款，悉凭券折，不得私自挪移，设遇岁乏用，不得向亲友借贷，亲友亦不得挪用庄款。”洪璞：《试述明清以来宗族的社会救济功能》，《安徽史学》1998年第4期。

② （清）钱泳：《耆旧 · 芝严太史》，《履园丛话》卷六，清道光十八年述德堂刻本。

③ 李学如、曹化芝：《近代苏南义庄的经营管理制度》，《中国经济史研究》2014年第1期。

④ （宋）范仲淹：《范文正公集 · 义庄规矩》，景江南图书馆藏明翻元天历本。

⑤ （宋）范仲淹：《范文正公集 · 义庄规矩》，景江南图书馆藏明翻元天历本。

⑥ （宋）范仲淹：《范文正公集 · 义庄规矩》，景江南图书馆藏明翻元天历本。

麟庄规定“义庄不得典买族人田土……，数年之后蓄有羡余亦祇准添置田产。”①常熟邹氏义庄规条规定“增置庄田附近绝产，须存实踏访，的系沃产。如置有名无实之田，查出后照经手人照价垫还，其田即行退出”②，“义庄收租完漕办赋等用船只、纸张、油烛、饭食一切之费，在出入总簿开销外，另立便览细册，随时随事登入，使额费易于稽查。”③济阳义庄规条规定“庄租所入，如有盈余，可随时置产归庄，为善后计。”④传德义庄规条规定“倘积至十年，并未动用分文者，则以十成之七添置田产，其余仍陆续积存，备置田产。”⑤

4. 实施赠与

义庄虽是宗族内部的赈恤组织，但不乏义庄对外族人实施救济。如早在范氏义庄《文正公初定规矩》中就规定“乡里外姻亲戚，如贫窘中非次急难，或遇年饥不能度日，诸房同共相度诣实，即于义田米内量行济助。”⑥明州楼氏义庄“以列卿领画绣，义襟素高，恤孤济急，不遗余力，乡人犹能道之。”⑦由此，义庄对外进行了赠与活动。

5. 进行借贷

从多数义庄规矩禁止借贷，可以反推义庄曾与外族人进行借贷活动。如范氏义庄规定“义庄费用虽阙，不得取有利债负。”⑧大阜潘氏松麟庄规

① （清）潘遵祁：《松麟庄规条》，《江苏苏州大阜潘氏支谱》卷二一，清同治八年刻本。

② 王国平、唐力行：《明清以来苏州社会史碑刻集》，苏州大学出版社1998年版，第231页。

③ 王国平、唐力行：《明清以来苏州社会史碑刻集》，苏州大学出版社1998年版，第234页。

④ 王国平、唐力行：《明清以来苏州社会史碑刻集》，苏州大学出版社1998年版，第261页。

⑤ 王国平、唐力行：《明清以来苏州社会史碑刻集》，苏州大学出版社1998年版，第273页。

⑥ （宋）范仲淹：《范文正公集·义庄规矩》，景江南图书馆藏明翻元天历本。

⑦ 袁桷：《延祐四明志》，宋元方志从刊本。转引自豆霞、贾兵强：《论宋代义庄的特征与社会功能》，《华南农业大学学报（社会科学版）》2007年第3期。

⑧ （宋）范仲淹：《范文正公集·义庄规矩》，景江南图书馆藏明翻元天历本。

定“费用虽阙,不得向亲族借塾”[①],“不得放债取利”[②]。济阳义庄规定“设或所用不敷,更值年岁歉收,全在调剂得宜,权其事之缓急,随时酌减,不得借垫贻累。”[③]无行为则无规制的必要,多数义庄禁止性规定的存在恰恰说明义庄曾以自己的名义对外进行了借贷行为。在此,笔者因能力有限,未找到相关借据文书。在以后的研究中发现相关资料时,会及时进行补充。

(二)参与诉讼,解决与外族人的纠纷

义庄不仅参与上述的民事实践活动,还在与外族人发生纠纷时采用诉讼手段解决纠纷。如清代范氏义庄与天平山宕户之间的诉讼案。

清代范氏义庄与天平山宕户之间的诉讼是康熙到光绪年间围绕天平山山石开采而产生的一系列争讼案件。原告是该时期范氏义庄的主奉范兴禾,被告是天平山宕户。案件背景是清代江浙海塘工程需大量优质石料,为攫取经济利润,盛产好石料的天平山就成了宕户的目标。但是从宋代开始,天平山就是由范氏义庄进行经营、管理的,是范氏义庄的产业。[④]因而,宕户对天平山山石的开采直接损害了范氏义庄的利益,范氏义庄的主奉范兴禾就代表义庄上呈官府,状告这些宕户。又因开采山石事件屡禁不绝,所以形成了一系列争讼案件。

如,雍正十二年,一些宕户将天平山等山中的浮石取走,范兴禾等 30 多位与山石有密切利益的人士就上呈官府状告这些宕户。抚县勘查后,

---

① (清)潘遵祁:《松麟庄规条》,《江苏苏州大阜潘氏支谱》卷二一,清同治八年刻本。

② (清)潘遵祁:《松麟庄规条》,《江苏苏州大阜潘氏支谱》卷二一,清同治八年刻本。

③ 王国平、唐力行:《明清以来苏州社会史碑刻集》,苏州大学出版社 1998 年版,第 261 页。

④ 自北宋时范仲淹请旨在天平山白云寺祭奉先人,天平山就成了范氏一族的坟山。从宋至清,范氏义庄通过对天平山各祠、各墓的修缮,强化了对天平山的经营与管理。清时,康熙、乾隆皇帝多次到访天平山,御赐诗作、题匾等行为默认了范氏义庄对天平山的所有权。所以,虽然现有材料无法直接证明范氏义庄对天平山拥有法律上的所有权,但是范氏义庄对天平山的所有是当时公认之事。参见田乐:《清代范氏义庄与天平山禁山争讼案的演变》,第十届北京大学史学论坛论文集,2014 年 3 月,第 125—141 页。

勒碑永禁天平山等各山[①]。乾隆五年，宕户“纠棍党，将历禁之名山自划船岭起，由玳瑁山背、牛首山头，直接天平等处，改名新开山，恣行采凿，借名塘石私卖分肥。”[②]乾隆七年，范氏义庄主奉范兴禾、乡绅沈曾凤等人，以“天平山东北有新开山宕蔓延直上，妨碍祖茔风水”[③]为由上诉至官府，抚县勘查后认为“天平山、玳瑁山、划桨岭等禁山为客户所开之宕山，侵犯到沈氏合族祖坟和范义庄山”。[④] 所以做出如下惩罚措施：“由于范氏宕户和顾念先、林允恭等闻禁停采，抚县免其深求；而另一些宕户如汤子瑞、林揆一、周秉文等明知故犯，判罚杖八十，折责发落；同时立碑警示城乡军民僧俗及该地现总人，永禁开采划桨岭以西天平等诸峰。”[⑤]

在上述范氏义庄与天平山宕户之间发生的一系列诉讼案件中，范氏义庄为了维护其在天平山的利益，以义庄主奉范兴禾为诉讼的代表人，呈官状告开采天平山山石的宕户，得到了官府的支持。在诉讼过程中，范氏义庄作为原告，行使其呈官状告的诉讼权利，并承担举证等相应的诉讼义务，是与被告天平山宕户对等的主体。

（三）义庄对基层社会秩序的维护

义庄与基层社会的关系主要体现在义庄作为一个独立的主体单方面地稳定基层社会秩序，此即义庄的社会功能。

1. 赡族

赡族既是义庄成立的目的，又是义庄最重要的功能。通过赡族，减

---

① 田乐：《清代范氏义庄与天平山禁山争讼案的演变》，第十届北京大学史学论坛论文集，2014年3月，第125—141页。

② 〈清〉范氏辑：《天平山历届禁山碑文》，苏州：范义庄，光绪三十二年：乾隆七年碑文。转引自田乐：《清代范氏义庄与天平山禁山争讼案的演变》，第十届北京大学史学论坛论文集，2014年3月，第125—141页。

③ 田乐：《清代范氏义庄与天平山禁山争讼案的演变》，第十届北京大学史学论坛论文集，2014年3月，第125—141页。

④ 田乐：《清代范氏义庄与天平山禁山争讼案的演变》，第十届北京大学史学论坛论文集，2014年3月，第125—141页。

⑤ 田乐：《清代范氏义庄与天平山禁山争讼案的演变》，第十届北京大学史学论坛论文集，2014年3月，第125—141页。

缓贫富分化，促进宗族内部稳定，进而促进该地区基层社会秩序的稳定。

从宋至清，各个义庄赡族措施因庄而异，据笔者所查，大抵主要有两种：

一是均赡族众。这种对全部族众进行无偿救济的“普遍福利”①模式，适应于宗族成员较少的情形。其典型代表是宋至明时期的范氏义庄。（随着宗族成员的壮大，清时范氏义庄的赡族原则发生了变化，后文详叙。）宋至明时，范氏义庄对全体范氏族人均给予救济，涉及衣、食、婚嫁、丧葬等日常生活：“逐房计口给米，每口一升，并支白米，如支糙米，即临时加折；男女五岁以上入数……；冬衣每口一匹，十岁以下、五岁以上各半匹；每房许给奴婢米一口，即不支衣；有吉凶增减口数，画时上簿；逐房各置请米历子一道，每月末于掌管人处批请，不得预先隔跨月分支请；嫁女支钱三十贯，再嫁二十贯；娶妇支钱二十贯，再娶不支……；逐房丧葬：尊长有丧，先支二十贯，至丧事又支一十五贯，次长五贯，丧事支十贯；卑幼十九岁以下丧葬通支七贯，十五岁以下支三贯，十岁以下支二贯，七岁以下及婢仆皆不支。”②明时徽州商人余文义所建义庄亦是平均分配，“人日铺粟一升，矜寡废疾者倍之。”③

二是赡给贫困族人。相较于均赡族众，赡给贫困族人是大多数义庄的做法。明嘉靖时，温州府永嘉县英桥里人王叔果，在家乡置办义田，“族人贫不能生理者，每岁给谷二次，交青一石，岁给一石。”④明末时，江

① 王卫平：《从普遍福利到周贫济困——范氏义庄社会保障功能的演变》，《江苏社会科学》2009年第2期。

② （宋）范仲淹：《范文正公集·义庄规矩》，景江南图书馆藏明翻元天历本。

③ （明）河东序修、汪尚宁纂：《隐逸列传·质行》，《嘉靖徽州府志》卷一九，明嘉靖四十五年刊本。

④ 《英桥王氏族谱》，温州市图书馆藏，明万历抄本。见轲昌基：《论宗法公社》。转引自李文治：《明代宗族制的体现形式及其基层政权作用——论封建所有制是宗法宗族制发展变化的最终根源》，《中国经济史研究》1988年第1期。

苏吴县陈仁锡置办义田，于族人“设极贫、次贫二则，核实均给。”[①]清时，由于宗族人数大幅增加，义庄的经济压力较大，范氏义庄改变之前普遍救济的模式，变成赡给贫族。清康熙十七年，《续申义庄规矩》规定“祖泽本以周急不以继富，嗣后子孙寡妇贫无子老至六十、贫有子老至七十者，俱计年递加优给；其家殷者，虽老无子，例不加给。”[②]其后主奉范能浒再次修改，在《主奉能浒增定规矩》中规定“年至六十以上加优老一户，七十以上加二户，八十以上加三户，九十以上加四户，如内有无子孙者再加一户，如有废疾不能自营衣食者再加一户。加给之数通不得过五户。如有家道殷实不愿支给者听。”[③]再后来，《增定广义庄规矩》明确提出只赡贫族，规定“谨考先规，子孙不论贫富均沾义泽，遇有极贫，量加周赡，似可无庸再益。但有贫病交加，实在不能自存者，允谊矜念，以广先仁。每岁房支长报名，执事核实，每名给米一户，稍资澶粥，极困者量加。”[④]

无论是均赡族众还是仅赡给贫族，作为宗族内的赈恤组织，就其社会作用而言，其通过赡族弥补地方荒政不足，减缓阶级矛盾，在维护基层社会秩序稳定方面发挥了重要作用。

2. 助学

如何解决科举制下官僚身份的一次性，保持家族的长期存续？助学成为大多义庄的选择。通过助家族子弟入仕，为义庄的发展提供不竭动

---

① 王鏊：《义田记》，见叶耀元编：《洞庭王氏家谱》。转引自李文治：《明代宗族制的体现形式及其基层政权作用——论封建所有制是宗法宗族制发展变化的最终根源》，《中国经济史研究》1988 年第 1 期。

② ［日］多贺秋五郎编《宗谱の研究》第三部“资料”，第 512 页。转引自王卫平：《从普遍福利到周贫济困——范氏义庄社会保障功能的演变》，《江苏社会科学》2009 年第 2 期。

③ ［日］多贺秋五郎编《宗谱の研究》第三部“资料”，第 516 页。转引自王卫平：《从普遍福利到周贫济困——范氏义庄社会保障功能的演变》，《江苏社会科学》2009 年第 2 期。

④ ［日］多贺秋五郎编《宗谱の研究》第三部“资料”，第 517—518 页。转引自王卫平：《从普遍福利到周贫济困——范氏义庄社会保障功能的演变》，《江苏社会科学》2009 年第 2 期。

力,为封建统治提供更多人才。义庄的助学方式主要有兴办义学、义塾和补贴考试费、奖励入仕两种。

兴办义学、义塾,为族内子弟提供免费教育。如范氏义庄,牟巘在《义学记》谈到"范文正公尝建义宅,置义田、义庄,以收其宗族,又设义学以教,教养咸备,意最近古。"①对于义学中老师的选择及束脩,范氏义庄规定"诸位子弟内选曾得解或预贡有士行者二人充诸位教授,月给糙米五石。虽不曾得解预贡而文行为众所知者亦听选,仍诸位共议,若生徒不及六人,止给三石,及八人给四石,及十人全给。"②南宋时,义学的设置较普遍,时人袁采对此评价到"置义庄以济贫族,族久必众,不惟所得渐微,不肖子弟得之不以济饥寒。或为一醉之适,或为一掷之娱,致有以其合得券历预质于人,而所得不其半者,此为何益……,不若以其田置义学及依寺院置度僧田,能为儒者择师训之,既为之食,且有以周其乏"③,反映了时人对义庄创办义学的推崇。清时,常熟赵氏义庄"又设家塾,迪童豢也。"④延陵义庄"庄中仿照文正书院之例,设立书塾,每月初二日,集族中生童会课。"⑤徐氏义庄"抑知又有义塾也。孔子与冉有策卫,庶先之以富,继之以教。范氏师之,代有闻人。徐氏蹿而行之,既裕之以衣食,更迪以诗书。"⑥常熟邹氏义庄"族中无力读书者,自膳至塾就读。塾师修脯,分六节送,每节六两。远居者每年给束脩银三两,听便从师。七岁起至十六岁止。"⑦

① (宋)范仲淹:《范文正公集·褒贤祠记》卷二,景江南图书馆藏明翻元天历本。
② (宋)范仲淹:《范文正公集·义庄规矩》,景江南图书馆藏明翻元天历本。
③ (宋)袁采:《睦亲》,《袁氏世范》卷一,清知不足斋丛书本。
④ 王国平、唐力行:《明清以来苏州社会史碑刻集》,苏州大学出版社 1998 年版,第 243 页。
⑤ 王国平、唐力行:《明清以来苏州社会史碑刻集》,苏州大学出版社 1998 年版,第 278 页。
⑥ 王国平、唐力行:《明清以来苏州社会史碑刻集》,苏州大学出版社 1998 年版,第 275 页。
⑦ 王国平、唐力行:《明清以来苏州社会史碑刻集》,苏州大学出版社 1998 年版,第 232 页。

补贴考试费，奖励族内子弟科举入仕。如范氏义庄在熙宁六年《续定规矩》中规定“诸位子弟得大笔试者，每人支钱一十贯文，再贡者减半，并须实赴大比试乃给，即已给而无故不试者追纳。”①嘉定三年，《续定规矩》根据实际情况进行了调整“旧规诸房子弟得贡大比者，义庄支裹足钱十千。今物价翔贵，难拘此数。如有子弟得解赴省，义庄支官会一百千，其钱于诸房月米内依时直均克。其免举人及补入太学者支官会五十千，庶使诸房子弟知读书之美有以激劝。”②延陵义庄规定“至十六岁以上有志功名，从师肄业者，每年给膏火七十制钱六两。如应县、府试，各给考费七十制钱一两。院试二两。入泮，奖给十两。岁科试，各给二两。乡试十两。中式，奖给二十两。会试，五十两。中式，奖给三十两。殿试，奖给三十两。恩拔、副岁、优贡，十六两。”③大阜潘氏松麟庄于道光二十六年《续增赡族规条》中规定“子姓应试县府试，各贴钱一千文，院试二千文，入泮四千文，岁科试二千文，补廪四千文，乡试十千文，中式十千文，会试三十千文，中式二十千文。此项不分有力无力，俱凭支总知会，由庄支送，其有不愿领者听，领而不赴试者，查出追缴永不再给。”④

义庄通过助学，负担起教育族中年幼子弟的职责，帮助族中子弟求取科举功名，一方面确保了家族的长治久安，另一方面促进了地方社会基础教育的普及。

3. 教化

义庄在赈恤过程中将遵守传统伦理作为救济的要求，规范族众言行，禁止游惰违法，发挥着教化的功能。

范氏义庄就将惩恶扬善与赡族相联系，如其规定“诸房闻有不肖子

---

① (宋)范仲淹:《范文正公集·义庄规矩》，景江南图书馆藏明翻元天历本。
② (宋)范仲淹:《范文正公集·义庄规矩》，景江南图书馆藏明翻元天历本。
③ 王国平、唐力行:《明清以来苏州社会史碑刻集》，苏州大学出版社 1998 年版，第 277 页。
④ (清)潘遵祁:《续增赡族规条》，《江苏苏州大阜潘氏支谱》卷二一，清同治八年刻本。

弟因犯私罪听赎者,罚本名月米一年。再犯者,除籍,永不支米。除籍之后,长恶不悛,为宗族乡党善良之害者,诸房具申文正位。当斟酌情理,控告官府,乞与移乡,以为子弟玷辱门户者之戒。”①常熟邹氏义庄规条规定“不孝不悌、赌博、健讼、酗酒、无赖并僧道、屠户、壮年游惰、荡费祖基及为不可言事、自取困穷者,概不准给。后或改革,族人公保,一体支给。”②济阳义庄规条规定“族中子弟,如不孝不悌,流入匪类,或犯娼优隶卒,身为奴仆,卖女作妾,玷辱祖先者,义当出族,连妻子,均不准支领赡米。小过停给,改悔再给。”③延陵义庄规条规定“族姓中如有不孝不悌、不安本分、流入匪类、作奸犯科及童仆婢妾,并不忍明言之事,有玷祖宗,义当摒弃,出族除籍。出族者,及其妻女子孙。除籍者,只除本身之籍”④,“族中凡忠孝节义有事实可据,例得请旌建坊者,庄中不论贫富,奖给七十制钱二十两,死后庄中设立神位,祔祀庄祠。”⑤

义庄通过规范族众言行,加强了族众的宗法伦理和道德,减少了违犯伦理乃至法律的行为,维护了基层社会的稳定。

(四)义庄与国家间的法律关系

1. 义庄是纳税主体,向国家缴纳赋税

义庄的收入首先用来保证国家税收。在笔者翻阅的义庄规矩中,都将完纳赋税放在首要地位。而且,义庄规矩不仅规定义庄田产的赋税要积极缴纳,族人自家私田的赋税也不得懈怠⑥。由此可见,义庄在

---

① (宋)范仲淹:《范文正公集·义庄规矩》,景江南图书馆藏明翻元天历本。
② 王国平、唐力行:《明清以来苏州社会史碑刻集》,苏州大学出版社1998年版,第232页。
③ 王国平、唐力行:《明清以来苏州社会史碑刻集》,苏州大学出版社1998年版,第261页。
④ 王国平、唐力行:《明清以来苏州社会史碑刻集》,苏州大学出版社1998年版,第278页。
⑤ 王国平、唐力行:《明清以来苏州社会史碑刻集》,苏州大学出版社1998年版,第278页。
⑥ “对于义田之外的族众私家田亩之赋税,义庄亦积极协助国家征收。”史三军:《清代苏州义庄规约在维护基层社会秩序中的作用》,吉林大学2006年,硕士学位论文,第21页。

中国古代脱离宗族中的户，单独成为了一个纳税主体。如常熟邹氏义庄规条规定“义庄租息，宜先完国课，后计开销。”[①]济阳义庄规条中规定“惟正之供，首宜慎重。自建设义庄之后，地丁银两务于四月完半，十月完，依限输纳。冬季漕粮，拣选干洁好米，上完国课。司庄人等，毋得懈忽。”[②]传德义庄规条规定“其田租必须年清年款，完纳丁漕，无得迟误。”[③]延陵义庄规条规定“惟正之供，首宜慎重，须恪遵令典，先拣干圆洁净好米，依限完纳，截串司事人，勿得因循迟玩。义庄田房租息，理宜先完国课，再计支销。”[④]

2. 国家赋予义庄特殊法律地位

（1）优惠赋役

前文所述，义庄是独立的纳税主体。为了表示对义庄的支持，使义庄有更多的盈余、精力去赡族、助学等，各朝官府均对义庄进行了赋役上的优惠。北宋时，政府规定范氏义庄“除纳税石外一切差役科折并行蠲免。”[⑤]南宋嘉定三年《续定规矩》中提到“义庄及白云功德寺差役并应干非泛科敷并蒙官司蠲免。”[⑥]嘉熙四年，“提领浙西和籴所据吴县申具，致范令公义庄田八百九十七亩，每亩劝米三斗，计米二百九十二石一斗，呈奉台判，范文正公义庄乃风化之所关，与免科籴。”[⑦]元时，“针对‘各乡里正人等欲将义庄与民田一例科助役米’的情况，元政府重新申令江浙行中书省‘依上蠲免，毋得差科。’”[⑧]明弘治八年，大学士徐溥上奏“臣以禄赐所入于原籍宜兴县仿范仲淹之意置义田若干亩，岁收租税，以助族人婚葬之费，定为家规，传之子孙。恐条约不关乎部曹，数目不籍于郡邑，恐人

① 王国平、唐力行:《明清以来苏州社会史碑刻集》，苏州大学出版社 1998 年版，第 231 页。
② 王国平、唐力行:《明清以来苏州社会史碑刻集》，苏州大学出版社 1998 年版，第 258 页。
③ 王国平、唐力行:《明清以来苏州社会史碑刻集》，苏州大学出版社 1998 年版，第 272 页。
④ 王国平、唐力行:《明清以来苏州社会史碑刻集》，苏州大学出版社 1998 年版，第 276 页。
⑤ 邢铁:《宋代的义庄》，《历史教学》1987 年第 5 期。
⑥ （宋）范仲淹:《范文正公集 · 义庄规矩》，景江南图书馆藏明翻元天历本。
⑦ （宋）范仲淹:《与免科籴》，《范文正公集 · 优崇》，景江南图书馆藏明翻元天历本。
⑧ 邢铁:《宋代的义庄》，《历史教学》1987 年第 5 期。

心难合而易离，义事难成而易败，异时子孙或视为度外，则不禁乡邻之侵，或认为分内，则启族人之讼。”①上曰“置义田赡族深有补于风化，便行，本管有司严为防护，俾其子孙永远遵守。其义庄户内差役，仍与蠲免。”②清时，“义田如逢歉收，一概停捐，义庄应完钱粮，州县官垫捐。”③综上，各朝均对义庄实施了优惠赋役的政策，减轻了义庄的生存压力，支持了义庄的存续与发展。同时，相较于普通纳税主体诸如“户”面临的严格执行赋役甚至是加重赋役的政策，各朝对义庄的优惠赋役一方面说明了义庄的作用斐然，另一方面也说明了各朝官府事实上早已将义庄作为一个主体进行支持与保护。

（2）专门立法保护庄产

官府保护义庄庄产的措施，在前文已经提及，如钤印与给予执帖。除这两项依义庄申请的措施，还有官府依职权的主动措施，主要是官府专门立法保护庄产。宋明时期，有专门保护族田的法律。《宋刑统》规定“诸盗耕人墓田，杖一百；伤坟者，徒一年。即盗葬他人田者，笞五十；墓田，加一等。”④明《问刑条例》规定“若子孙将公共祖坟山地，朦胧投献王府及内外官豪势要之家，私捏文契典卖者，投献之人，问发边卫永远充军，田地给还应得之人。”⑤

清时，除禁止盗卖公共祖坟山地⑥、祖遗祀产⑦外，乾隆二十二年《大

① 《明弘治实录》卷九九·弘治八年，转引自王日根：《义田及其在封建社会中后期之社会功能浅析》，《社会学研究》1992年第6期。

② 《明弘治实录》卷九九·弘治八年，转引自王日根：《义田及其在封建社会中后期之社会功能浅析》，《社会学研究》1992年第6期。

③ 《庶支省例》卷六，转引自王日根：《义田及其在封建社会中后期之社会功能浅析》，《社会学研究》1992年第6期。

④ 《宋刑统》，薛梅卿点校，法律出版社1999年版，第229—230页。

⑤ 《大明律》，怀效锋点校，法律出版社1999年版，第371页。

⑥ “若子孙将公共祖坟山地，朦胧投献王府及内外官豪势要之家，私捏文契典卖者，投献之人，问发边远充军，田地给还应得之人。”《大清律例》（第2册）卷九《户律·田宅·盗卖田宅》，影印自乾隆五十五年武英殿刻本，中华书局2015年版，第140页。

⑦ “凡子孙盗卖祖遗祀产至五十亩者，照投献捏卖祖坟山地例发边远充军。”《大清律例》（第2册）卷九《户律·田宅·盗卖田宅》，影印自乾隆五十五年武英殿刻本，中华书局2015年版，第143页。

清律例》增加了“盗卖义田”的条例——“及盗卖义田，应照盗卖官田律治罪。”①义田在清代入律，一方面说明了清代官府对义庄义田的重视；另一方面也体现了义庄义田的重要性日益凸显——为了使义庄能更好地发挥睦族赡族、教化、助学等功能，进一步维护宗法制度、巩固封建统治，国家需要对其加大保护力度，而专门立法是加大保护力度的优选。同时，义田入律是官府从法律角度对义庄义田特殊法律地位的承认，将义田与普通私人田地区别开来，即清代官府承认义庄是一个独立的主体，而且是不同于“户”的特殊的主体，因此才专门立法对其进行保护。

(3)义庄规矩法律化

义庄规矩是义庄内部规章，属于家法族规。随着官府承认义庄规矩的法律效力，官府受理纠纷时可依据义庄规矩进行审判，如义庄典范范氏义庄规矩就是如此。北宋治平元年，范氏义庄主奉范纯仁上书朝廷“今诸房子弟有不遵规矩之人，州县既无规条，本家难为伸理，五七年间渐至废坏，遂使饥寒无依，伏望朝廷特降指挥下苏州，应系诸房子弟有违犯规矩之人，许令官司受理。伏候敕旨。右，奉圣旨，宜令苏州依所奏施行。札付苏州准此。”②从此，范氏义庄规矩通过朝廷敕令的形式获得了国家强制力的保障，范氏子孙将其“编类刻石置于天平山白云寺先公祠堂之侧，子子孙孙遵承勿替。”③南宋时，因连年战火波及范氏义庄④，影响到范氏义庄规矩的效力。此时的主奉范之柔仿照治平元年范纯仁的先例上书朝廷，“伏望圣慈，俯见微衷，特颁睿旨札下平江府……，圣旨依。”⑤朝廷再次批准，范氏义庄规矩再次法律化。从义庄规矩的法律化中，可以看

① 《大清律例》第2册卷九《户律·田宅·盗卖田宅》，影印自乾隆五十五年武英殿刻本，中华书局2015年版，第143页。

② (宋)范仲淹：《范文正公集·义庄规矩》，景江南图书馆藏明翻元天历本。

③ (宋)范仲淹：《范文正公集·义庄规矩》，景江南图书馆藏明翻元天历本。

④ “伏自南渡之后，虽田亩仅存，而庄宅焚毁，寄廪填寺，迁万民舍，蠹弊百出，尽失初意。”(宋)范仲淹：《范文正公集·义庄规矩》，景江南图书馆藏明翻元天历本。

⑤ (宋)范仲淹：《范文正公集·义庄规矩》，景江南图书馆藏明翻元天历本。

到,官府对义庄内部规章的支持——将其上升到国家法律的高度,让其执行拥有国家强制力的保障。官府从法律规范层面对义庄内部规章的法律效力的承认,也包含了从法律规范层面对义庄特殊主体地位的承认。

五、小结

义庄肇始于北宋范仲淹家族,其后受到众多家族效仿,兴盛于明清,规模、功能等日益成熟。作为家族性社团组织,义庄以自己的名义管理和经营义田等义庄财产,在民事实践中具有独立的主体地位,至清朝时义庄财产与官产一样受法律的特别保护,从而在"敬宗收族"、维护基层社会秩序方面都发挥了重要功能。

从义庄的考察中,我们也得以发现中国古代独特的捐赠文化基础,它既不同于基督教,也不同于佛教。如李泽厚先生所述,"佛知空而执空,道知空而戏空,儒知空却执有,一无所靠而奋力自强。深知人生的荒凉、虚幻、谬误却珍惜此生,投入世界,让情感本体使虚无消失,所以虽心空万物却执着顽强,洒脱空灵却进退有度。修身齐家,正心诚意,努力取得超越时间的心灵境界——这是否就是'孔颜乐处'?"①无论是范仲淹这样的先贤,还是受儒家思想影响的普通商人平民,皆不乏穷则独善其身、达则兼济天下之心,"知空却执有",他们倾囊建立义庄不是为自己死后升入天堂或实现涅槃,而是对亲邻怀抱朴素的关心与爱护之情,求得一个心安,这种现实又浪漫的感情令人感动,也值得学习。

---

① 李泽厚、刘悦笛:《伦理学杂谈——李泽厚、刘悦笛 2018 年对谈录》,《湖南师范大学社会科学学报》2018 年第 5 期。

国家出版基金项目
NATIONAL PUBLICATION FOUNDATION

中国民法史

第二卷

张晋藩◎主编
侯欣一　高浣月◎副主编

人民出版社

目　录

（第二卷）

第三部分　产业编

第四部分　钱债编

第三部分

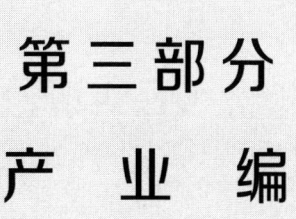

产　业　编

第一章　分　类

田宅作为古代中国最重要的不动产,历朝各代都非常重视。比如,在立法方面各朝基本都有"户婚田土"方面的规定;从田宅买卖的契约制度就可窥探古代社会对其重视的程度。涉及田宅买卖交易的契约大致需要包括契约成立的时间、双方当事人的姓名、出卖原因、标的(所卖田宅的坐落和四至)、契价与交割、亲邻权的处理、税契问题、上手契问题、赋税的转移、契约的法律责任、双方当事人与中保人署名画押,明清时期还有契约找价等,由此可见,古代中国对于田宅这种产业的重视程度和管理力度。

第一节　田　土

古代土地法的内容主要是土地所有权、占有权、使用权方面的立法,目的是维护奴隶制、封建制的土地关系。在专制社会,土地法的主要内容是土地制度的改革。田土作为古代社会重要的生产和生活资料,作为农业文明的中国,是土地立法最多的国家之一。如春秋战国时期,鲁国的"初税亩"①、齐国的"相地而衰征"②、晋国的"作爰田"③、楚国的"书土

① 《左传·宣公十五年》。
② 《国语·齐语》。
③ 《左传·僖公十五年》。

田”①、郑国的“作丘赋”②以及秦律的“废井田，开阡陌”等，都是确认以经营“私田”开始的封建地主土地所有制，以后中国的历代封建王朝都颁布了大量关于土地的律、令、诏、敕等，进一步确认了封建地主土地私有制。如秦始皇下令“使黔首自实田”，《秦律十八种》中的《田律》，详细规定了国家对农田、水利、山林、苑囿的管理制度。汉律规定：官田（皇室占有的土地）禁止买卖；私田（或叫民田，地主等占有的土地）允许买卖和继承。公元 280 年，西晋公布《占田法》；从北魏太和九年（485）到唐初（7 世纪），各封建王朝都颁有均田令，规定地主阶级可依奴婢和耕牛数量受田。以后的元朝法律、《大明律》《大清律例》等对土地制度都有详细的法律规定。

一、官田和私田

从所有制的主体和性质来看，田土可以分为官田和私田。官田，是公田的一种，主要是指国家控制的无主荒地，或属官府或皇室所有，私人耕种、官府收租的田地。西周的土地制度，主要就是“井田制”下的土地公有制，所谓“普天之下，莫非王土；率土之滨，莫非王臣”③，一切土地和人民属于周天子，天子以裂土封疆（即分封）和赐予“禄田”的方式把土地和人民分配给诸侯和功臣、官吏；诸侯们也以分封采邑的方式把土地分配给大夫，大夫可以分田与士。但受封诸侯只享有土地的占有权和使用权，而无所有权，周王可以随时收回封地，即所谓“削地”。

周王拥有支配土地和民众的财产所有权和处分权，主要是通过三种方式行使的：一是分封赏赐权，即周王拥有将全国土地及其附着于土地上的民众分封或者赏赐给诸侯等贵族的权力。也就是“大盂鼎铭”所说的

① 《左传・襄公二十五年》。
② 《左传・昭公四年》。
③ 《诗・小雅・北山》。

"受民受疆土"①和《诗经》所说的"锡之山川,土田附庸"②。二是夺爵削地权,即周王有削减或者收回被分封或赏赐的封地及其民众的权力。按照当时的法律规定,"诸侯朝于天子曰述职","一不朝,则贬其爵;再不朝,则削其地"③。三是贡赋征课权,即周王有向被分封、册命或者赏赐而占有、使用土地的诸侯等贵族征收贡赋的权力。即周礼所说的"以任地事而令贡赋"④。可见,各级诸侯贵族对于受到分封、册命或赏赐的土地及民众,只有占有、使用和收益的权利,而无独立自主的所有权及处分权。

公田在西周,就是《周礼》所记载的:"以官田、牛田、赏田、牧田,任远郊之地。"⑤按照郑玄的解释,"官田者,公家之所耕田。"⑥直到晚清,著名学者俞樾仍认为:"牛人掌养国之公牛,巾车掌公车之政令,注并曰:公犹官也。然则官田犹公田矣。先郑之说自不可易。"⑦另外,国家控制的无主荒地也属于官田的范围,如《后汉书》所说的"其地有草者,尽曰官田,力堪农事,乃听受之。若听其自取,后必为奸也"⑧。当然,属官府或皇室所有而由私人耕种、官府收租的田地,也属于公田的范畴。如《晋书》所记载的:"且魏晋虽道消之世,犹削百姓不至于七八,持官牛田者官得六分,百姓得四分,私牛而官田者与官中分,百姓安之,人皆悦乐。"⑨《明史》当中也有详细的记载:"明土田之制,凡二等:曰官田,曰民田。初,官田皆宋元时入官田地。厥后有还官田,没官田,断入官田,学田,皇庄,牧马草场,城壖苜蓿地,牲地,园陵坟地,公占隙地,诸王、公主、勋戚、大臣、

① 王文耀:《简明金文词典》,上海辞书出版社1998年版。
② 《诗·鲁颂·閟宫》。
③ 《孟子·告子》。
④ 《周礼·地官·小司徒》。
⑤ 《周礼·地官·载师》。
⑥ 见《十三经注疏》,中华书局1980年影印本。
⑦ 俞樾:《群经平议·周官一》,见续修四库全书编纂委员会:《续修四库全书·一七八·经部·群经总义类》,上海古籍出版社2002年版。
⑧ 《后汉书·仲长统传》。
⑨ 《晋书·慕容皝载记》。

内监、寺观赐乞庄田,百官职田,边臣养廉田,军、民、商屯田,通谓之官田。其余为民田。”①如元末明初的袁介曾诗曰:“我家无本为经商,只种官田三十亩。”②

作为公田的对称,私田是指私人所有的田地,西周的贵族、官吏们就是通过“井田制”模式将土地划分为“公田”和“私田”。私田,归庶人使用、收益;公田归贵族、官吏占有、收益,此即“公食贡,大夫食邑,士食田”③。且封主可以随时以罪过削夺受封者的土地人口,庶人享有土地的部分使用权和收益权,并通过力役方式向“公家”即土地拥有者缴纳租税,也就是孟子所讲的:“方里而井,井九百亩,其中为公田。八家皆私百亩,同养公田。公事毕,然后敢治私事。”④庶人获得的土地是不得买卖的,即所谓“田里不鬻”⑤。唐人孔颖达谓:“田地里邑既受之于公,民不得粥(鬻)买。”⑥

土地所有权关系的变化是在西周中叶以后,随着地方经济的发展和诸侯的逐渐强大,王权衰微,宗法制度松弛,原来以井田制为主的土地国有制向贵族土地私有制过渡,在贵族之间出现了以土地作为抵押、交换、赔偿、租赁和赠与等一系列新的民事法律行为,并由此产生了民事法律纠纷和相应的法律规范。例如,周共王时期的“卫盉铭”记载,在三有司主持的交易仪式中,矩伯曾以“十田”和“三田”换取裘卫价值“八十朋”的玉璋和“廿朋”的礼器;“格伯簋铭”记载,格伯曾以四匹“良马”换取倗生的“卅田”;共王五年的“五祀卫鼎铭”记载,在五大臣的主持下,裘卫曾以“五田”换取邦君厉的“四田”⑦。

---

① 《明史·食货志一》。
② (元)袁介:《检田吏》。
③ 《国语·晋语四》。
④ 《孟子·滕文公上》。
⑤ 《礼记·王制》。
⑥ (唐)孔颖达:《礼记正义》。
⑦ 徐中舒主编:《殷周金文集录》,四川人民出版社 1984 年版,第 101、103 页。

私田的发展,必然带来买卖和交易的盛行。因此,“田里不鬻”的规定被打破,“至秦则不然,用商鞅之法,改帝王之制,除井田,民得买卖”①。如《史记》中就有“今括一旦为将……王所赐金帛,归藏于家,而日视便利田宅,可买者买之”②的记载。而秦大将王翦出征前,也一再向秦王索取金钱为子孙购买良田美宅。至宋,对于田地买卖,法律规定必须立契,以取得官府承认。“及卖田宅……皆得本司文牒,然后听之。”③而至明代,直接规定典卖田宅以“税契过割”为条件,“凡典卖田宅,不税契者,笞五十。……不过割者,一亩至五亩笞四十,每五亩加一等,罪止杖一百,其田入官”。④

再如,西周孝王时期的“曶鼎铭”记载,匡季曾经指使众臣盗抢曶的“十秭”稻禾,被曶控告到东宫,最终判决他以“七田”与“五夫”赔偿曶⑤;而“鬲攸从鼎铭”记载,鬲攸从曾经订立契约,将土地租赁给攸卫牧使用。⑥ 这些典型案例都明确地传递了一个信息:土地所有权开始由周王所有逐步向诸侯贵族私有转移。至公元前594年,鲁国宣布实行“初税亩”,承认土地的私有权而一律收税,标志着土地国有制已被打开了一个缺口。从初税亩到秦“初租禾”的180余年间,东周列国一直沿着这个方向发展。

自商鞅变法以来,秦国就废井田、开阡陌,逐步建立起新型土地所有权制度。随着战国后期国家授田制与军功赐爵制的普遍推行,土地所有权逐步由国有向私有转化。秦始皇三十一年(前216),正式颁布“使黔首自实田”⑦令,鼓励百姓自行占有和耕垦土地,国家不再统一授田,也不再

---

① 《汉书·食货志》。

② 《史记·廉颇蔺相如列传》。

③ 《宋刑统·户婚律》。

④ 《大明律》卷五《户律·田宅·典买田宅》,法律出版社1999年版。

⑤ 王文耀:《简明金文词典》,上海辞书出版社1998年版,第210—211页。

⑥ 北京图书馆金石组编:《北京图书馆藏青铜器铭文拓本选编》,文物出版社1985年版,第65页。

⑦ 《史记》卷六《秦始皇本纪》,裴骃《集解》引徐广语。

限制私有土地的发展，土地私有制正式法律化、制度化。秦以后，两汉实行名田，东汉、西晋实行占田，隋唐实行均田，都是国家对土地私有权的调整和管理法律化、制度化的表现。到宋元明清时期，这种法律化、制度化的进程更是加快且日臻完善。

汉代的名田制，使得贵族高官凭借政治特权取得了对土地的所有权；但田宅逾制也成为汉武帝时期刺史监察地方豪强的重要内容。东汉以来，土地兼并不断加剧，曹魏时为解决军粮及财政问题，广置屯田，“于州郡列置田官”进行管理，并制定《户调制》，规定：“令收田租亩粟四升，户绢二匹而绵二斤，余皆不得擅兴。”①

汉朝也存在大量的国有土地，称之为“官田”或“公田”。这种国家土地所有权的获得方式包括继承官田、新垦农田、没收的私田、户绝之田，土地形态可以包括山林川泽、苑囿园池、垦田荒地等。西汉前期，皇帝常将国有土地赏赐给有军功者和对国家有贡献的人。如苏武出使匈奴归汉，“赐钱二百万，公田二顷”②。除赐授公田外，国家还通过募民屯垦、徙贫民屯垦、借耕公田等方式“制民恒产”。如高帝时“故秦苑囿、园池，令民得田之”③；昭帝时曾“罢中牟苑以赋贫民”④；元帝时“以三辅、太常、郡国公田及苑可省者，振业贫民”⑤；后汉章帝时，曾下诏“令郡国募人无田欲徙宅界就肥饶者恣听之，到在所赐给公田”⑥。汉代制定了《田律》《田令》《田租税律》等，规范土地问题和保护土地所有权。

晋代的“占田制”，进一步确认了贵族官僚按等级差别占田、受田的制度，使得政治特权和经济特权一体化。西晋制定《户调之式》，规定：“男子一人占田七十亩，女子三十亩；其外丁男课田五十亩，丁女二十亩，

① 《晋书·食货志》。
② 《汉书·苏武传》。
③ 《汉书·高帝纪》。
④ 《汉书·昭帝纪》。
⑤ 《汉书·元帝纪》。
⑥ 《后汉书·章帝纪》。

次丁男半之,女则不课”。[①] 所谓“占田”,就是指农民可占土地数的额定指标,“课田”则是应负担田租的土地数。对于官僚贵族占田亦有规定:“其官品第一至第九,各以贵贱占田。品第一者占五十顷,第二品四十五顷,第三品四十顷,第四品三十五顷,第五品三十顷,第六品二十五顷,第七品二十顷,第八品十五顷,第九品十顷。而又各以品之高卑荫其亲属,多者及九族,少者三世。宗室、国宾、先贤之后及士人子孙亦如之。”[②]

北魏实行均田制,高祖太和九年下诏:“诸男夫十五以上,受露田四十亩,妇人二十亩,奴婢依良。丁牛一头受田三十亩,限四牛”,“诸民年及课则受田,老免及身没则还田。”“诸桑田不在还受之限”,“男夫一人给田二十亩,课莳余,种桑五十树,枣五株,榆三根”,“诸桑田皆为世业,身终不还,恒从见口”。[③] 北齐、北周推行的租调法也大体承袭北魏之制。

至唐实行均田制时,才使得社会各阶层广泛取得土地的所有权。唐代根据农民的身份、职业、年龄、身体状况、家庭中的地位、当地人口与土地的比例等,分别授予不同数量的田地。所授土地因授予的依据不同,又分为永业田、口分田、赐田等。但官僚贵族的受田数仍高于一般农民,而且他们还有职务田和公廨田。唐代禁止土地买卖,唐律设有“盗卖口分田”[④]罪,规定非符合法定条件,不得通过买卖方式转让土地所有权。但《唐律疏议》又说口分田可以卖充宅及碾硙、邸店,自狭乡迁往宽乡时可以卖;永业田在家贫无以供葬时可以出卖。即使符合法定条件,也不得在民间自行买卖土地,而必须通过官府进行。如开元二十五年《田令》规定:“诸卖买田,皆须经所部官司申牒,年终彼此除附。若无文牒辄卖买,财没不追,地还本主。”法律还严惩对土地、农田的其他侵害,盗卖、盗耕、妄认他人田地,均构成犯罪,要受到刑事处罚。

---

① 《晋书·食货志》。
② 《晋书·食货志》。
③ 《魏书·食货志》。
④ 《唐律·户婚律》。

宋代以物的自然形态为标准，将物分为财物和产业。凡是可移动的有体物，皆称为财物，相当于现代民法上的动产；凡是不可迁移的田宅及附着物，皆称产业，相当于现代民法上的不动产。对此，宋朝法典有明确归类："器物之属，须移徙其地。……地即不离常处，理与财物有殊。"①作为不动产的土地，是宋代法律的重要内容。史称"官中条令，惟[田产]交易一事最为详尽"②。这一时期，地主土地私有制迅速发展，而且宋"不立田制""不抑兼并"，允许官僚、地主以经济手段任意购置、兼并土地，甚至国家也参与其中。

中国古代的物权制度，无不以土地所有权为基本形式和核心内容，土地所有权是物权制度的基础。宋代以前，国家牢牢掌握土地所有权，实行按户口、等级地位分别授田的办法，除很少一部分作为永业田可以有条件地买卖外，一律不准随意处分。至唐后期，均田制遭到破坏，国家越来越无力控制土地所有权，"自田"逐渐发展起来。到宋代，在唐中后期发展的基础上，土地私有化进一步发展，买卖盛行，国家不再制定干预和限制土地自由流通的政策，反而制定日益严密的法律条文来保障私人对于土地的移转、让渡，使过去非法的土地买卖和典当合法化、规范化。甚至被汉唐贬称为"豪民"或"兼并之徒"的大土地所有者，宋代则"公然号为田主矣"③。南宋士大夫叶适曾对这一变化总结道："自汉至唐犹有授田之制……至于今，授田之制亡矣。民自以私相贸易，而官反为之司契券而取其直(值)。而民又有于法不得占田者，谓之户绝而没官；其出以与民者，谓之官自卖田，其价与私买等，或反贵之。"④

由于官方自己也参与到土地买卖当中，加之这一时期商品经济的发展，更加促使土地进入流通领域，使土地所有权的流转十分频繁，以至于

① 《宋刑统·户婚律》。
② 《袁氏世范》卷三《田产宜早印契割产》。
③ （明）顾炎武：《日知录》卷二，陕西人民出版社 1998 年版。
④ 《叶适集·水心别集》卷二，中华书局 1961 年版。

"贫富无定势,田宅无定主"①。朱熹也说:"人家田产,只五六年间,便自不同,富者贫,贫者富。"②这种土地所有权的频繁流转,也使得两宋的物权体系得以进一步完善。物权由过去的单一形式被分割为多种形式,如在典买卖行为中,典卖人所保留的土地赎回权,称为"田骨"或"田根"③;典买人所享有的土地使用权,相应地称为"田皮"或"田面",一田两主或一田多主也成为民法体系中所有权的分享状态,并形成地基权、地上权、地役权、永佃权等多种用益物权,以及典权、抵押权、质权等担保物权。宋代家庭、义庄(家族)及合伙等共有财产权则形成了物权的共有状态。

国家占有和支配的土地,即"官田"主要来源于无主田、荒闲田、逃户田和户绝田等。宋统治者清楚地认识到:与其由政府以地主身份直接经营这些土地,还不如交由私家地主和个体农民直接经营的效益高,于是厉行官田私田化政策,以致使得国家土地所有权渐渐处于次要地位。国家只重视对地主和个体农民的租税征收而不再致力于维护国家对土地的所有权。针对那些占有荒闲田土而不交税租的现象,政府经常进行"检田"活动,检查"有系官、并人户包占无税荒闲田土","晓谕人户渐行检括"④。有宋一代这类诏令非常多。

土地私人所有权在宋代得到全方位的发展,尤其是通过国家交到私人手里,大量官田或本应转化为官田的荒闲、无主田土,通过多种方式下放为民田,交由私家地主和个体农民直接经营,并以法律的强制力保护私人对土地的所有权和占有使用权。因此,在宋代,私人土地所有制逐渐取代国家土地所有制而居于主导地位。但是从所有制的客体范围来看,国家所有权的客体(即官物)不受任何限制,而私人所有权的客体范围则有一定的限制,属于国家所有的某些土地被列为禁地,如帝王及诸后陵寝用

---

① 《袁氏世范》卷三,天津古籍出版社 1995 年版。

② 《朱子语类》卷一〇九,中华书局 1986 年版。

③ 《名公书判清明集·违法交易》。

④ 《宋会要辑稿·食货》,中华书局 1957 年版。

地等，私人不得据为己有。

宋代法律对土地这种产业的保护主要体现在三个方面：(1)依法承认新垦荒田的所有权，鼓励农民开辟荒田，保护佃客享有永佃权。宋初，太祖曾下诏："垦田即为永业"，"满五年，田主无自陈者，给佃者为业"。[①]在法律上，宋代不仅承认百姓对于新垦荒田的所有权，且对于战乱、灾荒之后的弃田，两宋均规定耕种者可以享有事实上的占有，并在其占有的前几年内减免赋税。如果十年内原主不来复业，则官府承认占有者对土地的所有权。宋太祖登基后下诏说："所有长吏谕民，有能广植桑枣，垦辟荒田者，止输旧租。"[②]而永佃权是北宋官庄、屯田的租佃过程中渐渐形成的。有些官田招纳无地产的客户租种后，客户在土地上付出了很大代价，尤其是租佃荒田的佃户更是如此，故宋初统治者已注意到要保护那些已经付出代价的佃户的租佃权，防止他人争夺。长期下去，佃客在土地上建造自己的房舍、安置坟墓、种植树木等，形同己产。如神宗时，三司言："天下屯田省庄，皆子孙相承，租佃岁久。"[③]曾公亮也说："佃户或百年承佃，有如己业，今鬻之则至失职，非便，不同意夺佃户田出卖。"[④]

(2)进一步明确田产的原始取得和归属。《宋刑统》虽沿袭唐律"盗耕种公私田"、"妄认公私田"之类的规定，但对特殊情况下土地变动所有权的归属，作了补充规定："准唐《田令》，诸田为水侵射不依旧流，新出之地，先给被侵之家；若别县界，新出依收授法；其两岸异管，从正流为断。"此规定既保护了被侵者的利益，也增加了土地所有权取得的条件及断其归属的办法。[⑤] 在宋代，土地所有权的取得也可以划分为继受取得和原始取得两种方式，前者包括诸如买得、受赠、继承等，又称"传来取得"；后者包括先占(无主物)、自然取得等。如宋代规定："乡民于自己田土接连

① 《宋史·食货志》。

② 《宋史·食货志》。

③ 《文献通考》卷七《田赋七·官田》，台北新兴书局1965年版。

④ 《续资治通鉴长编》卷二一九，中华书局1979年版。

⑤ 参见薛梅卿著：《宋刑统研究》，法律出版社1997年版，第90页。

闲旷硗确之地,能施功用力,开垦成田园,或未能自陈起立税租,为人陈首,官司止合打量亩步,参照其人契簿内原业等则,起立税租,俾之管绍;不应引用盗耕种法,夺而予人。”[①]意思是只要先占土地的人愿意按照“元业”交纳税租,就不属于“盗耕”,而确立其所有权。当然,这种先占原则是有条件的,首先必须是无主物,其次必须是不属于明令禁止占有的土地或物。

自然取得一般是因自然环境的变化而出现的新物,由国家取得所有权。如自然形成的山川、河流、沟渠、无主荒地以及历代陵寝古迹等,只有国家有权对其进行处分,包括因为自然环境的偶然变化新出现的土地物产,这便是国家所有权的自然取得。

(3)完善税契制度,强化对不动产所有权转移的监督。首先,转移需要官府承认;其次,以红契作为勘断田宅交易纠纷的法定依据。通过买卖取得的不动产所有权,以红契作为合法的产权证书。法律规定,不动产所有权的转移需要官府承认,即“皆得本司文牒然后听之”[②],交纳税契,然后由官府在买卖契约上加盖公章,称为红契,又称赤契,即“立券投税者,谓之红契。”[③]红契既是已纳税的标志,又是土地所有权的凭证,一旦发生争讼,就是不容置疑的证据。宋初,法律规定:“初令民典卖田土者,输钱印契。”[④]北宋后期规定:“诸以田宅契投税者,即时当官注籍,给凭由付钱主。”[⑤]意思是说,凡是以田宅交易签订契约向官府纳税的,签约时须当即向官府登记,由官府向钱主发放凭证。但在实际生活中,买卖双方的当事人为规避契税,往往私立草契,以白契成交。明人王之垣说:“凡民间置产为子孙谋,而贻以白契,其心必有所不安,且有生奸以争之者,是税契

---

① (宋)谢维新:《古今合璧事类备要》卷四七,北京图书馆出版社 2006 年版。
② 《宋刑统》卷二六。
③ (元)陶宗仪:《南村辍耕录》卷一七。
④ (清)毕沅:《续资治通鉴》卷六。
⑤ 《宋会要辑稿》之《食货》六一、六二。

(赤契)又民之所欲也。”①

在元朝,土地所有权者主要是国家与官僚地主。国家土地即官田的取得方式包括:(1)通过征服战争掠夺土地,这是元代官田的主要来源。已亡的金、宋官府公田、官庄以及两朝皇亲贵戚、达官、豪右等私人地产,都被征服者所没收,成为元代官田。(2)无主荒地。元朝是在灭金、灭宋的过程中逐步建立起来的,经过长期战争之后,人民或迁徙、或逃亡、或被杀戮,出现了千里无人烟的荒凉景象,被遗弃的无主荒地也很多,这些土地也都被元政府据为官田。(3)投献。是指各地奸徒流棍为了邀功图利,擅将别人所有的财产指为荒田,献给官府。而官吏因缘为奸,不加考察,即据收为公田。但法律也明确规定严厉禁止妄献田土。②

贵族、官僚地主私田取得的方式包括:(1)赏赐。元政府经常对诸王、公主、驸马、大臣、将帅等给予赏赐。据记载:“自至元三十一年后,累朝以是田分赐诸王、公主、驸马及百官、宦者,寺观之属,遂令中书酬直海漕,虚耗国储。”③

(2)侵夺民田。这种现象在史料中比比皆是,以致朝廷屡下禁令,但这一歪风却难以禁止。如“大德六年,春正月庚戌,帝语台臣曰:‘朕闻江南富户侵占民田,以致贫者流离转徙,卿等常闻之否?’台臣言曰:‘富民多乞护持玺书,依倚以欺贫民,官府不能诘治,宜悉追收为便’。命卿行之。”④“至大二年十月丙辰,乐实言,江南平垂四十年……其富室有蔽占王民奴使之者,动辄百千家,有多至万家者,其力可知。”⑤而朝廷也屡下禁令试图制止和纠正这种情况,如“至元十五年七月二十五日,中书省御

① (明)沈榜:《宛署杂记》卷一二《税契》。
② 《通制条格》卷一四《田令·妄献田土》。
③ 《元史》卷七五《张珪传》。
④ 《元史》卷二〇《成宗本纪三》,中国大百科全书出版社 1985 年版。
⑤ 《元史》卷二三《武宗本纪二》,中国大百科全书出版社 1985 年版。

史台呈:奏过事内一件节该:官民房舍田土,诸官豪势要之家,毋得擅立宅司庄官,冒立文契,私己影占,取要房钱租米,违者并行纠察。"①"大德元年十二月戊戌……禁诸王、驸马并权豪,毋夺民田……"②"大德三年六月初九日,中书省奏,阔里吉思题说:'福建合行事内一件,那里的官人每富户有势的人,每将百姓每田地占着,教百姓每佃户,不教当杂泛差役,有合禁治。'"③

(3)贫民投靠。由于官府赋税、徭役沉重,贫民苦不堪负,不得不投靠豪门,诡名佃户,权避一时。但时间一久,不但田产被吞没,而且自身也被奴役。如"兵后,贫民依庇豪右,及有以身佃,历年滋久,掩为家人"。④

(4)购买。毕竟,靠赏赐得来的土地须有特殊身份,或为皇亲国戚,或为显贵功臣。侵占民田又属于违法行为,在观念上也为人所不齿。而买卖土地既不需要特殊身份,又不违法,也不用担心别人指责,因而成为官僚地主获得土地最常见的方式。因此,史料中关于土地买卖的记载数见不鲜,如"公平生节俭务本,俸禄衣食之余,尽以买田园马牛农具,大名、安丰、陈颍之田几万亩,家僮儿二百人,归休之日,辄课其耕作,子孙赖焉。"⑤"韩蒙者,永丰人,家本江东大姓,善贾,至蒙盉蓄,善田逾数万亩。"⑥"再调绍兴之和静书院山长,书院旧有田七百亩,籍于郡学,公取而有之……增至养士之田百余亩。"⑦

其实,元代高级官员大部分有职田,职田会因品级不同而有差别。官员对职田有使用权,可以占有、使用和收益,但不能进行处分。甚至有的

---

① 《通制条格》卷一六《田令·影占官田》,法律出版社 2000 年版。
② 《元史》卷一九《成宗本纪二》,中国大百科全书出版社 1985 年版。
③ 《通制条格》卷二《户令·官豪影占》,法律出版社 2000 年版。
④ (元)苏天爵:《元朝名臣事略》卷一〇《宣慰使张公(德辉)》。
⑤ (元)黄溍:《金华黄先生文集》卷二八《答禄乃蛮氏先茔碑》,台北商务印书馆 1979 年版。
⑥ (元)吴莱:《渊颖集》卷九《韩蒙传》,台北商务印书馆 1979 年版。
⑦ (元)黄溍:《金华黄先生文集》卷三《婺源州知致仕穆公墓志铭》,台北商务印书馆 1979 年版。

官员以职田收入为俸禄;也有的官员,职田收入只是其俸禄的一部分。职田在元代有如下特征:(1)职田使用权的主体为县级以上官员,职田使用权的客体为元政府的官田。在征服金、宋过程中,元政府掠夺了大片土地,将其中一部分用作各地各级官员的职田。职田使用权会因官吏身份的取得而取得,也会因其职务的撤销而消灭。(2)职田使用权包括权利与义务两个方面:一方面官吏有权使用职田,可以从中得到收益,如将其出租而得到地租;另一方面,政府给官吏职田,要求他们尽心尽力,忠于职守,否则将失去职田使用权。(3)职田的数量及分布受到元政府官田数量和分布的影响与制约。

另外,一些山场原属国家所有,由政府拨给官员作为打猎、放鹰犬的场地。但山场的林木,百姓可以打柴采薪,并基于先占原则取得该物的所有权。法律明确规定:"诸所拨各官围猎山场,毋禁民樵采,违者治之。"①

至明朝,皇族贵戚乃至宦官仍占有大量庄田和名目繁多的官田,但已不存在类似"均田"制度下国家授田与民的制度,而是"田多田少,一听自为而已"②。以宗室庄田为例,其普遍设立有一个过程。明初,明太祖为巩固自己的统治,实行分封制,把 24 个儿子和 1 个从孙,分藩在腹地和边境。只不过在当时,明太祖除赐给燕王宛平黄垡庄熟田作王庄外,其他亲王都只赐予牧马草地、废壤、河滩、山场、湖陂淤田。洪熙、宣德以后,各宗室通过钦赐、奏讨、纳献等方式将大量土地据为己有,庄田逐渐增多。如四川蜀王府的庄田自灌县至彭山县,占据了成都平原的大部分肥沃土壤;而楚王府的庄田遍布湖广,远至陕西平凉府固原州。

明代沿袭了将财产区分为田宅和财物、畜产的传统,并在法律上更加明确了这种区分。如《大明律》在《户律》中专列《田宅》,以示与财物、畜产的区别。其中田宅称为恒产,也称为产、业或产业,其所有权人称为业主、田主、地主、房主等。田宅,即所谓的不动产,主要是土地和建筑物。

① 《元史・刑法四・禁令》。
② (清)薛允升:《唐明律合编》卷一三上,法律出版社 1999 年版。

根据相关史料来看，土地具体是指田、地、屋基田地、园林、塘、山、场、井等。法律在田宅上设立的物权种类多而且效力强，诸如所有权、占有权、永佃权、典权、质权等。由此，土地所有权也成了明代物权的核心和基本形式。“食货”的产生、移转、使用，无不与土地所有权有直接或间接的关系。与此同时，明代形成了一个以土地及其附着物，如宅舍、碾磨、山林、作物等权利为基本形态的物权体系。

因为田土作为不动产的特点，在明代的民事活动实践中，甚至有了主物与从物的概念，如把附着于土地的草木、果树、农作物等视为从物。一般而言，从物所有权的归属取决于主物所有权的归属，即从物所有权应随主物所有权的转移而转移。其实，早在宋代就确定了“苗从地判”的原则。在明末，官僚祁彪佳任福建兴化府推官时，也依此原则审理了一起民事纠纷案：林廷元砍了早年林若益卖给丘尚侯之父土地中的果树，遭丘尚侯殴伤，遂引起官司。其处理结果是，丘尚侯因殴人致伤故杖警之，“廷元砍树起衅亦应杖警，故以被伤免科”①。

但是，如果田产流转频繁，农作物涉及第三人的利益，在明代的司法实践中，会视具体情况而处理。下面这个案例就反映了此种处理情况：“张化新有地四亩，向年售与王民得价六两有奇，今三月间备价取赎，复转鬻于张九盈矣。”而此时，王民已在地里育有麦苗，麦子成熟时，张化新抢收归己。对此，官员张肯堂认为“田虽归张，而麦秀渐渐犹是王民故物也”，但因“地瘠岁侵每亩不盈一釜”，只“追出二石还给王民”。② 可见，田产所有权转移前已耕种者，苗归耕种人。

明代比以前更加重视土地权利，初步确立了以庶民地主为主体的土地所有制。土地所有权的形式仍然主要分为两种：一是官田（公田），包括皇庄，诸王、公主、勋戚、大臣、内监等赐田，牧马草场，百官职田，学田，军、民、商屯田，边臣养廉地以及籍没入官或还官的土地；二是私田（民

① （明）祁彪佳：《莆阳谳牍》，国家图书馆馆藏善本。
② （明）张肯堂：《晉辞》卷一，台湾学生书局 1970 年版。

田),包括贵族、官僚、地主等占有的土地,自耕农的土地,商人占有的土地等。即史书所记载的:“明土田之制,凡二等:曰官田,曰民田。初,官田皆宋、元时入官田地。厥后有还官田,没官田,断入官田,学田,皇庄,牧马草场,城壖苜蓿地,牲地,园陵坟地,公占隙地,诸王、公主、勋戚、大臣、内监、寺观赐乞庄田,百官职田,边臣养廉田,军、民、商屯田,通谓之官田。其余为民田。”①另外,还存在以宗族为代表的集体田地,如宗族义田、祭祀田,宗族控制的绝户、寡妇、违犯族规人家的田地。

所谓“官田”,即由以皇帝为代表的封建政府控制,并享有收益权、处分权的田地,也是指国有土地。它与民田的区别在于:是否可以买卖和适用的税粮则例不同。官田属于国家所有,法律禁止买卖、私占;民田则听其“自买自卖”。如洪武十一年(1378),政府为了征用应天府上元县部分官、民田作司菜局的菜园,而明令“官田除租,民田给其值”②,这说明官田需要撤佃,民田可以购买,明确区分了官、民田的产权界限。一般来说,官田的税粮则例体现了地租与课税合一的特点,而民田的地租与课税是分开的。明太祖所定官、民田赋为“凡官田亩税五升三合五勺,民田减二升”③。可见,官、民田之间的区别是明确、严格的。

民田主要是指私人所有的土地,“民自占得买卖之田曰民田”④。在古人眼中,私人所有的土地就是官田以外的、私人占有的、可以进行买卖支配的土地。由于明初推行民屯政策,并明确规定“开垦成田,永为己业”,而国有的荒地、山林也被默许按照先占原则获为己有,又允许土地自由买卖,所以,明代的土地私有达到空前的程度。明代的国有土地主要包括宋元以来原额官田、战乱中的抛荒地、战后籍没张士诚等敌对集团的土地、开国后抄没官民罪犯的土地,以及江河湖海冲泄泥沙淤积而成的新

① 《明史·食货志》。
② 《明太祖实录》卷一一九,“中央研究院”历史语言研究所校印本。
③ 《明史》卷七八《食货二·赋役》,中华书局1974年版。
④ 《学庵类稿·明食货志·田制》。

地等。明中后期,随着土地兼并的加剧,明初钦赐给勋臣贵戚的大量土地,多数已转为这些官宦贵族的私产,屯田也遭到破坏,实际上已开始私有化,因此,明政府实际控制、支配的官田越来越少。在私有土地中,贵族、官僚、地主和商人是主要所有者,少量土地为广大的自耕农所有。

贵族、官僚集团凭借、利用特殊的身份地位和手中的特权,通过接受钦赐、投献,或依靠特权直接掠夺,或恃势压价购买,或以高利贷剥夺等等方式,占有大量的土地。而一般庶民地主或承继祖产,或勤俭力田,或积聚钱财购置,当然也不乏巧取豪夺者,也占有相当规模的土地。这里说一下商人占有的土地。在农耕社会,土地是财富的象征,地租是最保险的聚财形式,加之农本商末观念的影响,商人经商致富后,大多将过剩资金投入土地,这也是中国古代商人地主产生的社会条件。尤其在明代,随着商品生产的发展,地域分工的扩大,促进了手工业原料和粮食的商品化,这又刺激了一部分商人对土地产生兴趣。因此,在明代,很多商人都占有土地。他们或招人垦辟,或以钱财购置,或以钱债折抵,或利用种种诡智手段谋取田土。如《承天府志》记载:“商游工作者,赁田以耕,僦屋以居,岁久渐为土著。而土著小民,恒以赋役烦重,为之称贷,倍息而偿之,质以田宅,久即为其所有。”①

另外,明代自耕农占有一定数量的土地。虽然每户占地不多,但队伍庞大,遍布山村乡野。他们所占有的土地,主要来自继承祖产和开垦荒地。洪武五年(1372)为了解决因垦荒而造成的产业纠纷,明代规定田业以现耕为准,并维护先垦者的所有权。“复业人民,见今丁少而旧田多者,不许依前占护,止许尽力耕垦为业”②。原业主若还乡,地方官于旁近荒田如数拨与耕种。此后,明代又多次发布鼓励垦荒、听为永业的诏令。同时,还推行民屯政策,主要采取移民屯垦的方式,即把地少人多地区的农民迁移到地多人少的地区垦荒。

① 《承天府志》(万历年)卷六《风俗》,书目文献出版社1990年影印本。

② 申时行等修纂:《明会典》卷一七《户部四·田土》,中华书局1989年版。

对于民屯之田，在其所有权的性质定位上，学界有两种截然不同的看法。多数学者认为民屯“谓之官田”；也有学者指出，民屯与军屯不同，其性质是地道的民田。张晋藩先生认为对于民屯所有权的性质如何，应该变化地去看：在荒芜土地还没有授予民垦之前应归国家所有，但按政策授给农民开垦成熟后，允许“永为己业”或“以为常业”，其所有权性质就发生了变化，就属于民田的一部分了。① 理由主要有二：一是国家在发布移民屯垦的政令时明确宣布，屯农“以何种田为己业”或“开垦成田，永为己业”，这说明永远归他们所有；二是民屯田地可由屯农进行典卖处分，而可否买卖、处分是官田和民田在法律上的根本区别。并且民屯田地的典卖行为在司法实践中也得到许可：“审得李永会以屯田壹拾捌亩兑林东昇，东昇兑之刘长祖，得价伍拾两。长祖又借郭有德银伍拾两修砌，今田系有德暂收纳粮，以递年子粒偿有德之利，长祖无伍拾两之赏，此田终为郭有，应会子孙求赎，亦理所应者，着以伍拾两赎回可也。”②

洪武二十年(1387)，明太祖曾派人丈量天下土地，编制鱼鳞图册。洪武二十六年(1393)，当时核实土地八百五十万七千六百二十三顷。明代法律保护官私土地的所有权，规定：“凡盗卖、换易及冒认，若虚钱实契典买及侵占他人田宅者，田一亩、屋一间以下，笞五十，每田五亩、屋三间，加一等，罪止杖八十，徒二年；系官者各加二等。若强占官民山场、湖泊、茶园、芦荡及金银铜场、铁冶者，杖一百，流三千里。若将互争及他人田产妄作己业，朦胧投献官豪势要之人，与者、受者，各杖一百，徒三年。”③

除了《大明律》以外，自明中叶以后，颁布的条例也成了辅律而行的法律规范，如《问刑条例》中的《户律》就具有民事法律规范的性质。其中，“典买田宅条例”就根据当时田宅纷争的实际情况，补充规定了“告争家财田产”的时效制度。明孝宗时，御史戴金奉命编纂而成又经嘉靖朝

---

① 张晋藩：《中国民法通史》，福建人民出版社2003年版，第817页。

② (明)祁彪佳：《莆阳谳牍》，国家图书馆馆藏善本。

③ 《大明律·户律·盗卖田宅》。

重修的《皇明条法事类纂》是一部法律事例汇编，共50卷，其中户部类9卷，涉及田土方面的就有“禁约纷争田产例”、“禁约私债准折田土等项例”等条目。

清初，通过圈地形成大量的国有土地。但随着私有经济的发展，国有土地逐渐转化为私有，并取得法律的确认。总体来看，清代对无主土地仍采取先占原则。其中，清朝皇帝垄断大量皇庄土地。据嘉庆《大清会典》所载，皇帝拥有内务府所属1000多个田庄，占地393万亩。贵族宗室也拥有大量田庄，如直隶和东北二地，宗室庄田就有133万亩①。一些大官僚也利用权势扩大对土地的占有。例如，礼部侍郎高士奇在浙江“平湖县置田产千顷”；刑部尚书徐乾学“买慕天颜无锡田一万顷”；衍圣公孔府仅在直隶的武清、香河、东安、宝坻各县即拥有土地3.8万亩；其他官僚缙绅也都是田连阡陌，坐享膏腴。在清代的地主阶级中，数量最多的是庶民地主，还包括享有某些政治特权的绅衿地主。清初实行奖励垦荒和更名田的政策，使得一些较富裕的自耕农也发展成地主。由于他们没有政治特权，因此土地积累的过程是缓慢的，一般需要经过几十年乃至上百年的时间，而且土地的占有量也多在100亩上下。

清入关以后，于顺治年间颁布了“圈占土地”的法令，从顺治元年(1644)至顺治四年(1647)间进行的圈地，将京畿附近各府、州、县的土地没收、强占，归旗人所有，借以设立皇庄、王庄、官庄，甚至八旗士兵也获得壮丁地。顺治元年，政府曾下令：“凡近京各州县民人无主荒田，及明国皇帝、驸马、公、侯、伯、太监等，死于寇乱者，无主田地甚多，尽行分给东来诸王、勋臣、兵丁人等。”②为了圈占靠近京畿的土地，清朝还以“圈拨”“兑换”“拨补”等名义，强占大量有主土地。

这种圈地严重侵害了汉民自耕农和地主的利益，使他们大部分沦为“输租自种”的佃户。在圈地过程中，清还颁布《投充法》，即逼迫汉民投

① 《大清会典事例》卷一三五。
② 《清世祖实录》卷一二，中华书局1985年影印本，第114页。

到旗下为奴仆。有些土地所有者，因害怕土地被圈，不得不携带土地投充旗下。直至康熙继位之后，才宣布停止圈地，《投充法》亦渐趋废弛。因此，旗地就成了清朝土地制度中比较特色的部分，也属于法律重点保护的对象。为了防止旗地、旗产散失而削弱清王朝的统治基础，清廷多次申令禁止汉人典买旗地。仅乾隆时期就三次定例禁止典买旗地，并对有无此种现象进行清查。在清查过程中，有自首的，由官府给价回赎；隐匿不首的，一旦查出，业主、售主均照隐匿官田律治罪，失察长官也严加议处。①

然而，旗人在实际生活中迫于生计，往往通过“长租”“长种”的形式，变相典卖房产、土地，以规避法律。乾隆二十五年（1760）又颁布《违禁私行长租之例》，试图阻止旗民以各种形式典卖旗产。但这种做法难以阻挡经济发展的规律，到咸丰二年（1852），清廷制定了《旗地买卖章程》，不得不允许旗产可以自由典卖。至此，《大清律例》中保留的禁止“旗民交产”的条款，实际上成为具文。清律典中的《户律》专门有“典卖田宅”的相关规定，说“业主无力回赎而致超过期限时，承典人可以适当取得超期利息，或适当提高回赎价格”②。另外，“例”中也有详尽的民事规范，如清律“典卖田宅”条后附有的第一条就是：“告争家财田产，但系五年之上，并虽未及五年，验有亲族写立分书，立定出卖文约是实者，断令照旧管业，不许重分再赎，告词立案不行。”③

除了圈地之外，清王朝还鼓励开垦荒田，永准为业。顺治六年（1649）四月，政府正式颁布鼓励流民垦荒令，其核心是确认垦荒人所开垦荒田的所有权，即所谓“永准为业”。顺治十四年（1657）四月，经户科给事中粘本盛奏准，清政府制定《督垦荒地劝惩则例》。该则例旨在督促地方官切实执行垦荒令，同时再次申明，凡招民垦荒者，由地方官发给“印照”，“永为世业”。雍正、乾隆时期，除继续贯彻执行“招民垦荒”的

① 《钦定户部则例》卷二《户口》。

② 《大清律例·户律·典卖田宅》。

③ 《大清律例·户律·典卖田宅》附例。

政策外,还经常对出现的产权争执做出新的调整。雍正即位以后,即发布上谕:水田仍以 6 年起科,旱田以 10 年起科,著为定例。雍正七年(1729),清政府又规定:由国家供给牛种口粮新开垦的荒地,成熟"五六年后,按则起科"。

此后,《户部则例》关于《升科定限》的规定中,除了贯彻以上原则外,还提出以开垦前后土地质量的变化,作为题报升科的依据。如在乌鲁木齐、巴尔楚克、喀什噶尔等少数民族地区,新垦土地,或 3 年升科,或 6 年升科不等。乾隆时期,随着历史环境的变化,由无条件的鼓励开荒,转为须向官府呈报后方得开垦。乾隆二年(1737),《承垦荒地之令》规定,无论土著居民还是流离者,皆须事先呈报方准开垦。乾隆三十八年(1773),浙江省根据朝廷的垦荒法令,制定了地方性法规,宣布"久荒田地原业不愿开垦,别经农民呈明开垦成熟者,例得给照,永为世业,即令垦户作为佃户勒令完租之事",并通饬所属州县:"嗣后如有农民垦荒,照例呈明晓示,五个月内无人承认,即给垦照,俟其垦荒成熟,遵照定例永为世业。如有官吏胥役人等藉端图诈,勒令承佃完租者,即行详揭请参。"①

除了圈地外,清初也实行屯田,即将部分属于国有的土地,招募军人、民人、商人屯垦,形成军屯、民屯、商屯。屯田按地区可分为:直省屯田、新疆屯田、南路屯田、北路屯田四类。开始时,由国家资助屯垦屯田,规定年限交租交税,屯租是屯饷、屯丁口粮以及恤赏费的来源。经过一段时间的承包经营,清政府认为无利可图,遂将部分屯田交给开垦或经营土地的军、民、商人,成为他们的私产,而以向政府交税为条件。为了遏制屯田私有化的进程,康熙十五年(1676),清政府颁布《侵占屯田惩罚条例》,禁止并打击隐匿、盗卖屯田等行为。但是,国家土地所有权向着私人土地所有权转化,是一个历史趋势,也是经济发展的需要。至光绪二十九年(1903),皇帝下谕:"将各省屯田地亩,彻底查明报官税契,听其管业,将

① 《清高宗实录》卷一四六,中华书局 1985 年影印本,第 1107 页。

屯饷改为丁粮。”[①]根据这道上谕，国有屯田被定价三等，上等田每亩银三两，中等田银二两，下等田银一两，购买者自行管理，报官税契，按亩升科。从此，作为官田之一的屯田，基本上转化为私人所有。

清朝还存在更名地，也称作更明地，总数约为16万顷。明时，王公、勋戚占有大量土地，经过明末农民起义的打击和清初几十年的抗清战争，明朝的王公、勋戚已经消失殆尽，原耕种的佃户成了实际所有人。康熙八年（1669），政府下令将明朝王公贵族的庄园土地给予原种之人，改为民户，号令“更名（明）地”，永为世业。自此，原来依附于明朝宗藩权贵的佃农，正式转为国家编户下的自耕农，对其原耕地，不仅享有继续使用权，而且获得了所有权，法律予以承认和保护，还免除了原来的地租，因此，大大刺激了依法获得土地的农民的生产积极性。

另外，蒙藏地区的土地在清朝也有特殊法律规定。清初，通过划定旗界，将土地与人民授予蒙古大小领主，成为世袭领地。至于旗长扎萨克除自有私产外，只享有对旗内官地的管辖权，而无所有权。顺治七年（1650），为了发展蒙古地区的农牧业经济，清政府还特别颁布“给予蒙古丁牧地命令”；为了保护蒙古王公和普通牧民的土地所有权，雍正时曾经颁发《蒙古土地禁止私卖令》。乾隆十三年（1748），针对蒙古土地所有权的变动情况，政府颁发《地亩赎回令》，同时，禁止民人出边开垦地亩。由于得到清朝法律的强制保护，蒙古地区的土地所有权关系比较稳定。藏族地区，占人口百分之五的农奴主占有西藏地区全部土地、山林等。为了使大小农奴主在划定的地界以内从事农业和畜牧业的经营，互不侵犯，清政府在《番例条款》中严格禁止越界驻牧，违者罚以不等的牲畜。

清朝中叶以后，由于土地兼并的加重，导致自耕农土地所有权逐渐丧失。而地主、官僚、商人通过各种手段购置土地，从而加速了土地的流转和私田的发展。清朝前期关于鼓励垦荒的法律原则，在清末也得以修订。

---

① 《清朝续文献通考》卷一五《田赋·屯田》，浙江古籍出版社1988年影印本。

同治元年(1862),针对太平天国革命所造成的“民多流徙”的状况,清政府要求被扰省份各州县地方官,“召集流亡,垦辟地亩”,并颁布了新修订的《垦荒定则》,凡各直省实在可垦荒地,无论土著流离,俱准呈报。

宣统元年(1909),清政府规定,凡东三省国有荒山、荒地,开垦者只要向官府交价领照,即获得所有权。至于向原户垦佃者,只有在原户无力,方准佃户价领,以维护原户的所有权。另据《户部则例》规定:对于一些特定地区,如蒙古游牧地区、濒临江海湖河沙涨地亩和陂泽池塘的水道,察哈尔游牧厂地、浙江象山县等处荒地,以及湖南省永明县若干封禁山场,一律禁止私垦,违者治罪,该管地方官严惩。①

田宅作为清朝物权中最基本的标的物,尤其还是私人重要的财产和国家课税的主要对象,法律给予严格保护。关于田地的物权种类主要包括所有权(业主权)、租权(佃权)、地基权、典权、押权、永佃权等。因此,对于土地产权的确认,是最重要的方面。在清代,如对田土产权发生争议,除验查文凭印契外,还要进行实地勘查。有关田土的文凭印契,较为详细。文凭不足时,就要进行实地验查,并由州县官派出专官负责,还需制作勘查笔录。经过验查文书证据,加上实地勘查的笔录,可以作为产权的根据,对于妄认者处以侵占罪。

如乾隆三十三年(1768),法律规定:“凡民人告争坟山,近年者以印契为凭。如系远年之业,须将山地字号、亩数及库贮鳞册并完粮印串,逐一丈勘查对,果相符合即断令管业。若查勘不符,又无完粮印串,其所执远年旧契及碑谱等项,均不得执为凭据,即将滥控侵占之人,按例治罪。”②此例虽是针对民人告争坟山而定,但适用于所有关于田土所有权的争讼。

在水利的利用上,江河川泽及公共塘堰沟渠可以公用。虽非公共塘堰沟渠,但向来通融灌溉者,也可以公用,不在例禁。否则,“如有各自费

① 《户部则例·稽查私垦》。

② 《大清律例》增例。

用工力,挑筑池塘渠堰等项蓄水以备灌田,明有界限而他人擅自窃改以灌己田者,按其所灌田禾亩数,照侵占他人田亩例治罪。”①至于盗耕他人田园地土者,《大清律例》规定:“一亩以下,笞三十,每五亩加一等,罪止杖八十。”《户部则例》规定:“如有盗耕营堡草场,越逾边墙石种田者,依律例分别究拟,仍追所得花利,官田归官,民田给主。”另外,还严惩子孙盗卖祖产。乾隆二十一年(1756),清政府定例:凡子孙盗卖祖遗祀产至50亩者,照投献捏卖祖坟山地例,发边远充军。不及前数及盗卖义田,应照盗卖官田律治罪。

二、其他功用田

如果按照田土的不同功能和作用来看,古代田土还可以划分为学田、义田、族田、墓田、祭田、寺田、婚田等。它们有的属于官田,有的属于私田,还有的是宗族所有的土地或者乡邻共有的山林,即集体田地,属于“共有”所有权的性质。另外,有时因其功能相同而互有交叉,比如书院义田就属于学田,而族田可以包括祭田、墓田、祠田和义田等。

(一)学田

学田,也被认为属于“公田”或“官田”的一种,是国家拨给或者学校自行购置一定数量的土地,作为学校的固定资产,学校将这些土地租佃给附近的农民耕种。作为跟教育密切相关的土地,宋仁宗以后,学田制逐步成熟、完善,并为后朝各代教育经费问题的解决提供了范例。自汉代以来,教育经费问题始终没有得到根本解决。在宋朝之前,未确立一种比较稳定的教育经费保障机制。宋代在仁宗朝以后,逐步形成了一种以学田制为核心的多种形式、多种来源的教育经费筹措制度,从根本上解决了长期以来阻碍教育发展的经费问题。

以孟繁清为代表的学者认为,宋代最早由朝廷赐给府州学校学田,是

---

① 《户部则例》卷一〇《田赋四》。

在乾兴元年(1022)十一月。[①] 判国子监孙奭奏请朝廷赐给兖州学田10顷,"以为学粮",得到朝廷允准。此后各地纷纷效仿,此举被认为是宋代学田制度的开端。宋代中央官学得到赐田,始于仁宗康定元年(1040)。至此,学田也成为国子监太学的主要经济来源。但也有学者指出,早于乾兴元年之前,南唐升元四年(940)庐山国学已置有田亩,"以给诸生"[②]。乾兴元年,宋仁宗赐兖州学田,乃北宋朝廷赐州学学田之始,非中国历史上设学田之始。

通过后人的文献记载,的确有很多人提到南唐时期,就已经有学田。诸如陈舜俞《庐山记》称:"白鹿洞……南唐升元中,因洞建学置田,亦以给诸生,学者大集。"[③]朱熹《申修白鹿洞书院状》称:"南唐之时因建书院,买田以给生徒,立师以掌教导,号为国学。"[④]洪迈《州县书院》一文则称:"太平兴国五年以江州白鹿洞主明起为褒信主簿。洞在庐山之阳,尝聚生徒数百人。李煜有国时割善田数十顷,取其廪给之,选太学之通经者俾领洞事,日为诸生讲诵,于是起建议以其田入官,故爵命之。白鹿洞由是渐废。"[⑤]此外,李焘《续资治通鉴长编》、毕源《续资治通鉴》亦是此说。还有王应麟,也称:"白鹿洞书院,……南唐升元中,因洞建学馆,田以给诸生,学者大集……"。[⑥] 直至清吴任臣也认为:"升元四年十二月……是时建学馆于白鹿洞,置田以给诸生。……号曰庐山国学。"[⑦]

关于学田的数量,宋神宗熙宁四年曾规定:"州给田十顷为学粮。原有学田不及者益之,多者听如故。"[⑧]到宋徽宗大观三年,全国已有学田十

① 孟繁清:《元代学田》,《北京大学学报》1981年第6期,第49页。
② 穆紫:《学田之设,非自北宋始》,《江西教育学院学刊》1983年第1期,第58页。
③ 吴宗慈:《庐山志》,江西人民出版社1996年版。
④ 毛德琦:《白鹿书院志》。
⑤ (宋)洪迈:《容斋随笔·三笔》卷五。
⑥ (宋)王应麟:《玉海》卷一〇七。
⑦ (清)吴任臣:《十国春秋》卷一七,中华书局1983年版。
⑧ (宋)李焘:《续资治通鉴长编》卷二二一。

万五千九百九十顷。[①] 两宋时期，学田数量不断扩大，很多州县学田达数千亩之多，且学田受到法律的严格保护。南宋绍定初年，立于平江府学的《给复学田公牒一》《给复学田公牒二》《给复学田省札》是一组珍贵的公文运作和诉讼流程并行的碑刻文献。三通碑石载平江知府给付府学公牒五份、提举常平司给付平江府府学公牒一份、尚书省给付府学省札两份，及府学教授的跋记一篇。八份公文样式完整，内容衔接，穿插记载了学田被冒占一事之首告、状申、受理、取证、裁断、翻诉、再审、检法、再判、执行、越诉、转审、断罪等环节，可再现学田案的诉讼始末和审判流程。[②]

金朝对赡学田土也有明确规定，金章宗泰和元年九月，定赡学养士法，“生员给民佃官田人六十亩，岁支粟三十石”。[③] 因此，学田数量也相当可观。元朝建立之后，元世祖忽必烈“讲前代之定制”[④]，主张推行“汉法”，宋代的学田制度因受到元朝统治者的保护而沿袭下来。元代学田种类很多，有围田、湖田、上岸田、砩田、泉田、天田、坑塘田[⑤]、沙田、海涂田[⑥]、演田[⑦]、山地、桑地、熟地、荒闲地、草塌地、沙岸、芦荡、菱荡、水池、鱼场、渡口等等。所有这些，学校都以租佃的方式来经营。学田租大都是定额地租。大凡种植粮食作物的田土，都收实物地租，如稻米、谷、豆、小麦、大麦等，租额多少不等。

学田之设，是学校教育日益发达的产物。明朝始兴，太祖朱元璋即以

---

① （宋）葛胜仲：《丹阳集》卷一《乞以学书上御府并藏辟雍札子》。

② 参见李雪梅、赵晶等中国政法大学石刻法律文献研读班：《南宋〈给复学田公牒〉和〈给复学田省札〉碑文整理》，载《中国古代法律文献研究》第十二辑，社会科学文献出版社 2016 年版。

③ 《续文献通考》卷五〇之《学校四》。

④ 《元史》卷四《世祖本纪一》。

⑤ 据《越中金石记》卷九《新昌县学续置田记》载：“按万历县志新昌田土则例，有天田、泉田、坑塘田、砩田之别。砩田为上，泉田次之，坑塘田次之，天田为下。”参见《（万历）新昌县志》卷六《民赋志》。

⑥ 《大德昌国州图志》卷三《田粮》载：“涂田者，乃海滨涂汛之地。有力之家累（垒）土石为堤以捍潮水，月日滋久，涂泥遂干，始得为田。”

⑦ 演田，即湿地。

兴学为要务。洪武十年四月，将学田“定为三等：府学一千石，州学八百石，县学六百石，应天府学一千六百石。各设吏一人，以司出纳，师生月给廪膳米一石，教官俸如旧。”[①]此后，全国各级地方学校皆置学田，并建立管理收支制度，形成了“无地不设之学”[②]，有学必有田的空前盛况。明代学田种类繁多，名目各异。按其总来源和土地所有制性质，可划分为两类：一是明政府直接拨置给各府、州、县的学田，属专制国家土地所制性质，即通常史籍所载之“官田”。[③] 二是经地方官府置办或由在职官员、士绅等私人捐助。其中，由官绅捐助的部分，入学宫之前，都属私人土地所有制性质，即“民田”。而地方官府置办的部分，其所有制情况，则介乎两者之间，官田有之，民田亦有之。有些历时久远，不知其由来，难以具体区分其土地所有制性质。但无论是哪一类学田，为地方学校所有，以供师生“廪膳”“束修”“婚丧”之费。

明代学田按其来源进行细分，大致有五种形式。一是由明朝廷颁赐之田。如前文所述朱元璋曾赐天下学粮，定学田三等之制，府、州、县学几百至千石不等即是，此类学田是地方学校学田的主要来源，但它主要见于明，以后少有类似现象见于史载。

二是由地方官府拨置的入学田。包括“没官田”“断入官田”“还官田”等。如嘉靖三十六年，宜兴知县董鲲“入赎罪田八十二亩”[④]。嘉定县学，嘉靖四十四年，按院朱如璋“断没官田一百六十三亩”[⑤]。隆庆四年，江浦知县王之纲“申准绝户田产八顷九十一亩给学”，即是由民田“还入”官田之典型。[⑥]

---

① 《钦定续文献通考》卷五〇，《四库全书》第 387 册，上海古籍出版社 1987 年版，第 396—397 页。

② 《明史·选举志一》，中华书局 1974 年版，第 1686 页。

③ 参见《明史》卷五三，中华书局 1974 年版，第 1881 页；田昌五、漆侠：《中国封建社会经济史》第四卷，齐鲁书社 1996 年版，第 35 页。

④ 康熙《常州府志》卷一五。

⑤ 康熙《嘉定县志》卷九。

⑥ 光绪《江浦埤乘》卷一二。

三是地方主要在职官员以公帑购置之学田。据载,嘉兴县学之学田废于元代,嘉靖中,部使者袁某始置学田,至三十九年,知县何源复“置三十五亩”①。嘉靖十一年,宜兴县摄县事推官管见“以罚金购民田六十亩”给本县学。② 海盐县学,学田于元末没入豪右之家,“有田自隆庆间司训高梓始”。万历中,知县李当泰购置学田若干亩增学。③ 万历十三年、四十五年,江浦县学先后两次由地方官以“赎银”、“官银”购置学田四十五亩有奇。④

四是地方官绅等自发捐助之田。自明中叶以后,此类学田数量已超过国家赐田,稳居各类学田之首。乾隆《吴江县志》记载:吴江县学置田自明嘉靖二十四年始,时知县朱舜民“捐置吴垣名下田三顷”。二十九年,巡按御史郑巍“捐置计撰名下田四亩九分二厘,上下荡一亩五分八厘,中上荡二亩四分二厘”。万历三十六年,县学教谕蒋弘宪“复捐置田一十五亩”。四十年,巡抚徐民或“分置推官名下田五十六亩”。四十六年,知县魏士前又“捐置”生员吴钟等名下田一百零八亩,其前后“捐置”之田达四百余亩之多,并注明置前为何人所有,以便查考。⑤ 其他史志类似记载不胜枚举。

五是学校以学粮、店铺等库存租息,自行购置之田。万历末年,常熟府虞山书院就曾明文规定:学粮供师生之需后所余部分,“仍听三纲计议量买田亩,以便永久。”⑥此处“三纲”,即书院钱粮的监管者。它虽以院规书面形式出现,但可据此推测,虞山书院早在万历以前,可能已经产生此类学田。推及地方官学,在学粮管理实行独立核算、自负盈亏后,用余银置田现象亦应不少。

① 光绪《嘉兴府志》卷八。
② 康熙《常州府志》卷一五。
③ 光绪《嘉兴府志》卷九。
④ 光绪《江浦埤乘》卷一二。
⑤ 乾隆《吴江县志》卷八。
⑥ 孙慎行、张鼐:《虞山书院志》卷六,万历刊本。

以上是按学田来源及所有制性质分类,若依学田供给对象,则可将之分为“官学田”“社学田”“义学田”“卫学田”“书院田”等项。其中,义学田又可称为“义塾田”“义田”,而“义学田”又属于明代族田的一种,只不过其功能主要是资助族中贫困子弟入学,故与其他类族田有别。此外,通常文献、地方志乘中所出现之“祭田”或“供田”,究竟可否划入学田范畴,学界尚有争议。有的认为,“有些地方以学田的租入兼供祭祀历代圣贤之需,而名之曰‘供田’”,应属学田。① 有的则持不同看法。李朝晖等甚至认为,供学校、乡社、家族祭祀用之“祭田”,只要其收入有助学功能,都可定为学田。②

清人以少数民族入主中原,定都北京初期,顺治帝即发布诏令:“今天下渐定,朕将兴文教,崇经术,以开太平。”在这种“以教化为先”的思想指导下,在全国内地边疆、乡村卫所普遍设立府州县学、义学、卫学和宣慰司学等名目的各类学校,有学必有田,各级学校皆存在数量不等的学田。所谓“田之多寡,租之轻重,各学不齐,旧无定额。”对于全国学田、学粮总数的统计,见诸史端者有三次:其一是康熙二十二年,统计各省学田租银米,银为 16650 两,米为 16620 石;其二是雍正二年,各直省学田总数为 3886 顷 98 亩有奇,征银 23458 亩,粮 15745 石;其三是乾隆十八年,统计天下学田租赋,总计各省学田 11586 顷,租银 19069 两,学粮 19801 石。可见,由于统治者的重视和提倡,清代学田不断得以增殖,至乾隆时期,全国学田总数已大大超过前代。

面对如此庞大的学田,清代学田的管理主体呈多元化态势。其一,地方官府“总其事”,即学田“劝置”、出租和学租“敛散”“存贮”等项,都由地方政府负责。自学田制度创立以来,学田由“有司经理”的方式一直占主导地位。由官府负责学粮支放、存贮,不足之处又由政府另措其他项钱

---

① 林金树:《明代私人捐田助学风气的兴起和作用》,《社会科学战线》1990 年第 4 期,第 157—174 页。

② 李朝晖、文平:《论明代学田》,《贵州文史丛刊》2002 年第 4 期,第 40 页。

粮补充，是典型的官府统包统管的经营方式。乾隆五十六年，南昌府学由“义宁州陈密捐本州双井田租一百六十石，后因租米未能按年收纳，由州详议，自道光十六年始，岁折收钱八十千文，除免条漕外，余钱缴州解存藩库备用。”

其二，由“本学”直接管理，乡之“首老”、“学有行者”等协助管理。学田管理权由官府向民间转化，是学田制度自身发展的必然趋势。但至清末，学田出现了危机，对此，政府采取了三项举措：一是劝置学田；二是查办学田案，包括侵夺学田及学田纠纷两类；三是拨田和学田充费，拨田就是划拨田亩作为学田，或将学田的收入划拨为教育发展经费，学田充费就是将原来的学田作为新兴学堂的经费，以免资源流失。

学田制既是一种土地制度，同时又是中国古代教育制度的一个重要组成部分，为专制中国教育提供物质基础，对于研究中国古代土地问题与教育问题都具有十分重要的价值。以广东学田为例，广东地处岭南一隅，开发较晚，宋元以前一直落后于全国平均水平。但广东学田的出现并不晚，几乎与全国其他地方同步。北宋时，就有不少关于学田的记载。至清代，广东教育已十分发达，从富庶的珠江三角洲到偏远的山区，甚至开发最晚的海南岛（今海南省），学田比比皆是。学田不仅指水田，还包括山、塘、园、房屋、店铺等，即“间有山塘园屋，统名曰田；所收有银有钱有粮，统名曰租”①。

清代，广东农业虽已进入全面开发阶段，但仍有一定数量的荒山、荒地等未曾开垦。地方官员常将这些荒田拨入学校作为学田，然后由学校或政府招佃开垦。如乾隆三十八年（1773），石城县“马国明与邱国旺互控（田地），知县赵谦德勘属官荒，断归（松明）书院。”②嘉庆年间（1796—1820），增城县《义学碑记》中也有官拨荒田的记载，“清丈之后，将清出灵

① 阮元：《广东通志》卷一七一《经政略十四》，道光刻本。

② 《石城县志》卷二《学校志》，嘉庆刻本。

山村无主荒田若干拨送文庙”。[1] 嘉庆五年(1800),顺德县“详拨官荒五十二亩零”归凤山书院。[2]

此外,由于广东独特的自然条件,在珠江三角洲一带,不断浮生大量沙田。沙田是由各河流挟带的泥沙长期淤积而成的,未开垦之前称沙坦,这些沙坦亦可看作是荒田。在珠江三角洲地区,地方政府经常把无主沙坦或未经报垦的沙坦拨给学校作学田。如新会县地处珠江三角洲,沙田数量较大,雍正十二年(1734),知县张琞“详明大沙,税五十亩九分零,俱拨入义学”[3]。至乾隆十七年(1752),新会知县张甄陶又“建拨土名第四五洲坦八顷二十一亩,连原拨坦田土名洋心、东海等处田三顷,以充(冈州书院)经费”[4]。嘉庆十二年(1807),顺德县“拨横洲嘴沙坦一顷四十三亩七分二厘,租银七十一两九钱,归凤山书院”[5]。总之,珠江三角洲的大部分州县都有沙田,学校或书院、义学等拥有沙田是常见现象,形成广东学田的一大特色。

所谓没官田,指因业主违法犯罪或其他原因没入官府的土地,这部分土地,政府有时会拨给学校充学田。如同治六年(1867),番禺县经绅士李廷等禀请,“将猛涌充公逆产四顷四十二亩零一厘拨归禺山书院收入”[6]。材料虽未明确记载田产原业主的情况,但既然被称为“逆产”,显然是其业主因犯罪而没官充为学田的。因当地民人私垦或隐耕不报,被官府查出后,有的也被充作学田。如康熙年间(1662—1722),茂名县“将李日宣不应承继伍氏之田,土名黄泥……等处计二十六处,丈出余税三十七亩一分六厘……归之(笔山)书院”[7]。雍正十一年(1733),恩平县“奉

---

① 《增城县志》卷五《学校》,嘉庆刻本。
② 《广州府志》卷七二《经政略三》,同治刻本。
③ 《新会县志》卷三《建置志》,乾隆刻本。
④ 阮元:《广东通志》卷一七二《经政略十五》,道光刻本。
⑤ 阮元:《广东通志》卷一七二《经政略十五》,道光刻本。
⑥ 《广州府志》卷七二《经政略三》,同治刻本。
⑦ 《茂名县志》卷一《学校》,康熙刻本。

拨冯泰韶欺隐田亩,除纳粮外,余谷六石留学公用”①。乾隆年间(1736—1795),茂名县又“审追杨茂晟隐耕道署二里一甲田米一石零四升正,土名……等处……今编入上三道甲(为敦仁书院学田)”②。

另外一种形式的没官田叫“断入官田”,在当地的一些土地诉讼中,有时政府无法断定其归属,则将这些诉讼土地断为学田。这些诉讼的土地有的原属官田,如道光年间(1821—1850),四会县“因曾叶二姓互争官荒田,经署县朱甸霖审断充公拨给(书院)”③。感恩县“民人蒙翰明与苏松等互控土名加滩田地,勘丈五顷之多。除拨给蒙翰明之祖原报垦官荒田十六亩外,余地尽行入官,作为书院膏火及院考经费之需”④。有的诉讼田原属不明,如嘉庆间(1796—1820),石城县“黄新民、陈岳彪以田讼于庭,廉其均非己业。(县官)谓之曰:‘此等闲田,徒为若等分累,盍入租于学养我子弟贡乎?’咸曰‘唯命’”⑤。在此案中,黄陈二人所讼之田或属官田,或属民田,不可得知。

捐献是清代学田的另一主要来源。各级政府及地方官吏、乡绅等大都对当地的教育事业比较重视,把捐田兴学看作是一项有远见的善举、义举,捐献者既有各级地方官员、乡绅地主,也有一般地主、商人等。地方官员是当地兴学的倡导者与组织者,他们在兴学的同时,常带头捐田,以作表率。雍正改土归流以后,清代官员均为流官,一般不在任所置田产,他们主要是捐银买田,即所谓“置买”、“捐置”。如康熙年间(1662—1722),西宁知县李翼鹏“捐置田三十二亩五分,申请送学”。后来知县赵振阳又“捐置田一十二亩,递年租谷给诸生灯油之资”⑥。光绪十九年

① 《恩平县志》卷二《建置志》,乾隆刻本。
② 《高州府志》卷六《学校礼乐》,乾隆刻本。
③ 《四会县志》编二上《建置志》,光绪刻本。
④ 《感恩县志》卷五《建置》,民国刻本。
⑤ 《石城县志》卷五《艺文志上》,嘉庆刻本。
⑥ 《西宁县志》卷三《贡赋志》,康熙刻本。

(1893),感恩知县蔡光岱“捐廉买助书院田二十工”①。清代,官员捐田助学的事例很多,包括在广东地区。

以乡绅为主要代表的地主是清代广东地方政权的主要支持者,他们在当地占有大量土地。又大多对当地的教育事业比较关注,积极拥护政府办学,不少人踊跃捐田捐款。如乾隆元年(1736),博罗县生员何桂、邓汉等“送出黄冈尾湖一口,载米一十二石,归书院租”②。广宁县乡绅李某输田一十六亩八分,租谷八十石,为广宁县儒学学田;又“诸生”庞尚鸿捐田二十二亩三分,租谷六十石,为广宁县儒学学田。③ 南海县也有“故民霍念台妻岑氏捐租石二百五十为膳田”的记载④。此外,清代广东宗族势力也异常强大,在经济上拥有大量的族田。有些宗族为了扩大本族在当地的影响而结交官府,有时也会捐献一些田产。如咸丰五年(1855),番禺赤山陈族“禀官奏准,送出祖遗清流沙田坦五顷七十余亩作为学宫公产”⑤。

当然,有些学田来源也是靠置买这条途径。随着土地买卖的日益频繁,学校有时也参与土地的买卖,利用所掌握的教育经费购买土地。如咸丰六年(1856),琼山县雁峰书院“置买汉眉庄田二契,共去钱四千九百六十千零四百七十文”⑥。但从目前所能见到的材料来看,相比其他来源,这不是学田的主要来源,因为学校或书院购买土地的记载并不常见。从而可以推知,在广东地区,学田主要来自官拨和捐献。

再以徽州地方学田为例,从方志记载看,徽州学田设置由来已久。宋代歙县学田有200亩,徽州府学田经宋代不断增置,到元初已达1888亩。清代康熙年间,府学田160亩,歙县学田263.95亩,休宁县学田283.62亩,婺源县学田235.9亩,祁门县学田94.5亩,地一块、店房九间。黟县

---

① 《感恩县志》卷五《建置》,民国刻本。
② 《博罗县志》卷四《学校志》,乾隆刻本。
③ 《肇庆府志》卷一四《学校志》,乾隆刻本。
④ 《南海县志》卷一五《艺文志》,康熙刻本。
⑤ 《广州府志》卷七二《经政略三》,同治刻本。
⑥ 《琼山县志》卷四《建置三》,咸丰刻本。

学田110.6亩,绩溪县学田59亩12角135步、店屋三间、松树一林。学田的存在,使府、县两级官费师生的生活和学习有了保障,促进了古代徽州的官学教育。

总之,学田经营、管理是否得当,是关乎书院和地方教育发展的重要因素。清末之所以出现学田危机,就是跟学田经营、管理不善有关。书院之所以对所属之田产无经营之方,是因书院常标榜为斯文之地,在潜意识里排斥经理学田的商业行为,管理者经营理念贫乏,运作技术低下。学田经营不善,书院便失去了稳定的经费来源,山长没有束修岁俸、生童没有膏火支持、斋舍倾圮无资可修,如此则"士难久集"。而没有求学生徒,使书院失去了育才兴贤的功能,也成为退出历史舞台的原因之一。正所谓"院有田则士集,而讲道者千载一时,院无田则士难久集,院随以废,如讲道何哉?"①

(二)族田和义田

族田是宗族共同共有的土地,包括义田、祭田、学田等。中国古代的族田记载始于北宋范仲淹设置于苏州的范氏义庄,以恤族为主要宗旨。在此之后,族田之设,渐见于史籍。至明清,已经遍布南北各地,蔚为可观,尤其是江南地区。由于建置者目的不同,根据其主要功能大体上分为祭祀型、恤族型、祭祀兼恤族型、祭祀兼恤族助学型、助学型及其他特定功能型。

从样态上看,族田主要指两类,一是用于赡养救济宗族的义田,包括建庄的义庄田和没有建庄的义田;二是用于维持祭祀的祭田,包括祠田、坟祭田,坟山墓地属于其中的特殊部分。而所称的"学田",一般是由义田或祭田中专门划定用于兴学助教的部分,因此对于不同的宗族,其或属于义田,或属于祭田。

义田又称润族田或义产,是"为赡养宗族或救恤宗族而设之田产"②。

① (明)娄性:《白鹿洞学田记》,李才栋、熊庆年编《白鹿洞书院碑记集》,江西教育出版社1995年版,第63页。

② [日]清水盛光:《中国族产制度考》,宋念慈译,台北中华文化出版事业委员会1956年版,第5页。

就管理角度和权属范围而言,义田大致有三种形态:(1)义庄义田。宗族置有义田并建有庄房,由专门人员专司经营管理,并申官立案,此义田为义庄义田。可以说,凡义庄必有义田,正所谓“既无义田,何有义庄?”①但有义田却不一定就有义庄②,义田和庄房是构成义庄的必要物质基础,二者不可或缺。(2)善会或善堂义田。一些地方团体如社学、养济院、育婴堂等组织,置义田以充经费,此义田则为社会性义田。(3)宗祠义田。清代不少苏南宗族,经济实力不弱,置有规模不小的义田,却并未建立义庄,而是由祠堂代管。以松江府奉贤县为例,泰日桥镇西的周氏宗祠,道光年间候选教谕周甸华置义田五百亩有奇;位于十四保十一图的张氏宗祠,先后置义田五百五十亩;三官堂镇北的阮氏宗祠,道光二十二年文生阮澜、阮涛建置义田一千亩有奇。③

义田是承担特殊功能的田土资源,一般支持集体或公用事业的发展,最常见的是书院义田。书院义田是书院赖以生存和发展的基础,书院等开展各项事业的前提和保证。从书院义田来源分析,可以窥探义田对地方教育事业、公益事业的推进与发展。书院义田主要形式包括学宫田、济贫田、济荒田、祭田、宾兴田等,主要来源于官府的拨付、民间的捐输、书院的自营。书院义田可以服务学子,推进教育;稳定社会,救济事业;宜于统治,利于社会。

基于社会层面,义田是兴办义学的基础,兴办义学是地方文教事业发展的保障,地方文教事业的发展又为文人入仕提供了有效的途径,文人入仕对社会稳定发展具有重大意义,因此书院义田和社会稳定发展具有密切的关系。“凡州县之治,莫先于振士风;士风之振,莫先于兴文教;文教

---

① 沈寿祺纂修:《虞阳沈氏宗谱》卷一一《义庄志》,清宣统三年木活字本。

② 文献中常将义田、义庄通用,潘光旦教授指出了这种谬误,但潘氏仍混淆了义田与义庄之间的从属关系。潘氏认为:有义庄的人家必有“义田”,否则没有东西供支配;有“义田”的人家也必有义庄,否则没有执行支配的机构。(参见潘光旦、全慰天:《苏南土地改革访问记》,生活·读书·新知三联书店 1952 年版,第 46 页。)

③ 博润修、姚光发等纂:《松江府续志》,清光绪十年刻本,第 7 页。

之兴,莫先于设义学;义学之设,莫先于置义田"①。书院义田的获得,大致是通过三条途径:一是官府拨付,二是民间捐输,三是书院自营。

官办书院义田的来源不一,在早期,主要的来源是朝廷赐予,这一部分田地通常称之为"赐田"。赐田通常占地范围较广而且土壤质量较好,肥沃多产,因其为官府赐予,所以有律法的保护,一般不会被地方官绅豪强霸占。书院对赐田的管理与经营特别重视,通常制定相应的条例加以监管。

南宋时期统治者比较重视文人的发展,因此书院众多,皇帝亲令地方官府要支持书院的发展,拨付大量土地为书院所用。宋度宗曾下令"拨田养士",如衡山石鼓书院由朝廷出资,"出公帑置田三百五十亩";江苏吴县学道书院也提出"以官田养士"。清朝乾隆年间,朝廷置学田七百亩有余拨予安徽池阳书院,并在当地官府支持下,号召附近六郡的学子进入学院读书,进入书院的学子可以保证其衣食无忧,形成了"讲诵极盛"的繁荣景象。为了资助书院义学,地方官员还会将一些罚款归入书院,如"同治五年,知县张国英,以各案罚款归入书院,置买书院后田一千把。"②

除赐田外,书院义田的另一主要经济来源是民间捐输,捐输者主体为地方商贾豪绅,将其私有资产如田地、银两等无偿捐赠给书院等教育组织机构。这种现象在清朝尤为显著,如道光十四年,文昌兴会众姓捐南门外,武云观观背,冲田一百五十把,买观化乡清江里二畐,地名十里铺,背田三百九十把,买观化乡清江里一畐地名姚家屋,桂花树下田一百把。③

书院筹集资金的第三种渠道是对其已获得的财产加以经营,使之取得更多的收益。大多数的官府拨付和民间捐输都发生在书院创立之时,

① (清)锡荣纂修:《萍乡县志》卷六,同治十一年(1872),成文出版社有限公司 1975 年影印版。
② (清)锡荣纂修:《萍乡县志》卷三,同治十一年(1872),成文出版社有限公司 1975 年影印版。
③ (清)锡荣纂修:《萍乡县志》卷三,同治十一年(1872),成文出版社有限公司 1975 年影印版。

无论是田产还是金银，这些都构成了书院日后经费的一个原始的积累。

书院自营的形式主要是出租义田、房屋等。为了使义田能获得最大的收益，书院将一部分义田自留使用外，将其大部分出租，所获租金成为书院的稳定收益，也是日常开销的主要来源。而在资金充足的时候，常常在土地上投资，购买一部分田地作为书院义田。依靠书院义田租息的风险比较小，年年岁岁有租息，收入比较有保障。因此，为书院的长久之计，书院也把目光盯向土地，绝少有经商或投资于其他方面的。

明初，据王日根的研究，“朱元璋采取抑制义田发展的政策，使宋元蓬勃发展的义田事业陷于停滞状态”。原因是朱元璋在进军浙西期间，屡屡“困于富室”，富民土豪凭借义田凝成的地方势力，对抗朱元璋的军队。朱元璋得天下后，对苏、松、杭、嘉、湖地区的世家大族和富户采取了严厉的没产和迁徙政策，“力图取消义田这一基层社会控制机制”①。此外，为加强对江南富户的控制力度，朱元璋还实行江南重赋制度和推行粮长制，并通过里甲老人制度直接实现对社会基层的控制。朱元璋打击江南富户巨室的做法，无疑会钳制族田义庄的发展。不过，明初的里甲老人制度只延续到宣宗时期，尔后便遭毁坏，政府对基层社会的控制逐渐减弱，这为族田义庄的恢复创造了机遇。李文治、江太新对明代的族田进行了统计，大约有 200 宗。② 总体来看，明代族田义庄的发展出现了所谓“停滞与恢复”两个阶段。

到了清代，政府对义田采取了倡导、激励和保护的政策，使得族田、义庄在清代得以大发展。清政府在继承明代有关定制的基础上，逐步构建了富有特色的族田政策体系，通过树立典型、强化宣传等方式倡导建置族田，虽也有废除参与械斗宗族的族田之举，但也实行旌表、议叙等政策激励族田发展，对族田实行多项不同于一般民田的优待措施。清代族田之

① 王日根：《明清民间社会的秩序》，岳麓书社 2003 年版，第 113 页。

② 参见李文治、江太新：《中国宗法宗族制和族田义庄》，社会科学文献出版社 2000 年版。

所以蓬勃发展,关键还在于其制度化和法律化,形成了以法律保护为主的、多措施并举的族田保护网,使得义庄、义田地位逐渐提高。

清政府起初并没有族田政策,只是在其入主中原的过程中,才渐渐意识到族田的存在及其对于社会稳定和国家统治的作用,从而在继承明代有关定制的基础上,逐步构建起了富有特色的族田制度体系。清政府对族田的倡导与其治国理念的发展有着密切关系。努尔哈赤在世时,把通过"教化"实现社会"和顺"视为非常重要的"为国之道"。皇太极继位后,开始认识到"敦睦宗亲"对于宗族和社会稳定的重要性。① 顺治在十三年(1656)的上谕中把"睦宗族"作为"邦国之大经大法"②。康熙秉承先帝遗训,提出"化民之务,首重乎尊亲",拟定《圣谕十六条》,提倡"笃宗族以昭雍睦",谕令礼部"通行晓谕八旗佐领并直隶各省督抚,转行府州县乡村人等切实遵行"③。不仅如此,他还在南巡过程中前往苏州范仲淹祠堂,亲书"匾额悬其祠"④。从康熙开始,清政府已经注意发挥范仲淹置义田实现敬宗睦族的典范作用了,但还没有将建置族田作为实现敬宗睦族的手段正式倡导。

雍正帝即位之初,除了继续宣传《圣谕十六条》外,还亲自将其演绎为万言的《圣谕广训》,把康熙的"笃宗族以昭雍睦"具体化为"置义田以赡贫乏";更为重要的是,他还命令将《圣谕广训》"颁发直省督抚学臣,转行该地方文武教职衙门,晓谕军民生童人等,通行讲读"⑤。雍正在位期间一直致力于《圣谕广训》的宣传,要求"置敦宗赡族之田"⑥。此后,《圣谕广训》被奉为清政府的治国圭臬,族田则正式开始作为化民成俗的重要物质基础而备受重视和倡导。乾隆帝在继位的第二年(1737)就"传谕

① 《大清十朝圣训》(太祖、太宗),赵之恒标点,北京燕山出版社 1998 年版,第 28、91 页。
② 《大清十朝圣训》(世祖),赵之恒标点,燕山出版社 1998 年版,第 104 页。
③ 《大清会典》卷七七,(台北)文海出版社 1994 年版,第 4807—4809 页。
④ (清)赵尔巽:《清史稿》第二册"纪",中华书局 1976 年版,第 267 页。
⑤ 《大清会典》卷七七,(台北)文海出版社 1994 年版,第 4827 页。
⑥ 《大清十朝圣训》(世宗),赵之恒标点,北京燕山出版社 1998 年版,第 849 页。

直省督抚,督率有司将圣训实心宣讲,多方劝导,务使远乡僻壤之民,共知遵守是训是行”[①]。他还在乾隆十六年(1751)的初次南巡过程中“幸宋臣范仲淹祠,题园名曰‘高义’,赏后裔范宏兴等貂币”[②]。范仲淹建义田赡族被作为典型再次受到高扬。

嘉庆、道光和咸丰帝也无不重视《圣谕广训》的宣传,倡导建祠置田,建义庄、置义田。[③] 尤其是同治帝继位后,清政府的倡导力度有所加大,不仅将《圣谕广训》“宣谕中外”,命令官民“实力奉行”,还在觉察到奉行情况并不十分得力后,迅速于同治四年(1865)“著顺天府五城及各省督抚大吏,严饬所属地方官,选择乡约于每月朔望,齐赴公所,敬将《圣谕广训》各条,剀切宣示”;其距城较远各乡,即“著该地方官选择品行端正绅耆,设立公所,按期宣讲”,地方官要“随时考察”,如有“虚应故事,奉行不力”者,“督抚学政据实参处”[④]。光绪时期,清政府再次刊刻颁发《圣谕广训》,进一步规范和加强各级官员对建置族田的宣传倡导。[⑤] 至清末,清政府的宣传工作不仅形成了“乡村闾里,无处不到”的局面,而且“对于平民生活信持、信仰习惯”产生了非常大的“浸澈之功力”[⑥],有力地推动了族田的发展和家族法的完善,而家族法反过来又会对族田的发展起到保障作用。

清政府在倡导、激励士民建置族田的同时,不断加强对族田的保护,立法就是其中的重要举措。清在开国初基本上援用明律[⑦],虽然在“律文”上并没有将族田与一般民田区别保护[⑧],但对坟山墓地立有专门的“条例”,规定了“若子孙将公共祖坟山地,朦胧投献王府及内外官豪势要

① 《大清十朝圣训》(高宗),赵之恒标点,北京燕山出版社1998年版,第1523页。
② (清)赵尔巽:《清史稿》第三册“纪”,中华书局1976年版,第411页。
③ (光绪)《钦定大清会典事例》(七),上海古籍出版社2002年版,第338页。
④ 《大清十朝圣训》(穆宗),赵之恒标点,北京燕山出版社1998年版,第10379页。
⑤ (光绪)《钦定大清会典事例》(七),上海古籍出版社2002年版,第339—340页。
⑥ 周振鹤:《圣谕广训:集解与研究》,上海书店出版社2006年版,第638页。
⑦ (清)赵尔巽:《清史稿》第十五册“志”,中华书局1976年版,第4183页。
⑧ 《大明律》,怀效峰点校,辽宁书社1990年版,第53页。

之家，私捏文契典卖者，投献之人问发边卫永远充军，田地给还应得之人”，“其受投献家长，并管庄人，参究治罪”。[①] 清政府正是在此基础上，逐步形成了对所有类型族田进行特殊保护的法规体系。

顺治六年(1649)经江宁巡抚土国宝的奏请，上谕禁止没收华亭县民顾正心所捐的40800亩宗族义田，将该田产“仍归正心子孙收种，以成义举”[②]。此时，族田中的义田开始为清政府所重视，但还没有出台针对性的保护政策。雍正十年(1732)，礼部侍郎娄县张照奏请将其祖张淇所置1000亩义田“官为查核，立册存案，载入县志，不得擅卖，违者虽系臣之子孙，亦以盗卖官田论。”对此，谕批吏部：“饬该县立册存案，载入县志，张氏子孙不得擅卖，族人外人不得擅买，违者照律治罪。”[③]所谓“照律治罪”就是“以盗卖官田论”[④]。清政府批准了张照的全部奏请，实行对买卖双方的处罚，形成了对张氏义田的特别保护。乾隆十八年(1753)，对张照奏请的处理决定成为“定例”被广为援引[⑤]，义田同等于官田，受到严格保护。

除对义田实行特别保护之外，针对各地祠田、坟田等祭田被侵害日益严重的情况，清政府也加强了对该类族田的法规保护。乾隆四年(1739)，太常寺少卿邹一桂奏请“严禁私卖私典”祭田，要求对“犯者枷号示众”，同时“依族法议责”，吏部批准此请。[⑥] 其实，宗族执行族规家法在雍正五年(1727)就为上谕所允[⑦]，此次清政府不仅强调了在祭田保护方面所应发挥的作用，而且增加了惩罚性措施，对祭田的保护力度

---

① 《大明律》，怀效峰点校，辽宁书社1990年版，第370页。
② (清)蒋良骐：《二十五别史·东华录》，刘晓东等点校，齐鲁书社2000年版，第91页。
③ (清)宋如林：《(嘉庆)松江府志》卷一六《建置志·张氏义田》；《张氏捐义田奏折·附义庄条例》，抄本，南开大学图书馆藏。
④ (清)庆桂：《大清高宗纯皇帝实录》，中华书局1986年版，第497页。
⑤ (清)庆桂：《大清高宗纯皇帝实录》，中华书局1986年版，第698页。
⑥ 冯尔康：《18世纪以来中国家族的现代转向》，上海人民出版社2005年版，第53页。
⑦ 《钦定大清会典事例》(十二)，上海古籍出版社2002年版，第850页。

加大。

乾隆二十一年(1756),江苏巡抚庄有恭奏请制定保护祀产义田的规例,要求对盗卖祀产义田的宗族子孙"照盗砍坟园树木,计数加罪"。吏部虽然不同意庄氏解决问题的方法,但奏请道:"祀产与坟茔有闲,请嗣后如有不肖子孙私将祀产投献势要,及富室谋占风水,知情受献、受买各至五十亩以上者,均依捏卖坟山例,问发充军;不及前数者,依盗卖官田律拟罪";"至盗卖义田,又较祀产情罪稍轻,应仍照原内阁学士张照奏定例,依照盗卖官田律,止杖一百,徒三年";"嗣后祀产义田,令地方官示谕有力之家,自行勒石,报官存案,即田数无几,亦须族党自立议单公据,为后有犯者定断之凭";以上各项"应载入例册"。乾隆帝允准了吏部的处理意见。① 在乾隆二十二年(1757),《大清律例》的修订中,吏部保护祀产义田的措施被列为"条例"②。至此,清政府初步形成了对各类族田全面保护的法律制度。

此后,清政府在很长一段时期内对族田的保护律例基本没有大的变化,但是为了能够有效实施法律、打击侵害,清政府上下还特别注意加强有关族田凭据的收集和保管。如咸丰帝谕令地方官实力奉行法律,将族田"立册存案,载入志书"③。地方政府也积极响应,在编纂地方志时非常重视对族田的调查和登记。④ 可见,清政府对族田保护的法律还在不断充实、发展中。直至宣统二年(1910),清政府颁发《大清现行刑律》,对原《大清律例》有关族田的保护性规定做了一定的修改。在祖坟山地方面,规定投献子孙、受投献家长并管庄人依照"强占官民山场","不计亩数,流三千里"⑤。至于盗卖祀产义田,规定"凡子孙盗卖祖遗祀产并义田及历久宗祠者,具照盗卖官田宅律定拟罪,止徒三年。知情谋买之人各与犯

---

① (清)庆桂:《大清高宗纯皇帝实录》,中华书局1986年版,第497—498页。

② 《大清律例》第一册,海南出版社2000年版,第155页。

③ (清)博润:《松江府续志》卷九《建置志》,光绪十年刊本,第59页。

④ 朱福熙:《黄埭志》卷二《祠宇》,1922年刊本,第1页。

⑤ 故宫博物院:《大清现行律例》,海南出版社2000年版,第105页。

人同罪,房产收回给族长收管,卖价入官,不知者不坐;其祀产义田令勒石报官,或族长自立议单公据,方准按律治罪"[1]。

与《大清律例》相比,《大清现行刑律》对盗卖族田者不再杖责[2],对盗卖祖坟山地的处罚也化繁为简,但是在量刑上并没有降低等级[3];对盗卖祀产的处罚也不再分等,且将其等同于盗卖义田,但是仍比照官田处理。因此,清政府对族田的保护并没有松动。也就是说,处于社会转型时期,清政府不但变革刑法处罚方式,使之逐步符合近代社会发展的要求,而且着手解决"应属民事者,毋再科刑"的问题。[4] 宣统三年(1911)八月,《大清民律草案》草拟完成,规定族田"经主管衙门允许",成为财团法人,其业务"属于主管衙门之监督",主管衙门在必要时可以命令宗族变更管理族田的组织,在宗族对族田不按时登记、妨碍检查、虚假申请以及隐蔽事实等情况下,主管衙门可以对其"科五元以上五百元以下罚款"[5]。此时,清政府力图将有关族田的民事关系纳入民律调整范围,将政府的监管保护渗入族田的经营管理。

此外,草案赋予宗族对族田拥有"物权",并以习惯法为基础作出规定:任何共有人对宗族共同共有的族田,除法令和契约另有定订者外,"非经全体一致,不得行其权利";"于共同关系尚存时,不得请求分割共同共有物或处分其应有部分"。[6] 清政府不仅通过赋予宗族物权确保其对族田的最完满支配[7],而且对宗族处理族田设定限制,更为严格地保护

---

① 故宫博物院:《大清现行律例》,海南出版社2000年版,第105页。
② 故宫博物院:《大清现行律例》,海南出版社2000年版,第37页。
③ 《大清律例》第一册,海南出版社2000年版,第106页。
④ 《奏折类》,《政治官报》1910年第922号。
⑤ 《大清民律草案·民国民律草案》,杨立新点校,吉林人民出版社2002年版,第18—21页。
⑥ 《大清民律草案·民国民律草案》,杨立新点校,吉林人民出版社2002年版,第130、139—140页。
⑦ 李显冬:《从〈大清律例〉到〈民国民法典〉的转型》,中国人民公安大学出版社2003年版,第246页。

族田。《大清民律草案》的制订，反映了清政府正在努力走向对各类族田实行同等保护，且将与族田有关的民事法律规范从刑事法律规范中分离出来，这不仅顺应了法律近代化的要求，还更有助于保护族田的产权。

（三）祭田和墓田

在中国，祖先祭祀在奴隶制时代已初具规模和定制，经过汉儒、宋儒们的鼓吹，这种制度更为定制化。“祭田者，祠之基。”①祭田又称“蒸尝田”“祀田”，是祠堂最重要的公产形态，主要为祭祀祖先而设。因祭祀有墓祭、祠祭之分，故祭田亦有墓田、祠田之别。祭田名义上属于宗族的公共财产，它的管理经营的产出直接运用于象征宗族团结最重要的活动——祭祀，因此，祭田作为祭祀的物质保障，在宗族活动中占有重要地位。而祭田的管理必然与其他公田、私田有着一定的区别。明清以降，苏南为文化昌盛之衢，世家大族聚居之地，族多有祠，祠皆有产，其公产形态多样，可以包括祠堂、族学、祠田（义田、祭田、书田、墓田）、义仓、市房等。

面对祭祀所需的大量资金，一般宗族主要依靠族田中的祭田所入。如维扬江都潘氏族谱中的《续修族谱序》中记载：“量力捐资置四十亩以作祭产”②，《重修潘氏家谱序》中提到“邀族人公议照丁捐钱复公捐项”③，“置田十亩轮流收租拜扫，不得变卖更换”④。有关祭田的记载，可以更直观地从各个族谱的目录中看出。如《吴中叶氏族谱》中的“汾湖祭田纪”、“郡城祭田纪”等章节；《江都戴氏族谱》的卷一中就有“置买本族义冢地契”的章节。

苏南宗族的祭田规模多寡不一，有实力的宗族拥有祭田从几百亩至千亩不等。无锡安阳杨氏敦睦堂置有祭田 325 亩有奇。⑤ 武进西营刘氏

① 张文贵等修撰：《张氏宗谱》卷一《祠中议定规条》，民国三十一年木活字本，第 3 页。

② 《维扬江都潘氏族谱》卷一，南京图书馆藏。

③ 《维扬江都潘氏族谱》卷一，南京图书馆藏。

④ 《维扬江都潘氏族谱》卷一，南京图书馆藏。

⑤ 杨道徐等修撰：《安阳杨氏族谱》，清同治十二年木活字本。

五分宗祠有祭田744亩有奇。① 丹阳皇塘荆氏向有祭田数千亩，遭兵燹后，失落甚多，仅查出千余亩。② 武进庄氏设有大宗祠，各支有小宗祠，大小宗祠皆置祭田。其中，处士守溪公祠有绝产祭田288亩有奇，活产97亩有奇；太仆小宗祠祭田348亩有奇；侍御支祠祭田202亩有奇；方伯祠小宗祠祭田170余亩；观察支祠祭田84亩；学晦公祠祭田209亩有奇。③

除了完税、祭祀、修葺祠宇及祠堂管理人员的薪俸等公共开支外，田亩丰厚的祠堂，其祭田租余还有救助族中贫弱的功能，即“礼莫大于祭，祭有赖乎田，则田固所以享祀妥侑者也，而推恩锡类亦出其中。”④根据族谱等材料记载，祭田的管理主要采取族中各房轮流管理、轮流办祭的方法。如江都潘氏族谱记载：“王家庄西，祖茔一所，壬山丙向祭田六亩整，在修礼公祖茔西边，每岁春秋共收呆租八斗，六亩内起去坟佃住基一方，草屋三间，每岁除包租外，余田给予坟佃作工食佃房，系七房公同修造。祖茔树木原为栽培风水，此后子孙有计及变卖者，合族鸣官究办。颖上公、复堂公、明惟公、克柔公、莘夫公、济川公、孔昭公七房轮年收租祭祀，道光二十六年自克柔公之分值年司祭始。”⑤

与义庄田产多由个人独捐或父子、兄弟合捐不同，多数祠产是由族众公筹，或按丁摊派，或按田亩数捐输。如西溪于氏“族中储赀积累，合置祭田”⑥。另外，对于购买祭田，族谱当中也会有要求。如江都戴氏祠堂条约的第一条便是“一祭田当置，此后或有贤族输金增置祭田，宗长宗相务必通集长老计议，于附近公共老坟旁购置，常年之田租急既可无阙，祖茔又有照应，一举两得，不可图贱卒买瘠田，图使不顾老坟，有辜义举，有

① 刘琛修撰：《武进西营刘氏家谱》，民国十八年铅印本。
② 荆孟斋修撰：《曲阿皇塘荆氏南庄公支分修稿》，民国三十七年活字本。
③ 庄清华修撰：《毗陵庄氏族谱》，民国二十四年排印本。
④ 杨秉铨等修撰：《毗陵邢村杨氏十修宗谱》卷一《祠田记》，民国十七年活字本。
⑤ 《维扬江都潘氏族谱》卷二《合族公议拜扫轮分常规》，南京图书馆藏。
⑥ 于熙珍等修撰：《西溪于氏宗谱》卷二《祭田志》，民国二年活字本。

负嘉谟。”[①]祭田之所以重要，是因宗族对于祭祀是相当重视的，且一般都通过建制祭田来保证祭祀的正常进行。祭田的本意虽为祭祖，但随着田亩增益，其功能有义田化的趋向。光绪十九年，以业圬起家的川沙人杨斯盛捐建宗祠费银一万余圆，置祭田四百五十亩，专充族人教养之费。[②]

在各类祭田中，孔府祭田在历朝各代中最为有名。孔府是位于山东曲阜的“衍圣公府”的俗称，既是孔子嫡裔历代“衍圣公”居住生活的府邸，又是其处理政务之所。据围绕历代“衍圣公”活动所形成的历史文书档案——《孔府档案》所载，汉代以降，孔子创立的儒家学说逐渐成为中国传统社会治国理政的主导思想，而历代王朝对孔子直系后裔也是格外尊崇，“恩渥备加”，造就了一个不随王朝变换而兴废的世袭贵族[③]。端赖于孔子的“遗泽”，在制度化儒家形成及其发挥重大作用的过程中，孔子直系后裔备受恩渥，获取了大量朝廷钦赐的祭田和人户，至明、清时期形成了拥有百余万亩土地的大庄园。[④]

就法律层面而言，在《孔府档案》中，孔府祭田纠纷处理的方式与众不同。这些属于“户、田土细事”的相当一部分“自理词讼”，作为国家基层的州县一级官府却无权审判，而是由孔府来审理。而另外的一部分祭田纠纷，虽然由官府审判，然而在审理过程中却受到孔府的极大干预。言外之意，对于祭田纠纷，孔府和官府两套不同的司法系统并存，它们之间存在一种“司法管辖权”的划分。[⑤]

---

① 《江都戴氏族谱》卷一，南京图书馆藏。

② 方鸿铠等修、黄炎培纂：《川沙县志》，上海国光书局民国二十六年铅印本，第 22 页。

③ 《孔子博物馆藏孔府档案汇编》编纂委员会：《孔子博物馆藏孔府档案汇编 · 明代卷》“总序”，国家图书馆出版社 2018 年版，第 1 页。

④ 参见李先明：《孔庙“庙产兴学”与文化权力的转移——1928—1932 年河北长垣县孔庙祭田纠葛案透视》，《近代史研究》2019 年第 2 期。

⑤ 参见时光慧：《从孔府祭田纠纷看清代民事审判的在地化特征》，中国政法大学 2008 年硕士学位论文。

对于孔府而言，钦赐祭田始于北宋，真宗大中祥符元年（1008）钦赐孔府祭田一百顷，金元时期又有所增加，而真正大规模的钦赐祭田是在明清时期。该时期孔府的祭田已成体系，其形式多样也比较复杂，主要有五屯、四厂、十八官庄。具体来说，屯包括郓城屯、巨野屯、平阳屯、东阿屯和独山屯；四厂为郓城厂、巨野厂、平阳厂和独山厂；十八官庄为张羊庄、城西大庄、春亭庄、红庙庄、齐王庄、南池庄、安基庄、齐王坡、颜孟庄、马草坡、下地屯、胡二窑、西岩庄、安宁庄、魏庄、戈山厂、鲁源庄和黄家庄。① 另有曲阜、滋阳、东平三厂和洸河屯以及尼山柜，俗称“五小厂”，情形类似官庄。此外还有一些祭田、学田，如尼山祭田等以及分散在各地的一些学田。孔府祭田分布宽广，主要分布在山东各地；另外，河南、江苏、直隶等地也有一些祭田。孔府不同名称的祭田，在性质和管理上有着很大的差异。

因为屯地、厂地很多，且又都距曲阜比较远，所以，孔府中设有职官对祭田进行管理。为管理庄园的土地和佃户，孔府专门设立管勾衙门等机构和屯官、总甲、甲首、小甲等职役，经理征收租税、清丈地亩等事务。关于官中在田宅交易中的职能，有学人认为主要包括中介和税务管理两方面，具体言之，即为出售书立官契、从中说合、丈量估价、稽查契税、契约诉讼证明等。② 对于孔府屯地交易中的官中来讲，其职能和作用却与之不尽一致，主要包括订立契约、丈量田地；在修改契约内容、确定土地权属等场合，官中也时常参与其间，或直书其名于约中，或加盖戳记于约面，或二者兼存。居间说合却并非其主业；而过割地亩、征收税契，以至估价等类，均非官中之责。③ 在

---

① 参见《阙里文献考》卷二六《户田》；亦可参见（清）潘相：《曲阜县志》，卷四一《赋役》和卷四七《恩例》，乾隆三十九年刊本。

② 参见王正华：《晚清民国华北乡村田宅交易中的官中现象》，《中国经济史研究》2018 年第 1 期。

③ 参见姜修宪：《〈孔府档案〉所见官中探研》，《中国社会经济史研究》2019 年第 2 期，第 49 页。

清代,孔府对家族事务和土地经营的管理是“仿有司则例”①,无论一般民田,还是作为官田存在的孔府屯地,官中都曾参与土地交易。

据目前已有的研究成果表明,不同名称的祭田,往往表明土地的占有形式即管理体制的不同,并可以略见土地的来源。而清代孔府祭田的管理,许多规定都保存了明朝的制度,如孔府大部分祭田即五屯的取得,也与明初的屯田有关。② 而厂地的取得与屯田的取得不同,它源于多种途径,大体为新垦、投献、籍没,甚至还有孔府自己用价购进的,至于官庄则主要是由朝廷钦拨。这些祭田的区别不仅在于其来源的不同,更重要的是体现在祭田科则以及管理等方面。

以屯地与厂地为例,其不同主要体现在三方面③:(1)即使如鱼台县独山屯的“厂附于屯”,即独山屯既有屯地又有厂地,二者也有很大差别。独山屯与其他四屯的屯地一律征银,而独山厂则定期向爵府交纳鱼藕菱芡、鹅鸭等祭品。(2)屯地不分等则,均收等量银子。厂地则不同,厂地按土质肥瘠划分等级,有的厂分三等,有的则又分四等,还有的分为六等、七等,或谓上、中、下,或谓金、银、铜、铁等。(3)屯地准屯户买卖,厂地不准买卖。“厂地按地亩之高下分别等则输纳租银……若许其买卖交易,则侵欺抵盗百弊丛生,是以严其买卖,间有佃户无力耕种者,许其寻人顶租转种”。④

至于官庄,类似清代皇族、权贵的庄田,属于官田,亦不允许买卖。

① 杨向奎:《明清两代曲阜孔家——贵族地主研究小结》,《光明日报》1962 年 9 月 5 日,第 2 版。另可参见曲阜师范大学、孔子博物馆:《孔府档案数字化资源库》(2017 年),孔子博物馆藏,电子档号:01-007175-0054-0001.01-007193-0073-0001.01-007109-0069-0001。

② 孔府的多数祭田属于五屯。凡有关屯地的记载,不管说法多么不同,都一致承认是开垦的荒田。可参见齐武:《孔氏地主庄园经济》,中国社会科学出版社、重庆出版社 1982 年版,第 44—45 页。

③ 参见白寿彝总主编,周远廉、孙文良主编:《中国通史》第 10 卷,上海人民出版社 1996 年版。

④ 《孔府档案》(4924)之五。

"其官庄有分收籽粒者,有征收租粮者。其租额视地之厚薄不等,皆招佃耕种,设有抗租舞弊等情,即行革佃另募。若许其买卖交易则侵欺抵盗,百弊丛生,是以禁其买卖"。[1] 除了科则等方面的原因,一些祭田往往还因其本身的特殊性,而不允许买卖。如"尼山祭学两田,与厂地、官庄事同一例,皆不许其买卖交易"[2],乃是由于尼山祭田在历史上有其特殊性,而历来倍受孔府重视。因为尼山系孔子出生地,谓"启圣王夫人颜氏所祷生圣人"之处。据现存元朝至正五年碑刻《尼山书院碑铭》记载,因尼山乃圣人发祥之地,后周显德年间在尼山东麓建立了孔子庙。北宋庆历三年将庙改为书院,设山长立学校并置办祭田。北宋元祐元年,朝廷钦拨尼山附近土地二十大顷,为祀事学田。元朝至正年间设立山长一员,专注祀事。[3]

明朝洪武九年复设巡山八户,承种祭田,查禁樵采,以供孔府差使。至清顺治,准方大猷奏请崇祀孔圣优渥"圣裔",清朝依明朝旧制[4],朝廷钦赐祭田,钦拨巡山户人承种,以供祭祀差使;至于学田,招佃租种。[5] 在清代历次清丈查厘尼山祭田时,孔府都强调尼山乃圣脉,尼山祭田"是先圣之祭田,本爵府反不能操典守之责,转受制于恶佃,殊非体制",将有失体统。而且,孔府往往还在祭田周围立碑勒石永禁弊病,如顺治十六年孔府在鲁源庄立钦赐祀田碑。[6]

即使如此,孔府祭田依然弊病甚多。清代五屯祀田欺隐迷失逐渐严重,多有管勾申请"严饬祀田买卖须随时过割以杜侵蚀","查五屯祀

① 《孔府档案》(4924)之五。

② 《孔府档案》(4924)之五。

③ 此碑现已有残损,《尼山书院碑铭》亦载于戴光所纂修的明嘉靖四年《邹县地理志》,可以进行对照。

④ 参见山东师范大学历史系、中国近代史研究室选编:《清实录山东史料选》,齐鲁书社 1984 年版,第 3 页。

⑤ 参见《孔府散档》第 4、5 袋,中国社会科学院近代史研究所存,转引自《孔府档案选编》,中华书局 1982 年版,第 18—22 页。

⑥ 《孔府档案》(4014)之四五。

田……遇有买卖地亩，随时过割，以免欺漏。卑职查屯户中，有地已卖出，辗转佃种，而粮名不更者，其初代为完纳，不过希图渔利，以至日久年深，本户逃亡，遂有迷失祀田，拖欠祀银之弊”。[①] 另如独山屯“附近居民彼此霸占，每年争斗滋讼。虽有碑碣，奉部禁示，条约分明。而奸民视为蔑如，鱼台县令亦并不查办，显有书役等串通奸民分肥入橐之弊”。[②]

孔府祭田除屯地外，厂地、官庄以及尼山祭田等均不允许买卖。然而，在实际中，由于祭田地权的分化，厂地、官庄以及尼山祭田“私相授受”，“相沿已久，势难逐一更正”。从大的历史背景来说，自宋代以后，国家对土地拥有全面控制权为基础的授田制已经废弛。到明清时期，民间的土地流转已经比较频繁，土地私有关系也日益普遍，土地的开垦和改良成为地权分化的一个重要契机。“永佃”及“一田两主”制度的出现，是这一进程的反映。[③] 特别是自明中后期开始的赋役制度改革，又使得国家不再重视掌握人丁的具体情况，转而重视税收，更有力地促成了这种局面。

在此背景下，孔府祭田地权也逐渐分化，“一田多主”现象大量存在，而且“久佃成业主”，导致祭田的流失。一是承种孔府祭田的佃户，“私相授受”祭田，投入买卖的结果是，土地所有权变得混淆不清了，地亩往往几经转手，最后往往不知所去；二是佃户的“抵盗”，即将开垦的贫瘠土地抵换肥沃的祭田，将祭田作为已业，然后再进行买卖。

墓田坟山作为一种特殊用途的土地类型，关乎葬地，关乎风水，关乎族众。墓田属于公田的一种，名义上是属于家族共同所有，实际上是把持在族中有势力的族长或管理者手中。墓田分为两种：一种就是我们通常所说的坟地，埋葬死者的地方；另一种则是祭田，以其收入作为家族祭祀与祭扫修缮祖坟等作用。祠堂与墓地是祭祀的两个主要场所，但祠堂祭

① 《孔府档案》(4010)。
② 《孔府档案》(4010)。
③ 参见梁治平:《清代习惯法:社会与国家》，中国政法大学出版社 1996 年版，第 168 页。

祀与墓地祭祀不同。祠堂祭祀一般有专门的祠祭田,学者一般认为源于南宋朱熹,而终南宋之世,祠祭田的建设都很寥寥,直到明朝中叶之后,建祠祭祖才普遍存在于民间,成为一种风俗。但在实际生活中,它们会兼有对方的功能,如义田收入,除用于赡养族众之外,有的家族也会用于充当祭祀的费用。

需要注意的是,墓田的赡坟田、蒸尝田、祭田等都是墓田的名称而已,不是墓田的分类。墓田有两种意义:一是埋葬死者的坟地,它是不能被买卖的,因为子孙一般基于对祖先的尊敬与血缘关系,不会卖掉自己祖先的葬身之所,而对方也不会买,因为买来是没有用处的。如果自己要把别人的坟地当作耕地一样来开发,则会受到处罚。《唐律疏议》中就有关于发冢及盗耕他人墓田在刑罚方面的详细规定:诸盗耕人墓田,杖一百;伤坟者,徒一年。即盗葬他人田者,笞五十;墓田,加一等。仍令移葬。若不识盗墓者,告里正移埋,不告而移,笞三十。无处移埋者,听于地主口分内埋之。①《宋刑统》中也规定"凡盗耕他人墓田者,杖一百;伤他人之坟者,徒一年;葬尸于他人田地者,笞五十;葬于他人墓田者,罪加一等,皆令移葬"。②

二是可以交易的墓田,但其交易受到极大的限制。它一般都受到家族族规的限制,受到订立相关契约的限制,或是石碑或是家谱中记载的墓园图、墓域图等的限制以及法律对此的限制。宋代元祐六年(1091),刑部明确规定:"墓田及田内林木土石不许典卖及非理毁伐,违者杖一百。"哲宗元祐七年(1092)规定:"诸大中大夫、观察使以上,每员许占永业田十五顷,余官及民庶,愿以田宅充奉祖宗飨祀之费者,亦听,官给公据,改正税籍,不许子孙分割典卖,止供祭祀,有余,均赡本族。"③墓田的特殊用途,自然适用于一般土地交易规则,但是由于墓田作为一种特殊用途的土地,自然也和一般土地的交易流转规则有异。坟山通常是祖墓的所在地,

① 《唐律疏议》卷一三。
② 《宋刑统》卷一三《户婚律》。
③ (清)徐松:《宋会要辑稿》,中华书局1957年版,第5904页。

是宗族成员死后的葬地，坟山上还可以遍植竹木，也是重要的财产。

墓田与一般土地交易的差别主要表现在：(1)因为墓田的管理一般都是长房管理，但是如果发生矛盾争执或者数额比较大的时候，则由各房轮流管理，“则经官立约，花利轮收，祭享之余，以助伏腊，通天下之成法也。”在墓田的交易中，自然要征得各房的同意方能出卖。买卖的程序较一般土地交易复杂。但是现实生活中绝对不可能所有人都同意才能出卖，这样的话，交易就会受到很大的阻碍。具体实践中，估计是大部分族人同意或一部分有势力的族中领导同意，就可以卖掉部分墓田。

(2)墓田的买卖对象有一定的限制。被迫出卖墓田时，为了保存祖坟和祭祀的方便起见，通常是优先卖给远房的同宗（亲邻）或墓田的田邻。官府规定，出卖田宅的时候不能随便卖给出价高的人，必须“先问房系，不买，问及四邻。其邻以东南为上，西北次之。上邻不买，遂问次邻。四邻俱不售，乃外招钱主。”宋哲宗绍圣元年（1094）有大臣讲，原来出卖田宅优先亲邻的规定尽管有必要，但是对于因为贫穷而急需出卖的人家多有不便，可以“不问邻以便之”；但是，“应问邻者，止问本宗有服亲，及墓田相去百户内，与所断田宅接者，仍限日以节其迟。”“墓田所在，凡有耕凿，必致兴犯。得产之人倘非其所出，无所顾忌。故有同宗，亦当先问。两姓有墓，防其互争，则以东西南北次之。”在亲邻与墓田邻有争的时候，“以亲邻者，其意在产；以墓田邻者，其意在祖宗”，应该以墓田邻为先。

虽然法律和社会观念对墓田的买卖进行禁止，但是在社会生活中，还是有不少的墓田买卖，比如在以下情形：(1)随着时间的流逝，家族越来越大，亲属关系越来越复杂，也越来越淡薄。民间的墓田最初是家庭中的普通田地，在分家的时候专门留出来作为修缮坟墓和祭祀的费用。一旦作为墓田，为了保证其专项用途，便要一代一代地整体传继下去，不分割也不典卖。[①] 如此，先是亲兄弟之间共同占有和使用，年代久了，就成了

---

① 邢铁：《宋代的墓田》，《河北师范大学学报》（哲学社会科学版）2009年第9期。

堂兄弟之间共同占有和使用，再之后就是更远的亲属之间共同占有和使用。但因墓田的面积一般都不是很大，所以当人口达到一定数量的时候，如果家道衰弱没能使墓田的面积增加的话，墓田的分崩离析就不可避免。

（2）有些墓田的面积虽然大，但是族众中的一些贫困者往往寓居其中，岁月既久，就把它当作自己的财产偷偷卖掉；或者族众中的这些贫困者虽然没有卖掉土地，但是这些土地上的收入却是被其消费掉了。因为墓田的初衷也是为了帮助贫困族众，自然也不会对这些无依无靠的族众施以太严厉的惩罚。长期下去，自然墓田就渐渐失去了自身的功能，沦落为贫困族众的栖身之所。

（3）墓邻强势的买卖，这在历史上也很普遍。如北宋梁师成“强市百姓墓田，广其园圃”。[①] 乾道九年（1173），据臣僚奏称，当时的强占强买，“挟势强葬，肆行掘凿，损坏他人坟墓”。[②]

（4）家道中落，后人无奈之下，不得不出卖墓田来维系生活。在这种情况下，墓田的管理者内心是不愿与无奈。虽然祭祖之事重大，但是生者更加重要，如果连日常的生活都不能保证，那么祭祀祖先的事情自然要放到更后的位置了。因此，挪用墓田的收入用作家常日用，也变得很正常和可以理解。此时，墓田的专项用途也就受到了限制，当其主要部分都用来维系日常生活而不是用来祭祀祖先的时候，墓田的性质就发生了变化，不再是墓田了。

（5）借继承的名义来暗中侵吞墓田，作为自己的私有财产。如瓯宁县范遇在父母双亡、已分业八年之后，要以己子为长房立继，欲独占长房蒸尝田。[③] 范遇的做法损害了一兄一弟对蒸尝田的财产所有权，被其嫂诉至官府。其父母的初衷，本想通过天然的血缘关系联结众兄弟，围绕墓

① （元）脱脱：《宋史》卷三三《翟汝文传》。
② 谢深甫：《庆元条法事类》卷七七《服制门》。
③ 其父母在时，长子一家俱亡，遂以长媳妆奁自置之田为长房设立祭祀之田，令其余三房轮收，以奉长房祭祀。

田出现的纷争则表明，共财在家族中存在的不易，家族成员总是想尽办法要将其转化为个人的私有财产。值得注意的是，由于此类案件多与立嗣继产相连，所以，这些案件中的当事人所采用的手法较为隐蔽。此案中，范遇的侵权行为便是以立继为外衣，变相地、间接地侵夺其余两房兄弟的财产权。①

另外，墓田被盗卖也是常见的情形。总之，墓田除了祭祖这种特殊功用外，也是维系宗族的重要物质基础，因此，历朝各代对墓田的规定不同于一般的土地。

（四）寺田

寺田指寺院的田地，是寺院占有的财产，寺田的经营收入是维持僧人生活的重要保障，属不交租田。通过个人赠送、大量开垦和收买，寺田可以得到增加和发展，也导致国家失去对它的控制，最终成为寺院庄园形成的基础。这些土地如果从来源进行分析，既有受法律保护、来源合法的，也有法律禁止、非法侵占的。寺院土地的合法来源主要有布施、官府划拨、寺庙自行购买或开垦荒地等。寺院的财产是寺院经济重要的组成部分，而土地又是最重要的寺院财产。

中国古代社会的各个阶层，比如皇帝出于利用佛教维护统治的目的，一些贫苦农民为了沾寺院免税的光，或者在佛教因果报应思想的影响下，为了追求来世幸福等，都会给寺院一些土地。当寺院有了一定的经济基础之后，又会买进更多的土地，甚至有时会采取一些不正当的手段来增加寺田。因此，寺田大量的布施来源于皇室、豪族官僚、地主或百姓的施舍。

如，北朝时，西魏文帝在京师建立大中兴寺，并称之为魏国大僧统；又在昆池南，设置了中兴寺庄，将昆池周围的百顷稻田都赐给了中兴寺庄，并在这里种植了梨和枣等，远远望去十分繁茂。② 再如，武德八年（625），

① 详见《名公书判清明集》，中华书局1987年版，第371—372页。

② 道宣、郭绍林：《续高僧传》，卷二四《护法篇》，中华书局2014年版。

唐高祖因为嵩山少林寺僧立有功劳,赏赐土地四十顷。① 唐太宗对少林寺"赐地四十顷"。② 唐高宗时,赏赐西明寺百顷土地。③ 唐玄宗避乱于益州时,曾赐大圣慈寺土地一千亩。④ 唐代宗宝应年间,曾下令给寺院"敕赐诸寺观田凡千余顷"⑤。唐王朝还对国家大寺进行专门的供养,例如长安西明、慈恩等,除口分地外,另敕赐田庄。万寿寺扩建时,唐宣宗"亲幸赐额,命官造理殿宇廊庑、方丈山门,共一百九十七间,左右院林二所,香地二顷六十余亩"。⑥

官府拨田常常是指地方政府把没官之田或绝僧寺院遗田交给寺院。如天界寺在嘉靖年间收到"没官田"一亩。⑦ 当然,寺院也会根据自身需要,凭借自己的经济实力购买土地。唐肃宗时期,扬州灵居寺买田置地,远远望去,数十顷土地绵延不绝。⑧ 宋仁宗时,皇太后赏赐钱财给杭州灵隐寺,让其买田。该寺一次就购买了水田二千厦,林五顷。⑨ 宋高宗时,育王寺一次买了将近五千亩的土地。⑩ 昆明太华山佛严寺的《常住田地碑记》详细记载了其花钱置买土地的情形:"(元)至元二十三年(1286)以银三百七十两买到安登庄人李阿黑、张保、江茂等绝嗣民田三顷,凡板

① 王昶:《金石萃编》卷四一《秦王告少林寺主教》,中国书店1985年版。
② 王昶:《金石萃编》卷七四《少林寺赐田敕》,中国书店1985年版。
③ (清)董诰:《全唐文》卷二五七《唐长安西明寺塔碑》,中华书局1983年版。
④ (宋)志磐:《佛祖统纪校注》卷四一《法运通塞志》,释道法校注,上海古籍出版社2012年版,第955页。
⑤ (后晋)刘昫等:《旧唐书》卷一四一《张孝忠传》,中华书局1975年版,第3861页。
⑥ (后晋)刘昫等:《旧唐书》卷一四一《张孝忠传》,中华书局1975年版,第3861页。
⑦ (明)葛寅亮:《金陵梵刹志》卷五〇《各寺租额条例·条约》附旧卷《谭通判问高淳庄田原无冒免招卷》,1936年影印本。
⑧ 蒲坚:《中国历代土地资源法制研究》,北京大学出版社2006年版,第207页。
⑨ 近代史研究院:《中国通史续编·宋辽金元史》,1975年稿本,北京师范大学图书馆藏。
⑩ (宋)陆游:《渭南文集》卷一九《明州育王山买田记》,北京图书馆出版社2004年影印本。

田八十九亩七分，秧田五十五亩二分，共一百四十四亩九分。"①

开荒或继承前代的土地也是寺田的重要来源。如，绍圣年间，方山昭化禅师"开垦山田建下庄园一所，岁收荞麦千斛"。② 韶州定慧禅院长老"得土之可垦者数十亩，垦之，取其苗子为香火之用。"③

另外，寺庙有时并不受朝代更迭的影响，继承前代的土地继续寺院的各种宗教活动是常有之事。如元代江南寺田中有一部分是亡宋时遗存下来的常住田。④ 寺院土地包括寺院拥有的田、地、山、塘、洲等，一般也称常住田地，《金陵梵刹志》称为公田。又如明朝朱元璋曾任命僧慧昙管理蒋山太平兴国寺，其中的太平兴国寺的土地，就是该寺元朝已经占有的公田。⑤

当然，寺院占有土地，靠非法侵占所得也较为普遍。寺院经常通过与权贵勾结，用不正当手段获得土地，这在魏晋南北朝时期就存在"广占田宅"的行为。大约自两晋始，佛教寺院垦殖土地，兼涉商利，从而形成经济实体。⑥ 北魏孝文帝时，在京都洛阳甚至出现"寺夺民居，三分且一"⑦的现象。也有补充记载说到，不仅京城有这种情况，其他地方寺院抢占民田的现象也屡见不鲜。⑧

关于寺田的所有权问题，存在双重属性。一方面，寺田在名义上属于

---

① 罗莉：《中国佛道教寺观经济形态研究》，中央民族大学出版社 2007 年版，第 107 页。

② （清）陆耀遹：《金石续编》卷一七《宋方山昭化禅院正文禅师行状》，台北艺文印书馆 1976 年影印本。

③ （宋）余靖：《武溪集》卷七《韶州净源山定慧禅院思长老自造寿塔记》，明成化九年（1473）善本，中国国家图书馆藏。

④ 陈高华、张帆、刘晓、党宝海点校：《元典章》卷二四《户部·僧道租税体例》，天津古籍出版社 2011 年版，第 675—676 页。

⑤ 参见何孝荣：《明代南京寺院研究》，故宫出版社 2013 年版，第 265 页。

⑥ 柴荣、韩成芳：《古代寺田法律问题探析》，载《社会科学研究》2017 年第 6 期，第 154 页。

⑦ （北齐）魏收：《魏书》卷一一四志第二十《释老十》，中华书局 2011 年版。

⑧ （北齐）魏收：《魏书》卷一一四志第二十《释老十》，中华书局 2011 年版。

寺院集体所有，即寺院土地所有权为其团体成员共同享有。[①] 常住，就是指寺院中属于僧众所有的财产。佛律中规定："一者常住，谓众僧厨库、寺舍、园田、仆使，体通十方，不可分用。言常住者，常在此处，不可易动。"[②]这说明寺院的常住财产不可分用。唐代法律规定任何人不得"将田地移坦、换段及盗卖"[③]，这也表现在寺院财产的继承者不是个人，而是该寺整个集体。如果住持僧离开该寺去了其他寺院或者云游四方，他带不走任何一寸土地。[④]

然而，现实中寺田仅由上层僧侣占有。在寺院土地不断扩大的情况下，主管寺内土地的上层僧侣就逐渐将土地据为私人所有，在一定程度上成为寺院地主。但是，寺院土地的部分私有化并没有完全破坏寺院土地的集体所有，寺田在表面上仍然是集体所有的。[⑤]

这主要是因为，尽管上层僧侣作为土地的占有者，在对寺田的使用中最有话语权，但是对土地的使用权、收益权和处分权常常代表了集体的意志。另外，制约上层僧侣真正享有土地所有权的是，寺田不能买卖和转让，即不能作为商品进入流通领域。[⑥]

但在实践中也出现了部分僧侣私自变卖寺院田产的不良现象，朝廷也一度公布法令禁止这种行为。如"直省向来各处丛林、寺院有斋田者，皆系历代住持、优僧募化所置，或系地方善姓所施，永存常住，为香灯、僧斋之用。至历年久远，或为本寺之不肖僧徒，施主之不孝子孙私行变卖，以致败缺善缘，毁损常住。闻得本地之人亦多以此为憾。着地方官留意

① 刘煜瑞：《古代文献所见国家土地管理理念的历史回溯——以"均地安民"为主要线索》，华东师范大学2012年博士学位论文，第161页。

② 于飞：《汉传佛教寺院经济演变研究》，四川出版集团巴蜀书社2014年版，第73页。

③ (清)董诰：《全唐文》卷七九三《大赦庵记》，中华书局影印本，1983年版。

④ 刘煜瑞：《古代文献所见国家土地管理理念的历史回溯——以"均地安民"为主要线索》，华东师范大学2012年博士学位论文，第163页。

⑤ 罗莉：《中国佛道教寺观经济形态研究》，中央民族大学出版社2007年版，第80页。

⑥ 简修炜等：《南北朝时期寺院地主经济与世俗地主经济的比较研究》，载《学术月刊》1988年第11期，第63—70页。

清查。其已经卖出者，若一概令还，则滋烦扰。至于典出者，应令设法募化，给价赎回，归于本寺。其各丛林、寺院，即今现有之斋田，俱着查明，登记档册，永为常住之产业，不许售卖。将来有续置者，亦报明地方官，申明上司，载入册内。该督抚等留心访查、保护，倘有仍蹈前辙，私相授受者，将卖田及买田之人，一同治罪。或不安分僧人因朕此旨，借端假捏生事，亦一并严惩。”①

另一方面，古代寺田并不仅仅由寺院集体享有所有权，一些僧侣在特殊时期也会享有土地所有权。例如唐代颁布了僧尼受田的法令，《唐六典》载：“凡道士给田三十亩，女冠二十亩，僧尼亦如之。”②即只要是道士就给土地三十亩，给女冠二十亩，对僧尼的赐田也参照道士和女冠。关于对僧尼是实授田还是虚授田，有学者认为，对国家大寺是虚授田，而对大寺院之外的僧侣是实授田。因为根据相关史料，大寺院本身占有大量土地，同时还有其他不同的寺田来源。然而生活在小佛堂的僧侣不一定能自给自足，有一些僧侣甚至连居住的佛堂也没有，如果仅仅依靠信众的施舍，恐怕难以维持生计，如果国家再不授田，只会增加僧侣违法犯罪的概率。所谓造成“进违戒律之文，退无礼典之训。至乃亲行劫掠，躬自穿窬，造作妖讹，交通豪猾，每罹宪网，自陷重刑，黩乱真如，倾毁妙法。”③显然，这样不利于国家管理秩序的维护，所以有必要对这类僧侣授田。④

只不过唐代僧侣授田与均田制下的农民相同，也有退田的说法。当僧侣去世或者还俗，由政府收回曾经授予他的土地。如《唐六典》所载：

① 《宫中档雍正朝奏折》，第二十四辑，台北台湾故宫博物院编辑，1979 年版，第 745—746 页。

② （唐）李林甫、陈仲夫：《唐六典》卷三《尚书·户部》，中华书局 2014 年版。

③ （清）董诰：《全唐文》卷三《沙汰佛道诏》，中华书局影印本，1983 年版。

④ 周奇：《唐代国家对寺院经济的控制——以寺院土地为例》，《中国社会经济史研究》2005 年第 1 期，第 28 页。

“其寺观常住田，听以僧尼道士女冠退田充”。[①] 唐《田令》第二十八条也记载，一旦僧人去世或者还俗，就要依法将土地还给国家。可以看出，部分僧侣所享有的土地所有权是伴随着其身份而产生的，一旦不再是僧侣，那么因为其身份而享有的土地所有权就不复存在。

对于寺田，汉以后历代政府都是加以法律保护的。毕竟，佛教宣扬因果报应理论，使百姓安于现状，不把自己的苦难归因于社会制度的不公平，也是专制社会所希望的。另外佛教倡导以慈悲为怀，对贫苦百姓施饭施衣，有助于政府维护社会秩序。因此，除了个别朝代以外，一般情况下政府都积极维护佛教，对寺院土地权益的保护亦非常明显[②]，尤其体现在对寺田的税收优惠和权益的特别扶助上。

大约从南北朝时期开始，有些百姓因为国家税收负担沉重，选择依附于寺院，因为寺院的依附人口“不贯入籍”[③]，不必负担国家赋税，即所谓“寸绢不输官府，升米不进公仓”。[④] 元政府也免除寺院纳税的义务，一旦成为僧人，就可以免除纳税义务。由于这种对寺院的优惠待遇，出现一些百姓为了避税争相出家做和尚的现象。

《元典章》载：至元三十年（1293）五月，钦奉圣旨：“中书省官员每奏江浙官人每文字里说将来有：蛮子田地里，每年军、站的气力，不拣甚么用的办济呵，多率是百姓每的纳税粮里成就有。如今那百姓每系官差发根底躲避着，在前合纳钱粮的田土根底，和尚、先生每底寺院里布施与了，卖与了、典与了，更剃了头发做和尚也么道，则它房子里与媳妇、孩儿每一处住的也有。这般使着见识，在前合纳的钱粮，每年渐渐的数目里开除了，不纳的多了也。更系官田土根底占种着，租米不纳的也有。亡宋时分和

① 《唐会要》卷五九。

② 刘煜瑞：《古代文献所见国家土地管理理念的历史回溯——以“均地安民”为主要线索》，华东师范大学2012年博士论文，第167页。

③ （唐）李延寿：《南史》，卷七〇《循吏·郭祖深传》，中华书局2011年版。

④ 道宣、巩本栋、星云：《广弘明集》，卷二四之徐陵《谏仁山深法师罢道书》，佛光文化事业有限公司2012年版。

尚、先生每的寺院里常住田土,他每根底勾有。”①如大德七年(1303)正月十七日,朝廷规定不得再向僧人征税。② 不仅如此,同时,元代对亡宋遗留下来的寺院实行免税政策。“纳税粮呵,依着羊儿年体例,亡宋时分有来的常住田地并薛禅皇帝与来的田地内,休纳税粮者。”③

明朝寺院也享有免税特权,洪武十五年(1382)明太祖下令免除南京天界寺、蒋山寺部分粮田的赋税和差役,所谓“余有的田粮并差役俱都免他”④。至洪武二十七年(1394)明太祖颁行僧人《避趋条例》规定,全国寺院的土地如果是官方赐予的,那么税收全免,即使不是政府赏赐的土地,除了不免基本的税收之外,其他的杂税也会被免除,而且明确规定不得把僧人当作差役的劳力来使用。所谓“钦赐田地税粮全免,常住田地虽有税粮,仍免杂派,僧人不许充当差役。”⑤寺院出租寺田获得的地租,政府也不收税,比如明朝承恩寺出租房屋所得,都用来维修寺院的建筑,并不向政府纳税。即“岁入僦费,以滋葺修,而复其廛租。”⑥

清朝也明确规定寺田免交租赋的权利。有的僧人开垦荒地为农田,进行耕作,作为寺庙的经济来源,对此,清政府会考虑给予免除租赋的优惠待遇。如《圣恩宽免普陀钱粮碑记》记载了南海普陀洛迦山普济寺僧心明、法雨寺僧空怀、空明等请求朝廷免除税收,后获得批准。“康熙五十七年(1718)十一月二十五日,准内务府移咨内开康熙五十七年十月二十日侍卫魏珠将南海普陀洛迦山普济寺僧心明、法雨寺僧空怀、空明等所

---

① 陈高华、张帆、刘晓、党宝海点校:《元典章》卷二四《户部・僧道税・僧道避差田粮》,天津古籍出版社2011年版,第957页。

② 陈高华、张帆、刘晓、党宝海点校:《元典章》卷二四《户部・僧道税・和尚休纳税粮》,天津古籍出版社2011年版,第959页。

③ 陈高华、张帆、刘晓、党宝海点校:《元典章》卷三三《礼部・释教・和尚头目》,天津古籍出版社2011年版,第1134—1135页。

④ 何孝荣:《明代南京寺院研究》,故宫出版社2013年版,第282页。

⑤ (明)葛寅亮:《金陵梵刹志》卷二《钦录集》。

⑥ (明)葛寅亮:《金陵梵刹志》卷二三《承恩寺记略》。

奏汉字黄折子发出,交与十二阿哥转圣旨。……又,朱家尖未垦田地一十三顷五十三亩,俱经寺僧筑塘管业。该县逐一丈明,备造清册,详送前来。经臣孙文成奏请,蒙皇上鸿恩,将朱家尖顺母涂已垦田地三十三顷一十五亩零,未垦荒地一十三顷五十三亩,一概宽免。”①

需要指出的是,在一些特定时期,寺田是不能免税的。如唐朝两税法施行之后,寺院的土地不再享受免税的待遇。②

在寺田纠纷案件中,政府对寺田权益的特别扶助及优先保护也比较明显。如辽代道宗时,感化寺“野有良田百余顷,园有甘栗万余株,……自于享前有庄一所,辟土三十顷,间艺麦千亩,皆原限沃壤,可谓上腴,营佃距今,即有年祀,利资日用,众实赖之。大安中,燕地遣括天荒使者驰至,按视厥土,以豪民所首,谓执契不明,遂围以官封,旷为牧地”。寺院“相与诣阙陈诉,历官辩论”,结果“办封立表,取旧为定”。③ 即是说感化寺拥有很多良田,而且寺院的大部分开支都依赖这片土地的收入。后来一位大官到来,看到这片土地肥沃,想通过契约不明确的借口,占据这块土地,寺院据理力争,最后政府还是把土地归还给了寺院。该判决就体现了政府对寺院权益的维护。

在极为特殊的情况下,偶尔出现寺田被佃户侵占的现象,每当这时,寺院一般会向政府求助,从而收回寺田。如“前判得附庸上(件亩数)常田,为作弘宝寺田业以充僧供养,今时量官田(佃)家不与,乞索作寺名,寺家自种。请以咨陈,请裁,谨辞。”④又如,僧人道宽将寺田租给农民耕种,然而取回寺田时,农民拒不还田,无奈道宽将此农民告到衙门,在地方

① 台湾故宫博物院编:《宫中档康熙朝奏折》,第七辑,台湾故宫博物院 1976 年版,第 472—478 页。

② 谢重光:《略论唐代寺院、僧尼免赋特权的逐步丧失》,《中国社会经济史研究》1983 年第 1 期,第 70 页。

③ 向南:《辽代石刻文编》之《上方感化寺碑》,河北教育出版社 1995 年版。

④ 见《吐鲁番出土文书》第四册《贞观十四年西周高昌县弘宝寺法绍辞稿为请自种判给常田事》,文物出版社 1981 年版。

官的保护下得以保全寺田。①

康熙时浙江天台县发生了民占寺田的情况，“永保乡飞泉庙有香火田五亩六分七厘九毫，向系官田。后遇兵燹失管二分五厘，但粮未减少。僧人闻修不堪重负，后查知为民人荆言所占。但荆并不承认，说是其祖于顺治年间购买民人袁叔凯的民田。闻修为此起控。在遍查田土之名丘角四至后，县断荆言所占田亩即闻修所失之香火地。”②可见，在土地权属发生争议的情况下，地方官的判决支持了寺院的请求，将田地判归寺院所有。而康熙五十九年（1720），农民申金柳与僧人觉祥因为山地归属问题发生纠纷，由于各种客观的原因，双方提供的证据都无法查实，在这种情况下，西安府知府认定土地归僧人觉祥。③

不仅如此，政府也通过发布圣旨或者公告等方式来对寺田进行保护。如元代“至元二十三年（1286）二月初三日，江淮释教总摄所钦奉圣旨节该：‘这的每寺院里，他每底房舍里，使臣休安下者。铺马衹应休拿者。税粮休与者。不拣是谁，没体例休倚气力者。不拣甚么他每底，休断拽夺要者。寺院里休断人者。官粮休顿放者。’”④这道圣旨体现了对寺院权益的保护，作为使臣不可以拿寺院的财物，也不得向寺院要税粮。寺院会在土地上修建房屋，有时政府的使臣会在寺院下榻，皇帝为了防止使臣对寺院土地等财产的随意侵占，下圣旨明文规定使臣不可以乱要包括寺院土地在内的财产。从这个例子不难看出，政府对寺田的保护考虑得非常周到。

又如，雍正七年（1730）十一月十七日，福建巡抚刘世明在给雍正帝的奏折中说到，他要彻底清查寺田归官的现象，一旦发现有欺上瞒下，不

---

① 四川省档案馆、四川大学历史系主编：《清代乾嘉道巴县档案选编》，四川大学出版社1989年版，第53页。

② （清）戴舒庵：《天台治略》卷三《一件业占粮赔事》，台北：成文出版社1970年版。

③ 吴敏霞：《户县碑刻》，三秦出版社2005年版，第422页。

④ 陈高华、张帆、刘晓、党宝海点校：《元典章》卷三三《礼部·释教·寺院里休安下》，天津古籍出版社2011年版，第1130页。

按照规定行事，就把寺田都归官府所有。但雍正帝觉得寺田归公的做法并不妥当，而应当将寺田还给寺院。“更有寺田归官，征收谷石。臣已檄行藩司，彻底清查。凡无寺、无僧为衿棍人等侵蚀中饱者，令其全数报出，毋致颗粒隐漏。此亦无碍于民，均应归公，以杜积弊，并遵照部行，于岁底造册题报。”雍正帝对此的朱批是：“寺田归公，甚觉不雅。若果无寺、无僧为衿棍侵蚀者，或查其原委，或仍布施大丛林为是。此办理与朕意未洽。”①寺田归寺的做法保护了寺院的权益。同治年，番禺县府出示正式布告，保护寺院财产不受侵犯。如《能仁寺布告》记载：“能仁寺所获捐赠及购买的房产铺位，晓谕寺内僧人及社会各色人等不得私行典卖等”。②

寺田之所以能得到国家的保护和支持，是因为中国古代寺院可以在一定程度上协助政府管理，而皇帝的赏赐也是寺院土地的主要来源。除此之外，寺院还有官府拨田、置买土地、巧取豪夺占有土地等其他获取方式。同时，寺田具有双重所有权属性与不断演变的使用权关系。另外，政府也会从税收和纠纷的裁决等方面，对寺田进行特殊的保护。

第二节　宅

先秦时期没有关于“物”的概念，物统称为“货财”，泛指马牛、货币、珍宝、器物、田、土、宅、宫等。而古代社会往往把宅和田土放在一起加以规制，它们都属于不动产，后世统称为“产业”。大致而言，古代的“宅”可以包括住宅、宫室、祠堂、义庄、书院、寺庙和道观等形式。有一个成语叫“求田问舍”③，出自《三国志》，是刘备在与名士许汜谈话中说的，意思是多方购买田地、到处询问房价，比喻一个人没有远大志向。后来这个词还

① 台湾故宫博物院编：《宫中档雍正朝奏折》，第十五辑，台湾故宫博物院1976年版，第59页。
② 冼剑民、陈鸿钧：《广州碑刻集》，广东高等教育出版社2006年版，第200—201页。
③ 《三国志·陈登传》。

有了另一个含义，这与古代的房产交易有关。

中国古代很早就有土地和房屋买卖的活动，前面所提到的案例，公元前919年3月的一天，有个叫矩伯的人分两次把1300亩土地抵押给一个叫裘卫的人，以换取价值100串贝币的几件奢侈品，其中有两块玉、一件鹿皮披肩和一条带花的围裙，这被认为是目前所知的中国古代最早的房地产交易活动。

宋以前，关于房屋等的交易活动一般是伴随着土地交易进行的，宋朝时，房产的交易可谓达到了繁荣时期。由此，宋代也对房屋交易等建立了较为完备的制度加以规制、约束。比如《宋刑统》明确规定："应典卖、倚当物业，先问房亲，房亲不要，次问四邻，四邻不要，他人并得交易。房亲着价不尽，亦任就得价高处交易。如业主、牙人等欺罔邻、亲，契贴内虚抬价钱，及亲邻妄有遮鄙者，并据所欺钱数，与情状轻重，酌量科断。"①可见，法律不仅规定了享受优先购买权的次序，还规定了对违规行为的处罚，使得"求田问舍"这一成语又具备了另外一种含义。且这一规定，宋朝以后的历代也都沿用，一直到民国时期，报纸上还常有"某房已谈妥买卖，该业主的族人和邻居们如有异议请速与购房人联系"之类的启事。

但"求田问舍"制度，最早其实并非宋朝人的创制，而属于"古法"。宋人郑克在《折狱龟鉴》中说"卖田问邻，成券会邻，古法也。"②说明这项制度诞生的时间要早得多。其实，《魏书》中就有记载："诸远流配谪、无子孙及户绝者，墟宅、桑榆尽为公田，以供授受。授受之次，给其所亲；未给之间，亦借其所亲。"③虽未明确指出邻里享有房产方面的优先购买权，但已隐含其相关含义。

宋朝以后，类似的规定越来越细化。如元朝规定，当业主来征询亲邻们的意见时，无购买意向的须3日内明确答复，有购买意向的须5日内向

---

① 《宋刑统·户婚律》。
② （宋）郑克：《折狱龟鉴》。
③ 《魏书·食货志》。

业主报价。这种征询意见的过程称为“依账取问”，要卖房时首先建一个“问账簿”，写上要出售房产的基本情况及价格，再按规定的次序把家族成员、各位邻居分别列上，之后一一征询名单上所有人的意见，没有意见的在上面签名画押。所有人无异议时，才可以进入下面的交易环节。

而且，中国古代对于房屋交易等，还有限制对象，即对官员这一特殊群体有更严格的要求。之所以限制房产出售的对象，其基本出发点在于抑制兼并。西汉时就规定：“欲益买宅，不比其宅，勿许。”[①]意思是说，想购置房产，要买的房产必须紧挨着本人现有的房产，否则不许购买，这项规定与“求田问舍”异曲同工。在这类“限卖令”实施的同时，对官员的特殊要求主要体现在：任何人不得向在本地任职的官员出售房产，官员自己也不得购置。如元朝初年就规定，任何人都不得向前往江南任职的蒙古官员出售房产，意在针对当时一些蒙古官员到江南任职后，在当地掀起了一股强买房产的热潮，引起了很大民愤。

以“重典治吏”著称的明朝规定，“凡有司官吏，不得于见任处所置买田宅。违者笞五十，解任，田宅入官”[②]。不但任何人不能向在本地任职的官员出售房产，官员自己也不得购置，违反规定的一律就地解职，无论购置的房产价值多少，所涉官员还要受笞刑五十，花钱买的房子也得充公。清朝对于类似的约束又进行了加强，规定“旗员历任外省，有在任所置产者，勒限责令，变价回旗。如有隐匿不报，查出财产入官，地方官失察，照例议处”。[③] 也就是说，出现官员在任职所在地购买房产的，不仅当事人要受到处理，知情不报的人也要连坐，发生此类事件的地方，当地相关官员还要负一定责任。

另外，古代社会对于房产交易的渠道也加以限定和约束。即使族人、邻居们都同意出售，又不卖给官员，也不可以在市场上自由交易，而必须

---

① 《二年律令·户律》。
② 《明代律例汇编·万历问刑条例·任所置买田宅》。
③ 《乾隆实录》卷八。

通过牙行等机构去销售。唐明宗时诏令“如是产业、人口畜乘交易，须凭牙保。如有违故，关联人行科断”①;《宋刑统》中也规定“田宅交易，须凭牙保，违者准盗论”②。因此，房宅交易必须通过牙行、保人等中介进行，其中田宅牙就是服务于房产交易的专业中介机构。至少从南北朝开始，朝廷就注意到牙行在规范交易行为中的作用，规定不经牙行一类中介机构而进行的私下交易，一律为非法。宋人叶适说“得产有堪合，典卖有牙契”③。宋朝时只有经过牙行居中办理、最后取得相关契约的交易，才被国家所认可，才能得到法律的保护。

《宋刑统》中还规定:“应将物业重叠倚当典卖者，本人、牙人、邻人并契上署名人，各计所欺入已钱数，并准盗论。不受钱减三等，仍征钱还被欺主人。如业主填罄尽不足者，勒同署契牙、保、邻共同填赔，其物业归初倚当典卖之主”④。之所以要对交易各方进行强制性约束，是因为有关“限卖令”的规定，要得到切实执行，交易过程就必须可控，而官府的力量有限，牙行成为官府加强房产管理的重要辅助，尤其像田宅这种重要的不动产。不仅如此，历朝各代还制定了许多有针对性的规定，以防范不经过牙行私自交易的行为。

许多朝代之所以都强调房产交易须经牙行之手，除确保“限卖令”能得以实施外，还有收税方面的考虑，中介机构可以帮助官府收取每笔交易所产生的契税，防止有人偷逃税款。除交易税外，有些朝代还会根据每户财产的情况确定其他税赋的征收标准，拥有的房产多，所承担的综合税赋就重。通过牙行进行交易，买卖双方自然还要向牙行交纳一定费用，这种中介费被称为“契纸钱”，除此之外还有一些杂费，如立契约要加盖印章，还要向负责公章管理的人员交“朱墨头子钱”，一个完整交易下来，房款

① （宋）王溥:《五代会要·市》。

② 《宋刑统》卷一三。

③ （宋）叶适:《水心别集:叶适集》之《经总制钱一》，中华书局2004年版。

④ 《宋刑统·户婚律》。

以外的费用还要付出不少。

除付给中介机构费用，买卖双方还要向国家缴纳一定比例的契税，其名目历朝各代不太一样，西周称“廛布”，西汉称“赀算”，唐朝称“间架税”，宋朝称“屋税”，元朝称“宅税”，都是与房产有关的税收。按照东晋的标准，房产交易过程中产生的契税税率约为4%，其中卖方承担3%、买方承担1%，标准不算低。

因专制社会对于房产交易的这些规定和做法，使得人们购置房产的热情大为降低，甚至一些“刚需”也常常被压制，许多官员宁愿租房住也不愿意买房。如唐朝诗人白居易初入仕途时，在长安担任九品校书郎，一开始住在永崇坊的一个道观里，后来在常乐坊租了几间房子居住，当时的布政坊、永平坊、兴道坊、常乐坊都是“出租屋”的集中区。①

一、住宅

其实，中国古代历朝各代对于住宅的规定，恰恰体现了中国传统法律的文化特色和人文追求，即“各安其居而乐其业”。《左传》当中就有“非宅是卜，惟邻是卜”②的记载。自先秦时期，古人已有了住房保障方面的规定。从先秦时期的“五亩之宅”，到清代旗人的官房制度，不管是“夜无故入人家”的刑律条款，还是“冻死不拆屋，饿死不掳掠”的严明军令，都体现了“鳏寡孤独废疾者皆有所养”的仁政精神。另外，保障流民“有居”与“得归”的收养——遣送制度，则体现了“安得广厦千万间，大庇天下寒士俱欢颜”的人文情怀。

作为民事权利的住房财产权，是指个人和家庭通过合法途径（如购买、租赁、受赠、继承等）获得、占有、使用、收益、处分住房的权利，进而引申了作为人身自由权的住房不受侵犯的原则，即没有居住者的允许，或者法律规定的情形（如抓捕罪犯，或者救助处于危险状态的人），任何人不

① 陈忠海：《古代房产的“限卖令”》，《中国发展观察》2018年第13期。

② 《左传·昭公三年》。

得进入、搜索或封锁住房。由此,也就自然而然地萌生出作为生存权利的住房权,即任何人都有获得维持生存所必需的基本住房条件的权利。而对于无法依靠个人力量实现这一权利的经济或社会弱势群体,政府有积极保障的义务,从而使得中华法文化的优秀传统得以发扬、传承。

此外,居住自由、获得住房机会的公平、反对任何形式的种族或其他性质的居住歧视、禁止强迫驱逐、不断改善居住条件、为住房而结社、对住房决策的参与、权利损害时得到司法救济等,历朝各代的法律也都有所涉及。民国有学者甚至认为,古代社会赋予宅地比耕地更多的权利:"宅地分配,见于周礼,而孟子、荀子亦间接得窥其略。至其授地面积,据孟、荀所传,则有五亩。窃谓周代授民田百亩之外,复授以宅地五亩,殆勿容疑。且此与授田异,许民永业,是其特征。"①

通过考察先秦时期的"五亩之宅"制,可以窥探在井田制时代,对于宅这种不动产,已有永久性的使用权和所有权思想的雏形。《孟子·梁惠王章句上》:"五亩之宅,树之以桑,五十者可以衣帛矣。"《孟子·尽心章句上》:"五亩之宅,树墙下以桑,匹妇蚕之,则老者足以衣帛矣。"《荀子·大略篇》:"五亩宅,百亩田,务其业,而勿夺其时,所以富之也。"《礼记·王制》:"田里不粥。"商鞅变法时期,对财产权的态度趋于明确:"意民之情,其所欲者田宅也。"②按照这一思想,制定了名田宅制度,即根据军功授予爵位及田宅:"能得甲首一者,赏爵一级,益田一顷,益宅九亩,除庶子一人。"③

西汉吕后时期对名田宅制度规定得更是具体④:关内侯九十五顷,大庶长九十顷,驷车庶长八十八顷,大上造八十六顷,少上造八十四顷,右更八十二顷,中更八十(简310)顷,左更七十八顷,右庶长七十六顷,左庶长

① 黎世衡:《中国古代公产制度考》,上海世界书局1922年版,第11页。
② 《商君书》卷四《徕民》第十五。
③ 《商君书·境内》。
④ 《二年律令·户律》,载《张家山汉墓竹简》,文物出版社2006年版,第51页。

七十四顷,五大夫廿五顷,公乘廿顷,公大夫九顷,官大夫七顷,大夫五顷,不(简 311)更四顷,簪袅三顷,上造二顷,公士一顷半顷,公卒、士五(伍)、庶人各一顷,司寇、隐官各五十亩。不幸死者,令其后(简 312)先择田,乃行其余。它子男欲为户,以为其□田予之。其已前为户而毋田宅,田宅不盈,得以盈。宅不比,不得。(简 313)宅之大方卌步。彻侯受百五宅,关内侯九十五宅,大庶长九十宅,驷车庶长八十八宅,大上造八十六宅,少上造八十四宅,右(简 314)更八十二宅,中更八十宅,左更七十八宅,右庶长七十六宅,左庶长七十四宅,五大夫廿五宅,公乘廿宅,公大夫九宅,官大夫七宅,大夫(简 315)五宅,不更四宅,簪袅三宅,上造二宅,公士一宅半宅,公卒、士五(伍)、庶人一宅,司寇、隐官半宅。欲为户者,许之。(简 316)

在魏晋以后的均田制中,宅地作为土地的一部分,按照人口多少分配。和前述的"五亩之宅"、名田宅制度一样,宅地也是允许农民永远占有的。唐代园宅地不但数量大,权利也相当发达,不但国家不能收回,而且可以自由买卖。① 唐代中期以后,土地大规模私有化,宅地和其他土地没有了法律上的区别,均进入市场流通,而国家也无力保障每个人均占有一定数量的宅地,这在一定程度上造成了居住的艰难,甚至士子、低级官僚也难幸免。②

当然,这一社会变化也加速了住房权的发展,尤其从宋代开始,随着宅地制度的弱化,住房问题日趋严重,使得包括住房在内的社会保障制度得到完善。如类似现代之安老院、孤儿院及残疾院的居养院、类似现代之公立医院的安济坊和类似现代公墓的漏泽园等,都得以发展。③

① 张群:《中国古代的住房权问题》,《南京大学法律评论》2007 年春/秋季号,第 141 页。

② 孙慧敏:《致身吉且安——白居易的居宅选择》,《中国历史学会史学集刊》2000 年第 7 期,第 27—42 页。

③ 参见金中枢:《宋代几种社会福利制度——居养院、安济坊、漏泽园》,李建民主编:《生命与医疗》,中国大百科全书出版社 2005 年版。

元代继承了宋代的政策。1282 年,皇帝下诏在各路设置一处养济院,向养济院提供适用的官屋,没有合适官屋的则及时新建(“仍令每处创立养济院一所,有官房者就用官房,无官房者为起盖,专一收养上项穷民”),并多次强调本管官司要“常加抚恤,毋致失所”①。且在法律上,首次规定了对于没有执行收养政策的地方官员要追究责任:“诸鳏寡孤独,老弱残疾,穷而无告者,于养济院收养。应收养而不收养,不应收养而收养者,罪其守宰,按治官常纠察之。”②这是法律上的一大进步。

明朝在具体政策和制度上,对于住房救济给予了前所未有的重视。如洪武五年(1372)“诏天下郡县立孤老院”,这些孤老院后来改名为养济院,“民之孤独残病不能自生者许入院”。1374 年 8 月,再次申令:“各种鳏寡孤独并笃疾之人贫穷无依不能自存者,有司从实取勘,官给衣粮养赡,为居宇以居。”《大明律》中还细化了元代对不履行社会救济责任官员进行处罚的规定:“凡鳏寡孤独及笃疾之人贫穷无亲属依倚、不能自存,所在官司应收养而不收养者,杖六十,若应给衣粮而官吏减者以监守自盗论。”③这是中国法律史上首次出现的、处罚对社会救济不力官员的具体规定。

清代大体继承了明代的制度。顺治年间恢复了旧有的养济院体系,原未曾设立养济院的地方也予以重建,如统一台湾后不久,即在当地建立了三所养济院。最终,清朝在各州县几乎普遍建立了养济院,如在江苏、浙江和安徽等七省一百三十二县中,除了两个县以外,其他县均有设置养济院的记载。④

但是,清代作为少数民族政权入住中原,实行“满汉分居”制度,甚至出现强制拆迁问题。清对旗人实行的是类似现代的住房福利制度,旗人

① 《元典章》卷三《圣政二 · 惠鳏寡》;《大元通制条格》卷四《鳏寡孤独》。
② 《元史 · 刑法志》。
③ 《明律 · 户律 · 户役》。
④ 陈桦、刘宗志:《救灾与济贫——中国封建时代的社会救助活动(1750—1911)》,中国人民大学出版社 2005 年版,第 184 页。

住房制度原是都城建设和防卫的需要，但自清兵入关、定鼎北京之后，就成为一项福利制度，是旗人优越的政治地位在经济上的重要体现。

旗人住房制度的主要内容是旗人（包括满洲八旗、蒙古八旗和汉军八旗）在划定地区居住（北京为内城，外地为满城），住房由清政府免费提供，按照官职高低分配。“世祖章皇帝定都今京师，一统之模大备。都城之内，八旗居址，列于八方。自王公以下至官员兵丁，给以第宅房舍，并按八旗翼卫宸居。”①住房在旗人之间可以自由流动，但禁止租典给汉人，也禁止旗人到汉人居住区（城外）买房和居住。但从康熙时期就开始出现旗人和汉人的秘密交易，到乾隆时正式放开旗民交产禁令，市场化成为不可逆转的潮流。

旗人在北京最初的住房是侵占汉人的房屋而来，驻防在各地如湖北荆州、浙江杭州等的八旗，以类似的方式圈占民房，建立“满城”②，如杭州八旗即圈占民房达1452间。将汉人移出内城是顺治元年“定鼎建号诏”中就明确规定的：“京都兵民分城居住，原取两便，万不得已。其中、东、西三城官民，已经迁徙者，所有田地租赋，准蠲免三年；南北二城虽未迁徙，而房屋被人分居者，田地租赋，准免一年。”③

二、官邸

官邸是指古代早期官府为官吏无偿提供的宿舍，在当时作为一种福利待遇而广泛建立。宋人记载：“郡国朝宿之舍，在京者谓之邸。”④这句话中的“邸”，就是皇家为朝廷中高级别官吏在京城所建造的住所。当时官府为官吏提供的“宿舍”，在古代则又统称为“官舍”或“吏舍”。其实官舍的叫法会因朝代的不同、设立地点不同以及居住官员品级的不同而

① 《八旗通志》卷二三《营建志》。
② 详情参见定宜庄：《清代八旗驻防研究》，辽宁民族出版社2003年版。
③ （清）朱一新：《京师坊巷志稿》卷上《日南坊》，北京古籍出版社1982年版。
④ （南宋）王应麟：《玉海》。

有所差异,如隋唐时期称为“赐第”,两宋时期称为“公宇”,建在皇宫内的称其“宫舍”,丞相类品级的官员居住的称为“相舍”,县级官员居住的称为“县舍”等。①

按照现代汉语工具书对于官邸的界定,是指政府提供给高级别官员的住所,与私邸相对。② 这个含义对于古代同样适用,从而也能看出官邸具备如下特征:一是具有公有性,官邸的提供者是国家或政府,对官邸拥有所有权,而居住的官员只拥有暂时的使用权。既然官舍属朝廷所有,因此,官吏离任后必须搬出官舍,以便下任官吏入住。二是官邸具有特殊性,只有高级别官员才能享有入住官邸的待遇,并非所有的公职人员都拥有此项待遇。毕竟,官邸不只是官员居住的地方,同时也是官员办公的地方,而且官邸制一般是对照官员的职务、职级的大小来决定不同级别官员的官邸配置标准。因此,古代官邸也呈现出显性化、规范化、制度化的特色。

中国历代朝廷把官舍归属于官署的一部分,但在先秦时期,因以封地作为各王公贵族的居住与行使政权的场所,因此,官邸制在先秦时期并不通用。据《史记》记载,秦昭王赐予丞相范雎入住相舍③,由此可推算出,至少在秦汉时期以前,官署就已为官吏提供办公与居住的官舍。秦始皇统一六国后,沿用了秦国的做法,使得古代官邸制开始形成的标志。至于出现的原因,自秦朝以来,由朝廷直接任命中央及地方各级官吏,不论是各地方的贤能之士被推举到中央任职,还是居住在京畿地区的官吏去往其他地方任职,都存在着官吏异地任职的居住问题。于是,便出现了由官府为官吏提供办公和居住的官舍。

汉代延续了秦朝的官邸制,汉高祖刘邦曾颁令称:“凡为列侯食邑

① 倪方六:《中国古代的“官邸制”》,《山东人大工作》2014 年第 2 期,第 47 页。

② 中国社会科学院语言研究所词典编辑室:《现代汉语词典》(第 6 版),商务印书馆 2012 年版,第 479 页。

③ 《史记·范雎列传》。

者，都给印绶佩带，赐给宏敞的住宅；俸禄达到二千石级别的将吏，就可迁居长安，赐给次一等的住宅。”①可以看出，汉代规定两千石以上的太守级别的官吏，可享受朝廷为其提供的免费专有官舍待遇。古代两千石级别的官吏相当于现代地级市行政首长级别，可知汉代官邸制适用范围是地级市行政首长及以上级别的官吏，可入住京都的专有官邸。另，据史料记载，东汉皇帝刘秀曾为在济阳县就任县令的父亲提供县舍，亦可佐证汉代朝廷给予部分县令级别的官吏入住县舍的待遇。

在两汉时期，官府亦会为普通官吏提供住宿的地方，称其为官寺舍。但它并不是高级别官吏所居住的独立官舍，更类似于现在中国政府为普通的公职人员所提供的集体宿舍一样。所谓“府廷之内，吏舍比属”②，由此也可看出官寺舍规模之大。能给普通官吏提供居住的地方，跟两汉时期的普通官吏数量本身相对较少有关。西汉后期，入住官舍或官寺舍的所有官吏，不论官级的大小，都可以携带亲属入住。如侍中董贤为获得汉哀帝信任，忙于政务无暇看望妻子，为此汉哀帝特许“若吏妻子居官寺舍”③；再如光禄大夫魏霸丧妻后，迎娶新任妻子入住其官舍。④ 以致在汉代出现一种说法，官吏不带家属入住官舍或官寺舍，被视为不贪图国家的福利，是清廉的表现。如史书曾特意记载：“何并性清廉，妻子不至官舍”⑤，以此表扬西汉名臣何并从未让其家属入住官舍的清廉作风。

汉晋之际，因为官吏数量增多而官舍数量有限，导致官府无法为所有官吏提供官舍，朝廷针对部分官员采取租赁官舍的方式解决其居住问题。而且，汉晋后期官舍与官署相分离，又增大了朝廷的行政成本。所以，朝廷将免费提供官舍改成租住制，由此也使得古代的住房保障制度体系逐渐形成。

① 《汉书·高帝纪第一下》。
② 《论衡·诘术篇》。
③ 《汉书》第九十三卷。
④ 《太平御览》。
⑤ 《汉书·何并传》。

在隋唐时期,租住制就成为主要的方式。当时,官舍主要按照御赐的方式分配,称为“赐第”。而一旦成为御赐的“赐第”,则“已有处分,不烦让也”,被赐官舍不再属于官舍的一部分,亦不在官署之内,入住者拥有其所有权。隋唐时期,法律还有新规定:允许大贵族及三品以上高官可以临街建造住宅,并允许在坊墙上开门,可在门外设立值班岗亭。白居易的诗中对此有所描述:“谁家起甲第,朱门大道旁。”①

又因隋唐时期,科举制已创立,中下级官吏较多,住房福利就相对较差一些。该时期六品以下官吏只可租住结构为三间五架的官宅;三品以上官吏可以租住进深五架、面阔三间且拥有悬山式屋顶结构的官宅。普通官吏则不但没有官寺舍,更没有租住政府提供官舍的资格。且在京任职的普通官吏,也经常因京城房价不菲,无力购买房产。当时在京任职的礼部主客郎中白居易曾感叹“游宦京都二十春,贫中无处可安贫。长羡蜗牛犹有舍,不如硕鼠解藏身。且求容立锥头地,免似漂流木偶人。但道吾庐心便足,敢辞湫隘与嚣尘。”②

宋承唐制,朝廷还是为官吏备有官舍,但必须缴纳租金,并设立楼店务。因宋代存在冗官问题,使得官吏住房更为困难。两宋时期,朝廷在全国各地设立楼店务,负责对官舍的建造、维护和租赁管理。在京城就任的官吏如果没有私房,可以向楼店务申请租住官舍,但是数量和面积不能满足需求。据史料记载,宋真宗登门悼念租住在官舍的枢密副使杨砺,发现与副宰相平级的大臣租住的官舍附近的小巷无法容下皇帝的轿辇。③

到了南宋时期,楼店务进一步在各地建立,虽然其影响规模在不断扩大,但也产生了诸多不便。正如记载所言“京师职事官,旧皆无公廨,虽宰相执政,亦僦舍而居,每遇出省或有中批外奏急速文字,则省吏遍持于

① (唐)白居易:《伤宅》。

② (唐)白居易:《卜居》。

③ 廖保平:《中国古代官邸制漫谈:铁打的房子流水的官》,《决策探索》2014 年第 1 期,第 80 页。

私第呈押，既稽缓，又多漏泄。”①所以，宋神宗决定为中央两府主要官吏免费提供专有官舍，而对在京的大多数中下级官吏仍实行租住制。同时，朝廷规定入住免费官舍的官吏除离任外，如果被降级、免职，朝廷会收回提供的免费官舍或降低官舍标准。就连名相寇准被贬后，也收回其原来居住的相舍。

明清时期的中央官吏租住官舍制度，延续了唐宋时期的规定，同时又有新的变化。明清时期的普通京官和唐宋时期的一样，薪酬较少且以租赁官舍为主要的居住形式，因此支付官舍租赁费用成为其生活的最大开销。明洪武年间，皇帝朱元璋下令为在京任职的官吏建造官舍，再加上原有的官舍，数量是可以供给在京官吏居住的。但到后期，多数官舍被高官控制，即出现“私相授受，有顶首，有租赁”②的问题。这一时期与汉唐时期相比，官吏没有统一居住地的现象更加明显，在京任职的官吏成为京城房屋出租的主要对象。到了明万历年间，多数官吏无法承受高额租金，选择挂职另去他地居住，也造成了京城内“比屋皆贴空房，赁住纸签不可计数”③的现象。

与前朝相比，明朝的官舍制度还是发生巨大变化，如允许官吏一次性购买官舍的所有权，即“买官廨三十余区，居学官以省僦直”④。正是部门领导把买断的官舍提供给本部门的官吏居住，为下属省下租金，成为福利的写照。另外，明朝还出台了一项优惠政策，按京官的等级来配备官舍，主要是配备门卫、马夫、勤务员等皂役，而且京官可以自行选择人力，如不配备可折算成薪金归官吏所有。如，当时就任南京国子监的谢铎因不要朝廷为其配备的皂役，而攒下大笔钱。⑤

---

① （宋）叶梦得：《石林诗话》。

② 陈宝良：《明代社会生活史》，中国社会科学出版社 2004 年版，第 338 页。

③ 陈宝良：《明代社会生活史》，中国社会科学出版社 2004 年版，第 339 页。

④ 完颜绍元：《轻松为官：破解千年隐蔽秩序》，中共中央党校出版社 2010 年版，第 123 页。

⑤ （明）焦竑：《玉堂丛语》。

清朝一直延续着为官吏提供官舍的制度,但缩小了实行此制度的范围,并进行严格管理。清朝初年规定"世祖章皇帝定都今京师,一统之模大备。都城之内,八旗居址,列于八方。自王公以下至官员兵丁,给以第宅房舍,并按八旗翼卫宸居。"朝廷为让所有旗人能在京城内住下,规定京城内的所有汉人搬到城外居住。

清朝为旗人在京城内建造完官舍后,进行了分配,即"一品官给房二十间,二品官给房十五间,三品官给房十二间,四品官给房十间,五品官给房七间,六品、七品官给房四间,八品官给房三间,拨什库(领催)摆牙喇(护军)披甲给房二间。"①

康熙初年,朝廷改变了分配制度,而采取货币分配制度,即低级别的官吏按照支付每人一间房子价格,折合三十两分配给个人并自行购买或建造房屋。到了后期,价格降到合每人一间房为二十两。乾隆、嘉庆时期,官吏可以分期付款购买官舍,并且朝廷对首付购房款、分期期限及付款方式这三方面进行深化改革,以有利于经济困难的旗人购买官舍,并严格规定:如果发现谎报无房居住的旗人,成功申请分期购买官舍,管理者与申请者将一同受罚。其实,这很像现在中国政府为低保者提供的经济适用房。

综上可知,明清两代已经建立了较为完备的住房保障制度。

三、书院

书院萌芽于唐末五代时期,兴盛于宋明,普及于清代。书院既是教育组织,又是传播文化思想、与教育密切结合的学术研究机构,其设立分为民间自建、民办官协、官办为主几种形式。书院最初由私人兴办,北宋初年,为弥补官学体系之不足,宋廷大力扶持书院发展,不仅赐匾额、御诗、学田并"皆赐经书"②。据统计,自唐至清,中国传统书院共建立 6654 处,

---

① (清)昆冈等修:《钦定大清会典事例》。

② 杨士奇:《历代名臣奏议》卷一一五,上海古籍出版社 1989 年版。

分布于我国各个省份。[①] 总体而言，书院在建筑风格上主要体现了“天人感应”、“阴阳五行说”、“风水形胜说”三个文化核心，以致有学者将书院定义为：“民俗建筑和庙宇建筑的复合体，是一种以民俗建筑为主体，以庙宇建筑为重点，带有园林环境的乡土性文化建筑。”[②]

也有学者认为“书院一般是私人创办或主持为主的，也有家族、民间出资筹办的，多数得到地方官府的鼓励和资助，或赐名、赐匾额、赐书，或赐银、拨田产，成为私办官助、民办公助的办学兴教的形式。”[③]因此，在民事主体语境下考察书院建筑的话，不属于私人所有，也一般不能进行租赁、交易流转等。从宋代开始，教学就作为书院的重要职能，一直伴随书院发展的始终，直至清末光绪三十一年，清政府下令废除科举制度，书院也就随之消亡。

元末明初，由于战乱不断，书院大多被焚毁一空，少数幸存的书院也由于明政府的规定而无法生存，甚至就连田亩也被充公。明初严格控制学校的发展和创办数量，对于私人办学的书院也是皆改作官学。“洪武元年（1368），改天下山长为训导，田皆令入官。洪武五年（1372）革罢训导，弟子员归于邑学，书院因以不治，而祀亦废。”[④]在此情况下，书院发展一度走向沉寂，就连江西白鹭洲书院自元末以来的所有院落、屋宇、典籍都毁于一旦，学田也不复存在。更有甚者，湖南长沙的城南书院，于宋绍兴三十一年（1161）由张浚、张栻父子所建，到了明朝初年却是“年久废颓，僧家建寺于上”[⑤]，被僧侣所占用，变成了寺庙。

哪怕是明初新建的书院，要么成了以收藏书目为主的场所，要么变为

---

① 参见邓洪波：《中国书院史》，东方出版中心 2006 年版。

② 白新良：《中国古代书院发展史》，天津大学出版社 1995 年版，第 36 页。

③ 王炳照：《中国古代书院》，商务印书馆 1998 年版，第 2—3 页。

④ 阳正笄修、冯鸿模纂：《（雍正）慈溪县志》卷四《学校》，清雍正八年（1730）刊本，第 248 页。

⑤ 吕肃高修、张雄图纂：《（乾隆）长沙府志》卷一三《学校志》，清乾隆十二年（1747）刊本，第 289 页。

它用。如江西新喻石门书院:“石门书院有二,一在蒙山,明洪武初梁寅建。寅晚年结庐石门山,聚书遗子孙,名曰‘书庄’。”①山西平阳城的晋山书院:“在平阳城东北隅。元泰定二年(1325)县人石彦,名建为义学。后为录事司。明洪武初改为县学。永乐初改为临汾县治。”②

明朝初年,政府大力提倡官学,广泛设置社学,严禁私人创办书院,所以,明初书院的数量下降到了自宋以来的最低,既无名家大儒讲学,亦无政府、官员支持。“圣朝开国之初,诏天下郡县咸建学宫,又必慎遵守令以可投调,简择师儒以事训诲。”③受该政策影响,明初全国的书院不仅数量很少,且分布也不均衡,尤其是靠近京师的地区,一个书院都没有。

后经近百年的时间,书院从明英宗正统年间到万历时期,才因得到政府支持而大力兴建。此时官学逐渐衰落,所谓“岁久,日削月朘,寝以倾圮,庭宇荒芜三十余年,不堪其敝陋。”④此时,政府为了科举制度的推行和人才的选拔,转而支持地方和私人创办书院。在政策引导下,各地方官员或是废除僧士淫祠,或对社学加以扩建兴办书院⑤,书院荒废的情况有所好转,书院建置的数量有所上升,但仍以官方创办书院为主导,民间私人创办书院仅占少数。

无论如何,该时期明政府对于书院的建立和发展,已经不像明初那么严厉:政府会对书院“赐额”,或者是下令让官员复建书院,这对于书院的恢复和发展起到了良好的作用。如河南南阳县养正书院:“明正德间敕建。”⑥再如

---

① 曾国藩修、刘绎纂:《(光绪)江西通志》卷八一《建置略六·书院一》,清光绪七年(1881)刻本,第1774页。

② 刘玉玑修、张其昌纂:《(民国)临汾县志》卷二《教育略》,民国二十二年(1933)铅印本,第150页。

③ 姚昺纂修:《(弘治)永州府志》卷二《学校》,明弘治刻本,第87页。

④ 马暾纂修:《(弘治)潞州志》卷第六《建置沿革志》,明弘治八年(1495)刻本,第673页。

⑤ 白新良:《明清书院研究》,故宫出版社2012年版,第68页。

⑥ 顾汧修、张沐纂:《(康熙)河南通志》卷一六《学校》,清康熙三十四年(1695)刊本,第1219页。

湖南长沙的岳麓书院，也是在这一时期开始重新修葺并逐渐恢复讲学的。“明成化五年(1469)知府钱澍因旧址重兴，随毁。弘治七年(1494)通判陈纲建讲堂、门庑，诚明、敬义二斋，崇道祠。继以通判李锡、推官彭琢构高明亭。弘治十二年(1499)同知杨茂元建尊经阁，刊紫阳遗迹。弘治十八年(1505)参议吴世忠改门路向，开泮池、棂星门，置田百亩诲诸生。”①

政策变化以后，各地官员、士绅、士大夫纷纷兴建书院，恢复办学活动，延请名儒，聚徒讲学，即“延明儒主教事，置田以赡生徒，他善政尤多。”②经过明朝中期的发展，到了正德朝和嘉靖朝，明代官办书院的数量达到了顶峰，实现了飞速发展。在隆庆、万历时期，完全取代各级官学而成为主要的教育机构。③

万历初期张居正当政时期，明代发生第三次禁毁书院的活动。张居正为解决明中后期出现的土地兼并、财政危机日益严重等问题，实行了一系列的改革，也因此触犯了部分官僚、顽固势力的利益，他们在朝堂上进行反对，在地方上也是阻挠变法的推行，甚至利用书院对张居正进行抨击，如时任监察御史的沈楠：“时江陵当国。楠疏劾其党殷正茂冒功不法事。”④

为反对变法改革，出现“张居正所饬学政，首禁讲学。”⑤不得已，万历七年(1579)，张居正以皇帝的名义下令，“命毁天下书院”，对于私建书院者，不仅要给予严厉的惩罚，书院及书院的田粮都收归它用。如时任常州知府的施观，“其所创书院及各省私建者，俱改为公廨衙门，粮田查归里

① 吕肃高修、张雄图等纂:《(乾隆)长沙府志》卷一三《学校志》，清乾隆十二年(1747)刊本，第281—282页。

② 陈能修、郑庆云纂:《(嘉靖)延平府志》卷四《名宦》，明嘉靖刻本，第438页。

③ 白新良:《明清书院研究》，故宫出版社2012年版，第105页。

④ 赵世安修、邵远平纂:《(康熙)仁和县志》卷之一六《人物》，清康熙二十六年(1687)刻本，第1288页。

⑤ 李卫修、沈翼机纂:《(雍正)浙江通志》卷一百五十八《人物一》，《清文渊阁四库全书本》，第13118页。

甲。不许聚集游食，扰害地方，仍敕各巡按御史提学官查访奏闻。"①这一次禁毁书院所涉及的范围比较广泛，造成的后果也比较严重，有吏部官员给皇帝上书称"各处私创书院，如宣成梧山等处已改公馆，其田地粮税宜归并里甲微贮府库。"②对于一些已经禁毁或是还未毁掉的书院，"户部复以各省直改毁书院多有未行册报及议处未尽者，议行各抚按查核以报。"③

不过，此次禁毁书院遭到了普遍的抵制，从官员到士绅，或是上书请求，或是为书院改名以求免遭罹难。吏科给事中邹元标、兵科给事中王亮就曾上书皇帝，对本次禁毁书院一事做了言辞恳切的请求，并提出了自己的看法："视上指挥若不辨公私毁之，未几而复之，旋继又滋地方，一番骚扰。私创书院已经拆毁者，不必概复。如果有先贤所遗，或系本朝敕建者，曾经拆毁，量为查复其天真。书院既云先臣王守仁专祠，仍行抚按查先年奉何明文盖造，动支何项钱粮，所称书院学田是否学徒置买，应否归入里甲，俱议拟前来，以凭斟酌。覆奏其各省学田原额不一。今书院拆毁之后田归何处，一并查明，到部请旨处分。"该请求得到了许可："重道崇儒原无讲学之禁，亦不系书院有无。若近年私创已经拆毁变卖的，不必一概议复，以费财扰民。"④

一些已经被废除的书院，其田亩、钱款只需查清始末，不必一一重建。也正因如此，此次禁毁书院才没有造成十分严重的后果，许多书院还是被保留了下来。如应天府的书院："稽查应天等府书院先后共六十四处，或

① 《明神宗实录》卷八三"万历七年正月戊辰"条，台北"中研院"史语所1962年版，第1752页。

② 《明神宗实录》卷一〇二"万历八年七月戊寅"条，台北"中研院"史语所1962年版，第2011页。

③ 《明神宗实录》卷一〇三"万历八年八月庚戌"条，台北"中研院"史语所1962年版，第2021页。

④ 《明神宗实录》卷一四二"万历十一年十月壬戌"条，台北"中研院"史语所1962年版，第2648页。

改公署，或给原主，或行毁废。其紫阳、崇正、金山、石门、天泉五书院，存留如故。”①并且，在张居正去世之后不久，皇帝就下令允许重建书院，“凡天下书院毁者，俱准复立。”②这一时期，全国兴建了一千五百多所书院，其中又以安徽、江西、浙江、福建、广东、湖广等地为多。书院的分布范围甚至还扩大到了东北、甘肃、云南等偏远地区，全国新建和修复的书院，不计其数。

在天启年间，因阉党当权人发起针对东林书院的阴谋，使得明朝发生第四次禁毁书院的事情。这一次全面禁毁书院事件，导致明末书院一蹶不起，再也不复先前讲学的盛况，直到清初才有所改变。福建上杭县的紫阳书院，“万历间圮，国朝康熙二十六年（1687）知县蒋廷铨复建于训导废址。”③崇祯皇帝执政初期，希望扭转明王朝的衰败情况，曾下令恢复被魏忠贤焚毁的书院：“至海内讲学书院，凡经逆珰矫旨折毁者，并宜葺复如故。”④有了政府的大力支持，此时全国各地兴建了几十所书院，以广东、安徽、浙江、江西、福建几省为多，广东新建了二十所，其余地区仅有几所书院，以山西和甘肃两省最少，只有一所书院。但此时战乱、天灾不断，官员和士绅也无心办学，很多已经兴建的书院，也是经营不善，没多久就屋宇颓废，田亩无存，已经完全不能运转，再也无力回天，“颓梁落栋，鞠为茂草，令人徘徊叹息。”⑤

通过历史发展来看，书院的发展离不开官员的支持、士人的捐款或是捐赠田亩行为。对于捐助行为，地方官员会刻在碑刻上，以示嘉奖，供后

① 《明神宗实录》卷一一七“万历九年十月戊申”条，台北“中研院”史语所 1962 年版，第 2205 页。

② 苏民望修、萧时中纂：《（万历）永安县志》三卷《建置志》，明万历二十二年（1594）刻本，第 26 页。

③ 张汉修、丘复纂：《（民国）上杭县志》卷二二《古迹志》，民国二十八年（1939）铅印本，第 262 页。

④ 《明思宗实录》卷一“崇祯元年正月丁卯”条，台北“中研院”史语所 1962 年版，第 3 页。

⑤ 刘文征纂修：《（天启）滇志》卷二〇《艺文志第十一之三》，清钞本，第 677 页。

世铭记。如泉州府的永春书院，“嘉靖三年（1524）知县柴镳建，有正堂、讲堂、翼楼二，东西两庑，号房十二间，主事陈琛为记。”①再有江西省贵溪县的象山书院，“景泰间都御史韩雍命知府姚堂重建祠宇，寻又置田五十亩以供岁祀”，有《书院祭田记》，“其田段名数备刻于碑阴。”②安徽泾县的水西书院，祭酒邹守益有记：“其田界税米，具勒于碑阴。”③

还有的县学因无力维持而被改作书院的。如福建怀安县共学书院：“旧怀安县学也。万历二十二年（1594）巡抚许孚远改为书院。”④也有的是原为寺庙，后被改作书院的，如江苏吴县的学道书院：“本朝嘉靖二年（1523）知府胡缵宗以景德寺改建书院，门扁曰‘东南’。”⑤

书院经费一般由钱、粮、田租、地亩、利息等组成，有政府拨款，有地方官员捐款，有士绅捐款，有乡民捐助。首先是政府拨田，给书院一定的钱款或地亩支撑，是政府常用的鼓励手段。如江西德化县的濂溪书院，经按察司副使邵宝上奏，“请如朱熹婺源例，每岁春秋令府县官即书院致祭，仍给田五十亩以为修葺祠墓之资。”⑥浙江镇海县的南山书院，“拨昌国海涂田三十亩，以供祀事”⑦。但是这种给予田亩的奖励，多为祭祀之用，而且范围也不广，多为一些影响巨大的书院，大多数书院是没有这种殊荣的。

其次是官员拨款。对于书院办学，当地官员常常通过捐赠学田的方

---

① 阳思谦修：《（万历）泉州府志》卷五《规制志下·学校》，明万历刻本，第288页。

② 蒋继洙等修、李树藩等纂：《（万历）广信府志》卷四之二《学校·书院》，清同治十二年（1873）刊本，第357页。

③ 鲁铨修、洪亮吉纂：《（嘉庆）宁国府志》卷二二《艺文志·中》，清嘉庆刻本，第672页。

④ 徐景熹修、鲁曾煜纂：《（乾隆）福州府志》卷一一《学校》，清乾隆十九年（1754）刊本，第266页。

⑤ 李铭婉修、冯桂芬纂：《（同治）苏州府志》卷二六《学校二》，清光绪九年（1883）刊本，第622页。

⑥ 《明武宗实录》卷一一“正德元年三月丁亥”条，台北“中研院”史语所1962年版，第349页。

⑦ 于万川修、俞樾纂：《（光绪）镇海县志》卷一〇《学校》，清光绪五年（1879）刊本，第203页。

式来给予帮助。官员捐赠或是拨给田亩、田粮，是地方书院经费的重要来源。这些田亩，保证了书院的创建。书院利用这些田亩进行征银，又用以确保书院的正常发展。当时的书院基本都有田亩，多至上千亩，少的有几十亩、几亩地。湖南善化县岳麓书院的田亩："在长沙县十九处，在善化县九处。在湘阴县一处，在宁乡县二处。"[①]田亩不但分布范围较广，且数量较大，只在湘阴县一处就有"田一百一十三亩二分零"。浙江浦江县的浦阳书院，万历四十三年（1615）知县黎宏道创建，"买田十六亩零"[②]。浙江省遂安县的狮山书院，"明隆庆六年（1572）知县吴撝谦葺，为书院置田二十九亩三分零。万历间知县韩晟改名五狮书院，复置田三十二亩四分零。"[③]有了官员的带头作用，乡民也会随之一起捐款。

祭祀，是书院的一项重要功能，同宗教祭祀不同，书院祭祀主要是为了书院教学服务的。从南宋开始，书院祭祀开始脱离官学，走向了独立发展的道路。[④] 书院祭祀的对象多为孔子、孟子等先儒、先贤，后来还增加了二程、朱子等著名理学家。明朝时期，书院的祭祀对象还增加了湛若水、王阳明等著名学者，甚至还有专门为了祭祀二者而建立的书院。如山东曲阜县的尼山书院："中为大成殿三间，祀至圣及四配像。左右庑各五间，祀十二哲及七十二贤。"[⑤]云南临安府崇文书院："祠堂三间，内竖书院祠记，祀有功书院之贤。"[⑥]

其实，不管是作为不动产的书院建筑，还是书院的经费状况，大都处

---

① 吕肃高修、张雄图等纂：《（乾隆）长沙府志》卷一三《学校志》，清乾隆十二年（1747）刊本，第 282 页。

② 善广修、张景青纂：《（光绪）浦江县志》卷四《志建置第一》，民国五年（1916）黄志璠再增补铅印本，第 639 页。

③ 罗柏丽修，姚桓等纂：《（民国）遂安县志》卷五《文治志・书院》，民国十九年（1930）铅印本，第 204 页。

④ 郭小曼：《宋代书院经费制度研究》，河南大学 2008 年硕士学位论文。

⑤ 潘相纂修：《（乾隆）曲阜县志》卷七《图考第二之五》，清乾隆三十九年（1734）刻本，第 253 页。

⑥ 祝宏纂修、赵节纂：《（雍正）建水州志》卷四《学校》，清雍正九年（1731）修，民国二十二年（1933）重刊本，第 284 页。

于政府的控制之中。政府要求书院田亩、银粮的使用要透明化,要有专门的人负责看管,对于书院田亩和经费的支出,要记录在册,以备政府查看。

如山东武城县的弦歌书院规定:"书院地亩造册二本,送署盖印。一发礼房存案,一交书院首事绅士收执,作永远底本。"①广东化州的石龙书院规定:"一所有收支数目,应遴派殷实士绅专司其事。查廪生陈畴公正不阿,家道颇殷,可以委管。应着备造收支总簿一本,送州用印。该首事每年酌给薪水钱二十千文,将来接管之人亦当公举殷实,毋得私相授受。"②陕西榆林县榆阳书院,也有类似的规定:"章程、条规,则镌卷册板存院中可考而知也。"③江西余干县的东山书院,当地的县令常山凤就撰写了《捐置东山书院膏火经费善后规条》,其中就有一条明确规定:"各典领书院经费足钱五千二百串,按月一分起息。设立连三簿据,存县一本,学一本,值年首事一本,三簿俱全,始准发息,钱本永不准挪动。如该典私行付给,及官另有借欠典项借以扣抵情事,均着该典照数认赔,总期垂之久远,免致侵废。"④

四、寺庙和道观

寺庙和道观既是不动产,也是宗教活动的物质载体,即宗教得以存在和传播的基础。因为宗教是一种社会历史文化现象,本质上是一种社会意识,影响人们的精神生活,所以,对于其物质载体的寺庙、道观等建筑,自古至今就有特殊的民事地位。关于寺庙,古时"寺"与"庙"是有区别的。古代最早的"寺"是指官吏办公的地方,如大理寺、鸿胪寺,是"官署"

---

① 王延纶总裁、王釜铭纂:《(民国)武城县志》卷四《学校》,民国元年(1912)刊本,第127页。

② 彭贻荪修、彭步瀛纂:《(光绪)化州志》卷五《学校》,清光绪十四年(1888)修,第453页。

③ 李熙龄纂修:《(道光)榆林府志》卷四四《艺文志》,清道光二十一年(1841)刻本,第1427页。

④ 区作霖纂修:《(同治)余干县志》卷六《学校志》,清同治十一年(1872)刊本,第417页。

的意思。寺,古文作“侍”解:“寺,本亦作侍,寺人,奄人也”。[①] 另有论者,我国古代三公所居称“府”,九卿所居称“寺”。秦朝,凡宦官任外职,官邸通称寺。东汉明帝时,“寺”成为僧人藏经、讲佛的场所。隋炀帝曾将其改称道场,唐朝又复改称为“寺”,沿用至今。

“寺”作为佛教的寺院,是从东汉开始的。相传永平年间,明帝命羽林郎蔡愔、秦景等人出使天竺(即今印度),取来佛经 40 多卷及释迦牟尼立像,偕同迦叶摩腾和竺法兰两位天竺高僧同来,下榻于洛阳鸿胪寺。因这些佛经是用白马驮来的,后来就在洛阳修建了一座寺院以弘扬佛法,取名“白马寺”,这是中国第一座佛教寺院。

随着佛教的兴起,寺又产生了许多异名别称,如“香刹”“丛林”“精舍”“香界”“萧寺”“组寺”“组殿”“净住”等。在梵语中,“寺”叫“僧伽蓝摩”,简称“伽蓝”,指“僧众所住的园林”。古代除佛教称其宗教活动的场所为“寺”外,基督教聂斯托里派在中国的唐朝,其宗教活动的场所最初也叫“景寺”,其中最著名的有镇江、杭州七寺。而古代伊斯兰教对自己宗教活动的场所,也有叫清觉寺、礼拜寺、清修寺、净觉寺的。因而,“寺”的意义是十分广泛的,但主要是指宗教活动场所,均与宗教有关。

“庙”的历史比寺早,与中华文明的发展有着密切关系,最早是指我国供祭祖宗神位的屋舍,又称“宗庙”。宗庙的设置,与宗法制度密不可分。《诗经》中就有“作庙翼翼”[②]的记载。我国古代祭祖的屋舍统称庙,后来将皇帝的宫殿称之为“庙堂”或“廊庙”。再后来,又把祀神之处叫“庙”,如“城隍庙”“土庙”。王宫之前殿也称“庙”,如“庙堂”“廊庙”就是指朝廷。

先秦之后规定,凡有功于国的,死后方可入庙,享受人们祭祀礼拜,如关帝庙。根据等级的不同,设置宗庙的数字也不一样。据西周祭祀制度

① (唐)陆德明:《经典释文》。
② 《诗经 · 大雅 · 绵》。

的规定,“天子七庙、诸侯五庙、大夫三庙、士一庙、庶人无庙”。帝王之祖庙称“太庙”,凡有定官爵者,其祭祖处称“家庙”,也称“宗祠”。不论太庙还是家庙,在概念上又都可以称作“祠”,是纪念先祖和前代贤哲的地方,如山西太原的“晋祠”、成都的“武侯祠”、杭州的“武穆祠”以及苏州的“五百贤祠”等都是。

中国古代社会,平常百姓设立祭祖神位的地方,叫作“祠”或“祠堂”。它是属于一姓一族的庙堂,同时又是专制政权的一个基层组织和行施宗法的场所。祠堂具有法庭的作用,而一族之长拥有至高的权力。所以,在普通百姓的住宅里面,经常也包括祠堂。寺庙,作为宗教物质载体的不动产,主要是指原始宗教的祠庙、佛教的寺院、道教的宫观、伊斯兰教的清真寺、基督教的教堂等。中国的寺庙类型极其丰富,按照宗教信仰的不同,可分为祠庙、寺院、宫观、清真寺、教堂及其他杂庙诸类。

道教祀神的祠宇,叫道宫、道观。中国道教寺庙起源于张道陵所设“二十四治”。“治”初为五斗米道教的传教点区,转而成为早期道士祀神传道之所,“置以土坛,戴以草屋”,遂成寺庙。根据现有资料,道馆之设源于东晋丹阳许氏。晋时,巴蜀陈瑞道派的活动场所称为“传舍”,江东于君派则称“精舍”,而北方帛家道仍以“治”称。南北朝时,已有“观”称,新天师道也称坛为寺。隋、唐以后,道馆先后改称为观,大型道观又别称“宫”,道教宫观制度正式确立,并一直沿袭至今。[①] 本来帝王居处叫“宫”,城堞可供眺望之处叫“观”。即“观者,于上观望也”。[②] 专制社会,统治者崇奉天神,所以祀神之所也叫“宫”,候迎天神之所也叫“观”。

寺庙经济,就是以寺庙为主体,围绕寺庙而形成的物质财富运行机制。它的执行者(包括寺庙的生产者和消费者)是寺庙所属的僧人,就其构成而言,应该包括寺庙生产资料的经营和消费资料的分配。以佛教为例,佛陀创教之初,反对僧人捉持金银、积蓄财富。要求僧人托钵乞食,岩

① 段玉明:《中国寺庙文化》,上海人民出版社 1994 年版,第 65—66 页。

② 《渊鉴类函·释名》。

居穴处，云游修行，以正涅槃之境。随着僧人队伍的扩大，游行乞食的制度难以实行。于是僧人固定居所——寺院——也就随之形成。信众对寺院僧侣们的布施，逐渐由日常生活用品的布施发展到土地、山林等生产资料的布施，从而形成了寺庙经济。

佛教把所有奉献于寺院的财物称为“常住”，在汉传佛教中通常指僧众财产。佛教和道教全真派，要求僧侣居住在寺观里修行，僧侣被称为“出家人”。因此，寺庙要供养他们的生活起居，还要担负起他们生老病死的重任。某种意义上说，寺庙作为宗教的物质载体，本身就具有一定的经济属性，是一定人力、物力和财力的结合体，从而也成为了民事客体的一种。

中国寺庙经济中寺产的普遍形成，是在魏晋南北朝时期。十六国末期，南燕主慕容德曾以泰山郡奉高、山往二县赐与僧朗作为封地，使食租税，“且领民户”①。唐前期，寺庙经济往往具有集体所有制的性质，因而其居住建筑也属于集体所有。其实，这种集体所有制本质上是一种封建私有制的变态形式，具有财产所有制关系上的两重性，表现在：“寺院财产名义上属于全寺僧众集体所有，而在实际上仅仅由寺院地主占有和某种意义上私有”②，寺院上层僧侣往往就是封建大地主。

以土地占有作为标志的农业经济，是中国古代寺庙经济的主要构成。古人所谓“山在兹，田亦在兹，寺在兹，法亦在兹”；“率有田亩，永充常住”③就是例证，各地寺庙每每可见到的“常住田碑”也可佐证说明。至于田地占有多少，各个时期的各种寺庙很不一致，多者百顷千顷，少者十亩百亩。一般来说，带有官寺性质的寺庙田产较为丰厚，动辄千顷。而属于官宦富豪支持的私寺，田产也在百顷以上。唯有民寺最为可怜，仅有勉

① 道宣：《广弘明集》卷二八，慕容德《与朗法师书》、僧朗《答南燕主慕容德书》。

② 简修炜等：《南北朝时期寺院地主经济与世俗地主经济的比较研究》，《学术月刊》1988 年第 11 期。

③ （清）常明等修，杨芳灿、谭光祜纂：《嘉庆四川通志》卷四〇。

强维持的田地若干。寺庙通过其他方式如募捐、赞助,积蓄一定的资金以后,常常将之转买为田地以为永业。租佃经营方式是宋、元以后中国寺庙恒产经营的主要方式。对田地、作坊、牲畜、牧场、邸店等等的占有与经营,是中国古代寺庙经济的核心构成。

寺院财产,佛教经律称为三宝,即佛物、法物和僧物。三宝的财物,各有所属。属于佛物的如佛像、殿堂、香、花、幡、盖等;属于法物的如经卷、纸笔、箱函等;属于僧物的如田宅、园林、衣钵、谷物等。可见,三宝中的大项是僧物,这是寺院财产的支柱。"常住"又称"僧物"或"四方僧物"或"佛物"。《弥沙塞部和醯五分律》"四方僧物有五种物,不可获、不可卖、不可分。何谓五?一住处地,二房舍,三须用物,四果树,五华果。"①常住或僧物是指那些不能在僧侣之间进行分配和不能以私人名义而分配的财物。

北魏时期,寺院产生了对农民的剥削,史载当时遍布北方州镇的寺院多有"侵夺细民,广占田宅"②的现象,而京都洛阳一带更是出现了"寺夺民居,三分且一"③的严重情况。不少寺院广有田庄园圃,寺院建得流金溢彩。寺院的上层僧侣日益由被动地接受世俗财产而转向主动地掠夺财产,寺院占有的财产和土地急剧增多,最终出现了以庄园形式经营的寺院地产——寺庄(即寺院大土地所有者占有的庄田),标志着寺院已由单纯的宗教组织,发展成以宗教关系为纽带的封建经济组织和宗教组织合而为一的实体,寺院势力的发展逐渐形成了寺院地主和以"寺庄"为主要支柱的寺院地主经济。④ 南北朝时期,南方寺院"穷极宏丽"、"资产丰沃"⑤,僧尼、白徒"常居邸肆,恒处田园"⑥,甚至设库放债、受质纳物。在

① 何兹全:《佛教经律关于寺院财产的规定》,《中国史研究》1982年第1期。
② 《魏书·释老志》。
③ 《魏书·释老志》。
④ 简修炜等:《南北朝时期寺院地主经济与世俗地主经济的比较研究》,《学术月刊》1988年第11期。
⑤ 《南史·郭祖深传》。
⑥ (唐)释道宣:《广弘明集》卷二四陈释真观《与徐仆射述役僧书》。

北朝,佛产业也颇雄厚,寺院"侵夺佃民,广大田宅"[1]的现象极其普遍[2]。

唐初实行均田制,和尚、道士也有一份。关于授田的情况,《唐会典》卷三的"户部郎中、员外郎"条载:"凡道士给田三十亩,女冠二十亩,僧尼亦如之"。寺院不仅有田产,而且还有免租免役的特权,再加上帝王的赐予和王公的施舍,寺院经济发展很快,并利用均田制破坏之机,扩充庄园,驱使奴婢。[3] 实行两税法以后,寺田除得到政府特许,也要纳租,僧人仍保留免除徭役的特权。唐朝前期,各地寺院普遍拥有了不同形式的以寺田为主的土产。各地寺田,主要实行庄园式经营。唐初寺庄承隋而来,以庄客耕作为生产关系的主体。庄客世代为客,可随土地转让,具有对土地和地主的双重依附性,处于农奴地位,是地区性的贱口依附,这是旧型寺庄的基本特征。

以寺庄为主体的常住田,实行庄园式经营。庄园内一般都营建庄墅,整个庄园的布局也就以庄墅为中心来安排。如长安诸寺庄,在庄墅外围,"水陆庄田","园圃周绕"[4];在庄墅内,有住宅,有"供僧谷仓"[5]等。寺院三纲委任知墅僧、主事僧,或由僧众公推直岁僧,负责管理生产,督遣庄客。知事僧在庄内负责受理买地、施地及生产管理。[6] 一般寺庄有农田、菜园、林果园,有的还有水渠、池塘水碾和各种手工作坊,如长安清禅寺庄有水田、陆田、仓廪、水碾、竹树林、园圃。中兴寺庄,有百顷稻田和"望若云合"的梨、枣树林。慈恩寺同州庄的农作物包括胡麻、大豆。河东普救寺庄的粮田、菜地、果园、水碾,分布在"上坊下院"周围。蒲州普济寺的夏县庄是山庄,有麻田、麦田和粟田。渔阳感化寺庄有粮田和栗园,园内

---

① 《魏书·释老志》。
② 参见《续高僧传》卷二九《慧胄传》。
③ 牟钟鉴、张践:《中国宗教通史》,社会科学文献出版社 2000 年版,第 493 页。
④ 《续高僧传》卷二九。
⑤ 《宋高僧传》卷一九《惠忠传》。
⑥ 《唐昭成寺僧朗谷果园庄地幢》。

栗树万株。范阳上堡村寺庄有麦田和果园。[1]

唐朝后期,在“态人相吞,无复畔限”[2]的社会背景下,庄客制衰落,新型寺庄——庄佃制形成。庄田公开买卖,土地兼并合法化。“庄佃”一词为《清规》正式使用,寺庄对于督促庄佃生产、监收庄佃交租,都有一整套规定,这也表明庄佃制的成熟。新型寺庄在经营范围和经营方式方面,都要胜于庄客制,在一定程度上推动了寺院经济向世俗化发展。特别是佞佛的唐宣宗即位,即称会昌废佛“厘革过当”,下令修复所废寺宇。[3] 各地寺院纷纷设法收赎失去的地产,重建寺庄。在宣宗兴佛政策扶持下,各地不少遭废之寺及其寺计田产,得到一定程度的恢复。某些一度废圮或被兼并的旧型寺庄,经收赎复兴,转型为新式寺庄。如陇州大像寺、明州天童寺、洞庭西山包山寺等。[4]

田庄大地产和地租经营的出现,是禅林经济发展的必然结果。已知最早的禅林庄园,是普愿的池州南泉庄。禅林庄园的主事者是庄主,其主要职责为“视田界至,修理庄舍,提督农务,抚安庄佃,些少事故,随时消弭”。[5] “抚安庄佃”表明禅林庄园已实行租佃经营,“视田界至”表明禅林与世俗的地产竞争已经开始。

宋元时期,寺院经济由兴盛走向衰落。宋代的寺院和寺院经济,完全在国家控制之下。政府对僧籍登录、剃度制度、度牒颁发、戒坛制度都加强了管理。账籍上详细开列法名、俗姓、寺院名称、年龄、出家剃度师父、受戒时间等。出家为童行,童行剃度为沙弥,沙弥受戒为僧尼,都须符合政府规定的法定程序。度牒由祠部授予。如有违犯法令,本人、师生及三纲、知事,皆要治罪。度僧权原归寺院掌握,有愿削发为僧尼,寺院就有权为之剃度,不受

① 张弓:《唐代的寺庄》,《中国社会经济史研究》1989 年第 4 期。
② 《册府元龟》卷四九五《田制》。
③ 《旧唐书》卷一八(下),《宣宗记》。
④ 张弓:《唐代禅林经济简论》,《学术月刊》1987 年第 9 期。
⑤ (元)德辉重编:《百丈清规·两序章》。

限制。后来逐渐加以限制,最后收为国有,寺院敢有私度,要受惩罚。

宋高宗时期,对寺院又实行了所谓的“寺观趱剩”。寺观一年的收入除满足僧尼、道士的基本生活需要以外,其余则全部充公。即寺观“止以寺观一岁所入计口给粮之外,其余尽谓之趱剩”。① 绍兴二十二年(1152),寺观停止鬻卖度牒已有十余年。宋孝宗隆兴元年(1163)十二月,又下令标价出卖寺观的趱剩田产,即除部分田产仍属寺观以满足僧道生活外,其余田产全部出卖。如此种种,严重地削弱了寺院经济。

无论如何,寺院经商的情况依然繁荣,除经营租赁业外,邸店林立。许多寺院变成商业场所之后,为了方便商人,寺院还设置货物堆垛场,创建邸店以便于商人们的交易。宋仁宗时期,“洪福禅院火,即诏以寺之庄产,邸店并赐章懿太后家。”②寺院的这些邸店、堆垛场并非白白让给商人们使用,寺院是要从中收取租金的。除了经营堆垛场之类外,很多寺院还利用多余的房屋租给商人,从中渔利。如宋仁宗曾赐给宝林院“近院官舍九十区,僦直充供”。③ 寺院不但将剩余的房屋出租给商人,还出租给习业的举子等。通过经营堆垛场和房产租赁业,寺院获利很大。

长生库是寺院放高利贷的普遍形式。长生库,即寺院经营的质库(当铺),是一种以抵押借贷为主的金融机构。宋时又称“常住库”、“长生局”、“度僧局”。但长生库的历史非常悠久,南朝史籍中便有了其活动的记载。隋唐时,它又被称为“质钱舍屋”④。长生库资本的来源非常广泛,一是檀越施舍;二是寄存或合股资本;三是诸如以寺院本身的田产、工商收入用作长生库的放贷等其他来源。长生库还经营各种实物借贷,尤其是谷物借贷。

元代的寺院经济由衰落走向新的复兴,元统治者为了加强对全国佛

① 《文定集》卷一三。
② 《续资治通鉴长编》卷一五九,庆历六年秋七月辛丑。
③ 《文庄集》卷二七《大安塔碑铭》。
④ 《山右石刻丛编》卷九。

教的管理,1288年,专门设总制院改称宣政院,管理全国佛教,同时也扩大了管理职权。元朝营造大佛寺和大规模赐田、赐钞成风。

明、清两代对僧道继续实行保护和支持政策,但总体而言,寺院经济较前代普遍萎缩。明清最高统治者对寺院经济采取了抑制政策,明清各代寺院不仅田产相对减少,农业经济规模小、收入少,而且寺院经济的其他形式,如手工业、金融业、商业等也难以发展。明清时期,地主为逃避差役,设立许多"寄庄"。一种是在本籍以外买地立庄,另一种是假借外地官绅名义在本地设立田庄,寺院也常有寄庄。宣德八年(1433)三月,广东按察司奏:"今广东、浙江、江西等处寺观田地,多在邻近州县,顷亩动以万计,谓之寄庄,止纳秋粮,别无科差。"①

寺田有常住庄与私庄之别,前者名义上是寺院的公产,寺租收入主要用作寺院的焚修和僧众口粮,常住庄法律上规定不许买卖。后者则为僧道个人私产,私庄买卖转让不受限制,与一般民田无异。② 到了明、清,以"商业一条街"的普遍形成为标志,寺庙邸肆登峰造极,五台山、峨眉山、普陀山、九华山等佛教名山都有自己的邸店或寺街。但因明清时期专制中央集权统治的强化,文化上儒、释、道三教高度融合,总体而言,寺庙等发展还是呈现出没落趋势。

纵观中国古代关于"宅"的规定,在住宅和官邸方面体现了推己及人、由家而国的思想,仁政、德政思想,民生、民主思想,平等、大同思想,宗族救助和慈善思想,充分展现了中国传统法律文化中具有人文关怀的一面。关于书院的规定,则体现了古代中国对于民间性学术研究和教育机构的重视,但对其作为民事主体的活动,会根据管理和统治需要进行控制。对于寺庙和道观等宗教场所的规定,会因赋税、徭役等问题作法律上的调整,对寺院经济的发展加以限制。

---

① 《明宣宗实录》。

② 傅九贵:《明清寺田浅析》,《中国农史》1992年第1期。

第二章　中国古代田宅所有权的形态

中国古代封建社会以自然经济为经济基础、封建土地所有制为社会基础、身份等级制为制度基础。在以农为本的中国古代社会中，土地是最重要的生产资料，而土地所有权是最核心的物权。因此，中国传统法律有关调整财产关系和维护私权益的内容，都以土地为重点对象，保护国家土地所有权和私人土地所有权。“所有权涉及的最重要的客体是土地问题，只要土地的私有权得到确定，那么其他的问题一般也就随着土地的性质而发生变化了。”①

中国古代土地所有权包括国家所有权和私人所有权两种。国家作为最高统治者，是全国土地的最大所有者，垄断和行使国有土地所有权。我国历代的律令法典，既从正面明确规定国有土地的对象和范围，保护国有土地所有权得以实现；也从反面详细设置专门条款，严禁非法侵占国有土地，甚至对违法者处以刑罚。随着社会生产力的提高和商品经济的发展，私人也逐渐取得土地所有权。私人土地所有权的取得方式，主要有授予、继承、买卖、典卖、租佃、占有等方式，而共有是特殊方式。尤其是宋代以后，土地自由买卖频繁，土地私有化程度加深，增加了土地流转的机会和扩大了产权让渡的可能性，致使个人取得土地所有权的方式更加多样化

① 张晋藩主编：《中国民法通史》，福建人民出版社2003年版，第111页。

和更具复杂性。

中国历代法律从实体和程序两方面确立土地所有权，保护以田土、房宅等不动产为主要对象的财产所有权。在实体内容上，法律将田宅所有权称为“有”，明确规定个人拥有田宅等不动产的合法财产权利。在程序内容上，法律将取得田宅所有权的法定程序称为“名”，具体规定个人向官府申报而取得田宅所有权的合法途径。通过“有”与“名”相结合，既从法律实体上赋予个人拥有田宅的合法权利，又从法律程序上确认个人拥有田宅的合法方式，从而承认并维护以土地所有权为主要规范对象的私人财产所有权。

第一节　基于授予取得的田宅所有权

国家土地所有制是中国古代土地所有制的主要表现形式之一。那么，国家授予是中国古代私人取得田宅所有权的重要方式之一。国家实行授田制，将国家所有的田土合法转化为私人所有，意味着私人土地所有制正式确立。同时，历代法律对于私有土地加以严格限制，从而加强国家对全国土地的统一控制和干预。

夏商周时期，土地国有制主要表现为以分封制为前提、以国家土地所有权为核心的井田制。《左传》记载：“封建亲戚，以蕃屏周。”[①]《诗经·小雅·北山》记载：“普天之下，莫非王土，率土之滨，莫非王臣。”[②]

在奴隶制社会中，全国土地均归国君一人所有，当然享有处分权。国君以“井田”为单位，将国有土地平均分配后，层层分封给诸侯、卿、大夫、士等各级领主。《汉书·食货志》记载：

理民之道，地著为本。故必建步立晦，正其经界。六尺为步，步百为亩，亩百为夫，夫三为屋，屋三为井，井方一里，是为九夫。八家

① 《左传·僖公二十四年》。

② 程俊英等：《诗经注析》（下），中华书局 1991 年版，第 643 页。

共之,各受私田百亩,公田十亩,是为八百八十亩,余二十亩以为庐舍。出入相友,守望相助,疾病(则)〔相〕救,民是以和睦,而教化齐同,力役生产可得而平也。①

各级领主既要耕种各自所有的封地,也要耕种部落共有的公田。《诗经·小雅·大田》记载:"雨我公田,遂及我私。"②领主通过分封而享有对土地的占有、使用、收益的权利,但无处分权,不允许买卖和转让国有土地。《礼记·王制》记载:"田里不鬻"。③《孟子·滕文公章句上》也记载:"方里而井,井九百亩,其中为公田。八家皆私百亩,同养公田。"④

春秋战国时期,随着生产力的提高,三代以来的井田制逐渐解体,土地私有制进一步发展。社会民众将属于村社公有的公田占据为个人所有的私田,不惜以武力非法侵夺,导致田土所有权纠纷层出不穷。因此,各诸侯国纷纷制定法律,对土地占有者规定缴纳赋税的义务,实质上是官方公开承认私有土地所有权。

公元前685年,管仲在齐国改革土地制度,根据土地的数量多少和质量优劣确定赋税征收的轻重,正式承认土地占有者对私田的合法私有权。《国语·齐语》记载管仲对齐桓公说:"相地而衰征,则民不移,……井田畴均,则民不憾。"根据韦昭的注释,即"视土地之美恶及所生出,以差征赋之轻重"。⑤

公元前645年,晋国改革"三年爰土易居"的定期重新分配和部落共同耕种公田的土地轮换制度,将土地分授给实际占有者自行处分和永久所有,要求土地私有者按照所占土地数量承担军赋。《左传》记载:"作爰田"、"作辕田"、"作州兵"。⑥《汉书·地理志》也记载:"周制三年一易,

① 班固:《汉书》卷二四,中华书局2007年版,第157页。
② 程俊英等:《诗经注析》(下),中华书局1991年版,第674页。
③ 《礼记·王制》。
④ 《孟子·滕文公章句上》。
⑤ 《国语·齐语》。
⑥ 《左传·僖公十五年》。

以同美恶，商鞅始割列田地，开立阡陌，令民各有常制。”①

公元前594年，鲁国按照土地亩数的实际面积征收实物税，实行“初税亩”②制度。

公元前548年，楚国对土地进行登记，并根据土地的质量和收入来征收不同的军赋。《左传》记载：“甲午，蔿掩书土田，度山林，鸠薮泽，辨京陵，表淳卤，数疆潦，规偃猪，町原防，牧隰皋，井衍沃，量入修赋。”③

公元前538年，子产在郑国实行“作丘赋”④，也是对私有土地征收赋税。

公元前408年，秦国按照土地的实际收入收税，即“初租禾”⑤。

战国时期，商鞅变法，正式废除井田制，允许土地自由买卖，公开确立土地私有制。“至秦则不然，用商鞅之法，改帝王之制，除井田，民得卖买，富者田连仟伯，贫者亡立锥之地。”⑥

秦国统一全国后，立法规定，有军功者及普通民户按照爵位尊卑的不同等级，可以获得国家授予不同数量的田宅。

张家山汉墓竹简《二年律令·户律》详细规定了与二十等爵制相应的具体授田标准：

关内侯九十五顷，大庶长九十顷，驷车庶长八十八顷，大上造八十六顷，少上造八十四顷，右更八十二顷，中更八十顷，左更七十八顷，右庶长七十六顷，左庶长七十四顷，五大夫廿五顷，公乘廿顷，公大夫九顷，官大夫七顷，大夫五顷，不更四顷，簪袅三顷，上造二顷，公士一顷半顷，公卒、士五(伍)、庶人各一顷，司寇、隐官各五十亩。⑦

---

① 班固:《汉书》卷二八，中华书局2007年版，第279页。

② 《左传·宣公十五年》。

③ 《左传·襄公二十五年》。

④ 《左传·昭公四年》。

⑤ 司马迁:《史记》卷一五，中华书局2006年版，第113页。

⑥ 班固:《汉书》卷二四上，中华书局2007年版，第162页。

⑦ 张家山二十七号汉墓竹简整理小组编著:《张家山汉墓竹简》[二十七号墓]，文物出版社2006年版，第52页。

《二年律令·户律》还规定了具体授宅标准：

宅之大方卅步。彻侯受百五宅，关内侯九十五宅，大庶长九十宅，驷车庶长八十八宅，大上造八十六宅，少上造八十四宅，右更八十二宅，中更八十宅，左更七十八宅，右庶长七十六宅，左庶长七十四宅，五大夫廿五宅，公乘廿宅，公大夫九宅，官大夫七宅，大夫五宅，不更四宅，簪裊三宅，上造二宅，公士一宅半宅，公卒、士五(伍)、庶人一宅，司寇、隐官半宅。欲为户者，许之。①

由上可见，秦代的授田制几乎涵盖了全体社会成员，因此个人以赏赐方式获取的田宅所有权得到国家法律的承认。具体而言，有爵位者，根据爵位高低获得不同数额的田宅；无爵位者，每户获得一顷田宅；甚至司寇和隐官作为罪犯，也可以获得半顷田宅。

秦代下令民众自行向官府如实申报名下所有的田宅，由官府统一登记后，确认私有财产所有权。《史记·秦始皇本纪》记载："令黔首自实田。"②《史记·商君列传》也记载："以商鞅为左庶长，卒定变法之令。……明尊卑爵秩等级，各以差次；名田宅、臣妾、衣服以家次。有功者显荣，无功者虽富无所芬华。"③所称"自实田""名田宅"，即以名占田，都是经过个人申报、官府登记的法定程序，达到保护私人土地所有制的基层治理目的。

《二年律令·户律》禁止非法占有田宅，对于不立户而私有田宅、将田宅附籍在他人名下、代替他人申报田宅的违法行为，规定了戍守边防二年和官府没收田宅的处罚。

诸不为户，有田宅，附令人名，及为人名田宅者，皆令以卒戍边二岁，没入田宅县官。为人名田宅，能先告，除其罪，有(又)畀之所名

① 张家山二十七号汉墓竹简整理小组编著：《张家山汉墓竹简》[二十七号墓]，文物出版社2006年版，第52页。

② 司马迁：《史记》卷六，中华书局2006年版，第41页。

③ 司马迁：《史记》卷六八，中华书局2006年版，第419页。

田宅，它如律令。①

秦代承认民田的合法性，并按照所申报的土地面积征收田租，禁止地方官隐匿民田。秦律规定，地方官对于已征收田赋却不上报的民田，以匿田论处；而对于未征收田赋的民田不上报，不算匿田。《睡虎地秦墓竹简·法律答问》规定：

部佐匿者(诸)民田，者(诸)民弗智(知)，当论不当？部佐为匿田，且可(何)为？已租者(诸)民，弗言，为匿田；未租，不论为匿田。②

《睡虎地秦墓竹简·秦律十八种·田律》规定：

入顷刍稾，以其受田之数，无豤(垦)不豤(垦)，顷入刍三石、稾二石。刍自黄□及□束以上皆受之。入刍稾，相输度，可□(也)。田律。③

秦律规定，受田者无论开垦与否，都要按照每顷田地缴纳刍三石、稾二石的赋税。也就是说，受田者对国家授予的土地，要按照所受土地的顷数承担交纳田税的义务，同时享有完整的私有财产权利。

秦代《田律》详尽规定，国家合法专有和直接支配大量土地，严格规定个人不得违法占有和任意处分。《睡虎地秦墓竹简·法律答问》规定：

「盗徙封，赎耐。」可(何)如为「封」？「封」即田千佰。顷半(畔)「封」(也)，且非是？而盗徙之，赎耐，可(何)重也？是，不重。④

① 张家山二十七号汉墓竹简整理小组编著：《张家山汉墓竹简》[二十七号墓]，文物出版社2006年版，第53页。

② 《睡虎地秦墓竹简》，载刘海年等主编：《中国珍稀法律典籍集成》甲编第一册，科学出版社1994年版，第610页。

③ 《睡虎地秦墓竹简》，载刘海年等主编：《中国珍稀法律典籍集成》甲编第一册，科学出版社1994年版，第407页。

④ 《睡虎地秦墓竹简》，载刘海年等主编：《中国珍稀法律典籍集成》甲编第一册，科学出版社1994年版，第568页。

从秦律可以看出,“封”指田界,凡是私自移动田界的违法行为,都处以赎耐的刑罚。一方面,秦代通过法律的形式将民众占有的土地疆界永久固定化和合法化,禁止他人非法侵犯,使得私人土地所有权能得到法律的切实保护;另一方面,秦代通过纳税的方式承认民众私自开垦或实际占有大量土地的合法性,将游离于“名田宅”申报之外的私有土地重新纳入国家税收体系中,使得经过官府登记和缴纳田租的私有土地者获得合法所有权,有利于国家统一管理全国土地。

从春秋战国时期晋国的“作爰田”、鲁国的“初税亩”、郑国的“作丘赋”,到商鞅变法的废井田、秦国统一后的“名田宅”,都是国家法律通过设定赋税义务而确立私人土地所有制。国家授予的公田合法转化为个人所有的私田,使得以井田村社为单位的部落共同体土地所有制,正式过渡到以一家一户为单位的个体家庭土地所有制。这既与生产力发展和土地私有化的社会现实相适应,又与君主专制中央集权的国家统治需要相配合,对后世土地制度的发展产生深远影响。

汉代,土地明确区分为公田与私田,同时实行土地国有制与土地私有制;相应地,土地所有权也有公私之分,即分为国家土地所有权和私人土地所有权。国家授予也是汉朝田宅所有权取得的一种重要方式。

汉代将垦田荒地等国有土地称为“公田”或“官田”。一方面,国家通过新垦、没收、继承等方式享有所有权;另一方面,国家通过赐田、赋田、出租等方式将所有权或使用权转移给民众。《汉书·高帝纪》记载:“〔二年〕汉王如陕,【略】缮治河上塞。故秦苑囿园池,令民得田之。”①《汉书·文帝纪》记载:“〔三年春正月〕丁亥,诏曰:夫农,天下之本也,其开藉田,朕亲率耕,以给宗庙粢盛。”②

东汉时期,朝廷下令“赋民公田”,将公田赐给个人,则公田变为私田,由受田者自由处置。如明帝永平九年的赐田法令:“诏郡国以公田赐

① 班固:《汉书》卷一上,中华书局2007年版,第1页。
② 班固:《汉书》卷四,中华书局2007年版,第26页。

平民，各有差”。[1] 又如章帝元和元年和元和三年多次下令，国家分赐公田给社会流民耕种并免除赋役：

其令郡国募人无田欲徙它界就肥饶者，恣听之。到在所，赐给公田，为雇耕佣，赁种饷，贳与田器，勿收租五岁，除筭三年。其后欲还本乡者，勿禁。

今肥田尚多，未有垦辟。其悉以赋贫民，给与粮种，务尽地力，勿令游手。[2]

汉代国家“赐田与民”，承认私田的所有权。上至皇帝贵族、下至地主农民，无不通过受赐而拥有法定的私人土地所有权，促使土地私有的观念深入人心。《汉书·食货志》记载：

民受田，上田夫百亩，中田夫二百亩，下田夫三百亩。岁耕种者不易上田；休一岁者为一易中田；休二岁者为再易下田，三岁更耕之，自爰其处。农民户人已受田，其家众男为余夫，亦以口受田如此。士工商家受田，五口乃当农夫一人。此谓平土可以为法者也。……民年二十受田，六十归田。七十以上，上所养也；十岁以下，上所长也；十一以上，上所强也。[3]

汉承秦制，继续实行名田制，按照爵位等级以及社会地位的差别，限定私人占有田宅的规模，对于超过身份应有数额的田宅收归国有。《汉书·高帝纪》记载，汉高祖颁布诏令，按身份尊卑和爵位高低赏赐田宅给诸侯子、有军功者和有爵位者：

夏五月，兵皆罢归家。诏曰：“诸侯子在关中者，复之十二岁，其归者半之。民前或相聚保山泽，不书名数，今天下已定，令各归其县，复故爵田宅，吏以文法教训辨告，勿笞辱。民以饥饿自卖为人奴婢者，皆免为庶人。军吏卒会赦，其亡罪而亡爵及不满大夫者，皆赐爵

① 范晔：《后汉书》卷二《明帝纪》。
② 范晔：《后汉书》卷三《肃宗孝章帝纪》。
③ 班固：《汉书》卷二四上，中华书局 2007 年版，第 127—158 页。

为大夫。故大夫以上赐爵各一级;其七大夫以上,皆令食邑;非七大夫以下,皆复其身及户,勿事。”又曰:“七大夫、公乘以上,皆高爵也。诸侯子及从军归者,甚多高爵,吾数诏吏先与田宅,及所当求于吏者,亟与。爵或人君,上所尊礼,久立吏前,曾不为决,甚亡谓也。异日秦民爵公大夫以上,令丞与亢礼。今吾于爵非轻也,吏独安取此!且法以功劳行田宅,今小吏未尝从军者多满,而有功者顾不得,背公立私,守尉长吏教训甚不善。其令诸吏善遇高爵,称吾意,且廉问,有不如吾诏者,以重论之。”①

汉朝颁布限田令,限制私人土地所有权,遏制私有土地的集中。汉武帝时期,董仲舒提出“限民名田”的主张,意在限制贵族官僚等大地主的私人土地所有权。《汉书·食货志》记载:“古井田法虽难卒行,宜少近古,限民名田,以澹不足,塞兼并之路。”②汉朝不仅在立法上限制私有土地权,还在实践中对豪强大族强占田宅加以限制,将控制“田宅逾制”作为刺史监察的首要职责。“强宗豪右,田宅逾制。”③

西汉时期,私田买卖盛行,土地兼并发生,社会矛盾激化。汉哀帝时期的限田法令规定:“诸王、列侯得名田国中,列侯在长安及公主名田县道,关内侯、吏民名田,无得过三十顷。年六十以上,十岁以下,不在数中。贾人皆不得名田、为吏,犯者以律论。”④

《汉书·食货志》记载:

丞相孔光、大司空何武奏请:“诸侯王、列侯皆得名田国中。列侯在长安,公主名田县道,及关内侯、吏民名田皆毋过三十顷。诸侯王奴婢二百人,列侯、公主百人,关内侯、吏民三十人。期尽三年,犯者没入官。”时田宅奴婢贾为减贱,丁、傅用事,董贤隆贵,皆不便也。

① 班固:《汉书》卷一下,中华书局2007年版,第9页。
② 班固:《汉书》卷二四上,中华书局2007年版,第164页。
③ 班固:《汉书》卷一九,中华书局2007年版,第102页。
④ 班固:《汉书》卷一一,中华书局2007年版,第86页。

诏书且须后，遂寝不行。①

汉律规定，分封的诸侯王、列侯在领地内“名田”；在长安未分封的列侯、公主在郡县“名田”；关内侯以下的官吏、平民“名田”不得超过三十顷。此外，法律特别规定商人不得“名田”。汉代通过法律禁止私人占有超过法定限额的田宅，对于过品名田处以没入县官的处分。

王莽时期，国家立法将“名田”更改为“王田”，按照“一夫百亩”的限额重新分配国有土地，进一步限制私有土地，禁止土地买卖。《汉书·王莽传中》记载：

今更名天下田曰王田，奴婢曰私属，皆不得卖买，其男口不盈八，而田过一井者，分余田予九族邻里乡党，故无田，今当受田者，如制度，敢有非井田圣制，无法惑众者，投诸四裔，以御魑魅，如皇始祖考虞帝故事。②

两汉时期，无论是限田令还是王田制，都是编户齐民通过官府登记而确认私产所有权，将国家的“授田”变成了私人的“名田”，实现了国有土地制向私有土地制的转化。只有登记在册、申报在官的私田，才是合法的私有财产，其私有财产权才能得到法律保护和官府承认。

魏晋南北朝时期，封建土地所有制发生变化。先后出现曹魏时期的屯田制、西晋时期的占田制、北魏时期的均田制，对后世的土地制度发生很大影响。无论是屯田制、占田制，还是均田制，民众受田均为国家所授。《三国志》记载：“又以为宜复井田。往者以民各有累世之业，难中夺之，是以至今。今承大乱之后，民人分散，土业无主，皆为公田，宜及此时复之。”③由此可见，民众的私有土地所有权首先来源于国家的授予和分配。

曹魏的屯田制，即国家招募闲散流民或军队士兵屯垦无主荒地。无论是民屯还是军屯，屯田者对荒芜土地都没有所有权，既不能自由买卖，

① 班固：《汉书》卷二四上，中华书局2007年版，第164页。
② 班固：《汉书》卷九九中，中华书局2007年版，第1034页。
③ 陈寿：《三国志》卷一五《魏志·司马朗传》。

也不能随便迁徙。国家鼓励逃亡民众大力垦荒,以恢复战乱后荒废的农业生产和萧条的社会经济。《魏书·食货志》记载:

晋末,天下大乱,生民道尽,或死于干戈,或毙于饥馑,其幸而自存者盖十五焉。太祖定中原,接丧乱之弊,兵革并起,民废农业。方事虽殷,然经略之先,以食为本,使东平公仪垦辟河北,自五原至于棝阳塞外为屯田。①

西晋实行占田制,与秦汉时期的"自实田"、"名田宅"制度一脉相承,要求民众向官府自报所占有的土地。国家通过土地限额申报登记的法律程序来调整土地权属关系,将实际占有转变为合法占有,赋予依法占有私有土地的所有权。《晋书·食货志》记载:

及平吴之后,有司又奏,诏书王公以国为家,京城不宜复有田宅。今未暇作诸国邸,当使城中有往来处,近郊有刍藁之田。今可限之,国王公侯,京城得有一宅之处。近郊田,大国田十五顷,次国十顷,小国七顷。城内无宅城外有者,皆听留之。②

西晋的占田制与封建身份等级制相适应,区别不同的身份特权而确立不同的占田标准,将编户齐民与官僚地主占田标准有别制度化、合法化,维护封建土地所有制和王朝中央集权统治。

西晋占田令按照不同的性别、年龄、身份,规定一般庶民占田的差别性限额。男子每人占田最高七十亩,女子则为三十亩。同时,国家根据占田额度确定民户等级和课征田税。《晋书·食货志》记载:

又制户调之式:丁男之户,岁输绢三匹,绵三斤,女及次丁男为户者半输。其诸边郡或三分之二,远者三分之一。夷人输賨布,户一匹,远者或一丈。男子一人占田七十亩,女子三十亩。其外丁男课田五十亩,丁女二十亩,次丁男半之,女则不课。男女年十六已上至六十为正丁,十五已下至十三、六十一已上至六十五为次丁,十二已下

① 魏收:《魏书》卷一一〇《食货志》。
② 房玄龄:《晋书》卷二六《食货志》。

六十六已上为老小，不事。远夷不课田者输义米，户三斛，远者五斗，极远者输算钱，人二十八文。①

“课田”制，指按户计丁、按丁计亩课征固定差额的田税，要求民众一律按照定额向官府承担赋税。丁男承担五十亩田赋，丁女为二十亩，次丁男减半，女则不需纳税。

西晋占田令规定，各级官吏依照官品高低拥有不同限额的田宅，确认官僚地主的占田特权和免课特权。《晋书·食货志》记载：

其官品第一至于第九，各以贵贱占田，品第一者占五十顷，第二品四十五顷，第三品四十顷，第四品三十五顷，第五品三十顷，第六品二十五顷，第七品二十顷，第八品十五顷，第九品十顷。而又各以品之高卑荫其亲属，多者及九族，少者三世。宗室、国宾、先贤之后及士人子孙亦如之。②

官僚地主作为大地主阶层，根据贵贱身份和官品等级，不仅可以合法占有不等数额的田宅，拥有免交赋税的法定特权；还可以荫庇亲属佃客，并由子孙荫袭田宅占有和赋役免除的特权。

西晋占田制是国家通过行政权力和法律手段维护国家土地所有制。一方面，国家通过占田令，确认庶民对开垦并占有的荒土耕地的所有权；另一方面，国家又对占田数量作出限制，防止土地大量集中。法律强制规定官民不同的占田额度，允许各级官僚合法占据比一般庶民多的土地，扩大经济特权和壮大地主阶层；同时，还赋予各级官僚免除课役、荫及亲属的特殊权益，维护特权阶层的特殊地位和统治权力。

西晋占田令的实施，将流亡农民和无主荒地相结合，扩大自耕农阶层，增加劳动人口，在一定程度上抑制了土地兼并、增大了赋税收入、恢复了农业生产，具有积极的社会意义。《晋书·礼志》记载：

及武帝泰始四年，有司奏始耕祠先农，可令有司行事。诏曰，夫

① 房玄龄：《晋书》卷二六《食货志》。

② 房玄龄：《晋书》卷二六《食货志》。

国之大事,在祀与农。是以古之圣王,躬耕帝藉,以供郊庙之粢盛,且以训化天下。近世以来,耕藉止于数步之中,空有慕古之名,曾无供祀训农之实,而有百官车徒之费。今修千亩之制,当与群公乡士躬稼穑之艰难,以率先天下。主者详具其制,下河南,处田地于东郊之南,洛水之北。若无官田,随宜便换,而不得侵人也。于是乘舆御木辂以耕,以太牢祀先农。自惠帝之后,其事便废。①

北魏创立的均田制,一直沿用至唐才废止,对隋唐时期的土地制度产生直接影响。"时初给民田,贵皆占良美,贫弱咸受瘠薄。隆之启高祖,悉更反易,乃得均平。"②《魏书·高帝纪》记载北魏孝文帝颁布的均田诏令:"今遣使者,循行州郡,与牧守均给天下之田,还受以生死为断,劝课农桑,兴富民之本。"③北魏均田制限制豪族地主占有土地的数额,授予无地或少地自耕农一定数量的荒地,将依附豪族的农民重新变成国家的编户齐民,有利于正面抑制土地集中、户口荫附等严重的社会问题,有效解决庶民逃亡、赋税流失等社会动荡问题。

北魏均田制承袭西晋占田制,按照人口和官品的不同等级授予限额不等的国有土地,重新确定土地产权的归属,稳定破产流民的土地占有权,彻底解决长期战乱导致荒地无主的土地产权纠纷。"既定中山,分徙吏民及徒何种人、工伎巧十万余家以充京都,各给耕牛,计口授田。"④北魏均田制进一步详细规定民众受田的份额,承认民众对自主占垦荒地和国家所授田的所有权,从而鼓励垦荒、发展经济、巩固统治。《魏书·食货志》记载:

九年,下诏均给天下民田:诸男夫十五以上,受露田四十亩,妇人二十亩,奴婢依良。丁牛一头受田三十亩,限四牛。所授之田率倍

① 房玄龄:《晋书》卷一九《礼志》。
② 李百药:《北齐书》卷一八《高隆之传》。
③ 魏收:《魏书》卷七(上)《高帝纪》。
④ 魏收:《魏书》卷一一〇《食货志》。

之，三易之田再倍之，以供耕作及还受之盈缩。①

根据诏令规定，十五岁以上的男夫可以受四十亩露田，妇人为二十亩。民众对所受的露田，只有占有、使用、收益权，并无所有权，故不得买卖，身死后必须交还给国家。与露田不同的是，民众对于从国家领受的桑田，从一开始就拥有所有权，不仅可以自由买卖，还可以永为世业并传诸后人。《魏书·食货志》记载：

诸桑田不在还受之限，但通入倍田分。于分虽盈，没则还田，不得以充露田之数。不足者以露田充倍。

诸桑田皆为世业，身终不还，恒从见口。有盈者无受无还，不足者受种如法。盈者得卖其盈，不足者得买所不足。不得卖其分，亦不得买过所足。②

均田制行之有效，禁止部分土地买卖，对豪强地主兼并土地起到一定的限制作用，对个体小农稳定生产具有积极的推动作用。

从曹魏的屯田制到西晋的占田制，再到北魏的均田制，国家将大批国有荒地授予流民农民耕种。这可以督促流民归田，鼓励农民垦荒，从而防止“占而不耕”，促进农业生产。国家实行统一的土地管理制度，通过占田最高限额确认私人土地所有权，通过课田定额定亩来征收田赋，从而达到扩大地主经济特权、控制社会人口流动、保证朝廷财政收入、维持国家政权稳定的政治目的。

隋唐时期，土地所有权作为重要的财产权利，是中国古代财产制度的核心。

隋朝承袭北齐的均田制，颁行“开皇新令”，下诏“均天下之田”。《隋书·食货志》记载：

时天下户口岁增，京辅及三河，地少而人众，衣食不给。议者咸

① 魏收：《魏书》卷一一〇《食货志》。
② 魏收：《魏书》卷一一〇《食货志》。

欲徙就宽乡。其年冬,帝命诸州考使议之。又令尚书以其事策问四方贡士,竟无长算。帝乃发使四出,均天下之田。其狭乡,每丁才至二十亩,老小又少焉。①

隋唐沿袭北朝均田制,由国家授田给官僚贵族和一般庶民,则土地私有权来源于国家分赐。国家公田一经赏赐即为个人私产,受田者对赐田享有处分权。

隋朝法律确认土地的私有性质,保护私人土地所有权,允许土地自由买卖。《隋书·食货志》记载:

京城四面,诸坊之外三十里内为公田。受公田者,三县代迁户执事官一品已下,逮于羽林武贲,各有差。其外畿郡,华人官第一品已下,羽林武贲已上,各有差。

职事及百姓请垦田者,名为永业田。奴婢受田者,亲王止三百人;嗣王止二百人;第二品嗣王已下及庶姓王,止一百五十人;正三品已上及皇宗,止一百人;七品已上,限止八十人;八品已下至庶人,限止六十人。奴婢限外不给田者,皆不输。其方百里外及州人,一夫受露田八十亩,妇四十亩。奴婢依良人,限数与在京百官同。丁牛一头,受田六十亩,限止四牛。又每丁给永业二十亩,为桑田。其中种桑五十根,榆三根,枣五根。不在还受之限。非此田者,悉入还受之分。土不宜桑者,给麻田,如桑田法。②

国家授田区分男女,分配不同数额的露田和永业田。《隋书·食货志》记载:

高祖登庸,罢东京之役,除入市之税。……自诸王已下,至于都督,皆给永业田,各有差。多者至一百顷,少者至四十亩。其丁男、中男永业露田,皆遵后齐之制。并课树以桑榆及枣。其园宅,率三口给一亩,奴婢则五口给一亩。丁男一床,租粟三石。桑土调以绢絁,麻

① 魏徵等:《隋书》卷二四《食货》,中华书局1973年版,第682页。
② 魏徵等:《隋书》卷二四《食货》,中华书局1973年版,第677页。

土以布，绢絁以匹，加绵三两。布以端，加麻三斤。单丁及仆隶各半之。未受地者皆不课。有品爵及孝子顺孙义夫节妇，并免课役。①

后周太祖作相，创制六官。载师掌任土之法，辨夫家田里之数，会六畜车乘之稽，审赋役敛弛之节，制畿疆修广之域，颁施惠之要，审牧产之政。司均掌田里之政令。凡人口十已上，宅五亩；口九已上，宅四亩；口五已下，宅三亩。有室者，田百四十亩，丁者田百亩。②

隋朝对各级官吏的授田额度，以官品等级为限制标准，授予永业田、职分田、公廨田。《隋书·食货志》记载：

京官又给职分田。一品者给田五顷。每品以五十亩为差，至五品，则为田三顷，六品二顷五十亩。其下每品以五十亩为差，至九品为一顷。外官亦各有职分田，又给公廨田，以供公用。③

永业田可以买卖，为官僚地主利用政治特权占有更多土地的合法化创造了条件，加速了国有土地私有化的进程。

唐代沿袭隋朝的均田令，继续推行均田制。唐高祖武德七年（624）颁布均田令，唐玄宗开元七年（719）和开元二十五年（737）也多次下诏再行均田制。《唐会要·租税上》记载：

七年三月二十九日，始定均田赋税。凡天下丁男给田一顷，笃疾、废疾给四十亩，寡妻妾三十亩，若为户者，加二十亩。所授之田，十分之二分为世业，余以为口分。世业之田，身死则承户者便授之，□分则收入官，更以给人。④

唐代均田制的受田主体与受田份额均有别于北朝及隋朝。在受田主体上，唐代规定仅有寡妻妾和为户主的女性有资格受田，其他女性均无受田资格。唐代适应商品货币经济的发展，取消了历代禁止工商业者受田

① 魏徵等：《隋书》卷二四《食货》，中华书局1973年版，第680页。
② 魏徵等：《隋书》卷二四《食货》，中华书局1973年版，第679页。
③ 魏徵等：《隋书》卷二四《食货》，中华书局1973年版，第681页。
④ 王溥：《唐会要》卷八三，上海古籍出版社2006年版，第1813页。

的规定，赋予其受田权利。在受田份额上，相比于前朝，一夫一妻之家的受田数额在总体上有所减少。

唐代官员按照官品高低，可分得大小不同的永业田和职分田。《通典·食货二·田制下》详细记载各级官僚所受永业田的具体限额：

其永业田，亲王百顷，职事官正一品六十顷，郡王及职事官从一品各五十顷，国公若职事官正二品各四十顷，郡公若职事官从二品各三十五顷，县公若职事官正三品各二十五顷，职事官从三品二十顷，侯若职事官正四品各十四顷，伯若职事官从四品各十顷，子若职事官正五品各八顷，男若职事官从五品各五顷，上柱国三十顷，柱国二十五顷，上护军二十顷，护军十五顷，上轻车都尉十顷，轻车都尉七顷，上骑都尉六顷，骑都尉四顷，骁骑尉、飞骑尉各八十亩，云骑尉、武骑尉各六十亩。其散官五品以上同职事给，兼有官爵及勋俱应给者，唯从多，不并给。若当家口分之外，先有地非狭乡者，并即回受，有賸追收，不足者更给。诸永业田皆传子孙，不在收授之限，即子孙犯除名者，所承之地亦不追。每亩课种桑五十根以上，榆枣各十根以上，三年种毕。乡土不宜者，任以所宜树充。所给五品以上永业田，皆不得狭乡受，任于宽乡隔越射无主荒地充。即买荫赐田充者，虽狭乡亦听。其六品以下永业，即听本乡取还公田充，愿于宽乡取者亦听。应赐人田，非指的处所者，不得狭乡给。其应给永业人，若官爵之内有解免者，从所解者追。即解免不尽者，随所降品追。其除名者，依口分例给，自外及有赐田者并追。若当家之内有官爵及少口分应受者，并听回给，有賸追收，其因官爵应得永业，未请及未足而身亡者，子孙不合追请也。诸袭爵者，唯得承父祖永业，不合别请。若父祖未请及未足而身亡者，减始受封者之半给。①

与隋朝的永业田只授予有封爵或官勋的官员不同，唐代将永业田分

① 杜佑：《通典》卷第二《食货二·田制下》，中华书局1988年版，第29—30页。

配和赏赐给所有官员。唐代有封爵者、勋官、散官、职事官等各类官员，一律按品级受赐永业田，并可以由子孙继承，无须收授充公。《唐会要·内外官职田》也有关于国家授予官僚永业田的记载：

贞元四年八月敕：准《田令》，永业田，职事官从一品、郡王各五十顷；国公若职事官正二品，各四十顷；郡公若职事官从二品，各三十五顷；县公若职事官从三品，各二十顷；侯若职事官正四品，各十四顷；伯若职事官从四品，各十一顷。①

《唐会要·内外官职田》详细记载各级官僚所受职分田的具体限额：

武德元年十二月制：内外官各给职分田，京官一品十二顷，二品十顷，三品九顷，四品七顷，五品六顷，六品四顷，七品三顷五十亩，八品二顷五十亩，九品二顷。雍州及外州官二品十二顷，三品十顷，四品八顷，五品七顷，六品五顷，七品四顷，八品三顷，九品二顷五十亩。

景龙四年三月，敕旨颁行天下，凡属文武官员五品以下，各加田五亩；五品以上，各加田四亩。②

不管是官僚贵族，还是地主庶民，都要按照均田制的规定受田，按照各自等级和不同身份占有份额有差的田宅，不得占有法外限额。

唐律规定，官民在法定限额以外私占土地，一律受到“占田过限”的刑事处罚。《唐律疏议·户婚》“占田过限”条规定：

诸占田过限者，一亩笞十，十亩加一等；过杖六十，二十亩加一等，罪止徒一年。若于宽闲之处者，不坐。

【疏】议曰：王者制法，农田百亩，其官人永业准品，及老、小、寡妻受田各有等级，非宽闲之乡不得限外更占。若占田过限者，一亩笞十，十亩加一等；过杖六十，二十亩加一等，一顷五十一亩罪止徒一年。又，依令：“受田悉足者为宽乡，不足者为狭乡。”若占于宽闲之处不坐，谓计口受足以外，仍有剩田，务从垦辟，庶尽地利，故所占虽

① 王溥：《唐会要》卷九二，上海古籍出版社2006年版，第1982页。
② 王溥：《唐会要》卷九二，上海古籍出版社2006年版，第1982页。

多，律不与罪。仍须申牒立案，不申请而占者，从“应言上不言上”之罪。①

在均田制之下，民众受田均有法定限额，限外占田则为非法。然而，皇帝赏赐田宅或用赏银购买土地，不占永业田份额，属于合法所有的私有财产。《唐律疏议·户婚》“授田及课农桑违法”条规定：

诸里正，依令：“授人田，课农桑。”若应受而不授，应还而不收，应课而不课，如此事类违法者，失一事，笞四十；一事，谓失一事于一人。若于一人失数事及一事失之于数人，皆累为坐。

【疏】议曰：依田令：“户内永业田，每亩课植桑五十根以上，榆、枣各十根以上。土地不宜者，任依乡法。”又条：“应收授之田，每年起十月一日，里正预校勘造簿，县令总集应退应受之人，对共给授。”又条：“授田：先课役，后不课役；先无，后少；先贫，后富。”其里正皆须依令造簿通送及课农桑。若应合受田而不授，应合还公田而不收，应合课田农而不课，应课植桑、枣而不植，如此事类违法者，每一事有失，合笞四十。②

唐代末年，土地买卖愈加自由，土地兼并日益严重，致使均田制遭到破坏乃至于逐步解体。《唐会要·杂录》记载：“自定两税以来，刺史以户口增减为其殿最，故有析户以张虚数，或分产以系户名，兼招引浮客。用为增益。至于税额，一无所加，徒使人心易摇，土著者寡。”③随着两税法的实行，私人占有的土地一律按照面积缴纳赋税，意味着无论是所受公田还是所占私田，其所有权均受到法律的承认。也就是说，土地完全变为个人私产，现存的土地所有关系转为合法化，则均田制废止的命运无法逆转。

宋代承袭唐代均田令，下诏实行限田制，限制官员只能于一州之内占

① 钱大群：《唐律疏议新注》卷一三，南京师范大学出版社2007年版，第413页。
② 钱大群：《唐律疏议新注》卷一三，南京师范大学出版社2007年版，第413页。
③ 王溥撰：《唐会要》卷八四，上海古籍出版社2006年版，第1839页。

田，且不得超过十五顷。《宋史·食货志·农田》记载：

上书者言赋役未均，田制不立，因诏限田，公卿以下毋过三十顷，牙前将吏应复役者毋过十五顷，止一州之内，过是者论如违制律，以田赏告者，既而三司言，限田一州，而卜葬者牵于阴阳之说，至不敢举事。又听数外置墓田五顷。而任事者终以限田不便，未几即废。①

《宋刑统》因袭《唐律疏议》有关均田制的全部内容。《宋刑统·户婚律》"课农桑"条规定国家授田制：

诸里正，依令授人田，课农桑。若应受而不授，应还而不收，应课而不课，如此事类违法者，失一事笞四十，一事，谓失一事于一人。若于一人失数事及一事失之于数人，皆累为坐。

【议曰】依田令：户内永业田，每亩课植桑五十根以上，榆、枣各十根以上。土地不宜者，任依乡法。又条：应收授之田，每年起十月一日，里正预校勘造簿，县令总集应退、应受之人，对共给授。又条：授田，先课役后不课役，先无后少，先贫后富。其里正皆须依令造簿、通送及课农桑。若应合受田而不授，应合还公田而不收，应合课田农而不课，应课植桑枣而不植，如此事类违法者，每一事有失，合笞四十。②

《宋刑统·户婚律》"占盗侵夺公私田"条规定，官民按照身份等级享受国家授予的永业田，但不能超过法定限额，否则要处以刑罚。

诸占田过限者，一亩笞十，十亩加一等，过杖六十，二十亩加一等，罪止徒一年。若于宽闲之处者，不坐。

【疏议曰】：王者制法，农田百亩，其官人永业准品，及老小、寡妻受田，各有等级，非宽闲之乡，不得限外更占。若占田过限者，一亩笞十，十亩加一等，过杖六十，二十亩加一等，一顷五十一亩，罪止徒一

---

① 脱脱等：《宋史》卷一七三《食货上一》，中华书局1985年版，第2788页。

② 窦仪等：《宋刑统校证》卷一三，岳纯之校订，北京大学出版社2015年版，第177—178页。

年。又依令,受田悉足者为宽乡,不足者为狭乡。若占于宽闲之处,不坐,谓计口受足以外,仍有剩田,务从垦辟,庶尽地利,故所占虽多,律不与罪。仍须申牒立案,不申请而占者,从应言上不言上之罪。①

宋代法律限制官僚地主占有私有土地额度的同时,又赋予其免役特权,致使国家赋税收入受到直接侵害。因此,国家通过限田制来制约免役特权,要求官员对法定限额外的土地,与编户民田一样承担纳税赋役的义务。《宋史·食货志·役法》记载:

若夫品官之田,则有限制,死亡,子孙减半,荫尽,差役同编户。一品五十顷,二品四十五顷,三品四十顷,四品三十五顷,五品三十顷,六品二十五顷,七品二十顷,八品十顷,九品五顷。封赠官子孙差役,亦同编户,请父母生前无官,因伯叔或兄弟封赠者。凡非泛及七色补官,不在限田免役之数,其奏荐弟侄子孙,原自非泛、七色而来者,仍同差役。进纳、军功、捕盗、宰执给使、减年补授,转至升朝官,即为官户,身亡,子孙并同编户。太学生及得解及经省试者,虽无限田,许寡人充役。单丁、女户及孤幼户,并免差役。凡无夫无子,则为女户。妇适人,以奁钱置产,仍以夫为户。其合差保正、长,以家业钱数多寡为限,以限外之数与官、编户轮差。总首、部将免保正、长差役。文州义士已免之田,不许典卖,老疾身亡,许承袭。②

宋王朝通过"检田",惩处占有荒闲田土而不交租税的行为。《宋会要辑稿·食货》记载新差知蔡州高赋所言:"体问得本州岛有系官并人户功占无税荒闲田土不少,兼有水利可兴。欲望详臣到任后,依唐州例,晓谕人户,渐行检括。"③

南宋末年,国家实行"公田法",对官员限田之外的私田强制征收购

① 窦仪等:《宋刑统校证》卷一三,岳纯之校订,北京大学出版社 2015 年版,第 172 页。
② 脱脱等:《宋史》卷一七八《食货志·役法》。
③ 徐松编:《宋会要辑稿》(12),《食货六一·检田杂录》,上海古籍出版社 2018 年版,第 7478 页。

买，充作公田。《宋史·食货志·农田》记载：

> 景定四年，殿中侍御史陈尧道、右正言曹孝庆、监察御史虞虙张晞颜等言廪兵、和籴、造楮之弊，乞依祖宗限田议，自两浙、江东西官民户逾限之田，抽三分之一买充公田。得一千万亩之田，则岁有六七百万斛之入可以饷军，可以免籴，可以重楮，可以平物而安富，一举而五利具矣。有旨从其言。①

这样规定的目的是对额外限田进行征税，而不改变原有的土地所有关系。

宋代以前，以国家土地所有权为核心内容的土地国有制是重要制度，具体表现为秦汉时期的名田制、曹魏时期的屯田制、西晋时期的占田制、隋唐时期的均田制。国家掌控国有土地所有权，按照丁口、户籍、等级确定不同限额而统一授田，禁止土地买卖，阻碍市场流通，将编户齐民牢牢束缚在土地上，以巩固封建王朝的统治。

宋代以后，商品经济发展已经成为不可逆转的历史潮流。均田制崩溃，两税制出现，致使封建土地所有制发生重大变化，以私有土地所有权为基本形式的土地私有制占据主导地位。袁采说："贫富无定势，田宅无定主。"②朱熹说："盖人家田产只五六年间便自不同，富者贫，贫者富，少间病败便多，飞产匿名，无所不有。"③

国家不仅不干预和限制土地交易行为，反而制定严密、完善的法律制度来保护土地所有权关系，使得土地自由流通规范化、土地所有权转移制度化。宋人袁采说："虑因循不割税，而为人告论，以致拘没者，官中条令，惟交易一事，最为详备，盖欲以杜争端也。而人户不悉，乃至违法交易，及不印契，不离业，不割税，以致重叠交易，词讼连年不决者，岂非人户

---

① 脱脱等：《宋史》卷一七三《食货志·农田》。
② 袁采：《袁氏世范》卷三《田产宜早印契割产》。
③ 黎靖德：《朱子语类》卷一九〇。

自速其辜哉。”①国家法律适应私人土地所有制的发展作出新规定，确认土地买卖、土地典卖的合法性，促使大土地所有阶层发展壮大。顾炎武说：“宋已下则公然号为‘田主’矣”。②

国家对土地的所有权渐居次要地位，对土地的支配权逐渐减弱。南宋士大夫叶适说：“盖至于今授田之制亡矣。”③取而代之的是私人土地所有权处于主要地位，官田私田化逐渐加深，致使国家更倾向于将国有土地交给地主和农民直接经营，征收赋役租税。《宋会要辑稿·食货》记载湖广总领刘邦翰所言：

> 湖北州县应请佃官田，并归业人将见耕田土，许自陈，官出户帖，永为己业，听从典卖。将来合输二税，分为三限，每年起一分。若自陈不实，许人告，将所首田给与告人。④

无主土地、荒闲田地、逃户田土等官田，通过占有、开垦、租佃等多种方式转化为民田，国有土地所有权也随之下放给私人。尤其是通过法律强制力保护私人土地所有权，鼓励个人对土地行使占有权和使用权。《宋会要辑稿·食货》记载：

> 江浙尺寸之土，人所必争，而赐田之目，动以顷计，向来没官田举以出卖，皆为民产矣。赐目既下，有司无所从出，必于近地踏逐没官田产，或以得罪，或以户绝，朝籍于官，暮入势家，拘摭细微，无所遗漏。苟法当拘籍，上所赐与人，亦无得而辞。⑤

国家立法保障私人土地所有制，既适应土地进入市场流通的商品经济发展，进一步刺激了土地流转加快和土地所有权转移频繁；又反过来促

---

① 袁采：《袁氏世范》卷三《田产宜早印契割产》。
② 顾炎武：《日知录》卷一〇。
③ 叶适：《叶适集·水心别集》卷二。
④ 徐松编：《宋会要辑稿》（12），《食货六一·官田杂录》，上海古籍出版社2014年版，第7452页。
⑤ 徐松编：《宋会要辑稿》（12），《食货六一·赐田杂录》，上海古籍出版社2014年版，第7462页。

使私人土地所有制的立法更加完善、合理,私有财产所有权得到更加切实的保护。

元明清三代,国家取消了限田制,不立田制,放松对私有土地的直接控制和强制干预,致使土地私有权不受限制而听民自便。《金史》记载:"量田以营造尺,五尺为步,阔一步,长二百四十步为亩,百亩为顷。民田业各从其便,卖质于人无禁,但令随地输租而已。"①

国家通过占有、征税、没收等方式取得土地所有权,这是历代王朝国有土地的重要来源之一,元代也不例外。元代通过征服金、宋的亡国公田、官庄,以及没收亡国皇亲贵族的私人田宅,原始取得官田所有权。

户绝财产入官也是国家土地所有权的主要取得方式。《通制条格》"户令·户绝财产"条规定:"随处若有身丧户绝别无应继之人。其田宅浮财人口头疋尽数拘收入官,召人立租承佃,所获子粒等物,通行明置文簿报本管上司转申中书省。"②

此外,直接占有无主荒地、接受投献的田产也是官田的来源之一。《通制条格》"田令·妄献田土"条规定:"据张泽等典讫孙元地土,别无告到官司公凭,亦不曾由问正军。既崔忠替当孙元军役,其元抛下事产,拟令正军崔忠种养为主,收到子粒等物,津贴军钱,合该典价。候孙元还家,依理归结。都省准拟。"③

元代,国家也常将官田赏赐给皇亲贵族、官僚大臣。《元史》记载:

天下官田岁入,所以赡卫士,给戍卒。自至元三十一年以后,累朝以是田分赐诸王、公主、驸马及百官、宦者、寺观之属,遂令中书酬直海漕,虚耗国储。其受田之家,各任土著奸吏为脏,巧名多取,又且

① 脱脱等:《金史》卷四七《食货志二》。

② 《通制条格》卷第三,载杨一凡等主编:《中国珍稀法律典籍续编》第二册,黑龙江人民出版社2002年版,第401—402页。

③ 《通制条格》卷一六,载杨一凡等主编:《中国珍稀法律典籍续编》第二册,黑龙江人民出版社2002年版,第545页。

驱迫邮传,征求饩廪,折辱州县,闭偿逋负,至仓之日,变鬻以归。①

明代,社会经济基础仍旧是以农业为根本的自然经济,土地依然是社会经济的核心生产资料。因此,土地所有权是最重要的民事权利和最基本的物权形式。

明代法律以土地所有权为重点调整对象,确立了国家土地所有权和私人土地所有权。《明史·食货志》记载明代田土制度:

明土田之制,凡二等:曰官田,曰民田。初,官田皆宋、元时入官田地。厥后有还官田,没官田,断入官田,学田,皇庄,牧马草场,城壖苜蓿地,牲地,园陵坟地,公占隙地,诸王、公主、勋戚、大臣、内监、寺观赐乞庄田,百官职田,边臣养廉田,军、民、商屯田,通谓之官田。其余为民田。②

明代土地制度的基本形式分为两类:官田和民田。官田属于国家所有,原则上不得私人占有和自由买卖;民田属于私人所有,允许自由买卖和任意处分。

官田作为国有土地,不能跟民田一样"自买自卖",由以皇帝为首的朝廷官府牢牢控制官田所有权。《明会典·户部四》"田土"条规定:

凡田土。国初至今,多寡不一,载在册籍可考。其间科则升降、收除、开垦、召佃、拨给,有定例。诡射、侵献,有严禁。各官勋戚寺观田地、及草场苑牧,有额数。③

国家将大量官田赏赐给功臣贵族作为庄田;分授给军队或平民用作屯田;拨给文武百官充作职田,或租佃给农民耕种。

无论是将官田赏赐给官僚地主代表国家享有土地所有权,还是将官田租佃给平民百姓直接行使国家土地所有权,国家都基于其所有权人身份而收取地租、征派徭役。《大明律》"功臣田土"条规定:

---

① 宋濂等:《元史》卷七五《张珪传》。
② 张廷玉等:《明史》卷七七,中华书局1974年版,第1881页。
③ 申时行等:《明会典》卷一七,中华书局1989年版,第110页。

凡功臣之家，除拨赐公田外，但有田土，从管庄人尽数报官，入籍纳粮当差。违者，一亩至三亩，杖六十，每三亩加一等，罪止杖一百，徒三年。罪坐管庄之人，其田入官。所隐税粮，依数征纳。若里长及有司官吏，踏勘不实及知而不举者，与同罪。不知者不坐。①

《明会典·户部四》"田土"条规定：

凡科则升降。洪武初，令官田起科，每亩五升三合五勺；民田每亩三升三合五勺。重租田每亩八升五合五勺，芦地每亩五合三勺四抄，草塌地每亩三合一勺，没官田每亩一斗二升。②

明代实行土地国有制，国家保留土地所有权和自由处分权，以征收田赋来保证国家财政收入，维护以皇帝为最大地主的官僚地主特权阶层的统治利益。

明代将民田定义为除官田之外的其余田土。民田与官田最主要的区别在于是否可以自由买卖。《学庵类稿·明食货志·田制》记载："民自占得买卖之田曰民田。"民田之所以具有私有性质，是因为民田可以由私人所有，并可以合法占有并自由买卖。私人享有独占性可支配的土地私有权，可以自由买卖，是民田的本质特征。

明代国家直接控制的官田有限，远远少于民田。尽管官田属于国有土地，但是土地国有制在土地兼并的冲击下进一步私有化，被官僚地主、庶民地主、小自耕农长期占有而转化为私产。可见，国家土地所有制在明代日渐衰落，是不可逆转的历史潮流。《明太祖实录》记载："以应天府上元县官民田为司菜局蔬圃，官田除租，民田给其直"。③ 明代土地所有权关系发生重大变化，私人土地所有制逐渐取代国家土地所有制，私有土地所有权所受限制越来越小，私人合法拥有的土地进一步集中。

---

① 怀效锋点校：《大明律》卷第五《户律二·田宅》，法律出版社 1999 年版，第 54—55 页。

② 申时行等：《明会典》卷一七，中华书局 1989 年版，第 112 页。

③ 《明太祖实录》卷一一九。

明代实行黄册制度，成为全面确立财产所有权制度的前提条件和重要基础。黄册制度以登记人户为主，以申报田土为辅，要求每个家庭向官府申报户主、籍贯、丁口、财产等户籍信息。明代还通过鱼鳞图册详细记录各地的田土信息。《明史·食货志》记载：

明太祖即帝位，遣周铸等百六十四人，核浙西田亩，定其赋税。复命户部核实天下土田。而两浙富民畏避徭役，大率以田产寄他户，谓之铁脚诡寄。……先是，诏天下编黄册，以户为主，详具旧管、新收、开除、实在之数为四柱式。而鱼鳞图册以土田为主，诸原坂、坟衍、下隰、沃瘠、沙卤之别毕具。鱼鳞册为经，土田之讼质焉。黄册为纬，赋役之法定焉。①

民间家庭的土地买卖交易及土地所有权转移，都记录在黄册和鱼鳞图册中，从而确认田宅的所有权人，最大限度减少产权纠纷。明代确立的田宅所有权登记制度，从法律上明确田宅所有权的归属，赋予所有权人请求确认所有权的起诉权。明代官府处理土地所有权归属纠纷，以登记在册的田土产权为法律依据，依法保护所有权人的财产利益，妥善解决涉及田宅所有权的争端。

明代社会，经济迅猛发展，“人人得以自买自卖”的土地自由买卖观念普遍流行，“物各有主”的土地所有权观念因而产生。民间土地交易的规模渐大，随之而起的是以法律形式确认私有财产和调整所有权关系的现实需求。明代法律不仅注重从正面确认并保护土地所有权，还强调从反面严禁侵犯所有权的严重违法行为，禁止“盗卖田宅”、“盗耕种官民田”，并对侵权行为予以处罚。

明律规定，盗卖、冒认、侵占他人所有的田宅，强占官田或民田妄作己业，都要返还产业给原主，并承担刑事责任。《大明律》“盗卖田宅”条规定：

① 张廷玉等：《明史》卷七七，中华书局1974年版，第1881—1882页。

> 凡盗卖换易及冒认，若虚钱实契典买及侵占他人田宅者，田一亩，屋一间以下，笞五十，每田五亩屋三间，加一等，罪止杖八十，徒二年。系官者，各加二等。若强占官民山场、湖泊、茶园、芦荡及金银铜锡铁冶者，杖一百，流三千里。若将互争及他人田产妄作己业，朦胧投献官豪势要之人，与者、受者，各杖一百，徒三年。田产及盗卖过田价，并递年所得花利，各还官给主。若功臣初犯，免罪附过；再犯，住支俸给一半；三犯，全不支给；四犯，与庶人同罪。①

明代法律确立私人土地所有制，保护私有土地所有权，不允许盗耕或盗卖他人田地，不准侵占、冒认他人土地。凡是盗耕种官民田，要将产业和花利一并归还原主，并受到刑事追究。《大明律》“盗耕种官民田”条规定：

> 凡盗耕种他人田者，一亩以下笞三十，每五亩加一等，罪止杖八十。荒田减一等。强者，各加一等。系官者，各又加二等。花利归官主。②

《明会典》也有相同规定。③

明代律例对于非法侵犯所有权人的产权行为予以刑罚，维护所有权人对土地房舍的独占性、排他性的支配权。万历十三年的《问刑条例》“盗耕种官民田条例”规定：

> 成化十年七月十一日节该钦奉宪宗皇帝圣旨：陕西、榆林等处近边地土，各营堡草境，界限明白。敢有那移条款，盗耕草场及越出边墙界石种田者，依律问拟，追征花利，完日，军职降调甘肃卫分差操。军民系外处者，发榆林卫充军；系本处者，发甘肃卫充军。④

清代的土地所有制仍分为国家土地所有制和私人土地所有制。

---

① 怀效锋点校：《大明律》卷第五《户律二·田宅》，法律出版社 1999 年版，第 55 页。
② 怀效锋点校：《大明律》卷第五《户律二·田宅》，法律出版社 1999 年版，第 56 页。
③ 申时行等：《明会典》卷之一六三，中华书局 1989 年版，第 839 页。
④ 《问刑条例》，载怀效锋点校：《大明律》附录，法律出版社 1999 年版，第 372 页。

清代初年，国家确立土地国有制，通过圈地、垦荒、赏赐、没收、带地充投等方式，扩大国有土地的规模。汉人因逃避赋役或圈地，被迫携带土地投充八旗，则该投充地成为庄田的一部分。《大清会典·户部》"田赋"条规定：

粤自东土，肇基于燕，斯宅沈辽奥区，称九州之上腴焉。近畿五百里内，当明季兵燹之后，野多旷土。定鼎之初，以锡群策群力，垂为世业，墟市不改，邱冢如故。有民田犬牙相错者，取别州县闲田易之，俾旗人各安其业，以正经界。其征输之籍尽除之。直省民田，则三壤以行两税，而常赋以定修和。岁久，田野日辟，乃取徭银计亩而均输之，永免口率之征，以宽百姓之输，将底慎国家之财赋。①

清朝实行"计丁授田"这种新的土地所有制，从立法上确立了八旗贵族的土地所有权，巩固国家统治的经济基础。《大清律例》"户役·脱漏户口"中条例规定：

直隶各省编审查出增益人丁实数，缮册奏闻，名为"盛世滋生户口册"。其征收钱粮，但据康熙五十年丁册定为常额，续生人丁永不加赋。②

《大清会典·户部》"户口"条规定：

凡人丁计口出银，以代徭役。前代相沿载在版籍者，曰徭银。自升平岁久，生齿益繁，康熙五十、二年乃因恩诏，以五十年编册为率，永免增丁之赋。雍正二年，以册存见数，按直省州县均入田赋代输。其无田之户悉免之。闲有不便均输者，仍依旧制，丁地分征，以从土俗之宜。

凡直省徭银均入田赋者，二百七十二万六千二百十有一两有奇。

① 允祹等：《大清会典》卷一〇，杨一凡、宋北平主编，李春光校点，凤凰出版社2018年版，第62页。

② 张荣铮等点校：《大清律例》卷八《户律》，天津古籍出版社1993年版，第187—188页。

每五年编审，丁有滋生，徭无加额。若田有垦复升科者，仍取田赋内代输徭银，计其轻重而通均之。①

“计丁授田”的土地所有制，将百官万民都重新束缚在土地上，有利于社会的秩序稳定和民心归一。

清初，国家按不同的身份等级赏赐土地给皇亲贵族、八旗官兵。法律允许八旗官兵在京畿附近圈占土地。《大清会典·户部》“田赋”条规定：

凡宗室、王、贝勒、贝子、公、将军赐畿辅庄园各有差，通计八旗万三千三百三十八顷有奇。

凡勋戚、世爵、职官、军士赐畿辅庄田各有差，通计八旗十有四万百二十八顷七十一亩有奇。

凡畿辅旗庄，国初颁赐已定，厥后皇子分封，公主赠嫁，皆取诸内府庄田。承平以来，边界益拓，盛京东北及诸边口外，古称瓯脱不毛之土，多辟为腴壤。八旗户口滋繁，咸取给焉。②

《钦定户部则例》“八旗圈地”条规定：

一、八旗王公官员兵丁，国初各给分地，附近京师，永昭世守其地，增丁不加，减丁不退，官员升迁不加，已故降革不退。③

顺治年间，朝廷多次大规模圈地，公开分授给贵族阶层，保护皇亲贵族垄断国有土地所有权的经济特权。《清实录》记载顺治五年十一月诏令内容如下：

一、圈丈地土，分给满洲耕种，其被圈之家，或圈去未补，或原地钱粮未除，即与豁免，或新补之地，较原地瘠薄不堪者，俱照新地等则纳粮。

① 允裪等：《大清会典》卷九，杨一凡、宋北平主编，李春光校点，凤凰出版社2018年版，第61页。

② 允裪等：《大清会典》卷一〇，杨一凡、宋北平主编，李春光校点，凤凰出版社2018年版，第62页。

③ 故宫博物院编：《钦定户部则例（乾隆四十六年）》第1册，卷五《田赋·旗地上》，海南出版社2000年版，第72页。

一、满洲圈过地内,道路、沟壑、房基、庙宇、坟墓皆系地数,今一概除去不算,则原额必亏,钱粮何出?俱着一体清察豁免。

一、各处无主荒地,该地方官查明呈报,抚按再加察勘,果无虚捏,即与题免钱粮,其地仍招民开垦。①

清代实行计丁授田的土地所有制,从法律上确认了国家土地所有制,赋予宗室贵族、八旗官民圈占国有土地的合法所有权。清王朝通过圈占、兑换、拨补等方式,承认满洲贵族官僚圈占民间房产的合法权利,使得满族官僚合法拥有京畿附近的有主土地。所圈之地具体表现为皇庄、王庄、官庄等国家所有形式。宗室庄田和八旗庄田都属于国有性质,不得买卖,否则治以隐匿官田罪。《大清律例》“田宅·功臣田土”中条例规定:

凡功臣之家,除[朝廷]拨赐公田[免纳粮当差]外,但有[自置]田土,从管庄人尽数报官入籍,[照额一体]纳粮当差。违者,[计所隐之田],一亩至三亩,杖六十,每三亩加一等,罪止杖一百,徒三年。罪坐管庄之人,其田入官。[仍计递年]所隐粮税,依[亩数年数额]数征纳。若里长及有司官吏[阿附],踏勘不实及知而不举者,与[管庄人]同罪。不知者,不坐。②

《大清会典·户部》“田赋”条规定:

凡八旗官兵所受之田,毋许越旗卖僨及私售与民。违者,以隐匿官田论。③

圈占的旗地实行租佃制,租佃给农民进行耕种,圈地主则收取地租。旗地的租佃制实质为封建农奴制,佃农与八旗士兵之间并不是相对自由的契约租佃关系,而是带有封建农奴性质的人身租佃关系。农民被迫卖身为奴,失去人身自由,也失去独立的经济地位,更缺乏土地私有权。这

① 《清实录》顺治五年十一月。

② 张荣铮等点校:《大清律例》卷九《户律》,天津古籍出版社1993年版,第208页。

③ 允裪等:《大清会典》卷一〇,杨一凡、宋北平主编,李春光校点,凤凰出版社2018年版,第62页。

种落后的封建租佃关系阻碍了小农经济的发展，使得满洲贵族的土地“多至抛荒”、“良民失业”，更为甚者引起农民的反抗，极大威胁清朝的统治。因此，顺治期间，朝廷下令禁止圈占民间田屋，并要求将圈地归还原主，“不得复行圈拨”、“退还原主”。《清实录》记载顺治八年二月上谕户部诸臣曰：

田野小民，全赖地土养生，朕闻各处圈占民地，以备畋猎放鹰往来下营之所。夫畋猎原为讲习武事，古人不废，然恐妨民事，必于农隙，今乃夺其耕耨之区，断其衣食之路，民生何以得遂！……尔部作速行文地方官，将前圈地土，尽数退还原主，令其乘时耕种。①

顺治年间，正式下诏“永不许圈”，此后彻底禁止圈占土地。《清实录》记载：

请圈拨民间房地，给移住永宁、四海堡及关外看守山梨之壮丁。得旨：地准拨给，房令自造，不必圈占，其民地被圈者，该管官即照数拨补，勿令失业。以后仍遵前旨，永不许圈占民间房地。②

清代中后期，圈地名义上属于国家所有，而实质上变为旗人的私产，称为“旗地”、“旗房”。国家无法抑制土地私有化的进程，原先不得买卖的官田逐渐成为自由买卖的私产。清朝统治者无法阻止民间买卖旗地，只能立法加以调整和控制，从而承认官田的私有化和买卖的合法化。旗人对圈地公然行使私人所有权，在旗人之间自由买卖、典质，但禁止卖给或典当给民人。

清代实行屯田制，招募军人、民人、商人屯垦官田，分别称为军屯、民屯、商屯。康熙年间颁布《侵占屯田惩罚条例》，严禁隐匿、盗卖屯田等行为，目的是阻止国有屯田转变为个体私产。然而，屯田私有化的发展无法遏制，屯田最终成为地主或自耕农的私产。私人土地所有制逐渐取代国家土地有制，成为社会主流。光绪年间，清王朝颁布诏谕：

---

① 《清实录》顺治八年二月。

② 《清世祖实录》顺治十年十月。

省分各督抚，将各省屯田地亩，逐一彻底查明。悉令该屯户报官税契，听其管业。将屯饷改为丁粮，统归州县官经征。如有盗卖私售者，亦饬据实报明。完纳正供，不咎既往。①

《大清会典·户部》“田赋”条规定：

凡天下屯田咸给运军，军运漕粮隶卫所；田赋归州县征收，隶布政使司。【国初田隶卫所，设屯田御史、屯田道以综核之，后裁御史及道，以屯赋归有司。】其赋或输本色，或输折色，或本折各半，或本七折三。所输不同，皆与民田同科。〇屯田荒芜，召军民垦复。无力者，官给牛具。荒地内有军指为民、民诡为军者，以时清厘。〇民册承差卫所毋许牵累；军册，有役州县不得重科。民佃军田输租，则免军役，军佃民田完赋，则免民徭。〇军田许照民田售典，与军者，听；与民者，禁，违则以田归卫，以直充公。②

至此，清代朝廷顺应土地私有化的历史趋势，立法确立私人土地所有权，承认屯田等国有土地私有化的合法性。屯田这些官田，只要报官税契，就一律承认私人占有的所有权，听任所有权人自行管业。

清代的宗室、贵族、八旗官僚凭借特权身份，依靠赏赐、投献或继承、买卖、侵占等手段控制全国大部分土地，成为最大的私有土地所有者阶层。《大清会典·户部》“户口”条规定：

凡八旗汉军，除从龙勋戚子孙外，或有田宅，或依姻戚，或操工作需在各省营生食力者，许呈本旗都统及所在督抚，随其人地之宜，听其生业。督抚于岁终，具册咨部彙奏。③

康熙年间，清王朝颁布更名（明）地令，将明代皇亲贵族土地的所有权赋予原来租佃的佃户，永为世业，改为民户。佃农在明代依附于贵族官

① 《清实录光绪朝实录》实录卷之四百九十四。

② 允祹等:《大清会典》卷一〇，杨一凡、宋北平主编，李春光校点，凤凰出版社2018年版，第64—65页。

③ 允祹等:《大清会典》卷九，杨一凡、宋北平主编，李春光校点，凤凰出版社2018年版，第59页。

僚，至清代获得了法定的土地所有人身份，正式成为国家的编户齐民，享有受到法律承认和保护的所有权。佃农的人身依附关系减弱，摆脱了附庸贵族的奴隶身份，获得国家认可的民户身份，成为实际占有土地的自耕农。更名（明）地令对于提高封建小农的生产积极性和发展自然经济，具有深远的历史意义。

庶民通过垦荒、租佃官田或继承、买卖民田等途径支配大量土地，上升为庶民地主阶层。《大清律例》"田宅·荒芜田地"条规定：

凡里长部内，已入籍纳粮当差，田地无[水旱灾伤之]故荒芜，及应课种桑麻之类而不种者，[计荒芜不种之田地]，俱以十分为率，一分笞二十，每一分加一等，罪止杖八十。县官各减[里长罪]二等。长官为首，[一分减尽无科，二分方笞一十，加至杖六十罪止。]佐职为从，[又减长官一等。二分者减尽无科，三分者方笞一十，加至笞五十罪止。]人户亦计荒芜田地及不种桑麻之类，[就本户田地]以五分为率，一分笞二十，每一分加一等，追征合纳税粮还官。[应课种桑、枣、黄麻、苎麻、棉花、蓝靛、红花之类，各随乡土所宜种植。]①

作为社会阶层主体的自耕农，却占有少量土地，还时常处于上升下降的变动之中。自耕农将资金投入购买土地，可以向上跻身庶民地主阶层；而出卖土地致使贫无立锥之地，则向下沦落为佃户、流民。

清代法律保护土地所有权者的合法权益，设立"盗卖田宅"罪、"盗耕种他人田土"罪等，对侵犯官民田宅所有权者处以刑罚。《大清律例》"田宅·盗耕种官民田"条规定：

凡盗耕种他人田[园地土]者，[不告田主]，一亩以下，笞三十，每五亩加一等，罪止杖八十。荒田减一等。强者，[不由田主]各[指熟田、荒田言]加一等。系官者，各[通盗耕、强耕荒、熟言]又加二等，[仍追所得]花利，[官田]归官，[民田]给主。

---

① 张荣铮等点校：《大清律例》卷九《户律》，天津古籍出版社1993年版，第215页。

条例

近边地土、各营堡草场界限明白，敢有那移条款，盗耕草场及越出边墙界石种田者，依律问拟，追征花利。至报完之日，不分军民，俱发附近地方充军。①

清中叶以后，官僚地主、庶民地主大量购买土地，积累土地财富，在促进土地流转交易的同时，又加强土地集中兼并。而自耕农阶层逐渐沦为佃农，依靠租佃地主的土地维生，丧失土地所有权。官僚地主和庶民地主通过高利贷和商业等经济手段，使得自耕农资不抵债、纷纷破产，从而占有土地所有权。

第二节　基于继承取得的田宅所有权

继承在中国古代是私人取得法定财产所有权的主要形式之一。中国古代封建社会的财产继承采用“诸子均分制”，根据人的不同身份而赋予不同的财产继承权。诸子虽然不能与嫡长子一样继承身份，但可以继承与名分相应的财产，当然取得法律意义上的田宅所有权。在有嫡庶子孙承继宗祧前提下，由嫡子、庶子、奸生子取得完整的田宅所有权；在无亲子由立继子承继宗祧情况下，立继子、户绝女、守节寡妇、养老赘婿、义男取得部分的财产继承权。财产继承制度与身份特权紧密结合，内含宗法社会的平均主义，有效巩固了以封建土地所有制为基础的身份等级制。

先秦时期，奴隶制国家在经济上实行井田制，政治上实行世卿世禄制，财产继承与身份继承合而为一。以嫡长子继承制为主体的身份继承制度，反映在财产继承关系上，国君、诸侯、卿大夫、士继承的封国、采邑，无一不与继承的王位、爵位、等级相对应，使得财产继承权与身份继承权不加分割地集中在大宗嫡长系继承人身上。财产继承按照宗法制度，从

① 张荣铮等点校：《大清律例》卷九《户律》，天津古籍出版社1993年版，第214页。

上至下由大宗嫡长子一人继承国君分封的一切田宅，理所当然地取得土地所有权。除了以天子为首的大宗世代继承以外，其他小宗既无权继承王位，也无权继承分封领地。

战国时期，奴隶社会的土地国有制受到破坏，井田制和分封制最终崩溃。封赐的土地在名义上仍属于天子所有，而实际上，这些国有土地在世代继承中转化为私人所有。诸侯通过受封和受赐而获得的土地，可以由子孙继承或据为己有，逐渐取得完整的田宅所有权。与身份继承制完全一致的财产继承制发生变化，仅由大宗嫡长子一人继承，转变为小宗诸子均可继承的诸子均分制。

封建王朝时期，财产继承的法定制度是诸子均分制。子孙通过继承而世代保有田宅，充分地享有田宅所有权。

秦汉推行诸子均分制，所有田宅可以由子孙平均继承。《二年律令·置后律》规定：

> □□□□长（？）次子，畀之其财，与中分。其共为也，及息。婢御其主而有子，主死，免其婢为庶人。①

子孙继承祖业，意味着通过继承这种方式实现了土地所有权的转化。《史记·白起王翦列传》记载王翦语："为大王将，有功终不得封侯，故及大王之乡臣，臣亦及时以请园池为子孙业耳。"②王翦的田园由其子孙继承，使得该田宅所有权自然转移给子孙。购置田宅、增值产业以传子孙，由子孙世代继承并保有家业，具有延续祖宗香火血食、维持家族生存发展的重要意义。

秦汉时期，国家推行"分异令"，以缴纳加倍赋税的方式强制民间家庭必须分家析产。"民有二男以上不分异者，倍其赋。"③汉人贾谊描述秦

---

① 张家山二十七号汉墓竹简整理小组编著：《张家山汉墓竹简》［二十七号墓］，文物出版社2006年版，第61页。

② 司马迁：《史记》卷七三《白起王翦列传》，中华书局2006年版，第453页。

③ 司马迁：《史记》卷六八《商君列传》，中华书局2006年版，第420页。

代分异令，记录父子分户析产后的财产所有权关系："故秦人家富子壮则出分，家贫子壮则出赘。……曩之为秦者，今转而为汉矣。然其遗风余俗，犹尚未改。"①

《二年律令·户律》规定分户析产：

诸不为户，有田宅，附令人名，及为人名田宅者，皆令以卒戍边二岁，没入田宅县官。为人名田宅，能先告，除其罪，有（又）畀之所名田宅，它如律令。②

子孙通过分家继承财产，可以取得田宅所有权。《二年律令·户律》规定：

民大父母、父母、子、孙、同产、同产子，欲相分予奴婢、马牛羊、它财物者，皆许之，辄为定籍。

诸（？）后欲分父母、子、同产、主母、叚（假）母，及主母、叚（假）母欲分孽子、叚（假）子田以为户者，皆许之。③

秦律规定子孙可以继承国家授予的公田。《二年律令·户律》详细规定了继承田宅的法律程序：

不幸死者，令其后先择田，乃行其余。它子男欲为户，以为其□田予之。其已前为户而毋田宅，田宅不盈，得以盈。宅不比，不得。④

《二年律令·户律》规定，继承田宅以券书和先令为证，民众通过遗嘱继承可合法取得田宅所有权：

民欲先令相分田宅、奴婢、财物，乡部啬夫身听其令，皆叁辨券书之，辄上如户籍。有争者，以券书从事；毋券书，勿听。所分田宅，不

---

① 班固：《汉书》卷四八《贾谊传》，中华书局2007年版，第485页。

② 张家山二十七号汉墓竹简整理小组编著：《张家山汉墓竹简》［二十七号墓］，文物出版社2006年版，第53页。

③ 张家山二十七号汉墓竹简整理小组编著：《张家山汉墓竹简》［二十七号墓］，文物出版社2006年版，第55页。

④ 张家山二十七号汉墓竹简整理小组编著：《张家山汉墓竹简》［二十七号墓］，文物出版社2006年版，第52页。

为户，得有之，至八月书户，留难先令，弗为券书，罚金一两。①

汉承秦制，民间仍旧存在父母在世而子孙生分并继承财产的情况，子孙当然享有私有土地的继承权。古书多有记载，如“吾岂老悖不念子孙哉？”②“积岁余，父母惭而还之。后行六年服，丧过乎哀。既而弟子求分财异居，包不能止，乃中分其财”③“于是共割财产以为三分，武自取肥田广宅奴婢强者，二弟所得并悉劣少。”④

魏晋南北朝时期，财产继承实行与秦汉一样的诸子均分制。在财产继承上，养子与亲生子有同等继承权。与秦汉不同的是，曹魏废除秦汉的分异令，规定父母在时子孙不得分财别居，鼓励同居共财。这可以说是唐律“别籍异财”罪的滥觞。《晋书·刑法志》记载：“除异子之科，使父子无异财也”。⑤ 北魏实行均田制，国家分赐给民众的桑田是可以继承的永业，该土地所有权自始归个人所有，是实现国有土地私有化的合法方式。

唐宋时期，财产继承制度仍旧以诸子均分制为主。民众对于国家所授土地的所有权大大增强，可以继承、转让永业田。唐开元七年和开元二十五年的《户令》应分条规定：

> 诸应分田宅及财物者，兄弟均分，妻家所得之财，不在分限；兄弟亡者，子承父分（继绝亦同）；兄弟俱亡，则诸子均分（其父祖永业田及赐田亦均分，口分田即准丁中老小法。若田少者，亦依此法为分）。⑥

《宋刑统·户婚律》承袭了唐律的全部内容，规定财产继承一样实行诸子均分制。《宋刑统·户婚律》“卑幼私用财”条规定：

---

① 张家山二十七号汉墓竹简整理小组编著：《张家山汉墓竹简》[二十七号墓]，文物出版社2006年版，第54页。
② 班固：《汉书》卷七一《隽疏于薛平彭传》，中华书局2007年版，第710页。
③ 范晔：《后汉书·刘赵淳于江刘周赵列传第二十九》。
④ 范晔：《后汉书·循吏列传第六十六》。
⑤ 房玄龄：《晋书·刑法志》，载《历代刑法志》，群众出版社1988年版，第55页。
⑥ [日]仁井田陞：《唐令拾遗》，栗劲等编译，长春出版社1989年版，第155页。

【准】户令:诸应分者,田宅及财物兄弟均分。(其祖、父亡后,各自异居,又不同爨,经三载以上,逃亡经六载已上,若无父祖旧田宅、邸店、碾硙、部曲、奴婢见在可分者,不得辄更论分。)妻家所得之财,不在分限。(妻虽亡没,所有资财及奴婢,妻家并不得追理。)兄弟亡者,子承父分。(继绝亦同。)兄弟俱亡,则诸子均分。(其父祖永业田及赐田亦均分。口分田即准丁中老小法。若田少者,亦依此法为分。)①

宋人袁采说:“父祖高年,怠于管干,多将财产均给子孙。若父祖出于公心,初无偏曲,子孙各能戮力,不事游荡,则均给之后,既无争讼,必至兴隆。”②

又如宋代案例“熊邦兄弟与阿甘互争财产”:

律之以法,尽合没官,纵是立嗣,不出生前,亦于绝家财产只应给四分之一。今官司不欲例行籍没,仰除见钱十贯足埋葬女外,余田均作三分,各给其一。③

可见诸子均分制度在民间家庭分家析产中行之有效。

唐宋法律不承认奸生子的财产继承权,不准未受被继承人承认、未加入户籍的奸生子与婚生子平等继承田宅。《宋刑统·户婚律》“卑幼私用财”条引唐天宝六载五月二十四日敕:

百官、百姓身亡殁后,称是别宅异居男女及妻妾等,府县多有前件诉讼。身在纵不同居,亦合收编本籍。既别居无籍,即明非子息。及加推案,皆有端由,或其母先因奸私,或素是出妻弃妾,苟祈侥幸,利彼资财,遂使真伪难分,官吏惑听。其百官、百姓身亡之后,称是在外别生男女及妻妾先不入户籍者,一切禁断,辄经府县陈诉,不须为

① 窦仪等:《宋刑统校证》卷一二,岳纯之校订,北京大学出版社 2015 年版,第 168—169 页。

② 袁采:《袁氏世范》卷一《分给财产务均平》。

③ 中国社会科学院历史研究所、宋辽金元史研究室点校:《名公书判清明集》卷四《户婚门·争业上·熊邦兄弟与阿甘互争财产》,中华书局 1987 年版,第 110 页。

理，仍量事科决，勒还本居。①

《宋刑统·户婚律》"卑幼私用财"条引唐天宝七载十二月十二日敕，规定宗亲王公在外别居、没有入籍的奸生子也不得继承家产：

其宗子、王公以下，在外处生男女，不收入宅，其无籍书，身亡之后，一切准百官、百姓例处分。②

元代的财产继承实行诸子均分制，但区别嫡庶而分别对待，规定嫡子、庶子、奸生子不同的继承份额。《通制条格》"户令·亲属分财"条记载：

省部相度，褚阿刘、阿田际出养老财产，今已身死，又兼同户当军，理合诸子均分，仰依上施行。③

在《通制条格》"户令·亲属分财"条记载的案例中，妻所生的嫡子继承四分，妾所生的庶子继承三分，奸生子继承一分：

检会旧例：诸应争田产及财物者，妻之子各肆分，妾之子各叁分，奸良人及幸婢子各壹分。以此参详，卢提举元抛事产，依例，妻之子卢山驴肆分，妾之子卢顽驴、卢吉祥各叁分。④

明清时期，实行诸子均分的财产继承制度，立法规定妻、妾、婢所生的婚生子可不分嫡庶而均分财产。《大明令·户令》"子孙承继"条规定：

凡嫡庶子男，除有官荫袭，先尽嫡长子孙，其分析家财田产，不问妻、妾、婢生，止依子数均分；奸生之子，依子数量与半分；如别无子，立应继之人为嗣，与奸生子均分；无应继之人，方许承绍全分。⑤

---

① 窦仪等：《宋刑统校证》卷一二，岳纯之校订，北京大学出版社2015年版，第168—169页。

② 窦仪等：《宋刑统校证》卷一二，岳纯之校订，北京大学出版社2015年版，第168—169页。

③ 《通制条格》卷第四，载杨一凡等主编：《中国珍稀法律典籍续编》第二册，黑龙江人民出版社2002年版，第421—422页。

④ 《通制条格》卷第四，载杨一凡等主编：《中国珍稀法律典籍续编》第二册，黑龙江人民出版社2002年版，第421—422页。

⑤ 《大明令·户令》，载怀效锋点校：《大明律》附录，法律出版社1999年版，第241页。

如明代判牍"一件抄灭事"中，遗产平均分成六份，分别授予六个嫡子及庶子：

即如分产一事，何不从六子起见，而嫡、庶鼎立者，乃有两股均分之乱命乎！……其所余产业，则以房之美恶，配田之肥瘠，剖六股以授六人。①

清代也承袭历代的诸子均分制。《大清律例》"户役 · 卑幼私擅用财"中条例规定：

嫡庶子男，除有官荫袭先尽嫡长子孙。其分析家财田产、不问妻、妾、婢生，止以子数均分。奸生之子，依子量与半分。如别无子，立应继之人为嗣，与奸生子均分。无应继之人，方许承继全分。②

明清两代与前代相比，非婚生的奸生子对于家产在继承权利和继承份额上都有很大发展。唐宋时期，奸生子并无法定财产继承权。金元时期，奸生子虽然享有法定继承权，但继承份额仅为嫡子的四分之一、庶子的三分之一，并非平等继承。明清时期，奸生子的财产继承权受到法律保护，与嫡庶诸子地位平等，可继承半份财产；在无婚生子的情况下，奸生子与继承宗祧的应继子均分财产；在无应继子的情况下，奸生子还能继承全部财产。

在无亲子继承宗祧的情况下，根据无子立嗣制度收养的继子，基于宗祧继承人的身份，与亲子一样享有完整的继承权，可继承所有财产。即使在立嗣之后出生的亲子，也只能与继子均分财产。

除了宋代将继子区分为立继子与命继子，并规定不同的继承份额之外，其他朝代均无差别而一律称继子，规定继子相当于亲子而对财产全部继承。宋代将继子分为立继子和命继子，前者由妻立继，无异于亲子，享

① 李清：《折狱新语》卷三，载杨一凡等主编：《历代判例判牍》第四册，中国社会科学出版社2005年版，第582—583页。

② 张荣铮等点校：《大清律例》卷八《户律》，天津古籍出版社1993年版，第201—202页。

有完整继承份额;后者由祖父母、近亲尊长或族长命继,有别于亲子,仅享有部分继承份额,其继承财产的份额甚至少于在室女和归宗女。宋代判词"命继与立继不同"记载:

祖宗之法,立继者谓夫亡而妻在,其绝则其立也当从其妻,命继者谓夫妻俱亡,则其命也当惟近亲尊长。立继者与子承父分法同,当尽举其产以与之。命继者于诸无在室、归宗诸女,只得家财三分之一。①

绍兴二年,宋律专门规定命继子的财产继承权依户绝出嫁女法,继承养父财产的三分之一。《宋会要辑稿·食货》记载:

本司看详,户绝之家,依法既许命继,却使所继之人并不得所生所养之家财产,情实可矜。欲乞将已绝命继之人,于所继之家财产,视出嫁女等法量许分给。户部看详:欲依本司所申,如系已绝之家,有依条合行立继之人,其财产依户绝出嫁女法,三分给一,至三千贯止。余依见行条法。②

元代法律规定,嫡侄作为继子依法继承养父全部财产。即使养父又生亲子,继子也可据法与亲子均分财产。《通制条格》"户令·户绝财产"条规定:

至元五年七月,中书省枢密院呈:平阳路民户郑堪净告,兄郑大见充军户,年老无嗣,合(元)将男揆哥承继祖业,充贴户津济正军,侍养郑大。都省议得:合将郑揆哥名籍除豁,令本人承继伊伯父郑大祖业,应当贴户身役。已后民户内有无子之家,军户内却有承继同宗弟侄,亦仰依上一体施行。

至元六年十一月,中书省户部呈:南京路钧州阳翟县附籍范显户

① 中国社会科学院历史研究所、宋辽金元史研究室点校:《名公书判清明集》卷八,《户婚门·立继类·命继与克继不同》,中华书局1987年版,第266页。

② 徐松编:《宋会要辑稿》(12),《食货六一·民产杂录》,上海古籍出版社2014年版,第7471页。

下駈口张春奴等告，本使范显及男山儿身故，今有怀州军范总帅男范赞将引家小搬来本家住坐，昏赖范显事产。本部参详，范赞系范显亲侄，拟合承继伊伯户名当差，将抛下人口事产等物尽行分付本人为主，却于怀孟路范总帅户下除豁一丁差役。都省准拟。①

明清法律规定，无论是依据宗法顺序而立继的应继子，还是根据喜爱贤能而爱继的爱继子，都同于亲子，对财产享有完整所有权。《大明令·户令》"无子立嗣"条规定：

凡无子者，许令同宗昭穆相当之侄承继，先尽同父周亲，次及大功、小功、缌麻。如俱无，方许择立远房及同姓为嗣。若立嗣之后，却生亲子，其家产与元立子均分，并不许乞养异姓为嗣，以乱宗族。立同姓者，亦不得尊卑失序，以乱昭穆。②

万历年间的《问刑条例·立嫡子违法条例》规定：

凡无子立嗣，除依律令外，若继子不得于所后之观，听其告官别立。其或择立贤能及所亲爱者，若于昭穆伦序不失，不许宗族指以次序告争，并官司受理。若义男、女婿为所后之亲喜悦者，听其相为依倚，不许继子并本生父母用计逼逐，仍依大明令分给财产。若无子之人家贫，听其卖产自赡。③

《大清律例》"户役·立嫡子违法"条对此也有相同规定。④

中国古代法律规定，寡妇承夫分，继承夫家的田宅所有权。无子守节的寡妇可以依法继承亡夫遗产，但在选定应继子或寡妇改嫁他族之后，夫家财产则由夫家选定的宗祧继承人继承。

① 《通制条格》卷第三，载杨一凡等主编：《中国珍稀法律典籍续编》第二册，黑龙江人民出版社2002年版，第401—402页。

② 《大明令·户令》，载怀效锋点校：《大明律》附录，法律出版社1999年版，第241页。

③ 《问册条例》，载怀效锋点校：《大明律》，法律出版社1999年版，第369—370页。

④ "无子者，许令同宗昭穆相当之侄承继，先尽同父周亲，次及大功、小功、缌麻。如俱无，方许择立远房及同姓为嗣。若立嗣之后却生子，其家产与原立子均分。"张荣铮等点校：《大清律例》卷八《户律》，天津古籍出版社1993年版，第195页。

秦汉时期，《二年律令·户律》规定鳏寡孤独家庭不需分异其子：

寡夫、寡妇毋子及同居，若有子，子年未盈十四，及寡子年未盈十八，及夫妻皆（癃）病，及老年七十以上，毋异其子；今毋它子，欲令归户入养，许之。①

无子寡妇接替亡夫户籍为户主，可以按照为后子孙的爵位等级继承国家授予的田宅；寡妇无法继立亡夫门户的，只能按照庶民受田数额继承田宅。《二年律令·置后律》规定：

寡为户后，予田宅，比子为后者爵。其不当为户后，而欲为户以受杀田宅，许以庶人予田宅。毋子，其夫；夫毋子，其夫而代为户。夫同产及子有与同居数者，令毋贸卖田宅及入赘。其出为人妻若死，令以次代户。②

唐宋时期，女性财产继承权得到立法承认。《宋刑统·户婚律》"卑幼私用财"条引唐《户令》应分条规定：

寡妻妾无男者，承夫分。若夫兄弟皆亡，同一子之分。（有男者，不别得分，谓在夫家守志者。若改适，其见在部曲、奴婢、田宅，不得费用，皆应分人均分。）③

寡妇对于继承所得的夫家田宅，无权处分，更不得典卖。幼子成年后，与寡母共同享有田宅所有权和处分权，同时制约子孙与寡母擅自典卖田产的违法行为。如宋代案例"母在与兄弟有分"：

交易田宅，自有正条，母在，则合令其母为契首，兄弟未分析，则合令兄弟同共成契，未有母在堂，兄弟五人俱存，而一人自可典田者。魏峻母李氏尚存，有兄魏岘、魏峡、弟魏峤，若欲典卖田宅，合从其母

① 张家山二十七号汉墓竹简整理小组编著：《张家山汉墓竹简》［二十七号墓］，文物出版社2006年版，第55页。

② 张家山二十七号汉墓竹简整理小组编著：《张家山汉墓竹简》［二十七号墓］，文物出版社2006年版，第61页。

③ 窦仪等：《宋刑统校证》卷一二，岳纯之校订，北京大学出版社2015年版，第168—169页。

立契,兄弟五人同时着押可也。①

寡妇携子改嫁,承分田产的所有权仍属于其子。若其子死,寡妇及后夫都无田产所有权,该田产作为户绝财产而由官府没收。

寡妇有幼子而招赘夫,前夫之子当然享有财产继承权。寡妇无子而招赘夫,须将前夫财产赴官登记,可以继续享有田产使用权,但无处分权。寡妇身死或改嫁后夫,彻底丧失对前夫财产的所有权,则前夫财产作为户绝财产处理。如宋代案例“孤女赎父田”:

照得诸妇人随嫁资及承户绝财产,并同夫为主。准令:户绝财产尽给在室诸女,而归宗女减半。今俞梁身后既别无男女,仅有俞百六娘一人在家,坐当招应龙为夫,此外又别无财产,此田合听俞百六娘夫妇照典契取赎,庶合理法。②

元代法律同样承认寡妇的财产继承权,同时也禁止寡妇擅自处分田宅等家产。《通制条格》“户令·亲属分财”条记载以下案例:

寡妇无子,合承夫分。据杨世基要讫杨世明壹分财产并陈住儿,拟合追付阿马收管,及令兰杨与伊母同居。至如合行召嫁,令杨阿马、杨世基一同主婚,阿马受财外,据应有财产,杨阿马并女兰杨却不得非理破费销用。③

《通制条格》“户令·户绝财产”条规定:

中统五年八月,钦奉圣旨条画内一款:随处若有身丧户绝别无应继之人。其田宅浮财人口头疋尽数拘收入官,召人立租承佃,所获子粒等物,通行明置文簿报本管上司转申中书省。若抛下男女十岁以下者,付亲属可托者抚养,度其所须季给。虽有母招后夫或携而适人

---

① 中国社会科学院历史研究所、宋辽金元史研究室点校:《名公书判清明集》卷九《户婚门·母在与兄弟有分》,中华书局 1987 年版,第 301 页。

② 中国社会科学院历史研究所、宋辽金元史研究室点校:《名公书判清明集》卷九《户婚门·取赎·孤女赎父田》,中华书局 1987 年版,第 315—317 页。

③ 《通制条格》卷第四,载杨一凡等主编:《中国珍稀法律典籍续编》第二册,黑龙江人民出版社 2002 年版,第 421—422 页。

者，其财产亦官知数。如已娶或年十五以上，尽数给还。若母寡子幼，其母不得非理典卖田宅人口，放贱为良。若有须合典卖者，经所属陈告勘当是实，方许交易。①

明清宗承历代的寡妻承夫分制度。《大明令・户令》“夫亡守志”条规定：“凡妇人夫亡无子，守志者，合承老分，须凭族长择昭穆相当之人继嗣。”②《大清律例》“户役・立嫡子违法”中条例规定：“妇人夫亡无子守志者，合承夫分，须凭族长择昭穆相当之人继嗣。其改嫁者，夫家财产及原有妆奁，并听前夫之家为主。”③

宋元明清法律都规定，户绝之家在无应继子的情况下，由女儿继承父亲遗产，合法取得田宅所有权。

在宋代，女儿根据在室女、归宗女、出嫁女的不同身份，享有不同的财产继承份额。《宋刑统・户婚律》“户均资产”条引唐丧葬令规定：

诸身丧户绝者，所有部曲、客女、奴婢、店宅、资财，并令近亲。转易货卖，将营葬事及量营功德之外，余财并与女。无女，均入以次近亲。无亲戚者，官为检校。若亡人在日，自有遗嘱处分，证验分明者，不用此令。④

如宋代案例“处分孤遗田产”，详细记录宋代的户绝继承法如下：

准法：诸已绝之家而立继绝子孙，谓近亲尊长命继者。于绝家财产，若只有在室诸女，即以全户四分之一给之，若又有归宗诸女，给五分之一。其在室并归宗女即以所得四分，依户绝法给之。止有归宗诸女，依户绝法给外，即以其余减半给之，余没官。止有出嫁诸女者，即以全户三分为率，以二分与出嫁女均给，一分没官。若无在室、归

① 《通制条格》卷第三，载杨一凡等主编：《中国珍稀法律典籍续编》第二册，黑龙江人民出版社2002年版，第401—402页。
② 《大明令・户令》，载怀效锋点校：《大明律》附录，法律出版社1999年版，第241页。
③ 张荣铮等点校：《大清律例》卷八《户律》，天津古籍出版社1993年版，第195页。
④ 窦仪等：《宋刑统校证》卷一二，岳纯之校订，北京大学出版社2015年版，第169—170页。

宗、出嫁诸女，以全户三分给一，并至三千贯止，即及二万贯，增给二千贯。①

在室亲女以女儿的血缘身份和暂代女户主的父族身份继承父亲全部遗产；若无在室亲女，所有财产没入官府。《宋令》规定："诸户绝财产，尽给在室诸女。"②南宋时期，法律规定在室女可以继承兄弟份额的一半。在户绝的前提下，在室女承父分，可继承父亲全部遗产，但携产出嫁则丧失继承权。养女的财产继承权与亲女相同。

唐宋时都有关于女户继产的案例记载。唐墓志有："不幸府君早亡，有女一人……殓藏之礼裳帷之具，皆嗣女郑氏躬自营护焉。"③唐代尼灵惠遗书："灵惠只有家生婢子一名威娘，留与侄女潘娘，更无房资。灵惠迁变之日，一仰潘娘葬送营办，已后更不许诸亲吝护。"④此两例中，前者嗣女用父姓称"郑氏"，为母完成殓葬之礼，后者侄女为姑亦然。主丧者是继承人的象征，女子主丧表明其是父家继承人。

如下述"处分孤遗田产"一案，解汝霖无亲子，只有在室幼女、孙女，照户绝法均分遗产。继子伴哥继承四分之一遗产，两个在室女继承其余三分。

今解汝霖只有幼女、孙女，并系在室，照户绝法均分，各不在三千贯以上。伴哥继绝，合给四分之一，其余三分，均与二室女为业。七姑虽本姓郑，汝霖生前自行收养，与亲女同。⑤

又如宋代养女契：

今得宅僮康愿昌有不属官女私，现与生女父娘乳哺恩，其女作为

① 中国社会科学院历史研究所、宋辽金元史研究室点校：《名公书判清明集》卷八《户婚门·处分孤遗田产》，中华书局1987年版，第287—289页。

② ［日］仁井田陞：《唐令拾遗》，栗劲等编译，长春出版社1989年版，第770页。

③ 周绍良主编：《唐代墓志汇编》，《唐郑府君故夫人京兆杜氏墓志铭并序》，上海古籍出版社1992年版，第2113页。

④ 刘海年等主编：《中国珍稀法律典籍集成》甲编，第三册，科学出版社1994年版，第1027页。

⑤ 中国社会科学院历史研究所、宋辽金元史研究室点校：《名公书判清明集》卷八《户婚门·处分孤遗田产》，中华书局1987年版，第287—289页。

养子,尽终事奉。①

归宗女的财产继承权与在室女相似,也可以通过继承取得田宅所有权。南宋时期,归宗女的财产继承份额减少,只能继承在室女份额的一半。如宋代判词:"准令:户绝财尽给在室诸女,而归宗女减半。"②

宋代法律对于出嫁女的继承权进行有别于嫡庶子孙的限制。在有嫡庶子孙的情况下,出嫁女对父家财产无继承权,仅获得相当于男子聘财一半的嫁妆。《宋刑统·户婚律》"卑幼私用财"条引唐《户令》应分条规定:

其未娶妻者,别与娉财。姑、姊妹在室者,减男娉财之半。③

《宋刑统·户婚律》"户均资产"条引唐开成元年七月五日敕规定:

自今后,如百姓及诸色人死绝无男,空有女,已出嫁者,令文合得资产。其间如有心怀觊望,孝道不全,与夫合谋有所侵夺者,委所在长吏严加纠察,如有此色,不在给与之限。④

出嫁女在没有嫡庶子孙或在室女、归宗女的情况下,享有部分财产继承权,可以继承户绝财产中的三分之一。《宋刑统·户婚律》"户均资产"条规定:

请今后户绝者所有店宅、畜产、资财,营葬、功德之外,有出嫁女者,三分给与一分,其余并入官。如有庄田,均与近亲承佃。如有出嫁亲女被出及夫亡无子,并不曾分割夫家财产入己,还归父母家后,绝户者并同在室女例,余准令、敕处分。⑤

---

① 沙知録校:《敦煌契约文书辑校》,江苏古籍出版社1998年版,伯4525号,第360页。

② 中国社会科学院历史研究所、宋辽金元史研究室点校:《名公书判清明集》卷九《户婚门·取赎·孤女赎父田》,中华书局1987年版,第315—317页。

③ 窦仪等:《宋刑统校证》卷一二,岳纯之校订,北京大学出版社2015年版,第168—169页。

④ 窦仪等:《宋刑统校证》卷一二,岳纯之校订,北京大学出版社2015年版,第169—170页。

⑤ 窦仪等:《宋刑统校证》卷一二,岳纯之校订,北京大学出版社2015年版,第169—170页。

明清时期，财产继承制度在沿袭前代的基础上，适应时代需要有了新发展。女性继承有了新变化，法律不再区分女儿身份，一律规定凡是户绝亲女，都可以继承全部父家财产。《大明令·户令》“户绝财产”条规定：

凡户绝财产，果无同宗应继者，所生亲女承分。无女者，入官。①

《大清律例》“户役·卑幼私擅用财”中条例规定：

户绝，财产果无同宗应继之人，所有亲女承受。无女者，听地方官详明上司，酌拨充公。②

养老赘婿、义男承担了养老送终的家族责任和亲情义务，可与应继子均分家产。《宋会要辑稿·食货》记载宋代的户绝条贯：

今后户绝之家，如无在室女、有出嫁女者，将资财、庄宅物色除殡葬营斋外，三分与一分。如无出嫁女，即给与出嫁亲姑、姊妹、侄一分。余二分，若亡人在日，亲属及入舍婿、义男、随母男等自来同居，营业佃莳，至户绝人身亡及三年已上者，二分店宅、财物、庄田并给为主。如无出嫁姑、姊妹、侄，并全与同居之人。若同居未及三年，及户绝之人孑然无同居者，并纳官，庄田依令文均与近亲。如无近亲，即均与从来佃莳或分种之人承税为主。若亡人遗嘱证验分明，依遗嘱施行。③

这个法令具体规定了户绝之家的在室女、出嫁女不同的继承份额，同时赋予同居亲属、赘婿、义男、随母男等家族成员财产继承权。同居不及三年的户绝之家，由近亲属继承庄田并承担赋税。

元代，《通制条格》“户令·亲属分财”条记载赘婿可均分财产的案例，例如：

彰德路汤阴县军户王兴祖状告，至元三年，于本处薛老女家作舍

---

① 《大明令·户令》，载怀效锋点校：《大明律》附录，法律出版社1999年版，第241页。
② 张荣铮等点校：《大清律例》卷八《户律》，天津古籍出版社1993年版，第202页。
③ 徐松编：《宋会要辑稿》(12)，《食货六一·民产杂录》，上海古籍出版社2014年版，第7465页。

居女婿壹拾年，此时承替丈人应当军役，置到庄地宅院人口等物，有兄王福告作父祖家财均分等事。本部照得旧例：应分家财，若因官及随军或妻所得财物，不在分分之限。若将王兴祖随军梯己置到产业人口等物，令王兴祖依旧为主外，据父祖置到产业家财，与兄王福依例均分。①

又如：

有伯父召到养老女婿张威，将房舍地土昏赖，不令拾得为主。照勘得贾拾得不曾附籍。本部议得：张威虽于贾会首户下附籍，合将应有事产令侄贾拾得两停分张，同户当差。②

明代法律赋予爱继子双重继承权的同时，也赋予履行了养老送终义务的义男、女婿均分财产的权利。《大明令》"招婿"条规定：

凡招婿须凭媒妁，明立婚书，开写养老或出舍年限，止有一子者，不许出赘。如招养老女婿者，仍立同宗应继者一人，承奉祭祀，家产均分。如未立继身死，从族长依律议立。③

万历年间的《问刑条例·立嫡子违法条例》规定：

若义男、女婿为所后之亲喜悦者，听其相为依倚，不许继子并本生父母用计逼逐，仍依大明令分给财产。若无子之人家贫，听其卖产自赡。④

如明初洪武年间的一份分家阄书中，无子寡妇王阿许承夫分，由三个女儿及赘婿均分财产：

今将户下应有田山、陆地、屋宅、池塘、孳畜等物品搭，写立天、

① 《通制条格》卷第四，载杨一凡等主编：《中国珍稀法律典籍续编》第二册，黑龙江人民出版社2002年版，第421—422页。

② 《通制条格》卷第四，载杨一凡等主编：《中国珍稀法律典籍续编》第二册，黑龙江人民出版社2002年版，第421—422页。

③ 《大明令·户令》，载怀效锋点校：《大明律》附录，法律出版社1999年版，第241—242页。

④ 《问刑条例》，载怀效锋点校：《大明律》附录，法律出版社1999年版，第369—370页。

地、人三张，均分为三，各自收留管业。①

清代，《钦定户部则例》“继嗣”条规定：

义男女婿为所后之亲亲爱者，听其相为依倚，酌给财产。若招婿养老者，仍立同宗应继一人承奉宗祀，财产均分。②

可见，中国古代的财产继承制度，不仅关乎民间家庭实现田宅等家产的代际传承，而且事关国家实现基于家产之上的原户赋税差役。国家有效管理百家万民的财产继承，实质上是保护赋税差役不因继承不明而减少落空。

第三节 基于买卖取得的田宅所有权

买卖田宅是私人取得田宅所有权的重要途径和合法方式。随着私人对国家封赐土地的处分权逐步加大，国有田宅事实上成为个人私产，那么，土地私有权被社会所承认和法律所确立，是无法逆转的历史发展趋势。土地已具备私有财产的合法性质，产生私人土地所有制；土地私有权确立，导致土地所有权转移过渡到相对自由阶段。土地自由买卖，不仅成为社会的普遍现象，还使得土地所有权在法律上全面确立。随着商品经济的发展，买卖土地活动更加频繁，基于买卖契约而取得田宅所有权的法定方式得到很大发展，并日渐成为民间社会实践中最为重要的田宅交易方式。

先秦时期，随着周王室的衰微和诸侯国的崛起，周天子对于名下土地的控制权力逐渐减弱；与此同时，诸侯对于占有土地的实际控制日渐加强，取得完整的私有财产所有权。

① 张传玺主编：《中国历代契约会编考释》（中），北京大学出版社 1995 年版，第 1086—1088 页。

② 故宫博物院编：《钦定户部则例（乾隆四十六年）》第 1 册，卷四《户口门 · 直省户口下》，海南出版社 2000 年版，第 69 页。

公元前770年，周王室东迁，周平王将岐山之西赐给功臣秦襄公，“即有其地”①，首次正式确认了诸侯的私有土地所有权。田宅不得买卖的传统原则被打破，田土的交换、买卖在现实中时常发生，成为不可扭转的发展趋势。

西周中后期，交换田宅需要经过周王室同意和报告执政大臣核准，才能生效。《卫盉》记载，矩伯用“十三田”和裘卫交换瑾璋、赤琥等物，由伯邑父等大臣授田。《五祀卫鼎》记载，裘卫用“五田”与邦君厉换取“四田”，经过伯邑父等执政大臣核准后勘界授田。《九年卫鼎》记载，矩伯用“林晋里”与裘卫交换马车。

春秋时期，民众转移土地所有权更加自由，无须预先征求周天子同意，也不必上报执政大臣核准，只要双方合意，就可完成土地交易。如公元前715年，郑国与鲁国在不经过周天子同意的情况下自行交换土地。

战国时期，秦国商鞅变法，土地可以自由买卖，第一次从法律上完全确认和全面保护土地私有权。汉代董仲舒说：“至秦则不然，用商鞅之法，改帝王之制，除井田，民得卖买，富者田连仟伯，贫者亡立锥之地。”②土地私有权制度正式确立，法律也承认民间土地自由交易的合法性，尤其通过买卖取得田宅所有权的方式一时蔚然成风。

秦朝的土地买卖进一步发展，从民间存在关于土地买卖关系的契约可以得到印证。土地买卖契约直接反映了秦代现实生活中的土地交易情况和土地所有权转让。《二年律令·户律》规定国家赐予的田宅允许买卖、赠与：“欲益买宅，不比其宅者，勿许。为吏及宦皇帝，得买舍室。受田宅，予人若卖宅，不得更受。”③《二年律令·户律》规定，田宅买卖必须

① 司马迁：《史记》卷五《秦本纪》，中华书局2006年版，第29页。

② 班固：《汉书》卷二四上《食货志上》，中华书局2007年版，第162页。

③ 张家山二十七号汉墓竹简整理小组编著：《张家山汉墓竹简》［二十七号墓］，文物出版社2006年版，第53页。

履行“定籍”的过户程序，表示田宅所有权的合法转移。“代户、贸卖田宅，乡部、田啬夫、吏留弗为定籍，盈一日，罚金各二两。”①

在汉代社会中，买卖土地很普遍，成为个人获得私人土地所有权的主要途径。如《汉书·霍光传》记载：“去病大为中孺买田宅奴婢而去。”②《汉书·司马相如传》记载：“文君乃与相如归成都，买田宅，为富人……卓王孙喟然而叹，自以得使女尚司马长卿晚，乃厚分与其女财，与男等。”③汉代不仅民众购买、转卖田宅，而且皇帝也成为私有土地的买卖者。如汉成帝“置私田于民间，畜私奴车马于北宫。”④又如汉灵帝“又还河间买田宅，起第观。”⑤

魏晋南北朝时期，土地买卖同样是获得私人土地的主要来源。如《宋书·颜延之传》记载：“迁国子祭酒、司徒左长史，坐启买人田，不肯还直，尚书左丞荀赤松奏之曰：求田问舍，前贤所鄙。”⑥

隋唐时期，完全的私人土地所有权已经确立，土地所有者可以对私有土地行使完整的处分权，而不受非法干涉。土地田宅成为最重要的私有财产，同时也是国家征收赋税的最主要依据，更加受到国家法律的重视。《唐会要·杂税》记载：

> 四年六月，判度支、户部侍郎赵赞请置大田：天下田计其顷亩，官收十分之一。择其上腴，树桑环之，曰公田，公桑。自王公至于匹庶，差借其力，得谷丝以给国用。……除陌法：天下公私给与贸易，率一贯旧算二十，益加算为五十；给与他物，或两换者，约钱为率算之。市牙各给印纸，人有买卖，随自署记，翌日合算之；有自贸易，不用市牙

---

① 张家山二十七号汉墓竹简整理小组编著：《张家山汉墓竹简》[二十七号墓]，文物出版社2006年版，第53页。

② 班固：《汉书》卷六八《霍光传》，中华书局2007年版，第676页。

③ 班固：《汉书》卷五七《司马相如传》，中华书局2007年版，第572页。

④ 班固：《汉书》卷二七《五行志》，中华书局2007年版，第216页。

⑤ 范晔：《后汉书·宦者列传第六十八》。

⑥ 沈约：《宋书》卷七三《颜延之传》。

者,给其私簿;无私簿者,投状自集。①

唐宋法律规定,永业田可以自由买卖,但口分田不得买卖。《唐律疏议·户婚》"卖口分田"条规定:

诸卖口分田者,一亩笞十,二十亩加一等,罪止杖一百;地还本主,财没不追。即应合卖者,不用此律。

【疏】议曰:"口分田",谓计口受之,非永业及居住园宅。辄卖者,《礼》云"田里不鬻",谓受之于公,不得私自鬻卖,违者一亩笞十,二十亩加一等,罪止杖一百,卖一顷八十一亩即为罪止。地还本主,财没不追。"即应合卖者",谓永业田家贫卖供葬,及口分田卖充宅及碾硙、邸店之类,狭乡乐迁就宽者,准令并许卖之。其赐田欲卖者,亦不在禁限。其五品以上若勋官,永业地亦并听卖。故云"不用此律"。②

《宋刑统·户婚律》"卖口分及永业田"条对此有相同规定。③

唐宋法律对可以买卖、不得买卖的土地作出详细具体的划分。贵族官僚所受赐田、五品以上官员的官勋田、永业田可以自由买卖;而庶民只能在无资丧葬或迁移他乡的情况下,才允许出卖作为公田的永业田。原则上,民众对口分田并无处分权,禁止私自买卖。口分田只有在依法规定的几种特殊情况下才允许买卖:出卖永业田仍不足以供给丧葬费用,出卖口分田充作住宅、碾硙、邸店之用,自愿迁居宽乡等。在一定条件下,因迫不得已可以出卖口分田,但必须经过"投状申牒"的报官确认程序,否则不承认土地买卖的合法性,所谓"地还本主,财没不追"。

民众受之于公的口分田,本应还之于公。但唐代放宽归还口分田的条件,甚至允许有条件地永久占有。唐代民众对于口分田,无所有权之名,却有所有权之实。《通典·食货二》记载:

---

① 王溥:《唐会要》卷八四,上海古籍出版社 2006 年版,第 1830—1831 页。

② 钱大群:《唐律疏议新注》,南京师范大学出版社 2007 年版,第 411 页。

③ 窦仪等:《宋刑统校证》卷一二,岳纯之校订,北京大学出版社 2015 年版,第 171 页。

诸以工商为业者，永业口分田各减半给之，在狭乡者并不给。诸因王事没落外藩不还，有亲属同居，其身分之地，六年乃追。身还之日，随便先给。即身死王事者，其子孙虽未成丁，身分地勿追。其因战伤及笃疾废疾者，亦不追减，听终其身也。诸田不得贴赁及质，违者财没不追，地还本主。若从远役外任，无人守业者，听贴赁及质。其官人永业田及赐田，欲卖及贴赁者，皆不在禁限。诸给口分田，务从便近，不得隔越。①

可见，民众因王事而失踪的，其名下的永业田、口分田，可由其同居亲属占有六年后再归公，或依旧给授还乡原主。民众因王事而身亡或残疾的，所受之田均由其子孙或本人终身占有，不必在成为60岁的老男时将一半口分田追回给国家。

唐宋法律不仅限制土地卖方，还限制土地买方。法律对于买地一方规定最高限额，使得买田不是完全放任的，不能超过均田制的受田份额。《通典·食货二》记载：

诸庶人有身死家贫无以供葬者，听卖永业田，即流移者亦如之。乐迁就宽乡者，并听卖口分。【卖充住宅、邸店、碾硙者，虽非乐迁，亦听私卖。】诸买地者，不得过本制，虽居狭乡，亦听依宽制，其卖者不得更请。②

法律严格限定买田数额，有利于抑制土地兼并，在一定程度上维护了自耕农的利益。

隋唐实行土地国有制，土地由国家直接控制，民众非经国家同意不得私自买卖。因此，法律规定少量允许买卖的永业田或口分田，都要经过"投状申牒"的程序，必须先申请当地官府的批准，经官府发给文牒后才允许交易。《通典·食货二》记载："凡卖买，皆须经所部官司申牒，年终

---

① 杜佑：《通典》(一)，卷第二，《食货二·田制下》，中华书局1988年版，第31—32页。
② 杜佑：《通典》(一)，卷第二，《食货二·田制下》，中华书局1988年版，第31页。

彼此除附。若无文牒辄卖买,财没不追,地还本主。”①同时,法律严格规范买卖田宅行为,要求必须立契,并经官府“过契”且加盖官印,才发生法律效力;相反,无文牒属于私自买卖,订立的私契不生效。《隋书·食货志》记载:

晋自过江,凡货卖奴婢马牛田宅,有文券,率钱一万,输估四百入官,卖者三百,买者一百。无文券者,随物所堪,亦百分收四,名为散估。历宋齐梁陈,如此以为常。以此人竞商贩,不为田业,故使均输,欲为惩励。虽以此为辞,其实利在侵削。②

买卖田宅需要核验文券、征收契税,则转移土地所有权的效力得到官府确认和法律承认。凡经双方“和同立券”和官府过券买卖的田宅,买地者的所有权当然受到法律保护,不得由任何人非法盗卖或主张权利,该违法后果均由卖地者承担。法律规定不得盗卖国有或私有土地,并专设专门的管理机构进行管控,对违法交易行为进行严惩。《唐律疏议·户婚》“妄认及盗贸卖公私田”条规定:

诸妄认公私田,若盗贸、卖者,一亩以下笞五十,五亩加一等;过杖一百,十亩加一等,罪止徒二年。

【疏】议曰:妄认公私之田,称为己地,若私窃贸易,或盗卖与人者,“一亩以下笞五十,五亩加一等”,二十五亩有余,杖一百。……依令:“田无文牒,辄卖买者,财没不追,苗子及买地之财并入地主。”③

宋承唐制,立法规定土地交易也要“投状申牒”。《宋刑统·户婚律》“典卖指当论竞物业”条规定:

【准】杂令:诸家长在,而子孙弟侄等不得辄以奴婢、六畜、田宅及余财物私自质举,及卖田宅。其有质举、卖者,皆得本司文牒,然后

---

① 杜佑:《通典》(一),卷第二,《食货二·田制下》,中华书局1988年版,第31页。

② 魏征等:《隋书》卷二四《食货》,中华书局1973年版,第689页。

③ 钱大群:《唐律疏议新注》卷一三,南京师范大学出版社2007年版,第416—417页。

听之。若不相本问，违而辄与及买者，物即还主，钱没不追。

臣等参详：应典卖物业或指名质举，须是家主尊长对钱主或钱主亲信人当面署押契帖，或妇女难于面对者，须隔帘幕亲闻商量，方成交易。如家主尊长在外，不计远近，并须依此。若隔在化外及阻隔兵戈，即须州县相度事理，给与凭由，方许商量交易。如是卑幼骨肉蒙昧尊长，专擅典卖、质举、倚当，或伪署尊长姓名，其卑幼及牙保引致人等，并当重断，钱、业各还两主，其钱已经卑幼破用，无可征偿者，不在更于家主尊长处征理之限。应田宅、物业，虽是骨肉，不合有分，辄将典卖者，准盗论，从律处分。①

根据《宋刑统·户婚律》“占盗侵夺公私田”条的规定，土地交易不经过“投状申牒”程序，视为盗卖田地的违法行为，对于盗卖者处以田宅没官的处罚。

诸妄认公私田若盗贸卖者，一亩以下笞五十，五亩加一等，过杖一百，十亩加一等，罪止徒二年。【疏议曰】：妄认公私之田称为己地，若私窃贸易或盗卖与人者，一亩以下笞五十，五亩加一等，二十五亩有余杖一百。……依令，田无文牒辄卖买者，财没不追，苗、子及买地之财并入地主。②

然而，在民间实践中，土地交易已经相当自由，国家也不限制土地的交易流转。田宅交易一般由牙人作为中见人，以阄书或砧基作为所有权的合法凭证，经双方合意进行土地买卖，并到官府过割税赋和投印，即完成土地所有权的合法转移。如《袁氏世范》记载：

人户交易，当先凭牙家，索取阄书砧基，指出丘段园号，就问见佃人，有无界至交加，典卖重叠，次问其所亲，有无应分人，出外未回，及在卑幼，未经分析。或系弃产，必问其初，应与不应受弃。或寡妇卑子，执凭交易，必问其初，曾与不曾勘会。如系转典卖，则必问其元

① 窦仪等：《宋刑统校证》卷一三，岳纯之校订，北京大学出版社 2015 年版，第 175 页。
② 窦仪等：《宋刑统校证》卷一三，岳纯之校订，北京大学出版社 2015 年版，第 173 页。

契，已未投印，有无诸般违碍，方可立契，如有寡妇幼子，应押契人，必令人亲见其押字。如价贯年月，四至亩角，必即书填。应债负货物不可用，必支见钱，取钱必有处所，担钱人必有姓名，已成契后，必即投印，虑有交易在后，而投印在前者，已印契后必即离业。虑有交易在后，而管业在前者，已离业后必即割税。①

如宋代案例"王九诉伯王四占去田产"：

王九状论王四擅卖本户田产，欺谩卑幼。今索到游旦元买契，系是王九父王昕着押，开禧元年交易，次年投印分明。准法：诸理诉田宅，而契要不明，过二十年，钱主或业主死者，不得受理。今业主已亡，而印契亦经十五年，纵曰交易不明，亦不在受理之数。田照元契为业，余人并放。②

土地买卖契约反映了宋代民间土地买卖普遍的实况。买卖契约是土地交换的合法凭证，表明土地所有权的合法转让。如《北宋太平兴国九年安喜县马隐父子卖坟地券》：

安喜县□□□□□□园住人马隐、安琼、男安

嗣、男安化，同立契，情愿卖自己地庄西南约□□

道南桑园地。其地东西□二十□步，南北二十四步。

其地马隐等情愿□石进□，永充为坟地。

石进及子孙为主。□有上坟□□□□□□

有别人(忓)〔忏〕悋，并是卖地人马隐□□□

自管(知)〔支〕当，不〔涉〕石〔进之事〕。准得价银四贯伍伯。过

契文□并足。官有政法，不取私约为定。太平兴

国九年十一月四日。情愿卖坟地人马隐，同卖地人安琼、

① 袁采：《袁氏世范》卷三《田产宜早印契割产》。

② 中国社会科学院历史研究所、宋辽金元史研究室点校：《名公书判清明集》卷四《户婚门·争业上·王九诉伯王四占去田产》，中华书局1987年版，第106—107页。

同卖地人男安嗣、同卖地人衙推□尧。①

又如《南宋景定元年祁门县徐胜宗卖山地契》：

义成都徐胜宗自，分得土名

字　百玖拾九壹亩，东止

上至降，下止田；西止李子宣高坵田，止

南至田。今无钱支用，愿将前项四至内山地、地上杉苗

尽行出卖归仁都胡应元名下。三面(伻)〔评〕议价钱拾

捌界官会叁拾叁贯文省。其钱当立契日一并交收

足讫，更不契后立领帖，只凭契为明。今从出卖之后，

一任买主闻官割税，收苗管业。如有四(止)〔至〕不明，及内外

人占(兰)〔拦〕，并是卖产人(祇)〔支〕当，不及买之事。今恐人

心无信，立此断卖山地私苗为契为照。景定

元年正月十五日徐胜宗(押)

母亲阿朱花押(押)②

随着两税法的实施，于个人而言，土地买卖是转移土地所有权的重要方式，因此需要买卖双方订立市券，作为产权确认的凭证；于国家而言，土地买卖是事关国家财政收入的重要交易，因此需要经由官府过契，重新确定该土地赋税的承担者。土地买卖必须向官府申报，经过投税过割的程序，实质上是将土地所有权利和承担赋税义务一并转移给买地者。

土地买卖、财产转移、产权流转直接影响到社会秩序的稳定。因此，国家加强对于民间土地交易的管理。土地买卖不仅仅是买卖双方的私人行为，更重要的是涉及社会管理和国家税收，具有国家干预的必要性。

① 张传玺主编:《中国历代契约会编考释》(上)，北京大学出版社 1995 年版，第 606 页。

② 张传玺主编:《中国历代契约会编考释》(上)，北京大学出版社 1995 年版，第 537—538 页。

掌管市司的官吏对登记核准的市券负有法律责任。国家通过报官批准和投税过割的必经程序，对民间土地交易进行统一调控，对土地所有权关系进行统一调整，既保证市场经济的正常运行，又维持社会秩序的安定和谐。

宋代，官田私田化发展，官田出卖成为官田所有权转移的主要方式。在高度发展的商品经济刺激下，大量官田下放为民田，通过"实封投状"的方式有偿卖给私人地主或个体小农，由价高者取得田宅所有权，实现了国有土地所有权向私人土地所有权的转化。《宋会要辑稿·食货》记载：

> 诸路州县七色依条限合卖官舍，及不系出卖田舍，并委逐路提刑司措置出卖。州委知州，县委知县，令取见元管数目，比仿邻近田亩所取租课及屋宇价直，量度适中钱数出榜，限一月召人实封投状承买。限满拆封，给着价最高之人。其价钱并限一月送纳。候纳足日，交割田舍，依旧起纳税赋。仍具最高钱数，先次取问见佃赁人愿与不愿依价承买。限五日供具回报。若系佃赁及三十年已上，即于价钱上以十分为率，与减二分价钱，限六十日送纳。①

宋代打破官田国有化的传统，实现了官田私有化的突破，顺应了商品经济高度发展的时代要求，是私人土地所有制的重大进步。官田摆脱了国家的严密限制，在自由买卖和频繁流转的过程中增强了活力，促使土地的价值得到开发，增加经济效益。

国有土地通过"实封投状"价高者得这种公平竞争方式，赋予官僚地主特权阶层与庶民非特权阶层同等的权利获得土地所有权，在机会均等、程序公开、结果公正的土地交易中实现了经济秩序的自由平等。《宋会要辑稿》记载：

> 宅舍亦间具新旧、间架、丈尺阔狭、城市乡村等紧慢去处，并量度

---

① 徐松编纂：《宋会要辑稿》(12)，《食货六一·官产杂录》，上海古籍出版社 2014 年版，第 7436 页。

> 适中估价，务要公当，不致亏损公私。如拘收没官、户绝有畜产、什物，亦仰所委官取见诣实，开具估价出卖。州委知、通、县委令、佐。如有荒田地多年不曾耕垦者，与买人免纳二年四科税赋。①

官田买卖的自由竞争经济手段，在一定程度上削弱了国家势力垄断土地交易市场的不公平、不合理之处，体现了封建等级秩序中的相对身份平等。官田往往被官僚贵族、地主豪强侵占，而通过“实封投状”出卖或出租官田，抛弃过去依照官品高低或户等高低的均田制度，将特权阶层与非特权阶层置于机会均等的同等竞争者地位。这对传统的等级身份制度形成一定的冲击，营造了相对自由、平等、公平的社会经济秩序。

官田下放到民间实现私田化，具有激活小农经济发展的优越性。官田大量转化为民田，使得无地农民取得土地所有权，有利于提高封建小农的生产积极性。个体小农在土地经营上自主投入更多的资金，充分实现官田的最大价值，从而进一步提高经济效益和增加国家财政收入。《宋会要辑稿·食货》记载：

> 诸路委漕臣一员，将管下应干系官田土，并行措置出卖。仰各随土俗所宜，究心措置，出暝晓示。限一月召人实封投状请买。仍置印历，抄上承买人户先后资次、姓名。限满，当本官厅拆状，区画所著价最高之人。②

官田转化为私田后，官府不再过多地限制和干预国有土地的经营，而个人完全取得土地所有权，自然在土地使用中改进生产技术，改善土地经营管理。私人自主经营、自负盈亏，促使土地交易更加灵活变通，图求土地最高效益和个人生存发展，从而进一步刺激了商品经济的飞跃发展，促

① 徐松编纂：《宋会要辑稿》(12)，《食货六一·官产杂录》，上海古籍出版社 2014 年版，第 7441 页。

② 徐松编纂：《宋会要辑稿》(12)，《食货六一·民产杂录》，上海古籍出版社 2014 年版，第 7465 页。

进了小农经济的稳定巩固。

元代买卖土地很常见，买卖契约中随处可见“永远管业”“自行管业”①的说法，是通过买卖可以取得田宅所有权的明证。《通制条格》“田令·异代地土”记载：

大德六年正月，中书省陕西行省咨：安西路僧人惠从告李玉将本寺正隆二年建立石碑内常住地土佔种。照得见争地土，即系异代碑文志记亩数，似难凭准。若蒙照依定例革拨，将地凭契断付李玉为主相应。礼部照得：李玉凭牙于贾玉处用价立契，收买上项地土，经今贰拾余年，又经异代，合准陕西行省所拟。都省准呈。②

官府处理田宅争产纠纷，通过合法的买卖契约确定田宅所有权人，保护私人的财产权利。

元代买卖田宅，相比宋代买卖田宅无须先经官审批的完全自由化，又恢复了唐代以前的投状申牒程序，要求必须经由官给公据，才可以开始进行买卖。元代田宅买卖更加规范化、法律化，同样要经过以下几个法定程序：官给公据、明立问账、立契成交、投税过割。《元典章》“违法成交田土”条规定：

照得先为湖广省咨岳州路王同知出典田土不给公据，违法成交，罪经原免，追没一节，依例革拨，仍令钱、业各归本主。③

可见，庶民先向官府呈请买卖田宅，再由官府发给公据，才能确认所有权和处分权。否则，违法交易田土，要受到没官还主的处罚。《通制条格》“田令·典卖田产事例”规定：

大德七年五月，中书省户部呈：诸私相贸易田宅即与货卖无异，

---

① 张传玺主编：《中国历代契约会编考释》，北京大学出版社 1995 年版，第 548、550 页。

② 《通制条格》卷一六，载杨一凡等主编：《中国珍稀法律典籍续编》第二册，黑龙江人民出版社 2002 年版，第 549 页。

③ 陈高华等点校：《元典章》卷一九《户部·田宅·典卖》，天津古籍出版社 2011 年版，第 704 页。

拟合给据令房亲邻人画字估价,立契成交。都省准呈。①

如《元延祐二年徽州胡显卿卖山地契》部分抄录如下:

> 今从出卖之后,一任买主自行管业收苗受税。其山如有家外人占拦,并是卖山(祇)〔抵〕当,不及买主(祇)〔之〕事,所有上手赤契,壹并缴付。今恐无凭,立此卖契文书为用者。②

又如《元延祐二年徽州李梅孙卖山白契》部分抄录如下:

> 今为无钞支用,情愿将前项四至内山合得山地并地内大小杉苗尽行立契出卖与本都李延检名下。三面评议时值价中宝钞玖百伍拾贯。其钞当日交足无欠,契后别不立领。其山今从卖后,一任受产主收苗永远管业。③

通过立契作为田宅买卖合法的凭证,保护买方的田宅所有权,避免日后再生讼端。卖契和公据一同交付买主收执,此后田宅由买主自行管业,其所有权不受他人干涉。

元代法律与历代一样规定,田宅买卖必须投税过割,才算生效结束。田土、房宅的买卖契约经官印税后,确认交易合法有效,则为红契,否则为白契。如以下田宅买卖的投税过割例子。

例一,《元延祐二年祈门县务付李教谕买山田税给》:

> 皇帝圣旨里,徽州路祈门县务
> 今据李教谕赍文契壹纸,
> 用价钱中统钞壹拾叁锭,
> 买受汪子先夏山、次不及田,赴
> 务投税讫。所有契凭。须

① 《通制条格》卷一六,载杨一凡等主编:《中国珍稀法律典籍续编》第二册,黑龙江人民出版社 2002 年版,第 546—547 页。

② 张传玺主编:《中国历代契约会编考释》(上),北京大学出版社 1995 年版,第 550—551 页。

③ 张传玺主编:《中国历代契约会编考释》(上),北京大学出版社 1995 年版,第 552 页。

至出给者。

右付本人收执。准此

廷祐二年七月　日(押)①

例二,《元贞二年龙源汪必招卖荒地白契》部分抄录如下:

今凭中立契出卖与汪名前去为业。当日三面议时值价(文)〔纹〕银壹两整,在手足讫。其价契当日两明。未卖之先,并无重互交易。来历不明,壹并自理,不干买人之事。所有税粮随契推扒供解,再不复立推单。②

田宅买卖赴务投税,由官府验价收税、加盖官印、过户割粮,有利于官府监管民间田宅的流转交易,尽量减少产权不明的民事纠纷。

明代立法规定买卖田宅须明立文契,保护私人所有权。买卖契约是确定田宅所有权的法律凭证,也是处理田土纠纷的重要依据,还是缴纳赋税的主要根据。《教民榜文》规定:

乡里人民,或有生理不前,家道消乏,因遇非灾横祸,缺少用度,不得已要将父祖所置田地产业变卖者,许其明立文契,从便出卖。里邻亲属合该画字,不许把持刁蹬,措索财物酒食。违者,治罪。③

成化定例规定:

仍行严加禁约,今后军民田地,除典当者许令收赎,其余明卖买,(卖)〔买〕有(买)〔卖〕人亲书画字契约可验者,即照契约断给。不许偏听虚词,展转罗(氏)〔织〕,违者一体治罪。如此,庶几争端可杜而讼简矣。④

---

① 张传玺主编:《中国历代契约会编考释》(上),北京大学出版社1995年版,第551页。

② 张传玺主编:《中国历代契约会编考释》(上),北京大学出版社1995年版,第546页。

③ 《教民榜文》,载杨一凡点校:《皇明制书》第二册,社会科学文献出版社2013年版,第732页。

④ 戴金:《皇明条法事类纂》卷十三《户部类·典卖田宅·禁约纷争田产例》,载刘海年等主编:《中国珍稀法律典籍集成》乙编第四册,科学出版社1994年版,第551—552页。

明代田宅买卖也要求缴纳税契和过割，表明田宅所有权的合法转移。《大明令·户令》“田宅契本”规定：

凡买卖田宅、头疋，务赴投税。除正课外，每契本一纸，纳工本铜钱四十文，余外不许多取。①

明代土地买卖的过割程序，清楚地登记在黄册上，减少产权不明的纠纷。《明会典·户部四》“田土”条规定：

二十六年定，凡各州县田土，必须开豁各户若干，及条段四至。系官田者，照依官田则例起科；系民田者，照依民田则例征敛。务要编入黄册，以凭征收税粮。如有出卖，其买者，听令增收；卖者，即当过割，不许洒派诡寄。犯者，律有常宪。②

田宅买卖纳税入官，由官给红印，则该所有权的转移合法有效。如《明万历二十九年休宁县江仲炎卖山地白契》所言：

今将四至明白，凭中尽行出卖与七都一图黄正初名下为业。三面议定价纹银肆两贰钱正。其银当日收足；其地听凭买人日下管业。其税候册年起割入户支解。倘有内外人等异说，俱系卖人承当，不干买人之事。今恐无凭，立此卖契为照。③

又如《明万历二十九年祁门县吴孟荣等卖地红契》写道：

所有税粮，今当大造，随即起割入户供解。其价银本边五大房入永兴会生利拜扫之用。恐后无凭，立此卖契为照。④

通过过割程序，实现田宅所有权从卖户转移到买户的过户，同时也实现纳税义务的割粮，将田宅有关的全部权利和义务一并交付给新主。如明代判牍“管田认粮”：

① 《大明令·户令》，载怀效锋点校：《大明律》附录，法律出版社1999年版，第242页。
② 申时行等：《明会典》卷一七，中华书局1989年版，第112页。
③ 张传玺主编：《中国历代契约会编考释》(中)，北京大学出版社1995年版，第917页。
④ 张传玺主编：《中国历代契约会编考释》(中)，北京大学出版社1995年版，第918—919页。

抵价原三十五两，续借银二十两，彼不必论子钱，此不必论粒息，统作买价，割原田而归五宝，认粮入户，以息争竞。不犹愈于挟空质而费齿舌哉！①

明代法律规定买卖关系的税契和过割的必经程序，调整私人所有权的转移。《明史·职官志》记载："凡民间贸田宅，必操券请印，乃得收户，则征其直百之三。"②

清代法律禁止买卖或典卖官田、军队屯田、官赐祭田，对盗卖、换易以及冒认官田宅者给予刑罚处罚。《大清律例》"田宅·盗卖田宅"规定：

凡盗、[他人田宅]，卖、[将已不堪田宅]换易及冒认[他人田宅作自己者]，若虚[写价]钱实[立文]契，典卖及侵占他人田宅者，田一亩、屋一间以下，笞五十，每田五亩屋三间加一等，罪止杖八十徒二年。系官[田宅]者各加二等。若强占官民山场、湖泊、茶园、芦荡及金、银、铜、锡、铁冶者，[不计亩数]杖一百，流三千里。若将互争[不明]及他人田产妄作己业，朦胧投献官豪势要之人，与者、受者，各杖一百，徒三年。[盗卖与投献等项]田产及盗卖过田价并[各项田产中]递年所得花利，各[应还官者]，还官，[应给主者]，给主。若功臣有犯者，照律拟罪，奏请定夺。③

但是，田宅自由买卖是无法人为阻止的客观发展需求。民众买卖官田宅，假借断卸的形式，却是绝卖的事实。断卸契约注明准许回赎，却不允许因无绝卖字样而主张回赎，事实上与绝卖无异。《大清会典·八旗都统》"田宅"条规定：

凡授宅之法，始定八旗界止、方位，授宅分居。厥后户口繁滋，视里衖隙地及市廛废业有愿售者，动支公帑买建官房，给贫乏旗人栖

---

① 苏茂相：《新镌官板律例临民宝镜》卷八《产业类审语·管田认粮》，载杨一凡等主编：《历代判例判牍》第四册，中国社会科学出版社 2005 年版，第 233 页。

② 张廷玉等：《明史》（第五册），卷七五《职官四·税课司》，中华书局 1974 年版，第 1492 页。

③ 张荣铮等点校：《大清律例》卷九《户律》，天津古籍出版社 1993 年版，第 208 页。

止。得房私售者，论。〇调旗官兵准住原分旗界，有愿买宅迁居者，听。愿自筑室者，给以本旗官地。索伦达虎里、厄鲁特等部落新附官兵移家来京者，按所分旗界，动支公帑买屋授居，无出售之屋，行工部建筑。

凡承买入官房地交价领买者，银输户部库，即咨该旗行两翼给以印照，以俸抵者，分五限。完日行两翼给照，皆免输税。托名领买转售图利及拆毁者，禁。如房地原系典契限一年内命原业领赎，或以俸扣抵。不愿者，听。①

可见，官田宅不得买卖的禁令在实际生活中形同废止。民人只要纳税过割，可以购买军屯。

清代田宅买卖契约有绝卖和非绝卖的区别。契约应写明“绝卖”或“绝卖永不回赎”字样，表明所有权的完全转移，与可回赎的“活卖”“典卖”区分开来。乾隆年间条例有“绝卖永不回赎”的字样。

买卖田宅必须投税过割，否则处以刑罚。买卖田宅作为重要的交易活动，必须呈官盖印，赴官纳税，取得“红契”这种合法买卖契约。红契是确认土地所有权的官方依据，也是所有权人请求官府保护权利的法定凭证。

《户部则例·田赋》规定：

一、凡民间置买田房于立契之后限一年内，呈明纳税。倘有逾限不报者，照例究追，令各督抚刊刻告示饬发所属，遍贴城乡，使愚民咸知例禁。

一、凡置买田房不赴官纳税请黏契尾者，即行治罪，并追契价一半入官。仍令照例补纳正税。州县侵肥税银、止于契纸钤印不黏给契尾者，严參治罪。如系活契典当田房、契载在十年以内者，概不纳税。十年以后原业无力回赎，听典主执业。转典其有于典契内多载

① 允祹等:《大清会典》卷九五，杨一凡、宋北平主编，李春光校点，凤凰出版社 2018 年版，第 537 页。

年分者，查出治罪，仍追交税银。若先典后买，按典买两契银两实数科税。①

第四节　基于典卖取得的田宅所有权

典卖是中国古代田宅所有权取得的重要方式之一。随着私田的大量出现和私有财产的频繁流通，田宅交易中基于典卖而取得所有权也就应运而生。

典权是中国古代特有的制度，滥觞于土地可以自由买卖的秦汉时期，发展于土地所有权流转加快的唐宋时期，成熟于土地买卖更加频繁的明清时期。在典卖不动产的关系中，存在出典人与典权人双方。出典人将自己所有的田宅等不动产以低价典卖给典权人，收受典价，并保留典期届满后收回典物的回赎权和所有权；典权人支付典价后，对典物行使占有、使用、收益的权利，至典期结束时出典人无力回赎，则享有优先购买权和取得所有权。

北齐称典卖为“贴卖”②，并通过法律手段规制民间典卖田宅的行为。

唐代典权制度更进一步发展。唐初，典权受到限制，土地出典也受到法律的禁止。法律规定口分田不得典卖，即不得贴赁，归国家所有。同时，法律又规定，因远役、赴外就任而无人守业的田宅，允许典卖或质押，官员的永业田和赐田也允许买卖或典当。唐开元二十五年（737）田令规定：“诸田不得贴赁及质。”③

《天一阁藏明钞本天圣令》卷二一《田令》规定：

诸田不得贴赁及质，违者财没不追，地还本主。若从还役外任，无人守业者，听贴任（赁）及质。其官人永业田及赐田欲卖及贴赁、

---

① 《户部则例》卷一〇《田赋》。

② 杜佑：《通典·宁孝王关东风俗传》。

③ ［日］仁井田陞著：《唐令拾遗》，栗劲等编译，长春出版社1989年版，第564页。

质者,不在禁限。

随着均田制瓦解,立法禁令不能阻止土地典卖的趋势。法律承认民间典卖土地的合法性,由典权人承担原主的户税,以投税过割的法定程序来默认所有权转移的合法权利。唐代敕令规定:“应赐王公、公主、百官等庄宅、碾硙、店铺、车坊、园林等,一任贴典货卖,其所缘税役,便令府县收管。”①唐穆宗长庆元年(821)敕令重申:“应天下典人庄田园店,便合祇承户税,本主赎日,不得更引令式,云依私契征理,以组织贫人。”②随着两税法的实现,官府向典权人征收所典土地的户税,承认民间典卖土地的合法性,有效避免因典主无力交税而国家赋税锐减,确保国家赋税征派的实现。

宋代,私人土地所有制普遍建立,土地流通自由、田宅交易频繁,更加促进典权制度的发展完善。民间社会出现“一田两主”“一田三主”的现象,土地被分割成“田根”“田骨”和“田皮”“田面”,由典卖人和典权人分享土地权利。土地所有权由过去的单一形式演变成多种形式,形成土地所有权的分享状态。

典权人对出典田宅享有占有权、使用权和收益权,但没有所有权。在典当关系存续期间,出典人依旧保留田宅的所有权和回赎权。典权人有权将典产再次出租、出典。在约定典期结束时,出典人可以赎回出典田宅;若出典人无力回赎,典权人享有先买权,可以通过投税过割程序买得典产,取得田宅所有权。典卖关系超过回赎期限,出典人可以赎回典产,继续保有田宅所有权;也可以将田宅卖与典主或外人,永久失去田宅所有权,但不得重复典卖或随时强赎典产。

对于典卖的田宅,宋代法律规定了时效,保护现存的买卖关系。十年之内,原主可以要求返还典卖的共有田产;十年之后,原主无权要求返还原产,但可以要求典卖人偿还价格;十年后典卖人死亡或超过二十年,原

---

① 刘昫等:《旧唐书》卷一五《本纪第十五》。

② 李昉等编:《文苑英华》卷四二六。

主彻底丧失田宅所有权，无权请求法律保护。《宋刑统·杂律》“受寄财物辄费用”条规定：

【准】唐长庆四年三月三日制节文：契不分明，争端斯起，况年岁寖远，案验无由，莫能辨明，祇取烦弊。百姓所经台、府、州、县论理远年债负，事在三十年以前，而主、保经逃亡，无证据，空有契书者，一切不须为理。①

典权的最长期限一般为30年，对于超过30年的典权法律不予保护。法律维护现存的典卖关系，保护现典人的合法权利。

对于家族共有财产，善意得产人经过十年及以上，可以取得所购买的田宅所有权；而私自出卖共有财产的违法者无权收回田宅，须将卖得钱财与其他共有者均分。如宋代判词：“在法：诸同居卑幼私辄典卖田地，在五年内者，听尊长理诉。又诸祖父母、父母已亡，而典卖众分田地，私辄费用者，准分法追还，令原典卖人还价，即满十年者免追，止偿其价。”②守护祖宗基业，保存家族公产，是每个子孙的共同义务。子孙世世代代永当保守家产，不得变卖破荡，否则是得罪祖先的家族罪人，要受到不孝罪的处罚。而典卖这种变通方式，既为封建小农提供了继续存活的喘息机会，以暂时的典价满足生活急需；又以回赎权规避了变卖祖业的违法性，为出于生活所迫而一时典卖祖业的子孙提供了合理理由。如宋代案例“正典既子母通知不得谓之违法”：

惟绝卖不批支书，其绝契中已自射破，而卢氏独凭此罅隙，便谓其子违法断骨，而已不知情。所谓违法之事，世或有之，须至子弟不肖破荡，然后私自典卖，不使父母闻知。今正典系母子通知，而绝卖乃独诿其子，绝卖已及一年，初无词说，而其子死方一月，便发此词，

---

① 窦仪等：《宋刑统校证》卷二六，岳纯之校订，北京大学出版社2015年版，第350—351页。

② 中国社会科学院历史研究所、宋辽金元史研究室点校：《名公书判清明集》卷六《争屋业·叔侄争》，中华书局1987年版，第189—190页。

情可见矣。更下编录司，呈条取见批典不批绝，有无不成交易，以凭施行。①

由于回赎权的存在，子孙一直保有田宅的所有权，巧妙地模糊了子孙败家的不孝和隐蔽了丧失祖业的违法。

宋代商品经济高度发达，土地私有制完全确立，田宅交易迅速发展，土地所有权转移呈现突破性进展。在此背景下，一方面，国家放宽限制，简化买卖契约形式和“投状申牒”程序，高度适应财产交易自由发展；另一方面，国家又加强管理，强制典卖田宅经官过割和税契加印程序，有效抑制财产流转的频繁失控。

民间典卖田宅须经官府批准。国家法律规定典卖或质押田宅都必须用官制契本，并经官税印，保护典权和质权。《宋会要辑稿·食货》记载：

欲乞今后应有人户典业，并与钱主同赴官，请买正契并合同契，一般书填所典田宅、交易钱数、年限，责付正身当官收领。如田主印契出违条，即自依没官条法外，若辄行计会，擅领合同契，许业主陈告，究实即给还元典田宅，不成交易，仍从重断罪。②

典卖田宅以官府统一印制的正契、合同契为转移所有权的合法手续，否则私立契约，视为无效。如宋代案例“孤女赎父田”：

切惟官司理断典卖田地之讼，法当以契书为主，而所执契书又当明辨其真伪，则无遁情。惟本县但以契书为可凭，而不知契之真伪尤当辨，此所以固士壬执留之心，而激应龙纷纭之争也。今索到戴士壬原典卖俞梁田契，唤上书铺，当厅辨验，典于开禧，卖于绍

① 中国社会科学院历史研究所、宋辽金元史研究室点校：《名公书判清明集》卷九《户婚门·违法交易·正典既子母通知不得谓之违法》，中华书局1987年版，第299—300页。

② 徐松编纂：《宋会要辑稿》(12)，《食货六一·民产杂录》，上海古籍出版社2018年版，第7471—7472页。

定,俞梁书押,夐出两手,笔迹显然,典契是真,卖契是伪,三尺童子不可欺也。①

又如宋代案例"吕文定诉吕宾占据田产":

今索到干照,系吕文先嘉定十二年典与吕宾,十三年八月投印,契要分明,难以作占据昏赖。傥果是假伪,自立卖契,岂应更典。县尉所断,已得允当。但所典田产,吕文定系是连分人,未曾着押,合听收赎为业,当元未曾开说,所以有词。当厅读示,给断由为据,仍申照会。②

可见,宋代地方官确认田宅所有权的合法依据是书契,有利于减少买卖田宅的纠纷。《宋会要辑稿》记载:

旧来臣寮申请,乞今后人户典卖田产,若契内不开顷亩、间架、四邻所至、税租役钱,立契业主、邻人、牙保、写契人书字,并依违法典卖田宅断罪,难以革绝交易不明、致生词讼之弊;不对批凿砧基簿,难以杜绝减落税钱及产去税存之弊。③

通过"过割"程序,卖主的租税赋役,随着土地所有权的转移而过割给买主,使得买主取得土地所有权的同时,也承担租税劳役的义务。宋代法律规定,买卖田宅必须要双方到官府随产过割赋税,除免旧契,订立新契,避免因不予过割、产去税存而使国家利益大大受损,严重影响朝廷财政收入。

通过"税契"程序,典卖人在过割税役后,到官府缴纳契税和牙契税钱,由官府加盖红印成为红契,使得田宅典卖正式合法化。《宋会要辑稿》记载:

---

① 中国社会科学院历史研究所、宋辽金元史研究室点校:《名公书判清明集》卷九《户婚门·取赎·孤女赎父田》,中华书局1987年版,第315—317页。

② 中国社会科学院历史研究所、宋辽金元史研究室点校:《名公书判清明集》卷四《户婚门·争业上·吕文定诉吕宾占据田产》,中华书局1987年版,第106页。

③ 徐松编纂:《宋会要辑稿》(12),《食货六一·民产杂录》,上海古籍出版社2018年版,第7473页。

比年以来，富家大室典买田宅，多不以时税契，有司欲为过割，无由稽察。乞明诏有司，应民间交易，并令先次过割而后税契，如不先经过割，即不许人户投税。①

法律对典卖田宅而不过割和税契的逃避税役行为，严厉处罚。《宋刑统·杂律》“受寄财物辄费用”条规定：

又条：诸公私以财物出举者，任依私契，官不为理。每月取利不得过六分，积日虽多，不得过一倍。若官物及公廨本利停讫，每计过五十日不送尽者，余本生利如初，不得更过一倍。家资尽者，役身折酬。役通取户内男口，又不得回利为本。若违法积利、契外掣夺及非出息之债者，官为理。收质者，非对物主，不得辄卖。若计利过本不赎，听告市司对卖，有剩还之。如负债者逃，保人代偿。

又条：诸出举，两情和同，私契取利过正条者，任人纠告，本及利物并入纠人。②

田宅买卖要求必须经官司投印，以防止减少税收和产去税存的弊端。《宋会要辑稿·食货》记载：

诸路州军人户，欲自今应典卖田宅，并赍元租契赴官，随产割税，对立新契。其旧契便行批凿除豁，官为印押。本县户口等第簿亦仰随时销注，以绝产去税存之弊。③

凡不依法投税和过割赋税的田宅买卖，视为违法。田宅所有权的转移必须合法，有利于私人土地所有制在国家控制范围内平稳发展。

元代典卖田宅，双方订立典契，并赴官投税。这样双重保障，防止典卖年久，将典契改作卖契，将典卖的活业当作绝卖，引起田宅所有权纠纷。

---

① 徐松编纂：《宋会要辑稿》（12），《食货六一·民产杂录》，上海古籍出版社 2018 年版，第 7474 页。

② 窦仪等：《宋刑统校证》卷二六，岳纯之校订，北京大学出版社 2015 年版，第 350—351 页。

③ 徐松编纂：《宋会要辑稿》（12），《食货六一·民产杂录》，上海古籍出版社 2018 年版，第 7470 页。

《通制条格》“田令·典卖田产事例”规定：

礼部议得：典质地产，即系活业。若一面收执文约，或年深迷失，改作卖契，或昏昧条段间座，多致争讼。以此参详，今后质典交易，除依例给据外，须要写立合同文契贰纸，各各画字，赴务投税。典主收执正契，业主收执合同，虽年深，凭契收赎，庶革侥幸争讼之弊。都省准呈。①

今后诸军户典卖田宅，先须于官给据，明立问帐，具写用钱缘故，先尽同户有服房亲并正军贴户。如不愿者，依限批退。然后方问邻人，典主成交，似不靠损军力。都省准呈。②

官府处理典卖变绝卖的纠纷时，以典契作为凭证确认所有权归属，原主可以凭借典契收赎，维护自己的财产所有权。

元代法律赋予出典人永久回赎权、别卖权、找绝权。如“典买房屋契式”记载：

厶甲厶都姓厶右厶有梯己承分房屋一所，总计几间几架，坐落厶都，土名厶处。东至、西至、南至、北至。系厶人住坐。今因贫困，不能自存，情愿到厶人为牙，将上项四至内房屋寸土寸木不留，尽底出卖或云典与厶里厶人为业。三面言议，断得时直价中统钞若干贯文。系是一色现钞，即非抑勒准折债负。其钞当已随契交领足讫，更无别领。所卖或云典其屋的系梯己承分物业，即非瞒昧长幼，私下成交。于诸条制并无违碍等事。如有此色，且厶有自用知当，不涉买或云典主之事。从立契后，仰本主一任前去管。典云：约限几年备元钞取赎。如未有钞取赎，依元管佃。永为己物。向后子孙更无执占收赎之理。所有上手，一并缴连赴官印押。共

① 《通制条格》卷一六，载杨一凡等主编：《中国珍稀法律典籍续编》第二册，黑龙江人民出版社2002年版，第546—547页。

② 《通制条格》卷一六，载杨一凡等主编：《中国珍稀法律典籍续编》第二册，黑龙江人民出版社2002年版，第546—547页。

约如前,凭此为用。谨契。

年　月　日出业人姓厶号契

知契姓厶号

牙人姓厶号

时见人姓厶号①

出典人可以将典物出卖给典主,由典卖转为绝卖,转移典产的所有权。若典主不买,也可以将回赎后的典产自由别卖给他人。当然,出典人不得重复出典。如元代“元至正二十六年晋江县蒲阿友卖山地官契”部分记载如下:

于上□有屋基并四角亭基及樟树果木等树及井一口在内,欲行出卖。经官告给日字三号半印勘合公据。为无房亲立帐,尽问山邻。不愿承买,遂得本处庙东住人徐三叔作中,引至在城南隅潘五官前来承买,三面议定直时价花银九十两重,随契交领足讫。当将上项前地连花园交付买主,照依四至管业为主。其山的系阿友承祖物业,与房亲伯叔兄弟无预,亦无重张典挂他人钱物。如有此色,卖主(抵)〔支〕当,不干买主之事。其山园该载产钱苗米一斗,自卖过后,从买主津贴阿友抵纳。父祖原买祖契,干碍祖坟,难以分析,就上批凿。今恐无凭,立此卖契一纸,缴连公据,付买主收执,前经官印税□□为照者。

至正二十六年八月　日文契　卖山地人蒲阿友

作中人徐三叔②

元代法律赋予典权人对典物的留置权和先买权。典期结束时,出典人无力回赎,典权人可以继续对典物占有、使用、收益,也可以优先购买该

① 《新编事文类要启札青钱外集》卷一一《公私必用·事产·典买房屋契式》,载黄时鉴辑点:《元代法律资料辑存》,浙江古籍出版社 1988 年版,第 241 页。

② 张传玺主编:《中国历代契约会编考释》(中),北京大学出版社 1995 年版,第 583 页。

典产，成为所有权人。元代立法保护典权人的先买权，若违法出卖视为无效，典主于百日内可以回赎。典期超过 30 年以上而出典人无力回赎，则典权人投税过割，可以取得所典田宅的所有权。《元典章》“贸易田宅”条规定：

大德七年五月二十六日，江西行省准中书省咨：

礼部呈：“真定路（普）〔晋〕州知州赵仁举呈：‘诸典卖田宅，已有定例。近有私相贸易田宅地土。至元七年旧例：私相贸易田宅、奴婢、畜产，质压交业者，并合立契收税。今后私相贸易田宅、奴婢、畜养，依例从本主便换估价，立契收税。既非典卖，亲邻难以争论。’本部参详，既有已行通例，宜准赵仁举所言，遍行遵守相应。于内若有将田宅指称贸易为名，因为物直争悬，却行暗添价钱，缘其所由，即与货卖无异。拟合照依典卖田宅例，批画给据成交。”得此。送据户部呈：“诸私相贸易田宅，即与货卖无异，拟合给据，令房亲〔邻〕人画字估价，立契成交，似为相应。具呈照详。”得此。都省准拟施行。①

元代典卖田宅，必须经官给公据，才发生法律效力。《元典章》设立“典卖田宅告官推收”“质压田宅依例立契”“田宅不得私下成交”“典卖田地给据税契”等罪名，规范民间典卖行为。《元典章》“典卖田宅告官推收”条规定：

江西产去税存，富者愈富，贫者愈贫，大为民害。今后典卖田宅，先行经官给据，然后立契，依例投税，随时推收，免致人难，常切关防，出榜禁治。②

《元典章》“典卖田地给据税契”条规定：

凡有诸人典卖田地，开具典卖情由，赴本管官司陈告，勘当得委

---

① 陈高华等点校：《元典章》卷一九《户部・田宅・典卖》，天津古籍出版社 2011 年版，第 703 页。

② 陈高华等点校：《元典章》卷一九《户部・田宅・典卖》，天津古籍出版社 2011 年版，第 698 页。

是梯己民田，别无规避，已委正官监视，附写元告并勘当到情由，出给半印勘合公据，许令交易。典卖讫，仰买主、卖主一同赍契赴官，销附某人典卖合该税粮，就取典（卖）〔买〕之人承管，行下乡都，依数推收。若契到务，别无官给公据，或契到官，却无官降契本，即同匿税法科断。如不经官给据，或不赴务税契，私下违而成交者，许诸人首告是实，买主、卖主俱各断罪，价钱田地一半没官，没官物内一半付告人充赏。仍令税务每月一次开具税讫地税、买主卖主花名、乡都村庄田亩价钞，申报本管官司，以凭查照。①

明代较于前代的重大进步在于，首次在国家法律中正式确立典权制度，将典权制度化、法律化。唐宋时期，典权制度都规定在令或例中，并未正式入律。明代首次在国家法律中详细规定典权制度，明确区分典和卖两种行为。《大明律》"典卖田宅"条规定：

凡典买田宅不税契者，笞五十。仍追田宅价钱一半入官。不过割者，一亩至五亩，笞四十，每五亩加一等，罪止杖一百。其田入官。若将已典卖与人田宅，朦胧重复典卖者，以所得价钱计赃，准窃盗论，免刺，追价还主，田宅从原典买主为业。若重复典买之人，及牙保知情者，与犯人同罪。追价入官。不知者，不坐。其所典田宅、园林、碾磨等物，年限已满，业主备价取赎。若典主托故不肯放赎者，笞四十，限外递年所得花利追征给主，依价取赎。其年限虽满，业主无力取赎者，不拘此律。②

典权在中国古代社会中由来已久，而至明代才有了前所未有的重大发展。明代法律一改前代典卖不分的性质，首次从立法上明确区分典和卖，将典从典卖并存中独立出来。根据法律规定，典和卖在性质上

① 陈高华等点校：《元典章》卷一九《户部·田宅·典卖》，天津古籍出版社 2011 年版，第 701—702 页。

② 怀效锋点校：《大明律》卷第五《户律二·田宅》，法律出版社 1999 年版，第 55—56 页。

差别很大。典当田宅是指将田宅典质给他人，典权人取得田宅使用权和收益权，所有权人可回赎典物。买卖田宅是指将田宅卖给他人，买主取得田宅所有权，卖主根据“卖不可赎”原则，不得回赎。出卖并过割的土地，照原立卖契管业，不许回赎，也不能起诉。如《王仪部先生笺释》记载：

典卖田宅。照价多寡，纳税于官，官为印其契券，谓之税契。由彼户推收以入此户，谓之过割。不税契，主买者而言，恶其亏损官课，故笞五十。仍查契内价钱，追其一半入官。不过割，主卖者而言，恶其混淆册籍，故计亩论罪。至三十五亩之上，罪止杖一百，仍将不过割之田入官。宅无粮差，故不言过割，不过割之罪，重于不税契者，诚以民间册籍难清结，赋役难核实，皆由过割不明之故也。不过割，多由卖主留难措勒。故买主不坐。然其田入官，则买主之罚，亦不轻矣。①

典和卖在法律上的区分，明确两者不同的性质，对于解决实践中的产权纠纷意义重大。万历十三年的《问刑条例》“典卖田宅条例”规定：

告争家财田产，但系五年之上，并虽未及五年，验有亲族写立分书已定，出卖文契是实者，断令照旧管业，不许重分再赎。告词立案不行。②

司法实践中，有很多田宅所有权争议的判牍。如明代判牍“一件势占事”：

行据周推官解犯邵塘等到院，审得周吾以房屋一所初典之邵塘、范成，得银五十两，后绝卖得银五十两，原契现在可据也。③

又如明代判牍“一件剿寡事”：

① 王肯堂：《王仪部先生笺释》卷五《典卖田宅》。

② 《问刑条例》，载怀效锋点校：《大明律》附录，法律出版社 1999 年版，第 372 页。

③ 祁彪佳：《按吴亲审檄稿》，《一件势占事》，载杨一凡等主编：《历代判例判牍》第四册，中国社会科学出版社 2005 年版，第 481 页。

行据松江府张同知解犯董复元等到院，审得董复元于崇祯元年买范必懋之地五亩，原契现在，即范贵所出复元之欠票，则益见地之系明买者矣。……地断元管业。①

究其根本，在于将典和卖混为一谈，错卖为典或以典为卖。无论是错卖为典，还是以典为卖，归根结底都是田宅所有权之争，忽略典和卖在性质上的巨大差异。实际上，只要明确区分所争议的土地是典当还是出卖，一切问题自然迎刃而解。如明代判牍“一件冒勋事”：

夫不卖而赎者非也，转卖而赎者亦非也。惟阅时逢卖契内，原有从容取赎等语。则取其寄之新主者，返之故主，而以重价赎，未为不可也。合从其所请，俾顺以四十五两付之时逢，同赎林姓家。果祀田乎？即以当张氏之遗簪敝履可也。然此风一长，将产无定主；而望风起者且日聚邹鲁之鬨矣。合杖治沈时逢。为再申一语曰：凡产非转卖，与转卖而无赎之说者，若系年远，不在此例。②

很显然，典卖田宅，典权人仅有使用权和收益权，而原所有权人一直保留所有权，可以回赎己产。出卖田宅，原所有权人永远丧失所有权，全部所有权都转移给买主，不能回赎。典卖各归其位，减少典卖混淆引起的所有权纠纷，有利于维持土地所有权的稳定。

原主不得重复出典或出卖，违者追价归还原主。典权年限已满后，原主可依价回赎典产，但在此之前不得强赎。如《南明弘光元年休宁县黄应中当地契》：

约至三年取赎，如过期不取，听从(炤)〔照〕契管业，并无异说。今恐无凭，立此当契为(炤)〔照〕。③

---

① 祁彪佳：《按吴亲审檄稿》，《一件劓寡事》，载载杨一凡等主编：《历代判例判牍》第四册，中国社会科学出版社2005年版，第490—491页。

② 李清：《折狱新语》卷三《产业·一件冒勋事》，载杨一凡等主编：《历代判例判牍》第四册，中国社会科学出版社2005年版，第585—586页。

③ 张传玺主编：《中国历代契约会编考释》（中），北京大学出版社1995年版，第1026—1027页。

此外,原主还有找绝权,即通过找贴,先将田产找绝给典权人,或之后转卖给他人。典权人有权将所典田土出租或转典,并取得“花利”的收益。业主无力取赎时,出典人可依据先买权取得典产所有权。弘治年间,《大明律直引所载问刑条例》“典卖田宅”条规定:

凡有军民告争典当田地,务照所约年限,听其业主备价取赎。其无力取赎者,算其花利,果足一本一利,此外听其再种二年,不许一概朦胧归断,则财□适均,而人心服矣。①

嘉靖年间,《重修问刑条例》也有相同规定。②

根据法律规定,典质、买卖田宅,都要求立契、投税、过割这几个法定程序,否则田宅入官,并处以刑罚。《大明令·户令》“过割税粮”条规定:

凡典卖田土、过割税粮,各州、县置簿附写,正官提调收掌,随即推收,年终通行造册解府,毋令产去税存,与民为害。③

明代商品经济对传统农业形成强烈冲击,弃农从商成为社会普遍现象。封建小农与土地分离,通过出典的方式,既保留祖产的回赎权和所有权,又增加土地的收入和提高土地的价值,可谓一举多得。如《明景泰元年祁门县李孝宗典山红契》:

今来无物支用,自情愿将前项四至内合得分数,除坟茔外,山骨并竹木尽行立契出典与本保李用忠名下。典去青尖银壹两重,前去用度。其银照依大例供息,约在来年终,将本息送还。如过期,一听受典人自行受税,永远收苗管业。未典之先,即无重复交易。如有家外人占拦及来历一切不明等事,并是出典人(祗)〔支〕挡,不及受典人之事。无力取赎,此契一准卖契,再不立断契。今恐无凭,立此典

① 《中华大典》工作委员会等编:《中华大典·法律典·民法分典》第三册,西南师范大学出版社 2014 年版,第 1959 页。

② 《中华大典》工作委员会等编:《中华大典·法律典·民法分典》第三册,西南师范大学出版社 2014 年版,第 1959 页。

③ 《大明令·户令》,载怀效锋点校:《大明律》附录,法律出版社 1999 年版,第 244 页。

契为用者。①

明代庶民常因贫困无法维持生计或无法承担过重徭役，将自己所有的田宅低价典卖出去，致使田宅所有权处于不稳定状态，甚至因无力回赎而最终彻底失去所有权。

明代法律不仅允许出典土地所有权，还允许出典永佃权。《真犯死罪充军为民例》附录《为民例》规定：

用强占种屯田五十亩以上，不纳子粒者。其屯田人等，将屯田典卖与人，至五十亩以上，与典主、买主各不纳子粒者。②

明代立法规定，农民对开垦的荒地合法拥有永久所有权。该屯田完全变为私产，永为己业，允许被典卖或收赎。

清代法律明确区别典契和卖契，进一步明确典权的担保性质。《大清律例》"田宅·典卖田宅"中条例规定：

嗣后民间置买产业，如系典契，务于契内注明"回赎"字样。如系卖契，亦于契内注明"绝卖"、"永不回赎"字样。其自乾隆十八年定例以前，典卖契载不明之产，如在三十年以内，契无"绝卖"字样者，听其照例分别找赎。若远在三十年以外，契内虽无绝卖字样，但未注明回赎者，即以绝产论，概不许找赎。如有混行争告者，均照不应重律治罪。③

根据法律规定，典是活卖，典契应注明"回赎"字样；而卖是绝卖，卖契注明"绝卖""永不回赎"字样。

如《清康熙三十四年大兴县李溶发兄弟典房草契》记载：

三言议定，典房价银肆佰捌拾两整。其银当日同众亲手收足，外

---

① 张传玺主编：《中国历代契约会编考释》（中），北京大学出版社 1995 年版，第 1022 页。

② 《真犯死罪充军为民例》，载怀效锋点校：《大明律》附录，法律出版社 1999 年版，第 329 页。

③ 张荣铮等点校：《大清律例》卷九《户律》，天津古籍出版社 1993 年版，第 213 页。

无欠少。言定五年为满,银到归赎。房无房租,银无利息。大修房主,小修典主。但此房原无阎姓老契,其情中保人深知。自典之后,倘有宗族弟男子侄及旗下满汉人等争竞、并执本房契约在外典当、借贷银债等情,有典房原主兄弟同中保人一面承管。两家情愿,各无返悔,如有先悔之人,甘罚契内银一半入官公用。恐后无凭,立此典房契存照。其典价银系玖叁成色。①

清代法律特别保护旗人的田宅所有权,禁止典卖给民人,目的在于保证国家授予的官田成为恒产。《大清律例》“田宅・典卖田宅”中条例规定:

旗地、旗房,概不准民人典买。如有设法借名私行典买者,业主、售主俱照违制律治罪,地亩房间价银一并撤追入官。失察该管官俱交部严加议处。至旗人典买有州、县印契跟随之民地、民房,或辗转典买与民人仍从其便。②

典卖旗产属于违法交易,官府不承认田宅交易的效力,强制出典人给价回赎。对于旗民私自典质、出卖给民人的旗地旗房,官府给价后强行回赎。《钦定大清会典则例》规定:

十一年奏准:凡民典旗地,不论契典年限,当以十年为率。其在十年以内者,照原典之价;十年以外者,每十年减原价十分之一。五十年以外者,均以半价。令原业主取赎。如原业主不愿回赎,该旗出示晓谕。准令,各旗官兵照减价具呈认买为业,其扣交地价均照公产五限之例办理。③

嘉庆、道光直到咸丰年间,朝廷多次重申禁止旗民交产的禁令,否则处以盗卖官地罪。“乃定此业无论旧圈自置,概不准售与民人。”④《刑部

① 张传玺主编:《中国历代契约会编考释》(下),北京大学出版社 1995 年版,第 1497—1498 页。
② 张荣铮等点校:《大清律例》卷九《户律》,天津古籍出版社 1993 年版,第 214 页。
③ 《钦定大清会典则例》卷一七〇。
④ 赵尔巽主编:《清史稿》卷一二〇《食货一》。

各司判例》记载：

民人典买旗地，例应撤地追价入官。旗人民人均按例治罪。到旗地典买与民人后，民人复典卖与旗人，则旗产既已归旗，应免其撤地入官。其旗人所得原典价银，民人所得转典价银，一并追缴，仍各治以应得之罪。若旗人自行赎回，业已交价撤契者，准其执业，倘既经控发之发，并未立契撤契，捏称曲卖回赎及设法典买者，应照例入官，并治以应得之罪。民人典买旗房及家奴典买房地，均照此例办理。①

然而，在实际生活中，典卖旗地、旗房给民人，是顺应商品经济的市场交易规律而无法遏止的。旗民交产在民间实践中很常见，旗地私有化是不能制止的历史趋势，也是商品经济发展的必然结果。《大清律例》"田宅·典卖田宅"规定：

凡典买田宅不税契者，笞五十，[仍追]契内田宅价钱一半入官。不过割者，一亩至五亩笞四十，每五亩加一等，罪止杖一百。其[不过割之]田入官。若将已典卖与人田宅，朦胧重复典卖者，以所得[重典卖之]价钱计赃准窃盗论，免刺，追价还[后典买之]主，田宅从原典买主为业。若重复典买之人及牙保知[其重典卖之]情者，与犯人同罪，追价入官。不知者，不坐。其所典田宅、园林、碾磨等物，年限已满，业主备价取赎。若典主托故不肯放赎者，笞四十，限外递年所得[多余]花利追征给主，[仍听]依[原]价取赎。其年限虽满，业主无力取赎者，不拘此律。②

直到咸丰二年颁布的《旗地买卖章程》，正式承认旗民交产的合法效力，允许"变通旗民交产"。

户部遵议变通旗民交产章程。一、查出私买旗地。免追花利。

① 毋庸：《刑部各司判例》卷一《通行》。
② 张荣铮等点校：《大清律例》卷九《户律》，天津古籍出版社 1993 年版，第 211—212 页。

一、清查各项旗地。划除民地。一、民人呈报升科。宽予期限。一、带地投充等弊。严行杜绝。一、应报升科地亩。不准徇隐。一、从前典当旗地。改立卖契。一、借名私买旗地。改归买主。一、屯居各项旗人。分别办理。一、补纳税课银两。先行解部。一、新升旗产科则。酌中定额。一、新卖旗地。设法稽查。一、奏销考成。从严核定。一、每岁钱粮。定期解部。一、随地庄园。准其并售。一、旗产归旗。照旧纳粮。一、责成州县办理。分别劝惩。从之。①

同治年间进一步规定，顺天直隶所属旗地，允许旗民买卖，缴纳税契。旗地允许出典，无力回赎者可以绝卖。旗地彻底私有化，失去免粮的官田特权，与民田一样缴纳税契。《户部则例·田赋·旗民交产》规定：

一、顺天直隶所属旗地，无论京旗屯居老圈自置，俱准旗户民人互相买卖，照例税契升科。其同治三年例前置买诡寄旗产者，准令呈明，更正。除酌定赋额外，业主、售主概免治罪，并免追从前花利。如例后匿不首报，一经查出，地亩概追入官，仍照隐匿科罪。

一、民人承买旗地，准赴本州县首报地亩段数，呈验契据。该管官验明后，发给旗产契尾，令其执业，并酌定赋额于首报年启征，归八旗产册内造销，分数考成及钱粮期限统照地丁正项一律办理。毋庸等候，覆勘再议科则。其屯居旗人契买旗产，一律照办。原领屯地不在此例。②

乾隆定例和嘉庆定例都规定，契约内无"绝卖"字样或注明回赎期限的，一律准予回赎。如《成规拾遗·雍正八年前后分年分远近　买产成交即行投税》记载：

乾隆九年又奉户部议覆湖北抚院晏条奏，嗣后如系卖契、又经年远即无杜绝字样，虽系原主嫡派子孙，亦不得告找、告赎。至契写许找许赎之产，原主不能回赎，业主急需听其转典。倘有冒称原主之原

① 《清实录咸丰朝实录》实录卷八〇。

② 《户部则例》卷一〇《田赋·旗民交户》。

主，隔手告找、告赎，照例治罪。若系典契及卖契，立有年限回赎字样，俱准限满取赎等由，具题奉旨依议钦遵，通行遵照又在案。①

法律保护所有权人的权利，肯定回赎权，对于减少农民因无法回赎而失去土地产生积极效果，防止小农家庭因破家荡产而四处流亡，对社会秩序和国家政权造成严重威胁。《大清律例》“田宅·典卖田宅”中条例规定：

卖产立有绝卖文契，并未注有找贴字样者，概不准贴赎。如约未载“绝卖”字样，或注定年限回赎者，并听回赎。若卖主无力回赎，许凭中公估找贴一次，另立绝卖契纸。若买主不愿找贴，听其别卖归还原价。倘已经卖绝，契载确凿，复行告找告赎，及执产动归原先尽亲邻之说，借端掯勒，希图短价，并典限未满而业主强赎者，俱照不应重律治罪。②

《钦定户部则例》“典卖找赎”条规定回赎期限为十年：

凡典契而原主不愿找、卖契而现业主不愿找贴者，均听原主别售，归还典、卖本价。至典契并原卖听赎之产，现业主果有急需，原主不能回赎，亦听现业主转典。倘有称原主之原主，隔年告找、告赎；或原主于转典未满年限以前强行告赎，及限满而现业主勒赎者，均治其罪。

凡民人典当田房，契载年份统以三五年至十年为率，限满听赎。如原主力不能赎，听典主执业或行转典，悉从民便。倘于典契内多载年份，一经发觉，追交税银，照例治罪。③

典期届满，出典人确实无力回赎，可以将典契改为卖契，在“找贴”之后将典产卖给典权人，将所有权转移给典权人所有。《大清律例》“田

① 万维翰：《成规拾遗·雍正八年前后分年分远近　买产成交即行投税》。
② 张荣铮等点校：《大清律例》卷九《户律》，天津古籍出版社 1993 年版，第 212 页。
③ 故宫博物院编：《钦定户部则例（乾隆四十六年）》第 1 册，卷一七《田赋·典卖田宅》，海南出版社 2000 年版，第 148—149 页。

宅·典卖田宅”中条例规定：

告争家财田产，但系五年之上，并虽未及五年，验有亲族写立分书已定，出卖文约是实者，断令照旧管业，不许重分再赎，告词立案不行。①

《大清律例》“田宅·典卖田宅”中条例还规定：

凡民间活契典当田房，一概免其纳税。其一切卖契无论是否杜绝，俱令纳税，其有先典后卖者，典契既不纳税，按照卖契银两实数纳税。如有隐漏者，照例治罪。②

民间典契对于回赎期限没有具体规定。如福建省平潭县有“一典九尽”的惯例：

平邑不动产典质时，必定回赎年限，届限卖主无力回赎，得向买主找价，加立契约，续议年限，谓之凑尽。如限满仍无力回赎，尚可再尽再凑，甚至叠经先人凑尽之业，子孙遇有急需，仍得加找，惟不得超过原卖价额，故俗语有一典九尽之称。③

回赎期满，可以续议年限再立契，即为“凑近”。子孙世代再续典期，致使典期达百年之久。回赎的典期过于年久，民间习惯是“典业加一取赎”。如福建惠安县习惯：

惠安不动产之典卖，除绝卖产业不准赎回外，凡属典当与人之产业，不论时间近远，均准赎回，为普通习惯，俗谚所谓典在千年，卖在一朝是也，但赎回时，应依原典契价，每元增加一角。④

清代法律既保护了出典人一定年限内找赎的权利，保护了出典的财

① 张荣铮等点校：《大清律例》卷九《户律》，天津古籍出版社1993年版，第212页。

② 张荣铮等点校：《大清律例》卷九《户律》，天津古籍出版社1993年版，第214页。

③ 施沛生编：《中国民事习惯大全》第二编《物权》第一类《不动产之典押习惯》，载《中华大典》工作委员会等编：《中华大典·法律典·民法分典》第三册，西南师范大学出版社2014年版，第2353页。

④ 施沛生编：《中国民事习惯大全》第二编《物权》第一类《不动产之典押习惯》，载《中华大典》工作委员会等编：《中华大典·法律典·民法分典》第三册，西南师范大学出版社2014年版，第2353页。

产所有权;又维护了典权人实际占有权,当作绝产且不许找赎,有利于使现存的所有权关系处于稳定状态。

第五节 基于租佃取得的田宅所有权

地主手中掌握的私田越来越多,使得土地所有权关系中的租佃关系随之产生,基于租佃而取得田宅所有权也就自然而然地出现。在土地租佃关系中,国家或大土地所有者作为出租人,享有土地所有权;而自耕农作为承租人只拥有土地使用权,必须履行向国家或地主缴纳租税的义务。但承租人还可以将土地转租给他人,收取高额地租。随着土地租佃关系的全方位发展,永佃权出现,即承租人享有永远租佃出租人土地的权利,同时履行交租的义务;而土地所有权由出租人保留。佃户的永佃权受到法律保护,可以继承和买卖,不受非法剥夺,即便是出租人也无权以其所有权夺取永佃权。

早在先秦时期,民间社会就已出现租佃土地的合法存在。根据租佃契约,出租人将土地出租并收受地租,受租人若不能缴纳租金,则以瓜分自己的田产作为赔偿。《卫鼎甲》铭文有记载,西周晚期的《鬲攸从鼎》铭文也有记载。

秦律关于租佃土地方面的规定较为明确、详密。汉代法律规定“假公田”,即官府将属于国家所有的公田出租给无地小农,并对耕地农民征收租税。如《汉书·宣帝纪》记载地节三年冬十月诏令:

> 池御未御幸者,假与贫民。郡国宫馆,勿复修治。流民还归者,假公田,贷种、食,且勿算事。①

又如《汉书·元帝纪》记载永光元年三月诏令:

> 无田者皆假之,贷种、食如贫民。②

---

① 班固:《汉书》卷八《宣帝纪》,中华书局2007年版,第58页。

② 班固:《汉书》卷九《元帝纪》,中华书局2007年版,第69页。

初元元年夏四月诏令：

江海陂湖园池属少府者以假贫民，勿租赋。①

封建小农承租国有耕地，通过履行向国家缴纳“假税”的义务，取得对国有土地的永佃权，不仅本人可以永久占有所假公田，还可以转租给他人耕种或由子孙世代继承。

魏晋南北朝时期，土地租佃关系往往伴随着强烈的人身依附关系。国家将国有土地租佃给屯民，或地主将私有土地租佃给佃农，以土地所有权收取高额地租；而佃民则以上交田税的义务换取永久使用土地的权利，进一步确认永佃权的合法性。《魏书·食货志》记载：“孝昌二年冬，税京师田租亩五升，借赁公田者亩一斗。”②

隋唐时期，在均田制之下，国家授予的永业田、桑田、口分田都禁止自由买卖，但允许有条件的租佃。《唐会要·逃户》记载：

每户给五亩充宅，并为造一两口屋宇，开巷陌，立闾伍，种桑枣，筑园蔬，使缓急相助，亲邻不失。丁别量给五十亩已上为私田，任其自营种，率其户于近坊，更供给一顷，以为公田，共令营种。每丁一月役功三日，计十丁一年共得三百六十日，营公田一顷，不啻得计。早收一年，不减一百石，使纳随近州县，除役功三百六十日外，更无租税。既是营田户，日免征徭，安乐有余。必不流散。③

根据法律规定，以租佃的名义实现对国有土地的自由处分，不仅允许承租人永久占有土地，还允许转租给他人或传承给子孙，默认并保护永佃权人的合法权利。《唐律疏议·杂律》“于他人地内得宿藏物或异形古器隐而不送”条规定：

问曰：官田宅，私家借得，令人佃食；或私田宅，有人借得，亦令人佃作，人于中得宿藏，各合若为分财？

① 班固：《汉书》卷九《元帝纪》，中华书局2007年版，第69页。
② 魏收：《魏书》卷一一〇《食货志》。
③ 王溥撰：《唐会要》（下），卷八五，上海古籍出版社2006年版，第1853页。

答曰：藏在地中，非可预见，其借得官田宅者，以见住、见佃人为主，若作人及耕犁人得者，合与佃住之主中分。其私田宅，各有本主，借者不施功力，而作人得者，合与本主中分。借得之人，既非本主，又不施功，不合得分。①

永佃权实质上转移土地的处分权，由承租人对国有土地长期占有和使用，有效规避国家立法对于土地自由处分的限制。

隋唐时期，田主与佃客形成具有人身依附关系的土地租佃关系。《唐会要·逃户》记载广德二年四月敕：

如有浮客情愿编附。请射逃人物业者，便准式据丁口给授。如二年以上，种植家业成者，虽本主到，不在却还限，任别给授。②

官僚贵族通过"请借""请射"国有荒地，可以取得国有土地的私有权。自耕农土地被官僚地主大量兼并，流民贫民在户籍上成为"客户"，靠租佃地主的土地勉强维持生计。

国家允许农民租借国有荒地进行耕种，也允许转借他人。但对租借三年内不耕种的土地，国家予以追回，另借给他人耕种。开元七年（719）田令规定：

诸田不得贴赁及质，违者财没不追，地还本主。若从还役外任，无人守业者，听贴任（赁）及质。其官人永业田及赐田欲卖及贴赁、质者，不在禁限。

诸公私田荒废三年以上，有能借佃者，经官司申牒借之，虽隔越亦听。易田于易限之内，不在备（倍）限。私田三年还主，公田九年还官，其私田虽废三年，主欲自佃，先尽其主。限满之日，所借人口分未足者，官田即听充口分，若当县受田悉足者，年限虽满，亦不在追还。总得永业者，听充永业。私田不合。令其借而不耕，经二年，任有力者借之。则即不自加功转分与人者，其地即回借见佃之人。若

① 钱大群撰：《唐律疏议新注》卷二七，南京师范大学出版社2007年版，第915页。
② 王溥撰：《唐会要》（下），卷八五，上海古籍出版社2006年版，第1855—1856页。

佃人虽经熟讫，三年之外不能耕种，依式追收，改给。①

唐代法律赋予民众更多的土地处分权，允许将所受田宅出租或耕佃。土地租佃促使土地所有权发生更替，具有推动商品经济发展的进步意义。

宋代官府招纳佃户耕种屯田，佃户祖辈的租佃权可以由子孙继承，即为永佃权。《宋会要辑稿·食货》记载：

契勘本处拣汰使臣、军员各若干人数，计请给若干，将本州岛卖不尽应干官田约计请给多寡，拨田亩付逐人为业，许指射，养之终身，更不支破请给，亦不更注授差遣。如本人身故，许子孙接续承佃，并依人户承佃条法。②

宋代允许现佃人购买无人继承的户绝庄田，保护永佃权人对承租土地的永久处分权。《宋会要辑稿·食货》记载：

所有今日已前见估卖庄田，无人买者，勘会如已有人租佃者，并给见佃人，更不纳租课，只依元税供输出户为主。如无，即许无田产户全分请射。其已典卖田产，不得更有检估根括。③

户绝庄田，检覆估价，晓示见佃户，依价纳钱，竭产买充［永］业。或见佃户无力，即问地邻；地邻不要，方许无产业中等已下户全户收买。……欲乞应义男、接夫、入舍婿并户绝亲属等，自景德元年已前曾与他人同居佃田，后来户绝，至今供输不阙者，许于官司陈首，勘会［诣］实。除见女出嫁依元条外，余并给与见佃人，改立户名为主。其已经检估者，并依元敕施行。④

元代国家将逃户地土或荒芜田土等官田招民佃种，种佃人户交纳租

① 《天一阁藏明钞本天圣令》卷二一《田令》。

② 徐松编纂：《宋会要辑稿》（10），《食货一·农田》，上海古籍出版社2014年版，第5973页。

③ 徐松编纂：《宋会要辑稿》（12），《食货六一·民产杂录》，上海古籍出版社2014年版，第7465页。

④ 徐松编纂：《宋会要辑稿》（12），《食货六一·民产杂录》，上海古籍出版社2014年版，第7464—7465页。

课，但禁止官吏权贵“射佃”。《通制条格》“田令·逃移财产”规定：

至元十年七月，中书省户部呈：议得在逃人户抛下地土事产，拟合召诸色户计种佃，依乡原例出纳租课，毋令亲民官吏权豪之家射佃。①

元代除了官田租佃以外，还普遍存在私田租佃。《元典章》“逃户抛下地土不得射佃”条规定：

据在逃军民户抛下地土事产，拟合召诸色户计种(田)〔佃〕，依乡原例出纳租课，无令亲民官吏、豪势之家射佃，似为相应。②

元代土地租佃关系以自愿为原则，地主与佃农之间形成相对自由的租佃契约关系。农民既可以自愿承佃，也可以自由退佃或转佃。《通制条格》“田令·佃种官田”规定：

外据佃种官田人户，欲转行兑佃与人，须要见兑佃情由，赴本处官司陈告勘当别无违碍，开写是何名色官田顷亩，合纳官租，明白附簿，许立私约兑佃，随即过割承佃人依数纳租，违者断罪。③

无论是国家官府划拨封赐的官田，还是私人地主出租的私田，都是合法的土地租佃关系，土地的所有权仍属于出租者。

元代还存在一种强制性的土地租佃关系。元代官府招募佃农耕种职田，往往采用强制方式，划拨职田逼迫附近百姓佃种，以收取地租。《通制条格》“禄令·俸禄职田”规定：

拟合照依中书省定到合得职田，标拨无违碍地土地，召募佃客种时，验年丰歉，依例分收，无致桩配人户，科征违错。④

---

① 《通制条格》卷一六，载杨一凡等主编：《中国珍稀法律典籍续编》第二册，黑龙江人民出版社2002年版，第546—547页。

② 陈高华等点校：《元典章》卷一七《户部·户计·逃亡》，中华书局、天津古籍出版社2011年版，第609页。

③ 《通制条格》卷一六，载杨一凡等主编：《中国珍稀法律典籍续编》第二册，黑龙江人民出版社2002年版，第544—545页。

④ 《通制条格》卷一三，载杨一凡等主编：《中国珍稀法律典籍续编》第二册，黑龙江人民出版社2002年版，第494—502页。

官田本为国家所有，私田本为私人所有，但官吏夺占为己业，并役使佃农耕种。《通制条格》“田令·江南私租”规定：

江南佃户，承种诸人田土，私租太重，以致小民穷困。自大德八年，以拾分为率，普减贰分，永为定例。比及收成，佃户不给，各主接济，无致失所。借过贷粮，丰年逐旋归还，田主毋以巧计多取租数。违者治罪。①

租佃田土或租赁房舍，成为官吏强占民产、豪夺所有权的一种手段。《通制条格》“田令·拨赐田土还官”规定：

大德七年四月，中书省江浙行省咨：各路府州司县所管官房地基，多系官豪势要人等租赁住坐，故将元旧屋宇改折间架，欲为己业，计搆上下路府司县官吏、主首、坊里正人等通同捏合，推称年深倒塌，不堪修理，低估价钱变卖；或称事故，以租就买，朦胧除豁官租，私相典兑，并不申明官司。今后系官房舍基地，毋得似前变卖典兑及以租就买。户部照拟得，合准本省所拟，遍行禁治。都省准呈。②

封建小农迫于生存而投靠权贵地主，将私田租佃给地主，最后往往被地主强占私田而失去土地所有权，而地主夺取土地所有权。元代史料记载的官僚地主强取民田所有权、逼迫原主为佃农的例子不在少数。如《元史·成宗纪》记载：“禁诸王、驸马并权豪毋夺民田，其献田者有刑。”③又如《元史·铁迭儿传》记载：

又，江南田粮，往岁虽尝经理，多未核实。可始自江浙，以及江东、西，宜先事严限格、信罪赏，令田主手实顷亩状入官，诸王、驸马、学校、寺观亦令如之；仍禁私匿民田，贵戚势家，毋得沮挠。请敕台臣

① 《通制条格》卷一六，载杨一凡等主编：《中国珍稀法律典籍续编》第二册，黑龙江人民出版社2002年版，第550页。

② 《通制条格》卷一六，载杨一凡等主编：《中国珍稀法律典籍续编》第二册，黑龙江人民出版社2002年版，第551页。

③ 宋濂等：《元史》卷一九，《本纪第十九·成宗二》。

协力以成,则国用足矣。①

明清时期,永佃权广泛流行。明代的永佃权出现了一田二主甚至一田三主的现象。顾炎武的《天下郡国利病书》记载:

于是得田者坐食租税。于粮差槩无所与,曰小税主;其得租者,但有租无田,曰大租主。民间买田契券大率记田若干亩,带某户大租榖若干石而已。民间仿效成习。久之租与税遂分为二,而佃户又以粪土银授受其间,而一田三主之名起焉。②

永佃权人可以一直佃种所有权人的土地,只需要按时交租,就可以永久对土地行使占有、使用、收益的权利。永佃权的存在,使得土地所有权和使用权长期甚至永久分离,形成所有权人的田底权和永佃权人的田面权。土地所有权人作为"骨主"享有田骨,永佃权人作为"皮主"享有田皮,两者形成特殊的土地租佃关系。

永佃权在明代有了新发展,可以继承、转佃、典卖、出卖。永佃权人可以自行处分田皮,转让永佃权。永佃权不仅可以转佃形成一田二主,还可以再转佃形成一田三主。永佃权人永久占有田面权,实质上等同于永久占有该土地,即"其佃人之田,视同已业"③。永佃权人虽无土地的所有权,却有田皮的处分权,自由行使继承、转租、典卖、出卖这些具有所有权性质的权利,而所有权人不得过问。永佃权人虽无所有权的名义上权利,却有类似于所有权的实质上权利。

明代永佃权使得土地所有权制度更加复杂化,同时也增加了土地交易的灵活性。地骨、地皮可以分离,田底权和田面权也可以分离,从而所有权人和永佃权人可以不是同一人。这意味着同一块土地可以分别为所有权人和永佃权人所用,可以分别租佃、继承、买卖、典卖。永佃权人将所租之田再次转佃,名义上还是租佃者,但实质上已经是业主身份,具有所

① 宋濂等:《元史》卷二五〇《列传第九十二》。
② 顾炎武:《天下郡国利病书》卷九三《福建》。
③ 赵锦修,张衮纂:《江阴县志》卷七《风俗》,明嘉靖刻本。

有权人性质。明代史料中存在大量的卖田骨契约,就是明证。如《明万历三十八年祁门县谢大纲卖田骨红契》:

本身该得伍秤,内取贰秤,出卖与谢名下永远收租为业,三面言议时值价(文艮)〔纹银〕壹两五分正。其价并契当日两相交付明白,亩步四至自有新丈鳞册可证。来历不明,卖人(之)〔支〕当,不及买人之事。自成之后,各不许悔。如先悔者,甘罚(艮)〔银〕贰钱公用。所有税粮候大造之年,听自买主过割入户供解。①

又如《明崇祯八年休宁县胡嘉诰卖田骨白契》:

其田今从出卖之后,一听买人即便收租管业。其税粮系同一户随契推扒与买人认纳粮差,再不另立推单。其田倘有内外占拦及重复交易,一切不明等事,尽是卖人(之)〔支〕当,不涉买人之事。②

卖田骨契约与一般的土地买卖契约不同。一般的买卖契约写明"卖与某某名下永远为业""听卖人永远自行管业",表明土地的全部所有权完全转移。如《明万历二十二年休宁县孙可进卖田骨红契》写道:

自卖之后,听从买人管业收苗纳税,本家并无存留。倘有字号不清,亩步多寡,俱照四至(见)〔现〕业为定。③

又如《明万历三十九年祁门县吴士瑾卖田骨红契》记载:

今将前项四至内田骨,自情愿凭中出卖与族人名下为业。④

而卖田骨契约通常写道"卖与某某名下收租管业""听卖人收租入定",表明土地所有权的部分转移,承认原租佃人的永佃权继续有效,不受更换所有权的影响。即使是获得土地所有权的新骨主,也要保证永佃

---

① 张传玺主编:《中国历代契约会编考释》(中),北京大学出版社 1995 年版,第 931—932 页。

② 张传玺主编:《中国历代契约会编考释》(中),北京大学出版社 1995 年版,第 980 页。

③ 张传玺主编:《中国历代契约会编考释》(中),北京大学出版社 1995 年版,第 907 页。

④ 张传玺主编:《中国历代契约会编考释》(中),北京大学出版社 1995 年版,第 932—933 页。

权人合法行使对其土地的永佃权。

永佃权人永远租佃土地的权利受到保护，可以抵抗所有权人的随时撤佃或另行招佃。实质上，永佃权人对田面的使用权具有永久性，只要其按时按量交纳地租，就可以“不限年月”“永远耕作”，直到“佃人不愿耕作”，永佃权法律关系才宣告结束。在此期间，永佃权人耕作土地的权利是不受任何人非法干涉的，即使土地所有权人也不例外。因此，就算所有权人将土地出卖，转移了土地所有权，也不影响原来永佃权的存在，原有的永佃权法律关系继续生效。民间有“换东不换佃”的说法，如湖南安仁县习惯“卖田存耕”：

> 安仁县民间，有卖田而不退耕者，该项买卖，买主每年只向卖主收取租谷若干，其田仍归卖主永佃耕种，故于卖契上，只载出卖某处田租若干石，或若干桶，安仁习惯，以桶代斗，桶大于斗，六桶成一石。卖与某人接管收租，契尾亦注明永不续赎等字样，并由买主书立布耕字一纸，交与卖主，以证明卖主有永久耕作之权。故买主对于该田业名虽为田主，实则仅能收取每年之田租，即或买主将该田租转卖他人，其田租之代价，虽可由买主自由伸缩，而卖主之耕作权，则仍然继续存在，称为换东不换佃，但必须换立新买主之布耕字，始完手续。但原卖主亦有应受一种之拘束，即卖主如有拖欠田租情事，买主亦可以其所拖欠之价数作为找贴，另书找贴字样，取销其耕作权，该邑因存耕田，欠租涉讼者甚属不少。[①]

当然，永佃权的存在以皮主履行缴纳租税的义务为前提。永佃权人不按时交租，则所有权人偿还佃价后可以退佃，结束永佃权法律关系。明代法律保护永佃权，并允许永佃权广泛应用于日常生活中，以调整僵化的土地关系、缓解封建人身依附关系、激发土地创造更大价值的活力。

① 施沛生编：《中国民事习惯大全》第二编《物权》第五类《佃租之习惯》，载《中华大典》工作委员会等编：《中华大典·法律典·民法分典》第三册，西南师范大学出版社2014年版，第2453页。

清代的永佃权取得重大发展，佃户享有世代租佃的权利，而田主不得私自转佃或夺佃。佃户必须履行纳租义务，若佃户抗租三年以上，才准许告官驱逐、田主撤佃，则土地收归田主。即使田主出卖田土，也必须在契约中注明“永佃不变”，不影响永佃权的永久存在。如察哈尔张北县习惯“旗户山主地转佃纳租”：

查县属东沟一带，旧有旗民圈地，由佃户垦种，每年向旗民纳租，俗称山主地，相沿数百年，视同租业。佃户若因贫窘，无力耕种，有转佃权，其愿多取代价者，立约时，说明永佃不返，与卖契无异。其愿稍取代价者，立约时，帮助几年为满，期满由原佃主赎回，又与典契无异。①

民间有“卖田不卖佃”“倒东不倒佃”的说法。如江西九江县习惯“永佃租地”：

九江有卖租不卖佃之习惯，即业主祇能收租，不能提佃，如业主将租地出卖时，亦祇能卖租，不能卖佃，故俗呼收租者曰大业主，佃种者曰小业主。②

又如直隶天津县习惯，表现永佃权人与土地所有权人关系：

永佃权人每年给土地所有者，每亩纳佃租洋五六角或一二元不等，遇有丰歉年岁，并不增减租金，至履行佃租之日期，普通以阴历十月初一为限，若永佃权人，届此期间，怠于支付佃租，则土地所有者得声明夺佃。至于永佃权存续之期间，契约上多不注明，惟有倒东不倒佃之规定，据此则永佃权有永久之性质也。③

① 施沛生编：《中国民事习惯大全》第二编《物权》第五类《佃租之习惯》，载《中华大典》工作委员会等编：《中华大典·法律典·民法分典》第三册，西南师范大学出版社2014年版，第2459页。

② 施沛生编：《中国民事习惯大全》第二编《物权》第五类《佃租之习惯》，载《中华大典》工作委员会等编：《中华大典·法律典·民法分典》第三册，西南师范大学出版社2014年版，第2459页。

③ 施沛生编：《中国民事习惯大全》第二编《物权》第五类《佃租之习惯》，载《中华大典》工作委员会等编：《中华大典·法律典·民法分典》第三册，西南师范大学出版社2014年版，第2459页。

新业主想要自己耕种，必须征求原佃户同意，根据佃户先前对土地的投资业佃均分，并报官执业。

明清时期，国家招民垦荒的政策，赋予佃户永佃权，规定“永久为业”，促进了永佃权的新变化。佃户对于长期开垦的国有或私有荒地，都有永佃权。清代国家为了奖励农民垦荒，规定佃户不仅可以永久承耕荒地，还可以由原佃子孙世代继承租佃权，形成永佃权。《清高宗实录》记载：“佃户系原垦人之子孙，照旧承种，不许易佃。若业主子孙，有欲自种者，准将肥瘠地亩，各分一半。立明合同，报官存案。不得以业主另租与人。”①地方官也保护佃农的永佃权，支持原佃子孙永远佃种垦熟荒田。《钦定户部则例》“垦荒”条规定：“准原佃子孙永远承耕。”②佃户承佃抛荒土地，即使原主流亡归来，也不影响其继续耕种的权利，现佃户的永佃关系继续有效。

小地主所有者为了躲避田赋，宁愿失去所有权，将土地投献给贵族官僚换取永佃权。万历《承天府志》记载：

商游工作者，赁田以耕，僦屋以居，岁久渐为土著。而土著小民，恒以赋役烦重，为之称贷，倍息而偿之，质以田宅，久即为其所有。③

明代商人居无定所，租赁小农的田宅；而小农不堪赋役重负，以田宅作为高利贷的抵押物却无法偿还，该质押的田宅即成为商人的所有物。

永佃权是中国古代社会特殊的租佃关系，佃户对田面的永久使用权相当稳定，社会上出现“田皆主佃两业”“一田二主”的现象，也是官府认可的合法租佃关系。如江西临川县习惯“田有大小两业”：

乡民遇窘迫时，如欲将田卖去，又苦无田耕种，于是祗有卖大业于买主，原田仍归卖主自佃耕种，其卖价较诸普通之卖价稍贱，每年

---

① 《清高宗实录》卷一七五。

② 故宫博物院编：《钦定户部则例（乾隆四十六年）》第 1 册，卷八《田赋二 · 开垦上》，海南出版社 2000 年版，第 100 页。

③ （万历）《承天府志》卷六《风俗》，书目文献出版社 1990 年影印本。

祇交买主租谷若干，卖契内亦祇载杜卖大业字样。若大小两业一并出卖者，则由买主照田易耕。①

又如福建连江县习惯“田根田面及批户”：

民间田亩，有根面之分，典卖时，契上载明根面全者，根主面主，同属一人也，否则必系田根田面，分别典卖，即一田有二主矣，面主每年应收之租，多由根主送纳。此外又有本非田主，承批他人之田根，或根面俱全之田，耕种年久，辗转承批，甚至阅时数十载，历佃十余人，此时佃户俨然发生根主权之效力，田主虽欲退佃，势难自由，故连江民事诉讼霸占掯租案件，十居八九。②

清代形成“租权分卖”“无偿设定”的新型租佃关系。一田二主导致田宅所有权关系复杂化，田主的所有权不断削弱，使得土地流转交易变得麻烦，土地所有权的转移也更加复杂。永佃权人可以完全自由处分田面，可以将田面权和永佃权转佃、出卖、典质，不受所有权人的非法干涉。实际上，永佃的租佃关系发展到最后，田皮的价值远远大于田骨，永佃权人的土地收益权远甚于所有权人。民间俗称此为“金皮银骨”，不无道理。

永佃权人的权利不断扩展，而所有权人的权利不断弱化，致使社会阶级关系发生新变化。永佃权人抗租或欠租，直接导致所有权人无法履行对国家的赋役义务。因此，国家对永佃权加以控制，对“一田二主”的情况加以规范。无论是认可永佃权，还是肯定一田二主，都以不损害国家赋税收入利益为前提。

雍乾时期，国家保护田主所有权，将田皮所有权也收归田主所有，保证田主顺利实现收租，向国家缴纳赋税。法律取消田皮所有权，禁止田骨

---

① 施沛生编：《中国民事习惯大全》第二编《物权》第二类《不动产买卖之习惯》，载《中华大典》工作委员会等编：《中华大典·法律典·民法分典》第三册，西南师范大学出版社 2014 年版，第 2439 页。

② 施沛生编：《中国民事习惯大全》第二编《物权》第二类《不动产买卖之习惯》，载《中华大典》工作委员会等编：《中华大典·法律典·民法分典》第三册，西南师范大学出版社 2014 年版，第 2450 页。

与田皮分开买卖，不允许田皮脱离田骨单独买卖。永佃权人欠租的，所有权人可以退佃，强行收回田皮权，另佃他人，以保证国家顺利实现税收。《福建省例》《西江政要》《江苏山阴收租全案》等都有类似规定。这些地方省例，都是调整民间的土地所有权关系，尤其是规范一田二主的永佃权关系，维护国家征收赋役的利益。这些条例在一定程度上保护佃户的合法权益，稳定封建租佃关系。

如《福建省例·田宅例》记载“禁革田皮田根，不许私相买卖，佃户若不欠租，不许田主额外加增”：

一件严禁田皮田根之锢弊、以全民业事。乾隆三十年闰二月初十日，布政使司颜牌：案照本司具详内开：查得绅士郑汉履等以田皮田根名色，虽奉明示饬禁，而风雨损坏，仍至视为故套。玩佃或籍上役营兵，或恃聚族负隅，任意积逋，业主竟成佃产，锢弊莫破。呈请立碑永禁，使其触目警心，主佃相安等情。奉宪批司查议，随经行据福州府议覆前来。本司查闽省佃民，私立田皮田根名色，历奉禁革有案。如汀州府属，雍正八年经前司议详内，并田主收租而纳粮者谓之田骨，田主外又有收租而无纳粮者谓之田皮，是以民官田亩类皆一田两主。……请照从前通革之例，凡属皮租，尽行革除，不许民间私相买卖，一切讼事，告找告赎，概不准理。并令刊刻告示，晓谕佃户，只纳田主正租，不许另纳皮租，若有逋欠正租，听凭田主召佃。

乾隆二十九年十一月十七日，详奉巡抚部院定批：查田皮、田根名色，历经先后通饬，勒石永禁，并令刊刻告示，遍行晓谕。乃地方官奉行不力，以致日久废弛，愚民无所儆畏。自应再为申明禁例，严加整饬。如详速即撰拟碑文，通饬各属在于城乡处所，一体勒石禁革。如敢虚应故事。即拘违玩之地方官，先行揭报参处。仍取各碑摹遵依同镌竖日期报查。余已悉。此檄等因。奉此。①

① 《福建省例》卷一四《田宅例·禁革田皮田根，不许私相买卖，佃户若不欠租，不许田主额外加增》。

官府倾向于承认永佃权的合法存续，但企图废除一田二主的存在。永佃权人不因所有权易主而失去永久使用权，但不允许永佃权人转佃、典质、出卖、继承田皮权，否则田主可以退佃。

一田二主的田宅买卖，出现"问佃不问主"的现象。买卖田宅只问租佃人而不问原主，则原主的所有权形同虚设，实际上转移的所有权是田皮所有权，表明租佃人成为了实质上的所有权人。民间出现田皮租约，即田皮可以单独租佃，永佃权人有对田皮的独立处分权。民间出现出佃田皮的习惯。如江西赣南各县习惯：

> 赣南田土山塘，皮骨分管者十之七八，业主管骨，佃户管皮，皮业设定之始，或由佃户出资垦荒，即俗名工本，或由业主征收佃价，即名坠脚，亦名退脚，而其耕作权存续之期间，则永远无限。佃人承赁，主田不自耕种，借与他人耕种者，又名为借耕。借耕之人，既交田主骨租，复交佃人皮租。如五十亩之田，岁可获谷二百石，俗谓之四勾之田，则以五十石为骨租，以七十石为皮租，借耕之人，自得八十石，然多寡亦微有不同，大慨以三之二，作皮骨租，皮多骨少，遂使一般农民均趋重田皮，田主祇知向佃户征收原议额租，并不知其田之所在，而佃人因耕作既久，往往以田皮私售于人，其名曰顶、曰退，最为弊薮。①

雍正年间颁行"田主苛虐佃户及佃户欺谩田主之例"。《大清会典则例·吏部·考功清吏司》规定：

> 雍正十二年议准：凡不法绅衿私置板棍擅责佃户勘实，乡绅照违制律议处，衿监吏员革去衣顶职衔，照律治罪。地方官容隐不行察究，经上司访出，题条照徇庇例处分。失觉察者，照不行察出例罚俸一年。如将佃户妇女占为婢妾者，皆革去衣顶职衔，按律治罪。地方官徇纵肆虐者，照溺职例革职。不能详察者，照不行察出例俸一年。

① 施沛生编：《中国民事习惯大全》第二编《物权》第三类《不动产之权限》，载《中华大典》工作委员会等编：《中华大典·法律典·民法分典》第三册，西南师范大学出版社 2014 年版，第 2455 页。

该管上司徇纵不行揭参，照不揭报劣员例议处。至有奸顽佃户，拖欠租课，欺慢田主者，照例责治。所欠之租照数追给田主。①

乾隆年间颁布“禁止增租夺佃令”。《户部则例·田赋》“撤佃条款”规定：

一、民佃官赎旗地，官给印照，开写地亩及应征租银各数，于秋成后征收，解司汇解部库。佃民遇有事故，准其报官具退，听官招佃，不得私相授受。倘有典卖，照盗卖官田律治罪，仍撤地另佃。遇灾按照分数分别蠲缓。如有荒瘠应行除租，令该管道员亲勘，加结出具印文，申报总督衙门咨部。

一、民人佃种旗地，地虽易主，佃户仍旧。地主不得无故夺佃增租。如佃户实系拖欠租银，许地主撤地另佃。倘佃户指霸，呈官勒退。或地主实欲自种，佃户虽不欠租，亦应退地。若并无前项情事，而庄头、地棍串唆夺佃增租者，严加治罪。②

宋代法律承认永佃权的合法性，详细规范永佃权买卖和继承的法定程序。通过“立契”和“输牙税”，承认永佃权转移的法律效力，管理永佃权交易的经济秩序。如宋代案例“漕司送许德裕等争田事”：

准法：诸祖父母、父母已亡，而典卖众分田宅私辄费用者，准分法追还，令元典卖人还价。即典卖满十年者免追，止偿其价，过十年典卖人死，或已二十年，各不在论理之限。傥许嵩尚存，讼在交易十年之前者，只是还价；十年之后，复与免追，且无可得田之理。自淳熙九年至今，首尾通五十七年，许嵩户绝，悉无其人，岂得更在论理之限？合照见佃为业。③

元代法律也规定，佃户可以将承佃的官田转佃他人，转移土地租佃权

① 《大清会典则例》卷一五《吏部·考功清吏司》。

② 《户部则例》卷一〇《田赋·撤佃条款》。

③ 中国社会科学院历史研究所、宋辽金元史研究室点校：《名公书判清明集》卷四《户婚门·争业·漕司送许德裕等争田事》，中华书局1987年版，第111—112页。

的同时,必须赴当地官府申请并纳租过割,保证官租不落空,维护国有土地所有权。《元典章》"转佃官田"条规定:

都省议得,江南各处见任官吏,于任所佃种官田,不纳官租,及夺占百姓已佃田土,(违者)许诸人赴本管上司陈告是实,验地多寡,追断黜降,其田付告人并佃人种佃。外,据佃种官田人户欲转行兑佃与人,需要(其)〔具〕兑田情由,赴本处官司陈告,勘当别无违碍,开写是何名色官田顷亩、合纳官租,明白附簿,许立私约兑佃,随即过割,承佃人依数纳租,违者断罪。咨请依上施行。①

对于逃户田宅,历代法律予以保护。一方面,法律保护原主的田宅所有权,确定原主归认年限,保留流亡外地的原主的所有权,不允许他人非法占为己有。另一方面,国家管理因原主逃亡而暂时无主的田宅,待原主归乡后随时给还。在此之前,雇人租佃,以免土地荒芜,影响国家赋税收入和社会农业经济发展。《唐会要·逃户》记载:

长庆元年正月赦文:应诸道管内百姓,或因水旱兵荒,流离死绝。见在桑产,如无近亲承佃,委本道观察使于官健中取无庄田有人丁者,据多少给付,便与公验,任充永业,不得令有力职掌人妄为请射。其官健仍借种粮,放三年租税。②

逃户归乡复业后,可以根据所有权收回原地,请求官府强制现佃种者将田土退还给管业。《元典章》"复业户争事产"条规定:

今后,如有似此于签军时避当军役在逃抛下事产,改除见充军户代当时,所抛事产官司给与公据,摽拨见充军户为主。本人复业、却行争要元抛事产者,止断付见当军人户为主。如军民在逃抛下事产有他人佃种,若本主复业,照依已降条画,给付本主。③

---

① 陈高华等点校:《元典章》卷一九《户部卷之五·田宅·官田》,中华书局、天津古籍出版社 2011 年版,第 672—673 页。

② 王溥撰:《唐会要》(下),卷八五,上海古籍出版社 2006 年版,第 1856 页。

③ 陈高华等点校:《元典章》卷一七《户部卷之三·户计·逃亡》,中华书局、天津古籍出版社 2011 年版,第 676—677 页。

官府“检勘逃户田土”，对逃亡的有税租户，必须亲自清查，逐级上报。检查核实因原主逃亡而暂时无主的田土，先令无地佃户进行耕种，保证国家税收不致因土地闲荒、无人耕作而落空。国家对于逃户田宅进行有效控制和统一分配，设立屯田、营田等公田暂且代管，同时招抚流民承佃，原主归认之前收取田税。逃亡原主返还原籍后，可以随时认领先前抛荒田土。“如亲邻止在本处，见请佃稍着次第而争夺者，不须施行。实曾流移，今来归业，虽已请佃，依条给还。”①《唐会要·逃户》记载：

> 会昌元年正月制：安土重迁，黎民之性，苟非艰窘，岂至逃亡，将欲招绥，必在赀产。……逃户产业已无，归还不得；见在户每年加配，流亡转多。自今已后，应州县开成五年已前，观察使、刺史差强明官就村乡指实检会桑田屋宇等，仍勒令长加检校，租佃与人，勿令荒废。据所得与纳户内征税，有余即官为收贮，待归还给付；如欠少，即与收贮，至归还日，不须征理。自今已后，二年不归复者，即仰县司召人给付承佃，仍给公验。任为永业。②

这样一举多得，既可以保护原主的私有财产权不受非法侵犯，将田宅所有权完整保留至原主归还认领之日；又可以将暂时无主土地租佃给无地农民耕种，解决贫民、流民的安置问题，增加国家财政收入，促进小农经济稳步增长。

国家为了鼓励小农租佃荒闲土地，以免税作为条件，允许人户“请射承佃”。国家鼓励流民还籍归业，一律减免租税。北宋法律规定，归业原主和请射佃户，都享有减免五年租税的优待；五年后，在旧税上减八分作为定额。

元代官府招募农民开垦荒芜田土，并免除一切杂役，使得抛荒土地不致荒芜。《元典章》“荒闲田地给还招收逃户”条规定：

---

① 徐松编纂：《宋会要辑稿》(12)，《食货六一·民产杂录》，上海古籍出版社 2014 年版，第 7463 页。

② 王溥撰：《唐会要》(下)，卷八五，上海古籍出版社 2006 年版，第 1856—1857 页。

逃户复业者，将元抛事产不以是何人种佃者，即便分付本主。户下合着差税，一年全免，次年减半，然后依例验等第科征。①

《元典章》"荒田开耕三年收税"条规定：

都省除已札付户部，钦依圣旨事意，多出文榜，召募诸人开耕。若有前来开耕人户，先于荒闲地土内，验本人实有人丁约量标拨。每丁不过百亩。如是不敷，于富豪冒占地土内依上标拨。据开耕人户，三年外依例收税。②

国家鼓励农民垦耕荒地的法令，既满足垦田之家的生存需要，又满足地方官府的税收需求。如此可谓利民又便官，具有促进小农经济发展、维护社会秩序稳定的进步作用。

有别于前代国家直接将官田授予农民耕种并收取田税，宋代国家以地主身份将官田出租给农民，同时收取租税。宋代采取"实封投状"法，由承租人自愿密封投标，机会均等地公开竞争，由租课最多者取得承租权，并允许该承租权有偿转让。若原佃户无法缴纳租课或拒绝增加租额，通过"实封投状"法重新召纳新佃户，勒令原佃户离业。《续资治通鉴长编》中记载：

哲宗元祐元年八月〔丁未〕户部言：出卖户绝田宅，已有估覆定价，欲依买扑坊场罢实封投状。从之。据刘安世言：元年六月七日有敕，罢实封买扑坊场法，而《实录》乃于十一月四日方载之。今八月二十二日已书依坊场罢实封，则是《实录》先后差误，已取十一月四日事，载六月七日。③

《宋会要辑稿·食货》记载：

七年八月七日，前两浙路提点刑狱胡邃奏："二浙向缘草寇惊

---

① 陈高华等点校：《元典章》卷一九《户部卷之五·田宅·荒田》，中华书局、天津古籍出版社2011年版，第676—677页。

② 陈高华等点校：《元典章》卷一九《户部卷之五·田宅·荒田》，中华书局、天津古籍出版社2011年版，第678页。

③ 李焘：《续资治通鉴长编》哲宗元祐元年八月。

劫，温、台、处、婺等州各有逃绝户抛下田土，贼平之后，皆为有力之家请射。欲乞令百姓实封投状请射，限一月开拆，给与租课最多之人，于公实利便。”从之。①

法律规定逃亡原主归认田宅的年限，保护原主的土地所有权的同时，又维护现佃户的土地使用权。《宋会要辑稿·食货》记载：

仍乞自今后如有似此黄河积水流移人户田土，虽是限满未来归业，未许诸色人请射，直候将来水退，其地土堪任耕种日，与依敕限，许令本户归业。如限满不来，即许诸色人请射为主，供输税赋。②

原主抛荒年久未归，若无限期保留其所有权，不利于财产所有权的稳定，也损害现佃户的合法权益。法律承认现佃户经过法定期限，即可依法取得承佃土地的所有权，可以对抗原主的所有权。经过法定归认期限，即使原主返回原籍，也无权要求给付原有田土，丧失其所有权。《唐会要·逃户》记载：

大中二年正月制：所在逃户，见在桑田屋宇等，多是暂时东西，便被邻人与所由等计会，虽云代纳税钱，悉将斫伐毁折。及愿归复，多已荡尽，因致荒废，遂成闲田。从今已后，如有此色，勒乡村老人与所由并邻近等同检勘分明，分析作状，送县入案，任邻人及无田产人，且为佃事，与纳税粮。如五年内不来复业者，便任佃人为主，逃户不在论理之限。其屋宇桑田树木等权佃人，逃户未归五年内，不得辄有毁除斫伐；如有违犯者，据限日量情以科责，并科所由等不检校之罪。③

咸通十一年七月十九日敕：诸道州府百姓承佃逃亡田地，如已经五年，须准承前赦文，便为佃主，不在论理之限，仍令所司准此

① 徐松编纂：《宋会要辑稿》卷10652《食货一·拾田杂录》，民国二十五年国家北平图书馆影印本。

② 徐松编纂：《宋会要辑稿》（12），《食货六一·民产杂录》，上海古籍出版社2014年版，第7467页。

③ 王溥撰：《唐会要》（下），卷八五，上海古籍出版社2006年版，第1857页。

处分。①

法律保护现佃人对承租官田的先买权。如宋代案例“章明与袁安互诉田产”：

准使、州行下，经量田产，明示约束，各以见佃为主，不得以远年干照，辄因经量，妄行争占。王文去年买入袁安户田，虽是见行投印，而袁安上手为业已久。近因经量，章明乃赍出干道八年契书，欲行占护，且契后即无印梢，莫知投印是何年月。契要不明，已更五十年以上，何可照使。合照使、州行下，付见佃为主，如再有词，从杖八十科断。②

南宋法律缩短了原主归认抛荒田土的年限，以期尽快恢复战后动荡的产权状态，复苏萧条的经济发展。绍兴二年七月九日，法定田土归认年限缩短到三年；绍兴三年，法定田土归认年限改为五年；绍兴五年的规定也不变，五年内归业，交还田土。之后，法定田土归认年限又改回十年。《宋史·食货志·农田》记载：

〔建炎〕六年，减江东诸路逃田税额。知平江府章谊言：民所甚苦者，催科无法，税役不均。强宗巨室阡陌相望，而多无税之田，使下户为之破产。乞委通判一员均平赋役。九年，宗正少卿方庭实言：中原士民奔迸南州，十有四年，出违十年之限及流徙僻远卒未能归者，望诏有司别立限年。户部议：自新复降赦日为始，再期五年，如期满无理认者，见佃人依旧承佃。中原士民流寓东南，往往有坟墓，或官拘籍，或民冒占，便行给还。从之。③

宋代法律对于土地所有权保护期限延长。《宋会要辑稿·食货》记载：

① 王溥撰：《唐会要》（下），卷八五，上海古籍出版社 2006 年版，第 1857 页。

② 中国社会科学院历史研究所宋辽金元史研究室点校：《名公书判清明集》卷四《户婚门·争业上·章明与袁安互诉田产》，中华书局 1987 年版，第 111 页。

③ 脱脱等：《宋史》卷一七八《食货志·役法》。

十二月三日，尚书金部员外郎宋贶言："比下诏以戒饬州县，安集流亡转徙之人，丁宁备至，而州县奉行循习，或拘十年之限，不容识认旧产，又有向来虽系上户，缘失业已久，产土未尽开垦，官司便据旧额，起催全科苒税，均认差役，是致供应不给，又复逃移。伏望申命有司检照前后指挥，深功参酌，别行措置，务令公私兼济，么远可行。"①

《宋刑统·户婚律》"典卖指当论竞物业"条规定：

准：建隆三年十二月五日敕节文，今后应典及倚当庄宅、物业与人，限外虽经年深，元契见在，契头虽已亡没，其有亲的子孙及有分骨肉，证验显然者，不限年岁，并许收赎。如是典当限外，经三十年后，并无文契，及虽执文契，难辩真虚者，不在论理收赎之限，见佃主一任典卖。②

对于返乡复业的流民，官府采取几种措施保护土地所有权。第一，官府将原土地给还原主，但原主必须偿还佃户在土地上投入的经费。第二，由于佃户在土地上投入的费用过多，若强制返还原业则有损公平，因此官府另拨等量等值的官田给原主充数，使现佃户与原业主各得其所。《宋会要辑稿》记载：

已降指挥，虽许归业人户识认元业田产，其本州岛人户旧在蕃界日用钱承买，及承佃施工已么，若便依指挥给还识认人，(切)虑已安业人户却致失所。欲下泗州，如有归业之人执到契照，识认田业，于系官空闲田比对田色高下，依契拨还。③

第三，官府要求原主将别处相等田土开垦成熟田，再与已作为营田的原田土对换，或偿还官府开荒的工本费。现佃人在承租土地上长期经营，若随意被国家强制夺卖，显然有失公平。《宋史·食货志·农田》记载：

① 徐松编纂：《宋会要辑稿》(12)，《食货六一·民产杂录》，上海古籍出版社2014年版，第7472页。

② 窦仪等：《宋刑统校证》(12)，岳纯之校订，北京大学出版社2015年版，第175页。

③ 徐松编纂：《宋会要辑稿》，《食货六一·民产杂录》，上海古籍出版社2014年版，第7474页。

“望诏州县画疆立券，占田多而输课少者，随亩增之，其余闲田，给与佃人，庶几流民有可耕之地，而田莱不至多荒。”①法律承认佃户对长期耕种的土地享有所有权，有效调动小农生产的积极性，促使自然经济正常发展。

第六节　基于占有取得的田宅所有权

开垦耕地，并基于先占原则永为己业，是中国古代取得土地所有权的重要方式和合法途径。先占原则使得开垦荒地成为取得土地所有权的普遍方式。

国家承认个人对垦耕荒地的私人所有权。荒地的开垦在国家的鼓励和法律的认可下，成为封建国家让渡国家土地所有权而编户齐民取得私有土地所有权的普遍途径。开垦并占有荒地，成为土地所有权让渡和取得的合法方式，使得开垦荒地变成社会普遍现象。

在法律规定国家授予的前提下，民众对于国有性质的公田基于长期占有事实，根据先占原则，可以取得使用、收益、处分的全部权利。

秦汉法律承认民众基于占有而取得开垦荒地的私有权。秦简《田律》规定，在国家许可的范围内，在法律限定的时间、空间内，个人开垦荒原可取得耕地所有权。汉代国家“赋田与民”，则无地农民长期占有国有土地，并上缴田租给国家。原则上，这些耕地仍归国家所有，占有者因无所有权而不得买卖。

北魏时期，根据先占取得原则确立了占有者的土地所有权。法律规定，对于产权不明确的田宅纠纷，以“悉属今主”②作为处理原则，保护先占的财产权利，维持现存的产权状态，以防因土地所有权不稳定而引发社会动荡不安。

---

① 脱脱等：《宋史》卷一七三《食货上一》，中华书局 1985 年版，第 2797 页。

② 魏收：《魏书》卷三五《李孝伯传附兄子安世传》。

隋唐时期，法律承认原主的私有土地权。即使是国有荒地或公田，也不影响原有的私有土地，法律保护原有的土地私有权。唐高宗永徽二年（651），法律规定："苑内及诸曹司旧是百姓田宅者，并还本主。"①唐代法律承认土地占有者的合法权利，尤其是对土地投入经营的占有权加以保护，从而承认土地使用者的所有权。

宋代法律规定，乡民对于先占的无主田地进行开垦，只要按照原业缴纳税租，则不属于盗耕的违法行为，其土地所有权不受任何人侵夺。《宋刑统·户婚律》"占盗侵夺公私田"条引唐《田令》规定："诸竞田，判得已耕种者，后虽改判，苗入种人，耕而未种者，酬其功力。未经断决，强耕种者，苗从地判。"②

明代国家多次颁布奖励垦荒、听为永业的诏令，即"开垦成田，永为已业"，"以为常业"。《明会典·户部四》"田土"条规定：

> 凡开垦荒田。洪武初，令各处人民，先因兵燹遗下田土，他人开垦成熟者，听为已业。业主已还，有司於附近荒田拨补。
>
> 又令复业人民，见今丁少而旧田多者，不许依前占护，止许尽力耕垦为业。见今丁多而旧田少者，有司於附近荒田，验丁拨付。③

洪武元年，明太祖诏令规定，农民永久享有所垦荒地的所有权，并享有免除三年赋役的特殊待遇。《明会典·户部四》"田土"条规定：

> 三年，令以北方府县近城荒地召人开垦。每户十五亩，又给地二亩种菜。有余力者，不限顷亩。皆免三年租税。④

明初推行民屯政策，大规模移民垦荒，鼓励庶民开垦荒地，土地私有化达到了前所未有的程度。《明史·食货志》记载：

> 凡质卖田土，备书税粮科则，官为籍记之，毋令产去税存以为民

① 王钦若等编纂：《册府元龟》卷一四《帝王部》。

② 窦仪等：《宋刑统校证》，岳纯之校订，北京大学出版社 2015 年版，第 174 页。

③ 申时行等：《明会典》卷一七，中华书局 1989 年版，第 112 页。

④ 申时行等：《明会典》卷一七，中华书局 1989 年版，第 112 页。

害。又以中原田多芜，命省臣议，计民授田。设司农司，开治河南，掌其事。临濠之田，验其丁力，计亩给之，毋许兼并。北方近城地多不治，召民耕，人给十五亩，蔬地二亩，免租三年。每岁中书省奏天下垦田数，少者亩以千计，多者至二十余万。官给牛及农具者，乃收其税，额外垦荒者永不起科。二十六年核天下土田，总八百五十万七千六百二十三顷，盖骎骎无弃土矣。①

明代法律规定将国有荒地开垦成为耕田的，赋予垦荒者永久的土地所有权，可以将国有荒地占为己业。《明会典·户部四》"田土"条规定：

十三年，令各处荒闲田地，许诸人开垦，永为己业，俱免杂泛差徭。三年后，并依民田起科。②

因此，明代国有土地授予农民后成为民田，其所有权的性质从国有转变为私有，被私人永远占有和处分。屯民取得国家授予的永久所有权，买卖、典卖、租佃民屯田均无不可。

洪武五年，明朝立法规定，田土产业以现耕者为所有权人，赋予现耕者可以对抗原主的土地所有权；而返乡复业的原主，丧失原业的所有权，但官府拨给附近同等荒地作为补偿。官府既保护现耕者基于合法占有权而享有的法定所有权，也补偿原主基于原有所有权而补偿的损失利益。明代自耕农得益于国家鼓励政策，获得开垦荒地的所有权，有田可耕、有产傍身，不致因战乱或贫穷而四处流移、无以维生。《明会典·户部四》"田土"条规定：

嘉靖六年，令各处板荒、积荒、抛荒田地，遗下税粮，派民陪纳者，所在官司，出榜召募。不拘本府别府军民匠灶尽力垦种，给与由帖，永远管业，量免税粮。三年以后，照例每亩征官租，瘠田二斗，肥田三斗，永免起科加耗。及一应田土差役，其概县原陪税粮。即以所征官租，岁报巡抚衙门，照数扣减。

---

① 张廷玉等：《明史》卷七七，《食货一》，中华书局1974年版，第1882页。

② 申时行等：《明会典》卷一七，中华书局1989年版，第112页。

八年，令陕西抛荒田土最多州县，分为三等。第一等，召募垦种，量免税粮三年。第二等，许诸人承种，三年之后方纳轻粮，每石照例减纳五斗。第三等，召民自种，不征税粮。抛荒不及三分，有附近及本里本甲本户人丁，堪以均派带种者，劝谕自相资借牛种。极贫无力者，官为措给，责令开垦，不必勘报。

又令陕西抚按官，将查勘过西安延庆等府田土，果系抛荒无人承种者，即召人耕种，官给与牛具种子，不征税粮。若有水崩沙压，不堪耕种者，即与除豁。①

《明会典·户部四》“田土”条规定：

凡召佃拨种地土。正统五年，令北直隶府州县，将富豪军民人等包耕田地，除原纳粮田地外，其余均拨贫民、及冲场田地人户耕种，照例起科。其贫民典当田宅，年久无钱取赎；及富豪军民，占种逃民田地。待复业之日，照旧断还原主。②

清承明制，清代统治者也推行鼓励垦荒的政策，并且“永准为业”。顺治年间，国家正式颁布垦荒令，赋予开垦者对荒田的永久所有权，鼓励流民开垦荒地、恢复农耕。《大清会典·户部》“田赋”条规定：

凡开垦各州、县、卫、所荒芜膏腴地、迁涨新开地、各边口外旷土，咸分给兵民垦种。【沿边牧地，不准开垦。】无力者，官给牛、种，招徕外籍入甲及徒、流之人，均准屯垦，给照为业。番夷地亩，亦准租垦。③

顺治年间颁布“督垦荒地劝惩则例”，保护先垦者的土地所有权。无主荒地当然归垦荒者所有，这是毋庸置疑的。有主荒地也归垦荒者所有，原所有权不得收回。垦荒者对荒地的所有权也不是绝对的，必须持续使

---

① 申时行等：《明会典》卷一七，中华书局1989年版，第113页。
② 申时行等：《明会典》卷一七，中华书局1989年版，第113页。
③ 允祹等纂：《大清会典》卷一〇，杨一凡、宋北平主编，李春光校点，凤凰出版社2018年版，第66—67页。

用耕种，才可以一直保有所有权；相反，抛荒则失去所有权，官府另召新人耕种并授予所有权。

地方官既要履行劝垦劝农、召民开垦的职责，也要承担发给印照、妥善管理土地所有权问题的责任。《清高宗实录》记载，乾隆年间，地方贯彻执行朝廷的垦荒法令，并准许"永为世业"。

又谕，据广东巡抚苏昌等奏称，琼州为海外瘠区。贫民生计维艰。查有可垦荒地二百五十余顷，请照高、雷、廉、之例，召民开垦，免其升科等语。著照该抚等所请。查明实系土著贫民，召令耕种，免其升科，给与印照，永为世业。仍督率所属妥协办理。庶土无遗利，俾该处贫民得资种植。①

为了更好地执行朝廷的垦荒法令，更大地调动民众的垦荒热情，清王朝以免除十年赋税为让步措施，规定新垦田地的起征科赋年限为十年。这样，多数流民纷纷认领荒地进行开垦，因取得田土所有权而变为自耕农或庶民地主。

雍乾时期，国家继续招民垦荒，同时对开垦荒地的起征科赋年限作出新的调整。雍正时期发布上谕，水田六年起科，旱田十年起科。乾隆时期，"承垦荒地之令"规定，民众垦荒，必须先向官府呈报，获准之后才可以开垦。同治时期的《垦荒定则》规定，各州县官"召集流亡，垦辟地亩"，无论土著还是流寓，都可以向地方官呈报开垦荒地。宣统时期，法律规定，凡是开垦东三省国有荒地的，只要向官府交价领照，就可以获得荒地所有权。原户主无力垦荒耕种，才允许佃户占有土地，获得所有权。

此外，《户部则例·稽查私垦》规定，特定地区的荒地不得私自开垦，否则严惩开垦者和地方官。

与先占这种合法占有田宅的法定财产权利相对，通过非法侵占而获

① 《清实录乾隆朝实录》卷四四五。

得的私人土地所有权，虽为法律所禁止，但却普遍存在于民间社会中。贵族官僚作为封建社会的特权阶层，通过各种非法途径大量占有土地，已成历朝历代的常态。贵族官僚侵占公私土地，尤其是侵夺庶民田宅，扩大私人土地所有权。豪强地主还利用农民“指地借钱”的抵押权强占田宅，将作为抵押物的田宅占为己有，实现田宅所有权的转移。“宏都下有数十邸出悬钱立券，每以田宅邸店悬上文券，期讫便驱券主，夺其宅。都下东土百姓，失业非一。帝后知，制悬券不得复驱夺，自此后贫庶不复失居业。”①

清代，《户部则例·田赋》“违禁置买附押借长租”条规定：

民置旗产规避升科，税契仍前藉。称指地借钱及支使长租者，业户、租户均照违制律治罪，其应追租借钱文，勒令归还、销字。若业户实系无力，准其将原地另卖、归还。如有盗指公中祭田私自借贷钱文者，仍按盗典祭田例办理。②

无论是侵占国有土地，还是侵夺私人田宅，造成广大自耕农因失去故土而流移他乡，严重影响社会安定。历代法律专设“专地盗土”、“夺田”、“买公田与近臣”等罪名，对侵占私人土地所有权的行为处以刑罚，保护自耕农的私有财产权利和基本生存条件。

汉代，官僚贵族、地主豪强多占民田、强买民宅，争夺田土而获得土地私有权。“王后荼、太子迁及女陵得爱幸王，擅国权，侵夺民田宅，妄致系人。”③“王又数侵夺人田，坏人冢以为田。”④

魏晋南北朝时期，国家法律承认官僚地主凭借特权“抢占官田”“夺占民田”的土地所有权。宋孝武帝时期，“先是山湖川泽，皆为豪强所专，小民薪采渔钓，皆责税直，至是禁断之。”⑤

① 李延寿：《南史》卷五一《临川静惠王宏传》。
② 《户部则例》卷一〇《田赋·违禁置买附押借长租》。
③ 司马迁：《史记》卷四四，《淮南衡山列传》，中华书局2006年版，第458页。
④ 司马迁：《史记》卷四四，《淮南衡山列传》，中华书局2006年版，第458页。
⑤ 沈约：《宋书》卷二《武帝纪》。

唐代实行均田制，严格限制土地私有权，明确限定民众受田数额，严厉禁止额外占田。民众占有限额以外的剩田，虽然法律对限外垦荒行为不处罚，但规定必须要"申牒立案"，否则治罪。《唐律疏议·户婚》"在官侵夺私田园圃"条规定：

诸在官侵夺私田者，一亩以下杖六十，三亩加一等；过杖一百，五亩加一等，罪止徒二年半。园圃，加一等。

【疏】议曰：律称"在官"，即是居官挟势。……或将职分官田贸易私家之地，科断之法，一准上条"贸易"为罪，若得私家陪贴财物，自依"监主诈欺"。①

宋代法律保护田宅所有权，禁止非法侵占。《宋刑统·户婚律》"占盗侵夺公私田"条规定：

诸在官侵夺私田者，一亩以下杖六十，三亩加一等，过杖一百，五亩加一等，罪止徒二年半。园圃，加一等。

【疏议曰】：律称在官，即是居官挟势。……或将职分官田贸易私家之地，科断之法，一准上条贸易为罪。若得私家陪贴财物，自依监主诈欺。②

宋代法律对于侵害田宅所有权的行为予以责任追究，防止地主豪强倚仗权势强占、强夺民产。同时，法律还赋予民众诉讼请求权，允许民众向官府提起诉讼，要求返还被非法侵占的田宅。法律不仅赋予受侵害庶民起诉权，还允许越诉。庶民有权向官府提起诉讼，要求返还被侵占的已业，运用法律手段维护私有财产权。《宋会要辑稿·食货》记载：

宁宗嘉泰三年十一月十一日，南郊赦文："诸路州县乡村间有豪横之人强占邻人田产，侵扰界至田亩，其本户租税又不送纳，多是催科保长为之代输，每有辞诉。今后如有似此去处，仰监司常切

---

① 钱大群撰：《唐律疏议新注》卷一三，南京师范大学出版社2007年版，第418页。

② 窦仪等：《宋刑统校证》卷一三，岳纯之校订，北京大学出版社2015年版，第174页。

觉察，及行下所属州县重立赏牓，许被扰人越诉。自后，郊祀、明堂赦亦如之。”①

朝廷下诏，严禁官员倚仗政治特权侵夺民田，并将检举侵占民田、与民争利的官吏作为地方监察职责的内容之一。宋代屡次颁布官府不得侵占民户私田的禁令。宋代禁止官府强占民田作为屯田、营田，保护民众的土地私有权。高宗绍兴三年(1133)五月诏:“不得侵占有主民户田土”。孝宗淳熙十年(1183)，不得强占民田为屯田。官府派遣官员调查核实地方官吏侵夺民田的情况。若官吏以设屯田为名而行占田之实，则依法追究“妄有奏陈”责任。

国家无权处分私有民田，不同于官田，不允许越俎代庖而强行买卖。“田产既系人户己业”，对于强占己业的官府，民众同样可以诉至官府，依法请求返还。“应今来北流闭断后黄河退背田土，并未得容人请射，及识认指占，听候朝廷专差朝臣往彼，与本处当职官同行标定讫，收接请状，纽定租税，均行给受。”②

元代屡次颁布禁令，禁止官僚地主侵占官民田。《通制条格》“田令·影占官田”条规定:

承奉行大司农司:“参照议拟到先奉条画内一款:‘亡宋各项系官田土，每岁各有额定子粒、折收物色。归附以来，多被权豪势要之家影占以为己业佃种，或卖与他人作主。立限一百日，若限内自行赴行大司农司并劝农营田司出首，与免本罪，其地还官，止令出首一种佃，依例纳租。据在前应收子粒，并行免征。若限外不首，有人告发到官，自影占耕作年分至今应收子粒，尽数追征。职官解见任，退闲官、军、民诸色人等，验影占地亩多寡，就便约量断罪。仍于征到子粒

① 徐松编纂:《宋会要辑稿》卷4749《食货六三》，民国二十五年国家北平图书馆影印本。

② 徐松编纂:《宋会要辑稿》卷10652《食货一·拾田杂录》民国二十五年，国家北平图书馆影印本。

内一半，付告人充赏。’钦此。”①

元代法律规定，权豪势要之家不得冒占荒地。但实际生活中，官吏冒占官田仍旧屡禁不止，官僚地主侵吞投靠贫民的土地。贫民为了逃避沉重的赋税，带着田土投靠到豪强地主的门户，诡名佃户，最后往往人财两失，不仅田土被地主据为己有，而且自身成为地主的附庸。“兵后孱民多依庇豪右，及有以身庸藉衣食，历年滋久掩为家人，验藉质券，悉出之为民。”②

发展至明代，私人土地所有制基本上受限较小，私有土地的规模空前壮大。明代中后期，土地越来越集中，土地兼并加剧，私人地主阶层更加扩大。明代社会，上至朝廷皇帝、贵族官僚，下至庶民地主、普通百姓，都或多或少占有土地。明朝皇帝作为封建王朝最大的地主，也加入占有、买卖土地的行列中，设立皇庄，广增私产；贵族官僚除了拥有国家授予的官田，还夺买或掠夺民田，广立王庄，兼并私产。

洪武时期，朱元璋明令禁止公侯功臣之家强占官田和侵夺民田。《明会典·户部四》“田土”条规定：

> 二十四年，令公侯大官、以及民人，不问何处，惟犁到熟田，方许为主。但是荒田俱系在官之数，若有余力，听其再开。其山场水陆田地，亦照原拨赐则例为主，不许过分占为己有。③

万历十三年《问刑条例·应议者之父祖有犯条例》规定：

> 凡王府人役，假借威势，侵占民田，攘夺财物，致伤人命，除真犯死罪外，徒罪以上，俱发边卫充军。④

明代中后期，以皇帝为首、官僚贵族为主体的大地主特权阶层广置田

① 陈高华等点校：《元典章》卷一九《户部卷之五·田宅·官田》，中华书局、天津古籍出版社 2011 年版，第 671—672 页。

② 苏天爵：《元朝名臣事略》卷一〇《宣慰使张公（德辉）》。

③ 申时行等：《明会典》卷一七，中华书局 1989 年版，第 112 页。

④ 《问刑条例》，载怀效锋点校：《大明律》附录，法律出版社 1999 年版，第 347 页。

庄,占据全国绝大多数土地。万历十三年《问刑条例·人户以籍为定条例》规定:

各处卫所并护卫、仪卫司军官、舍余人等及龟户,置买民田,一体坐派粮差。若不纳粮当差,至累里长包赔者,俱问罪。其田入官。①

庶民地主除了以继承祖业、勤俭力田、购买土地等合法途径取得私人土地所有权以外,也强取豪夺贫民佃户的少量土地。广大自耕农本来所有的土地非常有限,又常因难堪繁重的赋役压力或贫寒的生活压力而失去土地,沦为流民、佃户,不得不以租佃地主的土地并交纳高额地租勉强维持生计。

第七节　基于共有取得的田宅所有权

中国古代奉行家产共有制,致力于维护同居共财的大家族制度。历代法律在第一卷“名例律”中,将“别籍异财”列为“不孝”罪之一,以“十恶”重罪的严格刑事处罚,对同居共财的家产共有制给予特殊保护。财产共有关系在中国古代社会中由来已久。个人无私产,基于共有关系而取得田宅所有权,对土地形成共同财产所有权。西周时期,奴隶制社会实行部落所有制。部落共同体的习惯规定,田宅属于原始社会的氏族公社公有,已经出现了共同财产所有权关系。进入封建王朝以后,共同田宅所有权进一步发展。

祖先坟墓的所有权受到历代法律的特殊保护,决不允许非法买卖和侵占,甚至祖坟被绝卖,也允许原主赎回。唐宋时期,墓地、冢地属于家族或宗族共同合有,不得买卖,由子孙共同继承和保存。《唐律疏议·户婚》“盗耕人墓田及盗葬于人田”条规定:

诸盗耕人墓田,杖一百;伤坟者,徒一年。即盗葬他人田者,笞五

① 《问刑条例》,载怀效锋点校:《大明律》附录,法律出版社1999年版,第3688—3699页。

十；墓田，加一等。仍令移葬。若不识盗葬者，告里正移埋，不告而移，笞三十。即无处移埋者，听于地主口分内埋之。

【疏】议曰：墓田广袤，令有制限。盗耕不问多少，即杖一百。……“即无处移埋者”，谓无闲荒之地可埋，听于地主口分内埋之。①

《宋刑统·户婚律》“占盗侵夺公私田”条也有相同规定。元祐六年（1091）八月十二日，宋哲宗说：“墓田及田内材木土石，不许典卖及非理毁伐，违者，杖一百。”②法律保护家族共有的墓田、义庄，其所有权由家族成员共有，处分权必须由全体共有者众议行使，个人不得私自行使。

宋代司法实践中这种案例比比皆是。宋代案例“执同分赎屋地”：

理诉交易，自有条限。毛汝良典卖屋宇田地与陈自牧、陈潜，皆不止十年，毛永成执众存白约，乃欲吝赎于十年之后。本县援引条限，坐永成以虚妄之罪，在永成亦可以退听。今复经府，理赎不已，若果生事健讼之徒，所合科断。详阅案卷，考究其事，则于法意人情，尚有当参酌者。大率小人瞒昧同分，私受自交易，多是历年不使知之，所以陈诉者或在条限之外，此姑不论也。永成白约，固不可凭，使果是汝良分到自己之产，则必自有官印干照可凭，今不赍出，何以证永成白约之伪乎？此又不论也。但据永成诉，汝良所卖与陈自牧屋一间，系与其所居一间连桁共柱，若被自牧毁拆，则所居之屋不能自立，无以庇风雨，此人情也。③

如宋代案例“孤女赎父田”：

俞梁既别无子孙，仰以续祭祀者惟俞百六娘而已，赎回此田，所当永远存留，充岁时祭祀之用，责状在官，不许卖与外人。如应龙辄

---

① 钱大群撰：《唐律疏议新注》卷一三，南京师范大学出版社2007年版，第419页。

② 徐松编纂：《宋会要辑稿》（12），《食货六一·民户杂录》，上海古籍出版社2014年版，第7471页。

③ 中国社会科学院历史研究所宋辽金元史研究室点校：《名公书判清明集》卷六《户婚门·赎屋·执同分赎屋地》，中华书局1987年版，第165—166页。

敢出卖，许士壬陈首，即与拘籍入官，庶可存继绝之美意，又可杜应龙贱赎贵卖之私谋，士壬愤嫉之心，亦少平矣！①

宋代法律规定，开垦年久的闲荒土地或租佃日久的抛荒田土，一般由现占有者或现租佃户继续享受所有权，而另拨邻近荒闲田土充抵原业。但是，墓田必须给还原主，不得用其他田土充数。

宋代法律对于侵害私人墓地的行为，不仅要求追还原业、恢复原状，还要处以刑罚以示惩戒。《庆元条法事类》“采伐山林”条规定：

诸以墓地及林木土石非理毁伐者，杖一百，不以荫论。土石可追改者，悉追改。②

出卖官田也不得侵占他人坟墓。《宋会要辑稿》记载：

如有坟墓已葬埋在今日以前者，尅留四至各三丈，与为己业。若所至三丈内或系别人己产，即据所至给与，不得侵越别人己产；或所至三丈内，系见今出卖水田塘之类，止得以岸为至；若墓地元从官地上出入者，买主不得阻障。宅舍亦间具新旧、间架、丈尺阔狭、城市乡村等紧慢去处，并量度适中估价，务要公当，不致亏损公私。③

明太祖颁布诏令：“兵兴以来，所有流徙。所弃田，许诸人开垦业之。即田主归，有司于附近拨给耕种，不听争。惟坟墓、房舍还故主，不听占。”④

宋代的义庄、祭田由家族共有，家族成员具有共有财产权。北宋范仲淹设立的义庄，是宗族成员的共有财产。同祖共亲的家庭成员对家族财产具有共同所有关系。如宋代案例“母在与兄弟有分”：

① 中国社会科学院历史研究所宋辽金元史研究室点校：《名公书判清明集》卷九《户婚门·取赎·孤女赎父田》，中华书局1987年版，第315—317页。

② 《庆元条法事类》卷第八〇《采伐山林·杂敕·户婚敕》，载杨一凡等主编：《中国珍稀法律典籍续编》第一册，黑龙江人民出版社2002年版，第911—912页。

③ 徐松编纂：《宋会要辑稿》(12)，《食货六一·官产杂录》，上海古籍出版社2014年版，第7441页。

④ 徐光启：《农政全书》卷三《国朝重农考》。

交易田宅，自有正条，母在，则合令其母为契首，兄弟未分析，则合令兄弟同共成契，未有母在堂，兄弟五人俱存，而一人自可典田者。魏峻母李氏尚存，有兄魏岘、魏峡、弟魏峤，若欲典卖田宅，合从其母立契，兄弟五人同时着押可也。①

如宋代案例“共帐园业不应典卖”：

照得梁淮元有兄弟三人，兄与弟俱殁，独梁淮在焉。其侄回老、锡老则其兄弟之子，俱承父分。梁氏物业已析，独留灵耀寺边园地一所，即今与龚承直所争之地是也。其支书该载明言：此系众业，权尅退候却分。则上件园系共帐之业，固不容分析也。分析尚不可，而况于典卖乎！

今梁回老等不恤其叔，不问共帐，辄与龚宅交关，所谓瞒昧尊长，衷私交易，不知于法意无碍否？龚承直有园与梁淮园地切邻，岂不知其园系三分未分之业，乃买诱梁回老等立契。在梁回老等系盗卖，龚承直系盗买，俱不为无罪。自合照条，钱没官，业还主，以既经赦宥，不欲准法施行。昨通判行下建阳县，令梁淮备钱取赎，亦已允当。②

如宋代案例“业未分而私立契盗卖”：

契勘方文亮服尚未满，云老所生李氏尚存：合照淳祐七年敕令所看详到平江府陈师仁分法，拨田与李氏膳养，自余田产物业，作三分均分，各自立户，庶几下合人情，上合法意，可以永远无所争竞。所有仲乙违法典过三契，使仲乙果是彦德亲子，未有承分，则当用钱不追，业还主。今仲乙乃是彦诚之子，自有应分，若违法典卖，致自尊长觉发，而又不追钱得业，则卑幼之不肖者何所不可为，似反为不义之劝。方仲乙照条勘杖一百，追钱没官，未到人并方仲乙生钱文约，牒巡、尉

① 中国社会科学院历史研究所宋辽金元史研究室点校：《名公书判清明集》卷九《户婚门·母在与兄弟有分》，中华书局1987年版，第301页。

② 中国社会科学院历史研究所宋辽金元史研究室点校：《名公书判清明集》卷九《户婚门·违法交易·共帐园业不应典卖》，中华书局1987年版，第301页。

司限三日追索。①

元代法律禁止买卖坟地，对违法买卖双方给予刑事处罚。《通制条格》"田令·坟茔树株"条规定：

皇庆二年三月十八日，中书省钦奉圣旨：百姓每的子孙每将祖上的坟茔并树木卖与人的也有，更掘了骨殖将坟茔卖与人的也有。今后卖的买的并牙人每根底要罪过，行文书禁断者。麽道。钦此。②

明代宗族组织的发展达到了空前的水平，以祭田、祠堂、族田、义田为主要表现形式的族产也前所未有地发展壮大。族产是宗族全体所有的，是明代共有土地所有权的重要对象，也是宗族组织的重要经济基础。宗族所有土地在明代民间社会非常盛行，在宗法观念强盛的小农家庭尤为发达。

族产一般源于国家赠与、族人众存、族人捐赠、买卖、典卖等途径。国家赏赐贵族功臣祭田，由贵族全体共有。族人将祖遗家产充入公祠成为族产。同居共财的大宗族分家析产时，一般会存留一部分祭田作为赡养孤老和祭祀祖先之用。户绝之家不立嗣继产，往往将所有家产充入公祠，以小宗附祭于大宗，由族人轮流祭祀管业。族人捐赠祭田、义田、社田、学田等作为族产，救济族内因贫无力婚丧嫁娶者。

明代法律非常重视加强对公共祖坟山地的保护。《大明令·刑令》"坟茔不籍没"条规定：

凡籍没犯人家产、田地，内有祖先茔坟者，不在抄札之限。③

万历十三年《问刑条例·盗卖田宅条例》规定：

军民人等，将争竞不明并卖过及民间起科；僧道将寺观各田地；

---

① 中国社会科学院历史研究所宋辽金元史研究室点校：《名公书判清明集》卷九《户婚门·违法交易·业未分而私立契盗卖》，中华书局1987年版，第303页。

② 《通制条格》卷一六，载杨一凡等主编：《中国珍稀法律典籍续编》第二册，黑龙江人民出版社2002年版，第548—549页。

③ 《大明令·刑令》，载怀效锋点校：《大明律》附录，法律出版社1999年版，第266页。

若子孙将公共祖坟山地，朦胧投献王府及内外官豪势要之家，私捏文契典卖者，投献之人，问发边卫永远充军，田地给还应得之人；及各寺观、坟山地归同宗亲属，各管业。其受投献家长，并管庄人，参究治罪。山东、河南、北直隶各处空闲地土，祖宗朝俱听民尽力开种，永不起科。若有占夺投献者，悉照前例问发。①

明代的国家法律对族产进行全方位保护，家法族规也对族产进行更加严密、细致的严格保护。“公产不可鬻也”的宗法观念根深蒂固。族产属于宗族共有的公产，私占和买卖都是非法。族人共享族产所有权。族产的共有权归宗族子孙全体共享。族人对于本宗族人的田宅具有先买权。族人将私产变卖或典卖，都要首先遍问族亲，由族亲优先购买而获得所有权。

族产名义上归宗族全体成员所有，而实际上把控在族长、官绅、地主等宗族内特权阶层手中。无论是族内权贵管理族产，还是普通族人轮流管业，族产作为一个整体都不准个人分析，也不允许任何人盗卖。族产只进不出，一般租佃给本族之人，收取的地租也作为公产归宗族所有。《真犯死罪充军为民例》（万历十三年奏定并新续题）“永远充军”条规定：

军民人等，将争竞不明或并卖过及民间起科，僧道将寺观各田地，及子孙将公共祖坟山地朦胧投献王府官豪势要，捏契典卖者，投献之人。山东、河南、北直隶各空闲地土，祖宗朝听民尽量开耕，永不起科。若有占夺投献者。②

《明成化二十一年休宁县汪文暲等坟地合同》：

十一都汪文暲同弟文明，原于正统元年，是祖将八保土名潭子口山地出卖与族伯祖汪仕同，本家存留祖坟禁步。是文暲将祖安葬。

① 《问刑条例》，载怀效锋点校：《大明律》附录，法律出版社 1999 年版，第 369—370 页。

② 《真犯死罪充军为民例》，载怀效锋点校：《大明律》附录，法律出版社 1999 年版，第 300 页。

有族兄汪廷振言说，凭众议立合同，日后再不侵葬。其余山地听自廷振兄弟照祖卖契管业，本家即无言说。今恐无凭，立此合同为照。

成化二十一年十一月廿五日　立合同人　汪文暲

汪文明

代书人　汪文明①

坟茔宗祠均为宗族所共有。《明嘉靖三十六年祁门县洪昆等三房管理坟地合同》：

五都桃源洪昆、洪儒、洪珏三大房等，原承祖共业本都土名松木林剑字号山地壹备，内因昆房安葬相孺人壹穴在山地咀上。今本年十一月内，是昆房子孙又挨旧穴边右左傍葬陆柩，辉又将已祖葬伊祖坟穴内，私砍荫木壹根。是儒、珏二房子孙自思共业山地，亦依辉等挨葬壹穴在上。今昆、辉房情愿托中劝浼儒、珏二大房将坟就便昆、辉二房安葬修造，愿出银二十五两正与儒、珏等房改移另葬。自后松木林、相孺人坟及新旧坟穴边，除已安葬外，三大房子孙再不许仍前私自侵葬。如有违文侵葬故害者，呈官理治，罚银拾两入官公用，仍令改正。其空闲山地树木，仍系三大房共业庇荫，毋许违文私自砍斫反生，私自佃买异议。今恐无凭，立此合同为照。②

如《明隆庆五年祁门县洪儒等族众护产誓词》：

桃源洪儒、洪茔、洪谏、洪应阳、洪天宁、洪立、洪时孙、洪嘉凤人等族众，承祖□立禁约，四围庇荫山场树木，毋许子孙盗砍，违者呈治。一向遵守无异。土名梨树坞口王戊山地一备，系经理剑字四百一十五、六号，族众议让祖镒、尚学葬坟。在山木树，向众传业庇荫。今因风折抱大木数根，天柱、天逵、继周等陡起贪心，不通众

① 张传玺主编：《中国历代契约会编考释》（中），北京大学出版社 1995 年版，第 1072 页。

② 张传玺主编：《中国历代契约会编考释》（中），北京大学出版社 1995 年版，第 1109—1110 页。

知，倚富统人锯扛肥己。身等遵祖文约理说，恶亏捏称佃业，又称承继，复称契买，出词不一，吞占显然。据称佃业、继买，何无凭证？此等子孙，上灭祖训，下欺族众，合闻官惩治，诚恐人心不齐，临时或有退缩及徇私顺情等弊，今族众歃血为盟，每房合议二人，同心协力，恢复祖业庇荫树木，后人不敢傚尤。自盟誓之后，遵文者祖宗互（护）佑，百事昌盛。违文者，徇私者，必遭天谴，子孙不得昌大。今恐无凭，立此誓词为照。①

清代处理坟山所有权争讼，以印契为凭证，并由地方官派专人实地丈量、现场勘查，确定所有权人管业，惩罚妄认者侵占罪。《大清律例》"田宅·盗卖田宅"中条例规定：

凡民人告争坟山，近年者以印契为凭。如系远年之业，须将山地字号、亩数及库贮鳞册并完粮印串，逐一丈勘查对，果相符合即断令管业。若查勘不符又无完粮印串，其所执远年旧契及碑谱等项，均不得执为凭据，即将滥控侵占之人按例治罪。②

清代法律对祖业给予特殊保护，对子孙盗卖祖遗祀产、盗卖义田等不孝行为，严厉治罪。《大清律例》"田宅·盗卖田宅"中条例规定：

凡子孙盗卖祖遗祀产至五十亩者，照投献捏卖祖坟山地例，发边远充军。不及前数及盗卖义田。应照盗卖官田律治罪。其盗卖历久宗祠一间以下，杖七十，每三间加一等，罪止杖一百，徒三年。以上知情谋买之人各与犯人同罪，房产收回给族长收管，卖价入官。不知者，不坐。其祀产、义田令勒石报官或族党自立议单公据，方准按例治罪。如无公私确据，藉端生事者，照诬告律治罪。③

《大清律例》"田宅·盗卖田宅"中条例规定：

---

① 张传玺主编：《中国历代契约会编考释》（中），北京大学出版社 1995 年版，第 1080 页。

② 张荣铮等点校：《大清律例》卷九《户律》，天津古籍出版社 1993 年版，第 210 页。

③ 张荣铮等点校：《大清律例》卷九《户律》，天津古籍出版社 1993 年版，第 209 页。

军民人等，将争竞不明并卖过及民间起科，僧道将寺观各田地，若子孙将公共祖坟山地，朦胧投献王府及内外官豪势要之家，私捏文契典卖者，投献之人问发边远充军，田地给还应得之人。其受投献家长并管庄人参究治罪。直隶各省空闲地土，俱听民尽力开种，照年限起科。若有占夺投献者，悉照前例问发。①

《大清律例》“田宅·盗卖田宅”中条例规定：

凡租种山地棚民，除同在本山有业之家公同画押出租者，山主、棚民均免治罪外，若有将公共山场一家私召异籍之人搭棚开垦者，即照子孙盗卖祖遗祀产至五十亩例，发边远充军。不及五十亩者，减一等，租价入官。承租之人不论山数多寡，照强占官民山场律，杖一百，流三千里；为从并减一等。父兄、子弟同犯，仍照律罪坐尊长、族长、祠长失于查察，照不应重律科罪。至因召租承租酿成事端、致有抢夺杀伤者，仍各从其重者论。②

《大清律例》“田宅·盗卖田宅”条例规定：

盛京家奴、庄头人等，如有因伊主远在京师，私自盗卖所遗田产至五十亩者，均依子孙盗卖祖遗祀产例，发边远充军。不及前数者，照盗卖官田律治罪。盗卖房屋亦照盗卖官宅律科断。谋买之人与串通说合之中保，均与盗卖之人同罪，房产给还原主，卖价入官。其不知者，不坐。倘不肖之徒藉端讹诈，照诬告律治罪。③

《钦定户部则例》“存留坟地”条规定：

一、八旗绝嗣地亩在一顷以上者，作为十分，以七分入官，三分留给该族，代为祭扫，无族人者，给本户之亲女，次给亲姊妹、侄女，再次给亲外甥、外孙。如地在一顷以下者，概给三十亩，余地入官。凡应给祭扫地亩，如无亲属，派本户家奴二名看守主墓。其坟地不足三十

① 张荣铮等点校：《大清律例》卷九《户律》，天津古籍出版社 1993 年版，第 209 页。
② 张荣铮等点校：《大清律例》卷九《户律》，天津古籍出版社 1993 年版，第 208 页。
③ 张荣铮等点校：《大清律例》卷九《户律》，天津古籍出版社 1993 年版，第 209 页。

亩者,全行给与。多者酌留亦不得过三十亩。倘本户更无家奴,亦照酌给家奴地数,交该佐领择人代为收租、祭扫。若得地之人私自典卖者,从重治罪。失察,该管官议处。

一、八旗应行入官地内有坟园祭田数在三顷以下者,免其入官。若在三顷以上,除给还三顷外,余地悉行入官。

一、民人坟墓在旗圈地内者,准其子孙祭扫。

一、官赎旗地内有原业,正身旗人于未经典卖与民之前葬有坟茔,呈请回赎,行旗查确者,三品以上官不得过二顷,四品以下官不得过一顷,兵丁闲散人不得过五十亩,无论已未官赎,俱令交足原价,准其世守。至出旗为民之人,于所典所买旗地内葬有坟茔,该州县查确者,系另记档案,曾任职官之人请留坟地不得过五十亩,兵丁闲散不得过三十亩,养子开户旗下家奴不得过十亩,俱毋庸分。别段落已官赎者,令交原价受地,未官赎者,照数扣给。如第泛称祭田,无从稽考者,不准给与。若经部准给之地,事后指为坟旁,所余典卖与民人者,仍照私典旗地例办理。①

不动产购买的“亲族优先权”是中国古代特有的制度。唐代法律明确规定,田宅等不动产的买卖,必须先问近亲,次及四邻;近亲四邻皆不买,最后才可以卖给外人。国家法律保护亲族对田地房产的优先购买权,使得财产最大限度地保存于家族中而不外流,既规避了子孙变卖家产的不孝罪,又维护了宗法制度和小农经济。

亲族优先购买权在宋代进一步发展完善,并一直延续到明清。宋代沿袭唐代,规定亲邻先买权,但相比前代,亲邻范围有所缩小。《宋刑统·户婚律》“典卖指当论竞物业”条规定:

应典卖、倚当物业,先问房亲,房亲不要,次问四邻,四邻不要,他人并得交易。房亲着价不尽,亦任就得价高处交易。如业主、牙人等

① 故宫博物院编:《钦定户部则例(乾隆四十六年)》第1册,卷五《田赋·旗地上》,海南出版社2000年版,第79—80页。

欺罔邻亲，契帖内虚抬价钱，及邻亲妄有遮吝者，并据所欺钱数与情状轻重，酌量科断。①

从法条可见，田宅买卖必须由亲及疏先问房亲，再问四邻，经房亲、四邻一一批退，才可以卖给他人。宋代司法实践中，买卖田宅遍问亲邻的例子不少。如《名公书判清明集》“有亲有邻在三年内者方可执赎”案例记载：

埂头之田，既是王子通典业，听其收赎，固合法也。至若南木山陆地，却是王才库受分之业。准令：诸典卖田宅，四邻所至有本宗缌麻以上亲者，以帐取问，有别户田隔间者，并其间隔古来沟河及众户往来道路之类者，不为邻。又令：诸典卖田宅满三年，而诉以应问邻而不问者，不得受理。王才库所受分陆地，使其果与王子通同关，亦必须与之有邻，而无其它间隔，及在三年之内，始可引用亲邻之法。如是有亲而无邻，及有亲有邻而在三年之外，皆不可以执赎。今但以同关，便欲听其执赎，在法却无此说，合索干照参对施行。②

宋神宗时期颁布的《熙宁法》和《元丰法》，取消了亲邻先买权，则买卖田宅无须亲邻批退，大大减少了田宅买卖的限制和干预。“典卖田宅，遍问四邻，熙宁、元丰法，不问四邻以便之。”③宋代规定的亲邻先买权，不同于历代遍问房亲和四邻，只要求亲邻和墓邻批退，意在守护祖宗基业，使得宗族产业尽量不外流。宋代案例“漕司送下互争田产”：

然律之以法，诸典卖田宅，具帐开析四邻所至，有本宗缌麻以上亲，及墓田相去百步内者，以帐取问。立法之初，盖自有意，父祖田业，子孙分析，人受其一，势不能全，若有典卖，他姓得之，或水利之相关，或界至之互见，不无扞格。……墓田之与亲邻两项，俱为当问，然

① 窦仪等:《宋刑统校证》卷一三，岳纯之校订，北京大学出版社2015年版，第175页。

② 中国社会科学院历史研究所宋辽金元史研究室点校:《名公书判清明集》卷九《户婚门·取赎·有亲有邻在三年内者方可执赎》，中华书局1987年版，第309页。

③ 马端临:《文献通考》(第一册)，卷五《田赋考五》，上海师范大学古籍研究所、华东师范大学古籍研究所点校，中华书局2011年版，第113页。

以亲邻者,其意在产业,以墓田者,其意在祖宗。①

元代法律同样赋予亲邻、典主田宅先买权。《元典章》“舍施寺观田土有司给据”条规定:

至大三年八月,江西行省准尚书省咨:礼部呈:奉省判,滁州知州李介呈:切见江淮之间,兵革之时,人民流离,抛下田土屋宇,俱为他人所有。或元是同庄邻里亲戚故旧,更相占据。平定之后,有未复业者,或狂妄之徒,诬言之曰某家子孙、某家亲戚,执把亡宋旧契、或典或当文凭,难辩真伪,虚捏已死某人知见,装饰虚词,赴州县陈告。所在官司,不分可否,辄便受理,迁延数年,不能杜绝。无理之人,自忖其非,故将交争未定田土屋宇,妄行舍施寺观。其受施之主,不问是非,便行写立文字。又不问邻里亲戚,亦不交割条段四至,强行使人耕种。……今后若有诸人献施田土,须于有司告给公据,委无违碍,方许献施。违者田土籍没,犯人断罪。其言允切。如准所言,遍行照会相应。具呈照详。都省准呈,咨请依上施行。②

元明清各代,田宅买卖必须明立问账,遍问亲邻、典主,他们不愿交易而作出批退,才可以任意与他人交易。一方面,法律保护亲邻典主的优先购买权,不仅规定侵犯亲邻典主先买权的惩罚,还允许他们百日内收赎不问而成交的田宅;另一方面,法律限制亲邻典主的优先购买权,规定不买者必须十日内批退,对于违限不批退者给予处罚,还规定百里之外的亲邻典主不在先问之列。通过立账作为田宅买卖合法的凭证,既保护亲邻典主的先买权,也保护买方的田宅所有权,避免日后再生讼端。

① 中国社会科学院历史研究所宋辽金元史研究室点校:《名公书判清明集》卷四《争业·漕司送下互争田产》,中华书局 1987 年版,第 121 页。

② 陈高华等点校:《元典章》卷一九《户部·田宅·民田·舍施寺观田土有司给据》,中华书局、天津古籍出版社 2011 年版,第 678 页。

第三章　作为特殊物权形态的“一田二主”

“一田两主”作为前近代的一种物权形态，明清时期曾广泛流行于中国的南方地区，尤其是福建、江西、江苏、浙江等省份。直至二十世纪三十年代南京国民政府颁布并实施《民法典》，设专章对永佃权进行规制，“一田两主”才逐渐退出历史舞台。

作为具有鲜明中国本土特色的一种土地制度，“一田两主”长期以来受到经济史、法律史学界的关注，参与讨论的学者既有国外学者如日本学者仁井田陞、①寺田浩明、②高桥芳郎，③加拿大学者魏国安等，④也有一批国内学者。国内对此问题的研究，其开拓者为傅衣凌先生。傅衣凌先生1939年在福建永安黄历乡的一间老屋发现了一大箱民间契约文书，自明嘉靖至民国有数百张之多。依据这些契约整理成三篇文章，编为《福建

---

① [日]仁井田陞：《明清时代的一田两主习惯及其成立》，载刘俊文主编：《日本学者研究中国史论著》（第八卷），中华书局1992年版。

② [日]寺田浩明：《田面田底惯例的法律性——以概念性的分析为主》，载寺田浩明主编：《中国法制史考证》（丙编第四卷明清卷），中国社会科学出版社2003年版。

③ [日]高桥芳郎：《宋代官田的“立价交佃”和“一田两主制”》，载刘俊文主编：《日本中青年学者论中国史》（宋元明清卷），上海古籍出版社1995年版。

④ [日]魏国安：《清代华南地区“一田两主”的土地占有制》，叶显恩译，载《广州研究》1982年第3期。

佃农经济史丛考》一书，于 1944 年在福建协和大学出版。[①] 该书所收录的《永安农村赔田约的研究》一文，对"一田两主"土地形态进行了开拓性探讨。杨国桢先生在二十世纪八十年代，通过对明清土地契约的系统梳理，对包括"一田两主"形态在内的各类土地形态进行了较为全面的归纳和分析，[②]将"一田两主"土地形态的考察推向了深入。在同一时期，彭超以徽州土地契约为考察对象，对明清时期该地区的"一田两主"土地形态进行了较为深入的考察。[③]

进入二十一世纪以来，民间契约的重要性日益获得学界的认同，对民间契约的关注热度有增无减，产生了一批引人注目的学术成果，其中不乏对"一田两主"土地形态进行深入探讨的优秀成果。卞利、赵四渊等基于徽州契约文书分别从租佃契约和买卖契约出发对"一田两主"的形态进行了剖析。[④] 曹树基以浙江松阳石仓的退契为研究对象，勾勒出包括"一田两主"在内的丰富多样的地权形态。[⑤] 龙登高在其对传统地权制度的研究中，注意到了明清时期在中国南方普遍流行的"田面权"和"田底权"现象，认为田面权、田底权的分离，降低了土地交易流转门槛，丰富了农民的选择。他进一步认为，田面权的物权性质，相当程度上减缓了近代的地权分配不均，扩大了"农民中产阶级"，成为社会长期稳定的基础。[⑥]

本章在现有的研究成果的基础上，以民间土地契约和习惯调查报告

---

① 该书经修订及补充后，以《明清农村社会经济》为题由三联书店于 1961 年出版。后与另一作品合编，以《明清农村社会经济明清社会经济变迁论》为题收录于《傅衣凌著作集》，于 2007 年由中华书局出版。

② 杨国桢：《明清土地契约文书研究》，人民出版社 1988 年版。修订版见《明清土地契约文书研究》，中国人民大学出版社 2009 年版。

③ 彭超：《论徽州永佃权和"一田两主"》，《安徽史学》1985 年第 4 期。

④ 卞利：《明清土地租佃关系与租佃契约研究》，《原生态民族文化学刊》2015 年第 4 期；赵四渊：《歙县田面权买卖契约形式的演变（1650—1949）》，载《清华大学学报（哲学社会科学版）》2017 年第 6 期。

⑤ 曹树基、李楠、龚启圣：《"残缺产权"之转让：石仓"退契"研究（1728—1949）》，《历史研究》2010 年第 3 期。

⑥ 龙登高：《中国传统地权制度及其变迁》，中国社会科学出版社 2018 年版，第 41 页。

为基本研究素材，以“一田两主”的流变为出发点，聚焦清代“一田两主”现象，从影响田底、田面分离的因素、“一田两主”的形式要件、田面权的取得与消灭、田面权的流转、田底权的流转五个方面深入考察“一田两主”土地形态的内涵。作为一种基于习惯的物权形态，鉴于其运行中存在的弊端，如对田底主权益的侵害以及由此引起的纠纷所导致的对社会秩序冲击，地方政府也曾尝试通过颁布告示、制订“规条”等方式加以禁止，但实施效果并不显著。本章在对“一田两主”土地形态内涵探讨的基础上，尝试从国家法规制的角度对政府的相关应对措施进行描述和评析。

大陆法系近现代所有权制度最初是在近代个人主义与自由主义的主导下建立的，与之相应建立起来的近代所有权制度从主体视角出发，以单一主体对单个物的支配关系为原型，确立了一物一权原则，所有权具有绝对性，所有权与他物权处于一种明确的对立结构中。上述形成于近代的大陆法系一物一权绝对所有权认识，一度成为解释“一田两主”形态的理论工具。这一理论工具对于解释“一田两主”现象是否具有恰当性，成为学界争论的焦点。有鉴于此，本章的最后部分，以大陆法系近代所有权的嬗变为视角，指出绝对所有权理论模式的局限性，主张以双重所有权模式为框架，对“一田两主”形态进行新的诠释。

第一节　“一田两主”流变

虽然对于能否将“一田两主”作为永佃制下的一种形态来认识，学者们有不同的看法，但可以明确的是，“一田两主”肇始于永佃制，“一田两主”和永佃制之间存在着密切的联系。那么与“一田两主”有密切联系的永佃制始于何时呢？陈锋教授等认为，“宋代就已经有了永佃权的萌芽”。[①] 杨国桢教授则认为，永佃权最初出现在宋代的说法，尚缺乏确切

① 赵德馨主编：《中国经济通史 · 清代卷》，湖南人民出版社 2002 年版，第 746 页。

的资料可资证实,可以肯定的是,明代中叶,永佃权已经流行于东南省份的某些地区,并在契约形式上固定下来。① 学界普遍认为永佃权首先出现于官田,并且最初可能出现在宋代官田的民田化过程之中。但有学者研究发现,唐末五代户部营田务的营田民田化过程中就已出现永佃权。②对唐五代营田民田化过程中永佃权的梳理,虽然由于材料的限制,上述现象呈现出碎片化特征,无法在程度上给予充分揭示,但对于反思永佃权渊源于宋代的观点仍具有启发意义。

一、永佃制始于宋代官田

永佃权始于唐末五代的说法,虽因佐证材料的局限,无法给予充分的论证,但始于宋代的说法近年来获得了较为有力的材料支撑。永佃制出现的前提条件是稳固的租佃权的存在,佃农通过契约形式与官府或地主形成租佃关系,如在正常情况下官府或地主没有抑勒佃户的权力,佃户在选择退佃还是继续持佃方面处于主动方面,那么一般认为佃农拥有较稳固的租佃权。戴建国教授通过对南宋吴县的学田资料和《名公书判清明集》中的案例考察认为,南宋的佃农整体上来说已经稳固地获得了租佃权。③

由稳固的租佃权演变到永佃权,其表现特征至少有二,一是地主的更替不会影响到佃户的权利,这里地主的更替可以通过买卖也可以通过其他方式如出典等实现。二是佃户之间可以自由转让其租佃权。现代民法为区分债权性的权利给付和物权性的使用权转移,采用了两个不同的概念进行表述,前者常称为“转租”,后者称为“转让”。转租有较多限制,如承租人向次承租人的转租行为须事先征得出租人的同意,转租的期限须

① 杨国桢:《明清土地契约文书研究》,中国人民大学出版社 2009 年修订版,第 71 页。

② 杨际平:《论唐代、五代所见的“一田两主与永佃权”》,《中国经济史研究》2018 年第 3 期,第 12 页。

③ 戴建国:《从佃户到田面主:宋代土地产权形态的演变》,《中国社会科学》2017 年第 3 期,第 168 页。

在原租赁期限内。而转让更接近出卖，所受的限制较少。我们说，宋代佃户之间租佃权的转移更接近转让，具有了较强的物权属性。

永佃权出现的前提是稳固的租佃权，从稳固的租佃权演变到永佃权的现象最早出现在官田中。从时间上考察，在北宋末年的江西便已初露端倪。《文献通考》有一则这样的记载：

> （北宋徽宗政和元年）知吉州徐常奏："诸路惟江西乃有屯田，非边地，其所立租，则比税苗特重，所以祖宗时，许民间用为永业。如有移变，虽名立价交佃，其实便如典卖己物。其有得以为业者，于中悉为居室、坟墓，既不可例以夺卖，又其交佃岁久，甲乙相传，皆随价得佃。今若令见业者买之，则是一业而两输直，亦为不可。而况若卖而起税，税起于租，计一岁而州失租米八万七千馀石，其势便当损减上供。是一时得价而久远失利，此议臣见近利而失远图，公私交害也。"于是都省乞下江西核实，如屯田纽利多于二税，即住卖之；为税田而税多租少，即鬻之。他路仿此。诏可。①

官府从屯田中所获得的地租远超过税收，因此"许民间用为永业"，赋予永久的租佃权。老佃户明码标价，将租佃权转让给新佃户承佃，"如有移变，虽名立价交佃，其实便如典卖己物"。而取得的方式，也是完全由市场交易的方式完成，即"随价得佃"。许多佃户便是以这种方式获得租佃权。"立价交佃"后，新、老佃户办理移变户名手续，新承佃户要在官府登记成为纳租佃户。无论从官府赋予"用为永业"的角度还是租佃权的自由流转，江西屯田无疑具有永佃权的特征了。

江西屯田中永佃权的交易在南宋初年延续下来，并因为纳入官府的税收体系而获得官府的进一步认同。关于南宋前期江西的屯田发展情况，陆九渊有过如此评论：

> 岁月浸久，民又相与贸易，谓之资陪，厥价与税田相若，著令亦许

---

① 《文献通考》卷七《田赋考》。

其承佃，明有资陪之文，使之立契字，输牙税，盖无异于税田……历时既多，展转贸易，佃此田者，不复有当时给佃之人，目今无非资陪入户，租课之输，逋负绝少……今有屯田者，无非良农，如户有资陪之价，著令有资陪之文，立契有牙税之输。①

与北宋屯田永佃权交易的"立价交佃"相比，出现了法律允许的输纳牙税的"资陪"现象，成为一种公开的获得官府承认的买卖行为。牙税的起源，可以追溯到唐代，是一种交易税。如是租佃权的转租，无须向官府缴纳牙税，而转让则是一种买卖行为，需要向官府缴纳牙税。在永佃权的公开交易行为中，永佃权的物权属性得到了进一步强化。

中唐以后，地主土地所有制有了进一步发展，到了北宋，地主所占有的土地在数量上大大超过了国有土地。尽管如此，官田数量仍占有一定的比例，在北宋，官田大约占全部耕地面积的七十二分之一，在南宋，官田数量超过北宋，约在全部耕地面积的十五分之一。② 除少部分位于缘边的屯田由士兵劳动外，大部分官田，无论是屯田还是营田，均召人租佃，可以说在官田系统中，租佃关系得到了普遍发展。官田的国家所有制特征，决定了其在经营时较之民田，更有意愿与佃户维持较稳定的租佃关系。尽管从史料记载来看，也不乏划佃、转佃、夺佃的记载，③但维持稳定的租佃关系显然有助于减少经营成本，因此是一种较优选择。总之，这些因素决定了永佃权更有可能率先在官田系统中得到滋生和发展。这种发展局面，随着历史的车轮进入明代，开始在民田系统中蔓延。

二、明代的永佃制

明代永佃权的发展，主要表现在三个方面，一是从官田向民田蔓延，二是在地域上从东南省份向全国扩张，三是在程度上，至明中叶以后出现

① 《陆九渊集》卷八《书·与苏宰二》。
② 张邦炜：《论宋代的官田》，《西北师大学报》1962年第4期，第23页。
③ 《文献通考》卷七《官田》。

了质上的演化，形成了较为成熟的“一田两主”。

明代前期（1368—1435），永佃权制度已经在浙江、江苏、福建、安徽、江西等东南各省的民田系统中较为普遍地流行，土地租佃契约已经形成了较为固定的格式。这一时期的永佃权仍以永久租佃权为主要特征，一般来说这时的佃户尚不能自由处分其永久租佃权。

永久租佃权特征体现在土地契约上，主要有三种方式，第一种以“不限年月”为特征，第二种以“永久耕种”为特征，第三种以“卖田不卖佃”为特征，体现了对佃户租佃权的保障。前两种侧重于在年限方面，而第三种则侧重于土地流转时对佃户权利的保障。

刊登于民间日用杂书上的格式化契约，具有指导民间契约行为的作用，从一侧面揭示出当时契约的前两项特征。

先看一份以“不限年月”为特征的格式契约：

> 某里某人置有晚田某段，坐落某里某处，原计田若干种，年该苗米若干桶乡，原有四至分明，今凭某人作保，引进某人出赔价纹银若干，当日交收足讫明白。自给历头之后，且佃人自用前去管业，小心耕作，亦不得卖失界至，移坵换段之类。如遇冬成，备办一色好谷若干，挑送本主仓使［所］交纳，不致拖欠，不限年月，佃人不愿耕作，将田退还业主，摘取前银，两相交付，不至留难，今给历头一纸，付与执照。①

这一格式化的契约，用当代合同术语表述，包括了土地交易契约的一般要素，如土地的主人、土地坐落的位置、土地的数量、其四周的界限、保人。就双方的对价关系而言，出佃人即业主获得赔价银若干。这里的赔价银类似于押租银，在交易之初，由承佃方支付给出佃方，如承佃方出现拖欠地租等违约情形，出佃方将扣减押租银抵充地租。同时承佃方还须在收成之后，按时按质交地租若干，不得拖欠。对于承佃方佃户而言，

① 赤心子：《翰府锦囊》，万历十三年刊。

“不限年月”表明了佃户在所佃的土地上享有永久租佃的权利，业主不能随意夺佃。同时，佃户对所佃的土地享有自由退佃的权利，“佃人不愿耕作，将田退还业主，摘取前银，两相交付，不至留难”，一方退佃，另一方退还押租银，双方回到交易前的状态。

再看一份以“永久耕种”为特征的格式契约。

某宅有田一段，坐落某处，仅有某前来承佃，每冬约经风干净谷若干，收冬之时，挑载至本主仓前量秤，不敢升合拖欠。倘遇丰荒，租谷不得增减。永远耕作，如佃人不愿耕作，将田退还业主，不许自行转佃他人，仍从业主召佃，不得执占。今欲有凭，立此佃批付照。①

相较于上一份以“不限年月”为特征的契约，这份契约除具备一般土地交易契约的要素外，对双方而言，明确了地租为定额租，不管丰荒，“租谷不得增减”。对于承佃方而言，拥有“永远耕作”及退佃的权利，但不得转佃他人，对其租佃权的处分权进行了明确的限制。

无论是具有“不限年月”还是“永久耕种”特征的格式契约，所强调的均是承佃人所拥有的在期限上对土地的租佃权——无期限或永久。第三种具有永佃特征的契约形式，则侧重于在土地流转中对佃户权利进行保障，就是俗话所说的“卖田不卖佃”或“换东不换佃”。原地主将土地出卖于新地主时，新地主对于佃种该块土地的佃户，不得随意更换，原租额也不得任意增加。接下来看一份洪武二十七年（1394）休宁张奉的卖田契：

十二都九保张奉，今将十保体字五百四十三号内田一亩一分八厘三豪，土名坟丘，……佃人胡真，硬上租乾软一十三秤，今因缺物支用，自情愿将前项四至内田，尽行出卖与汪猷名下为业，面议时值价钞一十五贯……。②

张奉将田亩出卖于汪猷，在契约中书写着佃户的姓名和每年应交纳

① 范涞：《范爷发刊士民便用家礼简仪》，万历三十五年刊本。

② 《明清徽州契约》，转引自彭超：《论徽州永佃权和“一田两主”》，《安徽史学》1985年第4期，第61页。

的租额。无论是“卖田不卖佃”还是“换东不换佃”，均表明即使地主转让土地，对佃户的租佃权却没有产生影响，蕴含着对佃户永佃权的承认。

体现永佃权特征的契约，是民间实践的生动展开，这种现象也被当时的一些方志所记载，为我们了解当时的制度实践提供了线索。正德（1506—1521）《江阴县志》对当时的永佃权现象曾有这样的记载：

其佃人之田，视同己业，或筑位场圃，或作之坟墓，其主皆专之，业主不得问焉。老则以分之子，贫则以卖于人，为谓之“摧”，得其财谓之“上岸”。①

佃户对于所佃之地，在使用上几乎不受限制，“或筑位场圃，或作之坟墓，”而且可以自由处分，或继承或出卖，反映出该地的永佃权发展已处于较高的水平。

三、明代的“一田两主”

“一田两主”是永佃权发展到一定阶段，物权属性进一步强化发生质变的结果。到了明中叶，直接体现“一田两主”特征的“田骨”、“田皮”表述开始在徽州地区的契约中出现。

以下摘引的是景泰四年（1453）休宁陈以成出卖田骨的契约：

休宁县三十一都陈以成，同弟陈以旋，承祖父有田二号，……其二号田同弟合得分数田骨八分有零，尽行出卖与祁门十一都程兴名下，面议时值价白银六两四钱正……。②

田骨即田底，与田皮相对，田骨买卖的出现，意味着田骨和田皮已经分离，依此推断，田皮买卖也应同时产生。

除徽州地区外，据卞利教授的考证，在明末崇祯年间的江西省也出现了“一田两主”，这里将卞利教授发现的崇祯八年（1635）石城县卖山契原文抄录如下：

---

① 正德《江阴县志》卷七《风俗》。

② 彭超：《论徽州永佃权和“一田两主”》，《安徽史学》1985 年第 4 期，第 62 页。

立卖山骨契人蒋益久，兹因困窘，要银急用，自愿将祖父遗下宁邑龙上下里凤凰山、小地名石家排房屋壹所以及四周山岗壹大处，东至凤凰山背随田垄直上曹地为界，西至木古坳随田坑直下至梨树水口为界，南至木古坳分水为界，北至梨树坑随路直出岗场田垅为界，四至分明，原载各佃山租铜钱叁仟捌百文，今要尽行出卖与人，编问房亲，俱各不愿。今托中人说合，送至石城小姑朱文政公位下嗣孙向前承买为业，当日凭中，三面言定时值山骨价及房屋价共银捌拾陆两正。其银及契，即日两交明白，不欠分厘，并无债货、准折之类，二比甘允，亦非逼勒成交。其山骨自卖之后，任凭买人嗣孙扦坟收租，永远管业，卖人自后并无寸土相连，亦无房亲相干。倘有来历不明，卖人自行支当，今欲有凭，立卖山骨契为照。

计开界内山岗地基列后（下略）

崇祯八年九月吉日　立卖山骨并房屋契人蒋益久（押）

说合中人　艾其先（押）

张君甫（押）

蒋振先（押）

代笔人　罗隆先（押）①

江西石城县毗邻的福建宁化县蒋益久出卖山骨及房屋给石城县小姑乡朱文政公嗣孙，这里蒋益久将山骨单独出卖，和前文景泰四年（1453）休宁陈以成出卖田骨的契约颇为相似。

除契约外，当时的地方志对“一田两主”也有记载。嘉靖（1522—1566）《龙溪县志》记载了福建龙溪县的“一田两主”：

大抵业农之民甚劳，其间无田者众，皆佃人之田。年丰则业佃相资，岁歉则业佃俱困。柳江以西，一田二主，其得业带米收租者，谓之

① 卞利：《清代江西赣南地区的退契研究》，《中国史研究》1999年第2期，第153页；卞利：《江西地区永佃权产生的时间问题考辨》，《江西师范大学学报（哲学社会科学版）》1989年第3期，第74页。

大租田；以业主之田私相贸易，无亩而录小税者，谓之粪土田，粪土之价，视大租田十倍，以无粮差故也。①

万历年间（1573—1620）的《漳州府志》对"一田两主"的起因有较详细的叙述：

漳民受田者，往往惮输赋税，而潜割本户米，配租若干石，以贱售之，其买者亦利以贱得之，当大造年，辄取米入户，一切粮差皆其出办。于是得田者坐食租税，于粮差概无所与，曰小税主；其得租者但有租无田，曰大租主（民间买田契券，大率记田若干亩，岁带某户大租谷若干石而已），民间仿效成习，久之租与税遂分为二，而佃农又以粪土银，私授受其间，而一田三主之名起焉。②

业主因惧怕赋税，将田面低价出卖，承买者因其价廉，也乐意接买。出卖者有租无田，称为大租主，承买者称为小税主。从小税主那里佃租土地的佃农，又将土地私相授受，取得粪土银，于是民间有了"一田三主"的说法。

"一田两主"在各地表述不尽相同，一般表述为田面田底或田皮田骨，在其他一些地方，还表述为大业小业、大苗小苗等。在福建龙溪县，则表述为大租田和粪土田，因其无需缴纳田赋，粪土田在价格上远胜大租田。在福建漳州府，则有大租小税的称呼。

除以田面田底、田皮田骨或大租田和粪土田等表述形式体现"一田两主"特征外，另一值得关注的现象是转佃。转佃作为一种交易方式，表现为承佃户即佃户将租佃权转手于第三人，在关系上大致会形成两种情形，一是债权形态下第三人取代原佃户成为新佃户，新佃户与地主产生租佃关系，这种转佃与当代合同关系中的转租类似，具有债权特征；二是物权形态下有处分权的承佃户有偿将租佃权转给第三人，获取土地"溢价"，这部分与"溢价"相对应的土地权利具有田面权的意味了。这种情

① 嘉靖《龙溪县志》卷一《地理》。
② 万历《漳州府志》卷八《田赋考》。

形下，第三人取代原佃户成为新佃户，新佃户成为了新的田面主，这时的转佃相当于田面的出卖了。

这里我们对与“一田两主”相关的第二种情形进行考察。在明代中后期的徽州土地交易中，出现了“一田两主”特征的转佃契约。先抄录一份来自歙县的万历十年(1582)的契约。

十一都吴元鎡，原佃到寺口汪春门前佃种十王院田一坵，计田三亩，内取三秤零五斤，计佃价一两二钱伍分与子静，仍存佃租四秤零五斤，计佃价银一两五钱八分整，自情愿凭中转佃与侄吴应乔名下，与汪春取租无词。今恐无凭，立此转佃约为照。

日后有银听自取赎无词。

万历十年正月十五日立转佃约人 吴元鎡

中见人 吴元鉴①

吴元鎡将从业主汪春佃到的部分土地转佃给其侄吴应乔，佃价为银一两五钱八分，而佃租四秤零五斤自此以后由吴应乔直接向业主汪春缴纳。这里田面权的转佃，因吴元鎡保留了回赎的权利，在交易方式上更接近出典而非出卖。

再看一份来自休宁的崇祯十六年(1643)的契约。

立佃约人汪志全，今有茔园一亩四分，内厕所一所并篱把〔笆〕在内，转佃与汪六九名下管业耕种，的〔其〕园价纹银贰两捌钱整。其园、银两交明白。如有来历不明，尽是出佃人之当，不及受〔佃〕之事。恐后无凭，立此佃约存照。

崇祯十六年六月十三日立佃约人 汪志全②

汪志全将茔园及附带的厕所、篱笆等转佃给汪六九，佃价为银贰两捌钱。相较上文所列契约，该契约相对简单，只有转佃后的承佃人和佃价，

① 中国社会科学院历史研究所：《明清徽州社会经济资料丛编》第1辑，中国社会科学出版社1988年版，第423页。

② 《中华大典·法律典·民法分典》，巴蜀书社2014年版，第1850页。

业主、佃租等信息均缺少。因未注明是否能够回赎,推断在交易方式上该田面权的转佃更接近出卖。

如转佃时交易内容包括佃价这一核心要素,无论是出典式的转佃还是出卖式转佃,透过转佃这一形式,我们基本能判断佃价所对应的田面权。田面权在交易中所体现的价值,往往和佃户对土地的开垦、改造等付出有关,因此在某些契约中,直接以“粪草银”等方式予以体现。以下是一份来自徽州祁门县万历六年(1578)王兴保出卖田皮的契约。

> 五都住人王兴保,今因男周乞无钱用度,自情愿将周乞分下客庄田三处计四亩九分……出卖与洪六房名下,当得粪草纹银四两二钱正……。①

交易的内容是王兴保将客庄田四亩九分出卖给洪六房,卖价为四两二钱。契约中未注明业主(田底主)是谁,也未说明租金,但“粪草纹银”的表述,间接地说明了所交易的是田面权。将本契约的交易价格和前文讨论的来自邻县歙县约同一时期的转佃契约进行比较,可以进一步证明粪草银为田面权交易价的判断。本契约的交易田亩数为4.9亩,总价为4.2两,亩均价为0.86两。吴元鎡转佃吴应乔契约的交易田亩数为3亩,总价为2.83两,亩均价为0.94两,前者略低于后者,但总体而言仍比较接近。

除体现上述特征的“一田两主”交易方式外,部分契约则直接以卖的表述方式进行田面权的出卖。看一份来自明代弘治(1488—1505)年间徽州休宁县的契约。

> 十都柒保住人叶思和同弟思琳、思杰,今将承父户下原佃到本图汪子寿户田壹号,坐落本都柒保周字伍佰叁拾伍号内田陆分捌厘捌毫,土名冷水坑,其田东至水坑、西至汪子寿田、南至汪原通山、北至水坑。又将同号内思杰已买田肆分壹厘陆毫,土名同处,东至水坑、

① 彭超:《论徽州永佃权和“一田两主”》,《安徽史学》1985年第4期,第62页。

西至汪子寿田、南至汪原通山、北至水坑。今来本家管业不便，自情愿将前项同号佃与买四至内田，尽行立契出卖与同都住人胡澄名下，三面议时值价白文〔纹〕银拾两正。其银当成契日一并交收足讫，别不立领札。其田今从出卖之后，一听买人自行管业，闻官受税。如有内外人占拦及重复交易一切不明等事，并是出卖人祇当，不及买人之事。所有上手来脚与别产相连，缴付不便，日后要用，本家索出参照无词。今恐人心无凭，立此出卖文契为照。

弘治十六年十一月廿一日　　　　立契出卖人　叶思和（押）

同卖产弟　叶思琳（押）

叶思杰（押）

中见人　张孟威（押）

代笔　星源　汪洪承（押）

今就契内领去价银并收足讫。同年月日再批（押）领①

叶思和、叶思琳、叶思杰三兄弟首先通过继承的方式取得了一块土地的田面权，后来又将之与另一块土地的所有权一起出卖给胡澄，与所出卖田面权相对的田底权所有人为汪子寿，系其地邻。在叶氏兄弟和胡澄双方意思表示一致的基础上，胡澄通过购买的方式取得了该地的田面权。值得关注的是，契约在交易方式的表述上用了“出卖”。

从现有的证据材料看，自明中叶以后，在徽州地区、江西、福建等地区已经出现了田骨和田皮分离现象。在表现形式上，已出现了田骨、大租田、粪土田等直接体现“一田两主”特征的表述。在这一时期的契约中出现了粪草银及转佃等交易要素及交易方式，间接地反映出田面权的存在。总之，从现存资料分析，我们大致就“一田两主”的产生做出这样的推断，处于永佃权关系中的业主，因为种种原因将其剩余所有权进入市场进行交易，形成田骨权（田底权），佃户的永佃权蜕变为田皮权（田

① 张传玺：《中国历代契约合编考释》，北京大学出版社 1995 年版，第 796—797 页。

面权);或者是,佃户在拥有永佃权的基础上,因为种种原因,将永佃权进入市场交易,形成田皮权(田面权),业主的完整所有权成为剩余所有权田骨权(田底权),这两种情形均会导致具有双重所有权性质的“一田两主”的发生。

第二节 清代的“一田两主”

与前代相比,清代的永佃权租佃关系在空间上更广泛地在全国流行,民国时期的习惯调查,对各地的永佃权习惯有较为详细的记载,基于习惯的连续性和持久性特征,留存于民国的习惯在较大程度上也反映清代永佃权的制度实践。① 流行于各地的永佃权习惯,均强调了永佃权人有永远耕作之权,但前提条件是不得欠租,否则所有权人有另行招佃即解除契约关系的权利。除此以外,有些地区如江西靖安永佃权人还有转批(转佃)的权利。“可转批他人,业主不得干涉”,在江西横峰,有抵押或转佃的权利,“并得将布字互相抵押或移转佃权”。另外,在有些地区,在所有权人移转的情形下,永佃权人也不得更换,如在江西横峰,“嗣后虽所有者移转,亦不能更换之”,在直隶天津,“惟有倒东不倒佃之规定”。

永佃权人除拥有永久耕种权利之外,如在契约中明确赋予其转佃或抵押的权利,就权利的丰富程度而言,此时的永佃权因处分权能的强化而发生质变,具有“一田两主”的形态了。

“一田两主”作为永佃权制度质变后的新形态,在特征上向双重所有权演变,权利主体对客体的支配性得到进一步加强。至清代,尤其是嘉庆以后,“一田两主”已发展成为一种相对完备的形态,这里将依据清代“一田两主”的遗存资料,重点从以下四个方面进行考察:一是影响田底权与

① 福建浦城的永佃权习惯,见施沛生编:《中国民事习惯大全》,上海书店出版社 2002 年版,第 2 页。建瓯县,第 3 页;福清县,第 4 页;江苏武进县,第 9 页;江苏苏北地区,第 9 页;江西靖安县,第 17 页;横峰县,第 18—19 页;直隶天津县,第 19 页。

田面权分离的因素；二是“一田两主”的形式要件；三是田面权的取得和消灭；四是田底权与田面权的流转。

一、影响分离的因素

“田面”与“田底”分离形成“一田两主”局面，经历了相对漫长的由债权到物权的演变过程。主佃双方以口头或书面的形式约定，业主将土地出租给佃户，佃户获得耕种权。耕种权逐渐演变成永久耕种权，进而永久耕种权或转佃或抵押，物权属性不断强化，最后蜕变为双重所有权。

分析“田面”与“田底”分离的影响因素，有学者将其分为三类，即劳动因素、资金因素和权力因素。

劳动因素强调耕种者的劳动付出而对田面权取得的贡献。耕种者因为对生地的垦荒取得田面权，这大多出现在地广人稀的偏远省份或战乱后人口损失严重的内陆地区。对此，完成于民国北洋政府时期的民事习惯调查报告为我们提供了解释，“查江苏佃户，佃种田亩有肥土之称，又呼为田面，即佃户于业主田亩上有相当之地价……其发生之原因，由洪杨兵燹以后，业主流离，土地荒芜，佃户即投资耕种。迨业主归来，即许佃户特别利益，准其永远佃种，相沿日久，佃户竟持永佃权为一部分之所有权，不准业主自由夺佃。”①由于太平天国运动带来的战乱，原业主流离失所，土地荒芜，佃户投入人力和财力进行耕种，由此取得拥有部分所有权的田面权。对于熟地，耕种者由于长期劳动投入有时也能“久佃成业”，获得田面权。

曹树基教授等在对清代浙江松阳石仓的“退契”进行考察时发现，在浙南山区，大批田头地角零星荒地被开垦，成为田面由来之一种。这进一步印证了黄宗智教授关于田面权由来的判断，“一个佃户把一块几乎一文不值的土地变成一件有价值的东西，他应该从他的辛劳中受益似乎是

① 施沛生编：《中国民事习惯大全》，上海书店出版社 2002 年版，第 29 页。

适当和公正的,因此形成了田面权的概念"。① 对田头地角零星荒地田面权形成的考察,无疑拓展了我们一般对通过垦荒形成田面权的认识。这里将曹树基教授等所讨论的契约抄录如下:

立退工本人周应利,今因口食不给,自愿〔将〕原有阙边田角兄手开有田,坐落廿一都后宅庄,土名周宅寮壣,大小田拾贰丘,又内壣田三丘,自愿退与阙天有边,退出工本银壹两三钱伍分整,其银即日收清足讫,其田任凭阙边起耕管业,退人不得异言阻执,恐口难言,立退工本为用。②

周应利将阙天有的田角荒地开垦成田,形成"田面",进而获得田面权,在交易中以银壹两三钱伍分出卖于田底主阙天有,使田底、田面合一,形成完整的产权。

资金因素强调的是通过购买的方式取得,购买者通过买耕的方式从所有者手中取得田面权成为田面主,土地所有者往往因急需资金或无力耕种,希望通过出让部分土地权利只保留田底权,以此获得一定的资金和地租。

日据初期台湾旧惯调查资料中的《清代台湾大租调查书》保留了大量与"一田两主"习惯有关的资料,其中的一些契约生动展现了通过购买的方式取得田面权的过程,这里选录其中的一份契约:

立给垦字业主陈廷溥,有承祖给垦茄藤社草地一所,坐落土名南岸,用本开垦埔园一片,东至洪宅园,西至东路,南至水沟,北至沟宅田,四至明白,经丈明载一甲。今佃人洪振老托中向求园底三面议估,即日收过先年开垦工本及园底银项番银一百大员。银即日同中收讫明白;其园交与振老前去备牛只耕备,永为己业。年配纳业主租粟三石满,收冬之日,应办经风搧净干粟,车运到馆完纳,不得少欠。如振老不合意耕作,租粟清明,听其转退下手。保此园系承祖先年用

① 黄宗智:《法典、习俗和司法实践:清代与民国的比较》,上海书店出版社 2003 年版,第 110 页。

② 曹树基、李楠、龚启圣:《"残缺产权"之转让:石仓"退契"研究(1728—1949)》,《历史研究》2010 年第 3 期,第 121 页。

本开垦熟园,与房亲叔兄弟侄无干,并无交加来历不明为碍;如有不明,业主抵挡,不干振老之事。今欲有凭,立给垦字付执为照。

即日收过垦字内番银一百大员。

乾隆三十九年正月 日立给垦字。业主陈□□ 作中人 陈赞官 洪心官 知见人 陈仁①

洪振老出资番银一百元向业主陈廷溥购买园底,这里的园底即为田面,此地由业主陈廷溥先人开垦成熟。购买者洪振老取得田面权后还须每年向田底主陈廷溥交纳租粟三石。

权力因素强调国家税收政策对“一田两主”形成的影响。在明代,有功名的士人可以免除一定额度的徭役,因此不少土地所有者为逃避粮差,将地寄托在大户名下,称之为“诡寄”。于是,大户凭借其优免赋役的特权成为田底主,诡寄的地主则转为田面主。② 至于清代的情形,卞利教授在对清代江西赣南地区的退契进行研究时发现,因为退契无需交纳契税,在道光时期的赣南地区,曾一度盛行将卖契书为退契。道光初年,王雅南履任南康县知县,面对“税契寥寥”的窘境,经过一番调查后发现:

民间买卖田宅,多有书退约而不立卖契者,亦有以千金或数百金之产,仅立二三百金或数十两卖契,余皆书写退约者。吊查约内坐落地方、亩数,与卖契一字无差,推其原故,乡愚以为退约可以毋庸投税,省却目前税项之需,不知产业既经绝卖,即应投税推收,不能任其欺隐。且卑县控告佃户欠租之案,自数百石至千余石不等,一经饬吊契据,所呈半皆退约。③

---

① 《中华大典·法律典·民法分典》,巴蜀书社 2014 年版,第 2020 页。

② 孙超、刘爱玉:《地权、阶级与市场——明清“一田两主”土地制度研究述评》,《学术论坛》2017 年第 5 期,第 71 页。

③ 道光《西江政要·详议南康县(道光)六年民间卖田多数退约不立卖契冀免投税请嗣后典卖产业均分别立契应投税者依限投税,其从前所立退约等项于一年内更正》,道光刊本,转引自卞利:《清代江西赣南地区的退契研究》,《中国史研究》1999 年第 2 期,第 160 页。

道光初年南康知县王雅南所发现的民间为逃避契税将卖契书为退契的做法,从一个侧面较为形象地揭示了国家税收政策对“一田两主”形成的影响。

二、“一田两主”的形式要件

(一)典型形式

“一田两主”,即同一块土地被分为“田面”和“田底”两部分,分别归属于田面主和田底主。据民国北洋时期完成的民事习惯调查,“一田两主”主要流行于中国的南方省份,以福建、江西、江苏、浙江、安徽为主要分布区域,[①]在湖南、湖北两省,则延伸至湖泊河流水塘等水面权利,在表述上有“塘水”“塘底”“水面权”“水底权”等不同称呼,这里依据该习惯调查报告,对不同地区的表述进行统计。

表 1 “一田两主”各地称呼统计一览表

区域	称呼	备注
福建闽清县	田面田根、山皮山底	
福建建瓯县	大苗小苗、骨田皮田	
福建连江县	田根田面	
福建顺昌县	骨田皮田	
福建南平县	苗田税田	
福建浦城县	大苗小苗	
江西赣南各县	田皮田骨	皮骨合一者谓之粮田,皮骨分离者谓之租田
江西广昌县	田皮田骨	
江西乐安县	山皮山骨	
江西临川县	大业小业	

① 另参见杨国桢:《明清土地契约文书研究》,中国人民大学出版社 2009 年版,第 79 页;[日]仁井田陞:《明清时代的一田两主习惯及其成立》,载刘俊文主编:《日本学者研究中国史论著选译》(第八卷),中华书局 1993 年版。

续表

区域	称呼	备注
江苏靖江县	田底田面	田面又名工本田
江苏松江县	田底田面	
浙江江山县	山皮山骨	
浙江桐庐县	大卖小卖	
浙江宁海县	上面下面	上面之权属于佃户,下面之权属于业主
安徽绩溪县	大买小买	

资料来源:施沛生编:《中国民事习惯大全》,上海书店出版社 2002 年版,第二编《物权》。

这里需要强调的是,由于“一田两主”主要以习惯的形式流行于各地,除表述形式具有较大差异外,在个别地区,以截然相反的表述来表达通常的“一田两主”。如在福建闽清县,据民国时期习惯调查报告记载,“闽清之田,多分根面,该田如归一主所有,其契约或阄书上必载明根面;如属两主所有,则面主应向官厅完粮,根主应向面主纳租。但该两主皆得自由移转其所有权,不得互相干涉……。”①这里的面主显然就是一般所称的田底主而非田面主,而根主显然就是田面主,而非田底主。

不管以哪一种表达方式表述,在表述上均以相对应的一组术语呈现,如田面田底、田皮田骨、大卖小卖等。这种表述方式所体现的是地权进一步分化所形成的“一田两主”权利义务关系。这种权利义务关系的核心,就是田底权和田面权是两个相互独立的权利,双方分别对其拥有的权利享有自由处分权,这也是“一田两主”中田面权不同于永佃权的最显著特征。

在这种权利义务关系格局中,田底主拥有向田面主,或田面主不自种将土地对外租佃的情况下向佃户,收取大租的权利。由于田底主失去了

① 施沛生编:《中国民事习惯大全》,上海书店出版社 2002 年版,第 27 页。

对土地的直接占有，这种权利逐渐向抽象权利演变，费孝通先生将这种权利看作“金融工具”，[1]黄宗智教授则将之与股票与债券类比，[2]赵冈教授认为像是西方国家房户土地买卖中的 mortgage。[3] 田底主同时对官府负有缴纳田赋的义务。魏国安教授将田底主的身份特征归纳为：“一个人享有征租权，而又承担办纳粮差。唯有他才能在政府的田赋单上以‘所有者’的身份出现，然而他除了作为一个征租人之外，与那块土地再无关系了。”[4]田底权可以继承，为实现田底权的商品价值，田底主也可以将田底权出卖或出典，对此后文将作进一步讨论。

田面主对土地拥有占有和使用的权利，既可以自己耕种，也可以出佃，在自己耕种的情况下，负有向田底主分享土地收益，交纳大租的义务，在出佃的情况下，一般由佃户向田底主交纳大租，而田面主则拥有向佃户收取佃租的权利，这种佃租一般称为小租，区别于向田底主交纳的大租。此时，从田面主那里佃租土地的佃户，则承担着“一田二租”的义务。[5] 除对外佃租外，田面主还可以通过出卖或出典等形式将土地进入市场流通。后文将对田面权的流转形式进行详细讨论，这里不予展开。

（二）非典型形式

非典型形式往往表现为，在表述上虽具备一般“一田两主”外在形式，但田面权的权利并不充分，田面权的行使受到一定的限制。这种非典型形式反映了“一田两主”发展程度和内涵特征的差异性和丰富性。我们也可以把这种非典型形式认定为介于永佃权和“一田两主”之间的中间形式，具有过渡性特征。

---

① 费孝通：《江村经济》，江苏人民出版社 1986 年版，第 130 页。

② 黄宗智：《长江三角洲的小农家庭与乡村发展》，中华书局 1992 年版，第 110 页。

③ 赵冈：《论“一田两主”》，载《中国社会经济史研究》2007 年第 1 期，第 3 页。

④ ［加］魏国安：《清代华南地区“一田两主”的土地占有制》，叶显恩译，《广州研究》1982 年第 3 期，第 65 页。

⑤ “一田二租”的说法，见郑振满、郑志章整理：《森正夫与傅衣凌、杨国桢先生论明清地主、农民土地权利与地方社会》，载《中国社会经济史研究》2009 年第 1 期，第 6 页。

一般认为,田面权的重要特征,也是田面权区别于永佃权的标准之一,就是即使田面权人存在欠租的情形,田底权人也只能追租而不能“别召他人”,用现代民法语言来表达,就是在违约责任的承担方式上,不能解除合同,只能要求违约方继续履行。尽管如此,在丰富的交易实践中,存在通过契约约定如田面权人欠租田底权人有权“起耕”的约定,这种情形不妨将之称为“一田两主”的非典型形式。在外在形式上已具备了大租、小租等表述形式,但在契约条款上,对欠租情形进行了特别约定,赋予了田底权主解约起耕的权利。以下是来自台湾嘉庆道光之间的一份地主给予佃户田面权的契约:

> 立付垦单业主杨,有荒埔一段,坐址渡船头圳墘,……四至明白。兹有族亲茹叔等备送犁头银二百元正,请给垦单为凭,前去开垦为田,情愿年纳本业主大租谷六石,以贴公项,而小租永归开垦之人,听其招佃耕种。如缺大租不完,积欠过多,则任业主起耕。议约已定,各无后言,合给垦单,付执为照。①

在契约中,业主明确给予佃户小租,且“永归开垦之人”,但前提是不得拖欠大租,否则如“积欠过多,则任业主起耕”,有权单方解除契约。

概而言之,发轫于唐宋,经明代的进一步发展,“一田两主”的发展形态在清代日趋成熟和完备,作为一种习惯或俗例,“一田两主”在各地的表述形式存在着较大的差异,有称为田面田底,也有称为田皮田骨、大卖小卖、大业小业等等。尽管如此,从内在特征来看,流行于各地的“一田两主”在特征上趋于一致,田底主和田面主之间的权利义务关系趋于清晰,作为所有权人,田底主和田面主对其所拥有的权利各自具有处分权,彼此独立,互不干涉。在个别情形下,田底主和田面主会通过契约的方式约定田面主负有不得拖欠大租的义务,否则有权起耕,另佃他人。这种个别情形体现了地权分化过程中,永佃权向“一田两主”演变中的过渡性特

① 杨国桢:《台湾与大陆大小租契约关系的比较研究》,《历史研究》1983 年第 4 期,第 125 页。

征，在某种程度上也印证了魏国安教授的判断，"'一田两主'制是一种复杂的灵活的制度。"①

三、田面权的取得与消灭

从劳动因素、资金因素和权力因素出发对"田面"与"田底"分离原因的分析，较为深刻地从本质上对"一田两主"现象的产生进行了揭示。接下来，从现代民法的视角，分别从原始取得和继受取得两个方面，就"田面"的设定进行阐述，所依据的经验材料主要为留存的习惯调查资料和契约资料。

（一）"田面"的原始取得

在现代民法上原始取得又称固有取得，指的是民事主体非依据他人的权利及意思而直接依据法律规定取得物权。对历史上物权现象的分析，正如下文所指出的那样，帝国时期的国家法对"一田两主"现象的规制非常有限，因此，田面权的原始取得和接下来讨论的继受取得一样，更多的是基于习惯而非基于法律的直接规定。

原始取得是直接取得，非依据他人的权利及意思。原始取得往往表现为，通过投入人力，对荒废田地进行开垦，取得田面，进而获得田面权。原始取得大体和上文论及的影响田底和田面的分离因素即劳动因素密切相关。接下来先从田面权交易契约的角度分析原始取得的路径。

下面是一份来自浙南石仓同治八年（1869）徐宗来将一处民田出退给阙翰桂的契约：

> 立退工本字人徐宗来，今因口食不结［给］，自愿开有民田壹处，坐落松邑廿都上坳门安着，开成民田壹处，共计柒横正，自愿托中立字，出退与阙翰桂众入手承退为业，当日凭中三面言断，工本铜钱肆仟文正，其钱即日随退字交收付足，不少分文，其田自退之后，每年统

① ［加］魏国安：《清代华南地区"一田两主"的土地占有制》，叶显恩译，《广州研究》1982 年第 3 期，第 65 页。

纳水租谷(□□)正,其谷的至[等到]八月秋收之日送到业主家内,风(扇)租桶交量,不敢少欠,如有少欠,任凭业主起耕改佃,退人无异言阻执,愿退愿手[受],两相情愿,各无反悔,一退千休,并无逼抑之理,恐口难凭,故退工本字为据。①

徐宗来在自己的荒地上开垦出一块“民田”,因“口食不给”,手头拮据,将全部产权中的“田面权”出退给阙翰桂,得价铜钱肆仟文。契约中“工本”的表述,进一步强调了此田系通过开垦原始取得而来。

接下来,我们依据民国北洋政府时期完成的习惯调查报告对田面权的原始取得进行分析。

在总结江西赣南各县的土地所有权习惯时,习惯调查报告有这样的记载:

赣南田亩有租田粮田之别。粮田者皮骨无分,其租谓之华利。租田则由于前代兵燹之后,户口逃亡,田地荒废,外籍人民自由插标占领,招人开垦,占有者有土地所有权,对于垦户收租,对于国家纳粮,而对于该田则不能转佃,也不能收回自耕,谓之管骨。承垦者世世耕作,按年纳租,其赁耕权可以自由转佃,自由典(谓之暂退)卖(谓之杜退)。谓之管皮管骨者,既由自由占有,无承卖契据,亦无官给凭照。②

由于战乱的原因,导致田地荒废,外人占有后招人开垦荒芜的田地,取得土地的所有权,在这过程中,参与开垦荒地的垦户取得田面权(管皮),可以转佃招租,也可以出卖或出典,组织开垦者拥有田底权(管骨),有收租的权利,但对土地不能转佃,也不能收回自种,其权利的行使受到一定程度的限制。垦户因与组织开垦者一起参与了荒地的开垦,付出了人力和财力,因而取得了田面权。

---

① 曹树基、李楠、龚启圣:《“残缺产权”之转让:石仓“退契”研究》,《历史研究》2010年第3期,第123页。

② 施沛生编:《中国民事习惯大全》,上海书店出版社2002年版,第29—30页。

（二）"田面"的继受取得

在现代民法上，继受取得又称传来取得，是指基于一定的法律事实，依赖于他人意思表示而取得物权。相较于原始取得，因是基于他人的意思表示，通过买卖等方式取得，故相对来说也较为复杂些。

"田面"的买卖与一般的土地买卖在契约的内容基本一致，但在形式上略有差异。"皮业设定之方法，与通常买卖相仿，由业主得价若干，立顶皮字（与卖契记载略同，但有顶皮业字样，以为区别）付掌皮人（即佃权取得人）为据，掌皮人于付价后又立租字付业主为据，每年交租若干。"① 这则来自江西宁都县的田面（皮业）设定习惯，清晰说明了业主和掌皮人之间如何通过买卖的方式设定皮业（田面），在交易形式上采取了"顶"的方式予以表示。

在买卖契约的内容上，一般说明交易土地的四至、价格、交款方式、瑕疵担保等，在形式上以单契为主，②落款署名只有出卖人，没有买受人，另外一般还有作为第三方的中见人等。

看一份同样来自徽州的清乾隆及嘉庆年间田面交易契约。

立杜卖佃约人项廷香，今因缺用，自情愿将祖遗下佃一号、坐落土名天将岭，计田贰丘，并田旁大小树木一并在内，尽行出卖与房弟名下为业。凭中时值价银拾贰两正。其银当日收足，其田买人随即耕田。未卖之先，并无重复交易。一切不明等情尽是自理，不涉受业人之事。今恐无凭，立此存照。

乾隆四十七年十月　日　　立杜卖佃约人　项廷春（押）

中见　项廷锡（押）

依口代书　朱双林（押）

嘉庆十四年三月　将原佃并田旁树木，得价银ㄙ两，转出与朱亲

① 施沛生编：《中国民事习惯大全》，上海书店出版社 2002 年版，第 18 页。

② 单契反映出交易双方不平等的具体关系，相关讨论见俞江：《"契约"与"合同"之辨》，《中国社会科学》2003 年第 6 期。

名下为业，毋得异说。 项鹏万批(押)弟 鸣万(押)

侯衍申(押)①

项廷香因生活所迫将“佃业”即田面及田旁大小树木出卖与房弟，后者取得该地的田面权，二十七年后，原买受人又将田面转卖与朱亲，后者取得该地的田面权。

在交易方式上，上述契约采用了“出卖”这样的表述方式，与一般买卖的表述相比，并无差异。随着分布在东南省份的大量清代土地契约的发现和整理，学者们对田面权的出卖形式有了更全面的了解。对于田面权的流转，学者们发现，民间较为普遍地采用退契的契约方式进行交易。卞利对清代江西赣南、②曹树基等对浙南石仓，③以及赵思渊对徽州歙县退契的研究较为全面地呈现了田面权交易的方式。④

退指的是田面的出卖，含有退还原业主的意思，而买方的购买行为或承退行为则称顶，一方是退，另一方则是顶，退和顶是两个相对应的法律行为，由此完成田面权的流转。在清代江西赣南地区，退田所得的价钱称为顶钱、坠脚钱、脱肩钱和坠耕钱等名称。就退契类型而言，退契分为永退契和活退契，前者指田面的一次性卖断，永退后永退人对所退的田面既不能回赎，也无权索取找价。而活退契则指在契约中共同约定年限及条件回赎，如在约定的回赎期限内，田面权人无力回赎，则可向承退人索取找价将田面断退(或称“杜退”“永退”“绝退”)。活退类似于出典，安排在下部分讨论，这里侧重讨论永退契。

先看一份江西赣南的永退契约。

---

① 章有义:《明清徽州土地关系研究》，中国社会科学出版社1984年版，第26页。

② 卞利:《清代江西赣南地区的退契研究》，载《中国史研究》1999年第2期，第152—163页。

③ 曹树基、李楠、龚启圣:《“残缺产权”之转让:石仓“退契”研究》，《历史研究》2010年第3期，第118—131页。

④ 赵思渊:《歙县田面权买卖契约形式的演变(1650—1949年)》，《清华大学学报(哲学社会科学版)》2017年第6期，第67—76页。

立退永远田贴人朱传项，今因无钱使用，自愿将祖父分授土田壹处，坐落地名垅田上，田大小贰□，原载本宅主租壹石陆斗正。其田今要行出退，编问兄弟人等，俱各不愿成交。今托中人说合，至本房先炫兄弟出首承顶。当日凭中三面言定时值价铜钱叁万壹千叁百文正。其田及帖即日两相交付明白，不欠分文，中间并无债货准折，二比甘心意允，不是逼勒成交。其田自退之后，任凭顶人子孙永远耕作管业，出退人子孙再无生端、异说等情。倘有上手来历不明，不涉顶人之事，退人自行支当。今欲有凭，立退田贴永远为照。

批即日领到贴内价铜钱壹足。所领是实（花押）

乾隆六十年十月吉日　立退永远贴人　朱传项（押）

说合中人　朱传伦（押）

玉田（押）

传容（押）

玉成（押）

德龙（押）

王赞廷（押）

代笔人　朱先领（押）

批其田骨租壹石陆斗，龙田上租未曾捡出，后日永为故纸。再照。先耀笔。

永远管业①

出退人即田面权人朱传项将田面权退与承顶人朱先炫，出退人朱传项得价铜钱叁万壹千叁百文，承顶人朱先炫取得田面的同时，也从朱传项那里受让了向田底主（宅主）交纳地租（田骨租）的义务，租额是壹石陆斗。

① 《乾隆六十年十月石城县朱传项顶退永远田帖》，原件藏石城县方志办，转引自卞利：《清代江西赣南地区的退契研究》，《中国史研究》1999年第2期，第157—158页。

再看一份来自徽州歙县的退契：

立退业人胡积女，今将土名禄豆坞阴阳二培小买熟地一业，出退与吴名下，小买价纹银叁两正，其银当即收足，其地听凭讨人管业无异，以前从无重复交易，恐口无凭，立此退业为用。

康熙四十年十一月　日　立退业人胡积女

中见人　方文昭

依口代笔　黄①

出退人胡积女将小买熟地一块，也即该地的田面权出退于吴氏，获得纹银三两，吴氏获得“管业”的权利。契约中的“小买”和“出退”的表述，清晰明白地呈现了吴氏通过购买获得田面权的途径。

买卖是继受取得的主要方式，上述契约形象地反映了这一取得方式，除此之外，还有通过继承、接受赠与等方式取得，限于篇幅这里不予展开。

（三）“田面”的消灭

除因自然原因导致“田面”与“田底”一起消灭外，“田面”可以因为田底权人的回购或田面权人的退还而消灭。例如，在江西省乐安县，竹木山场分为山皮和山骨，山皮所有人可以自愿让还山皮，“竹木所有权谓之山皮，土地所有权谓之山骨，山皮所有人对于山骨所有人仅须永远按年交纳山租，并无年限限制，其山骨所有人亦不能收回自植竹木。如果山皮所有人自愿让还，得将竹木削光，还山免租。再山皮山骨所有权均可独立典当或转让。”②如果退还山皮，山皮所有人将竹木削光归其所有，自此也不再向山骨所有人履行交纳山租的义务。在江苏靖江县，据习惯调查报告记载，佃户将田面退还给业主时，业主须给予一定的补偿，该田有可能仍由该佃户耕种，不过改为按普通亩数纳租，“如佃户自愿将垦熟之田吐退

① 《胡积女将土名禄豆坞熟地退与吴名下管业契约》，康熙四十年十一月，黄山市档案馆藏，档号：434300-Q001-001-P11-0035，转引自赵思渊：《歙县田面权买卖契约形式的演变（1650—1949 年）》，《清华大学学报（哲学社会科学版）》2017 年第 6 期，第 71 页。

② 施沛生编：《中国民事习惯大全》，上海书店出版社 2002 年版，第 33 页。

于业主，则业主应照原纳轻租之额约十倍之数于佃户，该田或由原佃户耕种，每年照普通田亩纳租。”①田面消灭的核心要件是田面主自愿将田面退回，必须基于自愿，不得强制收回。

下面是两份来自江西瑞金县分别立于道光二十一年(1841)和道光二十九年(1849)的退契，完整展示了田面权的“消失”过程。

第一件：

出退人立退字人黄有諰，今因要钱使用，自愿将父手遗下早田皮壹工四合整，坐落土名鹅公隘，疸堇里甲，小土名七工排，门首来塘壹大坵；又东排子田大小肆坵、灌荫塘一口，水鱼利照田均分，一应要行出退与人。先问房亲人等，无银向前。请中送至范昌拉向前承退为业，当得时值退价铜钱　两正。即日钱字两交明白，不欠分文，两比情愿，亦非贪图准折债货等情。其田未退之先，并无重行典当。自退之后，任凭范宅照字掌业。如有上手来历不明，不干亏承退人之事，出退人一力承耽。立退字壹纸，永远存照。一批明：每年实纳刘宅正租壹担四斗正，饭餐三年空、四年当。再照。(押)

道光廿一年十月日立退字人　黄有諰(押)

在场　黄有谟(押)

黄有谦(押)

说合中人　刘仁桥(押)

杨泰来(押)

见交钱人　谢传秀(押)

代笔　自书(押)

第二件：

立退字人范昌拉，今因要钱使用，自愿将己手早田皮壹工四合整，坐落土名鹅公隘，疸堇里甲，小土名七工排，门首来塘壹大坵；又

① 施沛生编:《中国民事习惯大全》，上海书店出版社 2002 年版，第 7 页。

东排子田大小肆坵、灌荫塘乙口，水鱼二利照田均分，一应要行出退与人。先问房亲人等，无银向前。请中送至刘仁桥姑伏向前承退为业，当日得时值退价铜钱　两正。即日钱字两交明白，不欠分文，什实现银承交，两比情愿，亦非贪图逼勒准折债货等情。其田未退之先，并无重行典当。自退之后，任凭刘宅照字掌业。如有上手来历不明，不干亏承退人之事，出退人一力承耽。立退字壹纸，共三纸为照。一批明：每年实纳本宅正租壹担四斗正，饭餐三年空、四年当。再照。（押）

在场　父荣辉（押）

说合中人　范昌振（押）

范昌招（押）

侄传坤（押）

见交钱人　余仍柏

代笔自书　范廷选（押）①

先是黄有謏将田面出退给范昌拉，约定由后者向田底主刘仁桥缴纳田租1担4斗。后来田面主范昌拉因“要钱使用”，将田面退给了田底主刘仁桥，刘仁桥既拥有田底又拥有田面，田底田面合一，构成完整的产权。田底田面合一，也意味着田面的消失。

四、田面权的流转

田面的继受取得，有偿的方式如买卖，无偿的方式如继承，均是田面流转具体方式的体现，这些方式的流转，更多地体现了权利流动的不可逆转性，而通过出典或出租方式进行的流转，因田面的原所有人保留了回赎权或租赁合同到期后的取回权，为权利流动的逆转留出了余地。尽管出典（活卖）这一方式有一定的物权变动因素存在，但基于回赎权的存在，

① 两原件均藏江西省瑞金县壬田乡刘宗桃处。转引自卞利：《明清土地租佃关系与租佃契约研究》，《原生态民族文化学刊》2015年第4期，第21页。

应该将出典(活卖)和买卖(绝卖)进行适当的区分。

(一)出典

如前所述,田面权相较于田底权,因其具有占有、使用、收益的功能,在市场上受到典买人的青睐,同时,又因在该流转方式中为典卖人保留了回赎权,符合中国人的“祖业观”,因此也易于被典卖人接受。现存的契约中较多地保留了这种类型的契约,现选取一则作为例证。

立佃约人范礼堂等,承父手遗有水田皮一段,坐落砻来安著,计业主租七把正。今因缺粮食用,将其田皮出佃约一纸,即是佃与本族礼资弟边,银一两正。其银收讫。其田皮言定递年完纳佃主租八把正,每年不敢少欠。如若皮租有欠,听凭佃主自己易佃、耕种。日后办得原钱取赎,业主[佃主]不得执留。立佃约存照。

雍正八年六月初八日

立佃约　兄　礼堂(押)①

范礼堂将通过继承的方式取得的水田皮一段,佃给族弟范礼资,从内容上看,这里的出佃实质是出典,典价为银一两正。范礼堂出典后又从典主那里将该田租回耕种,这样须同时向业主和典主履行纳租义务,前者为七把,后者为八把,皮租略多于业主租。

因出典时田面主保留了回赎权,故一般称为“活卖”,与一次将所有权卖净的“杜卖”在价格上有所差异。有学者曾对徽州地区嘉庆、道光、咸丰年间的“杜卖契”和“活卖契”进行统计分析,发现杜卖契价与活卖契价的差额分别为六、五、四两不等。② 按百分比计算,活卖契价约为杜卖契价的 60%—80%。

上文在讨论田面权的继受取得时,曾讨论过广泛使用的退契,其中分为田面一次性卖断的永退契和保留回赎权的活退契。前者承退人因一次

① 中国第一历史档案馆、中国社会科学院历史研究所编:《清代地租剥削形态》下册,中华书局 1982 年版,第 569 页。

② 彭超:《论徽州永佃权和“一田二主”》,《安徽史学》1985 年第 4 期,第 66 页。

性买断田面，取得田面的所有权，成为典型的继受取得方式，而后者活退契，如出退人无力在规定的回赎期内回赎田面，那么往往会向承退人索取找价将田面卖断。活退中无力回赎导致的找价断卖，和永退一样，均导致田面权的转移，而到时回赎的活退，成为一种“逆向”的土地流转形式。下面是一份康熙三十八年（1699）徽州歙县的活退契：

立退批人朱寿先，今有分受小买田一坵，土名处岱段，三亩六（分），出退路边一半与项云先名下，前去耕种，三面义［议］定，小买银壹两捌钱正，其银当日收倩，其田言定三年满，听凭早晚取赎原价壹两捌钱，无异说，倘有内外人等言论，俱系退人承当，不涉讨田人之事。□退批存照。

康熙三十八年十月　日　立退批人　朱寿先（押）

中人　洪顺卿（押）

项君玉（押）①

出退人朱寿先将田面“小买田”出退给项云先，得小买银壹两捌钱。退契约定了三年的回赎期，约定三年后原价回赎。

（二）出租

田面权人取得田面后如不自耕，往往将田面出租（俗称“批”）以获得收益，这样就形成了“田面主—田底主—佃户”的三方交易主体，佃户须同时向田面主和田底主履行纳租的义务。在数量上，一般田面租多于田底租。如在民初的江西赣南各县：

赣南田土山塘，皮骨分管者十之七八。业主管骨，佃户管皮。皮业设定之始，或田由佃户出资垦荒，即俗名工本，或由业主征收佃价，即名坠脚亦名退脚，而其耕种权存续之期间，则永远无限。佃人承赁主田不自耕种借与他人耕种者又名为借耕，借耕之人既交田主骨租，

① 《康熙三十八年朱寿先立退批》，上海交通大学图书馆藏，0112118010069，转引自赵思渊：《歙县田面权买卖契约形式的演变（1650—1949 年）》，《清华大学学报（哲学社会科学版）》2017 年第 6 期，第 71 页。

复交佃人皮租，如五十亩之田，岁可获谷二百石，俗谓之四勾之田，则以五十为骨租，以七十为皮租，借耕之人自得八十石。多寡亦略有不同，大概以三分之二作皮骨租，皮多骨少。①

就田面主、田底主、佃户三者关系而言，田面主和田底主获得土地收益的三分之二，佃户获得收益的三分之一。在田面主和田底主之间，其分成约在六、四之间。

下面是一份来自台湾的光绪十年（1884）茶园租佃契约，详细记载了佃户向埔主（田面主）租赁茶园的交易内容：

同立种茶合约字埔主李洪记、李芨记，佃人邬来。窃洪、芨兄弟，于癸未年间，同津本银，向功侄李亮、李朝买还埔地一所，座落土名大坪人字顶梨头尖，四址契内载明。兹据佃人邬来备出花红银一元前来，商酌种茶，洪兄弟即与人字顶下山牌踏出二千茶地，付其栽种，四址面踏分明。即日当场面议每千茶丛每年应纳垦户李美盛大租银一角二点正，又应纳洪芨小租银四角八点正，三年后点丛完纳，不得抗减；如有此情，听从埔主吊销，另招别佃承耕。今欲有凭，同立合约字二纸一样，各执一纸为炤。批明：即日收过字内花红银一元正，照。

光绪十年（甲申）十月　日

在场人　李阿来　李洪记　同立合约埔主　李芨记　佃人邬来②

在这份以合约形式体现的租赁契约中，佃户向埔主（田面主）洪芨兄弟租佃茶地二千，三年起租，每千茶丛向垦户（田底主）缴纳大租银一角二点，向埔主洪芨兄弟缴纳小租银四角八点，不得拖欠，否则埔主（田面主）有权“另招别佃承耕”。

前一份契约约定了佃户有向垦户（田底主）、埔主（田面主）分别缴纳

① 施沛生编：《中国民事习惯大全》，上海书店出版社2002年版，第31—32页。

② 《中华大典·法律典·民法分典》，巴蜀书社2014年版，第2022页。

地租的义务，向田底主缴纳的地租称为大租，向田面主缴纳的地租称为小租。在其他一些契约中，则直接约定大租、小租均向田面主缴纳，其中的大租应该由田面主转交给田底主。这里举一例说明。光绪八年（1882）埔主（田面主）林柔记将埔地一处出佃给佃人林拔记栽种茶树，佃人向埔主交付"无利碛地银"贰拾圆正，这里的"无利碛地银"便是押租，出佃人业主为了防止佃户欠租预先收取的保证金。双方约定：佃户"历年应纳埔主大、小租，共银壹拾圆正，分作春夏两季，各半均纳，不敢少欠分文，如有少欠分文，即将茶丛付埔主收成，其应纳业主大租，系埔主自理，不干佃人之事……"。[①] 佃户直接向田面主埔主交纳大小租，共银 10 元，给业主田底主的大租由埔主田面主负责。

如果佃户和田面主签订的租佃契约中约定如无欠租永远耕作，那么佃户所拥有的租佃权无疑具有永佃权的特征了。有学者在分析"一田两主"现象时，认为在田面权出租时，一般租佃权如成为永佃权，那么就会形成"一田三主"现象。[②] 尽管如上文所述，民间有"一田三主"这样的说法，但作为学术讨论，这样的说法并不严谨，混淆了作为他物权的永佃权和作为所有权的田面权和田底权的物权属性。下面看一份来自福建德化乾隆年间田面权的永佃契约：

> 立认据人侄友章，今在族众上认出本乡土名阄脚乾黎思永屯祀田，受种子一斗，年载大租米九升三合五勺，又载小租三百五十斤，前来耕种，逢年冬成之日，备谷送仓交纳，其大租米随田办纳，不敢少欠。有丰险，租无增减，如欠租，田付众等起佃别安，如无欠租，付其永远耕种，另代贬〔贴〕租三百斤，今欲有凭，立认据为照。（此贴租系前耕士叔等欠过，与友章耕）

① 《光绪七年仝立栽值种茶合约字人》，载高贤治编著：《大台北古契字三集》，台北市文献委员会 2005 年版，第 547 页。

② ［加］魏国安：《清代华南地区"一田两主"的土地占有制》，叶显恩译，《广州研究》1982 年第 3 期，第 66 页。

乾隆二十四年二月　日立认据人侄友章　见第　和章①

承佃人如不欠租,取得永远耕种的权利,永佃权人作为承佃人,须承担同时交纳大租和小租的义务。值得留意的是,这里承佃人并没有支付对价获取永佃权,换言之,在本交易中,永佃权的取得是无偿的,这也是在取得方式上永佃权区别于田面权的一个重要特征。

承佃人不管是一般承佃人还是永佃权人,作为土地耕种成果的贡献者,其对耕作成果并没有排他的获取权,而是与田底权人和田面权人分享,看似自由和平等的交易背后,向田底主和田面主承担着双重义务,忍受着双重剥削,因此他们常常成为违约抗租的主体。

五、田底权的流转

现有的研究较多地关注到了"一田两主"形成的原因、田面权的存在形态及其属性,以及田面权的流转,而对"一田两主"中的另一权利田底权的存在形态、属性以及流转则相对关注不够。田面权从完整所有权中分离以后,田面主取得了对土地的占有,拥有耕种权,并取得了部分收益权。对于田底主而言,其所拥有或剩余的只有基于部分收益权的收租权,即定期或不定期从田面主或田面出租情况下从佃户那里收取大租的权利。基于产权的商品属性,与田面权一样,田底权必将通过流转实现其商品价值。

(一)出卖

出卖分为绝卖(杜卖)和活卖,后者因保留回赎权更接近出典,下文再述。

先看一份来自福建仙游的嘉庆年间的杜卖大租的契约:

立卖契堂弟良桐,有自己祖父遗下阄内户民田此字号陆分,坐门

① 原件藏厦门大学历史系资料室,转引自杨国桢:《台湾与大陆大小租契约关系的比较研究》,《历史研究》1983年第4期,第133页。

兜落,应式坵,递年纳自宅早冬大租壹石式斗官,今因无银用度,自愿托中立契,出卖堂兄良明掌管为业收租,三面商议,实值时价九五色广戥银拾式两正,其银即日交足,其大租即听银主管佃收租,永为己业。在先并不曾典挂他人财物,保无交加不明等事。如有此色,系是自己支当,不干兄之事。现逢大造,其米许就本冬本甲朱兰孙户下除割过户当□〔差〕,此系两愿,各无反悔,今欲有凭,立卖契为炤者。

嘉庆拾式年乙月　日(具名略)①

堂弟良桐将田底权出卖于堂兄良明,良明支付对价银拾式两,获得大租壹石式斗的收租权。和一般田面权(小租)出卖契约中清晰列明土地四至的情形不同,一般田底权出卖的契约中,四至有时并不详列,对此,赵冈教授曾有这样的评论,“作为田骨交易的唯一要项,就是收租权,要写明地租的确实数量,因此,田骨交易的契约被大大简化。”②从权利分类的角度看,此时的田底权已渐渐脱离实体成为一种抽象权利了,对于田底主而言,抽象权利和实体权利并无二致。

再看一份来自江西的道光年间的断卖大租的契约:

立断卖大租契人劝义都朱之祯,原父手置有大租田壹号,……计大租肆拾伍秤,……情愿托中将前田大租尽行立契,断卖与辛田都李皋公祀名下,听凭前去收租管业。……

道光二十一年四月十六日(具名略)③

朱之祯将大租田断卖于李氏,随之转让的是对大租田的征租权,“计大租肆拾伍秤”。

田底也可分割后出卖,出卖其中的一部分,保留另一部分,原田底主仍为剩余部分的田底主,承买者成为新购部分田底的田底主。下面的契

---

① 原件藏福建师范大学地方史研究所。转引自杨国桢:《台湾与大陆大小租契约关系的比较研究》,载《历史研究》1983 年第 4 期,第 127 页。

② 赵冈:《论“一田两主”》,《中国社会经济史研究》2007 年第 1 期,第 4 页。

③ 咸丰《三田李氏墓祀录》卷二,文契,转引自杨国桢:《台湾与大陆大小租契约关系的比较研究》,《历史研究》1983 年第 4 期,第 127 页。

约同样来自江西,承买人仍为李氏:

立杜断出卖田契人劝义都郑观龙,原承父业有晚田壹号,坐落辛田都土名双井头,计田二坵,计大租肆拾秤,内合汪姓大租式拾秤,身合大租式拾秤,今因无钱支用,自情愿托中将本身前田大全租式拾秤尽行立契,出卖与辛田都李皋公祀名下,听凭前去收租管业。……

咸丰元年十一月十四日(具名略)①

郑观龙将两坵大租田中的一坵出卖于李氏,承买方李氏取得大租式拾秤的收租权。

(二)出典

典作为体现中国传统土地产权特色的交易形态,引发学者们广泛的研究兴趣,研究成果颇丰,但也存在不少争论,其中对典的属性认识差异便是例证。从现代民法的相关理论出发,有学者将此归入用益物权的类别,认为承典者取得田宅等不动产的主要目的是占有不动产,取得收益;也有学者将典归入担保物权的类别,认为承典者取得不动产的主要目的是担保其借贷债权的实现。上述分歧,在典的客体为完整产权(所有权)或田面权的情况下均有一定的解释力,或者说,典作为中国固有的一种交易方式,兼有用益和担保的双重功能。如果出典的客体为田底权,承典方并没有占有实体物业的情况下,此时典的属性更接近担保物权。

对上述讨论进行总结,我们发现,在劳动力投入、资金、官府税收政策等因素的影响下,地权在永佃权的基础上进一步分化,形成了田底权和田面权分离的双重所有权格局。从现代民法物权取得的角度分析,田面权的取得既有基于开垦等劳力投入方式的原始取得,也有购买、继承等方式的继受取得。田面权的杜卖(永退)、活卖(活退)以及出租等流转方式,以及田底权的杜卖和出典等流转形式,均是田底权和田面权作为产权的商品属性的外在表现。

① 咸丰《三田李氏墓祀录》卷二,文契,转引自杨国桢:《台湾与大陆大小租契约关系的比较研究》,《历史研究》1983年第4期,第128页。

第三节　国家法的规制

“一田两主”物权形态，以权能的分割为主要特征，所有权权能中的占有、使用、收益、处分在田面主和田底主之间不均匀地分布，田底主享有部分收益权和部分处分权，其余权能则由田面主享有，产权属于分离状态。在田面主取得田面不自耕而是租佃于他人的情况下，这种分离状态最显著，其在实践中其所暴露出的弊端也最明显。为此，国家尤其是地方政府出台了一系列解决措施，试图限制“一田两主”习惯，明确单一化的土地产权。

一、“一田两主”制度困境

完成于民国北洋政府时期的习惯调查报告，调查任务主要由各省审判厅民商习惯调查会承担，作为纠纷解决者，其对纠纷产生原因给予了特别关注。接下来看一则有关江西赣南各县田皮田骨分离弊端的记载：

> 田主祇知向佃户征收原议额租，并不知其田之所在，而佃人因耕种既久，往往以田皮私售于人，其名曰顶曰退，最为弊薮。或于退约内少载骨租得以倍加退价，或隐瞒田坵冒作己田出卖，致使皮田已转乙耕而骨租仍留甲纳，迨至抗欠数年，田亡而租亦无着，此赣南各县皮骨分管之通病也。①

因田底主缺乏对土地的占有，在出租的情况下，佃户或私售或冒充己田出售，成为田亡租无的受害人。

其实，“一田两主”运行中所存在的弊端，在清代康熙朝以后便已引起地方官的注意，并尝试制订地方性的法规予以禁止。在“一田两主”习惯盛行的江西省，据考证，至晚在雍正年间就有禁止“一田两主”的告示，

---

① 施沛生编：《中国民事习惯大全》，上海书店出版社 2002 年版，第 32 页。

以乾隆十六年(1751)的告示较为典型,其中便有对“一田两主”弊端的“揭露”:“江省积习,向有分卖田皮田骨、大业小业、大买小买、大顶小顶、大根小根,以及批耕、顶耕、脱肩、顶头、小典等项名目,均系一田两主。以致强佃籍有田皮、小业霸佃抗租,田主每受其害。”①与民国初期习惯调查报告的发现颇为相似,在乾隆时期江西省的地方官看来,“一田两主”物权形态运行中权益最易受侵害的是田主(田底主),霸佃抗租,每受其害。

二、官府的应对措施

为解决“一田两主”运行中存在的弊端,各地政府通过颁布告示、制订“规条”等方式予以改革。在改革目标上,确立了一主为业、禁止将皮骨分名目分卖的目标,解决策略上,视不同情形提出了不同的方案,以下是上引江西省乾隆十六年告示中罗列的应对措施:

> 嗣后,凡民间买卖田地山塘,务令业、佃先行尽问,如业主、佃户均无力归并,方许将皮骨大小各业一并售卖,眼同立契,赴县投税,地方官验明,粘尾盖印截给,永为执业。不许仍将皮骨等名目分卖。如业主急迫欲卖,奸佃乘机措勒,即令公同地邻人等,估值田亩时价、查明皮租原值,令业主按数将田分拨若干给佃,粮数照额分完;余听业主将皮骨一并出售,一主为业。若田皮人等急于售卖,而业主或有措勒,亦照此例分拨。若业佃不先尽问,仍分卖皮骨大小业等项者,即照盗卖律,与受一并治罪。②

为实现一主为业的治理目标,首先是业佃之间“先行尽问”,确立皮骨双方的先买权,如业佃之间均无力归并,要求将田皮田骨一并售出,实现皮骨合一。

据郭建教授的考证,类似的通过颁布告示、制订“规条”禁止“一田两主”的还有福建汀州府(雍正八年)(1730)、福建布政司(乾隆三十年)

① 《西江政要》卷一《田宅》。
② 《西江政要》卷一《田宅》。

(1765)、江苏布政司(道光七年)(1827)。①

陈云朝曾对清代徽州府及其所属歙县、休宁禁止“一田两主”习惯的告示进行过考察，认为田底主为防止欠租、实现其完整土地所有权，试图借助官府告示将“双重”地权调整为“单一”地权；田面主则以长期占有耕种土地的既成事实为基础，以契约的约束力和习俗的强大力量为基础，不断尝试由最初的长期租佃者变为田面业权的拥有者；官府为消解不断发生的业佃纠纷以及由此引发的国家赋税危机，以田底主的呈请为契机，反复发布告示禁革，限制“一田两主”习惯，明确单一化的土地产权。② 禁止“一田两主”习惯的官府行为背后，是田底主、田面主之间的利益博弈，以及官府对田赋流失触发国家赋税危机的担忧。为更形象直观地了解该地区禁革“一田两主”习惯的官府行为，现抄录咸丰八年(1858)四月十二日歙县县衙禁革“一田两主”的告示：

> 署江南徽州府歙县正堂加十级记录十次周，为议禁佃户私顶小买事。奉府宪札，奉京堂宪张批，据团董禀陈管见，请严禁佃户霸种小买等情，奉批徽州府饬县体察情形，酌核办理等因，转行到县。奉此，经本县体察舆情，酌量议禁，并奉府宪察核议转在案：“查小买名色，即俗称顶首。昔年有以在田青苗工本议价出顶者，后即有刁佃霸持田业，私议顶头，混称小买者，致控告抗租霸种之案层见迭出，亟应整饬，以挽刁风。今议自咸丰八年为始，如有佃户拖欠租谷，即听业主另召，不准佃户于退种时执小买之说向后佃索取。违即照盗卖他人田宅律治罪，与者同论。惟该佃先前顶种时，如有给过前佃顶价者，应令业主于退田时查明执据，不问其数多寡，将该年额租让给一半，以资贴补。该佃即不得再向后佃索取顶价。如后佃滥给，将来退田，不准取偿于业主。如敢借词掯租霸种，准业主禀县严究”等因，

① 郭建：《中国财产法史》，复旦大学出版社 2018 年版，第 244—245 页。

② 陈云朝：《论清代徽州官府对“一田两主”习惯的禁革——以官府“告示”为中心》，《安徽大学学报(哲学社会科学版)》2018 年第 1 期，第 19 页。

禀奉京堂宪批准照行在案。合行出示晓谕，为此示仰合邑业主、佃户人等知悉，嗣后即遵议定章程办理。并于本年为始，以后不准再有小买名目。如该佃敢于抗违，许业主赴县具禀，以凭严提究治，断不姑容。其各凛遵，毋违。特示。

右仰知悉。

咸丰八年四月十二日示①

考察该告示，其所追求的目标很明确，就是取消遏制“刁风”，取消“小买”习惯，为此，制定了相应的解决措施，措施区分了佃户取得田面的不同情形，如果佃户在取得所耕种土地没有支付顶首银，如出现拖欠租谷的情形，那么听业主起佃另召；如果佃户在取得所耕种土地时支付顶首银，业主于退田时将该年租额让给一半。如将该告示与前文讨论的乾隆十六年江西省的告示相比，有异曲同工之妙，即均致力于取消田面权，将双重所有权回复至单一所有权。

从民国北洋时期完成的习惯调查报告来看，江西、福建、江苏等省份“一田两主”现象依然盛行，以此推测，清代地方政府禁止“一田两主”的努力并没有取得显著成效。至于未能取得成效的原因，陈云朝从习惯与公权力关系的角度进行过评析，具有一定的启发意义。“掌握话语权的地方官府将田皮视为‘刁风’‘恶俗’，只是基于自己利益考量的主观意志评判。主观评判本身并不能取代或取缔附在习惯上的客观性规则。习惯的客观实在性存在于整体中，其产生往往与政治的、经济的、社会的制度背景紧密相关。……只要一田两主形成的制度因素或客观条件不消失，便无法从源头上消除习惯，更不会因为公权力取缔或限制而消失，最后让步的往往是公权力支配下的禁革公示”。②

① 原件藏安徽省黄山市地税局中国徽州税文化博物馆，转引自陈云朝：《论清代徽州官府对“一田两主”习惯的禁革——以官府“告示”为中心》，《安徽大学学报（哲学社会科学版）》2018 年第 1 期，第 14—15 页。

② 陈云朝：《论清代徽州官府对“一田两主”习惯的禁革——以官府“告示”为中心》，《安徽大学学报（哲学社会科学版）》2018 年第 1 期，第 19 页。

如果说禁革告示代表了官府对“一田两主”所持的否定态度的话，那么，从官府对待“一田两主”纠纷的裁判态度中，我们能从另一角度理解官府与“一田两主”习惯的互动关系。据陈云朝对第一历史档案馆所藏乾隆朝刑课题本的考察，因“一田两主”引发的命案共64件，其中，官府依据乡例和契约认可“一田两主”习惯的案件共42件，约占总数的66%。① 对比官府在禁革告示中的否定态度，显然，基于纠纷活动所体现的认可态度，更符合“一田两主”的实践逻辑，因此也合乎“情理”。两种态度的比较考察，揭示出官府对待“一田两主”的态度并非统一的，铁板一块的，而是灵活的，多向度的。

第四节　多重视角下“一田两主”属性的认识

以契约文书为主要素材，经过几代学人的辛勤耕耘，“一田两主”这一物权形态的内涵逐渐被揭示。对这一现象的揭示，离不开相应理论工具的运用。梳理现有的学术成果，大陆法系绝对所有权理论和双重所有权理论扮演着主要角色。如以时间和研究者为维度进行考察，在不同时期不同学者之间对理论的运用又呈现出一定程度的差异性。

一、现有认识之分歧

（一）双重所有权及分割所有权

对“一田两主”研究学术史的溯源，不能不提及其开拓者傅衣凌先生。曹树基曾评价“一田二主”是傅衣凌先生最重要的发现，②这一发现集中体现在傅衣凌先生在二十世纪四十年代发表的具有开拓意义的《清

① 陈云朝：《论清代徽州官府对“一田两主”习惯的禁革——以官府“告示”为中心》，《安徽大学学报（哲学社会科学版）》2018年第1期，第19页。

② 曹树基、刘诗古：《传统中国地权结构及其演变》，上海交通大学出版社2014年版，第3页。

代永安农村赔田约的研究》一文中。在该文中,傅先生用佃权和耕作权来判断田面权的属性。在同一时期发表的另一文《明清时代永安农村的社会经济关系——以黄历乡所发现各项契约为根据》中,将等同于田面权的耕作权认定为一种物权,其拥有者在属性上类似于地主,"即以这耕作权是可以典当或买卖之故,于是在租佃之间又产生了一种中间人物,他们——赔主,也俨如地主一样,可以向佃户佐抽租谷——即是小租。"①在撰写于二十世纪六七十年代,于身后出版的《明清封建土地所有制论纲》一书中,傅衣凌先生从阶级斗争的角度阐述了"一田两主"现象的原因,"封建时代农民的这一系列斗争,虽然受到强烈的封建压制,不过多年的阶级斗争,毕竟冲击了封建土地所有制,在商品经济的影响下,使其产生某些裂缝,使农民能够获得部分的土地权。佃权在我国固然由来已久,但是明清时代所出现的一田二主或一田三主制,则是农民长期斗争的结果。"②从阶级斗争角度所作出的对"一田两主"现象产生原因的分析,无疑打上了那个时代的印记。然而,傅先生对田面权属性的认识,在表述上认为是部分土地权,与四十年代的物权和耕作权的认识相比,在定性上趋于模糊化。纵观傅衣凌先生对"一田两主"中田面权属性的认识,无论前期的物权、耕作权认定,还是后期的部分土地权的判断上,在属性判断上取一定较为审慎的态度,似乎未受太多的所有权—他物权分析框架的影响,而是更倾向于将田面权判断为具有较强物权属性的部分土地权,其拥有者居于类似于地主的地位。

在继承傅衣凌先生学说及研究方法的基础上,杨国桢先生在二十世纪八十年代后期出版的《明清土地契约文书研究》一书,将土地契约文书的研究推向了新的高度,"标志着土地契约文书的理论体系丰富且完备"③,为

① 傅衣凌:《明清农村社会经济明清社会经济变迁论》,中华书局 2007 年版,第 37 页。
② 傅衣凌:《明清封建土地所有制论纲》,中华书局 2007 年版,第 194 页。
③ 曹树基、刘诗古:《传统中国地权结构及其演变》,上海交通大学出版社 2014 年版,第 3 页。

综合性研究的边缘学科中国契约学的创立奠定了扎实的基础。在该书研究中，杨国桢先生明确指出了永佃权和田面权不是同一概念，永佃权反映了土地所有权与土地使用权的分离，属于租佃制度的变化，田面权反映土地所有权的分离，属于所有权制度的变化。在性质认识上，他认为“一田两主”反映了地主所有制结构的变化，即出现了新兴的二地主阶层。① 不难看出，杨先生认为田底权和田面权都具有所有权性质，是一种双重所有权。

在田面权性质的认识上，黄宗智先生与杨国桢先生较为一致，但更加清晰。“田面所有者像任何土地所有者一样拥有对土地的同样权利；他耕作其地的权利不允挑战；如果他欠田底主地租，他可能被迫通过出售他的田面或其他财产来偿付，但不可能像佃农一样被从土地上捏走，他可以把地租给别人而毋须与田底主商量。”②

仁井田陞先生从历史和比较这样更开阔的视野来认识“一田两主”的属性。他认为所有权不是一个逻辑的范畴，而是一个历史的范畴。它离开了所处的时间、地点的社会、经济基础便不复存在。将“一田两主”置于该制度所发生的时空中考察，仁井田陞将其界定为一种双重所有权，其有别于近代法上那种普遍的全面的自由所有权。他将“一田两主”与欧洲中世纪的分割所有权进行类比，认为田面权类似于家臣或农民所有的下级所有权，田底权类似于领主地主所有的上级所有权。他指出了两者的差异，江南的一田两主关系，在土地上一分为二的两个所有权中，包含着可以自由处分各自标的的权能，这与德国中世纪的分割所有权中所见到的情况不同，那种下级所有权中并不包含自由处分的权能。③

曹树基、刘诗古在其对传统地权结构及其演变的研究中，认为所有权

① 杨国桢：《明清土地契约文书研究》，人民出版社 1988 年版，第 4—5 页。

② 黄宗智：《法典、习俗与司法实践——清代与民国的比较》，上海书店出版社 2003 年版，第 96 页。

③ ［日］仁井田陞：《中国法制史》，牟发松译，上海古籍出版社 2011 年版，第 225 页。

可以分割，并将所有权分割为处置权、收益权和使用权三种权能。田面权是土地所有权的一部分，与田底权构成完整的土地所有权。他们认为田面权独立地位的确定，产生了新的土地产权所有者，即一批只拥有田面权的所有者。这批田面权所有者能自由经营土地而不受田底业主的干涉。就田面权所有者与田底权所有者的关系而言，两者相互独立但却也互相依存。①

（二）所有权—他物权

将所有权视为历史的范畴，从其所处的时空出发，上述学者均倾向于将“一田两主”视为明清以至民国时期中国南方流行的具有显著地方特色的地权形态，基于田底权和田面权相互独立的特征，一块土地上无疑存在着双重所有权。

与前述学者的多元视角不同，部分学者受当代所有权一物一权理论的影响，尝试将“一田两主”现象置于“所有权—他物权”的框架内予以解释。

致力于弥补中国民法史领域专题研究的不足，郭建教授在其中国财产法史的专题研究中，敏锐地注意到中国古代财产法律传统中对于财产权利注重于收益的获得与分割的特点，并认为基于古罗马传统的所有权概念去观察中国古代的财产法律以及有关的民间习惯，存在着认识上的障碍。② 那么，如何看待流行于明清的“一田两主”现象呢？他认为田面权（田皮权）是一种土地承租人拥有自由处分所承租土地的特殊的永佃权，永佃权人有权自由处分其权利，可以买卖、出典、出租这种权利与所有权相对应。原来的所有权称之为田底（田骨），这种所有权实际上已经萎缩为土地的部分收益权及该部分收益权的处分权。“由于在这种情况下，同一块土地上的所有权人、以及‘田皮’权人都可以自由处分其权利，

---

① 曹树基、刘诗古：《传统中国地权结构及其演变》，上海交通大学出版社2014年版，第21、26、80、81页。

② 郭建：《中国财产法史稿》，中国政法大学出版社2005年版，第29页。

形成两层甚至三层的处分权，称为‘一田二主’或‘一田三主’”①。郭建教授尝试用田底主和田面主都拥有的对田底和田面的处分权来平衡彼此对土地的话语权和权利分量，尽管如此，他依然将田底权人定义为所有权人，而将田面权人归入永佃权人的行列。尽管郭建教授在主观上意识到基于罗马法传统绝对所有权模型所带来的解释上的困难，并尝试在概念使用上予以缓和，但最终还是落入了所有权—他物权分析框架的窠臼。

与郭建教授将田面权认定为一种特殊的永佃权有所不同的是，龙登高教授用占有权概念对田面权进行界定。他所称的占有权是根据所有人的意志和利益分离出去，由非所有人享有的事实控制权，包括使用、收益和处分的权利。“占有权是除所有权属或证书之外的一切权力，是一种有约定时限的财产权。”②典权、田面权是典型的占有权。那么占有权是否等于物权中与所有权（自物权）相对的他物权呢？回答是肯定的。“所有者分解出的用益物权与担保物权，可简化等同于占有权。”③

将龙登高教授的分析框架与郭建教授的相比，双方虽在具体概念的运用上有所差异。前者认为田面权是一种占有权，后者则认为是一种特殊的永佃权，但整体的分析框架并无二致。换言之，均没有脱离基于罗马法传统的大陆法系由所有权与他物权构建的绝对所有权理论模型。

二、“一田两主”现象的再诠释

前述对“一田两主”解释框架的梳理，揭示出两种不同的视角和理念。双重所有权视角将“一田两主”置于特定的时空去考察，超越近现代

① 郭建：《中国财产法史稿》，中国政法大学出版社2005年版，第144页。在其稍后出版的《中国财产法史》一书中，郭建教授延续了其分析思路，并进一步明确了田面权（田皮权）是一种用益权性质的权利，见郭建：《中国财产法史》，复旦大学出版社2018年版，第247页。

② 此处的“权力”，似应表述为“权利”更为恰当。原文如此，特予以说明。

③ 龙登高：《中国传统地权制度及其变迁》，中国社会科学出版社2018年版，第22页。

法学一物一权的认识框架，承认所有权是可以分割的。“所有权—他物权”以一物一权为前提，将排他性和支配性作为所有权的根本属性，一物上只能存在一个所有权，“一田两主”也不例外。针对“一田两主”现象的“所有权—他物权”的解释框架，其基础是当代大陆法系绝对所有权理论。那么当代大陆法系绝对所有权理论是如何形成的，支撑该制度的理念和思想又是什么？只有把绝对所有权理论置于历史的动态的视野下予以解构，了解与其关联的社会和经济因素，将其“去魅”，客观地予以评价和认识，才能对该理论能否对“一田两主”现象予以合理解释进行客观的评价。

一般认为，个人主义和自由主义思想对近代所有权绝对理念的形成产生了显著影响，并使后者成为近代民法的重要原理。在这些理念的驱使下，产生于中世纪的双重所有权制度被废除，土地所有权可自由贸易。① 在个人主义和自由主义话语体系中，主观权利成为其核心概念。主观权利是归属与控制属性的综合，是权利主体和他人社会关系的体现。排他性成为了主观权利在主体间的属性。② 主观权利在财产权领域的体现，便是财产权的排他性和支配性。这种从主体视角出发建构的所有权制度，强调单一的物与单一的主体之间的一种财产归属关系。在这种视角下，要求所有权模式是统一的、不可分割的。

上述理念在立法上的最典型体现便是《法国民法典》。《法国民法典》第544条规定，“所有权是对物绝对无限制地使用、收益及处分的权利，但法令所禁止的使用不在此限。”通过立法，将所有权明确为财产归属的唯一法律形式，赋予私人对财产的绝对的、排他的支配权。《法国民法典》这种体现主观权利的法律模式被《德国民法典》所继承并发展。《德国民法典》第903条第1句规定，“在不与法律或第三人的权利相抵触的限度内，物的所有人可以随意处置该物，并排除他人的一切

① 童彬：《法国财产权体系之源与流》，法律出版社2014年版，第80页。
② 童彬：《法国财产权体系之源与流》，法律出版社2014年版，第100页。

干涉”。与《法国民法典》以列举权能的方式来定义所有权不同，在《德国民法典》的规定中，所有权的权能内容不再出现。新的所有权模式不再是各种权能相加形成的整体，而是一种抽象的主观权利。所有权表现为一种概括和抽象的权利，体现为法律制度赋予主体的各种权能的总体。在这一框架下，所有权和他物权分属不同的、彼此对立的两个领域。①

近代基于个人主义和自由主义理念所建构起来的作为主观权利的所有权，是一种从主体视角出发建构的绝对权利，其强调排他性和支配性，这不同于从物的视角出发形成的所有权模式。后一模式反映的是一种强调物的经济法律视角，从物的本身出发，而不是从物的拥有这一角度出发。该视角强调客体物的重要性，客体超越了主体，并在法律实践中获得自主价值。“客体的优位以及对物的性质的深入体察使得多元化、分层化的财产利用和支配形式同时且互补的并存成为可能。”②罗马法时期的行省土地所有权，以及欧洲中世纪广泛流行的双重所有权便是这一模式的典型体现。行省土地所有权关注对物的利用，体现为物上各种权能内容的总体。③ 罗马帝国衰亡后，封建社会的结构特征阻碍了绝对所有权模式在土地关系上的普遍应用。导致同一不动产上权利人的分化和所有权的分裂，逐渐形成了一个多元所有权的格局，其中最为显著的便是由直接所有权与用益所有权所构成的双重所有权。这里的用益所有权因土地最初的所有权人赋予其使用权而产生，因为这种使用权的长期性和稳定性使其获得了一种相对于原所有权的自主性，从而在法律规范层面上被上升为一种所有权。将用益事实上升为所有权，这反映了社会秩序的重

---

① 陈晓敏：《大陆法系所有权模式历史变迁研究》，中国社会科学出版社 2016 年版，第 48—49 页。

② 陈晓敏：《大陆法系所有权模式历史变迁研究》，中国社会科学出版社 2016 年版，第 34 页。

③ 陈晓敏：《大陆法系所有权模式历史变迁研究》，中国社会科学出版社 2016 年版，第 7 页。

心从所有权人向物的利用主体转移。在古典罗马法时期曾一度流行的强调人对物的完全支配的绝对所有权形式被满足当时封建采邑社会结构需要的双重所有权所取代。

追根溯源,从一物一权绝对所有权理论产生的背景来看,它与个人主义思想和自由主义思想的兴起密切相联,所有权满足了个人的内心需要,是一种主观权利。所有权是个人自由的实现,也是个人自由的延伸。绝对所有权因与近代自由资本主义的个人主义精神所契合而成为世界主流的所有权存在形式。所有权是历史的产物而不是逻辑的产物。

兴起于近代西欧的绝对所有权制度,经由法律移植被东方中国所采纳和吸收。二十世纪三十年代初国民政府颁布和实施《民法典》,采用了归属和权能相统一的所有权概念,将所有权表现为对物完整的、统一的、全面的不可分割的权利,相应地固有的永佃权被改造成为从属所有权的用益物权。然而,对历史上"一田两主"这一特殊物权形态进行分析时,如用一物一权绝对所有权理论进行解释,则存在着扭曲历史事实的危险,本章第三部分的详细论证说明,"一田两主"中并不存在一个决定性或基础性的所有权,田底主和田面主对其所拥有的权利各自具有处分权,彼此独立,互不干涉。因此,双重所有权理论对"一田两主"现象更具解释力。诚如寺田浩明先生所言,田面、田皮都是一种可以获得收益的"管业","一田两主"中并不存在一个决定性或基础性的所有权,有的只是对各种通过土地获得收益的权利的分配。①

结 语

"所有权制度从来不是单纯的法技术上的构建,而是与一个社会的

① [日]寺田浩明:《权力与冤抑——寺田浩明中国法史论集》,清华大学出版社 2012 年版,第 220—227 页。

政治经济状况及社会各阶层力量博弈的结果紧密相连，所有权的法律结构某种程度上是为一个社会的财产的政治性安排披上一件法律上的‘晚礼服’”。① 所有权具有法律性，同时这种法律性的安排受制于特定历史时期的政治经济状况，故所有权又具有政治性与经济性。

始于唐宋，盛行于明清的“一田两主”物权形态，以田面权与田底权相互独立、自由流转、归属和权能相分离为基本特征。“一田两主”在中国南方福建、江西、江苏、浙江等省份广泛流行，和当地人多地少的生存环境和相对发达的商品经济有密切的关联。作为一种基于习惯的物权形态，鉴于其运行中存在的弊端，如对田底主权益的侵害以及由此引起的纠纷所导致的对社会秩序冲击，地方政府也曾尝试通过颁布告示、制订“规条”等方式加以禁止，但实施效果并不显著。相互博弈中折射出该制度的顽强的生命力。“一田两主”作为一种特殊的物权形态，受制于其存在的社会的政治经济环境，体现出具有时代特色和地域特色的政治性和经济性。“在长期的产权激励下，田面权对水利设施、土壤改良及提高土地产出不遗余力，以获取增值权益，外地与城市居民则可以通过田底权的交易将资本投入土地与农业。……田面权、田底权分离，降低了土地交易流转门槛，丰富了农民的选择。”②从“一田两主”的制度环境出发，在还原历史事实，准确理解的同时，给予全面、合理的评价是研究者义不容辞的责任。

一物一权绝对所有权，是历史发展到一定阶段的产物。罗马法的“归属与权能”相统一的绝对所有权观念，因与近现代西方自由资本主义时期的个人主义精神相契合，在近代得到“复兴”，为大陆法系各国的资本主义立法所继承。随着资本主义在全球的扩张而成为主流的所有权形式。从文化多元的角度看，一物一权式的绝对所有权概念，因其从特定的

---

① 汪洋：《罗马法“所有权”概念的演进及其对两大法系所有权制度的影响》，《环球法律评论》2012 年第 4 期，第 159 页。

② 龙登高：《中国传统地权制度及其变迁》，中国社会科学出版社 2018 年版，第 41 页。

文化环境中成长出来,具有特定性,不一定能对存在于其他社会的不同历史阶段的物权形态作出合理的解释,“一田两主”中并不存在一个决定性或基础性的所有权的双重所有权认识更具解释力,值得借鉴。

第四章　用益物权:典权

第一节　典权概述

一、典权的含义

典权是中国古代民法物权中的基本构成部分。从现有史料来看,典权至少可以上溯到南北朝时期,有学者认为,当时的“帖卖”“贴卖”“质”就是典权的萌芽。[①] 当时,由于皇室和平民都笃信佛教,大量的财富流向寺院,于是寺院把多余的钱财用于典当资本,供人典质物品,代替布施。[②] 据《南史·甄法崇传》记载:“法崇孙彬,彬有行业,乡党称善,尝以一束苎,就州长沙寺库质钱,后赎苎还,于苎束中得金五两,以手巾裹之。彬得,送还寺库。”《南齐书》中记载:公元482年,南齐尚书令褚渊去世,其弟褚澄把褚渊在招提寺中当的一件白貂坐褥和一头黄牛赎回,此白貂坐褥乃太祖高皇帝所赐,褚澄将之割开做了裘及缨。因此,冒犯了皇帝,在

① 柴荣:《中国古代物权法研究——以土地关系为研究视角》,中国检察出版社2007年版,第211页。

② 陆游在《老学庵笔记》中说:“今僧寺辄做库质钱取利,谓长生库,至为鄙恶。”见(宋)陆游《老学庵笔记》卷六。“长生库”就是典当,清人翟灏在《通俗篇》断定,在唐代以前,典当经营仅见于寺院。范文澜先生也认为:“后世典当业,从南朝佛寺开始。”见范文澜《中国通史》第三册,人民出版社1978年版,第516页。

次年被免职。这里所用的实例,其实指的是抵押,主要是以标的物的价值担保债务的履行,而非对标的物的使用,很难称之为典权,实质为当。

就典权制度而言,早在唐宋时期已经开始确立,并且出现了典卖物业之法。但在当时条件下,典与卖的界限尚不清晰,往往典与卖并提。及至明律,不仅使典权入律,而且明确区分了典与卖的界限,根据《大明律·户律·田宅》规定:"盖以田宅质人,而取其财曰典;以田宅与人,而取其财曰卖。典可赎也,而卖不可赎也。"

(一)典与抵押

典与抵押有很多相似之处,但也有本质区别。

1. 性质不同。典是用益物权,主要以典权人在约定的期限内占有、使用、收益标的物为目的,出典人不得妨害典权人的这种权利。而抵押权为担保物权,以其物之价值担保债务人如实履行双方约定的行为为目的。

2. 是否转移标的物不同。典的订立,需要出典人转移典物为典权人所管领,典权人通过对典物的管领而收获典物孳息,占有典物的收益。抵押权人则不必转移对物的占有状态,只以标的物的价值作为未来履行约定义务的保证。

3. 同一标的物上可设置的权利数不同。典是用益物权,典权人需要通过对典物的现实占有而为使用及收益,如果典权人不能占有典物,也就无法收获典物的孳息,因此,典物需要由典权人独占,其他人不得占有典物。同一标的物上,不得同时设置数个相互排斥典权。但是,抵押物上可同时设置多个抵押权。

例如,在"江苏丹阳县张潮阳将地出典不退佃户'顶首银'"案中,张潮阳有地四亩四分,他先将该地出租给江潮宗,顶首银为"十六两二钱"。其后,张潮阳母亲患病,苦于无钱医治,于是张潮阳将该田地出典,典价为十九两四钱。因要转移典物给典权人,由典权人王际昌占有、使用典物。张潮阳与王际昌订立典契之后,并不意味着原租佃关系的当然消灭,即后发生的买卖关系不妨碍原租赁关系继续有效,原租赁关系仍然存在,只是租赁关系主体发生变化,出租主体由张潮阳变为王际昌。王际昌有权决定原租赁关系的内容是否要发生变化。这样,承租人江潮宗每年向张潮阳纳租变成每年向王际昌纳租。因为王际昌,也就是典物的现在权利人认为原租佃契约租价过低,于是决定中止原典物所有人与承租人所订立的租契约,自行耕种。

(二)典与当

所谓当,是指当户将动产、财产权利作为当物质押或者将房产作为当物抵押给典当行,取得当金,并在约定期限内支付当金利息,偿还当金,赎回当物的行为。[①] 元代民间普遍混用典、当二字,如郑廷玉《看钱奴买冤家债主》第二折唱词:"或是有人家典缎匹,或是有人家当镶钗。"清代同样如此,《红楼梦》八一回里有这样的描写:"有一所房子,卖给斜对过当铺里。"典与当有如下几方面的区别:

1. 标的物不同。典是以不动产尤其是田宅作为标的物,田即土地,包括旱田、水田、山地、林场等,宅指住房等人工建筑物,包括供人居住和使用的住房或场所。田宅不仅包括主物,还包括依附于主物的从物,如碾碾、沟渠等也在田宅之列。当的标的物范围较为广泛,包括动产、不动产及其他民事权利(如股权)等。[②] 西汉景帝时期,著名的文学家司马相如携妻子卓文君流落到四川成都,因为贫穷无着,便把一件贵重的皮衣送到

① 还有一种被称为倚当的行为,多数学者认为倚当就是当。倚当是一种以土地收益清偿债务的方法,即当债务人无力偿还债务,可以与债主约定:把土地交债主耕作,以土地相应年限内的收成来偿还本息,偿清后收回。典卖与倚当不同,这反映在北宋立法技术当中。《宋刑统·户婚·典卖指当论竞物业》中指出了这两种法律行为应当遵循相同的法律程序,因此,二者有同样的程序规范。宋代法律常将"倚当"和"典卖"一起进行规定,两者都须"先问亲邻""输钱印契""过割赋税""原主离业"等程序。从语境的逻辑结构来看,典卖、倚当是两种不同的行为。假设典卖倚当是指同一事物,没有将两者并举的必要,在惜字如金的古人眼里,尤其是律令中更是如此。只因为两者有相同的程序,为了追求文字的简约,才会将两者并列,这符合古人简约用字的习惯。根据《宋会要辑稿·食货》六十一之五六宋太宗(983)诏:"民以田宅、物业倚当与人,多不割税,致多争讼起。今后应已收过及见倚当,并须随业割税",可见宋代倚当经历了由不承担税负到必须承担税负的过程。

② 胡振玲:《典当行业的现状及其立法完善》,《法学评论》2006 年第 1 期。

当铺典当，换了钱买酒。唐代白居易在《自咏老身示诸家属》中写道："走笔还诗债，抽衣当药钱。"①《杜陵叟》中写道："典桑卖地纳官租，明年衣食将何如?"描写了作者去当铺典当衣物买药和为交地租而将赖以生存的田地卖光当尽的凄苦生活，戴复古写道"丝未落车图赎典"②，甚至结发的妻子，未成年子女也包括在内③。根据吐鲁番出土的当铺账本记载，当的标的物大多是衣服、织物等物品，当价最低的只有二十文，标的物是一条"故白绫领巾"，一般物品也只有五十到一百文；而长安一斗米要卖三四千文，可见民营当铺放当的钱财金额很少，另一方面也说明去当铺的一般都是家境贫寒的穷人。

2. 法律监管不同。由于当属于金融业，从事典当经营活动的只能是主管机关批准的典当行，实行严格的监管。因此，典当的主体是特殊类型的商事主体。无论是清代的当铺还是民国典当行，都是经过官府批准才能成立，并获得营业资质的特殊主体。未获得官府批准，不能从事典当行业。而典则并没有资格上的特殊限制，对民事主体之间订立典契活动，并无特别监管。④ 典权人是普通的民事主体，只要能够支付典价，有能力从事管业的任何人，都可以成为典权人。

3. 是否转移标的物不同。典需要出典人将典物交付典权人占有，由于典权人的权益范围较为广泛，因而有学者认为，典权的内容"实为其他各种不动产限制物权之冠，而仅次于所有权也。"⑤当铺虽然直接占有当

① 原文为：寿及七十五，俸沾五十千。夫妻偕老日，甥侄聚居年。粥美尝新米，袍温换故绵。家居虽濩落，眷属幸团圆。置榻素屏下，移炉青帐前。书听孙子读，汤看侍儿煎。走笔还诗债，抽衣当药钱。支分闲事了，爬背向阳眠。

② (宋)戴复古《织妇叹》：春蚕成丝复成绢，养得夏蚕重剥茧。绢未脱轴拟输官，丝未落车图赎典。一春一夏为蚕忙，织妇布衣仍布裳；有布得着犹自可，今年无麻愁杀我。

③ 徐海燕：《略论中国古代典妻婚俗及其产生根源》，《沈阳师范大学学报》(社会科学版)2005 年第 4 期。

④ 肖强：《关于典当的几个法律问题》，《云南法学》1999 年第 2 期。

⑤ 王文：《中国典权制度之研究》，中国台湾嘉新水泥公司文化基金会 1974 年版，第 8 页。

物，但它不能对当物进行使用收益，也不能将当物在债务人到期不能清偿债务时拍卖。未经出当人同意，典当行不得随意使用、出租当物，也不得转当，否则构成对出当人权利的侵害。

（三）典与活卖

有学者认为，典就是活卖。叶孝信先生认为，典也可以称为活卖，[①]张晋藩先生在《清代民法综论》一书中，认为土地交易形式中只存在典与卖两者，"典是活卖，卖是绝卖"，"活卖"这一概念应属于典概念的范围。[②] 当然，也有学者对此持否定态度，认为典与活卖有区别，不是同一概念。戴建国认为，典是使用权的交易[③]；江海波认为，活卖是一种上位概念，是一种保留回赎权的买卖，与中国古代的"绝卖"相区别，其方式主要有"典""当""卖"；[④]张建民在《湖北天门熊氏契约文书》中说，"活卖与死卖的区别是卖出之后可以回赎。此类契约多云'卖'，而不用'永卖''大卖'或'绝卖'"。相对于永卖契，活卖契约数量不多。有必要区分典与活卖之间的异同。实践中，活卖契约并未在出卖人与买受人之间转移物权，而一般是在约定期限届满以后，若出卖人事实上不能回赎，或有明确意思表示，将不能回赎，或以默示的方式表示不能回赎典物时，一般才会转移典物之所有权。典与活卖主要有以下几点区别：

1. 典与活卖的性质不同。典权回赎的前提是所有权没有转移，活卖的回赎则是所有权观念转移。典在性质上是一种物权，可以对抗第三人。典权关系中所包含的回赎权属于法定权利，出典人可以行使，也可以抛弃。出典人回赎典物的目的就是消灭典权人对所有权的限制，一旦回赎，典权关系消灭。而买回权在性质上是一种债权，只能在买卖当事人之间

① 陈志英：《宋代物权关系研究》，中国社会科学出版社2006年版，第140—147页。

② 张晋藩：《清代民法综论》，中国政法大学出版社1998年版，第119页。

③ 戴建国：《宋代的民田典卖与"一田两主制"》，《历史研究》2011年第6期。

④ 江海波：《中国古代土地"活卖"关系之考释——兼论〈中华人民共和国民法典〉对"典权"制度的取舍》，《武汉理工大学学报（社会科学版）》2004年第6期。

发生效力，不能对抗第三人，权利内容也完全由当事人约定。①

2. 典与活卖的结果不一样。典期届满后，出典人回赎的是典物的占有、使用、收益三项权能。而活卖回赎的是物的占有、使用、收益与处分权，即活卖回赎的是物的所有权。虽然活卖人与买受人之间并未真正转移所有权，但是，两者在买契中一般都有默示的转移物的所有权的意思表示。这从典价与活卖契的回赎价格的大小不同也能看出，活卖价格更接近于绝卖价格。活卖契中，卖出人在约定期限届满之后，以原价买回的是所有权，即物的全部权能。在此之前，两者达成的合意，只是未办理投税过户，而一旦办理了投税过户手续，则成为绝卖。而典权在期限届满之后，出典人回赎的是部分权能，即占有、使用、收益三项权能，即他物权。由此可知，活卖契中，出卖人赎回四项权能，而典权中出典人回赎的是三项权能。如下表所示。

表 1

	活卖回赎	**典权回赎**
对比内容	占有、使用、收益、处分	占有、使用、收益

在活卖情形下，活卖人赎回的权能中包括处分权能。

3. 典与活卖期限长短不同。在实践中，典期与活卖期的长短有差别。一般情况下，典期分为有固定期限典期与无固定期限典期，有固定期限典期主要以 10 年以内居多，3 或 5 年最多。但是，活卖契中的时间就不一样，活卖一般都有明确的期限规定，且时间较短，一般以三年居多，很少有较长的规定，不确定期限更是很少看到。而且在期限以内，出卖人可随时回赎。当出卖人不回赎标的物时，则真正发生物权的变动，承卖人可以“执契投税过割”。如果出卖人在期间内行使回赎权，则标的物由承卖

① 李群生、张用江：《中国物权法》，成都科技大学出版社 1992 年版，第 384 页。

人转移到出卖人。

4. 典和活卖结果不同。因为典价和田宅的实际价格相差较大,出典人回赎的概率相对较高,若出典人无力回赎,则会多次加找,使典价与找加价之和逐步趋近标的物实际价格。因此,在实践中,典契会有多次加找。但是,活卖则不一样,因为活卖价格趋近于田宅的实际价格。这样,出卖人要再加找,其加找空间非常有限。所以,活卖契的加找次数较少,且加找的价格也较低。因此,在实践中,典权加找频繁,而活卖加找较少。

清朝立法者在明律关于区分典卖两种法律行为的基础上,作出进一步的阐发,使典的物权担保性质更为明确。例如,清律继承了明律关于典以"能否回赎"为根据的观点,在《大清律例》中规定:"以价易出,约限回赎者,曰典。"乾隆十八年(1753)又定例,对典契与卖契加以特别区分:"嗣后民间置买产业,如系典契,务于契内注明'回赎'字样,如系卖契,亦于契内注明'绝卖''永不回赎'字样。"[①]由此可见,典是活卖,卖是绝卖。《大清律例》规定:"活契典当田房,一概免其纳税。其一切卖契,无论是否杜绝,俱令纳税"。[②]

为了清理典卖不明之产,乾隆十八年(1753)定例:"凡自乾隆十八年定例以前,典卖契载不明之产,如在三十年以内,契无'绝卖'字样者,听其照例分别找赎,若远在三十年以外,契内虽无绝卖字样,但未注明回赎者,即以绝产论,概不许找赎",此规定肯定了出典人交还典价即享有回赎典物和找贴的权利,并且不付"利息"。这对于澄清典与卖的不同,保护产权人的利益,都具有重要意义。

二、典权的历史

(一)南北朝典权的萌芽

从现有史料上看,典权至少可以上溯到南北朝时期,有学者认为,当

---

① 《大清律例》卷九《户律·田宅·典买田宅·条例"七"》。
② 《大清律例》卷九《户律·田宅·典买田宅·条例"九"》。

时的"帖卖""贴卖""质"就是典权的萌芽阶段。根据《通典·食货二·田制下》引《关东风俗传》记载:"帖卖者,帖荒田七年、熟田五年,钱还地还,依令听许。"既然是"钱还地还",说明在借贷钱财的同时,要转移土地的占有,偿还债务时再收回土地的占有权。同时,"依令听许",说明当时已有关于"赎卖"的规定。学者认为,帖卖是"附有买回条件的买卖……卖方实际上是向买方转让一定年限的土地占有、使用、收益权利,仅保留以原价回赎土地的权利。"①同时,民间逐渐习惯于以"典"作为动词表示财产交易,来表示一方向相对方提交某项财产,并由相对方控制以担保债权。"典"成为与原来质、赘、贴之类专用词语的同义词。

(二)唐朝典权的发展

唐代土地流转虽受到限制,但较前代已有松动,口分田在一定情况下可以转让,②这给典权的产生提供了土壤。据学者推测,"典"代"质"的开始,很有可能是为了避高宗李治的音讳。李治于公元649年登基,公元683年去世,以后武则天又长期执政,直至公元705年,夫妻两人的统治时间长达56年。李治登基继位的当年,"秋七月丙午,有司请改治书侍御史为御史中丞,诸州治中为司马,别驾为长史,治礼郎为奉礼郎,以避上名。以贞观时不讳先帝二字,启有司。奏曰:'先帝二名,礼不偏讳。上既单名,臣子不合指斥。'上乃从之"。③ 从此以后,高宗、武后两朝文书凡提到"治"都改用"理"。按照《唐律疏议·职制》"诸上书若奏事,误犯宗庙讳者,杖八十;口误及余文书误犯者,笞五十。"④前后经过半个多世纪的演变,最终产生了新的用语习惯,即典。以"典"作为动词表示财产交易,表示一方向相对方提交某项财产,并由对方控制以担保债权的意思。

---

① 叶孝信:《中国民法史》,上海人民出版社1993年版,第203页。

② 《通典·食货二·田制下》:"诸庶人有身死家贫无以供葬者,听卖永业田,即流移者亦如之。乐迁就宽乡者,并听卖口分。卖充住宅、邸店、碾硙者,虽非乐迁,亦听私卖。"

③ (后晋)刘昫等:《旧唐书》卷四《高宗本纪上》,中华书局1975年版,第46页。

④ (唐)长孙无忌等撰:《唐律疏议》,刘俊文点校,中华书局1983年版,第200页。

唐中期后民间使用“典”来代替“质”,或者连称“典质”的情况已很普遍。如敦煌出土的唐大历年间(766—779)一件典牙梳契。契约中许十四将自己的一把□牙梳质押给债权人作为五百文钱债务的担保。债务是按月计息的,因此它不是严格意义上的典,只能算作质或当。

唐初名臣魏徵后代魏稠贫困不堪,将原先朝廷赐予魏徵的宅第典贴换钱。元和四年(809),“淄青节度使李师道进绢,为魏徵子孙赎宅。居易谏曰:‘(魏)徵是陛下先朝宰相,太宗尝赐殿材成其正室,尤与诸家第宅不同。子孙典贴,其钱不多,自可官方中人为之收赎,而令(李)师道掠美,事实非宜。’宪宗深然之”。① 经白居易建议,唐宪宗下诏“出内库钱二千缗,赎赐魏稠,仍禁卖质”。②

从敦煌出土文书来看,当时可以用来“典”的范围很广。比如另一件“吐蕃巳年(837)敦煌李和和等便麦粟契”中,“典贰斗铁铛壹口”;而另一件“唐大中十二年(858)敦煌孟憨奴便麦粟契”中,“其典勿(物)大华(铧)一孔、众釜一畐”。③

从这些材料不难看出,在唐代,典的标的物没有限制,既可以是以标的物的价值为债务履行担保的动产,也有以人身为标的、典权人有权使用劳动力而无需支付雇价的人身典契,也包括以田宅为标的重在对标的物进行占有、使用、收益的真正意义上的典。

(三)宋代典权订立中的“亲邻”规范

宋代典权规范日趋成熟,具体表现为典权订立过程中先问亲邻的程序性设定与典期的明确规定。④ 太祖开宝二年(969),开封府规定:“凡典卖物业,先问房亲,不买,次问四邻,其邻以东南为上,西北次之。上邻

① (后晋)刘昫等:《旧唐书》卷一六六,《白居易传》,中华书局1975年版,第2958页。

② (宋)司马光:《资治通鉴》,中华书局1956年版,第7657—7658页。

③ 张传玺主编:《中国历代契约会编考释》,北京大学出版社1995年版,见第373、376页。

④ 戴建国:《从佃户到田面主:宋代土地产权形态的演变》,《中国社会科学》2017年第3期。

不买,问次邻,四邻具不售,乃外召钱主。或一邻至著两家以上,东西二邻则以南为上,南北二邻则以东为上。"①这说明至少在开宝二年典制已经形成,并产生了"亲邻法"的程序性规范。

《宋刑统》卷一三"典卖指当论竞物业"规定:

应典卖、倚当物业,先问房亲,房亲不要,次问四邻,四邻不要,他人并得交易。

这样便以立法的形式,使"亲邻法"获得了强制性规范。北宋太平兴国八年,国子监丞知开封府司录参军事赵孚上言:

庄宅多有争诉,皆由衷私妄写文契,说界至则全无丈尺,昧邻里则不使闻知,欺罔肆行,狱讼增益。请下两京及诸道州府商税院,集庄宅行人,众定割移,典卖文契各一本,立为榜样。②

宋代法律不仅对亲邻之法有规定,对于典期也有明确的规定,《宋刑统》卷一三《户婚律》这样规定:"典当限外经三十年后,并无文契,及虽执文契难辨真伪者,不在论理收赎之限。"对典期做了限定,有利于社会关系的稳定。

在司法实践中,理宗时期胡颖的一份判词中对亲邻权的解释,比起前代亲邻范围更为缩小:

照得所在百姓多不晓亲邻之法,往往以为亲自亲,邻自邻。执亲之说者,则凡是同关典卖之业,不问有邻无邻,皆欲收赎,执邻之说者,则凡是南北东西之邻,不问有亲无亲,亦欲取赎。殊不知在法所谓应问所亲邻者,止是问本宗有服纪亲之有邻至者,如有亲而无邻与有邻而无亲者,皆不在问限③。

南宋法律在北宋的基础上对于亲邻的范围规定的更加具体:

---

① 《宋会要辑稿》食货三七之一。

② (宋)李焘:《续资治通鉴长编》卷二四。

③ 中国社会科学院历史研究所,宋辽金元史研究室点校:《名公书判清明集》卷九《户婚门·取赎》,中华书局 1987 年版,第 308—309 页。

诸典卖田宅,四邻所至,有本宗缌麻以上亲者,以账取问,有别户田隔间者。并其间隔古来沟河及众户往来道路上之类者,不为邻,如有亲而无邻,与有邻而无亲,皆不在问限。①

宋代官府反复强调应遵循"亲邻法",要求写贴四份,说明宋代法律对典权有强制的程序性规制,同时又对典期作出了明确规定。

(四)元代典权契尾的出现与契式规范

元代的典权基本承袭宋代,其变化主要体现在两个方面:其一,实行契尾制度,即规定在典卖土地时,出典人必须将税票黏附契约的尾部,交给买方的制度,保证了国家的赋税收入,此法被明清继承。其二为保障交易的效率,限制典契交易中优先购买权的时间和对象。

《元史·刑法志》中规定"诸典质不设卫库,不立信帖,违例取息者,禁之。"《大元通制》也有规定:"诸以财物典质……经三周年不赎,要出卖。或亡失者,收赎日于元典物钱上,别偿两倍,虽有利息,不在准折之限。"元代法律规定,典卖田宅须遵循亲邻之法:

历问有服房亲及邻人、典人,不愿交易者,限十日批退,违限不批退者,笞一十七下。愿者,即十五日议价,立契成交,违限不酬价者,笞二十七……亲邻典主在他所者,百里之外,不在由问之限。

元代典契标的物不仅包括田宅等不动产,也包括人身典契,以动产(珠宝、金银器、衣服等)为担保也称为典。②《元典章·户部·田宅·典卖》规定:"今后典卖田宅,先行经官给据,然后立契,依例投税,随时推收。"

典卖田宅须问亲邻

至元六年七月,中书户部承奉中书省札付:

[来呈:]"备太原路申'本路人民凡有典卖田宅、物业,有欺昧亲

① 中国社会科学院历史研究所宋辽金元史研究室点校:《名公书判清明集》卷九《户婚门·取赎》,中华书局1987年版。

② 张晋藩总主编,韩玉林主编,霍存福、李淑娥主编:《中国法制通史》第六卷,法律出版社1999年版,第560页。

邻典主,[亲邻典主]亦故行推调,不肯画字厘勒,望减价钱,反勒要画字钱物,固非一端,以致相争,紊烦官司。为无定例,不能决断。乞明降'事。"省府照得旧例:"诸典卖田宅,及已典就卖,先须立限取问有服房亲[先亲后疏],次及邻人[亲从等及诸邻处分典卖者听],次见典主。若不愿者限三日批退,愿者限五日批价。若酬价不平,并违限者,任便交易。限满不批,故有遮占者,仍不得典卖。其业主亦不得虚抬高价,及不相(本)[由]问而辄交易。违而成交者,听亲邻、见典主百日内依元价收赎买,限外不得争告。其欺昧亲邻典主、故不交业者,虽过百日,亦听依价收赎。若亲邻、见典主在他所者,令以次人取问[谓亲邻典主以次之人]。若无人,并除程过百日者,不在争告之限。若遇饥馑灾患丧凶争斗之事,须典卖者,经所属陈告给据交易。"仰依旧例,行下各路,照会施行。①

这则官方材料表明,出典人在出典程序上必须先问亲邻,而亲邻则须在限定时间内及时给出承典或不承典的明确意思表示,不得借此刁勒出典人。这既是对出典人的规范要求,也是对亲邻程序约束,维护了双方当事人之间的利益。

(五)明代典权的典、卖区分

明代,典已经普遍存在于市民生活中,并有"租不如典"的普遍意识。② 多次找价的习惯也已产生:"田产交易,昔年亦有卖价不敷之说,自海公以后则加杜绝,前为定例。有一产而加五六次者,初犹无赖小人为之,近则士类效尤,腆然不顾名义矣。"这种将找价行为看作小人行径的观点不免过于武断,但也说明,反复找价已成为典契的一种常态。

明代律典试图将典和卖明确区分,《明律集解·户律·田宅·典卖田

① 陈高华、张帆、刘晓、党宝海点校:《元典章》,天津古籍出版社 2011 年版,第 692 页。

② 如《金瓶梅》第一回,武大郎想租赁房屋居住,潘金莲道:"你赁人家住,浅房浅屋,可知有小人罗唣!不如添几两银子,看看相应的,典上他两间住,却也气概些,免受人欺负。"西门庆及其原女婿陈敬济等都曾典卖(买)房屋。可见在明代,商品经济发展的情况下,典交易的流行。

宅》规定:“盖以田宅质人,而取其财产曰典,以田宅与人,而易其财曰卖。典可赎,而卖不可赎也。”①官方的这种规定结束了长期以来典、卖不分的历史。《大明律集解·户律·钱债》“违禁取利条”对典当行为做了禁止性规定:“凡私放钱债及典当财物,每月取利,并不得过三分,年月虽久,不过一本一利,违者笞四十。以余利计赃重者,坐赃论,罪止杖一百。”②

三、清代典权

(一)清代典权规范完善

与事关江山社稷、纲常伦理或人命案相比,典权只是民间细故,在国家层面上,不可能给予太多关注,《大清律例》以一个概括性的“典卖田宅”条作了大致性的规定:

> 凡典卖(买)田宅不税者,笞五十,(仍追)契内田宅价钱一半入官。不过割者,一亩至五亩,笞四十;每五亩加一等,罪止杖一百。其(不过割之)田入官。若将已典卖与人田宅,朦胧重复典卖者,以所得(重典卖之)价钱计赃,准窃盗论,免刺。追价还(后典卖之)主。田宅从原典卖(买)主为业。若重复典卖(买)之人及牙保,知(其重典卖之)情者,与犯人同罪。追价入官。不知者,不坐。其所典田宅、园林、碾磨等物,年限已满,业主备价依(原)价取赎。其年限虽满,业主无力取赎者,不拘此律。③

由于清律的规定过于简单,而社会生活却纷繁复杂,于是,在清律之外,又有例的不断补充与修订:

> 活契典当田房,一概免其纳税。其一切卖契无论是否杜绝,俱令纳税。④

---

① 《大明律·户律·典卖田宅》。

② 怀效锋点校:《大明律》,法律出版社1999年版,第82页。

③ 马建石、杨育棠主编:《大清律例通考校注》,中国政法大学出版社1992年版,第437页。

④ 此律延自明律,其小注系顺治三年(1646)添入。

这就结束了典权发展历史上长期以来典契纳税的惯例,表明政府在典权性质上认识的深化。典权不需要交纳税款,而对于卖契,无论是活卖还是绝卖,都须纳税。是否纳税在乾隆十四年(1749)成为典与卖的区分标准之一。

乾隆十四年(1749)进一步制定条例对此进行了规范:

凡民间活契典当田房,一概免其纳税。其一切卖契,无论是否杜绝,俱令纳税。其有先典后卖者,典契概不纳税,按照卖契银两,实数纳税,如有隐漏者,照例治罪。①

《户部则例》进一步规定:

民人典当田房,契载年分,统以十年为率,限满听赎。如原业主力不能赎,听典主投税、过割、执业。倘于典契内多载年份者,追交税银,照例治罪,云云。又十年以后,原业无力回赎,听典主执业、转典,云云,与此例不符。总为多收税银而设。②

乾隆十四年(1749)后,不少人为了逃避纳税义务而刻意将卖契写作典契,导致典、卖不分现象进一步加剧。因此,乾隆十八年(1753)刑部议复浙江按察使条奏中明确要求典契中必须明确是典还是卖:

嗣后民间置买产业,如系典契,务于契内注明"回赎"字样。如系卖契,亦于契内注明"绝卖,永不回赎"字样。其自乾隆十八年(1753)定例以前,典卖契载不明之产,如在三十年以内,契无绝卖字样者,听其照例分别找、赎。若远在三十年以外,契虽无绝卖字样,但未注明回赎者,即以绝产论,概不放许找、赎。如有混行争告者,均照不应重律治罪。

嘉庆六年(1801)又进一步规定,卖产立有绝卖文契,并未注有找贴字样者,概不准贴赎。如契未载绝卖字样,或注定年限回赎者,并听回赎。若卖主无力回赎,许凭中公估找贴一次,另立绝卖契纸。若买主不愿找

---

① 《皇朝政典类纂》卷三八〇《刑十二·户律·田宅》。

② 此条系乾隆二十四年(1759),户部议复湖北巡抚庄有恭条奏定例。

贴,听其别卖,归还原价。倘已经卖绝,契载确凿,复行告找告赎,及执“产动归原”先尽亲邻之说,借端措勒,希图短价,或典限未满而业主强赎者,俱照不应重律治罪。

为预防和解决因典期约定不明而产生典契纠纷,嘉庆六年(1801)修订《户部则例》时,将出典的期限限定为十年:

活契典当年限不得超过十年,违者治罪。民人典当田宅,契载年份,统以十年为率,限满听赎。如原业主不能赎,听典主投税过割执业。倘于典契内多载年份,一经发觉,追缴税银,照例治罪……十年以后,原业无力回赎,听典主执业、转典。①

同治四年(1865)《户部则例》进一步规定了典期:

民人契典旗地,回赎期限以二十年为断,如立契已逾例限,即许呈契升科(无论有无回赎字样),不准回赎,在限内者仍准回赎。倘卖主无力回赎,许立绝卖契据,公估找贴壹次,若买主不愿找贴,应听别售,归还典价,如或不遵定限,各有措勒找赎情事,均不应重律治罪。

对于典物因灭失的纠纷,乾隆十二年(1747)条例作出如下规定:

凡典产延烧,其年限未满者,业主、典主各出一半,合起房屋,加典三年,年限满足,业主以原价取赎。如年限未满,业主无力合起者,典主自为起造,加典三年,年限满足,业主依原价加四成取赎。如年限已满,而业主不能取赎,典主自为起造,加典三年,年限满足,业主仍依原价加四回赎。②

总之,清代典契的官方规定主要体现在两个方面,一方面要求在契约中明确标明典或卖,因为典契在乾隆十四年(1749)后不用缴纳税款,而卖契则不论是活卖还是绝卖,都须纳税。另一方面,规定了典期的上限,以便

① 清《户部则例》卷一〇《田赋·置产投税部》。

② 马建石,杨育棠主编:《大清律例通考校注》,中国政法大学出版社 1992 年版,《大清律例·户律·田宅》“典卖(买)田宅”条,第 435 页。

减少因典期过长而引起纠纷。

（二）清末修律中典权的变化

自清末近代以来，中国司法权受到严重侵害。咸丰八年（1858）年六月二十六日《中英天津条约》第15条规定："英国属民相涉事件，不论人产，皆属英官查办。"①国人一直力图实现自强，恢复司法独立。适逢列强承诺，若中国法律现代化后，可收回领事裁判权。为了早日收回司法权，决定修律，沈家本奏称：

> 方今改订商约，英、美、日、葡四国，均允中国修订法律，首先收回治外法权，实变法自强之枢纽，臣等奉命考订法律，恭绎谕旨，原以墨守旧章，授外人以口实，不如酌加甄采，可默收长驾远驭之效。使法权渐挽回。②

清光绪二十八年（1902）四月初六日，清廷谕派沈家本、伍廷芳考订现行律例，专注于修改旧律，翻译外国刑法。侍郎董康受沈家本之命，赴日邀请日本民法学者梅谦次郎来华讲学并协助起草民法典。梅谦次郎因故无法接受邀请，推荐了松冈义正③（1868—1951），松冈义正来华后主要讲授"原本后出最精之法理"，这正合清政府的要求，也迎合了当时社会要求学习世界最先进法律的普遍心态。

松冈义正认为，质权发源于罗马法及德意志古代法，为法律之不可缺之要件，各国靡不有之。日本民法斟酌古来之制度而规定质权。④ 根据日本民法立法的体例，松冈义正认为中国的典权与日本法上的质权相类

① 褚德新，梁德编：《中外约章汇要（1689—1949）》，黑龙江人民出版社1991年版，第134页。

② 光绪三十一年（1905）三月二十日，沈家本向朝廷上《删除律例内重法折》，见张国华、李贵连合编：《沈家本年谱初编》，北京大学出版社1989年6月第1版，第87页。

③ 松冈义正于1892年毕业于东京帝国大学法科，任东京控诉院法官。在华期间，松冈义正担任京师法律学堂民法教习，讲授民法总则、继承法、物权法、债权、民事诉讼法和破产法等科目，并负责起草了《大清民律草案》中的总则编、物权编、债编。

④ ［日］松冈义正：《民法物权》，现藏于日本东京大学"近代立法过程研究会"收集文书，NO.4.1，《松冈义正关系文书》。

似,是不动产质权,属于担保物权。因此《大清民律草案》仿效日本民法典,规定了不动产质权。随后起草的《大清民律草案》物权编亦是在松冈义正的物权法理论指导下完成的,这一观点在《大清民律草案》中得到确认。因此,松冈义正的物权法理论对我国的典权变化产生了深远的影响。①

宣统三年(1911)八月,民律草案告竣,提交资政院审议,此即《大清民律草案》,被后人称为民律一草,共五编,1569条。②

四、民国典权的重生

(一)北洋时期典权的重新确立

北洋政府时期的大理院在审判具体典权案件时,虽然力图依照《大清民律草案》的规定进行审理,但最后还是将具体的法律行为解读为典权行为,在审判实践中,逐渐回归到典的习俗中来,法律观念、意识最终矫正了法律规范。

(二)南京国民政府时期典权的最终定位

1930年南京国民政府司法行政部进行整理、修订并付印成《民事习惯调查报告录》。③ 这次调查中有许多关于各地典权的资料,充分反映了各地不同的典权习惯,为民法物权中的典权的规定,奠定了基础。从具体调的范围来看,涉及直隶、奉天、吉林、黑龙江、河南、江苏、江西、浙江、福建、湖北、湖南、陕西、甘肃、热河、绥远以及察哈尔,共计十六省。这些地方基本涵盖了中国东北部、东部、中部以及东南与西南部,覆盖面较广。各地的调查都不同程度地涉及典权习惯问题,说明民国时期典权普遍存在。

---

① 邹亚莎:《清末民国时期典权制度研究》,法律出版社2013年版,第99页。

② 此时,民商事调查尚未结束。

③ 孔庆平:《关于习惯与法律关系的误会——民国立法中的一个争论》,《北方法学》2008年第5期。

以省为单位,各地形成了当地共同的典权习惯,如山西孝义、平遥及猗氏县便形成了回赎典物依据转典契的不同而不同的习惯;福建的闽清、平潭县则形成了转典的共同习俗。

山西省孝义、平遥习惯"原典权权利存否以已交付原典契为断":"典户将受典产业转典于人,若于原典当内加批转字样,交付转典户者,对于该典业即为断绝关系,日后不得主张回赎,原业主回赎时,亦不再经由其手。反是,如转典时另立新契,未将原契随去,则其原典关依系然存在,不唯有回赎之权,业主不得直接向原业主告赎。"①

山西省猗氏县习惯:"以典权之不动产转典于人,即将原典契约交付,不另立转典契约,有数更典户,仍以原典契约辗转相授,不另立转典契约者,原业主回赎时,应向最后之典户回赎。"②

福建省闽清、漳平县习惯:"典业限满尚未取赎者,典户不能向业主限期取赎,只得将该典业转典他人;至业主赎回时,备足原价,邀同原典户向赎。"③

福建平潭县习惯:"平邑不动产典权,例可转移。如甲有业原典于乙,限期五年取赎,厥后无论满限与否,乙有移转于丙之权,但须约明原主取赎,不拘年限等语。取赎时由乙及丙,不得越序。"④

1929年10月,民国政府中央政治会议委员兼立法院院长胡汉民以《民法物权编》遽待起草,爰拟具立法原则14条,并各附说明,提经中央政治会议于第199次会议决议交法律组审查。该组于10月27日开会讨

① 南京国民政府司法行政部编:《民事习惯调查报告录》,胡旭晟、夏新华、李交发点校,中国政法大学出版社1998年版,第162页。

② 南京国民政府司法行政部编:《民事习惯调查报告录》,胡旭晟、夏新华、李交发点校,中国政法大学出版社1998年版,第120页。

③ 南京国民政府司法行政部编:《民事习惯调查报告录》,胡旭晟、夏新华、李交发点校,中国政法大学出版社1998年版,第308页。

④ 南京国民政府司法行政部编:《民事习惯调查报告录》,胡旭晟、夏新华、李交发点校,中国政法大学出版社1998年版,第317页。

论,将该项原则及说明略加修改,对典权作了规定:“支付典价占有他人之不动产而为使用收益者,为典权人。”①“各国法律多分质权为动产质、不动产质及权利质三种。详审我国质权习惯,只有动产质及权利质,而无所谓不动产质,通常所谓不动产质,与法上之典用语混淆。典为我国固有之习惯,此编对于典权特设专章,故于质权章中,不另设不动产质之规定”。② “典权人对于典物既有使用收益之权,除当事人另有订定或另有习惯外,典权人将典物转典或出租于人,自无不可,此编特设第 915 条规定之。但于保护典权人之中,仍期无损于出典人之利益,故定典权定有期限,其转典期间,或租赁,不得逾原典权之期限,未定期限者,则不得定有期间,且转典之典价,不得超过原典价,以免出典人回赎典物时发生纠葛。”③“典为我国特有之习惯,远胜于不动产质,而又与抵押不同,此编特设专章规定之,与第二次草案同,惟第一次草案则未规定。”④南京国民政府时期的《中华民国民法典》在规定典权的同时,删除了不动产质权。⑤

第二节 典契结构

典契的结构,是指典契的每个组成部分之间的逻辑排列,它既包括典契的形式规范,即典契正文部分、签押部分,每个部分所起的作用不同,发挥的功能有异,包含的元素有别。但都有大体固定的行文格式,有固定的

---

① 谢振民:《中华民国立法史》,张知本校订,中国政法大学出版社 2000 年版,第 770 页。

② 谢振民:《中华民国立法史》,张知本校订,中国政法大学出版社 2000 年版,第 774 页。

③ 谢振民:《中华民国立法史》,张知本校订,中国政法大学出版社 2000 年版,第 777 页。

④ 谢振民:《中华民国立法史》,张知本校订,中国政法大学出版社 2000 年版,第 778 页。

⑤ 邹亚莎:《清末民国时期典权制度研究》,法律出版社 2013 年版,第 38 页。

形式规范，典契的这种有机组成部分，形成了典契的结构。

一、典契格式

元代的《新编事文类要启札青钱》一书中录有《典卖（买）田地契式》《当田地契约》等宋元时期通行的田宅契约样文。明代陈继儒的《尺牍双鱼》录有《卖田契》《当田契》等，是明清时期流行的田宅契约样文，这表明典契格式的构成有一定的规范要求。从具体的格式来看，一份完整的典契主要包括典契正文与典契尾部的签押部分。这两部分构成了一份完整的典契。

（一）典契正文

典契正文是典契的主体部分。这部分包括典物来源信息、典价、四至、出典原因、权利瑕疵担保、纠纷排除、交付等条款。这些具体条款明确了出典人与典权人之间的权利与义务，构成了典契的主体。典契双方一旦产生权属纠纷，则典契正文中权利与义务的约定成为裁判的依据，从这个意义上来说，典契正文构成典契的核心组成部分。

乾隆六十年（1795）陈长宇、长注、同云立典契

立典契人吉士社陈长宇、长注、同云等，承祖有水田贰段，坐在外洋，土名中坂及过溪边，共受种子捌斗小，载租捌石大。今因缺银使用，众愿将田托中送就与招福社宗兄振要边出头承典，借出佛面银壹百贰拾大员，即日凭中交收足讫，其田即付银主起耕掌管，其田并无不明来历，重典他人不明。如有不明，典主自当，不干银主之事。此系二比甘愿，日后不敢反悔，□子孙不得异言生端等情。今欲有凭，立典契乙纸并上手□契乙纸，其贰纸，付执为照。

即日收过契□银完足，再照。

其田约至拾年满，到日备银取赎文契贰纸，不得刁难。执照。

代书人自

为中人魏武埔（押）

乾隆六十年甲寅拾壹月　日

长宇(押)

立典契人吉士社　陈长注(押)

同云(押)①

在这份典契的正文中,典权标的为水田贰段。具体位置为:坐在外洋,土名中坂及过溪边。典权人为振要,与出典人系宗亲关系。典价为佛面银壹百贰拾大员。交付方式为即日凭中交收足讫,典权人获得对典物的权利:其田即付银主起耕掌管,典权人获得对典物的管业权。出典人承诺瑕疵担保及纠纷排除:其田并无不明来历,重典他人不明。如有不明,典主自当,不干银主之事。出典人转交上手老契,立典契乙纸并上手□契乙纸。

(二)典契尾部

典契尾部主要包含出典人与中人、代笔人的签押及订立典契的时间等内容。单就签押部分来说,不能说明出典人与典权人之间权利义务的分配情况,没有形成对出典人与典权人权利与义务的约束。但契尾是对典契正文部分的形式确认与实质确认。出典人的签押表明其愿意受典契正文中所约定的权利义务的约束,说明出典人明确自己所负的责任与权利。中人的签押则是自己对担保义务的确认,表示在典契履行中将承担中人的义务;代笔人签押是对代笔事实的确认,也是对如实依照当事人的意思忠实书写典契的表示。总之,出典人、中人、代笔人的签名并画押,表明各签押人如实履行典契义务,并愿意受其约束的意思表示。

二、典契正文

典契正文是典契的主体部分,包含典契的主要信息,也包含了出典人与典权人双方各自的权利义务。② 典契正文信息条款是出典人出具的典

---

① 杨国桢:《闽南契约文书综录》,《中国社会经济史研究》1990年增刊,第140页。

② 当然,主要以出典人的义务为主。

契条款，对于典契的成立与履行举足轻重。

（一）出典人信息条款

在典契正文部分，首先说明出典人信息，这一条款说明出典人的具体住址与姓名。出典人有时为一人，有兄弟共同出典的，有父子出典的，有母子共同出典，以及近亲属共同出典的，很少有女性作为出典人的，偶尔也有夫妻双方共同出典的，间或有婆媳作为共同出典人的情形。

今因乏银使用，情愿亲就将田典与列叔、预叔、崇叔等，清水贰拾伍两广，面议每两银全年愿纳利谷壹斗肆升官，不敢少欠……其银不拘年，备银乙足还，取出原典。

知见人：母赵氏押

代书人：聘押

楚押

佐押

日立典契人兄弟　银押

聘押

喜押①

此典契中的出典人为兄弟五人：银、佐、聘、楚、喜等将其继承的共有土地出典给列叔、预叔、崇叔等人，多人出典，多人受典。典契订立之后，列叔、预叔、崇叔共同为典权人，行使典权人的权利，直到出典人备价取赎时典契才随典物转移给出典人。

光绪卅年（1904）张兆才向张华秩堂立典田契

立明典田人大範乡张兆才，今因急用，夫妻商议，愿将承继父遗下田四坵，土名二坵，坐大敦，一坵坐九比，一坵坐孖岭，该税一亩。先问房亲人等，各不允就，凭中问到本族张华秩堂典出本银一百两正。此田并无红契交出，如有，后［搜］出是为故纸。此揭项

---

① 杨国桢：《闽南契约文书综录》，《中国社会经济史研究》1990年增刊，第138页。

银不计息,田不计租。特立典契一纸,交与张华秩堂收息管业,存据作按。

中人:张万四

光绪卅年二月廿七日　张兆才的笔

此银于宣统元年二月十四日,志业堂如数赎回,两讫。[①]

此典契中的出典人为大範乡张兆才。其实,在这份典契中还有一个隐性的出典人即张兆才的妻子,因数契中有“夫妻商议”,只是在契尾部分没有妻子的签押。

(二)出典原因条款

在一份完整的典契中,还有出典原因条款,该条款一般在出典人信息条款之后。对于出典人来说,无论是出于宗法伦理原因,还是出于经济原因,出典人都会标明出典理由,出典原因是典契的必要组成部分。如在“红河当田契约立者将高祖买得者铺者得田当与杨荣”典契中,出典理由为“因为乏银使用”这样一个概括性理由。[②] 在“红河转当田契石保李撒沙者三人将其堂弟之田典与堂叔簸普”典契中,出典人结黑原典得土一块,后因合得身故,而合得又“无后,缺少丧费,无处出办”,迫于无奈,只能典田。[③]

典契的出典原因,大致有两类:

1. 概括原因

这类典契最多,从立典契的字里行间,看不出具体的原因,只用“乏用”“今因缺少使用”“今手乏”“无力管食”等概括性的出典原因。之所以要给出理由,一是说明不是无缘无故典卖祖产,以示对祖先的孝;

① 谭棣华、冼剑民编:《广东土地契约文书》(含海南),暨南大学出版社 2000 年版,第152 页。

② 吴晓亮、徐政芸主编:《云南省博物馆馆藏契约文书整理与汇编》第五卷,人民出版社 2013 年版,第 152 页。

③ 吴晓亮、徐政芸主编:《云南省博物馆馆藏契约文书整理与汇编》第五卷,人民出版社 2013 年版,第 174 页。

二是对后世子孙一个交代。原因的说明,是为了证明出典的正当性。在乾隆刑科题本租佃关系史料之一的《清代地租剥削形态》里有一则材料,记载了双方当事人之间订立的一份典契,在这份典契中,出典的事由也被定为"兹因正用"这样一个概括性的出典理由,但该典契的真正原因是其母患病,无钱医治。只是在具体的典契中变为"兹因正用"。①

2. 具体原因

多数情况下,出典原因采用概括性的事由,具体原因相对较少,在典契中,偶尔也有一部分出典者会列出明确、具体的出典事由,出典人确实面临着具体的困难和问题,订立典契就是要解决这一问题。其中,孝悌是一个重要的事由。"哈文 25—6　红河当田契李大宾统男六十将祖遗田典与李明轩"契中的出典理由就是一个具体化的理由"因父母身故无所出"②,立典人之所以出典田产,乃是因为出典人父母身故,如果不出典田产,则其父母无法安葬。据《大清律例·丧葬》条规定:子女违反律例中关于葬律的规定,便是不孝,既要受到大清律的制裁,也要受到道德的谴责。同时,也可间接说明处理田产的合法性,不属于卑幼擅自处理财产的情形。至于典价是否足够安葬所需之费用,或者说典价远超安葬之费用,还有剩余,立典人如何使用所剩之典价,我们在典契中无法看到这些信息。③

今因元等祖母安葬乏费,将田叁分之一抽出租贰石小,托中送就与族内会叔出头承典。④

---

① 中国第一历史档案馆,中国社会科学院历史研究所编:《乾隆刑科题本租佃关系史料之一〈清代地租剥削形态〉》,中华书局 1982 年版,第 459 页。

② 吴晓亮、徐政芸主编:《云南省博物馆馆藏契约文书整理与汇编》第五卷,人民出版社 2013 年版,第 108 页。

③ 吴晓亮、徐政芸主编:《云南省博物馆馆藏契约文书整理与汇编》第五卷,人民出版社 2013 年版,第 108 页。

④ 杨国桢:《闽南契约文书综录》,《中国社会经济史研究》1990 年增刊,第 140 页。

此契中,出典人为林门唐氏与侄林元和、林绳武二人,出典的原因是"安葬乏费",出典人祖母去世,出典人用典来的钱财安葬其祖母。显然,这属于一个具体性的出典理由。

咸丰九年(1859)符小元向高老二立典田约

立典约人系乐善里七柏榔村符小元,今因祖父承得符家之田,思见路情[程]太远,不能耕其田。土名老田,四至:东至大枫要为界,南至刘士光业分水为界,西至大沟为界,北至大坟为界。四至分明,并无包僭过他人业分。欲将土换土,出典与人。先问田丁人等,各不承领,后问到富峨村高老二入头承食。三面议定典价铜钱一百五十仟正,限定每年帮粮钱七百文。即日置酒宰牲,请典主到家,立下典约一张。现日钱约两交明白。钱系元亲手领用,田系老二执约耕食。两面言定,赎回不误春耕,钱到约出。今恐人心难信,立约为实。

依口代笔人晋书(忠)

同见人麦亚杂 胡玉宏 陈春泰(信)

咸丰九年二月初一日 立约①

本契的出典理由较为特殊,即"今因祖父承得符家之田,思见路情[程]太远,不能耕其田。"出典人因为居住地与典物相距过远,耕种管业不方便,所以决定出典此田。

"社土503(136)昆明海源保龙院村四甲典水民田文契赵洪有将杜得水民田典与本甲团务员村邻人等"②契,这份典契的特殊就在于它的出典原因讲得很详细,本契典人赵洪有所招赘门婿赵郑因与本甲人杨国中口角而将杨国中杀死,赵洪有代赵郑承担民事赔偿责任。因无力

① 谭棣华、冼剑民编:《广东土地契约文书》(含海南),暨南大学出版社2000年版,第348页。

② 吴晓亮、徐政芸主编:《云南省博物馆馆藏契约文书整理与汇编》第一卷下,人民出版社2013年版,第708—709页。

承担四百五十大洋的责任，迫不得已而将自有水民田大小二坵共计八工的田地出典与人。此契相较其他典契而言，对出典原因的描述，颇为详细。

（四）典物信息条款

典物信息条款，除典物来源之外，还包括典物四至、数量、典价、典期等。

1. 典物来源说明

典物来源说明旨在表明标的物的合法性，或是自置，或是阄分，或是遗产。“哈文25—6　红河当田契李大宾统男六十将祖遗田典与李明轩”契中的典物系“祖遗开挖田一分”。契约标的物属原始取得，即其祖通过自然改造，将不适宜从事耕作的荒地改良为适于耕作的良田。这样，一是可以保证田产得来的正当性，二是可以免去转交上手老契的义务。[①]“哈文18—7　红河典山领约爹逞将祖上占得山领典与四三老祖”契中“原有祖占得山岭一段”的说明，原始取得有多种方式，对于土地等有开挖填平方式的原始取得，亦有如本契中所言之先占取得。因是山岭而非平地，原始取得人没有对山岭进行填平开挖等改造，只是利用山岭的自然状态。因该山岭每年产出较少，所以，地租就相对较低，因为利息固定，所以典价不高，这是自然之理。[②]“哈文28—19　红河当契文约播黑将自有田当与任国臣”契约中，非常详细地说明所典田产的由来，即出典人祖父从且妈张保祖父处买得，价钱为叁百陆拾两。后该块田地一分为四，出典人所典的田地为四分之一，典价为柒拾五两整。按照四子均分的话，播黑所分的土地价格在九十两左右，播黑将该地典出，典

① 吴晓亮、徐政芸主编：《云南省博物馆馆藏契约文书整理与汇编》第五卷，人民出版社2013年版，第108页。

② 吴晓亮、徐政芸主编：《云南省博物馆馆藏契约文书整理与汇编》第五卷，人民出版社2013年版，第162页。

价为七十五两,典价占到地价的(83.3%),[①]“哈文 18—24　红河当田契约呼得同伊祖母将祖遗田当与杨星远”是一份补契,原契订于嘉庆十八年(1813)。“呼得仝伊祖母原有自己开挖田一分”,此田系其祖父开挖所得,属于原始取得,因此田于嘉庆十八年(1813)典与杨星远名下,典价纹银六十两。[②]

2. 典物四至说明

典物的四至,即典物东、西、南、北四个方向的界限,同样,典权人也只有在四至清晰的典物内行使对典物的占有、使用、收益权利。同时,出典人也只对四至之内的典物权利瑕疵承担担保责任与权利瑕疵排除义务,对四至之外的权利纠纷不承担责任。四至的情形,有四个不同的自然人权利界限的,或者部分是自然人权利界限,部分是自然形成的公共道路、河沟或其他能够明确标明权利界限的边界,或者是法人边界。

一九一四年黄其文立典田契

立典契字人黄其文,有承祖父遗下苗田壹坵,受种子壹斗贰升,全年带黄和珍户内官粮银贰钱伍分正完纳。址在二十六都六石保下店尾洋,东南西俱至本家田,北至王田,四至明白为界。今因乏使用,愿将此苗出典,先尽问房亲人等不承受,托中引就宅出头承典,三面言议着下时价大龙银壹佰叁拾陆大员,库驼重玖拾捌两陆钱正。立契之日,银即仝中交讫。其此苗田随即交付与银主掌管,任从起佃耕作收成纳粮,不敢阻挡,异言生端。限至陆年终满,备足契面银取赎,如银未便,不在此限。此苗田的系其文等承祖父遗业,与别房亲人等无干,并无重张典借他人财物,及来历交加不明等情。如有此情,其

① 吴晓亮、徐政芸主编:《云南省博物馆馆藏契约文书整理与汇编》第五卷,人民出版社 2013 年版,第 128 页。

② 吴晓亮、徐政芸主编:《云南省博物馆馆藏契约文书整理与汇编》第五卷,人民出版社 2013 年版,第 142 页。

议处自出头抵当，不干银主之事。此系二比甘愿，各无抑勒反悔。恐口无凭，立典契壹纸并带上手印契壹纸，白契四纸，合共陆纸，送执为照。

即日仝中收过典契内大龙银壹佰叁拾陆大员，库驼重玖拾捌两陆钱正，再照。

为中人黄茂观（花押）

陈伦瑞（花押）

黄俊观（花押）

知见银人妻林氏（花押）

一九一四年正月　日立典契人黄其文（花押）

代书人苏鉴（花押）①

在此典契中，典物四至为"东南西俱至本家田，北至王田，四至明白为界"，东南西三面皆邻本家土地，只有典物北面挨王姓土地。

3. 典物性状描述

通常情况下，一份典契中只包含一个标的物，但也存在一份典契多份标的物的情形，即多处相对独立的住宅或土地。这些不同的田宅，一般都会分别标明四至。除此之外，对于典物的信息，尤其是对土地的青地白地描述。所谓白地，就是指收割完庄稼后土地处于一种待耕种的状态。所谓青地，"青"代表正在成长中的植物，即出典人未收获当年庄稼的田地。之所以区分白地、青地，就在于在田地回赎时，保持出典时的状态。出典标的物是"白地"，即出典人已收获了当年孳息，则在收取典物时，典权人亦得收获当年田地的产出物，出典人出典的土地恢复原有状态。若出典人在"青地"状态下典出田地，则有权要求"青地"回赎，只有这样，才能平衡出典人与典权人之间的利益。所以，各地都有"当青赎青，当白赎白"的习俗，并广为遵守。

① 陈娟英、张仲淳编著：《厦门典藏契约文书》，福建美术出版社 2006 年版，第 242—243 页。

典物信息的说明,既能防微杜渐,将未来双方可能产生的矛盾予以规避,减少不必要的纠纷,又能保障双方在典契履行过程中保持典物的原始状态,从而保证双方当事人的未来利益。

(五)凭中条款

中人是典契不可缺少的条件之一。中人是典契成立的必要条件,没有中人的参与,则典契一般不能成立。在实践当中,一般都是由出典人负责寻找并委托中人参与到典契的订立过程中。

典契是出典人与典权人之间订立的契约,具有合同的相对性。第三方参与契约的订立,一则说明订立典契,确系双方自愿,二则保证典契的真实性。中人的参与,在一定程度上省略了"先问房亲,房亲不要,次问四邻"的亲邻原则。宋代《名公书判清明集》中对"亲邻"做出了明确的规定,"有亲而无邻者,有邻而无亲者",皆不属亲邻关系。法律明确禁止借"先问亲邻"的规定,"借端勒措",损害出典人的利益。在清代到民国的典契中,"先问亲邻"逐渐被废除。但是,中人却被保留了下来。一是起到居中从而促成契约完成的作用,另一方面,也起到了"先问亲邻"的作用,避免了"先问亲邻"的弊端。

之所以说中人的参与间接起到了"先问亲邻"的作用。是因为中人的选择,系由出典人选择,典契中一般都会有"凭中说合",或"凭中",或"央中",或"凂中"的用语,即通过中人来找到典权人。而中人往往都是出典人的亲属或友人,那么中人的选定,本身就是以默示的方式表明亲邻放弃了承典权,并帮助出典人完成出典行为,这样既可避免因为要先问亲邻而在时间上一拖再拖,①另一方面,也可避免亲邻借机"借端勒措"。

中人的参与,可以有力保障典契的履行。中人一般是当地资历较深、较有威望且双方当事人共同认可的人。中人对社会资源掌控较多,社会

---

① 出典人出典田宅,系是无奈之举,急需钱财,以解燃眉之急。如果亲邻借机迟迟不予批复是否承典,则出典人无法解决迫在眉睫的困境。

信息量丰富。中人要承担居中沟通任务，使出典人与典权人达成典契的合意，满足出典人的典价要求，见证整个典契的签订与履行，起到典契证明作用，并对典契双方如实履行契约义务负有督促责任。同时，中人一般还参与到具体田宅面积、四至等的丈量或确认当中，以保证典物信息的准确无误。典契履行过程中，尤其是典物本身有任何瑕疵时，出典人承担权利瑕疵担保责任，中人承担连带责任。

如果是找契的话，中人可能是原正契的中人，在这些找契中，原中人参与到找价过程中，中人对原正契较为了解，更易于促成找价的形成。当然，找价过程中，也可能是新的中人参加，这时，新中人至少要对本次找价过程的真实性、典契的履行起到督促作用。

在实践中，中人的数量不定。既有数量较少的情形，也有中人较多的情形。中人的参与，使典契的履行更具有保障。

（六）典价条款

典价是典契订立的元素之一，是典物在典契内暂时由典权人交由出典人使用的对价。典价条款居于典契的中部，在出典信息条款、典物信息条款、凭中条款之后，在典期条款、权利瑕疵担保条款、权利保障排除条款、典价交付条款之前。在典契中，一般省略价格协商的过程，直接给出了一个具体的典价。如“凭中三面议作时值典价纹银伍两正”，“当日三面议作时值当价银九伍色叁十两正”，“议作时值价银八色贰两四钱正”，“当日凭中三面议作时值受典价九贰色银玖两整”，“当日凭中出当与同族许　名下，本文（纹）银贰两六钱正”，“三言议定典房价银肆百捌拾两整”，“当日得受九五色银拾两整”，“三面议定时值价九七色七两五钱正”等等。

首先，出典人之所以出典田宅，就是要获得对典价的占有、使用、收益。典价的多少，意味着在未来典期内出典人能够占有、使用多少金钱。因此，典价对于出典人来说意义重大。尤其是在出典人因为贫穷所迫，急需用钱的情况下，典价的多少，更意味着一定数额的典价能否满足出典人的现实需要。与此同时,典价也意味着未来赎典时期,出典人需要以相同数量的钱财才能赎回田宅,否则无权回赎田宅。

其次,典价条款也说明典权人需向出典人支付的金钱数额。这是典权人在约定时间内无偿占有、使用、收益典物需要暂时支付的对价。典权人在丧失了对一定数量金钱的占有、使用、收益的同时,却获得了同时间段内无偿对田宅的耕种或居住权利,实现了对典权人的经济补偿。同时,出典人虽然暂时丧失了对田宅的占有、使用、收益的耕种或居住权,但是,却得到一定数量的货币的暂时使用权。

出典人回赎典物的条件,就是原价回赎,而典权人得以抗辩出典人的回赎请求权利,就是要求出典人原价回赎,而出典人原价回赎,在经济上才能实现两者利益上的均衡,实现经济上的正义。因此,原典价多少,回赎价便是多少,即回赎价 = 典价,而只有原典价明确,则回赎价格明确。有明确的典价,就有明确的回赎价格。因此,典价条款既突出了出典人与典权人之间利益上的均衡,也是制约找价机制的内在原理,还是典物得以顺利回赎的根本条件。

(七)权利瑕疵担保及纠纷排除条款

在典契中还包含出典人权利瑕疵担保及纠纷排除条款。典契由出典人出据,由典权人占有。出典人在典契中须承诺在典期内典物无权利瑕疵,并负有纠纷排除义务。订立典契之前,典物为出典人所占有,典物是否有权利瑕疵,出典人最清楚。为了保证在典期内,典权人能不受干扰地对典物享有占有、使用、收益之权限,出典人必须做出保证,否则,无法保证典权人的权利。这种权利瑕疵一般表现为“重张典挂”“来历不明”“房亲人等不得异言生端”等情形。

一九一五年乙卯十二月万来立典会契

立典会字人万来,今因少银使用,情愿将到父遗下月形祠八月秋祭重兴会壹股,欲行出典。前问到德隆兄身边出首承典,当日凭中三面议定时值价足兑龙银伍员正,其银即交付清讫。其会出典之日,任凭典人改名饮福管业,有房亲人等不得异言生端。恐口无凭,立典会字为据。

在场代笔人侄益谦(字)

一九一五年乙卯十二月　日立典会字人万来(字)①

在该份典契中,就有“亲人等不得异言生端”的权利瑕疵担保条款。通过这一条款,保证在典期内,出典人的近亲属不会就此典物提出权利主张。

乾隆十四年(1749)北京蒋洪燕转典房白契

立转典文契人蒋洪燕,今因无钱使用,将自典得徐名下灰棚四间,内将灰棚贰间转典与沈名下为业。言明青钱二十八吊正,其钱当日一并收足。三年内,钱到归赎。倘有亲友争论,中保人一面承管。欲后有凭,立此典契存照。

乾隆十四年七月立转典契　蒋洪燕(押)

原典主　徐哲生(押)

中保人　马成相(押)②

在此转典契中,出典人承诺,一旦标的物发生权属纠纷,则负有纠纷排除义务,“倘有亲友争论,中保人一面承管”。无论是此契中所说的中保人还是出典人蒋洪燕,都对典权人负责,保证典权人对典物的占有、使用、收益权。同样的还有道光二十六年(1846)奚永祥等典地白契中约定“如有亲族人等争竞,有典主人一面承管”,发生这样的纠纷,由出典人处理,与典权人无关。

乾隆六十年(1795)王班典当田契约

立约典当田人王班,系西化埠美村居住,因为急中无钱使用,父

① 陈娟英、张仲淳编著:《厦门典藏契约文书》,福建美术出版社2006年版,第243—244页。

② 张传玺主编:《中国历代契约会编考释》(下),北京大学出版社1995年版,第1504页。

子商议,不已,原将本分役田,土名那都四片,坐落□□处,凭中问到中化那隆村黄干处,取出铜钱四千文正,即日亲手领钱回家应用。两面言定:其田随约两交明白,每年自耕自割,于作花利,不论近远,钱到田出,钱主不得阴留,亦不得盗卖。如有别卖者,钱主任执出文约投赴官陈告,甘罚无辞,仍旧将其田交与钱主是实。今恐无凭,人心难信,立约存照。

天里(理)仁心

王班立约

请人依口代笔

乾隆六十年(1795)三月十八日①

本契中约定,“如有别卖”的情形,则典权人可以执文约赴官陈告,出典人甘愿受罚,“甘罚无辞”,并且“仍旧将其交与钱主”,由典权人占有、使用、收益。这是由出典人向典权人所做的典物无权利纠纷的承诺,如有纠纷,则甘愿受罚。

(八)典期条款

典期是典契的构成要件之一,从典契实践来看,不存在没有典期的典契。典物的使用收益虽为典权人所行使,但典物的最终所有权并未转移,依然为出典人所享有,典物的四项权能为典权人与出典人所共有。这种典物为出典人与典权人共有的状态必然引起物权的不确定。在出典人看来,自己依然是典物的所有权人,不因时间的延长而减弱。但是,这种权利的实现,却遇到了现实的障碍,因为典物并不为自己所占有,出典人并不能完全按自己的意思实现对物的支配。同时,典权人对于田宅的占有,从外观上来看与典物所有人完全一样。尤其是典权人完全支配典物达到一定年限后,典权人完全将典物视为自有之物,往往将自己看作典物所有人。因此,随着时间的推移,出典人的所有权观念并未减弱,

① 参见广西壮族自治区编辑组编:《广西少数民族地区碑文、契约资料集》,广西民族出版社 1987 年版,第 42 页。

仍然是理所当然的物的所有人，而典权人所有权观念则逐步加强，尤其是随着典权人对典物的改良，对典物的依赖包括经济上的依赖与情感上的依赖会逐步强化，典权人渐渐将典物看作是自有之物。由出典人将典物交由典权人占有、使用、收益，这种状况如果时间过长的话，典权纠纷随之增加。

因此，为了减少矛盾，防止纠纷的发生，有必要将这种权利不确定状态限定在一定时间段内。在典期内，这种状态对出典人与典权人之间都产生了强大的心理压力，有很强的约束力，尤其是对典权人来说，更是如此。在典期内，典权人的权利受到保护，出典人不得回赎典物。在典期届满之后，出典人备足原价，有权回赎典物。同时，也隐含着典权人在约定的时间段内，当出典人备原价取赎时，则典权人要返还典物的占有、使用、收益权。在未约定典期的状态下，其隐含的条件是有典期，但典期不确定，至于何时回赎典物，完全由出典人与典权人协商确定。

因此，但凡典契皆有典期，以结束典物权利不确定的状态。无论是明示的典期还是默示的典期，都代表双方表示愿意受典期的约束，结束典契的不确定状态，使这种不确定的权利归于明确状态。

（九）交付条款

典契中有两个行为至关重要，一是出典人转移典物的意思表示；二是典权人支付典价的行为。典权为用益物权，典物所有人依照与典权人之间达成的意思合意而为转移典物，使典物为典权人所占有、使用、收益，出典人暂时丧失了对典物的直接占有、使用与收益。出典人放弃田宅直接支配权，必然要得到一定对价，这种对价就是丧失暂时利益的对价。而出典人之所以愿意放弃典物暂时利益，其目的是获得典价，并对典价为占有、使用、收益的支配权，出典人要实现对典价的占有、使用、收益，就需要实际占有典价，需要典权人将典价交由出典人占有，以满足出典人出典典物的初衷，也只有转移典价，才能在出典人与典权人之间达成利益上平衡,实现公平、正义。与此同时,典契还要约定在预期的时间内,或双方默示的时间里,由出典人返还原典价,从而收回对典物的占有、使用、收益状态。典契在正文的尾部都有交付条款,交付条款包括典价的交付以及典物的观念交付。这种交付又可以分为出典交付与回赎交付。

1. 典价交付与典物的概念交付。在中人的参与协调下,典价由典权人交付给出典人,为一次性交付,即"当交不欠"。典价表现形式或者为金钱,或者为实物。田宅为不动产,订立典契之前,在中人的参与下,出典人与典权人之间就典物的四至、面积等情况,已做了核实,达成了合意,订立典契时,只是通过契约形式,确认双方之间转移典物。因此,这一过程中的支付是观念交付,真正田宅实物的交付,应在典价交付之后,双方当事人在中人的协助下,完成对典物的真实交付。因此,典权应该是一个实践合同,需要出典人向典权人转移典物的占有状态,同时,也需要典权人向出典人支付典价,由出典人完成对典价的占有。典契中的交付条款,是对当场交付典价与嗣后交付典物的确认。

2. 返还义务。典契中的交付条款,还包括未来赎典时的典价返还义务和典物返还义务。典价由出典人如数返还给典权人,而典物则由典权人返还给出典人。这种交付义务是双方当事人达成的未来向相对方交付的约定,是对未来双方预期行为及标准的约束。如"乾隆五十二年(1787)僧明依立典杂果园契"典契中约定:

立典契文约人明依同徒行义,因为后乏无钱使用,今将自己杂果园地二块二段,坐落乍而峪河滩南北。今同说合人情愿典与普照寺心亮名下摘收耕种,言明典价清钱壹百吊整。其钱笔下交完,并不欠少。同众言明,伍拾年于(以)外,秋后元(原)价许赎,园地归本主。此系两家情愿,各无返悔。如有返悔者,干(甘)罚契内钱一半,入官公用。恐后无凭,立典字存照。

乾隆伍拾贰年六月廿日　立契人　明　依(押)　同徒　行义(花押)

中保人　通宝(押)

永德(押)

明礼(押)

赵国宝(押)

代字人　王良相(押)

信行执照①

在这则典契中,“伍拾年于(以)外,秋后元(原)价许赎,园地归本主”就属于双方当事人对未来的约定。约定在五十年以后,且须于秋收以后,出典人才能携带原典价即“清钱壹百吊整”回赎坐落于乍而峪河滩南北的杂果园地二块二段。那时,典权人返还典物给出典人,这些约定都指向五十年以后。

道光六年(1826)李存有立典地契中约定:

立典契文约人李存有,因为手乏无钱使用,今将自己本身营地壹段,计白地叁亩,内有柿子树,土木乡(相)连,情愿典与郝得全名下耕种摘收。言明典价,清钱贰拾吊整。其钱当面交足,并不短少,言明叁年以外秋后钱到许赎,地归本主。此系两家情愿,各不许反悔,恐后无凭,立字存证。

道光陆年腊月初四日

立字人　李存有(押)

代字人　杨　祥(花押)

立字执证

在此典契中双方约定,“言明叁年以外秋后钱到许赎,地归本主”,三年以后,也就是出典人须等到道光九年(1829)以后才能备价回赎。典契中同时也约定,须是秋后才能回赎,“钱到许赎”,才能“地归本主”。这些都是双

① 姬脉利、张蕴芬编著:《北京西山大觉寺藏清代契约文书整理及研究》,北京燕山出版社2014年版,第64—65页。

方约定的三年以后的行为,出典人交付典价,典权人交付土地,完成回赎。

三、典契签押

典契的签押与典权人交付典价的两个行为,在时间与空间上具有同时性,当典权人获得有中人、出典人签押的典契契据时,典权人取得了对典物的占有、使用与收益的权利凭证。

典契由中见人、出典人签押完成后,交由典权人占有,出典人取赎时,又从典权人手中赎回典物与典契。①

图 1 为“哈文 28—13　红河当田契约铺登将自有田当于任国臣”契中的签押情况。本典契中代字人用花押形式,凭中保人居舗画点,舗者出中画点。立当约人舗登画十。图 2 是“哈文 28—18 红河转当田契张明将典得之田转当与李兴”契中的签押情况。本契约中,凭中五人,一个画忠,一人画十,三人画点。立典契人中,一人画圈,一人画点。代字人,一人,画押。②

(一)出典人签押

出典人签押的法律意义,主要体现在以下几个方面:

1. 出典人签押是对典契的形式确认

出典人签押,首先是形式确认。因为出典人签押的位置都在典契尾部,而典契正文部分则具体规定了典物的信息,包括典物来源,典物四至、典价多少、中人信息、典期长短,典价权利瑕疵担保、典价纠纷排除义务、典物交付、典价交付以及回赎承诺等事实。这种形式上的确认,包含两个方面,一是典契真实性的确认,出典人的签押,意味着以上事实的真实性,经过出典人的签押,意味着出典人对事实发生及信息的真实性没有异议;另一方面,出典人签押还意味着出典人与典权人之间的典契是双方当事人意思的合意。典契中往往有如下的表述:“两相情愿”,“二比并无逼勒

---

① 杨国桢:《闽南契约文书综录》,《中国社会经济史研究》1990 年版增刊,第 138 页。

② 吴晓亮、徐政芸主编:《云南省博物馆馆藏契约文书整理与汇编》第五卷,人民出版社 2013 年版,第 142 页。

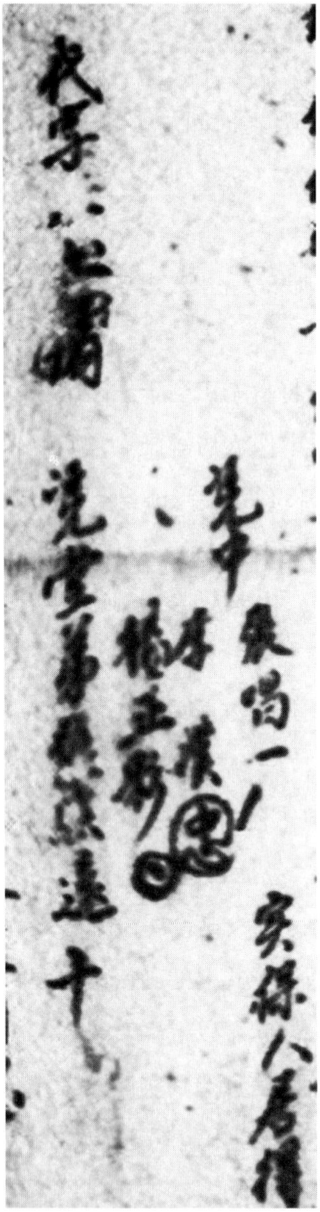

图 1

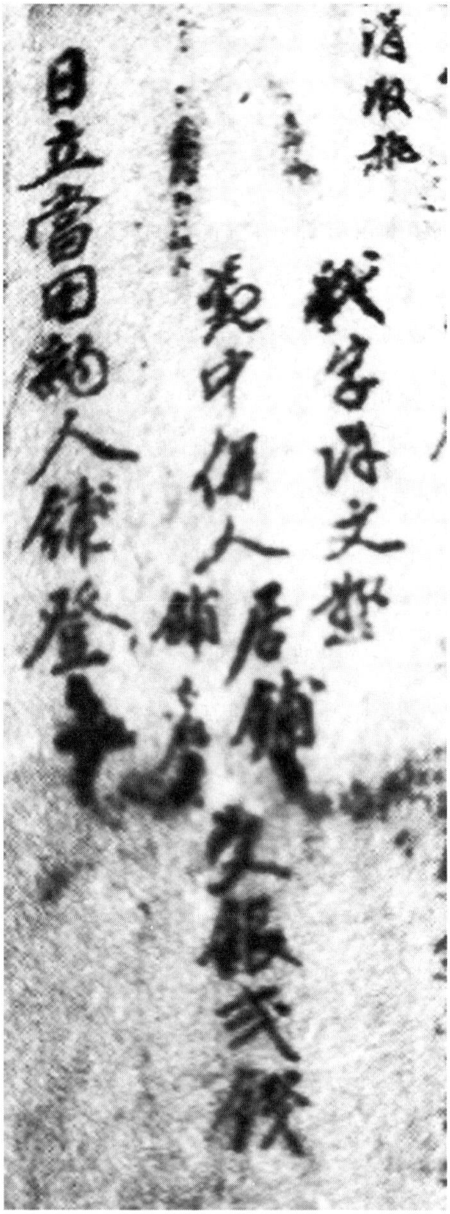

图 2

等情”等，并表示双方“不许反悔”。这些表述说明双方的意思是自由的，不受任何一方的强迫。在此基础之上，所形成的典契是出典人与典权人各自利益平衡的结果。

2. 出典人签押的实质意义

出典人在典契尾部的签押，一方面有形式意义，另一方面，也具有实质意义，即出典人对典契中所包含的权利义务的确认，既确认享有的权利，也表示受典契所表达的义务的约束。典契正文部分的条款可以分为两部分：一部分为事实描述部分，这部分条款只是对双方当事人或典物信息的描述，这种描述是客观再现，如对典物四至描述，如对典物来源的描述，以及出典原因，中人条款等，这类描述是典契必要的信息组成部分。另一部分是权利义务确认条款。在典契中有一部分条款属于实质意义上的条款，这部分主要包括典价条款、典期条款、回赎条款、权利瑕疵担保条款、权利纠纷排除条款。这些条款包括了典权人的权利，又包含要承担典价的交付义务。同时，出典人则要承担转移典物而为典权人所占有、使用、收益的义务，在典期内不得回赎典物的义务，在典期届满之后，始享有回赎典物的权利。同时，要承担典物权利瑕疵担保义务，并要承担权利纠纷排除义务，以保证典权人在典期内得自由享有占有、使用、收益典物的权利。既明确其享有的权利，也确认愿意受典契所确定的义务约束。只有这样的确认，典契才会对出典人具有强大的约束力。

（二）代笔人签押

代笔人又称为代字人，代笔人的签押位置在典契尾部所有签押人最左侧位置。

如图 3 所示，在这份典契中，共有五个人签押，其中一个出典人，其他人都是画点为凭，代字人一人花押。毕竟，相较之于其他人的画点，代笔人较有文化，他有理由用一种更具有艺术性的方式来签押。①

① 吴晓亮、徐政芸主编：《云南省博物馆馆藏契约文书整理与汇编》第五卷，人民出版社 2013 年版，第 116 页。

图 3

如图 4 所示,凭中:杨开忠,此处的忠,应该不是人名,而是类似于押的字符。可以看到,在云南典契约中,凡是带"忠"的人名后没有签押。从现有材料来看,云南典契中凡出现人名,不管是凭中,还是实保人,或者是代字人,或出典人,其名后都有签押,细看原契中的"忠"字会发现,其实并不是一个字,只是写的较为艺术,与忠的写法相似,尤其是最后一笔,更像花押。① 这属于花押,在实际中,花押往往是"一片好心""吉祥如意"等字的草书合写,也有的是名字的几个部分组合,有的是笔名、字号的组合,清末民国甚至还出现了英文字母的组合。这些组合文字都有深远蕴意,比如代书人,多使用"一片好心"合书,作为自己的花押,体现了美好喻意。②

(三)中保人签押条款

在典契中,除出典人、代笔人签押外,还有中保人签押。所谓中保人,

① 吴晓亮、徐政芸主编:《云南省博物馆馆藏契约文书整理与汇编》第五卷,人民出版社 2013 年版,第 142 页。

② 冯学伟:《契约文书的伪造、防伪与辨伪》,《法制与社会发展》(双月刊)2013 年第 2 期。

包括中人与保人,所以中保人签押包括中人签押,也包括保人签押。中保人签押既是对自己作为中人身份的确认也是对契约内容的确认,还是对自己有可能承担义务的确认。签押可分为签字和画押两种形式。其中,签字是指中人或保人在契约尾部签写自己真实姓名的行为,押则是指签字人在签名的下方用一个特殊的符号,用以表明自己确认过典契信息的行为。押又可以进一步分为画十、画点、画圈、花押、指印,在实践中还有按指关节,有按整个手印的,也有按脚印的现象。在民国典契中,又出现了盖印章行为,即中保人不再画押,而是利用更加规范的印章,在自己姓名下或姓名上盖一个红色印章,以此来代替画押。这种以印代押的现象,是近代以来,随着中国近代化的不断推进,适应世界潮流变化的结果,也使典契的签写更加规范。

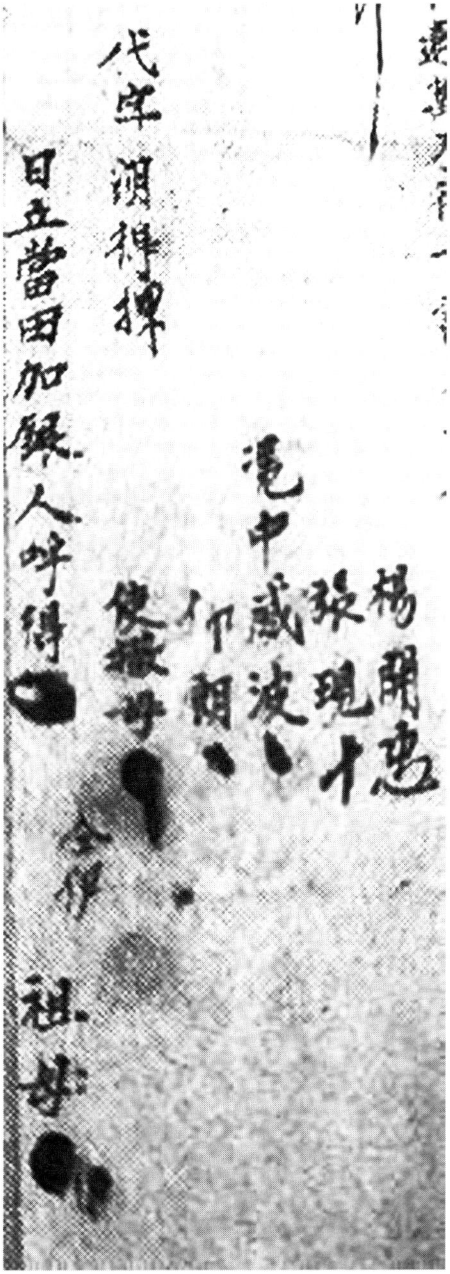

图 4

1. 中人签押

中国契约传统是“行契立中”,远在周代的铭文《格伯簋》中就可以看到相关记载。中人是典契中的参与人，就其在契约中发挥的功能而言，中人是土地契约中重要的参与人，在契约关系中扮演着说合人、见证人、保人和调处人的角色。① 中人对契约形式、契约内容以及契约的实现具有重要影响，中人参与到契约过程，参与议定土地价格、见证典物、典价的交付、保证契约交易的真实性以及事后调处契约纠纷，他们在典契中有不同称谓，如“中人”“中见人”“中说人”“承保人”“中证人”“凭中”“全中”“见中”“原中”“见立”“正中”“偏中”“引中”“证人”等。“立契有中”是历经数千年流传下来的传统，也得到了国家法和民间乡规、俗例的支持。中人在契约中的存在，使当事人履行契约有责任感。中人在契约过程中发挥的功能也形成了对土地买卖的一种心理强制。

当发生契约纠纷时，中人总是作为矛盾双方的调处人而发挥重要作用，寺田浩明甚至认为，“（交易双方）正是考虑或预期到万一出现争执的情况下才事先请求中人参加契约的缔结过程的”。契约不仅是一个文本，更是一个过程，在此过程中，中人的责任不仅帮助缔结契约，还要准备对日后契约发生的所有纠纷负责。无论何时，只要交易双方中的任何一方就交易提出新的要求，中人都要代为向相对方提出，并往来于双方之间，直至终了。另外，中人的介入意味着交易以及日后的纠纷解决具有公开性，意味着将当事人置于某种“公众场合”，置于“关系”范围之内。契约纠纷发生

① 陈胜强、王佳红：《中人在清代土地绝卖契约中的功能——兼与现代相关概念的比较研究》，《法律文化研究》第六辑，2010年。专门的文章如李祝环：《中国传统民事契约中的中人现象》，《法学研究》1997年第6期；吴欣：《明清时期的“中人”及其法律作用与意义——以明清徽州地方契约为例》，《南京大学法律评论》2004年春季号；李桃、陈胜强：《中人在清代私契中功能之基因分析》，《河南社会科学》2008年第5期；周进、李桃：《同姓中人在清代土地绝卖契约中的法律角色研究——从与卖方的关系探讨》，《贵州社会科学》2009年第11期；陈胜强：《中人对清代土地绝卖契约的影响及其借鉴意义》，《法学评论》2010年第3期；毛永俊：《古代契约“中人”现象的法文化背景——以清代土地买卖契约为例》，《社会科学家》2012年第9期；胡谦：《中人调处与清代民事纠纷解决》，《烟台大学学报（哲学社会科学版）》2008年第3期；周进：《清代土地绝卖契约中人的双向性居间功能》，《长江大学学报（社科版）》2013年第3期等。

后,当事人首要的反应就是将其“投明原中”,这样做不仅仅是诉诸社会舆论,也是在启动“面子”——“关系”——“人情”这种机制。中人参与契约的订立及日后一切有关该契约问题的制度,保证了契约关系的稳定,换句话说,中人的存在本身就有助于交易的可靠、安全、正当。①

中人只是给当事双方互通信息,促成交易,不承担保证责任。保人则主要保证契约的履行,或代为履行契约义务,具有明确的担保性质。在一般情况下,中人、保人是分开的,但有时也合二为一,称为中保人,既有居中作用,又有担保功能。

“哈文28—13　红河当田契约铺登将自有田当于任国臣”契中的典权人为任国臣,前一典契的出典人也为任国臣。因这两份典契同为云南红河地区的典田契,而且一个发生在嘉庆十七年(1812),一个发生在嘉庆十九年(1814),有理由相信,这两份典契中的任国臣是同一个人。如果这样的话,两个典契中的代字人与保人不一样,可以推测,当时的保人,或者至少在这两个典契中,并没有出现固定化的官方指定的保人参加。②从契约来看,中人都是由普通人身份的人来承担。事实上,一般是在当地有一定资历、有一定财产的绅士充当。

2. 代笔人签押

由于出典人文化水平的原因,他们往往无法独立完成典契的书写,需要他人代笔。于是,出典人将自己的意思表达给代笔人,由代笔人根据出典人的意思书写典契,由代笔人保证在书写过程中没有违背出典人出典典物的意思表示,并根据出典人与典权人所达成的合意,如实书写典价、典期等内容。

从现有契约书写来看,代笔人多是由乡土社会中稍通笔墨的人来充当,其语言表达朴素自然、简单实用,存在大量的俗字、俚语和假借字。虽

---

① 李桃、陈胜强:《中人在清代私契中功能之基因分析》,《河南社会科学》2008年第5期。

② 吴晓亮、徐政芸主编:《云南省博物馆馆藏契约文书整理与汇编》第五卷,人民出版社2013年版,第130页。

然有不少错误，行文也稍显粗俗，但无疑反映了真实的社会生活。

清代张五纬的《未能信录》中记载了一份僧俗互争山地的案件，俗家有祖遗山地二十余亩，俗家以“僧人造契盗葬呈控究退”，僧人亦以“此山地系伊师祖买自俗家之父，并非造占，抄契呈诉。”张五纬认为：“惟查民间买卖田地、房产，首重代笔、中人，继凭红契。此案原当事人均已物故，代笔、中证俱无。”张五纬认定僧人伪造契约侵占山地，为了取得证据，张五纬派差役唤来代书人的儿子问话，经过讯问得知，其父遗有一本代笔谢资收簿。张五纬让他回家速取账簿，并找来红契六张。“细核之下，不但笔迹、花押、年份相同，且收记谢资簿内是年四月十七日连收三家，第二家即僧祖法名，并注明笔资银数，其为并非造占，已无疑义。”由此，争讼断明。在此，虽不是指典契中的中人签押，但从账簿上的内容验证了典契中中人签押的真实性。因此，对签押的契约所涉及的事实，代书人是重要的证人。根据张五纬的记载，民间买卖田地、房产纠纷，作为审判官员，首先要审查的就是“代笔、中人”，其次才是“红契”，在他眼里，代笔的证明力排在红契之前，足见代笔的重要性。①

代笔人的职责是代替出典人书写典契，不用承担典契中所规定的义务。因此，代笔人的签押，只是对自己在典契中代笔行为的确认。代笔人签押是对如实依照出典人意思表示而书写典契，并保证没有扭曲出典人意思的确认。

第三节 出典人的权利

一、找价权

收取典价是出典人基本权利，也是订立典契的根本目的。田宅典出之

① 也因为白契大量存在，许多情况下，只有白契没有红契，故只能以代笔人、中人的签押来判断。

后,出典人根据典契,有找价权。在典期之内,出典人无权回赎典物,只有典期届满之后,出典人才可以回赎典物。[①] 此时,出典人既有回赎典物的权利,也有找价的权利。找价的原因亦不止一种,有"转卖""迁居""原价有方""属相好戚谊"等,还有不少找价契约没有写明找价理由。但找价契约都要写明当初买卖契约的正当性,一般要有"当日契明价足"等语。

明清时期找价现象普遍存在,"从地域看,江西、贵州、甘肃、山东、陕西、山西、福建、江苏、浙江、安徽、湖北、湖南、热河、河北、广东、台湾等省都发现了不动产交易找价的历史记载。仅福建一省,就有浦城、光泽、邵武等 26 个县存在。"[②]不同地域的找价权习惯稍有不同。在福建平潭县有"一典九尽"之习惯,出典人可以多次找贴,其限制是"惟不得超过原卖份额"。[③] 杨国桢对清代契约进行研究后认为,"在清朝政府严禁找贴之后,江苏原有找贴四次以上的乡例,在契约文书形式上有所简化,但实质内容并无变化。而且,民间并不完全遵从一找一绝的律例,实际找断次数仍在两次以上(如宝应、通州之例)。"[④]福建省建瓯县习惯,"均得按照时价求找,甚至找至数十次者,找价的时间多发生在阴历年底,但如有丧葬急需,则可随时找价,但不得溢过时价之额"。[⑤]

---

① 不光典契、当契可找价,部分绝卖契也可能存在找价现象。在绝卖土地时卖主虽然不可要求回赎,但在日后可要求买主"找价"。"绝卖的田产,不但可要求找价,并且形成'俗例'。安徽建阳县有土地'杜卖加找一次'的'乡间习俗'。湖北京山县有'凡出卖产业,许原业加找一次'的俗例。福建建阳县也'有一卖一找之例'"。即便历时久远也可"找价",有的甚至多次"找价",如乾隆年间,安徽怀宁县有卖主在绝卖田地后四次向买主找价的讼案。而在湖南,不仅"有数十年卖出之产而子孙告找者","有转相授受之产而隔手告找者"。因此,在中国传统社会的土地买卖关系中,不管是活卖还是绝卖,卖者在相当长的时间内处于"卖而不断""断而不死"的境地,常常同已经卖出的土地所有权保持着藕断丝连的关系。

② 杨国桢:《明清土地契约文书研究》,中国人民大学出版社 2009 年版,第 193 页。

③ 南京国民政府司法行政部编:《民事习惯调查报告录》,胡旭晟、夏新华、李交发点校,中国政法大学出版社 1998 年版,第 317 页。

④ 杨国桢:《明清土地契约文书研究》,中国人民大学出版社 2009 年版,第 200 页。

⑤ 南京国民政府司法行政部编:《民事习惯调查报告录》,胡旭晟、夏新华、李交发点校,中国政法大学出版社 1998 年版,第 318 页。

曲江县张求丁向朱元发立翻补屋契

立翻补屋契人张求丁，情因家下无银应用，夫妻商议，先手卖出傍小门第二间牛橺爛屋一间，思得价银未足，请中欠［劝］得朱元发父子补出屋银一两。自补之后，不敢另行向补。今欲有凭，立翻补契一张付于买主收执为据。

代笔欠［劝］补朱祈缘得钱五十文正

光绪二十五年九月二十日立①

典契找价次数没有明确限制，仅根据“多次找帖后的总价款不高于绝卖价”这一原则约束卖方。自乾隆年以降，交易双方在谈定交易价格后，以“卖价”和“找价”分别订立契约，“卖契”和“找契”时间或相差数日、数年，乃至几十年不等。“找帖”作为分期贴现的手段，在一定程度上抑制了民间的高利贷风险，并提供了相对安全的长期信贷，这使典权作为金融工具发挥了重要的社会保障作用。通过找价，达到典价+找价=典物时价的结果。出典人找价后形成一个新的契约关系。找补契约有多种名称，“找补约”“脱业约”“脱找字”“脱业找补约”“脱业起造”等。以将来是否再找价为依据，可将找价分为活找与绝找。

（一）绝找

所谓绝找，是指通过找价的方式，将典物所有权彻底、永久地转移给典权人，从而不再找价或回赎。绝找契约一般都有表明绝找的意思表示，如“立找尽契”“立尽契”或“立截契”等。不管是“尽”还是“截”，都有典契关系从此之后不再延续的意思。绝找契也要标明田宅的四至，才能使双方当事人不至于对标的物产生纠纷。但是，由于在绝找之前，已有典契存在，没有先前的典契，就没有之后的找典契。在找契中也要说明典物的四至，但是，由于原典契已明确了典物的四至等关系，而找契就是对原典物的找价，所以在找契中，一般都会对典物的四至作省略式的陈述。如

① 谭棣华、冼剑民编：《广东土地契约文书》（含海南），暨南大学出版社2000年版，第384—385页。

"四至俱在正契内"①,正契就是指前面的典契。又如"田坵、四至具在正契内"②,再比如,"四至、树林、仟石俱在正契内"③,还比如,"四至、田坵、租数俱在正契内"④。"树木、仟石"是典物的附属物,也就是说,找契内的标的物与典物标的是同一的,既包括原典契标的物,也包括原标的物的从物,或者如"上下四至併在前正契在内"⑤,这种省略法是基于标的物在正契中已明白无误,在此处省略,不至于引起纠纷,故省略了典物的部分信息。

乾隆三十一年(1766)山阴县王圣吉卖回杜绝找价白契:

立杜绝找契人王圣吉,经有淡字捌百四十四、五号田,共肆亩贰分伍厘,出典与处为业,得过正价银捌拾两正。今因契价不足,又浼原中找得时值价银叁拾玖两正。自找之后,任凭过户管业,永不再找,遵例杜绝,欲后有凭,立此存照。(押)

乾隆叁拾壹年捌月　日立杜绝找契人　王圣吉(押)　同弟王有声(押)

今收到契内价银一并完足。(押)中人　沈岳如(押)周伯兴(押)陈子裕(押)

代书　张仲昭(押)

杜绝找契⑥

绝找契中要有绝找的意思表示,该找契一般都在契尾表明不再找赎,

① 温州市图书馆编辑部:《清代民国温州地区契约文书辑选》,南京大学出版社2015年版,第64页。

② 温州市图书馆编辑部:《清代民国温州地区契约文书辑选》,南京大学出版社2015年版,第67页。

③ 温州市图书馆编辑部:《清代民国温州地区契约文书辑选》,南京大学出版社2015年版,第78页。

④ 温州市图书馆编辑部:《清代民国温州地区契约文书辑选》,南京大学出版社2015年版,第22页。

⑤ 温州市图书馆编辑部:《清代民国温州地区契约文书辑选》,南京大学出版社2015年版,第96页。

⑥ 张传玺主编:《中国历代契约粹编》下册,北京大学出版社2014年版,第1614—1615页。

以此表明为绝找契。如“自找之后，其田照前管业耕种，一併推收过户，面断听赎不找”①，如“自找尽之后，其田一听叔边作祖业耕种，面断侄边允(永)后不找不赎”②，再如“自尽找之后，其田一听潘边照前管业耕种，叶边兄弟至宅允(永)后不敢执吝，面断不找不赎”③，“自找之后，其田、竹山祖边照前契管业耕种，孙边房内叔伯兄弟子侄种[重]叠交价，孙边自行支解，业钦[轻]价重，契明价足，不找不赎”④，“自尽之后，其田一听叔边照前管来耕种，业轻价重，契明价足，侄边永后不找不赎”⑤，“自尽之后，陈边管业栽种，马边不敢执吝，日后不找不赎”⑥，“自尽之后，其田一听叔边照前管业耕种，侄边伯叔兄弟子侄永后不找不赎，业轻价重，契明价足，两心允服”等等。

绝找的效力，始于绝找契订立之时，绝找之后，典物完全由典权人管业经营。所以，出典人承诺本次绝找之后，不再进行找价，也不会要求回赎标的物，成了典物所有权的彻底、根本性、永远的转移。

（二）活找

所谓活找，与绝找相对，是出典人未彻底、永远地转移典物所有权而进行的找价。就活找而言，又可分为明示的活找与默示的活找。

(1)明示活找。所谓明示的活找，是出典人在找契中明确表示，以后还会找价或回赎典物；和绝找契不同的是，明示活找的契头一般用“找”字而不用“找尽”“截”等。在明示的活找典契中，对于典物四至的描述，

① 温州市图书馆编辑部:《清代民国温州地区契约文书辑选》，南京大学出版社 2015 年版，第 22 页。

② 温州市图书馆编辑部:《清代民国温州地区契约文书辑选》，南京大学出版社 2015 年版，第 24 页。

③ 温州市图书馆编辑部:《清代民国温州地区契约文书辑选》，南京大学出版社 2015 年版，第 28 页。

④ 温州市图书馆编辑部:《清代民国温州地区契约文书辑选》，南京大学出版社 2015 年版，第 30 页。

⑤ 温州市图书馆编辑部:《清代民国温州地区契约文书辑选》，南京大学出版社 2015 年版，第 31 页。

⑥ 温州市图书馆编辑部:《清代民国温州地区契约文书辑选》，南京大学出版社 2015 年版，第 32 页。

因为与正契中的标的物是同一的,其四至往往会省略,而言“四至俱明,皆在正契中”。明示活找在找契尾部一般都要说明“原价取赎”或“原价回赎”的字样,即有原价回赎的意思表示,如“面断日后不拘年远,原价取赎”①,又比如“不拘年远,愿[原]价取赎”②。

乾隆四十三年(1778)山阴县张恒一出戳湖田找契

立找契[张]恒一,缘有淡字八伯四十四、八伯四十五号湖田四亩贰分伍厘,出戳于大会为业,得过正价钱陆拾千文正,又找得钱四拾千方正,九九六串。其田仍不拘年月远近,原价回赎。恐后无凭,立此找契存照。

再批:对月回赎会上收花。并照(押)

今收到契内价钱一并完足。并照(押)

乾隆四十三年拾月 日 立找契 恒一(押)

见中 [张]克昌 [张]建甫(押) [张]孔嘉 [张]虞廷(押) [张]式平

代书 [张]元圃(押)③

这是一份找契,此次找价后,在找契中又约定,“其田仍不拘年月远近,原价回赎”。

(2)默示活找

默示的活找指在找契约中未明确表示日后是否回赎,但也未表明本次找价为绝找的。

立加找银约人厄者,因缺少用,当中人又找到孙姓名下,实加找纹银拾叁两。原价叁拾陆两。二共肆拾玖两整。肆拾以有石科理一件四度玖两,系银主各一戥。

---

① 温州市图书馆编辑部:《清代民国温州地区契约文书辑选》,南京大学出版社 2015 年版,第 61 页。

② 温州市图书馆编辑部:《清代民国温州地区契约文书辑选》,南京大学出版社 2015 年版,第 71 页。

③ 张传玺主编:《中国历代契约粹编》,北京大学出版社 2014 年版,第 1617 页。

杂者(画点)

凭中人者押(画点)共受银一钱

者结(画点)

嘉庆十四年十月初十日立加找银约人厄者(画点)

另立典契

在原契上注明

这份典契中的找价为纹银拾三两,至于以后是否还会回赎,找契中并未明示。

(三)不再找价的活找

除明示活找与默示活找之外,还有一种活找,虽没有转移标的物的所有权,但在找契中明确以后不再找价,除非最后绝找,否则不再活找,即表明契约是最后一次活找。如:

光绪十年(1884)山阴县张硕轩加典屋白契

立出典屋契人张硕协缘有自己分授台门内东边北来小天井间壁第一小间平屋一间,又第二间屋壹间。于五年间已出典于春霖堂兄处为业,得过典屋价钱四拾千文。今因缺用,仍浼中又加典得九八大钱拾五千文。当日言明,以后只准备价回赎,不准加典。恐后无凭,立此加典屋存照。(押)

光绪拾年十二月　日出加典屋契人　张硕协(押)

中人　其槎　施秋槎

亲笔无代(押)①

此典契中,找价人明确以后不再找价,只能按原价回赎,所以是一份不再加找的活找。

根据找价发生的阶段,可将找价分为典期找内价与典期外找价。

(四)加找权的消灭

典契因出典人行使回赎权而归于消灭。典权以支付典价而成立,以

① 张传玺主编:《中国历代契约会编考释》,北京大学出版社1995年版,1535页。

返还典价而消灭。“自找之后,永远不得加找”,许多找契约定,在第二次加找之后一般就不再承认出典人加找的权利,①“赎取之日,银到田还,不得刁勒”。但是,经过两次加找之后,出典人仍然有回赎的权利,回赎权并未因两次加找而灭失,即回赎权不因出典人加找而消灭。

道光六年(1826)十一月二十一日杨为举卖田赤契

立永卖白田找绝约人杨为举,因道光四年冬月,曾将祖置南三狮团白水田三形,计丈乙亩三分九厘五毛,载粮三升零九勺七抄,典与熊府管业,典价收讫。今为举无力赎取,情愿请凭原中杨品一说合,为举出笔将此田绝卖与熊葵园大老爷名下为业。三面议定,找绝价钱叁拾五串文整,系为举仝中亲手收讫,其中并无准折抬算情弊。自卖之后,任从买主收粮拨佃,阴阳两便,百为无阻。此系自卖已分,不与亲族相干,恐口无凭,立此找绝卖约一帋为据。

册名　杨照成

杨为魁

凭中人　杨品一

罗高明

东

其田四止　南　止俱买主

西

北　全白田②

“哈文 18—25　红河当田契李波登同胞弟李期萨将买得田转典与高为柱”契中,道光二十一年(1841),即该典契订立后的第四年,因为乏银应用,出典人向高为柱找银五两,这是第一次加找。同治十年(1871),距上一次加找后 30 年,此时,期萨已死,由其子找价。此时,高为柱已死,高

① 吴晓亮、徐政芸主编:《云南省博物馆馆藏契约文书整理与汇编》第五卷,人民出版社 2013 年版,第 116 页。

② 张建民等编:《湖北天门熊氏契约文书》,湖北人民出版社 2014 年版,第 84 页。

兆祥是高为柱的子孙，他继承了典契标的物，这次找价的数量为碎银一两。①“哈文18—24 红河当田契约呼得同伊祖母将祖遗田典与杨星远”契中，在重新找补时，出典人呼得就承诺，永远不再加找，“自加找之后，当众言定，永远不得言讲加找”，“倘有力之日，连前本银兑清还田”。但是，出典人赎回权并未灭失，出典人在加找之后，仍然可以回赎田地。②

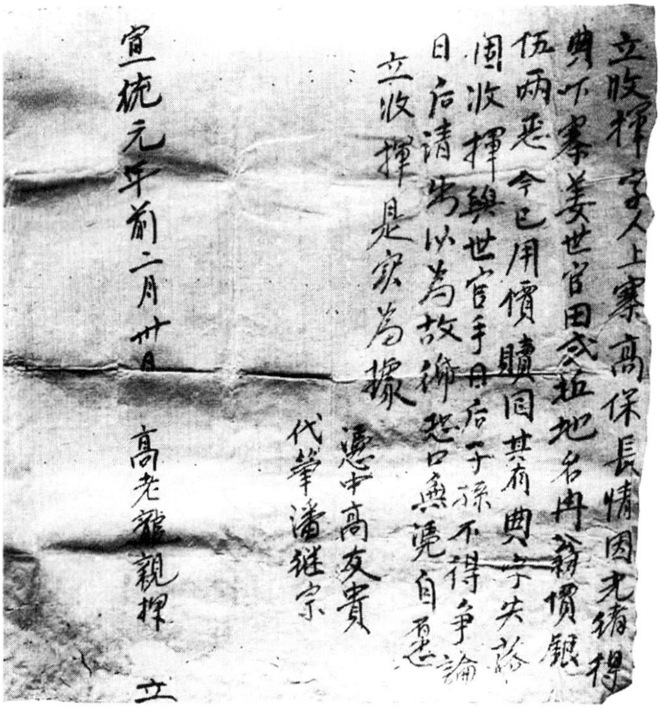
立收揮字人上寨高保長情因光緒得典下寨姜世官田贰拾担名冉翁價銀伍兩悉今已用價贖回其有典字失落因收揮與世官手日后子孫不得爭論日后請出以為故紙恐口無憑自愿立收揮是實為據
憑中 高友貴
代筆 潘继宗
宣統元年閏二月廿日 高老龍親揮 立

图5 高保长收回典契文字

二、回赎权

出典人有回赎权。典契因出典人行使回赎权而归于消灭。回赎权的

① 吴晓亮、徐政芸主编：《云南省博物馆馆藏契约文书整理与汇编》第五卷，人民出版社2013年版，第158页。

② 吴晓亮、徐政芸主编：《云南省博物馆馆藏契约文书整理与汇编》第五卷，人民出版社2013年版，第142页。

性质是一种形成权,以一方意思为之,不必经过典权人的同意而生法律效力。行使回赎权需要具备一定条件:必须在一定期限内返还原典价。回赎权的主体,是出典人。回赎时间,各地略有不同。

在部分绝卖契中,也会出现赎取的情况,如嘉庆十八年(1813)十二月二十五日的“盛田祥等卖铺面房屋基地契”,该契名曰“大卖”,亦可赎取,但没有具体时间期限,“有力仍备原价赎取”。

立收挥(回)字人上寨高保长,情因光绪得典下寨姜世官田贰坵,地名冉翁,价银五两整,今已用价赎回。其有典字失落,固(故)收挥(回)与世官手,日后子孙不得争论,日后请(清)出以为故纸。恐口无凭,自愿收挥(回)是实为据。

凭中　高友贵

代笔　潘继宗

宣统元年前二月卅日　高老龙亲押　立

这是一份由典权人出具的示已经收回典价的赎契。在此契约订立之前,高保长与姜世官之间存在一份典契。其中,姜世官是出典人,高保长是典权人,姜世官给高保长出具了一份地名为冉翁、典价五两的典契。光绪年间的这份典契却被典权人遗失,宣统元年(1909),姜世官以原价回赎典物,“今已用价赎回”,高保长有义务将姜世官出典的契据返还给典物所有人,但因为原典契已经丢失,如契中所言“其有典字失落”,在此情形下,典权人无法返还典契。但又因为典契乃占有人占有标的物的物权凭证,为了避免高保长日后找到典契,引起纠纷,于是,高保长出具了一份日后一旦找到原典契,也不会提出异议,并保证其子孙不得就此提出异议。这从侧面反映了回赎权的情况,说明典权人在回赎典物中的双重返还义务,即返还典物的义务与返还契据的义务。

鉴于典契年限久远,内容含混,经常引起争讼,嘉庆六年(1801)通过修订《户部则例》明确规定了回赎期限:“活契典当年限不得超过十年,违者治罪。”“民人典当田宅,契载年份,统以十年为率,限满听赎。如原业主力不能赎,听典主投税过割。倘于典契内多载年份,一经发觉,追缴税银,照例治罪。”

旗人之间典卖田房,无论本旗隔旗俱准成交,回赎期统以十年为率,十年期满,原业主力不能赎,再予余限一年,逾限不赎者,典主得投税过户,此后不许再行找价或告赎。为了保护旗地旗房的所有权,使之不因回赎期届满无力回赎而丧失,《户部则例》特别规定,“民人典契旗地,回赎期限以二十年为断”。如已超过契约上所定的年限,便作为升科地,呈报官府,与民地同样每征银三分,并永不回赎。“倘卖主无力回赎,许立绝卖契据,公估找贴一次。若买主不愿找贴,应听别售,归还典价”。在《户部覆议》中进一步规定“典限以三五年至十年为准,契约二三十年,四五十年以上者,须于三年内呈明改典作卖。”

凡是契纸内未载绝卖字样,或注定年限回赎者,并听回赎。这是乾隆十八年定例和嘉庆六年定例的主要观点。目的是维护所有权人的利益,防止土地过度集中,导致小农大量破产,影响社会的稳定。正因为如此,回赎期限届满,出典人备价回赎时,典权人不得“托故不肯放赎”,违者“笞四十”,并将“限外递年所得(多余)花利,追征给主,(仍听)依(原)价取赎”,如果典期届满,出典人无力备价回赎,可以委托中人将典物卖与典权人,改典契为卖契,并可将典物的实际价值与典价的差价找,即所谓“找贴”“找价”,找贴采取公估的形式进行。典权人不愿找贴,听出典人别售,归还原典价。这与宋律规定的出典人无力收赎时,典权人依法取得所有权不同,它有利于保护出典人的利益,在某种程度上体现了法律的合理性。找贴之后,任凭典权人过户,转移典产的所有权。为使找贴有法可循,《大清律例》规定:“卖产立有绝卖文契,并未注有找贴字样者,概不准贴赎,如契未载‘绝卖’字样,或注定年限回赎者,并听回赎。若卖主无力回赎,许凭中公估,找贴一次者,另立绝卖契纸。若买主不愿找贴,听其别卖,归还原价。倘已经卖绝,契裁确凿,复行告找告赎,及执产动归原先尽亲邻之说,借端措勒,希图短价,并典限未满而业主强赎者,俱照不应重律治罪。”①

为了避免找贴之后再发生纠纷,民间也习惯于订立杜绝找价契约,例如乾隆三十一年(1766)《山阴县王圣吉卖田杜绝找价白契》。② 全文如下:

立杜绝找契人王圣吉,缘有淡字捌百四十四、五号田,共四亩二分五厘,出卖与处为业,得过正价银八十两正。今因契价不足,又浼原中找得时值价银三十九两正。自找之后,任凭过户管业,永不再找,遵例杜绝。欲后有凭,立此存照。(押)

乾隆三十一年八月日立杜绝找契人

王圣吉(押)

同第　王有声(押)　中人沈岳如(押)等

又如,乾隆四十三年(1778)《山阴县许绍衣卖田杜绝找契》,③全文如下:

立杜绝找契许绍衣,缘有羽字四百三十六乙八号湖田陆亩五分三厘一毛,出卖于张处为业。得过价银壹佰壹拾两。今因正价不足,仍浼原中找得银七十两壹钱五分。自找之后,任凭银主过户,永远管业。立此杜绝找契为照。(押)

乾隆四十三年六月　日立杜绝契许绍衣(押)

中人　傅允中(押)　陈德安(押)

张仁芳(押)　许培五(押)

代笔　许上良(押)

尽管法律和习惯都禁止杜绝之后再回赎,但事实上仍有个别回赎者,称为“留赎”。

---

① 《大清律例》卷九《户律·田宅·典买田宅·条例“三”》。

② 张传玺主编:《中国历代契约会编考释》(下),北京大学出版社1995年版,第1269页。

③ 张传玺主编:《中国历代契约会编考释》(下),北京大学出版社1995年版,第1280页。

第四节　典权人权利

一、典权人权利

典权人不仅可以自己占有、使用，还可以通过出租、转典等方式将典物交由他人占有、使用。典契成立以后，典权人拥有占有和使用收益权；典权人可以将典物转典、出租、让与；典权人拥有对典物的先买权，典物灭失时的重建修缮权以及就典物所支出的费用的偿还请求权。

雍正十二年（1734），湖南芷江侯应祖将田一丘，以五两六钱典给侯元生耕种。应祖复因贫乏，又以此田作抵，两次借过田观音七两银子，三分起息。侯应祖以同一丘田获得两笔贷款，一为典，一为抵。后来，由此引发冲突而致命案，但官府认为，其交易没有违法，"侯应祖写田作抵，银议三分起息，亦非重行典当，均应免议。"①"哈文 25—3　红河当田契期波将祖遗田典与嘴阿"中有"自典之后，任随银主自行招佃耕种，不得异言"的约定，这是出典人在典契中对于典权人在标的物上权利的确认，即典权人可以自行耕种，或者招佃由他人耕种，或者转典。典权人对典物的权利，除过没有处分权之外，其他和所有权人一样。②"哈文 28—16　红河当田契彼杂将自有田当与牛阿"契中约定"自当之后，田任牛阿招佃耕种，彼杂不得把持"，一面确认典物由典权人行使占有、使用的权利，这是正面约定。同时，也从反面做了禁止性约定，即"彼杂不得把持"，彼杂是出典人，即一面强调牛阿有权占有、使用、收益典物，同时，也禁止出典人

---

① 中国第一历史档案馆，中国社会科学院历史研究所编：《乾隆刑科题本租佃关系史料之二〈清代土地占有关系与佃农抗租斗争〉》，中华书局 1988 年版，第 41 条，第 137 页。

② 吴晓亮、徐政芸主编：《云南省博物馆馆藏契约文书整理与汇编》第五卷，人民出版社 2013 年版，第 110 页。

侵害典权人的这种权利。①

光绪三十四年（1908），郎玉林将其一所住房以六百元出典给王均志，随带红契一张，在典期之内，王均志将此红契抵押高姓钱文。承德两级审判厅都没有提及王均志的这一抵押行为，显然没有违法。②

（一）管业权

管业权是典权人对典物耕种管理的权利，典权人在合理的范围内，行使对典物的管业权。

立转典田文契人杜昌、杜联芳，系本村八甲住人。今因乏用，有祖遗田一坵，计五工。坐落柳树塘脚下第七坵，东至赵姓塘子，南、北、西至本家田。四至开明，随田秧田一节，佈种四升，坐落三岔沟，四至二比相知，秋粮四京升，条丁夫差随粮上纳。今凭中人说合，情愿立契出典与本族杜洋名下为业，实接受典价制足钱伍十千文整，入手应用。自典之后，任凭钱主栽种，杜昌、杜联芳不得异言。此系二比，日后取赎，钱到田归，恐后无凭，立此转典文契存照。

咸丰五年三月初十日　立转典田文契人　杜　昌（画十）

杜联芳（画十）

凭中人　村万甲（画十）

杜云龙（花押）

杜永裕（画十）

代字人　金蕙圃（花押）

典　田　文　契　照③

---

① 吴晓亮、徐政芸主编：《云南省博物馆馆藏契约文书整理与汇编》第五卷，人民出版社 2013 年版，第 126 页。

② 见宣统元年（1909）十一月初五日《盛京时报》所载承德第一初级审判厅民事案，引自南满洲铁道株式会社编：《满洲旧惯调查报告书》后篇第一卷附录，第 66—68 页。

③ 吴晓亮、徐政芸主编：《云南省博物馆馆藏契约文书整理与汇编》第一卷下，人民出版社 2013 年版，第 698 页。

这是一份转典契,其中,杜昌、杜联芳是转典人,族人杜洋为典权人。在转典契订立之后,典契标的物由杜昌、杜联芳转移到杜洋手中,由杜洋实现对典物的占有、使用、收益,一如典契中所言"任凭钱主栽种"。并且,出典人杜昌、杜联芳负有"不得异言"的消极义务。

"哈文28—17 红河当田契约气仰将当出之田赎回转典与王信"契中约定"自典之后,任随银主自行耕种,不得异言"①。也有"其银即日凭中交讫,其田即付银主起耕别佃,掌管为业,不敢阻挡"的约定。②

当然,在特殊情况下,当事人双方可以通过协议约定不转移占有。③

其受种子乙斗,东西南北俱至本家田,四至明白为界。今因乏银使用(原文为"别创"),自情愿将田抽出五升种,亲就典与厚峰公,借出清水银拾伍两广。其银即日凭中交讫,面议每两银全年纳利粟乙斗四升官,逐年交□,不敢少欠升合。如欠,将田付与厚锋公掌管,不敢阻当。

其田限不拘年,备银乙足送还,取出原典字,不得刁难。

亲立典契人蔡孚号④

此典当中,典权人获得的是定期收取"利息"的权利,而非对典物的直接管领。只有当出典人在违反先前约定的每年给付利息给典权人时,典权人才有权直接占有典物。所以,在正常情况下,并不当然转移对典物的占有。

在"直隶怀安县庞太始将所租河滩地开垦成熟议定永远佃种"案中,"刘珠疑为庞正喜典与杨世旺,于乾隆元年(1736)二月间,欲行收

① 吴晓亮、徐政芸主编:《云南省博物馆馆藏契约文书整理与汇编》第五卷,人民出版社2013年版,第132页。

② 杨国桢:《闽南契约文书综录》,《中国社会经济史研究》1990年增刊,第139页。

③ 郑玉波:《民法物权》,台湾三民书局1958年版,第142页。

④ 杨国桢:《闽南契约文书综录》,《中国社会经济史研究》1990年增刊,第139页。

归。”[1]庞正喜将田转给杨世旺耕种,刘珠误以为庞正喜将此田典与杨世旺,因此才欲行收归。此案从另一个角度说明典权人有权将典物再行典出。

典权人既可以将典物转典给他人,收取典价,由新的典权人实现对典物的占有、使用、收益,从而形成一个新的典权关系;典权人可以选择将典物出租给他人,每年收取地租,而土地由租户占有、使用、收益;当然,典权人还可以采用抵押的方式,借得一笔金钱,待还款之日,再解除抵押关系。总之,典权人对物的管业形式具有多样性,典权人可以自由选择。

(二)转典权

从实践来看,典权人有权将典物出典给第三人,订立典契,形成转典关系。

从具体典契内容来看,转典契与普通典契在契约形式上并无根本区别,在转典契中,虽然是典来的财产,但在具体表述中,也将其表述为自有财产。

立典田字人姜克明。为因缺少银用,自愿将到先年得典发杨之田,地名勇额党格,大小田二坵,今将出典与姜元德名下承典为业。当日凭中照依旧价六两六钱八分,亲手领回应用。其田自典之后,任凭银主耕种管业,典主不得议[异]言。今欲有凭,立此典字为据。

外批:银两过明的　戥申水子在外

凭中　怀庆

克明　亲笔

光绪十三年十二月初九日　立(＊地名勇额格□典契)D—〇〇五二[2]

---

① 中国第一历史档案馆,中国社会科学院历史研究所编:《乾隆刑科题本租佃关系史料之一〈清代地租剥削形态〉》,中华书局 1982 年版,第 486 页。

② 唐立、杨有赓,[日]武内房司主编:《贵州苗族林业契约文书汇编(1736—1950 年)》第三卷,史料编,东京外国语大学,2003 年版。

原典权人为姜克明，在新的转典契中，姜克明又将所典得的田地典给新的典权人姜元德名下。

王广臣与胞弟寿德因其父曾向波得典到一块田地，后将此田典与杨广元名下，典价为八十两。后因父身故，无从出办，将田赎回复又典与张万翁名下，典价纹银捌拾伍两整。①

光绪二十四年(1898)杜考记向廖明记立转典契

立转典契人本城外东寨宫杜考记，承祖父遗有支分已份粮质园四分，作四坵，坐正洋东乡土名枫林园。今因要用银项，情愿出典，尽问至亲不就，托中问到廖明记前来承典。同中三面言［商］议，出得时值典价花佛银十二元，重七平足。其银即日立契，同中亲收完讫。其园遂交付廖家前去管业，召佃耕作收租。期议八春，如春满日，备原价银赎回。如未赎回，依旧廖管正收租。此系两愿，中间并无来历不明等情。如有不明，系余家自当，不干廖家之事。口恐无凭，立转契存照。

一批明年贴纳粮钱四十文。

一批明如上手要取，赎其不拘春限，□□余家自当。

一批明晚冬租廖家收。如取赎，晚冬租余家收租。

一批明如有洪水冲崩，修理之钱谷□□。

光绪二十四年九月初九日　立转契人本城外东寨宫杜考记号。②

这份转典契中的转典权人为杜考记。典契标的物是其祖父从他人典来的，在典契的批注中有“如上手要取，赎其不拘春限”，即典期定为八年，如果上手出典人不回赎的话，则八年内出典人无权回赎，但是，如果原上手出典人回赎的话，则不受八年典期的约束。

① 吴晓亮、徐政芸主编:《云南省博物馆馆藏契约文书整理与汇编》第五卷，人民出版社2013年版，第168页。

② 谭棣华、冼剑民编:《广东土地契约文书》(含海南)，暨南大学出版社2000年版，第340—341页。

龙晟保的父亲生前曾与陈结仰、权仰叔侄二人订立典契,典得一块田地。后来,龙晟保因父亲去世,迫于生计原因,于是将该块田地出典给本司五爷名下。因先前是一个典契,典权关系存在,此时,典权人又变成了出典人,因此,是一个转典契。① “哈文 28—18　红河转当田契张明将典得之田转典与李兴”契中,转典契人张明将典到的土地因为无力管食,贫困无资,又将该土地转典给李兴名下,典价为六十两整。② “哈文 29—3　红河转典田契约王培将典得之田典与李二老爷”契中,王培原向张春来典得土地一处,后又转典与李二老爷。③ 再如“哈文 27—13　红河转当田契约李门烘车氏者白将祖遗已当之田赎回转当与龙五会”契中,者白因夫之祖父先前将土地出典给桂萨,者白从桂萨手中赎回典物,即结束了与桂萨的典契关系,同时,将赎回的田地又典给龙五会,故者白与龙五会之间形成了新的典权关系。者白是出典人,龙五会是典权人,因此,此典不是转典,是一个新的典权。④

1. 转典期限限制

原出典人在典期内无权回赎典物,典期届满之后才可以备价取赎。典期届满之前,典权人可将典物出典,转典于他人。那么,新的典期有何条件约束?因为转典不能限制原出典人在典期届满后的回赎权利,也就是说,在原典期届满时,原出典人可以向任何占有典物的人要求返还原典物,而占有典物的典权人不得拒绝。因此,在转典时,原典权人与新典权人之间约定的典期届满时,必须满足原典期尚未届满或同时届满的限定条件,只有满足这样的条件,原出典人才能在典期届满后,随时备价取赎。

---

① 吴晓亮、徐政芸主编:《云南省博物馆馆藏契约文书整理与汇编》第五卷,人民出版社 2013 年版,第 220 页。

② 吴晓亮、徐政芸主编:《云南省博物馆馆藏契约文书整理与汇编》第五卷,人民出版社 2013 年版,第 136 页。

③ 照原典价出典,原典价为纹银十两。参见吴晓亮、徐政芸主编:《云南省博物馆馆藏契约文书整理与汇编》第五卷,人民出版社 2013 年版,第 244 页。

④ 吴晓亮、徐政芸主编:《云南省博物馆馆藏契约文书整理与汇编》第五卷,人民出版社 2013 年版,第 218 页。

2. 转典典价的确定

典权人转典，形成了一个新的典契。[①] 这个新的典契，既有典期，也有典价。新订立的典期已如前面所述，不能大于所剩余典期。那么，典价有何限制？原典价是出典人回赎典物时所应支付的回赎价格。因此，支付原典价从而回赎典物是出典人的权利。在转典过程中，典权人将典物转典给他人，必须保障原出典人的回赎权不受损害，即只要原出典人在约定的时间内，备足原典价，则须将典物返还给出典人。那么，只有新典权人支付的典价小于或等于原典价，原出典人只要备足原价，向新典权人要求返还典物，因为原出典人提供的典价不小于新典权人支付的典价，没有损害新典权人的要求返还原典价的权利，也没有增加原出典人的负担。只有满足这些要求，才能保障出典人回赎权，保障出典人的权利，同时保障新典权人要求返还原典价的权利。

"红河典田契王阿章将先辈典得田典与李玉堂"契中，立典田契人王阿章原向贡者村李保竜典得田一分，又向卫永新典得田一分……银五十二两……情愿照原粮原价出典与玉堂李二老爷名下为业管食，受田价纹

① 在实践中，还有一种与转典相似的现象，即典的让与。典的让与与转典不同，其区别主要有如下几点：1. 对转让人的法律意义不同。典的让与，是将原典权完全移转，让与权人完全从典契关系中脱离出来，成为与典契关系完全无关的第三人；转典则是原典权人作为出典人而将典物通过典契转让给典权人的关系，转典人仍然保留原典契的若干部分权利与义务；典权让与中，原典权人脱离了典权人的法律地位，而转典契中的原典权人则仍然保持着典权人的法律地位，不因转让而脱离；原典权人得就典物占有而为使用收益，受让典权人亦有此权利，原典权人所享有典权的残余期限，受让典权人亦可享有这一剩余期限，原典权人于典权消灭后，负有返还典物的义务，受让典权人亦负有此义务，受让典权人是完全继承了原典权人的权利和义务。2. 对受让人的法律意义不同。转典中因为原典权人仍保留着若干权利，所以转典的内容，只要不超过原典，可以不与典权一致，典权让与则因为是原权利的转移，所以典权的内容与原典权一致的；转典权人既不失其典权人的地位，所以因转典的损害，原典权人仍应负赔偿的责任，典权人让与人是不负此责任的。典权人让与典权以后，与出典人之间所形成的权利义务关系便随之消灭，而受让典权人，则获得了与原典权人同一的权利义务，即受让人取得了典权人同等的法律地位，出典人亦对受让典权人取得与原典权人的权利，负担同样的义务。

银一百一十二两整。[1] 这里,转典的价格为“照原粮原价出典与玉堂李二老爷名下”,即就是说,按原典价转典,转典价=典价。原出典人只要以原典价就可回赎典物,而不至于增加典价,从而使其赎回典物的负担加重,这样才能真正保证原出典人回赎典物的权利。

(三)先买权

当典期届满之后,出典人有多种选择。其一,出典人可以选择备价回赎典物。出典人只要向典权人返还原典价,则典权人必须将典物按照典物的原始状态返还给出典人,出典人赎回典物;其二,出典人可以不选择回赎典物,而是和典权人协商,向典权人找价,延长典期,继续保持典权人对典物的管业状态;其三,出典人可以选择将典物绝卖,通过绝卖获得绝卖价格,从而结束当前的典权状态。当出典人选择绝卖典物时,潜在的承卖者是不特定的多数人,其中就包括典权人。那么,当典权人要求绝买此典物时,则在同等价格的条件下,典权人有优先购买权。即当典权人愿意支付与他人同样的价格时,则出典人有与典权人就此典物达成买卖契约的义务。这是出典人的义务,也是典权人的权利。之所以如此约定,是因为典权人一直管控该典契标的物,对此典物形成特殊的关系,应该继续保持这种特殊关系,使典权人能够继续耕种该典物,从而不破坏原有的社会关系。这种先卖权又与典的找绝相联系,即当典权人要行使先卖权时,则与出典人之间要达成一个绝卖典物的契约,在这份契约里,买入人也就是原典权人需要向出卖人,即原出典人支付绝卖价格。同时,因为原出典人只有回赎典物才能绝卖典物,而要回赎典物,则出典人需要向典权人支付原典价。则原出典人与典权人需要完成两个支付义务,即出典人向典权人支付的原典价与典权人向出典人支付的典物价格。因为两个互负债务履行的行为,支付的都是金钱债务,在性质上可以相互抵销。因为典物价

① 吴晓亮、徐政芸主编:《云南省博物馆馆藏契约文书整理与汇编》第五卷,人民出版社 2013 年版,第 246 页。

格一般都大于典价，则在债务抵消后，典权人还需要向出典人支付一部分价款，这部分价款就是绝找价格。当典权人支付了绝找价后，也就完成了典物的绝卖，即典物的所有权人由原出典人变成典权人。

道光二十七年（1847）宛平县胡大绝典地字据

立绝典字人胡大，因手乏无钱，十八年十月廿日将本身自种地三段共九亩半，同中说合，情愿典与王姓名下耕种。一典五年为期，典价清钱八十七吊正。廿二年八月十二日又找典价清钱七吊，共计九十四吊正。五年期过，手乏无力还钱赎地，仍同中人说合重典清钱九十五吊正。廿七年九月廿六日立字，前后典价王姓共交清钱一百八十九吊正，八年以内钱到许赎。今同中人说合，情愿找价　王姓永远为业，任凭税契挖井盖房安葬。两相情愿，各无返悔。言明地价清钱贰百七十五吊正。其钱笔下交足，并不欠少。亦无亲族人等争竞。立字之后，若有亲族人等争竞，有立字说合中保等人一面承管。恐口无凭，立绝典字据永远为证。道光（十八年十月廿、廿七年九月廿六）日典字贰张跟随。

计开四至：

五亩（东西）至（韩姓大道）。二亩半（东西）至（苇坑道（南北）至（陆陈）姓。

一亩半（东西）至（陆王）姓，（南北）至（王陆）姓。三段共九亩半地。

知情中保人　安大（押）

杜秀（押）

道光二十七年十月十二日立绝典地字人　胡　大（押）

代笔人　马兴安（押）①

在这份绝卖典契中，典权人依据先买权，绝买此标的物，因此前已经支付过典价，因此，典权人只要支付标的物的时价与原典价之间的差额就可以获得标的物的所有权。

---

① 张传玺主编：《中国历代契约会编考释》（下），北京大学出版社 1995 年版，第 1529—1530 页。

第五章　担保物权:质当

第一节　南北朝佛寺质当:中国典当业的源头

据史籍记载,中国典当业发端于宗教寺院,公元四五世纪时南朝(420—589)的佛寺即有质货,名为“质库”或“长生库”。

清人吕种玉《言鲭》书载:“今人作库质钱取利,至为鄙恶,唯市井富豪为之。今士大夫家,亦无不如此。按此库,唐以前唯僧寺为之,谓之长生库。梁甄彬尝以束苎就长沙寺库质钱,后赎苎,于苎中得金五两,还之。则此事已久矣。”宋人吴曾《能改斋漫录》卷二《事始》亦说:“江北人谓以物质钱为解库,江南人谓为质库,然自南朝已如此。”隋人齐阳玠《谈薮》载:“齐有甄彬者,有器业,以一束苎,就荆州长沙寺库质钱。后赎苎,于苎束中得金五两。”①

《南齐书·褚渊传》载:“(其弟)澄字彦道。……尚宋文帝女庐江公主,拜驸马都尉。历官清显。……渊薨,澄以钱万一千,就招提寺。赎太祖所赐渊白貂坐褥,坏作裘及缨;又赎渊介帻、犀导及渊常所乘黄牛。”是

① 《谈薮》,一名《解颐》,始见于《隋志》子部小说家类,署“杨松玢”;《宋史·艺文志》小说家著录有杨松玠《八代谈薮》二卷;(宋)陈振孙《直斋书录解题》署“阳松玠”撰,并称:“事综南北,时更八代,隋开皇中所述也”;清·姚振宗《隋书经籍志考证》认为:“《解颐》即《谈薮》之异名”。

知南齐司徒褚渊生前曾将太祖赐的白貂坐褥和长耳裹发巾(介帻)、犀角做的发栉(犀导)以及坐骑黄支国的犀牛①等,作为抵押品送入招提寺质库质钱。司徒褚渊为官讲究俭约,因而"百姓赖之"。至其死后,"家无余财,负债至数十万",可知其至寺院质钱之由。

北魏孝文帝元宏太和(477—499)年间,"(姚)坤旧有庄,质于嵩岭菩提寺,坤持其价而赎之,其知庄僧惠沼行凶,率常于闲处凿井……"于是引出一段鬼狐传说。② 故事起因,即在于姚坤至佛寺质当。

寺院质贷自南朝时兴始,以后逐渐成为世俗社会的一种行业,但直至唐宋时,寺院质贷仍在进行,历时颇久。

第二节 唐五代典当业的兴起

中国质当业兴于南北朝寺院之中,至唐代逐渐发展为一种行业,唐五代成为中国质当史上的一个空前发展与繁荣时期。清代吕种玉《言鲭》中说,设质库取利,"唐以前唯僧寺为之,谓之长生库"。民初陶希圣主编的《唐代寺院经济·序》③中说:"质库,创始于寺院的一种高利贷事业,在唐代已是一般富贵人家投资的普通事业了。向寺院施舍本钱以创立质库的事情,也很常见的。家具衣服的质以外,奴隶、牲畜、庄田的质,在当时很是流行。"就是说,唐代出现了寺库质贷与社会典当业等高利贷行业并存和竞相逐利的局面。

唐代在中央集权相对稳定的政治条件下,经济、文化得以空前繁荣。

---

① 此当非普通黄牛,当系《汉书·平帝纪》中提及的那种"黄支时献犀牛",《后汉书·班固传》所记《两都赋》中亦叙有"黄支之犀,条枝之鸟"。据唐颜古《汉书注》引应劭语云:"黄支在日南之南,去京师三万里",堪知"黄牛"乃当时稀贵坐骑,具有充当质物的价值。

② 《太平广记》卷四五四《姚坤》。

③ 系《中国经济史料丛编·唐代篇》一种,1937 年 5 月北平初版(未发行),1974 年 1 月台北食货出版社重印发行,1979 年 1 月再版,第 5 页。

由于经济的发展、商业的兴旺,刺激了高利贷。官僚贵族、豪商富贾纷纷投入高利贷活动,坐收质息,竞相逐利。学者认为:“唐时商业多至二百余行,每行总有较大的商店。据现有材料看,最大的商业是放高利贷的柜坊。柜坊又有僦柜、寄附铺、质库、质舍等名称,类似后世的当铺。”①唐代白行简的传奇小说《李娃传》亦有关于抵押借贷的情节:

他日,娃谓生曰:“与郎相知一年,尚无孕嗣。常闻竹林神者,报应如响,将致荐酹求之,可乎?”生不知其计,大喜。乃质衣于肆,以备牢醴,与娃同谒祠宇而祷祝焉,信宿而返。

“质衣于肆”显然不是去寺库质钱而是专门从事质贷的商业机构。杜甫、白居易诗中多有“典”“当”之词说明唐代质当业已普遍存在。

《旧唐书·武承嗣传》载,以巨富著称一时的太平公主,“马牧、羊牧、田园、质库,数年征纹不尽”。《全唐文》卷七八《会昌五年加尊号后郊天赦文》载:“如闻朝列衣冠,或代承华胄,或在清途,私登质库、楼店,与人争利。”《新五代史·慕容彦超传》载:“彦超为人多智诈而好聚敛,在镇,尝置库质钱。有奸民为伪银以质者,主吏久之乃觉。彦超阴教主吏夜穴库垣,尽徙其金帛于佗所,而以盗告彦超,即榜于市,使民自占所质以偿之,民皆争以所质物自言,已而得质伪银者,置之深室,使教十余人日夜为之,皆铁为质而包以银,号‘铁胎银’。”以此诱捕以假银质钱者。以下是一份发现于新疆的唐代质钱契约②:

建中三年(782)七月十二日,健儿马令痣为急要钱用,交无得处,遂于护国寺僧虔英边举钱壹仟文,其钱每月头分生利□佰文。如虔英自要钱用,即仲马令痣本利并还。如不得,一任虔英牵掣令痣家资牛畜,将充钱直,还有剩不迫。恐人无□(信),故立私契,两共平章,画指为记。

---

① 范文澜、蔡美彪等:《中国通史》,人民出版社2009年版。

② 《敦煌资料》第一辑《契约文书》部分,此转引自韩国磐:《隋唐五代史纲》,人民出版社1979年版,第345—346页。

钱主

举钱人　马令痣　　年廿

同取人　母苑二娘　年五十

同取人　妹马二娘　年十二

寺库牟利无厌,侵利过重,引起统治者的重视。会昌五年(845),唐武宗诏令功德使统计寺库财产,除留足"常住"所需外,余者出售,诏称:"委功德使检查富寺邸店多处,计料供常住外,剩者便勤货卖,不得广占求利,侵夺疲人。"①事实上,非但佛寺质贷逐利,而且官僚贵族、豪商大贾多头并举,唯下层社会尽遭盘剥。有鉴于此,朝廷不得不三番五次下诏整饬。例如《大唐六典》卷六"比部郎中员外郎"条载有关利率的具体规定:"凡质举之利,收子不得逾五分出息,债过其倍。若回利充本,本官不理。"

《唐令拾遗》载:"诸公私以财物出举者,任依私契,官不为理。每月收利,不得过六分;积日虽多,不得过一倍。……收质者,非对物主,不得辄卖;若计利过本不赎者,听告市司对卖,有剩还之,如负债者逃,保人代偿。"《唐会要》卷八八所载唐玄宗开元十六年(728)二月十六日敕:"比来公私举放,取利颇深,有损贫下,事须厘革。自今以后,天下负举,但宜四分取利,官本五分取利。"至五代时,这类律文仍连续颁出。天成元年(926)十一月,"雒阳县令骆明举奏请止绝坊市息利典质,其军家子弟都外兴贩,侵扰缘路旅舍。敕旨:从之。"②天成二年(927)十月,"诏曰:……应汴州城内百姓,既经惊劫,须议优饶,宜放二年屋税及公私债负。如是在城回图钱物及公私质库,除点简见在外,实经兵士散失者,不计年月远近,并宜蠲放"。③ 诸多诏旨敕令反映了当时质贷活动的兴盛,从后周(951—960)开封府给朝廷的奏文所提供的信息得知,五代时已出

① 见《文苑英华》卷四二九。

② 见《册府元龟》卷六五《帝王部・发号令四》。

③ 见《册府元龟》卷九二《帝王部・赦宥一一》。

现了有关“典质”的“税印”“税务”事项。这是迄今所见文献中关于征收典当税的最早记载。

在经营方式上,有的以它业为主兼营质当,有的以质当为主兼营它业,也有专门经营质当者;质当中,有的以动产或不动产为抵押,有的以契据为抵押;在期限与取利方面,长短、多寡不一;在资本方面,有的借用所营它业资财流通,有的是官僚贵族投资,有的是富商或寺庙投资,更有被律令给予优惠保护政策的“官本”投资。

第三节　宋金元质当业

一、宋代质当

宋代是中国都市经济、都市文化空前繁荣的时代,这就为质当业的发展提供了良好的社会环境和新的历史契机。

北宋神宗熙宁十年(1077),吕温卿用田契从华亭县库户质钱五百千,然后转手贷给别人四百千,从中渔利。就此事,有学者指出:“由于从事这类典当和借贷的必须有‘库’房贮存物品,所以在宋代又有库户的称号。”①在宋代,质当业开始存在兼营与专营状况后逐渐而转向以专业经营为主。质当业随着都市经济的发达很快就形成一种独立的专门行业。宋代孟元老《东京梦华录》卷五《民俗》记载:“其(汴梁)士农工商、诸行百户,衣装各有本色,不敢越外。谓如香铺裹香人,即顶帽披背;质库掌事,即着皂衫角带不顶帽之类。街市行人,便认得是何色目。”北宋张择端绘的《清明上河图》中,在“赵太丞家”对面巷子里即画有一座挑着“解”字招幌的质库。又吴自牧《梦粱录》卷一八《民俗》亦载:“杭城风俗……且如士农工商、诸行百户,衣巾装著,皆有等差。香铺人顶帽披背

① 漆侠:《宋代经济史》(下册),上海人民出版社1988年版,第1113页。

子;质库掌事,裹巾着皂衫角带。街市买卖人各有服色头中,各可辨认是何名目人。”也就是说,质当业这时非但形成一种独立的专门行业,而且还形成了本行业特定的服饰习俗,使人见而即识其为质当从业人员。

据宋元之际的赵素所编《为政九要》称:“司县到任,体察奸细、盗贼、阴私、谋害不明公事,密问三姑六婆、茶坊、酒肆、妓馆、食店、柜坊、马牙、解库、银铺、旅店,各立行老,察知物色名目,多必得情,密切报告,无不知也。”这里的“解库”就是当时质当业的又一称谓。宋代吴曾《能改斋漫录》卷二《事始》载:“北人谓以物质钱为解库,江南人谓之为质库。”《为政九要》第八要则告诫县官到任后,在密访、察明各行行老情况时,亦包括解库。

宋代从事质当业的主要是商人,即“质库”“解库”大都由商人出资或经营。宋代典质业遍布大都市、小城镇,经营活动十分活跃。《梦粱录》卷一三《铺席》:“自融和坊北,至市南坊,谓之珠子市,如遇买卖,动以万数。又有府第富豪之家质库,城内外不下数十处,收解以千万计。”可见南宋临安都城中以质库逐利的官商颇为不少,而且由于其资本雄厚,生意兴隆,“收解以千万计”,发生额巨大,赢利自然亦丰。据《东京梦华录》卷七载:“(池东岸)街东皆酒食店博易场户,艺人勾肆;质库,不以几日解下,只至闭池,便典没出卖。”

南宋爱国名臣文天祥的一只金碗就曾用为质贷的抵押品。这件事史籍未载,见于《文山全集》卷五《回秘书巽斋欧阳先生》中。信中说:“金碗在质库某处约之,甚恨未能自取之,乃劳先生厚费如此!山林中亦无用此物,先生倘乏支遣,不妨更支钱用,弟常使可赎。”据知,这只金碗原系文天祥担任景献太子府教授时获得的赏赐,后因用钱而用来质当。

宋代以廉明刚直闻名的袁采在其所著《世范》卷三中有“典质之家,至有月息十而取一者。江西有借钱约一年偿还而作合子立约者,谓一贯合二贯文也。开化借一秤米而取两秤,浙西借一石米而收一石八斗,皆不仁之甚。”由此可见利率失控,民何不怨!

有宋以来，不止在民间存在质当活动，官吏贵族之间亦如此。据《宋史·李允正传》载："（李允正）女弟适许王，以居第质于宋渥。太宗诘之曰：'尔父守边二十余年，止有此第耳！何以质之？'允正具以奏，即遣内待辇钱赎还。"

质当业至宋代虽已独成专门行业，但佛寺质库仍兴旺不衰，继续与民争利。宋代陆游《老学庵笔记》卷六称："今寺辄作库质钱取利，谓之长生库，至为鄙恶。……庸僧所为，古今一揆。"也就是说，继南北朝寺库质钱之后，宋代时期已逐渐成为借以维系寺院经济的基本方式之一。如《台州金石录》卷七《宋宝藏岩长明灯碑》所载："本院诸殿堂虽殿主执干，尚阙长明灯。遂募众缘，得钱叁拾叁贯，入长生库。置灯油司，逐年存本，所转利息买油。除殿主殿堂灯外，别置琉璃明灯。仰库子逐月将簿书诣方丈知事签押。"《胡澹庵先生文集》卷一七《新州龙山少林寺阁记》亦称，蜀僧宝觉园迟大师于修葺寺院后，"又以钱二十万"作为寺院质当的本金"长生钱"。宋·洪迈《夷坚志》甲集卷六和癸集卷八，分别记述了两座佛寺有关寺库质当取利的故事。其中癸集卷八《徐谦山人》记载：

> 永宁寺罗汉院，萃众童行本钱，启质犀，储其息以买度牒，谓之长生库。鄱阳并诸邑，无问禅律悉为之，院僧行政择其徒智禧主掌出入。庆元三年（南宋宁宗赵扩年号，1197）四月二十九日，将结月簿，点检架物，失去一金钗。遍索厨柜，不可得。禧窘甚，闻寺外徐谦山人者，占术颇验，往卜之。卦成，曰："物已传出外，而盗身不动。元非他人，乃常所使小奴耳。急向北方察访，尚可得。苟或稽缓，将化为乌有。"禧因用其说，散行采缉。然无策能致败露，坐不安席。再扣之，徐再消详，曰："此去五日，定有信。"所谓小奴者，每至邻家与民妇狎，指头上银钗曰："何不买金来打造？"妇笑曰："汝真是不晓事，我如何有钱办此？"奴曰："我拾有一只，若用得时，减价售与汝。"傍有彭氏子窃聆其语，明日戏之曰："如果欲货金钗，我酬汝直。"奴讳曰："一分付（案：一作"与"）吾兄了。"既涉历两三处，事遂大彰。

僧即加执缚，且杖之十数，犹隐不言。鞭打益急，始服罪。立取钗至，于是痛挞而逐之。

这是寺库以利为本再行生息供支付专项使用的长生库，而《宋宝藏岩长明灯碑》所记长明灯油费用所设长生库，则是以募化之钱为本质当取利。也就是说，这里佛寺的“质库”与“长生库”性质是完全相同的，只是叫法不同而已。

洪迈《夷坚志》甲集卷六所记《资圣土地》故事即属此类。

建昌孔目吏范荀为子纳妇，贷钱十千于资圣寺长老。经二十年，僧既死，荀亦归摄，因循失于偿逋。荀后得疾且笃，呼其子观光谓之曰：“忆汝娶妇时曾借资圣寺钱，今本处伽蓝神遣人押长老来索取，可急买纸钱烧与之。”又指示家众曰：“土地之使偕长老见在此拱立，汝辈不见耶。”洎焚楮讫，又曰：“两人已去，欲往报恩寺前寻徐省干理会事也。”至夜荀死。徐生名以宁，莱州人，方自吉州监赡军酒库替回，未几亦卒，时淳熙七年（南宋孝宗年号，1180）先是，徐父奉直大夫者寓居彼寺，寺之人用常住物假其名以规利，奉实因是颇揜有其资，以宁与闻之，故致然。

显然，故事隐含这样的意思：有急用可向寺库质贷，但莫忘偿还，否则至死亦将使心神不宁，甚至会遭报应，而佛寺质库取利最终还是用于接济助人的善举，这是一种维护寺库质贷利益与声誉的教化之说。

二、金元质当

据《金史·百官志》载，金大定十三年（1173），金世宗完颜雍对宰臣们说：“闻民间质典，利息重者至五七分，或以利为本，小民苦之。若官为设库务，十中取一为息，以助官吏廪给之费，似可便民。卿等其议以闻。”金世宗试图控制典质业取利过重之弊。按照他的要求，“有司奏于中都（今北京）、南京、东平、真定等处，并置质典库，以流泉为名，各设使、副一员”。其中，“使一员，正八品。副使一员，正九品”，职“掌解典诸物，流通

泉货”。当时还制定了最早又颇为具体、周详的质业管理规则。其具体为:

凡典质物,使、副亲评价值,许典七分,月利一分,不及一月者以日计之。经二周年外,又逾月不赎,即听下架出卖。出帖子时,写质物人姓名,物之名色,金银等第分两,及所典年、月、日、钱贯,下架年月之类。若亡失者,收赎日勒合干人,验元典官本,并合该利息,赔偿入官外,更勒库子,验典物日上等时估偿之。物虽故旧,依新价偿。仍委运司佐贰幕官识汉字者一员提控,若有违犯则究治。每月具数,申报上司。

利率、赎期、解帖(即今俗谓之当票)内容以及遗失赔偿等,都详细作有规定。

《金史》中有关质当活动的记述散见各篇,卷四七《食货志》载:“民田业各从其便,卖质于人无禁。”《李晏传》载:“故同判大睦府事谋衍家有民质券,积真息不能偿,因没为奴。”言无力偿还质当利息而没籍为奴。《移剌子敬传》载:“(子敬死时)家无余财,其子质宅以营葬事。”子敬以住宅质钱葬父。《高汝砺传》载:“(民)或虚作贫乏,故以产业低价质典。”等等。

《金史·百官志》所记载的官当经营管理机构、官职设置及其规则,是唐宋尤其是宋代以来中国典当行业进一步形成规模与成熟的重要标志之一。

质当业唯利是图,元代关汉卿《鬼董》卷五中对此有生动描写:南宋年间,在杭州西湖赤山有“军人取质衣于肆,为缗钱十余,所欠者六钱,而肆主必欲得之”,引起“互相诟骂”。

元代的帝王、贵族、官府,大都热衷于放高利贷取利,这对当时质当业等高利贷的兴盛无疑具有刺激作用。为稳定经济、平息民怨,官府在采取限制放债利率的同时,也对质当业做出限制规定。《通制条格》卷二七《解典》称:“元贞三年(1297)二月中书省江浙省咨姚起告:将珠翠银器衣服于费朝奉家典当钞，两周年后不肯放赎。都省议得：今后诸人典解金银，二周岁不赎，许令下架。”延长期，是为了保护质贷者利益，对于解库方面来说则是限制其肆意盘剥牟利的政策。据《元史·顺帝纪》载，光是大护国仁王寺所贷出的钱即多达26万余锭之巨。由此可见，元代质当业仍持续着唐宋以来僧俗并举的局面。皇帝在赐赏王公贵族以邸舍的同时，往往还有“解库”。由此可见，元代皇室本身即握有解库。

第四节　明代质当业

朱元璋从开国之初即注重廉政，所以文献中很少有明代皇室贵族和官宦开设质库与民争利的记载。明代中国质当业伴随商品经济的繁荣继续发展，但基本上都是商人资本、民间经营，并进一步出现了福建、山西、安徽等地当商为突出代表的地域性质当业行帮。其中，尤以擅长经商、闻名中外的安徽典帮影响最大，经营活动分布面最广。明代周晖《金陵琐事剩录》卷三说：“（金陵）当铺总有五百家，福建铺本少，取利三分四分。徽州铺本大，取利仅一分二分三分，均之有益于贫民。人情最不喜福建，亦无可奈何也。”明代官方对质当业的管理，亦较严格。熊鸣岐《昭代王章》卷一有法令：“凡私放钱债，及典当财物，每月取利并不得过三分。年月虽多，不过一本一利。违者笞四十，以余利计赃；重者坐赃论罪，止杖一百。”显然，闽帮取利在规定利率之上，而皖帮则未超出规定标准。

《明实录》（神宗万历）卷四三四载：“河南巡抚沈季文言：……商贾之中，有开设典当者，但取子母，无赋役之烦，舟车之榷，江湖之险，此宜重税，反以厚赂而得轻之。……今徽商开当，遍于江北，赀数千金，课无十两，见在河南者，计汪克等百十三家。”实际上不止于江北，嘉兴、扬州等地亦然。《嘉兴县志》卷三二“明嘉兴县新定均田役法碑记”载：“嘉兴为首邑，赋多役重。……（安徽）新安大贾与有力之家，又以田农为拙业，每以质库居积自润。”清初康熙刊行的《扬州府志》卷七《风俗》亦载：“质库无土著人为之,多新安并四方之人,贱贸短期,穷民缓急有不堪矣。”

明代金声《金太史集》卷七《寿吴亲母金孺人序》称:“商山吴氏于邑为殷族……家多素封,所殖业,皆以典质权子母,不为鹾商大贾,走边海,八陇蜀,而与朝家为市……而吴子云中星自其先远祖起家,至今源远流长,几乎殆十世不失。”商山吴氏家族以经营典当业为,几有十代人之久。

万历年间,河南巡抚沈季文持“税富不可税贫”之说,力主向典当业课收重税①。天启年间,户科给事中周汝谟在上疏中也说道:“典铺之分征有难易,盖冲都大邑铺多本饶,即百千亦不为历,僻壤下县,徽商裹足,数金犹难。”②是知当时典当业遍布城乡,尤以居大都市者为富。因而,周汝谟提出了区别对待的“分征”政策。

明代丁元荐《西山日记》卷二载:“倭蹂武林,襄懋(胡宗宪)委山阴尉……悉召城外居民、市户及新安之贾于质库者,皆其乡人也,醵金募士兵,可数百人。”敌兵逼境,乡人有钱出钱、有力出力之际,典当商为显富,自然首当其冲向其集资。③

在明代,除仍见有沿用“质库”叫法而外,又有“典当”“当”“当铺”“解铺”“解库”“解当铺”等多种名称,互相通用。《警世通言·金令史美婢酬秀童》:“有个矫大户家,积年开典获利,感谢天地,欲建典坛斋醮酬答。”作为质贷收赎契据的“当票”名称,亦初见于明代。

在明代,“由于典当业在徽商资本中占着重要的比重,于是后来明代徽俗所通称一般富翁的朝奉,竟成为徽人典当的代称,如清光绪年间日本人调查沪汉各地的商帮,即载:典当的朝奉——掌柜之意,其非由徽人担任者,几于无有”。④ 这种称谓,直至二十世纪五十年代之前,北京等地质

① 《明实录》(神宗万历)卷四三四。

② 《明实录》(熹宗天启)卷五二。

③ 瞿宣颖纂辑《中国社会史料丛钞》甲集页340引《骨董琐记》云:“今谓典质曰当,邝湛若有前后当票诗,顷观《诗话总龟》,丁谓诗云:欺天行当吾何有,行当亦谓质物也。”商务印书馆1937年版。

④ 傅衣凌:《明清时代商人及商业资本》,人民出版社1956年版,第62页。

当业仍然沿用。明·凌濛初《初刻拍案惊奇》卷一五《卫朝奉狠心盘贵产》,深刻细腻地描述了当时典当商人盘剥逐利的情景:

陈秀才……没银子使用,众人撺掇他写了一纸文契,往那三山街间开解铺的徽州卫朝奉处借银三百两。那朝奉又是一个爱财的魔君,终是陈秀才的名头还大,卫朝奉不怕他还不起,遂将三百银子借与,三分起息。陈秀才自将银子依旧去花费,不题。却说那卫朝奉平素是个极刻剥之人。初到南京时,只是一个小小解铺,他却有百般的昧心取利之法。假如别人将东西去解时,他却把那九六七银子充作纹银,又将小小的等子称出,还要欠几分兑头;后来赎时,却把大大的天平兑将进去,又要你找足兑头,又要你补勾成色,少一丝时,他则不发货。又或有将金银珠宝首饰来解的,他看得金子有十分成数,便一模一样,暗地里打造来换了;粗珠换了细珠;好宝换了低石。如此行事,不能细述。那陈秀才这三百两债务,卫朝奉有心要盘他这所庄房,等闲再不叫人来讨,巴巴的盘到了三年,本利却好一个对合了,卫朝奉便着人到陈家来索债。

由此,明代当商盘剥逐利一览无余,还说明当时典当业在收质金银珠宝的同时,亦兼收押房宅等不动产文契。明代质当已经形成了固定的格式,可分为当田契格式与当屋契格式:

当田契约格式①

立当田契人某都某图某人,今因家下无银应用,日食不敷,情愿将祖父遗下自己受分基趾②,沟地水陆田塘一段,坐落土名某处,计几十几亩,该租若干,四至明白在后。先召亲房,后问田邻,无人承当。时凭房族邻中,出卖与某名下承当为业。三面言议,实典纹银若干整,即日交安然无恙无欠。其田中挫当主管业。每年议纳粮若干。

① (明)陈继儒:《尺版双鱼》,原题《当田契》。

② 基趾,与"基址""基阯"通。建筑物的最下层,亦谓产业。《汉书》卷七《疏广传》:"子孙几及君时颇产立业基阯"。

银无起利,田不起租。不拘年限,银到田还。但或未收花利,遽然取赎,约罚银若干。比(此)系两愿,各无反悔。今恐无凭,立此当田文契为照。①

当屋契约格式②

立当房契人某,今因无钱使用,情愿将自己续置房屋几间,东至某,西至某,南至某,北至某。已上四至明白,凭中典与某名下,实得纹银若干。其房听从当主择日搬住。议定银无银息,房无租税③。至某年为期,备银照契取赎。至期无银,当主仍旧居住。如未及期取赎,约罚若干。此房并无重叠不明等事④。如有不明,出典人承当,不干当主之事。今欲有凭,立契为照。⑤

第五节 清代典当业

无论从资本额、铺数,还是规模、类型来看,清代质当业的发展势头都是空前的,为以往历代所难以相比。据统计,乾隆十八年(1753),全国共有当铺 18075 座,收典税 90375 两;嘉庆十七年(1812),全国共有当铺 23,139 座,收典税 115695 两。⑥ 仅京城一地,当铺座数已颇可观。据《东华录》卷二〇所载,乾隆九年(1744)十月,大学士鄂尔泰等奏称:"查京城内外,官民大小当铺,共六七百座。"至晚清,光绪庚子(1900)以前,北京尚有当铺 210 余座。⑦ 据 1940 年前的统计,当时北京的 87 座当铺中,还

---

① 张传玺:《中国历代契约粹编》(中),北京大学出版社 2014 年版。

② 明陈继儒:《尺牍双鱼》,原题《当屋契》。

③ 房无租税,当作"房不起租"。

④ 并无重叠不明等事,当作"并不重叠交易及一切不明等事"。

⑤ 张传玺:《中国历代契约粹编》(中),北京大学出版社 2014 年版。

⑥ 罗炳绵:《近代中国典当业的社会意义及其类别与税捐》,刊台湾《"中央研究院"近代史研究所集刊》第七期,1978 年。

⑦ 据中国联合准备银行"庶民金融业丛书"第一号《北京典当业之概况》,1940 年 7 月出版,第 69 页。

有义盛当等14座是光绪年间创办的,时有资本计443500元。①

至于各地情况,则参差不一,有的亦颇为可观。据《常熟县永禁扰累典铺碑》知,康熙二十年(1681)时,常熟县即已有37座当铺。② 乾隆年间安徽《临清州志》卷一一《市廛志》载:"两省典当,旧有百余家,皆徽浙人为之。后不及其半,多参土著。今乡合城仅存十六七家,皆(山)西人。"乾隆十年(1745)正月,湖北巡抚晏斯盛奏折中称:"楚北汉口一镇,共当铺三十九座。此外,仙桃、镇坪、武穴、沙市及各州县市镇,共当铺385座。"③

道光二十年(1840),广东新会县有质当铺112家。④ 天津从咸丰十年(1860)开埠至庚子(1900)前,有大型质当铺44家,资本总额约660万两,半数以上是盐商开的。⑤ 据《晋政辑要》卷一一《户制·杂税》载,光绪十年时,经山西布政司钤印领帖(登记注册)并交纳当税的即有1869座;至于未登记注册不缴税捐者,尚不知多少座。清·阮元《广东通志》卷一六七记载,当时广州府有当铺1243座,仅南海、番禺二县即达556座。

又据光绪三十年(1904)上海《典业公所公议章程十则碑》称:"上海典铺星罗棋布,已遍城乡。倘再有新创之典,必须同业集议。"⑥可略窥清末上海典业景况。

清代以来,典当行业空前兴盛,一时以其资本雄厚、分布广泛,与盐商、木商一同成为显赫一时的三大行业。据康熙时谢开宠总纂的《两淮盐法志》载,康熙年间安徽歙县人程浚在《盐政因革议》中即指出:"四民之中,农夫竭力耕田以供什一,商贾肇牵车牛以资国储,其为忠顺一也。

---

① 据《北京典当业之概况》所附《北京全市典当业一览表》统计。
② 《明清苏州工商业碑刻集》,江苏人民出版社1981年版,第186—187页。
③ 中国第一历史档案馆藏朱批奏折,转引自韦庆远《明清史辨析》第72页。
④ 何卓坚:《新会当押业》,载《广东文史资料》第56辑,广东人民出版社1988年版。
⑤ 胡光明:《论早期天津商会的性质与作用》,《近代史研究》1986年第4期。
⑥ 《上海碑刻资料选辑》,上海人民出版社1980年版,第410页。

然诸商之中,托业至正而效忠最大者,则莫若盐商矣。何也?商之名号甚美者,必首推质库与木客矣。乃典商大者数万金,小者亦不下数千金,每年仅纳税银数两而已。木商除关税外,亦无他取也。”①“大者数万金,小者亦不下数千金”,足见清代质当商资本雄厚。较之盐、木诸业,质当周折少,风险小,税率又低,简直是坐收渔利。于是,皇室、官宦、富贾,蜂拥而上,竞相开设当铺争利。

> 典当史,就其东主的身份地位及其资金来源来说,可分为三大类,即:皇当、官当和民当。
>
> 所谓皇当,是指由皇帝或皇室拥有和出资开设,指定专门机构和人员进行营运,制定一定的规章制度,收取其溢利以充实皇帝或皇室的财富,并作为政治工具之一,以经营典当业为主要业务的商号。
>
> 所谓官当,又可再分为两种,第一种是指由各级军政衙门拥有和出资开设,拨给特定官帑为资金,委派专人负责营运,亦具有一定的规章制度,取其滋利作为官府的收入,供应某些特殊开支以及本衙门官吏胥役人等的某些需要,以经营典当业为主要业务的商号。第二种是指由各级贵族官僚人等拥有和出资开设,委派家人店伙负责营运,亦制定一定的规章制度,收取其溢利以增殖本人财富,扩大私囊,以经营典当业为主的商号。
>
> 所谓民当,是指由一般民间地主商人出资开设,有些人已成为专业的典当商或从业人员,在长期的营运中,形成了各种行规当约和帮会以及同业组织,为获取利润的目的进行营业,以经营典当业为主要业务的商号。②

鄂尔泰等奏议中所谓“官民大小当铺”即包含了官当。所谓“官当”,是指由各级官府衙门投资委托经营或直接经营的当铺,其中包括“由皇

---

① 台湾学生书局影印康熙刊本,第4册第1980页,转引自罗炳绵:《近代中国典当业的社会意义及其类别与税捐》一文。

② 《内务府奏销档》,《明清史辨析》第73页。

帝或皇室拥有和出资开设,指定专门机构和人员进行营运”的“皇当”。韦庆远根据《朱批奏折》《内务府奏销档》等文献发现,“皇当在康雍之间即已发展起来,而极盛于乾隆时期”,“到乾隆时期,皇帝和皇室开设当铺的风气更盛,根据目前掌握的史料看来,可说达到了有清一代的最高峰。仅据乾隆朝内务府奏销档的记载,先后列入‘皇当’序列的当铺可供稽查的即达三十余座。现有准确名号记载的即有二十多座。乾隆对于这些当铺各自的资金数额、利息多少,以及经营管理,当铺的处置运用等诸方面表现得比雍正更为关切,了解情况和指示更为具体”。①“皇当”主要由掌管皇帝及皇室内部事务的内务府指派人员经管,赢利直接蓄入皇帝或皇室资产之中。例如《内务府奏销档》记载了乾隆二十九年(1764)末几座“皇当”的明细账目:

恩露当,原架本银一万两。自雍正九年至乾隆二十九年,共交过利银四万二千两,内陆续垫交过不敷一分利银六百四十七两九钱六分,除置买开设当铺房一所,计二十九间,用过银八百两,现在实存架本银八千五百五十二两四分。

恩吉当,原架本银二万两,余平银九百九十五两九钱六分三厘九毫。自乾隆十年至二十九年,共交过利银四万七千两,除置买地基,装修房间,用过银二百十三两六钱六分,现在实存架本银二万七百八十三两三钱三厘九毫。官房一所,计三十六间。

万成当,现在实存架本银五万两,利银三百四十五两六钱。官房一所,计三十二间。

丰和当,现在实存架本银五万两,利银七百九十四两八钱六分。官房一所,计四十七间。

恩丰当,原架本银一万七千两,余平银三百七十二两七钱。自乾隆二十九年七月至十一月,共得过利银九十七两三钱一厘九毫五丝

① 《内务府奏销档》,《明清史辨析》第76—78页,以下引录《朱批奏折》《内务府奏销档》材料均转自是书,不另一一说明。

九忽,除置买开设当铺房一所,计二十七间,用过银二千三百九十九两一钱八分,现在实存架本银一万五千七十两八钱二分一厘九毫五丝九忽。

以上五当,通共本利银十四万九千六百六两四钱二分五厘四毫五丝九忽,内除恩露、恩丰、恩吉三当,置买房间、地基并装修,垫支不足一分利息,共用过银四千六十两八钱,现在实存本利银十四万五千五百四十五两六钱二分五厘四毫五丝九忽。

清帝开设当铺,把当铺作为赏赐赐给皇子或臣子的事时有发生。当乾隆第六子永瑢分府时,乾隆曾赐给他一座拥有 4 万两资金的当铺,年利可达 3840 两,占其年收入总额 29. 85%。内务府以其入不敷出为由,于乾隆二十八年(1763)十月奏请皇上:“请于内务府现有当铺,视其成本在二万余两者拨给一座,再于官房租银内每月拨给二三百两以资费用,如此则阿哥用度有资,永无缺乏。”①结果,乾隆在内务府提供备选的庆春、信义、复兴三座皇当中,将庆春当给永瑢。② 雍正三年(1725)十月,皇帝下谕内阁大学士马齐、富宁安等人,将原赏给顾命大臣(其舅父)隆科多的当铺收回,转而赏给其第十七弟果郡王允礼:“……隆科多肆其贪婪,巧诈网利,家费数百万之多,实出朕之意外,则朕之加恩赏给典铺者甚属错误。尔等将典铺中现存之价银物件查明,并典铺中现有之人俱行撤出,赏给果郡王。”③

清政府公开允许和鼓励官府经营质当业。“因为经营典当业,上有皇帝的推动赞助,对于各级官府和它们的长官之流,又具有有利和方便之处,所以自雍乾之际始,各级衙门开设当铺之风大盛。当时不论京内京外,不论八旗满洲、蒙古、汉军,抑或绿营,不论内务府抑或各省、府、州县衙门,大多数经营数量不等的当铺。乾隆朝的《内务府奏销档》详细载有

---

① 《内务府奏销档》,《明清史辨析》第 100—102 页。

② 《内务府奏销档》,《明清史辨析》第 100—102 页。

③ 《雍正上谕八旗》第三本,《明清史辨析》第 79 页。

各旗开设当铺的座数、各当的名称、投资银本数量以及营业状况、盈利或亏损、开张闭歇的起止年月。大体说来，每旗一般都同时开有三五座当铺，每座当铺的资本多为一万余两到二万余两，少数也有拥有四万两本钱的，例如乾隆十二到十三年(1747—1748)，正黄旗即开有官当四座，其中广盛当拥有资金本利为二万四百八十三两，广信当拥有资金本利为一万五百八十四两，广润当拥有资金本利为一万八千五十八两，广得当拥有资金本利为二万七千三百二十六两。其他各旗大体相同。各省总督和巡抚、将军、都统等大员所上的奏折也间接地表明，各省也普遍开设和经营当铺。有些地方大吏有时甚至将自己管理当铺经营有术作为自己的'治绩'之一奏报给皇帝，并受到嘉勉……当时各级衙门中参与质当业活动，开设官当铺占有很高的比例。在全国范围内，实际上存在着一个由官府经营的当铺网，这是一个植根于当时的封建政治体制，与封建官僚政治密切结合的辅助性的财政网络之一。"①

清代薛福成《庸盦笔记》卷三《查抄和珅住宅花园清单》记载，大学士和珅置有"当铺七十五座，查本银三千万两"。清·梁章巨《归田琐记》卷五亦载，和珅第十九大罪系"通、蓟地方当铺、钱铺资本十余万，与民争利"。此与薛福成《庸盦笔记》所记相近："通州、蓟州均有当铺、钱店，查计资本不下十余万，为十九罪。查抄家人刘全资产竟至二十余万，并有大珠珍珠手串，为二十罪。"和坤一人即持有如此大的当本，足见清代官吏开当生财风行之状。

山东曲阜衍圣公府孔府也开办当铺。在清代顺治、康熙、道光年间，均开有当铺放债。例如第0003976之17号档案即是保存的一件拘捕淮安府睢宁相礼生陈维新催还债银的文件："本府家人张士瑚启，为恳拘以完当铺银两事，切有睢宁相礼生陈维新央身作保，揭到当铺银十五两，至今本利无还，恳乞老爷天恩差人拘催，以完官银。遮身不敢遗累，合家顶

① 《明清史辨析》第117—118页。

戴。为此叩启。”此系中保人的请状。又据第0003923之23号档案材料知,康熙末年,孔府当铺从业人员李国玉不仅将女儿“进于公爷使唤,一家变卖人口”来偿还所欠当铺三十多两的银债,此外还卖掉了仅有的土地,由购地者直接将钱送到当铺。①

在“皇当”“官当”的刺激下,民间质当业进一步“行业化”,产生更多的维护当铺权益的活动方式,乃至习惯法。雍正十一年(1733),广州当业曾改建同业公会会馆,北京最早的当业同业公会组织创建于清嘉庆八年(1803)九月的公合堂,后改称当商会馆,馆址在前门外西柳树井59号。嘉庆十七年(1812),天津建立了行业公会性质的当行公所,地址在北马路北门东。上海亦于光绪年间在南市吴家弄设立了质当业公所,立有《上海县为批准典业同业规条告示碑》和《典业公所公议章程十则碑》。有些地方,质当业亦同其他行业联合组会建馆,议订规约,维护共同权益。据《汉口山陕西会馆志》载,清代共同在汉口联合建立会馆、制订公约的“山陕西省驻汉镇各业”有“太原帮、汾州帮、红茶帮、合茶帮、卷茶帮、西烟帮、闻喜帮、雅帮、花布帮、西药帮、土果帮、西油帮、陆陈帮、匹头帮、皮货帮、众帐帮、核桃帮、京卫帮、均烟帮、红花帮、当帮、皮纸帮、汇票帮”等。②

康熙二十年(1681)六月十四月,苏州府常熟县知事刘毓琦等会同37户当商具名刻有《常熟县永禁扰累典铺碑》,以维护质当业正常营业。碑文之末专门另起一行署有“典头:吴奇、汪宗、程隆”。碑文中亦有:“为此示渝通县军民人等知悉:嗣后如有指官撮借,假公乐输,及着备铺设供应……蒙混差役行查等项者,许商人典头立即指名报县,以凭提究,解宪重惩,决不姑宽。”③“典头”的职责之一,即维护质当业权益,沟通、交涉

① 转自中国社会科学院历史研究所何龄修等:《封建贵族大地主的典型——孔府研究》,中国社会科学出版社1981年版,第363—364页。

② 张正明、薛慧林主编:《明清晋商资料选编》,山西人民出版社1989年版,第278页。

③ 张海鹏、王廷元主编:《明清徽商资料选编》,黄山书社1985年版,第158—159页。

官府与质当业间的事务。

清代各地质当业总数之大,资本及流通银钱量之巨,使之同当时的银号、钱铺等金融流通行业一道,在调解国家财政收支、社会经济运行中,起着举足轻重的作用。因而,朝廷必须随时把握当业行情,制订、调整有关政策,强化质当业的息利等,以稳定国家经济。其中,尤其注重加强作为全国政治经济中心的京城质当业的强化管理。乾隆三年(1738)三月御史明德奏称:

京城大小当铺不下二百余座,每当积钱约三五百串。若统计之,不无十万余串。况当铺中人上市买钱,动以五六百两。一遇当铺人多,则钱市惟见银多钱少,故致长价。请嗣后当铺除银六钱以下,仍准当钱,六钱以上,惟许当银。如有违者,将管当人员责治。如此则各当既无多积之钱,而钱市可免昂贵之因矣。①

后经总理事务王大臣会议规定:“大当只许存钱七八百串,小当只许存钱一二百串,其余概令拨出市卖,违者照例治罪。”②又据《东华录》卷二〇载,乾隆九年(1744)十月,内阁大学士鄂尔泰等奏称:

查京城内外,官民大小当铺共六七百座,钱文出入最多。见在平减钱价,各当铺如得官借资本,收钱上市发卖,在当铺既多添资本,而在市逐日又多添钱文发卖,两有裨益。应将京城各当铺无论官民,每大当资本丰厚,应派给银三千两,听其营运;将所领银两存留作本,每一日交制钱二十四串,运送官局上市发卖。每制钱一串加钱十文为局费,其卖出银,仍交各当铺收回作本。至于小当,资本原有多寡不等,有情愿借银者,准赴局具呈,查明见有架本,酌量借给,所交钱文,并卖钱易回银两,供照大当一例办理。再借给大小当铺资本约银五六十万两,核算每日可收钱文千串,须设公局收贮,派员经理。

说明当时的质当业已经部分地起到了调剂金融的作用,政府注意到

① 《朱批奏折》,《明清史辨析》第95页。

② 《朱批奏折》,《明清史辨析》第95页。

这一功能,旋即调整有关政策,主动予以利用。

在质当业利息管理上,清律沿袭明律,规定月利以三分为限。《大清律例增修统纂集成》卷一四《户律·违禁取利》:“凡私放钱债及典当财物,每月取利并不得过三分,年月虽多,不过一本一利,违者笞四十。以余利计赃,重于笞四十者,坐赃论罪,止杖一百。若监管官吏于所部内举放钱债、典当财物者,不必多取余利,有犯即杖八十。”至于官当则往往低于此率取息。如《高宗实录》卷五九五载,乾隆二十四年(1759)八月,广西巡抚鄂宝奏折称:“广西赏恤兵丁营运银四万一千两,缘边地无可营运,是以分派各营,专委弁目,开张典当,定以二分取息,均匀拨给。”又如乾隆十二年(1747)三月,兼任总管内务府大臣的庄亲王允禄奏称:“今查丰和、万成二座当铺,架本银七万三千八百七十余两,按一分起息,每年约得利银八千余两。”①官当主要压低当息,当然有其雄厚资本为后盾,却可体现着不得与民争利的禁律。

清代典业兴旺,除官府倡导、当行易于取利诸因素外,当税较轻也是一种因素。光绪十三年(1887)时,迫于内贫外患,政府开支拮据,预征二十年当税,亦每座每年收五两税银而已。至光绪二十三年(1897),当税提高十倍,仍不过每年50两税银。在此之前,无论资本大者数万金、小者数千金,年税亦仅数两而已。乾隆时近20000座当铺,税收尚不足十万两。嘉庆时23000余座当铺,税收亦止十余万余两。据《清朝续文献通考》卷二六《征榷一·顺治九年》载:“定直省典铺税利:在外当铺每年定税银五两,其在京当铺并各铺,仍令顺天府查照铺面酌量征收。”余即如宓公斡《典当论》第九章《当税》所述:

> 前清康熙三年,即西历一六六四年,户部规定当铺税制,按营业规模大小,年纳五两,四两,或二两五钱不等。雍正六年,即西历一七二八年,以当税较他税独轻,始设《典当行帖规则》,由(户)部通令各

① 《内务府奏销档》,乾隆十二年三月,允禄等为核减各处支领丰和等当银两事奏折。

省，调查当商户数，限令各当商请帖输税。每户年纳银五两。后因海防筹款，又责令各当商于正税外，每户领帖一张，另捐饷银若干，谓之帖捐。随地方情形，无一定额数，与正税性质不同。又依各省秋收之惯例，正税帖捐之外，复有各项杂费，名目繁多。光绪十三年，郑工决口，需款甚巨。户部复限令各当商，预缴二十年之税款，准其按年扣还，是为政府令当商预缴当税之始。光绪二十三年，户部以当商取利较厚，税额犹轻，因奏准自是年起，每年每当纳税银五十两。此前清历年办理当税之情形也。①

在清代，典业及典税划属户部管理。清编《六部成语注解·户部成语》："典税：业质物典铺之人应纳之税也。"又《六部成语注解补遗·户部》："典商领帖：凡开典当，商家必须赴部请领凭帖始许开设。典当者，以物质银钱也。"

① 宓公干：《典当论》，商务印书馆1936年版，第331页。

第六章 田宅纠纷的解决

在中国古代社会由田宅所引发的民事纠纷往往被视为“细故”或“细事”，如清律规定，“每年自四月初一日至七月三十日，时正农忙，一切民词，除谋反、叛逆、盗贼、人命及贪赃坏法等重情，……具照常受理外，其一应户婚、田土等细事，一概不准受理。”[①]由此可见，相较于谋反等“重情”的刑事案件，户婚、田宅等“细事”国家层面的法律制度对此不够重视。所以，清律亦规定，“州、县自行审理一切户婚、田土等项”。[②] 田宅等民事纠纷一般交由州县地方官府自理。

第一节 田宅纠纷的解决方式

综观中国历代田宅纠纷解决的方式，概而言之，主要分为两大类：一类是以官府审理的诉讼方式结案；一类是以调解的方式结案。鉴于中国古代社会基层官府在职能上是行政兼理司法，这致使司法资源有限，田宅纠纷中很大一部分最终是由各种的调解方式实现和解，予以解决的。

---

① 田涛、郑秦点校：《大清律例》卷三〇《刑律·诉讼·告诉不受理》，法律出版社 1998 年版，第 479 页。

② 田涛、郑秦点校：《大清律例》卷三〇《刑律·诉讼·告诉不受理》，法律出版社 1998 年版，第 480 页。

一、田宅纠纷的诉讼

田宅纠纷虽然被官府视为“细故”，但是它们关系到民众的切身利益，州县官员为维护地方社会的长治久安，也十分重视对田宅纠纷的审理。清代曾长期为幕友后又担任州牧县令的汪辉祖，在以自己亲身经历所撰写的吏治笔记——《学治臆说》中曾言，“治以亲民为要”，而“亲民在听讼”。① 清末官僚方大湜在其所撰写的官箴《平平言》中提及，“户婚田土钱债偷窃等案，自衙门内视之，皆细故也，自百姓视之，则利害切己，一州一县之中重案少而细故多。”②

中国古代社会的早期，由于统治者推行重农抑商的经济政策，使得商品经济的发展一直比较缓慢，自给自足的自然经济成为主要的经济形态。与这种经济形态相适应的是聚族而居、邻里相望的熟人社会。在熟人社会中，强调亲邻和睦的秩序和谐。许慎的《说文解字》认为“诉，告也”，“讼，争也。”汉人郑玄在注《周礼·秋官·大司寇》中“以两造禁民讼，入束矢于朝，然后听之”时曾言，“讼，谓以货财相告者”，“争财曰讼。”可见，古人认为，诉讼是告而争之，是争田宅等财产。因争财而提起诉讼，既破坏了熟人社会的和谐人际关系，也与先秦儒家所倡导的“重义轻利”的主流观念相冲突。孔子言：“君子喻于义，小人喻于利”。③ 所以，为了维护社会秩序的良治久安，实现儒家所追求的“无讼”的理想社会状态，官员在审理田宅纠纷的诉讼中，多劝民息讼，宣传争讼有害的观念。

但自宋代开始，商品经济开始繁荣起来。商业社会具有争权夺利的天然气质，对利益的算计和争夺是商业社会民众的一种普遍的心态。于是，商品经济自宋至明清的发展和繁荣逐渐改变了民众对田宅等财产利

① （清）汪辉祖撰，徐明、文青点校：《学治臆说》，辽宁教育出版社 1998 年版，第 51 页。
② （清）方大湜：《平平言》卷三，载官箴书集成编纂委员会：《官箴书集成》第七册，黄山书社 1997 年版，第 597—598 页。
③ 《论语·里仁》。

益的看法,从而促使民众积极参与诉讼活动,以维护和争取个人的私利。好讼之风在民间兴起,目前所发掘出来的自宋迄清的各种历史文献中都大量记载了当时社会的好讼之风。田宅是当时社会最为重要的财产,争讼往往与之有关。如宋王朝的南迁,推动了长江流域经济的发展,促使江南的民间田宅等财产的流转加速,致使民间词讼之风大兴。明清时期民间健讼行为依然盛行,依据《清史稿》的记载,清代健讼地区大多分布在经济较为发达的苏南、福建、浙江、广东、湖南和江西等东部、南部地区。①

中国地方权力的设置一直以来是行政与司法合一,受理田宅等民事纠纷只是地方官员的职责之一。自宋以来好讼之风的盛行,使得一些地方官员感到疲于应付,不得不在司法实践中摸索出一些减少讼累的方法。如南宋官僚胡太初认为,为了避免日日受理诉牒造成案件的积压,不如分乡隔日受理。每月遇一、三、五、七、九日分别受理来自不同乡的诉牒,这样使一些争讼被迟延受理,而它们其中有些是因当事人一时愤激欲呈诉牒的民事纠纷。这样的民事纠纷在迟延等候受理的过程中,由于时日稍久,则怒解事定,自行和息。② 从国家层面来看,好讼之风应该是被抑制的,因为它既不符合官方语境中所倡导的儒家"息讼""无讼"的观念,同时一直困扰地方司法的经费与人员不足的问题也使得地方州县政府难以承受民间的健讼行为。于是,国家治理者从多角度来抑制民间的健讼行为,如制定"务限法"来限制诉讼的提起,对教唆词讼者予以严惩,或者直接以法令来限制田宅等民事诉讼的提起而将其转为以调解的方式来解决等。明太祖朱元璋亲定《教民榜文》,"民间户婚、田土、斗殴、相争一切小事,不许动辄便告官,务要经由本管里甲、老人理断。若不经由者,不问虚

① 参见邓建鹏:《健讼与息讼——中国传统文化的矛盾解析》,《清华法学》(第四辑),清华大学出版社 2004 年版,第 196 页。

② 参见(宋)胡太初:《昼帘绪论·听讼篇第六》,转引自邓建鹏:《健讼与息讼——中国传统文化的矛盾解析》,《清华法学》(第四辑),清华大学出版社 2004 年版,第 185 页。

实,先将告人杖断六十,仍发回里甲、老人断理。”①

二、田宅纠纷的调解

田宅纠纷的调解因调解主体的不同,可分为民间调解、官府调解和官批民调三种基本类型,其中民间调解可进一步细分为乡里调解、邻里调解和宗族调解等。②

在中国古代社会田宅等民事纠纷解决的过程中,儒家文化中的“仁爱”“中和”等观念深刻地影响着纠纷的解决过程。自隋唐科举考试正式确立以来,州县级地方官员大多都是科举考试出身。历代科举考试的内容皆以儒家经典为主干,这使得科举出身的州县级地方官员在知识结构和价值观取向上以儒家思想为指导,而儒家“仁爱”“中和”等观念必然影响到他们在民事纠纷解决过程中的心理活动和裁判行为,使得“息讼”“教化”成为他们处理田宅纠纷等民事案件所追求的目标,进而实现儒家所倡导的“无讼”、和谐的理想社会状态。这映像在田宅等民事纠纷解决过程中便是官方偏爱以调解的方式解决纠纷,即前述的官府调解和官批民调。他们认为在田宅等民事案件中涉案双方往往是亲邻等熟人,在调解中双方各有退让,互相妥协,不会因为争财而导致人际关系的彻底对立或被破坏,这在重视人情的中国古代社会更有利于田宅等民事纠纷的实质解决,实现了“息讼”的目的,从而维护了社会秩序的和谐稳定。此外,田宅等民事纠纷即使进入诉讼审理阶段,州县地方官员仍关注寓教于判。在剖析案件的判词中申明义理,进行宣传教化。衙门公开审案的过程也是对听审百姓进行教化的良好时机,使得百姓对类似案件的审理结果有所预期,从而达到预防和平息纠纷的效果。

---

① 刘海年、杨一凡总主编,杨一帆等点校:《中国珍稀法律典籍集成》乙编第一册《洪武法律典籍》,科学出版社 1994 年版,第 635 页。

② 参见俞荣根、魏顺光:《中国传统“调处”的非诉讼经验》,《中国政法大学学报》2012 年第 1 期。

在中国古代社会田宅等民事纠纷解决过程中调解成为一种最为重要的方式，既是上述儒家“仁爱”“息讼”等观念影响的结果，也是中国古代以小农经济为基础的熟人社会的现实需求。虽然商品经济自宋代开始繁荣，至明清时期取得了进一步的发展，但是商品经济的发展一般局限于城市，广大的乡土社会仍以小农经济为主。这种自给自足的自然经济使得人们聚族而居，人口流动性小，形成了以血缘关系为纽带的、狭小空间下的熟人社会形态。在这种相对封闭的熟人社会中，田土相连，守望相依，解决田宅等民事纠纷最好的方式便是调解。调解的方式可以在相互妥协中谋求双方利益的平衡，很好地修复被破坏的人际关系，防止纠纷引发经世的仇恨。

第二节　田宅纠纷的诉讼与调解

在中国古代社会，由于历朝历代的政治、经济和社会状况存在着一些明显的差异，使得以诉讼和调解的方式解决田宅纠纷在历朝历代的立法和司法实践中呈现出不同的样态。因此，以现有发掘出的各种法律文献为基础，对中国历代田宅纠纷的诉讼与调解制度进行必要的梳理，这将有助于廓清中国古代社会田宅纠纷解决机制的全貌。

一、先秦时期田宅纠纷的诉讼

先秦是指秦朝建立之前的那段历史时期，主要是指夏、商、西周以及春秋战国时期。这一时期的法制研究一直受困于资料的缺乏，其研究的成果比较零散，再加之中国古代法制自始便有重刑轻民的特点，已发掘出的史料往往以记述刑事法律制度为主。目前这一时期比较可信的关于解决田土纠纷诉讼的资料主要集中在西周时期的青铜器铭文上，主要有《五祀卫鼎》《鬲攸从鼎》。此外，1987 年在湖北荆门出土的《包山楚简》反映了战国时期楚国的司法审判情况，其中一些简牍记载了当时的田土纠纷。

《五祀卫鼎》是西周中期青铜器，现收藏于陕西历史博物馆。该鼎腹内壁铸有铭文，记载了卫与邦君厉之间因违反土地补偿契约而发生的违约纠纷。

唯正月初吉庚戌，卫以邦君厉告于井伯、伯邑父、定伯、琼伯、伯俗父曰："厉曰，'余执龚（恭）王恤工，于卲（昭）大（太）室东逆，荧（营）二川。'曰：'余舍女（汝）田五田。'"正乃讯厉曰："女（汝）贾田不？"厉乃許曰："余审贾田五田"。井伯、伯邑父、定伯、琼伯、伯俗父乃顜，使厉誓。

乃令参有司：司徒邑人趙、司马𩡶人邦、司工（空）陶矩、内史友寺刍，帅履裘卫厉田四田，乃舍寓（宇）于厥邑，厥逆疆眔厉田，厥东疆眔散田，厥南疆眔散田、眔政父田，厥西疆眔厉田。

邦君厉眔付裘卫田，厉叔子夙、厉有司𪓐季、庆癸、燹褫、荆人敢、井人倡屖、卫小子者其飨，䝼（媵）。卫用作朕文考宝鼎，卫其万年永宝用，佳王五祀。①

此铭文可译为，在正月上旬庚戌，卫将邦君厉控告到井伯、伯邑父、定伯、琼伯、伯俗父五大臣处。卫说："厉说：'我要做恭王勤政的事，在昭王太室的东面治理两条河流，为此会占用到你的田地。'然后厉又说：'我给你五百亩田地来作为补偿。'"卫同意了厉的请求，可是后来厉一直未把补偿的田地给他。于是五大臣讯问厉说："你还补偿田地吗？"厉答应说："我确实要给他五百亩田作为补偿。"井伯、伯邑父、定伯、琼伯、伯俗父五大臣于是对此案进行了合议裁决，让厉立誓，并命令司徒邑人趙、司马𩡶人邦、司工陶矩三个职官会同内史友寺刍，领着大家去厉的田地处勘测四百亩田地给裘卫。勘测的四界是，北到厉的田，东到散的田，南到散的田和政父的田，西到厉的田。邦君厉亲自到场将田地付给裘卫。厉叔子夙、

① 刘海年、杨一帆总主编：《中国珍稀法律典籍集成》甲编第一册，科学出版社 1994 年版，第 316 页。

厉的管家𩰬、庆癸、𤼈𧜟、荆人敢、井人倡屖、卫小子者，举行宴会并送礼。卫为此制作了鼎，希望卫家子孙一万年永远宝用，这是王五年进行的祀。

《鬲攸从鼎》是西周晚期青铜器，现收藏于日本黑川古文化研究所。该鼎腹内壁铸有铭文，记载了周厉王时期大贵族鬲从与攸卫牧之间的田租争讼案。

惟卅又二年三月初吉壬辰，王在周康宫𠈇大室。鬲从以攸卫牧告于王曰："女（汝）觅我田牧，弗能许鬲从。"王命眚（省）。吏南以即虢旅。虢旅乃使攸卫牧誓词曰："我弗具付鬲从其且（租），射分田邑，则放。"攸卫牧则誓。①

此铭文可译为，在周厉王三十二年三月初一那天的辰时，周王正在周康宫的侧旁大室，大贵族鬲从到周王处控告攸卫牧："攸卫牧你租赁了我的土地，但却未履行契约所规定的应该给付的租金。"周王命令叫南的官吏将鬲从和攸卫牧带到官员虢旅处，虢旅是司誓官，他让违反契约的攸卫牧立誓说："我如果再不全部付给鬲从租金，以酬谢他租给我田邑，那甘愿被处以流放的刑罚。"于是攸卫牧依据虢旅的指示立了上述的誓言。这表明攸卫牧服从了周王对他的败诉判决。鬲从为此制定了该鼎，记录下该案的胜诉，以纪念先祖，并希望自己的子子孙孙也永远宝用。

先秦时期土地是民事法律关系中最为重要的财产。一般认为，田地纠纷的产生应以土地私有权的确立为前提。西周初年实行土地国有的井田制，《诗经·小雅·北山》云："溥天之下，莫非王土；率土之滨，莫非王臣。"这说明周王作为国家的代表，名义上是全国土地的所有者。在土地国有的情况下，土地的流转主要是周王通过分封与赏赐实现的。各级诸侯贵族因封赏而获得的土地原则上不允许私自转让或买卖，也就是"田里不鬻"。② 但至西周中后期，由于生产力水平的提高，诸侯国实力增强，

① 刘海年、杨一帆总主编：《中国珍稀法律典籍集成》甲编第一册，科学出版社 1994 年版，第 334—335 页。

② 《礼记·王制》。

周王室的控制力逐渐衰微。各级诸侯贵族的封地虽理论上仍为周王所有，但实际上已成为各级封主的私产，土地国有制逐渐解体，土地私有制度开始出现。上述西周中期的《五祀卫鼎》和西周晚期的《鬲攸从鼎》上铭文所载的关于田土纠纷的案件便是对当时土地私有权已经确立起来的很好的印证。

（一）起诉与受理

根据《周礼》的记载，西周时期已有了专门的司法审判机关。中央司法审判机构是大司寇和小司寇。“大司寇之职，掌建邦之三典，以佐王刑邦国，诘四方。……以两造禁民讼，入束矢于朝，然后听之。以两剂禁民狱，入钧金，三日，乃致于朝，然后听之。”①“小司寇之职，掌外朝之政，以致万民而询焉。……以五刑听万民之狱讼。”②但《周礼》一书成书于后代，存在理想化色彩，其可信度一直众说纷纭。一般认为，司寇作为专门的审判组织在西周时期比较简单，至春秋时期方发展健全起来。

周王作为国家的最高统治者，其拥有最高的司法权，这可见于《鬲攸从鼎》的铭文。鬲从直接到周王所在的宫殿处控告攸卫牧违背约定不交租金。此外，西周时期，司法权依附于行政权，行政机关的长官兼理司法审判也是常态。《五祀卫鼎》的铭文记载了井伯、伯邑父、定伯等五个执政大臣集体审理卫与厉之间的田土纠纷，这体现了当时一些行政官员可以参与司法审判。

关于地方田土等民事纠纷案件的审理，由于史料的阙如，考证困难。目前可见的史料有《史记》中记载的燕召公巡行乡邑，审理案件之事。“召公之治西方，甚得兆民和。召公巡行乡邑，有棠树，决狱政事其下，自侯伯至庶人各得其所，无失职者。召公卒，而民人思召公之政，怀棠树不敢伐，哥咏之，作《甘棠》之诗。”③此文记述了燕召公巡行乡邑之时，在棠

① 《周礼 · 秋官 · 大司寇》。
② 《周礼 · 秋官 · 小司寇》。
③ 《史记》卷三四《燕召公世家》。

树下审理案件，其中应该包括田土等民事纠纷所引发的案件。

西周时期田宅等民事诉讼中已出现了代理制度。“凡命夫命妇不躬坐狱讼。”①郑玄注：“命夫”是指“其男子之为大夫者”；“命妇”是指“其妇人之为大夫之妻者”。可见，当时允许大夫以上的各级贵族及其妻子在成为案件当事人时可以不亲自参加诉讼，而是由其下属或子弟代理诉讼。

西周时期，田宅等民事案件被司法机关受理需要当事人先交纳“束矢”为前提。“以两造禁民讼，入束矢于朝，然后听之。”②束矢，一百支箭也。郑玄注：取其直也，诗曰其直如矢。但在出土的西周铭文记载中未见提及束矢，而提及需要交纳当时的货币贝或铜。如《扬簋》：“王若曰：扬，作司空……及司寇，……讯讼，取征五鋝。”③征为当时的货币铜，鋝为当时的计量单位。

春秋战国时期，各诸侯国已经建立起初具规模的司法审判机构。但各国的司法官名称各有不同，负责审理各种刑民事案件。春秋时期晋国的司法官称“理”和“士”；齐国称之为“司寇”和“士”；郑国分司寇和野司寇，二者管辖区域不同：司寇掌管都城，野司寇则管理郊野；宋国有大司寇、少司寇之分；楚国的司法官称为“司败”和“廷理”等。战国时期各国司法官的名称仍是不同，秦国称为“廷尉”等。《左传》中记载了由晋国的最高司法官“理”来审理的一起田土纠纷案件。

> 晋邢侯与雍子争鄐田，久而无成。士景伯如楚，叔鱼摄理。韩宣子命断旧狱，罪在雍子。雍子纳其女于叔鱼，叔鱼蔽罪邢侯。邢侯怒，杀叔鱼与雍子于朝。宣子问其罪于叔向。叔向曰：“三人同罪，施生戮死可也。”雍子自知其罪而赂以买直，鲋也鬻狱，邢侯专杀，其罪一也。

---

① 《周礼·秋官·小司寇》。

② 《周礼·秋官·大司寇》。

③ 中国社会科学院考古研究所：《殷周金文集成》编号4294，中华书局2007年版，第2640页。

已恶而掠美为昏,贪以败官为墨,杀人不忌为贼。夏书曰:"'昏、墨、贼、杀',皋陶之刑也,请从之。"乃施邢侯而尸雍子与叔鱼于市。①

该案件中晋国的邢侯与雍子争田的案子由司法官"理"士景伯审理很长时间仍未解决,后士景伯被派往楚国,于是由叔鱼代理司法官"理"来审案。由此可见,在春秋时期各国审理田土等民事纠纷已经由固定的司法组织来审理。

《包山楚简》中记载了几个田土纠纷的侵权案件。其中第77简和第94简记载了两起擅自扩大了田界所引发的田土纠纷的诉讼。② 由于简文所记载的案件极为简略,无法分析案件的具体审理过程。但是通过仅有的简文可见,在战国时期擅自扩大田界是引发争田诉讼的一个重要起因。此外,包山楚简中还记载了一起因征用田地为"王士"墓地违规所引发的田土纠纷,此案称为"鄗左司马征地案"③。该案件分别记载于第65、81、155、155B简文之中。案情大致是,为安葬"王士"进行征地以作为其墓地,但征地过程中侵害了土地所有人周赐的权益,于是他起诉控告,鄗官府受理了周赐的诉求。但由于简文记述简略,至于该案件如何审结则不可知。该案涉及田地的一类型——墓地。按照西周以来确定的丧葬制度,墓地的规制以当事人的身份地位来确定。"王士"是楚王的近侍,为其征用了一块比较大的墓地,这超出了他的身份所确定的丧葬规格。这次不合规制的征地为墓地的行为侵害了周赐的土地所有权,进而引发了田土纠纷的诉讼。

(二)审判与执行

西周时期田土等民事纠纷的审理需要双方当事人都到庭,"两造具备,师听五辞。"④从上述《五祀卫鼎》的铭文"正乃讯厉曰:'女(汝)贾田

---

① 《左传·召公十四年》。

② 参见张伯元:《包山楚简案例举隅》,上海人民出版社2014年版,第64—65页。

③ 参见张伯元:《包山楚简案例举隅》,上海人民出版社2014年版,第249—257页。

④ 《尚书·吕刑》。

不?’厉乃许曰”可见,当卫控告厉违背土地补偿契约时,井伯、伯邑父、定伯等五个执政大臣对厉进行了讯问。这表明田土纠纷的审理过程中,两造,即双方当事人,都要到庭。此外,在《五祀卫鼎》的铭文记载可见,参与此案审理的是井伯、伯邑父、定伯等五个执政大臣,他们共同审理此案,这与现代审判制度中合议制相似。当然,这一田土纠纷的审判之所以采取合议制的方式,可能主要是与案件当事人的身份地位较为尊贵有关,如厉是邦君。

虽然与夏商两代相比西周时期的法律制度中神权法色彩已经淡化许多了,但在青铜铭文上所记载的田土等民事纠纷案件中,审判与执行过程仍保留了一些神权法色彩。如让败诉的一方当事人立誓来保证履行判决。《五祀卫鼎》的铭文记述,井伯等五大臣作出裁决,命令被判败诉的厉立誓保证执行判决。《鬲攸从鼎》的铭文中记载虢旅乃使攸卫牧誓,攸卫牧则誓。其意是在周王裁决攸卫牧败诉后,让人将原告鬲从和被告攸卫牧带到虢旅处,虢旅应是司誓官,他让攸卫牧立誓保证全部付给鬲从租金,于是攸卫牧便依其所言进行了立誓。让败诉一方当事人立誓保证执行判决,反映出西周时期作为人类社会发展的早期,包括司法制度在内的整个国家制度对民众和社会的控制力较弱,仍需要借助人们敬畏神灵的心理来实现国家的治理。

此外,《鬲攸从鼎》铭文中攸卫牧所立的誓言是:“我弗具付鬲从其且(租),射分田邑,则放。”意思是,如果我再不全部付给鬲从租金,以酬谢他租给我田邑,那甘愿被处以流放的刑罚。这表明西周时期对于民事侵权行为与刑事犯罪之间尚未有所区分,为了保障田土等民事案件判决的执行,可以动用如流放等刑事处罚。

二、秦汉时期田宅纠纷的诉讼与调解

秦汉时期土地的私有制已经确立,据《汉书·食货志》记载:“至秦则不然。用商鞅之法,改帝王之制,除井田民得买卖,富者田连阡陌,贫者无

立锥之地。”①可见自秦国商鞅变法之时起，秦的土地已经允许买卖。汉代颁布的《田令》中也有关于确认土地私有权的相关规定，宅田、墓地等田宅买卖已经比较普遍。西汉初年身为相国的萧何曾“贱强买民田宅数千万”②。居延汉简记载有：

建平五年八月戊□□□□广明乡啬夫宏假佐玄敢言之：“善居里男子丘张自言与家买客田居延都亭部，欲取检谨。”案张等更赋皆给，当得取检，谒移居延，如律令，敢言之。③

此简文是一份因购买土地而办理户口迁移的行政文书。男子丘张在居延购买了田地，按照当时的律令将其户口由善居里迁移到居延。从这份简文可见，汉代土地交易活动比较普遍。

此外，居延汉简中还有一份比较罕见的记载了房屋买卖契约的数据：

□□□田三顷，庐舍直百五□，长陵卖中溉田廿顷，庐舍直四百□，溉中田卅顷，庐舍直二百万□。④

从简文可见，庐舍(房屋)的买卖价格是200万。

由上述秦汉简牍和文献史料的记载可见，秦汉时期田宅的买卖活动已经比较频繁。据此可推测，田宅的纠纷必然也随之增加。但囿于秦汉时期的资料所限，对这一时期田宅纠纷的诉讼解决只能进行初步的解析。

(一)管辖与受理

秦汉时期中央集权制度建立，秦强调以法治国，汉承秦制，司法机构的建设已初具规模。秦时中央的司法机构是廷尉，负责审理皇帝交办的案件和地方上报的疑难和重大案件。汉代时沿用秦制，廷尉仍为中央司法机构(期间曾一度改称大理)。当然，最高的司法审判权实际由皇帝掌

---

① 《汉书·食货志》。

② 《史记》卷五三《萧相国世家》。

③ 谢桂华等主编：《居延汉简释文合校》下册，文物出版社1987年版，第607页。为方便阅读，笔者增加了标点。

④ 马怡、张荣强主编：《居延新简释校》上册，天津古籍出版社2013年版，第240页。为方便阅读，笔者增加了标点。

握。秦汉时期的文献史料皆有记载皇帝亲自审理案件,这其中也应包括审理田宅纠纷等民事案件。

《后汉书》记载了东汉章帝在位时,外戚权臣窦宪强买章帝之妹沁水公主园田的案件。

> 宪自恃宫掖声势,遂以贱直请夺沁水公主园田(沁水公主,明帝女)。主逼畏,不敢计。后肃宗(章帝庙号)驾出过园,指以问宪,宪阴喝不得对。后发觉,帝大怒,召宪切责曰:"深思前过,夺主田园时,何用愈赵高指鹿为马?久念使人怖。……今贵主尚见枉夺,何况小人哉!国家宪弃如孤雏腐鼠耳。"宪大震惧,皇后(窦宪为其长兄)为毁服深谢,良久乃得解,使以田还主。虽不绳其罪,然亦不授以重任。①

外戚窦宪倚仗妹妹窦皇后之势,低价强买了章帝之妹沁水公主的田园,被章帝发现后震怒,怒斥其行为如同赵高指鹿为马,连公主这样的贵主也敢强夺,更何况百姓呢。窦宪惧怕,请托其妹妹窦皇后向章帝求情。章帝命其将田园归还给公主。在这起发生在皇亲贵族之间的田园纠纷中,最终是由皇帝进行裁决,使田园归原主。由此可见,在田宅等民事诉讼中皇帝依旧如前代一样掌握着最高的司法权。

秦朝的地方司法机构分郡、县两级,郡的长官郡守、县的长官县令兼理司法。郡守的佐官郡丞、县令的佐官县丞协助长官处理田宅等民事案件。西汉地方司法机构基本沿用秦制。西汉中期武帝时为加强中央集权,将全国分为十二个州,设刺史监察各州。至东汉灵帝时,州成为高于郡的新的一级地方政权,地方司法机构划为州、郡、县三级。州的长官为州牧,负责审理郡、县的上诉案件。东汉时期,郡太守的佐官除郡丞外,还有协助审理民事案件的属吏辞曹、决曹;县令的佐官除县丞外,还有协助审理民事案件的属吏辞曹、狱掾史。上述官员审理的民事案件中应包含

---

① 《后汉书》卷二三《窦融列传》。

有田宅纠纷的案件。

在田宅纠纷等民事案件的级别管辖方面，一般认为，第一审应由县级官府受理，其中大部分田宅纠纷等民事案件在县一级官府便审结。只有一些重大的田宅纠纷等民事案件才会逐级上诉到郡和州。如汉武帝时颁布的《刺史六条》中的第一条便是，“强宗豪右，田宅逾制，以强凌弱，以众暴寡。”这表明州刺史负责审理权贵豪强占田地、住宅超标的案件，此类案件往往伴随有田宅的纠纷。

在汉代田宅纠纷等民事案件的起诉一般称为“自言”，居延汉简记载有：

甲渠戍卒淮阳始□□宁□自言责箕山队长周祖，从与贷钱千，已得六百，少四百。①

以上简文中记载的是一起借贷纠纷，原告提起诉讼被称为“自言”。西汉名臣韩延寿在任左冯翊时，巡行至高陵县，“民有昆弟相与讼田自言”。② 此处争田诉讼的提起亦称为“自言”。

（二）审判与执行

秦汉时期官府在审理田宅纠纷等民事案件过程中，重视各种证据。官府制定有关田宅的簿籍是田宅纠纷诉讼中的重要证据之一。如汉代官府制定有宅园户籍、田租籍、田命籍和田比地籍等。据张家山汉简中的《户律》记载，“民宅园户籍、年细籍、田比地籍、田命籍、田租籍，谨副上县廷，皆以箧若匣匮盛，缄闭，以令若丞、官啬夫印封，独别为府，封府户……有争者，以券书从事；无券书，勿听。”③此外，田宅交易过程中所订立的契约也是田宅纠纷的诉讼中的重要证据。汉代的土地契约已经形成了一定的固定格式，如东汉灵帝时订制的《东汉建宁二年（169）怀县王未卿买田

① 马怡、张荣强主编：《居延新简释校》上册，天津古籍出版社 2013 年版，第 20 页。为方便阅读，笔者增加了标点。

② 《汉书》卷七六《韩延寿传》。

③ 张家山二四七号汉墓竹简整理小组：《张家山汉墓竹简》，文物出版社 2001 年版，第 178 页。

铅券》:

建宁二年八月庚午朔廿五日甲午,河内怀男子王未卿从河南街邮部男袁叔威买皋门亭部什三陌西袁田三亩。亩贾钱三千一百,并直九千三百。钱即日毕。时约者袁叔威。沽酒各半。即日丹书铁券为约。①

此土地买卖契约写明了立契的时间,即建宁二年八月庚午朔廿五日甲午;当事人是王未卿和袁叔威;购买的田地数量和价格,即三亩地,每亩价格三千一百,共九千三百。由此可见,至东汉时土地买卖契约的制定已经比较完善,它可作为书证,成为官府审理土地纠纷案件的重要依据。

秦代主张法治,制定了繁密的律令,案件的审理必须依法裁判。汉承秦制,刑事、民事案件的审理依然以当时所颁布的律令为主要审判依据,这在居延汉简中有所反映,如许多简文中常出现"如律令"一词,即依照律令审判之意。至汉中期时儒家学者董仲舒提出了"罢黜百家,独尊儒术"的思想,并被汉武帝所接受,这使得儒家思想逐渐成为汉代治国的主导思想。在此背景之下,开启了汉代法律儒家化的进程。在法律儒家化的进程中,"引经决狱"成为汉代司法审判的一大特色。"引经决狱"亦称"春秋决狱",是指以儒家《春秋》等经典作为司法审判的指导思想,赋予了《春秋》等儒家经典高于法律条文的法律效力,通过司法途径来实现对汉代所承继的由法家思想主宰的秦代法制的儒家化的改造。儒家所倡导的纲常礼教成为当时案件审理的重要依据,儒家的"息讼""无讼"的思想成为当时儒士出身的官员在案件审理中的更高追求,尤其是在审理被称为"细故"的田宅等民事纠纷的案件过程中。文献史料中多有记载汉代循吏在田宅纠纷等民事案件的审理中,依照儒家礼教思想审理案件,尽力息讼的事情。

(三)调解

自汉代中期儒家思想逐渐被确立为治国理政的主导思想后,汉代的

---

① 张传玺主编:《中国历代契约会编考释》(上),北京大学出版社 1995 年版,第 47 页。

地方官吏在处理田宅纠纷时，主张进行道德教化，以调解的方式来解决纠纷，从而实现了儒家少讼、息讼的目的。

如前面已提及的西汉韩延寿在任左冯翊时，巡行高陵县时所审理的兄弟争田案。在此案中，韩延寿首先将高陵县的“兄弟因田争讼自言”归咎为是自己执政不力的后果，“延寿大伤之曰：‘幸得备位为郡表率，不能宣明教化，至令民有骨肉争讼，既伤风化，重使贤长吏、啬夫、三老、孝弟受其耻，咎在冯翊，当先退。’”于是韩延寿称病闭门思过，不理诉讼，“是日移病不听事，因入卧传舍，闭合思过。”此时高陵县令也不知该如何是好，命令丞、啬夫、三老也自系待罪。而争田案中的原被告兄弟二人受到了同宗族的指责，为自己争田的诉讼行为感到后悔，“愿以田相移，终死不敢复争。”韩延寿知道后大喜，“开合延见，内酒肉与相对饮食，厉勉以意。”之后，此事在郡中传遍，郡中“二十四县莫复以辞讼自言者，推其至诚，吏民不忍欺绐。”①由上述可见，这起兄弟争田案虽最初是提起了诉讼，但最终是由各方参与调解而解决。参与调解此案的各方既有官府人员，也有宗族势力。

《后汉书·鲁恭传》记载，鲁恭任中牟令时，以道德教化作为政理，不任刑罚。许伯等人争田而提起诉讼，但太守和县令都对此不能决断。鲁恭为他们评析是非曲直，许伯等退而自责，辍耕相让。② 由此可见，此争田之讼，最终是由官员鲁恭通过道德感召，以调解的方式予以解决。此调解类型为官府调解。

汉代在官府调解中，除了上述主管官员主持调解外，一些基层组织的负责人，如三老、啬夫，对乡里的田宅纠纷是负有调解的责任的。

三、唐代田宅纠纷的诉讼与调解

唐代是中国古代社会政治、经济和文化高度发展的时期，中国传统法

① 《汉书》卷七六《韩延寿传》。
② 《后汉书》卷二五《鲁恭传》。

制在这一时期取得了长足的发展,法制建设走向完备,被后世所承继。唐代商品经济的发展较前代更为繁荣,田宅的交易活动较为活跃。唐朝的土地制度是均田制,在均田制度下,土地的买卖受到了法律的限制。但唐中后期随着土地兼并的日益严重,土地私有制不断扩展,律令对土地买卖活动的限制也逐渐放宽。依照唐制,土地可划分为官田和私田两大类。职分田、屯田、军田等官田是不允许买卖的,而口分田、永业田、赐田、园宅地、墓田等私田能否买卖则由律令区别情况专门加以规定。如口分田在唐朝原则上是不准买卖的,"诸卖口分田者,一亩笞十,二十亩加一等,罪止杖一百,地还原主,财没不追。"①但在特定情况下可以买卖,即"口分田卖充宅及碾硙、邸店之类,狭乡乐迁就宽者,准令并许卖之。"②开元时期又进一步放宽,对于狭乡迁往宽乡的情况下,也允许私卖。至于永业田最初只允许一般百姓"家贫卖地供葬"和官员"其五品以上若勋官"的情况下卖之。开元二十五年放宽为"流移者也如之",即允许流亡人口买卖永业田。而赐田则允许买卖,"其赐田欲卖者,亦不在禁限。"③

由上述可见,至唐代中期均田制已逐渐瓦解,国家对土地买卖的一些禁制已放开,田宅的交易活动变得日益活跃,田宅的纠纷也伴之增多。

(一)管辖

至唐代,司法机构的建设已基本定型。在中央,大理寺是最高审判机关,负责审理朝廷百官及京师徒刑以上的案件。刑部作为中央的司法行政机关、御史台作为中央的监察机关也参与一些重大案件的审判,这当然也包括一些重大的田宅纠纷等民事案件。当然,被视为"细故"的田宅纠纷等民事案件大多在地方州县级司法机构便被解决了,能上诉到中央司

---

① 刘俊文点校:《唐律疏议》卷一二《户婚·卖口分田》,法律出版社 1999 年版,第 263 页。

② 刘俊文点校:《唐律疏议》卷一二《户婚·卖口分田》,法律出版社 1999 年版,第 264 页。

③ 刘俊文点校:《唐律疏议》卷一二《户婚·卖口分田》,法律出版社 1999 年版,第 264 页。

法机构的田宅纠纷等民事案件或是涉及皇族贵戚、高级官员，或是由民事侵权案件转化为严重的刑事案件。①

唐代的地方司法机构主要是州县两级，其长官刺史、县令行政兼理司法。县级司法机构作为田宅纠纷等民事案件的第一审级，大多数的案件由它审判结案。县令下设县尉二人，"一判户、功、仓，其署曰东厅；一判兵、法、士，其署曰西厅。"②东厅的县尉是主管田宅纠纷等民事案件的判官。县尉下又设司户佐、司户史这样的佐吏，他们在县尉的指示下参与民事案件审理过程中所涉及的一些具体事务的处理。州级司法机构负责审理一些重大的田宅纠纷等民事案件。州的长官刺史之下设有司户参军事，负责具体审理婚姻、田土等民事案件。

在级别管辖方面，田宅纠纷等民事案件以县为第一审的司法机构。如若不服第一审官府的判决，当事人可以逐级上诉。在案件逐级上诉的过程中，当事人需要向原审官府申请发给"不理状"，上级官府凭此受理上诉案件。唐代中后期法制紊乱，一些民事诉讼的审级管辖混乱，于是有大臣上奏请求整顿，大历十四年（779）七月理匦使崔造奏："亡官失职、婚田两竞、追理财物等，并合先本司，本司不理，然后省司，省司不理，然后三司，三司不理，然后合报投匦进状。如进状人未经三处理，及事非冤屈，辄妄来进状者，不在进限。如有急切须上闻，不在此限。其妄进状者，臣今后请并状牒送本司及台府处理。敕旨，依奏。"③可见当时婚田等民事案件的级别管辖出现了紊乱，一些案情非冤屈或急切的婚田等民事案件未逐级上诉审理而采取了直诉的方式，即越过本司、省和中央的三司而直接投匦进状，使受理的官府不堪重负，奏请皇帝允许将这些状牒送回本司及台府，按律令所规定的级别管辖顺序进行审理。

---

① 参见张晋藩：《中国古代民事诉讼制度》，中国法制出版社 2018 年版，第 75 页。

② （宋）李昉等编：《文苑英华》卷八〇六《记十 · 同州韩城县两尉厅壁记》，中华书局 1966 年版，第 4260 页。

③ 《唐会要》卷五五。

此外，从上述理匦使崔造的奏文可见，对于有冤屈的或急切的婚田等民事案件允许以投匦的方式直诉。直诉制度早在西周时期便已出现了，至唐代时相关法律规定日益完善。依据级别管辖的要求，民事案件的控告应是逐级上诉，否则将被官府视为越诉而拒绝受理。但直诉制度却允许当事人或其亲属直接赴京控告，并对民事案件的性质有所要求，即只能是冤屈无处申诉的、急切的或案情重大的一些民事案件。唐代的直诉制度除了上述的投匦制度外，还有邀车驾、挝登闻鼓、上表和立肺石制度。《唐律疏议·斗讼》规定，"诸邀车驾及挝登闻鼓，若上表，以身事自理诉，而不实者，杖八十。"①《唐会要》载，"其年（垂拱元年，即685）二月制，朝堂所置登闻鼓及肺石，不须防守。其有搥鼓石者，令御史受状为奏"。②

在地域管辖方面，"先由本司、本贯，或路远而踬碍者，随近官司断决之"。③ 此处可见，本司、本贯是指案件发生地，如果因路途遥远而碍于审理的案件，则可由就近的当地官府审断。据此推知，在地域管辖方面，一般情况下，由案件发生地的官府审理，而在特殊情况下（如路途遥远）则由就近的官府审理。

（二）起诉与受理

唐代对田宅纠纷等民事诉讼当事人提起诉讼的资格存在一些限制：首先，子孙不得告祖父母、父母，"诸告祖父母、父母者，绞。"④其次，部曲、奴婢不得告主人，"诸部曲、奴婢告主，非谋反、逆、叛者，皆绞。"⑤最后，对于年八十岁以上、十岁以下及笃疾者，不得提起民事诉讼。"即年八十以

① 刘俊文点校：《唐律疏议》卷二四《斗讼·诸邀车驾挝登闻鼓诉事不实》，法律出版社1999年版，第481页。

② 《唐会要》卷六二。

③ 《唐六典》卷六《尚书刑部》。

④ 刘俊文点校：《唐律疏议》卷二三《斗讼·告祖父母父母》，法律出版社1999年版，第465页。

⑤ 刘俊文点校：《唐律疏议》卷二四《斗讼·部曲奴婢告主》，法律出版社1999年版，第472页。

上，十岁以下及笃疾者，听告谋反、逆、叛、子孙不孝及同居之内为人侵犯者，余并不得告。官司受而为理者，各减所理罪三等。”①唐律的制定以“德礼为政教之本，刑罚为政教之用”为指导思想，上述对当事人提起民事诉讼的资格限制深刻体现了唐律“一准乎礼”的特征。在儒家所倡导的纲常伦理思想的影响之下，严禁卑幼控告尊亲属和部曲、奴婢控告主人这样不忠不孝的行为，而对年八十以上，十岁以下及有笃疾者不得提起民事诉讼的规定则体现了儒家的恤刑思想。

农业是中国古代社会的经济基础，农务历来受到各级官府的重视。颁布各种律令来保障农业生产的顺利进行是统治者治国的重要方略。在司法制度方面，统治者认为田宅、婚姻等所谓“细故”的民事诉讼不应在农忙时节提起，因为解决这些民事纠纷难免会牵扯到官府和百姓的精力，从而不利于农业生产。于是，至唐代制定了务限法，即在农忙时节禁止提起民事诉讼。唐开元年间制定的《杂令》载：“谓诉田宅、婚姻、债负，起十月一日，至三月三十日检校，以外不合。若有文案，交相侵夺者，不在此例。”②据此可见，关于田宅、婚姻、债负之类的民事案件应在每年的十月初一至第二年的三月三十日间起诉和受理，其余时间不得受理民事案件。务限法自唐确立后，被后世各代所承继。

唐代律令中对于田宅纠纷等民事诉讼的提起有类似于现代诉讼时效规定。关于田宅典卖的诉讼时效，据《宋刑统》所引唐元和六年颁布的敕文，“应田土、屋舍有连接交加者，当时不曾论理，伺候家长及见证亡殁，子孙幼弱之际，便将难明契书扰乱别县，空烦刑狱，证验终难者，请准唐长庆二年(822)八月十五日敕：‘经二十年以上不论’，即不在论理之限。有故留滞在外者，即与出除在外之年。违者，并请以‘不应得

① 刘俊文点校：《唐律疏议》卷二四《斗讼·囚不得告举他事》，法律出版社1999年版，第475页。

② [日]仁井田陞：《唐令拾遗》，栗劲、霍存福等编译，长春出版社1989年版，第788页。

为'从重科罪。"[①]据此文可见，对于田宅相邻的纠纷，经过二十年未诉的，官府不予受理。如果期间是因故滞留在外地而未提起诉讼的，在时效的计算中可以扣除在外的年份。

田宅纠纷等民事诉讼的提起原告需要提交诉状，即"辞牒"。它既可以由当事人自己写，也可以找人代书。但对被雇的代书人唐律要求其据实撰写诉状，否则予以处罚。《唐律疏议》规定："诸为人作辞牒，加增其状，不如所告者，笞五十；若加增罪重，减诬告一等"。[②] 官府接受辞牒后，开始据此审理案件。吐鲁番出土的文书中保留有此类文书。如《唐麟德二年(665)牛定相辞为请勘不还地子事》：

麟德二年十二月□日，武成乡牛定相辞：宁昌乡樊粪縋父死退田一亩□县司：定相给得前件人□分部一亩，径(经)今五年有余□，从嗦(索)地子，延引不还。请付宁昌乡本□里追身，勘当不还地子所由。谨辞。□付坊追粪縋过县□对当。果示□。十九日。[③]

该文书大意是，唐麟德二年十二月某日，武成乡的牛定相向县司提交"辞牒"告宁昌乡樊粪縋，称其父死后应退田一亩。牛定相租给樊粪縋一亩口分田，已经过去五年多了，樊粪縋未向他支付地子(地租)。于是，牛定相请求将住在宁昌乡的樊粪縋追身(即传讯)，讯问他不交地租的理由。县里批示令其所住之坊将樊粪縋传讯到县衙，当面进行对质。

据此文书记载可了解到，当时田宅纠纷解决的一些诉讼程序。先由原告向县衙提交诉状"辞牒"，县衙受理案件后根据"辞牒"对被告进行讯问，即"追身"。负责传讯被告的是基层组织负责人坊正。这也表明县以下的基层组织负责人里正、坊正和乡正的职责之一是协助县衙办案。

---

① 薛梅卿点校：《宋刑统》卷一三《户婚・典卖指当论竞物业》，法律出版社1999年版，第232页。

② 刘俊文点校：《唐律疏议》卷二四《斗讼・为人作辞牒加状》，法律出版社1999年版，第479页。

③ 唐长孺主编：《吐鲁番出土文书》第五册，文物出版社1983年版，第92页。

（三）审判

田宅纠纷案件官府受理后，需要首先审查审判官员和诉讼当事人之间是否需要回避。《唐六典》载，“凡鞫狱官与被鞫人有亲属、仇嫌者，皆听更之。注云‘亲谓五服内亲及大功以上婚姻之家，并授业经师为本部都督、刺史、县令，及府佐于府主，皆同换推。’”①换推意为换人推鞫，即换人审判，以防止审判官员因与当事人之间有亲故仇嫌而妨碍公正审判。

田宅纠纷等民事案件审判过程中证据至关重要。民事诉讼的证据以书证为主，其中田宅方面的契约文书是当时审理田宅纠纷的重要书证。在吐鲁番出土的文书中保存有许多唐代田宅买卖的契约文书如《吐番未年敦煌安环清卖地契》：

宜秋十里西支地壹段，共柒畦，拾亩。未年十月三日，上部落百姓安环清，为突田债负，不办输纳，今将前件地出买（卖）与同部落人武国子。其地亩别断作斛㪷汉斗壹硕陆斗，都计麦壹拾伍硕，粟壹硕，并汉斗。一卖以后，一任武国子修营佃种。如后有人忏挃识认，一仰安环清割上地佃种与国子。其地及麦当日交相分付，一无悬欠。一卖□如若先翻悔，罚麦伍硕，入不悔人。已后若恩敕，安清罚金伍两，纳入官。官有政法，人从私契。两共平章，书指为记。

母安年五十二

地主安环清年二十一

师叔正灯（押）

见人张良友

姊夫安恒子②

在这份土地买卖契约的文末，当事人约定了违反契约的罚则。“官有政法，人从私契”是当时订立土地买卖契约时常出现的固定套语，它体

① 《唐六典》卷六《尚书刑部》。

② 张传玺主编：《中国历代契约会编考释》（上），北京大学出版社1995年版，第216页。

现了土地纠纷的解决具有私法自治的色彩,土地契约在解决纠纷时具有重要的证明力。

再如《丙子年(856)敦煌沈都和卖舍契》:

慈惠乡百姓沈都和,断作舍物,每尺两硕贰斗五升,准地皮尺叔,算著舍椟物贰拾玖硕伍斗陆升九合五圭干湿谷米。其舍及□,当日交相分付讫,并无升合玄(悬)欠。自卖已后,一任丑挞男女收舍居,世代为主。若右(有)亲因(姻)论治此舍来者,一仰丑挞并畔(判)觅上好舍充替一院。或遇恩敕大赦流行,亦不在论理之限。两共对面平章为定,准格不许休悔。如若先悔者,罚楼机绫一匹,充入不悔人。恐人无信,故立私契,用为后凭。丙子年三月一日立契僧智进自手题之耳记也。〔后缺〕①

以上是一份买卖房舍契约,在文末提及"恐人无信,故立私契,用为后凭",这表明私契是解决宅舍纠纷时的重要凭证。

此外,唐代官府制定的籍账是登记户口、田地、赋税等的簿册,其内容上主要是所属县乡、年代、户主、应受田者、其他的家口、应受田、已受田、永业田、田地的四至、园宅地、课不课等。这些账册里关于田宅的记载是解决田宅纠纷最为有证明力的官方证据。

(四)执行

在唐代,对于田宅纠纷等民事案件判决的执行一般在主审官员的主持之下当堂执行,由当事人当堂交付地契、钱款等,各自向衙门具呈交状以用来官府存盘,以防日后又起纷争。如果当事人拒不履行判决,官府可以强制执行。对拒不履行判决的一方当事人予以一定的刑事处罚,如拘禁。

儒家强调以德为政,倡导重民、爱民、利民的民本思想。官员大多儒生出身,儒家亲民、爱民的思想在田宅纠纷等民事案件判决的执行中亦有

① 张传玺主编:《中国历代契约会编考释》(上),北京大学出版社 1995 年版,第 223—224 页。

体现。当时一些官员会用自己的私钱替欠债的穷苦百姓了结债务,为此赢得了社会舆论的赞誉。《新唐书》载有一起因田地租佃所引发的债务纠纷,当时的官员殷秀实替佃户还债之事。“初,秀实为营田官。泾大将焦令谌取人田自占,给与农,约熟归其半。是岁大旱,农告无收入,令谌曰:‘我知入,不知旱也。’责之急,农无以偿,往诉秀实。秀实署牒免之,因使人逊谕令谌。令谌怒,召农责曰:‘我畏段秀实邪?’以牒置背上,大杖击二十。舆致廷中。秀实泣曰:‘乃我困汝。’即自裂裳裹疮注药,卖己马以代偿。淮西将尹少荣颇刚鲠,入骂令谌曰:‘汝诚人乎! 泾州野如赭,人饥死,而尔必得谷,击无罪者。段公,仁信大人,惟一马,卖而市谷入汝,汝取之不耻? 凡为人傲天灾,犯大人、击无罪者,尚不愧奴隶邪!’令谌闻,大愧流汗,曰:‘吾终不可以见段公。’一夕,自恨死。”①

(五)调解

唐代沿袭汉代,对田宅等民事纠纷注重以调解的方式解决。一些官员因善于运用调解的方式处理民事纠纷而有“良吏”“循吏”之誉。如唐开元年间,韦景骏为贵乡的县令,在审理一起母子相讼的案件时,以儒家的孝道观念进行感化教育,并自责这样纠纷的出现是其教化不力所致。交《孝经》于母子令习之大义,最终“母子感悟,请自新,遂称慈孝。”②此外,一些退休回乡的官员,因其良好的道德信誉或特殊身份,作为乡绅参与乡里的一些民事纠纷的调解活动。

唐代县政权之下的基层组织分为两类:一是乡、里,一是村、坊。前者为准基层政权,后者为居民社区的自治性组织。百户为一里,五里为一乡。乡长是虚位,实际负责乡里事务的是里正。村、坊则是按照居住区域来进行划分的,被划分为乡村居民户和坊郭居民户。村、坊的管理

① 《新唐书》卷一五三《段秀实列传》。
② 《旧唐书》卷一八五(上)《良吏·韦机附孙景骏传》。

人员为村正、坊正。[①] 此外,乡还置耆老,由德高望重之人担任。以上基层组织的负责人里正、村正、坊正以及耆老等对田宅等民事纠纷进行调解。

四、宋代田宅纠纷的诉讼与调解

与前代相比,宋代商品经济的繁荣发展又上了一个新台阶,再加之宋初即在土地制度方面确立了“不抑兼并”“田制不立”的土地政策,促使宋代的土地交易活动大增。而土地的租佃制与租赁制在宋代的长足发展,又进一步促使宋代的土地交易活动更为频繁。此外,儒家传统的义利观,即重义轻利思想,在宋代商品经济迅猛发展的冲击下逐渐转变为义利并重,这使得宋代社会的各阶层在观念上也逐渐形成了重商的思潮。田宅交易的频繁伴随而来的便是田宅纠纷的增多,这使得宋代的民间出现“健讼”“好讼”“嚣讼”之风。如《名公书判清明集》中记载了一起盛荣诉友能强占竹地、桑地的纠纷,其中提及“此盛荣所以反复嚣讼不已也。……如盛荣再敢健讼,照已判断治施行。”[②]面对民间田宅之讼的盛行,宋代政府一方面加强田宅方面的立法力度,承认并保护田宅等私有财产,规范田宅纠纷解决的法律程序。宋人袁采撰写的家训《袁氏世范》中的卷下治家中的《田产宜早印契割产》一篇中提及:“官中条令,惟交易一事最为详备,盖欲以杜争端也。而人户不悉,乃至违法交易,及不印契约、不离业、不割税,以至重叠交易,词讼连年不决者,岂非人户自速其辜哉!”[③];另一方面由于不堪田宅纠纷的冗繁,官府则提倡“息讼”,在解决田宅纠纷时以儒家“和为贵”等伦理思想来教化民众,审理案件,并制定

---

① 参见张国刚:《唐代乡村基层组织及其演变》,《北京大学学报》(哲学社会科学版)2009年第5期。

② 中国社会科学院历史研究所宋辽金元史研究室点校:《名公书判清明集》(上册)卷六《户婚门·争屋业·再判》,中华书局1987年版,第190—191页。

③ 夏家善主编,贺恒祯、杨柳注释:《袁氏世范》,天津古籍出版社2016年版,第168页。

相关法律以减少田宅纠纷等民事诉讼中缠讼的情况。

（一）管辖

宋代中央司法机构的设置基本沿袭了唐制，设有大理寺、刑部和御史台。上述司法机构一般是田宅纠纷等民事案件的上诉机构。如《名公书判清明集》中记载了南宋时一起出继子余自强盗卖本生家田所引发的田土纠纷，该案的审理经州郡、监司至御史台方审结。① 此外，在元丰改制之后，户部设左、右曹，左曹有审理田债等民事纠纷上述案件的职权。至南宋之时，户部左曹内分户口案、检法案和农田案，其中农田案掌管田讼、务限之讼。如《名公书判清明集》记载的黄清仲与陈鈇争田之讼，该案曾诉至户部。“今状却称陈鈇经户部妄诉，蒙符本府准索砧基，被妄作揩改曲断。”②户部所受理的田宅纠纷等民事上诉案件大都转送到本案的非原审机构的地方监司或州郡进行审理，对这些案件的审理情况户部还要稽考。③

京畿地区的案件审理，北宋时由开封府审理，南宋时由临安府审理。开封府下设左、右厅，府院等司法机构，其中府院置司录参军一人，专门审理包括田宅在内的民事案件。此外，开封府还下设六曹：功、仓、兵、户、士、法，负责审理与本曹相关的民事案件。临安府设知府一人，通判二人负责案件的审理，府下司法机构的设置基本仿北宋旧制。

宋代的地方司法机构主要有县、州（府、军、监）和路三级。县的长官为知县或县令，其负责县级行政并兼理司法，其属官主要有县丞、主簿和县尉。州的长官为知州，其下设通判，通判下又设司法参军、司理参军、录事参军等属官。宋代实行“鞫谳分司”制度，即案件的审讯与法律的适用

---

① 中国社会科学院历史研究所宋辽金元史研究室点校：《名公书判清明集》（上册）卷九《户婚门·违法交易·出继子卖本生位业》，中华书局1987年版，第297—298页。

② 中国社会科学院历史研究所宋辽金元史研究室点校：《名公书判清明集》（下册）卷一三《惩恶门·诬赖·以累经结断明白六事诬罔脱判昏赖田业》，中华书局1987年版，第510页。

③ 参见张晋藩：《中国古代民事诉讼制度》，中国法制出版社2018年版，第135页。

分开，各由专职官吏负责，他们各司其职，不允许相互商议，违者处刑。如司法参军根据案件审讯的结果，负责检法议罪；司理参军则负责案件的调查审讯。宋太宗时设路一级监察机构，其下有转运使司、提点刑狱司、提举常平司等机构，统称为“监司”。监司虽然各自职掌不同，但都可受理田宅纠纷等民事上诉案件。与前代相比，宋代加强了州县长官的司法责任，要求州县长官亲临听讼，“州县官不亲听囚而使吏鞫讯者，徒二年。”①此举是为了杜绝胥吏枉法裁判，具有历史进步性，但在司法实践中由于州县长官所职掌的事务繁杂，长官亲临听讼这一制度并未彻底贯彻施行。

在级别管辖方面，县是受理田宅纠纷等民事案件的第一审司法机构，当事人如果对县级司法机构的判决不服，可以逐级上诉，“人户诉讼，在法先经所属，次本州，次转运使，次提点刑狱司，次尚书本部，次御史台，次尚书省。”②其中的“先经所属”是指县一级司法机构。在审级方面，宋代没有限制，但法律要求当事人不得越诉。如《宋刑统》明文规定：“诸越诉及受者，各笞四十。”其议曰：“凡诸辞诉，皆从下始。从下至上，今有明文。谓应经县而越向州、府、省之类。其越诉及官司受者，各笞四十。”③

如唐代一般，宋代法律也规定了邀车驾和挝登闻鼓的直诉制度，《宋刑统》规定，“即邀车驾及挝登闻鼓，若上表诉，而主司不即受者，加罪一等。”④但宋代法律规定，挝登闻鼓依法应被受理的案件应是当事人逐级上诉却不被受理的案件，“诸州吏民诣鼓司、登闻院诉事者，须经本属州县、转运司，不为理者，乃得受。”⑤宋初设立的鼓司与登闻院在景德四年（1007）分别改为登闻鼓院与登闻检院，两院原本所受理的案件相近。宋仁宗天

① （宋）马端临：《文献通考》卷一六七《刑考六·刑制》，中华书局 2011 年版，第 5011 页。

② （清）徐松辑：《宋会要辑稿·刑法》三之三一，中华书局 1957 年版，第 6593 页。

③ 薛梅卿点校：《宋刑统》第二十四卷《讼律·越诉》，法律出版社 1999 年版，第 431 页。

④ 薛梅卿点校：《宋刑统》第二十四卷《讼律·越诉》，法律出版社 1999 年版，第 431 页。

⑤ （清）徐松辑：《宋会要辑稿·职官》三之六四，中华书局 1957 年版，第 6609 页。

圣八年(1030)下诏,将两院的职掌进行了明确的划分,"登闻检院,今后诸色人投进实封文状,……不系婚田公事,即与接收投进。……所有争论婚田公事,今后并仰诣登闻鼓院投进。"①

在地域管辖方面,由于宋代依旧是田宅纠纷等民事诉讼依附于刑事诉讼,所以可参考刑事诉讼的地域管辖规定来了解田宅纠纷等民事诉讼的地域管辖情况。"诸犯罪皆于事发之所推断",②即田宅纠纷等民事诉讼一般由纠纷发生地的司法机构来审理。

(二)起诉与受理

1. 宋代对田宅等民事诉讼当事人提起诉讼的资格存在一些限制:

首先,提起诉讼的当事人有年龄的限制。如乾德四年(966)诏曰:"七十以上争讼婚田,并令家人陈状"。③ 将起诉人年龄的上限定为七十岁,但倘若年七十以上的起诉人无家人代为陈状,应"当令宗族中一人同状,官乃得理"。④ 又倘若孤老无宗族者,则不受上述规定的限制,即《宋刑统》规定,"或虑有悼、耄、笃疾之人,同居更无骨肉,被人侵损,须至理诉者,请今后官司亦须受理。"⑤

其次,废疾者、妇女不得起诉,可由家人代理。废疾者的诉讼代理与年七十以上的老者相同,而妇女则"非单独无子孙孤孀,辄以妇女出名不受。"⑥也就是说,妇女通常无起诉的权利,一般由父兄或子孙代理起诉,只有在妇女无亲属的情况下才允许其本人起诉。

---

① (清)徐松辑:《宋会要辑稿·刑法》三之一七,中华书局1957年版,第6586页。
② (宋)谢深甫编撰,戴建国点校:《庆元条法事类》卷七三《刑狱门三·决遣·断狱令》,载杨一凡、田涛主编:《中国珍稀法律典籍续篇》(第一册),黑龙江人民出版社2002年版,第744页。
③ (清)徐松辑:《宋会要辑稿·刑法》三之一〇,中华书局1957年版,第6582页。
④ (清)徐松辑:《宋会要辑稿·刑法》三之一一,中华书局1957年版,第6583页。
⑤ 薛梅卿点校:《宋刑统》第二十九卷《断狱律·不合拷讯者取众证为定》,法律出版社1999年版,第537页。
⑥ 中国社会科学院历史研究所宋辽金元史研究室点校:《名公书判清明集》(下册)附录五《黄氏日抄·词诉约束·词诉条书》,中华书局1987年版,第638页。

再次,在田宅纠纷等民事诉讼中若出现亲属之间的争讼,则允许他们相互论告。不仅可以尊长论告子孙卑幼,更是允许子孙卑幼论告尊长,这与前代相比是一大历史进步。《宋刑统》议曰:“其相侵犯,谓周亲以下、缌麻以上,或侵夺财物,或殴打其身之类,得自理诉。非缘侵犯,不得别告余事。”①《宋刑统》规定:“【准】杂令:诸家长在,而子孙弟侄等不得辄以奴婢、六畜、田宅及余财物私自质举,及卖田宅。其有质举卖者,皆得本司文牒,然后听之。若不相本问,违而辄与及买者,物即还主,钱没不追。”②在此,法律禁止子孙卑幼在家长在时私自进行田宅等民事交易活动的权利。《名公书判清明集》中便记载了一起尊长论告其子盗卖田地的案件,即作为尊长的父亲阿江到县衙论告其长子陈安国盗卖田业。③《名公书判清明集》中还记载了一起子孙卑幼论告尊长的案件,即作为继子的蒋汝霖诉继母叶氏将其养老田通过遗嘱的方式给予亲生女所引发的田业纠纷案件。虽然在该判决书中审理此案的翁浩堂也提出了这样的疑问:“盖叶氏乃蒋森后娶之妻,蒋汝霖乃蒋森元养之子,子可以诉继母乎?”可官府仍旧受理了此案。在依法裁断田业的归属从而维护了继子蒋汝霖权益的同时,鉴于该案是子告母,有违儒家伦理纲常,即“蒋汝霖自合坐罪”,又对蒋汝霖予以惩处:“汝霖且略加惩戒,决小杖二十,再犯重治。”④由该案可见,虽然宋代法律因田宅交易等商品经济的发达,维护私有财产权观念的提升,而在一定程度上放宽了亲属之间争讼的限制,但是

① 薛梅卿点校:《宋刑统》第二十四卷《讼律·告周亲以下》,法律出版社 1999 年版,第 419 页。

② 薛梅卿点校:《宋刑统》第十三卷《户婚律·典卖指当论竞物业》,法律出版社 1999 年版,第 230—231 页。

③ 中国社会科学院历史研究所宋辽金元史研究室点校:《名公书判清明集》(下册)附录二《勉齐先生黄文肃公文集·陈安节论陈安国盗卖田地事》,中华书局 1987 年版,第 596—599 页。

④ 中国社会科学院历史研究所宋辽金元史研究室点校:《名公书判清明集》(上册)卷五《户婚门·争业下·继母将养老田遗嘱与亲生女》,中华书局 1987 年版,第 141—142 页。

儒家的伦理纲常思想仍影响着司法审判。这表明中国古代民事诉讼的裁判除依据国家制定的律法之外,儒家纲常思想的一些礼制也是裁决案件的重要依据。

最后,禁止"讼不干己事"者起诉,以防告讦他人不正之风的形成。《宋刑统》规定,"应所论讼人,并须事实干己,证据分明。如或不干己事,及所论矫妄,并加深罪。"①南宋官吏黄震在其撰写的《词诉约束》中强调"事不干己者不受。"②朱熹的《朱文公文集》中的《约束榜》也提及,"如告论不干己事,写状书铺与民户一等科罪。"③这些法律规定利于息讼、少讼。

2. 宋代对田宅之诉起诉时间的限制规定得很是详尽。

这些限制主要分为两种:一是宋代法律明确规定了田宅之诉的诉讼时效;二是宋代承袭了唐代的务限法制度并加以改进。

宋代对田宅之诉的诉讼时效的规定已比较周全,官府对超过诉讼时效的田宅之诉不予受理。《宋刑统》规定,"应田土、屋舍有连接交加者,当时不曾论理,伺候家长及见证亡殁,子孙幼弱之际,便将难明契书扰乱别县,空烦刑狱,证验终难者,请准唐长庆二年(822)八月十五日敕:'经二十年以上不论',即不在论理之限。有故滞留在外者,即与出除在外之年。违者,并请以'不应得为'从重科罪。"④在此,《宋刑统》沿袭了唐代的敕令,规定田宅之诉的诉讼时效是二十年。

根据《名公书判清明集》的记载,南宋时期对田宅之诉的诉讼时效的规定以田宅所有权变动情形的不同而有所区别:典卖田宅的诉讼时效是

---

① 薛梅卿点校:《宋刑统》第二十四卷《讼律·越诉》,法律出版社 1999 年版,第 432 页。

② 中国社会科学院历史研究所宋辽金元史研究室点校:《名公书判清明集》(下册)附录五《黄氏日抄·词诉约束·词诉条书》,中华书局 1987 年版,第 637 页。

③ 中国社会科学院历史研究所宋辽金元史研究室点校:《名公书判清明集》(下册)附录六《朱文公文集·约束榜(节录)》,中华书局 1987 年版,第 641 页。

④ 薛梅卿点校:《宋刑统》第十三卷《户婚律·典卖指当论竞物业》,法律出版社 1999 年版,第 232 页。

二十年,这与上述《宋刑统》的规定一致。“又准法:诸理诉田宅,而契要不明,过二十年,钱主或业主死者,官司不得受理”;①宋代法律规定典卖田宅应先问亲邻,保护田宅典卖过程中亲邻的各种优先权,如优先购买权、优先收赎权等。《宋刑统》规定,“应典、卖、倚当物业,先问房亲;房亲不要,次问四邻;四邻不要,他人并得交易。”②因未问亲邻而引发的田宅典卖之诉的诉讼时效是三年,“又令:诸典卖田宅满三年,而诉之以应问邻而不问者,不得受理”;③当祖父母、父母已亡,子孙典卖众分田宅而私占费用者引发诉讼纠纷时,此种田宅典卖之诉的诉讼时效是:“准法:诸祖父母、父母已亡,而典卖众分田宅私辄费用者,准分法追还,令元典卖人还价。即典卖满十年者免追,止偿其价,过十年典卖人死,或已二十年,各不在论理之限”;④论诉交易田宅以有利债负准折的诉讼实效是三年,“准法:应交易田宅,过三年而论有利债负准折,官司并不得受理”;⑤诉分财产不平的诉讼时效是三年,诉遗嘱不平的诉讼时效是十年,“在法:分财产满三年而诉不平,又遗嘱满十年而诉者,不得受理。”⑥

宋代在承袭了唐代的务限法制度的基础上,根据实践需求又进一步对其予以完善。《宋刑统·户婚律》中的“婚田入务”一条专门规定了宋代的务限法制度。首先其引用了唐杂令中关于务限法制度的规定:

---

① 中国社会科学院历史研究所宋辽金元史研究室点校:《名公书判清明集》(上册)卷四《户婚门·争业上·吴肃吴镕吴桧互争田产》,中华书局1987年版,第112页。

② 薛梅卿点校:《宋刑统》第十三卷《户婚律·典卖指当论竞物业》,法律出版社1999年版,第232页。

③ 中国社会科学院历史研究所宋辽金元史研究室点校:《名公书判清明集》(上册)卷九《户婚门·取赎·有亲有邻在三年内者方可执赎》,中华书局1987年版,第309页。

④ 中国社会科学院历史研究所宋辽金元史研究室点校:《名公书判清明集》(上册)卷四《户婚门·争业上·漕司送许德裕等争田事》,中华书局1987年版,第118页。

⑤ 中国社会科学院历史研究所宋辽金元史研究室点校:《名公书判清明集》(上册)卷四《户婚门·争业上·游成讼游洪父抵挡田产》,中华书局1987年版,第104页。

⑥ 中国社会科学院历史研究所宋辽金元史研究室点校:《名公书判清明集》(上册)卷五《户婚门·争业下·侄与出继叔争业》,中华书局1987年版,第135—136页。

"【准】杂令:谓诉田宅、婚姻、债负,起十月一日,至三月三十日检校,以外不合。若先有文案,交相侵夺者,不在此例。"①其次在杂令之后的"臣等参详"部分,对杂令中较为精炼的语句进行了释义,使得务限法的内容更为详尽:"臣等参详:所有论竞田宅、婚姻、债负之类,取十月一日以后,许官司受理,至正月三十日住接词状,三月三十日以前断遣须毕,如未毕,具停滞刑狱事由闻奏。如是交相侵夺及诸般词讼,但不干田农人户者,所在官司随时受理断遣,不拘上件月日之限。"②由上述《宋刑统》的规定可见,宋代田宅纠纷等民事诉讼的起诉时间,即住接词状的时间是每年的十月一日至次年的正月三十日,这段时间被称为务开期。至三月三十日以前官府必须将案件审理完毕。但对于不影响农务的民事诉讼,允许官府不受上述时间限制,可以随时受理审判。如果某年遭遇到自然灾害,可暂时延长起诉的期限。如宋真宗大中祥符九年(1016)曾下诏曰:"昨缘蝗旱,今始得雨,诸处务开公事比常年更延一月。"③

在务限法实施过程中出现了豪强富户利用务限制度,在典期或诉讼时效即将届满之时,故意拖延时间至务限期来阻挠贫穷农户的正常典赎活动,从而侵犯了他们的权益。为此,宋高宗绍兴二年(1132)曾下诏:"应人户典过田产,如于务限内年限已满,备到元钱收赎,别无交互不明,并许收赎。如有词诉亦许官司受理,余依条施行。"④据此可见,田产的典赎活动以及相关的词讼受理不受务限法的限制。隆兴元年(1163)又再次明确,"应婚田之讼,有下户为豪强侵夺者,不得以务限为拘。如违,许人户越诉。"⑤《名公书判清明集》亦载:"在法:诸典卖田产,年限已满,业

① 薛梅卿点校:《宋刑统》第十三卷《户婚律·婚田入务》,法律出版社1999年版,第232页。
② 薛梅卿点校:《宋刑统》第十三卷《户婚律·婚田入务》,法律出版社1999年版,第233页。
③ (清)徐松辑:《宋会要辑稿·刑法》三之四三,中华书局1957年版,第6599页。
④ (清)徐松辑:《宋会要辑稿·刑法》三之四六,中华书局1957年版,第6600页。
⑤ (清)徐松辑:《宋会要辑稿·刑法》三之四八,中华书局1957年版,第6601页。

主于务限前收赎,而典主故作迁延占据者,杖一百。"①

在司法实践中,受理田宅等民事诉讼的务开期常常会是地方长官根据本地的具体情况进行一定的调整。如在黄震所撰的《词诉约束》中提及词讼"自六月为始"②,朱熹在其所撰的《约束榜》中以"况今本州多是禺田,只有早稻收成之后,农家便自无事,可以出入理对"为由,提出"诸县争论田地词诉,可以承行理对,不必须候十月。使司已于六月十八日符长沙等一十二县遵守施行讫。"③

3. 宋代对田宅之诉所应提交的诉状有着严格的要求。

《宋刑统》对于诉状的内容要求是:"诸告人罪,皆须明注年月,指陈实事,不得称疑。"④《宋刑统》还规定书状可以自己书写,亦可雇人书写,甚至可以白纸为诉状。"其所陈文状,或自己书,只于状后具言自书;或雇倩人书,亦于状后具写状人姓名、居住去处。如不识文字,及无人雇倩,亦许通过白纸。"⑤当雇人书写书状时,《宋刑统》规定,"为人雇倩作辞牒,加增告状者,笞五十。若加增其状,得罪重于笞五十者,减诬告罪一等。"⑥可见,宋代要求诉状的书写必须据实,否则要追究受雇之人的法律责任。当时出现了经官府批准设立的代他人写诉状的书铺。

南宋时对诉状的要求愈发严格,如除官人、进士、僧道等可自己写诉状外,其他人的诉状皆要由书铺代写。"官人、进士、僧道、公人(谓诉己

---

① 中国社会科学院历史研究所宋辽金元史研究室点校:《名公书判清明集》(上册)卷九《户婚门·取赎·典主延迁入务》,中华书局1987年版,第318页。

② 中国社会科学院历史研究所宋辽金元史研究室点校:《名公书判清明集》(下册)附录五《黄氏日抄·词诉约束·词讼日分》,中华书局1987年版,第638页。

③ 中国社会科学院历史研究所宋辽金元史研究室点校:《名公书判清明集》(下册)附录六《朱文公文集·约束榜(节录)》,中华书局1987年版,第644页。

④ 薛梅卿点校:《宋刑统》第二十四卷《讼律·犯罪陈首》,法律出版社1999年版,第426页。

⑤ 薛梅卿点校:《宋刑统》第二十四卷《讼律·越诉》,法律出版社1999年版,第432页。

⑥ 薛梅卿点校:《宋刑统》第二十四卷《讼律·为人作辞牒》,法律出版社1999年版,第427页。

事，无以次人，听自陈）听亲书状，自余民户并各就书铺写状投陈。”[①]甚至规定“不经书铺不受”[②]，即诉状不是书铺代写的官府将不受理案件。关于诉状的内容和形式要求是，“状词并直述事情，不得繁词带论二事。仍言词不得过二百字。一名不得听两状。并大字依式真谨书写。如有干照契据，并未书因依，听录白连粘状前。”[③]“状过二百字不受，一状诉两事不受。”[④]

4. 宋代法律对于官府受理田宅纠纷等民事诉讼有明确的规定。

对于那些符合法律规定起诉条件的田宅之诉，有管辖权的司法机构必须受理。应该受理却拒不受理的要对相关人员予以处罚，“若应合为受，推抑而不受者，笞五十，三条加一等，十条杖九十。即邀车驾及挝登闻鼓，若上表诉，而主司不即受者，加罪一等。”[⑤]有些田宅纠纷等民事诉讼官府可以拒绝受理，“不经书铺不受，状无保识不受，状过二百字不受，一状诉两事不受，事不干己不受，告讦不受，经县未及月不受，年月姓名不的实不受，披纸枷布枷、自毁咆哮、故为张皇不受，非单独无子孙孤孀、辄以妇女出名不受。”[⑥]

田宅纠纷等民事诉讼被官府受理后，“应受者隔在抛箱，当日五更听状，并先立厅前西过点名，听状了则过东边之下。”[⑦]

---

① 中国社会科学院历史研究所宋辽金元史研究室点校：《名公书判清明集》（下册）附录六《朱文公文集·约束榜（节录）》，中华书局 1987 年版，第 641 页。

② 中国社会科学院历史研究所宋辽金元史研究室点校：《名公书判清明集》（下册）附录五《黄氏日抄·词诉约束·词诉条书》，中华书局 1987 年版，第 637 页。

③ 中国社会科学院历史研究所宋辽金元史研究室点校：《名公书判清明集》（下册）附录六《朱文公文集·约束榜（节录）》，中华书局 1987 年版，第 641 页。

④ 中国社会科学院历史研究所宋辽金元史研究室点校：《名公书判清明集》（下册）附录五《黄氏日抄·词诉约束·词诉条书》，中华书局 1987 年版，第 637 页。

⑤ 薛梅卿点校：《宋刑统》第二十四卷《讼律·越诉》，法律出版社 1999 年版，第 431 页。

⑥ 中国社会科学院历史研究所宋辽金元史研究室点校：《名公书判清明集》（下册）附录五《黄氏日抄·词诉约束·词诉条书》，中华书局 1987 年版，第 637—638 页。

⑦ 中国社会科学院历史研究所宋辽金元史研究室点校：《名公书判清明集》（下册）附录五《黄氏日抄·词诉约束·词诉条书》，中华书局 1987 年版，第 638 页。

由于起诉人身份的不同，案件的受理顺序有所区别："国家四民，士农工商，应有词诉，今分四项。先点唤士人听状，吏人不得单呼士人姓名，须称某人省元。……士人状了，方点换农人。……农者，国家之本，居士人之次者也，余人不许冒此吉善之称。农人状了，方点换工匠。……工匠状了，方点换商贾。……四民听状之后，除军人日夕在州，有事随说，不须听状外，次第方及杂人"。①

（三）审判

依据宋代法律的规定，案件的审理要求州、县长官必须亲临听讼，以杜绝中唐之后和五代时期司法审判由佐官或胥吏掌控导致冤狱频出的司法黑暗现象。但由于州、县长官政务繁多，司法审判也就未必都躬亲诉讼，往往委托县丞、主簿等属官先进行审理拟判，最终的判决由知县本人作出。

1. 法官回避制度：为了防止徇私枉法，宋代沿用了唐代的法官回避制度。《宋刑统》规定，"又条：诸鞫狱官与被鞫人有五服内亲，及大功以上婚姻之家，并受业师，经为本部都督、刺史、县令，及有雠嫌者，皆须听换推，经为府佐、国官于府主，亦同。"②之后法官回避制度进一步发展，回避的范围扩大。《庆元条法事类》规定，"诸州推、法司与提点刑狱司吏人有系亲戚而不自陈乞回避者，杖一百。"③"诸职事相干或统摄有亲戚者，并回避。……，提点刑狱司检法官于知州、通判、签判、幕职官、司理司法参军，亦避。"④南宋时期县令黄干在审理由州下送交办的"曾潍赵师渊互论

① 中国社会科学院历史研究所宋辽金元史研究室点校：《名公书判清明集》（下册）附录五《黄氏日抄·词诉约束·词诉次第》，中华书局 1987 年版，第 638 页。

② 薛梅卿点校：《宋刑统》第二十九卷《断狱律·不合拷讯者取众证为定》，法律出版社 1999 年版，第 539 页。

③（宋）谢深甫编撰，戴建国点校：《庆元条法事类》卷第八《职制门五·亲嫌·职制勅》，载杨一凡、田涛主编：《中国珍稀法律典籍续篇》（第一册），黑龙江人民出版社 2002 年版，第 149 页。

④（宋）谢深甫编撰，戴建国点校：《庆元条法事类》卷第八《职制门五·亲嫌·职制令》，载杨一凡、田涛主编：《中国珍稀法律典籍续篇》（第一册），黑龙江人民出版社 2002 年版，第 149 页。

置曾挺田产”案之时，一开始他曾因“缘本职与曾潍委是二十年故旧，恐有妨嫌，遂申乞回避。”①

2. 证据制度：官府审理田宅之诉时，需传唤双方当事人以及相关证人出庭受审。当事人对其所主张的权益负有举证责任。宋代田宅纠纷的诉讼中证据形式较为多样化，这反映出宋代法律制度的进步。宋代田宅之诉的证据主要有书证、物证、证人证言、勘验笔录等。

(1)书证：主要包括各种契约、账簿、遗嘱、图册、定亲帖子等以文字或图画方式记载内容的书面文件，其中田契、税契成为田宅之诉的最关键的证据，这在《名公书判清明集》所记载的许多田宅纠纷案件的审理中可以证明之。“凡人论诉田业，只凭契照为之定夺。”②“殊不知交易有争，官司定夺，止凭契约。”③“夫如是，则官司只当以契据为证。……大凡婚田之讼，惟以干照为主。”④“交争田地，官凭契书。”⑤“理诉田产，公私惟凭干照。”⑥

由于田契、税契、遗嘱等书证是田宅之诉的关键证据，所以辨明它们的真伪尤为重要。有时司法官员可通过细致地观察文书来辨析契约、遗嘱等书证的真伪。如在《名公书判清明集》所记载的“伪冒交易”一案中，已去世的君宝之子梦回与其母周八娘诉论林榕以假契盗卖其田。司法官利用笔迹鉴定的方法，认为契约上君宝的签字画押与君宝临死之时所书

① 中国社会科学院历史研究所宋辽金元史研究室点校：《名公书判清明集》(下册)附录二《勉斋先生黄文肃公文集·曾潍赵师渊互论置曾挺田产》，中华书局1987年版，第578页。

② 中国社会科学院历史研究所宋辽金元史研究室点校：《名公书判清明集》(上册)卷九《户婚门·取赎·伪作坟墓取赎》，中华书局1987年版，第318页。

③ 中国社会科学院历史研究所宋辽金元史研究室点校：《名公书判清明集》(上册)卷五《户婚门·争业下·物业垂尽卖人故作交加》，中华书局1987年版，第153页。

④ 中国社会科学院历史研究所宋辽金元史研究室点校：《名公书判清明集》(上册)卷六《户婚门·争田业·争田业》，中华书局1987年版，第179页。

⑤ 中国社会科学院历史研究所宋辽金元史研究室点校：《名公书判清明集》(上册)卷六《户婚门·争田业·王直之朱氏争地》，中华书局1987年版，第185页。

⑥ 中国社会科学院历史研究所宋辽金元史研究室点校：《名公书判清明集》(上册)卷九《户婚门·取赎·过二十年业主死者不得受理》，中华书局1987年版，第313页。

遗嘱在字迹上存在不同，所以该契约系伪造。“周八娘又执出君宝临死遗嘱之文，乞与辨验君宝押字笔迹。寻与点对，则契上君宝押字，与遗嘱笔迹不同，可疑一也。”然后，司法官又认为契约所写的立契时间与其上官府所盖的红色官印(印赤)所显现的时间存在出入，所以又进一步证实该契约系伪造。“君宝以淳祐十一年死，此契以十年立，契立于君宝未死之前，似若可信，而印赤于宝祐元年，乃君宝死后之三年也。大凡人家交易，固有未能授印，然契主一亡，便合投印，岂有印契于业主已死三年之后，此盖伪立于君宝既死之后，以月日参差，而母亲之佥，亦是假伪而为之也。”[①]有时官府委托书铺中的行家来鉴定书证的真伪。如《名公书判清明集》所记载的“伪作坟墓取赎”一案中，对于杨迪功所执出乾道间上手契书的真伪鉴定，官府唤书铺来辨验，最终确定为伪契。[②]

(2)物证：主要是指界石、墓碑等实物。如上述的“伪作坟墓取赎”一案中，杨迪功为赎回田产伪造田内有杨氏祖坟，并称土内有石碑可证明之。于是“当职亲引到地头定验”，令其仆人自掘出凿有数字石片，但司法官认为“又无支书具载，土内有石，何缘而知之，此人情之不能无疑也。”司法官最终认为这是杨迪功“暗入石碑”伪造证据。

(3)证人证言：对案件争议事项有所了解的证人的陈述。如《名公书判清明集》所记载的“争地界”一案中，“以邻里证之”沈百二所建造的新篱侵占了傅良之地数尺，最后司法官“考之干照，参之地势，证之邻里”，“引监沈百二除拆新篱，只依干照界至，归还地段”。[③] 可见，邻里的证言成为本案判决的证据之一。

(4)勘验笔录：是指在田宅之诉中，对所争田宅进行实地勘验后所作

① 中国社会科学院历史研究所宋辽金元史研究室点校：《名公书判清明集》(上册)卷六《户婚门·争田业·伪冒交易》，中华书局 1987 年版，第 172 页。

② 中国社会科学院历史研究所宋辽金元史研究室点校：《名公书判清明集》(上册)卷九《户婚门·取赎·伪作坟墓取赎》，中华书局 1987 年版，第 319 页。

③ 中国社会科学院历史研究所宋辽金元史研究室点校：《名公书判清明集》(上册)卷六《户婚门·争界至·争地界》，中华书局 1987 年版，第 199 页。

的笔录。如《名公书判清明集》所记载的“田邻侵界”一案中，司法官为了确定所争田地的四至，“躬亲前去定验，得见其地头田段，疆画翼翼，殊不殽杂”①，最终将实地勘验所书的地图粘连在判决书上。

3. 判决：宋代的司法审判实行“鞫谳分司”原则，即审与判相分离。在田宅纠纷等民事诉讼中，州级一般实行审与判相分离。如一般由司理参军负责案件的审讯，由司法参军检出案件所适用的法条并作出拟判，最终的判决仍由州长官作出并承担错判的责任。县级由于机构简单一般无严格的“鞫谳分司”，案件由属官主簿或县丞审讯拟判后，最终的判决由县令作出并承担错判的责任。

宋代法律规定，官府对田宅纠纷等民事案件作出判决后，要发给当事人断由。断由制度最早出现在南宋时期高宗绍兴二十二年(1152)，“今后民户所讼，如有婚田差役之类，曾经结绝，官司须具情与法，叙述定夺因依，谓之断由，人给一本”，发给当事人断由的目的“如有翻异，仰缴所给断由于状首，不然不受理。”②也就是说，当事人如不服审判提出上诉时，诉状之首应附有断由，否则上诉机构不予受理。在《名公书判清明集》中记载的田宅之诉中多次提及断由，如在“吕文定诉吕宾占据田产”一案中提及“当厅读示，给断由为据，仍申照会”；③在“以累经结断明白六事诬罔脱判昏赖田业”一案中提及“今状却称今赍运司断由两本，并公据通呈，是经断废据等眩惑本司。”④断由制度最初设立的目的是为了防止越诉，从而限制民众的健讼、缠讼之风，但随着该制度的进一步发展，其还有利于维护田宅纠纷等民事诉讼当事人的诉讼权益。

---

① 中国社会科学院历史研究所宋辽金元史研究室点校：《名公书判清明集》(上册)卷五《户婚门·争业下·田邻侵界(入境)》，中华书局1987年版，第155页。

② (宋)李心传：《建炎以来系年要录》卷一六三，中华书局1988年版，第2658页。

③ 中国社会科学院历史研究所宋辽金元史研究室点校：《名公书判清明集》(上册)卷四《户婚门·争业上·吕文定诉吕宾占据田产》，中华书局1987年版，第106页。

④ 中国社会科学院历史研究所宋辽金元史研究室点校：《名公书判清明集》(下册)卷一三《惩恶门·诬赖·以累经结断明白六事诬罔脱判昏赖田业》，中华书局1987年版，第511页。

由于中国古代民刑不分的传统,官府可以对一些民事案件的当事人予以刑事处罚。如在"母在与兄弟有分"一案中,魏峻私自典卖众分田业被认定为违法交易,而其中所涉的典卖契约的牙人危文谟,官府认为,他"实同谋助成其事",虽然"危文谟犯在赦前,自合免罪,但危文谟妄词抵执,欺罔官司,败坏人家不肖子弟,不容不惩,勘杖六十"。①

4. 上诉制度:宋代对于上诉案件没有审级的限制,但要逐级上诉。当事人如果不服对监司所判,还可上诉到中央的户部,再不服还可上诉至御史台。在《名公书判清明集》"出继子卖本生位业"一案中,余自强在出继后盗卖本生家田引发纠纷,该案经县、州郡、监司审理,至御史台方结案。当然,田宅之诉最终还可通过鼓司或登闻院诉至皇帝,由皇帝亲自裁决。

为防止田宅纠纷等民事案件的审理久拖不决导致对当事人权益的侵害以及提高案件审理的效率,宋代对于各级司法机构审理田宅纠纷等民事案件的期限都有相应的法律规定,"诸受理词诉,限当日结绝,若事须追证者,不得过五日。州郡十日,监司限半月,有故者除之,无故而违限者,听越诉。"②

(四)执行

宋初的《宋刑统》与南宋中期的《庆元条法事类》等宋代重要律典中对田宅等民事纠纷的判决执行程序未有相关的规定,但在《名公书判清明集》中却记载了一些民事执行程序方面的规范。田宅之诉由县级长官作出一审判决后,如案情较为简单,能当堂执行,则在主审官员的主持下当堂结绝。但是,如果败诉一方当事人拒绝履行判决中的义务,则需要官府依法采取强制措施。一般由县令委派其属吏主簿、县丞、县尉等负责强制执行,并召集相关的乡保、邻里及宗族之人等协助执行。如在"王直之

① 中国社会科学院历史研究所宋辽金元史研究室点校:《名公书判清明集》(上册)卷九《户婚门·违法交易·母在与兄弟有分》,中华书局 1987 年版,第 301 页。

② (清)徐松辑:《宋会要辑稿·刑法》三之四〇,中华书局 1957 年版,第 6597 页。

朱氏争地”一案中提及，“本县虽曾委主簿摽迁，以桑地还朱氏，以屋基还王直之”；[①]在“不肯还赁退屋”一案中提及，“两蒙使、府从县所判，送权县丞监还，又送县尉追断”；[②]在“揩改文字”一案中，因游伯熙更改干照（契约）内的亩数引发了与龚敷之间的争地纠纷，官府判决“合押两争人到地头，集邻保从公照古来堑界摽迁，付两家管业。”[③]在一定情形下，官府会对拒不履行判决的当事人予以一定的刑事处罚，来保证判决得以正确的执行。如在“以累经结断明白六事诬罔脱判昏赖田业”一案中，该案“自此部断、府断、而通判审断，转运司、本司结绝，皆断田还陈氏，而治黄清仲等之强割田苗矣，盖黄清仲，凶徒也”，对于黄清仲拒不执行各级官府将田断给陈氏的判决而强割田苗的行为，官府予以“勘杖一百”的刑事处罚。[④]

如果败诉的当事人没有能力偿还债务，则由田宅买卖契约中的牙人、保人来承担相关责任。如在“母在与兄弟有分”一案中，魏峻在母亲李氏尚在，兄弟未分家的情况下私自典卖了众分田业，“照违法交易条，钱没官，业还主”，但“如魏峻监钱不足，照条监牙保人均备”[⑤]。

（五）调解

宋代官府在审理田宅纠纷等民事案件时，大多会先进行调解。究其原因，正如当时官员胡石壁在“妄诉田业”一案中所言，“词讼之兴，初非美事，荒废本业，破坏家财，胥吏诛求，卒徒斥辱，道涂奔走，犴狱拘囚。与

---

① 中国社会科学院历史研究所宋辽金元史研究室点校：《名公书判清明集》（上册）卷六《户婚门·争田业·王直之朱氏争地》，中华书局 1987 年版，第 186—187 页。

② 中国社会科学院历史研究所宋辽金元史研究室点校：《名公书判清明集》（上册）卷六《户婚门·赁屋·不肯还赁退屋》，中华书局 1987 年版，第 195 页。

③ 中国社会科学院历史研究所宋辽金元史研究室点校：《名公书判清明集》（上册）卷五《户婚门·争业下·揩改文字（人境）》，中华书局 1987 年版，第 154 页。

④ 中国社会科学院历史研究所宋辽金元史研究室点校：《名公书判清明集》（下册）卷一三《惩恶门·诬赖·以累经结断明白六事诬罔脱判昏赖田业》，中华书局 1987 年版，第 509—511 页。

⑤ 中国社会科学院历史研究所宋辽金元史研究室点校：《名公书判清明集》（上册）卷九《户婚门·违法交易·母在与兄弟有分》，中华书局 1987 年版，第 301—302 页。

宗族讼,则伤宗族之恩;与乡党讼,则损乡党之谊。幸而获胜,所损已多;不幸而输,虽悔何及。”①由此可见,兴讼的弊端丛生,一是诉讼费用高;二是诉讼会破坏亲族、乡邻之间的情谊;三是诉讼过程中被胥吏敲诈、差役折辱,四处奔波身心俱疲等。因此,官员在审理田宅纠纷等民事案件时重视以调解的方式结案。

宋代的调解大致可分为民间调解、官方调解以及官批民调三种类型。

1. 民间调解

田宅纠纷发生后,当事人往往会请亲族中的尊长或当地有威望的乡绅来进行调解。虽然民间调解可以避免诉讼之弊,维护亲族、乡邻之间的和睦关系,但有时由于调解人的偏袒或双方当事人的身份地位等方面的差异,会导致调解结果不公,从而侵害了弱势一方的权益。在《名公书判清明集》“谋诈屋业”一案中,沈宗鲁、沈密先后将房子典给学谕陈国瑞,而涂适道因典到沈权等屋,便对陈国瑞的房子有了觊觎之望,不顾与陈国瑞的师生之谊,“百端吞并,拟成片段。……遂说谕沈密重叠交易……轻经使、府上司十年论诉必欲强赎。”年将八十的陈国瑞与其子困顿讼庭,疲于应酬,于是在乡邻亲戚的主持下与涂适道进行调解,但“乡曲亲戚,略无公论。楚汝贤等皆涂之党,阳与和对,阴行倾陷,诱陈国瑞赍出沈密契书”,并勒立“批约”。“陈国瑞父子柔懦,似不能言者,一时为涂之亲戚所迫,竟俯首从和,退而思之,交易此屋,色色在先,若一旦平白赎去,则无所栖止,更复依傍谁家门户乎?遂不肯退赎离业。”②于是涂适道“经县投词”,但官府调查取证,查实案情后,认为之前调解所达成的协议(“批约”)“违法背义”无效,最终判涂适道败诉。由此案可见,民间调解所达成的协议如果不合法,官府将不予承认。

---

① 中国社会科学院历史研究所宋辽金元史研究室点校:《名公书判清明集》(上册)卷四《户婚门·争业上·妄诉田业》,中华书局1987年版,第123页。

② 中国社会科学院历史研究所宋辽金元史研究室点校:《名公书判清明集》(上册)卷六《户婚门·争屋业·谋诈屋业》,中华书局1987年版,第193—194页。

2. 官方调解

受儒家“息讼”思想的影响，官员在受理田宅纠纷等民事案件后，一般会先进行劝谕调和，尤其当涉案人是亲属关系时。如若不成，再依法裁断。“然当职未欲轻于著笔者，以两词人乃手足至爱，理为欲昏，特适然耳，便分曲直，恐至伤恩，未免力谕之和协。今两词坚执，王方又反复屡经县催论，官司亦只得公心予决。”①

官方调解大多是在官员审理案件的过程中进行的。在《名公书判清明集》“争地界”一案中，沈百二与邻居傅良因“交争地界互诉，委官审究”。官员在审理中查明了案情，指出“沈百二之无道理者三”，并详尽地阐释沈百二无道理的三个方面，进而提出如果依法裁断，那沈百二要“除拆新篱，只依干照界至，归还地段”。但官员考虑到乡邻和睦，“然所争之地不过数尺，邻里之间贵乎和睦”，于是进行调解，劝谕二人和解，“若沈百二仍欲借赁，在傅良亦当以睦邻为念。却仰明立文约，小心情告，取无词状申。”如果二人仍坚持不和解，则将依法处置，“再不循理，照条施行。”②

3. 官批民调

官批民调是指官员在对案件进行初步审查后，批令当事人的亲邻或当地的乡绅等进行调解，形成了官府审理与民间调解的互动，力求多管齐下更好地解决纠纷。在《名公书判清明集》“赁人屋而自起造”一案中，屋主蒋邦先告李茂森，“赁人店舍，不待文约之立，不取主人之命，而遽行撤旧造新，”官员胡石壁在审理中查明了案件的是非曲直，考虑到“两家既是亲戚，岂宜为小失大”，遂“押下本厢，唤邻里从公劝和”，并要求邻里劝

① 中国社会科学院历史研究所宋辽金元史研究室点校：《名公书判清明集》（下册）卷一三《惩恶门·诬赖·假为弟命继为词欲诬赖其堂弟财物》，中华书局 1987 年版，第 512 页。

② 中国社会科学院历史研究所宋辽金元史研究室点校：《名公书判清明集》（上册）卷六《户婚门·争界至·争地界》，中华书局 1987 年版，第 198—199 页。

和调解时应“务要两平,不得偏党。五日”①。这“五日”的规定应是调解的期限,在官批民调的情况下,官员会限定民间调解的期限。

五、明代田宅纠纷的诉讼与调解

明代的商品经济取得了显著的发展,田宅作为当时重要的商品,交易活动十分兴盛。在土地政策方面国家不再主张“限田”,土地私有的观念已经成为民情土俗得到了社会的普遍尊重与维护。在明代的土地交易活动中,永佃制度的施行是其重要特色。该制度始于北宋淳化年间,至明代时得以普及和巩固。永佃制度下土地的所有权与使用权相分离,这既增加了田土交易的类型,丰富了田土交易的程序,也促进了明代田宅纠纷等民事诉讼制度的发展。

(一)管辖

明代的中央司法机构主要有刑部、大理寺和都察院,它们是田宅纠纷等民事案件的上诉机构。刑部是审判机构,“民间词讼,非通政司转达于部,刑部不得听理”。② 通政司是明代设立的官署,其接受给皇帝的内外奏章以及臣民密封申诉等案件。它将其所接受的各地上诉案件转于刑部审理。大理寺是复核机构,刑部所审理的田宅纠纷等民事案件,即民间词讼,需要大理寺复核后方能结案。都察院是监察机构,其下设监察御史若干名,负责巡察各省,监督百官。他们在巡察各地之时,可以受理当地的田宅纠纷等民事上诉案件。“凡有告争户婚、田土、钱粮、斗讼等事,须于本管衙门,自下而上,陈告归问。如理断不公,或冤抑不理者,直隶赴巡监察御史、各省赴按察司或分巡及巡按监察御史处陈告,即与受理推问。”③

---

① 中国社会科学院历史研究所宋辽金元史研究室点校:《名公书判清明集》(上册)卷九《户婚门·赁屋·赁人屋而自起造》,中华书局 1987 年版,第 334—335 页。

② (清)张廷玉等撰:《明史》卷九四《刑法志二》,中华书局 1974 年版,第 2311—2312 页。

③ (明)申时行等修:《明会典》卷二一一《都察院三·追问公事》,中华书局 1989 年版,第 1055 页。

京畿地区的田宅纠纷等民事案件，由顺天府负责审理。南京设有应天府，其机构设置与顺天府相同，负责审理南京地区的田宅纠纷等民事案件。

明代地方司法机构主要有省、府、州县三级。省设有承宣布政使司、提刑按察使司和都指挥使司。承宣布政使司负责行政、钱谷和民政等事务，其设有理问所，有权审理有关田土、钱债和赋税等方面的民事上诉案件。提刑按察使司是司法审判机关与监察机关，其主要审理上诉的刑事案件，但后来也逐渐受理田宅纠纷等民事上诉案件。省下设府，其长官为知府，设有推官、通判等佐官。府一级既可以受理田宅纠纷等民事上诉案件，也可以是直辖区域内这类案件的一审机构。州、县为基层司法机构，州的辖区一般略大于县，它是根据需要设置的非常规的基层行政机构。州的长官为知州，县的长官为知县，负责审理本辖区的田宅纠纷等民事案件。

在级别管辖方面，府、州县是受理田宅纠纷等民事案件的第一审司法机构。洪武末年，为了限制越诉，依据案件的难易程度进行了管辖权限的划分。凡户婚、田宅等民事纠纷，其中轻微易解的由里老会里胥来处理，而对于较为复杂的则由官府来审理。田宅纠纷等民事案件如果当事人对审理不服，如同前代一样，明律允许逐级上诉，但不得越诉。“凡军民词讼，须皆自下而上陈告。若越本管官司，辄赴上司称诉者，笞五十。若迎车驾及击登闻鼓申诉，而不实者，杖一百；事重者，从重论；得实者，免罪。”①

在地域管辖方面，一般采取原告就被告原则，即由被告所在地的司法机构来审理。明律规定“若词讼原告、被论在两处州县者，听原告就被论官司告理归结。推故不受理者，罪亦如之。”②

① 怀效锋点校：《大明律》卷二二《刑律五・诉讼・越诉》，法律出版社 1999 年版，第 174 页。

② 怀效锋点校：《大明律》卷二二《刑律五・诉讼・告状不受理》，法律出版社 1999 年版，第 175 页。

在专门管辖方面，由于明朝实行的军制为卫所制，卫所中的军人另立军户，军民并立，互不统属。卫所这类军事管理机构具有类似于府、州县的管理职能，军户之间的田宅等民事纠纷由卫所来审理。但如果是民户和军户之间发生田宅等民事纠纷，明律规定了“军民约会词讼”条，“凡军官、军人，有犯人命，管军衙门约会有司检验归问。若……户婚、田土、斗殴，与民相干事务，必须一体约问。与民不相干者，从本管军职衙门自行追问。……若管军官，越分辄受民讼者，罪亦如之。”①由此可见，对于军民之间的田宅等民事纠纷是由卫所和地方府、州县组成法庭来共同审理。

（二）起诉与受理

明代对田宅纠纷等民事诉讼当事人提起诉讼的资格存在一些限制：首先，年老、病残及妇女一般不得起诉，可由家人代理。只有上述人无亲属的情况下才允许其本人提起诉讼。“凡年老及笃废、残疾之人，除告谋反、叛逆及子孙不孝，听从赴官陈告外，其余公事，许令同居亲属，通知所告事理的实之人代告。”②“凡妇人……一应婚姻、田土、家财等事，不许出官告状，必须代告。若夫亡无子，方许出官理对；或身受损害，无人为代告，许令告诉。”③其次，对官吏参与田宅纠纷等民事诉讼有限制。明律规定，“凡官吏，有争论婚姻、钱债、田土等事，听令家人告官理对，不许公文行移。违者，笞四十。”④

明代对田宅之诉的诉讼时效有明确的规定。“告争家财田产，但系五年之上，并虽未及五年，验有亲族写立分书已定，出卖文约是实者，断令

---

① 怀效锋点校：《大明律》卷二二《刑律五 · 诉讼 · 军民约会词讼》，法律出版社 1999 年版，第 180 页。

② 怀效锋点校：《大明律》附录《大明令 · 刑令》，法律出版社 1999 年版，第 262 页。

③ 怀效锋点校：《大明律》附录《大明令 · 刑令》，法律出版社 1999 年版，第 268—269 页。

④ 怀效锋点校：《大明律》卷二二《刑律五 · 诉讼 · 官吏词讼家人诉》，法律出版社 1999 年版，第 180—181 页。

照旧管业，不许重分再赎。告词立案不行。”[①]明代取消了唐宋以来的“婚田入务”制度，原则上允许当事人随时可以提起田宅之诉。但明朝中期开始，为了实现“息讼”，各地方官府会自行发布告示，公告每月户婚、田土及斗殴等纠纷提起诉讼的日期，称为“放告日”或“称讼日”（通常是每月逢三、逢六、逢九日）。

在明代，当事人提起田宅之诉可以采取口头形式和书面形式两种。以口头形式提起诉讼被称为“口告”，适用于原告不能书写的情况。在此种情况下，一般由审判机关设专人负责将原告的口述记录下来，“凡诉讼之人，有司置立口告文簿一扇，选设书状人吏一名。如应受理者，即便附簿发付书状，随即施行。如不应受理者，亦须书写不受理缘由明白，附簿官吏署押，以凭稽考。”[②]以书面形式提起诉讼需要当事人提交“词状”或者“本状”。其可以由自己书写，也可以请人代为书写。

对于应该受理的田宅纠纷等民事案件，如果官府不予受理，要对此追究刑事责任。“斗殴、婚姻、田宅等事不受理者，各减犯人罪二等。并罪止杖八十。受财者，计赃，以枉法从重论。”[③]

（三）审判

田宅纠纷等民事案件官府受理后，明代依然沿用了前代的法官回避制度。明律规定，“凡官吏于诉讼人内，关有服亲，及婚姻之家，若受业师，及旧有雠嫌之人，并听移文回避。违者，笞四十。若罪有增减者，以故出入人罪论。”[④]

官府在审理田宅之诉时重视各类证据，其主要有书证、人证、物证和

---

① 怀效锋点校：《大明律》附录《问刑条例 · 户律二 · 田宅 · 典买田宅条例》，法律出版社 1999 年版，第 372 页。

② 怀效锋点校：《大明律》附录《大明令 · 刑令》，法律出版社 1999 年版，第 265 页。

③ 怀效锋点校：《大明律》卷二二《刑律五 · 诉讼 · 告状不受理》，法律出版社 1999 年版，第 175 页。

④ 怀效锋点校：《大明律》卷二二《刑律五 · 诉讼 · 听讼迴避》，法律出版社 1999 年版，第 176 页。

勘验笔录等。其中书证方面，田契、税契仍是田宅之诉中最为重要的证据。“告争家财田产，……验有亲族写立分书已定，出卖文约是实者，……不许重分再赎。告词立案不行。”①这其中所提及的分书、出卖文约便是田产所有权变动时所立的相关契约文书，案件审理时只要验明它们是真实的，便可据此作出判决。明律还规定，“凡典买田宅不税契者，笞五十。”②国家对田宅的典买交易活动收税而产生的文书——税契，也是田宅之诉审理时重要的书证之一。

田宅之诉的当事人如果对官府的审判不服，明律准许其上诉，但如同前代一样，要求逐级上诉，一般不得越诉。“凡军民词讼，皆须自下而上陈告。若越本管官司，辄赴上司称诉者，笞五十。”③

（四）执行

在明代，田宅纠纷等民事判决的执行大体与前代相同。对于拒不履行判决的当事人，官府可以采取强制措施。明律还规定民事判决的执行过程中，不适用赦宥政策。“凡以赦前事，告言人罪者，以其罪罪之。若系钱粮、婚姻、田土，事须追究，虽已经赦，必合改正征收者，不拘此例。”④

（五）调解

在明代，田宅等民事纠纷解决过程中，调解是向州县官府提起诉讼前的必经程序。洪武三十一年（1398）户部教民榜文规定，“民间户婚、田土、斗殴相争、一切小事，不许辄便告官，务要经由本管里甲、老人理断。若不经由者，不问虚实，先将告人杖断六十，仍发回里甲、老人理断。”这是因为，“老人、里甲与邻里人民，住居相接，田土相邻，平日是非善恶，无

① 怀效锋点校：《大明律》附录《问刑条例·户律二·田宅·典买田宅条例》，法律出版社1999年版，第372页。

② 怀效锋点校：《大明律》卷第五《户律二·田宅·典买田宅》，法律出版社1999年版，第55页。

③ 怀效锋点校：《大明律》卷二二《刑律五·诉讼·越诉》，法律出版社1999年版，第174页。

④ （明）申时行等修：《明会典》卷一七七《刑部十九·问拟刑名》，中华书局1989年版，第901页。

不周知。”①

明代的调解制度在继承前代的基础上进一步完善。在调解方式上有民间调解、官府调解以及官批民调等。民间调解中除由亲族、邻里居中调解外，由乡里的基层组织负责人里长、甲首(或称甲长)、里老调解田宅等民事纠纷是为常态。而与前代相比，里老调解制度在明代得到了进一步的完善。

洪武三十一年的户部教民榜文在明确规定田土纠纷必经本管里长、甲首、里老先行理断外，还进一步规定了里老的选任以及纠纷解决的程序等。

里老在明代也称为老人或耆老，其职责主要有二：一是“劝民为善”，即对乡民进行道德教化；一是“平争讼”，即对户婚、田土和斗殴等“小事”进行理断，这其中就包括对田土纠纷进行调解。由里老主持调解田土纠纷大多情况下可视为民间调解的一种，但有时里老调解也会与官府审案互动，即官府对案件进行初步审理后，会将案件批转由里老进行调解，这种情形下的里老调解则为官批民调。

关于里老的选任，“其老人，须令本里众人，推举平日公直、人所敬服者，或三名、五名、十名，报名在官”，“老人理词讼，不问曾朝觐，未曾朝觐，但年五十之上，平日在乡有德行、有见识、众所敬服者，俱令剖绝事务，辨别是非。有年虽高大，见识短浅，不能辨别是非者，亦置老人之列，但不剖绝事务。”②里老于申明亭解决纠纷，“凡老人、里甲剖决民讼，许于各里申明亭议决。”里老进行调解需要出自当事人的自愿，不得强制进行。“里甲、老人，凡本管人民有事，自来陈告，方许辩理。若民些小词讼，本人自能含忍不愿告诉，若里甲、老人风闻寻趁，勾引生事者，杖六十；有赃

① 刘海年、杨一凡总主编，杨一帆等点校：《中国珍稀法律典籍集成》乙编第一册《洪武法律典籍》，科学出版社 1994 年版，第 635 页。

② 刘海年、杨一凡总主编，杨一帆等点校：《中国珍稀法律典籍集成》乙编第一册《洪武法律典籍》，科学出版社 1994 年版，第 636 页。

者，以赃论。”①

六、清代田宅纠纷的诉讼与调解

清代继承了明代不“限田”的土地政策，土地私有的现象更为普遍，并得到法律的确认和保护。清代田宅方面较于前代的特殊之处就是旗产制度。清初统治者推行的圈地政策，产生了大量的旗产。旗产包括旗地和旗房。旗产的所有权名义上为国有，分配给旗人使用，原则上是不能随意转让的，尤其是禁止汉人典买旗产。“伏查例载：‘旗地、旗房概不准民人典买。如有设法借名私行典买者，业主、售主俱照违制律治罪，地亩、房间、价银一并撤追入官，失察该管官俱交部严加议处。’”②实际上旗产逐渐成为旗人的私产，法律允许旗人之间进行买卖和典当。清后期，由于旗人私下将旗产典卖给汉人的情况日渐普遍，法律对这类田宅交易行为的规定变化反复，但田宅的自由交易是大势所趋，旗地、旗房的自由交易在当时是很难阻止的。清代田宅自由交易的普遍必然会带来田宅纠纷的增多，进而促进田宅纠纷解决机制的发展变化。

（一）管辖

清代的中央司法机构承继明制，依然是“三法司”，即刑部、大理寺和都察院，其职能与前代相比变化不大。清代地方司法机构分为四级，即省督抚、省按察使司、府和县。

在级别管辖方面，州、县是田宅纠纷等民事案件的第一审司法机构。“户、婚、田土及笞、杖轻罪，由州县完结，例称自理。”③如果当事人对州、县级司法机构的判决不服，依照清律规定，可以逐级上诉，但一般不允许

---

① 刘海年、杨一凡总主编，杨一帆等点校：《中国珍稀法律典籍集成》乙编第一册《洪武法律典籍》，科学出版社1994年版，第637页。

② （清）沈家本撰，邓经元、骈宇骞点校：《历代刑法考》（一）《附寄簃文存八卷》卷一《变通旗民交产旧制折》，中华书局1985年版，第2034页。

③ （清）赵尔巽等编纂：《清史稿·刑法志》卷一四四，中华书局1977年版，第4207页。

越诉。“凡军民词讼,皆须自下而上陈告,若越本管官司,辄赴上司称诉者,即实亦笞五十。须本管官司不受理,或受理而亏枉者,方赴上司陈告。若迎车驾及击登闻鼓申诉而不实者,杖一百;所诬不实之事,重于杖一百者,从诬告重罪论;得实者,免罪。”①

在地域管辖方面,依照清律的规定,一般的民事主体之间的田宅等民事纠纷由纠纷发生地的州、县官府来受理。“户婚、田土、钱债、斗殴、赌博等细事,即于事犯地方告理,不得于原告所在住之州、县呈告。”②如果原告、被告分处两州县,则清律规定由被告所在地的州县官府受理。“若词讼原告、被论即被告在两处州、县者,听原告就被论本管官司告理归结。”③

在专门管辖方面,主要是指旗人与军人这两类特殊民事主体所涉及的田宅等民事纠纷的管辖问题。

清代为了维护满族人的政权,涉及旗人的田宅等民事纠纷普通司法机构一般不予受理,而是由一些专门机构来审理这些纠纷。首先,涉及皇族宗室的田宅等民事纠纷,清初由宗人府来审理,之后由宗人府会同户部来审理。“户婚田土之讼,系宗室,由府会户部;系觉罗,由户部会府。”④其次,在京的旗人之间的田宅等民事纠纷由佐领(八旗基层组织的官员,战争时是领兵官,日常则是行政官,掌管所属的田宅、户口、兵籍、诉讼等事。)来审理,如果其不查办,可以到户部及步军统领衙门处呈控。而在京的旗民之间的田宅等民事纠纷则“旗人于本旗具呈,民人于地方官具呈”⑤。如有审

---

① 田涛、郑秦点校:《大清律例》卷三〇《刑律·诉讼·越诉》,法律出版社 1999 年版,第 473 页。

② 田涛、郑秦点校:《大清律例》卷三〇《刑律·诉讼·越诉》,法律出版社 1999 年版,第 476 页。

③ 田涛、郑秦点校:《大清律例》卷三〇《刑律·诉讼·告状不受理》,法律出版社 1999 年版,第 478 页。

④ (清)昆冈等奉敕撰:《钦定大清会典》卷一《宗人府·宗令宗正宗人职掌》,新文丰出版公司 1976 年版,第 33 页。

⑤ (清)昆冈等奉敕撰:《钦定大清会典》卷二四《户部·现审处》,新文丰出版公司 1976 年版,第 245 页。

断不公或官府拒不受理等情况，可以到户部呈控。乾隆十三年（1748）户部内设现审处，掌管旗民之间争讼户口田房的案件。最后，在各省驻防的旗人之间田宅等民事纠纷到府（州）的理事厅负责旗人事务的佐贰官理事同知、理事通判处呈控。理事同知、理事通判是清代设立的处理八旗驻防重地旗民之间事务的专官，他们由旗人担任。所以，理事同知、理事通判也负责审理旗民之间的田宅等民事纠纷。

军人之间的田宅等民事纠纷由本管军衙门受理，而涉及军民之间的田宅等民事纠纷则由管军衙门会同州县衙门一体审理。“凡军人有犯人命，管军衙门约会有司检验归问。若奸盗、诈伪、户婚、田土、斗殴，与民相干事务，必须一体约问；与民不相干者，从本管军职衙门自行追问。”①

（二）起诉与受理

如同前代一样，清代对田宅纠纷等民事诉讼当事人提起诉讼的资格存在一些限制，主要是指老幼、妇女、废疾、乡绅、生监以及管吏一般不得亲自提起诉，而是由家属或其他人（如家丁）代为诉讼。这在清代称为“报告”，即“令家人报赍奏告”。“报告”一词可追溯至明代，但它在清代成为常被使用的法律词汇。“而在状尾所附之《状式条例》中规定，‘凡有职及生监、妇女、年老、废疾或未成丁无报者，不准。’”②清律规定，“生监、妇女老幼、废疾，无报告者不准。”③

清代又恢复了唐宋以来的“婚田入务”制度，并在前代务限法制度的基础上，根据实践的需求予以进一步完善。“每年自四月初一日至七月三十日，时正农忙，一切民词，除谋反、叛逆、盗贼、人命及贪赃坏法等重情，……据照常受理外，其一应户婚、田土等‘细事’，一概不准受理；自八

① 田涛、郑秦点校：《大清律例》卷三〇《刑律·诉讼·军民约会词讼》，法律出版社1999年版，第491页。

② 田涛等主编：《黄岩诉讼档案及调查报告》（上卷），法律出版社2004年版，第49页。

③ （清）姚雨芗原纂，胡仰山增辑：《大清律例会通新纂》卷二八《刑律·诉讼·越诉》，第16页，载沈云龙主编：《近代中国史料丛刊三编》第二十二辑，文海出版社1987年版，第2923页。

月初一日以后方许听断。若农忙期内，受理细事者，该督抚指名题参。”① 虽然清律明确规定农忙时节停止田宅纠纷等所谓细事的诉讼，但同时也强调对一些事关紧要的田宅等民事纠纷要及时受理，不得以农忙停讼为由拒绝，以维护社会秩序的安定。乾隆十年（1745）蒋前院条奏：“地方于农忙停讼期内，凡遇坟山土地等项，务须随时勘断。至自理案件，倘事关紧要，或证佐人等现非务农，即不得以时值停讼，籍词推诿，……再户婚田土似在应停之内，然抢亲、赖婚、强娶、田地界址、买卖未明，若不及早审理，必致有争夺之事。”②在非农忙时节，清承明制，对于田宅纠纷等民事案件的受理各地方官府也规定有“放告日”或“词讼日”，清初一般多为每月的逢三、逢六、逢九日，清中期之后一般多为每月的逢三、逢八日。

田宅之诉的诉讼时效清代的规定亦同明代，“告争家财田产，但系五年之上并虽未及五年，验有亲族写立分书，已定出卖文约是实者，断令照旧管业，不许重分、再赎，告词立案不行。”③

清代当事人提起田宅之诉要提交诉状，诉状可以自作，也可由他人代书。清律规定，“内外刑名衙门，务择里民中之诚实识字者，考取代书。凡有呈状，皆令其照本人情词，据实誊写，呈后登记代书姓名，该衙门验明，方许收受。如无代书姓名，即严行查究，其有教唆增减者，照律治罪。”④由此可见，代书之人需是经官府备案认可之人，称为“官代书”。清代的诉状分正、副二状，“正状详载原词，由州县官自存，副状只填注语，由衙门加批发示。”⑤诉状有一定的格式、字数要求，其内容一般包括

① 田涛、郑秦点校：《大清律例》卷三〇《刑律·诉讼·告状不受理》，法律出版社 1999 年版，第 479 页。

② （清）徐栋辑：《牧书令》卷一八《刑名中》，陈宏谋《申明农忙分别停讼檄》，载《官箴书集成》编纂委员会编：《官箴书集成》第七册，黄山书社 1997 年版，第 399 页。

③ 田涛、郑秦点校：《大清律例》卷九《户律·田宅·典买田宅》，法律出版社 1999 年版，第 199 页。

④ 田涛、郑秦点校：《大清律例》卷三〇《刑律·诉讼·教唆词讼》，法律出版社 1999 年版，第 490—491 页。

⑤ 叶孝信主编：《中国民法史》，上海人民出版社 1993 年版，第 587 页。

时间，所告之事、被告人、告诉人、报告人、代书人以及各类证人等的姓名和住址，告诉人的签押。

清律亦规定了官府不受理田宅之诉的法律责任，“斗殴、婚姻、田宅等事不受理者，各减犯人罪二等，并罪止杖八十。受被告之财者，计赃，以枉法罪与不受理罪，从重论。”①

（三）审判

清律依然沿用了前代的法官回避制度，“凡官吏于诉讼人内，关有服亲及婚姻之家，若受业师，或旧为上司，与本籍官长有司。及素有雠隙之人，并听移文迴避。违者，虽罪无增减。笞四十；若罪有增减者，以故出入人罪论。”②

如前所述，在清代田宅纠纷等民事案件作为“细事”，一般由州县自理，即一般在州县一级便审理完结。因此，为了审判的公正，强调州县长官必须亲自审理，即“官非正印者，不得受民词”。“凡户婚、田土、斗殴、人命一应词讼，悉赴该管衙门告理。军卫、有司、不系章印官，不许接受词讼。”③但鉴于清代州县长官多为通过八股科举入仕，往往不知悉律例并缺乏司法经验，所以在审理案件时需要幕友、胥吏等辅佐。地方长官礼聘的幕友种类多样，其中关涉到司法的主要是刑名、钱谷幕友。原则上田宅纠纷等民事案件由钱谷幕友办理，但由于中国古代一直民刑案件区分不严格，所以一旦田宅纠纷等民事案件涉及纲常名教，该案便应归刑名幕友办理。刑名、钱谷幕友虽不是正式官员，但他们一般都精通律例并有丰富的司法经验和官场经验，成为地方长官断案的重要帮手，“刑名钱谷一切

---

① 田涛、郑秦点校：《大清律例》卷三〇《刑律·诉讼·告状不受理》，法律出版社 1999 年版，第 478 页。

② 田涛、郑秦点校：《大清律例》卷三〇《刑律·诉讼·听讼回避》，法律出版社 1999 年版，第 480 页。

③ 田涛、郑秦点校：《大清律例》卷三〇《刑律·诉讼·军民约会词讼》，法律出版社 1999 年版，第 491—492 页。

资之幕友,主人惟坐啸画诺而已。”[①]幕友往往以主官的名义代拟案件的批词判语,对案件的审理影响很大。胥吏作为官府内的办事人员,分吏、户、礼、兵、刑、工六房,其中田宅纠纷案件一般由户房胥吏办理,但田宅纠纷案件一旦涉及刑律,也由刑房办理。幕友、胥吏作为州县长官断案的重要帮手,常会操纵司法,营私舞弊,对清代的司法公正产生了消极的影响。

田宅纠纷等民事案件审理时重视各类证据,其主要有书证、勘验笔录和人证等。“告田园、房屋……等事,必须粘连契券、绘图……。事涉田土,州县官府还须实地勘丈,制图附卷。”[②]其中田园、房屋的契券便是重要的书证之一,而官府实地勘察丈量后制定的图卷则是勘验笔录。

为避免田宅纠纷这样的“细事”久拖不决,进而影响到社会秩序的安定,清代法律规定了“州县自理户婚田土等项案件,定限二十日完结。”[③]但实际上田宅纠纷等民事案件久拖不决也是常有,为此清律规定了惩罚措施以及某些情况下允许展限,“各府、州、县,审理徒、流、笞、杖人犯,除应行关提质讯者,务申详该上司批准照例展限外,如无关提应质人犯,该州、县俱遵定限完结。倘敢阳奉阴违,或经发觉,或经该上司指参,将承问官交部,照例分别议处。”[④]此外,为督促田宅等民事案件能及时审结,清律还规定了设立循环簿制度,“州、县自行审理一切户婚、田土等项,照在京衙门按月注销之例,设立循环簿,将一月内事件填注簿内,开明已未结缘由。其有应行展限及覆审者,亦即于册内注明,于每月底送该管知府、直隶州知州查核,循环轮流注销。其有迟延不结、朦混遗漏者,详报督抚

---

① (清)盛康辑:《皇朝经世文编续编》卷二七《吏政十·幕友》,载沈云龙主编《近代中国史料丛刊》第八十四辑,文海出版社1966年版,第2827—2828页。

② 叶孝信主编:《中国民法史》,上海人民出版社1993年版,第592页。

③ (清)文孚纂修:《钦定六部处分则例》卷四七《审断上·州县自词讼》,沈云龙主编:《近代中国史料丛刊》第三十四辑,文海出版社1966年版,第971页。

④ 田涛、郑秦点校:《大清律例》卷三〇《刑律·诉讼·告状不受理》,法律出版社1999年版,第480页。

咨参，各照例分别议处。”①

清代田宅纠纷等民事案件审结后，对于判决结果一般是当堂口头宣告，审判官员在呈状或是在由当事人、监护人、调解人等出具的甘结、保状上作出批示。这些批示可视为判词，相当于现代的民事判决书。判词的格式没有规定的模式，常见的批示大多较为简洁，如仅写“准结”二字，也有辨法析理、文辞讲究的长文判词。批示主要是用来备案，以留待上司查核，无须送达当事人。

（四）执行

在清代，田宅纠纷等民事判决的执行一般是当堂执行，如当堂交付地契或钱物。对于当堂不能交付的，需要在甘结等司法文书上说明交付的时间，并须有保证人立保状予以担保。而对于拒不执行判决导致对方再次提起控告的，官府会派遣差役协同乡保、牌长等基层组织负责人员前去催饬，限期执行，否则“带案讯究”，对拒不执行者处以笞、杖、监禁等处罚。

（五）调解

清代重视以调解的方式解决田宅纠等被视为“细事”的民事纠纷，康熙修订的《圣谕十六条》规定了“和乡党以息争讼”。地方的州县官员也极力主张调解息讼，这一方面是因为调解息讼可以减少诉讼，这关乎州县官员的政绩考核；另一方面也是为当事人免于讼累。清代《宦海指南五种》“劝民息讼告示”中言，“为劝民息讼以保身命事。照得钱债、田土、坟山及一切口角细故，原是百姓们常有的，自有一定的道理。若实在被人欺负，只要投告老诚公道的亲友邻族，替你讲理，可以和息，也就罢了，断不可告官讦讼。……你若不听本县（府）的话，到听讼师的话，只肯告状，不肯和息，你父母、兄弟、妻、子一家不安，还是小事。

---

① 田涛、郑秦点校：《大清律例》卷三〇《刑律·诉讼·告状不受理》，法律出版社1999年版，第480页。

只怕败了你的身家，还要送了你的性命，那时想起本县(府)的话，悔恨不该告状，却已迟了。”①由此可见，当时的州县官员劝谕民众，对于田土纠纷等细故请亲族乡邻进行调解是为最好，告官兴讼只能给自己及家人带来各种负担和损失。清代的调解沿袭了前代，主要有民间调解、官府调解以及官批民调等。

1. 民间调解

在清代，由于调解主体的不同，民间调解还可进一步分为以下几种类型。

首先，由家族、宗族的族长主持的民间调解，一般称为宗族调解。以血缘为纽带形成的家族、宗族是广大乡村的基本单位，它们在维护基层社会秩序中起着重要的作用。清代政府鼓励家族、宗族的族长管理本族内部的事务，认可他们解决族内田宅等民事纠纷的权力。为了维护族内秩序的稳定和谐，家族、宗族组织会制定家法族规，以引导和规范本族人的行为。在这些家法族规中往往规定，对族内发生的田宅等民事纠纷的解决应先请族内的尊长进行处理，不得径直告官兴讼。如江西南昌《魏氏宗谱》中规定，“族中有口角小忿及田土差役账目等项必须先经投族众剖绝是非，不得径往府县，诳告滋蔓。”②《严氏族谱》中规定，“各支如有田土、钱债细故争执，不得遽行兴讼，先应禀达族长支长，相约谒祠理讲，毋得偏袒。如理讲不服，始可到官告理。”③

其次，由保甲长、乡约等基层组织的负责人主持的民间调解。清代县以下的基层组织建设采用的保甲制，其负责人为甲长、乡保。甲长、乡保主持调解田宅等民事纠纷是他们维护乡村秩序的职责。此外，清代还在

① (清)刘衡:《庸吏庸言》下卷《劝民息讼告示》，载官箴书集成编纂委员会编:《官箴书集成》，黄山出版社1997年版，第200页。

② 江西南昌《魏氏宗谱》卷一一，载胡谦:《清代民事纠纷的民间调处研究》，中国政法大学2007年博士学位论文，第61页。

③ 《严氏族谱》卷一二《族规》，载胡谦:《清代民事纠纷的民间调处研究》，中国政法大学2007年博士学位论文，第61—62页。

基层设立了乡约，其职责最初主要是宣讲教化民众，之后其职能扩张，负有调解民间纠纷，调查取证、勾摄人犯等司法职能。乡约设约正、约副。道光十三年(1833)正月三十日巴县编查保甲条规载，“牌甲内遇有户婚、田土、钱债、口角等项细故，保正甲长妥为排解，以息忿争。”①

最后，由地邻主持的民间调解，一般称为邻里调解。地邻是指比邻而居的人，俗称邻居。由于其与当事人相邻而居，对当事人的情况较为了解，有些纠纷由其作为调解人是很合宜的。

清代的一些地方档案记载了保甲长、乡约等这些基层组织负责人以及邻里等人主持调解田宅等民事纠纷的事件。如清代乾隆年间的巴县档案中记载了一起乾隆二十九年(1764)四川巴县直里十甲回龙寺田产纠纷案。在该案中回龙寺的住持惠祥因上年修补殿宇负债，为还债将寺田招租，但租户抗租，“致僧无食，赊借难撑”。在乡保的调解下，“立僧清浩当家”，将寺田重新招租。但是僧人清浩“贪恋酒荤，租谷花销，借王监生钱三十串，去冬私逃。”②王监生遂牵走寺里的猪和佃户的耕牛来抵债，僧人惠祥告到衙门，官府审断僧人惠祥偿还王监生的钱，而王监生则要把猪和牛归还给回龙寺。之后由于回龙寺一直还不上钱，王监生又将寺田抵耕。这起寺田之争，最终在乡保郑玉如、吴良甫，绅士熊伯楚、吴国重、杜公艺、吴国瑚、李廷阶，回龙寺的邻里李如琏、胡美然、谭百兴主持下进行了调解，达成了协议得以解决。

2. 官府调解

清代法律没有规定调解是田宅等民事纠纷解决的必经程序，但清代的州县官员在审理田宅纠纷等民事案件时常会优先考虑进行调解。这种官府调解的方式是一种诉讼内调解，并且往往具有强制色彩，即并不考虑

---

① 四川省档案馆、四川大学历史系主编：《清代乾嘉道巴县档案选编》(下)，四川大学出版社1996年版，第293页。

② 四川省档案馆编：《清代巴县档案汇编》(乾隆卷)，档案出版社1991年版，第162—163页。

当事人是否愿意进行调解以及调解达成的协议可能是迫于调解官员的压力而作出的。调解成功后,双方当事人一般要作出息讼的甘结,保证今后不会再生事端。

3. 官批民调

清代官员在受理田宅纠纷等“细事”后,常会批令当地的保甲长或当事人的族长、乡邻等进行居中调解,并且将调解结果上报官府,这便是官批民调。如清代道光年间的巴县档案中记载了一起道光元年(1821)四川巴县周怀宏和陈国乡之间的田地佃种纠纷案。该案是周怀宏将土地房屋租佃给黄肇明耕居,之后黄肇明又将这些土地房屋分佃给陈国乡耕居。由于黄肇明连年租金不清楚,于是周怀宏将其辞退,岂料陈国乡估居不移。于是周怀宏请邻居刘朝等人进行调解,但双方难以达成和解,遂周怀宏告到官府,而官府批令让原调解人再次进行调解,但邻里刘朝等人的调解仍未成功,最终由官府审断结案。①

---

① 四川省档案馆、四川大学历史系主编:《清代乾嘉道巴县档案选编》(上),四川大学出版社1996年版,第150页。

第七章　少数民族地区的田宅法律制度

第一节　羌族地区关于田宅的法律制度

羌族自称“尔玛”或“尔咩”，是我国最古老的民族之一，在我国民族史上具有极其重要的地位。公元前21世纪夏朝的创立者即是羌人，但夏朝建立后，成为夏朝臣民的羌族融为华夏族而不再是羌人，未成为夏王朝臣民的羌民则依附于夏的氏族部落。殷商时期，羌作为商王朝的部落之一被称为羌方，成为拥戴成汤的基本力量之一。至春秋战国时期，河湟地区的羌人放弃狩猎从事农耕畜牧，并确立了父系氏族制度，成为羌族稳定和发展的开端。早期羌族受到自然条件等方面的限制，尽管存有一些农耕活动，但经济生活仍以畜牧业为主，如《后汉书》记载“先零种豪言：‘愿得渡湟水，逐人所不田处以为畜牧’……后因缘前言，遂度湟水，郡县不能禁”。[①] 汉宣帝时期部分羌族发生叛乱，汉朝派赵充国率军讨伐，在平定过程中赵充国上言在羌区屯田得到允许，羌人“复欲归故地就田业”，[②]开始向阶级社会过渡。

至南北朝时期，羌族各支纷纷兴起，如宕昌羌一支建立了规模较小的民族政权，“俗皆土著，居有屋宇，其屋织犛牛尾及羖羊毛覆之。国无法

① 《后汉书》卷八七《西羌传》，第2877页。
② 《后汉书》卷一六《邓训传》，第610页。

令，又无徭赋。唯战伐之时，乃相屯聚，不然则各事生业，不相往来”，①社会经济得到了一定程度的发展。而另一支南安赤亭羌人姚氏则于太元九年(384)建立了国号为秦的政权，史称后秦。面对晋末以来的连年战乱，后秦统治者采取积极的招抚流民政策，使战败逃亡百姓安置居住，各归田里。弘始五年(403)姚兴颁布免奴为良的法令，巩固了社会经济基础。

唐宋之际，党项羌拓跋氏迅速崛起，宝元元年(1038)党项羌首领元昊称帝，建立以党项羌为主体民族的封建王朝，史称“西夏”。西夏政权后实行一系列改革，与宋朝相议，双方同意恢复原来的边界，并在边界设立寨堡，规定双方人户不准在边地耕作；荒地则允许两方边界人户就近樵收，但不得插立稍圈，起盖庵屋。② 仁宗天盛年间，西夏修订了一部用西夏文字刻印颁行的法典《天盛改旧新定律令》，成为西夏国的基础法律。农业作为西夏国重要的经济基础，中央政府专设“农田司”管理农业生产事务，长期的战争使得西夏土地资源浪费的现象十分严重，因此西夏统治者鼓励人民开垦荒地，如规定凡属荒地和他人抛弃三年的闲置土地允许耕种者按先占原则开垦并获得所有权，对已经确认土地归属的所有权人侵犯则按偷盗罪处罚。

> 诸人无力种租地而弃之，三年已过，无为租佣草者，及有不属官私之生地等，诸人有曰愿持而种之者，当告转运司，并当问邻界相接地之家主等，仔细推察审视，于弃地主人处明知，是实言则当予耕种谕文，著之簿册而当种之。三年已毕，当再遣人量之，当据苗情及相邻地之租法测度，一亩之地优劣依次应为五等租之高低何等，当为其一种，令依纳地租杂细次第法纳租。该年内于前地册注册，租佣草当依边等法承之。若属者□未放弃，依租佣草法为之时，有出言掩饰，无理持取，察者与告者暗中做谕文，察者受贿则以枉法贪赃罪法，未

① 《魏书》卷一〇一《宕昌羌传》，第2242页。
② 李鸣：《羌族法制的历程》，中国政法大学出版社2008年版，第131页。

受贿十三杖,从其重者判断。又诸人已弃之,属者未明,是生地等,不告于局分而随意种之,及所告日完毕而不纳租,又局分处不过问,察者见是好地,受贿徇情,减顷亩数,为之减租以避租佣草,当计量,比偷盗罪减一等。举赏比举盗赏……①

官私农主依先自己所执顷亩数当执,不许于地边田垄之角落聚渠土而损之、于他人地处拓地、断取相邻地禾穗等。若违律断取禾穗者,计钱价,以偷盗法论……诸人卖自属私地时,当卖情愿处,不许地边相接者谓"我边接"而强买之、不令卖情愿及行贿等。②

诸人争地时,未知有属他人语根,则先后所种苗、果、树工、籽种等勿罚,当归种者,罪亦勿治。地一处当还属者。若卖与他人而后知有属他人语根,予价而买时,有官罚马一,庶人十三杖,当取地价。③

西夏王朝利用鼓励垦荒的形式,将大量荒地迅速转化为个人私有土地,加快了土地私有化的进程,自耕农大量增加,并成为土地的直接占有者和使用者,支撑着国家的赋税,这对西夏农业的发展和经济的稳定是大有好处的。④ 同时西夏以发展农业为中心要求人们按所占田土多少承担兴修水利的义务。

畿内诸租户上,春开渠事大兴者,自一亩至十亩开五日,自十一亩至四十亩十五日,自四十一亩至七十五亩二十日,七十五亩以上至一百亩三十日,一百亩以上至一顷二十亩三十五日,一顷二十亩以上至一顷五十亩一整幅四十日。当依顷亩数计日,先完毕当先遣之。其中期满不遣时,伕事小监有官罚马一,庶人十三杖。⑤

诸人有开新地,须于官司合适处开渠,则当告转运司,须区分其于官私熟地有碍无疑。有疑则不可开渠,无碍则开之。若不许,而令

① 《天盛改旧新定律令》卷一五《取闲地门》,第 492 页。
② 《天盛改旧新定律令》卷一五《租地门》,第 495 页。
③ 《天盛改旧新定律令》卷一一《分用私地宅门》,第 412 页。
④ 李鸣:《羌族法制的历程》,中国政法大学出版社 2008 年版,第 204 页。
⑤ 《天盛改旧新定律令》卷一五《春开渠事门》,第 496—497 页。

于有碍熟地处开渠，不于无碍处开渠，属者等一律有官罚马一，庶人十三杖。①

随着土地私有化程度的加深，私有土地的买卖活动也逐渐程式化，西夏对于买卖自属私地采取自愿原则，但规定明文立契是买卖土地必须履行的法定手续，“诸人使将、使军、奴仆、田地、房舍等典当、出卖于他处时，当为契约”。② 以西夏天盛二十二年(1170)寡妇耶和氏宝引母子卖地房契为例，可见一份完整的田宅买卖文契一般需要载明立契时间、双方当事人、对土地房屋所有权必要的说明、买卖标的、成契理由、权利义务以及凭中说合等。

天盛庚寅二十二年，立文契人寡妇耶和氏宝引等，今有自属畜养牲口之闲置地一片，连同草屋三间，树两株，情愿卖与耶和女人。议定地价为全齿骆驼二，双峰骆驼一，信步骆驼一，共四匹。此后他人不得过问此地。若有过问者，宝引等管，若有人翻悔，依律令承罪。有不服者，罚麦三十斛入官。立契以后，随即依行。地界在司堂下，共有二十二亩。北接耶和回鹘盛界，东、南邻耶和写，西与梁嵬名山为界。

立文契人耶和氏宝引

共商契者子没罗哥张

共商契者[子]没罗□鞔

知见人耶和盛□(押)

梁狗人(押)

□和乙盛(押)③

此外在移交土地所有权的同时，标的土地上所承担的国家地租也必须由卖方过让给买方，这就要求买方到官府注册办理手续。

① 《天盛改旧新定律令》卷一五《渠水门》，第502页。

② 《天盛改旧新定律令》卷一一《出典工门》，第390页。

③ 李鸣：《羌族法制的历程》，中国政法大学出版社2008年版，第182页。

元代在唐宋羁縻制度的基础上于羌族地区推进土官制度，并延续至明清。所谓“土官”是中央王朝利用少数民族上层人士充当地方政权机构长官以按旧俗对其原有辖区进行有效管理的一种制度设置。羌族土司有自己的行政机构，他们利用手中政治权力在所辖地区推行一套特定的法律，土司制定的“土规”“土律”规定羌区的土地、山林、河流归土司所有，并按照世袭制代代相传。羌民向土司领取一份土地耕种，并承担纳粮、当差、当兵、服役的义务。耕地的转让必须征得土司同意，并以继续履行上述义务为前提。[①] 土官管辖地区的户口、民田要登记造册，“唐所谓羁縻之州，往往在是，今皆赋役之，比之内地”。[②]

清朝同样对土司的相关特权进行保护，如乾隆四十三年（1778）覆准：“广西省庆远等五府土司，各有官庄田亩，收取租息，以资养赡，原不许私行典卖。其属下土目土民，一切词讼钱粮，皆听土官经理查办，尤不许互相交易，致滋弊端。若不明立科条，严行查究，不免日久玩生。现在已经典卖田亩，查明有力土司，嗣后不许私相典卖。如再有违禁不遵者，立即追价入官，田还原主，并将承买之人，比照盗卖官田律，田一亩笞五十，每五亩加一等，罪止杖八十，徒二年。其违例典卖土司，议以降一级调用。”[③]在一些地区土司所指定的“土规”中也强调“司地与州民接壤，各守各界，地角山隅毋得强侵茂土”。[④] 不过需要说明的是，在雍正年间前后，清政府实行大规模的“改土归流”，土司的权力受到各个方面的限制和压缩，土司制度逐渐被废除。所谓“改土归流”，即废除世袭的土司制，而代之以封建王朝的州县流官直接统治。来到羌族地区的官员随之将汉族地区较为成熟的保甲制度进行推广，在维护羌民切身利益的同时也要求其承担相应的义务，如告诫羌汉之间各有地界，应安分守己，既不准汉

---

① 李鸣：《羌族法制的历程》，中国政法大学出版社 2008 年版，第 254 页。

② 《元史》卷五八《地理志一》，第 1346 页。

③ 《钦定大清会典事例》卷五八九《兵部・议处》。

④ 康熙四十年（1701）茂县南新乡牟托巡检司碑，转引自李鸣：《羌族法制的历程》，中国政法大学出版社 2008 年版，第 268 页。

民上山放牧、开垦，也不许羌民侵占汉民土地，同时重申对于村寨公山，羌人子孙只能耕种，不能当买。① 此时的羌区开始被直接纳入到中央政权的统治之下，经济制度也在发生着与之相应的变化，原本向土司领取的土地伴随着向封建王朝缴纳赋税而开始转变为私有土地，类似的规定客观上刺激了私有化的进程，尽管羌区内部的社会阶级分化越发严重，但客观上也有效地维持了羌族地区的稳定与发展。

需要提及的是，无论是“改土归流”后羌民领取的份地还是通过先占开垦而开发的新地，羌区的土地多以家庭为单位而非个人区分所有权。而属于家族所有的族田是族产最主要的组成部分，族田由族长掌握和派人管理，一般租给族人轮流耕种，交纳的田租用以支付家族内的各项费用，举办族内各项公益事业，救济贫困族人。此外羌区山寨内的山林、草房、河滩等自然资源归村寨公有，羌族各个村寨之间往往以自然的山势和水流来区分土地所有权，而家族之间的土地界限则一般采取埋木桩或石桩的方式加以确认。可能正是因为这种集体所有权观念的影响，羌民进行土地买卖的时候首先要卖给家门人和近亲，只有在他们都不愿意购买的时候才可以卖给外人。② 对村寨公有的“神树林”或家族占有的其他林地，羌民都制定了严格的规定予以保护，不准妄自砍伐或放牧践踏，如清末羌区的两则碑文就非常鲜明地体现出了这种习惯法的存在。

> 未示禁事，照得小寺寨尚存神树林，经寨公议，封禁有年，不许入山砍伐。亦有乡民不知议规，私自砍伐，□□寺约首拿获，伊抗不服理。控来所盗伐□实为应□□□凭众村□羊三只，□三头，香一万，以作酬神祭山之资。为此出示禁止：已后无论本寨乡村人等不得私自入山樵采，亦不得放牧羊践踏神森□林木，一经拿获，许该寨□首指名具捉案严惩，决不姑息。禁之。值□□若有偷卖神树，罚钱拾千

① 李鸣：《羌族法制的历程》，中国政法大学出版社2008年版，第111页。

② 梁健、黄奕玮：《改土归流时期羌族土地制度探析》，载谢晖、陈金钊主编：《民间法》第11卷，厦门大学出版社2012年版，第230—237页。

文□□神树，其约首轮流巡转树棣柴木，不准捞□□□。

光绪四年二月二日

小寺众姓人等公立

立与禁惜家林以培林木，永不准砍伐，我村众姓人等公立。

想我村地处边隅，九石一土，遵先人之德，体前人之道，禁惜家林。只准捞叶捡粪，不准妄伐树株。其家林盘，上至长流水为界，下至河脚为界，左至四里白为界，右至大槽水井为界。四至分明，以遗后世子孙，永远禁惜。不料今岁，有本村杨洪顺父子，起心不良，偷砍家林烧炭，被众人拿获，罚钱壹千二百文，以作香资。众姓公议：自禁之后，所惜林盘，无论谁滋偷砍着，罚钱四千八百文，羊一只，酒十斤，以作山神宫香资。看见者赏钱八百文，以作辛苦费。以及春起放大沟之水，泡芋麦之时，无论亲朋，单进双出，不得紊乱所争。若有人乱争者，罚钱八百文。再有秋收之时，偷搬芋麦者，罚钱四千八百文，羊一只，酒十斤。看见者赏钱二百。

永垂不朽，是以为序也。

大清光绪十六年十月初一日

棉簇众姓公立

由于自然资源有限，羌民的生存空间较为狭窄，村寨之间为争夺山林、草场而发生纠纷，乃至械斗不断。解决这些纠纷的一种方法是承认山林草场地界的约定俗成，在其所有权不变的前提下双方协商，达成协议，对山林草场提供一定的经济补偿而获得其使用、受益权；另一种办法是，当双方争执不已，可上诉官府，让官府派人实地勘验，明确权利归属，双方在此基础上订立条约，刻于石碑，予以遵守。① 这两种处理方式也非常形象地表达出了羌区在处理土地权属争议时面对国家法与习惯法之间的冲突与调适，国家法作为一种后台力量在“改土归流”后发挥着越来越重要

① 李鸣：《羌族法制的历程》，中国政法大学出版社 2008 年版，第 291—294 页。

的作用，但与此同时作为长期以来羌民在生活实践中自发形成的习惯法也在产生着极强的约束力。

综上可见，以西夏为代表的羌族民族政权无论是在土地所有权还是买卖问题上都表现出浓厚的汉族封建法律特色，羌民通过对汉族封建王朝的学习而推进自身的法律制度建设。但与此同时羌族本身基于习惯法而形成的土地集体所有模式也在发挥着巨大的影响力，这两者之间的磨合在清代“改土归流”后越发明显。羌区的习惯法一方面需要通过国家强制力的背书而将特定阶层的特权具体化，而国家权力的渗入又使得羌民倾向在不同的规则中排斥那些不利于自身的限制，恰恰是在这种矛盾之中羌族的习惯法得以被重新塑造，焕发出新的生机。

第二节　苗族地区关于田宅的法律制度

苗族是我国人口较多的少数民族之一，有着悠久的文明，早在炎黄时期以苗族祖先蚩尤为首的九黎部落就建立了联盟，形成了自己的国家形态。黄帝战败蚩尤后，九黎中的一部分成为黄帝族的俘虏，后融合于夏族；另一部分渡河南下，聚居于江淮一带，成为“三苗”“有苗”或“苗民”。其后又经历了唐尧进攻三苗、虞舜与苗民的僵持直至夏禹击败苗人，这也成为了中国历代统治者自始至终歧视、压迫苗族的历史源头。

秦朝时在民族地区设置了管理少数民族的行政机构——道，到了汉代则建立了更加完备的郡县制，其中武陵郡有雄、满、抚、酉、辰五溪，东汉称之为“五溪蛮”，成为当时对苗族的称呼。魏晋时期的汉族封建统治者基本延续秦汉时对苗区的羁縻政策，采取“即其渠帅而用之”的方法治理苗民。

唐高宗总章二年(669)以后的西南地区由都督推荐州郡官吏，对包括苗区在内的羁縻州实施朝贡制，各土著首领建州授官后必须按规定朝贡以表示归顺，土著政权统治下的苗族备受压迫，不断掀起反抗斗争。宋代在土地问题上实行“不立田制、不抑兼并”的政策,民族间和民族内土地强占、买卖盛行,土地兼并严重。宋代在南方各民族中实行乡兵营田制,“今虽各出良田,募人以补其额,率皆豪强遣僮奴窜名籍中,乘时射利,无益公家,所宜汰去。则募溪峒司兵三百人,俾加习练,足为守御,给田募人开垦,以供军储”,①国家对土地有所有权,农民得田后自耕或给他人佃耕皆可,但禁止买卖交易。宋中期田禁逐渐松弛,贫困的苗民多出于生计而将土地典卖。

元明时期,苗族在政治、经济因素的促使下迁徙极为频繁,国内各地苗族相继被纳入封建王朝的直接统治之下,元代统治者开始在苗族分布最多的贵州各地设置土官,时至明代进一步推行土司制度。土司辖区的土地均为土司世代所有,耕地分为官庄、私田两类,官庄一般地平土肥,土司直接派管事经营,指派属民们无偿耕种,收获物全部归土司。私田多系以村寨为单位,从土司处领取的份地,分由各家各户耕种,领取份地者须为土司服劳役。无论官庄、私田,土地均为土司所有,不得买卖。苗民以农奴的身份领种土地,实行以劳役为主的缴纳地租形式。②

清代随着改土归流的深入,与汉族交界的苗等少数民族汉化的速度比较快,同时打破了苗族地区原来封闭的状态,使这一地区与外界的交往密切起来,内地汉人不断进入苗地耕作、贸易。这样就出现了汉人与苗人间各种新的社会关系需要相应的法律规范来调整。乾隆年间这方面的立法颇多,如《苗汉杂居章程》《官员失察汉民进入苗地处分条例》《吏民擅入苗地处分条例》《苗汉禁婚令》等,规定了禁止扰苗、分垦苗地等相关内容。③ 在一般情况下如果苗民与汉民之间的纠纷适用清律无疑对苗民不利,“即如田土一项,悉系苗人开垦,始因不谙办粮,寄放绅衿户下,每年

① 《宋史》卷四九四《蛮夷》,第 14188 页。

② 徐晓光、高其才主编:《中国少数民族法史通览 · 苗族》,陕西人民出版社 2014 年版,第 60—61 页。

③ 徐晓光、高其才主编:《中国少数民族法史通览 · 苗族》,陕西人民出版社 2014 年版,第 60—61 页。

议补完粮米谷，久之而刻薄绅衿恃有印串，即捏造假契，指称伊祖伊父所卖，因而责令分花。分花不足，即另招佃种，于是苗民数十年血垦之田，遂为绅衿所有。故黔省以霸占苗田而结讼者，比比而是，地方官但据纳粮印串为凭，不分曲直”。① 正因如此，为了避免相应的纠纷产生，清廷在一定程度上禁止苗汉往来与汉人在苗地置产，如乾隆十五年（1750）四月，贵州巡抚爱必达奏：“其归化未久，与新疆一带各苗寨，令地方官稽查，不得听汉人置产，亦不许潜处其地。”②

清代对于那些“新辟苗疆”则一般采取屯军的方式进行垦殖，雍正十三年（1735）古州爆发苗民起义，其后这一地区的苗民人口剧减，出现了很多无主的田地，这些田地被称为绝田。当时有官员上奏认为“今应乘此大兵之后，苗人户口凋零之隙，于附近城汛并彼此大路通达之区，设立汉民村寨，以相联络。农工之暇，稍为训练，平居足以相望，有事可以助守，兵民相依，则我势强而苗势弱，不宜复将绝户田产赏给苗人，令其居中盘踞，处我肘腋之间也”。③ 乾隆则认为军屯的效果要比民屯更好，“朕思苗性反复靡常，经此番兵威大创之后，虽畏惧慑伏，而数十年后，岂能预料？若于新疆各处将所有逆产招集汉民耕种，万一苗人滋事蠢动，则是以内地之民人因耕种苗地而受其荼毒，朕心深为不忍，此必不可行者。朕意逆苗因罪入官之地，自无复赏给逆苗之理，与其招集汉人，不若添设屯军，即令兵丁耕种，俾无事则尽力南亩，万一有警，就近即可抵御，且收获粮石，又可少佐兵食”。④ 不过在实践中以上多种情况也会出现交叉，从而形成相对较为复杂的情况，以下面这份“苗民杨老晚卖地碑”所载契约

① 《邹一桂奏折》，载《清代前期苗民起义档案史料》，光明日报出版社 1987 年版，第 229 页。

② 《清实录》卷三六三，第 1006 页。

③ 《张广泗奏议冯光裕治理苗疆事宜折》，载《清代前期苗民起义档案史料》，光明日报出版社 1987 年版，第 227 页。

④ 《谕张广泗苗疆善后事宜应详细筹划》，载《清代前期苗民起义档案史料》，光明日报出版社 1987 年版，第 231 页。

为例。

立卖山杨田契苗人杨老晚，因雍正十年，苗疆奠定，将蚁苗祖地出卖，建立松桃城垣。于雍正十三年，城工衙署兵房完竣，官兵移驻弹压，因操坐马匹未有放牧之地，于乾隆元年内，蒙清军护协府崔将公用会勒，将蚁苗祖管水源头、两岔溪、争唆洞、小河一带以作营中马场。原系领□□□出卖建造城基地内。乾隆四年，蚁苗误听楚民毛纯臣、川民勾天德哄诱，盗卖与二姓为业，重受价银七十六两，后被两营查出，告经□□□公同会勘。踩得毛、勾二姓垦种地土，实在牧场中心，当堂审断，令蚁民退还原价，饬令二□□移，勿得混占滋扰。奈蚁苗贫苦，当日得银入手，俱已用费无存，家中无牛马可以变卖，原收毛、勾价值，实难出备，以至延迟二载。于乾隆七年，蒙清军都督宋、温念蚁苗苦，两营各位老爷公(共)同捐银一百零两，除给毛、勾二姓七十六两外，余剩二十六两给蚁苗，照俗卖后加找之钱，当堂亲身领讫。出具遂依契结，附卷存案。所有营中马场四至老界照旧管理，今将退价向毛、勾赎回。界内之水源头、两岔溪，争唆洞三处开垦已成之田，□□书立卖契与松桃两营管理，此番领银写立卖契之后，永远听凭管理，不敢乱言，自取罪累。空口无凭，特立手印卖契一纸与营中，千古为照。

左右营红白队兵人等同建立

□□□□六月初一立卖契人杨老晚①

由这份契约可见杨老晚在清军镇压苗民起义中侥幸生还，其后又经历了非法买卖、官方代为赎回等转折，从中不难发现虽然中央政府通过对苗疆土地的重压政策在社会安定上起到了很不错的效果，如康熙四十二年(1703)湖广提督俞益谟制定的“晓谕苗人告示”中对苗人的恫吓，“将尔等寨党尽诛，子女尽缚，庐舍尽毁，牲畜尽戮，必不使尔苗寨之上一人逃

① 《松桃风情》(松桃文史资料第10辑)，转引自晓光、高其才主编：《中国少数民族法史通览·苗族》，陕西人民出版社2014年版，第93—94页。

死，脱有漏网。必将尔耕种田禾尽行芟刈，在仓粮粟尽行烧毁。或数日一临，或一月而再至、三至，总教尔立脚不牢，安身不住，扼喉绝吭而后已”。① 但这种强压政策同时也加深了苗族民众生活的巨大负担，“嘉庆初年，苗民起义平定后，总理边防同知傅鼐，实行清丈田亩政策，所有各县之土田，概丈殆尽，结果得百三十余仓，共计租额七万九千二百余石。数量之多以是边疆之贫瘠，负此巨大之租额，颇为国人所注意也。因租谷数量浩大，傅鼐为久安计，奏设制兵，组织各级屯苗官弁，驻防辖区，维护苗乡之安宁与秩序。设苗官弁束制苗民，以苗民制苗，情况较熟悉，收事半功倍之效。”②当这些负担进一步增加时，反过来又从根本上形成了社会的不安定因素。

在苗族习惯法方面，早期主要是依靠“议榔”（议定公约、集体发誓）立法、“理老”（长老、智者）司法和“鼓舍”（社区组织）执法，这其中便包含对有关田土、山林所有权相关纠纷的调解与处理。在清朝以后苗族习惯法渐趋丰富，从表现形式上既有以汉字记载的榔规、族规、案例，也有在无文字状态下形成的“埋岩”（无字碑），以及口耳相传的唱词、古歌、谚语等。如在《苗族古歌古词》中就有一则“烧汤理词”，记载了一件寨老用神判方式解决土地纠纷的故事，“为这为那，天响地动，为抢田边地角响，为争边界石桩动……你仗祖宗能干，你仗父辈势力大，场中来抢妻，田坝里夺田……抢我祖田种，夺我祖地耕……一方说‘田耕已十代’，一方说‘是他公抢去’。耕种十代有人见，代代相传不曾忘……明天天亮，旭日东升，请六寨老，请五大人，众多前辈，全都来看，看是哪方赢，看是哪方输”。③ 苗族土地所有权的形式主要分为公有与私有两种，但公有耕地所占比例并不高，其中主要是学田、全寨共用田、游方坡、寨有山林、家族共

① 严如熤撰：《苗防备览》卷二一《艺文志》，华文书局1968年版，第966页。
② 石启贵：《湘西苗族实地调查报告》，湖南人民出版社2000年版，第168页。
③ 详见《苗族古歌古词》下集“理词”，贵州省黄平县民族事务委员会编印，1988年，第482—561页。

有山林、族有坟地、斗牛场等。私有山林中一种为私人所有，如住宅前后的田林。这种私有土地可以自由买卖，但家族有优先权，外族买主即使确定了田价，只要家族内有人要购买，且其所出的田价不比外人低，仍然需要由家族成员优先购买。另一种表现为拥有林权但没有山权，但若田边地头种树，则田为谁所有树即归谁所有。至于荒山荒地原则上可以随意开种，只要向土地占有者通知一声就可以砍倒树木、烧地播种，且不需支付任何报酬，不过这种方式只意味着取得了使用权而已。此外苗族土地赠予中较普遍的是送给女儿的"姑娘田"，即为未出嫁的女儿置办出嫁时的衣饰及婚后"不落夫家"及省亲时的生活开支。这类"姑娘田"一般不能作为女子夫家财产，只有亲子有权占有；如姑娘亡故又无子嗣，则娘家有权收回。同样在分家时一般也会为父母留下一份"养老田"，此后谁尽了赡养父母的义务，谁就有继承"养老田"及老人其他家产的权利。关于所有权的标志，田地、山林的界限以山岭、沟冲等划分，也有以种树或栽石为界的。①

苗民在种田之外历来重视营林，木材的商品化给苗民带来丰厚收益的同时也造成了自然环境的恶化，因此清朝曾下令鼓励栽种林木以保持水土不被破坏，"树木亦多栽种，查黔地山多树广，小民取用日繁，应如所议，令民各视土宜，逐年栽植，每户自数十株至数百株不等。种多者量加鼓励……种植既广，宜劝民以时保护。查种植在山，非稼穑在田者可比，应如所议，嗣后民间牲畜如有肆意纵放，致伤种植，及秋深烧山，不将四周草莱剪除，以致延烧者，均令照树赔偿"。② 再如同治八年（1869）黎平县潘老乡长春村立下禁碑："吾村后有青龙山，林木葱茏，四季常青，乃天工造就之福地，为子孙福禄，六畜兴旺，五谷丰登，全村聚集于大坪饮生鸡血

① 徐晓光、高其才主编：《中国少数民族法史通览 · 苗族》，陕西人民出版社 2014 年版，第 113—114 页。

② 《清实录》卷二三〇，第 900 页。

酒盟誓,凡我后龙山与笔架山一草一木,不得妄砍,违者,与血同红,与酒同尽”。① 人工造林的兴起也带来了山林租佃的产生,清水江沿岸锦屏县保留了大量的山林契约,非常直观地展现出了苗区林业民事法律的面貌。

立佃种山场合同人稿样寨龙文魁等,亲自问到文斗下房姜兴周、姜永凤、姜文襄得买乌养山一所、乌书山一所,今龙、吴、李三姓投山种地,以后栽杉修理长大发卖,乌书山两股平分,乌养山四六股分,栽手占四股,地主占六股,乌书山栽手占一股,地主占一股。其山有老木,各归地主,不得霸占。今恐无凭,立此投佃字存照。

凭中代书姜梦熊曹聚周姜安海

佃种人龙文魁吴光才李富林

党加众山佃约付与梦熊收存

乾隆四十五年正月二十九日立②

立断卖杉木并地人本房侄子姜朝佐,因为家下缺少银用,无从出处,自愿将到祖业山场一块坐落土名纲晚山,三大股均分,朝佐兄弟名下占一股,今将朝佐半股杉木并地卖与本房姜兴周叔爷名下承买为业,当日议定断价纹银七两整,入手领回应用。起杉木之后,任从买主子孙世代永远管业,而卖主不得悔言,如有翻悔者,俱在卖主,一卖一了,二卖二文,今恐言信难凭,立此断契存照为据。

凭中叔姜乔香

朝佐亲笔

乾隆四十三年十二月十七日③

可见一份完整的山林契约一般需要包括立契人、产权的来源、买卖/租佃原因、地产的范围以及价格等。

综上所述,历代中央政权缘自历史原因多对苗族存有较为强烈的敌

① 《黔东南苗族侗族自治州州志·林业志》,中国林业出版社 1990 年版,第 161 页。

② 《侗族社会历史调查》,贵州民族出版社 1988 年版,第 17 页。

③ 《侗族社会历史调查》,贵州民族出版社 1988 年版,第 13 页。

对思想，这种倾向在对苗相关法律上具体体现为一种压制与隔离的态度。因此尽管苗区在相当程度上保留了较为具有本族特色的土地法律制度，且中央王朝的不当干涉也从另一个侧面激发了苗民的抵抗，但在国家层面的土地政策上仍然表现出了中央封建王朝的强势管理，但相反在民间田土取得、继承、买卖乃至纠纷及林木开发等方面则凸显出强烈民族特色的习惯规定。

第三节　蒙古族地区关于田宅的法律制度

蒙古族是有着悠久历史和灿烂文化的民族，主要居住在亚洲中部蒙古高原及其周边地区。古代蒙古的法制，按蒙古族历史发展演变过程可以大致分为四个时期：一、未成文的蒙古族习惯法时期，始于公元8世纪末或9世纪初，止于12世纪后半叶，约400年；二、成文的《成吉思汗大札撒》时期，起于公元1206年，止于13世纪中叶贵由汗去世之后，约50年；三、蒙古族法制政教并行时期，始于1260年，1271年（至元八年十一月）忽必烈诏告天下，正式建国为“大元”。经元朝、北元两代，到清朝为止，长达360年；四、清代蒙古族地方法时期。①

蒙古人一般将进入阶级社会以前的习惯法称之为“约孙”，这种称呼后来在进入到阶级社会中仍然沿用。这些约定俗成的氏族制度要求氏族成员必须遵守，否则就会受到相应的惩罚。早期蒙古族作为游牧民族，其主业是畜牧业，大约在公元8世纪中叶蒙古人西迁蒙古高原开始经营畜牧业。这一时期蒙古族人逐水草游牧，依靠和利用自然生态去繁殖和牧养牲畜，并以狩猎业为其经济补充。在游牧过程中如果氏族要屯营于某地，就会围城一个圆圈，首领居于中央，蒙古人将这种最早的群聚形式称之为“古列延”，由个体家庭组成的蒙古氏族为了保护自己的生命财产而

---

① 奇格：《古代蒙古法制史》，辽宁民族出版社1999年版，第1—13页。

采用的“古列延”形式就成为了蒙古民族最早期的居住形态。按照古代蒙古的约孙，蒙古家庭要由幼子继承父亲的帐幕、屯营地，可见当时虽然蒙古族人的生活流动性较强，但作为居住地以及相应的房屋设置已经被视为一种财产而在家庭内部进行流转。

公元1206年，铁木真经过了数十年的艰苦战争终于结束了蒙古十几个大小部落和氏族之间的混战状态，即大汗位，号“成吉思汗”，建立了东起兴安岭、西迄阿尔泰山、南达阴山的以克鲁伦河及斡难河流域为政治中心的大蒙古国。蒙古国建立后，成吉思汗进一步将草原部落编制成百余个千户，作为军事与行政相结合的区域单位。按照规定，千户所属的居民，都要在制定的牧地范围内放牧生产，姓名记入户口青册，不准变动。①此时蒙古社会的畜牧业经济已进入到传统畜牧业阶段，相应的生产经营方式逐渐形成相对稳定的模式，草原牧地开始通过成吉思汗的恩赏而形成了明确的界限，特别是皇室成员和建国功臣被授予“忽必”（领地和百姓）。但大蒙古国初期的分封基本限于草原，对新征服的农耕地区则作为国家的公有财产，由大汗统一派官治理。其中如成吉思汗建国后所创建的“斡耳朵”（宫室、宫帐）就是其私人财产、民户管理机构的一种组织形式，斡耳朵制度一直延续到元代，并逐渐得到完善。

随着社会政权相对步入稳定时期，成吉思汗制定和颁布了扎撒黑法令，史称成吉思汗《大扎撒》，《大札撒》是蒙古族第一部有文字记载的成文法典，其中便存有关于土地相关问题的法律规定。如《大札撒》中关于“禁草生而䆃地；禁遗火而燎荒”的规定就从生态保护的宏观角度对畜牧业所依存的土地环境进行限制破坏的禁令，游牧社会最主要的生产生活领域便是草场，这是他们赖以生存的保障，所以成吉思汗从国家层面以行政命令的方式进行相关规定无疑能够有效地防范草原被人为破坏。再如窝阔台汗继承汗位后曾对《大札撒》的内容进行补充，其中包括对民众居

① 志费尼：《世界征服者史》，何高济译，内蒙古人民出版社1980年版，第27页。

住环境的修缮工程,“旷野地方除野兽外,别无所有,为使百姓能住的宽敞,派察乃、委兀儿台两个管营地人为首,在旷野里挖掘水井”。[①] 这一规定仍然是以发展畜牧业作为主要目的,但从客观上有效地保障了百姓们的私人生计,从侧面也增强了民众私人居住范围的固定化。

从13世纪中后期开始,横跨欧亚大陆的大蒙古帝国开始走向分裂,至元元年(1264)忽必烈打败阿里不哥后召开忽里勒台会议的失败表明统一的大蒙古国已不复存在。取而代之的除了忽必烈以汉地为中心建立的元朝外,就是各自独立发展的钦察、伊儿、察合台、窝阔台四大汗国。灭金后刚刚入主中原的蒙古民众延续自己长期以来的牧业传统,对中原的农业生产模式表现出强烈的排斥态度,“虽得汉人,亦无所用,不若尽去之,使草木畅茂,以为牧地”。[②] 针对这些情况,忽必烈进行了一系列改革,如在中央设立大司农司,专管劝导、督查农事,又将“户口增、田野辟”规定为考核官吏的首要标准。下诏招集流亡人员,鼓励垦荒,发展屯田,兴修水利,禁止抑良为奴。至元七年(1270)颁布立社法令,将以前农村中自发出现的社组织加以统一推广。以自然村为单位,原则上每50家立为一社,由社众推举年高通晓农事、家有兼丁者担任社长,免除差役,专门负责劝农、组织农民协作互助,各社并设立义仓以备荒。朝廷还汇集历代农学著作,删繁撮要,编成《农桑辑要》一书,颁行全国,用以指导农业生产。[③]

元朝末年社会矛盾激化,从元惠宗妥懽帖睦尔执政中期开始全国各地纷纷爆发农民起义。至正二十八年(1368)闰七月二十六日,明将徐达率领北伐军攻陷通州,逼近大都。二十八日,惠宗召淮王帖木儿不花监国,庆童为左丞相,同守大都,自己则北奔上都。八月初二,明军攻破大都

---

① 余大钧译注:《蒙古秘史》卷一二(第279节),河北人民出版社2001年版,第489页。

② 《元文类》卷五七《中书令耶律公神道碑》,第832页。

③ 成崇德主编:《中国少数民族法史通览·蒙古族》,陕西人民出版社2014年版,第86页。

城，宣告元朝在中原地区统治的结束。元廷北迁后的两百余年中，一方面内讧不断，另一方面与明朝时有纷争，直到 15 世纪中期达延汗的统一才使蒙古内部的混战状态告一段落，社会内部渐趋稳定。此后一段时期的蒙古社会虽然产生了几部重要的法律法规，如图们札萨克图汗制定的《大法规》、土默特万户阿勒坦汗制定的《阿勒坦汗法典》、1639 年前喀尔喀万户三汗七旗诸颜共同商定的《喀尔喀七旗法典》（又称《白桦法典》）和卫拉特联盟《旧察津毕其格》等。但其中关于田宅方面的内容极其乏见，仅存留一些关于行政区划方面的土地界限规定，如《白桦法典》中规定蒙古诸颜们不能危害自己的鄂托克（在千户基础上发展起来的一种地缘行政组织），各鄂托克不能随意迁徙游牧，鄂托克的诺颜们不能分割鄂托克而居；喀尔喀七旗之间明确领地，各旗的属民，不得随意越界游牧或逃亡等。这类规定也体现在喀尔喀、卫拉特封建领主们于 1640 年 9 月举行丘尔干会议并颁布的著名的《卫拉特法典》当中，如不能无端地互相“争夺边界，进入小爱马克或和屯”，若违犯“罚铠甲百领、骆驼百峰、马千匹作为赔偿，并应归还所掠之物”。此外在《阿勒坦汗法典》与《卫拉特法典》中还专门出现了关于“破坏包帐”法律禁止。总的来说，在这一历史时期的蒙古因其生活生产方式较之中原以农业为主的经济基础相差较大，所以虽然出现了一系列具有鲜明民族特色的地方立法，但其中与田宅等不动产相关的内容却相对比较匮乏，反之与牲畜等赀产相关的法律规定则较为丰富，尤其是在对以牲畜为代表的私人财产保护以及罚畜刑方面，凸显出了非常具有研究价值的民族特色。

到 17 世纪初，蒙古诸部大体上分为漠南以察哈尔部为首的大汗政权、漠北喀尔喀三汗、漠西卫拉特联盟——准噶尔汗国、相邻女真诸部的好儿趁（科尔沁）兀鲁思、占据青藏高原的和硕特汗廷蒙藏联合政权、西迁伏尔加河下游的土尔扈特汗廷以及天山南路察合台后裔的叶儿羌汗国。这些政治集团在 17 世纪初至 18 世纪中叶的 100 多年间相继归附清朝或者灭亡。清朝征服蒙古各部后采取“分而治之”“众建而分其势”政策,在蒙古地区建立盟旗制度的同时,实施封禁,禁止蒙古牧民与内地汉民进行经济文化交流。旗是清朝国家行政体制中在蒙古地区的基本军事、行政单位,同时也是清朝皇帝赐给旗内各级蒙古封建主的世袭领地。若干旗会盟一处,召集人称为盟长。清朝追求边疆地区政治上的稳定,力求不改变当地旧的生产方式和生活方式,因此蒙古地区主体上仍然是"行则车为室,止则毡为庐,顺水草便骑射为业"的游牧经济和游牧生活方式。[①] 当然这种政策的主要目的是为了强化对蒙地的统治,但也在客观上有效地阻止了汉民对蒙地的过度开发,在一定程度上保护了蒙民的土地权益,如《理藩院则例》当中关于田宅的规定。

顺治七年题准:外藩蒙古,每十有五丁,给地广一里、纵二百里。

乾隆十三年议准:民人所典蒙古地亩,应计所典年分,以次给还原主。土默特贝子旗下,有地千六百四十三顷三十亩,喀喇沁贝子旗下,有地千六百四十三顷三十亩,喀喇沁札萨克布囊旗下,有地四百三十一顷八十亩,其余旗下,均无民典之地。以上地亩,皆系蒙古之地,不可令民占耕。应令札萨克等察明某人之地,典与某人得银若干,限定几年,详造清册,送该同知、通判办理,照从前归化城土默特蒙古撤回地亩之例。价在百两以下,典种五年以上者,令再种一年撤回。如未满五年者,仍令民人耕种,俟届五年,再行撤回。二百两以下者,再令种三年,俟年满撤回,均给还业主。

又议准:民人在蒙古地方租种地亩,赁住房屋,务必照原议书目,纳租交价。倘恃强拖欠,或经札萨克行追,或经业主、房主举告,差往之司官及同知、通判等,即为承催。欠至三年者,即将所种之地、所赁之房撤回,别行召租。

又议准:蒙古台吉、塔布囊官员、喇嘛皆称殷实,惟在下兵丁贫乏者多。此等殷实之人,每倚恃己力,将旗下公地令民人开垦,有自数

① 成崇德主编:《中国少数民族法史通览 · 蒙古族》,陕西人民出版社 2014 年版,第195 页。

十顷至数百顷之多占据取租者，是以无力蒙古，愈致困穷。应于殷实之札萨克台吉塔布囊、官员、公主、郡主等陪嫁内监及番僧等地内，酌拨三分之一，各与本旗穷苦蒙古耕种，仍量其家口多寡，分给地亩。并将拨出数目，造册报院。嗣后仍有开垦旗下公地、强霸穷人地亩者，从重治罪。

十四年复准：喀喇沁、土默特、敖汉、翁牛特等旗，除见存民人外，嗣后毋许再行容留民人，增垦地亩，及将地亩典给民人。其如何委官巡察等事，由院间年一次，简选才能司官二人，自次年为始，将喀喇沁、土默特等旗分为两路，驰驿前往，会同该同知、通判，并驻扎办理蒙古民人事务之官巡察。该札萨克蒙古等若再图利，容留民人开垦地亩，及将地亩典给民人者，照隐匿逃人例，罚俸一年，都统、副都统罚三九，佐领、骁骑校皆革职，罚三九，领催、什长等鞭一百。其容留居住开垦地亩典地之人，亦鞭一百，罚三九。所罚牲畜，赏给本旗效力之人，并将所垦所典之地撤出，给与本旗无地之穷苦蒙古。其开垦地亩以及典地指民人，交该地方官从重治罪，递回原籍。该管同知、通判，交该部察议。其八旗游牧察哈尔种地居住民人，亦交与稽察喀喇沁等处官员，会同各旗总管及各该同知、通判等，一并稽察。若有容留增垦地亩，及典与民人等事，即将垦种典地之蒙古、民人等，交与该总管严行治罪，民人递回原籍。其并不实力稽察之该管官，亦一体交部议处。

十八年复准：围场内增设兵丁，赏给官房地亩，免其纳粮。每兵丁一名，赏给地一顷二十亩，令其耕种度日。①

除了中央层面的立法之外，清朝还出台了一些针对蒙古地区的专行法规，如18世纪初，和硕特汗廷覆灭，以罗布藏丹为首的和硕特贵族希望依靠清廷势力重登和硕特汗位未果后举行了反清暴动。雍正二年

① 赵云田点校：《乾隆朝内府抄本〈理藩院则例〉》录勋清吏司下，中国藏学出版社2006年版，第46—48页。

(1724),清廷派抚远大将军年羹尧和四川提督岳钟琪出兵西北,平定青海罗布藏丹之乱,同年年羹尧奏请《条陈西海善后事宜》密折,即《青海善后事宜十三条》。其中驻防与屯垦方面的规定如“其自甘州口外祁连山以南,直至卜隆吉、党色尔腾,昔皆蒙古所占,亦宜乘时更定,如有蒙古一人敢居于此,即擒拿正法。使肃州以西讨来川常马尔河源等处膏腴之地,令我百姓耕凿于此”,“论宁夏之险,莫如贺兰山,古什罕之子孙如阿宝额驸等有住牧于山后者,近且入于山前,一切田地山场,蒙古虽未种植,亦不许居民过问”。①

此外,鉴于蒙古民族风俗习惯的特殊性,清廷也在一定权限内允许喀尔喀等蒙古地方自行制定相应的法律规范以作补充,如《喀尔喀吉如姆》《阿拉善蒙古律例》《乌兰哈其尔图法规》《察哈尔正镶白旗察干乌拉庙庙规》等。其中的《乌兰哈其尔图法规》与《阿拉善蒙古律例》是非常具有地方民族特色的判例汇编,如阿拉善和硕特额鲁特蒙古第四任札萨克玛哈巴拉亲王于道光元年(1821)作为定例立档留存的蒙文档案《阿拉善蒙古律例》中就有这样一份单行法规,其于嘉庆二十五年(1820)规定,道光元年(1821)四月初二抄转。时因到阿拉善经商者日益增多,杂入旗内牧场放牧,使蒙民借以营生的牲畜草场缺乏,对蒙古生计极为不利。为了永远禁止汉商任意居留在旗内放牧其所买牲畜,嘉庆二十五年五月二十三日,为永世遵行起见,制定律例,发布告示:

乾清门行走阿拉善和硕特额鲁特札萨克加一级和硕亲王谕令。

为公告严行禁止事,查本王所辖之旗,蒙民世代依赖牲畜及牧场为生。唯闻如今蒙汉杂居,进行交易,居留我定远营之汉商和蒙古人进行交易时,以高价赊销货物,以低价收取牲畜,被汉商欺骗。去年调查居留我旗放牧之人牲畜驼、马、牛、羊已达数千之多,破坏损伤境内的草场,且食苏利贺尔、陶木苏等草,以致严重影响蒙民之生计,如

① 季永海等点校:《年羹尧满汉奏折译编》,天津古籍出版社 1995 年版,第 288 页。

常此以往，蒙民之牲畜尽被汉人收买，将不成事体。本王负统辖全旗之责，亦至违背国恩。此乃皆因官员等徇情失职，延袭旧例，发放证件，不加细查所至。除向彼等严加训饬外，今年停止发放证件和征收草头税。饬令汉商等以本年九月为限，将各该所有牲畜尽行出售或赶往关内。如汉人需要骑、驮骆驼，只限制十支以内不得超过。如有违反，既经查出则将汉人等牲畜赶入关内并将该汉人等交付钦差蒙汉事务衙门严惩不怠，仰即一体遵行，切切此布。①

该则规定与上述《理藩院则例》的立法精神高度吻合。值得注意的是，在《阿拉善蒙古律例》中存在着很多基于特定缘由，如贵族个人感情、对蒙古传统畜牧业的维护等，而对民众田地及相关附属权利进行限制的命令，如道光二年(1822)三月十九日发布的两则规定。

查乌勒吉木伦河水，常积于德勒格尔布勒图花园形成池水。鉴于本王世居于此，自嘉庆十一年至今严禁任何人从乌勒吉木伦河引水灌田。今后如有人从乌勒吉木伦河引水灌田被发现时，将该人田地全部没收归仓，并将违者严予惩处。但种小块菜蔬园地者例外。为此，永为定例，以示遵行，记入印文档册。

查近数年来，本王苏鲁克绵羊增多，水草感到缺乏，如能将和希格图木伦河沿，除原有仓里种的地以外，将其余我旗属下家人等所种之地永远禁止。将河水下放，以供苏鲁克绵羊饮用，在后日对绵羊及马群苏鲁克有莫大之利益。为此，规定今后禁止在该河沿耕种田地。永为定例遵行，记入印文档册。②

反之，对一些与环境问题相关性不大的土地纠纷则通常不为当地统治者所重视，呈现出较为宽松的法律导向。如咸丰十年(1860)十月十四日南寺朝克沁吉隆捏尔巴普勒吉、占布拉尼玛二人申请："我庙附近阿鲁高勒稍出泉水，如果经掏挖出水多时，将附近左边的小块荒地开垦耕种，补足

① 奇格：《古代蒙古法制史》，辽宁民族出版社1999年版，第197—198页。
② 奇格：《古代蒙古法制史》，辽宁民族出版社1999年版，第200—201页。

法会普克(份子)”。此事经调查,不影响苏鲁克牧场,因此准许开垦。①

当然,尽管清朝试图采取“因俗而治”的方式极力避免蒙古与中原地区的经济交往,但随着时间的转变,对田宅等不动产的重视程度在蒙古地区也在增强,如在一些判例中就可以发现相关人员因其他违法行为而导致的对田宅等财产的处理。

光绪三年(1877)二月初二日判决一件。

报告人:达木勒章京衔军功赏孔雀翎伊如格勒图。

事由:侍卫德勒格尔、箭丁朝老本,在原磴口华兴义商号旧址(原归旗仓吃租子之地),随便盖了五间房子、一间棚,且由黄河水道向外运盐。

处理:革除德勒格尔等侍卫衔,并今后一律禁止从水道运盐;朝老本因水道运盐事,先已处罚,这次宽免。没收他们二人盖的房子和棚,归和硕厢。失查的达木勒伊如格勒图,三等侍卫保音德力格尔二人,因隐藏失驼事,现正审判,待查明后,另行处理。达木勒头等侍卫安巴斯、白顶昆都那万各降一级。达木勒金顶昆都官其格,革除一切职衔,当拨什库差使。②

综上所述,诚如年羹尧所言,“蒙古之俗,惟资畜牧,不事树艺,虽有肥饶之地,不过藉其水草而已”,③直至18世纪的蒙古社会一直缺乏土地牧场等不动产方面的私有观念。其关乎土地方面的法律规定主要集中在两个方面,一是基于游牧生产生活方式而对草场等方面的自然保护;二是基于行政管理方面的区域边界划分。时至清朝相关的法律规定才逐渐增多,但由于清政府对蒙古地区实行“分而治之”“因俗而治”的基本政策,所以相关田宅方面的规定多体现在蒙汉民众的经济交往限制方面。

---

① 奇格:《古代蒙古法制史》,辽宁民族出版社1999年版,第205—206页。
② 奇格:《古代蒙古法制史》,辽宁民族出版社1999年版,第207—208页。
③ 季永海等点校:《年羹尧满汉奏折译编》,天津古籍出版社1995年版,第292页。

第四节 藏族地区关于田宅的法律制度

藏族是中国西部主要的少数民族之一,自古以来就生活在素有“世界屋脊”之称的青藏高原。公元6世纪以前,藏族各部落以“本”(苯教,指通过诵经、起誓、祭祀和苯教大师主持举行各种仪式祈福,对国家政权进行护持)、“仲”(口头说唱,指以祖先和英雄以及贤者能人的光辉伟业与利国利民的英雄光辉事迹等教育劝解邦国君臣子民)、“德乌”(指以谜语为核心加之谚语、格言、道歌、遗训等对民众进行教育和启发)治理政事,维持社会生活的运行,各部落之间则常用“盟誓”来维持交往活动,这其中便出现了计算田亩、牲畜等用以税收管理的社会规范。但此一时期参考苯教经典制定规范的过程非常重视保密,所以体现出非常浓厚的宗教神秘色彩。大约从公元434年开始,达日年赛和南日松赞先后把实力雄厚的娘、韦农、蔡邦、嫩等氏族部落纳为属民,相继征服了周围的大多数邦国和部落,西藏中部地区出现了一个相对统一的局面。与此同时,他们恩威并用,还将投诚归附的邦国部落君臣贡献的土地、金银财宝、牛羊马匹、属民庄园等原封不动回赐给他们,对各个邦国部落的界限划分奠定了法律基础。吐蕃是达日年赛之孙、南日松赞之子松赞干布于唐贞观七年(633)建立的一个封建地方王朝,其后芒松芒赞(松赞干布之孙)执政时期受唐朝影响出台了多部立法,吐蕃进入“律令制”时代。

需要指出的是,古代藏族农牧区传统经济的主体——畜牧业一般是依赖水草而频繁移动的游牧业,为保证畜牧业的顺利发展,只有频繁地、及时地搬迁放牧。藏民们将天然草场按季节进行划分,对不同的草场确定不同的利用时段,调整了高原畜牧业随季节变化为主,春夏秋冬不断迁移的生活、生产关系,使高原上的草场都能够得到充分的利用和休养生息,防止了条件好的牧场过度放牧,而条件差的草场不予利用,使西藏草场资源得到了最大限度的利用和开发。[①] 吐蕃的土地制度类似于北魏和隋唐的"均田制",《水简》中还出现了"永业田"和"租庸调"的字样,可以推之,吐蕃仿唐制划分了"永业田"和"口分田"。吐蕃各级政府都设有"牧场官"和"农田官"以及"会计官",专门管理草场、土地事务。赞普王室是全国最大的土地和牧场的所有者,土地、牧场的所有权归王室所有,并始终保有对土地的处分权,可以随时撤回分给贵族官僚和农牧民的土地、牧场,因此分得的田地和草场不得买卖,不能进入流通交易领域。如《尚蔡邦江浦建寺碑》记载:"设或一时尚·聂多子嗣断绝,一切所辖之土地,所领之属民不再收回,亦不得转赐他人,均增赐为此神殿之顺缘,如此颁诏矣"。[②] 赞普王室以保有其土地、牧场的处分权而转移其占有、使用、收益权的方式,把所有从赞普王室领受土地和牧场的封建领主掌握在自己手里。部落的土地也是王室授予,通过部落组织和官员分配给农民耕种,并向国家交纳赋税,完成差役。再如王室将一些土地赐给贵族官员,一部分作为在职时的薪俸田。[③] 所分牧场、土地、牲畜等生产资料由吐蕃王朝的各级行政组织登记造册,归入档案,并据此征收赋税。

根据新疆出土的吐蕃文书显示,当时的赋税分为三类:一是按土地数量交纳农业产品地税,如"百姓鸟年之差税…未完成,百姓的年成不好,上等庸奴一'热多'只交五克青稞";二是按户籍征的赋税,如"兔年秋,统计尚论所属民户从事农业者,哪些田赋已交纳,哪些未交,未交者唱名登记";三是劳役地租,"寺庙的财产有二十屯半,可征收劳役财物"。[④] 英国人托马斯在1951年出版的《中国新疆发现的藏文文书》中收录了一份吐蕃在小罗布分配土地的文书,非常直观地记载了这些法律规定的实践执行情况。

---

① 南杰·隆英强:《中国少数民族法史通览·藏族》,陕西人民出版社2014年版,第139页。

② 王尧等:《吐蕃金石录》,文物出版社1982年版,第155页。

③ 徐晓光:《藏族法制史研究》,法律出版社2001年版,第56—60页。

④ 徐晓光:《藏族法制史研究》,法律出版社2001年版,第82页。

兔年春经商议决定，将小罗布之田划为五种亩数，按农人数加以分配，由旺波（地方官）及掌分配田之管事执行，并（将分配之数）统计唱名登录。有权势者不得多占田土和空地，小块土地亦应按人数分配，不得越界耕种和违反规定。田块之间应树立堆垛标记，有超越分配之数违制占田及越界耕种者，将其田地如鸟翼羽递压逐级上报，并视情形，给予处罚。各户农人数目写造名册，交本城官员。图谋强占者，具照本城旧法规治罪。①

简而言之即吐蕃赞普王室是最大的土地所有者，赞普将土地、牧场等生产资料分封给功臣，领主们再以同样的方式将土地和牧场分配给小领主，小领主再把土地交给农牧民耕种，当然土地的分封是以交纳赋税和服劳役为前提条件的。大领主要向赞普王室交纳赋税，派人服劳役；小领主向大领主贡献服役；农牧民向小领主纳赋税和服劳役。对于大多数农牧民而言正是通过这种方式不仅领有一块牧场、土地和牲畜，而且有生产工具、房屋和帐篷等生活资料，有自己的经济收入。② 吐蕃法律对这种土地分封制度和赋役制度严格加以保护，赞普赤松德赞在为恩兰·达札路恭所树的记功碑中规定："大公之子孙后代受众所掌握之奴隶、地土、牧场、草原、园林等一切所有，永不没收，亦不减少，他人不得抢夺。若非彼等自家不愿再管时，不拘其远近，贤与不肖，亦不更换而畀予焉。"③

宗教方面也是如此，8 世纪后半叶，赤松德赞率先用分封庄园的传统方法，赐给寺庙一定限额的农田、牲畜、财物等供养外，又赐给每名出家人 7 户人丁，并会盟誓约，勒石立碑，成为定制。④ 如《楚布江浦建寺碑》中规定供养神殿之奴隶、农田、牧场、供物、财产、牲畜等永远属于神殿，不得

① 转引自陈庆英：《从帐簿文书看吐蕃王朝的经济制度》，《中国藏学》1992 年特刊。

② 南杰·隆英强：《中国少数民族法史通览·藏族》，陕西人民出版社 2014 年版，第 137—138 页。

③ 徐晓光：《藏族法制史研究》，法律出版社 2001 年版，第 81—82 页。

④ 巴卧·祖拉陈哇，黄颢摘译注：《贤者喜宴》摘译，《西藏民族学院学报》1981 年第 2 期。

向神殿寺户征收赋税，不得没收神殿之供养粮及财物。① 这也就是所谓的“七户养一僧”制度，农民将青稞、麦、酥油等农产品地租交给寺院，供斋僧享有，这实际上是将本应向国家交纳的田赋直接拨给佛寺。

9世纪中叶，吐蕃王朝灭亡，以后的四百余年时间里青藏高原未能再次形成统一的政治势力，在各方政治力量中以上部阿里王朝与下部唃厮啰王朝最为强大。唃厮啰政权时期虽然仍以畜牧业作为主要经济形式，但根据宋代的一些史籍记载可以发现农业在这一地区也出现了一定的发展。崇弃三年(1104)王厚兵进河湟，唃厮啰政权瓦解，根据王厚向朝廷奏报大军所占田地的处理办法可以窥探唃厮啰政权在土地方面的一些规定。

> 心白人户田土依旧为主，秋毫不得侵占外，因与官军抗敌，杀逐心黑之人所营田土，并元系西蕃王子董毡、瞎征、温溪心等田土，顷亩不少。已指挥逐州尽行拘收入官，摽拨创置弓箭手，应副边备，可省戍兵经久岁费，为利甚博。②

这段记载说明唃厮啰政权从王族到平民均拥有多少不等的农田，后宋廷任命何灌为湟州知州，何灌修渠因邈川水溉田千顷，使百姓受益，故百姓将此渠称为“广利渠”。宋臣赵隆知西宁州时，看到湟州农业欣欣向荣的景象，也开始效法，主持修渠引湟水，以灌溉西宁州周围的土地，并从河州等处招募人丁前往耕种。在这些地方官员的大力倡导实施下，河湟地区的农业发展盛极一时。③

宋朝统治者认为“蕃部贱土贵货，汉人得与蕃部交易，即汉得土，蕃部得货。两各得所欲而田畴垦、货殖通，蕃汉为一，自然易以驾驭”。④ 虽然宋朝对西藏地区农业的推动乃是以维护统治作为发展标的，但种种政

---

① 陈践、杨本加：《吐蕃时期藏文文献中的盟誓》，《中国藏学》2009年第3期。

② 《皇宋通鉴长编纪事本末》卷一四〇《收复鄯廓州》，第460页。

③ 丁柏峰：《简论唃厮啰政权时期青海的经济开发》，《青海师范大学学报》2014年第4期。

④ 《续资治通鉴长编》卷二三三《神宗·熙宁五年》，第5655页。

策的执行客观上极大地增强了西藏地区田土法律制度的完善。如天圣四年(1026)诏“陕西弓箭手毋得典卖租赁蕃部土田,其蕃汉愿合种者听之”;①皇祐四年(1052)“禁鹿延路汉户以田产与蕃官买卖者”。② 这些规定都通过对汉民的行为禁止而试图完成对藏区的土地的保护,但也需要指出,尽管宋代从立法上以农业经济作为田土管理的本位,但由于藏区以畜牧业作为经济基础的大环境仍然使得双方就土地问题的思考方向不一致而产生许多纠纷。熙宁元年(1068),“取边民阑市蕃部八千顷,给以弓箭手”,原因是“蕃部岁饥,以田质于弓箭手,过期辄没。(蔡)挺为贷官钱,岁息什一,后遂推为蕃汉青苗、助役法”。③ 熙宁七年(1074)诏“应熟夷税户无卖田宅与生夷,并依缘边户典卖田土与《蕃部法》”。④ 有鉴于此,宋朝逐步推进授田制度以完成对藏区土地的制度化管理,“河州近城川地招汉弓箭手外,其山坡地招蕃弓箭手,每寨三、五指挥,以二百五十人为额,人给地一顷,蕃官两顷,大蕃官三顷”。⑤ 次年,熙河路经略司言:“知原州种古奏,熟户蕃部大半贫乏,所有地土数少,百姓以于法许典卖,多重叠放债,冀使充折,恐以故生边患,乞以旧条禁止”,“诏依陕西一路旧敕详定。已而详定一司敕令所乞诸典卖租赁合种蕃部地土者徒二年,内人材少壮者配本州蕃落,余配近里州军近上本城。从之”。⑥ 元丰二年(1079),“阶州汉蕃户献纳并括田五百二十顷,可募弓箭手。诏依缘边法人给地二顷”。⑦

清代,调整藏区的土地、牧场、财产等生产资料所有权关系的民事法律主要有《十三法典》和《番例条款》,除此之外,藏区土地、牧场出租等地权管理;播种、护苗、修渠、浇水、祭祀、收割等田间管理规定;草场固定半

① 《续资治通鉴长编》卷一四〇《仁宗·天圣四年》,第 2400 页。
② 《续资治通鉴长编》卷一七二《仁宗·皇祐四年》,第 4139 页。
③ 《宋史》卷三二八《蔡挺传》,第 10576 页。
④ 《续资治通鉴长编》卷二五二《神宗·熙宁七年》,第 6158 页。
⑤ 《续资治通鉴长编》卷二五一《神宗·熙宁七年》,第 6133 页。
⑥ 《续资治通鉴长编》卷二七一《神宗·熙宁八年》,第 6652 页。
⑦ 《续资治通鉴长编》卷二九七《神宗·元丰二年》,第 7222 页。

固定以及不固定等草场经营规定；草场防御火灾、越界放牧、迁移帐圈、外来户借（租）草场等草场管理规定等也均有涉及。具体来说，藏区封建领主占有全部或绝大部分土地，农奴与农牧民没有或很少占有土地。在青海、甘肃、云南、四川等藏区，藏族聚居地区的土地、牧场，分别为当地土司、头人、千户、百户等封建上层和大小寺院活佛所占有。法律规定大多维护那些占有农田、草山、森林、水源、牲畜、矿产等资源的上层人士，如清代西藏地方政府、庄园领主部落头领、寺院的各扎仓和活佛、上层各级别的僧侣、牧主土司、土官等掌握了最终的占有权、分配权、所有权及使用权，并制定了有关草场等藏区一切生产资料所有权及使用权的一些法规，让属民按一定标准纳税的任务，是藏区土地和牧场所有生产资料的实际占有者。[①] 在西藏，占人口5%的农奴主阶级，占有西藏全部土地、山林和绝大部分牲畜、农具、房屋以及其他生产资料。大领主把他们的庄园分为两部分：一部分是自营地，一般占50%以上，另一部分分给农奴。而占人口90%的农奴，则以支差、缴租、纳税为条件，从农奴主那里取得份地。[②]法律规定，凡离开本部落领地而越界住牧者，依法处罚，“凡分定地方，有他处千户等移进住牧者，罚犏牛七条，百户等罚犏牛五条，管束部落之百长等罚犏牛三条，系平人户各罚牛一条”。至于头目越界放牧，处罚更重，“凡越过分定疆界，另处游牧者，千户等罚犏牛五十条，百户等罚犏牛四十条，管束部落之百长等罚犏牛三十条，小百长等罚犏牛十条。如系平人，有人知觉者，即将其人并家产牲畜全给所见之人”。[③]

乾隆五十七年（1792），清政府为了维护西藏百姓之安定，曾降旨命西藏地方政府、贵族、寺庙一律平均支纳差赋。藏区为贯彻《钦定藏内善后章程》，八世达赖强白嘉措在驻藏大臣松筠授意下决定：“除商上必需

① 南杰·隆英强：《中国少数民族法史通览·藏族》，陕西人民出版社2014年版，第274页。

② 徐晓光：《藏族法制史研究》，法律出版社2001年版，第228页。

③ 《西宁青海番夷成例》，载刘海年、杨一凡主编：《中国珍稀法律典籍集成》丙编第二册，科学出版社1994年版，第389—390页。

之草料柴薪及牛羊猪等项照旧交纳外,所有应交各项粮石,本色折色钱粮,普免一年。并将所有百姓自乾隆五十六年至五十九年之旧欠粮石,及牛羊猪各项钱粮四万余两,概行豁免”,“再唐古忒百姓本来穷苦,又因差事繁多,逃散甚众,倘若不行查办,优加抚恤,不但商上百姓日渐逃亡,且百姓缺乏食衣,所住房屋必然破坏,今欲招回百姓人等,给予银两,修补房屋,再有投入世家人户的百姓,亦当令归本处安置,商上给予口粮籽种,各务农业。三年之内,免其交纳钱粮,不派各项乌拉差事,用示体恤”。① 嘉庆元年(1796),经汉藏双方议定,对全体属民进行调查,针对贵族、寺庙兼并差地以及要求减免差赋等情况,曾作了平均支纳的规定。但有些人以持有封地文书为借口,拒不支纳差赋,并以各种托词申请减免,该规定不仅未能执行,情况反而越发严重。差赋几乎全由政府差民及贵族寺庙中之一般贫困百姓承担,导致差民破产逃亡。道光九年(1829)年仅14岁的十世达赖喇嘛在位,由摄政策门林·绛白楚臣任命噶伦夏札·顿珠多吉负责清查土地差赋及制定清册工作,并任命近侍曲本堪本、孜本帕拉、谆涅格桑昂旺等为查办员,彻底核查各宗(基层政府)谿(庄园)之户籍、清册以及各自之封地文书。对其中冈顿数额的错误、遗漏、重复等进行了彻底清查。情况查明后,经宗堆和乡村公会出具甘结,将查出之有关情况,再交查办员共同彻底复查,并规定:对冈顿数额有误、空冈、逃荒等均须纠正补充;对政府贫困差民负担过重者,可酌情减轻差赋;曾被贵族、寺庙兼并的土地,并追征徭役赋税等。最后,将该清册由噶厦加盖印章后,发给卫藏所有宗谿,以此作为今后支纳差赋的法律文件,定名为《噶丹颇章所属卫藏塔工绒等地区铁虎年普查清册》,简称《铁虎清册》。② 同时,今后不准以政府差地为旧抛荒地,支差地为抛荒地等借口,由贵族、寺庙经营耕种等情。若有此情,则按农田面积之大小征收派差赋。贵族、寺院所占的农田差役,不准强征于政府差民。另外要从速将流落它乡之

① 牙含章编:《达赖喇嘛传》,人民出版社1984年版,第73—74页。
② 格桑卓噶等编译:《铁虎清册》,中国藏学出版社1991年版,第314—315页。

政府差民，遣返各自所在地，使农田不致荒芜。①

综上所述，藏族地区关于土地方面的法律发展沿革大致可以分为两个阶段，在汉唐以前藏族的土地制度具有鲜明的阶级性，在对土地的分封过程中始终是以维护吐蕃赞普王室的完全所有权而展开的，尽管各级领主在一定程度上可以通过所属土地控制农奴，但这种权力的来源并不与赞普王室相分离，而是以层层细化的方式完成。而在宋以后中原地区汉文化当中关于土地方面的制度性规定开始逐渐渗入到藏区，中央政权虽然采取了多种措施以保护藏族地区的土地制度，但根本上仍然是为了强化对藏区的管理。不过无论如何，这些规定对藏族地区土地法律制度的完善起到了有益的促进作用。

第五节　维吾尔族地区关于田宅的法律制度

维吾尔族的主要族源有两个：一个是中国汉文史籍所载之回纥（回鹘），一个是公元 840 年回鹘西迁前居住于塔里木盆地周围的土著民族（或称之为农业民族）。② 回纥作为一支古老的游牧民族，早在公元 5 世纪起就与其他大大小小的部落民族出没在漠北广阔的高原地带。公元 605 年，维吾尔、仆骨、同罗、拔野古等部脱离突厥汗国时，回纥部酋长时健被推选为首领，之后其子菩萨继承了其父首领的地位，回纥部落逐渐强盛。公元 629 年，回纥首次与唐朝发生政治经济联系，菩萨的政权便是回纥封建国家的雏形。

回纥民族兴起后，在公元 744 年护输之子骨力裴罗建立了由维吾尔族占统治地位的汗国，史学界称这个汗国为“鄂尔浑回纥汗国”。回纥汗国时期的社会经济以畜牧业为主，进入封建社会之后，可汗、可敦是最大的牧主，地方上各级伯克是大牧主或中小牧主，牧主占有大量的牧地，牧

① 格桑卓噶等编译：《铁虎清册》，中国藏学出版社 1991 年版，第 142 页。

② 周伟洲：《关于维吾尔族族源问题》，《西域研究》1996 年第 3 期。

民对牧地只有使用权。

公元840年左右,鄂尔浑汗国的庞特勤率领十五部西迁时,其中的一部分人先集中在酬北庭(今吉木萨尔县)附近,不久又越过天山进入焉耆地区,居住在北庭一带的回鹘人新首领仆固俊缔造了高昌回鹘王国。王国建立后,大部分回鹘贵族依仗政治特权占有了大量农田,开始向封建地主转化,因此高昌回鹘王国的封建土地所有制以地主私人所有制为主要形式。高昌回鹘王国的土地大致分为四种占有形式,一是王国所有的土地,包括尚未划分给封建主、宗教裁判所和农民的耕地,尚未开垦的土地、没收的土地以及果园、森林、草原等;二是亦都护(高昌回鹘王国的最高统治者)所有的土地,包括归亦都护及其家族所有的土地,由王国派专人管守耕种;三是寺院所有的土地,农民耕种寺田,将收获的一部分用来供养僧侣;四是小农租佃的土地。[①] 其中私有的土地既可以出租也可以买卖,一般来说耕种土地的所有费用,包括种子、肥料、人工及风险均由租种土地的人承担,出租土地的一方只是对于土地的收益进行分成。

> 猴年正月初二,/我铁木尔·普化/需要种庄稼的土地,/因此从凯依姆杜的座落在恰坎的跟伊利/奇有同等份额的土地中/租了(可以播)两石(种子的)土地。该/土地所收的庄稼、(派)来的捐/税均由我铁木尔·普化负责。/凯伊姆杜不负责。若有交易税/派来时,(我们俩)共同承担。证人:/米四尔,证人:桑阿。这个手印儿/是我铁木尔·普化的。/凯伊姆杜亲自遵铁木尔·普化/之嘱而书。[②]

公元9世纪末,塔里木盆地西部和帕米尔以北地区突厥语系各族建立了喀喇汗王朝,其中回鹘语与回鹘文占重要地位。喀喇汗王朝的统治区域十分辽阔,其中对于土地的取得与买卖也均有较为成熟的制度,如一份从莎车出土的阿拉伯文书就非常直观地展现出了这些规定。

> 前者(原告哈吉·伊难)向被他带来的人(被告哈伦)要求赔偿

---

① 《维吾尔族简史》,新疆人民出版社1989年版,第55页。

② 李经纬:《吐鲁番回鹘文社会经济文书研究》,新疆人民出版社1996年版,第73页。

一块位于刹车地区他居住地 Rabul 村/的土地,其对面是一座名叫伊斯哈克·阿勒——尕拉伯的清真寺,(而且说明)这块土地已播种了30/驮筐的小麦,其中部分土地是荒芜的,部分土地适合于耕种。这块土地的四界是:一边与优素甫·伊难的土地接壤,一边与名为索克曼·伯克/的灌溉渠相接,一边又与优素甫·伊难的土地接壤,最后一边与靠近古巴孜·伊难的土地/和艾则克水渠的一条大道相连。他在其指控中重申该契约文书上述提及的带有四界的整块土地有契约证明是属于他父亲名下的财产,/他父亲已经去世并(把这块土地)移交给他本人和其他继承人,现在(这块土地)是他们合法的财产,(但是)此人(被告哈伦)却通过不公正和暴力的方式占有此地,并/从他手中把地夺走转给其他人,但他反对这么做。(原告)要求(被告硬挨做出回答)。他回答了问题。(但)他完全否认了这项指控,全部不能接受,并声称,/此地是他的合法财产,他从一个人手里花了一大笔钱购得而且是付的现钱。(于是)原告被要求为其指控的可信性和他的故事的真实性提供证据,/假如情况如他所说,他就能够做到……(法官)向至高无上的真主乞求帮助,请求真主保佑不出偏差,不误入歧途地做出判决:该文书指明的带有四界的这块土地属于在上述证据中占有利地位的人和/他的父亲的继承人的(共同)财产。他(法官)要求在已做出的判决中处于不利地位的人把土地交还出来,转交给在已做出的判决中处于有利地位的这个人。而且,为了被告的利益,他进一步做出判决,把钱从已交付给这块土地的卖主/手中再索要回来。然后,这个在已做出的判决中处于有利地位的人(原告)请求法官做一个他认为是合法的、可以拿来在他面前展示的记录。法官答应了他的要求,与此同/时,命令起草了这份文书,以便一旦受到侵害时可以提供保护。①

① 牛汝极:《阿尔泰文明与人文西域》,新疆大学出版社 2003 年版,第 184—188 页。

可见在喀喇汗王朝已经对土地的原始取得与继受取得之间的划分、善意取得的构成要件、土地转让的相关条件以及判决文书对土地所有权的证明效力等问题均进行较为明确的规定以供执行。此外喀喇汗王朝除了土地占有形式类似高昌回鹘王国的几种表现之外最为值得关注的便是瓦合甫土地制度。瓦合甫系阿拉伯语在新疆地区的汉译,原意是“保留”“扣留”,即专指保留“真主”对人世间一切财富的所有权,在伊斯兰教法学概念里,是按照教法通过捐献建立起来的宗教公产和基金,其中一部分用于宗教慈善事业,这种穆斯林“自愿施舍”而奉献出来并用于法定宗教目的的财产,就是通常所说的瓦合甫财产。瓦合甫制是伊斯兰教的一种社会经济制度,它伴随着伊斯兰教的传入而传入,属于瓦合甫经济的形式很多,除数量最多的瓦合甫土地外,还有瓦合甫房屋、树木、果园、牲畜等。喀喇汗王朝管理瓦合甫的人称作“穆特瓦里”,并且有以萨德尔为首的专门机构对瓦合甫财产征收特别税,作为监督机构的经费和办事人员的薪水。①

公元 1211 年,高昌回鹘亦都护巴而术阿而忒的斤亲赴克鲁伦河畔觐见成吉思汗,受到成吉思汗的热情款待,并封其为第五子。从此,高昌回鹘王国就成为了蒙古的属国,当时的汉文史籍常将族名写作“畏兀儿”。按照蒙古的土地制度,亦都护虽然拥有土地但同时也需要向蒙古汗缴纳赋税,但回鹘地区长久以来的土地私有制度同样被当地民众广泛认可。此外蒙元时期的畏兀儿社会经济活动十分活跃,私有土地不仅可以买卖、出租,如“羊年正月初一,我喀喇·严·依格·布尔特,因需要通用的塔瓦尔,(又)无其他财物,故把我的坐落在克屯·克喇一带克孜·克台尔各地方的、与我哥哥坎楚克共有的、有同等份额的三石土地合情合理地卖给了名叫库特鲁克·塔什(的人)了”,②甚至可以互换、典田抵债。

羊年正月初十,我塔西克要给吐利立一文书:我负担着卡兰税,

① 李进新:《新疆伊斯兰汗朝史略》,宗教文化出版社 1999 年版,第 66—67 页。

② 李经纬:《吐鲁番回鹘文社会经济文书研究》,新疆人民出版社 1996 年版,第 103—104 页。

债务累累，债主甚众，似难自立，（欲）赴逃匿。为此，我拟与吐利（商议），要把属于我所有的需要三个人丁耕作的葡萄园典押给吐利，（并且对他）说："你可以为我偿清债务，而收留（我的葡萄园）吗？"（还）说："如若不然，我将典押给他人了。"吐利说："我可偿还你的债务，葡萄园不要典押给他人了。"鉴于此言，我便以"应给巴尔恰·道人半件丝绸，给卡楚克半罐酒，给玉目霞客两石谷子（和）一间黑衣服，给契丹·普化三件绸缎，这么些东西由你偿还后，你方可把我的文书取走"为条件，吐利若支付了这些东西，还清了我的债务，（那么）该葡萄园将成为吐利的抵押物，这些东西我塔西克回来以后若能还给吐利，我吐利则退还（塔西克的）葡萄园。如果塔西克至到三年回来以后，不能把这些东西还给吐利，那么葡萄园将合理合法地成为吐利的赔偿。①

明朝正德年间位于塔里木盆地的南缘绿洲叶尔羌建立了一个封建世俗王朝，史称叶尔羌汗国。在经济方面叶尔羌汗国延续喀喇汗朝以来的制度，汗作为国家最高权力的体现者，对土地等生产资料享有绝对的占有权和支配权，汗把全国的土地按不同的比例分封给诸宗王、诸侯（异密）、勋臣及宗教上层。受封者享有相对的占有权、可以支配自己封地内的赋税和徭役，有权向耕地的农民征收土地税（哈拉吉），甚至可以自行任免封邑内的官吏，但必须向中央政府缴纳一定数额的贡赋，随时提供相应的士兵。此外可汗可以根据自己的利益将土地赏赐给相应臣属，这些人有权向耕种者收取租金和谷物，但没有继承权。此外自喀喇汗王朝延续下来的瓦合甫土地中大部分开始被统治者无偿捐赠给伊斯兰教上层人物，瓦合甫的性质已经蜕变为一种世俗统治者拉拢宗教势力的手段。②

---

① 李经纬：《吐鲁番回鹘文社会经济文书研究》，新疆人民出版社 1996 年版，第 109—110 页。

② 马克林、张世海、李崇林：《中国少数民族法史通览·维吾尔族》，陕西人民出版社 2014 年版，第 313—314 页。

清朝统一新疆后在天山南北实施了一系列新的措施,如推行以成吉思汗蒙古帝国时期千户制为主要结构的扎萨克制,“扎萨克各以王、公、贝勒、贝子、台吉等充任,皆是世袭,对于其所辖范围内之土地人民有完全管辖之权。但须受驻在其他之办事大臣或领队大臣之监督。其人民对于朝廷或驻防新疆之官吏,不负任何徭役赋税之义务。俨如封建制下之诸侯然。唯吐鲁番回民承种官田岁须纳地租,此为例外”;再如在新疆地区维吾尔族原有的世袭伯克制,“当时各城阿奇木伯克,皆是哈密、吐鲁番之王族,及先前投降清军之伯克,著有功勋,曾经受封王公等爵”,①各地的伯克凭借手中的权势,非法地占有大量的土地和农奴。各地伯克占有的土地均属伯克私有,他们不向国家交纳钱粮,使国家的赋税大大减少。此后颁布主要适用于新疆地区的《回疆则例》废除了伯克的世袭制。此外在赋役方面对新疆地区的农民采取按耕种土地的亩数交纳田赋,而区别于“摊丁入亩”制度,且增入了一些伊斯兰法的相关内容,如对自耕农地征收什一税。在南疆维吾尔地区除了政府拨给各级伯克的养廉地外,还有两种土地占有形式,即农民私有的土地和国家所有的“公地”或“官地”,而农民要把土地所获粮食的十分之一作为田赋上缴国库。② 至于私有土地之间的买卖契约也呈现出较强的格式化,说明已经形成了一套相对比较明确的标准。

清嘉庆二十二年 1815 年 3 月 6 日

伊斯兰教历 1230 年(兔年)3 月 24 日

立约人毛拉尼亚孜和托乎提苏菲

我们愿将父亲遗留下来的热巴其合洁渠的 1 帕特曼地在真主的道路上奉送给罕尼卡礼拜寺做瓦合甫地。此地已与我们无干。今后不论何人,若提出异议,则是无效的。

---

① 曾问吾:《中国经营西域史》,商务印书馆 1936 年版,第 269—270 页。

② 马克林、张世海、李崇林:《中国少数民族法史通览 · 维吾尔族》,陕西人民出版社 2014 年版,第 334 页。

该地东连瓦合甫地，以杏树为界；南面也是如此。西面与尼亚孜苏菲的地相连，以丛生灌木为界；北面与谢开尔买提的地相连，以杏树为界，有的地方也以丛生灌木为界。

证明人：毛拉亚库甫

毛拉萨木萨克尧尔地曼等人

（印章一枚）①

清道光十四年1834年2月16日

伊斯兰教历1249年（鸡年）10月6日，星期二。

立约人巧尔旁妣妣。

我已将热巴其合法渠之地产20称子旱地卖给了吐尔地和加，售价12个银币。钱已收讫。此地已与我无干，也与其他人无干。此地既非坟地也非礼拜寺瓦合甫田。

今后，若我自己和我的后代提出异议，在教法面前是无效的。该地东面与买买提和加的地相连，以灌木为界；西面是阿布拉海里排的地，以灌木为界；南面是西开尔买买提的地，以渠为界；北面是大路。

证明人：阿布拉海里排

依玛目毛拉沙木沙克

（印章一枚）②

在屯垦方面，光绪十三年（1887）刘锦堂等人上奏《新疆屯垦章程》，规定以父子、或兄弟、或同伴，均以二人为一户，每户官府给地60亩，借给种子粮3石，制办农具银6两，修盖房屋银8两，给耕牛2头，以上共折合银24两；从春耕算起，给8个月口粮和生活费，口粮免费每月900斤，生活费每月银1.8两，到秋收为止。对于军队裁撤愿意留疆的官兵以及发

① 王守礼、李进新编：《新疆维吾尔族契约文书资料选编》，新疆社会科学院宗教所编印，1994年版，第3页。

② 王守礼、李进新编：《新疆维吾尔族契约文书资料选编》，新疆社会科学院宗教所编印，1994年版，第7页。

送新疆的遣犯与其他屯田的农民一样安置，分别给予土地和贷给农具、种子、耕畜及其他生活资料，尽可能让遣犯携带家眷一同到新疆种地，以使他们能安心生产。①

综上所述，新疆维吾尔族地区的田土法律制度在历史发展过程中存有浓厚的伊斯兰宗教色彩，典型的瓦合甫土地制度一方面增强了宗教组织在世俗层面的经济基础，另一方面在客观上也推动了私有土地之间的流转买卖。土地田宅等不动产在社会各个阶层民众中的转让在一定程度上促进了生产力的发展，加之新疆地区距离中央政权相对较远，许多具有鲜明本土特色的法律习惯得以稳定地延续，这些种种有利的条件共同塑造了维吾尔族的法律文化。

第六节　傣族地区关于田宅的法律制度

傣族是一个历史悠久的民族，早期汉文史籍称傣族为“滇越”或“掸”，唐以来又多称为“黑齿”“金齿”“银齿”“绣脚”以及“茫蛮”“白衣”。自元至明，“金齿”继续沿用，而“白衣”则被写作“百夷”。公元10世纪前后，云南西部出现了一个由掸傣语的四个部落组成的强大的部落联盟“乔赏弥国”。傣族人民远古定居于河谷平坝，灌溉农业很早就有发展，汉晋以来史籍中所载的“骆田”“鸟田”应该就是指早期越人的灌溉农业耕地。

11世纪以来，南部傣族即茫蛮区域的政治经济迅速发展，公元1180年西双版纳建立了著名的景龙金殿国。元代统治者征服云南后，在西部傣族先民居住区设立了金齿等处宣抚司，明朝在元代的基础上巩固和加强其在傣族地区的政治设置。麓川是历史上云南西部傣族于宋末明初建立的一个强大的地方政权，明朝曾进行过著名的三征麓川，巩固了对西南

① 齐清顺、田卫疆：《中国历代中央王朝治理新疆研究》，新疆人民出版社2004年版，第326—330页。

边疆的统治。

13 世纪前后西双版纳第四代召片领（宣慰使）匐珑建仔的外孙芒莱吞并了附近几十个泰族部落，在今泰国清迈为中心一带建立了部落联盟国家兰那王国，并颁布了迄今为止所发现的傣族最早的专门法律文献《芒莱法典》，其中关于田宅方面的法律规定主要有以下条文。

象马牛猪糟踏庄稼

一、大牲畜闯入田地糟踏庄稼，田主有权将牲畜扣留一天，并通知畜主。经通过后，一天之内不来认领者，如果发生牲畜死亡，不能责怪田主；如果庄稼受了损失，损失多少赔多少，同时畜主必须用两只鸡、一瓶酒为田主招回榖魂（表示预祝丰收）。如果扣留的牲畜未通知畜主，后来发生死亡或遗失，田主必须按市价赔偿，庄稼损失多少，仍由畜主负责赔偿；如果通知了畜主，畜主必须先赔偿了损失，方能将牲畜牵走；如果畜主接到通知，后来发生死亡或遗失，都不能责怪田主；如果畜主曾询问田主是否扣留了自己的牲畜，田主又有意隐瞒，应对田主罚款银四两；后来如牲畜又遗失了，应论价赔偿。

二、家禽闯入田园，主人应通报对方，但经三次通告仍不听者，继而又再次发生，主人有权将其打死，然后通报对方，并共同平分肉食，庄稼损失多少，还须照价赔偿；如果未通告对方，则应对田园主人罚款，赔偿双倍价值，作偷盗罪论处；如果既没有通报对方应管理好家禽，而自己的田园也未设围篱，将其打死者，应负责赔偿，打死一只，赔偿一只。家禽的主人赔偿对方庄稼的损失。

这样的处理办法才合情理。①

召拉西抢占住地

有两起拉西人，先后到达允古鲁腊塔城郊某地，先来者在这里定

① 《芒莱干塔莱法典》，载杨一凡、田涛主编：《中国珍稀法律典籍续编》第 9 册，黑龙江人民出版社 2002 年版，第 244 页。

居，后来者无立足之地，为了要挤走这部分拉西人，就用上乘轿一辆送给帕雅。帕雅得到了贿赂，就答应把这个地方给后来者居住。先来者又以真贵的珠宝送给帕雅古鲁腊塔，帕雅受到双方的贿赂，就将这个地方划给双方各一半。

帕雅的判决不合法规，这样容易引起地方混乱。先来者应是土地的主人，后来者是依附民。①

霸占山水地界

不论谁，占有草地、山地、田、森林，这些田地，无论是祖传的，还是自己通过买卖关系占有的，立有界标、凭据也好，未立界标、凭据也好，谁见占有者家境衰败，乘机强占为己有，将其界标移动，从移动的那天起，其罪恶就从移动之日开始清算。②

元明时期傣族地区的农业经济取得了较为明显的发展，“其土宜稻，有牛、马、山羊、鸡、豚、鹅、鸭之属”，“多水田，谓五亩为一双。山水明秀，亚于江南，麻、麦、蔬、果，颇同中国”，③“尽力农事，勤劳不辍”。④ 明以前边疆傣族地区的汉族人口并不多，但随着麓川战争和屯田制的推行，大量的汉族人口迁入傣区。洪武十五年(1382)三月傅友德即奏请“但当以今之要害，量宜设卫以守……戍兵屯田”，⑤洪武十九年(1386)九月，西平侯沐英又奏请“云南土地甚广，而荒芜居多，宜置屯令军士开耕，以备储待”，朱元璋赞同这种观点，“屯田之政，可以纾民力，足兵食，边防之计，

① 《芒莱干塔莱法典》，载杨一凡、田涛主编：《中国珍稀法律典籍续编》第9册，黑龙江人民出版社2002年版，第271页。

② 《芒莱干塔莱法典》，载杨一凡、田涛主编：《中国珍稀法律典籍续编》第9册，黑龙江人民出版社2002年版，第272页。

③ (明)钱古训撰，江应樑校注：《百夷传校注》，云南人民出版社1980年版，第162—171页。

④ (元)李京撰，王叔武校注：《云南志略辑校》，云南民族出版社1986年版，第92页。

⑤ (明)陈建撰，沈国元订补：《皇明从信录》卷七，续修四库全书影印本，上海古籍出版社2002年版。

莫善于此”。[①] 特别是在三次麓川征战的过程中各种屯田形式一并开展，如万历二十四年(1596)云南巡抚陈用宾在勐卯筑平麓城，大兴屯田；[②]“中土大姓”则进行民屯，“召募或罪徙者为民屯”；[③]此外还有“召商输粮而与之盐，谓之开中”，“各边开中商人，招民垦种，筑台堡自相保聚”。[④]这样的政策坚持一段时间后取得了非常好的效果，至正德年间已经出现“诸卫错布于州县，千屯遍列于原野，收入富饶”的景象。

但屯田所带来的负面影响也在不断加剧，如永乐年间“顺昌伯王佐镇守云南，占据官民田地，大兴土木，虐使军士，私用官钱，激变蛮夷”；[⑤]“都督袁宇昔镇云南，占据军屯田一千余亩，私役军人耕种”；[⑥]“(沐晟)久镇(云南)，置田园三百六十区”，[⑦]这些情况导致整个云南“膏腴之田，多为权豪占据耕种，及将殷富军余隐占私没”。[⑧] 当然，这种土地兼并的情况并非仅见于汉族官僚，当地的一些土官也均有类似行为。伴随着领主大土地所有制向地主土地所有制转化的过程，汉族地主与傣族土司之间的土地交易也在增多，如早在17世纪90年代就出现德宏地区的土司将所辖境内一批土地卖给腾冲汉商的记载。19世纪初开始，该地区官吏购买练田记载逐渐增多，如道光三年(1823)同知胡启荣“因边地土夷滋扰，防范难周”，便以款银二万置买练田，以供各卡练兵粮食。

在习惯法层面，傣族的创世史诗《巴塔麻嘎捧尚罗》中以桑木底分地过程的描述而呈现出了划分土地时的相应原始习惯。

那时候的人/虽然有了王/谷多人心大/抢地互不让/都说这片是

---

① 《明太祖实录》卷一七九，第2709页。
② 包见捷：《缅甸始末》，载方国瑜主编：《云南史料丛刊》第4卷，云南大学出版社1998年版，第628—637页。
③ 《明史》卷七七《食货志》，第1884页。
④ 《明史》卷八〇《食货志》，第1935—1939页。
⑤ 《明太宗实录》卷二四，第435—436页。
⑥ 《明太宗实录》卷二五，第465页。
⑦ 《明史》卷一二六《沐晟传》，第3762页。
⑧ 《明英宗实录》卷一四〇，第2894页。

我种/都讲那片是我撒/说着就动手/就抢人打架/帕雅桑木底/这才意识到/不把地域分/世道还要乱/争吵难防止/斗殴会发生/帕雅桑木底/就率领众人/去划分田地/用细竹杆丈量/大小都一样/分的很合理/他把大片湿地/划分成无数块/以长十九尺/定为一畦田/沿田边栽桩/沿田边垒埂/把地分开来/从那时候起/各种各的地/各收各的谷/不再争田地……①

傣族社会许多地方到清末仍然保留了原有的土司制度,一些地区尽管设置了流官,但土司仍然享有了较大的统治权限。而在土司制度下傣族地区的土地为封建领主所有,召片领或正印土司是最高的土司所有者。如在一些习惯记载中,"召片领从'勐阿拉峨'来的时,带来了'两对人',一对住在景洪曼洒,一对就来到曼远建寨,'召片领'用了1000两银子向'召三崩'(传说中的土著领袖)买了1000纳地和一些山地给定居在曼远的这对人。这对人接到召片领的土地,一年中就有六个月要去给召片领送点灯油"。② 在西双版纳,有一句谚语"吃田出负担",农民死了,要向领主"买土盖脸","水和土都是官家的",所以农民必须"买水吃、买路走、买地住家"。这意味着西双版纳土地制度乃是一种比较明显的"土地王有",封建领主是辖区内最大的土地所有者。③ 明清时期的许多史料也均明确记载了土司占有土地所有权,如"无仓廪之积,无租赋之输,每年于秋冬收成后,遣亲信往各甸,计房屋征金银,谓之取差发,每房一间输银一两或二三两,承行者象马从人动以千百计,恣其所用,而后输于公家"。④ 领主直接占有的土地可以派农民劳役代耕,或者以交"官租"的方式向召片领交租。

除了领主所有土地外傣族地区还存在村寨公有的土地,被称为"寨

① 岩温扁译:《巴塔麻嘎捧尚罗》,云南人民出版社1986年版,第399—407页。

② 《傣族社会历史调查(西双版纳之八)》,云南民族出版社1985年版,第39页。

③ 马曜、缪鸾和:《西双版纳份地制与西周井田制比较研究》,云南人民出版社1989年版,第144页。

④ 江应樑校注:《百夷传校注》,云南人民出版社1980年版,第146—148页。

公田"或"纳曼"，寨公田以一定形式下的原始公有制存在，由头人或族长管理，全寨人共同使用、共同分配，一般每年要重新分配一次，有的地方甚至形成表面上的长期占有和"世袭"现象，但这类土地原则上不能交易。至于自己的私田傣族称为"纳很"或"纳哈滚"，这些田地一般是在田边地角开荒出来的，按例三年内不交租，满三年须向村寨交租，满五年即收归公有。① 所以严格意义上傣族并不存在绝对意义上的私田，也正因如此，傣族每一个村社成员都十分重视自己作为村社成员这一身份，积极承担寨内各项公共事务，以之作为取得村社成员身份并占有土地的前提。

此外1958年中国科学院民族研究所云南民族调查组在西双版纳调查时曾发现旧傣文典籍中有关法律的部分，通过一些傣族学者翻译整理，揭开了傣族法律的神秘面纱。其中包括《西双版纳傣族的封建法规和礼仪规程》、《西双版纳傣族的封建法规》、《西双版纳傣族封建领主的法律》以及《孟连宣抚司法规》。四件傣族法规在内容和用语上有诸多不同，其所适用的范围和时间也不一样，有学者认为《西双版纳傣族法规和礼仪规程》中的法律是在勐笼（解放前车里宣慰司署下属的十二大勐之一）适用的法律。《西双版纳傣族的封建法规》和《西双版纳傣族封建领主的法律》则是在当时车里宣慰司署所辖的十二大勐和若干小勐适用的法律。这三个法规尽管适用的地区范围大小不一，但仍属于原车里宣慰司署辖区内的法律。而《孟连宣抚司法规》则适用于孟连宣抚司署辖区（今云南省孟连傣族拉祜族自治县），此辖区是独立于车里宣慰司署的另一个土司的势力范围。但从时间上来看，上述四个法规均无明确的时间记载。② 现将其中与田宅相关的规定部分摘抄如下：

三、有一青年路过某地到另一青年家中投宿，后来两人成了亲密

① 吴云：《元明清时期的傣族法律制度及其机制研究》，人民出版社2010年版，第191页。

② 刀伟：《傣族法律制度研究》，中央民族大学2005年博士学位论文，第23页。

朋友。一天,房主人要到外地经商,就委托其友人代为看管房屋,不料,这人顿起歹念企图霸占这份房产……

帕雅又问:房屋下层你又有什么凭据?房主回答说:建房立柱时,用了一个石头垫了神柱。于是,帕雅派人去挖掘,果然挖出了一个垫神柱的石头。

帕雅宣判说:路过投宿的人,玩弄聪明企图诈骗侵占他人房产的目的,岂不料还有无法看到的这块石头作为诈骗的依据。所以,应以房屋价值的二倍作为罚款处理,同时将其撵出寨子。

帕雅的判决明察公正。

四、有两个农民在开垦农田时,田界互相毗连。到了耕种季节时,其中一个出门敬商去了,另一个乘机将他的田犁了约有一个时辰(半亩多)。当经商的农民回来时,看到自己的田被人偷犁了一部分,就去质问对方……

帕雅讲完这个故事,就对两个农民说,偷犁他人的田的人,就像偷犁寡妇的田一样,是犯罪。于是,作出如下处理:

"用与犁头同等重量的黄金作为罚款。"帕雅作出的判决完全合理。①

破坏房屋

第二十六条、砍他人楼房的柱子,罚银三百三十罢滇……

第二十八条、晚上去摇晃或用石头木棒打砸他人的房子,罚银三百三十罢滇。

第二十九条、烧火不注意而烧了房子,不应罚,因他的房子也被烧,根据情节,分三百、六百、九百罢三等出银,嚮火神赎罪。②

① 《孟连宣抚司法规》,载杨一凡、田涛主编:《中国珍稀法律典籍续编》第9册,黑龙江人民出版社2002年版,第375—378页。

② 《西双版纳傣族封建法规》,载杨一凡、田涛主编:《中国珍稀法律典籍续编》第9册,黑龙江人民出版社2002年版,第459页。

争田地的处置

争田地。不论争财产、争田、争勐或寨子地界，还是争山地、园圃、秧田的地界。那一方理亏逃走，他必须做“沙”给有理的召勐，并点火进；同时，罚银九“怀”九两（即三十八两七银）。如果属于寨子地界、田界、山地界，追方（即主人一方）必须问清情况，可罚银五“怀”五“伴”或三“怀”三“伴”。罚款时，不用举行点蜡条，滴水的仪式。①

综上所述，傣族地区对民事法律，特别是所有权的相关法律制度较为丰富，特别是对于土地及田宅的所有权，无论相应的界标是否明确、侵权行为是否具体，法律都从实质正义的角度进行较为细致的保护。而至于在中央政权支持下的土司制度与中央驻派的汉族官员一同在当地掌握着包括土地划分的巨大权力，这种权力在历史习惯法的塑造过程中被不断神圣化，也为傣族的民众生活增添了许多沉重的负担。

第七节　壮族地区关于田宅的法律制度

壮族来源于我国南方的古代越人，从远古以来就在今广西及其周边地区繁衍生息。我国古代越人包括很多支系，号称“百越”或“百粤”，支系、人口众多，分布范围很广。壮族一直保留有古代越人“断发文身”的习俗，直到唐代岭南地区还是一片“文身地”。古代越人“巢居”干栏，迄今有的山区壮族还有这种传统的建筑形式。

秦始皇统一岭南之后，在岭南地区设置桂林、象、南海三郡，并派遣官吏进行统治，同时还从中原迁来了一批汉族民众到岭南地区“与越杂处”。秦末原龙川县令赵佗以武力兼并了桂林郡和象郡之地，自立为南越武王，直至汉武帝时被平定灭亡。魏晋南北朝岭南地区的郡县设置进

① 《西双版纳傣族封建法规》，载杨一凡、田涛主编：《中国珍稀法律典籍续编》第 9 册，黑龙江人民出版社 2002 年版，第 534 页。

一步增多,中央王朝加强对该地区统治的同时也促进了当地的社会经济文化发展。

唐代对少数民族地区多实行羁縻政策,即利用原来的壮族首领作为刺史军官长,“虽贡赋版籍,多不上户部”,[①]至于所谓“蛮洞”地区,仍然处于“无城郭,依山险各治生业,急则屯聚畏死”[②]的自主发展状况。因此唐代桂东桂中壮族地区的农业经济较为发达,多数地区耕田种稻,“教民耕织,止游惰,兴学校,民贫自鬻者,赎归之,禁吏不得掠为隶。始城州,周十三里,屯田二十四所,教种茶、麦,仁化大行”[③],而桂西北地区则“资畜虚乏,刀耕火种,以为糇粮”。[④] 在壮族地区封建领主经济发展的基础上,北宋王朝以镇压壮族首领依智高起义为契机,进一步加强了对壮族地区的统治,在唐代于壮族西部地区推行羁縻制度的基础上开始全面建立土官制度,该制度在元明清时期相继延续直至清中期“改土归流”政策的展开。与此同时,宋嘉定七年(1214)有朝臣向宋宁宗进言,“夫熟户、山傜、峒丁有田不许擅鬻,顷亩多寡,山畬阔狭,各有界至,任其耕种,但以丁名系籍,每丁量纳课米三斗,悉无其他课配。熟户、山傜、峒丁乐其有田之可耕,生界有警,极力为卫,盖欲保守田业也……宜明敕湖广监司行下诸郡,凡属溪峒山傜、峒丁田业,不得擅与省民交易,犯者以违制论。仍归其田,庶山傜、峒丁有田可耕,不致妄生边衅,实绥靖远民之良策”。[⑤] 虽然这种对西南少数民族的隔离政策在目的上是为了维稳防乱,在从经济发展的角度有效地阻断了民族土地被外部兼并的可能,从而在结果上保护了民族地区的农业生产。

壮族地区在土官的统治下,“地方水土,一并归附”,“尺寸土地,悉书官基”,土地完全属于土官所有。土官没有国家俸禄,他们除按规定留下不交

① 《新唐书》卷四三(下)《地理志》,第 1119 页。
② 《新唐书》卷二二二(下)《西原蛮传》,第 6330 页。
③ 《新唐书》卷一九七《韦丹传》,第 5629 页。
④ 《宋史》卷二九四《苏绅传》,第 9809 页。
⑤ 《文献通考》卷三二八《四裔考五》,第 2575 页。

粮赋、纯属土官及官族的私有财产之“官田”外，其余“民田”土地“计口给民”，分配给下属的峒民耕种，但峒民分得的土地只有使用权而没有所有权，“不得典卖。惟自开荒者由己，谓之祖业口分田。知州别得养印田，犹圭田也。权州以下无印记者，得荫免田。既各服属其民，又以攻剽山獠及博买嫁娶所得生口，男女相配，给田使耕”。[①] 与此同时峒民要向土官承担耕种官田以及徭役等义务，他们把土地分为大小庄田、私田、膳田、公堂田、役田等，强迫农奴耕种。农奴耕种这些土地，除缴纳谷物为实物地租外，还要为土官提供劳役地租，即“各项杂役，应夫则有夫田，应工则有工食田”。以农奴所负担的夫役不同，土官分别授之以“禁卒田”“仵作田”“吹手田”“鼓手田”“画匠田”“裱匠田”“柴薪田”“马草田”“花楼田”“针线田”——以至管沟、管厕，无不有田。土司以下的各哨、各保，其头目则有“保正田”“头人田”种种名目，“均采食租服力制度，不另给薪”。当然，在一些地区如广西南丹，土官除了掌握土州境内大量官田，还占有更多的私田，出租给农民耕种，每年向佃户收主佃各半的实物地租。[②] 此外在个别地区，如顺安峒（今广西靖西境）还存在一种名为“亭田”的土地所有制。当地的最高统治者为峒官，对所辖各峒，分别派遣总管直接统治。他们把峒民编为“人十为家，家十为亭”。亭各有长，并设有仓和社。各峒除了分配各亭若干田地给峒民耕种外，还划出“余田”数百亩，以其收入分别作为祭祀神灵、助婚嫁和丧葬、赡养老人及孤独残废者之用。各峒每年所余的粮食，都要储存在仓内，献给峒官。这和一般土官地区稍有不同，带有较多的农村公社的残余。[③] 南宋开始在壮族地区实行的屯田营田，到元初便发展为移民屯垦。元朝曾先后在左江边境设置屯田，“列营堡以守之，陂水垦田，筑八堨以节潴泄”，此外还“置屯军于隘口，募兵耕种”，且耕且守。

---

① （宋）范成大著，胡起望、覃光广校注：《桂海虞衡志辑佚校注·志蛮》，四川民族出版社1986年版，第179页。

② 《广西壮族社会历史调查》（二），民族出版社2009年版，第12页。

③ 《壮族简史》，民族出版社2008年版，第46页。

由于土官在土地集中方面带来很多弊端，在明朝时，已对设置土官、为土官拨付土地有所节制，[①]如“辛亥，置南宁、柳州二卫。时广西行省臣言便宜三事，曰：‘庆远，故府也，今为南丹军民安抚司，虽统地十有七州，然其地皆深山广野，其民多安抚同知莫天护之族。天护素庸弱，不能御众，而宗族强者动肆跋扈，至于杀河池县丞盖让，与诸蛮相扇为乱，此岂可姑息，以胎祸将来？乞罢安抚司而复设庆远府，置军卫以守其地，庶几其民知有府之治而不敢自恣，诸蛮知有兵之重而不敢为乱，此久安之道也’”。[②]

时至清代壮族地区的土地已经大量私有，土地私有与典卖相互推动，买卖、典当无法赎回、继承、抵押权实现等等情况均导致了土地所有权的转移，“然客民多黠，在其地卖艺，稍以子母钱质其产蚕食之。久之，膏腴地皆为所占”，[③]土地兼并较为严重。如罗阳土县的《减税印照碑》就显示出土官在招民耕田过程中对于税负问题的“讨价还价”，这也体现出此时土地的私有化程度加深，地主阶层的逐渐壮大。

罗阳县正堂知县四级纪录三次黄：

为准减税给发印照，以凭供纳有据事，照得肇庆有荒地壹段、鱼塘武口，坐落在落梨，于嘉庆五年，着巴莫屯忠目凌永藩等，招到宣化县李霞、邓亮康等，纳税耕种，议定价银壹佰肆拾两正，即日兑银入衙办公，每年纳税银或两正，其他交税。李霞、邓亮康携妻带子，建立村场，开挖田塘，种植树木，为子孙世业，嗣后无得霸行找赎。至嘉庆拾伍年，先官因公项紧急，着目凌永藩向肇庆村李霞等，酌议以义补银伍拾两，并经找补征派。于嘉庆贰拾肆年，经议增派村民李霞过半税银或两，未免牵累过多，况今该民自见公项紧急，又补钱□千□百□十文，即日凭目卢云靖等，兑钱入衙办公。窃思良民乐助□□，宜偿减免税银查

① 卢明威、汤伶俐：《中国少数民族法史通览·壮族》，陕西人民出版社2014年版，第96页。

② 《明太祖实录》卷五〇，第981页。

③ （清）赵翼撰，李解民点校：《檐曝杂记》卷四《黔粤人民》，中华书局1982年版，第68页。

两正。嗣后每年止纳税钱查千文，凡遇大派军需，准由耕丁供赏，此乃官清民乐，两相欢然。至若冠婚丧葬，依照原助银伍钱正，属县衙长短大小夫役新旧陋例仍依原照一切尽行触免，纵日后承袭印官仍循此照，万古不移。恐后无凭，理合给发减税照壹张，交与李霞等，世代存据。

道光二十二年十一月十六日　给①

此外在一些涉及田宅土地等产业的民事纠纷中，相关的权属界定也越发明显。

立合同息事人廖弟广领弟则，情因吾堂祖四房各居，有长房廖弟碍养女育一男，名号光文，父亡母寡；有四房廖弟林，于嘉庆五年招附廖良春兄弟良老，人宅代养潘氏并男。有三房祖廖弟勤养生一女，因勤路中身亡，托附良老出棺，酒席下葬。现有小房一座付与良老、光文为业。于道光二年，不料光文身故妻嫁。兹我二房良桂，育我三兄，意欲分开。先请堂祖廖光炳，向良老管理三房弟勤之居分开，吾弟则居住。因光炳、良春娶讨孟引（眼）责家黄氏并男一丁接回完娶。弟则为室顶允差使等件，前有光文少亡，有业归付庶父管理，是以心思不忍，为姑娘送节酒席不均，诈钱二千四百文。后因取笋相争，诈钱三千文，及又田土菌（园）内请中不断，具名呈讼。有谭士荣留回改息，地方十老合息了事，出钱十千文付我，其产业仍归良老父子管理。因业我等不敢异言翻悔生端，如弟则接艰娘之子，承允祖宅，当差千古。良老、父子不敢雪骂折除往外。今凭地方二比，甘立合同二张，永远子孙存照。

凭中地方村老：廖光玉　谭士荣　侯光明

潘学绳　潘才学　潘香禄

廖光福　潘学美　廖光吾

廖金全

中证钱：二千五百文

---

①《广西少数民族地区碑文契约资料集》，民族出版社2009年版，第143页。

执合同:廖良春　羊一皮

代笔:潘学文

通道酒十斤(只)

廖弟马亲立

道光十一年十□①

可见在与田宅土地相关的各项权益上壮族地区的民众之间已经形成了较为完备的规范体系,不仅租佃双方要诚实守信,“讨佃种田地,务要上春勤力萎作,耘草洁净,不得晚迟,拖懒丢荒,至秋苗熟,须告田主均收纳谷,不得私行先取。如早已所卖之业,所凭田主或自耕或批佃种”;在土地交易活动当中也要做到清晰明确,以防纠纷的发生,“买田基业,其田边向本有荒地草土,除地作价之处,或在内契务要批明在契方卖,请自买主,以好挖开耕土,以后不得异言,故意藉端,如有妄索,头甲送官究治”。② 此外在土地出卖的过程中还需要遵循先亲后疏的原则,先征求本亲族各房是否愿意购买此土地,如无人购买时才能卖与他人。一般来说,清代壮族社会的田地买卖一般要经过三个环节:一是找中人,即买卖双方经中人说和,议定价格。二是由买卖双方、中人、写据人和所卖土地的四界地主共同丈量,确认四界之后书写买卖契约。契约包括双方姓名、田地的面积和类型、位置和四至、中人、写据人姓名、时间等,有的还包括今后永不反悔之类的内容。三是各方签字画押或按手印之后,田地的买卖手续即告完成,同时契约须经过官府盖印才发生法律效力。③

姜仕清卖田契约

永远卖田人姜仕清,系西化埠新村居住。今因无钱度活,饥寒两逼,难以周年。不已,愿将本分祖父遗下之粮田,土名唤那楞,大小共

① 《广西少数民资地区碑文契约资料集》,民族出版社 2009 年版,第 155 页。

② 《广西少数民族地区碑文契约资料集》,民族出版社 2009 年版,第 169 页。

③ 卢明威、汤伶俐:《中国少数民族法史通览 · 壮族》,陕西人民出版社 2014 年版,第 98 页。

一片,禾苗八把地,先通亲戚,后通近邻,坐落在本处,无人承受,凭中问到本村黎卡处永买,取出本铜旧钱七千文正,即日亲手领钱回家度活完讫。当面言定:其田随约交与钱主,年中管耕修整,自耕自割,永为世业。此系明卖明买,实钱实约,并非折账等弊端。自买之后,任海两相无悔。日后年久月深,所不义之辈冒认为我业争婪者,系在约内有名人承当。如违约内之言,任从执此文约赴上陈理论,甘罪无辞,仍照此田永不挪移是实。今恐无凭,人心难信,为此,立约一张交与为据。照田例钱二十四文。

立约永远卖田人　姜仕清

请人代笔

同治五年□月初五日①

此外河流一般被认为是公共财产,但在壮族地区众多的土地买卖契约当中还存在着以河流作为标的的私人买卖记载。

卖河契约

文凭永远卖河人陈何金,系东化内凹村居信,今因急中无钱使用。不已,父子商议,愿将本分祖父遗下之河,三凹那二半至共合二六片,近河辨城,百长到凹口,不论何方打鱼鳖,分派先问无主无人,凭中问到李行吉处,实出许本铜钱一百二十八两足,即日新手领银回家使用。当三面言定:其河随约交与银主世代子孙,不论打鱼鳖,分派粮钱□七十文足,永管打为恒业。其河年中冒争者,系在约内明卖明买。银实约交与银主或变是实黄卖,父殁子承,兄亡弟接,不敢异言。恐口无凭,人心难信,收执立约乙张存照。

立约凭永远　陈何金

中保　陈何美

乾隆□□年四月十一日②

① 《广西少数民族地区碑文契约资料集》,民族出版社2009年版,第77页。
② 《广西少数民族地区碑文契约资料集》,民族出版社2009年版,第41页。

许多民间田地交易虽然存有契约,但没有官方凭证,因此容易产生诉讼,对此政府采取颁发执照的方式进行规制,壮族地区除了民间契约外还保存了许多由土州颁布的“产业执照”“谢纳印照”“田产执照”“民屋执照”“土地执照”等产权文书,不过颁发田照也给一些官吏创造了一种敛财的途径,有官员还特意对此种现象进行禁止,“而时未秋,民无所得钱,先使甲目造册,将于秋收后举行,而不虞余之自滇归也。夏六月,余忽回郡,廉知之,以此令向日尚非甚墨,因语以此事固所以息争,而胥吏等反藉以需索,则民怨且集于官,不如自以己意出示罢之,尚全其颜面也”。①

综上所述,虽然壮族地区的土司在相当长的历史时期内作为土地制度的政治背景而占有绝对主导的地位,但相对其他民族地区而言,壮族地区的汉化程度是较高的。特别是在土地所有权以及相关交易的契约文书中可以发现,时至清代壮族地区的民事法律已经较为成熟,尽管在一些具体问题上国家基层官员仍然对民众的生活有着较强的干涉,但从宏观的角度来看壮族地区的习惯法已然成为指引民众生活的主要导向。

第八节　回族地区关于田宅的法律制度

回回民族,简称回族,是中国民族大家庭中的重要一员。我国史书上首次出现的“回回”一词,乃是指生息在吐鲁番盆地为中心的高昌回鹘而言,实指的是我国历史上的一个民族共同体。②“回回”和“回纥、回鹘”音既相近,又比后两个名称写起来更简便,也可能就是后两个名称的简写或俗写。③“回回”一词在南宋时多次出现,逐渐与伊斯兰教发生联系,但有的和伊斯兰教有关,有的无关;元朝时,“回回”一词成为伊斯兰教信仰

① (清)赵翼撰,李解民点校:《檐曝杂记》卷三《镇安仓谷、田照二事》,中华书局 1982 年版,第 60 页。

② 罗禺:《回回考辨》,《西北民族学院学报》1979 年第 1 期。

③ 白寿彝:《白寿彝民族宗教论集》,北京师范大学出版社 1992 年版,第 94 页。

者的通称，在多数情况下和穆斯林同义；“回回”一词和伊斯兰教联系在一起，称“回回教门”“回回教”，是到元末明初才开始的；清代，泛指我国信仰伊斯兰教的民族为“回”，以宗教作为民族的标志。①

唐代初期寓居中国的大多数蕃商一般与华人居住在一起，出于散居的状态，“蕃獠与华人错居，相婚嫁，多占田营地舍，吏或挠之，则相挺为乱，(卢)钧下令蕃华不得通婚，禁名田产，阖部肃壹无敢犯”，②从法律层面并没有出现专门针对这一群体的法律规定。随着穆斯林商人来华贸易的频繁以及人数的逐渐增加和影响的扩大，唐政府开始对蕃商娶妻室、置田产、营房宅等行为进行相应的管理与限制措施，出台了一些禁止蕃客与华人杂居的规定，诸如“华蛮异处”“不得立田宅”禁令明显变多。同时开始出现“蕃客”集中的清真寺和穆斯林社区——“蕃坊”，蕃坊作为唐宋时期出现的一种特殊社会组织，既是唐宋政府对蕃客实行管理的行政单位，也是穆斯林蕃客的宗教生活组织。蕃坊内设“都蕃长”，由政府予以任命，管理蕃坊内部事务，官员一般不加干涉。如阿拉伯旅行家苏莱曼记载称“各地回教商贾既多居广府，中国皇帝因任命回教判官一人，依回教风俗，治理回民。判官每星期必有数日专与回民共同祈祷，朗读先圣戒训。终讲时，辄与祈祷者共为回教苏丹祝福”。③ 宋代也对蕃坊的区域进行限制，不允许蕃商入城与市民杂居相处，因而相当一段时期蕃客只好在城外寻找及建造居所，但“土著蕃客”的比例不断增加，蕃客与当地人通婚并做官的现象渐趋普遍。

广州蕃坊，海外诸国人聚居，置蕃长一人，管勾蕃坊公事，专切招邀蕃商入贡，用蕃官为之，巾袍履笏如华人。蕃人有罪，诣广州鞫实，送蕃坊行遣。缚之木梯上，以藤杖挞之，自踵至顶，每藤杖三下折大杖一下。盖蕃人不衣裈袴，喜坐地，以杖臀为苦，反不畏杖脊。徒以

① 李松茂：《“回回”一词和伊斯兰教》，《新疆社会科学》1987 年第 1 期。
② 《新唐书》卷一八二《卢钧传》，第 5367 页。
③ 转引自张星烺编：《中西交通史料汇编》第 2 册，中华书局 1977 年版，第 201 页。

上罪广州决断。蕃人衣装与华异,饮食与华同。①

时至元代,随着蒙古军的西征,大批的中亚各族人、波斯人和阿拉伯人被迁徙到中国,这些人被称为"回回",列为当时"色目人"中的一种,成为现代回族的主要来源。在这一过程中,大量的回回军士"上马则备战斗,下马则屯聚牧养",元朝统一后脱离军籍的回回人"随地入社,与编民等",在各地落籍屯垦,成为普通农民。如至元十八年(1281)七月命"括回回炮手散居他郡者,悉令赴南京屯田",②至元二十六年(1289)十一月"回回、昔宝赤百八十六户居汴梁者,申命宣慰司给其田",③至元二十七年(1290)正月诏令"给滕竭儿回回屯田三千户牛、种",④可见当时的屯田规模相当大。

明代回族的农业经济进一步发展,明政府将西域归附回回多安置于甘肃河西走廊"草场田土可以旷闲之地"留屯。宪宗年间吐鲁番攻陷哈密,大量回回、畏兀儿、哈剌灰等族百姓在首领的率领下涌入关内,明廷让这些人暂居于甘肃,后迁送陕西、河南等地,拨地给粮,"以俟发遣";"初,哈密数为土鲁番所破,余众走入塞,散处若峪、赤斤、肃州诸城,前后千余人,并僦屋以居,贷田以耕,边臣因抚留之,给以牛、种,间从官兵出逐虏有功,辄加赏赉,所得卤掠,辄与之,初给种米五百石,后或百石,诸夷亦颇安置。及是,其酋乩吉勃剌合哈剌灰、畏兀儿等以房产地土不足居种,奏请拨给。"⑤在伊斯兰教文化的影响下,回族穆斯林在居住格局上的一个显著特点,常常是具有血缘关系的宗族姓氏围绕清真寺而居。人们称聚居于清真寺周围的群落为"寺坊",其范围和人数不一,大的数百户,包括好几个,乃至十几个村庄;小的数十户,只含一个村庄。这种具有共同血缘

① (宋)朱彧撰,李伟国点校:《萍洲可谈》卷二《蕃坊蕃商》,中华书局2007年版,第134页。

② 《元史》卷一一《世祖本纪》,第232页。

③ 《元史》卷一五《世祖本纪》,第327页。

④ 《元史》卷一六《世祖本纪》,第333页。

⑤ 《明世宗实录》卷八一,第1797—1798页。

与地缘关系的宗族聚居形式，构成了回族宗法文化的一个基本载体——教坊制度。[①] 自元代开始在回回人居住较多的各地渐渐形成了教坊组织，各个城市一般均设有名为摄思廉的总管教务者，负责管理若干寺院，每个寺院里负责教务者为益绵、哈悌卜、没塔完里、谟阿津等，这种格局到后来逐渐演变为伊玛目、海推布、穆安津三掌教制，作为教坊制度中的组织制度在华绵延数百年之久。[②] 凡家宅居于所在教坊，就属于该教坊的教民，拥有一定的权利和义务，如明万历年间《河北大厂县北坞清真寺碑》就记载了寺内坟地"不许削伐树株"的禁约。

万历四十五年十一月起立石界，置地七亩，永远随寺。官御李进忠，只因缺后，建盖坟地，累辈看寺之人修理，止许修理，不许削伐树株，若有人削伐树株，许多人揭告。嘉靖四十二年三月二十四日生人，不知死忌日。若有贤侄为其后世造上。[③]

清军入关后，在反清复明浪潮的带动下，西北民斗不断。就陕甘地区而言，顺治五年(1648)甘州一带米喇印、丁国栋起义和山西大同姜瓖起义都得到了陕甘地区河西回回的响应，散居各地的回民不同程度地卷入反清斗争，引起统治者的震动。如川陕总督岳钟琪在雍正七年(1729)的一份奏折中称："窃查编户之中，有回民一种，其寺皆名礼拜，其人自号教门，饮食衣冠，异于常俗，所到之处，不约而同。其习尚强梁好斗狠，往往一呼百应，声息相关，直省皆然，秦中尤甚……臣惟密谕近省地方官于行查牌甲时，将各回户之牌头甲长副以百姓……但民习恬和，率多怕事，纵令各州县牌头甲长皆能选任良民，而回众恃强，未必驯听约束，今试行数处，不过暂时敛抑之法，非转移积习之方也"。[④] 也正因如此清政府对回

---

① 马克林、张世海、李崇林：《中国少数民族法史通览·回族》，陕西人民出版社 2014 年版，第 120—121 页。

② 李兴华等：《中国伊斯兰教史》，中国社会科学出版社 1998 年版，第 253—255 页。

③ 余振贵、雷晓静主编：《中国回族金石录》，宁夏人民出版社 2001 年版，第 366 页。

④ 《雍正七年三月十七日川陕总督岳钟琪奏请设立回民义学渐施化导折》，《雍正朝朱批奏折汇编》第 14 册，江苏古籍出版社 1989 年版，第 843 页。

族采取防范措施,将各地的回族都纳入清政权的直接统治之中,分别归于各州县管辖。自雍正年间在河州所属各地实行乡约制度,“回民居住之处,嗣后请令地方官,备造册籍,印给门牌,以十户为一牌,十牌为一甲,十甲为一保。除设立牌头、甲长、保正外,选本地殷实老成者充为掌教。如人户多者,再选一人为副,不时稽查,所管回民,一年之内并无匪盗等事者,令地方官酌给花红,以示鼓励”。① 这种民族政策虽然强调对回族民众的“重点关照”,但同时也在客观上增强了内地回族等穆斯林人口进一步增加并与汉族相互融合,如在甘宁青一带“户口之蕃,亦臻极盛”,“宁夏至平凉千余里,尽系回庄”;西南地区的云贵川等地回族进一步向中小城市扩散;华北、东南、中南各省区回民在不断开辟新的聚居点,巩固旧的聚居点。此外,回族还纷纷迁居新疆、东北三省、西藏、台湾岛等地区。②

礼拜寺即教坊作为回民社区的核心单元,清廷在回族社群内部规定清真寺严禁收留外地回民居住,“回众散处各省,良莠不一,无籍之徒,恃有礼拜寺收留居住,遂至四出游荡,安保无潜结为匪之事。毕沅妥为饬禁,不动声色”。③ 乾隆四十六年(1781)苏四十三善后事宜案内称:“新教礼拜寺全毁,旧教嗣后亦不得增建。不许留外来回民学经教经及住居”,其后陕甘总督勒保再次严申不许外来回民教经学经的政策,“回民礼拜日期,止准于本村寺内念经,不许另赴别寺,亦不得多索忏钱;如有婚丧事件,止准延请本寺乡约头人,别寺之人,不得搀夺;仍令照依编造保甲之法,将某某回户应归某寺念经之处,造册备案;其平时教习经文,亦止准延请本寺回民教读,不许勾引隔村别寺人,及添建礼拜寺,私筑城堡等事”;④“不许留外来回民学经、教经及居住,每年乡约头人具无新教及前

① 《清实录》卷一三〇,第502页。
② 马克林、张世海、李崇林:《中国少数民族法史通览·回族》,陕西人民出版社2014年版,第186—187页。
③ 《清实录》卷一一三七,第218页。
④ 《清实录》卷一三四三,第1216页。

项情节甘结一次，地方官加结，每年汇齐送部”。[①] 这些规定实际上意味着以往回民人口在不同教坊之间流动的行为被宣布为非法，教主、教区、教坊与教民之间的关系被明确化、固定化。[②]

由于伊斯兰教的广泛影响，伊斯兰教在非伊斯兰国家的一些民族中传播的同时，伊斯兰教法中的许多内容也成为这些民族法的重要组成部分。《古兰经》中说：“你应当借助真主赏赐你的财富而营谋后世的住宅，你不要忘却你在今世的定分”，因此回族中对商业经济活动呈现出较为积极的态度。回族是一个农商结合型民族，尤其以善于经商而形成回族的民族特性。历史上，封建王朝的重农抑商政策及其相关法令对回族工商业的发展有较大抑制作用，同时，回族在历代政权州县体制管理下，在土地、赋役、关市等方面均受国家相关法律的制约。但是，受伊斯兰教的影响，回族并没有放弃经商的传统，与国内许多少数民族相比，农商并重是回族经济的重要特征。[③] 延续上述清廷对回民的限制政策，在对外贸易上也均有限制，如乾隆五十九年(1794)，喀什噶尔参赞大臣永保等奏请定回民出卡贸易章程。

一、喀什噶尔贸易回人等，如往充巴噶什、额德格纳、萨尔巴噶什、布库、齐克里等处贸易者，给予出卡执照，如往各处远近部落，俱不得给予。违制拿获发遣。

一、出卡回人，自十人至二十人为一起者，始给予执照，每起派阿哈拉克齐一员，往则约束，回则稽查，毋令羁留。如有不遵约束，枷号三月，仍重责示众。隐匿者并究。

一、出卡回民等，如贪利擅往布噜特远方，被人抢夺物件，查获后

① 《循化厅志》卷八《回变》，成文出版社1968年版，第181页。

② 路伟东：《掌教、乡约与保甲册——清代户口管理体系中的陕甘回民人口》，《回族研究》2010年第2期。

③ 马克林、张世海、李崇林：《中国少数民族法史通览·回族》，陕西人民出版社2014年版，第171页。

仍给原主，不足示惩，请嗣后半年给原主，半交阿齐木伯克等，作为公项。地隔写远者，应置不问，仍将违禁回民，枷号半年，不准出卡。

一、回民等被布噜特抢夺，必将实在遗失物数，报官查办。如有捏造私增，查出不准给还，半赏饬查之人，半交阿奇木伯克等，以备充公，该管人重惩。自行失去者，俱不准官为代查。

一、布噜特等如私进卡座，及于就近处所去夺，拿获后俱正法……①

此外同治元年(1862)五月关中回民和当地汉族团练因细微之事发生冲突，由于处理不当引发大规模关中回民起义，为躲避战乱，关中回民大部分陆续向甘肃等地迁徙。回民起义结束以后，清政府将流落于甘肃的关中回民就地编户。为了使移民有基本的生活保障，官方还给移民按户分拨窑洞，散给赈粮，并发给耕牛骡驴、丈量土地，安排移民进行生产。对于回族移民，清政府的大体原则是“办抚之道，以编审户口为要；编审户口，以迁徙客回、安辑土回为要”，“回民近城非所宜，近汉庄非所宜，并聚一处非所宜”，“令觅水草不乏，川原相间，荒绝无主，各地自成片段者，以使安置”，②相对较为妥善地解决了回民迁移，维护了西北地区的社会安定。

综上所述，由于在我国历史上回族并没有建立统一的政权，因此并未出现过由回族制定的关于田宅土地方面的综合性法律，但回族特有的生活聚落形式——教坊制度因其特殊性而受到历朝统治者的关注，相应地衍生出了一系列的特别法律规定。不过从整体上可以看出，历代统治者一方面试图通过回汉融合的方式降低回族民众的凝聚，另一方面又出于文化差异等多重原因在居住空间意义上对回民的户籍土地管理等问题进行一定的隔离。

① 《清实录》卷一六四四，第557页。

② 《收复河州安插回众办理善后事宜折》，《左宗棠全集》第5册，上海书店1986年版，第281页。

第八章　中华法系成员国的田宅法律制度

有关中华法系的概念，法学界已经基本达成共识，即以传统中国法为母法的东亚各国的法律体系，包括近代以前的中国法、封建时代的日本法、朝鲜法、越南法以及周边其他一些少数民族地区的法。[①] 日本、朝鲜、越南等国家从地理位置上，或与中国陆路相接，或与中国海上毗连，山水相依，地缘相连，中国与东亚国家一衣带水的关系，使中国人民与东亚各民族间形成了一种天然的血肉联系。有学者将中国与东亚、东南亚地区之间存在的关系形象地归纳为"天朝礼治体系"，在这个体系中，中国处于核心的位置，无论在政治、经济还是文化方面都主导整个区域的发展。中国传统文化作为东亚文化圈的基本要素之一，世界五大法系之一——中华法系的母法中国法对于区域内其他国家和地区的法律产生了不可估量的影响。在东亚各地区继受中国法的基础上，尽管各自的传统和习俗有所不同，但同作为中华法系的成员国，他们之间又存在着一系列共同的特征。如在法的表现形式上，法律主要表现为成文化的法典，其中"律"和"令"是主干；在法的观念上，受儒家思想影响，天理、国法、人情相通，表现为一种完全不同于任何其他法系的"情、理、法"观念；在法的内容和

① 张晋藩主编：《中华法系的回顾与前瞻》，中国政法大学出版社 2007 年版，第 103 页。

性质上,主要是刑事法和行政管理法,除婚姻家庭法外,成文的私法不发达;在法的实施上,中央层面的行政与司法略有分工,中央以下行政与司法不分,行政官同时兼理司法;在司法审判上,刑事审判依律进行,程序严格,民事纠纷则调解重于裁判;在法的精神和价值取向上,法律维护帝制,追求社会稳定和人际关系和谐;在法的知识类型上,它不同于西方的法学,表现为独特的"律学",即依据礼教和帝国政治而专注于对法律注解的学术。①

具体而言,7、8 世纪之际的东亚已自成一个历史世界,这个世界以中国文化(或曰汉字文化)的普遍性存在为其特征;其普遍要素之一就是律令制度的行用。其后,尽管中国有宋、元、明、清诸朝的递嬗,朝鲜半岛也有高丽王朝、朝鲜王朝的更替,日本进入武家政治时代,越南自 10 世纪中叶脱离中国,在建国过程中也出现了几个王朝,但凡此地区(或曰东亚世界)的政治变迁,皆不影响律令制度的摄取。以中华法系最主要的三个国家——日本、朝鲜和越南——的法律体系为例,朝鲜历史上一直内附中国,如王建创建的高丽王朝,无论法律制度还是律学研究,大体上都模仿唐制,且《唐律疏议》也同时在高丽王朝得以适用,而李氏朝鲜时代采用大明律,并仿《大明会典》编纂《朝鲜经国典》《经国大典》等。日本在大化时代以唐律为蓝本全面进行法律改革,并建立了律令格式的法律体系,10 世纪末律令体系虽然开始动摇,但从法理上说由《大宝律令》《养老律令》确立的律令体系仍然是日本国的法律基础。江户时期日本又在继受中国明清律例的基础上发展起了自己的幕藩法体系,明治维新后的《暂行刑律》《新律纲领》《改定律例》等仍然模仿、借鉴了中国的法律体系。越南的法律以唐律为主,参酌宋、元、明三朝的法律,如黎朝的法律从法典结构、刑罚体系,到刑法原则都受到了《唐律疏议》的重大影响,而阮朝阮世祖的《嘉隆皇越律例》、宪祖的《钦定大南会典事例》等则均仿自明法或

① 张中秋:《从中华法系到东亚法——东亚的法律传统与变革及其走向》,《南京大学学报》2007 年第 1 期。

清法。从这个角度来看，中华法系至迟在7、8世纪之际，随着中国文化圈的成立，已在东亚地区形成。①

中国法之所以会成为中华法系的母法进而在田宅产业法律内容方面输出给周边邻国，背后存在着多重的因素。首先在文化方面，以"礼"——儒家伦理等级秩序作为指导思想的法律文化对整个东亚地区均产生了普遍且全面的影响。东亚国家传统社会的封闭性、身份等级、家长制、官本位等文化传统，使得它们社会结构的运作方式、决策过程、监督机制的形成等方面有许多相似之处，这种历史上生产方式、地理环境、民族、宗教、文化的背景，促使日本、朝鲜、越南走上儒家化的道路，形成包括中国、日本、朝鲜等国家在内的中华伦理法律体系，共同构成"东亚儒家文化圈"②。其次，宗法家族的领域里，一般个人的权利和利益既不能因据有独立的私有财产而获得，又不可能通过产品交换被社会所认可，因此宗法家族式的社会组织作为社会的基本单位就形成了一套完整的行为规范。而集权专制政体作为自然经济和宗法家族社会的产物又反过来维护它们的安全，特别是经过王朝的授权，家族首长在王权鞭长莫及的领域充当皇帝的半官僚、半立法司法者以帮助皇帝管理民众。③ 最后在经济基础层面，东亚各国均是以小农经济为基础，中国上自《尚书》《诗经》所描述的夏商周时代，下至清末巨变之前，四千多年间，小农经济一直是中国社会里物质资料生产的主要方式。在法律层面自然也就因此而体现出了浓厚的农业文明因素，"农业文化在法律的发展中有着特殊的作用，'真正严密的法律是随着农业部落的发展而发展起来的。'其原因在于，'农业经济出现以后能够维持较大数量的人口生存在单个的公社以内。更重

① 高明士：《也谈中华法系的特质》，载张中秋编：《中华法系国际学术研讨论文集》，中国政法大学出版社2007年版，第14—15页。

② 张晋藩主编：《中华法系的回顾与前瞻》，中国政法大学出版社2007年版，第105页。

③ 武树臣：《论中华法系的社会成因和发展轨迹》，《华东政法大学学报》2012年第1期。

要的是许多公社之间加强团结,从而保持平衡。’这就使人际关系复杂化,而农业劳动中土地的固定使用,产生了动产和不动产,从而产生了相应的人的法律,这使‘实体法就变得非常重要’”。[①] 因此,作为中华法系内容方面的重要组成,关于田宅等与农业紧密结合的法律文化及法律制度能够以如此广泛且深刻的方式影响到周边各国也就不难理解了。

具体来说,小农经济在生产关系方面的特征,是三大因素的结合。首先是地主土地所有制为主、自耕农土地私有制为辅的土地所有制;其次是以皇帝为代表的地主阶级对农民的压迫剥削关系及农民对地主的人身依附关系;再次是以赋税、徭役、地租、高利贷、雇资、自备粮及少量出售、家庭副业产品交换等形式体现的产品分配形式。[②] 因此,在日本、朝鲜以及越南等周边国家的田宅法律制度受中国影响问题的探究上也可以主要划分为以上 3 个方面,即土地权属模式、土地收益分配以及社会中的田宅法律实践。首先,在土地分配上尽管在东亚各国之间以及不同时期内存在着多重调整方式,但从本质上说法律必须首先解决的问题是土地的权属划分,这其中又具体体现在所有权上的界定以及占有关系上的区划。其次,随着权属划分以及占有关系的确立,当土地的使用者与所有者之间产生分离(在东亚各国的法律意义上这是一种基本常态)时,国家在法律层面是否以及如何明确使用者需要交纳的相应赋税就成为了土地作为一种权利载体背后的利益表现。再次,无论是土地的所有权还是使用权在一定程度上均可能在不同的主体之间发生流转,东亚各国几乎都需要面对这样一个问题,即在有限度地保护那些正常田宅交易的前提下同时还要防止因为土地兼并而造成的土地过度集中。此外更为具有实践意义的是,除了在成文法的规范视角之外,民间对以上三个法律问题,特别是田宅交易流转上似乎还存在着一些自下而上的规则,而当国家面对这些规

---

① [美]霍贝尔:《原始人的法》,严存生等译,法律出版社 2006 年版,第 7 页。

② 范忠信:《小农经济与中华法传统的特征》,《河南省政法管理干部学院学报》2000 年第 6 期。

则时应当采取一种什么样的态度也会反过来影响到法律制定与法律实践之间的循环往来。如有学者从传统法典入手,发现国家在立法上已经从市易行为、公平价格、垄断、债务、利益等条文方面规范民间产权。民间的私人债务、合约纠纷、土地纷争,则多由县级官员审理。其中合约无疑成为确立产权的主要工具。国家在执行合约上,一般亦扮演着主要角色,当然在动乱不安的时代,非官方的合约约束可能变得更重要。① 有鉴于此,本章试图通过对日本、朝鲜以及越南三个中华法系成员国的田宅法律制度沿革分析,进而探寻中国法作为中华法系的母法在周边国家和地区所产生的影响,以及这种影响在当地的实际展现。

第一节　古代日本的田宅法律制度沿革

中日两国文化交流可以追溯到公元前 3 世纪左右,已有两千多年的历史,但直至 19 世纪 80 年代初期,中国基本仍处于文化输出国的地位。就法律方面而言,日本古代曾两次大规模移植中国法律:第一次是公元 646 年大化改新后对唐律的学习和吸收,在此基础上制定的《大宝律令》和《养老律令》为此后 1000 多年日本法的发展奠定了基础;第二次是 17 世纪德川幕府统治时期对明清律的吸收,明治初期制定的《暂刑律》《新律纲领》和《改订律例》是本次吸收的延续。可以说日本全面继受了唐代的律令格式体系并延续后世,幕府时期的日本经过上世的中国法律继受,已经掌握并习惯了律令体系中的立法形式,传统中国律令格式的制定逻辑在武家法内部得以重生。但值得一提的是日本在继受中国法律及其相关思想和制度的时候并不是一味地模仿,而是有所取舍,并最后形成了有自己特色的法律制度。

① Zelin, Madeleine, "A Critique of Rights of Property in Prewar China", in Zelin, Ocko and Gardella eds. *Contract and Property in Early Modern China*, Stanford University Press, 2004, pp.17-36.

一、大化改新前日本对中国法律文化的吸收

早在日本的弥生时代,从中国大陆传入的水稻栽培技术首先扎根于日本的北九州地区,然后向本州岛传播。随着农耕的发展和定居生活的稳定,对土地的关注随之增强,因为水稻的栽培需要灌溉和其他协作,成员对水田、设施的所有和利用关系在各共同体之间存在一定的差别,因此用标识表示占有的习惯已经存在,特别是表示土地边界的“标注”,有的还把一个大瓮埋在土中,祈求神的保护。① 此外弥生时代中期,从中国大陆传入的青铜器和铁制器械推动了冶炼技术的发展,为了增强自己的实力,日本有意识地与中国加强交往以谋求发展。从公元3世纪末大和国兴起到5世纪“倭五王”统治时期,日本在引进中国冶炼技术、制陶术、土木建筑和纺织技术的同时引进了中国的儒学,并用儒家学说作为统治人民的理论根据,为确立日本早期国家的统治体制奠定了基础。

此一时期日本在土地制度方面主要体现为村落公有制的形式,如《播磨国风土记》记载“狭野村,别君玉手等远祖,本居川内国泉郡,因地不便,迁到此土,仍云:此野虽狭,犹可居也,故号狭野”;②“所以云草上者,韩人由村等上祖、柞臣智贺那请此地而垦田之时,有一聚草,其根尤臭,故号草上”,③形象地展现出了氏族向四周地区迁徙、占地、开垦以至定居而形成的村落公社。村落中的土地一般为全体公社成员所共有,如《常陆国风土记》载:“古老曰:石村玉穗宫八大洲所驭天皇之世,有人,箭括氏麻多智,截自郡西谷之苇原,垦辟新治田。此时,夜刀神,相群引率,悉尽到来,左右防障,勿令垦田。于是,麻多智,大起怒情,着被甲铠之,自身执仗,打杀驱逐。乃至山口,标棁置堺堀,告夜刀神云:自此以上,听为

① 赵立新:《日本法制史》,知识产权出版社2010年版,第11页。

② 《日本古典文学大系·风土记·播磨国风土记》“揖保郡”条,日本岩波书店1967年版,第286页。

③ 《日本古典文学大系·风土记·播磨国风土记》“芳磨郡”条,日本岩波书店1967年版,第272页。

神地；自此以下，须作人田。自今以后，吾为神祝，永代敬祭。冀勿祟勿恨，设社初祭者，即还，发耕田十一町余。麻多智子孙，相承致祭，至今不绝。”①公社在每年春天举行所谓“水口祭”的宗教仪式，在全体成员临场之下划分田块，立下所谓“斋串”的标志，决定各家族对某一地段为期一年占有权，侵犯这种占有权被视为“天大的罪过”。在“大祓”祝词中，“畔放”（毁坏他人田塍）、“沟埋”（填埋他人沟渠，致使不能灌水以及破坏他人引水用粗树干掏空而制成的通水涵洞）、“频莳”（再耕重播他人之地）等被定为“天津罪”，犯有上述罪行者，在“水口祭”“祭田”时处以重罚。②如《养老令·仪制令》“春时祭田条”载：“古记云：春时祭田之日，谓国郡乡里每村在社神，人夫集聚祭。若放祈念祭欤也，行乡饮酒礼，谓令其乡家备设也。一云。每村私置社官，名称社首。村内之人，缘公私事往来他国，令输神币。或每家量状取敛稻，出举取利，预造设酒。祭田之日，设备饮食，并人别设食，男女悉集，告国家法令知讫，即以齿居坐，以子弟等充膳部，供给饮食，春秋二时祭也。此称尊长养老之道也。”

后来，随着生产力的发展，直接从事农业生产的家族公社的地位逐渐增强，如一些地方出现了所谓的“群集坟”，群集坟不像以前那种巨大而独立的前方后圆古坟，而是那些规模小、数量多的圆顶古坟稠密地建筑在同一地域。这一现象直接证明了埋在“群集坟”中的家族公社家长生前势力的增长，说明家族渐渐从村落公社中独立出来，并发展为新的社会经济实体。

至于中国法律输入日本则始于圣德太子改革时期，日本圣德太子从幼年开始即向高丽僧人学习中国先进的思想和文化，在步入政治舞台后很快接受了中国的君权大一统思想，在日本确立以天皇为中心的中央集权统一国家。在推古女皇的支持下，日本相继派遣使节入隋学习佛教和

---

① 《日本古典文学大系·风土记·常陆国风土记》“行方郡”条，日本岩波书店 1967 年版，第 54 页。

② 赵汝清：《日本班田制与中国均田制的比较研究》，《宁夏大学学报》1983 年第 3 期。

中国的典章制度及文化,并于公元603年颁行"冠位十二阶",用德、仁、礼、信、义、智(每一阶又分大小)表示官位的高低,这一制度明显参考了中国封建官僚制度体系,是日本封建等级制的雏形。公元604年又制定了日本第一部成文法《十七条宪法》,该宪法以中国的儒、法、道诸子百家及佛教思想为指导,以儒家的"三纲五常"精神为核心,采取道德训诫的形式颁布,开启了日本继受外国法的历史。如《十七条宪法》中首先打出了"以礼为本"的大旗,一方面指出统治阶级的按官分等、遵礼行事;另一方面强调臣民对国君的"尽忠"与国君对臣民的"仁政"相辅相成,只有这样才能达到"以和为贵""信义为本"的社会秩序。①《十七条宪法》还特别提到了对恢复经济、发展生产的提倡,如"使民以时,古之良典。故冬月有闲,可以使用民。从春到秋,农桑之节,不可使民。其不农何食,不桑何服"。

二、日本的班田制与唐代的均田制

公元645年6月,大和国发生宫廷政变,中大兄皇子(后来的天智天皇)暗中联合中臣镰足、苏我石川麻吕等新兴封建势力发动政变,暗杀了当时握有实权的贵族苏我入鹿,并迫使其父苏我虾夷自杀。接着,又推举轻皇子即位(即孝德天皇),定该年为大化元年,中大兄皇子成为皇太子并掌握了政治实权。孝德天皇自幼熟读中国典籍,对中国历代的治国之术颇有了解,他起用阿倍内麻吕、苏我石川麻吕为左右大臣,中臣镰足为内臣,从中国留学归来的僧旻、高向玄理为新政府高参,开始了大刀阔斧的政治法律改革,史称"大化改新"。"大化改新"以后,日本便开始了以中国隋唐法律制度为模式、以律、令、格、式为主要表现形式的法典编纂工作。如被公认的三大法律渊源《大宝律令》(《养老律令》基本上是《大宝律令》的翻版)《御成败式目》和《公事方御定书》都集中体现了对中国封

① 徐晓风:《圣德太子的〈十七条宪法〉与中国儒家文化》,《学术交流》1994年第3期。

建法的模仿。这一时期由于大批遣唐使的回国，结束了日本以往向朝鲜人学习儒学的历史，并出现了大批以研究律学为业的学者，他们被称为律学博士（或明法博士）。据载从奈良至德川时期，仅大的律学博士世家就有惟宗氏、赞岐氏、板上氏、中田氏、荷田氏等数十家。其中著名的有大和长冈、兴原敏久、额田今足、惟宗直本等上百人。①

公元646年孝德天皇颁布《改新之诏》，仿照中国进行改革。由于大化前夕拥有部民、田庄的首长阶层、氏族贵族争相兼并土地，大土地私有制发展迅速。为强占"国县山海林野池田"，他们甚至相互征战，"兼并数万顷田"，使大量百姓"全无容针之地"。随着生产力的发展，农民强烈要求实现土地占有的稳定化，这也不可避免地导致了阶级矛盾的激化，危害到大和王权的统治。与此同时，大和王权下的官僚制直辖统治也日渐成熟，这些都成为律令国家成立与班田收授法实施的重要前提。②

班田收授制是日本律令社会土地制度的根干。在这种制度下，原本氏族贵族奴隶主占有的部民和土地被收归国家所有；每个农民只要到了一定的年龄，就由国家班给一定面积的口分田，农民则向国家交纳租庸调。在他们死后，口分田复收归国有。"罢昔在天皇等所立子代之民，处处屯仓；及别臣、连、伴造、国造、村首所有部曲之民，处处田庄"，"初造户籍、计帐、班田收授之法"。班田制从在《改新之诏》中出现到形成完备系统的土地制度，主要经历了三个阶段：大化二年（646）的《改新之诏》；持统六年（692）的《飞鸟净御原令》；大宝二年（701）的《大宝律令》。具体来说，国家有计划地废除皇族、豪族的私民私地，把私有土地和部民收归由国家直接管理、支配，作为补偿，国家赐给大夫以上的官僚贵族一定数量的土地和人口，以封地租赋的一部分作为俸禄。但有学者提及，最初《改新之诏》中的罢屯仓和田庄并不意味着将这些土地收归国有，而是对包括他们在内的当时各种形态的土地进行校勘，与封建时代所进行的检

① 何勤华：《试论入学对日本古代法文化的影响》，《齐鲁学刊》1996年第3期。

② 郭娜：《日本律令国家的土地国有制研究》，《日本问题研究》2018年第5期。

地一样，校田过程中必然会使一部分不合法的私占土地被校出。正是通过这次校田才使得政府掌握了一部分土地，只不过这次一般性的校田与大化改新之前就存在的个别屯仓、田庄的校田有本质的区别，个别屯仓、田庄的校田无论规模多大都只是个别的私人行为，而这次校田是在全国范围内进行的统一校田，并不是之前个别校田的简单扩大。但通过这次校田所得到的土地，如果按后来的班田收授法原则班田，则土地的数额还远远不足。① 因此，伴随着校田，国家还大力推行了劝农开垦的政策，且此时的开垦与大化前期的开垦活动不同，此时开垦政策中建造的堤防沟渠是由国家征发百姓而进行的，这些水利设施建成后，其所有权归国家所有，使用这些水耕种的土地自然也是公田。

此后日本全国范围内的班田正是在此基础上仿照唐朝的均田制，将以往不完备的土地政策加以制度化、法制化而形成的。按照规定，虽然土地原则上属国家所有，但凡六岁以上的农民按班田制每六年一班分得以水田为主的一定口分田，统一租税，其数量是男子 2 段（1 段为长 30 步，宽 12 步的地块，约相当于 10 公亩，10 段为 1 町），女子为男子的三分之二，且官奴婢与农民同，私奴婢则为农民的三分之一。不过私奴婢的口分田并不由他们自己占有，而是以为其提供生活资料的名义属于占有其人身的贵族官僚。“凡给口分田者，男二段，女减三分之一，五年以下不给”。农民对其口分田享有终身使用、收益的权利，但不得买卖、赠与和转让。口分田原则上应就近班授，但在人多地少的地方只能在远处补授，因此经过官府批准可出租，租期为一年。所班之田死后归公，一般在其死亡后下一个班年收公，但第一次接受班田的如果在下一个班年前死亡的话，则再延续六年，在第三次班年时进行收公。② 此外与口分田一起班授给农民的还有园地和宅地，一般来说园地与宅地与口分田不同，其可以在

---

① 王晓燕、左学德：《日本班田制的形成及其与唐朝均田制的差异》，《贵州师范大学学报》2004 年第 1 期。

② ［日］牧英正、藤原明久：《日本法制史》，青林书院出版社 2004 年版，第 17 页。

官方批准下买卖、租赁和赠与,也可以世袭使用。

在班田制的施行过程中也出现了一些问题,由于班田收授是以户为单位进行的,受田者为户主而非户内的个人,所以户主自然是田主,原来的户主死后,继任的户主仍为田主。此外这种乡户实际上多是以父家长为首的家族,除户内个别外逃、出家或死亡,口分田依法归公外,全户的口分田基本不变,这也就意味着就全户而言,口分田具有较强的世袭性质。① 从这个角度来说,班田制只不过是把原来的占地单位由村落公社变成家族公社而已,对于每个直接生产者而言,班田前后的地位并没有任何变化。正因如此,有学者断言在律令国家成立之初,班田收授法之所以能够在抵抗较小的情况下顺利实施,是因为它继承了大化以前村落共有地轮流交换耕作的遗制。② 换言之,大化改新并没改变贵族官僚世袭政治权力的传统,仅使他们管理的口分田具有某种领主土地的性质。在强大中央集权的法权制约下,这种性质只能处于隐形状态。一旦条件成熟,他们就会上下勾结,将辖地变为领地,公权化为私权,土地国有制也就变成领主土地所有制,这也为后来班田制的解体埋下了隐患。

班田制下的口分田作为封建国家的国有土地,其所有权的最终实现,就是缴纳租庸调。"租"是以土地为征课对象的正税,每段 2 束 2 把,后又改为 1 束 5 把,约相当于收获量的百分之三左右。"庸"、"调"以受田公民为征课对象。正丁(21—60 岁的成年男子)每年负担的"庸"为服役 10 天,也可以以布代纳,每人 2 丈 6 尺。"调"分为田调和户别调,其中田调,每段绢 1 尺;户别调,布 1 丈 2 尺。次丁(61—65 岁的老年男子)减半,少丁(17—20 岁的青年男子)为四分之一,也可缴纳丝、棉、铁、鱼等物品。此外地方政府每年还征调杂徭。如公元 670 年依据《近江令》中户令编制的户籍,即《庚午年籍》成为日本最初的全国户籍,其中登记有户口名、与户主的关系、性别、年龄、是否课税、授田多少等,并作为氏姓的根

① 王顺利:《论日本早期封建土地所有制的二重性》,《外国问题研究》1997 年第 1 期。

② [日]石母田正:《石母田正著作集·古代社会论》,岩波书店 1989 年版,第 121 页。

本台账被令永世保存，成为国家掌握人民及租税征收情况的原始资料。之后的《庚寅年籍》更是模仿中国人为的、政治性的“州、县、乡、里、保”的组织结构，以人为的“国、郡、里”区划为行政单位，每“里”编制户籍一卷。① 不过也有学者提出，日本班田制是以现有人数为基准，不管能否负担课役（以六岁为界）统统班给土地，从这个角度来看班田制是具有平均主义倾向的一种土地制度。②

此外在口分田之外也存在很多与国有制冲突的土地类型。王田，或称官田，是天皇的直营田，不仅作为天皇的御用粮产地，也充作官吏俸禄之用，官田由宫内省管理，耕作田所在各国（县）征调课丁服役，畜力、农具和种子均由皇室提供，收获物全部上缴皇室；职田，或称职分田，是指贵族官僚的俸禄田，一般从其任职地区的良田中拨给，不仅免课租税，而且可以出租，虽然按规定在官吏解职或死后职田须归公，但由于官职大都世代相袭，职田实际上也多世袭占有；位田是按对应亲王的品阶及诸大臣的位阶而授的封田，由于贵族爵位世袭，位田也被世袭占有，虽有除位或死后归公的规定，但也只是个别现象；功田是奖励给有功于封建国家的贵族官僚的土地，一般而言功田只准租赁经营，不许买卖，且功田按照分类明确可继承的世代标准，最终也多沦为世袭占有的土地；神田是神社的永代地，禁止买卖，超额不收，缺额补足，不输租税；寺田作为寺庙的土地与神田性质相似，但可以买卖，缺额不补。

总的来说日本这一时期的土地制度基本移植于唐代，唐朝制定了《均田令》和《赋役令》，在全国推行均田制和租庸调法。日本令的《田令》共37条，其中11条与唐开元二十五年的《均田令》相同，占总条数的30%，另有一部分是根据日本国情，对唐令略加改变而成。③ 日本“大化

① 郭娜：《论日本律令体制与王朝国家体制的更替——以土地制度的变革为中心（上）》，《外国语文》2013年第3期。

② 赵汝清：《日本班田制与中国均田制的比较研究》，《宁夏大学学报》1983年第3期。

③ 张中秋：《继受与变通：中日法律文化交流考察》，《法制与社会发展》2003年第2期。

改新”的政治目标是追求“王土王民”和“中央集权”的天皇制，因此对唐朝土地法制的输入势必是重中之重。大化新政权建立不久就模仿均田制确立了班田制，①具体来说两者有以下几点相同。

1. 均规定授给民户一定数量的土地，也就是无地少地的民户可以向官府请授“公田”。

2. 均规定户绝田、逃死户田或本人身死、户内回授有余的田地，要归还官府，另行分配。

3. 均是按照官府掌握的“公田”就近平均授予，即多在居住地附近，只是在狭乡场合，允许到宽乡遥授。

4. 在授田的顺序上均“先课役后不课役，先无后少，先贫后富”，即先授给负担国家租役的人，后授给不承担赋役者；先授给贫困者后授给富裕者。

需要提及的是，虽然班田制是以唐朝的均田制为蓝本制定的，但由于它在制定时也充分地考虑了日本本国的历史与当时的状况，因此在具体规定上又与均田制有一些不同之处，如唐田令中的“田”包含水田和旱田，而日本的“田”皆为水田，概括地说日本的班田制与唐代的均田制主要有以下一些差别。

1. 从土地来源上看日本班田制的土地包括原村落公社公有土地、被废除皇室、豪族的屯仓、田庄以及一部分新开垦的土地；而唐代的均田制主要针对的是需要开垦的无主荒地，对原本土地私有权只是一种干预而非处分。

2. 日本的班田制仅班给农民口分田；而中国均田制在口分田之外，还向各户主支给“永业田”作为家庭的世袭产业。

3. 日本给贵族以种种特权，如位田、功田等；而唐代并不存在此类规定。

---

① 马小红、史彤彪主编：《输出与反应：中国传统法律文化的域外影响》，中国人民大学出版社 2012 年版，第 36 页。

4. 日本明文规定土地为国有，严禁买卖，对园地、宅地的买卖也限制极严；而唐代关于土地买卖的规定则较为灵活。

5. 日本的班田实践为六年一班；而中国自北魏到隋唐皆是每年收授。

6. 日本的女子、官私奴婢均予班田；而中国的女子、奴婢皆不授田。

7. 日本的班田一般仅针对农民阶级，且以户为单位，而唐代的永业田、口分田对象还包括工商业者。

8. 唐朝关于屯田方面的规定日本并未涉及。

至于这些差异的产生应是多重因素的综合影响所致，以班田制中未见的永业田为例，唐朝的永业田按照授田对象的不同分为一般庶民的永业田和官人的永业田，庶民受田者如果身亡，或者到了"老免"的年龄，其永业田可以由户内其他受田口继承、回受，有剩余才还公，而官员的永业田其子孙享有完全的继承权。但有学者认为唐朝关于永业田和口分田的区分实际上已成为一种形式，如仁井田陞则认为日本民户的园地相当于唐朝民户的永业田。日本学者铃木俊根据敦煌地区的户籍认为登记民户的土地都是先登足本户各受田口的永业田额，剩余部分才登记为口分田。① 那么在唐朝狭乡地区，由于每一户中男子受田很少，永业田与口分条的区分就更无实际意义，这些地区通常所说的口分田就是指的户籍上登记的永业田。至于日本的口分田并非受田者身死就全部还公，而是在户内回授，先听自取，有余才收授，因此这种规定可能本身也是采用唐朝，特别是狭乡地区民户永业田还授的规定。②

后来随着人口的增加，应班田地逐渐不足。养老七年（723）发布诏敕，鼓励人们开垦荒地，规定开垦人对开垦地享有终身所有权，新垦土地可以传及三代；旧地复垦可以终身使用。这种做法的目的在于，在开垦者

① ［日］铃木俊：《敦煌发现的唐代户籍与均田制》，《史学杂志》第47编第7号，1936年。

② 宋家钰：《唐、日民户授田制度相异问题试释——均田制与班田制比较研究之一》，《晋阳学刊》1988年第6期。

开垦的土地最终收归国有后，可以增加口分田的数量，这种做法被称为"垦田三世一身法"。土地国有的制度模式到公元743年颁布《垦田永代私财法》开始发生变化，此时规定垦田归开垦者私有，永不收公，但根据身份规定了开垦的限额。此后虽一度禁止开垦，但土地兼并日盛，"天下诸人竟为垦田"，"势力之家驱役百姓，贫穷百姓无暇自存"。宝龟三年（772）再度恢复自由开垦，土地兼并之潮高涨。贵族垦田立庄，将开垦的土地庄园化，并利用权势获取"不输不入"（不纳租税和拒绝检田使丈量土地的特权，后者逐渐扩大为排除检非违使的警察权等）特权，大量放弃公田的农民也遁入大土地所有者的庄园中。随着大土地所有的发展，班田收授法趋向解体，中央财政陷入危机，为了维持庞大的官僚机构运行，国家只有直接割田作为各官司的财源，①社会逐渐进入了庄园制时代。

三、幕府时代的土地分封制

时至庄园制时代初期，很多庄园是由豪民开垦荒地而形成的，这些人为保护自己的权利，往往与权贵交结，被称做庄长，他们采取把土地租给流民收取一定地租的经营方式。9世纪后期，随着朝廷对庄园的整顿，庄园与权贵的结合受到了冲击，加之劳动力的不足和庄园领主经营管理能力的缺乏，垦田庄园开始衰落。10世纪后，另外两种形式的庄园开始出现：一是免除杂役庄园，二是寄进庄园。随着国家财政的困难，国家让一定的农民为其服役并给予一定的土地收入作为弥补，开始时土地和农民都不固定，但11世纪后土地不断固定化并不断扩大，权贵和寺社以免除课役为诱惑招揽农民，结果免除杂役庄园很多成为独立于政府赋税之外的"独立王国"。与此同时，虽然开垦土地原则上需要得到地方政府的许可，并以交纳赋税和成为地方政府的支配单位为条件，但许多豪强私自开发，不交纳赋税，地方政府对此经常采取没收等严厉的措施，地方豪族和

① 郭娜：《日本律令国家的土地国有制研究》，《日本问题研究》2018年第5期。

在地领主为免除国家的赋役，把开垦土地名义上"进献"给中央权贵，形成了寄进庄园。①

公元1180年源赖朝起兵，其后以镰仓为根据地建立了一套幕府的政治机构，镰仓幕府时期由于武家制度的建立，班田制渐趋颓废，庄园制形成，土地制度也发生变化。虽然此时期盛行的武家法是以武士的统治惯例为主，但仍然随处可见中国古代法律文化的影响，不过在该时期的中国法律输入途径上，民间交流"唱主角"，官方退居次席。由于缺少遣唐使的往返，日本学习中国法律的资料都来自商船。从《御成败式目》的规定（诸如京中空地归还原主、禁止抢占贫弱者的私宅等）中可以看出，原则上土地的私有制得到确立，田地和园地都可以自由买卖，武士对其土地也有买卖和赠与权，但庶民不得购买，恩赐地仍不能买卖、赠与，但可典当。土地所有权按照取得方式等可分为根本所有、相传所有、永远所有和终身所有。根本所有是指通过开垦原始取得的所有；相传所有则是通过买卖、赠与等方式从他人处取得的所有；永远所有则是前人流传下来的、可以永远世袭的所有；而终身所有是指本人终生占有、死后丧失的所有。② 公元1333年，镰仓幕府灭亡，后醍醐天皇掌权并施行一系列新政，制定了《所领个别安堵法》，宣布所有土地的所有权需要经过天皇认定而招致了地方势力的不满。至公元1336年，足利尊氏建立足利幕府（室町幕府），在"关东御分国"，因其为幕府统治区域，该处的庄园领主间的边界诉讼也属于幕府管辖，同时庄园封建制开始逐渐衰落。应仁元年（1467）围绕将军的继承问题，幕府内部两大对立集团及其支持者之间的冲突最终引发了"应仁之乱"。此后幕府的威望一落千丈，众多有实力的守护和地方领主等发展成为拥有一定势力范围的战国大名，历史进入战国时代。这个时代虽然仍被称为庄园，其实质已经和中世中期的庄园不同，领主的权力几乎仅限于名义，实质上都归于战国大名和其领内的豪族。天正以后，丰

① 赵立新：《日本法制史》，知识产权出版社2010年版，第45—46页。
② 赵立新：《日本法制史》，知识产权出版社2010年版，第62页。

臣秀吉开展的全国范围内的检地（太阁检地）打破了庄园不输不入的特权，全国土地统归武家直接管理，庄园制在形式上也完全崩坏。在此基础上，丰臣秀吉以村落为对象，将土地重新分封给大名、寺（寺庙）社（神社），近世的藩村封建制由此诞生。到后期以后，幕府的中心由战争转向民政，村落逐渐分解，以军事为特征的幕府和诸藩形成的政治制度亦逐渐衰落，藩村封建制由此呈现衰退之相。①

公元1603年，德川家康在江户成立日本历史上最强盛也是最后的幕府政权，开府之初，立法上仍延续了此前武家制度的做法，幕府方面立有“幕府行军令”“评定所规则”“诸士法度”等，而各藩因事制宜制定各类藩法，如《伊势法度》《板仓新式目》《旗本法度》等。② 德川幕府时期对明朝制度的研究比较活跃的时期主要是从17世纪末到吉宗就任将军的18世纪前半期，吉宗是纪伊藩第二代藩主德川光贞的四子。吉宗发挥就任藩主时期的经验，实行了一系列的大改革，如财政再建、官僚整备、制定《公事方御定书》等司法改革。③ 德川时期的土地制度以通过兵农分离而编成位阶制的封建土地所有为基轴，其土地制大致可以分为幕藩领主的土地所有和农民的土地所有。德川家拥有土地的最高所有权，幕府将直辖领地作为采邑赏给部分直属将军的武士，将军则把其余土地全部分封给大名。大名也像将军一样，除留下一部分外，也将其余部分封给自己的陪臣。不过需要指出，此时将军以下大名等大封建主的土地所有权带有浓厚的抽象性，因为将军分封出去的任何一块土地都仅仅是土地上的地租——石高，大封建主分封给其臣下的也同样是石高，决定各封建主权力、身份和地位的是米谷的收入，而并非直接的土地所有权。甚至将军和

① 何勤华等：《法律文明史》第7卷《中华法系》，商务印书馆2019年版，第516—517页。

② 陈煜：《明清律例在日本明治维新前后的遭遇及其启示》，《华东政法大学学报》2018年第2期。

③ ［日］田中俊光：《日本江户时代的明律研究》，载张中秋编：《中华法系国际学术研讨论文集》，中国政法大学出版社2007年版，第102页。

大名任何一方更迭时，都须重新确立恩偿与效忠的新的主从关系。同时，封建主所有的全部土地，都分为份地由农民所占有，这些占有份地的农民是通过检地登记在检地账里，虽然法律上这种权利是世袭，但百姓以向领主缴纳地租为前提条件。①

这一时期中央的权力加强，土地私有制度并未发生变化，但各种限制增加。由于商品经济的侵蚀，农村出现两极分化，一部分百姓上升为富裕的不从事耕作的地主，另一部分则沦落为无地或少地的贫雇农。因此，公元1643年政府颁布《田地永代卖禁止令》禁止百姓对田地的长期买卖，目的是防止因田地的集中导致地主势力勃兴带来社会的不安定和幕府经济收入的减少。当然这一禁止实际上效果并不明显，很多人假借附期限卖（租赁）或其他名义进行绝卖。而且幕府还对各种田地的作物种类也作了规定。此外公元1673年，幕府以防止耕地的零散化为理由限制对子孙进行土地的分割，即如果一般地主收获在20石以下，百姓收获在10石以下，禁止对土地分割。② 至于恩赐地既不能买卖，也不能典当。此外，土地所有权还存在邻里关系等限制。对于农村中的山林、原野、沼泽等共同使用地，其管理、收益等须由全体村民的共同意思决定。田地限于赠与亲族和其他特别原因者，公元1762年以后禁止百姓向寺社赠送土地。③此一时期的佃耕大体分为普通佃耕和永佃耕两大类，普通佃耕是地主和佃农之间附有一定期限的土地租赁；永佃耕是世袭的佃耕，地主不能随意收回佃耕地，当然，如果佃农不能按时交纳地租，则地主可以收回佃耕地。宅基地的租赁称借地，房屋的租赁称作借家，在签订租赁协议时，借地借家人还需要把由担保人联署的申请书交给出租者，一般没有期限规定，只要出租者请求就必须归还。④

---

① 娄贵书：《德川幕府的土地分封制度——石高分封制》，《贵州大学学报》1997年第4期。

② 赵立新：《日本法制史》，知识产权出版社2010年版，第87页。

③ 何勤华等：《日本法律发达史》，上海人民出版社1999年版，第9—10页。

④ 赵立新：《日本法制史》，知识产权出版社2010年版，第87—88页。

此后随着中华法系的解体，日本相应的田宅产业法律规范也出现了较大的转折与变迁。从微观的角度来看，日本明治天皇于公元1868年开启明治维新，新政府根据天皇宣布《五条誓文》的原则制定了《政体书》，其中便包括确认土地实际占有者的土地所有权，准许土地买卖。[①] 此后明治维新政府在完成政权顺利交替之后，开始着手为以后的法典编纂工作做准备，公元1870年，江藤新平时任太政官制度取调局长官，当时他组织编纂了以人权、物权、债权等为中心的民法典，次年《民法：第一人事编》《皇国民法暂行规则》《民法暂法则》等完成了草拟工作。日本从此进入法制的确立时期，特别是公元1898年依据德国民法典编纂施行的民法为"新民法"，又被称为"明治宪法"，分为总则、物权、债权、亲属和继承等五编共1146条，一直施行至今。这部民法符合近代大陆法系国家民法典的基本特征，因而也是近代大陆法系民法典。它改变了原来传统日本律令格式的法律体系，开始呈现出近代法律体系的样貌。

第二节　古代朝鲜的田宅法律制度沿革

在中国的周边国家中，朝鲜是最早接受以儒学为代表的中国传统文化、儒家化程度最为彻底的国家。尽管朝鲜与中国有着不同的背景和国情，语言不同、风俗各异，但在同属于东亚儒家文化圈方面，朝鲜与中国存在着千丝万缕的联系。朝鲜对中国传统法律文化的继受主要体现在高丽王朝与李氏朝鲜两个时期。高丽王朝在建国伊始就把中国的儒家思想作为治国的指导思想，其法律大部分也都来自唐律。而李氏朝鲜对于具有创新精神和时代精神的《大明律》给予了特别的重视，为了将《大明律》翻译成朝鲜文字以便于实施，李太祖四年（1395）命以"吏读文"的公用文体解释明律，最终译成《大明律直解》，后又制作明律注释书——《大明律讲

① 韩大元：《东亚法治的历史与理念》，法律出版社2000年版，第57页。

解》,可见《大明律》对朝鲜王朝法律制度的重要影响。

一、10 世纪以前朝鲜半岛的土地制度

根据记载,早在殷末周初,殷王族箕子曾率领一批殷朝遗民逃到朝鲜,在今天平壤一带建立了朝鲜国。根据《汉书》记载,“殷道衰,箕子去之朝鲜,教其民以礼仪,田蚕织作”,“其田民饮食以笾豆,都邑颇放效吏及内郡贾人,往往以杯器食”。① 箕子入朝虽然尚不能完全确定,但平壤城南含毬门与正阳门之间曾有所谓“箕田”留存,据载箕田为“田”字形,每田有四区,每区有田七十亩。箕田的形状,与商代甲骨文中的“田”字正相吻合。同时,每区七十亩,与孟子所说的“殷人七十而助”也完全一致。②

战国以来,齐、燕、赵国民众不堪战乱之苦,大批流亡朝鲜。西汉初年,燕人卫满率领大批逃亡者投奔箕氏朝鲜,朝鲜王准许他们在西境驻守,后卫满逐渐扩大势力,并于公元前 194 年推翻箕准,自立为朝鲜王,史称“卫满朝鲜”。公元前 108 年汉武帝发兵灭亡了卫氏朝鲜,在其故地上设置了乐浪、玄菟、真番和临屯等四郡,以今朝鲜平壤为中心的乐浪郡是汉朝在朝鲜的行政统治中心。此时半岛南部居有三个部落联盟,即马韩、辰韩、弁韩,史称三韩。公元 3 世纪左右,百济统一马韩地区,新罗统一辰韩地区,建立起国家。公元前后在中国东北兴起的高句丽于公元 427 年迁都平壤,于是半岛上形成三雄争霸的局面,史称三国时期。③ 朝鲜三国时代,中国的礼仪文化通过朝华贡使的频繁往来,日甚一日地东传,给朝鲜半岛的经济、政治、文化生活带来很大变化。④

---

① 《汉书》卷二八(下)《地理志》,第 1658 页。

② 马小红、史彤彪主编:《输出与反应:中国传统法律文化的域外影响》,中国人民大学出版社 2012 年版,第 63 页。

③ 何勤华、李秀清主编:《东南亚七国法律发达史》,法律出版社 2002 年版,第 176 页。

④ 李青:《中华法系为何成为东亚各国的母法》,载张中秋编:《中华法系国际学术研讨论文集》,中国政法大学出版社 2007 年版,第 31 页。

高句丽曾于公元373年颁布律令，尽管具体条文早已佚失，但考虑到其国当时与中国接触频繁，于政治、经济、文化诸方面都采取中国的制度与方法，法律方面也不可能完全脱离，如有学者就认为高句丽在制定法律时“所能直接参照的律令条文，最有可能是晋朝律令”①。在土地政策上，高句丽将农民每户为单位，按贫富差异分别征收一石、七斗、五斗的租税，但随着富有的“大加”通过高利贷等方式掠夺小农土地，不少的自由小农丧失土地进而沦为佣工。② 至于百济与新罗，杨鸿烈先生曾提出“以百济侵染汉文化之深，则其法律必自汉、魏两代脱胎而出，为无可疑之事也”③，“唐时首都长安有新罗留学生260人，可知唐之法制输入新罗殆为无可怀疑之事”④。百济地区由于气候温和，土地肥沃，水田农业得到了较好的发展，在公元二、三世纪时已经形成了广泛的开辟水田工程。新罗也同样基于半岛南部肥沃的土地而在农业方面发展迅速，且随着灌溉、治水工程的扩大促进了各临近部落——氏族的统一。

公元7世纪，新罗在中国唐朝的帮助下征服了高句丽和百济，首次完成了朝鲜半岛的统一。新罗的法律制度全方位借鉴中国，从史料中可以获得多方印证，如真德女王二年（648），金出丘奉命出使大唐，“请袭唐仪”，得到唐太宗的许可，兼赐衣带。兴德王九年（834），下教曰：“人有上下，位有尊卑。名例不同，衣服亦异……苟有故犯，国有常刑。”可见新罗服饰全面礼制化，再用法的形式确定后推行。⑤ 统一以后，新罗政府采取了一系列重要的政治经济措施，确立了封建制度。在掌握政权之初，统治者就将土地政策作为重要问题提了出来，新罗国王通过承认封建地主占有一定数量土地的方式将他们聚集在自己周围，从而承认了封建的土地占有关系。新兴封建主不仅将部曲——隶属村落的共同所有地和国王名

---

① 陈尚胜：《中韩交流三千年》，中华书局1997年版，第171页。

② 《朝鲜通史》，吉林人民出版社1975年版，第17页。

③ 杨鸿烈：《中国法律对东亚诸国之影响》，中国政法大学出版社1999年版，第33页。

④ 杨鸿烈：《中国法律对东亚诸国之影响》，中国政法大学出版社1999年版，第27页。

⑤ 彭林：《中国礼学在古代朝鲜的播迁》，北京大学出版社2005年版，第37页。

义上的占有地变为分配土地，还对牧场也进行了相应的分配。① 与此同时统治者通过“王土”的观念来限制封建地主土地占有的扩大，如公元664年发布“禁止随意将土地施舍给寺院”的法令加强国王对土地的支配权；再如公元687年制定的“文武官僚田”，规定按门阀分配土地，也就是在国王的名义下让与一定的收税权。但部曲土地制度的瓦解并没有给农民土地私有权带来保障，加之旧贵族及豪族反对中央政府的集权土地政策，因此“文武官僚田”仅在两年之后就宣布废除。公元722年“给予百姓丁田”则是试图以私有形式将土地直接授予农民，农民以谷物的形式向国家缴纳田税，进而通过这种方式加强国家对土地的控制。到了8世纪后半期，以国王继承问题为中心，国家的封建中央集权制遭到破坏，随着土地的买卖兼并出现了大量的地方豪族和新兴地主，丧失土地的农民或作雇工，或是租佃地主的土地作佃农。②

简单来说，朝鲜半岛在10世纪以前，被称为“大加”的地方豪强坐拥大量土地，形成了一个稳定的“土地集中者”集团，成为名副其实的土地坐食阶层。他们的土地属于私人所有，很大一部分由下户耕作，但也有一小部分由奴婢耕作。“土地集中者”集团利用自身的政治权力和食邑聚集土地，形成了朝鲜半岛上最初的农村土地制度雏形，并利用这一制度向耕作者收取地租。在地方豪强集团控制的土地之外，民田也是一种主要的农村土地制度形式，民田主要为普通百姓从祖辈那里通过继承关系获得，属于私有财产。但是，即使是拥有土地的百姓，他们也大都是自耕农，在一般情况下，直接耕种自己所有的土地，另一部分则以佣作或租佃的形式耕种土地。③

① 《朝鲜通史》，吉林人民出版社1975年版，第57页。

② 《朝鲜通史》，吉林人民出版社1975年版，第59—63页。

③ 闻竞：《10至18世纪朝鲜半岛农村土地制度的历史变迁及其启示》，《农业考古》2018年第4期。

二、高丽王朝的“田柴科”及田宅法律实践

公元918年，后高句丽大将王建推翻后高句丽王弓裔，自立为王，改国号为高丽。高丽国与中国的来往甚为密切，高丽的士人更是争取到中国学习的机会，有些人学成后归国，有些人留在中国，在这种情势下，中国的文化与典章制度必会对高丽产生重要影响。更值得一提的是，高丽派员朝贡，多次由监察御史作为使节，如太平兴国七年（982），监察御史李巨源为奉使；而宋太宗也曾派监察御史韩国华出使高丽。这种法务官员的来往，应该对高丽的法制有所影响。① 有学者更是直言高丽王朝对唐律的变形吸收主要采用了“筛选法”和“改造法”两种形式，所谓“筛选法”就是指通过决定吸收哪些条文、摒弃哪些条文的方式来决定整部法典的面貌和性质，而“改造法”是在制律时对唐律相应条文进行改动，以吸收到本国律典之中，②因此可以说在立法方面高丽选择性地受容了唐代和宋代法律。

王建在登上王位后的一个月就将弓裔暴政下所定的每顷地要征收的六石租税减至两石，而且三年内免税。王建认为弓裔“弃松岳还居斧壤，营立宫室，百姓困于上功，三时失于农业，加以饥馑荐臻，疾疫仍起，室家弃背，道殣相望”，因此“近世暴敛，一顷之租收至六石，民不聊生，予甚悯之。自今宜用什一，以田一负，出租三升，遂放民间三年租”。这种减租政策对农民恢复生产、开垦荒地具有极大的指引作用。此外统一三国后的高丽还没收了百济与新罗贵族的大量土地，将其转变为国家地产，正是通过以上种种政策，高丽王朝初年为接下来土地政策的实施奠定了坚实的基础。

从太祖二十三年（940）到定宗四年（949），高丽王朝都在推行赐予有

① 马小红、史彤彪主编：《输出与反应：中国传统法律文化的域外影响》，中国人民大学出版社2012年版，第77页。

② 何勤华等：《法律文明史》第7卷《中华法系》，商务印书馆2019年版，第550页。

功的官僚和军人取得收租权的役分田制。役田制与食邑制或禄邑制从表面看基本相同，都是国王封赐的土地。但是封食邑或禄邑多属归顺的王公、城主、将军，而封赐役田者均为开国元勋，为高丽王朝建功立业者。封赐食邑、禄邑是将归附之地当作食邑封给原主，如将新罗旧地庆州封给新罗王金傅当作食邑，将百济旧地扬州封给归顺的后百济王甄萱作食邑，但决不割高丽旧地给新归顺之臣。而封赐的役分田则不同，多系王朝腹地，因为役分田的领受者都是对高丽王朝忠心不贰的，颁赠役分田的标准是“人性行善恶”“功劳大小”，但封赐食邑和禄邑则不能用这个标准。从这个意义上看高丽初期的役分田实际上是由食邑制（禄邑制）向田柴科制度过渡的中间形态。① 此外随着高丽王朝的统一，封建官僚机构逐渐完备，国家为了提高官吏的工作效率，又培养一批从科举中被选拔上来的新官吏，他们成为封建统治阶级的重要支柱。一般而言凡是在科举中脱颖而出者，朝廷便授予一张红牌和一定数量的“登科田”作为奖赏。这些通过科举而形成的新官僚集团无疑要求改变以“功劳”为主要标准的役分田制。从这个角度来说，田柴科对役分田制的代替本身也是高丽王朝加强中央集权，在与拥兵自重、割据一方的“历世勋臣宿将”和地方豪强世族之间不断冲突斗争中缓慢确立的。

这一时期的高丽王朝在不断的探索中重新确认了领主们原来所占有的土地和奴婢，但也将领主支配下的农民转移到国家之下，特别是公元976年由景宗王伷推行的田柴科基本上实现了中央集权对土地的支配权。简单来说，田柴科就是把耕地（田）和山林（柴场）分成若干登记，按照规定的标准，分授给文武百官、军士以及杂业人等。《高丽史·食货志》载：“高丽田制，大抵仿唐制，括垦田数分膏瘠，自文武百官至府兵闲人，莫不科授，又随科给樵采地，谓之‘田柴科’，身没并纳之于公；惟府兵年满二十始授，六十而还；有子孙亲戚则递田，丁无者籍监门卫，七十后给

① 朱寰：《高丽王朝田柴科土地制度研究》，《历史研究》1989年第5期。

‘口分田’,收余田;无后身死及战亡者妻,亦皆给口分田。”①高丽王朝通过田柴科将国内的耕田和山林登记造册,然后按照文武百官、府兵、闲人等等级“给田”,但田柴领受者只能征收租税作为俸禄,无权任意处理和转让土地,且在罢官时田柴减半,死时全部收回。由于收租权掌握在不同的所有者手中,田柴科制度下的农村土地可以被划分为公田和私田。当国家或政府掌握收租权时,土地就被划归为公田;而当收租权为个人或私立机关掌握时,土地则被划为私田。土地不同归属的划分与收租率有着密切联系,高丽王朝时期主要有三种收租率,分别是50%、25%和10%,即公田和私田分别缴纳25%和50%的地租,10%的地租率为民田所应缴纳的份额。② 值得注意的是,田柴科起初是根据“人品”,也即受田者的社会身份及其对国家的忠诚度当作标准的,这在一定程度上是之前役分田制的一种延续。“景宗元年(976)十一月,始定职、散官各品田柴科。勿论官品高低,但以人品定之。紫衫以上作十八品(一品田柴各一百一十结……)。文班丹衫以上作十品,绯衫作八品,绿衫以上作十品。殿中、司天、延寿、尚膳院等杂业丹衫以上作十品,绯衫以上作八品,绿衫以上作十品(十品田二十一结,柴十结)。武班丹衫以上作五品。以下杂吏各以人品支给不同,其未及此年科等者一切给田十五结”。③ 但按照“人品”给予田柴科使受田者的子孙在不是官吏的情况下也可以继续享有收税权,这导致他们所得到的土地可能会再次脱离国家的支配,因此后续在实行的过程中进行了调整。④ 不过从这一转变中也可看出,田柴科从一开始就包含了公田被两班和寺院不断变为私田的矛盾根源。加之田柴长期在某一特定家族内部传承,经历多代世袭后,对土地的原所有者国家和奉公的意识逐步衰减,这一矛盾也成为日后田柴科制度瓦解的一个

---

① 《高丽史》卷七八《食货志一·田制》。

② 李成德:《高丽王朝土地所有制的形式》,《河南大学学报》1990年第1期。

③ 《高丽史》卷七八《食货志一·田制》。

④ 《朝鲜通史》,吉林人民出版社1975年版,第79—81页。

重要原因。①

实行田柴科的第二年也即景宗二年(977),高丽王朝又颁布了“功荫田柴”,对“开国功臣及向义归顺城主”等颁赐勋田,分别赠予自50结至20结不等。功荫田柴原则上是世袭的,如果犯罪则剥夺土地。后来,显宗十二年(1021)规定“功荫田,直子犯罪,移给其孙”。成宗二年(983)还颁布了“公廨田柴”,即国家给予地方衙门的收租地,作为机关经费和官吏的俸禄,州、府、郡、县、馆、驿田,千丁以上州县,五百丁以上、二百丁以上、一百丁以下的州县,各给公须田、纸田、长田的数量不等。乡部曲多少,驿站大小,所得公廨田柴的数量也不相同。② 公元998年,穆宗王诵仿效唐朝在田柴科的基础上实行府兵制,颁布文武两班及军人田柴,完全按照官阶赐田,简化给田等级为十八等,成为以后高丽王朝和李氏朝鲜授田的一贯原则。此外在10到11世纪的高丽王朝除了田柴科土地制度之外还保有了开国以来已存在的其他土地形态,如内庄田、役分田、食邑田、屯田和寺田等。如高丽建国后,统治者竭力拉拢与僧侣贵族的关系,培植统治支柱,下令修建了法王寺、王轮寺等十大寺院,并把大量土地赐给寺院。

相对于唐朝均田制的授田对象是官民,高丽王朝田柴科的授田对象则主要是官兵,因此高丽王朝向农民的授田并不如我国唐朝那样有给田文书、还田文书和欠田文书般具体,但当时地区性的农民授田确实普遍存在。如早在建国之初“太祖元年,以平壤荒废,量徙盐、白、黄、海、凤诸州民以实之”;再如文宗十三年(954),“尚书户部奏,杨州界内见州,置邑已百五年,州民田亩,累经水旱,膏瘠不同,请遣使均定,制可”;显宗十三年(1022),“户部奏,泗水是丰沛之地,前此抽减民田,属之宫庄。民不堪征税,乞于州境内,审量公田,如数偿之”;靖宗七年(1041),“户部奏,尚州管

① 闻竞:《10至18世纪朝鲜半岛农村土地制度的历史变迁及其启示》,《农业考古》2018年第4期。

② 朱寰:《高丽王朝田柴科土地制度研究》,《历史研究》1989年第5期。

内中牟县，洪州管内纽城郡，长湍县管内临津、临江等县民田，多寡膏瘠不均，请遣使量之，均其食役，从之”；文宗十三年（1059）“西北面兵马使奏，安北都护及龟、泰、灵、渭等州，通海县民田，量给已久，肥瘠不同，请遣使均定，从之”。不过需要指出，这些所授之田原则上不得继承，“祖宗田制，役口之分，户别之丁，皆为国田，父不得与之子，必告有司而与之，且或有罪，则必归于公，不敢私也”，可见农民事实上并未取得土地的完全所有权。

不过当时高丽律明确保护产者的土地权利，如高丽律中有“盗耕公私田”条，为了防止盗卖、盗耕他人土地及对街巷阡陌、他人墓地、墓田等不动产所有权的侵害，规定“盗葬他人田者笞五十，墓田杖六十，告里正移埋，不告而移，笞三十。盗耕人墓田，杖一百；伤坟者徒一年”。再如“在官侵夺私田：一亩，杖六十；三亩，七十；七亩，八十；十亩，九十；十五亩，一百；二十亩，徒一年；二十五亩，一年半；三十亩，二年；三十五亩，二年半；园圃加一等”，这与《唐律·户婚律》中“在官侵夺私田”基本相同。在土地诉讼时效方面，“恭让王三年（1391）十月，良舍上疏曰：‘……丙申年宣旨一款内，忠烈王丁未年以前事，虽租业田土人口，毋得争讼，又以五决从三，三决从二，每降宣旨，以遏争讼之风……’”。此外根据杨鸿烈先生的考证，高丽的买地券之文字形式与中国东汉、晋、唐各朝所遗存至今的极为相似，可以推断这种契约形式应该也是从中国借鉴的。如仁井田陞先生在《采访法律史料》一文中引用的朝鲜李王职博物馆收藏《高丽国买地券》。

> 岁次辛酉二月朔庚午，二十八日丁酉，前玄化寺住持僧统阐祥亡过人□（不明）不幸早终，今用钱九万九千九百九十九贯文，买墓地一块，东至青龙，西至白虎，南至朱雀，北至玄武，保人张坚固，见人李定度，已后不得辄有侵夺，先有居台，远避千里之外□□。（不明）急急如律令敕。①

① 转引自杨鸿烈：《中国法律对东亚诸国之影响》，中国政法大学出版社 1999 年版，第 61 页。

田柴科虽然对于高丽王朝政权的稳固起到了积极的作用，但此后的土地兼并并未停止，特别是高丽后期社会秩序混乱，统治者力图通过法的统一来调整和稳定社会秩序，其中就包括不得不根据官员升迁黜陟调整国家控制田柴数目的消长，这与当时的政治状况也有关联。如高宗四十四年（1257）开始实行的禄科田，就是试图通过侵夺旧贵族的土地而分赠给武人和新贵族的一种手段，但禄科田又很快成为新兴豪强世家聚货敛财、霸占土地的借口。在土地制度上一方面农民随着剥削程度的日益苛刻而离开土地，脱漏户籍的现象逐渐增加；另一方面随着土地占有关系的扩大而造成公田的减少。同时以上两个方面形成恶性循环，王室、外戚、两班、寺院不断合法或非法地扩大私有土地，非法的兼并公田直接导致了农民的负担加重，农民的脱逃户籍则反过来加剧了土地兼并，这共同导致了中央集权制的衰落。特别是显宗十九年（1028）打开了田柴继承的缺口，文宗二十三年（1069）关于军人田柴也提到了准许子孙亲族的代立问题，流露出田柴土地在一定条件下准予继承的迹象。随着文宗三十年（1076）田柴科的第三次修订，原本的田柴土地基本变成了祖业田、赐牌田、永业田、民田、口分田等等。12 世纪以后田柴科逐渐废弛，时至 14 世纪末彻底破坏。

三、李氏朝鲜土地科田制的转变

后李成桂将军夺取了政治和军事大权，废黜冒王，立恭让王为国王。李成桂及其追随者通过坚决实行土地改革，掌握了经济大权，随着李成桂改国号为朝鲜，朝鲜王朝由此开始。李成桂以高丽旧臣的身份夺得政权，政权存在明显的合法性不足问题，于是便将尊明事大作为立国之基，将政权的合法性建立在认同中国政治与文化的基础上，并以制度上的全盘“华化”彰显此种合法性。① 如李朝不断求索中国的典籍，中国儒学经籍

① 张春海：《“一遵华制”语境下的〈大明律〉》，《暨南学报》2015 年第 4 期。

是朝鲜使节求寻的主要目标，同时还大量刊印了中国书籍。朱子学进一步为朝鲜士人所接受，成为朝鲜社会的主流意识形态。① 特别是太宗(1401—1418)年间，对“华化”政策的推动尤为致力，“一遵华制”在当时已成为王朝的主导性话语。后如公元1471年崔恒等以中国《周礼》为蓝本编纂的《经国大典》完成，由政府颁行成为官政大法；公元1475年申叔舟等以中国《大唐开元礼》等为底本纂修的《国朝五礼仪》印行，成为朝鲜礼仪大典。②

李朝建国前后，新兴两班集团按照自己的政治意愿采取了一系列措施，治理和整顿了高丽末的“混乱”身份和土地制度。在土地上的改革政策主要体现为恭愍王三年(1391)颁布的科田制，即通过对土地的丈量登记，按耕种质量将其分为上、中、下三个等级，一旦土地等级被判定后，便以结、负、束、把等单位来测量土地面积，作为日后科田分配和收租的依据。

依文宗所定，京畿州郡，置左右道，自一品至九品散职，分为十八科。其京畿六道之田，一皆踏验打量……计数作丁，丁各有字号，载之于籍，拘收公私往年田籍，尽行检核其真伪，因旧损益，以定陵寝、仓库、宫司、军资寺及寺院、外官职田、廪给田、乡津、驿吏、军匠杂色之田。京畿四方之本，宜置科田，以优士大夫。凡居京城、卫王室者，不论时散，各以科受。第一科，自在内大君至门下侍中，一百五十结……第十八科，权务、散职十结。外方王室之藩，宜置军田，以养军士。东西两界，依旧充军需。六道闲良官吏，不论资品高下，随其本田多少，各给军田十结或五结……凡受田者，身死后，其妻有子息守信者，全科传受，无子息守信者减半传受，待年二十岁，各以科受，子女则夫定科受，其余田，许人递受……公私贱口，工商、贾卜、盲人、巫

① 马小红、史彤彪主编：《输出与反应：中国传统法律文化的域外影响》，中国人民大学出版社2012年版，第93页。

② 张晋藩主编：《中华法系的回顾与前瞻》，中国政法大学出版社2007年版，第88页。

觋、倡妓等人，身及子孙不许受田。凡公私田租，美水田一结，糙米三十斗，旱田一结，杂谷三十斗，此外有横敛者，以赃论。除陵寝、仓库、宫司、公廨、功臣田外，凡有田者，皆纳税。①

简而言之，科田法的目的在于强化国家对土地的管理权，将私有民田以收租地的形式分配给国家机关、王族、功臣、官僚，以此来推行收租权上的改革。这样做的一个重要的原因即在于能有效铲除高丽末期以外地私田为经济基础的旧势力，强化中央集权。② 科田制将土地的一部分作为一种收租地分与王室、国家各机关和文武百官，对这些分给地国家则实行较强的控制权，于是封建官僚两班不能再像过去一样在国家支配的范围之外无限制地占有土地。且从数量上看，封建地主中的中小地主是最受科田法恩惠的阶层。与此同时，由于对农庄主的限制，原本在大农庄主压制下的奴婢得以重新变为良人，③这也扩充了国家的经济来源。李朝建立后土地制度逐渐定型，在土地所有关系上分为王室所有、国家所有和一般私有三种形式，其中王室所有地由王室所占有的奴婢耕种；私有地除少数例外全部都是税地。

科田制的推行前提是对国家土地的整体掌握，如辛禑十四年（1389）国家重新对包括京畿道在内的南部地区土地进行丈量。此后第一次大规模的田地丈量是在太宗五年（1405），随后东西两大地区的田地丈量工作也逐渐完成，世宗元年（1419）结束了济州岛的田地丈量工作。至此，基本实现了对全国土地的重新丈量，科田法开始生效。科田法禁止对民田征收过高的租税，作为国家的收租地，税率为收成的十分之一，公田的“租”交给国库，私田的“租”则交给拥有收租权的人。④ 土地所有权的支

---

① 《高丽史》卷七八《食货志一·田制》。

② ［韩］金惠承：《朝鲜朝经济体制中存在的问题及其成因》，载《韩国学论文集》第13辑，辽宁民族出版社2005年版。

③ 《朝鲜通史》，吉林人民出版社1975年版，第155页。

④ ［韩］金惠承：《朝鲜朝经济体制中存在的问题及其成因》，载《韩国学论文集》第13辑，辽宁民族出版社2005年版。

配关系主要取决于收租权的支配关系。科田法的基本方向和目的是扩大可控的国家收租土地，其中大部分土地根据“田丁连立”的原则，以科田的方式将收租权让给“受田”的“居京”士大夫两班。给官吏的科田和功臣田等私田限于京畿，以使其赖以生存之根置于中央，防止地方土豪化和扩大给田，也便于将租税运至首都，确保中央集权官僚体制的稳固。科田制虽排除了一般农民，却使其从大农庄的压制下解放出来，置于一个主人——封建国家的隶属之下，只需向国家提供租、庸、调，在一定时期内、一定程度上摆脱了“一亩之主过于五六，一年之租收至八九”的重负。所以，科田法不仅把重新成为国有的土地按科给官吏、功臣、王族及各官衙署分配收租权外，也规制了田主和佃户的关系，确定了租税额，从而使田主的收租权与佃户的耕作权受到保护，使国家用以支付俸禄和军资的税收充足，为加强中央集权和巩固国防提供了物质基础。①

虽然高丽末期私田的改革、李朝初期的奴婢解放以及新开垦土地工作的广泛进行削弱了过去一部分两班的政治和经济基础，自由耕农也增加了不少，可是由于国内科田领受者数目的自然增加、官僚机构的扩大等，科田的总数也随之逐渐增加。如公元1424年，为了解决农民拖欠租税的问题，国家公开承认了土地买卖的合法性。由于国家对土地的占有不再做出身份上的限制，不仅两班和良人，甚至连奴婢也可能通过土地买卖来获得土地。此时社会主要生产关系分化为三个部分：农民小生产者的自耕农制，一部分无田农民的并作制以及两班统治阶层的农庄制，其中以并作制为基础的地主佃户制成为占支配地位的农村土地和农业生产形态。并作制是在隶属劳动力不足或者地主没有耕作能力的时候，将土地贷给贫穷的农民，然后收取收获物的一半左右作为报酬的土地经营方式。②

---

① 曹中屏：《韩国古代两班制度刍议》，载《韩国研究》第12辑，浙江大学出版社2014年版。

② 闻竞：《10至18世纪朝鲜半岛农村土地制度的历史变迁及其启示》，《农业考古》2018年第4期。

朝鲜朝的前期随着科田法的颁布，国家的整体土地政策渐趋稳定，但其负面问题也缓慢涌现，如其中一个关键问题即如何实现农民再生产的扩大和国库收入增加之间的平衡。具体来说即不分土地肥瘠和收成丰凶地向国家交纳租税既不合理也不现实，因此李朝的赋役开始从以人丁为基准逐渐向以土地为基准的方向过渡。公元 1436 年太宗改行贡法，决定以数年间平均收获量为基准定税率，针对的就是科田法收租制中出现的弊端，试图建立一个能够适应不断发展的劳动生产力并能将之转化为国家财富的新税制。世宗二十六年(1444)最终决定了按照田分六等、年分九等的方式收取税负的新贡法。然而目的上的税负下降却随着分级标准在实践中的差别处理而被异化了，虽然新贡法的实施大幅拉动了国家税收的增加，但对于农民而言其负担可能更甚于原本的科田法。换言之，贡法的本意在于准确地把握农业生产力，防治奸吏的中间榨取，在保护脆弱的小农经济的同时增加国库收入。但这一政策却没能按最初的意图实施，反倒是进入 16 世纪以后，农民阶层日益分化，富人占据了所有的优质农田，而贫民只有贫瘠的土地可以耕种。生产手段的脆弱和农业法的不完善，加深了小农经济的不稳定性，破产农民大批流亡。

此外随着科田作为“世禄”、“世业”的世袭化，土地国有原则遭到破坏，私田的发展又反过来刺激了官僚觊觎公田，极力兼并公田或取得公田的收租权。最终世祖于公元 1466 年不得不废除科田制度而改为职田制度，①职田只给现任官，不给前任，限额一百结，国家统一征收田租而后转交官吏，以防蚕食公田，简言之职田制与科田制最主要的区别是将原来的收税法改为换给制度。但随着公元 1592 年对抗日本的卫国战争(壬辰之乱)的展开以及此后两次的女真入侵，朝鲜的大量土地被荒废，职田制也陷入崩溃，王公贵族的生计得不到保证。战后各军事营门与中央及部分地方官府以自行解决财政经费为名，任意设置和扩大屯田，剥夺民田。土

① 《朝鲜通史》，吉林人民出版社 1975 年版，第 186 页。

地的集中，意味着国家直接控制的户籍和征税土地的减少，严重影响到中央政府的财政收入。[①] 在这种情况下，通过折受、赐予的方式分配的宫房田开始作为直接分配土地的变通政策出现，为了鼓励开垦，无论是什么样的荒地开垦者，都可以“折受”（申请立案的土地所有权证书），所以很快折受泛滥的负面效果开始凸显，免税地、免役地的增加弱化了国家的财政基础，而税役的摊派不公又引发出了新的社会问题。于是在公元1608年开始在部分地区试行“大同法”，即把向宫司为首的中央各司献纳的常贡和向地方官厅献纳的需米及其他杂物全部废除，而代之以对土地一律征收大米十六斗，“大同法”的实施或多或少对农民生活和农业生产起到了肯定的作用。[②]

土地私有化的发展使李朝政府的税收大减，并日益削弱着中央政权的权力。公元1730年，为摆脱混乱不堪的土地制度，控制大土地私有化，英祖命令推行《经国大典》，强化法制；英祖二十年（1744）又编制《续大典》，并先后刊行公布于世。《经国大典》记录了当时土地所有制的现实，规定了各宫房田土地的形式、免税田的定额结数、地租额，其中就有关于限制宫房田扩大的条款。衙门田在条文中没有单独列出，但实际上是存在的，并占有很大比重，如《续大典》没有对此作明文规定说明衙门田很难控制。随着土地制度的演变，租税制也相应发生变化。[③]

19世纪后，朝鲜与中国一样面对着西方各国殖民势力的扩张和入侵，特别是公元1876年《江华条约》的签订使得朝鲜沦为日本的殖民地。这段时间朝鲜的传统统治方式开始受到挑战，朝鲜政府逐步制定了开化政策，特别是公元1894年的甲午更张使得朝鲜确立了从政治、法制和经

① 曹中屏：《韩国古代两班制度刍议》，载《韩国研究》第12辑，浙江大学出版社2014年版。

② 《朝鲜通史》，吉林人民出版社1975年版，第230—231页。

③ 曹中屏：《韩国古代两班制度刍议》，载《韩国研究》第12辑，浙江大学出版社2014年版。

济上建立一个“近代绝对君主制国家”的统治体制目标,并获得日本的支持和执政的开化党对王朝体制政治变革而进行的改革运动,试图通过由民主、平等、人权等方面的民主性改革实现国家的近代化。[①] 此后朝鲜成立了法律起草委员会,以日本法律为蓝本进行了许多法典的编纂和起草工作,在民事法领域先后颁布了《家契发给规则》《民籍法》《利息条例》以及《关于民事诉讼的规定》等单行规定。公元 1910 年《关于合并韩国条约》的签订标志着大韩帝国完全沦为日本的殖民地,[②]中华法系在朝鲜半岛彻底解体,公元 1912 年公布的《朝鲜民事令》规定“除本法与其他法令有特别规定,依日本之民法、商法、民事诉讼法”,[③]朝鲜半岛被强制纳入日本法从而间接成为大陆法系的一员。

第三节 古代越南的田宅法律制度沿革

在中国北宋初年以前,越南(古称安南)一直是中国版图的一部分,其后虽然在政治上对内称帝,但同时又接受同时期宋、元、明、清王朝册封的王爵,形成了一种“内帝外臣”的政治体制。公元 1 世纪左右,越南北部开始过渡到封建社会,公元 542 年李贲起事,一度建立独立国家。公元 679 年,唐朝设安南都护府,“安南”之名逐渐通用。公元 968 年,丁部落建立了丁朝,是为越南立国之始。在此以后的 900 多年间,作为一个封建国家,越南经历了丁、前黎、李、陈、胡、后黎、南北朝、西山、阮等九个朝代。越南也属于中国文化圈或儒家文化圈,中国传统文化和典章制度给越南以极大影响,特别是儒家文化,在历代统治者的倡导下,渗透和支配了该国意识形态的各个领域,影响到社会生活的各个层面,成为民众价值体系

① 崔林林:《韩国近代法律体系的形成及其保守性特质》,载曾宪义编:《法律文化研究》第 3 辑,中国人民大学出版社 2007 年版。

② [韩]姜万吉:《韩国近代史》,贺剑城等译,东方出版社 1993 年版,第 210 页。

③ 赵立新、毕连芳:《近代东亚的社会转型与法制变迁》,中国社会科学出版社 2006 年版,第 273—274 页。

的核心,[①]特别是李朝到阮朝的历代帝王都非常重视效法中国的文物典章制度。

一、作为中国属地的越南地区土地制度

中国秦置象郡,南海尉赵佗置交趾、九真二郡,西汉初置交趾、九真、日南三郡时期前后,在今越南北部有两种社会制度并存——原始农村公社制和中国封建郡县制。与之相适应的是农村公社的土地公有制和封建郡县下的封建国有土地制,[②]如《交州外域记》记载"交趾昔未有郡县之时,土地有雒田,民垦食其田,因名雒民";《广州记》记载"交趾有骆田,仰潮水上下,人食其田,名为骆人",可见中国中央政权在越南地区设置郡县前后当地的土地制度情况。在当地原本的农村公社中基本仍停留在原始的土地公有制上,耕地作为不可分离的公共财产在社员之间进行定期分配,每一成员可耕种分配给他的一份田地,并将收获物归为己有,但房屋及其附属物——庭园则已经是农民的私人财产。后来中原王朝在当地设置了郡县后,生产关系才逐渐开始发生变化,特别是当地贵族和后来中央王朝派驻当地的官吏开始利用职权侵占传统的村社公地,并向当地人民进行剥削,从而在当地建立起封建的生产关系。[③] 不过此时越南地区的农业生产大体停留在"刀耕火种"的阶段,如建武五年(29)任延任九真太守时"九真俗烧草种田","乃令铸作田器,教之垦辟",这才"田畴岁岁开广,百姓充给"。直到西汉末年,王莽取消了汉朝对"交趾、九真、日南"三郡"毋赋税"的特权,直接向村民征收赋税,以行使对土地的所有权,封建关系才进一步在当地深化。

---

① 李青:《中华法系为何成为东亚各国的母法》,载张中秋编:《中华法系国际学术研讨论文集》,中国政法大学出版社 2007 年版,第 33 页。

② 郭振铎、张笑梅主编:《越南通史》,中国人民大学出版社 2001 年版,第 51 页。

③ 何平:《东南亚的封建——奴婢制结构与古代东方社会》,云南大学出版社 1999 年版,第 21 页。

越南的成文法律化进程最早可上溯到我国东汉马援平定安南之时，"(马)援所过辄为郡县治城郭，穿渠灌溉，以利其民，条奏《越律》与《汉律》驳者十余事。与越人申明旧制以约束之。自后骆越奉行马将军故事"，此时汉朝在三郡完全推行"调赋"，初定"什五税一"；废除"贡物制"，广行"赋税制"，由汉室官员直接行使对土地的所有权。这一时期，越南社会中封建关系的基础为土地国有制，即所有土地都被视为中原王朝统治者的，中原王朝的统治者则以分封的形式把土地委托给派往当地的官吏，再由他们以中原王朝的名义层层分封，并代表中原王朝对当地人民实行政治统治和经济剥削，以体现中原王朝统治者对当地土地的最高所有权。① 此外除了汉族封建官吏占有着大量田产、建立了一些庄园以外，当地的许多豪酋也"雄于乡曲"，他们兼并了各个村社的公田，拥有雄厚的经济实力。

公元602年隋朝平定越南地区后，废除各州级建制，设交趾、九真、日南、比景、海阳、林邑六郡，直属朝廷。公元622年，唐朝在越南地区建立交州都护府，至公元679年改为安南都护府。安南作为隋唐封建中央王朝所直接管辖的地域，与中国内地一样由朝廷直接任命官员、推行科举制度。唐朝慢慢衰落之后，中国进入内战和分据的五代十国时期，隶属于中国的安南亦处于乱世。中国诸封建王朝鞭长莫及，无力控制边远州郡，安南节度使或静海节度使处于割据势力状态，10世纪初，安南为十国之一的南汉王朝所据，其行政设置和郡县模式并没有产生根本的变化。②

此一时期越南地区的封建郡县制虽然在不断强化，但广大农村地区依然在农村公社基础上建立乡、社组织。越南封建社会阶级关系的一个重要特点乃是劳动者对土地和权力的依附性，越南地主封建制同中国地主封建制一样，同是因较早的土地买卖和兼并而产生。在受中国封建王

① 何平：《东南亚的封建——奴婢制结构与古代东方社会》，云南大学出版社1999年版，第21页。

② 何勤华等：《法律文明史》第7卷《中华法系》，商务印书馆2019年版，第622页。

朝统治期间，中国封建土地关系和封建国家的经济制度与政策不能不对越南发生深刻影响。周秦以来，在中国长期盛行的"普天之下，莫非王土，率土之滨，莫非王臣"等观念很早就输入越南，并与越南的民俗相结合，在越南古代就流行着所谓"皇帝的土地，村子的庙宇"的俗语。从两汉到隋唐，中国封建郡县制度在越南红河流域和马江流域逐步建立起来，封建地方政权掌握了一部分土地，这是越南封建国家建立后的国有土地基础。① 不过在中国隋唐郡县制时代，越南土地所有权时有变更，致使农民对封建贵族的人身依附关系也随之不断的变更。这种变更主要是越南地主贵族和中国封建官僚地主结合一体而依附于封建国家；与此同时，封建租佃契约关系在农村日益流行，使农民所受到的政治、经济的约束逐渐减轻，人身依附关系也日趋松动。② 如《安南志原》记载唐代交州刺史丘和时，"始于州县内外，分县置小乡、大乡、小社、大社。小社自十户至三十户，大社自四十户至于六十户。小乡自七十户至一百五十户；大乡自一百六十户至五百四十户"。③

此外有学者认为在北属时期，都护政权只实际控制城镇周围及屯兵区域和汉民居住的地方，因此其律法主要也就是在这些区域具有法律效力，而大部分基层越民仍然以流传下来的习惯法来调整其社会生活并处理日常纠纷，这些习惯法在村社具有广泛空间效力，用于调整土地、婚姻以及家庭等领域的关系。④

公元968年，丁部领统一越南并建立独立自主的封建王朝，号"大瞿越"，丁部领下令没收十二使君的土地，对有功之军政大臣及州、府知事均封以土地，但所有大小封建主的庄园均实行国有，从而确立了帝王对土地的最高所有权，也即大地主庄邑国有化。与此同时，以中原皇帝为最高

---

① 梁志明：《10—14世纪越南封建土地制度初探》，《北京大学学报》1987年第2期。

② 郭振铎、张笑梅主编：《越南通史》，中国人民大学出版社2001年版，第48页。

③ 《安南志原》卷一《坊廓乡镇》，法国远东学院，1931年，第59—60页。

④ [越]陶智澳撰，纪建文译：《越南古代和现代乡约在法治建设中的作用》，《东岳论丛》2004年第4期。

土地所有者的那种封建制度开始演变为一种越南当地的“民族封建制度”①,虽然两种封建制度在形式上略有不同,但基本特征仍是相同的,即全国土地在名义上仍属国家或皇帝所有,只不过此时的国家和皇帝不再是中原政府和帝王,而是当地建立起来的独立政权和帝王了。从丁朝开始,越南每个朝代的统治者都会给功臣封爵和分封采邑,此外丁朝非常注重利用佛教帮助维持封建秩序,在国家初立,国内还在休养生息时即大兴土木建寺,并赐僧侣土地庄园。

二、李陈时期越南的土地权属变迁

在法律移植方面,杨鸿烈先生视李陈时期越南为“摹仿唐宋律时代”②,有学者将这种从法律思想到具体法条的影响概括为三个方面。首先,皇帝拥有最高司法裁决权;其次,在儒家思想的影响之下的法律,存在鲜明的等级、特权色彩;第三,诸法合体,重刑轻民,③正如张金莲的统计所显示,《大越史记全书》当中涉及的法律史料多与刑事有关。④ 公元1010年李公蕴建立李朝,实行封建土地国有制,主要分皇室田、分封田和公社田三种占有形式。帝王是全国土地的最高所有者,以“替天治民”为名直接掌管着大片土地。李朝的国有土地除帝王占有的土地外,一些“山陵田、籍田、国库田、拓刀田以及村社公有田”皆由国家直接掌管。山陵田指为国王用以供奉和祭祀王室祖先的田地,一般选择在帝王的家乡或“风水宝地”,如公元1010年李太祖在家乡古法州“谒太后陵,命有司度地数十里,为山陵禁地”。山陵田主要分为两部分,一为墓地,一为祭田,原则上山陵的祭田分配给所在地区的乡社农户耕种,守陵农户交纳地

① [越]阮鸿峰著,梁红奋译:《越南村社》,云南省东南亚研究所,1983年,第3页。
② 杨鸿烈:《中国法律在东亚诸国之影响》,中国政法大学出版社1999年版,第416页。
③ 何勤华等:《法律文明史》第7卷《中华法系》,商务印书馆2019年版,第622页。
④ 张金莲:《〈大越史记全书〉中的法律史料》,《法律文献信息与研究》2008年第2期。

租作为维护皇陵的开支,其他国家义务可以免除,越南历代帝王将山陵地作为皇室祭田,划分为禁地,以保持其国有性质。国家的土地又称"官田"或"国库田",一般由国家直接管理,并由"官牛"和国家的农具耕种土地,耕种者为国家的罪犯,如李英宗大定十一年(1150),太尉杜英武将罪犯三十人"流远恶处,诸预谋者并徙田宏犒甲"。同时国家还大量分封土地,赐封功臣的叫做"拓刀田"。根据《安南志原》记载,国库田"上等每亩征谷六石八十升,中等每亩征四石,下等每亩征三石",而拓刀田"上等每亩仅征谷一石,中等每三亩征一石,下等每四亩征一石",[①]两者相比,可见国库田的租税是极其沉重的。赐赠王室贵族的叫做"汤沐邑",如公元1224年李惠宗晚年患病,无子嗣继位,便将各路分封给诸公主为汤沐邑。汤沐邑相当于食邑,即被封者享有该食邑采地收取租税作为禄米之权,并可在邑内营造府邸,修建墓地。此外施舍给僧侣以"寺田",如《香严寺碑铭》记载李仁宗封该寺为"开国公",食邑六千七百户,实封三千户。此外村社公田名义上国家所有,但与国库田等受国家直接支配的田地并不相同,村社对自己的公田享有实际的支配权或占有权。在村社内,原始时期土地平均分配的原则在形式上仍然受到尊重,并根据各地习俗,定期重新分配给村社成员。不过在封建统治制度下,村社成员之间也在不断分化,凡耕种公田的村社成员必须向国家交租服役,在食邑采地内的村社农民实际上变成农奴。

不过李朝政府允许土地买卖,如公元1135年李神宗下诏"诸卖田地,不得倍钱还赎,违者有罪",再如英宗大定三年(1142)颁布《赎田认田法》,规定"诸典熟田,二十年内听赎。相争田土,五十年获五年,或相争田池,以兵刃殴击死伤人,杖八十徒罪,以其田池还死伤者",同年又下诏令"诸断卖荒熟田,已有契券者,不得赎,违者杖八十",因此土地私有制日益发展。此外陈朝宗室贵族在江海沿岸地区垦荒筑堤、拦海造田,形成

---

① 《安南志原》卷二《贡赋》,法国远东学院,1931年,第82页。

一系列田庄,如《安南志原》载“前人于江河两岸,高筑堤防,以备水潦。斥卤之地,咸水所侵。贵势之家,欲私其地,皆随便筑堤障去咸水,而播种其中,于以奠民居尽地利也”。① 此外每次帝王为贵族、功臣(王侯)封爵位和采邑时,国家并不区分哪里是村社的公田,哪里是国家的公田,而是把整个地区,其中包括国库田和村社田都分封给王侯。② 尽管原则上这些食邑地不得世袭,但在客观上确实加速了土地的私有化进程。

此一时期的历代帝王均十分重视农业发展,其中亲躬籍田就是仿效中国皇帝鼓励发展农业的一种礼仪制度,如公元1032年李太宗耕籍田,有农人献给他一枝一茎九穗的夏田禾,顿时龙颜大悦,下诏书将这块田地改名为“应天”。此后还下令建筑祭坛,祭祀神农,并亲自执耒行躬耕之礼。《大越史记全书》卷二《李纪》记载:“通瑞五年(1038)二月,帝幸布海口耕籍田,命有司除地筑坛。帝亲祠神农毕,执耒行躬耕之礼。左右或止之曰:‘此农夫事耳,陛下焉用此为?’帝曰:‘朕不躬耕,则无以供粢盛,又无以为率天下。’于是耕三推而止。”③籍田在国王行亲耕礼后,由当地农户耕种,农民使用“官牛”耕耘,收成大部分上交王室。因而籍田可视为国有,实为帝王所有的土地。

陈朝法律继承前朝,仍仿效中国法律而制定,④如建中六年(1230)制定的《陈律》二十卷几乎完全是按中国古代法典的模式制定的。在土地制度方面最初实行屯田制,同时延续李朝时期的山陵田、国库田,如陈太宗建中六年(1230)将罪徒“杲田宏者,刺面六字,居杲社,耕公田每人三亩,每年收粟三百升”。屯田是由中央直接经营的国有制土地。耕种者实际上是国家的罪奴,每年要向国家交纳收成的全部或大部。李陈时期一直至黎初,越南封建国家都维持着一支庞大的常备军,为了供养这些军

① 《安南志原》卷二《坡堰》,法国远东学院,1931年,第144—145页。
② [越]阮鸿峰:《越南村社》,梁红奋译,云南省东亚研究所,1983年,第20页。
③ [越]吴士连著,陈荆和编校:《大越史记全书》,日本东京大学东洋文化研究所,1968年。
④ 张金莲:《浅议明以前中国法律对越南的影响》,《经济与社会发展》2009年第1期。

队,需要大批粮食,而屯田的收成是军队粮食的重要来源之一。屯田在开始推行时对社会发展起到了一定的作用,但后来被大封建主等阶层破坏,在农村公社下的公田、公土制度已趋于消失。尤其在法律上陈朝公然将公田卖给私人并保护土地私有制,有一批村社实际上已没有公田,变成私田社,许多村社既有公田,又有私田。如公元1227年陈太宗下诏“凡造嘱书文契,系田土,揭借钱书契,证人押前三行,卖主押手后三行”;再如公元1292年“凡断典,文字同辞,二道各执一道”;公元1299年“凡卖田土及买家人为奴,听赎,若过此年不得赎”;公元1320年“凡争田土,勘问不是己物,而强争者反坐,计田宅钱数,倍还之。若假立文契,刖左手一节”。特别是那些宗亲王侯、有功军事贵族以及忠于陈氏家族的诸大臣,国王将大片沃土分封给他们,从而形成了遍布各地的贵族庄园,其数量之多,遍及数州、数县,并豢养大批家内奴婢为他们劳动。这类土地原则上最高所有权属于国家,帝王有权可以收回或另行分封,但分封地区的地租或分封农户的劳役归受封者享有。不过在分封的初期,尽管用于分封的土地数量相当可观,但与全国土地总数相比分封的土地总数仍然并不占优势,只是在后续的发展过程中被领主侵夺村社农民土地或强占公田,或私垦荒地,勒令农民为他们耕种。如《历代宪章类志·国用志》“田土之制”潘辉注按语所云:“陈顺尊光泰十年诏限名田,辰(时)尊室诸家每令私奴婢于濒海地筑堤堰障碱水一三年开垦成熟,居之多立私庄田土,至是立限田法,惟大王长公主田无限,庶人田无过十亩,余者上进入官。”贵族私田和奴婢制度在陈朝末年达到登峰造极的地步,已经成为社会、政治、经济深刻危机的根源。①

此外陈朝与丁朝同样大兴佛教,大力推动佛教寺院经济的发展,如陈朝儒臣黎括在《绍福寺碑记》中称:“上自王公,下到庶民,凡施于佛事,虽竭所有,顾无靳啬。苟今日托付于寺塔则欣欣然如持左券,以取明日之

---

① 郭振铎、张笑梅主编:《越南通史》,中国人民大学出版社2001年版,第21页。

报。故自京城及外州府，穷村僻巷，不金而从，不盟而信。有人家处，必有佛寺。废而复兴，坏而复修。钟鼓楼台，与民居殆半。其兴甚易，而尊崇甚大也。”有学者根据当时的一些碑铭记载发现不少信徒自愿向寺院捐献田产，这也从一个侧面反映了小土地所有者的存在。① 在寺院经济的压迫下，许多独立小生产者沦为佃奴或家奴，那时侥幸尚能继续在自己田地劳作的农民也不轻松，他们要缴纳土地税、池塘税、官吏的纸墨费以及其他苛捐杂税，此外还得服兵役和劳役；手工业者同样备受残酷的压迫剥削。②

三、黎阮时期越南土地制度的新发展

公元 1428 年，黎利终于削平各地豪族，统一安南，建元顺天，改国号为“大越”，史称后黎朝。黎朝的法律受中国法律影响极为明显，但对于其仿效中国何时期的法律，史学界存在不同看法，如越南史学家吴甲豆认为其参仿明清法律，而杨鸿烈先生则认为其主要参仿《唐律》，其提出后黎朝虽然与我国明朝处于同一时代，但其编纂的法律受《大明律》的影响微乎其微，与此相反几乎达到了“一准乎《唐律》”的程度。

按照黎朝基本法律《国朝刑律》的规定，黎朝的土地所有权类型有国有田地和私有田地两种，黎利建国之初即颁布均田法，黎朝统治者把一些死亡贵族的采邑、田庄和荒芜的土地收归国有，名为“公田”，法律明确惩治诸如贩卖公家田地、过分占用公家田地等犯罪。此外黎朝还将一部分良田分封给有功贵族、将军、宗亲，称为禄田（即世业田、赐田、祭田等）。禄田是专门给宗室贵族和一些高级官吏的一种特权封地，其数量有百亩、千亩或数千亩不等，与之前的采邑制不同的是，分得禄田的人只有权收租作为俸禄，而无权收纳农民做奴婢。同时还将土地授给军士五分，劳动者

---

① 梁志明：《10—14 世纪越南封建土地制度初探》，《北京大学学报》1987 年第 2 期。
② 刘迪辉：《东南亚简史》，广西人民出版社 1989 年版，第 33 页。

四分,孤寡和残疾者三分,以团结军民,开垦荒地,恢复生产,保证租税的来源。[①] 在法律方面黎朝保护土地权人的利益,这些规定主要集中在《国朝刑律》的《田产章》中,如"诸盗卖人田土者,以贬论,十亩以上,以徒论,追原钱还买者,仍倍其钱一分还田主。及买者各一分,田土归主,即买者知情,杖八十";"诸田土已典卖而不将原钱还典主,辄径他去断卖者,笞五十,贬一资,反原钱还典主"。

对于家庭田产实行"父母专有产制",田产的继承有依遗嘱继承和依法律继承两种方式,若父母去世并没有留下遗嘱或遗嘱不合法时,遗产将依法分配,"父母俱亡有田土未及遗下嘱书,而兄弟、姊妹相分,以二十分之一为奉事香火,付与长男监守,余者相分,若已有父母命并嘱书,即依如例"。继承人是子女的继承仅发生在父母两人都过世的情况下,继承人包括儿子和女儿,既包括正室的子女,也包括庶出的子女;养子女也有继承的权利,一般在认养文书上会写明养子也有继承田产的权利并有孝顺养父的义务,此外即便已经在其他姓氏家族当养子并从养父母得到继承权,同样可以在亲生父母得到一半的继承份额,"异姓养子而复争本宗人绝嗣田产者,听减于宗人半分"。而如果夫妻都没有孩子而其中一人去世时,妻子也有权掌握家里的财产。至于专门关于诉讼的法律《国朝勘讼条例》明确规定知县级处理一些关于田地、财产、嫁娶、斗殴、凌辱等普通的诉讼案,其中田地争执的案件审判期限为三个月,但那些已经超过规定时间才起诉的田地争执案件,审案官不得受理。[②] 此外黎朝统治者也关注农业生产问题,《钦定越史通鉴·正编》卷十九记载:"光顺二年(公元1461)三月,敕府县社官等,劝课军民勤生业,以足衣食,毋得弃本逐末,及托以技艺游惰,其有田业不勤植者抵罪。"

阮朝是越南最后一个王朝,在阮朝的行政建制中,京畿和直省是中央

---

① 郭振铎、张笑梅主编:《越南通史》,中国人民大学出版社2001年版,第26页。

② 何勤华等:《法律文明史》第7卷《中华法系》,商务印书馆2019年版,第662页。

直辖的最高地方机构，其下设有府和州、县两级。阮氏本为清化的世家大族，黎朝在洪顺七年（1515）襄翼帝黎晭被杀后，国家陷入动荡分裂局面，统元六年（1527）权臣莫登庸篡黎自立，时任殿前将军的阮淦（阮肇祖）率部众出逃哀牢，后拥黎维宁（庄宗）以西都清化为中心复辟了黎朝，奠定了阮氏政权日后兴起的政治基础。阮淦死后，其婿郑检继之掌控黎氏国政，正始元年（1558）十月派阮淦次子阮潢（阮太祖）出镇南方顺化，创立起了割据自主二百余年的广南政权。广南阮氏在南部建立政权之时，南部的嘉定、定祥、边和等省份大量土地荒芜，阮潢政权将因为逃离满清政府来到越南的明朝百姓安置在这里进行土地开垦，经过一段时间的经营，南圻诸省终于成为越南最富庶的米仓。① 恃此祖业，阮福映（阮世祖）于公元1801年统一越南，根据记载他在统一之前就非常注重农业的建设，如《大南实录·正编》卷六《阮世祖》记载1792年下诏曰："八政之序，以食为先，四民之中，惟农为本。嘉定土地肥沃，而储积未备，良以民多逐末，不事农功也，今当农作之候，诸营臣可遍传辖内各总社村坊，自府兵以至侨寓人等，凡力田者免役，游手游食则役之，里长徇隐者有罪。"

阮朝法律以明清律为蓝本制定，②如越南学者陈重金就曾指出阮朝的《皇越律例》"虽说根据洪德律，然其实是照抄大清律，只多少作了些修改而已"③。特别是《皇越律例》通过对十恶、五刑、八议、七出等制度维系封建纲常和儒家礼仪，对于违背忠君、孝顺、贞节等道德规范的行为规定了极为严酷的刑罚，与中华法系的儒家思想主线高度吻合。在土地政策上实行土地国王所有，但国王又将土地分为公田和私田，公田包括籍田、屯田、官田、官场、充公的荒地、未开荒的土地等，由阮氏家族掌握，分封给忠于阮氏的军政大臣。凡被赐给的土地，或由官吏兼并的土地，统称

---

① 马达：《论中国古代农业文化在越南的传播和影响》，《华北水利水电学院学报》2009年第1期。

② 何勤华、李秀清主编：《东南亚七国法律发达史》，法律出版社2002年版，第679—683页。

③ ［越］陈重金：《越南通史》，戴可来译，商务印书馆1992年版，第306页。

为公田；凡被阮氏强迫的义安、清化移民到南方开荒的田，称为私田。耕种公、私田的农民必须缴纳重租税，但多以纳谷物作为租税。① 随着私有观念的日益成熟，法律为保护有产者的所有权提供了有效保障，如《皇越律例》卷六及《会典事例》卷一八四《户律》《田宅》“典卖田宅”条所引《条例》云“告争家财田产，但系五年之上，并虽未及五年，验有亲族写分立已定出卖文约是实者，断令照旧管业，不许重分再赎，告词立案不行”，与《大明律》卷五相同。至于典地的回赎期限，“未满三十年，而契内著有回赎字样者，听其回赎”，“已至三十之外者，不论契内有无回赎字样，亦一概不听赎，告词立案不行”。同时法律也保护出典人即业主的权利，“其所典田宅、园林、碾磨等物年限已满，业主备价取赎，若典主托故不肯放赎者，笞四十”。阮朝的地税征收，对农民来说是十分苛刻的。如中部各省的地租，如果以升计算：一等田每亩四十升，二等田每亩三十升，三等田每亩二十升；从义安以北地区的地租，如果以碗计算：一等田每亩一百二十碗，二等田每亩八十四碗，三等田每亩五十碗。②

此外在一些边远和少数民族较多的地区，阮王朝与中国明清时期一样采取土司制度，对边疆民族地区的治理起到重要的积极作用。明命十二年(1831)“议准据何州县丁数自五百名、田数自五百亩以上，每州设土知州一、每县设土知县一、土吏目一；丁田数自一百以上，只设土知州或土县丞一；丁田数不满一百者，只设土吏目一”。此后与清朝类似，阮朝在明命年间开始大规模地实行“改土归流”，土司制度逐渐崩溃。③

1858年法国政府借口保护传教士，纠合西班牙舰队炮击岘港，开始侵越战争，后阮氏王朝被迫与法国签订《西贡条约》，承认法国在越南的治外法权。1884年《顺化条约》的签订标志着越南正式承认为法国的保护国，次年清王朝与法国签订的《天津条约》中承认法国对越南的保护，

---

① 郭振铎、张笑梅主编：《越南通史》，中国人民大学出版社2001年版，第33—34页。

② 郭振铎、张笑梅主编：《越南通史》，中国人民大学出版社2001年版，第57页。

③ 王柏中：《越南阮朝土司制度探析》，《广西师范学院学报》2016年第1期。

从此结束了中国与越南之间的藩属关系。[①] 法国殖民越南之初就开始在南圻地区通过掠夺土地的租让制度而占有了大量土地,殖民政府将大量土地贱卖给被同化的越南人、官僚以及富裕的公务人员,使其成为种植园主。在中圻和北圻地区,由于人口密度大,小农经济和小地主所有制经济占主导地位,因此殖民政府借用村社组织中实行以公田制度为核心的土地所有制,借助村社首脑和地方土豪的力量进行利益盘剥。此后南圻的大地主种植园吸纳了大量中圻和北圻的失业农民,将其变为佃农,大大制约了手工业和商业的发展。

综上所述,可以看到在中国法的影响下,日本、朝鲜以及越南田宅法律制度在整体上均表现为土地国有制(公有制)——封建土地租佃制——封建土地永佃制度[②]三种模式之间的协调发展。除了最早期的土地集体公有状态外的绝大多数时间内,东亚各国均以土地国有作为根本的制度基础,同时统治者为了巩固统治,往往采取模式性的赏赐方式将田地分封给贵族官僚。当然,各个取得封地的贵族官僚往往又按照宗法制度转而将所得封地进一步地向下细化分给,而每个层级的权利转让大都通过以田赋为外在表征的方式反向明确土地的实际所有者。不过需要指出的是,土地国有前提下的"公田""私田"划分往往存在多重标准的选择,也就是说这种划分通常还需要将如何确定土地的"所有权"纳入分析范畴。对"所有(权)"概念的界定多元倾向也决定了后续名义上土地国有到承认土地私有,以及农民对土地租佃关系的法律确立之间的不断转变。在封建土地租佃制的模式下,国家通常选择既定的标准从而将名义上国家所有的土地直接分拨给具体的土地使用者,也即农民。尽管在操作层面东亚各国通常选择以家庭或者是其他行政单位作为分拨的单位,但这种模式必然导致法律意义上的土地被授予者与实践意义上的土地掌

① 骆沙舟、吴崇伯:《当代各国政治体制 · 东南亚诸国》,兰州大学出版社 1998 年版,第 8 页。

② 王旭伟:《中华法系土地用益制度的演进》,《沈阳师范学院学报》2002 年第 5 期。

控者之间的矛盾,进而出现的土地流转问题无论在各国法律上是采取承认保护抑或限制惩罚,都无法从根本上消除。这也就衍生出了封建社会中田地权属界定的第三种模式即永佃权模式。永佃权模式在一定程度上打破了所有权僵硬的使用观念,在某种程度上激活了土地使用效率的提升,但与此同时伴随着名义上土地国有的落地——也即税赋制度的运行现实困境,土地兼并之风也自然潮涨潮落。总的来说,作为中华法系的成员国,无论是日本、朝鲜还是越南基本上在田宅土地制度的发展沿革中都没有超出以上的这三种模式的大致框架。

具体而言,中华法系的成员国在田宅法律制度设置上都有以下几个较为明显的特征。首先,"以民为本"导向下的土地占有分配。作为农业社会的基本生产资料,土地资源的占有并不仅仅是一种理想化的社会资源分配,更是一项最基础的民生问题。在中央集权的封建王朝,国家通常被视为帝王挣得的"产业",因此统治者如何,也就是说以什么导向及标准将自己的"产业"分配给所属臣民就成为田地法律制度的最基础问题,而与土地资源分配同步存在的还有税赋的承担等等。如隋文帝杨坚在统一国家之后,采取了一系列措施,把多余的公田和无主的荒地、空地分配给无地或少地的农民耕种,同时减轻了各种租、庸、调的负担。唐初为了恢复社会生产状况,更是进一步完善租庸调法,并承认农民占有死亡逃散地主土地的合法性,以及使无地或少地的农民从国家那里分得一定份额的土地。无论这种分配是一种所有权的授予还是一种占有关系的确定,"以民为本"的导向对东亚地区各个国家都产生了广泛而深刻的影响。日本大化改新后的班田制、李氏朝鲜的科田制以及越南后黎朝的均田法等无不显现出中华法系这种民本色彩在法律制度设置过程中的核心属性,而在这种土地资源分配背后的税赋设置虽然在不同的历史时期存在着高低起伏的不定,但在整体上同样体现出了中华法系中以发展小农经济为核心的浓重民本主义色彩。

其次,土地权利设置上"礼教为先"的宗法伦理维护。在长期稳定且几乎不变的农耕社会里，在为了获得更多的食物以便养活日益增多的人口的生存压力下，东亚地区古代精细耕作的生产方式决定了要更加注重家族内部的团结，而这种重视在法律层面就逐渐发展成为一套具体的宗法伦理关系。如朝鲜高丽王朝时期所实行的"田柴科"就非常形象地展现出了这种宗法伦理在土地权属确立上的价值导向，正如有韩国学者所言，"儒教思想之所以能够对法的意识产生决定性的影响之原因，主要是法被视为补充（辅助）道德或者'礼'的社会规范，所能发挥的作用也仅在于此"。① 此外对农业生产的过度重视也引发了诸如"重农抑商"等身份评判的经济基础，特别是在对待商人、僧道等非农特定群体的法律权利义务上，中华法系一方面基于维护国家统治的角度对这些群体进行单行性的法律保护，另一方面又在维护小农经营制度的大背景下对其他群体的侵夺占田行为进行宏观规制。简言之无论是哪种土地权利的具体规定，从根本上都是基于一种由小农经济为依托的宗法伦理秩序而形成的，同时这种秩序也反过来对不同主体的土地权利进行了框架性的引导。与此同时，基于身份等级评判的社会规则体系在土地权利设置上也呈现出了多重制度并行的局面，如日本班田制时期的王田、官田、职田、位田、神田等；朝鲜高丽王朝的内庄田、役分田、食邑田、屯田和寺田等；越南李朝的山陵田、籍田、国库田、拓刀田以及村社公有田等等，在扩宽了土地权属形态的同时也反过来对土地权属的核心制度造成了一定的影响。

再次，"因时而变"的法律调整与法律发展演进，如宋代王安石在立法改革中明确提出"法先王之政，当法其意"，"有变以趣时，而后治也"。在天地万物的不断变化之中，法律也不能脱离其外，只有废旧立新才能适应治国的需要。从东亚各国的土地制度变迁中不难发现其中几乎始终隐约贯穿着一条主线，即通过各种各样的法律制度调节尝试抑制土地过度兼并所带来的负面影响，以最大程度地发展小农经济进而提高社会生产

① ［韩］高翔龙：《韩国法》，韩国信山社出版株式会社 2007 年版，第 31 页。

以实现国家的财政收入。无论是日本的班田制到庄园制，再到后来的分封制；朝鲜的田柴科到科田制，再到后来的职田制，还是越南从早期的村社公田到后来的国家公田以及民众私田并存，无不反映出国家在土地制度上的不断调整与完善，当然其最终的目的皆是要促进国家社会生产的不断发展，可见法律意义上土地制度调整的根本乃是通过与社会经济基础相匹配的分配规则确立以实现根本上的社会生产发展。

最后，成文法典传统对与田宅法律问题相关多个法律部门的统合。中国古代没有西方意义上单独的民事法规范，关于民事活动的规则要么存在于“礼”或习俗中，要么存在于《户令》《田令》之类的行政规定中，要么依附于刑事条文而存在。但无论是“民刑不分”还是“重刑轻民”，中华法系的成文法典毕竟将现代法学意义下关于田宅的民事、行政、刑事等部门规范进行了统合性的成文化表达。隋唐时期出现的中国古代成文法典水准最高的隋《开皇律》与唐《永徽律》构成了古代东方世界之中华法系的基础，之后宋元明清历朝历代的法典编纂技术继续进步，成为中国周边国家立法的楷模。中国以田宅为核心的法律规定多集中在这些规范性的成文法典之中，日本、朝鲜与越南也不例外，如日本的《大宝律令》《养老律令》，朝鲜的《经国大典》以及越南的《国朝刑律》等均是中华法系成文法典的代表，这种大致上统一的立法模式也为田宅法律问题的各个方面规定奠定了较为结构化的基础，形成了系统性的规范体系。

第九章　中国田宅法律制度的近代转型

第一节　晚清田宅法律制度

一、《大清民律草案》与近代转型

1840年鸦片战争以后,中国闭关锁国状态被打破,中国悠久的男耕女织的自然经济结构受到西方资本主义经济的强力冲击,商品经济迅速发展,资本主义性质的民族工商企业已经在社会经济生活中占有一定的比重,这种资本主义生产关系以及由此而形成的复杂的财产、田宅所有权关系,清代法律体系中的民律渊源已经不能调整。新兴的资产阶级改良派,参考资本主义国家的立法经验,不断要求制定商律、民律,与国际接轨,发展资本主义经济。新型资本主义生产关系的发展,也带动了社会阶级结构的调整。同时,修订法律不仅成为近代政治变革中预备立宪的基本内容,也是改革派官僚借以收回领事裁判权的奋斗目标,如谢冠生所指出,"距今60年前,我国开始改革原有的法律及司法制度,当时动机就是为的要想取消外人领事裁判权……所以当时一切变法措施,不得不尽量舍己从人,以期符合外人的希望。中国法系,原被推为世界五大法系之一,有其固有的优点,至此遂不得不完全割爱。在那时候,因为一心一意,以收回法权为念,固有其不得已的苦衷,未可厚非,但及今检讨,似不免有矫枉过正的地方”①。

基于这样的历史背景，清政府起草民律的工作终于提上了日程。光绪三十三年(1907)四月，民政部根据“预备立宪”谕旨明确提出厘定民律并条陈理由如下：“查东西各国法律，有公法私法之分。公法者定国家与人民之关系，即刑法之类是也。私法者定人民与人民之关系，即民法之类是也。二者相因，不可偏废。……各国民法编制各殊，而要旨闳纲，大略相似。举其荦荦大者，如物权法定财产之主权，债权法坚交际之信义，亲族法明伦类之关系，相续法杜继承之纷争，靡不缕晰条分，著为定律。临事有率由之准，判决无疑似之交，政通民和，职由于此。……窃以为推行民政，澈究本原，尤必速定民律，而后良法美意，乃得以挈领提纲，不至无所措手”②。同年九月，清廷派沈家本、俞廉三等为修订法律大臣，参考各国成法，体察中国礼教民情，会同参酌，主持修订民律。

《大清民律草案》经过四年的时间，于宣统三年(1911)九月编成。《大清民律草案》主要仿照日本、德国和瑞士民法典，共分五编，依次为总则、债权、物权、亲属、继承，共计36章，1569条。前三编总则、债权和物权由日本法学家松冈义正负责起草，亲属、继承二编因“关涉礼教”，由修订法律馆会同礼学馆编订。这是中国民法史上第一部按照资本主义民法原则起草的民法典，尽管由于清朝的迅速覆亡未及颁行，但它第一次打破了诸法合体、民刑不分的旧体例，使民法典的编纂工作进入了一个具有划时代意义的新阶段。

具体而言《大清民律草案》立法宗旨，据修律大臣俞廉三和刘若曾在《修订法律大臣俞廉三等奏编辑民律前三编草案告成缮册呈览折》中所称，主要有四点：“一、注重世界最普通之法则，二、原本后出最精确之法理，三、求最适于中国民情之法则，四、期于改进上最有利益之法”③。具

① 谢冠生：《台北1967年司法节致词》，《司法专刊》第190期。

② 《光绪朝东华录》(五)，中华书局1958年版，第5682页。

③ 程皓：《〈大清民律草案〉研究》，《传承》2009年第3期。

有以下主要特点:采取西方大陆法系国家民法的形式、原则与架构;亲属法和继承法中表现了宗法礼治的影响和封建民法的遗痕;在民事权利平等的形式下,存在着事实上的不平等;起草过程中有简单拿来主义倾向,有些规定脱离了中国的实际。民律草案虽然保留了封建性的内容,并且不尽合于中国的国情,但毕竟与近代资本主义民法开始接轨,使古老的中华法系揭开了新的一页,并为继起的民国政府和南京国民政府制定民法典奠定了重要的基础。晚清制定民法的过程,也使得人们在法观念上受到一次实际的启蒙教育,在长期封建专制统治下,由于重公权,轻私权,使得人们缺乏私权观念,尤其是在利用法律维护个人的权益方面,官府设置了这样那样的障碍。通过制定民法,用统一的民法典的形式来保护私权,无疑提高了广大民众的权利意识①。

二、《大清民律草案》中的田宅法律

在《大清民律草案》中,调整田宅法律关系的田宅立法内容,主要集中于第一编《总则》、第四章《物》和第三编《物权》。第一编《总则》共分八章,三百二十三条。其中第四章《物》有九条(第一百六十六至一百七十四条),第一百六十六至一百六十九条是物及物之成分,第一百七十至一百七十四条是物的区别。第一百六十六条明确了物的概念,即"称物者,谓有体物"②,指占有一定空间的物体。第一百六十八条、一百六十九条和一百七十条对于土地、房屋这一物的成分加以限定:

第一百六十八条:"土地之定着物及与土地未分离之出产物,为土地之重要成分,但房屋不在此限。种子从其播种时,植物从其种植时,视为土地之重要成分。因保存房屋而附置之物,视为房屋之重要成分"③。

① 张晋藩主编:《中国民法通史》,福建人民出版社 2003 年版,第 23 页。

② 《大清民律草案》,载杨立新主编:《中国百年民法典汇编》,中国法制出版社 2011 年版,第 71 页。

③ 《大清民律草案》,载杨立新主编:《中国百年民法典汇编》,中国法制出版社 2011 年版,第 71 页。

第一百六十九条:“以暂时目的附着于土地之物,不为土地之成分。有使用他人土地之权利者,因行使权利而设置于其土地之工作物,亦同。以暂时目的附着于房屋之物,不为房屋之成分”①。

第一百七十条:“称不动产者,谓土地及房屋”②。

这两条律文对田宅这一概念的内涵和外延进行了明确的界定。第一百七十条引入物的种类的概念,把物分为动产和不动产,其中“称不动产者谓土地及房屋”。“理由”则进一步解释道:“动产、不动产之区别于权利之得失颇有关系”③。

第三编《物权》分为七章九节,共三百三十九条。第一章《通则》(第九百七十八至九百八十二条);第二章是自物权,亦即《所有权》(第九百八十三至一千零六十八条),分为《通则》、《不动产所有权》、《动产所有权》等四节;第三至六章是他物权的规定,其中第三章是《地上权》(第一千零六十九至一千零八十五条);第四章《永佃权》(第一千零八十六至一千一百零一条);第五章《地役权》(第一千一百零二至一千一百二十四条),它们属于用益物权;第六章是《担保物权》(第一千一百二十五至一千二百六十条),包括《通则》、《抵押权》、《土地债务》、《不动产质权》、《动产质权》五节;第七章《占有》(第一千二百六十一至一千三百一十六条),它不应归属于权利,而是一种事实,适法占有才能享有占有权④。

在第一章《通则》中,第九百七十八条首先规定了《大清民律草案》对于包括土地在内的“物”的唯一规范作用,即“物权,于本律及其他法有特

① 《大清民律草案》,载杨立新主编:《中国百年民法典汇编》,中国法制出版社 2011 年版,第 71 页。

② 《大清民律草案》,载杨立新主编:《中国百年民法典汇编》,中国法制出版社 2011 年版,第 71 页。

③ 《大清民律草案》,载杨立新主编:《中国百年民法典汇编》,中国法制出版社 2011 年版,第 71 页。

④ 蒲坚主编:《中国历代土地资源法制研究》(修订版),北京大学出版社 2011 年版,第 404 页。

别规定外,不得创设"[①]。对于有关土地法律关系的调整处理,只能依照该法才具有法律效力。第九百七十九条明确规定了不动产物权行为的产生要件:"依法律行为而有不动产物权之得、丧及变更者,非经登记,不产生效力"[②]。表明国家对于土地、房屋等不动产转移的严格控制。

在第二章《所有权》中,第一节论述了所有权的基本内容和各项权能。这部分内容完全移植于日、德民法典。第九百八十三条规定了所有权人的权利,即所有权的内容:"所有人于法令之限制内得自由使用、收益、处分其所有物"[③]。第九百八十四条规定,所有权具有自权性,所有人行使"自由使用、收益、处分"等权利时,"所有人于其所有物,得排除他人之干涉"[④]。第九百八十六条规定,所有权具有恒久性:"所有人对于以不法保留所有物之占有者,或侵夺所有物者,得回复之"[⑤]。这两条律文阐明了所有权的两个特征,即所有权的自权性和恒久性,土地所有权人自然享有所有权所带来的权利[⑥]。

第二节《不动产所有权》具体规定了田宅所有权的内容,集中于第九百八十八至一千零二十二条,共三十五条。第九百八十八至九百九十条规定了"取得不动产所有权之特则":

"第九百八十八条:以不动产所有权之移转为标的而结契约若,须以文书订之。

① 《大清民律草案》,载杨立新主编:《中国百年民法典汇编》,中国法制出版社 2011 年版,第 159 页。
② 《大清民律草案》,载杨立新主编:《中国百年民法典汇编》,中国法制出版社 2011 年版,第 159 页。
③ 《大清民律草案》,载杨立新主编:《中国百年民法典汇编》,中国法制出版社 2011 年版,第 159—160 页。
④ 《大清民律草案》,载杨立新主编:《中国百年民法典汇编》,中国法制出版社 2011 年版,第 160 页。
⑤ 《大清民律草案》,载杨立新主编:《中国百年民法典汇编》,中国法制出版社 2011 年版,第 160 页。
⑥ 《大清民律草案》,载杨立新主编:《中国百年民法典汇编》,中国法制出版社 2011 年版,第 160 页。

第九百八十九条：无主土地属国库所有。但淤浅、洲渚、涸河及冲断地所有权之取得，另以法令定之。

第九百九十条：取得不动产之所有权无须登记者，取得人非为取得登记后，不得处分所有物。但法令有特别规定若，不在此限”①。第九百九十一至一千零二十六条规定了“田宅所有权之内容其限制”。

“第百九十二条：土地所有人因邻地所有人之请求关于疆界不明之处，负协力确定之义务。

第九百九十三条：土地所有人得与邻地所有人以公同费用设足以标示疆界之物。设置及保存界标之费用，相邻人平均担负。测量费用，按土地广狭，分担之。

第九百九十四条：土地所有人于自他土地有煤气、蒸气、臭气、烟气、音响、振动及与此相类者，侵入时得禁止之。但其侵入实系轻微，或按土地形状、地方习惯认为相当者，不在此限。

第九百九十五条：建筑工作物自疆界线起，须有一定距离，并注意预防邻地损害。前项距离，另以法令定之。

第九百九十六条：近前条规定而建筑工作物者，土地所有人得请求废止或变更其建筑，但自着手筑建已逾一年或其建筑已成者仅得请求损害赔偿。

第九百九十七条：种植竹木自疆界线起须有一定距离。第九百九十五条规定，于前项适用之。

第九百九十八条：土地所有人遇邻地竹木之枝根有越疆界线者，对竹木所有人得行催告，令其于相当期间内刈除之。竹木所有人不应前项之催告者，土地所有人得刈除越界竹木之枝根，作为己有。越界竹木之枝根，若与土地之利用并无妨害，不适用前二项规定。

① 《大清民律草案》，载杨立新主编：《中国百年民法典汇编》，中国法制出版社2011年版，第160页。

第九百九十九条:果实有落于邻地者,视为该地之果实。但该地若系公用地,不在此限。

第一千条:土地所有人遇由邻地自然流至之水,不得妨阻。

第一千零一条:水流若因事变,在低地阻塞,高地所有人得自以费用施必要之工事,以疏通之。

第一千零二条:甲地因蓄水、排水或引水所设之工作物破溃阻塞,致损害及乙地或恐其及之者,甲地所有人须自以费用施必要之工事,修善、疏通或预防之。前条第二项规定,于前项适用之。

第一千零三条:土地所有人不得设置使雨水流及于邻地之工作物。

第一千零四条:高地所有人,欲使浸水之地干涸,或排泄家用、农工业用余水,以至河渠或沟道为界,得使其水通过低地。前项水道,择于低地损害最少之处所及方法为之。高地所有人须对低地之损害,支付偿金。

第一千零五条:土地所有人因使其地土之水通过,得使用高地或低地所有人所设之工作物。但须按其受益之分担负设置保存工作物之费用。

第一千零六条:甲地所有人非通过乙地不能安设水管、煤气管及电线,或虽能安设费用过钜者,得通过乙地之上下而安设之。但安设时,须择乙地损害最少之处所及方法,并对乙地所有人支付偿金。

第一千零七条:依前条安设水管煤气管、电线后,情事若有变更,乙地所有人得请求甲地所有人变更其安设。变更安设之费用,由甲地所有人担负之。但有特别情事者,得使乙地所有人担负其费用之一部。

第一千零八条:不通公路之土地所有人,因至公路得通行周围地,但通行地因而生损害者,须支付偿金。前项规定,于土地所有人若不通行他人土地而至公路,其费用过钜或有非常不便者,适用之。

前二项情形,通行权人须择自己所必要及周围地损害最少之处所及方法为之。

第一千零九条:有通行权人,得开设道路。但通行地因而生损害,须支付偿金。

第一千零十条:因土地一部之让与、分割,致有不通公路之土地者,土地所有人欲至公路,仅得通行让受人、让与人或他分割人之所有地。前项情形,通行权人无须支付偿金。

第一千零十一条:二建筑物其所有人各异,并其间有空地者,土地所有人得与邻地所有人,以公同费用,在其界安设围障。安设保存围障之费用,相邻人平均担负之。

第一千零十二条:围障须用七尺高之垣墙。但当事人有特约或另有习惯者,依其特约或习惯。相邻人之一造得自以费用安设高于前项所定之围障。

第一千零十三条:土地所有人,得禁止他人入其内地。前项规定,按习惯得入他人未设围障之山林或牧场,刈取杂草或采取其天产物者,或依渔业法、狩猎法之规定,得入他人地内捕鱼或狩猎者,不适用之。

第一千零十四条:土地所有人因邻地所有人在其疆界或旁近营造或修善建筑物,以有必要情形为限,须许其使用土地。但因而受损害者,有请求偿金之权。

第一千零十五条:土地所有人,遇他人之物品或动物偶至其地内,其占有人、所有人欲寻查收还者,须许其进入。因前项情形受损害者,土地所有人得请求赔偿。其未受赔偿前,得留置前项之物品或动物。

第一千零十六条:水源地之所有人,得自由使用泉水。但有特别习惯者,不在此限。

第一千零十七条:土地所有人因其家用,得以偿金对邻地所有人请给不用之水。但在自己地内无须以过钜之费用及劳力,足以得水者,不在此限。

第一千零十八条:水源地之所有人,对于因工事而断绝或污损泉水者,得依侵权行为之规定,请求损害赔偿。但所断绝或污损之泉水非饮用或利用土地所必要者,不得请求回复原状。

第一千零十九条:前三条规定,于土地所有人使用井水时,适用之。

第一千零二十条:沟渠及其他水流地之所有人,得自由使用其水。但有特别习惯者,不在此限。

第一千零二十一条:水流地所有人,其对岸地若系他人所有,不得变更其水路或幅员。水流地所有人,若两岸土地均系其所有,得变更其水路或幅员。但须留下游自然之水路。前二项情形,若有特别习惯者,从其习惯。

第一千零二十二条:水流地所有人,因用水有必要设堰者,得使其堰附着于对岸。但因而生损害者,须支付偿金。对岸地所有人若有用水之权,得使用前项之堰。但须按其受益之分,担负设置及保存工作物之费用。

第一千零二十三条:一建筑物,得区分之而各有其一部。

第一千零二十四条:不动产所有权之消灭,由于抛弃者因登记始生效力。

第一千零二十五条:前条不动产,其先占之权利,专属于国库。前项不动产,国库以所有人名义登记者,取得其所有权。

第一千零二十六条:不动产之所有权,因其标的物灭失而消灭”①。

第三章至第六章是他物权的规定。由于他物权的内容有限定性,他

① 《大清民律草案》,载杨立新主编:《中国百年民法典汇编》,中国法制出版社 2011 年版,第 160—164 页。

物权的行使要受到物上所有权的限制，所以，他物权又叫“不完全物权”。

第三章《地上权》共十七条。其中第一千零七十九条关于“地上权人对于其权利消灭时得回复其土地原状而收回其工作物及植物”①的规定，以保护地上权的形式，也对土地所有权给予法律保护。

第一千零八十条、第一千零八十一条、一千零八十二条和一千零八十三条是关于地租的规定。

“第一千零八十条：地上权人应向土地所有人支付定期地租者，适用后五条之规定。

第一千零八十一条：地上权人，因不可抗力，继续三年以上，于使用土地有妨碍者，得表示抛弃权利之意思。

第一千零八十二条：地上权人，虽因不可抗力，于使用土地有妨碍，不得请求免除地租或减少租额。

第一千零八十三条：地上权人，继续三年以上怠于支付地租或受破产之宣告者灭，若无特别习惯，土地所有人得表示消灭其地上权之意思，并得请求涂销其设定之登记。前项地上权消灭之意思表示，用通知之法行之”②。

第四章《永佃权》共有十五条。永佃权的支配是以向土地所有权人支付佃租为前提的，故第一千零八十六条规定：“永佃权人得支付佃租，而于他人土地为耕作或牧畜”③。第一千零九十五条则规定了一条禁止性条款：“永佃权人不得于土地土为足生永久损害之变更。但有特别习惯者，不在此限”④。永佃权的这些规定，保证了土地所有权人的权利。

---

① 《大清民律草案》，载杨立新主编：《中国百年民法典汇编》，中国法制出版社 2011 年版，第 169 页。

② 《大清民律草案》，载杨立新主编：《中国百年民法典汇编》，中国法制出版社 2011 年版，第 169 页。

③ 《大清民律草案》，载杨立新主编：《中国百年民法典汇编》，中国法制出版社 2011 年版，第 169 页。

④ 《大清民律草案》，载杨立新主编：《中国百年民法典汇编》，中国法制出版社 2011 年版，第 170 页。

第五章《地役权》有二十二条。其中"地役权人设置工作物"一条规定:"地役权人因而使其权利在供役地上设置工作物者须保持其通常之状态"①。

第六章《担保物权》共一百三十五条。其中抵押权的有关规定为"抵押权非不动产所有人不得设定",不动产质权的规定为"不动产债权人须以善良管理人之注意保存物质"②。前者维护了土地所有人的所有权,后者确保不动产不在所有权人手中时,不动产的价值不被贬损。

总而言之,"《大清民律草案》的田宅立法内容,吸收了西方民法的形式、原理和原则,满足了当时中国发展资本主义经济的要求。例如:物权的一般规定,土地所有权、用益物权和担保物权等田宅权利制度的具体规定,补充和完善了原有封建田宅法律制度的不足。因此,《大清民律草案》的进步性是应该肯定的。但是,也有一些内容脱离了中国的国情。如忽略了民间广为流行的'老佃'、'典'等民事法律关系,更有以形式上的平等掩饰事实上的不平等之嫌。例如'地上权因不可抗力于使用土地有妨碍,不得请求免除地租或减少地租'的规定。当时,中国的许多劳动者家无恒产,成为富有之产的佃农(即此处地上权人)。该法条保护作为土地所有权人的地主时,丝毫没有考虑到贫苦佃户的利益。所以,《大清民律草案》终究跳不出时代与阶级的局限性"③。

三、其他田宅法律内容

《大清民律草案》始终没有颁布实施,清末调整土地法律关系的土地立法内容,主要依据《大清现行刑律》和《户部则例》的民事经济法律规范

① 《大清民律草案》,载杨立新主编:《中国百年民法典汇编》,中国法制出版社 2011 年版,第 171 页。

② 《大清民律草案》,载杨立新主编:《中国百年民法典汇编》,中国法制出版社 2011 年版,第 173 页。

③ 蒲坚主编:《中国历代土地资源法制研究》(修订版),北京大学出版社 2011 年版,第 406 页。

部分。《大清现行刑律》的《田宅》门，包括《欺隐田粮》并附条例一条、《检踏灾伤田粮》条例一条、《盗卖田粮》并附条例四条、《典卖田宅》并附条例三条等若干条款的规定。《户部则例》的《田赋》门，也包括《开垦事宜》二十四条、《坍涨拨补》五条、《牧场征租》二十条、《寺院庄田》四条、《撤佃条款》八条、《滩地征租》十一条等若干条款的规定。

宣统二年公布的《大清现行刑律》，对于《大清律例》有关《田宅》门条文的修改并不大。主要是将《欺隐田粮》《盗卖田宅》《典买田宅》各条的笞杖刑，用罚金予以代替。蒲坚指出："《大清现行刑律》和《户部则例》有关土地立法的内容，大体有三个特点：第一是条文比较简短，难以概括土地法律规范的全部内容；第二是律例条文多为消极的禁止性规范，第三是内容上较清末以前的土地立法并无新的突破。可见，清末土地立法基本是前期土地立法的延续，并未因效法德、日民事立法编纂的《大清民律草案》而发生法律主旨和法制原则方面的根本变化"①。

第二节　民国政府田宅法律制度

一、北洋政府田宅法律制度

自 1912 年 3 月 10 日，袁世凯在北京宣告建立北京政府，迄至 1928 年 6 月北京政府最后一届内阁垮台，这 17 年期间，由于北京政府的总统和总理基本上都是由原来的北洋军人或官僚出任，政权把持在北洋军阀手中，所以这一历史时期又被称作北洋政府时期或北洋军阀统治时期。北洋政府时期，虽然军阀混战、政局动荡，但是清末以来开启的法律近代事业并没有中断，北洋政府将清末的各项法典以及法典草案进一步完善，为后来南京政府完成六法体系奠定了基础。就民法而言，北洋政府大理

① 蒲坚主编：《中国历代土地资源法制研究》（修订版），北京大学出版社 2011 年版，第 406—407 页。

院对中国固有法与外国民法采取兼收并用的方针,通过民事判例、解释例创制新的法律规则,促进了民事法律实质内容的发展;北洋政府的法律修订机关(如法律编查会、法典编纂会、修订法律馆)会同大理院,致力于民法的法典化,修订完成了民国《民律草案》,促进了民事法律规范的体系化①。

民国初期,《大清现行刑律》中的民事部分在这段时期继续有效并广泛适用。其中的"田宅"部分(包括欺隐田粮条,条例2则;盗卖田宅条,条例5则;典卖田宅条,条例3则等),连同《户部则例》中田赋之开垦事宜项24条,牧场征租项20条,寺院庄田项4条,撤佃条款项8条,滩地征租项11条等,都继续适用。

北洋政府为收回领事裁判权,应付列强的考察,责成修订法律馆迅速编纂民法典。修订法律馆即着手调查各省民商事习惯,汇集国内著名民法学者,编订民法典草案。当时起草民法总则的是大理院院长余棨昌,债编由修订法律馆副总裁应时、总纂梁敬錞共同起草,物权编由北京大学教授黄右昌起草,亲属、继承两编由修订法律馆总纂高种和起草。至1925年,编纂完成总则、债、物权三编,1926年完成亲属、继承两编。其中关于田宅法律规定主要集中在物权编中,是编共9章:(1)通则,(2)所有权,分通则、不动产所有权、动产所有权、占有4节;(3)地上权;(4)永佃权;(5)地役权;(6)抵押权;(7)质权;(8)典权;(9)占有。同时考虑到"典权"一直是我国所特有的民事制度,并增典权一章。与《大清民律草案》相比较,其他关于田宅的法律规定大体相似。《民国民律草案》第三编物权第二章所有权中第七百七十一条至第八百一十三条内容规定不动产所有权。

"第七百七十一条:无主土地属国库所有。但淤洲、浅渚、涸河及冲断地所有权之取得,另以法令定之。

① 张晋藩主编:《中国民法通史》,福建人民出版社2003年版,第1143页。

第七百七十二条：土地所有权，除法令限制外，及于地上地下。若他人干涉无碍其所有权之行使者，不得排除之。

第七百七十三条：土地所有人关于疆界不明之处，与邻地所有人负协力确定之义务。

第七百七十四条：土地所有人得与邻地所有人，以共同费用，设足以表示疆界之物。设置及保存界标之费用，相邻人平均担负。但测量费用，按土地之广狭分担之。

第七百七十五条：土地所有人遇由邻地自然流至之水，不得妨碍。

第七百七十六条：甲地因蓄水、排水或引水所设之工作物破溃阻塞，致损害及地或恐其损害者，甲地所有人须自以费用施必要之工事修缮、疏通或预防之。前项担负费用，若有特别相关者，从其习惯。

第七百七十七条：土地所有人不得设置使雨水流及于邻地之工作物。

第七百七十八条：水流若因事变在低地阻塞，高地所有人了得自以费用，施必要之工事以疏通之。前项担负费用，若有特别习惯者，从其习惯。

第七百七十九条：高地所有人，欲使浸水之地干涸，或排泄家用、农工业用余水，以至河渠或沟道为界，得使其水通过低地。前项水道，须择于低地损害最少之处所及方法为之。高地所有人须对低地之损害支付偿金。

第七百八十条：土地所有人，因使其土地之水通过，得使用高地或低地所有人所设之工作物。但须按其受益之分，担负设置保存工作物之费用。

第七百八十一条：水源地之所有人，得自由使用泉水。但有特别习惯者，不在此限。

第七百八十二条：水源地之所有人，对于他人因工事断绝或污损泉水者,得依侵权行为之规定,请求损害赔偿。但所断绝或污损之泉水,非饮用或利用土地所必要者,不得请求回复原状。

第七百八十三条:土地所有人,因其家用,得支付偿金,对邻地所有人请给有余之水。但在自己地内无须以过钜之费用及劳力,足以得水者,不在此限。

第七百八十四条:前三条之规定,于土地所有人使用井水时适用之。

第七百八十五条:沟渠及其他水流地之所有人,得自由使用其水。但有特别习惯者,不在此限。

第七百八十六条:水流地所有人,若两岸土地均系其所有,得变更其水路或幅员。但须留下游自然之水路。前项情形,若有特别习惯者,从其习惯。

第七百八十七条:水流地所有人,因用水有必要设堰者,得使其堰附着于对岸。但对岸因而生损害者,须支付偿金。对岸地所有人,若有用水之权,得使用前项之堰。但须按其受益之分,担负设置及保存工作物之费用。

第七百八十八条:甲地所有人,非通过乙地不能安设水管、煤气管及电线,或虽能安设,费用过钜者,得通过乙地之上下而安设之。但须择乙地损害最少之处所及方法,并对乙地所有人支付偿金。

第七百八十九条:依前条安设水管、煤气管、电线后,情事若有变更,乙地所有人得请求甲地所有人变更其安设。变更安设之费用,由甲地所有人担负之。但有特别情事者,得使乙地所有人担负其费用之一部。

第七百九十条:不通公路之土地所有人,因至公路,得通行周围地。但通行地因而生损害者,须支付偿金。前项规定,于土地所有人若不通行他人土地而至公路,其费用过钜者或非常不便者,适用之。前二项情形,通行权人须择自己所必要及周围地损害最少之处所及方法为之。

第七百九十一条：有通行权人，得开设道路。但通行地因而生损害者，须支付偿金。

第七百九十二条：因土地一部之让与或分割，致有不通公路之土地者，土地所有人欲至公路，仅得通行让受人、让与人或他分割人之所有土地。前项情形，通行权人无须支付偿金。

第七百九十三条：土地所有人，得禁止他人侵入其地内。前项规定，按习惯得入他人未设围幛之山林或牧场刈取杂草，或采取野天产物者，或依渔业法、狩猎法之规定，得入他人地内捕鱼或狩猎者，不适用之。

第七百九十四条：土地所有人或占有人，遇他人之物品或动物偶至其地内，其占有人、所有人欲寻查收还者，须许其进入。因前项情形，土地所有人或占有人受损害者，得请求损害赔偿。其未受赔偿前，得留置前项之物品或动物。

第七百九十五条：土地所有人，因邻地所有人在其疆界或近旁营造或修缮建筑物，以有必要情形为限，须许其使用土地。但因而受损害者，有请求偿金之权。

第七百九十六条：土地所有人，于自他土地有煤气、蒸气、臭气、烟气、音响、振动及与此相类者侵入时，得禁止之。但其侵入实系轻微或按土地形状、地方习惯，认为相当者，不在此限。

第七百九十七条：二建筑物其所有人各异，并其间有隙地者，土地所有人得与邻地所有人，以公同费用，在其疆界安设围幛。安设保存围幛之费用，相邻人平均担负之。

第七百九十八条：围幛须用七尺高之垣墙。但当事人有特约或另有习惯者，依其特约或习惯。相邻人之一造，得自以费用安设高于前项所定之围幛。

第七百九十九条：建筑物及工作物，自疆界线起，须有一定距离，并注意预防邻地损害。前项距离，另以法令定之。

第八百条：违前条规定而为建筑或工作者，土地所有人得请求废止或变更其建造。但自着手建筑已逾三月、着手工作已逾一月或建筑物工作业已告竣者，仅得请求损害赔偿。

第八百零一条：建筑物或工作物有倾倒之虞，致邻地将受损害者，相邻人得请求为必要之预防。

第八百零二条：与疆界线距离三尺之内之房屋所设窗牖，足以观望他人宅地者，须附以屏障。

第八百零三条：近于疆界线房屋之楼窗及露台，足以俯瞰他人宅地者，须附以屏障。

第八百零四条：有异于前二条所规定之习惯者，从其习惯。

第八百零五条：一建筑物得区分之，而各有其一部。前项情形，建筑物及其附属物之共用部分，推定为各所有人之共有。凡修缮费及其他担负，由各所有人按其所有部分，依价格分担之。

第八百零六条：依前条第一项情形，遇有重要事由，须使用他人之正中宅门者，得使用之。但当事人有特约或另有习惯者，依其特约或习惯。因前项使用，致所有人生损害者，须支付偿金。

第八百零七条：疆界线上所设之界标、围帏、墙壁、沟渠，推定为相邻人之共有。在疆界线上之墙壁，为一建筑物之部分者，或两建筑物之墙壁高低不齐，其逾于低建筑物之部分，并非为防火之用者，不适用前条之规定。

第八百零八条：墙壁之共有人，得增高其墙壁。但其墙壁若不胜增高之工事，须自以费用加工作或改筑之。依前项规定，墙壁增高之部分，专属工事人之所有。但增高墙壁之共有人，对于因此而受损害之人，须支付偿金。

第八百零九条：营造坟墓及种植竹木，自疆界线起，须有一定距离。第七百五十条之规定，于前项适用之。

第八百一十条：土地所有人，遇邻地竹木之枝根有越疆界线者，对竹木所有人，得请求于相当期间内刈除之。竹木所有人，不应前项之请求者，土地所有人得刈除越界竹木之枝根，作为己有。越界竹木之枝根，若与土地之利用并无妨害，不适用前二项之规定。

第八百一十一条：果实自落于邻地者，视为该地之果实。但该地若系公用地者，不在此限。在疆界线上之果实，相邻人平均取得之。树木已被采伐者，其分配亦同。

第八百一十二条：不动产之所有权，因其标的物灭失而消灭。

第八百一十三条：不动产所有权之消灭，由于抛弃者，因登记始生效力，其先占之权利，专属于国库。但国库须以所有人之名义登记后，始取得所有权"①。

《民国民律草案》第三编物权第八章第九百九十八条至第一千零一十四条内容规定典权。

"第九百九十八条：典权人因支付典权，占有他人之不动产而为使用及收益。

第九百九十九条：关于抵押权及质权之规定，以与本章规定无抵触者为限，于典权准用之。

第一千条：典权存续期间为十年。不满十年者，不得附有到期不赎即应作绝之条款。以十年以外之期间设定典权者，其期间缩短为十年。典权届满，经当事人同意，得更新之。但自更新时起，不得过十年。典权未定存续期间者，除有特别习惯外，设定典权人得随时备价回赎。但须于六个月前预告典权人。

第一千零一条：第八百五十一条之规定，于典权准用之。

第一千零二条：典权存续中，典权人得将典物转典或赁贷于他人。但当事人有契约或有特别习惯者，依其特约或习惯。典权或赁

① 《民国民律草案》，载杨立新主编：《中国百年民法典汇编》，中国法制出版社 2011 年版，第 305—310 页。

贷之期间,不得逾典权之存续期间。

第一千零三条:典物于转典或赁贷后有灭失毁损者,典权人对于设定典权人负其责。

第一千零四条:典权人得将典权让与他人。让受人对于设定典权人,亦得行使同一之权利。

第一千零五条:设定典权人,于典权设定后,得将典物让与他人。典权人对于让受人,仍得行使同一之权利。力而灭失者,依下列规定:(一)设定典权人与典权人各出半费,合起房屋,加典三年限满,设定典权人仍照原价回赎;(二)设定典权人无力合起,典权人自为起造,加典三年限满,设定典权人照典价加四回赎;(三)典权人无力合起,设定典权人得即时回赎,依照原价减十分之四。

第一千零六条:典权存续中,典物因不可抗力而灭失者,依下列规定:(一)设定典权人,得直接回赎,但须减原价之半;(二)设定典权人,无力回赎,典权人自为起造,加典三年限满,设定典权人仍依原价加四回赎。

第一千零七条:典权届满,前项情形,若典权人声明提出同一之价额留买者,设定典权人,非有正当理由,不得拒绝。

第一千零八条:依前二条规定起造房屋,其高宽丈尺工料装修等,须与原屋相同。

第一千零九条:典权存续中,典物因典权人之行为而灭失者,依下列规定:(一)因典权人之故意行为将典物全部灭失者,设定典权人除消灭典价外,得依第一千零三条规定请求赔偿;(二)因典权人之重大过失,将典物全部灭失者,设定典权人无庸交出典价,典权即行消灭;(三)因典权人之普通过失,将典物全部灭失者,设定典权人交出原典价四分之一,典权即行消灭;(四)因典权人之轻微过失,将典物全部灭失者,设定典权人交出原典价三分之二,典权即行消灭。前项情形,典物一部灭失或毁损者,仍依前项比例酌定之。

第一千零一十条：前二条情形，除第一千零九条第一项外，若当事人有契约或有特别习惯者，依其契约或习惯。

第一千零一十一条：典权于期满后，经设定典权人备价回赎而消灭。设定典权人，于典期届满经六个月后，若不备价回赎，典权人即取得典物所有权。

第一千零一十二条：设定典权人，于典期届满后，表示让与其典物者，典权人得提出时价找贴，取得典物所有权。典权人若不欲找贴，或议价不谐，设定典权人须于六个月期间以内别卖他人，而归还其典价。

第一千零一十三条：典权人因支付有益费用，使典物价格增加者，于典权消灭时，得请求偿还现存之利益。

第一千零一十四条：第八百六十三条之规定，于典权准用之"①。

同时北洋政府也颁布了单行涉及田宅不动产的相关法规条例。1915年10月23日，颁布《土地收用法》，该法对于国家、自治团体或人民因公益事业收用土地的事项，有明确规定，共38条，分为5章：(1)总纲。指明土地收用的适用范围、土地收用的主体及种类。(2)土地收用的价额。(3)土地收用的准备。规定土地收用之前必须做的准备工作，如何地方官署先期咨询、禀请核准、加以公告等事项。(4)土地收用的程序。应由企业的主管官署或创办人拟订计划书，呈转大总统核准，并由地方长官于各该地方公告之。(5)监督及诉讼。其他法规有1912年6月《国有航空站收用土地规则》、1913年7月9日《铁路收用土地章程》。

1922年5月23日颁布《不动产登记条例》，对不动产登记的相关事项有明确的规定，自此以后，土地及建筑物的物权效力以登记为限，彻底改变旧时不动产的移转有书面契据才发生效力。其条文分为总纲、登记簿册、登记程序、登记费、附则5章，主要内容如下：(1)不动产管辖登记

---

① 《民国民律草案》，载杨立新主编：《中国百年民法典汇编》，中国法制出版社2011年版，第327—329页。

机关为不动产所在地的地方审判厅或县公署。(2)不动产登记的权利包括所有权、地上权、永佃权、地役权、典权、抵押权、质权、租借权,上述权利之设定、保存、移转、变更、限制、处分或消灭应为登记。(3)不动产登记的效力:不动产物权应行登记的事项,非经登记不得对抗第三人;同一不动产为登记时,其权利次序除法律别有规定外,应依登记的先后,登记无先后者视为同一。(4)登记程序:登记应由登记权利人及登记义务人或其代理人申请之,官产公产前清皇家私产旗产或峙标名义的官公产为登记时,其主管者视为代理人。此外还有《清理不动产典当办法》,主要是关于不动产文契登记程序的规定。

二、南京国民政府田宅法律制度

南京国民政府(1927—1949)即"中华民国国民政府",是以蒋介石为首的实行国民党一党专政的政权,在其22年的统治中,绝大多数时间实行所谓"训政",标榜奉行孙中山先生的"三民主义",建立五权分立的政府体制,实质上是代表着近代中国大资产阶级和地主阶级的利益和意志。南京国民政府的法律制度也充分体现了这一特征。它通过颁布大量的凌驾于普通法之上的特别法以及实行法西斯式的司法独裁,精心保护大资产者和大地主的利益,压制民主和民主力量的发展,体现了中国半殖民地半封建社会法制的基本特征。但是,另一方面,南京国民政府统治期间又是清末法律改革以来法律近代化的继续和完善阶段、最突出的就是六法全书成文法律体系的全面确立。尤其是在立法上,通过大量引进西方资本主义国家的法律,并结合中国的实际情况加以发展,从而把近代中国半殖民地半封建社会的法律制度的建设推向最为完备的阶段①。

南京国民政府法律制度在形式和实质上的这种矛盾性和复杂性也显著地体现在民事法律制度方面:南京国民政府一方面广泛吸收了大量西

① 张晋藩主编:《中国民法通史》,福建人民出版社2003年版,第1192页。

方国家近代以来的民事立法精神，编纂了形式上十分完备的民法典，完善了民事法律体系，另一方面又保留了相当多的封建主义的传统，以父权和夫权为核心的封建性婚姻家庭制度在私有制的经济基础之上得以相当程度地保留和维护①。

南京国民政府成立之初，在处理民事案件上，沿用北洋政府的民事法规、判例，也沿用民间习惯，并无统一适用的民法典。民国三年（1914）大理院上字第304号判例规定，民国民法法典尚未颁布，前清之现行律除制裁部分及与国体有抵触者外，当然继续有效。同时，大理院的判例以及有关民间习惯也是具有法律效力的②。

1929年，国民政府立法院成立后，开始民法典的起草工作，并一改清末修律以来皆采用的民法典和商法典分别编纂的立法体系，而改为民商合一的立法体系，将通常属于商法总则之经理人及代办商、商行为之交互计算、行纪、仓库、运送营业及承揽运送均并入民法债编，其他不宜合并者，如公司、票据、海商、保险、商业登记等，分别制定成单行商事法规③。

南京国民政府的民法典，是由国民党中央政治会议分别制定立法原则，分编草拟，分期公布的。从1929年至1931年，分别编撰和陆续颁布、实施了民法典的五编：总则、债、物权、亲属和继承。这部民法典在继承清末政府和北洋政府的民律草案（即《大清民律草案》和《中华民国民律草案》）的基础上，吸收大陆法系民法典（其中主要是日本和德国的民法典）的民事立法原则制定。《中华民国民法》，此法典是中国历史上第一部正式颁布的民法典，共5编1225条。第一编“总则”，1929年5月23日公布，同年10月10日施行。本编规定的是民事权利及法律关系的总的原则。下设“法例”“人”“物”“法律行为”“期日及期间”“消灭时效”“权利之行使”七章；第二编“债”，1929年11月22日公布，1930年5月5日施

① 张晋藩主编：《中国民法通史》，福建人民出版社2003年版，第1192页。
② 张晋藩主编：《中国民法通史》，福建人民出版社2003年版，第1199页。
③ 张晋藩主编：《中国民法通史》，福建人民出版社2003年版，第1199页。

行。本编是关于债关系的法律规定,下设“通则”“各种之债”两章;第三编“物权”,1929年11月30日公布,1930年5月5日施行。本编规定对物的直接管理与支配,并排除他人干涉的民事权利,下设“通则”“所有权”“地上权”“永佃权”“地役权”“抵押权”“质权”“典权”“留置权”“占有权”十章;第四编“亲属”,1930年12月26日公布,1931年5月5日施行。本编规定了因婚姻、血缘和收养关系而产生的人们之间的权利义务,下设“通则”“婚姻”“父母子女”“监护”“抚养”“家”及“亲属会议”七章;第五编“继承”,1930年12月26日公布,1931年5月5日施行。本编规定的是被继承人死亡后由其亲属继承其财产的权利和义务,下设“遗产继承人”“遗产之继承”“遗嘱”三章。此外,各编还分别编有施行法若干条,与各该编同时施行。尽管民法的规范十分详密,但是它也并不能完全将所有的民事关系纳入其调整范围以内。对此,民法典第一条明确规定:“民事法律未规定者,依习惯,无习惯者,依法理。”这表明习惯和法理也构成南京国民政府民事法律的渊源,这实际上也是对北京政府做法的继承①。总论可知,《中华民国民法》在继承《大清民律草案》和《民国民律草案》立法精神的基础上,着重参考德国、日本、瑞士立法经验,并且参考了苏俄民法典和泰国民法典,以分编起草、分别通过的方式制定而成。《中华民国民法》各编陆续颁布后,中国历史上第一次有了成文的独立、统一适用的民法典②。

与《大清民律草案》《民国民律草案》相类似,《中华民国民法》关于田宅法律的相关规定主要集中于物权编的不动产所有权和典权部分。《中华民国民法》第三编物权中第二章所有权部分,从第七百七十三条至第八百条主要规定不动产所有权:

“第七百七十三条:土地所有权,除法令有限制外,于其行使有

① 张晋藩主编:《中国民法通史》,福建人民出版社2003年版,第1199—1201页。
② 张生、李彤:《民国民法典的编订:政府与法律家的合作》,载《中国社会科学院研究生学院学报》2006年第1期。

利益之范围内，及于土地之上下，如他人之干涉，无碍其所有权之行使者，不得排除之。

第七百七十四条：土地所有人经营工业及行使其他之权利，应注意防免邻地之损害。

第七百七十五条：由高地自然流至之水，低地所有人不得妨阻。由高地自然流至之水，而为低地所必需者，高地所有人纵因其土地之必要，不得防堵其全部。

第七百七十六条：土地因蓄水、排水或引水所设之工作物破溃、阻塞，致损害及于他人之土地或有致损害之虞者，土地所有人应以自己之费用，为必要之修缮、疏通或预防。但其费用之负担，另有习惯者，从其习惯。

第七百七十七条：土地所有人不得设置屋檐或其他工作物，使雨水直注于相邻之不动产。

第七百七十八条：水流如因事变在低地阻塞，高地所有人得以自己之费用，为必要疏通之工事。但其费用之负担，另有习惯者，从其习惯。

第七百七十九条：高地所有人因使浸水之地干涸，或排泄家用、农工业用之水以至河渠或沟道，得使其水通过低地。但应择于低地损害最少之处所及方法为之。前项情形，高地所有人对于低地所受之损害，应支付偿金。

第七百八十条：土地所有人因使其土地之水通过，得使用高地或低地所有人所设之工作物。但应按其受益之程度负担该工作物设置及保存之费用。

第七百八十一条：水源地、井、沟渠及其他水流地之所有人，得自由使用其水。但有特别习惯者，不在此限。

第七百八十二条：水源地或井之所有人，对于他人因工事杜绝、减少或污秽其水者，得请求损害赔偿，如其水为饮用或利用土地所必要者,并得请求回复原状。但不能回复原状者,不在此限。

第七百八十三条:土地所有人因其家用或利用土地所必要,非以过巨之费用及劳力不能得水者,得支付偿金,对邻地所有人,请求给与有余之水。

第七百八十四条:水流地所有人,如对岸之土地属于他人时,不得变更其水流或宽度。两岸之土地,均属于水流地所有人者,其所有人得变更其水流或宽度。但应留下游自然之水路。前二项情形,如另有习惯者,从其习惯。

第七百八十五条:水流地所有人,有设堰之必要者,得使其堰附着于对岸。但对于因此所生之损害,应支付偿金。对岸地所有人,如水流地之一部属于其所有者,得使用前项之堰。但应按其受益之程度,负担该堰设置及保存之费用。前二项情形,如另有习惯者,从其习惯。

第七百八十六条:土地所有人非通过他人之土地,不能安设电线、水管、煤气管或其他筒管,或虽能安设而需费过巨者,得通过他人土地之上下而安设之。但应择其损害最少之处所及方法为之,并应支付偿金。依前项之规定,安设电线、水管、煤气管或其他筒管后,如情事有变更时,他土地所有人得请求变更其安设。前项变更安设之费用,由土地所有人负担。但另有习惯者,从其习惯。

第七百八十七条:土地因与公路无适宜之联络,致不能为通常使用者,土地所有人得通行周围地以至公路。但对于通行地因此所受之损害,应支付偿金。前项情形,有通行权人应于通行必要之范围内,择其周围地损害最少之处所及方法为之。

第七百八十八条:有通行权人于必要时,得开设道路。但对于通行地因此所受之损害,应支付偿金。

第七百八十九条:因土地一部之让与或分割,致有不通公路之土地者,不通公路土地之所有人,因至公路,仅得通行受让人或让与人或他分割人之所有地。前项情形,有通行权人,无须支付偿金。

第七百九十条:土地所有人得禁止他人侵入其地内。但有左(下)列情形之一者,不在此限:一、他人有通行权者。二、依地方习惯,任他人入其未设围障之田地、牧场、山林刈取杂草、采取枯枝、枯干,或采集野生物,或放牧牲畜者。

第七百九十一条:土地所有人遇他人之物品或动物偶至其地内者,应许该物品或动物之占有人或所有人入其地内,寻查取回。前项情形,土地所有人受有损害者,得请求赔偿。于未受赔偿前,得留置其物品或动物。

第七百九十二条:土地所有人因邻地所有人在其疆界或近旁,营造或修缮建筑物,有使用其土地之必要,应许邻地所有人使用其土地。但因而受损害者,得请求偿金。

第七百九十三条:土地所有人于他人之土地有煤气、蒸气、臭气、烟气、热气、灰屑、喧嚣、振动及其他与此相类者侵入时,得禁止之。但其侵入轻微,或按土地形状、地方习惯认为相当者,不在此限。

第七百九十四条:土地所有人开掘土地或为建筑时,不得因此使邻地之地基动摇或发生危险,或使邻地之工作物受其损害。

第七百九十五条:建筑物或其他工作物之全部或一部有倾倒之危险,致邻地有受损害之虞者,邻地所有人得请求为必要之预防。

第七百九十六条:土地所有人建筑房屋逾越疆界者,邻地所有人如知其越界而不即提出异议,不得请求移去或变更其建筑物。但得请求土地所有人,以相当之价额,购买越界部分之土地;如有损害,并得请求赔偿。

第七百九十七条:土地所有人遇邻地竹木之枝根,有逾越疆界者,得向竹木所有人,请求于相当期间内刈除之。竹木所有人不于前项期间内刈除者,土地所有人得刈除越界之枝根。越界竹木之枝根,如于土地之利用无妨害者,不适用前二项之规定。

第七百九十八条：果实自落于邻地者，视为属于邻地。但邻地为公用地者，不在此限。

第七百九十九条：数人区分一建筑物而各有其一部者，该建筑物及其附属物之共同部分，推定为各所有人之共有。其修缮费及其他负担，由各所有人按其所有部分之价值分担之。

第八百条：前条情形，其一部分之所有人，有使用他人正中宅门之必要者，得使用之。但另有特约或另有习惯者，从其特约或习惯。因前项使用，致所有人受损害者，应支付偿金”①。

《中华民国民法》第三编物权中第八章第九百一十条至第九百二十七条主要规定典权部分：

“第九百十一条：称典权者，谓支付典价，占有他人之不动产而为使用及收益之权。

第九百十二条：典权约定期限，不得逾三十年；逾三十年者，缩短为三十年。

第九百十三条：典权之约定期限不满十五年者，不得附有到期不赎即作绝卖之条款。

第九百十四条：第七百七十四条至第八百条之规定，于典权人间或典权人与土地所有人间准用之。

第九百十五条：典权存续中，典权人得将典物转典或出租于他人。但契约另有订定或另有习惯者，依其订定或习惯。典权定有期限者，其转典或租赁之期限，不得逾原典权之期限；未定期限者，其转典或租赁，不得定有期限。转典之典价，不得超过原典价。

第九百十六条：典权人对于典物因转典或出租所受之损害，负赔偿责任。

第九百十七条：典权人得将典权让与他人。前项受让人对于出

① 《中华民国民法》，载杨立新主编：《中国百年民法典汇编》，中国法制出版社 2011 年版，第 473—477 页。

典人取得与典权人同一之权利。

第九百十八条:出典人于典权设定后,得将典物之所有权让与他人。典权人对于前项受让人,仍有同一之权利。

第九百十九条:出典人将典物之所有权让与他人时,如典权人声明提出同一之价额留买者,出典人非有正当理由,不得拒绝。

第九百二十条:典权存续中,典物因不可抗力致全部或一部灭失者,就其灭失之部分,典权与回赎权,均归消灭。前项情形,出典人就典物之余存部分为回赎时,得由原典价中扣减典物灭失部分灭失时之价值之半数。但以扣尽原典价为限。

第九百二十一条:典权存续中,典物因不可抗力致全部或一部灭失者,典权人除经出典人同意外,仅得于灭失时灭失部分之价值限度内为重建或修缮。

第九百二十二条:典权存续中,因典权人之过失,致典物全部或一部灭失者,典权人于典价额限度内,负其责任。但因故意或重大过失致灭失者,除将典价抵偿损害外,如有不足,仍应赔偿。

第九百二十三条:典权定有期限者,于期限届满后,出典人得以原典价回赎典物。出典人于典期届满后,经过二年,不以原典价回赎者,典权人即取得典物所有权。

第九百二十四条:典权未定期限者,出典人得随时以原典价回赎典物。但自出典后经过三十年不回赎者,典权人即取得典物所有权。

第九百二十五条:出典人之回赎,如典物为耕作地,应于收益季节后,次期作业开始前为之;如为其他不动产者,应于六个月前,先行通知典权人。

第九百二十六条:出典人于典权存续中,表示让与其典物之所有权于典权人者,典权人得按时价找贴,取得典物所有权。前项找贴,以一次为限。

第九百二十七条:典权人因支付有益费用使典物价值增加,或依

第九百二十一条之规定重建或修缮者，于典物回赎时，得手现存利益之限度内，请求偿还”①。

同时，南京国民政府还颁布一些针对田宅法律的专门法律条例，较为重要的有《土地法》、《土地法施行法》及《各省市地政施行程序大纲》等田宅基本法。立法院依据土地法之原则，参考《国民党政纲》之规定，加紧起草、编成土地法，几经审查讨论修正，于 1931 年 6 月 30 日公布，1935 年 4 月 5 日又公布《土地施行法》，又于 1936 年 2 月 22 日公布《各省市地政施行程序大纲》，作为实施土地法的配套法规，最后三部法规统一定于 1936 年 3 月 1 日施行。

《土地法》共分总则、土地登记、土地使用、土地税及土地征收等 5 编，共 397 条，对于土地所有权的确定和保障，私人或团体所有土地面积的限制，土地使用的统制，开垦荒地的奖励，国家因国防的安全或公共利益的需要对于私有土地的征收，以及地籍测量，土地登记，及征收地价税的程序等，都有详密的规定，其内容不仅包括民法、行政法等实体法，还包括土地登记、土地重划等程序法，是实行平均地权的完整纲领和方案。

面对《土地法》的颁布，行政院决定起草、制定《土地法施行法》，该法于 1935 年 4 月公布，共 91 条，多为关于《土地法》各编施行程序之规定，分为总则、土地登记、土地使用、土地税和土地征收共 5 编，编数及名与土地法相同，但不像土地法那样，每编分若干章，而是分编不分章，因为土地法并非每章都有规定施行法的必要。“其要旨约有三点：(1)就《土地法》所未明定之事项，应为规定者加以规定；(2)因各地方在《土地法》施行前已经举办之土地行政事项，于《土地法》施行后有改正之必要，须于施行法中有适当规定为之救济者；(3)关于《土地法》条文有为补充规定之必要者”②。

---

① 《中华民国民法》，载杨立新主编：《中国百年民法典汇编》，中国法制出版社 2011 年版，第 487—488 页。

② 谢振民：《中华民国立法史》，中国政法大学出版社 2000 年版，第 1172—1113 页。

在《土地法》施行前，为地方需要，各省市有提前办理土地行政的，但情形各不相同，内政部于1934年呈准公布《各省市举办地政程序大纲》，以作为各地方的依据，但在该大纲公布前，各省市举办的事业，大都与法定原则未尽符合。而在《土地法施行法》公布后，各省市先期举办的地政，应如何设法厘整，事关重大，有广咨各地方主管地政人员意见的必要。1935年6月第一次全国地政会议召开，最后通过了《各省市地政施行程序大纲》。大纲共8章，33条，具体为：(1)总则；(2)地政机关设立程序；(3)土地测量施行程序；(4)土地登记施行程序；(5)土地使用施行程序；(6)土地税施行程序；(7)土地征收施行程序；(8)附则①。

第三节 解放区田宅法律制度

所谓解放区，就是指中国共产党领导人民在进行反帝反封建的新民主主义革命过程中所创建的革命根据地。在解放区里，其社会性质已经发生了根本的变化，即由半殖民地半封建社会改变成为新民主主义社会。在法律制度方面，也进行了彻底改革，废除了半殖民地半封建的法律制度，创建了为革命斗争所需的新民主主义法制。这种新民主主义革命法制的阶级实质是：无产阶级领导的，以工农联盟为基础的，对人民实行民主，对帝国主义、封建主义和官僚资本主义实行专政的人民民主专政。新民主主义法制的产生，开辟了中国法制史上的新纪元②。

新民主主义法律的体系，包括具有基本法性质的宪法大纲和施政纲领，以及政权组织法、行政法、土地法、劳动法、经济法、民事立法和刑事立法，并建立了人民的司法机关、诉讼制度及人民调解制度。至于解放区的民事立法，当时是以单行法的形式出现的，没有制定系统的民法典。这是

① 蒲坚主编：《中国历代土地资源法制研究》(修订版)，北京大学出版社2011年版，第454页。

② 张晋藩主编：《中国民法通史》，福建人民出版社2003年版，第1278页。

由于那时正处在革命战争的紧张形势之下，解放区的社会经济制度仍处在不断深化变革的进程中，同时解放区在立法和司法实践方面所积累的经验还很不充分，所以不具备制定民法典的基本条件，而是根据当时革命斗争的需要与可能，制定了若干具有民法规范的单行法规。这些单行法规，都是为了实现反帝反封建革命总路线、总任务服务的。例如减租减息条例和土地改革法，前者是在农民运动初期实行的土地政策，其目的是为了减轻地主对佃农的盘剥；后者是在条件成熟时，彻底废除封建土地剥削制度，实现农民的土地所有制。这些法律涉及民法中的租佃关系和借贷关系以及土地所有权的根本变革问题。到了解放战争后期，进入大城市之后，又制定了有关城市房地产所有权和房租的政策法规。此外，还制定了婚姻法和继承法，也是以废除封建婚姻家庭制度及封建宗法继承制度为宗旨，而确定实施新民主主义的婚姻家庭制度和争取女子享有平等继承权为特征的新型继承制度。因此，解放区的这些民事立法，便为新中国成立后制定相关的民事法律奠定了坚实的基础①。

一、党的早期土地改革纲领与《中华苏维埃共和国土地法》

（一）中国共产党的早期土地改革纲领

1922 年 6 月 15 日《中共中央第一次对于时局的主张》提出，没收军阀官僚的财产，将他们的田地分给贫苦农民。1925 年 10 月，中国共产党扩大执行委员会做出决议，提出“耕地农有”的口号，指出：中国农民运动的“最终目标，应当没收大地主、军阀、官僚、庙宇的田地交给农民。中国共产党应当使一般民主派知道没收土地是不可免的政策，是完成辛亥革命的一种重要职任”。1927 年 5 月，中国共产党第五次全国代表大会通过的《土地问题决议案》规定：①没收一切所谓公有田地以及祠堂、学校、寺庙、外国教堂及农业公司的土地，交诸耕种的农民。此等土地的管理形

① 张晋藩主编：《中国民法通史》，福建人民出版社 2003 年版，第 1278—1279 页。

式，是否采取公有制度或分配于耕种者的农民，皆由土地委员会决定。②无代价地没收地主租与农民的土地，经过土地委员会将此等土地交诸耕种的农民。但是，属于小地主的土地和革命军人现有的土地，可不没收。就是只限于没收非革命军人（指参加北伐的国民革命军）的大地主的土地。③耕种已没收的土地之农民，除缴纳累进的地税于政府外，不纳任何杂税。未没收的土地之租率，应减至相当的程度。耕种者享有永久租佃权。上述土地问题决议案，由于主客观各种原因，并未付诸实施。真正实行土地制度的改革，是从 1927 年秋收起义建立农村革命根据地之后，才正式开始的[①]。

（二）《中华苏维埃共和国土地法》的基本内容

1931 年 11 月中华工农兵苏维埃第一次全国代表大会通过《中华苏维埃共和国土地法》，同年 12 月 1 日公布施行，共 14 条，是在全苏区实施地域最广、适用时间最长的土地法，其主要内容如下：第一，废除封建土地剥削制度，规定了没收土地财产的对象和范围：①所有封建地主、豪绅、军阀、官僚以及其他大私有主的土地，无论自己经营或出租，一概无代价地实行没收。②中国富农的性质是兼地主或高利贷者，对于他们的土地也应该没收。③没收一切反革命的组织者及白军武装队伍的组织者和参加反革命者的财产和土地。④一切祠堂庙宇及其他公共土地，在取得农民自愿赞助后，无条件地交给农民。⑤没收一切封建主、军阀、豪绅、地主的动产与不动产、房屋、仓库、牲畜、农具等。富农多余的房屋、农具、牲畜等，也须没收。⑥废除一切佃租契约，取消农民对这些财产与土地的义务与债务，并宣布一切高利贷债务无效。第二，规定了对于没收的土地财产的分配办法：①被没收来的土地，经过苏维埃由贫农与中农实行分配。雇农、苦力、劳动贫民均不分男女，同样有分配土地的权利。乡村失业的独立劳动者，在农民群众赞同下，可同样分配土地。老弱残废以及孤寡不能

---

① 张晋藩主编：《中国民法通史》，福建人民出版社 2003 年版，第 1284—1285 页。

劳动，而且没有家属可依靠的人，应由政府实行社会救济，或分配土地后另行处理。红军均应分得土地，由苏维埃政府设法替他耕种。②关于土地分配办法，实行平均分配一切土地。如多数中农不愿意时，他们可不参加平分。具体分配方法，可以按劳动力与人口的混合原则进行分配，或以中农贫农雇农按照人口平均分配，富农以劳动力为主要单位、以人口为辅助单位进行分配。在分配土地时，不仅应计算土地的面积，而且应估计土地的质量（特别是收获量）。③关于房屋、牲畜、农具的分配方法，规定没收来的房屋，由当地苏维埃分配给没有住所的贫农和中农，一部分可供学校机关团体使用。牲畜农具可由贫农中农按户分配。第三，关于土地所有权问题，《中华苏维埃共和国土地法》原则上肯定了农民现在仍须实行土地私有制，其第 12 条规定，现在仍不禁止土地的出租与土地的买卖，苏维埃政府应严禁富农投机与地主买回原有土地。1933 年土地人民委员部发布的《土地登记条例》规定，“为确定农民的土地所有权，实行发给土地证，使农民热心生产，更加改善农民生活，发展国民经济”，“农民分得田地后，如承买承卖租借或让与别人时，应向区政府土地部登记”。但是，这个土地法的指导思想，仍是主张在中国尽快实行土地国有。如第 12 条还规定“在目前革命阶段上，苏维埃政府应将土地与水利国有的利益向群众解释”，等到“中国重要区域土地革命胜利与基本农民群众拥护国有条件下”，便可实行土地国有。对于这个问题，应做具体分析。如果实行国有的对象，只限于第 10 条所列的“一切水利、江河、湖沼、森林、牧场、大山林，由苏维埃管理”，则是完全必要的；但是如果连同耕地一律实行国有，则是不正确的。由于中国是个经济落后的农业国，小农经济所固有的私有观念根深蒂固。因此，在消灭封建土地私有制度之后，只能实行个体农民的土地私有制，这是解放农村生产力的第一步，也是个历史性的伟大进步。第四，错误地实行“地主不分田，富农分坏田”的极左政策。土地法第一条规定：“被没收土地的以前的所有者，没有分配任何土地的权利。”其第三条规定：“富农在没收土地后，如果不参加反革命活动而且用自己劳动耕种这些土地时,可以分得较坏的劳动份地。"这一极左政策的实质,就是主张在经济上消灭富农,在肉体上消灭地主分子。其结果,不仅过重地打击了富农,使地主分子失去生活出路,而且容易侵犯中农的利益,影响农民的生产积极性,甚至危害革命根据地的革命秩序。归根到底,对于人民革命的长远利益,都是非常不利的。这一错误政策,直到中央红军到达陕北以后,才加以纠正①。

(三)1947年《中国土地法大纲》的发展变化

抗日战争胜利后,各解放区仍实行减租减息结合进行"反奸清算"的政策。1946年5月4日中共中央发布《关于土地问题的指示》(简称"五四指示")。根据战后新形势的发展和广大农民的要求,将减租减息改为没收地主土地分配给农民的政策。1947年9月在河北平山县西柏坡召开的土地会议上,通过了《中国土地法大纲》(1947年10月10日公布),是这时期最主要的土地法。《中国土地法大纲》共16条,其主要内容是:宣布"废除封建及半封建性质剥削的土地制度,实行耕者有其田的土地制度"。根据这一总的原则,又具体规定了没收和征收的范围,即"废除一切地主的土地所有权","废除一切祠堂、庙宇、寺院、学校、机关团体的土地所有权","废除一切乡村中在土地制度改革以前的债务"(指劳动人民欠地主、富农、高利贷者的高利贷债务)。同时还要"接收地主的牲畜、农具、房屋、粮食及其他财产,并征收富农的上述财产的多余部分"。确定土地财产的分配办法。即以乡或行政村为单位,"按乡村全部人口,不分男女老幼,统一平均分配。在土地数量上抽多补少,质量上抽肥补瘦,使全乡村人民均获得同等的土地,并归各人所有"。"地主及其家庭,分给与农民同样的土地及财产"。"分配给人民的土地,由政府发给土地所有证,并承认其自由经营、买卖及在特定条件下出租的权利。"此外,还确定了土地改革的合法执行机关,为各级农民代表大会及其选出的委员会

① 张晋藩主编:《中国民法通史》,福建人民出版社2003年版,第1285—1287页。

和贫雇农大会及其选出的委员会，并成立土地改革人民法庭，审判一切违抗或破坏土地改革的罪犯。土地法大纲颁布后，在广大解放区掀起了土地改革的新高潮。至 1949 年 6 月止，在大约 1.5 亿人口的地区，完全废除了封建土地制度，实现了“耕者有其田”，并在一部分新解放地区实行了减租减息，为中华人民共和国成立后在全国进行土地改革创造了有利条件①。

二、抗日战争时期解放区的地权条例

由于抗日战争时期边区政府承认一切合法土地的所有权，所以有关地权的纠纷日益增多。根据陕甘宁边区高等法院的统计，自 1939 年至 1941 年上半年，土地纠纷案件占整个民事案件的 35%。为此，中共中央政治局于 1942 年 1 月 28 日通过了《关于抗日根据地土地政策的决定》，并附有《关于地租及佃权问题》、《关于债务问题》及《关于若干特殊土地的处理问题》。各解放区政府先后制定以下与土地所有权有关的法规：(1)1938 年 4 月 1 日《陕甘宁边区土地所有权证条例》。(2)1938 年 4 月 1 日《陕甘宁边区政府布告关于处理地主土地问题》。(3)1939 年 4 月 4 日《陕甘宁边区土地条例》。(4)1943 年 3 月 1 日《陕甘宁边区优待移民难民垦荒条例》。(5)1943 年 9 月 14 日《陕甘宁边区土地典当纠纷处理原则及旧债纠纷处理原则》。(6)1943 年 9 月《陕甘宁边区土地登记试行办法》。(7)1944 年 12 月《陕甘宁边区地权条例》。(8)1941 年 11 月《晋冀鲁豫边区土地使用暂行条例》(后又经 1942 年 10 月、1943 年 9 月、1945 年 5 月多次修正)。(9)1945 年 3 月 25 日《太岳区地权单行条例》。(10)1945 年 3 月 25 日《太岳区关于典地、旧债纠纷、押地问题之处理办法》。(11)1941 年 8 月《晋西北行政公署修正垦荒条例》。(12)1943 年 6 月 15 日《胶东区开垦荒地暂行办法》。以下便以陕甘宁边区的规定为

---

① 张晋藩主编：《中国民法通史》，福建人民出版社 2003 年版，第 1287—1288 页。

主，结合其他地区的补充规定，阐述几个专门问题：

（一）土地所有权的一般规定

1. 土地所有权的客体和种类

《陕甘宁边区地权条例》规定，本条例所称土地，包括农地、水旱地、林地、牧地、园地、荒地、宅地、墓地、矿地及一切水陆天然富源之所有权。土地所有权，依其主体的不同，可分为以下三类：第一类，边区政府所有（即国有或公有土地）。其中包括：①军事工事及要塞区域的土地。②公共交通的道路。③公共需要的河流和其他天然水源地。④凡不属于私有的矿产地、盐地、荒山、森林、名胜、古迹等。⑤依法没收归公的土地。⑥其他未经人民依法取得所有权的一切土地。

第二类，公共社团所有的土地。包括族地、社地、学地、宗教土地等。中共中央《关于若干特殊土地的处理问题》中规定：①族地、社地，由本族本社人员组织管理委员会管理之，以其收入作为本族本社或本地公益事业之用。②学田留作教育经费，由政府或本地人员组织教育基金管理委员会管理之。③宗教土地（基督教、佛教、回教、道教及其他教派的土地），均不变动。关于宗教土地，1941 年 11 月《晋冀鲁豫边区土地使用暂行条例》做出以下规定：①区县之土地，为中华民国领土之一部分，外国人不得以任何方式取得所有权。②天主和耶稣教会业经依法取得所有权之土地，有契约证明者，为教会所公有；其非法取得之土地，无契约证明者，退归原地主。无原地主者，由政府收归公有。③外国宣教师以私人名义购置或捐募之土地，改为有关教堂或教会学校所公有，依照边区政府法令交纳赋税，其收益作为教会公益经费及办理教育之用。④通敌有据、破坏边区或与中国政府断绝国交的外国人，其土地由政府收归公有。⑤本条例颁布前教会土地业经处理者，不再变动。

第三类，人民依法取得的私人土地所有权，一律受政府保护。陕甘宁边区是从老苏区转化来的，已有部分地区实行过土地革命。因此，边区政府规定：已经实行土地革命的地区，要保护农民分得的土地房屋的所有权，任何人不得擅自变更。在土地未经分配的地区，土地仍为原合法所有人所有①。

《陕甘宁边区地权条例草案》具体规定了确定土地所有权的合法证件：(1)在土地已经分配的区域，为依法取得边区政府所发的土地所有权证，分地以后依法转移土地之契约，或分地时的分地证。(2)在土地未经分配区域，为合法取得土地之契约。(3)如上述契约或凭证因故遗失或毁坏，或在土地革命中未及颁发分地证者，则须交验当地群众团体或分地时工作人员之证明文件，经考查确实者。(4)凡业主实有土地因当日未经真确丈量，致超过过去凭证所载之数量，经证明确非侵占他人土地或公地，而又为自行经营者，得照实呈报登记，不予追究。如超过部分，故意搁置荒芜，不予经营者，政府得收归公有。前项土地在登记后，查明仍有隐匿不报之土地，其隐匿不报部分充公。(5)今后地权有下列变动情形之一者，须于一年内向当地政府申请重新登记：①地权发生转移者。②地权分割者。③土地有分合、增减、坍没及其他变动者。

2. 关于若干特殊土地所有权的处理办法

(1)汉奸土地。中共中央《关于若干特殊土地的处理问题》中规定，凡罪大恶极之汉奸的土地，应予没收，归政府所有，租给农民耕种，以示惩罚。其家属未参加此种汉奸活动，或其情节较轻者，不在此例，被迫为汉奸者的土地，不应没收，以示宽大，争取其悔过自新。晋冀鲁豫边区根据这一原则，具体规定了汉奸土地的处理办法。

(2)逃亡地主土地。中共中央规定，凡逃亡地主，不论其逃亡何处，其土地不得没收。无人管理者，由政府代管，招人耕种，并保存其应得地租，代交田赋公粮。原主回村时，将其土地及应得地租一并发还之。晋冀鲁豫边区政府还具体规定：①逃亡地主家中留有部分人口者，政府不得代管其土地。②地主逃亡敌占区者，一律不准其出卖、出典土地，逃亡其他

① 张晋藩主编：《中国民法通史》，福建人民出版社 2003 年版，第 1288—1290 页。

地区者，须经县政府核准，方允其出卖出典土地。③在条例颁布以前，无租借种逃亡地主土地之收益，归借种人，不再追缴；今后一律改为低租借种，由政府代管。荣誉军人、贫苦抗属有以低租借种之优先权。

（3）非法地（黑地）。中共中央规定，凡没有税过契或没有纳过税的黑地，不许没收，而限期责令业主税契纳粮。如逾期仍不税契不纳粮时，由政府给予相当的处罚。晋冀鲁豫边区政府规定，凡不依法交纳田赋，隐匿不报或非法变更土地所有权之土地，为非法地，一律禁止。凡隐匿不报逃避赋税及负担或无契约之土地，为黑地，一律在6个月内自行呈报税契。凡交付地主一定金额开垦山地后，逐年交付地主山钱，取得土地无限制使用权者，为顶地，一律禁止。现有顶地户，待向县政府登记税契，取得土地所有权。

（4）开垦荒地。中共中央规定，公荒，由政府分配给抗属、难民、贫民开垦，并归其所有。在一定时期内，免除或减少其税收。私荒，不论生荒、熟荒，应先尽业主开垦。如业主无力开垦任其荒芜时，政府招人开垦，并在一定时期内，免除或减少其租税。土地所有权仍属于原主，但开垦者有永佃权。晋冀鲁豫边区政府规定，承垦人向政府领取承垦证书，依限（在2年内）垦竣后，得向政府领取证书，即取得土地所有权，在5年内免纳一切赋税及负担；有契约证明为私人所有之荒地即为私有荒地；私人生荒，如1年内所有人不开垦者，得由他人依法开垦；承垦人在5年内取得土地使用权，并免交一切租税负担，期满后承垦人有买、典、租佃之优先权；私人放弃耕种之熟荒地，由当地政府招人无租借种，至土地所有人收回为止。为了确定土地房屋的所有权，实行农业统一累进税，陕甘宁边区政府于1943年9月公布《土地登记办法》，对全边区的土地房屋进行普遍登记，然后颁发了土地房屋所有证。

3. 土地所有权争议中个别问题的处理原则

《晋冀鲁豫边区土地使用暂行条例》规定了有关保护土地私有权的一般处理原则：（1）公有水道河川两岸及公有湖沼地周围之私有土地，如有坍没及冲毁而变成水道河川或湖沼之一部分者,其所有权视为消灭。该冲毁部分之土地自然恢复时,经原地主凭契约或近邻证明为其所有者,仍恢复其所有权。如需人力修复,而原地主自愿放弃修复或自冲毁后5年以内不修复者,他人有重修权。修复后土地所有权即归重修人。私人有约定者,依其约定。(2)土地所有权人得禁止他人或牲畜侵入其地内(依习惯可在其山地牧场内樵采牧畜者,不在此限)。如遇他人之牲畜或物品偶入其地内者,允许其取出。土地所有人因此而受有损害时,得请求赔偿。但是,如另有土地所有人,非通过他人土地不能到达其自己土地者,得依习惯享有经过该地之通行权。(3)土地所有权人因邻地所有人在其地界或近旁营造或修缮建筑物,有使用其土地之必要时,应允许其使用。但土地所有人因此遭受损失时,得要求赔偿。土地所有人于需要越界建筑房屋时,须向邻地所有人购买其土地。如未事先协商而已越界建筑者,视为侵犯邻地所有权;邻地所有人对越界部分之土地,得要求适当之价格出卖①。

(二)关于典地的规定

《陕甘宁边区土地典当纠纷处理原则》规定:典权之处理依下列原则:①在土地未经分配地区,其土地上存在的典当关系皆为有效,出典人得依约回赎。②在土地已经分配区域,其分配以前的土地上的典当关系,随土地分配而消灭,原出租人不得回赎。③凡土地分配不彻底的区域,因而发生典当问题的纠纷时,应在便利农民取得土地的原则下,酌情处理。关于典当的时效问题,有约定的从约定,无约定者,从民间习惯。

在敌后抗日根据地,由于没有实行过土地革命,所以历史遗留下来的典押土地现象比较普遍,情况也很复杂。因此,在晋察冀边区和晋冀鲁豫边区对典地的处理办法规定得比较具体详尽。1943年1月《晋察冀边区租佃债息条例》规定:典地,系指收受典价将土地移转他人为定期或不定

---

① 张晋藩主编:《中国民法通史》,福建人民出版社2003年版,第1290—1293页。

期占有,供其使用及收益,而于期满后,或随时得以原典价回赎者而言。也就是晋察冀各地所称的“地无租钱无息之当地”。1941 年 11 月《晋冀鲁豫边区土地使用暂行条例》规定,承典人依法交付典价、订约税契后,在典权存续期间,享有使用出典人土地收益权利者,为典地。该条例还具体规定以下原则:①典地自立约之日起,一年以内不准赎回;其 1 年以上 30 年以内,出典人得随时以原价赎回。另有约定年限者,依其约定。超过 30 年者,经原典人将原典契当做卖契,税契后,典地所有权即归承典人。②承典人得将其典地转典,或出租于他人,但转典期限不得超过原典期限,转典价不得超过原典价。③承典人因事实需要,而出典人暂无收回典地之能力时,承典人得将典权让与他人。典权让与后,受让人应继续原承典人与出典人之关系。④承典人不得出卖典地。在本条例颁布前,出卖典地业税契者,应由承典人依其卖时地价补偿出典人之地价;如未税契者,其出卖关系为无效。⑤出典人出卖其典地时,承典人有购买之优先权。出典人出卖典约期限未满之土地,新主不得收回自种,或另出典他人。⑥典地因天灾或其他意外,以致全部或一部消灭,其消灭部分之承典权与赎回权均归消灭。⑦因承典人之过失,以致典地或其附属物遭受损失者,承典人应按损失情形负责赔偿。⑧在本条例公布前之典地,如典期不明在 30 年以上 60 年以下者,准出典人于 2 年内设法赎回。逾期不赎者,即以死契论,不准赎回。其未满 30 年者,概以典产论,准其依法赎回。契约已载明典期者,按原约之规定①。

(三)关于质契地(押地)的规定

1941 年《晋冀鲁豫边区土地使用暂行条例》规定,债务人向债权人不转移其土地使用,而只抵押其土地以担保偿还债款本息者,为押地。押地,也叫“质契地”。该条例具体规定:①押地于债款已到偿还期而未能偿还者,得依习惯继续付息;其不能付息或契约注明到期必须还本利者,

① 张晋藩主编:《中国民法通史》,福建人民出版社 2003 年版,第 1293—1294 页。

得改为典地契约。如债务人不愿改为典地契约时,债权人得申请法院(或县政府)按市价出卖该土地,以其卖得之地价偿还其债务;剩余之地价归交债务人。②同一押地担保数债权者,其卖得之地价,按各债务契约先后依次清偿之。③押地因天灾而被消灭者,债权人不得再要求押地。④本条例颁布前之押地,契约载明之利息,应减为年利15%。另换新约,不及者依其约定。债务人已付利息超过2倍者,即视为还清,由债务人无条件收回押地。债权人因债务人未能支付利息,以致收回押地者,该押地之收益,作为已交约定利息计算。晋察冀边区规定:质地借钱,欠息2年以上者,按条例减息,分期清偿,另换新约。债权人不得因欠息关系处置所质土地。但质契地、典当地经双方同意转为卖契者,不得回赎①。

(四)关于永佃权的规定

"永佃权"又称"田面权"。晋察冀边区规定:已取得永佃权之土地,地主不得巧借名目违法收地。关于永佃权之解释如下:①不论佃户租种年限多少,契约明白规定"永佃权"或"长期佃户"者。②无论有无契约,父死子继,经营两世或两世以上者。③未定契约或契约未定年限,但佃户父死子继连续租种多年,在习惯上公认为长期佃户者。如地主违法收回或变更佃户已取得永佃权之土地(田租典卖给第三者、收地或改为有期契约等),应立即恢复其永佃权。其他地区还有以下补充规定:地主出卖该土地,不影响农民的永佃权。出租人如典卖土地时,原承租人依同一价格有承佃承买该土地的优先权,双方不得故意抬高或压低地价。出典人典卖出租土地时,须在秋收以后春耕之前进行。如承租人对耕地进行改良时(如将中田改为上田,旱田改为水田等),出租人不得反对。在上述耕地改良的有效期内,出租人不得收回土地,或增加租额。晋冀鲁豫边区政府规定:本条例公布前已有永佃权者,仍保留之。无永佃权者,得由双方协议,订立5年以上的契约。山东省则规定,在租佃契约上或习惯上,

---

① 张晋藩主编:《中国民法通史》,福建人民出版社2003年版,第1294—1295页。

有永佃权者保留之。无永佃权者，不得强迫规定[①]。

三、解放战争时期关于城市房地产所有权的法规

在大城市解放初期，房屋纠纷大量增加，成为当时人民生活中急需解决的社会问题之一。从司法机关受理案件来看，房屋纠纷占民事案件的首位。为了申明人民政府的房屋政策，迅速解决房屋纠纷以安定人民生活秩序，并为了鼓励房屋修建和发展城市建设，党和政府先后颁布了许多有关的法令条例。例如1949年4月25日《中国人民解放军布告》中明确宣布“城市的土地房屋，不能和农村土地问题一样处理”。同年5月16日北平市军事管制委员会颁布《为规定办理房屋问题办法》的布告，北平市人民政府也于同年6月发布关于城区公私房地产进行登记的布告，上海市军事管制委员会于1949年6月23日颁布《房地产管理暂行条例》。《人民日报》也在8月12日发表新华社信箱《关于城市房屋房租的性质和政策》。在上述文告中，具体规定了有关城市房屋的性质、基本政策和房屋纠纷的处理原则。

（一）关于城市房屋的性质问题

在商品生产的社会里，城市房屋是一种商品。由于建筑房屋需要一定的投资，而且还要出资加以修缮，这种以收取房租为目的而用在房屋上的投资，也就成为一种资本。因此，城市私人房主对房屋的占有，除了特殊者外，一般是属于资本主义性质的剥削。在新民主主义革命阶段，这种剥削是不可避免的。它对解决城市劳动人民的住房问题，还有一定的积极意义。所以对于这种私人房屋应像对待民族资本主义一样，予以保护。至于城市房屋中一部分是由官僚资产阶级以政治权势掠夺的房产，则属于官僚资本的构成部分，毫无疑问是必须加以没收的，但这与前者的界限是不能混同的。

---

① 张晋藩主编：《中国民法通史》，福建人民出版社2003年版，第1295—1296页。

（二）对城市房地产的基本政策和处理原则

1. 属于官僚资本和国民党政府各部门所占有的房屋地产，经查明属实，即由军事管制委员会接管。属于战争罪犯、罪大恶极的首要反革命分子的房产，经法院判决，则归国家所有。凡被国民党反动派强行霸占之市民房屋，而由人民政府接管者，经查明确实后，得准原业主具保领回管业。

2. 凡房地产具有下列情形之一者，概由政府房地管理处暂行代管：①已逃亡之国民党政府公务人员之房地产无人经管者。②由国民党政府代管之汉奸房地产。③凡外侨之房地产，因原业主不在又无人经管以致被人窃占者。

3. 承认一切私人房屋的合法所有权，并保护产权所有人的正当合法经营。禁止任何机关、团体或个人任意占用私人房屋。允许房屋自由买卖，但要禁止以房屋进行投机倒把，或擅自破坏房屋等非法行为。

4. 政府有权保护所有房屋及监督房主进行必要的修缮，并且奖励私人建筑新房。所有房地产所有人，应向政府进行登记，并照章缴纳一定的房地产税。房地产转移时，须由新旧业主赴地政局申请登记。

5. 凡伪造证件企图侵占或冒领公共房地产者，或未经政府登记批准而擅自侵占、使用公共房屋者，房地产管理处除有权收回外，并向司法机关检举法办。

上述政策法令公布后，澄清了各种混乱思想。各级司法机关据此解决了许多房屋纠纷，进一步安定了城市生活秩序①。

① 张晋藩主编：《中国民法通史》，福建人民出版社 2003 年版，第 1297—1299 页。

第四部分

钱　债　编

第一章　钱债通论

第一节　钱债术语源流

一、钱债术语在法典中的沿革

钱债是中国古代法律中关于债的特定类型的术语。债作为一种古老的民事行为，源远流长。但是钱和债合为一个法律术语正式出现在法律文件中始于元代。

在清代法律人著作中，认为钱债作为律目是明代法律中出现的。薛允升在《唐明律合编》中认为"钱债计三条。钱债以下三条唐本在杂律中，明分出另为一门，似嫌琐碎。"①该表述把钱债的演进路径从唐律直接到明律，跳过了宋代和元代。同一时期法学名家沈家本在《大清新法令》关于《大清新刑律》所附"律目考"中明确写道："钱债，古无此，自唐在'杂律'，明始分立此篇。李悝'杂法'有'假借'之名，汉律因之，魏分入'请赇'律，未知是否钱债之事否，元在'禁令门'内。"②同一文献中"律目考"明律考最后部分按语总结："按明律律目三十内，古无而明新增者公

① （清）薛允升：《唐明律合编》卷二七，民国退耕堂徐氏刊本。

② （清）沈家本：律目考，载《大清光绪新法令》不分卷，大清新法令附录，法典草案二，刑律，修订法律大臣沈家本等奏进呈刑律分则草案折并清单。

式、田宅、课程、钱债、仪制、邮驿、人命、骂詈、营造、河防，凡十。"沈家本的意见认为明代开始出现钱债作为法律分类名称。薛允升和沈家本作为清末最重要的传统律学名家，其观点在当时具有代表性，原因可能是当时《元典章》和其他元代法律文献尚未被重视起来。沈家本主持清末修律期间，收集出版了很多古代法律法典和律学文献，包括《元典章》，《元典章》的律目已经有了钱债一篇①。从目前保存下来的古代法律文献来看，应当是元代法律中就已经出现了独立的钱债分类，并非始于明代，也不仅是从杂律中析出一个途径。

钱债作为律目即法律分类名称在元代法律文献中的存在状况。《元典章》（成书于至治年间 1321—1322）最早出现专门的钱债篇。《元典章》户部卷十三典章二十七为"钱债"，包含斡托钱五条，私债九条，解典一条，共十五个条文。该篇章首次出现了钱债作为法典的一个专门的篇章，成为独立的律目，构成法典体例的一部分。《元典章》所附至治二年（1322）成书的《大元圣政国朝典章新集至治条例》户部下篇目分为禄廪、钞法、仓库、钱粮、课程、赋役、劝课、田宅、婚姻、钱债十篇，其中，钱债下有私债一个分类目，共有至治元年和二年两个条文。《大元圣政国朝典章新集至治条例》简称为《新集至治条例》，与清代文献中所记的《至治条例》篇目六部分类和各部细目一致。据清代《道古堂全集》文集二十六卷跋收录的"《至治条例》跋"记载的法典体例，有国典、朝纲、吏部、户部、礼部、刑部、兵部、工部，其中户部细目有："禄廪、钞法、仓库、钱粮、课程、赋役、劝课、田宅、婚姻、钱债"。② 钱债作为户部篇章之下的一个细目独立存在。该跋文中记载法典收录的条文起于延祐七年（1320）讫于至治二年（1322）。至治的年号只用了两年，因

① （元）佚名：《大元圣政国朝典章新集至治条例》，载《续修四库全书》编纂委员会编《续修四库全书》787，史部政书类，第 3 页。

② （清）杭世骏：《道古堂全集》，卷二六跋，清乾隆四十一年刻光绪十四年汪曾唯修本。

此，往前延伸至延祐七年作为过渡并无不妥。从所收录的条文都是延祐七年到至治二年来看，可能是同一文献。稍晚出现的《大元通制条格》（成书至治三年）户令中并没有出现钱债的分类目，关于钱债的内容违律取息，出现在卷二十八杂令中。[①] 从时间上看，《元典章》《新集至治条例》《大元通制条格》成书时间是1320—1323年间，其中所收集的条文出现在更早的时间，在《元典章》和《新集至治条例》中有关条文被归结为钱债的时间前后不过三年，《大元通制条格》使用令名为篇目但是没有使用钱债细目，后来出现的记录法律的重要典制文献《经世大典》中也没有出现钱债的篇目分类方式，[②]可以推测在这一时间段钱债作为法律篇目和专用术语逐渐确定下来，在正式的国家法律典章中还有待进一步明确。

明代立法延续了钱债篇目分类的技术。洪武时期明代制定《大明律》《大明令》《诸司职掌》确立了国家基本法律框架。在《大明律》中采用的六部体例，户律下分为七篇户役、田宅、婚姻、仓库、课程、钱债、市廛，分类基本延续了元代的名目，钱债保持单独的一个律目。《大明律》卷九户律六钱债包含三个条文"违禁取利、费用受寄财产、得遗失物"[③]。该记载显示，明初钱债作为一种法律分类与户婚、田土的分类已经被社会一般观念所接受，几种分类并称。《诸司职掌》在对《大明律》的记载中把钱债术语和分类观念一并载入。[④] 这两种法典在明初把沿袭元代而来的钱债术语确定下来。《大明令》采用了六部体例，但是没有采用更多细目，也没有规定借贷、遗失物等规则。[⑤] 弘治时期制定《问刑条例》最初没有逐条分类，[⑥]到嘉靖时期渐次有了把条文附在律文后，与钱债相关的条文附

① （元）拜柱等：《大元通制条格》目录，郭成伟点校，法律出版社1999年版，第10页。
② （清）沈家本：《历代刑法考》卷八，律令考。
③ （明）刘惟谦：《大明律》卷九户律六，日本景明洪武刊本。
④ （明）官修：《诸司职掌》，载《皇明制书》卷五，明镇江府丹徒县皇明制书刻本。
⑤ （明）李善长：《大明令》，载《皇明制书》卷一，明镇江府丹徒县皇明制书刻本。
⑥ （明）白昂等：《问刑条例》，载《皇明制书》卷一三，明镇江府丹徒县皇明制书刻本。

在钱债后，形成大明律附问刑条例的情况。当时的律学文献保存了这一过程，在《大明律》钱债篇目分类之下进行了补充。在立法中钱债术语不断使用的同时，律学文献中也一并出现对钱债的解释和来源的考证。嘉靖二十八年应槚的《大明律释义》在律文的体例下解释律条的来源和含义，卷九钱债部分说明钱债的来源："疏议约：钱债，汉晋以降其制不可考，隋'开皇'属'杂律'，唐因之。国朝系之户律而特立其号。今考唐制在杂律者'受寄费用、违契不偿、强牵掣畜产、得宿藏物、得阑遗物'五条为钱债之目。今则并'违契不偿、强牵掣畜产'二事，而加以'监临放债、豪强准折人妻女'等合为一，并得宿藏、阑遗二条为一条。惟'费用受寄'则因其旧，总名钱债。"[①]应槚的观点认为钱债名称明代开始出现，条文来自隋唐时期的杂律中关于借贷、寄存、抵债、遗失物、埋藏物的规定。应槚的观点与沈家本的观点类似，或许，明代律学家的看法影响了清代法学家的判断。应槚在引述《大明律》"违律取息"原文之后，又解释了利息的算法和法律规定的利息界限，为适用法律条文提供明确的解释，但是，在条文后，并没有附上《问刑条例》的例文。"费用受寄财产"和"得遗失物"两条分别解释了立法意图，也没有附上《问刑条例》的例文。当时，弘治《问刑条例》已经出现在之前的律学作品中，地方法律文献编辑中也有《问刑条例》，或许是因为他的作品仅在于解释律文。嘉靖二十九年修订了《问刑条例》，律例的条文进行了调整，律文后附例。雷梦麟的《读律琐言》出现在法律修订后，纳入了新的修订法律结果。《读律琐言》钱债部分律文与《大明律》条文一致，后附《问刑条例》的相关内容，"违律取息"条附《问刑条例》六条，"费用受寄财产"附《问刑条例》一条，"得遗失物"后没有《问刑条例》的条文。[②] 雷梦麟的律学著作中，对三个钱债条文进行了更细致的解释，包含了应槚的解释，增加了更细致的立法意图说明，有助于理解和使用条文。钱债作为一个基本的法律分类术语在律学中的

---

① (明)应槚：《大明律释义》卷九钱债，明嘉靖刻本。

② (明)雷梦麟：《读律琐言》卷九，明嘉靖四十二年刻本。

解释,得到更广泛的传播,推进"钱债"律目和术语的发展。嘉靖晚期到万历时期,《大明律附例》成为明代刑律的基本样态。嘉靖时期舒化修订的《大明律附例》钱债依然是户律第六,律文之后附有《问刑条例》中的例文,其中"违律取息"附有六个例文,"费用受寄财产"和"得遗失物"不再附条例,对律例条文进行了调整,简单解释律意。① 万历时期,舒化主持修订的《大明律附例》收录在《明会典》中,每个例文附在相应的律文后,钱债三个律文,"违律取息"附六个例文,"费用受寄财产"附一个例文,最后一个"遗失物"的规定没有例文。② 钱债部分的规定与雷梦麟《读律琐言》保存的嘉靖时期律文和例文一致。明中期,伴随着明代法律内容和体系的发展,弘治时期开始制定《大明会典》,钱债作为刑法典中的基本法律分类也保留下来。正德《明会典》脱胎于《诸司职掌》,《诸司职掌》中所列《律令》篇目在正德《明会典》列出了具体条文,其中钱债部分沿用了明初《大明律》的条文。③ 到明末万历时期,经过不断修订《大明会典》虽然仍保留了正德会典的主体部分,但已经形成了自己的特色,在刑部设律例直接纳入由舒化修订的《大明律附例》,其中户律钱债律目分类延续下来,并且把三个条文下所附的例保留。万历会典定型了明代的法律基本体系,律例也是定型的版本。钱债作为一个民事规则的基本分类在明代稳定下来。

清代延续了明代的法律,钱债的法律分类方式保留下来,直至清末修律引进西方民法体系才改变。顺治元年清政府发布命令采用《大明律》审理案件,顺治四年参酌《大明律例》制定《大清律集解附例》。④ 此次法

---

① (明)舒化:《大明律附例》卷九户律六,明嘉靖刻本。

② (明)申时行:《大明会典》卷一六四,载《续修四库全书》792,史部,上海古籍出版社2000年版,第24—25页。

③ (明)徐溥等撰、李东阳等修:《大明会典》卷一三五,载《文渊阁四库全书》618,史部,台湾商务印书馆1986年版,第372页。

④ (清)官修:《钦定皇朝通志》卷七六,刑法略二,刑制律纲,载《文渊阁四库全书》645,史部,第138页。

律文件基本上是明律的翻版,沿用钱债分类和内容。康熙时期记载清律的文献《律例指南》卷七户律钱债记录了三个钱债的条文和相应例文解释。[①] 该篇没有记录条文原文而是对条文内容的理解,“违禁取利条赘言”解释了该条的含义和三个例文的解释,明代例文中的后三个例文涉及兵部与地方官用印信当钱的、在外借贷回原籍地收债、违反钱债案件受理衙门的规定都没有收录。为何只有前三个例文,因为没有更多文献原文佐证,不能确定是当时律例原文如此,还是出于解释的需要只收录了三个例文。不过从前后存在的清律例条文来看,律文和例文名称与明律一致,条例中与清代官制不一致的“两京兵部”改为“在京兵部”外其余都相同。凌铭麟的指南只收录三个例文可能是出于解释的需要,作者的偏好。雍正三年清朝再次颁布《大清律集解附例》,该文件卷九户律钱债篇,解释了钱和债的含义,收了“违律取利、费用受寄财产、得遗失物”三个条文,相应的例文有所变化。[②] “违禁取利”律文与明代并无变化,律文后有对每一款规定的详细解释,例文分为原例、增例、钦定例三种,原例是从明代延续下来的例,保留了五条,删除了两京兵部和地方官用印信借贷的例文,增例是关于外地驻防旗兵与当地土棍勾结放贷的规定,钦定例增加一条关于佐领等在本佐指扣兵丁钱粮放贷的规定。删除的是原来明代不符合清代的职官的名称及相应借贷行为,增加的两个例分别是解决当时突出的问题之后总结出规则编纂入刑律中成为新例。经过修订后,“违禁取利”律文附有七个例文。“费用受寄财产”律文增加部分解释,例文保持原文。“得遗失物”律文一条附解释,没有例文。雍正时的钱债篇目沿用清以来制定的律文并修订例文,适应清代自身的情况有所发展。此后乾隆时期根据社会变化又修订了例文,如乾隆三十一年,据两江总督高晋奏确定“监临官吏举放钱债罪例”,在“违禁取利”律文下

---

① (清)凌铭麟:《律例指南》卷七,户律钱债类,清康熙二十七年刻本。
② (清)朱轼:《大清律集解附例》卷九,户律钱债,清雍正三年内府刻本。

新增一个例文。[①] 乾隆时期《大清律例》在雍正律基础上进一步修订，户律钱债的分类和三个条文都存在，“违禁取利”律文有小注增加实用性，例文有八条，保留明代沿用下来的三个例文分别是豪势之家勾结运粮官借贷规定、官吏借债带债权人赴任、限制债务诉讼衙门的规定，增加清代以来的五个例文，分别是佐领等在本佐指扣兵丁钱粮放贷、民人向旗丁放贷、八旗催领代下属兵丁指扣钱粮保借、短票折扣放贷、监临官于部所内放贷的规定。[②] 乾隆《大清律例》关于钱债的规定在律文上保持稳定，例文上有较大变化，把当时解决有重要影响的案件之后的规则纳入新例，发展了钱债的规定。此后，由于清代律例关系的灵活性，持续按期修订律例，直到清末引进西方法律之前一直在例文上不断作出修订。晚清同治时期的律例修订和薛允升的《读例存疑》记录了清代钱债的变迁过程。同治十年姚润原纂胡仰山增纂的《大清律例刑案新纂集成》，收录了到同治时期清代律例修订的情况，其中卷十三是户律钱债篇，收录了钱债的三个条文和相关例文。[③] “违律取利”律文保持不变，附七个例文，分别是“听选官吏监生等借贷带保人等赴任、欠负私债的诉讼受理衙门、佐领等在本佐指扣兵丁钱粮放贷、监临官于所部内放贷、内地民人不许与土司交往借贷、放贷用短票折扣违例取利、内地汉奸到粤东黎境放贷”。比较乾隆时期例文保留五个，新增“内地人到土司、黎族西南和东南边疆民族地区放贷”的禁止性条款，删除了“豪势之家勾结运粮官借贷”一条，另外“民人向旗丁放贷、催领在本属内的保借”两条并入“佐领放贷”一条内。相比可见，明清时期律文相同，例文有两条保留，一条内容相似略有变化，清代新增五条。同治时期钱债律例中其余两条律文和附例都没有变化。

---

① （清）官修：《清文献通考》卷二〇〇，刑考二，载《文渊阁四库全书》636，史部，第604页。

② （清）三泰：《大清律例》卷一四，户律钱债，载《文渊阁四库全书》672，史部，第607—611页。

③ （清）姚润纂、胡仰山增纂：《大清律例刑案新纂集成》，卷一三钱债，清同治十年刻本。

姚润纂的《大清律例刑案新纂集成》有突出特点的是对律文和例文在原有小注等解释基础上又增加了详尽的解释,对例文的来源和变化也做出了说明。薛允升的《读例存疑》是清代律学的集大成者,出现在晚清,对清代律例的阐述可以了解清代钱债的最终状态。薛允升所收录的清代钱债律例条文篇目名称依然是户律钱债,三个条文的名称和内容也没有变化,但是例文有所变更。① 其中"违禁取利"条律文和例文比较同治律例都没有变化,"费用受寄财产"条律文没有变化,例文保留原有沿用《问刑条例》的例文一条之外,又增加了两条。新增的两条分别是,一条典商收货自行失火和被邻火延烧折价赔偿的规定,另一条典铺被窃被劫折价赔偿的规定。根据薛允升的解释,这两条本来是在失火门之下并到本条的,原例乾隆三十四年奏定,四十二年修改,道光二十三年"移并添纂下一条"。从时间来看,乾隆和道光时期的《大清律例》应当有记录,但是,同治时期的律例并没有出现,薛允升的著作中出现,之后晚清的律例中有记录。沈家本在清末修律中修订《大清现行新律例》钱债部分,有原律文和例文又有新修改的律文和例文,原律文部分与之前的律文一致,原例文部分"费用受寄财产"例文有三条,包括之前一直沿用明例的亲属容隐例和两条典铺失火、失窃被劫的例文。② 沈家本用来修订新刑律的版本应该是清代最后修订的定本。

钱债一词从元代开始作为法律篇目分类出现在法律文件中,此后被明代和清代沿用,明清两代的律例中不断修订完善,最终形成了古代对借贷、寄存物、遗失物、宿藏物的专门规定,在条例中也含有关于典当和担保的规定。从现代民法原理来看,钱债所包含的内容既有属于债权的借贷、寄存、担保、典当,也有属于物权性质的遗失物和埋藏物,需要用两种属性的民事权利考察分析古代的钱债问题。

① (清)薛允升:《读例存疑》卷一六户律钱债,清光绪刊本。

② (清)沈家本编:《大清现行新律例》,大清现行刑律按语钱债,清宣统元年排印本。

二、钱债术语在观念和司法实践中的演变

钱债在成为正式法律篇目术语之前，已经在民间用语和官方用语中表达关于以货币作为借贷标的的债。《册府元龟》追述南朝宋谢弘微事迹，提到谢弘微养父的女婿抢夺财产还赌债，用了“以还钱债”的表述。①这里钱债并非专用术语，而是货币形式的债的一般表达。北宋徽宗元年商贾诉国家曾经借了他们3700万贯钱没有还，宋徽宗说“我国家欠少商钱债久不偿还。”②钱债含义与南朝相同，属于日常用语还没有定型为法律术语。宋代钱债作为一个词汇出现频率不高，到元代官方文书、私人文集、戏曲等文献中钱债频繁出现，已经成为一个固定的表达借贷的术语，并逐渐形成关于钱债的诉讼行为分类。元代胡祗遹在《紫山大全》中记录的官文书出现了用钱债作为一种类型的诉讼案件的分类表达。在“又稽迟违错之弊”文书中，写道“小民所争不过土田、房舍、婚姻、良贱、钱债而已”。③“折狱杂条”论述诉讼案件的分类“体认所争者何事，人命、盗、奸、钱债、婚姻、良贱、斗殴。……细民之所争，若无异事，不过婚姻、良贱、钱债、土田、户口、斗殴、奸盗而已。”④王恽《秋涧集》中统二年中书记事“为诸投下招收人户取索钱债奏”，发布关于取索钱债的圣旨，五次使用钱债术语表达借贷关系。⑤至元八年魏初的奏议中引述国家发布的法令使用了钱债术语表达借贷行为，对其作出规定，“于本仓门首分明出榜省谕，军人及应合支粮人通知，仍禁约不得私下买筹卖筹，或将支帖抵还欠少钱债，违者，并行治罪。”⑥《元典章》中除了钱债作为一个法律篇目分

---

① （宋）王钦若：《册府元龟》卷八〇〇，贤德，明初刻印本。

② （宋）佚名：《宣和遗事》前集，崇宁元年，士礼居景宋刻本。

③ （元）胡祗遹：《紫山大全》卷二一杂著，载《文渊阁四库全书》1196，集部，第379页。

④ （元）胡祗遹：《紫山大全》卷二三杂著，载《文渊阁四库全书》1196，集部，第424—426页。

⑤ （元）王恽：《秋涧大全》文集卷八二，中堂记事下，载《文渊阁四库全书》1201，集部，第193页。

⑥ （元）魏初：《青崖集》卷四，奏议，载《文渊阁四库全书》1198，集部，第751页。

类名称之外，钱债用来表达借贷的术语含义逐渐明确。《元典章》除了钱债篇之外钱债术语出现在各条文中 14 次，吏部卷八“替官在家同见任行移”、户部卷四“犯奸妻转卖为驱”、户部卷五“典卖批问程限”2 次、户部卷六“整治钞法条划”2 次、兵部卷一“禁军官子弟扰军家属”、兵部卷一“晓谕军人条划”、兵部卷一“逃军复业体例”2 次、刑部卷八“军官诈死同狱成不叙”、刑部卷十五“闲居官与百姓争讼子侄代诉”、刑部卷十五“大名字折证的休提”、刑部卷十五“又军民词讼约会”，其中，闲居官子侄代诉和军民约会词讼两条是与户婚田土并行的钱债类型案件的分类术语，其余 12 次出现的钱债术语都是表达借贷关系。从元初到元中期典章等法律文件编订时期，钱债在法律语境中已经明确形成。它的含义既可以是表达一种法律分类，也可以表达以货币为标的的借贷行为。

元代杂剧中的钱债表达能够直接体现该术语在社会生活中的观念和含义。关汉卿《五侯宴》“我去城中索些钱债便来。”①元代刻本《古今杂剧》中的戏剧记录了民间钱债一词的含义，如《新刊关目看钱奴买冤家债主》“有钱的害贼打劫天火烧了宅院，人连累抄估了你旧钱债。”《新刊的本散家财天赐老生儿》《新编岳孔目借铁拐李还魂》三剧，钱债表达的都是货币借贷关系。② 元明清三代对元代戏剧的辑录，保留了很多这种文献，兹不赘述。元代戏剧创作来自生活，有很强的时代特征，其语言俚俗所用词句多是社会生活的反映，钱债出现在其中既是对当时社会生活的记录，也是钱债术语传播的途径。元代法律打破了唐宋时期律典的严谨，用例的体例和口语化的表达呈现出法律的生活化特征，法律与社会生活之间的关联密切，新的法律术语出现在生活中，同时也记录在法律中，成为了一种新的法律用语，进而形成一类法律事务的表达，进入法典形成了法律篇章分类细目。

明代钱债一词，在最初被纳入到《大明律》中成为一种分类名称，同

① (元)关汉卿:《五侯宴》不分卷，楔子，明脉望馆抄校本。

② (元)佚名辑:《古今杂剧》不分卷，元刻本。

时,钱债在民间和官私文书中以法律分类和特定法律关系的术语继续存在。明代由于法律对钱债术语的规定和《大明律》在民间的讲读传播,钱债术语的含义在官私表达中基本保持了一致,钱债不仅仅是指货币借贷,也包括法律规定的其他情形。法律实践中,钱债作为一种诉讼类型出现了专门的状式。吕坤《实政录》列举的民间实用状式,包含了钱债,"告钱债状式:某府州县某人为钱债事。某人因缺用于某年月日向某人借银若干两粟若干石,加三出利。指中人某人并借约证。今某人至今几年本利分文不还,或只还本利若干,尚欠若干,屡讨延调不与,上告。"①该状式列出了借贷货币或者实物的借约和偿还等基本要素,包含司法实践中对钱债类型案件的基本观念和操作。司法实践中钱债与户婚、田土并列为细小案件,情节和后果轻微,无需动用太多司法力量参与,有时也会被列为抑制诉讼的范围。明《南京都察院志》记录关于钱债案件诉讼中涉案人处理规定,留台城约:词讼七条之四"今后,除强盗重情外,其余户婚、田土、钱债、走失等项,如系外京人犯,旧例,百里之外不提人,即请注销,不许擅追捕役,越境拿人。"②钱债类案件作为一种案件专门做出规定,钱债术语作为一个法律术语在司法实践中被接受并普遍使用。河南监察御史吴遵记录了军中关于钱债的基本处理原则:"若军于有司告取钱债,则审实令老人追还。"③钱债类案件的诉讼受理问题,正统十三年规定巡按御史不得受理专管事务之外"争告田土、婚姻、钱债及一应不系该管事内词讼,不许接受。"④明代对钱债类型案件的规定逐渐详细,《大明律例》和其他规则相辅相成,促进钱债术语和规则的发展。至于民间对钱债术语的使用,基本上与官方的术语含义一致,随着讲读律令的普遍展开以及明代社会经济的繁荣,钱债法律分类和术语使用日益普及,形成了与官方法

① (明)吕坤:《实政录》风宪约卷六,状式,明万历二十六年赵文炳刻本。
② (明)施沛:《南京都察院志》卷二〇职掌一三,明天启刻本。
③ (明)吴遵:《初仕录》不分卷,处僚属,明崇祯金陵书坊刻官常政要本。
④ (明)郑晓:《郑端简公奏议》卷一二刑部类,覆南京刑部辞状疏,明隆庆五年项氏万卷堂刻本。

律相一致的法律观念。

清代钱债法律术语和司法实践基本上延续了明代的情况,司法实践和法律观念中一直与户婚并列为细事。民间钱债术语广泛使用,形成与法律规则相适应的法律观念。司法实践中,钱债作为一种案件类型在司法文书和地方法律文献中频繁出现,规则更加详尽,实用性更强。清代基层司法实践中,对钱债类型案件,既有要求官员认真对待,也有抑制诉讼减少纷争的记录。前者有包世臣①和刘衡②为代表,后者有柳堂③等劝止息讼。钱债状式、告示格式等地方法律文件丰富了钱债的法律规定,促进了司法实践的发展。

钱债在民间社会中作为法律观念的演进和司法实践中的发展,也是厘清钱债源流的一个部分,有助于全面了解钱债的发展进程,特别是古代民事法律存在公私并举的情况,阐明钱债法律观念的发展,有助于理解古代社会的民事法律发展。

三、债的演变

(一)早期债的演变

"钱债"二字成为一个独立的术语之后,钱债中的债主要指借贷之债,即是指约定取得对方钱或物到期归还的行为,在早期的文献中有赊、借、贷、责几种术语。责是债的通假字,借贷的名称有称责、称贷、举贷、举借、负债、赊、贷、借举、取予等。债可以是有利息的也可以是无利息的,其中称责或者贷是有利息的借贷,以获得利息为目的,意为借钱生子;取予是没有利息的借贷,到期归还原物等值的货币或者物品即可。钱债中的债不包含因土地房屋而产生的债,其他类型的债并无明确规定。依照现代民法债的含义,可以包含其他类型的债,买卖之债、租赁之债、服务之

① (清)包世臣:《小倦游阁集》第二七别集八,清小倦游阁抄本。
② (清)刘衡:《庸吏庸言》上卷,清同治七年崇文书局刊本。
③ (清)柳堂:《宰惠纪略》卷一,清光绪二十七年笔谏堂刻本。

债、赠予之债、侵权之债。

文献记载的债出现的时间一般认为是《周礼》关于责的记载。① 根据《说文解字》"债"古文中做"责","债"字的本义就是向人提出请求。②"责"的含义在《尚书注疏》中有另一种解释:正义曰"责,谓负人物也"③。责或者债的两种解释从不同的角度解释债的含义,向人提出请求,是从债权人的角度享有向债务人的请求权;负物于人,是从债务人的角度提出负有向债权人偿还的义务,欠负他人之物的责任,须通过偿还解除负担。这个含义其实可以作为关于债的基本解释,除了借贷之外,买卖、租赁、服务、赠与、侵权都可以用欠负于他人,通过偿还而解除负担的解释来阐释其含义。《周礼》对债做出了规定,"听称责以傅别",郑玄注释"称责谓贷予,傅别谓券书也。听讼责者以券书诀之。傅,傅著约束于文书。别,别为两两,家各为一",贾公颜疏"称责谓举债生子,彼此具为称意,故为称责,于官于民俱是称也。争此责者,则以傅别券书责之"④。债的关系通过契约记录,发生纠纷时通过诉讼查看契约文书决定曲直。契约关系记录了双方的权利义务,债权人可以用手中的半片契约要求债务人偿还债务,故而有老子《道德经》"圣人执左契而不责于人。"⑤契约是证明债权存在的重要依据,债券诉讼中依据契券之有无决定是否受理诉讼及决定胜负。契券记载了双方的权利义务,是为诉讼的凭证。《周礼》"凡有责者,有判书以治则听。"⑥

---

① 杨一凡主编:《新编中国法制史》法律硕士教材,社会科学文献出版社 2005 年版。

② 杨一凡主编:《新编中国法制史》第七章,民事法律制度,第四节债权,社会科学文献出版社 2005 年版,第 372—373 页。

③ (汉)孔安国传,(唐)孔颖达疏:《尚书注疏》卷一三,清嘉庆二十年南昌府重刊宋十三经注疏本。

④ (汉)郑玄注,(唐)贾公颜疏:《周礼疏》卷三,清嘉庆二十年南昌府重刊宋十三经注疏本。

⑤ (周)老聃:《道德经》任契,四部丛刊景宋本。

⑥ (汉)郑玄注,(唐)贾公颜疏:《周礼疏》卷一四,清嘉庆二十年南昌府重刊宋十三经注疏本。

《周礼》中还规定有债的类型、转让、法定利息率。“地官司徒、泉府：凡赊者，祭祀无过旬日，丧纪无过三月。凡民之贷者，与其有司辨而授之，以国服为之息。”①赊欠和借贷也是债的类型，赊欠借物到期偿还，借贷借钱到期加利息偿还。债的内容可以是实物，也可以是货币，债务人负物或钱于债权人，债权人可以依据契约到期请求偿还。根据《周礼》的规定，债务还可以转让，受让人可以享有原债权人的权利，用关于债的诉讼程序行使诉权，请求官府听讼保障债权的实现“凡属责者，以其地傅而听其辞”，郑玄注释“属责，转责使人归之，本主死亡归受之数相抵冒者也，以其地之人相比近能为证者，来乃受其辞为治之。”②债权转让需要有契约文书，同时，有相邻之人证明债的存在，防止抵冒，诉讼中的证据除了直接债权中的傅别契书之外，还需要有证人。另外同一篇章中，规定了债权的利息是国服，不允许超过法定利息额度。“凡民同货财者，令以国法行之。犯令者，刑罚之。郑司农云：‘同货财者，谓合钱共贾者也。以国法行之，司市为节以遣之。’（贾公颜释义）玄谓同货财者，富人畜积者，多时收敛之，乏时以国服之法出之，虽有腾跃，其赢不得过。此以利出者与取者，过此则罚之。若今时加贵取息坐臧。（贾公颜）释曰：云‘同货财’者，谓财主出债与生利还主，期同有货财。今以国法，国法即国服，为之息利，故云‘国法行之’。‘犯令者’，违国法也。国服者，如地之出税。依《载师》近郊十一之等，若近郊民取责，一岁十千出一千，远郊二十而三者，二十千岁出三千，已外可知之。国服，依国民服事出税法，故名国服也。”③《周礼》规定的同货财，郑玄认为是合伙放贷的行为，按照国家法律的规定进行，受到司市的规制。贾公颜认为郑玄的解释合伙放贷人在物价低

① （汉）郑玄注，（唐）贾公颜疏：《周礼疏》卷一四，清嘉庆二十年南昌府重刊宋十三经注疏本。
② （汉）郑玄注，（唐）贾公颜疏：《周礼疏》卷三五，清嘉庆二十年南昌府重刊宋十三经注疏本。
③ （汉）郑玄注，（唐）贾公颜疏：《周礼疏》卷三五，清嘉庆二十年南昌府重刊宋十三经注疏本。

时收购物品,物品匮乏价格高时贷出去,以此获利,法律规定这种行为是允许的,但是限制获利的程度,超过法定额度受到法律惩罚,类似汉代的利息超过法定额度按照坐赃罪对待。贾公颜进一步解释,国法是指的国服,《周礼》规定的国服的数额是近郊十一,一年十千取一千,远郊二十取三,二十千每年利息三千。国服规定的利息是当时的法定利息,超过利息额度属于犯令,应受到法律处罚。同篇引述晋灼的解释:"故晋灼曰:'言市物贱,预买畜之,物贵而出卖之,故使物腾跃。'是其事。'以利出者与取者'依常契获利,取者又腾跃所赢,二者俱有利。物违国服,则为犯令,得刑。"《周礼》规定的借贷之债的利息,违反礼会获刑,正是西周时期的失礼入刑。

(二)春秋战国时期债的演变

春秋时期债普遍存在。借贷的主体有国家、家族、个人,包括国家之间的借贷、国家与家族之间的借贷、国家与个人之间的借贷;家族之间的借贷、家族与个人的借贷、个人之间的借贷。周天子也有借债不偿逃债的传言,"自幽、平之后,日以陵夷,至鏬隙河洛之间,分为二周,有逃责之台,被窃鈇之言。服虔曰:'周赧王负责,无以归之,主迫责急,乃逃于此台,后人因以名之。'"①汉书的记载仅有民间称周赧王负债逃债的说法,可能是存在天子成为借贷人债务人的情况。借贷当事人不受身份限制。借贷形式有书面契约,也有口头契约,借贷的标的多种多样,有货币也有财物。齐国的陈氏给国民贷米救饥馑,"陈氏三量,皆登一焉,钟乃大矣。以家量贷,而以公量收之。"②陈氏借贷的标的是粟,借贷的对象是任何愿意与之借贷的国民。借贷有利息或者无利息依据当事人的约定,或者自愿不取利息,法律也是允许的。债的种类逐渐丰富,除了传统的买卖、租赁、赠与之外还有雇佣、运输、服务、侵权等内容。买卖之债,坐贾一般在

---

① (汉)班固:《汉书》卷一四,表一二,诸侯,中华书局1962年版,第391页。

② (晋)杜预注,(唐)孔颖达疏:《左传注疏》卷十七,昭公,清嘉庆三十年南昌府重刊宋十三经注疏本。

市中进行，行商可以在不同区域和国家之间流动进行大宗物品的贩卖，或者民间生活用品的小规模贩卖。租赁房屋、赠与礼物、雇佣劳动或武士、水路和陆路运输、占卜或教育等服务、人身或者财产侵权等债的类型都有出现。社会变革的时期，民事活动的类型有重大发展，相应地各种债权行为广泛出现，民事规则逐渐复杂。债的内容上限制放宽，如土地买卖逐渐合法化，邓析为人提供狱讼服务收取费用，乐师演奏音乐不受身份等级的限制等，此前不允许成为债的标的的物品和行为不再受到限制，或者限制放松。这一时期是债的重要发展时期，债权债务行为的规范不再由周礼规定，此时规则既有国家法律的规定，各国间的盟约规定，也有民间实践中自然形成的规则。

战国时期成文法进一步发展，民间对借贷行为习以为常，《孟子》书中记录“为民父母，使民盻盻然，将终岁勤动，不得以养其父母，又称贷而益之。”①债法中的内容以成文法的方式被规定在国家法律文件中。出土文献《睡虎地秦简》记录了战国末期秦国的法律，其中多篇涉及借贷的规定。债的主体方面，规定国家和个人都可以成为债的主体，法律中规定民或者官吏借贷国家的钱或者官物都是可以的。民借贷国家的铁器，需要登记，器物本身破损不堪使用，不需要赔偿。《厩苑律》：“叚（假）铁器，销敝不胜而毁者，为用书，受勿责。”借官府的铁器，因破旧不堪使用而损坏的，损耗记载在文书中，收下原物不用赔偿。借贷的客体可以是物、钱也可以是奴隶，因为当时奴隶在法律上的地位是财产，可以作为法律关系的客体。《仓律》：“妾未使而衣食公，百姓有欲叚（假）者，叚（假）之，令就衣食焉，吏辄被事之。”未到役使年龄而由官府给予衣食的妾，如有百姓要借，可以借给，叫妾到他那里取得衣服，此后官吏就不再役使。② 从官

① （汉）赵岐注：《孟子注疏》卷五，滕文公章句上，清嘉庆二十年南昌府重刊宋本十三经注疏本。

② 睡虎地秦穆竹简整理小组编：《睡虎地秦简》厩苑律、仓律，文物出版社 1990 年版，第 23 页。

府借贷奴隶,使用期间奴隶的衣食由借贷人负责,相当于财产使用和保管的费用,债权关系存在期间,规定该费用的分担原则,该费用应当由借贷人负责。

债的形式为书面契约,双方各持一份,还债时合券。战国时孟尝君遣冯欢收债焚券的记载,包含有债的形式、债的履行、债解除几方面内容。"孟尝君时相齐,封万户于薛。其食客三千人,邑入不足以奉客。使人出钱于薛,岁余不入,贷钱者多不能与其息,[索隐]曰:'与,犹还也。息,犹利也。'客奉将不给。孟尝君忧之,问左右:'何人可使收债于薛者?'传舍长曰:'代舍客冯公形容状貌甚辩,长者,无他技能,宜可令收债。'孟尝君乃进冯驩而请之曰:'宾客不知文不肖,幸临文者三千余人,邑入不足以奉宾客,故出息钱于薛。薛岁不入,民颇不与其息。今客食恐不给,愿先生责之。'冯驩曰:'诺。'辞行,至薛,召取孟尝君钱者皆会,得息钱十万。乃多酿酒,买肥牛,召诸取钱者,能与息者皆来,不能与息者亦来,皆持取钱之券书合之。齐为会,日杀牛置酒。酒酣,乃持券如前合之。能与息者,与为期;贫不能与息者,取其券而烧之。曰:'孟尝君所以贷钱者,为民之无者以为本业也;所以求息者,为无以奉客也。今富给者以要期,贫穷者燔券书以捐之。诸君强饮食。有君如此,岂可负哉!'坐者皆起,再拜。孟尝君闻冯驩烧券书,怒而使使召驩。驩至,孟尝君曰:'文食客三千人,故贷钱于薛。文奉邑少,[索隐]曰:言文之奉邑少,故令出息于薛也。而民尚多不以时与其息,客食恐不足,故请先生收责之。闻先生得钱,即以多具牛酒而烧券书,何?'冯驩曰:'然。不多具牛酒即不能毕会,无以知其有余不足。有余者为要期。不足者虽守而责之十年,息愈多,急即以逃亡自捐之。若急,终无以偿,上则为君好利不爱士,下则有离上抵负之名,非所以厉士民彰君声也。焚无用虚债之券,捐不可得之虚计,令薛民亲君而彰君之善声也,君有何疑焉?'孟尝君乃拊手而谢之。"①这个

① (汉)司马迁:《史记》卷七五,列传第十五孟尝君,中华书局 1959 年版,第 2359—2361 页。

记载说明了债券是债的形式,也是债券存在的凭证,只要债券能够合券保证债券的真实性,债务人见券即付。债券记录了债权债务的内容,借贷之债以债权人借钱给债务人同时收取利息为基本内容。冯讙收债与债务人约定了偿还期限,是债权到期之后,履行期限延长,债权人和债务人同意之后可以更改债务履行期限。债权人单方面做出延长履行期限的承诺,是有效的。债务人可以按时归还,也可以按债权人承诺的延长期限归还。冯讙焚烧债券,债权凭证消失,债权人可以单方面宣布解除债权债务关系,放弃债权。债权债务关系解除后,债务人的履行义务即结束,债权人不再有强制债务人履行债务的权利。债权人放弃债权之后,债务人是否还可以履行债务的问题,虽然,该记载并无说明,推测应当是允许的。

(三)秦汉时期债的演变

从《睡虎地秦简》的规定来看,值得注意的是,"贷"这个一直以来用来表示借贷的术语含义发生了转借,不只是一般意义上债的含义,还用于表示预付钱物。《仓律》:"宦者、都官吏、都官人有事上为将,令县贷之,辄移其禀县,禀县以减其禀。已禀者,移居县责之。有事军及下县者,齎食,毋以传贷县。"宦者、都官的吏或都官的一般人员为朝廷办事而来督送,令所到县垫发口粮,应即用文书通知原发这些人粮食的县,据以扣除他们的粮食。如在原发粮食的县已经领过了,应以文书通知所到的县责令赔偿。到军中或属县办事的,应自带口粮,不得发符传向所到的县借取。此处的贷并不是借贷的一般意义,而是政府对公职人员到任之前的预付费用。这种预付行为与借贷的预付含义有相似之处,但是并非债权。

汉代有关债的法律继承了秦代法律,又有所发展。债的种类除了借贷之债外,其他多种债的类型也有发展,有买卖、赠予、租赁、雇佣、居间、运输、寄存、承揽加工、合伙、侵权。这些债的类型,有的有明确的名称或专用的术语指代债或者其中某些特定规则,如居间称为牙、运输称为僦等;有些债在当时存在,但是并无专有名称,如侵权之债、加工承揽之债、服务之债。汉代借贷之债的术语沿用了秦代的责、贷、借负债的名称。颜师古在《汉书》注释中认为没有偿还的债称为责。不过“责”并非债的专用术语,《后汉书》中把国家税租也称为责:“其口赋逋税而庐宅尤破坏者,勿收责。”①债的内容方面,债的成立条件和效力、债的内容、履行方式、撤销、解除、中止等问题在文献或者法律文件中有记录。汉代规定债的法定利息,不允许超过利息,但是利息的标准不同时期法律规定有不同。特殊情况下,也有规定免除债务,免除利息的规定。汉代买卖契约的实物中有关于担保的条款。西汉元平元年敦煌禽寇卒冯时赊卖橐络契“元平元年七月庚子,禽寇卒冯时卖橐络六枚杨柳所,约至八月十日与时小麦七石六斗。过月十五日,以日斗计。盖卿任,麴小麦。”②该契约中,双方约定超过约定的日期买方不能按时支付买价,就要承担每日一斗的违约赔偿条款。该赔偿条款是为了保障债的履行而做的担保条款,保障债务得到履行,促进债权人权益得以实现。契约中自带担保条款完善了契约的形式和内容,推动债的规则的发展。

汉代债的形式主要体现在契券上。债的形式在实物上表现为券书,券书逐渐发展出固定的格式和表达,并在民间观念上广泛存在。竹木契约写做一支分别剖开一半,并在券上刻齿痕以作为防伪标记。西汉元康二年居延耐长卿贳买复绔券“元康二年十一月丙申朔壬寅,居延临仁里耐长卿贳买上党潞县直里常寿字长孙青复绔一两,直五百五十,约至春钱毕已。姚子方(简左侧上部有刻齿)。”③券书在简上刻有标志双方特定标记的刻痕,防伪的傅别的技术。张传玺在《中国历代契约粹编》“汉七

① (南朝·宋)范晔:《后汉书》卷一,帝纪第一下,光武帝下,中华书局点校本,中华书局1965年版,第74页。

② 张传玺:《中国历代契约粹编》三西汉、东汉契约,北京大学出版社2014年版,第27页。

③ 张传玺:《中国历代契约粹编》三西汉、东汉契约,北京大学出版社2014年版,第28页。

月十日居延县张中功贳买单衣券”的注释中引证典籍阐明契约制度的来源和刻齿痕的演变。① 张传玺引述《周礼·地官·质人》郑玄注书契制度,券书的形象是“书两札,刻其侧”,并引述《说文解字》解说“券”字和《释名释·书契》、《管子·轻重甲》说明刻划痕迹在竹木券书的背后,分别收藏,所刻的痕迹被称为“券契之齿”。竹木契约上所刻的痕迹长短不一,以便于核对防伪,形象上类似齿痕,刻齿从春秋时期到汉代一直使用。汉代形式上保持了传统契约的基本样式又有所发展。刻齿标记之外,西汉已经出现画指作为防伪标记,居延汉简中建昭二年甲渠塞欧威贳卖裘券已经有了画指做法,取代刻齿传统。② 该契约的旁证人下面外侧有三个横向短小刻痕,张传玺在该契约注释六中解释该现象是刻划了“两个指节的痕迹”,是汉代出现的画指或者画指模,也叫做下手书。汉代契约出现之前,有认为唐代开始出现画指的做法,本书认为,张说为是。券用于契约的券书表达了确信凭证的观念。民间流传的冥券采用了契约的形式,券书的方式。虽然冥券不是真实的买卖土地契约,但是,冥券的形式准确表达了当时的买卖契约格式和观念,以及契约的基本规则。

汉代契约中出现的沽酒条款,是汉代契约订立过程中,当事人双方给付给中见人的费用。沽酒作为费用在有些契约中直接写当时饮酒,也有可能是直接置办酒席喝酒感谢中见人的帮助,或者可能是以沽酒的名义给付中见人一定的费用。西汉神爵二年贳买布袍券有沽酒给旁人,契约中的旁人是与当事人的权利义务无直接关系的旁证人。“神爵二年十月廿六日,广汉县廿郑里男子节宽德,卖布袍一,临胡隧长张仲孙□所贾钱千三百,约至正月□□。任者□□□□□□(简面)。正月责付□□十。

① 张传玺:《中国历代契约粹编》三西汉、东汉契约,北京大学出版社 2014 年版,第 35 页。

② 张传玺:《中国历代契约粹编》三西汉、东汉契约,北京大学出版社 2014 年版,第 32—33 页。

时在旁候史长子仲、成卒杜忠知卷□。沽旁二斗。(简背)”[①]该契约中列举出旁人三人,当事人与旁人之间的关系是同为当地驻军相识的人,给旁人的沽酒可能是给付旁人的费用,也可能是表达谢意。汉长乐里乐奴卖田券注明沽酒之后当时饮用。“置长乐里乐奴田卅五奴,贾钱九百,钱毕已。丈田即不足,计奴数环钱。旁人淳于次孺、王充、郑少卿,沽酒旁二斗,皆饮之。”[②]该券中的沽酒给旁人直接引用,用来表达谢意,也是通过仪式的方式证明契约中双方约定的权利义务的存在。

(四)三国两晋南北朝时期债的演变

债有了新的发展,特别是纸质契约文献较多保留下来,对这一时期债的研究提供了重要的文献基础。同时由于纸质书籍的发展,书籍中保留的债的内容也丰富了研究资料。债的形式上,纸质契约逐渐取代了竹木契约,券书格式上把一些基本内容固定下来形成了固定表达和形式。叶孝信《中国民法史》总结了此时期纸质契约代替竹木契约产生的影响:契约术语的变化,包括原来的一支改为一纸,破券名称仍保留。[③] 破券是原来竹木契约写成后从中间破开,双方各执一支,此后逐渐改为骑缝写文字,双方各执一纸。契约和债权凭证用的傅别防伪技术也被用于类似的场合,契券从中剖开称为分支,需要时合起来称为合分支。

债的内容上保留关于债的基本规则,记录双方的权利义务,附带详细的担保条款。债的成立必须主体合法,内容合法,形式合法。债的履行尊重双方当事人的意愿协助完成履行。债权关系可以协商后变更、解除、中止等。债的担保由双方各自提供自身权利瑕疵担保,契约中约定毁约赔偿作为担保,也可以提供财务抵押为担保。

---

① 张传玺:《中国历代契约粹编》三西汉、东汉契约,北京大学出版社 2014 年版,第 29 页。

② 张传玺:《中国历代契约粹编》三西汉、东汉契约,北京大学出版社 2014 年版,第 34 页。

③ 叶孝信编:《中国民法史》第三章三国两晋南北朝民法,上海人民出版社 1993 年版,第 199 页。

目前保留下来的文献《敦煌变文集新书卷六》记载了白庄掳掠远公卖为奴经过和契约。因文中提到同时期人物道安和晋文帝，可能该文献记录的故事是晋代的买卖规则和文书。故事中完整的买卖过程和文书可供分析这一时期债的发展。“白庄问（闻）语，呵呵大（笑）：‘你也大错，我若之处买得你来，即便将旧契券，即卖得你。况是掳得你来，交我如何卖你。’远公曰：‘阿郎不卖，万事绝言，若要卖之，但作家生家（儿），卖即无契卷（券）。’白庄曰：‘交我将你，况甚处卖得你？’远公曰：‘若要卖贱奴之时，但将（往）东都卖得。’——白庄闻语，然而信之。遂便散却手下徒党，只留三、五人，作一商客，将三五个头疋，将诸行货，直向东都，来卖远公，向口马行头来卖。是时远公来至市内，执标而自卖身。——崔相公使下，直至口马行头，高声便唤口马牙人，此个量口，并不得诸处货卖，当朝宰相崔相公宅内，只消得此人。若是别人家，买他此人不得。牙人闻语，尽言实有此是（事）。遂领远公来至崔相宅。是时白庄亦随后而来，远公曰：‘阿郎但不用来，前头好恶，有贱奴身在，若也相公欢喜之时，所得钱物，一一阿郎领取。’白庄曰：‘前头事，须好好祇对，远公勿令厥错。’远公唱喏。便随他牙人，直至相公门首。门人问牙人曰：‘甚人交来。’奉亲随唤来，缘此个生口，不敢将别处货卖，特来将与相公宅内消得此口。门官曰：‘且至在此，容我入报相公。’门官有至厅前启相公：‘门生有一生口牙人，今领一贱人见相公，不敢不报。’相公曰：‘交引入来。’于是门官得相公处分；牙人引入远公，直至厅前，遂见相公，折身便拜，立在一边。——相公问牙人曰：‘此是白庄家家儿，为复别处买来。’牙人启相公：‘是白庄家生家儿。’相公曰：‘既是白庄家生家儿，应无契卷（券）。’相公问牙人曰：‘此个家儿，要多小（少）来钱卖？’牙人未言，远公进步向前启相公曰：‘若要贱卖奴身，只要相公五百贯钱文。’相公曰：‘身上有何伎艺？消得五百贯钱。至甚不多，略说身上伎艺看。’远相公（远公）对曰：‘但贱奴能知人家已前三百年（富），又知人家向后二百年贫。摺艺衣服，四时汤药。传言送语，无问不答。诸家书体，粗会数般。疋马单枪，任请比试。锄禾刈麦，薄会些些。买卖交关，尽知去处。若于手下□使，来之如风，实不顽慢。相公不信，贱奴自书，书卖身之契，即知诣实。’相公处分左右，取纸笔来度与，远公接得（纸）笔，遂请香炉，登时度过，拜谢相公已了，听（厅）前自书卖身之契，不与凡同。远公启曰：‘厶年厶月卖身与相公为奴，伏事尽忠，须毕阿郎一世。若也中路抛弃（弃），当当来世，死堕地狱，受罪既毕，身作畜生。□鞍垂镫，口中衔铁，已负前□。若也尽阿郎一世，当来当来世，十地果圆，同生佛会。’书契既了，度与相公。相公接得，遂令取钱分付与牙人五百贯文，当即分付与白庄。”①买卖人口的基本规则要求买卖双方基于自愿买卖人口，卖主白庄，买主崔相都是基于自愿购买。买卖的标的要求必须合法，人口买卖需要有上手契约，证明被买卖的人口属于奴仆，是合法的买卖标的，没有上手契约的人口买卖需要卖主说明其来源是家奴所生子女，依据当时的法律，奴婢所生子女为家奴。本次交易中，没有上手契约，由卖主证明其合法来源是家生子。买卖过程中需要有中人称为牙人。牙人进行人口买卖与买主之间相识可以作为一种人身信用保障，不相识的牙人到相府家买卖人口以证明不敢欺诈。此种担保，应该是与牙行对牙人的担保可以并行。也可能，当时牙行尚未有完整建制，因而，私人从业者通过相识进行人身信用保障。该契约没有中人出现，牙行参与买卖活动起到了中人的作用。人口买卖在特定的市场“口马行头”进行。被卖的人口站在市中，头上插标，作为标志。程序上，保障买卖标的外观、身体等可以作为议价的特征。买卖双方通过议价，达成交易。被卖人口的能力作为买卖议价的衡量标准当场展示，决定最终价格。双方签订契约，完成买卖过程。文献中所记录的契约包含三部分内容，一是说明买卖人口为奴，一是被卖人口一生尽力提供奴仆服务，三是担保誓愿。前两部分是契约的主体内容，第三部分是契约的担保内容。担保的部分包括不会逃跑、一生为奴、尽心服务、违反受罚。担保

① 王重民等编：《敦煌变文集》卷二，庐山远公话，人民文学出版社 1957 年版，第 60 页。

条款中采用佛教发誓发愿的方式规定受罚方式。虽然变文本身是为宣传佛教而加入佛教的内容,但是,担保条款的存在是买卖契约应有的条款,保障买卖契约的交易目的得以实现。这种担保与汉代采用财物或者人身作为担保的法律性质相同。

上述文献中买卖契约虽然是虚构的故事,但是故事中采用的买卖人口的程序和规则是当时真实生活中的买卖之债在文学中的反映,也反映了社会生活中契约的广泛存在,一般的契约观念以及契约对民间交易秩序的规制。

东晋时期,国家为了增加税收加强对契约管理,规定契约应纳契税。"晋自过江,凡货卖奴婢马牛田宅,有文券,率钱一万,输估四百入官,卖者三百,买者一百。无文券者,随物所堪,亦百分收四,名为散估。历宋齐梁陈,如此以为常。"①大型的买卖有契约,小型的买卖无须立文书,可以是口头契约。

(五)隋唐时期债的演变

唐代关于债的文献不仅有了唐律、唐会要、唐令、唐六典等文献,也有契约实物保留下来,为研究当时债的规则和实践提供了丰富的文献基础。

唐代债的法律规则包括国家法的规定和民间习惯法的规则。国家法律的规定在律令中有规定。《唐律疏议·杂律》部分规定了"负债违契不偿""负债强牵财物""以良人为奴婢质债""受寄财物辄费""买卖不和较固""买奴婢牛马不立券""烧官私家舍宅""食官私田园瓜果""毁弃器物稼穑""毁弃亡失官私器物"等条款。这些条款规定了债的基本规则,提供了债的法律依据。《唐律疏议》的疏议中引用了唐令对各种债的形式和内容的规定,可见令是当时债的规则的主要形式之一。民间保留下来的契约文书,可以看到民间在债的规则方面形成的稳定的习惯法。两种类型的规则共同发挥作用,形成公私并举的样态。

① (唐)魏徵等:《隋书》卷二四,志第一九,《食货》,中华书局,第689页。

从形式上看，法律规定有些债必须符合法律的形式要件，买卖奴婢、牛马必须有契约。《唐律疏议》“买奴婢牛马不立券”条规定“诸买奴婢、马牛驼骡驴，已过价，不立市券，过三日笞三十；卖者，减一等。立券之后，有旧病者三日内听悔，无病欺者市如法，违者笞四十。疏议曰：买奴婢、马牛驼骡驴等，依令并立市券。两和市卖，已过价讫，若不立券，过三日，买者笞三十，卖者减一等。若立券之后，有旧病，而买时不知，立券后始知者，三日内听悔。三日外无疾病，故相欺罔而欲悔者，市如法，违者笞四十；若有病欺，不受悔者，亦笞四十。令无私契之文，不准私券之限。即卖买已讫，而市司不时过券者，一日笞三十，一日加一等，罪止杖一百。疏议曰：卖买奴婢及牛马之类，过价已讫，市司当时不即出券者，一日笞三十。所由官司依公坐，节级得罪；其挟私者，以首从论。一日加一等，罪止杖一百”。① 唐律文中疏议市司有为买卖奴婢、牛马等大型标的立券的责任。市司的责任规定在唐令中，《唐六典》两京诸市署令：“凡卖买奴婢、牛马，用本司、本部公验以立券。”②两京诸市署的职责要求为此类买卖行为进行监督并发给标准的契约文书，此类买卖行为正式成立生效，如果买卖行为没有符合规定的形式要件，交易中存在的权利瑕疵不受法律保护。立券之后，符合法律规定的形式要件，因交易中的权利瑕疵受害方受到法律保护。也即，此种类型的买卖之债，必须具有形式要件。

契约文书格式上采用了基本固定的格式和表达方式，可能是当时沿用之前的契约书写习惯形成了固定的格式和表达式，也可能是政府发布了可参考的格式。叶孝信《中国民法史》认为，当时有专门书写契约的人和样文，契约采用单本契约和复本契约。③ 唐代的敦煌契约文书中有画指画押的情况，以证明契约为当事人所认可。订立契约的参与人除了债

① （唐）长孙无忌：《唐律疏议》卷二六，买奴婢牛马不立券，刘俊文点校，法律出版社1999年版，第538—539页。

② （唐）李林甫：《唐六典》卷二〇，太府寺，《文渊阁四库全书》595册，第193页。

③ 叶孝信：《中国民法史》第四章隋唐民法，上海人民出版社1993年版，第259—260页。

权人和债务人之外,还有保人、牙人、知见人、证人、代书人几种情况。叶孝信认为唐代开始出现了牙人承担连带责任同时作为保人的情形,并出现牙保的术语用于表达此种情况。①

契约的形式和内容必须符合当事人的约定,不得欺诈增减内容逃避赔偿责任或者损害当事人利益。‘诈为官私文书求财’条:“诸诈为官私文书及增减,(文书,谓券抄及簿帐之类。)欺妄以求财赏及避没入、备偿者,准盗论;赃轻者,从诈为官文书法。(若私文书,止从所欺妄为坐。)疏议曰:‘诈为官私文书及增减’,谓诈为官私券抄及增减簿帐,故注云‘文书,谓券抄及簿帐之类’。称‘之类’者,谓符、牒、抄案等。欺妄以求钱财,或求赏物;及缘坐资财及犯禁之物,合没官而避没入;或损失官私器物,而避备偿:如此之类,增减诈为方便、规避者,计所欺得之赃,准窃盗科断。‘赃轻者,从诈为官文书法’,谓计赃得罪,轻於杖一百者,从诈为官文书法;有印者,自从重论。注云‘若私文书,止从所欺妄为坐’,谓诈为私文契及受领券、付抄帖,以求避罪,或改年月日限之类,止从所欺妄求物之罪,不同官文书之坐。”②文书是债的权利凭证,文书记载的内容必须是经过当事人协商同意的,不得在此之外增加或减少,由此造成的损害,必须承担赔偿责任。伪造契约、债券等均为违法行为,不仅要承担民事责任,也需要同时承担刑事责任。

在文书观念上,唐代的契约和债券等债的权利文书都是用纸书写的,但是以竹木书写契约的观念上留下的合分支观念还有影响。如韩愈元和十年诗“寄崔二十六立之”:“异日期对举,当如合分支。”③当时把析产符契为分支帐,契券中的分支和合分支仍在一般观念中存在。

① 叶孝信:《中国民法史》第四章隋唐民法,上海人民出版社 1993 年版,第 261—262 页。

② (唐)长孙无忌等:《唐律疏议》卷二五,诈为官私文书求财,刘俊文点校,法律出版社 1999 年版,第 502 页。

③ (唐)韩愈:《韩昌黎诗集编年笺注》卷九,寄崔二十六立之,载《续修四库全书》1310,别集,第 413—414 页。

债的内容上,债券契约记载双方权利义务,并记录担保条款。双方权利义务是自愿协商的结果,体现意思自治,平等协商的结果。协议的达成不得采用欺诈、胁迫的方式,否则,无效,并承担由此造成的损害赔偿责任。《唐律疏议》诈伪篇"诈欺官私财物"条:"诸诈欺官私以取财物者,准盗论。(诈欺百端,皆是。若监主诈取者,自从盗法;未得者,减二等。下条准此。)疏议曰:诈谓诡诳,欺谓诬罔。诈欺官私以取财物者,一准盗法科罪,唯不在除、免、倍赃、加役流之例,罪止流三千里。"①诈欺的方式取得官私财物违反了意思自治原则,所取得财物依照价值定赃罪,给予受害人赔偿。在债的意义上,欺诈行为无效。误导他人达成协议为债的行为,为无效法律行为。唐律"诈陷人至死伤"条规定"诸诈陷人至死及伤者,以斗杀伤论。(谓知津河深泞,桥船朽败,诳人令渡之类。)疏议曰:谓津济之所,或有深泞,若桥船朽漏,不堪渡人,而诈云'津河平浅,船桥牢固',令人过渡,因致死伤者,'以斗杀伤论',谓令人溺死者绞,折一支徒三年之类。故注云'谓知津河深泞,桥船朽败,诳人令渡之类'。称'之类'者,谓知有坑阱、机枪之属,诳人而致死伤者,亦以斗杀伤论。问曰:诈陷人渡朽败桥梁,溺之甚困,不伤不死,律条无文,合得何罪?又,人虽免难,溺陷畜产,又若为科?答曰:律云'诈陷人至死及伤',但论重法,略其轻坐,不可备言,别有'举重明轻'及'不应为'罪。若诳陷令溺,虽不伤、死,犹同'殴人不伤'论。陷杀伤畜产者,准'作坑阱'例,偿其减价。"②诳骗他人利用误解达成渡河协议,导致人身或者财物受到损害,需承担赔偿责任。该行为本身无效。欺诈、误解、胁迫为法律所禁止。

担保是当时债的基本内容。前述买牛马买奴婢必须立券条文中指出不立券的责任,买卖标的有病疾可以反悔,也即买卖契券中有关于出卖标

① (唐)长孙无忌等:《唐律疏议》卷二五,诈欺官私财物,刘俊文点校,法律出版社1999年版,第501页。

② (唐)长孙无忌等:《唐律疏议》卷二五,诈陷人至死伤,刘俊文点校,法律出版社1999年版,第510页。

的瑕疵担保的条款,违反瑕疵担保,由出卖方承担责任。担保可以是财产担保,也可以是人的信用担保。唐律规定了担保人的责任和禁止性规定。“保任不如所任”条规定“诸保任不如所任,减所任罪二等;即保赃重于窃盗,从窃盗减。若虚假人名为保者,笞五十。疏议曰:保任之人,皆相委悉。所保既乖本状,即是‘不如所任’,减所任之罪二等。‘其有保赃重于窃盗,从窃盗减’,谓保‘强盗’‘枉法’及‘恐喝’等赃,本条得罪重于窃盗,并从窃盗上减二等。不从重赃减者,以其元不同情,保赃不保罪故也。‘若虚假人名为保者’,谓假用人名,或妄以他人姓字以充保者,并笞五十。有五人同保一事,此即先共谋计,须以造意为首,馀为从坐;当头自保者,罪无首从。”①该条规定要求担保人有能力承担所担保的主债务,如果因为担保能力不足造成损失,需承担责任。担保人必须以自己的名义担保,是一种人身担保信誉为基础的担保,不得假冒他人名义担保。在债权债务关系中,以出卖人或者抵押人本人作为担保的主要承担者,担保所出卖物品或者所提供抵押的物品没有权利瑕疵或者其他瑕疵,如果隐瞒瑕疵,造成损失,由出卖人或债务人本人承担责任。这种担保是债务人本身的义务,以担保的形式表现出来。以财物担保是唐代担保的主要方面。唐律“以良人为奴婢质债”条规定“诸妄以良人为奴婢,用质债者,各减自相卖罪三等;知情而取者,又减一等。仍计庸以当债直。疏议曰:虚妄用良人为奴婢,将质债者,‘各减自相卖罪三等’,谓以凡人质债,从流上减三等;若以亲戚年幼妄质债者,各依本条,减卖罪三等。‘知情而取’,谓知是良人而取为奴婢,受质债者,‘又减一等’,谓又减质良人罪一等。‘仍计庸以当债直’,谓计一日三尺之庸,累折酬其债直。不知情者,不坐,亦不计庸以折债直。”②该条规定不得以良人作为质债的客体,但是,

---

① (唐)长孙无忌等:《唐律疏议》卷二五,保任不如所任,刘俊文点校,法律出版社1999年版,第510—511页。

② (唐)长孙无忌:《唐律疏议》卷二六,以良人为奴婢质债,刘俊文点校,法律出版社1999年版,第523页。

如果是奴婢质债是合法的,奴婢的法律人格律比畜产,相当于财物。质债本身是合法的,只要以合法财物质债,受到法律保护。良人人身不能作为质债的规则在实践并不是得到准确执行的,敦煌契约中有典身契,其实质是用良人人身作为债务抵押,进行质债,但是,以典身为名义。该契约没有明确的年份,可能是唐代的契约。①

癸卯年吴庆顺典身契

癸卯年十月廿八日慈惠乡百姓吴庆顺兄弟三人商拟,为家中贫乏,欠负广深,今将庆顺己身典在龙兴寺索僧政家。见取麦壹拾硕,黄麻壹硕陆升,准麦三硕贰斗,又取粟玖硕,更无交加。自取物后,人无雇价,物无利头,便任索家驱驰。比至还得物日,不许左右,或若到家被恶人拘卷,盗切(窃)他人牛羊园菜麦粟,一仰庆顺抵挡,不干主人之事。或若兄弟相争,延引抛功,便同雇人逐日加物三斗。如若主人不在,所有农具遗失,亦仰庆顺填倍(赔)。或疮出病死,其物本在,仰二弟填还。两共面对商量而定。恐人无信,故立此契,用为后凭。

又麦壹硕粟贰斗。恐人不信,只(质)典兄吴庆顺(押)

押字为凭。叔吴佛婢同取物口承弟吴万昇(押)

同取物口承弟吴庆信(押)

口承见人房叔吴佛婢(押)

见人安寺主(押)②

上述契约中吴庆顺以自身作为抵押借贷麦、麻、豆、粟,形式上不是质债,实质是质债。等到物品归还时,吴庆顺才能获得自由,在此期间,以自身为抵押在债权人家做工。做工本身并不取得雇价,抵押人的人身受到

---

① 敦煌资料前言认为,资料中没有年号只有年份和月份的一些文书,可能是吐鲁番管理敦煌期间的文书,可能是唐中期。

② 中国科学院历史研究所资料室编:《敦煌资料》第一辑,中华书局1960年版,第332页。

限制，但是并不彻底丧失自由，债务清偿后，可以解除抵押获得自由。因此，实质上是以良人质债。唐律中做出这种规定也说明，唐代债的法律关系中质债是常见的行为，需要法律提供规则以便保障质债的运行，法律限制非法质债，保护合法质债。以下敦煌契约可见这种以财物和保人信用作为担保的实践。

未年张国清便麦契：未年四月五日张国清遂于□□处便麦三蕃升。其麦并息至秋八月末还。如不还，其麦请赔，仍掣夺（家资）。如中间身不在，一仰保人代还。恐人无信，故立私契。两共平章，画指为记。

麦主

便麦人张国清年卌三

保人罗抱玉年五十五

见人李胜

见人高子丰

见人画允振

报息窖内分付。四月五日记。①

该契约内保人以信用担保，并在债务人不能偿还时承担偿还责任。契约中页提供了债务人的家资作为担保，如果不能偿还债务可以任由债权人拿走用于担保抵押的家资。人保和物保同时存在。以物保作为基本保障，在财物不足以偿还债务时，或者发生债务人死亡的情况时，由担保人承担债务。财物担保的情况更多见于买卖、借贷等，契约中规定不得反悔，如果反悔，规定了反悔方的惩罚性赔偿。

唐大中五年负亲布契中的不得反悔规定。

大中五年二月十二日当寺僧光镜，缘缺车小头钏一交停事，遂于僧神边买钏一枚，断做布价值壹佰尺，其布限十月已后于亲司恒纳。

① 中国科学院历史研究所资料室编：《敦煌资料》第一辑，中华书局1960年版，第356页。

如过十月已后至十二月勾填，更加二十尺。立契后，不许休悔；如先悔，罚布一匹，入不悔人。恐后无凭答项印为验。（押）

负亲布人僧光镜（押）

见人僧龙心

见人僧智㕧（押）

见人僧智恒达（押）①

契约中当事人约定债的履行的期限在十月，超过期限不履行债务人承担惩罚责任，增加布 20 尺，增加幅度是 20%。悔罚是一个促进债务人按时履行债务的担保条款。上述契约中，悔罚的物品由反悔方给不悔方，敦煌契约也有悔罚交给国家并受刑罚的条款。"唐大中六年僧张月光易地契"规定"一定以后，不许休悔，如先悔者罚麦二十驮入军粮，仍决杖卅。"②罚麦二十驮数量不小，且同时受刑罚处罚，对反悔方的处罚严厉，保障契约的效力，成为有力的担保条款。反悔罚金入官家而不是入不悔者也是可以借助官方的力量增强契约的保障，保障契约的履行和效力，产生强有力的担保效果。

唐代担保还有一种条款是对恩赦免责的担保。敦煌契约"唐乾宁四年张义全卖宅舍契"中规定："或有恩敕赦书行下，亦不在论理之限。"③唐代皇帝发布赦免制诏很常见，诏书中免除官私债务，此种免除对于债权人来说是一种债权落空，相当于特殊事由免除了债务人的义务，但是，债务人的权利仍然存在，是一种国家法律对私人契约的关系的干预。私人契约中明示条款排除此种干预，尊重当事人双方的意思自治。敦煌契约同一时期先后的契约有"官从政法，民从私约"的用语。"丙辰年张骨子

---

① 中国科学院历史研究所资料室编：《敦煌资料》第一辑，中华书局 1960 年版，第 285 页。

② 中国科学院历史研究所资料室编：《敦煌资料》第一辑，中华书局 1960 年版，第 286 页。

③ 中国科学院历史研究所资料室编：《敦煌资料》第一辑，中华书局 1960 年版，第 288—289 页。

卖宅契”①、“丙子年阿吴卖儿契”②两件契约的担保条款，张骨子契“其舍一买后，任张骨子永世便为主记。居住中间，或有兄弟房从及至姻亲干俙，称为主记者，一仰房主宋欺忠及妻男邻近稳便买舍充替。更不许异语东西。中间若有恩赦，亦不在论限。人从私契，一买以后更不许休翻悔，如先悔者，罚黄金三两充入官家。”阿吴契“或有恩赦流行，亦不在论理之限。官有政法，人从此契”。这两件契约是唐末到五代时期的，张骨子契敦煌资料编辑者注解认为可能是乾宁三年或者显德三年时期的契约。（原书该契约下有注释）。阿吴契约本文作者认为可能是后梁贞明二年丙子年的契约，理由是乾宁四年（897）张义全卖舍契中买主是洪润乡百姓令狐信通兄弟，丙子阿吴卖儿契中的买主也是洪润乡百姓令狐信通，根据古人的取名方式，同一区域同一姓氏短期内一般不会重名。乾宁四年之后的丙子年是916年的贞明二年，从时间上看，相距十七年，一个成年人的寿命可以支持十七年的跨度，很可能两个契约中的令狐信通是同一个人，那么该契约的时间是五代后梁贞明二年。综上所述的情况可以看到，晚唐五代时期契约中已经开始出现恩赦免责排除条款，并形成了固定表达，官从政法，民从私约。为了避唐代的“民”字讳改用“人”字。

担保条款的存在，构成了契约的必要组成部分，保障契约的履行，降低双方促进债务履行的成本。唐代契约的这种规定也是唐代债的关系的完善的一种发展。

唐代债的种类还有除了传统的借贷、买卖、雇佣、租赁、服务、运输、寄存、侵权等类型之外的典。从租佃之债中逐渐演变出物权中的永佃。

（六）宋元时期债的演变

宋代债的形式和内容基本保持了唐代的规则，又有所发展。宋代民

① 中国科学院历史研究所资料室编：《敦煌资料》第一辑，中华书局1960年版，第300—301页。

② 中国科学院历史研究所资料室编：《敦煌资料》第一辑，中华书局1960年版，第297页。

商事活动频繁，需要准确细致的规则，国家法和民间规则相互影响促进规则发展。国家法上对债的法律规定蕴含在各种法律文件中，《宋刑统》户婚、厩库、贼盗、诈伪、杂律诸篇中涉及处理民事法律关系应遵循的规则，《庆元条法事类》榷货、封椿、债负等。债的主体、客体、形式、程序、履行方式、解除、变更、中止等必须合法。借贷之债主体须有法定人格，符合法定年龄标准和身份标准。买卖之债的成立必须双方自愿且主体合法，客体必须合法，不得买卖国家禁止的客体，如文书、印信、玄像禁物、禁榷物、良民等。《庆元条法事类》禁榷门规定"诸称禁物者，榷货同。称榷货者谓：盐、矾、茶、乳香、酒麹、铜、铅、锡、铜矿、鍮石。"①国家允许的买卖客体必须遵守国家规定的程序，如茶、盐的买卖。宋代债的形式上使用纸质印刷官文书契券，叶孝信认为宋代契约多采用单本契约，由债务方制作契约，交给债权人保存，显示债的关系上的一种不平等的心理。② 债的形式上借贷、典当、大型买卖等需要保持债的关系持续存在的情况下，多采用书面契约。即时性的履行或者债的标的较小的情况下，一般采用口头契约。书面契约延续了此前的基本形式，由当事人身份、事由、权利义务、担保、见证人、日期等因素构成。当事人和见证人需要签字画押，有画指、签字、花押。叶孝信指出当时出现了花体字签名，由于具有个人独特性被用于契约中。③

宋代的担保内容保留了唐代的瑕疵担保、悔罚担保、恩赦担保、人保、物保。瑕疵担保涉及出卖物、典当物、租赁物、寄存物等债的关系中的权利瑕疵和物品本身的瑕疵。悔罚担保在宋代契约中继承了唐五代契约中有"准法""准格"的表达，应该是宋代法律也对此作了明确的规定。恩赦免责排除担保也出现在契约中。反悔者的惩罚性赔偿是有法律依据的条

① （宋）官修：《庆元条法事类》卷二八，榷禁门，榷货总类，名例敕，载《续修四库全书》861，史部，第 317 页。
② 叶孝信：《中国民法史》第五章两宋民法，上海人民出版社 1993 年版，第 342 页。
③ 叶孝信：《中国民法史》第五章两宋民法，上海人民出版社 1993 年版，第 344 页。

款。敦煌契约宋淳化二年韩原定卖妮子契的担保条款规定"自卖已后，任承朱家男女世代为主。中间有亲情眷表识认此人来者，一仰韩原定及妻七娘子面上觅好人充替。或遇恩赦流行，亦不在再来理论之限。两共面对商议为定，准格不许翻悔；如若先悔者罚楼绫一匹，仍罚大羯羊两口，充入不悔人。恐人无信，故勒此契，用为后凭。其人在患比至十日已后不用休悔者。（押）"①该契约中要求卖方保证不存在权利瑕疵，如果有他人认领导致出卖人口存在权利瑕疵，由出卖人完全承担责任。同时，也规定了出卖人对被卖的人口本身的病患等自身瑕疵也承担担保责任，担保的时间是十日内。反悔者依据格的规定承担惩罚性赔偿责任。契约条款明确排除恩赦免责，确保双方的交易不因国家法律变更的外在不可抗力因素而带来不确定性，通过契约的约定固化双方的权利义务。

宋代国家对债的管理更加细密。根据《庆元条法事类》的规定，契约文书由专门的国家机关印刷制作和出售，民间交易需要购买国家文书，并纳税，出现红契和白契的区别。这种做法也促成了债的文书格式化发展方向。国家的契税管理制度逐渐严密，在"封椿式"中规定了契税的缴纳格式。

元代国家对商业限制减少，商业发展促进了债的发展。债的形式、内容、履行等问题大抵延续了此前的规则，又有发展，债的种类与唐宋时期基本类似。国家法律上有《大元通制条格》户令、田令、关市、赏令、杂令、僧道涉及债的规定，《元典章》户部、刑部对债的问题做出明确规定，出现了专门的钱债分类。国家法上债的法律规定较之前更加细密，民间习惯法上债的规则也已经明确。

债的形式上，元代契约文献中有契约样式，极大地促进了契约文书的标准化，有助于提升契约条款的准确性，提高交易效率和安全性。张传玺《中国历代契约粹编》中收录的元代契约格式有买卖房屋契式、典买田地

① 中国科学院历史研究所资料室编：《敦煌资料》第一辑，中华书局1960年版，第318页。

契式、判山木榜式、买牛契式、买马契式、租佃田地约式、借贷契约格式、雇佣契约格式。① 元代契约的格式稳定成熟,其契约知识可能延续自宋代官方印刷的契,不过无实证资料。

元代债的主体除一般主体外,回鹘等外来人员参与借贷、交易等行为频繁。《元史》记载太宗十二年,"以官民贷回鹘金偿官者,岁加倍,名羊羔息,其害为甚。诏以官物代还,凡七万六千锭。仍命凡假贷岁久,惟子本相侔而止,著为令。"②债的当事人权利义务并无重大变化,担保条款延续了之前的规则。

(七)明清时期债的演变

明清时期,债的法律规则有国家法的规定,也有民间习惯法形成的规范体系,还出现了债的法谚。明代的《大明律例》《大明会典》《户部职掌》等法律文件涉及有关民事法律规则。清代《大清律例》《大清会典则例》《大清会典事例》《钦定户部则例》《钦定理藩院则例》《钦定军需则例》等法律文件和《福建省例》《治浙成规》《粤东省例》《湖南省例成案》等地方性法律中也有部分民事规则。债的法律规则除了国家法的规则,还有民间习惯法形成了详细的债的规则,二者相辅相成形成了债的法律规范体系。明清时期,债的法律规则呈现出完整的公私并举的样态。

债的形式上,契约格式基本固定,券书通常包括当事人名称、事由、双方权利义务、担保条款、当事人和中见人的签名。券书采用合在一起在骑缝处写"合同二纸各执一张"等字样,然后分开,双方所持的契约上各有该行文字的一半,作为防伪标记。经过纳税的契约和当事一方为官方的契约还盖有红色的官印。契约格式方面,叶孝信的观点认为存在买方或者债权方的优势表现在不提名讳或顶格写的情况。③ 不过,这个特征并不都如此,清代蒙古土默特地区的契约并无债权人更有优势的形式表达,

① 张传玺:《中国历代契约粹编》上册,北京大学出版社 2014 年版。
② (明)宋濂等修:《元史》卷二,本纪第二,窝阔台。
③ 叶孝信:《中国民法史》第七章明清民法,上海人民出版社 1993 年版,第 534 页。

双方在形式上保持平等。①

明清时期债的内容上包括主体、权利义务、担保条款几个方面。

(八)近代债的演变

清末引入西方法律仿照德国民法典和日本民法典制定了《大清民律草案》专章规定债的问题。民国时期经过修订成为民事行为和诉讼的法律依据。同时,清代刑法典中民事部分不再科刑,《大清现行律》民事有效部分也是一种债的法律依据。民间习惯法经过民国政府司法部的整理,有关债的部分依据民法典的体例汇集,包括债的形式、主体、成立、效力、履行、变更、解除、中止、担保等规则。至此,历代债的规则上公私并举的局面融合在一起,习惯法经过立法程序和诉讼程序的整理被纳入到国家法体系中,基本上形成了债的法律依据以国家法为主导的样态。

四、寄存之债的演变

元代出现的钱债一词作为法律篇目的分类除了借贷之外还有寄存的规定,因此,专门阐述。寄存之债在西周已经存在,《周礼》规定市场中有专门的寄存货物的地方,合法的寄存受到法律的保护。这些规定是在市场管理中规定的,寄存活动的规范蕴含其中。受寄人保护被寄存的物品,收取费用,寄存人承担给付的义务。西周官方有专门提供给商人存放货物的邸舍和空地,用来收取费用。廛人"又其职有廛布,谓货贿停储邸舍之税,即市屋舍,名之为廛,不得市中空地"②。《周礼》中规定廛人专门负责征收租用官府房屋空地存放货物的税收,存放人把货物寄存在官方的邸舍。另外,邦国的商人来贸易,通关的时候,货物存放在官方邸舍征收税费,也说明,寄存之债的存在。司官"司货贿之出入者,掌其治禁与

① 佚名:《包头蒙租合同》,内蒙古大学图书馆藏抄本。

② (汉)郑玄注、(唐)贾公颜疏:《周礼注疏》卷九,清嘉庆二十年南昌府重刊宋十三经注疏本。

其征麈。”①

战国秦法律在《睡虎地秦简》“法律答问”有涉及接受寄存物的限制性规定,标的物必须合法。“甲钱以买丝,寄乙,乙受,弗智(知),乙论可(何)(也)? 毋论。”甲盗钱用以买丝,把丝寄存在乙方处,乙收受了,但不了解盗窃的事,乙方如何论处? 不应论罪。“智(知)人通钱而为臧(藏),其主已取钱,人后告臧(藏)者,臧(藏)者论不论? 不论论。”知道他人行贿而代为收藏钱财,钱的主人已将钱取走,事后才有人控告藏钱的人,藏钱的应否论罪? 应论罪。“可(何)谓‘臧人’?‘臧人’者,甲把其衣钱匿臧(藏)乙室,即告亡,欲令乙为之,而实弗之谓(也)。”什么叫“赃人”? 赃人,如甲将自己的衣物钱财藏到乙家,于是报告说东西丢了,想使乙成为盗窍,而实际乙并不盗窃。上述两个规定要求寄存物标的必须合法,寄存之债的存在,要求标的物合法,赃物不得成为寄存关系的客体。如果不知道赃物的情况下,只作为普通物品寄存,是合法的;明知是行贿的赃物还是接受寄存,违反寄存物标的合法性规定,构成违法,上述第二条规定显示,寄存标的违法,寄存行为无效,不构成寄存法律关系,并受到法律处罚。

唐代法律在《唐律疏议》杂律中规定了寄存物费用的赔偿和定罪量刑问题。宋代《宋刑统》沿袭了唐律的规定。此外,《庆元条法事类》卷三二规定了寄纳官物条。② 寄存财物有损失的,有关人员共同赔偿。元代到清代的钱债门类中都对寄存物的损害做了专门的规定,把唐宋律中杂律寄存物的规定纳入到钱债类中。明清时期的例的出现,补充了律的不足,完善了寄存物损害的法律规定。

宋代以后基本延续了唐律中的规定,在元代开始纳入到钱债分类之

① (汉)郑玄注、(唐)贾公颜疏:《周礼注疏》卷一五,清嘉庆二十年南昌府重刊宋十三经注疏本。

② (宋)官修:《庆元条法事类》卷三二,载《续修四库全书》861,史部政书类,第412页。

下,明清时期内容变化不大。近代法律改革,纳入民法的债权编中作为一种债的类型。

五、遗失物和宿藏物的演变

西周关于遗失物的规定在《周礼》中有记载。《周礼》“凡得货贿、六畜者亦如之,三日而举之。得遗物者,亦使置其地,货於货之肆,马於马之肆,则主求之易也。三日而无职认者,举之没入官。”①贾公颜注释:此谓在列肆遗忘阑失者,吏各归本肆,吏主识认取之。市场中交易的人遗忘物品,管理人员把物品分别归类置于所属的售卖区域等待失主认领。遗失物的所有权归于原主,不因遗失而丧失所有权。遗失物的管理由负责市场事务的官吏承担,遗失物有三天展示期,此期间原主可以认领,恢复对所有权对物的控制,但是,超过三天,还没有认领的,遗失物的所有权人即丧失所有权,物的所有权归于国家。拾金不昧,拾遗金如何处理。捡到金腰带的故事,遗失物归于拾得人所有。

春秋战国时期关于遗失物,原主可以有所有权,无人认领可以归于拾得人所有。

《睡虎地秦简》关于遗失物的规定:遗失物应还给原主,如果捡到别人遗失的玉,用于交换,依据玉上的检确定玉的大小和价值决定赔偿额。《法律答问》“可(何)谓「琼」「琼」者,玉检(也)。节(即)亡玉若人贸(易)之,视检智(知)小大以论及以齎负之。”②什么叫“琼”?“琼”就是玉上的检,如果丢失了玉或者被人替换了,根据检可以知道玉的大小,据以论处,并决定用多少钱赔偿。

汉代遗失物的一般规则遗失物应归原主所有,无失主认领时,可以归

① (汉)郑玄注,(唐)贾公颜疏:《周礼注疏》卷一四,清嘉庆二十年南昌府重刊宋十三经注疏本。

② 睡虎地秦墓竹简整理小组编:《睡虎地秦简》法律答问,文物出版社 1990 年版,第 142 页。

拾得人所有。《后汉书》列女传记载的乐羊子妻劝说乐羊子拾得遗金的故事说明,乐羊子拾得遗金带回家准备把遗金据为己有,其妻认为这种做法不是君子所为,要求放弃把遗金归于己有的行为。乐羊子妻的看法前提是,遗失物的原主并未丧失所有权,拾得人直接据为己有视为不当行为,因而非君子所应为。乐羊子准备把拾得遗金据为己有,说明当时没有找到失主的情况下,拾得物视为无主物,归拾得人所有。

唐律中对遗失物专门做了规定。《唐律疏议·杂律》"得阑遗物不送官"条:"诸得阑遗物,满五日不送官者,各以亡失罪论;赃重者,坐赃论。私物,坐赃论减二等。疏议曰:得阑遗之物者,谓得宝、印、符、节及杂物之类,即须送官,满五日不送者,各得亡失之罪。'赃重者',谓计赃重于亡失者,坐赃论,罪止徒三年。'私物,坐赃论减二等',罪止徒二年。其物各还官、主。"[①]该条规定的唐代对遗失物的基本规则是,遗失物原主并不丧失所有权,拾得者应送官寻找失主,并归还失主。限期不归还,作为犯罪处以刑罚,同时,物归原主。遗失物及时归还原主是法定义务。在此原则之下,唐律在涉及遗失物的问题上,还有一些具体情况下的相关规定。

《唐律疏议·贼盗》"强盗"条规定:"诸强盗(谓以威若力而取其财,先强后盗、先盗后强等。若与人药酒及食,使狂乱取财,亦是。即得阑遗之物,殴击财主而不还)",[②]拾得遗失物不归还原主,并通过殴打伤害原主强占其财物构成强盗罪。

《唐律疏议·擅兴》"私有禁兵器"条:诸私有禁兵器者,徒一年半;(谓非弓、箭、刀、短矛者。)弩一张,加二等;甲一领及弩三张,流二千里;甲三领及弩五张,绞。私造者,各加一等;(甲,谓皮、铁等。具装与甲同。

---

① (唐)长孙无忌等:《唐律疏议》卷二七,杂律,得阑遗物不送官,刘俊文点校,法律出版社1999年版,第560页。

② (唐)长孙无忌等:《唐律疏议》卷一九,盗贼,强盗,刘俊文点校,法律出版社1999年版,第386页。

即得阑遗，过三十日不送官者，同私有法。）[①]不得私人拥有的物品在遗失的情况下，不得归于私人所有，限期三十日告官，否则视为犯罪。

《唐律疏议·断狱》“输备赎没入物违限”：“诸应输备、赎、没、入之物，及欠负应徵，违限不送者，一日笞十，五日加一等，罪止杖一百。若除、免、官当，应追告身，违限不送者，亦如之。疏议：入者，谓得阑遗之物，限满无人识认者，入官及应入私之类。”[②]该条规定了遗失物的处理原则，拾得遗失物限期送官，规定期限内无人认领，遗失物可以归官方所有，也可以归私人所有。

拾得遗失物如果涉及无因管理之债，失主应支付合理费用。

与寄存之债的发展类似，遗失物的规则在宋代延续唐律的规定，元代纳入钱债分类，明清维持元代的规则。近代，因遗失物的管理而形成的无因管理之债纳入到债权编中。

第二节　债的种类及演变

一、先秦时期债的种类

《周礼》中规定的借贷行为不仅有称责之债，还有取予。两者的区别是称责是有利息的也即当时所说的有子的，取予是无子的，不收利息的借贷。“六曰听取予以书契，七曰听卖买以质剂，八曰听出入以要会。”[③]书契是记载取予的方式，也是取予的形式和权利凭证。出入官物是对领取和收回官物的登记，如果领取官物用于自用，使用之后归还，也可以认为

① （唐）长孙无忌等：《唐律疏议》卷一六，擅兴，私有禁兵器，刘俊文点校，法律出版社1999年版，第341页。

② （唐）长孙无忌等：《唐律疏议》卷三十，断狱，输备赎没入物违限，刘俊文点校，法律出版社1999年版，第611页。

③ （汉）郑玄注，（唐）贾公颜疏：《周礼疏》卷第三，清嘉庆二十年南昌府重刊宋十三经注疏本。

是一种借贷官物有偿或者无偿使用的规定，对于这类诉讼，通过官物的出入登记来核对。后来，秦律中详细规定借官物的行为，权利义务、有偿无偿、是否赔偿等，两者之间比较类似。

先秦时期，债的种类除了借贷还有买卖、赠与、租赁、侵权。买卖行为的存在已经很难考证其起源，《周礼》中记载的质剂、丹书、契券是买卖不同标的的契约形式。重要的契约还需要盟誓的形式，并且藏之于国家的府库。国家设立专门的市，对交易行为进行管理，并制定相应的管理规则。买卖契约必须符合规定，形式不符合规定的，视为违法，受到刑罚。质人"掌稽市之书契，同其度量，壹其淳制，巡而考之，犯禁者举而罚之"①。买卖契约使用的书契和度量有专门的规定，形式要件必须具备。买卖标的必须合法，不符合时令和特殊性质的物品不得进行交易。"有圭璧金璋，不粥于市。命服命车，不粥于市。宗庙之器，不粥于市。牺牲不粥于市。戎器不粥于市。用器不中度，不粥于市。兵车不中度，不粥于市。布帛精粗不中数、幅广狭不中量，不粥于市。奸色乱正色，不粥于市。锦文珠玉成器，不粥于市。衣服饮食，不粥于市。五谷不时、果实未孰，不粥于市。木不中伐，不粥于市。禽兽鱼鳖不中杀，不粥于市。"②不得存在故意欺诈的行为。胥师"察其诈伪、饰行、卖慝者而诛罚之"③。胥师专门负责检查诈伪和故意虚饰以次充好等欺诈的行为。买卖行为还受到国家的限制性规定，发生灾荒等重大事件时，货物限价贵卖。贾师的职责之一是"凡天患，禁贵卖者"④。买卖行为中禁止欺诈、胁迫，以刑罚处罚这些行为。以此推测，这些交易应属无效法律行为，不受法律保护。

---

① （汉）郑玄注，（唐）贾公颜疏：《周礼疏》卷一五，清嘉庆二十年南昌府重刊宋十三经注疏本。

② （汉）郑玄注，（唐）贾公颜疏：《礼记正义》卷一三，王制，清嘉庆二十年南昌府重刊宋十三经注疏本。

③ （汉）郑玄注，（唐）贾公颜疏：《周礼疏》卷一五，清嘉庆二十年南昌府重刊宋十三经注疏本。

④ （汉）郑玄注，（唐）贾公颜疏：《周礼疏》卷一五，清嘉庆二十年南昌府重刊宋十三经注疏本。

买卖关系在西周青铜器中有多次记录。西周青铜器卫盉记录的买卖关系。“周恭王九年正月既死霸庚辰这天，天子在周驹宫，并前往宗庙。眉敖的使者肤前来朝觐天子，天子举行了盛大的接待礼。矩伯从我裘卫这里购置了一辆好马车，附带车上曲钩、有装饰的车轼、虎皮罩子、兽皮袋子、彩绘车下索、鞭子、大皮索、四副白色的辔头、铜马嚼子、锁，我同时给与矩姜十二丈的帛。矩伯交付给我林晢里。我裘卫收取林晢里中的颜林，并赠与颜陈两匹大马，赠与颜妫一件青黑色的衣服，赠与颜有司寿商貉裘和猪皮罩子。矩伯和谦粦命令寿商和啻敲定此事，勘定、交付林晢里给我。随后在四面封土起界，颜小子（家臣）们都参与了起封仪式，（颜有司）寿商加以察看。我赠予盠冒梯两张羝羊皮，赠予业帛金一块，赠予氏吴喜皮两张，赠与谦虡皮做的罩子，柔软的带有装饰的皮带裹起来的马车把手，赠予东臣羔裘，赠予颜两张五色皮子。到场受田的是裘卫家家臣，迎接及送礼的是裘卫的家臣虢朏。卫因此制作了祭祀先父的宝鼎，并将万年永远珍藏使用。”①卫盉记载的实践包括买卖和赠予关系，买卖土地赠予衣服皮子等礼物。买卖土地需要有司介入并举行起界和起封仪式。土地买卖的效力和车马赠予得到国家认可。买卖和赠予都是出于自愿，双方各自意思表达明确，权利义务清晰，合约当场履行，买卖土地通过仪式交付，赠予物品即时交付。契约之债作为最基本的债权形式得到国家的认可，国家工作人员介入保障了债权的效力。买卖契约虽然是双方的个人行为，但是违反约定的人经过诉讼确定之后，受到墨刑的惩罚。《周礼》“凡大约剂，书于宗彝。小约剂，书于丹图。若有讼者，则珥而辟藏，其不信者服墨刑。”②无论是重大交易行为订立的大约剂还是小型交易订立的小约剂，都需要遵守契约，按照约定履行契约，如有违约行为，经过诉讼确定之后，违约方不仅要承担违约责任，还要承担刑事责任，受到墨刑

① 王沛：《金文法律资料考释》，上海人民出版社 2012 年版，第 154—155 页。

② （汉）郑玄注，（唐）贾公颜疏：《周礼注疏》卷三六，清嘉庆二十年南昌府重刊宋十三经注疏本。

处罚。交易契约的这种规定,同样体现了西周礼制之下出礼入刑的原则。

赠予作为债权的一种在早期文献中有许多记载,作为一种慷慨或者美德被记录下来。最早的明确记载是《尚书》武成篇周武王和周公战胜商纣王之后“散鹿台之财,发钜桥之粟”①,也可以认为是一种赠予行为。琱生簋记载了家族内部处理纠纷时的赠予关系。“周宣王五年正月己丑这天,作为小宗的琱生会同召氏大宗处理关于仆庸土田的事宜。琱生献给召氏宗妇,即召伯虎的母亲一只壶。宗妇传达了宗君,也即召伯虎父亲的命令。宗君说道:‘我老了,可我们召氏公族的附庸土田却多次遭到司法机关的侦讯调查。我希望琱生你听从召氏家族在土田方面的如下安排:如果公室占有三份,你就占有两份;如果公室占有两份,你就占有一份。’随后琱生献给宗君一块大璋,献给宗妇一束帛、一块璜。召伯虎说:‘我已经询问过负责土田的家臣有司,我听从我父母的命令,不会违背。我定会贯彻执行我父母的命令。’琱生则觐献了玉圭。”②琱生簋记载的案件中琱生献给宗妇和宗伯的礼物是一种赠予行为,他们之间形成赠予关系。赠予是单方面给付的一种债的法律关系,赠予人出于自愿,双方合意,交付赠予物品,完成赠予债权。

租赁之债。“太公望少为人婿,老而见去,屠牛朝歌,赁于棘津,钓于磻溪,文王举而用之,封于齐。”③姜太公吕望屠牛于朝歌,赁于棘津,赁应当是赁屋而居的意思。

侵权行为与刑罚相关,有些犯罪行为需要通过赔偿的方式解决,由此形成了侵权之债。《散氏盘》记录了夨国攻打散国失败,赔偿给散国土地的契约。战争行为构成了大刑,正式大刑用甲兵,作为战争失败方,受罚的方式是赔偿土地,双方立约,制作青铜器记录此事。“因为夨国攻伐散

① (汉)孔安国传,(唐)孔颖达疏:《尚书正义》卷一一,武成,清嘉庆二十年南昌府重刊宋十三经注疏本。

② 王沛:《金文法律资料考释》,上海人民出版社2012年版,第44—45页。

③ (汉)韩婴:《韩诗外传》卷八,载《文渊阁四库全书》89,经部,第843页。

国失败，御史用土地赔付散国。双方勘定田界：渡过瀗水往南，到达大沽，为一个封地区段。从大沽登原，至边柳是两个封地区段。由渡过瀗水，登上弧形高岸，到了土山，从土山向西，在敝城用楮木树立封界。从敝城至刍逨封土为一个区段，从刍逨到刍滔内为一个封地区段。登上刍山，登到有瀑布的崖岩处，在石崖旁岸的土山陵上和长山脊处，树立封界。沿长山脊走过，东道为一个封地区段，源道为一个封地区段，周道为一个封地区段。由周道以东至桌东疆为一个封地区段。右转弯，到屡道向南，到绌逨道为一个封地区段。再往西，则至于鸿地的墓地旁。双方踏勘靠近井邑的土地：从良木道左到井邑，对道路进行分界，东半块为一个封地区段，转回来，西半块为一个封地区段。到达山冈地，冈上土地为三个封地区段。下冈往南，到同道为一个封地区段。从同道登州冈，登上州冈顶部，再下至棫地，为两个封地区段。夨人参加勘定田界的有司有：鲜、且、微、武父、西宫褱、豆人虞考、录贞、师氏右省、小门人繇、原人虞艿、淮司工虎、孛、龠、丰父，鸿人有司刑考，共十五人。散国长官踏勘夨给予散的田地，参加者有：司徒逆寅、司马东廛、䡅人司空黥君、宰德父，散人小子踏勘夨给予散的田地，参加者有：戎、微父、校櫂父、襄之有司橐、州廪、悠从鬲，散方参加田界踏勘的有司共十人。九月的乙卯日，夨方使鲜、且、舆、旅四人立誓说：'我们已交付散方农具，如有差错，就是我们对散方有欺瞒之心，就鞭打我们一千下处罚我们一千锾，并拘捕我们把我们流放。'鲜等四人立下誓言。又使西宫褱和武父立誓：'我们已交付散方湿田和原田，如果我们有错乱，就鞭打我们一千下处罚我们一千锾。'西宫褱和武父立下誓言并绘制了付与散方的土地的地图，夨侯在豆邑的新宫东廷（将地图和契约交与散方）。散方持有契约的左券，书写契约的人是史官名仲农的。"①这个契约标的中的土地作为赔偿是一种侵权之债的类型。双方出于自愿订立契约，约定土地界限，各自派人参与地界勘定，除了双方的人之外，有司

① 王晶：《西周涉法铭文汇释及考证》，中国社会科学出版社 2013 年版，第 382—383 页。

到场，并由史官记载了这次土地赔偿契约，最后散方制作了青铜器。此次赔偿的行为与《周礼》相关契约使用方式和程序相一致。《周礼》司约规定“司约掌邦国及万民之约剂，治神之约为上，治民之约次之，治地之约次之，治功之约次之，治器之约次之，治挚之约次之。凡大约剂，书于宗彝。小约剂，书于丹图”。郑玄注：“地约，谓经界所至，田莱之比也。大约剂，邦国约也。书于宗庙之六彝，欲神监焉。”①夨国和散国之间的土地契约属于治地之约，划分土地界限，确定田莱之比。同时，邦国之间的契约属于大约剂，制作青铜器书于庙器之上，藏之于宗庙，受到神的监督，保障契约的效力。

二、春秋战国和秦代债的种类

（一）春秋时期的债

春秋时期借贷之债的主体有国家、家族、个人，包括国家之间的借贷、国家与家族之间的借贷、国家与个人之间的借贷；家族之间的借贷、家族与个人的借贷、个人之间的借贷。借贷形式有书面契约，也有口头契约，借贷的标的多种多样，有货币也有财物。齐国的陈氏给国民贷米救饥馑，“陈氏三量，皆登一焉，钟乃大矣。以家量贷，而以公量收之。”②陈氏借贷的标的是粟，借贷的对象是任何愿意与之借贷的国民。借贷有利息或者无利息依据当事人的约定，或者自愿不取利息，法律也是允许的。借贷的利息是否有限制？债的种类逐渐丰富，除了传统的买卖、租赁、赠予之外还有雇佣、运输、服务、侵权等内容。

买卖之债。春秋时期商业有很大的发展，买卖之债普遍存在。各国的大型城市基本都有市，专门用来交易。履贱踊贵之类的表达说明当时

① （汉）郑玄注、（唐）贾公颜疏：《周礼注疏》卷三六，清嘉庆二十年南昌府重刊宋十三经注疏本。

② （晋）杜预注，（唐）孔颖达疏：《左传注疏》卷四十二，昭公，清嘉庆二十年南昌府重刊宋十三经注疏本。

市中交易的存在。刑罚中弃市的执行方式，也说明当时市的普遍存在，由此而必然存在频繁的买卖行为。买卖出于双方自愿，各自交付约定的货物或者价款。僖公三十三年“郑商人弦高。将市于周”①。郑国子产叙述先祖郑桓公与商人之间的盟誓，“昔我先君桓公，与商人皆出自周，庸次比耦，以艾杀此地，斩之蓬蒿藜藋而共处之。世有盟誓，以相信也。曰：‘尔无我叛，我无强贾，毋或匄夺，尔有利市宝贿，我勿与知。’恃此质誓，故能相保，以至于今。”②盟誓表达了买卖之债的意思自治原则。无强贾，否定以强制、胁迫方式进行的买卖的效力。利市宝贿，我勿与知，各种交易由当事人自行决定，尊重当事人的意愿不进行干涉。盟誓的内容说明当时买卖之债已经形成了稳定的原则，固化了古老的交易原则。

（二）战国时期和秦代的债

1. 借贷之债。战国时期借贷之债基本上延续春秋时期的规则，在实践中普遍存在。由于《睡虎地秦简》记录的债的规定是战国时期秦国的法律规定，从时间上来看属于战国，但是，秦的法律延续了战国时期秦的法律，因此，战国和秦的债的法律文献主要来自于《睡虎地秦简》，因此，把这两个时期合并阐述。

《睡虎地秦简》“金布律”中用了较大篇幅专门规定借贷的规则。“有责（债）於公及赀、赎者居它县，辄移居县责之。公有责（债）百姓未赏（偿），亦移其县，县赏（偿）。”欠官府债和被判处赀、赎者住在另一县，应即发文书到所住的县，由该县索缴。官府欠百姓债而未偿还，也应发文书给百姓所在的县，由该县偿还。“百姓（假）公器及有责（债）未赏（偿），其日以收责之，而弗收责，其人死亡；及隶臣妾有亡公器、畜生者，以其日月减其衣食，毋过三分取一，其所亡众，计之，终岁衣食不以稍赏（偿），令居之，其弗令居之，其人死亡，令其官啬夫及吏主者代赏（偿）之。”百姓借

① （晋）杜预注，（唐）孔颖达疏：《左传注疏》卷十七，僖公，清嘉庆二十年南昌府重刊宋十三经注疏本。

② （周）左丘明：《左传》昭公十六年二月。

用官府器物和负债未还,时间足够收回,而未加收回,该人死亡,令该官府啬夫和主管其事的吏代为赔偿。隶臣妾有丢失官府器物或牲畜的,应从丢失之日起按月扣除隶臣妾的衣食,但不能超过衣食的三分之一,若所丢失数多,算起来隶臣妾整年衣食还不够全部赔偿,应令隶臣妾居作,如果不令居作,该人死亡,令该官府啬夫和主管其事的吏代为赔偿。"县、都官坐效、计以负赏(偿)者,已论,啬夫即以其直(值)钱分负其官长及冗吏,而人与参辨券,以效少内,少内以收责之。其入赢者,亦官与辨券,入之。其责(债)毋敢隃(逾)岁,隃(逾)岁而弗入及不如令者,皆以律论之。"县、都官在点验或会计中有罪而应赔偿者,经判处后,有关官府啬夫即将其应偿钱数分摊给其官长和吏,发给每人一份木券,以便向少内缴纳,少内凭券收取。如有盈余应上缴的,也由官府发给木券,以便上缴。欠债不得超过当年,如超过当年仍不缴纳,以及不按法令规定缴纳的,均依法论处。"官啬夫免,复为啬夫,而坐其故官以赀赏(偿)及有它责(债),贫窭毋(无)以赏(偿)者,稍壿其秩、月食以赏(偿)之,弗得居;其免□(也),令以律居之。官啬夫免,效其官而有不备者,令与其稗官分,如其事。吏坐官以负赏(偿),未而死,及有罪以收,抉出其分。其已分而死,及恒作官府以负责(债),牧将公畜生而杀、亡之,未赏(偿)及居之未备而死,皆出之,毋责妻、同居。"机构的啬夫免职,以后又任啬夫,由于前任时间有罪应缴钱财赔偿,以及有其他债务,而因贫困无力偿还的,应分期扣除其俸禄和口粮作为赔偿,不得令他居作;尚未分担而死去,以及因有罪而被捕,应免去其所分担的一份。如已分担而死去,以及为官府经营手工业而负债,或放牧官有牲畜而将牲畜杀死、丢失,尚未偿还及居作未完而死去,都可免除,不必责令其妻和同居者赔偿。① 上述关于债的规定债权债务关系的主体是官府和欠债人,债务人可以是官员也可以是民。债务的来源是借贷官方财物须偿还的,被判处赀和赎的处罚因而需要给

---

① 睡虎地秦墓竹简整理小组编:《睡虎地秦简》,金布律,文物出版社 1990 年版,第 30 页。

付官方,规定期限未偿还的也被称为对官方的欠债。债务的偿还方式,用财物或者劳务所得或者官吏的薪俸都可以。债务人的财产不足以一次性偿还,可以分期偿付,官吏在分期偿付的情况下,不可以要求用劳役方式偿还。对官吏偿还债务方式的特殊规定是为了不影响官吏履行职责。私人债务关系不得影响国家公职履行。债权人或者债务人的居住地有变化的,通知移居地官方索债或者偿还。债务偿还期限必须在当年内,不得超过期限,否则受到法律处罚。债权债务关系形式上有专门的券书作为要求给付的依据。债务人死亡的情况,如果债务人是百姓或者隶臣妾,由负责借贷或者管理的官员负连带赔偿责任;如果债务人是官员或者吏因为承担连带责任或者职务责任赔偿而产生的债务,本人死亡之后,责任终止,不再由家属或者同居共财之人承担连带责任。债的负担是一种法定义务,受法律保护,债权人和债务人在债的法律关系中是平等关系,政府作为债务人的情况,必须承担同等义务,并不因为政府与官民法律地位不对等而在债权关系中有不平等的权利或者义务。合法的债权受到法律保护。债务人的责任与能力相适应,连带责任对管理人员是一种职责带来的义务扩展,对当事人家属,不在死亡后扩大责任。

根据《金布律》的规定,因为职务违法而产生的赔偿也被称为债,与《仓律》中规定预付费用被称为债,归纳起来,秦国把附有法定给付的责任的行为称为债,债的含义和用法超越了此前法律中的债的规定。战国秦法中债的用法范围扩大,债的含义集中在法定给付责任内涵,外延扩大,作为法律术语一方面严谨,另一方面扩大了债的术语的使用范围。

债的履行规定。秦简较多法律规定了可以劳役抵债。《司空律》规定了用劳役抵债的具体规定。“有罪以赀赎及有责(债)於公,以其令日问之,其弗能入及赏(偿),以令日居之,日居八钱;公食者,日居六钱。居官府公食者,男子参,女子驷(四)。公士以下居赎刑罪、死罪者,居于城旦舂,毋赤其衣,勿枸椟欙杕。鬼薪白粲,下吏毋耐者,人奴妾居赎赀责

(债)於城旦,皆赤其衣,枸椟欙杕,将司之;其或亡之,有罪。葆子以上居赎刑以上到赎死,居于官府,皆勿将司。所弗问而久(系)之,大啬夫、丞及官啬夫有罪。居赀赎责(债)欲代者,耆弱相当,许之。作务及贾而负责(债)者,不得代。一室二人以上居赀赎责(债)而莫见其室者,出其一人,令相为兼居之。居赀赎责(债)者,或欲籍(藉)人与并居之,许之,毋除(徭)戍。凡不能自衣者,公衣之,令居其衣如律然。其日未备而柀入钱者,许之。以日当刑而不能自衣食者,亦衣食而令居之。官作居赀赎责(债)而远其计所官者,尽八月各以其作日及衣数告其计所官,毋过九月而觱(毕)到其官;官相(近)者,尽九月而告其计所官,计之其作年。百姓有赀赎责(债)而有一臣若一妾,有一马若一牛,而欲居者,许。”有罪应赀赎以及欠官府债务的,应依判决规定的日期加以讯问,如无力缴纳赔偿,即自规定日起使之以劳役抵偿债务,每劳作一天抵偿八钱;由官府给予饭食的,每天抵偿六钱。在官府服劳役而由官府给予饭食的,男子每餐三分之一斗,女子每餐四分之一斗。公士以下的人以劳役抵偿赎刑、赎死的罪,要服城旦、舂的劳役,但不必穿红色囚服,不施加木械、黑索和胫钳。鬼薪、白粲,下吏而不加耐刑的人们,私家奴婢被用以抵偿赀赎债务而服城旦劳役的,都穿红色囚服,施加木械、黑索和胫钳,并加以监管;如让他们逃亡了,监管者有罪。葆子以上用劳役抵偿赎刑以上到赎死的罪。而在官府服劳役的,都不加监管。若不加讯问而长期加以拘禁,则大啬夫、丞和该官府的啬夫有罪。以劳役抵偿赀赎债务而要求以他人代替服役,只要强弱相当,可以允许。手工业作坊和商贾欠债的,不得以他人代替。一家有两人以上劳役抵偿赀赎债务而无人照看家室的,可以放出一人,叫他们轮流服役。以劳役抵偿赀赎债务的,有的要求借助别人和他一起服役,可以允许,但不能免除那个人的徭戍义务。凡不能自备衣服的,由官府给予衣服,叫他按法律规定以劳役抵偿。在另一官府劳作抵偿赀赎债务而距原计账官府路远的,应在八月底分别把劳作天数和领衣数通知原计账官府,在九月底前都送到;所服役的官府路近的,在九月底通知原计账官府,计算在劳作的当年以内。百姓有赀赎债务而有一个男或女的奴隶,有一头马或牛,要求用其劳役抵偿,可以允许。“隶臣妾、城旦舂之司寇、居赀赎责(债)城旦舂者,勿责衣食;其与城旦舂作者,衣食之如城旦舂。隶臣有妻,妻更及有外妻者,责衣。人奴妾(系)城旦舂,貣(贷)衣食公,日未备而死者,出其衣食。”隶臣妾、城旦舂之司寇,或以劳役抵偿赀债务而被拘系服城旦舂劳役的人,不收取衣食,凡参加城旦舂劳作的,按城旦舂标准给予衣食。隶臣有妻,妻是更隶妾及自由人的,应收取衣服。私家男奴隶被拘系服城旦舂劳役的,由官府借予衣食,其劳作日数未满而死,注销其衣食不必偿还。“(系)城旦舂,公食当责者,石卅钱。”拘系服城旦舂劳役抵债的,官府给予饭食,每石收三十钱。“居赀赎责(债)者归田农,种时、治苗时各二旬。”以劳役抵债赀赎债务的人回家农作,播种和管理禾苗的时节各二十天。《司空律》规定劳役抵债的基本数额每日八钱,根据是否接受官方衣食折扣一定数额。劳役的情形分为几种,本身有劳役刑的,不同等级的劳役刑有不同的管理规定,奴隶或者有身份的人劳役抵债,做出专门规定。劳役抵债本身也可以用他人的劳役抵债,但是手工业者和商人必须本人亲自劳役抵债不得代替。劳役抵债影响日常生产活动的情况下,可以采用轮流劳作或者特殊时间暂停劳作。允许以奴隶或者马牛劳作抵债。这些规定保障劳役抵债的实效能够得到抵债的要求。因死亡而导致劳役期间欠官府衣食的情形,可以免除这部分债务。秦代的这些劳役抵债的规定虽然主要是关于赎刑或者欠官府的债务如何抵债,但是也丰富了债券履行的一般规定。

债务履行的限制性规定。秦法律规定不得强制或者协议要求债务人提供人身抵债。《睡虎地秦简》“法律答问”:“百姓有责(债),勿敢擅强质,擅强质及和受质者,皆赀二甲。廷行事强质人者论,鼠(予)者不论;和受质者,鼠(予)者论。‘百姓间有债务,不准擅自强行索取人质,擅自强行索取人质以及双方同意质押的,均罚二甲。’”向他人强行索取人质的人应论罪,把人质给人的人不论罪;双方同意抵押的,把人质给人的人也要论罪。

借贷之债的特殊规定:1. 债务标的意外灭失,债务关系终止。"今舍公官(馆),旞火燔其(假)乘车马,当负不当出? 当出之。"如在官家馆舍居住,失火将所借用车马焚毁,应否赔偿? 应予报销。失火导致借用的官方车马被焚毁,标的物灭失,可以不用再承担返还责任,债权债务关系终止。2. 恶意不偿还债务,构成犯罪行为,受到刑罚处罚。《法律答问》"把其(假)以亡,得及自出,当为不当? 自出,以亡论。其得,坐臧□为盗;罪轻於亡,以亡论。"携带借用的官有物品逃亡,被捕获以及自首,应否作为盗窃? 自首,以逃亡论罪。如系捕获,按赃数作为盗窃;如以盗窃处罪轻于以逃亡处罪,则仍以逃亡论罪。这个规定中,借来的官物当事人与官府之间形成借贷关系,当事人携带借来的物品逃走,显示出不偿还债务的恶意,直接作为犯罪来对待。法律规定的前提是,债务人必须出于自愿、诚信偿还债务,打破了法定原则,受到相应惩罚。3. 借贷参与人的行为应当在法律规定范围内,超过范围不合法。介人的规定。"貣(贷)人赢律及介人。可(何)谓介人? 不当貣(贷),貣(贷)之,是谓介人。"提供借贷的人借给的财物超过法律规定的,什么叫"介人"? 不应借给钱的,借给了,称为介人。

2. 租赁之债。春秋战国以来一直是普遍存在的债权行为。出租人出租不动产,承租人使用租赁物,并支付费用。有土地、房屋租赁。

3. 雇佣之债。秦昭王四十一年,魏国使者须贾与范雎的对话:"须贾曰:'今叔何事?'范雎曰:'臣为人庸赁'。"①范雎所述的佣赁是受雇于人为雇主提供指定服务。当时的贫寒人士可能较多从事雇佣工作。雇佣双方出于自愿订立协议,雇主提供雇值要求受雇人从事指定行为,受雇期间,除了从事指定行为外,并不限制人身自由。

4. 服务之债。占卜的人在市场中收费为人提供占卜服务。服务

① (汉)司马迁:《史记》卷七九,列传第十九范雎蔡泽列传,中华书局 1959 年版,第 2413 页。

之债出于双方自愿，以提供特定服务为内容，一方提供服务，另一方给付费用。齐威王“三十五年，公孙阅又谓成侯忌曰：‘公何不令人操十金卜于市，曰“我田忌之人也。吾三战而三胜，声威天下。欲为大事，亦吉乎不吉乎”？’卜者出，因令人捕为之卜者，验其辞于王之所。”①成侯忌派人支付十金的费用去市场中找人占卜，占卜者提供占卜。占卜者的行为是专职以提供服务收费，在专门的市中进行，受到法律的认可和保护。战国时期从事服务的行业还有教育、乐师、屠夫、安保、礼仪等，国家所不禁止的服务行为和行业，提供服务形成的法律关系可以构成服务之债。

5. 侵权之债。秦律规定了过失造成财产损害的情况下，不需要承担赔偿责任。这一规定的前提是造成他人财产损害构成侵权之债，一般应承担赔偿责任，法律规定了特殊情形下，过失造成、且损害的是官物，那么不需要承担赔偿责任。如果损害的官物具有特殊性质，法律规定了惩罚性赔偿。前述“法律答问”中关于失火的规定：“舍公官（馆），旞火燔其舍，虽有公器，勿责。今舍公官（馆），旞火燔其（假）乘车马，当负不当出？当出之。”在官家馆舍居住，失火房屋被烧，其中虽有官有器物，不令赔偿。如在官家馆舍居住，失火将所借用车马焚毁，应否赔偿？应予报销。“旞火延燔里门，当赀一盾；其邑邦门，赀一甲。”失火连带烧毁里门，应罚一盾；如烧毁城门，应罚一甲。在官方馆舍中使用火，过失导致房屋内的官物和所借官方车马被毁损，虽然构成了侵权，但是，可以不用承担赔偿责任。在失火连带烧毁里门、邦门的情况下，构成的侵权需要承担赔偿责任。失火情况下的责任承担问题有不同的规定，可能是基于房间内的物品和车马只是具有财产性质，但是，里门和邦门不仅有财产性质更有安全问题，从财产价值上考量，馆舍内物品、房屋、车马的价值应当高于里门和邦门，前者不承担责任，后者承担责任，后者承担赔偿责任基于公共秩序

① （汉）司马迁：《史记》卷四六，世家第十六，中华书局1959年版，第1893页。

的安全而不仅是财产的考量。

法律规定的是过失且损害官物不需要赔偿，那么对于一般的故意或者过失损害他人财物是否构成侵权之债，是否需要赔偿。《法律答问》中有关于被盗衣服的处理规定，分析可知，一般情况下，财产损害可以成立侵权之债，并且进行合理赔偿。《睡虎地秦简》"法律答问"："人，买(卖)所(盗)，以买它物，皆畀其主。今甲(盗)衣，买(卖)，以买布衣而得，当以衣及布畀不当？当以布及其它所买畀甲，衣不当。"盗窃犯行窃后，将所窃物品出卖，另买他物，均应退给还原主。如盗窃犯偷得甲的衣服，把衣服卖掉，换买了布，然后被拿获，是否应把衣服和布给甲？应把布和其他所买东西给甲，衣服不应给还。这个规定中，盗窃导致失主的财产被故意损害，盗窃人与失主之间形成侵害财产的侵权之债，盗窃人应当归还失主财产。也就是，一般情况下，侵权之债成立后是需要承担赔偿责任的。秦律之所以规定失火造成官物损害不承担责任，正是一种对特殊情况的特殊规定，一般情况已经被包含在其中，从公法的立法视角，不需要对四人之间的债权专门作出明确规定。侵权之债在确定赔偿责任时，如果被侵害物品已经发生所有权转移给善意第三人的情况下，处理原则不损害第三人的利益。被盗的衣服不得作为买卖标的，如果已经买卖，买主的衣物不再追回，卖主赃款所得及消费物应该归还失主，保护善意第三人。

侵权之债在秦律中的规定，没有达到法定责任能力的人，造成的侵害，不赔偿。"甲小未盈六尺，有马一匹自牧之，今马为人败，食人稼一石，问当论不当？不当论及赏(偿)稼。"甲年小，身高不满六尺，有马一匹，自己放牧，现马被人惊吓，吃了别人的禾稼，问应否论处？不应论处，也不应赔偿禾稼。秦律规定的法定行为能力标准是身高六尺二寸以上，未达到法定身高，即是未达到法定责任年龄，其行为虽然造成对他人财产的损害，构成侵权之债，但是，不需要承担赔偿责任。

三、汉代债的种类

（一）借贷之债

借贷是社会生活中一种常见的法律关系，在汉代法律规定和司法实践中有丰富的记录。借贷关系的成立。借贷双方出于自愿达成债权债务关系，债务人在规定期间返还货币或者财产，债权人按照约定接受财物。债权关系受法律调整，必须符合法律规定的成立条件。借贷双方身份必须合法，官吏和在皇帝身边服务的人员不可以借贷。“吏六百石以上及宦皇帝而敢字贷钱财者，免之。”①实践中，地方诸侯、宗室、外戚、官吏、平民都有成为债务人的记录。汉元帝时期宪王舅舅令宪王还债百万“宪王有外祖母，舅张博兄弟三人岁至淮阳见亲，辄受王赐。后王上书：请徙外家张氏于国；博上书：愿留守坟墓，独不徙。王恨之。后博至淮阳，王赐之少。博言‘负责数百万，师古曰：“责，谓假贷人财物未偿者也。”愿王为偿。’王不许。博辞去，令弟光恐云王遇大人益解，博欲上书为大人乞骸骨去。王乃遣人持黄金五十斤送博。”②债的主体实践中比法律规定的宽泛，法律并未否定该借贷行为的效力。宪王列传也记录了宪王因为张博使有司为子高还债二百万的史实“今遣有司为子高偿责二百万”。有司还债得以成立的前提是官方认可债务的成立，并不因身份问题而否定债务效力。《汉书》记载汉文帝时邓通官居上大夫，文帝崩景帝立邓通案发“竟案，尽没入之，通家尚负责数巨万”③。邓通负债巨万，其身份虽然在案发后被免除，但是，借贷时有官职，且并非因为借贷被免官。借贷标的可以是货币也可以是财物，作为财物的标的物必须合法，借贷官物时程序必须合法，否则视为犯罪行为。汉初的二年律令规定：“以私自假贷，假

① 彭浩、陈伟、[日]工藤元男主编：《张家山汉简二年律令和奏谳书：张家山二四七号汉墓出土法律文献释读》，上海古籍出版社2007年版，第163页。

② （汉）班固：《汉书》卷八〇，列传第五〇，淮南宪王刘钦。

③ （汉）班固：《汉书》卷九三，列传第六三，佞幸，邓通。

贷人罚金二两。其钱金、布帛、粟米、马牛殹,与盗同法。"①借贷官物是法律允许的,但是必须经过合法程序,不经过合法程序私自借贷官物视为盗窃。

借贷之债的担保。借贷关系偿还之前存在不确定性,为了保障债权人的利益得以实现可以要求债务人提供担保。汉代借贷关系并不是所有的借贷都要求提供担保,可以根据双方当事人的约定提供或者不提供担保。叶孝信先生文字考证认为汉代提供担保的专用术语为质或者赘,"在契约成立的同时就转移抵押物的占有。质或者赘都是将抵押物转让给债权人占有,必须清偿全部债务之后才可以赎回。"②汉代借贷关系提供担保的一般有土地、房屋、人身。汉代虽然强迫当事人提供人身担保,但是如果当事人自愿提供是允许的,强制要求提供人身担保是犯罪行为。汉代债务履行方式上法律有禁止性规定,不得强制或者协议要求债务人为奴隶。"诸有责而敢强质者,罚金四两。"③

借贷之债的利息规定。汉代借贷官方或者私人钱物需要付出利息,官方借贷是法定利息,私人借贷不能超过法律规定的利息率。汉武帝元鼎五年:"新秦中或千里无亭徼,于是诛北地太守以下,而令民得畜牧边县,官假马母,三岁而归,及息什一,以除占缗,用充仞新秦中。李奇曰:'边有官马,今令民能畜官母马者,满三岁归之也。及有蕃息,与当出缗算者,皆复令居新秦中,又充仞之也。谓与民母马,令得为马种,令十母马还官一驹,此为息什一也。'"④元鼎六年"车骑马乏绝,县官钱少,买马难得,乃著令,令封君以下至三百石以上吏,以差出牝马天下亭,亭有畜牸

① 彭浩、陈伟、[日]工藤元男主编:《张家山汉简二年律令和奏谳书:张家山二四七号汉墓出土法律文献释读》,上海古籍出版社 2007 年版,第 121 页。

② 叶孝信:《中国民法史》,第二章秦汉民法,上海人民出版社 1993 年第一版,第 137 页。

③ 彭浩、陈伟、[日]工藤元男主编:《张家山汉简二年律令和奏谳书:张家山二四七号汉墓出土法律文献释读》,上海古籍出版社 2007 年版,第 165 页。

④ (汉)司马迁:《史记》卷三〇,书第八,平准,中华书局 1959 年版,第 1425 页。

马,岁课息。”①汉代官方借马给民,按照规定每十匹母马收取一匹马驹为利息,法定的利息率是十分之一。民间借贷利息可以按照双方的约定,法律保护债权人的利息权利。“吴楚七国兵起时,长安中列侯封君行从军旅,赍贷子钱,[索隐]曰:与人物云赍。子钱家以为侯邑国在关东,关东成败未决,莫肯与。唯无盐氏出捐千金贷,其息什之。[索隐]曰:谓出一得十倍。三月,吴楚平。一岁之中,则无盐氏之息什倍,用此富埒关中。”②无盐氏与列侯封君之间的借贷利息达到十倍利息,基于双方的自愿达成借贷和利息约定,法律保护这种约定的利息率。“旁光侯殷河间献王子。元鼎元年,坐贷子钱不占租,取息过律,会赦,免。师古曰:‘以子钱出贷人,律合收租,匿不占,取息利又多也。’”③元鼎元年旁光侯借贷之债收取利息超过法律的规定被处罚。“陵乡侯䜣建始二年,坐使人伤家丞,又贷谷息过律,免。师古曰:‘以谷贷人而多取其息也。’”④陵乡侯借贷谷物给人,收取的利息超过国家法律规定,受到惩罚。利息必须符合法定利息率,即使是双方的约定法律也不予承认,是无效内容。汉文帝时期贾谊“当具有者半贾而卖,师古曰:‘本直千钱者,止得五百也。’亡者取倍称之息,如淳曰:‘取一偿二为倍称。’师古曰:‘称,举也,今俗所谓举钱者也。’于是有卖田宅,鬻子孙以偿责者矣。而商贾大者积贮倍息,小者坐列贩卖,操其奇赢,日游都市,乘上之急,所卖必倍。”⑤国家经济特殊时期,民间借贷取一倍的利息,商贾倍息是一个基本情况。莽新时期,规定国家借贷的利息率最高标准是什一,即十取一。“民或乏绝,欲贷以治产业者,均授之,除其费,计所得受息,毋过岁什一。”⑥法定的十分之一利息

① (汉)司马迁:《史记》卷三〇,书第八,平准,中华书局1959年版,第1439页。
② (汉)司马迁:《史记》卷一二九,列传六九,货殖,中华书局1959年版,第3280—3281页。
③ (汉)班固:《汉书》卷一五上,表第三上,中华书局1959年版,第447页。
④ (汉)班固:《汉书》卷一五下,表第三下,第503—504页。
⑤ (汉)班固:《汉书》卷二四上,志第四上,食货,第1132—1133页。
⑥ (汉)班固:《汉书》卷二四下,志第四下,食货,第1181页。

是最高的标准，超过规定利息的约定无效。莽新二年的"六筦令"规定了百分之三的利息："初设六筦之令。命县官酤酒，卖盐铁器，铸钱，诸采取名山大泽众物者税之。又令市官收贱卖贵，赊贷予民，收息百月三。如淳曰：'出百钱与民用，月收其息三钱也。'牺和置酒士，郡一人，乘传督酒利。禁民不得挟弩铠，徙西海。"①总体看来，汉代的法定利息可能是最高什一，王莽时期规定的百分之三是国家的特定时期特定立法，该利息率存在时间也不长，无法作为汉代法定利息的标准。不同时期，又根据当时社会条件的变化而有所修订。汉代规定超过法定利息率的行为受到法律处罚，法定利息率应该是有清晰的规定。汉代借贷之债超过法定利息不仅承担民事法律后果，同时承担刑事法律处罚或者行政法律处罚。上述旁光侯、陵乡侯都是因为利息超过法定标准被免除爵位，受到行政处罚。类似的因为利息超过法定标准而受到处罚的案例并不罕见。法定利息率标准的执行有时比较严格，有时也会有灵活处理的情况，特殊时期可以根据情况承认私人之间超过法定利息率的约定。汉代借贷之债的法定利率不同时期有不同规定，叶孝信先生在《中国民法史》秦汉时期借贷契约中分析史料并比较工商业者一般是百分之二三十的利润，认为当时借贷的一般利率可能是百分之二三十左右。②

借贷债务的履行。债务人需承担按照约定履行债务的义务，债务人因恶意毁损债务凭证逃避债务的，视为盗窃犯罪。"诸诈增减券书及为书故诈弗副，其以避负偿，若受赏赐财物，皆坐臧为盗。"③借贷官物应按期履行归还义务，如果超过期限不归还，视为盗窃，受到刑罚处罚；如果离开原来所在地，可以向移居地官府申请履行归还义务。"诸有假于县道官，事已，假当归。弗归，盈廿日，以私自假律论。其假别在它所，有物故

① （汉）班固：《汉书》卷九九中，列传六九中，王莽，第4118—4119页。

② 叶孝信：《中国民法史》，第二章秦汉民法，上海人民出版社1993年版，第137页。

③ 彭浩、陈伟、［日］工藤元男主编：《张家山汉简二年律令和奏谳书：张家山二四七号汉墓出土法律文献释读》，上海古籍出版社2007年版，第96页。

毋道归假者，自言在所县道官，县道官以书告假在所县道官收之。其不自言，盈廿日，亦以私自假律论。其假前已入它官及在县道官廷。”①借贷官物必须在规定期限内归还，如果有特殊规定可以延期，免除责任。元封元年“行所巡至，博、奉高、蛇丘、历城、梁父。民田租逋赋贷，已除。师古曰：‘逋赋，未出赋者也。逋贷，官以物贷之而未还也。’”②汉昭帝始元二年“三月，遣使者振贷贫民毋种、食者。秋八月，诏曰：‘往年灾害多，今年蚕麦伤，所振贷种、食勿收责，毋令民出今年田租。’”③国家借给民众种子和食物，秋天归还等值物并收取利息，遇到灾害特殊情况，可以通过国家发布法令免除责任。汉昭帝元凤三年也发布了类似的法令免除部分债务“罢中牟苑赋贫民。诏曰：‘乃者民被水灾，颇匮于食，朕虚仓廪，使使者振困乏。其止四年毋漕。三年以前所振贷，非丞相御史所请，边郡受牛者，勿收责。’应劭曰：‘武帝始开三边，徙民屯田，皆与犁牛。后丞相御史复间有所请。今敕自上所赐与勿收责，丞相所请乃令其顾税耳。’”④该法令中规定特殊情况下，免除部分债务，其中，皇帝直接发布的法令规定的债务及利息免除，丞相和御史上疏奏请的借给民间的农具、种子等不免除责任。汉元帝永光四年法令“四年春二月，诏曰：‘朕承至尊之重，不能烛理百姓，娄遭凶咎。加以边竟不安，师旅在外，赋敛转输，元元骚动，穷困亡聊，犯法抵罪。夫上失其道而绳下以深刑，朕甚痛之。其赦天下，所贷贫民勿收责。’”⑤该法令规定的免除债务的范围是贫民，史籍并未记载贫民的标准。私人借贷应依照约定期限偿还债务，过期不偿构成违约和违法责任。过期的期限是六个月。有官职和爵位的人借贷过期不偿，可能构成违法，并承担因此产生的刑事或者行政责任。普通身份的私人之间

① 彭浩、陈伟、[日]工藤元男主编：《张家山汉简二年律令和奏谳书：张家山二四七号汉墓出土法律文献释读》，上海古籍出版社 2007 年版，第 121 页。

② (汉)班固：《汉书》卷六，帝纪第六，武帝，中华书局 1962 年版，第 191 页。

③ (汉)班固：《汉书》卷七，帝纪第七，昭帝，中华书局 1962 年版，第 220 页。

④ (汉)班固：《汉书》卷七，帝纪第七，昭帝，中华书局 1962 年版，第 229 页。

⑤ (汉)班固：《汉书》卷九，帝纪第九，元帝，中华书局 1962 年版，第 291 页。

的借贷过期不偿，债权人有权要求债务人及时偿还，如有他人代为偿还，法律承认其效力。陈重“有同署郎负息钱数十万，债主日至，诡求无已，重乃密以钱代还。郎后觉知而厚辞谢之。重曰：‘非我之为，将有同姓名者。’终不言惠。”①陈重代同僚还债，债权人接受了代替履行债务的行为，债务人本身也认可了代替还债的行为，该替代行为生效，完成债务履行。债权人可以放弃债权，债务人的义务被解除，如果债务人坚持偿还，债权人可以决定接受或不接受。汉末樊宏去世前“其素所假贷人间数百万，遗令焚削文契。责家闻者皆惭，争往偿之，诸子从敕，竟不肯受。”②债权人放弃债务后，债权关系灭失，债务人不受法律关系的约束，不承担法定义务，此时，债务人的偿还行为是基于道德的约束，并非法定义务。这种情况与春秋战国时期冯讙替孟尝君放弃债务的做法在法律性质上一致。民间借贷行为受到法律保护，债务人不偿债行为受到法律处罚。

（二）买卖之债

汉律规定买卖之债标的物必须合法，不合法的标的不受法律承认。1. 拐卖的人口不得作为买卖标的。“智人略卖人而与贾，与同罪。不当卖而和为人卖、卖者皆黥为城旦舂，买者智其请，与同罪。”③明知拐卖的人口而购买的，买卖双方都构成犯罪，买卖的中介人也构成犯罪，买卖行为无效。2. 赃物不得作为买卖标的。3. 标的物不符合法律规定的标准不得买卖。关市律规定：“贩卖缯布幅不盈二尺二寸者，没入之。能捕告者，以畀之。絺、缟繐缘、朱缕、布、荃蒌，不用此律。”④4. 房屋买卖应遵

① （南朝）范晔：《后汉书》卷八一，列传第七十一，陈重，中华书局1965年版，第2687页。

② （南朝）范晔：《后汉书》卷三二，列传第二二，樊宏，中华书局1965年版，第1119页。

③ 彭浩、陈伟、［日］工藤元男主编：《张家山汉简二年律令和奏谳书：张家山二四七号汉墓出土法律文献释读》，上海古籍出版社2007年版，第117页。

④ 彭浩、陈伟、［日］工藤元男主编：《张家山汉简二年律令和奏谳书：张家山二四七号汉墓出土法律文献释读》，上海古籍出版社2007年版，第194页。

守国家规定的位置，不符合规定的，买卖行为不承认其效力。“欲益买宅，不比其宅者，勿许。为吏及宦皇帝，得买舍室。”①汉代户律规定国家依照官制、爵位、庶民、司寇几种身份等级授予田宅，法律禁止购买与自己被授予的田宅不相邻的房屋。二年律令研究小组认为，此举是为了便于管理，其说可信。5. 国家专卖物品或者有特殊规定的物品必须依据法律规定，不得作为一般买卖标的，特殊情形必须依法。国家专属的禁榷制度规定的物品属于国家专卖，不得成为私人买卖的标的。国家专卖的物资有金、铜、马匹、盐、铁等。关于金、铜的买卖，《津关令》：“制诏御史：其令扜关、郧关、武关、函谷、临晋关，及诸其塞之河津，禁毋出黄金、诸奠黄金器及铜，有犯令。□、制诏御史：其令诸关禁毋出私金□□，其以金器入者，关谨籍书，出复以阅，出之。籍器，饰及所服者不用此令。”②黄金和铜的买卖规定为特殊标的，进出关津手动限制，但是，制成使用中的物品，特变规定许可流通。关于马匹买卖一般不可以私自买马出关，汉律《津关令》规定：“禁民毋得私买马以出扜关、郧关、函谷、武关及诸河塞津关。其买骑、轻车马、吏乘、置传马者，县各以所买名匹数告买所内史、郡守，内史、郡守各以马所补名为久久马，为致告津关，津关谨以籍、久案阅出。”③“相国上：中大夫书请，中大夫谒者、郎中执盾执戟家在关外者，得私买马关中。”④“相国、御史请：郎骑家在关外，骑马即死，得买马关中人一匹以补。”⑤“丞相上：长信詹事书请，汤沐邑在诸侯属长信詹事者，得买骑、轻

① 彭浩、陈伟、[日]工藤元男主编：《张家山汉简二年律令和奏谳书：张家山二四七号汉墓出土法律文献释读》，上海古籍出版社2007年版，第220页。

② 彭浩、陈伟、[日]工藤元男主编：《张家山汉简二年律令和奏谳书：张家山二四七号汉墓出土法律文献释读》，上海古籍出版社2007年版，第307—309页。

③ 彭浩、陈伟、[日]工藤元男主编：《张家山汉简二年律令和奏谳书：张家山二四七号汉墓出土法律文献释读》，上海古籍出版社2007年版，第316—317页。

④ 彭浩、陈伟、[日]工藤元男主编：《张家山汉简二年律令和奏谳书：张家山二四七号汉墓出土法律文献释读》，上海古籍出版社2007年版，第315页。

⑤ 彭浩、陈伟、[日]工藤元男主编：《张家山汉简二年律令和奏谳书：张家山二四七号汉墓出土法律文献释读》，上海古籍出版社2007年版，第320页。

车、吏乘、置传马关中，比关外县。丞相、御史以闻。制□。廿二丞相上：鲁御史书言，鲁侯居长安，请得买马关中。丞相、御史以闻。制曰：可。丞相上鲁御史书，请鲁中大夫谒者得私买马关中，鲁御史为书告津关，它如令。丞相、御史以闻。制曰：可。丞相上：鲁御史书请，鲁郎中自给马骑，得买马关中，鲁御史为传，它如令。丞相、御史以闻。制曰：可。"①上述几条关于买卖马匹的规定，一般情况下，民不允许买卖马匹进行进出关贸易，官方可以为特殊目的进出关买卖马匹。例外的情况是，中大夫谒者、郎中执盾执戟者家住在关外允许在关内私人买卖马匹，以此满足职业需求。郎骑可以买一匹马自己乘用。长沙地方特殊情况请示过皇帝之后，允许地方官自置马匹作为驿站用马。吕后自己的食邑中工作人员可以买马自用，鲁侯、鲁中大夫谒者、鲁郎中可以经过申请允许之后，私人买马。马匹作为具有战略意义的物品，在法律上规定了特殊的买卖限制。汉初盐和铁并不专卖，中期开始规定专卖制度。

买卖之债的成立必须出于双方自愿，欺诈、胁迫的交易行为为非法，受到刑罚处罚。律中没有规定欺诈、胁迫产生的买卖是否无效或者可撤销。"诸诈绐人以有取，及有贩卖贸买而诈绐人，皆坐臧与盗同法，罪耐以下有迁之。有能捕若诇吏，吏捕得一人，为除戍二岁；欲除它人者，许之。"②

买卖之债的形式有书面契约和口头契约。书面契约有契券，竹制，双方各执一份。赊买一般有书面契约。"高祖每酤留饮，酒雠数倍。[索隐]曰：'盖高祖大度，既贳饮，且雠其数倍价也。'及见怪，岁竟，此两家常折券弃责。盖子云：'傅别，谓大字书于札中而别之也。'然则古用简札书，故可折。至岁终总弃不责也。"③刘邦赊买酒，酒家有契券，年终折券

① 彭浩、陈伟、[日]工藤元男主编：《张家山汉简二年律令和奏谳书：张家山二四七号汉墓出土法律文献释读》，上海古籍出版社 2007 年版，第 322—324 页。

② 彭浩、陈伟、[日]工藤元男主编：《张家山汉简二年律令和奏谳书：张家山二四七号汉墓出土法律文献释读》，上海古籍出版社 2007 年版，第 196 页。

③ (汉)司马迁：《史记》卷八，本纪第八，高祖，中华书局 1959 年版，第 343 页。

放弃债权，折券的行为，说明赊买的情况下有契券的存在。张传玺《中国历代契约粹编》收录的汉代买卖契约的情况看，一般日用品赊买契约比较多，土地房屋人口等大型交易即时履行和附期限履行都有。可能当时，一般日用品的交易如果是即时履行的话，权利存在的持续性无需证明，不存在再次转让证明权利的必要，多为口头协议，无需契约。赊买的情况下，需要契约记载权利义务，出卖人作为债权人要求债务人履行支付义务的凭证。大型买卖契约用书面契约，在权利转移后新的所有人权利持续期间作为获得权利的凭证被保存，将来再次转让作为上手老契证明权利来源合法性的证据存在。因此，书面契约的存在有必要性。

买卖之债必须申请纳税，隐匿纳税的没收所得，不允许进行交易。不纳税的交易行为不受法律保护，为非法行为。“市贩匿不自占租，坐所匿租臧为盗，没入其所贩卖及贾钱县官，夺之列。列长、伍人弗告，罚金各一斤。啬夫、吏主者弗得，罚金各二两。”①

（三）雇佣之债

雇佣是汉代贫困的人常见的谋生手段，因此有很多关于佣赁的记载，从中可以分析雇佣之债的法律关系各方面要素。雇佣的主体是双方有自由意志和人身自由的人或者团体或者国家。奴隶没有人身自由，因此不可以成为雇佣的主体。逃亡人口和罪犯也不可以成为雇佣的主体。雇佣经过双方合意达成，受雇方承担指定行为，雇佣方提供佣值。佣值可以用货币，也可以包括食宿或其他财物。雇佣的佣值标准，叶孝信先生引用《汉书·沟洫志》和其他史料认为：国家雇佣民人开挖沟渠的佣值为每月二千钱，民间的佣值每月一千钱，郭巨埋儿的记载说明庸赁的庸值比较低，不能维持一家四口的生活。② 汉律《户律》规定：“募民欲守县邑门

---

① 彭浩、陈伟、[日]工藤元男主编：《张家山汉简二年律令和奏谳书：张家山二四七号汉墓出土法律文献释读》，上海古籍出版社2007年版，第196页。

② 叶孝信：《中国民法史》第二章秦汉民法，上海人民出版社1993年版，第141页。

者,令以时开闭门,及止畜产放出者。令民共食之,月二户。”①县邑守城门的人可以雇佣民承担,由所有居民承担雇佣费用,职责在于按照规定的时间开启或者关闭城门,并且按照规定执行禁止或者允许进出城门的情形。受雇人的佣值是民众提供的财物或者食物。雇佣当事人身份必须合法,“取亡罪人为庸,不智其亡,以舍亡人律论之。所舍取未去,若已去后,智其请而捕告,及诇告吏捕得之,皆除其罪,勿购。”②逃亡的人不可以成为雇佣之债的当事人。《史记》和《汉书》记载了当时雇佣为常见的行为。秦末汉初栾布因贫困佣赁“穷困,赁佣于齐,为酒人保。《汉书音义》曰:‘酒家作保佣也,可保信,故谓之保。’”③栾布受雇于酒店提供劳务,双方自愿协商,雇主提供雇值,受雇人提供雇主制定的劳务。受雇时间、费用及从事的劳务基于双方自愿协商达成,雇佣之债可以基于双方自愿解除。兒宽学习期间因为贫困受雇于人提供劳务“兒宽既通《尚书》,以文学应郡举,诣博士受业,受业孔安国。兒宽贫无资用,常为弟子都养,[索隐]曰:谓兒宽家贫,为弟子造食也。何休注《公羊》‘灼烹为养’。案:有厮养卒,厮掌马,养造食也。及时时间行佣赁,以给衣食。”④兒宽日常为同学做饭,又时常佣赁,养和佣赁都是受雇于人提供劳务,不同的是,养只是指做饭,是一种提供特定服务,可以认为是服务合同;佣赁是受雇于人提供雇主指定的劳务,是雇佣之债。佣赁的时间可以是短期或者临时的提供劳务,类似现代临时兼职的劳务。性质与一般的雇佣之债相同,都是提供服务获取费用。雇佣之债的特殊情况,可以互相提供劳务抵消

---

① 彭浩、陈伟、[日]工藤元男主编:《张家山汉简二年律令和奏谳书:张家山二四七号汉墓出土法律文献释读》,上海古籍出版社 2007 年版,第 216 页。

② 彭浩、陈伟、[日]工藤元男主编:《张家山汉简二年律令和奏谳书:张家山二四七号汉墓出土法律文献释读》,上海古籍出版社 2007 年版,第 159 页。

③ (汉)司马迁:《史记》卷一〇〇,列传第四十,季布栾布列传,中华书局 1959 年版,第 2733 页。

④ (汉)司马迁:《史记》卷一二一,列传第六十,儒林列传,中华书局 1959 年版,第 3125 页。

佣值。汉武帝末年赵过“教民相与庸挽犁。师古曰:‘庸,功也,言换功共作也。义亦与庸赁同’。”[①]国家提倡民间相互为对方提供劳务,称为庸,性质是劳务合同,内容是对等劳务,履行方式是各自提供劳务抵消应负担的给付庸值义务。

《中国历代契约粹编》收录三件汉代雇佣契约,可以看到雇佣关系的权利义务关系。[②] 雇佣契约中记录了双方的姓名、年龄、爵位、住址、雇佣价。从所收录的契约看,雇主的身份和被雇佣的人身份相同。两个契约雇主和受雇人为公乘、一个契约雇主和受雇人是大夫。按照汉初延续秦代的爵位,他们都是有相同爵位的人。这与史籍中记载的雇佣关系中受雇人一般为没有身份的平民,因为处于贫困中而被雇佣不同。实践中,汉代是不是对雇佣有身份规则,不能确定。

(四)租赁之债

汉代法律允许双方基于自愿出租方出租房屋,承租人租赁使用房屋交纳承租费用。官方租赁土地给民众,按照规定收取地租。租佃土地的行为称为假田。汉元帝初元五年诏书“罢北假田官。李斐曰:‘主假赁见官田与民,收其假税也,故置田农之官。’晋灼曰:‘《匈奴传》秦始皇渡河据阳山北假中,《王莽传》五原北假膏壤殖谷。北假,地名。’师古曰:‘晋说是也。’”[③]国家免除北假地区租给民的官田的田税。官方出租土地给民众,规定地租数量,特殊情况,可以减免地租。官方作为特别的出租方居于主导地位,地租不是出于协商议定,而是出租方规定,承租人可以自愿决定是否接受,地租数量可以由出租方在承租期间改变。不过,此处的规定是地租可以减免,并不能确定地租是否可以提高。民间土地租佃在《汉书》中也有记载,“分田劫假,师古曰:‘分田,谓贫者无田而取富人田

① (汉)班固:《汉书》卷二四上,志第四上,食货志,中华书局1962年版,第1138页。
② 张传玺:《中国历代契约粹编》,西汉、东汉契约,雇佣契约,北京大学出版社2014年版,第72—73页。
③ (汉)班固:《汉书》卷九,帝纪第九,元帝纪,中华书局1962年版,第285—286页。

耕种，共分其所收也。假，亦谓贫人赁富人之田也。劫者，富人劫夺其税，侵欺之也。’”①假田在民间似乎比较常见。土地租佃出租方提供土地，承租方使用土地并提交租谷。汉代土地租赁在地主和佃户之间形成主客关系，客户对地主存在一定的人身依附关系。

（五）运输之债

汉代受雇运输称为僦或者顾，运输费用称为僦费。运输合同由承运人负担运输指定货物到指定位置，运输方支付运费。承运人使用的运输工具一般是承运人自己提供。《史记》载元封元年桑弘羊的言论“弘羊以诸官各自市，相与争，物故腾跃，而天下赋输或不偿其僦费。［索隐］曰：服虔谓：‘载云僦，言所输物不足偿其雇载之费也。’”②运输国家征收的赋税物品，其物品的价值高过运输费。《汉书》严延年传记载，严延年在担任大司农期间，雇佣民间的牛车三万辆为官府运输沙子，运费每车以千钱。“初，大司农取民牛车三万两为僦，载沙便桥下，送致方上，车直千钱，延年上簿诈增僦直车二千，凡六千万，盗取其半。师古曰：‘一乘为一两。僦，谓赁之与雇直也。’”③严延年的运输之债中，运输工具是承运人提供的，货主只需要提供运费。《东观汉记》记载“资用乏，与同舍生韩子合钱买驴，令从者僦，以给诸公费”④。刘秀的这个记录表明，从事运输的工具是承运人自己提供的。

运输之债责任分配以效率和公平作为基本原则，既保护货主减少损失，也促进承运人提高注意义务，特殊情况下，规定不可抗力的免责。“船人渡，其亡粟米他物，出其半，以半负船人，舳舻负二，徒负一；其可纽靱而亡之，尽负之，舳舻亦负二，徒负一，罚船啬夫、吏金四两。流杀伤人、

① （汉）班固：《汉书》卷二十四上，志第四上，食货志，中华书局 1962 年版，第 1143—1144 页。

② （汉）司马迁：《史记》卷三〇，书第八平准书，中华书局 1959 年版，第 1441 页。

③ （汉）班固：《汉书》卷九〇，列传六十，酷吏严延年传，中华书局 1962 年版，第 3665—3666 页。

④ （汉）刘珍等撰：《东观汉记》卷一，光武皇帝纪一。

杀马牛，有尽亡粟米它物者，不负。”[1]渡船过程中毁损了乘客的粟米和其他物品，超过一半的部分船家赔一半，船长赔十分之二，船工赔十分之一。可以挽救而不尽力挽救财物损毁的，赔偿全部，不可抗力导致毁损的，不赔偿。这条规定对承运人和货主的责任分配做出了明细的规定，根据渡河过程中的安全保卫责任的大小和尽力程度确定合理责任分配，通过赋予责任人以相应责任，促进运输承担人尽力减少损害。特别是，出现不可抗力的情况下，造成的损害，运输人不承担责任。这是一个合理的规定，赋予承运人合理负担，不可抗力由货主或者乘客自行承担责任。

（六）侵权之债

因过失行为导致损害他人财产或者人身负有法定赔偿义务，构成侵权之债。汉律规定的侵权而附有赔偿责任的有以下情形。1. 失火烧毁房屋和财产的，负赔偿责任。《贼律》规定“失火延燔，罚金四两，责所燔。”[2]这条规定主要针对乱贼的纵火和失火行为，失火的情况下，对于焚烧导致财物毁损的，处以罚金刑，同时对焚毁的财产进行赔偿。故意损害他人财产应负赔偿责任。2. 故意杀伤他人畜产与盗窃的处罚相同。盗窃他人财物的须返还财产，故意杀伤应负赔偿责任。二年律令中有不完整的一条故意伤害他人畜产的规定，虽然没有完整的法律后果的记录，但是作为律文，必定有法律后果，无论刑罚还是赔偿，故意损害他人财产是受到法律调整的行为，应当构成侵权之债。“贼杀伤人畜产，与盗同法。畜产为人牧而杀伤。”[3]3. 丢失、杀、伤官方畜产的，导致畜产不能使用，或者死亡而肉、皮革因为腐败丧失使用价值的，应负赔偿责任。如果死亡的畜产肉、皮革有价值，交给官方，可以减少赔偿数额。丢失毁坏官方财

---

① 彭浩、陈伟、[日]工藤元男主编：《张家山汉简二年律令和奏谳书：张家山二四七号汉墓出土法律文献释读》，上海古籍出版社2007年版，第92页。

② 彭浩、陈伟、[日]工藤元男主编：《张家山汉简二年律令和奏谳书：张家山二四七号汉墓出土法律文献释读》，上海古籍出版社2007年版，第91页。

③ 彭浩、陈伟、[日]工藤元男主编：《张家山汉简二年律令和奏谳书：张家山二四七号汉墓出土法律文献释读》，上海古籍出版社2007年版，第109页。

物的,也负有赔偿责任。“亡、杀、伤县官畜产,不可复以为畜产,及牧之而疾死,其肉、革腐败毋用皆令以平贾偿。入死、伤县官,贾以减偿。亡、毁、伤官器财物,令以平贾偿。入毁伤县官,贾以减偿。”①这二条是专门针对官方所有的畜产和财物的规定,作为损害畜产的特别规定。4. 非法方式侵害他人合法财产,负有赔偿责任,包括以赋敛的名义收敛钱财,必须返还并赔偿。以赌博的方式获得他人钱财为非法行为,现有律文虽然没有记录是否有赔偿责任返还钱财,但是,定性为非法,说明此类侵害他人财产行为为非法。“擅赋敛者,罚金四两,责所赋敛偿主。博戏相夺钱财,若为平者,夺爵各一级,戍二岁。”②

汉律中还规定了动物致人和他人财物损害的责任和赔偿问题。“犬杀伤人畜产,犬主赏之,它。”③这条规定保存不完整,但是,可以看到完整的动物致人损害的赔偿规定,是一个完整的民事法律规定。犬伤害他人和他人的财物,由犬主人承担赔偿责任。“马、牛、羊、彘食人稼穑,罚主金马、牛各一两,四彘若十羊、彘当一牛,而令挢稼偿主。县官马、牛、羊,罚吏徒主者。贫弗能赏者,令居县官;□□城旦舂、鬼薪白粲也,笞百,县官皆为赏主,禁毋牧彘。”④如果饲养的马、牛、羊、猪吃掉他人庄稼由动物所有人承担赔偿责任,贫穷无法赔偿的,可以用劳役代替赔偿。官方饲养的动物致他人财产损害负有管理责任的人员承担赔责任。

(七)无因管理之债

无因管理的行为,法律赋予管理人以获得奖励的权利,也就是被管理的物品或者人的责任人以支付费用的义务。汉律中规定的此种无因管理

---

① 彭浩、陈伟、[日]工藤元男主编:《张家山汉简二年律令和奏谳书:张家山二四七号汉墓出土法律文献释读》,上海古籍出版社 2007 年版,第 255 页。

② 彭浩、陈伟、[日]工藤元男主编:《张家山汉简二年律令和奏谳书:张家山二四七号汉墓出土法律文献释读》,上海古籍出版社 2007 年版,第 164 页。

③ 彭浩、陈伟、[日]工藤元男主编:《张家山汉简二年律令和奏谳书:张家山二四七号汉墓出土法律文献释读》,上海古籍出版社 2007 年版,第 109 页。

④ 彭浩、陈伟、[日]工藤元男主编:《张家山汉简二年律令和奏谳书:张家山二四七号汉墓出土法律文献释读》,上海古籍出版社 2007 年版,第 192 页。

之债是法定债务，本人必须履行。“不幸流，或能产拯一人，购金二两；拯死者，购一两。不智何人，𠟱埋而琼之。流者可拯，同食、将吏及津啬夫、吏弗拯，罚金一两。拯亡船可用者，购金二两，不盈七丈以下，丈购五十钱；有识者，予而令自购之。”①无因管理之债中的管理人请求权在现代法律上只赋予合理的管理费用的请求权，汉代法律赋予法定的获得利益的权利。与此同时，被管理的财产的所有权人和被管理的人负担了法定的偿付义务。

（八）合伙之债

叶孝信先生在《中国民法史》中分析河南偃师出土文物东汉建初二年“汉侍廷里父老墠买田约束券”，分析了当时的合伙契约。② 该券书记录了当地25人共同出资购买土地支付承担父老职务时的经济损失，券书记录了参与人的权利和义务，每个出资人的出资义务，承担父老职务时享有获得土地收获物的权利，不承担父老职务时土地收益转给下一个承担职务的人，如果没有人承担父老职务，土地出租，所有人共同分配土地收益，该权利义务可以在出资人的继承人中继承。

四、魏晋南北朝时期债的种类

（一）借贷之债

借贷之债是指双方经协商订立契约。形式上，借贷之债一般有书面契约；内容上，约定所借物品数量、价值、归还时间、利息数和缴纳方式，担保条款保障借贷的履行。《中国历代契约粹编》收录此时期借贷契约二十件，记录了此时期借贷之债的基本规则。

北凉承平五年高昌道人法安、弟阿奴举锦券：

承平五年，岁次丙戌，正月八日，道人法安、弟阿奴从翟绍远举高

① 彭浩、陈伟、［日］工藤元男主编：《张家山汉简二年律令和奏谳书：张家山二四七号汉墓出土法律文献释读》，上海古籍出版社2007年版，第254页。

② 叶孝信：《中国民法史》，上海人民出版社1993年版，第143页。

昌所作黄地丘慈中锦一张，绵经绵纬，长九五寸，广四尺五寸。要到前年二月卅日，偿锦一张半。若过期不偿，月生行布三张。民有私要，要行二主，各自署名为信。故(沽)各半。

共员马一匹，各了。倩书道人知骏

时见道智(惠)永安

该券书形式上包含了时间、当事人姓名、借贷物品名称和特征、利息、违约赔偿金数额、中见人及费用。借贷经过双方协商，形成私约，出于各自意愿，因而各自签名为信，体现意思自治和诚信。借贷利息和违约赔偿均为各自同意，约定为双方义务，受其约束。订约费用各自承担，沽各半与汉代中见人费用分配规则一致。约中特别强调民有私要，一方面强调各自的意愿和权利，同时也可以用来排除来自官方的赦免之类命令干扰契约权利义务的履行，保证契约效力不受双方意志之外的因素侵害。借贷契约的利息一年利息达到百分之五十，过期不偿，逐月产生赔偿，罚则严厉本身也有促成债务履行的作用。

(二)买卖之债

买卖之债也是普遍存在的债的类型。北朝民歌《木兰辞》中有东市买骏马，西市买鞍鞯，说明当时城市中也设立有市，专门进行分类交易。《中国历代契约粹编》中收录了此时期的买卖契约。买卖之债形式上大型交易有契约，一般交易可能是口头契约。书面契约基本上采用了类似的格式和表达。墓葬中出土的买地券有些虽不是真实买卖土地，但是反映了此时期土地买卖的一般规则和形式。券书有时间、双方姓名、土地四至、价格、担保条款、证人。其中的担保条款包括当时的一般担保约定。土地没有权利瑕疵，不会被人认领，否则约定二倍等惩罚性赔偿。(北魏太和元年郭觚县郭)①

① 张传玺:《中国历代契约粹编》三国两晋南北朝高昌契约，买地券，北京大学出版社2014年版，第126页。

五、隋唐时期债的种类

（一）借贷之债

借贷之债的名称。据叶孝信《中国民法史》的阐述，有利息的借贷称为“出举”、“举取”，利息称为“息债”；无利息的借贷称为“便取”；指定财产为抵押的称为“指质”，借贷之债生效时转移抵押品称为“收质”、“质举”、“典质”；唐中期以后“负债”统指借贷，民间契约并不混同。①

唐代借贷之债的主体有官方也有私人，身份上，良民及以上个体都有资格成为主体。但是，法律规定了官员借贷资格的限制性条款。《唐律疏议》职制律“贷所监临财物”条规定：“诸贷所监临财物者，坐赃论；（授讫未上，亦同。馀条取受及相犯，准此。）若百日不还，以受所监临财物论。强者，各加二等。（馀条强者准此。）疏议曰：监临之官於所部贷财物者，坐赃论。注云‘授讫未上’者，若五品以上据制出日，六品以下据画讫，并同已上之法。‘馀条取受及相犯’，谓‘受所监临’及‘殴詈’之类，故言‘准此’。若百日不还，为其淹日不偿，以受所监临财物论。若以威力而强贷者，‘各加二等’，谓百日内坐赃论加二等，满百日外从受所监临财物上加二等。注云‘馀条强者准此’，谓如下条‘私役使及借驼骡驴马’之类，强者各加二等。但一部律内，本条无强取罪名，并加二等，故于此立例。所贷之物，元非拟将入己，虽经恩免，罪物尚征还。纵不经恩，偿讫事发，亦不合罪，为贷时本许酬偿，不同‘悔过还主’故也。若取受之赃，悔过还主，仍减三等。恩前费用，准法不征贷者，赦后仍征偿讫，故听免罪。若卖买有剩利者，计利，以乞取监临财物论。强市者，笞五十；有剩利者，计利，准枉法论。疏议曰：官人于所部卖物及买物，计时估有剩利者，计利，以乞取监临财物论。‘强市者笞五十’，谓以威若力强买物，虽当价，犹笞五十；有剩利者，计利，准枉法论。问曰：官人遣人或市司而为市易，

① 叶孝信：《中国民法史》第四章，隋唐民法，上海人民出版社1993年版，第268页。

所遣之人及市司为官人卖买有剩利，官人不知情及知情，各有何罪？答曰：依律：'犯时不知，依凡论。'官人不知剩利之情，据律不合得罪。所为市者，虽不入己，既有剩利，或强卖买，不得无罪，从'不应为'：准官人应坐之罪，百杖以下，所市之人从'不应为轻'，笞四十；徒罪以上，从'不应为重'，杖八十。仍不得重于官人应得之罪。若市易已讫，官人知情，准'家人所犯知情'之法。即断契有数，违负不还，过五十日者，以受所监临财物论。即借衣服、器玩之属，经三十日不还者，坐赃论，罪止徒一年。疏议曰：官人于所部市易，断契有数，仍有欠物，违负不还，五十日以下，依杂律科'负债违契不偿'之罪；满五十一日，以受所监临财物论。即借衣服、器玩之属者，但衣服、器物，品类至多，不可具举，故云'之属'。借经三十日不还者，坐赃论，罪止徒一年。所借之物各还主。"①根据该条文的规定，官员在任职期间不得在任职范围内进行借贷，无论是借贷官物给自己或者他人，或者借贷私人财物均为法律所禁止。这条规则和汉代二年律令中的禁止官员借贷的规定类似，不过，更加全面。实践中，官员借贷不偿债不仅受到民事赔偿处罚，也会受到刑事和行政处罚。唐代李晟的儿子李惎借贷回鹘人钱一万余贯，不偿，文宗怒，贬惎为定州司法参军。②官员贷所监临财物的处罚实践中并不完全依据法律进行。崔元略"敬宗初，还京兆尹兼御史大夫。收贷钱万七千缗，为御史劾奏，诏刑部郎中赵元亮、大理正元从质、侍御史温造以三司杂治。元略素事宦人崔潭峻，颇左右之，狱具，削兼秩而已。俄授户部侍郎，讥谤大兴，谏官斥元略方劾而迁，有助力，元略自解辨，乃止。京兆刘栖楚又劾元略前造东渭桥，纵吏增估物不偿直，取工徒赃二万缗。诏夺一月俸。"③官员任职期间借贷的行为史籍多有记载，规则与实践之间颇有差距。唐律规定官员借贷的条

① （唐）长孙无忌：《唐律疏议》卷十一职制，贷所监临财物，刘俊文点校，法律出版社1999年版，第243页。

② （后晋）刘昫：《旧唐书》卷一三三，列传八三，李晟，中华书局1975年版，第3686页。

③ （宋）欧阳修、宋祁：《新唐书》卷一六〇，列传八五，崔元略，中华书局1975年版，第4974页。

文还有“监主借官奴畜产”“假借官物不还”“监主贷官物”“监主以官物借人”“监临之官家人乞贷”等相近的规定，细化限制监临官的借贷行为。

借贷之债的成立。借贷之债经过双方协商同意确定权利义务关系，即可成立。但是，特殊情况必须符合程序。借贷官物必须符合法定程序，否则构成擅贷罪，贷所监临财物。李皋“上元初，京师旱，米斗直数千，死者甚多。皋度俸不足养，亟请外官，不允，乃故抵微法，贬温州长史。无几，摄行州事。岁俭，州有官粟数十万斛，皋欲行赈救，掾吏叩头乞候上旨，皋曰：‘夫人日不再食，当死，安暇禀命！若杀我一身，活数千人命，利莫大焉。’于是开仓尽散之。以擅贷之罪，飞章自劾。天子闻而嘉之，答以优诏，就加少府监。”①借贷官物给民必须通过申请、批准程序才能成立并生效。债的利息限制，唐代《杂令》规定月利不过六分，总利不得过一倍，不得复利；唐中期后改为月利四分、五分，官营高利贷有十分、一倍利息的一般规定，也有特殊情况下允许两倍、五倍、十倍的利息；敦煌借贷契约中的利息一般是十分到倍息。② 法律规定和实践并不一致。

借贷之债的履行。唐代借贷之债超过期限不履行，债务人会受到刑罚处罚。上述贷所监临财物条的规定，百日不还，以受所监临财物罪论处，百日是一个基本期限。元和四年李昱借贷满三年不还，当处死刑。唐代元和四年“神策吏李昱假贷长安富人钱八千贯，满三岁不偿。孟容遣吏收捕械系，克日命还之，曰：‘不及期当死。’自兴元已后，禁军有功，又中贵之尤有渥恩者，方得护军，故军士日益纵横，府县不能制。孟容刚正不惧，以法绳之，一军尽惊，冤诉于上。立命中使宣旨，令送本军，孟容系之不遣。中使再到，乃执奏曰：‘臣诚知不奉诏当诛，然臣职司辇毂，合为

① （后晋）刘昫：《旧唐书》卷一三一，列传八一，李皋，中华书局 1975 年版，第 3637 页。

② 叶孝信：《中国民法史》第四章，隋唐民法，上海人民出版社 1993 年版，第 269—271 页。该类资料张传玺《中国历代契约粹编》唐代契约中有各契约的内容，中科院历史所资料室的《敦煌资料》也有收录敦煌地区的历代契约和各种文献，资料充分。

陛下弹抑豪强。钱未尽输，昱不可得。'上以其守正，许之。"[1]借贷之债的履行不得强迫债务人以人身还债，不得私自强取债务人财物抵债超过契约规定的欠负。

借贷之债的担保，既有延续之前的各种规定，也有抵押物担保的发展。典贴和贴赁的存在，要求借贷之债成立时转移动产或者不动产作为抵押，对债权人的权利有更多的保障，加重了债务人的负担。

借贷之债的变更和解除。借贷之债债权人可以单方面解除债务，变更债权债务关系。唐代宪宗元和七年"二月庚寅朔。壬辰，诏以去秋旱歉，赈京畿粟三十万石；其元和六年春赈贷百姓粟二十四万石，并宜放免。"[2]国家借贷给民众的钱约定第二年秋天归还，遇到灾害，国家单方面发布命令解除债务人的归还义务，变更了债权债务关系。

（二）买卖之债

唐代国家在各城市设立市，交易规模空前，买卖之债规则成体系。

买卖之债中的不动产买卖在本书中是有专门的"田土"部分阐述。动产交易形成的买卖之债可以归入钱债中。特别是其中的赊买，被认为是债务人的一种欠负。唐代的买卖之债，对买卖标的有明确的规定，禁止私有的物品，不得进入交易中。唐律中规定的禁止私有兵器、玄像物品、良民人身不得为买卖标的等。上述借贷引述监临官借贷的条文中，疏议部分说解释买卖之债的主体限制性规定，监临官任职期间在任职范围内交易有剩利，要求必须按期依据实际价值补偿。

赊买。当时不支付价款，后来付款的买卖行为。这种行为需要券书为债的形式，记录双方的权利义务。敦煌契约中存在的赊买动产契约记录了赊买的规则和实践。赊买的关键条款是约定还款时间和违约担保。

---

① （后晋）刘昫：《旧唐书》卷一五四，列传一〇四，列传，许孟容，中华书局1975年版，第4102页。

② （后晋）刘昫：《旧唐书》卷一五下，本纪第一五，宪宗下，中华书局1975年版，第441页。

担保的条件在上文债的担保规则部分已经有阐述,此处不再赘述。

（三）雇佣之债

唐代雇佣之债由雇主和受雇人协商所从事的事务和佣值,受雇期间为雇主提供指定劳役或服务。敦煌契约雇佣契记录了雇佣之债的实践。唐律中规定了官方雇佣的一些限制性规定。《唐律疏议》职制律“奉使部送雇寄人”、“役使所监临”,厩库律“乘官畜车私驮载”、“监临官僦运租税”,擅兴律“私使丁夫杂匠”涉及雇佣的问题。如,“私使丁夫杂匠”条规定官员不得私自役使工匠,如果违法役使受刑罚处罚并支付佣值。①

（四）服务之债

唐代碾磨、邸店、酒肆、食店之类从事服务业的店铺林立,相应地,服务之债也就普遍存在。医疗也是一种服务行为,《唐律疏议》“医违方诈疗病”:“诸医违方诈疗病,而取财物者,以盗论。疏议曰:医师违背本方,诈疗疾病,率情增损,以取财物者,计赃,以盗论。监临之与凡人,各依本法。”②服务之债的基本规则要求服务提供方按照约定提供指定服务,服务必须符合本行业的标准。服务的标准很少用法律做出规定,一般采用服务行业自身的标准,医疗使用的医方即是一种行业标准,也要符合服务目的和一般要求。

（五）侵权之债

侵权之债在唐代法律中较多规定。侵权中对人身的伤害和财产的伤害形成侵权之债,并涉及侵权损害赔偿。《唐律疏议》户婚律、诈伪律、斗讼律和杂律中存在较多与侵权损害赔偿有关的规则。《唐律疏议》“诈陷人至死伤”:“诸诈陷人至死及伤者,以斗杀伤论。(谓知津河深泞,桥船朽败,诳人令渡之类。)疏议曰:谓津济之所,或有深泞,若桥船朽漏,不堪

① (唐)长孙无忌:《唐律疏议》卷一六,擅兴,私使丁夫杂匠,刘俊文点校,法律出版社1999年版,第345页。

② (唐)长孙无忌:《唐律疏议》卷二五,诈伪,医违方诈疗病,刘俊文点校,法律出版社1999年版,第1页。

渡人,而诈云‘津河平浅,船桥牢固’,令人过渡,因致死伤者,‘以斗杀伤论’,谓令人溺死者绞,折一支徒三年之类。故注云‘谓知津河深泞,桥船朽败,诳人令渡之类’。称‘之类’者,谓知有坑阱、机枪之属,诳人而致死伤者,亦以斗杀伤论。其有尊卑、贵贱,各依斗杀伤本法。问曰:诈陷人渡朽败桥梁,溺之甚困,不伤不死,律条无文,合得何罪?又,人虽免难,溺陷畜产,又若为科?答曰:律云‘诈陷人至死及伤’,但论重法,略其轻坐,不可备言,别有‘举重明轻’及‘不应为’罪。若诳陷令溺,虽不伤、死,犹同‘殴人不伤’论。陷杀伤畜产者,准‘作坑阱’例,偿其减价。”①

唐律中户婚、厩库、贼盗、斗讼、杂律篇有涉及损害人身和财产赔偿的侵权损害赔偿之债的规定。有直接规定损害赔偿的,也有间接规定损害赔偿的。保辜制度对促进损害赔偿降低损害后果的规定,有利于人身损害侵权责任的解决。敦煌契约中有唐代人身伤害赔偿契约,可以看到侵权损害赔偿的实践。吐鲁番寅年(834?)敦煌李条顺赔偿契。“寅年八月十九日,杨谦让共李条顺相诤,遂打损经节儿断,令杨谦让当家将息。至廿六日,条顺师兄及诸亲等迎将当家医理。从今已后,至病可日,所要药饵当直及将息物,亦自李家出。待至能行日,筭数计会。又万日中间,条顺不可及,有东西营苟,破用合着多少物事,一一细筭,打牒共乡闾老大计筭收领,亦任一听。如不稳便,待至营事了日都筭,共人命同计会。官有政法,人从此契,故立为验,用后为凭。僧孔惠素、见人薛卿子。”②

(六)不当得利之债

非法占有他人财物,构成不当得利,必须返还给原主。《唐律疏议》“妄认良人为奴婢部曲”:“诸妄认良人为奴婢、部曲、妻妾、子孙者,以略人论减一等。妄认部曲者,又减一等。妄认奴婢及财物者,准盗论减一

---

① (唐)长孙无忌:《唐律疏议》卷二五,诈伪,诈陷人致死伤,刘俊文点校,法律出版社1999年版,第510页。

② 张传玺:《中国历代契约粹编》五,隋唐五代吐蕃契约,北京大学出版社2014年版,第430—431页。

等。疏议曰:‘妄认良人为奴婢、部曲’者,谓本知是良人。妄认为妻妾、子孙者,谓知非己妻妾、子孙而故妄认者。‘以略人论减一等’,《贼盗律》‘略人为奴婢者,绞’,减一等,合流三千里。‘略人为部曲,流三千里’,减一等,合徒三年。‘略人为妻妾、子孙,合徒三年’,减一等,合徒二年半。是为‘以略人论减一等’。妄认部曲,又减一等者,《贼盗律》:‘略他人部曲,减良人一等。’即是略部曲为奴合流三千里,妄认部曲为奴,减一等,合徒三年。略部曲为部曲合徒三年,妄认部曲为部曲,减一等,合徒二年半。略部曲、客女为妻妾子孙合徒二年半,妄认部曲、客女为妻妾子孙,减一等,合徒二年。是为‘部曲又减一等’。其妄认他人奴婢及财物者,准盗论减一等。若监主妄认未得,亦准上条,各减二等。其非监主,妄认未得,财多者,从‘错认未得’论。”①

(七)无因管理之债

《唐律疏议》“养子舍去”条规定“诸养子,所养父母无子而舍去者,徒二年。若自生子及本生无子,欲还者,听之。即养异姓男者,徒一年;与者,笞五十。其遗弃小儿年三岁以下,虽异姓,听收养,即从其姓。养女者不坐。如是父母遗失,于后来识认,合还本生;失儿之家,量酬乳哺之直。”②

五、宋代的债

宋代债的种类基本上延续了唐代的债的种类,法律规定类似,民间规则也具有延续性,因此,本文只简单叙述借贷之债和买卖之债。

(一)借贷之债

借贷契约的变更和解除。宋元丰三年:“故朝奉大夫权知陕州军府

---

① (唐)长孙无忌:《唐律疏议》卷二五,诈伪,错认良人为奴婢部曲,刘俊文点校,法律出版社1999年版,第524页。

② (唐)长孙无忌:《唐律疏议》卷一二,户婚,养子舍去,刘俊文点校,法律出版社1999年版,第258页。

事陈君墓志铭：君讳侗，字成伯，姓陈氏。——君于为政，爱民为先，可以济活人者为其方略，虽骫法，行之不疑。湖人因岁饥，以男女质钱，至有终约身为役者。公为契券，后虽十倍其直自赎，不肯付还。父子隔绝怅恨，吏不为察。有来诉者，君皆许赎之。男女得齿，平民婚娶者甚众。江南转运司欲以聚财媚上，然不能有它智略，徒举籍逋欠，峻期督索，州县知[如]指，民不堪其求。君为分别之，曰：'逋负在元丰三年前者，赦书所当除也。'使者不许。付它吏议之，以谓宜如编敕，偿及七分，余乃可免。君请于朝，竟得蠲除，以及一路云。有二女子，父母死，其兄不能自立。家本富厚，未及期月，赀用荡尽。死者不葬，而存者饥饿，泣诉于府。君使按覆其所货鬻，皆在贱价，而构质甚多。录而卖之，既偿其所取，犹赢数十万钱，为之葬埋而嫁二女子。"①

（二）买卖之债

买卖之债分为即时交付的买卖和限期交付的买卖。即时交付的买卖当时订约，当时履行，结束债的转移过程。赊买由双方约定交付期限，到期履行。赊买通常有契约记录双方权利义务，作为履行时的凭证。例如，陆游诗中多次谈到的赊酒券，北窗闲咏"得禄仅偿赊酒券，思归新草乞祠章"，村居书二首"酒户知贫焚旧券，医翁怜病献新方"，冬夜戏书"赊酒每惭添旧券，读书何计策新功？"秋晚"家贫忧酒券，才尽畏诗筒"。赊买酒给酒家写的赊买契约，酒家契约要求到期付款。契约作为收款凭证，被称为酒券。

买卖契约的形式。口头契约不需要形式，书面契约的形式通过契券记录下来当事人的身份、事由、权利义务、中见人等参与人，有时有代书人的签名。陆游诗中记录了日常为人代写买卖驴、牛的契约，病中自遣"穷阎依马磨，小石写驴券"，春晚村居杂赋绝句"朝书牛券拈枯笔，暮祭蚕神酌冻醪"，读书"文辞博士书驴券，职事参军判马曹"，书室杂兴"开学教牛

① （清）四库馆臣编：《武英殿聚珍版丛书》所收四库辑本别集二十八种拾遗，广雅书局刊本。

经，坐市写驴券”。

买卖之债标的的限制性规定主要是法定的禁止私有物和国家禁榷物。

（三）租赁之债

宋代租赁的对象主要是土地和房屋，对马车、牛车、船只的租借也称为租赁。

（四）服务之债

宋代经济繁荣，城市的发展促进更多人集中居住，邸店、碾磨、酒店、饭店、娱乐场所、婚丧嫁娶专业团队等服务机构和服务行业有很大的发展。服务之债的关系基于双方自愿订立契约，约定服务内容和质量、数量、过程、方式等内容，服务费的给付数额和方式，服务不能达到标准的赔偿。《武林旧事》记载了饭店提供宴会服务的实例，可见服务之债的普遍和种类繁多。

（五）侵权之债

宋代基本法典《宋刑统》中规定了关于侵害人身和财产的损害赔偿规则。户婚律“占盗侵占公私田”规定了强占侵害他人公私土地的损害赔偿问题，厩库律“牧畜死失及课不充”规定放牧官畜产造成死亡和丢失的顺还赔偿问题，“乘驾损伤官畜”规定使用官畜产造成的伤害损失赔偿问题，“故杀、误杀官私马牛并杂畜”规定杀死官私畜产的损害赔偿，“犬伤害人畜”规定动物致人损伤的赔偿问题，“假借官物不还”“以官奴婢畜产借人及自借”“损败仓库物”“财物应入官私”几个条文规定了致使官私财物受到损害应赔偿的问题。贼盗律中“以物置入孔窍”“发冢”“盗官私马牛杀”“故烧人舍屋因盗财物”“恐吓取人财物”“贸易官物”“略卖良贱”几条规定涉及人身或财产损害赔偿问题，斗讼律中规定的各种人身伤害赔偿问题，特别是保辜的规定促进加害人对受害人积极进行损害赔偿降低损害结果的规则。杂律中规定的“走车马伤杀人”“医药故误伤杀人”“失火”“食官私瓜果”“毁弃官私器物树木”涉及交通工具致损伤的赔偿问题,医疗事故损害赔偿问题,故意过失导致他人人身和财产损害赔偿问题。① 这些规则提供了损害赔偿的基本规则,因故意或过失造成的人身和财产损害都要赔偿。有些条文虽然没有明确规定赔偿问题或者赔偿标准,但是,根据名例律和其他相关条文的规定可以推知损害赔偿的规则。对人身和财产的保护是古代法律的一个基本原则,虽然主要是以刑罚的方式规定对加害人的处罚以保护受害人的损失,但是也不乏对损害赔偿的规定。特殊规定是"夜入人家"条对防止损害发生而造成的对加害人的杀伤免责条款,是从对可能遇到的人身损害和财产损害的积极正面保护。虽然不涉及侵权损害问题,但是可以看作是一个极特殊的防止侵权损害发生的条款。毕竟,法律的目的是保护人不受损害而不是事后赔偿以减少损害。

六、元、明、清时期的债

元明清时期保留了较多的法律文献和大量的司法文书、天量契约,对该时期债的规则和实践研究提供了丰富资料。中外学者对此也进行了大量的研究。

元明清时代关于借贷的基本法律规则进行了整理,上述钱债演变过程中已经阐述了钱债单独成为一个法律篇目,在法律文件中地位提升,钱债的类型包含借贷、动产买卖、雇佣、服务、赠与、侵权、不当得利、无因管理等。钱债的形式基本保持了宋代纸质契约的格式。这一时期在借贷问题上的突出变化是典当成为一种借贷的主要形式。典当本来是为了担保债务履行,债权人要求债务人提供动产或者不动产给债权人,以确保债权的履行,防止债务人无法履行债务时造成债权落空。元明清时代典当业兴盛,官方和民间都开办质库,官方是抵当所,民间是当铺或者质库,借贷直接提供可供还债的抵押物,按照一般月利给付利息。利息的标准各时

---

① (宋)窦仪:《宋刑统》,薛梅卿点校,法律出版社 1999 年版。

代有所不同。据乜小红在《中国古代契约发展简史》中分析,宋代利息一般二分到四分,元代利息每两二分,明代三分,清代三分,利息不得超过本钱,禁止取息过律。① 质库发展为当铺,其商业化模式规范化,规则渗透到日常生活中。

元明清时期有抵押的借贷契约形式上有当票、帖子、折子的称谓。典当契约由当铺统一出具格式固定,债务人持契约赎回原物。债务人的赎回权本身也可以转让或者抵押,此时,当票本身可以流通,形成类似有价证券的凭证。乜小红引述了同治十一年台南当铺"泰裕饷当"的当票:

> 宪令颁式,每月每两/佰行利两分半/两文半,限至三十个月为满,至期不赎,不入利,听本铺发卖抵本,鼠咬虫蛀,系物主造化,与本铺无干。赎时认票不认人,此照。初五内,不收利,二十起,后月利。②

上文当铺契约已经成为格式契约,当票的形式,高度格式化的合同,对权利义务有明确的预先规定,债务人协商的余地减少,只能接受或者不接受,意思表示受到限制。特别是,当票规定赎回时只认当票不认人,已经摆脱了借贷契约最初的债权债务关系的相对性,权利义务针对物不针对人,显示出无记名的有价证券的性质。这种改变显示出债权人一方的强势,能够制定出格式合同,便于提高交易效率,促进借贷关系的简单化。这种借贷关系由于关注财产特征,因而可以流通,从而形成以权利为标的的交易或者抵押。清代,当含有财产收益的凭证再次抵押的时候,形成权利质,增加了交易的效率性,降低了交易的安全性,使得借贷关系呈现出复杂的样态。

---

① 乜小红:《中国古代契约发展简史》第四章,经济关系的券契及其发展,中华书局2017年版,第104—105页。

② 乜小红:《中国古代契约发展简史》第四章,经济关系的券契及其发展,中华书局2017年版,第106—107页。

第三节 钱债的一般原则

一、合法原则

国家法和民间的习惯法同时有效，实践中注重民间习惯法的遵守。国家法对习惯法表现出尊重。民间债的行为中表达了对国家法的尊重和对私人意愿的尊重。故而有唐五代契约中已经出现“官从政法，民从私约”的固定表达。不过，从五代到宋元时期的契约中“官从政法”的表达是为了排除国家通过恩赦法令赦免债务人的义务，导致债权人的权利落空，破坏债权债务关系的平衡。民间对债的规则约束双方的行为，必须遵守习惯法的规则。习惯法上关于哪些类型的债需要遵循形式要求，哪些无需特定形式，双方权利义务的约定只要不违反国家法就对双方有约束力。例如，敦煌契约中的悔罚约定，宋以前的悔罚是双方约定不得休悔，休悔者罚一定金额的财物给不悔者或者给官方，完全出于当事人自己的意愿而做出的约定。五代开始到宋代的契约中，不得反悔的规定在契约中有“准格”“准法”的表达，是遵守国家法律的规定不得反悔，并做出对反悔者处罚的约定条款。无论是依据当事人自身的意愿而做出不得反悔的规定及处罚，还是依据国家法做出不得反悔并处罚的规定，都是遵循法律的结果，只是，前者是遵循习惯法的规则，后者是遵循国家法的规则。

钱债内容的合法性要求。借贷之债规定的利息必须在法定标准范围之内，超过法定标准取息过律是历代律典中的禁止性内容。利息标准在不同时期有不同规定，一般情况下，需要符合法律要求，但是如果特殊时期有特殊规定，或者特殊情况出现，法律并不反对超过法定利息的行为。

债的主体必须合法，不合法主体进行的债权行为无效。西周时期，债权行为必须符合身份规定，不能够进行超过身份等级或者不符合身份等级的行为。秦代未达到法定身高的当事人为无行为能力人，无行为能力人进行的债权行为无效。外邦人必须经过身份核对，交付凭证才能具有与本国人进行交易的资格。《睡虎地秦简》法律答问："客未布吏而与贾，赀一甲。可(何)谓'布吏'？诣符传于吏是谓'布吏'。"邦客的未布吏，就和他交易，罚一甲。什么叫"布吏"？把通行凭证送交官吏，称为布吏。该法律解释中规定的布吏程序确定是否可以成为合格民事主体，未经布吏的外邦人不具有交易主体资格，其债权行为不具有合法性。

债的履行的合法性要求。债务履行中不得强制债务人以人身作为履行方式，但是，如果债务人自愿以身为奴或者以身为抵押进行劳作以偿还债务是允许的。债的履行中，法律规定履行期限的限制，超过法定期限，即视为违法，受到法律处罚。

二、自愿原则

债权债务关系的一个重要的原则是基于双方自愿，无论债权债务关系成立还是解除，只要双方达成一致，就可以基于自愿设立或者改变双方之间的法律关系。债权关系中债权人自愿放弃债务是合法的。历代法律中规定的借官物发生特定情况可以免除偿还义务，私人也可以通过销毁债券的方式宣布放弃债权，债务人不再受到债务约束，不必承担偿还义务。此时，如果债务人偿还义务并非是一种法律行为，而是一种道德行为，不受法律约束。上述孟尝君、樊宏放弃债权的行为可以作为例证。债权债务的变更也可以基于自愿进行。上述陈重替下属还债的行为，债权人并无异议，意味着债权人接受债务人的变更，双方无异议，自愿达成对债的履行变更的认可。

历代法律对债的履行不允许以人身作为质债的方式，不允许强制让债务人以自身抵债，但是，如果债务人出于自愿以身折酬而抵债，法律并不禁止。在保护人身权方面，法律保护基本的人身权利，也尊重当事人自愿以劳役抵债的行为，自愿是非法与合法的决定性因素。

目前保存下来的契约文物和传世文献契约记载，经常可以看到有

“两共平章”“两厢自愿”“此是自愿，并无抑勒”等表达，对于当事人的意思表示真实性做出明确的说明，以作为债的法律关系成立的基础性条件。

为防止意思表示真实性受到干扰，法律作出限制性规定。排除因为意思表示瑕疵而损害当事人的权利，当事人受到胁迫而订立的债应为无效。唐代法律规定不得恐吓求财，债的订立必须基于真实的意思而不是被恐吓或者而被胁迫，表达出不是自己的意思。因为重大误解而产生的债，也不被法律所承认，唐律中规定的误导他人乘船，致人损害的要赔偿损失。乘人之危而达成的债务也受到法律的打击，元代法律中规定不得典雇妻女。

三、诚信原则

钱债规则基于双方的诚信是最为有效的基础，合道德性是民事规则的基本原则在钱债方面尤其重要。债的当事人在约定中通常以署名和立契表达自己的诚信，唐代敦煌契约中常有“恐人不信，立约为凭”的表达。姓名是很被古人看重的，名讳并不能随便拿出来，用自己姓名签署在契约上，表达了一种郑重和以自身信誉为前提的信用，以证明债的约定中各条款是出于自己的内心诚心诚意进行本次债的活动。签名和画押虽然是从刻齿防伪技术而来，但是，用姓名和画指并行表达立约的诚意，符合古人的文化观念。立契本身，也是一种内心诚意的外在形式上的表达。重要契约在早期需要发誓并举行涂牲血之类的仪式，告知神明以表明其内心的诚意。立契在文字发明之后，清晰地记录双方自愿达成的约定，请中见人证明契约的存在，在熟悉的生活区域内，以自己的信誉做出了担保，表明自己订立契约和履行契约的诚意。债的形式中的合同技术本来是为了防止欺诈，是一种防伪技术，最初的傅别、到后来的刻齿，纸书时代的骑缝书写分而存之，以至于“合同”之名取代了“契约”之名成为契约的通用名称。

欺诈产生的债不具有法律效力。唐律规定因欺诈而订立约定，及订立契约过程中修改条款欺骗对方的行为定为犯罪行为。唐律诈伪律中规定各种欺诈行为导致的人身和财产的损害均构成违法,受到刑罚处罚同时承担民事赔偿责任。法谚所云“童叟无欺”,是债的行为中基本伦理规范。

唐律以来的法典中一般都作出规定,故意误导他人使之误解而产生的债违反了诚信原则,是无效的债。

四、家庭债务效力持续性原则

传统中国的债的效力具有特殊的持续性,只要债务人的家中有人存在,债务就必须履行,民间法谚所云“父债子还”。钱债是一种财产负担,这种负担是特定给与债务人的负担,以债务人的财产作为履行债务的范围。但是中国古代的债务,并不以债务人本身的财产作为履行债务的范围,只要债务人有继承人在,那就必须承担债务,并不限于债务人本人的财产范围。在债权债务关系中债不仅是基于双方的财产而存在,也是基于人的信用而存在,只要欠债人还有继承人,债一直存在,不存在破产不偿债的规则。该原则不同于西方契约法上的契约相对性原则,权利义务只存在于债权人和债务人之间。债权债务关系的成立可以认为是订立契约人代表家族或者家庭共同体进行的民事行为,在家族或者家庭存在的情况下,家长的个人身份转变不影响债权债务关系的存在。当家族或者家庭不存在了,没有任何人担任家长,同时家庭或者家族的财产不足以抵债,债务关系才能终止。相应地,民间法谚也有“子债父不知”的表达,父亲在世的情况下,没有分家时财产归于父亲所有,儿子没有自己的财产,不能以自己的名义达成债权债务关系,没有履行债务的能力。分家之后,父子各有独立财产,各自以自己的财产担负履行债务的义务,父亲无需为儿子承担债务,但是儿子却需要为父亲承担债务。

第二章　钱债分类

第一节　契约之债

一、买卖契约

买卖契约,依照今天的解释,是指出卖人转移标的物的所有权于买受人,买受人支付价款的契约。

在早期先民社会,由于生产生活的需要,居民开始了以物易物的活动,并随着社会交往的日益密切与生产生活扩大的需要,以物易物活动也不断扩大,货币得以出现,并衍生出了买卖活动。为了保证买卖活动的效力,买卖双方将其买卖关系固定在了契约上。

(一)不动产买卖契约

对于买卖契约,其类型可以分为不动产买卖交易的契约与动产买卖交易的契约。不动产买卖交易的契约,标的物主要为土地、田产与住宅。在出土文物西周铭文《格伯簋》中,也有买卖契约的记载:"唯正月初吉癸巳,王在成周。格伯爰良马乘于倗生,厥贮(价)三十田,则析。"其内容记录了格伯以土地三十田向倗生换取良马四匹的事例,可以视作早期买卖契约的样式。

此后,买卖关系开始大量以契约的形式固定了下来,且制作较为规

范,内容要素较为固定,颇具要式契约之特点。如汉武帝建元元年的不动产买卖文书,其内容为:

建元元年夏五月朔廿二日乙巳,武阳太守大邑荣阳邑朱忠,有田在黑石滩,田二百町,卖于本邑王兴圭为有。众人李文信,贾钱二万五千五百,其当日交平(毕),东比王忠交,西比朱文忠,北比王之祥,南比大道。亦后无各言其田,王兴圭业。田内有男死者为奴,有女死者为妣,其日同共人,沽酒各半。[①]

其内容大概为:建元元年(前140)夏五月二日,出卖人朱忠将位于黑石滩的二百町田产卖与王兴圭,契约写明了田地的四至,并约定好价款为二万五千五百并当天交付完毕,李文信作为"众人",可能类似于我们今天的保证人;同时契约内还约定有"田内有男死者为奴,有女死者为妣"的说法,其确切内容不得而知,但很可能为出卖人对买受人的承诺,类似于先秦时期的盟誓。[②]

其内容形式基本囊括了买卖关系双方当事人、不动产的名称与四至、价款及其交纳情况、保证人等,与下列这一东汉光和元年(178)十二月的土地买卖契约"平阴县曹仲成买冢田铅券"[③]基本相同:

光和元年十二月丙午朔十五日,平阴都乡市南里曹仲成,从同县男子陈胡奴买长谷亭部马岭佰北冢田六亩,亩千五百,并直九千钱,即日毕。田东比胡奴,北比胡奴,西比胡奴,南尽松道,四比之内,根生伏财物一钱以上,皆属仲成。田中有伏尸□骨,男当作奴,女当作婢,皆当为仲成给使,时旁人贾、刘皆知券约,□如天地律令。

该契约内容记录了东汉光和元年(178)十二月十五日,买受人曹仲成从出卖人陈胡奴处买得田地"长谷亭部马岭佰北冢田六亩千五百",并

① 张传玺:《中国历代契约粹编》上册,北京大学出版社2014年版,第55页。

② 郑显文:《中国古代关于商品买卖的法律文书研究》,《中国经济史研究》2003年第2期,第53页。

③ 该文书现存于日本中村氏书道博物馆,本文转引自仁井田陞:《中国法制史研究》,东京大学出版会,第335页。

约定价款为九千钱，契约写明了土地四至，并约定田地中的附属物“根生伏财一钱以上”也归买受人所有，同时也规定了类似于保证的承诺，契约还记载了见证人“贾刘”。该契约内容大体与前一例相同。

魏晋南北朝时，契约之中更加注重对于不得违约的内容的记载，甚至部分契约中出现了违约接受惩罚的内容，如“有私约者当律令”这样的记载，即是对于违约之人接受法律制裁的规定；有的契约则有明确的“不得变更”的约定，如下列“北魏太和元年鹑觚县郭孟给买地砖券”①即有记载：

太和元年二月十日鹑觚民郭盉给从从兄仪宗买地卅五亩，要永为家业。与谷卌斛，要无寒盗。□若有人庶忍，仰倍（赔）还本物。谷时贯石五斗直（值）五十□，布卌尺。地南有大道，道南郭寄地；西有郭凤起地，东右（有）洛侯郭秦地；北临堡南领（岭）。券破之后，各不得变。时人郭元智、文照、郭寄、郭僧、郭秦、曾（?）仁

□明□

其内容记载了北魏太和元年（477）二月十日的一项土地买卖交易活动，其内容记载有“券破之后，各不得变”，即是对于双方立约之后不得反悔的强调。有些契约甚至规定有违约担保的内容，以保证契约的效力。如下列记载于仁井田陞教授《中国法制史研究·土地法、交易法》中的北魏正始四年九月的土地买卖文书：

正始四年九月十六日，北坊民张□洛从系民路阿皃买墓田三亩，南齐王墓，北弘五十三步，东齐□墓，西□十二步，硕绢九匹。其地保无寒盗。若有人识者，抑伏亩数出皃好□□□，官有政民私无（?）。立券文后，各不得变悔，若先改者，出北绢五匹，画指为信，书券人潘□。

时人路善王、时人路荣孙。②

该契约中便以“出北绢五匹”作为对双方当事人违约行为的处理，相

① 张传玺：《中国历代契约粹编》上册，北京大学出版社2014年版，第125—126页。

② ［日］仁井田陞：《中国法制史研究》，转引自郑显文：《中国古代关于商品买卖的法律文书研究》，《中国经济史研究》2003年第2期，第54页。

比于上一契约，更具有担保效力。

唐代前期，朝廷一直推行均田制，抑制土地兼并，因而土地买卖活动较少；自安史之乱后，均田制被破坏，土地买卖活动愈发多起来。此时的不动产买卖契约的内容也愈加完备，如下列“吐蕃未年敦煌安环清卖地契”①：

宜秋十里西支地壹段，共柒畦拾亩（东道、西渠、南索晟、北武再再）。未年十月三日上部落百姓安环清为突田债负，不办输纳，今将前件地出买（卖）与同部落人武国子。其地亩别断作斛斗汉斗壹硕陆斗，都计麦壹拾伍硕，粟壹硕，并汉斗，一卖已后，一任武国子修营佃种，如后有人干扰识认，一仰安环清割上地佃种与国子。其地及麦，当日交相分付，一无悬欠，一卖口如若先翻悔，罚麦伍硕，入不悔人，已后如恩敕，安清罚金伍两入官，官有政法，人从私契，两共平章，书指为记。

地主安环清年廿一，师叔正灯（押），母安年五十二，妹夫安恒子，见人张良友。

该契约记载了公元827年，出卖人安环清因负有债务，而将自己所有的十亩田地，在标明四至后，出卖与买受人武国子，约定价款为“麦壹拾伍硕，粟壹硕”；契约约定了当土地存在权利瑕疵时，由出卖人安环清承担不利后果；对于一方违约的，约定五硕麦的违约金；契约还对出现朝廷恩赦的情形进行了规定。契约末尾规定有“官有政法，人从私契”，一定程度上是对契约中意思自治因素的宣示。

又如下列敦煌文书“后唐清泰三年百姓杨忽律哺卖舍契”②所记载：

修文坊巷西壁上舍壹所，内堂西头壹片，东西并壹仗（丈）伍寸，南北并基壹仗（丈）伍尺，（东至杨万子，西至张欺忠，南至邓坡山，北至薛安住。）又院落地壹条，东西仗（丈）四尺，南北并基伍尺，东至井

① 沙知：《敦煌契约文书辑校》，江苏古籍出版社1998年版，第2页。
② 沙知：《敦煌契约文书辑校》，江苏古籍出版社1998年版，第53页。

道，西至邓坡山，南至坡山及万子，北至薛安升及万子。又井道四家停支出入，不许隔截。时清泰三年丙申岁十一月廿三日，百姓杨忽律哺为手头缺乏，今将父祖口分舍出卖与弟薛安子、弟富子二人。断作舍价，每地壹尺，断物壹硕贰斗，兼屋木并伏，都计得物叁拾叁硕柒斗，其舍及物当日交相分付讫，更无悬欠。向后或有别人识认者，一仰忽略哺抵当，中间如遇恩救大赦流行，亦不许论理，两共对面平章，准法不许休悔，如先悔者，罚麦拾伍驮，充入不悔人。恐人无信，立此文书，用为后凭。（押）内主兼字（缺）。

出卖舍主杨忽律哺（左头指……）

出卖舍主母阿张（右中指）

同院人邓破山（押）

同院人薛安升（押）

见人薛安胜（押）

见人薛安住（押）

见人吴再住（押）

见人押衙邓万延（押）

邻见人高计德

邻见人张威贤（知）

邻见人兵马使邓兴后（押）

该契约记载了买受人为居住而从出卖人杨忽律哺处购得房屋，支付价款之事。其中不但规定有"罚麦拾伍驮"的担保，同时存在着对于朝廷恩救大赦免除债务的规避声明，内容渐趋完备。

不动产买卖契约也存在瑕疵担保的内容，如下列"后周显德四年敦煌乡百姓吴盈顺卖地契"①：

南沙灌进渠中界，有地柒畦，共叁拾亩，东至官园，西至吴盈住，

① 沙知：《敦煌契约文书辑校》，江苏古籍出版社 1998 年版，第 53 页。

南至沙，北至大河。于时显德四年丁巳岁正月廿五日。敦煌乡百姓吴盈顺伏缘上件地水佃种，往来施功不便，出售与神沙乡百姓琛义深。断作地价每尺两硕，乾湿中亭。生绢伍足，麦价伍拾贰硕，当日交相分付讫，并无升合玄(悬)欠，自卖已后，永世琛家子孙男女称为主记。为唯有吴家兄弟及别人侵射此地，来者一仰地主面上，并畔觅好地充替。中间或有恩敕流行，亦不在论理之限。两共对面平章为定，准法不许休诲，如若先悔者，罚上马壹足，充入不悔人，恐人无信，故立斯契，用为后验。(押)

该契约记载了后周显德四年(957)正月二十五日，出卖人吴盈顺以三十亩田地为标的物，出卖与买受人琛义深，约定价款为“生绢伍足，麦价伍拾贰硕”，并且当日交付完毕；契约中还约定了，出现权利瑕疵以及遇到朝廷恩赦时的规避条款，对买受人权利进行了充分保障。

宋代之后，随着商品经济的日益繁荣，不动产买卖交易也随之而起，其契约内容形式大体延续唐代，无甚变化，只是在元代时出现了评议人这一评估不动产价值的主体。《新编事文类聚启札青钱》卷十中便收录了一份记载有“评议人”的契约范本：

某里某部住人姓某，有梯己承分房屋一所，总计几间几架，坐落某都，土名某处。西至某，南至某，北至某某，以上具出即目四至分明，系某人住坐。今来要得钱两□(用)度，情愿托得某人为评议，断得直价铜钱若干贯，其钱随立契日，交领十分足讫，更无别领。所卖其屋，的系某梯己物业，与内外亲房人等各无交加，及无重杂等事。如有此色目，某自用知当，不涉买主之事。从立契后，仰买主一任前去管业。……今恐无凭，故立契字，与买主为照者。谨契。

年月日立契人某押契

知契人某押

评议人某押

该契约写明了不动产买卖契约中所包含的因素应包括当事人、不动产的四至、价款、所有权声明等内容，并且提及了"情愿托得某人为评议"，将评估不动产价值的评议人也写入在内，以示其对评估的不动产价值应当予以担保，以保护买受人的利益。

明清时期有大量的不动产买卖契约保留了下来。

下列"崇祯十五年程爱老卖田契"①：

直隶徽州府歙县，月字九百八十九号契纸，产价捌两、税银肆钱、领契纸坊长里长立卖契人程爱老，歙县宁泰乡十一都五图人，今将[将字衍]因缺少使用，白情愿浼中将河字一千八百三十七号田，计税六分七厘七毫，土名水汲丘，东至方丘田，西至程元寿田，南至坑，北至路，于上四至明白，凭中三面议定，出卖与二十三都五图凌名下为业，得受时值价纹银捌两整。其银、契当即两相交明白，其田日下听凭过割管业，人买人户支解。从前至今并无重复交易，亦无威逼准折等情，系是两相情愿。今恐无凭，立此卖契为用，存照。其田旁上有窖一只，砖瓦俱全，亦付凌经管，再批。

崇祯十五年肆月二十三日立契人

程爱老(押)

中见人刘少华程积桥

凭里程良宪

代书亲弟程都老

该契约记载了明崇祯十五年(1642)四月二十三日，出卖人程爱老因缺钱，而将自己所有的一千八百三十七号田出卖给买受人凌，约定价款为八两纹银；契约中写明了土地的四至，并且约定了纳税过割的内容；同时，契约中声明了出卖人程爱老对于土地所有权的担保，声明不存在重复交易，并且强调契约为双方自愿；最后，契约还约定了作为土地附着物的"窖"的所有权一并转移给买受人。双方的权利义务关系完整明确地体

① 安徽省文物志编辑室编：《安徽省文物志稿》中册，内部资料，1988年版，第143页。

现在了契约里。

又有一例明代的房屋买卖契约“天启元年程伯球房屋卖契”①：

十六都十二图，立卖契人程伯球，今将承祖阄分到有字：二千一百四十四号，土名松林园基地乙（已）业，于上原造五间楼屋乙重（幢），厨屋共六间，计地计税其地东至众人行路，西至园，南至买人地，北至卖主地。今将前行四至内地，本身合得八股之中合得一股，计上下楼房壹眼，坐东边后房，计税陆厘叁毛（毫）二丝五忽。于上原造屋宇门扇、木、石、尺壁浮等项，本身合得分数，凭中立契，尽行出卖与堂兄名下为业，三面议定，时值价银肆拾伍两正，其银当成契类。自从出卖之后，一听买人随即管业收税。如有内外人言论，尽是卖人之当，不涉买人之事。所有税粮，俟大造年，于本家程应大等户内割，推人买人户内，输纳即无难异（易），倘有字号不明，亩步不清，自有四至。现业狭（核）定，今恐人心无凭。立此卖契存照。所有契内价银，隋契收足。具来脚契文与别产相连，缴付不便再批。

天启元年闰二月十二日

立契人程伯球（画押）

中见人程德言（画押）

程守之（画押）

程承谦（画押）

该契约记载了明天启元年（1621）闰二月十二日，出卖人程伯球将祖传土地之上建造的五间房屋以及厨房六间等作为标的物，出卖与其堂兄，约定价款为四十五两银；契约规定了对于房屋里的附着物全部归买受人所有；契约写明了四至，并且明确提出将关于四至的内容作为防止“字号不明，亩步不清”情况出现时的解决依据；此外还规定了，对于税收的义务分担以及对于他人议论的处理办法。清代的不动产买卖契约内容也

① 安徽省地方志编纂委员会编：《安徽省志文物志》，方志出版社 1998 年版，第 590 页。

是如此，如下列“道光元年张史氏卖房地契”①：

立卖房屋文契张史氏，为因正用，今将故夫张惠川遗产，坐落大东门外廿五保十六图十六铺朱家弄内坐北面南平房内外陆间，并天井三方，连随屋基地□分，央中卖到黄处为业。凭中三面议得时值价银通足制钱壹百念千文正。当立契日其钱一并收足，不另立收票。其房自卖之后，任从得主收科入册，管业输粮，出召取租，并无门房上下言阻，亦无从〔重〕相迭卖、债利抵押等情。倘有别姓生言，失主理直，与得主不涉。此系两（相）允洽，各无异言。恐后无凭，立此卖房屋文契为照。

计开：其房坐落廿五保十六图十六铺朱家弄内坐北面南。

四址：东址墙门与孙姓公同出路，南址戴屋，西址孙屋，北址周屋。

道光元年十二月日立卖房屋文契张史氏（押）

中朱元勋（押）唐德文韩修元唐德孚张敬成（押）

唐馨发（押）裘振初王丹廷张秉铨（押）薛端和

姜宏济陈秉均陆茂荆（押）韩渭川（押）张国良

孙载华（押）孙尚修（押）孙成玉（押）周圣龙（押）

该契约记载了道光元年（1821）十二月，出卖人张史氏因缺钱而将亡夫遗产平房内外六间、天井三方以及房屋基地一同出卖，约定价款为“钱壹百念千文”，在当日交付完毕；契约申明了房屋的占有、使用、处分权随同转移至买受人，出卖人还宣明了在标的房屋之上不存在权利瑕疵；房屋的四至则记录在了契约末尾。

综上所述，由于不动产买卖契约兼具证明买受人对于不动产所有权的效力与权利发生争议时确定双方责任的双重功能，因此契约常常会写明立约时间、买卖双方当事人、不动产面积与四至，并约定有“保人”“中

① 上海市档案馆：《清代上海房地契档案汇编》，上海古籍出版社 1999 年版，第 10 页。

人”“评议中人”以及一些特殊情况的责任承担问题。契约内容的不断变化,也可从侧面管窥我国古代社会商品经济发展的脉络。

(二)动产买卖契约

动产买卖契约,即是以土地、房屋以外的可移动的商品作为标的物的买卖契约,既包括日用品、农具等一般商品,也包括奴婢等特殊商品。

《周礼·天官·小宰》即有记载:“听卖买以质剂。”东汉郑玄注:“质剂,两书一札,同而别之,长曰质,短曰剂。傅别、质剂,皆今之券书也。”质剂约为西周时期的买卖契约形式,质为长债券,主要适用于牛羊、奴婢等大宗商品交易;剂为短债券,主要适用于农具、珍异等小宗商品的交易。在西周《曶鼎铭》中,记载有“既赎女(汝)五〔夫效〕父,用匹马束丝”,即是作器之人以“匹马束丝”换取五个奴隶的事实。

秦汉时期,相对稳定的社会环境使得商品经济得以发展,动产交易也更加频繁,这些交易也常常以契约的形式固定下来。如下列敦煌出土文献“西汉元寿元年李子功卖枸券”①,即是以农产品为标的物的买卖契约:

> 元寿元年八月廿五日,使枸□□县□□里李子功枸一令,贾钱千,约馈至廿日钱毕以,即不毕以,约□□□王巨叔千钱,王巨叔予子功,往至郭府田舍。钱不具,罚酒四、五斗,肉五斤,责卌。故入七十钱,辄食旁□人□长孙、张买驼子食□酒旁二斗。

本契约主要内容大概为:西汉元寿元年(前2)八月二十五日,李子功将“枸”这一农产品以一千钱的价格卖给了王巨叔,并约定二十日内付款完毕;契约中还规定了类似违约金的内容,即如果没有付完全款,王巨叔需要支付李子功酒四、五斗,肉五斤,债四十。另外还要支付七十钱为长孙、张买驼子酒食二斗。该契约以一种较为简单的形式,规定了作为买受人的王巨叔与作为出卖人的李子功的债权债务关系,并规定了标的物、违

① 李永良、吴礽骧、马建华释校:《敦煌汉简释文》,甘肃人民出版社1991年版,第87页。

约金以及类似于见证人的内容,从中可管窥西汉时期动产买卖契约的样式。此时的卖奴契约也有留存,如下列收录于宋《太平御览》的西汉神爵三年(前59)正月王褒的《僮约》:

蜀郡王褒,以事止寡妇杨惠舍。惠有夫时奴名便了,子渊倩奴行酤酒,便了拽大杖上夫冢巅曰:大夫买便了时,但要守家,不要为他人男子酤酒。子渊大怒曰:奴工人人宁欲卖耶? 惠曰:奴大忤人,人无欲者。子渊即决买券云云。奴复曰:欲使皆上券,不上券,便了不能为也。子渊曰:诺。券文曰:神爵三年正月十五日,资中男子王子渊从成都志安里杨惠买夫时户下髯奴便了,决卖万五千,奴从百役使,不得有二言。……奴不听教,当笞一百。

其文描述了一件有趣的故事,其中收录有王子渊所书买奴券一份,记载了立约日期(西汉神爵三年)、买卖关系当事人(王褒、杨惠),标的物(髯奴便了)、价款(万五千)以及作为卖奴契约所特有的对于奴婢工作范围的划定(奴从百役使)和对于奴婢不从命令时的惩戒(奴不听教,当笞一百)等内容。

魏晋南北朝时的买奴契约"前秦建元十三年七月廿五日赵伯龙买婢契"①与此大致相同:

□□元十三年廿五日赵伯龙从王念买小幼婢一人,年八,愿贯中行赤毡七张,毡即□(毕),婢即过,二主先相和可,乃为券□书,成券后,有人仍(认)名及反悔者,罚中毡十四张,入不悔者。民有私约,约当□□□,书券侯买奴,共知本约,沽半。

该契约记载了前秦建元十三年(377),买受人赵伯龙从出卖人王念处购买八岁奴婢一人,约定价款为毡毯七张,交付完毕;契约中还约定了违约一方应当交付违约金十四张毡毯,以保证契约效力。

又如下列"北凉承平八年高昌石阿奴卖婢券"②:

① 乜小红:《俄藏敦煌契约文书研究》,上海古籍出版社2009年版,第89页。
② 张传玺:《中国历代契约粹编》,北京大学出版社2014年版,第89页。

承平八年岁次己丑九月廿二日，翟绍远从石阿奴买婢壹人，字绍女，年廿五，交与丘慈锦三张半。贾则毕，人即付。若后有呵盗认名，仰本主了，不了部(倍)还本贾，二主先和后券，券成之后，各不得返悔，悔者罚丘慈锦七张，入不悔者。民有私要，券行二主，各自署名为信。

券唯一支，在绍远边。倩书道护。

该契约的大意为：北凉承平八年(450)九月二十二日，翟绍远以丘慈锦三张半的价款从石阿奴处购买女婢一人，名为绍女，二十五岁，当即交付价款与标的，女婢绍女的主人也由此变更；同时还规定了买卖交易之后，反悔者罚丘慈锦七张；并且契约仅此一张，由翟绍远予以保存。本契约即以女婢这一特殊的"商品"作为标的物，同样规定了买受人(翟绍远)、出卖人(石阿奴)、价款(丘慈锦三张半)、违约金(丘慈锦七张)等内容。值得注意的是，该契约最后写到了契约仅此一张，由买受人翟绍远保存，出卖人石阿奴并不持有，与今天常见的买卖双方各持一份契约的做法有所不同。大概是因为该契约主要倾向于保护买受人翟绍远的权益，因而出卖人石阿奴并无保存契约的必要。

及至唐宋，商品经济的发展促进了动产买卖契约的发展。尽管李唐朝廷明确下令禁止百姓出卖良人，但遇有荒年，民间卖儿卖女行为仍不罕见，如下列"宋淳化二年押衙韩愿定卖妮子契"①记载：

淳化二年辛卯发十一月十二日立契，押衙韩愿定伏缘家中用度所换，欠缺疋帛。今有家妮子名瑿胜，年可贰拾捌岁，出卖与常住百姓朱愿松妻男等，断傥(当)女人价生熟绢伍疋。当时现还生绢叁疋，熟绢两疋限至来年五月尽填还。其人及价互相分付。自卖已后，任永(允)朱家男女世代为主。中间有亲情眷表识认此人来者，一仰韩愿定及妻七娘子面上觅好人充替，或遇恩赦流行，亦不在再来论理之限，两共面对商议为定，准格不许翻悔，如若先悔者，罚楼绫壹疋，

① 沙知：《敦煌契约文书辑校》，江苏古籍出版社1998年版，第79—80页。

仍罚大羯羊两口，充入不悔人。恐人无信，故勒此契，用为后凭。(押)其人在患，比至十日后不用休悔者。(押)

买(卖)身女人瑿胜(押)

出卖女人娘主七娘子(押)

出卖女人郎主韩愿定(押)

同商量人袁富深(押)

知见报恩寺僧丑挞(押)

知见龙兴寺乐善安法律(押)

内熟绢壹疋，断出褐陆段、白褐陆段，计拾贰段，各丈(长)一丈二，比至五月尽还也。(押)

该契约大致内容为：宋淳化二年(991)十一月十二日，韩愿定因生计所迫，将家中二十八岁女儿瑿胜出卖与朱愿松妻为奴婢，作价生熟绢五疋，先支付生绢三疋，熟绢二疋在次年五月交付，并规定有恩赦担保与追夺担保的相关内容，同时规定有"罚楼绫壹疋，仍罚大羯羊两口"的违约责任，以保证契约效力的长期存在。

同一时期，还有不少关于非奴婢动产买卖交易的契约留存，如下列"唐大中五年僧光镜赊买车小头钏契"①：

大中五年二月十三日，当寺僧光镜，缘阙车小头钏壹交停事，遂于僧神捷边买钏壹救(枚)，断作价直布壹伯尺。其布限十月已后(前)于儭司填纳。如过十月已后，至十二月勿填，更加贰拾尺。立契后，不许休悔，如先悔，罚布壹匹入不悔人。恐后无凭，答项印为验。(朱印)

负椓布人僧光镜(朱印)

见人僧龙心

见人僧智旼(朱印)

见人僧智恒字达

① 唐耕耦、陆宏基编：《敦煌社会经济文献真迹释录》第二辑，书目文献出版中心1986年版，第43页。

该契约的主要内容大概为：唐大中五年（851）二月十三日，僧人光镜于僧人神捷处购买钏（金属环圈，大概为车辐所用）一枚，约定价款为一百尺布，并在十月份付清；同时还规定了，如果支付延期，则需要增加二十尺布；订立契约后反悔，仍要罚布一匹；此外，还有数名见证人在契约上签字。唐代的布匹常常作为买卖交易的价款而存在，在该契约中即为如此。该契约同样具备了买受人（僧光镜）、出卖人（僧神捷）、标的物（直布壹伯尺）、交付日期（十月、十二月）、见证人等要件，同时也规定了延期交付价款的违约金（贰拾尺）以及与今天的契约中相似的定金（布壹匹）。

对于作为特殊动产的耕牛等牲畜，在订立契约时往往也有一些特殊的规定，如下列“未年尼明相卖牛契”①：

> 黑悖牛一头三岁，并无印记。未年润十月廿五日，尼明相为无粮食及有债负，今将前件牛出卖与张抱玉，准作汉斗麦壹拾贰硕，粟两硕，其牛及麦即日交相付了。如后有人称是寒盗识认者，一仰本主卖（买）上好牛充替，立契后有人先悔者，罚麦三石，入不悔人，恐人无信，故立此契为记。
>
> 麦主
>
> 牛主尼僧明相年五十三
>
> 保人尼僧净壤年十八保人僧空照
>
> 保人王忠敬年廿六见人尼明香

该契约的大致内容为：公元803年闰十月二十五日，出卖人尼明相因家中无口粮以及欠债缘故，将自家黑悖牛出卖与张抱玉，约定价款为“汉斗麦壹拾贰硕，粟两硕”，并于当日交付完毕，并约定了如果有人认出牛非买受人所有，认为买受人为偷到得来，则由出卖人承担责任。其后契约还规定了悔约责任。

---

① 沙知：《敦煌契约文书辑校》，江苏古籍出版社1998年版，第55—56页。

下列还有一例敦煌出土的卖牛契约“吐蕃寅年令狐宠宠卖牛契”①:

紫挞牛壹头,陆岁,并无印记。寅年正月廿日,令狐宠宠为无年粮种子,今将前件牛出卖与同部落武光辉,断作麦汉斗壹拾玖硕,其牛及麦,当日交相付了,并无悬欠。如后牛若有人识认,称是寒盗,一仰主保知当,不干卖人之事,如立契后在(三)日内牛有宿疾,不食水草,一任却还本主。三日以外,以契为定,不许休悔,如先悔者,罚麦伍硕,入不悔人。恐人无信,故立私契,两共平章。书指为记。其壹拾玖硕麦内,粟三硕,和(下缺)

牛主令狐宠宠年廿九,兄和和年三十四,保人宗广年五十二,保人趁日年四十、保人令狐小郎年卅九。

该契约记载了,出卖人令狐宠宠因为家中没有“年粮种子”,于是将自己所有的一头“紫挞牛”出卖与买受人武光辉,价款为十九硕麦子,并且当场交付完毕;契约中还规定了对标的物“紫挞牛”的质量瑕疵担保责任,如果“紫挞牛”患有疾病、不吃水草,则契约归于无效;对于契约订立后毁约的,约定了五硕麦的违约金;落款中还规定了保人,以保证契约效力的实现。

宋元明清历代契约形式与内容无甚变化,只是元明清时,奴婢、牛马的买卖都要经过“牙人”这一专门中介机构,如保存于《老乞大谚解》中的一份元代家畜买卖契约所记载的:

辽东城里住人王某,今为要钱使用,遂将自己元买到赤色骟马一匹,年五岁,左腿上有印记,凭京城牙家,羊市角头街北住坐张三作中人,卖与山东济南府客人李五,永远为主,两言议定,时直价钱白银十二两。其银立契之日,一并交足,外没欠少。如马好歹,买主自见。如马来历不明,卖主一面承当。成交已后,各不许翻悔。如先悔的,

① 中国科学院历史研究所资料室:《敦煌资料》第一辑,中华书局 1961 年版,第 290 页。

罚官银五两，与不悔之人，使用无词。恐后无凭，故立此文契为用者。

某年月日立契人王某押

牙人张某押

该契约记载了王某因缺钱而将自己所有的赤色骟马通过牙人张三卖与李五，价款十二两白银，即时付清，并约定马匹的质量瑕疵风险由“买主自见”，而权利瑕疵责任由卖主承担。另外，契约中只有牙人而再无专门的“保人”“中人”，意味着在牙人成为专门的担保人之后，原先的证人、保人责任也就转移给了该中介机构。①

良人作为奴婢被贩卖的情形虽被朝廷所禁止，但在民间，这种买卖形式并未消失，只是在后来的发展中，逐渐附加了赎身的条款，如下列“道光三年周南观卖女文书”②：

立卖女文书周南观同妻唐氏，将亲生女乳名妹林，年十一岁，因衣食不周，情愿央中，卖与陈处为使女，凭中保议得，身价银三两正，契日收足，自卖之后，任凭家主改名使唤服役，议定至二十岁，备足身价赎身。倘有不测，皆由天命，自愿非逼。恐后无凭，立此卖女文书为照。

道光三年七月日立卖女文书周南观

同妻唐氏

中陈朱氏

（下略）

该契约大致记录了清道光三年（1823）七月，周南观因生计所迫，将自家十一岁女儿妹林出卖与陈处作为使唤奴婢，约定价款为三两银，当即付款完毕。其中除约定了妹林因意外死亡的责任外，还规定到二十岁允

① 郑显文：《中国古代关于商品买卖的法律文书研究》，《中国经济史研究》2003年第2期，第61页。

② ［日］仁井田陞：《中国法制史研究·土地法交易法》，东京大学出版会1962年版，第379页。

许妹林自行赎身的内容,一定程度上是对为奴良人的自由权给予一定的期待保护,与非良人有所不同。

值得注意的是,中国古代社会还存在有一种赊买契约,即在买卖关系中,出卖人先交付货物于买受人,买受人之后才交付价款。如下列“丁巳年敦煌唐清奴赊买牛契”①:

丁巳年正月十一日,通颊百姓唐清奴,为缘家中欠少牛畜,遂于同乡百姓杨忽律元面上买伍岁耕牛壹头,断作价直生绢一匹,长叁丈柒尺。其牛及价当日交相分讫为定。用为后凭。(押)其绢限至[戊]午年十月,利头填还。若于时限不还者,看乡元生利。(后略)

该契约记载了:丁巳年(957)正月十一日,唐清奴因家中缺少牛畜,而从同乡杨忽律元处买入耕牛一头,作价三丈七尺生绢一匹。耕牛当天交付完毕,生绢却约定于“午年十月”再进行交付,似乎是由于买受人出现经济困难所致,该契约也因此可被归类于赊买契约之中。

明清时奴婢之外的动产买卖契约数量十分丰富,其内容形式也与前代无甚差异。如下列“嘉庆二十一年僧德怀出卖柏树契约”②:

立出卖柏树文约人兴福寺住持德怀。

情因连年旱□负下,会项沉重,僧于二月初十日请凭山主诸人恭议,今将寺柏树四百根,出卖与蒙永顺名下。彼即凭众面议时市九八纹银三百二十两正,彼时僧凭众收定银十二两五钱足,其余下欠之项,定限四月初十日蒙姓进厂交银二百伐木,以下之项,俟货下河一半,价银概楚,如若四月初间蒙姓有误,其树凭随寺僧发卖,蒙姓不得问及僧定银之事,亦不得借事生非。倘蒙姓伐木之日,若有人异言阻止,其有蒙姓进厂资用,亦应有僧道魁、僧明鉴、山主雷学谦、雷致和等亦应承担。其余未在之树不得擅行打朽。恐在下河木料在途攀坏

① 张传玺:《中国历代契约粹编》上册,北京大学出版社2014年版,第227页。

② 四川省档案馆:《四川大学历史系·清代乾嘉道巴县档案选编》上册,四川大学出版社1989年版,第21页。

他人粮食，以及木料失落，概不与寺相涉。此系二家情愿，其中并无敢屈从。今恐无凭，立出卖约一纸为据。

凭众人雷开封雷登贤雷学祥石占鳌笔

嘉庆二十一年丙子岁二月十八日立出卖柏树文约人住持僧

该契约记载了嘉庆二十一年(1816)，出卖人兴福寺住持僧人德怀，因连年旱灾而将寺院所有的柏树四百根出卖与买受人蒙永顺，约定价款为三百二十两银，并且约定价款和标的物分期交付同时履行；同时契约规定，在四月十日如果买受人不能及时交付价款，出卖人则可以将树木自行出卖；契约对双方权利义务都进行了一定的规定：买受人拿取标的物出现争议时由出卖人承担责任，但买受人运送标的物时造成的损失由其本人承担。

此外，还有“道光十四年黄廷玉、德泰父子出卖生铁契约”①：

黄廷玉出卖生铁字约立出卖字人黄廷玉，今凭中将已得佃黄正良名下青矿山所办煽生铁，出卖与林兴发名下承买生铁五万斤。即日三家面议，每百斤价值足色银七钱三分，其银林姓已秤过交。其秤准以林姓十七两三钱为数，厂内过称，送至木涧林姓铁铺交给，力钱黄姓支给。以架厢日起，先上林姓号铁，定以四月内交楚，其银现交二百两，其余俟架厢后陆续交给，铁毕价楚，倘过四月铁斤不楚，有廷玉所招赵德顺佃拔之业，任意林姓揭佃上庄耕种，毋得外生异言。恐有人心不一，故立卖约一纸为据。四月初三日复卖生铁一万斤，仍照原价扣算，不得异言，恐口无凭，故德泰亲笔批于原约之后，其银现交故批共成六万之数。

凭中黄谦益林顺元黄仕元

道光十四年一月二十四日立卖生铁字人黄廷玉

该契约记载了道光十四年(1834)一月二十四日商人林兴发定买黄

① 四川省档案馆：《四川大学历史系·清代乾嘉道巴县档案选编》上册，四川大学出版社1989年版，第305页。

廷玉、黄德泰父子生铁的交易情况。该契约内容较为复杂,约定了标的物生铁的规格、履行方式、履行期限等情况,并且属于分期履行契约。此外,还以出卖人农田的使用权为担保,以保障契约的顺利履行。

(三)买卖契约中的"情愿"问题

放诸今日,无论是在英美法系还是大陆法系,"真实的意思表示"都是合同成立的基本要素之一。这是由于契约本身是双方合意的文本记录,如果契约的内容违背了双方的真实意思,那就失去了其存在的基础。在古代,"情愿"也作为买卖契约成立的基础而存在。

秦汉时期,买卖契约的订立便强调要以双方合意为前提,否则契约当属无效,如《史记·萧相国世家》汉初丞相萧何曾"贱强买民田宅数千万",这种强行违背当事人意愿的行为被视为违法,最终田地被悉数予以退还。

在魏晋南北朝以及隋唐时期,"和"或者"和同"是常用的表示双方真实意思的词语。如这一阶段的买卖契约中常常用到"两主先和后券""三主和同立""二主和同立券""两和立契,获指为信"等等套语,将双方作出真实意思表示的状态记录在契约里,以维护契约的效力,"即只有'和同'形式的契约才能作为诉讼证据使用,这可能是儒家文化思想在契约中的反映,是民间生活强调和谐、避免纠纷和解决纠纷的一种方式。"①

到了两宋时期,尤其是南宋,除契约上常常出现"愿""情愿"一类语词之外,立法上开始考量"情愿"对于契约成立效力的影响。如《名公书判清明集》中有所记载:"且俱不出田主本意,不可谓之合法""大凡人家置买田宅,固要合法,亦要合心""殊不思人不心服,必有后患",这些都表明,在实际判例之中,"情愿"已经具有了重要的意义,并作为了司法判决中影响买卖关系效力认定的因素,如学者考证,在宋代《名公书判清明

① 高玉玲:《宋代契约的"情愿"法及解读——以买卖契约为中心的考察》,《兰州学刊》2015年6月,第116页。

集》记载的 101 例买卖契约纠纷中,有 48 例与“情愿法则”相关①。

在法律层面,也有对于“情愿”的规定,如《唐律疏议》规定:“诸卖买不和,而较固取者;(较,谓专略其利。固,谓障固其市。)及更出开闭,共限一价;(谓卖物以贱为贵,买物以贵为贱。)[疏]议曰:卖物及买物人,两不和同,‘而较固取者’,谓强执其市,不许外人买,故注云‘较,谓专略其利。固,谓障固其市’;‘及更出开闭’,谓贩鬻之徒,共为奸计,自卖物者以贱为贵,买人物者以贵为贱,更出开闭之言,其物共限一价,望使前人迷谬,以将入己。若参市,(谓人有所卖买,在傍高下其价,以相惑乱。)而规自入者:杖八十。已得赃重者,计利,准盗论……”其内容规定了,对于买卖双方“两不和同”,即不能自愿达成意思一致而强行买卖的,要受到法律的惩罚。

《唐律疏议》对于官府与百姓强行交易,也进行了规定:“若卖买有剩利者,计利,以乞取监临财物论。强市者,笞五十;有剩利者,计利,准枉法论。[疏]议曰:官人于所部卖物或买物,计时估有剩利者,计利,以乞取监临财物论。强市者笞五十,谓以威若力强买物,虽当价,犹笞五十;有剩利者,计利,准枉法论。”这即是对于监临官对百姓强买强卖、夺取其利润等行为进行惩罚的规定,也体现了国家对于买卖关系中“情愿”的强调。

如前所述,“情愿”在唐宋元明清几代法典与其他法律规范中都有规定,体现了“情愿”对于中国古代社会契约成立的重要意义。

二、借贷契约

借贷契约,按照今天的解释,是指出借人与借用人约定,出借人将一定数量的货币或其他种类物交付给借用人使用、收益,借用人则按照约定将同等数量的货币或相同的实物归还给出借人的契约。

---

① 高玉玲:《宋代契约的“情愿”法及解读——以买卖契约为中心的考察》,《兰州学刊》2015 年 6 月,第 117 页。

早在《周礼》即有记载:“听称责以傅别。”傅别便是西周时期的借贷契约,其形式大概为,将一份契约分为两份,债权人债务人各持一份。

(一)实物借贷契约

实物借贷契约,是指以实物作为标的物的借贷契约,即借用人借取出借人实物的契约。

秦汉简牍之中,便有关于实物借贷的文书存在。如《居延新简》中的记载:“戍卒魏郡贝丘某里王甲,贳卖□皂复袍县絮绪一领,直若干千,居延某里王乙……居延某里王丙,舍在某辟,它衣财……”①,“贳卖”契约即是赊买契约,一定程度上可以作为借贷来理解。

魏晋南北朝时期,也有借贷契约留存下来,如下列“北凉承平五年道人法安、弟阿奴举锦券”②:

> 承平五年岁次丙戌正月八日道人法安(弟阿奴)从翟绍远举高昌所作黄地丘慈中锦一张,绵经绵纬,长九五寸,广四尺五寸,要到前年二月卅日,偿锦一张半,若过期不偿,月生行布三张。民有私要,々行二主,各自署名为信。沽各半,共员马一匹,各〇了,倩书道人知骏时见
>
> 道(人)智惠永安

该契约的大致内容为:北凉承平五年(447)正月八日,道人法安弟阿奴从翟绍远处举借高昌所作黄地丘慈中锦一张,该丘慈中锦长九五寸,宽四尺五寸,并规定十四个月后偿还,除作为本金的丘慈中锦一张,还有作为利息的半张丘慈中锦;过期不还则每月生利息行布三张;同时,契约中还写明了作为见证人的姓名。在该借贷契约中,详细记载了出借人(翟绍远)、借用人(弟阿奴)、标的物(丘慈中锦一张)以及标的物的规格(高昌所作黄地丘慈中锦)、利息(锦之半)、偿还日期(前年二月卅日)、见证

① 甘肃省文物考古研究所、甘肃省博物馆、文化部古文献研究室编:《居延新简甲渠候官与第四燧》,文物出版社1990年版,第40—41页。

② 张传玺:《中国历代契约粹编》上册,北京大学出版社2014年版,第160页。

人（道人知骏）等要素，同时还对违约行为规定了较高的处罚金（月生行布三张），以保证契约的顺利履行。

及至隋唐时期，借贷契约的内容更加丰富与完善，如下列敦煌文献中的“吐蕃酉年敦煌曹茂晟便豆种帖”①：

酉年三月一日，下部落百姓曹茂晟为无种子，遂于僧海清处便豆壹硕捌斗。其豆自限至秋八月卅日已前送纳。如违不纳，其豆请陪（赔），一任掣夺家资杂物，用充豆直。如身东西，一仰保人代还。中间或有恩敕，不在免限。恐人无信，故立此帖，两共平章，书指为记。

豆主

便豆人曹茂晟年五十

保人男沙弥法珪年十八

见人

见人僧慈灯

该契约内容记载了：公元 829 年三月一日，借用人曹茂晟因无种子可用，于出借人僧海清那里借用一硕八斗豆，并约定交付日期。同时，契约规定对于出借人未完成约定的交付义务，要双倍处罚其豆，并以其家庭财产作为抵押担保；对于朝廷赦免私人债务的，该契约的债权债务也不受到影响。该契约即是以实物作为标的物的借贷契约，从其内容中我们也可以看出，这一时期的借贷契约基本具备了借贷关系双方、标的物、利息、抵押担保、违约责任等基本内容，这也与同时期的下面这份“辛丑年罗贤信贷生绢契”②大体相同：

辛丑年四月三日立契，押衙罗贤信入奏充使，欠阙疋帛，遂于押衙范庆住面上贷生绢壹疋，长叁丈玖尺，幅阔壹尺玖寸。其押衙回来之日还纳，于疋数本利两疋。若身东西不善者，一仰口承人弟兵马使

① 张传玺：《中国历代契约粹编》上册，北京大学出版社 2014 年版，第 334—335 页。

② 中国科学院历史研究所资料室：《敦煌资料》第一辑，中华书局 1961 年版，第 324 页。

罗恒恒祇当。恐后无凭，故立私契。

贷绢人押衙罗贤信(押)

口承弟兵马使罗恒恒(押)

见人兵马使何

该契约同时规定了保人制度，即以“兵马使罗恒恒”作为保证人，在借用人罗贤信不能清偿债务时，由其代替债务人清偿债务。下面一例“吐蕃卯年敦煌翟米老便麦契”①：

[卯]年四月十八日，悉董萨部落百姓翟米老为无斛斗驱使，遂于灵图寺便仏(佛)帐所便麦陆硕，其麦请限至秋八月卅日还足。如违限不还，其麦请倍(赔)，仍任掣夺家资牛畜，用充麦直。如身东西不在，一仰僧志贞代纳，不在免限。恐人无信，故立此契。两共平章，书纸为记。其契改陆字。

便麦人翟米老年廿六

保人弟突厥年廿

见人见人

书契人僧志贞

该契约记载了，公元823年四月十八日，借用人翟米老因没有粮食可以使用，在“灵图寺”借取麦子六硕，约定在秋季八月三十日偿清；如果在约定期限内无法履行债务，则应当加倍偿还债务，并以债务人家中财物作为抵押，并设置了保人“僧志贞”在契约无法履行时代为偿还债务，以保证债权人债权的充分实现。

下面一份元代的借贷契约，同样明确规定有保人代还的内容：

立文字人任黑子，今为大麦使用，别无借处，今问到别尚拜边借讫得□大斗内四石。每月每石上行息一斗，按月计算交还，数□不令拖欠。如本人见在不办闪越失走，一面同取代保人替还。无词，立此

① 张传玺:《中国历代契约粹编》上册，北京大学出版社2014年版，第333—334页。

文字为凭照用。

皇庆元年正月初一日立文字人任黑子
同取人敢的
代保人安通
知见人猪乃
知见人景直①

该契约的基本内容为:(仁宗)皇庆元年(1312)正月初一借用人任黑子为使用大麦,于出借人别尚拜处借得“大斗内四石”,并约定每月每石生利息一斗,按月计算;同时规定了“保人”的内容。该契约在规定利息之余,还规定了利息的交付办法,内容简单全面。

明清实物借贷契约,也无甚变化,其内容形式,大体类似于此。

(二)金钱借贷契约

金钱借贷契约,是指以金钱为标的物的借贷契约,即借用人从出借人处借取金钱的契约。

两汉时期,即有关于金钱借贷契约的内容留存下来,如下列契约:

永初元年八月庚子朔廿一日庚申,广成乡有秩天右、佐仲、助佐赐叩头死罪敢言之。廷移府记曰:男子王石自言,女子溏贞以永元十四年中从石母列贷钱二万,广成乡印。八月日邮人以来史白开。②

该契约文书后半部分即记载了,永初元年(107)八月,借用人溏贞从石母处借得二万钱的简单事实。

及至唐代,金钱借贷契约的内容日渐完备,如下列“唐乾封元年高昌郑海石举银钱契”③:

乾封元年四月廿六日,崇化乡郑海石于左憧憙边举取银钱拾文,

① 李逸友:《黑城出土文书(汉文文书卷)》,科学出版社1991年版,第186页。

② 长沙文物考古研究所、清华大学出土文献研究与保护中心、中国文化遗产研究所、湖南大学岳麓书院编:《长沙五一广场东汉简牍选释》,中西书局2015年版,第195页。

③ 张传玺:《中国历代契约粹编》(上),北京大学出版社2014年版,第306页。

月别生利钱壹文半。

到左须钱之日，嗦(索)即须还。若郑延引不还左钱，任左牵掣郑家资杂物、口分田园，用充钱子本直取。所掣之物，壹不生庸；公私债负停征，此物不在停限。若郑身东西不在，一仰妻儿及收后保人替偿。官有政法，人从私契。两和立契，画指为信。

钱主左

举钱郑海石

保人宁大乡张海还

保人崇化乡张欢相

知见人张欢德

该契约记载了乾封元年(666)四月二十六日，借用人郑海石从出借人左憧憙处借取十文钱，约定利息为每月一文半；该契约对于债务履行期限没有明确的日期约定，而是约定了债权人左憧憙的债务履行请求权；对于债权人债权的实现，约定了以债务人郑海石的家产田地作为担保，并约定了其妻子儿女与保人的担保。同时契约中还规定了“官有政法，人从私契”，一定程度上体现了古代契约中意思自治的因素。

又如下列“唐建中三年七月健儿马令庄举钱契”①：

建中三年七月十二日，健儿马令庄为急要钱用，交无得处，遂于护国寺僧虔英边举钱壹阡文，其钱每月头分生利佰文。如虔英自要钱用，即仰马令庄家利并还。如不得，一任虔英牵掣令庄家资牛畜，将充钱直，有剩不追，恐人无(信)，故立私契，两共平章，画指为记。

钱主

举钱人马令庄年廿

同取人母范二娘年五十

同取人妹马二娘年十二

① 陈国灿：《斯坦因所获吐鲁番文书研究》，武汉大学出版社1995年版，第546—547页。

该契约的内容大概为：唐朝建中三年（782）七月十二日，军卒马令庄因急需钱用，因而在护国寺僧人虔英处举借一千文钱，并约定每月利息一百文（10%）；双方并未约定固定的还款日期，只是约定当虔英要用钱时，即可要求马令庄本利一并归还，否则将以马令庄家中资产与牛畜等抵偿债款。该契约除规定有出借人（僧虔英）、借用人（马令庄）、标的物（钱壹阡文）、利息（每月头分生利佰文）外，并未规定明确的还款日期，而是赋予出借人以随时请求债务履行的权利，且又以借用人“家资牛畜”作为担保，以保证契约的顺利履行。下列元代金钱借贷契约也大体如此：

立欠钱文字人亦集乃路耳卜渠住人韩二，今为要钱使用，别无得处，今欠到石巡使中统宝钞贰拾柒两伍钱。其钱本人自限正月终交还。如至日不见交还，系同取代保人一面替还。无词恐失，故立文字为用。

至元四年十月廿日立文字人韩二

同取代保人张二

知见人葛二①

契约记载了（顺帝）至元四年（1338）十月二十日借用人韩二因需要用钱，从石巡使处借得中统宝钞二十七两五钱，并约定在正月终交还。借用人不能按时清偿债务，则由保人代为偿还。

明清时期，金钱借贷契约的形式与要素基本上承袭前代，如下列“明万历五年安宁州张瑚借银约”②：

立借银约人张瑚，系安宁州民，□新化州吏。为因缺用，情愿凭中立约，借到本州民赵□□名下松纹银壹两伍钱，每月共行利巴伍索。其银限至本年三月终一并归还。如若缺少分纹，将约赴官理取。今恐人信难凭，立此借约存照。（押）

---

① 李逸友：《黑城出土文书（汉文文书卷）》，科学出版社1991年版，第188页。

② 张传玺：《中国历代契约会编考释》（下），北京大学出版社1995年版，第1065页。

实计借纹银壹两伍钱，每月共利巴伍索，将号票壹张作当。

万历伍年贰月拾伍日立

借口约人张瑚(押)

中证代保人戴(押)

该契约记载了明万历五年(1577)二月十五日，借用人张瑚因缺钱使用，因而从出借人赵某处借得纹银一两五钱，并约定了每个月的利息；契约明确规定了当债务履行出现瑕疵时，债权人可以持契约前往官府要求理赔，并且以一张当票作为抵押，类似于今天的权利抵押。

又有清朝嘉庆年间借贷契约一张：

(清)嘉庆元年歙县程翼文会票①

凭票会到方处本银五十两整，其利言明每月一分贰厘行息，约至对周归楚。其本约于三年对期，归还不误，此照。

计开：平九四，色九六。

嘉庆元年六月初十日

立会票程翼文

中程翼川

该契约内容则尤其简单，仅写明本息钱数、约定期限以及部分契约程式要素，内容简洁明了，表现出古代社会后期商业活动对便利性与效率的追求。

又有下列"康熙八年郑以谟借银契约"②：

十都四图立借约人郑以谟，今借到十都五图何名下本文(纹)银叁两陆钱正。其本银每月贰分伍厘行息。其银约至来年春上交还壹

① 徽州地区博物馆藏。

② 王钰欣、周绍泉：《徽州千年契约文书(清·民国编)》第二卷，花山文艺出版社1991年版，第65页。

半,期至秋收八月本利一并付还。今恐无凭,立此借约存照。

康熙八年九月初三日

立借约人郑以谟

凭中人郑实甫

代笔郑道明

该契约记载了康熙八年(1669)九月初三日,借用人郑以谟从出借人处借得三两六钱银,约定利息为每月二分五厘,在次年春季清偿一半,次年秋八月清偿完毕。该契约记载的借贷关系简单明了,却又不乏借贷契约必要要件。

留存下来的清代契约中,还有无息契约的存在,如下列"杨长福、杨生福欠银约"①:

立欠约人杨长福、生福,为因生理缺少,二舅姜廷德名下实欠本银七两整,不相远近归还,不得短少,今欠有凭,立约存照。

亲笔

嘉庆十九年二月十六日立

该契约内容相对简单,记载了嘉庆十九年(1814)二月十六日,借用人杨长福、杨生福,因生计所需,从其二舅姜廷德处借得七两银子,然而并未规定利息,其他内容也未提及。该契约大概因为其立约原因是亲属之间相互帮衬,因此并未规定利息,对于担保抵押、保证人等内容也不必过多提及,体现了中国古代社会乡里亲族间的脉脉亲情。

又如徽州契约中的下列"道光二年十二月初六日詹遐年借约"②:

立借约人詹遐年,今借到丁重喜名下大钱十千文整,三面言定周年二分五厘行息,约至次年本息一并相还,不得过期。今欲有凭,立

① 张应强、王宗勋等:《清水江文书》第一辑第1册,广西师范大学出版社2007年版,第324页。

② 安徽省博物馆:《明清徽州社会经济资料丛编》第一辑,中国社会科学出版社1988年版,第558页。

此为据。

道光二年十二月初六日立

借约人詹遐年

凭中丁双喜

夏德玉

郑明扬

刘文泰

该契约记载了道光二年(1822)十二月初六日,借用人詹遐年从出借人丁重喜处借得钱一万文,约定每年利息“二分五厘”,在第二年本息一并偿还。该契约内容较为简单,但基本内容十分清晰。

又如下列记载更为详细的“咸丰元年二月歙县许大运借约”①:

立借约人许大运,今因身父病故棺木衣椂无处措办,自愿托姑丈央中借到姚名下通足典钱十二千文整。其钱是身同姑丈当即收足办里[理]棺木等项,其利议定一分起息。其本利议定父手出当与汪姓之屋,取赎之日本利一并归还,不得短少。恐口无凭,立此借约存据。

咸丰元年二月日立

借约人许大运

姑丈吴德修

凭中胡林宝

代笔吴德修

该契约记载了咸丰元年(1851)二月,借用人许大运因为其亡父筹措棺椁寿衣,而借取一万两千文钱,约定利息为一分。其中债务人除其本人以外,还包括了其姑父,即以两个人的名义借取金钱,以加强对债权人债权的保障。

对于金钱债务利息的履行,除以金钱偿还外,还存在其他的履行方

① 安徽省博物馆:《明清徽州社会经济资料丛编》第一辑,中国社会科学出版社1988年版,第558页。

式。如下列“咸丰四年七月戴楚三借券”①：

立券借字戴楚三，今借到程名下九五平九色纹银四十两整，凭中言定按月一分五厘行息，期到来年冬间，本利一并归楚。恐口无凭，立此借券为据。

当将地契一纸，签票两纸，收税票一纸，曹源盛租折一本付执，以租作利。此批。

咸丰四年七月日立

借券人戴楚三

凭中戴鲁詹

戴丽川

亲笔

该契约记载了：咸丰四年（1854）七月，借用人戴楚三借取了债权人程氏纹银四十两，约定每月利息一分五厘，债务履行期至第二年冬天。其中规定了债务的利息以土地的租利来履行交付，表明了我国古代民间契约的履行方式具有灵活性。

（三）唐宋时期债务的国家规制及契约对其的规避

借贷行为尽管同买卖行为一样，需要以双方合意作为成立条件，国家对于双方合意也往往给予尊重，但由于一些富贾豪商或权官显贵常常放高利贷剥削贫苦百姓，因而朝廷常常对民间借贷行为进行一定的规制。唐宋时期作为中国古代法律制度法典化程度较高且商品经济较为活跃的典型时期，其法律制度对于债务的规定颇多，大多数制度也为后代沿袭，因而在此特别讨论唐宋时期债务的国家规制及契约对其的规避。

历代法典法规中都有关于民间借贷的规定。首先是对借贷主体有所

① 安徽省博物馆：《明清徽州社会经济资料丛编》第一辑，中国社会科学出版社1988年版，第560页。

限制，对于诸如"子孙弟侄"或在任官员借贷行为都有所规制。如仁井田陞编《唐令拾遗》中有所收录，唐玄宗时曾颁令说："诸家长在（在谓三百里内，非隔关者），而子孙弟侄等，不得辄以奴婢六畜田宅及余资财，私自质举及卖田宅（无质而举者亦准此）。其有质举卖者，皆得本司文牒，然后听之。若不相本问，违而与及买者，物即还主，财没不追。"该令的内容即是对于家长在子孙弟侄身边生活的情况下，子孙弟侄不得私自出质家庭财产以及出卖田产房宅，禁止了子孙弟侄的私自借贷买卖行为。又如《唐会要》卷六九《县令》记载："其载（天宝九载）十二月敕，郡县官僚，共为货殖，竟交互放债侵人，互为征收，割剥黎庶。自今已后，更有此色，并追人影认以上，其放债官先解任，物仍纳官，有剩利者，准法处分。"即是规定，对于地方官员放贷的，将给予官员解职处分并将放贷之物没收。《宋刑统·杂律》中也有类似的规定。

为避免高利贷的盛行导致对于百姓的过度凌虐，唐宋时期十分注重对于高利贷的限制。如《册府元龟》中记载，唐玄宗开元十六年（728）规定："自今已后，天下私举质，宜四分收利，官本五分取利。"这里对于私人放贷，仅仅是用"宜"字的指导性规定，而对于官方放贷则规定了以五分利为准。《唐令拾遗》又收录其后唐玄宗于开元二十五年（737）的规定："诸公私以财物出举者，……每月收利，不得过六分。积日虽多，不得过一倍。"明确规定了公私放贷，每月利息不得超过六分，总利息不得超过本金一倍。其他皇帝亦颁布过类似法令，而《宋刑统》甚至在其条文中已明确规定："每月取利不得过六分，积日虽多，不得过一倍"，与唐令一脉相承。但从出土的契约中观察，这一法令并没有被普遍遵守。

借贷契约作为借贷关系被予以确定的法律表达，其本身的履行自然也是法律所推崇的，不履行债务的行为自然会受到法律的否定性评价。如《唐律疏议·杂律》在疏议中有规定："公私债负，违契不偿，应牵掣者，告官司听断。若不告官司而强牵财物若奴婢畜产过本契者，坐赃论。"该条律文一方面旨在打击违约不履行债务的行为，以保证契约的效力与债权人的权益;另一方面,也禁止债权人违法的私力救济,以保证债务人的权益与国家法律的权威性。除了民事责任外,对于违约不清偿债务的行为,《唐律疏议·杂律》中甚至还规定有:“诸负债违契不偿,一匹以上违二十日,笞二十;二十日加一等,罪止杖六十;三十匹加二等;百匹又加三等。各令备偿。”对于违反借贷契约的约定,不按时清偿债务者,还要根据所欠数额大小进行刑事处罚,足见中国古代法律对于违约行为的处罚力度之大。

值得注意的是,为了防止豪强贵族过于凌虐百姓,朝廷还常常下令赦免民间官私债务。朝廷的赦令,除赦免百姓刑罪外,往往还会同时赦免其民间债务。如《文献通考》卷一七二《刑考十一·赦宥》中即有记载:“晋武帝泰始元年,受禅即位,大赦。逋债负皆勿收。”唐宋时期,皇帝或为彰显盛世太平、或为祈求风调雨顺,也会不定期发布赦令。而在民间契约中,为了抵消这一行为为债权人带来的权益损害,往往采取在契约中约定规避内容的方式,如约定“中间或有恩赦,不在免限”以及“如遇恩赦大赦流行,亦不许论理”等内容,来进行恩赦规避;从此条内容长期存在来看,朝廷似乎默许了这一约定,一定程度上反映了官府对于民间契约意思自治的尊重。如,下列契约即含有此内容:

> 天复四年,岁次甲子,捌月拾柒日立契。神沙乡百姓僧令狐法性,有口分地两畦捌亩,请在孟受阳员渠下界。为要物色用度,遂将前件地捌亩,遂共同乡邻近百姓贾员子商量,取员子上好生绢壹疋,长捌;综毯壹疋,长贰仗(丈)五尺。其前件地祖(租)与员子贰拾贰年佃种。从今乙丑年,至后丙戌年末,却付本地主。其地内除地子一色,余有所著差税,一仰地主祗(支)当。地子逐年于□官员子逞纳。渠河口作两家各支半。从今以后,有恩赦行下,亦不在语(论)说之限。更亲姻及别称忍(认)主记者,一仰保人祗(支)当,邻近觅上好地充替。一定已后,两共对面平章,更不休悔。如先悔者,罚□□□送纳入官。恐后无凭,立此凭俭(验)。

地主僧令狐法姓(性)

(后略)[1]

该契约并未写入承租人的名字,且地租是一次付清的,这都与正常的租地契约不同,因此不宜将其看作是土地租佃契约,而应该将其看作是一般的借贷契约。[2] 其中规定了,"从今以后,有恩赦行下,亦不在语(论)说之限",即是对于朝廷恩赦的规避。

三、典当契约

典当契约,按照今天的说法,是指出典人以一定的不动产或动产向典权人出典,当出典人不能履行约定债务时,典权人可以依法获得出典物的所有权的契约。在出典物出典期间,典权人可以获得其使用权与用益物权。

需要说明的是,典当契约只是表示含有典当条款的契约,其本质上仍为借贷契约或买卖契约。并且根据抵押物的不同,又可以做出不同分类。

(一)土地典当契约

土地典当契约,是指出典人以土地作为抵押,典权人借以其一定数量的金钱或实物,并约定在债务无法履行时,以转移土地所有权来消灭债务的契约。在债务清偿之前,债权人可以获得典当土地的使用权与用益物权。

该类契约在我国古代社会并不罕见,在敦煌契约之中即有关于"典"的记载,如下列契约:

广顺三年,岁次癸丑,十月廿二日立契。莫高乡百姓龙章祐,弟祐定,伏缘家内窘阙,今将父祖口分田地两畦子共贰亩中半只典与连畔人押衙罗思朝,断作地价其日见过麦一十五硕。字今以后,物无利

① 张传玺:《中国历代契约粹编》上册,北京大学出版社 2014 年版,第 299 页。

② 罗海山:《唐宋敦煌契约"恩赦"条款考论》,《当代法学》2013 年第 2 期,第 156 页。

头，地无雇价。其地佃种限四年内不喜地主收俗（赎）。若于年限满日，便仰地主还本麦者，便仰地主收地。两共平章为定，更不计喜休悔。若后无信，故勒次（此）契，用为后凭。

地主龙祐定（押）

地主龙章祐（押）

只（质）典人押衙罗思朝

知见父押衙罗安进（押）①

该契约记载了广顺三年（953）十月二十二日，出典人龙章祐、龙祐定以其土地出典，借取罗思朝麦十五硕，约定在四年内出典人龙章祐、龙祐定可以赎回土地。即是清晰简约地体现出了土地典当契约的要素与特点。

在明清时期，土地典当活动尤其频繁，如下列明代永乐年间的"（明）永乐十九年休宁县吴名典山地赤契"②：

拾式都九保住人吴名，今将户下有山壹片，坐落本都九保，系乙字贰百柒拾肆号，山六分式厘伍，东至□□，西至胡能右山，南[至]尖，北至路，又将同处式百玖拾壹号，山计共伍分，东至□□，西至自山，南至尖，北至胡授山田，土名共小干住前。今为户役缺钞支用，自情愿将前项四至内山，尽行立契出典与同都汪希华、希美，面议时值价式百伍拾贯。其钞当便收足。约在本年八月中将本息钞贯一并送还。如过期无还，此契准作卖契，一听受典人砍斫杉木，永远管业；候至过割，一听收税入户，本家即无悔意。所有四至不明及重迭交易，内外人占拦，并是出典人自行祇当，不及受典人之事。仿恐人心无凭，立此典契文书为用。

又添价钞式贯。

① 中国科学院历史研究所资料室：《敦煌资料》第一辑，中华书局1961年版，第324—325页。

② 徽州地区博物馆藏。

永乐十九年六月初三日

典山人吴名契

保人汪宗远

遇见人胡彦祥

今领契内典去价钞,并收足讫。

同日再批。

该契约大致内容为:明永乐十九年(1421)六月初三日,十二都九保吴名,以自己所有的写明面积四至的位于本都的二百七十四号与二百九十一号土地为抵押,借取同都人士汪希华、汪希美钱二百五十贯;钱当面结清,并约定在当年八月连本带息一并归还,如若不能归还,则土地过割给汪氏二人;同时还规定了,对于因土地所有权与他人产生的部分争议,由出典人承担责任。该契约清楚写明了契约双方姓名(吴名、汪希华、汪希美)、标的物(二百七十四号与二百九十一号土地,且写明了四至)、价款(二百五十贯)、还款日期(本年八月)、标的发生争议时的责任(出典人自行祗当),内容完备、书写严谨,且文辞简约质朴,同样体现了我国古代社会后期土地典当活动对于效率的追求。

又如下列明朝末年的"明天启七年十二月十八日歙县鲍懋管典田契"①记载:

二十一都四图立典契人鲍懋管,今因欠少使用,自情愿浼中将承祖分受己分下,新丈鸣字二千四百八十八号,计田壹亩伍分伍厘九毫零,其田坐落吕湖瑕,又将新丈在字二千九百八十五号,计田陆分捌厘陆(毫)零,(下均为田号,略),二共计田贰亩柒分零叁毫,共田陆蚯,计田税陆亩叁分柒厘壹毫零,尽行出典与本家叔□□名下为业,三面议定时值典价秃纹银贰拾柒两整。其价银当日收足。其田即日听凭典主管业。其税粮系身支解。其田从前至今并无重复交易、典

① 严桂夫、王国键:《徽州文书档案》,安徽人民出版社2005年版,第154页。

当他人。系是两相情愿,并无威逼、准折之类。倘有亲房内外人等前来异说,俱身一面承当,不干收典人之事。其有来脚契壹纸,并付典人收执。今恐无凭,立此典契为照。

该契约记载了明天启七年(1627)十二月十八日,出典人鲍懋管以其有明确地号的祖田六亩三分七厘一毫出典与本家叔名下,借取纹银二十七两,并约定典权当日生效;契约中出典人对于出典土地无权利瑕疵的状况做出了声明,并约定出现权力争议的情形时,由出典人承担不利后果;此外契约还明确记载了双方都为自愿,不存在威逼的情形。

下面的“康熙四十八年余大裕出顶小买田文约(婺源)”[①],同样反映了这些内容:

立顶约人余大裕,今因欠少使用无措,自情愿将何婆坢下出顶与本家族兄名下小买田一坵,得受顶价纹银五钱正。其银当即收足,其利议定谷租二十斛,出山之日,依时交还,不致短少,如有欠少,听凭耕种。恐口无凭,立此顶约存照。

康熙四十八年二月廿六日立顶约人余大裕(押)

父依口代书人余传姜(押)

该契约的大致内容为:康熙四十八年(1709)二月二十六日,出典人余大裕以何婆坢下的小买田一坵作为不定期抵押,借取本家族兄纹银五钱,并约定好利息为二十斛谷。该契约内容较为简约,没有写明作为抵押土地的四至,并且采取了“出顶”的契约形式,即不定期的抵押,因而也未约定明确的还款日期,而是约定“出山之日,依时交还”,事实上也成为了不定期的契约。

又如下列“乾隆三十三年谢亮辉、谢亮珍当田契”[②]记载:

① 转引自田涛:《惠州民间私约研究及惠州民间习惯调查》,法律出版社2014年版,第51页。

② 转引自曹树基:《清中后期浙南山区的土地典当——基于松阳县石仓村“当田契”的考察》,《历史研究》2008年第4期,第45页。

立当字人谢亮辉、谢亮珍，今因钱粮无办，自情愿将父遗下民田一处，坐落土名二十一都天岭后庄，小土名松树岗下，田玖丘，计额肆亩正，立契出当与张芳荣手内，当出玖七呈色银本贰拾两正，其银当日三面言断，每年充纳租谷伍担正，其谷的至八月秋收一足送至三接桥仓下，交量明白，不敢欠少升合，如有欠少升合，任凭银主推收入户，起耕管业，当人不得异言。如违，其田限至四年完满，任凭当人原价取赎，银主不得执留当契。恐口难信，故立当契为照。

该契约记载了乾隆三十三年（1768），出典人谢亮辉、谢亮珍因没有钱粮，因此将父传田地四亩出典与张芳荣，借取价款二十两银约定利息为每年"充纳租谷伍担正"，在每年八月交付完毕，并约定债务履行地点为"三接桥仓下"；对于履行债务存在瑕疵的情形，由出典人承担不利后果；契约还规定了出典人在四年内可以赎回田地，债权人应当尊重债务人的赎回权等内容。

下面的这份契约与上面几例也颇为相似：

嘉庆二十三年叶鸿开土地典当契（祁门）①

立当契叶鸿开，为因正用，凭中亲叔彩成，今将祖遗土名洪林塘内外大小买田两坵，出当与亲叔有祥名下为业。计六十串钱五十两正，三面言定，听凭早晚取赎，不得阻挡。其钱当即收足，其田随即管业，此系两愿，各无异言，恐口无凭，立此当契存照。

嘉庆二十三年三月日立当契叶鸿开（押）

中见叶彩成（押）

代书叶文璨（押）

道光二年十一月收过钱二十五千文

除收该找钱十千文

该契约的大致内容为：清嘉庆二十三年（1818）三月，叶鸿开以祖传

① 转引自田涛：《惠州民间私约研究及惠州民间习惯调查》，法律出版社 2014 年版，第 55—56 页。

洪林塘内外大小买田两坵土地为抵押，借取其亲戚叶有祥钱六十串五十两，并以叶彩成为中间人；此外，契约中还明确规定了，田产可以随时赎回，对方不得阻拦，以及契约立即生效等内容。该契约恰当地体现出了土地典当契约的鲜明特点，如土地"听凭早晚取赎，不得阻挡"，表明土地在契约签订后并不转移所有权，而是转移土地的使用权（随即管业）。并且，也体现出该类契约的签订，往往需要寻求中间人的帮助，起到类似保证的作用。

如下列"道光十五年萧宇成抵押田地契（婺源）"①：

立抵押契人萧宇成，今因欠少正用，自情愿将祖遗分受己业，当字六百二十号，计田税一亩二分，土名胡干，凭中立契出抵与耿名下为业。三面言定，得受抵本洋银二十员（元），其洋当即收足，其租利每一周年硬交扇净乾白穀一担八斗，出山之日送至上门，不得欠少。如有欠少，听凭受抵人随即管业，系身耕种，召与他人，不得留难阻执。言定任凭早晚将原洋本照契取赎。此系两相情愿，并无威逼等情，倘有内外亲房人等异说，俱系出抵人承值，不涉受抵人之事，恐口无凭，立此抵押契存照。

再批：每员（元）洋价作大钱一千，共折大钱二十千文，还本之日照钱数归楚。又照（押）

又批：使用大钱五百文，还本之日两家对认此照（押）

道光十五年十二月日立抵契人萧宇成（押）

凭中朱双应（押）

代笔朱慎华（押）

加批：此业已赎回已作废纸

道光二十六年十月转当契一纸，原地凭中，钱不起利地不起租，交业经管，听凭早晚取赎照契，两无异言。

---

① 转引自田涛：《惠州民间私约研究及惠州民间习惯调查》，法律出版社 2014 年版，第 56 页。

该契约的大体内容为：道光十五年（1835）十二月，债务人萧宇成以祖传田地作为抵押，借取二十洋元，约定利息为每年白谷一担八斗，并约定了利息的规格（扇净乾白穀）；同时，也对抵押权人进行了免责声明，规定抵押物（田）的瑕疵责任由抵押人承担。该契约除了具有此类契约共有的当事人（萧宇成）、抵押物（田）、借款（洋银二十员）、利息（每一周年硬交扇净乾白穀一担八斗）、还款日期（出山之日）、瑕疵担保责任（俱系出抵人承值）等外，还另外增添了如付款方式（每员洋价作大钱一千，共折大钱二十千文）以及价款还清后契约作废的内容（此业已赎回已作废纸），使得契约背后的交易关系动态地体现了出来。

除在契约之中写明土地四至的情况外，还存在着在契约末尾写明土地四至的情况，如下列“清道光二十七年宛平县胡大绝典地字据”①：

清道光二十七年宛平县胡大绝典地字据立绝典字人胡大，因手乏无钱，十八年十月二十日将本身自种地三段共九亩半，同中说合，情愿典与王姓名下耕种。一典五年为期，典价清钱八十七吊整。二十二年八月十二日又找典价清钱七吊，共计九十四吊整。五年期过，手乏无力还钱赎地，仍同中人说合重典清钱九十五吊整。二十七年九月二十六日立字，前后典价王姓共交清钱一百八十九吊整，八年以内钱到许赎。今同中人说合，情愿找价，王姓永远为业，任凭税契挖井盖房安葬。两厢情愿，各无反悔。言明地价清钱二百七十五吊整。其钱笔下交足，并不欠少。亦无亲族人等争竞，立字之后，若有亲族人等争竞，有立字说合中保等人一面承管。空口无凭，立绝典字据永远为证。

道光十八年十月二十日与道光二十七年九月二十六日典字两张跟随。

计开四至：

① 张传玺：《中国历代契约粹编》，北京大学出版社2014年版，第1656页。

五亩半，东至韩姓，西至大道，南至刘姓，北至杜姓。

二亩半，东至苇坑，西至道，南至陆姓，北至陈姓。

一亩半，东至陆姓，西至王姓，南至王姓，北至陆姓。

三段共九亩半地。

道光二十七年十月十二日

知情中保人安大（押）杜秀（押）

绝典地字人胡大（押）

代笔人马兴安（押）

在该契约之中，立约人胡大不但记录了本次土地典当活动，还追溯了前两次以五年为期的典当行为以及典价的收入情况，但因无力回赎土地，因此又以八年为限将土地出典。现在中人的说合之下，胡大将土地出典于王姓“永远为业”，最终将土地出卖与王姓。并且，在该契约之下，土地四至都被写于契约结尾，与前述契约有所不同。

由于民间社会与国家政局并不完全同步，在清末民国的特殊时期，民间尤其是乡村，仍然一定程度上保持着古代社会的风貌与习惯，因此这一时期的土地典当契约仍然在内容上延续了明清时期的风格，如下列“民国三十六年汪顺生土地抵押契（休宁）”①

立典押契人汪顺生，今因正用，自愿凭中将野鸡坞荳子地，计六升竞字第二千零七十一号，出典汪义达兄名下。计价租谷十担，三面言定，期限六年，期内不得取赎，期满取赎，过期不得取赎。出其自愿并无逼迫，恐口无凭，立此典契存照。

中华民国三十六年农历十一月十九日立典押契人汪顺生（押）

中人汪增福（押）

中人汪鹿荪（押）

又批：取赎时谷利每担五斗计算，此批。亲笔

① 转引自田涛：《惠州民间私约研究及惠州民间习惯调查》，法律出版社 2014 年版，第 63 页。

该契约的大致内容为:民国三十六年(1947)十一月十九日,债务人汪顺生以野鸡坞荳子地作为抵押,借取债权人汪义达租谷十担,并约定六年后方可赎回,六年之内不得赎回。

除了以"土地"为抵押的土地典当契约,中国古代社会也存在着形式上以非土地物为抵押的实际意义上的土地典当契约,如下列吐鲁番文献所记载的契约内容:

立写出租卖葡萄园并园内树枝一并在内文字人:哎利合者、哈参木、沙义提合者、必拉尔合者弟兄五人同母议论明白,因为手中不便,将自己房前大水渠东葡萄园并空地数段所有回止有圈墙根为界,情愿出卖于永盛兴号看种五年,自咸丰十一年春季起至十五年秋后为满。同中言明共作租价钱三千五百两整,其钱当日交清并不短少。立约之后任钱主自便,或当或租给别人看种,业主不得异言。日后有业主亲戚等狡赖,有业主弟兄五人一面承当。此系两家情愿并无勒逼情事。恐后无凭,故立此文约存据。(小字:同中言明每年准业主吃用水葡萄一千五百斤,干葡萄两百斤,不准算价。)

咸丰十一年正月二十六日

立约人:哎利合者、哈参木、沙义提合者、满拉合者、必拉尔合者

合同中间人:毛拉色令木、杨聚财、傅登科、通事八亥①

该契约记载了:咸丰十一年(1861)正月二十六日,哎利合者、哈参木、沙义提合者、满拉合者、必拉尔合者弟兄五人,将自家所有葡萄园以及部分空地出典,得到永盛兴号对价银两三千五百两整的事实。该契约虽然以"葡萄园"出典,但"葡萄园"只不过是限定了生产对象的土地,因此本质上仍然是土地典当契约,与上面的契约无大差别,故仍列于此。

(二)房屋典当契约

房屋典当契约,即出质人以房屋出典,向质权人借取金钱或实物,并

① 转引自田欢:《清代吐鲁番厅法律文书所见"租卖"土地交易》,《深圳大学学报》2013年第5期,第151—152页。

约定在金钱或实物债务无法履行时,质权人得以取得质物所有权的方式消灭债权债务的契约。

以房屋作为出典物的契约,如下列"清朝咸丰三年陈如莲、陈如芙、陈自勇借银契"①:

立借银文约人大昌钱铺陈如莲、陈如芙、陈自勇,今借到兴集檣足色银三百两整,言明每月一分二厘行息。如银不到,陈如莲、陈如芙情愿将自己房院一所,计房八间,西至如萱,东至业,北至业,南至道。如莲地管家墓地六亩,尖角地四亩。如芙官道地四亩,管家墓地六亩。自勇情愿将自己牛院一所,计房七间。东至创儿,西至道,北至三水,南至赵孟娃,又高家墓地十亩。三人情愿将业立与银主,如利银不上,房院银主居占,地亩银主耕种。恐口无凭。立字存照。

咸丰三年二月二十五日立字人陈如莲(押)如芙(押)自勇(押)

中人焦全异(押)

契约大意为:清朝咸丰三年(1853)二月二十五日,出典人为经营大昌钱铺的陈如莲、陈如芙、陈自勇等人,以陈如莲、陈如芙家中住宅房院一所、房屋八间,陈如莲家管家墓地六亩、尖角地四亩,陈如芙家官道地四亩、管家墓地六亩以及陈自勇家的牛院一所、房屋七间,以及高家墓地十亩出典,借取白银三百两,每月一分二厘的利息。该契约中,陈如莲、陈如芙、陈自勇以家产作为出典物,换取低息贷款用以商业运营,使得该典当契约也带有了一定的金融色彩②。

又如下列民国时期的"中华民国二十三年(1934)汪振业出典屋契(休宁)"③:

(正文中出典人为汪富贵,原文如此)

① 田涛、[美]宋格文、郑秦主编:《田藏契约文书粹编》149号,中华书局2001年版,第74页。

② 转引自乜小红:《中国古代契约发展简史》,中华书局2017年版,第105页。

③ 转引自田涛:《徽州民间私约研究及徽州民间习惯调查》,法律出版社2014年版,第62—63页。

立出典屋契人汪富贵,今将祖遗光字号坐落土名休西善福岭方塘上里,坐西朝东汪贻顺堂居屋一所央中出典与婺藉程兆基名下,当日三面议定,典得价洋三十元正。其洋是身收讫,其屋出典之后任择。南边楼下房间一广,南边楼上房间又一广,任宿管理。后堂厨房任泥锅灶一宗,前厅廊下任置谷仓一座,住屋前边晒场听便取用。居屋前后余地,任垦蔬圃,置厕堆薪。受典人眷属东屋居住,不得另索租金。楼上楼下,厨房庭宇,屋西水井等需同众取用。门户互相检点,务须清洁整齐。受典人离屋远去时,屋内物件身家代为照应,倘遇匪患遭损,言明身不负责。且为不测风云等情,双方无涉。自今典后,银不起利,屋不起租。议定二十二年为限,期满之后,原价取赎,未满之先,不得藉故赎回。恐口无凭,立此出典屋契一张为据。

民国二十三年夏历十一月　日立出典房屋契人　汪振业(盖章)

凭中人　汪信孚(盖章)

依口代书　汪鸿芳(押)

该契约的主要内容为:中华民国二十三年(1934)十一月,出典人汪富贵以祖传汪贻顺堂居屋一所出典,借取典权人程兆基洋元三十,并且详细写明了质权人对于所出质房屋的使用权范围,包括南边楼下房间、楼上房间,后堂厨房泥灶,前厅谷仓,屋前晒场,屋前屋后余地等,并且对于出质人眷属的居住权、对于厨房庭院以及水井的使用权、屋内物件的所有权都进行了保护性规定;并且规定为无息契约,期限为22年,不得提前回赎。该契约虽为民国时订立,但其内容形式仍为古代社会样貌。其以房屋使用权作为标的,对于出质人出质之后的权利进行了详细而个性化的规定,体现着出典屋契作为出质契约特殊形态所具有的个中特点。

综上所述,房屋典当契约与土地典当契约相比,主要区别在于房屋典当契约往往会在契约中写明房屋所附随的各个房间或建设、摆置,即在转移房屋使用权的同时,还会转移房屋附随物的使用权。

四、担保契约

担保契约，是指为保障债权人的债权得以实现，促使债务人履行其债务，债务人或第三人与债权人之间通过协商形成的，当债务人不履行或无法履行其债务时，以一定方式保证债权人债权得以实现的契约。

（一）债权实现担保

债权担保，即是为担保债权效力的实现而设置的担保，既包括保人担保，也包括财产担保。

保人担保指为契约设置保人，往往被称为“保人”或者“中人”，在债务人不能按时如约清偿债务时，由保人代为履行债务，以保护债权人利益的制度；财产担保，指设置财产作为担保，当债务人不能按时如约清偿债务时，债权人可以获得债务人相关财产的担保。

在汉代的简牍文献中，便已出现了关于保人的记载，如下列契约记载：

> 戍卒东郡聊成孔里孔定，贳卖剑一，直八百，觻得长杜里郭稺君所，舍里中东家南入，任者同里杜长完前上。①

该契约中出现的“任者”，即为该契约的保证人。下一例与此相同：

> 终古隧卒东郡临邑高平里召胜，字游翁，贳卖九稯曲布三匹，匹三百卅三，凡直千，觻得富里张公子所，舍在里中二门东入，任者同里徐广君。②

保人制度常常在借贷契约中出现，如下列的“唐乾封三年高昌张善熹举钱契”③：

> 乾封三年三月三日，武城乡张善熹于崇化乡左憧熹边举取银钱贰拾文，月别生利银钱贰文。到月满，张即须送利。到左须钱之日，

① 《居延新简》，文物出版社 1990 年版，第 178 页。

② 《居延汉简释文合校》，文物出版社 1987 年版，第 472 页。

③ 张传玺：《中国历代契约粹编》上册，北京大学出版社 2014 年版，第 307—308 页。

张并须本利酬还。若延引不还,听左拽取张家财杂物,平为本钱直。身东西不在,一仰妻儿保人上(偿)钱使了。若延引不与左钱者,将中渠菜园半亩,与作钱质,要须得好菜处。两和立契,获指为验。左共折生钱,日别与左菜伍尺园,到菜干日。

钱主左

举钱人张善熹

保人女如资

保人高隆欢

知见人张轨端

该契约中既出现了"听左拽取张家财杂物,平为本钱直"的财产担保,还出现了"一仰妻儿保人上(偿)钱使了"的保人担保,即当债务人张善熹未在约定的日期清偿债务时,债权人可要求其妻儿以及保人女如资、高隆欢清偿债务;若其妻儿、保人仍无法清偿债务,则"将中渠菜园半亩,与作钱质",使得债权人的利益获得了更大程度的保护。同样的契约又如下列"寅年兴逸等便麦粟契"①:

寅年六月思董萨部落百姓兴逸为无粮用,今于处便麦两硕五斗,并汉斗。其麦并限至秋八月还足。如违限不还,一任掣夺家资杂物,用充麦值。如身东西不在,一仰保人等代还。

恐人无信,故立此契。两共平章,书纸为记。

该契约的大致内容为:寅年六月,债务人兴逸借取麦谷两硕五斗,约定到秋八月时偿还,并以兴逸家中生活资料等杂物作为担保,在债务无法按期履行时,债权人得以获得其所有权;同时还规定了保证人担保以及担保的履行顺序,即在债务人"家资杂物"无法用以偿还债务时,保证人得以"代还"。该契约具备了担保契约的诸多要素,如当事人(兴逸)、抵押物(家资杂物)、担保人(一仰保人等代还)、债的标的物(麦两硕五斗)、

① 中国科学院历史研究所资料室:《敦煌资料》第一辑,中华书局1961年版,第353页。

债务履行日期(秋八月)等,内容简便,形式完备。

又如下列收录于元明时期《朴通事谚解》一书中的借贷契约:

京都在城积庆坊住人赵宝儿,今为缺钱使用,情愿立约于某财主处,借到细丝官银五十两整,每两月利几分,按月送纳,不致拖欠。其银限至下年几月内,归还数足。如至日无钱归还,将借钱人在家应有直钱物件,照依时价准折无词。如借钱人无物准与,代保人一面替还。恐后无凭,故立此文契为用。

某年月日借钱人某,同借钱人某,代保人某,同保人某等押。

该契约不但同时约定了财产担保与债务担保,还约定了担保的履行顺序,即先"将借钱人在家应有直钱物件,照依时价准折无词",如果没有值钱物件可供获得,则由保人代为清偿债务。

由上可见,中国古代常常以债务人概括的家中财产作为担保物。而事实上,以特定财产进行担保的情形也有存在,如下列"癸未年敦煌彭顺子便麦粟文书"①:

癸未年五月十六日平康乡彭顺子乏少粮用,遂于高通子便麦两硕,至秋肆(硕),便粟两硕,至秋肆硕。只(质)典紫罗郡(裙)一要(腰)。若身东西不在,一仰口承人妻张、二侄子面取□□交纳。恐为(后)无凭,立此文书。(后缺)

该契约的大体内容为:债务人彭顺子以紫罗裙为质物,借取高通子麦子两硕,并以妻张、二侄子作为担保人,其内容形式大体与上一契约相同,但以特定的财产"典紫罗郡(裙)"作为担保,与前列几份契约略有差异。

(二)瑕疵担保

瑕疵担保,即在交易活动中一方当事人移转财产给另一方时,应担保该财产无瑕疵,若移转的财产有瑕疵,则应向对方当事人承担相

① 张传玺:《中国历代契约粹编》上册,北京大学出版社 2014 年版,第 348 页。

应的责任。对于瑕疵的担保,保护了债权人的利益,使得订立契约完成交易的行为更符合买方的立约目的,因此常常存在于古代交易契约之中。

唐宋法律中,即有对于买入有瑕疵商品的买受人进行保护的法律规定,如《宋刑统》卷二六《校斗秤不平》中有规定:"诸买奴婢、马牛驼骡驴,已过价,……立券之后有旧病而买时不知,立券后始知者,三日内听悔。三日外无病故相欺罔,而欲悔者,市如法,违者笞四十;若有病欺不受悔者,亦笞四十。"对于买到的奴婢牲畜患有疾病的,买方可以在订立契约后三日内撤销契约,即是对买受人的法律保护。

而立约人也常常在契约中自行约定瑕疵担保的相关内容,如敦煌出土的契约文书"唐咸亨四年康国康乌破延卖驼契"中即约定"其驼及练交想(相)付了,若驼有人寒盗认佲(呵道认名)者,一仰本主及保人酬(承)当,杜悉不知。叁日不食水草,得还本主。"对于骆驼存在权利瑕疵,以及骆驼不吃水草可能有病而存在质量瑕疵时,由出卖人承担担保责任。

前"买卖契约"一节提到的"北凉承平八年翟绍远买婢券"①中,也有记载"若后有呵盗认名,仰本主了,不了,部还本贾",也是当奴婢作为财产存在不能满足买受人需要时针对"质量瑕疵"所做的担保。

五、雇佣契约

雇佣契约,是指受雇者向雇主提供劳动力以从事某项工作,由雇主提供劳动条件和劳动报酬的契约。随着中国早期商业活动的产生和扩大,雇佣关系也应运而生,这种关系也逐渐以契约的形式固定了下来。

在秦汉简牍中,便有不少雇佣类文书留存下来。如居延汉简中记载的"张掖居延库卒弘农郡陆浑,河阳里大夫武更年廿四,庸同县阳里大夫

① 张传玺:《中国历代契约粹编》上册,北京大学出版社2014年版,第89页。

赵□年廿九，贾二万九千”①，即是记载了价款为两万九千钱的雇佣关系；“中为同县不害里庆□来庸贾钱四千六百，戍诣居延六月，且署无甲渠第”②，不但写明了雇佣关系与雇佣报酬，还写明了受雇者的工作为戍守居延且没有甲胄。

隋唐五代时期，由于商品经济的发展，雇佣活动也日渐增多起来。雇佣关系常常以契约的方式固定下来，因此这一时期也有很多雇佣契约留存。如下列“后梁龙德四年敦煌乡百姓张厶甲雇工契（样文）”③：

龙德肆年甲申岁二月一日，敦煌乡百姓张厶甲，为家内阙少人力，遂雇同乡百姓阴厶甲，断作雇价，从二月至九月末造作，逐月壹驮。见分付多少已讫，更残到秋物出之时收领。春衣一对，长袖并裤，皮鞋一量。馀外欠阙，仰自排比。入作之后，比至月满，便须竞心，勿（存）二意，时向不离。城内城外，一般获时造作，不得抛涤工夫。忽忙时，不就田畔，蹭蹬闲行，左南直北，抛工一日，克物贰斗。应有沿身使用农具，兼及畜乘，非理失脱伤损者，赔在厶甲身上。忽若偷盗他人麦粟牛羊鞍马逃走，一仰厶甲亲眷祇当。或若浇溉之时，不慎睡卧，水落在他处，宫中书（施）罚，仰自祇当。亦不得侵损他人田苗针草，须守本分。大例贼打输身却者，无亲表论说之分。两共对面平章为定，准法不许翻悔。如先悔者，罚上羊壹口，充入不悔人。恐人无，故立明文，用为后验。

甲厶人见雇身厶甲

甲厶人见口丞（承）人厶甲

契约的内容大概为：后梁龙德四年（924）二月一日，敦煌乡百姓张厶

① 中国社会科学院考古研究所编：《居延汉简甲乙编下》，中华书局1980年版，第111页。

② 中国社会科学院考古研究所编：《居延汉简甲乙编下》，中华书局1980年版，第103页。

③ 沙知：《敦煌契约文书辑校》，江苏古籍出版社1998年版，第298—300页。

甲，因家中缺少劳动力，因此雇佣同乡阴厶甲，在二月到九月为其打工，其报酬为每月粮食一驮、春衣一对，长袖并裤一件，皮鞋一双，其主要工作并未明确规定，但从对受雇人阴厶甲相关责任的规定中，似乎可以看出，应当主要为耕作田地，并且对于阴厶甲旷工、损坏农具畜乘、灌水处错误、侵损他人田苗针草时应当承担的责任有所规定；此外，还规定了订立契约后反悔的，罚羊一头，既针对受雇人、又针对雇主。该契约明确了订立契约的原因、雇佣关系双方、雇佣报酬、对受雇者责任的预防性规定以及保证雇佣契约顺利履行的责任条款，具有较为完备的形式，一定程度上体现了古代雇佣关系的样貌。

又有一例“乙酉年二月十二日乾元寺僧宝香雇百姓邓仵子契”①：

乙酉年二月十二日乾元寺僧宝香为少人力，遂雇百姓邓仵子捌个月，每月断作雇价麦粟壹驮，内麦地叁亩，粟地肆亩，其地折柒个月，余残月取物：春衣长袖一、并襕袴一腰、皮鞋一量。

该契约记载了925年二月十二日，雇主乾元寺僧宝香因为缺少人力，而雇佣邓仵子八个月，约定每月雇佣报酬为一驮麦粟，且以田地产物清偿劳动报酬，并约定了雇主应给予受雇人衣物鞋子等物品。

下又有“丙申年正月赤心乡百姓宋多胡雇工契”②一例：

丙申年正月十日，赤心乡百心（姓）宋多胡，缘家内欠少人力，遂雇洪池乡百性（姓）马安住男营作九个月。从正月十五日至十月十五日末，不得抛直。限满之日，任取稳便，断作雇价每月一驮麦粟种（中）停，春［衣］一对，皮鞋一量。如雇后所分付农具，若在畔间遗忘失却者，一仰造作人祇当。如收到家令外贼偷将，一任主人自折，如抛公（工）一日，逐勒物一斗，若非理打煞畜生，一仰营作人祇当填陪

① 唐耕耦、陆宏基：《敦煌社会经济文献真迹释录》第二辑，全国图书馆文献缩微复制中心1990年版，第70页。

② 俄罗斯科学院东方研究所：《俄藏敦煌文献》第16册，上海古籍出版社1992年版，第22—23页。

(赔),两共对面平章,更不许休悔,如先……

(后缺)

该契约的大致内容为:936 年正月十日,赤心乡宋多胡因家中缺少人力而雇佣洪池乡马安工作九个月,从正月十五日工作至十月十五日,其雇佣报酬为每月粮食一驮、春衣一对、皮鞋一双,同时也规定了关于雇佣关系成立后受雇人马安遗忘农具、旷工、虐待家中牲畜以及家中遇盗等情形时的责任;此外,该契约还规定了对于订立契约后反悔的处罚。该契约与上一份契约极其相似,其独特之处在于强调了雇佣关系结束后,“任取稳便”,似乎订立契约的双方当事人具有了某种程度的平等色彩,颇堪玩味。又如下列“乙卯年敦煌马盈德受雇契”①一文:

乙卯年正月一日,莫高乡百姓孟再定,阙少人力,遂雇龙勒乡百姓马富郎弟盈德一年造作,断作价直每月断物捌斗,至九月末造作。春衣汗衫,皮靴一两。所用锄镢,主人无(物)付,分与盈德失却,仰盈德衹当,若到家内付与主人者,不忏盈德之事。若盈德抛掷,忙日抛却一日,勒物二斗,闲日勒物一斗。两共面对平章,更不许休悔,如若先悔者,罚青麦两驮,充入不悔人。恐人无信,故勒私契,用为后凭,押字为验。

兄富郎(押)

入作弟盈德(押)

该契约的大致内容为:乙卯年(955 年?)正月一日,雇主孟再定雇佣马盈德工作一年,约定报酬为每月八斗,给予其“春衣汗衫,皮靴一两”等辅助用具,且规定了受雇人在忙日不工作一天,“勒物二斗”,闲暇日子只“勒物一斗”,在保证雇主利益的同时,也尽量平衡受雇人的利益。

在这些雇佣契约中,约定的受雇人的工作条件除给予衣物之外,有时

① 王永兴:《隋唐五代经济史料汇编校注》第 1 编下册,中华书局 1987 年版,第 700 页。

还包括招待他们的饮食,如敦煌文献中有文书记载的“面壹石八斗五升,油肆胜六合,粟两石二斗五升卧酒沽酒,画窟先生兼造食人及迴来迎顿兼第二日看待等用。粟玖硕与画人手工用。”①

及至明清,雇佣契约往往会根据工作性质的不同,在契约中约定不同的工作要求,如下面三例:

立雇船文契船户×,系是×处人,今将自己民船一只,揽载到×客人名下×货若干,载至×处交卸。三面埠头议定船钱水脚银若干,余银到彼地结算完足,自上船之后,所载货物须要小心遮盖,不许上漏下隰,或遇盘滩剥浅,如有疏失货物,船户甘认照依原价赔还。今恐无凭,立此船契为照。②

该契约虽不是直接以雇佣人力为内容,但其是以雇佣船家提供的运载服务为内容,因此也属于雇佣契约的一种。该契约约定颇具现代货运类雇佣合同的特点,即报酬分运货前后两次交付,而不是一次付清;且雇佣契约中的主要工作要求是“所载货物须要小心遮盖,不许上漏下隰,或遇盘滩剥浅,如有疏失货物,船户甘认照依原价赔还”,即是强调对于货物的保护,否则船户需要予以赔偿。这与下列一份脚夫的雇佣合同内容有些许差别:

立雇脚夫文契人×,今将自己亲身揽到×客人名下行囊货物若干,挑至×处交卸,三面议定工银若干。自上路之后小心看管,货物不致疏失,脚人自管赔还,或有一人不到,仍甘将己银另雇人送。今恐无凭,立此为照。③

该契约内容为雇佣运货脚夫。因为脚夫本身在陆地行走,易于处在

① 唐耕耦、陆宏基:《敦煌社会经济文献真迹释录》第三辑,全国图书馆文献缩微复制中心 1990 年版,第 465 页。

② 中国商业史学会:《货殖——商业与市场研究》第三辑,中国财政经济出版社 1999 年版,第 721—722 页。

③ 中国商业史学会:《货殖——商业与市场研究》第三辑,中国财政经济出版社 1999 年版,第 723—724 页。

雇主监督之下,因此并未约定雇佣报酬分两次算清;同时从“或有一人不到,仍甘将己银另雇人送”可以推测,该契约的受雇人不只一名,如有脚夫不到,则需要重新雇佣他人。以下一份雇佣长工的契约则与上列唐代契约更为相似:

立雇约人某都某人,今因生意无活,自情托中帮到某都某名下替身农工一年,议定工银若干,言约朝夕勤谨,照管田园不懒惰,主家杂色器皿,不敢疏失,其银归按季支取,不致欠少,如有荒失,招数扣算,风水不虞此系听天命,凭此文约。存照。①

该契约同样规定了雇佣关系双方与工作内容、工作报酬、支付方式,但却并非由雇主书写而是由受雇人立约,且约定内容还有“其银归按季支取,不致欠少”与“风水不虞此系听天命”,一定程度上保护了受雇人的利益。

此外,还存在着以开发为目的而雇佣受雇人的契约。如下列“伙山”经营合同,即是为了开发山间荒地、栽种树苗而订立的契约。该“明成化六年祁门县徐志文兄弟伙山批”②契约记载如下:

十一都徐志文、徐志才,今讨到同都吴斯哲名下山一片,坐落六保,土名大寒坑口,前去烧荒种拨。凭中面议贴备工食银八钱正。栽种杉苗,无问平栈高低密种。候三年之后,请本主人相俔,如有不行,栽种荒废,甘罚加倍公用,仍行栽种无词。立此山批为用。

成化六年十月二十日

立山批人徐志文(押)批

同弟志才(押)

见人谢三(押)

该契约记载了:明成化六年(1470)十月二十日徐志文、徐志才兄弟二人受雇于吴斯哲,开发一山地。其商议工钱伙食费共八钱整,并约定工

① 张传玺:《中国历代契约粹编》中册,北京大学出版社2014年版,第934页。

② 张传玺:《中国历代契约粹编》中册,北京大学出版社2014年版,第940页。

作内容为“烧荒种拨”，且三年之后雇主要检查工作成果，如果不符合要求还要进行罚款且仍需重新栽植。该契约即是以实现山地开发这一特定目的而签订的雇佣契约。

六、土地租佃契约

（一）土地租佃契约举例

土地租佃契约，是指出租方将土地交由承租方耕种，而承租方保证向出租方按时交纳地租的一种契约。在中国古代，由于土地兼并以及贫富分化等问题，大量无地农民只能通过与地主订立土地租佃契约而承租土地的方式维持生计。在这一过程中，订立契约成为确定这份租佃关系法律效力的标志。

在土地租佃契约中，有写明以“田地”为租佃内容的，如下列敦煌出土文献中的“北凉建平四年十二月道人佛敬夏田券”①：

建平四年十二月十六日，支生贵田地南部干田并糜麦，五口与道人佛敬，交贯（价）毯十张。田即付，毯即毕。各供先相和可，后成券。各不得返悔，悔，部（倍）罚毯廿张。二主各自署名。倩道人佛敬，为治渠。杨毅时见。

据学者考证，“夏”有假借之意，故“夏田”即为租田之意②，因而该契约的大致内容为：北凉建平四年（440）十二月十六日，道人佛敬以十张毯的价格从支生处租借可供种植糜麦的田地，在双方交付后，订立此契约，并规定订立契约后反悔的，加倍处罚毯二十张；杨毅为此做了见证。从该契约中可以看出在传统社会早期土地租佃契约的主要内容包括出租人（支生）、承租人（道人佛敬）、价款（毯十张）、违约赔偿金（罚毯廿张）、见证人（杨毅）等。

与此同时，也有不写明“田地”，而是以其他类似田地的内容为租佃

① 张传玺：《中国历代契约粹编》上册，北京大学出版社 2014 年版，第 88 页。

② 乜小红：《中国古代契约发展简史》，中华书局 2017 年版，第 176 页。

标的物的契约,如下列"北凉建平五年正月高昌郡田地县道人佛敬夏葡萄园券"①:

建平五年正月十一日,道人佛敬以毯贰拾张,□张鄯善奴蒲陶一年,贾(价)即毕,蒲陶并绳索即蹑畔相付。二主先相和可,不相逼强,乃为券书,券成之后,各不得返悔,悔者倍罚毯肆拾张,入不悔者。民有私要,律所不断官租,酒仰敬。时人张奴子,书券弘通,共知言要,沽各半。

该契约记载的大致内容为:北凉建平五年(441)正月十一日,道人佛敬以二十张毯子为对价,租取张鄯善葡萄园一年,且价款当即付清。契约中写明双方自愿,未有强逼,立约之后不得反悔,反悔者罚两倍毯子,且该约定同时约束双方当事人。在该契约中,虽然以"葡萄园"为标的物,但葡萄园不过是限定了种植范围的土地,因此本质上仍然属于土地租佃契约。

此种土地租佃契约的形式至唐代亦未有大变更,如下列敦煌吐鲁番出土契约文书记载:

乙亥年索黑奴等租地契②

乙亥年二月十六日,敦煌乡百姓索黑奴、程□子二人,伏缘欠阙田地,遂于侄男索□护面上,于城东忧渠中界地柒亩,遂租种瓜,其地断作价直,每亩壹硕二斗,不拣诸杂色目,并总收纳。两共面对平章,立契已后,更不许休悔。如若先悔者,罚麦两驮,充入不悔人。恐人无信,故立此契。

租地人程悦子

租地人索黑奴(押)

见人汜海保

① 张传玺:《中国历代契约粹编》上册,北京大学出版社 2014 年版,第 136 页。

② 唐耕耦、陆宏基:《敦煌社会经济文献真迹释录》第二辑,全国图书馆文献缩微复制中心 1990 年版,第 28 页。

该契约的大致内容为：敦煌乡索黑奴、程□子二人，因为没有田地可以耕种，于是从其侄处借取七亩瓜地，其价款为每亩一硕二斗；并且规定订立契约后如若反悔，则罚麦两驮，适用于契约订立双方。除以"每亩壹硕二斗"此类确定数目作为价款的情形外，土地租佃契约中还存在着价款数额不确定的契约，如下列敦煌吐鲁番出土文献中的记载：

唐龙朔三年高昌张海隆夏田契①

龙朔三年九月十二日，武城乡人张海隆于同乡人赵阿欢仁边，夏取叁肆年中、五年、六年中，武城北渠口分常田贰亩。海隆、阿欢仁二人舍佃食，其耒（耕）牛、麦子，仰海隆边出，其秋麦二人庭（亭）分。若海隆肆年、五年、六年中不得田佃食者，别（罚）钱伍拾文入张，若到头不佃田者，别（罚）钱伍拾文入赵。与阿欢仁草玖围。契有两本，各捉一本。两主和同立契，获指〔为〕记。

田主赵阿欢仁（画指）

舍佃人张海隆（画指）

知见人赵武隆（画指）

知见人赵石子（画指）

该契约记载内容约为：龙朔三年（663）九月十二日，张海隆租取同乡赵阿欢仁常田二亩耕种，约定耕牛、麦种都由张海隆提供，收获到麦子二人平分；若张海隆违约退佃，则需要向对方支出五十文，以保证契约效力的实现。其内容要素与前代并无大差别，只是价款支付方式不是采取确定数额，而是以收成进行计算。

土地租佃契约的形式，及至明清亦无甚变化，如《新刻徽郡补释士民便读通考》一书中收录有明末土地租佃契约的范本《佃田约》，其内容如下：

① 张传玺：《中国历代契约粹编》（上），北京大学出版社2014年版，第265—266页。

立佃约人某，今佃到某都某名下，土名某处，田若干耕种，议定每年秋收，交纳租谷若干，每秤几十斤，净称，其谷务要干净。不致短少。如遇年程（景）水旱，请田主临田监割，分几分田租，分几分力粪。如无故荒芜田地，自甘照约交纳租谷赔偿。立此佃约。

在土地租佃契约中，除规定当事人信息、田地信息、租金数量与缴纳方式等，还约定当发生水旱灾害等不可抗力事件时，可以灵活议定租金；但承佃人无故抛荒田地，则要予以赔偿。又如下列契约：

明嘉靖九年祁门县胡三乞等租田帖①

二十一都现住五都住人胡三乞、尚德等，今租到五都洪□□名下田一备，计一丘，坐落土名塘下坟边。东、南至洪山，西至洪田及洪地，北至潘田。其田每年议还硬租早谷五秤。若交银，每年交文（纹）银贰钱伍分。其银每年收租之时送上门交还，不致少欠。每年信记鸡乙只，今恐无凭，立此为照。

嘉靖九年七月日情愿立租帖人胡三乞

胡尚德

中见饶英

依口代书人万慈

该契约除了规定土地租佃契约中通有的内容外，还规定了灵活的交租方式，既可以每年交“硬租早谷五秤”，也可以选择交“文（纹）银贰钱伍分”，且明确约定支付银两需要上门交还。

除了租佃田地，还存在着其他的土地租佃形式。如下列“嘉庆二十五年郑宗梓租佃山地契约”②记载：

立批山约刘根良同侄克行，承租遗下有税山乙所，坐落侯邑二十三都梧安地方，土名过坑仔，上至路，下至田，左至灿金山为界，右至宗恩山为界，四至明白。今因照管不周，凭中批与汤院郑宗梓处开掘

① 张传玺：《中国历代契约粹编》（中），北京大学出版社2014年版，第924页。

② 唐文基：《明清福建经济契约文书选辑》，人民出版社1997年版，第498页。

栽种杂果并松树杂木等树,递年面约纳山租钱八十文正。十一月内送厝交纳,不得挨延欠少。自批之后,其山内任听郑家永远栽种松树杂木等树,其租欠少,其山听山主另召别人。今欲有凭,立批山约乙纸付执为照。

嘉庆二十五年立批山约刘根良(押)

侄克行花押

该契约记载了嘉庆二十五年(1820),出租人刘根良、刘克行以祖传山地出租郑宗梓开发种植树木,约定租金为每年八十文钱,在十一月交纳;契约写明了山地的四至,并约定承租人郑宗梓可以永远种植松树杂木,可见其为永佃契约。

此外,还存在着以附着于土地之上的房屋这一不动产作为标的物的租赁契约:

立租批,汪聚盛今租到陈裕丰宝典钟楼上市房一所,门面三间,通后二路,批屋二间。当言定每年租金元丝银肆拾两整,四季交还。立此租批为据。

立租批汪聚盛

凭证鲍天培汪其中同见

嘉庆元年弍月初三日立

嘉庆陆年弍月拾八日议定,加租银捌两正,又照。①

该契约记载了嘉庆元年(1796),承租人汪聚盛租到出租人陈裕丰房屋数间,约定租金为每年四十两银,便是以房屋作为出租标的物的租赁契约。

(二)土地租佃契约内容的灵活变形

中国古代社会以农业立国,经济自给自足,广大农民如果无田可以耕种,则意味着其本人及其家庭同时失去了生存的基础。因此,田地对于广

① 王钰欣、周绍泉:《徽州千年契约文书(清·民国编)》第二卷,花山文艺出版社 1991 年版,第 108 页。

大农民的意义非比寻常。

中国古代社会在王朝初创时,往往伴随着朝廷的大力均田与抑制土地扩张,但随着王朝对地方掌控力的削弱或者遇到水旱灾害的打击,农民常常不得不出卖土地以换取暂时的应急钱粮,地主豪强则因此获得大量土地。此时的无地农民,便不得不租佃地主的田地进行耕种,以付出劳动力为代价换取少量口粮维持生计。这应该是土地租佃制度与土地租佃契约存在的重要意义。

但其意义并非止步于此。从出土的土地租佃契约考察,似乎土地租佃还有其他作用。如吐鲁番出土的两份“互佃”契约,即有其特色存在。现举一例如下:

唐天宝七载高昌杨雅俗与某寺互佃田地契①

……渠口分常(田一段)肆(亩)

东西

南北

……平城南地一段(叁)□

东西

南北

□□七载十二月十三(日),杨雅俗寄住南平,要前件寺地营种,今将郡城樊渠口分地彼此逐□□种。缘(原)田地税及有杂科税,仰□□□各自知当。如已后不愿佃地者,彼此收本地。契有两本,各执一本为记。

地主杨雅俗载廿四

保人兄处俗载(廿)〕□

保人高澄载廿一

(下残)

① 张传玺:《中国历代契约粹编》(上),北京大学出版社2014年版,第282—283页。

该契约尽管已有许多内容模糊不清，但仍然可以大致看出，在该契约中双方当事人约定互相耕种对方的田地，即互相租佃，对于田地上的科税，由承租人负担；如不想承佃，则彼此收回属于自己的土地即可。该契约并不像其他土地租佃契约一样规定有租金、租佃时限以及督促承佃人努力耕种等内容，而是简单规定了互佃以及科税问题，并约定可以随时换回田地，不附条件，结合另一份契约，其原因大概在于双方当事人的田地恰好都离田主本人距离比较远，因而采取了互佃的形式以便于耕种，恰恰体现了土地租佃契约适用的灵活性，颇堪玩味。

值得一提的是，在中国古代社会后期，永佃制度开始逐渐流行起来。永佃制度，即佃户在按时交租的情况下，可以获得永远耕种田主田地的权利。及至清朝，佃农获得永佃权的原因或是因为自行开荒、或是由于出钱购买、或是自然形成、或是单方提议，总之其产生原因各不相同。下列试举一份永佃契约，以管窥清代永佃制度：

立批佃字刘则庆同弟则山，承祖遗有税山乙所，坐产侯邑念三都梧安地方，土名必石，上至则容火路为界，下至大路，左至大路，右至永岳慈良山为界，四至明白。今因乏用，自情愿将此山安批与汤院绅宅江光宗、郑闰闰处。三面言议，得出批佃山价钱贰千捌百文正。其钱即日交足，其山听从钱主领麓栽插杂木等树，及开掘栽种杂冬，开掘厂坪等茅住居通行。面约递年纳税山租钱壹百文正，送厝交收，不得欠少，其山听从钱主永远耕作、开掘、栽插树木。其山税租钱欠少，其山听从刘家另召别耕。倘有山内来历不明，系庆出头承当，不涉钱主之事。二家允愿，各无反悔。今欲有凭，立批佃字乙纸为照。

嘉庆拾肆年拾壹月　　　　日立批佃字刘则庆（花押）

同弟则山（花押）

代字侄良海（花押）①

---

① 唐文基：《明清福建经济契约文书选辑》，人民出版社 1997 年版，第 490 页。

该契约大致记载了嘉庆十四年(1809)十一月,刘则庆、刘则山因缺少钱用,而将祖传土地出佃于江光宗、郑闰闰,任其耕作开发,并约定“其山听从钱主永远耕作、开掘、栽插树木”,即是永佃之意,在承佃人按时如约交租的情况下,承佃人的佃权没有期限。这种制度的存在,一方面可以督促承佃人认真安心耕作,另一方面也可以减少田主因寻找下一位承佃人而带来的经济与时间成本,因此在清代十分流行,也体现了土地租佃契约内容上的灵活之处。

此外,承租人在租佃田地之后,还可以将土地转佃,如下列契约中的记载:

> 十一都吴元兹,原佃到寺田汪春门前佃种十五院田一丘,计田三亩,内取三秤零五斤,计佃价银一两五钱八分正,自情愿凭中转佃与侄吴应乔名下,与汪春取租无词。今恐无凭,立此转佃约为照。日后有银听自取赎无词。
>
> 万历十五年正月十五　日立转佃约人　吴元兹
>
> 中见人　吴元鉴①

该契约记载了万历十五年(1587)承租人吴元兹将其承租的“寺田汪春门前佃种十五院田一丘”的三亩田地,以一两五钱八分的价款转佃给其侄吴应乔,体现了土地租佃契约中的灵活因素。

又如下列契约记载:

> 立佃约人李奇付,原佃得李三付田一备,从落土名树坑头,计田一亩五分,计大小田三丘,计硬租十四秤十四斤,先年得价银一两,佃与同春堂,迭年交小租三秤,崇祯十四年十一月,是身凑价银二两六分佃来耕种,交纳正租并同春堂小租。今因江三孙会银,将田转佃与房东李名下为业,得受价银并酒食银二两八钱。其银契两相明白(下略)

① 转引自李鸣:《明代土地租佃的法律调整》,《现代法学》2002 年 10 月第 5 期,第 49 页。

崇祯十五年五月初二　日立佃约人李奇付

依口代笔谢元禄①

该契约即记载了承租人李奇付将其承租的“李三付田一备”一亩五分转佃给他人的事实。

七、合伙契约

合伙契约，是指两个以上合伙人为了共同事业而订立的，内容有关利益分享、风险负担划分的契约。随着明清时期商业的繁荣，合伙经营的模式开始流行起来，且合伙关系常常以契约的形式固定下来。

根据合伙成立的目的不同，此类契约大致可以分为以下几类，各自举例。

（一）合伙经商契约

合伙经商契约，是指两个以上合伙人以共同经营商业为目的而订立的契约。共同经营商业的目的往往体现为共同开设一家店铺以共同营利、分配利润。明代合伙经商契约的样式如收录于《新编徽郡补释士民便读通考》的一份契约范本：

立合约人某某等，窃见财从伴生，事在人为，是以两人商议，合本求财，当凭中见某人，各出本银若干作本，同心揭胆，营谋生意，所获利钱，每年面算明，量分家用，仍留资本，以为渊源不竭之计。至于私己用度，各人自备，不许动此银，并混乱帐目，故特歃血定盟，务宜一团和气，苦乐均受，慎无执拗争忿，不得积私肥己。如犯此议者，神人共殛。今恐无凭，立此合约一样二纸，为后照用。②

尽管该契约范本并没有详细的关于各项事务的约定，但是从该契约范本大概可以看出古代合伙经营商业契约中的几点特征：首先，古代合伙经商契约是以共同营利为目的，即上所言“合本求财”；其次，对于合伙人

① 转引自李鸣：《明代土地租佃的法律调整》，《现代法学》2002 年 10 月第 5 期，第 50 页。

② 谢国桢：《明代社会经济史料选编》下册，福建人民出版社 1981 年版，第 275 页。

的出资额，出资之后不得取回，以区分资本与利润，如上所言"不许动此银"；再次，合伙经商契约应当对合伙人的利润分配方式进行约定；最后，合伙经商契约各留一份，以作为凭证。

清代有大量的合伙经商契约留存，如下列"乾隆四十八年三月二十七日任俊逸、王维省关于在顺天府宛平县南各庄开设源盛布铺相关事宜的合同"①：

立合伙人，王维省，今领到任俊逸财主名下本纹银叁佰两，作为壹俸。王维省本纹银壹佰贰拾两，作为肆厘。王维省人壹俸。今在顺天府宛平县南各庄开设源盛布铺生理。日后获利，按俸均分。言定每年人俸支使银拾伍两。下班铺送骡脚、路费银陆两。上班骡脚路费，一应不管。铺中俸股，伙计不许私放土帐，酗酒嫖赌。如有违禁者，罚俸伍厘，如有瞒心昧己者，诸神鉴察。恐后无凭，立合伙二纸。各执一张存照。

合同

中人任房、郝建动

乾隆四十八年三月二十七日

立合伙人任俊逸、王维省

该契约记载了乾隆四十八年（1783）三月二十七日，任俊逸、王维省二人为在顺天府宛平县南各庄开设源盛布铺，而共同出资。其中，任俊逸以纹银三百两出资一俸，王维省以纹银一百二十两以及本人的劳务（人壹俸）出资一俸四厘，利润按比例分配。契约中还规定了每年给予以劳务出资的王维省交通费用以及劳务费用共二十一两，同时该契约还具有经营章程的某些要素，如规定了商铺雇佣伙计的管理规定等事由。

此外，还有三人以上合伙经商的契约留存，如下列"道光十八年正月

① 太原档案馆馆藏档案编号第86号。

廿二日在清德村开设复和公记的合约”①：

天恒美　冯珄　赵一敬

立合同文约　太和堂　李铎　陈锡九

孟若　聂大宽　赵一重　今在徐邑清德村开设复和公记生理，以大钱伍百仟作为壹股，共钱股贰分四厘。人力叁股，共钱人作股伍分肆厘。

大家同心协力，倘有不公不正，私心肥己之事，神灵明查。日后托天获利，按股均分。今将钱人分股，开列于后：

计开：

天恒美　入本钱贰百伍拾千文　作为本股。

太和堂　入本钱贰百伍拾千文　作为本股。

李铎　入本钱壹佰千文　作为贰厘。

赵一敬　入本钱壹佰千文　作为贰厘。

赵德舆　人力壹股。

孟若　入本钱贰佰伍拾千文　作为本股。

冯珄　入本钱贰佰伍拾千文　作为叁厘。

聂大宽　入本钱壹佰千文　作为贰厘。

陈锡九　人力壹股。

赵一重　人力壹股。

道光拾捌年正月廿二日清村　复和公　立

该契约记载了：道光十八年（1838）正月二十二日，天恒美、冯珄、赵一敬、太和堂、李铎、陈锡九、孟若、聂大宽、赵一重等人分别以金钱或劳务出资，共同在清德村开设“复和公记”商铺的决定。在契约末尾，记明了各个合伙人的出资情况，以确保未来盈利后可以按出资股份分红，除一些宣示性的话语，不再有其他具体方面的规定。

① 太原档案馆馆藏档案编号第4号。

在上述合伙经商契约中,没有对于合伙经商契约本身效力的保证内容,且并没有规定合伙人各自的经营责任。下举一例“乾隆三十一年五月廿二日贾垂基等三人所立棚本合同之约”①,即包含了这些内容:

立合同棚本文字人郭宽、贾垂基、梁金魁。今有贾姓在前门外四条胡同街西,立油盐杂货铺生意壹座。内有家伙俱全。另有开单存照。皆因本人不能自做,交郭宽、梁金魁二人所做。同人说明,三人情愿各伙,贾姓以家伙分受生意壹分,郭姓出本银壹百两,分受生意壹分。以人在铺办事,分受生意壹分。梁姓在铺办事,分受生意壹分。共作四分。分率营利,四股均分。其生意同中言定,柒年为规。如有更便,自许郭姓交,不许贾姓接。同中言,三人不许反悔。如有不愿者,罚银五十两整。恐口难凭,故立合契存照用。

乾隆三十一年五月廿二日

立合同人　郭宽、贾垂基等、梁金魁

同中人　王云客、刘玉衡、刘瑜、晋扬、郭历臣、杜贯同

该契约记录了:乾隆三十一年(1766)五月二十二日,郭宽、贾垂基、梁金魁分别以场地、金钱或劳务出资,共同经营油盐杂货铺一间。在规定按股分配利润的同时,规定了郭宽、梁金魁二人应在店铺做事;且对于立约之后反悔者,处以五十两白银的处罚。

除了以上按股分红的模式,清代合伙经商契约中也存在有按本分红的模式,如下列“咸丰四年正月二十日张如华等开意兴店的合同”②:

立合同字据人张如华、张意兴、张意盛于咸丰元年正月间,同心协力,开设“意兴店”一座。于四年新正,公议算账,窃念人须辅助,事籍匡勷,非独力有可兼司者。今张意兴立本(银)肆拾两整。张如

---

① 太原档案馆馆藏档案编号第 28 号。

② 太原档案馆馆藏档案编号第 35 号。

华立本银肆拾两整。张意盛立本银肆拾两整。等志同合，共计本银壹百贰拾两整。均矢断金之志，各存石玉之心。竭力经营，无分尔我，秉心正直，忘却公私。所获余资，规例二年清算。得利多寡，按本均分。永远日久，不得反言。恐涉无凭，立合同为证。

咸丰四年新正二十日，立合同字据人

张如华、张意兴、张意盛

立合同一样三张

同中人张如莲、张电

该契约并未将合伙人各自出资折为股份，而是直接规定了“得利多寡，按本均分”。由于各合伙人都是以银两出资，数额较好计算，因此采取直接按本分红的方式，似乎更为简便。

（二）合伙生产契约

合伙生产契约，是指两名以上合伙人为共同从事生产开发活动而订立的契约。合伙生产的原因可能有很多种，如下列“清道光十六年山阴县蒋天球所立卖土谷神会白契”①便是为了共同开发田地而签订的契约：

立卖土谷神会人蒋天球，今因缺用，情愿将自己祖遗神会出卖与王姓为业，面议会价大钱拾千文正，九九足串，其钱当日收用。自卖之后，任凭王姓值年当会，收花瓶柞五估（股）之一估（股）。其会田乙亩六分，又小田贰分，照估（股）按年轮值，永不再找，永不回赎。恐后无凭，立此杜绝神会契存照。田亩坐落蒋姓屋后，土名蔡堰柯，西桥十七都一图蒋土谷会承粮。（押）

该契约记载了清道光十六年（1836），土谷神会成员蒋天球将自己所占有的土谷神会田地一亩六分与两分小田划分成的五股中的一股，以花瓶为价款出售给王姓，然后按照股份轮值耕种，以共同开发会田，分享田地收益。

清代四川自贡地区自古盛产井盐，在当地也留存有大量共同开发井

① 张传玺主编：《中国历代契约粹编》下册，北京大学出版社 2014 年版，第 1340 页。

盐的合伙契约，如下列共同开发盐井的合伙契约便是其中之一：

立合伙约人邹明璋，今凭中佃明垢垱小溪沟夏洞寺天灯会地基壹段，新开凿盐井壹眼，取名天顺井。照小溪坝厂规贰拾肆口分派：地主出……一概等地基，地主得押头钱叁拾贰千文正，无还，地主得地脉水火锅份四口；承首得地脉水火锅份贰口；内有拾捌口，任凭承首邀伙出资凿捣，贰拾肆口不得争占。今凭中邀到罗廷珍名下做开锅壹口。自动土安圈，报开淘一切费用，吊凿之后，凭众伙清算，交与承首人经管，每月清算，如有一月使费不清，即将原合约退还承首，另邀开户，不得言及以前用过工本，亦不得私顶外人。承首不得停工住凿；如有停工住凿，将承首地脉水火锅份贰口，交与众开户承办，承首不得异说。其有天地二车、下大小木竹、柜房、廊厂、官前使费，拾捌口均派。以后井成大功，报试推煎，注册呈课，俱照贰拾肆口均派。其井或出水火二、三口，以作凿井使费；倘有肆口，贰拾肆口分班。恐口无凭，立合约一纸，子孙永远存据。

合伙人　邹朝璋壹口　刘鸿盛壹口　杨永章贰口　罗廷禄壹口

罗廷祥壹口　罗汉臣壹口　林文万壹口　魏开扬壹口　赖元宽壹口

余道恒壹口　黄德廷壹口　邹庆五伍口

道光十四年岁次甲午十一月初四日立出合约人邹明璋①

该契约是多人为合伙开发盐井而订立的契约。其合伙人包括以地基出资的小溪沟夏洞寺天灯会、以组织管理出资的“承首人”邹明璋以及以劳务、器物或金钱出资的其他合伙人。契约中明确约定了负责组织管理的“承首人”以及众合伙人的权利义务，并且明白规定合伙的利益分配时间为“以后井成大功，报试推煎，注册呈课，俱照贰拾肆口均派”，即在盐井开发完成时方可分配。

① 自贡市档案馆、北京经济学院、四川大学合编：《自贡盐业契约档案选辑》，中国社会科学出版社 1985 年版，第 336—337 页。

八、加工契约

加工契约，是指承揽人根据定作人要求的品种、数量、质量及规格等内容，使用定作人提供的原材料，利用自己的设备、劳动为其加工特定的产品，定作人给付报酬的契约。

加工行为在中国古代社会并不罕见，试举一例如下：

立契约人某，今包到某人器用几件，用心作造。当日凭中面议：高若干，大若干，俱有旧式照样。该银多少，本银工价一应在内，务宜细察精巧。造完之日，价银依议交足，如有不按原样，悉随减价无说。恐后无凭，立此存照。①

该契约记录未写明加工承揽契约的双方当事人，但记录了双方当事人商议妥当产品的最终尺寸样式与加工报酬，并约定在产品加工完成之日交付报酬。对于发生产品违反定作人要求情形的，由承揽人承担减少报酬的后果。其内容记载细致全面，并记录了违约的处理，内容可谓详尽，且在众多契约中具有其特色。

在中国古代社会，还存在着除上述之外的其他类型的契约，或是由于年久失传，或是由于笔者能力所限未能发现，未能列入文中。上列八种契约也不过帮助读者浅窥中国古代契约的大致样貌，并不能全面反映中国古代契约的类型，不周之处，还请读者多多指教。

第二节　侵权之债

一、人身侵权

（一）人身侵权的主要处罚为刑事处罚

人身侵权，依照今天的解释，是指对于自然人的生命权、健康权、身体

① 张传玺：《中国历代契约会编考释》（下），北京大学出版社 1995 年版，第 1070 页。

权的不法侵害，造成了伤害、残疾、死亡及精神损害等结果，并需要承担相应民事责任的侵权行为。

尽管在中国“侵权行为”一词作为舶来品最早于清末编定《大清民律》草案时才正式被官方使用，但事实上中国古代社会并不存在对于人的生命权、健康权或身体权的肯定，更没有类似今天生命权、健康权或身体权的词汇，然而施加人身侵害的人应该受到惩罚、受到人身侵害的人应该得到救济的观念，在中国古代社会却是由来已久的，且常常体现在法律政令之中。

需要注意的是，中国古代发生人身侵权行为时，加害人所承担的，往往是刑事责任。如在出土的秦代简牍《睡虎地秦简》之中，对于“决人耳”“拔其须眉”“拔人发”“啮断人鼻若耳若指若唇”“斩人发结”等对他人身体进行伤害的行为，便要处以刑事处罚，轻者处耐刑，重者为城旦，而不必承担如损害赔偿等的民事责任。①《张家山汉墓竹简》所体现的同样是以刑事手段惩罚人身侵害的加害人，而非承担类似于我们今天的民事责任。

后世法典延续了以刑事手段制裁人身侵权行为的做法，大多没有规定专门的民事责任。如《唐律疏议·斗讼律》第302条中有规定：“诸斗殴人者，笞四十；谓以手足击人者。伤及以他物殴人者，杖六十；见血为伤。非手足者，其余皆为他物，即兵不用刃亦是。《疏》议曰：相争为斗，相击为殴。若以手足殴人者，笞四十。注云‘谓以手足击人者’，举手足为例，用头击之类，亦是。伤，谓手足殴伤；及以他物殴而不伤者，各杖六十。注云‘见血为伤’，谓因殴而见血者。非手足者，‘即兵不用刃亦是’，谓手足之外，虽是兵器，但不用刃者，皆同他物之例。”该条规定大意为：对于以手脚攻击他人的人，处笞刑四十；对于造成他人受伤或者用手脚、兵器以外的物品伤害他人的，处杖刑六十。该律文对于用手脚或非兵刃的其他物品殴打他人或造成受伤这一类侵犯他人身体权、健康权的行为，

① 田振洪：《秦汉时期的侵权行为民事法律责任论析》，《河南司法警官职业学院学报》2007年第1期，第87页。

直接以刑罚手段进行规制，而少有规定诸如损害赔偿一类的民事责任。

又如《唐律疏议·斗讼律》第305条中有规定："诸斗殴折跌人支体及瞎其一目者，徒三年；折支者，折骨；跌体者，骨差跌，失其常处。辜内平复者，各减二等。余条折跌平复，准此。"该条律文规定，对于攻击他人导致他人骨折、或瞎一只眼睛等严重侵害他人身体权、健康权的行为，同样采取判处徒刑这一刑事手段进行处罚。

《大明律》与《大清律》同样延续了这一做法，即以刑事手段惩罚侵害他人人身权的行为。如《大清律例·刑律·斗殴》有规定："凡斗殴，以手足殴人，不成伤者，笞二十。成伤及以他物殴人，不成伤者，笞三十；成伤者，笞四十。"

（二）人身侵权的民事责任

在对加害人进行刑事惩罚的同时，对于一些特殊的人身侵权行为，中国古代法典也往往规定着对受害人及其家人进行民事救济的制度。

1. 支付固定数额赔偿金的民事责任

事实上在宋代即有以赔偿金给予受害人家属的制度存在。如《文献通考》卷一七〇记载："庆历间，宁州童子年九岁，殴杀人，当弃市。帝以童孺争斗，无杀心，止命罚金入死者家。"即在北宋庆历年间，宁州有一小孩殴打杀死一人，按律法应当处以死刑。宋仁宗认为小孩子争斗本来没有杀心，因此只是对小孩子家进行罚金处罚，并把罚金充入受害人之家。这一案例中，殴杀人的小孩家庭承担了一定的民事责任，但毕竟这种处理方式只是个别现象。南宋《庆元条法事类》则明确规定了："诸伤损于人得罪应赎者，铜入被伤害之家。"对于伤害他人人身权的加害人，如果得以以钱赎罪的，其赎金应当给予受害人家以示抚慰。

元代时，形成了抚慰受害人家属的"烧埋银"制度。据《元典章》刑部卷四记载："凡属过失杀人，征赎罪钞给苦主（即受害人之家）；误杀、戏杀、谋杀等，皆征烧埋银两给苦主。"即当过失杀、误杀、戏杀、谋杀等导致受害人死亡的情形发生时，加害人都需要支付烧埋银给受害人家属以为救济。《元史·刑法志》中也有记载:“诸杀人者死,仍于家属征烧埋银五十两给苦主,无银者征中统钞一十锭,会赦免罪者倍之。”对于杀死他人的加害人,需要赔偿烧埋银五十两或中统钞一十锭给被害人家属;即使因为皇帝恩赦而免去刑事责任,也依然不能免除其民事责任,反而要双倍赔偿烧埋银,以示对受害人家属的抚慰。

这一“烧埋银”制度在明清则演化为了“埋葬银”制度,如《明律·刑律》中规定:“若于乡村无人旷野地内弛骤(车马)而伤人致死者,杖一百,并追埋藏银一十两。”即对于在乡村没有人的旷野上奔驰车马而导致他人死亡的加害人,在处以杖一百的同时,还要追加埋葬银十两给予被害人家属。

《大清律例·刑律·人命》有规定:“若在深山旷野施放(鸟枪竹铳),误伤人者,减汤火伤人律一等;因而致死者,杖一百,徒三年。皆追征埋葬银一十两。”对于在深山旷野之中使用鸟枪竹铳误杀人的,须缴纳埋葬银十两。又如《刑律·人命》中规定:“凡车马杀伤人致死、威逼人致死、窝弓杀伤人致死等,均追征埋葬银十两给苦主。若过失杀伤人者,各准斗伤罪,依律收赎,给付其家。”对于驾驶车马伤人导致死亡、威逼行为导致他人死亡、用弓箭射杀导致他人死亡的情形,都需要缴纳十两埋葬银给受害人家属。

“烧埋银”“埋葬银”制度使受害的贫苦人家得以将受害人入土为安,并给予其经济上的支持与精神上的抚慰,对加害人也可以施加经济上的惩罚,因此在元明清法典中常常出现。

2. 其他民事责任

除“埋葬银”制度之外,中国古代法律规定中也存在着其他类型的救济方法,

如《明律·刑律》中即规定,凡斗殴“瞎人两目,折人二肢,损人二事以上,及因旧患今至笃疾,若断人舌及毁败人阴者,杖一百,流三千里,仍将犯人财产一半断付被伤笃疾之人养赡。”即对于非致死的人身伤害,加害人需要以其财产的一半用以赡养受害人,以达到救济的目的。其所支

付的赔偿金，并非固定数额，而是加害人个人财产的一半，更具有灵活性和可操作性，同时也不至于让加害人及其家庭无以为生。《清律·刑律》也规定："凡杀一家非死罪三人及支解人者，凌迟处死，财产断付死者之家。"对于残忍杀害受害人，侵害其人身权利的行为，同样没有采取支付一笔固定数额的赔偿金的方式，而是以其财产为标准进行处罚。

《明律》另一条也有规定：若祖父母、父母"非理殴子孙之妇及乞养异姓子孙，致令废疾者，杖八十，笃疾者加一等，并令归宗子孙之妇追还嫁妆，仍给养赡银一十两，乞养子孙拨付合得财产养赡"，即对于祖父母、父母没有理由地殴打儿媳、孙媳以及收养的异姓子孙导致其残废的，需要受到刑事处罚，并且回归本家族的子孙媳妇可以追回嫁妆、获得赡养费十两；收养的异姓子孙也可以获得赡养费。

《明律·刑律》中还有规定："若所诬徒罪人已役，流罪人已配，虽经改正放回，须验日，于犯人（诬告反坐之人）名下，追征用过费，给还（被诬之人），若曾经典卖田宅者，着落犯人备价取赎。……除偿费、赎产外，仍将犯人财产一半，断付被诬之人。……反坐死罪，仍令备偿、取赎、断付养赡。"该规定是针对诬告他人并使得他人因而获罪，给他人的人身自由造成侵害的行为人，在承担刑事处罚的同时，还要支付受害人因被诬告处刑而支出的路费以及因被处刑而受到的财产损失，同时还要以加害人财产的一半付给受害人，即使受害人已经被处以死刑也是如此。

对于侵害他人人身权的赔偿方式，也不仅仅限于财产责任，如《皇朝政典类纂》卷三九九《刑律人命》记载："顺治五年定，凡与人斗殴误伤致死者，责四十杖，赔人一口。"卷四〇一记载："康熙十八年议准，官员殴死他人奴仆者，革职，追人一口给主。"对于斗殴误伤致死以及官员殴打他人奴仆致死的行为，除了进行刑事与行政处罚外，还要赔偿人口。

二、名誉侵权

名誉侵权，按照今天的解释，是指对于民事主体的名誉进行侵害的行为。名誉是对民事主体的品德、声望、才能、信用等的社会评价。

在中国古代社会,由于君主是政权的代表,因此对于君主名誉尊严的侵害被视为十分严重的犯罪,且常常被冠以“诽谤罪”之名。

据《国语·周语上》记载:“厉王虐,国人谤王。召公告曰:‘民不堪命矣!’王怒,得卫巫,使监谤者,以告,则杀之。国人莫敢言,道路以目。”从周厉王设置“卫巫,使监谤者”并对诽谤之人“杀之”的做法可以看出,对于君主名誉权的侵害早在先秦之时便已会被处以严重的刑罚了。

及至两汉时期,侵犯皇帝名誉权的行为,常常表现为对于皇帝政令的否定与对于皇帝形象的否定。如汉武帝与廷尉张汤考虑造行白鹿皮币,于是征求大司农颜异的意见,颜异认为这属于本末不相称之举,令汉武帝很不悦,造币令下之后,“异与客语,客语初令下有不便者,异不应,微反唇。汤奏当异九卿见令不便,不入言而腹诽,论死。”[①]这也是历史上有名的腹诽之法的由来,颜异并没有任何语言上的表示,仅仅是嘴唇微动,便被处死,由此可见古代帝王对自己形象与威严的维护程度。据《汉书·盖宽饶传》记载,汉宣帝时,盖宽饶上书言事曰:“方今圣道浸废,儒术不行,以刑余为周、召,以法律为《诗》、《书》。”此举被认为是对于皇帝政令的抨击,因而激怒了汉宣帝,最终盖宽饶被逼自杀。又如《汉书·夏侯胜传》记载,汉宣帝想要下诏褒扬汉武帝,夏侯胜表示反对,并称汉武帝“多杀士众,竭民财力,奢泰亡度,天下虚耗,百姓流离物故者半,蝗虫大起,赤地数千里,或人民相食,畜积至今未复。无德泽于民,不宜为立庙乐。”这一说法被视为诽谤先帝,而被弹劾入狱。

《隋书·长孙平传》有记载,隋文帝曾降敕群臣:“诽谤之罪,勿复以闻。”在古代传世至今的法典中,确实已经找不到“诽谤罪”之罪名了。但诽谤皇帝仍然是严重的犯罪。

除了对皇帝名誉的保护外,古代法典也注重对部分特殊对象的名誉

---

① 《三家注史记》卷三〇《平准书第八》。

进行保护。如《大清律例》规定有“奴仆诽谤家长并雇工人骂家长与官员”以及“奴婢诽谤家长比依骂家长律绞”等规定，是对家长名誉权的保护。此外，清律还有专门的《骂詈》门，专门规定了对于辱骂长官、家长、尊长等特定主体行为的处罚，其规范的行为，也将侮辱诽谤囊括在内。

三、财产侵权

财产侵权，按今天的学界通说，是指对自然人或单位的财产进行侵害并造成损害的行为。中国古代的财产侵权行为，大体可以分为侵犯个人财产的行为与侵犯官府财产的行为两种。

西周出土文物《曶鼎铭》上，即记载了一人在饥荒年间指使奴隶抢夺他人粮食，后被判罚返还所抢粮食，并赔偿田地与奴隶的案例，体现了西周先民对于私有财产保护的重视。

及至秦汉，出土简牍中也多有对侵犯个人财产行为的打击规定。如《睡虎地秦墓竹简·法律答问》中记载：“甲小未盈六尺，有马一匹自牧之，今马为人败（受惊吓而失控），食人稼一石，问当论不当？不当论及偿。”该内容实际上是为了说明秦律对于六尺以下的未成年人不进行处罚的规定，但也说明了如果“甲”是身高达标的成年人，则对于其管理的马匹受到惊吓侵害他人财产的行为自然要承担责任。《张家山汉简二年律令·杂律》中有言：“擅赋敛者，罚金四两，责所赋敛偿主。”即对于官吏擅自收受赋税，侵犯百姓财产权的，除罚款外，还要将所收赋税返还原主。

《张家山汉简》中有载：“亡、杀、伤县官畜产，不可复以为畜产，及牧之而疾死，其肉、革腐败毋用，皆其平贾（价）偿。入死、伤县官，贾（价）以减偿。”即是说明对于侵犯官府所有的畜牧财产的行为，应当进行赔偿。又有“亡毁伤县官器财物，令以平贾（价）偿。入毁伤县官，贾（价）以减偿”的规定，强调对于毁坏官家财物的行为，要进行赔偿。

唐宋时期，法典之中对于侵犯他人财产权的行为，也多有规制。除“盗窃罪”这一类常见规定外，法典中还有许多特殊的针对侵犯财产权行为的处罚。如与《唐律疏议》一脉相承的《宋刑统·户婚律》第十三卷即有规定:“诸盗耕公私田者,一亩以下笞三十,五亩加一等,过杖一百,十亩加一等,罪止徒一年半。荒田减一等,强者各加一等,苗子归官主。”该规定的内容即是,对于私自耕种他人田地的行为,要按其耕种田地面积的多少对其处以不同的刑罚,并且其种植之物也要没入官府,以保护他人或官府的土地财产权。同为第十三卷还有规定:“凡盗卖等违法交易,买主不知情,钱理还,业归原主;买主知情,钱没官,业归原主。”对于没有物品的所有权而进行出卖因而侵犯物品原所有权人财产权的,其物仍要归还原本的所有权人,且如若买受人知情还要承担一定责任。又如《宋刑统·杂律》中规定:“诸弃毁官、私器物,及毁伐树木、稼穑者,准盗论。即亡失及误毁官物者,各减三等。”该内容即是直接规定毁坏官私财产、砍伐官私树木及农作物的,应以盗窃罪论处;因过失导致损毁官私财物的,可以减轻处罚。

但《唐律疏议》卷一五有一条解释颇为有趣,可以折射出传统中国法律文化的端倪:“问曰:误杀及故伤缌麻以上亲畜产,律无罪名,未知合偿减价与否?答曰:律云:‘杀缌麻以上亲马牛者,与主自杀同。’主伤马牛以及误杀,律条无罪,诸亲与主同,明各不坐。不坐,即无备偿,准例可知。况律条无文,即非偿限,牛马犹知不偿,余畜不偿可知。”该规定说明,对于误杀及故意伤害缌麻以上亲属的马、牛等家畜的,视为亲属本人杀伤,不属于侵犯他人财产权的行为,体现了中国古代法中浓厚的人伦色彩。

除了法律条文的规定外,在一些案例集成作品中也包含有对于侵犯他人财产行为的规制。如宋代《名公书判清明集》中记载了“从兄盗卖已死弟田业”这样一个案例,记载了受害人从兄在受害人死后通过欺诈手段将其田产盗卖,事发后,官府判决除对其施加惩罚外,还要求其返还田产买受人的价款并返还田产于受害人遗孀,同样体现了将返还原物作为财产侵权行为处理结果的做法。《名公书判清明集》又有记载“盗葬”一案,即受害人田产因离家过远,因而雇佣了佃农看管,该佃农遂借机将自家亡亲葬于该田产中,事后发,官府除对加害人进行惩罚外,还责令加害人恢复原状,将墓葬迁往他处。

明清时期,对于侵犯他人财产权行为的规制条款,仍大量出现在法典之中。如明清律《刑律·杂犯》中规定:“凡放火故烧自己房屋者,杖一百;若延烧官民房屋及积聚之物者,杖一百,徒三年;因而盗取财物者,斩监候;杀伤人者,以故杀伤论”。该规定是对于故意放火焚烧自己房屋给周围邻居的财产权带来危险或已经带来损失的行为所进行的处罚;若是趁机盗取财物甚至侵犯他人生命权的,则要处以更加严厉的刑罚。其后又有“若放火故烧官民房屋及公廨仓库系官积聚之物者,不分首从皆斩监候;须于放火处捕获、有显迹证验明白者乃坐,其故烧人空间房屋及田场积聚之物者,各减一等。”故意放火烧毁官私房屋或仓库的行为,由于对公私财产权甚至生命权带来了危险,因此处以更加严厉的处罚。

法典中还有对特殊职业人员侵犯财产权的专门规定,如《明律·户律》中规定:“凡仓库及积聚财物,主守之人安置不如法,晾晒不以时,致有损坏者,计所坏之物坐赃论,著落均陪还官。”即对于看守仓库之人,对于仓库与其中聚集的财物存放不正确或晾晒不及时,导致官有财产受到损害时,要责令其赔偿。但对于一些因意外事件而导致的对官家财产的侵害,往往可得以免责,如《明律·户律》中即有记载,凡仓库及积聚物财“若卒遇雨水冲激、失火延烧、盗贼劫夺、事出不测而有损失者,委官保勘核实显迹明白,免罪不赔”,即记载了当因雨水冲击、失火、盗贼劫掠以及其他不可抗力造成财产损失的情况发生时,经专门官员查验后,可以免去民事责任,不需赔偿。

四、动物致害侵权

动物致害侵权,是指因管理人管理不善而导致自己所管理的动物对他人人身或财产造成损害的侵权。由于牛马等牲畜,在以农业为本的中国传统社会中占有重要的地位且数量庞大,因此动物致害侵权行为的发生在中国古代并不罕见，中国古代法律对此也有相当充分的规定。

在出土的秦代法律文献《云梦秦简·法律答问》中有记载："甲小未盈六尺，有马一匹自牧之，今马为人败（指冲吓失去控制），食人稼一石，问当论不当？不当论及偿。"该条描述了一名秦律意义上的未成年人，因其放牧的马匹受惊而侵害了他人庄稼，因其未成年而不受刑事处罚与财产赔偿的情形。这里的"偿"即指赔偿损失。《张家山汉墓竹简》中又有记载："马、牛、羊、豰彘食人稼穑，罚主金马、牛各一两，四豰彘若十羊、彘当一牛，而令撟（?）稼偿主。"对于家养牲畜造成他人财产损失的，由牲畜主人承担赔偿责任。《二年律令·贼律》中也有提及："犬杀伤人畜产，犬主尝（偿）之，它□。"当犬只杀伤他人家畜，侵害他人财产权时，由犬只主人进行赔偿。

《唐律疏议》对于动物致害侵权有着明确的规定，第204条明确规定："诸官私畜产毁食官私之物，畜主赔所毁。"即无论官有还是民有牲畜，倘若毁坏他人财产，牲畜主人都要进行赔偿。《唐律疏议》第206条疏议中写到："以犬能噬啮，主须制之，为主不制，故令偿减价。余畜，除犬之外，皆是。"即明确了犬只主人对于犬只负有看管的责任，如若不能看管，则需要承担赔偿责任。《唐律疏议》第207条规定："诸畜产及噬犬有抵蹹啮人而标帜羁绊不如法，若狂犬不杀者，笞四十；以故杀伤人者，以过失论。"对犬只伤害他人的行为直接对其主人进行惩罚。《唐律疏议》第392条还有规定："诸于城内街巷及人众中，无故走车马者，笞五十；以故杀伤人者减斗杀伤一等。杀伤畜产者，偿所减价。"即对于在城内街巷之中以及人流密集处驾驶车马奔走的，在特定情况下要加以处罚。

唐律的相关内容被《宋刑统》继承了下来。如《宋刑统·厩库律·犬伤害人畜》有规定："诸犬自杀伤他人畜产者，犬主偿其价；余畜自相杀伤者，偿减价之半。"即对于家犬或其他家畜伤及他人畜产的，其主人应当予以赔偿。又如《宋刑统·厩库律》中有规定："诸放官、私畜产损食官、私物者，笞三十。赃重者，坐赃论，失者减二等，各偿所损。若官畜损食官物者坐而不偿。”对于官私牲畜损害官私财物的，要处刑罚；对于造成损失重大的，还要加重处罚；对于官家牲畜侵害官家财物的，并不需要予以赔偿，但免除赔偿责任并不包括官家牲畜侵害私家财物。

五、特殊侵权

由于中国古代社会在经济、社会、文化方面都有其特点，因而在中国古代社会还存在诸多具有独特性的侵权行为以及对此类侵权行为的处罚。兹试举三例如下：

宋《名公书判清明集》中记载有“母讼其子量加责罚如再不改照条断”的案例，即一名母亲因其子不孝顺自己，而将其子诉至官衙，判官在进行判决的时候，采取了调解的形式，最终除对其子进行轻微惩戒外，还责令其向母亲赔礼道歉。在中国古代社会，子女承担着向父母尽孝的义务，倘若其子孙晚辈不能行孝，便构成了一种特殊的侵权行为，而赔礼道歉这种方式，也颇具特色。

自宋代印刷术得以改进以来，出版业得以大放异彩，这也伴随着对书籍版权保护力度的加强；同时，官方对于特殊出版物的版权，也进行了法律上的保护。如《元史·刑法志》中记载：“诸告获私造历日者，赏银一百两”，即是对于侵犯官方修订历日权利的保护，以打击该类侵权行为；而在民间出版物上，也常常出现类似于版权保护宣告的声明，如明万历二十九年（1601）《唐诗类苑》书前有：“陈衙藏板，翻刻必究”的字样，明泰昌元年（1620）《皇明文隽》：“敢有翻刻必究”字样等，都是对于侵犯版权行为的对抗声明。

清《皇朝政典类纂》卷三九七《刑律贼盗》有规定：“平治他人坟墓为田园者，虽未见棺椁，杖一百，仍令改正。”古人认为，已埋葬的亡者享有安宁的权利，将他人坟墓平整为田地的行为，恰恰侵犯了亡者安宁的权利，因此即使没有将棺椁刨出，也要进行处罚，并将土地恢复原状，体现了中国古代社会的风俗特色。

第三章　钱债的成立和效力

第一节　通　论

钱债关系的成立和效力大致上有两种情形，一种是依合意而成立并发生效力，比如各种契约关系，主要是根据双方当事人的合意而成立并由此而产生不同的效力情形；另一种则是根据事实和法律的规定而发生，比如侵权、无因管理等情形，是依据损害或无因管理的事实与法律的规定，由此而产生相应的债权债务关系。这一点，古今皆然。因此，讨论钱债的成立与效力主要就是分析契约之债的成立和效力问题。中国传统法律对于契约一般承认其合意性，对于民间契约采取了任其自为的态度。但另一方面，传统法律对于契税与契约生效的要件、高利贷与违法履行等问题作出了严格且全面的规定。从这个角度说，传统契约法律关系的成立既有合意性的一面，同时也具有合法性的一面。并且，传统社会属于伦理本位的社会，道德伦常的规范同样也体现在契约秩序中，因此使传统契约也具有了伦理性的面相。

一、民从私要：古代钱债法律关系成立的合意性

契约是在当事人双方之间设立、变更、担保和终止民事关系的协议，是保护国家与个人合法权益的重要信物，具有共同认证的效力。无论古

今,契约形成的实质要件都是双方当事人之间就契约的内容达成合意,这种合意在传统中国的法律中往往称之为"和同"或"两情和同"。古代社会的买卖、租赁、借贷等契约的成立首先需要具备的要件是双方的合意,在传统的法律中被称之为"两情和同",与现代民法中所谓的"合意"或"意思表示一致"颇为相似。

先秦时期,契约发展尚属于早期,当时的合意往往体现在契约形成后,双方须各持一份,发生纠纷时以契约为据进行诉讼。比如,《周礼·秋官·士师》郑玄注:"若今时市卖为券书以别之,各得其一,讼则案券以证之。"又《秋官·朝士》郑玄注:"谓若今时辞讼有券书者为治之。"契券丢失,也就失去了债赖以发生的凭证。可见合意在契约成立中具有重要作用。早在汉代,汉代土地"卖买由己",但要订立契约,发生争讼以券书为凭,"讼则安券以正之"。

南北朝时期契约的合意性更加从实质意义上体现出来。合同(或和同)这一形式何时出现?从目前出土资料来看,民事合同形式至迟出现于西晋,这大概是受到了汉代"取予文书"、魏晋时期"禀给文书"的影响。"西晋泰始九年高昌瞿姜女买棺约"上端有大草书一个"同"字右半部,可见,至迟此时已有"合同"这一民事契约形式。至北朝十六国时期,合同形式广泛用于买卖、借贷、雇佣等契约。如"高昌延寿四年赵明儿买作人券"中"二主和同立券","高昌延寿五年赵善众买合地券"中"三主和同立券","高昌面鼠儿夏田举粟合券"中"二主和同,即共立券"等。"和同"即合同,它表明两相情愿合意而订立契约,体现了当事人意思自治原则。从唐代开始,合同形式运用十分广泛。我们至今仍称契约为合同,可见其影响之深远。

关于契约的形式和内容,隋唐法律未做明确规定。唐《杂令》规定,民间借贷,"任依私契,官不为理"。① 确立官府不主动干涉的放任原则。

---

① "受寄财物辄费用门",载《宋刑统》,薛梅卿点校,法律出版社 1998 年版,第 230 页。

隋唐的各种契约，亦往往有“官有政法，人从私契”的惯用语，契约的种类、形式、内容等主要依靠民间惯例。这一时期的法律和民间惯例明确强调成立契约要“和同”。唐《杂律》与《杂令》对于借贷买卖都规定要“两情和同”。两宋之后为适应商品经济高度发展后流通与交易加速的需要，法律对于契约的形式规定逐渐由繁到简，更加充分体现了契约的合意性本质。明清时期，人们对于借助契约来体现和证实自己权利的重要作用，已有了较充分的认识。正是在这种背景下，官府才认定“民间执业，全以契券为凭”①。

二、官有政法：古代钱债法律关系成立的法律效力

传统国家法对民间契约的基本态度是：承认民间契约的合意性，承认契约规则的效力，部分的事务放任民间习俗调整，部分的则由法律调整。

依法成立的契约，即具法律约束力，双方必须履行。契约的法律效力具体表现在如下几个方面：

第一，契约当事人之间产生民事权利和民事义务。民间民事习惯信仰“民约如律令”，这表明，当事人的债权和债务尽管是自行约定的，但只要其约定不违反法律的规定和要求，就可得到法律的认可和支持。比如，明代开国时期就有“许其明立文契”②的规定，对契约行为进行保护。因此，契约之约定同样是法律上的权利和义务。

第二，契约具有法律强制约束力。由于契约一经依法成立，即受法律保护，因此，任何一方不得随意变更和解除契约，也不得拒绝履行契约约定的义务，如不履行契约义务，不仅应承担相应的民事责任，而且还将受到刑事制裁。

第三，契约是处理民事纠纷的主要依据。由于契约是据以确定当事

① 杨国桢：《明清土地契约文书研究》，人民出版社 1988 年版，第 249 页。

② 《教民榜文》，《皇明制书》（第一册），杨一凡点校，社会科学文献出版社 2013 年版，第 723 页。

人权利、义务和责任的法定依据，因此，在明代的司法实践中，“夫交易止凭契券”的原则常被采用，甚至有不出示契约就无法结案的情况，明代判牍文献中有实例可证。成化二年（1466）明政府针对田产纷争的增多而定例：“今后军民田地，除典当者许令收赎，其余明卖买，卖买有人亲书画字契约可验者，即照契约断给。”①

国家法对契约的规制主要体现在两个方面：一方面是通过程序性规定以明确契约合法的外在形式，赋予其执行力，并且只要国家法律没有明文禁止性规定的，都视为契约自治空间。这一部分程序性规定主要是规定了契约成立的外在形式，国家法律对于契约形式的规定主要经历了从繁复到逐渐简约的过程，体现了对契约合意性的承认和商品经济的逐渐发展。另一方面是调整性的规定，对民间契约中可能影响交易安全，破坏社会稳定和伦理秩序的内容通过国家立法加以规制。这类规定通常表现为国家对契约自由的干涉，其表现形式多为禁止性的条款。违反国家禁止性规定的契约不仅不发生法律的效力，不受国家法律保护，甚至承担刑责。

三、彝伦攸序：古代钱债法律关系成立的伦理性

中国古代的社会构成是以儒家伦常所形成的血缘等级秩序为基础的，这种等级社会结构经过儒家三纲五常教条的论证，似乎更具有其合理性，成为不可动摇的“天理”，以致个人的权利来自于主体的特定的社会地位和身份，来自于对某种职责和义务的充分履行。因此，在传统社会“父母在子孙不有私财”的儒家伦理约束中，即使是尊重双方合意的契约法律关系也体现了伦理性的特点。

传统契约制度中的伦理性主要体现在田土交易中的“先问亲邻”制度方面。宋初法律仍沿袭唐代旧制，严格规定必须经过房亲、四邻的一一

---

① 《皇明条法事类纂》卷一三《户部类》。

批退:“应典卖、倚当物业,先问房亲;房亲不要,次问四邻;四邻不要,他人并得交易。”[①]这样,在发出要约时,必须先问每一位自家的房亲(一般包括各房本宗近亲属大功以上,如兄弟、叔伯父母、侄、堂兄弟等),房亲多者以亲疏为序。所有的房亲都问遍并一一批退不买后,还要问土地的四周邻至之家,四邻多者则“其邻以东南为上,西北次之,上邻不买,递问次邻,四邻不售,乃外召钱主。或一邻至者两家以上,东西二邻则以东为上,南北二邻则以南为上”。[②] 这种基于血缘关系和地理条件而为房亲和四邻设置的优先权,既是对土地流转的一种限制和干预,同时在乡土社会也起到了通过限定交易对象来稳定社会关系和伦理关系的作用。

第二节 古代契约形式变迁与契约成立的形式要件

一、先秦时期的契约形式与契约订立的程序

(一)剂与券:先秦时期契约成立的形式

由官府对契约副本进行保管与公证。保管与公证也是司法行政管理。当时的契约都有“贰”,即副本。《春官·大史》曰:“凡邦国都鄙,及万民之有约剂者藏焉。以贰六官,六官之所登。”贾公彦疏:“六官之所登者,约剂相续不绝,在后六官更有约剂皆副写一通,上于大史以藏之。”就是契约由乡遂都鄙的官吏,层层上报到大史保管。《秋官·司盟》曰:“贰在司盟。”司盟也是专门保管契约的官府。契约都分为两剂,即左右两券,右券为主券,左券为副券。右券是债权和所有权的根据,所以归债权人或所有人保管,左券是法律责任的公证证明,交官府保管。郑玄注“别”,“别为两,两家各得其一”。可能有一些民间的小型契约,只是剖开

① “典卖指当论竞物业”条,载《宋刑统》,薛梅卿点校,法律出版社 1998 年版,第 230 页。

② 《宋会要辑稿·食货》。

左右两半，各得其一。春秋时讨债，债权人、债务人双方“悉来合券”即是证明。大量的小额借贷和交易，不需要官府为之公证。

《地官·质人》曰：“巡而考之，犯禁者，举而罚之。”不按法律订立契约的，违反契约的都要加以刑罚处罚。如《春官·大史》：若约剂乱，则辟法，不信者刑之。《秋官·司约》曰“其不信者服墨刑”，“若大乱，则六官辟藏，其不信者杀”。

（二）先秦时期仪式性的契约成立程序

就契约的订立而言，先秦时成立契约仍受仪式契约的习惯影响，双方应说一定的套语，做出一定的动作，并应有见证人在场见证，但这些套语、动作现已难以考证了。按《周礼》的说法及据商周青铜器铭文的记载，商周时期的契约可分为要式和非要式两种：对土地、臣妾、马牛、命器、宝货的交易都有严格的程序规定和固定的立约场所，往往还要有官府的人员在场主持，权利义务人对所成立的契约还要宣誓。

考察西周时的铜器铭文，我们可以隐约发现西周时田地和财产交易的立契程序，其程序大体可以分为如下几个步骤：

第一，经过要约和承诺，达成协议。如《卫盉》记载矩伯以田换物的原因，双方就田地和饰物的比价达成协议。这个过程就是一方要约、另一方承诺的过程。

第二，达成协议再履行告官的程序。这是自由契约取得官方认可的法律程序。如《卫盉》记载“裘卫乃彘告于伯邑父、荣伯、定伯、琼伯、单伯”五大臣，由大臣核准，交易才为合法有效。

第三，在官府监督下勘验地界，起封作帜。《五祀·卫鼎》记载：诸执政大臣令三有司和内史，“率堳裘卫厉田四亩”。堳，即勘察地界。《周礼·地官·大司徒》云：“设其社稷之壝而树之田主。”郑玄注云：“社稷后土及田正之神，壝坛与堳埒。”《说文·土部》云：“埒，库垣也。”上述材料都可以说明彼时的“堳”在这里是指立起或明显界限。裘卫和厉达成田地交易后，三有司和内史相率来勘定厉舍给裘卫的四田边界，“厥逆疆及厉田,厥东疆及散田,厥南疆及散田,及政父田,厥西疆及厉田”。四界勘定后,履行交付手续。《散氏盘》铭文对勘界记述较详,地势的曲折高低、毗邻的河流大道,尽行标志。当时起封作帜有封土筑垣式,也有封疆植树式,以树为封作帜。有的田地在勘定田界后,还要制作版图。

第四,书于丹图,立写契券,执左藏官,书于宗彝。《堋生簋》铭文云:“书史戠武立嵩成壂。”书史官登录注册,即书于丹图。《散氏盘》铭文云:“厥左执要,史止中农。”史正执左券,受证一方执右券。双方都是不动产交易,契券就得写两份,各执其右,左券皆交官府保存。《诩生簋》铭文云:“铸保簋,用典格伯田。”铸鼎就是书于宗葬,以为典记。

第五,盟誓。立约与盟誓联系在一起。郑玄认为,约剂中都有盟要之辞。《礼记·曲礼》云:“约信曰誓。”大型的契约必须经过盟誓,万民约等小型契约不经过盟誓,但在要约和承诺中也包含了盟要之辞。盟誓强化了契约的诚信效力,并受到神明的监督。

二、秦汉时期的券书与契约签订

(一)秦代契约形式的变迁

秦代的债权人与债务人在进行商品使用权的有期转让时,要签订一种契约,叫做符,把符分成两半,双方各持一半,叫券。《法律答问》载:“可(何)谓‘亡券而害’? 亡校券右为害。”[①]这则史料不仅说明了“券”是债的形式,而且也反映了如债权人所掌握的“右券”丢失,会造成契约失效的危害。这同《史记·平原君列传》所载“事成,操右券以责”及同条《索隐》所注一样,都说明了“券”是证明契约双方权利义务的一种形式。

汉时称契约为“券”或“券书”。券又可和契互训。《说文·刀部》云:“券,契也。……券,别之书,以刀判契其旁,故曰契券。”出土汉简中为数不少的契券实物,为我们认识汉代契约提供了宝贵的资料。其相当

① 睡虎地秦墓竹简整理小组:《睡虎地秦墓竹简》,文物出版社 1978 年版,第 228 页。

典型者有下例：

建昭二年闰月丙戌，甲渠令史董子方买鄣卒□威裘一领，直七百五十，约至春钱毕已，旁人杜君隽。①

七月十月，鄣卒张中功贳卖皂布章单衣一领，直三百五十三。堠史张君长所钱约至十二月尽毕已。旁人临桐史解子房知券□。②

此二简是两枚债券，左侧均有三道刻齿，可证《说文》之说。刻齿的基本功用，即在于使两券吻合，以示诚信不伪。

（二）两汉时期的契约形式发展

两汉时期留下来的史料中发现的契约形式多种多样，有普通土地买卖契约、动产交易中的贳卖契约、借贷契约、租赁契约等，这些丰富的契约形式反映了当时契约的发达状况。土地买卖是最为重要的交易活动，因此其契约形式也最为严谨和规范。

最直接反映了汉代现实生活中土地交易形态的契约，就是屡被人们引用的汉简“长乐里乐奴卖地券”。现不避文烦，复录如下：

置长乐里乐奴田卅五欣，贾钱九百，钱毕已。丈田即不足，计欣数还钱。旁人淳于次儒、王充、郑少卿，古（沽）酒旁二斗，皆饮之。

此券前残。所列要件有卖主、卖地亩数、卖价、地款交付情况、卖主所应承担的责任、证人等。以其他买地券及交易契约比较，此券前理应还有立契年月日、买主姓名、籍贯等项内容。迄今为止，汉简出土的数量堪称宏富，但买地券仅见一例，更见其珍贵所在。

传世的以及自东汉墓葬中出土的买地券，也是今人认识汉代土地买卖契约的参照物。虽然这些出土的买地券均为“幽券”，是明器之一种，但也可以认为它们是现实生活中土地买卖契约的写照。从现存的一些买地券中也可以发现当时契约成立所需要具备的一般程序要件。

总观这些契约所反映的内容，包括了标的物、买卖双方姓名及籍贯、

① 谢桂华等：《居延汉简释文合校》26·1，文物出版社1987年版，第38页。
② 谢桂华等：《居延汉简释文合校》262·29，文物出版社1987年版，第436页。

土地所在、范围、价格、订约时间、地款交付情况诸项。整个订约过程由买卖双方及证人(旁人、知者)共同完成,买卖双方是当事人,旁人、知者则是见证人。交易完毕,三方共同饮酒,显示出交易、订约活动的郑重。与汉简所出买地券相比,在基本要件上并无二致。

在汉代土地买卖契约中经常出现有“旁人”“知者”等证人,说明此时土地买卖契约的成立一般需要有证人居中证明契约事项。动产交易的贳卖契约中的中间人不仅有起证人作用的“旁人”,而且还有起到担保职责的“任者”。《说文·人部》曰:“任,保也。”《周礼·地官·大司徒》曰:“使之相保。”郑注曰:“犹任也。”契约中的“任者”,犹今言担保人,其责任是为契约履行及债权人的债权实现提供担保,故与旁人不是同一概念。

三、魏晋南北朝时期的契约形式发展

(一)魏晋南北朝时期首次出现单券的契约形式

南北朝时期契约的合意性更加从实质意义上体现出来。如果说,秦汉以前的契约合意性更多地从“契券”的形式上体现出来,比如,通过契约双方当事人各执“券”的一半,来证明契约的真实有效。这一形式恰恰说明了契约效力本是根据双方当事人合意所形成的,这一点从“约”字的本来内涵也可以体现。南北朝时期首次出现了单券的契约,即契约只有一份,由买方保存。比如:北凉承平八年(450)高昌翟绍远买婢券:

> 乙丑九月廿二日,翟绍远从石阿奴买婢壹,字绍女,年廿五,交丘慈锦三张半。贾则毕,人即付。若后有何(呵)盗仞(认)名者,仰本主了。不了倍(赔)还本贾(价)。二主先和后立券,券成之后,各不得追悔,悔者,罚丘慈锦七张,入不悔者。民者私要,要行二主,各自署名为信。券惟一支,在绍远边,倩书道护。①

其中,契约中明载“券惟一支,在绍远边,倩书道护”,即说明此份契

① 《吐鲁番出土文书》第1册,文物出版社1981年版,第187页。

约只有一份,保存在买主翟绍远手中。有学者认为,本券是目前所见最早的一份载明为单契的契约实物。[①] 由双契改为单契,简化了手续,是我国古代契约制度的一大变化,对后世影响深远。此外,契约中约定卖方负权利瑕疵担保责任,单契置于买主身边,这都体现了对买主利益的保护,是立券技术日趋完善的反映。

（二）魏晋南北朝时期以税契作为契约成立的程序要件

东晋和南朝统治地区,出现一些新的契约制度和契约形式。东晋时称契券为文券,带公证性质的税契制度就是发端于东晋时期。

"自东晋至陈,西有石头津,东有方山津,各置津主一人,贼曹一人,直水五人,以检察禁物及亡叛者,获炭鱼薪之类,出津者并十分税一以入官。淮水北有大市,自余小市十来所,各置官司,税敛既重,时甚苦之。"[②]政府在关津之处所征的是通关税,在市内交易又另有重税,买者卖者均须交纳,有文券者收百分之四,无文券者亦收百分之四,名曰散估。

魏晋南北朝时"文券"主要用于涉及奴婢、马牛、田宅等的买卖活动。"晋自过江,凡货卖奴婢、马牛、田宅,有文券,率钱一万,输估四百人官,卖者三百,买者一百。无文券者,随物所堪,亦百分收四,名曰散估。历宋、齐、梁、陈,如此以为常。以此,人竞商贩,不为田业,故使均输,欲为惩励。虽以此为辞,其实利在侵削。"[③]根据买卖货物征收交易税,但同时验核文券,则官府承认了该契约的效力,客观上也起公证性质的作用。后世相沿,不断发展,然征收契税实肇始于东晋。

从吐鲁番文书中所见的高昌租赁契约可以看到此时契约文书所具备的一般形式要件,下面试举两例说明:

高昌面鼠儿夏田举粟合券:

（前缺）儿边夏中渠常田一亩半,亩交与夏价银钱拾陆文。田要

---

① 张传玺:《中国历代契约会编考释》,北京大学出版社1995年版,第87页。
② 《通典》,中华书局1986年版,第250页。
③ 《隋书·食货》。

逕(经)壹年,赀租百役,□悉不知,若渠破水滴,面郎悉不知。夏田价□□□,仰污子为鼠儿偿租酒肆斛伍斗。酒□□多少,面悉不知,仰污了二主和同,即共立券,券成之后,各不得返悔。悔者一罚贰,入不悔者。民有私要,要行二主,各自署名为信。污子边举粟伍斛,到十日内壹斗,面郎身东西无,粟生本仰妇儿上(偿)。

倩书索僧和　□□匚□□僧

高昌寺主智演夏田券:

(前缺)寺主持智演边夏力渠田南长(常)田三亩。亩与夏价小麦贰斛五斗。若渠破水谪,仰耕田了,若紫(赀)租百役,仰寺主了。二主各□□返悔,悔旨壹罚二,入不悔者。民祐(有)私要,要行二主,各自署名为信。

倩书□□师　□□　□□□

以上两件文书虽有不同程度的损毁,然结合起来看,租佃契约的内容比较清晰。其特点有四:其一,契约内容大致包括立契时间、租田期限、租价及其支付办法、立契人姓名、见证人姓名、代书人姓名、违约金等几项。其二,强调双方"和同",即达成协议,而非强迫。其三,契约中约定双方权利义务,"渠破水谪,仰耕田了",即使发生水旱灾害,佃农仍须交租,"若赀租百役,仰寺主了",即赋税徭役均由佃主负责。其四,契约中有明确契约效力的字样。"民有私要,要行二主"说明了契约是双方合意订立的有效法律文书,对双方均具有拘束力。

四、隋唐时期契约形式的发展变迁

(一)市券:隋唐时期法定契约形式的发展

隋唐时期经济的发展和财产关系的复杂,使订立契约成为社会生活中的普遍现象。这一时期出现了契约"样文",大大方便了立契,也使纷杂的契约习惯有了统一的可能,契约的形式和内容因之相对固定化、规范化。这在中国民法史上有着重要意义。这一时期契约形式上的另一重要性是,一般契约不再采用复本形式,而仅由权利人收藏单本契约。有关人身、借贷、典押等契约才采用复本形式。

为保护债权人的利益,唐律对契约之债的发生要求立契。史载中国古代契约有书面、口头两类,重要契约须成文。唐律令对立契和管理做出了具体规定,凡买卖田地房产、奴婢、牛马等必须立契。唐以前称为"立契",唐改称为"市券"。市券经掌管市司的官吏加盖官印,另还要官府批示,才有法律效力,无官印者无法律效力。官府统一规定了市券的格式和文字。《唐六典·太府寺·京都诸市令》规定:"凡卖买奴婢、牛马,用本司本部公验以立券。"《唐律疏议·杂律》规定:"诸买奴婢、马牛、驼、骡、驴,已过价,不立市券,过三日笞三十;卖者,减一等。立券之后,有旧病者三日内听悔,无病欺市如法,违者笞四十。"疏议曰:"买奴婢、马牛、驼、骡、驴等,依令并立市券。……若有病欺,不受悔者,亦笞四十","令无私契之父,不准私契之限","即买卖已讫,而市司不时过券者,一日笞三十,一日加一等,罪止杖一百"。律文明确规定买卖奴婢等须三日内立契,不准订立私契,立契须经官府"过券",主管官吏不验证契券,要负法律责任。又如《唐律疏议·户婚律》"诸妄认公私田"条疏议规定:"依令,田无文牒,辄卖买者,财没不追,苗子并入地主。"从该条疏议亦可看出田地买卖必须立市券。

(二)隋唐契约形式要件的发展

隋唐时期有关契约签署方式变化颇多,各不相同。一种是契约中写明"各自署名为信",还有一种是在契约末盖私印。最为常见的(现今发现的契约原件)是"画指",即按指节长度各人在自己名字下方画杠杠,这类契约正文的结尾处一般都有"画指为信""获指为信"。可见画指是当时最流行的文书签署方式。

为担保契约的履行,契约内容除具备标的、价金等基本项目外,还附有担保条款。这也是隋唐契约制度的一个突出的特点。当时最为普遍的担保条款是悔约处罚条款,沿袭北朝习惯,各种契约都有“券成之后,各不得反悔,悔者一罚二,入不悔者”的“惯言”。

在契约关系中,随契约种类的不同相关的契约附署人(第三人)亦有所不同,最主要的附署人为:请书人、知见人。有关买卖、借贷契约一般有保人附署。唐初法律规定契约附连带责任的契约附署人为保人,随着唐中期后交易范围内容的扩大,出现了在交易中起说合引荐的中间人,法律遂强调买卖、质典契约中间人,即牙人的连带责任。牙人,为唐时对说合交易居间商的称呼,又称牙郎。唐代法律很看重牙人的连带责任,唐长庆二年(822)敕文规定,禁止以他人产业设立抵押“质举官钱”,如有违犯,“即请散征牙保代纳官钱”。[①] 此后牙保连称,成为契约关系中负有连带责任的最重要的附署人。

五、两宋时期契约形式的发展变迁

(一)契约的外在形式由繁到简

契约的形式要件,包括契约的行文格式和订立步骤等,如果限制过死、过繁,必然会严重影响契约关系的正常发展,这便是早期契约法律约束观念的弊症之一。为适应商品经济高度发展后流通与交易加速的需要,两宋时期已走出了早期契约法律约束观念的窠臼,契约的形式要件趋于宽简,以范围最广的土地典当与买卖契约为例:

第一,交易以前不必再投状申牒。“投状申牒”是唐代土地国家制的产物,当时国家直接控制着土地的占有与流转,对少量允许买卖的永业田必须先向当地官府提出申请,经批准后,才能进行交易。两宋时期土地已完全私有化,国家没有必要限制也无法限制土地的自由流转交易。袁采《世范》卷三《田产宜早印契割产》条记载了两宋时期的田宅买卖程序:“人户交易,当先凭牙家索取阄书、砧基,指出丘段围号,就问见佃人有无

① 《旧唐书·食货志》。

界至交加、典卖重叠。"也就是说，田宅交易一般先由居间人（牙人）介绍买主并检查标的物的范围以及是否合法。"阄书"指析产书，又称"支书""分书"，凡分家析产者均要订立这一文书，确定各自的产权。"砧基"即指由官府登记制造的各户田亩四至位置及每亩数量的簿册。经牙人说合，且检查无误，交易便可继续进行，待双方合意订约后，需要过割税赋和投印时，才到官府办理手续。尽管居间牙人一般是官府的"官牙"，但这比以前"投状申牒"的手续要简便易行多了。当事人到官府投印时要交纳"牙契钱"，就是牙人说合订契的手续费。各地一般均设有半官方的"庄宅牙人"，他们不但以说合交易为职，而且还为官府记录已经交易而尚未到官府办理手续的交易次数。

第二，要约形式由繁趋简。两宋时期，契约纠纷增加，在"人户交易田土，投买契书及争讼界至，无日无之"①的时代背景下显然不适应要求，简化程序势在必行。所以到宋神宗时期便有了新的规定。可见，神宗时的《熙宁法》和《元丰法》都曾经为便于土地流转而取消了房亲四邻遍问批退的程序。司马光上任后又恢复了旧制，故《元祐敕》又规定"遍问四邻"。绍圣元年（1094）改革派重新上台，简化程序的议题重新提起并采纳。不过这时不是完全取消，而是大大缩小应问范围并限以批退日时，以防拖延。从此直到南宋，这一简化的程序再未反复过。据《清明集》载："律之以法：诸典卖田宅，具账开析四邻所至，有本宗缌麻以上亲，及墓田相去百步内者，以账取问。"②《庆元重修田令》和嘉定十三年《刑部颁降条册》中对这一范围都有明确限制，据《清明集》理宗朝胡颖判词称：按以上《田令》和《条册》，"所谓应问所亲邻者，止是问本宗有服经亲之有邻至者，如有亲而无邻，与有邻而无亲，皆不在问限"。③

第三，整个北宋到南宋初期，法律对契约行文格式的限制是很严格的，

---

① 《宋会要辑稿》，《食货》六三。

② 《名公书判清明集》卷四《漕司送下互争田产》。

③ 《名公书判清明集》卷九《取赎亲邻之法》。

具体规定包括:1. 书契。是指确定了契约相对人之后,双方订立文约草本的过程。法律规定当事人订立草契时,必须按统一格式立下字据:"人户典卖田产,若契不开顷亩、间架、四邻所至、租税役钱、立契业主、邻人牙保、写契人书字,并依违法典卖田宅断罪。"①2. 请买正契、合同契。交易双方订立草契后,必须共同到官府请买契纸书填,正契由典卖人(典主)收执,合同契由典卖人(业主)收执,"应有人户典业,并与钱主同赴官请买正契并合同契,一般书填所典田宅、交易钱数、年限,责付正身,当官收领",以防止典主"私立草契,领钱交业,至限将满,典主方赍草契赴官请买正契,其合同契往往亦为典主所收"之弊。② 严格限制契约格式,有利于防止伪契,减少纠纷。但过分强调格式的整齐划一,稍有出入便视为违法,则又十分不利于交易的正常进行。如绍兴十年(1140)宋政府下令:"不依格式,并无牙保、写契人书字,并作违法断罪,不许执用。"③绍兴三十一年(1161)六月二十二日,户部员外郎马骐上言,建议:"今后除契要不如式不系违法外,若无牙保、写契人亲书押字,而不曾经官司投印者,并作违法,不许执用。……所有对行批凿砧基簿事,合依原降指挥施行。"④这样,契约的行文格式不再如以前那样过分呆板,除了必须有牙保、写契人亲书押字并依法投税和过割赋税外,其他的格式要求均予以松动,个别不符合格式的契约不算违法,契约格式趋于灵活,这无疑有利于民间交易活动的发展。

第四,法律防范的重点是损害国家和他人利益的行为。在契约关系中,如何通过契约的外在形式来限制和防范当事人损害国家和他人包括对方当事人利益的行为,在两宋是作为重点加强的环节,这方面的形式要件不但不能灵活,而且越来越严密。如契尾要有牙保、写契人亲书押字,交易成后要批"支书"(即分书、"阄书",是牙人必须首先检查的文书)

① 《宋会要辑稿》,《食货》六一。
② 《宋会要辑稿》,《食货》六一。
③ 《宋会要辑稿》,《食货》六一。
④ 《宋会要辑稿》,《食货》六一。

等,其中最关键的环节莫过于“过割”和“税契”了。“过割”即指随着土地的转移而将出典人原负担的租税力役等移割给典权人负担的程序,土地的使用权也随之移转。如果典权人逃避租税力役负担而不予过割,不但影响国家利益,而且造成出典人“产去税存”之弊,使出典人利益严重受损。所以两宋严格规定:典卖买田宅必须要双方赍带原租契(又称“上手干照”“旧契”或“老契”,官田佃户则有户贴)以及“砧基簿”(记载土地四至角亩及租税多少的簿册)和“物力簿”等到官府当面核验,根据典产的多寡而相应地减低出典人的租税负担并降低出典人的物力户等(摊派力役的五等户标准),具体程序是:“诸路州军人户欲自今应典卖田宅,并赍原租契赴官,随产割税,对立新契,其旧契便行批凿除豁,官为印押。本县户口等第簿亦仰随时销注,以绝产去税存之弊。”①这是两宋始终强调的契约必经程序,“典卖田宅,不赍砧基簿对行批凿,并不理为交易”。“税契”是指过割税役后,在法定限期内由典卖人到官府交纳税款和牙契钱,并在契书上加盖官府红印的环节,又称“印契”。这是最后一个必经程序,经过这个程序后,契约就成为“红契”,才具有法律效力。为防止典卖人不过割税契以逃避税役负担,故在程序上规定:“应民间交易,并令先次过割,而后税契”。② 总之,两宋时期为适应财产流转交易迅速发展的需要而简化和方便了契约订立的外在形式,但涉及国家和他人利益的形式要件则始终没有放松,而且越来越加强,这是十分必要的。在维护国家和他人利益的前提下,尽量简化契约订立的形式,是两宋契约制度出现突破性发展的重要标志之一。

(二)竞争缔约方式的出现

传统的契约成立方式无非是双方当事人通过合意协商,即通过要约和承诺两个阶段,契约即成立。随着两宋商品经济的高度发展,市场竞争机制逐渐渗透到契约制度中。于是,一种集公开性、公平性、竞争性和机

---

① 《宋会要辑稿》,《食货》六一。

② 《宋会要辑稿》,《食货》六一。

会均等性于一身的高级缔约方式——竞争缔约法在两宋产生。在现代社会,竞争缔约方式包括招标投标和竞价拍卖等行为,人们一般认为,这是一种较高级的缔约手段,非简单的商品生产和交换所能产生,殊不知早在1000年以前的两宋时期,传统的缔约方式已经出现突破,投标拍卖的竞争缔约方式已经相当规范化了,这并非是一种不可思议的怪现象,而是两宋商品经济高度发达的产物。

两宋竞争缔约行为大体上有两种方式:一种是官有土地出租或出卖时的"实封投状"法。"实封"即密封之意,是古代对重要文书进行密封传递的一种形式;"状"这里指竞买人或承租人向官府(出卖方或出租方)提交的书面购买条件和承租条件,记载所出价额和租额以及期限等内容,官府在约定的期限届满时统一拆封,从中选出给价最高者便获得缔约权。另一种形式是官有工商业经营权转让时的竞争承包行为。与前代不同,两宋时期国家虽然控制了更多重要的工商业生产和销售,但为提高经营效益,多采取所有权与经营权相分离的政策,大量召集有丰富经营经验的民户承包经营,这种承包契约的订立也采取竞争的方式,当时称之为"买扑""召人承买""扑买"等。虽也称"买",但与一般的买卖不同,因为它不是所有权的转移,而只是经营权和管理权的转移。所谓"扑",即有击倒、压服以及打赌等意,因此"买扑"便是买主互出高价而竞争、角逐于卖主之前以力图压服对方夺取成交机会的行为。但在神宗以前,这种竞争缔约的规模还不大,神宗以后将"实封投状"法运用于买扑,才使其成为真正意义上的竞争缔约行为。

官田出卖和出租是两宋时期官田经营的两种主要方式,而官田的私田化(出卖)则是主流。大量官田或本应转化为官田的荒闲、无主田土,通过有偿转化的方式下放为民田,交由私家地主或个体农民直接经营,这愈益成为两宋时期官府的经常性事务,常平司便成了总领其事务的衙门,所谓"天下系官田产,在常平司有出卖法,如出纳、抵当、户绝之类是也"。[①] 而

① 《宋会要辑稿》,《食货》六三。

在出卖官田时所采取的主要方式就是竞争缔约的“实封投状”法。此法至少出现于北宋初，至神宗时更得以推广与完善。

熙宁七年(1074)三月三十日神宗下诏：

> 户绝庄产委开封府界提点及诸路提点刑狱司提辖，限两月召人充佃及诸色人实封投状承买，逐司季具所卖，并提举司封椿，听司农寺移用，增助诸路常平本钱。①

可见出租与出卖同时进行，而出卖更明确为“实封投状”方式进行，由各地提刑司负责，收入归常平司掌管。哲宗初，废除王安石新法时，也殃及此法，于元祐元年(1086)“罢实封投状”。② 但此后不久便恢复使用，并风行不衰。至南宋，更以实封投状出卖为主，出租为辅。如建炎四年(1130)二月即令将官田“量立日限”，召人实封投状请买，限半月拆封，给最高之人。绍兴以后则规定：凡“未有人承买”之田，再出榜召人竞争承租。孝宗时，令逐州军将所管屯田先次估定价钱，开坐田段，出榜召人实封投状，增价承买，给付价高之人，理充己业。到宁宗庆元年间，更形成定期清理官田出卖之制。可以说，出卖官田是两宋时期的基本政策，而竞争缔约法则是两宋出卖官田的法定方式。所以南宋士大夫称：“祖宗出卖官田旧法，止令人户实封投状，限满拆封，给与价高之人。”③这说明竞争缔约不但是两宋时期的“祖宗旧法”，奉行不衰，而且是出卖官田中的唯一方式。

六、明清时期的契约形式变化

(一)明代契约形式的变化

明代法律对于契约形式并无具体的规定，但民间民事习惯所确认的契约形式已相当规范，并且当事人一般都按习惯确认的各种契式订立契

① 《宋会要辑稿》,《食货》六一。

② 《宋会要辑稿》,《食货》六一。

③ 《宋会要辑稿》,《食货》六一。

约。仅以张传玺先生主编的《中国历代契约会编考释》所选编的明代契约格式来看,就有卖田、卖屋、卖男、当田、当屋、租田、借贷、典雇、包工、雇船、赁屋、租店、伙资经商等十几种规范的契约格式。

从明代遗留的各种契约原件及契约格式来分析,明代的契约形式主要有单契和合同契两种。两者在形式上的区别在于:单契是一方出给另一方收执、验证时不发生合券问题的契约,如私人借贷关系中,借钱人向债权人出具的"欠票"即是单契;合同契即律之所称"和同"。一般一契两纸,并于押缝处书有"同"或"今立合同贰本各收壹本日后为照"等字样,双方各执一契,验证时必须合券。两者的共同之处是均为契约,单契虽是单方出给,仍以双方协议为基础。

由于单契是基于双方互相信任,一方出具给另一方的凭证,是契约发展演化过程中而出现的简化形式,它在立契、转移权利手续上比较简便,故至明代,单契成为了契约的主要形式,所见明代的大量契约原件多数为单契即是例证。单契也可采用官印契式。《大明令·户令》规定:"凡买卖田宅、头匹,务赴投税,除正课外,每契本一纸,纳工本铜钱四十文,余外不许多取。"崇祯时,户部有"酌采契纸之议":

户部题为酌采契纸之议,以防漏税事。崇祯八年十一月 十二日题前事,奉圣旨,税契改用契纸,既编立号籍,及按季造册报部等项事宜,俱依议严饬实行,如有势豪挠阻、郡邑侵欺等情,该抚按即指参重治,徇隐一体追论。钦此钦遵。备行到州、县。内明按:

大明律一款,凡典买田宅不税契者,笞五十,追田宅价钱一半入官。今奉前因,相应刊印契纸,编定上、中、下号簿,呈送巡按史印钤,给发州、县。责成现年坊长、里长,凡遇典买房产、田、地、山、滩、荡等项,无论乡绅士庶,该坊里长一人,将所领契纸转给受业人户,使出业人将价值数目,眼同填注,随同受业人赴州、县照例纳税,每两三分,即将价目税数填写原颁院印号簿,仍用州、县印钤盖,以便稽查。

一、颁式后,有用白头文约,不用部颁契纸者,不论被人告发及推收编审时验出，即以隐漏科罪，照律追半价入官。坊长中见等役，一并连坐。

一、私用州、县印钤，而非巡按号印者，官吏以侵欺论罪。

一、吏胥勒，不即印发，不即收银者，依律重治。

一、税银每两三分之外，如有加耗重者，官吏以赃论。

一、契纸用清水绵料，以便久长。每张纳纸价银三厘，多索者重治。

一、领有契纸，纳过税银者，不许卖主告增价值。

一、部文未到以前，无契纸者，便查已经纳过税银，给有契尾，即免其重税，不得指称漏隐苛索，违者重治。①

如果说崇祯八年(1635)之前，是否采用官印契纸还可由当事人选择的话，那么自此以后，则强制采用官印契纸。其主要目的在于保证契税的征收，但也有明确双方权利义务、提高法律效力、防止争讼之效用。契约的订立一般都遵照约定俗成的格式或用官颁格式契纸。更重要的是，契约的成立还须签署画押。从所见明代契约原件的书写格式来看，单契与合同契的签署方法有所不同。

单契只要求立契人一方及其负有连带责任的第三人签名画押，如父亡母在，根据子女不得有私财的原则，还须有母亲同时署押。立契人一般是出卖人、借钱人或佃户等。由于契约有保证、担保之意义，因此，他们在契约上的签名画押，并做出种种保证，旨在保证对方的权利得以实现。尽管订立契约是由“三面(双方当事人及中保人)议定”而使各方的意思表示一致的结果，但从契约签押的要求来看，反映了双方当事人的地位并非平等。附署的第三人有邻里亲属有中保人，但主要是中人、保人。中人又称“中见人”“说合中人”“凭中人”“居间人”“见人”等，中人多为买卖、典卖契约中的附署人，他们在契约成立过程中往往起介绍引见、说合交易、

① 中国社会科学院历史所藏契号007368，转引自《明清徽州社会经济资料丛编》第二集，中国社会科学出版社1990年版，第559页。

议定价金、见证契约成立的作用。保人又称“中证代保人”“代保人”等，他们主要是借贷、租佃、雇佣契约中的附署人，他们除具中人的作用外，还起保证契约履行的作用。由于中保人在契约成立过程中起着不可替代的作用并承担相应的责任，因此，他们可按契约价金的2%—3%的比例收取费用，称为“中资”或“说合钱”等。

在合同契中，常见有契约双方同署画押的情况，一方称立合同人或立约人，另一方称同立合同人或同约人。合同契所反映的双方当事人的权利和义务比较平等，其附署情况与单契没有多大差异，但有时不见第三人附署，盖因合同契为一契两支，可合券为验，不需再有第三人为证。

（二）清代契约形式的变化

由于商品经济的高度发展和财产关系的日益复杂化，使得私人之间订立契约关系已成为社会生活中普遍的现象。契约所调整的内容十分广泛，买地、租房、雇工、合伙、婚娶、借贷，无一不以契约作为凭证，以表示当事人之间民事法律关系的成立或解除，权利的取得或丧失。尤其是以土地为标的物的土地买卖、典当、租佃等都必须根据法律的规定订立契约。人们对于借助契约来体现和证实自己权利的重要作用，已有了较充分的认识。正是在这种背景下，官府才认定“民间执业，全以契券为凭”。清代契纸由官府按统一规格印刷，官府强调使用官契订立契约，以保证契约格式的统一和防止发生伪契。清代契约一般都包括标的、价款、酬金、期限以及立约人权利义务等项内容。如系借贷契约还需注明偿还期限、利息数额。在官印的契约中，有的还将有关田地买卖的法律附于契约之后。

例一，乾隆十一年(1746)“山阴县孙茂芳叔侄卖田官契”即附有通行的“条约五款”：

(1)绝卖者不用此契，止作戳当；戳当者若用此契，竟作绝卖。

(2)契不许倩人代写，如卖主一字不识，止许嫡亲兄弟子侄代写。

(3)成交时即投税。该房查明卖主户册，号下注明某年月日卖某人讫。

(4)由帖不许借人戤当,如违者不准告照。

(5)买产即便起业,勿许旧主仍佃,以杜影骗。①

例二,嘉庆六年(1801)“山阴县高兆原兄弟卖田官契”后附以下条款:

(1)凡用此契者,竟作绝卖。

(2)卖主不识字者,许兄弟子侄代书。

(3)成交后即粘契尾于后,验明推收。如违治罚。

(4)契内如有添注涂抹字样者,作捏造论。

(5)房屋间架仍载明空处。

(6)典戤用此契者,须注明年限回赎字样。

如不注者,仍作绝卖。②

以上数条不过大概,倘民情尚有未尽者,许于空隙处填写。从上述契约所附条例中,可以看出官契约有绝卖和非绝卖之分,不能混用;其次,立契不许代写,确不识字者,只能由兄弟子侄代写;成交后,即时投税过割,粘契尾于后,否则治罪。凡是土地、房屋、奴婢等重要标的物的买卖,买方须将契约呈于官府,交纳契税,取得官府颁发的契尾和加盖的官印,这种契约叫“红契”“朱契”。凡在契纸上加盖官府红印的称为红契,具有较强的法律效力。但民间田宅交易往往不用官版契纸,也不向官府投印税契,这种契纸称为白契。白契虽为法律所不允许,但却是屡禁不止。白契在确立、变更和解除民事关系方面的效力,与红契并无二致,所不同者,白契的举证效力远不如红契。雍正朝曾明确规定回赎典卖旗地时,红契典卖者全价赎回,白契典卖者半价或不给价。表明国家对红契和白契所确认的所有权关系的不同态度。在奴婢买卖中,红契与白契的差别不仅限于

① 张传玺:《中国历代契约会编考释》(下),北京大学出版社1995年版,第1248—1249页。

② 张传玺:《中国历代契约会编考释》(下),北京大学出版社1995年版,第1302页。

举证效力的不同,也关系到奴婢的身份。乾隆以前,白契所买奴仆视同雇工,除年限久远者外,允许赎身。而红契所买奴婢的社会地位,较之白契所买奴婢尤为低下,其所生子孙永远为奴。正因为依红白契所买奴婢的地位有所差别,一旦有犯,官府也要区别量刑。

清代税契与前代不同,已经从买卖双方纳税,变为买方交纳;从加盖官印的单一形式,发展为官印、契尾的复杂形式,标志着契约制度的发展。税契通常以一年为限,逾限者视为偷漏契税,依法处治。《户部则例》规定:"凡民间置买田房,于立契之后限一年内呈明纳税,倘有逾限不报者,照例究追。"乾隆十四年(1749),经户部疏奏,清政府更定"税契之法":民间投税,"布政使颁发给民契尾格式",粘于手写契纸之后。契尾上编列号数,前半幅照常细书业户等姓名、买卖田房数目、税银若干。后半幅于空白处预钤司印,以备投税时将契价税银数目大字填写钤印之处,令业户看明,当面骑字截开。前幅给业户收执,后幅同季册汇送布政使查核。

第三节 无效的契约:违反国家法的禁止性规则

一、秦汉时期国家法律对于契约的禁止性规定

秦汉时期国家对于契约的规定主要集中于契约形式,从实体法上对契约的内容进行约束的规范较少,主要集中于对于借贷契约的利息约定进行限制,严格规定不得"取息过律"。汉初,由于惠商政策的施行,国家对子钱利息未加限制,因而在非常时期竟有一年高达十倍者:

> 吴楚七国兵起时,长安中列侯封君行从军旅,赍贷子钱,子钱家以为侯邑国在关东,关东成败未决,莫肯与。惟无盐氏出捐千金贷,其息什之。三月,吴楚平。一岁之中,则无盐氏之息什倍,用此富埒关中。①

① 《史记·货殖列传》。

西汉中期，抑商政策法律化，国家对有息借贷实施法律限制。除对子钱家征收资产税外，还规定“贷子钱”必须“占租”，实行申报纳税，收取利息也不许超过法律规定，否则将受到惩处。武帝元鼎元年（前 116），旁光侯刘殷以“贷子钱不占租”，又“取息过律”而被免侯，[①]成帝建始二年（前 31），陵乡侯刘䜣“坐使人伤家丞，又贷谷息过律，免”，是为其证。[②]

又据居延汉简所见，成帝永始三年（前 14），丞相翟方进、御史孔光经询问弘农郡上计吏，了解到地方富民“多畜田出贷”，“与县官并税以成家致富，开兼并之路”，遂上奏成帝，请求“除贷钱它物律”，禁绝息贷，同时由官府向出贷者付还利息，成帝批准执行。[③] 这表明至少在成帝前，汉已有贷钱它物律行世，以此规范货币与实物的借贷行为。其中对利息当也有所规定，所谓“取息过律”，就是收取利息超过了法定利率。由于富商大贾、达官贵人在“取息”的合法外衣下大肆放贷，牟取暴利，法律对此已失去了约束与限制，为此丞相与御史大夫请求废除相关法律，以禁绝此势。由此看来，以牟利为目的的借贷关系已不在汉代法律的保护范围之内。

二、唐宋时期国家法律对契约的禁止性规定

（一）唐代国家法律对契约的禁止性规定

唐代国家法律对契约的禁止性规范主要集中于对利息、牵掣家财和人质三个方面。

第一，由于唐代高利贷现象较为严重，为此，国家法律规定了利息的最高限额和利息的计算方式，并且严禁违法取利。唐长安元年（701）十一月十三日敕文规定：“负债出举，不得回本作利，并法外生利。”[④]《唐六

---

① 《汉书·王子侯表上》。

② 《汉书·王子侯表下》。

③ 简文见甘肃省文物考古研究所编：《居延新简释粹》EJF16·1—16，兰州大学出版社 1988 年版，第 103 页。

④ 《唐会要·杂录》卷八八。

典》中也有类似规定："凡质举之利，收子不得踰五分。出息债过其倍，若回利充本，官不理。"①所谓不得回利充本，指的是债务人到期不清偿债务，债权人不得以利充本，利上滚利，即不得采取复利的利息计算方式，增大原本，加重债务人的负担。换言之，唐代实行的是单利原则。关于利息的最高额度，根据上文引述的唐《杂令》中"公私财物出举"条的规定，包括三个方面：一是对最高利息率的规定，"每月取利，不得过六分"；二是对利息的最高额度进行了限制，"积日虽多，不得过一倍"；三是规定不得回本为利。同时，国家法律对官民之间的官物借贷契约的利息作出了特殊的规定："若官物及公廨，本利停讫，每计过五十日不送尽者，余本生利如初，不得更过一倍。"

第二，唐代禁止债权人在债务到期不履行时强制牵夺债务人的财物超过本契的行为。《唐律疏议》"负债强牵财物"条规定："诸负债不告官司，而强牵财物，过本契者，坐赃论。疏议曰：谓公私债负，违契不偿，应牵掣者，皆告官司听断。若不告官司而强牵掣财物，若奴婢、畜产，过本契者，坐赃论。"律文的意图是防止不必要的债务纠纷的发生，因此禁止债权人通过不正当手段向债务人追缴财物，债权人若想实现自己的债权，在债务人"违契不偿"的情况下，应通过诉讼的形式来解决，而不应通过私下强牵掣债务人财物的方式来实现债权。唐律所禁止的有两个方面，一是强制牵掣债务人财物，二是牵掣财物过本契。但是国家法律所处罚的只是牵掣财物过本契的行为，处罚的方式是以坐赃论。如果仅仅是未经告官司听断而强制牵掣财物并没有过本契的，则不受国家法律的处罚。

第三，唐代禁止以良人质债为奴的做法。唐代对于借贷债务的履行方式有以劳役充抵不能履行的债务的规定，但以劳役充抵债务的做法须严格遵守国家法律的规定。首先必须尽量以家资清偿债务，只有出现家

① 《唐六典》卷六，"比部郎中员外郎"条注。该条规定对于"回利充本"的问题规定的有些矛盾，这里肯定有衍文和错简。"出息债过其倍，若回利充本"的行为是唐《杂令》中明文规定需要官府介入其中的，当然不可能是"官不理"。

资不足清偿时才能“役身折酬”。法律之所以对“役身折酬”做出如此规定，是为了防止有良人因负债而成为事实上的奴隶。唐代的国家法律严格规定不得以良人为奴质债，唐律就规定：“诸妄以良人为奴婢用质债者，各减自相卖罪三等，知情而取者，又减一等。”①

（二）宋代契约种类发展与国家禁令

两宋时期，随着商品经济的发展，契约的种类也发生了前所未有的变化，其主要特点：一是信用性契约产生并普遍发展起来；二是商事契约种类更加齐全，内容更加完善。其中，随着高利贷发展，国家出台“市易法”等赊买卖法规对信用性契约进行管理。两宋以前，借贷契约是债法的主要内容之一。两宋以前中国正是高利贷在民间非常盛行的时期，汉律有“取息过率”之罪，而在唐朝，其中期以前对高利贷基本没有限制。资料显示，唐代高利贷利率非常高，即便是官府的“公廨钱”出贷时，利率也高达年利 100%，唐玄宗以后才下令约束，降为 60%。这种高利贷资本是与小生产、自耕农和小手工业主占优势的生产方式相适应的，它放贷的主要对象是大肆挥霍的显贵、地主和小生产者，因此它一方面榨取奴隶主和封建主的财富，另一方面它又对小农和小生产者进行敲骨吸髓的剥削，破坏和毁灭小农民和小手工业者的生产。唐代骇人听闻的高利贷利率，只能盘剥那些走投无路而饮鸩止渴的破产穷人和小自耕农，或者那些躺在特权之上毫无营利观念的贵族官僚寄生虫。信用制度与高利贷的不同之处在于：与信用贷款人相对立的借款人是执行资本职能的产业家或商人，而不是挥霍浪费者、用于享乐的富人或者出于某种生活需要的个人。也就是说，信用借贷不是面向消费者，而是面向商品生产和流通领域，使借贷资本向经营资本转化，从而为商品生产和流通服务，因此它的产生和发展离不开商品经济的高度发展。

两宋时期的国家法令在由高利贷向信用借贷的发展过程中扮演着非

---

① （唐）长孙无忌等：《唐律疏议》，刘俊文点校，中华书局 1983 年版，第 486 页。

常重要的角色,成为两宋信用借贷契约法律关系的又一大特色。尤其是王安石变法期间,官府更是积极地参与,并从两个方面对金融市场进行干预:一是推出“青苗法”,对广大农村地区的消费借贷进行干预;二是推出“市易法”,对城市的资本借贷进行干预。青苗法是王安石变法时针对农村私人高利贷的“倍息”而采取的措施,具体做法就是在青黄不接时,百姓可以分别于正月三十日(夏料)和五月三十日(秋料)以前向官府借贷青苗本钱,随夏、秋二税带还,半年纳息二分(20%),即年息4分。这相对于私人高利贷的倍息(100%)来说,确实低得多,但它仍然是一种高利贷而非信用借贷,因为它仅仅是将利息降低了一些,其高利的实质并未变,不能受价值规律的约束,而是靠政府的行政强制推行的。判断是高利贷还是信贷,除了量的规定性外,还要有质的规定性。市易法则主要是为了垄断城市的金融市场而制定的。熙宁五年(1072)于京师设立都提举市易司,各地设市易务,放贷官钱是其职能之一,并设有抵当所,凡需要货币的商人都可以用相当的财产作为抵押,借贷所需货币。而抵当所的货币则是从各官府中吸收进来的闲散资金,抵当所将所得利息分配一部分给存款的各官府,这样抵当所便基本具备了吸收呆滞资金并转化为商业经营资本的信用中介职能。元丰四年(1081)宋政府进一步扩大组织,于京城新旧城内外开设了四处抵当所,次年又“推抵当法行之畿县”①。既然抵当所是利用有息存款的方式吸收呆滞资金,又以抵押出贷的方式将资金转化为商人的经营资本,其利率必定受制于市场价值规律下形成的一般利润率,否则,商人就无利可图,因此抵当所的贷款利率很低。“市易旧法,听人赊钱,以田宅或金银为抵当。无抵当者,三个相保则给之,皆出息十分之二,过期不输息,外每月更罚息钱百分之二。”后来因单纯的人保仍不能确保债务人履行债务,故又规定:凡“以田宅、金帛抵当者,减其息;无抵当徒相保者,不复给”。元丰五年(1082)知湖州丘孝直则说:“在

① 《宋会要辑稿》,《食货》三七。

京置四抵当所，许以金帛质当见钱，月息一分，欲望推行诸路州县。”①这里的“一分”指一厘，即年利一分二厘。

三、明清时期契约无效的法律规定

明代法律对无效契约的情况有比较翔实的规定，我们称这种法定无效的契约为违法契约。无效契约自然没有法律强制约束力，也不能作为处理当事人双方纠纷的依据。明代法律所规定的无效契约主要包括以下几种情况：

第一，私捏文契、虚钱实契无效。《问刑条例》规定：“军民人等，将争竞不明并卖过及民间起科，僧道将寺观各田地，若子孙将公共祖坟山地，朦胧投献王府及内外官豪势要之家，私捏文契典卖者，问发边卫永远充军，田地给还应得之人及各寺观，坟山地归同宗亲属，各管业。”《大明律·户律·田宅》“盗卖田宅”条规定凡盗卖换易及冒认，若虚钱实契典买及侵占他人田宅者，除追究刑事责任外，田产及盗卖过田价，并递年所得花利，各还官给主。

第二，有强索、欺诈之行为的契约无效。如《大明律·名例律》“给没赃物”条规定“若取与不和，用强生事，逼取求索之赃，并还主”，这类情况包括“恐吓、诈欺、强买卖、有余利，科敛及需索之类”。以强索、欺诈等手段进行的买卖活动，法律不予承认，以欺诈手段而订立的其他契约如借贷契约亦同样无效。如以虚田为质，买嘱中人认虚佃、点虚租而骗借钱物者，不仅要强制追还所借钱物，而且还要追究有关违法者的刑事责任。②

第三，主体不合法的契约无效。如商人未经官府许可，不得买卖盐、茶等限制流通物。又如法律对官吏进行的民事活动有限制性的规定，《大明律·刑律·受赃》“在官求索借贷人财物”条规定：“凡监临官吏挟

① 《续资治通鉴长编》卷二九六。
② 参见《莆阳谳牍》“一件诓骗事”。

势及豪强之人求索借贷所部内财物者，并计赃，准不枉法论，强者，准枉法论，财物给主。若将自己物货与部民，及低价买物，多取价利者，并计余利，准不枉法论，强者，准枉法论，物货价钱，并人官给主。……若私借用所部内马、牛、驼、骡、驴及车船、碾磨、店舍之类，各验日计雇赁钱，亦坐赃论，追钱给主。”成化二年(1466)明政府颁例“禁革官员和买货物及令子侄买卖”，把限制性主体的范围扩大到官员的子女及其亲属。①

第四，标的物不合法的契约无效。各种赃物、违禁物不能成为契约的标的物，限制流通物在未经特许时亦不能成为契约的标的物。如《大明律·兵律·军政》“私卖战马”条规定，私卖战马，除承担刑事责任外，马匹价银并入官。又如《大明律·工律·营造》“织造违禁龙凤文缎匹”条规定，凡民间织造违禁龙凤文贮丝纱罗货卖者，杖一百，缎匹入官。

① 《皇明条法事类纂》卷二〇《户部类》。

第四章　钱债的履行和消灭

第一节　通　论

一、传统法对债务履行的一般规定

传统钱债法律中对于契约的履行问题规定得较为简单,并没有现代合同法中复杂的履行规则,也并无类似不安抗辩等法律概念。在传统社会,人们的朴素想法只是"欠债还钱,天经地义"等基本价值观念,因此,国家法律对于违契不偿往往规定了严厉的刑事责任,并且允许双方自行达成抵偿的协议进行私力救济。在一般情况下,以当事人自觉履行债务为基本原则,同时允许双方自行达成抵偿协议的私力救济方式。国家法律主要对于债务履行中的一些重要问题进行规制:

第一,关于违契不偿的法律后果,规定了债务人在不按约定履行债务时的刑事责任和强制履行的措施。比如,《唐律疏议·杂律》"负债违契不偿"条规定:"诸负债违契不偿,一匹以上、违二十日,笞二十,二十日加一等,罪止杖六十。三十匹加二等,百匹,又加二等。各令备偿。"《大明律·户律·钱债》"违禁取利"条规定,欠负私债而违约不还者,应根据欠负情况处以笞或杖的刑罚。

第二,法律还为当事人之间协议劳务抵债提供了法律的规范和保障。

唐代对于借贷债务的履行方式有以劳役充抵不能履行的债务的规定,但是,以劳役充抵债务的做法应该严格遵守法律规定。首先必须尽量以家资清偿债务,只有出现家资不足清偿时才能“以身折酬”。法律之所以对“以身折酬”做出如此规定,乃是防止有良人因负债而成为事实上的奴隶。唐代的法律严格规定不得以良人为奴质债。如《唐律疏议》中就规定:“诸妄以良人为奴婢用质债者,各减自相卖罪三等,知情而取者,又减一等。”

第三,法律对私力救济的范围加以明确规定。比如,唐律禁止债权人在债务到期不履行时强制牵夺债务人的财物超过本契的行为,《唐律疏议》“负债强牵财物”条规定:“诸负债不告官司,而强牵财物,过本契者,坐赃论。疏义曰:谓公私债负,违契不偿,应牵掣者,皆告官司听断。若不告官司而强牵掣财物,若奴婢、畜产,过本契者,坐赃论。”按照律文精神,为了防止不必要的债务纠纷,法律禁止债权人通过不正当手段向债务人追缴财物,债权人若想实现自己的债权,在债务人“违契不偿”的情况下,应通过诉讼的形式来解决,而不应通过私下强牵掣债务人财物的方式来实现债权。唐律的规定所禁止的是两个方面,一是强制牵掣债务人财物,二是牵掣财物过本契,但是法律所处罚的是牵掣财物过本契的行为,要以坐赃论。如果仅仅是未经告官听断而强制牵掣财物并没有过本契也不受法律的处罚。

二、传统法中债的消灭的常见方式

第一,因实际履行而消灭。需要说明的是,除按约履行之外,传统社会往往允许债务折抵,如两相情愿,或经告官,可以财物或劳务抵偿债务。第二,因债务免除而消灭。债的免除在明代有两种情况:一是债权人免除债务人之债务。古代社会,往往有债权人因债务人“贫难不能偿”而常常酌情减免债务人的债务的事例,也有亲属之间出于亲情和儒家伦常的考虑而减免债务。二是债权人有重大违法犯罪行为而依法免除。《大明律·户律·钱债》“违禁取利”规定,若债权人“准折人妻妾子女”,则“人口给亲,私债免追”。第三,中国传统社会中有一种独特的债务免除方式是因皇帝恩赦而消灭债务。传统社会国家担心平民因高利贷而深陷债务之中，从而变卖土地成为流民，对社会形成不稳定的因素。因此，魏晋隋唐之时，经常可以看到皇帝颁布赦令，将民间债务也纳入恩赦的范围之内。需要注意的是，皇帝的恩赦实际上只是在特定的情境下、特定的时间、特定的地方适用，不是在全国范围适用，也不是永久适用，而且即便放免债务也不是无条件的一律放免，而是有严格限定，须是经过十年以上，且本主与保人都已经死亡的情况下方可放免。这样的债务应当是少之又少，因此绝大多数债权还是受到保护的。

第二节　古代契约之债的履行方式

一、秦汉时期的契约履行方式

（一）秦代的契约履行

在债务的履行方面，秦律规定债务人“有债于公”无力履行者，则强制“居作”，同时规定可以找人顶替。《司空律》规定：“有罪以赀赎及有责（债）于公，以其令日问之，其弗能入及赏（偿），以令日居之，日居八钱；公食者，日居六钱。……居赀赎责（债）欲代者，耆弱相当，许之。作务及贾而负责（债）者，不得代。”①即有罪应赀赎以及欠官府债务的，应依判决规定的日期加以讯问，如无力缴纳赔偿，即自规定日期起使之以劳役抵偿债务，每劳作一天抵偿八钱；由官府给予饭食的，每日抵偿六钱。以劳役抵偿赀赎债务而要求他人代替服役，只要强弱相当，可以允许，甚至还可以用奴隶或牛马来代替。② 但是手工业作坊和商贾欠债，则不得以他人代替。这一规定说明了秦时对于商贾和手工业者的限制。

① 睡虎地秦墓竹简整理小组：《睡虎地秦墓竹简》，文物出版社 1987 年版，第 84 页。
② 见《秦律·司空律》：“百姓有赀赎责而有一臣若一妾，有一马若一牛，而欲居者，许。”载睡虎地秦墓竹简整理小组：《睡虎地秦墓竹简》，文物出版社 1978 年版，第 85 页。

债务人有债于公而迁移到他县者，原县官府可将债权转让给债务人迁入之县官府，继续责令其偿还。如债权人移居新县，仍由官府负责督促债务人偿还债务、履行义务。在职官吏无力履行债务时，从俸禄中扣除，如官吏被免职，则依法可以居作抵赔。如《金布律》规定：

官啬夫免，复为啬夫，而坐其故官以赀赏（偿）及有它责（债），贫窭毋（无）以赏（偿）者，稍减其秩，月食以赏（偿）之，弗得居；其免也，令以律居之。①

秦律明确保证国家债权的利益，如官吏在履行职务时致使国家受损，则分摊赔偿，并于当年上缴赔偿金，如不按时缴纳，均依法论处。官吏负国家之债，如本人死亡，在一定条件下可以免除。如《金布律》载：

吏坐官以负赏（偿），未而死，及有罪以收，抉出其分。其已分而死，及恒作官府以负责（债），牧将公畜生而杀、亡之，未赏（偿）及居之未备而死，皆出之，毋责妻、同居。②

意即吏由于官的罪责而负债，尚未分担而死去，以及因有罪而被捕，应免去其所分担的一份。如已分担而死去，以及为官府经营手工业而负债，或放牧官有牧畜而将牧畜杀死、丢失，尚未偿还及居作未完而死去，都可免除，不必责令其妻和同居者赔偿。隶臣妾无力偿还债务，则按月从衣食供应中扣除，“以其日月减其衣食”，但“毋过三分之一”。③ 秦律规定，虽已形成债权债务关系，但是所借之物不能使用致使损坏，则废除这种权利义务关系。如《厩苑律》载：

叚（假）铁器，销敝不胜而毁者，为用书，受勿责。④

这是因为，在双方权利义务关系开始建立之际，就对债务人产生了侵

① 睡虎地秦墓竹简整理小组：《睡虎地秦墓竹简》，文物出版社 1987 年版，第 62、63 页。
② 睡虎地秦墓竹简整理小组：《睡虎地秦墓竹简》，文物出版社 1987 年版，第 63 页。
③ 睡虎地秦墓竹简整理小组：《睡虎地秦墓竹简》，文物出版社 1987 年版，第 60 页。
④ 睡虎地秦墓竹简整理小组：《睡虎地秦墓竹简》，文物出版社 1987 年版，第 84、85 页。

害，所以法律明文规定予以废止。秦律禁止强制债务人以人身抵押，《法律答问》载：

"百姓有责（债），勿敢擅强质，擅强质及和受质者，皆赀二甲。"廷行事强质人者论，鼠（予）者不论；和受质者，鼠（予）者□论。①

债的消灭，或因履行完毕而消灭，或因当事人没有继承人而消灭，这是债权债务关系消灭的一个原理，在秦代自然不会例外。《秦简》所反映的债权债务方面的内容，尤其是关于国家与私人之间的债权债务关系，比起西周有较大的发展，所涉及的范围也较广，但就私人债权债务的法律规定，目前尚未见到这方面的材料。

（二）汉代的契约履行

汉代契约履行的最常见方式是自动履行，债务人如果如约清偿债务，债即消灭。如《疏勒河流域出土汉简》170A、B 所见：

神爵二年十月廿六曰，广汉县廿郑里男子节宽毒卖布袍一陵胡隧长张仲孙所，贾钱千三百，约至正月□口。任者□□□□□□□

正月责付□□十时在旁候史长子仲、戍卒杜忠知券□沽旁二斗。

这是一份非常珍贵的债券，债务关系因赊买而产生。该券正面写明了交易时间，交易双方姓名，标的物及价钱，清偿时间，担保人（任者）姓名。反面则写明债务人如约于正月偿还债务，并有知者"知券"。"责付"即意味着债消灭。但当债务人偿还不足或干脆不偿时，债权人便会通过官府请求对方履行义务，由此便产生了申诉自己权利的"自言责……"与追究对方义务的"验问收责"的债务文书：

元延元年十月甲午朔戊午，橐佗守候护移肩水城官：吏自言责啬夫荦晏如牒，书到，验问收责，报如律令。②

该简文意为：成帝元延元年（前 12）十月二十五日，橐佗守候护收到肩水都尉府移送的吏要求啬夫荦晏偿债的申述文书，同时都尉府要求验

① 睡虎地秦墓竹简整理小组：《睡虎地秦墓竹简》，文物出版社 1987 年版，第 214 页。
② 谢桂华等：《居延汉简释文合校》506·9A，文物出版社 1987 年版，第 609 页。

问荤晏，收回欠债，报告处理结果。故以下内容应是橐佗候按照上级要求验问荤晏后的结果。相似例又见《居延新简》EPT52・179简：

□□子赵君回皂钱千二百，博士已得二百，少千。移居延，更收责。・一事□

即赵君回欠博士皂钱一千二百，仅偿二百，故博士向有关官府提出申请，要求赵君回偿债。所谓“移居延，更收责”，当是指移文居延，进一步收债之意。

债务人所在单位的长官收到这样的要求验问收债的文书后，便会验问债务人。债务人若承认负债（“服负”），长官便代行收债之权，令其偿还。债务人偿清债务后，其所在单位便做出说明，向上级呈报。如《居延新简》EPT52・21简载：

□自言责士吏孙猛脂钱百廿。谨验问，士吏孙猛辞服负。已收得猛钱百廿。

债务人以俸钱偿债，偿清后也会有明细表示。

同上EPT51・214简：

十二月……积三月□徐充国，奉钱千八百。出钱三百一十，偿第卅燧卒王弘。出钱千一十，偿第卅三燧陈第宗钱。出钱八，就十月尽十二月，月二钱七分・凡出钱千三百廿八，今余钱四百七十二。

当债务人偿清债务后，债务消灭，要求收债的债券自然予以撤销，如《居延新简》EPT51・77：

察微隧敉卑赦之，负夏幸钱五百卅，负吞北年口口□□负吕昌钱二百。五百五十皆□□皆已入毕，前所移籍当去。

所谓“前所移籍”，应是指以前移送的负债债籍。据上可知，汉代在收债、偿债、债务消灭方面有规范的程序操作，并非完全习惯使然。

二、魏晋南北朝时期的债务履行情况

债可因履行而消灭。债的履行又可分为即时履行、定期履行、强制履行几种方式。

即时履行。“西晋泰始九年高昌翟姜女买棺约”载：“司泰始九年二月九日，大女翟姜从男子栾奴买棺一口，贾（价）练廿四匹，练即毕，棺即过。若有人名棺者，约召栾奴共了。旁人与男，共知本约。”①“练即毕”，“棺即过”，双方立即交换对价物，债权债务关系即归于消灭。又如前引《北凉承平八年翟绍远买婢券》中“贾（价）即毕，人即付”，即一手交钱、一手交人，立即履行，债权债务关系即归于消灭。

定有期限的债的履行，即债务人在约定期限（或约定时间）履行债务。如“高昌延寿四年赵明儿买作人券”云：“延寿四年丁亥岁□□十八日，赵明儿从主簿赵怀佑边买作人略奴，年贰拾口□□价银钱壹百捌十文。即与钱贰佰捌拾文残钱一百文，到了岁正月贰日偿钱使毕，若过期壹日，拾钱上生钱壹文。若后有人何道（呵盗）者，仰本主了。二主和同立券。券成之后各不得返悔，悔者壹罚贰，人不悔者。民有私要，要行二主，各自署名为信。”②

此契约中约定，“残钱”100 文，即剩余未付之钱 100 文，到正月二日偿还完毕。这笔债务，一共分两次履行。第一次交付 280 文，（当时）第二次交付剩下的 100 文，债权债务关系归于消灭。在魏晋南北朝，这种定有履行期限的偿债方式也比较常见。

强制履行。以上两种履行方式均为双方约定，债务人主动履行。若债务人迟延履行债务，则债权人可通过自力救济或请求官府强制债务人履行债务。如《晋书·王长文传》载：“太康中，长文居贫、贷多，后无以偿，郡县切责，送长文到州，刺史徐乾舍之，不谢而去。”王长文因借贷过多，逾期无法偿债，被债权人起诉到官府，由官府强制其履行债务。《南史·宋武帝纪》载：“帝微时，尝负刁逵社钱三万，经时无以还，被逵执，（王）谧密以己钱代偿，由是得释。”这是债权人自力救济的个案。债务人

① 《文物》1972 年第 1 期，第 22 页。

② 张传玺：《中国历代契约会编考释》，北京大学出版社 1995 年版，第 91 页。

(宋武帝)因无法偿还所欠债务,被债权人(刁逵)扣押,以逼其还债。

债务抵偿。前引《宋书》卷九一《孝义吴逵传》中,“逵逆取邻人夫直”即欠邻人之债,后又“佣力报答”,又以同样劳役来抵消所欠邻人之债,从而使该债权债务关系归于消灭。

三、隋唐法律对债务履行的规定

债务的自行履行。私人借贷较为盛行,数额亦较大,一般私人之间的借贷,都能按约履行。以下举一实例:“壬午年三月卅日,龙兴寺僧愿学,于王法师仓便麦粟八石,到任(辰)年三月,言道愿学汉地身亡。其王法师于他足边征掌此物,其兄与立居(机)堞(绁)一匹,黄僧衣壹对,此物后有人来,其愿学不死,滴(的)实物取者,年年借利,一任自取者。”这份契约实则为以物抵债字据,反映出当时的契约履行之一斑。

债务强制履行的法律规制。唐律对债务人清偿债务做出规定,若债务人有家财,可扣押其财产,律称“牵掣”。《唐律疏议·杂律》“负债强牵财物”条规定:“诸负债不告官司,而强牵财物过本契者,坐赃论。”律疏解释:“谓公私债负,违契不偿,应牵掣者,皆告官司听断。若不告官司而强牵掣财物,若奴婢、畜产,过本契者,坐赃论。”律文允许“牵掣”,但不得超过“本契”,否则受罚。可见“牵掣”是当时律令许可的一种债务清偿方式。在出土的唐代借贷契约文中亦常见有“听掣家资财物,平为钱直”①的惯语。若债务人无家财,依唐《杂令》关于“诸公私以财物出举者……家资尽者,役身折酬”的规定,债务人应以劳役抵偿债务。再者,唐《杂令》规定:“如负债者逃,保人代偿。”当时民间各种借贷契约一般都有保人附署,而且保人常为债务人的亲属。在出土的唐代借贷契约文书中几乎都有“如身东西不在,一仰妻儿及收后者偿”的惯语,“父债子还”已成为民间惯例。唐律令为谋求长远利益,强调国家处理债务纠纷的权力,禁

① 《吐鲁番出土文书》(第6册),文物出版社1985年版,第404页。

止出借人侵夺借用人的非法行为，上述提及的唐《杂令》规定“违法积利、契外掣夺、及非出息之债者，官为理”“牵掣过本契者，坐赃论”，都强调了官府的权力。

就抵押物进行抵偿。唐时提供财产做抵押的借贷有两种形式：其一，债务人提供的抵押品一般为动产，在契约成立时立即转移抵押品的占有，称“收质”。唐《杂令》规定：“收质者，非对物主不得辄卖，若计利过本不赎，听告市司对卖，有剩还之。”①在债务人无力偿还债务，而利过本钱时，债权人即有权处置抵押物品，处置行为要当债务人的面，并由官府设置的市司监督进行（以防损害债务人利益）。处置抵押物的费用冲抵债务，如有余额则返还给债务人。这里的抵押财产包括奴婢、财产，但依唐律“诸妄以良人为奴婢，用质债者，各减自相卖罪三等；知情而取者，又减一等。仍计庸以当债直”，即禁止以良民为抵押。其二，就债务人的某项财产设定抵押权，成立契约时不立即转移占有，当债务人无法清偿债务时，债权人便取得该项财产的所有权，唐时称之为“指质”“指当”“倚当”。这种指质的财物一般以不动产为主。民间指质，一般要求债务人将不动产的权属证书，如地契、析书（家庭财产分割文书）等交给债权人。债务人至期末能清偿债务则转移占有，归债权人所有。

债务履行有时效规定。值得重视的是，民事借贷的繁多，民间债务层出不穷，这就出现债权诉讼时效问题。唐长庆四年（824）《唐令》规定：“契不分明，争端斯起，况年岁寝远，案验无由，莫能辨明，祇取烦弊。百姓所经台府州县论理远年债负事，在三十年以前，而主保经逃亡无证据，空有契书者，一切不需为理。”②官府明确规定债务纠纷的诉讼时效为30年，30年后官府不予受理（即债权人无诉权）。宝历元年（825）正月七日敕文曰：“应京城内有私债，经十年已上，曾去利过两倍，本部主及元保人

① 《宋刑统》卷二六《杂律·受寄财物辄费用门》引唐《杂令》。

② 《宋刑统》卷二六《杂律·受寄财物辄费用门》引《唐令》。

死亡,并无家产者,宜令台府勿为征理。"①元和十四年(819)敕文曰:"门下……御史台及秘书省等三十二司公廨及诸色本利钱,其主保逃亡者,并正举纳利十倍以上,摊征保人……主保既无,资产亦竭,徒扰公府,无益私家。应在城内有私债,经十年已上,本主及原保人死亡,又无资产可征理者,并宜放免。"这个敕令亦明确规定私人间的债权债务,十年以上,债务人及保人死亡,又无资产可征理,债权即可消灭。由以上不难看出,对于债权时效,唐代法律采取了审慎的态度,一方面在债务人无资产可追偿情况下不扰官府,另一方面要维护正常的借贷关系,保护债权人和债务人利益。唐代首次创设债务纠纷的诉讼时效规定,在中国民事法律史上有着极其重大的意义。

债务不履行的刑事责任。《唐律疏议·杂律》"负债违契不偿"条规定:"诸负债违契不偿,一匹以上、违二十日,笞二十,二十日加一等,罪止杖六十。三十匹加二等,百匹,又加二等。各令备偿。"律疏曰:"负债者,谓非出举之物,依令合理者;或欠负公私财物,乃违约乖期不偿者……三十匹加二等,谓负三十匹物,违二十日笞四十,百日不偿,合杖八十。百匹又加三等,谓负百匹之物,违契满二十日,杖七十,百日不偿,合徒一年。"在债务人违契不偿时,债权人可向官府申诉,官府则对债务人处以刑罚,并强制债务人履行债务。借一匹绢过契约期限 20 日不还,即受刑罚惩罚,不可谓不严厉。再如,唐《杂令》规定:"若官物及公廨,本利停讫,每计过五十日不送尽者,余本生利如初,不得更过一倍。"②即官营高利贷债务人在累计利息与本相抵后,如 50 日内不清偿,余本仍可计息;计息可过一倍。

四、明清契约的履行

(一)明代契约的履行情况

债一经成立,双方必须履行。从明代的法律规定和判牍史料综合来

① 《唐会要》卷八八《杂录》。

② 《宋刑统》卷二六《杂律·受寄财物辄费用门》引唐《杂令》。

看,债一般应由债务人亲自履行,但也可由中保人或亲属代为履行。

明律规定,如果债务人没有按照法律规定或契约约定全面履行债的义务,就应当承担不履行债的法律后果。其法律后果主要有:其一,刑事处罚。《大明律·户律·钱债》“违禁取利”条规定,欠负私债而违约不还者,应根据欠负情况处以笞或杖的刑罚。其二,强制履行。根据明律规定,对不履行债务者实施笞杖刑后还应强制“追本利给主”,在实践中,往往由债权人向官府起诉,官府在查证属实后,由官府督追,强制债务人履行义务。其三,牵制债务人的财物。即牵制财物逼迫债务人履行债务,或以财物抵偿。其四,以工折酬。当债务人不能偿还借贷财物时,可以工偿债。其五,交付罚金。契约之债中往往有“违约甘罚银若干”的约定,在司法中也存在有罚金的判决。

依法成立的有效契约则为法律所保护,对双方当事人具有约束力,当事人如不履行,则须承担相应的法律责任:诸如强制履行、牵掣债务人财物、以工折酬、罚金、名誉责任和人身责任等等。此外,民间在追偿债务时还有使用私监拷打、准折人妻妾子女等非法责任形式的情况。

其一,强制履行契约。其方式主要是债权人在债务人不履行契约约定义务时,告请官府判令债务人履行给付之义务。所谓“府州县官……循势要所嘱,督追私债”①,就属于这种情况。在明代判牍中,最为常见的情况有判令返还借款、给付货款和赊购欠资、交纳租金等。由官府强制履行契约,往往与人身责任连同使用,明律规定“其负欠私债,违约不还者”,首先对债务人实施笞杖刑,之后才“并追本利给主”②。另外,强制履行契约的方式也可在契约中约定,譬如有些租佃契约中有“如不遂命,听自取讨租谷无词”约定,这实际赋予了田主强行逼租的权利。在借贷关系中,债务人无力偿还时,甚至还有债主将债务人“捉回在家私监拷打”的非法逼债方式。

其二,牵掣债务人的财物。《大明律·户律·钱债》“违禁取利”条规定:“若豪势之人,不告官司,以私债强夺去人孳畜产业者,杖八十。若估

① 《明英宗实录》卷一二七。

② 《大明律·户律·钱债·违禁取利》。

价过本利者，计多余之物，坐赃论，依数追还。”细究该条规定，法律只禁止不告官司而牵掣财物，反推之，则言“凡是牵掣，必告官司”，但牵掣债务人的财物只能与私债本利相当，超过即为非法。此外，也可基于两愿，协定以其他财物抵偿。

其三，以工折酬。如吴江县的忙工，就是先向地主“借米谷食用”，农忙时再以工偿债。① 又如弘治十一年（1498）汪志广所立租屋基契中约定“每年交还租谷贰称，做工准还”，即以为房东做工折还租谷。②

其四，违约交罚金。所见明代买卖契约中常有“违约甘罚银若干”的约定。其具体情况有三：一是“如先悔者，甘罚银若干与不悔人用，仍依此文为准”。二是“如先悔者，甘罚银若干入众公用，仍依此文为准”。三是“如先悔者，甘罚银若干入官公用”。后两种情况有时笼统称为“甘罚银若干公用”。为何要约定“如违约，甘罚银若干公用”？“入众”也好，“入官”也罢，盖因缔约双方希望借助公众或官府的力量来保证契约的履行。在明代判牍中如祁彪佳的《莆阳谳牍》也多见有“罚谷若干石”的判语，想必违约受罚在明代的契约行为中已成习惯。

（二）清代契约的履行

第一，债务不履行应承担相应责任。清朝关于违禁取利的法律规定，着眼于社会的稳定和维护正常的借贷关系，对于债务人无疑是一种法律保护。但是，清代法律在保护合法借贷关系的同时，主要体现了对债权人的利益倾斜。《大清律例·户律·钱债》规定：“其负欠私债，违约不还者，予以笞杖等处罚，并追本利给主。”但清律禁止未经官府同意而私自“强夺去人孳畜、产业”，违者杖八十，并追原物还主。这项规定限制了债权人对债务人财产的掠夺，强调对债务人的处置权应由国家掌握，反映了清朝重视调整借贷关系的时代特点。

第二，债务的抵偿。清律虽然禁止役身折酬，但在实际生活中，“自

① 《吴江县志》卷五《风俗》。

② 张传玺：《中国历代契约会编考释》（下），北京大学出版社 1995 年版，第 1032 页。

愿”以工抵债的现象仍十分普遍。乾隆年间,竟有人以雇工抵债达 60 年之久,也有的因未能及时清偿债务,牵连家属“准折为奴”。这些虽为法律所禁止,但却得到官府的默认。还有的通过虚立田宅买卖契约,实际是以田宅准折债务。这种“虚钱实契”的民事行为也是法律所不允许的。《大清律例》规定:“若虚钱实契,典买及侵占他人田宅者”,予以笞杖等惩罚。但这种行为同样是屡禁不止的。

第三,连带责任。私债必偿既是国法,也是民间的通行习惯,即使债务人身亡,也由其继承人偿还。如债务人破产,则由中保人负连带责任。只有当债权人“准折债务人妻女”,构成犯罪的条件下,私债才免追。至于官府借给贫民的粮谷,或因开垦田土借给的牛具籽种,如果债务人人亡产绝,可以请求豁免。《大清律例·户律·仓库》规定:“凡遇地方荒歉,借给贫民米石谷麦,或开垦田土,借给牛具籽种,以及一切吏役兵丁人等办公银两,原系题明咨部行令出借。倘遇人亡产绝,确查出结,题请豁免。”但不得“捏饰侵渔”,或“未经报明私行借助”,否则按律治罪。

第四,违约责任。不仅如此,签约后,如一方当事人反悔,则应承担违约的责任。一般要将价金的二分之一交给官府,作为对违约方的惩罚。现存的许多契约中都有违约担保的内容。例如,雍正元年(1723)“大兴王景伊转典房官契”便载有“两家情愿,各无返悔。如有先悔之人,甘罚契内银一半入官公用”的内容。①

第三节　债务的赦免

一、秦汉南北朝时期的债务赦免

(一)汉代的债务免除与赦令

免除是指债权人放弃债权,从而免除债务人所承担的债务。如前所

① 张传玺:《中国历代契约会编考释》(下),北京大学出版社 1995 年版,第 1501 页。

述，两汉政府在遭遇灾年、荒年之际，往往以国家财产所有人的身份将国有种子与食粮借贷给灾民、贫民，以使之生存。而当借贷之债发生后，国家又往往以债权人的身份放弃偿还，免除债务，此称“勿收责”或“勿收”。有关诏令可见两汉书各帝纪：

(昭帝始元二年)秋八月，诏曰：“往年灾害多，今年蚕麦伤，所振贷种、食毋收责，毋令民出今年田租。”

(宣帝元康元年)三月诏曰：“……所振贷勿收。”

(神爵元年)三月……诏曰：“所振贷物勿收。行所过勿出田租。”

(元帝永光)四年春二月，诏曰：“……其赦天下，所贷贫民勿收责。”

(和帝永元十三年)九月壬子，诏曰：“……贫民假种食，皆勿收责。”

“勿收责”之令的实施，使国家与个人之间的债关系得以消灭。债务免除有时也发生于个人之间，人们所熟知的高祖赊账酒家“折券弃责”与樊重“焚削文契”即为其例。但是这种情况理应很少，因为债务免除毕竟出于非正常原因。事实上人们为了实现自己的权利，往往要求债务人如约偿还债务，而且当事人的债务并不因其身受刑事制裁而可以免除。居延汉简释可见下简：

迎奉食钱未持来，自责之不得，劾之。贤即责弘、胜之，弘负千三百，胜之负三千五百。(312·1)①

弘、胜之皆谢贤曰：会坐文事敦，论用自给，请今具偿。责弘未得。责胜之已得粟二石，直三百九十；糜三石，直三百六十；交钱三百五十，凡已得千一百，少二千四百。(26·9A)②

以上两简皆出土于破城子。文意似为：因弘、胜之未将奉食钱拿来，贤即自行索债。索债未得，即告劾二人。于是贤与弘、胜之形成债权债务

① 谢桂华著：《居延汉简释文合校》，文物出版社1987年版，第509页。
② 谢桂华著：《居延汉简释文合校》，文物出版社1987年版，第38页。

关系，弘负债1300钱，胜之负债3500钱。后弘、胜之因事系狱，贤继续追债，自弘处未得，自胜之处得1100钱，尚欠2400钱。由此例亦可发现，个人间的债务免除只有在债权人自愿放弃债权的前提下方可成立，否则债不会因何种原因而消灭。

（二）魏晋南北朝的赦令

《文献通考》载，胡安国称："赦令之下也，有罪者除之，有负者蠲之，有滞者通之"，"明哲之君，则赦乱希而实。昏乱之世，则赦令数而文。……实者有罪必除，有负必蠲"。而魏晋南北朝时期为昏乱之世，赦令频繁。新皇帝登基大赦，如晋武帝泰始元年（265）即位大赦，令"遭债负皆勿收"；立皇后可大赦，如东晋穆帝升平元年（357）立皇后大赦，令"逋租赁负皆勿收"；灾异之年大赦，如孝武帝太元五年（380）因该年发生灾荒大赦。此间赦令所颁之频，令人目不暇接。皇帝随意免除债务，则债权债务关系也归于消灭。正是因为这一时期赦令太多、太滥，有些借贷契约才不得不约定，不援用赦免的担保，如《敦煌文书》之"借豆契"载明："或有恩赦，不在免例。"

二、唐代的恩赦与抵赦条款

唐代高利贷之风盛行，虽然唐代律令中严格规定了利息的计算方式和最高限额，但是民间依然以乡例为据规避法律处罚，因此，高利贷现象屡禁不止，严重影响社会的稳定和普通百姓的生活。唐代统治者在儒家仁政思想的影响下，往往选择以赦免民间债负的方式来减轻贫苦民众的债务负担。比如唐宪宗《元和十四年七月二十三日上尊号赦》文，在放免官债（公廨钱出举）后，就是对私债的放免："京城内私债，本因富饶之家，乘人急切，终令贫乏之辈，陷死逃亡。主保既无，资产亦竭，徒扰公府，无益私家。应在城内有私债，经十年已上，本主及元保人死亡，又无资产可征理者，并宜放免。"①这当然是中国古代私权观念不发达的体现，说明古

① 《文苑英华》卷四二二。

代虽有契约法律之规定，有民间契约之实践，却无西方的私有权利不可侵犯之观念。古代国家法与民间社会之公私冲突在中国并不能以私权利的实现与否来解释，原因就在于中国古代虽然没有私权不可侵犯之思想，但是却不能认为，中国古代没有民间私人社会的独立领域，国家就可以无限度任意地干预私人事务。唐代对于债务的恩赦也并非无视债权人的权利而赦免一切债务的偿还。比如前面所引唐宪宗元和年间的敕文，只是限定在京城以内，不是全国范围的适用。而且，对于可以放免的债务也有严格限定，须是经过十年以上，且本主与保人都已经死亡的情况下才对债务进行放免。据学者考察，唐代对于债务的恩赦更多的是国家通过发布敕令的方式延长债务履行的期限，待丰收之后，债务人有了偿还能力再进行偿还。① 所谓恩赦在更多的情况下只是意味着免除债务人负债违契不偿的刑事责任，《唐律》中规定："诸负债违契不偿，一匹以上，违二十日笞二十，二十日加一等，罪止杖六十；三十匹加二等，百匹又加三等。各令备偿。"疏议解释说："若更延日及经恩不偿者，皆依判断及恩后之日，科罪如初。"负债不偿，原本是需要负担民事和刑事责任的，一方面要连本带息地偿债，另一方面要受到刑律制裁。只有在遇到恩赦的情况下，债务人在恩赦期间所应负的刑事责任是可以免除的。因此，《唐律疏议》规定是依"恩后之日，科罪如初"。

国家对于债务人的仁政虽然可以使债务人不至于因负高利贷而生活窘迫，但是强令延缓债务履行期限的做法也确实损害了债权人的利益。因此，债权人往往选择在契约签订时就约定对国家恩赦的担保条款，以约定的方式排除国家恩赦对契约效力的影响。沙知先生搜集整理的《敦煌契约文书辑校》中收录的契约就有很多约定了恩赦的担保条款。比如，《工部落百姓安环清卖地契》中就规定："以后若恩赦，安清罚金五两纳入官。官有政法，人从私契。"《平康乡百姓张义全卖舍契》中也约定："或有

① 罗彤华：《唐代民间借贷之研究》，台北商务印书馆 2005 年版，第 326 页。

恩赦赦书行下,亦不在论理之限。"《敦煌乡百姓吴盈顺卖地契》中的约定用语很典型:"中间或有恩赦流行,亦不在论理之限。"①

三、明清时期的债的消灭

明代的债务消灭往往基于以下三种情况:第一,因实际履行而消灭。第二,因债务免除而消灭。债的免除在明代有两种情况:一是债权人免除债务人之债务。明代不少儒生债权人因债务人"贫难不能偿"而常常酌情减免债务人的债务。也有亲属之间的减免。二是债权人有重大违法犯罪行为而依法免除。《大明律·户律·钱债》"违禁取利"规定,若债权人"准折人妻妾子女",则"人口给亲,私债免追"。第三,因折抵而消灭。按照明律规定,如两相情愿,或经告官,可以财物抵偿债务。需要说明的是,明代法律禁止私债准折田地,但司法实践中既可以畜产、木材、农具等财物抵债,也可以田产、房屋抵偿。

① 沙知:《敦煌契约文书辑校》,江苏古籍出版社 1998 年版,第 1、2、8、9、30 页。

第五章　钱债的纠纷解决

第一节　通　论

一、古代钱债纠纷解决中形成了国家法与民间习惯为主体的法律渊源

中国古代法的法律体系具有独特的逻辑内涵，可以用荀子设计的社会治理模式“隆礼重法”来概括中国传统法的特点。古代法律体系的基本逻辑来自于西周时期官礼、仪礼与刑律规范分类的基础之上。秦汉之后所强调的“礼”大多代表仪礼，官礼已经被融入到其他法律形式之中。唐代的法律体系基本沿用西周的模式，将刑、官礼、仪礼进行整体划分，法律在此基础上进行扩展，并且形成系统的法律体系。历史上第一部行政法典《大唐六典》的内容按照“以令、式入六司”要求，仿《周礼》的体例编制合并了原来令和式中的许多内容。同时开始编纂礼典，《大唐开元礼》的颁布则标志着礼仪法法典化在古代的实现。虽然由于多种原因《唐六典》最终没能“明诏颁行”作为法典施行，但依然可以视为是唐代立法者对于仪礼、官礼、刑律三体系并存的立法模式的一种尝试。明朝立法者自本朝开国时期就开始了编例制例的活动，首先在刑法领域建立了律例相辅的法律体系，随后又颁布了《大明令》作为行政法方面的基本法典。然

而这时三大体系并存的立法体系尚未完成，虽然格、式等法律形式已被吸收变化成其他法律形式，但明代的法律体系仍保持着以律令为核心的体系架构。明中叶以后，明代立法者通过编纂《明会典》和《明集礼》以及相关的制例编例，逐渐形成了以《大明律》《大明会典》《明集礼》三大法典为主，以例为辅的法律体系。另外，《大明令》为明代的传统法律，其存在于三大法典之外，其中的多数内容已经逐渐融入到其他法律形式之中，因此明代以仪礼、官礼和刑律三大体系并立的法源体系已经初具规模。清承明制，在明朝法源体系的基础上，经过历代统治者的努力，《大清律例》《大清会典》和《大清通礼》三大法典开始逐渐健全，以三大法典为主、典例为辅的法源体系也在不断丰富拓展，为后世的法律提供了有效的指导。

清代定例对于当铺失火的赔偿问题作出了详细的规定，此法律对于双方的权利义务在内容上都作出了明确的规定。尤其值得注意的是，这项定例中所规定的内容与现代民法在民事责任方面的规定基本一致，首先对受损货物与未受损货物进行判断，其次分析导致失火事故发生的主导因素，是由于个人失误或是他人所为，根据具体的失火原因，来判定其所应当承担的赔偿责任。① 上面的规定，体现了清代中期某些例文的表达形式具有了现代民法的特点。随着生产力的发展，清代的社会经济得到了较大的发展，其重要表现就是民间契约数量的增多。② 同时，民间契约的发展也导致了官方对民间契约加强管理的重视，比如浙江布政使司就发布告示，要求民间执业全部以契约作为凭据，如果缺少契约则无足为

① 乾隆四十一年的定例规定，当铺失火，其未焚及抢去各物仍听当主照号取赎外，其被焚货物，如自行焚火者，以值十当五计算，照原典价值，作为准数。邻火延烧者，减二。均按日扣除利息，照数赔偿。乾隆四十一年，准户部议复两江总督高。参见郭伟成、田涛：《明清公牍秘本五种》，中国政法大学出版社1999年版，第465页。

② 比如在徽州地区，有大量的“婚书”、入赘文书、出继文书和商业契约文书，大体上都可以视为劳动力买卖、生意往来文书，说明在徽州乡土社会秩序的维持，在很大程度上都是以“契约和理性”来支撑，即使在亲族之间也不例外。张仁善：《礼·法·社会——清代法律转型与社会变迁》，天津古籍出版社2001年版，第12页。

据,也就是将契约作为权利的一项保证。[①] 契约包括多种样式,整体上可以分为官版契约和手写契约。官版契约的含义就是由当事人双方在官方拟定好的契约上签字盖章;手写契约的含义就是契约由当事人双方自己书写拟定。虽然形式上有所区别,但是内容应当保持一致,具有同样的法律效力。在对契约进行管理时,清代法律要求土地、房屋等贵重物品的契约应当交由官府部门保管,并且要支付相应的契税,契约上交给官府之后,官府会加盖官印,自此才具有法律效力,这种契约被称为红契。[②] 而与红契相对应,那种未缴纳契税、官府盖印和粘加契尾的契约被称之为白契。在实际生活中,红契的法律效力高于白契,但是民间契约大多以白契的形式存在,并且在民间具有较强的适用性。在契约方面,清代继续采用税契制度对契约加以认证,使之具备了现代公证的意义,同时又是国家财政税收的需要。对于双方当事人来讲,红契代表官府参加了交易行为,保证了交易的合法性;从买方的角度出发,其自身的权利得到了法律的认可,假如出现利益纠纷,买方可以向官府提交红契,以证明自身利益的合理性。[③] 契约得到官府认证之后更加具有法律效力,官府也会充分保证契约双方的合法权益不受侵犯。

二、古代钱债纠纷中调解发挥重要作用

从政府对于民事案件的态度中更可以看到清代权利观念的变化。按照清代律文规定,在审判实践中可以对属州县自理案件的民事和轻微刑事案件以调解方式结案。但据乾隆三十年(1765)的定例规定,对田亩界

① 浙江布政使司于乾隆三十八年(1773)贴出文告:“民间执业,全以契券为凭。其契载银数或百十两、或数千两,皆与现银无异。”“盖有契斯有业,失契即失业也。”杨国桢:《明清土地契约文书研究》,人民出版社 1988 年版,第 249 页。

② 《户部则例》“房田买卖定例”条规定:“凡置买田房不赴官纳税请粘契尾者,即行治罪。”

③ 张晋藩:《清朝法制史》,中华书局 1998 年版,第 280 页。

址词讼，清政府要求当地官员亲自负责这一案件。[①] 通过分析黄宗智教授所进行的调查，我们可以发现，民事案件是清代地方官员所负责的重要内容，因此清代州县在处理民事案件中所消耗的司法资源是非常庞大的。在清代，民事案件多涉及的是普通民众，他们之所以诉至官府往往是因为争端已经难以调解解决，而自己的利益主张又必须得以实现。在多数情况下，如果能够以调解的方式解决争端，普通民众更愿意不惊动官府而结案，毕竟官场腐败，很多案件无法完全按照法律的规定来解决，尽管如此，清代在处理民事案件时的重要特点之一就是从不用刑，并且经常对产权和契约进行保护。[②]

检阅清代有关例文规定和案例汇编可以发现，清代官方在对私有产权进行保护的问题上，相互矛盾的观念依然存在，权利只是得到了一定程度的承认。学界认为明清之际的思想史上的重要变化在于对欲望的肯定和“私”的观念的膨胀。[③] 清代的思想家戴震区分了私（指的是侵犯他人正当利益）和欲之间的区别，对于生养之欲以及不侵犯他人的私给予了认同，对于“欲之失”的私则强烈反对。怎样才能最大限度地避免“欲之失”，戴震认为应该在人欲与己欲之间寻找平衡，也就是说人在追求自己利益最大化的同时不能损害旁人利益，这在戴震看来就是理。所谓纠纷，

---

① 乾隆三十年的例文规定：“田亩界址词讼，虽例准批乡地复查，亦应据实亲自判断，不得经批乡地处理完结。如不亲断，令乡地理处者，照将事务交与不应处之人例，罚俸一年。至重大事件，滥批乡地复查者，照批发佐杂例，降三级调用。”乾隆三十年，议复河南藩司佛德条奏。郭成伟、田涛：《明清公牍秘本五种》，中国政法大学出版社 1999 年版，第 277 页。

② 黄宗智：《清代的法律、社会与文化——民法的表达与实践》，上海书店出版社 2001 年版，第 8—12 页。

③ 沟口雄三认为，明末清初思想史上有两个特征：一是对欲望予以肯定的言论表面化；二是提出对私的肯定。就“欲”而言，包括衣食等生存欲和与之相关的货财、田土等物质欲、所有欲；对于“私”来说，是主张私的所有。这是把传统上处于负面（minus）的概念“人欲”“私”的坐标位来了一个一百八十度的大转弯，使其处于正面（plus）。［日］沟口雄三：《中国前近代思想的演变》，中华书局 1997 年版，第 10 页。

其实就是人欲与己欲之间的关系出现了冲突，因此纠纷的产生是应该被否定的，化解此纠纷的根本途径就是在人欲与己欲之间寻找平衡。“权利”一说，观点众多，一方面从人性的自然角度出发，人性自然有欲，因此自然的欲和纯属个人的私是值得存在的，也是符合天理纲常的。所以这样来看，人们的利益主张与互相冲突的利益之间就产生了矛盾，因而纠纷的化解就显得十分重要，清代法律在民事领域的复杂态度恰好体现了理想与现实之间的矛盾。在民众有权主张自身权利的同时，如何对待诉讼则成为清代的另一问题。听讼是清代官员在现实中最大的责任，也是最为重要的任务，而清代在这方面的规定却多为矛盾。现实的州县司法实践当中，听讼解决民事纠纷是最为重要的任务之一，也恰如汪辉祖所说："治以亲民为要"，而“亲民在听讼”①，然而另一方面清代官场在对官员进行政绩考核时，将“由听讼以训至无讼”作为政绩的一项重要标准，也就是以无讼为政绩考核的最高标准。这时理想与现实就产生了背离，听讼是任务和责任，但理想的状态则是无讼。为此州县官员出于政绩考核的需要则往往将案件推诿于乡里，使乡里成为审查此类案件的重要主体。在乡里解决纠纷的主要方式就是调解，以调解的方式来实现维护社会秩序、兄友弟恭、家庭和睦的社会状态，重视建立和谐有爱的社会环境，避免因为各类矛盾冲突而破坏社会的和谐氛围。在权利的管理方面，清代的法律中存在一定的矛盾。举例而言，在进行土地租用时，清朝律例明确说明：“呈有奸顽佃户，拖欠租课，欺瞒田主者，杖八十；所欠之租，照数追给田主”②；但是还有法律指出“凡因事威逼人致死者，杖一百。”③在对待此类“田土租赁之债”的纠纷时，地方政府为田主催收田租的情形时常发生，而佃户作为弱者的一方则以后一条法律规定为恃，以自杀等形式图赖，以造成“威逼人致死”的情形，使田主有所顾忌不敢追债。一方面要帮助田主催缴，另一方面

① （清）汪辉祖：《学治臆说》卷上。
② 《大清律例 · 刑律 · 斗殴》。
③ 《大清律例 · 刑律 · 人命》。

还要顾及佃户的生死，可见在维护私人产权方面，清代的法律不仅照顾到了一方的个人利益，而且在整个纠纷中照顾了双方的可能利益。

第二节　古代土地买卖契约纠纷中的法律适用

清代对于土地典卖契约的格式作出了明确的规定，以区别卖与典这两种概念。比如在乾隆四十年间的《户部则例》中就规定："民间田宅系出典，令于契内注明年限、回赎字样；系出卖，令于契内注明绝卖永不回赎字样。"①光绪朝《大清会典事例》内所录的《大清律例》中也有如下记载："嗣后民间置买产业，如系典契，务于契内注明回赎字样。如系卖契，亦于契内注明绝卖永不回赎字样。"②可见，清代法律规定如果是典契则必须明确记载回赎的字样与年限，而如果是卖契则必须在契约中明确约定永不回赎，以与典契作出区别。然而，实际生活中的契约却未必都严格遵守了法律的规定。相反，在明代中叶以来，随着地价的不断上涨，一些约定回赎的卖契或在出卖之后又要求补偿地价的"找价"行为开始大量出现。③ 乾隆十八年，浙江按察使同德就指出在浙江地区出现了大量有关找价和回赎的纠纷，其原因都是由于近数十年来土地价格的上涨。④ 户部则说明此类找价行为的法律原因则在于当初订立契约时未严格依照法律规定明文约定禁止回赎字样，而允许卖主向买主找贴或赎回旧业则也一向是江浙一带的风俗习惯。⑤

① 《户部则例》卷一七。

② 《大清会典事例》卷七五五。

③ 林甘泉、周绍泉、童超：《中国土地制度史》，文津出版社 1997 年版，第 333、334 页。

④ 《藩司定例》卷九："浙省民风夙称好讼，……其中告争产业者，大约什居八九，……皆因盛世滋生户口日众，所在田土价值高昂，较之数十年前，几至数倍，以故从前出售之产，咸思勒索找贴，或欲赎出别售，冀沾余价。"

⑤ 《藩司定例》卷九："惟是各省置卖产业，写立契券字样不一，……其未写立杜绝等项字样，向来一任卖主找赎者，本属江浙等处乡风，并非各省通例。近年生齿日繁，地价随时增长，其讦讼纷纭，借端控告，原不过冀获羡余，稍图分润。"

按照清代法律的规定，典型的典契必须明确注出回赎的字样，而典型的卖契则必须明确约定杜绝回赎的条款。而这样约定明确的契约当然是理想的状态，而在社会生活实际中，还有大量没有约定回赎字样的典契和未约定杜绝回赎字样的卖契。因此，如果按照法律规定的契约形式和非按法律规定的契约形式来对清代的土地典卖契约加以考察，则我们可以将其分为典型的典、卖契约和非典型的典、卖契约，一共四种主要形式。

契约类型	形式	法律效果
典型的典契	注明回赎字样	取得典契的效力
非典型的典契	未注明回赎字样	三十年以内，效力待定 三十年以外，绝卖[1]
非典型的卖契	注明回赎字样	典型的活卖[2]
	既未注明杜绝也未注明回赎字样	三十年以内，效力待定，三十年以外，绝卖
典型的卖契	注明杜绝字样	取得绝卖的效力

清代土地典卖契约的法律后果主要分为三种：绝卖、活卖和典卖，然而其中三者之间的关系以及活卖的定性问题却众说纷纭。比如，仁井田陞就认为，活卖是附买回条件的买卖，绝卖则是无条件的永久买卖；戴炎辉则认为活卖者系将移转所有权于他方，故与典不同，而活卖因可以回赎，而又与绝卖相异。[3] 章有义也认为活卖是卖主保留日后可以赎回或加价作绝的权利，并与具有债务担保或抵押功能而仅转移使用收益权的

---

① 对于未注明回赎字样的典契，《大清会典事例》中规定："其自乾隆十八年定例以前，典卖契载不明之产，如在三十年以内，契无绝卖字样者，听其照例分别找赎。若远在三十年以外，契内虽无绝卖字样，但未注明回赎者，即以绝产论，概不许找赎。"（《大清会典事例》卷七五五）

② 《大清会典事例》中规定："如约……或注定年限回赎者，并听回赎；若卖主无力回赎，许凭中公估找贴一次，另立绝卖契纸。若买主不愿找贴，听其别卖，归还原价。"（《大清会典事例》卷七五五）

③ 戴炎辉：《中国法制史》，三民书局 1991 年版，第 311 页。

典不同。[①] 然而，也有学者否认活卖的独立性质，而主张应该划归于典的范围之内。比如，台湾地区学者刘恒妏在考察台湾地区的典卖习惯时就提出："'买卖'为'绝卖'，在房屋田产等物业易主后，即认双方关系已绝尽，不得回赎，……反之，'典'则为一种'活卖'，……即认为在典期经过之后，原业主即得随时以原典价赎回物业。"[②]从某种意义上说，清代民法中的"典"与"卖"实在存在着模糊之处，无论"典"与"卖"都存在若干年后原主前来要求"找价"或"找贴"的情形，甚至于无论"典"与"卖"，双方当事人都可以约定于一定期限之内进行"取赎"。但是，这并不能说明，"典"与"活卖"之间的概念是可以互通的。清代一位主审官员曾经就某一案件下如此判语："及禀该县又称，田系出典。或典或卖，先后又自相矛盾。"此案主审官员以当事人的陈述中前后关于契约为"典"或"卖"的描述互相矛盾，因此对于该当事人的陈述未予采信。从这里我们可以发现，在清代的裁判官员看来，"典"与"卖"是不可混淆的。

一、活卖契约的定性与效力

清代的法律对于民间契约并不一定严格恪守法律的事实作出了应对。因此，在法律中，除了典与绝卖之外，还有三种非典型的典契与卖契形式，而这三种均有找赎的余地，乃是介于典与绝卖之间的中间类型，故在概念上不妨统称"活卖"。活卖因经济目的的不同，或出于交易的动机，或基于为债务供担保，以致本文所称的"活卖"，在形式上可以分为倾向买卖的活卖与倾向典当的活卖两种。显然，注明找赎字样的非典型卖契，完全符合"附买回条件的买卖"的定义，形式上属于倾向买卖的活卖。至于契内未载杜绝与找赎字样者，清代法律认为系记载不明之契，依照本文的分类，其形式上倾向于典者为非典型的典契，倾向买卖者为非典型的

① 章有义：《明清徽州土地关系研究》，中国社会科学出版社 1984 年版，第 76—77 页。

② 刘恒妏：《台湾法律史上国家法律体系对民间习惯规范之介入——以台湾"典"规范之变迁为例》，台湾大学 1996 年硕士学位论文，第 39 页。

卖契。按照清代法律的规定,这两种形式的典卖契约,如立契超过三十年,即作绝卖,而未逾三十年者在解释上可能为活契,也可能为绝契。

从《大清律例》立法意图来看,清代立法者努力以"典、绝卖二分法"来规范活卖这种中间类型,最直接的影响,就是被认作系绝卖者,即不得任意告找告赎,否则即照不应重律治罪,处以杖八十之刑。① 因此,决定何者为不可找赎的绝卖,即属重要的课题。因此,对于契载明确的活卖契约,清代法律向来承认此种非典型卖契具有找赎的效力。至于契载不明的活卖,在清代一直是判断上的难题。由于这种混沌不明的契载内容使卖主(原业主)有找赎之借口,造成土地关系的不稳定状态,也不利于保护买主的权利。因此清代于乾隆十八年(1753)起,正式以三十年作为此种契载不明之产的"诉讼时效",即契载不明的契约,自写立时起讫告争时止,期间如逾三十年,则此种活卖的出卖人即不得告找告赎,而受让之人在法律上成为地位更为巩固的业主。总之,清代法律努力将非典型典、卖契的性质予以厘清,如此即可判断卖主在何种情况下向买主告找告赎即为非法,并保障买主在绝卖关系中的权益。

综上的情况,活卖契约允许卖主于田产交易完成后,再向买主请求加价或回赎。这样的田宅交易惯例体现清代时期的土地关系中,原业主对于已出卖的土地仍然享有某些权利。按照英国学者步德茂(Thomas M. Buoye)的观点,清代的活卖惯例体现了个人对于祖产不得让与的观念。因此,对于被认为是祖产的土地,即使出卖,也依然享有回赎的权利,而对于地权经常移转的土地,则被视为是交易商品,少有人要求回赎。② 这其实反映出土地在中国古代不仅是交易的标的,同时依然是祖产的一部分,

① 《大清律例》:"卖产立有绝卖不准找赎"例有云:"倘已经卖绝,契载明确,复行告找告赎,……具照不应重律治罪。"又乾隆十八年条例对于不依三十年年限规定,"混行争告者,均照不应重律治罪"。又所谓"不应重律",系不应为条后段规定,"事理重者,杖八十"。

② Thomas M. Buoye, Manslaughter, Market, and Moral Economy, Cambridge University Press, 2000, pp.93-94.

具有很强的家族依附性。在这样的土地观念下,活卖习惯的产生就是顺理成章之事。但是,从契约关系的稳定和社会经济发展的角度看,活卖的大量存在,不利于稳定财产的归属关系,从而影响田产的自由买卖。不仅不利于及时确定买主的利益,长期来看也不利于田产交易的发展。有鉴于此,清代法律对于活卖的效力作出了种种限制。不仅法律规定了类似诉讼时效性质的三十年期限,同时明文规定了何种契约字样为一次性买断以及活卖次数和方式,以防止卖主任意告找告赎,以期尽早稳定契约关系。

该条文规定了三种结束活卖关系的方式:第一种为依据契约约定的年限回赎;第二种为向买主找贴,但仅只一次为限;第三种为卖主得将活卖给现业主之地别卖他人,再将当初所得价金返还给现业主,此时卖主与现业主的活卖关系消灭,而卖主与他人另成立一买卖关系。于此可见,清代官方一方面希望保护田产买卖的买主,及早稳定买卖契约关系,然而另一方面又不得不向强大的民间习惯予以妥协。尽管清代官方法律已经正视现实情况,并且对于民间习惯加以妥协,但是在现实生活中,关于活卖的法律规范实际效力并不乐观。大量的判例现实,民间找贴三次以上的情形所在多有,即使是明确约定为“绝卖”的契约在现实生活中依然有找贴或告赎的情形发生。就现实生活中,实践与法律之间的互动关系,我们将在下文加以阐明。

二、法律与现实的调和

(一)土地典卖活动中的“找赎”纠纷

清代时因为土地问题引发的纠纷非常之多,而在土地典卖方面大部分是在找价、回赎上纠纷较多,而由于典权人想获得土地的所有权,私改契约的现象也不少见。

土地典卖纠纷产生的主要原因就是土地价值的改变,在中国古代社会,土地是非常珍贵的资产,典卖和绝卖的性质是不同的,典卖土地后,出典人能够通过归还典金，要回土地。然而，当到了约定的时间后，出典人没有能力支付赎金，就能够用“找贴”的办法把土地永远地卖给典权人，获得典卖和绝卖间的差价。绝卖之后，对于出典人来说就永远地失去了土地的所有权。而在找贴的过程中就经常会出现纠纷。因为通货膨胀，导致土地的价格不断上涨，在这时出典人就会多次进行找贴，也就使得出典人与典权人间纠纷不断。为了预防这种多次找贴的行为，大清律法明文规定找贴只有一次机会。当时在安县就有这样的例子，一个农民在找贴绝卖后又想要第二次找贴，因为法律上已经有了规定，所以农民最终败诉。可见，清代关于土地典卖纠纷的处理已经植入了公平的内涵。

不仅是典契，即使土地的买卖交易，在之后如果卖主希望赎回之前出卖的土地，只要当时并非绝卖，也都可以依照习惯进行赎回或者请求找价。比如，《刑科题本》记载的一则案例就说明，活卖土地的找价是当时湖北京山县的惯例：“据黄添福供：……乾隆四年，小的祖黄述文把自己画眉冲山田一块，给张文盛祖人为业，是卖是典，多少价值，小的不知详细。乾隆五十六年八月里，小的家道贫难，因京山地方俗例：凡出卖产业，许原业加找一次。那月二十四日，小的投百甲姚全中，央他向张文盛讨契查看，想要找价。”①

另外一种常发生的纠纷类型是关于回赎的价格。回赎一般都发生在多年后，这是因为土地出典年限较长，回赎时价格受到各方面因素的影响有了较大变化，此时就会因双方在价格上无法达成一致而发生纠纷。例如由于通货膨胀的原因当时典当价格并不高，而过后土地的价格有了较大的提升，当出典人想用典价收回土地时，典权人并不想交出土地，这也是经常出现纠纷的地方。而在这方面，大清律法也进行了明确的规定：“业主所典之物，年限已满，备价取赎，若典主托故不肯放赎者，笞四十。”

在土地典卖多年后，出典人或其继承人想要赎回土地，但是典权人却

① 《清代土地占有关系与佃农抗租斗争》，中华书局1988年版，第562页。

对土地有了占有欲,不肯归还,因而发生纠纷。而这种案件的例子也有很多,比如,宝坻县司法档案中有多个这种类型的案件:辛旺的祖父把土地典卖给李祥的祖父,多年之后,经过两代,在 19 世纪 80 年代,辛、李两家因为土地所有权的问题对簿公堂。另外一个案件是:刘和、刘顺家租种一个姓项的地主家的 10 亩地已有 45 年之久,突然,赵永说要赎回这 10 亩地,因为这是他曾祖在 1788 年典卖给项家的,于是他们打了一场官司。[①]

在典契中约定的时间到期后,如果出典人没有能力赎回土地,但又不想通过找价彻底失去土地的所有权,那么事情就会出现僵局进而引发纠纷,此时,出典人仍然拥有土地的所有权,而典权人拥有使用权。而实际占有使用着土地的典权人却又无法行使完整的所有权。

(二)关于土地典卖纠纷解决方式

第一,审判与告示。在清朝,法律并不像现在有明确的分类。在实际操作中,民事诉讼大都出现在地方州县,称之为“民间细故”[②],“民间细故”案件数量很大,如果都需要进行裁量则会占据大量的诉讼资源和成本,而清代的官员也不可能具有事必躬亲的能力,这样就能按照清朝法律,把这类案件的判决权交给了州县官员,不需要再向上级禀报,即“自理词讼”案件。与此同时,在清代解决争讼案件的地方父母官身兼数职,他们既是司法官员也是该地方的行政官员,司法审判与地方治理就无法严格区分开来,很多措施混用,而各州县官员主要的任务就是司法与税收。[③] 在传统社会,土地是人们的生活来源,靠天吃饭,农耕的生活使得土地成为百姓生活的重要经济支柱,所以此方面出现的纠纷数量极多。地方官员为了减少此类问题的争讼,同时也为了避开“缠讼”,一方面选择被动地接受诉讼;另一方面会根据诉讼的内容及时制定一些法令措施来对当地的人民进行引导,减少纠纷的发生。

---

① 梁治平:《寻求自然秩序中的和谐》,中国政法大学出版社 2002 年版,第 61 页。

② 龚汝富:《明清讼学研究》,商务印书馆 2008 年版,第 40 页。

③ 吴向红:《典之风俗与典之法律》,法律出版社 2009 年版,第 176 页。

第二，民间调处。民间调处就是让民间的组织或者个人出面，以规劝、协调等办法来处理民间发生的纠纷。在清朝，民间调处为解决纠纷做出了很大的贡献，得到了当地官员极大的信任。在处理土地典卖纠纷中，民间调处所设的“中人”很有权威，也得到了法律及当地官员的首肯。“中人”顾名思义，秉持中立的立场看待和解决纠纷，例如，在康熙三十八年(1699)，巴县杨启元以五十千元将瓦房出典给严光大，数十年后，杨启元按照此时每千钱兑换白银六钱的标准攒够了白银三十两向严光大回赎房屋，但严光大之子严彪却不同意其赎回房屋。原中张兴武、雷信丰、晏述庵等人为二人进行调节，他们普遍认为银子的价值比钱的价值要高，用银子来赎回房子比较合理。但是严氏父子偏要成都新局钱五十千文，才肯让杨启元赎回房屋。杨启元只得向衙门提起诉讼，县令责令由中人继续调解。①

在处理民事案件上，官府的态度非常的不积极，因而使得很多的纠纷不能及时进行处理，此外，在官府诉讼，百姓要付给官员各种费用，在这种情形下，百姓往往会望而却步，特别是有关土地的典卖，为了不交契税，他们往往不签红契，而清朝法律中规定，凡土地交易者，必须交税，违反者笞五十，因此，当事者多不敢在衙门诉讼；此外，清律中规定找贴只能找一次，然而典权人为了拥有土地，不顾法律，委托中人一次次为出典人进行找贴，因此在出现纠纷后，他们都不敢轻易提起诉讼。这就使得民间调解在解决土地纠纷时起到了重要的作用。在乡土气息浓重的传统社会中，人口的流动性很差，所以地方上有威望的人扮演着调解纠纷的主要角色，在清代的土地典卖契约中，这样的“中人”在土地买卖过程中，他们不单单是介绍参与，更多情况下，他们的职责是为解决纠纷提供方案，中人的调处功能是不能忽视的。②

① 《清代巴县档案选编(乾隆卷)》，档案出版社 1991 年版，第 225 页。

② 李瑶：《中人在清代私契中功能之基因分析》，《河南社会科学》2008 年第 5 期。

（三）土地买卖契约纠纷解决中的法律智慧

第一，尊重私契、不违国法。根据清代法律规定，契约中明确记载"杜绝"或"禁止回赎"字样的当然被视作绝卖。然而，如果是先前卖契注明回赎，但嗣后又另外定例契约禁止回赎的，清代的司法官员也会尊重当事人的最新约定，从而将田产认定为绝产。比如，《徐公谳词》中记载一则雍正年间的案件，该案当事人李廷桂之故父又白曾将田卖与监生徐孔彩，契约中约定"不拘远近年月，原价取赎"。后来又白因"田鄙亩重，兼以无力赎取"，于是又与买受人签订契约"日后李人永不找取，徐人永远管业。"此案又白之子李廷桂要求取赎，司法官员裁判道："订赎于前，议断于后，廷桂又复何辞？"①另外，《槐卿政迹》里一件道光、咸丰年间的案件，也是以后立的找契，作为杜绝的依据："袁永声先年买受袁冬保地园林坦各业，已历多载，保子来生争图找价，经中处永声付钱伍仟伍佰文，来生立清杜字据，交易而退，本无参差。"②从以上案例，可以发现，虽然卖契内明确记载绝卖不许回赎字样，但仍无法有效阻抑卖主不时找赎的情况发生，尽管如此，一旦此类纠纷经告争官府，官府就会根据文契约定的绝卖字样，判断其为绝卖，不准卖主自行告找告赎。

即使当初签订契约为绝卖，卖主依然可以在房地卖于他人之后，向买主索要"叹价"的经济补偿，而这种体现"绝卖不绝"现象特征的契约就称之为"叹契"。尤陈俊在研究中发现，虽然清代官方法律对于"绝卖不绝"的现象持一种否定的态度，但是民间的契约中约定"加叹"或"加价"的却屡见不鲜。尤陈俊将此种"叹契"的性质认为是一种习惯权利，意味着法律对于民间习惯的妥协。③ 然而，从另一方面看，实则也是国家法律对于民间私契所采取的一种放任态度。

---

① 《徐公谳词：清代名吏徐士林判案手记》，齐鲁书社2001年版，第273页。

② 《槐卿政迹》卷六，载《历代判例判牍》第10册，中国社会科学出版社2005年版，第272页。

③ 尤陈俊：《明清中国房地买卖俗例中的习惯权利——以"叹契"为中心的考察》，《法学家》2012年第4期。

第二，综合情法、保护弱者。岸本美绪在考察了60多则关于找价回赎的案例之后，发现州县与上级部门对于处理此类案件上的态度存在着颇为明显的差异。他认为在州县的调处中，州县官员往往对找价回赎的案件有一种对弱者进行感情照顾的倾向，而上级部门则往往依法办事。① 其实清代的司法中，不仅是州县会对弱者一方进行照顾，在《刑科题本》中就记载了一些田产买卖纠纷而引起的刑案。在这些案件中，即使卖契载明绝卖，但最后知县均以田价太轻为由，准予卖主告找告赎。比如，在乾隆十二年(1747)阿克敦等谨题为打死父命事，即记载了因系争卖契注明“永远管业”，当时的知县伊灵阿一方面认定是绝卖，一方面又以田价太低，买主的收租所得不但足以收回其支出的买田成本，甚至有所盈余，从而权衡之下，知县劝买主放赎，以收回原先支付的成本，而卖主又可以因此收取回原业。这样一来，该调处的实际效果其实是知县以其职权将绝产变为活产。② 另外，乾隆三十二年(1767)十一月十六日刘统勋等谨题为报明人命事的题本中，反而是知县断令买主加添找价。最后按察使与巡抚均支持该判决，而命买主找价银十四两给卖主，田归买主管业。③ 可以想见，这则调处结果的目的就是为了补足原卖价的差额，而准许找价。同时，知县判令田归买主管业，实际也是希望通过此次找价之后将系争田产转为绝产，不得再次告找，以杜绝日后争端。清代州县官员之所以倾向于对“找赎”案件采取一种同情弱者的调处方式，原因在于两点：首先，是清代州县官员可以对案件自行调解，而不必严格依法裁判，因此，州

① 就州县官员的调处结果而言，并不意味着州县官员们的调处只是在原被告之间和稀泥，而是说“几乎所有地方官员明确地判断谁是谁非，但判决未必就是简单地命令无理的一方履行契约”，结果形成了“对情节恶劣者严厉斥责并宣称将对其依律惩戒的审判”两种风格迥异的处理结果共存于同一司法体制内部的局面。参见岸本美绪：《明清时代的“找价回赎”问题》，载寺田浩明主编：《中国法制史考证·丙编·日本学者考证中国法制史重要成果选译》(第四卷·明清)，郑民钦译，中国社会科学出版社2003年版，第423—454页。

② 转引自《清代土地占有关系与佃农抗租斗争》，中华书局1988年版，第356页。

③ 转引自《清代土地占有关系与佃农抗租斗争》，中华书局1988年版，第475页。

县官员完全可以按照调解的方式方法对案件综合情理与国法的衡量,考虑多方利益与法律规定的平衡,最后做出平衡情法的调处结果;其次,田宅买卖对普通百姓而言是十分重要的不动产交易,而且土地价格的大幅波动将会严重影响百姓的个人生活,因此这时的州县官员在裁判案件时必须考虑双方当事人的家庭经济状况和田宅价格的上涨情况。清代天台县令戴兆佳就清楚地认识到了田宅纠纷中必须综合情法作出调处,他说:"买卖田产,不许告找告赎,此定例也。然律设大法,理顺人情,事贵因地制宜,难以拘泥成法。"①

从清代司法应对土地典卖中的"找赎"案例中,可以看到古代法律传统在解决钱债纠纷时体现了如下的法律智慧:首先,是立法上尊重民间"找贴""回赎"的田土交易习惯,国法充分尊重当事人双方在契约中的约定,也允许当事人根据合意随时变更约定,可以"加叹"等方式修改之前的绝卖契约。其次,州县司法充分考虑到田宅价格上涨对百姓生活的影响等实际情况,综合情法,往往会根据实际情理作出同情弱者的调处结果。这时州县官员所进行的调解活动就发挥了巨大作用,通过调解,州县官员可以根据实际情况作出变通法律的调处意见,以更大力度维护社会生活秩序的稳定。

① (清)戴兆佳:《天台治略》卷六。见于《官箴书集成》第四册,黄山书社 1997 年版,第 161—162 页。

第六章　少数民族地区的钱债

第一节　少数民族地区的钱债特征

一、钱债的演变概述

少数民族地区的债的存在也是源远流长，债的形式和内容经过长期的演变，既有共同性也有特殊性。

债的形式的演变。早期人类的契约都是从口头契约演变为书面契约，书面契约从简单的结绳记事发展到刻木为记，又到书写双方权利义务的书契，最终有格式合同的出现，在形式上逐渐从无到有，从简单到完备。“界外不通语言，焉解文字？互市或有赊货，皆以结绳代券，如期而偿则去之。盖风之似上古者如此。然而民分番、汉，汉恒欺番；番分内外，内能和外。即如水沙连之社仔社，曩皆生番聚居，不知如何为汉人所饵，遂夺其地而墟其社。埔里社之膏腴，固汉人所耽耽者；熟番馈以货物，竟得受地而垦，杂居无猜。春秋魏绛之论‘和戎’，所谓‘贵货易土，土可贾焉’者，洵不诬也！”①契约最初以口头方式缔结，之后采用结绳记事，因为没有文字无法形成书面契约，详细记载各自权利义务，买卖或者赊买通过结

① （清）邓传安：番俗近古说，载《同治淡水厅志》卷十五上，《中国方志集成》台湾府志辑，上海书店出版社 1999 年版，第 497 页。

绳记事方式记录买卖的存在，凭借诚信到期付款，汉人赠送礼物获得土地回馈，侵夺番民土地。后来，到辽代，契丹族已经有格式契约为债的订立提供便利。辽代卖地券："咸雍元年，今卖自己在京宣化坊门里面街西小巷子内空闲地。内有井一眼，槐树两株，东邻，南邻，西邻，北邻。"①

债的履行方面，少数民族地区早期债的履行一般是用实物或者人身抵债，清代《蒙古律例》中抵债不仅用牛羊等实物，也用货币。债的担保从无到有，从简单到复杂。少数民族地区法律和习惯法对诚信不欺作出明确规定，《夜郎君法规》专条规定不许欺骗。缔结债的关系，必须承担债务，以自身信誉作为担保。后来，逐渐发展出用家庭财产作为担保，又出现直接转移占有或者控制用于担保的抵押财产，用可控制的财产为自身的财产安全做出保障。相应地，担保条款逐渐产生并复杂、明确。

债的规则从完全的民间习惯转变为习惯法，之后又出现了国家立法。例如，蒙古族的债的规则，最初是依据民间习惯和习俗进行，部落时代晚期，习惯转变为习惯法，元朝出现了国家法，北元时期和清代出现综合性的法典，如《喀尔喀法典》《卫拉特法典》《蒙古律例》等法典涉及债的规定，使得债的规则依据从习惯法转变为国家法。藏族的债的规则也经历了类似的演变过程。

二、少数民族地区的钱债特征

（一）强调诚信

少数民族地区的钱债法律规则相对较少，更加依赖当事人自身的诚信，法律也对诚信做出规定。《夜郎君法规》第二条禁令规定"一不准骗人，二不准抢人。若不听从者，定将眼珠挖。一次挖一只，二次挖

---

① 向南编：《辽代石刻文编》道宗编上，弥勒邑特建起院碑，河北教育出版社 1995 年版，第 325 页。

两只。”①欺骗的禁令不只针对钱债，但是作为一般的规则也适用于钱债的活动中。这部法规没有对钱债本身做出专门规定，这种一般性的规则作为人们行为准则可用于各种行为的约束中，尤其突出了诚信规则本身的重要意义。

（二）与中原地区的交往中深受中原地区债的影响

乜小红在《中国古代契约发展简史》中认为，“各少数民族吸收了汉族的契约文化，用本民族语言文字来规范本民族的经济生活和人际交往关系。从地下出土契约实物来看，西北地区气候干燥，保存下来的古代民族契约较多，如丝绸之路上出土汉晋时期的佉卢文契；北朝至唐的粟特文契、于阗文契；唐代的吐蕃文契；唐至元代的回鹘文契、蒙古文契；西夏至元的西夏文契；明清时期的察合台文契。西南地区的少数民族，较长时间以来，由于通行汉文，故其契约多用汉文表述。民族契约的特点是：在接受汉地契约格式和精神的同时，又结合本民族的社会制度和风俗习惯，形成一些适合本民族内习惯行用的契约模式。”②乜小红的观点基于历代保留下来的契约文书实物和文献分析而得出结论，该结论符合实际。张传玺收辑的历代契约中关于少数民族地区的契约，可以看到，从契约格式、行文表达习惯、固定表达术语和规则、防伪技术方面与同时期中原地区的契约一致，有些还直接使用了当时汉地朝廷的官方文书保存技术。如佉卢文契约中使用的汉朝官文书传递中使用的防伪“封检题署”规则和技术。③

（三）债的内容和债的履行方式上的多样性

少数民族地区生活环境、历史、文化、习俗、制度等等差异较大，相应

① 杨一凡、田涛编：《中国珍稀法律典籍续编》第九册，夜郎君法规，少数民族法典法规与习惯法（上），黑龙江人民出版社2002年版，第2页。

② 乜小红：《中国古代契约发展简史》第八章，各民族文字契约，中华书局2017年版，第341页。

③ 乜小红：《中国古代契约发展简史》，第八章，各民族文字契约，中华书局2017年版，第343页。

地，债的内容和履行方面也体现出多样性。例如，《阿拉坦汗法典》中关于侵权行为的规定："由送葬之处返回，进入他人家宅者，按进入家宅的人数罚马。辱骂好人的夫人者，罚五畜。"[①]送葬之后进入他人家宅是对他人的侵害，受到处罚，赔偿受害人损失，体现了蒙古族的殡葬风俗观念。辱骂好人的夫人体现了特定时期的特定制度，具有强烈的民族特征。疯子杀人是否需要赔偿，不同的民族有不同的规定，蒙古族上述法典规定了赔偿九畜和骆驼一峰。

少数民族地区债的内容中关于侵权之债的规定比较多，人身损害和财产损害都会构成侵权损害之债。侵权损害中对精神的损害也有较多的规定，保护人格受到尊重。

相对来讲，无因管理之债和不当得利之债的规则比之中原法律的规定更复杂，列举更详细。这种规定可能是与少数民族地区更加注重用损害赔偿来解决问题，建立秩序的需要有关，公共权力对空间的支配力不足，依赖民间自身的力量维护财产秩序，保护财产安全，通过奖励无因管理和处罚不当得利，启动自身的力量弥补空间控制力的不足。

少数民族地区债的履行受到当地生活方式和文化习俗的影响，履行方式各有特点。如清代楚地苗族对逾期不还债的债务人采用结伙抓捕债务人的方式，用人身偿债，为习俗所接受。蒙古族地区债务的约定无法履行的情况通常采用罚牲畜的方式进行赔偿，促使债务人履行债务。罚畜的数量以九为倍数，一九、二九等，遵循习俗惯用的方式。

（四）民事赔偿与刑事处罚并存的特点

钱债的民事行为在古代的观念中不完全作为民事行为对待，作为一般的需要规范的社会行为，常常在自身的民事处罚性规则以保障民事行为的效力和履行之外，同时受到刑罚处罚措施加强民事行为的保障。财产刑是少数民族地区常用的刑罚，同时，对受害人进行赔偿，两种处罚并存，与中

① 杨一凡、田涛编：《中国珍稀法律典籍续编》第九册，少数民族法典法规与习惯法（上），黑龙江人民出版社 2002 年版，第 56 页。

原地区法律中规定民事行为受民事和刑事两种处罚的立法思维一致。

（五）钱债受到官方较深的介入

钱债是基于当时自身的意愿和行为而达成的协议，产生财物的流转。钱债行为受到官方管理是一般社会存在的情况，但是，官方通常是通过制定规则规范人们的行为，或通过征税、司法介入到私人行为中，确保钱债的私人行为符合国家和社会的秩序要求。少数民族地区的钱债官方介入的程度更高，在债的成立和履行行为中介入，强化官方对私人行为的控制。例如新疆鄯善国安归迦十五年（公元271）佉卢文尼雅契约中有借贷之债的成立必须在官员面前进行。“双方在执政官面前同意如此。——此契奉执政官之命所写。”①债的成立先是双方达成了协议，约定具体权利义务的条款，之后，强调必须在执政官面前同意，也就是需要执政官的介入，债的法律关系才成立。另外，蒙古地区的钱债履行要求在收楞额面前宣告，才是有效的履行行为，否则需要承担债被取消和财产处罚的法律后果。蒙古《卫拉特法典》第六十三条规定“关于债务（债权人）应在见证人前宣告三次，（然后）得到偿还；在宣告时应通知收楞额；如不通知收楞额，则对他（债权人）处马一匹的财产刑，如不预告，日间（从债务）回收债则债务被取消，夜间回收时，（除剥夺债务外）还要处以罚一九的财产刑。”②

第二节　主要少数民族的钱债

一、蒙古族的钱债问题

蒙古地区的钱债有元代和后来的政权留下的法律文献和契约文书等

① 乜小红：《中国古代契约发展简史》，第八章，各民族文字契约，中华书局2017年版，第341页。

② 杨一凡、田涛编：《中国珍稀法律典籍续编》第九册，少数民族法典法规与习惯法（上），黑龙江人民出版社2002年版，第40页。

文物记录的规则和实践，可以对蒙古族历史上的债有所了解，特别是《喀尔喀法典》《卫拉特法典》《阿拉坦汗法典》比较完整地记录了蒙古族的债法规则。

债的成立和效力。钱债的主体受到限定，根据《蒙古卫拉特法典》的规定，"债务涉及布拉台吉者，不偿还。"①（以下所引述《卫拉特法典》出自同一文献，不再标注）布拉台吉的债务可以不偿还，也就是布拉台吉不会成为债的主体，该主体超越于债的法律关系之外，不受债的法律关系约束，不承担义务，也就意味着无法成为债的主体。儿子不得对母亲的亲属有债务，外甥偷母方亲属的东西不受刑罚，只需归还，按照债务性质处理。债权人的主体受到法律限定，布拉台吉以上身份的人不可以成为债务人，也即，不成为债的关系的主体。母亲方面的亲属也不可以成为债的关系的主体。债的主体受到法律限定。

债的履行。债的履行方式，除了买卖之债和借贷之债按照约定的方式履行，侵权之债、无因管理、不当得利之债用赔偿或者奖赏牲畜的方式履行。特殊身份的人欠债不允许债权人要求履行。妇女在运输牛和羊的途中，取去其中一部分，这部分不算在债务中，无需按照债务履行。

买卖之债。买卖之债一般以当事人的意愿为准，以自己的财产承担履行义务。买卖之债的标的必须合法。法律对盗窃物品和不当得利的物品不予保护或者不完全保护。购买迷路的牲畜，被原主发现的，在证人在场情况下，原主可以得头部，买主得臀部。承认不知情的买主的部分权利，保护善意第三人。

寄存之债。《卫拉特法典》第七十七条规定，如果恶人逃走前把财产寄托给某人，某人必须交出，否则受到三九罚畜。寄存财产的行为本身是合法的，但是所寄存的财产也必须合法，非法的应被没收的财产不可以成为寄存的标的，寄存本身也成为非法行为。

---

① 杨一凡、田涛编：《中国珍稀法律典籍续编》第九册，少数民族法典法规与习惯法（上），黑龙江人民出版社 2002 年版，第 40 页。

侵权之债。《阿拉坦汗法典》规定动物致人损伤的赔偿情况“狗、疯狗、公骆驼、种马、种绵羊、公山羊等致人死亡者,与精神错乱者同”①。动物致人死亡的情况下,由动物所有人对受害人承担赔偿责任。法律没有规定受伤的情况,只有死亡的情况。采用列举式和概括式立法,可以解决动物致人死亡的侵权损害赔偿问题。人身损害的侵权之债还有致人眼瞎的,杖一,赔偿一人或一驼。法律规定构成侵权损害赔偿的还有以下一些情况:致人牙齿断裂者,用锋利尖状石块或者锋利尖状木击人者,用拳脚、土块或者石打人者,斗殴中揪断对方头发、胡须,而对方无过错者,致人手足残废者,致人性功能丧失者,嬉戏致人死亡、眼盲、断齿、性功能丧失者按照人数赔偿,误伤人命者,致妇女流产者,男人揪女人头发者,勾引少女为奸,拉扯妇女被褥,以谎言陷害人,疯子杀人,巫师作法致人死亡,故意传染疾病致死伤,辱骂好人的夫人、辱骂出身卑贱的妇女、出身卑贱转为贵夫人者,男子用尖状石块等殴打妇女者,妇女口出秽言扑打男子者,加入他人斗殴致人死亡者,杀死公正调解人员者,失火导致伤亡者,以上情况按照法律规定承担相应的赔偿给受害人。② 身体受到直接伤害,或者精神受到伤害都可以构成侵权损害,承担赔偿责任。身体受到伤害包括身体各部分受到伤害,也包括功能受到损害;精神受到伤害包括辱骂、以谎言陷害人、揪头发等对受害人精神造成损害的行为。揪头发本身的身体损害并不严重,但是受到惩罚并不是因为身体伤害,而是因为由身体受到损害而带来的精神损害。《阿拉坦汗法典》也规定了损害他人财产造成的损害赔偿,构成侵权之债。主要规定有:抓握死尸者,放走祭祀之马者,转移祭祀之马者,毁伤牲畜印记者,未经允许给家畜去势者,驱赶牲畜落水者,无故驱赶牲畜者以及详细的盗窃各类物品的赔偿规定,以上情形

① 杨一凡、田涛编:《中国珍稀法律典籍续编》第九册,少数民族法典法规与习惯法(上),黑龙江人民出版社 2002 年版,第 56 页。

② 杨一凡、田涛编:《中国珍稀法律典籍续编》第九册,少数民族法典法规与习惯法(上),黑龙江人民出版社 2002 年版,第 54—61 页。

对财务所有人造成的损害，加害人必须承担法定赔偿责任。

《卫拉特法典》规定的侵权之债，分为关于人身侵害和财产侵害两种。其中人身侵害的规定有：辱骂僧侣、喇嘛、王公教师、格隆、班第、济巴罕察、乌巴什、乌巴桑察者，赔偿相应的牲畜数额；侮辱大王公、中王公、塔布囊、小王公、内侍官、收楞额处以相应的罚畜；对骑马人说“你父母这家伙”“没出息”，罚马一匹；参与口角斗殴致人死亡者，行凶者赔偿死者一九牲畜和贵重物品一件；用利剑凶器伤人分别轻重伤害给受害人赔偿牲畜；制止拔出凶器赏马一匹；撕破他人衣服、帽缨、揪发辫、胡子、朝高贵者吐痰、投土、殴打所乘马匹、从马上拉下来，罚马一匹，数罪并犯时，加重处罚；用木块、石块、拳头、马鞭打人，罚畜；拔掉妇女头发或帽缨罚一九牲畜；致使妇女堕胎罚和胎儿月份数相同的九罚牲畜；抚摸十岁以上女子乳房或与之亲吻的，罚财产，十岁以下不处罚；损伤病眼或乳牙，罚五畜，好眼或成牙罚死亡赔偿的一半；嬉戏伤人、杀人分别赔偿本人或者继承人牲畜；安装弩机害人者赔偿受害人财产；萨满诅咒人，罚畜；切断手指分别罚畜和贵重物品一件，伤人又平愈者、轻伤者、射穿外衣者罚畜；打老师和父母的，罚畜；媳妇打公婆的，罚畜；公婆、父亲无故打儿媳、儿子的，罚畜。

财产侵害的规定有：使者因私征用别的埃玛克的大车罚三岁马一匹，赶车人奴通知主人的罚羊一头，过一昼夜不报告的罚三岁马一匹；僭称使者征用大车和粮食的罚畜；在王公禁猎区灭绝野山羊的罚畜，不知者不坐；杀男奴隶、女奴隶分别罚五九、三九畜；犬伤畜、咬死人分别罚畜；人被牲畜杀，牲畜所有人罚畜；猎杀野山羊时误杀人罚畜；误射杀马，主人得马的可用部分，肉不可用则换肥马一匹；兽奸者，牲畜主人得从犯罪者手中得五头牲畜；安装自动弩机伤牲畜、野兽的，赔偿主人财产；暴力夺酒、拆蒙古包、嬉戏时误杀家畜赔偿主人相应价值的财产，死亡牲畜归原主所有；打死狩猎的鸟、捡起他人的箭经请求而不还者，罚马一匹。

侵权之债的规则中，对于侵害受害人精神的行为需要承担赔偿责任。上述规定中，对撕破他人衣服、帽缨、揪头发、胡子、朝高贵者吐痰、扔土、拉下马、萨满诅咒人、侵害幼女身体、骂人父母、骂人没出息、骂僧侣、身份高的人构成的处罚是对损害他人精神、心理进行的处罚。

雇佣之债。《卫拉特法典》规定:护理病人、产妇晕倒,按照契约的约定支付报酬,没有契约时,给马一匹。

不当得利之债。对于迷失的牲畜,《卫拉特法典》规定:捕获者应交给收楞额或奇衣列,否则受到财产处罚或者按照盗窃罪对待(第六十七条);规定三昼夜的公告期,自此期间之外,可以归于获得者所有,可以打上烙印,也可以剪羊毛,可以乘骑,但是在此期间,不可以处分牲畜。不公告而处分走失牲畜,须支付原主三岁母马一匹,或一九处罚(第六十六条)。[①]《阿拉坦汗法典》规定,取掉入水中、陷入泥淖或被狼咬死之死亡牲畜肉者,应给牲畜主人赔偿。[②]《卫拉特法典》规定的不当得利之债:捕获他人迷路的牲畜称为自己所有,支付原主五畜;擅取饿死十日内的牲畜,罚三岁马一匹;挤别人的马牛羊骆驼奶,罚三岁母马。

无因管理之债。《阿拉坦汗法典》特别规定了救助人和他人财产的规定,救助他人财产而产生的费用和受到的损失应由财物所有人提供补偿。主要有如下规定:从风雪雨中救出羊群的,可以从中取上好绵羊一只;从狼群中救出羊群者,可以从群中取上好绵羊二只;从沼泽拽出多少骆驼,赏给多少马;救出马、黄牛者,每只赏绵羊一只;从火水中救出蒙古人赏马二匹;救出汉族家仆赏马一匹,救出一般汉人赏绵羊一只,救出劣等汉人赏牛一头;从水中抢出盔甲、手剑者赏马一匹;从河流、沼泽、火中救出骆驼者,每只赏绵羊一只;救出牛群者赏牛一头,救出马牛者,赏山羊一只;救出马群者,赏马一匹;救出羊群者赏上好绵羊二只;救助迷路的儿童赏好马一匹,女孩赏上等好马一匹。这些规定对救助行为给予鼓励,给

① 杨一凡、田涛编:《中国珍稀法律典籍续编》第九册,少数民族法典法规与习惯法(上),黑龙江人民出版社2002年版,第41页。

② 杨一凡、田涛编:《中国珍稀法律典籍续编》第九册,少数民族法典法规与习惯法(上),黑龙江人民出版社2002年版,第60页。

予财物补偿。《卫拉特法典》规定的无因管理之债:战时从危境中救出王公、达官、塔布囊者,受到免税的奖赏;敌人掠夺时夺回被掠夺的马匹者,给予被夺回牲畜财产的一半,夺回者因此死亡按照规定赔偿,企图夺回时死亡赔给贵重物品一件;牧民迁出的地方扑灭火的,赏羊一只;从水灾、火灾中救人者得牲畜五头,救人而自身死亡的,死者继承人可得一九牲畜;救人时所乘马死亡,可得同样的马一匹和贵重物品一件;救出奴隶、甲胄,得马一匹;搬出甲胄从主人那里得马和羊各一头;搬走存放财物的帐幕的,得马和母牛各一头;从火中救出畜群者,得其中的两头或一头;从咬羊的狼群中救出羊的,取所救一半的羊和被咬死的羊;从泥泞中救出马、牛、羊、骆驼分别给予牲畜奖赏;找到丢失的牲畜,主人给予马一匹;救出被马踢几乎致死的婴孩,给羊一头;逃亡或迷路的牲畜,主人可得头部,买主可得臀部;饲养迷路的牲畜一年后可以获得仔畜的一半,饲养迷路牲畜两头以下不取报酬,两头以上根据数量取报酬。

二、藏族的钱债

藏族地区的债问题有不同的法律规定。有鲜明的藏地经济和文化特色。债的种类大体有买卖、借贷、侵权、无因管理、不当得利等类型。

借贷之债。《藏巴第悉噶玛丹迥旺布时期十六法典》①(后引本法典不再注明)第三法典镜面国王律或地方官吏律规定,私人所欠公债,宗本不得私自前往索取。除了个别因战乱流浪的人之外,不得办理租借粮食的手续。满一年的旧债要收回,该交该拿做出相应的判决,不可不结账。第八使者薪给律规定,拉萨一带官吏不得带人前往逼债。第十五律半夜前后律规定了借牲畜之后,牲畜死于借者手中,应赔偿原主相应的价值。若借牲畜归还后,前半夜死亡借者赔偿原主,后半夜死亡,借者不用赔偿。借牲畜如果导致牲畜受伤并因伤死亡的,借者应承担部分责任。其他借

① 杨一凡、田涛编:《中国珍稀法律典籍续编》第九册,少数民族法典法规与习惯法(上),黑龙江人民出版社 2002 年版,第 70—114 页。

贷的赔偿依据此标准。借贷之债的风险分配,在不明确责任的情况下,依据归还的时间先后,确定各自的责任。

买卖之债。《藏巴第悉噶玛丹迥旺布时期十六法典》第十五律规定了集市上买卖饲料导致牲畜死亡的责任分配原则。说明当时集市的存在,那么买卖之债就是一种普遍存在的债。买卖之债中,出卖人必须保障所出卖物品无瑕疵,包括权利瑕疵和质量瑕疵,出售瑕疵物品,需承担赔偿责任。卖方以欺诈的方式出售货物,需承担物价三分之一的赔偿给顾客,出售不符合质量的物品,若干天后,可根据双方协商部分退货。掺假的物品,买主找回来的期限是一年。

服务之债。《藏巴第悉噶玛丹迥旺布时期十六法典》第八律使者薪给律中规定官员出行费用中有支付脚价的规则和标准。说明当时有雇人运输官方物资,因此支付给运输费的债的类型。

侵权之债的规定。藏族生活的区域在吐蕃时代的法律中就对侵权之债的问题做出了专门的规定。《吐蕃三律》[①](后引本法典不再注明)分别规定狩猎伤人赔偿律、纵犬伤人赔偿律、盗窃追赔律。[②] 三个部分规定对人身伤害的赔偿和对财产伤害的赔偿,是侵权之债的基本内容。该法令的内容只有三个部分,是专门对侵权行为的立法,同时也说明,用民事法律规则和思维解决社会基本问题的文化传统及民事法律在当地民族中的重要意义。根据狩猎伤人赔偿律的规定,狩猎中用箭伤亲人致死赔命价的标准和原则以及认定程序。身份不同的人之间射伤的赔偿和程序。平民之间的狩猎伤亡赔偿的标准和程序。特殊身份的人之间的狩猎伤亡的赔命价确定原则、程序、例外等规则。这些规定要求必须排除以狩猎的名义行复仇之实的情况,如果是仇杀需要赔命,不是仇杀仅需要缴纳赔命

① 杨一凡、田涛编:《中国珍稀法律典籍续编》第九册,少数民族法典法规与习惯法(上),黑龙江人民出版社 2002 年版,第 8—28 页。

② 杨一凡、田涛编:《中国珍稀法律典籍续编》第九册,少数民族法典法规与习惯法(上),黑龙江人民出版社 2002 年版,第 8—28 页。

价,用赔偿的方式解决。狩猎伤亡的损害认定主要依据身份和相互之间的关系而确定损害赔偿标准,经过复杂程序,完成认定过程,达成赔偿一致,完成赔偿。狩猎赔偿律还规定了狩猎流矢伤亡的赔偿方式,补充狩猎射杀射伤的规则。该法律文件还规定了复杂的陷于牦牛身下的救助责任和赔偿标准。藏区的生活中陷于牦牛身下的危险随时存在,有关的规定也复杂细密,规定了不同身份的人、不同亲属关系的人、不同性别的人救助赔偿标准,救助者的救助责任、救助结果与赔偿标准之间的关系。终篇部分规定了抢村民食物、寄存财物的规则和处罚。

纵犬伤人赔偿律残卷规定了男子故意放狗咬人致伤,赔偿一匹骏马和医疗费;女子放狗咬人赔偿一匹母马和医药费。不同身份的告身之人赔命价不同,赔命价相同的人放狗咬死人,本人被处死,财产赔偿给受害人及其一定范围内的亲属。详细规定了有权利接受赔偿财产的人的范围和顺序。已婚妇女放狗咬人致死用全部嫁妆赔偿,未婚女子放狗咬人致死用其名下的全部庸仆、牲畜赔偿。放狗咬伤人,赔偿额为财产的四分之一;女性放狗咬伤人,赔偿额为一半财产。身份地位低的人赔命价低放狗咬死赔命价高的身份高的人,家中成年男子全部杀死,女子赶走,财产全部用来赔偿。

盗窃追赔律对盗窃行为的处罚分为刑事处罚和民事赔偿两种。盗窃数额较大处以死刑,数额较小,一般盗窃赔偿受害人一定数量的财产。盗窃赔偿律残卷规定的内容有盗窃不同身份、性别、官府、军队以及盗窃不同数额财产的处罚方法和赔偿标准、赔偿方式。《吐蕃三律》制定的侵权赔偿规则体现了明显的身份特征,包括亲属身份、社会身份、宗教人员身份、性别身份,不同身份的人受到相同的人身或者财产损害,赔偿方式和标准不同。盗窃所规定的财物既有列出货币价值衡量其损害轻重的标准,也有列出具体盗窃物确定损害赔偿标准的情况。这种规定方式与蒙古地区法典的规定方式相似。

《藏巴第悉噶玛丹迥旺布时期十六法典》第九律杀人命价律规定了

各种赔命价的标准以及不同身份、性别、等级的人杀人赔偿给死者家属的赔偿标准。其中侵权责任排除了疯子和八岁以下的孩童杀人和伤人的赔偿。第十律伤人抵罪律，规定了伤人的情况下，不同身份的人伤害赔偿标准，高身份伤害低身份可以不赔偿或者少赔偿，低身份伤害高身份抵罪的同时大量赔偿，"尊者滴血值一钱，卑者滴血值一厘"。伤害赔偿范围根据伤势和情节、后果，包括救助医疗费用、养护费用、赔偿财产。第十二律盗窃追赔律，规定了因盗窃财物给予财产损害人的赔偿。第十五律半夜前后律规定了烧毁他人麦秸、木料等赔偿相应价值。故意毁坏田地、赔偿可能收获物和种子的价值赔给田主，牲畜损害他人草场，有约定的依据约定，没有约定的，不赔偿。

无因管理之债。《藏巴第悉噶玛丹迥旺布时期十六法典》规定了关于救助无主动物和生命垂危的动物而发布封山令和封川禁令。

上述各种类型的债的规定，在《五世达赖喇嘛时期十三法典》中再次做了规定，大同小异，债的部分基本相同，此不赘述。藏族的其他分支一般使用上述法典规定的债的规则，如《浪加部落制度及法规》收录的浪加部落赔命价的规定，依据不同身份设立不同标准，解决人身伤害的赔偿问题。[①]《莫霸部落旧制和法规》[②]记录古代的合伙雇佣制度，规定雇佣长工和短工、杂工的工资计算方式。另外记录了牧租制度，基本适用于游牧生产方式之下的租牧制度，以年度计算，牧主出租牲畜给牧民经营，承担牲畜病疫和责任事故，牲畜非正常死亡，皮和肉归牧主所有，并折价赔偿。牧租中双方权利义务通过协商确定，乳制品和绒毛、皮、孳息的归属，按照约定的比例百分之三十到五十分配，一般孳息幼畜归牧主。莫霸部落旧制还记录了高利贷制度，利息以半年计，超过一倍为黑利，不超一倍为白

① 杨一凡、田涛编：《中国珍稀法律典籍续编》第九册，少数民族法典法规与习惯法（上），黑龙江人民出版社2002年版，第154页。

② 杨一凡、田涛编：《中国珍稀法律典籍续编》第九册，少数民族法典法规与习惯法（上），黑龙江人民出版社2002年版，第157—173页。

利。当地借贷的物品一般是酥油、茶叶、银钱等。利息由双方约定。盗窃财物承担刑罚处罚的同时给付原主规定的赔偿。斗殴致人身体伤害，赔偿给头人和对方一定财物。

三、西南地区少数民族的钱债

西南一带少数民族众多，各民族债的法规大同小异，债的类型和内容大体相似。债的成立基于自愿，诚信是基本原则。说话算数，禁止哄骗等习惯法规则在西南少数民族的习惯法记录中频繁出现。《芒莱干塔莱法典》①有专章规定“欺诈产业”，欺诈行为需要承担损害赔偿责任。

傣族的《芒莱干塔莱法典》规定了傣族的各种民事规则，其中各个部分有关于债的规定。《坦麻散拉札安雅》规定了债的类型和基本规则。借贷应按期偿还，不能偿还可以以身抵债。

借贷之债。百姓经商，没有本钱，向土司、头人借贷，三年后才能计算利息。因借债无力偿还者，可作抵债奴隶。无钱医治可以把自身抵为奴隶偿还医疗费用。借耕牛，应付给费用，牛受到伤害或者死亡，应赔偿相应的价值。借物已经归还，出现的遗失、伤害等，借者不负赔偿责任。相互之间借日用品，通常没有利息。“困难户借债”规定，向一般人借债可以以身抵债，但是如果向比丘、有知识的人借贷，不可以以身抵债，而应该延长还债期限。无力还债的情况，还可以卖子女抵债，或者做工抵债。“召片领罚款”规定，借贷未还清而父亲去世，应该由子女还债。

买卖之债。买卖双方自愿达成协议，诚信不欺，不可强迫买卖。买卖标的必须合法，不可以买卖赃物，买卖不动产需要有明确的界标。“移动田界”规定了移动他人土地田界应承担赔偿责任，并受到刑罚处罚。

侵权之债。因偷盗牛马无力偿还者，沦为奴隶。盗窃损害原主财物，通过赔偿原主解决，盗窃者负有偿还的义务，如果偿还不了，作为对方的

---

① 杨一凡、田涛编：《中国珍稀法律典籍续编》第九册，少数民族法典法规与习惯法（上），黑龙江人民出版社 2002 年版，第 229—303 页。

奴隶偿还债务。

《薄好汉》记录人身伤害或死亡，赔偿一定数量的财物，死亡的情况有赔命价的规则。

《盗贼进村》规定了关于盗窃赔偿原主的标准，买卖赃物知情或者不知情的情况下的解决方式。不知情者，物归还原主，买主可以向出卖者请求偿还价款。如果买主在集市上购买的赃物，原主可以索回物品，到那时需要按价赎回。在路边、寨子旁边买了赃物，只要有证明，失主可以索回一半。在集市上买了马牛等大牲畜，失主认出，找不到盗贼，失主可以认回牲畜。如果在集市上买了赃物，没有见证人，买主应被罚款一半，赃物还给失主。如买主找到盗贼，可以罚款归买主，补偿善意第三人的损失。

马牛大象糟蹋庄稼的情况，傣族的处理规则，牲畜所有人应赔偿损失，并为受害人举行谷神招魂仪式；如果没有通知主人扣留牲畜，导致牲畜死亡或者走失，田主应赔偿牲畜价值，畜主应赔偿田主庄稼损失。家禽损害庄稼，经过告知三日后不处理，可以打死家禽并食肉，庄稼损失由畜主赔偿。如果没有通知畜主，且没有任何防护措施导致家禽损害庄稼，打死家禽，田主应赔偿损失。

寄存之债。寄存物品遗失或者损害，由保管人负责赔偿。由于特殊情况，未保存财务向保管人请求保管物品，遗失或损害后不赔偿。未经物主同意，使用保管物，造成的损失，由保管人赔偿。寄存者寄存物品时未达成保管协议的，寄存物遗失或损坏，保管人不负赔偿责任。偷盗赃物偷偷放置他人处所，他人不负保管责任，损害不赔偿。

雇佣之债。雇工放牧，经过双方同意，约定酬金，被雇佣者保证管理好牲畜。

不当得利和无因管理。遗失物经过公告可以由拾得人获得一半，没有公告，无权占有；如果占有并损害，应赔偿原主。屋内丢失的东西，拾得者处分后，应赔偿原主。丢失物品时间长后，失主放弃寻找，可以归拾得者虽有。“救人危难不成反遭连累”记录了牧象人和猎人救助爬树者，爬树者不付赏金，要求牧象人承担费用的故事，故事记录的规则要求救助者没有完全完成救助时，由他人参与救助，被救助的人和之前的参与者都要支付费用和赏金。

西南地区少数民族的习惯法或者当地政权立法中涉及债的规定的还有《坦麻善阿瓦汉绍哈》规定了财物寄存。《孟连宣抚司法规》规定借贷租赁、财物纠纷。《西双版纳傣族封建法规》有债务清偿、租牛租船、拾得财物、受人之托、经商的规定，《勐海傣族寨规与勐礼》规定经商三条规定。《孟连傣族封建习惯法》有财务纠纷、损坏与伤害规定。这些规定记录了西南一带少数民族关于债的规则，是债的基本法律规则，既有官方的规定，也有民间习惯法，基本上也是体现了公私并举的民事法律运行状态。

第七章　中国近代债法的转型

中国近代的民法发展经历了三个重要的阶段：第一个阶段是清末第一次民律草案的编纂，这一时期制定民律的重点是移植欧陆国家民法的原则和精神，努力让中国的民法契合世界民法发展的潮流；第二个阶段是民国北京政府时期对现行律民事有效部分的沿用和第二次民律草案的编订。民国北京政府司法部以第一次民律草案为基础，借鉴了大理院判例和解释例中的规定，融合了习惯、条理以及西方的法理，最终形成了民国《民律草案》；第三个阶段是南京国民政府时期《中华民国民法》的制定和实施。《中华民国民法》是中国历史上第一部民法典，相较于前两部民律草案，这部民法典实现了全面的近代化。在近代民法的发展历程中，"债"作为法典的一编，也经历了同样的制度变迁：清末"债权法"之近代化转型——民国北京政府时期债之制度转型——南京国民政府时期债法之全面的近代化。

法典的篇章体例和条文安排体现了法律近代化转型的过程，但是西方法律生成的社会背景与中国不同，移植的法律并不能够完全适用于中国社会。为了消融制度设计与社会需要之间的冲突，"习惯"作为社会本体和社会需要的承载形式，扮演了社会"调节器"的角色。清朝末年和民国初年这两次在全国范围内展开的民事习惯调查，均形成了相当丰富的整理成果，与债相关的习惯正是其中重要的组成部分。而从司法的角度来讲，民国时期最高司法机关发布的判例和解释例彰显了近代司法的鲜活风貌，生动地呈现了债法规范和债之习惯在司法中运用的情况。从判例和解释例中抽象出的判例要旨和解释例要旨又能够发挥法规范的作用，弥补了制定法的不足。中国近代的债法经历了制度的转型，又因为债之习惯具有深厚的社会基础，债法是在与社会需求的冲突与融合中不断向前发展的。

一、清末“债权法”之近代化转型

（一）《大清民律草案》“债权编”的编订

清末是中国传统法律的转型时期，清廷在内忧外患的困苦境遇中，终于下定决心变法图存，逐步恢复独立的司法主权。受到西学东渐的社会思潮影响，清廷亦步亦趋，向已有先进立法成果的大陆法系国家寻求编纂法典的经验，变法修律活动最先从修订刑律开始。从编订《大清现行刑律》时起，清廷内部便已有“民刑分立”的主张。清宣统元年（1909）一月十一日京师高等检察长徐谦上书清廷的奏折《奏请将现行刑律参照新刑律妥为核定》中，明确提到了在“新法未实行旧法未遽废之时”，其间应当编订的“经过法”之大端有五：一、分别民刑。一、重罪减轻，轻罪加重。一、停止赎刑。一、妇女有罪，应与男犯同一处罚。一、次第停止秋审。①宣统二年（1910）四月七日，法律馆和宪政编查馆会奏《呈进现行刑律黄册定本请旨颁行折》。在奏折中，奕劻等大臣强调，“现行律户役内，承继，分产，婚姻，田宅，钱债各条，应属民事者，毋再科刑，仰蒙俞允，通行在案。此本为折中新旧，系指纯粹之属于民事者言之，若婚姻内之抢夺，奸占，及背于礼教违律嫁娶，田宅内之盗卖，强占，钱债内之费用、受寄，虽隶于户役，揆诸新律俱属刑事范围之内，凡此之类均应照现行刑律科罪，不

① 《京师高等检察长徐谦奏请将现行刑律参照新刑律妥为核定》，载中国台湾“司法行政部”编：《中华民国民法制定史料汇编》（上册），1976年印行，第201页。

得诿为民事案件,致涉轻纵,合并声明。”[①]但是,《大清现行刑律》并没有真正实现“分别民刑”的目标。修订法律大臣们将期望寄托在民律草案上,期待之后问世的民律草案能够实现这一理想。在宪政编查馆将制定民律的计划正式提上日程之后,修订法律大臣俞廉三、刘若曾在奏折中将编纂民律草案的宗旨概括为如下几项:“注重世界最普通之法则”“原本后出最精确之法理”“求最适于中国民情之法”“期于改进上最有利益之法”。[②] 在“注重世界最普通之法则”方面,法国、德国、瑞士民法典中成功的立法经验被融合进民律草案的编纂理念和制度安排中。在这一时期,立法者们追求的是中国法律顺应世界先进法律的发展潮流,将移植西方法律体系和制度作为近代中国法律变革的重点。

《大清民律草案》的初稿完成于清宣统二年十二月,宣统三年(1911)正式编纂完成。《大清民律草案》是中国民法史上第一部遵循欧陆民法原则和精神起草的民律草案,真正实现了“分别民刑”的目标。《大清民律草案》分为总则、债权、物权、亲属和继承五编,前三编由日本大审院判事、法学士松冈义正编纂,亲属编由章宗元、朱献文起草,继承编由高种、陈录负责。松冈义正在起草民律前三编时,将近代民法的基本原则和精神融合进法典的条文,采用了个人本位的原则,而没有采取社会本位的原则。从《大清民律草案》将第二编确定为“债权”编开始,债之观念和范围进入了近代法的阶段。

在中国固有法上,债之规范通常以礼制或习惯的形式表现出来。有关“钱债”的权利义务关系均规定在刑事法中,如《大清律例》中,“钱债”门被设置在户律中。这些规范均带有浓厚的强制性,而债法作为私法,应当体现的是当事人之间的意思自治。《大清民律草案》的编纂完成,将近

---

① 《法律馆　宪政编查馆会奏呈进现行刑律黄册定本请旨颁行折》,载中国台湾“司法行政部”编:《中华民国民法制定史料汇编》(上册),1976 年印行,第 207 页。

② 参见《修订法律大臣俞廉三　刘若曾民律前三编草案告成奏》,载中国台湾“司法行政部”编:《中华民国民法制定史料汇编》(上册),1976 年印行,第 241、242 页。

代中国的债法置于纯私法体系,“债权”一编中多是任意性规范。将“债权”单列一编并置于物权编之前,是遵循了德国和泰国的立法例,而将债之一编定名为“债权”编,是仿效日本民法的结果。以“债权”命名,强调的是对债权人利益的维护,倾向于帮助债权人实现债务人对其的清偿。“债权”编采用总、分的结构,共设置八章:第一章通则、第二章契约、第三章广告、第四章发行指示证券、第五章发行无记名证券、第六章管理事务、第七章不当利得和第八章侵权行为。通则之内容主要包含债权之标的、债权之效力、债权之让与、债权之责任、债权之消灭和多数债权人及债务人。分则各章将债发生的原因进行细化,对各种之债作出了具象化的描述。第二章“契约”也采用总、分的结构,包含通则即契约的一般规则,分则部分列举了各种形式的契约,包括买卖、互易、赠与、使用赁贷借、用益赁贷借、使用贷借、消费贷借、雇佣、承揽、居间、委任、寄托、合伙、隐名合伙、终身定期金契约、博戏及赌事、和解、债务约束及债务认诺、保证等。在债之发生原因的部分,《大清民律草案》“债权”编的理念是法律行为和法律行为以外的事实都会导致债权关系的发生,因此契约、广告、发行指示证券、发行无记名证券、管理事务、不当利得和侵权行为均被置于债权编中,而对于附随于物权的债权关系、附随于亲属的债权关系和本于遗嘱的债权关系,则在物权、亲属和遗嘱的法规中另外规定。而“管理事务”和“不当利得”的表述都是从日本民法典借鉴而来。从立法理念来看,《大清民律草案》“债权”编侧重对债权人权利的维护,与此相对应的便是对债务人的规制和管理。其中很多具体的条文都是对这一原则的反映。如第一章“通则”第一节“债权”之标的,第 324 条,(第一款)债权人得向债务人请求给付。(第二款)前项给付,不以有财产价格者为限。再如第二节债权之效力,第 355 条,债权关系发生后,因归责于债务人之事由致不能给付者,债权人得向其债务人请求不履行损害赔偿。①

① 参见杨立新点校:《大清民律草案·民国民律草案》,吉林人民出版社 2002 年版。

（二）清朝末年的民商事习惯调查

清廷在起草民律草案之前进行了两项重要的准备工作：一项是聘请日本法学士松冈义正协助起草民律，另一项是派员分赴各省调查民事习惯。在编订民律草案之初，大理院正卿张仁黼就曾在上书清廷的奏折中这样表述，“凡民法商法修订之始，皆当广为调查各省民情风俗所习为故常，而于法律不相违悖，且为法律所许者，即前条所谓不成文法，用为根据，加以制裁，而后能便民。此则编纂法典之要义也。”①在他看来，民商事习惯调查是编纂民律草案的首要环节。

法典应当承续和体现中国传统法律的精神，立法需要实现社会的现实需要和庄严肃穆的法典之间的相互促进，在体例和表达上达到一种平衡。民事习惯调查也是对编纂第一次民律草案“求最适于中国民情之法”这一宗旨的回应。清末的这次民商事习惯调查主要分为两个阶段：1908 年至 1909 年为第一个阶段，为编纂商律草案而进行；1910 年至 1911 年为第二阶段，为编纂民律草案而进行。这次民商事习惯调查共历时四年之久，调查范围广泛，覆盖“民情风俗”“地方绅士办事习惯”“民事习惯”“商事习惯”“诉讼习惯”等五部分，也形成了相当丰富的整理成果。

这次民商事习惯调查中的民事习惯调查并未对民律草案的编纂产生实际的影响。从时间上来看，在宣统二年二月，修订法律馆将《民事习惯调查章程》十条和《调查民事习惯问题》二百一十三问分发各省时，民事习惯调查才正式展开。而修订法律馆限定各省完成民事习惯调查的时间是宣统二年八月之前。要在短短半年时间内完成全国范围内不同地域、不同种类之习惯的考察、搜集和整理工作绝非易事。事实上，民事习惯调查直到宣统三年的春天才收尾，而“民律草案”的条文稿完成于宣统二年十二月，早于民事习惯调查完成的时间。因此，民事习惯调查的结果不可

---

① 《大理院正卿张仁黼奏修订法律请派大臣会订折》，光绪三十三年五月初一日，载故宫博物院明清档案部编：《清末筹备立宪档案史料》，中华书局 1979 年版，下册，第 836 页。

能在民律草案的条文稿中有所体现。而从具体内容来看，民律草案第二编“债权”主要借鉴日本和德国民法，确实没有包含债之习惯的条文。正如江庸所说，“前案多继受外国法，于本国固有法源，未甚措意，如民法‘债权编’，于通行之‘会’，物权编于‘老佃’、‘典’、‘先买’，商法于‘铺底’等，全无规定。而此等法典之得失，于社会经济消长盈虚，影响极巨，未可置之不顾。”①

修订法律大臣们在阐释“求最适于中国民情之法”这一宗旨时称：“则立宪国政治，几无不同，而民情风俗，一则由于种族之观念，一则由于宗教之支流，则不能强令一致，在泰西大陆尚如此区分，矧其为亚欧礼教之殊，人事法缘于民情风俗而生，自不能强行规抚，致贻削趾就屦之诮。是编凡亲属、婚姻、继承等事，除与立宪相背酌量变通外，或本诸经义，或参诸道德，或取诸现行法制，务期整饬风纪，以维持数千年民彝于不敝。”②这是立法者们在编纂民律草案之初所规划的美好愿景，期待能够吸纳更多的传统法。但最终形成的民律草案却并未过多地纳入契合中国传统的习惯。虽然清末的这次民事习惯调查未对《大清民律草案》产生实质性的作用，但我们不能因此而忽略其所产生的深远影响。这次调查所形成的整理成果，与民国初年民事习惯调查的整理成果，为《中华民国民法》的编订提供了重要资料。

《大清民律草案》第一编“总则”第一章“法例”的第一条规定，“民事本律所未规定者，依习惯法；无习惯法者，依条理”。该条赋予了习惯之法律渊源的地位，并规定了不同法源的适用顺序，依次是民事本律、习惯法和条理。此处的“民事本律”指的是《大清民律草案》本身，即将优先于习惯适用的法律范围限定在第一次民律草案，没有扩大至所有民事法律

① 江庸：《五十年来中国之法制》，载《江庸法学文集》，颜丽媛点校，法律出版社2014年版，第101—102页。此处的“前案”指的是《大清民律草案》，即第一次民律草案。

② 参见《修订法律大臣俞廉三　刘若曾民律前三编草案告成奏》，载中国台湾“司法行政部”编：《中华民国民法制定史料汇编》（上册），1976年印行，第241—242页。

的范畴。在《大清民律草案》的条文对某一事项没有规定时,习惯才得以进入司法层面,成为处理纠纷的依据。这也体现了习惯在民法体系中的一重地位——习惯能够弥补制定法的不足。此外,民律草案还明确了特别习惯优先于法律适用的情况。如第一编"总则"第五章"法律行为"第二节"契约"的第二百零八条规定,(第一款)依通常惯例其承诺不必通知者,其契约自可认为有承诺事实时成立。(第二款)前项规定,于因要约人之意思表示以承诺为不必通知者,准用之。本条中"通常惯例"的表述,所指的就是"习惯"的含义。而本条关于依通常惯例承诺不必通知即可产生效力的规定,置于总则编中,自然可以对债权债务纠纷产生拘束力。再如第二编"债权"第二章"契约"之第二节"买卖"中,关于买卖契约的效力,第六百条规定,(第一款)承任其物之费用及关于登记之费用,归买主担负履行处所以外之费用,亦同。(第二款)前项规定,于有特别意思表示或习惯者,不适用之。第六百零一条规定,权利移转之费用及物之交付费用,归卖主担负。但有意思表示或习惯与此相异者,不在此限。当特别意思表示或习惯的内容与法律规定不一致时,适用特别意思表示或习惯。要探寻这些条文中提到的"通常惯例""习惯"之内容,则应当回归社会生活本身,而民事习惯调查形成的整理结果可以为解答这一问题提供参考。

二、民国北京政府时期债法之制度转型

(一)民国《民律草案》"债编"的编制

南京临时政府时期没有开展过编纂民法典的工作。在民事制定法方面,这一时期援用的是沿袭自《大清现行刑律》中的"民事有效部分"。"至于民事法方面,民国成立以民法一时未能公布,暂将《大清现行刑律》中'民事有效部分'继续援用。而有关民法法典的修订,进行可说相当缓慢"。①

① 黄源盛:《法律继受与近代中国法》,中国台湾元照出版有限公司 2007 年版,第 32 页。

民国北京政府时期，为收回领事裁判权的需要，自 1922 年开始，修订法律馆便以制定民法典为急务。1925 年，修订法律馆完成了总则、债、物权三编，次年完成了亲属和继承两编。民国《民律草案》以《大清民律草案》和 1915 年的《民律亲属编草案》为基础，又吸纳了大理院判例和解释例中抽象出的判例要旨和解释例要旨，融合了习惯和条理，实现了对固有法和继受法的整合。为了和《大清民律草案》区分，民国《民律草案》被称为“第二次民律草案”。虽然这部民律草案最终没有正式实施，只是由司法部通令各级法院作为条理使用，但是其编纂理念和立法技术，凝聚了立法者们立足本土、融合中西的勇气和决心。

民国《民律草案》由五编构成，分别是总则、债、物权、亲属和继承。相较于《大清民律草案》，其第二编的命名改为“债”编，而不再表述为“债权”编。“在立法论上，系采复本位主义，即债之关系中的债权与债务”。[①] “债”编的命名体现出债法规范不再将保护的重点仅落在债权人身上，而注重维护债之关系的双方当事人，将债权人之利益与债务人之保护置于同等重要的地位。债编中具体的规则也不再是倾向于债权人顺利实现债权，也注重将债务人从弱势地位中脱离出来，理解和尊重其合理的诉求。这无疑是颇具时代进步性的立法安排。《大清民律草案》的债权编有 654 个条文，民国《民律草案》的债编有 521 个条文，减少了 133 个条文。第二次民律草案以适当精简的方式，设置了更为灵活先进的债法规范。

民国《民律草案》“债编”依然采取了总、分的结构，总括性的通则部分规定了债之发生、债之标的、债之效力、债之让与及承担、债之消灭以及多数债务人及债权人之债。分则部分的主要内容为契约、悬赏广告和无因管理，契约又分为双务契约、利他契约、有偿契约、买卖、互易、赠与、使用租赁、用益租赁、使用借贷、消费借贷、雇佣、承揽、居间、委任、寄托、合

① 潘维和：《中国民事法史》，中国台湾汉林出版社 1982 年版，第 273 页。

伙、隐名合伙、终身定期金契约、赌博、和解、债务约定及债务承认和保证。在具体术语的表达上，第二次民律草案将第一次民律草案中的“事务管理”改为了“无因管理”，“不当利得”改为了“不当得利”，修改之后的语言表达更贴近现代民法的原则和精神。在章节的设置上，民国《民律草案》没有像《大清民律草案》一样将“不当利得”和“侵权行为”单列一节，而是安排在第一章“通则”第一节“债之发生”下，将“侵权行为”和“不当得利”与“契约”并列。这样的设定，体现了第二次民律草案将契约、侵权行为和不当得利均视为法律的债之发生原因，而第三章“悬赏广告”和第四章“无因管理”是法律行为以外的事实所引起的债之发生。而《大清民律草案》所包含的“发行指示证券”“发行无记名证券”等内容则被民国《民律草案》删去。民国《民律草案》第二章“契约”详细列举了契约的种类，其中对“双务契约”“利他契约”和“有偿契约”都有清晰明确的阐释。《大清民律草案》对这几种特殊契约的内容也有诠释，但其所处的位置是在第二章“契约”的通则之中。

民国《民律草案》没有在总则编中明确“习惯”之法律渊源的地位，“习惯”之法源地位转而通过大理院的判例来确认。民律草案也在其他条文中规定了习惯优先于法律适用的情形。如第一编“总则”第三章“法律行为”第三节“契约”的第一百四十三条规定，（第一款）依交易上之习惯，承诺不必通知者，其契约自可认为有承诺之事实时成立。（第二款）前项规定，于要约人要约当时，预行声明承诺无须通知者，准用之。（第三款）前二项情形，其要约失其效力之时期，依要约内要约人所表示之意思，或依其他事情可以推知要约人意思定之。民国《民律草案》第一百四十三条的规定来源于《大清民律草案》第二百零八条，该条所确定的规则是，依照交易习惯，承诺可以不经过通知便产生效力，契约自有承诺事实时即可成立。该条处在总则编中，同样适用于债权债务纠纷的解决。而在债编的第二章“契约”中，第四百六十二条买卖契约中费用的承担，第五百三十四条、五百三十五条使用租赁之期限，第五百四十八条、五百五十一条用益租赁之期限，五百七十五条雇佣之报酬，五百九十一条承揽之报酬，六百一十八条居间之报酬，六百二十七条委任事务之处理，六百四十四条寄托物之保管，当出现上述各种情形时，若习惯有不同于法律规定的特别内容，则应遵循习惯之内容来处理债权债务的纠纷。民国北京政府迅速制定民国《民律草案》，是为了回应西方列强的要求，以收回领事裁判权。民国《民律草案》所体现的精神原则和制度安排确实具有时代的进步性，缩短了中国民法和世界先进民法之间的距离。但是其完成之时，正值北京政府经历政变，曹锟被囚禁，伪国会被解散，使得该草案没有被正式公布，转而由司法部通令各级法院作为条理使用，但是其在司法实践中也发挥了重要的作用。

（二）“现行律民事有效部分”“钱债门”的适用

在南京临时政府时期，对于选择何种法源进行民事审判，曾经出现过激烈的争论。1912 年 3 月 10 日，临时大总统颁令，“现在民国法律未经议定颁布，所有从前施行之法律及新刑律，除与民国国体抵触各条应失效力之外，余均暂行援用，以资信守，此令”。① 时任司法总长的伍廷芳认为应当在处理民事纠纷时适用清末编纂的《大清民律草案》。“窃自光复以来，前清政府之法规既失效力，中华民国之法律尚未颁行，而各省暂行规约，尤不一致。当此新旧递嬗之际，必有补救方法，始足以昭划一而示标准。本部现拟就前清制定之民律草案……由民国政府声明继续有效，以为临时适用法律，俾司法者有所根据，谨将所拟呈请大总统咨由参议院承认，然后以命令公布，通饬全国一律遵行，俟中华民国法律颁布，即行废止。”②临时大总统在给参议院的咨文中转述了司法总长伍廷芳的理由，又写到，“编纂法典，事体重大，非聚中外硕学，积多年之调查研究，不易

① 中国台湾“司法行政部”编：《中华人民共和国民法制定史料汇编》下册，1976 年印行，第 1 页。

② “大总统据司法总长伍廷芳呈请适用民刑法律草案及民刑诉讼法咨参议院议决文”，见《临时政府公报》第 47 号（1912 年 3 月 24 日），载《辛亥革命资料》，中华书局 1961 年版，第 352—353 页。

告成。而现在民国统一，司法机关将次第成立，民刑各律及诉讼法均关紧要。该部长所请，自是切要之图。合咨贵院，请烦查照前情议决见复可也”。[①] 在4月3日，临时参议院作出决议，“当新法律未经规定颁行以前，暂酌用旧有法律，自属可行。所有前清时规定之法院编制法、商律、违警律及宣统三年颁布之新刑律、刑事民事诉讼律草案，并先后颁布之禁烟条例、国籍条例等，除与民主国体抵触之处，应行废止外，其余均准暂时适用。惟民律草案，前清时并未宣布，无从援用，嗣后凡关民事案件，应仍照前清现行律中规定各条办理。惟一面仍须由政府饬下法制局，将各种法律中与民主国体抵触各条，签注或签改后，交由本院议决，公布施行。”[②] 这一决议否定了适用《大清民律草案》的主张，因为《大清民律草案》没有经过立法审议和公布的程序。此处所指的“前清现行律”，即《大清现行刑律》中的民事有效部分。政权更迭导致“签注或签改”及“议决公布施行”的立法程序没有能够完成，到了民国北京政府时期，最高司法机关大理院以判例的形式明确了“现行律民事有效部分”的效力。

大理院三年上字第304号判决确认了前清现行律关于民商事法之规定未废止。其判决要旨为：“民国民法法典尚未颁布，前清现行律除与国体及嗣后颁行成交法相抵触之部分外，当然继续有效。至前清现行律虽名为现行刑律，而除刑事部分外，关于民商事之规定仍属不少，自不能以名称为刑律之故，即误会其为已废。”[③]这里所说的“现行律”就是“现行律民事有效部分”。“现行律民事有效部分”来源于《大清现行刑律》，其内容主要有服制图（共八图）、名例、户役、田宅、婚姻、犯奸、钱债条以及

---

① “大总统据司法总长伍廷芳呈请适用民刑法律草案及民刑诉讼法咨参议院议决文”，见《临时政府公报》第47号（1912年3月24日），载《辛亥革命资料》，中华书局1961年版，第352—353页。

② 参见中国台湾“司法行政部”编：《中华民国民法制定史料汇编》（下册），1976年印行，第2页。

③ 参见郭卫编：《大理院判决例全书》，吴宏耀、郭恒、李娜点校，中国政法大学出版社2013年版，第210页。

原户部则例中有关民事部分（户口、田赋条）。①《大清现行刑律》是中国传统法律的延续，其原则精神和具体制度，都是对《大清律例》的继承。大理院的判例将“现行律民事有效部分”的内容从之前的刑事规范中脱离出来，成为民事案件中适用的法源。而其中“钱债门”各条的内容也成为处理债之纠纷时得以援引的依据。“钱债门”包含违禁取利（附条例一条）、费用受寄财物（附条例二条）、得遗失物。

大理院适用“现行律民事有效部分”钱债门各条解决民事纠纷的判决数量较多，违禁取利、费用受寄财物、得遗失物各条都在具体的案件中有所体现。因民国时期大理院判例、解释例的汇编也遵循《大清民律草案》中总则、债、物权、亲属、继承的体例，因此在债编的判例中所体现的“现行律民事有效部分”钱债门的条文是“违禁取利”和“费用受寄财物”，“得遗失物”体现在物权编的判例中。在化解债权债务纠纷的过程中，适用利率限制在每月三分、利息不得超过原本、一本一利等规定的频率极高。如民国三年上字第 793 号判决规定了利率要遵循每月三分的限制，在此范围内约定的利率都属有效，民国六年上字第 700 号判决规定，当约定利率超过每月三分时，三分之限度内有效，超过部分属于无效，民国八年上字第 273 号判决规定，超过三分的利息即使得到债务人同意，也属违法的约定，应当归于无效。民国五年上字第 457 号判决的要旨首先提出了一般性的规定，即违背法律中禁止规定的法律行为是无效的。再细化到债之领域，债权人违反现行法之规定，索取超过三分的利息，又巧避重利将利息写成原本，则契约中违禁取利的部分是无效的。在一本一利方面，民国三年上字第 843 号规定了债权人和债务人之间约定的利息不得超过原本，即一本一利，民国四年上字第 1464 号判决规定了债务人已经偿还给债权人的利息不再计算在一本一利的范围内，民国六年上字

① 参见张生：《中国近代民法法典化研究（1901 至 1949）》，中国政法大学出版社 2004 年版，第 118—119 页。

第102号判决写明“一本一利”是一般强制之规定，普遍适用于债之纠纷，钱庄放款也要受此约束，民国七年上字第277号判决规定，若利息之额数已经超过原本，因为私人之间债之利息的约定不得超过一本一利，则应受到现行律明文规定的限制。民国七年上字第91号判决规定了在寄托契约中，因受寄人怠为履行注意义务而导致受寄物遭受水火盗贼费失，受寄人应当负赔偿责任。民国四年上字第2083号判决规定了当典商因失火烧毁收当之物品时，对典当人构成侵权时，以值十当五对物品照原价赔偿。笔者将相应判决要旨附于其后。

利率每月三分之限制。

【判决要旨】凡约定利率未超过每月三分者，不得谓为无效（现行律钱债门违禁取利条律）。（三年上字第793号）

利不得过本。

【判决要旨】现行律例原有应付欠息不得超过原本（即一本一利）之禁令（现行律钱债门违禁取利条律）。（三年上字第843号）

已付利息不计入一本一利之内。

【判决要旨】现行律载一本一利之规定，其已经偿还之利息不得合并计算（现行律钱债门违禁取利条律）。（四年上字第1464号）

巧避重利之名违禁取利行为，其违禁部分无效。

【判决要旨】凡以违背法律中禁止规定之事项为标的者，其法律行为为无效。如债权人乘债务人之急，故违现行法上放债利息不许过三分之规定索取重利，而又巧避重利之名，将利息写成原本，则该借约关于违禁取利之部分自属无效（现行律钱债门违禁取利条律）。（五年上字第457号）

钱庄亦应受一本一利之限制。

【判决要旨】现行律所谓“私放钱债年月虽多，不得过一本一利”者，原系一般强制之规定，即钱庄放款亦不能独异（现行律钱债门违禁取利条律）。（六年上字第102号）

约定利率超过月利三分时，在三分之限度内有效。

【判决要旨】两造原立借约既定为五分利率，按诸现行律月息不得过三分之规定，固有不合。惟原约所不合法者，仅以其超过三分，则在三分之限度内自不能不认原约之效力（现行律钱债门违禁取利条律）。（六年上字第700号）

利息计算之结果如已超过原本，应受法定之限制。

【判决要旨】金钱债权人之利息，依照现行通例，固应以清偿之日为计算终结之期。但计算结果，如利息之额数（除已付之利息而言）实已超过原本，则因私债不过一本一利，现行律有规定明文，即应受其限制（现行律钱债门违禁取利条律）。（七年上字第277号）

取利过三分，即得债务人同意，亦属违法。

【续】每月取利不得过三分，本属一种强行法规。故于取利超过三分者，无论债务人是否同意，均不能谓非违法（现行律钱债门违禁取利条律）。（八年上字第273号）

受寄物因水火盗贼费失而系受寄人怠于注意不抗避者，仍应认赔偿。

【判决要旨】律载"凡受寄人财物、畜产，其被水火盗贼费失，显有形迹者，勿论"云者，系指费失之原因确能证实其非人力所能抵抗者而言。若虽遭水火盗贼而受寄之人力足抵抗，因其怠为相当之注意以致费失者，仍应负赔偿之责（现行律钱债门费用受寄财产条律）。（七年上字第91号）

典商失火以值十当五照原价计算赔偿。

【判决要旨】现行律费用受寄财产条例载"凡典商收当货物自行失火烧毁者，以值十当五照原典价值计算作为准数（邻火延烧者酌减十分之二），按月扣除利息照数赔偿"等语。是典商因失火烧毁收当之货物者，本应按值赔偿，其计算标准即以当五作为值十（即按当加倍计算），则其赔偿之数除将当本扣抵外，应再照当本赔足十成（即当本一元再赔一元），不过得按月扣除利息（现行律钱债门费用受寄财产条例第一）。（四

年上字第2083号)①

(三)民国初年民商事习惯调查

《大清民律草案》基本没有体现传统法的精神,其中的制度设计并不能很好地适应社会的现实需要。为提升法典的社会适应性,就要更审慎地考虑如何在法典中安置传统法。民国初年进行的民事习惯调查就体现了立法者试图提升传统法比重的决心。民国北京政府在清末民事习惯调查的基础上,分门别类展开大规模习惯调查,以期对调查结果妥善整理,形成制定法律的重要参考资料。这次民商事习惯调查发轫于1917年,时任奉天省高等审判厅厅长的沈家彝向北京政府司法部呈请创设民商事习惯调查会。此后,北京政府司法部在1918年发布训令,“通令各省高审厅处仿照奉天高审厅设立民商事习惯调查会”,这次习惯调查正式开始。在组织机构方面,中央由司法部负责,委任参事汤铁樵“综其事”,地方的专门机构则是各省区设置的“民商事习惯调查会”,调查的内容涉及总则、物权、亲属继承、债权四大类,调查范围涉及19个省。1918年至1921年为这次民商事习惯调查的高潮时期,此后渐渐归于沉寂。

这次民商事习惯调查所形成的整理成果中,较为突出的是《中国民事习惯大全》和《民事习惯调查报告录》。施沛生、鲍荫轩、吴桂辰、晏直青、顾鉴平等人在1923年共同编纂了《中国民事习惯大全》一书,该书于1924年1月由上海法政学社出版,上海广益书局发行,是对这次调查搜集的材料最早作出整理的成果。该书根据当时各省区“民商事习惯调查会”呈报的报告书,在内容上分为“债权”“物权”“亲属”“婚姻”“继承”“杂录”六编。《中国民事习惯大全》一书的第一编就是“债权”,与债相关的习惯主要有赁贷借之习惯、利息之习惯、契约之习惯、关于居间之习惯、关于消费贷借之习惯、关于清偿之习惯、关于雇佣之习惯这七类。而南京国民政府司法行政部编订、1930年印发颁行的《民事习惯调查报告

① 以上各条判决要旨内容参见郭卫编:《大理院判决例全书》,吴宏耀、郭恒、李娜点校,中国政法大学出版社2013年版。

录》是对这次习惯调查结果的系统梳理和完整记录。该报告录涉及范围广泛，条目繁多，是反映当时民事习惯调查结果的第一手资料。该书一共有四编：民律总则习惯（12 则）、物权习惯（1389 则）、债权习惯（985 则）和亲属、继承习惯（1046 则），共计 3432 则。这些习惯由各省呈报，因此在编写时以地域来划分，表述为“直隶省关于债权习惯之报告”“奉天省关于债权习惯之报告”“吉林省关于债权习惯之报告”等，以及“黑龙江省”“河南省”“山东省”等地的债权习惯。这些习惯在清末民初就已经通行，多形成于清朝中期，最早的可以追溯到明朝末年。它们广泛存在于民间社会之中，有着深厚的社会基础，在特定条件下也能够成为解决债权债务纠纷的依据。

（四）大理院的判例和解释例对债之纠纷的解决

民国初年的民事制定法尚未完备，这一时期没有正式的民法典，仅有“现行律民事有效部分”和一些单行法令发挥了制定法的作用。为了满足司法实践对民事裁判依据的需求，最高司法机关——大理院发布了大量的判例和解释例，以补制定法的不足。对于民事判例的来源，胡长清就曾解释道：“惟是各种草案，迟迟未能颁行，关于民事部分，所可资为审判之准据者，则惟前清现行律例及其他法令之限于国体之不抵触之民事部分而已。民事法规，既缺焉未备，于是前大理院，乃采取法理，著为判例，以隐示各级法院以取法之矩矱，各级法院遇有同样事件发生，如无特别反对理由，多下同样之判决，于是于无形中形成大理院之判决而有实质的拘束力之权威。”①而曾任大理院民庭推事的郑天锡也高度肯定判例的重要性，“我国法律，尚未完备，裁判时，常赖判例为之补充。大理院为我国最高法院，其判例在实际上与法律有同一效力……我国大理院判例，在中国法律上占有之地位，其重要亦可想见矣。”②

从民国元年（1912）大理院开院到民国十六年（1927）大理院闭院，民

① 胡长清：《中国民法总论》，中国政法大学出版社 1997 年版，第 35 页。

② 参见郑天锡：《大理院判例之研究》绪言，载《法律评论》第三十六期（1924）。

事各庭审断的案件共有两万五千余件，从民事判决中抽象出的判决要旨共有 1757 则。这些判决要旨在整个民法体系中的作用是对现行法进行解释，或者创制新的民事法律规则。大理院在汇编判例的时候，也表达了对判例将要起到的作用的肯定态度。“旧制民事有公断，有处分，而无裁判。嗣续婚姻外，几无法文可据。刑事可比附援引，强事就法，往往而有。民国以后，大理院一以守法为准；法有不备或于时不适，则借解释以救济之。其无可据者，则审度国情，参以学理，著为先例。而案件坌雍十倍，前清费少事繁，官缺有限，同人奋励，差免陨越，迄于今日，得以历年所著成例，公诸当世，备参考，供取资，宁非幸事哉！”①

大理院除了发布判例，还颁行了大量的解释例。民国时期的法律家刘恩荣曾这样定义判例和解释例：“大理院所发表之法令上意见，有抽象的与具体的之分。抽象的意见，谓之解释；即以统字编号之文件（函电咨）是也。具体的意见，谓之判例；即以某年上字抗字声字非字等编号之裁判书（裁决判决）是也。具体事件，不得请求解释，此大理院统字第九十八号公函，所说明者；故谓解释，为大理院抽象的法令意见，而裁判书所解决之事件，皆系具体事件，故谓判例，为大理院具体的法令意见。”②

北京政府时期，大理院行使了发布判例和解释例的权力。到了南京国民政府时期，判例和解释例的发布机关发生了变化。1927 年，大理院改为最高法院，后来成为司法院的一部分。1928 年《修正司法院组织法》第 3 条规定：“司法院院长经最高法院院长及所属各庭庭长会议决议后，行使统一解释法令及变更判例之权”。虽然在名义上解释法令的权力是由司法院来行使，但是实际上负责这项工作的仍然是最高法院及其所属的各庭。在 1947 年《中华民国宪法》颁布之前，《司法院组织法》经过历次修改，都保留了这个规定。直到 1947 年《中华民国宪法》颁布，统一解

① 《大理院判例要旨汇览正集序》，参见郭卫编：《大理院判决例全书》，会文堂新记书局 1932 年版，第 847 页。

② 刘恩荣：《论大理院之解释与其判例》，《法律评论》第三十七期（1924）。

释法令的权力才确定由司法院的大法官会议来行使,而最高法院仍然负责判例的发布工作。这一时期的判例和解释例构成对制定法的解释和扩展。作出判例和解释例的推事们意在塑造一个融贯统一的民法体系。这些从判例和解释例中抽象出来的普遍性规则,同样包含了债之规范与债之习惯应当如何适用的规定,体现了中国近代债权债务纠纷解决过程中的司法风貌。

大理院作出的判例和解释例的汇编形式,遵循的是《大清民律草案》的编纂体例,分为总则、债权、物权、亲属和承继五编。郭卫编的《大理院判决例全书》中第二编也为“债权”,每一章节的编排与《大清民律草案》第二编“债权”编基本一致。关于债的判例是从具体的债权债务纠纷中抽象出来,对之后的类似案件产生拘束力,例如民国三年上字第 375 号判决要旨规定了特定物债务之履行的方法,三年上字第 718 号判决要旨规定了每月息上加息之办法因间接超过三分利率而不应被许可,三年上字第 807 号规定了除债权人特别表示免除之部分外利息应算至清偿之日为止等等。这些抽象出来的普遍性规则扮演了法律的角色,是实践中纠纷发生时当事人应当遵循的准则。而对于债之习惯的适用,大理院的判例和解释例同样进行了阐释,例如三年上字第 781 号判决要旨规定了当事人对利率无约定者,依照该地通行之利率,此处的“通行利率”表明应当遵循当地的交易习惯,再如三年上字第 718 号判决要旨规定了利息以算至裁判执行之日为原则,但当特别习惯或当事人有特别约定时,特别习惯或当事人的约定得优先于这一原则而适用。再如六年上字第 501 号判决要旨,关于债权让与之对抗力,如有习惯者,应从各该地方习惯,即存在债权让与时,其产生的对抗力应依照各地地方习惯的内容来加以阐释(以上提到的判决要旨附列于后)。

特定物债务之履行。

【判决要旨】以特定物为买卖标的者,卖主不得以同种类数量之他物代为给付。买主所买者,既系有一定四至之地亩,则苟易一地,虽种类数

量与之相同，亦不得强之以必受。（三年上字第375号）

每月息上加息之办法，不应许可。

【判决要旨】关于利息，除规定利率至多不得过三分外，并无何等之制限。惟每月息上加息之办法，其结果必间接超过三分利率。故依该律例之类推解释，自属不应许可。（三年上字第718号）

利息以算至裁判执行之日为原则。

【判决要旨】计算利息，除地方有特别习惯及当事人有特别订定外，以裁判执行之日为计算终结之期。（三年上字第718号）

利率无约定者，依该地通行利率。

【判决要旨】利率有约定者，依约定；无约定者，依该地通行之利率。（三年上字第781号）

利息应算至清偿之日为止。

【判决要旨】利息除债权人特别表示免除之部分外，应算至清偿之日为止。（三年上字第807号）

关于债权让与之对抗力，如有习惯者，应从各该地方习惯。

【判决要旨】记名债权之让与，按诸常理虽无须债务人之同意即得对抗债务人。但现在吾国法律尚无明文规定，则各地方如果有特别习惯，自应仍从其习惯。（六年上字第501号）

三、南京国民政府时期的债法的全面近代化

（一）《中华民国民法》“债编”所体现的“制度现代化”

《中华民国民法》采用了潘德克顿的编纂体例，分为总则、债、物权、亲属和继承五编。其确立了社会本位的原则，重视维护国家和社会的一般利益。第二编仍然以“债编”命名，并不偏重于债权人或债务人任何一方利益的保护，而是将两方的权益都纳入考量的范围，置于同等重要的地位。债务纠纷纷繁复杂，且多为民间细故，在日常生活中频繁发生。将债之纠纷解决置于平等协商、合理沟通的框架内，将这种最容易产生的冲突

推向顺利消融的状态，也有利于维护整个社会的和谐稳定。诚如债编立法理由所阐释的，“谨按各国民法之编制，其第二编统称债权，大都根据于罗马法与拿破仑法典而成，多偏重于保护债权人之权利，而忽略多数人之利益，殊有畸轻畸重之弊。本编则以债务人之经济地位，恒非优越，亟应于可能之范围内，俾受法律同等之保护，斟酌情形，妥为规定。故不名曰债权，而名曰债，盖专注重于社会之公益，而期贯澈全编之精神也。”① 债权人利益的实现不应被视为解决债之纠纷的唯一目的，债务人合理的诉求也应当被理解和尊重。

《中华民国民法》的篇章结构非常简约美观，相较于《大清民律草案》和民国《民律草案》，其条文数量最少，以最为精当的语言诠释了更加完善的制度，体现了超凡的立法技术。第二编“债编”共有 604 个条文，其仿照了瑞士、泰国的立法例，采用总、分的结构，全编仅分为两章——第一章通则和第二章各种之债。第一章通则规定了“各种债权、债务关系共通适用之法则”，包括债之发生、标的、效力、多数债务人及债权人、债之移转、债之消灭。其中债之发生又分为契约、代理权之授与、无因管理、不当得利和侵权行为。《中华民国民法》和《大清民律草案》、民国《民律草案》在债之发生方面的最大不同，是将“代理权之授与”归于债的发生原因之一。(《中华民国民法》第 167 条规定，代理权系以法律行为授与者，其授与应向代理人或向代理人对之为代理行为之第三人，以意思表示为之。)民国《民律草案》和《中华民国民法》都将“债之发生”单列一节。与民国《民律草案》不同的是，《中华民国民法》将不当得利、侵权行为重新归于债之发生的原因。其他已有先进立法经验的国家将契约、不当得利和侵权行为定为债之发生原因，而《中华民国民法》将法律行为和法律行为以外的事实都视为产生债权债务关系的原因。因此，契约、代理权之授予、无因管理、不当得利和侵权行为，均被《中华民国民法》明确规定为债

① 参见吴经熊编、郭卫增订：《中华民国六法理由判解汇编》(第二册 · 民法)，上海法学编译社 1948 年版，第 151 页。

发生的普通原因。对于“多数债务人及债权人”这一问题，法典的表述经历了从《大清民律草案》的“多数债权人及债务人”到民国《民律草案》的“多数债务人及债权人之债”再到《中华民国民法》的“多数债务人及债权人”的变化。《中华民国民法》将这一节提前至“债之移转和消灭”前面，并将“多数债务人及多数债权人之债务关系”分为连合债务与连合债权关系、连带债务与连带债权关系及不可分债务与不可分债权关系三种。而在债的具体分类上，《中华民国民法》将债分为买卖、互易、交互计算、赠与、租赁、借贷、雇佣、承揽、出版、委任、经理人及代办商、居间、行纪、寄托、仓库、运送营业、承揽运送、合伙、隐名合伙、指示证券、无记名证券、终身定期金、和解和保证，增加了出版、经理人及代办商、仓库、运送营业和承揽运送这些种类。《大清民律草案》表述为“债务约束及债务认诺”，民国《民律草案》表述为“债务约定及债务承认”，而《中华民国民法》删去了这一节。《大清民律草案》和民国《民律草案》仅规定了“居间”一节，而《中华民国民法》对经理人及代办商、居间、行纪这几种相似的契约作出了明确区分，这几类契约的内涵分别体现在第 553 条、565 条和 576 条。第 553 条的内容为，(第一款)称经理人者，谓有为商号管理事务，及为其签名之权利之人。(第二款)前项经理权之授与，得以明示或默示为之。(第三款)经理权得限于管理商号事务之一部，或商号之一分号或数分号。第 565 条的内容是，称居间者，谓当事人约定，一方为他方报告订约之机会，或为订约之媒介，他方给付报酬之契约。第 576 条的内容是，称行纪者，谓以自己之名义为他人之计算，为动产之买卖或其他商业上之交易，而受报酬之营业。经理人及代办商和行纪两种，本为商业行为，各国多规定在商法中。《中华民国民法》采用的是“民商合一”的编纂体例，因此将这两种契约规定在债之一编。就无因管理而言，按照梅仲协先生的观点，无因管理是本人和管理人之间的事实关系，而非法律行为，形成了类似委任契约的效果。德国和瑞士民法称其为无委任之事务管理，规定在委任契约之下。《中华民国民法》认为无因管理是债之发生原因的一种，将其与契约、不当得利和侵权行为并列。[①] 但是依照第178条的规定，管理事务经过本人承认，则适用关于委任的规定，这又与德国和瑞士的民法相一致。[②] 南京国民政府于民国十九年(1930)二月十日公布了《债编施行法》15条，与《中华民国民法》的"债编"同时施行。"至此，债法法典之统一与完整，并走上现代化，适应农业社会向工商社会之转化，在中国民事法发展史上，迈进新程。"[③]《中华民国民法》缩短了中国民法和世界民法之间的距离，中国民法在世界民法发展史上向前跨进了一大步。

《中华民国民法》也有相当多的条文规定了习惯得排斥法律而优先适用。第二编"债"之第一章"通则"第一节"债之发生"的第一百六十一条规定，(第一款)依习惯或依其事件之性质，承诺无须通知者，在相当时期内，有可认为承诺之事实时，其契约为成立。(第二款)前项规定，于要约人要约当时预先声明承诺无须通知者，准用之。该条与《大清民律草案》第二百零八条和民国《民律草案》第一百四十三条之规定即为相似。再如第二百零七条，债之标的，利息是否滚入原本，第三百一十四条，债之消灭，清偿债务之地点，以及第二章各种之债中，第三百六十九条买卖标的物与价金之交付，三百七十二条价金依物之重量计算，三百七十八条买卖费用之负担，四百二十九条租赁物之修缮，四百三十九条承租人支付租金的日期，四百五十条租赁关系的终止，四百八十三条、四百八十六条雇佣之报酬，四百八十八条雇佣关系届满的期限，四百九十一条承揽之报酬，五百二十四条著作物出版之报酬，五百三十七条委任事务之处理，五百四十七条委任之报酬，五百六十条代办商之报酬，五百六十六条、五百

① 梅仲协先生认为，代理权之授与不应当作为债之发生原因的一种。参见梅仲协：《民法要义》，中国政法大学出版社1998年版，第171页。

② 参见梅仲协：《民法要义》，中国政法大学出版社1998年版，第171—172页。梅仲协先生认为，若管理人基于无因管理与第三人之间形成法律行为，本人和第三人之间基于该法律行为而生成的效果，适用代理之法则。

③ 潘维和：《中国民事法史》，中国台湾汉林出版社1982年版，第305页。

七十条居间之报酬,五百七十九条行纪人为委托人之计算订立契约的义务之履行,五百八十二条行纪人得请求的费用和利息,五百九十二条寄托物之保管,六百三十二条托运物品之运送期间,与上述各种情形相关的债权债务纠纷之解决,应遵循习惯之内容。

(二)南京国民政府时期判例、解释例处理债之纠纷的方法

南京国民政府的各级法院延续了民国北京政府大理院发布的判例和解释例,并在司法实践中根据现实需要进行了大量增补。这一时期的判例和解释例的功能相较于北京政府时期有很大不同。民国初年的民事制定法尚未完备,从判例和解释例中抽象出的判例要旨和解释例要旨弥补了制定法的不足,大理院作为司法机关兼行了立法职能。在南京国民政府时期,《中华民国民法》实现了民法的近代化,因为成文法典已经较为完善,已有的民事规则能够形成一个融贯统一的整体,便不再需要从司法层面汲取规则,又因为发布判例和解释例的机关发生变化,此时判例和解释例的功能更偏向于解释法律,为成文的规范提供法律适用的规则,以统一法律适用的标准。

前面提到,习惯作为重要的民事法源,在民事审判中发挥了不容忽视的作用。《中华民国民法》同样明确了不同法源的适用顺序,在开篇第一编“总则”第一条就规定了“民事,法律所未规定者,依习惯,无习惯者,依法理”。第一条的“民事法律”不仅限定在《中华民国民法》本身,还包括其他的民事法律。在所有的民事法律对某一特定事项没有规定的情况下,习惯得以进入司法实践的视野,成为定分止争的依据。而大理院二年上字第 64 号判决要旨在南京国民政府时期仍然发挥作用。这样的规则当然适用于钱债纠纷的解决。因此,在处理钱债纠纷时,首先应当适用的法律规范是《中华民国民法》第二编“债编”中的相应条文,随后成为裁判依据的是单行法中关于债之规定。在所有相关的民事法律都无法解决具体的债之纠纷时,关于债之习惯才能够获得进入司法层面的机会。法官应当考量债之习惯适用的范围、条件、程序,以及不同地区习惯之内容的不同,结合自身经验和案件情况,将债之习惯引入司法裁判。债之习惯是习惯中内容最为丰富、形式最灵活多变的一种，司法运行机制对习惯的采纳和包容，能够推动债权债务纠纷更加简便、高效地解决。

为了便于对判例和解释例进行检索和引用，民国时期官方机构发布了大量判例和解释例的汇编。在1934年6月，南京国民政府的最高法院以判例编辑委员会的名义汇编出版了第一本判例要旨，其中收录了从最高法院在1927年12月成立之时到1931年12月的判例。而民间的法律家们也编辑出版了判例和解释例的汇编，如《中华民国六法理由判解汇编》（第二册·民法），便遵循了《中华民国民法》的编纂体例，将判例要旨和解释例要旨附列在相关的法律条文之后，明确了判解要旨的体系定位。这部判解汇编的第二编也为债编，在阐释债权债务纠纷解决规则的条文之后，附列了来源于司法实践的判例要旨和解释例要旨。它们不仅能够反映近代司法的风貌，也发挥了规范功能。

民事法律规范从中国古代就已经存在，但一直没有形成独立的民法典。近代是中国传统法律的变革与转型时期，《大清民律草案》真正实现了"民刑分立"的目标，《中华民国民法》实现了民法的近代化。最高司法机关所发布的判例和解释例也经历了从最初弥补制定法的缺失，到为法典之规定提供明确的适用规则的变化，其与法典中的制度设计、来源于民间社会的习惯、条理等共同融合成内在逻辑一致的民法体系，而中国近代的债法体系也是这个宏大的民法体系中重要的组成部分。

中国近代的债法体系经历了不断发展变化的过程，从《大清民律草案》到民国《民律草案》再到《中华民国民法》，债法一编从命名方式、篇章体例再到条文设计，都在逐步趋向世界先进法律的发展潮流，渐进式地呈现与现代民法原则和精神相符合的样态。从整体的发展脉络来看，债法确实经历了制度化的转型，但是转型并不能迅速完成，变革中的法律很难迅速找到适合其发展的社会土壤。民事习惯以其强大的生命力和深厚的社会基础，弥合了法典之规定与社会需要之间的冲突，帮助债法实现了传统制度与近代转型之间的融合。

中国民法史

第三卷

张晋藩◎主编
侯欣一 高浣月◎副主编

国家出版基金项目
NATIONAL PUBLICATION FOUNDATION

人民出版社

目　录

（第三卷）

第五部分　亲属编

第六部分 继承编

第五部分

亲 属 编

绪　言

在现代意义上，亲属是指基于婚姻、血缘或者法律拟制而形成的社会关系。基于婚姻关系而产生的亲属，是由男女双方的结婚行为而发生的，它包括夫妻、公婆、岳父母以及夫或妻的其他亲属，基于自然血缘而形成的亲属，包括父母子女、兄弟姐妹、叔、伯、姑、舅、姨等，基于法律拟制而形成的亲属主要有养父母、养子女，继父母、继子女等。以上亲属，以现代多数国家的亲属分类，可分别归属于配偶、血亲和姻亲三种。

亲属一词，在我国古籍中和古代律例中早有记载。《礼记・大传》曰："亲者，属也。"汉代刘熙在《释名・释亲属》中说："亲，衬也，言相隐衬也。属，续也，恩相连续也。"这些解释都说明了亲属之间具有相衬相续的密切关系。方氏懿说："以卑而属尊，以幼属长，以庶属嫡，以旁属正，故曰亲者，属也。"显然，"亲"是指有血缘姻缘关系的人，"属"则是指他们相互间的关系。

亲属是因婚姻、血缘或收养而产生的一种社会关系，对于这种特殊的社会关系，需要从以下三方面进行理解：第一，亲属是人与人之间的一种特殊的社会关系，有固定的身份和称谓；第二，亲属因婚姻、血缘或收养而产生，不同于其他的社会关系的产生原因；第三，一定范围内的亲属负有法律规定的义务。

从古今的亲属涵义中，我们可以看出，亲属是一种特殊的社会关系，这种社会关系不仅是一种生物学属性的自然关系,更是一种社会学属性的经济关系、法律关系、道德关系、文化心理关系等多种关系的有机结合体。所以,作为多种社会关系结合体的亲属不仅仅是阶级社会以后的问题,它贯穿着人类社会的发展始终。这种关系在阶级社会里一经法律调整,便在具有亲属身份的主体之间产生了法律上的权利与义务。

日本已故身份法之父中川善之助教授,将人类社会的结合关系,分为"本质的社会结合"和"目的的社会结合",而本质的社会结合是一种自然的、必然的、本质的结合,是种不得不结合的本质的社会结合关系。据中川教授所言,人类每一个人为一有机体,而此等有机体,在其本质上,必须互相结合,即每一个人以自己整个人格,与其他个人为全面的结合者。故每一个人,虽须受该结合关系的约束与统制,但在此约束与统制范围内,该个人意思,仍为结合体关系全体所容忍,且受尊重。① 作为一种特殊的社会关系,亲属关系也表现为婚姻家庭关系,根据中川教授的理论,作为婚姻家庭共同体中的成员之一,每一个人有自己的独立意志与利益需求,但同时又必须受共同体的约束与统治,个人意志要服从共同体的共同意志。因此,在婚姻家庭这一人类社会最小的组织中,每一个成员是私益与公益共同存在。

作为亲属关系载体的婚姻家庭,是人类社会的最小组织单位,婚姻家庭问题关系到社会生活和社会生产,关系到人类社会的生存和发展,也关系到国家的统治与稳定。人类社会自产生以后,男女两性关系、人类种的繁衍,以及基于婚姻、血缘而产生的亲属关系,就已成为社会的最基本关系。这一具有自然属性的社会关系,不仅受到历朝历代统治阶级的重视,将其纳入国家法的调整范围,而且还受到来自民间的习惯和道德的制约,此外,宗教也深深地影响着婚姻家庭和亲属关系。进入阶级社会以后,婚姻家庭成为国家法律首要的调整领域,所谓婚姻是家庭的基础,家庭是社

① 参见陈棋炎、黄宗乐、郭振恭:《民法亲属新论》,台北三民书局 1999 年版,第 2 页。

会的细胞，就说明了婚姻家庭在国家统治和社会治理中的重要地位。相对于社会和国家来说，婚姻家庭共同体既要处理内部成员的私人之间的关系，又要接受与国家有关的公权力调整，公私并举在人类个体婚产生之初即已不可避免地存在于婚姻家庭关系之中。

公权力是调整婚姻家庭关系、维护婚姻家庭权益的重要手段，公权力在婚姻家庭领域从未缺位。在中国几千年的古代社会，在诸法合体的法律体系中，虽然没有专门的调整婚姻家庭关系的立法，但不乏对婚姻家庭关系进行调整的法律规范，从个体男、女到“三族”“九族”，从婚姻到家庭、家族，从婚姻关系的缔结到亲属关系的形成，从人身关系到财产关系，中国古代法无不涉及，法律通过对婚姻家庭关系的调整与规范，实现了基层社会治理，维护了社会的稳定和国家的统治。

以今天的法律分类来看，婚姻家庭关系属于民事法律的调整范围，是平等主体在婚姻家庭中的权利义务关系，它既包括人身关系，也涉及财产关系，属于私法范畴。随着 2020 年 5 月我国《民法典》的颁布，婚姻家庭法也正式回归了民法典，婚姻家庭法的私法性、基于婚姻家庭而产生的权益的私权特征更加明了。虽然法典以平等自愿作为民法典的基本原则，但法典中强制性规范仍隐约可见，这些强制性规范对于婚姻家庭中当事人权益以及婚姻家庭关系的维护具有不可或缺的作用；再者，通过立法来规范婚姻家庭关系，这本身就是公权对婚姻家庭关系中的私权的承认与保护。

在中国古代，法律构建了婚姻家庭秩序，在婚姻家庭领域发挥了重要的作用。一方面统治者十分重视亲属之间的人伦秩序，家是小的国，国是大的家，形成了世界上独树一帜的家国同构的宗法政治体制，亲属身份及其地位公私并举特色明显。另一方面，在涉及亲属间纠纷时，封建国家又充分地放权于家庭家族，家庭内部基于亲情的自我调节，家长族长的居中调解，家规族法的族内处置，这一自治式纠纷解决机制，既解决了矛盾，又维护了婚姻家庭共同体的和谐与稳定。

自然人之间的亲属关系,是近现代资本主义国家法律体系中民法的重要组成部分,属于私法范畴。在诸法合体的中国古代法中,既有类似于西方民法的专门法律在调整与规范亲属关系,同时,它还受到具有强制力的类似西方国家公法领域的法律在保护,现代民法亲属之间的私权益,在诸法合体的中国古代传统法律中,是公私并举。既有国家法的保护,又有民间法的调整;既有国家公权力的强制,又有亲属间的自我调节。

中华传统文化博大精深,亲属文化不仅是中国传统文化的重要组成部分,而且占有举足轻重地位,在某种意义上可以说是政治、道德、经济等文化中中国特色之源。本课题的基本研究思路是,以亲属称谓为此点,梳理出不同的亲属称谓并进行分类,然后从两性关系的缔结到家庭家族制度的形成与构建、中华大家庭中的少数民族的亲属制度、清末亲属制度的变化以及中国古代亲属纠纷的解决,从制度层面阐述古代亲属法律中私权益维护的公私并举理念与制度体现,随之从思想史角度,分析中国古代亲属法律文化公私并举的思想根源及其表现。具体而言,就是从普遍性的亲属称谓,到具体的亲属制度的形成,从亲属关系的产生到亲属关系的解除,从亲属间的人伦秩序到亲属间矛盾纠纷的解决,从制度表现到思想根源,探讨中国古代亲属私权益的表现,以及对亲属私权益维护的中国特色。

第一章　中国传世文献中的“亲属”综述

《周易·序卦》中说:“有天地然后有万物,有万物然后有男女,有男女然后有夫妇,有夫妇然后有父子,有父子然后有君臣,有君臣然后有上下,有上下然后礼义有所错。”①其中的“男女”“夫妇”“父子”已经形成了最初的家庭关系,“夫妇”“父子”是最初的亲属称谓。由父母子女家庭向外延伸,便形成了古代的亲属家庭。中国古代的亲属在礼制上有四种分类方法:以姓和血统为标准,分为内亲和外亲或者父族和母族;以婚姻所生身份为标准,分为婚族和姻族,或称为夫族和母族;以丧服有无为标准,分为有服亲与无服亲,有服亲根据亲疏差等又分为斩衰、齐衰、大功、小功、缌麻五个等级;以亲属亲疏程度为标准,分为至亲、近亲、正亲和余亲。本书从宗亲、外亲、妻亲的视角,通过搜集传世文献进行列举。

宗亲,指同族同宗的亲属。包括同一祖先的男性亲属以及嫁来之妇与未嫁之女。宗亲中成于自然者是指有血统联系的同族同宗的男系亲属;成于人为者是指原无血统联系,因礼法之拟制使与男系宗亲具有统一地位的亲属,叫做拟制的宗亲。血统上的宗亲包括同一祖先所出的男性

---

① 陈戍国:《四书五经》上册,岳麓书社 2015 年点校本,第 208 页。

亲属以及在室的女子。拟制的宗亲包括:继子女与继父母、宗亲之妇与夫之宗亲,以及宗亲之妇相互之间都是拟制的宗亲。宗亲的范围,历代皆以九族为限。就是从高祖至玄孙共为九族。以己为中心,上至高祖,下至玄孙,九族范围内的人均为宗亲亲属。

外亲,指女性系统的亲属,包括母亲的亲属及妻子的亲属(即妻亲)。外亲的范围狭窄,如母亲的亲属仅推及一世,从母亲上溯至她的母亲,旁推至她的兄弟姊妹,下推及她的兄弟姊妹之子,即外祖父母、舅父、姨母、舅表与姨表兄弟姊妹算是亲属,此外一概不算亲属。

妻亲,专指丈夫与妻的亲属之间的亲属关系。妻亲的亲属关系较外亲更为疏薄。在唐、宋法律中,妻亲包括在外亲之内,自明代以后,法律专设妻亲一项。妻亲包括妻子的父母(岳父、岳母)、兄弟(内兄弟)姊妹(妻姊妹)、侄(内侄)。

第一节　男女亲属

根据男女双方是否存在婚姻关系将男女双方的称谓划分为结婚前、结婚后、离婚后以及死亡后这四个时间段。

一、婚前男女的称谓

对于结婚前男女的称谓,按照年龄的增长进行列举。

1."赤子"。初生的婴儿被称为"赤子"。《尚书·周书·康诰》"若保赤子,惟民其康乂"。孔颖达疏"子生赤色,故言赤子"。[①] 婴儿刚出生的时候是赤色的,所以称为"赤子"。

2."襁保""强葆"。未满周岁的婴儿被称为"襁褓"。《后汉书·桓郁传》:"昔成王幼小,越在襁保。"[②]这是由婴儿出生后是被被子和带子

① (清)阮元校刻:《十三经注疏　清嘉庆刊本》,中华书局2009年版,第432—433页。

② (宋)范晔撰,(唐)李贤注:《后汉书》卷三十七,中华书局2012年版,第1255页。

包裹所引申而来的。

3.“孩提”。指二三岁的幼儿被称为“孩提”。《孟子·尽心上》:“孩提之童,无不知爱其亲者。”①赵岐注:“孩提,二三岁之间,在襁褓知孩笑,可提抱者也。”亦作“孩抱”。

4.“龆龀”。七八岁的儿童被称为“龆龀”。《韩诗外传》:“男八月生齿,八岁而龆齿,十六而精化小通;女七月生齿,七岁而龆齿,十四而精化小通。”②是由孩童在这个时间垂髫换齿引申而来。

5.“垂髫”。三四岁至八九岁的儿童被称为“垂髫”。古时童子未冠者头发下垂,因此以“垂髫”指童年或儿童。

6.“幼学”。十岁儿童被称为“幼学”。《礼记·曲礼上》:“人生十年曰幼,学。郑玄注:名曰幼,时始可学也。”后因称十岁为“幼学之年”。

7.“总角”。八九岁至十三岁的少年儿童被称为“总角”。《礼记·内则》:“拂髦,总角。”郑玄注:“总角,收发结之。”后因称这时期的孩童为“总角”。

8.“豆蔻”。十三四岁的少女被称为“豆蔻”。杜牧《赠别》诗:“娉娉袅袅十三余,豆蔻梢头二月初。”“豆蔻”本是植物名,后代称十三四岁的少女。

9.“及笄”。女子十五岁被称为“及笄”。《礼记正义·内则》:“女子十有五年而笄。”郑玄注:“谓应年许嫁者。女子许嫁,笄而字之,其未许嫁,二十则笄。”③“笄”,发簪。古代女子满15周岁结发,用笄贯之,因称女子满15周岁为及笄,后也称已到出嫁的年岁。

10.“束发”。男子十五岁被称为“束发”。《大戴礼记·保傅》:“束发而就大学,学大艺焉,履大节焉。”古代男孩成童时束发为髻,因以为成童的代称。

---

① 陈戍国:《四书五经》上册,岳麓书社2015年点校本,第127页。
② (汉)韩婴:《韩诗作传笺疏》,巴蜀书社2012年版,第34页。
③ 《十三经注疏》下册,上海古籍出版社1997年版,第1471页。

11.“成童”。少年十五岁至十七岁被称为“成童”。《礼记·内则》:“成童,舞象,学射御。”郑玄注:“成童,十五以上。”后称十五岁到十七岁少年为成童。

12.“破瓜”。女子十六岁被称为“破瓜”。旧时文人拆“瓜”字为二八字以纪年,谓十六岁,多用于女性。

13.“弱冠”。男子二十岁被称为“弱冠”。《礼记正义·曲礼上》:“二十曰弱,冠,三十曰壮,有室。”①古代男子二十岁行冠礼,故用以指男子二十岁左右的年龄。

14.“桃李年华”。女子二十岁被称为“桃李年华”。

15.“娉会”。“娉”与“聘”通聘妻,指未婚妻。“娉”,形容女子姿态美好。“会”,聚合,合拢,合在一起。

二、结婚后男女的称谓

(一)男方的称谓

“夫”。《说文解字句读》:“夫,丈夫,从大一,以象簪也。”②“大”是正面人形,“一”则用来表示了一种高度,表明了丈夫家中的一种地位,表明了“夫”为指事(管事)的人。《仪礼·丧服》传:“夫者,妻天也。”丈夫相对于妻子来说,犹似顶天立地的救世主,“扶以人道”,可以凌驾于妻子之上。③

“士”。《诗经·卫风·氓》:“女也不爽,士贰其行。士也罔极,二三其德。”④在此处“士”指女子的丈夫。

“外”。《礼记正义·内则》:“男不言内,女不言外。”⑤“内”指的是妻子,“外”指的是丈夫,这里描述的是家庭中的夫妻关系。中国历来有

① 《十三经注疏》上册,上海古籍出版社1997年版,第1232页。
② 王筠:《说文解字句读》,中华书局2016年版,第398页。
③ 梁章钜、郑珍:《称谓录亲属记》,中华书局2018年版,第60页。
④ 陈戍国:《四书五经》上册,岳麓书社2015年点校本,第307页。
⑤ 《十三经注疏》上册,上海古籍出版社1997年版,第1462页。

“女主内，男主外”的传统，因此在古代的中国，妻子谦恭地称呼丈夫为“外子”。

“夫子”。《孟子》：“无违夫子。”

“君子”。《诗经・君子于役》：“君子于役，不知其期。”[①]丈夫在服役，不知道归期。

“夫婿”。古诗《陌上桑》中：“东方千余骑，夫婿居上头。”又有唐朝王昌龄《闺怨》诗：“忽见陌上杨柳色，悔教夫婿觅封侯。”同时亦有称婿夫者。

妻称夫有“良”。《仪礼注疏・士昏礼》：“御衽于奥，媵衽良席在东。”郑注：“衽，卧席也。妇人称夫曰良。”[②]

“良人”。《诗经・小戎》：“厌厌良人，秩秩德音。”[③]安静柔和的好夫君，彬彬有礼也有良好的声望。“厌厌”，安静温柔，“良人”多用于妻子称丈夫，“秩秩”有礼节，“德音”常用来称颂自己的丈夫。

“子”。《诗经・女曰鸡鸣》：“女曰‘鸡鸣’，士曰‘昧旦’。‘子兴视夜’。‘明星有烂’。”[④]妻子说，鸡既鸣矣，东方明矣，是为催促丈夫早起，丈夫不愿起来，因而说不是雄鸡叫，是苍蝇闹嚷嚷；不是东方明，是月光亮堂堂。此处妻子对丈夫称“子”。

“君”。《古乐府・孔雀东南飞》：“十七为君妇。”指刘兰芝在十七岁就成了“你”的妻子。

“伯”。《诗经・伯兮》：“自伯之东，首如飞蓬。”[⑤]自从丈夫东去之后，头发乱得像飞蓬一样。这里称丈夫为“伯”。

“郎”。《山堂肆考》：“萧郎，即萧史，后世女于夫通称。”唐诗：“嫁得萧郎爱远游。”“郎”，旧时妻子对丈夫或情人的称谓，多单呼为郎。

---

① 陈戍国：《四书五经》上册，岳麓书社 2015 年点校本，第 310 页。
② 《十三经注疏》上册，上海古籍出版社 1997 年版，第 967 页。
③ 陈戍国：《四书五经》上册，岳麓书社 2015 年点校本，第 334 页。
④ 陈戍国：《四书五经》上册，岳麓书社 2015 年点校本，第 316 页。
⑤ 陈戍国：《四书五经》上册，岳麓书社 2015 年点校本，第 309 页。

“郎伯”。杜甫诗《元日寄韦氏妹》:“郎伯殊方镇,京华旧国移。”“郎伯”是南方妻子对丈夫的称呼。

“卿”。古时夫妻间表示亲爱的称呼。《孔雀东南飞》:“我自不驱卿,逼迫有阿母。”①

妾称夫有“君”。《礼记·内则》:“君已食,彻焉。”注:“凡妾称夫曰君。”《仪礼注疏·丧服》:“妾为君”。注:“妾谓夫为君者,不得体之,加尊之也,虽士亦然。”贾疏:“以妻得体之,得名为夫;妾不得体敌,故加尊之,而名夫为君。”②因妾不同于妻的身份,不能称男子为“夫”而称“君”。

“男君”。《释名》:“妾谓夫之嫡妻曰女君,夫曰男君。”

“主父”。《赵世家·战国策》:“苏秦曰:‘臣邻有远为吏者,其妻私人。夫至,主母使妾奉卮酒进之,妾知其为药酒也,乃阳僵弃酒。主父大怒而笞之。’”按:《列女传》载周大夫妻之媵妾事与此同。

(二)女方的称谓

“妻”。《说文解字句读》:“妻,妇,与夫齐者也。郑注:以妇释妻谓一人两名也。申之与己齐也。”③妻即妇,是与丈夫相对应的另一种称谓。说明夫妇之间是荣耻相及、利益与共的,所以要相敬如宾。《唐律疏议》中对于“有妻更娶”的规定:“诸有妻更娶者,徒一年;女家,减一等。若欺妄而娶者,徒一年半,女家不坐。各离之。”对于“以妻为妾”的规定:“诸以妻为妾、以婢为妻者,徒二年;以妾及客女为妻、以婢为妾者,徒一年半。各还正之。疏议曰:妻者齐也,秦晋为匹。妾通卖买,等数相悬。婢乃贱流,本非俦类。若以妻为妾,以婢为妻,违别议约,便亏夫妇之正道,黩人伦之彝则,颠倒冠履,紊乱礼经,犯此之人,即合二年徒罪。”④

“嫡妻”。《唐律疏议》中有:“立嫡违法:诸立嫡违法者,徒一年。即

① (宋)郭茂倩:《乐府诗集》,中华书局1979年版,第1035年。
② 《十三经注疏》上册,上海古籍出版社1997年版,第1101页。
③ 王筠:《说文解字句读》,中华书局2016年影印本,第492页。
④ 刘俊文:《唐律疏议笺解》,中华书局1996年版,第1014—1016页。

嫡妻年五十以上无子者，得立嫡以长，不以长者亦如之。”①

“元妃”，国君或诸侯的嫡妻。《尔雅·释诂》：“元，始也。”②“妃，媲也。”③元，本义为人头，人头是人体的最上部分，又引申为开始的意思。妃，媲，比配、配偶。即元妃是始匹的意思，之前男子未娶，这一女子是原配，又称为“嫡夫人”。《春秋左传·隐公元年传》：“惠公元妃孟子。孟子卒，继室以声子。”④惠公的原配妻子是孟子，孟子去世后，惠公续娶声子。杜注云：“言元妃，明始嫡夫人也。”故古人对原配妻子的称呼可为“元妃”。

“妇”。《周易·蒙》：“包蒙，吉。纳妇，吉。”⑤包容蒙昧，吉祥。容纳妇人，吉祥。《说文解字句读》：“妇，服也。注：《白虎通·嫁娶》，妇者服也，服于家事，事人者也。”⑥指“妇”的职责是照料家事，服侍公婆与丈夫。

“妇人”“孺人”“夫人”“后”。《礼记·曲礼下》：“天子之妃曰后，诸侯曰夫人，大夫曰孺人，士曰妇人，庶人曰妻。”⑦这里的“后、夫人、孺人、妇人、妻”皆为已嫁之女性，分别是对于天子、诸侯、大夫、士、庶人配偶的称呼。《唐律疏议》对于妇人官品邑号的规定：“诸妇人有官品及邑号犯罪者，各依其品，从议、请、减、赎、当、免之律，不得荫亲属。诸妇人有官品及邑号犯罪者，各依其品，从议、请、减、当、免之律，不得荫亲属。疏议曰：妇人有官品者，依令，妃及夫人，郡、县、乡君等是也。邑号者，国、郡、县、乡等名号是也。妇人六品以下，无邑号，直有官品，即媵是也。”⑧

---

① 刘俊文：《唐律疏议笺解》，中华书局 1996 年版，第 943 页。
② 管锡华：《尔雅》，中华书局 2014 年译注本，第 1 页。
③ 管锡华：《尔雅》，中华书局 2014 年译注本，第 32 页。
④ 陈戍国：《四书五经》，岳麓书社 2015 年点校本，第 681 页。
⑤ 陈戍国：《四书五经》，岳麓书社 2015 年点校本，第 146 页。
⑥ 王筠：《说文解字句读》，中华书局 2016 年版，第 492 页。
⑦ 陈戍国：《四书五经》，岳麓书社 2015 年点校本，第 442 页。
⑧ 岳纯之：《唐律疏议》，上海古籍出版社 2013 年点校本，第 25 页。

“室”。《礼记正义·曲礼》:“三十曰壮,有室。”郑注:“有室有妻也,妻称室。”[①]三十岁以上称“壮”,血气已定,成婚立户,因其妻子在“室”中,所以称为“室”。

“同室”,指同居夫妇;家已有室而再娶妻,谓之同室。白居易《赠内》诗:“生为同室亲,死为同穴尘。”[②]

“内主”。《春秋左传正义·昭公三年》:“君有辱命,惠莫大焉,若惠顾敝邑,抚有晋国,赐之内主,岂惟寡君,举群臣实受其贶。”[③]“内主”是对古代诸侯的称谓。

“中馈”。《周易·家人》:“无攸遂,在中馈。贞吉。”[④]“中馈”,原指妇女在家里主管饮食等事项,后将其引申为配偶。

“伉俪”。《左传·成公十一年》:“已不能庇其伉俪。”孔疏:“伉,敌也。正义曰,伉者相当之言故为敌也。伉俪者,言是相敌之匹耦。”《唐律疏议》:“疏议曰:伉俪之道,义期同穴,一于之齐,终身不改。故妻无七出及义绝之状,不合出之。”[⑤]女子嫁人为妻被称为“伉俪”。伉,是对抗,匹敌,匹配的意思;俪,是结缘,配偶之意。伉俪是对别人夫妻的称呼。

“结发”。如“如皋县贫民叹”中有诗云“今夜结发妻,饥伴士兵宿”。[⑥]

“御”。《吕览·上农》:“农不出御。”[⑦]注:“御,妻也。”“御”有男子配妻之义。

“首妻”。《后汉书·明帝纪》注:“《汉官仪》:‘三老、五更,皆取有首妻,男女全具者。’”[⑧]

---

① 《十三经注疏》上册,上海古籍出版社1997年版,第1232页。
② (唐)白居易:《白居易全集》,上海古籍出版社1999年版,第10页。
③ 《十三经注疏》下册,上海古籍出版社1997年版,第2031页。
④ 陈戍国:《四书五经》上册,岳麓书社2015年点校本,第172页。
⑤ 岳纯之:《唐律疏议》,上海古籍出版社2013年点校本,第223页。
⑥ (清)冒国柱:《亥子饥疫纪略》,天津古籍出版社2010年版,第2009页。
⑦ 夏纬瑛:《吕氏春秋上农等四篇校释》,中华书局1956年版,第16—18页。
⑧ (宋)范晔撰,(唐)李贤注:《后汉书》卷二,中华书局2012年版,第103页。

“寡妻”。《诗经 · 大雅》:“刑于寡妻,至于兄弟,以御于家邦。”①“刑”通“型”,给自己妻子做榜样,推广到兄弟,进而治理好国家。“寡妻”,寡有之妻,即少有的妻子,说明她贤惠、有才德、有能力,用“寡妻”来谦称君主的正妻。

“君妇”。《诗经 · 小雅》:“君妇莫莫。”②“莫莫”,清静而敬至也。主妇敬畏举止有仪。此用“君妇”指妻子。

妻谦称有“婢子”。《春秋左传 · 僖公十五年》:“若晋君朝以入,则婢子夕以死。”③《春秋左传 · 僖公二十二年》:“寡君之使婢子侍执巾栉。”婢子,妇人之卑称也。④ 秦穆公夫人穆姬贵为诸侯国君的夫人,犹自称“婢子”。妻卑称自己为“婢子”。

“小童”。《论语 · 季氏》:“邦君之妻,君称之曰夫人,夫人自称曰小童。”⑤国君的妻子,国君称她为夫人,夫人自称为小童。即古代国君夫人的自称。

“箕帚妾”。《史记 · 高祖本纪》:“吕公曰:‘臣少好相人,相人多矣,无如季相,愿季自爱。臣有息女,愿为季箕帚妾。’⑥”吕公说自己年轻时擅长给他人看相,给很多人看过相,没有比刘邦相面好的,希望刘邦自爱。自己家有女儿,愿意嫁刘邦为妻。“箕帚妾”是对妻子的谦称。

夫称妻有“细君”。《汉书 · 东方朔传》:“归遗细君又何仁也”,⑦回家给妻子。注:“细君,朔妻之名。一说‘细’小也。朔自比于诸侯,谓其妻曰小君。”案:朔不应自称妻名,当从后说,细君即小君也。权德舆诗:“细君相望意何如。”武帝赐群臣肉,东方朔擅自先割肉,武帝让他自责,

① 陈成国:《四书五经》上册,岳麓书社 2015 年点校本,第 390 页。
② 陈成国:《四书五经》上册,岳麓书社 2015 年点校本,第 374 页。
③ 陈成国:《四书五经》上册,岳麓书社 2015 年点校本,第 778 页。
④ 《十三经注疏(下)》,上海古籍出版社 1997 年版,第 1813 页。
⑤ 陈成国:《四书五经》上册,岳麓书社 2015 年点校本,第 50 页。
⑥ (汉)司马迁撰:《史记》卷八,中华书局 2013 年版,第 344 页。
⑦ (汉)班固撰,(唐)颜师古注:《汉书》卷六十五,中华书局 2013 年版,第 2846 页。

他却说先割肉是为了“归遗细君，又向仁也！”武帝不但未怪罪于他，反而“复赐酒二石，肉百斤，归遗细君。”。“细君”用来丈夫称呼妻子。

“小君”“寡小君”。《礼记·曲礼》：“夫人自称于天子，曰‘老妇’；自称于诸侯，曰‘寡小君’；自称于其君，曰‘小君’。自世妇以下，自称曰‘婢子’。”“寡”是谦词，“小君”是谦称。

“君夫人”。《论语·季氏》：“邦君之妻，君称之曰‘夫人’……邦人称之曰‘君夫人’……；异邦人称之，亦曰‘君夫人’。”①

“后”“夫人”“孺人”“妇人”“妻”。“天子之妃曰后，诸侯曰夫人，大夫曰孺人，士曰妇人，庶人曰妻。”

“娘子”。《北齐书·祖珽传》：“一妻耳顺，尚称娘子。”②“耳顺”指代称年龄六十岁，“娘子”专称呼年轻女子，妻子年纪大了也称之为娘子。“娘子”本为女子的通称，宋元时，在亲属称谓中丈夫称呼妻子为娘子。在“娘子”前面添加前缀“大、小”，区分妻妾，“大娘子”指正妻，“小娘子”为妾。

“儿母”。《春秋公羊传注疏·哀公六年》：“陈乞曰：常之母。”注：“常，陈乞子。难言其妻故云尔。”疏：“若今人谓妻为儿母之类是也。”③丈夫称妻子，孩子的母亲。

“姊”。王献之《别郗氏妻帖》：“方欲与姊，极当年之足，以之偕老。”④

“老婆”。王晋卿《耳聋颂示东坡》：“示东坡老婆，心急频相劝。”“老婆”本义是老年妇女，后用作妻子之称。

“妹妹”。《北齐书·南阳王绰传》：“绰兄弟皆呼父为兄兄，嫡母为家

① 陈成国：《四书五经》上册，岳麓书社2015年点校本，第50页。
② （唐）李白药撰：《北齐书》卷三十九，中华书局2013年版，第514页。
③ 《十三经注疏》下册，上海古籍出版社1997年版，第2348页。
④ 参见果娜：《中国古代婚嫁称谓词研究》，山东大学2012年博士学位论文，第251页。

家，乳母为姊姊，妇为妹妹。”[1]当时称妻子为“妹妹”，不仅体现了和乐融融的家庭氛围，也体现了男女趋于平等的时代面貌。

“良人”。《诗经·绸缪》：“今夕何夕，见此良人。”[2]

“贤妻”。晋陶潜《告子俨等疏》：“余尝感孺仲贤妻之言，败絮自拥，何惭儿子？”

“仁妻”。晋陶渊明《咏贫士》之七：“年饥感仁妻，泣涕向我流。”“仁妻”指贤惠的妻子。

“良妻”。《史记·魏世家》：“家贫则思良妻，国乱则思良相。”[3]

“后妻”。《列女传》：“二义者，珠崖令之后妻及前妻之女也。”[4]男子后娶之妻，相对于前妻而言。

“继室”。《春秋左传正义·隐公元年》：“传惠公元妃孟子，孟子卒。继室以声子，生隐公。”杜注：元妃死，则次妃摄治内事，犹不得称夫人，故谓之继室。[5]《春秋左传正义·昭公三年》：“齐侯使晏婴请继室于晋。”注：复以女继少姜。古代诸侯原配夫人死后，再娶一个女子填补原配的位置，就是继室。根据宗法制度，诸侯的原配妻子称“元妃”，元妃死后由别的女子递补元妃掌管内事，称“继室”。

妾称妻有“女君”。《仪礼注疏·丧服》：“妾为女君。”郑注：“女君，君、嫡妻也。”贾疏：“妾事女君使与臣事君同，故次之也，以其妻既与夫体敌，妾不得体夫，称夫为君，故称嫡妻为女君。”[6]妾的身份较妻贱，妾称丈夫的正妻为“女君”。

“主母”。《史记·苏秦列传》：“居三日，其夫果至，妻使妾举药酒进

---

① （唐）李白药撰：《北齐书》卷十二，中华书局 2013 年版，第 159 页。
② 陈戍国：《四书五经》，岳麓书社 2015 年点校本，第 329 页。
③ 《二十四史》第二册，线装书局 2018 年版，第 954 页。
④ （汉）司马迁撰：《史记》卷四十四，中华书局 2013 年版，第 1840 页。
⑤ 《十三经注疏》下册，上海古籍出版社 1997 年版，第 1712 页。
⑥ 《十三经注疏》上册，上海古籍出版社 1997 年版，第 1109 页。

之。妾欲言酒之有药,则恐其逐主母也。"[1]"主母",指父之正妻,这种称呼通常只存在于贵族及多妻的富人家庭。

"大姊姊"。《后妃本传》:宋高宗母韦后,称徽宗后为大姊姊。案:此文引见《字典》姊字注。

"姒"。《尔雅·释亲》:"女子同出,谓先生为姒,后生为娣。"[2]郭注:"同出谓俱嫁事一夫。"

"娣"。《诗经·韩奕》:"诸娣从之,祁祁如云。"[3]"诸娣",众多妾。"祁祁",盛多貌。众多姑娘做陪嫁,犹如云霞铺天上。《春秋公羊传注疏·庄公十九年》:"诸侯娶一国,二国往媵之,以侄娣从。"[4]毛传云:"诸侯一娶九女,二国媵之。诸娣,众妾也。"妻称妾曰娣,而妾当称妻曰姒矣。

对人自称妻有"内"。《春秋左传正义·襄公二十八年》:"齐庆封好田而嗜酒,与庆舍政,则以其内实迁于卢蒲嫳氏,易内而饮酒。"杜注:"内实,宝物、妻妾也。"[5]案此,盖妻妾通谓之内也。又《哀公十五年》:"卫孔圉取大子蒯聩之姊,生悝。孔氏之竖浑良夫长而美,孔文子卒。通于内。"杜注:"谓通伯姬。"[6]此则称文子之妻曰内也。《僖公十七年》:"齐侯好内,多内宠。内嬖如夫人者六人。"[7]此则专称妾曰内矣。

"内子"。白居易有《代内子贺兄嫂》诗。《春秋左传正义·僖公二十四年》:"以叔隗为内子而己下之。"郑注:卿之嫡妻为内子。[8] 古代称卿大夫的妻子为"内子",后为妻的通称。

---

① (汉)司马迁撰:《史记》卷六十九,中华书局 2013 年版,第 2265 页。
② 管锡华:《尔雅》,中华书局 2014 年译注本,第 336 页。
③ 陈戍国:《四书五经》上册,岳麓书社 2015 年点校本,第 406 页。
④ 《十三经注疏》下册,上海古籍出版社 1997 年版,第 2235 页。
⑤ 《十三经注疏》下册,上海古籍出版社 1997 年版,第 2000 页。
⑥ 《十三经注疏》下册,上海古籍出版社 1997 年版,第 2175 页。
⑦ 《十三经注疏》下册,上海古籍出版社 1997 年版,第 1809 页。
⑧ 《十三经注疏》下册,上海古籍出版社 1997 年版,第 1817 页。

“内人”。《礼记正义·檀弓下》:“文伯之丧,敬姜据其床而不哭,曰:‘朋友诸臣未有出涕者,而内人皆行哭失声。斯子也,必多旷于礼也夫!’”郑注:内人,妻妾。① “内人”是妻妾的统称。

“荆妇”。“荆妇”就是“荆妻”的另一种说法。古代丈夫对人谦称自己的妻子为“拙荆”“荆室”“山荆”等。

“山妻”。唐杜甫《孟仓曹步趾领新酒酱二物满器见遗老夫》诗:“理生那免俗,方法报山妻。”丈夫对自己妻子的谦称。

“夫人”。《礼记正义·曲礼下》:“天子之妃曰后,诸侯曰夫人、大夫曰孺人。”②《公羊》隐二年九月“纪履输来逆女”,传:“女在其国称女,在途称妇,入国称夫人。”“女”“妇人”和“夫人”是区别婚姻状况的一个标志。“逆女”是迎娶新娘的意思,“妇”是对姑舅来讲,已经嫁人途中、有姑舅的女子称为“妇”,“夫人”是古代的天子之妾或诸侯之妻。

“孺人”。南北朝江淹《恨赋》:“左对孺人,顾对稚子。”左,卑下,降低身份。意为降低身份来对待妻子,照看、哄逗小孩子。《礼记正义·曲礼下》:“天子之妃曰后,诸侯曰夫人、大夫曰孺人。”③“孺人”古代称大夫的妻子,唐代称王的妾,宋代用为通直郎等官员的母亲或妻子的封号,明、清时为七品官的母亲和妻子的封号。也用作官宦人家妇女的通称。

“内子”。妻子的通称,可以指自己的妻子或他人的妻子。《礼记·曾子问》:“大夫内子有殷事。”郑注:“内子,大夫嫡妻也。”互详自称其妻及称人之妻注。《左传·僖公二十四年》:“以叔隗为内子而己下之。”杜注:“卿之嫡妻为内子。”《楚语》:“司马子期欲以妾为内子。”韦注:“内子,卿之嫡妻。”

“命妇”。妇人有封号者称命妇。其有“内命妇”和“外命妇”之分。1. 中国古代称皇帝的妃、嫔、世妇、女御等为“内命妇”。《周礼注疏·内

---

① 《十三经注疏》上册,上海古籍出版社 1997 年版,第 1304 页。
② 《十三经注疏》上册,上海古籍出版社 1997 年版,第 1267 页。
③ 《十三经注疏》上册,上海古籍出版社 1997 年版,第 1267 页。

宰》:“凡丧事,佐后使治外内命妇,正其服位。”注:“内命妇谓九嫔、世妇、女御。”[①]《唐六典》中有对于“内命妇”的规定:“内官:惠妃一人、丽妃一人、华妃一人、淑仪一人、德仪一人、贤仪一人、顺仪一人、婉仪一人、芳仪一人、美人四人、才人七人。……妃三人,正一品。夫人佐后,坐而论妇礼者也。其于内则无所不统,故不一一务名焉。六仪六人,正二品。六仪掌教九御四德,率其属以赞导后之礼仪。美人四人,正三品。美人掌率女官修祭祀、宾客之事。才人七人,正四品。才人掌序燕寝,理丝枲,以献岁功焉。”[②]2. 因夫或子得封号的妇女称“外命妇”,天子所封宫外的命妇称“外命妇”。《唐律疏议》中:“妇人官品邑号:诸妇人有官品及邑号犯罪者,各依其品,从议、请、赎、减、当、免之律,不得荫亲属。疏议曰:妇人有官品者,依令,妃及夫人,郡、县、乡君等是也。邑号者,国、郡、县、乡等名号是也。妇人六品以下,无邑号,直有官品,即媵是也。”[③]《通典·职官十六》记唐代外命妇之制说:“诸王母妻及妃,文武官一品及国公母、妻为国夫人,三品以上母、妻为郡夫人,四品母、妻为郡君,五品母、妻为县君。散官同职事。若勋官四品有封,母妻为乡君。……开元八年(720)五月敕准,令王妻为妃,文武官及国公妻为国夫人,母加太字。”

妾是中国古代一夫一妻多妾制结构中,地位低于妻的,男子在妻以外娶的女子,又称“小妻”“傍妻”“下妻”“少妻”“庶妻”等。周代贵族女子出嫁,需要同族姐妹或姑侄陪嫁,称为媵,媵会成为侧室,地位比妾高。后世媵和妾渐渐不分。《礼记·内则》曰:妻不在,妾御莫敢当夕。就宗法意义的家庭而言,妻与夫也是构成家庭的要素,缺一不可,所以妻与夫为“齐体”,而妾虽与男子为配偶,却不是夫妻意义上的存在。妾既没有妻的名分、地位,也不享有作为妻子的一切社会认可的权利、待遇,它并不具备构成家庭要素的意义。妾的本意是女罪奴或女俘奴。纳妾在形式上与

① 《十三经注疏》上册,上海古籍出版社1997年版,第684页。
② 陈仲夫:《唐六典》,中华书局2014年点校本,第347页。
③ 岳纯之:《唐律疏议》,上海古籍出版社2013年点校本,第25页。

媵相近，但妾的纳进无须婚姻仪式，仅凭战争俘获或买卖即可，妾的身份卑贱低下，这些均是妾区别于媵的实质。

“妾”。《说文解字句读》：“有辠女子给事之得接于君者，从辛从女。春秋传云，女为人妾，妾不聘也。注：内则，聘则为妻，奔则为妾。”[①]《白虎通·嫁娶篇》：“妾者，接也，以时接见也。”《释名》：“妾，接也，以贱见接幸也。”

“姬”。旧时称妾；古代对女性的美称。《集韵》：“众妾统称。”

“内”。《春秋左传·僖公十七年》：“齐侯好内，多内宠。”[②]齐侯喜爱姬妾。

“童”。《周易·大畜》注：“童，妾也。”《史记·货殖传》：“僮者，婢妾之总称也。”

“侧室”。原指房屋两侧的房间；旧指偏房，妾。《礼记·内则》：“妻将生子，及月辰，居侧室。”孔颖达疏：“夫正寝之室在前，燕寝在后，侧室又次燕寝，在燕寝之旁，故谓之侧室。”[③]

“别室”。另设的房间，与别的房间相区别；古称妾为别室。《北史·后妃传》：“魏孝庄后也。神武纳为别室。”[④]

“他室”。《元潘泽碑》：“子希永，他室李出。”

“次室”。《金史·海陵本纪》：称妾曰次室。[⑤]

“偏房”。《列女传》，晋赵衰《妻颂》曰：“身虽尊贵，不妒偏房。”[⑥]

“少房”。宋濂撰《方愚庵墓版》，称妾为少房。黄梨洲《金石要例》载之。

“别房”。《世说·惑溺篇》：“谢太傅刘夫人性妒，不令公有别房。”

---

① 王筠：《说文解字句读》，中华书局2016年版，第90页。

② 陈戍国：《四书五经》上册，岳麓书社2015年点校本，第783页。

③ 郑玄注，孔颖达等正义：《礼记正义》，阮元校刻《十三经注疏》，上海古籍出版社1997年版，第1469页。

④ （唐）李延寿：《北史》卷十四，中华书局2012年版，第518页。

⑤ 参见（元）脱脱：《金史》卷五，中华书局2013年版，第96页。

⑥ （清）王照圆撰：《列女传补注》，华东师范大学出版社2012年版，第69页。

“属妇”。《书·梓材》“至于属妇”,《释文》:“属妇,妾之事妻也。”《说文》作“至于媰妇”。《小尔雅广义》:“妾妇之贱者,谓之属妇。”案:《书传》“存恤妾妇”,疏:“经言属妇,传言妾妇者,以妾属于人,故名。”《说文》姆字注“妇人妊身也”,则以姻妇为孕妇。

“小妇”。《汉书·元后传》“又凤知其小妇弟张美人”,师古曰:“小妇,妾也。”①

“傍妻”。《汉书·元后传》:“好酒色,多取傍妻。”即妾也。②

“下妻”。汉代男子正妻外所娶之妾,指姬妾。《后汉书·光武帝纪》:“为奴婢下妻,欲去留者,恣听之。”③

“少妻”。用于指称老年男子所娶的年轻姬妾。《后汉书·董卓传》:“卓朝服升本车,既而马惊堕泥,还入更衣。其少妻止之。”④

“外妇”。指非正式夫妻关系中男性私通之妇,因在正妻之外,故称外妇、外室。秦汉时男子家室之外相好的情人。《汉书·高五王传》:“齐悼惠王肥,其母高祖微时外妇也。”注:“谓旁通者。”⑤

“小妻”。汉代男子所娶之妾名称极多,小妻是其中的一种,相当于后世所谓的“小老婆”。《汉书·外戚恩泽侯表》:“为小妻所杀。”⑥又,《枚乘传》:“乘在梁时,取皋母为小妻。”⑦又,《孔光传》:“定陵侯淳于长坐大逆诛,长小妻迺始等六人。⑧”《后汉书·梁王畅传》:“臣小妻三十七人,其无子者,听还本家。”⑨又,《窦融传》:“女弟为大司空王邑小妻。”⑩

---

① (汉)班固:《汉书》卷九十八,中华书局2013年版,第4020页。
② (汉)班固:《汉书》卷九十八,中华书局2013年版,第4015页。
③ (南朝宋)范晔:《后汉书》卷一,中华书局2012年版,第52页。
④ (南朝宋)范晔:《报汉书》卷七十二,中华书局2012年版,第2331页。
⑤ (汉)班固:《汉书》卷三十七,中华书局2013年版,第1978页。
⑥ (汉)班固:《汉书》卷十八,中华书局2013年版,第693页。
⑦ (汉)班固:《汉书》卷五十一,中华书局2013年版,第2366页。
⑧ (汉)班固:《汉书》卷八十一,中华书局2013年版,第3555页。
⑨ (清)梁松年:《梦轩笔谈》,广东人民出版社2018年版,第363页。
⑩ (南朝宋)范晔:《后汉书》卷二十三,中华书局2012年版,第795页。

又,《宗室四王三侯传》:“赵惠王乾居父丧,始聘小妻。”注:“小妻,妾也。”

“庶妾”。《穆天子传》郭璞注:“庶妾谓众散妾也。”

“伎妾”。《晋书·王国宝传》:“后房伎妾以百数。”①

“色妾”。容颜美貌的妾。

“女妾”。《诗经·绿衣》:“绿兮丝兮,女所治兮。”笺:“女,女妾。”

“姻妾”。姻亲的婢妾。《左传》“称姻妾以告”。

“祗候人”,或作“左右人”,宋代西北地区对妾的俗称。“祗候”是尊敬侍候的意思。

“次妻”。妾,小老婆。这种称谓是元代时的一种现象。

“如君”。亦称“如夫人”,是妾的一种别称。

“姨娘”。旧时代达官贵人的偏房侧室被称作姨娘。

老妾有“房老”,古时对婢妾中年老而色衰者的称呼。《拾遗记》:“石季伦爱婢翔风,最以文词擅爱,及年三十,退为房老。”女妾翔风擅长文献辞藻,但是年到三十,已经被争去了风头。

“房长”。宋代对年久位高之婢妾的称呼;或古代一些较大的宗族族内管理房族事务的房族首领。

随嫁妾有“媵”,原本指随嫁的人或物,男女都可以作媵。春秋战国时期,媵女单指陪嫁出去的女性。主人出嫁一般作媵的是贴身婢女或一生相伴的好姐妹亲戚。《释名》:“侄娣曰媵。媵承事嫡也。”侄女,妹妹都可以成为“媵”,主要是来侍奉嫡妻。

“右媵”“左媵”“嫡侄娣”“右媵侄娣”“左媵侄娣”,《公羊》隐元年传注:“礼,嫡夫人无子立右媵,右媵无子立左媵,左媵无子立嫡侄娣,嫡侄娣无子立右媵侄娣,右媵侄娣无子立左媵侄娣。”

“姬媵”。《北史·萧詧传》:“詧一幸姬媵,卧病累旬。”②

---

① (唐)房玄龄:《晋书》卷七十五,中华书局2012年版,第1972页。

② (清)梁章钜:《称谓录》,中华书局1996年版,第76页。

"诸娣"。众妾,随嫁女子。《毛诗正义·韩弈》:"诸娣从之,祁祁如云。"注:"诸娣,众妾也。"①意为众多姑娘做陪嫁,犹如天上云彩一般多。

"女从者"。《仪礼·士昏礼》注:"女从者,谓侄娣也。"跟随嫡妻的去夫方的成为"媵"。

"宦女"。亲媵;服役于宫中的女奴。《春秋左传正义·僖公十七年》:"招曰'然。男为人臣,女为人妾。'故男曰圉,女曰妾。及子圉西质,妾为宦女焉。"②意为,男孩做别人的奴隶,女孩做别人的奴婢。所以把男孩起名为圉,女孩起名为妾。等到子圉到西方作人质,妾就在秦国做了侍女。

三、离婚的男女称谓

"前夫"。汉辛延年《羽林郎》诗:"男儿爱后妇,女子重前夫。"

"故夫"。唐李商隐《寄蜀客》诗:"金徽却是无情物,不许文君忆故夫。"古诗:"下山逢故夫。"

旧妻有"故妻"。旧时用作称男子先前所娶之妻,亦称"旧妻"。《汉书·朱买臣传》:"入吴界,见其故妻,妻夫治道。"亦指弃妇、孀妇。

"故剑"。用以指"元配妻子"。《汉书·宣帝纪》:刘询避祸民间时曾娶民女许君平为妻,后被立为宣帝,许氏亦被立为婕妤。群臣为讨好霍光,商议立霍小女儿为后,宣帝"乃诏求微时故剑",群臣明白宣帝喻意,于是立许氏为皇后。③

"出妻"。又称休妻,古代社会中丈夫遗弃妻子。《仪礼注疏·丧服》传:"出妻之子为母期,则于外祖父母无服。"④注:此谓母犯七出去,谓去夫氏或适他族或之本家子从而为服者也。

---

① 《十三经注疏》上册,上海古籍出版社 1997 年版,第 572 页。
② 陈戍国:《四书五经》上册,岳麓书社 2015 年点校本,第 783 页。
③ (清)梁章钜:《称谓录》,中华书局 1996 年版,第 70 页。
④ 《十三经注疏》上册,上海古籍出版社 1997 年版,第 1104 页。

“判妻”。再嫁的妇女。《周礼·地官》“媒氏”，郑康成注：“判妻，出妻再嫁者。”

四、死亡后男女称谓

亡夫称“皇辟”。《礼记正义·曲礼下》：“祭王父曰皇祖考，王母曰皇祖妣，父曰皇考，母曰皇妣，夫曰皇辟。”郑注：“皇，君也。辟，法也，妻所取法也。”《书叙指南》：“《礼记》亡夫曰皇辟。”对过世的丈夫尊称为“皇辟”。①

亡妻称“嫔”。《尔雅·释亲》：“嫔，妇也。”②《礼记正义·曲礼下》：“生，曰夫，曰母，曰妻。死，曰考，曰妣，曰嫔。”③注：“嫔者，妇人有法度之称也。”又云：“妇人美称。在世女性配偶称妻，过世的女性配偶称嫔。妻死，其夫以美号名之，故称嫔。”是古代妻子死后的美称。

“前妻”。《列女传》：齐义继母曰：“少者，妾之子也。长者，前妻之子也。”④

“后夫人”。后妻。唐韩愈《清边郡王杨燕青碑文》：“后夫人，河南郡夫人雍氏，某官之孙，某官之女，有男二人，有女一人。”案：此碑上文已载夫人李氏，而又载后夫人，称王之后妻也。

守寡妻称“嫠妇”。旧时夫死守寡之妻，即寡妇。宋苏轼《赤壁赋》：“泣孤舟之嫠妇。”

“霜妻”，亦作“孀妻”。旧指夫死守寡之妻。《唐故雁门郡解府君墓志》：“霜妻李氏，偕老愿违。”案“霜”与“孀”同。

“孝妻”。古时指死去丈夫的人。亦为丧夫者对亡夫的自称。

“未亡人”。《春秋左传正义·庄公二十八年》：“文夫人曰：‘今令尹

---

① 《十三经注疏》上册，上海古籍出版社1997年版，第1269页。
② 管锡华：《尔雅》，中华书局2014年版，第339页。
③ 《十三经注疏》上册，上海古籍出版社1997年版，第1269页。
④ （清）王照圆撰：《列女传补注》，华东师范大学出版社2012年版，第205页。

不寻诸仇雠，而于未亡人之侧，不亦异乎？’”杜注：“妇人既寡，自称未亡人。”①仇雠，仇敌。现在令尹不用于仇敌而用于一个寡妇的旁边，不也是奇怪吗？“未亡人”，旧时称寡妇；寡妇也用做自称。

第二节 宗亲亲属

一、父母称谓

“三父八母”，旧指同居继父、不同居继父、从继母改嫁之继父，合称三父；嫡母、继母、养母、慈母、嫁母、出母、庶母、乳母，合称八母。

（一）父母统称

古代对“父母统称”的称谓如下：

“严君”。总称父母。父母为全家所尊，如同国有严君，故称。《周易·家人》：“家人有严君焉，父母之谓也。”②

“父母”。《唐律疏议》：“子孙不得别籍：诸祖父母、父母在而子孙别籍、异财者，徒三年。疏议曰：称祖父母、父母在，则曾、高在亦同。若子孙别生户籍、财产不同者，子孙各徒三年。注云：别籍、异财不相须。”③

“膝下”。指人在幼年时，常依于父母膝旁，言父母对幼孩之亲爱。后用作对父母的尊称。如书信开头说“父母亲大人膝下，谨禀者”。“膝下”也是对于父母的统称。

“亲戚”。《韩诗外传》：“曾子亲戚既没，欲孝无从。”这里称父母为“亲戚”。④

---

① 《十三经注疏》下册，上海古籍出版社 1997 年版，第 1781 页。

② 陈戍国：《四书五经》上册，岳麓书社 2015 年点校本，第 172 页。

③ 岳纯之：《唐律疏议》，上海古籍出版社 2013 年点校本，第 198 页。

④ （汉）桓宽撰集：《盐铁论校注》，中华书局 1992 年版，第 588 页。

“尊老”。称年高的长辈,特指对父母的敬称;尊称他人父母,泛指长辈。《右军十七帖》:“此间士人,皆有尊老。”此处称父母为“尊老”。

“严亲”。宋司马光《送王殿丞知眉山县》诗:“畴昔侍严亲,俱为彩服人。”“严亲”,是对父母的统称。

(二)父亲称谓

1. 一般情形

“父”。《说文解字句读》:“父,矩也,家长率教者,从手举杖。”①父亲,是规矩的代表,是一家之长,有垂范训导之责。《仪礼注疏·丧服》:“父,至尊也。”②父亲是地位最高的人。《唐律疏议》中“居父母丧生子”:“诸居父母丧生子及兄弟别籍、异财者,徒一年。疏议曰:居父母丧生子,已于名例免所居官章中解讫,皆谓在二十七月而妊娠生子者,及兄弟别籍、异财,各徒一年。别籍、异财不相须。其服内生子,事若未发,自首亦原。”③

“翁”。《史记·项羽本纪》:“汉王曰:‘吾与项羽俱北面受命怀王,曰“约为兄弟”,吾翁即若翁,必欲烹而翁,则幸分我一桮羹。’”④我刘邦曾经跟你结拜过兄弟,所以我父亲就是你父亲。如果你一定要把父亲煮了吃,那么希望你分一碗肉给我吃。案:《广雅》:“翁,父也。”又“翁者,父也”。“翁”,父亲,丈夫或妻子的父亲。

“阿公”。《南史·颜延之传》:“尝与何偃同从上南郊,偃于路中遥呼延之曰:‘颜公。’延之以其轻脱,怪之,答曰:‘身非三公之公,又非田舍之公,又非君家阿公,何以见呼为公?’偃羞而退。”古代对父亲的俗称。⑤

“尊”。《宋书·谢灵运传》:“阿连才悟如此,而尊作常儿遇之。”⑥

---

① 王筠:《说文解字句读》,中华书局 2016 年缩印本,第 101 页。

② 《十三经注疏》上册,上海古籍出版社 1997 年版,第 1100 页。

③ 岳纯之:《唐律疏议》,上海古籍出版社 2013 年点校本,第 198 页。

④ (汉)司马迁:《史记》卷七,中华书局 2013 年版,第 328 页。

⑤ (唐)李延寿:《南史》卷三十四,中华书局 2011 年版,第 880—881 页。

⑥ (梁)沈约:《宋书》卷六十七,中华书局 1974 年版,第 1775 页。

《世说·品藻篇》:“刘尹至王长史许清言,时苟子年十三,倚床边听。既去,问父曰:‘刘尹语何如尊?’”案:刘尹名谈。魏晋六朝皆称尊。

“家尊”。《晋书·王献之传》:“问曰:‘君书何如君家尊?’”[①]谓其父右军也。“家尊”,对人称自己的父亲;对他人父亲的尊称。

“叟”。《广雅》:“叟,父也。”“叟”,指年老的男人。

2. 本生父

“本生父”。亲生父亲。《旧唐书》崔植《陈情表》:“父婴甫,是臣本生;亡伯祐甫,是臣承后。嗣袭虽移,心则在请,以在身官秩,特乞回赠本生。”此本生父之见于史者。回赠,即今勉赠。盖自唐以来有之。[②]

“嫡父”。宋张舜民《画墁录》:“临潼驿有俚妇,儿三人皆售诸过客。二为正使,一为郎官。郎官者,县人田升卿也。田登第,嫡父自陈,升卿大怒。”案:嫡父,乃其所生之父也。

“亲父”。《庄子·寓言篇》:“亲父不为其媒。亲父誉之,不若非其父者也。”

3. 同母异父

“继父”。《仪礼注疏·丧服》:“继父同居者。”注:继父本非骨肉,故次在女子子之下。案《郊特牲》云:夫死不嫁,终身不改,诗恭姜自誓不许再归。此得有妇人将子嫁而有继父者,彼不嫁者自是贞女守志,而有嫁者,虽不如不嫁,圣人许之,故齐衰三年章,有继母此又有继父之文也。[③]

“假父”。旧时对“义父”之别称,其中“假父”可以理解为“继父”“后父”。《唐书·李锜传》:“号番落健儿,皆锜腹心,禀给十倍,称锜为假父。”[④]《魏书·尉古真传》:“荣(尒朱荣)遂害庆宾僚属,拘庆宾还秀容,呼

---

① (唐)房玄龄:《晋书》卷八十,中华书局 2012 年版,第 2105 页。
② (清)梁章钜:《称谓录》,中华书局 1996 年版,第 15 页。
③ 《十三经注疏》上册,上海古籍出版社 1997 年版,第 1108 页。
④ (宋)欧阳修:《新唐书》卷二百二十四,中华书局 2013 年版,第 6382 页。

为假父。[①]”“假父”，是对于继父、养父的不良称呼，尊称应为继父、义父等。

4. 子称父

“先生”。《论语·为政》：“子夏问孝。子曰：‘色难。有事，弟子服其劳；有酒食，先生馔；曾是以为孝乎？’”[②]子夏问什么是孝，孔子说：“最不容易的就是让父母和颜悦色，仅仅是有了事情，儿女需要替父母去做；有了酒饭，让父母吃，这样就是孝了么？”“先生”解释为父母。

“公”。《广雅》：“公，父也。”《战国策·魏策》：“陈轸将行，其子陈应止其公之行。”陈轸即将出发，儿子陈应立即阻止他的父亲的行程。

“耶”。古人称父为耶，只用耶字不用爷字。《颜氏家训·文章篇》：“梁世费旭诗云：‘不知是耶非。’殷沄诗云：‘飘飏云母舟。’简文曰：‘旭既不识其父，沄又飘飏其母。’是梁世未尝有爷字也。唐杜甫《兵车行》：“耶娘妻子走相送。”家中男子被征兵，父母妻儿奔走送别。其又有《北征》诗云：“见耶背面啼，垢腻脚不袜。”

“爹爹”。宋代皇宫中称父亲为爹爹。《四朝闻见录》，宋高宗称徽宗为爹爹。又《宋四六话》引陈世崇《随隐漫录》云：“太子两拜问安，又两拜云：臣某职守东闱，恩承南面，近思问学，谨葺韦编，伏遇爹爹皇帝陛下。”盖宋时宫闱中称谓如此，而民间沿袭之也。

“兄兄”。书面语，北齐时称父亲为兄兄。《北齐书·南阳王绰传》，绰兄弟皆呼父为兄兄。[③]

“哥”，“哥哥”是口头话，俗语，《旧唐书·王琚传》“玄宗泣曰：四哥仁孝”，称睿宗也。[④] 玄宗称自己父亲四哥。《棣王炎传》“惟三哥辨其罪”，称玄宗也。[⑤] 案：长安四年《观世音石像铭》，中山郡王隆业所造，亦

---

① （北齐）魏收：《魏书》卷二十六，中华书局 2013 年版，第 658 页。
② 陈戍国：《四书五经》上册，岳麓书社 2015 年点校本，第 19 页。
③ （唐）李白药：《北齐书》卷十二，中华书局 2013 年版，第 160 页。
④ （后晋）刘昫：《旧唐书》卷一百六，中华书局 2013 年版，第 3249 页。
⑤ （后晋）刘昫：《旧唐书》卷一百七，中华书局 2013 年版，第 3261 页。

称睿宗为四哥,皆子称父之词。

5. 对人自称其父

“严君”。父母之称或指父亲。对别人称自己的父亲;通信中对人称自己父亲的谦词。案:《周易·家人》:“有严君焉,父母之谓也。”①

“家君”。《后汉书·列女传》,“家君获此,故其宜耳。’”②又《晋书·袁宏传》:“何故不及家君。”又:“家君勋迹如此。”③

“家公”。《晋书·山涛传》:“简叹曰:‘吾年几三十,而不为家公所知。’”④

“家父”。《颜氏家训·风操篇》:“陈思王称其父曰家父。”⑤

6. 亡父

“亡父”。《南史·王僧达传》:“尝答诏曰:‘亡父亡祖,司徒司空’。其自负若此。”⑥

“考”。过世的父亲。前在世也称考,后只称过世的父亲。《尔雅·释亲》:“父为考,母为妣。”⑦案:《礼记正义·曲礼下》:“生,曰父、曰母、曰妻,死,曰考、曰妣、曰嫔。”⑧有生父母、死考妣之说。《周易·蛊》:“干父之蛊,有子,考无咎。”⑨干,继承,承担;蛊,事情。

“皇考”。对亡父的尊称;对已故曾祖的尊称。《礼记正义·曲礼下》:“父曰皇考,母曰皇妣,夫曰皇辟。”⑩屈原《离骚》:“朕皇考曰伯庸。”

---

① 陈成国:《四书五经》上册,岳麓书社 2015 年点校本,第 172 页。

② (南朝宋)范晔:《后汉书》卷八十四,中华书局 2012 年版,第 2796 页。

③ (唐)房玄龄:《晋书》卷九十二,中华书局 2012 年版,第 2391—2392 页。

④ 《二十四史》第七册,线装书局 2014 年版,第 4107 页。

⑤ 易孟醇、夏光弘注译:《颜氏家训》,岳麓书社 1999 年版,第 46 页。

⑥ (唐)李延寿撰:《南史》卷二十一,中华书局 2011 年版,第 573 页。

⑦ 管锡华:《尔雅》,中华书局 2014 年译注本,第 327 页。

⑧ 《十三经注疏》上册,上海古籍出版社 1997 年版,第 1269 页。

⑨ 陈成国:《四书五经》,岳麓书社 2015 年点校本,第 157 页。

⑩ 《十三经注疏》上册,上海古籍出版社 1997 年版,第 1269 页。

“王考”。对已故祖父的敬称；对已故父亲的敬称。韩愈《监察御史元君妻京兆韦氏夫人墓志铭》“王考夏衰三年”。

（三）母亲称谓

1. 一般情形

“母”。《释名・释亲》：“母，冒也，含生己也。”《说文解字句读》：“母，牧也。从女裹子形，一曰像乳子也。”①

“妪”。《说文解字句读》：“妪，母也。”②

“媪”。《说文解字句读》：“媪，女老称也，读若奥。”③注：媪是妇人之老者统号。

2. 嫡母

“嫡母”。详见嫡父注。

“君母”。《仪礼・丧服》：“君母之父母从母。”郑注：“君母，父之嫡妻也。”

“民母”，“先母”。《汉书・卫青传》：“民母之子皆奴畜之。服虔曰：‘民母，嫡母也。’师古曰：‘言郑季正妻本在编户之间，以别于公主家也。’”④案：民母，《史记》作先母。

“生母”。《南史・谢瞻传》：“弟嚼字宣镜，年数岁，所生母郭氏疾。”⑤索今则妾生之子谓所生母为亲母，不称生母。惟已为伯叔父之后谓己之父母为本生父母。详亲父注。

“亲母”。《礼记・曾子问》：“昔者鲁昭公少丧其母，有慈母。”疏：“亲母尚不服，庶母不服可知。”案今例，嫡子称其父母并加亲字，称亲父亲母；若妾生之子则称父之嫡妻为嫡母，而称已母为亲母。

---

① 王筠：《说文解字句读》，中华书局 2016 年版，第 493 页。

② 王筠：《说文解字句读》，中华书局 2016 年版，第 493 页。

③ 王筠：《说文解字句读》，中华书局 2016 年版，第 493 页。

④ （汉）戏固撰，（唐）颜师古注：《汉书》卷五十五，中华书局 2013 年版，第 2471—2472 页。

⑤ （唐）李延寿撰：《南史》卷十九，中华书局 2012 年版，第 527 页。

"因母"。亲母。《仪礼注疏·丧服》:"继母如母。"传曰:"继母配父与因母同,故孝子不敢殊也。"郑注:"因,犹亲也。"①

3. 子称母

"大人"。案《汉书·宣元六王传》云:博辞去,令弟光恐云王遇大人益解。师古曰:"大人,博自称其母也。"②

"娘"。《古乐府》:"不闻耶娘唤女声。"杜甫《兵车行》曰:"耶娘妻子走相送,尘埃不见咸阳桥。"

"娘娘"。

"家家"。《北齐书·南阳王绰传》"绰兄弟皆呼父为兄兄,嫡母为家家,乳母为姊姊,妇为妹妹"。③《北史·齐宗室传》:后主泣启太后曰:"有缘,便更见家家。"④

"阿母"。唐司空图《步虚》诗曰:"阿母亲教学步虚,三元长遣下蓬壶。"《孔雀东南飞》诗:"上堂拜阿母,阿母怒不止。"

"少君"。《左传·定公十四年》:蒯聩谓戏阳速云:"从我而朝少君。"案:少君谓其母也。或谓少君犹小君,乃君夫人之称。

4. 对人自称其母

"家母"。《颜氏家训·风操篇》:"陈思王称其父曰家父,母曰家母。"⑤

"尊老"。《宋书·孝义何子平传》:"尊老在东,不办。常得生米,何心独享白粲。"⑥案:尊老,子平自称其母。

"老人"。车茂安《与陆士龙书》:"老人及姊自闻此问,不能复食。"

"家夫人"。翟灏《通俗编》:《后汉书·应奉传》注引《汝南记》,元义

① 《十三经注疏》上册,上海古籍出版社 1997 年版,第 1103 页。
② (汉)班固撰,(唐)颜师古注:《汉书》卷八十,中华书局 2013 年版,第 3312 页。
③ (汉)班固撰,(唐)颜师古注:《北齐书》卷十二,中华书局 2013 年版,第 160 页。
④ (唐)李延寿撰:《北史》卷五十二,中华书局 2012 年版,第 1891 页。
⑤ 易孟醇、夏光弘注译:《颜氏家训》,岳麓书社 1999 年版,第 46 页。
⑥ (梁)沈约:《宋书》中华书局 1974 年版,第 2257 页。

谓人曰：“此我故妇，非有他过，家夫人遇之实酷，本自相贵。”①

5. 父没称母

“太夫人”。《汉书·文帝纪》：“七年冬十月，令列侯太夫人、夫人、诸侯王子及吏二千石无得擅征捕。”②汉制，列侯之母称太夫人。后来凡官僚、豪绅的母亲不论在世与否，均称太夫人。

6. 对君自称其母

“臣母妾”。《陈书·沈炯传》，沈炯以母老，表请归养，诏不许。文帝嗣位，又表曰：“臣母妾刘，今年八十有一。”③

7. 对君自称亡母

《晋书》记载：“亡母生临臣国，没留国第”。④

8. 前母

“前母”。《晋书·礼志》：“礼为继母服。而不为前母服者李比类，旷世所希。前母既终，乃有继母。”⑤

9. 亡母

“妣”。《尔雅》：“父为考，母为妣。”⑥邢疏：“妣，媲也。媲匹于父。”“皇妣”。《礼记·曲礼》：“母曰皇妣。”

“显妣”。旧时对亡母的美称，“显”，对亡者的美称。王粲《思亲》诗：“穆穆显妣，德音徽止。”

“先妾”。《战国策》：匡章对齐威王曰：“臣非不能更葬先妾也。”

10. 出母

“出母”。《礼记正义·檀弓》：“孔氏之不丧出母。”⑦《仪礼·丧服·

① （宋）范晔撰，（唐）李贤注：《后汉书》卷四十八，中华书局年 2012 版，第 1607 页。
② （汉）班固撰，（唐）颜师古注：《汉书》卷四，中华书局 2013 年版，第 122 页。
③ （唐）姚思廉撰：《陈书》卷十九，中华书局 2013 年版，第 255 页。
④ （唐）房玄龄等撰：《晋书》，中华书局 1974 年版，第 979 页。
⑤ （唐）房玄龄撰：《晋书》卷二十，中华书局 2012 年版，第 643 页。
⑥ 管锡华：《尔雅》，中华书局 2014 年译注本，第 327 页。
⑦ 《十三经注疏》上册，上海古籍出版社 1997 年版，第 1274 页。

期服章》传:“出妻之子为父后者,则为出母无服。”

11. 后母

“后母”。《颜氏家训·后娶篇》:“思鲁会从舅殷外臣,有子基、谌,皆已成立,而再娶王氏。基每拜见后母,感慕呜咽,不能自持,家人莫忍仰视。”①思鲁等孩子的堂舅殷外臣,是一位博学通达的人士。他的两个儿子殷基、殷谌,都已经长大成人,而他在妻亡后又再娶王氏。殷基每次去拜见后母,都会因思念生母而失声痛哭,感情不能自我控制,家人都不忍心抬头看见他那悲痛的神情。

“继母”。《仪礼注疏·丧服》:“继母如母。贾疏:释曰:继母本非骨肉故次亲母,后谓己母早卒或被出之,后续己母也,丧之如亲母,故云如母。”②《颜氏家训·后娶篇》:“继亲虐,则兄弟为仇。”③继母虐待前妻的孩子会使得兄弟之间反目成仇。

“续母”。继母亦称续母。

“假母”。《汉书·衡山王传》:“元朔四年中,人有贼伤后假母者,王疑太子使人伤之,笞太子。”④师古曰:“继母也,一曰父之旁妻。”

12. 养母

“养母”。《朱子家礼·三父八母服制图》有养母。案:为人后而自幼过房与人者,谓之养母,服斩衰三年。

13. 父之妾

“庶母”。《尔雅》:“父之妾为庶母。”⑤《仪礼·丧服》“君子子为庶母慈己者。”

“诸母”。《礼记·曲礼》:“诸母不漱裳。”注:“诸母,庶母也。”裕云:“诸母谓父之诸妾有子者。”《内则》:“择于诸母与可者。”注:“诸母,众

① 易孟醇、夏光弘注译:《颜氏家训》,岳麓书社1999年版,第23页。
② 《十三经注疏》上册,上海古籍出版社1999年版,第1102页。
③ 易孟醇、夏光弘注译:《颜氏家训》,岳麓书社1999年版,第22页。
④ (汉)班固撰,(唐)颜师古注:《汉书》卷四十四,中华书局2013年版,第2154页。
⑤ 管锡华:《尔雅》,中华书局2014年译注本,第332页。

妾也。”

“妾母”。《洪范·五行传》:“西宫灾麓,立妾母为夫人以入宗庙,故天灾愍宫。”上引见《汉书·五行志》第七董公二十年,师古注:“麓读曰僖”。

“少母”。《朱子语录》五峰、南轩称父妾为少母,盖本《尔雅》少姑之文。

“慈母”。《仪礼·丧服·齐衰三年章》:“慈母如母。”《礼记·曾子问》:子游问曰:“丧慈母如母,礼与?”注:“妾无子者,养妾子之无母者,谓之慈母。”《南史·司马筠传》:“礼言慈母,凡有三条:一则妾子之无母,使妾之无子养之,命为母,子服以三年,《丧服·齐衰章》所言‘慈母如母’是也。二则嫡妻之子无母,使妾养之,慈抚隆至,虽均平慈爱,但嫡妻之子,妾无为母之义,而恩深事重,故服以小功,《丧服·小功章》所以不直言慈母而云‘庶母慈己’者,明异乎三年之慈母也。其三则子非无母,止是择贱者视之,义同师保而不无慈爱,故亦有慈母之名。师保既无其服,则此慈母亦无服矣。”

14. 乳母

“乳母”。《列女传》:“魏节乳母者,魏公子乳母也。”《史记》:“汉武少时,东武乳母常养帝。”案:观此,则晋以前尚无妳母之称,而止曰乳母也。由此知妳母之称盖始于晋。又案:乳母人皆重之。吾闽俗例,凡婚嫁日,必令受拜。男家则先拜姑爷奶,女家则先拜新娘奶,即其乳母也。①

“食母”。《礼记·内则》:“大夫之子有食母。”注:“食母,乳母也。”《仪礼·丧服》“乳母”,郑注谓“养子者有他故,贱者代之慈己。”贾疏:“天子、诸侯,其子有三母,皆不为之服。士又自养其子,若然自外,皆无此法。惟有大夫之子,有此食母为乳母。”案:吕坤曰:“此乳母,盖雇他人之妇,乳哺三年,故以母呼之。昔韩昌黎、苏东坡皆葬之而为之铭、为之缌。或云父妾,谬甚矣。”

---

① (清)梁章钜:《称谓录》,中华书局1996年版,第27页。

“阿母”。《后汉书》:“既至府门,连日吏不为通,会阿母出”。[①] 又《陈忠传》:“帝爱信阿母王圣,封为野王君。”又《史记·扁鹊传》:“故济北王阿母,自言足热而懑。”注:“阿母是王之妳母也。”[②]又《杨震传》:震上疏曰:“伏见诏书,为阿母兴起津城门内第舍。”[③]注:“阿母,安帝乳母。”

“妳母”。《宋书》:“荀伯子嘲之,常呼为妳母。”[④]案《北史》,“魏静帝每云:‘崔季舒是我妳母。’”谓政事皆与之商榷也。[⑤]

“妳婆”。《旧唐书》,妳婆杨氏可赐号昭仪。[⑥]

“妳媪”。《晋书·桓玄传》:“妳媪每抱诣温,辄易人而后至,云其重兼常儿,桓甚爱异之。”[⑦]

“乳媪”。《唐书·元德秀传》:“兄子褓褓丧亲,无资得乳媪。德秀自乳之,数日湩流,能食乃止。”[⑧]

“乳妪”。《古今诗话》:“头童齿豁,敢辞乳妪之讥。”案:此用何承天事。

“乳人”。《齐书·宣孝陈皇后传》:“太祖年二岁,乳人乏乳。后梦人以两瓯麻粥与之,觉而乳大出。”[⑨]

“乳婢”。《晋书·戴记》:“和气所致,赐以乳婢”。[⑩] 又“堂阳人陈猪妻,产三男,亦赐乳婢”。是乳母亦称乳婢也。

“乳姐”“湩姆”。《表异录》:“诸事,拾遗属之乳姐,傅以湩姆。”《小

① (南朝宋)范晔:《后汉书》卷四十五,中华书局2012年版,第1525页。
② (汉)司马迁:《史记》卷一百五,中华书局2013年版,第2805页。
③ (南朝宋)范晔:《后汉书》卷五十四,中华书局2012年版,第1764页。
④ (梁)沈约:《宋书》卷六十四,中华书局1974年版,第1704页。
⑤ (清)梁章钜:《称谓录》,中华书局1996年版,第28页。
⑥ (后晋)刘昫:《旧唐书》卷二十,中华书局2013年版,第799页。
⑦ (唐)房玄龄:《晋书》卷九十九,中华书局2012年版,第2585页。
⑧ (宋)欧阳修:《新唐书》卷一百九十四,中华书局2013年版,第5563页。
⑨ (梁)萧子显:《南齐书》卷二十,中华书局2013年版,第390页。
⑩ (唐)房玄龄:《晋书》卷一百五十,中华书局2012年版,第2737页。

知录》同引。

“姊姊”。《北史》:“琅玕王俨既诛和士开等,后主使人召之。俨曰:‘尊兄若欲杀臣,不敢逃罪;若放臣,愿遣姊姊来迎臣,臣即入见。’”①谓后主乳母陆令萱。又《北齐书·南阳王绰传》,绰兄弟皆呼乳母为姊姊。②

二、夫之父母称谓

(一)夫之父母总称

“舅姑”。丈夫的父母。《仪礼·期服章》:“妇为舅姑。”③妻子要为丈夫的父母服丧。

“尊章”。亦作“尊嫜”,妻子对丈夫父母或对人公婆的敬称。《汉书·广川王传》“背尊章”,师古曰:“尊章犹言舅姑。”韩愈《扶风郡夫人墓志铭》:“协于尊章。”案:章或作嫜,亦作姑嫜。

“姑章”“姑嫜”。杜甫诗:“妾身未分明,何以拜姑嫜。”女子的名分还没有定下来,怎么拜见公婆呢。苏辙诗:“上事姑嫜旁兄弟。”“嫜”与“章”同。

“家老”。《淮南子》:“家老异饭而食,殊器而享。子妇跣而上堂,跪而斟羹,非不费也。”④一家之内,公婆吃的饭要好,用的器具也要好,儿媳要脱了鞋袜才能上堂,盛羹时还要恭恭敬敬跪着。妻子对公婆也称为“家老”。

“公婆”。《字典》:方俗称舅姑曰公婆。

(二)夫之父称谓

“舅”。《尔雅·释亲》:“妇称夫之父曰舅。”⑤《白虎通》:“尊如父而非父者,舅也。”丈夫父亲应该像自己父亲一样尊敬他,但又非自己父亲,

① (唐)李延寿撰:《北史》卷52,中华书局2012年版,第1890页。
② (唐)李百药撰:《北齐书》卷十二,中华书局2013年版,第160页。
③ (汉)班固撰,(唐)颜师古注:《汉书》卷五三,第2429—2430页。
④ 陈广忠译注:《淮南子》,中华书局2012年版,第1235页。
⑤ 管锡华:《尔雅》,中华书局2014年译注本,第337页。

所以称为“舅”。

“君舅”。《尔雅》:“舅姑在,则曰君舅、君姑;没则曰先舅、先姑。”①公婆在世,妻子称呼为“君舅”“君姑”;过世后称为“先舅”“先姑”。

同时还有“皇舅”“先舅”“先舅氏”等称谓。

(三)夫之母称谓

1. 一般情形

“姑”。女子称丈夫的母亲为姑;称父亲的姐妹为姑。《尔雅》:“妇称夫之母曰姑。”②《白虎通》:“亲如母而非母者,姑也。”妻子待婆婆像母亲一样亲,但又非母亲,故称呼为“姑”。

“君姑”。婆婆在世时,妻子称之为“君姑”。

“威姑”。《尔雅》:“姑谓之威。”王念孙《疏证》曰:威姑即《尔雅》所谓君姑也。君与威古声相近。《尔雅疏》:姑又谓之威。《说文》:“威,姑也。”徐锴曰:“土盛于戊,土、阴之主也,故字从戊。汉律‘妇告威姑’是也。《说文》‘莙从草,君声,读若威’,是其例也。”

“严姑”。唐白居易《和微之春日投简阳明洞天五十韵》诗曰:“千家得慈母,六郡事严姑。”③

“慈姑”。晋潘岳《哀永逝文》:“嫂侄兮慞惶,慈姑兮垂矜。”

“阿姑”。是儿对婆婆的称呼。《颜氏家训》:“妇人之性,率宠子婿而虐儿妇。……谚云‘落索阿姑餐’。”④“落索”,冷落萧索。妇人的本性是合着儿子虐待儿媳妇,曾有谚语说“最冷落萧索的是婆婆的饭菜”,这是之前自己的报应。

2. 夫之母没

“皇姑”。古代妻子对丈夫已经去世的母亲的尊称。《礼记·曾子

① 管锡华:《尔雅》,中华书局2014年译注本,第337页。
② 管锡华:《尔雅》,中华书局2014年译注本,第337页。
③ (唐)白居易:《白居易诗集校注》,中华书局2006年版,第2063页。
④ 易孟醇、夏光弘注译:《颜氏家训》,岳麓书社1999年版,第34页。

问》:“不衬于皇姑。”又见皇舅注。

“先姑”。《国语》:“吾闻诸先姑。”又见上先舅注。

“先姑氏”。韩愈《监察御史元君妻京兆韦氏夫人墓志铭》:“及得其良夫,又受教于先姑氏。”

三、子女称谓

(一)子之称谓

1. 一般情形

“丈夫子”。儿子;男孩。古代子女通称子,男称丈夫子,女称女子。《史记》:“商瞿年长无子。孔子曰:‘无忧。瞿年四十后,当有五丈夫子。’已而果然。”商瞿年纪大了没有男孩,孔子说:“不要担心,商瞿四十之后应该会有五个男孩。果真是这样子。”没有人不爱自己孩子的,尤其是不爱自己的儿子。

“男”。儿子。韩愈《考功员外卢君墓表》:“男三人。”《河南少君李公基志铭》:“公之子,男四人。”《集贤院校理石君墓志铭》:“生男二人。”《河东薛君墓志铭》:“凡四男五女。”此皆称子曰男也。

“儿”。《广雅·释亲》:“儿,子也。”《玉篇》:“男曰儿,女曰婴。”出生的男孩儿称儿,出生的女孩称为婴。“婴”最早的含义为出生的女孩儿。

“儿子”。《史记·齐悼惠王世家》:“高后儿子畜之。”①《汉书·高帝纪》:“乡者夫人儿子皆以君,君相贵不可言。”②

“孩儿”。儿子;父母称儿女或儿女自称。《书·康诰传》:“爱养人如安孩儿。”

“晚生”。《晋书·元帝四王传》,成帝诏:“以小晚生奕继东海哀王冲”。梁玉绳曰:晋时呼子为晚生,故元帝于琅邪王焕令曰“晚生矇弱”。奕即废帝海西公,是哀王从孙,故云小晚生。

---

① (汉)司马迁撰:《史记》卷五十二,中华书局 2013 年版,第 2001 页。

② (东汉)班固撰,(唐)颜师古注:《汉书》卷一,中华书局 2013 年版,第 5 页。

“息男”。儿子。魏曹植《封二子为乡公谢恩章》:“诏书封臣息男苗为高阳乡公,志为穆乡公。”

“娇儿”。对儿子的爱称。宋欧阳修《奉答原甫见过宠示之作》言:“娇儿痴女绕翁膝,争欲强翁聊一弹。”

“宠子”。受宠爱的儿子。

2. 父称子

“吾儿”。宋杨万里《得小儿寿俊家书》诗:“汝翁老官缘索米,吾儿在家勉经史。”

“子息”。儿子。“子息”与“息子”都是儿子的意思,但是“子息”常用作别人的儿子。

3. 对人自称其子

“小儿”。杨万里有《得小儿寿俊家书》诗。

“不肖子”。不孝之子,常用作自谦。《孟子·万章上》:“丹朱之不肖,舜之子亦不肖。”①

“无状子”。《汉书·杜钦传》:“复为函谷关都尉。会定陵侯长有罪,当就国,长舅红阳侯立与业书曰:‘诚哀老姊垂白,随无状子出关。’”②注:“无状犹言不肖。”

“贱息”。谦称自己的儿子。《触聋说赵太后》:老臣贱息舒祺,最少,不肖。我的儿子舒祺,年龄最小,很不成器。

“弱息”。《南史·周盘龙传》:“小人弱息,当得一子。”③

“粪土息”。对别人称自己的儿子。《表异录》:《说苑》,自称子曰粪土息。

“争子”。能直言规劝父母的儿子。《孝经》:“父有争子,则身不陷于

① 陈戍国:《四书五经》上册,岳麓书社 2015 年点校本,第 108 页。

② (汉)班固撰,(唐)颜师古注:《汉书》卷六十,中华书局 2013 年版,第 2678—2679 页。

③ (唐)李延寿撰:《南史》卷三十六,中华书局 2011 年版,第 1157 页。

不义。”如果父有“争子”，就不会陷于不义。强调儿子对父亲的言行不能盲目顺从，对父亲的过失要竭力力争。

4. 嫡子

“长子”“嫡子”。《唐律疏议》对于“立嫡违法”有规定：“诸立嫡违法者，徒一年。即嫡妻年五十以上无子者，得立庶以长，不以长者亦如之。”①《仪礼·丧服·斩衰章》“父为长子”，郑注：“不言嫡子，通上下也。亦言立嫡以长。”贾疏：“言长子通上下。则嫡子之号，惟据大夫、士，不通天子、诸侯。亦言立嫡以长者，欲见嫡妻所生，皆名嫡子。第一子死，则取嫡妻所生第二长者立之，亦名长子。若言嫡子，唯据第一者；若云长子，通立嫡以长故也。”案：《期服章》“大夫之嫡子为妻”，贾公彦谓“嫡子之号，惟据大夫、士”，盖本于此。然《大功章》又云：“公为嫡子之长殇中殇，大夫为嫡子之长殇中殇。”郑注：“公，君也。诸侯、大夫不降嫡殇者，重嫡也。天子亦如之。然则嫡子之称，亦通于天子、诸侯矣。”

“嫡妻子”。梁武帝《议皇子为慈母服制》：“嫡妻之子无母，使妾养之，慈抚隆至，虽均乎慈爱，但嫡妻之子，妾无为母之义，而深恩事重，故服以小功。”《议皇子为慈母服制》，原作《驳慈母服议制》；“慈抚隆至”，原作“慈隆隆至”，均据《全上古三代秦汉三国六朝文》全梁文卷一改正。

“宗子”。《仪礼·丧服·齐衰三月章》“丈夫妇人为宗子，宗子之母妻”，注：“宗子继别之后，百世不迁，所谓大宗也。”贾疏：“案《丧服小记》及《大传》云：继别为大宗。又云有五世则迁之宗，小宗有四是也。有百世不迁之宗，继别为大宗是也。”案：据此则宗子为大宗，长嫡非通言小宗也。与寻常之长嫡不同。

“宗后”。《曲礼下》“去国三世，爵禄无列于朝，出入有诏于国，若兄弟宗族犹存，则反告于宗后。”②，注：“宗后，宗子也。”

“冢子”。嫡长子；太子。《礼记·内则》：“冢子未食而见，必执其右

① 岳纯之：《唐律疏议》，上海古籍出版社 2013 年点校本，第 199 页。

② 陈戍国：《四书五经》上册，岳麓书社 2015 年点校本，第 439 页。

手;嫡子、庶子已食而见,必循其首。”①冢子与嫡子亦当有别。

“冢嫡”。嫡长子。《唐故孝子太原郭府君墓志铭》:“易州府君冢嫡。”

“冢嗣”。嫡妻所生长子。冢,坟墓;长。嗣,接续,继承;子孙。《书叙指南》:“后姜抚长子曰冢嗣。”

“冢息”。长子。息,儿女。《唐书·桑道茂传》:李鹏为盛唐令,道茂曰:“君位止此,而冢息位宰相,次息亦大镇。”②

“正室”。《礼·文王世子》“正室守大庙”,注:“正室,嫡子也。”

“义嗣”。理所当然的继承者。《左传》:吴子诸樊既除丧,将立季札。季札辞曰:“君,义嗣也,谁敢奸君。”注:“诸樊、嫡子,故曰义嗣。”吴王长子诸樊已经丧期已满,将让位给季札,季札推辞说您是理所当然的继承者,谁敢干预您呢?

“嗣子”。《礼记·曲礼下》:“大夫、士之子,不敢自称,曰嗣子某。”③即,大夫与士之子居丧时,亦不可对人自称,称自己为“嗣子某”。疏:“此诸侯之大夫士之子也。诸侯在丧,称嗣子某,臣之子避之也。”

“世子”。帝王和诸侯之子被立为继承人者的称谓。《仪礼》贾疏:“世子惟据天子诸侯之子。”

“代子”。诸侯王的长子。《白虎通》:“诸侯王之嫡子称代子。”④案:此疑唐人避讳改之,唐世宗亦称代宗。这可能是唐朝人有所避讳而改了它,唐世宗也称作唐代宗。

“树子”。古代诸侯已经立为世子的嫡长子。《谷梁传》僖九年“无易树子”,范注:“树子,嫡子。”案:诸侯之嫡子,天子命为之嗣者,曰树子。诸侯的嫡长子,王命他为继承人,则称之为树子。

---

① 陈成国:《四书五经》上册,岳麓书社 2015 年点校本,第 541 页。
② (宋)欧阳修,宋祁撰:《新唐书》卷二百四,第 5813 页。
③ 陈成国:《四书五经》上册,岳麓书社 2015 年点校本,第 439 页。
④ (清)刘沅:《十三经恒解笺解本》,巴蜀书社 2016 年版,第 99 页。

“门子”。《周礼·春官·小宗伯》“其正室皆谓之门子”，注：“将代父当门者也。”正室也都被称为门子，将代替父亲顶替家族的人。

5. 庶子

“庶子”。庶妻所生的儿子，即媵、妾、情妇所生的儿子。《仪礼·丧服》“大夫之庶子为嫡昆弟”。大夫庶妻所生子与嫡妻所生子为兄弟。注：“两言之者，嫡子或为兄，或为弟。”嫡妻之子或许为兄长，或许为弟。贾疏：“此大夫之妾子，故言庶；若嫡妻所生第二以下，当直云昆弟，不言庶也。云两言之者，以嫡妻所生嫡子，或长于妾子，或小于妾子。”

“众子”。古代宗法制下嫡长子以外的诸子。《仪礼·丧服》“为众子”，注：“众子者，长子之弟及妾子，女子在室亦如之。”众子包括嫡长子外的嫡妻之子，妾所生之子，未出嫁的女子也包括在内。

“支子”。古代宗法制下的嫡妻次子以下子及妾子。《仪礼·丧服》传：“何如而可以为人后，支子可也。”谁可以为大宗立为大宗的继承人，支子可以。贾疏：“支子、则第二以下庶子也。不言庶子云支子者，若言庶子，妾子之称，言谓妾子得后人，嫡妻第二以下子不得后人，是以变庶言支。支者取支条之义。”案：据此则支子与庶子两称亦有分别。不说庶子而说支子，如果说庶子这是对妾生子的称谓，意思是妾生子可以为大宗立为继承者，而嫡妻所生的次子及以下子不可被大宗立为继承者，因此不同庶子而用支子来称呼，支子取自于木条。这是支子与庶子的区别所在。

“馀子”。《尚书大传》“馀子皆入学”，郑注：“馀子，犹众子也。”《左传》“馀子公行”，杜注：“嫡子之母弟也。”《汉书·食货志》“馀子亦在于序室”，注引苏林曰：“馀子，庶子也。”

“支庶”。宗法制所谓的嫡子以外的旁支。宋苏舜钦《感兴三首其一》诗曰：“君不祭臣仆，父不祭支庶。”

“诸子”。《周礼·夏官》：“诸子掌国子之倅”，郑注：“古者周天子之官有庶子官，与《周官》诸子职同文。”案：公卿大夫元士之嫡子入于成均者，谓之国子。诸子所掌，盖其众子为国子之副贰者。周以诸子名官，实即庶子之义。

“别子”。古代宗法制下的嫡妻次子以下子及妾子。《仪礼·丧服》：“其嫡夫人之次子，或众妾之子，曰别子，亦曰支子。”《礼记》“别子为祖”，注：“诸侯之庶子别为后世为始祖也。谓之别子者，公子不祢先君。”

“介子”。《礼记·曾子问》曰：“宗子为士，庶子为大夫，其祭也如之何？”孔子曰：“以上牲祭于宗子之家，祝曰：孝子某为介子某荐其常事。”案：谓庶子也。又案《海录碎事》：“介子，次子也。”

“孽”“孽子”“庶孽”。妾生之子。《说文解字句读》：“庶子也”①。《孟子·尽心上》：“独孤臣孽子，其操心也危，其虑患也深，故达。”②

“支孽”。旁生的树枝，以比喻旁出的宗族。《史记·吕后纪》赞：“大臣菹醢，支孽芟夷。”

“侧室”。《左传·桓公二年》曰“故天子建国，诸侯立家，卿置侧室，大夫有贰宗，士有隶子弟，庶人工商各有分亲，皆有等衰。”③杜解：侧室，众子也。文十二年传曰：“赵有侧室曰穿。”又《汉书·贾谊传》：“非有仄室之势。”④应劭曰：“礼，卿大夫之支子为侧室。”

“侧出子”。古代宗法制下嫡长子以外的诸子。

6. 继子

“养子”。《后汉书·顺帝纪》：“初听中官得以养子为后，世袭封爵。”⑤阳嘉四年春二月丙子，开始准许宦官以养子为后嗣，世袭封爵。《宋史》：“岳云，飞养子，年十一从张宪战，多得其力，车中呼赢官人。”《唐律疏议》中对于“养子舍去”有规定：“诸养子，所养父母无子而舍去者，徒二年。若自生子及本生无子，欲还者听之。”⑥

① 王筠：《说文解字句读》，中华书局2016年版，第593页。
② 陈戍国：《四书五经》上册，岳麓书社2015年点校本，第128页。
③ 陈戍国：《四书五经》上册，岳麓书社2015年点校本，第702页。
④ （汉）班固：《汉书》卷四十八，中华书局2013年版，第2234—2235页。
⑤ （南朝宋）范晔：《后汉书》卷六，中华书局2012年版，第264页。
⑥ 岳纯之：《唐律疏议》，上海古籍出版社2013年点校本，第198页。

“假子”。养子,义子;夫的前妻之子或妻的前夫之子;旧时官场为投靠权势而认的非生身子。《唐内侍李辅光墓志》称“有假子数十人”。有养子几十人。《献帝春秋》,“随母男曰假子”。随母亲改嫁的儿子被称为假子。

“售子”。随母亲改嫁的儿子。“义儿”,无血缘关系而收认为子者。

“义男”。即“义子”,旧指名义上的儿子,而非亲生之子。

(二)女之称谓

1. 一般情形

“女子子”。女儿。《礼记·曲礼上》:“姑、姊、妹、女子子已嫁而反,兄弟弗与同席而坐,弗与同器而食。”①姑姑、姐妹、女子已经出嫁而又回到家里来的,兄弟们不与她同席而坐,也不与她们共餐具。

2. 对人自称女

“息女”。用作对人称自己的女儿。“息”,呼吸,引申为呼吸,再引申为生息,泛指儿女。《史记·高祖纪》:吕公曰:“臣有息女,愿为季箕帚妾。”②我家中有女儿,愿嫁给你作妻妾。

“家妹”。《颜氏家训》:蔡邕书集呼其姑、姊为家姑,家姊为家妹。③

3. 长女

“长女”。女儿中最长者。《诗经·大明》“于周于京,缵女维莘。长子维行,笃生武王。”传:“长子、长女也。”④

“大女”。是成年女子;长女;指超过正常结婚年龄的未婚女子。

“首女”。家中长女。魏曹植《金瓠哀辞》序曰:“予之首女虽未知能言,固已授色而知心矣。”则首女盖长女之称也。

4. 少女

“行女”“次女”。见上注。

---

① 陈成国:《四书五经》上册,岳麓书社2015年点校本,第432页。

② (汉)司马迁撰:《史记》卷八,中华书局2013年版,第344页。

③ 易孟醇、夏光弘注译:《颜氏家训》,岳麓书社1999年版。

④ 聂石樵主编:《诗经新注》,齐鲁书社2009年版,第451页。

"少女"。《史记·汉文帝纪》:齐太仓令淳于公有罪当刑,无男,少女缇萦上书救父。①

"娣"。《周易·归妹》"归妹以娣。"②

5. 室女

"处子"。同"处女",居家未嫁的女子。《孟子》:"逾东家墙而搂其处子,则得妻不搂则不得妻,——则将搂之乎?"③翻过墙去抱住那个女孩。赵注:"处子,处女也。"

"处女"。同"时女",未出嫁的女子。

6. 适人女

"嫁子"。出嫁的女儿。

四、祖之父母称谓

"祖",商周社会的一个基本亲属称谓,作为狭义上的亲属称谓,其内涵在商周之际基本不变,自父辈而上的男性祖先皆可称为"祖"。

(一)高祖父母称谓

1. 高祖父称谓

"高祖王父"。《尔雅·释亲》:"曾祖王父之考,为高祖王父。"郭璞注:"高者,言最在上。"④曾祖父的父亲称为高祖父。高,是地位最上的人。

"高祖"。曾祖父的父亲为高祖,自高祖再往上,都统称高祖。商代的"高祖"谓是对五世祖及其以上祖先的称呼,高祖之"高"意为远也。"高祖"称谓的含义是不断变化的,大致可归纳为两条线:一条线是周代的"高祖"之"高"保留了"高远"之义。这种情况又分两种:一是延续了

① 参见(汉)司马迁撰:《史记》卷十,中华书局 2013 年版,第 427—428 页。
② 陈成国:《四书五经》上册,岳麓书社 2015 年点校本,第 187 页。
③ 陈成国:《四书五经》上册,岳麓书社 2015 年点校本,第 121 页。
④ 管锡华:《尔雅》,中华书局 2014 年译注本,第 327 页。

商代以曾祖之父为“高祖”称谓的下限，这种用法的“高祖”在一定程度上体现在了《尔雅·释亲》所记的高祖中；二是在周代社会中，“高祖”称谓所指先祖的下限已经发生了变化，可以延及曾祖。

“毓祖”。卜辞中的“毓祖”常与“高祖”相对，裘锡圭认为“毓”与“高”相对，是指称一定范围内的亲属的一个词，其下限应是到距时王最近的先王，包括时王的父兄等，“毓”的上限可以延及曾祖。

“亚祖”。金文中常见“亚祖”一词。吴镇烽指出青铜铭文中的亚祖称谓当是次一辈的先祖。商代的“亚祖”称谓相对复杂。如宾三类卜辞中记有亚祖乙称谓作：贞：惟亚祖乙害王。由于“亚祖”之“亚”有次第之义，故周金文“亚祖”一词一般是伴随着其他祖先出现，从而更好地体现出“亚祖”为次辈祖先的含义。如饗鼎铭文所记“亚祖”之前有“高祖”。史墙盘铭文所记“亚祖”之前也有“高祖”“烈祖”“乙祖”等祖先。周代“亚祖”所能指称的范围上限不能及始祖，而下限则可及祖父。

“大祖”。商金文“三句兵”铭文记有大祖日己。王国维认为：“所云大祖、大父、大兄，皆谓祖、父、兄行之最长者。”李学勤亦指出“大祖”只是一代中居长者，并非远祖、始祖之义。笔者以为专家的看法是可信的。周代的“大祖”常指始祖，如《国语周语》记伶州鸠之言：“我大祖后稷之所经纬也。”后稷即周人始祖。周代的“大祖”之“大”盖读为太，与商人有别。

“显考”。称高祖为显考。《礼记·祭法》曰“显考庙”。案：《祭法》之考庙为父，王考庙为祖，皇考庙为曾祖，显考庙为高祖。《礼记·檀弓》：“殷主缀重。”郑康成注：“始死未作主，先以木为重，至虞乃作主。殷人作主，后则联其重，县诸死者之庙，去显考乃埋之。”孔颖达疏：“显考，高祖也。世世递迁，至为显考，其重犹在，离显考乃埋之。”是古人皆以显考称高祖。

“长祖”。《北史·周宣帝纪》称其高祖为长祖，曾祖为次长祖。

“高门”。高祖。《段行琛碑》：“高门平原忠武王孝先。”

2. 高祖母称谓

“高祖王母”。《尔雅》:“曾祖王父之妣为高祖王母。”①称曾祖父过世的母亲为高祖王母。

“高妣”。商代甲骨常见“高妣”称谓,如:丁丑贞:其祷生于高妣丙大乙。此高妣丙为商王大乙之配。

(二)曾祖父母称谓

1. 曾祖父称谓

“曾祖”。《释名》:“曾祖,从下推上,祖位转增益也。”韩愈《施州房武使君妻郑夫人殡表》:“曾祖讳随。”《河东薛君墓志铭》:“曾祖曰希庄。”《兴元少尹房君墓志铭》:“曾祖讳元静。”

“曾祖王父”。《尔雅·释亲》:“王父之考为曾祖王父。”②称祖父过世的父亲为曾祖王父。郭注:“曾犹重也。”

“曾祖父”。《仪礼·丧服·齐衰三月章》:“曾祖父母。”韩愈《监察御史元君妻京兆韦氏夫人墓志铭》:“夫人曾祖父讳伯阳。”

“皇考”。《礼记·祭法》曰“皇考庙”。

“太翁”。称曾祖父为太翁。

2. 曾祖母

“曾祖王母”。称祖父的过世母亲为曾祖母。《尔雅》:“王父之妣为曾祖王母。”③

(三)祖父母称谓

1. 一般情形

“家公”“家祖”。对别人称自己的祖父。《颜氏家训·风操篇》:“昔侯霸之子孙称其祖义曰家公;陈思王称其父为家父,母为家母;潘尼称其

① 管锡华:《尔雅》,中华书局2014年译注本,第327页。
② 管锡华:《尔雅》,中华书局2014年译注本,第327页。
③ 管锡华:《尔雅》,中华书局2014年译注本,第327页。

祖曰家祖。"[1]以前侯霸的儿子称他的父亲为家父；陈思王曹植称他父亲为家父，母亲为家母；潘尼称他的祖上为家祖。

2. 祖父称谓

"祖"。一种是对祖父的特称；一种对祖辈的泛称。《尔雅》："祖，王父也。"《说文》："祖，始庙也。"《释名》："祖，祚也。祚，物先也。"案：析言之，则祖为王父；混言之，则为祖以上之通称。

"祖父"。《仪礼・丧服・期服章》："祖父母。"案：据此则古当有祖父、祖母之称。

"王父"。对祖父的敬称。《尔雅》："父之考为王父。"又："祖，王父也。"郭注："加王者，尊之。"《释名》："王，往也，家中所归往也。"《礼记・曲礼》："孙可以为王父尸。"

"大父"。《汉书・郑当时传》："知友皆大父行。"[2]知己都是祖父辈的人。师古曰："大父，调祖父也。"

"祖君"。对祖父的敬称。《孔丛子・居卫篇》子思称孔子。

"祖翁"。乐清县白鹤寺钟款识有祖翁、祖婆之称。

"翁翁"。宋代对祖父的称呼；宋代对老年男子的尊称。陆游有诗名《孙十月九日生日翁翁为赋诗为寿》。

"耶耶"。亦作"爷爷"，宋代北方地区对祖父的俗称。

"阿翁"。祖父。

"太公"。古代有称父亲为"公"，所以称祖父为"太公"。现在一般称祖父为"公"，曾祖父为"太公"。

3. 亡祖

"亡祖"。过世的祖父。

"王考"。对已故祖父的敬称。《礼记・祭法》曰"王考庙"。

---

① 易孟醇、夏光弘注译：《颜氏家训》，岳麓书社 1999 年版，第 46 页。

② （汉）班固撰，（唐）颜师古注：《汉书》卷五十，中华书局 2013 年版，第 2323 页。

“皇祖考”。祭奠皇帝祖父称皇祖考；旧时对已故祖父的敬称。《礼记·曲礼》：“祭王父曰皇祖考。”案：李习之述其大父事状题曰“皇祖实录”，当时不以为怪；若施之近代，则犯大不韪矣。故古时称有不可通于今者，此类是也。

“先祖”。《颜氏家训·止足篇》：“先祖靖侯戒子侄曰：‘汝家书生门户，世无富贵。自今仕宦，不可过二千石，婚姻勿贪势家。’”①祖父靖侯劝诫子孙后代，你们家族是书香门第，世世代代不注重富贵，从现在你们步入仕途，不可担任超过二千石的官职；婚姻大事不可高攀有权有势的人家。

“先子”。本称祖先，后世多以之称亡父或亡祖父。

“先亡丈人”。《颜氏家训·书证篇》：“丈人亦长老之目，今世俗犹呼其祖考为先亡丈人。”

4. 祖母称谓

“祖母”。父亲的母亲之称谓。李密《陈情表》：“祖母刘悯臣孤弱，躬亲抚养。”

“王母”。《尔雅》：“父之妣为王母。”②父亲的母亲称谓王母。

“大母”。祖母；旧时指庶子称父亲的嫡妻；古代对太后的称谓。《汉书·文三王传》：“李太后，亲平王之大母也。”③注：“祖母也。”案：宋元封赠大母降父母一等。

“太母”。泛指祖母；有时专指帝王的祖母。《老学庵笔记》：“太母，祖母也。犹谓祖为大父。”称祖母为大母，称祖父为大父。

“太婆”。古有称母曰婆者，故称祖母曰太婆。今俗则称祖母曰婆，而曾祖母曰太婆矣。

“祖婆”。见上祖翁注。

商周之际，“妣”称最大的变化还在于它的含义上。甲骨、金文中

① 易孟醇、夏光弘注译：《颜氏家训》，岳麓书社 1999 年版，第 170 页。
② 管锡华：《尔雅》，中华书局 2014 年译注本，第 327 页。
③ （汉）班固撰，（唐）颜师古注：《汉书》卷四十七，中华书局 2013 年版，第 2214 页。

的“妣”称是与“祖”称相对，表示母辈以上（不包括母辈）的女性先人，这一点没有例外。但后世则以“妣”称与“考”称相对，如《尔雅释亲》：“父为考，母为妣。”故战国秦汉时，“妣”的含义已发生变化，表示母辈先人。

五、孙子女称谓

（一）孙

1. 一般情形

“子姓”。孙辈。《仪礼 · 特牲馈食礼》“子姓兄弟如主人”，服注云：“言子姓者，子之所生。”子姓，子所生之子。又《礼记 · 丧大记》疏：“子姓谓孙也。”子姓是孙子。《礼记 · 玉藻》注：“姓，生也。”孙是子之所生，故谓之子姓。今有称子侄辈曰子姓，是犹未之考耳。

“小晚生”。子称“晚生”，“小晚生”指孙。

“孙息”。子孙。黄庭坚《寄老庵赋》：“寄吾老于孙息。”

“孙枝”。树的子干生出的嫩枝，比喻孙男。白居易诗：“梧桐老去长孙枝。”

“文孙”。本义周文王之孙，泛指对他人之孙的美称。

2. 祖称孙

“孙儿”。唐牛僧孺《乐天梦得有岁夜诗聊以奉和》诗曰：“惜岁岁今尽，少年应不知。凄凉数流辈，欢喜见孙儿。”

“家孙”。《颜氏家训 · 风操篇》：“凡言姑姊妹女子子：已嫁则以夫氏称之，在室以次第称之。言礼成他族，不得云家也。子孙不得称家者，轻略之也。”[1]在室，女子尚未出嫁为在室。凡是说及姑母、姊妹等女子时，已经出嫁者，就用丈夫家的姓氏来称呼她，没出嫁的就按照辈分及在兄弟姊妹中的排行顺序称呼她。也就是说女子出嫁后就成为了婆家的人，故

① 易孟醇、夏光弘注译：《颜氏家训》，岳麓书社 1999 年版，第 47 页。

不能称“家”。对于不能称“家”的原因,是因为对晚辈的轻视。

3. 长孙

“元孙”。长孙;避康熙帝之名讳改玄孙称元孙。

“嫡孙”。嫡子所生的儿子。《仪礼·丧服·期服章》“嫡孙”,贾疏:“此有嫡子死,其嫡孙承重者,祖为之期”。

“承重孙”。“承重”,承受丧葬的重任。如果嫡长子已死,应由嫡长子的儿子承担丧祭(和宗庙)的重任,即所谓承重孙。

4. 庶孙

“庶孙”。别于嫡孙而言,按宗法规定,嫡子在,不立嫡孙;嫡子死,则立嫡子的长子为嫡孙,与庶孙相别。《仪礼·丧服》“庶孙”,贾疏:“庶孙从父而服祖期,故祖从子而服孙大功降一等。”

5. 已孤之孙

“哀孙”。祖父母死时作丧主的孙子的自称。《礼记·杂记》:“丧称哀子哀孙。”

(二)远孙

“曾孙”。《尔雅》:“子之子为孙,孙之子为曾孙。曾孙之子为玄孙,玄孙之子为来孙,来孙之子为晜孙,晜孙之子为仍孙,仍孙之子为云孙。”①《释名》:“曾孙,义如曾祖也。”毕沅曰:“言亦取曾益之意。”案:曾孙又为自孙以下之统称。《周颂》“曾孙笃之”,郑笺:“曾由重也,自孙以下事先祖,皆称曾孙。”孔疏:“自曾孙以下,皆得称曾。”《左传》“曾孙蒯聩敢昭告皇祖、文王、烈祖、康叔”,是虽历多世,亦称曾孙也。

“玄孙”。《尔雅》:“曾孙之子为玄孙”,注:“玄言亲属微昧也。”

“来孙”,玄孙的儿子,从己算起第六代孙。《尔雅》“玄孙之子为来孙”,注:“言有往来之亲。”

“昆孙”。远孙的统称;兄之孙;来孙的儿子。《释名》:“昆,贯也。恩

① 管锡华:《尔雅》,中华书局2014年译注本,第330页。

义转远，以礼贯连之耳。”按：昆孙又为远孙之统称。《尔雅》“来孙之子为昆孙”来孙的儿子，注：“昆，后也。”《左传·昭公十六年》：“孔张，君之昆孙子孔之后也。”杜预注：“昆，兄也。子孔，郑襄公兄，孔张之祖父。”

“仍孙”。从自身下数到第八世孙称仍孙。

“耳孙”。云孙之子为耳孙，也就是九世孙。因为耳孙离开高曾祖父很远，只能耳闻而已，故称；泛称远孙。《尔雅疏》：“仍孙或作耳孙。”《汉书》注：“应劭云：‘言去高曾益远，但耳闻之也。’”晋灼云：“耳孙，玄孙之曾孙也。”师古云：“仍、耳声相近，盖一号也。”①

“云孙”。八代孙。《尔雅》“仍孙之子为云孙”，注：“言轻远如浮云。”

“曾曾小子”。《说文解字叙》注云：“曾曾犹俗言层层也。曾，重也。古者裔孙，通曰曾孙。”

“孝孙”。祭祖时对祖先的自称。《诗·楚茨》：“孝孙有庆，报以介福，万寿无疆。”②孝孙一定是有福分，赐予的福分宏大无量，赖神灵保佑万寿无疆。《礼记·杂记》：“祭称孝孙。”

“苗裔”“苗”。喻指后代子孙。《离骚》“帝高阳之苗裔”，我是古帝高阳氏的子孙，朱子注云：“苗者，草之荟叶，根所生也。裔者，衣裾之末，衣之余也，故以为远末子孙之称。”《左氏》昭二十九年传注：“玄孙之后称苗裔。”又案：苗裔亦有只称苗者，《汉广汉属国侯李翊碑》“其先出自箕子之苗”，《卫尉衡方碑》“肇先盖尧之苗”，《汉故国三老袁君碑》“厥先舜苗”，迨后则多称苗裔矣。

“系孙”。远世子孙。《旧唐书·柳宗元传》：“柳宗元字子厚，河东人。后魏侍中济阴公之系孙。”③

---

① （汉）班固撰，（唐）颜师古注：《汉书》卷二，中华书局2013年版，第87页。

② 陈成国：《四书五经》上册，岳麓书社2015年点校本，第374页。

③ （后晋）刘昫撰：《旧唐书》卷一百六十，中华书局2013年版，第4213页。

六、兄弟姊妹称谓

（一）兄

1. 一般情形

“兄”。《说文解字句读》：“兄，长也，从儿从口，凡兄之属皆从兄。”①《尔雅》：“男子先生为兄，后生为弟。先生之年自多于后生者，故以兄名之，实亦取滋长之义也。”兹与滋义同。兹者，草木多益也。滋者，益也。是兄之本义为滋长之长，而引申之，乃为兄长之长。

“罤”。同“昆”，兄。《尔雅》：“罤，兄也。”②《论语疏》：“谓兄为昆，昆，明也，尊而言之也。”《仪礼·丧服》疏：“昆，明也。以其次长，故以明为称。”《仪礼·丧服》经传，大功已上皆曰昆弟，小功已下同异姓皆曰兄弟，不相淆乱。盖《礼经》欲别服之亲疏，遂以周人谓兄者专系之同姓大功以上，以为立言之别也。

“睍”，兄。计有功曰：“元次山结之弟季川名融。次山作书规季川曰：‘睍不复言，睍有意乎？’”注：“睍者，兄之别称。”

“同产”，同母兄弟。《汉书·两龚传》：“其二子若孙若同产、同产子一人。”对此，师古注曰：“同产，兄弟也，同产子，即兄弟子也。”③

2. 弟称兄

“尊兄”。《北齐书》：“于南宫尝见新冰早李，还，怒，怒曰：‘尊兄已有，我何意无？’”④此皆自称其兄。

“哥”“大哥”。《广韵》：“哥，古歌字，今呼为兄。”《韵会》：“颍川语小曰哥，今以配姐字，为兄弟之称。”《日知录》：“今人兄弟行次，称一为‘大’，不知始自何时。汉淮南厉王常谓上‘大兄’，孝文帝行非第一也。

---

① 王筠：《说文解字句读》，中华书局 2016 年版，第 322 页。
② 管锡华：《尔雅》，中华书局 2014 年译注本，第 332 页。
③ （汉）班固撰，（唐）颜师古注：《汉书》卷七十二，中华书局 2013 年版，第 2083—2084 页。
④ （唐）李白药撰：《北齐书》卷十二，中华书局 2013 年版，第 161 页。

此又古人称兄为大兄，而不必以行一为大也。”①

3. 对人自称其兄

“家兄”。《晋书》庾翼《与王羲之书》：“忽闻足下答家兄书。”②又，《何充传》云：“家兄在郡定佳。”③又《魏书·李崇传》云：“家兄闻此，必重相报。”④又《魏略》：文帝尝言“家兄孝廉，自其分也。”

4. 长兄

“长兄”。《木兰诗》：“阿耶无大儿，木兰无长兄。”

“伯氏”。《诗经·小雅·何人斯》：“伯氏吹埙，仲氏吹篪。”⑤注：“伯仲，喻兄弟也。”伯、仲指兄弟排行的次第，伯是老大，仲是老二；埙指陶土烧制的乐器；篪指竹制的乐器。

“元兄”。《后汉书·和帝纪》：窦太后诏曰：“侍中宪，朕之元兄。”⑥谓长兄也。

“寡兄”。

“大哥”。见上弟称兄注。

“元昆”。《释常谈》：“长兄云元昆。”

5. 同母兄

“母兄”。《公羊传》：“母弟称弟，母兄称兄。”注：“母弟同母弟，母兄同母兄。”

“同母兄”。《史记·卫将军传》：“同母兄卫长子。”⑦

（二）弟

1. 一般情形

“弟”。《说文》：“弟，韦束之次弟也。”段玉裁云：“以韦束物，如辀五

---

① （清）顾炎武撰，（清）黄汝成集释：《日知録集释》，中华书局 2020 年版，第 1194 页。
② （唐）房玄龄撰：《晋书》卷八十，中华书局 2012 年版，第 2100 页。
③ （唐）房玄龄撰：《晋书》卷七十七，中华书局 2012 年版，第 2028 页。
④ （北齐）魏书撰：《魏书》卷六十六，中华书局 2013 年版，第 1468 页。
⑤ 陈戍国：《四书五经》上册，岳麓书社 2015 年点校本，第 370 页。
⑥ （宋）范晔撰，（唐）李贤注：《后汉书》卷四，中华书局 2012 年版，第 166 页。
⑦ （汉）司马迁撰：《史记》卷一百一十一，中华书局 2013 年版，第 2921 页。

束、衡三束之类。引伸之为,凡次弟之弟为兄弟之弟。"案:由兄及弟,犹韦束之有次弟,故古人即以此称弟。

"男弟"。来区别于女,古有"女弟"称呼妹妹。

"亲弟"。《宋史·张俊传》:"俊恳辞劝进,高宗涕泣不许,俊曰:'大王皇帝亲弟,人心所归。'"①

2. 同母弟

"母弟",同母所生的弟弟。《左传》:"天王出居于氾,避母弟之难也。"②

"同母弟"。见上同母兄注。

"弟"。《说文解字》:"弟,韦束之次弟也。"段玉裁云:"以韦束物,如辀五束、衡三束之类。③ 引伸之为,凡次弟之弟为兄弟之弟。"案:由兄及弟,犹韦束之有次弟,故古人即以此称弟。

"男弟"。

"同产弟"。《绥氏校尉熊君碑》:"君同产弟望季公。"又见上兄弟自称。

"鄙弟"。

"小弟"。《木兰诗》:"小弟闻姊来。"案:此诗虽非为弟者自称,然据此则今人自称为小弟亦不俗。

3. 兄称弟

"贤弟"。《史记·刺客列传》:"妾其奈何畏殁身之诛,终灭贤弟之名!"④案:此乃姊称其弟也。

"小子"。周公称其弟为"小子封",注:"弟虽老,犹少也。"⑤

"阿奴"。《晋书·周𫖮传》:"弟嵩尝因酒瞋目谓𫖮曰:'君才不及

---

① 脱脱撰:《宋史》卷三百六十九,中华书局 2013 年版,第 11470 页。
② (清)梁章钜:《称谓录》,中华书局 1966 年版,第 52 页。
③ 王筠:《说文解字句读》,中华书局 2016 年影印本,第 194 页。
④ 《二十四史》第三册,线装书局 2014 年版,第 1628 页。
⑤ (汉)司马迁撰:《史记》卷八十六,中华书局 2013 年版,第 2525 页。

弟，何乃横得重名！’以所然蜡烛投之。顗神色无忤，徐曰：‘阿奴火攻，固出下策耳。’”①案：阿奴为周顗次弟谟小字，见周顗母《李氏传》。

4. 对人自称其弟

“舍弟”。杜甫有《得舍弟消息》诗。王维诗《舍弟官崇高》。

“家弟”。曹植《释思赋》序：“家弟出养族父郎中伊，余以兄弟之爱，心有恋然，作此赋以赠之。”

5. 长弟

“大弟”。《吴志・吕蒙传》：“肃拊蒙背曰：‘吾谓大弟但有武略耳，至于今者，学识英博，非复吴下阿蒙。’”②

“元弟”。《金石萃编》，“谓杨淮之弟弼也，其文曰‘元弟功德牟盛’”。

“中弟”。《汉书・杜周传》：“杜缓年六弟，五人至大官，少弟熊历王君二千石，三州牧刺史，有能名，惟中弟钦官不至而最知名。”③

“仲代”。见上兄称伯氏注。

“仲公”。《后汉书・丁鸿传》：前上疾状：“愿让爵仲公。”④

6. 幼弟

“季弟”。《唐书・李劼传》：“季弟感，年十五。”⑤

“少弟”。《汉书・卜式传》：“有少弟。”⑥又，《哀帝纪》：“成帝少弟中山孝王。”⑦

“小弱弟”。柳子厚文：“成王以桐叶与小弱弟戏曰：‘以封汝。’”蔡邕《太傅胡公碑》：“上奉继亲，下慈弱弟。”

① (唐)房玄龄：《晋书》卷六十九，中华书局2012年版，第1851页。
② 参见《〈三国志〉称谓词研究》，复旦大学2005年博士学位论文，第31页。
③ (汉)班固撰，(唐)颜师古注：《汉书・杜周传》卷六十，中华书局2013年版，第2667页。
④ (宋)范晔撰，(唐)李贤注：《后汉书》卷三十节，中华书局2012年版，第1263页。
⑤ (宋)欧阳修、宋祁撰：《新唐书》卷九十三，中华书局2013年版，第3822页。
⑥ (汉)班固撰，(唐)颜师古注：《汉书》卷五十八，中华书局2013年版，第2624页。
⑦ (汉)班固撰，(唐)颜师古注：《汉书》卷十一，中华书局2013年版，第333页。

7. 同母弟

“母弟”。《左传》:“天王出居于汜,避母弟之难也。”谓子带。又,母弟称弟,见上引《公羊传》。

“同母弟”。见上同母兄注。

(三)同宗族兄弟

1. 同祖兄弟

“从父昆弟”。同祖父的兄弟。《尔雅·释亲》:“兄之子、弟之子相谓为从父昆弟。”①《仪礼·丧服》“从父昆弟”注:“世父叔父之子也。”

“公昆弟”。《史记·外戚世家》:“乃厚赐田宅金钱,封公昆弟,家于长安。”②于是厚厚地赏赐了广国土地、黄金、钱币,同时分封皇后的同祖兄弟,家住长安。注:“公亦祖也,谓皇后同祖之昆弟。”

“同堂兄弟”。《后魏书》:“二公孙,同堂兄弟耳。”③谓公孙献及邃也。又,“元颢入洛,广陵王曰:‘北海、长乐,俱是同堂兄弟’。”④《北齐书》:“昭帝曰:‘须拔我同堂弟。’”⑤钱大昕曰:“《通典》载宋庾蔚之说,今又谓从父昆弟为同堂,盖六朝人犹称同堂,至唐时乃省去同字。

“仁弟”。

“阿戎”。称堂弟。唐杜甫《杜位宅守岁》诗:“守岁阿戎家,蛟盘已颂花。”谓从弟位也。《南史·王思远传》:谓思远兄思征曰:‘隆昌之末,阿戎劝吾自裁’若用其语,岂有今日”。⑥ 阿戎,盖思远字。思远为晏从弟,杜甫用此。

2. 远兄弟

“远兄弟”。《礼记·檀弓》:“有殡,闻远兄弟之丧,虽缌必往。”又,

---

① 管锡华:《尔雅》,中华书局2014年译注本,第329页。
② (汉)司马迁撰:《史记》卷四十九,中华书局2013年版,第1973页。
③ (北齐)魏书撰:《魏书》卷三十三,中华书局2013年版,第786页。
④ (北齐)魏书撰:《魏书》卷六十六,中华书局2013年版,第1482页。
⑤ (唐)李白药撰:《北齐书》卷六,中华书局2013年版,第84页。
⑥ (唐)李延寿:《南史》卷24,中华书局2011年版,第660页。

“有殡闻远兄弟之丧，哭于侧室。”①曾子曰：“小功不税，则是远兄弟终无服也，而可乎？”

“族昆弟”“从祖昆弟”“亲同姓”“同姓”。《仪礼·丧服·缌麻三月章》“族昆弟”，贾疏：“族昆弟者，己之三从兄弟皆名为族。”《尔雅·释亲》云：“族父之子相谓为族昆弟。族昆弟之子相谓为亲同姓。”②族父的儿子们相互称为族兄弟，通高祖父的兄弟的儿子们相互称为亲同姓。《仪礼·丧服·小功章》“从祖昆弟”，郑注：“父之从父昆弟之子。”《诗经·唐风·杕杜》：“独行睘睘。岂无他人？不如我同姓。”③独自流浪多悲辛。难道路上没别人，不如同姓兄弟亲。郑笺云：“同姓，同祖也。”正义谓：“据上章言同父，故知此章同姓为同祖。”

“从曾祖昆弟”。族兄弟。

“再从弟”。

“始族兄”。《北史·刘芳传》：“会齐使刘缵至，芳之始族兄也。”④

“始族弟”。《南史·梁武帝纪》有此称。

“族弟”。《南史·刘歊传》：“与族弟訏并隐居求志。”⑤

“宗兄”。庶子称年长于己的嫡子为“宗兄”；后亦用于称同宗或同姓不同族的同辈朋友。唐韩愈《考功员外卢君墓表》言：“愈之宗兄，故起居舍人君。”

3. 同母异父兄弟

“外弟”。同母异父弟；表弟；妻弟。《左传·成公十一年》：“声伯之母不聘。穆姜曰：‘吾不以妾为姒。’生声伯而出之，嫁于齐管于奚，生二子而寡，以归。声伯以其外弟为大夫，而嫁其外妹于施孝叔。”案：外弟、

① 陈戍国撰：《四书五经》校注本第二册，岳麓书社 2006 年版，第 10391 页。
② 管锡华：《尔雅》，中华书局 2014 年译注本，第 329 页。
③ 陈戍国：《四书五经》上册，岳麓书社 2015 年点校本，第 330 页。
④ （唐）李延寿撰：《北史》卷四十二，中华书局 2012 年版，第 1542 页。
⑤ （唐）李延寿撰：《南史》卷四十九，中华书局 2011 年版，第 224 页。

外妹，即嫁齐管于奚所生二子，则为声伯同母异父之弟妹也。由此而推，若长于己者，当亦有外兄之称。而与《仪礼·丧服》郑注"姑之子为外兄"者不同矣。

（四）姊

"姊"。《尔雅》："男子谓女子先生为姊。"

"姊姊"。司空图《灯花》诗："姊姊教人且抱儿，逐他女伴卸头迟。"

"老姊"。《晋书·郭奕传》："奕有寡姊，随奕之官，姊下僮仆多有奸犯，而为人所纠。奕省按毕，曰：'大丈夫岂当以老姊求名？'遂遣而不问。"①

"贤姊"。陆士龙《答车茂安书》："贤姊上下，当为喜庆。"

"贵姊"。《西京杂记》："赵飞燕女弟在昭阳殿，遗飞燕书曰：'贵姊懋膺洪册。'"

"阿姊"。《木兰诗》："阿姊闻妹来，当户理红妆。"李贺《谢秀才妾》诗："月明啼阿姊。"李商隐《娇儿》诗："阶前逢阿姊。"

"姊姐"。刘基《听蛙》诗："村童叫噪聋学究，悍妇勃豀喧姊姐。"

"女兄"。《史通》：《史记世家》云，"赵鞅诸子，无恤最贤"，然伪会邻国，进计行戕，俾同气女兄，摩笄引决，焉得谓之贤哉！

（五）父之兄弟

1. 父之兄通称

"世父"。《仪礼·丧服》"世父母"，贾疏："伯父言世者，其继世者也。"《尔雅》："父之昆弟，先生为世父，后生为叔父。"郭注："世，有为嫡者嗣世统故也。"《释名》："父之兄曰世父，言为嫡统继世地。"《家训·风操篇》："凡与人言，称已世父以次第称之，不云家者，以尊于父，不敢家也。"

"诸父""从父"。伯父、叔父之称。《诗经·小雅·伐木》："伐木许

① （唐）房玄龄撰：《晋书》卷四十五，中华书局2012年版，第1289页。

许，酾酒有苎。既有肥羜，以速诸父。”①伐木呼呼斧声急，滤酒清纯无杂质。既有肥美羔羊在，请来叔伯序叙情谊。酾酒：筛酒。酾：过滤。有苎：酒清澈透明的样子。羜：羔羊。诸，众也。亦称曰从父。从，从也。言与父类从也。《朱子语录》：“汉人为从子，却得其正。”盖伯叔皆从父也。

“犹父”。《朱子语录》：“今人以侄为犹子，亦可以先生为犹父矣。”

“伯父”。《礼记·曾子问》：“父没而冠，则已冠扫地而祭于称，已祭而见伯父、叔父，而后飨冠得”。② 又，“父母不在，则称伯父世母。”郑注云：“伯父母又不在，则称叔父母。”《释名》：“世父，又曰伯父。伯，把也，把持家政也。”

“伯伯”。《梦华录》：“东坡立春日，簪幡胜过子由，诸子侄笑指云：‘伯伯老人，亦簪幡胜耶?’”

“伯”。《梁宗室传》：“伯为天子，父作扬州。”又《康绚传》：“伯元隆，父元抚。”又《魏书·杨昱传》：“尊伯性刚，不伏理大不如尊使君也。”③此皆称父为伯也。按《日知录》：“古人于父之昆弟，必称伯叔父，未有但呼伯叔者。若不言父而但曰伯叔，则是字之而已。《诗》所谓‘叔兮伯兮’、‘伯兮揭兮’、‘叔于田’，皆字也。”钱竹汀先生说同。

“公”。《白帖》载：“荀勖诸子谓解系曰：‘与卿为友，应向我公拜。’”我公，指荀勖也。诸子为兄弟之子，则荀勖乃其伯叔行。据此，是世父、叔父，亦得以公称之。

2. 父之亡兄

“亡伯”。《旧唐书》崔植《陈情表》：“亡伯祐甫，是臣承后。”④

“从兄弟门中”。《家训·风操篇》：“世父叔父则称从兄弟门中。若与君言，虽变于色，犹云亡伯、亡叔也。”据此，则亡伯为对君之称。若对

① 陈成国：《四书五经》上册，岳麓书社 2015 年点校本，第 350 页。
② 陈成国撰：《四书五经》校注本，岳麓书社 2006 年版，第 453 页。
③ （北齐）魏收撰：《魏书》卷 58，中华书局 2013 年版，第 1291 页。
④ 陈尚君辑校：《全唐文补编》，中华书局 2005 年版，第 810 页。

常人,当称从兄门中,或称从弟门中。

3. 父之兄妻

“世母”。《尔雅》:“父之兄妻为世母。”《礼记·曾子问》:“婚礼既纳币,有吉日,婿之父母死,则女之家亦使人吊。父丧称父,母丧称母,父母不在,则称伯父世母。”《仪礼·丧服·期服章》贾疏:“世母、叔母是路人,以来配世叔父,则生母名。”

“父伯母”。《礼记·杂记》:孔子曰:“伯母叔母疏衰,踊不绝地。”《太平御览》引《三十国春秋》曰:“羊祜年十五而孤,事伯母蔡氏,以孝闻。”《家训·风操篇》:“古人皆呼伯父叔父,而今世多单呼伯叔。从父兄弟姊妹已孤,而对其前,呼其母为伯叔母,此不可避者也。”①

4. 父之弟

“仲父”“叔父”“季父”。《释名》:“父弟为仲。仲,中也,位在中也。仲父之弟曰叔父。叔,少也。叔父之弟曰季父。季,癸也。甲乙之次,癸在下也。”《礼记·檀弓》:“滕伯文为孟虎齐衰,其叔父也。为孟皮齐衰,其叔父也。”孔疏:“滕伯文为孟虎著齐衰之服,其虎是滕伯文叔父也。为孟皮著齐衰之服,其滕伯是皮之叔父也。言滕伯上为叔父,下为兄弟之子,皆齐衰。”《史记·项羽传》“其季父项梁”②,韩愈《祭兄子十二郎老成文》,自称季父愈。

“阿叔”。《北史·河间王孝琬传》:“然实是文襄像,孝琬时时对之泣。帝怒,使武卫赫连辅玄鞭挞之,孝琬呼阿叔,帝怒曰:‘谁是尔叔?敢唤我作叔。’孝琬曰:‘神武皇帝嫡孙,文襄皇帝嫡子魏孝静皇帝外甥,何为不得唤作叔也。’”③

“父子”。《后汉书·蔡邕传》:“如臣父子欲相伤陷,当明言台阁,具

① 易孟疏,夏光弘注释:《颜氏家训》,岳麓书社 1999 年版,第 49 页。
② 《二十四史》第一册,线装书局 2014 年版,第 195 页。
③ (唐)李延寿撰:《北史》卷五十二,中华书局 2012 年版,第 1878—1879 页。

陈恨状所缘。”①如果臣叔侄二人真想伤害刘郃，本当明告尚书台，说明结怨的原因。《称谓录》：“谢安以父子名位太重。”盖言蔡质为邕之叔父，谢玄亦安之兄子也。②

“从翁”，叔父。

5. 对人自称其父之弟

“家叔父”“家叔”。陶渊明《归去来辞序》：“家叔以余贫苦，遂见用于小邑。”

6. 父之亡弟

“从弟门中”“亡叔”。《家训·风操篇》：“若没，言须及者，则敛容肃坐，称大门中，世父叔父则称从兄弟门中，兄弟则称亡者子某门中，各以其尊卑轻重为容色之节，皆变于常。”③大门中：对人称自己已故的祖父和父亲。以下所称“门中”，均指家族中的死者。

7. 父之弟妻

“叔母”。《尔雅·释亲》：“父之兄妻为世母，父之弟妻为叔母。”④

“季母”。《后汉书·西域车师后王传》“获单于母、季母及妇女数百人”，注：“季母，叔母也。”⑤又《魏志·辛毗传》注：“季母勿多言。”此羊祜谓辛宪英，其从父耽之妻也。

“婶”。张耒《明道杂录》：“今俗呼叔母为婶。经传无婶子，乃世母二字合呼。”王令诗：“阅女当求婶。”按：《元史·顺帝纪》亦有叔婶之称。方言。

8. 称父之弟妻

“了子弥”。见父之兄妻注。

① (宋)范晔撰，(唐)李贤注：《后汉书》卷六十，中华书局2012年版，第2001页。
② (清)梁章钜：《称谓录》，中华书局1996年版，第34页。
③ 易孟醇、夏光弘注译：《颜氏家训》，岳麓书社1999年版，第49页。
④ 管锡华：《尔雅》，中华书局2014年译注本，第331页。
⑤ (宋)范晔撰，(唐)李贤注：《后汉书》卷八十九，中华书局2012年版，第2930页。

9. 父之从父昆弟

“从祖父”。《尔雅·释亲》:“父之从父昆弟为从祖父。”①从父昆弟:同祖父的兄弟。

“从父”。《三国·吴志》,“叔父立为骑都尉,从父芝为虎贲中郎将”。②

“从叔父”。《宋书》:“谢景仁,陈郡阳夏人。卫将军晦从叔父父也。”③

“堂伯伯”。《东轩笔录》:“张元有侄不率教,将杖之。其侄方醉,大呼曰:‘安能挞我,但堂伯伯耳。’”

“从伯”。《晋书·王羲之传》:“尤善隶书,为古今之冠……深为从伯敦、导所器重。”④《南史》:“绪少知名,清简寡欲,从伯敷及叔父镜,从叔畅并贵异之。镜比乐广,敷云:‘是我辈人。’”⑤

“从叔”。臧荣绪《晋书》:“王沈少时孤,为从叔司空昶之所养。”

10. 父之从祖昆弟

“族父”。《仪礼·丧服·缌麻三月章》“族父母”,贾疏:“族父者,己之父从祖昆弟也。”《尔雅·释亲》:“父之从祖昆弟为族父。”⑥从祖昆弟:同曾祖父的兄弟。

“再从伯”。《酉阳杂俎》:“同州司马裴沆常说:‘再从伯,自洛中将往郑州。’”

“族叔”。《晋书》“顾和字君孝,侍中众族子也。二岁丧父,族叔宋雅重之。”又裴脚撰《祠部员外郎裴君志》,自称族叔。见《碑版广例》。

“宗叔”。《因话录·商部》:“司徒郑真公与其宗叔太子太傅细,俱住

① 管锡华:《尔雅》,中华书局2014年译注本,第329页。
② (晋)陈寿撰,(南朝宋)裴松之注:《三国志》,中华书局1982年版,第168页。
③ (梁)沈约撰:《宋书》,中华书局1974年版,第1493页。
④ (唐)房玄龄撰:《晋书》卷八十,中华书局2012年版,第2093页。
⑤ (唐)李延寿撰:《南史》卷三十一,中华书局2011年版,第808页。
⑥ 管锡华:《尔雅》,中华书局2014年译注本,第329页。

招国。”

七、其他宗亲亲属

(一)兄弟之子

1. 一般情形

“犹子”。《礼记》:“兄弟之子,犹子也。”

“从子”。《襄阳记》:“庞统,德公从子也。”唐李季卿撰《先茔记》,从子阳冰书。《朱子语录》云:“‘姪’字,本非兄弟之子当称?……据礼兄弟之子当称‘从子’为是”。①

“侄”“侄男”。《公羊·十九年传》:“侄者何?兄之子也。”颜真卿序颜元孙《干禄字书》“第十三侄男真卿书”。又,柳宗元《祭六伯母文》亦称侄男。案:《仪礼·丧服传》:“谓吾姑者,吾谓之侄。”侄本姑谓兄弟之子之称,对伯叔而称侄,见《家训·风操篇》。兄弟之子已孤,与他人言对孤者前呼为兄子、弟子,颇为不忍,北土多呼为侄。案:《尔雅》、《仪礼·丧服经》侄、《左传》侄,名虽通男女,并是对姑之称。晋世已来始呼叔侄。今呼为侄,于理为胜也。

“侄辈”。唐李商隐《祭小侄女寄寄文》:“自尔没后,侄辈数人。”

“亲侄”。《宋书·谢弘微传》:“‘昔为乌衣游,戚戚皆亲侄’者也。”②

“爱侄”。《后汉书·邓皇后纪》论:“爱侄微愆,髡剔谢罪。”注:“太后兄骘子凤受遗事泄,骘遂髡妻及凤,以谢天下。”③

“兄子”。马援有《戒兄子书》。《后汉书·第五伦传》:伦曰:“吾兄子常病,一夜十往,退而安寝。”④

---

① (宋)黎靖德编:《朱子语录》,中华书局1986年版,第2200—2201页。
② (梁)沈约等撰:《宋书》卷五十八,中华书局2013年版,第1591页。
③ (宋)范晔撰,(唐)李贤注:《后汉书》卷十,中华书局2012年版,第430—431页。
④ (宋)范晔撰,(唐)李贤注:《后汉书》卷四十一,中华书局2012年版,第1402页。

2. 兄弟之子谦称

“小侄”。杜牧诗:“小侄名阿宜。”

“令侄”。杜甫《送韦评事》诗:“令侄才俊茂,二美有何求。”

3. 亡兄弟之子

“孤侄”。《北史·李郁传》:“建义中,以兄玚卒,遂抚育孤侄,归于乡里。”①

4. 族兄弟之子

“族子”。《南史》:“唯与族子灵运、瞻、晦、曜、弘征,以文义赏会。”②

5. 族兄弟之孙

“族孙”。《因话录·商部》:柳尚书公权,与族孙璟,开成中同在翰林。时称大柳舍人、小柳舍人。

6. 兄弟之女

“侄”。《释名》:“姑谓兄弟之女为侄。侄,迭也。共行事夫,更迭进御也。”

“女侄”。《柳毅传》云:“钱唐君谓毅曰:‘女侄不幸,为顽童所辱。’”

“犹女”。《唐摭言》:“张岘妻,是颜荛舍人犹女。”《北梦琐言》:“韦宿镇南海,以从犹女妻刘谦。”

“从女”。《晋书·束皙传》:璆取石鉴从女,弃之,鉴以为憾。③。

“兄女”。《晋书》:庾衮"孙孤兄女曰芳,将嫁,美服既具,衮乃刈荆苕为箕,命召诸子集之于堂"。④

“弟女”。《三国志》,夏侯渊“时大乱,饥乏,弃其子而活亡弟孤女”。《魏略》注曰:“时衮、豫大乱,渊以饥之,弃其幼子,而活亡弟孤女”。⑤

---

① (唐)李延寿撰:《北史》卷三十三,中华书局2012年版,第1232页。

② (唐)李延寿撰:《南史》,中华书局1975年版,第550页。

③ (唐)房玄龄撰:《晋书》卷五一,中华书局2012年版,第1427页。

④ (唐)房玄龄撰:《晋书》卷八十八,中华书局2012年版,第2281页。

⑤ (晋)陈寿撰,(宋)裴松之注:《三国志》卷九,中华书局2013年版,第270页。

7. 兄弟之婿

“异姓”。《大戴礼记》:“一日三复白圭之玷,是南宫绍之行也。夫子信其仁,以为异姓。”卢注:“谓以兄之子妻之也。”案:朱亦栋云:古者同姓不为婚,故亲戚称异姓。《唐书》:“冶长缧绁,仲尼选为密亲。”①密亲称婿,异姓称侄婿,皆最古之称。

“兄婿”。《北齐书》:隆之子“子绣外貌儒雅,而侠气难忤。司空娄定远为瀛州刺史。子绣为渤海太守。定远过之,对妻及诸女宴集言戏,微有亵慢子绣兄之婿也,子绣大怒,鸣鼓集众将攻之。”②

第三节　外亲亲属

一、与母有关的亲属

1. 母之祖母

“外曾王母”。母亲的祖母。《尔雅·释亲》:“母之王妣为外曾王母。”③母亲的祖母被称为外曾王母。

2. 母之父

“外王父”。母亲的祖父。《尔雅·释亲》:“母之考为外王父。”④

“外祖父”。母亲的父亲。《仪礼·丧服·小功章》“外祖父母”;马融曰:“母之父母也。”

“外祖”。《春秋》僖五年,“杞伯姬来,朝其子”。何休云:“礼,外孙初冠,有朝外祖之道。”《称谓录》:“有外祖司马迁之风。”有外祖父司马迁的作风。

“外翁”。外祖父。元稹《答友封》诗:“扶床小女君先识,应为些些似

---

① (后晋)刘昫等撰:《旧唐书》,中华书局1975年版,第4185页。

② (唐)李百药撰:《北齐书》卷二十一,中华书局2013年版,第306页。

③ 管锡华:《尔雅》,中华书局2014年译注本,第333页。

④ 管锡华:《尔雅》,中华书局2014年译注本,第333页。

外翁。”案:友封,窦巩字也。

“外大父”。宋代对母亲之父亲的称呼。张耒《寄杨克一甥》诗:“尔家外大父。”你家外祖父。

“大父”。外祖父。“岂尝闻外孙敢与大父抗礼哉!”①难道你曾经听说过外孙与外祖父行平等的礼吗?案:是以大父称外祖也。用大父来称外祖父。

3. 母之母

“外王母”。外祖母。《尔雅・释亲》:“母之妣为外王母。”②母亲的母亲被称为外王母。

“外祖母”。《礼记・檀弓》:“齐谷王姬之丧,鲁庄公为之大功。或曰由鲁嫁,故为之服,或曰外祖母也。”郑注:“王姬,周女,齐襄公之夫人。庄公,齐襄公女弟文姜之子。当为舅之妻,非外祖母也。外祖母又小功也。”案:或人之说,既误以舅之妻为外祖母,又误以外祖母为大功服。又,《晋书》:“少孤,为外家宁氏所养。宁氏起宅,有相者云:‘当出贵甥。’外祖母以魏氏甥小而慧,竟谓应之。舒曰:‘吾当为外家成此宅相。’”③

“外婆”。《容斋随笔》:“三舅荷伯提携极喜,只是外婆不乐。”

4. 母之兄弟

“舅”。母亲的兄弟。《尔雅・释亲》:“母之舅弟为舅,母之从父舅弟为从舅。”④《释名》:“母之昆弟曰舅。”汪氏尧峰曰:“凡母党之尊者,由母推之则皆母之属也,从母是也。至母之兄弟,则不可谓之母。不可谓之母,其可谓之父乎?二者皆不可以名,故圣人更名之曰舅。”凡是母亲一姓的长者,能够由母亲推出的都称为母族,附随母亲。到母亲的兄弟,不可以称之为母,能否称之为父?两者都不可以称呼他,所以贤人更换他的

① (宋)司马光:《资治通鉴》卷一二《汉纪四》,岳麓书社1990年版,第124页。
② 管锡华:《尔雅》,中华书局2014年译注本,第333页。
③ (唐)房玄龄等撰《晋书》,中华书局1974年版,第1185页。
④ 管锡华:《尔雅》,中华书局2014年译注本,第333页。

称谓为舅。

“舅氏”。舅父。《左传》:“所不与舅氏同心者,有如白水。”如果不和舅舅一条心,有白水为证。

“舅父”。《索隐》曰:“舅父即舅,犹姨曰姨母也。”《史记·孝文帝本纪》:“封淮南王舅父赵兼为周阳侯,齐王舅父驷钧为清郭侯。”①又《齐悼惠王世家》《惠景侯表》亦并称舅父。

“嫡舅”。嫡母的兄弟。《后汉书·清河孝王传》:“帝以宝嫡舅,宠遇甚渥,位至大将军。”②因为宝是皇帝的嫡舅,待遇十分优越,官位高至大将军。

“阿舅”。方言舅父。北周童谣:“白杨树金鸡鸣,只有阿舅无外舅。”外舅,岳父。

“元舅”。大舅,长舅。《诗·崧高篇》“不显申伯,王之元舅,文武是宪。”③尊贵显赫贤申伯,周王元舅封疆臣,文武双全人崇敬。《文选》班孟坚《燕然山铭》曰:“有汉元舅,曰车骑将军窦宪。”汉国舅车骑将军窦宪。

“哲舅”。对舅父的尊称。萧颖士赋:“惟佩艄之弱岁,荷哲舅之矜怜。”

5. 母之姊妹

“从母”。母亲的姊妹,即姨母。《尔雅·释亲》:“母之姊妹为从母,从母之男子为从母舅弟,其女子子为母姊妹。”④《仪礼·丧服》:“从母丈夫妇人报。”注:“从母,母之姊妹。”

“姨”“姨母”。《释名》:“母之姊妹为姨,礼谓之从母。”《左氏》襄二十三年传“穆姜之姨子也”,杜注:“穆姜姨母之子,与穆姜为姨兄弟。”孔

① 司马迁撰:《史记》卷十,中华书局 2013 年版,第 421 页。
② (宋)范晔撰,(唐)李贤注:《后汉书》卷五十五,中华书局 2012 年版,第 1805 页。
③ 陈戍国:《四书五经》上册,岳麓书社 2015 年点校本,第 405 页。
④ 管锡华:《尔雅》,中华书局 2014 年译注本,第 333 页。

疏:“据父言之谓之姨,据母言之当谓之从母;但子效父言,亦呼为姨。”

“阿姨”。方言同姨母。王献之《东阳帖》:“不审阿姨所患得差否。”元好问《姨母陇西君讳日作》诗:“阿姨怀袖阿娘香。”

6. 母之兄弟之子

“甥”。舅父的儿子。《尔雅》:“舅之子为甥。”

“舅子”。《羊祜传》:“祜为蔡邕外孙,景献皇后同母弟。祜讨逆有功,将进爵士,祜乞以赐舅子蔡袭。”

“中表”。指与祖父、父亲的姐妹的子女的亲戚关系,或与祖母、母亲的兄弟姐妹的子女的亲戚关系。《后汉书》:“又明公将帅,皆中表腹心。”[①]《三国·管宁传》:“中表愍其孤贫。”[②]表兄弟们怜悯他孤独贫弱。《晋书·山涛传》:“与宣穆后有中表亲。”[③]和宣穆皇后有表亲戚关系。《刘芳传》“崔先于芳有中表之敬。”[④]徐铉诗:“平生中表最情亲。”案:中表,犹言内外也。姑之子为外兄弟,舅之子为内兄弟,故有中表之称。中表亲戚关系也有内外之分,父亲姊妹之子为外兄弟,母亲姊妹之子为内兄弟。

“亲表”。表亲;泛指亲戚。《家训·风操篇》:“吾亲表所行。”又云:“亲表聚集。”

“内兄弟”。舅父的儿子;妻的兄弟。《仪礼·丧服·缌麻三月章》“舅之子”,郑注:“内兄弟也。”贾疏:“内兄弟者,对姑之子云舅之子,本在内不出,故得内名也。”

“外兄弟”。旧时对舅、姑、姨表兄弟之称谓;旧时对同母异父兄弟之称谓。《山堂肆考》:“两姨之子为外兄弟,然所见书籍,但言姨兄、姨弟也。”母亲姐妹的两个男儿是外兄弟,但是书籍上记载,只是说姨兄、姨

① (宋)范晔撰,(唐)李贤注:《后汉书》卷七十,中华书局2012年版,第2258页。
② (晋)陈寿撰,(宋)裴松之注:《三国志》,中华书局2013年版,第354页。
③ (唐)房玄龄撰:《晋书》卷四十五,中华书局2013年版,第1223页。
④ (唐)李延寿撰:《北史》卷四十五,中华书局2012年版,第1549页。

弟。《隋书》:“绩三岁而孤,为外祖韦孝宽所鞠养。尝与诸外兄博奕。”①皇甫绩三岁为孤儿,被外祖父家抚养长大,曾与外兄进行对弈。

“外兄”。黄伯思《跋昌谷别集后》:“李藩尝缀李贺歌诗,知贺有外兄召见,托以搜采。其人诺,且请‘愿得君所辑’。弥年,乃云:‘某与贺中表自幼同处,恨其倨忽,尝思报之。今幸得公所藏,并旧有者,悉投匽中矣。’”

“外弟”。姑舅兄弟;同母异父弟;妻弟。《宋书·隐逸传》:“炳外弟师觉授亦有素业。”②案:此对兄弟言,故以舅子为外也。宋炳母亲师氏,师觉授是他的舅父兄弟。

“表兄”。《旧唐书》记载:“利贞即湜是表兄,因举为此行”。③

“表弟”,有舅表兄弟和姑表兄弟之分。吕本中《寄赵材仲》诗:“表弟今何在。”

“舅弟”。舅父之子;妻子之弟。韩愈《柳子厚墓志铭》以舅之子曰舅弟。

7. 母之姊妹之子

“从母昆弟”。《仪礼·丧服·缌麻三月章》“从母昆弟”,传曰:“何以缌也,以名服也。”贾疏:“从母有母名而服其子,故云以名服也。”案:母之姊妹为从母,此云从母之子是母之姊妹之子,古称。

“姨子”“姨兄弟”。《南史·范云传》:“时江祏姨弟徐艺为曲江令。”④当时江拓姨弟徐艺任曲江县令。杜甫诗:“梁公曾孙我姨弟。”《北史·序传》:“李炎之自夸文章,从姨兄常景笑而不许。”李炎之自夸文章好,但他的从姨兄弟常景对此笑而不语。案:今统称为姨表兄弟,无姨兄、姨弟之称。现在统称为姨表兄弟,没有姨兄、姨弟这样的称呼。

---

① (唐)魏征:《隋书》卷三八,中华书局2012年版,第1139页。

② (梁)沈约撰:《宋书》卷九五,中华书局2013年版,第2279页。

③ (后晋)刘昫等撰:《旧唐书》,中华书局1975年版,第4482—4483页。

④ (唐)李延寿撰:《南史》卷五七七,中华书局2011年版,第1418页。

"从母姊妹"。姨姊妹。《尔雅》:"从母之女子子,为从母姊妹,谓母之姊妹之女也。"姨母的女儿,称为从母姊妹,即母亲姐妹的女儿。

"表妹"。王羲之《和方帖》:"表妹委笃示致向。"

二、与妻有关亲属

妻亲,又称"姻亲"。因婚姻夫与妻的本生亲属所发生的亲属关系。在唐、宋法律中,妻亲包括在外亲之内。自明代以后,法律专设妻亲一项。《尔雅》云:"妻之父为外舅,妻之母为外姑,姑之子为甥,舅之子为甥,妻之兄弟为甥,姊妹之夫为甥,妻之姊妹同出为姨,女子谓姊妹之夫为私,男子谓姊妹之子为出。女子谓兄弟之子为侄、谓出之子为离孙。谓侄之子为归孙。女子之子为外孙、女子同出谓先生为姒,后生为娣。女子谓兄之妻为嫂,弟之妻为妇,长妇谓稚妇为娣妇,娣姐谓长妇为姒妇——妻党。"

第四节　古今亲属称谓中的公私并举特色

一、古今亲属称谓的宗法性源起

通过对古代亲属称谓的罗列可知,古代亲属在范围上极为广泛。祖、妣、父、母、子是商周社会最为常见的亲属称谓,且除了"妣"之外,其他亲属称谓的基本含义都较为稳定,没有发生大的变化。"祖"指的是尊二辈,即父辈以上的男性亲属,"父"即是尊一辈的父辈亲属,"母"即是尊一辈的母辈亲属,"子"为卑一辈的子辈亲属,卑一辈的"子"称没有区分性别,儿子可称为"子",女儿同样可称为"子",商周社会均是如此。商代的"妣"称指的是尊二辈,即母辈以上的女性亲属。西周时期的"妣"称仍然保持了这样的含义,而战国以后的"妣"称含义逐渐开始变化,最终形成与"考"称相对,表示故去的母辈亲属的意义。

"近保定南乡出句兵三,皆有铭,其一曰:'大祖日己,祖日丁,祖日乙，祖日庚，祖日丁，祖日己，祖日已。’其二曰：‘祖日乙，大父日癸，大父日癸，中父日癸，父日癸，父日辛，父日己。’其三曰：‘大兄日乙，兄日戊，兄日壬，兄日癸，兄日癸，兄日丙。’此当是殷时北方侯国勒祖、父、兄之名于兵器以纪功者。而三世兄弟之名，先后骈列，无上下贵贱之别。”①

王国维以“三世兄弟之名，先后骈列，无上下贵贱之别”来论证殷代在诸侯层面亦无嫡庶之制。张富祥指出，此说诚有不可易者，“在商代贵族社会的多妻制下，同父兄弟的身份无差等，也就是不分嫡庶。”②按照周代嫡庶之制，有嫡母而后有嫡子，嫡子身份取决于嫡母，嫡之外则为庶。没有嫡庶之分，恰恰与商代包含直系与旁系的大家族制度相应。“在商代直旁部分的情况下，以大、中、小排列在一起的各个世代的先人，其中有一己的直系先人也有一己的旁系先人，所以商六父戈铭同一个世代中可以有两个排行为大的父，一个排行为中的父，三个不同日干的父，而人只能有一个生父。总之，在直旁未分的情况下，商代的大子是不可能垄断嗣子或储君的名位的。”③总之，商代同一时代的男性不分直系与旁系，皆可称为父，以至于三戈铭中无法辨认作器者的生父，自然没有办法区分嫡庶，而不分嫡庶，恰恰与大家族内的传贤体制相互支撑。

商周时在同辈亲属的基本称谓上不分亲疏和直旁。商人多以大、中、小来区别同辈亲属的长幼排行，但有时候这样的大、中、小很难在形式上分别出嫡庶。周人的亲属称谓则更具一些自己的特点，将亲属称谓与伯（包括“孟”）仲叔季的结合，以伯仲叔季来区分亲属长幼，是商人亲属称谓文化中较为少见的。

周公摄政七年，第六年制礼作乐，第七年还政成王。而成王之立标志着嫡长子继承制的确立。商人的大家族制度体现在亲属称谓上，高于自

① 王国维：《观堂集林　外二种　上》，河北教育出版社2001年版，第289—290页。
② 张富祥：《重读王国维〈殷周制度论〉》，《史学月刊》2011年第7期，第108页。
③ 赵林：《殷契释亲：论商代的亲属称谓及亲属组织制度》，上海古籍出版社2011年版，第32—33页。

己一个世代的统称为父与母,前两个世代的称为祖与妣。同世代的男性称为兄与弟,女性称为姐与妹。低于自己一代的男子称为子。到了周代,父系与母系的亲属称谓就有了区别。对于上一代男性的称呼就有了父系的父、伯父、叔父、姑父,母系的舅父与姨父等详细的分别。至此,男女之别、宗亲外亲之分已见端倪。

从古代亲属称谓来看,亲属称谓经历了一个发展演变过程。即从单纯的以辈分上的高低、年龄上的长幼来称谓,发展到以宗法制为核心标准来区分男女系。在周公还政成王、嫡长子继承制产生之前,亲属间以自然辈分和年龄长幼为序,嫡长子继承制产生后,嫡与庶、宗亲与外亲的差别在家族、国家方面随之产生。

从以宗亲为标准的亲属称谓的分类来看,古代亲属以父系为中心,强调父系在家族中的重要地位。《释名·释亲属》:“父,甫也,始生己也。”刘熙将“父”定义为“始生己”,从根源上阐释血缘关系从“父”开始,体现以父系为中心的家庭观念;内外有别,在家族中,“宗亲”即内亲,是针对父系亲属来说的,宗亲的范围专指属于“己身”的这个家族,姓氏相同,女子没有出嫁以前算是内亲。“外亲”即非宗亲,包括母系亲属以及已经出嫁的姊妹;脉络分明,按照现代亲属分类标准,可将亲属称谓系统分成亲属的总称、祖辈、父母、夫妻、子女、兄弟姊妹、孙辈七大类。各大类之间的区分十分严格,丝毫不相杂糅。同一个辈分、同一个性别,因为所属的类别不同,称谓词语也不相同。

《中华人民共和国民法典》明确规定了当代中国的亲属关系体系:“亲属包括配偶、血亲和姻亲。配偶、父母、子女、兄弟姐妹、祖父母、外祖父母、孙子女、外孙子女为近亲属。配偶、父母、子女和其他共同生活的近亲属为家庭成员。”①根据亲属关系发生的原因,可以将亲属分为配偶、血亲和姻亲三类。血亲包括自然血亲和拟制血亲,前者是指出于同一祖先

① 《中华人民共和国民法典》第1045条。

具有血缘联系的亲属；后者是指彼此本无该种血亲应当具有的血缘关系，但法律因其符合一定的条件，确认其与该种血亲具有同等权利和义务的亲属，如继父母与受其抚养教育的继子女、养父母与养子女之间就是拟制血亲。姻亲是指除配偶外以婚姻关系为中介而产生的亲属，包括血亲的配偶、配偶的血亲、配偶的血亲的配偶，姻亲之间只有在法律特别规定的情况下才具有权利义务关系。

在宗法政治体制之下，传统中国的家庭遵循儒家理论，在家庭内亲属有男尊女卑、长幼有序的特点。男尊女卑，女性始终处于从属的地位，“妇人，从人者也：幼从父兄，嫁从夫，夫死从子。”男性处于尊主位置，并以家族利益之名为自身获取更多的权益，而对女性则设置了更多的责任义务。如为了家族的人丁兴旺和血缘的纯粹性，男性可以三妻四妾，女性则必须端庄贞节、从一而终，“‘妇人’贞吉，从一而终也。”长幼有序，古代亲属称谓词严格区分亲疏和长幼，长幼有序是人们一直遵循的伦理规范，家庭中长子享有优先继承权，弟妹们亦要遵循“事兄如父”“长嫂如母”的道德准则。

在当今中国，男女不平等、男尊女卑的宗法亲属体系已被彻底废除，《中华人民共和国民法典》第 1055 条规定：“夫妻在婚姻家庭中地位平等。”①夫妻双方在法律上平等，不存在尊卑关系。夫妻作为婚姻关系的核心，这是男女平等婚姻制度的必然要求。如家庭事务管理权，为了家庭的共同生活需要，夫妻双方需要对家庭事务进行管理，夫妻均有平等的决定权。

二、古代亲属称谓的特质

从中国传世文献中的亲属称谓中，可以发现其中存在不同的层次逻辑，不同的来源出处，不同的变迁逻辑，以及不同的表达内涵。从历史文

① 《中华人民共和国民法典》第 1055 条。

献中的亲属称谓，我们可以看到其依旧蕴含着相应特点及意义。从其称谓称呼的特点出发，基本可以从来源、作用、关系与文化等角度，展现其蕴含亲属称谓的特征。

（一）历史典故特质

传世文献中的亲属称谓，从来源上看根据历史文献与典籍故事，与历史典故密切相关。首先，亲属称谓来源于各类史料典籍。中国传世的文献类型广泛，从不同侧面与角度，都与亲属称谓有关。而亲属称谓需要有确凿的依据，历史典籍与典故成为其重要来源。并且，中国从传统到现代的亲属称谓，反而体现出典故特点，如被人熟知的“豆蔻”表达，原本为植物名，而因杜甫诗词的内容作为典故而成为称谓。其次，亲属称谓是历史典籍中记载重要内容。诸多史料典籍对亲属称谓及其关系，都明确进行记载，作为主要的内容部分。如《唐律疏议》中对“嫡妻”“嫡子”“长子”“妇人官品”的规定；《礼记》中对婚前男女的称谓、婚后男女的称谓、死亡后男女的称谓都有涉及，换言之《礼记》的规定中男女称谓即作为重要部分。最后，亲属称谓在历史典故的类型，其中有多元化的来源。典型的史料来源于正史记载，如《史记》《汉书》《后汉书》《晋书》《宋书》《旧唐书》《唐书》《魏书》《北齐书》《陈书》等。还有重要的典籍作为亲属称谓的依据，如《尚书》《礼记》《春秋》《周易》《诗经》《白虎通》等重要经典文献。还有杜甫诗集，司马光的诗词，杨万里等诗人的作品也涉及亲属称谓，都说明了称谓与历史典故密切相关。简言之，亲属称谓的表达与历史典籍息息关联，具备历史文献本身的特点。

（二）职责作用特质

亲属称谓在传统中国的家庭现实中不单纯仅是称谓，更是反映其职责与作用。首先，传统亲属称谓反映出男女关系的职责与作用。如“夫”包含了“大”与“一”，表明丈夫家中的一种地位，以及“夫”作为管事人的身份；“妻”在《说文解字句读》中含义是“与夫齐者也”，说明夫妻之间相等齐的地位与作用。男女之间关系作为家庭与宗族体系中最为核心的部分,体现于称谓之上,其称谓体现婚后男女相互之间的关系。其次,传统亲属称谓反映出尊卑关系的职责与作用。如“父”的称谓,其寓意在于“矩也,家长率教者,从手举杖”,强调的是父的威严与强权;同样在《说文解字句读》中的“母”与“牧”相关,“从女裹子形,一曰像乳子也”。由此可见,“父母”相比“夫妻”的称谓,更侧重父母在整个家庭与宗族的权威、抚养的职责。相比男女关系作为家庭生活的核心,父母以及其他兄弟姐妹舅伯等关系,更作为一种延伸与纵向层面的职责与作用。最后,传统亲属称谓反映出“内”与“外”关系的职责与作用。传统中国的亲属称谓还有明显的“内”与“外”的区别,此种差异也是为了将家庭与宗族的自身与外界相区分。甚至直接将“内”指的是妻子,“外”指的是丈夫,还有例如“内命妇”和“外命妇”的区分,还有外弟、外妹、外兄、外曾王母、外王父、外祖父、外祖、外婆、外舅等称呼,也表明称谓上会反映“内”与“外”的关系。由此可见,不同角度与层面的亲属称谓作用,反映出传统亲属称谓称呼更有其实质意义与作用。

(三)礼制文化特质

传统中国的亲属称谓,体现出古代礼制文化的影响与特质。首先,传统中国的亲属称谓,来源于礼制中具体规定。如中国古代的亲属在礼制上有四种分类方法:以姓和血统、婚姻所生身份、丧服有无、亲属亲疏程度等标准区分。还有如《礼记》中具体记载“人生十年曰幼,学”,进而“幼学”则成为相应的称谓。《礼记·内则》:“成童,舞象,学射御。郑玄注:成童,十五以上”,也是展现礼制中具体规定,影响着传统中国的亲属称谓。其次,传统中国的亲属称谓,源于的礼法制度的类型较为多元。除了上述所说的《礼记》中具体规定涉及了亲属的称谓,也有多元的礼制规定来源,如《仪礼注疏》《周礼》《晋书·礼志》等,甚至《唐律疏议》中出现相关亲属称谓及其规制,也是属于广义上礼制的具体规定,影响传统中国的亲属称谓。最后,传统中国的亲属称谓,不仅仅是礼制要求,也会从具体细节着眼。如《礼记正义·内则》中“女子十有五年而笄”,“笄”的原意即为发簪,因为古代女子满 15 周岁结发,用笄贯之,满 15 周岁的女子称之为及笄。《礼记正义·曲礼上》中“二十曰弱,冠”,从二十岁行冠礼的细节,指代相应的称谓。中国文化传统本身就与礼制密切关联,称谓由礼而来,展现礼制特色,具备礼制体系与文化的特点。

(四)农业文明特质

传统中国亲属称谓,还体现出传统中国的农业文明特质。首先,传统中国亲属称谓,与自然环境与田园生活密切相关。典型的如“豆蔻”的称谓,其原本是作为植物名,后代称十三四岁的少女,女子二十岁被称为“桃李年华”也与自然环境息息相关。还有如不用庶子而用支子来称呼,而支子取自于木条,农业文明生活中常见,以作为指代称谓。其次,传统中国亲属称谓,与农业生产生活密切相关。如“苗”即喻指后代子孙。见于《离骚》中“帝高阳之苗裔”,朱熹认为“苗者,草之荟叶,根所生也。裔者,衣裾之末,衣之余也,故以为远末子孙之称”,将农业生活中的植物内部关系,用于比喻人类生活,反映出称谓具备农业文明特质。最后,传统中国亲属称谓,与民众生活习惯密切相关。如《尔雅》中对“兄”的来源,因为“先生之年自多于后生者,故以兄名之,实亦取滋长之义也”,而兹与滋义同,寓意草木多益也。“兄”的本义为滋长之长,而引申而来的称呼。传统中国属于农业文明社会,随处可见的农业田园与生态环境,以及农业生产生活乃至生活习惯,都影响着有关亲属称谓的表达。

总言之,传统中国的亲属称谓,多种不同特质,实质上都来源传统中国独特的不同特质的文化,以及不同文献记载的特殊性,可以从亲属称谓的特殊性来看到中国传统文化的特质。

三、古代亲属称谓的“公”与“私”

中国古代传世文献中的亲属称谓,更进一步分析,还具备“公”与“私”兼备的特点。此种“公私并举”特点,与其特质相类似,分别相对应地体现于典故与来源、作用与职责、礼制与体系,以及农业与文化四个方面。

（一）称谓来源的“公私兼备”

中国古代亲属称谓的来源有官方认同的称谓表达，也有民间自发形成的称谓类型，多元化称谓来源与类型，实际上也反映出亲属称谓背后的家庭与宗族关系。首先，称谓来源有“公”的一面。典型的是《唐律疏议》中对亲属称谓的记载，作为中国古代乃至中华法系的重要法典，其对亲属的表述不仅是官方认同的典型表达，更是属于中国文化中最为常见的亲属称呼，看似常见与通俗的称谓，不属于法律规定的主要内容，但是法制建立与运行基础元素，属于传统中国基本政治与家庭架构的基本表达。其中涉及的亲属称谓如“妻”“嫡妻”“妇人”“伉俪”“命妇”“父母”“长子”“嫡子”等。其次，称谓来源有“私”的一面。亲属称谓原本属于民间家庭的称谓，但是称呼与称谓在现实家庭与社会生活中自然各有差异与不同，能够在历史典籍与文献中得到记载与流传，不仅是因为民间“私”的缘故，更有其出自民间，而又具备独特之处。典型的是一些流传至今诗词歌赋中涉及亲属的称谓。如《陌上桑》中“东方千余骑，夫婿居上头”，以及王昌龄《闺怨》诗中“忽见陌上杨柳色，悔教夫婿觅封侯”，夫婿在今日是并不鲜见的称呼，在古诗词中依旧属于典型表达。还有如杜甫诗《元日寄韦氏妹》之中的“郎伯殊方镇，京华旧国移”，此时“郎伯”即是南方妻子对丈夫的称呼，较为具备特殊性。最后，“公”与“私”有着相通与类似的来源。传统中国亲属称谓的“公”与“私”的来源不同，看似体现其现实依据的不同，但没有实质上的差异，二者之间有相通之处。如妾的称呼，有多种类型及其来源，如“侧室”见于《礼记・内则》，“他室”参见《元潘泽碑》，“次室”源于《金史・海陵本纪》，“偏房”见于《列女传》，“少房”参见宋濂所撰的《方愚庵墓版》，“别房”见于《世说・惑溺篇》。不管是“侧室”“他室”“次室”，还是“偏房”“少房”“别房”等表达，其称谓的表达有着相近的逻辑与思路，不管其“公”“私”来源的不同，此种表达不仅利于文献阅读者的理解，并且也表现“公”“私”来源之间相类似与相通。简言之,亲属称谓来源的“公私”特点,是其本身同时兼具“公”与“私”两方面的基本条件与表达基础。

(二)称谓职责的“公私兼备”

传统亲属称谓的来源之外,在职责与作用上同样兼具“公”“私”之分,但是此种区分并不代表其作用性质有根本差异。首先,亲属称谓的职责与作用有“公”的一面。还是以《唐律疏议》为典型,其中对于妇人官品邑号的规定,有“妇人有官品者,依令,妃及夫人,郡、县、乡君等是也。邑号者,国、郡、县、乡等名号是也。妇人六品以下,无邑号,直有官品,即媵是也”,由此可见不同层级的“妇人”有着不同的名称,也意味着不同的法律地位与权利,此时看似是亲属有关的称谓称呼,但实质上亲属称谓有其法律意义上的区分作用。其次,亲属称谓的职责与作用有“私”的一面。如“姑”的表达,虽然作为典型的亲属称谓,但是不同时代其寓意各有不同,传统中国的史料典籍中,女子称丈夫的母亲为姑,也称父亲的姐妹为姑。源于《尔雅》中“妇称夫之母曰姑”,并且还有《白虎通》中进行解释,“亲如母而非母者,姑也”,妻子待婆婆像母亲一样亲,但又非母亲,因而称呼为“姑”。此时看似多样化的表述,反而以更为亲近的称呼,来表明相互之间的关系。最后,传统中国亲属称谓在职责方面,“公”与“私”相为作用。典型的如“父”的表达,不仅有《唐律疏议》作为官方称谓,反映其作用,规定其相应家庭地位,《唐律疏议》其中的“居父母丧生子”,以及“诸居父母丧生子及兄弟别籍、异财者,徒一年”;还有《仪礼注疏 · 丧服》:“父,至尊也”,都可以展现不同称谓在不同来源以及作用层面的差异,但也有相类似之处。如此一方面从反面突显“父”作为家长的地位,另一方面则是直接正面展现父的尊贵。简言之,亲属称谓在职责与作用上同时兼具“公”与“私”特征,展现其多种作用之间相互协调与融合。

(三)称谓关系的“公私兼备”

传统中国的亲属称谓,实际上也体现出古代中国称谓所体现的政治社会关系,或者是体现出称谓背后的社会体系架构。首先,亲属称谓之间的关系，有“公”的一面。传统中国有“命妇”的称呼，实质上是对妇人的一种封号。不仅有“内命妇”和“外命妇”之区分，在《周礼注疏·内宰》《唐六典》中都有关于“内命妇”的规定，其中的称谓包括惠妃、丽妃、华妃、淑仪、德仪、贤仪、顺仪、婉仪、芳仪、美人、才人等。“外命妇”在《唐律疏议》与《通典·职官十六》都有相关记载，“诸王母妻及妃，文武官一品及国公母、妻为国夫人，三品以上母、妻为郡夫人，四品母、妻为郡君，五品母、妻为县君。散官同职事。若勋官四品有封，母妻为乡君”。其次，亲属称谓之间的关系，有“私”的一面。如“元妃”的称谓，在《尔雅·释诂》中记载“元，始也”，并且“妃，媲也。”元代表着人体的最上部分，又引申为开始的意思，妃则是比配、配偶之意。从“元”作为开始与顶端，实际上作为整个家庭中夫妻或者男女关系的一种体系中开端的逻辑表述。最后，亲属称谓之间的关系，也有兼具“公”或者“私”的体系与层面。同样以“元妃”为例，如果说前一字侧重开始与体系开端，属于含义上与体系相关。那么从整体来看，其“原配”的含义，则还有多样性的来源，如《春秋左传·隐公元年》中记载“惠公元妃孟子。孟子卒，继室以声子”，还有杜注云：“言元妃，明始嫡夫人也”，因而传统中国对原配妻子的称呼可为“元妃”。由此可见，称谓背后的政治、社会与文化上的人物关系，都有官方的“公”与民间的“私”不同的层次。

（四）称谓文化的“公私兼备”

古代中国的亲属称谓，有着传统中国农业文明特点，反映中国传统文化特质，然而此种特质还可以进一步细化，有着“公私兼备”的表现。首先，亲属称谓在文化上有体现官方认可的“公”一面。如“支孽”，原意是指旁生的树枝，用以比喻旁出的宗族。见于《史记·吕后纪》中“大臣菹醢，支孽芟夷”。[①] 用树枝的延伸与拓展，枝干之间的关系，来展现宗与支的联系，与中国古代农业文明特质有关，并且来源于官方正传古诗。而

① （汉）司马迁撰：《史记》卷九，中华书局2013年版，第412页。

“中馈”的称呼,出自《周易·家人》的“无攸遂,在中馈。贞吉”,是从妇女主管家庭饮食等事项,后将其引申为配偶。农业文明中自然植物,还有家庭生活与习惯的自然延伸与比喻,属于展现官方主流对此种称谓表达特质的认同。其次,亲属称谓在文化上有体现乡土原本秩序“私”的一面。相比官方史书与文献中出现的农业特质文化的称谓之外,古代中国在广大基层乡村,也有着其独特乡土文化秩序,典型的是各种“俗称”。如“耶耶”在宋代北方地区是对祖父的俗称,“祇候人”,或作“左右人”,在宋代西北地区对妾的俗称。“阿公”,见于《南史·颜延之传》,是古代中国当时社会对父亲的俗称。另外,还有如见于白居易诗“梧桐老去长孙枝”中的“孙枝”,以树的子干生出的嫩枝来比喻孙子。最后,传统亲属称谓体现出“公”“私”文明文化同时并存与互动特点。如果说称谓体现出背后的农业文明特质,属于整体性的概括,那么实际上还可以细分发现,有官方认同的主流文化特质,以及民间基层的乡土秩序文化。二者之间,分别代表着“公”与“私”,同时并存而又相互影响与互动。

从古代中国亲属称谓的特质,到其进一步展示的“公私兼备”的特性,两个层面都相关与联动。并且,历史典籍的来源作为纵向视角,职责作用作为横向视角;而古代礼的关系与体系属于硬性制度特点,农业文明特质与文化视角,则属于柔性与不成文的特点,四个方面全面展现中国古代亲属称谓的特质,也都有“公私兼备”。

四、古代亲属称谓“公”“私”并举的原因

中国古代亲属称谓即便展现出多样化的特质,最为核心的特点,在于其兼具“公”“私”双重属性。而此种双重属性,在有关家庭与宗族的亲属称谓上,实际上构建了一个“公”与“私”的桥梁,二者相结合与融合的渠道。亲属关系本身最为直接体现的则是家庭内成员之间的关系,将“公”与“私”结合与融合,即意味着“公”与“私”的“家庭”的融合。结合传统中国国家与社会的特殊性,家庭不仅是个体之家,更是与国密切联系,

“公”与“私”的融合，在古代中国即是家国同构。

（一）家国同构的原理

传统的“家天下”这一说法，是从国家统治这一方面来讲的，是由皇帝的家族来继承国家的统治，而对于国家内的每一个单元家来讲，在形式结构上和文化原理上也存在着相同的模式，即“家国同构”。

一方面，从形式结构上看，传统中国的国家观与家庭观一样，在结构上首先是一体，然后是在一体内的两元，再是两元之间的主从式关系以及多样化的表现，概括起来就是一体两元主从式多样化的构成。其中，一体对家来说是家内一体，对国来说是家国一体。两元对家来说是家长与家人各为一元，对国来说是国君与臣民各为一元。主从式关系对家来说是家长为主与家人为从，对国来说是国君为主与臣民为从。多样化对家来说首先是家长与家人之间的主从式关系有上下、尊卑、慈孝等多种表现形式，其次是同一家庭或同一家庭的不同世代会面对和经历不同的国（不同的朝廷或君王）；多样化对国来说首先是国君与臣民之间的主从式关系有朝野、上下、尊卑、仁忠等多种表现形式，其次是同一国（同一朝廷或君王会面对和经历不同的家或同一家庭的不同世代）。一体两元主从式多样化构成的国家观和家庭观与伦理道德和文化原理在结构上一致。

另一方面，从文化原理结构上看，伦理道德包括家庭伦理和国家伦理，其结构就是由家庭伦理核心的孝与国家伦理核心的忠为轴心，从而构成上下、尊卑、主从的关系，这些就是国家观和家庭观的伦理道德结构，而这个结构又与文化原理结构一致。在传统中国的国家观中，以在朝代表政治的国君与在野代表民事的臣民各为一元合为一体，但以国（君）为主臣民为从构成主从式关系；同样，在传统中国的家庭观中，以在上代表家庭的家长与在下的家人各为一元合为一体，但以家长为主家人为从构成主从式关系。由于在朝代表政治的国君意味着公，所以就有了道德的象征意味，而在野代表民事的臣民意味着私，所以就有了非道德的象征意味。因此，家与国、公与私虽然各为一元合为一体，但以国与公为主而以家与私为从。这是传统中国的道德律，亦是传统的家国一体国家观中，政治道德化的核心。此外，家国一体国家观将家庭观结构中的父慈子孝，上升转化为君仁臣忠，从而形成忠孝一体但以孝为本以忠为上的家国一体，以家为本以国为上的两元主从式多样化的构成。以上这些既是家国同构同理的体现，又是家国一体国家观中政治道德化的表现。

（二）家国关系的表现

1. 血缘："家国同构"的基本依托点

从历史与逻辑统一的观点出发，随着社会生产力的提高，出现的剩余产品逐渐掌握在一部分人手里，经济地位的不同导致了阶级对立的出现，标志国家特征的"公共权力"逐渐独立和上移到某个或某几个统治集团，而这几个集团既是行政组织又是通过血缘关系组织起来的"大家族"。此后虽历经漫长的社会发展，但血缘关系在政治中仍起着重要作用，否则无法说明宗法制何以久盛不衰，也无法理解血亲集团的统治何以朝朝代代因循而不败。同时，家庭也是建立在血缘纽带基础上的"亲亲"组织，可见，血缘是家国同构关系的基本依托点，肯定家和血缘的重要性是伦理政治的客观需要。

2. 忠孝："家国同构"在伦理层面的结合

抽掉家国同构的外壳形式，其实质是忠孝一体，这是儒家学说的一贯主张。《礼记·祭统》说："忠臣以事君，孝子以事其亲，其本也"。孔子也说："孝慈则忠"。《孝经》更是直接移忠于孝："君子之事亲孝，故忠可移于君"。另外，孟子将人们的社会关系概括为五伦，他说："圣人有忧之，使契为司徒，教以人伦，父子有亲，君臣有义，夫妇有别，长幼有序，朋友有信。"这里最值得注意的是"五伦"首列父子、君臣，包含着这样的含义：第一，父子关系为家庭血缘关系之首，这是以父权制的存在为基础的；君臣关系为政治关系之道，这是以政治等级制的存在为基础的。第二，封建社会家国是同构关系，父子君臣也是一种同构关系，孟子"父子有亲"后紧跟"君臣有义"，正是这种同构关系的表现。孟子虽然没有直接提及忠、孝，但实质仍是围绕忠和孝及其关系展开的。在封建社会，家的价值体系是以孝为首的，而“国”的价值体系则是以忠为首的。所以，先秦思想家在论述“忠孝一体”“移忠于孝”的思想时，并非完全站在统治阶级一边，出于形而下的利益动机，也并非思维跳跃，天马行空，而是有其实实在在的伦理基础。另外，说“忠孝一体”是“家国同构”在伦理层面的结合还有其内在逻辑的合理性。第一，孝和忠虽然具体内涵及表现形式有所不同，但都是维护封建专制主义的伦理基础，都属于礼的范畴。而礼的本质是等级性，这是没有问题的，所以两者在等级性上具有相通点。第二，两者又都属于道德范畴。在古代社会，道德具有统摄一切的宰制性文化权威，处于特别重要的地位，在它的视野包进了政治，即政治伦理化，国家变成了伦理单位。可见，两者又具有同源性，即忠虽然作为一种政治关系，但它也是被包涉在伦理关系中的。通过以上在伦理层面和逻辑合理性层面的分析可知，“家国同构”关系的实质是忠孝关系，也即忠孝是“家国同构”在伦理层面的结合。

3. 私情公理相互为用

从各个古代亲属称谓的含义，可以了解到古代的家与国是一种家国同构的模式。结构上，家庭内的家长与家人对应国家内的君主与臣民，家庭遵循的家礼对应国家的国法。秩序上，家礼与国法都是礼的产物，家礼从个人出发，以家为范围，重在孝。国法中的礼主要从社会出发，以国为范围，在强调孝的同时重在忠，其规范表现出强烈的国家政治色彩。它所遵循的宗法伦理不是家礼中宗法血缘伦理的简单复制，而是一种拟制，可谓之宗法政治伦理。

传统中国的法秩序与社会结构一致。传统中国是乡土社会，其基本结构是家庭与家族、村落与乡镇、国家与社会，其中家法族规对应于家庭与家族，乡规民约对应于村落与乡镇小社会，帮规行规等对应于村落以外城镇社会上的各行各业，国法对应于基本面上的国家与社会。这样一来，从家法到国法形成一条秩序链，家法是这条秩序链中最下端的血缘法，国法是从家法演变而来又居于这条秩序链中最上端的地域法。同时，由于从家法到国法意味着秩序位阶、法律效力的上升和国家色彩的增强，因此，乡规民约、帮规行规等，在传统中国社会秩序的构成中所扮演的角色，既有民间的自治性，同时亦逃脱不了为官方和准官方所关注以至被操控的命运，即主从的关系。

乡约不在国法层面的“礼法之治”范畴内，但由于官办、官督民办或民办官认一类的乡约，获有官方不同程度的支持或认可，等于获得了某种合法性的授权，从而与国法有所联系，具有准法律的性质，这是乡约约束力的合法性来源和依据。因此，乡约中的一些实体和程序规则以及处罚措施不只类于国法，也有为官方所默认的强制力。

在家族内部遵循家礼、国家遵循国法，这必然使得内外对于纠纷矛盾的解决不完全相同。家族内部存在家族司法、宗族调解的纠纷解决。国家存在国法司法官府调处。国法所禁必为族法所止，但国家司法与家族司法对同一行为的处罚程度有轻重之别，以国法处罚程度为基准，家族司法在对具体行为处罚时表现出“轻其所重，重其所轻”的特点，国家法律的目的是维持中央及地方秩序，而家法的目的是维持家庭秩序。宗族的稳定是社会稳定的基础，维护社会的稳定与发展，是统治者的共同目标。在宗族家庭内部通过宗族调解以缓和协商的方式，将宗族矛盾化解在基层。其适应于统治者的需要，在不破坏宗族和谐关系的基础上又妥善解决了纠纷。因此在家庭亲属之间发生纠纷时，存在着公权益与私权益之间的利益平衡，即存在着多种行之有效的亲属纠纷解决机制。

第二章　中国古代婚姻制度

婚姻是人类存在的根本，是人类社会历史发展中的一个重要方面。在中西方的史料中都可找到有关婚姻的记载和论述。中国传统婚姻制度在唐定型之后，由于社会、家庭、个人等变化，为使婚姻家庭制度适应社会发展的需要，传统婚姻婚制度的内在结构并非一成不变，而是不断地调整。唐代主要是维护宗族伦理，宋代以后，土地私有制逐步发展，家庭生产变得重要起来，家庭规模变小，家庭中夫妻关系被重视，妇女的地位得到提升，“对妇女在家庭义务上的要求逐渐从重妇职过渡到重妻职”。①

第一节　婚姻关系的缔结

有男女，然后有夫妇。夫妇是男女成立婚姻关系的结果。而婚姻关系的成立要经过一定程序，遵循一定的礼。婚姻之礼，所以明男女之别也，“昏姻之礼废，则夫妇之道苦，而淫辟之罪多矣，”②婚姻之礼，直接影响婚后的夫妇之道。

---

① 杜芳琴：《女性观念的衍变》，河南人民出版社 1988 年版，第 163 页。

② 陈戍国：《四书五经》上册，岳麓书社 2014 年点校本，第 618 页。

一、婚姻缔结原则

古代人认为,婚姻的目的是“合二姓之好,上以事宗庙,而下以继后世”①,“大婚,万世之嗣也”,“内以治宗庙之礼,足以配天地之神明”。② 婚姻使两个家族之间和睦相处,进而维护社会的稳定和国家的长治久安。古代婚姻的主体与其说是男女当事人,不如说是双方的家长,“中国的婚姻从观念形态到制度设计,从婚姻生活到价值取向都是宗法性的”。③

(一)同姓不婚

同姓不婚,指禁止姓同样的姓的男女之间通婚④。除了伦常的关系外,还有生物学上的理由。“男女同姓,其生不蕃”。⑤ 古人都相信同姓的结合对于子孙是有害处的,这样的结合,后代不会繁殖,甚至还有灾疾的危险。⑥

婚姻本是“合二姓之好”。早在西周时期“同姓不婚”就已存在,“男女同姓,其生不蕃”,“男女辨姓,礼之大司”,“内官不及同姓,其生不殖”,“娶妻避其同姓”等,是“同姓不婚”的最早记载。

唐律明确规定同姓不得为婚,违者“徒二年”,同姓又同宗者,“依《杂律》奸条科罪”。⑦ 宋代沿袭唐代。

元代前期对于同姓为婚也是禁止的,《元典章》有“同姓不得为婚”之规定,“截自至元八年正月二十五日为始,已前者准已婚为定,已后者依

① 陈成国:《四书五经》上册,岳麓书社 2014 年点校本,第 665 页。

② 陈成国:《四书五经》上册,岳麓书社 2014 年点校本,第 619 页。

③ 金眉:《唐代婚姻家庭继承法研究——兼与西方法比较》,中国政法大学出版社 2009 年版,第 1 页。

④ “同姓”的含义,参见[日]滋贺秀三:《中国家族法原理》,张建国、李力译,法律出版社 2003 年版,第 23—25 页。

⑤ (战国)左丘明:《左传》,(西晋)杜预注,上海古籍出版社 2016 年版,第 209 页。

⑥ 瞿同祖:《中国法律与社会》,商务印书馆 2017 年版,第 104 页。

⑦ 《唐律疏议》,刘俊文点校,法律出版社 1999 年版,第 285 页。

法断罪，听离之”①。但至元二十五年，仅仅规定“从今后同姓为妻夫的每，教禁约者，不禁约呵，似回回家体例有”。② 元代后期，至治二年规定，同姓为婚，不仅“离异，元下财钱没官”，还要对有关人员予以刑事处罚，“主婚之人，各笞肆拾柒下”“媒人量笞贰拾柒下”。③

对于同姓之间，又有亲属关系的人为婚或私通则加重处罚。元仁宗帝时，下令禁止荅失蛮、回回、主吾人等，叔伯成亲，但直至后至元六年，“荅失蛮、回回、主吾人等，仍于叔伯自相成亲”，所以，御史台要求禁止。至元六年十一月，刑部同礼部认为，“夫妇乃人伦之本。兄弟实骨肉之亲，同姓尚不为婚，叔伯岂容配偶?”规定“今后似此成婚者，合比同姓为婚例，加贰等，各杖陆拾柒下，并令离异。婚合人等，笞肆拾柒下”。④ 至大元年，湖州路程开八与五服外族侄女孙通，“虽系服外，终是同姓，量拟加等，各杖九十七下”。⑤

在实践中，并非只要是同姓为婚就加以惩处，也有例外情形。如年幼时过房于其他姓氏，达到婚龄之后，与其原来之姓婚配，则与“明知同姓为婚者不同”。蔡福奴本来是蔡大亲生女儿，但蔡大夫妇在蔡福奴年幼之时离世。蔡福奴的兄长蔡广仔无力养赡，便在至元二十八年，将伊过房给曹机察为女，并改名曹福奴。元贞元年曹机察主婚聘与蔡福为妻。至大二年，蔡福的邻居陈良状告其“娶蔡大女广娘为妻，即系同姓为婚”。礼部认为，蔡福当初订婚时，凭媒写立婚书，是求娶曹机察女广娘为妻，“经今一十三年，因邻人陈良告发，其广娘自供身本姓蔡，乃曹氏乞养之女，中间情节瞒昧可疑。况本妇已有所出男女四人，比之明知同姓为婚者

---

① 《元典章》，陈高华等点校，中华书局、天津古籍出版社 2011 年版，第 614 页。

② 《元典章》，陈高华等点校，中华书局、天津古籍出版社 2011 年版，第 627 页。

③ 韩国学中央研究院编：《至正条格（校注本）》，韩国城南影印元刊本，2007 年，第 243 页。

④ 韩国学中央研究院编：《至正条格（校注本）》，韩国城南影印元刊本，2007 年，第 243—244 页。

⑤ 黄时鉴：《元代法律资料辑存》，浙江古籍出版社 1988 年版，第 189 页。

不同，合准已婚为定”。①

明代规定，“凡同姓为婚者，各杖六十，离异”。② 为禁止管辖领域内的百姓同姓为婚，有的地方官员发布告示：近访得本县人民遵守理法者固有，欺公妄为者亦多，中间有同姓而为婚姻者，有匹配而不改正者，邻里串通不举，地方容忍不呈，非惟坏俗伤风，抑且违条犯法。若不禁约，深为未便。为此合出告示，发去人烟凑集之处，张挂晓谕。前项之徒各要遵守法律改正，敢有故犯，事发拿问。臣罪离异，追悔莫及，里邻不举连坐，以罪不恕。③

清代承袭明代，规定“同姓为婚者，（主婚与男女）各杖六十，离异。（妇女归宗，财礼入官）”④。在“同姓为婚”律目中有小注“礼不娶同姓，所以厚别也”之文。根据律文，不管同宗与否，只要是“同姓”的通婚都为律所禁止。但在司法实践中，同姓不同宗的婚姻如何认定，地方官员和中央官员有不同的意见。如乾隆五十四年，同姓结婚案中，丈夫将妻伤身死，地方官按同姓不婚律，将该夫妇以凡人冲突定罪，后被中央刑部纠正：此案唐化经婚娶同姓不宗之唐氏为妻，业经生有子女，夫妻名分已定，今因口角争殴，致死唐氏，按例应仍照殴妻至死本律科断，乃该抚因其同姓为婚，律应离异，即略其夫妻名分，以凡人斗杀问拟，应将唐化经改依夫殴妻至死律拟绞监候，并请通行各省一体遵照。⑤

禁止同姓为婚的规定到清后期有了变化，《大清律例汇辑便览》有小注云：“同姓者重在同宗，如非同宗，当援情定罪，不必拘文”。“同宗”，就是来自同一宗族的成员，或共祖成员。同宗之中，又有同宗有服之人（未

① 《元典章》，陈高华等点校，中华书局、天津古籍出版社 2011 年版，第 2126—2127 页。

② 《大明律》，怀效锋点校，法律出版社 1999 年版，第 62 页。

③ 杨一凡、王旭编：《古代榜文告示汇存》第二册，社会科学文献出版社 2006 年版，第 135—136 页。

④ 《大清律例》，田涛、郑秦点校，法律出版社 1999 年版，第 208 页。

⑤ 祝庆祺等编：《刑案汇览》，北京古籍出版社 2004 年版，第 1450 页。

出五服)与同宗无服(已出五服)之分。① 清代山西平定州刘氏的《敦睦五禁》,虽然有禁止同姓为婚的规定,但只是一般性地禁止同姓论婚,如果确是同姓不宗,则可允许。②

在民间,同姓为婚作为陋俗而存在。清人赵翼在《檐曝杂记》中的"甘省陋俗"条记载:"甘省多男少女,故男女之事颇阔略。兄死妻嫂,弟死妻其妇,比比皆是。同姓唯同祖以下不婚,过此则不论也。"③清朝光宣年间,直隶各县,向有同姓结婚之事,"此种习惯行之既久,已为社会上普通之惯例,然皆以不同宗为制限条件……此种习惯,不仅直隶一省为然,即长江以北省份,亦多如是也"。④

相对于同姓不婚,同宗不婚的内在约束要强。它成为禁婚的底线,民间为此特意制定规则者反而较少。从风俗惯习方面看,清末民初,直隶各县,虽向有同姓结婚者,但却不敢突破同宗限制。⑤ 明清对同宗为婚者惩治很严厉。明律规定:凡娶同宗无服之亲,各杖一百。清律规定:娶同宗五服亲者杖一百,娶缌麻以上亲,各以奸论,处徒至绞、斩刑。清末《大清民律草案》规定:同宗者不得结婚。⑥

事实上,由于姓氏在遗传继承的过程中,发生了许多变异,同姓未必同族,因此所谓的"同姓不婚"就渐失本意。⑦ 但为了慎重起见,"今之宗传虽别,始之渊源或同,故礼不娶同姓",⑧法律也概括性地禁止同姓为婚。但是,到了清代,"同姓"已经渐失其本意,对于同姓不同宗的婚姻无

① 王跃生:《从同姓不婚、同宗不婚到近亲不婚》,《社会科学》2012 年第 7 期。
② 嘉庆平定《刘氏族谱 · 敦睦五禁》不分卷。
③ (清)赵翼:《檐曝杂记》,中华书局 1982 年版,第 76 页。
④ 南京国民政府司法行政部编:《民事习惯调查报告录》(下册),中国政法大学出版社 2000 年版,第 759 页。
⑤ 王跃生:《从同姓不婚、同宗不婚到近亲不婚》,《社会科学》2012 年第 7 期。
⑥ 《大清民律草案》,杨立新点校,吉林人民出版社 2002 年版,第 171 页。
⑦ 闫晓君:《姓氏文化与古代法律》,林明、马建红主编:《中国历史上的法律制度变迁与社会进步》,山东大学出版社 2005 年版,第 487 页。
⑧ 沈之奇:《大清律辑注》,怀效锋、李俊点校,法律出版社 2000 年版,第 266 页。

禁止之必要，因此，清末变法修律时，沈家本上奏《删除同姓为婚律议》：“以古义而论，当以同宗为断，而以《唐律》为范围。凡受氏殊者，并不在禁限。娶亲属妻妾律内既已有同宗无服之文，则同姓为婚一条，即在应删之列，正不必拘文牵义，游移两可也。”[①]清末所定《大清民律草案》删除了同姓不婚律条。

（二）一夫一妻

一夫一妻制，指一男一女结为夫妻的婚姻和家庭形式。与之相对应的是一夫多妻或一妻多夫制，它是原始社会后期，社会生产日益发展，社会财富有所增加，出现了社会分工的结果。[②]

中国先秦时将夫妇比喻为天地，如《礼记·中庸》云：“君子之道，造端乎夫妇，及其至也，察乎天地。”又将夫妻比作日月，如《礼器》云：“大明生于东，月生于西，此阴阳之分，夫妇之位也。”这些论断说明正式的夫妇是以一男一女为标准的。

一夫一妻制，立法依据除了重夫妇之义外，还有宗法制度的需要。西周吸取殷商的教训，确立了嫡长子继承原则，即“立嫡以长不以贤，立子以贵不以长”，严格区分嫡庶与长幼。为了维护以嫡长子继承制为核心的宗法家庭的内部秩序，一夫如有两个以上正妻，则无法确定哪个妻子的儿子为嫡长子，势必造成家庭内部关系的紊乱。为维护一夫一妻制，禁止有妻更娶。

有妻更娶，指有正妻再娶妻的行为。传统法规定男子可以多妾，但正妻只能一个，只承认原配。当然，妻死或离异，婚姻关系终了或撤销时，可以另为婚姻。其他情形下再娶妻，则予以刑事处罚。如《二年律令·亡律》规定，娶人妻以为妻，娶者和被娶者，以及为媒者，如果知道真实情

① 沈家本：《历代刑法考》，邓经元、骈宇骞点校，中华书局1985年版，第2051页。
② 庄华峰：《中国社会生活史》，合肥工业大学出版社2014年版，第134页。

形,“皆黥以为城旦舂”。[①] 张家山汉简《奏谳书》也有“夫生而自嫁,及取(娶)者,皆黥城旦舂”之文。[②] 娶人妻、夫生而自嫁,都违背了一夫一妻的原则,是法律处罚的行为。唐律规定,有妻更娶者,徒一年,女家减一等。若欺妄而娶者,徒一年半;女家不坐,各离之。[③] 宋律沿袭唐律。

元代后期的法典《至正条格·断例·户婚》有“有妻更娶”的规定:大德七年八月,江南湖广道奉使宣抚呈:“万户李庆瑞,见有妻妾参人,又与阿刘女作养老女婿。拟肆拾柒下,离异,标附。”都省准拟。大德八年的规定,在元后期归入到断例之中,可看出元代前期、后期都是禁止“有妻更娶”的。不过,其处罚轻于唐宋。有妻更娶,除了予以杖四十七刑事处罚之外,即使“会赦,犹离之”。这是为了维护正妻的地位。在特殊情形下,如果后娶者已经有了子女,可根据其意愿,成为妾。如州县人民有的年到了四十,还没有儿子,“欲图继嗣,再娶妻室”,根据法律应当离异,但有的后妻“已有所生”,至元十年正月,陕西按察司建议“合无断罪,听改为妾”。户部议得:有妻更娶,委自愿者,听改为妾。今后若有求娶妾者,许令明立婚书。都省准拟。[④] 男子在40岁还没有儿子的,不能再娶妻,但可以“明立婚书”后娶妾。这为明律所继承。

明清律中,没有“有妻更娶”之目,而是将唐律的“有妻更娶”“以妾为妻”两目合并为“妻妾失序”一目。明律规定,如果有妻更娶者,杖九十,离异。其民年四十以上无子者,方许娶妾。违者,笞四十。顺治三年律沿袭明律,并加入小注。乾隆五年,律例馆进呈时,遵旨删去“其民年四十以上无子者,方许娶妾。违者,笞四十”之文。明清律对有妻更娶的处罚是杖九十,与唐宋的徒一年相比,处罚较轻。

---

① 张家山二四七号汉墓竹简整理小组:《张家山汉墓竹简(二四七号墓)》(释文修订本),文物出版社2006年版,第31页。

② 张家山二四七号汉墓竹简整理小组:《张家山汉墓竹简(二四七号墓)》(释文修订本),文物出版社2006年版,第108页。

③ 《唐律疏议》,刘俊文点校,法律出版社1999年版,第278页。

④ 方龄贵:《通制条格校注》,中华书局2001年版,第163页。

有妻更娶，会导致并耦匹嫡，即在同一时间又有一妻，双妻并嫡，这乱了礼法，也有违正义，所以要处罚。清高宗时，禁止立异姓为后，又令昭穆伦序相当，结果出现了无子可立的情形，就令一子兼承两房之嗣。由于一夫只能有一个妻子，即使独子承祧两房，也应只娶嫡妻一人，不能亲生父母和嗣父母都为之娶妻。如果各为娶妻，在法律上是违反规定的，但在司法实践中，如果是希冀生子孙延嗣，官府并不照有妻更娶离异。只是"礼无二嫡，后娶之妻，应以妾论"。民间百姓常常误以为承祧两房之人所娶都是嫡妻，所以将女儿许配。根据礼，要先正名分，不能使嫡庶不分。但考虑到人情，国法本乎人情，所以，不再断令离异，有犯以妾论处，以期情法兼顾。当然，如果非独子承祧两房者，概不得援照办理。如道光十三年，张善恕娶妻陈氏尚未生子，由于其孀居兄妻王氏丈夫死去没有后嗣，希望张善恕早生儿子，可以继立为嗣，就由涂德为媒，为张善恕再娶刘氏为妻。刑部认为，虽系伊嫂凭媒代为娶给，"究非独子承祧两房者可比，按律仍应离异"。①

后娶之妇在未离之前的法律地位如何？根据唐律，后娶之妻，"本不成妻"，在没有离异之前，其与夫内外亲戚相犯，根据理法，"止同凡人之坐"。② 但清律律文中没有明确规定如何处罚，但例文规定，与其夫及夫之亲属有犯，如系先奸后娶，或私自苟合或知情买休，虽有媒妁婚书，均依凡人科断。如果只是同姓及尊卑良贱为婚，或居丧嫁娶或有妻更娶，实际是明媒正娶的，虽然法律规定应当离异，但是，有犯仍按服制定拟。根据礼，不能有两个嫡妻，有妻更娶固然应当离异，但在结婚时，以礼为婚，在名分上则是已定，所以后娶之妻与其夫及夫之亲属互犯杀伤，有尊卑服制的，仍按服制论罪。如嘉庆年间何玩月儿砍死后娶之妻周氏一案。刑部认为，周氏是良家之女，明媒正娶，又有财礼婚书，应当按服制定罪，将何

---

① 祝庆祺等编:《刑案汇览》，北京古籍出版社 2004 年版，第 332—333 页。

② 《唐律疏议》，刘俊文点校，法律出版社 1999 年版，第 278 页。

玩月儿科以夫殴妻至死之罪。①

（三）**父母之命，媒妁之言**

传统中国，结婚是人生仪礼中的大礼。但是，由于结婚是为了家族和血统的延续，父母为尊，无后为大，婚姻双方当事人没有自主决定婚姻的自由。婚姻必须尊奉“父母之命”。这是儒家婚姻嫁娶礼仪中最基本的要求，是巩固宗族制最基本的手段。“父母之命”，指由父母决定子女的婚姻，若父母双亡，由族中长者或兄长决定。

遵守“父母之命”，早在《诗经》中就有记载：“娶妻如何？必告父母。”不告父母，则被世人轻视。《白虎通疏证》曰：“孟子滕文公云：丈夫生而愿为之有室，女子生而愿为之有家，父母之心，人皆有之。不待父母之命，媒妁之言，钻穴隙相窥，逾墙相从，则父母国人皆贱之。”孟子认为只有“父母之命，媒妁之言”的婚姻才是正式的婚姻，对自由结合的婚姻持鄙视的态度，这从理论上奠定了基础。

在宗法制度下，家长为家族尊长，多为父母。子女婚姻，从父母之命。唐律确定父母的主婚权。唐律规定：“诸卑幼在外，尊长后为定婚，而卑幼自娶妻，已成者，婚如法；未成者，从尊长，违者杖一百。”又规定“诸嫁娶违律，祖父母、父母主婚者，独坐主婚”。② 元代法律规定：“嫁女皆由祖父母、父母，父亡随母婚嫁”③。明令规定，凡嫁娶，皆由祖父母父母主婚；祖父母、父母俱无者，从余亲主婚。④ 在婚姻缔结中，“父母之命”的支配地位，一直延续到清朝末年。

缔结婚姻，除了“父母之命”外，还有“媒妁之言”。陈顾远解释“媒妁”的含义为：“媒之为言，谋也，谋合异类使和成者，于是谋合二姓以成

① 祝庆祺等编：《刑案汇览》，北京古籍出版社 2004 年版，第 1458 页。
② 《唐律疏议》，刘俊文点校，法律出版社 1999 年版，第 296 页。
③ 方龄贵：《通制条格校注》，中华书局 2001 年版，第 153 页。
④ 《大明律》附《大明令》，怀效锋点校，法律出版社 1999 年版，第 241 页。

婚媾，亦曰媒。妁之为言，亦谋也，又酌也，斟酌二姓也。”①“媒”有“谋”的意思，“妁”有“酌”的含义，“媒妁”即斟酌谋合或说合。在传统中国，有媒妁之言，婚姻才是符合礼法的。明媒正娶是女子成为妻的必需条件。没有经过媒人，其婚姻不被承认。《史记·田敬仲完世家》记载了太史敫对其女不经媒人而嫁的愤怒之语：“女不取媒，因自嫁，非吾种也。污吾世，终身不睹。”②

媒妁风俗制度最早在西周初年已经形成。《诗经》云：“取妻如之何？匪媒不得。”《坊记》云：“男女无媒不交。”《礼记·曲礼上》：“男女非有行媒，不相知名。”宋高承《事物纪原》卷九，郑康成曰：“媒之言谋也，谋合异类使和成者。凡嫁娶之道，必由媒妁。自太昊制昏礼，则判合之义，当有所由，便应有媒矣。至周始置媒氏之官也。”

周时就设置了媒官。此时的媒官是“掌万民之判”。三国时，官府设置的媒官，主管男女嫁娶之事，如《三国志》云：“为设媒官，始知嫁娶。”元代《元典章》也说，媒妁由地方长老，保送信实妇人，充官为籍，这些皆被称为官媒。

唐代将“媒妁之言”纳入律中规定。《唐律疏议·名例》“嫁娶有媒”，《唐律疏议·户婚》“为婚妄冒”条的疏文中有“为婚之法，必有行媒”之语。通过“行媒”了解对方的情况，缔结婚姻。男方无媒不得娶妻，女方无媒不得嫁人。这样，媒妁之言在礼和法中都有规定，婚姻不合礼、不合法，媒人则承担责任。《唐律疏议》规定，嫁娶违律，媒人比首犯减二等治罪。《唐律疏义》载：“父母丧内，为应嫁娶人媒合，以不应为重，杖八十，夫丧从轻。合笞四十。”宋律承袭了唐律的规定，媒人同主婚人一样承担刑事责任。元代规定，媒人要“通晓不应成婚之例”。③ 明清律也规

① 陈顾远：《中国婚姻史》，商务印书馆 2017 年版，第 115 页。
② 《史记》卷 46《田敬仲完世家》，中华书局 1959 年标点本，第 1901 页。
③ 韩国学中央研究院编：《至正条格（校注本）》，韩国城南影印元刊本，2007 年版，第 137 页。

定媒人承担法律责任。《大清律例》“嫁娶违律主婚媒人罪”条，清律注曰：凡嫁娶违律，媒人知情者，“照犯人之为首者，减一等，若犯人至死应减流者，媒人即减为徒。犯人应减五等者，媒人通减六等也”。[①]

“父母之命”，是社会婚姻，不是男女双方个人之事，婚姻的目的是完成伦常义务。“媒妁之言”，婚姻通过“媒妁”，将男方与女方联接，是通过这一形式，才符合道德和法律的规定，得到社会的认可。由“父母之命”，再经“媒妁之言”，确立了婚姻关系。缔结婚姻时，父母之命和媒妁之言同等重要。违反礼法的婚姻，当事人不承担责任，而是由父母和媒人承担，“盖媒妁传言于前，父母决定于后，堪称为婚姻意思者此耳。男女既置身于缔婚订约以外，关于婚姻责任遂往往由父母或其他主婚人与媒妁人负之，亦当然之结果也”。[②] 在违律为婚时，父母的法律责任要重于媒人。至于原因，当与父权制有关，婚姻的实质决定权在于“父母”，而不在“媒妁”。

二、婚姻关系成立

（一）结婚年龄、聘财

1. 结婚年龄

结婚年龄，不同时期有不同的规定。一般认为，结婚的最低年龄也就是成人的年龄。《礼记》记载，男子二十冠而字，女子十五而笄。冠礼和笄礼是男女成年的标志，也就是到了可以成婚的年龄。汉代之前，婚姻年龄是不稳定的。到了汉代，人们的婚姻年龄逐渐稳定。据《汉书》记载，公元前189年，颁布诏书，规定“女子年十五以上至三十不嫁，五算”。[③] 但瞿同祖先生认为，汉代大多数女子都是在十三岁到十六岁之间结婚

---

① 沈之奇：《大清律辑注》，怀效锋、李俊点校，法律出版社2000年版，第293页。
② 陈顾远：《中国婚姻史》，商务印书馆2017年版，第111页。
③ 《汉书》卷2《惠帝纪》，中华书局1964年标点本，第91页。

的。[1] 彭卫认为,汉代男子和女子的初婚年龄分别是14岁到18岁,以及13岁、14岁至16岁、17岁。[2]

晋武帝时规定,“女年十七父母不嫁者,使长吏配之”。[3] 可见,女子最迟结婚年龄是17岁。如果超过十七岁还不出嫁,则由地方官员强制出嫁。北齐时规定,杂户中“女二十以下,十四岁以上未嫁,悉集省,隐匿者家长处死”。[4]

北周时,建德三年下诏规定:“男年十五,女年十三以上,爰及鳏寡,所在军民,以时嫁娶”。唐开元二十二年,“诏男十五、女十三以上得嫁娶”。[5] 宋代敕令规定:“在法,男年十五,女年十三以上,并听婚嫁。”[6]对于这一法定年龄,有的家族并未遵守,如朱熹《家礼》中所见男婚龄“年十六至三十”,女子是“年十四至二十”。[7] 就最低年龄来说,比敕令的规定延迟一岁。

元代并没有明确规定结婚的年龄,但至元八年规定,定婚之后,“若女年十五以上,无故五年不成”,可以离异另嫁。可见女子最低结婚年龄为15岁。元代禁止男女出生之前,由双方家长指腹割襟为婚。《元史·刑法志》:“诸男女议婚,有以指腹割襟为定者,禁之。”

明代,明太祖洪武三年规定,“男年十六,女年十四岁以上”,并听婚娶。《大明令》规定:“凡男女婚姻,各有其时,或有指腹割衫襟为亲者,并行禁止。”“各有其时”,也就是男女结婚,必须男年满十六岁,女年满十四岁。禁止违反此年龄规定的“指腹割衫襟”习俗。

清代的法定结婚年龄,入关之前规定女子年满十二岁可以出嫁。入

---

① 瞿同祖:《汉代社会结构》,上海人民出版社2007年版,第41页。

② 彭卫:《汉代婚姻形态》,三秦出版社1988年版,第10页。

③ 《晋书》卷3《武帝纪》,中华书局1974年标点本,第63页。

④ 《北齐书》卷8《后主纪》,中华书局1972年标点本,第109页。

⑤ 《新唐书》卷51《食货志》,中华书局1975年标点本,第1345页。

⑥ 《名公书判清明集》,中华书局1987年版,第217页。

⑦ 《朱熹家礼》,《朱子全书》本。

关之后，受汉族影响，同明代的规定相同。《大清通礼》规定，男年满十六岁，女年满十四岁。

婚姻年龄的规定，应考虑生殖和抚育子女两个因素。男女年龄过低，其身体尚未发育成熟，生育子女，对父母及子女的身体健康都是不利的。结婚生了子女后，还要抚育成人，较低年龄，心理、思想还不成熟，难以胜任父母之责。早在汉时，王吉指出，“夫妇，人伦大纲，夭寿之萌也。世俗嫁娶太早，未知为人父母之道而有子，是以教化不明而民多夭。”①

2. 聘财

交付聘财是传统中国婚姻的一种习俗，其仅限于“聘娶婚”。“聘娶婚者，男子以聘之程序而娶，女子因聘之方式而嫁之谓也。所谓聘者，其主要事件，第一须有媒妁之言，故有以媒妁婚名之者；第二须有父母之命，故有以赠与婚拟之者；第三须有聘约，故又有相约婚称之者”。② 交付聘财，在唐时纳入律中。唐律文本中多为“娉财”。唐以后“娉财”为“聘财”所取代。

（1）聘财数额

聘财是缔结婚姻中的一个重要内容。《礼记·内则》云：“聘则为妻，奔则为妾”。③ “非受币，不交不亲”。④ 瞿同祖先生认为：“妾是买来的，根本不能行婚姻之礼，不能具备婚姻的种种仪式。”⑤然而，彭卫则认为，在汉代，无论娶“小妻”“下妻”“旁妻”抑或纳妾，都需有送聘财的过程。⑥聘财是婚姻“六礼”中的“纳征”。据《礼记·昏义》“纳征者，纳聘财也”，“先纳聘财而后婚成”。“纳征”又称“纳币”，因所纳之物一般是财币。

“纳征”在先秦时已成为常礼。魏晋时期，由于不同阶层的联姻，高

① 《汉书》卷72《王吉传》，中华书局1964年标点本，第3064页。
② 陈顾远：《中国婚姻史》，商务印书馆2017年版，第71—72页。
③ 孔颖达疏：《礼记正义》，郑玄注，北京大学出版社1999年版，第871页。
④ 孔颖达疏：《礼记正义》，郑玄注，北京大学出版社1999年版，第51页。
⑤ 瞿同祖：《中国法律与中国社会》，商务印书馆2017年版，第156—157页。
⑥ 彭卫：《汉代婚姻形态》，三秦出版社1988年版，第214—215页。

额聘财成为平衡社会地位差异的一种方法。聘财在婚姻中特别重要，晋“崇嫁娶之要，一以下娉为正，不理私约”。① 至于聘财的数额，“魏、齐之时，婚嫁多以财币相尚，盖其始高门与卑族为婚，利其所有，财贿纷遗，其后遂成风俗”。② 南北朝时“卖女纳财，买妇输绢，比量父祖，计较锱铢，责多还少”。③

唐代将原属于礼的聘财纳入律中，进行规范调整，将其作为婚姻成立的一种条件。“婚礼，先以聘财为信”，聘财不限多少，“即受一尺以上，并不得悔”。④ 律中强调的是其对婚姻的约束力，并未规定聘财的多少。但是，唐代前期，沿袭了以往朝代重聘财的习俗，“每嫁女他族，必广索聘财，以多为贵”。⑤ 为限制官员嫁女所取高额聘财，唐高宗颁发诏令：“自今以后，天下嫁女受财，三品已上之家，不得过绢三百匹，四品五品，不得过二百匹，六品七品，不得过一百匹，八品以下，不得过五十匹，皆充所嫁女赀妆等用。”⑥但是，此诏令本是限制官员，其结果却引发民间对高聘财的追求。唐代中后期，士族衰落，聘财在婚姻中的地位下降。加之唐代中后期科举制的兴起，唐代婚姻从重聘财到重嫁妆。

《宋刑统》在聘财的规定上沿袭《唐律疏议》。但是，宋代厚嫁之风更盛，“嫁女费用要多于娶妇”，“贫困家庭女子出嫁比之男子娶妇更加困难”。⑦

元代多次立法对聘财的数额、返还等做出法律规定。元世祖至元六年三月，中书省户部明确规定，只要婚姻议定，应当写立婚书文约，“明白该写元议聘财钱物”。⑧

---

① 《晋书》卷30《刑法志》，中华书局1974年标点本，第927页。
② 赵翼：《廿二史札记校证》，中华书局1984年版，第317页。
③ 王利器：《颜氏家训集》，上海古籍出版社1980年版，第64页。
④ 《唐律疏议》，刘俊文点校，法律出版社1999年版，第277页。
⑤ 吴兢：《贞观政要》，上海古籍出版社1978年版，第226页。
⑥ 王溥：《唐会要》，中华书局1955年版，第1528—1529页。
⑦ 方建新：《宋代婚姻论财》，《历史研究》1986年第3期。
⑧ 《元典章》，陈高华等点校，中华书局、天津古籍出版社2011年版，第613页。

此时官府并未明确规定聘财的数额，在议定婚姻时有时出现“妄增财币”的现象。至元八年二月，中书省“定民间嫁娶婚姻聘财”。民间的聘财，贵贱有差，并具体规定了不同等级的人员聘财的固定数额。《嫁娶聘财体例规定》：“婚姻聘财，表里头面诸物在内，并以元宝钞为则，以财畜折充者，听。若和同，不拘此例。品官：一品、二品，五百贯，三品，四百贯，四品、五品，三百贯，六品、七品，二百贯，八品、九品，一百二十贯；庶人：上户，一百贯，中户，五十贯，下户，二十贯。”①

此聘例，在实践中并没多大实效。原因在于：其一，虽然规定了具体的数额，但同时规定“若和同，不拘此例”，那么聘财数额即使少于或超过法定的数额，婚姻双方只要同意，官府亦不干涉，所以，在制定之日“民已不从”；其二，物价上涨，通货膨胀。胡祗遹指出，“立格之年，绢一匹直钞一贯，今即绢一匹直八贯，他物类皆长价八九倍十倍”。②

现实中，重聘之风盛行，有的“倾资破产，不能成礼，甚则争讼不已，以致嫁娶失时”。大德八年，元代再次规定民间聘财等第，民间聘财，以男家为主，愿减者听。具体标准为：“上户：金壹两，银伍两，彩缎陆表里，杂用绢肆拾匹；中户：金伍钱，银肆两，彩缎肆表里，杂用绢叁拾匹；下户：银叁两，彩缎贰表里，杂用绢拾伍匹。”③此次聘财的规定仅适用于庶民，品官聘财另行定夺。“品官，一品、二品五百贯，三品四百贯，四品、五品三百贯，六品、七品二百贯，八品、九品一百二十贯”。④ 聘财的具体表现形式除了聘金外，还有缎、绢等实物。从数额上来看，元中期聘财比元初期增加了近十倍。⑤

元同唐相比有两个显著特点：一是聘财的数目超过唐代很多；二是聘财中金钱的变化。唐代聘礼主要是绢，元代除了绢外，还有金银。此变

① 《元典章》，陈高华等点校，中华书局、天津古籍出版社2011年版，第614页。
② （元）胡祗遹：《紫山大全集》卷22。
③ 方龄贵：《通制条格校注》，中华书局2001年版，第143—144页。
④ 《元典章》，陈高华等点校，中华书局、天津古籍出版社2011年版，第614页。
⑤ 王晓清：《元代社会婚姻形态》，武汉出版社2005年版，第49页。

化，反映了从唐到元聘礼质的变化，说明随着商品货币经济的发展，宋以后聘礼更加注重实际的经济价值，或直接用金银钱钞来计算。

清光绪年间，昌化一带，风俗日变，嫁女娶妻都追求奢侈，女方只管聘财多少，不管男方品德、才华，以致婚姻论财，“或百串或七八十串不等”，如果不如意，就百端阻挠，贫民娶妻很是艰难。昌化县令为改此陋习，酌定礼仪，出示晓谕：“自后，聘礼定为三则：始而纳采，以六串为率；既而问名，视女子年岁为限，一岁不过一串；至报星期，上户不过一十八串，中户不过十六串，下户不过十二串。永为定例。女家不得嫌礼仪之薄，男家不得责妆奁之微。”①

（2）特殊情形下聘财处理

聘财是议婚、定婚中的一项内容，按照正常程序，此后男方迎娶，女方过门，但如果女子定婚许嫁并未过门，男子下聘财后迎娶之前，发生了影响婚姻关系的事情，以及结婚之后，男方或女方原因导致婚姻的破裂，议婚时所下聘财的处理则因事而异：

1. 不还聘财

传统法律禁止良贱为婚。唐律规定：“诸与奴娶良人女为妻者，徒一年半；女家，减一等。离之。其奴自娶者，亦如之。主知情者，杖一百；因而上籍为婢者，流三千里。即妄以奴婢为良人，而与良人为夫妻者，徒二年。（奴婢自妄者，亦同。）各还正之。”②唐律还规定：“诸违律为婚，当条称离之、正之者，虽会赦，犹离之、正之。定而未成，亦是。娉财不追；女家妄冒者，追还。”意思是，如果男方知道双方等级不同，还是娶之，则聘财不追还男家。如果女家有妄冒行为，男方并不知情，则女方应返还聘财。除律外，唐令也有不还聘财的规定。仁井田陞《唐令拾遗》中关于聘财的令条：“三十二［唐代］不还聘财。”但是，并无具体内容，只是以“引据”

① （光绪）《昌化县志》卷11，光绪二十三年刻本。

② 《唐律疏议》，刘俊文点校，法律出版社1999年版，第293页。

“参考”的方式列举了存有此条的理由。[1] 可推测，唐令关于不还聘财的规定应较唐律细致。

元代规定了不还聘财的几种情形。其一，定婚后，男方如果悔亲，聘财不予返还；其二，除蒙古人外，定婚之后，女子年满十五岁，男方五年之内无故不迎娶，听离，不还聘财；其三，为婚已定，夫逃亡五年不还，听离，不还聘财；其四，汉族娶妻，已下聘财，但没有完婚之前“男女丧，不追财”。至元七年十月，河东县马立“定问到本府扬大妹与次男马三为妻”。至元八年五月十七日，马三死亡，当初所下聘财，女方仅返还了“头面三件，衣服五件”，其他的不肯归还，马立状告女方，省部认为“马立男马三定亲，未曾成婚，马三身故，元下聘财，难议回付”。[2] 但回回人则与汉人不同，按回回体例，“女孩儿不曾娶过，死了的孩儿，若小叔接续，女孩儿底爷娘肯交收呵，收者。不肯交收呵，下与的财钱回与一半”，[3]也就是，依回回法没有娶亲就死亡，则返还一半财礼。

《大明令·户令》：“若已定婚，未及成亲而男女或有身故者，不追财礼。”“其定婚夫作盗及犯徒，流移乡者，女家愿弃，听还聘财。其定婚女犯奸，经断，夫家愿弃者，追还聘财。五年无故不娶，及夫逃亡过三年不还者，并经官告给执照，别行改嫁，亦不追财礼。”[4]

2. 返还聘财

唐代规定，女方在许婚之后，如果“更许他人，杖一百。若已成者，徒一年半”，女归前夫，若前夫不娶，女氏还娉财。[5] 这一规定，保护无过错男方的利益，对女方刑事处罚的同时，给予男方选择权。男方可以要求女方履行婚约完婚，也可解除婚约，要求女方返还聘财。明清律也是以女归

① 参见仁井田陞：《唐令拾遗》，栗劲等编译，长春出版社 1989 年版，第 161—162 页。
② 《元典章》，陈高华等点校，中华书局、天津古籍出版社 2011 年版，第 651 页。
③ 《元典章》，陈高华等点校，中华书局、天津古籍出版社 2011 年版，第 650—651 页。
④ 《大明律》附《大明令》，怀效锋点校，法律出版社 1999 年版，第 241 页。
⑤ 《唐律疏议》，刘俊文点校，法律出版社 1999 年版，第 277 页。

前夫,如果前夫不愿娶,女方返还聘财为原则。所不同的是,明清律在返还聘财的数额上,是“倍追财礼”。①

元代如果女子已经许嫁但并未成婚,“其夫家犯叛逆,应没入者,若其夫为盗及犯流远者,皆听改嫁”,②但要归还聘财。如至元十一年,樊德与王招抚议定,将其女樊菊花与王招抚之子王道道为妻。“已下财钱。其王道道见犯图财杀害王何臧,下牢收禁”,樊德要求解除婚约,刑部议得:“凡女定婚未嫁,其夫作盗,拟合听离,归还聘财。”③定婚之后,如果女子“犯奸事觉”,聘财的处理则主要由男方决定,如果“夫家欲弃,则追还聘财,不弃,则减半成婚”。④

元代规定,成婚后,女子不守妇道,对家庭成员有犯罪行为,除刑事处罚、离异外,还追回聘财。至元十三年,济宁府郓城县刘冬儿,诬告其公公赵全告将其欺骗。兵刑部认为:刘冬儿所犯,谋伊翁欺奸,断杖八十七下。“刘冬儿与翁当官面对奸事,已为义绝,难叙舅姑之礼,似难同居。拟将本妇断离归宗,追回元下聘财,给付夫家,别求妻室”。⑤ 延祐二年十二月十四日,永平路抚宁县辛寨社乱山里郝千驴后妻韩端哥,用烧红的铁鞋锥,将郝千驴前妻抛下十三岁女子郝丑哥的舌头扯出,烙了三下,然后在两小腿上及腰胯连脊背,直烙至臀片,前后通烙七十二下。还将年仅十一岁的郝骂儿,烙了七下。韩端哥趁丈夫不在,虐待前妻儿女,酷毒无比,已绝骨肉之情。刑部认为,韩端哥所犯,甚伤恩义,杖断七十七下离异,“追回元聘财钱,以为后来之戒”。⑥

3. 没官、充赏

汉人收继婚聘财产处理。元世祖至元初年,开始允许汉族收继婚制。

① 《大清律例》,田涛、郑秦点校,法律出版社 1999 年版,第 203 页。
② 《元史》卷 103《刑法志》,中华书局 1976 年标点本,第 2643 页。
③ 方龄贵:《通制条格校注》,中华书局 2001 年版,第 165 页。
④ 《元史》卷 103《刑法志》,中华书局 1976 年标点本,第 2643 页。
⑤ 《元典章》,陈高华等点校,中华书局、天津古籍出版社 2011 年版,第 1528 页。
⑥ 《元典章》,陈高华等点校,中华书局、天津古籍出版社 2011 年版,第 1417—1418 页。

元文宗时,开始禁止汉人、诸色目人"妻其叔母"。但顺帝时"汉人殁了哥哥,他的阿嫂守寡,其间兄弟每收继了多有"。至顺元年九月二十三日,中书省奏请定拟通例禁治。规定"今后似此有犯男子、妇人,各杖捌拾柒下,主婚者笞伍拾柒下,媒合人肆拾柒下,聘财一半没官,一半付告人充赏。虽会赦犹离之。"①由于收继婚本身是违法的,其聘财当然也不予以保护,不存在返还与否的问题,而是没收和充当奖赏物质。后至元六年,禁止荅失蛮、回回、主吾人等,叔伯自相成亲,为激励告发,"首告到官,于聘财内,给中统钞壹拾定充赏"。②

(二)婚约

《周礼·地官·媒氏》:"凡娶判妻入子者,皆书之。"这是西周时男女结婚,有书面凭证的规定。此处的"书",或许是"官府的登记"。③ 秦简《法律答问》:"女子甲为人妻,去亡,得及自出,小未盈六尺,当论不当?已官,当论;未官,不当论。"④"已官"和"未官",当是指在官府履行婚姻登记手续与否。依据现有史料,婚姻经过官府登记,至少在唐及以后的朝代,并没有要求,而是要求有婚约。

1. 婚约效力

唐律规定婚约成立的三种情形:婚书、私约、聘礼。婚书是指男女双方家庭同意婚姻定立的文书。婚书有通婚书与答婚书之分,"其制,男家礼请者,谓之通婚书,女家许诺,谓之答婚书,正书之外,复各付附别纸"。⑤ 在唐代,有"通婚书"和"答婚书"的样本:

通婚书某顿首顿首。触叙既久,倾瞩良深(如未相识即云:久藉

① 韩国学中央研究院编:《至正条格(校注本)》,韩国城南影印元刊本,2007年版,第242—243页。

② 韩国学中央研究院编:《至正条格(校注本)》,韩国城南影印元刊本,2007年版,第243—244页。

③ 郭建等撰:《中华文化通志·制度文化典(4—039)法律志》,上海人民出版社1998年版,第103页。

④ 睡虎地秦简整理小组:《睡虎地秦墓竹简》,文物出版社1990年版,第132页。

⑤ 陈鹏:《中国婚姻史稿》,中华书局1990年版,第333页。

徽猷,未由觌,倾慕之至,难以名言)。时候伏惟某位动止万福,原馆舍清休,(如前人无妻即不用此语)即此某蒙稚免,展拜未由,但�翘称重(原文如此,恐有误),谨奉状。不宣。某郡姓名顿首顿首。(别纸)某自第几男(或弟、或侄某某),年已成立,未有婚媾。承贤第某女(或妹、侄女),今淑有闻,四德兼备,愿法交援。谨同媒人某氏某乙,敢以礼请月正。若不遗,伫听嘉命。某自。

答婚书某顿首顿首,久仰德风,意阙披展(如先相识即云:求展既久,倾慕良深)忽辱荣问,慰沃逾增。时候伏惟某动止万福。原馆舍清休(前人无妻不要此语)即此某蒙稚免。言叙未由,但增企除,谨奉状不宣。某郡姓名顿首顿首。(别纸)某自第儿女(或妹、侄、孙女)年尚初笄,未闲礼,则承贤第某男(或弟、侄、孙)未有伉俪,顾存姻好,愿抚高援。请回媒人某氏,不敢,从某自。①

私约是不经过媒人,男女双方主婚人商议决定缔结婚姻,而后写立婚书。这种形式在民间应用非常广泛,其外在表现仍然是婚书。

《唐律疏议·户婚》:"诸许嫁女,已报婚书,及有私约而辄悔者,杖六十。"疏议曰:许嫁女已报婚书者谓男家致书礼请,女氏答书许讫。私约,注云:谓先知夫身老幼疾残养庶之类。又云"虽无许婚之书,但受聘财亦是。"疏议白:婚礼先以聘财为信。故礼云,聘则为妻。虽无许婚之言,但受聘财亦是。可见,唐律规定了女方收下聘礼报以婚书,或无婚书而收下聘礼,或有私约,都是婚姻成立的形式,产生效力。如果"更许他人者,杖一百,已成者,徒一年半。后娶者知情减一等,女追归前夫。前夫不娶,还聘财,后夫婚如法"。

元代是少数民族建立的王朝,汉族是其主要民族,汉族的婚姻礼俗,则基本上沿袭了原有的传统,但也有若干变化。在元代,婚书是婚姻成立的条件之一。至元六年之前,民间婚礼有"立婚书文约者",也有只凭媒妁,不

① 黄永武:《敦煌丛刊初集》,台北新文丰出版公司1985年版,第317—318页。

立婚书为婚姻的。由于没有婚书，婚姻议定之后，稍不如意，便违背原有约定，“妄行增减财钱，或女婿养老、出舍，争差年限，诉讼到官”，诉讼中媒人、证人等偏向，“止凭在口词因，以致争讼不绝”，针对这种情况，至元六年十二月颁布“嫁娶写立婚书”条格，要求“但为婚姻，须立婚书，明白该写元议聘财，若招召女婿，指定养老或出舍年限，其主婚保亲媒妁人等，画字依理成亲”。[①] 至元十年，还规定，“若有求娶妾者，许令明立婚书”。[②] 婚书的样式、所载内容，《大元通制》中“条格”中所载较为详细：“婚书明写聘财礼物，婚主媒人各画字，女家回书亦写受到聘财数目，嫁主媒人亦画字，仍将两下亲书背面大书合同字样，各家收执。其彝俗俚语骈俪词语朦胧，无各各画字合同婚书，争告到官，即同假伪。”[③]赘婿婚是元代承认的一种婚姻形式，如民户招女婿，要明立婚书来确定招婿之家和作赘之人的权利和义务，“该写：年限不满，在逃百日或六十日，便同休弃，听从改嫁。”女婿在逃，符合婚书约定，官府处理时就“照依两愿立到婚书断离”。[④]

婚书记载的是婚姻关系中双方的约定，因婚姻引发纠纷时，婚书是处理时的重要依据，“若不凭准私约婚书归结，别无依据”。[⑤] 对于没有婚书的指腹为婚加以禁止。至元六年四月，户部议得：“男女婚姻，或以指腹并割衫襟为亲，既无定物婚书，难成亲礼，今后并行禁止。”[⑥]

明朝《大明律》规定，“写立婚书，依礼聘嫁”是婚姻缔结的法定程式。婚书（包括私约）具有法律效力，不得悔婚违约，另许另聘。“辄悔者，笞五十。虽无婚书但曾聘财者，也属合法婚姻，不得辄悔，若再许他人，未成婚者杖七十。已成婚者杖八十。后定娶者知情与同罪，彩礼入官；不知者不坐，追还彩礼，女归前夫；前夫不愿者，倍追彩礼给还，其女乃从后夫。

① 方龄贵：《通制条格校注》，中华书局 2001 年版，第 145 页。
② 方龄贵：《通制条格校注》，中华书局 2001 年版，第 163 页。
③ 黄时鉴：《元代法律资料辑存》，浙江古籍出版社 1988 年版，第 70 页。
④ 《元典章》，陈高华等点校，中华书局、天津古籍出版社 2011 年版，第 623—624 页。
⑤ 《元典章》，陈高华等点校，中华书局、天津古籍出版社 2011 年版，第 623 页。
⑥ 方龄贵：《通制条格校注》，中华书局 2001 年版，第 166 页。

男家悔者，罪亦如之，不追彩礼”。清律律文沿袭明律。

清代同样重视婚书，其是婚姻成立的最为正式的证据。《大清律例》“男女婚姻”条规定：“凡男女定婚之初，若有残疾、老幼、庶出、过房、乞养者，务要两家明白通知，各从所愿，写立婚书，依礼聘嫁。若许嫁女，已报婚书及有私约而辄悔者，笞五十。虽无婚书，但曾受聘财者，亦是。”清律规定婚书、私约、聘财的效力。

唐明清律重视婚约的效力，即使女子因谋反谋大逆等缘坐，但“若女许嫁已定，归其夫”。[①] 根据《唐律疏议》的解释，“女许嫁已定”是指“有许婚之书及私约，或已纳聘财，虽未成，皆归其夫”。[②] 这是国家法对私权的维护[③]。如乾隆四十七年，河南省新蔡县李钊等聚众不法案内续获李老腿并陈顺等拒捕伤毙差役审拟治罪一案。陈世泽同李顺、陈小二等七人纠众抢夺人犯，拒捕，将兵役打伤，致毙二命，罪大恶极，与叛逆无异，照叛逆律正法，分别枭示。根据律例，这些人犯的父母、兄弟与孙应一并缘坐。但陈世泽之长女连儿，已经在乾隆四十三年间，凭媒人张世法许给杨国用的儿子兰儿为妻，有媒人、庚帖等可证明，因此“依律给予杨国用领回，俟其长成与兰儿完聚”。[④]

清代履行婚约的过程中，嫁娶对象禁止以他人包括兄弟姐妹冒名顶替。“男家妄冒者，加一等。”嫁娶的具体时间也是由婚约规定，双方都不可强行提前或推迟。“其应为婚者，虽已纳聘财，期约未至，而男家强娶，及期约已至，而女家故违期者，男女主婚人，并笞五十。”

2. 违背婚约的处罚

(1)许婚而悔

一旦缔结婚姻，除了男女任何一方犯奸罪、盗罪外，不允许悔婚，否

---

① 《大明律》，怀效锋点校，法律出版社1999年版，第134页。

② 《唐律疏议》，刘俊文点校，法律出版社1999年版，第351页。

③ 当然，唐明律也规定了男方因谋反谋大逆而被缘坐时，“其聘妻未成者，不追坐”。这是对女子利益的保护。

④ (清)全士潮：《驳案汇编》，法律出版社2009年版，第104页。

则,根据不同情形予以处罚。

其一,女方许嫁后悔婚,但没有再许他人。唐律规定,女方杖六十,“婚仍如约”。元律规定,女方笞三十七下。至于婚姻关系如何处理,并没有明确规定,应当同唐一样。明清律规定笞五十,清律加入小注:“其女归本夫。”

其二,女方悔婚,已再许他人。唐律规定:如果尚未成婚,女方杖一百,后娶者知情,减五等,即杖六十;如果已经成婚,则徒一年半,后娶者知情,减一等,即杖一年。女归前夫,前夫不愿,则女方返还聘财,与后娶者成婚。元律规定:如果尚未成婚,笞四十七下;已成者,笞五十七下。后娶者,知情减一等,女归前夫。《大清律例》规定:“若再许他人,未成婚者,杖七十;已成婚者,杖八十。后定娶者,知情,与同罪,财礼入官;不知者,不坐,追还财礼,女归前夫。前夫不愿者,倍追财礼给还,其女仍给后夫”。[①] 也就是说,女方悔婚,再许他人,如果未成婚,女家主婚人杖七十;已成婚者,杖八十,后娶者,知情与女家同罪,彩礼入官。如果后娶者,不知女方已许配他人,则不受处罚,聘财返还给后娶者,女归前夫,前夫不愿者,倍追彩礼,给还其女,女归后夫。

其三,男方悔婚。唐律规定,男方无罪,聘财不追。元律承袭了唐律,男方不坐,不追聘财。唐元仅对女方婚约处以刑事责任,男方并不刑事处罚,仅承担民事责任。明清律则加大了对男方悔婚的约束,男家悔婚再聘者,同女方悔婚再许他人一样定罪,仍然娶前女,后聘之女另嫁,不追聘财。

从以上对许婚而悔的规制来看,用法律手段,确保婚姻男女双方的权益。相比较而言,唐代、元代重在保护男方的权益,元代知情后娶者也进行处罚,明清律加大了对妇女婚姻权利的保护,在男方悔婚时,唐律、元律都是不追聘财,不受处罚,明清律则规定受处罚,加大了对婚约的保护

---

① 《大清律例》,田涛、郑秦点校,法律出版社 1999 年版,第 203 页。

力度。

以上是对许婚而悔的实体处罚，在程序上，清律规定，“凡女家悔盟另许，男家不告官司强抢者，照强娶律减二等。其告官断归前夫，而女家与后夫夺回者，照抢夺律杖一百、徒三年。”明确规定了违反婚约的处理办法，只能通过官府来主张自己的婚姻权利，不允许抢婚，如果违背，则承担刑事责任。清律还规定，“期约已至五年，无过不娶，及夫逃亡三年不还者，并听经官告给执照，别行改嫁，亦不追财礼”。婚约期限已到，男方没有正当理由不来迎娶，或者男方逃亡三年不回，女方可以改嫁，但是不能私自改嫁，要得到官府的正式许可，发给凭证。从程序的设定来看，首先是维护守约者的婚姻利益，这表明国家法对私人利益的保护，其次，这种保护实施的主体是官府，维护正常的婚姻秩序，国家公权力介入，通过正当的程序来实现私益的保护。

（2）妄冒为婚

妄冒为婚，指在婚姻中欺骗、假冒的行为。传统中国，历代一般都把冒婚视为违法婚姻，进行法律处罚。《唐律疏议 · 户婚》“为婚妄冒”条规定：“诸为婚而女家妄冒者，徒一年。男家妄冒，加一等。未成者，依本约；已成者，离之。”同条疏议曰：“为婚之法，必有行媒，男女、嫡庶、长幼，当时理有契约，女家违约妄冒者，徒一年。男家妄冒者，加一等。‘未成者依本约’，谓依初许婚契约。已成者，离之。违约之中，理有多种，或以尊卑，或以大小之类皆是。”依此规定，妄冒婚姻，就是婚约订立以后，一方违反婚约，或以庶为嫡，以幼为长，冒充约定之人而为婚姻者。未成婚者，仍按婚约的规定办理，已成婚者，婚姻无效。

唐律规定，“妄以奴婢为良人，而与良人为夫妻者”，如果聘财多，“准罪重于徒二年者，依‘诈欺’，计赃科断”。[①]

明律规定，若为婚而女家妄冒者，杖八十（谓如女有残疾，却令姊妹

① 《唐律疏议》，刘俊文点校，法律出版社 1999 年版，第 293 页。

妄冒相见后却以残疾女成婚之类）追还财礼。男家妄冒者加一等（谓如与亲男定婚，却与义男成婚，又如男有残疾，却令弟兄妄冒相见，后却以残疾男成婚之类）不追财礼。未成婚者仍依原定，已成婚者离异。清律对类似的冒婚，也有处罚的规定。

（三）婚姻礼仪

礼仪习俗，“是人类文化中保留旧文化因素最多的领域，这些旧文化因素往往可以持续上千年”。[①] 婚礼也不例外，传统中国，婚姻礼俗有着深厚的渊源。西周时就有“六礼”的规定，“六礼”者，纳采、问名、纳吉、纳征、请期、亲迎也，这是从议婚至完婚过程中的六种礼节。“六礼”是成婚的必要条件，“六礼备，谓之聘；六礼不备，谓之奔”。[②]

纳采，“盖男欲与女家合婚，必先使媒氏下通其言，女氏许之，乃使人纳其采择之礼”。[③] 男方愿与女方通婚，一定使媒人通言，如女家答许，就备礼正式求婚。

问名，男方家请媒人问女方的名字和出生年月日，以便卜其吉凶。

纳吉，男方将女子的名字、八字，在祖庙进行占卜。然后使媒人告知女方。

纳征，“征，成也，使使者纳币以成昏礼”。[④] 男方向女方交纳聘财，以成立婚约。纳征之后，定婚的程序完成，除了特定情形，不得悔婚。

请期，男方择定婚期，备礼告知女方家，求其同意。

亲迎，“男子亲迎，男先于女，刚柔之义也。天先乎地，君先乎臣，其义一也”。[⑤] 男方到女家迎娶，迎归以后，夫妻行合卺之礼，至此，女方成

---

① 常金仓：《周代社会生活述论》，吉林人民出版社 2008 年版，第 188 页。

② （清）黄以周：《礼书通故》卷 6，王文锦校，中华书局 2007 年版，第 145 页。

③ （元）敖继公撰：《仪礼集说 · 昏义》，《中华再造善本》（金元编　经部），北京图书馆出版社 2004 年版，第 117 页。

④ 《仪礼 · 士昏礼》，彭林注译，中州古籍出版社 2011 年版，第 56 页。

⑤ （元）敖继公撰：《仪礼集说 · 郊特牲》，《中华再造善本》（金元编　经部），北京图书馆出版社 2004 年版，第 50 页。

为男方宗族的正式成员。有的地方要将女方纳入宗族的事以“告示祖庙”,向祖宗禅位拜祭。

唐代婚姻的缔结遵循六礼。宋代将“问名”并入“纳采”,将“请期”纳入“纳征”,这样,唐代“六礼”在宋代简化为“四礼”,即:纳采、纳吉、纳征、亲迎。

元朝有选择地选用汉法,恢复和稳定因长期战争而被破坏的社会秩序。就婚姻礼仪制度来说,元世祖至元八年九月,“据汉儿人旧来体例,照得朱文公《家礼》内婚礼”,酌古准今,制定、颁布了婚姻礼制。① 此礼制规定的婚礼仪程为:议婚、纳采、纳币、亲迎、妇见舅姑、庙见、婿见妇之父母。可见,朱文公《家礼》的“议婚”,被元朝正式纳入到法典之中。《婚姻礼制》规定:“议婚。身及主婚者,无期以上丧,乃可成婚。必先使媒氏往来通言,使女氏许之,然后纳采。”议婚是纳采前不可缺少的一礼,是确立婚姻关系的重要途径。议婚之家都要按此规定议婚:

其一,议婚的时间有所限制,男女双方及主婚者不能在服丧期间内;

其二,男女双方及主婚者,要经过媒人这一中介交往,互通信息,谈婚论嫁。男家可以通过口头或书面求婚,征得女方同意。

在议婚中,男方通过媒人“先导意”,女方“已从许”,就会用“草帖子”告知双方的身世,以便判断是否“门户相当”。“草帖子”不是婚书,但它是议婚的一个先决条件。② 元代“草帖子”有固定的样式③,主要内容为当事人出生年月、家中排行、三代名讳,母姓氏,女方还要写上奁田、奁具。草帖具有替议亲提供男女两家条件的作用,它实际上是古代六礼之一问名在宋元时代的变相形式。④

元代的婚礼同宋相比,又增加三个礼仪过程。元世祖至元八年,礼部

---

① 方龄贵:《通制条格校注》,中华书局 2001 年版,第 138 页。
② 王晓清:《元代社会婚姻形态》,武汉出版社 2005 年版,第 32 页。
③ 参见《新编事文类聚启札青钱》卷七《婚礼门》。
④ 王晓清:《元代社会婚姻形态》,武汉出版社 2005 年版,第 34 页。

议定，都省批准：（1）“妇见姑舅”，即第二日清晨拜见公婆姑舅，奉水奉饭。（2）“庙见”，男家主人与新郎新娘祭拜祖庙以告祖先。（3）“婿见妇之父母”，即在结婚后的第四天，新郎跟着新娘回娘家拜见岳父母。实际上至今我们仍能看到这种现象，比如在农村，女子在出嫁后的第二天会带着男子回娘家，拜见女子的父母叔伯。

明代，《大明令·户令》规定，“凡民间嫁娶，并依文公家礼”。

三、违律为婚与嫁娶违律

（一）违律为婚

违律为婚，根据《唐律疏议》的解释，就是“依律不合作婚，而故违者”。违律为婚，元人徐元瑞解释为：“依法不许违律，其有故为之者，是名违律为婚。”[①]违律为婚，是违反了婚姻的限制及法律的要求而结为夫妻。法律规定了禁止结婚的情形，即使成婚，也没有效力，属于无效婚姻，官府强制离婚[②]。在汉律、唐律、宋刑统、元律、明清律中都有禁止为婚的条文，通过禁止性的条文，为缔结婚姻者提供引导，使婚姻符合社会的需要，使婚姻有利于家庭秩序、社会秩序，有利于统治者的管理。

元代虽没有唐宋时期所谓的“律”，但《元典章》《通制条格》《至正条格》可以视为元代的法律。《元典章》“户部”“婚姻”之首以图表形式列出“为婚”的基本规定和“违律为婚”的刑事处罚；《通制条格》中卷三《户令》有“婚姻礼制”“收嫂”“收继婶母”“良嫁官户”“嫁娶所由”“良贱为婚”“驱女由使嫁”“乐人婚姻”等条，卷四“户令”有“嫁娶”条。《通制条格》是《大元通制》的一部分，《大元通制》中的“断例”部分已经佚失，故对哪些“违律为婚”的行为予以刑事处罚及何种刑事处罚已无从得知，但《元典章》和《大元通制》同为元代前中期的法律史料，可从《元典章》窥其一二；现存残本《至正条格》“户令”不存，但“断例”部分中“户婚”是其

① 徐元瑞：《吏学指南》，浙江古籍出版社1988年版，第93页。

② 从此角度而言，不属于离婚，故将“违律为婚”单独论述。

完文,从中可得知元代后期对违律为婚的刑事处罚。

据《元典章》前集①"户部""婚姻"之首图表所示,前期重点对嫁娶婚礼、嫁娶聘财等第、筵席、夫殁焚尸扬骨改嫁、兄收弟妻、悔亲别嫁、职官娶为事人为妻妾、服内成亲、同姓不婚、有妻娶妻、转嫁妻妾、故婚有夫妻妾、乐人嫁娶、驱口嫁娶等进行规制。这些内容,大部分在元代后期依然有效。

但元代中后期,随着社会发展变化,对违律为婚的规定进行修改,同时也增加了一些新的规定,《至正条格》卷第八"断例""户婚"共有 42 条,其中延祐七年之后条文 17 条②,其年代和所属"条标"列表如下:

年代	韩校本序号	所属条标	年代	韩校本序号	所属条标
至治二年	244	同姓为婚	至顺元年	241	禁收庶母并嫂
至治二年	247	兄妻配弟	元统元年	270	冒娶良人配驱
至治二年	252	娶有夫妇人	(后)至元二年	248	弟妇配兄
至治二年	257	夫亡招婿	(后)至元二年	271	冒娶良人配驱
至治二年	263	典雇妻妾	(后)至元三年	272	娶囚妇为妾
泰定元年	249	娶男妇妹为妾	(后)至元三年	281	职官娶倡
泰定四年	269	娶逃驱妇为妾	(后)至元五年	256	吓娶女使
泰定四年	279	禁娶乐人	(后)至元六年	246	禁叔伯成婚
天历二年	255	吓娶女使			

1. 亲属婚姻

唐代禁止有亲属关系的男女成婚。唐律规定,缌麻以上为婚者,以奸论。若外姻有服属而尊卑共为婚姻,及娶同母异父姊妹,若妻前夫之女

① 《元典章》,全名为《大元圣政国朝典章》,包括六十卷,并附新集不分卷。《元典章》六十卷,习惯上称为"前集"。

② 由于元代有"至元"和"(后)至元"之分,但在语言表达上皆为"至元",韩校本《至正条格》卷第八"断例""户婚"254"至元三年五月"条,无相关史料印证是"至元"还是"(后)至元"。

者,(谓妻所生者。余条称前夫之女者,准此。)亦各以奸论。其父母之姑、舅、两姨姊妹及姨、若堂姨,母之姑、堂姑,己之堂姨及再从姨、堂外甥女,女婿姊妹,并不得为婚姻,违者各杖一百。并离之。[①] 此规定限制亲属为婚的情形:其一,外姻有服的亲属之间,尊卑不得为婚;其二,禁娶同母异父姊妹;其三,禁娶妻前夫之女;其四,禁止与父母的姑母、舅父所生的姑表姐妹及姨母或堂姨母、母亲的姑母、堂姑母,本人的堂姨母及再从姨母、堂外甥女、女婿的姐妹为婚。

宋律沿袭了唐律规定。明清规定:凡外姻、有服、尊属、卑幼共为婚姻,及娶同母异父姊妹,若妻前夫之女者,各以亲属相奸论;其父母之姑、舅,两姨姊妹及姨,若堂姨、母之姑、堂姑、己之堂姨及再从姨、堂外甥女若女及子孙妇之姊妹,并不得为婚姻,违者各杖一百;若娶己之姑舅两姨姊妹者,杖八十,并离异。

从唐明清律的规定来看,大致相同。不同之处在于:其一,明清律加入"子孙妇之姊妹"一语。子孙妇之姊妹,卑于自己两辈,虽然无服,但名分存在,所以禁止为婚。其二,唐律没有"若娶己之姑舅两姨姊妹者,杖八十,并离异"之文。《唐律疏议》此条"疏议"曰:其外姻有服,非尊卑者为婚,不禁。根据服制,外姻同辈男女间有服的,只有姑舅两姨姊妹,所以"疏议"所不禁的"非尊卑为婚"当指姑舅两姨姊妹。唐律不禁止为婚,应该是考虑到,虽然有缌麻之服,但并无尊卑之分。明清律则禁止为婚,但处罚仅是"杖八十",与"娶同母异父姊妹,拟徒三年"相比,轻了几个等级。因为同母异父姊妹虽然没有服制,毕竟事关伦理,外姻姑舅两姨姊妹虽有缌麻之服,而同辈不分尊卑。

明清时,近亲结婚中,与外姻[②]姑、舅、两姨姊妹之间的婚姻难以有效

---

① 《唐律疏议》,刘俊文点校,法律出版社1999年版,第286页。

② 外姻,又称外姻亲属或外亲。主要指母亲方面的亲属。如外祖父母、舅、姨及外甥等。其中有服者的情况是:为外祖父服小功,为母之兄弟、姊妹也服小功,为母舅之子、两姨之子、姑之子服缌麻。

禁止。官府专门发布禁令。如明初规定,如果娶自己姑舅两姨姊妹的,"杖八十,并离异"。《明史·刑法志》云:"姨之子、舅之子、姑之子,皆缌麻,是曰表兄弟,不得相为婚姻。"①明洪武十七年,皇帝听从翰林侍诏朱善的建议,"中表相婚已弛禁矣",只是未纂为专条,"不免人言人殊"。②到了清代,由于中表婚在民间较为普遍,法律也作出相应调整,雍正八年定例:"外姻亲属为婚,除尊卑相犯者,仍照例临时斟酌拟奏外,其姑舅两姨姊妹,听从民便。"③薛允升称此条例"揆乎情法,姑开一面",也是"王道本乎人情"的体现。

但在实践中,不同地区风俗习惯对中表婚的态度不同。有的地方,如河南陕州"男家定婚必避同姓,避中表";有些地区,如湖北竹溪、郧县习惯,除两姨之子女均得互为婚姻外,唯舅之女得与姑之子结婚,俗谓之"侄女随姑"。麻城、兴由、汉阳、五峰四县:舅之子女、姑之子女及两姨之子女均得互为婚姻。

2. 娶亲属之妻妾

为维护正常的婚姻关系,一旦结婚,夫或妻就同对方及对方亲属之间有了身份上的关系,维护宗族及夫妻家族之间的伦理关系,禁止娶亲属妻妾,即使女子已经被出或已经改嫁,原来丈夫的亲属也不能再娶,对违反者予以刑事处罚。

唐律规定:"诸尝为袒免亲之妻,而嫁娶者,各杖一百;缌麻及舅甥妻,徒一年;小功以上,以奸论。妾,各减二等。并离之。"④这一规定,将亲属之妻归为三类:袒免亲之妻、缌麻及舅甥妻、小功以上之妻。宋律继承唐律的这一规定。

明律规定:"凡娶同宗无服之亲,及无服亲之妻者,各杖一百。若娶

① 《明史》卷93《刑法志》,中华书局1974年标点本,第2283页。
② 柏桦编纂:《清代律例汇编通考》,人民出版社2017年版,第499页。
③ 马建石、杨育棠:《大清律例通考校注》,中国政法大学出版社1992年版,第448页。
④ 《唐律疏议》,刘俊文点校,法律出版社1999年版,第287页。

缌麻亲之妻,及舅甥妻,各杖六十,徒一年。小功以上,各以奸论。其曾被出及已改嫁而娶为妻妾者,各杖八十。若收父祖妾及伯叔母者,各斩。若兄亡收嫂,弟亡收弟妇者,各绞。妾各减二等。若娶同宗缌麻以上姑侄姊妹者,亦各以奸论。并离异。"①同唐律相比,明律没有了娶"袒免亲之妻"的规定,而是用"同宗无服亲之妻"替代。"无服之亲,所包者广,凡五服之外,谱系可考,尊卑长幼名分犹存者,皆是"。② "同宗无服亲"的范围大于"袒免亲"③,所以,明代加大了对娶亲属妻规制的范围。清律继承明律的这一规定。

收继婚是指妇女在丧夫之后,转婚于其夫的亲属。蒙古族在进入中原前后,其收继婚都一直存在。④ 收继婚姻有两种情况。一种是同辈间的收继:兄死,弟收寡嫂为妻;弟亡,兄纳弟媳为妇;一种是异辈间的收继:叔、伯死,侄儿娶婶、伯母为妻,父亡,子可收父妾为妇。元政府一直是禁止兄收弟妻和侄儿收继婶母的。兄收弟妻被认为是"废绝人伦、实伤风化",对于违反者予以刑事处罚。如至元十四年(1277),平阳路高平县张义收弟妻,省部议得:张义所招,虽称伊母阿王许将弟妻收继,终是不应,量断一百七下,阿段九十七下,离异。主婚伊母阿王,若不惩戒,浊乱典礼,如未年及,拟决五十七下,说合人李克孝决三十七下。侄儿收继婶母,是"欺亲尊长",同样加以禁止。大德八年(1304),中书省、枢密院对汉人侄儿收继婶母一案判决中认为,"虽系蒙古军驱,终是有姓汉人,侄收婶母,浊乱大伦,拟合禁止"。⑤

元代收继婚的变化主要表现在元政府对汉人收继婚,特别是对弟收

① 《大明律》,怀效锋点校,法律出版社 1999 年版,第 62 页。

② 沈之奇:《大清律辑注》,怀效锋、李俊点校,法律出版社 2000 年版,第 269 页。

③ 《唐律疏议》对"袒免亲"的解释:高祖亲兄弟,曾祖堂兄弟,祖再从兄弟,父三从兄弟,身四从兄弟、三从侄、再从侄孙,并缌麻绝服之外,即是"袒免"。

④ 具体论述参见王晓清:《元代社会婚姻形态》,武汉出版社 2005 年版,第 118—121 页。

⑤ 方龄贵:《通制条格校注》,中华书局 2001 年版,第 152 页。

兄妻的允许与限制上。元世祖初年,蒙古统治者推行收继婚制。至元八年(1271)十二月,中书省钦奉圣旨:“小娘根底,阿嫂根底,收者。”此法令发生了实效,汉族人收继婚事例增多。至元五年,郑窝窝之兄郑奴奴身死,抛下嫂王银银。由于郑窝窝未曾娶妻,其嫂王银银亦为年小守寡相从,于至元八年十月初八日通奸。事发后,省部引用上述“至元八年十二月”诏令,依圣旨事意,即将郑窝窝疏放,将王银银吩咐郑窝窝收续为妻。① 至元十年(1273),傅二因病死亡,抛下妻子阿牛。傅二亲弟傅望伯,想将嫂阿牛“依体例收了”,但阿牛不肯允许,情愿在家守服。傅望伯将其嫂强行奸讫。省部认为,“牛望儿虽欲恩养儿男守志,其傅望伯已将本妇强要奸污,况兼傅望伯系牛望儿亡夫亲弟,钦依已降圣旨事意,合准已婚,令小叔将牛望儿收继为妻”。②

至元十年的另一则案例,说明元政府对收继婚的态度发生了转变。至元七年四月,刘珪之亲兄刘国玉因病身故,抛下妻子马氏,至元十年刘珪想“依例收继”,但马氏守志不行改嫁,最后省部“准拟无令收继”。③ 至元十三年(1276),户部在商议韩进是否可收继其嫂阿庄时,引用了两个诏令,一是至元八年二月条画:“妇人夫亡守阕,守志者听,其舅姑不得一面改嫁。”二是至元八年十二月圣旨:“小娘、阿嫂根底,收者。”户部舍后取前,“听从守志”,并明确规定:“今后似此守志妇人,应继人不得搔扰,听从守志。”④

从至元后期到元代中后期,元政府对收继婚的态度明显发生改变,汉人收继婚姻越来越受到限制。⑤ 延祐二年(1315),由于“各处贫民,因值饥荒,夫妻不能相保,将妻嫁卖”,“其元夫已亡,后夫又有所出,前夫之弟

① 《元典章》,陈高华等点校,中华书局、天津古籍出版社 2011 年版,第 653 页。
② 《元典章》,陈高华等点校,中华书局、天津古籍出版社 2011 年版,第 654 页。
③ 《元典章》,陈高华等点校,中华书局、天津古籍出版社 2011 年版,第 659 页。
④ 《元典章》,陈高华等点校,中华书局、天津古籍出版社 2011 年版,第 660 页。
⑤ 具体论述参见王晓清:《元代社会婚姻形态》,武汉出版社 2005 年版,第 125 页。

指小叔收嫂体例，争告收继"，明令"兄亡嫂嫁小叔不得收"。[①] 延祐五年（1318），开始对强行收继的行为予以刑事处罚。大宁路利州田长宜强迫收继兄嫂阿段，"乱常败俗，甚伤风化"，"比依凡人强奸无夫妇人减等，杖九十七下"。[②]

元文宗至顺元年（1330），下诏"诸人非其本俗，敢有弟收其嫂、子收庶母者，坐罪"。[③] 如何坐罪，《至正条格》记载得较为明确。至顺元年，"汉人殁了哥哥，他的阿嫂守寡，其间兄弟每收继了多有"，礼部定拟："今后汉人、南人收继庶母并阿嫂的，合禁治。"刑部明确了具体的刑事处罚："今后似此有犯男子、妇人，各杖捌拾柒下，主婚者笞伍拾柒下，媒合人肆拾柒下。"此外"聘财一半没官，一半付告人充赏。虽会赦犹离之。"[④]这一规定，在至正五年编纂的《至正条格》中存有，说明元代后期，此规定依然有法律效力，另外，《至正条格》"断例"篇"杂律"中有"蒸收继母""强收婶母""收舅妻""收纳弟妻"等条，也说明元朝后期对不同辈分之间收继婚的禁止。

同唐代相比，元代虽然禁止汉人的收继婚，但处罚上较唐代为轻。在唐代，"收继婚"属于十恶中的内乱罪，处徒刑三年，元代只是杖刑。

明律规定，若收父祖妾及伯叔母者，各斩。若兄亡收嫂，弟亡收弟妇者，各绞。妾各减二等。[⑤] 清律沿袭明律，加入小注。明清律规定与唐宋元律相比，重了许多。唐律奸父祖妾及伯叔祖母者，绞。奸兄弟妻者，流两千里。明清律收父祖妾及伯叔母者，改为各斩；收兄弟妻者，改为各绞。乾隆三十四年定例：凡收伯叔兄弟妾者，即照奸伯叔兄弟妾律减妻一等，杖一百，流三千里。此处收伯叔兄弟之妾，照奸论，情罪轻重未为允协，因

---

① 《元典章》，陈高华等点校，中华书局、天津古籍出版社 2011 年版，第 662 页。

② 《元典章》，陈高华等点校，中华书局、天津古籍出版社 2011 年版，第 657 页。

③ 《元史》卷 34《文宗本纪三》，中华书局 1976 年标点本，第 767 页。

④ 韩国学中央研究院编：《至正条格（校注本）》，韩国城南影印元刊本，2007 年版，第 242—243 页。

⑤ 《大明律》，怀效锋点校，法律出版社 1999 年版，第 62 页。

为娶和奸是不同的，妻与妾也不同。娶亲属之妻，都不能全部按奸论罪，妾的地位要低于妻，自然不能以奸来定罪。

从礼制来说，收继婚属于乱伦，因此明清律对其处罚是非常严厉的。但由于地方官员平时不加教导，不将“此等关系伦常，干犯重法之事通行宣谕”，乡村百姓并不知律例之规定，“为此背理之事”，而且数位亲属，皆为主婚，“公然行之而不以为怪”。雍正八年，雍正帝下谕，令九卿定议“如何使无知之民，家喻户晓”，属于明知故犯的情形时，再按律治罪。①但百姓不知例禁的情形并不能完全消失，嘉庆十九年规定，兄亡收嫂，弟亡收弟妇，罪犯应死之案，除了男女私自配合，及先有奸情，后复婚配者仍照律各拟绞决外，如果真是由于乡愚不知例禁，曾经向亲族地保告知成婚者，男女各拟绞监候，秋审入于情实。知情不阻之亲族、地保照不应重律，杖八十。如由父母主令婚配，男女仍拟绞监候，秋审时核其情罪，另行定拟。②

赘婿婚在唐时已经存在，但唐律没有关于赘婿的相关规定。元代关于赘婿婚的规定较为全面。赘婿婚是一种特殊的婚姻形式，在男方来说，是因家贫穷，无钱财娶妇，女方则是“或无子嗣，或儿男幼小，盖因无人养济，内有女家下财，召到养老女婿，图藉气力”。③ 男方与女方两家商议，意见一致后，自愿订立婚书，男子可到女方家作养老女婿或出舍女婿。至元三年规定，按照婚嫁约定，“养老者听从养老，出舍者听从出离，各随养老、出离去处，应当军民差发”。由于没有规定聘财标准，往往多加索取，有时导致争讼。为此，至元八年颁布“女婿财钱定例”，规定招养老女婿的聘财，“照依已定嫁娶聘财等第减半”，招出舍年限女婿，男方或女方出备财钱，“照依已定嫁娶聘财等第，验数以三分中不过二分”。④

---

① 柏桦编纂:《清代律例汇编通考》，人民出版社 2017 年版，第 501 页。
② 柏桦编纂:《清代律例汇编通考》，人民出版社 2017 年版，第 501 页。
③ 《元典章》，陈高华等点校，中华书局、天津古籍出版社 2011 年版，第 622 页。
④ 《元典章》，陈高华等点校，中华书局、天津古籍出版社 2011 年版，第 616 页。

3. 逐婿嫁女

此处“婿”专指入赘之婿。赘婿虽然不合婚娶正礼，但既然已经进入女方家中，夫妇之伦就确定了。没有法定理由，则不能离婚。但这种婚姻，赘婿在妻家的地位较低，女方为了某种利益，将赘婿逐出。为此，元代及其后，对逐婿嫁女加以法律规制。元律规定，诸有女纳婿，复逐婿纳他人为婿者，杖六十七。后婿同其罪，女归前夫，聘财没官。元后期的法典《至正条格》规定逐婿嫁女的刑事处罚是杖七十七下。大德八年，卫辉路王聚，“定问到孟顺女玉儿，作一十二年女壻”，并且给予中统钞伍定、表里、头面等财礼，与孟玉儿成亲。后来“孟顺计算得元与王聚钱本销折，遣赶在外，打兑财钱，写立私约，如壹年不行下财，便同休书”。后来，王聚拿着财钱打算娶孟玉儿出舍，孟顺却召有妻人耿世杰为婿。这属于逐婿嫁女，礼部建议将孟顺、耿世杰，各决七十七下，将孟玉儿断付王聚。耿世杰元所下聘财，追征没官。①

《大明律》同《至正条格》一样，有“逐婿嫁女”之目，凡是逐婿嫁女，或在招婿者，杖一百，其女不坐。男家知而娶者，同罪。不知者，亦不坐。其女断付前夫，出居完聚。清律沿袭明律，顺治年间加入小注，乾隆五年修定。清律规定：“凡逐（已入赘之）婿嫁女，或再招婿者，杖一百；其女不坐。（如招赘之女，通同父母，逐婿改嫁者，亦坐，杖一百。）（后婚）男家知而娶（或后赘）者，同罪。（未成婚者，各减五等，财礼入官）不知者，亦不坐。其女断付前夫，出居完聚。”概括来说，明清律加大了对赘婿权利的保护：其一，处罚杖一百，较元律的杖七十七下为重；其二，明清律是将女断付前夫，“出居”完聚。由于发生了逐婿嫁女之事，女方家长和赘婿情义已绝，但夫妇之恩并未断绝，使赘婿和妻子离开妻子家到外面单独居住，才能生活安定。

---

① 韩国学中央研究院编：《至正条格（校注本）》，韩国城南影印元刊本，2007 年版，第 247 页。

4. 典雇妻妾

“典”,是约定期限,到期后赎回;“雇”是根据时间收取钱财。典雇妻妾,是为获得报酬,将自己妻妾或女儿,在一定期限内典给他人作妻妾。典雇妻女,虽然是由于家庭贫困或欠债无法偿还下的被逼行为,但破坏了男女之间的正常婚姻,一夫一妇,是婚姻的基本原则,如果女子不犯七出,无再嫁之理。受财典雇,不顾廉耻,有伤风化,如果任其发展,则伦理荡然,纲常扫地。为正夫为妻妾之纲,元明清等均颁布法令禁止典雇妻女。

典妻在《汉书》中就已记载,以后各朝都有典妻现象。《宋史》记载,愚民多卖田宅,“质妻孥”。《元典章》云:“吴越之风,典妻雇子成俗久矣。”至元十五年(1278),袁州(今江西袁水流域)发生了一件彭六十典雇妻案。当时有一穷汉彭六十,因家贫无法养活妻子儿女,生活极其困苦,无奈将妻阿吴典雇给彭大三使唤,并立契为证,以三年为期,期满彭六十可赎阿吴回家。

到了元代,法律才明文禁止典妻。《元史·刑法志》规定:诸受钱典雇妻妾者,禁。其夫妇同雇而不相离者,听。典雇妻妾具体如何处罚,此处并未说明。至元二十九年,元世祖时就禁止南方百姓典雇有夫妇人,但如果夫妇一同典雇则是允许的。直到至治二年,如何处罚“典雇有夫妇人”,“不曾定拟到决断他每的罪名例有”,为此,刑部定拟:“今后若有受财典雇妻妾与人的,决断伍拾柒下,本妇离异归宗,元钱没官。和同的本夫本妇并雇主同罪,引领媒保人等,减壹等决断。主首、豪霸人等,因催官物,或索私债,以力逼勒典雇为妻妾的,决断陆拾柒下。本妇责付本夫完聚,不追聘财。”[①]元代也禁止典雇子女,《元史·刑法志》规定,诸以女子典雇于人及典雇人之子女者,并禁止之。若已典雇,愿以婚嫁之礼视为妻妾者,听。[②]

---

① 韩国学中央研究院编:《至正条格(校注本)》,韩国城南影印元刊本,2007 年版,第 248 页。

② 《元史》卷 103《刑法志》,中华书局 1976 年标点本,第 2642 页。

明律“典雇妻女”条本于元律，加以损益，规定：凡将妻妾受财典雇与人为妻妾者，杖八十。典雇女者，杖六十。妇女不坐。若将妻妾妄作姊妹嫁人者，杖一百，妻妾杖八十。知而典娶者，各与同罪，并离异，财礼入官，不知者不坐，追还财礼。清律沿袭明律。强调“典，到期赎回；雇，计日受财，到期听归”，《大清律辑注》：“必立契受财，典雇与人为妻妾者，方坐此律；今之贫民，将妻女典雇于人服役者甚多，不在此限”。[①] 这缩小了范围，也就是说，订立契约受财后，典雇与人为妻妾者，才予以刑事处罚。如果不是作妻妾，因贫穷将妻女典雇与人服役的，则不在此调整范围之内。

明清律规定了四个方面的内容：一是典雇妻妾之罪。典雇妻妾与人，杖八十，妻妾不治罪；二是典雇女之罪。典雇女与人，杖八十。女从父，自己不能做主，身不由己，不治罪；三是将妻妾妄作姊妹嫁人之罪。这与买休卖休不同，本夫既使妻妾失节，又使他人娶失节之妇，所以，重惩本夫，杖一百。妻妾甘心听从，嫁与他人失节，杖八十。另外，典娶为妻妾是暂时的，嫁人则是永久的；典雇妻妾有契约存在，但妄作姊妹，则是欺骗之事，所以典雇妻妾与妄作姊妹嫁人罪分轻重，处罚不同；四是娶者之罪与婚姻效力。典娶者，包括雇在内，如果知情，则与犯人同罪，不知情者，不坐。不管何种情况都是离异，妻妾归宗，女归亲。

虽然法律明令禁止典雇妻女并予以惩罚，但由于出典者大多生活贫困，受典者为求子嗣但贫穷无力结婚或妻子久未生育等原因，典雇妻女之风在一些地区不能禁止。明代冯梦龙《寿宁待志》载：“或有急需，典卖其妻，不以为讳。或赁与他人生子。岁仅一金，三周而满，满则迎归。典夫之宽限更券酬直如初。亦有久假不归遂书卖券者。”清代浙江宁波、台州、绍兴一带，常有典妻之风，“以妻典与人，期以十年、五年，满期，则纳资取赎”，“为之妻者，或生育男女于外，几不明其孰为本夫也”。[②] 此习俗的存在，说明女子地位低下，不仅是生育的工具，还会作为财产转让

① 沈之奇：《大清律辑注》，怀效锋、李俊点校，法律出版社 2000 年版，第 257 页。

② 徐珂：《清稗类钞·风俗类》“典妻”。

出卖。

唐律没有将妻妾妄作姊妹嫁人之文。妇人应当从一而终，和同本夫，如果丈夫将妻妾妄作姊妹嫁人，则“夫妇之伦已灭绝矣，后夫不能正其始，前夫不能正其终”，所以离异。

5. 良贱为婚

一般来说，人类进入阶级社会后，婚姻等级是其共同现象。传统中国也重视婚姻的等级，其婚姻制度的构建和发展，表现为身份等级下的阴阳和谐。① 但不同朝代，不同阶层的人之间等级状况也不尽相同。汉代婚姻关系缔结时的等级状况，不如其后的两晋南北朝严格。两晋南北朝时期，由于门阀等级制度极其严重，严格的等级制度，在婚姻家庭关系上都有明显的体现。② 传统中国法律规定，出身不同阶层的人不能通婚。禁止良贱为婚是“礼有等差”的等级制度在婚姻立法中的具体表现，是为了维护家庭和社会的等级秩序。

《唐律疏议》“户婚”律“奴娶良人为妻”条：“人各有耦，色类相同，良贱既殊，何宜配合。”这明确指出，良贱是不同的等级，不能为婚。贱有官贱私贱之分，官贱如官户、杂户、工户等，私贱有奴婢、部曲两种。奴婢与良人为婚，《唐律疏议·户婚》规定了处罚：“诸与奴娶良人女为妻者，徒一年半，女家，减一年，离之。其奴自娶者，亦如之；主知情者，杖一百；因而上籍为婢者，流三千里。”可以看出，是根据不同情形予以不同处罚：主人做主为奴婢娶良人女为妻，徒一年半，女家减一等处罚，并且离异；奴婢自己做主娶良人女为妻，处罚相同，主人知情杖一百。

杂户不能与良人通婚，《唐律疏议·户婚》“杂户官户与良人为婚”条：“诸杂户不得与良人为婚，违者，杖一百。官户娶良人女者，亦如之。良人娶官户女者，加二等。”

---

① 金眉：《唐代婚姻家庭继承法研究——兼与西方法比较》，中国政法大学出版社 2009 年版，第 34 页。

② 彭卫：《汉代婚姻形态》，三秦出版社 1988 年版，第 30 页。

同属于贱民，只能在各自的等级内成婚，否则进行处罚。《唐律疏议》卷14“杂户官户与良人为婚”条曰：“其工、乐、杂户、官户，依令‘当色为婚’，若异色相娶者，律无罪名，并当‘违令’。既乖本色，亦合正之。”

元代维护主奴、良贱之间婚姻的不平等关系。但与唐宋相比，又有灵活规定。《元典章》中专门对“驱良婚”规制，规定奴婢不嫁良人、驱口不娶良人、良人不得嫁娶奴等。但是至元六年正月中书省行下户部遍行随路，奴婢不得嫁娶招召良人，“如委自愿，各立婚书，听许为婚”。①

现实中，有的以婚姻为名，娶到良人之后，私下当做驱口买卖，或将良人转配驱奴。元统元年，明确立法：“其巧立名色，捏写婚书，妄冒求娶良家子女，转配驱奴者，所生男女，俱合随母为良，别立户名，收系当差。主婚妄冒之人，笞伍拾柒下，有职役者，解任别叙。保亲、媒合人等，减贰等科断。”②

明代关于良贱不婚的规定，大多与唐律类似。明律规定：“家长为奴娶良人为妻者，杖八十，女家减一等，不知者不坐……若以奴婢冒充良人，而与良人为婚者，杖九十，各离异改正。”与唐律相比，行为内容基本相同，刑事处罚比唐律轻。

清律禁止良贱为婚的内容沿袭明律。清代以士、农、工、商四民为良，部曲、奴婢、娼优等都是贱人，其社会地位低下，不能参加科举做官，在生活中也不得与良人结婚。“奴仆及倡优隶卒为贱”③。清律规定，“凡家长与奴娶良人女为妻者，杖八十。……其奴自娶者，罪亦如之。”官员不得娶部曲或者为贱人娶部曲，“凡府、州、县亲民官，任内娶部民妇女为妻妾者，杖八十。……若为子孙、弟侄、家人娶者，或和或强，罪亦如之，男女不坐。”不得娶娼妓者，“凡文武官并吏娶乐人妓者为妻妾者，杖六十，并

---

① 《元典章》，陈高华等点校，中华书局、天津古籍出版社2011年版，第663页。

② 韩国学中央研究院编：《至正条格（校注本）》，韩国城南影印元刊本，2007年版，第249页。

③ 光绪《清会典》卷17《户部》。

离异。……若官员子孙应袭荫者。娶者，罪亦如之，注册候荫袭之日，照荫袭本职上。降一等叙用”。从上述规定可以看出，对普通民众而言，只是作出了良贱不婚的一般性规定，对官员则有更为具体、严格的规定，对官员自身的伦理要求更高，是法律对统治阶级内部高贵身份的保护。

（二）嫁娶违律

1. 居丧嫁娶

传统中国法有父母丧、夫丧、妻丧及帝王丧内不得嫁娶的规定。禁止居丧嫁娶主要是维护伦理道德和宗法观念。

婚姻的成立有一定的时间，居父丧、居夫丧嫁娶违反了时间的规定。守丧是伦理的要求，为父母守丧是孝的要求，应悲伤、哀痛，但嫁娶是欢愉、高兴之事，在守丧时嫁娶与儒家的伦理观念格格不入，传统法律禁止守丧期间嫁娶。父母及夫之丧，都是三年，服制二十七个月，在服未满之时，都是“居丧”。①

嫁娶是吉利之事，但居丧则是凶事。当有丧事时，作为子女或亲属，应当悲伤、痛苦，如果在此期间嫁娶，是将喜庆之事加到悲伤之事之上。在尸骸未冷，就敢谈婚论嫁，不符合人伦孝道，服丧期间嫁娶于礼法不容。

春秋战国时，就有居父母丧不得嫁娶的记载。《左传·昭公三年》载，“齐侯使晏子请继室于晋……叔向对曰：‘寡君之愿也……缞绖之中，是以未敢请。’”汉代对于居丧奸多置重典。南北朝齐立重罪十条，居父母丧娶嫁列于不孝之条。隋唐时把居父母丧娶嫁归于十恶，宋元明清均将居丧嫁娶规定为犯罪行为，其处罚大同小异。

唐律规定：诸居父母及夫丧而嫁娶者，徒三年；妾减三等，各离之。知而共为婚姻者，各减五等，不知者，不坐。若居期丧而嫁娶者，杖一百，卑幼减二等，妾不坐。诸居父母丧与应嫁娶人主婚者，杖一百。诸夫丧服除而欲守志，非女之祖父母、父母而强嫁之者，徒一年，期亲减二等，各离之。

① 沈之奇：《大清律辑注》，怀效锋、李俊点校，法律出版社2000年版，第261页。

女归前家,娶者不坐。

宋律沿袭唐律规定。但在南宋时,在特殊情形下,如父亲为国事而死,子孙贫困无所依靠,在服丧期间可以结婚。《庆元条法事类》规定:"诸殁于王事,而子孙贫乏,家无依倚者,许服内定婚。"这充分考虑了私人利益。

元代继承了以往的服制制度,在婚姻方面,禁止服内成亲和服内定婚。至元年间,由于有人在"父母及夫丧制中往往成婚,致使词讼繁冗",但因为没有定例,很难裁断。户部认为,"父母之丧,终身忧戚,夫为妇天,尚无再醮",如果不明令禁止,不但"引讼不已,实是乱俗败政",为"免词讼""渐厚风俗",元代参考了金代"居父母及夫丧而嫁娶者,徒三年各离之,知而共为婚姻者,各减三等"之规定,制定了新的格例:"渤海、汉儿人等,拟自至元八年正月一日为始,已前有居父母、夫丧内嫁娶者,准已婚为定。格后犯者,依法断罪听离"。① 此处的"断罪"当是"徒三年",然而至元八年(1271)禁用《泰和律》,此后,服内成婚的处罚改为了"杖断"。

元中期明文规定,"妇人夫亡不行守志,服内与人成亲,媒人决三十七,主婚人决四十七,男子决五十七,妇人杖六十七,离异,财钱酬谢等物没官"。② 如至大元年,利州蔡寿僧丈夫李四十死去只有八个月,就背着婆婆李阿杨接受李茂才定物。小叔李五儿主婚,蔡寿僧与李茂才为妾。蔡寿僧杖六十七下,主婚人李五儿不应服内主婚嫁嫂,决四十七下,男子李茂才知情求娶,杖五十七下,离异,财钱没官。③ 建康路备句容县申佴必用状告,延祐三年五月十八日,弟佴贵三因病亡殁。延祐三年十月十二日,佴贵三之妻阿姜,在媒人徐寿家,与唐二官相见、吃茶、说话。延祐四

① 《元典章》,陈高华等点校,中华书局、天津古籍出版社 2011 年版,第 667—668 页。

② 《元典章》,陈高华等点校,中华书局、天津古籍出版社 2011 年版,第 2127 页。

③ 韩国学中央研究院编:《至正条格(校注本)》,韩国城南影印元刊本,2007 年版,第 245 页。

年五月二十八日与唐二官为妻,属于服内成亲。刑部认为,佴贵三亡殁未及期年,阿姜自行主婚,令徐实并母徐阿冯、吕阿严等为媒,接受唐起莘财钱,服内成亲,拟杖六十七下,离异。唐起莘知而为婚,决五十七下,媒人徐实、吕阿严各决三十七下。[①] 元后期法典《至正条格》"断例"篇,将《元典章》的"服内成亲"改为"居丧嫁娶"。其下条文,一是至大元年蔡寿僧服内成亲断例;一是大德二年,王继祖父丧停尸迎娶马大姐例。

明律规定:凡居父母及夫丧,而身自嫁娶者,杖一百。若男子居丧娶妾,妻、女嫁人为妾者,各减二等。若命妇夫亡,再嫁者,罪亦如之,追夺并离异。知而共为婚姻者,各减五等。不知者,不坐。若居祖父母、伯叔父母、姑、兄、姊丧而嫁娶者,杖八十。妾不坐。若居父母、舅、姑及夫丧,而与应嫁娶人主婚者,杖八十。其夫丧服满,愿守志,非女之祖父母、父母,而强嫁之者,杖八十;期亲强嫁者,减二等。妇人不坐,追归前夫之家,听从守志。娶者,亦不坐,追还财礼。[②]

清律沿袭明律,顺治三年修改并加入小注。修改之处在于,将明律中的"其夫丧服满,愿守志,非女之祖父母、父母,而强嫁之者,杖八十;期亲强嫁者,减二等",改为"其夫丧服满,果愿守志,而女之祖父母、父母,及夫家祖父母、父母而强嫁之者,杖八十;期亲加一等,大功以下又加一等",又增加"已成婚者,给与完聚,财礼入官"之文。明律本于唐律,女子在为夫守丧期满后,自愿守志,其祖父母、父母将其强嫁,是不承担刑事责任的,因为女子的祖父母、父母与其情本至亲,强嫁的目的,是使其有完整的家庭,是人之常情,所以,虽夺其志,可以原其情,宽恕而不予处罚。清律改为对强夺守志者,即使是祖父母、父母也要处罚,其目的是为了敦促妇女守节。守节作为妇女的美德,父母不仅不勉励,反而夺其志,强迫其再嫁,所以,要被治罪,期亲、大功还要加等处罚,用这种方式来表明官府

① 《元典章》,陈高华等点校,中华书局、天津古籍出版社 2011 年版,第 2127—2128 页。

② 《大明律》,怀效锋点校,法律出版社 1999 年版,第 61 页。

奖励守节之意，与唐律、明律出发点是不一样的。清律“已成婚者，给与完聚，财礼入官”之文，与“嫁娶违律，离异、改正”的通例虽相矛盾，但是此条律文的目的重在鼓励守志，如果已经再嫁，已经失节，就没有必要追归守志了。

2. 父母囚禁嫁娶

祖父母、父母犯罪囚禁，正是子女伤心失志，痛不欲生之时，竟然嫁娶，忘其至亲牢狱之苦，任情纵欲，是很大的不孝，为名教伦常所不容，应该予以刑事处罚。但只是结婚时间违反规定，其婚姻本身还是受到保护的，并没有规定离异。

唐律规定，祖父母、父母囚禁而嫁娶者，死罪，徒一年；军流罪，减一等；徒罪，杖一百。祖父母、父母命者，不论。亦不得筵宴。

明律规定，凡祖父母、父母犯死罪被囚禁，而子孙嫁娶者，杖八十。为妾者，减二等。其奉祖父母、父母命，而嫁女、娶妻者，不坐。亦不得筵宴。清律沿袭明律，顺治初年，加入小注。与唐律相比，明清律只规定父母死罪被囚禁，而没规定流罪，而且处罚是杖八十，其罪较轻。沈家本认为，流徒罪也有囚禁之时，与死罪并没有什么不同，“《唐律》有流徒罪，而明删之，似未妥①”。沈之奇认为，父母流罪以下被囚禁而嫁娶，虽没规定为罪，但“子孙忍及此乎？当酌科之”。②

第二节　婚姻关系的解除

“夫妻之伦，联之以恩，合之以义，持之以礼，三者备而后正始之道无愧焉。”③夫妇为五伦之一，联系之以恩，合之以义，又持之以礼，恩礼义都具备了，婚姻才得以成立、存续、美满。但在婚姻存续期间，毕竟会在夫妻

---

① 沈家本：《历代刑法考》，邓经元、骈宇骞点校，中华书局1958年版，第1838页。
② 沈之奇：《大清律辑注》，怀效锋、李俊点校，法律出版社2000年版，第266页。
③ 沈之奇：《大清律辑注》，怀效锋、李俊点校，法律出版社2000年版，第286页。

之间、夫与妻族之间、妻与夫族之间发生矛盾，如果婚姻无法维持，则根据法律的规定或夫妻间的合意终止婚姻关系。

离婚原因或方式，依照礼和法，主要有七出三不去、义绝、和离，除了这三者外，“更有以其他原因而离异者，随代多有”。①

一、婚姻解除的方式

（一）七出三不去

七出是唐宋时的称呼，最初的名称为“七去”或“七弃”。女子婚前在父家，婚后以夫家为家，所以，离婚于夫家而言叫“去”“弃”或“出”，由“出”而返回父家，则曰：“来归”。在《大戴礼记》中，还是属于礼的范围，是伦理规范。唐宋元明清各朝将其纳入国家法典之中。七出之文，目的在于维护家族的同居生活，保护家族利益，维护宗族制度。

“七出”据《大戴礼记·本命》：“妇有七去：不顺父母，去；无子，去；淫，去；妒，去；有恶疾，去；多言，去；窃盗，去。”《孔子家语》中也有类似记载。据清人陈士珂辑《孔子家语疏证》卷六《本命》篇记孔子言曰：“妇有七出、三不去。七出者：不顺父母者，无子者，淫僻者、嫉妒者，恶疾者，多口舌者，窃盗者。”②《大戴礼记》和《孔子家语》关于“七出”的记载，顺序和内容相同，只是个别词语不同。

据《仪礼·丧服传疏》云：“七出者：无子，一也；淫佚，二也；不事舅姑，三也；口舌，四也；盗窃，五也；妒忌，六也；恶疾，七也。”《大戴礼记·本命篇》解释了“出”的原因，“不顺父母，为其逆德也；无子，为其绝世也；淫，为其乱族也；妒，为其乱家也；有恶疾，为其不可与共粢盛也；口舌，为其离亲也；窃盗，为其反义也”。《大戴礼记》和《仪礼·丧服传疏》中七出的内容和顺序稍有不同。

唐代将七出纳入律令中，《唐律疏议》载：“七出者，依令，一无子，二

① 陈鹏：《中国婚姻史稿》，商务印书馆1990年版，第606页。

② （清）陈士珂辑：《孔子家语疏证》，上海书店1987年版，第170—171页。

淫佚，三不事舅姑，四口舌，五盗窃，六妒忌，七恶疾。”“七出”，除了盗窃和多言是有关个人品德，其余的五项都与婚姻目的有关。维护家长的权威，强调孝道，维护家庭声誉及内部和睦等。七出维护的是宗族利益，强调伦理秩序。

唐代用三不去来限制任意出妻的行为，

唐律规定三不去的同时，规定如果女子“犯恶疾及奸者，不用此律”。[①] 也就是对犯奸罪的女子和有恶疾的女子即使有“三不去”的情形也可以出妻。

元代继承唐宋律令规定的七出三不去制度，确立男子单方面离婚的权利。元代对“三不去”的限制做了调整，只规定犯奸者不去，也就是如果妇人有“恶疾”，有三不去的情形，则不能出妻，这表明元代男子出妻的权利有所限制，女性的婚姻权利有所提高。

明代承袭了“七出三不去”制度。《大明令·户令》规定了“无子、淫佚、不事姑舅、多言、盗窃、妒忌、恶疾”七出，《大明令·户令》三不去的相关规定为：“妻犯七出之状，有三不去之理，不得辄绝，犯奸者，不在此限。”可见，明清的七出三不去同元代相同。犯奸作为三不去的例外，直至清世，沿袭不变。如果女子犯奸，即使有“三不去”的情形，也要离婚，是因为“淫有紊乱夫宗血统之虞”[②]。

明清时期，离婚现象较多。离婚的方式，就“七出”来说，陈鹏认为“七出之文，虚设而已”，原因在于，“明清以降，俗忌离婚，宁忍淫秽，不敢轻言出妻”。[③] 清代王棠《知新录》云：“今世七出，只有一出，淫是也。古之待妇人过于刻，今之待妇人过于宽，乃至有淫者，而亦不知出，不敢出。”王跃生通过大量婚姻家庭个案的研究亦认为：在清代中期这一传统历史时期，丈夫被赋予的“七出”之权并没有被其广泛利用。或者说，大

① 《唐律疏议》，刘俊文点校，法律出版社 1999 年版，第 291 页。

② 陶希圣：《婚姻与家族》，商务印书馆 1931 年版，第 49 页。

③ 陈鹏：《中国婚姻史稿》，商务印书馆 1990 年版，第 621 页。

部分符合“七出”过失或缺陷的妻子并没有被丈夫逐回娘家。具体来讲，除通奸个案中有明确的休弃行为外，其他“七出”条文的落实是很稀见的。[①] 在明清时期，“七出”中，只有“淫去”，得到了落实。其落实，应是由于通奸案发，告于官府，因奸而犯罪，定罪量刑时，同时解除婚姻关系。如果没有经过官府，妻子通奸，丈夫等即使知悉，也很少主动出妻。即使主动出妻，妻子哀求，也可能留下。光绪《昌化县志》：“明季有王老八者，以其妻淫，欲出之。其妻泣涕乞哀，王不忍，遂留之且秘其事不言，复生一子，万历中状元。”[②]

总而言之，“七出”“三不去”是为了维护夫妇之伦，家族利益。薛允升认为，“‘七出’‘三不去’，本于《家礼》。既犯‘七出’，有‘三不去’之理以推之。‘七出’者，义之不得不去；‘三不去’者，情之不得不留。总以全夫妇之伦也”。[③] 也就是说，如果犯了“七出”，按“义”则不得不去，但是又有“三不去”的情形，则从情的角度，又不得不留。从其出自《家礼》而言，“三不去”，是根据礼应当留下，不能离婚；“七出”，也是根据礼的要求，可以离婚，但并不是一定要出妻。如妻子有“七出”的情形，但“恩”尚在的话，则不必离婚。“七出”“三不去”结合在一起，既考虑夫妇之义，也关注三种客观的情形，二者相反相成，维护正常的夫妇之伦。

（二）义绝

“义绝”一语，最早见于《白虎通德论 · 嫁娶》：“《礼 · 郊特牲》曰：一与之齐，终身不改。悖逆人伦，杀妻父母，废绝纲，乱之大者，义绝乃得去也。”有关义绝制度的明确规定最早出现在唐律中，但“义绝则离”之说汉以来就有。因此唐律的规定是袭了汉儒礼说，而将它法制化。[④] 此制虽经许多变化，但基本制度未变，一直实行到清末。

---

① 王跃生：《清代中期婚姻冲突透析》，社会科学文献出版社2003年版，第125页。

② （光绪）《昌化县志》卷11，清光绪二十三年刻本。

③ 薛允升：《唐明律合编》，怀效锋、李鸣点校，法律出版社1999年版，第352页。

④ 向淑云：《唐代婚姻法与婚姻实态》，台湾商务印书馆1991年版，第130页。

中国传统婚姻制度又强调“义”的连接性，夫妇有义则合，无义则离，一旦恩断义绝，婚姻不得维持。礼规定了义绝的原则和精神，“法律则是将义绝之说具体化、制度化，使之具有可操作性”。①

唐代的义绝，在《唐律疏议》“妻无七出而出之”条“疏议”部分做出了明确解释：“义绝，谓殴妻之祖父母、父母及杀妻外祖父母、伯叔父母、兄弟、姑、姊妹，若夫妻祖父母、父母、外祖父母、伯叔父母、兄弟、姑、姊妹自相杀及妻殴詈夫之祖父母、父母，杀伤夫外祖父母、伯叔父母、兄弟、姑、姊妹及与夫之缌麻以上亲若妻母奸，及欲害夫者，虽会赦，皆为义绝。”②此处规定的义绝包括了夫对妻之至亲有殴杀、妻对夫之至亲有殴詈杀伤、夫妻之至亲有互相杀伤、妻与夫之亲相奸等较重的犯罪行为。“义绝”表示夫妻间以及夫妻两个家族间的情感、缘分已经断绝、决裂；夫妻“以义合”，两个家族也“以义合”，既不能相合，便是“义绝”。

元律并没有概括地直接列出义绝内容，主要体现在断例中，陈鹏和曾代伟根据相关史料概括出了元代义绝的内容。③ 如曾代伟把义绝的情形分为九种：将妻卖休转嫁、逼令妻妾为娼、女婿虚指岳丈奸亲女、媳妇诬告翁欺奸、妻告夫奸男妇、翁调戏和奸及强奸男妇、夫殴伤妻母、丈夫故意损害妻子身体、将犯奸妻转卖为驱。④

明清律在“干名犯义”条小注中作出了列举性的规定：“义绝之状，谓如身在远方，妻父母将妻改嫁，或赶逐出外，重别招婿，及容止外人通奸；又如本身殴妻至折伤，抑妻通奸，有妻诈称无妻，欺妄更娶者，以妻为妾，受财将妻妾典雇，妄作姊妹嫁人之类。”⑤

---

① 金眉：《论唐代婚姻终止的法律制度》，《南京社会科学》2001 年第 11 期。

② 《唐律疏议》，刘俊文点校，法律出版社 1999 年版，第 291 页。

③ 参见陈鹏：《中国婚姻史稿》，中华书局 1990 年版，第 608 页。

④ 参见曾代伟：《蒙元“义绝”考略》，《西南民族大学学报》（人文社会科学版）2004 年第 11 期。

⑤ 《大明律》，怀效锋点校，法律出版社 1999 年版，第 179 页。《大清律例》，田涛、郑秦点校，法律出版社 1999 年版，第 488 页。

为较清晰地展示唐、元、明清法典中的义绝内容及不同，列表如下：

序号	唐	元	明清
1	夫殴打妻之祖父母、父母	殴伤妻母	
2	夫杀妻外祖父母、伯叔父母、兄弟、姑、姊妹		
3	夫妻双方的祖父母……互相杀害		
4	妻打骂夫的祖父母、父母		
5	妻杀伤夫的外祖父母……妹		
6	妻与夫的缌麻以上亲奸		
7	夫与妻母奸		
8	妻欲害夫		
9		将妻转嫁卖休	
10		逼令妻妾为娼	
11		媳妇诬告翁欺奸	
12		翁调戏男妇	
13		女婿虚指岳丈奸亲女	
14		夫虐妻损伤身体	殴妻至折伤
15		强奸妻前夫男妇	
16		将犯奸妻转卖为驱	
17			婿在远方，妻父母将妻改嫁
18			赶逐出外，重招别婿
19			容止外人通奸
20			夫抑妻通奸
21			有妻诈称无妻，欺妄更娶者
22			以妻为妾
23			受财将妻妾典雇
24			将妻妾妄作姊妹嫁人

元代同唐代相比；

其一，义绝的内容增多。

其二，从所增加的内容来看，关注了婚姻中女方的利益。唐律中规定的八种情形，第6条、第7条是奸罪；第1条、第2第属于丈夫对妻族的侵犯；第3条属于夫族和妻族成员的侵犯；第4条、第5条属于妻子对夫族的侵犯；第8条是妻子对丈夫本人的侵犯。可见，唐律关注的重点在于两个家族的利益，因夫妻双方家族之间的矛盾而导致夫妻反目相离，在夫妻相犯方面，仅规定了"妻欲害夫"属于义绝。元代则增加了丈夫侵犯妻子本身，属于义绝的情形：将妻转嫁卖休、逼令妻妾为娼、夫虐妻损伤身体、将犯奸妻转卖为驱。元律中有关"义绝"而夫妻剥离，绝大多数是夫妻、翁婿、妇姑之间产生矛盾不和而导致的结果。① 这表明，元代对义绝的理解，与唐代有了不同，更关注夫妻家庭内部的关系。

明清律在婚姻"出妻"条中有"义绝之状""义绝"之语，但何为"义绝"，"义绝之状"是哪些，本条并没与解释。因此，明清律的义绝有不同的理解：《明律集解附例》："义绝，谓绝夫妇之义，专指自得罪于夫言，如殴夫及欲害夫之类，非为殴舅姑之类也。"这种理解只是因女方行为而义绝的情形，而且局限于妻子自己"得罪于夫"的行为，显然有所片面，上面的"律注"就包括因"妻父母"行为导致的义绝。

日本学者滋贺秀三认为："明清律中相当于唐律中的义绝规定，实质上已经不存在，代之而出现的是散见的为直接保护妻而作的若干个别的审判上的离婚规定。"②这种观点将"义绝"内容局限在"为直接保护妻"而作的规定，忽视了女方侵犯丈夫的情形，如律中的妻父母行为，将之列为义绝，保护的是丈夫的利益。明清律注所列并非是义绝的全部情形，因其注释的是律文"若女婿与妻父母果有义绝之状"中的义绝，是因女婿或

① 王晓清：《元代婚姻形态》，武汉大学出版社2005年版，第242—243页。

② ［日］滋贺秀三：《中国家族法原理》，张建国、李力译，法律出版社2003年版，第386页。

妻岳父母之行为而义绝的情形,“如”字之后是妻父母的行为,“又如”字之后是女婿的行为。

唐时义绝必须解除婚姻关系,但清代是否必须离异,视义绝的情状而定。沈之奇认为:“义绝者,谓于夫妇之恩情礼意,乖离违碍,其义已绝也。”夫妻之间恩、义都不存在了,因此“义绝必离,姑息不可也”。但沈之奇又认为,义绝可离可不离者,如妻殴夫、夫殴妻至折伤之类;义绝而不许不离者,如纵容抑勒,与人通奸,及典雇与人之类,①推其因,当与夫妻妾之间的“情”有关。《大清律例·刑律·斗殴》妻妾殴夫条:“凡妻殴夫者(但殴即坐),杖一百。夫愿离者,听。(须夫自告,乃坐。)……其夫殴妻,非折伤,勿论。至折伤以上,减凡人二等。(须妻自告,乃坐。)……妻殴伤妾,与夫殴妻罪同。(亦须妾自告,乃坐。)”②妻殴夫、夫殴妻至折伤,律文虽规定要承担刑事责任,但须受害者“自告”才能治罪。“夫、妻、妾相殴,皆注‘自告乃坐’,盖夫与妻、妾,同处闺房,情可掩法,恩可掩义。被殴者,或念平日恩情,愿忍受而不发,亦当听之,非他人所得参其说也”。③ 夫妻间毕竟生活在一起,有一定的感情存在,“‘殴’无必杀之心,犹得以恩义相推;若‘故杀’,则恩尽义绝矣”,④在被对方殴打后,因“情”而“忍受不发”,法律应当矜悯、珍惜这种感情,“听之”。即使加害人受到了处罚,按照“义绝”的规定“必离”,但本条给予了丈夫选择权,“夫愿离者,听”。

“义绝”是朝廷的强制性的离婚,而且对夫妇双方都具法律效应。与“七出”所不同的是,“七出”是丈夫出妻的依据,主动权只在丈夫手中。

(三)和离

“和离”,也称“两愿离”,是指夫妻因不相安谐而自愿离婚。其在汉

① 沈之奇:《大清律辑注》,怀效锋、李俊点校,法律出版社 2000 年版,第 286 页。
② 《大清律例》,田涛、郑秦点校,法律出版社 1999 年版,第 460 页。
③ 沈之奇:《大清律辑注》,怀效锋、李俊点校,法律出版社 2000 年版,第 758 页。
④ 沈之奇:《大清律辑注》,怀效锋、李俊点校,法律出版社 2000 年版,第 757 页。

代就已经存在,《汉书·朱买臣传》记载,买臣听其妻之自去。唐朝时,将其规定在律中。《唐律·户婚》"义绝离之"条曰:"若夫妻不相安谐而和离者,不坐。""若夫妻不相安谐"的解释是"彼此情不相得,两愿离"。也就是夫妻双方互相不满意时,双方协议离婚。从唐代敦煌文书中可见离婚是双方情愿的。

"不相安谐"范围较广,并不是法定的,如丈夫因贫穷无法养妻,自愿放妻。又如,婚后夫妻无法相处,或妻子不能与夫家相容等。和离的理由都相当现实和开放,反映一般民众的婚姻自由,少受礼教的约束。①

唐代户令规定了"和离"的手续:"皆夫手书弃之,男及父母伯姨舅,并女父母伯姨舅,东邻西邻及见人皆署,若不解书,画指为记"。② "和离"不需通过官方,而是民间自行处理。但这并不等于个人可以擅自为之,一是需要丈夫手书,以为凭证;二是夫妻双方、父母、夫妻双方伯姨舅、当地村邻及见此事者其他人签字。此处的"夫手书",是指丈夫写"放妻书"。唐代敦煌文书中,有十几件唐宋时期的《放妻书》。

由于男尊女卑,和离的主体,和离的提出者,一般情形下是男方,但"从北宋中叶到南宋后期,都有女子本人或直系亲属提出离婚"的情形。如《名公书判清明集》卷九《婚嫁》中一案,就是女子的兄长提出的。女方提出离婚得到国家法律的认可,说明女性在婚姻中的地位有所提高,女性能根据夫妻感情做出符合自己意愿的选择。

《元典章·户部四·婚姻》:"若夫妇不相安谐而和离者,不坐,须要明朗写立休书。"明清律中都有"两愿离者,不坐"的规定。

传统婚姻法中的"和离"这种离婚形式,反映了对婚姻双方的私人感情的尊重。婚姻虽是为了"合两姓之好",但夫妇间感情和睦,也是婚姻组合中不可缺少的成分。传统社会,妇女社会地位和家庭地位低下,受政权、神权、族权和夫权的压制,她们在婚姻关系上,虽然很难表达自己的意

---

① 柳立言:《宋代的家庭和法律》,上海古籍出版社 2008 年版,第 223 页。

② [日]仁井田陞:《唐令拾遗》,栗劲等编译,长春出版社 1989 年版,第 162—163 页。

愿,但唐律关于“和离”的规定,在中华法制文明发展史上具有进步意义。

“和离”,“对近、现代婚姻立法所产生的影响是不可忽视的。近代中国的立法在世界上较早肯定‘两愿离婚’制度固然与这一传统密切相关,当代中国法律充分实行破裂主义离婚原则,社会制度自身是根本原因,历史传统对婚姻心理及社会实践的影响,无疑也不失为一个重要因素。”①

二、妇女改嫁、再嫁

清代“丈夫对妻子的占有权还可以延伸到休弃之后”。② 不同的离婚方式,妇女与故夫家关系也不一样。如被出,恩义断绝,或者夫死再嫁。

一般而言,改嫁是妇女被出之后或和离之后,改嫁他人。再嫁,是丈夫死亡之后,再嫁他人。③ 妇女改嫁和再嫁,是妇女权利的体现,反映了一个社会的婚姻自由。

(一)改嫁的时间

唐律规定,夫失踪六年后,妻子可以改嫁。宋真宗时改为只要是夫携妻财产失踪,妻无以自给,便可改嫁。南宋“在法:已成婚而移乡编管,其妻愿离者,听。夫出外三年不归,亦听改嫁。”而且可以保留聘财。④ 元代规定,如果夫妇不和睦,禁止卖休买休,违者罪之。和离者,不坐。⑤ 此种情况下可以写立休书,赴官告押执照,即可改嫁。还规定,未婚夫如为盗及犯流流远者,皆听改嫁。⑥

(二)禁止改嫁或再嫁

据张邦炜研究,在宋代的法律中,只有一处是禁止妇女改嫁的。《续

① 陶毅、明欣:《中国婚姻家庭制度史》,东方出版社 1996 年版,第 270—271 页。

② 王跃生:《清代中期婚姻冲突透析》,社会科学文献出版社 2003 年版,第 36 页。

③ 《唐律疏议》有“夫亡改嫁”之语。参见《唐律疏议》,刘俊文点校,法律出版社 1999 年版,第 448 页。

④ 《名公书判清明集》,中华书局 1987 年版,第 353 页。

⑤ 方龄贵:《通制条格校注》,中华书局 2001 年版,第 174 页。

⑥ 《元史》卷 103《刑法志》,中华书局 1976 年标点本,第 2643 页。

资治通鉴长编》:“宗妇少丧夫,虽无子不许更嫁。”[①]这项规定英宗时被撤销,下令准许宗室女再嫁,并一直遵行到南宋后期。就宋代来看,“对于妇女改嫁绝非愈禁愈严,相反倒是限制愈来愈小,越放越宽”。[②] 民妇再嫁,法律上规定在为夫守丧三年后,可再嫁。哲宗诏令将难以维持生计的寡妇居丧期由二十七个月缩短为一百天。宋代经济发达,农产商品化以及手工作坊出现,很多妇女参加劳动,经济上有了一定保障,逐渐有了独立自主的心态和能力,再嫁与否,有很大的自主权,即使偏远的夔州路施、黔等地,客户死亡后,“其妻改嫁者,听其自便”。[③]

元代对改嫁,在身份、经济方面做出限制。禁止特定情形下的改嫁:

其一,元朝规定命妇夫死不许改嫁。至大四年(1311),禁止朝廷夫死妇人再嫁:“男有重婚之道,女无再醮之文。生则同室,死则同穴,古今之通义也。夫亡守节之妇,有司为之旌表门闾,朝廷每降德音,其于义夫节妇未尝不为之褒谕,所以重风化之原也”。

其二,已成婚有子,其夫虽犯盗罪,勿改嫁。[④]

其三,妇人因夫、子得封者,不许改嫁。至大四年,“尚书省奏准封赠流官父母妻室,颁行天下,妇人因夫子得封郡县之号,即与庶民妻室不同,即受朝命之后,若夫子不幸亡殁,不许本妇再醮,立为定式。如不尊式,即将所受宣敕追夺,断罪离异”。[⑤]

其三,交趾出征军人的家属。即出征军人未知存亡的情况下,女方父母不能一面改嫁,如有违反,不但责令本省改正,且将主婚人断罪。

其四,边缘地方官员妻妾再嫁。元代统治的范围空前广大,官员任免和流动频繁。为维护为官者的家庭利益,大德三年,针对“两广烟瘴重

① 李焘:《续资治通鉴长编》,中华书局1985年版,第4598—4599页。
② 张邦炜:《婚姻与社会》,四川人民出版社1989年版,第80页。
③ 《宋史》卷173《食货志》,中华书局1973年标点本,第4178页。
④ 《元史》卷103《刑法志》,中华书局1976年标点本,第2643页。
⑤ 《元典章》,陈高华等点校,中华书局、天津古籍出版社2011年版,第642页。

地，比来官员染病身死，抛下妻妾，改适他人，将前夫应有资材人口，席卷而去”的情形，规定了官员的妻妾不得擅自改嫁，如有违反者，断罪、听离。①

元代禁止改嫁的法令增多，但这些禁止并不是针对普通妇女，主要是针对命妇、官员妻妾、军人妻妾等特定群体，可以说这是统治阶层内部的妇女。夫死的寡妇和离婚的妇女，都面临着再嫁和改嫁的问题。离婚改嫁与夫死再嫁涉及不同的贞节观念。改嫁和守节是矛盾的，尽管提倡守节，但改嫁也为社会所接受。元代普通妇女改嫁、再嫁情形较为普遍。元政府在改嫁问题上，沿用前代的规定，在为夫守丧三年后，可改嫁。如武宗至大年间，“妇人夫亡守节者甚少，改嫁者历历有之，乃至齐衰之泪未干，花烛之筵复盛”。② 对于改嫁再嫁，“世之妇皆然，人未尝以为非”。③元政府在改嫁问题上，一方面沿用前代的规定，在为夫守丧三年后，可改嫁。

（三）嫁妆

唐宋律规定，妇女对嫁妆有支配权，从本家所得嫁资，为其私有财产。《唐律疏议》引《户令》：“妻家所得之财，不在分限。”④《宋刑统》也有此规定。元代开始，法律上明确限制携带“随嫁奁田”改嫁。元代妇女对嫁妆没有支配权，改嫁妇女不能任意将财产带走。大德八年规定，不管是生前离异，还是丈夫死后寡居，只要是改嫁他人，“其随嫁妆奁财产，一听前夫之家为主，并不许似前搬取随身。”⑤离婚妇女和寡妇如果再婚，就要丧失原先从父母处继承得来的妆奁物，承自娘家的妆奁都不能带走。

明清两代遵循元代之规定，都有“（寡妇）改嫁者，夫家财产及原有妆

① 谭晓玲：《冲突与期许——元代女性社会角色与伦理观念的思考》，南开大学出版社 2009 年版，第 70—71 页。
② 《元典章》，陈高华等点校，中华书局、天津古籍出版社 2011 年版，第 642 页。
③ 《元史》卷 200《列女传》，中华书局 1976 年标点本，第 4488 页。
④ 《唐律疏议》，刘俊文点校，法律出版社 1999 年版，第 263 页。
⑤ 《元典章》，陈高华等点校，中华书局、天津古籍出版社 2011 年版，第 652 页。

奁,并听前夫之家为主”的规定。明清把寡妇的人身权、财产权和子女权完全转移到夫家,是承袭蒙古的习惯法。这种限制妇女携产改嫁的规定也成为限制妇女再嫁的一个原因。元代妇女对嫁妆没有支配权,限制了改嫁。另一方面,鼓励妇女守节和优待守节妇女,在元代落到实处。到了元代,国家颁布法令,对于“三十以前夫亡守制,至五十以后晚节不易,贞正著明者”进行旌表。大德八年(1304)八月,礼部呈文:“今后举节妇者,若三十以前夫亡守制,至五十以后晚节不易,贞正著明者,听各处邻佑、社长明具实迹,重甘保结,申覆本县,牒委文资正官体覆得实,移文附近不干碍官司,再行体覆,结罪回报,凭准体覆牒文,重甘保结,申覆本管上司,更为核实保结。申呈省部,以凭旌表。”①

明太祖洪武元年的诏令:“凡孝子顺孙,义夫节妇,志行卓异者,有司正官举名,监察御史、按察司体覆,转达上司,旌表门闾。又令民间寡妇,三十以前夫亡守制,五十以后不改节者,旌表门闾,除免本家差役”②这一规定为旌表行为提供了制度保障与优待政策。

(四)改嫁后与故夫家关系

女子出嫁后,与夫家的亲属关系,在“三从”主义之下,出嫁从夫,夫的亲属就是妻的亲属,在法律上就是“如宗亲”的关系。

妻妾在丈夫死亡之后再嫁他人,其与故夫、父母、祖父母之恩义并未断绝,所以再嫁妻妾对故夫之祖父母、父母的犯罪,如谋杀、殴、骂詈等,与凡人之间的侵犯不同,唐律较凡人为重。但故夫父母祖父母毕竟与现奉的父母不同,唐律规定对故夫之父母祖父母较改嫁后的夫之祖父母、父母为轻。就谋杀来说,《唐律疏议》规定:谋杀现奉的夫之祖父母、父母,“皆斩”。谋杀一般人,根据不同情形予以不同处罚:已伤者,绞;已杀者,斩;谋者,徒三年。妻妾谋杀故夫之祖父母、父母者,流二千里,较谋杀凡人徒

① 《元典章》,陈高华等点校,中华书局、天津古籍出版社 2011 年版,第 1147—1148 页。

② 万历《大明会典》卷 79《旌表》。

三年为轻;已伤者,绞;已杀者,皆斩。与唐律相比,《大明律》和《大清律例》不再区分,将故夫之祖父母、父母和现奉夫之祖父母、父母视为一致,规定:"凡(改嫁)妻妾谋杀故夫之祖父母、父母者,并与谋杀(现奉)舅姑罪同。"而谋杀现奉舅姑,则是"已行(不问已伤、未伤)者,皆斩;已杀者,皆凌迟处死"。明清律有意从严,从服制角度而言,改嫁的妻妾为故夫父母祖父母持何服,并没有规定,"以礼推之,则无服矣",既然无服,在处罚上与现奉舅姑相同,似嫌未允。[①] 但从《刑案汇览》来看,即使夫死妻嫁,妻子也不能义绝于夫之父母,一旦有什么侵害行为发生还必须以服制来定罪,如果以幼犯尊就要加倍处罚。

妇女改嫁后,子因妇女身份不同,与母亲的关系也就不同。《大清律例·名例律下》"称期亲祖父母"条:"其嫡母、继母、慈母、养母(皆服三年丧,有犯),与亲母(律)同(改嫁、义绝及殴杀子孙,不与亲母同)"[②]可看出"四母"改嫁之后与子的关系同亲母改嫁与子的关系是不一样的。沈之奇解释了原因:如果亲母被父亲休弃,或父亲死亡亲母改嫁,"虽义绝于父",但与亲子有血缘关系,这种"所出之恩",子不能断绝,仍是亲母与亲子关系;嫡、继、慈、养母被出及改嫁,皆"义绝于父",不同于亲母,嫡母、继母"无复母道矣",慈母、养母则"以其有抚育之恩"母道仍存。[③] 改嫁与被出不同,被出者与丈夫绝义,与丈夫的父母、祖父母以凡论。

传统中国法在两性关系的缔结与解除上,为使婚姻家庭制度适应社会发展的需要,传统婚姻婚制度的内在结构并非一成不变,而是不断地调整,公私并举,主要维护宗法利益,但在某些方面也关注男女双方当事人的利益。

其一,结婚年龄的规定,最低的婚龄,要考虑男女双方的身体发育情况,这是关注"私"表现,还要考虑其能否尽到父母之责、繁衍后代,对于

---

① 薛允升:《唐明律合编》,怀效锋、李鸣点校,法律出版社 1999 年版,第 477 页。
② 《大清律例》,田涛、郑秦点校,法律出版社 1999 年版,第 124 页。
③ 沈之奇:《大清律辑注》,怀效锋、李俊点校,法律出版社 2000 年版,第 770 页。

社会的发展起着重要作用。

其二,离婚方面。婚姻中,夫妇间的琴瑟之谐是不可缺少的成分。唐代将“和离”写入法典。夫妻彼此情不相得时,可两愿离婚。这是对婚姻双方的私人感情的尊重,是礼法婚姻中的合理成分,兼顾了公私。

其三,“七出”中“不顺父母”到“不事舅姑”,从主观到侧重客观行为,“三不去”限制“七出”。七出主要是从家族利益考虑的,在传统中国有其合理性,“在血缘家族社会中,家是国的基础,国则是家的放大,家国一体,由家族理论推及国家政治,由家内秩序演绎出政治秩序,因此家族利益和家族的稳定是礼制和法律关注的重点”。① 但是,妻存在“三不去”的情形,则男子不能“七出”。“三不去”是对女方的。“七出三不去”既考虑家族利益又兼顾妻子的个人利益。

---

① 金眉:《唐代婚姻家庭继承法研究——兼与西方法比较》,中国政法大学出版社2009年版,第140页。

第三章　中国古代亲属制度

中国古代亲属制度是以儒家礼制为标准而建立的。《礼记·大传》曰："亲者，属也。""自仁率亲，等而上之，至于祖。自义率祖，顺而下之，至于祢。是故人道亲亲也，亲亲故尊祖，尊祖故敬宗，敬宗故收族，……"又曰："同姓从宗，合族属。""六世亲属竭矣。"另外《仪礼·丧服·传》也说道："父至尊也。""夫至尊也。""妻至亲也。""外亲之服皆缌也。"汉代儒家学者刘熙在《释名·释亲属》中称："亲者，衬也，言相隐衬也，""属，续也，恩相连属也。"上述解释意在说明亲者之内涵，亲属之形成肇因于婚姻和血缘关系的产生，具有亲属身份的人们之间尊卑有别，亲疏有序，并具有"相衬相续"的儒礼关系。

基于尊卑有序的儒礼关系，中国古代不同时期的家庭构成不尽相同，王权时代的家庭构成与皇权时代有所差别，王权时代极其强调宗法关系，奴隶主家庭和农奴家庭是当时的主要家庭构成，而封建性的小家庭是皇权时代的主要家庭构成。婢女、妾与家长的法律关系构造趋于定型；子女、赘婿、童养媳和养子的法律地位不断明晰。

古代亲属制度并非一成不变，伴随着社会的发展，不断有新的变化产生。"进入阶级社会以后，奴隶制和封建时代（封邦建国）的宗法制度都是借助于亲属制度而确立的，亲属关系、亲属组织在社会生活中起着极为强大的作用。近现代以来，亲属关系在社会生活中的作用较古代有所淡化，但仍具有重要的作用。”[①]到了当代，亲属关系已演变为很狭义的概念了，专指基于婚姻血缘关系以及法律拟制产生的一种社会关系，以夫妻、父母子女关系为中心。“在当代法学中，亲属是指基于婚姻、血缘或法律拟制而产生的人与人之间的社会关系。”[②]亲属按其形成的特点不同，可以分为生物学上的亲属与法律上的亲属。生物学上的亲属并非都是法律上的亲属，而法律上的亲属也并非都是生物学上的亲属。[③] 中国古代法律上的亲属指的是“五服和九族”之内的家庭成员的关系以及“五服和九族”以外的家族成员关系，“五服与九族”共同勾勒出中国古代的亲属范围。

肇始于西周时期的特殊家庭制度，采取分封与分宗相结合的办法维系政权，其实质乃家国同构。家与国以血缘关系为纽带，在宗法层面开始同构，使得家既是国，国又是家。家国同构具有突出的宗法性、浓厚的政治色彩以及义务主导的性质。家国同构要求家与国之内部构成具备形式上的一致性、家与国在文化认知层面上存有一致性以及家与国在规则秩序层面具有同源性。家与国的特殊关系促进了诸如赐婚、和亲等公私并举的政治婚姻的产生，还促成诸如禁娶监临女等政治性婚姻禁忌的发展与定型。因此，家国同构进一步促进了尊卑有序的宗法意识的形成，并为家国一体的政治走向奠定了基础。

第一节　古代家庭制度的形成

家庭是人类社会发展到一定阶段出现的社会现象，家庭的结构和职能随着人类物质资料生产方式的变化而变化。从唯物史观出发，狭义的家庭由夫妻关系、父母与子女的关系构成，即“每日都在重新生产自己生

① 杨大文，龙翼飞：《婚姻家庭法学》，中国人民大学出版社 2006 年版，第 80 页。
② 余延满：《亲属法原论》，法律出版社 2007 年版，第 93 页。
③ 余延满：《亲属法原论》，法律出版社 2007 年版，第 93 页。

命的人们开始生产另外一些人,即繁殖。这就是夫妻之间的关系,父母和子女的关系,也就是家庭”。[①] 从广义上看,家庭与社会的产生、存在和发展密切相关,家庭是社会的缩影,家庭的产生、存在和发展状况反映了社会的产生、存在和发展。也即家庭“以缩影的形式包含了一切后来在社会及其国家中广泛发展起来的对立”。[②] 纵观中国古代,家庭实质上是构成宗族组织或宗族团体的下级单位,家庭与宗族联系紧密,相辅相依。

一、古代夫妇共同体

1. 夫妇结合的首要目的在于祭祀祖先

《礼记·昏义》有言:“昏礼者,将合二姓之好,上以事宗庙,而下以继后世也。”也即儒家认为两姓结合的目的在于祭祀祖先和传宗接代。祭祀祖先与传宗接代可谓是相辅相成,缺一不可,但忖度之下,合两姓之好的目的存在孰先孰后的顺序,也即“继后世”是为“事宗庙”服务的。倘若没有了宗族的延续,那么对祖先的祭祀也将失去保障,由此可以看出,男女结合成两姓共同体的首要目的在于祭祀祖先,延续宗族成了次要目的。

为了贯彻祭祀祖先的首要目的,中国古代十分重视“庙见”之礼,《礼记·文王世子》提到“五庙之孙,祖庙未毁,虽为庶人,冠、娶必告”,古代男女结婚必经的程序是在祖宗牌位前举行“庙见之礼”,唯有如此,女性才会被视为本宗族的成员。清人徐珂《清稗类钞·狱讼类·汪龙庄折狱》的记载更是验证了这一点,即“礼,未庙见之妇而死,归葬于女氏之党,以未成妇也”。[③] 直至近世结婚仪式里的“拜天地与拜高堂”,其实质是对古代“庙见”之礼的延续,而这也暗示着合两姓之好的首要目的在近世仍在影响着世人,其中浓厚的迷信色彩并未消散。

---

① 《马克思恩格斯文集》(第1卷),人民出版社2009年版,第532页。

② 恩格斯:《家庭、私有制和国家的起源》,人民出版社2018年版,第61页。

③ 中华大典工作委员会编:《中华大典·法律典·民法分典·身份法总部》(第二册),人民出版社2015年版,第304页。

2. 为定人伦而促进夫妇结合

《礼记·昏义》又言“男女有别,而后夫妇有义;夫妇有义,而后父子有亲;父子有亲,而后君臣有正。故曰:昏礼者,礼之本也”。男女双方因缔结婚姻结为夫妻,夫妻之间的关系是家庭人伦关系的基础,同时也是父子关系,君臣之道的前提,故而《礼记》将其称为礼之本也。

除此之外,《礼记·经解》说到,“婚姻之礼,所以明男女之别也。……故婚姻之礼废,则夫妇之道苦,而淫辟之道多矣”。也即两姓的结合能够防止人伦混乱和淫辟的产生,使人与原始社会中的男女有所区别。因此,男女通过婚姻组成的两姓共同体能够有效地规制两性的结合,同时也是其他诸如父子、君臣之间关系的基础,是人伦得以确立的前提。

3. 合二姓之好要求夫妇结合

正如前述所提及的“昏礼者,将合二姓之好”。其简单明了地指出了一桩婚姻能够将两个家族紧密地联系在一起,也即通过结婚的方式增强夫家与妻家之间的联系,强化二者之间的关系,使得双方在某些方面一荣俱荣,一损俱损,从而达到荣辱与共。例如春秋战国时期的“秦晋之好”,“齐鲁联姻”等皆为达到荣辱与共的局面,尽量用大利益掩盖小冲突,这实则乃是带有政治性质或者军事色彩的联姻。

一言以蔽之,中国古代两姓共同体的结合,大多是从各自家族利益出发,小家联姻的利益在于解决温饱,大家的联姻更多的带有政治或军事色彩。

4. 夫妇有别

男女结合成夫妻,形成一个两姓共同体的家庭,虽言共同体,却要知道,在中国古代两性的地位是极其不平等的。《仪礼·丧服》说到,“夫者妻之天也”,另《说文解字》说“妇者,服也,从女持帚以洒扫”。由此可以看出,妻子将丈夫视同天,并且妻子只是手拿扫帚的家庭妇女,夫妻不可能真正平等。《御制大诰续编·明孝》载:“夫妇有别;长幼有序……”。①

① 中华大典工作委员会编:《中华大典·法律典·民法分典·身份法总部》(第二册),人民出版社2015年版,第366页。

虽然后世有诸如相敬如宾的说法,但在儒家强调三纲五常的礼法观念里似乎不太现实。

古代两性地位不平等还体现在女性社会地位的取得必须依附于男性。《白虎通·嫁娶》有言"阴卑不得自专,就阳而成之"。也即女性在未嫁人之前是不得擅自做主的,说的再抽象一点即未嫁女子没有独立的人格,等到嫁人之时方能取得独立人格。女性的独立人格也只是相对而言,嫁人之后取得的人格是相对于出嫁前而言,嫁人后的人格则会被丈夫吸收,也即丈夫身份的高低决定了妻子的人格和地位的尊卑。

二、古代家庭构成及家庭关系

1. 王权时代的家庭构成

"家"字在甲骨文里早已有之,如《殷虚文字乙编》:"贞:侑家祖乙左王?贞:侑家祖乙弗左王?王为我家祖辛左王?王为我家祖辛弗左王?"(武丁卜辞)这里的家祖乙、家祖辛,正是祖乙家、祖辛家的意思。[①]《甲骨文编》收录"家"的甲骨文字形约有二十余种,[②]可见"家"字在甲骨文中已属于较常见之字。

由家而引申出的家庭构成和家庭关系在不同时期也不尽相同。中国古代自夏朝建立便标志着进入奴隶制时期,家庭构成与关系也逐渐成型。《礼记·坊记》有"家无二主"的记载,也即一家之内不能同时存在两个主人,而《易经》里也有了专门的"家人"一篇,这些都表明在奴隶制时期已经出现了家的称谓。在殷周的奴隶社会,一户农奴受田百亩算作一个家庭单位。据《周礼·小司徒》记载:"乃均土地以稽其人民,而周知其数。……以七人六人五人为率者,有夫有妇然后为家,自二人以至于十为九等,七六五者为其中"。这段资料揭示当时受奴隶主控制的农奴家庭的人口数量,即一个农奴之家的人口由二人到十人不等组成,其中以五到

① 郑慧生:《释"家"》,《河南大学学报》(社会科学版)1985 年第 4 期。
② 中国科学院考古研究所编:《甲骨文编》,中华书局香港分局 1978 年版,第 315 页。

七人的家庭最为常见，一般没有超过十人的家庭。《礼记·大传》有言，“大宗为百世不迁之宗，小宗五世而迁”。由此可见当时除了大宗之外，奴隶主贵族都是五世同居的大家族。及至殷周，强调宗法已蔚然成风，在宗法制度的联结下，一个五世同居的大家庭由奴隶主担当大家长，超过五世才会迁家，由此可以宏观上窥见当时奴隶主家庭的规模和家庭关系。《仪礼·丧服》也提到，“父子一体也，夫妻一体也，昆弟一体也”。也即在当时父子、夫妻与众多兄弟是团结在一起的，从父母到兄弟都紧密联结在一起，即使分居也是“异居共财”。这就是“故父子首足也，夫妻牉合也，昆弟四体也。故昆弟之义无分。……子不私其父，则不成为子。故有东宫，有西宫，有南宫，有北宫，异居而同财，有余则归之宗，不足则资之宗。”(《仪礼·丧服·传》)可以看出在奴隶制时期，在一个大家庭内，彼此之间的联系是十分紧密的，这种联系既有人身的联系，也有财产上的联系，但更重要的是财产上的联系，即使各个小家庭已经分居，仍然是“异居而同财”，家庭里个别成员倘若有富余之财则必须向大家庭里的宗主缴纳。《韩非子·五蠹》里也提到当时的家庭规模，即“今人有五子不为多，子又有五子，大父未死而有二十五孙。是以人民众而货财寡，事力劳而供养薄，故民争。”①从韩非子的论述里可以看出，在奴隶制社会的后期，贵族阶层里一对夫妇拥有五个儿子并不算多，而每个儿子又有五个儿子，祖父还没有死就有了二十五个孙子。可见当时的贵族家庭规模也是十分巨大的，按照韩非子的论述，多数是三代以上同居或者共财，而人数上限有多大就得看整个家庭的经济实力，但从韩非子的论述来看，一个三代的大家庭就已经出现人口众多而财物短缺的情况，故而出现大量比三代家庭规模更大的家庭可能性不大。

总而言之，在奴隶制时期已经存在了供奴隶主剥削的农奴小家庭，同时奴隶主贵族阶层也存在着与宗法组织关系密切的家庭组织，在一个家

---

① 《韩非子·五蠹》，上海古籍出版社 2016 年版，第 786 页。

庭组织里,男性也即家长享有至高的权威,家庭的其他成员必须服从于他。此即胡广在《性理大全书》所言:“凡诸卑幼,事无大小,毋得专行,必咨禀于家长。凡为子为妇者,毋得蓄私财。俸禄及田宅所入,尽归之父母舅姑。当用则请而用之,不敢私假,不敢私与。”①家庭大小诸事皆听由家长定夺,家长不仅对奴隶有生杀予夺的权力,对妻子儿女也拥有绝对的统治权力。

2. 皇权时代的家庭构成

战国末年,随着商鞅废井田,开阡陌,那时的中国逐渐步入封建社会。一家或者一户成了生产和消费的基本单位,生活必需品几乎都来自家庭生产和制造,也即家庭自给自足,这也就是“生民之本,要当稼穑而食,桑麻以衣”。② 这表明家庭是人民进行生产和生活的重要场所。中国古代家庭除少数富贵人家多是一夫多妻妾外,基本形式即占人口和家庭大多数的平民百姓的家庭是一夫一妻与未成年子女组成的小家庭即现在所谓核心家庭和三世同堂的直系家庭。③ 这是中国古代家庭结构的一般情况。

商鞅变法时,为了增加国家税收,以国家法令的形式规定“富民有子则分居,贫民有子则出赘”,也即到了商鞅这不再允许像奴隶制时期那样留有较大规模的家庭。在商鞅看来,宗法制家庭中的“父子无别,同室而居”不利于发展生产与增加国家的赋税收入,因而规定分家析产,以一夫一妇为课征对象,民家有二男以上不分异者要加倍征收赋税。④ 这也就是《史记·商君列传》里说的“令民父子兄弟,同室内息者为禁。”也即“秦人家富子壮则出分,家贫子壮则出赘”。商鞅的变法措施使得奴隶制时

① 中华大典工作委员会编:《中华大典·法律典·民法分典·身份法总部》(第二册),人民出版社 2015 年版,第 341 页。

② 颜之推:《颜氏家训·治家篇》,中华书局 2019 年版,第 36 页。

③ 张琢:《中国古代家庭到底有多大?》,《社会学研究》1987 年第 6 期。

④ 傅允生:《从赋税制度看中国传统家庭组织结构的二元性》,《浙江财经学院学报》1991 年第 1 期。

期的宗法性大家庭逐渐消亡,而封建性的小家庭则日渐增多。及至秦代,统治者吸收了商鞅的做法,农民家庭里不允许出现诸多年壮力强的男性聚居,否则要加倍征收赋税。由此可以窥见,当时的家庭规模相较前代更小,三代同居甚至都是极少数的情况。另据《汉书·食货志》记载“今一夫挟五口,治田百亩,岁收亩一石半,为粟百五十石。”由此可见到了汉代,一家有五口人是比较常见的家庭人口数。到了魏晋南北朝时期,农民家庭人数也不超过十人,一般为五到九人。有学者指出,唐代前后的农民家庭,人口大约在五口至十口之间,以七口人为多数,并进一步指出,敦煌发现的一份天宝六年户籍册记载农民家庭的人口以七口、八口为多数,十口以上的将近半数,但是这份户籍册中妻妾二人以上之家有六户,据此判断应是地主家庭而不是农民家庭,而真正的农民家庭也以六七八口为多数。到了宋代,农民家庭的人口为五口到十口,如《宋会要·食货》有言,“大率户为五口”“八口同半间屋”“每家以十口为率”的记载。及至元明清代,农民家庭的人口大体与宋代相同。①

如前所说,“天无二日,国无二君,家无二尊”。到了封建社会时期,家长在家庭内的权威被进一步强化,家长不但掌握着组织家庭生产、管教家属和保管家庭财产的任务,家庭成员的命运都与家长的所作所为息息相关。因中国古代是父权制下的家庭制度,家长必然是出自有威望的男子,以父子两代家庭为例,父亲就是这个家庭的家长,如若是祖孙的三代家庭,祖父则成为家长,这也应验了《通典》里提到的“祖为家长”,愚以为,“祖”字乃指辈分大之意,不单指祖父,也即在家庭里,辈分最大的男子自然而然地成为一家之长,有时可能会出现名义上的年轻家长,但在实质上,辈分最大的男子仍然是一个家庭的“法人代表”。《宋史·陆九韶传》里说得更加直白:“其家累世义居,一人最长者为家长”,也即直接通过男性的年龄大小来确定一家之长。女性只有在家庭没有男性时才能被

① 史凤仪:《中国古代的家族与身分》,社会科学文献出版社 1999 年版,第 83 页。

确立为家长,否则要受到当时法律的制裁,《唐律疏议》里有对家庭成员脱户而处罚家长的规定,同时又提到当女子为户主时处罚比原来减轻三等,也即暗含了当家无男性时,女性可以充当户主也即家长,而处罚也较男性户主轻。

总而言之,除了农奴家庭,秦代之前的奴隶主家庭人口都较多,进入封建社会后,封建性的小家庭逐渐成为了主流,一个家庭的人口为五人到十人不等,每个朝代会有些许的变化,但总体而言是稳定的。尽管存在贵族、官僚和地主阶级等累世而居的大家庭,但这毕竟是少数的。在父权的家庭制度下,家长在人身关系和财产关系上对家庭成员都享有绝对的统治权,有甚者,违背对家长的人身依附和私自享有财产将会受到法律的惩处,如此重压之下,哪个家庭成员又敢私自脱离家长、私自享有财产呢?而家长的权威也因此得以保障。

3. 婢女、妾与家长的法律关系构造定型

在古代中国,奴婢一词乃卑贱之称,奴指男奴,婢指婢女。婢女在法律性质上不同于常人,具有半人半物的性质。首先,婢女没有法律上的人格可言。《唐律疏议·名例》言:"奴婢贱人,律比畜产。"《唐律疏议·户婚》又言:"奴婢即同资财,合由主处分。"可见婢与畜生一般,同时又是可供主人随意处分的财产。宋代的《刑统赋解》言:"称人不及于奴婢。解曰:奴婢贱隶,难同人比,按贼盗律云,惟于以盗之际杀伤及与肢解称人,其余俱同财物论之。"由此可见,宋时的婢女同样不具有人格,也只是主人的财物而已,只有在婢女有被杀伤及肢解行为时才将其看做人。其次,婢女作为主人的财物,能够随时随地被主人作为权利客体予以出卖,《唐律疏议·杂律》载:"买奴婢、马牛羊驼骡已过价不立市券,过三日笞三十。"此处可见婢女与畜产并列,供人任意买卖。最后,婢女没有人身自由,其与其子女的婚嫁由主人做主,私自嫁人将受到法律严惩,《唐律疏议·户婚》言:"……辄将其女私嫁于人,需计婢赃,准盗论罪"。可见婢女在整个家庭中毫无人身自由可言。婢女半人半物的法律构造,与封建统治加强、尊卑等级观念提升息息相关。

前述夫妻的法律地位不平等，乃妻就夫而言，妾的地位比妻更加低下。《白虎通》有言："妾，接也，以时接见也"，《释名》也言："妾，接也，以贱见接幸也。"于此，夫之于妾乃家长、主人或老爷，妾不能直称夫为丈夫。杜佑《通典》有言："陈铨曰：以妾卑贱不得体君，又嫌君之尊不得服其父母，故传明之卑贱不得体君。雷次宗曰：今明妾以卑贱不得体君，厌所不及，故得为其父母遂也。"①可见妾在家庭中的地位是极其低下的，虽如此，妾的地位却比婢女高，无外乎妾有人格，而婢女无人格。前述夫妻结合乃是结二姓之好，首要目的在于上以事宗庙，而下以继后世。显然妾并未用来合二姓之好，因而也不能事宗庙，死后更不能享受被祭祀的权利。在法律上，因为妾的地位较妻低，妾殴妻如同妾殴夫主，将受到严厉的处罚，反之则宽松许多，《唐律疏议・殴伤妻妾》皆有此规定。妾有高级与低级之分，高级妾称为媵，即《仪礼・士婚礼》所言："媵，送也，谓女从者也"；低级者直接称妾。可见，在女性成员里，婢女地位最低，其次到妾，再到妻子，家长则是整个家庭的主宰。

4. 法律地位低下的古代子女

现今无论是婚生子女、非婚生子女抑或是养子女在法律上一律平等，子女与父母长辈之间亦是平等主体之间的关系，古时则不然。古代法律在规定子女的权利与义务时天平自然而然地向义务一边倾斜，片面强调父母尊长的权益，忽视子女的利益，甚至把子女作为父母尊长的私人财产是古代子女法律地位的常态。古时基于家国一体的政治构想，统治阶级不遗余力鼓吹孝道，以孝亲来连接忠君。如此重压之下，子女将没有任何权利而言，连人身都依附于父母尊长。子女地位的卑微表现在刑事责任上乃针对子女所设的不孝之罪。以《唐律・名例》为例，针对子女的不孝罪有：告言诅詈父母及祖父母、父母祖父母在别籍异财、丧匿不举哀和居

---

① 中华大典工作委员会编：《中华大典・法律典・民法分典・身份法总部》（第二册），人民出版社 2015 年版，第 67 页。

丧嫁娶等。可见在刑事责任上强加了许多子女对父母尊长所要遵守的强制性义务，子女若侵犯父母尊长更是无需提及，必定惩以重刑。

子女除了在人身上依附于家长，在财产关系上也受制于家长。《礼记·曲礼》言："父母在，不有私财"，《礼记·坊记》也言："父母在，不敢有其身，不敢私其财"。由此可以看出，家庭成员没有人身自由，私人财产也不被允许持有。持有私财的家庭成员有被按"不孝"论的风险，"倘若子孙私置产业……众得言之家长，家长率众告于祠堂，击鼓声罪，而榜于壁，更邀其亲朋告与之。所私即纳公堂。有不服者，告官以不孝论"①。可以看出，家庭成员之间有相互监督彼此的义务，当发现其他家庭成员私置产业、拥有私财时要及时告知家长，由家长率领众人到祠堂前声讨私自置办产业、持有私财的家庭成员。出于惩戒的目的，持有私财者还会被张榜公示，并告诉大小亲友。而持有的私财也将会被官府收走，如若不服，持有私产者还有可能被告官，以不孝之罪论处。

概言之，在父为子纲的社会里，子女的法律地位必然十分低下，在人身和财产上子女都不享有任何自由，还要背负许多法定的强制性义务。

5. 赘婿、童养媳和养子的法律地位

赘婿在古代乃是贱称，特指男子通过婚姻入赘到女方家，因其与古代传统的男尊女卑思想格格不入，入赘也就成了古代一种特殊的婚姻形式。关于赘婿的记载，最早可以追溯到春秋时期，《史记·滑稽列传》载："淳于髡者，齐之赘婿也"。赘婿因其是入赘，其在整个家庭中的法律地位是低下的，以淳于髡为例，髡乃是罪犯和奴隶的标志，要剃去周遭头发，故以髡之名入赘女性之家，暗含自身卑微之地位。《史记·秦始皇本纪》载："发诸尝逋亡人、赘婿、贾人……"也即当时秦朝将赘婿与逃亡之人和商贾并列，可见赘婿地位之低。赘婿在入妻家之后便与妻家亲属尤其是妻家父母具有亲属关系。赘婿在妻家不仅是免费的劳动力，还得供妻子及

① 戴圣：《礼记·坊记》，团结出版社 2017 年版，第 227 页。

妻子父母差遣。赘婿入赘后有的从妻家姓，有的则保留原姓；有的承认赘婿拥有财产继承权，有的则否认；有的与本家断绝关系，有的仍然保留着本家的继承权。林林总总，盖因各个朝代的政策不同所致。总体而言，赘婿因不符合男尊女卑的传统而受到轻视，其法律地位较其他家庭成员而言更是卑微低下。

我国古代并没有"童养媳"这一名称，但与童养媳内涵类似的事例则有之。据《公羊传·庄公十九年》记载："诸侯娶一国，则二国往媵之，以侄娣从。侄者何？兄之子也。娣者何？弟也。"可见当时嫁女方还必须派同姓国的男子和女子作为陪嫁，而陪嫁女日后极有可能成为诸侯另一婚配对象，类似于童养媳。有学者认为童养媳的名称起于宋代。及至元明清时期，童养媳已从帝王家普及于社会。① 究其原因，童养媳的普及与满足社会富农阶层的需求有关，富农阶层不同于达官贵人和地主阶层，虽家有余粮，但无力承担婢女之开支。而童养媳完美解决了这一问题，并且在童养媳长大之后还能将其进行婚配，解决婚姻和传宗接代的问题，可谓一举两得。童养媳虽也属于媳妇，但其法律地位是低下的。从小在夫家生活的童养媳实质上是婢女，承担着夫家的重压，几乎无法律人格可言。其无论是人身或财产都紧紧依附于夫家，毫无独立性可言，童养媳除了要遵循一般的侍奉姑舅、夫为妻纲外，从小还要扮演婢女之角色。

我国古代养子的范围很广，有义子、嗣子、螟蛉子之分。所谓义子乃是基于儒家的恩义观而结成的养亲子关系，义子仅与义父义母在名分上有关系，其不能继嗣，也即在法律上，义子并不享有嗣子继嗣的权利，但允许其分得义父义母的部分财产。而嗣子乃同宗族人之子嗣过继给同宗无子嗣之人，也即过继给同宗族人养育之子。嗣子必须同宗，《唐律疏议·户婚》规定："养异姓男者徒一年"。由此可见，异姓男不能成为嗣子。因其同宗同源，嗣子在法律地位上几乎就是亲生之子，享有继嗣和继承遗产

① 史凤仪：《中国古代婚姻与家庭》，湖北人民出版社 1987 年版，第 49 页。

的权利，其法律地位较义子高。螟蛉子出自《诗经·小雅·小宛》："螟蛉有子，蜾蠃负之。"即收养他人之子之意。螟蛉子因从小与养父养母长大，与养父养母多有养育之恩情，而法律在一定前提下也认可其享有继嗣权，即继承养父的宗祧。《名公书判清明集·户婚》载："丁一无子，生前抱养王安之子为后，年未三岁，正合条法，殁后弟用之欲以己子为一之后。……一之生前抱养与生同"。这是官方在有条件地承认螟蛉子的继嗣权。

第二节 古代家族制度的形成

一、家族与宗族之考察

家庭作为家族和宗族的组成单位是毫无疑问的，在概念上家族与宗族也涵盖了家庭，因而研究家族与宗族必然绕不开家庭这一纽带性组织。从古代文献可以看到关于家庭的少量记载，最早出现家庭二字的古代文献是《晋书》，《晋书·钟雅传》记载："陶无大臣忠蓦之节，家庭侈靡，……丝竹之音，流闻衢路。"一般而言，我国古代所谓的家庭是指以婚姻与血缘关系而建立起来的直系血缘群体。[①] 由此可以看出家庭与婚姻和血缘息息相关，而家族与宗族也必然与婚姻与血缘密不可分。

我国古代文献有关宗族的记载比较多见，时间也比较早，先秦以及秦汉时期文献中都可觅见其踪影。如出自《战国策》的《荆轲刺秦王》一文中记载了荆轲对樊於期所说的一句话："秦之遇将军，可谓深矣，父母宗族，皆为戮没。"此处宗族与父母被并列提及，可见宗族二字分量之重。《周礼·春官仲伯》言："大宗伯之职，……以饮食之礼，亲宗族兄弟。"此处宗族与兄弟一道被提及，可见宗族二字地位之高。《礼记·内则》言：

① 李卿：《秦汉魏晋南北朝时期家族、宗族关系研究》，厦门大学2002年博士学位论文，第18页。

“虽富贵……不敢以富贵加于父兄宗族。”此处的宗族与父兄联系在一起，可见宗族二字在家庭关系中的重要性。《论语·子贡》记载，子贡问孔子何人才能够被称作一等的士，孔子回答道：“宗族称孝焉，乡党称悌焉。”可见对孝道的践行，对仁爱的把握，宗族乡党的评价是极其重要的一环。以上文献表明了宗族一词出现的时间很早，并且出现的频次很高。有学者对“宗族”一词在秦汉魏晋南北朝正史中出现的频次做过统计，宗族一词一共出现了269字，尤其以《史记》《汉书》《后汉书》和《晋书》等为最，而相形之下，“家族”一词所出现的次数则寥寥无几。那么究竟何为宗族呢？“宗族”一词兼有“宗”和“族”的意思，宗在甲骨文里像是一座房屋安置着神主，意味着祖先居住的地方，也即《说文解字·宀部》所言“宗，尊祖庙也”。这与后世的引申义有所区别。由此可见宗字带有宗庙与祭祀祖先的意思。而族字在甲骨文里像一面旗帜上的箭，《说文解字》亦把组成族字的矢部解释为箭头，即“族，矢锋也，束之族也”。可见族字乃表示在共同的旗帜下，箭矢共同聚集的地方，由此引申出一个因血缘而组成的社会团体，于是宗族二字乃指与宗庙或者祭祀有关的基于血缘而形成的社会团体。及至汉代，《白虎通》对宗族下了明确的定义：“宗者，尊也。为先祖主者，宗人之所尊也。族者，凑也，聚也。谓恩爱相流凑也。上凑高祖，下至玄孙，一家有吉，百家聚之，合而为亲……故谓之族。”也即在《白虎通》里，宗族被限定为高祖到玄孙之间，以己身为起点则上溯至父亲、祖父、曾祖和高祖五代，下溯至玄孙亦五代，合计一共九代。除此之外，《尔雅·释亲》认为：“父之党为宗族。”相较而言，《白虎通》对宗族的定义较为狭窄，而《尔雅》的定义较为宽泛，只要是父系之党皆可认定为同宗族之人。

从财产关系上看，自周代以来，宗族可以分为两大类，即为非实体类和实体类。第一类是非实体类。这类包括出自一个远始祖的所有后裔，具有共同的姓，不共财，规模可以极大，成员之间以对始祖的追溯、认同作为维系宗族的手段。按照居地的关系，这类宗族又可以分为同居一地和分处异地两种亚型。如春秋时虞国国君称晋国国君为“吾宗也”。本来，两国各自为政，没有多少政治、经济上的联系，但由于虞国出自公直父的儿子虞仲，晋国出自公直父的曾孙武王之子叔虞，两国有共同的始祖，又同为姬姓，因此不论经过多少代，血缘关系多么疏远，也还是属于同一个宗族。晋虞两国以及西周、春秋时出自姬周的几十个国家都属于分处异地的同宗成员。如杜佑《通典》记载，南北朝时，瀛、冀诸刘，清河张、宋，并州王氏，濮阳侯族等“比屋而居”，一个宗族就将近万室。清康熙年间，安徽石墩地区，往往二族的聚居地就达数十里或数百里，若在城中就占居一区。这些就是同居一地的非实体类宗族。①

由此可见，非实体类宗族的规模极大，并且具有极强的溯源意识，而也正是这极强的认祖归宗的溯源意识，推动宗族不断扩大。《颜氏家训》说：“凡宗亲世数，有从父、有从祖、有族祖。江南风俗，自兹已往，高秩者通呼为尊，同昭穆者虽百世犹称兄弟，若对他人称之，皆云族人。河北士人，虽三二十世，犹呼为从伯从叔。”②概观之，非实体类宗族之人数，至少也有千余人，有甚者可达万余人。

第二类是实体类。这类包括一个近始祖的所有后裔，规模比第一类小，一般容纳七八代人。宋朝越州裘承询宗族十九世没有分家，是见于记载延续时间最长的。这类宗族最突出的特点就是同居共财。如《北史·节义传》记载：“李几，博陵安平人也，七世共居同财。家有二十二房，一百九十八口。长幼济济，风礼著闻。至于作役，卑幼竞集。”《元史·孝友传》亦载：“张闰，延安延长县人，隶军籍。八世不异爨，家人百余口，无间言。日使诸女诸妇各聚一室为女功，工毕，敛贮一库，室无私藏。幼稚啼泣，诸母见者即抱哺。一妇归宁，留其子，众妇共乳，不问孰为己儿，儿亦不知孰为己母也。”这类宗族由于保持着较多的原始共产制遗风，在私有制盛行的社会中，必须依靠各成员的自我克制和自觉维护，才能避免瓦

① 郭政凯：《中国古代宗族的伸缩性》，《史学集刊》1993 年第 3 期。
② 颜之推：《颜氏家训·风操篇》，中华书局 2019 年版，第 62 页。

解,所以它不可能容纳许多血缘关系疏远的旁系成员,也不可能像非实体类宗族那样普遍存在。

相较宗族而言,家族一词出现的频率较低,在先秦以及秦汉魏晋南北朝的正史中难觅其踪影,偶见记载。《管子・轻重甲》言:“持戈之士,顾不见亲,家族失而不分……。”《汉书・外戚列传》记载:“其后李延年弟季坐奸乱后宫,广利降匈奴,家族灭矣。”上述两例提及的家族都与离散或灭亡有关,由此可以看出个人行为可能会对家族的命运产生深远的影响,家族的命运也时刻影响着个人的前途,由此也可以窥见个人与家族之间的联系是十分紧密的,辅车相依。《家字渊源》一书的作者指出,商代的甲骨文已经出现了家字,最初的形态为一间房屋内圈养着公猪的象形,此或许象征着一家之内拥有私财,也即家庭财富。家字正是在此基础上不断扩大其内涵,由具象变得较为抽象,直至指供人居住的房屋以及形成较大家庭联合体的家族。关于古代家族的范围,没有明晰的划分方法,学界倾向于认为家族之范围应在宗族之范围内划定,也即以己身作为起点,上溯至父亲、祖父、曾祖和高祖五代,下溯至儿子、孙子、曾孙和玄孙亦五代,以此纵向之九代作为家族之范围。

概言之,宗族与家族这对词语较早就已出现在古代文献之中,但二者存在频率高低之别。古代文献尤其是先秦、秦汉与魏晋南北朝时期的文献对宗族的记载明显比家族要多。此外,宗族的外延比家族大,其实际的组成人数要比家族多,人员构成上比家族广而杂。宗族更加侧重于祭祀和宗庙,也即更加强调同一祖先下宗法观念上的聚合。相较之下,家族的职能较为广泛,既有与宗族重叠的祭祀祖先的事宜,又有强调经济上的往来协作。宗族成员关系的起点以年代较为久远的父系祖先论,而家族成员关系的起点则较近,宜以上至高祖、下至玄孙的纵向九代论。虽然宗族与家族存在些许不同,但二者始终强调一个“族”字,即聚合、团结之意,二者都强调共同的祖先,尽管存在远近之分,但大同小异。

二、家族与宗族的混同

家族与宗族这对词语在日常生活中并没有明显的区别，也不必刻意去区别，但从学术的角度考量，几乎是找不出内涵和外延两方面都完全一样的概念，①因而其内涵和外延必然存在些许不同。家族与宗族都强调“族”，二者都为家庭的上位概念，不同者即为对家与宗的理解。从外延上说，宗的范围更广，因此宗族是包含着家族的，易言之二者有时是可以互换的，而这又取决于不同的语境。由家族与宗族引申出的亲属关系更是纷繁复杂，很有研究必要。

所谓家族与宗族的混同是指“宗法性的家族”亦称为“宗族”，二者在宗法性这一前提下混同。家族起源很早，一般认为西周时期即有大的家族产生。中国传统的宗法性家庭是宗法家族的有机组成部分，宗法家族，又名宗族，它是西周春秋时期的基本社会组织形式，其渊源可以追溯到原始社会的氏族组织。西周时期宗族内含三个层次：一是“室”，为贵族大家庭，其中又分为大夫之“室”与士之“室”，实行一夫多妻制，其人口构成包括家庭成员以及家内奴隶。二是“夫”，为庶民家庭，实行一夫一妻制。三是“家”，即宗族。它以大夫为首，由同一姓氏的大家庭，以及隶属的小家庭所组成。“夫”“室”“家”在经济上既有联系又不乏相对的独立性。②此即“大夫食邑，士食田、庶人食力。”（《国语·晋语》）

春秋时期的宗族，是由室构成的，而“室”字在文献中有着不同的涵义：一指家庭的人口，主要是妻室。《左传》桓公十八年称：“男有室”；昭公二年记子产责公孙黑“昆弟争室”；《礼记·曲礼上》记载：“三十曰壮，有室”。以上所举之例均如前所提。《左传》中又称妻室为孥。文公六年载贾季奔狄，“宣子使臾骈送其孥”，杜注：“孥，妻子也”。再如文公十三

① 韩海浪：《家族研究中的几个概念问题》，《学海》2001 年第 3 期。

② 傅允生：《从赋税制度看中国传统家庭组织结构的二元性》，《浙江财经学院学报》1991 年第 1 期。

年记:乃使魏寿余伪以魏叛者以诱士会,"执其孥于晋",文公十八年云:襄仲杀惠伯,其宰公冉务人"奉其孥以奔蔡",都是这样的例证。①

二指财产。如《成公十七年》:"子重取子阎之室";《襄公十九年》:"崔抒杀高厚于洒蓝而兼其室"。由典籍可见,室于当时有财产之意。除此之外,室还有贿赂这一由财产引申而来之意,如《文公七年》:"晋先蔑奔秦,荀伯尽送其帑及其器用、财贿于秦"。

大夫、士虽同为贵族,但其等级并不相同,由此导致二者收入存在差异。大夫之家的经济收入主要来源于采邑。而士之家的经济收入主要来源于赐田。作为农奴的庶人,依靠躬耕私田作为其家庭的主要经济来源。在井田制下,助耕"公田"是农奴的义务,躬耕完毕,农奴还得依据隶属关系向大夫或士的贵族大家庭提供十分之一的劳役赋税。此乃孟子所说的:"方里而井,井九百亩,其中为公田。八家皆私百亩,同养公田。公田毕,然后敢治私事。"(《孟子·滕文公》)除此之外,宗族共同财产来源于庶人向大夫及士所提交的供赋,一般为实物。宗族之内,财产由宗主保管,成员须向宗主纳贡。《礼记疏》言:"嫡子庶子祗事宗子宗妇,虽贵富不敢以贵富入宗子之家。虽众车徒,舍于外,以寡约入。子弟犹归、器衣服裘衾车马则必献其上,而后敢服用其次也。"此也反映了当时身份尊卑有序的宗族财产观。《国语》与《仪礼》亦有当时宗族共财之记载。《国语·周语》言:"今夫二子俭,其能足用矣。用足则族可以庇。"《仪礼·丧服》亦云:"有余则归之宗,不足则资之宗。"

战国以降,宗族制度日趋瓦解,代之而起的是封建家族与家庭制度。此时,家族与宗族的内涵已然不同,二者已不再混同。家族制度在中国封建社会中一直存在,但是家族组织并不十分普遍,家族组织对于家庭的强制力、凝聚力也远不如宗族组织。封建家族组织只是众多同姓家庭的聚居形式。在封建家族组织中族权与政权是完全分离的,族长的职权限于

① 孙晓春:《春秋时期宗族组织的经济形态初探》,《史林》1986 年第 2 期。

协调家族内部的纠纷，主持一些家族的公共事务。“凡族长，赖其约束族人，必须恪遵家训，规步方行，方可训子弟。一如行诣有愧，触规条，合族齐集，公讨其罪。如稍有改悔，聊示薄惩，以警其后。不然，则削会族长名字，永逸不许再立”。[①] 虽然对中国封建社会的家族组织不能一概而论，但是它多少反映了封建家族对家庭的约束力相对松弛，族长的权力也受到了很大的制约。相比之下，封建家庭具有更大的独立性与自主权，其地位与作用在社会家庭组织结构更为重要。

三、宋代家族法制的初步定型

家族法制是中国法制的重要组成部分，治家犹如治国，而这实质上也是家国同构的前提条件。肇始于周公制礼的“尊尊、亲亲”使得家国一体背景下的家长享有极大的权威，为家长规范整个家庭关系奠定了法制基础。随着法家思想在战国时期的兴起并成为秦朝的官方思想，宗法制度亦不失其光环，凡此种种，家族法制开始受到重视。

秦朝时出现了“公室告”与“非公室告”两种诉讼形式。“公室告”特指对家庭以外的人所犯诸如“杀伤人、偷窃财物”之类行为的控告，而“非公室告”乃指控告主体对家庭内部某些犯罪行为的控告。对于公室告的案件，当时的官府必须受理，而对于非公室告的案件，官府不予受理，如若控告人坚持非公室告还将受到官府的刑事惩罚。也即《睡虎地秦墓竹简·法律答问》记载的：“公室告何也？非公室告何也？贼杀伤、盗他人为公室；子盗父母，父母擅杀、刑、髡子及奴妾不为公室告。子告父母，臣妾告主，非公室告，勿听。”[②]除此之外，李斯给秦二世的奏言中也可窥见家法的作用在当时已得到统治阶层的关注，即《吕氏春秋·荡兵篇》记载的：“家无怒笞，则竖子、婴儿之有过也立见……”可见，当时之法律与统

① 王玉波：《传统的家族认同心理探析》，《历史研究》1988 年第 4 期。

② 睡虎地秦墓竹简整理小组编：《睡虎地秦墓竹简·法律答问》，文物出版社 1978 年版，第 195—196 页。

治阶层已经注意到家庭内部具有不同于外部的特殊宗法因素，因而对家庭予以法律规制，从而为家族法制的发展留下了浓墨重彩的一笔。

及至两汉，随着“罢黜百家，独尊儒术”之统治策略的确定，儒家宗法因素更是得到前所未有之强化，法律儒家化趋势明显。《礼记·大学》记载：“古之欲明明德于天下者，先治其国；欲治其国者，先齐其家……”基于对家的重视，封建家长权威和权力也在得到官方的认可，汉朝对不孝之罪的惩处可谓十分严苛。这在湖北江陵张家山编号为 M247 号墓出土的汉简《奏谳书》中已经得到了证明：“律曰：……教人不孝，此不孝之律。不孝者弃市。弃市之次，黥为城旦舂”。[①] 除此之外，汉朝还进一步发展了秦朝的“非公室告”制度，形成了“亲亲得相隐首匿”的儒家法理。可见此时的家族法制又有了进一步发展。

魏晋南北朝时期，家族法制的发展侧重于家庭的内部教化，因而这一时期特别重视家训的作用。如颜之推的《颜氏家训》即是这一时期的代表。《颜氏家训·治家》有言：“笞怒废于家，则竖子之过立见。”可见这一时期仍然强调家长的权威，通过家长规范家族成员从而更好地服务于国家政权统治。

唐朝可谓是家族法制的成文化时期，唐朝时建祠由达官贵人遍及庶民之家，追祭由限于数代之内上推至始迁祖，由过去专重谱牒的修撰进而把建祠、修谱和制定族规结合起来，注重对族众的控制与制裁，宗族组织成了维护封建统治的基层组织，并且出现了中国封建法典典范的《唐律》和最早的成文家族法《陈氏家法》。[②]

家族法制发展到宋代初步定型，宋承前制，基本沿袭了历朝历代对家族法制的有关规定，同时又应时产生了新的内容。随着门阀氏族制度的彻底衰亡，宋代形成了聚族而居的家族组织形态，祠堂族长的族权进一步

---

① 李文玲：《论汉代孝伦理的刑法化》，《管子学刊》2010 年第 2 期。

② 纪良才：《古代家族法的历史脉络及其重要特征》，《忻州师范学院学报》2009 年第 1 期。

增强。大凡春秋祠堂祭祀、清明扫墓，都由族长主持，并且族长拥有管理族田收入及族中其他产业之权，同时族长还有监督族人财产继承、过户等权力，特别需要强调的是，族长对族内户婚、田土纠纷及违法族人的初级裁判权和有限制的处死权。① 除此之外，宋代的祠堂、家谱、族田是该时期家族法制的重要内容。可以说，聚族而居的家族组织，祠堂、家谱和族田必不可少。家族祠堂的大小规模完全取决于家族人口的多少和家族族产的丰厚程度，那时的祠堂不单有祭祀祖先之功能，还是家族的法庭，是解决家族矛盾与纠纷之所，而族长就是家族的法官。家谱是详细记载家族人员关系与宗枝关系的记录手册，是传输宗法思想的重要媒介，同时也能够起到惩罚族人维护家族稳定的作用。理由在于，进入族谱的人在法律意义上是家族的一员，表明得到家族的认可，而除去在族谱上的名字则意味着极其严重的惩罚，有被逐出家族之意。宋代族田的设置开始普遍起来，从文献记载来看，最早设立族田的是范氏即范仲淹，北宋中叶，大臣范仲淹利用官俸独资购买 1000 余亩田，以其租金来赈济范氏家族，号为义田或义庄。《义庄规矩》载："逐房计口给米，每口一升。""冬衣每口一匹，十岁以下、五岁以上各半匹。"②义庄的设置使得贫困族人的衣食、婚嫁丧葬者皆有保障，使得家族的贫困者得到来自家族内部的救济，进一步促进家族和谐稳定，从而为整个国家的稳定奠定基础。诸此种种，在宋代既是沿袭又是创新，而家族法制也因此在宋代初步定型。

四、亲属关系视域下的服制与九族

中国古代的亲属关系比较复杂，不能按照现今的亲属标准予以认定。一般而言，因婚姻、血缘或收养而产生的相互关系即可引发亲属关系的形成，而一定亲属关系的存在，又将促使法律上的权利义务关系发生变动，也即产生、变更和终止。按照现今民法典对亲属的定义，除去直系血亲和

① 徐扬杰：《中国家族制度史》，武汉大学出版社 2012 年版，第 291—292 页。
② 李勇先，王蓉贵点校：《范仲淹全集》，四川大学出版社 2002 年版，第 791—798 页。

三代以内的旁系血亲外，其他各种类型的亲属不享有法律规定的权利和义务，易言之，只有直系血亲和三代以内的旁系血亲才是法律意义上的亲属。中国古代社会则不然，古人十分重视亲属之间的关系，这或许与《礼记·大学》里提到的"修身齐家治国平天下"的政治理念有关。但更重要的是当时的生产和生活条件决定了人们必然要十分注重亲属之间的往来，唯有如此，才可能在天灾人祸来临时获得更多的生存机会——求生是人的本能，而重视亲属间的关系则是此种本能的体现。这种相互依存的亲属关系使得家庭内部的成员无论是在经济、政治抑或是在社会上都休戚与共，即使在范围更广的同姓宗族以及姻亲之间都存在着互相依存的关系。

中国古代的亲属种类一般可以划分为三种，第一种是同祖同宗的亲属，即宗亲；第二种是外亲，外亲是相较宗亲而言的，宗亲强调男性系统的亲属，而外亲侧重女性系统的亲属，即出自于女性系统的亲属谓外亲。第三种是妻亲，即男方与女方家属之间的关系，因是经由婚姻形成的亲属关系，妻亲又叫姻亲。除此之外还有夫妻经由结婚形成的夫妻关系，因其较为单一，故而不予单列。以上提及的几种亲属关系以宗亲为重点，由宗亲而详细划分出的家族内的九族更是重中之重。除此之外，亲属之间的亲等关系亦是重点，所谓亲等在古代即为服制，不同的亲属对应不同的服制，我国古代的五服制反映了亲属关系的亲疏远近，五服与九族共同运行、共同作用，是衡量我国古代亲属之亲疏的一个重要标准。

1. 服制的发展、内容与法律规制

先秦经典以《仪礼》与《礼记》为代表所记述的五服服叙制度，是两千多年等级社会中服叙制度暨亲属等级制度之滥觞。但是关于丧服的起源，没有确切的定论，比较权威且有代表性的说法乃是王国维先生在《殷周制度论》中提及的"丧服"制度为周人所创。[①]《仪礼·丧服》有为宗子

① 祝春娟：《对王国维〈殷周制度论〉的几点认识》，《文学评论》2013年第3期。

之服、为宗子母妻之服的表述，可见先秦之时已有服制之说。秦至两汉，由于秦代的焚书坑儒以及官僚制取代世卿世禄制，宗族观念较前代弱化，因而两汉时期未有颁布过正式的五服典章。及至魏晋南北朝，随着五服制入律，服制的研究开始兴起，对以后历朝历代都产生了重要影响。

服制入律滥觞于魏晋是学术界的通说，如《晋书·刑法志》所言："峻礼教之防，准五服以制罪"。当时所谓准五服制罪乃以五服亲作为标准，从而来确定亲属株连之范围与亲属相犯之责任大小。如《晋书·刑法志》载："减枭、斩、族诛从坐之条，除谋反嫡养母出、女嫁皆不坐。……准五服以制罪。"可见当时有意识地减少和限制株连亲属的法条，并依据五服来确定株连的范围。官府处理亲属相犯也需根据五服来定罪，如《晋书·简文三子传》记载："玄又奏道子酣纵不孝，当弃市"，表明了卑幼不事尊长是重罪，犯尊长更是重上加重，反之尊长犯卑幼则无伤大雅，二者形成鲜明的对比。魏晋时期准五服制罪主要体现在亲属株连方面，而在亲属相犯方面适用范围不广，到南北朝时期，准五服制罪的重心由亲属株连向亲属相犯转移，这标志着封建国家与宗族的关系由对抗逐步转向联合，也为唐律全面的准五服制罪奠定基础。①《唐律疏议》服制规定与前代相比，其不再囿于亲属株连与相犯，在户婚、贼盗、捕亡、断狱等律中皆可觅见其踪影，在唐律 502 条中，与五服有涉的条文占比高达百分之十六，可见五服理论在法典中的重要地位。宋以降，因唐律的完备，与五服有涉的罪名并无多大变化，基本在唐律的框架之内，变者也只是亲属范围的大小。

依据服制，古时以丧服之材料和外观作为判断亲属亲疏远近的依据，因丧服根据本身的制作材料和外观不同分为五个等级，即斩衰、齐衰、大功、小功和缌麻，故而得名五服。做工和外观粗糙的丧服视为高等级丧服，喻示着亲属关系较近，而做工和外观细致的丧服则为低等级的丧服，

① 丁凌华：《五服制度与传统法律》，商务印书馆 2013 年版，第 212 页。

表明了亲属关系较远，而所谓丧服之高低等级乃就比较而言，不可单一而论。最高等级的丧服为斩衰，亦称为斩衰服，古时衰代表上衣，裳代表下衣，而斩则指上衣与下衣割开后不予缝合，以此来表示子女对父母至亲及妻妾对丈夫离世的极度悲痛，因此斩衰专指子女为父母至亲及妻妾为丈夫服丧时所穿的丧服。第二等的丧服为齐衰，齐同缉，为缝合之意，意为将丧服的边角予以缝合。齐衰的情况较为复杂，分为齐衰三年、杖期、不杖期、五月和三月。齐衰三年是相较斩衰三年而言的，如父先卒，母后卒，子女为母服齐衰三年（女子未出嫁或嫁后复归）；杖期是指居丧时手拿木棒（俗称哭丧棒），身穿一年期限的丧服，期即指一年期限之意，如嫡子、庶子为庶母，子为嫁母、夫为妻（父母在不杖）服齐衰杖期一年；不杖即为不必手持木棒，服丧一年即可，如祖为嫡孙，女出嫁为父母，己为亲兄弟即服不杖一年；五月和三月为服齐衰五个月和三个月不等，如曾孙（女）为曾祖父母服齐衰五月，玄孙子（女）为高祖父母服齐衰三月。第三等的丧服为大功，意为比细布略粗的布，大功有九月、五月与三月之分，如祖父为嫡孙、庶孙服大功九月；第四等级的丧服为小功，小功为细布之意，小功服丧期为五个月，如为伯叔祖父母服小功五月。第五等丧服为缌麻，缌同丝，麻乃指用绳绑住腰部，缌麻的服丧期为三个月，如为姑之子、舅之子即服缌麻三月。由五服制确定的服丧亲属也称做“五服亲”，在五服亲之外还有存在称为“袒免亲”的亲属，顾名思义，只需光着膀子，脱下帽子对死者表示哀悼之意，无需穿丧服服丧，因其已超出五服亲的范围，又称其为“无服亲”。以汉代王章的父系九族鸡笼图为例，己身需要服丧的父系长辈为父、伯叔、从伯叔、族父、祖、从祖、族祖、曾祖、族曾祖与高祖；己身需要服丧的父系同辈和晚辈为兄弟、从父兄弟、从祖兄弟、族兄弟、子、兄弟子、从父兄弟子、从祖兄弟子、孙、兄弟孙、从父兄弟孙、曾孙、兄弟曾孙、玄孙。

由以上可知，以五服来确定亲属间的亲疏远近是极其复杂的，加之人与人之间的关系偶尔会发生变动，服制也可能随之变动，五服制更是凸显其复杂性。如《唐律疏议·名例》规定:“妇女出嫁若男子外继,皆降本服一等。”①也即女子出嫁前与自家的兄弟所服之规格是一样的,出嫁之后较原先降低一等服制;男子过继给外人后其服制将下降一等。

一言以蔽之,“五服制”是古代社会里按照儒家礼制建立起来的亲等制度。在古代中国,表示亲属关系远近的制度是服制,它用服丧时着衣的规格式样和穿着期限长短来表示。丧服分为斩衰、齐衰、大功、小功、缌麻五等,与之对应的亲属也分为五等。由斩衰至缌麻,丧服的衣料由粗劣渐次精细,制作也由粗放渐次讲究,穿着的时间由长趋短,所代表的亲属关系也由近趋远,由亲渐疏。由于服制实行尊尊、亲亲、长幼和男女有别的宗法伦理原则,这就使得自然血缘同等的亲属在亲等上居于不同的等级:尊卑不同服、夫妻不同服、妻妾不同服、父母不同服、嫡庶不同服、在室与出嫁不同服、宗亲外亲不同服。②

2. 亲属关系视域下的九族

中国古代存在所谓九族、七族、五族、三族等说法。九族最早可见于《尚书·尧典》和《左传·桓公六年》。通常而言,三、五、七、九族是按父辈直系作为追溯源头而论,如以己身为出发点,往上数四代至高祖,往下数四代至玄孙,是为九族。但是有学者认为,“九族”之九可能只是虚指,与“九天”“九霄”等含义一样,不是确定的数字,仅表示极多的意思,总之,它是较大宗族组织的反映。此种观点过于模糊,与古时出现的“诛九族”似有抵牾,诛九族者必定有一范围,因此不可取。七族最早见于战国邹阳上梁孝王书,以己身出发,它包括上自曾祖,下至玄孙的七代人。五族最早见于《史记·酷吏列传》,以己身出发,包括祖、父、子、孙、曾孙五代。三族最早见于《墨子·号令》,即“其以城为外谋者,三族”。对它所包括的亲属,历来说法不一。郑玄认为三族指父、子,孙三代,即“父昆

① 曹漫之主编:《唐律疏议译注》,吉林人民出版社 1989 年版,第 278 页。
② 金眉:《中西古代亲属制度比较研究——兼论当代中国亲属制度的建构》,《南京社会科学》2010 年第 1 期。

弟、己昆弟、子昆弟”。《史记·秦本纪》载:“法初有三族之罪”,张晏注为父母、妻子、兄弟,即对三族进行了缩小。如淳则扩大成“父族、母族、妻族”。笔者以为,所谓三族,与春秋时期各个国家的法律尤其是刑法密切相关,其范围有大有小,但无外乎包括父母、妻子、兄弟。一直到汉代,惩治罪犯的范围仍然是“父母、妻子及同产”。当然,在具体执行时,往往要扩大化。不仅累及“父昆弟、己昆弟、子昆弟”,而且还牵连到“父族、母族与妻族”。由此可以看出,日常生活中的族数范围可能与刑罚所牵连的范围不一致,也即刑罚牵连之族数与《礼记·丧服小记》中的“亲亲以三为五、以五为九,上杀,下杀,旁杀,而亲毕矣。”言及之族数有时并不一致。

无论是三族、五族抑或者七族,都未偏离九族之范围,因而用九族即可涵盖前述之族数,对于九族之产生,古人已经有所认识,如颜之推在《颜氏家训》中说:“夫有人民而后有夫妇,有夫妇而后有父子,有父子而后有兄弟。一家之亲,此三而已矣。自兹以往,至于九族,皆本于三亲焉。故于人伦为重者也,不守不笃。①”也即出现了人这一物种才有了夫妇,有了夫妇以后才有父子,有了父子以后才有兄弟:一个家庭中的亲人,就此三者而已。由此三种关系发展出去,可以产生九族,因而九族来于此三种亲属关系,也因此,三亲是人伦关系中最重要的部分,不可不加以重视。

综上,不同之族数反映了不同的父系直系亲属范围,也揭示了同族之间亲疏远近关系。儒家所言之族数范围与刑罚所处罚的范围可能存在出入,而这反映了国家可以根据需要来扩充已有的族数含义,以达到统治目的,同时也表明了族数存在些许伸缩性,既可由“三而九”也可“由九而三”。然无可争辩的是,无论采几族说,夫妇、父子、兄弟都是最重要的一环,族数皆由此而扩展开来。

3. 家族助学、助养等制度的发展与成熟

家族助学、助养等制度主要是指家族以其共有财产或家族成员以其

---

① 颜之推:《颜氏家训·兄弟篇》,中华书局2019年版,第19页。

私有财产对家族特定的成员给予物质救助。先秦时期我国便有了家族内部成员之间的互帮互助实践,《左传・文公十六年》载:“宋公子鲍自桓公以下,无不恤也。”家族助养是先秦时期家族互助的重要内容,一般而言,家族助养主要针对本族的孤子。《仪礼・丧服》载:“夫死妻稚子幼,子无大功之亲,与之适”。也即丈夫死后,幼子必须要交由大功之亲抚养,只有在无大功之亲的情形下才能够随母亲改嫁。及至两汉,儒家正统地位确立,家族内部的宗法意识更加浓厚,孤儿往往都能得到家族的救济。王莽末年,“米石万钱,人相食,伦独收养孤兄子、外孙,分粮共食,死生相守,乡里以此贤之”。“任隗所得奉秩,常以赈恤宗族,收养孤寡。”除此之外,一些贫穷的族人则可能依靠宗族的力量重新恢复家庭的经济生活。① 可见当时家族内部不但存在助养,有甚者还能因族人的扶持摆脱穷困潦倒之态而重回正轨。“毛阳光在《中古时期民间救灾综论》中讨论了魏晋南北朝和隋唐时期宗族大姓救灾,……特别是唐代,提倡和鼓励分灾恤患,视亲里相恤为美德和责任”。② 可见该时期的家族富有者在面对天灾人祸时会向族人伸出援助之手。隋唐以来,随着科举制的兴起,家族助学也随之发展起来,盖因家族的兴衰与科举制密切相关,在光宗耀祖和家族整体利益的驱使下,家族开始有意识地资助奔赴科考的家族学子,而这也成了家族助学的重要内容。

宋代可以说是家族助学、助养等制度的成熟阶段。宋代产生的族田是家族助学、助养的重要经济来源,族田中的学田用来供给族中儿童部分学费,而义田则具有赈济的性质,用来赈济贫困之族人。正如范仲淹所言:“苟祖宗之意无亲疏,则饥寒者吾安得不恤也?自祖宗来,积德百馀年,而始发于吾,得至大官。若独享富贵而不恤宗族,异日何以见祖宗于地下,今何颜入家庙乎?”③宋以后,封建家族普遍设置族产族田,用其收

① 王文涛:《汉代民间互助保障的主体》,《学术交流》2006 年第 11 期。
② 么振华:《唐代民间的自助与互助救荒》,《兰州学刊》2008 年第 11 期。
③ 李勇先,王蓉贵校点:《范仲淹全集》,四川大学出版社 2002 年版,第 802 页。

人来赈济贫困、孤寡及遭遇饥荒及不测事件的族人，使族人不至因经济原因而离散，以达到敬宗收族之目的。如范仲淹之后，其诸子不断扩充《义庄规矩》，在规范细化之上，添设义学。教养结合，教养子弟行之以礼的同时，培养优秀子弟，借科举之途光大门楣，提高宗族的社会地位，壮大宗族。① 宋代范仲淹首设义庄之目的在于救济贫苦族人，兴学劝善（孝义或守节），从而保持宗族凝聚力。范氏义庄最早规定每年向每位族人发放白米布匹，宗族成年成员每日可领白米一升，每年可领布一匹，同时还规定了对未成年人及50岁以上且要养家糊口的族人的援助。以上都是一般援助，在特殊情况下，范氏族人享有特别扶助，这些特殊的人群包括求学或者赴考的范氏家族成员以及老人寡妇的赡养和扶持。② 可见，宋时的范氏义庄的家族扶助已经涵盖了助学、助养等范围。及至明清，在宋代的基础上，家族成员间诸如助学、助养之属皆蔚然成风，并且范围有逐渐扩大之势，诸如“贫老无依、寡居守节、身有笃疾无人养者”皆成为家族救助的对象。

4. 基于五服与九族的户内成员关系

一般而言，我国古代的户内成员关系也可称为家庭内成员关系，一户即一家，但也存在一户多家的情形，这毕竟是少数，也不妨碍从五服与九族的角度去理解家庭成员的关系，尤其是父母与子女、祖与孙之间的关系。在家庭内，家长或户主握有管教家属、统理家庭财产的大权，户内成员的命运很大程度上系于家长一人。从族数的视角看，从己身出发，家庭内辈分高者即为家长，也即《通典》所言之“祖为家长”。从服制的视角看，越是尊长者，与己身之关系越是疏远，如高祖按族数而言是家庭或家族的尊长，从服制而言，其关系与己身较父母、祖父和曾祖都远。可见家庭或家族成员的尊卑与彼此之间的亲疏程度必须结合服制与族数来综合

① 马秋菊：《范氏义庄“敬宗收族”意义再阐释》，《思想战线》2019年第6期。

② 朱友渔：《中国慈善事业的精神——一项关于互助的研究》，商务印书馆2016年版，第69—70页。

考量。

我国古代社会为了巩固统治，无论是奴隶社会还是封建社会，统治阶级都竭力鼓吹诸如“父慈子孝、尊老爱幼”的孝道，《礼记·祭义》有言：“孝志有三，大孝尊亲，其次弗辱，其次能养。”也即在儒家看来，子女对于父祖之辈要格外尊敬，唯有如此方可称为大孝；其次乃不能侮辱父祖之辈，既包括人格上的侮辱也包括身体上的侮辱，同时也有身体发肤受之父母不能侮辱之意，此乃第二等的孝；最后一等的孝指除去前述两个等级的孝，至少要做到赡养父祖之辈，否则即为不孝。这是从传统的儒家孝道视角出发对子女尽孝与否的界定。而从服制和族数上来说，服制愈重、族数愈近越表明孝道要求之严。从父母与子女的关系看，子女在父母过世后要为父母服斩衰三年，这是五服中最重的一等丧服，表明了二者在服制上关系之亲近。而在族数上，父母乃子女的直系最亲族，无论是三族说、五族说抑或是九族说，父母都是不可分割之一族。在关系如此亲近之背景下，父母有抚养子女、教育子女的责任，而子女也有赡养父母、孝敬父母之义务。由于我国古代十分重视尊卑有序的家庭伦理关系，人们对不尊父母的行为表现出极大的鄙视。《晋书·阮籍传》记载了阮籍对“有人杀母”的看法，阮籍言道：“杀父乃可，至杀母乎？”在阮籍看来，动物只知其母，不识其父，杀父还可理解，杀母则不可理喻。而人杀其父应被视为禽兽，杀其母则禽兽不如。古代法律对父母与子女间关系的规定显得极不公平，片面强调重视父母的利益，忽略和牺牲子女的利益，并且父母抚养与教育子女之责任和义务并未有强制力的约束来督促，反之对子女孝敬父母的责任和义务规定得十分严格，如《唐律疏议》里的十恶之罪即有不孝的条文：“善事父母曰孝，即有违反是为不孝。”除此之外，子女殴打父母在唐律里亦是十恶不赦之罪，要被处以最严厉的斩刑，而对父母殴打子女的处罚则没有如此严厉。可见在父母子女关系上，法律的天平是倾斜于父母一边的，此从服制和族数上而言亦有依据，子女为父母服斩衰三年，父母为子女服齐衰不杖期一年，可见父母与子女对待对方丧期之不同;在族数上,父母较子女为上族,子女对父母而言为下族,上尊下卑,二者必然不对等。祖孙之间的关系可从父母与子女间的关系中得到启示,祖是父母的长辈,更是孙的更高一辈,三世同居时祖辈是家长,因此祖辈更显尊贵。但从服制和族数出发,还是存在些许不同。就服制而言,祖为嫡孙服齐衰杖期一年,为众孙服大功九月,而嫡孙要为祖父母服斩衰三月,其余众孙要为祖父母服齐衰不杖期一年。在族数上,祖辈较孙辈更为上族,而孙辈则更为下族,祖辈显得更加尊贵,孙辈则表现得更加卑微。户内的其他家庭成员也可依据服制和族数关系来判断彼此之间的关系,一般而言,上至高祖父母,下至玄孙的直系九族彼此之间都有服丧之义务,只是存在时间长短和服制殊同的问题,而这也反映了彼此之间亲疏与尊卑关系之不同。除直系九族之外,按照朱子学派的宗枝图,直系之外的其他众多族亲都受到五服亲的规制。

概言之,古时户内成员关系无不体现了服制与族数下尊卑有序的孝道精神,五服制和九族说共同构筑和界定了古时我国服丧亲属的范围以及由此产生的亲疏远近关系。可以说,在户内成员的关系上,尊长者享有更大的权力,但也承担更大的责任,位卑者则要屈服于家长的统治之下,对尊长者要一味尊敬和顺从,对父祖等亲密尊长还负有养老送终之义务,否则要受到封建礼教和法律的规制与惩罚。

第三节　事关国家利益的特殊家庭制度

无数个家庭共同构筑一个国家,家庭乃是国家的缩影,国家乃是家庭的放大。事关国家利益的特殊家庭是古代一种特殊的社会现象。

一、缘起:西周时期的特殊家庭制度

周革殷命,商朝灭亡后,周人集团诸贵族因追随周天子灭商立国有功而获得厚赏,其原先所属之宗族也应时而变,不断扩大并向外延伸。与此

同时，周天子为确保新生的政权稳固，大行分封之制，众多亲族与战功显赫者被封往各地镇抚民人。那时宗族之分宗与政治之分封相辅相成，分宗与分封双管齐下，颇有家国同构之意，成为西周政治制度的一大特色。然政权新立，朝堂上亦需能臣贤佐协助天子稳定政局。因此部分亲族重臣虽有分封，亦兼任王朝职官，并以王朝职官为重，仍须侍于天子左右，为天子辅理朝政。往往改令族人子弟代其就封。在世官制下，其王朝职事也会由后人继承，因此宗族会被明显地分为畿内家族和封地家族等多个部分。在这种情况下，外封和留王畿该如何选择？司马贞《史记索归》载“周公元子就封于鲁，次子留相王室，代为周公”“（召公）亦以元子就封，而次子留周室，代为召公”。[①] “元子”即长子，司马贞认为周公、召公均是让长子代往封地就封为侯，而将次子留在王朝接替职事。

学者杨坤通过对周公、毕公、召公与南宫氏等四家宗族分宗情况的考证，发现在西周早期，当时高等级贵族分宗存在两种模式：第一种是“长子就封，庶子留王畿”，如周公、毕公宗族。这种模式下出封之长子为整个宗族大宗，其余诸子，包括留在王畿继承王朝职事者均是小宗；第二种是长子率领大部分族人留在王畿，庶子出封，新建分族而为小宗，召氏、南宫氏即是此类。传世文献所言之“长子就封”并不能涵盖全部分宗情况。两种分宗模式的共通点在于无论哪种，嫡长子所在家族往往是宗族大宗，说明至迟在西周早期，嫡长继承制已经确立。[②]

分封制的推行使得事关国家利益的特殊家庭制度开始出现，家与国在以血缘为纽带的宗法层面开始同构，推动了尊卑有序的宗法意识的形成。受此影响，对祖先的祭祀在周代社会中居于重要地位，西周时代宗庙祭祀制度谨严，一般由宗子主持宗族祭祀，其他宗族成员不得僭越，所谓“庶子不祭，明其宗也”。祭祀主导权的归属、祭祀对象和祭祀规格的不

① 《史记》卷三三、三四，中华书局 1982 年版，第 1524、1549 页。

② 杨坤：《长子就封与庶子就封——西周早期高等级宗族分宗模式探析》，《铜器与金文》第 3 辑，第 188—203 页。

同均是祭祀者身份高低的体现。

二、家国同构的产生背景及成立条件

1. 家国同构的表征

突出的宗法性是家国同构的第一个性质。纵观中国古代社会,血缘关系在国家层面上虽被地缘关系取代,但以血缘关系为依托的宗法性组织未曾消亡。在家国同构模式中,家有家长,国有国君,家庭成员依附于家长,臣子臣服于国君。家庭内部诸如财产、人身等方面的纠纷在不动摇国家根本利益时均由家长予以裁断,同时家庭内部成员互有仁爱,尊卑有序,也即亲亲、尊尊。而君主是天下的大家长,庞杂的国家性事务一断于君主,君主体恤臣民,臣民服从君主,此乃国家层面之亲亲与尊尊。在家与国同构中,家长于家庭的宗主地位延伸至国家乃君主于天下之大宗地位。

浓厚的政治色彩是家国同构的第二个性质。家国同构形式上以家庭治理作为国家治理的基础,家庭内部矛盾的解决最终都将有利于国家的治理。在促进纠纷解决的前提下,家训、族规或民间习惯得到国家有条件的承认,部分甚至上升到国家法层面。此外,统治阶级利用家庭内部重视孝道,把推行孝道作为其推行教化的重要途径,同时将王权主义的价值体系灌入人们的意识之中,培养出符合君主政治的忠臣和顺民。① 究其成因,盖在借助孝之手段来促成忠之政治目的。只有奉行孝道的家庭成员将来才有可能成为忠君为国的好臣民,也即《后汉书》所言:"求忠臣必于孝子之门",②由此可见其政治色彩之浓厚。

义务本位占主导是家国同构的第三个性质。家庭生活中,家长负有的责任与义务与家庭成员的责任与义务并不对等,家庭成员的义务总是被过分地强调,违者亦有处罚机制予以规制,而家长的责任与义务并未被

① 刘泽华:《中国的王权主义》,上海人民出版社 2000 年版,第 159 页。
② 范晔:《后汉书》,中华书局 2000 年版,第 917 页。

强制性地主张，只是异常重视权力的行使。此种不对等的权力义务模式使得古代中国的亲属关系形成义务本位占主导的局面，如“父为子纲、夫为妻纲”即是反映。国家层面亦是如此，君主享有无边无际之权力，而臣民只能无条件服从与执行，此即“君为臣纲”的反映。由此可以窥见，家国同构模式下，实乃义务本位占据主导。

2. 家国同构的背景

家国同构的产生背景之一是家与国之内部构成具备形式上的一致性。所谓形式上的一致性，指家庭内部的构成与国家内部的构成在形式上是一致的，家是缩小的国，国是放大的家。家庭的构成总体上可以划分为两类，一类是于家庭内享有绝对权威的家长，另一类则是居于服从和执行地位的家庭成员。国家亦同理，分为君主与臣民两类，此即二者在形式构成上的一致性。需要注意的是，在家庭中，父为子纲侧重于“父慈子孝”，夫为妻纲则更加注重“夫尊妻卑”。于国家层面而言，君主与人民的关系偏向于“君仁民拥”，而君主与臣子的关系则强调“君尊臣卑”。可见家与国乃是一体两面之关系，二者在内部构成上具备了形式的一致性，只是存在具体对象和范围大小之殊同。

家国同构的产生背景之二是家与国在文化认知层面上存有一致性。家与国在文化认知层面上一致具体指，家庭重视的“孝道”与国家青睐的“忠诚”相辅相成。《礼记·祭统》有言：“忠臣以事君，孝子以事其亲，其本一也。”可见在儒家看来，孝顺尊长与侍奉君主在本质上是一回事，即忠孝乃一体。如前述所言，求忠臣必于孝子之门，孝是忠的前提和基础。在家庭内部，孝作为基本的家庭人伦，内含遵从长辈之意，而忠作为国家的基本人伦，内含服从和效忠君主之意。孝与忠相互联系，共同在家与国之间搭建起了一座由孝敬长辈到忠诚于君主的双向桥梁。而这也正是家与国同构在忠孝一体上具备的条件。

家国同构的产生背景之三乃是家与国在规则秩序层面具有同源性。所谓规则秩序的同源性是指家与国各自领域的规则秩序的来源是共通的。家规国法只是作用范围和强制力大小不同，溯及源头，二者出于一家之门，根本上都来源于儒家所提倡之礼。家规在家庭内部发挥着作用，特别注重对孝之提倡与对不孝之打击，在“皇权不下县”的情形下，家规在实质上具备了法的效力。国家层面上的法对违背礼治的行为予以处罚，在整个社会发挥作用，出礼则入刑。国家层面的法不仅强调家规所提倡的孝，更加注重对忠的引导，其较家规而言，维护专制政权的政治色彩浓厚。家规与国法共同构筑了我国古代的两种治理模式，这二者在来源上共通，在价值取向上趋同，由家规到国法的规则秩序同源性满足家国同构的成立条件。

三、家国同构背景下的政治婚姻

家国同构的产生具有形式上的一致性、文化认知层面上的共通性与规则秩序上的同源性等条件，而二者的独特作用亦为家与国的同构扫清了障碍。对专制政权而言，家或者家族处于补充和辅助的地位，然其却能起到国家所不能起到的作用。家或家族在控制底层人民思想、镇压人民反抗和化解基层矛盾纠纷方面，比专制的国家政权更为深入、缜密，更具有欺骗性，因而从某种意义上来说也更为有效。[①] 只要有家或者家族存在的地方，家长权或族权就可以深入到穷乡僻壤之中，即便是偏远角落都难逃出其手掌心。古时的穷乡僻壤受制于经济落后，极容易走上违法犯罪的道路，也即“穷山恶水容易出刁民”。刁民的出现将严重威胁国家基层政权的稳定，苦于山高皇帝远，国家有心无力，家庭或家族很好地弥补了这一方面的缺失。如清嘉庆年间，清政府为了镇压鄂陕人民起义就充分利用当地的家族组织，在家族组织的协助下，终把人民起义镇压下去。[②] 可见，国家力量不能深入各个角落，而家庭或家族却能够深入，因

① 徐扬杰：《中国家族制度史》，武汉大学出版社 2012 年版，第 397 页。

② 魏源：《圣武记》（卷一〇《嘉庆中川湖陕乡兵记》），中华书局 1984 年版，第 461—464 页。

此,在家国同构的背景下,国家政权的稳定必然要借助于家庭或家族的辅助。

国家对处于补充和辅助地位的家庭或家族更是给予扶持,他们把家庭或家族看作施行统治的帮手,对于家训族规或默许或在国家法层面予以追认,赋予家长或族长以各种管教家庭或家族成员的权威。易言之,古代中国的法律或多或少带有家族本位的烙印,家法辅助国法,国法保障家法,二者在家国同构时形成家法与国法的融合。

从价值内涵上看,家国同构围绕着忠与孝展开,很大程度上,家与国的关系反映在忠与孝的关系上。为了使忠与孝相互渗透、彼此统一,董仲舒对此做了精彩的论述,《春秋繁露·五行对》曰:“忠臣之义,孝子之行,取之土。土者,五行最贵者也,其义不可以加矣。”董仲舒将忠和孝视作同源之物,二者都来自于五行中的土德,而土德又是五行中最珍贵者,因此忠与孝都是珍贵之物,同根同源,并无高下之分。也正是在此意义上,孝乃忠,忠即孝,忠孝之关系乃家国之关系,进一步引申出家乃小国,国乃大家。经过此种整合与推导,专制王权就是家庭父权的扩大,父子关系如同君臣关系。由此,家国关系可见一斑。

需要注意的是,如此家国同构不仅使得统治者宝座由一家一姓世袭,家庭或家族内部成员通过荫蔽走向仕途者也不在少数,此不但加剧社会不公,更使得社会人才的流动性变小,长此以往容易导致整个社会缺乏活力,形成一潭死水的局面。然在当时的自然经济条件下有其合理性。生产方式要求家庭和家族团结一致,共同抵御天灾人害,统治阶级出于巩固统治之目的,倾向于把家庭或家族的因素同整个国家的因素联结在一起,促进家与国的融合。因此,家国同构有其局限性,但更具时代合理性。

一般而言,政治婚姻繁多,赐婚、皇室婚姻与和亲是其主要形式,这类婚姻,形式上观之是结婚双方的私事,实质而言,其不仅涉及国家的宏观布局、君主的雄才大略,也与家庭的命运息息相关。

1. 赐婚

赐婚是婚姻的一种特殊表现形式，是政治婚姻的一种，它反映了专制社会婚姻的不自主性和强大的人身依附性。赐婚并不完全遵循“六礼”，没有经过诸如纳采、问名和纳吉之类的程序，不需要传统媒人居间牵线，代之以权威强制，男女双方也因此失去了平等选择的机会。赐婚在实践中有两种表现形式，第一种表现形式是封建君主将自己控制之下的女性赏赐给男性，促使二者结为夫妻，构成家庭，但也存在男子先前已经成婚，导致赐婚后出现一夫二妻或一夫多妾的现象。第二种表现形式是封建君主亲自出面撮合未婚男女，使之结为夫妻。① 面对封建君主的赐婚，男女双方不能拒绝，有甚者将赐婚引以为豪，以此作为其地位之象征。据《三国志・吴书・妃嫔传》记载：“孙权尝游幸诸营，而姬观于道中，权望见异之，命宦者召入，以赐子和。”此即孙权通过赐婚的形式将何姬赐予其子孙和，女方未有反抗之余地，甚至以此为荣。赐婚这一婚姻形式伴随着皇权的产生而出现，表明了皇权想通过干预婚姻的方式来达到强化自身的目的。《后汉书・宋弘传》记载了宋弘在面对皇帝赐婚时的态度：“臣闻……贫贱之妻不下堂。”宋弘拒绝了皇帝的赐婚，皇帝通过将皇室公主赐婚给宋弘以达到拉拢其的意图显露无遗。另外，世家大族也会积极寻找时机请求皇帝赐婚，以此来发展壮大其家族。

除此之外，皇家内部的婚姻，尤其是君主个人之婚姻，在实质上仍然属于赐婚，其侧重于通过结亲帮助君主巩固统治。以西汉时期为例，众多出身卑微之人因为皇室通婚的缘故成为君主的得力助手，帮助皇帝施展其雄才大略。西汉名将卫青本为下人，在其姐姐卫子夫成为皇后之后一路升迁。在家庭层面上，武帝与卫青乃姻亲，而于国家层面，二人为君臣关系，这种亦亲亦臣的家国同构策略，极大方便统治者操弄权术。

---

① 薛瑞泽：《简论魏晋南北朝的赐婚》，《青海社会科学》2000 年第 5 期。

2. 和亲

和亲一词最早可见于先秦典籍之中,《礼记·礼察》有:“礼仪积而民和亲”①之语,可见和亲最初乃和睦相处之意,并无缔结婚姻之意。直至西汉时赋予和亲以婚姻之意,《盐铁论·和亲》记载:“往者,通关梁,交有无,自单于以下,皆亲汉内附,往来长城之下。其后,……匈奴绝和亲……。”②此时和亲已有缔结婚姻之意。和亲之策,历代皆可觅见其踪影,汉唐尤盛。和亲作为一项社会政策,其“不是恣意的现象,不是偶然的现象,乃是历史情势之要求当中,必然起来的现象”③。

和亲包括同族间的联姻与异族间的联姻。同族间的联姻指同一民族内的两个国家、政权或集团,通过婚姻行为将两个国家、政权或集团的关系拉近,以实现双方共同的政治目的。中国古代处理问题讲究“以和为贵”,而和亲就是其中之一种。如“秦晋之好”就是秦晋之间相互联姻促成的结果。国与国之间的关系在婚姻上被拟制成了家与家的关系,婚姻合两性之好、合两家之好,实则是合两国之好。借助国家间联姻,两国被拟制成了家庭生活中的亲家,任何一方的损失都是对方不愿看到的,由此二者才能和平相处、互帮互助。

异族间的联姻指两个不同民族的国家或政权出于特定的目的,通过婚姻行为来达到避战言和的政治意图。历史上的汉匈和亲最具代表性。首倡和亲的娄敬创见性地提出了汉朝应当主动向匈奴和亲的建议。据《资治通鉴》记载,娄敬认为“冒顿在,固为子婿;死,外孙为单于。岂尝闻外孙敢与大父抗礼者哉?可无战以渐臣也。若陛下不能遣长公主,而令宗室及后宫诈称公主,彼亦知不肯贵近,无益也。”此处,娄敬认为通过和亲能使得汉匈之间存在拟制家庭的亲属关系,从而消除匈奴对汉朝的威胁。在当时,家国同构的政治婚姻设想,尽管不能从根本上解决匈奴隐

① 方向东译注:《大戴礼记》,江苏人民出版社 2018 年版,第 42 页。

② 桓宽:《盐铁论》,阳光出版社 2016 年版,第 192 页。

③ 董家旋:《中国古代婚姻史研究》,广东人民出版社 1995 年版,第 228 页。

患，仍可解燃眉之急。

以唐朝与周边民族和亲为例，和亲之礼仍然遵行“六礼”之仪式，即中原王朝与边疆民族的和亲亦以“六礼”为范式。《资治通鉴・隋纪》记载：开皇十七年，突厥入隋迎娶公主，“上舍之太常，教习六礼”。因唐朝承袭隋朝之制度，故而和亲以六礼为结婚之程式。具体而言，和亲的达成，首先需要边疆民族向唐朝发出求婚请求或唐朝统治者直接予以赐婚。确定和亲后即开始册封公主与确定婚期。公主的选定一般首选外甥女、外戚女等，迫不得已才是君主之女，而后便占卜纳吉，确定婚期。① 婚期至，将举行盛大的迎亲典礼，并赋予和亲公主丰厚的嫁妆和随行侍女，即“……众多宝物……经史典籍三百六……侍女二十五人”②。

和亲政策产生之根源归结为以下几点：第一，宗法血缘制为和亲政策提供了伦理基础。西汉之前和亲虽无缔结婚姻之意，但已有了通过缔结婚姻来缓和矛盾的做法，如《太平御览・人事部二十二》记载：“鬼侯有女美，而进之于纣”。因中原王朝重视亲属关系，重视宗法血缘，从而为和亲提供了伦理基础。第二，“惟德是辅”的政治观念为和亲之策奠定了政治基础。统治者通过和亲将“德治”观念进行传播，以此对它族尤其是边疆民族进行教化，正如《尚书・梓材》所言：“先王既勤用明德，怀为夹，庶邦享作，兄弟方来”。第三，“和同”理念为和亲的思想基础。所谓“和同”乃和平与求同存异之意，自秦大一统以来此种观念便根深蒂固，

总而言之，无论是赐婚还是和亲，其中都散发出浓厚的政治气息，其婚姻也因此被称为政治婚。在政治婚中，以家的形式来强化彼此间共同的利益，从而实现在国家层面共荣辱，同进退。

3. 娶监临女等政治婚姻禁止性规定的发展与定型

西周以降的中国古代是一个极其讲究礼法的社会，婚姻的缔结和解除必须依照礼的标准来进行。西周时期首创“同姓不婚”制度，也即同姓

---

① 范立香：《唐代和亲研究》，陕西人民出版社 2017 年版，第 112 页。

② 索南赞坚著，刘立译：《西藏王统记》，西藏人民出版社 1985 年版，第 68—69 页。

者，不论亲疏远近，皆不允许通婚。到了春秋战国时期，由于礼崩乐坏，加之社会动荡，其虽承袭西周的婚姻禁止性规定，同姓不婚也因此受到了冲击。及至秦朝，在西周同姓不婚的基础上增设了亲属亲疏远近之条件，也即开始重视以血缘来判定婚姻的合法性。秦与汉两朝在前人基础上，禁止男子娶逃亡女子。到魏晋南北朝时期，由于阶层的固化，世家大族企图长久保持其立家之本，因而这时期的婚姻极其讲究门当户对，严格区分嫡庶与尊卑。及至唐代，古代婚姻的禁止性规定逐渐成型，其中最为重要的是禁止了中表婚这一婚姻形式。反映在政治上的婚姻禁止性规定即为：监临官不得与所监临之女为婚；不得与逃亡妇女成婚；良人与贱人不婚等。

所谓“监临官不得与所监临之女为婚”，指职掌身临统管、案问勘验的官员，不得与其所管辖下的女人成婚。《唐律疏议 · 户婚三十七》载：“诸监临之官，娶所监临女为妾者，杖一百。若为亲属娶者，亦如之。其在官非监临者，减一等，女家不坐。”①由此可以窥见，肇始于唐朝的不得娶所监临女之制，不但限制监临官为自己所娶，同时也限制为他人所娶，即使是非监临之官亦禁止娶监临女。宋元时期同样遵循唐之做法，禁止监临官与所监临女成婚，除此之外，宋朝还规定上级官吏不得与管辖内的官属结婚。明清时期继续沿袭这一做法，明朝还新增禁止王府娶本府部属女一条②。从政治角度去看，禁止监临官娶所监临之女能够有效地维护封建等级制度，同时也能在一定程度上限制官员抢占民女，破坏基层统治秩序。

不得与逃亡妇女成婚是指，男子不得娶犯了罪而逃亡的妇女。《唐律疏议 · 户婚三十六》载：“诸娶逃亡妇女为妻妾，知情者与同罪，至死者，减一等。离之。即无夫，会恩免罪者，不离。”③可见，妇女犯了罪逃

① 曹漫之主编：《唐律疏议译注》，吉林人民出版社 1989 年版，第 516 页。
② 商小伟：《中国古代禁婚制度研究》，青岛大学 2016 年硕士学位论文，第 12 页。
③ 曹漫之主编：《唐律疏议译注》，吉林人民出版社 1989 年版，第 515 页。

亡，有人将其娶做妻或妾将会受到法律的惩处。及至明朝，关于不得娶逃亡女的规定基本沿袭唐朝旧制，只是增加了收留逃亡女为子或孙妻妾如何惩处的条文，大体上仍然保持稳定。从政治视角观之，禁止娶逃亡女为妻，有利于封建王朝在户籍制度不完善不发达时的人口管理，亦有利降低犯罪率，让犯罪者无处可以藏身，从而有利于封建统治。

所谓良贱不婚是指在等级森严的古代社会，人的身份犹如一道屏障将人划分为三六九等，其中身份尊贵者与身份卑微者不能通过婚姻结合成法律意义上的夫妻，违者，将受到法律的严惩。夏商周一直到秦汉对良贱通婚都持否定态度，到魏晋南北朝，尊卑观念更是盛行，虽如此，民间良贱通婚亦盛行。《魏书》载，到魏文帝时期，鉴于民间良贱为婚已成习俗，乃下诏："下与非类婚偶，先帝亲发明诏为之科禁，而百姓习常仍不肃改，朕今宪章旧典，祗案先制，着之律令永为定准，犯者以违制论。"至此，良贱不婚的禁文正式以律令的形式确定下来。及至唐朝，良贱不婚在法律上规定得更加严格，《唐律疏议・户婚四十二》载："诸与奴娶良人为妻者，徒一年半。女家减一等。离之。其奴自娶者，亦如之。主知情者，杖一百。"①可见，唐朝严格限制良贱通婚，即使有主人的帮助，为奴者也不能娶良人为妻，否则主人也将受到法律的规制。宋明清基本上沿袭了唐律良贱不婚的规定，元代虽无明文禁止，条件亦十分苛刻。可见良贱不婚蕴含了统治阶级维护尊卑有序之等级制度的统治策略。

综上，所谓事关国家利益的特殊家庭制度，实乃家国同构背景下掺杂着家国因素的特殊制度。家庭内部讲究子孙辈对父祖辈的孝顺，即孝道；而国家层面则侧重于臣子对君主的忠诚，即忠心，君臣关系实质乃是拟制的父子关系。由此，家与国在形式层面上出现了同构。同时，忠孝两全主张爱国爱家，使得家与国在文化层面上得以同构。国有国法，家有家规，无论是国法抑或是家规，二者的最终归宿皆在于儒家之礼，出礼则入刑、

① 曹漫之主编：《唐律疏议译注》，吉林人民出版社 1989 年版，第 523 页。

出礼则触规，家与国在规则秩序层面同构。二者相互交融、相互促进，推动家与国朝着一体化方向构建。当国家层面出现许多纷杂之事时，统治阶层总是勤于从家庭中寻求答案，如和亲、赐婚与禁止性的政治婚皆属于此，由此导致了“我国古代政治不论是在奴隶社会或在封建社会，皆是强调家族本位的政治，应缘于此的政治统治更是一种家天下的模式”①——也即家国同构。

① 赵光远：《民族与文化》，广西人民出版社 1990 年版，第 29 页。

第四章　中国少数民族亲属习惯与制度

古代中国的亲属制度有国家法调整的“公”的规范，也有由族法家规调整的私法要求，公私并举的亲属关系不仅存在于汉民族，也同样存在于少数民族，反映在传统中国的各少数民族的婚姻家庭生活之中。

中国传统少数民族的家庭与亲属的习惯与制度，也是中国传统亲属制度的重要组成部分。首先，相比典型汉族的亲属制度与习惯内容，各少数民族尤其是在中国古代历史上占据重要地位的民族类型，如蒙古族、满族、藏族、回族等民族，都是传统中国历史上民族的代表。或者说从历史原本的属性来看，所谓传统中国的亲属制度，本身即包括除了汉族亲属制度与习惯之外的内容；或者说中国传统亲属制度与习惯，其形成与表现是各民族之间影响与互动而导致形成的，传统中国少数民族的亲属制度与习惯需要得以关注。其次，当少数民族进入中原建立相应政权，其本身亲属制度与习惯也会直接影响国家法律规定和对亲属制度规定的态度与观念。传统中国不管在区域上还是整个中原，都有由少数民族领导建立的政权。少数民族建立相应的法律制度内容，自然会带着其本身少数民族所带来的观念与认知。不管是北魏隋唐，还是宋辽金元等时期，还是清代民族大一统时期，汉族主体与少数民族之间亲属习惯与观念的相互影响，是传统中国亲属制度形成与发展的重要话题与脉络。最后，更多不同地区与民族的亲属制度与实践，更能反映出亲属制度与习惯本身的普遍性规律与特征,进而展现"公私并举"的特点及其表现与原因。对传统中国的亲属制度与习惯,占据多数的视角是汉族的家庭亲属习惯内容。而汉族的亲属制度与习惯有其文化渊源与客观成因,相比之下游牧民族、西南少数民族等不同区域、文化与经济社会发展水平民族的亲属制度与习惯内容,也反映不同地域与文化的特点。对传统中国的亲属制度与习惯的考察,需要分析不同民族的规定内容,更有利于展现中国传统"公私并举"的特点表现与普遍性的规定。因而,对传统中国的少数民族亲属制度与习惯,分为两个方面进行展开。一方面,分析传统中国少数民族亲属制度与习惯的历史背景。此种历史背景分为纵向和横向两个角度,一是历史变迁上少数民族婚姻制度的历史趋势类型,展示少数民族亲属制度尤其是婚姻制度的纵向历史类型与变迁;二是横向结构上少数民族婚姻家庭的形态与结构,从结构上展现婚姻家庭内部的相互关系与宏观架构,及其背后的私权益的不同调整与保护方式。另一方面,则是分析传统中国少数民族亲属制度与习惯的具体表现。一是在个体层面,关注传统中国少数民族在婚姻家庭方面的个体权益,其从婚前到婚后再到其他重要人物的权益变化;二是从整体层面来看,不同时期与阶段传统中国少数民族在婚姻家庭上纠纷解决的方式方法等。

第一节　少数民族婚姻制度的历史类型

中国素以历史悠久、幅员辽阔闻名世界。在这片东方沃土上,众多民族繁衍生息,安居乐业,形成了独特的社会风俗和法规体系。其中,婚姻作为人类社会中最为古老和普遍的社会现象,是亲属得以确立、分工、产生,社会组织得以形成的基础,在少数民族的发展历程中,占据着至关重要的地位。①

① 李拥军:《自私的基因与两性博弈:人类婚姻制度生存机理的生物学解释》,《法律科学(西北政法大学学报)》2012年第3期,第12—20页。

少数民族婚姻具有鲜明的时代性、多样性以及民族性等特点。在不同历史时期,少数民族婚姻家庭制度差异显著。即使是在同一历史时期,不同少数民族之间也存在较大区别。虽然个性明显,但少数民族的婚姻家庭制度、亲属制度同时也具有共性,同汉民族一样也经历了从愚昧、野蛮到文明的发展演变过程,少数民族婚姻家庭制度的变化和发展,见证了少数民族地区从奴隶制社会到社会主义社会的千年变迁,是少数民族法治发展史的重要内容。研究少数民族婚姻,首先需要从历史变迁视角对其进行分类。当代社会对婚姻家庭的分类,认可度最高的一种观点是:血缘家族、普那路亚家族、对偶家族及父权家族、一夫一妻制家族四类。① 这一观点最初是由摩尔根提出,并在19世纪时得到了马克思和恩格斯的论证和发展。从早期的古代家族到晚期的一夫一妻制家族,这四种家族类型在婚姻家庭层面上,概括了人类社会从母系氏族到父系氏族的发展历程。

马克思和恩格斯的分类方式,同样适用于对少数民族婚姻制度的分类。结合现存典籍和文献,可以将少数民族的婚姻划分成四个历史时期:原始杂婚时期、血缘群婚时期(血缘群婚和亚血缘群婚)、偶婚制时期(多偶婚和对偶婚)以及一夫一妻制时期。从原始杂婚制到一夫一妻制,少数民族的社会生产力在逐渐发展,婚姻家庭的观念也在逐渐清晰。在少数民族婚姻内部,婚姻的成立要件和限制条件不断细化,维护婚姻家庭稳定性的手段也在越发多样化与法制化。

由于原始杂婚时期,人类尚未摆脱动物性,并无清晰的婚姻家庭概念。因此,本节将重点从后三个时期入手,结合文献、考古资料以及相关研究著作,详细阐述我国少数民族婚姻制度的历史类型。

一、有限制的氏族通婚的群婚制

在经历了一群男子与一群女子彼此通婚,互为夫妻的杂乱的两性关

① 恩格斯:《家庭、私有制和国家的起源》,人民出版社1999年版,第37—65页。

系后，少数民族也进入了群婚制时代。所谓群婚制是指在一定范围内，"丈夫过着多妻生活，而妻子则过着多夫生活"，①在群婚制下，婚姻关系调节着异性集团之间的两性关系，但并不直接调节异性个体之间的两性关系。婚姻内部的权利和义务是发生性关系的异性集团之间，而非两性个体之间。② 虽然仍然是集团婚，但与杂乱的两性关系相比，此时的两性关系有了一定的血缘限制，即在一定的血缘范围内，通婚对象受到了限制。

群婚又可分为血缘群婚与亚血缘群婚，这种划分的依据在于对血缘关系限制的范围。在血缘群婚时期，氏族内限制了父母与子女通婚，婚姻"是以同胞兄弟和姊妹之间的结婚为基础的"。③ 随着社会的发展，到了亚血缘群婚时期，同胞兄弟和姐妹之间的婚姻也被排除，"逐渐把旁系兄弟姊妹包括在婚姻范围内"。④

从原始杂婚进入到群婚制时期，人类最大的进步便是对婚姻关系上出现了第一个禁止性规范——血缘禁忌。以此为开端，调节婚姻关系的手段和措施逐渐扩展并细化形成了一系列的社会风俗、习惯法以及成文法。以下将从血缘群婚时期和亚血缘群婚时期入手，展开详细叙述。

（一）血缘群婚制

血缘群婚制下，婚姻关系的社会调节出现了第一个禁止性规定——性禁忌，即禁止直系血亲之间通婚。在《家庭、私有制和国家的起源》一书中，恩格斯这样描述血缘群婚制时期的婚姻家庭情况："所有祖父和祖母，都互为夫妻；他们的子女，即父亲和母亲，也是如此；同样，后者的子女，构成第三个共同的夫妻圈子；而他们的子女，即第一个集团的曾孙和曾孙女们，又构成第四个圈子"。

由于排除了直系血亲之间的婚姻，同胞的兄弟姐妹之间的婚姻在少

---

① 摩尔根：《古代社会》，商务印书馆1981年版，第386页。
② 蔡俊生：《论群婚》，《中国社会科学》1983年第1期，第143—162页。
③ 摩尔根：《古代社会》，商务印书馆1981年版，第386页。
④ 摩尔根：《古代社会》，商务印书馆1981年版，第386页。

数民族内部扩展开来。以生活在云南丽江的纳西族为例，作为纳西族的三大史诗之一的《创世纪》中，有着这样的描述："除了从忍利恩六兄弟，天下没有男的；除了从忍利恩六姊妹，天下没有女的。兄弟找不到妻子，找上了自己的姊妹；姊妹找不到丈夫，找上了自己的兄弟，兄弟姊妹成夫妇，兄弟姊妹相匹配"。[①]

不止纳西族，在中国的西南诸少数民族中，乃至域外，东及台湾，西及越南与印度中部都流传着这种兄妹配偶型的洪水遗民再造人类的故事。[②] 如畲族的《盘王书》、布依族的《姊妹成亲》以及苗族的《伏羲姊妹制人烟》等。这些神话或史诗等，代代相传，展现了母系氏族早期，少数民族血缘婚的普遍性。

除上述的神话和传说记录形式，位于中国最南端的少数民族海南黎族，还以一种特殊的民俗记录下了血缘群婚的历史——黎族文面。有关黎族文面的记载，最早见于《山海经・海内南经》："点涅其面，画体为鳞采。"[③]这是一种在女性面部和身体上留下青黑色花纹的传统习俗，其起源与血缘群婚制有着紧密联系。《黎族支系的来源》载：在洪水之后，黎族仅存下一男一女，他们结成夫妻后生下兄妹二人，名为阿伐和娜黑。阿伐和娜黑长大了，双亲叫他们分头去找对象。阿伐向东走，娜黑向西走，他们走遍天涯海角，结果找不到人，最后绕了一圈，兄妹重逢。后来父亲暗中叫阿伐结鬃在前，母亲也暗暗地给娜黑的脸上刺上花纹，告诉她，如果遇到结鬃在前的男子汉，便可与他结婚。同时父亲也暗暗告诉儿子，如果撞见文面的女子便娶她为妻。于是，两人历经辛苦，翻山越岭后遇到，不认识的兄妹对千年树拜了又拜便成了亲。婚后生下八男八女，仍按此

---

① 汪玢玲主编：《中国婚姻史》，武汉大学出版社 2013 年版，第 14—15 页。

② 徐晓光、叶英萍、张世珊主编：《中国少数民族法史通览》，陕西人民出版社 2011 年版，第十卷，第 255 页。

③ （清）郝懿行撰：《山海经笺疏》，天津古籍出版社 2011 年版，第 202 页。

方法结合。[①] 由此可见,文面的目的是为了实现亲兄弟姐妹之间成婚,这是典型的血缘群婚制下的婚姻模式。

深究血缘群婚制下的血缘禁忌起源,大体可以归纳为以下两个原因:一是从生理学角度来看,近亲结婚会导致后代较大概率出现畸形和遗传疾病,降低后代的存活率,影响到下一代的数量和质量,不利于族群的扩张。二是从社会学角度来看,血缘通婚导致身份关系混乱。兄弟姐妹以及父母之间,存在着多重交叉的婚姻关系,这极大地影响了家族与社会的稳定。[②]

由此可见,血缘禁忌的出现是人类社会的一大进步,使人类告别了原始社会时期的性杂乱。同时,从法史学角度来看,这种禁止性规定也是人类对于婚姻家庭规范萌芽,是人类摆脱动物性,建立社会关系的重要节点。

(二)亚血缘群婚

亚血缘群婚是群婚制的高级形态,相较而言,对婚姻关系的主体、缔结与相处来看,逐渐形成有习惯性特点的限制,由此区分亚血缘群婚与血缘群婚制的差异。

1. 婚姻关系的禁止性规定

在结婚主体上,亚血缘群婚的限制越发严格。只有血缘关系较远甚至无血缘关系的男女间才可以通婚。较为典型的例子是瑶族的同姓婚。在民族学的调查中,有不少与瑶族实行“同姓婚”相关的资料。如“盘瑶……血缘亲属隔了五代之后,即可通婚”。山子瑶的“同姓结婚不在限制之列,血缘亲属隔了三代以外,则可通婚”。力云南屏边瑶山云瑶族,五代以外,则“同姓也可以通婚”。广东各地之瑶人,“近血缘结婚”亦极为普遍。[③]

---

① 徐晓光、叶英萍、张世珊主编:《中国少数民族法史通览》,陕西人民出版社 2011 年版,第十卷,第 254 页。

② 蔡俊生:《论群婚》,《中国社会科学》1983 年第 1 期,第 143—162 页。

③ 李光军:《瑶族“同姓婚”——“亚血缘婚”小议》,《贵州民族研究》1987 年第 3 期,第 133—135 页。

2. 婚姻关系的强制性规范

除了上述的血缘关系的禁止性规范外，在这一时期，民间风俗和社会道德以及一些约定俗成的习惯法，开始在婚姻家庭的调节上，发挥效力性的强制规范。最为典型的一种现象是在少数民族内部盛行的“交互从表婚”即是指姑舅表兄妹之间有优先婚配的权利，

以侗族的姑舅世婚为例来分析。所谓姑舅世婚是指姑妈与舅舅家的子女长大以后，有优先的婚配权，或姑妈的女儿嫁给舅舅的儿子；或舅舅的女儿嫁给姑妈的儿子。① 在姑舅世婚下，婚姻缔结的模式具有强制性，而优先权通常偏重于舅父一方。② 如宋朝洪迈撰《容斋四笔·渠阳蛮俗》中叙说：靖州（湘黔交界处，侗族聚居之地）峒（侗）人“姑舅之昏（婚），他人取（娶）之，必贿舅家，否则争，甚至仇杀”。《黔记》卷三说：“（侗人）姑之女，必适舅之子，聘礼不能措，则取偿于子孙，抑或无子，姑有女，必重贿于舅，谓之外甥钱，其女方许别配，若无钱贿赂于舅者，终身不敢嫁也”。③ 无论是“重贿于舅”还是“必贿舅家”，都反映了“舅权”对于女性在婚姻关系上的约束。这种舅权约束力的形成，来源于传统习俗和社会道德，也反映出少数民族内部的公序良俗对于婚姻的约束。④

纳西族内也流传着一句古谚——“不是舅父儿，不占姑母女”。意为女性到了适婚年龄，成婚对象首先是姑舅表亲。纳西语中亦有“阿舅则美该”（其意舅家儿子理应强娶姑母女儿为妻）则更为明确地表现出这一婚制的强制性。除此之外，诸如土家族的姑表亲、傈僳族的“有女先向舅”、景颇族的“木育—达玛”婚制、纳西族盛行的“姑舅表亲”等，

---

① 陆跃升：《清水江流域苗族侗族婚姻习俗及其演变》，《兰台世界》2019 年第 9 期，第 100 页。

② 薛平：《论“姑舅表婚制”的历史存在》，《西南师范大学学报（哲学社会科学版）》1999 年第 1 期，第 127—131 页。

③ 徐晓光、叶英萍、张世珊主编：《中国少数民族法史通览》，陕西人民出版社 2011 年版，第十卷，第 82 页。

④ 薛平：《论“姑舅表婚制”的历史存在》，《西南师范大学学报（哲学社会科学版）》1999 年第 1 期，第 127—131 页。

都从另一个侧面表现出社会内部,对于婚姻关系正向约束性规范的产生。

亚血缘婚是人类从血缘婚进入到偶婚制的过渡阶段。如果说家庭组织上的第一个进化在于排除了父母和子女之间相互的两性关系,那么第二个进步在于对姐妹和兄弟也排除了这种关系。这一进步由于当事者的年龄比较接近,所以比第一个进步重要得多,但也困难得多。① 在完成了这一跨越后,少数民族氏族的稳定性和后代的存活率逐步提升。伴随着生产力和社会的发展,氏族内部开始了从母系氏族向父系氏族过渡,婚姻制度也开始进入了偶婚制时期。从权利与义务上看,婚姻制度开始对相应权利进行限制,义务性规定开始出现并逐渐强化,二者开始有相区分的可能。

二、母系氏族向父系氏族过渡的偶婚制

对偶婚排除了同胞或不同胞的兄弟姐妹之间的血缘婚姻,在集团婚的基础上产生了相对稳定的一男一女的婚姻。② 作为群婚向一夫一妻的过渡阶段,对偶婚脱胎于群婚制,彻底排除了婚姻中的血缘关系,在婚姻形式上,已经初具一夫一妻制的雏形。

(一)结婚主体

从结婚主体来看,对偶婚的双方必须是没有血缘关系的男女,已经基本脱离了血缘结合的生育弊端。③ 众多的少数民族内部都以社会道德和习惯法的形式,禁止了近亲结婚。以藏族为例,藏族的习惯法严格禁止族内婚,部落习惯法有一个基本原则——实行骨外系婚姻,即藏族实行族外

---

① 《马克思恩格斯选集》第 4 卷,人民出版社 1972 年版,第 33 页。

② 徐晓光、叶英萍、张世珊主编:《中国少数民族法史通览》,陕西人民出版社 2011 年版,第十卷,第 255—256 页。

③ 徐晓光、叶英萍、张世珊主编:《中国少数民族法史通览》,陕西人民出版社 2011 年版,第十卷,第 255—256 页。

婚，而排除族内婚。[①] 这种族外婚制，以强制性的规范，彻底排除了婚姻双方的血缘联系，有利于民族的延续和发展。

不止是自由婚配，族内通婚也逐渐摒弃了群婚制下的“姑舅表婚”通婚制，开始实行没有血缘关系的家族通婚。例如在侗族内部，“扁担亲”开始在族内扩展开来。所谓“扁担婚”是指两个没有血缘关系的家族互相通婚，并形成长期而较稳定的婚姻契约。这种婚姻的演变起初源自两个家族的一例或几例婚姻往来，并都对此维护很好，逐渐得到两大家族的认可。从此，两个家族之间的关系稳定，长期交好，子女长大后会优先考虑交好的家族婚嫁。通过子女之间婚姻交换，承载着两个家族浓厚的感情，共同维系两个家族的关系。[②] 换言之，婚姻主体的限制与家庭通婚，是通过婚姻关系转化家庭家族的整体权益。

（二）婚姻关系

对偶婚下，婚姻关系趋于稳定，夫妻关系不再仅是为了满足性需求和繁衍目的。有权利和义务发生两性关系的异性集团之间的成对配偶，只有在相互担负起一定的为社会所核准的经济上的权利和义务时，才由成对配偶转变成了对偶婚姻。[③]

但由于尚处于过渡阶段，对偶婚时期的这种夫妻间的权利义务关系还相对松散，缺乏明确的制约。以西南少数民族的“不落夫家”婚俗为例，布依族的新娘在举行婚礼的当天、次日、三天或较短的时间后，即需随母家送亲人员返回母家。如《独山县志》载：“狆（布依族）俗，婚礼是夜，新妇仍隔夫宿。明晨，即随送眷回母家。伺候，遇插秧日、收禾日，一至夫家，夜与小姑同榻。不一二日即转母家。阅三、五年，始接夫，生育后同室偕老”。一

① 刘艺工、刘利卫：《关于甘南藏族婚姻习惯法的实证分析》，《法制与社会发展》2009年第6期，第45—53页。

② 陆跃升：《清水江流域苗族侗族婚姻习俗及其演变》，《兰台世界》2019年第9期，第101页。

③ 蔡俊生：《论群婚》，《中国社会科学》1983年第1期，第143—162页。

直到新娘第一次怀孕或分娩之前,新娘仍可享受与异性自由交往的权利。贵州苗族女子在不落夫家期间,仍可参加“游方”“打马郎”等男女社交活动。甚至在白彝族,女性在不落夫家期间仍然享有性自由权。[①] 这一风俗展现出对偶婚制下,夫妻关系处于“无独占同居”阶段,仍然较为松散。[②] 此种松散的主要特点即是,并不完全限制夫妻双方的权利与义务,尤其是女性的义务有所放松,形成特殊的婚姻关系中的权利表现。

(三)婚后地位

由于处于母系氏族向父系氏族的过渡的特殊阶段,因此在有些少数民族的婚姻关系中,出现了女性地位高于男性,女性占据婚姻主导地位的过渡时期特征。

以“从妻居”婚俗为例,该婚俗存在于各地的少数民族,例如在彝族,“从妻居”有“三比拜、三比马”的说法。意为三年去,三年来;指男方到女方家上门入赘,在女方家住三年;然后又到男方家居住三年,再到女方家,直到继承了一方产,夫妻双方另立门户为止。[③] 与“从妻居”相类似的婚俗还有“入赘婚”。在壮族,无男丁继承宗嗣的家庭会采用招赘的方式,让男方以入赘的形式进入到女方家,成为女方的一名家庭成员。[④] 这种婚后丈夫跟随妻子居住的婚姻模式,体现出母系社会对于父系社会的抵抗,女性尚且具有较高的社会地位,实质上也反映了此种较为特殊的婚姻相处关系中权利与义务设置的差异。

三、延续千年的一夫一妻制

一夫一妻制又称为单偶婚制,它是建立在私有制经济基础之上,以男

---

① 袁翔珠:《少数民族婚姻制度的一种法史学解读——以婚姻习惯不落夫家为考察对象》,《求索》2011 年第 7 期,第 142—144 页。

② 徐晓光、叶英萍、张世珊主编:《中国少数民族法史通览》,陕西人民出版社 2011 年版,第十卷,第 259 页。

③ 耿明:《傣族封建婚姻家庭法律制度研究》,《云南法学》1997 年第 1 期,第 96 页。

④ 卢明威、汤伶俐主编:《中国少数民族法史通览》,陕西人民出版社 2011 年版,第五卷,第 155 页。

子居统治地位的，比较固定的配偶关系。[①] 人类由群婚迈向一夫一妻，既不是自然规律选择的作用，也不是男女性爱的结果，其主要原因是私有制的出现。以家庭为单位的生产模式强化了婚姻家庭的稳固性，私有财产的排他性促使婚姻家庭由松散转向紧密，一夫一妻制最终确定下来。

在人类历史上，一夫一妻制经历了两个时期——形式上的一夫一妻制与实质上的一夫一妻制。[②] 受限于生产力发展水平，一直到封建制被推翻之前，在我国众多的少数民族内部实行的都是形式上的一夫一妻制。一夫多妻、一夫一妻多妾制等婚姻形式，一直受到族内习惯法和成文法的认可和维护。

虽然并非实质意义上的一夫一妻，但从群婚迈向形式上的一夫一妻制仍然是人类历史的重大跨越。以下将从婚姻关系的成立要件和禁止性规定入手，阐述法律、习惯法以及社会风俗对于少数民族地区的一夫一妻制的制约。

（一）婚姻成立的要件

1. 婚龄

我国的少数民族大多聚居在较为偏远地区，受生产力水平的制约以及生存环境的影响，后代的存活率明显低于中原的汉族。尤其是一些游牧民族，常年的迁徙、部落纠纷以及争夺战争造成大量的成年劳动力死亡，为了保证民族的延续和继承，生育后代显得尤为重要。因此，在少数民族内部，早婚现象十分普遍。

为了限制晚婚，促进早婚早育，少数民族内部对于婚龄的约束，一般有两个显著的特点：

第一，婚龄的起点低，女性的婚龄普遍低于男性。例如在回族，《新

① 欧潮泉：《婚姻家族之发展（五）——一夫一妻制家庭》，《贵州民族研究》1991 年第 1 期，第 57—66 页。

② 江涛：《作为制度的一夫一妻婚姻形式的历史社会学分析》，《中山大学学报论丛》2002 年第 2 期，第 1—4 页。

疆回部志》中记载:“回人男过十五即娶,女至十一二即嫁”。聚居在东北的赫哲族,男子约在18—19岁间,女子约在15—16岁间便可谈婚论嫁。蒙古族内,《元婚礼贡举考·至元婚礼》有记载“男子年十六至三十,女子年十四至二十”即可“议婚”。①

第二,少数民族内部,对于婚龄的上限有所制约。正如在维吾尔族内,民间流传的一句谚语所述:“闺女大了,众目睽睽;男孩大了,议论纷纷”。早婚受到社会道德和风俗习惯的普遍认可,而晚婚则会受到指责和制约。在蒙古族内的《蒙古—卫拉特法典》有规定,女性法定婚龄为14岁,直到20岁还不嫁人要受到处罚。

2. 婚约

在少数民族中,婚约是男女缔结婚姻的序幕。订立婚约的形式多样,例如在黎族,在男女双方缔结婚约后,男方父母会携带诸如槟榔和酒的礼品前往女方家征求意见,如果女方同意,男方家还要第二次携带礼品到女方家举行定亲仪式,定亲过后,两家便可以互相往来。② 再如在壮族,“订命”(订婚)是指“命合”之后,男方即派媒人带10筒糖饼、10斤糯米到女家取命。女方即将女子的年庚用红纸书写好,交媒人带回男方。当天,男方约请吃一桌酒肉,女方不备。③

通常,婚约是由双方父母协商订立,婚约一旦订立通常具有人身和财产上的约束效力,任何一方都不得随意解除婚约。否则,不仅会受到社会道德与民间舆论的谴责,还会受到来自法律的制约。例如藏族在吐蕃赞普时期,子女的婚姻全权由父母决定。父母的同意是缔结和解除婚姻关系的法定前提条件,即使这种婚约违背了子女的意愿,子女仍然无权擅自

① 谭晓玲:《冲突与期许——元代女性社会角色与伦理观念的思考》,南开大学出版社2009年版,第2页。

② 徐晓光、叶英萍、张世珊主编:《中国少数民族法史通览》,陕西人民出版社2011年版,第十卷,第262—263页。

③ 卢明威、汤伶俐主编:《中国少数民族法史通览》,陕西人民出版社2011年版,第五卷,第149页。

改变。

在婚约的强制约束力下，土家族内盛行“转求婚”婚俗。它是指男女青年双方正式订婚后，男方死去，女方无权退婚，男方有权“转求”，即要求她嫁给死者的兄或弟，甚至堂兄弟；只有当男方不“转求”时，女方才可退婚，与他人订婚。这种“转求婚”婚俗，得到土家族习惯法的认可，体现婚约对订婚男女双方均具有强制性规定。①

在大多数少数民族内部，违背婚约都会受到习惯法的严厉处罚。例如《蒙古—卫拉特法典》第 46 条规定：“定婚的亲家有法律约束，无婚约的亲家无法律约束，如女家的父母把姑娘另嫁别人，赛因库蒙罚五九驼，敦达库蒙罚三九驼，阿达克库蒙罚以驼为首罚一九”。② 在 1709 年颁布的《喀尔喀法典》对破坏婚约的处罚则更加明确：“凡姻亲取得牲畜（彩礼）者，在其女未嫁之数年内，若由于女方造成婚约废除，在订婚约一年内，应将所有牲畜全部还出；在订约之两年后，应将所得之牲畜连同增殖之牲畜之半还；三年或三年以上，应将全部牲畜连同仔畜还出”，“若由于男方废除婚约，他应只取回牲畜”。③

3. 聘礼

聘礼指结婚嫁娶前，男方送给女方亲属的钱财或物品。在男娶女嫁的父系氏族中，女方嫁女儿意味着新娘在家庭隶属关系上的改变。这种改变无论是从经济上还是感情上，都会造成女方家族的损失。为了能够平衡损失，更好地得到女方亲属的认可，在缔结婚姻关系时，男方通常会向女方亲属赠送礼物或价金。长此以往，聘礼这一结婚要件因此形成。④ 例如在佤

① 徐晓光、叶英萍、张世珊主编：《中国少数民族法史通览》，陕西人民出版社 2011 年版，第十卷，第 29 页。

② ［德］P.S 帕拉斯著，邵建东、刘迎胜译：《内陆亚洲厄鲁特历史资料》，云南人民出版社 2002 年版，第 198 页。

③ 杨强：《蒙古族法律传统与近代转型》，中国政法大学出版社 2013 年版，第 120 页。

④ 瞿明安：《跨文化视野中的聘礼——关于中国少数民族婚姻聘礼的比较研究》，《民族研究》2003 年第 6 期，第 42—53 页。

族,男方会在婚前向女方家支付两笔财礼,即“奶母钱”与“买姑娘钱”。①“奶母钱”是感激母亲对女儿的抚养,“买姑娘钱”则是请求女儿自此搬进夫家。聘礼的种类具有多样性。例如明代的蒙古族“聘仪则取牛马诸畜”;②金代女真“婿纳币,皆先期拜门,戚属皆行,以酒馔往。少者十余车,多至十倍”。③ 满族入关前,“具鞍马、铠胄为聘礼”。④

作为一种婚前仪式,聘礼虽然不具有法律上的强制约束力,但是却以民间习惯和风俗的形式,确定了男女双方的婚姻关系,约束了双方的行为。从男方角度来看,如果女方接受了聘礼,却临时悔婚,则不仅需要退还聘礼,还会受到一定的处罚。例如清代藏族的法律规定:“男子略无罪过,愿与其妇偕老,而妇决欲与离,则妇应按其夫娶时所出聘金,加二倍赔偿,以为毁婚之罚,名曰离婚罚金,或无罪罚金”。⑤ 从女方的角度来看,接受男方的聘礼可以在一定程度上防止男方婚后随意抛弃妻子。据统计,在近现代的中国少数民族中,男方提出离婚时,有十四个少数民族内部的习惯法规定,女方可以不退聘礼。⑥ 由此可见,聘礼在一定程度上,将婚姻双方的人身关系和财产关系绑定,增强了婚姻的稳定性。值得一提的是,随着聘礼的日益普遍,“抢婚”这种现象也开始出现。不同于曾盛行于西南地区少数民族,经过事先商议的,形式性的抢婚婚俗,这种“抢婚”是指男子违背女方和女方家族的意愿,像掠夺财物一样,强娶女子为妻。

---

① 胡兴东主编:《中国少数民族法史通览》,陕西人民出版社 2011 年版,第六卷,第 120 页。

② 瞿明安,《跨文化视野中的聘礼——关于中国少数民族婚姻聘礼的比较研究》,《民族研究》2003 年第 6 期,第 42—53 页。

③ 参见范立舟:《〈松漠纪闻〉史料价值举例,《史学史研究》2002 年第 1 期,第 63 页。

④ (清)王崧等:《云南通志》,云南人民出版社 2007 年版,第 329—367 页。

⑤ 瞿明安:《跨文化视野中的聘礼——关于中国少数民族婚姻聘礼的比较研究》,《民族研究》2003 年第 6 期,第 49 页。

⑥ 瞿明安:《跨文化视野中的聘礼——关于中国少数民族婚姻聘礼的比较研究》,《民族研究》2003 年第 6 期,第 42—53 页。

以藏族为例，在藏族史诗《格萨尔王传·松岭之战》中，对于抢婚有过如下描述：岭国的超同贪权好色，他施展妖术抢娶松巴国王格吾绛参的小女儿梅朵措，引起松岭之战。岭国的格萨尔获得莲花生授记，出兵讨伐，松巴国王投降，岭军班师回国。[①] 从中可以看出，在这一时期的西藏，男子在寻求妻子时，通过武力俘获妇女为妻的行为具有普遍性。为了制止抢婚的现象，许多少数民族内部都对此有习惯法或者成文法的禁止规定。例如在吐蕃王朝时期，长官们为此召开专门的会议并发布告示，以禁止或取缔这种强抢民女为婚的行为。[②] 但由于受制于社会整体的经济水平和综合素质，历朝历代"抢婚"这种婚俗仍然屡禁不止。

不管是婚龄、婚约还是聘礼，都是婚姻关系达成的重要条件，其作用于少数民族婚姻制度内相关关系人的权利与义务的设定之上，体现母系、父系在历史上不同的婚姻类型。

（二）婚姻的禁止性规定

人类社会在进入一夫一妻制时期后，最主要的禁止性规定即是禁止近亲结婚，可见当时对于近亲结婚的弊端已经有了清晰的认知。但在少数民族内，由于落后的认知以及偶婚制时期的婚姻惯性，仍然有较大一部分的群体选择近亲结婚。

为了保证后代的身体素质以及民族的发展，历朝历代的少数民族统领都采取了一系列的措施来禁止近亲结婚。例金太宗天会五年（1127）四月，曾经诏曰："合苏馆诸部及新附人民，其在降附之后，同姓为婚者，离之"。[③] 再如在西夏，同姓为婚被视为"非礼"，与情节较轻的"淫乱"罪

① 郎润芳、贾海娥：《〈格萨尔王传〉所见古代藏族社会的婚姻形态和习俗》，《西北农林科技大学学报（社会科学版）》2012 年第 2 期，第 117—122 页。

② 南杰·隆英强主编：《中国少数民族法史通览》，陕西人民出版社 2011 年版，第二卷，第 148 页。

③ 苏钦主编：《中国少数民族法史通览》，陕西人民出版社 2011 年版，第四卷，第 29 页。

一样，处以三年徒刑，并强制离异，“同姓结婚之媒人传语者也当治罪”。①

与此同时，由于见证了近亲结婚带来的弊端，在整体的习惯法和社会道德上，近亲结婚也开始被视为一种禁忌行为。例如在佤族人眼中，触犯同宗为婚是极为严重的犯罪，被视为是一种大逆不道，会触怒“鬼神”的恶劣行为。再如在景颇族的习惯法中，同宗血亲发生性关系称为“台克来”，犯“台克来”的男女双方常被处死，或男方被处死，女方卖到远方为奴。②

在习惯法和成文法律的严格制约下，近亲结婚这一陋习，得到了根本性的禁止。在一夫一妻制后期，少数民族内的近亲结婚已经成为一种较为少见的现象。

（三）一夫一妻制下的特殊婚制

正如前文所述，少数民族地区的“一夫一妻”制，大多是一种形式上的一夫一妻。它是建立在父权制社会上的，以法规和道德单向性地严格约束女性，却放纵男性的严重不对等婚姻模式。在典型的一夫一妻的婚姻制度之外，也有其他形式的婚姻制度。

1. 一夫多妻

逐渐形成的父权制社会时期，对于婚后通奸的禁止，主要是指对于女性婚后通奸的严格禁止。而男性的婚后不忠行为，则往往会受到民间风俗和法律法规的包容甚至认可。在这样的大背景下，“一夫多妻”现象逐渐扩展。

以藏族为例，藏族法律公开确认一夫多妻制，赞普、王室贵族及官吏大多数实行一夫多妻的婚姻关系。③ 元明清时期，傣族土司贵族多为一夫多妻制。民间百姓也多为一夫多妻制。《百夷传》载：“酋长妻数十，婢

---

① 李鸣、陈金全、潘志成主编：《中国少数民族法史通览》，陕西人民出版社 2011 年版，第九卷，第 103 页。

② 胡兴东主编：《中国少数民族法史通览》，陕西人民出版社 2011 年版，第六卷，第 244 页。

③ 南杰·隆英强主编：《中国少数民族法史通览》，陕西人民出版社 2011 年版，第二卷，第 150 页。

百余，不分妻妾，亦无妒忌”。① 再如黎族，《海南岛志》记载：黎人“通常一夫一妻，而资产家辄有数妻，最多者九妻。各妻别室而居，惟一切家务必同力合作”。②

虽然“一夫多妻”现象具有普遍性，但在各地少数民族中，“一夫一妻”婚制仍然是社会主流。即使是在一夫多妻盛行的藏族，也只有在贵族阶层，才有财力和地位实现“一夫多妻”。在广大平民阶层内部，普遍遵循的婚制仍然是“一夫一妻”制。

2. 收继婚

除了以上公开确认的一夫多妻制，少数民族内部，尤其是游牧民族内，盛行“收继婚”婚俗。收继婚是指丈夫去世后，妻子可由其亡夫的亲属收取为妻。例如，兄死，弟可娶寡嫂为妻；弟死，兄可娶弟妇为妻；伯叔死，侄可娶婶母为妻；父亲死，儿子可收父妾为妻（儿子的亲生母亲除外）等。③

例如在普米族，实行“转房制”。即“丈夫死后，妻子要转嫁给丈夫的同胞兄弟，如同胞兄弟已有妻室或因其他原因不能娶，则转给近房（同一祖父）的兄弟，近房兄弟不成则可外嫁其他家族，前夫子女可随其走”。《后汉书·西羌传》记载：“十二世后，相与婚姻，父没则妻后母，兄亡则纳嫂，故国无鳏寡，种类繁炽”。④ 如蒙古族内，一直实行收继婚：即父、兄、伯、叔死后去，子、弟及侄可以娶后母、嫂子、伯母、叔母，但存在长辈不可以收继晚辈的禁止条件。⑤ 再如在藏族，吐蕃法律文书《敦煌吐蕃文献

---

① 胡兴东主编：《中国少数民族法史通览》，陕西人民出版社 2011 年版，第六卷，第 64 页。
② 参见黄淑瑶：《性别、权力与海南古代女性》，《社会》2012 年第 6 期，第 211 页。
③ 谢冰雪：《匈奴风俗中的“收继婚”——人类学视野中的婚姻合理性》，《青海民族研究》2007 年第 2 期，第 37—41 页。
④ 方慧主编：《中国少数民族法史通览》，陕西人民出版社 2011 年版，第七卷，第 397 页。
⑤ 成崇德主编：《中国少数民族法史通览》，陕西人民出版社 2011 年版，第一卷，第 6 页。

选》有明文规定:“绝嗣之家,其妻室有父则归其父,无父则归其兄弟近亲。”

“收继婚”在少数民族中极为普遍,究其根源,大约有以下三个原因:

第一,从历史原因来分析,这种“收继婚”习俗,是原始群婚制的残余。少数民族地处偏远,社会发展较为滞缓,原始婚制下的群婚惯性一直未能根除。因此,实行“收继婚”具有一定的历史基础。

第二,从财产角度分析,父权制社会中,女性社会地位低下。家族内部通常将下聘礼娶进来的女性,视为一种私有财产。为了避免家庭财产的分割,为了本氏族男方家庭财产免遭损失,女性丧夫后外嫁受到了重重制约。而以血缘关系的亲属为序,依次继承遗孀的“收继婚”既避免了纠纷,又防止了女性外嫁,因此受到各地少数民族的普遍采用。

第三,从思想文化角度来看,少数民族地区受儒家思想影响较小,对于女性贞洁的要求远不及中原地区的汉族。因此实行收继婚并无较大的思想负担和阻碍。

在大多数少数民族中,收继婚都具有强制性。女性在丧偶后,被迫失去了择偶权,只能由婆家人为其选择配偶。进入父权社会后,女性的人身自由权和社会地位越发低下。在一段婚姻关系中,常常会通过剥夺处于弱势的女性权利,来保证婚姻关系稳定。而男性的权利却越发膨胀,“一夫多妻”“一夫一妻多妾”在贵族内屡见不鲜。这种男女双方权利与义务关系的不对等,是人类社会进入形式上的“一夫一妻”制后的社会常态。

四、少数民族婚姻制度的发展趋势

纵观少数民族婚姻的历史类型,两条非常清晰的主线一直在延续。

第一条是婚姻关系中的血缘禁忌。这条主线自血缘群婚制时期开始萌芽,逐渐从禁止直系血缘结婚发展到禁止同胞兄妹婚,再到禁止旁系血缘婚。到了一夫一妻制时期,习惯法和成文法并举,共同制约血缘婚。血缘关系在人类的婚姻中被彻底排除。

第二条是不断朝向父系类型的方向发展。从原始血缘群婚到一夫一妻制时期，人类社会完成了从母系氏族到父系氏族的过渡。因此，女性的权利和地位一直在下降，而男性的统领地位一直在上升。偶婚制作为社会变迁的过渡阶段，出现诸如“从妻居”和“不落夫家”等女性权利对于父权的抵抗。而这种抵抗，在进入一夫一妻制后宣告失败。不论是婚前的婚约约束，还是婚后的“通奸禁止”，抑或是丧偶后的“收继婚”，这一系列繁琐的婚俗，从婚姻关系中的各个阶段，严格地限制了女性的人身自由。

在这两条主线之下，为了维护婚姻关系的稳定，少数民族内部还产生了一系列的民间习惯和法律法规。

一方面，习惯法与民族血缘禁忌的逐渐演变强化密切相关。习惯法是在少数民族聚居过程中，自然形成的与婚姻家庭有关的规则习惯。常见的民间习惯法有，当地风俗、家族祖训、宗教规则和首领训诰等方式。由于民间习惯法形成的自发性，它内容多样，数量众多，具有鲜明的民族性、地域性以及多样性等特点。作为一个幅员辽阔的多民族国家，在中国除少数统一全国的民族，诸如建立清朝的满族和建立元朝的蒙古族，绝大部分少数民族固守世代生活的地方，依赖于传统的习俗和共同推崇的权威，维持着婚姻家庭秩序。尤其是在血缘婚到偶婚制这一段人类社会较为落后的历史时期，习惯法近乎占据着调节婚姻秩序的主导性作用。实际上也可以看到，少数民族婚姻家庭的习惯法得以形成与发展，与历史上婚姻关系中的血缘禁忌不断加强的要求密不可分。当各少数民族内部对规范、禁忌、制约的要求进一步提高，逐渐有规范性的习惯与习惯法也自然会得以形成。

另一方面，法律法规与父系社会的历史转变也紧密关联。与习惯法不同，法律法规是一种婚姻家庭主体让渡救济权，通过公共权力与国家权力维护婚姻家庭稳定的途径。公权力的产生依赖于一定的社会基础，因此法律法规的出现晚于习惯法。但随着中国社会的发展，适用于少数民族地区的婚姻家庭法令条例和设立在少数民族地区的司法机构都在逐步完善。隋唐时期,各民族的融合和文化交流,为封建后期文化法律体系的完备创造了条件。如蒙古族《白桦法典》对于法定婚龄做出了明确规定,清政府统治时期,在西藏少数民族地区实行"则例"等部门法,建立了一套与中央政府立法相对应的法律体系,少数民族婚姻家庭公力救济方式趋于完备和成熟。从实质上看,我国少数民族的历史发展进程,逐渐朝向父系为主的社会婚姻关系方向演变,父系类型的婚姻家庭制度更需要以国家法律法规的形式加以规定与明确,以更为具有强制力的手段,维护父系婚姻家庭关系的权力与地位。

因此,纵观中国少数民族婚姻家庭发展进程,对于少数民族婚姻关系的调整,绝不是仅依赖于国家公权力单向度地对社会进行管控,也不是放纵私权,造成私力救济的过度滥用,而是在一个私力救济与国家公权力良性互动的模式下,公私并举,共同维护少数民族婚姻家庭稳定性。

第二节　少数民族婚姻家庭的形态结构类型

传统中国各少数民族在婚姻家庭的习惯与规则中,有不同的婚姻家庭形式,也形成了不同的家庭结构形态。少数民族传统婚姻家庭形态的类型,反映出其习惯、规则与习俗,与同婚姻家庭相关的私权益之间存在紧密的联系。具体而言,如婚姻形式与夫妻关系,反映何种夫妻之间权利与义务;如家庭关系中反映家庭成员的权益之间关系,以及如何进行保护;如反映出在少数民族家庭形态形成过程中,表现的基本原则、调整方式等问题,都值得进一步研究与思考。

以中国传统时期的法律与习惯规则为视角,来分析少数民族的传统婚姻家庭形态,一方面从对婚姻家庭形态及其私权保护进行梳理的思路。首先,以家庭之中的两性关系为核心与起点,梳理家庭形态中婚姻关系的各类形式,来展现此种形式背后所反映的婚姻家庭形态,以及展现的私权保护原则与方式;其次,以家庭之中的尊卑关系为延展,从男女之间的关系向外拓展，包括父母子女关系、兄弟关系与舅父关系等，在尊卑关系的视角来分析家庭形态中，家长权对少数民族婚姻家庭相关权益的意义与作用；最后，则是再进一步扩展至家庭形态的其他外部影响因素，包括民族、宗教、封建等级等因素，此类影响因素又是如何影响家庭形态中对私权的保护。由此呈现从两性关系到尊卑关系，再至外部其他影响关系的基本结构。此三者又是不断向外延展的结构范畴的思路，来梳理形成传统中国少数民族婚姻家庭的结构形态，及其背后所反映的婚姻家庭私权维护的原则、方式与方法问题。

另一方面，对婚姻家庭形态梳理的具体内容，还需要有三个着重点：一是，涉及各个民族。传统中国少数民族在不同时期有不同的名称、习俗与婚姻家庭习惯与形态。传统时期少数民族在婚姻家庭方面各有其特点，依据符合婚姻家庭习惯法规则的特点需求，介绍各少数民族的婚姻家庭情况。二是，涉及不同的时期。传统各少数民族在历史发展过程中，有关婚姻家庭的习惯与制度也会逐渐演进与发展。可以说不同时期的婚姻家庭的习惯与形态，都是少数民族传统家庭形态的重要部分，根据特点与论述的需要进行分析。三是，涉及不同的规范来源，重点还是各少数民族在婚姻家庭、家庭结构形态形成所基于的习惯法规则与制度，各少数民族婚姻家庭的制度与习惯，依照特点与论述的需要进行介绍。

下面，在中国古代国家法、习惯法塑造与形成，少数民族传统的婚姻家庭形式与家庭形态的背景之下，结合从两性关系，到尊卑关系再至外部的其他影响关系的基本结构思路作为形式特点，梳理传统中国少数民族的婚姻家庭形式、家庭形态结构及其所展现的私权维护问题。

一、横向结构：两性关系与权益平衡

在少数民族的婚姻家庭关系中，两性关系是最为基础的关系。两性关系重点有各类婚姻关系、夫妻关系等，即是展现在家庭结构形态中，以横向视角来进行剖析的一种逻辑。由两性关系为核心，梳理清楚各少数民族在两性关系上的婚姻家庭形式,及其家庭形态之间上的关系与特点。进而对两性关系与家庭形态背后,所反映权利与义务等私权维护关系进行分析。

(一)婚姻关系

婚姻关系是家庭关系与结构的基础内容,也是对少数民族婚姻家庭形式与关系关注最为首要的问题。从静态的婚姻关系来看,具体内容包括"一夫一妻(多妾)制","一夫多妻制"以及"一妻多夫制"三种类型:

1. 一夫一妻(多妾)制

一夫一妻多妾制在传统少数民族中是主要的婚姻形式,但是有的呈现的是单纯的一夫一妻形式,有的则还有多妾的规定,并且相较而言其中的妾的地位,明显低于妻的地位。将妻与妾的身份地位规定有所差异,体现出夫妻相对的婚姻制度,是一夫一妻制的核心特征。以少数民族一夫一妻制为主流,如蒙古兴起前蒙古高原诸部族的婚姻家庭习惯法中,室韦达恒人的婚姻关系基本上是一夫一妻制,从孛端察尔开始出现一夫多妻现象,实际上整个蒙古社会几乎从未出现过一妻多夫制。[①] 而至元代的婚姻形式来看,蒙古族实行的是一夫一妻制,又以一夫多妻制为必不可少的补充,13 世纪之后的蒙古社会,依旧绝大部分是实行一夫一妻制度。根据《蒙古秘史》记载,在成吉思汗出生的之前二三百年蒙古社会已经实行一夫一妻制。只有少部分拥有特权的阶层才作为例外,但是"多妻制"实质上是一夫一妻多妾制,表现为"在许多妻子中,必有一个是长妻,她在家庭中的地位高于其他妻子们,其他妻子则相当于汉人中的妾妇"。[②] 并且依照元代的法律规定,即至元八年(1271)《圣旨条画》:"诸色人同类

---

① 成崇德主编:《中国少数民族法史通览》,陕西人民出版社 2011 年版,第一卷,第 29 页。

② 周良宵、顾菊英:《元朝史》,上海人民出版社 1993 年版,第 61 页。

自相婚姻者，各从本俗法。递相婚姻者，以男为主。蒙古人不在此限”。①整个元代时期，习俗相沿不改。

从经济条件来进行解释，不同经济和社会地位的家庭在婚姻关系上有明显的差别，有供养能力的富贵人家多妻妾皆有，而贫穷之家只能一夫一妻。此现象在其他的少数民族中也颇为常见，如西藏的门巴族与珞巴族的婚姻家庭制度，基本是一夫一妻制，有些部落的富户盛行多妻；②黎族确立一夫一妻制，但由于受到汉人娶妻文化的影响，存在一夫多妻的情况。据《海南岛志》记载：黎人“通常一夫一妻，而资产家辄有数妻，最多者九妻。各妻别室而居，惟一切家务必同力合作”。③ 怒族也是以一夫一妻制为主，但是一些氏族、家族头人及较富裕的男子，可以通过买卖的方式娶几个女子。一般说来，不会超过三个，这三个女子中，除正房具有家庭主妇的地位外，其余偏房都只是丈夫的奴仆，没有地位。④ 此外，佤族也是一夫一妻制为主，多妻制为辅；景颇族是以一夫一妻制为主，但也存在一夫多妻制；⑤彝族的婚姻形态以“一夫一妻制”为主，“一夫多妻”为辅。

各少数民族实际上也存在单纯与严格实行一夫一妻制的习惯制度，如傣族是实行一夫一妻制的以男子为家长的个体小家庭；⑥布朗族也实行一夫一妻制，并且有婚姻自主权，一夫一妻制、禁止纳妾；⑦拉祜族实行

---

① 参见胡小鹏：《元代族群认知的演变——以“色目人”为中心》，《西北师大学报（社会科学版）》2022 年第 6 期，第 112 页。

② 南杰·隆英强主编：《中国少数民族法史通览》，陕西人民出版社 2011 年版，第二卷，第 319 页。

③ 参见黄淑瑶：《性别、权力与海南古代女性》，《社会》2012 年第 6 期，第 211 页。

④ 徐晓光、叶英萍、张世珊主编：《中国少数民族法史通览》，陕西人民出版社 2011 年版，第十卷，第 260 页。

⑤ 胡兴东主编：《中国少数民族法史通览》，陕西人民出版社 2011 年版，第六卷，第 248 页。

⑥ 胡兴东主编：《中国少数民族法史通览》，陕西人民出版社 2011 年版，第六卷，第 66 页。

⑦ 赵瑛：《从婚姻家庭看布朗族妇女的社会地位》，《云南民族学院学报》2002 年 7 月，第 19 卷第 4 期，第 76 页。

一夫一妻制，禁止纳妾，禁止婚外性行为，恪守一夫一妻制原则，违者必处罚；基诺族的一夫一妻制要求夫妇之间相互忠贞，夫妇双方要对自己的家庭负责，要忠实自己的丈夫或妻子；[①]婚姻的缔结方面，一夫一妻制是满族人的常态。[②] 除此之外，还有许多民族基本大多数都是以一夫一妻制为主要婚姻形式的，如回族、维吾尔族、德昂族、阿昌族、哈尼族、纳西族、独龙族、普米族、土家族、达斡尔族、鄂温克族、瑶族等，有相当的代表性。

2. 一夫多妻制

一夫多妻制有两个特点：一是少数民族历史发展较早的阶段制度遗留，或者单纯大部分实行一夫多妻制。如回纥（鹘）的婚俗存在一夫多妻现象，婚姻制度保留一些母系氏族社会特色；[③]吐蕃赞普时期的婚姻家庭制度中，法律公开确认一夫多妻制，并且赞普、王室贵族及官吏大多数实行一夫多妻的婚姻关系，如《狩猎伤人赔偿律》中的亲属范围包括“妾媵”；[④]傣族的婚姻形式在元明清时期，傣族土司贵族多为一夫多妻制，民间百姓也多为一夫多妻制。如《百夷传》载：“酋长妻数十，婢百余，不分妻妾，亦无妒忌”，但是明代中期以后，在民间多为一夫一妻制；[⑤]羌族的婚姻实行一夫多妻制，没有妻、妾之别，只是在称谓上有所不同。根据法律，先娶的称为妻，后娶的称为妇人。[⑥]

---

① 付金峰：《拉祜族传统婚姻家庭习惯法述评》，《思茅师范高等专科学校学报》2008年4月，第24卷，第2期，第14页。

② 苏钦主编：《中国少数民族法史通览》，陕西人民出版社2011年版，第四卷，第96页。

③ 成崇德主编：《中国少数民族法史通览》，陕西人民出版社2011年版，第一卷，第7页。

④ 南杰·隆英强主编：《中国少数民族法史通览》，陕西人民出版社2011年版，第二卷，第150页。

⑤ 胡兴东主编：《中国少数民族法史通览》，陕西人民出版社2011年版，第六卷，第64页。

⑥ 李鸣、陈金全、潘志成主编：《中国少数民族法史通览》，陕西人民出版社2011年版，第九卷，第103页。

二是，一夫多妻制又与一夫一妻多妾制密切相关，在不同角度层面与条件之下而出现一夫多妻制。如贵族与富裕阶层才出现一夫多妻现象，蒙古族拥有特权地位的汗、那颜等贵族特权阶层，则大多是多妻制；①女真民族在贵族和平民中还有一夫多妻现象，据南宋徐梦莘撰《三朝北盟会编》记载，女真人无论贵贱，人有数妻；珞巴族有些部落的富户盛行多妻；②《新疆回部志》中记载："一夫可娶三五妇，不以为怪"，但实际上维吾尔族仅有富人才能那样做；③傣族在封建领主阶层中才存在一夫多妻现象。同时也会因为无子或者无法生育等原因，出现一夫多妻制的形式，如傈僳族中的多妻者主要是无子或政治上的当权者和富裕户，几个妻子之间的地位是平等的；④阿昌族也有一夫多妻的个别现象，即前妻不能生育；⑤维吾尔族在民国时期，也会出现一夫多妻制，例如妻子婚后多年也未曾生育；⑥还有如伊斯兰法制允许在特殊情况下可以实行有限的多妻制。⑦

3. 一妻多夫制

关于一妻多夫制最为典型的是藏族的民族婚姻，即清朝时期藏族的婚姻家庭法制，婚姻关系表现为一夫一妻、兄弟共妻、姊妹共夫、一般共夫、一夫多妻和一定范围内的一妻多夫现象。⑧ 可见一妻多夫制在藏区

① 周良宵、顾菊英：《元朝史》，上海人民出版社 1993 年版，第 61 页。

② 成崇德主编：《中国少数民族法史通览》，陕西人民出版社 2011 年版，第一卷，第 11 页。

③ 马克林等主编：《中国少数民族法史通览》，陕西人民出版社 2011 年版，第三卷，第 342 页。

④ 方慧主编：《中国少数民族法史通览》，陕西人民出版社 2011 年版，第七卷，第 334 页。

⑤ 胡兴东主编：《中国少数民族法史通览》，陕西人民出版社 2011 年版，第六卷，第 300 页。

⑥ 阿迪拉·阿不里米提：《维吾尔谚语中所体现的传统婚姻家庭观》，《贵州民族研究》2014 年第 9 期，第 82 页。

⑦ 马克林等主编：《中国少数民族法史通览》，陕西人民出版社 2011 年版，第三卷，第 162 页。

⑧ 南杰·隆英强主编：《中国少数民族法史通览》，陕西人民出版社 2011 年版，第二卷，第 277 页。

有历史传统，主要是兄弟共妻，但这是作为藏族传统家庭形态之一，并且持续延续至当代。[①] 因此，从少数民族的静态婚姻关系来看，传统时期各民族的婚姻关系从母系类型到父系类型都有具备。

传统少数民族婚姻关系，以婚姻关系一夫一妻制作为婚姻关系的大多数，婚姻制度不仅反映夫妻数量对比，还包括二者之间静态的关系，进而体现权利与义务关系。主要反映出两个特点：一是，夫妻之间关系以相对地位。相对的夫妻设置，是家庭形态构造的基础，也是反映家庭生活中两性关系夫妻一体的表现；二是，在权利与义务上，婚姻关系的基本情况，决定着夫妻双方的基本地位，不仅是家庭形态中不同家族的基本利益，更是直接相对人的权益分配。可见，大多数少数民族传统的婚姻家庭关系中，夫妻基本是一体化，并在权利与义务获得相对平等的权利设定，习惯法规范较为相对的角度，来维护两性在家庭形态中的权利。

（二）夫妻关系

少数民族夫妻关系、地位等内容，是一种动态的婚姻家庭关系体现，更是一种婚姻家庭中私权关系的实际反映。按照夫妻关系在婚姻家庭习惯法制度中的差异，少数民族的夫妻关系可以分为以下三种类型：

1. 夫妻婚姻家庭关系与地位相对平等

例如回族受到宗教的影响，伊斯兰教要求夫妻之间互敬、互爱、互助，和睦相处，共享幸福。《古兰经》指出："有信仰的男人和女人，彼此都是朋友"。在明代回族家庭中，妻子拥有从丈夫那里获得衣、食、住、行、用等物质生活资料的权利，丈夫须根据自己的条件尽最大努力满足妻子需要。妻子从丈夫手中得到的聘礼可自由支配，丈夫不能索回。在精神和情感方面，伊斯兰教为了夫妻和睦和家庭稳定，要求丈夫体贴、善待和爱

① 德吉：《略论藏族传统多偶家庭形态及其成因》，《西藏大学学报（社会科学版）》2010 年第 S1 期，第 153 页。

护妻子,妻子要服从丈夫。① 傣族婚姻制度中,男女较为平等,彼此尊重,妻子更尊重丈夫。在维持家庭关系方面,妇女有更高的道德修养和更大的忍耐性;②纳西族中摩梭人在财产关系方面,没有婚姻共同财产,经济上彼此独立,没有任何关系,相互之间没有继承权,没有互相抚养义务;③黎族中的夫妻地位平等,丈夫有责任保护妻子;在苗族的家庭关系中,夫妻双方有各用自己姓名的权利,妻不从夫姓,但子女从夫姓,并且苗族从来都是父子连名,夫妻双方有互相帮扶的义务,夫妻在婚姻有效期间,对共同所有的财产有平等的处理权,作为夫妻在婚姻家庭关系与地位相对平等的典型;④而从侗族的家庭重大事务的决策方面,也有夫妻关系逐渐平等的趋势:其中在50岁以上的村民家庭中,丈夫做决策的占大多数,而在30到50岁的村民家庭中,妻子做决策的比例明显要比50岁以上的家庭高;在30岁以下的家庭中,妻子做决策的比例甚至超过了丈夫,这也表明现代所提倡的男女平等观念开始逐渐影响到侗族人。⑤

2. 以夫权为主的夫妻关系

夫权为主的婚姻家庭关系,其表现主要在两个方面:一方面,在日常的家庭生活中丈夫为主导地位,而妻子作为被支配地位。佤族家庭中家长一般都是由在家庭中承担主要责任的男性担任,妇女处于被支配地位,佤族家庭以男子为中心,妇女完全处于一种受支配地位,家中大小事务丈

① 李向玉、张阳阳:《回族婚姻习惯法的变迁及社会功能研究》,《贵州社会主义学院学报》2012年第4期,第41页。

② 胡兴东主编:《中国少数民族法史通览》,陕西人民出版社2011年版,第六卷,第66页。

③ 方慧主编:《中国少数民族法史通览》,陕西人民出版社2011年版,第七卷,第232页。

④ 徐晓光、高其才主编:《中国少数民族法史通览》,陕西人民出版社2011年版,第八卷,第135页。

⑤ 刘彩清:《婚姻、家庭、生育与妇女地位——以黔东南一个侗族村寨为例》,中央民族大学2012年博士学位论文,第65页。

夫拥有最终决定权，男女地位不平等；①德昂族在每个体家庭中，男子即为家长，妇女居从属地位；②景颇族家庭生活中妇女的地位低下，没有处理家庭中重大事务的权利；③傈僳族家庭中男女地位不平等，性别分工具有“男主外女主内”的特征，并且家中经济大权、家庭事务决定权，甚至陪客谈话权都掌握在丈夫或长子手中；④普米族中丈夫拥有“夫权”，即如果丈夫怀疑妻子对自己不忠，可以通过各种手段，甚至用刑来逼迫妻子交代；⑤在彝族，丈夫在家庭中处于主导的地位，管理和维系着一个家庭的生存和发展。习惯法中特别强调丈夫对妻子的管理权、对财产的收益权以及对人身的支配权。在家庭生活中，丈夫可以使唤妻子，妻子如若对丈夫反抗或者报复，甚至可以杀死妻子；⑥民国时期的维吾尔族婚姻制度中家庭关系强调“夫权”，和睦关系建立在妻子对丈夫的顺从、协助之上，妻子的生活要依靠丈夫，丈夫的话不可违抗。同时，夫妻职责分工明确，男主外，女主内；⑦近代的壮族，封建礼教影响妇女的地位，一些地方男尊女卑的现象开始出现，如隆林县委乐乡的壮族家庭里，男子一般是做主不受限制，而妇女从不敢轻易地向丈夫说一句冒犯的话，并且家族里任何大小事务，供奉祖宗、祭祀更不准妇女执行，在后期的壮族社会里，男方在家庭

---

① 刘振宇：《佤族婚姻家庭继承习惯法研究》，西南政法大学2009年硕士学位论文，第15页。

② 胡兴东主编：《中国少数民族法史通览》，陕西人民出版社2011年版，第六卷，第154页。

③ 胡兴东主编：《中国少数民族法史通览》，陕西人民出版社2011年版，第六卷，第250页。

④ 方慧主编：《中国少数民族法史通览》，陕西人民出版社2011年版，第七卷，第335页。

⑤ 方慧主编：《中国少数民族法史通览》，陕西人民出版社2011年版，第七卷，第396页。

⑥ 李鸣、陈金全、潘志成主编：《中国少数民族法史通览》，陕西人民出版社2011年版，第九卷，第285—287页。

⑦ 阿迪拉·阿不里米提：《维吾尔谚语中所体现的传统婚姻家庭观》，《贵州民族研究》2014年第9期，第82页。

里处于支配地位。①

另一方面，则主要体现在离婚纠纷之中，习惯法规则更侧重丈夫的权利。如清代新疆维吾尔族婚姻制度，实行“塔拉克”制（休妻），即丈夫只要说一个去“塔拉克”，等于夫妻离婚，妇女没有离婚的自由。男子有绝对的休妻权且带有极大的随意性，而女方休夫却要受到责难。在解除婚姻关系后的一段时间内，其配偶间法定权利和义务并未完全解除，在此期间，被休的妻子不得再婚，称为“待婚期”。清朝初期，女子的待婚期为必须待候一百天的时间，清末，在丈夫说三个“塔拉克”，女子必须待候六月零十天的时间；②在民国时期，维吾尔族依旧有“玉希塔拉克”的习惯法规，只要男方连着三次说出休妻的话，妻子得离开丈夫回娘家去住；③并且解放前离婚是维吾尔族男性的特权，女性一般没有离婚的权利，传统再婚习惯法要求离婚后想跟别的男人再婚的妇女必须要经过一定的“待婚期”；④哈尼族中双方离婚较为自由，但实际上离婚的主动权掌握在男方，按照习惯法的规定：妇女不孕、不敬老人、不能劳作、生怪胎、患无名病痛等，既是男子离婚再婚的理由，也是妇女遭受各种严厉刑罚的罪责，甚至男子可以随意休妻而不受责备；⑤在土家族，离婚仍然侧重保护男子或者家长的权益，在离婚及相关财产分配方面，70%的土家人认为在离婚的时候，只有孩子归女方抚养，女方才能分得更多的财产，如果孩子归男方抚养并且由于女方原因离婚的话，男方分得所有财产。而由于男方原因离

---

① 卢明威、汤伶俐主编：《中国少数民族法史通览》，陕西人民出版社 2011 年版，第五卷，第 160 页。

② 马克林等主编：《中国少数民族法史通览》，陕西人民出版社 2011 年版，第三卷，第 343 页。

③ 马克林等主编：《中国少数民族法史通览》，陕西人民出版社 2011 年版，第三卷，第 364 页。

④ 阿迪力·阿尤甫：《中国维吾尔族婚姻习惯法研究》，吉林大学 2014 年博士学位论文，第 32 页。

⑤ 胡兴东主编：《中国少数民族法史通览》，陕西人民出版社 2011 年版，第六卷，第 401 页。

婚,无论男方是否抚养孩子,均有权利分得一半或全部财产;①在仫佬族社会中,丈夫提出离婚比较容易,而妻子提出离婚则是十分困难,并且有许多十分苛刻的条件;②毛南族社会里若是女方提出离婚,无论是在男方家还是娘家女方都没有属于自己的财产,因而女方要想同男方离婚并不容易,除非得到别的对自己有意的男子的资助;③苗族的寡妇改嫁只能带走一部分共同劳动所得的动产,一般不能继承遗产和属于不动产部分的财产,因此这对女性又是非常不公平。④

3. 保障妻子权利

如在婚约的效力上,蒙古族的定婚是具有法律效力,如果女方到20岁而男方不履行婚约,则女方可以依法解除婚约;⑤清代回族婚姻家庭中对离婚程序进行规范化,不仅不禁止男方提出离婚请求,而且赋予女性提出离婚的权利;⑥傣族的夫妻关系中,妇女有较高地位。夫妻共同劳动积蓄的财产,共同所有。家庭财物由主妇保管,家庭成员出纳金钱包括身为家长的丈夫也必须经过主妇同意。在主妇不在家的情况下,如果丈夫自行拿钱使用,也必须事后说明。从妻居的丈夫要将所带来的金钱交给妻子保管;⑦并且傣族夫妻离婚后所生子女归属,多数是全归女方领育;⑧布

---

① 陈秀平、陈晓青:《土家族婚姻家庭习惯法的传承、变迁及其现代化——以湖北省利川市鱼木寨为例》,《三峡大学学报(人文社会科学版)》2016年第6期,第26页。

② 李鸣、陈金全、潘志成主编:《中国少数民族法史通览》,陕西人民出版社2011年版,第九卷,第16页。

③ 李鸣、陈金全、潘志成主编:《中国少数民族法史通览》,陕西人民出版社2011年版,第九卷,第40—41页。

④ 徐晓光、高其才主编:《中国少数民族法史通览》,陕西人民出版社2011年版,第八卷,第135页。

⑤ 杨强著:《蒙古族法律传统与近代转型》,中国政法大学出版社2013年版,第118页。

⑥ 李向玉、张阳阳:《回族婚姻习惯法的变迁及社会功能研究》,《贵州社会主义学院学报》2012年第4期,第41页。

⑦ 彭迪:《傣族婚姻家庭习惯法刍议》,《中南民族学院学报》1994年第5期,第52页。

⑧ 胡兴东主编:《中国少数民族法史通览》,陕西人民出版社2011年版,第六卷,第66页。

朗族妇女在婚姻家庭中拥有较高的社会地位。妇女可担任氏族长、实行母子连名制、婚后行从妻居或望门居、有财产继承权；①拉祜族在母系制时期的婚姻家庭制度中，女性在家庭中享有崇高地位，担任家长职务。管理家庭内外所有事宜，家庭对外亦以该女家长的名字指称；②独龙族中离婚时若有两个小孩，通常大的归男方，小的归女方，如系一子一女，则子归父，女归母；③在赫哲族中的寡妇改嫁不受限制，只要她给死去的丈夫焚烧过"僧其勒"香草，即撂过了"档子"，脱掉孝服即可改嫁，不再返回前夫家中；④彝族根据是谁先提出离婚来确定赔偿，女方获利大于男方，并且彝族不允许休患有重病和不治之症的妻子，这比起汉族的七出是一大亮点。⑤

简言之，如果说婚姻关系是一种静态层面，反映夫妻双方大体一致的权益与地位，那么夫妻在家庭生活中实际关系，就是动态与实践层面上，夫妻双方的基本权利与地位的表现。从妻子在婚姻家庭关系的地位权利来看，涉及婚约效力、家庭经济管理、家庭生活、离婚与改嫁等方面。但是主要还是集中在离婚方面的权利，并且其相对丈夫的权利大部分的少数民族都较为平等，给予妻子更多权利的习惯法设定较少，在婚姻家庭生活中大多数少数民族的妇女地位与权利受到限制。夫妻双方在婚姻家庭关系的权利与义务之间分配，各民族各有不同，都体现着习惯法规则在各民族婚姻家庭关系中，对私权上的维护之间差异。

---

① 赵瑛：《从婚姻家庭看布朗族妇女的社会地位》，《云南民族学院学报》2002 年 7 月，第 19 卷第 4 期，第 76 页。

② 胡兴东主编：《中国少数民族法史通览》，陕西人民出版社 2011 年版，第六卷，第 337 页。

③ 方慧主编：《中国少数民族法史通览》，陕西人民出版社 2011 年版，第七卷，第 294 页。

④ 苏钦主编：《中国少数民族法史通览》，陕西人民出版社 2011 年版，第四卷，第 431—432 页。

⑤ 李鸣、陈金全、潘志成主编：《中国少数民族法史通览》，陕西人民出版社 2011 年版，第九卷，第 280—281 页。

（三）母系倾向的家庭形式

少数民族的传统婚姻家庭习惯中的两性关系，有各种不同的形式。各类形式有明显母系社会的遗留，但又并非完全的母系社会的婚姻家庭形式与关系，可归纳为有母系社会婚姻特点与遗留的家庭形式。根据母系倾向的程度由高到低，分为三种主要形式：

1. 赘婿婚

赘婿婚在各少数民族中广泛存在，基本各民族都有类似的婚姻家庭形式。如室韦达恒人的法律制度，景颇族，阿昌族，怒族，纳西族，鄂伦春族，仫佬族，毛南族，彝族，瑶族。赘婿婚，将男子吸收进入女方的家庭与家族之中，不完全就是母系社会的家庭形态，但依旧是母系社会的重要遗留，而且母系特色与倾向程度最为明显。

2. 服役婚

唐朝初年，室韦社会存在“男子娶妻，要在岳丈家劳动三年，才能领回妻子”的原始社会遗风，此即为服役婚；①门巴族婚姻家庭制度中的服役婚，即男子到女方家劳动以支付彩礼的服役婚，上门劳动的期限为两三年，服役期满后，男方才能带妻子和孩子回家，多数家庭都会送给女婿和女儿一些生活必需品，以帮助他们组建一个新的家庭；②在女真人社会里，也存在着服役婚，据《大金国志》记载，“既成婚，留于妇家，执仆隶役，虽行酒进食，皆躬亲之。三年，然后以妇归。妇氏以奴婢数十户，牛马数十群，每群九特一牡，以资遣之”；③珞巴族婚姻家庭习惯，还有上门为奴的形式等。④ 服役婚相较于赘婿婚而言，其“母系”特点有所降低，一般在

① 成崇德主编：《中国少数民族法史通览》，陕西人民出版社 2011 年版，第一卷，第 14 页。

② 南杰·隆英强主编：《中国少数民族法史通览》，陕西人民出版社 2011 年版，第二卷，第 303 页。

③ 苏钦主编：《中国少数民族法史通览》，陕西人民出版社 2011 年版，第四卷，第 29 页。

④ 南杰·隆英强主编：《中国少数民族法史通览》，陕西人民出版社 2011 年版，第二卷，第 319 页。

女方家劳动的时间不超过三年，在一定期限内具有母系化特点。

3. 不落夫家

不落夫家也是有母系倾向的婚姻家庭形式，并且存在于不少的少数民族婚姻风俗中，有相当的代表性。早在回纥（鹘）法制中有“从妻居”的婚俗，即回纥婚后男方到妻家居住，待生育孩子后，男女一同回夫家落户；①蒙古族则是在接受男方聘礼后，要在娘家待上一两年，甚至五六年才出嫁，所以实际结婚年龄会在 16 岁以上，甚至达到 20 岁；傣族男女结婚后，丈夫同妻子一起要在岳父母家生活一段时间，即“从妻居”，一般是三年。从妻居是对偶婚的遗留，它包含着男女向岳父母表示酬谢之意；布朗族的从妻居，即新郎在新娘家居住，同居两三年后如果有孩子，或者两人的感情仍然很好就可以举行正式的结婚仪式，新郎居住在新娘家时并不参加新娘家的生产劳动，而是白天回自己父母家参加生产劳动，夜里回新娘家住宿；景颇族的“不落夫家”即婚后妻子不居在丈夫家，而是回到娘家居住，丈夫不定期到岳父家与妻子同居，直到有小孩后，丈夫通过特定仪式把妻子接回家，从此妻子才到丈夫家居住，且这种“不落夫家”在景颇族具有强制性，若违反，女方反而会受到社会责难；②拉祜族中刚结婚的夫妻二人同回男方家拜见男方父母、亲戚，之后从妻居的再回到女方家，男方必须到女方家上门 3 年或 5 年，大多是 3 年；③普米族也存在“妇女婚后不落夫家”，即结婚后，新娘回门，从此开始不落夫家，直至怀孕生下第一胎孩子后，才能回夫家居住，在这期间，她虽然可以在节日、农忙等时候去夫家看望丈夫或者帮忙，但不能长住；④不落夫家同样也存在于彝

---

① 成崇德主编：《中国少数民族法史通览》，陕西人民出版社 2011 年版，第一卷，第 7 页。

② 胡兴东主编：《中国少数民族法史通览》，陕西人民出版社 2011 年版，第六卷，第 250 页。

③ 付金峰：《拉祜族传统婚姻家庭习惯法述评》，《思茅师范高等专科学校学报》2008 年 4 月，第 24 卷，第 2 期，第 14 页。

④ 方慧主编：《中国少数民族法史通览》，陕西人民出版社 2011 年版，第七卷，第 396 页。

族，一般而言妻子怀孕后，夫妻才共居一室；[①]在毛南族，新娘结婚后并不是直接、长久地居住在新郎家，而是长久地居住在娘家，一般要持续一到五年，直到怀孕即将生小孩之后才能搬进夫家长住。[②] 此风俗在许多少数民族都存在，如黎族、仫佬族、苗族、瑶族和壮族都存在。“不落夫家”的习俗，反映女性未完全被男方束缚，也体现偶婚制的“无独占同居”；[③]也来源于对“男娶女嫁，妻从夫居”的反抗，并随着部分地区封建化的发展而长期保留下去。[④] 而且，不落夫家的习俗不仅相较于赘婿、服役婚的母系化程度更低，从历史发展来看也体现着一种母系与父系家庭形态的过渡型与中间阶段。

此三种婚姻形式有彼此之间的联系，首先是赘婿婚，体现着男方进入女方家族之中；其次是服役婚，表现男方在一定时间与条件下也进入女方家族之中，之后女方再一同回到男方家族；最后是不落夫家的婚姻形式与习俗，此时不再是男方进行流动，而是女方在妻家继续停留一段时间，再与男方回到男方家族之中。程度上的差异，是母系社会婚姻关系遗留程度的差异，同时实际上正是反映夫妻关系之间，以及其背后母系家庭与父系家庭形态的差异。进一步而言，则是在婚姻家庭中在男方、父系家庭，以及女方与母系家庭之间家庭权利的设置问题，私权益的差异表现。

（四）父系倾向的家庭形式

少数民族传统婚姻家庭的各类形式，也有充分体现出父系或者夫权方面的婚姻家庭形式。部分婚姻家庭形式有明显父系化与夫权为主的特色，虽然并不是完全父系社会婚姻家庭形式的类型，但也有明显“父系

---

① 李鸣、陈金全、潘志成主编：《中国少数民族法史通览》，陕西人民出版社 2011 年版，第九卷，第 278—279 页。

② 李鸣、陈金全、潘志成主编：《中国少数民族法史通览》，陕西人民出版社 2011 年版，第九卷，第 39 页。

③ 徐晓光、叶英萍、张世珊主编：《中国少数民族法史通览》，陕西人民出版社 2011 年版，第十卷，第 259 页。

④ 张声震主编：《壮族通史》，民族出版社 1997 年版，第 187—193 页。

化”的特点。父系倾向的各类型婚姻家庭形式，以两性婚姻关系的不同阶段分为三种主要形式：

1. 抢婚

婚姻在起始阶段方面是抢婚，最早见于室韦达怛人的记载：“婚嫁之法，二家相许，婿辄盗妇将去，然后送牛马为聘，更将妇归家。待有娠，乃相随患舍。妇人不再嫁，以为死人之妻难以共居”；[①]可以说抢婚习俗的性质是，因为各类原因，男方以较为暴力的手段先行将女子“抢”回夫家，形成既成的婚姻事实的习俗形式。具体而言，此种习俗也略有差别：一是，较为极端与暴力的形式，金国建国前女真贵族中存在着抢婚现象，它是同以暴力获取财产一样的掠夺行为。之后，抢婚已演变为只在一年一次的“纵偷”日中有所反映；[②]吐蕃赞普时期的婚姻家庭习惯法存在抢婚习俗，即未征得对方和亲属的同意，用抢夺的方法强娶为妻，并且在当时并不罕见，由此产生的法律诉讼案件也不断增加，同时引起吐蕃王朝时期占领区统治者长官们的重视，为此召开专门的会议并发布告示，以禁止或取缔这种强抢民女为婚的行为；[③]傈僳族的掠夺婚，指男子以暴力掠夺女子为妻，抢来的媳妇受到家族成员的爱护，在家族中的地位较其他妇女为高。[④]

二是，因为男女双方家庭无法达成协议而进行暴力“抢夺”新娘，形成既成的婚姻事实。傣族的抢婚是由于包办婚姻，或双方家庭达不成协议造成抢婚，男青年约好同伴持枪荷棒，埋伏在女子经常经过的地方将女子抢到家即放鞭炮，为女子换新娘装。同时，男方父母托人到女方家里去

---

① 成崇德主编：《中国少数民族法史通览》，陕西人民出版社 2011 年版，第一卷，第 14 页。

② 成崇德主编：《中国少数民族法史通览》，陕西人民出版社 2011 年版，第一卷，第 11 页。

③ 南杰·隆英强主编：《中国少数民族法史通览》，陕西人民出版社 2011 年版，第二卷，第 148 页。

④ 方慧主编：《中国少数民族法史通览》，陕西人民出版社 2011 年版，第七卷，第 336 页。

说媒,说媒过程直到男女双方都同意为止。正式结婚时,女子仍回娘家,新郎再去迎娶,拜见岳父母,并赔礼认错,后正式举行婚礼;①布朗族女方父母不同意的就可以不经过订婚程序,而是由男方在男女双方约定的时间、地点将女子抢到男方家,才送聘礼到女方家;景颇族的抢婚,形式上是姑娘与抢的人合谋,仅是一种仪式或者应对父母对婚姻的反对。是姑娘和姑娘家不和,由男方进行突袭式抢亲;②阿昌族男女的自由恋爱如果被父母反对,实行逃婚或抢婚,以迫使父母同意结成婚姻;怒族习俗中因女方父母向男方索取的聘礼太高,男方无法支付,当事人双方会采取逃婚或抢婚的方式完成婚礼。③

三是,因为当事人为了避免舅权婚姻的强迫,而甘愿被自己所满意的男子“抢婚”。苗族的抢婚不是男方以暴力手段,逼迫女方成立的婚姻,而是指女方因强迫婚姻而由其所中意的男方“抢去”成婚的一种婚姻惯例,这反映女方对“还娘头”婚姻的反抗;④女子为了避免舅权的强迫婚姻,而故意让自己满意的男人“抢去”成婚的婚姻惯例;⑤还有的“抢婚”仅仅是婚姻中一个习俗,并不具备“抢夺”性质。如佤族的结婚仪式中盛行“抢新娘”的礼俗,仅是一种婚姻礼俗,并无“抢劫”的实质。⑥ 抢婚的形式与原因,在各少数民族历史演变中各有不同,但是依旧反映两个问题:一方面是并非是正常的结婚方式,是少数民族婚姻家庭实践中的独特

① 胡兴东主编:《中国少数民族法史通览》,陕西人民出版社 2011 年版,第六卷,第 65 页。

② 胡兴东主编:《中国少数民族法史通览》,陕西人民出版社 2011 年版,第六卷,第 248 页。

③ 方慧主编:《中国少数民族法史通览》,陕西人民出版社 2011 年版,第七卷,第 357 页。

④ 徐晓光、高其才主编:《中国少数民族法史通览》,陕西人民出版社 2011 年版,第八卷,第 127—131 页。

⑤ 陆跃升:《清水江流域苗族侗族婚姻习俗及其演变》,《兰台世界》2019 年第 9 期,第 100—101 页。

⑥ 刘振宇:《佤族婚姻家庭继承习惯法研究》,西南政法大学 2009 年硕士学位论文,第 9 页。

形式；另一方面，归根结底以暴力的形式抢夺、抢劫而得妻子归入男方家庭，并且将女子物化进行暴力抢夺，贬低女性的价值地位。

2. 买卖婚与典雇婚

婚姻在存续阶段方面是买卖婚与典雇婚，买卖婚即是婚姻家庭中买卖女性的行为，如珞巴族婚姻家庭制度中盛行买卖婚姻，娶妻须付婚价。即婚前男方须向女方付足婚价，或议定偿还婚价期限和方式，方可成婚；[①]在西夏时期，羌族男子娶妻要"给婚价"，即向女方交纳钱财作为聘礼，女方家长有得到婚价的权利，但也有置办嫁妆让女儿出嫁的义务，嫁妆的多少与婚价多少一般成正比，即婚价越高，嫁妆越多；[②]苗族的买卖婚其实是替女方家支付"还娘头"费用的婚姻。[③] 买卖婚与一般传统的聘礼习俗之间的区别，主要展现在程度上，买卖性质的程度越高则是买卖婚，但都是将婚姻家庭关系中成立与否物质化与财物化，以经济价值来衡量婚姻关系的成立。

而元代还出现典雇婚，可以算是变相买卖妇女的形式，指父母或丈夫受财，将女儿、妻子租借，双方有契约，写明典价、典期、子女归属和媒证，典期一般为三至五年，或以生子为限，到期照原价赎回。家庭贫困是出典妻子的最直接原因，摆脱经济困窘，丈夫利用夫权出卖妻子，在出典与承典之间，妻子的出租，更像物品使用权的转移。元代典雇婚在南方尤为流行。多发于南方的原因主要有：一是，传统所致，家贫而典雇良人的风俗在唐代时已蔚然成风。南宋时更加盛行。二是，南方地狭人稠，灾荒之年社会下层自行调剂的空间有限。元代土地兼并严重，下层生活状况更加恶劣。三是，南方商品经济发达，契约盛行，民俗好利轻义。四是，元代官

① 南杰·隆英强主编：《中国少数民族法史通览》，陕西人民出版社 2011 年版，第二卷，第 319 页。

② 李鸣、陈金全、潘志成主编：《中国少数民族法史通览》，陕西人民出版社 2011 年版，第九卷，第 104 页。

③ 徐晓光、高其才主编：《中国少数民族法史通览》，陕西人民出版社 2011 年版，第八卷，第 127—131 页。

府对典雇室女的熟视无睹，元代法律只禁止丈夫典雇妻子，不禁止典雇女儿，还为后者制定格式。在典雇婚中依旧将女性视为可以获利、出卖与典当的工具，以父系社会婚姻家庭为基本主干，女性更多是附属与财产的一种父系家庭类型倾向。

3. 收继与转房制度

婚姻的终结阶段方面是收继与转房制度。传统时期少数民族不少地区都有类似的习惯与制度，有的称之为收继，转房也有称之为填房等。一是，收继婚，以北方少数民族为代表。如突厥实行收继婚，即父、兄、伯、叔死后去，子、弟及侄可以娶后母、嫂子、伯母、叔母，但长辈不可以收继晚辈；①收继婚还是蒙古族传统婚俗，也是父死后，其子收其从母为妻，兄弟死，收其嫂为妻。《史记·匈奴列传》记载："父死，妻其后母"。② 这种风俗在我国古代北方民族中曾普遍存在。金世宗时，立法上曾经涉及"续婚"的内容："制汉人、渤海，兄弟之妻，服阕归宗，以礼续婚者，听"。③ 表明兄弟之间的相互"续婚"，不仅在女真人社会早已通行，在汉人、渤海人之中也开始得到立法准许，但不如女真社会那样流行而已。北方少数民族普遍存在此风俗的原因，在于其游牧式的生产生活方式具有很强的流动性特征。甚至在元代的汉族地区也有适用，北方相较于南方而言，收继婚更为流行，在北方地区汉人与蒙古、色目人的联姻，收继婚的出现相对频繁；④满族也同样出现收继婚的现象，存在严格的程序，即"虽然儿子可以妻其庶母，甚至孙子可以收继庶祖母，但是公公却不可收继儿媳，更不可收继孙儿媳"；⑤还有一个婚姻禁忌是限制

① 成崇德主编：《中国少数民族法史通览》，陕西人民出版社2011年版，第一卷，第6页。

② （汉）司马迁撰，（南朝宋）裴骃集解，（唐）司马贞索隐，（唐）张守节正义：《史记》，中华书局1982年版，第2879页。

③ 《金史》卷六《世宗纪上》，中华书局1975年版，第144页。

④ 杨毅：《说元代的收继婚》，《元史论丛》第五辑，第273—281页。

⑤ 苏钦主编：《中国少数民族法史通览》，陕西人民出版社2011年版，第四卷，第41页。

不同辈分的成员之间可能发生的通婚，因此有学者认为满族先民所盛行的收继婚已不复存在；[①]在满族，男子禁止与晚辈男子的妻子发生性关系，禁止与同辈的但年纪小于自己的男子的妻子发生性关系，不禁止与长辈男子妻子的性关系；[②]在北方收继婚出现的主要原因，还是在于经济条件与状况，将女性收继一方面保障女性的基本生存利益，但更多的则是反映对女性自身价值的蔑视与控制，进而保障父系为主干的家庭、家族形态利益。

相较于北方少数民族的收继制度，南方少数民族多数是“转房制度”或者“填房制度”，其基本内容与性质是相似的。吐蕃赞普时期的藏族实行填房制度，即“绝嗣之家，其妻室有父则归其父，无父则归其兄弟近亲”，说明妻子在丈夫死后，其家人为了更好地抚养安排与前夫留下的子女，给子女留下一份亲情等人文关怀，避免家庭财产的分割，以及本氏族男方家庭财产免遭损失，可以把这些妇女和儿女连同其家产作为一种特殊的财产来继承，仍有生育能力的，就填房或转房给死者的同胞兄弟或近亲；[③]佤族的转房制度可以在兄弟与叔伯之间进行，多发生在平辈之间，但转房需得到女方同意不能强迫；景颇族的转房婚姻制度，哥哥死后嫂嫂由弟弟收为妻，或弟弟死后则由哥哥收弟媳为妻，有的地区存在异辈间收继的现象，即子承父亲、侄娶寡婶等，甚至还适用于上门女婿；[④]哈尼族的红河部分地区还盛行兄终弟继的转房现象；纳西族有“夫兄弟媳”的习俗，但事实上弟娶寡嫂多，兄娶弟媳少；[⑤]白族的转房制度则规定，弟媳不

---

① 苏钦主编：《中国少数民族法史通览》，陕西人民出版社 2011 年版，第四卷，第 95 页。

② 苏钦主编：《中国少数民族法史通览》，陕西人民出版社 2011 年版，第四卷，第 95 页。

③ 南杰·隆英强主编：《中国少数民族法史通览》，陕西人民出版社 2011 年版，第二卷，第 150 页。

④ 胡兴东主编：《中国少数民族法史通览》，陕西人民出版社 2011 年版，第六卷，第 248 页。

⑤ 方慧主编：《中国少数民族法史通览》，陕西人民出版社 2011 年版，第七卷，第 266 页。

能转房给兄长;①其他少数民族的转房制度大同小异,有此种婚姻制度的少数民族还有独龙族、傈僳族、怒族、普米族、土家族、鄂温克族、鄂伦春族、毛南族、彝族、壮族等。可见,转房制度存在各种类型,从没有各种限制,到限制长辈不可收继晚辈的,限制同辈收继的,再到限制同辈兄长不可收继弟媳,进而规定妻子姐妹进行转房形成夫兄弟婚和妻姐妹婚的,甚至进一步到尊重当事人双方的意愿等习惯规则,其差别在对家庭、家族对女性的控制程度差异大小,归根结底都反映维护父系为主干的家庭的利益。

可见,不管是在婚姻开始之时的抢婚,以及特殊的买卖婚、典雇婚,还是婚姻存续乃至结束的转房制度,都是以父系家庭与家族权益为核心,降低婚姻家庭中女性的权益,贬低女性的地位。由此可见,传统少数民族婚姻家庭习惯规则中,父系倾向的婚姻形式,着重维护男性及其家庭与家族的权利,对女性的婚姻自由、人身自由等基本权利加以限制甚至剥夺。

总言之,少数民族的传统婚姻家庭形式与形态丰富多样,其形成原因也受到多种因素的影响,但是依旧可以从"母系"与"父系"之间来分类与划分:其一,从"母系"的一端开始,一妻多夫制最接近母系社会的家庭形态,有其典型特征,此时对婚姻家庭中女性的权益保障与制度设置较为有利;其二,婚姻家庭形态向父系社会家庭形态方向趋近之时,还包括赘婿婚、服役婚与不落夫家,有母系社会家庭形态的倾向与遗留的婚姻家庭形式,体现着男子作为重要的家庭成员进行流动,进入母系化的家庭形态结构之中,此时少数民族家庭中两性关系之间私权益的设置,根据各民族与生产生活的需要与追求,在两性关系与父系与母系之间进行取舍;其三,中间层面则是纯粹一夫一妻制为代表的婚姻家庭形式,以及部分少数民族家庭生活中,夫妻权利与地位相对平等的动态夫妻关系,体现着母系与

① 方慧主编:《中国少数民族法史通览》,陕西人民出版社 2011 年版,第七卷,第137页。

父系之间相对平衡的社会家庭形态，背后也是婚姻家庭中私权设定的相对平等与平衡；其四，进一步向父系社会家庭形态方向趋近，则是父系倾向的婚姻家庭形式，如婚姻开始的“抢婚”“抢亲”、买卖婚和典雇婚的形式，以及婚姻家庭持续阶段中的收继婚、转房制度与填房制度等，更多开始强调男性与父系为主干的家庭结构利益与需求，将女性围绕父系家庭结构进行加入或者流动，妇女属于被支配的地位；其五，至父系的婚姻家庭结构最典型形式，则是一夫多妻制等形式，此类型反映重点维护男性权益，对女性权益的习惯规则设定进行明显的限制。简言之，传统少数民族的家庭中两性关系形态，不管差异如何，基本都是在母系和父系之间对私权益所进行的一种权益平衡。

二、纵向结构：尊卑关系与权利差异

从家庭结构中的两性关系进行考察，重点是分析家庭形态中的核心范畴和平行关系。而进一步来看两性关系的外围，还有父母与子女关系，甚至祖孙与舅侄关系等，并且此种关系强调尊卑与上下的差异。尊卑关系是家庭与家族形态的表现，同时也是传统少数民族在婚姻家庭方面的习惯法规则，在家庭与家族生活中对家庭成员权利与义务之间的规范关系。

（一）父母子女关系

传统少数民族的家庭中，父母与子女关系相当紧密，尤其父母对子女拥有各方面的权利，大体可以分为两个方面：

1. 人身关系

在人身方面，主要集中于父母对子女的抚养，并拥有子女的婚姻权：一是，订婚与婚约订立方面。已经签订生效的婚约，男女双方父母都需要遵守，否则将有明确处罚，如傣族订婚通常由男方的父母或请媒人到女方家提亲；[1]傈僳族通常男女在幼年时，便由父母代为订婚，有的甚至指腹

---

[1] 胡兴东主编：《中国少数民族法史通览》，陕西人民出版社 2011 年版，第六卷，第 65 页。

为婚,男女双方的父亲一般在公共场合议定订婚事宜;①侗族子女婚姻,父母有命才订婚,订婚三年才过门;②鄂温克族的男女婚姻多由父母包办,很多是在子女很小的时候订婚,甚者还有指腹为婚,女子订婚后,结婚前不能和自己的未婚夫见面。③

二是,子女婚姻成立在宏观上都是父母所决定的,在许多少数民族中都遵循此原则。如珞巴族的父母为子女找对象,商议婚价,决定婚期;④维吾尔族的男女择偶一般是遵从父母之命,或由阿訇包办;⑤傣族土司贵族婚姻由父母包办;⑥阿昌族父母有抚养子女、为子女婚嫁的义务;⑦哈尼族男女双方年龄在七八岁或十多岁时,就由父母包办婚姻,有的甚至出生不久被包办婚姻;⑧怒江地区白族的订婚其中之一是父母包办;⑨独龙族子女婚姻大多遵循父母之命媒妁之言,结婚由父母决定,子女无权过问;⑩达斡尔族在婚姻大事全凭父母或老人做主包办,一切必须听从他们

① 方慧主编:《中国少数民族法史通览》,陕西人民出版社 2011 年版,第七卷,第 334 页。

② 徐晓光、叶英萍、张世珊主编:《中国少数民族法史通览》,陕西人民出版社 2011 年版,第十卷,第 88—89 页。

③ 苏钦主编:《中国少数民族法史通览》,陕西人民出版社 2011 年版,第四卷,第 255—256 页。

④ 南杰·隆英强主编:《中国少数民族法史通览》,陕西人民出版社 2011 年版,第二卷,第 319 页。

⑤ 马克林等主编:《中国少数民族法史通览》,陕西人民出版社 2011 年版,第三卷,第 238 页。

⑥ 胡兴东主编:《中国少数民族法史通览》,陕西人民出版社 2011 年版,第六卷,第 63 页。

⑦ 胡兴东主编:《中国少数民族法史通览》,陕西人民出版社 2011 年版,第六卷,第 303 页。

⑧ 胡兴东主编:《中国少数民族法史通览》,陕西人民出版社 2011 年版,第六卷,第 399 页。

⑨ 方慧主编:《中国少数民族法史通览》,陕西人民出版社 2011 年版,第七卷,第 135 页。

⑩ 方慧主编:《中国少数民族法史通览》,陕西人民出版社 2011 年版,第七卷,第 293 页。

的安排，只能唯命是从；①赫哲族在缔结婚姻的形式有媒人介绍、双方父母直接商量、换亲等形式；②仫佬族家庭中父亲的意志不容违抗，权威不容置疑，例如仫佬族人的婚姻大事，均由家长包办，子女一般无权自主；③羌族男女的婚姻必须遵从父母之命，子女不问父母而擅自成婚，不仅得不到社会的承认，而且还要受到法律的制裁；④壮族的婚姻按习惯法以包办婚姻为主，从物色对象、订婚到结婚的过程，儿女都不能过问，即使有少数的父母在订婚时征求儿女的意见，但也只供参考，不起决定作用。

三是，在家庭生活中父母对子女，也有监护与教育的权利与义务。如基诺族女子享有对子女的亲权，并肩负着对子女监护和教育责任，之后进入父系社会后家长制的确立开始，父亲获得对子女的管教权；⑤黎族家庭子女家教严谨，父母亲以传统观念影响子女的规范行为；鄂温克族儿女须遵从父母意见，即使是女人被虐待逃回娘家，仍会被娘家的人捆绑带回夫家；⑥鄂伦春族的个体家庭之中，世系按男系计算，由父亲主持家务；⑦在苗族父母对子女有教育、抚养的义务，子女对父母同样负担赡养的义务。⑧

---

① 苏钦主编：《中国少数民族法史通览》，陕西人民出版社 2011 年版，第四卷，第186页。

② 苏钦主编：《中国少数民族法史通览》，陕西人民出版社 2011 年版，第四卷，第431—432页。

③ 李鸣、陈金全、潘志成主编：《中国少数民族法史通览》，陕西人民出版社 2011 年版，第九卷，第10页。

④ 李鸣、陈金全、潘志成主编：《中国少数民族法史通览》，陕西人民出版社 2011 年版，第九卷，第103页。

⑤ 胡兴东主编：《中国少数民族法史通览》，陕西人民出版社 2011 年版，第六卷，第362页。

⑥ 徐晓光、叶英萍、张世珊主编：《中国少数民族法史通览》，陕西人民出版社 2011 年版，第十卷，第299—300页。

⑦ 苏钦主编：《中国少数民族法史通览》，陕西人民出版社 2011 年版，第四卷，第346页。

⑧ 徐晓光、高其才主编：《中国少数民族法史通览》，陕西人民出版社 2011 年版，第八卷，第135页。

四是，离婚也需要父母等重要人物的同意。如布朗族夫妻离婚如果双方都同意，一般不需要找原媒人解决，也不需要支付额外费用，只要父母头人认可，口头上说一声，各自回家就算离婚，有的女子不参加离婚仪式，可以由其父兄代替；彝族和离即协议离婚，夫妻通过口头或书面协议，经过双方家长同意，可以解除婚姻关系。①

2. 财产关系

在财产方面，主要指在家庭生活中父母对子女各方面的影响：

一是，家庭中家长掌握经济大权。如拉祜族实行财产所有权制度，家庭内的公有财产，由家长掌管，共同享有；②父亲是家庭财产唯一的合法掌管者，由他统一决定财产的提留、支配、使用和消费，子女一般无权过问。③

二是，家庭日常生活费用与经济保障由父母提供。傣族子女的生活费用由夫妇共同负担，但家庭成员关系依赖性弱而独立性强，以及父母子女之间各有独立的财产；④阿昌族父母有抚养子女、为子女婚嫁的义务；⑤在苗族父母对子女有教育、抚养和嫁娶的义务，子女对父母同样负担赡养的义务。⑥

三是，离婚纠纷中父母对子女分配财产有重要影响。如门巴族婚姻家庭制度要求离婚时，双方父母和介绍人都来解决财产分配问题。⑦

① 李鸣、陈金全、潘志成主编：《中国少数民族法史通览》，陕西人民出版社 2011 年版，第九卷，第 280—281 页。

② 胡兴东主编：《中国少数民族法史通览》，陕西人民出版社 2011 年版，第六卷，第 338 页。

③ 李鸣、陈金全、潘志成主编：《中国少数民族法史通览》，陕西人民出版社 2011 年版，第九卷，第 10 页。

④ 彭迪：《傣族婚姻家庭习惯法刍议》，《中南民族学院学报》1994 年第 5 期，第 52 页。

⑤ 胡兴东主编：《中国少数民族法史通览》，陕西人民出版社 2011 年版，第六卷，第 303 页。

⑥ 徐晓光、高其才主编：《中国少数民族法史通览》，陕西人民出版社 2011 年版，第八卷，第 135 页。

⑦ 南杰·隆英强主编：《中国少数民族法史通览》，陕西人民出版社 2011 年版，第二卷，第 304 页。

四是，在分家或者析产之时，父母对财产等问题有明显影响。傈僳族父母子女在分居时，儿子可以从父母那里分得少量的土地、耕畜和其他生产生活资料；①普米族进行分家析产（主要指弟兄分家），首先必须要在父母做主的前提下，不论动产或不动产，一般均分，同时，优先照顾单立门户者。②

可见，父母子女关系在少数民族家庭生活中，在人身方面集中于婚姻大事的把控上，在财产方面强调家庭的家长所掌握的集中化权力。进一步来看，家长对子女而言，在少数民族婚姻家庭生活中有重要作用与地位，大体父母对子女有教育、抚养和嫁娶的权利与义务，子女对父母同样负担赡养的义务。

具备相互性的习惯规则与习俗，对子女而言，是一种基本生存与权利的保障；另一方面，对于家庭与家族而言，父母与子女关系的界定，平衡家庭内部秩序关系，也促进家庭与家族不断延续与延伸，少数民族有关婚姻家庭的相关习惯法规则，就是达成此种目的最为基本的规范作用。在婚姻家庭的私权益而言，父母子女之间有明显权利之间的差异。

（二）家庭关系

在传统少数民族家庭生活中的纵向尊卑关系，进一步延伸还可以在具体关系上拓展为祖辈与孙辈之间关系，甚至在宏观关系上家族组织中的尊卑关系等。

一方面，传统时期少数民族在宏观上整体的家庭结构与形态各有不同，吐蕃赞普时期的婚姻家庭重视亲系关系，亲属分直系和旁系血亲、尊亲属和卑亲属、男系亲和女系亲；③珞巴族由家长主宰全家，一切重大决

---

① 方慧主编：《中国少数民族法史通览》，陕西人民出版社 2011 年版，第七卷，第 335 页。

② 方慧主编：《中国少数民族法史通览》，陕西人民出版社 2011 年版，第七卷，第 397 页。

③ 南杰·隆英强主编：《中国少数民族法史通览》，陕西人民出版社 2011 年版，第二卷，第 151 页。

策和活动最终由男家长主宰定夺；傣族的家庭结构一般仅有父母与子女两代，也有祖孙三代或岳婿外孙三代同堂，一般为四五口人，并且同时实行从夫居与从妻居，常有几代人之间交错的从妻居和从夫居。家庭成员关系十分复杂，但之间相处和睦，家庭结构紧密；佤族的家庭是由一定范围内的亲属所组成的基本社会生活细胞，有些还包括祖父母；[①]德宏州内的德昂族，基本生活单位是父系小家庭，多为两代至三代，即祖父母、子女或孙男孙女；拉祜族大家庭内部生产生活指挥权由男女家长共同职掌，或同一村寨内母系制大家庭和父系制大家庭并存，形成双系大家庭；纳西族的母系家庭居多，或母系家庭、母系父系并存；[②]傈僳族基本上是由一夫一妻的父权制小家庭构成，一般只包括父母和未婚子女两代人；[③]普米族的家庭规模都比较大，几世同堂，弟兄一般都不分家；[④]黎族的家庭成员一般3—5人不等，因为男孩长大要分家，女孩长大要出嫁，通常一户只有夫妻、子女和抚养的年老父母等眷属；[⑤]满族在家庭关系上，每个满族家庭都有户主，户主通常由家里最强盛、精力最充沛的男子担任，其主要负责统筹安排家庭成员的经济活动；[⑥]达斡尔族在20世纪初以前，普遍存在着父系大家庭。只要家里父母健在，无论兄弟多少，都很少有分家的情形出现；[⑦]鄂温克人家里有三四代人后，为了方便生活，就要把人多的大

---

① 刘振宇：《佤族婚姻家庭继承习惯法研究》，西南政法大学2009年硕士学位论文，第15页。

② 方慧主编：《中国少数民族法史通览》，陕西人民出版社2011年版，第七卷，第251页。

③ 方慧主编：《中国少数民族法史通览》，陕西人民出版社2011年版，第七卷，第335页。

④ 方慧主编：《中国少数民族法史通览》，陕西人民出版社2011年版，第七卷，第397页。

⑤ 徐晓光、叶英萍、张世珊主编：《中国少数民族法史通览》，陕西人民出版社2011年版，第十卷，第299—300页。

⑥ 苏钦主编：《中国少数民族法史通览》，陕西人民出版社2011年版，第十卷，第107页。

⑦ 苏钦主编：《中国少数民族法史通览》，陕西人民出版社2011年版，第四卷，第187页。

家庭分成人少的几个小家庭等。①

另一方面，从具体关系来看，祖辈与孙辈范畴内的少数民族家庭关系也有习惯规则。室韦达怛人存在两家人世代结亲的约孙习俗；达斡尔族家庭内掌大权的是长辈，祖父在，由祖父当“贝功达”，没有祖父，由父亲当“贝功达”，父亲不在了，由大哥当“贝功达”；②羌族子女如果没有亲生父母，则祖父母及同居庶母，女之同母兄弟、嫂娣及亲伯叔、姨等为第二序列，经过他们共议达成一致意见，方可为婚。③ 传统少数民族家庭形态结构有以下三个特点：一是，依旧以父母权为主，或者是宏观的“家长权”，较少直接涉及祖父母的权力；二是，存在两种类型，较为紧密的结构即仅有两代人的家庭结构；或者是较大的家庭形态，有三四代人的形态，但相对较少；三是，祖父母作为父母之外的尊长典型代表，仅属于家长权的替代地位，是父母与子女关系的延伸。

由此可见，从父母与子女的关系，进一步讨论整个家庭尤其是祖孙三代之间关系，是父母子女关系的进一步延伸。此时从传统少数民族婚姻家庭的基本形态来看，形成的习惯法规则依旧塑造一种核心与聚合的家庭形式，通过权利与义务的规定，维护家长权的权威，保障子女的基本生存与发展，进一步促进整个家庭与家族的不断延续与拓展。

（三）兄弟关系

传统少数民族家庭关系中，除了父母子女关系为主的尊卑关系，兄长弟幼之间关系也是尊卑关系表现之一。兄弟关系在少数民族的习惯风俗中有不同的类型：一方面，兄长在家庭生活中有重要地位，对于父母与子女关系之间来看，有替代父母作为家长的作用。蒙古在高原诸部族时期，

---

① 苏钦主编：《中国少数民族法史通览》，陕西人民出版社 2011 年版，第四卷，第 256 页。

② 苏钦主编：《中国少数民族法史通览》，陕西人民出版社 2011 年版，第四卷，第 187 页。

③ 李鸣、陈金全、潘志成主编：《中国少数民族法史通览》，陕西人民出版社 2011 年版，第九卷，第 103 页。

父系家长制下的古代蒙古家庭中长子的地位比较高，在处理家庭内部事情上，长子有优先发言权；①洛巴族实行子承父权，弟继兄权。女性无继承权。形成的以父权主义为核心的家长制婚姻制度，夫死后，兄弟有纳寡嫂优先权，亡夫无兄弟，其妻可与家族内其他同辈男子成婚；②布朗族父兄代替女子参加离婚仪式；普米族对家庭关系的调整规范中，明确家庭成员之间的义务有兄长有照管弟、妹的义务；达斡尔族的家庭内掌大权，可以由大哥当“贝功达”。弟弟当“贝功达”主要是由于长辈年老，或是长兄无能；③由此可以体现由祖父到父亲，再到兄长及弟弟的家庭权力传接。同样情况反映在鄂温克族中，家庭中包括父母子女，以父亲为主体，为家长。父亲去世，长子为家长，妇女不得为家长，父在而子为家长或妇女为家长的情况是极少的；④鄂伦春族的家庭也类似，即父亲年迈或已死亡，长子可为家长，长子主持家务时，要和长辈商量，但女性不能作家长。⑤彝族同样遵循“父兄为大”的理念，兄长在父亲缺位时可以替父亲管教弟妹，还可以承接姐妹的聘礼和身价钱。⑥

另一方面，部分少数民族家庭对兄长的地位并不认同，反而看重幼子，强调维护幼子在家庭中的权利。德昂族长子、次子婚后大多数另立新的家庭，幼子继承财产；阿昌族实行长子另门户制，即阿昌族长子结婚后，即与父母分居，另立门户，幼子留居老家，只有少数幼子因父母不喜欢才

① 成崇德主编：《中国少数民族法史通览》，陕西人民出版社 2011 年版，第一卷，第 30 页。

② 南杰·隆英强主编：《中国少数民族法史通览》，陕西人民出版社 2011 年版，第二卷，第 320 页。

③ 苏钦主编：《中国少数民族法史通览》，陕西人民出版社 2011 年版，第四卷，第 187 页。

④ 苏钦主编：《中国少数民族法史通览》，陕西人民出版社 2011 年版，第四卷，第 256 页。

⑤ 苏钦主编：《中国少数民族法史通览》，陕西人民出版社 2011 年版，第四卷，第 346 页。

⑥ 李鸣、陈金全、潘志成主编：《中国少数民族法史通览》，陕西人民出版社 2011 年版，第九卷，第 285—287 页。

与父母分居。分居时，财产由各子平均分配，不能平均分配的，采取折价的办法分配。分居时，房子一般归留守老家的儿子所有。但父母无力给分居的儿子建房，或者家中有多余的房屋，可以酌情分给分居的儿子。分居的儿子所建房的费用，由全家负担；满族的习惯规则中，离婚后妻子回到娘家，如果母亲已经去世，则回其舅舅家，或叔伯家，但从来不会去她兄弟家。①

整体来看，在少数民族家庭中兄长的地位一般而言，呈现出作为"家长"的后备人选与替代角色，在家庭事务中有较为独特的权限，是父系家庭结构代表的延伸，并且幼子对家产的继承实际上并不完全冲突。因此，有关兄弟之间的传统少数民族的习惯法规则，不仅反映在兄弟关系之上，也与父母子女之间关系相连接，兄长作为家长权替代的角色，一方面有作为子女的地位与权利，另一方面，有作为替代型父母的可能权利，在符合一定条件下可以发挥特有的权利，维护整个家庭的基本秩序。

（四）舅侄关系

少数民族家庭形态与结构中，两性关系、父母子女关系作为家庭生活中最为主要的关系。而兄长的地位作用，以及兄弟之间又是由此延伸而出的父系血亲代表。然而舅父在家庭中的地位，则可以看作是母系血亲的代表，舅父在少数民族家庭关系中地位与作用，可归纳为以下四个方面：

其一，舅父在婚姻缔结时的作用。珞巴族整个氏族家庭中父权很弱或父亲不在世无能力时，舅父有权分享外甥女出嫁时的身价；西双版纳地区的傣族多是由男方父母托舅父、姨母或村寨中有威望的人到女方家里提亲；②基诺族男女双方共同选择吉日，需要去舅父家征求同意；③基诺族

---

① 苏钦主编：《中国少数民族法史通览》，陕西人民出版社 2011 年版，第四卷，第 101—102 页。

② 胡兴东主编：《中国少数民族法史通览》，陕西人民出版社 2011 年版，第六卷，第 65 页。

③ 胡兴东主编：《中国少数民族法史通览》，陕西人民出版社 2011 年版，第六卷，第 360 页。

中舅舅不仅要为自己未婚生子的姐姐或妹妹行使父亲的权利，还要在自己外甥结婚或离婚仪式上担当主持或证人的角色。①

其二，舅父日常生活中的作用。比如舅舅在基诺族人中具有重要的威望和地位，未婚的女方怀孕，孩子出生后，可以同舅舅连名，非婚生子女往往成为舅舅的子女，由舅舅承担抚养的责任。独龙族中没有父母的孤儿，习惯上由叔父或舅父母抚养；②黎族家庭中的“舅权”大于“父权”，出嫁的女子，受到丈夫的欺负，娘家兄弟出面谴责和处罚；并且夫家因其他原因丧失抚养子女的能力，舅家收养并资助其成家。女子在夫家违反家规，经丈夫出面向娘家说明，娘家负有教育责任。出嫁的女子，在夫家发生危及社会公德的行为，夫家和娘家要共同承担赔偿责任等。③

其三，舅父在“舅权婚姻”中的作用。室韦达怛人的家庭中存在去舅家求婚或换婚的风俗；佤族也存在舅权婚姻，即姑舅表兄弟姊妹之间有缔结婚姻的义务。因为在佤族社会中若是姑姑家的女儿嫁给舅家时，可以抵消“买姑娘钱”，也盛行舅父之子娶姑母之女的“姑舅表婚”习俗。④ 侗族有所谓的姑舅世婚，指姑妈与舅舅家的子女长大以后，有优先的婚配权，或姑妈的女儿嫁给舅舅的儿子；或舅舅的女儿嫁给姑妈的儿子。⑤ 历史上侗族地区盛行“姑舅世婚”“侄女跟姑妈婚”等婚俗，姑舅世代相互交往，结为所谓“亲上加亲”“石板桥亲”“扁担亲”等封闭式近亲婚俗。毛南族社会原来实行的是双向度的从表婚，不过从近代的情况看，则演变成

① 方慧主编：《中国少数民族法史通览》，陕西人民出版社 2011 年版，第七卷，第 294 页。

② 方慧主编：《中国少数民族法史通览》，陕西人民出版社 2011 年版，第七卷，第 294 页。

③ 徐晓光、叶英萍、张世珊主编：《中国少数民族法史通览》，陕西人民出版社 2011 年版，第十卷，第 272—273 页。

④ 胡兴东主编：《中国少数民族法史通览》，陕西人民出版社 2011 年版，第六卷，第 120 页。

⑤ 陆跃升：《清水江流域苗族侗族婚姻习俗及其演变》，《兰台世界》2019 年第 9 期，第 100 页。

舅家的人,可娶姑家的一女的特权,也即舅家对外甥女的婚姻拥有优先权,除非舅家表示不要,才得许配他人。① 在壮族人居住的某些地区,壮族人有"婚不避血亲"的习惯,在此基础上的姑舅表婚,成为某些壮族人的婚姻形式。②

其四,舅父在家庭各类纠纷中地位显示其权威性。在鄂伦春传统社会生活中,"舅权"同样存在,舅舅对外甥的权威地位,使其成为家庭纠纷的主要调解者,兄弟之间发生纠纷,无法解决时,由舅父决定,其做出的决定是最后权威,必须服从;③同样舅父作为调停人的还有赫哲族,该族不成文的族规很多,家规的要求也尤为严格,如"父亲和叔伯处罚子侄时,任何人讲情都无用,母亲也不能阻拦,如有这种情况,只有舅父讲情方能有效";④还有基诺族中离婚程序比较简单,只要男女感情破裂,经父母和舅父劝解仍然无法愈合者,得到舅父同意即可离婚,并且离婚仪式由舅父主持。⑤

由此可见,舅父在家庭生活中相较于父母、兄长都是更特殊的尊长主体。舅父在婚姻家庭的习惯法规则中,拥有广泛与重要的权利。一方面,从宏观来看,"舅父权"反映着母系家族一方的利益,在少数民族的习惯法规则中给予充分的权利维护与保障;另一方面,从具体作用来看,舅父在婚姻成立、纠纷解决等环节之中都有重要作用,习惯法规则给予舅父一定程度上从外部参与传统少数民族家庭内部事务的权利,体现着家庭与

---

① 李鸣、陈金全、潘志成主编:《中国少数民族法史通览》,陕西人民出版社 2011 年版,第九卷,第 36 页。

② 卢明威、汤伶俐主编:《中国少数民族法史通览》,陕西人民出版社 2011 年版,第五卷,第 141 页。

③ 苏钦主编:《中国少数民族法史通览》,陕西人民出版社 2011 年版,第四卷,第 354 页。

④ 苏钦主编:《中国少数民族法史通览》,陕西人民出版社 2011 年版,第四卷,第 434 页。

⑤ 胡兴东主编:《中国少数民族法史通览》,陕西人民出版社 2011 年版,第六卷,第 366 页。

家族之间的联合,并不完全是一种母系家庭的替代角色,而是习惯法赋予舅父各类权利,以促进原本家庭与家族的秩序与运作稳定。

总言之,从尊卑关系来看传统少数民族的家庭形态,呈现以父母子女关系为中心,祖孙关系与家庭结构为主要延伸,并且在父系家庭结构的一端中,兄长、长子作为父系血亲代表的延展与替代,而拥有舅父权的舅舅,则作为母系血亲代表的延展与替代,代表着母亲方血缘关系家庭、家族的利益。家庭尊卑关系所形成的家庭形态,也反映少数民族家庭习惯法规则,进行限定与追求家庭中权利与义务的基本安排。以父母与两性关系作为核心与权利主体,此外的父母与子女关系,祖父母与子女、孙子女关系,兄弟之间关系,舅父与侄儿之间关系,都是在核心关系之外的研究,也是权利设定的替代与延伸,显示着在私权益保障与维护上的效力位阶差异。

三、外部关联:影响因素与权利交换

传统少数民族家庭生活中,依旧存在其他外部婚姻家庭的形式与关系,并不单纯属于两性关系或者尊卑关系,或者二者兼备的婚姻家庭关系形式,因而影响少数民族的家庭形态与结构。此种影响因素一方面有其独特的自身特点,作为两性关系为核心,尊卑关系为延展之外的传统少数民族婚姻家庭关系实际结构;另一方面,此类主要家庭形态之外的影响因素,也是在少数民族传统习俗形成规范的一部分调整方式,维护家庭中的私权益。

(一)宗教影响

宗教信仰在不少民族中,尤其是西北地区的少数民族习俗中,成为影响婚姻形式与形态的重要因素,其本身具备规范性的影响。宗教信仰对传统少数民族婚姻形式与家庭形态的影响:一方面,宗教信仰影响婚姻家庭中人的身份。最为典型的是元代僧道婚,此时僧道婚在历史上有重要的规模。并且因为元朝政府宗教政策是兼容并蓄的,佛教地位尤其优越,道教紧随其后。在元政府的推动与鼓励下，宗教势力空前强大。藏传佛教的一支格鲁教，成为具有政治特权和宗教特权的阶层。其教徒称“喇嘛”。喇嘛教徒，“怙势恣睢，日新月盛，气焰熏灼，延于四方，为害不可胜言”；江南释教总统杨琏真加，“受人献美女宝物无算”；其他如巧取豪夺、奸污女妇，更是不胜枚举，甚至连蒙古王妃都敢殴打。[①] 在此基础上，僧道娶妻纳妾也逐渐出现与形成。僧人多有妻子，公然居住在佛殿两庑，赴斋时被称为师娘。《元典章》中记载：“各处耆旧人……畜养妻子，与俗无异”。[②] 在僧道政治经济特权的诱惑之下，嫁给僧道成为部分地区女性择偶的首选。这种婚姻形态对女性的伤害有限，但元政府对因宗教势力膨胀导致的对世俗生活的深度介入表现出担心。僧道公然破戒，不以修行为本务而娶妻生子，行为与信仰的错位也引发时人极大不满。至正六年（1346），御史大夫太平上疏，“请僧道有妻子者勒为民，以减蠹耗”。[③] 元朝统治者开始着手对僧道娶妻的限制。如有僧道娶妻者，便不再享受免除赋税的优待。“诸愿弃俗出家为僧道，若本户丁多，差役不阙，及有兄弟足以侍养父母者，于本籍有司陈请，保勘申路，给据簪剃，违者断罪归俗。”[④]

另一方面，宗教信仰对婚姻成立与否作为条件或者进行限制。如明代回族婚姻家庭制度中，坚持内婚制原则，强调缔结婚姻必须保持彼此宗教信仰一致。但在特定的历史时期和环境中，回族也经常与其他民族通婚，但必须有一个先决条件，即非穆斯林一方要皈依伊斯兰教，在生活方式上必须随从穆斯林。维吾尔族在婚姻成立的条件与限制，在清代与民国时期都有所延续，清代新疆维吾尔族的婚姻家庭制度，要求穆斯林男子

① 宋濂：《元史》，中华书局1976年版，第4521—4522页。

② 陈高华等点校：《元典章》，天津古籍出版社、中华书局2011年版，第1128—1129页。

③ 宋濂：《元史》，中华书局1976年版，第3368页。

④ 参见王跃生：《历史上家庭养老功能的维护研究——以法律和政策为中心》，《山东社会科学》2015年第5期，第10页。

可以与穆斯林女子或“信奉天经”的女子通婚，但穆斯林女子只能婚配穆斯林，违反此规定构成无效婚姻。而民国时期维吾尔族婚姻制度中结婚条件，要求一般不能选择不信仰伊斯兰教的人为自己的结婚对象。

可以说，宗教信仰的差异，对少数民族婚姻家庭相关习惯与制度产生巨大的影响。宗教影响直接反映在两性婚姻关系，将整个家庭组织进行宗教化。部分宗教化的家庭形态与结构，受到抽象化又具体化的影响，进而影响家庭的形态与结构。此种宗教的影响，形成宗教性的规则与习俗，实际上有明显与广泛影响的规范性，少数民族中宗教性的规范与习俗规则，规定与限制少数民族婚姻家庭中各方面主体的权利与义务。

（二）民族影响

传统少数民族的婚姻与形式，受到民族差异与隔阂的影响。此习俗与习惯多出现于各民族历史发展的早期，但在各民族之间依旧广泛存在且持续时间长，对于各民族的婚姻、家庭与家族结构依旧有所影响。如古代时傣族绝对不与傣族以外的少数民族或汉人通婚，近代时才有和汉人通婚；①布朗族的习惯制度要求符合民族内婚制的要求，在一些地方布朗族不允许与哈尼族、拉祜族通婚；阿昌族的婚姻家庭制度同样有民族内婚原则，该族除与本民族成员相互通婚外，很少同外族通婚；②拉祜族在同姓之间、血亲之间和民族之间都存在着通婚禁忌，长期实行族内对偶婚，与外族通婚不多。部分地区，即便同为拉祜族，不同支系之间也不通婚；白族除以本地民族内部通婚为主外，也可与本地的傈僳、普米，外来的纳西、藏族、汉族，大理、剑川一带的白族通婚；③辽代女真人中，存在着民族

① 胡兴东主编：《中国少数民族法史通览》，陕西人民出版社 2011 年版，第六卷，第 63 页。

② 胡兴东主编：《中国少数民族法史通览》，陕西人民出版社 2011 年版，第六卷，第 300 页。

③ 方慧主编：《中国少数民族法史通览》，陕西人民出版社 2011 年版，第七卷，第 135 页。

内通婚的制度;[①]到了金建国之后,不少地方仍延续着氏族内通婚的习俗,为改变这一习惯,金代统治者还曾专门立法禁止;[②]在传统习惯上,达斡尔人不与外族人通婚,清末时才出现个别人为贪图彩礼或为还债而把姑娘嫁给汉人;[③]蒙古族以民族内婚为准则,也有与别民族通婚的。

由此可见,少数民族广泛存在的民族内婚的习惯与制度,实际上反映两个价值倾向:一是,非同民族的不允许通婚。二是,倾向于同民族内进行通婚。虽然此种民族之间的隔阂相对较少,但其存在的意义实际上即表达,对民族内部各家族势力之间的联合意义。强调以同民族之间彼此熟悉,以父系或者母系的家庭、家族体系与结构,通过结成婚姻的形式相互联合与交叉,更进一步在从家庭、到家族,至民族甚至在民族这一层次上拓展、延伸,形成民族内血缘关系的共同体。民族之间隔阂与联系,影响着少数民族的家庭与家族形态,同时也反映出少数民族传统习惯法规则,在民族关系之中发挥的规范作用,塑造家庭与家族的生活规范,通过民族之间的婚姻关系,达成家庭生活的权利、义务设定与血缘性的联合。

(三)民族影响

传统少数民族在婚姻家庭形式存在民族之间的差异与阻隔,属于民族外部的差异,而各氏族之间或者说家族之间差异,则属于民族内部的范畴。传统少数民族在氏族内部之间婚姻家庭的形式:

一方面,从限制条件出发,强调禁止近亲、同族与同宗等缔结婚姻。景颇族中有同族不婚的原则,该同族的含义为同宗,全按支系来区别,若两个支系是同宗的也不能结婚,或者说虽是不同姓,但是同宗的也不

① 苏钦主编:《中国少数民族法史通览》,陕西人民出版社 2011 年版,第四卷,第 29 页。

② 苏钦主编:《中国少数民族法史通览》,陕西人民出版社 2011 年版,第四卷,第 29 页。

③ 苏钦主编:《中国少数民族法史通览》,陕西人民出版社 2011 年版,第四卷,第 186 页。

能结婚。违反此原则的婚姻一律无效,往往要受到习惯法的制裁;①纳西族的摩梭人禁止与近亲属走婚,即同一家族内部成员之间不得结交阿注;同时纳西族的习惯法规则规定同姓而不同宗可婚;②黎族同氏族的男女不能通婚,不仅同血缘不通婚,包括直系血亲婚、旁系血亲婚与拟制血亲婚,甚至结拜兄弟姐妹都不能通婚;③达斡尔族严格禁止同姓内部通婚,并且实行同辈婚,表亲之间,不同辈分者不能结婚,配偶必须是辈分相等;④在鄂伦春族奉行氏族外婚制,近亲不能结婚,在氏族之间近亲关系的,也禁止通婚,还有同姓也不能结婚,以及辈分不同者一般也不能通婚。⑤

另一方面,以积极鼓励倾向为角度,也大多鼓励姑舅表优先婚配等制度。比如景颇族有特殊的"木育——达马"婚姻关系,即丈人种和姑爷种的稳定通婚关系,婚姻关系是"姑爷种"家男子才能娶"丈人种"家的女子为妻,即"丈人种"家的姑娘生来是"姑爷种"家的媳妇,但不能出现"丈人种"家的男子娶"姑爷种"家女子为妻,意思是血不能倒流;⑥阿昌族也有姑舅表优婚原则,实行"亲上加亲"的血缘婚姻,也是单方的"姑表婚",可以娶母亲的兄弟姐妹的女儿为妻,但不能娶父亲的兄弟姐妹的女儿为妻;⑦类

① 胡兴东主编:《中国少数民族法史通览》,陕西人民出版社 2011 年版,第六卷,第 244 页。

② 方慧主编:《中国少数民族法史通览》,陕西人民出版社 2011 年版,第七卷,第 266 页。

③ 徐晓光、叶英萍、张世珊主编:《中国少数民族法史通览》,陕西人民出版社 2011 年版,第十卷,第 262—263 页。

④ 苏钦主编:《中国少数民族法史通览》,陕西人民出版社 2011 年版,第四卷,第 185 页。

⑤ 苏钦主编:《中国少数民族法史通览》,陕西人民出版社 2011 年版,第四卷,第 344 页。

⑥ 胡兴东主编:《中国少数民族法史通览》,陕西人民出版社 2011 年版,第六卷,第 244 页。

⑦ 胡兴东主编:《中国少数民族法史通览》,陕西人民出版社 2011 年版,第六卷,第 300 页。

似的还有拉祜族也实行姑舅表单方从表婚，严格禁止姨表婚；①纳西族姑舅姨表婚均有，而以姑舅表婚最流行；②独龙族存在妻姊妹婚，即按古老传统习惯，凡属固定的婚姻集团，某一家所生的几个姊妹，必须先后共嫁给同一个丈夫；③怒族的婚配原则是嫁女应当“先内后外，由近而远”，女性一般应在同一氏族甚至同一家族内寻找配偶，留有一些原始群婚残余；④侗族存在姑舅世婚，指姑妈与舅舅家的子女长大以后，有优先的婚配权；⑤以及扁担婚，从无血缘关系的通婚，之后长期交好，子女长大后，会优先考虑交好的家族婚嫁；⑥瑶族同时存在“姑舅表婚”与“妻兄弟婚”这样原始的婚俗，有些地方习惯法鼓励此种做法；⑦此外，相似的情况如傈僳族同时存在姑舅表优先婚配与妻姊妹婚；普米族实“姑舅表婚优先”以及“姨表禁婚”的订婚原则；⑧土家族的姑表亲与换亲结婚；⑨苗族称之为还娘头；⑩鄂温克族、毛南族、壮族也存在姑舅表婚，可以说是在少数民

---

① 胡兴东主编:《中国少数民族法史通览》，陕西人民出版社 2011 年版，第六卷，第 338 页。

② 方慧主编:《中国少数民族法史通览》，陕西人民出版社 2011 年版，第七卷，第 266 页。

③ 方慧主编:《中国少数民族法史通览》，陕西人民出版社 2011 年版，第七卷，第 292 页。

④ 方慧主编:《中国少数民族法史通览》，陕西人民出版社 2011 年版，第七卷，第 355 页。

⑤ 陆跃升:《清水江流域苗族侗族婚姻习俗及其演变》，《兰台世界》2019 年第 9 期，第 100 页。

⑥ 陆跃升:《清水江流域苗族侗族婚姻习俗及其演变》，《兰台世界》2019 年第 9 期，第 101 页。

⑦ 徐晓光、高其才主编:《中国少数民族法史通览》，陕西人民出版社 2011 年版，第八卷，第 377—379 页。

⑧ 方慧主编:《中国少数民族法史通览》，陕西人民出版社 2011 年版，第七卷，第 396 页。

⑨ 徐晓光、叶英萍、张世珊主编:《中国少数民族法史通览》，陕西人民出版社 2011 年版，第十卷，第 442 页。

⑩ 徐晓光、高其才主编:《中国少数民族法史通览》，陕西人民出版社 2011 年版，第八卷，第 127—131 页。

族广泛存在的婚姻形式。①

可见,各少数民族中的氏族之间联姻与通婚,同样反映两种婚姻家庭构建的倾向:一是,禁止近亲、同族等近亲属结婚;二是,积极促进姑舅表婚。在保证避免近亲生育的前提之下,又积极促进姑舅表婚的形成,反映强调各少数民族之间各氏族需要通过表亲的关系联合,在看似是以婚姻缔结形式的婚姻状况,实质上体现家庭、家族之间的血缘、地缘的联系与合作。此种合作实际上是以家庭为核心向外延伸的进一步拓展,通过在婚姻家庭的权利与义务设定,将氏族之间相联合。

(四)阶层差异

传统少数民族婚姻家庭的形式与形态,还受到封建等级的影响。而此影响相对较少,也分为两种类型:一方面,有阶层差异的等级婚,即以强调民族内部有阶级差异的婚姻形式。如傣族受封建等级限制极大,尤其在结婚范围上,封建等级的限制明显,土司贵族婚姻由父母包办,讲究门阀地位,必须由父母代为物色做主。土司贵族只能与土司贵族通婚,平民绝对不能与土司联姻。不同等级之间一般不通婚,主要为保证将各种权势、财富掌握在各等级土司贵族手中。但这种等级婚只限于原配正妻,若是娶妾则不受这种等级限制。② 简言之,傣族形成等级内婚制,不仅统治阶级与被统治阶级之间禁止通婚,在此基础上,统治阶级通过内部的联姻形式来形成政治上的联盟。③ 景颇族的习惯法规则也具备等级内婚形式,具体即管家种与管家种等级内通婚、百姓种与百姓种之间通婚。若管家种与百姓种通婚,则管家会失去管家种的地位。管家种不能与百姓种

① 苏钦主编:《中国少数民族法史通览》,陕西人民出版社 2011 年版,第四卷,第 255 页;李鸣、陈金全、潘志成主编:《中国少数民族法史通览》,陕西人民出版社 2011 年版,第九卷,第 36 页;卢明威、汤伶俐主编:《中国少数民族法史通览》,陕西人民出版社 2011 年版,第五卷,第 141 页。

② 胡兴东主编:《中国少数民族法史通览》,陕西人民出版社 2011 年版,第六卷,第 63 页。

③ 彭迪:《傣族婚姻家庭习惯法刍议》,《中南民族学院学报》1994 年第 5 期,第 52 页。

通婚主要是指管家种男性不能娶百姓种女性为妻，但百姓种的男子可以娶管家种女性为妻，仅是出的聘礼较重而已。

另一方面，有经济水平差异的婚姻形式，即强调以经济水平作为婚姻嫁娶的重要条件。诸如达斡尔族的婚姻习惯法中，在婚姻上很讲究门当户对，必须“门当户对”才能提亲，富户不娶穷家女为妻，更不能把姑娘嫁给穷人家作媳妇；而赫哲族自清朝末年以后，族人选婿也开始以贫富作为标准。清朝时还有一种比较特殊的情况是，按照赫哲族人纳贡貂的多少，或者是否是当地的“名门望族”，由国家作为“主婚人”缔结的“政治”婚姻。以此作为“恩赏”和笼络当地赫哲族人的一种措施，政治婚姻一般是有钱有势的家族才能享受。[①] 由此可见，不管是政治上的阶层等级，还是经济上的富裕水平，都是在地方有一定势力与影响的表现。由于此种封建等级与经济水平都是阶层差异的表现，传统少数民族婚姻的缔结与形式，受到阶层差异的影响，也反映少数民族内部需要维护与巩固阶层等级的基本秩序。并且通过追求以贫富作为标准与“名门望族”的“政治”婚姻，也使得自身原本的家庭、家族得以“提升”阶层。此种婚姻形式进而形成阶层式的家庭形态，不同层次的婚姻家庭方面的权利与义务，在私权益关系上不同阶层与层次之间，有不同程度的保障与权益。

总之，少数民族的传统婚姻家庭形式，还存在宗教信仰、等级阶层、民族与氏族等外部因素的影响。此四类影响因素，并不是直接展现少数民族传统婚姻家庭的关系与形态，但是通过影响婚姻形式为手段，以促进达成少数民族传统婚姻家庭内部宗教信仰特征或提升阶层的婚姻形式与形态，构成从家庭、到家族，至氏族甚至在民族与氏族层面上拓展、延伸，形成民族内血缘关系的共同体。此四类影响因素，都从影响少数民族的家庭形态，进而影响其家庭的私权关系。有从宗教性特征、阶层特点以及民族、民族内联合为目的，影响少数民族婚姻家庭习惯的私权设定。

---

① 苏钦主编：《中国少数民族法史通览》，陕西人民出版社 2011 年版，第四卷，第 431—432 页。

四、少数民族婚姻家庭权益的维护及原则与方法

传统少数民族的家庭形态，从核心的两性关系到尊卑关系，乃至外部的影响因素，呈现多种类型与特色的家庭形态类型。家庭形态类型实际上也反映着其背后的权利、义务关系，以及对于婚姻家庭方面的私权益维护的基本设定与方式。从传统少数民族的家庭形态类型进行总结，分析家庭形态与私权益维护之间的关系，进一步展现此种权益维护的整体原则与具体方式。

（一）少数民族家庭形态的类型与权益维护

从传统少数民族的家庭形态进行分析，可以表现为不同类型家庭形态类型，其背后也反映着在私权益维护上的差异。首先，以两性关系作为起点，从母系家庭与父系家庭之间的关系来进行归纳：

一是，从“母系”的一端开始为典型代表，可称之为母系型家庭形态，此时习惯法规则对家庭中女性权利保障相较而言最为充分，女性成为家庭中重要部分与支柱；

二是，有母系社会家庭形态倾向与遗留的婚姻家庭形式，称之为母系倾向型家庭形态，此时家庭形态开始向父系靠拢，依旧有母系家庭形态的遗留，同时私权益保护方面，传统少数民族的习惯法规则倾向于维护女性权益，对男性在婚姻家庭中的权利与地位有所限制与约束；

三是，母系与父系之间相对平衡的社会家庭形态，可称之为双系平衡型家庭形态，此时的习惯法规则相对平等地对待婚姻家庭中的两性关系，强调婚姻家庭中男女双方一体地位与相互权利义务；

四是，向父系社会家庭形态方向趋近的婚姻家庭形式，称之为父系倾向型家庭形态，此时习惯法规则也对女性的婚姻与人身自由更多限制与剥夺；

五是，父系婚姻家庭结构的最典型形式，称之为父系型家庭形态，此时习惯法规则强调维护父系家庭与家族在婚姻家庭方面的私权益。可以

说，传统少数民族有关两性关系的婚姻家庭形式，集中在母系家庭与父系家庭之间的变迁演变过程，同时习惯法规则在维护私权益方面，也在父系家庭与母系家庭类型之间发挥着平衡作用。

其次，从尊卑关系来梳理与分析少数民族的家庭形态，一是基本可以分为父母子女关系与祖孙关系为主要结构的家庭，称之为父系主干型家庭形态，此时少数民族的习惯法规则平衡家庭秩序以及父母与子女之间权利与义务关系；二是从舅父权的替代作用来看，可称之为母系结合型家庭形态，习惯法赋予舅父各类权利，以促进原本家庭与家族的秩序与运作稳定；三是从家庭组织结构的基本范畴来看，还可以分为核心型小家庭型和复合型大家庭型形态等几个类型，此时少数民族的习惯法规范则是以家庭整体的秩序协调为目的，对婚姻家庭有关的权利与义务进行规范。

最后，从外部影响因素来看，其中的宗教信仰、阶层等级、民族因素与氏族因素为主的四个因素，来分析少数民族传统婚姻家庭形式的外部影响要素，此四种因素所反映的少数民族婚姻家庭形态，可以称之为宗教型家庭形态，阶层等级型家庭形态，氏族联合型家庭形态等。这些看似不同的家庭形态，反映出权益方面的维护与调整方式，基本可以分为两类：一是通过宗教信仰类型，或者政治地位、经济条件等差异，形成一种权利的区分与界限；二是通过民族内的婚姻形式与氏族之间的联姻等形式，实现血缘的联合，反映出对少数民族婚姻家庭方面的私权进行明显限制与约束。

（二）少数民族家庭权益维护的基本原则与方法

可以说，传统少数民族的家庭形态实际上具备多样性与多元性，作为核心的两性关系，有母系型、母系倾向型、双系平衡型、父系倾向型与父系型家庭形态；而作为进一步延展的尊卑关系，有父系主干型、母系结合型、核心型小家庭型和复合型大家庭型家庭形态；而从外部影响因素来分析，还有宗教信仰、等级阶层、民族与氏族等为主的外部因素的影响，可以由此归纳为宗教型家庭形态，阶层等级型家庭形态，氏族联合型家庭形态等。并且此三种范畴彼此之间，是可以相融合与相衔接的，由核心的两性关系为起点，纵向的尊卑关系为延展范畴，而外部四个主要影响因素为更为外围的范畴，形成一种由中心不断拓展与延伸的结构，反映少数民族甚至人类社会具备一定普遍意义的家庭形态与结构。

在此基础上，进一步分析传统少数民族家庭形态背后所反映的私权维护的基本原则与方法。一方面，传统少数民族家庭形态，表现出家庭一体化与集约化的私权维护的基本原则。传统少数民族的形态，强调的是以家庭为视角的权利与义务设定。家庭形态看似多样，但实际上从两性关系为视角，不管是静态的婚姻制度，还是动态中夫妻实际的权利与地位对比而言，都是将夫妻关系视为一个整体进行看待；从尊卑关系来看，以父母与夫妻为核心，向外拓展为家庭甚至家族，形成一个个紧密联系的团体；而最后的外部影响因素，氏族因素、民族因素以及等级阶层因素等，则进一步从以家庭为整体的视角，实现民族、氏族、阶层与宗教的联合与协调。

另一方面，传统少数民族家庭形态的具体调整方式，又分为“权益平衡”“权利位阶”，以及“权利交换”三种方式。首先，传统少数民族的家庭形态，最为核心的是两性关系。从男女关系，到夫妻关系再到作为主事的父母，以及其背后所代表的母系家庭与父系家庭之间，在家庭形态上，都强调根据现实婚姻与家庭情况，平衡与协调男女之间的私权益。其次，在作为核心的两性关系之外，进一步延伸还包括父母与子女之间关系，兄长有替代父亲的作用，舅父作为母系代表，也有替代母亲等弥补父兄角色之外的作用。此时，在延伸与替代的形态结构背后，反映的是有关婚姻家庭私权益，在不同主体之间的延续与位阶等差。其中如兄长在特殊情况下行使家长的权限，舅父在一定程度上是母系民族方面权益代表的权益设定主体。最后，则是最为外部的四类影响因素，基本都是对少数民族家庭的私权益进行限制的规定。但是此种限制与约束，针对的是个人的私权益，而实现家族整个集体与团体的利益，如满足宗教所要求的规定，民族内与氏族之间的血缘联合，以及在等级阶层区分之下的家庭联合利益。三种调整与保护的方式，主要都是针对家庭内部的婚姻、尊卑以及家族关系等范畴，由强制力来源方式与程度的不同，从习惯习俗到习惯法规范，甚至到国家法律律令规定，都是调整方式的外部表现形式。

总之，以两性关系作为核心，其中有静态的婚姻关系，也有反映实际权利与地位的动态夫妻关系，以及有母系倾向与父系倾向的各类少数民族独特的婚姻家庭形式，可以归纳为母系型、母系倾向型、双系平衡型、父系倾向型与父系型家庭形态，在父系与母系之间对家庭中私权益进行平衡；而作为进一步延展的尊卑关系，其中主要关系即为父母与子女之间关系，抽象来看还有祖孙关系与家族关系，从父系方面的替代作用的兄弟关系，代表母系方面利益还有舅侄关系等，可以归纳出父系主干型、母系结合型、核心型小家庭型和复合型大家庭型家庭形态，反映的是家庭中尊卑身份之间私权益的位阶差异；而从外部影响因素来分析，少数民族的传统婚姻家庭形式，还存在宗教信仰、等级阶层、民族与氏族等为主的外部因素的影响，可以由此归纳为宗教型家庭形态，阶层等级型家庭形态，氏族联合型家庭形态等，则是体现对家庭内私权进行限制而换取集体利益。在此基础上，传统中国少数民族家庭形态的背后，反映了私权维护的基本原则与方法。不仅表现出家庭一体化与集约化的私权维护的基本原则，又分为“权益平衡”“权利位阶”以及“权利交换”三种具体调整方式。

第三节 少数民族婚姻家庭的个体权益

传统中国少数民族的婚姻家庭制度，既有历史纵向的类型趋势，也有婚姻家庭的横向结构特点。但前两者更多地属于一种静态的展示与表现，在对婚姻家庭私权维护与转变过程中，也需要予以关注。下面针对传统中国少数民族婚姻家庭中的个体权益方面，从婚前的男女权益与义务，到婚后的权利与义务的改变，以及个别重要角色的权利义务特点进行分析。

一、少数民族婚姻家庭中个人婚前私权

少数民族婚姻家庭习惯与制度生活中,婚前权益又可以细分为权利与责任两个大方面,是婚姻家庭中个体权益的起点与初始状态。

(一)少数民族婚姻家庭中个人婚前权利

少数民族婚姻家庭中个人婚前权利,可以分为女子婚前权利与男子婚前权利两个方面。关注重点在女子婚前权利上,相比之下女性权益有其特殊性,成婚与否对女性的影响更为显著,而对男性的影响并不明显。并且,女性婚前权利随着时代、民族特征的不同,其权利具有相应的变化。

1. 相对独立的权利

女子婚前权利的家庭影响力体现在较多方面,如穆斯林女性从小所接受的家庭教育是,只有“家”是女性的安稳地,没有婚姻和家庭,世界变得危险与冷酷无情。① 婚姻除了给予女性一个安稳与情感的归宿,也是衡量女性个人幸福与成功的关键指标。没有结婚或者离婚的女性,往往被视为“失败”或者“有问题”。婚姻是穆斯林眼中一桩神圣而又重要的人生大事,而且对女性而言,婚姻更象征她们的归宿、是其价值体现与幸福源头。但是,在传统的穆斯林社会里女性在整个婚配过程都缺乏决策权,何时结婚、跟谁结婚、结婚后如何生活等全都由父辈与婆家决定。穆斯林女性自身的幸福与归宿,很大程度上被操纵在别人的手里。虽然伊斯兰教经训明确规定穆斯林女性享有婚姻选择的权利及与之相关各种的权益,如女子要同意才可以定亲、丈夫要善待妻子、聘礼属于妻子等,但是在农村穆斯林社会中的女性并没有得到这些权益。② 当穆斯林女性离开

① 苏慕瑜:《调适与归属:兰州外来穆斯林女性的社会适应研究》,兰州大学 2018 年博士学位论文,第 158 页。

② 苏慕瑜:《调适与归属:兰州外来穆斯林女性的社会适应研究》,兰州大学 2018 年博士学位论文,第 160 页。

了农村到城市定居或者学习时，会抓住这个机遇，实施她们的婚姻策略，去争取更切合自己理想的婚姻。

2. 相对平等权利

在景颇族的女子家庭影响力上，家庭生活中妇女的地位是较为低下的，没有处理家庭中重大事务的权利。① 与此同时，在民主制度建立下的少数民族中的维吾尔族中的妇女与男子具有平等的政治权利，工业革命使妇女从家务劳动中解脱出来，参加到社会性的生产生活中去。包括妇女在内的家庭成员的政治上的自由、经济上的独立，加快了家长制度的解体。妇女们变成社会的主人翁，从而真正地实现了在社会构成与婚姻关系中的男女平等。

明清时期的云南少数民族，妇女的婚姻呈现出不同的状况。氐羌系统中彝族的婚姻，在支系繁多，社会参差不一的情况下呈现多种婚制并存的局面。其一，大部分的黑罗罗、白罗罗和其他一些支系已进入到男女结合必须经过一定的仪式才得到社会承认的阶段，主要反映在其婚姻不仅有了较固定的范围，或者有门第贵贱之分，而且许多支系普遍都有了一定的婚姻仪式礼俗。②

（二）少数民族婚姻家庭中个人婚前责任

在人类学的观念中“财礼是亲家之间为了建立长久的婚姻关系而采取的交换关系中的一部分。这些交换不仅可以联络亲家间的关系，而且还有重要的经济意义。在较为简单的社会中，她们是财富转移的主要方式”。这种仪式感的建立对人们婚前责任与婚后责任所应承担的范畴也必将是有所不同的。

在婚前责任上，从某种意义上来说，聘礼是新郎所付给新娘亲属的财物，以对其女儿出嫁所带来的损失作一种补偿，聘礼也是如法国人类学家

① 胡兴东主编：《中国少数民族法史通览》，陕西人民出版社 2011 年版，第六卷，第 250 页。

② 沈海梅：《明清云南妇女生活研究》，云南大学 1999 年博士学位论文，第 54 页。

克洛德·莱维·斯特劳斯所提出的婚姻中男人之间交换妇女的“礼品”。[1] 在地处滇西北,受制于麽些头人、土官的白族一支系,其婚姻是继野合而婚发展起来的婚配形式——走访婚,男子定期或不定期地到女子家走访,其根本特点是男女间仅仅保留一种临时的性生活关系,并不结婚,也不组成家庭。这种婚制下,社会不仅允许妇女有婚前性自由,而且男性还崇尚妻子的婚前有子,越多则越可敬。反映出社会崇尚女子的生殖能力,而婚后妇女的性权力则完全属于丈夫。在这里,女子的兄长是一个很特殊的角色,他不允许自己的妹妹有婚前的性行为,这反映出那马的社会正开始向父系社会演化,兄长是父权制下一夫一妻性威严的护道者。“同堂兄弟之子女则互配”又说明其婚姻保有家族内婚。可见即便是同一民族在同一习俗上,由于居住地的不同,杂居民族的不同,而有着迥然的表现,亦可想见民族间的交往是何等密切,相互间的影响又是多么深。

二、少数民族婚姻家庭中婚后私权益

少数民族家庭在缔结婚姻之后,其权益也会随着身份转变发生变化,此种变化的产生体现在权利与义务的差异。

(一)少数民族婚姻家庭中婚后女子私权益

女性在婚后的权利,体现在婚姻家庭生活的诸多方面。尤其是在母系类型及其相关类型的婚姻家庭类型当中则更为显著,包括了婚姻家庭生活中居住、经济与各项事务的权利。

1. 居住生活权利

在女子婚后的家庭影响力上,处于对偶婚及对配偶家庭下的彝族支系,关于“家”的概念恐怕还主要是血缘家族的观念,尚不能用今天的“家

---

① 陆春萍:《农村男性打工青年择偶与婚姻支付问题研究——以甘肃 W 村为例》,西北师范大学 2016 年硕士学位论文,第 4 页。

庭生活”概念来涵盖妇女的家庭生活，她们的生活主要还是依靠母系大家庭。居住在母家，参加母亲家的生产劳动。即便是有了来走访的较为固定的性伙伴，许多妇女还是居住在母亲家。今天居住在宁蒗泸沽湖畔的纳西摩梭人还有母系大家庭的遗留。在对偶婚制中，如恩格斯所认为的“女子象以前一样仍然只属于母亲”。有的妇女在结婚后的一定时期内仍然居住在母亲家，即“不落夫家”。

如景泰《云南图经志书》中的沾益州罗罗“闻吹葫芦笙则悦，遂之既嫁，虽贵无华饰，以毡一席自奉松毛布地而已，夫妇鸡鸣则分，昼不相见”。① 这种在野合基础上形成的婚后“夜同寝，昼不相见”的习俗说明夫妇还没有完全居住在一起，夜合晨离的婚姻生活其实是“不落夫家”的表现。“不落夫家”持续的时间，有的保持几个月，有的新妇在归宁后，一直在母家居住，要等生子才回夫家居住。同时也有抢亲习俗的爨蛮，“及月，爨女归宁，子生，婿家别议以牛马迎之，否则终身不娶也。未生子，夫妇相见不与语”。这些白罗罗及黑罗罗等支系的妇女，在经历一段与丈夫分居的日子后，来到夫家与丈夫的亲人们共处。

《皇朝职贡图》中的乾罗罗，“茅草板片树皮为矮屋，中设火炬，男女两列坐宿，四时日夜火不断”。《开化府志》中的黑罗罗“居茅舍，中堂作火炉，男女围绕而卧”。② 单从这些居住方式来看，可看出彝族各支系的家庭以父母和子女共同组成的核心家庭和加上子女的主干家庭居多，很少像汉族那样世代共同居住。故彝族妇女婚后所面临的家庭关系同汉族妇女相比也要简单得多，处于对偶婚制下的彝族支系，尚不可能产生一夫一妻制下严格的性归属概念和所谓的辈分之尊以及共居生活中严格的男女之防。当然到民国时期所修的《中甸县志稿》中所载的罗罗婚居情况已发生了明显的变化。“倮罗族婚姻，尚知避免血族，惟最讲究种类……其俗翁妇不觌面，伯婶不通问，大有周礼之遗意。故当娶

① 沈海梅：《明清云南妇女生活研究》，云南大学1999年博士学位论文，第57页。

② （雍正）《云南通志》30卷，卷二四，《清文渊阁四库全书本》，第899页。

妇之先，必须另造一屋，一俟结婚之竖晨，新夫夭妇即离家另爨，不许与父母同居，又似秦代之法”。这恐怕是彝族婚姻家庭生活发生演化的某种征候。

在侬人、沙人的婚姻中，成婚时间较早，聘娶后，女仍从母居，不落夫家。农忙时节女到夫家帮忙，直到生子才入夫家，而女子居住在母家期间仍然保有性生活自由，即便有子仍可归夫家。这种婚制，同宋兆麟先生在四川木里县俄亚地区所调查的纳西族的“安达”婚十分相似，在安达关系中，每个人有自己公认的丈夫或妻子，但在女子不落夫家期间，即女子坐家若干年内，夫妻并不发生性关系，而是每个人都有自己的性伙伴——安达，从而形成两套婚姻形态并存；既有明媒正娶的妻和夫，在外又有感情甚密的安达，安达婚也是从群婚向一夫一妻发展的过渡形式。只不过，俄亚人的安达婚，在结交安达时已是较固定的安达走访，或男子走访女子，也有女子走访男子的，而侬人、沙人在结交性伙伴时还有较大的随意性，但两种婚制的多偶性和不稳定性则是共同的。另外一点，俄亚人的安达婚，其通婚严格遵守姑舅表的通婚范围，其婚姻建立在血缘关系的基础上，而侬人、沙人的通婚则多建立在野合的基础上，性伙伴关系的建立更具随意性。

2. 经济权利

傣族家庭中，女性有强烈经济观念，一方面，女性经济的参与给女性带来了经济上的独立，因而家庭经济权力较高。另一方面，家庭经济收入依靠夫妻双方，可以维持家庭较高的生活水准。傣族女性的家庭经济权来自她们的经济参与和强烈的经济独立意识。女性的家庭经济观是由其在家庭和社会经济生活中的能力形成的，在生产上的收入和生活上的消费夫妻双方基本上是均等的。因而妻子在支配家事及掌握家庭财产权方面，与丈夫处于平等的地位。从上文可以看到傣族女性不仅参与作为经济主体的农业生产，而且通过从事家庭小商品生产和销售及其他社会经济活动来增加家庭收入，保持女性经济独立，增加生活自信，从而获得家庭经济权的主体地位,不能不说女性的这种家庭经济权来自长期的经济参与和观念认同。

另外,女性家庭共有经济观逐渐强化。在民主改革前,傣族家庭中的经济主要为个体经济,即家庭中的成员都有自己的个人收入来源和支配权。特别是女性通过饲养家禽家畜、贩卖小商品等获得经济收入并有自主支配的权利,而不必用于家庭主要需求的开支。在夫妻离异后可作为个人财产带走。随着家庭生活的稳定与发展,傣族女性的家庭共有经济观加强,核心家庭的特点增添了劳动分工的有效性并使家庭经济合作制度化,夫妻劳动成为家庭中的主要经济来源,为女性在家庭中具有较高的地位提供了前提和基础。在家庭中的她们不仅通过自身的能力扩大经济来源,而且将收入所得主要作为家庭和家庭成员的生活所需的支出,提高自己和家庭成员的物质生活需要和精神生活享受,而不仅是纳为个人支配或个人所需。以此表明女性家庭经济观。并且,作为家务劳动的主要承担者,在家庭生活中根据家庭和家庭成员的实际需要计划和安排家庭收入的支出,保持家庭生活的稳定和发展。傣族女性婚后有较多的经济自主权,而且家庭民主意识也更加增强,并不是刻意追求家庭经济权,这一点也更多地说明了女性对婚姻的自信。

3. 家庭事务权利

但在壮族的家庭关系中基本格局是“男尊女卑”,但与汉族地区相比,壮族妇女在家庭中享有较高地位。① 壮族的家庭一般为父系家长制。家庭中丈夫或父亲是一家之主,拥有最大的权力,负责领导和安排家庭的生产和生活,管理家庭财物,负责子女教育及婚嫁,处理家庭的对外事务。待儿子长大成人后,才把家长之位传给儿子。妇女很少当家,除非丈夫死而子幼时,母亲才能暂时当家,掌管家业,而当儿子长大成人,就交由儿子主持家庭事务,掌握经济大权。虽然壮族妇女素以吃

---

① 《广西壮族社会历时调查》第一册,广西民族出版社 1984 年版,第 2 页。

苦耐劳而著称,她们忙里忙外,除了做田地活外,还要做家务,但是她们在家庭中的地位明显低于男子。在家庭生活中,妇女对家庭事务通常没有多少发言权,还处处受欺压,比如妻子的床要低于丈夫的床,以示地位较之低下;家里来客人,妇女不能陪客,只能烧茶做饭;路上与族中成年男子相遇,要低头而过,否则被视为无礼;当夫妻发生口角时,不论谁对谁错,丈夫总可以打骂妻子,妻子不得还口还手,否则被说成没有教养;祭祀活动均由男人主持,妇女不能参加等。可见,与大多数民族一样,在壮族传统家庭中,夫妻双方是不平等的,"男尊女卑"是壮族传统家庭关系的基本格局。①

综上所述,各民族女性在婚前婚后的权利在整体的家庭影响力表现上是有所不同的,结合当时文化习俗的不同,在公权力的影响下,女性的私权利也是随之变化的。

(二)少数民族婚姻家庭中婚后男子私权益

少数民族婚姻家庭中婚后男子私权益的转化,主要在于其伦理道德的表现,从婚姻的主持成立到家庭生活,甚至管教权方面,都有转变。

1. 婚姻决定权

例如羌族在婚姻关系中,子女婚姻需受父母之命。由于受汉人婚姻的影响,尊长对卑幼拥有主婚权,尊长中,亲生父母为第一序列,婚姻必须遵从父母之命。子女不问父母而擅自成婚,不仅得不到社会的承认,而且还要受到法律的制裁。如果没有亲生父母,则祖父母及同居庶母,女之同母兄弟、嫂娣及亲伯叔、姨等为第二序列,经过他们共议达成一致意见,方可为婚。②

在羌族家族主婚是对父母之命的一种补充规定。"诸人索妻媳,传媒者不问父母时,父母六个月期间告,则当改过。因不宜婚姻,生子徒一

① 梁庭望:《壮族文化概论》,广西教育出版社2000年版,第335页。

② 李鸣、陈金全、潘志成主编:《中国少数民族法史通览》,陕西人民出版社2011年版,第九卷,第40页。

年，成婚则徒六个月，媒人徒三个月，未知则不治罪。”①可见，父母在婚姻关系中的家庭影响力是极其巨大的。若丈夫出妻而未问自己父母之意，则有官罚马一，庶人十三杖。通史，在西夏法典中对“三不去”有两种变通：一是女方父母愿意，当出；二是女方父母不愿赎，但丈夫执意出妻，当罚聘价，退还嫁妆，随其欲往。“三不去”在某种程度上对于任意去妻做了限制，但更主要的是出于维护宗法伦理的需要。

2. 子女管教权

父母在家庭中的影响力主要体现在子女需着重维护父权，父权是西夏法律调整家庭关系依循的原则，但对违背礼教的民事行为的处罚则较唐宋为轻。子孙必须服从父母的权威。西夏法律规定：父母不情愿，儿子强制分居另食，徒一年。父母情愿则不治罪。父母的意志与子女的服从义务得到法律的强调。由此可见，在公权力的影响下，父母私权的影响力在羌族中也是逐渐被放大的，若子女有违背礼教的过错，如果父母情愿，则不会被治罪，若父母不情愿将会受罚，足以体现其公私并举的法律原则性。

在壮族，家庭是壮族社会的基本单位，家庭之上有家族、宗族，家族、宗族与村落形成等或不等的关系。“都老制”是壮族农村地区长期存在的一种民主自治制度，它体现了壮族社会结构中村落的特点。在壮族的家庭内部是十分重视血缘和亲情的，强调子女对父母的孝敬和服从，家长有至高无上的权威，家族的所有成员都必须绝对地服从家长的权威。在中国古代，由于国家是建立在血缘关系基础之上的家、国一体的宗法制国家，所以在中国的社会体制中存在严密的家族组织，在思想意识中存在根深蒂固的宗族意识。这种由宗法制度演变而来的封建宗法家族组织，经过儒家正统思想的不断改造，最终形成了独具特色的宗法家族制度。概

① 李鸣、陈金全、潘志成主编：《中国少数民族法史通览》，陕西人民出版社 2011 年版，第九卷，第 42 页。

括说来,这种宗法家族制度的独特性表现在:其一,以血缘维系家族的完整性;其二,以父权家长作为家族的核心;其三,以封建礼制、家法族规维护家族的统治。

而在基诺族的私权益表现上,基诺族中母亲的亲权法是在于从血缘氏族进入母系制社会后,其村寨都以妇女为祖先,女子享有对子女的亲权,并肩负着对子女监护和教育责任。[①] 而在父亲的表现上看,基诺族是父子连名制,即是基诺族进入父系制社会和父系继承权开始的标志。进入父系制后,每一个等级的亲属,尤其是父亲一辈的称谓,已有明显区分。特征是子连父名的最后一至两个音节。后以妻子从夫居作为标志,及家长制的确立开始,父亲已获得对子女的管教权。子女也享有父亲财产和身份的继承权。[②]

由此可见,少数民族父母在家庭的影响力,主要体现在公权力背景下的道德理论上较多,其私权益不仅仅在婚姻关系与继承之中,在公权力下民事法律关系上也会有其相应影响力的体现。

三、少数民族婚姻家庭中其他成员的私权益

少数民族婚姻家庭除了个体层面的权益有不同阶段的变化,部分特殊亲属也在婚姻家庭责任中发挥着重要作用。

(一)其他亲属维护家庭的责任

在少数民族的亲属影响力上,其亲属的范畴包括舅舅等人,例如在基诺族中舅舅的亲属权体现在舅舅在基诺族人中具有重要的威望和地位。舅舅不仅要为自己未婚生子的姐姐或妹妹行使父亲的权利,还要在自己外甥结婚或离婚仪式上担任主持或证人的角色。未婚的女方怀孕,孩子

---

① 胡兴东主编:《中国少数民族法史通览》,陕西人民出版社 2011 年版,第六卷,第361 页。

② 胡兴东主编:《中国少数民族法史通览》,陕西人民出版社 2011 年版,第六卷,第362 页。

出生后,可以同舅舅连名,非婚生子女往往成为舅舅的子女,由舅舅承担抚养的责任。①

在独龙族中亲属的影响力体现在若一个孩子是没有父母的孤儿,习惯上由叔父或舅父母抚养。普米族中当一个家庭发生纠纷之时,在调节家庭关系的规范中,明确了家庭成员之间的义务,其中兄长有照管弟、妹的义务;子女在父母发生矛盾时有劝说的义务等。家庭成员之间不得搬弄是非,要和睦相处。

据此可见,在少数民族中其亲属也是具有一定影响力的,在一些民族当中舅舅的地位往往是相对较高的,有时会承担照顾与扶养的责任。同时除舅舅外的兄长作为家庭亲属之一,当家庭内部发生纠纷矛盾之时,也具有调节家庭成员关系的责任与劝说的义务等。

(二)其他亲属维护家族的责任

在维护家族责任方面黎族中有“家支”的说法,其“家支”为彝语“此威”的习惯称谓,意为“同祖的弟兄”,它是彝族社会最为重要的社会组织。② 家支虽由原始时期的氏族演化而成,但它并不完全等同于人类学中的氏族、胞族等概念,它是彝族社会所特有的、以父子连名谱系为纽带而构成的家族联合体。所谓父子连名谱系是指男子命名时必以父名的后一两个音节与子名连缀,如“吉尼阿木—阿木何叶—何叶木嘎—木嘎阿史……”,依此类推。随着父系家族的不断繁衍,家支谱系往往可长达几十代;而谱系可以回溯至同一父系祖先、具有一个共同的家支名又互不通婚的血缘集团,便称为一“家”(彝语称“措加”或“措西”),一家之下再分“支”(彝语称“措吉”),支下分房,房下有户,这个网状的血缘群体便被统称为“家支”。但是,家支组织亦并非随着人口的繁衍而无限扩大,随

① 胡兴东主编:《中国少数民族法史通览》,陕西人民出版社 2011 年版,第六卷,第 363 页。

② 李鸣、陈金全、潘志成主编:《中国少数民族法史通览》,陕西人民出版社 2011 年版,第九卷,第 194 页。

着支系数量的增加和各支系枝叶的繁茂，有的“支”便通过“作帛”仪式从“家”的主干上断裂下来，重新成为一家，这时，新家支与原来的家支便可以互相开亲（通婚）了。彝族社会尤以“诺合”（黑彝贵族）阶层的家支组织较成体系，诺合同家支者相邻而居，形成一个集地域和血缘为一体的社会组织，而诺合之下的“节伙”（白彝）阶层虽亦有家支，但因为对诺合的人身依附，同家支者不能聚族而居，家支的结构和功能便相对分散和薄弱。

历史上，在没有形成支配整个社会之统一政治权力的凉山彝区，家支之上并无约束，家支之间亦不能相互统辖。这样，家支已不仅仅是形构社会的细胞，而俨然是一个个高度自治的“独立王国”。家支在彝族社会中具有极为重要的地位和功能。它对内维护统治秩序及社会秩序、保护家支成员的安全、处理各项事务、扶危救困、教育成员；对外则以家支的名誉实现征服、御敌或者联姻、结盟。家支作为一种集经济、政治、军事、教育以及社会救助等功能为一体的社会组织，实际上已经起到了政权组织的作用。

正因为家支在彝族社会中特殊的地位和功能，彝人对它是极度依赖的，一个人从生至死均离不开家支的庇护。受到侵害时，家支会同心协力为当事者主持公道；婚丧嫁娶、灾祸农忙时，家支会倾其财力人力相助；出门在外只要找到自己的家支，哪怕身无分文也不会衣食无着。彝人的个体人格依附于家支的整体人格而存在着，人们在幼年时期便熟背家支谱系甚至分布情况，以期在危难时证明自己的身份、获得家支的帮助。在彝人们看来，“开除家支”是比死刑更为严厉的处罚。它意味着一个人已被家庭和社会所遗弃，在险恶的自然环境以及敌人的掳掠、残杀中，被遗弃者在物质与精神上均找不到任何归依，最终将难以生存。正如彝谚所云：“猴靠树林活，人赖家支存。”而另一方面，家支又是习惯法的执行者。人们在家支中的权利义务构成了彝人法律生活最主要的内容，彝族习惯法明显地呈现出“家支主义”的特征，违反规则特别是损害家支利益的行为，首先面临的便是家支的严惩。“想家支想得流泪，怕家支怕得发抖”。这句彝谚生动而准确地反映了家支对于彝人的双重意义。家支组织具有一定数量的公有财产，如山林、牧场和火葬场等，其内部任何成员均可利用，无须偿付代价。但家支并无常设的管理机构，而是依靠临时性的民主议事会和家支头人处理各项事务。家支议事会非定期召开，也无固定的地点。根据其形式和内容，主要可分为五种形式：

第一，核心人物论事的商议会“吉兹吉热”；

第二，集中解决某项议题的讨论会“吉尔吉特”；

第三，为加强内部团结而召开的团结会议“支沙母沙蒙格”；

第四，为联合其他家支共同抵御外侮而召开的联盟会议“诅尼蒙格”；

第五，为解决家支重大事项而召开的家支大会“乌尼蒙格”。①

由此可见，家支作为同祖的弟兄，在黎族的家庭中具有很大的决策权，并且也是黎族习惯法的执行者，家支的权利义务内容是黎族整个民族法律生活中最重要的内容，特别体现在如果出现损害家族利益的行为时，那么家支首先就要面临惩罚。但家支在整个家庭中的权威性亦是不可撼动的存在。

（三）首领、头人等少数民族基层首领的地位与责任

在我国少数民族地区，除父母、亲属外，还有一种特殊的基层领导人，如侗族的款首，毛南族的族长，彝族的土司，黎族的亩头，等等，他们是一族之首领，是本氏族中最有威信、最具话语权的人，他不仅主管本氏族的生产活动，也主持本氏族的祭祀活动，不仅具有地方的“行政”领导权，也具有解决本氏族内部纠纷的司法裁决权，他是中央政府委任的地方官，也是本氏族的大家长，集公权、私权于一身，在少数民族的婚姻家庭中具有举足轻重的影响力。

---

① 李鸣、陈金全、潘志成主编：《中国少数民族法史通览》，陕西人民出版社 2011 年版，第九卷，第 195 页。

1. 款首

首先来看侗族的款首，在较长历史时间内，侗族社会都处在双层组织的管理之中。一层是王朝政权在侗族地区设置的官方机构与土司政权，土司政权在改土归流后多被王朝所利用。一层是侗族社会的传统组织“款组织”，两层组织是一种互为表里的关系。王朝政权的官方机构属于表层，因遭到侗族社会成员的抵制，一直很难在侗族地区进行深度的融合。侗族社会的侗款组织属于里层，是侗族地区的社会权威人士款首、寨老、头人等主导的。所以，侗款具有文化的连续性和深厚的社会基础，在历史上侗族地区的王朝政权和土司制度更迭了很多次，但侗款组织一直都在发挥着作用。直到今天其精神仍然还影响着侗族地区的社会秩序治理。[①] 可见，其款组织的存在无论对内的家庭影响力与对外的影响力上，都离不开其文化与社会结构的底蕴和架构，在王朝政权中是属于公权力上的表里，在侗族的私权益上是承担整个家庭荣辱兴衰的重要角色。

2. 族长

除侗族外，在少数民族的毛南族中也存有一些宗族设立族长，其主要职权是主持祭祀、保管族谱、执行族规、管理族产及处理族人之间的纠纷等。有的宗族还建有宗祠，它是家族存在的象征，这里供奉着列代祖宗的牌位，是追忆祖先，让族人有归属感的地方，有祭祀祖先、约束族人的社会功能。没有宗祠的宗族多建有自己的“社”作为他们商讨氏族内部大事、进行宗教活动的中心。这种中心一般是同姓的几个村庄和峒场共同建立的。如下南乡六圩街并建在村谭氏的“社”场设在六圩街背后山脚下及原下南中心小学校内；下南乡松现、大罗、东言三个屯都姓覃，其社场设在大罗与东言两个屯会合的山口地方。上拿、上丈等蒙姓各屯也就近设“社”。卢姓集中于上光、玉环村及附近峒场，也自立宗祠或社场。其余

① 徐晓光、叶英萍、张世珊主编：《中国少数民族法史通览》，陕西人民出版社 2011 年版，第十卷，第 53 页。

姓氏村峒，也以同样方式建立他们的活动中心。

3.“隆款”与村老

在明清时期，还没有推行保甲制度之前，各村普遍存在着“隆款”组织。隆款即乡村禁约，由一定范围的人们约定制成。该范围的人们就是一个组织。其规模有一个村或一个峒场，也有几个村庄或几个峒场联合起来，组成一个较大的隆款组织。制定隆款的目的在于维持本组织内的安全，以及本地区的共同财产利益。各个组织形成之初，大都先有人提议并召集村民商量，民主推选德高望重、有能力为大家办事的老人主持。这些老人便是群众的自然领袖，由他们组织和执行隆款制度。村老们受托之后，即可拟订隆款禁约。禁约条文有的刻在石碑上，有的写在木板上，有的只在口头传诵。一般情况下，隆款禁约包括两方面的内容：其一是对外来行窃、抢劫、纵火的人，一旦发现即吹牛角号，组织大家捉拿归案，实行惩治，任何人不得包庇、私通或狼狈为奸。如下塘乡的隆款组织曾有这样的规定：如发现有外地人来抢劫行盗时，本款内的各村各峒人人都要拿起棍棒、刀、枪等武器共同捕盗。其二是对内维护本村、本族风俗公德等集体利益，违者由村老们审理，受审者轻则被训斥教育，重则罚款、惩治，强迫实行“安龙谢土”，洗刷罪孽，驱逐邪魔，保障村寨安宁、人畜两旺。

在隆款组织中，村老扮演着重要的角色。村老，毛南话叫“匠讲”，是村峒的自然首领，村寨的民事纠纷如婚姻、财产分配、兄弟不和、邻里不睦、小偷、田地山林纠纷等都由他来处理。村老不是选举产生的，而是自然形成的。他说话公道，不讲情面，能顾大局，有判断是非的能力，并能以理服人，这样他就有威望，说话有人听，做事有人跟了。村寨内发生纠纷之后，由纠纷的一方备办酒席，请村老和另一方到场，大家先入席就餐，饭罢，由纠纷双方当事人陈述纠纷发生的原因、经过、双方存在争执的问题等。“匠讲”边听边察言观色，有时提出疑问、质询，把事情的真相弄明白后，由“匠讲”摆道理，指出双方的是或非，裁决一方对或不对，应该赔礼道歉或赔偿损失。纠纷双方若是都同意“匠讲”的裁决，当场即给“匠讲”

下“典钱”,多少不论,这种典钱即是证据钱,说明日后不能反悔。如果一方不下“典钱”,这件事无法解决,要待日后“匠讲”再作调查处理。纠纷双方要是都下了“典钱”,即不能反悔,若有反悔,“匠讲”就出来讲道理说:“你们给我放了‘典钱’,还想反悔吗?”这样谁都不能翻案,至今还流传着一句俗语:“一根竹篾吊千斤,一枚铜钱公道话。”

由此可见,少数民族其公权力主要体现在文化传统所反映的很多风俗习惯中,这些风俗习惯体现了不同民族间社会成员的价值观等,在婚姻价值观上,从隆款组织中可以看出其村老所扮演的角色不仅仅是调节民事纠纷等,在婚姻的嫁娶上也是有其一定影响力的,特别是在有些民族的族长制下,其首领在商讨民族内部大事、进行宗教活动的中心外,还要共建好家庭私权益的保障及维护,使得其家族可以具有长久发展的战线。

四、个体权益转变及其调整方式

我国是一个统一的多民族国家,各民族在长期的历史发展中,通过彼此接触而混杂、联接和融合,形成各具个性的多元一体。① 各个民族在多元一体格局中,都有着厚重的历史和文化。同时各少数民族在本民族的历史演进中逐步形成了本民族的家庭特色及各类不同的权利与义务设置,权益设置是少数民族千百年的生产生活中逐渐形成的制度文明,它既不是纯粹的法律规范,也不是纯粹的道德规范,是具有法的规范性和调整性并含有逆德约束性的民族特色甚浓的社会规范。当这种社会规范置于当时整个历史时期发展的大背景下,难免就会出现公权力与私权益的碰撞,如何形成公私并举是我们所需长期思考的问题,在中国传统法律维护私权益的原则性与调整方式多样性的背景下,每一个民族中不同主体间的家庭影响力都会根据其相应习惯法的不同而有所不同。如前文所述的“隆款”组织中的禁约是当时其民族习惯法的主要内容之一。关于这种

① 费孝通:《中华民族多元一体格局》,中央民族大学出版社 1999 年版,第 19 页。

组织，所强调的便是“国有国法、家有家规”，由此可见，其民族认为家规族训也是习惯法的组成部分。更有一户毛南族农民在自家的堂屋神龛“天地国亲师”两边写了这样一副对联“国策有规黎庶乐，家法和顺子孙贤”。毛南人重脸面，如果谁家出了坏人，那便是丢族人脸面的大事，其族规祖训的严苛程度可见一斑。

因此，在我们研究少数民族中的不同个体在婚姻家庭中的影响力时，也应参照其不同文化背景下的习惯法，结合我国传统法律的政策对其展开综合统筹的研究，才能从真正意义上体会其公私并举下的民族文化特征。

第四节　少数民族婚姻家庭的纠纷解决

婚姻家庭在动态运行中必然会产生纠纷，这是一个古代社会中最为经常发生的纠纷种类，它是指因结婚、离婚、扶养、亲属相犯等产生的各种纠纷的总和。我国自古以来就是一个多民族的国家，古代各少数民族在长期发展过程中形成了公私并举，多种调整方式共存的婚姻家庭纠纷解决机制。运用国家下达的法律、以夷制夷等公权力调整，以及通过宗教信仰、家法族规等私权力救济方式来调整广泛复杂的法律关系，解决了婚姻家庭纠纷，做到社会稳定。

一、入主中原的少数民族婚姻家庭纠纷解决

（一）入主中原之前婚姻家庭纠纷的解决

少数民族入主中原之前，在各少数民族的习惯法中婚姻家庭继承制度就占有重要地位，少数民族的婚姻、家庭制度与中原汉人的相关制度是有区别的，其最初不受“礼”的影响，有自成体系的道德观和价值观，有沿袭相传的完整的规则和习惯。

1. 习惯法调整

习惯法是独立于国家制定法之外，依据某种社会权威确立的、具有强制性和习惯性的行为规范的综合。习惯法既非纯粹的道德规范，也不是完全的法律规范，而是介于道德和法律之间的准法规范。因此习惯法有双重性质，它不由国家制定，也不由国家强制力保障实施，不体现国家的意志。它是由一定的社会组织，凭借民间习俗而形成的权威，在一定范围的群体中自然形成或约定共同拥护共同遵守的行为规范。可以说，它是由习惯演变升华而来的。

蒙古族作为一个草原游牧民族，长期在自然生态环境十分脆弱的蒙古高原栖息、繁衍与生活，他们在与大自然的斗争中积累了丰富的民族文化。这种民族文化的重要表现形式即为约孙、成文法、宗教戒律、活佛教训、民俗民风等多种形式。

蒙古族在氏族社会阶段所形成的某些习惯，随着蒙古民族共同体的形成与不断壮大，逐渐演化为以禁忌为典型特征的习惯法，亦被称为“约孙”。禁忌事实上是蒙古族最早的行为规范。它构成了蒙古族“约孙”最初的主要内容，在蒙古族早期的日常生活中，“约孙”发挥着不可替代的作用。蒙古族的“约孙”是蒙古人在《大札撒》之前调整和规范社会关系的主要法律工具。因为“约孙兼具道德规范与法律规范的双重性”。① 蒙古语的“约孙”，有汉语中的“道理”“规矩”“缘由”“礼法”等含义，在法律上大家一般都译之为“习惯法”。蒙古族约孙的形成源远流长，其内容里已经有忽里台汗位继承制、婚姻族外婚制、氏族血亲复仇制、主要财产幼子继承制等规范。

除成吉思汗《大札撒》外，蒙古族习惯法的有些内容今天也是在蒙古族社会中仍在起作用的“活的法”和“行动中的法”，有一定的特殊影响，调整着特定范围的社会关系。

---

① 关于约孙的渊源、内容等的讨论可见奇格著《古代蒙古法制史》第 18—26 页，又可见吴海航著《元代法文化研究》第 43—56 页。

《大札撒》出现于成吉思汗以后，是成吉思汗颁布、实施的一系列具有社会规范性、普遍约束力的训言和命令总称，被认为是蒙古族第一部成文法。很多内容就是从习惯或习惯法直接演变过来的，最后变成体现国家和统治阶级意志的法律。习惯法具有重要的作用。它在设立立法机构或司法机构前具有裁判、教育、调节的作用。“札撒”，意为“法度”“军令”，所谓“大札撒”，就是“来源于成吉思汗的法令”，所以后面也有研究者把《大札撒》直接称为《成吉思汗法典》。①

《大札撒》的内容早已失传，不少学者历经曲折对之进行还原。《大札撒》是对蒙古草原共同遵守的习惯法的一次系统整理。《大札撒》里面含有一些关于蒙古人婚姻、家庭行为规则的内容，构筑了元时期蒙古社会的基本社会秩序、基本伦理关系和基本道德准则，确立了蒙古社会父与子、兄与弟、夫与妻、公与媳、长与幼之间基本社会关系和行为的准则。讨论元代蒙古人的婚姻家庭法律规范，蒙古约孙和《大札撒》是最重要的参考依据。

元朝虽然在短短几十年内颁布了若干部法典，但始终没有制定出一部蒙古、汉、回各民族通用的统一的律典。尤其对管理入主中原地区的蒙古人方面，多适用蒙古族以往遵循的成吉思汗《大札撒》为法律依据，在司法过程中，蒙古法的比重仍然较大。

2. 习惯调整

蒙古人通行严格的族外婚，部族内部成员禁止通婚。这一点有些类似汉人婚姻上的“同姓不婚”。之所以说它的族外婚制很严格，是因为违反这个原则要遭受极严厉的惩罚。在成吉思汗时期，秃鲁合札儿把阿秃儿和撒儿塔黑把阿秃儿俩兄弟曾经结盟定约，宣誓说：“我们将如同一个氏族（兀鲁黑），互相兄弟；正如蒙古人不相互聘娶姑娘，我们也互不聘娶。我们之中的每一个人，从其他任何部落中聘娶姑娘，都将互相遵守婚

① 内蒙古典章法学与社会学研究所出版的研究成果就直接称之为成吉思汗法典。内蒙古典章法学与社会学研究所：《成吉思汗法典及原论》，商务印书馆 2007 年版。

娶之俗(所规定的)礼则”。[1] 这个誓约反映了几个事实:蒙古社会里确实普遍存在同一个氏族不相聘娶婚姻的禁忌习俗。而且这个习俗的约束力非常强,可以扩大到结盟而非真正血缘兄弟的氏族之间,是各部共同遵守的婚姻法则。

蒙古人可以实行多妻制。一般而言,家庭的财产状况决定一个蒙古男人能娶多少妻子。妻子多了,在家庭生活中发生纠纷怎么处理是一个很现实的问题。元代,实行多妻制的蒙古家庭,妻子之间有明确的正、次或长、次之分。结发妻子一般是正妻,而且只有一个。正妻以下的妻子,按结婚时间先后排序。正妻去世后,可以将位置仅次于她的妻子改立为正妻。在决定家庭事务方面,正妻有高于其他妻子的发言权。蒙古人在数及某某人的儿子时,包括他的诸妻所生之子,往往要特别指出其正妻生育的情况,突出正妻诸子的地位。

古代蒙古人的婚姻习惯里,为了保持氏族血统的纯洁性,禁止同一夫系血缘亲族间结亲,同时男性同族的氏族间也不准结亲,这是所谓的族外婚制。符拉基米尔佐夫谈道:蒙古人自古以来就有记住自己的族源和氏族的习惯。因为他们和其他部落不同,没有可资训诫子孙的宗教和信仰,所以父母对每一个新生的孩子,都讲述祖先和氏族的情况。他们总是守着这样的规矩,直到今天这个规矩还受到他们的尊重。[2] 古代蒙古社会一直遵循约定俗成的风俗习惯。

3. 神判裁决

神判是一种以超自然的力量来判别人间是非真伪的审判方法,其为最终的裁决方式,当事者必须无条件服从。神判“通常是以一种极端残酷、危险以至致命的方式加之于当事者身上,凡能经受住这种严厉考验

① (波斯)拉施特:《史集》(第一卷第一册),余大钧、周建奇译,商务印书馆 1983 年版,第 272 页。

② [苏]符拉基米尔佐夫:《蒙古社会制度史》,刘荣梭译,中国社会科学出版社 1980 年版,第 38 页。

者,以为是有神鉴证,表明其清白无辜;反之被认为是遭到神的惩罚,而被判定为有过。人们认为只有这种严酷的方式才最能体现神的意志,从而也才最能鉴别事物的真伪和是非曲直”。[①] 神判是人类社会发展最初阶段的一种审判形式,几乎在各个民族中都存在过,满族也不例外。

满族流传的说部中,有一篇叫《乌布西奔妈妈》,讲述了东海女真人母系氏族时代的社会历史。这一史诗大约产生于明代中期,而描述的历史应当在金、元之时,甚至更前。在史诗中,有一部分内容生动形象地反映了满族先民中的神判传统:

古德罕羞见乌布逊族众,
蠢立光天化日之下,
日阳高照,
自脱全身衣裤,赤膊伫立,
仅围条短皮小裤裙,
让侍人们抱来柳条棍,
狠责自己已赤裸的肉身。
侍人怎忍怒打,
他号叫着命令猛劲抽痛,
周身红印,血汁滴淋,咬牙不吭,
求告族众勿宽容,惩罚狠重,
迷途知返,痛改前非,牢记血训。
……
“黑熊从高树上掉下,照样还要爬树,
皮肉挨打,伤疤好了就能忘记痛吗?
谁还敢相信你的誓言?
按照乌布逊古老的祖训,

① 夏之乾:《神判》,香港中华书局1989年版,第2页。

只有让祖宗和神明
裁决你的心迹，
是真、是假、是虚、是实，
我们众人才敢奉你为罕，
听你的安排！”
在场人同声应对：
“让神灵显示你的赤心吧！
让祖宗评断你的忠诚吧！”
按祖先规制，评断神迹，
必有先人和萨满主持。
可是，乌布逊谁能主掌这神圣的大权？

昨日哑女，今日乌布西奔，胜任古德的公判人，闭目坐在神坛前花床上，敲着有德里给奥姆妈妈神像的鲸鱼椭圆大鼓，族众虔诚默求乌布逊众神降临，拯救乌布逊，拯救和宽恕古德罕王，使他头清目明，重蹈光明之路，让乌布逊不能没有罕主啊！

古德罕赤裸上身跪在神坛前，身上抹满献牲的鹿血、鹅血和鱼血，祈告神灵，今天神坛前要经神验的人——就是满身抹着献牲血的罪人，请神明明断，神明明示，神明明裁。

乌布西奔按祖规，用手语嘱告侍神栽力（满语，萨满祭神时的助手，助神人）：

第一验示为火裁：设火坛，走九杆长二杆深火堆。让火神验示古德罕的诚穴；

第二验示为水裁：设水坛，走九杆长三杆深的水塘，让水神验示古德罕的真心；

第三验示为鹰裁：设鹰坛，走在五只凶隼、四只凶雕之间，鹰雕饥饿三日，让鹰神验示古德罕的献心。

乌布林毕拉和布鲁沙尔河交汇处，

矗立的毕牙碰子下建神坛。
命古德罕不准雇佣奴仆，
自己刻榆、槐、柳神像三十尊；
自己编做藤、葛、茅神像三十尊；
自己堆做石、砂、红石、黄土兽神九尊；
自己树起木桩神柱九尊，
古德罕从第一个黎明忙到第七个黎明，
赤臂、赤脚汗流浃背，虔诚至极，验考神断，
精心自制神位也是神明裁验的重要祖制。
……
神明我——在公判孰是孰非，乌咧哩，
孰劳孰能，乌咧哩，
公公平平，乌咧哩，
准准正正，乌咧哩，
不差发丝半根，乌咧哩。
古德罕高喊着早已走过火塘，穿过水潭，
安然搏斗着吓走鹰雕，
大步走到神坛前，
大口喝下一坛血酒，跪地叩头，
又跪到神明前，听众裁断
乌布西奔做手语，助神女萨玛们高声传谕：
“乌咧哩，乌咧哩，
乌布西奔大萨满已问过乌布逊神灵，
古德罕是信得过的乌布逊好子孙。
神祖问乌布逊族人们，
你们是否同意？信赖？应允？
古德罕还做你们的罕么，

矢志跟随他，重创乌布逊啊？”

“答应！珊音（满语，好）！

信赖！珊音！

应允！珊音！”①

史诗中的神判，以下三个方面值得注意：首先，神判由萨满主持，萨满代表的神权与酋长代表的政权互不统属，酋长有罪同样需要接受神判；其次，神判的形式多样，有火裁、水裁、鹰裁等，还需要在规定的时间内自制一定数量的神位；最后，神判在族众的观摩下进行，神判的结果为所有族人所尊重，这反映出神判需要建立在一种普遍的信仰之上。

4. 氏族组织解决

满族最基本的社会细胞是家庭（包），若干家庭组成一个莫昆，若干莫昆又组成一个哈拉。哈拉与莫昆（穆昆）是满族的重要血缘组织，其不仅存在于满族先民时期，在满族形成后也长期存在。

根据俄国人类学家史禄国的解释，在满语中，哈拉就是氏族，“同一个‘哈拉’，即拥有同一个氏族名称的群体”。② 哈拉的主要职能就有调控婚姻、家庭，解决涉及公共的和个人的道德问题以及形形色色的财产问题。③ 相对于哈拉而言，莫昆则更加重要。“莫昆发挥了氏族（哈拉）的全部功能”。④ 莫昆主要的职能包括婚嫁，维持公正的事务、家庭事务、莫昆之间的事务、行政管理、在清代还要负责军事事务。⑤ 可见，其职能涵

① 连坤讲述，富育光译注整理：《乌布西奔妈妈》，吉林人民出版社 2007 年版，第 58—63 页。

② ［俄］史禄国：《满族的社会组织——满族氏族组织研究》，高丙中译，商务印书馆 1997 年版，第 23 页。

③ ［俄］史禄国：《满族的社会组织——满族氏族组织研究》，高丙中译，商务印书馆 1997 年版，第 23 页。

④ ［俄］史禄国：《满族的社会组织——满族氏族组织研究》，高丙中译，商务印书馆 1997 年版，第 24 页。

⑤ ［俄］史禄国：《满族的社会组织——满族氏族组织研究》，高丙中译，商务印书馆 1997 年版，第 60 页。

盖了行政、军事、民事、经济、司法等方面，几乎族人所有的问题都能够在莫昆内得到解决，并且，碰到的问题也必须交由莫昆解决。满族人一般是不离婚的。即使丈夫是酒鬼、有慢性疾病或者当土匪，妻子也不能离丈夫而去。但当妻子行为不端——酗酒、背叛丈夫等，丈夫向官方权威部门声明后有权驱逐妻子。这种声明必须是书面的，同时要印上声明人的所有手指和脚趾印。文件要交给被休的妻子，也要在官府备案。离婚后，聘礼是不用退还的。妻子这时应当回到娘家，如果母亲已经去世，则回其舅舅家，或叔伯家，但从来不会去她兄弟家。① 任何关于婚姻关系的变化，无论结婚还是离婚，都需要得到男子所在氏族的正式允许。在婚姻中出现的问题，例如关于送彩礼的分歧、违背婚约（妻子离家出走、新娘在婚礼前远走、离婚）等情况也都要报告氏族，莫昆将会采取一定的措施解决问题。②

（二）入主中原后的婚姻家庭的纠纷解决

中国少数民族从来就不是汉文化的被动吸收者。在历史发展的关键时刻，他们每每以历史主人的姿态，生机勃勃地创造着历史，不断给中华法律文化输入新鲜血液。少数民族在取得政权以后（无论是全国性的还是地方性的），法制建设都会出现跳跃式的发展，往往从简单、落后的习惯法跃升到封建性的成文法典，北齐律可以看作是一个最明显的典型。这不是偶然的，是适应先进的汉族的生产方式与社会生活借以存在的需要，同时也和法文化的交流融合分不开。少数民族入主中原之后，对婚姻家庭纠纷的解决方式上是公私并举，多种调整方式解决。

1. 国家公权力对婚姻家庭纠纷的调整

由战国末期至秦汉逐渐兴盛的匈奴族，是中国历史上北部游牧民族

① ［俄］史禄国：《满族的社会组织——满族氏族组织研究》，高丙中译，商务印书馆1997年版，第62页。

② ［俄］史禄国：《满族的社会组织——满族氏族组织研究》，高丙中译，商务印书馆1997年版，第84—85页。

建立的第一个统一的军事政权。自秦汉迄南北朝，在中华民族的大家庭中，又融入匈奴、鲜卑、氐、羌、羯等民族。从西晋末年开始的“五胡内迁”，到东晋时期与江南东晋政权抗衡的北方“十六国”，再到南北朝时期的北方五朝，少数民族相继在广大的中原地区建立了政权。他们结合本民族的习惯，制定了使用范围不同的法律，甚至创造了为隋唐时期所直接取法的法律范本。

（1）国家法律的调整

鲜卑族后裔建立的北齐王朝，其在法制上的贡献具有承前启后的历史地位，程树德先生评论说：“南北朝诸律，北优于南，而北朝尤以齐律为最”。[①]《北齐律》开创的新体例，与隋唐律的传承关系十分明晰。

鲜卑族统治了整个黄河流域及朔北广阔肥沃之地，连续建立了北魏、东魏、西魏、北齐、北周五朝，在立法、司法、法律内容和法律思想等方面历有建树，在刑法、行政法、经济法、民法等法律领域内革故鼎新，对中华法律文化的历史发展，起百河归宗、继往开来的作用。

《北齐律》是在北方游牧文明与中原农耕文明强烈碰撞和交流中，融进了中国北方少数民族的创造力和智慧而产生的。例如，鲜卑族的社会规范比汉族有较大的自由度；鲜卑族习惯法中含有在戎马倥偬的生活中形成的尚武好勇、强悍淳朴的民族气质，以及不拘一格的创造性。婚姻家庭方面，鲜卑妇女与男子一样生产、战斗，故不可能像汉族妇女“严内外之别”。史称“邺下风俗，专以妇持门户，争讼曲直，造请逢迎，车乘填街衢，绮罗盈府寺，代子求官，为夫诉曲……河北人事，多由内政”。[②] 她们在社会上有较高的政治经济地位，在法律上必然有一定的婚姻自主权和其他人身权。《北齐律》将汉《九章律》以来单一的《户律》，附之于婚姻家庭制度，定为《婚户律》，使中国封建法律中出现了较完整的民事及婚姻法律专章，就不是偶然的。唐代立法也印证了北朝这方面的深刻影响。

① 程树德：《九朝律考》，中华书局 2003 年版，第 391 页。

② 王利器：《严氏家训集结（增补版）》，中华书局 1993 年版，第 48 页。

《唐律·户婚律》中出现的“和离”原则，即法律允许男女双方自愿协议离婚，就恰恰是受北朝少数民族习惯法影响的结果。不仅如此，唐代法令对婚姻不论辈分、民族通婚、妇女再婚等宋儒认为“有伤风化”的事，均少有禁止。考其原委，大都来自于鲜卑习惯法。

至元代，在蒙古族的统治下，天下又合而为一，根据《元典章》等典籍资料的记载分析，元代法律规定的离婚方式，常见的主要有三种方式，之一是“七出”，这是一种片意离婚；之二是“义绝”，这是一种强制离婚；之三是“和离”，这是一种协议离婚。除了这三种方式之外，还有一种属于判决离婚的情形，本来是无效婚姻，官府如果发现了就要判决离婚。本来是有效婚姻，男女的一方有法定理由提出离婚，由官府判决离婚。

但《元典章》等典籍中的婚姻家庭法律规范主要是中原农业地区沿袭已久的传统婚姻家庭调整规范，这些规范大多数只适用于汉族人。在《元典章》《通制条格》等历史文献中往往可以看到“蒙古人不在此限”的规定，这不仅表明元代的蒙古人拥有如何调整本民族婚姻家庭关系的法律，而且进一步说明蒙古人在婚姻家庭方面有自己的观念文化以及习俗文化。它们传递出的更深信息是，元朝廷并没有把自己本民族的法观念、法文化向其他民族推行，反而有刻意固守自己草原传统的倾向。

元代，调整族际婚问题的法律体例在至元八年确定。至元八年（1271）二月，圣旨条画规定：“诸色人同类自相婚姻者，各从本俗法；递相婚姻者，以男为主。蒙古人不在此限。”①这个条画确定了元朝统治区域内解决各民族婚姻问题冲突的法律准则，分别规定了自相婚姻、递相婚姻、蒙古人与外族通婚应当遵循的礼俗和解决纠纷的办法。根据这个法律准则，元代关于民间婚姻聘财的法例、关于婚姻礼制的法例、关于写立婚书的法例、关于有妻更娶妻的禁例、关于同姓不婚、良贱不婚等禁例、关于离婚形式的法例统统都只能适用汉人、南人，而不适用于蒙古人、色目

① 方领贵：《〈通制条格〉（校注）》卷三，《户令·婚姻礼制》，中华书局2001年版，第143页。

人。因为这些法例都规定有“蒙古、色目人各依本俗”。具体到自相婚姻时,汉人、南人都按照朝廷颁布的法例处理,蒙古、色目人各按照自己民族的风俗处理。

在递相婚姻的情况下,由于各民族的婚姻习俗不一,在“有事”的时候怎样调适矛盾和解决纠纷呢?法律准则给了一个解决问题的办法,“以男家为主”。就是依照男方所属民族的风俗习惯来处理是非和纠纷。这个法律准则反映了元代男子在社会上的优越地位。这个法律准则明确,蒙古人和其他民族发生族际婚的时候,不受“以男家为主”的限制。也就是说,蒙古人在和其他民族通婚的过程中不受“以男为主”规则的约束。无论蒙古人结婚的对象是男是女,都可以以蒙古人为主,选择婚姻礼仪和婚姻制度,万一发生了纠纷或者矛盾,也可以选择按照蒙古人的“本俗”解决。

元代,蒙古人被称作为国族,蒙古人的婚姻家庭风俗习惯也被称之为“国俗”。作为蒙古人调整婚姻家庭关系的“国俗”,主要法源大致有两个:一是蒙古人的草原习惯法——“约孙”,一是草原习惯法的一次大整理——《大札撒》,前者是蒙古草原早期共同遵守的习惯,后者基本定型于成吉思汗时代。

元朝统治的疆域空前辽阔,其法制的创造性则更加明显反映了法制的民族性与创新性。隋唐以来各民族的融合和文化上的交流,为封建社会后期法律体系的趋于完备和法律制度的不断完善创造了条件。至清代,民族立法已臻于完备和成熟。

清王朝的建立,意味着多民族国家的重建。在边疆少数民族地区,针对婚俗不同于内地的特点,清代法律既强调王朝婚姻法律精神的普适性,同时又注意照顾边疆少数民族婚姻的历史和特点,采取有别于内地婚姻制度的做法。针对蒙古人之间的婚姻,嘉庆二十二年(1817)刊刻颁行的《理藩院则例》规定了聘礼的数额:蒙古两姓结亲,若都系平民聘礼,聘礼应用马两匹、牛两只、羊二十只,不得多给,违者将多给的牲畜罚取官府,少给则不禁。嘉庆二十年(1815)编纂完成、二十二年(1817)刊刻颁行的《理藩院则例》规定了在蒙古地区,如已行聘定婚,女家悔约另嫁的,罚以牲畜或其他财物。如娶他人已聘定的妇女,娶者系王、贝勒、贝子、公罚十户;台吉、塔布囊罚五户;属下官员罚五九牲畜,平人罚三九牲畜,均给原聘定人,私娶的妇人离异,给与原夫,听其去留。至于蒙古人之间在聘定之后出现一方亡故的情况,《理藩院则例》规定,若聘定之后其婿病故,将所给牲畜退还男家;至于其女病故,退还一半,若女家欲将聘礼退还男家不愿收回的,允许。①

鉴于边疆少数民族地区风俗习惯不同于内地的特点,清政府还制定了相应的律例、则例、章程等,实行富有地方民族特点的离婚制度。在蒙古地区,夫妻都可以提出离婚,但须通知双方亲属。夫若休妻,其夫妻关系和睦时用完的物品,不许陪还,同时将妇人带来的现存物品全部给还妇人。若女方提出离婚,则要退回一部分男方所赠物品。在西藏地区,夫妻反目,先经亲友调解,调解无效,可向部落头人提出离婚。若男方提出离婚,则分一半财产给女方;若女方提出离婚,则不给任何财产;若男女双方都提出离婚,头人或各罚马一匹,或罚钱。离婚后,女孩归女方,男孩归男方。若只有一子,则令其入寺院当喇嘛。此外,《西宁青海番夷成例》还规定了适用于青海少数民族地区的出妻条款:凡出妻,其妻陪嫁物件全部给还。除夫妻和睦时所花费的物件不偿还外,现在所有物件全部给还。

在亲属相犯的纠纷解决上,《理藩院则例》"蒙古人亲属相盗"条规定:"凡内外札萨克等处,蒙古各居(本宗外姻)亲属相盗(牲畜财物)者,期亲减凡人五等,大功减四等,小公减三等,缌麻减二等,无服之亲减一等(宗派不详者不准引用此例)"。从期亲、大功、小功、缌麻、无服之亲分等论罪情况来看,"表现了以礼为核心的汉族法律文化的影响"。

"台吉亲属相盗"条更详细地规定:"台吉亲属相盗牲畜财物者,无论

① 故宫博物院编:《钦定理藩院则例》第 2 册,卷二五《婚礼》,海南出版社 2000 年版,第 52 页。

赃数多寡,期亲(胞伯叔、胞兄弟、胞侄)罚五牲畜,大功(堂兄弟)罚一九牲畜,小功(伯叔祖、堂伯叔。再从兄弟。堂侄。侄孙)罚二九牲畜,缌麻(曾伯叔祖、祖伯叔祖、族伯叔、族兄弟、再从侄、堂侄孙。曾侄孙)罚三九牲畜,无服之本宗亲属罚四九牲畜。俱存公备赏,仍追赃给主。"

(2)官方机构介入调整

鄂伦春族主要分布在我国东北地区,17世纪中叶以前还在几乎与世隔绝的茂密丛林之中,聚族而居、游猎为生,长期处于原始社会末期的父系氏族公社阶段。17世纪中叶,清朝就将鄂伦春族编入旗制,开始了对该民族的实际统治。"从布特哈总管衙门设立之日起,在鄂伦春人氏族制中嵌入了清政权的国家统治机构路、佐行政组织,并在较长时期内与氏族制并存"。①

尽管对属于氏族内部的民事案件,如财产继承纠纷、打架斗殴等争端,甚至违犯氏族传统习惯法的罪大恶极者,全由该氏族的"穆昆达"来解决。对于氏族组织内的经济生产、宗教礼仪、风俗禁忌,朝廷也一般不予干涉。但是无论刑事、民事案件,如果不满氏族组织处理的,都可以再告官,送布特哈衙门按中央法律处理。在家庭生活中,儿子常惹事,父母无法管教时,也可以让官方处理。但只有送去请求管教的权利,而没有请求释放的权利,请求释放时须由其舅父或叔父去官方作保才能释放。这种情况下除舅父与叔父外其他任何亲属请求都无效。

(3)以夷治夷

作为历史上早已有之的一种怀柔、温和的治理措施,任用当地人进行统治,一般做法是中央王朝通过委以被征服少数民族的首领一定官职,通过他们来实现对该地区的有效统治,包括对婚姻家庭纠纷的解决。在这里,"头人"或"首领"不能作狭义上之理解,而应包括家族长、氏族长、氏族首领,甚至宗教上层人物等在当地拥有一定威望的人。任用当地头人

① 韩有峰、都水浩、刘金明:《鄂伦春族历史、文化与发展》,哈尔滨出版社2003年版,第22页。

对当地群众实施统治,也是自秦朝以来一直奉行的定边之策。结合清代历史材料,需要对这一政策在赫哲地区的实施情况进行适当的描述。清朝曾在赫哲族地区实行过任用当地上层人物进行管理的姓长乡长制度。这些姓长、乡长往往具有双重身份,起初,他们多具有管理本氏族或本部落的权力,并由公民大会选举产生,而后则身兼两职,最后与氏族或部落的政治属性完全分离,其标志有三:第一,姓长或乡长,完全是由政府任命的。平民百姓很难跨入这一阶层;第二,姓长或乡长的职位具有终身或世袭的特征;第三,姓长或乡长是国家官员,他们代表国家行使自己的权力。

2. 私力救济解决

由于古代各少数民族所处的地域、风俗习惯及民族宗教信仰等方面都存在较大的差异,只运用国家公权力很难有效地解决婚姻家庭纠纷。长期以来各民族沿袭本民族的习惯法、宗教信仰、家法族规等调整广泛复杂的婚姻家庭纠纷,维护了家庭的和睦和社会稳定。

(1)宗教信仰调整

元代是多族群社会。为了适应巩固统治的需要,确立"各依本俗"的族群治理和法律适用原则。"各依本俗"在法律领域的体现,就是对各族的"本俗"承认并赋予法律效力的方式,以回应多元社会多元文化并存的现实,最终导致不同民族各有各的民族固有法,传统得到延续。在这些少数民族中,回回人是比较引人注目的一个民族。在元代,回回人泛指信仰伊斯兰教的中亚各族人以及西亚的阿拉伯人、波斯人等。回回人在任何地方都保持着伊斯兰教的宗教信仰。在居住地内,他们的宗教信仰、风俗习惯和道德规范皆按《古兰经》、圣训和伊斯兰教习惯行事。在元代,包括回回人在内的色目人,他们所信仰的伊斯兰教法,就是调整他们婚姻家庭关系的"回回体例",也称"回回法"。或者说,回回人的婚姻家庭法,与伊斯兰教的婚姻家庭法相一致。在处理离婚纠纷时,《古兰经》很注意离婚道德,离婚原则有:第一,离婚的权利只授予男子,女子通常没有这种权利;第二,在丈夫休妻的决定生效之前,有一个作为缓冲的“等待期”,以便让丈夫慎重考虑,避免休妻过于草率,这是对丈夫随意抛弃妻子的一种限制;第三,如果丈夫决定休妻,以优礼解放她们,不得粗暴对待她们,并且不得索回以前赠送的财产;第四,男子不得与被休的前妻复婚,除非前妻与另一男子再婚后又离婚。休妻形式没有严格要求,一般是丈夫讲“你被休了”或“我休了你”的词句,也可以采取书面的形式。一般而言,回回人很少离婚。①

(2)宗教管理者处理纠纷

考虑到一些少数民族集体信仰宗教的特点,元代还设立一些职掌单一、各司其职的宗教管理机构,集贤院负责管理道教,崇福司负责管理基督教徒和教士,回回哈的司负责管理伊斯兰教。各宗教管理机构又设有下属机构,专门负责宗教教众的纠纷诉讼。由于回回人普遍是伊斯兰教徒,并形成了大大小小的聚居区,所以除了头人外,回回哈的司取得了管理所有回回人社会事务的权力,回回人应有的刑名、户婚、钱粮、词讼、大小公事都由回回人的哈的大师负责。哈的大师兼有世俗和宗教的双重身份,既是回回人社会中最主要的宗教管理者、纠纷调解者、司法仲裁者,也代表官方行使处罚、管理、征粮等多项政治权力。

(3)基层社会组织解决纠纷

社是元代蒙古族最基层的社会组织,颇有些类似今日中国的行政村。元代蒙古族社的存在对于婚姻家庭法律的实践产生了重大影响。大量的婚姻家庭纠纷都能在社中得到调解,元廷通过强调并赋予社长有权调解社内民事纠纷的做法,减少当事人因起诉产生的诉累现象,改变“诸民诉之繁,婚田为甚”的局面。“诸论诉婚姻、家财、田宅、债负,若不系违法重事,并听社长以理谕解,免使妨费农务,烦紊官司”。②

① 高鸿钧:《伊斯兰法:传统与现代化》,清华大学出版社 2004 年版,第 151—156 页。

② 《元典章》卷五三,《刑部》卷一五,《诉讼·听讼·至元新格》,中华书局 2011 年版,第 1748 页。

二、其他少数民族婚姻家庭纠纷的解决

建立独立政权的少数民族毕竟是少数，而建立全国性政权的少数民族也仅有元清两朝而已。绝大部分的少数民族依然固守在世代生活的一隅之地，遵循着传统的习俗和共同推崇的权威，维持着社会的秩序。这些民族的生产和生活如何维持，相互间的矛盾与纠纷如何解决，对财产的侵犯与人身的伤害如何制裁等，都需要依靠约定俗成的规则。这些规则有些是成文的习惯法，有些是不成文的习俗，公私并举。虽然简陋，但却具有很高的权威性与约束力，发挥着对该族内部生活的调整作用。家族法、习惯法、民间法，或者其他风俗习惯都对建立与维持一定的秩序起了重要的乃至主要的作用。

（一）习惯法调整

聚居在西南边陲的傣族，长期以来就适用本民族习惯法。远在 12 世纪，首领叭真统一各部建立勐泐政权，随后历代宣慰司和勐泐土司为了维持封建领主的地位，颁布了一系列封建法规，如西双版纳傣族的民刑法规、礼仪规程和孟连宣抚司法规等。

此外，壮、布依、侗、苗、瑶、土家、畲、白、回、维吾尔、蒙古、满等 30 多个民族则处于封建社会的中前期。如在苗族地区，基本上是按宗支建立自己的社会组织，即所谓“立鼓为社”，各鼓社均有自己的民主议事制度，并根据古礼和传统习惯制定规约。明清时期，苗疆各民族的习惯法经过长期的演化，逐渐丰富起来，成为具有普遍约束力的“苗例”。它涉及社会生活各个方面，内容相当广泛。经过历代中央政府的认可，苗例在苗疆地区长期适用。

再如侗族，其习惯法为“约法款”，其中的法律条文成为“款词”。款词原本是靠侗族人民口耳相传，后来采用汉字记录语音的方式辑录下来，成了现在的成文形式的侗族习惯法。

有些少数民族经过一番斗争，才获得了适用本民族习惯法的法定权

利。以苗疆各族为例,苗疆各族人民多次进行争生存、反压迫的武装起义,迫使清朝在立法中确认苗疆少数民族习惯法的法律效力。据《清高宗实录》卷一三九载:"一切(苗人)自相诉讼之事,俱照苗例完结,不治以官法。"《大清律例》卷三七"条例":"苗人与苗人自相争讼之事,俱照苗例归结,不必绳之以官法,以滋扰累。"

(二)习惯调整

苗族地区的各类婚姻家庭,一律按照习惯自行处理,中央王朝基本不予干涉。史载:"苗人争讼不入官府,即入亦不以律例科之,推其属之公正善言语者,号日行头,以讲曲直。"①"苗蛮在山菁之中自相仇杀,未尝侵犯地方,止须照旧例,令该管头目讲明曲直,或愿抵命,或愿意赔偿牛羊、人口,处罚输服,申报存案"。② 赫哲族不成文的习惯有很多,具体到家庭事务当中的要求也尤为严格。如"父亲和伯叔处罚子侄时,任何人讲情都无用,母亲也不能阻拦,如有这种情况,只有舅父讲情方能有效"。关于此,还有另外一则材料,"父亲和伯叔处罚子侄时,任何人讲情都无用,母亲也不能阻拦。如有这种情况,只有舅父讲情才能有效。③"但父亲伯叔对子侄已经进行了处罚,如罚儿子下跪,舅父则不能做主将外甥释放。④ 从中也能看出在赫哲族族群内部,族规和家规发挥着巨大的规范赫哲族成员行为、维护本民族社会风尚、处理伤风败俗棘手事情的特有作用。而且,在国家法没有介入的情况下,族规、家规发挥功能的范围也非常广泛,赫哲族本民族内部成员是不能轻易违反的。

(三)调解、请中讲理

苗民一旦发生纠纷,纠纷两造一般都会先在本村公所或者任何一方当事人家中置备酒席一桌,邀请寨老、中人、乡保等三方人士赴宴解忧

① (明)田汝成:《炎徼纪闻》卷四,台北广文书局1969年版,第14页。
② 贵州历史文献研究会:《清实录贵州资料辑录》,汕头大学出版社2010年版,第19页。
③ 张嘉宾:《黑龙江赫哲族》,哈尔滨出版社2002年版,第148页。
④ 高其才:《中国少数民族习惯法研究》,清华大学出版社2003年版,第196页。

(出面排解纠纷,其调解结果一般需要通过订立文书的形式固定下来)。这些人是乡间各式人际关系的支点,凭借其人格魅力,权威形成的"面子"致力于纠纷之解决,力图维护苗族村寨社会秩序的和谐稳定。寨老是村寨中的权威和德高望重之人,处事公正,团甲首领、地方绅耆是官府在乡间的代表性人物,因政治经济地位优势发生作用,他们倾向于与官府保持一致,以"父爱主义"的眼光来看待村民,实现国家权力与村寨社会的有效对接。

无论寨老、中人、乡保、团绅何人调解,都是旨在为双方当事人找寻一个接近于实质公平的结果,其身份必须是各方均能接受的。一般而言,先请契约签订时的中人调解;调解无效时,则向寨老申诉;未果,再提交乡团或长老会议(由村寨各房族长或姓氏头人或有血缘关系的相近村寨头人组成)商议解决。① 在特定情形下,中人、寨老、团绅等也会主动参与,共同组成一个庞大的解纠组织同当事人双方商议,以使纠纷得到更圆满的解决。

解决纷争的重要证据是双方签订的契约文书。调解人首先会向纠纷两造索取争执标的契约文书,再让各方各自陈述案件事实、提出主张、摆明理由,随后在查清事实基础上当面居中调解。如若各方没有明显对错之分,调解人则会极力促成双方接受一个相对合理的结果,定下清白字、清白合同等类似于调解协议的文书,明确双方权利义务。在一份名为"连妹悔错字据"文书中,就能看到"任凭中人并立为据"的内容。

"立悔错字人我,娶我为室,我自过门以来新旧八九载,夫妻本系和睦,太显如何诡计。自来文斗寨夫家,言说外妻罗氏二莲,言说要请中,尚亲夫异论等语。我连妹骇……相贤同兄太显约数十人,往文斗寨夫家抄掳赶来……鸣地方乡保验明,即往天柱县主禀报抄……往黎平府主台前

① 陈金全、郭亮:《贵州文斗寨苗族契约法律文书汇编》,人民出版社 2017 年版,第 9 页。

捏词具控亲夫逼氏……相贤同兄太显送母旧熊应昌、应贵、王……唐姓人等，并母旧罗姓，王世毫同兄太显众等。自立据起姬文斗寨姜述盛等，人中将氏并耕牛口二害两寨中人并夫家等情，今我唐氏虽不会写鸣两寨中人等，之后据若我连妹有心悬梁藉故生非兹（滋）事与讼等情，如有生端别异，任凭中人并立为据”。①

门巴族是我国多民族家园中具有悠久历史而人口较少的少数民族之一，与藏族在古代吐蕃前后期是同一个大族。门巴族离婚的情况较少。离婚的主要原因是夫妻双方团结不好。男女双方都有提出离婚的权利，离婚时，双方父母和介绍人都来解决财产分配问题。若双方都愿意离，财产平均分，一方提出的就要适当多给对方财物。若争执不下，可报告宗政府解决。但一般这样做的人很少。夫妻不和提出离婚，首先由亲属或村中有威望的老人调解，调解无效者，可离婚。②

门巴族家庭内部或村民之间发生纠纷，依照以下程序进行处理和解决：

第一，如是家庭中有纠纷，首先由家庭中的长者进行调解和解决。

第二，村社成员之间的纠纷，或家庭内部的纠纷经长者调解无效的，则请村子中办事公道，享有相当威望的人对双方进行调解。

第四，调解无效的，再由根保调解和处理。

第四，产生纠纷的任何一方对根保的处理不服，可以向粗巴控告、申诉，粗巴进行解决。

第五，对粗巴裁决不服者，可向错那宗宗本控告、申诉，由错那宗判决。③

---

① 陈金全、郭亮：《贵州文斗寨苗族契约法律文书汇编》，人民出版社 2017 年版，第 234 页。

② 吕昭义、红梅：《门巴族——西藏错那县贡日乡调查》，云南大学出版社 2004 年版，第 93 页。

③ 吕昭义、红梅：《门巴族——西藏错那县贡日乡调查》，云南大学出版社 2004 年版，第 94—95 页。

（四）神明裁判

面对纷繁复杂的案件。纠纷两造各执一词，难以判明真伪，官府对此也束手无策时，就要求助于神明裁判。瞿同祖指出："神判法是各民族原始时代所通用的一种办法，当一嫌疑犯不能以人类的智慧断定他是否真实犯罪时，便不得不乞助于神灵"。① 神明裁判在苗族诉讼文书中称为"鸣神"。民族志资料记载，"苗俗尚鬼"，"苗病不服药，惟听巫卜，或以草、或以鸡子、或以木梳、草鞋、鸡骨等物卜之，卜下之鬼与祭鬼之物甚夥，病愈则归功于巫卜之甚灵，死则归咎于祭鬼之未遍"。② 固有的原始宗教信仰和对不可知的超自然力崇拜，为鸣神这种独特的解纠方式奠定了心理基础。苗族村民相信他们所信仰的神灵不会保护、眷顾为非作歹之人，在不能利用自己的智力认知收集证据或迫使犯罪嫌疑者吐露实情时，只有通过借助代表正义的超自然神力证明是非对错，从而使缔约双方得以相互信赖并以鬼神约束之。

文斗诉讼文书反映的鸣神方式之一就是"宰牲"。成书于明代的《贵州图经新志》记载："（苗人）有所争，不知诉理。惟宰牲聚众推年长为众所服者谓之乡公以讲和。不服即相仇杀。久之欲解，复宰牲聚而论之侏离终日，负者词穷则罚财畜以与胜者，饮酒血为誓"。宰杀牲畜、敬献神灵之后，在契约和神祇威力重压之下，理亏方通常以适当的方式向对方当事人表示道歉和认输。③ 门巴族地区的神判一般有发誓或赌咒即念咒语、两脚踩踏烧烫的石板、从正在燃烧的火中取石、咀嚼米、沸腾的水中取石等。

珞巴族位于西藏高原南部的珞瑜地区，从远古时代起，珞巴族先民就生活在这一带，与藏族先民和门巴族先民一道，共同创造了喜马拉雅山区

---

① 瞿同祖：《中国法律与中国社会》，中华书局 2003 年版，第 270 页。

② 段志洪、黄家服：《中国地方志集成·贵州府县志辑》第 20 辑，《嘉庆黄平州志》卷一，巴蜀书社 2006 年版，第 73 页。

③ 陈金全、郭亮：《贵州文斗寨苗族契约法律文书汇编》，人民出版社 2017 年版，第 234 页。

的远古文明。珞巴族的日常生活里神判经常用于对偷窃、欺骗、谎言和婚姻家庭纠纷等方面违法行为的裁定。神判由巫师主持。举行神判时，调解人兼做主要公证人，当事人及其亲属均须参加；氏族成员也须到场，以做公证。珞巴族的神判方式，概括起来有：太阳月亮神判、火神判、沸水神判等。这些方式，无疑是求助于舆论的力量和压力，以及用盟誓、起誓等隆重的仪式和人们内心坚定的信仰来最大可能地制约违法行为，规范氏族社会的基本秩序，保证社会的安宁。

总之，少数民族习惯法和民间法的数量是众多的，形式是多种多样的，其内容主要是对贼盗犯罪的惩治和以罚牲畜作为刑罚的主要手段；在审判上运用多种形式的神明裁判。民族志研究者根据田野调查。发现时至今日，在我国一些少数民族地区，对一些纠纷仍然保留传统神判方法。如景颇族，村里的仲裁者在证据不足又不能排除犯罪可能的情况下运用神判，目的是借助于神的意志来判定告发人和嫌疑者谁是谁非。其常用的办法有闷水、捞沸油锅、煮米、鸡蛋清卦、斗田螺、捏鸡蛋、诅咒、叫天等。这些少数民族的习惯法与民间法，历史悠久，特色鲜明，它密切联系社会生活，服务于社会生活，具有深厚的群众基础和较高的权威，起着相当有效的调整作用。

综上所述，中国法制史是由中国各民族的法制发展历史共同组成，少数民族法制是中华法系的有机组成部分。因而少数民族法制史既有与国家法相同的方面，也有不同于国家法的方面，是有其特殊性的另一种法制文化现象。

少数民族的法制是为了满足本民族繁衍生存的需要，为维护民族共同利益、维持社会秩序而产生的，是少数民族法文化价值观的体现。它是随着社会经济、文化的发展及统治者的改朝换代的政治而不断变化的。各少数民族之间法制的发展既有共性，更有其特殊性。

少数民族婚姻家庭纠纷的解决上，法律制度其主体，是国家正式颁布的成文法法律，但是还有大量的、非正式的约定俗成民间习惯法。体现了公私并举，共同维护、调整的特征。从历史的广义法文化视野观察，少数民族在私权益的维护上表现为多种形式，它应包含国家的成文法，也含有民间的习惯、宗族法规、禁忌、行规、宗教信条规范等。少数民族习惯法是广义的、是泛法文化现象，特别是古近代，其社会关系的调整，是以禁忌、习惯法、行规、宗族法为主的规范模式。也是千百年来的生活生产实践中，被其民族确认和信守的行为规范，是自觉地运用规则的方式调节家族群体的社会关系及各种矛盾的产物，是为维护民族共同利益和社会秩序而逐渐形成的，它存在于少数民族社会发展的各个阶段，对少数民族社会的稳定和发展及民族文化传递起了积极的作用。公私并举，家法族规共同维护，是古代各少数民族长期共同生活的价值选择，继续和持久地影响着各民族人民的观念和行为方式。

第五章　清末中国传统亲属制度的变化

清末，在西学东渐的历史潮流下，中国出现了一大批受西方思想和文化影响的进步人士，他们的新思想、新言论对我国传统的婚姻、家庭乃至亲属关系都带来了巨大的冲击。与这些民间的变化相对应的，清政府也在内忧外患之下开始了大规模的修法运动。虽然，最终由于清王朝的快速灭亡，导致包括《大清民律草案》在内的一系列修法成果未能正式颁布实施，但显而易见的是，《大清民律草案》依然是中国近代民事关系特别是亲属关系受西方影响的重要节点，中国传统的亲属法律也由此开始走上了近代化的法制道路。应当指出的是，清末时期，中国传统亲属制度受西方影响而发生变化源于中西传统亲属制度文化存在着先天的差异：中国传统亲属关系的调整以宗法伦理思想为基础，而西方则深受基督教、罗马法与市民社会的影响。同时，我们还应当看到，西方法律文化对中国的冲击和渗透，是中国传统亲属制度在清朝末年开始向近现代亲属法制转型和嬗变的契机。总而言之，清末中国传统亲属制度的变化有其独特而深刻的时代背景以及重大的历史意义。

第一节　中西传统亲属制度的差异

亲属关系或者说亲属制度的核心要素在于婚姻与家庭关系，它是居住在一定范围内的人们（民族或族群）在其血亲乃至姻亲的交流往来中形成的思维模式和生活方式的一种体现，因此它也必将反映到这个民族或者地区乃至国家的法律文化之中。由于历史、宗教、思维方式等的不同，中西方在婚姻家庭观念与制度上存在着重大的区别，这是中西传统亲属制度与文化的差异之源，也是清末中国传统亲属制度之所以存在嬗变问题的基础。分析和研究中西传统亲属关系与制度的差异，有助于我们了解和探索清末中国传统亲属关系之所以会开始发生变化的文化渊源。

一、公私并举的中国传统亲属制度

（一）受宗法思想影响的传统亲属关系

首先，在中国传统亲属关系中，从对婚姻、家庭乃至亲属的观念形成到价值取向都是建构在公私兼顾、公私并举的宗法思想之上的。而宗教（这里指狭义的宗教，即有神论的宗教）对亲属关系的形成、维持和调整基本上不发生作用。在古代中国人的观念中，亲属乃至婚姻家庭的最根本的功能价值和意义是与宗教无关的。在我国古代，婚姻家庭的作用和价值基本上是被历朝历代认同为“合二姓之好，上以事宗庙，下以继后世”，①这就是一个非常典型的中国古代公私并举的宗法观念。在中国古代，婚姻的缔结、家庭的构建基本都是经由两个不同姓氏的家族采取联姻的方式来实现，其功能与目的则是在于所谓的传宗接代，即祭祀祖先和延续后代。宗法观念广泛地出现或者体现于民间的各种俗语、习惯乃至礼书和官吏的奏章以及皇帝的诏令中。宗法观念中的基本准则在于，处于婚姻中的男女的个人的利益、小家庭利益（即私利益）是不得与家族利益和国家利益（即公利益）相矛盾和对抗的，当个人或者小家庭的利益同家族利益和国家利益总体上趋于一致时当然是最为如意，但如果二者发生相互冲突与矛盾时，牺牲个人与小家庭而去保全家族乃至国家利益则是

---

① 徐正英：《诗经“二南”对西周礼乐精神的传达——以出土文献为参照》，《中国人民大学学报》2015 年第 3 期。

通常的选择。这种“私”与“公”的价值取舍,在宗法思想中是一以贯之的。因此,中国的传统宗法观念让我们感受到的古代中国人的婚姻家庭与亲属关系一直长期处于世俗的范畴,这不仅表现在中国传统婚姻和家庭的主体是世俗社会中的人,并且婚姻和家庭关系的内容是也是围绕着世俗的价值与目标而成立的,也就是说,中国古代婚姻家庭的主要目标是在于“公”与“私”的两个方面,私的方面是对于个人子嗣与血脉的传承,公的方面则可以上升为对民族延续、国家发展的责任。子嗣、血脉或者说血统尽管有时或许是一个超越现世的追求,然而它作为把祖宗与后世、前代和后代连接起来的纽带,反映出了人作为自然界生物的本能属性和天然特性,因而是世俗的人道需求。那些早已仙逝的祖先与前辈们,尽管与子孙后代隔世而绝,可在中国传统的宗法观念中,他们仍然具有意念中的人性光辉,或能福泽后辈,或能庇佑子孙。祖宗的所有功德与恩泽将通过他的后代子孙的传承而反映于现世。

其次,中国传统的宗法思想决定了当时人们的婚姻和家庭观念中并不存在外来的、超越自然的、宗教意义上的神灵,民间的婚姻和家庭也基本上被看作是世俗之事,它由人来操纵,亦由人来维护,并且为着人们的利益而运行。也就是说,婚姻家庭基本上只对人的利益负责,并不向超自然的宗教神负责。与此相对应的,中国古代有关婚姻家庭的法制与规范体系大多反映出世俗人对人事与社会关系的处理与控制,基本不存在非人类的或者非自然的神秘力量(宗教力量)对婚姻家庭进行管理和干涉,亦不存在对宗教神相对应的责任,这些都形成了文化与制度上与西方传统婚姻家庭观念的巨大反差。“在中国两千多年的宗法思想下,以初级群体——家庭为轴心的社会制度和社会结构表现出来异常的稳定性。”① 正是因为如此,中国传统社会的婚姻关系与家庭关系在人们生活交往的方方面面都起到了不可替代的作用。家族、家庭与个人身份密切相关,它

① 赵子祥:《中国人的婚姻价值观及家庭观念分析》,《社会科学辑刊》1991 年第 4 期。

意味着一个人在社会生活中所处的地位。在古代中国，受宗法思想影响的亲属关系会很自然地产生出裙带关系，裙带关系经常是人们获得社会地位乃至职业、职位的重要途径。可以说，当时的每个中国人都具有相当强烈的家族与家庭观念，那正是因为整个中国古代社会的运行与构建基本都是以家庭为核心的，从自上而下的“家天下”观念开始，贯彻于历朝历代始终。据此，缔结婚姻、建设家庭、繁衍子嗣便是古代中国人的第一等大事，可以说“家”在中国人的心目中就是天，远离了家便被称为游子，没有了家的庇护则可能丧失所有。

总而言之，在完整的宗法体制下，中国古代的婚姻家庭伦理和亲属关系是一个实用的系统，在两千年的封建社会中，宗法制度充分地发挥家庭的稳定和控制中的作用，人们的婚姻家庭观念表现出明显的世俗性，“家”被普遍地视为人们能安身立命、进取图报的根基所在。婚姻关系则表现为以男人为中心：“夫权至上”。婚姻的维系上，普遍把婚前性行为和婚外恋作为非礼之事、有伤风化之事，在对子女的教育方面，特别看重和强调的是望子成龙和光宗耀祖。另外，婚姻的冲突矛盾或者离异的结果往往给女性造成更大的损失，有时还得落下个没有尽到妻子之责之罪名。而个人所处家庭或者家族的经济实力往往被看作进入仕途或上层社会的基石，或者说是结交权贵的必备条件。我们应当看到，在中国传统封建文化下产生与发展起来的、构筑在“宗法社会”基础上的婚姻家庭关系，经历两千多年而一脉相承至清朝，并且随着皇权的不断强化而使宗法化和家族化在历朝历代得到加持与强化，逐渐形成了以“国法”、“宗法”、“家法”三位一体的“公私并举”的中国传统法制体系，而中国古代亲属制度更是以其自身调整对象、调整方式乃至调整机制逐一地表现出中华法系本身所具有的诸多特质。

（二）传统亲属制度中的“公”与“私”

1. 中国传统亲属关系是建立在家庭与国家关系之上的。中国古代历朝历代的统治阶级为了维护皇权与统治，在个人、家庭与国家的观念指导上，重视“家庭”的纽带作用，在强调“修身、齐家、治国、平天下”中：“修身”需要服从“齐家”，而“齐家”则为“治国、平天下”的前提。古代中国非常重视家庭秩序的维护，将其与社会秩序的维护紧密地联系在一起，因为如果每一个家庭、家族都能够妥善维持和管理内部的运行并效忠于国家的话，那么整个国家乃至皇权就当然可以得到维护。因此，中国古代的亲属关系非常看重一族之长、一家之长对本族、本家的管理，强调族长与家长的权威，不光确认他们对自己子女和本族后嗣的主婚权、财产权和惩戒权，而且还在亲属关系上设定了种类繁多的礼节、家法族规，使整个家族系统实现上下、男女和长幼之间的尊卑有序，以此来实现族长、家长对家族家庭的有效管治。我们看到，在古代中国，族规、家法往往被国家法制所默许和认可，乃至可以说是构建中国古代亲属法制的非常重要的一部分。因此，宗法思想中的家庭观与国家观可以被视为维系中国传统亲属制度的核心，中国古代的婚姻、家庭、亲属制度，乃至与其相适应的礼节、家规乃至国法所具有的各种特质，大多能在家庭与国家的关系中找到其中的逻辑。

2. 中国传统亲属关系在调整方法上采用以礼辅法、公私兼顾的方式。基于宗法等级划分，用公、私两方面的手段来规范亲属关系是中国古代亲属制度与文化的一大特征。自西汉以来，建立在三纲五常之上的，在婚姻家庭领域逐渐构建出一整套关于“男女、夫妇、父子、尊卑、上下、长幼”的宗法伦理观念，以及与之相适应的婚礼和家礼，成为维护当时封建婚姻家庭制度的重要工具。至于历朝历代颁布的有关婚姻、家庭和亲属的相关法律内容，往往仅仅是用来弥补“礼”之不足时才使用，并作为维护皇权、封建统治的最终保障。“礼者防之于未然，律者禁之于已然，皆缘人情而为制。礼之所不许，即律之所不容，出于礼而入于律也。”①因此，我们在研究中国古代亲属法律制度时，就绝不能只见“法”，而不见

① 冉启玉：《人文主义视阈下的离婚法研究》，西南政法大学2011年博士学位论文，第27页。

“礼”。从国法上来看,古代中国的婚姻家庭的亲属法内容往往与刑律等内容相融合,将“刑罚”作为处理婚姻家庭乃至亲属关系问题的重要手段,这表现出中国古代亲属法在“国法”层面的“惩罚主义”特征,这是由于中国古代的国家法律是以刑法为主,重视惩罚,而亲属法律规范往往体现在某些相关的刑事法律之间,因而有此特性。事实上,中国古代对亲属关系的调整其实大多委诸“礼”,历朝历代户婚律中所规定的婚姻家庭亲属问题都与这方面的犯罪和刑罚有关,一旦违反了“礼”的规定,便处之以刑。因此,以刑罚作为处理婚姻家庭亲属关系问题的主要手段,成为中国古代亲属法文化的一大特色,这也从侧面反映出中国古代刑罚的严酷和对亲属制度的极端重视。

3. 中国传统亲属制度以中国特有的文化土壤与社会结构为生存依据。从法理上来看,中国传统亲属法律两千多年来一直是固有法而非继受法,具有明显的封闭性的属性。正如上文所述,中国古代亲属法是建立在“宗法制度”和“家族主义”之上的,这是由中国古代社会自然经济、农业社会的封建文化所决定的,因此每一个中国古代的家庭或家族都是一个社会中的生产单位和生活单位,而个体则往往必须寄托于家庭中成长、劳动、生活,甚至去世以后也将落叶归根于本家族的墓地,所以家庭婚姻家族亲属关系几乎大多是由宗规、家法进行内部调整为主,这也表现为我国亲属法调整上的封闭主义色彩,而在此基础上建立的国家的统一亲属法规范,则是家法族规的融合、提炼与升级,是“宗法”与“礼教”的总结和赋权,这就是在中国古代封建社会成长发展起来的不同于西方的婚姻、家庭乃至亲属关系。

二、从宗教走向世俗的西方传统亲属制度

(一)基督教对西方传统亲属制度的影响

与古代中国的亲属制度中的公私并举的宗法观念不同,西方的传统亲属制度带有明显的宗教思想色彩。基督教对西方婚姻生活和制度的影

响是沿着先观念后制度的过程循序渐进的。早期基督教的婚姻观念其实与世俗法中规定并非完全一致，因此从世俗法律的制定、修改、存废与反复中，我们可以看到基督教婚姻原则在其中的逐渐确立与发展过程。基督教教义与婚姻家庭观念对世俗婚姻法律与制度的渗透和干预是在法律不断的调整、修改与迎合现实需要的过程中得以实现的。如果用世俗的眼光去看待基督教教义，其宣扬婚姻贞洁理念和放弃家庭现世的观念当然与现实婚姻生活有差距，但这不影响理想对现实、观念对制度的干预与渗透。例如，那些信仰基督教的罗马皇帝会不满有关离婚的立法，因为离婚不符合基督教教义，从君士坦丁到查士丁尼，罗马帝国的皇帝们依据基督教的宗旨与观念，对罗马的婚姻规则按照教义予以限制。因为基督教早期教义对婚姻本身也持怀疑乃至否定态度，对婚姻家庭观念完全以圣经为依据。根据有些西方学者的研究，耶稣本人的教义就多次主张断绝尘缘，在圣保罗的教义中，更是把婚姻看作是一种“小恶”。①

在西方早期主流的基督教文化中，婚姻起源于圣经中亚当和夏娃的结合，这一起点与夏娃偷食苹果的“原罪”有关，是人类背叛神意之源。如果没有欲望与婚姻，人就可以免罪。因此，在早期基督教看来，独身、禁欲是人的应有追求，结婚则是万不得已的办法，这当然是违背人性的，因此这种早期的基督婚姻教义在向世俗社会宣传时毫无疑问地遭到了世俗社会的反对，这也使得教会试图将基督教义向世俗社会渗透的过程面临困难，因此教会调整自己的观念，开始接受婚姻作为一种社会生活的必须存在和一种人类本性的制度，并试图寻求宗教对婚姻缔结、目的与性质的影响与掌控。西方的神学家圣奥古斯丁曾对基督教婚姻的目的和性质作了系统的阐述。在他看来，婚姻的好处在于生育、忠诚和圣礼。由此可见，当时的神学家已不再将为了人性的欲望、生育而进行的性活动和婚姻看作罪与错。至12世纪，格列西昂的婚姻法最终把生育确定为女性缔结

① 徐鑫芬:《浅论圣经中的婚姻法思想》,《中国青年政治学院学报》2014年第5期。

婚姻的唯一目的，任何人为破坏生育的做法——避孕、流产和杀婴，都受到教会的强烈谴责，也受到法律的制裁。自此西方婚姻家庭观念与世俗法律制度都开始带上了浓厚的宗教主义色彩。

总之，在西方，基督教深刻地影响着人们的思想观念，基督教婚姻观念对西方世界的婚姻观念和婚姻法律制度都产生了较为深远的影响，这与中国传统婚姻、家庭乃至亲属制度的形成与发展有显著不同。

（二）罗马法对西方传统亲属制度的影响

一方面受到基督教教义的显著干预，另一方面西方的婚姻生活和亲属关系也同时清晰地反映出罗马法对其演进、变化过程的深刻影响。近代以前，西方的亲属法律制度以古罗马法和中世纪教会婚姻法最为典型，从这个角度来看，西方近代的亲属制度可以溯源于古罗马社会的亲属制度。构成古代罗马社会的最基础单位则是“氏族”乃至在氏族体制上结合而形成的所谓“胞族”，因此在塞维阿·塔里阿事实变革之前，古罗马的亲属制度主要表现为一种较为原始的氏族法形态；而在塞维阿·塔里阿实施改革之后，古代罗马的氏族体制逐渐开始分崩离析，古罗马社会中的家庭作为基本社会单位的地位开始逐渐得到相应的提升。可以说，从《十二铜表法》中的亲属制度就开始以家庭为最基础的社会单位，而到了罗马共和国发展的中叶，我们可以清楚地看到，罗马法中的婚姻家庭乃至亲属制度已经显然以家本位贯穿始终了，强调了一定程度的民事平等关系，并且是以承祀继嗣的私权保护为核心内容，这与公私结合的中国古代婚姻家庭等级制度有些许的区别。古代罗马法律特别强调的是宗教对婚姻的正当性和血统的纯正性的干预与认证，其规定只有在完全符合宗教仪式的婚姻中，妻子所生的男子才能具有正式的继承地位。罗马法学家莫德斯丁指出：“婚姻是男女间的结合，是终生的结合，是神法和人法的结合。”①可见，古罗马婚姻作为西方婚姻家庭关系的源头，从一开始就具

① 舒国滢:《优士丁尼学说汇纂文本的流传、修复与勘校》,《清华法学》2019 年第 5 期。

有浓重的宗教祭祀色彩。应该指出的是，早在古罗马社会，宗教和法律就已经是难舍难分的两个范畴，当时的西方法律本身就体现和反映着各式各样的宗教内容，因此，西方的婚姻家庭乃至亲属制度从一开始就显示出了“教法合一”的状态。

从法律规范上来看，罗马法中的婚姻类型有市民法中的婚姻和万民法中的婚姻两大主要类型。其中的市民法婚姻类型是与宗教行为模式密切相关的：一是共食婚形式：将小麦做成的食物供奉在丘比特神位前之，另外须有十名证婚人和宗教人士作为监仪出席并致辞以及同食小麦餐品，只有当此宗教仪式做完以后，婚姻才算正式成立。二是买卖婚的形式：按照所谓“曼兮帕蓄”的交易形式来举行，男方在宗教证人和司仪面前说范本式的言辞誓语，从而完成买下该女子的仪式，据此婚姻则正式成立。三是事实婚，也被称为时效婚，是指男女双方共同生活在一起一年以上时间，女方在这期间从未有过不符合宗教教义的行为（例如连续超过外宿三夜以上的情况），则事实婚姻宣告成立。① 另外，市民法上的婚姻就其夫妻关系来看，应属于有夫权的婚姻，充分地体现出古罗马夫权制社会的显著特征。而之后伴随着罗马共和国的对外侵略与军事、领土扩张的进展以及海外经济贸易的成功拓展，其社会的商品经济得到发展，社会结构逐渐发生变化，特别是进入帝国时代以后，罗马的婚姻家庭制度在市民法婚姻形式以外，又诞生了万民法婚姻形式，这是一种无夫权婚姻。这种无夫权婚姻的成立不以家父的同意为必要条件，而是完全以婚姻当事男女双方达成合意为最主要的条件，这与公私并举的中国传统婚姻家庭宗法体制就存在显著不同。

显而易见的是，罗马市民法婚姻中的“共食婚”明显就是一种典型的宗教仪式婚姻，市民法中也确认了宗教仪式在该种婚姻缔结过程中的效力和重要性。313 年，罗马皇帝则正式颁布了著名的“米兰敕令”，正式宣

① 江平、米健：《罗马法基础》，中国政法大学出版社 1987 年版，第 104 页。

布基督教在国家政治与社会生活中的合法地位，自此开启了罗马国家同基督教政教合作的开端，到了君士坦丁皇帝执政时期，在其对宗教的重视与推广之下，基督教在罗马帝国扩张的范围内迅速扩大了其影响。392年，基督教正式成为罗马的国教。到帝国时期后期，市民法婚姻类型中的共食婚与买卖婚先后被废止，而事实婚也最终失去效力，最终，万民法的婚姻类型即以男女双方的合意婚为主要的婚姻方式开始代替有夫权的市民法婚姻类型，自此罗马的婚姻制度不再是以生子继嗣为唯一宗旨了。西方婚姻的这一显著变化在查士丁尼的《法学总论》中也有所印证："婚姻或者结婚是男与女的结合，包含有一种彼此不能分离的生活方式。"依据查士丁尼对婚姻或者结婚的定义来看，在罗马进入帝国时代以后，伴随着商品经济的发展与契约理念的形成，法律逐渐将婚姻缔结、存续与解除的必要条件确认为男女当事人双方的意思自治与合意。同样的，罗马法学家保罗斯说："没有当事人的合意，婚姻不能成立。"杰尔苏也说："不愿意结婚的男女之间不能缔结婚姻。"①罗马帝国时期这种男女当事人双方的意思自治不仅是结婚的必要条件，也同样应当是婚姻维持过程中的必要条件。

我们应该看到，罗马帝国后期的离婚，以配偶一方或双方失去婚意为解除条件，它不是脱离于婚姻制度的另一规则，而恰恰是婚姻合意与婚姻意思自治观念的体现。因为，如果说这种无夫权婚姻理念追求的是男女双方持续的合意的话，那么当这种合意消失的时候，男人与女人则理所当然不能再作为家庭中的夫妻关系而存在。这种情况曾生动地表现在罗马人当中，他们不仅把在夫妻间不再存在合意时婚姻的存续视为一种荒谬，而且认为是下流的。② 与此同时，家本位的特征也开始在西方的法典中

① 杨振山：《罗马法·中国法与民法法典化》，中国政法大学出版社1996年版，第476页。

② 彼德罗·彭梵得：《罗马法教科书》，中国政法大学出版社1992年版，第140—149页。

逐渐消失，而接近现代的个人主义、自由主义则在日后的婚姻家庭制度中逐渐得到确认与加强。这种西方婚姻家庭制度的转变在罗马帝国时代的历史遗迹的变化中得到体现：2—3世纪的高卢—罗马石棺是围绕着夫妻形象而排列和组织起来的，而且罗马的艺术形式中展现夫妻的情形非常丰富，这就给我们一定的启示，那就是从那时开始家族已经不再成为西方社会生活的核心单位，而夫妻关系则成为社会生活关注的最重要内容。罗马法所确认的将婚姻存废视为当事人个人意愿的原则和观念，为近代西方法律所承袭，如《法国民法典》第一四六条就规定："未经合意不得成立婚姻。"这都是西方传统婚姻家庭乃至亲属制度逐渐从宗教禁锢走向世俗自由的体现。

第二节　清末传统亲属制度变化的历史背景

中国传统亲属制度在清末时期开始发生重要变化有其特定的历史背景，一方面我们应当看到，清末的社会物质条件表现为落后的生产力、落后的生产关系以及全面不平衡的经济发展状况，还有国内此起彼伏的农民起义与数次外国发动军事侵略的影响，社会生活的动荡不可避免。另一方面我们看到，由于民族资本主义的发展以及西学东渐的思潮，西方的各种思想开始深刻地影响和冲击着中国封建社会的传统观念和体制，而亲属关系与亲属法律制度是中国封建社会缔结婚姻与家庭关系的纽带，毫无疑问也将开始发生深刻变化。清末政府以成文法的形式编著《民律亲属篇》是开创我国婚姻立法之先河，这一修法运动有着深刻的社会历史背景。简单来说，清末亲属制度变革的原因就是外因（物质）与内因（思想）的不断作用，两股因素的绞合成就了传统亲属法的嬗变之始。具体而言，清末亲属法的修订时间节点大约是20世纪初，即西方两次工业革命渐次完成以后，在第一次经济全球化开始的过程中，因此，在变化因素的分析里，我们主要应理解清末亲属法变革的动力在哪，即客观环境的重大改变与需要。一方面，西方列强的侵略与压迫迫使我国传统的婚姻家庭法制随之发生变化。清末的中国因闭关锁国而远远落后于西方，而中国广袤的领土、矿产与经济资源以及充沛且低廉的劳动力市场均成为西方各国觊觎的对象，西方世界通过与腐败的清政府订立不平等条约割地、赔款与开埠，输入商品经济，逐步瓦解了中国的封建小农经济根基；而在政治上，则声索治外法权，保护其侨民在华的一切权利。[①] 另一方面，西方的思潮通过早期传教士的活动和广泛的西文经典译著活动两大途径得到广泛传播。严复、沈家本、曹汝霖为代表的翻译家群体向国内翻译刊印了众多西文著作，其中又以法律文献为甚。[②] 外来的西方法律文化与本土农民平均思想的汇合，加速了中国传统社会对自由、平等价值的接纳。而传教士活动在社会基层传播的基督教婚姻观则为城乡婚俗的变革提供了契机，又集中表现在太平天国运动中的伦理思想上。[③]

一、清末传统亲属制度变化的物质条件

正如马克思所言，“无论是政治的立法或市民的立法，都只表明和记载经济关系的要求而已”。[④] 可以说，所有社会类型的法律都将反映出其相对应的一定经济关系和社会关系总和，虽然进步的、与社会发展相适应的法律会促进生产力的发展，即所谓上层建筑对经济基础的反作用力，然而这种作用力是相对的，其力量远远不能和经济发展水平对法律、政治的决定力量相提并论。因此，在清末时期的中国，封建的自给自足的农业经济依然占据主导地位，民族资本主义商品经济发展仍然非常薄弱，生产力

① 孟祥沛：《中日民法近代化比较研究》，华东政法学院 2004 年博士学位论文，第 9—11 页。

② 董康：《中国修订法律之经过（董康法学文集）》，中国政法大学出版社 2005 年版，第 460—468 页。

③ 王歌雅：《中国婚姻伦理嬗变研究》，黑龙江大学法学院 2006 年博士学位论文，第 45 页。

④ 中共中央马克思恩格斯列宁斯大林著作编译局：《马克思恩格斯全集》第 4 卷，人民出版社 1958 年版，第 121—122 页。

极不发达,在这种情况下,尽管中国的政治、法律和各项制度会在西方文化价值与帝国主义列强冲击下,内部不断孕育着革命因素,推动着封建法制向资本主义法制转型,但中国社会的经济基础状况决定了在中国半殖民地半封建的社会经济条件下,近代民法难以在现实中实现焕然一新。因此,包含生产力、生产关系的经济基础是民法近代化的物质条件,不考虑生产力和生产关系发展状况而片面地追求法律改革的做法是行不通的。

(一)内外部物质环境的变化

我们应该看到的是,西方的先进生产力首先展现在坚船利炮的实力方面。在列强们敲开了清政府闭关锁国的腐朽大门后,清末社会的变革不可避免,并将深刻地影响着上层制度架构的选择。中国封建小农经济开始走向瓦解,同时广大城乡地区的商品经济开始得到一定程度的发展,社会上的工商业者开始越来越多,内外部物质条件都在不断变化。大量的剩余劳动力从农村、农业中逐渐脱离而出,并开始涌入城镇与工厂,可以说清末就是我国城镇化和工业化最早的发端时期。借此机遇,部分女性也开始进入学校接受新式教育,也有部分女性进入工商业,成为工人、手工业者或者商业从业人员,这些新情况的出现,大大提升了当时女性群体的社会经济地位。应该看到,鸦片战争以后的晚清社会,虽然反侵略战争屡次失败,农民起义此起彼伏,外侮迭乘,国势衰颓,清政府的有效统治也危在旦夕,但同时工业与商品经济有了一定程度的发展,特别是在东部沿海等经济贸易发达地区初步展现出了工商业社会的特点,因而曾经那个适应封建农业经济条件的固有传统婚姻家庭法律则表现得越来越不适应时代与社会发展的脚步。所以说,从物质条件来看,清末社会在外因与内因的双重作用下,人与人之间的基本社会关系开始出现变化甚至动荡将是不可避免的。

(二)资本主义生产关系的初步发展

中国封建社会内部从16世纪中叶起就已经出现资本主义生产关系

的萌芽，这是中国社会开始向近代转变的标志。但是，封建统治阶级的保守性和顽固性在清末时期依然非常突出，封建统治阶级为了维护专制制度，仍然以严刑峻法推行思想禁锢与政治上的高压管制政策，全面维护地主阶级的土地权利，全面保障封建的等级体制和满人贵族的特权地位，在刑法上依然保持严刑酷法的治理手段，在商业上采取重农抑商的压制政策，重征商税，限制私人和民间工商业的发展，没有为商品生产与流通提供便利条件，采取严格的"禁榷"机制。清政府还以严厉的刑法限制民间的采矿业的发展，在海外贸易方面也同样采取保守的闭关锁国政策。在法律上又以严格的户籍制度、保甲制度把农民的身份与利益捆绑在不属于他们的土地之上，据此来保障其封建统治；此外，清末法律在体例上依然延续传统中华法系的固有特点，民刑不分、诸法合体，可是这早已不能适应社会发展与进步，这些都说明，清末已经是中国封建专制制度发展的强弩之末，不合时宜的法律制度已经严重限制与阻挡了新型的资本主义生产力与生产关系的产生与发展。因此，要调整或者修改过去落后的封建法律体系，从而产生新的法律规范去适应新出现的社会经济关系。

（三）半殖民地半封建的社会经济状况

就清末的经济状况而言，半殖民地半封建社会的中国形成的是"微弱的资本主义经济和严重的半封建经济同时存在"①的格局，直至十九世纪末二十世纪初，清王朝统治下的经济模式，依然是自给自足的自然经济或者说小农经济，中国的工业资本力量大多集中在封建的官僚资产阶级和西方帝国主义的代言人和买办手里。据有统计以来的民国初期中国主要产业在国民经济中的比重和份额来看，近代工业产值占 4.9%，农业和手工业产值占 95.1%。② 可见，农业和手工业在国民经济中举足轻重，而工业产值却微乎其微。民国初期尚且如此，可以想象得到的是，在这十几

---

① 杨胜才、李瑛：《中国共产党教育方针研究成果的回顾与展望——基于中国知网 746 篇期刊论文的内容分析》，《江南大学学报》（人文社会科学版）2021 年第 6 期。

② 郭志祥：《中国法制近代化论略》，《史学月刊》1992 年第 4 期。

年前的清末时期，工业与农业、手工业产值之份额差异或将更加巨大。总而言之，我们应当看到，在清朝末年的半殖民地半封建社会，中国经济中的封建生产关系依然占据绝对优势，资本主义生产关系的发展则依然非常薄弱。台湾学者黄源盛曾总结过："在新的历史条件下，传统法制至少遭到三种政治力量的非议：一是列强嫌弃它不能全面保护其在中国殖民地的利益；二是代表买办阶级的洋务派，在与列强交涉时，深感中国法律无法提供其必要的依据：三是民族工商业者长期受到传统法律的抑压，而无法成长，企图脱身与西方资本家同享法律周全的保障。在此种情势下，扬弃传统法制，继受西方近代法律与法制，就具备了必要性和迫切性。"①

二、清末传统亲属制度变化的文化背景

从马克思主义的观点来看，人类的思想与意识形态的发展过程，是一个从简单发展到复杂、从低级发展到高级乃至从野蛮发展到文明的渐进过程。西方工业革命后所发展出来的近现代思想、文化观念是人类历史发展的必然，思想文化发展不像经济变革那样随着技术革命推动生产力的大爆发而迅速改变，也不像政权更迭那样可能通过一场疾风暴雨式的军事斗争而快速实现，思想文化的发展是一个相对缓慢的、渐进的过程。因此，如果西方的近代思想文化观念不能在当时中国广大民众心中扩散开来，即使中国的政治精英们看到了外界更加先进的法律思想和更加完备的法律制度，那也仅仅是人家的斧头快，不砍自家的柴。

清朝末年，中国一大批先进的知识分子在反省封建思想，主张和倡导全体国民去"睁眼看世界"，并积极宣传和介绍西方的文化乃至政治、法律思想。我们应当看到在当时的时空背景下，这些知识分子的所作所为一方面有师夷长技以制夷的主观目的，另一方面也确实在客观上启发了民智。可以说，龚自珍等人呼吁的个性解放、人情怀私，还有魏源提出的

① 黄源盛：《中国传统法制与思想》，台北五南图书出版有限公司 1998 年版，第 286 页。

众人造命理论，都启蒙并且推动了当时追求男女平等、婚姻自由的思想。在经历数次西方列强的侵略与压榨以及太平天国运动以后，清末的洋务运动、维新变法等重要事件的发生也推动了西方人道主义和人权学说走入中国社会，严复等知识分子更是借此机会，力主更新国民新道德，而在清朝政府层面，以收回治外法权为目的的修律运动也在这样的思潮下最终得以开展。

应该指出的是，发生于清末时期的维新变法运动不仅是一场政治运动，更是一场深刻社会思想的变革，因此这一时期中国婚姻、家庭传统观念开始发生变化也是映射这一场思想文化运动的主要体现。一大批知识分子、思想家纷纷竖起了抵制封建媒妁之言、反对父母包办婚姻、提倡结婚自由、男女平等、一夫一妻等主张，并针对封建的传统婚姻观念与制度进行了强烈的批判。其中最具有代表性的是康有为、梁启超、谭嗣同、秋瑾等人，他们的婚姻观中所显露出的正是中国传统婚姻家庭思想嬗变的端倪，应该说，这些清末改良主义知识分子的言论与思想对中国传统的婚姻法律文化带来了巨大的冲击。

1. 康有为的相关主张。康有为认为“男女之约，不由自主，由父母定之”，或者“男为女纲，妇受制于其夫”，“一夫可娶数妇，一妇不能配数夫”，则皆“与几何公理不合，无益人道”①。之后在《大同书》中，康有为又发表了对传统婚姻制度改革的建议，他主张对于二十岁以上的男和女，其婚姻“皆由本人自择”，并可根据个人意愿选择自由同居，“不得有夫妇旧名”，婚姻的形式采取“契约”的形式，康有为还主张婚姻应如契约一样“量定限期”，即可一年，亦可一月，契约到期后则可终止，亦可续订。

2. 梁启超的相关主张。梁启超认为“早婚对种族贻害无穷，中国之弱于天，其原因虽非一端，而早婚亦尸其咎。”可以说梁启超主张的“自强

① 张丽清：《人权的道德化及其根源、影响——析康有为“实理公法全书”》，《人文杂志》2008 年第 1 期。

保种”①就是对传统婚姻制度的改良。依据梁启超观点，清末的维新派知识分子渐渐形成了各自对传统婚姻的反思与批判，并把改良婚姻与家庭关系视为他们的革新对象之一，开始更加深刻地抨击封建婚姻家庭制度所带来的危害与弊端。同时，梁启超也在《变法通议》《倡设女学堂启》等文章中进一步强调兴办女学的重要性，认为只有接受教育，才能变“分利”为“生利”，使得女性能够更好地承担其良母的责任，并在一定程度上获取经济上的独立。可见，梁启超的对婚姻家庭变革的主张是集中在了优育与强国的关系上。另外，不同于康有为的是，他主张一夫一妻不纳妾，并能对此身体力行。

3. 谭嗣同的相关主张。谭嗣同在婚姻家庭思想的变革中，直接提出要彻底否定“夫为妻纲”的封建礼教观念，他还进一步提出了西方社会“夫妇择偶判妻，皆由两情相愿，而成婚于教堂”的近代婚姻思想，并且抨击了中国传统家庭思想里根深蒂固的“多子多福”“传宗接代”观念。另外，1898 年由谭嗣同主笔的《湖南不缠足会嫁娶章程》里也包含有更为细致的婚姻改革思想，指出“同会虽可互通婚姻，然必须年辈相当，两家情愿方可。不得由任指一家，以同会之故，强人为婚”。这其中就具体展现出婚姻自由的精神。

4. 秋瑾的相关主张。秋瑾作为那个时代的女性，不幸地成为了封建婚姻家庭的受害者，而作为进步的知识分子，她又是封建礼教的反叛者。早年间，秋瑾通过媒妁之言，由父母包办婚姻同“无信义、无情谊、嫖赌、虚言、损人利己、凌辱亲戚、夜郎自大、铜臭纨绔之恶习”的王廷钧缔结婚约。然而，婚后的生活中两人可谓是毫无乐趣、感情冷淡，秋瑾终于也无法忍受这种悲惨的没有感情基础的婚姻状态，毅然决然地与包办婚姻的丈夫决裂，脱离了不幸的封建婚姻，追求与崇尚自由平等的近代婚姻家庭观念，后来只身赴日留学。秋瑾曾旗帜鲜明地指出，中国的旧式婚姻“只

① 徐永志:《清末民初婚姻变化初探》,《中州学刊》1988 年第 2 期。

凭两个不要脸媒人的话”,就把青年男女任意组合,那造成的不幸结果就是人的独立性格、自主权利均被取消。

总而言之,这些清末知识分子的主张是中国近代婚姻家庭思想变革的先声,亦是以反对封建专制,争取平等自由和自主权为主要内容的社会革命的预演。我们应该看到,中西法律思想的异同,特别是集中在价值观念的冲突,反映出的恰恰正是社会经济形态的差距,一个是小农经济为主导的封建社会,一个是商品经济为主导的资本主义社会,再加上清末统治阶级的急功近利、临时抱佛脚的心态,因此我国移植西方法律的活动从一开始就遭到强大保守势力的抵制,并由此引起了礼教派和法理派的思想对冲与辩论。尽管,清末礼法之争最终因清政权的坍塌而不了了之,然而,在此以后在历次政权的立法与修法的活动中,固有的、传统的家庭宗法观念、婚姻伦理思想与西方近代婚姻家庭思想与法制的博弈却始终困扰着每一个立法当局,因此,后来有民国法学者就总结道:“我国立法事业,辄有左右为难之势,常立于新旧夹攻之间,此于亲属法尤为显著。”①

第三节　清末传统亲属制度变化的过程与内容

清承明制并以《大清律例》的成文法的形式勾勒了基本的法律框架。既至清末,《大清律例》虽有损益,但仍保持着封建法典的一般特征。② 因此,在亲属制度的范畴里,清末也依然仍承袭古制,将“礼”视为婚姻家庭关系中最主要的调整方式,再收录和总结各地习俗为具体规则,最后辅之成文法令。《大清律例》在《户律》中将“婚姻”置于第十卷,也被称为“户婚律”,其中,以律文加上例文的方式依照规范对象的不同依次编列,清朝乾隆五年时剔除了关于外番色目人婚姻律文以及相关例文数条。清朝的户婚律内容上涵盖从婚姻的缔结一直到终结,也包含父母、宗族对婚姻

① 赵凤喈:《民法亲属编》,台北正中书局 1990 年版,第 3 页。
② 苏亦工:《明清律典与条例》,中国政法大学出版社 1999 年版,第 133 页。

的影响，以及婚姻中的各种禁忌，包括夫、妻以及妾相互之间的权利、义务与责任，还包括维持婚姻存续状态和稳定关系的各种刑罚措施等相关内容。另外需要注意的是，清朝的户部基本上每隔五年就要修编重订一次《户部则例》，即通过更替或者增加相关典型的案例从而来弥补和修正成文法律中所存在的问题与不足。然而，到了清朝的中后期，几经修改的《大清律例》慢慢表现出过于保守和稳定的现象，并带来一定的弊端，《户部则例》成为有司实施或变通律例的重要依据。① 例如，清末《户部则例》就从根本上变通了清朝初期所规定的满汉不许通婚的禁令，认可了现实中满人与汉人婚姻关系的存在与发展，可以说，二者之间大体上就形成了“垂邦法为不易之常经，例准民情因时制宜”的关系。应该说，清末中国传统亲属法律的变化历程不是一蹴而就的，而是经历了一个复杂、交互的过程，既有外界的力量推动，又有自身改革的内在需要。一般学界认为，始议于光绪二十八年的《大清民律草案》亲属篇是中国传统亲属法律在清末这一特殊时空环境下最直接、最典型的变化结果，它是我国封建法律近代化的重要组成部分，也是清末修法的重要成果之一。

一、清末传统亲属制度变化的过程

（一）战争失利与治外法权的形成

中国自一八四二年鸦片战争失败以后，不得不同西方帝国主义列强们订立了诸多项丧权辱国的不平等条约，不仅仅包含割地赔款的内容，也包括关税主权的逐步丧失，更为甚者，西方帝国主义以中国法律的落后野蛮为理由，逼迫清政府签订《虎门条约》与后来的《中英五口通商章程》(1843)，从中正式获得了在中国的领事裁判权，自此清政府的司法主权也开始沦丧。随后，清政府与西方列强们先后签订的《中美天津条约》(一八五八年六月十八日)、《中法天津条约》(一八五年六月二十七日)

① 张晋藩、林乾：《〈户部则例〉与清代民事法律探源》，《比较法研究》2001 年第 1 期。

也都包含相关内容。最终我们发现，“通过四〇年代和六〇年代的两次鸦片战争，英、美、俄、法等资本主义列强强迫清朝政府签订了片面的最惠国的不平等条约 26 个”。[①] 据此，西方列强们均可依据其中的“最惠国待遇”条文内容，获得各自的领事裁判权。“终晚清之季，在中国享有此特权的国家，遍及欧、亚、美三洲，共计 18 国之多。”[②]西方国家在华获得的领事裁判权，让清朝政府逐渐失去了对中国境内西方国民的治理权，从很大程度上损伤了我国的司法自主权，并且严重伤害了我国国民经济的发展环境，同样的，这对政府的有效统治与社会管制也造成了重大破坏。所以，西方帝国主义国家们的领事裁判权就被清朝社会各阶层民众一致视为应当取缔的对象。1902 年，即光绪二十八年，清朝政府差遣盛宣怀与吕海寰二人前去同英国续签《通商与行船条例》，里面第 12 款内容规定：“中国深欲整顿本国律例，以期与各西国律例改同一律，英国允愿尽力协助，以成此举。一俟查悉中国律例情形及其审断办法及一切相关事宜皆臻妥善，英国即允弃其治外法权。”[③]随后，清政府与日本、美国、葡萄牙等国也陆续签署了相关条约，里面也都存在相似内容。事实上，这种空洞的承诺存在非常大的虚假成分，然而，却依然使得清朝末年的爱国知识分子们看到一丝改变的可能性。正如清末的修订法律大臣沈家本所说，“中国修订法律，首先收回治外法权，实变法自强之枢纽。”[④]

（二）西方亲属文化的进入与渗透

伴随着清朝末年西方帝国主义列强的军事侵略，也带来了先进的近现代社会的西方思想以及法律文化，就是后来我们所说的“西学东渐”“西法东来”，由此也就不可避免地会造成近代西方亲属法文化与中国传统亲属法文化之间的冲突。近代西方婚姻家庭观念与文化伴随着武力的

---

① 夏锦文、唐宏强：《儒家法律文化与中日法制现代化》，《法律科学》1997 年第 1 期。

② 吴颂皋：《治外法权》，商务印书馆 1929 年版，第 183—188 页。

③ 朱寿朋编、张静庐等：《校点光绪朝东华录（五）》，中华书局 1958 年版，第 4918 页。

④ 陈新宇：《法律转型的因应之道——沈家本与晚清刑律变迁》，《现代法学》2021 年第 2 期。

侵略而渗透,来势迅猛,而中国传统婚姻家庭思想则根深蒂固。因此,在近代中国,亲属法的发展不可能一如既往地延续封建亲属法制,也不可能让西法一冲即垮,完全移植近现代西方的亲属法制。而是在西方婚姻家庭观念的渗透和冲击下,中国传统亲属法逐渐革新、转型,不断吸收和融合西方亲属法文化,形成和成长为中国近代亲属法。西方帝国主义国家以中国法律野蛮落后为借口,以清廷必须主动改良法制为交换条件,作出放弃所谓领事裁判权的空洞承诺,这强烈地刺激了清末政府与社会各界的敏感神经。此外,"光绪二十八年,吕海寰、盛宣怀在沪修订各国商约,英、日、美三国均允许候中国律例情形,审判办法,及其他事宜皆臻妥善,即放弃其领事裁判权。"①如此,鉴于国内外形势的压力,清政府被迫开始着手进行修改和制订法律的活动,可以说,这既是对国内外日益高涨的变法呼声的回应,也是作为对西方近代思想、观念和法律制度挑战与入侵的交代,更是晚清政府不得不采取的自救的手段,即在现实的社会、经济与生活条件下对传统法律的反省。

(三)形势所迫的变法与修律

1901 年 1 月,慈禧太后在逃至西安之后,用光绪皇帝之名颁布谕旨同意变法,诏书中承认清政府"习气太深",同意要学"西学之本源","取外国之长,乃可补中国之短",声称"法令不更,锢习不破;欲求振作,当议更张","世有万古不易之常经,无一成不变之治法。"而所谓的"万古不易之常经",即为"三纲五常"。"不易者三纲五常,昭然如日星之照世:而可变者令甲令乙,不妨如琴瑟之改弦。"②此道诏书反映出了两个事实:一是清政府从始至终一直顽固坚持"三纲五常"不许更改的立场,并将其视为维护自己封建统治的奠基石。二是变法决定乃是清政府在迫于形势的状况下的被动行为,并非真心所愿。清末修律被正式列入议事日程见于 1902 年四月的诏书:"现在通商交涉,事益繁多,著派沈家本、伍廷芳,将

① 谢振民:《中华民国立法史(下册)》,中国政法大学出版社 2000 年版,第 255 页。
② 朱寿朋:《光绪朝东华录(四)》,中华书局 1958 年版,第 4635 页。

一切现行律例，按照交涉情形，参酌各国法律，悉心考订，妥为拟议，务期中外通行，有裨治理，候修定呈览，候旨颁行。”从中可见，之所以修订法律在很大程度上仅仅是为了顺应和满足西方列强们的要求，从而期望获得西方国家的支持。1907 年 9 月 2 日，在清政府正式委任由沈家本作为修订法律大臣的诏书里，命令沈家本等人“参考各国成法，体察中国礼教民情，会通参酌，妥善修订”。这段时间里，由于大清刑事民事诉讼法草案的出台，引发了朝野新旧思想辩论，这使得清政府对修律指导原则变得更加谨慎，因此，清政府在 1909 年命令沈家本等人必须依据学部全面批驳《新刑律草案》的奏章对新刑律实施删订和修改，并且在 1908 年 1 月的诏书中严肃地指出：“良三纲五常，阐自唐虞，圣帝明王，兢兢保守，实为数千年相传之国粹，立国之大本。今寰海大通，国际每多交涉，固不宜墨守故常，致失通变宜民之意；但抵可采彼所长，益我所短，凡我旧律义关伦常诸条，不可率行变革，庶以维天理民彝于不敝。”①以上内容非常清晰地展示了清朝统治者一贯以来所坚持的封建顽固思想。一方面，清政府为摆脱眼前外敌的现实危险，不得不在相当程度上去迎合西方帝国主义国家的要求，忍气吞声。另一方面，为了维持清政府虚弱的封建统治，也不得不坚守其“三纲五常”的封建核心思想。所以，顽固守旧与满足西方列强的要求，这两点都是清末修订法律的基本指导原则，这两个指导原则既相辅相成，又相互制约。

另外需要指出的是，在清末修律过程中，沈家本作为钦定的修律大臣，可以说是从头至尾地参与并且负责了清末的这次重大修律活动，对清末修法作用至大，影响至深，无人能出其右者。沈家本主持修订法律之核心精神是：“折衷各国大同之良规，兼采近世最新之学说，而仍不决乎我国历世相沿之礼教民情”②，这段内容精炼且准确地反映了沈家本博古通

① 故宫博物院明清档案部：《清末筹备立宪档案史料（下册）》，中华书局 1979 年版，第 858 页。

② 高汉成：《大清刑律草案签注考论》，《法学研究》2015 年第 1 期。

今、学贯中西的学识与能力。清末修法是开启中国传统法律走向近代化的起点，它不但得满足西方帝国主义国家的需求，还得固守传统儒家伦理道德里的三纲五常作为法律核心价值不变。另外需要注意的是，参与《大清民律草案》编纂的松冈义正是日本著名的民法和民事诉讼法学者，日本大正五年从东京帝国大学（即现在的东京大学）法科专业毕业获法学博士学位，他在民事法律领域著作颇丰，甚至还曾担任过日本大审院的法官。松冈义正在清末受聘来华承担了《大清民律草案》头三篇的起草工作，同时也为朱献文、章宗元起草亲属篇提供了协助。

二、清末传统亲属制度变化的内容

我们看到1909年9月正式颁布了的《大清现行刑律》是在修改《大清律例》基础上制订的，因此其中关于亲属间犯罪方面的条款，很多的内容几乎都是清律的翻版，只是在婚姻、继承与家庭和其他纯属民事的规定中，不再有刑罚的内容，而将其集中汇册成单独的部分，据此开创了我国民刑法律分别编定的先河。《大清现行刑律》颁布以后，清廷的法律官员与专家学者越来越开始重视西方的法学里有关私法与公法等法律性质不同的法律部门分类的观点和理论，并据此上奏朝廷请求单独制定民律。修订法律馆于1911年9月编成的《大清民律草案》，正是在委托日本学者为专家顾问的情况下，依据1900年《德国民法典》的体系编纂而成，该草案分总则、债权、物权、亲属、继承五编，前三编内容基本上是由日本学着松冈义正执笔，而“亲属继承两编关涉礼教，应会商礼学馆办理云”，所以应由中国人来起草，最后，亲属编是章宗元、朱献文负责起草。

（一）清末亲属制度修订的指导准则

清末修律的基本原则可从诸多文件，包括诏书、上谕等内容中得以总结。俞廉三、刘若曾等所奏《民律前三编草案告成奏折》被学界公认为清末修律之基本原则，一是注重世界最普通之法则；二是原本后出最精之法理；三是求取最适于中国民情之法则；四是期于改进上最有利益之法则。

我们应该看到，在《大清民律草案》亲属编修订与编纂中，既须在整体上遵循清末民事修律的上述概括原则，亦会有其独特的、具体的指导准则。

1.“旧不俱废，新亦当参”。这是沈家本总结的一个修律观点，亦可视作清末亲属法修订的一项指导准则。我们应该看到的是，清政府当时在修订大清民律草案时，敕令法律馆先行修订出《大清现行刑律》，并将其当作承前启后的新律法来付以推行，因此其中婚姻家庭相关的条例大都延续了旧法的规定，只是替换了很少一部分的规则。《大清民律草案》亲属编的修订亦是如此，决不意味着对旧法旧律的内容的全面否定。“新亦当参”，就是说亲属、婚姻和家庭内容的修订亦须有所突破和创新，务须存有新意，就是说要适当地参考、商酌近代日本和西方法律实践的一些成果。就《大清民律草案》来说，足以看出当时的清廷以及高级知识分子们非常看重日本的明治维新的效果，因此将日本明治以后的新法律制度作为重要的参考对象，在民律草案亲属编的修订里大量吸收了日本家事法律修订的经验，并对中国传统的封建婚姻、家庭规则与原则进行再次淬炼。

2.“体察中国礼教民情”。此言是光绪皇帝诏书中所说，即坚持中国传统政治奉行的准则，要求各级官员和主事人员务必亲力亲为地去体会和考察民间的习俗和真实情况，只有重视礼教与民情，统治才能够延续。因此，清末在西学东渐的影响下，“体察中国礼教民情”“中体西用”也就自然成为了亲属编修订的指导准则。《大清民律草案》尽管在一定程度上试图有所突破和创新，并希望吸收日本和西方各国近代法制成例的经验，然而在亲属编的主体核心结构上仍然非常看重传统礼制之保留。亲属编中婚姻相关内容的规范也以制定法的形式呈现出来，既以私法典的编纂来认可中国传统婚姻家庭的习俗、惯例和礼法。同样的，清末的修法活动也在通过大范围的基层民间乡野调查活动而落实“体察民情”“中体西用”的指导准则，可见当时修法时立足于我国各地区的民情风俗和外国立法的成例参酌是不可偏废的，因为亲属、婚姻和家庭内容的修法势必更加注重本国的国情，因此有必要采集当时各地区的礼法习惯为修法所用。因此，尽管清朝末年，《大清民律草案》亲属编的修订守旧意味相当浓重，然而对比“醉心欧化、步武东瀛”的功利式造法运动，却也反映出民事习惯的重要。①

3.“期于改进上最有利益之法则”。此为清末修订法律大臣俞廉三在《奏进民律前三编草案折》中所总结的修律准则。也就是说，须采纳中西立法各自的优点和长处，制定出最有满足利益的法律规则，在亲属编的修订之中找寻到最有利清末社会民情的法律规则。可以说这一指导准则清楚地体现了当时清廷施行修律的主要方向，即在政治与法律上改变以适应新的社会需求。② 由于内忧外患社会动荡，清末时期各方势力的经济利益结构有较大变动，对婚姻、家庭和亲属关系的认识在“宗族”之外也有了新的视角。因此，《大清民律草案》的亲属编尽管承袭很多传统，却在立法的方式、观点与规则设计上有不少改变，吸收了西方婚姻家庭法律的一些规则与制度，例如婚姻登记制以及夫妻别体主义等内容。还应当看到的是，这一修法指导准则在亲属编中的应用，既顺应彼时西方“功利主义”观念在社会事务与法律实践中的盛行，又符合当时中国社会长期在朱程理学“存天理、灭人欲”的束缚中的修正需求。总之，我们应当将《大清民律草案》亲属编视作清末修法运动中思想解放的实践成果之一。

（二）清末亲属制度修订的具体内容

1.《大清民律草案》亲属编是资产阶级民法原理和中国封建民事传统相结合的产物。如果说《大清民律草案》前二编的内容主要抄自德国、日本和瑞士民法典，那么，亲属、继承两编则基本上沿袭了中国传统的封

① 胡旭晟：《20世纪前期中国之民商事习惯调查及其意义》，《湘潭大学学报》（哲学社会科学版）1999年第2期。

② 李秀清：《中国近代民商法的嚆矢——清末移植外国民商法述评》，《法商研究》2001年第6期。

建法律，修订法律馆在有关《大清民律草案》告成的奏折中说：“凡亲属，婚姻、继承等事，除与立宪相背，酌量变通外，或本诸经义，或参诸道德，或取其现行法制，务期整饬风纪，以维持数千年民彝于不敝。”因而亲属法中如亲属关系，家长的地位、婚姻的成立以及财产继承多沿用封建律典，以维护封建亲属法的基本精神。《大清民律草案》亲属编共分 7 章，143 条。第一章总则。第二章家制，分 2 节：(一)总则；(二)家长及家属。第三章婚姻，分 4 节：(一)成婚之要件；(二)婚姻之无效及撤销；(三)婚姻之效力；(四)离婚。第四章亲子，分 5 节：(一)亲权；(二)嫡子；(三)庶子；(四)嗣子；(五)私生子。第五章监护，分 2 节：(一)未成年人之监护；(二)成年人之监护。第六章亲属会。第七章扶养之义务。《大清民律草案》继承编共分 6 章，110 条。第一章总则。第二章继承，分 2 节：(一)继承人；(二)继承之效力，又分总则，继承人应继之分，分析遗产 3 款。第三章遗嘱，分 5 节：(一)总则；(二)遗嘱之法；(三)遗嘱之效力；(四)遗嘱之执行；(五)遗嘱之撤销。第四章特留财产。第五章无人承认之继承。第六章债权人或受遗人之权利。①

2.《大清民律草案》亲属编的内容基本采取家属主义或者说家属制度。清末修法的专家们在了解和考察过日本和西方主要国家的立法情况后指出：“中国今日社会实际之情形，一身以外，人人皆有家之观念存。同住一家者为家属，其统摄家政者为家长。现行于社会者既全然是家属制度，不是个人制度。而家长、家属等称谓散见于律例中颇多。又历代皆有调查户口、编查户籍之举。凡所谓户者，即指家而言。是于法律上又明认所谓家矣。以十八省皆盛行家属制度之社会，数千年来惯行家属制度之习尚，是征诸实际，观诸历史，中国编纂《亲属法》，其应取家属主义已可深信，再无疑义之留矣。”②因此，我们可以清晰地看出，清末修法者对

---

① 方砚：《近代以来中国婚姻立法的移植与本土化》，华东政法大学 2014 年博士学位论文，第 57 页。

② 朱勇：《私法原则与中国民法近代化》，《法学研究》2005 年第 6 期。

《大清民律草案》亲属编的编纂与起草，处处皆以中国的国情与现实为根本依据。家庭和家族或者说宗族是不同概念，它们是既相互区别又有一定联系的人群结构。传统中国社会既存在家庭制度，同时又存在宗族制度；在继承方面也是如此，既有财产继承，又有宗祧继承，并且两者之间是依据不一样的原则与规范，即诸子财产继承和嫡长子继承这两种不同的继承制度并行不悖。而在日本，则家庭与宗族被视为同一群体，并未细致区分“家”和“宗”的范畴区别，因此日本在继承方面，奉行较为简单的嫡长子继承制。

3.《大清民律草案》亲属编在内容上表现为对半封建婚姻家庭制度的维护。例如：封建宗法制度，买卖、包办的婚姻制度、封建家长负责制等等。清末修订的亲属法律，依然遵循于宗法原则将亲属划分为宗亲、外亲、妻亲等不同类型，其范畴和等级依服制图而定。除此以外，《大清民律草案》依然确认了以夫权与父权为核心的家长责任制。例如，其中一三二三条就规定，“凡隶于一户籍者为一家。父母在欲别立户籍者须经父母允许”。一三二四条规定：“家长以一家中之最尊长者为之”；一三二七条规定：“家政统于家长”。第一三二七条还对此特别指出：“此条是规定家长权之范围也。家长为一家之主宰，则家政理应由家长统摄，但家长既有统摄家政之权利，反之，则家属对于家长即生服从之义务”。此外，《大清民律草案》还规定了关于亲权的制度，包括第一三七四条：“行亲权之父母于必要之范围内可亲自惩戒其子或呈请审判衙门送入惩戒所惩戒之”；第一三七五条：“子营职业须经行亲权之父或母允许”；第一三七六条：“子之财产归行亲权之父或母管理之”。依据修订法律馆的解释：“子妇无私货、无私蓄、无私器之义，似乎为人子者，不应私有财产”。在婚姻方面，主要有第一三三三条规定“同宗者不得结婚”，第一三三八条规定“结婚须由父母允许”；第一三五〇条规定“夫须使妻同居，妻负与夫同居之义务”；第一三五一条规定“关于同居之事务由夫决定”。在离婚问题上宽于男而严于女，第一三六二条规定，“妻与人通奸者”即行离婚；但夫只有因“奸非罪”被处刑者,妻才可以提起离婚。在夫妻地位上,《大清民律草案》规定妻为限制行为能力人,第二十七条:“不属于日常家事之行为须经夫允许”;第二十五条:“妻得夫允许独立为一种或数种营业者……前项允许夫得撤销或限制之”。从中可以看出,是以妻为限制行为能力人。

4.《大清民律草案》中将婚姻法置于《亲属篇》第二章,是中国第一次以成文私法典专章的形式调整婚姻关系。具体来看,婚姻章设四节内容,总共三十八条,包括婚姻之要件、婚姻之无效及撤销、婚姻之效力以及离婚。关于婚姻之要件,《大清民律草案》中规定了实质要件与形式要件。对于婚姻的形式要件,为中国首次设立结婚登记制度,规定男女双方的婚姻从户籍吏始作登记方才产生效力。而婚姻的实质要件则包含积极要件和消极要件,积极要件包括需要经过男女双方父母的准许等内容,消极要件则大部分以“不”或“不得”为表述方式。例如,结婚年龄本应视为积极要件,然而在草案中却以“男未满 18 岁,女未满 16 岁者,不得成婚”的表达方式使得该内容成为消极要件。另外,其他的消极要件还有:禁止重婚、同宗不婚、通奸者不婚、近亲属不婚、待婚期等等情况。对于婚姻之无效及撤销,《大清民律草案》为其设置了具体情形,甚至涉及了溯及力的问题。根据草案的相关规定,婚姻的无效乃以“无结婚意思”与“未呈报户籍吏”为限。草案中设计了无溯及力的婚姻撤销的形成权,包含重婚、父母未允许、欺诈或胁迫、婚龄不足、待婚期未满等可撤销的情况。婚姻的撤销权以六个月为限,而且依据各种情形设置了相对应的撤销权灭失的情况。应该说,《大清民律草案》设置的婚姻撤销权,体现出了西方先进的法律技术与设计技巧,逻辑结构较之前传统律法更为严丝合缝,具有一定的先进性。草案中关于婚姻的效力内容,主要是规范夫妻之间的法律关系,同时对夫妻的财产加以清晰的界定与规范。草案中设定的夫妻间的法律关系,包含有监护、代理、同居、扶养等方面,并且第一次涉及了夫妻间的契约订立、撤销与限制条件。另外,在婚姻效力的问题上,草案规定了夫妻联合财产制，在丈夫管理妻子财产之基本原则下，作出了许可夫妻之间约定财产与妻子的特有财产。至于草案中的关于离婚的规范，则主要延续了传统法律的精神和内容，不过其意义则须有待后续法律关系的安排，《大清民律草案》规定了两种法定类型的离婚，一是两愿离婚，二是诉讼离婚。两愿离婚的情况下，则一旦呈报给户籍吏登记便产生离婚效力，唯有未到法定年龄的男女离婚须经过父母同意。在诉讼离婚的情况下，需要在达到法定离婚条件下，由夫或妻中的一方提起，不过倘若是恶意遗弃对方并生死分明或者超出法定期限情形，那么将不得起诉。在《大清民律草案》中，对联合财产之归属、夫妻离婚后未成年子女之监护、夫妻之间的损害赔偿等内容也有较为清晰的规范。

5.《大清民律草案》规定了“亲属会制度”。所谓亲属会制度，是在吸取了各国相关立法的长处之后，同时传承中国社会相关民事习惯的基础上制定的。《大清民律草案》亲属编的第六章特别设计了亲属会的制度，该章的按语说：“亲属会者，就监护及其他法律所规定应行会议之事件，因本人并亲属及其他利害关系人之呈请而成立之议决机关也。吾国习惯，家庭之内遇有重要事件，则邀同族中及亲戚会议处理，但此不过为习惯上之事实，并非法律上之制裁，然既有此习惯，则关于亲属会如何招集、如何组织、如何决议，苟无法律规定，一任诸习俗之自然，恐流弊必在所不免，故欧洲诸国现行之法律，英、德、法、意大利、葡萄牙、西班牙、比利时皆设亲属会之规定，即日本民法亦如之。但各国民法凡亲属会之组织招集、决议等事均认审判官之干涉为多，惟撰诸中国情形则殊多未便，故除选定及招集事项外，其于决议一层不认审判官之干涉。”①

第四节 清末传统亲属制度变化的评价

清末中国传统亲属制度的变化从根本上来说并没有完全改变原先的

① 娜鹤雅、黄骏庚：《近代“亲属会议”制度移植》，《历史研究》2020 年第 6 期。

封建宗法礼教的婚姻家庭思想与制度，因为可以显而易见地在《大清民律草案》里找到诸多包含“三纲五常”内容的相关规范，尽管如此，我们还是应当重视其中的变化部分，在西方近代资本主义法律思想和理念的冲击下，这些变化依然具有显著的积极意义和长远的未来影响。早先发布和施行的《大清现行刑律》其中的婚姻门是从《大清律例》修订而来，在形态制式等方面并没有非常明显变化，在内容上的变化在于婚姻门更加重视婚约的效力并且加强了婚姻中的尊卑思想，值得注意的是，将关于婚姻内容的条例和刑罚制度在一定程度上进行了分割并且处以相对较轻的罚金，自此开启了民、刑分立的先河。而之后修订的《大清民律草案》亲属篇虽然依旧带有相当的保守成分，却在婚姻、家族内部关系的规则中有很多变化，尽管后来出现官方对“同宗不婚”原则的扩大解释情况，其依然具有很多充满新意的改变，在内容与形式上均作出相当程度的革新。总之，如果要客观、公正地看待和认识清末传统亲属制度的变化，我们基本上可以将其评价为保守性和积极性两个方面。

一、清末传统亲属制度变化的保守性

（一）维护“三纲五常”的传统

清末时期，清政府与顽固守旧派依然将君为臣纲，父为子纲，夫为妻纲的“三纲五常”视为万代不能改变的立国之根基。因此我们看到，《大清民律草案》亲属编在修订之时，修律大臣沈家本、俞廉三等也将“求取最适于中国民情之法则”视为最主要的修律准则，在《奏编辑民律前三编草案告成缮册呈览折》里写道：“凡亲属、婚姻、继承等事，除与立宪相背酌量变通外，或取诸现行法制，或本诸经义，或参诸道德，务期整饬风纪，以维持数千年民彝于不敝。”但是，这里面的“民情”，其实就是维持儒家封建礼教、“三纲五常”传统的托词。因为从汉武帝“罢黜百家、独尊儒术”以来，儒家礼教就长期在中国封建统治的历史长河中占据统治地位，所以在清末修律时，儒家礼教作为封建统治的核心思想，毫无疑问地在清廷封建势力的意识形态里牢不可破。

（二）保留“家族本位主义”

我们清晰地看到清末亲属制度仍然保存浓重的封建家族本位主义。家族本位主义就是将家族利益视作最优先利益的价值取向。在自然经济和以农业为主的社会中，家庭当然是最基础的单位，因此儒家思想、礼教和宗法制度下确认了家在社会关系与社会交往中的重要地位。因而，家族本位主义之作用在于团结和塑造有共同血缘、姻亲或者同居生活的人员成为一个共同体，完成共同体的发展和延续。① 据此树立起成员服从家族、家族利益优先的价值观。在婚姻的范围内，家族本位主义包含以下内容：一是由家长主婚，家长对于家庭成员婚姻的缔结与终结有决定权；二是同姓不婚，血缘相近的人不应通婚，从而满足优生优育与伦理需求；三是家长对整个家族的财产具有管理和处分的权力，因此历朝历代律法上都有禁止“异财”的规定，从而落实家长对家族经济的完全掌控，只有如此，家长的地位才能稳固。《大清民律草案》亲属篇在修订时，就因为所涉家庭关系之重大，引发了朝野“礼法之争”。② 守旧的礼教派主张“浑法律与道德与一体”，提出婚姻应当以维护父权家长制与宗法等级为目的。赞同改革的“法理派”则提出向西方学习，在民法草案中需落实普世的法理思想与逻辑，制定出符合世界历史与发展潮流的民法体系。尽管法理派的想法更加顺应清末社会工商业逐渐兴起的环境与时代背景，也更符合于中国传统大家庭开始瓦解，开始向夫妻小家庭转变的现实潮流，然而当时的农业经济在整个经济中的比重依然是压倒性的，因此传统的封建家族本位主义在广袤的农村地区和大部分小城镇里依然是主流思想。封建礼制的拥趸最终还是在亲属编的修订中种下了家族本位主义的种子，并在法律规范中保留了颇多保守的、落后的、不公平的内容，以至于

① 瞿同祖：《中国法律与中国社会》，中华书局 2012 年版，第 1—5 页。

② 李显冬：《从大清律例到民国民法典的转型》，中国政法大学 2003 年博士学位论文，第 67 页。

女性依然要遭受封建专制思想与体制对其的压迫，在亲属编里的夫妻关系中，这些不平等内容依然清晰可见。

总之，清末的《大清民律草案》作为旧中国最早的一部独立的民法典草案，因为清政府的快速灭亡而未来得及颁行实施，亲属编的设立与修订内容确实仍然沿袭了历代封建法律的某些精神和原则，“三纲五常为数千年相传之国粹，立国之大本”，“凡我旧律义关伦常诸条，不可率得变革，”需要“求最适于中国民情之法则”[①]可见，发生在清末的中国传统亲属法律的变化是不彻底的，不触及根本的，社会整体上依然自上而下地维护和肯定封建专制统治以及封建婚姻、家庭与亲属制度。

二、清末传统亲属制度变化的进步性

在西方国家，从古代社会到近代社会，民事法律的发展变化无疑表现为“从身份到契约”的运动。[②] 同样地，中国传统亲属制度从奴隶社会到半殖民地半封建社会的演进过程也有其规律可循。我们应当看到，中国古代对亲属关系的调整具有较为典型的身份法特征。即如上文所述的以家族本位主义为价值取向，据此以服制等级为划分的礼教制度与儒家宗法思想逐渐自上而下的在中国社会中生根发芽，从而塑造和引领了我国历朝历代调整婚姻、家庭和亲属关系的面貌轮廓与发展方向，形成了符合中国本土特征的不同于西方的传统宗法礼教式的亲属关系思想，并在古代中国乃至周边受中华法系影响的地区里传承了二千多年。到了十九世纪中后期，传统亲属法才开始由典型的身份法模式逐渐接纳某些契约法的思维与观点。这一重大转变的开启，并非本土自主自发的，而是在西方帝国主义的坚船利炮以及政治、文化和法律思想的冲击下，通过中、西方两种亲属文化及其价值体系的冲突、渗透并最终融合而实现的。可以说，西方的法律文化对清末中国传统法制的影响与挑战，正

① 梁治平：《“礼法”探原》，《清华法学》2015 年第 1 期。

② 黄潇、朱跃星：《论私法上的从契约到身份运动》，《福建法学》2013 年第 1 期。

是中国传统亲属关系文化开始向近现代亲属法制方式变革与转型的契机，清末修法运动中对于传统亲属关系的再调整，则又是中国亲属法制走向近代化的发端，亲属法的修订终于开始商酌与参考世界最普遍之规则，以“原本后出最精确之法理”为宗旨，借鉴了西方资产阶级国家的立法方式，对亲属关系内容在民法典中单独成编，与民法典其他部分平等并列，在体例设计上与规则内容上与之前相比有较大进步，乃至对后来的北洋政府和南京国民政府的亲属法制设计与安排，都具有重大影响和启示意义。

1. 中国传统亲属制度的变化过程中传播了西方的自由、平等和人权等观念与思想，这对于促使民众自我意识的觉醒有着积极意义。清末的中国政治、经济、社会与文化开始震动，部分觉醒的知识分子开始宣扬新式的婚姻与家庭观念，另外随着帝国主义的坚船利炮、资本主义经济方式以及西方近现代价值观的到来，造成了清末政治管治环境与民间思想领域的巨变，旧式的社会传统观念也由此开始瓦解，在社会进步人士的范畴内逐渐率先树立了新的、符合近代社会发展的理念。作为革命先行者的孙中山，就一直坚定不移地提倡新的婚姻观，主张男女应当平权，在1906年《军政府宣言》里孙中山说道：“我汉人同为轩辕子孙，国人相视，皆伯叔兄弟姑姐妹，一切平等。”正是在革命先行者和诸多进步人士的不遗余力地宣传自由平等思想的影响下，清末社会上下都开始不同程度地认识到传统婚姻、家庭和亲属制度中存在的弊症，注意到宗法礼制对人性的严重束缚。老百姓的自我意识也由此开始觉醒，开始寄希望改变或者脱离旧式婚姻家庭制度与封建礼教的约束和管制，乃至最终形成了一场呼喊婚姻家庭革命的社会思潮与身体力行的反抗运动，这显然促进了清末社会人民思想的解放，并且使得西方自由、平等与人权的思想得到较为广泛与深入的宣传。

2. 清末传统婚姻、家庭观念乃至亲属关系的变化加速了中国社会整体上的近代化进程。一个社会的进步与发展同婚姻观念、家庭制度的变革是同步的，婚姻、家庭思想与制度的变化也亟待社会体制的整体变革与之相适应，二者之间是一个有机整体，密不可分。历朝历代的中国封建社会中所主张的家长包办婚姻、买卖婚姻、“父母之命，媒妁之言”的传统婚姻制度当然是反映了封建统治阶级的意志与利益，因为在封建社会中，这种旧式的婚姻家庭体制能将人们完全捆绑在封建宗族制度和家庭本位主义之上，而这个传统封建宗族制度恰恰是封建社会得以延续的基础，所以传统的婚姻、家庭和亲属体制是为当时的封建社会制度服务的。中国传统的亲属关系使封建的宗族制度得以维持和巩固，从而也使封建社会的统治更加牢固，有利于封建统治者的统治，为统治阶级所提倡。当历史的车轮驶入近代以后，随着西方资本主义军事与经济势力的到来，开始破坏了中国宗族制度生存与发展的内外环境，伴随着西方近代社会自由平等思潮在中国社会的影响，西风、西俗传播愈盛，进步人士因此开始反省传统婚姻家庭思想，特别是当时中西方婚姻的现实接触已经变成可能，使人们得以在二者之间进行实际比较，逐渐开始接纳西方婚姻观念，一夫一妻取代了一夫一妻多妾，旧式的包办、买卖婚姻向自由、自主的婚姻转变，人们开始去寻求幸福、美满的婚姻家庭生活方式，试图摆脱儒家礼教与宗法制度的传统束缚。旧式的婚姻、家庭制度是落后的生产关系的产物，势必会妨碍社会生产力的发展；反之，社会生产力的发展势必会促进婚姻、家庭制度发生与之相适应的变革。婚姻、家庭制度的变革最终将使封建社会的统治基础宗族制度出现动摇，因近代的婚姻、家庭制度并非为封建统治阶级的利益服务，同时，传统的社会形态阻碍了新型婚姻、家庭与亲属关系的发展，封建的社会制度已与近代的社会需求产生了矛盾。人们在自由、平等和人权思想的影响下必然要求建立一种与婚姻、家庭制度的发展相适应的近代社会制度，变革与婚姻制度和生产力发展不相适应的社会制度，从而促使社会制度随之发生变革，推动中国社会的近代化。戊戌维新后到五四运动时期婚姻的变革经历了思想观念的变化——婚制婚俗的变动这样一个历程，它充分反映了社会的进步和文明的发展，从社会的深层结构中向人们展现了近代社会变迁的历史进程。①

3.《大清民律草案》亲属编试图引入夫妻别体主义是历史的进步。夫妻别体主义，又称夫妻分立主义，是指婚姻存续期间夫妻分处于独立的平等地位，保持独立人格。② 与之对应的是夫妻一体主义，是指夫妻因婚姻关系成为一体，由一方吸收另一方人格。传统夫妻一体主义下，夫吸收妻的人格，将妻降格物化，凝结出"从夫"的行为准则。其主张有夫对家庭事务的管理权、夫的财产支配权、姓氏权等。夫妻别体主义是民法平等思想在婚姻法范畴的贯彻。黑格尔认为，夫妇双方人格在实体上同一化是立足于主观性，而在实存上仍然是两个单一的主体，因而，丈夫与妻子的伦理价值均为独立的。③ 该主义旨在婚姻法内，该主义落实为：夫妻个人完整的人格、夫妻个人完整的行为能力、夫妻个人的财产权利、夫妻个人的事务管理权。在清末修律时，西方思想中人的独立人格与人权思想已然渗透进动荡不安的中国社会之中，民族资产阶级工商业的发展也在现实中客观地提升了女性的经济能力与独立地位，社会中有知识的女性和作为社会劳动力身份的女性越来越多，这使得女性不再是仅有作为妻子与母亲的家庭身份，在社会活动中获得了一定地位。因此，一些女性逐渐在新式的、进步的家庭里开始拥有家务、财产的话语权，家庭地位也随之得到稳固和提升。④ 正如后来陈独秀等人大造男女交际平等的舆论时说："今日文明社会，男女交际率以为常。男女交际的平等也从一个侧面体现了社会的文明与进步，认为'把男女的界限渐渐地化除，各尽各的责

---

① 朱晓琳：《戊戌维新到五四运动时期婚姻观念的变化及其影响》，《湖南医科大学学报》（社会科学版）2008 年第 1 期。

② 方砚：《近代来中国婚姻立法的移植与本土化》，华东政法大学 2014 年博士学位论文，第 49 页。

③ 曹贤信：《亲属法的伦理性及其限度研究》，西南政法大学 2011 年博士学位论文，第 83 页。

④ 白凯：《中国的妇女与财产》，上海书店出版社 2007 年版，第 255 页。

任，那就是我国的进步。’”[①]据此，亲属编顺应时代潮流，于夫妻关系的规范中大有变化。如之前章节所述，妻子的特有财产、夫妻间契约、约定财产制、夫妻互负扶养义务等都是夫妻别体主义在亲属关系范畴内的体现。尽管这种体现是有局限性的，夫妻别体主义的引入并不能改变亲属编整体上的保守性，然而应该看到的是，夫妻别体主义在保障女性权利、促进男女平等方面的进步意义，进入民国以后的亲属立法也都积极回应着这一变化的开端。

4. 清末传统亲属制度的变化开始逐渐冲破中国几千年以来封建大家庭观念的束缚。清末传统亲属关系、婚姻家庭思想的嬗变对于反封建起着不可低估的积极作用，它促使了人们追求自由、平等的生活，从戊戌时期到五四时期，从对封建体制的改良，到最终推翻清朝统治，从吸收和利用西方科学、自由和民主等思想，到对传统礼教思想进行更彻底的清算，使中国传统社会加速向近代社会转型。呼吁家庭、婚姻制度变革的强大舆论宣传在清朝末年的社会环境里产生了强烈的反响，并得到进步知识分子与开明人士的强烈支持。废除婚姻、家庭生活中恶法陋习，废弃复杂的封建婚制婚礼方式等观点也在社会上开始流行。有些地区改革童婚恶习率先规定“结婚不论男女，当以二十五岁为率”，有些地区出现了不同程度的改变结婚仪式的情况，特别在通商口岸地区出现了以所谓“文明结婚”名义的新型婚礼方式。这种“文明结婚”的方式主张结婚务必得到男、女双方当事人的一致同意，并且弃用坐花轿、拜天地和闹洞房等旧俗，婚礼过程追求简朴，清末时期有的结婚仪式已经开始直接采取和套用西方婚礼的一些形式，城市中越来越多“中西结合”的婚礼、仪式，这些在当时也被看作“文明结婚”。有些情况虽然表现出某种程度盲目的崇洋心理，然而必须看到，这些中西结合的婚礼方式，在当时的社会环境中具

① 李显冬：《从〈大清律例〉到〈民国民法典〉的转型》，中国政法大学 2003 年博士学位论文，第 102 页。

有移风易俗、革旧迎新和开阔视野的积极意义。另外，清末以后自由结婚、自由离婚的情况也越来越多，这也是婚姻观念与制度近代化的体现。婚姻是亲属关系拓展的基础，婚姻思想的变革冲破了封建大家庭的种种束缚，近代化的婚姻体制在于实行恋爱自由、婚姻自由（包括离婚自由、再娶再嫁自由）、禁止一夫一妻多妾制，最终建立"一夫一妻与未婚子女"为核心成员的小家庭制度。

5. 开始注意和保护未成年人的身心健康与利益。由于《大清民律草案》亲属编较前法采用了不一样的实质要件内容，亲属编上调了男、女结婚法定年龄，其中男方的适婚年纪为十八岁，女方的适婚年纪为十六岁，并且不准童婚，此立法设计明显借鉴了西方的立法经验。另外，由于废除了过去的父母主婚制的内容，代替以父母允婚制的相关内容，既在维护封建家庭男性主人（父权）地位的同时，相对地赋予了子女（结婚对象）一定程度的自由或者自主权利。同时，修订后的亲属编还加入了寺院制亲等规范内容，在维护传统服制等级的情况下增加了对亲属关系的新内容，为缔结婚姻提供了方便。另外，我们看到《大清民律草案》的亲属编中增加了待婚制，其目的在于保护家族血缘的延续与单纯。该规范内容最早起源于西方的罗马法，原本是对女性的束缚规则，却在实际上也一定程度地维护了胎儿在家族中的利益，因此，此项修订亦都体现了对当时西方世界普遍规则的尊重与借鉴。

6. 一定程度地提升了婚姻自主权利的行使和女性家庭成员的地位。由于《大清民律草案》亲属编中新设了婚姻登记制度，即男、女双方在结婚时和离婚时都应当向所在地的户籍吏履行登记，登记后才使得婚姻的缔结或者终结在法律上生效，这在一定程度上改良了旧有的封建传统婚姻习俗，又在一定程度上促使和推进了家庭成员行使个人的婚姻自主权利。亲属编中设立了诉讼离婚制度，即在达成《大清民律草案》亲属编中规定的法定离婚条件时，男方或者女方其中一方，单方面就可以提起诉求离婚，这取代了原有封建传统律法中男性（丈夫一方）专享婚姻解除权利的内容,从而有利于婚姻状态中对女性(妻子一方)权利的行使。与旧法不同的是,修订的亲属编对离婚后存在的法律问题也作了相关规定,例如关于离婚后子女的监护权问题,尽管仍然以父享有亲为优先,却规定了对于低于五岁的幼童由母亲代任监护权的规定,这显然受到西方人道主义思想的影响,既是有助于幼儿成长过程中的身心健康,又能纾解和照顾女性作为母亲的天性与情感利益。对于夫妻离婚后财产分割的问题,亲属编明确将妻子原先的财产归属于妻子,即回复结婚前的财产状态,这显然维护了离婚后女性的财产权利。对于离婚后的损害赔偿问题,也是亲属编修订中具有重要意义的地方,规定了妻子在离婚后,对有过错丈夫的损害赔偿请求权,既将惩戒丈夫的过错,又将保障妻子的利益,从而威慑婚姻中的家暴行为,也为离婚后的弱势女性获取一定的经济保障。显而易见的是,亲属编中离婚内容的设计,在保守为重的亲属法传统里有较大突破与创新,既企图稳定男女双方在离婚后的社会关系,又开始重视对于女性基本权利的维护,因此具有重要意义。民律草案亲属编还设立了婚姻无效与撤销权相关内容。此项制度设计既有利于维护结婚的实质要件,又有助于满足规范婚姻状态的立法目标,同时也使得家庭成员中的夫妻双方对婚姻状态都有一定的话语权,一改传统封建旧法中丝毫不顾男女当事人个人意志的情况。另外,民律草案亲属编设置了夫妻间的契约权与妻子的营业权,此项内容的意义在于着重维护处在夫权统治之下的女性的权益,有利于妻子行使其经济权利。在夫妻之间签订的契约里,男、女双方都能根据个人的意愿去协商确定婚姻状态中夫妻关系的内容,这有利于一定程度地保护女性权利和提升女性的家庭地位。

从源头上看,以公私并举的宗法思想为基础的中国传统亲属制度与以宗教为基础逐渐走向世俗的西方传统亲属制度有先天的差异。可以说,中国自古以来是以“公私并举”的方式调整着亲属关系;而西方的婚姻家庭乃至亲属关系,受基督教教义和罗马法影响至深,并且在资产阶级兴起后,走向了崇尚自由与契约精神的道路。清末时期,随着“西风”与

“西学东渐”的潮流，中国传统亲属制度也开始吸取与借鉴西方的思想与观念，从而开启了亲属制度近代化的历史进程。清末修律历来被视为中国传统亲属制度嬗变之起点，因此，在考察清末亲属法律的修律时，我们需注意其特殊的定位与影响。从清末修律的宏观视角来看，清末亲属法之修订是民律修订的一部分。由于当时的客观环境与现实需求，清末修律仍将公法作为优先之项，从法律文化的输入到立法的预备过程，再到最后形成的立法成果，公法性质的法律都是修法的重点。而在民事相关的新法律体系的修订之中，亲属编的修订具有相当重要的地位。因为，亲属编调整的婚姻关系、家族成员关系是千变万化的社会关系中最基本的关系，是复杂的社会关系的缩影。《大清现行刑律婚姻门》在调整或欲图规范清末婚姻法律关系上具有明显的保守性，而《大清民律草案》未能及时敕谕生效，其对清末婚俗的实际影响是有限的，一部襁褓之中的草案虽有革故鼎新之意，却未能具备法之效力，是为遗憾。

在评价清末传统亲属制度的变化时，应当客观看待其独特的历史意义以及对后世的立法影响。一方面这种变化有其历史的局限性和保守性，因为它依然固守着三纲五常和封建家族体制。另一方面这种变化又具有较为显著的积极意义。首先，清末在亲属法律形制上的变化，表现为在一定程度上突破了中华法系法典的传统体例。作为清末修律的有机组成，亲属法内容选择了成文私法典《大清民律草案》作为其载体，实现了民刑分野。在体例上，亲属编选择了大陆法系的法典编排模式，以成熟的德、日民法典为蓝本，吸收了日本婚姻、家庭关系立法的精神，形成了具有一定改良倾向的亲属法草案。其次，对当时中国社会的亲属关系的调整有深刻影响。修律期间，进步的知识分子们在国内传播了西方法律思想，特别是以日本法律文化为窗口，引进了部门法划分以及法律面前人人平等观念。其中修订亲属编时引发的“礼法之争”更是激起婚姻法律文化研究的热潮。亲属编依据民律草案整体上权利本位的价值定位，向全体国民普及和宣扬了权利意识，因此客观上一定程度地推动了传统法律思维由义务本位向权利本位的转变。应该说，《大清民律草案》中亲属编的修订对整体社会习俗具有一定的超前性，企图以适当的超前“法律”的手段改良某些婚姻陋俗，客观上有启发民智的效果。最后，亲属编的修订为后继立法、司法提供了基本方向。清末修律在立法技术与思路上选用大陆法系民法体系，对后世法律的制定影响深远。在清朝终结后，《大清现行刑法》通过大理院的判解作为北洋政府民事基本法存续，《大清民律草案》亲属编则在民国年间通过判例法理之援引得以在诸省施行。而在修律运动中广泛开展的民事习惯调查是民法典编纂的首要环节，虽其成果不能及时在修订亲属编时完全吸收，但却成为后继民事习惯调查、亲属关系立法和司法提供了宝贵经验。

总之，清末传统亲属制度的变化，不仅反映出近代文明提升女性地位、保护女性权益的要求，也是当时中国社会在政治、经济、文化层面开始深刻变革的体现。

第六章　中国古代亲属纠纷的解决

中国古代亲属纠纷的解决具有“公私并举”的价值取向。家法族规和国家法是处理和解决中国古代亲属关系和亲属纠纷的主要依据，家法族调和国法官究是解决中国古代亲属纠纷和基层矛盾的基本途径，二者在规则秩序的价值追求上具有内在的一致性，且对维护私权益和保护公益方面发挥着彼此联系、相互促进的社会稳定器作用。

古代亲属纠纷主要是宗族亲属之间因人身和财产关系而产生的社会基层矛盾。如结婚、和离、寡妇再嫁等与婚姻缔结和解除有关的纠纷；立继、继承、争产、田宅等与亲属成员身份和财产有关的纠纷；以及亲属相犯等人身侵犯刑事纠纷等诸多亲属纠纷。家法族规和国家法对不同种类的亲属纠纷的解决做了相应的规定和规制。

家法族规和国家法是针对不同种类亲属纠纷的解决范式，二者既有区别又有联系。家法族规在社会的变迁和发展中，其内容和精神得以不断地传承和丰富。作为民间习惯法的家法族规，经过历朝历代的更替，得以在宋朝初步定型。宋承前制，对家法族规进行了内容和思想上传承和填充。族长的族权进一步扩大和增强，族长对宗族成员婚姻、田宅、争产、立继等诸多事宜具有一定的裁判权和处理权。而上述诸多事宜既关系到宗族内部亲属关系的调和，家族、宗族内部的和谐与稳定，又关系到社会秩序的稳定。

缘于家法族规具有的深厚的社会根基和社会普适性特性，其在解决族内亲属关系和亲属民事纠纷上具有天然的优势。族长利用家法族规将宗族亲属间纠纷和矛盾化解在基层，既高效便捷地调和了亲属关系，解决了亲属纠纷；又节约了国家司法资源，达到社会秩序的稳定，以及社会公私权益的平衡。然而，并非所有的亲属纠纷均依据家法族规进行处理。亲属纠纷中人身相犯等刑事案件需要国家公法的介入，以期利用国家法的权威和强制力保障社会私权益和国家公权益。家法族规是中国法制的重要组成部分，是治理国家和社会的重要依据和方式，与国家法这一治理范式相互联系、相互衔接。同时，家法族规其内容和精神要内在地契合于国家法，不能与国法背道而驰，即国法所不允许的必为家法族规所禁止的。家法族调和国法官究作为亲属纠纷和社会基层矛盾的多元化解决机制，二者互为补充，共同维护和保障社会私权益，从而发挥着稳定社会秩序，保障公权益的重要作用。

第一节　亲属纠纷的类型

古代亲属纠纷主要是家族、宗族亲属之间因人身及财产关系产生的纠纷，对家族内部秩序乃至社会稳定产生重要影响。亲属纠纷的种类，如结婚、离婚、寡妇再嫁等与婚姻有关的纠纷；立继、继承、争产、田宅等身份和财产纠纷；亲属相犯等人身侵犯纠纷。

一、婚姻有关的纠纷

（一）婚姻缔结纠纷

我国古代《婚义》载有“婚姻者合两姓之好，上以事宗庙，下以继后世”。从这两句话中我们可以很清楚地看出婚姻的定义以及婚姻的目的。即对家族的延续和祖先的祭祀。婚姻以家族为中心，摆脱个人意志和自由，为祭祀祖先和延续后代的属性，两者密切联系而不可分。在以家族为中心的属性下，我国古代婚姻有诸多禁忌，亦即禁忌婚，比如，族内婚、姻亲结婚、娶亲属妻妾婚。首先，族内婚亦即同姓不婚，其是自周朝以来的，一个很久的传统禁忌。“系之以姓而弗别，缀之以食而弗殊，虽百世而婚姻家庭不通者，周道然也。”“姓人所生也”，女生为姓，姓者生也。起初姓的起源与血属相关，普遍认为同姓之人存在血缘关系。有“娶妻不娶同姓，买妾不知其姓则卜之”，又有“取妻不取同姓以厚别也”。所谓婚姻者合两姓之好，此男女两性最重要的是进行姓的辨认，公孙侨有曰“男女辨姓，礼之大司也”。同姓不婚既考虑到社会伦常和礼俗之争，又考虑到同姓生理结合对繁衍后代的坏处。尽管国家制定法在对婚姻亲属关系进行规范时，明确规定同姓不婚，但是法律与社会实践之间总是有所出入。现实生活中，可以经常发现涉及同姓为婚的案例纠纷。比如，《大清律例·户律·婚姻》中“同姓为婚”条款规定：“凡同姓为婚者（主婚与男女）各杖六十，离异（妇女归宗，财礼入官）。”该民事法律规范其后的立法旨意和立法精神与传统宗法礼制和儒家礼教相一致，是国家制定法的法意所在。但是，社会实践中往往存在着与法律规定有所出入的行为和意识。多个省份和地区依然存在同姓为婚的习俗和习惯，是国家制定法所禁止，但同时屡禁不止的社会习惯。

《唐律疏议》从多个方面对禁止婚姻关系的成立做出了规定。例如，在身份上要求遵循同姓不婚、亲属不婚、不得娶亲属妻妾、僧道不婚、异类不婚；在社会地位上，要求门当户对，禁止地位不等、跨越阶级成婚；在行为上，禁止有妻再婚，悔婚、冒婚、奸婚，娶犯罪逃亡的妇女，强制守节寡妇改嫁，恐吓为婚、买卖婚姻和娶人妻等；在时间上，严禁君主丧期成婚，父母、夫及妻亲丧期成婚，祖父母、父母被囚禁时成婚。以上种种均是对婚姻成立的限制性条件，可以看出，依旧带有浓厚的伦理要求。

社会中依然存在与国家制定法和儒家主流思想所推崇的礼制相违背的社会现象，是国家和社会历史的悠久的延续。诸多广泛存在的社会习惯及其风俗倒逼国家承认其存在和地位，并寻求在国家制定法中的一席之地。比如,历史久远的少数民族中的一夫多妻制和一妻多夫制;又如民间习惯中存在着尊卑为婚的现象是国家制定法不为提倡的,《大清律例·户律·婚姻》中“尊卑为婚”条款明确规定:“若娶己之姑舅、两姨姊妹者,杖八十,并离异”。但该附例中又规定:“其姑舅、两姨姊妹为婚者,听从民便。”充分说明民间习惯对国家制定法的影响。

(二)婚姻的解除

“七出”是指当妻子在犯特定的七种过错时,只需要履行简单的程序,丈夫可以单方面离弃妻子,不需要官府判决。有了男性单方面放弃的权利,就有对女性的保护措施,称为“三不去”。在特定的三种情况下,丈夫是不可以休妻子的,即妻为公婆守丧三年、贫贱夫妻后来发达、妻子被休后无家可归的。对于违反“三不去”而休弃妻子的,丈夫需要接受杖责一百的处罚,并且休妻行为不成立。从立法角度出发,“七出”制度毫无意外的是对妇女权利的牺牲,以此为代价维护男方家庭的和谐稳定。

义绝是指婚姻的缔结本身是符合律法规定,但是由于发生了特定的侵害行为,导致夫妻之义断绝,由官府认定双方义绝强制离婚的制度。《唐律疏议》对义绝行为做了具体的规定,义绝,谓“殴妻之祖父母、父母及杀妻之外祖父母、伯叔父母、兄弟、姑、姊妹,若夫妻祖父母、父母、外祖父毋、伯叔父母、兄弟、姑、姊妹自相杀及妻殴詈夫之祖父母、父母,杀伤夫之外祖父母、伯叔父母、兄弟、姑、姊妹及与夫之缌麻以上亲、若妻母奸及欲害夫者,虽会赦,皆为义绝”。义绝是由官府进行判决的,依据唐律规定,只要触犯上述任何一条法律,官府就必须判决离婚,若不遵守则追究其刑事责任。值得一提的是,既有判决就必须有起诉,这里的义绝需要受害人提起诉讼。

和离是指夫妻感情不和睦,不能和谐相处,而采取自愿方式结束婚姻关系。关于和离,唐律中规定只要是双方商量一致,出于感情不和等原因,未犯以上几条禁止条令的,允许离婚,且双方均不受刑罚。

和离有以下几个特点:第一,主体地位平等。在和离过程中,双方均拥有选择权,非一方单独决定。第二,离婚手段温和。和离是以夫妻双方的感受为出发点,旨在维护家庭稳定与个人感受。第三,协议解除婚姻。由于是出于自愿,和离时双方共同出具文书表示自愿解除夫妻关系。基于上述条件,形成了一种和离时的专用文书,即放弃书。在敦煌出土的历史文献中就包括了放弃书。放弃书中具体规范了离婚程序和必备文本,如需要体现离异原因,需要有公证人到场,需要注明离异的后果,包括不得反悔、不得干涉对方再婚以及如何处理婚姻存续期间的财产。

(三)寡妇再嫁

寡妇再嫁在两宋时期的再嫁妇女中占据主要地位。当时宋与辽、西夏、金、蒙古等政权战争频发,生活环境比较恶劣,医疗卫生条件比较落后,加之百姓时常为国家服兵役、徭役、杂役,因而男子夭亡现象很常见。丈夫亡故之后妇女关于何去何从的问题面临着艰难选择。虽然宋代法律对守寡妇女有许多保护性规定,然而在现实中守寡妇女仍旧非常艰难。亡夫族人为争夺守寡妇女持有的亡夫财产,往往采取诸多手段迫使其再嫁。此外女子自身的柔弱、感情需要、生理需要等决定了守寡妇女的生活充满了苦楚。拥有子嗣的寡妇尚有儿子长大成人后生活改善的希望,无子寡妇更是艰难。

基于面临的种种困难,许多寡妇选择了再嫁。《宋史·范仲淹传》记载:"仲淹二岁而孤,母更适长山朱氏,从其姓,名说。"①又如杜衍之母,其夫死后,便选择再嫁。"杜祁公衍,越州人,父早卒,遗腹生公,其祖爱之。……前母有二子,不孝悌,其母改适河阳钱氏。"②钦成皇后朱氏之母李氏,夫早卒,"钦成朱皇后,开封人。父崔杰,早世;母李,更嫁朱士安。后鞠于所亲任氏。"③而宋太祖之妹秦国大长公主,"初适米福德,福德

① 脱脱等:《宋史》卷三一四,列传第七三,范仲淹传,中华书局1977年版,第10267页。

② 魏泰:《东轩笔录》佚文,中华书局1983年版,第181页。

③ 脱脱等:《宋史》卷二四三,列传第二,后妃下,钦城朱皇后传,中华书局1977年版,第8630页。

卒。太祖即位，建隆元年，封燕国长公主，再适忠武军节度使高怀德，赐第兴宁坊。”①王博文之母夫死之后再嫁他人，张俊之子早卒，“其妇更嫁田师中”。② 可见当时寡妇再嫁者颇多，而非后世女子之“一醮不改，夫死不嫁”。

宋代法律并没有禁止妇女再嫁，当时制定了很多有利于妇女再嫁的条文。宗室女、社会下层妇女再嫁的法律条文都逐渐增多，这些法律条文在不同程度上维护了妇女的再嫁权。

《宋刑统》中曾多次记载有关再嫁妇女的条文。如“即妻妾擅去者，徒二年。因而改嫁者，加二等。”③“故夫，谓夫亡改嫁。”④“子孙身亡，妻妾改嫁，舅姑见在，此为‘旧舅姑’。”由此可知，宋代允许妇女再嫁，只是禁止非法再嫁。《续资治通鉴长编》中记载宋真宗、宋英宗、宋神宗曾下诏准许妇女再嫁。宋真宗大中祥符七年(1014)下诏：“春正月壬辰，诏不逞之民娶妻给取其财而亡，妻不能自给者，自今即许改适。时京城民既娶，浃旬，持其赀产亡去。而律有夫亡六年改嫁之制，其妻迫于饥寒，诣登闻上诉，乃特降此诏。”⑤基于当时存在丈夫携妻子财产逃走，导致妻子无以为生、不能自给的问题，而当时又有丈夫失踪六年才能再嫁的法令，宋真宗下诏允许这类妇女再嫁，从而保障她们的生活。对于宗室女再嫁问题，宋英宗治平中下诏：“其后又令宗室女再嫁者，祖、父有二代任殿直若州县官以上，即许为婚姻。”⑥这一诏令虽然限制了宗室女再嫁的条件，但是终究允许宗室女再嫁。到了熙宁十年(1077)进一步放宽了宗室女再嫁的条件，宋神宗下诏：“非袒免以上亲与夫听离，再嫁者委宗政司审核。

---

① 脱脱等：《宋史》卷二四八，列传第七，公主，秦国大长公主传，中华书局1977年版，第8771页。
② 李心传：《建炎以来系年要录》，卷一四〇，商务印书馆1936年版，第2251页。
③ 窦仪等：《宋刑统》，卷一四，户婚律，和娶人妻，七出义绝和离，法律出版社1999年版，第253页。
④ 窦仪等：《宋刑统》，卷一七，贼盗律，谋杀，法律出版社1999年版，第312页。
⑤ 李焘：《续资治通鉴长编》，卷82，中华书局1995年版，第1861页。
⑥ 脱脱等：《宋史》卷一一五，志第六八，礼一八，中华书局1977年版，第2739页。

其恩泽已追夺而乞与后夫者降一等。寻诏：‘宗女毋得与尝娶人结婚，再适者不用此法。’”元丰元年（1078）甲午神宗又下诏鼓励官员迎娶离婚宗室女：“宗室袒免以上女与夫离而再嫁，其后夫已有官者，转一官。”这一诏令虽然只是鼓励迎娶袒免以上宗室女，但也足以说明当时宗室女再嫁的条件在逐渐放宽。

《名公书判清明集》卷之九“已成婚而夫移乡编管者听离”一案记载：“已成婚而移乡编管者，其妻愿离者，听。夫出外三年不归者，亦听改嫁。”此项法律规定，如果夫妻已经成婚而丈夫被移乡编管，准许妻子离婚。丈夫外出三年依然没有回家，那么也允许妻子再嫁。本案中卓一之女卓五姐，嫁与林莘仲为妻。之后林莘仲被编管，六年来并无音信，卓五姐因此再嫁他人。林莘仲归来后上诉官府，被法官认为“既受其官会，又许其改嫁，使卓氏已改嫁他人，今其可取乎？”①这项法律从而保障了妇女的再嫁权。《名公书判清明集》中多次提及妇女再嫁之事：卷之十“既有暧昧之讼合勒听离”一案中，阿黄与李起宗因暧昧之事诉于公堂，判案官员翁浩堂认为二人感情虽佳，然不被李起宗之父所喜，无法白头偕老，故本案判定：“合勒听离，黄九二将女别行改嫁，李起宗免根究。”②卷之十“缘妒起争”一案中，余文子女婿黄定宠爱妾室桂童，引发妻子亥姐不满，余子文欲“逐婿”，本案官员王实斋最终判处：“监定当厅拜告其妇翁，以谢往失，仰余文子当厅遣女亥姐还定责领，并监立限改嫁桂童，别觅乳母，庶息两家纷纷之讼。”③可见南宋时期，法律保护正常的妇女再嫁。

① 佚名：《名公书判清明集》，卷九，户婚门，离婚，已成婚而夫移乡编管者听离，中华书局1987年版，第353页。

② 佚名：《名公书判清明集》，卷一〇，人伦门，夫妇，既有暧昧之讼合勒听离，中华书局1987年版，第343页。

③ 佚名：《名公书判清明集》，卷一〇，人伦门，夫妇，缘妒起争，中华书局1987年版，第381—382页。

二、人身与财产纠纷

（一）立继纠纷

立继即“保全家业，而使祖宗之享祀不忒”而由亡夫之妻为亡夫立嗣的情形。

《名公书判清明集》卷八《户婚门·立继类》中称：“立继者，谓夫亡而妻在，其绝则立也当从其妻。”“在法，夫亡而妻在者，从其妻，尊长与官司亦无抑勒之理。”《宋刑统·户婚律》规定，凡立继子，必须“同宗昭穆相当者”，即要求是同一宗族且所立之人须是被继承人的晚辈。虽然立继子是在养父亡之后所立，但与养母也已形成了亲子关系，对养母也应尽赡养义务，属“生前抱养，与亲生同”，因此，“立继者，与子承父分法同，当尽举其产与之”。

（二）人身侵犯纠纷

特殊身份间的身份犯罪在处罚上与杀害普通人存在明显的差异。涉及亲属相犯的身份犯罪涉及家族内部的稳定和秩序，关乎家族个体安全以及“家”的完整性，破坏了传统社会的家庭伦理关系，如父母子女关系，夫妻关系，兄弟关系和其他亲属之间的关系。中国传统以“家”文化为核心，“家”对于每个社会个体至关重要。亲属间的杀伤行为严重破坏了“家”的完整性。

1. 杀伤罪

杀伤行为是古老的犯罪行为之一，唐宋时期对于此类犯罪的规定十分全面，不管是在立法还是司法方面都处于世界领先水平。唐宋时期的杀人罪立法可概括为“七杀”，包括谋杀、故杀、劫杀、斗杀、误杀、戏杀和过失杀。郑克编撰的《折狱龟鉴》中记载了大量的关于亲属间的杀伤案件。虽然，在我国古代法律中没有“故意杀人”“故意伤害”这样的概念，但是在中国传统的法律中却存在着与之相类似的罪名，像“谋杀”“故杀”“过失杀”“戏杀”等。我国的古代法律中也存在着大量的特殊罪名，如

“谋大逆”“杀人一家三人”“支解人”等特殊行为的犯罪，并且也规定了一些亲属间的犯罪，如“谋杀祖父母、父母”等。

2. 盗窃罪

亲属相盗罪是指亲属之间发生的盗窃犯罪。法律中“盗”罪的发展线索主要是以财产性犯罪为主，西周中期人们对私取他人财物的行为用“奸”“宄”来表述。《晋语》:“乱在内为宄，在外为奸”。奸宄之分，就是内外之别。说明早在西周时期人们就根据血缘关系的亲疏远近将盗窃内外区分。因为“盗窃”二字取代“奸宄”，“盗”罪包含公取和窃取的含义，所以亲属相盗罪的含义也不同于今日我们所理解秘密窃取。当然关于亲属的范围也会随着不同时期的规定而有所不同。

秦汉时期亲属之间的盗窃规定只适用于有血缘关系的父母和子女之间。《法律答问》引秦律的原文为“父盗子，不为盗。”即父亲盗窃儿子的财产的行为不认为是犯罪。《法律答问》还规定了:“今假父盗假子何论？当为盗”。假父子即义父子，义父盗窃义子，就按一般盗窃论处。从血统上的父子关系来看，秦汉立法规定了父盗子不成立犯罪，但是对没有血缘关系的义父义子盗窃成立普通的盗窃罪。由此可见，当时所要维护的父亲对子女的支配权，仅仅是以血统关系为依据的，完全是一种血统论。①但是，“父盗子”不构成犯罪是无条件的，不限于父子同居与否，只要在血统上没有异议，均构成“非公室告”或“家罪”。“子盗父母”只有在“父子同居”和“父已死”的条件下，才属于“非公室告”或“家罪”。这是因为父子同居，特别是在父死后，儿子已经继承了父亲的“臣妾、畜产”及其他财物，而这些财物自然而然地成为他自己的“臣妾、畜产及物”，依据当时的法律规定主人有权力处置自己的财物包括子女和臣妾，当然不会追究其刑事责任。

唐朝在吸收前朝的经验基础上对亲属相盗在立法上做了更加细致的

① 栗劲:《秦律通论》，山东大学出版社1985年版，第225—226页。

规定,形成了比较完善的制度。自唐以后各个朝代都是以唐朝规定为基础。根据唐律规定同居亲属之间不得异财。[①] 根据当时的法律规定,即使并没有亲属关系,但是共同居住共有财物的成员,在财产上也要相互接济。而同居之间必有尊长,尊长掌握着家族的财产。因此,可以将亲属相盗罪进一步细化成两种不同的情形:一种是发生在同居亲属之间,另一种是发生在非同居亲属之间。

根据唐律规定,[②]如果行为人盗窃共同居住的亲属财物,按私辄用财定罪处罚。同时还规定了如果同居的卑幼伙同外人一起盗窃自家的财物,则也成立私辄用财罪,但是在处罚上更重。[③] 根据"亲亲"原则和"同居不分财"的礼法原则,同居尊长掌握着一个家庭的财物,所以并没有卑幼侵犯尊长财物的说法。但是存在卑幼侵犯家族财物的罪名,这时的行为也仅仅是成立"私辄用财"罪,在伙同他人共同盗窃家中财物的情况下只是处罚加重罪名并不变。

唐律中对非同居亲属之间的盗窃行为是以亲属相盗罪定罪的。唐朝统治者是以儒家思想为立法指导思想,可以说唐律是一准乎礼的法律制度。唐律将礼治下的丧服制与处罚标准结合,分亲属为五等(也称五服),即斩衰亲、齐衰亲、大功亲、小功亲和缌麻亲。在唐律中服等并非与五服完全对应。斩衰亲包括父母对子、祖父母对孙子女、夫对妻,唐律中不以"斩衰"相称,而直接称夫、父等;齐衰亲包括高祖父母对玄孙子女、曾祖父母对曾孙子女、妻对夫、子对父母、己身之兄弟、伯叔父侄,唐律中以"期亲"相称。对于非同居的亲属之间的盗窃行为构成亲属相盗罪的是指缌麻以上的亲属。

明清时期的亲属相盗罪在体例上和唐律规定形同,但是对有关亲属

① 《唐律疏议·名例·同居相为隐》:"谓同财共居,不限籍之同异,所无服者,并是。"

② 《唐律疏议·户婚·卑幼私辄用财》:"诸同居卑幼,私辄用财者,十匹笞十,十匹加一等,罪止杖一百。"

③ 《唐律疏议·贼盗·卑幼将人盗己家财》:"诸同居卑幼,将人盗己家财物者,以私辄用财物论加二等。"

相盗罪在亲属的范围和刑罚上产生了一些变化。明清时期的亲属相盗罪在亲属范围上增加了无服之亲。唐律中规定亲属相盗罪的亲属范围是缌麻以上亲，到明清时期亲属相盗罪容许减等的主体范围比唐律中规定范围要扩大许多，但是乾隆十八年对无服亲属相盗的案件作了补充规定，对于分居的无服亲属，当其他亲属对他漠不关心并且没有周恤救济时，盗窃财物的可以按照法律规定进行减等处罚。如果是一直有周恤或托管田产经理财物的亲属盗窃财物的，按照普通人盗窃计赃论断。① 无服亲属减等处罚是有条件的，只有素来无周恤的才能依据固有亲属关系减刑，而素来被周恤帮助的再偷窃的话就属于"义无所取"，违背传统的儒家观点，将按普通人盗窃处罚。根据《大清律例》第三款规定清朝同居的雇工也包含在减等的范围内。

纵观古今中外立法，因亲属相盗存在特殊关系与这种关系背后的伦理道德使其与一般盗窃行为的严厉打击不同。虽然不同国家在不同时期有关盗窃亲属财物行为的犯罪有不同的规定，但是总体上各个国家立法者不约而同地将盗窃亲属财物行为区别于一般的盗窃行为。从古至今亲属相盗都不是个例，将亲属相盗与普通盗窃区分开来，不仅有利于维护家庭关系的和谐，符合对我国传统伦理的维护，而且也体现刑法的辅助性和谦抑性。

亲属相盗罪由于统治者集权需要而纳入法律中，但是中国传统法律主要是加强家族成员之间血缘关系以便更好地维护社会秩序，所以将亲属之间的盗窃行为区别于一般的盗窃行为。而亲属相盗区别于一般盗窃罪的依据是亲属之间关系的远近，这又源于"礼"制定的五服制度。

亲属相盗因存在着亲属关系这一特性决定了古代亲属相盗纠纷在进行处理时需要考虑法律、人性、家庭传统等多方面的因素，既要保证法律的权威性和平等性，也应当尊重家庭所特有的生活模式、保护被害人的权

---

① 郑定：《中国古代的服制与刑罚》，《法律学习与研究》1987 年第 1 期。

益、维护家庭整体的和谐。亲属间的盗窃罪不同于凡人之间的盗窃，其罪名是与亲等成反例的，关系越亲则罪行越轻，关系越疏远则罪责越重。唐、宋缌麻、小功财物减凡人一等，大功减二等，期亲减三等，[①]元律同，但盗者准凡盗论。[②] 明清的法律将五服亲亦并入计算，得减一等，于是依次递减，缌麻减二等，小功减三等，大功减四等，期亲得减五等。[③]

在秦朝以前法律中就存在"谋"的概念。在《睡虎地秦墓竹简·法律答问》中对夫妻合谋犯罪如何进行处罚做出了相应的规定。[④] 在本条中记载如果丈夫盗窃他人三百钱并把他的盗窃行为告诉了他的妻子，他与其妻一起使用这三百钱。则他的妻子所犯何罪？如果丈夫事先没通知他的妻子他要实行盗窃行为，应当没收犯罪所得，如果其妻事先就知道她的丈夫要实行盗窃行为，则妻子与丈夫共同对盗窃行为承担责任。本条可以看出秦代妻子与丈夫被视为一体，如果是妻子与丈夫合谋计划实施犯罪，将共同承担责任。

第二节　亲属纠纷的解决方式

古代亲属纠纷具有多元化纠纷解决机制。家法族规和国家法是针对不同类型亲属纠纷的解决范式，二者在国家治理和社会治理中对规则秩序的价值追求上是一致的。家法族调和国法官究对维护家族和谐和社会秩序起着共同的促进作用。

---

① 《唐律疏议》卷二〇，贼盗四，"盗缌麻小功财物"；《宋刑统》卷二〇，《贼盗律》，"盗亲属财物"。

② 《元史》卷一〇四，《刑法志》，"盗贼"。

③ 《明律例》卷八，《刑律》一，《贼盗》，"亲属相盗"；《清律例》，《刑律》，《贼盗》，"亲属相盗"。

④ 秦律规定：夫盗三百钱，告妻，妻与共饮食之。何以论妻？非前谋，当为收；其前谋，同罪。睡虎地秦墓竹简整理小组：《睡虎地秦墓竹简》，文物出版社 1978 年版，第 157 页。

一、家法族调

秦汉大一统的发展,使得国家社会组织发生了相应的变化:一个是以家族为单位的社会结构的变化;另一个是以州里县乡为单位的国家行政规划的变化。“家”具有社会和政治的双重属性。它是社会结构中最基本的单元和细胞,也是国家政治下的最基层的行政单位,以及国家司法的最基层单位。国是由一个个家这个个体单位组建而成。战国以降,新的国家社会形态的出现、发展和巩固,使得各朝代治国理政都在极力寻求国家秩序和社会秩序的稳定。稳定国家秩序的工具在于法,随着封建社会的发展,这一工具的社会功能日益扩大。从建立社会秩序而言,又可将法分为家法和国法。[①] 家有家法,国有国法。家法用于维护每个家族内部的秩序,通过量的积累,从而实现社会秩序和国家秩序的达成,呼应先秦儒家倡导的修身、齐家、治国、平天下的思想理论。从法律的观点来看,家法有国法赋予的社会地位。家法族规中占有决定支配地位的角色来源于家长、族长或者尊长。国法既赋予族长一定的权利,又赋予该族长一定的义务和责任。中国古代民间的家法族规、家训普遍发挥着规范族内秩序的重要作用。虽然家法族规等社会习惯法具有深厚的社会根基和广阔的社会运用空间,但家法不能违背国法。

中国古代社会被称为宗法社会,以血缘为纽带的宗族是专制政治机制的支撑。血缘纽带关系下的宗法制度与古代社会的分封制度和等级制度深度关联。宗法具有政治性和社会性,宗法精髓深入整个国家和社会。其建立起的尊尊、亲亲、长幼和男女之别等原则是宗法制度的重要内涵,也是整个家法族规的价值取向。

家法族规是适用于家族、家族内部以及家族成员之间的、用于调整其之间,诸如财产关系、婚姻关系、继承关系等民事法律关系的法律规范,是

① 高明士:《中国中古礼律综论——法文化的定型》,商务印书馆 2017 年版,第 442 页。

适用于家族内部的习惯法。家法族规这一民间习惯法是古代民事法律渊源的重要组成部分。较之于国家制定法,习惯法的适用有着更为广阔的社会空间。从法理上看,“立法者不尊重罕见事实”,法律是一种普遍适用的规范,着重尊重普遍事实,而不是罕见的事实。国家制定法对社会中普遍存在的民事法律关系的规定比较原则,但是我国地缘辽阔,民族众多的国情和社情,使得国家制定法较为原则的规定不能涵盖各个民族、各个地区的特殊的民事法律关系。此时,社会上广为流行的家法族规、礼俗习惯、乡规民约等构成了对国家制定法的有益补充,以及民事法律渊源多样性的重要来源。不同的民事法律渊源在调整社会法律关系中各有千秋,互为补充。在家国一体的政治制度和社会机制下具有维护国、家和社会个体利益的平衡与和谐的重要意义。而在古代整个社会“无讼”“厌讼”的心理机制下,家法族规在调整各民族、各地区特殊、复杂的财产继承以及婚姻关系上发挥了重要的作用。

中国古代大家族往往有制定自己家法族规的传统,其中,族长是家法族规制定和施行的关键人物。“举宗之事,责成宗长”,涉及户婚、立嗣、田宅等民事纠纷,由族长处理。家法族规在规范家族内部亲属关系上具有针对性的调整作用,由于习惯法孕育和根植于特殊的社情、乡情的土壤中,使得其具有浓厚的地域性和广泛的社会依赖性。较之于国家制定法,家法族规对亲属关系的调整更具有针对性和广泛的适用性。

其一,确认宗族成员的身份。

家法族规首先确定了家族成员的身份,规定了宗族成员取得宗族族籍的条件,如孩子出生三日应及时告知宗长,非婚生子女无法取得资格入族籍等规定。

其二,调整家族内部的民事法律关系。

家法、族规本质上是立足于家族内部利益调和与维护的习惯法,对家族内部的民事法律关系起着重要的调整作用。所谓“举宗之事,责成宗长”,即是说明族长利用宗族法维护宗族利益的社会法制现象。宗族内的诸如财产纠纷、婚姻纠纷、继承纠纷、立嗣纷争、祭祀田宅纠纷等民事纠纷主要诉诸家法族规来化解，首先告知族长，或由族长亲自论断，或族长召开家族会议议事解决，凭族长"公同理论"，不得擅自诉讼。如，四川云阳《涂氏族谱》规定："族人有田土、坟墓、钱债等项纠葛，或口角微嫌，须入祠凭族房长公同理论，不得擅兴词讼。"安徽桐城《祝氏宗谱》卷一规定："族众有争竞者，必先鸣户尊、房长理处，不得遽兴讼端，倘有倚分逼挟持符欺弱及遇事挑唆者，除户长禀首外，家规惩治。"彝陵《陈氏家范》规定："凡同宗有衅，无论事之大小，皆当先请族正、族长来祠问明理处……公同议罚。"①

家法族规的运作宗旨在于通过维护家族利益，保护家族财产和宗族利益，重在维护祖产，而且在家族财产买卖上根据亲疏远近，享有不同的优先权。从侧面反映出宗族法维护家长为核心的封建等级制度，这与古代社会等级森严的封建制度相契合，是国家封建等级制度在家法族规这一基层法制的具象，得到国家制定法的肯定和回应。如在私自买卖家族财产上，乾隆二十一年（1756）定例曰："凡子孙盗卖祖遗祀产，至五十亩者，照投献、捏卖祖坟山地例，发边远充军。……其盗卖历久宗祠，一间以下杖七十，每三间加一等，罪止杖一百，徒三年以上。"②

根据各族家谱记载可知，古代家族内部的诸多民事纠纷主要诉诸宗族法，家法族规作为解决社会最基层纠纷的民间习惯法发挥着深远的作用。家法族规高效便捷地解决了家族亲属法律关系纠纷，维护了家族个人之间、个人与家族之间的利益，从而维护了家族利益共同体及宗族的稳定和秩序。

其三，族长享有主婚权，决定"卑幼"的婚姻。

先秦以来，父母决定儿女婚姻已是传统社会习俗，并早已入律。"父

① 陈达科、陈雪涛编：《义门陈氏大同宗谱 · 彝陵分谱》卷二《家范》，北平大华印局1940年铅印本，藏中国人民大学图书馆。

② 《大清律例》卷九，《户律 · 田宅 · 盗卖田宅》。

母之命,媒妁之言”,儿女的婚姻原则上是由包括家长在内的尊长或者族长做主。这在唐律中已有详细记载,明、清朝更是多有明文规定。①《唐律疏议·户婚律》“义绝离之”条(总190条)、“嫁娶违律”(195条)以及“卑幼自娶妻”条(188条)均有涉及尊长或者族长对儿女、子孙、弟侄等身为“卑幼”身份之人的婚姻决定权。

《户婚律》“嫁娶违律”条《疏》议曰:“诸嫁娶违律,祖父母、父母主婚者,独坐主婚。”

“卑幼自娶妻”条《疏》议曰:“诸卑幼在外,尊长后为定婚,而卑幼自娶妻,已成者,婚如法;未成者,从尊长。违者,杖一百。”《唐律疏议》将“卑幼”定义为子、孙、弟、侄等人。以上规定赋予了尊长或者族长具有不同于家族其他成员所特有的主婚权,即决定“卑幼”之人的婚姻,即使是卑幼在外之婚姻,也是要听从尊长或族长的决定。法律在赋予族长主婚权的同时,同样给予其相应的义务与责任,如违反法律嫁娶之行为,主婚权人为违法行为的责任人。族长享有对家族成员婚姻缔结的决定权,以及婚姻家庭关系中诸多纠纷的处理权,但是家法中的诸多权利如果行使不当,必然被诉诸国法的追责。此乃,家法不能违背国法。

在婚姻缔结的条件上,家法族规进行了诸多规定。首先,关于结婚年龄,宗族法往往将当地风俗习惯纳入本族法中进行适用。一般规定男二十、女十六为结婚的年龄要件。其次,占有很大比重的宗法原则即是严禁族内通婚,异姓通婚既可以从生理上实现优生优育和子孙后代生理健康又可以扩大本宗族的力量。最后,宗族法对婚姻关系的成立与解除虽然往往与当时国家法律的规定相一致,但对出妻,宗族法往往有一定的限制,比如要求经过族长公议。

其四,规范夫妻行为,调整亲属关系。

《礼记·大学》曰:“欲治其国者,先治其家。”家是社会构成的最基本

---

① 陈鹏:《中国婚姻史稿》,中华书局1990年版,第303页。

单位，孟子有言："国之本在家"，齐家、治国、平天下是循序渐进的政治理念。家庭关系是家属关系中的重要组成部分。家族内部秩序的和谐统一需要对亲属关系进行规范和调整，社会上普遍而又发达的家礼、家法族规往往是规范家族秩序的最直接的依据。家族秩序的稳定为社会秩序的和谐奠定广泛的社会根基。在家法族规中，规范夫妻行为，调整亲属关系是一个普遍存在的内容。秩序是一个国家治国理政所要追求和实现的价值元素。明、清之际，民间的家法族规是一个广泛存在的社会内容，国家法通过允许族长或者尊长施行家法族规所达到的家族秩序和社会效应从而来间接实现法的秩序。

清江南太平县馆田李氏家法"宜室家第三"对夫妻关系、家族关系进行了相关规定。如："夫妇乃人道之始，万化之基也，相敬如宾，岂容反目。虽夫为妻纲，固当从夫之命，然妻言有理，亦当从其劝谏；如妇人骄悍而挟制其夫，牝鸡司晨，为家之害，当严戒之。戒之不从，有恶行，出之可也。若娶妾，为生子计也。有子不得擅娶。若妻不容妾，其罪在妻，无子与妒均当去。宠妾凌妻，其罪在夫，当以失叙论罚。妾若泼悍无状，当废之。"①该家法对夫妻行为、夫妻关系，以及对纳妾行为进行了规定，对因纳妾而欺凌妻子的行为进行相关处罚。家法族规在很大程度上对家族纠纷进行了调解和处理，更多的家族纠纷在家族内部得以解决而不是事事均告官，将之诉诸司法途径，在快速化解纠纷的同时，为国家节约了更多司法资源。

其五，国家制定法对宗族法处理民事纠纷的积极回应。

中国古代是家国一体的宗法社会，宗法制度与分封制度、等级制度三者在原则和精神上高度契合。宗法制度具有政治属性和等级属性，国家统治者善于利用宗法制度来调和社会矛盾，化解社会纠纷，以弥补国家制定法的缺失，家法族规是有效调解家族内部关系，化解亲属法律纠纷的习惯法，其适用广泛，影响深远，意义重大，家法族规在调和家族亲属纠纷上

① 《中国法制史资料选编》(下)，群众出版社 1938 年版，第 1046 页。

发挥的作用也间接影响了国家制定法在民事纠纷和民事诉讼上的完善。司法实践中,国家倾向于家法族规对家族成员纷繁复杂的矛盾纠纷的解决,前者不能事无巨细地管理社会基层纠纷,后者在解决此类纠纷时更加高效、便捷和易于接受,社会影响较广。

首先,在家法族规中明确规定,家族内部纠纷应先禀告族长,由家法族规惩罚,族长解决不了的事宜可向上诉诸官府。各省家谱明确记载此类纠纷解决的一般程序,如安徽潜阳《李氏族谱》卷一中规定:“有不平先鸣户长,再投乡保,复论情实,从公劝解。”又如江西南昌《魏氏宗谱》卷一一规定:“族中有口角小愤及田土、差役、账目等项,必须先经投族众剖决是非,不得径往府县诳告滋蔓。”彝陵《陈氏家范》规定:“凡同宗有衅,无论事之大小,皆当先请族正、族长来祠问明理处,万难解释,然后可白于官。倘未经评,率先控告,公同议罚。”①

其次,根据史料记载,在司法实践中,针对一些诉诸官府的家族内部纠纷,官吏往往更倾向于交由族长使用被授予的惩戒权依据家法族规解决族内纠纷。如《冕宁档案》所载乾隆十九年七月易氏具报李陆纵畜害苗一案的和息状:

具和息。生员周文暟、李暟、李承白等今于

父师台前为息和事。情因易氏具报李陆纵畜害苗一案,蒙恩赏究差拘。生等念系同堂叔侄,不忍参商,于中劝说,令李陆与李志叩头家法处责。二比各服无词,日后小心收牧,情愿息和明白,中间不致虚冒,息和是事。

乾隆十九年七月卅日　具和生员李　暟

周文暟

李承白

(批词:)不理刑名,姑准以家法处治,息案。

① 陈达科、陈雪涛编:《义门陈氏大同宗谱·彝陵分谱》卷二《家范》,北平大华印局1940年铅印本,藏中国人民大学图书馆。

官吏在办理此类民事诉讼时,更倾向于在和解的同时交由家族族长或者乡里里老责罚。家法族规在调和族内法律纠纷,化解亲属间矛盾方面更加高效便捷,客观上节约了国家司法资源。

二、国法官究

(一)国法官究——调解对亲属纠纷解决的运行机制

调解主要是由第三方参与解决当事人之间的纠纷,依据相应的规范,通过感化、教育劝和纠纷双方,双方当事人经过调解人的训导和教育后互相谅解,达成纠纷解决,和谐相处。调解作为纠纷的一种解决方式,其形成历史久远。经由原始社会、到奴隶社会、再经过封建社会的发展,流行于宋朝,盛行于清朝,调解可谓深入到中国传统社会的方方面面,其已经形成相对成熟的运行机制,调解背后是相对完善的理论体系以及强大的社会观念做支撑。从理论层面出发,调解的本质精神和原则是"仁"学,不争,一种"息讼"、息事宁人的理念和道德教化及和谐精神。随着社会经济的快速发展,民事案件的数量日益增多,调解不但有利于及时了结案件,稳定社会秩序,促进社会和谐;又缓解了司法压力、节约了司法资源。

民事纠纷一般是调解先行,调解不成的,再经由官府审理和判决,体现了调解的自愿原则。调解作为民事诉讼程序中的必经阶段,其形式灵活多样,旨在达到解决纠纷、化解矛盾、促进和谐和目的。调解注重高效和便捷,形式多元化。调解主体不一,可由官方调解、抑或民间组织调解,如族长。调解的地点不限,官府、民间机构、田间地头均可。

结合中国古代司法实践来看,关于调解的运行方式,主要涉及以下方面,其一,官方调解,即官府司法人员直接参与调解。司法人员在受理案件、查明案件事实后,原则上应先进行调解,或交由民间调解或官府司法人员先行调解,即遵守调解先行原则。古代司法实践中,民事案件一般可以调解结案,刑事案件中轻微刑事案件亦可采用调处结案。官府人员针对普通民事案件,尤其是涉及亲属间民事纠纷,更倾向于将其交由族长等人进行处理。

其二，民间调解，即民间组织或机构参与调解。如明朝的乡约调处。乡约是由明朝乡村人民自发成立的民间组织，其作为民事纠纷基层调解机构，对组织成员和组织参与调解的基层民事纠纷和矛盾进行了规定，如邻里打骂斗殴、货物买卖、土地不明、划界纠纷等可由组织参与调解解决。该组织对维护组织成员利益，处理民事纠纷发挥了重要作用。

（二）国法官究——诉讼对亲属纠纷解决的运行机制

古代亲属或家事纠纷诉讼案件，主要是家族成员如宗亲、姻亲亲属之间因人身和财产关系等纠纷产生的诉讼，尤其是国家制定法介入和审理亲属相犯刑事案件。

其一，亲属相犯刑事案件。

亲属纠纷中涉及的亲属人身侵犯案件，需要国家公权力和国家制定法的介入。即涉及刑事案件或者民事附带刑事的综合类案件，其刑事部分适用刑事手段。如杀伤行为，我国古代各时期对其在立法和司法上作出比较全面的规定。其中包括对亲属间的杀伤行为这一特殊行为进行规定，如“谋杀祖父母、父母”等行为。

秦朝以前的法律将妻子与丈夫视为一体，妻子与丈夫合谋计划实施犯罪的将共同承担责任。在唐宋时期的法律中对于杀伤行为一般不进行区分，但是唐宋时期的法律区分了犯罪人的主观因素，例如区分了“谋杀”“故杀”和“过失杀”，所谓谋杀主要是强调与他人共谋，有计划地杀害他人的行为。唐宋时期把“谋杀人”罪认定为共同犯罪行为，根据唐律的规定：谋杀人者，谓二人以上。也就是说“谋杀人”必须通过二人以上共同行为。对于他人伤害的也要依律判处刑罚。《宋刑统》中对妻妾杀害已故丈夫祖父母、父母的行为也做出了相应的规定。① 也就是说如果妻妾故意杀害已故丈夫的祖父母、外祖父母的，就应当处以流两千里的刑

① 《宋刑统》规定：诸妻妾谋杀故夫之祖父母、父母者，流两千里；已伤者，绞；已杀者，皆斩。

罚;如果妻妾造成已故丈夫的祖父母、父母受伤的,则要判处绞刑;如果造成死亡的,则应判处斩刑。在《宋刑统》中规定:

注云:于周亲尊长及外祖父母、夫、夫之祖父母、父母,各不减。

本条规定的是谋杀行为,在部曲、奴婢谋杀其主时,法律规定不区分犯罪者的犯罪,人的主观状态,也不区分是否造成伤亡,一律处以斩刑;如果杀害的是主子的周亲及外祖父母的,没有造成伤亡的则一律判处绞刑,造成伤害的,则一律处以斩刑。

古往今来对于夫妻之间的权利义务规定不胜枚举,对于夫妻之间的杀伤行为法律也做出相应的规定。例如在《二年律令·贼律》中就有规定:妻殴夫,耐为隶妾(简33)。[①] 而在唐律中就有规定夫殴伤妻者,减凡人二等;死者,以凡人论。即夫殴打妻子,应比照常人犯罪减二等处罚;因殴打行为造成妻子死亡的,依照常人定罪。在唐宋时期的律文中对于夫殴妻的行为比常人间的犯罪为轻。对于其他的夫妻相犯行为,法典也一一进行了明确的规定。

如,妻私通他人杀夫的相关案件。

宋代有大量的与人私通而发生的杀夫案件,在《折狱龟鉴》中有“庄遵审奸”:

庄遵,初为长安令,后迁扬州刺史,性明察。尝有阳陵女子与人杀其夫,叔觉,来赴贼,女子乃以血涂叔,因大呼曰:“奈何欲私于我而杀其兄!”便即告官。官司考掠其叔太过,因而自诬其罪。遵察之,乃谓吏曰:“叔为大逆,速置于法。可放嫂归。”密令人夜中于嫂壁下听。其夜,奸者果来,问曰:“刺史明察,见叔宁疑之耶?”嫂曰:“不疑。”因相与大喜。吏即擒之送狱,叔遂获免。旧不着出处,亦不着何代人。与蜀庄遵姓名同。和氏父子各载一事,皆附卷末。或疑是唐人,然其叙闻哭事言:巡行部内、驻车听之,则非唐刺史也。唐之

---

① 张家山二四七汉墓竹简整理小组:《张家山汉墓竹简(二四七号墓)》(释文修订本),文物出版社2006年版,第13页。

扬州刺史,治广陵,领江都、江阳、六合、海陵、高邮、扬子、天长七县,而无阳陵。汉之扬州刺史,治历阳,领九江、丹阳、庐江、会稽、吴、豫章六郡,而丹阳郡有陵阳县,岂非陵阳误为阳陵乎?其云阳陵女子,岂非王尊传所谓"美阳女子"之类乎?以此观之,乃汉人乎?但未有明据,不敢决定。故且依和氏,序唐人后,此聊以志疑也。克编次已定,始见蜀本华阳国志:后汉巴郡士人,有扬州刺史严遵,字王思;徐州牧严羽,字子翼。羽乃遵之子也,父子并著称云。遵在扬州,每当迁,民遮止之,天子就增州秩中二千石,居十八年,卒于官。则遵果是汉人也。势难移改,姑仍旧贯,览者察之。

按:遵之罪叔而放嫂,盖用谲以擿奸也。于是既得其情,遂擒其人,岂非释冤有术而然欤?

又如夫杀妻案件。

在《折狱龟鉴》中对夫杀妻行为也有论述,如"张式穷诘":

张式郎中知寿州,民有缢其妻而以自杀告者,吏受赇实之,式穷诘立服,人称其明。见王安石丞相所撰墓志。

按:唐李景略,初辟李怀光朔方节度府巡官。五原将张光杀其妻,以赀市狱,前后不能决。景略核实,论杀之。既而有若女厉者进谢廷中,如光妻云。出唐书本传。旧集不载。

式之核奸,颇亦类此。且人缢之,与其自缢,伤迹有异,验则知矣。吏既受赇,以非为是,必于验状有可疑者,苟能听察,以理穷诘,彼虽巧诈,将何所逃!人称其明,不为过也。凡附着之事,或以后证前,或以古明今,随事变文,无定例也。

本案中就对夫犯妻行为进行了详细的论述。该案讲述的是张式在寿州做郎中时有平民杀害其妻却伪造成其妻自杀而死的样子,并买通当时的办案官员,让当时的办案官员证明其妻子是自杀而死的,从而逃脱法律的制裁。但是张式明察秋毫盘根问底地询问犯罪嫌疑人,使得行为人最终承认了杀妻的罪行。

在古代妻杀夫、夫杀妻案件不在少数，由于夫妻是最亲密之人，在古代社会中，婚姻的受害者往往多是女子，在婚姻的一开始女子多受到不公平的待遇，虐妻杀妻等暴力性事件的背后常常展现出丈夫对于妻子人格上的侮辱与伤害。杀妻事件作为一种极端暴力性事件，在绝大多数情况下，法律会给予相应的刑罚处罚。

唐宋时期的法律明显地表现出夫尊妻卑的特点。女性作为法律规定权利主体，一般具有两种权利，即社会权利和家庭权利。在唐宋时期的法律中有很多条文都涉及夫妻权利，夫妻相犯、同罪异罚现象十分明显。比如说唐律中就曾规定，丈夫殴打妻子时，如果没有给妻子造成任何伤害，则比照常人犯罪减二等处罚；如果造成妻子死亡或是重伤的，则会依照常人之法论处。律法还规定如果妻妾与人和奸，奸夫杀害奸妇的丈夫的，即使奸妇不知情的，也应当对丈夫的死亡承担责任。在唐律中这样的规定还有很多，在这样的立法观念下助长了夫殴妻、夫杀妻的行为，在一定的程度上也反映出当时社会对女性的轻视。

再如，兄弟之间的身份犯罪，以苏涣虑兄案为例：

在《折狱龟鉴》“苏涣虑兄”中写道：

> 苏涣郎中知鄠陵县时，岁荒盗起，有兄杀弟而取其衣者，弟偶不死，与父偕往诉之。涣闵其穷而为奸，问之曰：“汝杀而弟，知其不死而舍之者，何也？”兄喻其意，曰：“适有见者，不敢再也。”由是得不死。父子皆感泣。及涣罢去，负任从之数千里。见苏辙门下所撰墓表。
>
> 按：古之听狱者，求所以生之；不得其所以生之者，乃刑杀焉。孙骂祖，有可生之理，以其被酒，且祖自悔也；兄杀弟，有可生之理，以其苦饥，且弟不死也。布之贷出其孙，涣之虑问其兄，皆得其所以生之者也，可无愧于古人矣。

案中对于兄弟相犯行为的处罚进行了合理的分析，使得案件的处理在合乎法律规定的同时也合乎社会的伦理纲常。本案讲述的是苏涣在鄠陵县做郎中时发生的一起案件。当时正遇灾荒，盗贼四起，有一个做哥哥的把他弟弟杀了，并取走他弟弟的衣服。碰巧他的弟弟没有死，就和他的父亲一起去告他的哥哥。到了公堂之上，苏涣就问他哥哥说："你杀害你弟弟之后，知道他没有死却放弃杀他这是为了什么？"那个哥哥回答说："我看到有人经过怕被看到，就不敢再杀他了。"

其二，亲属纠纷中普通民事案件。

较之于其他民商事纠纷和刑事纠纷，古代亲属纠纷尤其是家事纠纷，具有其自身的特殊性，该类亲属纠纷主要发生在家族内部，具有家族亲属关系，有着隐私性、情感性和关乎家族稳定乃至社会秩序的重要作用。随着封建经济的发展，民事法律纠纷案件快速增长，民事法律关系更加复杂，民事案件涉及田宅、山林、田界、买卖、租赁、典当、婚姻、承继、立继等社会生活的方方面面，社会大众在面对民事纠纷时寻求法律途径保护自身权益的意识日益增强，导致民事案件的数量和比重不断上升。

中国古代民事诉讼制度经过历朝历代的发展，形成了与刑事诉讼制度相区分的民事诉讼制度。如前文所言，民事纠纷一般调解先行，调解不成，必须审判。对于纯民事案件的亲属纠纷适用民事诉讼程序解决。国家制定法对民事案件的审理有特定的诉讼程序。如诉讼管辖，诉讼审理及庭审过程，案件审理期限，诉讼判决与执行等普通民事诉讼程序。

首先，国家法对诉讼管辖进行规定。如清朝法律对民事诉讼管辖地点进行明确。根据《大清律例·刑律·诉讼·越诉》附例："户婚、田土、钱债、斗殴、赌博等细事，即于事犯地方告理，不得于原告所住之州县呈告。"清律规定民事案件管辖地为民事案件的发生地，即"事犯地"，该规定有利于官府在案件发生地查明案件事实，收集物证、人证等证据，便于官府为审理案件做好前期准备工作。

针对亲属相犯等刑事案件，诉讼管辖地区别于民事诉讼管辖。刑事案件普遍由被告住所地进行管辖，即遵守"原告就被告"原则，而不是"事犯地方"。

其次，国家法对审理程序进行规定。

规定审判必须庭审准备工作，如明确原告和被告，收集证据，包括物证、书证、人证等。庭审阶段的过程性程序，如传唤原告和被告，并先后审问原被告；根据案件审理需要，要求证人出庭作证。在质证环节十分注重物证和书证对案件审理的重要性。如对涉及田园、房屋、坟墓、钱、债务、婚姻、承继、行帐等民事纠纷案件，有必要查验质证相关契券、绘图、注说、婚书、行单等物证和书证。

再次，规定民事案件的审理期限。

明朝法律对民事案件的审理期限做了明确规定：小事五日程，中事七日程，大事十日程。特殊复杂的民事案件审理期限经允许可延长一个月。为了督促民事案件在审理期限内及时审结，明朝建立了登记入簿督促审结制度，该制度大大促进了民事案件的及时审结。

最后，规定民事判决和上诉。

民事案件审理后应及时作出判决。民事审判要求司法人员根据相关依据作出合理而公正的判决。而州县官在民事案件审理中具有一定的自由裁判权。州县官根据案情灵活选择案件的民事法律渊源进行案件审理和判决，法官可依据国家法、习惯法、礼俗礼法等作出民事判决。对民事附带刑事案件和人身相犯等轻微刑事案件，州县官同样有相应的自由裁量权。州县官根据自身素养、专业知识和司法实践经验，自由选择案件依据，如此，既灵活高效地处理了民事案件或部分刑事案件，又避免了案件审判依据选择的冲突。既保护了当事人的诉讼权利，使当事人的私权益得以维护，又贯彻了社会盛行的“息讼”理念。

民事诉讼采取州县官独任审理制度，既赋予州县官相应的自由裁量权，又明确州县官的责任和义务。州县官必须亲自参加诉讼审理，不得擅自委派他人，不得滥用自由裁量权的权限，违反法理情理进行判决。州县官不应违反审理期限超期结案，应及时处理民事纠纷，对于普通民事案件，按照民事诉讼程序审理，对于民事附带刑事的综合性案件，民事部分适用民事诉讼审理,刑事部分交由刑事诉讼审理。对于刑事诉讼案件,司法人员应严格按照刑事诉讼程序审理,依据国家法进行审判,刑事案件中的轻微刑事纠纷,可调解结案,但应遵守当事人自愿原则。

民事判决又称"堂断",其操作较为简单灵活,既可以在双方当事人的保状、息状或甘结状上直接作出批示,又可以单独作出判决书。当事人若不服一审判决,其有权行使上诉权,但应逐级上诉,不得越级上诉,由县—府—按察司到户部或刑部,遵循府、道、省、京城逐级上诉原则。上级机关可根据案件情况将案件发回审理,或交由其他下级机关审理,或由本机关审理。

随着社会进步和经济发展,中国古代民事法律体系得以不断健全,民事法律渊源不断充实,立法和司法制度日益完整。民事诉讼制度是中国古代司法制度的重要组成部分。至明清时期民事诉讼和刑事诉讼程序日益完善,形成包括审判、执行、上诉、监督等一系列的制度和原则。不断简化诉讼程序,尤其是民事诉讼程序更加明确简便,审理方式更加高效灵活,有利于保障当事人民事诉讼权利的同时,及时了结案件,解决基层民事纠纷,稳定社会秩序,减缓司法压力。

其三,亲属纠纷案件审判的特殊性。

民事纠纷审判十分灵活简便,州县官拥有很大的自由裁量权。州县官在处理民事案件时,为了及时结案,或简化审判程序,或调解,或适用多元化的民事法律渊源进行判决。古代亲属纠纷往往是案情简单的基层民事纠纷,州县官在审理此类案件时,无需适用复杂的民事程序,当事人很少上诉,基本上是一审终审。

亲属纠纷或家事纠纷大多发生在家族内部,具有很强的亲属关系属性,因此,家事纠纷的审判与普通的民事纠纷审判有着一定的区别。由于部分亲属纠纷的家族情感关系属性,官府司法人员在审判时往往不拘泥于国家法现有的法律条文,而是将"情"贯穿于审判的全过程,重视"情"是传统司法审判的一大亮点。首先"情"作为传统司法实践中可援引的法源,其具有儒家伦理性的特质。《论语·子路》有曰“父为子隐、子为父隐,直在其中矣。”此“情”为亲属之间以忠孝为核心的亲情;其次,表现为社情,即是社会风土人情和风俗习惯,或为人民普遍所认可的社会常理,日常道理。该部分亦是作为民族习惯法的家法族规的重要组成部分。司法人员在审判亲属纠纷案件时既要考察案件事实,依法断案,又要注重亲属纠纷案件中涉及的民族习惯法中的“情理”,努力做到案件的判决得到社会大众的普遍认可,为中国司法实践奠定情理法和谐统一的价值经验。

司法人员在审理亲属纠纷案件时,往往灵活使用被赋予的自由裁量权。州县官在民事审判中较大的自由裁量权是民事诉讼所具有的特殊性,有权必有责,用权必监督。为了监督民事诉讼程序及州县官的裁判权,清朝建立了一套严格的监督制度。① 如“循环簿”即“告状不受理”,该制度是针对州县官审理的户婚、田宅、买卖等普通民事纠纷和轻微刑事案件的监督。建立巡官稽查制度,稽查州县官的司法业务。清朝的民事诉讼制度在调解、管辖、审理、执行、上诉等方面的规定较为完整,通过审判程序的特殊性及州县官的自由裁量权等特殊性,民事诉讼制度显得尤为灵活和简便,“法”与“礼”的结合谱写了中国古代司法文明的实践经验。

第三节　公私并举:纠纷解决的价值取向

一、家法族调和国法官究的比较

“举宗之事,责成宗长。”如前所言,家法、族规本质上是立足于家族内部利益调和与维护的民间习惯法,对家族内部的民事法律关系起着重要的调整作用。家法族规主要解决古代家族成员之间的民事纠纷,家法

① 张晋藩:《论中国古代民法——以清代民法为视角》,《清史研究》2020年第5期。

族规的运作宗旨在于族长利用宗族法处理宗族婚姻、身份及财产等民事纠纷以保护家族财产和宗族利益。古代封建等级制度中宗族法是以维护家长、族长为核心地位的习惯法，其内容和精神契合于古代等级森严的封建制度，是社会法制现象中的具象和表现。家法族规是得到国家统治者和古代社会高度认可的民间习惯法，在社会中能够高效便捷地解决家族内部的纠纷及社会诸多纠纷，其在解决社会关系和社会纠纷上发挥着至关重要的社会作用，通过协调和处理家族成员之间、家族与个人之间的矛盾及个人所犯纠纷，维护整个宗族的稳定和社会的秩序。家法族调是亲属纠纷等社会民事纠纷多元化解决中的重要方式，其根深蒂固地存在于社会土壤之中，并在社会变迁中得以潜移默化地发展和传承。

“家”具有社会和国家政治的双重属性，其是社会中最基本的单元和细胞，宗族关系的和谐和秩序之稳定是社会关系和社会秩序稳定的关键。从法理上看，先秦儒家倡导的“修身、齐家、治国、平天下”这一法治理论，是家法与国法相互链接的重要法治思想和治国理政之重要手段。在古代封建制度下，统治者为了统治国家、稳定社会秩序，往往寻求国家法以外的民间习惯和社会风俗作为辅助手段统治社会，家法族规被国家统治者赋予习惯法的社会地位，家法族规在被重用之下拥有广泛的社会运用空间，是古代民事法律渊源及民事法律体系的重要组成部分。相较于国家制定法，家法族规社会认可度高，具有浓厚的地域属性，对亲属纠纷等社会民事纠纷的解决具有广泛的社会适用性。但原则上，家法族规内容及精神不能与国法背道而驰，家法族规总是内在地契合于国家制定法精神，从而在维护社会公私权益上发挥重要的作用。如，族长在处理族内成员婚丧嫁娶事宜上，若违反国家制定法中嫁娶的相关规定，族长作为义务人和责任人应受到国家法的追究和处罚。

相较于家法族调，国法官究是古代封建制度下国家统治者普遍使用的统治手段和治国理政的方式。国家统治者往往根据统治目的和社会需要出台相应的国家制定法。国家制定法包括民事法律和刑事法律等，是国家无法替代的统治工具,其具有国家强制力、高权威性等特点。国家法中的调解机制更具有灵活性和高效性,不同的调解方式有助于社会基层矛盾的灵活处理和社会关系的优化。随着国家和社会的发展,国家制定法对社会中广泛存在的民商事法律关系的规定内容越来越细致和具体,人民群众求助于国家法律解决社会关系和民刑事纠纷的意识越来越强烈。但相较于家法族规,国家制定法的规定更为原则,不能把各个地区、各个民族纷繁复杂的社会关系和社会现象都囊括其中,难以对复杂的国情和社情下诸多特殊的民事法律关系进行一一规制,不能事无巨细地处理家族及社会矛盾,解决社会纠纷。其次,我国古代人民群众普遍存在"无讼""厌讼"等"去讼"化的社会心理,社会大众在解决社会个体之间的矛盾与纠纷时会更倾向于诉诸家法族规、社会风俗等民间习惯法。再次,在司法实践中,为了节约司法资源,以及更便捷和高效地解决社会基层纠纷,官吏往往倾向于将那些已经诉诸官府的家族内部纠纷交由族长解决,族长依据自身被国家法赋予的家族管理权合理而高效地处理基层纠纷。最后,即使家族内部纠纷诉诸司法诉讼的途径解决,在处理亲属纠纷或家事纠纷时,司法人员往往采取中庸态度,力求实现法与情的最大程度的结合。

规则秩序是国家和社会治理的重要价值追求,家法族规具有广泛的地域性及社会适用性,国家制定法承认家法族规作为民间习惯法以期追求家族和谐及社会秩序,从而节约了国家司法资源、实现社会秩序稳定。在家国一体的政治制度和社会机制下,作为民族习惯法的家法族规与国家制定法相互联系;家法族调和国法官究作为亲属纠纷等社会基层纠纷的多元化解决机制,两者各有千秋、互为补充,充分发挥着维护国、家及社会个体利益的重要作用。

历史经验和司法实践表明:家法族调和国法官究作为社会纠纷解决的重要途径,二者在价值取向上各有侧重。家法族调更加侧重将社会纠纷在基层予以化解,维护社会私权益;而国法官究重在利用国家法律规范社会行为,及通过民事诉讼程序和刑事诉讼程序解决纠纷,依托国家强制力保障执行,以期达到维护国家和社会公益的作用。

二、家法族调对维护公私权益的社会功用

在自然经济占主导地位的社会状态下,一家一户就是一个基本的生产生活单位和经济组织。在这个社会细胞里,社会个体从事着农业和手工业活动。家庭成员之间的诸多社会关系源起于此。家庭和家族成员之间的相互联系关涉着整个家族的稳定和秩序。家庭既是社会结构的最基本单位,也是司法结构中的基础单元。家族是家庭的组合体,一个家庭需要家长管理家庭,一个家族更需要一个族长来治理家族。中国的家族是父权家长制性质,从亲属团体的范围构成来看,"一家之长"区分了家长和族长,但家长或者族长都是家庭或者家族统治的权威人物,集一切权力于一身,比如拥有经济财产权、法律权、主婚权、惩戒权和宗教权。在共同居住大团体中的家族中的一切成员,无论是妻妾、直系亲属、旁系亲属以及奴婢等等都在家长或者族长的绝对权力之下,绝对服从其命令和权威。[1] 家长或者族长具有管理家庭、家族事务的义务,也有整治家族内部关系及其纠纷的权力。比如,族长需要处理家族祭祀、子孙缔结婚姻、立嗣继承、经营祖产、族田等家族事务,又需要处理家族成员之间的社会关系。在中国两千年的封建社会下,家长制家庭始终是稳定存在的,成为专制社会的牢固根基,以及专制主义政治制度的重要支柱。这得益于父权家长制既得到了社会的广泛认可,又得到法律的维护。

父权家长制得以被确认与维系的背后脱离不了政治原因。以维护父权家长制为核心的法律法规在古代的法律体系中始终占有重要地位,该部分法律法规的重心在于维护父权家制下的家族内部亲属法律关系,在法律上进一步巩固家长制地位,给予家长在家庭中的相对权威。从调整

---

① 瞿同祖:《中国法律与中国社会》,商务印书馆 2010 年版,第 6 页。

社会成员之间的法律关系及其他社会关系层面出发，国家统治者十分注重利用宗族这一社会单位调整社会民事法律关系，赋予家长和族长相应的权力，使其积极解决诸如分家析产、管理家族财产、婚丧嫁娶、继承立嗣等诸多族内纷繁事务。国家统治者之所以倾向于利用家法族规解决宗族繁多事务、家族成员关系及其延伸的社会关系，主要有以下考量：其一，家法族规在本质上与国家大法是相通的。凡是国法所禁止的，一般也是家法族规重点惩戒对象；凡是违反家法族规的，也是国法所不容忍的。其二，社会关系诸多纷杂，越来越多民事法律纠纷需要处理，而古代法律体系中关于民事纠纷解决的法律法规相对较少，加之，国家对社会纠纷的解决不能事无巨细。而家法族规能够在较少的时间内迅速解决好家族成员之间的民事纠纷及部分刑事处罚，这极大地节约了国家司法资源，同时，能够尽快地恢复社会秩序。其三，在亲属轻微相犯的案件中，家法族规能够通过既往纠纷惩罚方式或者国家刑事法律授权承认的惩戒权处理此类案件。同时，为推动国家行政权和司法权合二为一创造了实践经验。

可以说，父权家长制中的“父权”之统治管理权是法律所赋予和保护的。在治家之中，族长就是执行家法族规、对族人行使一定裁判权的法官。族长行使和维护权威的最好方式是有效处理家族事务，调整家族成员之间的各种社会关系。《颜氏家训》说：“笞怒废于家，则竖子之过立见，刑罚不中，则民无所措手足，治家之宽猛，亦犹国焉。”治家如治国，在法律和社会都认可家长或者家族享有相对范围内“绝对”之权力的情况下，家族是构成社会结构和政治法律体系的最基本单位，每一个单位对自己“单位”内部权力的行使和秩序的管理，都是国家管理和社会秩序这一集合体的重要组成部分。

家法族规是被以社会个体“家”为单位制定出来的规制家庭或家族关系、解决家际纠纷的民间法；是经过官方认可的用于调整族内成员关系、解决法律纠纷的习惯法；具有广泛的社会基础和适用空间。家法族规作为习惯法是国家制定法的有益补充，多种不同的民事法律渊源在调整国家、社会和个人利益上各有所长，相互补充，充分体现出中华法系具有礼法结合的特点。家法族规最重要的任务是处理家族内部纠纷和繁琐复杂的法律关系，维护家族成员的合法权益。家族是最基本也是最初级的司法机构，在这个初级机构里，族长是绝对权威的拥有者，是奉行家法族规的法官，也是家法族规执行者。当司法实践中，家法族规出现没有明确规定或者处罚不明的情况，族长往往享有类似于法官的自由裁量权，可以根据具体实践和情况进行自由裁定和判断。所谓清官难断家务事，大部分族内纠纷都可以在家法族规的规范下进行处断，由家长、族长进行裁定和处理，并且行使独有的惩戒权，处治那些违背家法族规甚至国法的家族成员。实践中，由家长、族长根据家法族规对家族纠纷做出的仲裁结果往往会得到家族成员的认可和支持。

在父权家长制的古代封建社会，法律肯定和支持家长或族长为家族最高主权拥有者，并赋予家长、族长种种法律意义上的权力，无疑是基于国家治国理政的策略思想。希望拥有最高主权的家长、族长担负起对每一社会基本单位的管理责任，对作为集合体的国家和社会的责任，这种责任更多的是对国家的严格义务。家族作为司法机构的基本单位，家族或族长因对家法族规的施行所带来的族内秩序是构成国家、社会秩序的基本单位。每一单位之主权是国家这一集合体之主权的象征，每一单位主权的拥有者是当时父权家长制社会的最佳代表，主权之权威犹如国家统治者之最高权威，家长、族长对家族内部的管理即是国家治国理政的有机组成部分。家训、家法族规是家长、族长用于治理家族的工具和手段，是在长期历史实践中经由国家认可和支持的统治工具。家长、族长通过家法族规实现对族际关系的规范和调整、对族内纠纷的处断和解决，以及对族内成员违法乱纪行为施加惩戒和处罚，来保障和实现家族成员的合法权益，维护家族秩序，从而实现国家管理职能的实现。

实现家法族规与国法的链接，家族秩序与国家秩序的链接，即是达成国家治国理政的最佳方式。每一个个体既是某一基本单位里的家族成员，又是国家和社会的一分子。家法族规通过要求基本单位里的每一个人“齐身”与修己，解决族内纠纷，修复族际关系，保障族内成员权益和利益，以及维护家族秩序，从而实现对国家和社会秩序之稳定的严格义务和严格责任。个体利益的维护和实现，既关切族际关系的和谐，又关切着国家、社会整体利益和秩序的实现和稳定。经过上千年社会实践的发展和积累，家法族规的内容也跟着社会经济、政治、文化教育等诸多因素的变化得以不断充实，更加多样化。如前所述，家法族规和国家大法在适用上既相通又互补。社会个体违背家法族规的行为通常也是国法所不容忍的，国法打击的对象也是家法族规需要重点惩戒的。多种民事渊源在调整国家、家庭和个人三者的利益时各有所长，互为补充。家法族规作为国家制定法的有益补充，发挥其特有的优势和特长，弥补了国家制定法的缺失。其作为调解家庭、宗族内部亲属关系的社会规范，在处理亲属纠纷和解决家族成员矛盾的同时，促进了家庭和社会秩序的稳定。国家通过家法族规的实施运作实现国、家、个人三者利益的和谐。

三、国法官纠对维护公私权益的社会功用

中国古代立法诸多，封建时期历朝历代的统治者往往重视对国家法律的制定和修改。随着社会经济的快速发展，社会关系的复杂和多样决定了法律规范调整范式的复杂与多样。封建统治下的立法和司法法律规范日益完备。就民法规范而言，唐朝主要见诸《唐律疏议》《户令》《田令》《赋役令》等。明朝商品经济不断发展，出现了资本主义萌芽，以此基础上的明朝法制进一步完善，其上承唐宋，下启清朝，立法内容不断充实，民事法律多见于律、令、条例、告示、榜文等载体中。《大明律》中专篇《钱债》，进一步规范契约之债和损害赔偿之债。明律对借贷关系进行调整，进一步保护债权人的合法利益。清朝民事法律主要存在于《大清律例》《大清会典》《户部则例》《工部则例》等。《大清律例》是一部诸法合体的体例，体例包含刑律、民律和行政法等部门规范。《大清律例》中，《户律》

有民事规范律文 82 条，条例 273 条，对户役、田宅、户婚、仓库、债务等内容进行了细致的规范。清朝统治者十分注重民事立法的制定，民事法律规范的制定较之前内容更加复杂多样，范围涵盖更广泛，在调整民事法律关系上更加细致。

国家法以家法族规为补充，调整社会关系，解决社会纠纷，维护公私权益。家法族规是中国古代封建法制的重要组成部分，是经过国家法认可的民间习惯法。国家法与家法族规等民间习惯法相互联系，互为补充，共同巩固封建专制统治的经济基础。马克思主义理论认为经济基础决定上层建筑，无论是国家制定法还是作为民间习惯法的家法族规均是根植于当下的时代土壤，都是经济发展和社会变迁下的历史产物。民事法律关系是商品经济和社会生活在法律上的体现，商品经济的发展程度决定着民法的发展水平。古代封建制度下的国家法和民间习惯法是对封建社会商品所有者（如买卖交易当事人）的法律关系的规定，①二者的发展与完善因缘于商品经济的发展，也必将维护和巩固封建专制统治的经济基础。一方面，家法族规具有保障宗族财产，稳定宗族秩序的功能。国有国法，家有家规。在家庭、宗族这一社会基本单位内，家法族规的重要性类同于国法。如赋予族长一定的宗族管理权和裁判权，包括管理宗族内财产关系（如田宅、宗祠、财产分配）、管理族员结婚、离婚、再嫁等人身关系。族长统领整个宗族的人身和财产关系，制定合时宜的、适用整个宗族的家法族规。家法族规既是规范宗族成员社会关系、亲属关系的行为准则，又是族长行使管理权和裁判权的重要依据。如民间盛行的买卖田宅先问亲邻这一习惯和风俗，支持财产在本族内流转，保障本族财产不分散出去。国家法通过确认和认可家法族规，将之上升至民间习惯法，使之成为社会纠纷解决机制的重要补充，以及维护社会公私权益的重要途径。

另一方面，国家法是治国理政的主要手段，家法族规作为民间习惯法

① 恩格斯在论证商品经济与民法发展之间的联系时，以罗马法为例，认为“罗马法是对简单商品所有者的一切本质的法律关系所作的无比明确的规定”。

是国家法的重要补充。家法族规等习惯法不能违背国家法的精神和法理。国家法是维护古代封建专制统治的经济基础的主要力量。国家法为保障宗族财产提供更强大的支撑力和强制力。唐宋法律和明清法律均对保护宗族财产进行了规定。国家法禁止宗族成员擅自挪用家产、私藏家产、变卖家产等,不得别籍异财。如,明清法律加重对家族成员私用家产的处罚,规定私用二十贯笞二十,每增二十加一等,亦罪止杖一百。《大清律例·户律·田宅》对宗族成员“盗卖田宅”加重处罚:凡子孙盗卖祖遗祀产至五十亩者,照投献捏卖祖坟山地例,发边远充军。不及前数,及盗卖义田,应照盗卖官田律治罪。其盗卖历久宗祠一间以下,杖七十。每三间加一等,罪止杖一百,徒三年以上。知情谋买之人,各与犯人同罪。房产收回,给族长收管,卖价入官。不知者,不坐。其祀产义田令勒石报官,或族党自立议单公据,方准按例治罪。如无公私确据藉端生事者,照诬告律治罪。国家法通过调整社会基层财产关系,规范社会个人财产行为,从而维护了个人、家庭、宗族的财产,维护个人、家庭、宗族的私权益,乃至整个国家的经济基础。

国家法具有“定分止争”的功能。一方面,社会个体寻求法律途径保障私权益的意识渐长。随着封建时期商品经济的发展,民事纠纷复杂多样,民事案件数量越来越多,范围越来越广,涉及社会生活的各个方面,涉及田宅、地界、买卖、典当、赋税、婚姻、继承等人身和财产关系的法律规范不断完善,社会民众为维护自身财产权以及其他私权益,进而寻求国家法的救济意识越来越强烈。民法水平的提高和民事法律规范的充实,对维护社会私权益的作用越来越重要。民事诉讼及刑事诉讼程序的日益完善,使得民事纠纷的处理更加简单快捷,基层百姓既不因冗长的纠纷审理期限耽误生产生活,又得益于“情理”与“法理”相结合的判决,如因简单纠纷而受损的亲属关系或社会关系得以及时修复。

另一方面,国家法以强力保障社会公私权益。清朝商品经济生产与交换日益发达,衍生出相对应的契约制度。清律强调经济生活中契约的重要性和法律效力。为明确双方当事人的权利义务关系，避免纠纷产生，明律规定在进行买卖、租赁、雇佣、嫁娶、借贷等法律行为时需有契约作为凭证，并履行契约的法律程序。对于最常见的借贷契约，《户律·钱债》规定了放贷利息和处罚责任，明确了债权人和债务人的权利义务，如“凡私放钱债，每月取利不得过三分，每年虽多，不过一本一利，违者，笞四十，以余利计赃，重者坐赃论，罪止杖一百。”

国家制定法以维护封建等级特权为特征，将之贯穿于法律条文、诉讼程序、法律的实施和执行等各个环节，国家对经济生活进行干预，以国家法的权威力和强制力维护社会生活的稳定和秩序，将社会经济关系纳入法定的限度之内，防止阶级矛盾的激化，维护社会秩序和国家的长治久安。

国家法的宗法伦理特性。古代国家法以儒家思想“忠”和“孝”的宗法伦理为指导思想，体现了封建统治者的意志。统治者利用忠孝的礼治思想维护家长制度和封建专制制度。家法族规以“孝”为本，强调族员对族长的绝对服从，族长以此来调整亲属关系和其他家族内部关系，稳定宗族秩序。国家法以“忠”为本，“君为臣纲”，要求臣民的绝对服从，以此巩固自身的统治地位。家庭或宗族是社会的基本单位，亦是国家治理的基层政权，族长有权力行使国家法赋予的管理权和裁判权，族长即是基层政权里的法官，为管理宗族恪尽职守，其失职行为由国家法加以惩处。国家法通过对家法族规的认可来贯彻儒家的宗法伦理思想，家法族规在内容和精神上总是内在地契合于国家法的法理。家法族规和国家法相互补充、相互联系，在统治者治国理政的时代需求下相互衔接、良性互动，通过家、族、国家间的稳定链接，共同发挥着对社会公私权益的保障和维护作用，亦为当下建设法治国家和法治社会提供超越时空的时代经验和历史智慧。

第七章　公私并举的人本主义的亲属观

时至今日，学人应以检讨我中华传统婚姻文明史观为己任；并对我农耕文明中婚姻价值观的主流范式加以反思。探析我中华传统婚姻文明史的意义，不仅要认知我中华文明的伟大之处；处于当下社会文明转型之时，我们更应该“知道”我们的能力所及之事。

人自诞生以来，皆发生男女关系；而对待此种关系既有文化将男女之一方或双方极近其“物化”；又有文化促其彼此“精神化”。不管是极近“物化”，还是彼此“精神化”都在时间、空间的文明史当中对不同地域（诸如中华大地或欧陆地中海）、不同的民族（诸如中华民族）产生不同影响。因此，这种文明史的延展必然是一种各具民族特色的文化传承史。

有鉴于此，以往文明史的探讨均倾向于人类如何以工具促进农耕发达？如何因农耕的剩余恩惠促进社会之现代化发展？评断标准与价值观从来没有脱离过“工具或技术”这一单一的标准。殊不知，人类之文明的内涵不能仅局限于器具或技术，更应延展至人之伟大精神与观念。近代史的巨变确实让偏颇的器物或技术文明史观主导着近现代人之理智，使得所有现代人认为仿佛变化、发展、改革才是人类的进步。固然变化、改革确实是人类社会所不可或缺的；但是，这只是人类文明史发展其中之一翼。纵观人类文明整体发展史，我们不难发现人类文明发展一直离不开一个文明发展之“体”；这个“体”就是人类社会主体之精神、观念。正如柳诒徵先生所指出的人类通史共性，即“人类之动作，有共同之轨辙，亦有特殊之蜕变。欲知其共同之轨辙，当合世界各国家、各种族之历史，以观其通；欲知其特殊之蜕变，当专求一国家、一民族或多民族组成一国之历史，以觇其异”①。

为此，以中华儒家婚姻文明史为例，探析中华婚姻文化中所蕴含的中华民族独有之伟大精神与观念。其研究的路径建立在史学与文字训诂学相结合的基础上，将中华儒家经典婚姻文化的精髓传送于时下的学术研究当中。在此研究中，坚决避免以达尔文主义的社会进化论的研究方略套裁中国儒家经典婚姻的文明史观；因为，中华儒家经典婚姻的文明史观不是诸如西方欧洲的文明史观建立于欧洲部族、人种主义和城邦制社会的基础之上的。② 中华儒家经典婚姻史观是建立于中华儒家文明的基础之上，中华儒家婚姻史观在人种上不存在优劣之分；中华儒家婚姻史观承认人之性别差异；中华儒家经典婚姻史观承认人之社会角色不同。正是基于上述研究基础决定了挖掘中华儒家婚姻之精神内涵就不能按照西方的研究范式去研究，必须立足于中华民族自身的历史渊源、自身的民族秉性、自身的文化信奉，去挖掘我们自己的中华儒家婚姻之精神和独特的观念。

第一节　男女亲属之义观

柳诒徵在其所著《中国文化史》“绪论”中明确指出人类通史共性，即“人类之动作，有共同之轨辙，亦有特殊之蜕变。欲知其共同之轨辙，当合世界各国家、各种族之历史，以观其通；欲知其特殊之蜕变，当专求一国

① 柳诒徵：《中国文化史》，吉林人民出版社 2013 年版，“绪论”，第 1 页。

② 乌维·维瑟尔（Uwe Wesel）：《欧洲法律史——从古希腊到〈里斯本条约〉》，刘国良译，中央编译出版社 2016 年版，第 43 页。

家、一民族或多民族组成一国之历史，以觇其异。”①

为此，研究的目的在于求得中欧两种文化间有个婚姻之共通之则与特殊之异。在述说中国传统儒家之婚姻制度及其观念之时，其目的有二：即一则通过对传统儒家之婚姻制度、观念之推演，求得公私并举的婚姻观这一普世共通之文化精髓；二则结合中华民族所处之独特的民族社会的独特性，探析出中华民族独造的儒家人本主义婚姻观。同样，在述说欧洲传统婚姻制度及观念之时，所求目的亦有二：即一则挖掘中国儒家文明思想推动其演变之路径与因由；二则结合其部族社会之独特，探析其族群婚姻观之狭隘性。

柳诒徵在论《家族及私产制度之起源》问题上，首先提出人类社会之演变的轨迹是从“草昧社会”向“开明”进化的过程，经由几千年的“蜕化”而成。同样，人类社会的一切语言、文字、思想和制度都必然是经由“蜕化”这一共同的历史演变之路而成。由是可否推知，人类所有婚姻制度及观念也必由“蜕化”而进至文明②？

从考古学和人类学的视角言之，文明只是所有人类在其适应自然环境过程中所创作出来的一种智慧、经验、技术。人类在面对自然环境的时候，不是完全被动性选择接受环境所赋予其的；而是更多地选择主动性的挑战、征服和创造环境；并在不断挑战、征服和创造环境的过程中开创性地建构某种生存策略、理念和智慧。一直在不断适应环境，并因为对抗风险而造就“文化”这种生存策略；并像尼安德塔人一样因文化的早熟而灭绝。这种从考古学、人类学的视角出发，用“触摸”这一独特的研究策略去理解文明，反思何谓文明，以及文明因何而毁灭？这一切皆不能脱离“人”这一主体，不论男人、女人皆为人，又有何来男女不平等之说呢？我们今天研究、学习文明史的意义何在？仅仅是知道中国儒家文明或更加

① 柳诒徵：《中国文化史》，吉林人民出版社 2013 年版，“绪论”，第 1 页。
② 柳诒徵：《中国文化史》，吉林人民出版社 2013 年版，第 20 页。

文明？或是西方文明何时在文明性冲突中消亡？人类文明真的是建立在“衣食足”而“知礼节”的演进路径之上吗？不管回答的结论如何，其研究的推演点均不能离开人类社会这一两性主体，即男性与女性。

柳诒徵曾对中国汉字的创作和使用之规则做出一种解释，即“盖先有创作，而后人追溯而锡之职名，非当部族初兴之时，已有史官也。然经籍论文字历数之用，皆重在施政教民。”①在其解释当中，首先明确文字之创作本身系效法自然性；后将自然之性或理予以承载之；其次，在其后续的使用中不断将其使用过程中所产生的经验予以累积、提炼而职名化；即如《荀子·正论》中所言“天下之大隆，是非之封界，分职名象之所起，王制是也。”②只有在经由职名化以后才具备发挥施政教民之能。

为此，“男女”二字的使用就如柳诒徵先生所言必然遵循汉字之规则；即男女二字所承载的自然之性与理、男女二字在使用中的职名化、男女二字的终极功用。

一、男之义

清代陈昌治刻本《说文解字》卷一三男部男注解：“丈夫也。从田从力。言男用力于田也。凡男之属皆从男。”其意为“男，丈夫，即成年雄性”③。字形采用“田、力”会义，意思是男子在田间劳动耕作。清代段玉裁《说文解字注》注解：“丈夫也。夫下曰。周制八寸为尺。十尺为丈。人长一丈。故曰丈夫。通曰。男，任也。任功业也。古男与任同音。故公侯伯子男，王莽男作任。从田力。言男子力于田也。会意。农力于田。自王公以下无非力于田者。那含切。古音在七部。凡男之属皆从男。”④同样，按照《康熙字典》（午集上）（田字部）男注解：“（说文）丈夫也。从

① 柳诒徵：《国史要义》，吉林人民出版社 2013 年版，第 1 页。
② 张文治编：《国学治要·集部·子部》，北京理工大学出版社 2014 年版，第 714 页。
③ 许慎撰：《说文解字》，上海古籍出版社 2007 年版，第 697 页。
④ 段玉裁、许慎撰：《说文解字注》，上海古籍出版社 1981 年影印本，第 698 页下栏。

田从力，言用力于田也。男，任也。任，功业也。（易·系辞）乾道成男。"①

（一）任天地之道

男字从其自然之性或理的角度言之，男字从田从力，言男用力于田也。寓示着中华农耕文明的主力，专注于农耕文明和人口生育。在字形采用"田、力"会义，意思是男子在田间劳动耕作。任学礼在其所著的《汉字之起源、创造及研究方法》农与男为旁纽、旁转而义通条中谈及遵循天地之道，即依据《大戴礼记·本命》第八十记载："男者，任也；子者，孳也；男子者，言任天地之道，如长万物之义也。故谓之'丈夫'。丈者，长也；夫者，扶也；言长万物也。知可为者，知不可为者；知可言者，知不可言者；知可行者，知不可行者。是故，审伦而明其别，谓之知，所以正夫德者。"同样，《白虎通义·嫁娶》卷九记载："男者，任也，任功业也；"解读为男之从田，田于此喻女腹，喻女阴，道家以女阴为神田；从力，力为阳阴之交合，合之为男，乃男阳力於阴，任天地之道而使女子任也，任与妊古通。喻之则为"男用力于田也"，是男者丈夫也，"任天地之道者"也，"用力于田"之耕种者也，是即农任，是农、男义通。②

男字从典任事的角度言之，男者任也任功业也。取能禺田，寓示着生民之民族伟大意义；即如《释名疏证补》第三卷释长幼第十记载"男任也典任事也。华沅曰白虎通嫁娶篇云男者任也任功业也。说文男丈夫也从田力言男用力于田也用力于田典任事之义也"③。此为，生民之寓意。同样，如《说文》："男，丈夫也。从田从力，言男用力于田也。"《国风·豳风·七月》云："同我妇子，馌彼南亩。"是古者男子乃用力于田。取能力田，禺生民之切事，故以男禺能，引申为有材能堪任事之义。《经籍纂诂》

① 《康熙字典》，中华书局 1958 年版，第 759 页。
② 任学礼：《汉字生命符号》上，《汉字之起源、创造及研究方法》第 2 集，广西师范大学出版社 2016 年版，第 987 页。
③ 王先谦撰：《释名疏证补》，湖南大学出版社 2019 年整理本，第 125 页。

男字训任训之言任者十有六，如《释名·释畏幼》云："男，任也，典任事也。"①

（二）家道得正

男字从王政的角度言之，其包含了分职名象内涵。诸如《荀子·正论》篇记载："凡议必先立隆正，然后可也。无隆正则是非不分，而辨讼不决，天下之大隆，是非之封界，分职名象之所起，王制是也。故凡言议期命是非，以圣王为师。而圣王之分，荣辱是也。"②主要是王政治理必须要消除无政府主义，人生来就有欲望，人的欲望存在着无限膨胀的可能；为此就需要得到节制，而节制就必须通过礼仪规范来加以规范疏导，以防止其泛滥；而泛滥的最终结局就是社会失序、混乱而处于无政府状态。③

男字从家政的角度言之，其包含了治家之道的正名内涵。如《易传·象传》下篇家人记载："家人，女正位乎内，男正位乎外。男女正，天地之大义也。家人有严君焉，父母之谓也。父父、子子、兄兄、弟弟、夫夫、妇妇，而家道正。正家，而天下定矣。"④此中的家人即言一家之人；既然成为一家之人则构成一个家庭，那么在这个家庭当中必有家道的存在；此家道在于女人正位在内，男人正位于外，男女各正其位，此乃是遵循天地之道的本义。家人有尊严的家主，这就是父母。做父亲的尽父道，做儿子的尽孝道，做兄长的像兄长，做弟弟的像弟弟，做丈夫的尽到丈夫职责，做妻子的尽妇道；此家庭成员遵循其各自名分而各守其道；女子在家内守本分而尽其职；男子在家外守本分而尽其力。由此，因由家道得正，则天下安定。

二、女之义

按照清代陈昌治刻本《说文解字》卷一二女部女注解："妇妇也。象

① 俞忠鑫编：《蒋礼鸿全集·义府续貂》，浙江大学出版社2020年版，第101页。

② 王书良等主编：《中国文化精华全集·政治·经济卷》，中国国际广播出版社1992年版，第92页。

③ 孙伟：《经典如是说·治国卷》，河南大学出版社2017年版，第217页。

④ 陈寿撰：《文白对照三国志》，田余庆、吴树平等译，三秦出版社2004年版，第68页。

形。王育说。凡女之属皆从女。”其意为“女，妇人。像妇人之形”①；清代段玉裁《说文解字注》注解：“妇人也。男，丈夫也。女，妇人也。立文相对。丧服经每以丈夫妇人连文。浑言之女亦妇人。析言之适人乃言妇人也。左传曰：“君子谓宋共姬女而不妇。女待人。妇义事也。”此可以知女道妇道之有不同者矣。言女子者对男子而言。子皆美偁也。曰女子子者，系父母而言也。”②

同样，按照《康熙字典》丑集下女字部女注解：“（博雅）女，如也。言如男子之教，人之阳曰男，陰曰女。（易·系辞）坤道成女。又已嫁曰妇，未字曰女。（礼·曾子问）嫁女之家，三夜不息烛，思相离也。又星名。”③

（一）任天地之道

女字从其自然之性或理的角度言之，“妇人也。象形。王育说。凡女之属皆从女。”其意为人类繁衍的直接渠道，是人类生生不息的源头。“女，妇人。像妇人之形。”以此，寓示着人类延续过程的“姓”字，即为“人所生也，古之神，圣母感天而生子，故称天子从女从生。”女子主导人类繁衍活动。④ 由此就产生一个“好”字，此“好”在于生育，即如《明儒学案·江右王门学案》中丞宋望之先生仪望条中记载：“《易系》曰：‘天地之大德曰生。’人得天地生物之心以为心，所为生理也。此谓生理，即谓之性，故性字从心从生。”⑤。此中一方面寓示着女性的主要价值在其所蕴含的母性精神；另外一个方面是将“生育”寓意着天之大德，把生命从无到有的孕育看成一件最为尊崇的“德行”的事情，是出于对造物主的敬畏。

---

① 《说文解字》，上海古籍出版社 2007 年版，第 627 页。
② 段玉裁，许慎撰：《说文解字注》，上海古籍出版社 1981 年影印本，第 612 页上栏。
③ 《康熙字典》，中华书局 1958 年版，第 254 页。
④ 齐凌：《持守与嬗变：明清社会思潮与人情小说研究》，齐鲁书社 2008 年版，第 282 页。
⑤ 谷继明：《王船山〈周易外传〉笺疏》，上海人民出版社 2016 年版，第 242 页。

（二）合家正道

从女字之王政的角度言之，其所包含的是融合之内涵。在中国儒家社会当中其结构特征是家庭宗族融合型，其内部治理是以“际会”为精神诉求，即其治理方略是以消除宗族间的间际性为己任，来实现共同融合的发展需求；诸如在《礼记·大传》中记载：“同姓从宗，合族属；异姓主名，治际会。名著，而男女有别。其夫属乎父道者，妻皆母道也；其夫属乎子道者，妻皆妇道也”①，《论衡·自然篇》卷一八记载：“天地合气，万物自生，犹夫妇合气，子自生矣”。冯友兰在论证王充有关天人关系当中指出“天道无为，人道有为”。人道有为和天道无为的根本区别在于“女”，王充指出，天地的运行是没有目的的；天地生万物和人也是没有目的的。他说：“儒者论曰：天地故生人，此言妄也。夫天地合气，人偶自生也；犹夫妇合气，子则自生也。夫妇合气，非当时欲得生子，情欲动而合，合而生子矣。且夫妇不故生子，以知天地不故生人也。然则人生于天地也，犹鱼之于渊，虮虱之于人也。因气而生，种类相产。万物生天地之间，皆一实也”②。

从女字之家政的角度言之，主要强调治家之妇道。在此治理模式当中，将名分置于首要，依其男女各自不同的名分而赋予各自人道治理，即依其在家所具有的名分而确定不同位序之父道、母道、夫道、妇道与子道的职责。同样，唐代政治家、史学家杜佑所著的《通典·礼五十二》卷九二，在论证家庭宗族治理中有关“名分”的重要性上，其言“其夫属乎父道者，妻皆母道也；其夫属乎子道者，妻皆妇道也。谓弟之妻妇者，是嫂亦可谓之母乎！故名者，人理之大者也，可无慎乎！”（道犹行也。言妇人弃姓无常秩，嫁于父行则为母行，嫁于子行则为妇行。父母兄弟夫妇之理，人伦之大者。大传曰“同姓从宗合族属，异姓主名治际会，名著而男女有

---

① 戴圣：《礼记精华》，傅春晓译，辽宁人民出版社 2018 年版，第 160 页。

② 冯友兰：《冯友兰文集》第 10 卷，《中国哲学史新编》第 3 册，长春出版社 2017 年版，第 171 页。

别”是也。）在其论证当中名分在整体为人之理上处于最上位，具有重大的指导作用，任何人不可不慎重。通过以“名分”为路径，以引导家庭成员各自的行为，即为各自履行专属其的“父道、母道、夫道、妇道与子道的职责”，此乃为典型的以名分为标志的家庭义务本位制。

从人道与天道的差异性角度言之，天道是建立在自生自灭的循环体系当中；而人道在生上确实存在有自然性的因素，但是在养上绝不能落入生而不养、养而不教与其他动物无异的死循环当中；人道在生之后明确要家养，要家教；因此，人道核心在于要养要教，即如《论衡·自然篇》卷一八记载：“物自生，子自成，天地父母，何与知哉？及其生也，人道有教训之义”。进而论证夫妇之道就是要在教养方面实现问题，即从夫妇之道责任起源的角度讲，其确实效法于天地，但其又不同于天道、地道，明确了夫妇之道的教养之责；即如《论衡·自然篇》卷一八记载：“儒家说夫妇之道，取法于天地，知夫妇法天地，不知推夫妇之道，以论天地之性，可谓惑矣”①。

通过上述之分析，不管是男字还是女字其施用皆在追求施政教民之功用。诸如，柳诒徵先生在其著《国史要义》记载：“盖先有创作，而后人追溯而锡之职名，非当部族初兴之时，已有史官也。然经籍论文字历数之用，皆重在施政教民。”《易·系辞》：“上古结绳而治，后世圣人易之以书契，百官以治，万民以察。《说文序》：黄帝之史苍颉，见鸟兽蹄迒之迹，知分理之可相别异也，初造书契。百工以乂，万品以察。《尧典》：钦若昊天，敬授人时。”②只是在施政教民之对象上更重要的体现在其私家之内，即以其女性之柔性品行对私家之夫与子的辅佐与抚育。为此，西汉文学家刘向在其所著《列女传·母仪传·周室三母》中记载：“三母者，大姜、大任、大姒。大姜者，王季之母，有台氏之女。大王娶以为妃。生大伯、仲雍、王季。贞顺率导，靡有过失。大王谋事迁徙，必与。大姜。君子谓大

① 《论衡》，岳麓书社 2015 年版，第 227 页。
② 柳诒徵：《国史要义》，江西教育出版社 2018 年版，第 1 页。

姜广于德教。大任者，文王之母，挚任氏中女也。王季娶为妃。大任之性，端一诚庄，惟德之行”①。为此，修德行以示教是女性的名分所在。

从施政的角度言之，分为私家之施政和公家之施政；在私家之施政层面上立足于纯粹自然之性，尊重男性与女性之差异性。故而，在中华儒家文明中不存在男女之不平等的问题；相反，对男女之性别分别尊重，并让其各自发挥其自身在私家之政当中所具有的角色和职能。

三、亲属之义

亲属从其本源来讲是源于私家观念，不管是从财产角度还是从男女性别角度都离不开私家观念；即如古文“家”从古文的“豕”。得出按豕为家畜。屋下覆豕，实为私产之起源。有私家之观念，于是有私产之制度。还是从男女性别之分，均为私家观念之源起。诸如清代张亨嘉在其所著的《天妹定祥赋》记载：“天妹定祥赋，以生民之始万福之原为韵。粤稽遂皇氏始有夫妇之道，宓羲氏制嫁娶，以俪皮为礼。自时厥后，日事踵增，至周而六礼之仪大备。文王以圣德配天，太姒亦以圣女则天，此诗人所以咏伣天之妹文定厥祥也。毛苌注云：伣，罄也，尽也。文王以太姒为贤，尽礼尊敬之，如天之有女弟也。朱傅云：文礼祥吉也。言卜得吉而以纳币之礼，定其祥也。国朝高氏大全体要云：天妹，尊美之词。太姒之德纯一，若舆天相为伯仲者然。”②

清代陈昌治刻本《说文解字》卷八见部亲字解释为“至也。从见亲声。七人切；亲，关系至近至密者。字形采用‘见’作边旁，‘亲’作声旁”③；同样，清代段玉裁《说文解字注》亲字解释为“至也。至部曰。到者，至也。到其地曰至。情意恳到曰至。父母者，情之冣至者也。故谓之

---

① 夏家善：《历朝母训》，天津古籍出版社 2017 年版，第 1 页。

② 马积高主编：《历代词赋总汇详目卷》第 24 册，湖南文艺出版社 2014 年版，第 19891 页。

③ 《说文解字》，上海古籍出版社 2007 年版，第 424 页。

亲。从见。声。七人切。十二部。李斯刻石文作亲。左省一画”①。

根据《康熙字典》中有关“亲”字的解释,即古文“亲”字为窺(唐韵)(正韵)七人切(集韵)(韵会)雌人切,七平声。(广韵)爱也。(孝经序)亲誉日著。(注)慈爱之心曰亲。(荀子·不苟篇)交亲而不比。(注)亲谓仁恩。(周语)慈惠保民,亲也。又近也。(易·乾卦)本乎天者亲上,本乎地者亲下。又(增韵)躬也。(诗·小雅)弗躬弗亲。(笺)言不躬而亲之也。(礼·文王世子)世子亲齐而养。(注)亲,犹自也。又(释名)衬也。言相隐衬也。(增韵)姻也。(礼·大传)亲者,属也。(疏)谓有亲者,各以属而为之服。(左传·昭十四年)禄勳合亲。(杜注)亲,九族也。(周礼·地官·大司徒)以阴礼教亲,则民不怨。(注)谓男女之礼,婚姻以时,则男不旷,女不怨。又六亲,父母、兄弟、妻子也。(管子·牧民篇)上服度则六亲固。又(前汉·礼乐志注)如淳曰:父、子、从父昆弟、从祖昆弟、曾祖昆弟、族昆弟,为六亲。又姓。(史记·孟尝君传)齐王逐周最,而听亲弗。(注)亲弗,人姓名。(战国策)作祝弗。又通作新。(大学)在亲民。(程注)亲,当作新。又(唐韵)七遴切(集韵)(韵会)七刃切(正韵)寸遴切,七去声。(左传·桓二年)庶人工商,各有分亲。(注)以亲疏为分别。(释文)有平去两音。又(广韵)亲家也。(集韵)婚姻相谓为亲。又叶苍先切,音千。(杨方·合欢诗)磁石引长针,阳燧下焱烟,宫商声相和,心同自相亲②。

按照黄安靖对亲字的解释,分别从情感、父母及血缘等三个方面对“亲”字进行解读,即:

首先,从情感角度解读亲为关系密切与情感深厚之自然之义;即“亲,繁体字作‘親’,形声字,从见(见),亲声。”如果能经常见面,一般是关系最密切、感情最亲近的人,所以“親”的本义是“关系密切”“感情深

① 段玉裁、许慎撰:《说文解字注》,上海古籍出版社 1981 年影印本,第 409 页下栏。

② 《康熙字典》,中华书局 1958 年版,第 1136 页。

厚”。《说文·见部》:“親(亲),至也。”段玉裁注:“情意恳到日至。”

其次,从父母的角度解读亲为父母者情之最至的伦理情感;即徐锴系传:“亲,密至也。”关系密切、感情深厚,莫过于父母,所以“亲”引申指“父母”。段玉裁《说文解字注》:“亲,父母者,情之最至者也,故谓之亲。”《史记·晋世家》:“失君亡亲。”张守节正义:“亲,父母也。”也单指“父亲”。《汉书·卢绾传》:“绾亲与高祖太上皇相爱。”颜师古注引晋灼曰:“亲,父也。”还单指“母亲”。《汉书·高帝纪上》:“视亲疾。”颜师古注:“亲,谓母也。”

第三,从血缘及婚姻关系的角度解读亲为以家为核心形成的六亲,即在以有血缘关系或婚姻关系两重关系基础上所形成的以家为核心的人际关系;诸如清代徐灏《说文解字注签·见部》:“亲,亲爱者莫如父子、兄弟、夫妇,故谓之六亲。”《左传·昭公十四年》:“禄勋合亲。”杜预注:“亲,九族。”①

清代陈昌治刻本《说文解字》卷八尾部属解释为“连也。从尾蜀声。之欲切;属,连续。字形采用‘尾’作边旁,采用‘蜀’作声旁。”②;

清代段玉裁《说文解字注》属解释为“连也。连者,负车也。今字以为联字。属,今韵分之欲市玉二切。其义实通也。凡异而同者曰属。郑注司徒序官云。州党族闾比者,乡之属别。注司市云。介次市亭之属别小者也。凡言属而别在其中。如秔曰稻属,秏曰稻属是也。言别而属在其中。如稗曰禾别是也。从尾。取尾之连于体也。蜀声。之欲切。三部。今作属”③。

根据《康熙字典》中有关“属”的解释为“(正字通)俗属字。(属)(广韵)(集韵)之欲切(韵会)朱玉切,音烛。(说文)连也。从尾蜀声。(徐曰)属,相连续,若尾之在体,故从尾。(广韵)聚也,会也。(周礼·州长)

① 黄安靖:《字误百解》,上海文化出版社2018年版,第131页。

② 《说文解字》,上海古籍出版社2007年版,第417页。

③ 段玉裁、许慎撰:《说文解字注》,上海古籍出版社1981年影印本,第402页上栏。

正月之吉,各属其州之民而读灋。注属聚也。(孟子)乃属其耆老而告之。又托也,付也。(左传·隐三年)宋穆公疾,召大司马孔父,而属殇公焉。(史记·留侯世家)汉王之将,独韩信可属大事,当一面。又恭也。(礼·礼器)属属乎其忠也。(注)属属,恭貌。又续也。(史记·信陵君传)平原君使者,冠盖相属于魏。又(晋语)必属怨焉。(注)属,结也。又足也。(左传·昭二十八年)愿以小人之腹,为君子之心,属厌而已。(注)属,足也,言小人知厌足,君子当亦然。又(左传·僖二十三年)其左执鞭弭,右属櫜鞬,以与君周旋。(周礼·冬官考工记)察车之道,欲其朴属而微至。(注)附著坚固也。又恤也。(书·梓材)至于敬寡,至于属妇。(传)属,存恤也。妇,妇妾也。又甲札之数。(前汉·法志)魏氏武卒,衣三属之甲。(如淳注)上身一,髀褌一,胫缴一,凡三属,皆相连属也。又(广韵)市玉切(集韵)(韵会)殊玉切(正韵)神六切,音蜀。(小雅·常棣)郑笺,属者,昭穆相次序也。又(增韵)隶也,系属也,官寮也。(礼·王制)千里之外设方伯,五国以为属,属有长。又(书·周官)各率其属,以倡九牧。又九族也。(史记·田单传)田单者,齐诸田疎属也。又类也,侪等也。(史记·留侯世家)今陛下起布衣,以若属取天下,而所封皆萧曹故人。又从也。(史记·项羽本纪)羽渡淮,骑能属者百馀人耳。又(前汉·贾谊传)善属文。(师古注)属谓缀辑之也。又(左传·成二年)韩厥曰:下臣不幸,属当戎行。(注)属,适也。又(书·禹贡)泾属渭汭。(传)属,逮也。马云:人也。又(五音集韵)朱戍切,音著。注也。(仪礼·士昏礼)酌元酒三属于尊。(注)属,注也。又(晋语)若先,则恐国人之属耳目于我也。(注)属,注目也。又(屈原·离骚)前望舒使先驱兮,后飞廉使奔属。又叶殊遇切,音树。(诗·小雅)君子有猷,小人与属。叶上附。又叶直略切,音著。

(班固·西都赋)陵隥道而超西墉,混建章而连外属。叶上阁下爵擢。(正字通)俗作属嘱,非。(属)考证:〔(周礼·地官)月吉,则属其州之民读邦灋。(注)属,犹合聚也。〕谨照原文改为:州长正月之吉,各属其州之民而读濡。注属聚也。〔(左传·昭二十九年)愿以小人之腹,为君子之心,属厌而已。〕谨照原文二十九年改二十八年。〔(尔雅·释亲郑笺)属者,昭穆相次序也。〕谨照所引在小雅常棣笺,不在尔雅。谨改为小雅常棣郑笺。〔(礼·王制)千里之外设方伯,王国以为属。〕谨照原文王国改五国"①。

按照杨琳在其《汉字形义与文化》有关"属"的解释,其分为以下几个层面含义,即:

首先,从其自然属性角度言之,属乃自然之交配;即其以《说文》属字之本义为连接:"属,连也。从尾蜀声。"及南唐徐锴《说文系传》解释说:"属,相连续,若尾之在体也。"其义在于两个原本孤立的个体通过从尾相连寓示着"连接为一体,使其融入到身体一样"。同样,杨树达《积微居小学金石论丛·释属》认为属的本义在于"尾下窍",即阴部之交配义。孔安国传:"交接日尾。"王献唐说:"交接日尾,谓男女亵事为尾。"

其次,从男女之性事角度言之,属于男女交合义;即郑玄注引《书传》云:"男女不以义交者,其刑宫桶。"属字从尾蜀声,蜀亦表义,本义自当为交合。"连"有交合义。《吕氏春秋·明理》:"犬彘乃连。"东汉高诱注:"连,合。"沈兼士《积微居小学金石论丛序》云:"今俗尚谓人之构精为属,兽之孳尾为连。"属为交合,引申为泛指连接使成为一体。

第三,从国家之社稷角度言之,属引申为会聚、聚集。《墨子·明鬼下》第31章记载:"期年,燕将驰祖。燕之有祖,当齐之社稷,宋之有桑林,楚之有云梦也,此男女之所属而观也。"此中的社稷当作有社之义;燕之祖、宋之桑林及楚之云梦跟齐国之社相当,都是祭祀土地神的地方。土地神掌管着五谷的丰歉,是古代社会最重要的神祇。古以"社稷"指代国家,社即土地神,稷就是谷神。正因如此,古人祭祀土地神的活动隆重而热闹,就像今天的大型庙会一样,男男女女都来参加,所以

① 《康熙字典》,中华书局1958年版,第303页。

《墨子》中说“此男女之所属而观也”，意思是说社是男男女女集会游玩的地方。①

第二节 人本主义亲属的私家观

从社会发展的角度言之，人类社会不仅仅局限于生产的发展；同样包含着人口数量和质量的发展。在这个发展历程当中不同的民族、不同的文化既存在着个性，又存在着共性；在共性层面上体现了追求生育为本或崇尚生育的理念和向文明化演进的目标。由于不同的民族所依赖的生存环境不同或者基于族群的生存压力不同，其对生育追求的执着度和性别、质量的考虑存在着差异性。并且各自族群在向文明化演进的时间性存在重大差异。

相对于西方而言，我中华民族自然有其独特之处；此种独特主要源于其独特的社会状态，即完全不同于西方的族群、种族社会的非族群、种族性。中华民族所具有的这种非族群性与非种族性决定了其婚姻以及与婚姻相关的制度特性。为此，本篇章在后续部分主要从此种逻辑顺序进行论述我国婚姻及婚姻制度的独特性。

一、人本主义亲属的夫妇之道

在探究中华儒家婚姻之精神及其独特之观念上，必将从夫妇之制的起源角度探究夫妇之制的定人道与化民成俗的基本内涵。在夫妇之道的起源问题上，有文献记载，诸如《洛书·摘亡辟》中说：“人皇兄弟九人，别长九州，离艮地精之女，出为之后，夫妇之道始此”②，《太平御览·皇亲部》卷一人皇后条记载：“《春秋命历序》：《洛书摘亡辟》曰：人皇兄弟九

① 杨琳编：《汉字形义与文化》，南开大学出版社2012年版，第353、355页。

② 北京图书馆古籍出版编辑组：《北京图书馆、古籍珍本丛刊72子部类书类》卷一，书目文献出版社1995年版，一一六上页。

人，别长九州。离艮，地精，女出为之后。（离、艮卦所推也。）”，唐杜佑《通典·礼十八》嘉礼三卷五十八记载：“遂皇氏始有夫妇之道。伏牺氏制嫁娶以俪皮为礼。五帝驭时，娶妻必告父母。夏氏亲迎於庭。殷迎于堂。”①明代王三聘所著《古今事物考》卷一嫁娶条记载：“通典曰遂皇氏始有夫妇之道注云人皇是也通鑑曰上古男女无别太昊始制嫁娶以俪皮为礼注云俪偶数也后纳币本于此。”②明末清初文学家、史学家张岱《夜航船·礼乐部·礼制一》婚姻条记载：“人皇氏始有夫妇之道，伏羲始制嫁娶。女娲氏与伏羲共母，佐伏羲正婚姻，始为神媒。夏后氏始制亲迎礼。”梁朝萧统所编《文选》中永明十一年策秀才文五首王元长记载：“问秀才：朕秉箓御天，握枢临极：《尚书旋玑钤》曰：《河图》命纪也。图天地帝王终始存亡之期，录代之矩。箓与录同也。《周易》曰：时乘六龙以御天。《易通卦验》曰：遂皇氏始出握机矩。郑玄曰：遂皇，遂人也。但持斗机运转之法。《春秋运斗枢》曰：北斗七星，第一星天枢。《论语素王受命谶》曰：王者受命，布政易俗，以御八极。五辰空抚，九序未歌。”③《历代词赋总汇》清代卷记载清代张亨嘉所作的天妹定祥赋记载：“天妹定祥赋，以生民之始万福之原为韵。粤稽遂皇氏始有夫妇之道，宓羲氏制嫁娶，以俪皮为礼”④。

在这些文献当中仅仅记载着夫妇之制的产生史实，即由人皇氏定夫妇之制；至于出于何种目的考虑并没有具体言明。为此，本篇将从以下几个方面具体分析。

（一）定人道

在人类蛮荒时期，人兽杂居，一切皆以暴力相征。为此，出于为民兴利而除害、正民德、民师之的考虑，圣贤者定人道。诸如先秦著作《管

① （唐）杜佑撰：《杜氏通典》卷五十八，上海图书集成局光绪 27 年嘉礼。

② 王三聘撰：《古今事物考》卷一，商务印书馆 1937 年影印本，第 62 页。

③ 萧统编、李善注：《文选》，太白文艺出版社 2010 年版，第 1036—1037 页。

④ 马积高、叶幼明主编，陈建华副主编：《历代词赋总汇》清代卷，湖南文艺出版社 2014 年版，第 19891 页。

子·君臣》下篇记载："古者未有君臣上下之别，未有夫妇妃匹之合，兽处群居，以力相征。于是智者诈愚，强者凌弱，老幼孤独不得其所。故智者假众力以禁强虐，而暴人止。"①在此明确人类文明化过程中，确定人道，定人居，去除武力、止人暴这些基本的人之社会的安全基础。同时，为了实现社会安全之基础，并加以保障就明确了夫妇之制的自然需求，必然要达到止乱至安的目标。

1. 止乱至安

同样，汉代班固《白虎通义》卷一号条中在记载我中华历史中对三皇者进行表功明德方面明确记载着三皇之功绩，即："三皇者，何谓也？谓伏羲、神农、燧人也。或曰伏羲、神农、祝融也。《礼》曰：'伏羲、神农、祝融，三皇也。'谓之伏羲者何。古之时未有三纲、六纪，民人但知其母，不知其父，能覆前而不能覆后，卧之法法，起之吁吁，饥即求食，饱即弃余，茹毛饮血而衣皮苇。于是伏羲仰观象于天，俯察法于地，因夫妇正五行，始定人道，画八卦以治下。治下伏而化之，故谓之伏羲也。谓之神农何？古之人民，皆食禽兽肉，至于神农，人民众多，禽兽不足。于是神农因天之时，分地之利，制耒耜，教民农作。神而化之，使民宜之，故谓之神农也。谓之燧人何？钻木燧取火，教民熟食，养人利性，避臭去毒，谓之燧人也。谓之祝融何？祝者，属也；融者，续也。言能属续三皇之道而行之，故谓祝融也。"②在此当中非常明确记载着伏羲之历史功绩，即他为人类制定出"人道"。

按照《白虎通义》的解释为古人原本未有夫妇制度，只有到了伏羲之时才得以产生。伏羲出于正五行的社会考量，根据自然法之原理或规律而制定人道。显然，夫妇之制其属性被归于"人道"，其社会功用在于其能"正"五行。同样，柳诒徵在言及夫妇制度的起源问题上，其认为"夫妇之制其源创制之始，必以人类男女之欲，不可漫无限制。不立夫妇之制，

① 梁启超：《先秦政治思想史》，江西教育出版社 2018 年版，第 154 页。
② （民国）宋联奎辑《白虎通义》，民国陕西通志馆 1936 年版，第 8—9 页。

则淫污争夺,其害有不可胜言者。以后世婚礼推之,即知其制之出于不得已矣”①。柳诒徵依据刘师培在其所著的《中国历史教科书》一书当中提出“女子国之共有”的观点来进行的阐释。按照人类文明蜕化而成的演进路径,人类文明的文明起始点首要标志就是婚礼。在上古时期人类社会之所以未有婚礼,其原因有二:其一,人类社会还处于部族分治的状况下,每一个部族均将部族生育视为重中之重;此即为生育崇拜产生的社会渊源,生育崇拜的条件就是女子不能成为个体私产;相反,女子成为一国之共有,其民知母而不知父;此种风俗为走婚习俗,此种婚俗在整体人类社会当中都是一种共有的婚俗。在人类社会部族分治的大背景下,部族间存在着永不间歇的战争风险;战争中的各个部族抢夺的首要目标就是妇女,其次是粮食等其他财产。客观上,源于战争而行抢婚之风俗皆为人类所共有。不管是走婚风俗之下的妇女,还是抢婚风俗之下的妇女,其性质完全相同;不存在妇女与奴婢之别。只有在某个社会或几个社会逐步消除部族间的仇隙而走向一体之后,出于此社会治理的公共安全和公共秩序的需求,才开始对婚俗进行制约,此即为“俪皮之礼”。正是在此意义上,刘师培言伏羲创制婚礼观,即“在上古婚礼未备,以女子为一国所共有,故而民知母不知父。且当时之民,非惟以女子为一国所共有也。且有劫夺妇女之风。凡战胜他族,必系累妇女,以备嫔嫱,故取女必于异部。而妇女亦与奴婢相同。伏羲之世。虑劫略之易于造乱,乃创为俪皮之礼,即买卖妇女之俗也。故视妇女为财产之一”②。

2. 化民成俗

《史记·八书·礼书》记载:“宰制万物,役使群众,岂人力也哉?余至大行礼官,观三代损益,乃知缘人情而制礼,依人性而作仪,其所由来尚矣。人道经纬万端,规矩无所不贯,诱进以仁义,束缚以刑罚,故德厚者位

① 柳诒徵:《中国文化史》,吉林人民出版社 2013 年版,第 21 页。
② 柳诒徵:《中国文化史》,吉林人民出版社 2013 年版,第 21 页。

尊，禄重者宠荣，所以总一海内而整齐万民也。”①

刘师培在其所著的《中国历史教科书》一文当中，根据婚俗的历史演变的角度提出的“女子从国之共有到终身事一夫的文明蜕化”的观点进而阐释：“在上古婚礼未备，以女子为一国所共有，故而民知母不知父。且当时之民，非惟以女子为一国所共有也。且有劫夺妇女之风。凡战胜他族，必系累妇女，以备嫔嫱，故取女必于异部。而妇女亦与奴婢相同。伏羲之世。虑劫略之易于造乱，乃创为俪皮之礼，即买卖妇女之俗也。故视妇女为财产之一。”②同样，柳诒徵在其所著《中国文化史》当中论及夫妇制度时，其言“其源创制之始，必以人类男女之欲，不可漫无限制。不立夫妇之制，则淫污争夺，其害有不可胜言者。以后世婚礼推之，即知其制之出于不得已矣”③；在此当中，刘师培认为社会文明化的起始就在于社会对女子的态度，即从国之共有到俪皮之礼的婚俗产生的女子财产观；此一阶段系从人类社会的野蛮状态到“化民成俗”。在此当中，通过对俪皮之礼的确立来完成对原始人类从蛮俗状态向礼俗状态的转化，即刘师培首先证明，古代并无婚之礼俗，“盖太古之民，婚姻之礼未备”，其社会状态为“女为社会之共有”，人人皆可“抢之”并成“剽掠妇女之风”和“买卖妇女之风”的蛮俗。为实现社会之稳定、安全、秩序必须要对此蛮俗进行转化，即首先从“剽掠”和“买卖”之蛮俗向俪皮之礼俗转变。从昏礼之为“昏”这个词之本意而言，“（仪礼·士昏礼注）士娶妻之礼，以昏为期，因而名焉。必以昏者，阳往而陰来，日入三商为昏。”④以此确定为“礼”，在此“礼”当中存在着昏期；同时，其行礼必以昏者，则以上古时代用火之术尚未发明，劫妇必以昏时，其目的在于明示，即“（疏）日入后二刻半为

---

① （汉）司马迁：《史汉文统·史记》，商务印书馆 2019 年版，第 42 页。

② 刘师培：《刘师培讲读书》，河海大学出版社 2019 年版，第 89 页。

③ 柳诒徵：《中国文化史》，吉林人民出版社 2013 年版，第 19 页。

④ 《康熙字典》，康熙五十五年（1716）扫描版，第 491 页。

昏,昏来则明往,故云代明”①;最终确定婚礼之女的“名分”,在名分定后,任何人不得行“剽掠”之行为。由此社会整体状态进入一种稳定、秩序和安全的社会状态;后世相沿,浸以成俗,遂以昏礼为嘉礼之一。这就是一种从野蛮之风俗到文明的规仪的历史转变。

总之,夫妇之制的创制是以人类公共秩序和公共安全之公共需要而生。为了从根源上解决人类因为“淫污”起争执、起战争,而推行“婚礼”以求止争、止战之社会功效。《隋书・礼仪志一》记载:“周公救乱,弘制斯文,以吉礼敬鬼神,以凶礼哀邦国,以宾礼亲宾客,以军礼诛不虔,以嘉礼合姻好,谓之五礼。故曰‘礼经三百,威仪三千,未有入室而不由户者’也。成、康由之,而刑厝不用。”

柳诒徵所言,“在上古婚礼未备,以女子为一国所共有,故而民知母不知父。且当时之民,非惟以女子为一国所共有也。且有劫夺妇女之风。凡战胜他族,必系累妇女,以备嫔嫱,故取女必于异部。而妇女亦与奴婢相同。”②在创制夫妇之制之前,女子乃为“国之共有”“民知母而不知父”“社会行劫夺妇女之风”“战争累及妇女”,整体社会没有秩序、安全可言。

通过上述对夫妇之制的起源发掘,我们非常明晰地发现这样一种历史事实,即夫妇之制所包含的内涵存在于“私”和“公”两种面向。在“私”的面向当中,通过夫妇之制强化夫妇之双方的“人对己的自觉性”,期望夫妇之制能够诱导夫妇双方步入知仁义、崇礼仪、明智、尚信用的做人之轨当中。在“公”的面向当中,通过夫妇之制赋予夫妇之名分,而强化公共秩序之稳定,公共安全之保障。

(二)定人伦

在伏羲氏之前,整体上人与动物杂居以自然采摘为生;随着燧人氏开始解决饮食问题,即从生食向熟食转变,人与动物有了区别;到有巢氏解

① 《康熙字典》,康熙五十五年(1716)扫描版,第491页。

② 《康熙字典》,康熙五十五年(1716)扫描版,第491页。

决居住问题后，人类基本上同动物形成区隔。但是，在人类的内部仍然存在男女之区别与区隔的双重问题。此时的人类内部与禽兽无异，没有基本的人伦关系，没有基本的人伦秩序。其状态确如汉时期班固所著《白虎通义》所言的："伏羲、神农、祝融，三皇也。谓之伏羲者何。古之时未有三纲、六纪，民人但知其母，不知其父，能覆前而不能覆后，卧之诂诂，起之吁吁，饥即求食，饱即弃余，茹毛饮血而衣皮苇"①。

为此，需要对人类之内部的男与女之间的有关性别进行区别；同时，又要对不同男女性爱进行区隔。圣人立足于男女之性的角度，不改变其性爱而从人伦为出发点，分别采取如下策略，即：

首先，对男女之性采取"拊循"之策略，即依循和顺从。

其次，对男女之性采取"涤荡"之策略，即给以固定居所以兴其情，涤又養牲室也。滌蕩與條荡通②。其依据《说文解字》中对"家"的解读"家，居也。从宀，豭省聲。"（家）凥也。凥各本作居，今正。凥，處也。處，止也。

由此不难理解，即圣人给各自男女一居而让其兴性，其居在客观上产生区别，不使其性爱混乱，有所区别。一种是通过"居"方略解决了以往的男女乱交之俗，即居以易其俗；一种是通过"定"其性方略解决知其母而不知其父的问题，即正父母；最终是立人道。柳诒徵在谈及如何确立人道问题上，明确人道起始在于男女正位之家，即"人道何由立？则可以《家人·彖》辞证之。《家人·彖》曰：家人，女正位乎内，男正位乎外。男女正，天地之大义也。家人有严君焉，父母之谓也。父父、子子、兄兄、弟弟、夫夫、妇妇，而家道正。正家而天下定矣。世或以此只言家族伦理，若于社会国家无涉。不知自春秋以迄后世史事，孰非以正而治以不正而乱？即迨晚近斯义犹未变也。说《家人》卦，故不及君臣，然其义正与《论语》孔子对齐景公曰君君臣臣父父子子之义相通。子子之重正名，《春秋》之

① 田杰：《轴心时代的中华礼乐文明传播》，知识产权出版社 2020 年版，第 45 页。

② 虞万里主编：《读书杂志》，上海古籍出版社 2017 年版，第 2436 页。

道名分，皆此义也。”[①]《礼记・礼运》篇中记载：“男有分，女有归。货恶其弃于地也，不必藏于己；力恶其不出于身也，不必为己。是故谋闭而不兴，盗窃乱贼而不作，故外户而不闭，是谓大同。今大道既隐，天下为家，各亲其亲，各子其子，货力为己，大人世及以为礼。城郭沟池以为固，礼义以为纪；以正君臣，以笃父子，以睦兄弟，以和夫妇，以设制度，以立田里，以贤勇知，以功为己”[②]。

上古之时，没有家与族的存在；人类所生，同于禽兽，男女无别，更无名称所言。按照柳诒徵的解释为“源于农业既兴，渔牧时代，男女群行，初无分别，至后服田力穑，则为男子专职。女子家居，席地作事，别有所持。”[③]为此，柳诒徵在论证渔猎农耕与男女性别之关联性问题上，明确没有家与族的存在。按照纯粹自然之性的角度言之，男女之欲必然是自然的；但是此种自然之欲不可能漫无边际、泛滥不止以及毫无禁止，为此其夫妇之所以创制的制度出发点一定是从男女之欲的限制角度出发的。正如，《淮南子・泰族训》中记载：“天地四时，非生万物也，神明接阴阳和，而万物生之。圣人之治天下，非易民性也，拊循其所有而涤荡之，故因则大，化则细矣。禹凿龙门，因水之流也。后稷垦草发菑，使五种各得其宜，因地之势也。汤、武革车，讨暴乱，制夏、商，因民之欲也。故能因，则无敌于天下矣。夫物有以自然，而后人事有治也。故良匠不能斫金，铸金而为钟，因其可也。驾马服牛，因其然也。民有好色之性，故有大婚之礼；故先王之制法也，因民之所好而为之节文者也。因其好色而制婚姻之礼，故男女有别；因其宁家室、乐妻子，教之以顺，故父子有亲；因其喜朋友而教之以悌，故长幼有序。然后修朝聘以明贵贱，人学庠序以修人伦。此皆人之所有于性，而圣人之所匠成也。人之性有仁义之资，非圣人为之法度而教导之，则不可使乡方。故先王之教也，因其所喜以劝善，因其所恶以禁奸，

① 柳诒徵：《国史要义》，吉林人民出版社 2013 年版，第 154 页。
② 周桂钿：《中国国学讲稿》，福建教育出版社 2018 年版，第 295 页。
③ 柳诒徵：《中国文化史》，吉林人民出版社 2013 年版，第 20 页。

故刑罚不用而威行如流，政令约省而化耀如神。故因其性则天下听从，拂其性则法县而不用。”①

人原本就无地位、尊卑之分，人只有男女性别之分；基于纯粹自然视角言之，人类群体当中如何划分男女所行之事的问题；在此问题上我们中华民族基于自然之性而将男女所行之事划分范畴，也即划定职责所在。诸如《史记·十二本纪》秦始皇本纪记载：“地势既定，黎庶无繇，天下咸抚。男乐其畴，女修其业，事各有序”②。

通过上述论断可以明确，中华儒家夫妇之道的起源确实源于“人道”，即以人为本的教人以做人之道理。在此方面论证教人做人的道理首先是战国末年著名唯物主义思想家荀况所著《荀子·大略》记载：“汤之咸，见夫妇。夫妇之道，不可不正也，君臣父子之本也。咸、感也，以高下下，以男下女，柔上而刚下。”③在此当中论述了夫妻之道，并且指出夫妻之道，一定要坚持端正之理；因为，它是君臣、父子关系的根本。唐朝诗人权德舆在其所著的《奉和圣制中春麟德殿会百寮观新乐》一诗当中记载：“仲春（一作月）蔼芳景，内庭宴群臣。森森列干戚，济济趋钩陈。大乐本天地，中和序人伦。正声迈咸濩，易象含羲文。玉俎映朝服，金钿明舞茵（一作稠）。韶光雪初霁，圣藻风自薰。时泰恩泽溥，功成行缀新。赓歌仰昭回，窃比华封人。”④此中的“大乐本天地，中和序人伦。”都设定了人与我、情与爱在本质上是相通的前提。这种由情景交融而产生的意境，是这样鲜明地体现着人与我、情与爱的统一；这种统一于“人伦之序”，明确地显示着人本主义的哲学观念中的人欲与情爱必须一统于“人伦”之体。此所谓“大乐与天地同和”。

太史公司马迁所撰《史记·八书·礼书》所言“宰制万物，役使群众，

---

① （西汉）刘安撰：《淮南子》，北方文艺出版社 2018 年版，第 464 页。

② 谭国清主编：《传世文选：古文辞类纂 2》，西苑出版社 2009 年版，第 167 页。

③ 徐其怀：《童子易说》，江苏大学出版社 2019 年版，第 193 页。

④ 黄钧，龙华，张铁燕等校：《全唐诗》卷八，岳麓书社 1998 年版，第 110 页。

岂人力也哉？余至大行礼官，观三代损益，乃知缘人情而制礼，依人性而作仪，其所由来尚矣。人道经纬万端，规矩无所不贯，诱进以仁义，束缚以刑罚，故德厚者位尊，禄重者宠荣，所以总一海内而整齐万民也。”①做人的道理，千条万条，无不贯穿一条基本脉络，即序人伦，即诱导人们，使知仁义，并以刑罚相约束。所以，德厚之人，地位尊显贵重；俸禄多的享受荣耀恩宠，以此来统一天下人的意识，整齐人心。《中庸》第二十章记载：子曰：“文武之政，布在方策。其人存，则其政举；其人亡，则其政息。人道敏政，地道敏树。夫政也者，蒲卢也。故为政在人。取人以身。修身以道。修道以仁。仁者，人也，亲亲为大。义者，宜也，尊贤为大。亲亲之杀，尊贤之等，礼所生也。”②为了序正人伦这一终极目标，我们中华民族选择施以“仁、义、礼、乐”这四种有为的教化方略来实现序正人伦这一终极目标，诸如《悟真篇·序》记载：“盖欲序正人伦，施仁义礼乐有为之教。”③在此当中，不存在人种之分、族群之分、贵贱之分；完全是站在整体人类的高度，期望实现人类一体化之人伦。只要能够接受“仁、义、礼、乐”这四种有为的教化，那么这样的人必将成为君子，君子之间也必然是在人伦之范围交往，对序正人伦的目标就可以实现。如果不能遵守、尊崇“仁、义、礼、乐”这四种有为的教化之人，将可能成为小人，那么这些人将可能走向背弃人伦，那么就需要受刑；以此通过刑的处罚期望其能够接受“仁、义、礼、乐”这四种有为的教化。

自黄帝创制农历以来，一方面出于纯粹的农耕活动之需要，通过考定星历，授时以农；一方面通过气候变化灾难预测而取信于民，即取得王权。通过官职设定，即五官；并让其各司其职，能够精准推测天气变化为民生服务。所以这些对民而言，能够让其信服和尊崇；对于神而言让其神明之德得以彰显。只要对神不亵渎，那么神就可以降祥瑞；民众只要能够以丰

① （汉）司马迁：《史汉文统·史记》，商务印书馆2019年版，第42页。
② 冯学成讲述：《中庸二十讲　下》，东方出版社2019年版，第207页。
③ 吴信如主编：《道教精粹　上》，线装书局2016年版，第267页。

洁的礼品飨祭神那就可以消灾避祸，养生永不匮乏；诸如《史记·八书》历书记载："盖黄帝考定星历，建立五行，起消息，正闰馀，於是有天地神祇物类之官，是谓五官。各司其序，不相乱也。民是以能有信，神是以能有明德。民神异业，敬而不渎，故神降之嘉生，民以物享，灾祸不生，所求不匮。"①为人之道讲求五种职责之道与三行之德，由于每个人所处的位置不同，其各自的职责是不同的，在整体社会当中存在着位序关系。同样，人在日常的生活之中不仅仅是需要解决温饱和生存问题；人更要解决发展问题，即人的自身发展上要从自身的智慧、人心与志气三个方面进行修德；这是我们中华民族所特别强调的三主德；诸如《史记·七十列传》平津侯主父列传记载："臣闻天下之通道五，所以行之者三。曰君臣，父子，兄弟，夫妇，长幼之序，此五者天下之通道也。智，仁，勇，此三者天下之通德，所以行之者也。故曰'力行近乎仁，好问近乎智，知耻近乎勇'"②。

《资治通鉴·汉纪》汉纪十记载："上不明，下不正，制度不立，纲纪弛废；以毁誉为荣辱，不核其真；以爱憎为利害，不论其实；以喜怒为赏罚，不察其理。上下相冒，万事乖错，是以言论者计薄厚而吐辞，选举者度亲疏而举笔，善恶谬于众声，功罪乱于王法。然则利不可以义求，害不可以道避也。是以君子犯礼，小人犯法，奔走驰骋，越职僭度，饰华废实，竞趣时利。简父兄之尊而崇宾客之礼，薄骨肉之恩而笃朋友之爱，忘修身之道而求众人之誉，割衣食之业以供飨宴之好，苞苴盈于门庭，聘问交于道路，书记繁于公文，私务众于官事，于是流俗成而正道坏矣。是以圣王在上，经国序民，正其制度；善恶要于功罪而不淫于毁誉，听其言而责其事，举其名而指其实。③ 故实不应其声者谓之虚，情不覆其貌者谓之伪，毁誉失其真

① 姚中秋：《原治道》，商务印书馆2019年版，第138页。

② 司马迁原著，凌稚隆编纂，马雅琴整理：《史记纂》，商务印书馆2013年版，第442页。

③ （北宋）司马光著：《资治通鉴》，张赵英译注，北京时代华文书局2014年版，第33页。

者谓之诬，言事失其类者谓之罔。虚伪之行不得设，诬罔之辞不得行，有罪恶者无侥幸，无罪过者不忧惧，请谒无所行，货赂无所用，息华文，去浮辞，禁伪辩，绝淫智，放百家之纷乱，壹圣人之至道，养之以仁惠，文之以礼乐，则风俗定而大化成矣。"

按照人类文明蜕化而成的演进路径，人类文明的起源所包含的内容既有文字本身，又有衣裳之治；同时，更不能离开夫妇之制。夫妇之制的产生原因正如上文所述不仅仅是对男女之性的一种自然尊重；更是基于社会整体的安全与秩序的需求考量而做出的一种适当性、必要性的人文规划。

二、人本主义亲属的亲情观

按照《滴天髓阐微·人道》篇中理解，中华民族在天地人三个方面所形成的认知，认为人立于天地之间，因为人具有戴天覆地之能，故而人是为贵的，即"戴天覆地人为贵，顺则吉兮凶则悖"①。同样，在《郭店楚简·物由望生》篇中记载："天生百物，人为贵。"②同样，《列子·天瑞》记载："吾乐甚多：天生万物，唯人为贵；而吾得为人，是一乐也。"《汉书·传·董仲舒传》记载："天令之谓命，命非圣人不行；质朴之谓性，性非教化不成；人欲之谓情，情非度制不节。是故王者上谨于承天意，以顺命也；下务明教化民，以成性也；正法度之宜，别上下之序，以防欲也；修此三者，而大本举矣。人受命于天，固超然异于群生，入有父子兄弟之亲，出有君臣上下之谊，会聚相遇，则有耆老长幼之施，粲然有文以相接，欢然有恩以相爱，此人之所以贵也。生五谷以食之，桑麻以衣之，六畜以养之，服牛乘马，圈豹槛虎，是其得天之灵，贵于物也。故孔子曰：'天地之性人为贵。'

① 京图撰，刘基、任铁樵注，郑同校：《四库存目子平汇刊 4　秘授滴天髓阐微》，华龄出版社 2014 年版，第 29 页。

② 郭智勇：《观相百家：古典中国文化之春夏秋冬》，广西师范大学出版社 2017 年版，第 192 页。

明于天性,知自贵于物;知自贵于物,然后知仁谊;知仁谊,然后重礼节;重礼节,然后安处善;安处善,然后乐循理;乐循理,然后谓之君子。故孔子曰'不知命,亡以为君子',此之谓也。"①

由此不难理解中华儒家文明是在以"人为本"的基础上构建和发展精神文明的;客观上言之,此种"以人为贵"的思想理念在整体人类文明史当中处于首创。相比于西方,确实是一个具划时代意义的表述。《郭店楚简》"天生百物,人为贵"这一命题在整体人类文明史当中,为整体人类精神追求指明了方向。尽管,近现代西方学者大谈"人文主义"与"人本主义",但其一直以来都没有脱离"神本中心主义思想"。并且,西方的"人文主义"与"人本主义"是建立在世俗社会与宗教社会斗争的基础上,最终促使宗教社会势力妥协的结果。相反,我中华儒家文明,从其人类初创时期就已然站在整体人类的视角明确提出"天生百物,人为贵"的精神思想。在此中"人为贵"的人本主义思想当中,以人的生命为核心,其核心内涵就是以人为本的"人为贵"成了"生为贵"为内容。同时,在婚姻当中不仅仅强调"生"的价值,更为重要强调"教"的作用和意义。

人本主义私家观起源于《大学》的"大学之道,在明明德,在亲民,在止于至善"和"为人君,止于仁;为人臣,止于敬;为人子,止于孝;为人父,止于慈;与国人交,止于信。"不管是从国家的"人",还是到具体家的"人"所赋予基本伦理本位体现在"治"上;诸如《孟子·离娄章句》下第十九节记载:"人之所以异于禽兽者几希,庶民去之,君子存之。舜明于庶物,察于人伦,由仁义行,非行仁义也。"②在此当中,孟子强调作为"人"的本在于"仁"和"义"。孟子通过人与禽兽之比较,以确定人之所以别于禽兽的特殊性特征。这种特殊性特征决定了由人所组成的家的根本性、特殊性特征,即以私人情爱所组成的家的独特的价值内涵,并以此独特价值内涵所建构的家及对家的治理之道。因此,单独的自然人根本上不同于禽兽

① (汉)班固著:《汉书》,三秦出版社 2009 年版,第 93 页。
② 何善蒙:《孟子的君子观研究》,九州出版社 2017 年版,第 13 页。

的特殊性价值导向，就是以“仁”和“义”为核心的“人道”；由人所组成的家价值导向同样是以“仁”和“义”为核心的“家道”。同样，《魏书·帝纪·卷五》高宗纪记载：“夫婚姻者，人道之始。是以夫妇之义，三纲之首；礼之重者，莫过于斯。尊卑高下，宜令区别。然中代以来，贵族之门多不率法。或贪利财贿，或因缘私好，在于苟合，无所选择，令贵贱不分，巨细同贯，尘秽清化，亏损人伦，将何以宣示典谟，垂之来裔。今制皇族、师傅、王公侯伯及士民之家，不得与百工、伎巧、卑姓为婚，犯者加罪。”①从人的道德自觉性角度言之，也就是从教人以做人的道理或导以德行的角度出发，伏羲在察看天文、地文之运行规律、法则，遵循人之本性而创制夫妇之制，并期望通过此项制度对内而言，对每一个人和家进行诱导使其知仁义、崇礼仪、明智、尚信用，并最终强化人在家中的道德的“自觉性”。并以夫妇之制为基础，制定人道，开始对人进行治理。

同时，从王政的根基角度言之，私家、人伦、家政是王政最为重要的根基；诸如《三国志》记载程秉谓孙登曰：“婚姻人伦之始，王教之基，是以圣王重之，所以率先众庶，风化天下，故《诗》美《关雎》，以为称首。愿太子尊礼教于闺房，存《周南》之所咏，则道化隆于上，颂声作于下矣。”②从国家治理的角度，国和家的“人”必须具备“明德”“亲民”“至善”三位一体的基本伦理本位；从个体人自身的角度，具有不同身份的个体的“人”应该具有“仁”“敬”“孝”“慈”“信”基本伦理本位。③ 需要明确的是由于传统中国是一种典型的家国同构的、伦理道德性的二元政治体系，在这个体系当中就分为两个层面，即治国和治家；在治国所要遵循的基本伦理是“明德”“亲民”“至善”三位一体的基本伦理本位。同样，在治家所要遵循的基本伦理也仍然是“孝”“亲”“尊”三位一体的基本伦理本位。所存

① （北齐）魏收撰：《魏书》卷五，中华书局2018年版，第125页。
② 陈寿撰，裴松之注：《三国志：图文珍藏本》下，岳麓书社2005年版，第839页。
③ 乔根锁：《论中国先秦儒家哲学中的人文主义思想——道德人本主文和民本主义》，《西藏民族学院学报》（社会科学版）1998年第2期。

在的不同就是治国针对所有的国民，而治家仅仅限定于家族内部所有成员。但治国和治家的目标却是相同的，即治国所要实现的目标和价值就是伦理道德政治秩序的和谐与永续；治家所要实现的目标和价值就是孝、亲与尊的伦理道德家庭秩序的和谐与永续。在这种伦理道德团体中，基于不同的角度强化不同身份的人所应该具有的基本道德伦理本性。在这些基本的本性当中包含着以人为本的基本价值、以人为本的基本人格，以人为本的基本同阶平等，以人为本的基本尊严，以人为本的人的基本所属性。在国家公共治理的层面上言之，国家对“人”的态度明确地限定于最为基本的伦理道德义务。客观上讲，儒家的这种人本主义思想在家国同构的国家体系当中发挥着重要的作用；尤其是在以家为单位的婚姻家庭制度体系当中起到巨大的引领作用。

根据夫妇之制的起源挖掘，早期部落氏族社会群居而无婚姻，所有成员过着与其他禽兽无异的群婚生活。部落群体内部成员之间经常为争夺“性”而争斗，致使内耗现象成为部族群体生存和发展的根本性矛盾。诸如，吕思勉在其《读史札记》中记载：“社会学家言：浅演之世，无所谓夫妇。男女妃耦，惟论行辈。同辈之男，皆其女之夫；同辈之女，皆其男之妻。我国古代似亦如此。”①

如何从本源上化解内耗性矛盾又能够从本源上解决“生”的质量和数量问题？将制度创造与提升生产力相联系。

由此，伏羲将这些问题集中在男女之别上，首先明晰男与女之别，即将原本的群婚予以别离，使得男女性爱而定于居。从此打破混乱性生活而提升居家性生活，解决固定的性伴侣与家庭生活。同时，明确所有成员必须找固定的性伴侣进行居家生活，并将之制度化。这就是后续文献记载的伏羲开创夫妇之制，此种制度创制一方面产生夫妇之制和家庭生活；另一方面消除大家混在一起过着最原始的群婚生活。客观上伏羲创制的

① 吕思勉：《吕思勉文集：读史札记》，译林出版社2016年版，第230页。

夫妇之制和家庭生活解决了人口出生的数量和质量问题，同时又将混乱生活秩序、群婚、乱婚予以彻底消除，并带入一种人伦秩序性家庭生活时代；制定嫁娶制度，实行男女对偶制。在今天看来，夫妇之制所产生的内涵主要从两个方面体现出来，即一方面从于归的角度言之，女子出嫁之名分的确定问题；另外一方面从宜室的角度言之，强调女子之德行、为妇道母道、其使命的问题。

（一）人本主义亲属的于归观

《诗经·周南》桃夭篇描述女子出嫁的情景，即"桃之夭夭，灼灼其华。之子于归，宜其室家！桃之夭夭，有蕡其实。之子于归，宜其室家！桃之夭夭，其叶蓁蓁。之子于归，宜其室家。"①其意在于强调女子自结婚当日进行祭拜夫家列祖列宗后即刻起归属于夫家，冠夫姓；男子为房、为丁，房中有室，此室合宜婚配女子。女子只有归于夫家，方为妥适，故而，于归之喜是为回家之喜，怎能不喝酒庆祝。由此对于女子而言，出嫁乃是于归之喜；在未出嫁之前，乃是待嫁于女子之家，其身份转换即发生于于归之喜之时。在于归之后其身份是夫家之女主，如其不幸身亡在其名分上列入夫家之列祖列宗之牌位上。如果女子未嫁而亡，实乃孤魂野鬼。于归之仪式解决女子夫家之女主之身份生效，并赋予其夫家之名分。为此，《诗经·周南》桃夭篇以一种诗词的方式将美艳的少女出嫁之美感塑造得形象而生动。诸如以"桃之夭夭，灼灼其华"词句来比喻少女犹如鲜艳的桃花，含苞待放。

首先，通过桃花比喻待嫁之少女的写实让所有的读者眼前瞬间浮现出一个像桃花一样鲜艳而待放，像小桃树一样充满期待的青春气息的少女形象，尤其是"灼灼"表示少女的期待感如此炙热，预示着少女期待着情郎来接她回家，完全给人以照眼欲明的感觉。从诗词本身所描述的手法而言，其所描述之艺术开创千古之先河。

① 王秀梅译注：《诗经》下册，中华书局 2015 年版，第 108 页。

其次,从诗词所传递的文化内涵而言,作者通过诗词的方式言述我中华民族对待婚姻的一种价值取向。在此当中,通过短短的四字句传递出一种喜气洋洋的仪式价值;为此,我中华民族将结婚作为人生的首喜,通过桃花之夭夭以烘托喜庆;通过灼灼其华而托场面之热烈。通过之子于归,宜其室家来映照着姑娘今朝出嫁,把欢乐和美带给她的婆家。由此又通过这种喜气洋洋、让人快乐的气氛,以及充溢字里行间的"嫩嫩的桃枝,鲜艳的桃花"又映衬出所有人对这对新人的一种最为美好的祝愿;最终,通过这些情绪的进一步提升来反映了我中华民族的所有人民群众对生活的热爱,对幸福、和美的家庭的追求;进而通过婚姻仪式预示着中华民族的生活价值追求。

第三,通过该诗述说一种思想,即主体德行思想。该诗词当中不仅仅描绘了女子的一种艳如桃花般的美貌,和婚姻仪式当中的喜庆与祝愿;其终极目标在述说一种有关婚姻当中的男女双方所要修行的德行,即要有宜室、宜家与宜人之德行。

为此,张闻玉在解读"于归"的内涵上从家的生成角度,讲"远古社会,人们群居群婚,与禽兽无异。进入文明时代,婚姻以女性为主体,这就是母系社会,家、家族,由女性掌握,男性只得四处走婚,寻求性伴。母系社会的职能在于延续后代,生儿育女由女性承担,责任就决定了权利。只知其母,不知其父,男人的地位可想而知。到了农耕时代,男人的创造力彰显,家庭家族的生活来源依靠男性的能力,男人就成了家庭家族的主体,进入父系社会也就顺理成章。"①在此当中,其于归和家与主体意识结合与后续的宜家观相联系。

(二)人本主义亲属的宜家观

1. 夫妇之主体德行

在孔一标所点校的《诗经》中记载:"(诗·周南)宜其室家。定使家

① 张闻玉:《张闻玉文集》小学卷,贵州大学出版社2016年版,第85页。

庭和顺又美满。定使家庭融洽又欢喜。定使夫妻和乐共白头。于归：出嫁。宜：使……和顺。室家、家室、家人：均指家庭，倒文以叶韵。《左传》：'女有家，男有室。室家谓夫妇也。'或云：'室谓夫妇所居；家谓一门之内。'。蕡（fén）：果实丰腴，红白相间，果将熟的样子。蓁蓁（音 zhēn）：树叶繁茂貌。"①按照宋代黎靖德所编《朱熹集传》中所做的解释："'宜者，和顺之意。室，谓夫妇所居。'后因以'宜室'称夫妇和睦。"②此中主要谈及夫妇在其所居之室要本着和睦相处之道，只有夫妇于其室中相处和顺才有家之和睦；因此，夫妇之宜室是宜家的基础。诸如清代顾炎武在其所著的《日知录》中记载："'馨无不宜'，宜室家，宜兄弟，宜子孙，宜民人也。'吉蠲为饎，是用孝享，禴祠烝尝，于公先王'，得万国之欢心，以事其先王也。"③为此宜室所指代的是夫妇之间要和顺、和睦，相互之间相互尊崇；在这种家室的和顺与和睦关键角色就是女子，即女子在这个家室当中既与夫发生情，其情爱爱；又与子发生亲，其亲亲亲。这些内涵在清代的洪以南所著的《郑香圃兄续弦赋此以贺》一诗当中如此描述，即："洞房花烛瑞光腾，春色洋洋妙趣生。弹罢瑶筝重鼓瑟，宜家宜室乐和鸣。"④在此当中明确提出了宜室、宜家与宜人的主体德行思想。在陆心源所著的《唐文拾遗》卷六三中记载的唐陇西李氏清河太夫人之碑记载："（上缺八字）司马（缺六字）州司马仲□之女也。金枝□映，玉叶（缺二十字）孕灵月（缺四字）贞兰郁，义徽倾风，礼茂乘龙，齐□齐贤，宜家宜室（缺十五字）於减瑟一□□□国清河县开国以仁裕，弱冠而孤，仍遭□李夫人躬□义方，亲（缺十二字）天平地，成功□於补柱；河清岳动，赏尊乎带砺。"⑤

---

① （春秋）孔丘编：《诗经》，上海古籍出版社 1998 年版，第 2 页。

② 黎靖德编；杨绳其，周娴君校点：《朱子语类》，岳麓书社 1997 年版，第 125 页。

③ 顾炎武，费汝成集释，栾保群，吕宗力校点：《日知录集注》，上海古籍出版社 2006 年版，第 149 页。

④ 刊载于连横《台湾诗荟》，又载东方孝义《台湾习俗：台湾人文学》，《台湾时报》第 183 号，1935 年 2 月 1 日，第 1 版。

⑤ （清）董浩编：《全唐文》，中华书局 1983 年版，第 827 卷。

此中的女子的德行应该是齐德、齐才与齐贤三位一体的。

2. 夫妇之妇道、母道

在陆心源所著的《唐文拾遗》卷二十一或李林甫《全唐文》三百四十五有传中的唐故使持节上柱国□君夫人邱氏墓志铭记载,“(上缺四字)王午元祀季□月六□□故率府郎上柱国□君妻邱夫人疾终于洛阳永泰里之私第,享年六十。夫人讳教,字教。昔先祖仕于宏农,遂家於彼,本望出于河南。其长源茂族,苳史牒详矣。曾祖□,隋朝议大夫□州湖城县令;大父□,皇朝议郎□州司马;烈考方,皇朝隐于华山,高尚其事;□积德承庆,根□□克昌(缺三字)人□焉。夫人□温和之心,承柔顺之教,忠以□于□陵□□载(缺三字)诚□□宗其祭如在,事上敬谨,身□□爱下以先□□岁宜室宜家,六亲仰其,妇道母道,三德敷闻。凤凰双飞,自得和鸣之乐;琴瑟合调,无忘在御之欢。”①由此不难看出,女子在家室当中的德行就体现在妇道和母道两种,在妇道当中要秉承温和之心、承柔顺之教、忠以情、诚于宗;而在母道上要教其子事上敬谨、六亲和合。

3. 夫妇之使命观

汉代孔颖达注《春秋左传正义》卷七桓公十八年中记载:“(传)十八年春,公将有行,遂与姜氏如齐。(始议行事。)申繻曰:‘女有家,男有室,无相渎也,谓之有礼。易此必败。’(女安夫之家,夫安妻之室,违此则为渎。今公将姜氏如齐,故知其当致祸乱。)”②。

同样,在董诰等纂修的《全唐文》第01部卷三八中的册永王侯莫陈妃文记载:“维开元二十六年,岁次戊寅,正月庚午朔十八日丁亥,皇帝若曰:於戏!燕翼之树,实属於维城;婚姻之礼,必求於宜室。咨尔右羽林军长侯莫陈超第五女,天资清懿,性与贤明。衣冠之绪,克禀於阃德;环之容,备详於闺训。是赖尚柔之质,以宏乐善之心。宜配藩维,用膺典册。今遣使金紫光禄大夫兵部尚书兼中书令集贤院学士修国史上柱国晋国公

① 周绍良主编:《全唐文新编》第2部第3册,吉林文史出版社2000年版,第4103页。

② 左丘明撰,杜预注:《春秋左传正义》,北京大学出版社1999年版,第213页。

李林甫、副使中大夫中书侍郎集贤院学士上柱国徐安贞持节册尔为永王妃。尔其虔恭所职，淑慎其仪，惟德是修，以承休命。可不慎欤?”①在此当中所论述的是婚姻核心使命在于“宜室”，此中所表述的女子的德行在于天资本就懿德、性贤明、克禀於阃德、备详於闺训，又具有尚柔之质与乐善之心。

第三节　人本主义亲属之公共观

一、人本主义亲属的际会与安全

《礼记·大传》第十六篇当中讲述人道治民以五先与从服祖宗之礼，即“上治祖祢，尊尊也。下治子孙，亲亲也。旁治昆弟，合族以食，序以昭缪，别之以礼义，人道竭矣。圣人南面而听天下。所且先者五，民不与焉：一曰治亲，二曰报功，三曰举贤，四曰使能，五曰存爱。五者一得于天下，民无不足，无不赡者。五者一物纰缪，民莫得其死。圣人南面而治天下，必自人道始矣”②。此种从人道治理的角度，谈及治理的切入点或治理之本，在于“民”；因为，只有从以民为本的治理路径才能实现安邦定国。由此，在以“民本”为治理的切入点，从民的五种先决条件为基础，使得五个先决条件一得于“天下”才能实现王道治理。最终结论，圣人治理天下，就是从人道开始的，而人道开始必于治亲，即解决两姓宗族基于婚姻而际会。

（一）际会观

夫妇之制的际会价值在于解决基于婚姻而衔接两个家族之间的政治、经济及亲情伦理之间的协调关系，此种协调关系的终极目标在于实现在此婚姻粘合之两姓宗族间际的交接与会合之家政之事。诸如，《礼

① 《全唐文》，中华书局1983年版，第827卷。

② 周殿富选编：《礼记新编六十篇》白文版，北京时代华文书局2016年版，第84页。

记·大传》:"异姓主名治际会。名著而男女有别。其夫属于父道者,妻皆母道也。其夫属于子道者,妻皆妇道也。谓弟之妻为妇者,是嫂亦可谓之母乎?名者,人治之大者也。可无慎乎?曰'男女有别',曰'人治之大',而所致谨者不过辈行,《注》:'异姓,谓来嫁者也。主于母与妇之名耳。'可见古者无后世所谓夫妇矣。盖一夫一妻,起于人类妒忌专有之私。人之性,固有爱一人而终身不变者,亦有不必然者。故以一男而拘多女,以一女而畜众男,已不能答,而又禁其更求匹耦,则害于义。若其随遇而合,不专于一;于甲固爱矣,于乙亦无恶,则亦犹友朋之好,并时可有多人耳;古未为恶德也。"①此中之异姓:嫁到家里来的女子。主名:根据所嫁对象而定其名,嫁给父一辈的称母,嫁给子一辈的称妇。使伦理不乱。②

在两姓宗族之间存在着家政之合作与协调的问题;从两姓家族合作的角度言之,两姓基于婚姻而形成两姓家政的共同发展问题;在此合作过程中,在对外的族际间的交往当中成为一个命运共同体,期间互帮、互助。从宗族生成的角度言之,《礼记·大传》阐述宗族的含义,即"同姓从宗,合族属";同一氏族里的男子,依照血系的亲疏分支,合成一个族属。大家拥有一个共同的祖先,组合而成一个昭穆分明的宗族。异姓嫁过来的女子,只是分别明确她们的辈分,不再区分她们的宗支派系。从夏商开始,我中华民族就开始以姓标识亲族称号,即"族姓",即族号或族名,是用来表示血缘关系的一个亲族的称号。③

(二)安全观

陈顾远在论述中国婚姻的发展史问题上,认为"群婚之事实果系发生甚早,其始也必为防止不同辈行者之交合而然,于是惟近支之兄弟姊妹得营其性生活,是曰血族群婚制;由此更进一步,禁止近支之兄弟姊妹共

① 吕思勉:《吕思勉文集:读史札记》,译林出版社 2016 年版,第 230 页。
② 纪一主编:《中国婚姻家庭词典》,中外文化出版公司 1988 年版,第 238 页。
③ 王健康、王炳熹:《发现古中国》,民主与建设出版社 2019 年版,第 115 页。

相婚姻，而限于远系之一群姊妹与另一远系之一群兄弟结婚，是曰亚血族群婚制。故在严格之用语上，群婚为名固与乱婚有别，第由其群内各个男女观之，仍未脱离所谓乱婚之状态。中国往时学者虽承认原始乱婚之事实，然视为伏羲制嫁娶以后，即绝其迹；且群婚为母系社会中之婚姻制度，先儒掩蔽母系社会之迹务欲其尽，遂亦否认群婚制之存在阶段也。不过古代各种史实与传说，所与吾人之暗示，殊充分显露中国于周以前，曾经过群婚之时代焉。择要论之”①。通过此种论断，婚姻发展的目标不仅仅之于性的问题，更为重要的是要脱离乱婚的状态。因为，乱婚就意味着整体人类社会没有秩序可言，没有秩序更无安全可言。社会整体的存在与发展离不开安全，而安全之需求完全基于自然之性。从需求的角度言之，安全可以分室之安全、家之安全、族之安全、邦之安全与国之安全。从公与私的角度言之，安全之需求分为出于私家和出于公家。诸如汉代孔颖达注《春秋左传正义》卷七桓公十八年中记载：“（传）十八年春，公将有行，遂与姜氏如齐。（始议行事。）申繻曰：‘女有家，男有室，无相渎也，谓之有礼。易此必败。’（女安夫之家，夫安妻之室，违此则为渎。今公将姜氏如齐，故知其当致祸乱）。”②进而，陈顾远从群婚之于礼俗生成问题，并非出于偶然，完全出于安全的需求而生，即“（甲）与群婚有关之礼俗，礼俗之成非自偶然，后代虽有更张，或另立其义，终莫能尽去前代事实之迹，群婚制之遗痕不难于周世礼俗中觅得之，亦犹是也：一曰、婚姻之重辈行也：群婚制系在一定界限内，同辈行之男皆其女之夫，同辈行之女皆其男之妻；其所生之子女则兄弟姊妹也”③。

同样，在《管子·君臣》下篇中在关于立国的问题上明确立国的核心要义是提供公共安全之保障，即“古者未有君臣上下之别，未有夫妇妃匹之合，兽处群居，以力相征。于是智者诈愚，强者凌弱，老幼孤独不

---

① 陈顾远：《中国婚姻史》，商务印书馆 2017 年版，第 32 页。

② 左丘明撰，杜预注：《春秋左传正义》，北京大学出版社 1999 年版，第 213 页。

③ 陈顾远：《中国婚姻史》，商务印书馆 2017 年版，第 32 页。

得其所。故智者假众力以禁强虐,而暴人止。为民兴利除害,正民之德,而民师之。是故道术德行,出于贤人。其从义理兆形于民心,则民反道矣。名物处,违是非之分,则赏罚行矣。上下设,民生体,而国都立矣。是故国之所以为国者,民体以为国;君之所以为君者,赏罚以为君。"①

随着社会对安全与秩序的不断满足,社会价值观也逐步缔造,原本买卖婚姻之俪皮之礼已然不满足社会文明蜕化之需求;原本婚姻中的妇女财物观点已然不适应社会文明蜕化之需求;需要将婚姻之妇女视为人,具有高贵人格的人。在面对高贵的人的时候,尤其是将要成为其丈夫的男人应该如何面对。按照刘师培的理解男人一方需要以六礼的方式去面对,即"后世婚姻行纳采、纳吉、问名、纳征、请期、亲迎六礼"②;此中的六礼不仅仅是婚姻的礼仪、程序性问题,其背后所要彰显的是对女性一方的尊敬,即此中之礼是交往过程中一定要尊敬对方。由此不难发现,夫妇之间原本限于情,夫妇有情即为婚;但由于将婚上升到礼的层面,那么夫妇间的情也必然要上升到尊敬。夫妇情为本,尊敬为体;前者出于两个个体之间的私心,而后者出于整体社会的公心考量。《艺文类聚·礼部下》卷四十婚记载:"《释名》曰:婚,昏时成礼也,姻,女因媒也。《尔雅》曰:女之夫曰婿,婿父母为姻,妇父母为婚。《礼记》曰:仲春之月,玄鸟至,至之日,以太牢祀高禖,(玄鸟,燕也,燕以来巢,室于嫁娶之家,媒氏以为候也。)又曰:婚礼者,将合二姓之好,上以事宗庙,而下继后世矣,故君重之。又曰:嫁女之家,三夜不息烛,思相离也,娶妇之家,三日不举乐,思嗣亲也,三月而庙见,称来妇也,择日而祭於祢,成妇之义也。又曰:夫婚礼万世之始也,壹与之齐,终身不改,故夫死不嫁,男女别,然后父子亲,父子亲,然后义生,义生然后礼作,礼作然后万物安,婿亲御授,亲之也,出乎大

① 中华文化通志编委会编,胡戟撰:《中华文化通志·礼仪志》,上海人民出版社1998年版,第13页。

② 刘师培:《中国历史教科书》,广陵书社2016年版,第4页。

门，男帅女，女从男，夫妇之义由此始，妇人从人者也，幼从父兄，嫁从夫，夫死从子。又曰：纳女於天子，曰备百姓，於国君，曰备酒浆，於大夫，曰备扫洒。又曰：哀公问孔子曰：冕而亲迎，不已重乎，孔子对曰：合二姓之好，以继先圣之后，以为天地宗庙社稷之主，君何谓已重乎，崔骃婚礼结言曰：乾坤其德，恒久不已，爰定天纲，夫妇作始，乃降英媛，有淑其仪，姬姜是侔，比则姚妫，载纳嘉贽，申结鞶褵。《毛诗》曰：何彼秾矣，美王姬也，虽则王姬，亦下嫁於诸侯，车服不系其夫，下王后一等，犹执妇道，以成肃雍之德。又曰：岂其食鱼，必河之鲂，岂其娶妻，必齐之姜，岂其食鱼，必河之鲤，岂其娶妻，必宋之子。又曰：伐柯如之何，匪斧不克，娶妻如之何，匪媒不得。《左传》曰：齐侯与蔡姬乘舟于囿，荡公，公变色，禁之不可，公怒，归之，未之绝也，蔡人嫁之，齐侯以诸侯之师侵蔡，蔡溃，伐楚。又曰：楚昭王败，锺建负季芊以从，将嫁季芊，芊辞曰：所以为女子，远丈夫也，昔者锺建负我矣，以妻锺建。”

出于制度的角度考量，夫妇之所以上升到制度层面究竟出于何种原因。在这个问题上，南朝刘宋时期的历史学家范晔在其所编撰《后汉书·荀韩钟陈列传》中从夫妇关系推导出父子、君臣、上下最终到礼仪，也即夫妇关系不仅是自身两个主体的交往关系，其更为重要的是国家礼仪的起源点，即：“臣闻有夫妇然后有父子，有父子然后有君臣，有君臣然后有上下，有上下然后有礼仪。”①

由此不难发现历史学家范晔所要得出的结论为“夫妇关系本就是一体多面性”，在这种多面性当中夫妇关系是整体中枢，其决定着自身、家族、国家三位一体和个体的私与国家制度公的并举。即如婚姻制度因乱交而起，至以聘礼为买卖，最终到以示敬礼。古者相见必执贽敬，或执羔，或执雁；国家聘使，则以玉帛：所以表示敬礼，不得谓之买卖也。婚姻之道，男下女，女从男，故男子以其所有赠遗于女氏，以其共有之。实为私家

① （南朝宋）范晔著：《后汉书》，中华书局2007年版，第595页。

之观念，于是有私产之制度，即家也。①

二、人本主义亲属的政治观

（一）社会观

婚姻不仅仅是男欢女爱的人之自然本性的问题，它更是具有社会性与政治性的问题。在婚姻之社会观上，司马迁在其所著的《史记·三十世家·外戚世家》篇中以一种历史实证来论证君王的终极使命在成王政。在成王政的路径上，司马迁明确指出，成王政不仅仅需要帝王自身修德、兴德这一修身路径；同时，更需要借助于外戚之辅助；即如其所言“自古受命帝王及继体守文之君，非独内德茂也，盖亦有外戚之助焉”②。此中之外戚，即是指代以妻子为一方的品行、智慧和势力；为此司马迁分别以夏桀之有涂山之女、殷有娀氏之女、周有姜原为历史实证来证明这些君王之所以成就王政跟他们所拥有之妇存在着历史必然性；相反，如果君王所拥有之妇在其品行上、智慧上存在着问题，那也相反会败亡王政；即如其所言“夏之兴也以涂山，而桀之放也以末喜。殷之兴也以有娀，纣之杀也嬖妲己。周之兴也以姜原及大任，而幽王之禽也淫於褒姒”。

故而，司马迁在论证婚姻之社会观问题上进行总结，即：从认知的角度，探求认知之道；即以《易经》为象征，预示着在这个天地人三位一体的宇宙中，人作为宇宙中最为珍贵的；人能够上通天文、下知地理；由人组成的人类社会是至为精妙的，为此要想对人类社会进行精确的认知就必须遵循《易经》传授的道理从乾坤两种不同性别进行认知，明确了以探求人道为根、以德为本、修身立命为要务。③ 这是一门治国理政的重要学问。“《易经》即是开创万物成就事务，包括天下一切道理，如此而已的一门学问，所以圣人以《易》通达天下一切人的心志，以《易》肇定天下的事业，并

① 柳诒徵：《中国文化史》，吉林人民出版社 2013 年版，第 21—22 页。
② （汉）司马迁：《史记》，崇文书局 2010 年版，第 319 页。
③ 郝国印：《认识易经》，线装书局 2019 年版，第 14 页。

以之决断天下一切的嫌疑”。为此，司马迁期望告诫人们要对人类之一切事物、一切道理进行认知，必须以人为本，从男女这一阴阳两性的视角去探求天下一切人之心志，决断天下一切之嫌疑。

（二）生活之礼观

司马迁在论证婚姻之礼观时，主要是从以下几个角度进行论证的，即：

首先，从人性的角度，探求以色喻于礼之理；即司马迁将《诗经》中的《关雎》原本描述男女情爱之事用以寓示生活之理，即以色喻于礼。根据《上海博物馆藏战国楚竹书·孔子诗论》记载：《关雎》中的男女情爱是以“色”，而在这当中按照孔子的理解必须要存在一种礼的关系；此二者之间是一种确定无疑的，此即为“以色喻于礼”①。在司马迁看来，诗经不仅仅是一种叙述，而更重要的是通过叙述以“兴”义；此中“兴”的要义在于其通过委婉而动听的感发、启示，微言讽咏，托兴劝善而抑恶之意。如此，告诫人们再有情有爱，也不能无“礼”，如此必将招致混乱与祸患。

其次，从因则化细的角度，故而《淮南子·泰族训》中有关圣王治理之理在于“圣人之治天下，非易民性也，柑循其所有而涤荡之，故因则大，化则细矣”；同样，人有情欲之本性，因而要隆礼，即“民有好色之性，故有大婚之礼”。淮南子总结圣王因循人之情欲之本性而制法、制婚姻之礼目的在于“节制”，即“故先王之制法也，因民之所好而为之节文者也。因其好色而制婚姻之礼，故男女有别；因其喜音而正《雅》《颂》之声，故风俗不流；因其宁家室、乐妻子，教之以顺，故父子有亲；因其喜朋友而教之以悌，赦长幼有序”②。

第三，司马迁在其《外戚世家序》中进行总结记载：“故《易》基《乾》《坤》，《诗》始《关雎》，《书》美釐降，《春秋》讥不亲迎。夫妇之际，人道之大伦也。礼之用，惟婚姻为兢兢。夫乐调而四时和，阴阳之变，万物之统

① 蔡先金：《孔子诗学研究》，齐鲁书社 2006 年版，第 296—297 页。

② 李源澄：《秦汉史》，巴蜀书社 2019 年版，第 265 页。

也。可不慎与？人能弘道，无如命何。甚哉，妃匹之爱，君不能得之于臣，父不能得之于子，况卑不乎！即欢合矣，或不能成子姓；能成子姓矣，或不能要终：岂非命也哉？孔子罕称命，盖难言之也。非通幽明，恶能识乎性命哉？”①在这个总结当中，以《诗经·关雎》记载男女两性情爱为例，即《诗经·关雎》之中通过“关关雎鸠，在河之洲”起兴鱼鹰捉鱼，其原始文化寓意在于男欢女爱之和谐生活，即通过男女二人在树下亲热、嬉戏表达一种男女两性的合欢和性欲追求，喻指男欢女爱。相反，《关雎》中的“关关雎鸠，在河之洲”，诗中的雎鸠（鱼鹰）没有捉鱼，只是静静地期待在河之洲。与后续“幽深闲静”的“窈窕淑女”相对应。以此再次兴起一种精神需求，即以此宣扬、提倡一种文明、理性、节制的、符合礼仪的男女情爱。随着社会发展需求，原始的夫妇之制从纠正强抢之风俗到确定社会秩序。所以《关雎》在当时“用之乡人焉，用之邦国焉”，以“风天下而正夫妇”。同时，在对社会男性约束以后开始偏向于将女性的品德与行为进行约束。

进入西周以来，整体社会进入圣王之治。圣王之治首要的任务在于实现王政，即从传统的野蛮、武力向理性文明之政进行转变。在这个转变过程之中主要从家和国一体化当中理顺家中的婚姻与家庭之间的矛盾；理顺国中之君臣关系。由此通过周公制礼将家与国所存在的问题予以化解，即《资治通鉴·后周纪·后周纪二》记载：“天地设位，圣人则之，以制礼立法，内有夫妇，外有君臣。妇之从夫，终身不改；臣之事君，有死无贰。此人道之大伦也。苟或废之，乱莫大焉！”②在此当中，通过移风易俗的手段将社会的一切习俗均纳入到理性而文明的轨道上来；国家整体上一切均以礼俗为准。诸如《资治通鉴·唐纪·唐纪三十》记载：“笾豆簠簋樽罍之实，皆周人之时馔也，其用通于宴飨宾客，而周公制礼，与毛血玄酒同荐鬼神。国家由礼立训，因时制范，清庙时飨，礼馔必陈，用周制也。园寝

① （汉）司马迁：《史记》，崇文书局2010年版，第319页。
② 王小甫译解：《资治通鉴选注》，东方出版社2015年版，第452页。

上食,时膳具设,遵汉法也。”①从此以后国家整体上均步入礼俗社会,尤其是通过礼的立训对在每一个两性婚姻当中存在的矛盾予以化解。两性婚姻当中原本存在着四个维度的问题,即一个维度是两个纯粹自然情爱要维护;一个维度又要对此种自然情爱做出节制,以防混乱;一个维度要实现家庭内部的稳定与和谐;一个维度更要实现家的教育问题。要想实现上述四个维度的问题化解;首先,从人情入手来强化男女两性之情爱,即如《史记·八书·礼书》记载:“余至大行礼官,观三代损益,乃知缘人情而制礼,依人性而作仪,其所由来尚矣。人道经纬万端,规矩无所不贯,诱进以仁义,束缚以刑罚,故德厚者位尊,禄重者宠荣,所以总一海内而整齐万民也”②;其次,从正名的角度,赋予法定的名分,并以此确定各自的职责,诸如《汉书·平帝纪》中记载:“改殷绍嘉公曰宋公,周承休公曰郑公。诏曰:‘盖夫妇正则父子亲,人伦定矣。’”③《资治通鉴·汉纪·汉纪二十五》记载:“圣王制礼,取法于天地。尊卑者,所以正天地之位,不可乱也。今定陶共皇太后、共皇后以‘定陶共’为号者,母从子,妻从夫之义也。”④

(三)移风易俗之功用观

从治理的角度,礼治的关键在于教以人伦,即如《资治通鉴·唐纪》三十六篇记载:“夫民生有欲,无主则乱。是故圣人制礼以治之。自天子、诸侯至于卿、大夫、士、庶人,尊卑有分,大小有伦,若纲条之相维,臂指之相使,是以民服事其上,而下无觊觎。”⑤同样,《孟子·滕文公章句上》第四节记载:“人之有道也,饱食、暖衣、逸居而无教,则近于禽兽。圣人有忧之,使契为司徒,教以人伦:父子有亲,君臣有义,夫妇有别,长幼有

---

① (北宋)司马光撰:《资治通鉴》,上海古籍出版社2017年校点本,第2402页。
② (汉)司马迁:《史汉文统·史记》,商务印书馆2019年版,第42页。
③ (东汉)班固:《汉书》,岳麓书社2009年版,第114页。
④ (北宋)司马光撰:《资治通鉴》,中央民族大学出版社2002年版,第312页。
⑤ 梁劲泰:《中国传统哲学中的等级思想研究》,陕西人民出版社2009年版,第141页。

序，朋友有信。”如《续资治通鉴·元纪》二十三记载：“陕西行台御史孔思迪言：人伦之中，夫妇为重。”①《礼记·乐记》记载：“是故先王之制礼乐也，非以极口腹耳目之欲也，将以教民平好恶而反人道之正也。人生而静，天之性也；感于物而动，性之欲也。物至知知，然后好恶形焉。好恶无节于内，知诱于外，不能反躬，天理灭矣。夫物之感人无穷，而人之好恶无节，则是物至而人化物也。人化物也者，灭天理而穷人欲者也。于是有悖逆诈伪之心，有淫泆作乱之事。是故强者胁弱，众者暴寡，知者诈愚，勇者苦怯，疾病不养，老幼孤独不得其所，此大乱之道也。是故先王之制礼乐，人为之节；衰麻哭泣，所以节丧纪也；钟鼓干戚，所以和安乐也；昏姻冠笄，所以别男女也；射乡食飨，所以正交接也。礼节民心，乐和民声，政以行之，刑以防之，礼乐刑政，四达而不悖，则王道备矣。”先秦李斯在其《谏逐客书》中记载：“孝公用商鞅之法，移风易俗，民以殷盛，国以富强，百姓乐用，诸侯亲服，获楚、魏之师，举地千里，至今治强。”②《汉书·志·礼乐志》篇中记载：“人性有男女之情，妒忌之别，为制婚姻之礼；有交接长幼之序，为制乡饮之礼；有哀死思远之情，为制丧祭之礼；有尊尊敬上之心，为制朝觐之礼。哀有哭踊之节，乐有歌舞之容，正人足以副其诚，邪人足以防其失。故婚姻之礼废，则夫妇之道苦，而淫辟之罪多；乡饮之礼废，则长幼之序乱，而争斗之狱蕃；丧祭之礼废，则骨肉之恩薄，而背死忘先者众；朝聘之礼废，则君臣之位失，而侵陵之渐起。故孔子曰：‘安上治民，莫善于礼；移风易俗，莫善于乐。’礼节民心，乐和民声，政以行之，刑以防之。礼、乐、政、刑四达而不悖，则王道备矣。”③周公制礼作乐，就是要把一切社会习俗纳入文明理性的轨道。而其中一项内容就是在两性关系上要正一下风气，移风易俗。《关雎》这首诗当时应该首先是针对上层贵族

① 毕沅：《续资治通鉴》，内蒙古人民出版社 2008 年版，第 230 页。
② 董原主编：《尚书·礼记》，三秦出版社 2016 年版，第 304—305 页。
③ 班固原著，吕祖谦编纂，戴扬本整理：《汉书详节》，上海古籍出版社 2007 年版，第 76—77 页。

唱的,然后再推广到全社会上下都唱。魏源《诗古微》说:“周以一妃兴,殷以一妃亡,美戒劝惩,莫烁于斯。夫妇之始,人伦之本也。自天子以至庶人,身之修不修,家之齐不齐,国之治不治,未有要于斯者。是以君子重之、慎之、难之也。造端夫妇而察乎天地,吾于《关雎》见之矣。”《史记·外戚世家》亦曰:“夏之兴也以涂山,而桀之放也以末喜;殷之兴也以有娀,纣之杀也嬖妲己;周之兴也以姜原及大任,而幽王之禽也淫于褒姒。故《易》基《乾》《坤》,《诗》始《关雎》,《书》美釐降,《春秋》讥不亲迎。夫妇之际,人道之大伦也。礼之用,唯婚姻为兢兢。”①汉代冯衍《显志赋》:“美《关雎》之识微兮,愍王道之将崩。”②汉代荀爽《对策》:“三代之季,淫而无节,瑶台、倾官,陈妾数百。阳竭于上,阴隔于下。故周公之戒曰:‘不知稼穑之艰难,不闻小人之劳,惟耽乐之从,时亦罔或克寿。’是其明戒。”③

中华儒家文明中的婚姻从其起源上讲,其虽然起于《诗经·关雎》中以古代器皿或壁画上有大量鸟衔鱼的图案,其象征意义是男女两性的合欢和性欲追求,喻指男欢女爱;但是,其本在于后续的《关雎》中的水鸟雎鸠没有下水捉鱼,而是待在河之洲,这与下文“幽深闲静”的淑女正好相比。诗歌以此宣扬提倡一种理性的、节制的、符合礼仪和中庸之道的男女情爱。所以此诗在当时“用之乡人焉,用之邦国焉”,以“风天下而正夫妇”,即正夫妇。

由此看来,《关雎》不仅仅是一首理想淑女的赞歌;它更将全诗的中心凝结两个方面,即以自然之性来寓示男女性爱与情爱“关关雎鸠,在河之洲。窈窕淑女,君子好逑”;这是一种实然之寓示;而在另外一方面,《关雎》的要义在于宣传、强调女性贞静、贤淑的品行、品性,以在文化、风俗上起到“正夫妇、厚人伦”的作用。之所以当时会创作这样一首男女情

① (汉)司马迁:《史汉文统·史记》,商务印书馆 2019 年版,第 68 页。
② 肖锋编:《中国古代文论读本》,河南大学出版社 2016 年版,第 270 页。
③ (南朝宋)范晔:《后汉书》,浙江古籍出版社 2000 年版,第 574 页。

爱之赞歌与正夫妇之训诂，明确了西周时期之婚礼系为中华民族之先祖的文化传承，即一方面出于私性的角度，出于对男女之情爱的最高尊重；另外一方面出于公序良俗的角度，出于对以民为本的正夫妇、正民俗、正公序历史使命的发扬。正如司马迁所言，殷商因女而祸患，西周因女昌盛；夫妇之德行，尤其是女性的德行修炼关乎私家之盛，关乎国家之昌。以此特别告诫对女性之德行的关注，即如郝敬《毛诗原解》："夫《二南》皆先王所以垂训、齐家、治国之道，非为赞颂作也。诗人所以咏歌，圣人所以编次《二南》，皆风后世人主齐家、治国之道。"《论语》子曰："《关雎》乐而不淫，哀而不伤。"这些都是从女性德行的角度，提出告诫"乐而不淫，哀而不伤"；《诗大序》曰："是以《关雎》乐得淑女以配君子，忧在进贤，不淫其色。哀窈窕，思贤才，而无伤善之心焉，是《关雎》之义也"。

从夫妇之制到所有人都是正人伦为起始点，故而所有人之修行都是以探求以德为本；即司马迁以"书美釐降"的事实来赞誉人的修行是以修"德"为本。在此当中"书"系指《尚书·尧典》，在《尚书·尧典》中所赞誉尧发现舜德行非常好，于是将其两个女儿嫁给舜为妻。此中特别强调的是釐降，即指赐予和下嫁。以明示婚姻不以身份、地位为本，唯有以德为本。

从婚姻之仪式的角度，探求以尊为价值导向；即司马迁以"春秋讥不亲迎"所以《易经》以《乾》《坤》两卦为基本，《诗经》以《关雎》开篇，《书经》赞美尧把女儿下嫁给舜，《春秋》讥讽娶妻不亲自去迎接，故易基乾坤，诗始关雎，书美釐降，春秋讥不亲迎。夫妇之际，人道之大伦也。礼之用，唯婚姻为兢兢。夫乐调而四时和，阴阳之变，万物之统也。可不慎与？人能弘道，无如命何。甚哉，妃匹之爱，君不能得之於臣，父不能得之於子，况卑下乎！既驩合矣，或不能成子姓；能成子姓矣，或不能要其终：岂非命也哉？孔子罕称命，盖难言之也。非通幽明之变，恶能识乎性命哉？

第六部分

继　承　编

继承制度是人类社会发展到一定历史阶段，伴随着私有财产的出现而必然产生的人类文明。继承是指被继承人把自己拥有的身份、财产依照惯例或依法转移给与自己有血缘关系或婚姻关系的人。

第一章　中国古代与身份有关的继承制度

第一节　身份继承制度

一、先秦时期的身份继承

在中国古代父权家长制和宗法等级制的社会中，继承制度总是在于父祖与子孙、大宗和小宗的男子继承之中，并在相当长的时期内，使财产继承和身份继承合为一体，并将财产继承融入身份继承之中，使财产继承成为身份继承的附庸。

（一）兄终弟及的继承制度

随着私有财产的发展，商朝的继承关系也逐步制度化，殷代的君位继承多半是兄终弟及。如商代自上甲起至帝辛止，传子者 19 人，兄终弟及者 14 人，弟传兄子者 4 人，堂弟传堂兄者 1 人，这说明商代的王位继承兄终弟及制度占有相当比重。这种政治权利身份的兄终弟及制度，必然导致财产上的兄终弟及制度。这种制度当源于原始社会的婚姻血缘关系。原始社会的“普那路亚”婚姻制度（Punaluan Marriage）实行财产兄弟共有，作为兄弟集团的代表人“兄”死亡后，其“弟”接受其“兄”的集团管理权身份和财产管理权身份是自然而然发生的。同样，作为父祖辈的兄弟集团内部也存在着与此一致的制度，但此时的财产并没有从所有权本身进行转移，仍属于兄弟集团内部共有，这在继承制度上包含了同辈兄弟集团内部的继承制度和不同辈分兄弟集团的继承制度，从历史的发展角度看，当时的继承制度是兄终弟及制度和父死子继制度的并存。

（二）父死子继的继承制度

父死子继的继承制度是伴随着一夫一妻制度发展起来的。如果“传统的继承制度”指的是兄终弟及制，“有利于子女”的继承制度自然就是纯粹的、直接的父死子继制度。当兄弟集团代表人“兄”的个人权力强大到可以指定继承人，财产形同某个人所有，婚姻制度的变化又使其能确认自己的亲子时，父死子继继承制度就要取代兄终弟及的继承制度了。

传说中的夏禹传位于启，象征直接的父死子继已经出现。而周公摄政所引起的纷争，实际上就是兄终弟及继承制度与父死子继继承制度的一次交锋。据《逸周书》记载，当时“叔旦泣涕于常，悲不能对。王□□传于后……乃今我兄弟相后，我筮龟其何所即？今用建庶建”，其中“庶建”，朱右曾解释为“不传子而传弟，故曰庶建”。[①] 由此可见，周公摄政在形式上与兄终弟及十分相似，而引起了管叔的不满，成为发生叛乱的主要原因。《荀子·儒效》记述了这个史实并指出它的意义：“周公屏成王而及武王以属天下，恶天下之倍周也……成王冠，成人，周公归周反籍焉，明不灭主之义也。”[②]以嫡长子及武王以属天下，保持天下的大一统，从此父死子继的嫡长子继承制度便确定下来了。

西周春秋时期，兄终弟及的现象仍屡见不鲜，如“庄公病将死，以病

① 《逸周书·度邑》，载黄怀信等撰，李学勤审定：《逸周书汇校集注》卷五，上海古籍出版社1995年版，第504—505、509—510页。

② （清）王先谦撰，沈啸寰、王星贤点校：《荀子集解》卷四《儒效》，中华书局1988年版，第114—115页。

召季子，季子至，而授之以国政，曰：寡人即不起此病，吾将焉致乎鲁国。季子曰：般也存，君何忧焉。公曰：庸得若是乎。［叔］牙谓我曰，鲁一生一及，君已知之矣”。[①] “一生一及”者，“父死子继曰生，兄终弟及曰及”。在当时，“父死子继，兄终弟及”仍是“天下之通义”。[②] 根据“大子死，有母弟则立之，无则长立”[③]之说，可以明白所谓“一生一及”，“一及”是主要的，是前提，一生是次要的，是补充，但从总的趋势看，兄终弟及制度的地位是每况愈下了。

（三）嫡长子的继承制度

宗法制度的内容十分丰富，就继承关系而言，宗法是一个继承法，其基本原则是嫡长子的父死子继的继承制度。如上文所述，父死子继现象最迟在禹启交接时就已经出现了。可见，宗法原则的形成是源远流长的，就文献资料来看，殷商后期，嫡长子继承制度就已出现了。至帝乙时“有妻之子而不可置妾之子”，[④]“帝乙长子曰微子启，启母贱，不得嗣。少子辛，辛母正后，辛为嗣。帝乙崩，子辛立，是谓帝辛，天下谓之纣”。[⑤]《吕氏春秋·当务篇》记述纣继承王位更为详细：“纣之同母三人，其长子曰微子启，其次曰中衍，其次曰受德。受德乃纣也，其少矣。纣母之生微子启与中衍也，尚为妾；已而为妻而生纣。纣之父、纣之母欲置微子启以为太子，太史据法而争之曰：‘有妻之子，而不可置妾之子’。纣故为后。”但真正以法确立嫡庶有别的嫡长子继承制，则始自西周周公摄政，“致政成王”。

---

① 《公羊传》卷九《庄公三十二年》，见（清）阮元校刻：《十三经注疏》，中华书局 1980 年版，第 2242 页。

② （汉）司马迁撰：《史记》卷六七《仲尼弟子列传》，中华书局 1959 年版，第 2194 页。

③ 《左传》卷四十《襄公三十一年》，见（清）阮元校刻：《十三经注疏》，中华书局 1980 年版，第 2014 页。

④ 许维遹撰，梁运华整理：《吕氏春秋集释》卷十一《当务》，中华书局 2009 年版，第 252 页。

⑤ （汉）司马迁撰：《史记》卷三《殷本纪》，中华书局 1959 年版，第 105 页。

西周时期，嫡长子继承逐渐制度化。“立嫡以长不以贤，立子以贵不以长”，①既是宗法，也是国法，目的在于保持贵族们的政治特权、爵位和财产不致分散或受到削弱。同时，也为了维系统治阶级内部的秩序和延续宗支。嫡长子继承制原则上适用于自国王以至庶人。周宣王时，鲁武公率长子括、少子戏朝见周宣王，宣王欲立戏，但遭到大臣们的反对，理由是：天子立诸侯而不以长“是教逆也”。但是无论姬姓和非姬姓国中，都有传弟、立少的情况。《左传》襄公三十一年鲁穆叔曰：“大子死，有母弟则立之。”《国语·晋语》晋献公曰：“立太子之道三：身钧以年，年同以爱，爱疑决之以卜筮。”尤其是楚国更是“恒在少者”。② 因此，不能用封建时期的嫡长子继承制推而论之。庶人之间虽然没有爵位或多少财产可以继承，但依然受到嫡长子继承制的宗法原则的约束。

宗法组织是一个大家族，在宗族内部又根据血缘关系的远近分为若干个大宗和小宗，在所有宗族的内部都实行嫡长子继承制。

《仪礼·丧服》云：“大宗者，尊之统也。禽兽知母而不知父。野人曰：父母何算焉？都邑之士，则知尊祢矣；大夫及学士，则知尊祖矣。”父系氏族，以父为祖。只有贵族阶层才知道尊祖。这是人伦大德的开始。宗法的内容是：“别子为祖，继别为宗。”③一个国君有几个儿子，只有嫡长子一个人能继承君位，其余诸子就得分封出去。这些分封出去的儿子与君主之间是君臣关系，这个君臣关系虽然是建立在嫡长子继承和伦常关系的基础上，但它已经高出了宗法关系，宗法已经上升为政治，所以在君主这里已经可以不讲宗法，只有君臣之法就可以了。实际上是政治与宗法相统一，君主仍然是他们的最高宗主。从形式上看只有在脱离君主之位的别子

---

① 《春秋公羊传》卷一《隐公元年》，见（清）阮元校刻：《十三经注疏》，中华书局 1980 年版，第 2197 页。

② 《左传》卷十八《文公元年》，见（清）阮元校刻：《十三经注疏》，中华书局 1980 年版，第 1837 页。

③ 《礼记》卷三十二《丧服小记》，见（清）阮元校刻：《十三经注疏》，中华书局 1980 年版，第 1495 页。

那里，在继承别子的家族内才有宗法。别子新建一宗，或继承别子自成一宗。在这个宗里也实行嫡长子继承制，这就又出现了大宗和小宗之分。继别子的嫡长子叫宗子。这个由别子的嫡长子世代相袭的宗，就是“百世不迁”的大宗，大宗的宗子是统帅全族的最高权威。别子的嫡长子以外的诸子，是不能继别子的，诸子之子更不能无限制继别子，他们只能继“祢”。《礼记 · 丧服小宗》云：“继祢者为小宗。”小宗也实行嫡长子继承制。一个庶子只能上继到高祖为止，即五代之后就要离宗了。所以《礼记 · 大传》云：“宗其继高祖者，五世则迁者也。”所以小宗又称做“五世则迁小宗”。

二、秦代的身份继承

继承是一种法律规定，是人类历史发展到一定阶段的产物，继承同时受社会上层建筑等因素如政治、道德观念的影响和制约。秦有关继承的法律规定，既留有家长制奴隶制的遗痕，也反映了专制主义状态下宗法体系的某些方面被国家法律强行抑制的状态，并由此导致了秦人道德的偏差。所有这些与秦国自商鞅变法以来制定的一系列法律、法规密切相连，是当时耕战的历史环境所要求和决定的。

秦时继承的客体包括爵位和财产两部分。对人身权利的当然继承是奴隶制社会的特征之一，在家长制奴隶制时代，身份地位与土田财产是一体的，公侯、卿大夫、士的等级与封国、采邑相对应，而且实行世卿世禄制。这样，继承的客体自然包含着财产和人身权利两方面的内容。商鞅变法废除世卿世禄制度，除保留史、卜等具有专门知识的官职的世袭制外，一律实行选任制。秦是否实行如同汉时的“任子”制，根据目前的资料还不能确定，不过从总体发展的趋势看，人身权利方面的继承越来越受到限制。至于爵位的继承，按《军爵律》，立有军功但未拜而死者，经指定的继承人又未犯废、耐、迁以上罪，可继承死者的爵位。[①]《秦律杂抄》也规定，

---

① 睡虎地秦墓竹简整理小组：《睡虎地秦墓竹简》，文物出版社 1990 年版，第 55 页。

在战争中死事不屈,应将爵位授予其子。[1] 可见,爵位是继承的重要内容之一。同时又规定,如后来察觉被继承人未死,应褫夺其子的爵位,并惩治其同伍的人。这样的规定既符合继承是以人的死亡为前提条件,也防止了欺诈行为。

三、隋唐的身份继承

隋唐的身份地位主要表现为家内的身份地位和在国家政治结构中的身份地位。前者通过立嫡而延续,后者则可通过王朝的封爵和食封得以世袭。与此相应,形成了与身份地位继承相关的祭祀、封爵与食封继承。

(一)祭祀继承(宗祧继承)

在古人看来,“国之大事,在祀与戎”。上自国君,下至百姓,皆以祭祀祖先为重。因而祭祀向来被视为严肃、庄重并带有国家和家族政治色彩的一项活动,有严格的仪式、礼节和程序。主持祭祀既是对祖先的义务,更是权力和地位的象征,有着严格的身份限制,只有家内最尊、最长的男子才有资格主持。由此形成中国独特的宗祧继承制度,并衍生出立嫡之制。这一制度正式形成于西周。周取代殷商之后,鉴于殷商王位继承的弊端,废“父死子继”和“兄终弟及”继承法,在国家和宗族内行嫡长子继承制和“立嫡以长不以贤”的准则,这一制度为隋唐所沿袭。

唐代实行嫡长子继承制,嫡长子逝世由嫡长孙继承宗祧;如无嫡子,则立庶为长。需要说明的是,嫡子是唐时合法的祭祀继承人,但唐律所称的嫡子是指嫡妻所生的长子,并非泛指嫡妻所生的诸子。至于嫡妻所生的其他诸子,律以“嫡子同母弟”相称,可见嫡子是独一无二的。从《唐律疏议·户婚律》的规定看,其立嫡制度相当完备、周全,其“立嫡违法”条规定:“诸立嫡违法者,徒一年。即嫡妻年五十以上无子者,得立嫡以长,

---

① 睡虎地秦墓竹简整理小组:《睡虎地秦墓竹简》,文物出版社 1990 年版,第 89 页。

不以长者亦如之。”同条疏议言:“立嫡者,本拟承袭。嫡妻之长子为嫡子,不依此立,是名‘违法’,合徒一年。”“即嫡妻年五十以上无子者”,谓妇人年五十以上,不复乳育,故许立庶子为嫡。皆先立长,不立长者,亦徒一年,故云“亦如之”。另据唐令:“无嫡子及有罪疾,立嫡孙;无嫡孙,以次立嫡子同母弟;无母弟,立庶子;无庶子,立嫡孙同母弟;无母弟,立庶孙。曾孙以下准此。”①无后者,为户绝。可见宗祧继承只限男系,而且是直系卑亲属。如无直系卑亲属,则应为其立嗣。“诸无子者,听养同宗于昭穆相当者”,②“诸以子孙继绝,应析户者,非年十八已上,不得析”。③上述法定的宗祧继承制度受到严格保护,庶子冒充嫡子继承,处徒刑二年,用欺诈手段冒名继承,则流二千里。由上述法律规定可知唐代立嫡制度奉行下列原则:

(1)女子被排除在立嫡之外。

(2)立长原则。凡立嫡,须先立年长之子、年长之孙。

(3)嫡优于庶的原则。在子辈、孙辈中,嫡妻所生诸子优于庶子,嫡孙妻所生众孙优于庶孙。

(4)顺序原则。唐律所规定的立嫡顺序为:嫡长子──→嫡长孙──→嫡子同母弟──→庶子──→嫡孙同母弟──→庶孙。只有在前一顺序人不存在时,后一顺序人才可取代前一顺序人成为嫡子、嫡孙,但需要指出的是,当嫡子有罪及患病时,嫡孙取代其地位。至于嫡子在犯何罪和有何疾病时被嫡孙所取代承继宗祧,唐律及律疏并未解释。但据唐令,似乎应是罪徒以上的犯罪。④ 至于疾病,根据前文对“七出”之中恶疾可以出妻的解

① 《仪礼经传通解读》卷十六《丧服图》熙宁八年闰四月条,转引自[日]仁井田陞著,栗劲等编译:《唐令拾遗》附录,长春出版社 1989 年版,第 833 页。

② [日]仁井田陞著,栗劲等编译:《唐令拾遗·户令》“养子”条,开元二十五年令,长春出版社 1989 年版,第 141 页。

③ [日]仁井田陞著,栗劲等编译:《唐令拾遗·户令》“子孙继绝析户”条,开元二十五年令,长春出版社 1989 年版,第 143 页。

④ [日]仁井田陞著,栗劲等编译:《唐令拾遗·封爵令》“嫡子有罪徒以上”条,长春出版社 1989 年版,第 227 页。

释类推，应是影响其祭祀的疾病。因为古之祭祀，是由一整套繁琐的礼仪过程来实现的，若嫡子无法主持这一祭祀活动，则立嫡的目的难以实现，在此情况下，另择嫡孙来承继祭祀应是上策。

（二）封爵继承

封爵是帝王授予皇亲国戚及功臣、官吏的一种荣誉。封爵制度始于周，历代等数不一。唐时基本沿用隋开皇年间所定的九等爵位，分为王、郡王、国公、郡公、县公、县侯、县伯、县子、县男九等。封爵制度分为虚封和实封两种，前者仅表示荣誉大小而已，只有在实封时，才享有与此相应的物质待遇。爵位可以继承，但继承主体历代规定不同。唐代，亲王、郡王是授予皇室人员的荣誉，郡王有时也授予非皇室人员。与南北朝时旁系亲属可以继承爵位不同，唐代公、侯、伯、子、男爵位的继承系直系子孙继承，不及兄弟等旁系，无子孙即除去封爵。爵位继承的顺序与立嫡顺序同：诸王、公、侯、伯、子、男皆子孙承嫡者传袭，若无嫡子及有罪疾立嫡孙，无嫡孙以次立嫡子同母弟，无母弟立庶子，无庶子立嫡孙同母弟，无母弟立庶孙。曾玄以下准此。无后者容除。诸王公以下，无子孙以兄弟为后，生经侍养者听承袭，赠爵者亦准此。若死王事，虽不生经侍养者亦听承袭。至于袭爵的等级，国公、郡王、县公、侯、伯、子、男袭爵不降爵位，而亲王、嗣王、郡王的子孙袭爵，降为国公、郡公。

（三）食封继承

当封爵为实封时，则爵位主人享有食封。食封的内容以食邑为主，也包括其他封赏物。与封爵的实封和虚封相适应，唐代法律将爵位继承与食封继承分开规定为两种不同的继承制度。与爵位不能分割只能单独继承相反，食封因属于经济利益而允许分割继承。《唐六典》规定，食封人身殁以后，所封物随其男数为分，

承嫡者加一分；若子亡者，即男承父份；寡妻无男承夫份；若非承嫡房，每至玄孙准前停。其应得分房无男有女在室者，准当房分得数与半，女虽多更不加。虽有男，其姑、姊妹在室者，亦三分减男之二。若公主食

实封,则公主薨乃停。由这一规定可以看出:①在诸子分割的基础上,给予承嫡者加一份的特权。②女子有一定的继承权,但受量有限制。在应得分房无男可继承食封时,同房在室女可以继承同房男子应继份的一半。对女子言,不论人数多少,其可继承食封的总量是固定不变的,因此女子人数越多,各自所得的份额越少;反之,份额则越大。在室的姑、姊妹,可得到同房男子应继份额的三分之一。

第二节 王位继承制度

一、商朝的王位继承

随着宗法系统的确立,王位继承由兄终弟及转向父死子承。具体说来,康丁之前,大致是兄终弟及与父死子继等多种继承方式交替并行,康丁、武丁、文丁、帝乙、帝辛五世皆为父子相继,且必须嫡子继位。可见,自商朝末期,王位继承和宗法关系已开始糅合在一起,从而赋予宗法以明显的政治性质。在王权与宗法双重关系的作用下,嫡长子继承制终于取代了兄终弟及制。

以嫡子继承为中心的宗法制度的逐步建立,是王权进一步加强的结果。而与王的血缘关系的远近亲疏也决定着统治集团内部权力职位的高下。帝乙时,"有妻之子而不可置妾之子",①已被严格确定为法律。"帝乙长子曰微子启,启母贱,不得嗣。少子辛,辛母正后,辛为嗣。帝乙崩,子辛立,是谓帝辛,天下谓之纣。"②《吕氏春秋·当务》记述纣继承王位事更为详细:"纣之同母三人,其长曰微子启,其次曰中衍,其次曰受德,受德乃纣也,其少矣。纣母之生微子启与中衍也,尚为妾,已而

① 许维遹撰,梁运华整理:《吕氏春秋集释》卷十一《当务》,中华书局 2009 年版,第 252 页。

② (汉)司马迁撰:《史记》卷三《殷本纪》,中华书局 1959 年版,第 105 页。

为妻而生纣。纣之父,纣之母欲置微子启以为太子,太史据法而争之曰:'有妻之子,而不可置妾之子。'纣故为后。"《尚书·无逸》所载周公对成王的告诫中也涉及商朝的王位继承问题。"其在祖甲,不义惟王。"据马融解释:"祖甲有兄祖庚,而祖甲贤,武丁欲立之,祖甲以王废长立少,不义。"①可见,当时嫡长子继承制已获得公认。嫡长子继承权的确立是统治阶级内部为保证其财产权和政治特权不受侵害,以及维持内部秩序而实行的一种制度,至周朝进一步法律化,并为以后的封建王朝所承袭。

二、秦代的王位继承

秦并六国后,商周以来的嫡长子继承制无论对于皇室贵族还是平民都是适用的。秦代的王位继承涉及专制制度的延续,被视为"天下之本"的大事。秦始皇建立的皇帝专制制度,是以法家思想作为理论基础的,韩非便强调君主的"权势不可以借人,上失其一,臣以为百"②,"人主失力而能有国者,千无一人"。③ 秦始皇对韩非法、术、势兼而为用的思想极为欣赏,而恨未与之游。

皇帝制度的建立,使天下大权集于中央,中央大权集于皇帝。皇帝制度的每一项内容都体现着专制主义的统治,渲染着皇帝的绝对权威。但如同卢生、侯生所说:"博士虽七十人,特备员弗用。丞相诸大臣皆受成事,倚辨于上。"④职臣只能"遵分""修饬",承命而已。为了膨胀皇权,秦始皇还向神权挑战。始皇二十八年(前219),"浮江,至湘山祠。逢大风,几不得渡。上问博士曰:'湘君何神?'博士对曰:'闻之,尧女,

---

① (汉)司马迁撰:《史记》卷三三《鲁周公世家》,索隐马融注,中华书局1959年版,第1520、1522页。

② (清)王先慎撰,钟哲点校:《韩非子》卷一〇《内储说下》,中华书局1998年版,第240页。

③ (清)王先慎撰,钟哲点校:《韩非子》卷二〇《人主》,中华书局1998年版,第470页。

④ (汉)司马迁撰:《史记》卷六《秦始皇本纪》,中华书局1959年版,第258页。

舜之妻，而葬此。'于是始皇大怒，使刑徒三千人皆伐湘山树，赭其山。"①

但由于皇帝居处深宫，对于大臣又怀有戒心，遂使宦官得以乘机干政。秦始皇长子扶苏本应继承皇位，但由于扶苏反对焚书坑儒，曾向始皇进谏说："天下初定，远方黔首未集，诸生皆诵法孔子，今上皆重法绳之，臣恐天下不安。唯上察之。"②结果反而被秦始皇赶至上郡监蒙恬军。由于未能尽早确定长子扶苏继承皇位，以致秦始皇死后宦官赵高与公子胡亥阴谋诈传遗诏，赐死扶苏与蒙恬，篡夺皇位，便是宦官干政祸国的首例。宦官干政是专制制度不可避免的弊病，秦之速亡及后世汉、唐、明之亡皆与此攸关。汉初一些思想家政治家在总结秦亡的教训时都涉及这一点。例如，当汉高祖准备废长立幼时，叔孙通便向汉高祖进谏说："秦以不早定扶苏，故亥诈立，自使灭祀，此陛下所亲见。"③

三、北朝的王位继承

由于北朝诸多王朝是由少数民族建立的政权，所以受内地礼教影响较少。北魏的皇位继承不限于嫡长子，可以父子相继，也可以兄终弟及。袭爵也不限于子孙。《魏书·王洛儿传》载："子长成，袭爵。卒，无子。弟德成，袭爵。"北齐以父死子继为主，但也有兄终弟及的现象。如高演代其侄高殷之后，其弟高湛又代其位。北齐身份继承则仅限于嫡子。北周王位继承体现兄弟、父子均可继承的制度。

四、元朝的王位继承

1241 年窝阔台汗去世。其长子贵由远征尚未归来，于是，由其妃乃马真（名脱烈哥那）摄政。她"未与宗亲们商议，便狡诈地擅自夺取了国

① （汉）司马迁撰：《史记》卷六《秦始皇本纪》，中华书局 1959 年版，第 248 页。
② （汉）司马迁撰：《史记》卷六《秦始皇本纪》，中华书局 1959 年版，第 258 页。
③ （汉）班固撰：《汉书》卷四三《叔孙通传》，中华书局 1962 年版，第 2129 页。

家政权"[①],摄政时间达五年之久。她执政期间,帝国朝政出现了很多不良现象。这时候成吉思汗的《大札撒》遭到废弃。由于法度不一,诸王"人人都向四方派遣使臣,滥发诏旨牌符,他们私下结党,各自为政"[②],使大蒙古国朝纲混乱,濒于崩溃境地。此时还发生了成吉思汗胞弟斡赤斤那颜起兵事件,虽被制止,但已成为成吉思汗"黄金家族"内部矛盾的肇端。

关于继承人人选,窝阔台汗曾经指定其子阔出的儿子失烈门为汗位继承人。但是脱烈哥那合屯违背其生前的愿望,让自己的儿子贵由即位,出任大蒙古国第三任大汗。1246 年 7 月,诸王及那颜们召开大会,准备推举汗位继承人。但是,在"拔都和宗亲们未到前,脱烈哥那和异密们就以自己的权力立了贵由为合罕(汗)"[③]。贵由的即位,为"黄金家族"日后的内部纷争埋下了隐患。贵由即位后,"执法严酷""正如他的父亲[窝阔台]合罕恪守他的祖父的札撒,不允许对他的法做任何更改,他也恪守札撒和他自己父亲的诏令,只对偶有冗繁和缺略之处略作删改,并避免更改致讹"。[④] 但这些做法已经改变不了窝阔台汗去世以来造成的混乱局面。另外他还下令,"凡盖有窝阔台合罕玺印的诏书,可以无需经他亲自批准就可以再次签署认可"[⑤]。这项法令对汗权的巩固极为不利,助长了诸王制据势力,各自为政,法度更加松弛。

1248 年,贵由汗在迁移斡耳朵至叶密立·忽真的途中病逝。由其妻斡兀立海迷失与众大臣共同治理朝政。1249 年,在金帐汗国拔都汗的支

---

① [波斯]拉施特主编:《史集》第二卷,余大钧、周建奇译,商务印书馆 1983 年版,第 209 页。

② [伊朗]志费尼:《世界征服者史》上册第一卷,何高济译,翁独健校订,内蒙古人民出版社 1980 年版,第 285 页。

③ [伊朗]志费尼:《世界征服者史》上册第一卷,何高济译,翁独健校订,内蒙古人民出版社 1980 年版,第 295 页。

④ [波斯]拉施特主编:《史集》第二卷,余大钧、周建奇译,商务印书馆 1983 年版,第 244 页。

⑤ [波斯]拉施特主编:《史集》第二卷,余大钧、周建奇译,商务印书馆 1983 年版,第 244 页。

持下斡兀立海迷失摄政。这时,皇族内部的矛盾已公开化。在拔都的提议下,决定在库跌阿刺勒召开忽里勒台,讨论推举新汗,以拔都为首的术赤后裔诸王、拖雷后裔诸王为一方的势力同窝阔台后裔诸王、察合台后裔诸王为一方的势力展开了激烈的斗争。1251 年 6 月,在拔都的军事威胁下,左右翼诸宗王参加在库跌阿刺勒召开的忽里勒台大会,窝阔台后裔势力被镇压,最终立拖雷之子蒙哥为大蒙古国大汗。

第三节　爵位继承制度

一、秦代的爵位继承

自商鞅变法废除世卿世禄制度,除保留史、卜等具有专门知识的官职的世袭制外,一律实行选任制。处于兼并战争激烈的战国时期,为了保证战争的胜利,军功爵位也可以有条件地继承。《军爵律》规定,立有军功但未拜而死者,经指定的继承人又未犯废、耐、迁以上罪,可继承死者的爵位。

二、汉代的爵位继承

爵位继承是汉代主要的继承关系之一。汉建国后,刘邦论功定封,"与功臣剖符作誓,丹书铁契,金匮石室,藏之宗庙",[1]其封爵之誓曰:"使黄河如带,泰山若厉,国以永存,爰及苗裔。"[2]高后二年(前 186),"复召丞相陈平尽差列侯之功,录弟下竟,臧诸宗庙,副在有司"。[3] 高祖时封爵之誓的具体内容未详,但其中当有爵位的继承人必须是嫡长子的规定。《史记·孝文本纪》载:

有司言曰:……立嗣必子,所从来远矣。高帝亲率士大夫,始平

① (汉)班固撰:《汉书》卷一下《高帝纪下》,中华书局 1962 年版,第 81 页。
② (汉)班固撰:《汉书》卷一六《高惠高后文功臣表》,中华书局 1962 年版,第 527 页。
③ (汉)班固撰:《汉书》卷一六《高惠高后文功臣表》,中华书局 1962 年版,第 527 页。

天下，建诸侯，为帝者太祖。诸侯王及列侯始受国者皆亦为其国祖。子孙继嗣，世世弗绝，天下之大义也。

褚少孙补《史记·梁孝王世家》曰：

景帝曰："千秋万岁之后传王。"太后喜说(悦)。窦婴在前，据地言曰："汉法之约，传子适(嫡)孙，今帝何以得传弟，擅乱高帝约乎！"于是景帝默然无声。

可见嫡长子孙继承爵位与王位是"汉法之约"，也说明爵位继承实际就是血统继承。

子孙继承爵位称"代后"，有时也单称"代"。《史记·樊哙列传》载：

侯家舍人得罪他广，怨之，乃上书曰："……他广实非荒侯子，不当代后。"

《汉书·高惠高后文功臣表》载：

(曲逆献侯陈平)元始二年，诏赐平代后者凤爵关内侯，不言世。

(赤泉严侯杨喜)七世，子谭代。……八世，子并代。

继承者必须是嫡子，否则就是"非子"，规定不得"代"。一旦发现非嫡子继承了爵位，即为"非正"，必须免除其爵。《汉书·高惠高后文功臣表》载：

(涅阳严侯吕腾)孝文五年薨。子成实非子，不得代。

(复阳嗣侯陈强)元狩二年，坐父拾非嘉子，免。

《汉书·王子侯表》载：

(益都嗣侯刘嘉)元凤三年，坐非广子免。

同书《外戚恩泽侯表》载：

(营平嗣侯赵岑)元延三年，坐父钦诈以长安女子王君侠子为嗣，免。

(平周侯丁满)元始三年，坐非正免。

由此可见，汉代在封爵的继承上尤其强调嫡长子继承，汉律特别规定了"非正"罪与"非子"罪。凡非嫡系正宗继承爵位，为"非正"罪，依律免为庶人。平帝时“平周侯丁满，坐非正免”。[①] 凡非亲生之子继承爵位，为“非子”罪。宣帝时营平侯赵钦死后，其养子赵岑继位，赵岑系长安女子王君侠之子，被告发，“岑坐非子免，国除”。[②] 对于爵位继承之所以强调嫡长子继承制，是为了把统治特权世世代代保留在宗祧以内，避免造成世袭权利的丧失。但“嗣子有罪，不得代。”[③]至于禁止异姓承继宗祧，则是为了确保宗法血缘的纯正性，不使异姓乱宗。

另外，即使有合法继承权的继承者，如果触犯了刑律，也将剥夺其继承权而“不得代”。《汉书·高惠高后文功臣表》载：

（煮枣端侯革朱）孝惠七年薨。嗣子有罪，不得代。

同书《景武昭宣元成功臣表》载：

（随桃嗣侯赵昌乐）本始元年薨。嗣子有罪，不得代。

“不得代”限制体现的是基于血统的长子继承原则。在血统的前提下，继承者的范围可扩大到第三代乃至第二代的兄弟之子。如平帝元始元年（公元2）规定：“诸侯王、公、列侯、关内侯亡子而有孙若子同产子者，皆得以为嗣。”[④]师古曰：“子同产子者，谓养昆弟之子为子者。”这里应当是指同居的侄子。此令规定，诸侯王等若无儿子，其子孙以及同居的侄子可以继承爵位。此后在东汉诸帝的移爵令中，依旧恪守着这一原则。像明帝于中元二年（公元57），章帝于永平十八年（公元75）即位之初，安帝于元初元年（114），顺帝于阳嘉元年（132）改元之际，均颁布过“爵过公乘，得移与子若同产、同产子”之令。[⑤] 但与此同时，伴随着爵位价值的流失，血统继承的原则开始出现破绽。顺帝阳嘉四年（135），“初听中官得以养子为后，世袭封爵”，[⑥]将爵位的血统继承扩大为非血统继承。

① （汉）班固撰：《汉书》卷一八《外戚恩泽侯表》，中华书局1962年版，第711页。
② （汉）班固撰：《汉书》卷六九《赵充国传》，中华书局1962年版，第2994页。
③ （汉）班固撰：《汉书》卷一六《高惠高后文功臣表》，中华书局1962年版，第616页。
④ （汉）班固撰：《汉书》卷一二《平帝纪》，中华书局1962年版，第349页。
⑤ 另见《后汉书》各帝纪。
⑥ （南朝·宋）范晔撰：《后汉书》卷六《孝顺帝纪》，中华书局1965年版，第264页。

三、明代的爵位继承

官员袭荫和爵位继承，是一种身份权的继承，这种身份继承与祭祀权的继承不同，实行单一继承制，即仅由诸子中一人继承被继承人的官位、爵位等身份。

一般应由嫡长子继承，如嫡长子有故，则按法律规定的顺序确立袭荫人。明律规定："凡文武官员应合袭荫职事，并令嫡长子、孙袭荫。如嫡长子、孙有故，嫡次子、孙袭荫。若无嫡次子、孙，方许庶长子、孙袭荫。如无庶出子、孙，许令弟侄应合承继者袭荫。若庶出子、孙及弟、侄不依次序搀越袭荫者，杖一百，徒三年。……若将异姓外人，乞养为子，瞒昧官府，诈冒承袭者，乞养子杖一百，发边远充军。"①可见，在袭荫的顺序上，大体适用宗祧继承的一般规则。但不同的是，承爵和袭荫可以以弟继兄。《明会要》世袭条也有记载："明初定例，嫡子袭替，长幼次及之；绝者，嫡孙、庶子、孙次及之；又绝者，以弟继。"宗祧继承则要求继承者和所继承者昭穆相当，只能以同宗同姓之法定卑亲属为死者之继体。

四、清代的封爵继承

早在关外肇基时期，已经初步建立了爵号和世职的承袭制度。在爵位与世职的继承上，因涉及政治、经济权利，努尔哈赤于天命六年(1621)规定承袭爵号的顺序："我所擢用之大臣，凡尽忠者，或阵亡，或病故，即令其子承袭其父所升之职。"②若功臣无嗣，则按先兄弟，后侄儿的顺序袭职。子侄承袭爵位只论功德，不论嫡长。入关以后，在汉族文化的影响

---

① 怀效锋点校：《大明律》卷二《吏律一·职制·官员袭荫》，法律出版社 1999 年版，第 30—31 页。

② 中国第一历史档案馆、中国社会科学研究院历史研究所译注：《满文老档·太祖》第三十一册，天命六年十二月十四日，中华书局 1990 年版，第 278 页。

下，封爵继承也以嫡长子优先为原则，其继承顺序与宗祧继承顺序相当。即使皇族宗室也基本实行嫡长子继承制。皇后、嫡福晋、嫡夫人、嫡妻所生之子，享有优先承袭权，而庶妃、侧福晋、侧室、妾、媵所生之子，则按等级降袭。顺治九年（1652）清政府定王爵袭封例：王爵必以嫡妃子承袭，若嫡妃无子，方准次妃子承袭。《大清律例·吏律·职制》"官员袭荫"条更全面规定如下："凡文武官员应合袭荫者，并令嫡长子孙袭荫。若嫡长子孙有故，嫡次子孙承荫。若无嫡次子孙，方许庶长子孙袭荫。如无庶出子孙，许令弟侄应合承继者袭荫。若庶出子孙及弟侄不依次序搀越袭荫者，杖一百，徒三年。……若将异姓外人乞养为子，瞒昧官府诈冒承袭者，乞养子杖一百、发边远充军，本家所关俸给（事发）截日住罢。"

在"官员袭荫"条附例中还有以下规定：

第一，"武职守城失机，贻患边方及临阵退却者，俱不准袭。有犯不孝致典刑者，取祖父次子孙袭职，本犯子孙不许。"对于此例，《大清律辑注》诠释说："世职皆赏其先世之功也。此例前半是不忠之罪，而贻害国家，则先世之功不当继矣，故不准袭。后半是不孝之罪，而止在一身，则先世之功不可没也，故许以次子孙承袭。"①

第二，世职有犯人命、失机、强盗、实犯死罪及免死充军，不分已决、已遣、监故并脱逃、自尽，本犯子孙俱不准承袭。《大清律集解》云："犯人命、失机、强盗，真犯死罪，子孙不准承袭，此以已袭之军职犯罪言。若应袭而未袭之舍人有犯，则如前条之例准其弟侄降袭也。"

第三，凡世袭官员，如有因罪革退，例不准本犯子孙承袭者，其世职与亲兄弟承袭，若无亲兄弟，即袭与兄弟之子孙。

第四，应袭之人，若父见在，诈称死亡冒袭官职者，发近边充军。候父故之日，许令以次儿男承袭。如无以次儿男，令次房子孙承袭。

第五，世职官病故以后，无应袭之人，其父母（生母、继母）、妻均给半

① （清）沈之奇：《大清律辑注》卷二《吏律·职制》"官员袭荫"条之"例上注"，法律出版社 2000 年版，第 127 页。

俸终身。

第六，各地土官袭职，按当地习俗先由子、弟承袭，如无子弟而其妻或婿为其下信服者，许令一人袭替。

此外《户部则例》卷一《户口一》也有以下规定："八旗及各省驻防等处世管佐领出缺，本人无嗣过继本族为嗣者，准其遇继并承袭世职。如族中并无袭替之人，请将另户异姓亲属过继为嗣者，只准过继承祧，不准承袭世职。其世职管佐领改为公中佐领，由该旗拣选带领引见。"由于封爵是权与利的象征，是先世的功业体现，因此，对继承人的确定是十分严格的。清律规定："凡世职将乞养异姓与抱养族属疏远之人诈冒承袭，或用财买嘱冒袭，及受财卖与冒袭……将蒙混继立之世职，与以子与世职为嗣之人，并其知情之义子，俱照乞养子冒袭律发边远充军。保勘之官罢职，其世职永不得袭。……连名保结者，俱依律减等科断。有赃者，并以枉法论。"①

《大清律例·户律》"立嫡子违法"条附例中也规定："旗人乞养异姓为子，诈冒荫袭，承受世职者，发边远充军……如有冒食钱粮情事，准窃盗律从重科罪，并照数追还已领过的银米。"至于宗室过继之子如何考封一事向无定律，同治五年针对奉恩镇国公奕缮之过继子戴岐应否"考封"特颁上谕：

> 宗人府考封旧例，其受封不受封，向以嫡出及侧室或妾婢所生为断，名分秩然至为详慎，惟过继子应否考封，向无例案。……著宗人府妥议章程具奏。……寻议载岐若照王公亲子一体应封，恐无区别。拟请于及岁时照例戴用三品顶带，不准考封。嗣后王以下之过继子均照办理从之。②

① 《大清律例》卷六《吏律·职制》"官员袭荫"条附例，天津古籍出版社 1993 年版，第 164—165 页。

② 《清穆宗实录》卷一八六，中华书局 1985 年版，第 342 页。

蒙古地区，台吉职衔只令“嫡派子孙、胞兄弟承袭罔替”。①

需要指出的是，封爵继承是政治权力和特权地位的转移，因此与宗祧继承一样是不能分割，也不容分割的。

① 《蒙古律例》卷一《官衔》，全国图书馆文献缩微复印中心1998年影印版。

第二章　中国古代的宗祧继承制度

宗祧，即宗族宗庙，亦指宗族世系。宗祧继承是古代社会实行宗法制度的必然产物，宗祧继承就是要解决宗法制度中的传宗接代问题，只有解决好了这个问题，逝去的祖宗们才能永享血食。在古人的观念中，鬼神是必须血食的，但“鬼神不歆非类”，血食必须由同姓同宗之后代供给。因此，宗祧继承实际上又是一种祭祀权的继承，这种祭祀权又是以一定的身份权为根据的。在封建社会，一家之祭，由家长主之；合族之继，由族长主之。

一、汉代的宗祧继承

爵位、宗祧的嫡长子继承制度早在周、秦时期就已确立，一直沿袭。在汉代社会中，宗祧继承是人们极为关注的大事，无论皇帝诸侯还是庶民百姓，传宗接代、血脉相承都是最基本的价值趋向，因此就继承而言，以宗祧继承为主，其次是财产继承。因此，立继即确立继承人最为紧要。汉代的立继称“置后”或“代父后”。

立继的对象，一般为嫡长子，所谓“父子相传，汉之约也”。①《史记·孝文本纪》说：“立嗣必子，所从来远矣……子孙继嗣，世世弗绝，天

① （汉）班固撰：《汉书》卷五二《窦婴传》，中华书局 1962 年版，第 2375 页。

下之大义也。”景帝时,欲传帝位于其弟梁孝王,大臣窦婴争谏说:“汉法之约,传子适孙,今帝何以得传弟,擅乱高帝约乎!”袁盎也说:“方今汉家法周,周道不得立弟,当立子。”①

张家山汉简《二年律令·置后律》规定无子男立继的继承顺序和限制:

死毋子男代户,令父若母,毋父母令寡,毋寡令女,毋女令孙,毋孙令耳孙,毋耳孙令大父母,毋大父母令同产子代户。同产子代户,必同居数。弃妻子不得与后妻子争后。②

另据尹湾汉简载:“户□□,一嫡子男,二孺子男,三良人子男。”③据考,该牍文反映的正是诸侯爵位的继承顺序,即第一嫡妻之子,第二孺子之子,第三良人之子。④ 光武帝建武三年(公元27)春正月己酉诏曰:“赐天下长子当为父后者爵,人一级。”宣帝时,丞相韦贤因长子早逝,欲以次子韦弘为后。及韦贤病危,韦弘适逢坐事系狱,于是宗家假托韦贤之命,以三子韦玄成为后。韦玄成深知此非父意,遂佯装病狂,避让袭爵,最后不得已受爵。可知以长子为后,在当时是深入人心的观念。

对于诸侯王立继,汉代严格实行有罪不得“置后”的限制。《史记·高祖功臣侯者年表》载,“(棘蒲侯)嗣子奇反,不得置后,国除。”不得置后的原因又有“行淫辟”“淫乱”等。对于已确定为继承人的嗣子,汉代政府总是通过赐爵给予一定的社会地位。自文帝元年(前179)立子为后,“赐天下民当代父后者爵各一级”后,历代皇帝莫不认真效法,于立皇太子或皇太子冠礼、大赦之际颁诏,赐爵为父后者。所见有景帝七年(前150)夏

① (汉)司马迁撰:《史记》卷五八《梁孝王世家》,中华书局1959年版,第2090、2091页。

② 《二年律令·置后律》第379—380简,见彭浩、陈伟、[日]工藤元男主编:《二年律令与奏谳书——张家山二四七号汉墓出土法律文献释读》,上海古籍出版社2007年版,第238页。

③ 连云港市博物馆等:《尹湾汉墓简牍》,中华书局1997年版,第105页。

④ 参见李解民:《尹湾汉墓6号木牍所书其他文书初探》,《简帛研究》第3辑,广西教育出版社1998年版,第475页。

四月丁巳诏及后元三年(前141)正月甲寅诏、武帝元狩元年(前122)夏四月丁卯诏、宣帝地节三年(前67)夏四月戊申诏、元帝初元二年(前47)夏四月丁巳诏、永光元年(前43)三月诏、竟宁元年(前33)诏、成帝绥和元年(前8)二月癸丑诏、光武帝建武三年(公元27)闰月己酉诏、章帝永平十八年(公元75)冬十月丁未诏、安帝永初三年(109)春正月庚子诏、顺帝永建元年(126)春正月甲寅诏、四年(129)春正月丙子诏、桓帝建和元年(147)春正月丙子诏等。① 政府通过法令提高继承者的地位,从价值观念上看,凸现的是以孝为特征的血缘宗法观念,它旨在鼓励子孙与父母同居共财,供养其亲,以达到维护家长权威、整肃纲纪伦理的功效。与此同时,政府也采用制裁手段,惩治与父母别居的行为。安帝元初四年(117),郎陵侯臧宫后嗣臧松"与母别居,国除"。②

二、魏晋南北朝时期的宗祧继承

魏晋时期,由于门第和族谱是特权的来源,因此宗祧继承实行嫡长子继承制,严别嫡庶。一般情况下,只有嫡妻长子享有身份继承权,为当然的宗祧继承人;但若嫡长子先于父亡,或有罪,或有笃疾,无法享受继承权时,则由次子或嫡长孙继承。《晋书·宗室义阳成王望传》载:义阳成王望有四子,长子弈先于父亲早亡,次子洪出继叔父,于是立三子整为世子,但整也早亡,于是立长子子弈之子奇袭爵,后被贬为侯,夺其嫡,另立洪之长子威为望嗣,后谋反被杀,又重立奇为王,以嗣望。又据《晋书·华表传》载,华表长子华廙因"贿赂"被免官,"大鸿胪何遵奏廙免为庶人,不应袭封,请以表世孙混嗣表"。有司不同意何遵之论,认为:"廙所坐除名削爵,一时之制。廙为世子,著在名簿,不听袭嗣,此为刑罚再加。""嫡统非

① 诏文见《汉书》、《后汉书》各帝纪。

② (南朝·宋)范晔撰:《后汉书》卷十八《臧宫传》,中华书局1965年版,第696—697页。

犯终身弃罪，废之为重，依律应听袭封。”①一般罪过是可以继续保留宗祧继承人身份的。

庶子一般没有继承权，或只能继承部分财产。晋武帝泰始十年（274）诏中说：“嫡庶之别，所以辨上下，明贵贱。”②为了保证宗支的延续，“有子立长，无子立嗣”。但嗣子须选同宗、同辈，排除异子与女子的继承权。曹魏律规定：“除异子之科，使父子无异财也。”③

在无子情况下发生的立嗣问题，一般是在近亲属中择同姓为之。《晋书》记，高阳元王司马珪无子，诏以太原王司马辅子司马缉袭爵，缉无子，又诏以司马讼为缉后。宗室王爵自不得无人继承，也不得传与他姓，一般高门也是如此。《晋阳秋辑本》卷二载：“高安卿侯，夏侯佐卒，惊之孙也，嗣绝。诏曰，惊，魏之元功，勋书行帛，昔庭坚不祀，犹或悼之，况朕受禅于魏，而可以忘其功臣哉。宜择惊近属劭封之。”这是皇帝亲自为勋臣择嗣。立异姓为嗣，在西晋是被禁止的。宗祧继承还有兄终弟及的情况。《晋书·宗室济南惠王传》载，济南惠王遂有二子：耽、缉。遂亡，耽嗣立，耽亡无子，缉继。这种情况较为少见。

北朝也同样实行嫡长子继承制，庶子更受到歧视。但由于北朝法律确认“赐妻及其所生子承嫡”，同时一家之内享有妻之名分的又不止一人，因而造成继承关系的混乱。法律之所以保护嫡长子继承权，原是为了防止统治权和财产权的分散与削弱。正因为继承的是实际的权力和权利，因此为争夺继承权不断发生激烈的流血斗争，彻底撕碎了亲情血缘的外衣。《颜氏家训·后娶》说：江左于家长身殁之后往往“辞讼盈公门，谤辱彰道路。子诬母为妾，弟黜兄为佣，播扬先人之辞迹，暴露祖考之长短，

① （唐）房玄龄等撰：《晋书》卷四四《华表传附子廙传》，中华书局1974年版，第1261页。

② （唐）房玄龄撰：《晋书》卷三《世祖武帝纪》，中华书局1974年版，第63页。

③ （唐）房玄龄撰：《晋书》卷三十《刑法志》，中华书局1974年版，第925页。

以求直已者,往往而有"①。

三、宋代的宗祧继承

两宋继承法虽以唐律为基础,但法条增多,规范细密,达到了相当完备的程度。根据两宋继承法,宗祧身份继承与财产继承已开始分离。宗祧继承以嫡长子为第一继承人,无嫡子者以庶子为继承人。户绝之家可以通过立继、命继,继承宗祧。收养异姓养子也可以"依亲子孙法"成为法定继承人。《名公书判清明集》解释说:"如必曰养同宗,而不开立异姓之门,则同宗或无子孙少立,或虽有而不堪承嗣,或堪承嗣,而养子之家与所生父母不咸,非彼不愿,则此不欲,虽强之,无恩义,则为之奈何?是以又开此门,许立异姓耳。"②但收养异姓子,限三岁以下,一经收养,即视同亲子。"诸遗弃子孙三岁以下收养,虽异姓亦如亲子孙法。"③

四、明代的宗祧继承

明代的宗祧继承实行嫡长子继承制。此被视为"国家的定法",无论是官员袭荫袭爵,还是平民承祀宗祧,都以嫡长子承继。法律所称"立嫡",就是确定嫡长子为宗祧继承人。"凡立嫡子违法者,杖八十"。④ 实行嫡长子继承制,必须严格区分嫡、庶。嫡妻所生之子称嫡子,妾所生之子为庶子,在诸嫡子中以长子为继统者,所谓"立嫡以长不以贤,立子以贵不以长"。⑤ 在嫡子不止一人,即使有贤于长子者,仍取长子而舍贤子。

---

① 王利器撰:《颜氏家训集解》(增补本),中华书局1993年版,第34页。

② 中国社会科学院历史研究所、宋辽金元史研究室点校:《名公书判清明集》卷七《户婚门·立继》"双立母命之子与同宗子(仓司拟笔)"条,中华书局1987年版,第220页。

③ 中国社会科学院历史研究所、宋辽金元史研究室点校:《名公书判清明集》卷七《户婚门·立继》"已有养子不当求立"条,中华书局1987年版,第214页。

④ 怀效锋点校:《大明律》卷四《户律·户役·立嫡子违法》,法律出版社1999年版,第47页。

⑤ 《春秋公羊传》卷一《隐公元年》,见(清)阮元校刻:《十三经注疏》,中华书局1980年版,第2197页。

在嫡、庶子并存的情况下，即使庶子年长，也要取嫡子而舍庶子。嫡长子死，也不能立庶子，应立嫡长孙。《明会典》世袭条载“明初定例，嫡子袭替，长幼次及之，绝者，嫡孙、庶子、孙次及之”，只有“其嫡妻年五十以上无子者，得立庶长子”①。以上如有违反，则构成立嫡子违法罪，杖八十。其目的在于维护封建宗法秩序。

“有子立长，无子立嗣”，《大明令·户令》规定：“凡无子者，许令同宗昭穆相当之侄承继，先尽同父周亲，次及大功、小功、缌麻。如俱无，方许择立远房及同姓为嗣。”②若立嗣之后，却生亲子，其家产与原立子均分，并不许乞养异姓为嗣，以乱宗族。立同姓者，亦不得尊卑失序，以乱昭穆。如所立继子不孝，可以告官别立。上述令文是明律对于唐宋律中“户绝”，“听养同宗于昭穆相当者”一款的补充规定。无子立嗣，是为了传宗接代，保证以男性为中心的父系之家统的延续。嗣子为嗣父之继体，因此，嗣子必须从同宗近支或同姓的卑亲属中择立，且应昭穆相当，不得尊卑失序。若立异姓义子则为法律所不许，“其乞养异姓义子，以乱宗族者，杖六十”。③ 立嗣行为一般需立嗣者生前进行，但也可以在其死后，由其族人公立或由族长代立。

嗣子的法律地位较高，不仅能继承所嗣者的财产，而且能继承所嗣者在家族中的身份和地位。即使在立嗣后又生亲子，嗣子也有权与亲子共同继承家产。但嗣子也须尽孝道，承担一定的义务和责任。这在明代判牍中多有反映，如张肯堂《䓍辞》载有这样的案例：滑民樊于香为樊登晓亲侄，登晓老死无嗣，经“族人公议”，立于香承嗣登晓，并享有其地五亩，屋数楹，但登晓尚有继妻吴氏茕茕无依，“故议者令于香每年为之杂粮三石一斗、棉花一斤，青蚨二百，赡到终身”，但其后于香没有履行议定责任

① 怀效锋点校：《大明律》卷四《户律·户役·立嫡子违法》，法律出版社1999年版，第47页。

② 怀效锋点校：《大明律》附《大明令·户令》，法律出版社1999年版，第241页。

③ 怀效锋点校：《大明律》卷四《户律·户役·立嫡子违法》，法律出版社1999年版，第47页。

和义务，吴氏诉至县府，经审判决，所养“如数断给”，并杖樊于香。① 该案例表明，嗣子在享有身份和财产继承权的同时，也应承担相应的义务，否则将为法律所制裁，甚至“退继”。明代中叶法律对立嗣制度做出了较为灵活、自由的补充规定：“凡无子立嗣，除依律令外，若继子不得于所后之亲，听其告官别立。其或择立贤能及所亲爱者，若于昭穆伦序不失，不许宗族指以次序告争，并官司受理。若义男、女婿为所后之亲喜悦者，听其相为依倚，不许继子并本生父母用计逼逐，仍依《大明令》分给财产。若无子之人家贫，听其卖产自赡。”②

明代判例中还有立两人为嗣的现象，长次各房均可立后，祭祀权已非一人享有。如张肯堂《㽦辞》中记载有：申福斗、申屋子同为申顺族孙，顺故无子，叙其宗派，产应二人均分无疑也。③ 又如祁彪佳《莆阳谳牍》中载有一事，不仅反映了两人为嗣共继的情形，而且对了解明代有关宗祧继承的其他制度也有帮助，故兹录如下：

一件惨灭禋祀事

审得方启林有兄启寅而无子，启休有三子耀如、莹如、尾行。休以尾仔继寅，是亦宗支之正派，乃休之二子已死，止存尾仔一人，此方武珍之所以有词也。然休二子虽死，而二子各有一孙，则休之三支仍俱未绝，而以幼子立继非妄也。启寅遗妾黄梅花抱螟子方琼，年尚幼小，黄氏苦诉不愿尾仔为继，虽寡妾之言未足全据，而平日启休把握兄之赀产，使黄氏母子不安以致兴词，则黄氏之苦诉亦有至情在也。夫有应继有择继，尾仔不谓之应继不若言，择继则必择自启寅。据武珍称启寅立珍为后，已有治命，虽无遗嘱可凭，而方如玉现在确证可信也。启寅螟子不宜承祧，则以尾仔为应继，以武珍为择继，是可以杜后日无

① （明）张肯堂：《㽦辞》卷一〇，台湾学生书局1970年版。

② 《问刑条例·户律一·户役·立嫡子违法条例》，见刘海年、杨一凡总主编：《中国珍稀法律典籍集成》乙编第二册，科学出版社1994年版，第229页。

③ （明）张肯堂：《㽦辞》卷一〇，台湾学生书局1970年版。

穷之讼端矣。启寅现产殊为萧然，武珍愿为人后，而尝区区产业之是计乎？据黄氏称寅遗房产物值若干，半为休之所有，此亦未足全据，即以前府堂之审词论之，方六娘还休肆拾捌两之价，所称还债赎房行聘等费，非启休费耶！谓启休而于兄产并无隐侵，本馆不信也。今姑不深究，只以现产分计，螟子无预继事，方琼止量给田地叁亩，其染亩着尾仔与武珍均分。岁时蒸尝二子共之存继之名，不计继之实可也。俱各免科。①

祁彪佳曾任推官、御史，并曾将明代地方官之指示、告示、禁令等编纂成《公牍》，他不仅熟知律令，对地方法规及习惯亦多有了解，因此，他所审断的民事案件，当与明代法规相符，有普遍意义。细究该案，可推知：第一，尽管“兼祧”继承已有皇家特例，但民间仍不允许“兼祧”。“尾仔”是在确认“休之三支仍俱未绝”的前提下，才确定其承嗣启寅的合法性的。第二，螟子（养子、义子）与养父母（义父母）不发生宗祧继承关系，但可继承部分财产。第三，遗嘱立嗣具有法律效力。第四，司法判例确认了同立二子为嗣存继的制度。

五、清代的宗祧继承

宗是近祖之庙，祧是远祖之庙。在宗法制度的精神与原则的主宰下，清代继承法中重身份而轻财货，宗祧继承始终是清代继承法中的核心部分，不仅详细规定了承继和立继的条件，甚至在“立嫡子违法”的律文中，不言家产。有关家产的分析与继承，见于附例。宗祧继承的重要意义就在于通过确立宗支继承人，使得宗支世系得以延续，保证祖先血食不致中断。血食祭祀杂有鬼神迷信的因素，不仅为宗祧继承提供了思想基础，也是用来维系家族制度的一种手段。女子既不能参与祭祀，因而也不具备宗祧继承权。由于宗祧继承人的选定决定了他在家庭中的身份和权利地位，往往会带来家庭财产所有权的调整，因此，不仅涉及宗祧

① （明）祁彪佳：《莆阳谳牍》，北京图书馆馆藏善本。

继承人个人的切身利益，而且牵涉家族的利益，所以受到家庭、社会和国家的重视。

（一）承继和立继

清代的继承律例和民间流行的习惯，都达到了完备程度。根据清律，宗祧继承分为承继和立继两种。承继是正常的继承，有严格的继承顺序，按《大清律例》，嫡长子为法定的第一顺序继承人，无嫡长子者立嫡长孙，以后依次按嫡庶子、嫡次孙、庶长子、庶长孙、庶次子、庶次孙，循序承继。立嫡违反法定顺序者，杖八十，以示宗法继统的严肃性。

《大清律辑注》说："承继之法，由亲而疏，自近而远。"[①]由于宗祧继承重在承祀，而不在于家产，所以在"立嫡子违法"的律文中，不言家产，有关家产的继承，见于附例。

立继是指嫡庶子孙全无，即所谓"户绝"之人，可采用"立继"的方法继承宗祧，以保证宗支延续和祖宗血食。《大清律例·户律·户役》"立嫡子违法"条律文规定："其嫡妻年五十以上无子者，得立庶长子。"立继的嗣子或由被继承人生前亲定，或通过遗嘱选立。如夫亡妻在者，妻子有"立继"权；夫妻俱亡者，由近亲尊长"命继"。无论立继或命继均须写立文书，报官备案，方为合法。

《大清律例》"立嫡子违法"条附例一规定："无子者，许令同宗昭穆相当之侄承继。先尽同父周亲，次及大功、小功、缌麻。如俱无，方许择立远房及同姓为嗣。"由此可见，由于身份继承重视血缘关系，立继除强调同宗外，还必须是昭穆相当之人，这是宗法伦序所要求的。"虽系同宗，而尊卑失序者"，与立嫡子违法同，杖八十。而且"其子亦归宗，改立应继之人"。[②] 所谓昭穆相当之人，按清律规定就是立侄为嗣。同时，按清律，禁

---

① （清）沈之奇：《大清律辑注》卷四《户律·户役》"立嫡子违法"条之"例上注"，法律出版社2000年版，第199页。

② 《大清律例》卷八《户律·户役》"立嫡子违法"条，天津古籍出版社1993年版，第195页。

止乞养异姓义子为嗣，以免乱宗族，否则杖八十。

民间习惯，无子立嗣若舍近亲而立疏族之子，须分给近亲昭穆相当之人若干动产，以免争继。若近亲昭穆相当者有数人，在立其一之后，对未立之人也分给若干财产，谓之“遗爱”。①

旗人无子者也仿民人例，《户部则例》规定，许立同宗昭穆相当之侄承继，先尽同父周亲，次及大功、小功、缌麻。如俱无，方准择立远房同姓。如实无昭穆相当之人，准继异姓亲属。② 但要“取具该参、佐领及族长、族人、生父列名画押印甘各结送部，准其过继”。③ “如有抱养民间子弟、户下家奴子孙为嗣，或实有同宗而继异姓者，均按律治罪。”④

被继承人死亡，寡妻在选立继嗣人的问题上无论旗、民，族长均握有决定权。《大清律例》“立嫡子违法”条附例规定：“妇人夫亡无子守志者，合承夫分，须凭族长择昭穆相当之人继嗣。”另据《大清律例·户律》“男女婚姻”条附例规定：“如未立继身死（指被继承人），从族长依例议立。”有些还须取得合族甘结，如独子承祧即须“取具合族甘结”。凡因继承而发生的诉讼中，合族公议对争议的解决起着重要的作用。根据《武定土司档案》第六卷《立嗣》篇，嘉庆十八年（1813）“那振祖继立”一案就是“众族共同商议择贤另立”的。

寡妻择人立嗣，是社会中较为常见的现象。上述条例的重点在于“合承夫分”，而“合承夫分”的前提是“守志”。立嗣之后，嗣子继承宗祧和财产，妻实际上是中间承继人。

立嗣关系成立后，不得随意解除，只有在嗣子不孝或与继亲相处不睦的情况下，才准许废除原有的立继关系，重立嗣子。清律规定：“若继子不得于所后之亲，听其告官别立。其或择立贤能及所亲爱者，若于昭穆伦

① 《民事习惯调查报告录》下册，参见湖南各县习惯，中国政法大学出版社2000年版，第988页。

② 《钦定户部则例》卷三《户口三》，台湾成文出版社1968年影印版。

③ 《钦定户部则例》卷三《户口三》，台湾成文出版社1968年影印版。

④ 《钦定户部则例》卷三《户口三》，台湾成文出版社1968年影印版。

序不失，不许宗族指以次序告争，并官司受理。”①另据《大清律集解》，别立嗣子，虽然或贤或爱皆可，但以原嗣子“果有忤逆不得于亲”为条件，然后告官别立，只要符合昭穆伦序，宗族不应干涉。为此，专立例文如下：“无子立嗣，若应继之人平日先有嫌隙，则于昭穆相当亲族内择贤择爱，听从其便。如族中希图财产，勒令承继，或怂恿择继，以致涉讼者，地方官立即惩治，仍将所择贤爱之人断令立继。”②立嗣后，继亲又生子者，嗣子身份并不丧失，生身父母愿将其领回者，须经双方同意后，撤销立嗣关系。不论承继、立继，目的都在于传宗接代，以及为父母服丧三年和负责祭祀。

（二）独子兼祧

关于独子继嗣兼祧问题，清朝前期，法律是禁止的，至乾隆朝始有所改变。俞樾在《俞楼杂纂》中说：“一子两祧，为国朝乾隆间特别之条。”乾隆四十年（1775）闰十月，根据宗法“小宗可绝，大宗不可绝也”的原则，乾隆皇帝颁布上谕：

> 户部奏军营病故乏嗣人员请照阵亡之例，准以独子立嗣一折，已依议行矣。独子不准出继本非定例，前因太仆寺少卿鲁国华条奏，经部议准行。但立继一事，专为承祧、奉养，固当按昭穆之序，亦宜顺孀妇之心，所以例载：嗣子不得于所后之亲，准其另立，实准乎情理之宜也。至独子虽宗支所系，但或其人已死，而其兄弟各有一子，岂忍视其无后？且现存者尚可生育，而死者应与续延，即或兄弟俱已无存，而以一人承两房宗祀，亦未始非从权以合经。又或死者有应袭之职，不幸无嗣，与其拘泥独子之例求诸远族，何如先尽亲兄弟之子，不问是否独子，令其继袭之为愈乎？嗣后遇有孀妇应行立继之事，除照例按依昭穆伦次相当外，应听孀妇择其属意之人，并问之本房是否愿

① 《大清律例》卷八《户律·户役》“立嫡子违法”条附例，天津古籍出版社 1993 年版，第 195 页。

② 《大清律例》卷八《户律·户役》“立嫡子违法”条附例，天津古籍出版社 1993 年版，第 196 页。

继,取有阖族甘结,即独子亦准出继,庶穷嫠得以母子相安,而立嗣亦不致以成例阻格。该部即照此办理。著为令。①

根据这道上谕,乾隆四十四年(1779)纂成《独子承祧例》,对于独子兼祧的具体条件做了明确规定:无子立嗣"如可继之人亦系独子,而情属同父周亲,两厢情愿者,取具阖族甘结,亦准其承继两房宗祧"②。

在民人中,凡贪图财产将独子出继与人者,独子借称已经出继,不顾本生者,本生父母有子,所后之亲无子而舍去者,均照律治罪,若所养父母有子,所生父母无子欲还者,听。③

除个别地区或特殊情况外,长支长子不得出继他支。但对于八旗及外省驻防有乏嗣应行立继者,《户部则例》一方面规定,如系长房长子,不准出继,其长房次子,次房长子果系昭穆相当者,均准其出继。另一方面又规定,倘长房并无次子,此外,近支亦无应继之人,应以一人承祀两房宗祧,虽长房长子,准照独子之例出继。④ 按此规定不仅独子可以出继,而且长房独子也可以出继承祧。不仅如此,由于满洲族人口少,所以无嗣之人也可以过继异姓亲属,但必须由两姓旗长、族人、该参佐领、生父列名画押甘结,送与户部备案。

在孀妇承继子嗣问题上,孀妇有择其属意之人的选择权,但又要取得阖族甘结,因此,本房族长也握有相当的决定权。⑤

兼祧继承既是法律的规定,也是民间流行的习惯。凡同父兄弟之间,长房无子,应继之房,止有一子,也应出继给长房为嗣子。民间所说"长房无子次房孤",就是指此而言。嗣子兼祧二房,应各为娶妻,习惯上并无大小之分,所生之子各承宗祧,各继财产。

---

① 《清高宗实录》卷九九五,中华书局 1986 年版,第 301—302 页。

② 《大清律例》卷八《户律·户役》"立嫡子违法"条附例,天津古籍出版社 1993 年版,第 197 页。

③ 《钦定户部则例》卷三,台湾成文出版社 1968 年影印本。

④ 《钦定户部则例》卷一《户口一》,台湾成文出版社 1968 年影印版。

⑤ 《钦定理藩院则例》卷四《袭职》,天津古籍出版社 1998 年版。

兼祧也适用于贵族宗室。例如，一等诚勇公德崇情愿将伊子联英过继给亡弟之妻寿庄和硕公主为嗣。这个奏折得到同治皇帝的批准“仍准承祧两房”，并降旨：因恩寿庄和硕公主额附（清朝公主之夫称为额附——作者注）恩醇也无子，“俟伊胞弟恩朴、恩良生子，先行继与承祧”，[1]并将此旨撰入《宗人府则例》。

由于立继兼祧是严肃的族内继承活动，有时也立有文约以示郑重，《明清徽州社会经济资料丛编》第一集中所载光绪年间徽州歙县胡昌仁出继长子文书如下：

立出继文书昌仁，兹缘服兄昌辅乏嗣，贸汉病故，亲族合议挨派承嗣，义不容辞，愿将长子乳名灶进，出继与昌辅嫂名下为己子，听凭使唤，抚养成立（人）、婚配等情。现嫂在汉未归……自祧之后，惟愿光大门闾，克昌厥后。倘有天寒时气，各安天命，并无翻悔等。恐口无凭，立此出继文书，永远大发。

光绪九年九月　日　立出继文书人

族长、本房长等干系人[2]

（三）几种立嗣的特例

为了从多方面确保宗祧继承，《大清律例·户律·户役》“立嫡子违法”条附例五对以下特例准予立嗣继承：其一，其有子婚而故，妇能孀守；其二，已聘未娶，媳能以女身守志；其三，已婚而故，妇虽未能孀守，但所故之人，业已成立；其四，子虽未娶，而因出兵阵亡。以上四种情况，均应为其子立嗣。按律“寻常夭亡未婚之人，不得概为立后”。此外，如果独子夭亡，而族中又确实无昭穆相当之人可为其父立继，在这种情况下，亦准为未婚之子立继。如同薛允升所说：“此于不应之中仍准立后”[3]，“如可

① 《清穆宗实录》卷一二九，中华书局 1985 年版，第 67 页。

② 安徽省博物馆编：《明清徽州社会经济资料丛编》第一集，中国社会科学出版社 1988 年版，第 577—578 页。

③ （清）薛允升：《读例存疑》卷九，光绪三十一年刻本，见胡星桥、邓又天主编：《读例存疑点注》，中国人民公安大学出版社 1994 年版，第 176 页。

继之人亦系独子，而情属同父周亲，两厢情愿者，取具阖族甘结，亦准其承继两房宗祧”，①“若支属内实无昭穆相当可为其子立后之人，而其父又无别子者，应为其父立继，待生孙以嗣”。②《大清律例》对于夭亡并无年龄限定，但在《户部则例》卷一却载明：“子虽未婚娶，业已成立当差，年逾二十岁身故者，亦准予立继”，“凡未婚而年在二十岁以下夭亡者无后，在父自当先从故子同辈中按照服制次序为其父立继，如阖族中实无故子同辈可继之人，亦只得为未婚夭亡之子立继，不得重复议继，致滋讼端”。可见，夭亡当在20岁以下，《户部则例》做出明确的年龄限制，在实践中更具有可操作性。

（四）异姓为嗣

1. 养子

养子，分同宗养子和异姓养子、无偿养子和有偿养子。同宗养子也需按先近亲和昭穆相当的顺序。过继异姓养子，一般在生前与养家合意的基础上写立过继文书。有偿养子，就是付给养子生家若干乳哺银，实际是身价银。对于三岁以下的遗弃小儿，“虽异姓仍听收养，即从其姓”（即从养父之姓），“但不得以无子遂立为嗣”。③ 可见，养子（也包括义子）一般无宗祧继承权。

清律对于收养异姓子，如非立嗣为嗣子是不禁止的，但如乱宗族者，则强制养子归宗。《大清律例》规定：“其乞养异姓义子以乱宗族者，杖六十，若以子与异姓为嗣者，罪同，其子归宗。”④只有在个别地区、个别的情况下，养子才可以取得嫡子身份继承宗祧与财产，一般养子只能由所后之

① 《大清律例》卷八《户律·户役》“立嫡子违法”条，天津古籍出版社1993年版，第197页。

② 《大清律例》卷八《户律·户役》“立嫡子违法”条，天津古籍出版社1993年版，第197页。

③ 《大清律例》卷八《户律·户役》“立嫡子违法”条附例，天津古籍出版社1993年版，第196页。

④ 《大清律例》卷八《户律·户役》“立嫡子违法”条，天津古籍出版社1993年版，第195页。

亲酌给财产。

过继养子可与本生家保持亲属关系，但服制压降一等，对本生家的财产无任何权利。

收养关系重在两愿，如在一方终止，或强制终止（犯义绝）的条件下，可以终止，称为退继、出离、遣还、遣逐。养子归宗，其妻妾子女随去，已分得养家财产不许携回本生家。至于所收养的三岁以下遗弃小儿，虽不能以无子立为嗣，但法律规定“不必勒令归宗”。至于旗人养子归宗，手续较为复杂，据《户部则例》卷一《户口一》规定如下：“另户旗人之子自幼给予另户旗人抚养应请归宗者，该旗查取两旗结保并该参、佐领印结咨部，准其归宗。如自幼给予，另记档案开户。户下家奴及民人抚养后，有指称原系另户复请归宗者，概不准行。”

2. 异姓亲属

乾隆五十三年（1788）清政府定例：不准异姓立继。但流行于各地的习惯中，异姓为嗣却较为普遍，多从甥辈、外孙中“择贤择爱”。也有的于外甥、外孙之外，立外姓之子为嗣，如福建惠安等下游各县，“承继习惯，不拒外姓。……长房子故，得舍次房之子，而招异姓人嗣之……同宗支亲不得与争”。[①] 江西与浙江地区，“应立”“应继”与“爱立”“择继”并行，即在近亲内择一昭穆相当之人作为“应立”之嗣外，还允许再择一异姓“爱立”为嗣。[②] 有些地区如陕西蓝田县一带，宗族观念淡薄，百姓大半“不立宗祠，不修家乘”，因此以甥继舅、以内侄继姑父，被“公认为正当”，族人不以异姓乱宗而出面干涉。有些地区在战乱之后，人口凋零，无法在亲族内部择人为嗣，不得不以异姓为嗣。例如，安徽广德县，自太平天国后，户口萧条，乏子嗣者，因本族无人可继，多以异姓子为嗣，相沿已久，成为习惯。即本族有可继之人，但得族众承认，准其以异姓人为子，一经载

① 《民事习惯调查报告录》下册，中国政法大学出版社2000年版，第930页。

② 《民事习惯调查报告录》下册，中国政法大学出版社2000年版，第884、906—907页。

入宗谱，即生效力。[①] 浙江嘉兴县，也因太平天国战争“土著”流亡殆尽，人口稀少，本支断绝，因时权宜，或取异姓为后。[②]

在旗人收养异姓亲属为嗣的问题上，《中枢政考》《户部则例》的规定与五十三年定例存在着矛盾。《中枢政考》规定：“旗人无嗣，许立同宗昭穆相当之侄承继。先尽同父周亲，次及大功小功缌麻。如无，方许择立远房及同姓为嗣。若实无同父周亲，及五服远房同姓，准继异姓亲属为嗣。均取具该参佐领及伊族长旗人生父列名画押印甘各结，送部准其过继。”另据《户部则例》规定：“旗人无子者，许立同宗昭穆相当之侄承继，先尽同父周亲，次及大功小功缌麻，如俱无，方择立远房同姓。如实无昭穆相当之人，准继异姓亲属，取具该参佐领及族长族人生父列名画押印甘各结，送部准其过继。”[③]

上述矛盾，是基于调整对象的不同而产生的。由于满洲旗人之间多有戚谊关系，因此异姓亲属承继者多。户、兵二部则例就是针对这一实际情况而制定的。至于刑部所改订的条例，主要是针对民间子弟、户下家奴以及异姓子诈冒袭荫而言的。正因为如此，旗人养子归宗要经过官府，手续较为复杂。

3. 赘婿

明清两代招赘之风仍盛。《大清律例》承认赘婿合法，“凡逐（已入赘之）婿嫁女，或再招婿者，杖一百。其女不坐。男家知而娶（或后赘）者，同罪”，但“止有一子者，不许出赘”。不过，民间贫苦人也有独子入赘的，独子入赘须立合同，载明“一子两祧，奉养两家父母”。

通常有女无子之家，不愿女儿出嫁，因而为其招婿。入赘者，往往因为家境贫苦，无力聘婚，而不得不为赘婿。赘婿须改从妻姓，而且要写立赘书为据。

---

① 《民事习惯调查报告录》下册，中国政法大学出版社 2000 年版，第 865 页。
② 《民事习惯调查报告录》下册，中国政法大学出版社 2000 年版，第 907 页。
③ 《钦定户部则例》卷一《户口一》，台湾成文出版社 1968 年影印版。

改姓之后，作为嗣子，可以继承妻父之祧及遗产，但也要得到族中同意，如被继承人有侄，则酌分若干财产，俾免争执。《清代巴县档案汇编》所载卢张氏控告袭锡禄谋产一案，县正堂便批示如下："查张氏再醮卢姓，仅生一女夫又早亡。所遗房产，随带之子，招赘之婿均得酌分。该约应遵堂谕，将现在房地协同原证高洪义等，秉公确查，按照时价分晰剖处。并查明该氏有无外欠，酌议分还。俾各允从，公复核示。"

赘婿所生之子，一般能为族人接受。所谓"异子不异孙"，"有义子无义孙"。其长子从岳家之姓，次子从本宗之姓，使得两姓禋祀，均得延续。有些赘书写明入赘年限，期满后可以出赘，赘婿归宗后，其子仍然"承女家宗祧"。

与招婿入赘性质相近的还有招夫立嗣。寡妇无子，积有一定财产，不愿再醮，坐堂招夫，所生长子，通常从前夫之姓，承前夫宗祧。次子从后夫之姓，承后夫宗祧。若仅生一子，则兼祧孀妇亡夫及赘夫之嗣，这常常是招夫立嗣婚约的条件。

至于女婿与赘婿不同，《户部则例》规定："女婿为所后之亲亲爱者，听其相为依倚，酌给财产。若招婿养老者，仍立同宗应继一人承奉宗祀，财产均分。"①

综上所述，宗祧继承作为宗支延续的重要保证，不仅涉及继承人个人的利益，也涉及家族的整体利益和长远利益。在宗法制度下，宗支的延续无疑是家族存亡攸关的大事，因此，宗祧继承最为族人关切，也是社会生活得以正常运转的基础。对于社会稳定、国家安宁，具有重要意义，这就是为什么清政府对宗祧继承制度加以法律化的原因。

宗祧继承人在家族内部具有承宗、祀祖的身份，同时也因其身份的确立而在家族内部引起了财产关系的调整。在这个过程中，宗祧继承人与家族群体之间，既存在着相互支持与协调的一面，也存在着利益冲突与对

① 《钦定户部则例》卷三《户口三》，台湾成文出版社 1968 年影印版。

立的一面。就家族整体而言，宗支的延续和繁衍，增强了家族的实力，有可能在生产的扩大与社会的竞争中取得一定的优势，这是族人共同利益之所系。在分割财产上，宗祧继承人按照习惯要多得一份，俗称“长房田”“长孙田”，从而伏下了家内冲突的经济根源。这种由经济引发的冲突，在择立继承人，尤其是立异姓为嗣时表现得极为突出。

按照清律，择立嗣子应从亲等最近的族人中遴选昭穆相当之人，但应继之人往往不为被继者所喜爱，因而出现了舍近亲而取远房、舍本宗而取异姓的所谓“爱继”与“爱立”的现象。“爱继”对于“应继”之人的利益是一种损害，不可避免地发生矛盾。由此引发的诉讼往往要经官解决。如果是以异姓承嗣，则又构成了对家族利益的威胁，此类民事纠纷在司法实践中比比皆是。因此，民间习惯，异姓承嗣要经过族人的共同认可，订立“永不归宗”的契约。

禁止异姓乱宗，本是国家法律所确认的继承原则，但在政治、经济、文化发展极不平衡的清朝统治下，地处边远和经济落后、宗族关系不发达的地区，选择异姓承嗣并没有受到来自族内的阻力。尤其是在战乱之后宗支凋零，应继乏人，不得不立异姓为嗣。在这方面被继人个人的好恶起着决定的作用。流行的以甥嗣舅，不在于血缘，而在于情感，所谓“虽于律未符，而于情则顺”，表现了国法与人情的统一，以至民初制定的民法草案中，仍然认可甥承舅嗣为合法。

第三章　中国古代的财产继承制度

第一节　历代财产继承制度

一、先秦时期的财产继承

宗法嫡长子身份的特殊性，必然反映到财产继承关系上。根据"溥天之下，莫非王土；率土之滨，莫非王臣"的历史状况，按照宗法，除了周天子大宗以外，其余各宗内部没有财产所有权转移的财产继承，各小宗只有享有周天子分封之下领地内的财产管理权。总之，宗法之下，大宗身份是不可分割的，它只能归嫡长子继承；财产的享有是可分的，别子在得到封爵的同时也得到了相应的封地，而二者的相授是一致的。在这个意义上说，先秦的财产"继承"与身份继承相一致。但严格地说，因为"溥天之下，莫非王土"，天下一切财产皆归天子大宗所有，天子的继承人在继承王位的同时继承了天下一切财产。其他小宗中的财产继承都不是法律意义上的所有权的继承。所以从继承法角度观察宗法，它主要是身份继承法。

上述宗法继承模式，是以被继承人有嫡长子为前提的。如果嫡子先于被继承人死亡，或者没有嫡子，则另外规定有替代嫡子的适当人选。在前一种情况下，"嫡子有孙而死，质家亲亲先立弟，文家尊尊先立孙"。[①]

---

① 《公羊传》卷一《隐公元年》何休注，见（清）阮元校刻：《十三经注疏》，中华书局1980年版，第2197页。

“质家”指殷代,“文家”当指周代,所以也有说“周道,太子死,立嫡孙。殷道,太子死,立其弟”的。① 后一种情况即没有可以充任继承人的嫡子嫡孙时,则由庶子庶孙继承,即所谓“庶子为后者”“庶孙为后者”。除了嫡子早殇当由庶子继承以外,嫡子有严重疾病或者受到重大刑事处分的,也可以立庶子,如卫襄公之子孟縶患疾病,其弟元被立;②如齐国“刖鲍牵而逐高无咎”后,便把鲍牵的弟弟鲍国立为继承人。③

战国之时,诸侯争霸,各诸侯国开始进行变法改革,奴隶制的土地国有制井田制遭到破坏,私田大量出现,小宗的财产继承开始具有法律意义上的继承性质。此时的父死子继制,在财产方面,就由宗法下的嫡长子继承转变为诸子有份的继承,开始出现了与身份继承不同步的财产继承。换言之,别子虽然不能与嫡子分享“后”的身份,却可以与嫡子一样继承财产,也就是“诸子有分”。宗法的嫡长子继承制,开始受到“兄终弟及”的干扰,后来又有“诸子有分”觊觎,在此意义上说,在先秦并没有被严格地实施过。

二、秦代的财产继承

关于继承人问题,秦律没有明确的法律规定,我们只能从相关法律条文中总结这方面的内容。《法律答问》载:

> 父子同居,杀伤父臣妾、畜产及盗之,父已死,或告,勿听,是胃(谓)家罪。④

这说明,同居之子当是父之继承人。因为,父在世时,发生上述情况属不孝,父可以自行处理,而不为公室告;或者请求官府处理。在《封珍

① (汉)司马迁撰:《史记》卷五八《梁孝王世家》,中华书局 1959 年版,第 2091 页。

② 《左传》卷四十四《昭公七年》,见(清)阮元校刻:《十三经注疏》,中华书局 1980 版,第 2051 页。

③ 《左传》卷二十八《成公十七年》,见(清)阮元校刻:《十三经注疏》,中华书局 1980 年版,第 1921 页。

④ 睡虎地秦墓竹简整理小组:《睡虎地秦墓竹简》,文物出版社 1990 年版,第 119 页。

式》的《罨(迁)子·爰书》中,有家长“谒鋈亲子同里士五(伍)丙足,罨(迁)蜀边县,令终身毋得去罨(迁)所,敢告”的记载。① 如果父死后,其臣妾、畜产不属于其子,而“杀伤”或“盗之”属公罪,官府要受理。只有在父死后,其臣妾财产属于其子后,才为家罪,告而勿听,因此,同居之子是父亲的继承人是没有问题的。

秦代的财产继承包括房屋、树木、衣器、牧畜、奴隶等。秦将王翦率兵攻楚,临行前“多请田宅为子孙业”,说明土地是继承的重要内容。秦始皇三十一年(前216),政府下令“使黔首自实田”,如果承认这是土地私有的重要法令,那么土地的继承权则是没有疑义的。值得注意的是,由于《分户令》规定:“民有二男以上不分异者,倍其赋。”②因此享有家内财产继承权者,只可能是独子或幼子,因长子已“出分”。汉贾谊说:“秦人家富子壮则出分,家贫子壮则出赘。”③

另外,债权、债务也是继承的重要内容,同样实行父死子承的制度。它是一种变相的财产,西方法学家将债务称为“消极遗产”,这种“遗产”会同其他应被承继的财产一起被继承。这种继承的实质是将被继承人的权利与义务共同继承下来。据《金布律》,官吏因类似于“公罪”所发生之债,如“吏坐官以负赏(偿)”,“及恒作官府以负责(债)”予以免除,反映了一般常人的债务,父死之后,应由其子承担。④

三、汉代的财产继承

汉代的财产继承并无相应的称谓,一般概言“分财”或“分异”。关于它的律令规定目前也尚未面世,但从相关史料出发,仍可发现它在继承方式与继承原则上有着较明显的实态。

---

① 睡虎地秦墓竹简整理小组:《睡虎地秦墓竹简》,文物出版社1990年版,第155页。
② (汉)司马迁撰:《史记》卷六八《商君列传》。中华书局1959年版,第2230页。
③ (汉)班固撰:《汉书》卷四八《贾谊传》,中华书局1962年版,第2244页。
④ 睡虎地秦墓竹简整理小组:《睡虎地秦墓竹简》,文物出版社1990年版,第40页。

关于继承方式,可分为“生分”与执行遗嘱两种。

“生分”意指父母在世而诸子分家析产。“生分”始于秦商鞅变法。其时推行“分异令”,规定“民有二男以上不分异者,倍其赋”,[①]以法律手段强制实行父母在世时的家产继承。汉初,此令未见废除,“生分”现象依然存在。贾谊曰:“故秦人家富子壮则出分……曩之为秦者,今转而为汉矣,然其遗风余俗,犹尚未改。”[②]《史记·陆贾列传》载,惠帝时太中大夫陆贾病免家居,“以好畤田地善,可以家焉。有五男,乃出所使越得橐中装卖千金,分其子,子二百金,令为生产”。此例广为众家征引,被视为“生分”的典型之例。当然此种析产,首先取决于家产所有人的意志,与秦时的强制析产有所不同。

“生分”甚至可能受到法律保护。曹魏改汉律,“除异子之科,使父子无异财也”。[③] 此“异子之科”,当是唐律中“别籍异财”的滥觞,是有关子孙分家别居的规定。然而伴随着西汉中期儒学主流价值的定位与东汉时期的进一步加强,“生分”这种别籍异财的家产继承方式自然有悖于官方价值,因此政府一方面鼓励子孙“身帅妻妾遂其供养之事”,[④]在政策上给予“复(免除徭役)”的优惠,另一方面又提高“为父后者”的社会地位,赐之以爵,鼓励成年子孙与父母同居。因此,尽管现实中仍不乏“生分”之例,但父母与成年儿子同居、兄弟同居的家庭在逐渐增加。例如居延汉简中的《卒家属廪名籍》,记录了发放给戍卒家属粮食的名单与数量。由于该名单记载的是戍卒家庭的全体成员,因而实际上反映了家庭成员的构成。在学者集成出的较完整的 11 份名单中,[⑤]父母与成年儿子同居、兄

① (汉)司马迁撰:《史记》卷六八《商君列传》,中华书局 1959 年版,第 2230 页。
② (汉)班固撰:《汉书》卷四八《贾谊传》,中华书局 1962 年版,第 2244 页。
③ (唐)房玄龄等撰:《晋书·刑法志》,中华书局 1974 年版,第 925 页。
④ (汉)班固撰:《汉书·武帝纪》,中华书局 1962 年版,第 156 页。
⑤ 见李均明、刘军:《简牍文书学》,广西教育出版社 1999 年版,第 341—343 页。

弟同居的家庭有4个，约占36%。① 其中二代同居一例，兄弟同居三例。再检汉简，又可见三代同居之例：

〼父大男贤，年六十二，用谷三石。

〼弟大男宣，年廿二，用谷三石。

〼子使女阿，年十三，用谷一石六斗六升大。②

这应当是某戍卒家属的领粮记录。从成员构成可见，这是一个父子、兄弟、子女三代同居的家庭。至东汉，乡里民间对这种同居家庭已视为道德典范。《后汉书·蔡邕传》载："（蔡邕）与叔父、从弟同居，三世不分散，乡党高其义。"在这种价值观念下，"生分"的观念领域与现实影响力自然逐渐萎缩，其相关的法律规定也名存实亡，最终在曹魏改律时予以废除。

汉代已经出现遗嘱继承。执行遗嘱是财产继承的又一种方式。它与"生分"的最大区别，在于继承人的继承权通过财产所有人的生前遗嘱实现。在汉代，死者的生前遗嘱称"先令"：

（刘彭祖）病先令，令能为乐奴婢从死……③

（杨王孙）及病且终，先令其子，曰……④

（何并）疾病，召丞掾作先令书，曰……⑤

"先令"又称"遗令"，颜师古注曰："先令者，预为遗令也。"⑥"先令"在执行上具有法律效力。居延汉简202·10简云："〼知之，当以父先令，户律从□。"从中可窥其事。

有关遗嘱的制定过程与详细内容，以前一直不甚明了，从而给人们认

① 实际上这应当是不完全统计。因为有些残缺的名单尚未统计在内。如《居延汉简释文合校》203·27："父大男相年六十，用谷三石。"

② 谢桂华等：《居延汉简释文合校》286·6，文物出版社1987年版，第482页。

③ （汉）班固撰：《汉书》卷五三《景十三王传》，中华书局1962年版，第2421页。

④ （汉）班固撰：《汉书》卷六七《杨王孙传》，中华书局1962年版，第2907页。

⑤ （汉）班固撰：《汉书》卷七七《何并传》，颜师古注："先为遗令也。"中华书局1962年版，第3268—3269页。

⑥ （汉）班固撰：《汉书》卷五三《景十三王传》，中华书局1962年版，第2421页。

识汉代的继承关系带来较大的局限。1987 年出自江苏扬州仪征胥浦 101 号汉墓的平帝元始五年(公元 5)《先令券书》,是迄今所知最早的遗嘱继承实证,为人们认识汉代的遗嘱形态与财产继承关系提供了一条极其罕见的史料。券书内容如下:

元始五年九月壬辰朔辛丑〔亥〕,高都里朱夌,卢(庐)居新安里,甚接其死,故请县乡三老、都乡有秩、左里际(师)、田谭等,为先令券书。

夌自言:有三父,子男女六人皆不同父。[欲]令子各知其父家次。子女以君、子真、子方、仙君、父为朱孙。弟公文,父吴衰近君。女弟弱君,父曲阿病长宾。妪言:公文年十五去家,自出为姓,遂居外,未尝持一钱来归。妪予子真、子方自为产业。子女仙君、弱君等贫毋产业。五年四月十日,妪以稻田一处、桑田二处,分予弱君。波(陂)田一处,分予仙君,于至十二月。公文伤人为徒,贫无产业。于至十二月十一日,仙君、弱君各归田于妪,让予公文。妪即受田,以田分与公文。稻田二处,桑田二处,田界易如故,公文不得移卖田予他人。时任知者:里、伍人谭等,及亲属孔聚、田文、满真。

先令券书明白,可以从事。①

券书意为:元始五年九月初十日,高都里朱夌家居新安里,将不久于人世,因此请来县、乡三老及都乡有秩、里师田谭等人,订立先令券书〈书面遗嘱〉。朱夌自述:有三位父亲,子女六人为异父兄弟姐妹。准备让子女各自知道自己的生身父亲。以君、子真(朱夌)、子方、仙君的父亲是朱孙。弟弟公文的父亲是吴县人衰近君,妹妹弱君的父亲是曲阿县人病长君。妪(朱夌之母)述:公文 15 岁时离家,自取父姓,居住在外,从未带回过一钱。妪将产业分给儿子子真、子方。因女儿仙君、弱君家贫无产业,妪于同年 4 月 10 日分给弱君一处稻田、二处桑田;分给仙君陂田一处,但

① 扬州博物馆:《江苏仪征胥浦 101 号西汉墓》,《文物》1987 年第 1 期。

限定12月归还。公文因伤人被判处徒刑，家贫无产业。约定至12月11日，仙君、弱君各将田归还给妪，让给公文。妪得田后即以此田分给公文。稻田二处、桑田二处的地界依然如故，公文不得将田转卖、借贷给他人。现场证人、担保人有里师、同伍田谭，以及亲属孔聚、田文、满真等人。[①]

通过先令券书可见，汉代遗嘱文书的制作已经具有相当的水准。券书包括了订立遗嘱时间、遗嘱者姓名、遗嘱内容、可以提供公证效力的政府基层组织的官吏、遗嘱见证人及担保人，基本与现代遗嘱要件无异。"先令券书明白，可以从事"一句，应当是官吏与证人、担保人对遗嘱法律效力的认定，证明遗嘱执行具有法律效力。

无论"生分"还是遗嘱分配，汉代在财产继承方面呈现出两个特点。第一，家长拥有财产的处分权。在父为子纲的观念日益浸淫的汉代社会，父亲对家庭拥有全面的支配权，财产处分也是如此。《礼记·坊记》曰："父母在，不敢有其身，不敢私其财"，又《礼记·内则》曰："子妇无私货，无私蓄，无私器，不敢私假，不敢私与"，已经在观念上反映了父亲对家庭财产的绝对控制权。即使在秦分异令的遗风余俗——"生分"的情况下，财产的分配也是在父亲的主持下进行，陆贾之例是为其证。又据前述宣帝时疏广之例，也可知在他的意识中，子孙可以在自己身后继承"旧田庐"，但在自己在世时，子孙并无支配权。

父亲去世，母亲则拥有家产的管理权与处分权。在先令券书中，遗嘱订立的主持者为朱家长子朱夌，但真正主持田产分配的，则是朱母"妪"。朱夌为朱家长子，虽"自为产业"，但仍与母亲同居。这种情况，和《仪礼》所说的"异居而同财"恰好相反，但在形式上却符合政府鼓励长子与父母同居的价值取向。朱夌与母同居，又系长子，故极有可能是朱家户主。其户主的身份，使之在临终前主持先令券书的订立。但在另一方面，朱夌虽系户主，却对朱家财产不具有支配权，因而只能对家庭中的财产继承者做

---

① 参见陈平、王勤金：《仪征胥浦101号西汉墓〈先令券书〉初考》，《文物》1987年第1期。

出说明。真正享有第一支配权的，是对田产进行实际处分的朱母——妪。

又据《隶释》卷一五《灵帝光和元年金广延母徐氏纪产碑》载：徐氏少入金氏之门，夫妻勤苦，积累家业。徐氏有二子，丈夫在世时，曾将奴婢、田地分给长子雍直。雍直得产后居住在外，耗尽财产，负债逃亡，依附宗族生活。徐氏与次子子肃共同生活，因子肃早逝，从孙金广延夫妇又十分孝敬自己，遂立金广延为后。金广延弱冠而仕，亦早殁。徐氏悲痛之余，为防雍直侵害子肃妻及广延妻、子的财产，遂二次析产，称“其妇共（供）衣食去留之后，悉归雍直。”以此例见之，徐家析产完全是在家长的主持下进行。

《唐律疏议·户婚律》“同居卑幼私辄用财”条疏议曰：“凡是同居之内，必有尊长。尊长既在，子孙无所自专。若卑幼不由尊长，私辄用当家财物者，十匹笞十，十匹加一等，罪止杖一百。”唐律中所体现的家长对财产分配权的垄断，反映了汉唐律在价值上的一致。

第二，诸子均分的原则。在财产分配及继承中，有关诸子均分的律令规定目前尚未面世。但在社会现实中，诸子均分似乎是人们共同认定的原则。

以平帝元始五年先令券书见之，朱家有异父同母兄弟三人，“妪予子真、子方自为产业”，显然长子、次子已经析产而获得家产。末子公文虽“年十五去家，自出为姓，遂居外，未尝持一钱来归”，但在长子病重、公文服刑将归的情况下，家长仍约定将暂借给两个女儿的土地收回，分给公文。对长期居住在外的儿子尚且如此，同居共财的诸子于析产时，采用均分恐更为普遍。

以上为家长在世时析产均分之例。父母去世后，兄弟继承财产也依此原则行事。安帝时，汝南薛包为父母行丧六年，后“弟子求分财异居，包不能止，乃中分其财。奴婢引其老者……田庐取其荒顿者……器物取朽败者……”①“中分其财”，当指均等份额析产，即平均分配奴婢、田庐、

① （南朝·宋）范晔撰：《后汉书》卷三九《刘平传》，中华书局1965年版，第1294—1295页。

器物。薛包所得份额，当与弟子无异，但因取其劣者，故被视为礼让之例而加以记载。又：

许荆字少张，会稽阳美人也。祖父武，太守第五伦举为孝廉。武以二弟晏、普未显，欲令成名，乃请之曰："礼有分异之义，家有别居之道。"于是共割财产以为三分，武自取肥田、广宅、奴婢强者，二弟所得并悉劣少。乡人皆称弟克让而鄙武贪婪，晏等以此并得选举。武乃会宗亲，泣曰："吾为兄不肖，盗声窃位，二弟年长，未豫荣禄，所以求得分财，自取大讥。今理产所增，三倍于前，悉以推二弟，一无所留。"于是郡中翕然，远近称之。①

传称许荆祖父许武为太守第五伦举为孝廉，据《后汉书·第五伦传》载"（建武）二十九年……有诏以为扶夷长，未到官，追拜会稽太守……永平五年，坐法征"，知此事发生于东汉初期的光武末至明帝初之间。许武为使二弟获得荣禄，不惜自取其辱，先要求分财，继又析产不公，由此大违均分的公共意识，遭至大讥。而二弟则以此得克让之名，得以选举。由此可见，正因为"共割财产以为三分"是基本前提，是人们共同接受并执行的习惯，所以才会在价值观念上衍生出视得劣少者为克让、得优众者为贪婪的判断。当这种判断与官方价值一致时，便被作为美德而载入史书，而人们习以为常、司空见惯的事物反被略而不载。

《唐律疏议·户婚律》"同居卑幼私辄用财"条疏议引唐《户令》曰："应分田宅及财物者，兄弟均分。……兄弟亡者，子承父分。"同条又云："即同居应分，不均平者，计所侵，坐赃论减三等。"知均分原则不仅入令，而且违者将受刑罚制裁。从历史渊源看，汉代的"中分"或为唐律均分的滥觞。

四、魏晋南北朝时期的财产继承

魏晋时期的财产继承有法定继承与遗嘱继承两种形式。法定继承的

① （南朝·宋）范晔撰：《后汉书》卷七六《循吏传·许荆》，中华书局1965年版，第2471页。

原则为诸子均分。遗嘱继承则遵从被继承人的意愿。石苞临终，分财物与诸子，独不给石崇。其母以为言，苞答："此儿虽小，后自能得。"

在继承上，养子与亲生子有同等权利，但若养子对养父母不尽养老送终之孝时，其继承权便被依法剥夺。《折狱龟鉴》卷八记有这样一个案例："晋张希崇，镇邠州。有民与郭氏为义子，自孩提以至成人，后因戾不受训，遣之。郭氏夫妇相继俱死，有嫡子已长，郭氏诸亲教义子讼，云'是真子'，欲分其财，前后数政不能决。希崇判曰：'父在已离，母死不至。虽云假子，辜二十年养育之恩；倘是亲儿，犯三千条悖逆之罪，甚为伤害名教，岂敢理认田园。其生涯尽付嫡子，所有讼者与其朋党，委法官以律定刑。'闻者皆服其断。"①这个义子与养父母共同生活了20年，但父在已与之离，违父子共居同财之礼，母死不至，又违亲子服丧尽孝之法，无论其为真子、假子，无论收养关系是否存在，都不应参与财产的继承和分配。

南北朝时期，财产继承一般均以法定继承为主，但如被继承人生前已有遗嘱的，则按遗嘱处分。立有遗嘱对自己财产预作处分的风气在南齐时比较流行。《南齐书・萧景先传》载，齐武帝永明五年（487）齐高帝从子，假节都督司州军事、征虏将军、丹阳尹萧景先病重时立下遗嘱："'此度疾病异于前后，自省必无起理。但夙荷深恩，今谬充戎寄，暗弱，每事不称，上惭慈旨，便长违圣世，悲哽不知所言。可为作启事，上谢至尊，粗申愚心。毅（景先长子）虽成长，素阙训范；贞（景先幼子）等幼稚，未有所识。方以仰累圣明，非残息所能陈谢。自丁荼毒以来，妓妾已多分张，所余丑猥数人，皆不似事。可以明月、佛女、桂支、佛儿、玉女、美玉上台（台指尚书台，引申指朝廷）；美满、艳华奉东宫。私马有二十余匹，牛数头，可简（拣）好者十匹、牛二头上台，马五匹、牛一头奉东宫，大司马、司徒各奉二匹，骠骑、镇军各奉一匹。应私仗器，亦悉输台。六亲多未得料理，可随宜温恤，微申素意。所赐宅旷大，恐非毅等所居，须丧服竟，可输还台。

① （宋）郑克编撰，刘俊文译注点校：《折狱龟鉴译注》，上海古籍出版社1988年版，第473页。

刘家前宅，久闻其货，可率市之，直若短少，启官乞足。三处田，勤作自足衣食，力少，更随宜买麤（粗）猥奴婢充使。不须余营生，周旋部曲还都，理应分张，其久旧劳勤者，应料理，随宜启闻乞恩。'卒，时年五十。"①

此份遗嘱偏重于财产遗赠的内容，对于子女继承的财产则未具体安排，可能按当时礼教所提倡的兄弟同居共产原则，"三处田"及买得"刘家前宅"都由诸子共同继承。然而也有的遗嘱专门具体规定各子应得财产。《南齐书・张岱传》载武帝时，散骑常侍、吴兴太守张岱遗嘱："初作遗命，分张家财，封置箱中，家业张减，随复改易，如此十数年。"②可见遗嘱可以修改，而且预分财产以备后事。

南北朝时期的法律、民间习惯都认定由男性继承人继承不动产及重要的动产——奴婢，而女性继承人仅能继承一般动产而已。刘宋取代晋时，晋陵公主降为东乡君，仍回谢氏。至元嘉九年（432）东乡君去世，遗产"资财钜万，园宅十余所，又会稽、吴兴，琅琊诸处，太傅、司空（谢）琰时事业，奴僮犹有数百人。公私咸谓室内资财宜归二女，田宅、僮仆应属弘微。弘微一无所取。自以私禄营葬。混女夫殷睿素好樗蒲，闻弘微不取财物，乃滥夺其妻妹及伯母、两姑之分，以还戏责。……或有讥之曰：'谢氏累世财产，充殷君一朝戏责'"。谢弘微是嗣子，但他认为"亲戚争财，为鄙之甚"，③放弃继承，所以由谢琨的两个女儿继承了全部遗产。谢琰的财产由另一子的遗孀和两个归宗的女儿继承。

五、隋唐时期的财产继承

按照现代法律概念，财产继承应是遗产继承，指被继承人死亡之后，继承人分割其个人所有的财产的行为。但古代中国财产的继承颇为复杂。从性质上讲，家庭财产属于家人共有，并非家长的私产，因而多数情

① （南梁）萧子显：《南齐书》卷三八《萧景先传》，中华书局 1972 年版，第 663 页。
② （南梁）萧子显：《南齐书》卷三二《张岱传》，中华书局 1972 年版，第 581 页。
③ （南朝・梁）沈约撰：《宋书》卷五八《谢弘微传》，中华书局 1974 年版，第 1593 页。

况下，财产继承与家产的全面分割同时进行，其实质是财产的管理权、收益权和处分权从父祖辈转移到子孙辈，即财产主体的转移，因此这种继承并不同于现代法意义上的遗产继承，而是一种广义上的财产承受。

隋代法律已失，所存唐代关于家产的分割与继承的原则集中规定于《宋刑统·户婚》“卑幼私用财”门准引唐开元二十五年(737)《户令》“应分”条。该条规定：“诸应分田宅者及财物，兄弟均分(其父祖亡后，各自异居，又不同爨，经三载已上，逃亡经六载已上。若无父祖旧田宅、邸店、碾硙、部曲、奴婢见在可分者，不得辄更论分)。妻家所得之财，不在分限(妻虽亡没，所有资财及奴婢，妻家并不得追理)。兄弟亡者，子承父分(继绝亦同)。兄弟俱亡，则诸子均分(其父祖永业田及赐田亦均分，口分田即准丁、中、老、小法，若田少者，亦依此法为分)。其未娶妻者，别与娉财。姑姊妹在室者，减男娉财之半。寡妻妾无男者，承夫分；若夫兄弟皆亡，同一子之分。(有男者，不得别分，谓在夫家守志者；若改适，其见在部曲、奴婢、田宅不得费用，皆应分人均分。)”①可见，唐代的财产继承，一般实行财产诸子平分。

(一)分割与继承的家产范围

古代分割与继承的家产范围广泛，主要是田宅等不动产和作为动产的财物。在唐代，部曲、奴婢因在法律上等同于畜产，因而也被列入财产分割与继承的范围。但妻自本家所得财产(主要指嫁妆)不属于家庭共有财产，不列入家产分割和继承的范围。

(二)家产分割与继承的分配原则

关于财产在家内主体之间的转移，据唐以前史籍记载，多采均分主义，但也有多寡不一的情形，一切均从父祖之意。唐时，家产分割与继承的法律渐趋完备，法律确定兄弟均分、无嫡庶区别原则。兄弟之中有死亡者，由死亡者之子代其父继承父的应继份额(代位继承)。若兄弟俱亡，

① 薛梅卿点校：《宋刑统》卷十二《户婚律》“卑幼私用财”门所引唐令，法律出版社1999年版，第221—222页。

则由兄弟之众子均分家产，因此出现这样一种情形：当兄与弟之子数相同时，家产的分割无论是对兄弟而言还是对兄弟之子而言，都是均分的，但当兄与弟之子数不相同时，这一分配方案则意味着兄弟之子是均分而对兄弟则是不均。

并且，已婚兄弟、姊妹与未婚兄弟、姊妹取得的财产有所不同。由于已婚的兄弟，已从家庭财产中花费过聘财，因而未婚的兄弟可以从财产中分得一份聘财（这一聘财的份额，若家道不衰的话，想来应是与已婚兄弟的聘财相当），这样，未婚的兄弟除了与已婚兄弟取得均等的家产之外，另外还能得到一份聘财。同理，由于已婚姊妹在共有财产中已取得过妆奁，未婚姑、姊妹可以得到一份妆奁，但在数量上只是未婚男子所得聘财的一半。

由于法律允许养父母在有亲子之后，又允许养子留养父母家中，因此规定，养子与亲子的份额均等，即享有同等承继财产的权利。寡妻无子可代父位继承的，妻可承夫份；若夫兄弟皆亡，则可以分得等同于一子份额的一份财产，但改嫁者无权继承。

上述分配原则决定了家产分割和继承的顺序为：有兄弟时由兄弟分割，兄弟俱亡由兄弟之子及兄弟在室寡妻按份分割；若兄弟之中有死亡者，由其子代位继承，无子者由在室寡妻代子继承。

（三）户绝财产

户绝财产的处理占有制度，唐开元二十五年（737）令有更详细的规定："诸身丧户绝者，所有部曲、客女、奴婢、店宅、资财，并令近亲（亲，依本服，不以出降）转易货卖，将营葬事及量营功德之外，余财并与女（户虽同，资财先别者，亦准此）；无女，均入以次近亲；无亲戚者，官为检校。若亡人在日，自有遗嘱处分，证验分明者，不用此令。"①唐文宗开成元年（836）七月五日敕文又有进一步的限制："自今后，如百姓及诸色人死绝

① 薛梅卿点校：《宋刑统》卷十二《户婚律》"户绝资产"门准唐《丧葬令》，法律出版社1999年版，第222—223页。

无男,空有女,已出嫁者,令文合得资产。其间如有心怀觊望,孝道不全,与夫合谋有所侵夺者,委所在长吏严加纠察,如有此色,不在给与之限。”①由这两则令文可知,令文所确立的财产分割顺序的适用有一个基本前提,即没有遗嘱处分存在,若有遗嘱处分财产,则遗嘱的效力优于令文所规定的法定继承的效力。并且,女儿在作为继承人时应无损害被继承人利益和人身的主观故意与客观行为,对此,官府有稽查的责任,并有权剥夺其继承的权利。

(四)死商遗产的继承

按照古人的理解,“行曰商,处曰贾”,行商意味着离开其原居住地从事买卖。因此所遗财产极易散失,其权利也难得到有效保护。唐代法律将商人的遗产单独予以规定,既反映了当时商品经济的繁荣,也体现了法律的特殊保护。关于死商财产,唐代法律做出规定:“诸商旅身死,勘问无家人亲属者,所有财物,随便纳官,仍具状申省。在后有识认勘当,灼然是其父兄子弟等,依数却酬还。”②

唐大和五年(831)敕令:“死商钱物等,其死商有父母、嫡妻及男,或亲兄弟、在室姊妹、在室女、亲侄男,见相随者,便任收管财物。如死商父母、妻儿等不相随,如后亲属将本贯文牒来收认,委专知官切加根寻,实是至亲,责保讫,任分付取领,状入案申省。”③

唐大和八年(834)敕令:“死商客及外界人身死,应有资财货物等,检勘从前敕旨。内有父母、嫡妻、男、亲侄男、在室女,并合给付。如有在室姊妹,三分内给一分。如无上件亲族,所有钱物等,并合官收;死波斯及诸蕃人资财货物等,伏请依诸‘客商例’,如有父母、嫡妻、男女、亲女、亲兄

① 薛梅卿点校:《宋刑统》卷十二《户婚律》“户绝资产”门准唐开成元年七月五日敕节文,法律出版社 1999 年版,第 22 页。

② 薛梅卿点校:《宋刑统》卷十二《户婚律》“死商钱物”门准唐《主客式》,法律出版社 1999 年版,第 223 页。

③ 薛梅卿点校:《宋刑统》卷十二《户婚律》“死商钱物”门准唐大和五年二月十三日敕节文,法律出版社 1999 年版,第 223—224 页。

弟元相随，并请给还。如无上件至亲，所有钱物等并请官收，更不牒本贯追勘亲族。”①

从以上三则令文看，立法用意在于妥善保管财物，使其不受损失。其内容是逐渐具体、明确和成熟的。第一则规定只是确定了处理死商财产的总原则，其所确认的继承主体并不十分明确，只是用“父兄子弟等”的词句来指明继承主体的范围，易引起纠纷。与后两则规定相比较，其制定的年代当最早。至第二则规定，已改正了继承主体范围不明确的不足，并加强了程序法方面的规定，以防止妄冒认领。第三则规定明确了在室姊妹的份额，并对涉外死商财物做了不同于国人的规定。三则规定充分反映了唐人对死商财物这一特殊财产认识的不断深化和社会财产关系的日益复杂，由此确立了唐代处理“死商”财产的基本制度：

（1）客商死亡时若身边有亲属相随，其遗产由其家人亲属收管。亲属的范围包括客商的父母、嫡妻及子、亲兄弟、在室姊妹、在室女、亲侄男。

（2）无家人亲属相随，则财物由官府收管，承办官府应就此项财物向上级部门做出书面报告。

（3）不随行的亲属认领财产，须持有原籍官府出具的公文，并须有人担保。官府确认无误后，交还全部遗产。

（4）至于波斯及诸蕃商人所遗财产，如有家人亲属相随，则由其家人亲属收管。这种涉外继承人的范围，小于国人之间的继承主体的范围，只包括父母、嫡妻、子女、亲兄弟，排除了亲侄男、在室姊妹的继承权。当然，也可能是现今所据的唐代大和令有衍文或漏抄所致。② 无随行的家人亲属，则所有钱物等一律收归官府，这实际上剥夺了不随行家属的继承权。

（5）官府对死商财物的继承一直起着监督、检查的作用，并须申报上

① 薛梅卿点校：《宋刑统》卷十二《户婚律》“死商钱物”门准唐大和八年八月二十三日敕节文，法律出版社 1999 年版，第 224 页。

② 以上四点参考叶孝信主编：《中国民法史》，上海人民出版社 1993 年版，第 422—423 页。

级。这充分反映了国家政权对财产的干预作用。

（五）女子的继承权

古代中国是一个男性独尊的家族社会，这一特性反映在继承关系上，表现为法律和礼俗重男子权利而轻女子权利。就祭祀继承及其相关的立嫡、继嗣和爵位继承制度来看，均是男性血缘的延续，因此可以说，凡在涉及身份、地位、荣誉的法律关系中，女子都没有继承权，这是由女子所处的依附地位所决定的。至于财产，因系生存所需，因而法律赋予女子一定的继承权，以维持其基本的生活。但这种继承权，无论是在份额还是在顺序上，处处体现了法律对女子权利的漠视。在唐代食封继承中，当应分房无男可继承时，同房在室女可以继承同房男子应继份的一半，在室的姑、姊妹，可得到同房男子应继份的三分之一。可见女子继承食封是有条件的，其前提是同房无男。若无这一前提，则女子仍是与食封继承无缘的。这一规定严于普通财产分割的规定，大致因食封乃特殊的财产，其对家族而言财产意义尚轻，荣誉和地位才为重要，首先应由男性来继承。

与身份继承相比，法律关于女子在普通财产继承中的规定要略为有利一些。唐代未婚的姑、姊妹，只能得到未婚男子所得聘财的一半。如果考虑到未婚男子另可得一份家产的因素，则女子所得就微不足道了。

女子较充分的继承权只有在户绝财产法律关系中才可能得以实现，即本宗无男可继承财产时，女子才可以成为继承主体。倘若有遗嘱处分在先，唐律承认遗嘱有优先于法定继承的效力，遗嘱人仍可剥夺女子对户绝财产的继承权。在这一法律关系中，女子的身份是特定的，即须是女儿，除此之外的家族女子不被视为有继承权。

以上是女子在本宗参与财产分割的情形。女子出嫁进入夫家成媳、成母，其从礼教和法律的精神看，是由父权统治移至夫权和夫家族权的统治之下，并无财产所有权，一般也不参与夫族财产的分割。但在夫亡、无子的情况下，媳、母可以承夫份、子份，但其前提是在夫家守志，即不改嫁他宗。

需要指出的是，隋唐继承法在身份继承领域，是基本排除女子的继承主体地位的，只有在财产继承领域，唐代未嫁女子才在本宗有分割财产的权利，但其份额极少。出嫁女对本宗而言，只有在户绝时才有继承权，除此与本宗无财产继承可言。法律和礼俗自始遵循了男权优于女权、男子优于女子的原则，这是与中国古代社会的特性相适应的。

总之，隋唐在继承方面，严格维护嫡长子继承制，“立嫡违法”者治罪。至于一般财产则诸子平分。女儿出嫁时从父母处所得嫁妆是一种生前继承，其父母身死后，也可以继承部分家产。如系户绝之家，无论在室女、已嫁女都享有继承权。

六、宋代的财产继承

财产继承立法是我国古代法律制度中的一项重要内容。在先秦的礼制中即已有规定，唐代法令中已较为发达。宋代社会政治、经济所发生的明显不同于前代的变化，对家庭财产继承问题产生了很大的影响。宋政府适应新形势下的要求，在承袭唐代继承制度的基础上，又制定了一些新的有关继承方面的法令，其严密与完备的程度远远地超过唐代。

（一）亲子的继承权

在我国古代宗法制度的影响之下，财产继承以宗祧继承为先决条件，所以财产继承首先只是在被继承人的男系子孙中进行。在宋代的社会生活中，父母在世往往即为儿子析产，在这种情况下，家产分析与财产继承实际上是同一过程。父母去世后，家产尚未分析者，便存在财产继承问题。宋代有关继承的最重要的法令，便是承袭唐令而来的“应分”条。根据这条法令，“诸应分田宅者，及财物，兄弟均分”，“兄弟亡者，子承父分，兄弟俱亡，则诸子均分”。① 所以，被继承人的财产，在有男系子孙的情况

① 薛梅卿点校：《宋刑统》卷一二《户婚律》“卑幼私用财”门准唐《户令》，法律出版社1999年版，第221页。

下，首先由诸子平均继承。由于养子享有亲子相同的权利，所以与亲子的继承份额相等。甚至于主人与婢女所生之子，同样可参与继承，而且继承份额与亲子相等。在享有继承权的兄弟中，若有亡故者，由亡者之子代替父亲参与财产继承，即代位继承。若老辈兄弟全部亡故，则由他们的下一代平均继承。

（二）在室女、归宗女、出嫁女的继承权

在中国古代，对女子未嫁与已嫁时的称谓有所不同，未嫁者称之为在室女，已嫁者称之为出嫁女，出嫁之后因故（如夫亡、被出、和离等原因）又回到父母家中的女子，称之为归宗女。以上的几种情况，在生父的财产有兄弟继承的情况下，均无财产继承权。在家庭财产没有男性后裔继承（即“户绝”）的情况下，有受到限制的财产继承权。又因以上三种关系的不同，而财产继承权也有所不同。根据宋律的规定，在室女与归宗女对户绝之家的财产继承权益比较接近，为叙述的方便，所以先论述在室女与归宗女的继承权。

1. 在室女及归宗女的财产继承权

宋初颁定的《宋刑统》沿唐代旧制，在室女与兄弟继承家产时的权利极不平等。家庭财产由兄弟均分，在室女并无财产继承权，只能获得嫁资，而且数额只能是未成婚兄弟所获聘财的一半。即“姑姐在室者，减男娉财之半。”①到南宋时期，这一规定发生了变化。在父母已亡，儿女分产时，在室女可继承兄弟承份额的一半。

但在被继承人没有子孙继承（即“户绝”）的情形下，在室女则可以继承全部家产。《宋刑统》卷一二“户绝资产”门准唐《丧葬令》：

> 诸身丧户绝者，所有部曲、客女、奴婢、店宅、资财，并命近亲（亲，依本服，不以出降）转易货卖，将营葬事及量营功德之外，余财并与女（户虽同，资产先别者，亦准此）。

---

① 薛梅卿点校：《宋刑统》卷一二《户婚律》“卑幼私用财”门准唐《户令》，法律出版社1999年版，第222页。

此为对唐律的沿用。从资料看,这一法令通行于两宋时期。另外,养女的财产继承权与亲女相同,如以下判例所表明的:

今解汝霖只有幼女、孙女,并系在室,照户绝法均分,各不在三千贯以上。……七姑虽本姓郑,汝霖生前自行收养,与亲女同。①

女子在出嫁之后因各种原因又回到父母家居住,被称之为归宗。如果系亲女,被夫家所出及夫亡无子,且不曾分得夫家财产,还归父母家后户绝者,可以拥有在室女同等的继承权。北宋初期对此做出规定:

如有出嫁亲女被出,及夫亡无子,并不曾分割得夫家财产入己,还归父母家后户绝者,并同在室女例。②

但哲宗元符元年(1098)又定新规,这条法规重申了宋初归宗女与在室女均分户绝财产的规定,并对宋初的法令做了一些调整,在户绝财产达到1000贯以上者,内以一分给出嫁诸女。若只有归宗女者,则只能继承户绝资产的三分之二,表明归宗女的财产继承权已有所削弱。

南宋时期的法规,归宗女的户绝财产继承权进一步下降,只能继承在室女对户绝财产承份额的一半:

户绝财产尽给在室诸女,而归宗女减半。③

另外,宋律允许被继承人户绝之后,近亲尊长可以代为绝户立命继子,使其香火有人承绍。命继子也可继承绝户部分财产,但份额要少于在室女与归宗女。他们之间的财产继承权益,宋律有明确规定:

准法:诸已绝之家而立继绝子孙,谓近亲尊长命继者。于绝家财产,若只有在室诸女,即以全户四分之一给之,若又有归宗诸女,给五

---

① 中国社会科学院历史研究所宋辽金元史研究室点校:《名公书判清明集》卷八《户婚律·女承分》"处分孤遗田产",中华书局1987年版,第288页。

② 薛梅卿点校:《宋刑统》卷一二《户婚律》"户绝资产",法律出版社1999年版,第223页。

③ 中国社会科学院历史研究所宋辽金元史研究室点校:《名公书判清明集》卷九《户婚门·取赎》"孤女赎父田",中华书局1987年版,第316页。

分之一。其在室并归宗女即以所得四分,依户绝法给之。止有归宗诸女,依户绝法给外,即以其余减半给之,余没官。①

根据以上规定,户绝之家只有在室女和命继子时,在室女可得遗产的四分之三。只有归宗女和命继子时,归宗女可得遗产的一半,命继子继承余下的一半的二分之一,其余部分没官。在同时有在室女、归宗女及命继子时,在室女和归宗女共得遗产的五分之四。在这共得的五分之四中,在室女可获三分之二,归宗女获三分之一。根据这一规定,户绝财产在1000贯以上者,即使有在室女、归宗女承分,出嫁女也能继承部分遗产。户绝财产在300贯以上,出嫁女只能继承三分之一,并得至2000贯止;若达2万贯以上,则需临时具数奏裁增给(在室女及归宗女并不受这一限制)。如果户绝财产不满100贯者,出嫁女可以全部继承,不再受三分之一的限制。即宋代社会中,家庭财产不满100贯的人户在户绝之后,其财产可由出嫁女全部继承,而不存在官收的问题。研究宋代出嫁女的财产继承权,要看到富户与一般贫户的这一区别。

户绝之家若立有命继子,且无在室女与归宗女时,出嫁女与命继子可以各继承户绝财产的三分之一。

从北宋时期关于户绝资产的继承法规中可以看到,北宋初期沿唐旧制,笼统地规定近亲属对户绝资产有继承权。大中祥符八年(1015),真宗曾一度取消近亲属的继承权,天圣四年(1026)的《户绝条贯》则又予以恢复,但是将近亲属的继承顺序排在同居三年以上的入舍婿、义男、随母男之后,表明宋政府对权利与义务关系相一致的重视。

南宋时期,近亲属已丧失对户绝资产的继承权,但可通过为已绝之家立继绝子孙的方式,继承户绝财产的三分之一:

在法:诸已绝之家而立继绝子孙,谓近亲尊长命继者。于绝家财

① 中国社会科学院历史研究所宋辽金元史研究室点校:《名公书判清明集》卷八《户婚门·女承分》"处分孤遗田产"条,中华书局1987年版,第288页。

产，若无在室、归宗、出嫁诸女，以全户三分给一分，余将没官。①

在宋仁宗年间，出嫁姐妹在特定条件下也有一定的继承权。天圣四年(1026)的《户绝条贯》曾规定，户绝之家在无在室及出嫁女时，“即给与出嫁亲姑、姊妹、侄一分”。②

2. 出嫁女的财产继承权

依据中国古代礼制与法律的规定，出嫁女在有兄弟承分家产时，无权继承娘家的任何遗产。只有在父家户绝，被继承人未立遗嘱，且无在室女继承时，才有一定的财产继承权。《宋刑统》卷一二《户绝资产》沿唐旧制，规定：“自今后，如百姓及诸色人死绝无男，空[室]有女已出嫁者，令文合得资产。”但是，又有限制：“其间如有心怀觊望，孝道不全，与夫合谋有所侵夺者，委所在长吏严加纠察，如有此色，不在给与之限。”

这里体现了权利与义务相一致的精神。对于出嫁女可获得户绝之家遗产的规定，《宋刑统》的编修者又补入起请条说：出嫁女可以继承户绝资产中的“店宅、畜产、资财”中的三分之一，而庄田则“均与近亲承佃”，出嫁女无权继承田产。

天圣四年(1026)七月，宋政府又颁《户绝条贯》，重申上述规定，并规定无出嫁女，亦可给予出嫁的亲姑姊妹侄一分。

这条法令同样没有提到出嫁女可以继承田产。其后，以上法令有所变化，出嫁女继承户绝财产时，可以继承田产。

元符元年(1098)八月，宋政府又颁新规：

> 户绝财产尽均给在室及归宗女，千贯以上者，内以一分给出嫁诸女；止有归宗诸女者，三分中给二分外，余一分中以一半给出嫁诸女，不满二百贯给一百贯，不满一百贯全给；止有出嫁诸女者，不满三百

① 中国社会科学院历史研究所宋辽金元史研究室点校：《名公书判清明集》卷四《户婚门·争业上》“罗柀乞将妻前夫田产没官”条，中华书局1987年版，第107页。

② (清)徐松辑：《宋会要辑稿·食货》六一之五八，中华书局1957年版，第5902页。

贯给一百贯,不满一百贯亦全给,三百贯以上三分中给一分。已上给出嫁诸女并至二千贯止,若及二万贯以上,临时具数奏裁增给。①

(三)寡妇的继承权

宋律沿唐旧制,规定子孙是父祖财产的当然继承人,因而在有子孙承分的情况下,寡妻"不别得分"。如果夫死无子,寡妇守志不嫁,可承夫分产。《宋刑统》卷一二《户婚律·卑幼私用财》"准"唐代《户令》:

寡妻妾无男者,承夫分;若夫兄弟皆亡,同一子之分。

寡妻妾守志虽可承夫分产,但必须为夫家立继,以继承夫家的宗祧和财产,立继子孙才是真正的财产继承人。寡妻如果改嫁,法律规定不得将夫家财产带走,而由子孙继承。在寡妇无子孙和同居无有分亲的情况下,寡妇改嫁他姓亦完全丧失对前夫的财产占有权。

寡妻若有幼子并承分得夫家田产后,如携子改嫁,此承分田产的主人是其子。若子死,寡妻及后夫均无所有权,此田产即作户绝没官。

寡妻即使在夫家"守志"之时,也无权典卖夫家田产。寡妻若原有子或有养子,若子已成年,与儿子共同享有对家产的处分权。法令规定:

交易田宅,自有正条。母在,则合令其母为契首。兄弟未分析,则合令兄弟同共成契。②

母子共同成契的法令,一是防范寡母私自典卖田产,二是防范子孙擅自典卖。表明在夫亡之后,寡妇对家庭财产有一定的处置权,但这种处分权又受到极大的限制。

又据宋代法律规定,寡妇再婚,不得将前夫家产带走,但可招进后夫,并仍继续享有对前夫家产的用益权。南宋时期法律对此有所改变,《名公书判清明集》记载:"寡妇无子孙并同居无有分亲,召接脚夫者,前夫田宅经官籍记讫,权给,计直不得过五千贯,其妇人愿归后夫家及身死者,方

---

① (宋)李焘撰:《续资治通鉴长编》卷五〇一,中华书局 2004 年版,第 11935 页。

② 中国社会科学院历史研究所宋辽金元史研究室点校:《名公书判清明集》卷九《户婚门·争业上》"母在与兄弟有分"条,中华书局 1987 年版,第 301 页。

依户绝法。”[①]结合前述《宋刑统》“准”唐代《户令》可知：寡妇无子孙而招后夫者，前夫田产须经官登记，可暂时据有不超过5000贯的前夫田产，有用益权，无处分权，寡妇身死或改归后夫家，前夫家产作户绝施行（即没官），如前夫有幼子而招后夫者，财产继承人仍是前夫之子。

依唐律规定，寡妇一经改嫁，便完全丧失对前夫家产的一切权利，而宋律允许寡妇召进后夫并可以终身享有对其前夫家产的用益权，这应该是宋代寡妇财产地位提高在法律上的具体反映。

（四）命继子的继承权

被继承人夫妇去世时无子孙，依宋律规定可由近亲代为被继承人立嗣，被称之为命继。

在绍兴二年（1132）以前，宋律已有命继之法，但对命继子的财产权未做具体规定，至有命继子不能继承所继之家的财产者。绍兴二年（1132），宋政府对命继子的财产继承权做出专门规定。《宋会要辑稿·食货》六一之六四记载：

> 绍兴二年九月二十二日，江南东路提刑司言，本司见有人户陈诉，户绝立继之子，不合给所继之家财产。本司看详，户绝之家，依法既许命继，却使所继之人，并不得所生所养之家财产，情实可矜。欲乞将已绝命继之人，于所继之家财产，视出嫁女等法量许分给。户部看详，欲依本司所申，如系已绝之家，有依条合行立继之人，其财产依户绝出嫁女法，三分给一，至三千贯止，余依见行条法。从之。

根据以上规定，命继子的财产继承权与养子不同，后者与子承父分法同，前者则只能继承绝家财产的三分之一。这一规定通行于南宋时期，南宋的《户令》对此又有补充规定：

> 诸已绝之家立继绝子孙（谓近亲尊长命继者）于绝家财产者，若

① 中国社会科学院历史研究所宋辽金元史研究室点校：《名公书判清明集》卷八《户婚门·户绝》“夫亡而有养子不得谓之户绝”条，中华书局1987年版，第273页。

止有在室诸女，即以全户四分之一给之，若又有归宗诸女，给五分之一。止有归宗诸女，依户绝法给外，即以其余减半给之，余没官。止有出嫁诸女者，即以全户三分为率，以二分与出嫁诸女均给，余一分没官。①

若无在室、归宗、出嫁诸女，以全户三分给一，并至三千贯止，即及二万贯，增给二千贯。②

根据以上规定，命继子在没有在室女和归宗女的情况下，可继承绝家财产的三分之一；如果只有出嫁女，命继子仍可分得三分之一；如果只有在室女或只有归宗女时，命继子可继承四分之一。若既有在室女又有归宗女时，命继子便只能继承五分之一。命继子继承绝家财产"至三千贯止"，如果应继财产达 2 万贯，则再给 2000 贯，其余部分没官。

（五）同居人的继承权

《宋刑统》卷一二《户婚律·户绝资产》中的起请条规定，户绝之家若无在室女及归宗女时，出嫁女可继承店宅、畜产、资财除丧葬费以外的三分之一的户绝资产，其余没官。庄田则"均与近亲承佃"。但不清楚近亲即作为户绝庄田的主人，或是近亲只有承佃权。大中祥符八年（1015）真宗颁行法令，取消了上述"均与近亲承佃"的规定：

户绝田并不均与近亲，卖钱入官。肥沃者不卖，除二税外，召人承佃，出纳租课。③

天圣四年（1026）七月，宋政府颁行《户绝条贯》：

今后户绝之家，如无在室女有出嫁女者，将资财、庄宅、物色，除殡葬营斋外，三分与一分。如无出嫁女，即给与出嫁亲姑、姊妹、侄一分。余二分，若亡人在日，亲属及入舍婿、义男、随母男等自来同居营业佃

① 中国社会科学院历史研究所宋辽金元史研究室点校：《名公书判清明集》卷八《户婚门·立继类》"命继与立继不同（再判）"条，中华书局 1987 年版，第 266—267 页。
② 中国社会科学院历史研究所宋辽金元史研究室点校：《名公书判清明集》卷八《户婚门·女承分》"处分孤遗田产"条，中华书局 1987 年版，第 288 页。
③ （清）徐松辑：《宋会要辑稿·食货》一之二一，中华书局 1957 年版，第 4812 页。

> 莳,至户绝人身亡及三年以上者,二分店宅、财物、庄田并给为主。如无出嫁姑、姊妹、侄,并全与同居之人。若同居未及三年,及户绝之人孑然无同居者,并纳官。庄田依令文均与近亲,如无近亲,即均与从来佃莳或分种之人,承税为主。若亡人遗嘱证验分明,依遗嘱施行。①

根据这条法令,户绝之家的财产,被继承人同居三年以上的亲属、入舍婿、义男、随母男等有了很大的继承权。在有出嫁女或出嫁姑姊妹侄的情况下,同居三年以上者可继承三分之二的户绝财产,没有出嫁女或出嫁姑姊妹侄时,可全部继承。而无同居三年以上者,户绝的近亲属可继承庄田,“承税为主”。近亲属又取得继承权,这与宋初及大中祥符八年(1015)的规定显然有所不同。

天圣五年(1027)四月,宋政府对以上《户绝条贯》做出补充规定:

> 若亡人遗嘱证验分明,并依遗嘱施行,切缘户绝之人,有系富豪户,如无遗嘱,除三分给一及殡殓营斋外,其余店宅财物,虽有同居三年以上之人,恐防争讼,并仰奏取指挥。②

同居三年以上之人对户绝财产的继承权被再次重申,但若继承富豪户的财物时,因数额大而须申报朝廷。在宋代文献中,可以见到这条法令实施的例证。

天圣八年(1030)规定:

> 应义男、接脚夫、入舍婿,并户绝亲属等,自景德元年已前,曾与他人同居佃田,后来户绝,至今供输不阙者,许于官司陈首,勘会诣实。除见女出嫁依元条外,余并给与见佃人,改立户名为主。③

从以上北宋时期关于户绝资产的继承法规中可以看到,北宋初期,沿唐旧制,笼统地规定近亲属对户绝资产有继承权。大中祥符八年

① (清)徐松辑:《宋会要辑稿·食货》六一之五八,中华书局1957年版,第5902页。
② (清)徐松辑:《宋会要辑稿·食货》六一之五八,中华书局1957年版,第5902页。
③ (清)徐松辑:《宋会要辑稿·食货》六一之五七~五八,中华书局1957年版,第5902页。

(1015),真宗曾一度取消近亲属的继承权,天圣四年(1027)的《户绝条贯》又予以恢复,但是将近亲属的继承顺序排在同居三年以上的入舍婿、义男、随母男之后,表明宋政府对权利与义务关系相一致的重视。

南宋时期,近亲属已丧失对户绝资产的继承权。但可通过为已绝之家立继绝子孙的方式,继承户绝资产的三分之一:

在法:诸已绝之家而立继绝子孙,谓近亲尊长命继者。于绝家财产,若无在室、归宗、出嫁诸女,以全户三分给一分,余将没官。[①]

同居人仍然享有对户绝资产的部分继承权,以赘婿的权利而言:

在法:诸赘婿以妻家财物营运,增置财产,至户绝日,给赘婿三分。[②]

(六)遗腹子、私生子、义子及赘婿的继承权

遗腹子与已出生的亲子权利相同,《名公书判清明集·女婿不应中分妻家财产》判中引宋法如下:"在法:父母已亡,儿女分产,女合得男之半。遗腹之男,亦男也,周丙(其父)身后财产合作三分,遗腹子得二分,细乙娘(其母)得一分。"

私生子称为"别宅子",《宋刑统》对别宅子的继承权作了专门规定:"准唐天宝六载五月二十四日敕节文……称是在外别生男女及妻妾,先不入户籍者,一切禁断。辄经府、县陈述,不须为理,仍量事科决,勒还本居。"[③]说明对于别宅子的继承财产诉讼,如已入户籍,则官府承认并受理,如不入户籍,则不予受理。南宋时条令较北宋有所放宽,规定:"诸别宅之子,其父死而无证据者,官司不许受理。"[④]按此法,别宅子只有在其

---

① 中国社会科学院历史研究所宋辽金元史研究室点校:《名公书判清明集》卷四《户婚门·争业上》"罗棫乞将妻前夫田产没官"条,中华书局1987年版,第107页。

② 中国社会科学院历史研究所宋辽金元史研究室点校:《名公书判清明集》卷七《户婚门·立继》"立继有据不为户绝"条,中华书局1987年版,第216页。

③ 薛梅卿点校:《宋刑统》卷一二《户婚律》"卑幼私用财"门准唐天宝六载五月二十四日敕节文,法律出版社1999年版,第222页。

④ 中国社会科学院历史研究所宋辽金元史研究室点校:《名公书判清明集》卷八《户婚门·别宅子》"无证据"条,中华书局1987年版,第293页。

父已死，而又没有足够的证据证明其亲子地位时，官府才不予受理。反之，不论是否同居或同籍，只要有证据证明与其父的血缘关系，官府即承认其地位，并有一定的财产继承权。

由于宋代妇女改嫁自由，所以"再嫁之妻将带前夫之子，就育后夫家者多矣"，此前夫之子称为"义子"①。义子不得随义父姓，如义父死则应归本宗，义子没有财产继承权，但可以分得其母自随财物。

赘婿，一般是由于男方家庭贫困，无钱娶妻，自愿赘入女方家为婿，因而在家庭中没有地位和权利，更无权承分妻家的财产。只有在特定的情况下，才可以分割妻家的部分财产，如：赘婿以妻家财物营运，"增置财产，至户绝日，给赘婿三分"。②

（七）关于死商财物的继承

在唐朝及五代时期，法律对于在外地经商者，以及蕃人、波斯人在中国经商者，身故之后的财产处理有专门规定。《宋刑统》卷一二《户婚律·死商财物》门以"准"文的形式，摘存了唐及五代时期有关死商钱物继承的法规，作为宋代的现行法令。兹录之如下：

> 准《主客式》，诸商旅身死，勘问无家人亲属者，所有财物，随便纳官，仍具状申省。在后有认识勘当，灼然是其父兄子弟等，依数却酬还。
>
> 准唐大和五年二月十三日敕节文，死商钱物等，其死商有父母、嫡妻及男，或亲兄弟、在室姊妹、在室女、亲侄男、见相随者，便任收管财物。如死商父母、妻儿等不相随，如后亲属将本贯文牒来收认，委专官切加根寻，实是至亲，责保讫，任分付取领。状入案申省。

这两条法令是关于商人在外地经商身亡时遗产处理的规定，对于死

① 中国社会科学院历史研究所宋辽金元史研究室点校：《名公书判清明集》卷七《户婚门·义子》"义子包并亲子财物"条，中华书局1987年版，第242页。

② 中国社会科学院历史研究所宋辽金元史研究室点校：《名公书判清明集》卷七《户婚门·立继》"立继有据不为绝户"条，中华书局1987年版，第216页。

商遗产,其父母妻儿随行与不随行,均可认领。随行的亲属,包括亲兄弟、在室姊妹、在室女、亲侄男也可认领。不随行亲属(限于父母妻儿)认领财产时,须持本贯文牒。

唐大和八年(834),对客商在外地身亡遗产继承又做出补充规定,同时对在中国经商的波斯人及诸蕃人死后遗产做出专门规定:

死商客及外界人身死,应有资财货物等,检勘从前敕旨,内有父母、嫡妻、男、亲侄男、在室女,并合给付。如有在室姊妹,三分内给一分。如无上件亲族,所有钱物等,并合官收。

死波斯及诸蕃人资财货物等,伏请依诸商客例,如有父母、嫡妻、男女、亲女、亲兄弟元相随,并请给还。如无上件至亲,所有钱物等并请官收,更不牒本贯追勘亲族。

右户部奏请,自今以后,诸州、郡应有波斯及诸蕃人身死,若无父母、嫡妻、男及亲兄弟元相随,其钱物等便请勘责官收。如是商客及外界人身死,如无上件亲族相随,即量事破钱物埋瘗,明立碑记,便牒本贯追访。如有父母、嫡妻、男及在室女,即任收认。如是亲兄弟、亲侄男不同居,并女已出嫁,兼乞养男女,并不在给还限。在室亲姊妹,亦请依前例,三分内给一分……敕旨:宜依。

后周显德五年(958),对于死商财物及蕃人、波斯人身死财物的继承问题,有了更明确的规定:

死商财物,如有父母、祖父母、妻,不问有子无子,及亲子孙男女,并同居大功以上亲幼小者,亦同成人,不问随行与不随行,并可给付。如无以上亲,其同居小功亲(释曰:大功、小功亲具在《假宁令》后《五服制度令》内),及出嫁亲女,三分财物内取一分,均给之。余亲及别居骨肉,不在给付之限。其蕃人、波斯人身死财物,如灼然有同居亲的骨肉在中国者,并可给付。其在本土者,虽来认领,不在给付。

综合以上存录于《宋刑统》中的"准"文,作为适用于宋代处理死商财物继承的现行法令,其主要内容为:

第一,如是本国商人在外地经商身故,该死商如有父母、祖父母、妻(不问有子无子),及亲子孙男女,并同居大功以上亲,幼小者亦同成人,不问随行与不随行,其财物并可给付。如无以上亲,其同居小功亲,在室亲姊妹,出嫁亲女,三分财物内取一分均给之。若无以上亲属,死商财物由官府没收。

第二,商人经商客死外地,如无以上所列之亲族人等相随,即明立碑记,便牒本贯追访。如后亲属持原籍官府出具的文牒来收认,委专官切加根究,实是至亲无误,有人作保以后,便可取领。

第三,波斯人及诸蕃人在中国身故,其财物可以交付其原相随来中国的父母、嫡妻、男、亲女、亲兄弟。如无以上亲属,所有财物由官府收管,更不牒本贯追勘亲族,其在本土的亲族虽来认领,亦不给还。

(八)户绝之家的继绝制度

宋代规定户绝之家的继绝制度,目的是保护家内私有财产不致流失。继绝分为立继和命继,据《名公书判清明集》引淳熙指挥:"立继者谓夫亡而妻在,其绝则其立也当从妻;命继者谓夫妻俱亡,则其命也当惟近亲尊长。"①"立继者与子承父分法同,当尽举其产以与之",②又引《户令》:"诸已绝之家立继绝子孙,谓近亲尊长命继者,于绝家财产,若只有在室诸女,即以全户四分之一给之,若又有归宗诸女,给五分之一。其在室并归宗女,即以所得四分,依户绝法给之。止有归宗诸女,依户绝法给外,即以其余减半给之,余没官。止有出嫁诸女者,即以全户三分为率,以二分与出嫁女均给,一分没官。若无在室、归宗、出嫁诸女,以全户三分给一。"③

① 中国社会科学院历史研究所宋辽金元史研究室点校:《名公书判清明集》卷八《户婚门·立继》"命继与立继不同(再判)"条,中华书局1987年版,第266页。

② 中国社会科学院历史研究所宋辽金元史研究室点校:《名公书判清明集》卷八《户婚门·立继》"命继与立继不同(再判)"条,中华书局1987年版,第266页。

③ 中国社会科学院历史研究所宋辽金元史研究室点校:《名公书判清明集》卷八《户婚门·女承分》"处分孤遗田产"条,中华书局1987年版,第288页。

需要指出的是,无论是命继或立继,都不可以随便选立,依法必须昭穆相当,就是辈分相同。而且,己家独子不可绝己家之后而立为他人子;一家之子也不可继两家之绝,以防侵吞双份家财。一旦昭穆相当之人立为嗣子,便不能随便遣还。据《名公书判清明集》:"诸无子孙,听养同宗昭穆相当者为子孙。"①"诸养子孙,而所养祖父、父亡,其祖母、母不许非理遣还。"②除非"所养子孙破荡家产,不能侍养,及有显过,告官证验,审近亲尊长证验得实,听遣"。③

(九)遗嘱继承法规

唐代的法令已规定被继承人在无法定承分人的情况下,可用遗嘱处分家产。宋朝政府继续承认遗嘱继承的法律效力,《宋刑统》中即纳入上引唐代《丧葬令》中关于遗嘱的法规,作为宋代现行法。天圣四年(1026)规定的《户绝条贯》重申:

> 若亡人遗嘱证验分明,并依遗嘱施行。④

遗嘱继承被看作是"皆贤明之人为身后之虑"⑤的举措,并且是司法审判中的重要依据。因此,宋政府十分重视,对遗嘱法曾有过几次修改。从现存的宋代资料中,可以较为清楚地了解到宋代遗嘱法的具体内容及其实施情形。

1. 遗嘱不得侵害法定承分人的权益

根据宋律规定,被继承人的遗嘱处分不得侵害法定继承人的合法权益。前面提到的《宋刑统》引唐《丧葬令》及天圣四年(1026)的《户绝条

① 中国社会科学院历史研究所宋辽金元史研究室点校:《名公书判清明集》卷八《户婚门·立继类》"已立昭穆相当人而同宗妄诉"条,中华书局1987年版,第247页。

② 中国社会科学院历史研究所宋辽金元史研究室点校:《名公书判清明集》卷八《户婚门·立继类》"父在立异姓父亡无遣还之条"条,中华书局1987年版,第247页。

③ 中国社会科学院历史研究所宋辽金元史研究室点校:《名公书判清明集》卷七《户婚门·归宗》"出继子不肖勒令归宗"条,中华书局1987年版,第224—225页。

④ (清)徐松辑:《宋会要辑稿·食货》六一之五八,中华书局1957年版,第5902页。

⑤ (宋)袁采:《袁氏世范》卷一《遗嘱公平维后患》,知不足斋本,载王云五主编:《丛书集成初编·黑心符及其他三种》,商务印书馆1939年版,第21页。

贯》,都有“被继承人遗嘱证验分明者,依遗嘱施行”的规定,但它们的共同前提都是指的户绝(即无法定承分人)的情况。嘉祐遗嘱法规定:

财产别无有分骨肉,系本宗不以有服及异姓有服亲,并听遗嘱。①

此规定仍然强调财产无法定承分人方听遗嘱,遗嘱的范围是本宗不论有服无服亲,而异姓却须是有服亲。

南宋法令略有改变:

在法:诸财产无承分人,愿遗嘱与内外缌麻以上亲者,听自陈,官给公凭。②

这一法令规定本宗亦须是有服亲,方有遗嘱继承的资格,与嘉祐法相比,遗嘱继承人的范围有所缩小。

遗嘱若侵害法定承分人的权益,是为违法,受害人可以向官府告论,官府依法维护法定承分人的权益,《宋史》卷二九三《张咏传》载,“有民家子与姊婿讼家财,婿言妻父临终,此子裁三岁,故见命掌赀产,且有遗书,令异日以十之三与子,余七与婿”。此遗嘱违反上述法令的规定,损害了合法承分人的权益,被张咏判为无效遗嘱,命以七给其子,余三给婿。

2. 有效遗嘱须经官印押

宋时遗嘱有口头与书面二种形式,但口头遗嘱证明力较差。根据宋律的规定,书面遗嘱需要立遗嘱者“亲书遗嘱,经官给据”③,“经官印押”④,凡未经官印押的遗嘱,视为“私家之故纸”⑤,官府不予承认。《名

① (清)徐松辑:《宋会要辑稿·食货》六一之六一,中华书局1957年版,第5904页。

② 中国社会科学院历史研究所宋辽金元史研究室点校:《名公书判清明集》卷九《户婚门·违法交易》“鼓诱寡妇盗卖夫家业”条,中华书局1987年版,第304页。

③ 中国社会科学院历史研究所宋辽金元史研究室点校:《名公书判清明集》卷七《户婚门·立继》“先立已定不当以孽子易之”条,中华书局1987年版,第206页。

④ 中国社会科学院历史研究所宋辽金元史研究室点校:《名公书判清明集》卷八《户婚门·立继》“父子俱亡立孙为后”条,中华书局1987年版,第263页。

⑤ 中国社会科学院历史研究所宋辽金元史研究室点校:《名公书判清明集》卷五《户婚门·争业下》“僧归俗承分”,中华书局1987年版,第139页。

公书判清明集》书判："乃谓余氏在日，有此遗嘱……设果有遗嘱，便合经官印押，执出为照。"①遗嘱经官府印押，"官给公凭"，一方面可以防范因假伪遗嘱而引致争端，另一方面，政府可因之而征税。绍兴三十二年（1162）五月，户部规定：

人户今后遗嘱与缌麻以上亲，至绝日合改立户及田宅与女折充嫁资，并估价赴官投契纳税。②

未经官府印押的遗嘱，或是口述遗嘱的情况，便比较复杂，依法令规定，这类遗嘱是没有法律效力的。一般情况下，官府对这类遗嘱不予承认。

未经官司印押的遗嘱，若其内容合乎法令规定，官府经确认遗嘱系被继承人生前所立，也能予以维护。淳祐初年，钱居茂生前摽拨产业与女充嫁资的遗嘱，未经官印押，但官府经辨验后，确认系钱居茂生前所立，且遗嘱内容亦合法，因而承认居茂遗嘱为有效。③

根据遗嘱已分财产发生争执，限于三年之内告诉。遗嘱不合法者，关系人可以依法告论，诉讼期限为十年：

遗嘱满十年而诉者，不得受理。④

假伪遗嘱者，官府不予承认，在一争立继的诉讼中，一方当事人欲以假遗嘱立异姓子为继。官府判："荣孙，异姓也，七岁，且遗嘱非真，似难争立。"⑤

---

① 中国社会科学院历史研究所宋辽金元史研究室点校：《名公书判清明集》卷八《户婚门·立继类》"父子俱亡立孙为后"条，中华书局1987年版，第263页。

② （清）徐松辑：《宋会要辑稿·食货》一一之二一～二二，中华书局1957年版，第5002—5003页。

③ 中国社会科学院历史研究所宋辽金元史研究室点校：《名公书判清明集》卷六《户婚门·争山》"争山"条，中华书局1987年版，第197—198页。

④ 中国社会科学院历史研究所宋辽金元史研究室点校：《名公书判清明集》卷五《户婚门·争业下》"侄与出继叔争业"条，中华书局1987年版，第197—198页。

⑤ 中国社会科学院历史研究所宋辽金元史研究室点校：《名公书判清明集》卷八《户婚门·立继类》"先立一子俟将来本宗有昭穆相当人双立"条，中华书局1987年版，第268页。

被继承人不仅可以在生前用遗嘱处分财产，还有用遗嘱立嗣者。由于立嗣与财产继承直接相关，所以立继的遗嘱仍可看作是财产遗嘱的一种方式。

寡妇也享有立遗嘱的权利。《名公书判清明集》书判载：

例一：

寡妇以夫家财产遗嘱者，虽所许，但《户令》曰：诸财产无承分人，愿遗嘱与内外缌麻以上亲者，听自陈。①

例二：

今却据族长评议，已立渊海继王怡外，更欲立王广汉为圣舆之后。究其所以，乃谓徐氏（按：圣舆之妻）在日，有此遗嘱。②

综上所述，宋代的遗嘱继承法规已是相当的严密和完备。

（十）金、西夏的财产继承

1. 金国的财产继承制度

金国的继承制度，无论身份继承、财产继承，大体沿用宋法。根据《世袭猛安谋克迁授格》，承袭者应为年二十五岁以上的嫡长子，而且要求“先读女真字经史，然后承袭”。③ 至于妇女的财产继承份额，较之唐宋为少，反映了金时妇女地位总体下降的趋势。

2. 西夏的财产继承制度

关于西夏的家财继承，亲生子为第一序列。奸生子没有继承权，奸生子不被视为家族成员而丧失了享有财产的基本权利。

倘若无子，则在同族同宗中择立继子，继承家产。拟制血亲的继子为家财继承的第二序列。西夏法律规定：男子有子不许立继，无子才可立

---

① 中国社会科学院历史研究所宋辽金元史研究室点校：《名公书判清明集》卷五《户婚门·争业下》“继母将养老田遗嘱与亲生女”条，中华书局 1987 年版，第 141—142 页。

② 中国社会科学院历史研究所宋辽金元史研究室点校：《名公书判清明集》卷八《户婚门·立继类》“父子俱亡立孙为后”条，中华书局 1987 年版，第 263 页。

③ （元）脱脱等撰：《金史》卷八《世宗纪下》，中华书局 1975 年版，第 192 页。

继，继子虽非直系亲属，但需从同姓亲属中择立，异姓或不明姓氏的弃子不能为嗣，以防止“异姓乱宗”。继子为继父之继承人，享有很高的法律地位，他能继承所嗣者在身份上和财产上的权利。即使所嗣者在立嗣后又生亲子，继子也有权得到一份家产。

妇女的继承权，限定条件比较严格，首先，妻子对其夫的财产有无继承权，关键在于夫亡后寡妻是否改嫁。寡妻守志，可掌管丈夫份额内财产，夫亡改嫁，无权带走任何财产。亲生女分为未出嫁的“门下住女”和出嫁女。“门下住女”有财产继承权，出嫁时按律令以应得嫁妆给予，若无祖父母、父母、伯叔、姨、子、侄、孙等，“门下住女”继承全部财产。若无“门下住女”，出嫁女才可继承全部财产。继承财产者必须履行安葬死绝人的义务。子女全无的绝户，家产入官充公。

七、元代的财产继承

（一）继承标的、继承人及继承方式

1. 继承标的

元代继承标的包括田宅、浮财、人口（驱口，即奴婢）、头匹（牲畜），有时统称做“家财”“家产”“财产”“产业”，与以往的朝代并无区别。但元代重视“户”的赋税差役，在继承人的划定尤其是继承内容方面，注重原户的赋税差役不致减少。所以，各类继承案例一般都强调“承继××户名当差”，即继承人不仅继承了财产，也继承了原财产所有者的赋税差役。这种情形，在侄嗣继承时，表现得尤为突出。

2. 继承人

蒙古人和色目人的继承各依其本俗法。依户绝定义，凡别无应继之人（谓子、侄、弟、兄之类），即是“身丧户绝”，①这是元代民事法律中继承人的主要范围。这个范围，以直系、旁系的男性卑属或旁系男性长幼的是

① 郭成伟点校：《大元通制条格》卷三《户令・户绝财产》，法律出版社 2000 年版，第 28 页。

否存在为标准。户绝之家的女子和寡妇,虽均享有继承权或有条件的继承权,但附带有诸多条件限制。例如,女儿未嫁享有全部继承权,已嫁有部分继承权;寡妇只有在无子无女又无侄嗣的情况下,才享有全部继承权。这无疑是奉行男性继承权主义,是重男轻女、男尊女卑的传统观念的反映。

在这个范围内继承顺位,儿子最居先,无疑是居于第一继承顺位的。若有儿子,侄与弟兄自然就无继承权,在无子的情况下,侄与弟兄的继承权,习惯上多以侄嗣继,弟或兄并不直接继承。

在诸子之中,按蒙古习惯法由幼子继承父业,入元后因接受汉法的影响实行诸子均分制,子的长幼不再影响其继承权的享有,但其实际继承份额有等差之分。根据条例:"诸应争田产及财物者,妻之子各四分,妾之子各三分,奸良人及幸婢子各一分"。[①] 可见,嫡庶子的继承份额不同,奸良人生子与幸婢所生子又与嫡庶子的继承份额不同。重嫡轻庶、重婚生轻非婚生是基本的原则。

对孤幼子女的继承,元朝采取官府参与监督方式,保护孤幼子女的继承权,以防财产被人侵夺。

3. 继承方式

继承必须是在父母死后,尤其是在父亲死后才可能发生的行为。继承的主要方法是均分法、分数法,依据子数多寡、嫡庶及有无子嗣确定。均分法包括诸子(亲子均分)、侄嗣与亲子均分、未嗣侄与养老婿均分。分数法主要适用于嫡子、庶子及奸良人所生子、幸婢所生子等存在嫡庶之分的场合;若绝户时,女儿可依分数获得部分财产,其余充公,属于分数继承法的特殊情形。嗣继法主要有侄嗣全数继承伯叔父业;户绝情况下,女儿招婿继父业,也属于嗣继的特殊情形。此外,寡妇继承夫业,虽也能全数继承,但性质特殊,且有附带条件。

---

① 郭成伟点校:《大元通制条格》卷四《户令·亲属分财》,法律出版社 2000 年版,第 54 页。

（二）诸子继承

蒙古国时期，习俗上由幼子继承父业，年长的诸子则分析外出，自营生计，这就是通常所说的幼子守产习惯。入元以后，这种习俗渐被汉法所取代，所以元代基本继承方式仍为均分制。

1. 诸子均分制

元代承袭了前朝传统的诸子均分制，承认亲兄弟对父祖产业的均分权。诸子均分原则的确立，当是较早的事情。至元十一年（1274）六月，彰德路褚克衡告发：至元六年（1269）曾与兄褚克衍"将家财分另"，但当时留给生母褚阿刘及老娘娘（褚）阿田"养老事产"，因阿田、阿刘愿与褚克衍同居，故原分"店舍田产"一直由褚克衍管理。阿田、阿刘死后，褚克衍"拘占不肯分割"。地方拟定：阿田抛下房舍地产等物，断付褚克衍承继为主。户部都认为"阿刘、阿田俱系不应分财产之人，止是际出养生"，断令"据原得褚克衡、褚克衍户下财产，理合令诸子均分"。[①] 可见，均分制的特点是不分长幼，平均继承。

2. 嫡庶子依分数划分法

嫡庶子分为妻之子、妾之子、奸良人所生子、幸婢所生子四类，元朝有关分数继承法的最早案例，见于至元十一年（1274）二月，大名路孙伴哥与兄孙成争要故父孙平抛下房院。但孙伴哥之母孙阿於原是孙平所买婢女，后来才做了妻。地方认为嫡庶不同，不欲断令"孙成与弟孙伴哥均分两停"，请示上司定夺。户部认为："孙伴哥系婢生之子，据所抛房屋事理，以十分为率，内八分付孙成为主，二分付孙伴哥为主。"[②]这是至元十一年（1274）以前所行用的法例。

嫡庶依分数划分继承法的精神是严格区分嫡庶身份，但考虑到嫡庶

---

① 陈高华等点校：《元典章》卷一九《户部五·家财》"诸子均分财产"条，天津古籍出版社2011年版，第686—687页。

② 陈高华等点校：《元典章》卷一九《户部五·家财》"嫡庶分家财例"条，天津古籍出版社2011年版，第686页。

皆子，故在原则上仍有继承权，唯分数多寡不同。

（三）寡妇继承

至元八年（1271）四月，因杨阿马案，元廷肯定了寡妇继承权。杨阿马告官：小叔杨世基以阿马无子，将亡夫杨世明抛下家财房屋占据，并将女儿兰杨带去，又将妾陈柱儿收继为妻。户部议定“寡妇无子，合承夫分”，引用先朝旧法，遂断令“杨世基要讫杨世明壹分财产并陈柱儿，拟合追付阿马收管”，仍令将兰杨放归，与其母同居，从而肯定了寡妇继承权。

但寡妇继承的本质，只是财产看守人。户部同时规定：“据应有财产，杨阿马并女兰杨却不得非理破费销用。如阿马身死之后，至日定夺。”①

（四）侄嗣继承

侄嗣继承的一部分可以划入诸子继承类，另一部分则是出于担心家族财产被寡妇挥霍，是以限制寡妇的财产处分权为特征的。另外，嫡侄在未被立为嗣子情况下的继承权，则是出于分割祖业的目的。

1. 过继侄均分权

过继侄即嫡侄被收养为子者，也称过房子。若此后无所生，其完整继承权自不成问题。在很多情况下，侄嗣过继之后伯叔往往又生子，亲情因素往往使侄嗣的继承地位发生动摇。

仁宗皇庆元年（1312）六月，吉安路安福州周自思告分家财事。周自思系周桂发嫡侄，桂发无嗣，自幼将周自思过继为子。后因周桂发亲生二子周再一、周再三，桂发以自思不遵教训、抵触父母，勒令自思另屋居住。桂发身死，妻阿曾欲追令周自思归宗，剥夺其继承权。江西行省以周自思原系嫡侄立为长子，“入籍三十余年，再一、再三即系庶出”，断令“将周桂发应有家财作四分，内除留阿曾养老一分外，余有田产财物，令周自思、再一、再三三分。若将来阿曾死后，“抛下养老田产，至日三子再行平分”。

① 郭成伟点校：《大元通制条格》卷四《户令·亲属分财》，法律出版社2000年版，第56页。

都省也以“周自思终无归宗之意”，批准上述判决。① 这一判决显然是依据“诸子均分”原则做出的。因为嗣子亦子，若不分嫡庶的话，自然应与庶子均分。

同年十月婺州路兰溪州唐柱案也是如此。唐证因无子，与妻子王氏过房亲侄唐柱为子。几年后，典雇葛氏生子唐桢。王氏死后，葛氏管家，一再告官，声称唐柱“抵抗，不欲为子，自愿归宗”。唐证生前曾与亲族唐刚大等商议，“令二子均分家产”，并立有“分书”。婺州路虽断令唐柱“破籍归宗”，浙东宣慰司以为断案不符合通例，要求改正。都省批准：“准唐证应有财产，令唐柱、唐桢均分。”②

文宗天历二年(1329)徽州谢和孙摘所立继子文书，也明确规定：

> □□□谢和孙父亲胜四朝奉有贰子，长男谢旋孙、次男和孙。见长男旋孙有肆子，和孙有一子名助孙不幸早丧。今和孙拟欲摘旋兄次子佐孙，今来禀覆母亲。奉母亲主议，摘立兄旋孙次男佐孙继续和孙，成(承)接后嗣，奉祀香火。如和孙倘有亲出，所有户下物业仍与佐孙一体均分，不在难易。只以今来结立为使(始)。如佐孙过之后，贰家并不许悔易。如有悔易者，罚中统钞伍拾锭，与不悔人用，仍依文书为使。今恐无凭，立此结立文为照者。
>
> 天历贰年五月初十日　　　　谢和孙(押)结立
>
> 谢阿李(押)③

如兄弟分属民户与军户，也可以相互过继弟侄承嗣，但须改变过继子的户籍。平阳路民户郑某，其兄现充军户，年老无嗣，过继其侄充贴户津洛正军一案，经中书省审议后判决：将其侄名籍除豁，承继伯父祖业，应当

① 陈高华等点校：《元典章》卷一九《户部五·家财》“过房子与庶子分家财”条，天津古籍出版社 2011 年版，第 690 页。

② 陈高华等点校：《元典章》卷一九《户部五·家财》“同宗过继男与庶生子均分家财”条，天津古籍出版社 2011 年版，第 688—690 页。

③ 张传玺主编：《中国历代契约会编考释》(上)，北京大学出版社 1995 年版，第 685 页。

贴身户役。并定例:“已后民户内有无子之家,军户内却有承继同宗弟侄,亦仰依上一体施行。”①

2. 侄另籍嗣继

元代还有另籍之侄嗣继伯父家产事。至元十五年(1278)闰十一月,大都路王德用告发:兄王德坚身死无子嗣,嫂阿霍将“抛下田土尽数一日租与他人,更将新桑枣果树木卖讫”,王德用与王德坚系另籍亲兄弟,德用次子王斌告官,“自愿顶替王德坚门户,不绝祭奠之礼”,大都路判令允许,户部批准了。王氏宗族不允许寡妇挥霍,官府也以宗祠为词,故允许嗣继。

3. 未嗣侄的均分权

成宗元贞元年(1295)十月,卫辉路获嘉县人贾拾得告发:已故伯父贾会首,过去与贾拾得全家均在祖庄居住。后因天旱,流离他处。但伯父所招养老女婿张威,却“将房舍地土昏赖,不令拾得为主”,要求恢复其权利。辉州路查阅户籍,发现贾拾得不曾附籍。但礼部认为“张威虽于贾会首户下附籍,合将应有事产令侄贾拾得两停分张,同户当差”,②都省准拟。允许未曾继嗣之侄的继承权,是因曾经存在同居情节。在法理上,侄不是在分割伯父财产,而是在分割祖业。故虽不曾附籍,也令均分承继。

对于祖遗财产的分析,要订立分业文书,以免发生争执。例如,至正十年(1350)徽州吴德仁等分业合同如下:

> 吴德仁同弟海宁与孺人庭梅,共承祖有上宅住地一段,孺人庭梅共业主边德仁兄弟元(原)共业,客边□,□孺人庭梅合得分法,已行卖与庭椿、庭梧、德仁兄弟名下。今两下商议,德仁情愿与庭椿、庭梧□□□取便庭椿、庭梧管业,客边德仁兄弟管业。主边上截,与本家梯己佃火住地相连,房对面立楗埋石为界。两家界畔,众存路一条,

---

① 郭成伟点校:《大元通制条格》卷三《户令·户绝财产》,法律出版社 2000 年版,第 29 页。

② 郭成伟点校:《大元通制条格》卷四《户令·亲属分财》,法律出版社 2000 年版,第 55 页。

计叁尺。庭椿、庭梧该贰尺，德仁兄弟该一尺。里到山，外至水甽。□路日后两下侵占及闭塞。所有庭杞元（原）亦（已）买得□孺人分法，系存在德仁兄弟份内取分业。自今议立合同之后，各依此文管业，一任两下迁造屋宇，永远照依合同管业。所有水甽外余地，并依立楗为界，里至外，外至庭松屋地。今恐无凭，立此合同三本，各收一本为照者。

至正十年庚寅岁二月十六日吴德仁（押）

见立合同吴寿卿（押）①

八、明代的财产继承

明代的财产继承实行法定继承和遗嘱继承并存的制度。

（一）法定继承

《大明令·户令》规定："其分析家财田产，不问妻、妾、婢生，止依子数均分；奸生之子，依子数量与半分；如别无子，立应继之人为嗣，与奸生子均分，无应继之人，方许承绍全分。"②从该令内容来看，遗产法定继承，实行"诸子有份"原则，嫡庶诸子，财产均分，婢生子在财产继承权上亦与嫡庶诸子平等。另外，从上述令文的规定也可以看出，明律提高了奸生子的法律地位，其继承权也相应上升，这是明继承法的一个特点，反映了封建传统法律观念的某种变化。不仅律令规定如此，在实际继承的实施中也得到了贯彻。有案例为据："审得已故生员陈一翰娶林氏生二子公奭、公尚，娶继妻生氏无所出，丘氏随嫁之婢益奴生一子咬奇，陈生家素清，所遗田止三十五亩……族众陈之彦等为之逐一处分，分书犁然……三子均而得焉，可谓经理明而争端杜矣。"③不仅如此，奸生子的继承权也有所上

① 张传玺主编：《中国历代契约会编考释》（上），北京大学出版社1995年版，第677—678页。

② 怀效锋点校：《大明律》附《大明令·户令》，法律出版社1999年版，第241页。

③ （明）祁彪佳：《莆阳谳牍》，北京图书馆馆藏善本。

升。奸生子在唐宋被认为无继承权,[①]至金元,奸生子的继承份额为嫡子的四分之一、庶子的三分之一。明律则规定“奸生之子,依子量与半分”,且“如别无子”而立嗣,奸生子则与嗣子“均分”遗产,其继承权可与嗣子抗衡,如“无应继之人”,奸生子可继承全部遗产。与前代相比,奸生子的继承权有所增强。

所遗财产如无子继承,则按下列规定处理:“凡妇人夫亡无子,守志者,合承老分,须凭族长择立昭穆相当之人继嗣。其改嫁者,夫家财产及原有妆奁,并听前夫之家为主。”[②]“凡户绝财产,果无同宗应继者,所生亲女承分。无女者,入官。”[③]如养子系收养的三岁以下遗弃小儿,要酌情分给财产。在宗法社会,以男性为中心,继承以子男为主,女子没有宗祧继承权,因此,其财产继承权亦受到限制,只有无人继承时,亲女才得以继承。女子的这种继承权在实际继承关系中也是为社会习俗所认同的。如洪武二十二年(1389)祁门县王阿许分产标账所记就是三亲女分析遗产的记录:五都王阿许的丈夫王伯成身故,并无亲男,仅有三女。三女分别招婿成家立事。王阿许为防日后争议,将户下应有田山、陆地、屋宅、池塘、孳畜等物品,写立天、地、人三张,均分为三,各自收留管业,并开明了财产的具体情况以便阄分。[④] 这实际上也涉及赘婿的继承权问题。如招养老女婿者,“仍立同宗应继者一人,承奉祭祀,家产均分”。[⑤]

(二)遗嘱继承

明代律令中没有遗嘱继承的明确规定,但通过遗嘱处理身后事宜的事实是大量存在的,可见遗嘱继承已是一种流行的继承方式。从所见遗嘱“批契”来看,订立遗嘱须有族人或见证人在场,且多用书面形式,并须

---

① 参见叶孝信主编:《中国民法史》,上海人民出版社1993年版,第578—579页。
② 怀效锋点校:《大明律》附《大明令·户令》,法律出版社1999年版,第241页。
③ 怀效锋点校:《大明律》附《大明令·户令》,法律出版社1999年版,第242页。
④ 张传玺主编:《中国历代契约会编考释》(下),北京大学出版社1995年版,第1086—1087页。
⑤ 怀效锋点校:《大明律》附《大明令·户令》,法律出版社1999年版,第241页。

画押。如建文元年(1399)十西都谢翊先所立遗嘱“批契”,就是与弟谢曙光商议,并令婿胡福应依口代书的,其弟谢曙光还以见证人的身份在“批契”上画押。该遗书的主要内容是:谢翊先因见患甚危,心思有男淮安年幼,侄训道心性刚强,有妻胡氏年逾天命,恐后无依,而将所有两处山地尽行立契出批与妻胡氏圆娘名下管业,与女换璋、注娘各人柴米支用,候女出嫁之后,付与男淮安永远管业,诸人不许争占,如有一切不明及侄下子孙倘有占拦,并听赍此批文经官告理,准不孝论,仍依此文为始,今恐无凭,立此批契为用。[①] 可见,遗嘱在没有超出宗法制度的范围内可对遗产进行分割处理,并可得到法律的支持。

明代的判牍中亦多见有遗嘱纠纷的记载。如李清《折狱新语》就记载有遗嘱纠纷多起。现举一例为据:周富三因暮年无嗣,而立周贵为后,并立遗嘱:“所存田三亩,房二间,与继男为业。”周富三死后,其妻前夫范八争产。李清判断:田屋尽归嗣子周贵。[②] 如遗嘱违反宗法原则,则得不到法律的支持。另外,《折狱新语》中还有断决遗嘱无效的判例,这进一步表明,在宗法制度下,遗嘱制度有很大的局限性,其效力取决于遗嘱之内容是否合符情、理、法。

明代还存在遗赠扶养协议,但这种协议仍限定在宗亲范围之内,其内容大致为遗赠人将其财产批与扶养人名下管业,扶养人对遗赠人负有养老送终之义务。如洪武二十年(1387)祁门县王寄保所立遗赠扶养协议就是如此:“五都王寄保娶妻陈氏,生育子女,不幸俱已夭亡。今身夫妇年老病疾,虑恐无常,思无结果,同妻商议,将吾分下承祖王祥孙、王德龙经理名目产土,尽数批与侄婿洪均祥、侄女寄奴娘承业,管顾吾夫妻生侍送终殡葬之资;承祀侄婿子女,毋得违文背弃。如违,甘当不孝情罪毋词。自批之后,一听均祥己业,毋许家外非故异词争夺。今恐人心无凭,立此批契,永远为照。洪武二十年九月初八日。立批契人:王寄保。中见:谢

① 中国社会科学院历史所藏契004130号。

② (明)李清:《折狱新语》卷二《承袭》,中央书店1935年版,第30页。

宁、王志保。”①

明继承法一方面仍恪遵前代传统:如身份继承和财产继承相结合,嫡长继承与共同继承并存,等等。另一方面反映了封建社会后期在财产关系上情与法的沟通,如立嗣制度更为灵活、奸生子的继承权上升等,是封建继承法的进步。

九、清代的财产继承

在关外肇基时期,财产继承不实行诸子均分,而由家主自由分配。由于家长握有对家产的分配权,因此在他在世时或临终时有权就财产的分配做出安排,可将家产分给已成年之子。这是女真族习俗的具体表现。家长的遗嘱是处分家庭财产继承的重要依据,子孙只能遵从遗嘱行事,无权表示异议。如家长生前没有分配家产,临终时又没有关于财产继承的遗嘱,在这种情况下,需要根据法律分割家产。清代沿用“诸子均分”的分割家产原则,规定:“嫡庶子男,除有官荫袭先尽嫡长子孙。其分析家财田产,不问妻、妾、婢生,止以子数均分。”②此例反映了封建社会后期财产关系的发展,推动了继承关系的进步,使“大功同财”的传统观念得到具体落实。如果“同居尊长应分家财不均平者”,“十两笞二十,每十两加一等,罪止杖一百”。③ 但民间习惯,亡父遗产并非诸子平分,嫡庶分产仍然有别,嫡子所分得的财产较庶子为多;长子、长孙于均分之外,有权酌提若干以供祭祀之用;除已分家的诸子无权继承外,未分家诸子中,幼子享有优厚待遇。官府审理此类案件也往往从权依习惯断结。根据《武定土司档案》嫡妻安氏、庶妻唐氏因争产诉讼,后经调解,安氏分管十分之六,

① 张传玺主编:《中国历代契约会编考释》(下),北京大学出版社 1995 年版,第 1085 页。

② 《大清律例》卷八《户律·户役》“卑幼私擅用财”条附例,天津古籍出版社 1993 年版,第 201 页。

③ 《大清律例》卷八《户律·户役》“卑幼私擅用财”,天津古籍出版社 1993 年版,第 201 页。

唐氏分管十分之四,报官和息,州官批示如下:“安氏六分,唐氏四分,嫡庶攸关,差等均属允协。既已各愿,即将田产家私妥议照四六公平均配。写立合同送赴州署钤印发给立收执管业,日后永杜争端。”①

为确保立嗣不出同宗,清律承认奸生子的合法地位,与此相适应,提高了奸生子的法定继承份额。《大清律例》规定:“奸生之子,依子量与半分。如别无子,立应继之人为嗣,与奸生子均分。无应继之人方许承继全分。”②清律提高奸生子女的合法继承份额,是对非婚生子女合法权利的承认,但民间习惯对奸生子遗弃者多,很少有认私生子为亲生子者,或虽认为亲子,又多予歧视。例如,修谱时须经族众公同议处,或准其入谱,或严禁入谱。

关于女儿的继承权,《大清律例》规定:“户绝,财产果无同宗应继之人,所有亲女承受。无女者,听地方官详明上司,酌拨充公。”③可见女儿除获得嫁奁外,一般无财产继承权,但家长立有遗嘱者,应按遗嘱行事。例如,道光六年(1826)林宾日所立的遗嘱继承《阄书》中说:“余没后……将某屋某屋分与长子掌,某屋某屋分与次子掌业。又念长女邓门,次女翁门、五女程门妆奁本薄,现已孀居,将门龙口四间店门分给三人碎用,以补从前所不足。……第四女夫妇俱亡,不必计算。三女、六女、七女、八女夫妇齐眉,无烦余之代筹。”④

民间习惯无子有产有女者,除酌提嫁奁田地或遗受田地外,不能承受全部遗产。但有的县如东乐县,无子继承之遗产,除提出祀田外,均归其女或孙女承受。甘肃地区户绝财产,亲女所生之子(外孙)亦有承受的

---

① 《武定土司档案》“安德顺等为祈天赏准和息立嗣给照、永杜后患事”附批,乾隆二十五年八月二十八日。

② 《大清律例》卷八《户律·户役》“卑幼私擅用财”条附例,天津古籍出版社1993年版,第201—202页。

③ 《大清律例》卷八《户律·户役》“卑幼私擅用财”条附例,天津古籍出版社1993年版,第202页。

④ 福州林则徐纪念馆收藏《林宾日阄书》。

权利。

子女俱无的绝户之家的财产，依法“酌拨充公入官”。但为了保护满族人的特殊利益，旗产是否充公，另当别论。例如，咸丰三年(1853)，“侍读学士德奎奏请查收旗户绝产一折”便受到严厉申饬。

《大清律例》还阐明了以下财产继承的原则性规定。

第一，立嗣之后，却生子，其家产与原立子均分。第二，夫死改嫁者，夫家财产及原有妆奁均归夫家支配。第三，义男、女婿“为所后之亲喜悦者，听其相为依倚，不许继子并本生父母用计逼逐，仍酌分给财产”。[①] 第四，“招婿养老者”，其赘婿与承奉祭祀，同宗应继者均分家产。[②] 第五，收养三岁以下遗弃小儿，虽不得以无子遂立为嗣，仍酌分给财产，俱不必勒令归宗。修宗谱时养子曾尽义务者，准载入养父名下。如归宗，不许将分得财产携回本宗，但如有故归宗，则不拘留其分得的家产。第六，如族中希图财产，勒令承继，或怂恿择继以致涉讼者，地方官立即惩治。第七，“因争继酿成人命者，凡争产谋继及扶同争继之房分，均不准其继嗣，应听户族另行公议承立”。[③] 根据现存档案，凡争继者不准承继，《清代巴县档案汇编》中孀王刘氏因族人争继告诉到县，县官批示如下：“争继不能，承继均作罢论，谕孀妇回家择贤择爱，另行承继，如亲支无继，即于远族中任其择继，族人不得把持。”第八，妇人夫亡无子守志者，可以继承丈夫的财产，所谓“合承夫份”，但立嗣后，财产归嗣子所有。

蒙古地区与早期满洲社会类似，儿子成年即行分家，而无“同财共居”的观念。分家时，由父亲将财产分给诸子，但厚于长子和幼子，这是蒙古的习俗。丈夫身死之后，财产由妻子和子女继承。未出嫁之女，也享有一份遗产，已出嫁者，“微有所得”而已。

---

① 《大清律例》卷八《户律·户役》“立嫡子违法”条附例，天津古籍出版社 1993 年版，第 196 页。

② 《大清律例》卷八《户律·户役》“立嫡子违法”条附例，天津古籍出版社 1993 年版，第 195 页。

③ 《钦定理藩院则例》卷三《袭职上》，天津古籍出版社 1998 年版。

清初,蒙古还保留着传统的宗法领主制残余,牧民家庭的财产继承,须经上级领主认可方为“合法”。蒙古人无子者,其所有家产给予该管主。随着蒙古地区划分地界的进行和私有财产的发展,顺治十五年(1658)清政府定例:蒙古人身殁无子者,令其兄弟承受财产,旧给该管主,今不准。① 同时,还规定“对绝户财产可由近亲酋长或族长按照同宗昭穆相当”的原则,指令继承人。顺治十八年(1661)清政府又定例:蒙古人恐身后无嗣,于身在时,具保呈该扎萨克王、贝勒、贝子等,将族中兄弟之子抚养为嗣者,准其承受家产,如抱明养遗失之子及异姓之子、家奴之子均不准承受家产。若身在时并无养子者,将家产令其族人承受,倘族中并无兄弟之子弟,身在时,曾呈明该旗收养异姓之子为嗣者,亦准其承受家产。若身故后,同姓中尚有可继之人,而其妻收养异姓之子为嗣者,不准承受财产。再正妻无子,将妾所生之子为已子者,其生子之妾不得嫁卖,嫁卖者其子不得为嗣。若身故之后,既无近族,又无养子,将家产交与该旗王、贝勒等,以充公用。②

为了保护蒙古人的私有财产权,清律规定,如没有第一顺序继承人时,继子的资格应是同宗昭穆相当的族兄弟之子,有族兄弟之子时,抱养遗弃之子及异姓家奴之子均不得继承财产。寡妇虽有择立继承人的权利,但必须遵循先同姓后异姓的次序,族内有合例之人,不得立异姓子为继承人。只有在没有近族的情况下,才许立异姓子为继承人,这是蒙古习俗,也是大清律所认可的。

《钦定理藩院则例》进一步规定:“台吉、塔布囊生前无嗣,抚养过继族中兄弟之子为嗣者,准其承袭家产。其无族中兄弟,于生前抚养过继异姓人为子者,如曾经呈明该扎萨克,准其承受家产。”③“其未经呈明并虽经呈明,查系遗弃之子及家奴之子者,均不准承受家产。台吉、塔布囊身

① 《钦定乾隆会典则例》卷一四〇《理藩院·立嗣》,乾隆三十三年刊刻。
② 《钦定乾隆会典则例》卷一四〇《理藩院·立嗣》,乾隆三十三年刊刻。
③ 《钦定理藩院则例》卷三《袭职上》,天津古籍出版社 1998 年版。

故无嗣者，令其弟兄承受家产，如无弟兄并无近族，其产业交扎萨克充公，倘遗有孀妇，仍听该孀妇过继族中合例之人承受。如族中并无合例可继之人，但经呈明该扎萨克即过继异姓之子，亦准承受家产。”①如果台吉属下人身故无嗣，遗有绝产，应归近族于伊亲祖之孙内论其支派远近分别承受，若非亲祖之子孙不准承受绝产，其绝产应归本主承受，即使其本主原系台吉后经革退者，应仍交该革退台吉承受，如主家无人，即照无嗣台吉所遗绝产之例，交该旗以备公用。②

第二节 族产、嫁资、赘婿等的继承问题

古代社会生活真切、现实而又包罗万象、复杂多变，族产、嫁资、赘婿等的继承问题虽未被当作法律的重点调整内容，但在古人们的实际生活当中，的确是发生着这类财产的代际传承的，并且得到了国家法律规范体系的认可和规范。因此，族产、嫁资、赘婿等的继承问题也是我们在探讨中国古代继承制度时所应当予以关注的。

一、族产的继承问题

族产，指的是家族成员所共有的且不受家族内部是否分财影响的公产，一般情况下经济条件较好的家族都有设置，通常包括祖先所遗和族人所捐的族田、义庄、墓田、山林、池塘、房屋、祠堂、公所、族谱等，由家族成员专人或者家庭轮流加以管理，主要用于祖先祭祀、祠堂修缮、子弟劝学、贫困周济、老弱恤养、族人丧葬等方面的家族事务。古时，随着生产力的发展，生产方式发生了变化，社会分工逐渐调整和细化，农业劳作与果实采摘的劳动强度已不可同日而语，妇女们很难再充当农业耕作的主力军，只得转而对内，从事纺织一类相对轻松的农事。于是乎，以“男耕女织，

---

① 《钦定理藩院则例》卷三《袭职上》，天津古籍出版社 1998 年版。
② 《钦定理藩院则例》卷四《袭职下》，天津古籍出版社 1998 年版。

自给自足”为主要生产分工的自然经济模式建立起来了。随着生产力的发展,由一夫一妇组成的“家”经由“子又有子,子又有孙”为主的纵向延续和“婚相嫁娶”为主的横向吸纳而逐渐发展成为了由多个家组成的“族”。“家”的主要经济来源在于耕作的收成,而在大自然面前,独立的一家一户的耕作很难有效应对诸如水旱、蝗虫等灾害。此时,包括“有无相贷”①、互通财货在内的家族内部的生产生活保障作用就真切地体现出来了。正因如此,历朝历代对于族产都相当重视。

根据对相关铭文的研究,西周时期以“立氏”的形式对族产进行析分②,秦汉时期主要以“财产中分析产”为核心,魏晋南北朝时期大多父母在时就已经析分财产,隋朝时期亦然,但是否有族产析分以及其情形如何已难以得知。唐代,法律规定:“诸盗耕种公私田者,一亩以下笞三十,五亩加一等;过杖一百,十亩加一等,罪止徒一年半。荒田,减一等。强者,各加一等。苗子归官、主。”对于墓田则又有专条规定:“诸盗耕人墓田,杖一百;伤坟者,徒一年。即盗葬他人田者,笞五十;墓田,加一等。”③墓田是族产的重要组成部分,受到法律的特殊保护,且有侵犯即受处罚,处罚要重于常犯,原因就在于“盗耕者不仅侵人土地,且坏人风水,犯人祖宗,兼有违礼悖德之愆也”④。宋代,《宋刑统》相因于唐律,并作出了另外的补充,规定:“诸盗耕人墓田,杖一百;伤坟者,徒一年。即盗葬他人田者,笞五十;墓田,加一等,仍令迁葬。若不识盗葬者,告里正移埋,不告而移,笞三十。即无处移埋者,听于地主口分内埋之。”⑤此外,北宋时期,范纯仁因《义庄规矩》的条文“州县既无敕条,本家难以伸理”的尴尬境

① (汉)韩婴撰:《韩诗外传》,影印本文渊阁《四库全书》,第806页下。

② 参见王沛:《“狱刺”背景下的西周族产析分:以琱生器及相关器铭为中心的研究》,载《法制与社会发展》2009年第5期,第38—47页。

③ 刘俊文点校:《唐律疏议》卷十三《户婚》“盗耕人墓田”条,中华书局1983年版,第246页。

④ 刘俊文笺解:《唐律疏议笺解》(上),中华书局1996年版,第984页。

⑤ 薛梅卿点校:《宋刑统》卷十三《户婚律》“占盗侵夺公私田”门,法律出版社1999年版,第229—230页。

地，特向英宗上奏，英宗“特降指挥下苏州，应示诸房子弟有违犯规矩之人，许官司受理”。范氏义庄得到了朝廷指示，具有了法律上的支持和依据。南宋的统治者也多次以敕令、指挥对族产加以保护。南宋哲宗元祐六年规定：“墓田及田内材木、土石不许典卖及非理毁伐，违者杖一百，不以荫论，仍改正。”①时隔一年之后，元祐七年，又规定：“诏诸大中大夫、观察使以上，每员许占永业田十五顷。余官及民庶，愿以田宅充奉祖宗飨祀之费者亦听，官给公据，改正籍税，不许子孙分割典卖，止供祭祀。有余，均赡本族。”②可见，族产具有稳定性。同时，据《名公书判清明集》有：“准法：诸祖父母、父母已亡，而典卖众分田宅辄私费用者，准分法追还，令元典卖人还价”③，按照宋代的法律规定和司法实践的情形来看，对于族产都予以高度重视和保护。

元代时期对于族产也予以法律保护，“皇庆二年三月十八日，中书省钦奉圣旨：百姓每的子孙每将祖上的坟茔并树木卖与人的也有，更掘了骨殖将坟茔卖与人的也有。今后卖的、买的并牙人每根底要罪过，行文书禁断者。麽道。钦此”④。禁止百姓将祖宗坟茔、林木卖与他人，因为这些都是族产，子孙应当继承并且予以妥善的保护，不得典卖。明代的律令对于族产的保护在《问刑条例·盗卖田宅条例》当中有所体现：“若子孙将公共祖坟山地，朦胧投献王府及内外官豪势要之家，私捏文契典卖者，投献之人，问发边卫永远充军，田地给还应得之人。”⑤对于族田、义田，明朝统治者也命令“所在有司，严为禁治，不许子孙变卖”⑥。清代以附例的形

① （清）徐松辑：《宋会要辑稿·食货》六一之六一，中华书局1957年版，第5904页。
② （清）徐松辑：《宋会要辑稿·食货》六一之六一，中华书局1957年版，第5904页。
③ 中国社会科学院历史研究所宋辽金元研究室点校：《名公书判清明集》卷四《户婚门·争业上》“漕司送许德裕等争田事”条，中华书局1987年版，第118页。
④ 郭成伟点校：《大元通制条格》卷十九《田令·坟茔树株》，法律出版社2000年版，第209页。
⑤ 怀效锋点校：《大明律》附《问刑条例·户律二·田宅·盗卖田宅条例》，法律出版社1999年版，第371页。
⑥ （明）程楷修，（明）杨儁卿纂：《天启平湖县志》，凤凰出版社2014年版，第157页。

式承袭了明代的保护族产的这一规定,并对于盗卖族田、义田的行为加重了处罚:"若盗卖义田,自应与祀产量为区别,应仍照内阁学士张照陈奏之词,依盗卖官田论。"①

综上所述,由于一个家族的内部事务,包括从每一个族人的生养死葬、读书教育,到整个宗族的族产管理、宗族祭祀乃至祠堂修缮等等,诸如此类的繁杂族务,千头万绪,都归由家族总理。所以,个人的一切事务都依赖于家族,家族塑造了个人,个人从属甚至附属于家族,由此表现出来的便是家族本位主义。纵观历代对于族产的保护,可以得出,在家族本位主义的语境下,相对封闭的地理位置,加之"自给自足"的自然经济模式,使得我国古代对外交往相对缺乏,也正是因为横向交流与吸收的缺乏,使得我国古代社会的各项制度纵向继承和延续的特征明显。族产是维系家族的物质纽带,从"利"的角度与"情"相契合,维护家族伦理。族产作为家族共有的公产,具有稳定性,向来只能由家族成员共同继承,不得分割,更不许家族成员私自鬻卖。

二、嫁资的继承问题

在中国古代,"聚族而居"的生活习惯,"家国一体"的政治结构,"家族永继"的文化观念,使得中国古代的法律中,极为重视男子的财产继承权而漠视女子的财产权利,但在生活中基于血缘和情感因素,往往也会给予女子一定的财产作为安身立命之本,其中最为主要的形式就是嫁资。嫁资,又称妆奁,指的是女子出嫁时娘家赠予的陪嫁物,包括金银、家具、首饰等动产和奁田、店铺等不动产,也包括奴婢。获得嫁资其实并不是完全意义上的继承财产,但确实是女子的财产权益,是对女子缺乏财产继承权利的一种补救,甚至可以说嫁资是中国古代女性唯一可以独立享有和支配的财产。因此,嫁资的继承是一个值得探讨的问题。

---

① 《定例汇编》卷九《户例田宅》。

先秦时期的嫁资继承情形因年代久远且记载甚少已难以知之。秦朝时,据秦简史料记载:"'夫有罪,妻先告,不收。'妻媵臣妾、衣器当收不当?不当收。"[①]意为妻子首先告发丈夫有罪,就不当收为官奴婢。妻子的陪嫁物包括奴婢、衣服、器物等也不应当没收。从这样一条记载,可以推论出,妇女对于嫁资是享有相对独立的财产权利的,至少有这样一种财产权利的区分存在。汉代也有关于嫁资的记载:李充之妻对李充说"妾有私财,愿思分异"[②],此所言"私财",很可能就是从娘家带来的嫁资。

唐代是中国古代空前繁荣的时期,社会物质随着经济的发展而极大丰富,在这样一种时代背景之下,财产的继承也更加受到法律的重视。关于嫁资,据唐代律令:"姑姊妹在室者,减男聘财之半"[③],即尚未出嫁的女子,可以分得未娶之男的一半份额作为嫁资。出嫁之后,则有"应分田宅及财物者,兄弟均分。妻家所得之财,不在分限"[④],即妻子的嫁资是不属于分财范围的。"妻子亡没"之后,作为其嫁资的"所有资财及奴婢,妻家并不得追理"[⑤],即妻子死亡之后,嫁资归入夫家财产之中再由继承人按照法律规定来加以继承。宋代是嫁资发展之盛,时人有谓:"观今之俗,娶其妻不顾门户,直求资财"[⑥],就连司马光也说:"今世俗之贪卑者,将娶妇先问资装之厚薄,将嫁女先问聘财之多少"[⑦]。《宋刑统》中一仍唐代律令之旧:"(准)户令:诸应分田宅者及财物,兄弟均分。妻家所得之财,不在分限……兄弟俱亡,则诸子均分。其未娶妻者,别与聘财。姑姊妹在

① 睡虎地秦墓竹简整理小组:《睡虎地秦墓竹简》,文物出版社1990年版,第133页。
② (汉)班固撰:《汉书·李充传》,中华书局1962年版,第2684页。
③ 薛梅卿点校:《宋刑统》卷十二《户婚律》"卑幼私用财"门,法律出版社1999年版,第222页。
④ 刘俊文点校:《唐律疏议》卷十二《户婚》"同居卑幼私辄用财"门,中华书局1983年版,第242页。
⑤ 薛梅卿点校:《宋刑统》卷十二《户婚律》"卑幼私用财"门,法律出版社1999年版,第221页。
⑥ (宋)蔡襄撰,(明)徐焞编,吴以宁点校:《蔡襄集》,上海古籍出版社1996年版,第618页。
⑦ (宋)司马光撰:《书仪》,影印本文渊阁《四库全书》,第457页下。

室者，减男聘财之半”①，又据《名公书判清明集》载：“诸分财产，未娶者与聘财；姑姊妹有室及归宗者，给嫁资；未及嫁者，则别给财产，不得过嫁资之数”②。可见，这一法律规定在司法实践当中得到了执行和落实。同时，据《名公书判清明集》有：“妇人随嫁奁田，乃是父母给与夫家田业，自有夫家承分之人，岂容卷以自随乎？”综合宋代对于嫁资的法律规定和司法实践来看，女子对于嫁资的继承，通常情况下是为法律所允许的，但是田产必须由夫家做主。

元朝时期，据《元典章》载“弟兄分争家产事”当中有：“本部参详，自来止是弟兄争告父、祖家财，别无弟兄相争各置己业。又照得旧例：‘应分家财，若因官及随军、或妻家所得财物，不在均分之限。’”③然据《大元通制条格》有：“随嫁奁田等物，今后应嫁妇人不问生前离异、夫死寡居，但欲再适他人，其随嫁妆奁、原财产等物，一听前夫之家为主，并不许似前搬取随身”，但也有例外，即“无故出妻不拘此例”④，仔细分析，可以得出两条：其一，在此之前，元代的法律应是允许嫁资随着女子的改嫁而带走转移的；其二，为了保护婚姻的稳定，改嫁的女子一律不得带走嫁资，嫁资的继承和归属问题已经成为了一种婚姻秩序的维护手段。明代，据明令有：“凡妇人夫亡无子，……其改嫁者，夫家财产及原有妆奁，并听前夫之家为主”⑤，与元代大致相同。清代的条例沿袭未改，与明代相同⑥。

综上所述，在中国古代社会和法律当中，其一，女子对于嫁资的继承

---

① 薛梅卿点校：《宋刑统》卷十二《户婚律》“卑幼私用财”门，法律出版社 1999 年版，第 221—222 页。

② 中国社会科学院历史研究所宋辽金元研究室点校：《名公书判清明集》卷七《户婚门・立继》“立继有据不为户绝”条，中华书局 1987 年版，第 217 页。

③ 陈高华等点校：《元典章》卷十九《户部五・家财》“兄弟分争家产事”条，天津古籍出版社 2011 年版，第 687 页。

④ 陈高华等点校：《元典章》卷十八《户部四・夫亡》“奁田听夫家为主”条，天津古籍出版社 2011 年版，第 652 页。

⑤ 怀效锋点校：《大明律》附《大明令・户令》，法律出版社 1999 年版，第 241 页。

⑥ 《大清律例》卷八《户律・户役》“立嫡违法”条，天津古籍出版社 1993 年版，第 195 页。

在为法律所允许和保护的同时也受到法律的约束和限制;其二,嫁资因其具体属性而区别,其中的奁田通常随女子归入夫家以后,娘家不得再行追理,符合夫妻一体的婚姻观念,也符合中国古代尊长不继承卑幼的法律传统与纲常伦理。

三、赘婿的继承问题

赘婿财产继承权的背后,实际上就是作为法律主体的人在社会生活中之身份地位和财产权利的结合在赘婿这一特殊群体身上的具体体现。赘婚是古今通行的婚姻形式,赘婿是一个古今共存的特殊群体。但,以中国古代的赘婿财产继承权为切入点来引发对于中国传统法文化的性质与特征的思考,这在学界尚属薄弱之处。同时,考察赘婿财产继承权,不仅能明晰中国法文化的特征在这一具体问题上的体现,也能够对当下有关赘婿财产继承权的法律问题起到“以古鉴今”之效。

(一)概念辨析

赘婚,是男方与女方缔结婚姻后,到女方家与女方家庭成员共同生活、居住,并承担一定权利义务的婚姻形式。赘婿,俗称“倒插门女婿”。赘婿与赘子、养子的概念相近,但就其本质上来说三者是不同的。对此,较早做出讨论的,有学者黄灿的《试论秦汉的养子与赘婿》①,该文中对于赘婿、赘子、养子的概念做出了辨析,文中指出赘婿制与赘子制在实质上是两种不同的出赘制,赘婿制是男方入赘女家为婿,从事劳动生活,赘子则实质上是一种债务奴隶。这一辨析工作辨明了赘婿的本质,也指出了赘婿的主要功能之一便是为其妻家从事劳动生产。

“赘”,在东汉许慎所撰的《说文解字》中有:“赘,以物质钱也,从敖贝。敖者,犹放;贝,当复取之也”②,意为“赘”乃是用物来作换钱,并且“从贝”,即还可以用钱再将抵押物赎回。许慎用来解释“赘”字含义最为

① 黄灿:《试论秦汉的养子与赘婿》,《齐鲁学刊》1988 年第 1 期。
② (汉)许慎撰,(宋)徐铉校定:《说文解字》,中华书局 1963 年版,第 130 页下。

关键的“质”，按照其解释：“质，以物相赘也。从贝，从所”①，意为：“质”乃是取他人之物而与之钱。再，据清人段玉裁所撰《说文解字注》对“赘”之注云：“若今人之抵押也”②。又，据《汉书·严助传》中有：“卖爵赘子以接衣食”③，其中有“如淳曰：‘淮南俗卖于人作奴婢，名为赘子，三年不能赎，遂为奴婢’”④。由此证实段玉裁之注，“赘”字，含有抵押的意思，“赘”与“质”二字乃是互释。同时，二字中都带有“贝”字，而“贝”字：“贝，海介虫也。居陆名猋，在水名蜬。象形。古者货贝而宝龟，周而有泉，至秦废贝行钱。凡贝之属皆从贝”，意为：“贝”，乃是海中有甲壳的软骨动物，在陆地上被称为猋，在水中被称为蜬，象贝壳之形。古时候，人们以贝壳作为财富，把龟壳当做珍宝。周时有泉而没有废除贝，到了秦朝时，废除了贝而以钱为通行货币。带有“贝”的字大多都跟钱物联系在一起，诸如“财”“货”“账”“费”“贿”“贫”“赏”等。总结来看，“赘”，指的是用物来作为抵押以换取钱财，日后还可以再用钱赎回。“婿”，在《说文解字》中作“壻”，解释为：“壻，夫也。从土，胥声”，意为“壻”，就是指丈夫。可以得出结论，赘婿，指的是男方与女方婚姻缔结之后，入赘到女方家庭共同生活的承担权利、履行义务的男子。赘婿与养子、义子、继子的最大不同之处，在于养子、义子、继子与父母之间存在着血缘关系或者拟制血缘关系，赘婿则并不直接与女方父母构成此种关系，只是基于与其妻子的夫妻关系而入住女方家庭，成为女方家庭成员的。据文献记载，赘婿的由来甚早，而“赘婿”作为一个独立词汇，在睡虎地出土的秦简之中有载：“赘婿后父，勿令为户”⑤。此

① (汉)许慎撰，(宋)徐铉校定：《说文解字》，中华书局1963年版，第130页下。
② (汉)许慎撰，(清)段玉裁注：《说文解字注》，浙江古籍出版社2006年版，第281页下。
③ (汉)班固撰：《汉书》卷六四上《严助传》，中华书局1962年版，第2779页。
④ (汉)班固撰：《汉书》卷六四上《严助传》，中华书局1962年版，第2779页。
⑤ 睡虎地秦墓竹简整理小组出版：《睡虎地秦墓竹简》，文物出版社1990年版，第174页。

后,《史记》中有“淳于髡者,齐之赘婿也”①;《汉书·贾谊传》中有:“家富子壮则出分,家贫子壮则出赘”②,意为家庭富裕有子长成就分家,家庭贫穷有子长成就出外作赘。由此观之,赘婿的由来与产生原因,是与男子家庭缺乏钱物、财富相关的,故其社会地位低下。

赘婚是古今通行的婚姻形式,赘婿是一个古今共存的特殊群体,赘婿财产继承权的背后,实际上就是作为法律主体的人在社会生活中之身份地位和财产权利的结合在赘婿这一特殊群体身上的具体体现。在中国古代,据文献记载,“承继”一词运用远远早于“继承”,始于战国时期。《孟子·万章上》中有:“启贤,能敬承继禹之道;益之相禹也,历年少,施泽于民未久”③。《汉书》中有:“天降丧于赵、傅、丁、董,洪惟我幼冲孺子,当承继嗣无疆大历服事”④。而“继承”一词始见于西晋时期的《三国志》:“太傅既亡,然其子师继承父业,肆其虐暴,日月滋甚,放主弑后,残戮忠良,包藏祸心”⑤。“承”,《说文解字》中有“承,奉也,受也”⑥,“继”,《说文解字》中有“继,续也”⑦。可见,无论是“承继”还是“继承”,都含有承接、接续之意。“子承父业”“后继有人”等观念可以反映出中国古代对于香火、血缘、财产能够得以承接、接续的希冀。现代法律观念体系中,继承权是指继承人依法取得被继承人遗产的权利,中国古代的“继承”则不同。中国古代的继承,同时包括身份继承和财产继承两个方面,在社会生活的实际中,身份继承主要只是涉及少数社会上层家庭,更多的是财产继承。在现代法学语境下,财产继承权是指依照法律的规定或者被继承人

① (汉)司马迁:《史记》卷一二六《滑稽列传》,中华书局1959年版,第3197页。
② (汉)班固撰:《汉书》卷四八《贾谊传》,中华书局1962年版,第2244页。
③ (战国)孟子:《孟子·万章上》,见(清)阮元校刻:《十三经注疏·孟子注疏》卷九下,中华书局1980年版,第2738页。
④ (汉)班固撰:《汉书》卷八四《翟方进传附子义传》,中华书局1962年版,第3428页。
⑤ (西晋)陈寿撰,卢弼著:《三国志集解》,中华书局1982年版,第633页。
⑥ (汉)许慎撰,(宋)徐铉校定:《说文解字》,中华书局1963年版,第253页上。
⑦ (汉)许慎撰,(宋)徐铉校定:《说文解字》,中华书局1963年版,第272页上。

生前立下的合法有效的遗嘱而承受被继承人遗产的权利。在中国古代社会中,虽然并没有现代意义上的"财产继承权",但是,在古人们的实际生活当中,的确是发生着身份、财产的代际传承的,并且得到了国家法律规范体系的认可和规范,也得到了司法实践的切实保护。这是我们在探讨中国古代继承权时所应当注意到的。

(二)继承要件

在中国传统社会之中,人们过日子总是遵循着一定的逻辑,这种逻辑深深地根植于老百姓的日常生活之中,形成了千变万化的社会历史生活之中不变的底色。赘婿财产继承同样遵循着这样一种底色,但不变之中亦有变的内容,其继承要件随着社会法律的变化发展也有所变化发展,赘婿获得财产继承权,必须满足一定的继承要件。

1. 户绝之家

在中国古代,子孙不得有私财,也就是说在一个家庭里,卑幼死亡不发生继承,只有尊长死亡才会发生继承。又,因为子孙无私财,所以尊长在逻辑上是不可能成为继承人的。尊长死后,留下财产,有子继承时,固然由其子继承,若户绝无子,那么,在"继绝存亡"这一观念的支配之下,便开始按照血缘关系的亲疏远近来寻找继承人。赘婿与妻家没有直接的血缘关系,但是存在着拟制的血缘关系,退而求其次,便由赘婿来继承。也就是说,一般情况下,只有在户绝时,赘婿才可以继承妻家财产。

从夏朝建立以来,中国古代就开始了嫡长子继承制,历代因袭未改。西汉时期,据史料记载的"何武断剑"①,本案之中,原告为富家之子,被告是其亲生姐姐及其夫婿,也就是弟弟状告自己的姐姐、姐夫。何武作为裁判官,他所认定的事实部分是:富翁去世之前立下遗嘱将财产全然赋予女儿女婿,这固然属实,但那只是富翁为了保全幼子的权宜之计甚至是无奈

① (汉)应劭撰,王利器校注:《风俗通义校注》,中华书局1981年版,第588页。

之举,富翁留下的那把剑,才是其要将财产赋予亲生儿子的真实的意思表示。裁判结果是"悉夺取财与子",即判令富翁之女及其夫婿将财产全部交还给富翁之子。值得特别注意的是,本案中何武并未说明判决依据,可是本案的判决依据是的确有的,且是无形的,那就是古人们心目中所根深蒂固的"情"与"理",更为确切地说,是"父死子继"的财产继承观念。最后来看本案判决的社会效应是"论者乃服,谓武原情度事得其理",即众人才恍然大悟,心服口服,称赞何武是还原了案件的真相,明白了事情的道理。从这一案例可以看出,有亲子继承之家实非户绝,则财产只能由亲子全部继承。

宋代,《名公书判清明集》中有"宗族欺孤占产"①,刘传卿有一子一女,其死后,财产当由其子季六继承,季六虽死,仍是"阿曹自有子春哥",由春哥继承,梁万三为赘婿,无论如何是无财产继承权的,更何况此时其妻季五娘已死。从这一案例可以得出,在有亲子继承之家,赘婿是全无财产继承权的。

元代,有亲子之家,或者赘婿归宗之后,也是没有财产继承权的。明代律令规定:"凡嫡庶子男,除有官荫袭,先尽嫡长子孙,其分析家财田产,不问妻、妾、婢生,止依子数均分;奸生之子,依子数量与半分"②,只要有亲子,无论其出身如何,都由亲子来继承财产。清代沿袭未改,与明代律令相同。

2. 明立婚书

男女婚姻,向来为人所重,所谓:"诗咏关关,式重王纲之首;易愆嗃嗃,用崇家节之亨"③。唐代以前的赘婚情形因为史料记载甚少,详情已难以厘清。宋时的赘婚,据史料记载:"帖中序男家三代官品、职位、名

---

① 参见中国社会科学院历史研究所、宋辽金元研究室点校:《名公书判清明集》卷七《户婚门·孤寡》"宗族欺孤占产"条,中华书局 1987 年版,第 236—237 页。

② 怀效锋点校:《大明律》附《大明令·户令》,法律出版社 1999 年版,第 241 页。

③ (明)佚名:《新纂四六合律判语》,载杨一凡、徐立志主编:《历代判例判牍》(第四册),中国社会科学出版社 2005 年版,第 111 页。

讳，议亲第几位男，及官职年甲月日吉时生，父母或在堂，或不在堂，或书主婚何位尊长，或入赘，明开将带金银、田土、财产、宅舍、房廊、山园，俱列帖子内。女家回定帖，亦如前开写。”①但是，这只是一种时俗，法律层面尚未出现此要求。元代时，统治者基于对婚姻嫁娶的重视，有“今后但为婚姻议定，写立婚书文约，明白该写元议聘财钱物。若招召女婿，指定养老或出舍年限。其主婚、保亲、媒妁人等画字，依理成亲”②的规定。后，有“省府相度，虽是张阿刘告称故父刘涉川生前招召到张士安作养老女婿，却缘元媒胡阿曹状指，当时不曾言将养老。又兼张士安壬子年另将妻子在伊父张通户下附籍，并张士安今次供到手状亦依壬子年元籍供讫，难议令张士安承继刘涉川户下当差”③，据此可以得出，即便是赘居年深，若是“当时不曾言将养老”，便不能继承妻家财产，换言之，订立婚书并言明将养老，赘婿才能获得财产继承权。这些大量调整赘婚的法律规范出现，赘婚须订立婚书，已经成为法定的继承要件，并且必须在其中注明“指定养老或出舍年限”，且只有在赘婚书中言明“养老”，赘婿才能获得财产继承权，在宋代两个继承要件的基础之上新增加了“订立婚书并言明养老”作为赘婿财产继承新的要件，这是一个明显的变化。明代，据明令有：“凡招婿须凭媒妁，明立婚书，开写养老或出舍年限”④。清代沿袭未改，与明代律令相同。

3. 绍业尽孝，顶立门户

招召赘婿之家多为户绝无男之家，劳动力缺乏，招召赘婿上门，本就为了充实劳动力。故此，赘婿上门便须勤做伙计。此时的赘婿，履行家庭义务多是基于一种被迫的要求，不得已而为之。赘婿在妻家营运增殖的

① （宋）吴自牧撰：《梦粱录》，古典文学出版社 1956 年版，第 304 页。

② 陈高华等点校：《元典章》卷十八《户部四·婚礼》“嫁娶写立婚书”条，天津古籍出版社 2011 年版，第 613 页。

③ 陈高华等点校：《元典章》卷十九《户部五·田宅·家财》“户绝家产断例”，天津古籍出版社 2011 年版，第 683—684 页。

④ 怀效锋点校：《大明律》附《大明令·户令》，法律出版社 1999 年版，第 241 页。

财产有部分继承权利，所谓“合理的家庭制度应在亲情伦理与效率之间取得妥协和平衡”①。《宋刑统》中的“户绝资产”：“其间若有心怀觊望，孝道不全，与夫合谋有所侵夺者，委所在长吏严加纠察，如有此色，不在给予之限”②。也即是说，赘婿取得财产继承权，就须绍立家业，尽到养老送终。宋代时，“掩照案牍，王有成之父王万孙昨因不能孝养父母，遂致其父母老病无归，依栖女婿，养生送死，皆赖其力”③。另有“其赵胤初因无嗣与女召婿养老，不幸婿死，赖有伊女可为依倚。合从赵胤别行召婿，以全养老送终之道。都省准拟”④。此案中，裁判结果与蒙古人的收继习惯相违背，其原因即在于重视赘婿养老送终的功能与义务。按照男女缔结赘婚婚姻关系时所约定的具体生活形式分为四种：年限女婿、出舍女婿、归宗女婿、养老女婿⑤。例如，《元典章》中有：“义州一个刘义小名的人的女孩儿根底，姓刘的人根底招到做养老女婿”⑥。养老，乃“古礼，对老而贤者按时享以酒食以礼敬之，谓之养老”⑦。较早见于《周礼》之中：“以保息六养万民，‘一曰慈幼，二曰养老，三曰振穷，四曰恤贫，五曰宽疾，六曰安富。’”⑧《说文解字》中有：“养，供养也。从食，从羊。”⑨老，即“老，考也。七十曰老”⑩，可见，“养老”之意为敬养老人。所谓养老女

① 尹成波：《子孙“自置财产权”研究：以律令和判例为中心》，《学术月刊》2017 年第 7 期，第 152 页。

② 薛梅卿点校：《宋刑统》卷十二《户婚律》“户绝财产”门准唐开成元年七月五日敕节文，法律出版社 1999 年版，第 223 页。

③ 中国社会科学院历史研究所宋辽金元研究室点校：《名公书判清明集》卷四《户婚门·争业上》“子不能孝养父母而依栖婿家则财产当归之婿”条，中华书局 1987 年版，第 126 页。

④ 郭成伟点校：《大元通制条格》卷三《户令·收嫂》，法律出版社 2000 年版，第 42 页。

⑤ （元）徐元瑞撰，杨讷点校：《吏学指南》，浙江古籍出版社 1988 年版，第 91 页。

⑥ 陈高华等点校：《元典章》卷十八《户部四·嫁娶》“同姓不得为婚”条，天津古籍出版社 2011 年版，第 626 页。

⑦ 《辞源》，商务印书馆 2010 年版，第 3739 页。

⑧ （汉）郑玄注，（唐）贾公彦疏：《周礼注疏》，北京大学出版社 1999 年版，第 261 页。

⑨ （汉）许慎撰，（宋）徐铉校定：《说文解字》，中华书局 1963 年版，第 107 页上。

⑩ （汉）许慎撰，（宋）徐铉校定：《说文解字》，中华书局 1963 年版，第 173 页下。

婿，元人徐元瑞谓“终于妻家聚活者”①，即在妻家永久居住，共同生活的赘婿。据此可以得出两个结论，一是赘婿绍业尽孝的功能与义务已经得到了官方和民间的一致认可，并且已经由民间的伦理道德标准上升为司法官吏断案时的重要判断依据；二是司法官吏在裁判时已然不再以儒家的血缘伦理作为唯一的裁判依据，而是把目光更多的放到了维护正常的家庭存续，使老有所养、社会秩序井然等方面。元代时，据《大元通制条格》有：“至元九年七月，中书省议得：‘民间富实可以娶妻之家，止有一子，不许作赘。若贫穷止有一子，立年限出舍者，听。’”②从这一规定来看，富家子出作赘婿居然普遍到要动用法律来加以禁止的地步，可见元时富家子作赘的盛行。根据元代的这一法律规定的立法原意来看，富贵之家，首先是经济条件富裕，无须出赘，更重要的是只有一子者，若出为赘婿的话本家将无人继承门户，故只有一子时，不得出为赘婿。即使是家贫之子，若只有一子也只能出赘为年限女婿，年限一满，即令归宗，继立本家门户。据此可以得出，无论家贫还是家富，门户继承人都是不能出为赘婿的，赘婿必须是非继立门户之人。归宗女婿③、出舍女婿④和年限女婿⑤，虽然也是赘婿，但是其并未彻底脱离本宗，或者只是短暂的脱离本宗，待到归宗之日，仍旧是本宗的家族成员，最后还是要归于本宗参与财产继承，自始至终不享有妻家财产继承权。

另，据《元典章》中，有：“有故父刘涉川招到张士安作养老女婿”，后来，“张士安已经回宗，承继伊父户名当差，兼今次张士安供到手状亦依

① （元）徐元瑞撰，杨讷点校：《吏学指南》，浙江古籍出版社 1988 年版，第 91 页。

② 郭成伟点校：《大元通制条格》卷四《户令・嫁娶》，法律出版社 2000 年版，第 54 页。

③ 归宗女婿，即待约定年限届满，或者妻子亡故，以及夫妻离异而回归本宗的赘婿。

④ 出舍女婿，即入赘之后，夫妻二人既不在男方家庭居住，也不在女方家庭居住，而是另觅住所。要注意的是，这样一种约定，只是对婚后居住地的约定，并非是对赘婚法律关系的否认，出舍女婿仍然是赘婿。

⑤ 年限女婿，即招赘之时约定在妻家居住的具体年限，待约定期限届满之后，携妻子归于本宗的赘婿。这类赘婿虽然要求在妻家居住，但并未脱离本宗，只是约定入赘年限，所生子女也不要求随妻家之姓。

壬子年元籍,另行供抄了当。本部公议得……难议令张士安承继刘涉川户下当差。除已札付户部,拟将刘涉川抛下应有财产、驱、婢,依例以三分为率,内一分与刘涉川二女,作三分,分内二分与张士安妻阿刘"①。张士安归宗之后,承继其父户名财产,不再与妻家有权利义务关系,财产分割时,也是言明与张士安之妻阿刘,而非张士安本人。可见,即使是养老女婿,一旦归宗,也丧失了财产继承资格,不再享有财产继承权。

可见,绍业尽孝,顶立门户不仅是赘婿应尽的家庭义务,也是其财产继承要件。同时,不仅是对于赘婿财产权利的保护,也是对赘婿积极履行家庭义务的一种鼓励和肯定。

(三)继承份额

继承份额又称"应继份",意为赘婿作为财产继承人应取得的财产数额,中国古代的赘婿财产继承份额,分为部分继承和全部继承两种情况,接脚夫通常是无权继承的。

1. 部分继承

宋以前,法律之规定主要是公开对于赘婿位卑的界定,而男子入赘的主要原因包括家境贫寒,无娶妻下聘的经济能力和为了获取招赘之家的社会资源而自愿入赘。赘婿地位的低下使其饱受法律与社会的歧视,很难有财产继承权。唐代时,少数民族的"室韦"已经有赘婿分得妻家财产的记载:"婚嫁之法,男先就女舍,三年役力,因得亲迎其妇。役日已满,女家分其财产,夫妇同车而载,鼓舞共归"②,这种赘婿类似后来的年限女婿,这种财产分给,虽然不能等同于财产继承,但至少可以得出,唐时室韦部族的赘婿已经能够从妻家获得部分财产。宋时,据《宋会要辑稿》刑法二之四有,川陕一带"富人多召赘婿,与所生子齿,富人死即分其财",从

① 陈高华等点校:《元典章》卷十九《户部五·田宅·家财》"户绝家产断例",天津古籍出版社 2011 年版,第 682—684 页。

② (后晋)刘昫等撰:《旧唐书》卷一九九下《室韦列传》,中华书局 1975 年版,第 5357 页。

民间习俗来看已经给予赘婿部分财产继承份额，至于怎么分、分多少史料记载不详。从法律规定上来看，对于赘婿绍立家业，有所增殖的财产给予部分继承权。天圣四年七月又制定了《户绝条贯》："今后户绝之家，如无在室女有出嫁女者，将资财、庄宅、物色，除殡葬营斋外，三分与一分；如无出嫁女，即给与出嫁亲姑、姊妹、侄一分。余二分，若亡人在日，亲属及入舍婿、义男、随母男等。"①即与寡妇所招的接脚夫不同，在室女所招之入舍婿在户绝时，若又无出嫁姑、姊妹、侄的，便可以获得除殡葬营斋外的所有财产的继承权，即使有此类亲属，入舍婿也可以获得除殡葬营斋外的三分之二财产的继承权，虽要求须同居三年以上，但此一期限比天圣元年规定的要求明显已经低了很多。《户绝条贯》行之未久，天圣五年四月，宋仁宗颁诏："切缘户绝之人，有系富豪户，如无遗嘱，除三分给一及殡葬营斋外，其余店宅财物，虽有同居三年以上之人，恐防争讼，并仰奏取指挥，当议量给同居之人，余并纳官。"②这一纸诏令，将赘婿的财产继承范围直接由除殡葬营斋以外财产的三分之二，减为了酌情"议量给"，纳官的比例增加。据《名公书判清明集》有："在法：诸赘婿以妻家财物营运，增置资产，至户绝日，给赘婿三分。"这是对于赘婿绍立家业这一义务的鼓励，如此于国于家都有好处，国家税收得以保障，家庭生活得以维持。此时的赘婿，积极主动地营运措置，增加家庭财富，自己也可继承财产，即为妻家绍立家业也是为自己"绍立家业"。

元代时，据《元典章》当中有"户绝家产断例"③，这一断例中颇多周折，最终结果是将刘涉川的财产先分为三份，再将其中一份分为三份，张士安妻子即刘涉川自己的女儿阿刘两份，因阿刘与其夫赘婿张士安所尽的家庭义务较多，多分得一份财产。另，据《大元通制条格》有：

---

① （清）徐松辑：《宋会要辑稿·食货》六一之五八，中华书局 1957 年版，第 5902 页。

② （清）徐松辑：《宋会要辑稿·食货》六一之五八，中华书局 1957 年版，第 5902 页。

③ 参见陈高华等点校：《元典章》卷十九《户部五·田宅·家财》"户绝家产断例"，天津古籍出版社 2011 年版，第 682—684 页。

“卫辉路获嘉县人户贾拾得告,故伯父贾会首与拾得等全家祖庄住坐,后为天旱他处,趁熟回环。有伯父召到养老女婿张威,将房舍地土昏赖,不令拾得为主。照勘得贾拾得不曾附籍。本部议得:张威虽与贾会首户下附籍,合将应有事产令侄贾拾得两停分账,同户当差”①。

本案例中,原告贾拾得,被告张威,贾拾得乃张威丈人贾会首之侄,张威乃贾拾得伯父贾会首之养老女婿,司法官员认定贾拾得与其伯父贾会首乃是“祖庄住坐”即未曾分析财产,今贾会首其身已故,贾拾得当有析产之分,而张威乃是贾会首之养老女婿,故二人均有分继承。

明清时,户绝之家“如招养老女婿者,仍立同宗应继者一人,承奉祭祀,家产均分。如未立继身死,从族长依律议立”,即使是招赘了养老女婿,也必须立同宗嗣子均分家产,这是明清法律当中的新变化,也就意味着从法律层面而言,赘婿的财产继承份额逐渐稳定于均分。

2. 全部继承

元代以前,赘婿很难获得全部继承的继承份额。元时,《元典章》中有“至元二年九月内,凭媒写立婚书:召马得信男实哥与女张哥作养老女婿。如马实哥不肯作活,不绍家业,此文字便当休离,更罚钞五十两”②;“写立婚书:召张阿冯男张小兴与外男甥女福仙作舍居养老女婿。老爷、老娘指教,不绍家业,在逃六十日不来还家,此文字便同休书”③。但是,后来被朝廷所禁止:“毋得似前于婚书上该写‘如有女婿在逃等事,便同休书’等语句。”④并非所有的赘婿都能获得财产继承权,只有养老女婿

① 郭成伟点校:《大元通制条格》卷四《户令·亲属分财》,法律出版社2000年版,第55页。

② 陈高华等点校:《元典章》卷十八《户部四·嫁娶》“女婿在逃依婚书断离”条,天津古籍出版社2011年版,第620页。

③ 陈高华等点校:《元典章》卷十八《户部四·嫁娶》“女婿在逃依婚书断离”条,天津古籍出版社2011年版,第620—621页。

④ 陈高华等点校:《元典章》卷十八《户部四·嫁娶》“女婿在逃”条,天津古籍出版社2011年版,第624页。

可以获得财产继承权。据《元典章》有："至元三十年五月中书刑部：来申：潘成状告：为无男儿，召到淮道安，作养老女婿，承受财产，承继户名。"①

《元典章》中有："为无男儿，召到淮遒安作养老女婿，承受财产，承继户名。"②因为没有儿子，招淮遒安作为自己的养老女婿，继承自己的财产和户名。又据《元典章》当中有"婿告丈人造私酒"③，本案例中，原告王头口，状告刘通酿造私酒，王头口系刘通之养老女婿。司法官员基于二人理同父子恩义，且罪行不重，裁断结果为比照自首免罪。更重要的是，本案例中指出，王头口系刘通之养老女婿，承继刘家门户，与亲子无异。甚至已经"理同父子恩义"，赘婿尤其是养老女婿已经与亲子的财产继承权等同。另据史料记载："陈友谅，沔阳渔家子也。本谢氏，祖赘于陈，因从其姓"④，可见元时养老女婿还需要改从妻家之姓，并且所生子女也须随妻家之姓。养老女婿在实际上已经脱离本宗，而正式成为了妻家的家庭成员，且已经与亲生子并无二致了。权利的获得必须以义务的履行为前提，只有承担"养生送死、继立门户"这一家庭义务的"养老女婿"才能够获得财产继承权，这一点与亲子基于血缘而先验性地取得财产继承权明显不同，前者强调法律义务的履行，后者则更为注重的是血缘关系。

明清时，赘婿可以拥有无子家庭的完整财产继承权。据明代户令："凡招婿须凭媒妁，明立婚书，开写养老或出舍年限，止有一子者，不许出赘。如招养老女婿者，仍立同宗应继者一人，承奉祭祀，家产均分。如未立继身死，从族长依律议立"⑤，明确规定招赘之家仍要立嗣子，家产二人

① 陈高华等点校：《元典章》卷四十五《刑部七・纵奸》"虚指丈人奸女"条，天津古籍出版社 2011 年版，第 1529 页。
② 陈高华等点校：《元典章》卷四十五《刑部七・纵奸》"虚指丈人奸女"条，天津古籍出版社 2011 年版，第 1529 页。
③ 陈高华等点校：《元典章》卷五十三《刑部十五・首告》"婿告丈人造私酒"条，天津古籍出版社 2011 年版，第 1765 页。
④ (明)张廷玉撰：《明史》卷一二三《陈友谅传》，中华书局 1974 年版，第 3687 页。
⑤ 怀效锋点校：《大明律》附《大明令・户令》，法律出版社 1999 年版，第 241—242 页。

平分。明律《问刑条例》规定假如出现这种情况，嗣子不能逐婿，且要和赘婿平分财产，这在一定程度上保护了赘婿的利益。元代赘婿只有终身在妻家且延续妻家香火才具有妻家财产的完整继承权。明代时期，赘婿的财产继承权在法律上有明确的规定，即与嗣子平分家产。但是，明代一些赘婚的家庭，女方并没有选择立嗣，在这种情况下，赘婿就可以完整地继承妻家的财产。

3. 接脚夫无权继承财产

寡妇所招之赘婿，俗称“接脚夫”“接脚婿”等，接脚，含有接替、接续之意，即“后夫承前夫而取其妻”[①]。据史料记载，宋时，仁宗天圣元年八月二十八日：

> 淮南路提点刑狱宋可观言：“伏覩编敕，妇人夫在日，已与兄弟伯叔分居，各立户籍。之后夫亡，本夫无亲的子孙及有分骨肉，只有妻在者，召到后夫，同共供输。其前夫庄田，且任本妻为主，即不得改立后夫户名。候妻亡，其庄田作户绝施行。只缘多被后夫计幸，假以妻子为名，立契破卖，隐钱入己；或变置田产，别立后夫为名，妻殁之后，无由更作得户绝施行。臣欲乞自今后或有似此召到后夫，委乡县觉察前夫庄田知在，不得衷私破卖，隐钱入己，别买田产，转立后夫姓名”。事下法寺，请如所奏。从之[②]。

即规定户绝、无子孙及有分骨肉继承，只有妻在时，即使招召接脚夫，妻与后夫对其前夫庄田也不能拥有，只能居住耕作，不得转立后夫姓名，更不能私自破卖，并且官府要进行备案。再，《名公书判清明集》中有“陈念三，后夫也，法不当干预前夫物业”[③]，即陈念三作为接脚夫，按照法律规定是不能染指前夫财产的。

---

① 陈鹏：《中国婚姻史稿》，中华书局 1990 年版，第 769 页。

② （清）徐松辑：《宋会要辑稿 · 食货》六一之五八，中华书局 1957 年版，第 5902 页。

③ 中国社会科学院历史研究所、宋辽金元研究室点校：《名公书判清明集》卷十二《惩戒门 · 把持》“惩戒讼”条，中华书局 1987 年版，第 479 页。

元时,《大元通制条格》有:“虽有母招后夫或携而适人者,其财产亦官知数。如已娶或年十五以上,尽数给还。”①由此规定可见,寡妇招召接脚夫后,其家财产须向官府报备,待到子女婚嫁或者年满十五长大成人之后,须尽数给还。明清时期对于女子改嫁或者寡妇招召接脚夫都是持否定态度的,如前所引:“凡妇人夫亡无子……其改嫁者,夫家财产及原有妆奁,并听前夫之家为主。”据清人李渔所辑的《资治新书二集·判语》有:

“审得章历之妻应氏,先嫁王昂,昂故无嗣,先立族侄王高为继。后氏招历入赘。高不能相安,仍归本生。夫侄而入继,则犹之子也。妻而改醮,则路人矣。王昂遗产舍王氏本宗其谁归哉?前经亲族议处,王昂所遗田二亩并山园房屋,应归王族。但应氏未亡,仍历佃种输租,以供王祀,立议甚公,而历復有盗卖王田之意,故王加有籍没之控也。今历坚供并未盗卖,姑免深求,但既赘其妻,復图其产,不无太忍,相应罚谷示惩”②。

可以看出,在中国古代的法律之中,妇女的地位具有双重性质,既可以被视为民事主体,尽管其民事权利受到诸多限制;另一方面,又是某些法律关系的客体。也就是说,妇女既可以作为独立的民事主体出现在法律关系之中,同时,又因其依附于男子而没有独立的法律地位,是某些法律关系的客体。寡妇虽然也是民事主体,但是其民事权利受到封建礼教、法律的重重限制,不能任意处分夫家财产,寡妇所招之接脚夫,则依法更是没有财产继承权。

从法理上讲,赘婿的权利和义务应该是统一的,忽视赘婿劳动与贡献的做法也是与实际生活的情理相违背的,但中国古代社会生活之中,家产

① 郭成伟点校:《大元通制条格》卷三《户令·户绝财产》,法律出版社 2000 年版,第 29 页。

② (清)李渔辑:《资治新书二集·判语》,载杨一凡编:《古代判牍案例新编》(第九册),社会科学文献出版社 2012 年版,第 236—237 页。

继承的各种具体方式和程序，都是围绕如何更有效地保证家族延续而设计的，这是认识我国古代家产继承方式的一条主线。实际上，也只有把握住了这样一条主线，对于赘婿财产继承权的探讨才能具有逻辑前提，具有可供探讨的社会因素。可见，赘婿享有一定的财产继承权，这是基于亲情的考量而适度给予女性后代遗产范围的一种间接性的家产继承方式。同时，赘婿自身在客观上具备劳动生产、繁衍后嗣等功能。这两个方面的原因，使得其自身的财产继承权被纳入了司法实践的考量范围，然而中国传统社会浓厚的道德伦理束缚住了赘婿财产继承权的进一步发展，使得其始终没有彻底成型。

第四章　中国古代少数民族地区的继承制度

中国是世界法制文明的古国，具有四千余年从未中断的法制历史。中华法系是世界公认的特色鲜明的一大法系，其中也汇聚了中华各族的法律智慧。早在法律形成时期便表现出了民族间的相互吸收与传承。根据史书记载，上古时期，华夏族以外的苗民，便已开始制定法律，所谓“苗民弗用灵，制以刑……爰始淫为劓、刵、椓、黥。越兹丽刑，并制罔差有辞”①。其后黄帝灭其族而用其刑，使苗民的刑制发展成为整个夏商周三代通行的奴隶制五刑：墨、劓、刖、宫、辟，并沿用至汉初。

隋唐时期中国的法律文化、典章制度远播海外，中华法系成为相邻国家和地区的母法。而建立在祖国边陲的吐蕃、突厥、南诏等地方民族政权，各自有着一套行之有效的法律体系。尽管这些法律带有浓厚的地域色彩，并杂有民族习俗和宗教规条，但不可否认，它们都包括在中华法文化的大法苑中，都是中华法制文明的重要组成部分，都体现了当时少数民族对法制的重视和思考。

诚如张晋藩先生在《中国法律的传统与近代转型》（第四版）一书所说：“自从中华民族进入文明时起，在中华大地上便孕育了包括汉族在内

---

① 《尚书》卷十九《吕刑》，见（清）阮元校刻：《十三经注疏》，中华书局 1980 年版，第 247 页。

的众多的民族。……中华法系是各族人民共同缔造的，凝聚了各族人民的法律智慧，是各民族的法律文化与法制经验相互交流与吸收的结果。”①本章通过研究与身份关系、财产关系密切相关的中国古代少数民族地区的继承制度及相关习惯法，可以管窥少数民族地区独特的民事法律制度和优秀的传统法文化。

第一节 满族、达斡尔等族的继承制度

一、明代以前各部落的继承制度

关于挹娄，自汉至魏晋，正史都有列传，其中《后汉书》与《三国志》中的描述基本相同。据《后汉书》记载：

挹娄，古肃慎之国也。在夫余东北千余里，东滨大海，南与北沃沮接，不知其北所极。土地多山险。人形似夫余，而言语各异。有五谷、麻布，出赤玉、好貂。无君长，其邑落各有大人……法俗最无纲纪者也。②

又据《晋书》记载：

肃慎氏一名挹娄，在不咸山北，去夫余可六十日行。东滨大海，西接寇漫汗国，北极弱水。其土界广袤数千里，居深山穷谷，其路险阻，车马不通。夏则巢居，冬则穴处。父子世为君长。③

从上述两段记载来看，汉代的挹娄“无君长，其邑落各有大人”，即各部落有其酋长，没有统一的政权，挹娄之名也只是多个部落的统称；“法俗最无纲纪”，即其缺少必要的法律规范，族人可以肆意而为，不受约束。

① 张晋藩：《中国法律的传统与近代转型》（第四版），法律出版社 2019 年版，第 64—65 页。

② （南朝·宋）范晔撰：《后汉书》卷八五《东夷传·挹娄传》，中华书局 1965 年版，第 2812 页。

③ （唐）房玄龄等撰：《晋书》卷九七《四夷列传》，中华书局 1974 年版，第 2534 页。

然而发展至晋代,挹娄的社会和法律制度已然有了明显进步和改观:不仅有了部落酋长,而且酋长地位的继承,已经是父子相继,"世为君长"。

靺鞨部落强盛于隋唐之时,在唐代,粟末靺鞨还建立了多民族的渤海国。黑水靺鞨也是靺鞨中较为强大的部落。据《旧唐书》《新唐书》和《旧五代史》记载:

> 靺鞨,盖肃慎之地,后魏谓之勿吉,在京师东北六千余里。东至于海,西接突厥,南界高丽,北邻室韦。其国凡为数十部,各有酋帅,或附于高丽,或臣于突厥。而黑水靺鞨最处北方,尤称劲健,每恃其勇,恒为邻境之患。俗皆编发,性凶悍,无忧戚,贵壮而贱老。无屋宇,并依山水掘地为穴,架木于上,以土覆之,状如中国之冢墓,相聚而居。夏则出随水草,冬则入处穴中。父子相承,世为君长。俗无文字。①

> 白山本臣高丽,王师取平壤,其众多入唐,汨咄、安居骨等皆奔散,寖微无闻焉,遗人进入渤海。唯黑水完强,分十六落,以南北称,盖其居最北方者也。人劲健,善步战,常能患它部。俗编发,缀野豕牙,插雉尾为冠饰,自别于诸部。性忍悍,善射猎,无忧戚,贵壮贱老。居无室庐,负山水坎地,梁木其上,覆以土,如丘冢然。夏出随水草,冬入处。以溺盥面,于夷狄最浊秽。死者埋之,无棺椁,杀所乘马以祭。其酋曰大莫拂瞒咄,世相承为长。②

> 黑水靺鞨,其俗皆编发。性凶悍,无忧戚,贵壮而贱老。俗无文字……③

从上述三则史料来看,唐朝时期,较为发达的粟末靺鞨建立了国家,

① (后晋)刘昫等撰:《旧唐书》卷一九九下《北狄列传》,中华书局 1975 年版,第 5358 页。

② (宋)欧阳修、宋祁撰:《新唐书》卷二一九《北狄列传》,中华书局 1975 年版,第 6178 页。

③ (宋)薛居正等撰:《旧五代史》卷一三八《外国列传二》,中华书局 1976 年版,第 1844 页。

但相对落后的黑水靺鞨尚未建立统一的政权，处于多个部落并立的阶段，部落酋长采取父子相传的继承制度。

辽金时期，女真人已经形成了较为完善的继承制度，作为基本继承原则的父死子继，不论是在财产继承还是在身份继承上都得以体现。

二、明代满族先民的继承制度

明代满族先民的婚姻、家庭和继承制度与中原汉人的相关制度是有区别的，其最初不受“礼”的影响，有自成体系的道德观和价值观，有沿袭相传的完整的规则和习惯。在满族形成的过程中，由于受到不同因素的影响，这些制度也在不断发生变化。

与长子析居、幼子守户的家庭制度紧密联系的是继承制度。长子析居时需要分家，分家即要划分财产，继承便由此得以实现。在渔猎游牧民族中，主要的财产乃是牲畜、奴隶等，在分家时，这比起以土地屋舍为主要财产的农耕民族要方便得多。

努尔哈赤年轻时也有过分家的情况，“十岁时丧母，继母妒之，父惑于继母言，遂分居，年已十九矣，家产所予独薄。后见太祖有才智，复厚与之，太祖终不受”①。可见当时分家时，财产给予的多寡，并无一定比例，全凭家长的爱憎。至其称汗，建立八旗制度后，同时确立了王族内部八家均分的原则。八家均分不仅仅是财产上的分配，同时也是人口的分配，更是政治权力的分配。至于一般人家，其分家无明确规定的比例。

根据皇太极崇德元年(1636)议定的会典，“凡官民人等与子分家，至十八岁方许分，分家时务禀本固山王、贝勒知；未及十八岁虽分不算。父若得罪籍家，其分家子不算，未分家子亦在其内”②。据此，可知长子需满18岁才能分家析居，而分家后，即使父家受罚抄家，其亦不受牵连。当然，这是规范化后的规定，但从中亦可窥见从前之习惯。至于分家必须报

① 《清实录·满洲实录》卷一，中华书局1985年版，第20页。
② 《清太宗实录稿本》，辽宁大学历史系1978年版，第7页。

固山、牛录备案，这是基于分家后重新厘定赋税等权利义务关系的需要。

而在幼子守户制度下，父亲死亡后，在其遗产的分配上，已经分家独立的诸子没有继承权，未分家出户的幼子则有优厚的待遇。如努尔哈赤晚年，将其所掌管的正黄旗、镶黄旗的大部分牛录，平均分给了阿济格、多尔衮、多铎三个幼子。努尔哈赤死后，皇太极称，“太祖虽无遗命，理宜分予幼子”①，于是做主将其剩下的15个牛录分给了最小的弟弟多铎。

天聪五年（1631）正月，皇太极在上谕中宣布，“嗣后已故功臣无后者，家产不得分散，留给其妻，使自赡焉”②。由此可以推断，之前的无子寡妻是无权继承财产的。不仅如此，在早期满族先民中，女儿也没有继承财产的权利，继承权只为男子所享有。

三、满族形成后的继承制度

满族最基本的社会细胞是家庭（包），若干家庭组成一个莫昆，若干莫昆（mokun）又组成一个哈拉（hala）。哈拉的主要职能有：编撰专门的家书和氏族谱牒，使人们知晓所有的氏族成员及其亲戚；调控婚姻、家庭，解决涉及公共的和个人的道德问题以及形形色色的财产问题。③ 相对于哈拉而言，莫昆则更加重要。“莫昆发挥了氏族（哈拉）的全部功能”，“现在的氏族组织单元不是哈拉，而是莫昆”。④ 有清一代，乃至清朝灭亡后，东北满族的基本社会组织哈拉和莫昆依然保存完整。

清代满族的氏族组织也有向汉族的宗族学习靠拢的趋势，金启孮先生在《满族的历史与生活》一书中收录了光绪年间编定的《吉林他塔喇氏家谱》（虽名为家谱，其实为族谱），从族谱的编纂形式上可以明显感觉到

---

① 《清实录·太宗文皇帝实录》卷四六，中华书局1985年版，第618页。

② 《清实录·太宗文皇帝实录》卷八，中华书局1985年版，第109页。

③ ［俄］史禄国：《满族的社会组织——满族氏族组织研究》，高丙中译，商务印书馆1997年版，第24页。

④ ［俄］史禄国：《满族的社会组织——满族氏族组织研究》，高丙中译，商务印书馆1997年版，第25页。

汉文化的影响。当然,其内容则体现出满族氏族的特色。以下为族谱中家训的“嗣绪”部分,摘录于此:

一、无后为大不孝,如嫡室艰于生育,不妨选置侧室以冀嗣音。倘侧室仍无嗣出,则于近支择亲且贤者,以为之后。

一、无子立嗣,直遵宗法,先于同父周亲内序立,无则准于从堂兄弟之子择立,若序立择立均无人,亦准兼祧。

一、一子兼嗣两房,谓之兼祧。但其人如有双丁,可以分承。若其子又系单传,则难乎为继。除仍愿分承听之外,其不愿分承者,此子尽所亲无子者,可以另继。

一、异姓乱宗,例禁綦严,如有抱养异姓之子为嗣者,除将抱养之子勒令归宗,不准冒姓外,抱养之父母仍各从重惩以家法,以为乱宗者戒。

一、无论自生过继之子孙,尽有嘉名可锡,何必故犯祖讳。乃前此每多音义从同,殊失尊敬之义。以后子孙凡遇命名,均应细查谱图,无论支派亲疏,已往之讳,一概敬避。①

从摘录的族谱可以看出,满族氏族在族人继嗣方面发挥着较大的管束作用。其具体内容留待后文论述“立嗣”问题时详说。总体而言,清代满族关于继承已经有了相当详细的规则。这些规则,既有从明代满族先民时期就一直延续下来的习惯,也有随着经济的发展和家庭等制度的变化而逐渐产生的新的做法。

(一)分家和家产分割

分家可能由多种原因造成,如果一个由若干兄弟组成的家庭,不能产生一位具有足够权威的家长,或者某位兄弟有恶习或懒惰或兄弟间性格不可调和,通常需要分家;一家之主的逝世经常也会引起分家。②

---

① 金启孮:《满族的历史与生活——三家子屯调查报告》,黑龙江人民出版社1981年版,第107页。

② [俄]史禄国:《满族的社会组织——满族氏族组织研究》,高丙中译,商务印书馆1997年版,第158页。

确定分家之后,最重要的问题当然是家产的分割和继承。分家和家产的分割必须由家庭所属氏族同意之后才能生效。在确定具体分割的方案时,首先,要邀请本氏族的长者来讨论分家事宜,也就是整个分家的过程要得到氏族的首肯。其次,是根据一般的原则来进行分配,当然,还必须得到当事人的认可。一般规定,房子和菜园由幼子继承,继承财产的同时也要承担相应的义务,其义务包括照顾年老的双亲,以及负责偿还整个家庭债务的半数。剩余财富则在其他成员之间分配。但是,如果幼子不同意分配方案的决定,则可以拒绝继承财产,同时也不用赡养父母和负担家庭债务。这时,上述相关的财产及义务需要由另一个儿子来接受。①

根据家产继承的一般规定,可以发现满族先民中幼子继承的原则依然保持着它的生命力。在家产分配时,首先考虑由幼子继承,当然同时也要继承债务和承担赡养责任。并且,如果其兄长去世,则其还须照顾哥哥的孩子和寡嫂。因此,幼子继承不仅仅意味着财产的获得,也意味着责任的承担。

(二)家长的继承顺序

满族在家长的继承上也遵循一定的顺序,对此,史禄国先生有较详细的描述,但其描述似乎有矛盾之处。

他首先认为,家长去世后,通常会将家长的地位与财产传给其儿子。如果没有儿子,财产可以由其兄弟或侄子继承,这时他们也会继承家长的地位。但如果家长的遗孀和女儿希望控制遗产,而氏族对此也不表示反对的话,则家产可以由她们掌管。如果遗孀和女儿不想自己掌管家产,那么必须由继承家产的人来接管,而这人同时也继承了家长的位置。② 由此,可以得出的继承顺序应当是:儿子;妻子和女儿(如果她们愿意);兄

① [俄]史禄国:《满族的社会组织——满族氏族组织研究》,高丙中译,商务印书馆1997年版,第157—158页。

② [俄]史禄国:《满族的社会组织——满族氏族组织研究》,高丙中译,商务印书馆1997年版,第158页。

弟或侄子。妻子和女儿属于第二顺位。但在此后他归纳继承顺序时又说:如果“我”的妻子、女儿不想继承“我”的位置,那么,家产可以传给“我”的幼子;“我”其他的儿子;“我”的父亲;“我”父亲的儿子;“我”父亲的兄弟的儿子;“我”父亲的兄弟;“我”兄弟的儿子。以此类推。① 如按照这个顺序,则妻子和女儿排到了第一顺位,只有妻子和女儿不愿继承时,才轮到儿子继承。在满族先民的继承习惯中,无子寡妻及女儿都没有继承权,在接受了汉文化的影响后,寡妻和女儿的继承权反而排列第一位,显然是有问题的。故而,清代满族的家长继承顺序应当综合史氏的两种描述,即幼子、其他儿子、妻子和女儿(如果愿意)、父亲、兄弟、堂兄弟、叔伯、侄子。

(三)寡妇和女儿的继承

与明代满族先民的继承习惯不同,清代满族的寡妇和女儿是有继承权的,甚至可以继承家长的地位。如果家长的遗孀和女儿希望控制遗产,而氏族也不反对,则家产可以由她们掌握。如果遗孀成了家长,而之后又打算再婚,那么她必须将家产转给一个有权继承她家产的人。但是如果她已经掌握家产多年(5—6 年),则再嫁时可以保持对家产的所有权。②

至于寡妇的普通继承权,一般来说,寡妇有权要求和丈夫家庭的其他人分开,另立门户。在这种情况下,她可以继承她丈夫的全部财产。③

(四)立嗣

在没有子嗣的情况下,由于涉及其财产的继承问题,需要通过立嗣来解决。当然,应当指出,这一规则的出现是接受汉文化影响的结果。

《大清律例·户律》中“立嫡子违法”条下有条例规定了旗人立嗣:

① [俄]史禄国:《满族的社会组织——满族氏族组织研究》,高丙中译,商务印书馆 1997 年版,第 159 页。

② [俄]史禄国:《满族的社会组织——满族氏族组织研究》,高丙中译,商务印书馆 1997 年版,第 159 页。

③ [俄]史禄国:《满族的社会组织——满族氏族组织研究》,高丙中译,商务印书馆 1997 年版,第 84 页。

旗人除乞养异姓为子，诈冒荫袭承受世职者，仍照本例拟发边远充军外，其虽无世职而诈冒抱养民间子弟、户下家奴子孙为嗣，紊乱旗籍者，将朦混抱养继立之旗人，及以子与旗人为嗣之人，并知情之义子，俱比照乞养义子诈冒袭荫充军例减一等，杖一百，徒三年。①

薛允升在《读例存疑》中考证说，此条为乾隆五年(1740)户部奏准定例，乾隆五十三年(1788)改定，《户部则例》亦云，"旗人无子者，许立同宗昭穆相当之侄承继，先尽同父周亲，次及大功、小功、缌麻，如俱无，方择立远房同姓。如实无昭穆相当人，准继异姓亲属，取具该参佐领及族长、族人、生父列名画押印甘各结，送部，准其过继云云。"②

在立嗣问题上，满族最高统治者的根本出发点在于唯恐"紊乱旗籍"，因此，对于满族人立嗣问题用国家法进行专门规范。

既有国家法之规定在前，则民间亦会遵循。在《吉林他塔喇氏家谱》的家训中，有数个条款涉及过继：

无后为大不孝，如嫡室艰于生育，不妨选置侧室以冀嗣音。倘侧室仍无嗣出，则于近支择亲且贤者，以为之后。

无子立嗣，直遵宗法，先于同父周亲内序立，无则准于从堂兄弟之子择立，若序立择立均无人，亦准兼祧。

一子兼嗣两房，谓之兼祧。但其人如有双丁，可以分承。若其子又系单传，则难乎为继。除仍愿分承听之外，其不愿分承者，此子尽所亲无子者，可以另继。③

这里规定了立嗣的范围，只能从父系近亲属中挑选嗣子，同时允许兼祧。兼祧制度是清代首创，在满族的立嗣规则中，也受到了这一国家法规

① 《大清律例》卷八《户律・户役》"立嫡子违法"条附例，天津古籍出版社1993年版，第196页。

② (清)薛允升：《读例存疑》卷一九，见胡星桥、邓又天主编：《读例存疑点注》，中国人民公安大学出版社1994年版，第177页。

③ 金启孮：《满族的历史与生活——三家子屯调查报告》，黑龙江人民出版社1981年版，第107页。

的影响。

立嗣一般在被继承人去世之前就应当完成，以便顺利继承家产。但在史禄国先生的调查中，还有被继承人去世后才寻找继子的情况。如果死者无子，由其兄弟接替照顾遗孀，并把儿子过继给遗孀。过继必须通报本氏族及政府。① 此时，继子乃是过继给死者的遗孀，而非过继给死者本人。

此外，史禄国先生还记录了收养外氏族的例子：收养男子只限于小孩，一般为一对无儿女的夫妇领养外氏族的小孩。当小孩六七岁时，收养他的夫妇安排一场祭祀，告知其氏族的神灵，这个小孩就此离开原来的氏族及氏族神灵，进入新的氏族。② 但是无论从汉族传统还是满族自身规范来看，这种情况实属少见，《吉林他塔喇氏家谱》中就对抱养异姓为嗣的情况严厉禁止："异姓乱宗，例禁綦严，如有抱养异姓之子为嗣者，除将抱养之子勒令归宗，不准冒姓外，抱养之父母仍各从重惩以家法，以为乱宗者戒。"

（五）赘婿的继承

根据史禄国的记载，入赘男子在岳父死亡后，可以继承岳父的财产。③

四、达斡尔等族的继承习惯法

（一）达斡尔族的继承习惯法

据历史文献记载，达斡尔族早在明末清初前就已定居在黑龙江中上游和精奇里江流域。明朝末年，后金政权建立后，曾数次派兵征服黑龙江

① ［俄］史禄国：《满族的社会组织——满族氏族组织研究》，高丙中译，商务印书馆1997年版，第159页。

② ［俄］史禄国：《满族的社会组织——满族氏族组织研究》，高丙中译，商务印书馆1997年版，第73页。

③ ［俄］史禄国：《满族的社会组织——满族氏族组织研究》，高丙中译，商务印书馆1997年版，第160页。

地方，达斡尔人纷纷在氏族首领的率领下陆续归附后金，从此，达斡尔族地区开始处于清朝的直接统治之下。为加强对达斡尔等族的管理，陆续将归服内迁的达斡尔人编为牛录（佐）。清政府在达斡尔族地区通过采取编旗设佐，实行旗制，推行清律，认可习惯法等治理措施，有效实现了对达斡尔族的“因俗而治”。

依达斡尔习惯法，达斡尔族实行男系继承制。父母的财产需由儿子继承；养子对其养父遗产也享有继承权；如无养子则由近亲侄子继承；终身制赘婿，也享有继承岳父家产的权利。在有以上情况下，姑娘不能继承，否则，莫昆会议和莫昆成员有权干涉。另外，后继新萨满对其老萨满的法衣，也享有继承权。

（二）鄂温克族的继承习惯法

1. 索伦鄂温克原有的继承习惯法

在鄂温克族，一般是幼子继承父亲的财产，女儿没有权利继承。岳父的财产长期入赘的女婿有权利继承。养父的财产养子一般有权继承，但也分几种情况：（1）养子有权继承生前没有立遗嘱之养父的全部财产；（2）养子和亲生子一样平分家产，但也可以根据养子的意愿要更少的财产；（3）如果被收养后不久养父就去世了，而养母又改嫁，则养子仍回原生父母处，养父的财产原则上由亲近兄弟们继承，但也可以给养子一部分。①　生前无儿女之人死后，财产若无直系血亲继承则按下列方法处理：（1）生前没有立下遗嘱的人，死后财产由亲近的晚辈继承，但需负责死者的丧葬事宜；亲近的晚辈很多而不能确定时，则由“毛哄达”或老人按家谱由最亲近者继承；不过大多数人不愿继承无子者的财产。（2）一般情况下，死者的外甥无权继承其财产，只能由同姓近亲的侄子继承；如果生前留有遗嘱，死者外甥应尽照顾义务，那么在死者近亲属的见证下其外甥可以继承财产。（3）如果死者临终有言，要把财产转让于别人，那么就由

---

①　内蒙古自治区编辑组、《中国少数民族社会历史调查资料丛刊》修订编辑委员会编：《鄂温克族社会历史调查》，民族出版社 2009 年版，第 382 页。

被指定人继承，任何亲人无权干涉。①

财产转让：属于个人的东西可以让给自己的儿子、侄子、赘婿。在生前可以把自己的东西自由处分给他人，处分的对象不受是否是本“毛哄”或本氏族的人的限制，本“毛哄”的人也不干涉。如果生前没有遗嘱，个人的东西由“毛哄”处理。没有妻儿的，把东西给主动帮助他的人。其他“毛哄”的人不能插手。②

2. 驯鹿鄂温克的继承习惯法

在驯鹿鄂温克社会中，父亲死后其驯鹿、枪支等类的主要财产由幼子继承。养子有权利继承养父遗产；如果没有生子或养子，侄儿和外甥可以继承死者的遗产；长期入赘的女婿有权利继承岳父的遗产而女儿没有权利分得父亲的遗产。③ 兄、弟和其他血缘关系亲属也有权分得死者的部分遗产。其所得数量多少要由氏族长根据个人打猎技术的好坏来决定，遵循的原则是打猎技术好的人少得或不得，而技术差者多得。④

（三）鄂伦春族的继承习惯法

尽管鄂伦春族在社会组织上是采取氏族制度，在同一氏族内部实行财产公有制，但到了家庭公社晚期，个体家庭取代氏族成为基本单元后，家庭私有财产制度得到确立。从此，鄂伦春族的房屋、仓库、枪支、猎刀、熟皮工具、马匹、马具和猎犬等都归个体家庭私有了。而家庭财产私有制的集中体现，则是在对财产的继承和处理权限的固定上。

1. 遗产继承

进入家庭公社时期后，死者的财产不再归氏族公社集体，而是由其后代继承，在此基础上形成了一系列的遗产继承习惯法：

---

① 内蒙古自治区编辑组、《中国少数民族社会历史调查资料丛刊》修订编辑委员会编：《鄂温克族社会历史调查》，民族出版社 2009 年版，第 382 页。

② 内蒙古自治区编辑组、《中国少数民族社会历史调查资料丛刊》修订编辑委员会编：《鄂温克族社会历史调查》，民族出版社 2009 年版，第 28—29 页。

③ 卡丽娜：《驯鹿鄂温克人文化研究》，中央民族大学博士学位论文，2004 年。

④ 秋浦等：《鄂温克人的原始社会形态》，中华书局 1962 年版，第 130 页。

（1）父母死后，其财产由儿子继承；有若干个儿子的，则由父母生前在身边抚养父母的儿子继承；没有儿子而有养子的，则养子有权继承养父的遗产；死者无男性近亲属时，未出嫁的女儿继承其财产。

（2）若成年儿子先于父母死，已分家的也存在遗产继承问题。此时父母继承是原则，而女方姻亲继承则是例外。

（3）若成年儿子去世时父母已早亡，则其遗产由年幼的弟弟继承，一般是由最小的弟弟继承，此中体现的是兄长代行父母对幼弟的抚养之义。如弟弟早亡只有侄子时，则由侄子继承，如侄子多时，由最小的侄子来继承。这里体现的也是照顾幼小的原则。

（4）养子有权继承养父母的遗产。

（5）长期入赘者有权继承其岳父母的遗产。①

（6）妇女一般不能继承父母的遗产。即使出嫁后，娘家无亲兄弟，父母死后对其财产女儿也无权继承。除非娘家三代以内再无亲属，才可继承。此外，丈夫死后改嫁的妇女，不能带走丈夫的财产；但是对陪嫁马，也有带走的情形。这是由妇女在家庭中的地位决定的，在一个男权主导的社会，财产继承是男系单传，女性不享有独立的财产权。在鄂伦春族家庭内部，财产名义上是夫妻共有，但妇女无独立的财产处分权，而丈夫则可以自主处理家庭财产，尽管他也会因此遭到妻子的责骂。

（7）死者在世时已指定财产继承人时，其他任何人无权来继承。例如，舅父死前指定其外甥（异姓人）来继承时，死者的同氏族成员不管如何亲近也无权继承。如死者生前虽受到过外甥的体贴关照，但他死前不宣布外甥为继承者时，仍由其关系最近的氏族成员来继承，外甥则无权继承。可见，这里也体现了遗嘱继承优先的原则。

---

① 鄂伦春族的入赘分为三种情况：长期、限期和婚前短期，只有那种因女方父母没有男孩而招婿为子者，才能继承岳父财产。参见内蒙古少数民族社会历史调查组编《鄂伦春族调查材料之四》，第126页。

(8)死者没有关系亲近的氏族成员来继承遗产时,则由关系较远的氏族成员来继承,其他姓氏的亲戚没有继承权(除非死者生前指定)。不同姓氏或异姓氏族成员继承财产后,必须做好死者的善后。毕拉尔鄂伦春人传统习惯是对被扶养的鳏寡孤独者,不管他有无财产积蓄,当他死后都应尽可能地做好他的善后事宜。

2. 分家析产

兄弟分家,由父母主持财产分配。如发生争执无法解决时,由舅父决定,其做出的决定具有最终权威,必须服从;一般坚持诸子平分原则,但根据兄弟之间具体情况可有特别照顾,不过仍需在家长主持下说明,不能搞暗箱操作。

第二节　蒙古族继承制度

一、古代蒙古社会的继承习惯法

在父系家长制下的古代蒙古家庭中长子的地位比较高。在处理家庭内部事情上,长子有优先发言权。成吉思汗与儿子们讨论汗位继承时,对长子术赤说:"我子内你是最长的,说什么?"①另外,《蒙古秘史》载"合不勒合罕有七子,长名斡勤巴刺合黑,合不勒合罕因其最长,于百姓内拣有胆量、有气力、刚勇能射箭的人随从他"②。长子也可以被推选当别乞官。而在财产方面,古代蒙古人习惯,父亲的主要遗产由幼子继承。蒙古语称"斡惕赤斤",即灶君或主人、最小的儿子等意。按照这一习惯,蒙古帝国建立后,成吉思汗把蒙古的"奥鲁"③分给了最小的儿子拖雷。非正妻所

---

① 《蒙古秘史》第254节。
② 《蒙古秘史》第139节。
③ 蒙古语,明代汉译"老小营",指征戍军人的家属所在。大蒙古国时期,男丁充军出征,家属和童仆按千户在后方或随军从事生产,经营畜群和其他产业,供应前方,称为奥鲁。

生的孩子也同样可以分到财产。

二、成吉思汗《大札撒》残存内容所见大蒙古国时期继承制度

成吉思汗《大札撒》是蒙古族第一部成文法典，它对于了解13世纪前后蒙古社会政治法律制度有着很高的史料价值。学术界依据各类文献史乘所载片段残留史料，从不同角度、不同层面对其进行了研究，试图复原其原貌。因史料的严重缺失，这个问题似乎不可能被圆满解决，研究中仍存在着诸多问题尚待讨论。幸运的是，《大札撒》残存内容中，有与该时期继承制度相关的记载：

> 妾之子亦为合法，要按其夫之规定享有相当的继承权。对财产的分配年长者要多于年少者。正妻之幼子要继承父亲炉灶。

从上述内容来看，《大札撒》对家庭财产的继承以及贵族家庭妻妾地位有了明确规定，若父亲或兄长去世，除亲生母亲以外的亲属都有权分配遗产。这是北方民族自古以来的收继婚现象的遗存。

三、西库伦本《喀尔喀法规》所见清代蒙古地区的财产继承

《喀尔喀法规》是喀尔喀部以土谢图汗为首的汗、王、贝勒以及哲布丹巴呼图库伦的商卓特巴等自康熙十五年（1676）至乾隆三十五年（1770）间先后议定的十八篇法规及判例的汇编，是研究古代蒙古法律文化的重要史料。西库伦本《喀尔喀法规》第八篇（1709年三旗大法规之三）第25条（诺颜分配家产）规定：

> 又一条，凡诺颜给子女分配家产，禀报格根与汗，并在其扎萨克诺颜处登记盖印证明。无证明而诉讼争产，则无有效证据，［26b］其子女空口诉说，或断言“原来如此”，或以无人见证的文书为据，所诉均无效。由于诸子女间无差别，除人所共知的应继承遗产的儿子与人所共知的无权继承遗产的儿子外，其余子女应得到等分的遗产。若参与讼争遗产的所有子女的生母在世，即由其母

做主。①

从上述法条可知,诸子女享有均分遗产的权利。如果诸子女诉讼争产,除"人所共知"的应继承遗产的儿子以及无权继承遗产的儿子,余子女应当等分遗产。但是,此项规定有一个例外,即如果参与讼争遗产的所有子女的生母在世,如何分配家产则由该生母做主决定。

第三节 回族、维吾尔族继承制度

一、回族的继承制度

在伊斯兰教文化的影响下,回族穆斯林常常是具有血缘关系的宗族姓氏围绕清真寺而居,由此形成了"寺坊"群落。这种具有共同血缘与地缘关系的宗族聚居形式,构成了回族宗法文化的一个基本载体。这种族、教合一的社会结构形式在西北回族门宦制度中得到典型体现。例如,门宦制度中的父传子受,长子继承,就是将封建宗法制与伊斯兰教的教坊管理制结合起来的表现。诚如韦伯所言:"对祖先的祭祀……使得神法进入了家庭和继承法,并且在继承领域里,教堂的财政收入和遗嘱的有效性均在神法的控制之下。"②

丧葬制度是伊斯兰教法在穆斯林生活中的另一个重要体现。《元典章》中规定,在葬礼中,"禁治居丧饮宴",敢有违犯治罪,但"蒙古、色目人,各从本俗";汉族居丧须"依乡俗,以麻布为之",而"蒙古、色目人各从本俗",不在此列;汉族"居父母之丧葬事未毕,弟兄不得分财异居",但注明"蒙古、色目人,例从本俗"。

伊斯兰教法中,遗产继承的第一原则是遗产分配要公平,第二原则是

① 转引自达力扎布:《〈喀尔喀法规〉汉译及研究》,中央民族大学出版社 2015 年版,第 177 页。

② [德]马克斯·韦伯:《论经济与社会中的法律》,中国大百科全书出版社 1998 年版,第 231 页。

尽可能广泛地扩大遗产分配面。回族社会的遗产继承制度深受《古兰经》的有关规定的影响。回族家庭的法定继承人，一般依次为配偶、子女、父母、胞兄弟姐妹、前配的子女、配偶的父母、同父异母的兄弟姐妹。按照教法的规定，父母死后，子女的继承办法是：一子可得相当于二女之财产，若有两个以上女儿，则可由遗产的2/3分之。子女死后，若死者有子女，死者的父母可各得其遗产的1/6，若无子女，其父母均可得之，但其母只能得1/3。妻亡故后，其夫可得遗产的1/2，但若有子女，则在交付遗赠还清债务后，丈夫可得遗产的1/4。丈夫死后，若无子女，妻可得遗产的1/4，若有子女，妻可得遗产的1/8（4：11、12）。从上述规定可以看出，回族虽承认女子有继承权，但由于受汉族财产继承中主要承认男子继承权的习惯规定，因而实际上既未严格按《古兰经》的规定保留女子1/2的继承权，也没有明确反对女子的继承权。当父母亡故后，女儿可以按照遗嘱继承一些衣物之类的东西。如果继承人之间为继承遗产发生纠纷时，双方或多方认为没有必要诉诸法庭裁定的时候，可由阿訇或本家族的长者，根据教法的精神和原则，对当事人予以调解，达成协议以后，各方必须遵守；必要时各方以遵循"盟誓"的方式，凭《古兰经》立誓，保证执行约定，否则必遭诅咒和惩罚。

清朝法律中关于回族民事方面的一些法律规范较为分散，这些法条并没有经过整体的汇编，立法时也无完整的构想，是由一些单个事例发展而来的条文，缺乏统一性。其中较详明的主要表现在婚姻方面。至于在财产所有权、契约关系、财产继承等其他民事方面，清律中没有做专门的规定，与汉民同。于是回族能够在以清律为前提下，参照教内法则而处理财产、钱债诸事。

二、清代维吾尔地区的继承制度

清代维吾尔地区对继承的顺序和分配额是这样规定的："有子者财产归子，其女与前妻之子得分子之半；无子有女者，财产归女；子女俱无者，不立嗣，抚他人之子不得分财产，兄弟及亲戚均而分之；其妻无所出者，只分女所分财产之半。子先父母死，父母财产，例不得及于子孙。”①

第四节 藏族、门巴族、珞巴族的继承制度

藏族是勤劳、勇敢、睿智的民族，在漫长的历史征程中，创造了极其深远和独特的法律文化。在历经千年而绵延不绝的发展过程中，它一直焕发着强劲的生命力，深深地根植于藏族独特的本土文化土壤中，不但构成了藏民族独具特色的法律思维与法律制度，而且还不同程度地影响了其他民族和国家。

一、吐蕃赞普时期藏族的财产继承制度

吐蕃赞普时期②在藏族的整个发展过程中是一个非常重要的阶段。它的法律制度和法律文化独具魅力，对藏区影响深远。诚如张晋藩先生在徐晓光教授所著《藏族法制史研究》一书的“序”中所言：“吐蕃赞普时期的法制文明及藏族法文化是中华法文化总体覆盖下的一部分，弘扬中华文化也应包括弘扬藏族法文化在内……这些藏族法文化的因质在今天藏族地区的法律实践中仍然起着重要作用，有很多有益的东西值得吸取。”③接下来，我们以吐蕃赞普时期的财产继承制度为切入点，论述其相关法律制度和法律文化，以管中窥豹。

人类社会的继承制度大约产生于私有制社会时期，处在奴隶制时代的吐蕃赞普也是如此。但由于吐蕃所实行的法律具有诸法合体的特征，

① （清）王树枏等撰修，朱玉麒等整理：《新疆图志》卷四八《礼俗》，上海古籍出版社 2015 年版，第 857 页。

② 历史上的吐蕃赞普王朝（618—842）是西藏历史上第一个有明确史料记载的政权，第三十二代藏王松赞干布被认为是统一青藏高原诸多藏族部落、实际建立强大的吐蕃赞普政权的立国者。

③ 徐晓光：《藏族法制史研究》，法律出版社 2001 年版，序第 2—3 页。

其继承范围也就不能形成一个相对独立的部门法显得那么完善。因而只能从各部门法律条文中零散地规定继承方面的约定俗成之习惯法律。①如《狩猎伤人赔偿律》中规定："另一半奴户、牲畜留给其子女、妻室。如无子则归其父，无父，其奴户之半，不能予其兄弟近亲。妇人与牲畜之半则予其亲近兄弟。"②

分析以上法律条文内容，我们可以发现，吐蕃赞普时期的法律对继承人的范围、继承的顺序、标的都做了规定，其大致可以分为传统的亲系财产继承和其他财产继承。③

（一）继承人的范围

依据当时吐蕃赞普时期的法律规定，父母、子女、兄弟、妻室、近亲都在继承人的范围之内。

吐蕃赞普时期的法律中明确了父母遗产的法定继承人是子女的相关规定。

子女与父母的亲情、经济、抚养、赡养的相互关系和责任义务，子女未成年之时，一般由父母照顾培育抚养，受父母监护和教育。子女成年后，一般要承担起赡养父母的法定责任。吐蕃社会里如果丈夫死去，按规定妻室完全可以继承已故丈夫遗留的遗产，这种民事法律规定符合人类进步的继承权制度和婚姻家庭法律关系。

父母与子女之间的抚养、教育等的关系，也确定了子女的遗产父母可以继承的法律关系。

兄弟姊妹近亲之间，是旁系血亲中最近的亲属关系，他们也有承担未成年弟妹的抚养责任和教育义务。因而吐蕃赞普时期的法律将兄弟姊妹

---

① 参见阿旺：《吐蕃法律综述》，载才让等主编：《敦煌古藏文文献论文集》（下），上海古籍出版社 2007 年版，第 455 页。

② 王尧、陈践译注：《敦煌吐蕃文献选》，载 P.T1071 号，四川民族出版社 1983 年版，第 17 页。

③ 参见阿旺：《吐蕃法律综述》，载才让等主编：《敦煌古藏文文献论文集》（下），上海古籍出版社 2007 年版，第 455 页。

等近亲属也规定到继承人的范围。①

（二）继承的标的

在吐蕃赞普时期的继承法律规范中，继承的标的不仅限于财产、王位、告身，官职及相应的特权也都被视为继承权的标的。

（三）继承的顺序

吐蕃赞普时期的法律详细规定了继承的顺序。如子女和妻室优先继承；第二继承者才是父母，最后的继承者才是兄弟姊妹等近亲属。这是因为，吐蕃赞普时期，妻室既有继承丈夫遗产的权利，也负有转房的义务。如其拒绝转房，其继承遗产的权利也随之被剥夺。这种继承权有力地保护了妇女的财产权，不得不说是一种进步。②

二、清朝时期藏区的继承制度

（一）身份继承

在广大藏区，身份继承的种类有家长、部落首领、活佛、家族中的代表，身份继承的方式包括家庭继承、家族继承、社会继承、宗教意义继承。这种身份继承民事法律关系时至今日仍普遍存在于广大藏区。

（二）财产继承

在广大藏区，藏族的财产继承关系往往比身份继承更为复杂，有直系继承和非直系继承。直系继承表现为子女直接继承最为常见，最为普遍。另外有非直系继承，这种财产继承作为藏族部落财产继承的重要形式，普遍存在于各地，并具有一定的血缘意义和藏传佛教精神。③

---

① 参见阿旺：《吐蕃法律综述》，载才让等主编《敦煌古藏文文献论文集》（下），上海古籍出版社 2007 年版，第 455 页。

② 参见阿旺：《吐蕃法律综述》，载才让等主编《敦煌古藏文文献论文集》（下），上海古籍出版社 2007 年版，第 455 页。

③ 南杰·隆英强：《探究中国本土法文化：清朝藏族法制的初步解读》，《当代法学》2011 年第 3 期。

三、门巴族的继承制度

门巴族主要生活在我国西藏自治区的东南部一带，主要聚居地大概在错那县周围和等原县的门隅地方，剩余的居住在西藏墨脱、林芝以及我国西藏自治区错那县靠南的印度防控区。藏族和门巴族及珞巴族在古代吐蕃前后期是同一个大族，门巴族也有属于本民族自己的语言或方言——门巴语，但没有创立本民族文字，一般通用藏文。

在错那县的色目、贡日地区的门巴族，"如果家庭中只有一个女儿，招赘女婿上门，女婿也有继承权。在个别情况下，也有的父母将其财产由他最喜欢的儿子或女儿继承。"①

如在以往的墨脱县的门巴族家庭中，"父母死，儿子和未婚姑娘都可以继承家庭财产，如果分家，可以均分。已出嫁的女儿，一般不分，困难十分大的，可以分给一部分。"②在墨脱县的门巴族，"过去也有大家庭存在，据说在背崩措有一户 18 口人在一起住的。父母死后，财产由子女继承，男女平均分财物，土地一般只分给儿子，女儿一般不分。分给土地就要承担差赋。绝嗣户的财产根据死者生前遗嘱大多献给寺庙，作为念经的费用。"③

大约在公元 11—12 世纪，宁玛派（红教）传入门隅地区后，"门隅的寺庙多属藏传佛教宁玛派，可以娶妻生子。宁玛派的喇嘛若无子时，为维持寺庙的世代延续，一般都要招赘，且要求同一教派的寺庙子嗣入赘。如贤村的桑登曲林寺的喇嘛旦多没有儿子，因此就招基巴村同属宁玛派的次钦入赘，以使此庙得以维持。不找其他的人上门为婿，这是招婿的一种

① 吕昭义、红梅：《门巴族——西藏错那县贡日乡调查》，云南大学出版社 2004 年版，第 94 页。

② 《中国少数民族社会历史调查资料丛刊》修订编辑委员会和西藏社会历史调查资料丛刊编辑组编：《门巴族社会历史调查》（一），民族出版社 2009 年版，第 58 页。

③ 《中国少数民族社会历史调查资料丛刊》修订编辑委员会和西藏社会历史调查资料丛刊编辑组编：《门巴族社会历史调查》（二），民族出版社 2009 年版，第 104 页。

特殊情况。”①这样在家庭和继承制度上，寺院与家庭往往有很多相似的性质，这种做法也是门巴族宗教人士的一种继承习惯法。

四、珞巴族的继承制度

珞巴族是中国西藏自治区山南地区、林芝地区一个少数民族，主要分布在西藏东起察隅、西至门隅之间的珞渝地区。② 珞巴族社会是建立在父系制度之上的部落组织社会，各部落由若干氏族组成。很多习惯和理念还没有被新型的社会组织和政权机构所取代。珞巴族没有文字，因而也没有成文法。珞巴族主要依靠历史悠久的父系氏族制度，巩固和发展了自身的道德规范和风俗习惯，可以包括不同血统的氏族组成的 20 多个部落。西藏和平解放前，指导群众成员行为准则的法律，主要是在社会交往、婚姻家庭和经济关系以及部落成员日常的各种活动中逐渐形成的道德准则和社会规范，我们称之为习惯法。这些习惯法保证了珞巴族社会得以正常发展，并成为每个社会成员和整个群体的自觉意识和行为规范，对珞巴族各部落和氏族以及家族成员具有普遍的约束力。

按照珞巴族习惯法，父亲死后，遗产由在家的诸子共同分配：长子和幼子可以分到稍多的一份，未出嫁的女儿也分得一份；已分家的儿子和已出嫁的女儿一般不参加遗产分配。按照父亲氏族的继承原则和权利义务一致的原则，失去父母的本氏族幼年子女，氏族成员由近及远有抚养的义务，如果是女孩，长大后如同自己的女儿一样，卖出结亲；如果是男孩，要帮助他成家立业。遭遇不幸被外人掳去抵债者，同族人也有义务将其抢回或赎回，使其受到氏族的保护。

珞巴族的财产继承制度，基本上是子承父业的习惯法，但在自己没有

① 《中国少数民族社会历史调查资料丛刊》修订编辑委员会和西藏社会历史调查资料丛刊编辑组编：《门巴族社会历史调查》（二），民族出版社 2009 年版，第 139 页。

② 《珞巴族简史》编写组编：《珞巴族简史》，民族出版社 2009 年版，第 2 页。

儿子，或儿子没有成年或没有得到公认的继子的情况下，死者的产业则采用同宗继承法，由兄弟或侄子继承；如果没有兄弟或侄子，由堂兄弟继承。死者的遗妻也由兄弟继承。如果无儿子，已出嫁的女儿返家照顾父亲，应请几个证人，举行“西米阿旦”仪式（意为快死时吃肉）。其时，杀猪或杀牛给老人吃，在他临终前孝敬和照顾他，这样外嫁的女儿可继承财产。“西米阿旦”仪式，是判断是否享有继承权的主要依据。如果某人生前没有后代，按习惯他会找兄弟的儿子或近亲，并找几个证人，对他的后事留下遗嘱。如果他委托的继承人举行“西米阿旦”仪式，在他死后按其嘱托妥为安葬，这人便成为遗产的合法继承人。

在珞巴族社会中，妻子作为家中的一份动产，当其丈夫死后，她就成为丈夫的遗产，也存在被继承的问题，即“转房”，对亡夫的遗产没有继承权。如对西藏林芝地区米林县南伊珞巴民族乡的琼林珞巴村的调查发现，“民主改革前，琼林珞巴村民家庭中父亲地位最高，妻子地位等同于奴隶。现在琼林村夫妻双方处于基本平等的地位，过去那种不平等的情形得到了根本性的纠正。无论是过去还是现在，在琼林村子女赡养父母都是必须尽的义务。家庭财产一般由幼子继承，所以父母通常是和幼子住在一起。珞巴族由于长期以来存在重男轻女的观念，所以没有儿子的家庭几乎都会收养一个男孩子，而不会留女儿在家招婿上门，财产自然也是由收养的儿子继承。”①

在世界各国的父系制奴隶社会和封建社会里，女性的地位始终没有被提高，女性的人格也始终没有得到很好的尊重和爱戴。以往的珞巴族跟大多数民族一样，无论哪种形式的家庭，妻子都是绝对服从于丈夫的弱者，没有独立的人格，珞巴族保留的转房婚制度体现了父权制的这一显著特点。珞巴族的习俗或根深蒂固的习惯法规定，丈夫死后儿子未成年者，遗妻连同财产、子女都由其夫的兄弟继承。如已故丈夫没有兄弟或无合

① 龚锐、晋美：《珞巴族：西藏米林县琼林村调查》，云南大学出版社 2004 年版，第 158 页。

适的同胞兄弟，也可由侄子辈继承，或由同家族，甚至由近及远的同氏族兄弟继承。这种父系氏族夫兄弟婚的遗俗，是中国很多民族都有过的历史，也体现了氏族父权制视买卖来的妻子为家庭及其氏族的财产的观念，不允许任意流失。

第五节 西南少数民族继承制度

一、彝族的继承制度

彝族的继承习惯法丰富多样，既有财产继承，又有身份地位继承。在身份地位继承中既有强权等级限制，又有对妇女继承的适当考虑（相对于中原封建王朝来说）。他们重视血脉纯正与承嗣，但却不像汉族那样通过宗祧过继儿子来完成。他们宁愿家支或其主子吃绝业，保全家支利益胜过家庭利益。由于重视血缘与承嗣，他们宁愿多娶妻传宗接代；又由于诸妻地位平等，导致职位继承以及相关政治利益和荣誉继承时发生大的纷争。研究彝族继承制度具有重大意义，我们不仅可以看到其生衍发展的精神支柱及文化理念，也可以了解继承习惯法中的合理性与滞后性，从而可以更深层次地认识彝族与诸多民族婚姻家庭理念上的共性与个性。这就是虽然历经上千年社会变化，彝族习惯法犹如磐石，消融的只是冰山一角的原因所在。

（一）身份地位继承

“继承法最清楚地说明了法对于生产关系的依存性。”①彝族习惯法是建立在奴隶制所有制基础上的，封建性极其弱小。在奴隶制社会中的习惯法，其身份地位的确立与保证是其核心，习惯法全方位地规定了彝族各等级的地位与利益。身份地位主要表现在国家社会生活中的身份地位和家庭及家支内的身份地位。前者是通过接受封建王朝及中央政权的封

① 《马克思恩格斯全集》第3卷，人民出版社1960年版，第420页。

爵封官和财政支持世袭完成的，后者则是通过诸子承嗣完成的。它分为祭祀继承、职位继承、等级继承。

1. 祭祀继承

彝族崇尚祖灵信仰，“默德施之世，虔诚敬祖宗，设宴祭其祖，慕齐齐以下，追荐十一代”①。祖灵信仰构成了毕摩文化的一大中心，祖灵文化也渗透于人们从生到死的各个重要环节上，在习惯法与习俗礼仪中，形成了一整套祖灵信仰的规范与模式。以祖先崇拜为核心的神灵祭祀成为彝人人生常常经历的仪式。祭祀的严肃性与庄重性决定了主持者的权力与地位非同寻常。祭祀分为家庭祭祀与家支祭祀。在小家庭里祭祀由男主人主持，家支祭祀由毕摩或男性中德高望重的人主持。女子举行了成年礼后就不能再参加原家庭的祭祖仪式，逐渐从娘家族籍中失去祭祀资格，直到她嫁入夫家为其生育儿子后，真正拥有夫家族籍。“在祭祀权上，私生子只能祭祀生父及其妻的亡灵，而不能供奉亲生母亲的亡灵。”②所以，参与祭祀对彝族来说事关重大，祭祀由儿子来承继。彝族的立嗣是传男不传女，家庭中男性具有同等的继承权。表现在祭祀上，诸儿子都具有相同的对祖灵、神灵的祭祀权。

2. 职位继承

职位继承主要是针对接受中央政权封官的奴隶主（土司）而言的，土司在彝族集居地形成了一个特殊的阶层——兹（尼威）。他们的地位高于同阶层的黑彝。土司的继承充分表现了彝族继承制度的特点，即女性在继承中地位的特殊性。

在查阅史料时，我们发现从明代开始，女性就拥有对职位的继承权。不仅诸妻可以继承丈夫的职位，女儿可以继承父亲的职位，而且母亲也可以继承儿子的职位。明嘉靖四十二年“三月辛卯，以武定府土官知府风

---

① 贵州省民族研究所毕节地区彝文翻译组编译：《西南彝志选》，贵州人民出版社1982年版，第247—248页。

② 巴莫阿依：《彝族祖灵信仰研究》，四川人民出版社1994年版，第12页。

诏死，其母瞿氏袭，瞿氏走，举诏妻风索林自代，既而悔之，妇姑相争，瞿氏乃收异姓儿继祖入风氏宗，换其甥婿水西土舍安国享、建昌土官凤氏兵力，欲废索林，以继祖嗣，不克。索林谋诛继祖，事泄，继祖遂发兵图府，索林复抱印走云南。巡抚曹帐下令收印，令瞿氏暂理府事，待继祖，贵其自新。并逮索林之土总管郑竑系狱”①。云南楚雄也有类似的情形，“政举无子，妻袭又卒，其女奏乞袭知府，帝曰：黄考有成命，令袭同知。”②由于土司官位的特殊性，所以中央政权不能按照中原任职理念来强求对少数民族地区的官职承袭，造成了女性参与官职承袭的无序性，从而发生大规模的争斗。清代，以满族为主的统治集团同样对土司的承袭沿用明代政策。清雍正四年七月丙辰，“四川巡抚法敏题，建昌卫阿都宣抚司慕枝故，无嗣，请以妻禄氏承袭，下部知之”③。清雍正六年“……请仍授安承爵之女安凤英为长官司。约束凉山一带，其附近地区内地者惧改隶流官管辖，……”④封建王朝在管理边远少数民族地区采用女性承职，说明彝族上层女性的政治地位与法律地位较高，上层女性及其家支在当地具有一定的号召力，这也是彝族习惯法所赋予女性在继承法上的权利义务的延伸。但是，女性承职必须有一个前提条件就是无嗣子承职，这也就决定了女性参政的局限性。

职位继承是按照父子血缘关系，子承父业为先决条件的。但由于诸子皆有平等继承权，一般以长子为先，按年龄排序，如果诸子年龄相当又都幼小，由各自母亲代为执印。为了避免争斗，早在明嘉靖年，中央王权就采用法令形式予以规范“四月甲申，……兵部会吏部议上土官袭职条例。请通行各镇巡官，转行各土官衙门，将见在子孙尽数开报。务见其某

---

① 参阅（清）张廷玉等撰：《明史》卷三一四《云南土司列传二 · 武定列传》，中华书局1974年版，第8095—8096页。另见《云南土司传》卷二，吉林人民出版社1995年版，第530页。

② 江应樑：《明代云南境内的土官与土司》，云南人民出版社1980年版，第53页。

③ 《清实录 · 世宗实录》卷四六，中华书局1985年版，第703页。

④ 《清实录 · 世宗实录》卷六六，中华书局1985年版，第1003页。

人年若干岁，系某氏所生，应该承袭某人，年若干岁，系某氏所生，系以次，土舍未生子者，候有子造报；愿报弟侄若女者，所以后应承袭之人告袭，再行司府核堪无碍，方与奏请；除杂职妇女照旧彼袭替外，其余连人保送赴部替袭。其他纳谷敝政，一概禁革。仍请纂人续修《大明会典》著以为令”①。从中我们发现除土司以外的其余官职继承皆有成文法令予以明确，法律确立了妇女拥有从政权，这是中央王权因俗制夷的政策体现，时至20世纪初，这种继承制还实行。1927年，雷波县千万贯正长官司格阿哈去世时，无子，其职位原定由其女阿哈衣足承袭，但因其年幼（时年4岁），便由其妻沙马阿知即杨登良继位。

3. 等级继承

等级继承是由严格的等级制度所决定的，不同等级中的人继承自身所处等级是阶级性的表现，土司、黑彝、白彝、娃子其身份等级很难改变，他们各自继承父辈所处的等级。等级继承有一最大的特点是男、女同享其父辈所处的等级。如果同阶层不同等级的人产生婚姻关系，其后代有的继承父亲，有的继承母亲。如果一位男性曲诺与女性阿加结婚，其子女一半为曲诺，一半为阿加；反之，则第一个子女为曲诺，其余子女均为阿加。同样，黑彝等级里也有“诺比”“诺低”“黄骨头”之分，三者之间通婚的概率较小，所以其后代在继承上也无大的变化。

（二）财产继承

财产继承是继承制度中的核心，现代继承的概念是指被继承人死亡之后，继承人分割其财产的行为。彝族财产继承应分两部分，即儿子成家立业后从家庭中分出部分财产，即析产；另一部分是继承财产，即父辈死之后，从家庭中继承。彝族在财产继承时是债权与债务同时继承。另外，彝族的财产继承不仅是家庭内的继承，还包括家支继承和不同等级的继承，女性可以继承家庭财产，彝俗称为“某曲木登”，未婚女儿可以分得一

① 《明世宗嘉靖实录》卷一一二，“中研院”历史语言研究所1962年版，第2674页。

部分动产和少数奴隶与土地。彝族继承制度既体现了封建宗族制的特点,又体现了奴隶制的特点。

1. 继承标的规定

彝族继承标的范围广泛,有动产和不动产,也有奴婢娃子等特别财产。女儿在家庭中不享有继承权,但并不是绝对的,妻自娘家所带来的财产一般不参与分割。

2. 财产继承的分配及顺序

彝族继承遵循习惯法的继承原则,同时遵循遗嘱为先的原则。“死者留遗嘱,活人应听从”的彝言就是例证。遵循遗嘱是彝人财产继承中的一大要素,这与彝族祖灵崇拜是不可分割的。遗嘱为先甚至可以超越继承习惯法里的吃绝业和等级界限。1920 年雷波县的黑彝曲涅支系的阿土苏甘诉史家绝嗣。临死前,他立嘱,赠与自己的呷西木呷五锭白银为其娶妻,但死后,其家产和呷西木呷被近亲占有,木呷向家支德古诉苦,结果德古批评其近亲违反了遗嘱“诺苏架尾”,强制近亲分一块土地给木呷,并与之配婚。同样,昭觉县的黑彝马乌娘嫁到了木坡亭可家,丈夫去世后,绝嗣,马乌娘死时,留下遗嘱,让自己的哥哥吃自己的绝业,后人照办了。说明即使处于奴隶社会的凉山彝族在其继承习惯法上的完善与人性化。

彝族财产继承又是如何分配给他的继承人的呢?

(1)关于配偶的继承问题

原则上,妻子不能继承丈夫的遗产,只有在绝嗣的情况下,妻子有可能继承并决定其财产的分配。贵族妇女的私财,即陪嫁和生前归自己的一小部分财产由其女儿继承。如果发生意外,如妻子受到虐待致死,妻子家支里的姐妹也可能继承。

(2)关于子女的继承

在有儿子的家庭里,儿子是习惯法所规定的第一继承人。如果有多子,诸子平分遗产。如果有些儿子已结婚分家,在财产的分配上要比在家未婚的少分，应特别注意的是按彝俗，由幺儿父母送终，幺儿为其办理父母的丧事，给父母超度送灵，为父母灵牌安置于住地，所以幺儿在遗产的分配上可能多于其余儿子。

按彝俗，未婚女儿可以从母亲家继承财产，彝语称“某曲木登”，未婚女儿从某种角度来讲，她是法定继承人，她可以分得一部分动产和少量的奴隶与土地。

另外，在原则上，不动产由儿子继承。动产如饰物、服装、金银、牲畜、用品等由儿子和女儿平分。如果有两个以上的妻子，而且这些妻子又是分居，独立有了子女，那么，这些妻子死后，各自所生子女继承其家中财产。如果其中一妻无子，她死后财产归另一妻子的子女继承。母亲的私房钱、首饰、衣服归女儿，银子归儿子。如果家中丈夫去世留下债务，由配偶和子女偿还，子女幼小，可以由再婚的后夫代为偿还。

(3)吃绝业

彝族所称的“吃绝业”是指在没有儿子继嗣的家庭里，其父亲死后，财产由家支成员或其他人员获得，但这种形式的“吃绝业”又不是绝对的。彝语“吉隔色坡哲，诺隔伍尼哲，兹隔尔尼哲”即是指“娃子的绝业主子得，黑彝的绝业家门得，土司的绝业百姓得”。从这里我们发现，彝俗的“吃绝业”内容较复杂，不同等级里“吃绝业”的方式不同。

黑彝的绝业分配顺序是同胞兄弟——非同胞兄弟——堂兄弟，按血缘由近及远分配。如果没有同胞兄弟，死者的女儿可以分得一部分动产。明代，土司强大的地区，有的土司吃黑彝的绝业，但清末，这种情况几乎没有了。

曲伙继承权同样遵循黑彝的分配顺序和分配方式，但曲伙的绝业只有主子可以得到。如果曲伙所处的家支势力大，对主子的帮助较大，主子也可以不吃他们的绝业。按彝族早期的习惯，只要曲伙七代以内有继承人，主子是不能吃绝业的，主子吃绝业的产生是针对那些家支势力弱的白彝并且遵循以下例外：

其一，习惯法规定，主子只能吃由阿加上升曲伙的绝业。

其二，外来曲伙可以事前与主子商定或交赎金不允许吃绝业。如美姑县九口乡的赎金为：(1)每生一男孩送主子二十五至三十两银子；(2)女儿出嫁送三十至五十两银子；(3)折银，一匹马折银五两，一件新衣可折成银两；(4)通过劳役等相关隶属性负担来赎回。

其三，在为家支或主子的械斗中死亡的曲诺，主子不能吃绝业。

奴隶主(黑彝或土司)对其奴隶绝业产业的吞食是相当残忍的，他们会不惜一切手段和机会吃绝业。对于阿加、呷西来说继承权是无保障的，他们的人身权和财产权掌握在其主子手里，成为主子继承权的组成部分，所以，他们继承纠纷相对要少。如果阿加、呷西绝嗣，他们主子当然吃绝业，还不需巧立名目。对彝根阿加有时能得到绝业财产，那只是偶然发生而已。主子要想吃曲诺的绝业，会有准备和相关的理由。如果曲诺去世，儿子还小，主子可能吃绝业，名为代为管理，当曲诺儿子长大后可以索要，但一般是通过赎回或隶属劳动换回。另外如果曲诺有几个未分家的兄弟，其中一人去世，他会要求这兄弟几人立即分家析产，这样主子就会得到应分得的那部分。

综上所述，彝族的习惯法中继承制度内容丰富而又完整，不同地区根据其经济状况和习惯法的强弱来加以调整，其中既有奴隶制习惯法的继承内容，又有封建制继承法，也有两者兼容的成分，我们都不应厚此薄彼，应全面看待。

二、壮族的继承制度

(一)分家析产

在壮族地区，如果一个家庭人数较多，而且出现财产纷争，将会请中人作证对包括田地在内的家产房屋进行分配，或者家人虽然已经分居，但由于财产方面没有划分清楚，因此通过请中间人进行调解确定财产范围。

当事各方写下契约作为凭据，供后世遵守。壮族分家析产时，由于女儿一般都会外嫁，因此只有儿子成家并有子女后才会分家（如果某一家没有男丁，会招郎入赘），女儿不产生分家的问题。

以下是一份分田契约，反映了入赘、过继及嗣后财产处理的问题。

分田契约①

立遗书公分田产人潘氏，系本宗婶母，受赘为妇。昔我父潘良大，胞叔良厚兄弟二人，家业均兴。父叔两造无嗣。我父况育二女，次女适人，留我在家，招接赘夫潘金元承守家业，遗兴无废。因命蹇无嗣，而夫早逝，诚忠守孀无异。其胞叔所招同族侄子潘弟足为继，生有六男，长次已故。据道光十年，我凭妹夫廖光福、蒙良床二人，招接继兄弟足三男抚养为嗣，承管家业，顶当户口，待老送终。今已有孙，母子和睦无逆。因道光十九年，缺人佣雇，接第六男顾养在边，望长佣作，代他娶媳。年今稍长，得妻负思，留居多载，与家反目，意欲各爨。不已，经请房族中人，将家业均分。六三兄弟，各执拈阄受业，不敢拣择争取，各照分单各管。只奈老四老五二人，因见六得宠而四五望蜀，起欲争兢（竞），故以凭中又将仓头田一处，价值三两；又拉救田二丘，价值二两；又寨古朗东田三丘，价一两；又寨古八两。每两价禾六十六秤。此数处归与老四老五二人均占，乃在膳田分出。其余养老膳田，土名那梭田一段，苗禾三十屯，归与真接之子老三管业，永为子孙丧祭之田。六、五、四兄弟三人，不得扯动分散侵占。今我老口公分，兄弟各管业。今凭立书之后，不敢争兢（竞）□□生端，后悔异言。如有此者，任凭老三执字到官，自干其逆（罪）。六、五、四者，今恐无凭，确立分书合同，付与老三亲手收存，永远为据。

计开家业田山各处土名于后：

那梭田一处，禾苗三十屯，永为养老膳田，归与老三子孙管业。

---

① 广西壮族自治区编写组：《中国少数民族社会历史调查资料丛刊》修订编辑委员会编：《广西少数民族地区碑文契约资料集》，民族出版社2009年版，第162页。

又额外均分：

寨古田一处　奇乙山田边一处

更莺田一处　大盘山一处

房头田一处　达落山一处

仓头田一处　路朝竹山一处

此四处一共该苗二十二屯　此数老三管业

又浪枯田一处苗三屯

金玉

凭中人潘学纯

学美笔

道光三十年庚戌十一月十五日立

潘良大、潘良厚为兄弟二人。潘良大无嗣，大女儿即立分田契约的潘氏招潘金元入赘，次女出嫁。而潘良厚招同族侄子潘弟足作为继子，潘弟足生有六男。潘氏因入赘的丈夫潘金元早逝，将其叔父潘良厚所招的继子所生的第三子为继子，后因为人手不够，又将潘弟足所生的第六子收养在身边，为他娶了媳妇。然而老六忘恩负义，反目成仇，而潘弟足的第四、五子看到老六分得田亩，也想分得部分田产。立分田契约的潘氏为了保证真正过继给她的老三的利益，将自己所有的膳田分出一部分，由此老四、老五、老六分别获得部分田产，剩下均由老三所有，其他人不得再侵占。这份文书名为“契约”，但并无契约几方当事人共同签字的特征，实际上是立契人对于自己名下财产的单方意思表示。

以下这份分居合同书涉及的是同胞兄弟分家析产问题的处理。

分居合同书①

立凭据合同人，同胞潘学荣、学禄兄弟二人，于道光三十年分居

① 广西壮族自治区编辑组、《中国少数民族社会历史调查资料丛刊》修订编辑委员会编：《广西少数民族地区碑文契约资料集》，民族出版社2009年版，第163—164页。

各爨，家业田山等项，实依婶娘口断，拈阄均分，各管各业，立有遗书为据。又咸丰元年，兄弟斗墙之争，复请中人理论，其老屋归学禄住，其山土名打落山一处，作为养老之山，其杉树、竹木又石登山杉树一处，于矮山杉树一处，归与学荣作为另造新宅之资，凭中又立合同一据。至咸丰八年，又因房价不清，复又请中人理论，其房三间，上瓦下地以及屏风、灶柜、楼板等项，又磉墩二十个，受价禾四秤，此数项归与学禄。其余房头右边之地场，及房头小屋之瓦片，又龛堂一架，此数等项归与学荣管业。今凭中人断清之后，二比勿得翻悔，争竞斗墙，争长道短不清等语。如有此者，执字公照，自干其罪。恐后无凭，共立合同一样两张，各执收存，永远为据。

金玉

凭中人学旺

老四

学美笔

咸丰戊午八年三月十二日立

该份合同书虽名为“分居”，但立据的双方已经分居，仅因为对分居时的财产有争议，在请中人调解确定之后，就财产划分立下字据。

以下合同是龙胜县龙脊村侯金活在其兄侯金汉去世后清理财产与债务而立的字据。

分财产清单合同①

同治九年庚午正月初七为兄侯金汉身于正寝。

庚午年二月十二日为大嫂故世内寝，育侄女六岁为孤哀，年幼未知其情，是以当族亲戚面算，开列于后：计开各占祖父之田，恐后不知土名，开于内单：下饭横田上节禾苗六屯，下墨田乙处禾苗七屯，禾仓一个，瓦房三间，屋场地三间，慌（荒）田占下分谷四百斤，桥头田上

① 广西壮族自治区编辑组、《中国少数民族社会历史调查资料丛刊》修订编辑委员会编：《广西少数民族地区碑文契约资料集》，民族出版社2009年版，第167页。

升禾苗四屯,喇鱼田一处,禾稲(苗)二屯。

钉锅大小六个、钋锅大小五个。钋钉两个,送龙堡二妹在内:酒鎑菜坛七个,小坛钵头七个,大碗两个,锅斩(铲)一个,饭碗二十九个,酒杯五个。锄头三把,田基刀一把,小刀三把,斧头一把,大剪刀一把,小剪刀一把,锹一把,书柜一个,半边桌一个,四方桌一个,火钳一把。铧架一个,准宽(坎)一个,碓嘴一个,银梳一把,旁桶三个,水桶一对,石磨一付,桥桶一对,饭桶三个,花被窝一床。

我兄去世,共用钱十四千三百八十文结清,酒饭不在于内,下欠钱三千五十文,归与胞弟金活结还。

我嫂终世,费用钱二十千五百文,外送家溇(婆)裙一件,胸巾一块,又送家叔青麻布九尺一寸。

此张付与外岳,永远收存,二张一样。

当外岳廖金全未收。

当侯金活面立。

凭证房亲人　侯永福(收钱五十文)

侯金保(收钱五十文)

侯永贵(收钱五十文)

廖金秀(收钱五十文)

廖玉明(收钱五十文)

潘日映笔(收钱五十文)

同治九年庚午岁三月二十二日

在法律上,分家是现有家庭一分为二,涉及现存家庭成员之间人身与财产关系的处理,而遗产继承则是父母或其他家庭成员去世后对其名下财产的处理。在多数地方的壮族社会,只有儿子成家立业后才会分家;少数地方,如百色两琶乡,会存在女儿长大而分家的问题。即使是儿子成家立业后父母将财产的一部分分给他,事实上,在留下的那一部分财产中父母都会考虑女儿的份额,因为女儿出嫁需要嫁妆。而当父母去世,遗产继承一般都会涉及女儿的份额的问题。

（二）遗产继承

遗产分割时，儿子一般都会有继承权，除了适当照顾大儿子，几个儿子之间平均分配。在父母都去世的情况下，通常由家庭内的长者来分配，或者由舅公来主持。对于女儿能否继承父母所留遗产，做法不一，多数情况下女儿没有继承权，但父母明确要留给女儿的除外。

在百色两琶乡，“田产的继承方面，一般都是在子女长大成人后分家时平均分配给子女，不仅亲生子女能分得，就是收养的子女也可分得，当女儿或养女出嫁或招赘时也可分得田产。收养的子女能否分得，决定于养父母对收养子女的态度，如果养父母是将养子女看成亲生子女，养子女则可分得田产；如果养父母是将养子女当成雇工，就分不到任何家产。”①

在西林维新乡，财产继承的处理和汉族差不多，“父子相承，兄弟平分祖上遗下的财产。丈夫上门生下的子女，可继承妻子在自己家中分得的财产，丈夫则没有财产继承权，其中一部分子女还可以回到丈夫原家继承一部分财产。寡妇改嫁所带的前夫子女都有继承新夫财产的权利；如果没有儿子，女儿可以招婿，财产由女儿继承；没有女儿时，让过继近门子侄来继承财产。这些事务都由寨主来主持解决。”②

在龙胜龙脊，女子一般不能继承财产，而“没有儿子只有女儿的人家，多数会招郎入赘，财产此时就由女子来继承，但须将小部分田地分给较亲的兄弟或子侄，不然得不到亲属的承认，日后财产继承权就没有保障。如无嗣，经房族同意，已嫁的女儿及女婿可回娘家继承产业，但也要

① 广西壮族自治区编辑组、《中国少数民族社会历史调查资料丛刊》修订编辑委员会编：《广西壮族社会历史调查》（二），民族出版社2009年版，第199页。

② 广西壮族自治区编辑组、《中国少数民族社会历史调查资料丛刊》修订编辑委员会编：《广西壮族社会历史调查》（二），民族出版社2009年版，第183页。

分小部分田产给亲属，并立契约保障日后财产所有权。”①

不受业产字契②

立不受业产妻女字人，新寨廖永学、子胜富等，为背景（井）离乡，忘恩负德，以至老母妻儿，苦受饥馁事。缘我内兄系平段寨古潘日德妻梁氏夫妇等，膝下萧条无儿承祀。古云：不孝有三，无后为大。于前清戊戌年，我等自愿将次几年已一岁半命，与内兄抚回承继为扰，逐日含饴，情同己子。奈因家道寒微，衣食莫给，常时与人佣工度日，供养妻儿。该次子年行八岁，业已成人，更蒙就传易姓，更名潘福喜，迨其后年行三五，蒙为之娶媳廖氏。窃内兄一生，备历操劳，暇无半刻。讵料劳心过度，力倦神疲，于民国庚申年十一月内身故，遗下妻氏并子媳三人，依照守旧，于去岁四月，幸得诞见女孙，心不胜喜，讵料今年五月初一日，该次子顿起不良，人面兽心，不顾父母之养，无故逃出往外，四至访查，不知去向，无影无踪。上不顾父母，下不理妻儿。书云：父母在不远游，游必有方，是为人子之孝。我次子虽不能待其老母，养其妻儿，亦不可无遗嘱之句，无故奔逃，何能称其为子，则男子焉能称其大丈夫也。竟不知逆子之心如何，志向罪孽千重，不惟老母幼妻雏女失其所养，而反受其进退两难。为此，经鸣潘廖二比房族评论，任其内兄嫂与房族斟酌。以后或另招继儿承配廖氏，或廖氏愿意改嫁与人，我等亦不敢阻挡。该财礼任由多寡，我次子不敢收受分文，及内兄所遗之佃田、屋宇、山场、菜园等，业任由潘姓房族或留或卖，凡我廖姓亲房外族人等，不敢侵占毫芒。倘后我次子回家之日，防有外人滋事，言长道短，藉故生端，争其业产，索其工价，称以亲夫为权，父兄岂能逼子嫁妻。有此情形者，任由我父兄将逆子呈官究

① 广西壮族自治区编辑组、《中国少数民族社会历史调查资料丛刊》修订编辑委员会编：《广西壮族社会历史调查》（一），民族出版社2009年版，第110—111页。

② 广西壮族自治区编辑组、《中国少数民族社会历史调查资料丛刊》修订编辑委员会编：《广西少数民族地区碑文契约资料集》，民族出版社2009年版，第190页。

治，自干其罪。恐口无凭，立此不受业产妻女一纸，付与内兄嫂执照为据。

立字人　廖永学　子胜富

执字人　潘梁氏　潘福山

福庆

永道

凭中人　潘文保（共谢中人钱七百文）

训下依口代笔人　廖保元（钱五百文）

民国十一年壬戌岁七月十四日面立

以上字契，为龙胜县龙脊村廖家寨保留的文书。立契人廖永学的次子过继给潘日德承祀，并更名为潘福喜。潘福喜娶妻廖氏并生下一女儿，后来却不顾妻儿父母外逃。为处理潘福喜外逃所产生的后果，立契人廖家放弃与已过继给潘家的潘福喜的关系，宣布既不接管潘福喜父母妻儿的义务，也不承继其在潘家的所有财产，实为划清关系。

三、傣族的继承制度

（一）傣族的身份继承法律制度

身份继承又称宗祧继承，傣族地区，由于长期处于封建领主制阶段，因而不仅重视血亲关系，而且有严格的宗法制度，这从土司职位传袭上表现得最具体。傣族土司职位的继承一般采取“嫡长子”继承制，即所谓的“立嫡以长不以贤，立子以贵不以长”①。由于各级土司贵族实行一夫一妻多妾制，其政治身份的继承者必须是正妻所生的长子，无论其贤与否。这种继承主要是土司贵族政治身份的继承，土地、财产的继承倒在其次。

为了确保将各种封建权势及财产永远控制在封建领主手中，傣族封

① 《春秋公羊传》卷一《隐公元年》，见（清）阮元校刻：《十三经注疏》，中华书局 1980 年版，第 2197 页。

建法规对于嫡长子继承制做出了详细、具体的规定。如《孟连宣抚司法规》规定"母亲是婻(小姐),儿子应是召(官);母亲是百姓,儿子仍为百姓"①。根据《泐史》记载,西双版纳召片领自叭贞传至刀世勋,共39世,自傣历542—1318年,即1180—1956年,历时776年②。在这39世中,属于传长子或独子的就有21世。江应樑先生认为傣族土司袭职时须遵循的制度有:第一,嫡长为当然承袭人。第二,倘嫡长未袭职而死亡,则传嫡长孙。第三,嫡长死亡无嗣,则以次子之子,过继而承袭之。第四,土司本人倘无出,可过继兄弟之子为嗣而袭位,弟袭兄职是特殊情况,传侄的事,在各土司家谱中尚无此例。③

(二)傣族的财产继承法律制度

财产的继承,傣族贵族土司阶层与民间是不同的,贵族土司注重血缘,厚嫡长,其土司职位与统治权只能传给嫡长子,余子只能继承其父母的一些私蓄与土地管理上的部分特权而已,若无嗣,只能由血缘最近的亲属中过继承嗣,抱养异姓或旁支顶替是不可以的。傣族法规中对此做出了详细、具体的规定,如《西双版纳傣族的封建法规》规定:"祖父母或父母死,遗产未交代归谁继承,子孙后代为分遗产而吵架告到官府,召勐应将遗产分三份判决,一份赕佛超度亡魂,一份分给子孙,一份装进召勐的箱子。……夫妻白头到老,共同劳动积得了财产,若夫先死,男方家族亲属无权来争财产,应由妻子儿女继承,若无子女,也只能分走结婚时男方带来的财产,若夫遗言要分给妻子多少也应分多少。夫妻结婚立户时,双方亲属曾支援,后来死了丈夫,夫方亲属要分遗产,只能根据死者遗言及妻子的心意办,若先死了妻子也同样。招入的女婿因女方病故,又无子女,岳父岳母应将他夫妻俩共同劳动所得财产分一半给女婿;若招入不满

① 云南省少数民族古籍整理出版规划办公室编:《孟连宣抚司法规》,云南民族出版社1986年版,第67页。

② 云南省编辑组:《傣族社会历史调查》(西双版纳之十),《西双版纳召片领(车里宣慰使)世系简表》,民族出版社2009年版,第113—115页。

③ 江应樑:《傣族史》,四川民族出版社1983年版,第507页。

一年，没有子女，种田也未收获，姑娘就死了，岳父岳母要适当分点女婿的劳动成果给他带走。结婚时女婿送给姑娘的礼物如金银首饰要送还女婿，但结婚时请客办酒席的费用，不论花了几千几万，就不应赔，算白花了。已立户的夫妻双双死了，又无子女，其财产应归双方父母，若无父母，应归双方的家族亲属，若无家族亲属，应分一半给‘叭召勐’及‘西纳’，另一半赕佛超度死者。……凡子女单独立户或与父母同居，只要他对父母尽了抚养之责，应将遗产分一半给他。总之应根据对父母的亲疏、功劳大小来决定遗产的分配。继父与母亲婚后所生弟妹，若父母死，财产应平分，因是同母所生；若父亲娶继母，所生弟妹，因是同父，财产也应平分。若其双亲已死，父母领来抚养，后来父母又死，应将遗产分给他（义子义女）四分之一。大小老婆所生子女，都是同父子女，应平均分配遗产，不应歧视小老婆所生子女”①。在《孟连宣抚司法规》中财产继承项亦规定：“一、夫死，财产归妻；妻死，财产归夫；父母死，财产归子女；子女死，财产归父母；哥死，财产归弟；弟死，财产归兄；祖父母死，财产归孙男女；孙男女死，财产归祖父母；师父死，财产归徒弟；徒弟死，财产归师父，这是古规的遗产继承法。如果死者生前有遗嘱，按遗嘱分配继承。二、父母生育了四个儿子，排行为艾、依、桑、赛（即老大、老二、老三、老四）。后来父母双亡，没有留下遗嘱，其财产由官府派员帮助分配，共分为十份。长子得四份，老二得三份，三子得两份，老四得一份。这样的分配办法，就合乎法规的规定，因为长子赡养父母，应该多分。如果父母留有遗嘱，就按遗嘱分配了。三、父母生育了四个儿子，一个出家当沙弥、比丘；一个在家种田、经商赡养父母；一个在官府担任官职；一个专为父母保管家财，不让其损失。后来父母双亡了，其财产的分配方法是：分给出家当比丘的两份；分给经商、种田的一份；担任官职的儿子不应分配，因为父母养育了他，在他任官职后，父母没有得到他的什么好处。如果父母留有遗嘱，应分割给

① 刀光强、高立士译：《西双版纳傣族的封建法规》，《民族学报》1981年第1期。

他时，就按遗嘱办理。父母在世时，因为喜爱某个子女，曾分了一部分财产给他，当时给了的东西，不应拿来分配，他人也不能提出要求或责备。总之，凡父母有了遗嘱，就按遗嘱分配。……四、出嫁的女子和入赘的儿子，其财产继承权，应视出嫁和入赘时，是否以陪嫁分到了一部分财产，或者带着部分财产到女家。如果当时已得到一份财产，就不能再参加财产分配了；如果父母留有遗嘱，按遗嘱该分多少就分多少，没有遗嘱的，全部留给在家的子女；如果出嫁的女子和入赘的儿子家境贫寒，而父母的遗产又多者，应视其与娘家的联系情况来定，凡按家族关系紧密联系的，都应分得一份，因为谁也不能强行割断这种家族关系。五、凡死者留有遗嘱，不论遗嘱指定的合法继承人是奴隶也好，还是侄儿男女，都应按遗嘱办理。如果留有的遗嘱说，他的财产由奴隶继承，那么，必须将其祖辈留下的那一部分划出来，分给死者的家族亲人，剩下的属死者增添的那一部分财产，才属奴隶继承。六、父母的债权，由子女继承。例如，道帕雅借了债，死者的子女有权向他索要。不论谁借了，凡是父母放的债，子女都有权去索要，谁要得归谁，因为人死后，要债比较困难。……十一、多子女，父母死后，其财产继承权凡属不懂事或经常犯罪者，抑或是哑巴、憨人、聋子、瘫痪病人、瞎子、麻风病人等，不应享受财产继承权。但其他子女必须像父母在世那样，怜惜他们，分给一定数量的能维持生活的一部分财产和衣被。十二、死者无子女，又无家族，生前曾过继他人的子女为自己的养子，本人死后，财产归养子继承。…… 上述财产继承法，人人必须遵守。……遗产按下列顺序继承，第一顺序：配偶、子女、父母。第二顺序：兄弟姐妹、孙男女、祖父母。这里所说的子女，包括婚生子女与奴隶长期同居所生的非婚生子女、养子。兄弟姐妹，包括同父母的兄弟姐妹，同父异母或同母异父的兄弟姐妹”①。

从上述傣族法规中有关财产继承的规定中可以看出：第一，在傣族继

① 云南省少数民族古籍整理出版规划办公室编：《孟连宣抚司法规》，云南民族出版社1986年版，第20—23、130—131页。

承法律制度中,已经有了法定继承与遗嘱继承的区分,而遗嘱继承的法律效力高于法定继承,对于遗嘱继承的规定较为自由,且未见到对当事人立遗嘱的相关限制。只有在当事人未留下遗嘱时,方能适用法定继承。第二,在法定继承方式中,法定继承适用的范围较广,不仅适用于家庭关系中,也适用于师父与徒弟这种非血缘关系中。第三,对法定继承人的范围规定较为详细具体,如包括配偶、子女(婚生、非婚生子女、养子女、继子女)、父母、兄弟姐妹(同父异母、同母异父兄弟姐妹)、孙男女、祖父母等,并将上述继承人区分为两个继承顺序,此外对于法定继承人的资格做出了消极性规定,如经常犯罪者、聋哑人、憨人、瞎子、痴呆人、瘫疾病人、麻风病人等不享受继承权。第四,在法定继承中,宗教性的因素及封建领主死手权的规定。如在当事人未立有遗嘱,其法定继承人发生争执的情况下,其遗产分为三份,一份赕佛,一份归法定继承人,一份归封建领主所有。在死者没有法定继承人的情况下,其财产一半赕佛,另一半归封建领主所有。

四、土家族的继承制度

(一)锯牛角为约分家

在历史上,土家族人很早就意识到孩子长大结婚后独立成家的重要性,因为只有这样才能激发年轻人的权利、义务、责任意识。在土家族地区,有俗语为证:“树大要分桠,儿大要分家,女大要出嫁。”“葱不分不长,家不分不发。”将一只牛角锯成若干节,各人保存一节。等到将来太平了,子孙后代定有相聚之日。相认时,能接成一支完整的牛角,就是同祖族人了。

(二)立“分关”析产

兄弟分家,必立“分关”,就是凭证,这是土家族的规矩。兄弟分家包括祖传的家业,仅兄弟商议不行,必须请家族中有威望的族人和村寨首领参加主持公道,将财物搭配合理,并“口说不为凭,立据定乾坤”。

立分关很严肃，首先由家长公开家底，共同商议，公开分股，然后将各股名目写成字条，捻成砣子，应分得者，各人去拈，叫“拈阄单子”，拈哪一份就是哪一份，最后将各人分得的一股，包括父母的养老股写成“分关”，各股当事人画押（签字），族人及首领签名，“分关”方能生效，受到社会各界的承认和维护。各人分得的田地、大牲口以后如要出卖，首先要卖给族人，本族无人买，才能卖给外族人，而且各兄弟还须得“中人钱”一份。

（三）家产继承

家产继承，如田地房屋，原则是儿子有继承权，女儿没有继承权。土家族人认为，“养女是人家的人”，“只吃得肉，吃不得骨”。家产就祖业的继承份额方式，普遍是按口均分，谓之“口份田”。分家的时间，有的是每个儿子一结婚就分家，未出嫁的女儿，或未成婚的幼子，一般与父母同居，要适当多分一些好田好土，俗称“姑娘田”，以供食用和备办嫁妆；父母所分的田土，也要好些，俗称“养老田”。

土家族人民很重视家庭财产的继承，有内容丰富的财产继承方面的习惯法，对财产继承人、继承原则、顺序等作了具体规定。若父母去世，谁为父母办衣棺丧事，田土就由谁继承；女子出嫁了，田不能带走，留给同居的父母，无父母者，归同居的兄嫂；没有子女的人家，可以过继子女，一般是过继弟兄的后裔或同族的后裔，但须当着族人举办过继拜祖仪式，然后按字辈取名，表示是血亲了，有权继承家业；若不过继子女，在临终时，由家族人主持丧仪，议决家产的处理。谁继承谁就负责扫墓祭祀，或将家产收归祠堂，由祠堂负责祭祀；义子也有家产继承权，但异姓子没有家产继承权，土家族习惯法禁止异姓子承宗，即有“异姓乱宗”之说。异姓子一般为养子或乳子，是不能上族谱和祖先牌位的，一旦其养父养母去世，族人就将他驱逐走。在古代、近代经常发生驱赶或杀害养子惨案。

对于出卖继承的财产，也有规矩。家产祖业要出卖先要征求族人意见，若族人要买，得卖给族人；若族人不买，才能卖给他族。一般不到走投无路，是不能变卖祖业的，认为这是“败家子”“报应崽”。卖祖业，要请人去寻买主，俗称“中人”。卖价由中人从中周旋，中人将买卖价协商好了，就由买主备办酒席，请卖主及卖主家族、做中的人来写买卖字契，卖主、中人、写字契人及卖主族人，都得在契约上签字画押，卖契方能生效。买主须给中人、卖主族人分送签字画押礼，吃签字画押酒。

现在土家族地区，依照《民族区域自治法》及相关法律法规，当父母去世或姑娘出嫁了，他们所承包的田土山林鱼圩，一般都照过去家产继承办法进行转让移交，地方政府不得干涉，尊重民族风俗习惯。

第六节　苗族、瑶族、黎族等的继承制度

一、苗族的财产继承制度

苗族习惯法中的继承制度，与婚姻家庭有着密切的联系。现就继承的原则、遗产的种类、家族继承、遗嘱继承和绝业遗产的归宿等分别阐述。

（一）继承的原则

1. 保护继承权的原则

继承权是以所有权为前提的，不保护社会成员的继承权，对其所有权的保护是不完全的。苗族习惯法的继承范围一般是配偶、子女、父母、兄弟或者尽了赡养义务者。继承顺序根据继承人与被继承人血缘关系的远近以及尽义务的程度来确定，首先是配偶、子女、父母（包括有赡养和抚养关系的继子女、继父母）；其次是在兄弟、叔伯、本家族中确定尽义务者。继承一旦形成，继承权受社会习惯法的保护，他人不得侵犯。

2. 权利和义务相一致的原则

家庭成员间的赡养和抚养义务与财产继承的权利有密切的关系。尽义务多的多分，尽义务少的少分。例如，父母去世后，子女中谁愿意跟父

母住在一起,所尽赡养义务多,则家产、财产理应多得。兄弟间分家后,谁没有与父母住在一起,所尽的赡养义务自然就少,所以在分割家产、财产时,相应就少些。在一个家庭里,几个儿子长大结婚后可以分家。一般情况下,有几个兄弟就分为几份家产和田产,另外还单独留有“养老田”。兄弟间分家时,可以根据长幼先后分出,也可以一次分定。谁尽了赡养父母的义务,谁就有继承“养老田”及老人部分家产的权利。

3. 男性继承原则

苗族基本上以男性继承为主。这是苗族古代社会父权制延续的习惯遗风。苗族家庭的子女中,男性的继承权相当突出。祖父母去世,遗产由父辈(即父、叔、伯)继承,姑母无继承权;父母去世,遗产由儿子继承,儿子中有几兄弟,就分割为几份,姐妹无继承权;父母去世,或儿子也去世,或无儿子,其遗产由叔伯家庭男性继承;如果无叔伯,则由本家族亲缘关系最近的家庭男性继承。如果无家族成员继承,或者家族中无人愿意继承,那么,该遗产作为绝业遗产处理。

苗族中的女性一般没有直接继承权。她们的继承权依附于男性(或父母、或丈夫、或子女)。女儿出嫁时,父母尽其所能给她们置办嫁妆。嫁妆含服饰、银饰,或农具、家具等。其耗资也不小,有时甚至要变卖某些家产。兄弟对此一般都很支持。出嫁以后,不管父母是否去世,都只能以客人的身份回来。有的地方,回娘家连锅灶都不许触摸。无论离婚返回,还是改嫁他人,终身都是如此,更不用说继承遗产了。在现代,有的苗族地区有所改变,家中没有儿子,则由负责安葬其父母的女儿及女婿继承,如贵定县仰望乡上坝寨苗族村民金居堂,无子,有三女,妻子先过世,其家产是房屋一幢和生产、生活用具。金居堂去世时,所有的安葬费用全由大女儿、大女婿负担,其房屋及各项家产也归大女婿家继承。说明妇女还是没有独立继承权。

媳妇在公婆去世后,只能与她的丈夫共同享有以丈夫名义所分得的财产。如果离婚,除了原父母所给的嫁妆可以带走外,任何财产都不能带走。

寡妇如果不改嫁则继承丈夫的遗产。如果她改嫁，也只能带走自己的嫁妆。至于她与亡夫生前共同劳动创造的财产，在一般情况下，均不能带走。但有时改嫁的寡妇也可以带走与亡夫共置财产的一部分，前提是必须征得本家族的同意。至于不动产，这是绝不能带走或变卖的。

家庭无子，或儿子丧失自理能力，实行养子过继，俗称"抱养崽"，即收养子。收养子的范围一般在本家族的堂兄弟中儿子较多、关系较好的家庭中寻找。收养子的形式，一般与对方的父母商量妥当，然后请本家族或本村寨的几位长者，加上养父母和养子一起，祭祖后，宴请大家，家族社会认可，即可完成养子过继的程序。有条件的人家可以杀猪、宰鸡鸭，宴请亲朋好友；无条件的人家，粗茶淡饭亦可。养子对养父母有赡养送终的义务，有继承养父母家产田产的权利。作为养子，对原父母是否要尽赡养和送终的义务，由本人根据能力来定，但他一般没有再继承原父母财产的权利。

4. 为姑娘提供便利原则

在继承父母遗产的问题上，一般来说，苗族姑娘是无权问津的。因此，苗族姑娘在出嫁的那一刻，未出门就开始流泪，一出门就泣唱《哭嫁歌》。从向父母兄弟告别开始，对曾经使用的炊具、农具、家具到曾经劳动的地方，一一道别，荡气回肠，声泪俱下，感人肺腑。如果新郎家距离五里地，她可以哭唱三里地。《哭嫁歌》现在固然已经成为一种感染力极强的礼嫁文化形式，人们已经不再认为是姑娘为了计较父母的财产而哭泣。但是，《哭嫁歌》在离别兄弟的歌词里，曾有这种意思："你们有幸与父母朝夕相依/你们有幸得到父母的温暖/你们得祖宗田犁/你们得父母地耕/你们得牛马祭祖宗/你们得瓦房遮风雨/我们打一把伞就离去/两手空空向你们道别……"①对比之强烈，令人心碎。这是对姑娘没有财产分割

① 转引自吴荣臻总主编：《苗族通史》（五），民族出版社2007年版，第665页。

权的一种哭诉。应该说，这种哭诉是自父系氏族社会产生时就开始的。很多在苗族的史诗、古歌、古理词里面，都反映了这样一个事实。苗族最先是嫁男而不是嫁女，后来因为劳动力等原因才改为嫁女而不是嫁男。这就是母系氏族社会向父系氏族社会过渡的远古记忆。几千年的出嫁，几千年的哭诉，这提醒苗族的父母们，因为苗族姑娘没有财产的继承权，做父母的必须给自己的姑娘在财产方面提供相应的补偿，它也提醒苗族的兄弟们，应该知足，不要在遗产问题上闹纠纷。给予姑娘补偿的方式具体表现为：

①姑娘进入少年、青年时期，父母就注意让姑娘向嫂嫂或姐姐们学绣花、编织花带、画蜡染布、绣花、织布，准备出嫁的衣料，这些自制或父母帮助制作的工艺品要花许多时间，价值也较高，全归姑娘所有。

②姑娘帮助父母种田种地、养猪、养牛，除了解决一家的生计外，凡出卖得利，父母都把一部分现金给姑娘，让其保存或买项圈、首饰、腰链等银饰和衣料，这些属于姑娘所有。这体现姑娘的劳动成果，鼓励姑娘不断地劳动，多创劳动价值，出嫁时由姑娘带走。

③划一片地（称姑娘地）给姑娘种棉花，用来纺纱、织布，种蓝靛来染布或种其他农副产品出售，所得的产品，换取的现金，全为姑娘所有。

④在林区，如父亲或兄弟砍树锯板子、烧炭、劈柴卖时，父母也故意安排姑娘去卖，卖得的钱归姑娘所有。清水江流域苗族有种“姑娘林”的习惯，家里生了姑娘，就种一片杉木，等姑娘长到18岁，林子也长成，将林子砍伐出卖，作为女孩的嫁妆①。

⑤姑娘利用农闲去劳动所得的收入全归姑娘所有。

⑥父母专为姑娘做的出嫁的银器（借来的除外）、服装等全归姑娘所有。但银器待姑娘年老或离世后，由舅家收回一部分，有的也不收回。

⑦有的地方姑娘出嫁后，兄弟分家时有几个姐妹就留几份田，称“姑

---

① 黔东南苗族侗族自治州地方志编纂委员会编：《黔东南苗族侗族自治州志·林业志》，中国林业出版社1990年版，第58页。

娘田”。这种姑娘田在私有制时,可以由姑娘自己去种,直到姑娘年老、离世时由舅家收回。也可以由舅家耕种,但必须是某位舅种某位姑娘的“姑娘田”。逢年过节,舅家必须拾米或送粑粑去探望这位姑妈(姑娘),一直探望到她老了为止。如果姑娘家没有兄弟,就由姑娘的亲生父母明确由哪位堂舅乐意认某姑娘为姑妈,负责该姑妈直到年老。并由这位堂舅赡养姑娘的亲生父母,以后这位堂舅可以继承这两位被赡养老人的财产。过去姑娘没有继承权,随着社会变革,现在有的地方姑娘同样有全部或部分继承权。

⑧有些人家比较富裕,父母自愿把一部分动产,如银器、布料、木料等送给姑娘,这部分财产归姑娘所有。

⑨姑娘出嫁后又离婚的,姑娘有权回娘家或舅家同住、同吃、同劳动,直到改嫁为止。改嫁时父母或舅舅同样为姑娘准备一些出嫁的礼品。

⑩除了上述姑娘权利外,姑娘出嫁到男方家,过一段时间,如姑娘与丈夫的父母、兄弟分居时,父母还送去农具、家具、炊具等财物,帮助她独立生活,直到她年老或去世。以上实物所有权全归姑娘所有,父母、兄弟不得收回。

5. 长者协商判定原则

对遗产的继承,分有协商继承和非协商继承两种。非协商继承指父母已故,只有一个儿子而无兄弟或养子的,由儿子直接继承,无须协商;父母已故,只有一个养子的,养子与亲生子享有同样权利,直接由养子继承,无须协商;儿子虽有两个以上,但尚未分家的,父故母继,母故父继,无须协商;儿子已故,父母继承,无须协商;等等。

协商继承指“非协商继承”以外的各种继承。它们都需要进行协商,在此基础上,不管意见分歧与否,最后都请本家族或寨上的长者几人到场判定。协商继承是在继承人之间对遗产利益的分割。要求所有的继承人到场,大家在哀痛的氛围中进行协商。通常都能比较顺利地按以上习惯法原则进行协商分割。但也有意见分歧或产生纠纷的,这时,长者既是公证人，也是判定人，一经判定则具有习惯法定的效力。

在协商继承中，无论有无纠纷，如果没有长者判定，就不具有法定效力。反过来，该协商而未协商，长者也无从判定，也不能判定。

判定继承，较为复杂的，也可立字据为证；不甚复杂的，口头议定即可。

（二）遗产的范围和种类

在苗族习惯法中，遗产是指苗族家庭成员死亡时遗留的全部个人财产，其范围包括房产、土地使用权、山林使用权、实物家产、货币及其他财产等等。

房产、土地等属不动产，实物家产和货币财产属动产。不动产只需划定，一般不能分拆；动产需要具体分割并拆散。

房产包含固定于房屋上的砖瓦、柱板、门窗及地基（使用权）等。土地包含耕田、耕地、灌渠等。山林包含山地、林产以及固定于山林的护林设施等。实物家产包含各种建筑材料、家具、炊具、农具、家禽、家畜、粮食、肥料、房内外的禽畜、棚具、衣物、棺料以及各种工具等。货币等其他财产包含钱币、银饰、银两及有关宝物等。

寡妇改嫁时，她和已故丈夫共同创置的房产、林产、田产、家产、财产等不动产一律都不能带走，作为原夫家的遗产处置。至于和丈夫在世时共同劳动所得的货币、衣物等，也可以适当带走一部分。带走多少由本家族长者到场与子女等协商断定。

（三）家族继承

苗族的家族继承是指直接继承人中无男性，为防止财产流出族外，而由本家族血缘关系相近的男性继承的习惯法规则。也就是说，父母已故，无子女或有女无儿的，由叔伯或者家族继承。如果男性一直未婚，一旦去世，则由其兄弟家庭或本家族继承其遗产。这些情况称为家族继承。

家族继承要在承担处理好被继承人有关事务的前提下，才能实施。例如：被继承人无子女，谁是家族继承人，谁就有义务将被继承人的后事处理好,如果继承人能力不够,可以变卖被继承人的部分遗产作为补充。如果被继承人有女儿,家族继承人除了处理好被继承人的后事以外,还有义务将其女儿当作自己女儿或妹妹一样对待,有义务处理好她的婚事,置办嫁妆,如果能力不够,则可以处理部分遗产作为补充,一定要使嫁妆达到相应的质量与数量,让家族的人们认可。然后,家族继承人作为舅家要经常走访被继承人女儿这门亲戚。

家族继承属协商基础上的长者判定继承。由谁享受家族继承权,要依照血缘亲疏的先后。如果没有较亲的兄弟、叔伯,那么就在整个家族中寻找最接近的亲属关系。

同时还要考虑继承人的自愿。例如,较亲的兄弟或叔伯都不愿意家族继承,那么在本家族中如有谁愿意家族继承,也可以跨越这个顺序。家族继承的确定原则和程序:一是亲疏顺序;二是自愿;三是判定继承的权利义务;四是由长者最后判定。

长者到场协商一旦判定,继承人的权利和义务就产生习惯法定效力,继承人的继承行为就处在家族社会的舆论监督之下。如果继承人草率处理被继承人的后事,或者对被继承人的女儿未尽到应尽的义务,那么,将被本家族长者和众人指责。这种舆论的否定,往往影响到被指责者参与群体的行为。换句话说,在今后宗族的群体活动中,被指责者的行为将受到限制,同时也很难得到群体的帮助。

(四)遗嘱继承

遗嘱继承是指继承人按被继承人的遗嘱进行的继承。死者的遗嘱在"协商基础上的长者判定原则"中起着决定性作用。在苗族中,长者判定时一般都尊重死者的意愿。

限于文化和文字的原因,苗族的遗嘱大多为口头遗嘱。临终前的被继承人,除了无法说话以外,继承人都希望听到他们的遗嘱,其遗嘱就是继承的重要依据。在被继承人去世后的继承协商过程中,遗嘱不仅体现为被继承人的意愿,而且在生者的心目中,遗嘱更重要的是体现为一种灵魂的声音。苗族群众一般崇拜神灵，崇拜祖先。年迈的被继承人，其遗嘱在后人心中自然具有相当的权威。所以只要遗嘱涉及的继承范围，一般都照遗嘱继承。

遗嘱除了对后事的安排意见外，在遗产继承方面，对一般涉及的或者易于争议的问题说出自己的意见，或者是指定祖传秘方的继承人，或者是指定祖传工匠技艺的继承人，或者是债权、债务情况交代等。其中，祖传秘方一般按亲疏传给后代，而工匠技艺的继承则可以不受亲疏关系限制，有的可以在家族以外指定继承人。

遗嘱继承具有较大的习惯法定效力。

（五）绝业遗产的归宿

绝业遗产是无继承人的遗产。在苗族中出现绝业遗产的情况有以下几种：

一是无家族继承人的绝业遗产。在既无继承人，又无家族继承人的情况下，其遗产为绝业遗产。二是有家族而无子继承的绝业遗产。无子继承，按理一般可以在家族中由家族其他成员继承。但是，被继承人如果被苗族群众认为是“鬼”或“蛊”的携带者，或者属于“恶死”的不正常死亡，那么，家族中一般无人愿意继承其遗产，其遗产为绝业遗产。三是被继承人去世，继承人外出他乡多年，且不知去向，几十年杳无音信的，其遗产为绝业遗产。

对绝业遗产一般做如下几种处理：(1)如果被继承人的女儿较多，本家族将其遗产全部变卖，做供养其女儿长大直至置办嫁妆的费用。如果其遗产不够支付，其女儿由本家族收养。(2)如果绝业遗产不多，则全部变卖做死者丧葬资用，或者谁安葬死者，谁继承此遗产。(3)除了“鬼”“蛊”的携带者或“恶死”的遗产要火化外，所有各种绝业遗产一律充为本家族或本村寨公用。

所谓“恶死”，也称“凶死”，苗语称 das yangf 或 das axvut，在苗族社会中属不正常死亡。诸如产妇难产死亡，产妇未满月死亡，坠崖死亡，作恶后被官家斩首、枪毙，还有以前犯乡规后被沉潭死亡等等，都属“恶死”之列。对“恶死”者的遗产，一般情况下，非直系亲属都不愿意继承。该情况若属绝业遗产，多数家族连充公都不愿意，往往一火焚之。

二、瑶族财产继承习惯法

瑶族的财产以生活资料为主，也包括生产资料、家庭财产、个人财产。继承财产的顺序，除了子女在家庭的地位决定之外，有的地区还以婚姻方式来决定。赘婿、寡妇限条件地继承。瑶族习惯法一般都强调财产继承的非外流原则，维护家族、家庭的既有财产。

广西金秀的长毛瑶（茶山瑶、花蓝瑶、坳瑶）的家庭，是以父权为中心的。故掌管家财的大权，一般都操在男子手里，只有在个别情况下，丈夫不能很好地掌握家务，而妻子却又比较能干时，妇女也可以掌家。另一种情况，就是留女招赘的，妻子怕丈夫不忠实，会把她的家产拿回娘家去，也不会让男子掌家。

习惯法规定，家庭中父母健在的，一般都由父亲掌家，只有父亲年纪老了而自己又不愿再费心操持家务时，才把财产大权交给下一代。儿子掌家之后，凡一切生产计划和家庭大事，还是要事先和父亲商量，听取老人的意见然后才能决定。

长毛瑶的家庭习惯法采取“一脉单传”为继承宗祧的原则，家中财产，即由留在家里的儿女享受。没有亲生儿女，收养的子女，也同样可以享受财产。如果家庭富有，要留两个儿女在家时，到他（她）们婚娶之后，财产就照两份均分。“云南瑶族的财产继承一般采取幼子继承制，如无儿子，则由幼女继承。但以幼子或幼女继承多数财产并赡养父母并非是绝对之事，如父母认为某个并非幼子或幼女的儿子或女儿更孝顺，或幼子、幼女因各种原因难以承担赡养老人之责，父母也可以另选子女以承祖业。所谓幼子或幼女继承，并非由他们继承所有的家产，而是获得分家时父母所得的份额和祖屋。分家时村里的寨老和家族的长者参与协商。财产在儿子之间平分,父母也占一份。女儿只在出嫁时有若干陪嫁,不得参加分财产,但终身上门的赘婿可参与平分财产。”①

三、黎族的继承制度

黎族由于地处偏僻,生产力低下,因此原始社会的时间很长,即使进入了父系族公社时期,甚至到半封建半原始的社会时期和现代社会的今天,黎族的习惯法也受到母系家庭习俗(如“不落夫家”)遗留的影响。相对于现代法律概念上的继承主要指遗产继承而言,黎族传统习惯法中的继承并不限于遗产,而且还有身份上的权利。同时,继承可以在被继承人死后进行,也可以在其生前以分家析产的方式进行。这种具有民族特色的继承制度是黎族在其自身历史发展过程中形成的适应社会生活和自然选择的行为规范,得到了黎族人的普遍认同和遵循,在维护人口繁衍、促进社会安定方面发挥了举足轻重的作用。

(一)析产与继承并存

黎族传统社会经济发展水平较低,一般家庭都不是很富有,家庭积累的财产多通过分家析产的形式在父母生前分配给成家的儿子们。黎族的传统继承制度有别于中国古代的分家析产及继承,在家庭财产的处分中呈现分家析产与继承并存的形式,有遗产不外流的民族特色。

梁治平认为,在中国古代汉族习惯法中,析产迥然有别于继承,“析产只涉及家庭财产的分割与分配”②。古人强调的析产的“产”是“同居共财”之共同共有的产。与汉族习惯法中的分家析产不同,黎族析产之“产”是父母之产,不是家庭的共有财产。因为黎族分家析产是产生于儿子结婚成年,脱离家庭独自生活之时,所分财产是儿子未成年时期的财产,儿子对这时期的财产取得基本上没有贡献,“产”仅是父母之财产。

在中国古代国家法中为了防止供养有阙,至少至唐以降,“总是禁止

① 徐祖祥:《瑶族文化史》,云南民族出版社2001年版,第259页。

② 梁治平:《清代习惯法:社会与国家》,中国政法大学出版社1996年版,第75页。

父母在别籍异财”①。黎族的分家析产也不同于中国古代国家法层面的“别籍异财”。黎族社会中的家庭一直是父母加子女的小家庭，不存在汉族社会所推崇的四世同堂的大家庭，长者的供养问题是通过另外一种制度来安排的，如：在合亩制地区，生产发展以合亩为单位进行，小家庭成员是合亩团体中的一员，无论是亩头还是亩众，分家析产仅仅是基于小家庭基本生活资料的分配，老年人、长者的供养由合亩团体供给，也就不存在供养有阙的担忧。

“继承制度乃是宗法的而非财产的”②，与戴炎辉论述的汉族继承制度不同，黎族没有形成宗祧概念，“家产的取得即不宜视为遗产的继承”③这一论断不适用于黎族传统社会。在黎族传统社会里，通过分家析产取得财产与继承遗产共同构成子女（主要指儿子）对父母积累的财产的两种分享途径。分家析产是儿子对父母生前财产分享的方式，遗产继承则是父母死亡后剩余财产的再次分割，分家析产与遗产继承并行不悖。

身份继承只是部分存在于首领身份继承中，黎族社会里首领一职多为世袭的，因此也就存在一定的身份继承。

依照黎族习惯法规定，普通遗产只能在氏族内部和家庭成员之间分配，防止本氏族成员的遗产外流，以维护继承中家族成员的切身利益以及家族的整体利益。至于一些特殊形式的财产，则是特殊处理，比如女性的嫁妆，则只能由女儿取得，儿子不得觊觎。

对于一般的黎族小家庭来说，财产的继承是秘密的④，是家内的事，不足为外人道，所以遗产的处理多是在家庭内部自行处理，一般不借助外力。另外，由于黎族人没有孕育出自己的文字，遗嘱也就因载体缘故而基

① 梁治平：《清代习惯法：社会与国家》，中国政法大学出版社 1996 年版，第 76 页。
② 梁治平：《清代习惯法：社会与国家》，中国政法大学出版社 1996 年版，第 75 页。
③ 梁治平：《清代习惯法：社会与国家》，中国政法大学出版社 1996 年版，第 76 页。
④ 黎族习惯法调查小组 2008 年 7 月 25 日访五指山市南圣镇亚南下村黄中平记录。载于《调研笔录》，海南大学法学院图书馆 2008 年 7 月。

本缺失。

（二）黎族传统继承制度的基本内容

1. 分家析产与嫁妆的取得是子女分享父母生前财产的习惯法途径

黎族社会里，由于上述原因，父母的财产分生前与死后两个环节处置给子女，死后处置的是典型的遗产继承，生前处置则是一种特殊的习惯法途径，即分家析产与嫁妆的取得。这两种形式不同于现代民法意义上的赠予，其最大特点是不依赖父母的意愿而发生，而是基于习惯法规定事由（儿子成家或女儿出嫁）而必然发生的。

（1）分家析产是儿子结婚成家对父母财产的一种分享途径

分家析产即父母在世而诸子因成家等原因分配家庭财产，黎族谚语曰："树大树分枝，儿大儿分家。"①除独子家庭外，多子家庭在儿子长大成人后一般都要分家，黎族传统社会分家现象十分普遍。

在黎族习惯法中，"妻子落夫家，建立小家庭，并不意味着成为独立的生产和消费单位，这是因为家庭刚建立，生产资料以及一些日常生活必需品，如锅碗瓢盆等，尚未具备，需逐年逐件准备。这期间，夫妻俩还须与父母同耕共灶，少则一年，多则三五年，待条件成熟后才分出去。有的人虽然具备了分家的条件，但弟弟尚小，未结婚成家，也不会分家，而是与父母分住不分灶，待弟弟成家后才分出去。"②"一般来说，分家时父母都要为将分出去的孩子盖好新房，这所房子也就相当于给新婚夫妇的一部分财产。"③"分家时，父母会把一些财产，如粮食、田地、牛、猪、鸡、果树以及日常生活必需品分给他们，以便他们能够进行独立的生产和生活。"④

---

① 白沙黎族苗族自治县地方志编纂委员会编：《白沙县志》，南海出版公司 1992 年版，第 289 页。

② 王学萍主编：《中国黎族》，民族出版社 2004 年版，第 146 页。

③ 张跃、周大鸣主编：《黎族——海南五指山市福关村调查》，云南大学出版社 2004 年版，第 219 页。

④ 王学萍主编：《中国黎族》，民族出版社 2004 年版，第 146 页。

到父母年老不能劳动也不能自己照顾自己时，兄弟中谁愿意照顾父母，谁就可以得到父母名下的那一份财产。一般幼子承担赡养父母的义务，为父母养老送终。①

(2)母亲的嫁妆只能由女儿取得

黎族家庭中存在一项比较特殊的财产，即女子出嫁时娘家赠予的随嫁物品。由于黎族的家庭都不富裕，所以妻子的随嫁财产并不会价值很高。一般而言，该随嫁财产是由女子的母亲赠予的，例如筒裙、银簪、手镯、耳环，等等，这些财产是黎族女子在结婚以后所拥有的自己的独立财产。当她的女儿出嫁时，她也会把这些属于自己的东西赠送给女儿，随嫁的财产一代一代在女子一方流传下来。

2. 身份继承仅适用于部分首领

传统黎族社会中由若干个血缘氏族联合在一起，组成一个简单的社会组织形式——峒。"峒有峒首，负责管理全峒内部的生产生活与处理成员之间发生的一切问题。"峒长死后，一般不另选，由其子继位，无子则由弟继。②

"合亩制"是海南黎族部分地区历史上长期盛行的一种特殊经济文化现象。"合亩制"的首领为亩头。亩头身份的继承原则，是按班辈长幼依次充任，即兄终弟及。亩头若无弟，或弟先于亩头死，则由兄之子继任，如果亩头死时，既无弟也无子，或子年幼，则由全体亩众另行决定亩头。黎族"合亩制"地区，还有收养义子和因投靠而结为龙公龙仔关系③的情况，收养的义子"要拜义父的祖先，改为义父的姓氏，不能和义父有血缘关系的女儿结婚"④，如果龙公或义父是亩头，则龙仔或义子

① 王养民、马姿燕：《黎族文化初探》，广西民族出版社1993年版，第39页。

② 陈立浩、陈兰、陈小蓓：《从原始时代走向现代文明——黎族"合亩制"地区的变迁历程》，南方出版社、海南出版社2008年版，第56页。

③ 投靠人为寻求经济、政治上的保护，通过改姓等程序与被投靠人形成近现代法意义上的收养关系。黎族合亩制地区称被投靠人为"龙公"，投靠人为"龙仔"。

④ 陈立浩、陈兰、陈小蓓：《从原始时代走向现代文明——黎族"合亩制"地区的变迁历程》，南方出版社、海南出版社2008年版，第63页。

在一定条件下能够继承亩头的身份。“原乐东县番阳乡抱隆村王老易父亲死后无亲生的儿子，义子王明享继承了他的全部财产，后来还当了亩头”①。

在峒长和亩头身份的继承中，突出地体现了女性在黎族传统社会中的重要地位。历史上也确有女性继承峒长身份的案例：“黄氏年老无子，请以其女袭封，朝廷从之……弼，宜人黄氏侄也。嘉定九年五月，诏宜人王氏女吴氏袭封，统领三十六峒。”②“王二娘者，黎之酋也，夫之名不闻。家饶于财，善用其众，力能制服群黎，朝廷赐封宜人。琼管有令于黎峒，必下王宜人，无不帖然。二娘死，女亦能继其业。”③明代田汝成《炎徼纪闻·蛮夷》卷四“黎人”条载：“峒各有主，父死子继，夫亡妻及。”清代《黎岐纪闻》写道：“其俗贱男贵女，有事则女为政”“遇有事妇人主之，男不敢预也”。④ 不仅如此，在合亩制地区，是否有妻子是作为“合亩”内考核亩头的条件之一。“丧妻独身的人，哪怕在合亩中辈分再高，也不能担任‘亩头’”⑤。

3. 遗产继承是再次分割父母剩余财产的习惯法途径

(1)父母身后财产(含债权)构成遗产

在黎族生活地区，由于自然条件的艰苦，生产工具的落后，家庭成员一般都一起劳动，劳动的所得全部交给家里，由于所得甚少，家庭成员一般不可能保留自己特有的财产，夫妻俩共同支配家中的财产，也使黎族家庭中并不存在私房钱的概念。因此，黎族传统社会的财产继承的遗产较为简单。

但是，一些富裕的地区，可供黎民继承的财产范围广泛，“每个家庭

---

① 陈立浩、陈兰、陈小蓓：《从原始时代走向现代文明——黎族“合亩制”地区的变迁历程》，南方出版社、海南出版社2008年版，第63页。

② (元)脱脱：《宋史》卷四九五《蛮夷三》，中华书局1974年版，第14220页。

③ (宋)周去非：《岭外代答》卷二《海外黎蛮》，广陵书社2003年版，第7页。

④ (清)张庆长：《黎岐纪闻》，光绪三年刻本。

⑤ 王养民、马姿燕：《黎族文化初探》，广西民族出版社1993年版，第53页。

都有属于自己的房屋、田地、牛只、竹林、果树等财产”。①

(2)继承人以男性为限

黎族继承习惯法,以血缘关系为继承的基本条件,以履行赡养义务为继承的重要环节。凡能孝敬父母、养老送终者,才有资格享有继承权利;分家析产时,与父母在一起居住,承担赡养义务多者多分。自立门户尽赡养义务少者少分。② 即使在同等财产份额的情况下,多尽义务者也有优先选择的权利。“有的地方是谁养父母和料理父母的后事,谁有继承权。”③例如美孚方言地区,如果养子对养父母不尽赡养义务,那养父母只好将财产传给侄儿继承,并由侄儿抚养照顾老人及为老人送终。④

黎族直系血亲中的男性占据了继承的主导地位,黎族家庭财产采取父系继承制,只有男性后嗣才有继承权,一般最小的儿子多分一份。其他兄弟也有继承权,但在分家时父母已经分给财产,一般不再继承或少有继承。⑤ 黎族习惯法中财产的所有权原则上属于男子,死者无嗣,继子继承,无继子则兄弟的孩子继承。⑥ 入赘女婿也有财产继承权。入赘的女婿一般都视为家庭中的一员,他将承担岳父母的养老送终义务。岳父母死后,财产由他来继承。⑦ 女子虽然参加家庭劳动,但没有财产继承权。⑧黎族人认为女子嫁人后,就是人家的人了,而黎人在习俗里一直是“财产不出室”。不仅出嫁的女儿没有继承权,未出嫁的女儿一般也没有继承权,妻子在夫家也没有继承权。但是夫亡,不回娘家且不改嫁的寡妇可以占有、使用和管理丈夫留下的财产,等儿子成人时,由儿子继承亡夫的遗

① 王学萍主编:《中国黎族》,民族出版社 2004 年版,第 146—147 页。

② 张跃、周大鸣主编:《黎族——海南五指山市福关村调查》,云南大学出版社 2004 年版,第 219 页。

③ 王养民、马姿燕:《黎族文化初探》,广西民族出版社 1993 年版,第 76 页。

④ 符兴恩:《黎族·美孚方言》,香港银河出版社 2007 年版,第 221 页。

⑤ 王学萍主编:《中国黎族》,民族出版社 2004 年版,第 112、147 页。

⑥ 王学萍主编:《中国黎族》,民族出版社 2004 年版,第 147 页。

⑦ 王学萍主编:《中国黎族》,民族出版社 2004 年版,第 147 页。

⑧ 王学萍主编:《中国黎族》,民族出版社 2004 年版,第 147 页。

产。合亩制地区，寡妇只带上原属于她自己的那部分财产如衣裙、席被、首饰（项链、手镯）以及部分钱、粮回娘家。经家族同意寡妇可以招赘，后夫在不离开前夫家族的前提下可分享前夫的财产，待两人死亡后，其财产由其儿子继承。①

（3）以概括继承、无遗嘱为继承习惯法的原则

①幼子具有优先继承权

黎族习惯法上的法定继承主要是幼子继承制，与汉族嫡长子继承制不同，黎族实行幼子继承制。兄弟几人围坐一起一边吃饭一边商量，黎族人对于私有财产的占有观念并不深，所以大都很谦让，一般会把多数遗产让给小弟弟继承。②

幼子继承制的原因，首先，在黎族妇女"落人夫家"后形成的父系家庭中，幼子为亲生子的概率更大，为维护血统的纯正性，需要推行幼子继承制。其次，幼子尚幼时，尚需父母抚养，父母年迈时，幼子年富力强，能够更好地照顾父母。这种继承制合情合理，为黎族社会所广泛遵循。

由于黎族传统社会经济不发达、遗产简单、民风淳朴、家庭关系和谐，所以，幼子继承的习惯法规则，既能够满足简单的遗产继承关系的需要，也能够达到育幼与养老的目的。又由于黎族是没有文字的民族，口头遗嘱具有很大的不确定性，所以，除了法定的幼子继承外，没有、也不需要遗嘱继承。

②概括继承是遗产继承的前提原则，被继承人遗留债务必须清偿

黎民在继承财产的同时，无论是租佃、抵押、典当、借贷哪一种法律关系，都由继承者从被继承者那里原封不动地承袭下来，继续承担其特定的权利和义务。在继承过程中，"债务不死""父债子还"习惯法内容被普遍认可和严格执行。继承人接受继承后，对被继承人所欠债务，应倾其所有，予以全部清偿。当债务超过遗产的实际价值时，也要设法清偿。只有

① 王学萍主编：《中国黎族》，民族出版社 2004 年版，第 147 页。

② 王学萍主编：《中国黎族》，民族出版社 2004 年版，第 147 页。

放弃继承者，可以不承担偿还债务的义务。严禁只继承财产、债权，而拒绝继承还债的义务。缔结契约的方法以刻木为契、砍箭为信、结绳记事、书面契约 4 种为主。借贷不能偿还的，无论过了多久子孙都可拿借据前来讨债。[1]

③无继承人的遗产由家族或村寨处置

在黎族家庭中，父母去世，遗产由儿子继承，一般是由赡养老人的小儿子继承，也有几个儿子将遗产平均分成几份继承的情况；没有亲生儿子，可以过继兄弟之子或收买养子、招上门女婿为继承人；未招收养子、未招上门女婿者，其家产由本家族从亲到疏血缘关系中的男性继承；如果老人只有女儿，而且已经出嫁不能照顾老人了，那么就可以由老人家族中的一位近亲来照顾老人，老人的田地归他耕作，收获归他分配，日后老人的财产也由他继承；[2]如果无家族成员继承，或者家族中无人愿意继承，该遗产即由家族或村寨收归所有。

当家庭中妻子一方身亡了，如果没有女儿继承，那么她所随嫁的财产就会成为陪葬物品。

（三）繁衍人口是黎族传统继承制度的首要功能

由于黎族社会的自然环境十分恶劣，随时都会受到生命威胁，面对这样的生存状况，人们必须团结起来，依靠群体的力量才能保护自己。在这种情况之下，维持一定的人口数量是非常必要的，这就使得人类本身的生产显得尤为重要。体现在黎人的继承制度上就是分家析产与继承并存、继承以赡养为条件、养子赘婿有继承权等特点。同时，在“不落夫家”习俗影响下，黎族继承习惯法还体现了母系社会的遗留，如女性没有继承权，但却可能承担身份继承的重责。

---

① 王学萍主编：《中国黎族》，民族出版社 2004 年版，第 112 页。

② 张跃、周大鸣主编：《黎族——海南五指山市福关村调查》，云南大学出版社 2004 年版，第 219—220 页。

1. 分家析产是基于生存资料的基本需要

"对财产的最早观念是与获得生存资料紧密相连的,生存资料是基本的需要。"①黎族家庭人口少,大多数黎族父系小家庭,通常只有一对夫妻及子女。上文已经论述过黎族的分家析产不同于汉文化下成年诸子均分②"同居共财",而是因为儿子结婚建立家庭时给予基本的生存资料,如新房、粮食、田地、牛、猪、鸡、果树等日常生活必需品。对于生存资料无法一次性分给另立家庭的夫妇的,直到生存资料配备齐全为止,夫妇即使另立家庭也可以与父母合灶吃饭。

黎族特殊的分家析产产生的原因与社会经济低下的情况有关,但更多的是反映了在相应的经济条件下,析产并非是基于多余财产的分配,而是满足黎族小家庭人口生存的必要需求,是以生存繁衍为根本目的的。

2. 幼子继承保持血统延续

新中国成立前仍存在的"不落夫家"习俗使黎族人生活中的两项重大事件——婚姻的成立与家庭的产生——之间发生了时间上的脱节,婚姻缔结后并不随之产生家庭,而是以女子怀孕定居夫家为建立家庭的标志。黎族社会并不强制未落夫家的女性对丈夫保持性的忠贞,非婚生子女的存在也就不足为怪了。对非婚生子女,黎族习惯法表现出与现代家庭法同样的宽容心,按习俗规定,女子出嫁但私通怀孕的,不允许在娘家分娩,需要到夫家分娩;而夫家和民间也认为这是正常的事情,生下来的婴儿,是夫家的成员,孩子的命名和抚养都是由夫家负责办理。

虽然分家析产中诸子是同等对待,但是,相比于给予基本生存资料的分家,幼子赡养父母及优先继承更具有遗产继承的意义,在黎族传统继承制度中占据重要的位置。因为相对于"不落夫家"习俗中所生的兄弟来

---

① [美]路易斯·亨利·摩尔根:《古代社会》(下),杨东莼、马雍、马巨译,商务印书馆1977年版,第533页。

② 唐宋以来的法律,都把强制性的"均分"奉为析产的一项基本原则。参见梁治平:《清代习惯法:社会与国家》,中国政法大学出版社1996年版,第76页。

说,幼子是母亲在夫家后怀孕所生的孩子,肯定是父母的血脉,而幼子的年龄最小,年轻力壮的幼子更能够承担赡养父母的任务。所以,幼子优先继承不仅能保持父家血统的延续,还能更好地尽赡养义务,这种继承习惯是黎族人们为更好地生存和繁衍所创制的规则。

3. 继承以得到赡养为最终目的

无论是幼子优先继承,还是收养的义子继承、建立投靠关系的龙仔继承、招入赘女婿继承,甚至近亲属继承,黎族继承制度都是以赡养为条件。如果诸子或其他继承人没有履行应尽的赡养义务,财产所有人还可以剥夺其继承权,把遗产留给赡养自己的人。赡养人得到遗产的制度也得到黎族人的普遍认可。

由此可见,财产所有人以得到赡养为最终目的,一切为了生存是黎族社会自然环境下,人们遵循的基本法则。

4. 女性身份继承与财产继承体现母系习俗遗留

"在氏族制度建立之后,就出现了第一条继承大法,它规定把死者的所有物分给其氏族的成员。"①由于"不落夫家"习俗的存在,黎族家庭最大的特色就是,夫妻双方从出生到婚嫁组成家庭,再到死亡,分属于两个不同的集团。丈夫的死即宣告小家庭的解体,女方会被接回娘家由娘家的亲属照顾,即使夫妻双方得以终老,妻子也要埋在娘家墓地,认娘家的"祖先鬼"。女子从出生到死亡,都归属于她娘家的血缘集团。

由于黎族母系氏族时代的长期影响,婚姻家庭习俗中仍保留有母系氏族时期的遗风,女子即使出嫁也与娘家亲属保持密切关系。比如,女子出嫁后,仍然被公认为原来家族的一个成员;按惯例妇女不必为自己的丈夫洗涤和缝补衣服,但却有为自己已婚的兄弟和孩子缝洗衣服的义务;已出嫁妇女患病或难产要"做鬼"时,必须念娘家的而不是婆家的祖先鬼名;丈夫死后,寡妇即回娘家和自己的父母兄弟一起生活,照顾回娘家居

① [美]路易斯·亨利·摩尔根:《古代社会》(下),杨东莼、马雍、马巨译,商务印书馆1977年版,第535页。

住的寡妇，成为她的娘家亲属应尽的义务。又如，妇女患重病要抬回娘家治疗；若患重病死在丈夫家，也要把遗体抬回娘家，由其父母或兄弟主持丧事，将其葬在家族的公共墓地里，其遗物也归其亲兄弟所有。

在妻子“不落夫家”时，夫妻两人对对方没有什么责任和义务，尤其是女子，她的权利属于她娘家的父亲而不是丈夫。所以，父系制的产生同时剥夺了妻子的财产继承权，而女儿因为嫁人在另一“氏族”组成新家庭，基于“财产不出室”的观念，女儿也没有父母的遗产继承权。女性去世后的特殊财产，如嫁妆、首饰等并不属于夫家的财产，所以不作为普通遗产继承给儿子，只能由女儿获得，没有女儿的即成为随葬物品。但是，受到母系习俗的影响，女性地位尊崇是黎族社会普遍的价值观，如果没有儿子，也会产生未出嫁的女儿继承父母首领身份的情况。

特殊的历史形态、社会经济条件和生存环境形成了独具黎族特色的继承制度。黎族社会长期孤悬海外，人口增殖是其生存的基本保证，面对恶劣的自然环境，分家析产、幼子继承、以赡养为条件就是黎族社会在长期生存发展过程中为生存和繁衍选择的制度保障。女性能够继承首领身份及没有遗产继承权，是这个少数民族在历史长期发展演变过程中，母系习俗遗留影响而形成的制度规则。黎族继承制度的产生是符合其社会独立发展的内部规律的，使黎族的继承习惯法不仅适应父系家庭的维持，也符合传统的母系民族时期的习俗遗留的价值观，是黎族传统法律文化自主发展的重要例证。

第五章　中国传统继承制度的近代转型

第一节　晚清修律与《大清民律草案》继承编

1840 年海禁大开后，中国悠久的自然经济结构遭到破坏，商品经济迅速发展。至 19 世纪末 20 世纪初，资本主义性质的民族工商企业，已在社会经济生活中占有一定地位。由此而形成的遍及城乡的，复杂的财产关系和人身关系，已经不是原有的零散残缺的民法渊源所能调整的，因而迫切要求制订新的集中的民事法律，以推动中国民事法律由传统向近代转型。

此外，西方私法文化的输入，也使得开明的官僚和士大夫的法观念发生了变化。他们抛弃了重刑轻民的传统认识，力求打破沿袭二千余年的“诸法合体、民刑不分”的法典编纂体例；热切思考着制定独立的民律。至 19 世纪末，康有为在光绪二十四年（1898）《上清帝第六书》，通称《应诏统筹全局折》中，明确提出制定：“民法、民律、商法、市则、舶则、讼律、军律、国际公法。”①虽然康有为对于民法、民律的概念缺乏科学的界定，但他把制定民法作为维新变法的一部分的观点是鲜明的。

在此背景下，“厘定民律，图治之要”已经成为时代的呼声。光绪三

① 中国史学会主编：《戊戌变法》第二册，上海人民出版社 1957 年版，第 200 页。

十三年五月（1907年6月），民政部奏请速定民律，理由如下："查东西各国法律，有公法私法之分。公法者，定国家与人民之关系，即刑法之类是也。私法者，定人民与人民之关系，即民法之类是也。二者相因，不可偏废……民法所以防争伪于未然之先，治忽所关，尤为切要。各国民法编制各殊，而要旨闳纲，大略相似。举其荦荦大者，如物权法定财产之主权，债权法坚交际之信义，亲族法明伦类之关系，相续法杜继承之纷争，靡不缕晰条分，著为定律……窃以为推行民政，澈究本原，尤必速定民律，而后良法美意，乃得以挈领提纲，不至无所措手。拟请饬下修律大臣斟酌中土人情政俗，参照各国政法，厘定民律。"①这个奏折论证了速定民法的理由，介绍了西方各国民法的大略，展示了民法的调整对象，也初步规划了制定民律的方针步骤，因此圣旨批准："如所议行。"②

光绪三十三年七月二十六日（1907年9月3日），张之洞在《遵旨核议新编刑事民事诉讼法折》中，也阐述了编定独立民法的主张。此后，宪政编查馆大臣奕劻、修订法律馆大臣沈家本等清廷主管其事的官僚多次上书条陈制订民法的重要性和具体实施步骤。社会舆论方面也广为呼应，光绪三十二年（1906），《时报》发表《论改良法律所应注意之事》一文，就对立法修律诸问题发表了意见。在朝内外舆论压力下，清廷终于将制订大清民律提上了议事日程。由于晚清同文馆化学教习法国人毕利干（Anatole Adrien Billequin）翻译的《法国律例》中，将《法国民法典》译为《法国民律》，因此，修订法律馆起草民法时，采用"民律"一词，称为《大清民律草案》。

《大清民律草案》是晚清修律的重要组成部分，就总体而言，同样贯彻"参酌古今，博辑中外""务期中外通行"的修律宗旨。但由于民事立法对象的特殊，以及固有民事法律渊源的多样性，所体现的礼教民情的广泛

① （清）朱寿朋编，张静庐等点校：《光绪朝东华录》，中华书局1958年版，第5682—5683页。

② （清）朱寿朋编，张静庐等点校：《光绪朝东华录》，中华书局1958年版，第5683页。

性，因此修订民律草案的基本指导原则，较之修订其他法律不同的，就是传统民法与西方民法的初步整合。为了加快立法的步伐，沈家本奏准聘用日本法学士松岗义正，起草民律草案总则、物权、债权三编。至于亲属编和继承编，由修订法律馆会同礼学馆起草。在民律完成之前，采取以下变通办法："现行律内户役、承继、分产、婚姻、田宅、钱债各条，应属民事者，毋再科刑……"①

"求最适于中国民情之法则"是《大清民律草案》起草者关注的焦点之一，也是体现具有中国特色的民律的基本立足点。俞廉三等在奏折中提出，民律草案"凡亲属、婚姻、继承等事，除与立宪相背，酌量变通外，或取诸现行法制，或本诸经义，或参诸道德，务期整饬风纪，以维持数千年民彝于不敝。"从而体现了既热衷于移植西方民法，又力图立足本土国情进行立法的态度。但在实践中移植西方民法时，往往脱离了中国实际；而兼顾中国国情时，又对精华与糟粕缺乏应有的批判态度，以致《大清民律草案》前三编是西方化的，是超前的，而后二编是本土化的，是滞后的。所以《大清民律草案》只是固有民法与西方民法初步整合的产物，带有机械性契合的痕迹。诚如奏折所指出，民律草案"凡分总则、债权、物权、亲属、继承五编，三十七章。内亲属、继承二编，关涉礼教，钦遵叠次谕旨，会商礼学馆后再行奏进。"②

《大清民律草案》于宣统二年十二月草成，经过反复核阅，于宣统三年九月初五日最后完成。它仿照大陆民法的体系和结构，共分五编，依次为总则、债权、物权、亲属、继承，共三十六章，一千五百六十九条。《大清民律草案》第五编为继承，分为六章一百一十条。其中规定："遗产继承人，以亲等近者为先。若亲等同，则同为继承人"（第一千一百六十六条）。"继承人若在继承前死亡，或失继承之权利者，其直系卑属承其应继之分，为继承人。妇人夫亡无子守志者，得承其夫应继之分，为继承

① 《政治官报》折奏类，第 922 号，第 7 页。

② 故宫博物院明清档案部编：《清末筹备立宪档案史料》下册，中华书局 1979 年版，第 911—913 页。

人”(第一千四百六十七条)。若无前述继承人者,“依下列次序定应承受遗产之人:夫或妻;直系尊属;亲兄弟;家长;亲女。直系尊属应承受遗产时,以亲等近者为先”(第一千四百六十八条)。“乞养义子,或收养三岁以下遗弃小儿,或赘婿,素与相为依倚者,得酌给财产,使其承受”(第一千四百六十九条)。“继承人有数人时,不论嫡子、庶子,均按人数平分,私生子依子量与半分”(第一千四百七十四条)。

以上规定,基本上与《大清律例》中的有关规定相同。继承编中另一个显著特点是关于遗嘱的规定较为细密。例如,“遗嘱,非依本律所定方法,由所继人自立者,无效”(第一千四百八十八条),“所继人之遗嘱,定有分产之法或托他人代定者,须从其遗嘱”(第一千四百八十一条)。此外,关于遗嘱之方法、遗嘱之效力、遗嘱之执行、遗嘱之撤销等等,都分节作出专门规定,以示对死者财产权的保护。在《大清律例》中,宗祧继承重于财产继承,以致争产经常是通过争继出现的。而在《大清民律草案》中,财产继承的重要性,显然高于宗祧继承,这是由于宗法制度的衰落,社会经济的发展,西方法文化的影响等因素的作用下,使得传统的继承法向着近代转型,并改变着人们传统的法观念。

综上可见,晚清修订的《大清民律草案》,所展示的中西汇合的全新体系与内容,体现了由固有民法向近代民法转变时期的走向。

第二节　北洋政府时期的继承制度

1922 年华盛顿会议以后,为了撤废领事裁判权,应付各国联合考察团对中国法制状况的考察,北洋政府修订法律馆加紧起草民法典的工作。至 1926 年编成《民国民律草案》,五编(总则、债编、物权编、亲属编、继承编),共 1522 条,通称“第二次民律草案”。其突出特点和价值,在于它对中国传统民法与西方近代民法的整合。《民国民律草案》编成以后,由于军阀混战不能履行正常的立法程序,只是在 1926 年 11 月,由民国北京政府司法部通令各级司法机关作为“条理”加以适用，说明它在司法实践中所具有的价值。

北洋政府时期按照继承客体将继承制度分为身份继承与财产继承两类，其中又以身份继承为整个继承制度的基础。此种继承制度非以财产的承继为目的，而以延续家族大宗血脉为目的。

（一）身份继承

身份继承就是指宗祧身份之继承。中国古代社会以家族为本位，家族内部各家庭有大宗、小宗之别，大宗为家族正统之代表，小宗为家族之旁支余脉。一个大家族之内，小宗可以绝后，但是大宗不能绝嗣，大宗绝嗣意味着家族血脉的中断。因此，中国固有法的继承制度就是以为大宗立后、延续血脉为主要功能的。

民国《民律草案》以大理院历年判解为基础，确认继承制度以男性宗祧继承为要件。宗祧继承的核心问题是要解决家族长的身份承继，家族必须以亲等最近的直系男性卑亲属承继家族长身份；若家族宗亲中没有相当之人可立为嗣子，得立嫡孙以承宗祧；又无嗣孙者，可择立同宗兄弟之子为嗣。纵然大宗之家无可立为嗣子之人，亦可以由小宗之家过继昭穆相当之人入嗣继承大宗宗祧。可以立嗣者仅限于男性尊长，而女子没有立嗣权，宗祧继承人也限于男子，女子没有继承宗祧之权。宗祧继承制度的区别嫡庶、重男轻女由此可见。

宗祧继承人除了与其他继承人享有相当的财产继承权以外，还专有对宗祧设施的所有权和管理权，民国《民律草案》继承编第 36 条规定，宗祧继承人，自继承开始时起，对于祖先神庙、祭具、坟墓、家谱及其他有关宗祧之设施，所继人生前所有者，取得其所有权。宗祧继承人的特殊继承权，为国家法律所承认，也受到家族亲属会的保护。

（二）财产继承

1. 法定财产继承以宗祧继承为前提

依照财产继承以宗祧继承为前提的传统准则，民国《民律草案》将有遗产继承权的人分为三个顺位:第一顺位是宗祧继承人,必须是被继承人之直系卑亲属,且以亲等近者为先。第二顺位是代继人,专指夫亡无子守志之孀妇,在立嗣以前,她可以代替将来的嗣子管理财产;可以说代继人自身没有继承权,只是真正继承人的代理人。第三顺位是应继人,在没有宗祧继承人和代继承人的情况下,应享有继承权的人。应继人按照与被继承人的亲疏关系依次为妻、直系尊属、亲兄弟、家长、亲女。

由宗祧继承人或代继人继承遗产,可以维持家族的财产实力,有利于延续家族的存在。由第三顺位的应继人继承遗产,实际上等于将原来家族的瓦解,财产被其他家族所分割。因此从维护家族利益出发,妻与亲女虽然与被继承人关系极为密切,但是仍属于外姓人,而被列为第三顺位继承人。

2. 遗嘱继承及其限制条件

遗嘱继承是根据被继承人的意思表示,自由处分遗产的一种法律行为,它具有优先于法定继承的效力。为了避免这种完全意思自治的法律行为带来无谓的财产纠纷或损害权利人的应得利益,北洋政府时期对遗嘱继承设定了多方面限制条件:

(1)对立遗嘱人行为能力的限定。立遗嘱是处分财产的重大民事行为,因此立遗嘱者必须清楚地认识自己行为的意义和影响。民国《民律草案》为了保障遗嘱的有效性,特规定不满16岁的人和无行为能力的人无权自立遗嘱。

(2)明确规定遗嘱的四种法定形式。民国《民律草案》规定有自立证书、公证证书、代笔证书、口授证书四种遗嘱形式,并且对每一种遗嘱形式都有详细说明。例如“自立证书”形式的遗嘱,遗嘱人自立遗嘱时,须备具遗嘱之全文意旨,年、月、日,自行签名,若有添注、涂改,应注明字数,另行签名。不自签名,于姓名下加盖手模者,其效力与自行签名同。

(3)遗嘱之内容不得违背有关特留财产之规定。民国《民律草案》所称特留财产是指继承人必须将其财产的一半给予直系卑亲属,无直系卑亲属者,给予夫或妻,再次给予直系尊亲属。特留财产是为了限制被继承人把全部财产给予亲属以外的人。由特留财产的限制,可以发现立遗嘱的自由是有限的,不能抛开家族利益而为之。

3. 确认"父债子还"

不仅大理院判解承认固有法中的"父债子还",民国《民律草案》也是如此。这说明固有法在财产继承方面仍然保持着强大的影响力。固有法意义上的"父债子还",是指继承父亲身份的儿子有全面继续履行清偿父辈债务的义务。当然,以遗产为限度的偿债行为,不能算作实质意义的"父债子还";"父债子还"强调的是对父债全面的清偿,特别是父亲留下的遗产不足以偿还时,需要以儿子个人财产清偿,这实质上是在强制限定儿子有继承父亲债务的义务。草案采择日本民法之规制,将遗产继承分为"无限承认"与"有限承认"。遗产继承人为无限承认时,完全继承所继人之权利义务,对所继承人债务负连带清偿责任,即承认"父债子还"。"无限承认"可以是明示的,也可以是默示的。"有限承认"须在3个月的期限内为明示意思表示,否则推定为无限承认。遗产继承人为有限继承时,得以因继承所得之遗产为限,偿还所继人债务或遗赠。但有限继承人负有多项义务,须于3个月内开具"财产清册"和为有限继承之"声明意旨书",呈请法院核准;管理遗产时,须负有与管理自己财产同一注意之责任;须在法定期限内,请求法院以公示催告程序通知债权人;并且,继承人有对遗产管理不当、不履行向审判机关报告义务、诈害遗产债权人、在法定期间不为有限承认意思表示的,一概实行"无限继承"。上述可知,继承人虽有选择"无限承认"和"有限承认"的权利,但立法者倾向于继承人为"无限承认";"有限承认"不仅法律手续烦琐,而且继承人很容易因未履行法定义务,陷入"无限承认"的陷阱。

第三节　南京国民政府时期的继承制度

南京国民政府成立之初,在处理民事案件时,沿用北京政府的民事法规、判例和民间习惯,并无统一适用的民法典。国民政府法制局认为亲属与继承制度因袭了数千年的宗法观念,与男女平等的宪政潮流相违背,决定先行修订亲属与继承二编,至 1928 年 10 月两编相继完成。1929 年,国民政府立法院成立后,开始起草民法典的工作。经过相关立法程序,《中华民国民法》由国民政府逐编公布并确定生效日期。其中,亲属编于 1930 年 12 月 6 日公布,共 7 章 711 条,继承编于 1930 年 12 月 26 日公布,共 3 章 88 条,此二编均自 1931 年 5 月 5 日起施行。《中华民国民法》是中国历史上第一部正式颁行的民法典,是晚清以来民法法典化的最高成就。在民法典各编中,具体体现了西方基本价值观念的支配性影响。例如,继承法所采主义有六种:废除封建遗制之宗祧继承;男女在法律上之地位完全平等;除为遗族酌留生活费外,许继承人以遗嘱自由处置其财产;继承人仅于继承之限度内对于被继承人之债务负清偿之责;配偶继承遗产之次序不后于直系卑亲属等。除此之外,还继受了外国民法中财产继承、限定继承等内容。

一、遗产继承人

依照民法典继承编的规定,遗产继承人的顺序除配偶外,依次为:直系血亲卑亲属;父母;兄弟姊妹;祖父母。这个顺序是有优先差次的,即有第一顺序的继承人时,就由死者的配偶与其直系血亲卑亲属继承遗产,其他第二、第三、第四顺序的继承人都没有继承份额。若没有第一顺序的直系卑亲属,就由第二顺序的父母与配偶一起继承遗产,依此类推。在第一顺序的继承人有多人时,以亲等近的优先继承。第一顺序继承人如果在继承开始前死亡或者丧失继承权的,其直系血亲亲属可以代位继承其应继份。属于同一顺序继承人有多人时,除法律另有规定的情形外,各人平均继承。配偶当然相互间有继承对方财产的权利,但其应继承的份额,因与其共同继承遗产的继承人的顺序不同而有所区别,具体为:配偶与死者的直系血亲卑亲属共同继承时,其应继份与直系血亲卑亲属平均;配偶与死者的父母或兄弟姊妹共同继承时，配偶可继承遗产的三分之一；配偶与死者的祖父母共同继承时，配偶可继承遗产的三分之二；如果没有上述四个顺序的继承人时，配偶可以单独继承所有遗产。

法定继承人因下列事由之一而丧失继承权：故意致被继承人或者其他应继承人死亡，或者虽未致死而已受刑的宣告的；用诈欺或胁迫的手段使被继承人制作遗嘱，或迫使被继承人撤回遗嘱或变更遗嘱内容的；用诈欺或胁迫的方法，妨害被继承人制作遗嘱，或妨害被继承人撤回遗嘱或变更内容的；伪造、变造或隐藏、湮灭被继承人所立有关于财产继承的遗嘱的；对于被继承人有重大虐待或侮辱的事实，经被继承人表示不得继承的。但是上述第二至第四种情形中，如果事后被继承人表示宥恕时，该继承人不丧失其继承权。

二、遗产之继承

继承因被继承人死亡而开始。继承人自继承开始时，除法律另有规定者外，承受被继承人财产上的一切权利和义务。但权利、义务专属于被继承人本身的，不在此限。被继承人生前所继续扶养的人，应由亲属会议决议，依受扶养人所受扶养的程度和其他关系，如被继承人与受扶养人的关系、被继承人的财产状况、受扶养人的经济状况等，酌给遗产。继承人有数人时，在分割遗产前，各继承人对于遗产全部为公同共有，并由继承人之中互推出一人继承负责管理遗产。关于遗产管理所生的管理费、遗产分割所生的费用、执行遗嘱的费用，由遗产中支付。但因继承人的过失而支付的费用，则不应由遗产中支付。

继承人可以为限定继承，即仅以所继承得到的财产负担所继承的债务。继承人如果是数人时，其中一人主张限定继承，其余继承人虽未提出限定继承的主张，也视为主张限定继承。继承人主张限定继承的，应在继承开始起 3 个月内开具遗产清册向法院申报，才会发生限定继承的效力。法院因继承人的申请，认为必要时，可以延展申报期 3 个月。限定继承人如果有隐匿遗产、在遗产清册为虚伪的记载、意图诈害被继承人的债权人的权利而处分遗产等行为，则丧失限定继承的利益。

除了法律另有规定或者已经有契约约定分割的相关事项外，继承人可随时分割公同共有的继承财产。被继承人如果在遗嘱里就遗产的分割方法有明文订定，或遗嘱中已经委托他人代定分割方法的，则依遗嘱的指示为之。遗嘱中如果表示禁止分割时，法律上认定只有 10 年的禁止分割效力，遗产继承超过 10 年之后，继承人仍然可以请求分割。为了保护胎儿的利益，胎儿为继承人时，非保留其应继份，他继承人不得分割遗产。胎儿关于遗产之分割，以其母为代理人。遗产分割后，各继承人按其所得部分，对于他继承人因分割而得到的遗产负与出卖人同一担保责任。

继承人可以抛弃继承财产的权利，因此被继承人所遗留的权利和义务，均与其无关。但抛弃继承属于要式行为，应该在知悉得为继承人之时起 2 个月内以书面向法院申请抛弃继承，并应以书面通知因其抛弃继承而可以继承其抛弃部分的人。抛弃继承的效力，溯及于继承开始时发生效力。

继承开始的时候，有无继承人并不明确的，则由亲属会议于一个月内选定遗产管理人，并将继承开始和选定遗产管理人的事由向法院陈报，法院应依公示催告程序，定 6 个月以上的期限，公告继承人，令继承人在所定期限内承认继承。法律还规定了遗产管理人的具体职务和责任。

三、遗嘱

无行为能力人和不满 16 岁的限制行为能力人，不能立遗嘱；满 16 岁以上的限制行为能力人，可以无须经其法定代理人同意而立遗嘱。遗嘱人在不违反继承人的特留份规定范围内，可以自由指定如何处理遗产。遗嘱按其订立的方式可分为 5 种：自书遗嘱、公证遗嘱、密封遗嘱、代笔遗嘱和口授遗嘱。遗嘱见证人有一定的资格限制，未成年人、禁治产人、继承人及其配偶或其直系血亲、受遗赠人及其配偶或其直系血亲以及为公证人或代行公证职务人的同居人、助理人或受雇人等,不得为遗嘱见证人。

遗嘱自遗嘱人死亡时发生效力。遗嘱所定遗赠附有停止条件的,自条件成就时发生效力。受遗赠人先于遗嘱人死亡的,遗赠不发生效力。遗赠附有义务的,受遗赠人以其所受利益为限,负履行之责。遗嘱人可以遗嘱指定遗嘱执行人,或委托他人指定;但未成年人和禁治产人不得为遗嘱执行人。遗嘱人可以随时撤回遗嘱一部分内容或全部内容。前后遗嘱有相抵触的,或遗嘱人在为遗嘱后所为的行为与遗嘱有相抵触的,其抵触部分,遗嘱视为撤回。遗嘱人故意破毁或涂销遗嘱,或在遗嘱上记明废弃的意思,视为撤回遗嘱。

第四节 解放区政权的继承制度

一、中国共产党早期政纲中确立女子享有继承权的原则

1923 年 6 月,中国共产党第三次全国代表大会通过的《妇女运动决议案》,明确规定“女子应有遗产继承权”。

这一重要原则,被工农运动中所通过的法律文献所接受。如 1927 年 2 月江西省第一次农民代表大会《农村妇女问题决议案》第 10 条规定:“女子有继承财产权。”1927 年 4 月,上海工人第三次武装起义后制定的《上海特别市临时市政府政纲草案》也明确规定“保护女子之承继权”。

二、第二次国内革命战争时期苏维埃政权的继承立法

在土地革命初期,由于工作缺乏经验,在没收地主土地之后,迟迟没有确定农民的土地私有权,因而也就无所谓财产继承权问题。上述错误到 1930 年才得以纠正。

在这一时期内,有关继承权的法规不多,具有代表性的有以下几件:

1931 年 3 月，江西省县区苏维埃主席联席会议通过的《土地问题提纲》规定，土地遗产，任土地所有者生前自由处理，或分给子女，或给继承亲属，或捐办公益，政府不加干涉。

1932 年 8 月，湘赣省苏维埃代表大会通过的《土地法执行条例》规定，土地分配后，实行家人继承，生死娶嫁均不收回和补充。妇女出嫁的土地，由本人自己处置。但死者无家属者，其土地由政府收回。

总之，这时虽然原则上确认了个人财产继承权，但在立法和司法实践中，继承制度没有什么发展。

三、抗日战争时期抗日民主政权的继承立法

在各抗日根据地，根据抗日民族统一战线的总方针，停止实行没收地主土地的政策，而以减租减息作为当时解决农民问题的基本政策。在这一时期内，由于保护土地财产私有权的范围得以扩大，所以继承权问题显得比较突出。各边区抗日民主政权在许多立法文件中，都有关于继承权的规定。综合当时各边区政府有关继承权的规定，大体上包括以下几个方面的问题：(1)有关妇女继承权执行中的问题。(2)没收汉奸财产中的继承权问题。(3)在地权条例中有关绝户土地的处理问题。此外，陕甘宁边区还草拟了《继承处理暂行办法》，在内部掌握试行。

1. 有关妇女继承权执行中的问题

抗日根据地对于妇女继承权十分重视，并已由宣传阶段进入具体实施阶段。1937 年 9 月，中央组织部《妇女工作大纲》中就规定“要求财产继承权的保障”。为了正确解决执行中产生的纠纷，有些抗日根据地的边区政府制定了专门的法规，如 1943 年 6 月发布的《晋察冀边区行政委员会关于女子财产继承权执行问题的决定》、1945 年 3 月发布的《山东省女子继承暂行条例》、1945 年 5 月发布的《冀鲁豫行署关于女子继承等问题的决定》，其要点如下：

(1)被继承人生前有女无子，他死后的全部遗产，都归其女(不论一

女多女，已嫁未嫁）继承，任何人不得阻止，或强作嗣子继承其遗产，但是，被继承人生前已承养的养子或嗣子，可依法取得其应继承的份额。

（2）冀鲁豫行署规定：配偶双方之遗产有相互继承权，有子女者与子女共同继承，无子女者由一方全部继承。如男方死时，尚未析产继承者，寡妇与子女均有代位继承权。山东省规定：丈夫死亡后，其遗产由其妻及其子女同等继承。在财产分割后，其妻有生活困难时，其子女皆有奉养之义务。

（3）被继承人在世时，就已把财产分给或赠与一部分继承人者，被继承人死亡后，其他继承人只能对被继承人死亡时留下的未曾分赠的财产与其他继承人有同等之继承权。对于上项已经分赠的财产，不能请求回复继承权。

（4）已嫁或未嫁女子应继承之财产，在本法令公布前已由其他继承人实际继承者，是否再重新分割，各地区的规定不尽一致：①山东省规定：自 1928 年 5 月 1 日起，女子对其直系血亲尊亲属之遗产即有继承权。自 1931 年 5 月 5 日起，妻对其夫的遗产有继承权。但在重新分割时，不得因追溯而请求利息。对于已嫁女子之嫁妆费，应在重新分割时于其应得数额内扣除，但已超过应得之数者，原继承人不得请求返还其超过之数额。②冀鲁豫行署规定：本法令公布前已经分割，或已开始继承，未逾三年者，女子得要求重新处理。③晋察冀边区为了减少纷争，确定以不溯及既往为原则：在本法令实行前已判决之继承案不予变更；被继承人死亡后，其遗产已由其子占有，有继承权的已嫁女子，截至本法令公布时，并未提出分割遗产的要求，其继承权即视为抛弃，不能要求回复。以上视同抛弃继承权之已嫁女子，生活确实困难者，得要求其兄弟接济其一部生活费用。另外还规定被继承人死亡后，他的遗产已由继承人之一部实行继承，且于本法令公布前已将财产分割各自管业者，其他继承人也不得对已分定之财产请求回复继承权。但是，当分割遗产时，由于参加抗战或经营其他事业，背井离乡，消息断绝，致继承权受侵害者，不在此限。或于分割遗产时,继承人因年幼无知,致继承权被侵害者,亦不在此限。

(5)有继承权的寡妇,得携带她应继承之财产改嫁。但夫家确系贫困者,得少带或不带。寡妇本人财产,任何人不得阻止其带走。

2. 没收汉奸财产中的继承权问题

1942年8月《晋冀鲁豫边区汉奸财产没收处理暂行办法》规定,凡经司法机关判处死刑及没收财产之汉奸犯,其财产处理办法规定如下:

(1)汉奸全家附逆或其本人无家属者,其财产全部没收。

(2)汉奸本人尚有父母未行继承者,没收其本人全部自置财物。

(3)汉奸家庭财产已行继承者,没收其财产的大部,酌情留一部与其无辜配偶或子女。

(4)汉奸与其兄妹等同财伙居者,按股均分,没收其应得部分。

(5)汉奸所持之债权,如系贫苦人民,本息停付,契约作废;如系富有者,应由政府代行债权,向债务人追还。

3. 关于绝户土地的处理问题

1941年11月《晋冀鲁豫边区土地使用暂行条例》规定以下处理原则:

(1)绝户土地,依土地所有人之遗嘱处理之。

(2)无遗嘱者,依其最近亲属继承。

(3)无最近亲属者,或亲属间发生争执无法解决者,由政府宣布为本族公产。

(4)无本族者,宣布其为本村公产。

前项公产之收益,作为举办公益事业及在本族本村内救济贫困抗属。但绝户土地业经依法继承者,不再变更其所有权。

4.《陕甘宁边区继承处理暂行办法》

抗日战争初期,边区政府制定《陕甘宁边区继承处理暂行办法》19条,作为处理继承案件的内部试行办法,其主要内容是:

(1)遗产除配偶互相继承外,其他法定继承人的顺序是:①直系血亲卑亲属(子女、孙子女、曾孙子女)。②父母。③亲兄弟姐妹。④亲兄弟之子女。⑤祖父母。

(2)被继承人无亲生子女。而有遗嘱处分其遗产,或指定亲兄弟子女一人或一人以上为继承人者,从其遗嘱。

(3)遗嘱得用口头或书面为之。口头遗嘱应有第三人证明。书面遗嘱应由遗嘱人签字;不能签名者,由第三人代之。有两次之遗嘱者,以最后遗嘱为准。

(4)被继承人生前所继续抚养之人,在继承开始时,有请求酌给遗产之权利,但以受抚养人无生活能力者为限。

(5)胎儿为继承人时,应保留其应继份额。如未经保留,其他继承人不得分割遗产。

(6)继承人得限定以所继承之遗产,作为偿还被继承人债务之范围。

(7)继承遗产,自被继承人死亡之日开始。

(8)继承权被侵害时,被侵害人或其代理人得请求复回。其请求复回权之时效,自知悉侵害时起,为 1 年;不知者,自被侵害时起,为 5 年。

(9)继承人以不正当之手段取得继承权者,无效。其触犯刑法者,依刑法处断。

此外,在 1942 年出版的《抗日根据地政策条例汇集 · 陕甘宁之部》(下册)所载《陕甘宁边区地权条例草案》第 22 条专门规定土地继承权问题,其要点是:

(1)地权之继承权,得依被继承人之意志或遗嘱支配之。

(2)如被继承人无上项决定或遗嘱时,得依下列规定配合边区内习惯施行之:①夫妻有相互继承权。②嫡系卑亲属有同等继承权。③养子女之继承权与婚生子女同。如无前三项情形者,即依边区内习惯法办理。

到 1944 年 12 月边区第二届参议会正式通过的《陕甘宁边区地权条例》,即删除上述草案的规定。只在第 3 条规定:“依保证人民土地私有制的原则,凡合法土地所有人在法令限制范围内,对于其所有土地有自由使用、收益和处分(买卖、典当、抵押、赠与、继承等)之权。”至于土地继承权如何规定,将由继承法来具体解决。

综上可见,抗日根据地的继承立法,有了相当的发展,各地区规定的内容比较具体,呈现了多样化的特点,说明各地区在实践中遇到了不同的问题,提出各种试行的办法。其中许多规定都是应予肯定的,也有些规定得不够准确,或不尽合理。但我们从中可以看到那个时期对这些问题的认识过程和解决的程度。

再从司法机关的案件统计看,抗日根据地的继承案件,已在司法实践中占有一定的比例。以晋察冀边区的北岳区为例,1938 年,继承案件占民事案件的 15%,1939 年占 13%,1940 年占 12%,1941 年 6 月至 1942 年 8 月占 15%。特别是女子继承案件更为突出。北岳区女子继承案件占整个继承案件的 38%。冀中区安平县女子继承案件竟占整个民事案件的 70%。说明抗日根据地的广大妇女开始行动起来,通过法律程序,争取自己应得的权益。

四、解放战争时期解放区人民政府的继承立法

解放战争时期解放区的继承制度,在前期基本上沿用抗战时期的继承法规。后期由于经过土地改革运动,农村的经济制度发生了根本变化,消灭了地主阶级的封建土地剥削制度,广大解放区的农民分得了土地财产,确立了农民的土地私有制。这时在菸村,继承与分家析产这两种性质并不相同的问题,却是紧密地联在一起进行处理的,以下就以华北解放区为例进行阐述。

1. 华北人民政府关于继承问题的解答

1948 年华北人民政府成立后,没有制定关于继承权的专门法规,而是由华北人民政府司法部以解答问题的方式,对分家与继承问题做了原则性的说明,主要包括以下各点:

(1)首先指出新民主主义革命时期的继承权,同封建宗法社会的继

承权不同,宗法社会的继承权是由父系直系血亲享有,如无直系血亲,则归旁系血亲享有,在解放区里,特别是经过土地革命按人口平分土地之后,土地和财产是以家庭为单位,组成家庭成员所共有的经济生活。家庭成员不分男女老少,都有一份土地财产的所有权。因此继承权应属于家庭共有经济生活中每个成员所共有。而该家庭以外的亲属,均不应享有继承权(遗嘱继承例外)。

(2)无论男女已婚或未婚,既然土地改革中按人口分得土地,在分家析产时,自应按人口分,不能按股分。妇女在土地改革中分得的土地财产,无论其出嫁或离婚,原则上都应允许带走,任何人不得干涉。至于具体做法,可根据实际情况协商解决。

(3)土改中女儿在娘家计算人口,并分得土地财产,与母亲的财产共同经营,母亲死后,其女儿不仅有权处理自己分得的土地财产,并有权继承其母亲的遗产,本族近属皆无权继承。

(4)在分家析产时,必须注意给老人留下足够的生活份额,使其生活得到必要保障。

2. 1949 年《哈尔滨市处理继承办法(草案)》

哈尔滨市是东北解放最早的城市之一。哈尔滨市人民政府总结了多年来的审判经验,于 1949 年制定了《哈尔滨市处理继承办法草案》,这是继陕甘宁边区之后,革命根据地拟定的比较详细的继承法规,共计 13 条,其主要内容是:

(1)继承人的范围和顺序,规定如下:①配偶(包括已同居多年事实上已属于夫妻关系的姘居);直系卑亲属(主要指子女,包括养子女);无劳动力的父母;在被继承人临死前曾连续受被继承人扶养一年以上之丧失劳动力者。②有劳动力的父母。③祖父母。④兄弟姊妹。⑤与被继承人同一经济生活单位,且又为生活所必需者。同时还规定,同一顺序之继承人有数人时,原则上按人数平均继承,但法院得参照各继承人经济状况按其生活需要进行分配。女子与男子享有平等继承权,不因出嫁或寡妇改嫁而受影响。如继承人之一在被继承人生前死亡,其应继承份额,可由该继承人之继承人代位继承。

(2)除上述法定继承外,还规定了遗赠或遗嘱继承。该办法规定,财产所有人在不侵害未成年人或丧失劳动力人的继承权范围内,得以遗嘱,将其财产赠与国家机关、社会公益团体(不是封建迷信团体),或经济地位显然低于继承人的个人。

(3)继承开始的时间,该办法规定:遗产继承自被继承人死亡时开始。如果被继承人失踪5年(特殊情形如遭遇特别灾难者满3年)时,法院得宣布为死亡人。死亡宣告后,其遗产即可由其继承人开始继承。继承人如不知被继承人死亡或继承人所在不明时,法院应通知或公示催告,限期(规定1年以上)呈报承认继承。如逾期不呈报时,视为抛弃继承权。还规定无继承人之财产,应收归国库。

责任编辑:赵圣涛
封面设计:王欢欢

图书在版编目(CIP)数据

中国民法史/张晋藩 主编. —北京:人民出版社,2023.10
ISBN 978-7-01-025517-0

Ⅰ.①中… Ⅱ.①张… Ⅲ.①民法-法制史-研究-中国 Ⅳ.①D923.02

中国国家版本馆 CIP 数据核字(2023)第 065397 号

中国民法史
ZHONGGUO MINFASHI

张晋藩 主编

人民出版社 出版发行
(100706 北京市东城区隆福寺街 99 号)

北京新华印刷有限公司印刷 新华书店经销

2023 年 10 月第 1 版 2023 年 10 月北京第 1 次印刷
开本:710 毫米×1000 毫米 1/16 印张:112.5
字数:1600 千字

ISBN 978-7-01-025517-0 定价:699.00 元(全三卷)

邮购地址 100706 北京市东城区隆福寺街 99 号
人民东方图书销售中心 电话 (010)65250042 65289539